Bundesdatenschutzgesetz
Kompaktkommentar zum BDSG

Wolfgang Däubler
Thomas Klebe
Peter Wedde
Thilo Weichert

Bundesdatenschutzgesetz

Kompaktkommentar zum BDSG

5., vollständig neu bearbeitete Auflage

Bibliografische Information Der Deutschen Nationalbibliothek
Die Deutsche Nationalbibliothek verzeichnet diese Publikation in der
Deutschen Nationalbibliografie; detaillierte bibliografische Daten sind
im Internet über http://dnb.d-nb.de abrufbar.

5., vollständig neu bearbeitete Auflage 2016
(bis zur 2. Auflage erschienen in der Reihe »Basiskommentar«)
© 1996 by Bund-Verlag GmbH, Frankfurt am Main
Herstellung: Kerstin Wilke
Umschlag: Ute Weber, Geretsried
Umschlagfoto: © Minerva Studio – Fotolia
Satz: Satzbetrieb Schäper GmbH, Bonn
Druck: CPI books GmbH, Leck
Printed in Germany 2016
ISBN 978-3-7663-6446-3

Alle Rechte vorbehalten,
insbesondere die des öffentlichen Vortrags,
der Rundfunksendung
und der Fernsehausstrahlung,
der fotomechanischen Wiedergabe, auch einzelner Teile.

www.bund-verlag.de

Vorwort

Wie wichtig ein wirksamer gesetzlicher Datenschutz ist, ist vielen Bürgern durch die Veröffentlichungen bewusst geworden, die auf den US-amerikanischen Whistleblower Edward Snowden zurückgehen. Vor dem Hintergrund einer massenhaften Ausspähung persönlicher Daten werden verantwortliche Stellen zunehmend mit der Frage konfrontiert, wie sie die Sicherheit vertraulicher Informationen garantieren können. Dies gilt nach der Entscheidung des Europäischen Gerichtshofs zu »Safe Harbor« insbesondere, wenn die Verarbeitung von Daten in den USA erfolgt.
Wesentliche aktuelle Neuerungen des Bundesdatenschutzgesetzes gibt es trotz der erkennbaren Schutz- und Umsetzungsdefizite ebenso wenig wie Aktivitäten zur Schaffung eines spezifischen Beschäftigtendatenschutzgesetzes. Bei der Organisationsreform zur Bundesbeauftragten für den Datenschutz 2015 blieb der Gesetzgeber hinter dem verfassungsrechtlich Notwendigen zurück. Die letzten wirklichen gesetzlichen Veränderungen, die eine Reaktion auf zahlreiche Datenschutzskandale waren, stammen aus dem Jahr 2009. Der von der Bundesregierung am 15.12.2010 vorgelegte Entwurf eines Beschäftigtendatenschutzgesetzes wurde insbesondere von Beschäftigten und ihren Gewerkschaften heftig kritisiert und in der 18. Legislaturperiode nicht mehr verabschiedet. Derzeit wartet der Gesetzgeber die anstehende Verkündung einer EU-Datenschutzgrundverordnung ab, die nationales Datenschutzrecht in vielen Bereichen ersetzen wird.
Eine wirksame gesetzliche Regelung zum Beschäftigtendatenschutz ist überfällig. Im Zeitalter von »Industrie und Dienstleistungen 4.0« und von »Unified Communication« werden über alle Beschäftigten ständig neue personenbezogene Daten erfasst. Diese werden durch Informationen aus öffentlichen und betrieblichen »Sozialen Netzwerken« ergänzt. Die vorhandenen Daten können mit Anwendungen aus dem Bereich »Big Data« umfassender ausgewertet und analysiert werden als je zuvor. Da Daten immer öfter in der »Cloud« und mit »Software as a Service« verarbeitet werden, wissen Beschäftigte und ihre Interessenvertretungen, aber auch viele Arbeitgeber, vielfach nicht mehr, was mit betrieblichen Informationen tatsächlich passiert und wo rechtliche wie technische Risiken lauern. Gleiches gilt für Kunden und Geschäftspartner, deren persönliche Daten im selben technischen Umfeld verarbeitet werden.
Die hier genannten Begriffe und Schlagworte stehen beispielhaft für aktuelle technische Entwicklungen. Die vorliegende Kommentierung ordnet diese auf der Grundlage der neuesten Rechtsprechung und Literatur in den gesetzlichen Rahmen des Datenschutzrechts ein. Dabei haben einschlägige Entscheidungen des Europäischen Gerichtshofs besondere Beachtung gefunden, die es etwa zur Vorratsdatenspeicherung oder zur

Vorwort

Datenverarbeitung bei Google gibt. Herausragend berücksichtigt wurde die Entscheidung des Gerichtshofs zu »Safe Harbor«, die unmittelbar vor Drucklegung am 6.10.2015 veröffentlicht wurde. Die Verfasser verfolgen durchgehend das Ziel, den gesetzlich gewollten Schutz von Beschäftigten und Verbrauchern auch unter den sich wandelnden technischen Bedingungen aufrecht zu erhalten.

Rechtsprechung, Literatur sowie der Status der Debatte um die EU-Datenschutzgrundverordnung sind bis Anfang Oktober 2015 berücksichtigt.

Im Anschluss an die Kommentierung des BDSG finden sich Texte der Europäischen Datenschutzrichtlinie, der so genannten »EU-Standardverträge für die Datenübermittlung in Drittländer« sowie weitere datenschutzrechtliche Vorschriften. Eine Liste nützlicher Links soll den Zugang zu den Aufsichtsbehörden erleichtern.

Wir hoffen, dass die 5. Auflage unseres Kommentars den Erwartungen der Nutzer gerecht wird. Für Hinweise und Kritik sind wir dankbar.

Oktober 2015
Wolfgang Däubler   Thomas Klebe   Peter Wedde   Thilo Weichert

Inhaltsverzeichnis

Vorwort 5
Abkürzungsverzeichnis 11
Literaturverzeichnis 19
Bundesdatenschutzgesetz (BDSG) 25
Einleitung 77
Kommentierung 117

Erster Abschnitt
Allgemeine und gemeinsame Bestimmungen
§ 1   Zweck und Anwendungsbereich des Gesetzes 117
§ 2   Öffentliche und nicht-öffentliche Stellen 123
§ 3   Weitere Begriffsbestimmungen 128
§ 3a Datenvermeidung und Datensparsamkeit 151
§ 4   Zulässigkeit der Datenerhebung, -verarbeitung und -nutzung .. 153
§ 4a Einwilligung 160
§ 4b Übermittlung personenbezogener Daten ins Ausland sowie an
      über- oder zwischenstaatliche Stellen 185
§ 4c Ausnahmen 197
§ 4d Meldepflicht 210
§ 4e Inhalt der Meldepflicht 216
§ 4f Beauftragter für den Datenschutz 218
§ 4g Aufgaben des Beauftragten für den Datenschutz 251
§ 5   Datengeheimnis 261
§ 6   Rechte des Betroffenen 266
§ 6a Automatisierte Einzelentscheidung 271
§ 6b Beobachtung öffentlich zugänglicher Räume mit optisch-elektro-
      nischen Einrichtungen 277
§ 6c Mobile personenbezogene Speicher- und Verarbeitungs-
      medien 294
§ 7   Schadensersatz 298
§ 8   Schadensersatz bei automatisierter Datenverarbeitung durch
      öffentliche Stellen 312
§ 9   Technische und organisatorische Maßnahmen 316
§ 9a Datenschutzaudit 347
§ 10 Einrichtung automatisierter Abrufverfahren 354

7

Inhaltsverzeichnis

§ 11 Erhebung, Verarbeitung oder Nutzung personenbezogener Daten im Auftrag 360

Zweiter Abschnitt
Datenverarbeitung der öffentlichen Stellen

Erster Unterabschnitt
Rechtsgrundlagen der Datenverarbeitung
§ 12 Anwendungsbereich 385
§ 13 Datenerhebung 392
§ 14 Datenspeicherung, -veränderung und -nutzung 404
§ 15 Datenübermittlung an öffentliche Stellen 414
§ 16 Datenübermittlung an nicht-öffentliche Stellen 422
§ 17 *weggefallen* 430
§ 18 Durchführung des Datenschutzes in der Bundesverwaltung 430

Zweiter Unterabschnitt
Rechte des Betroffenen
§ 19 Auskunft an den Betroffenen 435
§ 19a Benachrichtigung 446
§ 20 Berichtigung, Löschung und Sperrung von Daten; Widerspruchsrecht 453
§ 21 Anrufung der oder des Bundesbeauftragten für den Datenschutz und die Informationsfreiheit 460

Dritter Unterabschnitt
Die oder der Bundesbeauftragte für den Datenschutz und die Informationsfreiheit
§ 22 Wahl und Unabhängigkeit der oder des Bundesbeauftragten für den Datenschutz und die Informationsfreiheit 463
§ 23 Rechtsstellung der oder des Bundesbeauftragten für den Datenschutz und die Informationsfreiheit 466
§ 24 Kontrolle durch die Bundesbeauftragte oder den Bundesbeauftragten für den Datenschutz und die Informationsfreiheit 472
§ 25 Beanstandungen durch die Bundesbeauftragte oder den Bundesbeauftragten für den Datenschutz und die Informationsfreiheit ... 478
§ 26 Weitere Aufgaben der oder des Bundesbeauftragten für den Datenschutz und die Informationsfreiheit 480

Dritter Abschnitt
Datenverarbeitung nicht-öffentlicher Stellen und öffentlich-rechtlicher Wettbewerbsunternehmen

Erster Unterabschnitt
Rechtsgrundlage der Datenverarbeitung
§ 27 Anwendungsbereich 484

§ 28	Datenerhebung und -speicherung für eigene Geschäftszwecke	491
§ 28a	Datenübermittlung an Auskunfteien	549
§ 28b	Scoring	556
§ 29	Geschäftsmäßige Datenerhebung und -speicherung zum Zweck der Übermittlung	562
§ 30	Geschäftsmäßige Datenerhebung und -speicherung zum Zweck der Übermittlung in anonymisierter Form	583
§ 30a	Geschäftsmäßige Datenerhebung und -speicherung für Zwecke der Markt- oder Meinungsforschung	586
§ 31	Besondere Zweckbindung	590
§ 32	Datenerhebung, -verarbeitung und -nutzung für Zwecke des Beschäftigungsverhältnisses	593

Zweiter Unterabschnitt
Rechte des Betroffenen

§ 33	Benachrichtigung des Betroffenen	657
§ 34	Auskunft an den Betroffenen	674
§ 35	Berichtigung, Löschung und Sperrung von Daten	694

Dritter Unterabschnitt
Aufsichtsbehörde

§§ 36, 37	*weggefallen*	710
§ 38	Aufsichtsbehörden	710
§ 38a	Verhaltensregeln zur Förderung der Durchführung datenschutzrechtlicher Regelungen	724

Vierter Abschnitt
Sondervorschriften

§ 39	Zweckbindung bei personenbezogenen Daten, die einem Berufs- oder besonderen Amtsgeheimnis unterliegen	727
§ 40	Verarbeitung und Nutzung personenbezogener Daten durch Forschungseinrichtungen	729
§ 41	Erhebung, Verarbeitung und Nutzung personenbezogener Daten durch die Medien	733
§ 42	Datenschutzbeauftragter der Deutschen Welle	738
§ 42a	Informationspflicht bei unrechtmäßiger Kenntniserlangung von Daten	740

Fünfter Abschnitt
Schlussvorschriften

§ 43	Bußgeldvorschriften	746
§ 44	Strafvorschriften	754

Inhaltsverzeichnis

Sechster Abschnitt
Übergangsvorschriften
§ 45 Laufende Verwendungen 757
§ 46 Weitergeltung von Begriffsbestimmungen 759

Anhang
1. Gesetz über genetische Untersuchungen bei Menschen (Gendiagnostikgesetz – GenDG) 761
2. Gesetz über das Bundesamt für Sicherheit in der Informationstechnik (BSI-Gesetz – BSIG) 779
3. Richtlinie 95/46/EG des Europäischen Parlaments und des Rates vom 24. Oktober 1995 zum Schutz natürlicher Personen bei der Verarbeitung personenbezogener Daten und zum freien Datenverkehr 795
4. Entscheidung der Kommission vom 15. Juni 2001 hinsichtlich Standardvertragsklauseln für die Übermittlung personenbezogener Daten in Drittländer nach der Richtlinie 95/46/EG (2001/497/EG) 827
5. Beschluss der Kommission vom 5. Februar 2010 über Standardvertragsklauseln für die Übermittlung personenbezogener Daten an Auftragsverarbeiter in Drittländern nach der Richtlinie 95/46/EG .. 841
6. Entscheidung der Kommission vom 27. Dezember 2004 zur Änderung der Entscheidung 2001/497/EG bezüglich der Einführung alternativer Standardvertragsklauseln für die Übermittlung personenbezogener Daten in Drittländer (2004/915/EG) 858
7. Telemediengesetz (TMG) 871
8. Gesetz zur Regelung des Zugangs zu Informationen des Bundes (Informationsfreiheitsgesetz – IFG) 883
9. Weitere wichtige gesetzliche Datenschutznormen 888
10. Datenschutzaufsichtsbehörden nach § 38 BDSG 891

Stichwortverzeichnis 897

Abkürzungsverzeichnis

a. A.	anderer Auffassung
a. a. O.	am angeführten Ort
a. E.	am Ende
a. F.	alte Fassung
ABlEG	Amtsblatt der Europäischen Gemeinschaften
ABlEU	Amtsblatt der Europäischen Union
ABMG	Autobahnmautgesetz
Abs.	Absatz, Absätze
AG	Arbeitgeber, Amtsgericht, Aktiengesellschaft
AGB	Allgemeine Geschäftsbedingungen
AGBG	AGB-Gesetz
AGG	Allgemeines Gleichbehandlungsgesetz
AiB	»Arbeitsrecht im Betrieb« (Fachzeitschrift)
AktG	Aktiengesetz
allg. M.	allgemeine Meinung
Alt.	Alternative
amtl.	amtliche
AmtsBlEG	Amtsblatt der Europäischen Gemeinschaften
AN	Arbeitnehmer, Arbeitnehmerin
Anm.	Anmerkung
AO	Abgabenordnung
AO 77	Abgabenordnung 1977
AP	»Arbeitsrechtliche Praxis« (Nachschlagewerk des BAG)
APS	Ascheid/Preis/Schmidt, Kündigungsrecht Großkommentar, 4. Auflage (2012)
AR	Arbeitsrecht
ArbG	Arbeitsgericht
ArbGG	Arbeitsgerichtsgesetz
ArbuR	»Arbeit und Recht« (Fachzeitschrift)
Art.	Artikel
Aufl.	Auflage
AuR	»Arbeit und Recht« (Fachzeitschrift)
AuslG	Ausländergesetz
AZR	Ausländerzentralregister

Abkürzungsverzeichnis

BlnDSG	Berliner Datenschutzgesetz
BAG	Bundesarbeitsgericht
BArchivG	Bundesarchivgesetz
BAT	Bundesangestelltentarifvertrag
BayDSG	Bayerisches Datenschutzgesetz
BayLDA	Bayerisches Landesamt für Datenschutzaufsicht
BayVGH	Bayerischer Verwaltungsgerichtshof
BB	»Betriebs-Berater« (Fachzeitschrift)
BBG	Bundesbeamtengesetz
BbgDSG	Brandenburgisches Datenschutzgesetz
BDSG	Bundesdatenschutzgesetz
BDSG 77	Bundesdatenschutzgesetz von 1977
BDSG 90	Bundesdatenschutzgesetz von 1990
Begr.	Begründung
BetrR	Der Betriebsrat, Schriftenreihe für die Betriebsräte der IG Chemie-Papier-Keramik
BetrVG	Betriebsverfassungsgesetz
BeurkG	Beurkundungsgesetz
BfDI	Bundesbeauftragte(r) für den Datenschutz und die Informationssicherheit
BfD	Bundesbeauftragte(r) für Datenschutz
BGB	Bürgerliches Gesetzbuch
BGBl.	Bundesgesetzblatt
BGH	Bundesgerichtshof
BGHZ	Entscheidungssammlung des BGH in Zivilsachen
BKA	Bundeskriminalamt
BMG	Bundesmeldegesetz
BMH	Bergmann/Möhrle/Herb, Datenschutzrecht, Loseblatt (Stand: Februar 2015)
BMI	Bundesminister des Innern
BMinG	Bundesministergesetz
BNDG	Gesetz über den Bundesnachrichtendienst
BNot0	Bundesnotarordnung
BPersVG	Bundespersonalvertretungsgesetz
BR	Betriebsrat
BRRG	Beamtenrechtsrahmengesetz
BSG	Bundessozialgericht
BT-Drucks.	Drucksache des Deutschen Bundestages
BUrlG	Bundesurlaubsgesetz
BV	Betriebsvereinbarung
BVerfG	Bundesverfassungsgericht
BVerfGE	Entscheidungen des Bundesverfassungsgerichts
BVerfSchG	Bundesverfassungsschutzgesetz
BVerwG	Bundesverwaltungsgericht
BVerwGE	Entscheidungen des Bundesverwaltungsgerichts

Abkürzungsverzeichnis

BZRG	Bundeszentralregistergesetz
bzw.	beziehungsweise
CI	»Computer-Informationen« (Fachzeitschrift)
CF	»Computer-Fachwissen« (Fachzeitschrift)
CR	»Computer und Recht« (Fachzeitschrift)
CuA	»Computer und Arbeit« (Fachzeitschrift)
DANA	»Datenschutz Nachrichten« (Fachzeitschrift)
d.h.	das heißt
DB	»Der Betrieb« (Fachzeitschrift)
dbr	»Der Betriebsrat« (Fachzeitschrift)
DDR	Deutsche Demokratische Republik
ders.	derselbe
dgl.	Dergleichen
dies.	dieselbe(n)
DIN	Deutsche Industrie-Norm(en)
DK	Düsseldorfer Kreis
DKKW	Däubler/Kittner/Klebe/Wedde (Hrsg.), BetrVG, 14. Auflage (2014)
DSB	»Datenschutz-Berater« (Fachzeitschrift)
DS-GVO	EU-Datenschutz-Grundverordnung
DSG	Datenschutzgesetz
DSGNW	Datenschutzgesetz Nordrhein-Westfalen
DuD	»Datenschutz und Datensicherung« (Fachzeitschrift)
DV	Datenverarbeitung
DVBl.	»Deutsches Verwaltungs-Blatt« (Fachzeitschrift)
e.V.	eingetragener Verein
EDV	Elektronische Datenverarbeitung
EG	Europäische Gemeinschaft
EG-DSRl	EG-Richtlinie zum Datenschutz
Einf.	Einführung
Einl.	Einleitung
einschl.	einschließlich
ErfK	Müller-Glöge/Preis/Schmidt (Hrsg.), Erfurter Kommentar zum Arbeitsrecht, 15. Auflage (2015)
Erl.	Erläuterung
ESt	Einigungsstelle
EStsprüche	Einigungsstellensprüche
EU	Europäische Union
EU-DSGVO	Europäische Datenschutz-Grundverordnung
EuGH	Europäischer Gerichtshof
EUGRCh	Europäische Grundrechtecharta
EU-Richtlinie	Europäische Richtlinie
evtl.	eventuell(er)

Abkürzungsverzeichnis

EWG	Europäische Wirtschaftsgemeinschaft
EWiR	Entscheidungen zum Wirtschaftsrecht
EWR	Europäischer Wirtschaftsraum
EzA	Entscheidungssammlung zum Arbeitsrecht
f.	folgende Seite/folgender Paragraph
FamRZ	»Zeitschrift für das gesamte Familienrecht« (Fachzeitschrift)
FG	Finanzgericht
Fitting/FEST	Fitting/Engels/Schmidt/Trebinger/Linsenmaier, Betriebsverfassungsgesetz, Kommentar, 27. Auflage (2014)
ff.	folgende Seiten/folgende Paragraphen
Fn.	Fußnote
GBR	Gesamtbetriebsrat
GCHQ	Government Communications Headquarters (britischer Geheimdienst)
gem.	gemäß
GewO	Gewerbeordnung
GG	Grundgesetz
ggf.	gegebenenfalls
GGS	Göhler/Gürtler/Seitz, Gesetz über Ordnungswidrigkeiten, 16. Aufl. (2012)
GK-AsylVfG	Fritz/Vormeier (Hrsg.), Gemeinschaftskommentar zum Asylverfahrensgesetz, Loseblatt
GK-BetrVG	Wiese/Kreutz/Oetker/Raab/Weber/Franzen/Gutzeit/Jacobs, Gemeinschaftskommentar zum Betriebsverfassungsgesetz, 10. Auflage (2014)
GKS	Göhler/Gürtler/Seitz, Gesetz über Ordnungswidrigkeiten, 16. Auflage 2012
GmbH	Gesellschaft mit beschränkter Haftung
h. M.	herrschende Meinung
HansOLG	Hanseatisches Oberlandesgericht
HDSG	Hessisches Datenschutzgesetz
HessVGH	Hessischer Verwaltungsgerichtshof
HGB	Handelsgesetzbuch
HK-ArbR	Däubler/Hjort/Schubert/Wolmerath, Handkommentar Arbeitsrecht, 3. Auflage (2013)
Hlbs.	Halbsatz, Halbsätze
HmbDSG	Hamburgisches Datenschutzgesetz
Hrsg.	Herausgeber
HWK	Henssler/Willemsen/Kalb, Arbeitsrecht Kommentar, 6. Auflage (2014)
i. d. R.	in der Regel

Abkürzungsverzeichnis

i.d.S.	in diesem Sinn
IFG-Bund	Informationsfreiheitsgesetz des Bundes
i.S.	im Sinne
i.S.v.	im Sinne von
i.Ü.	im Übrigen
i.V.m.	in Verbindung mit
IM	Inoffizieller Mitarbeiter
insb.	Insbesondere
InsO	Insolvenzordnung
IT	Informationstechnik/Informationstechnologie
JZ	Juristenzeitung
KBR	Konzernbetriebsrat
KDZ	Kittner/Däubler/Zwanziger (Hrsg.), KSchR – Kündigungsschutzrecht, 9. Auflage (2014)
KG	Kommanditgesellschaft, Kammergericht
KO	Konkursordnung
K&R	»Kommunikation & Recht« (Fachzeitschrift)
KSchG	Kündigungsschutzgesetz
LAG	Landesarbeitsgericht
LAGE	Entscheidungen der Landesarbeitsgerichte
LDSG	Landesdatenschutzgesetz
LfD	Landesbeauftragte(r) für den Datenschutz
LfDI	Landesbeauftragte(r) für Datenschutz und Informationssicherheit
LG	Landgericht
LRH	Leibholz/Rinck/Hesselberger, Grundgesetz, Kommentar, Loseblatt 6.. Aufl. (1992)
LS	Leitsätze
LVerf	Landesverfassung
m.w.N.	mit weiteren Nachweisen
MADG	Gesetz über den Militärischen Abschirmdienst
MBR	Mitbestimmungsrecht(e)
MDHS	Maunz/Dürig/Herzog/Scholz, Kommentar zum Grundgesetz, Loseblatt
MDStV	Mediendienste-Staatsvertrag
MedR	»Medizinrecht« (Fachzeitschrift)
MfS	Ministerium für Staatssicherheit
MünchArbR	Münchener Handbuch zum Arbeitsrecht, 2 Bände, 3. Aufl. (2009)
NJW	»Neue Juristische Wochenschrift« (Fachzeitschrift)
NJW-COR	Computerreport der Neuen Juristischen Wochenschrift (Fachzeitschrift)

Abkürzungsverzeichnis

NJW-RR	Neue Juristische Wochenschrift Rechtsprechungsreport
NordÖR	Zeitschrift für öffentliches Recht in Norddeutschland
Nr./Nm.	Nummer/Nummern
n. rkr.	nicht rechtskräftig
NSA	National Security Agency (US-Geheimdienst)
NStZ	»Neue Zeitschrift für Strafrecht« (Fachzeitschrift)
NVwZ	»Neue Verwaltungsrechts-Zeitschrift« (Fachzeitschrift)
NW	Nordrhein-Westfalen
NZA	»Neue Zeitschrift für Arbeitsrecht« (Fachzeitschrift)
NZA-RR	»Neue Zeitschrift für Arbeitsrecht« Rechtsprechungsreport
NZG	»Neue Zeitschrift für Gesellschaftsrecht« (Fachzeitschrift)
o. Ä.	oder Ähnliche(s)
OHG	Offene Handelsgesellschaft
OLG	Oberlandesgericht
OVG	Oberverwaltungsgericht
OWiG	Ordnungswidrigkeitengesetz
PAuswG	Personalausweisgesetz
PC	Personal-Computer
PDA	Personal Digital Assistent
PersR	»Der Personalrat« (Fachzeitschrift)
PersV	»Die Personalvertretung« (Fachzeitschrift)
PinG	»Privacy in Germany« (Fachzeitschrift)
PR	Personalrat, Personalräte
PStG	Poststrukturgesetz
RBfD	Datenschutzbeauftragter der Rundfunkanstalten des Bundesrechts
RdA	»Recht der Arbeit« (Fachzeitschrift)
RDV	»Recht der Datenverarbeitung« (Fachzeitschrift)
Rechtspr.	Rechtsprechung
RegE	Regierungsentwurf
RFID	Radio Frequency Identification Device
Rn.	Randnummer/Randnummern
RPG	Roßnagel/Pfitzmann/Garstka, Modernisierung des Datenschutzrechts: Gutachten im Auftrag des Bundesministeriums des Innern (2001)
RVO	Reichsversicherungsordnung
RWHP	Roßnagel/Wedde/Hammer/Pordesch, Die Verletzlichkeit der Informationsgesellschaft, 2. Auflage (1990)
S.	Seite
s. o.	siehe oben
SächsDSG	Sächsisches Datenschutzgesetz
Schufa	Schutzgemeinschaft für allgemeine Kreditsicherung

Abkürzungsverzeichnis

SchwbG	Schwerbehindertengesetz
SGB	Sozialgesetzbuch
SGG	Sozialgerichtsgesetz
sog.	so genannte
SpA	Sprecherausschuss
StBerG	Steuerberatergesetz
Stellvertr.	Stellvertreter/Stellvertretung
StGB	Strafgesetzbuch
StPO	Strafprozessordnung
str.	strittig
SÜG	Sicherheitsüberprüfungsgesetz
SW	Schaffland/Wiltfang, Bundesdatenschutzgesetz, Loseblatt (Stand: August 2015)
TB	Tätigkeitsbericht
TBP	Tinnefeld/Buchner/Petri, Einführung in das Datenschutzrecht, 5. Aufl. (2012)
TDDSG	Teledienstedatenschutzgesetz
TDSV	Telekommunikations-Datenschutzverordnung
TKG	Telekommunikationsgesetz
TMG	Telemediengesetz
TPH	Tinnefeld/Philipps/Heil, Informationsgesellschaft und Rechtskultur in Europa (1995)
TÜV	Technischer Überwachungsverein
TV	Tarifvertrag
u. Ä.	und Ähnliches
ULD	Unabhängiges Landeszentrum für Datenschutz Schleswig Holstein
UN	Unternehmen/Unternehmer
usf.	und so fort
UWG	Gesetz gegen den unlauteren Wettbewerb
v.	von/vom
VergO	Vergleichsordnung
VG	Verwaltungsgericht
VGH	Verwaltungsgerichtshof
vgl.	vergleiche
VoIP	Voice over IP (= Telefonieren über das Internet)
VwVfG	Verwaltungsverfahrensgesetz
WA	Wirtschaftsausschuss
WB	Wolff/Brink, Datenschutzrecht in Bund und Ländern, Kommentar (2013)
WHSSS	Willemsen/Hohenstatt/Schweibert/Seibt, Umstrukturierung und Übertragung von Unternehmen, 4. Auflage (2011)

Abkürzungsverzeichnis

WM	»Wertpapier-Mitteilungen« (Fachzeitschrift)
WPO	Wirtschaftsprüferordnung
WRV	Weimarer Reichsverfassung
WSI-Mitt.	»Monatszeitschrift des Wirtschafts- und Sozialwissenschaftlichen Instituts in der Hans-Böckler-Stiftung« (Fachzeitschrift)
z. B.	zum Beispiel
z. T.	zum Teil
ZD	»Zeitschrift für Datenschutz« (Fachzeitschrift)
ZIP	»Zeitschrift für Wirtschaftsrecht« (Fachzeitschrift)
ZMR	»Zeitschrift für Mietrecht« (Fachzeitschrift)
ZPO	Zivilprozessordnung
ZRP	»Zeitschrift für Rechtspolitik« (Fachzeitschrift)

Literaturverzeichnis

Abel (Hrsg.), Datenschutz in Anwaltschaft, Notariat und Justiz, 2. Aufl. (2003)
Altvater u. a., Bundespersonalvertretungsgesetz – BPersVG, 8. Aufl. (2013)
Ascheid/Preis/Schmidt, Kündigungsrecht, Großkommentar, 4. Aufl. (2012), zit.: Bearbeiter in APS
Auernhammer (Begr.), Bundesdatenschutzgesetz und Nebengesetze, herausgegeben v. Eßer/Kramer/v. Lewinski, Kommentar, 4. Aufl. (2014), zit.: Bearbeiter in Auernhammer
Baldus, Transnationales Polizeirecht (2001)
Bäumler/von Mutius, Anonymität im Internet – Grundlagen, Methoden und Tools zur Realisierung eines Grundrechts (2003) zit.: Bäumler/von Mutius, Anonymität im Internet
Berger/Roth/Scheel, Informationsfreiheitsgesetz Gesetz zur Regelung des Zugangs zu Informationen des Bundes (IFG) Kommentar (2006)
Bergmann, Grenzüberschreitender Datenschutz (1985)
Bergmann/Möhrle/Herb, Datenschutzrecht (Loseblatt, Stand: Februar 2015), zit.: BMH
Bilsdorfer, Die Informationsquellen und -wege der Finanzverwaltung, 8. Aufl. (2009)
Bizer, Forschungsfreiheit und informationelle Selbstbestimmung (1992)
Bizer/von Mutius/Petri/Weichert, Innovativer Datenschutz 1992–2004 – Wünsche, Wege, Wirklichkeit (2004)
Boes/Schwemmle, Bangalore statt Böblingen? – Offshoring und Internationalisierung im IT-Sektor (2005), zit.: Bearbeiter in Boes/Schwemmle
Bolten/Pulte, Aufbewahrungsnormen und Fristen im Personalbereich, 6. Aufl. (2007)
Born, Schadensersatz bei Datenschutzverstößen: ein ökonomisches Instrument des Datenschutzes und seine präventive Wirkung (2001)
Breyer, Die systematische Aufzeichnung und Vorhaltung von Telekommunikations-Verkehrsdaten für staatliche Zwecke in Deutschland (2004)
Buchner, Informationelle Selbstbestimmung im Privatrecht (2006)
Büllesbach, Transnationalität und Datenschutz, Die Verbindlichkeit von Unternehmensregelungen (2008)
Bussche, von dem/Voigt, Konzerndatenschutz, München 2014 (zit.: Bearbeiter in von dem Bussche/Voigt)
Dammann/Simitis, EG-Datenschutzrichtlinie – Kommentar (1997)
Däubler, Das Arbeitsrecht 1, 16. Aufl. (2006), zit.: Däubler, Arbeitsrecht 1
Däubler, Das Arbeitsrecht 2, 12. Aufl. (2009), zit.: Däubler, Arbeitsrecht 2
Däubler, BGB kompakt, 3. Aufl. (2008), zit.: Däubler, BGB kompakt

Literaturverzeichnis

Däubler, Gläserne Belegschaften?, 6. Aufl. (2015), zit.: Däubler, Gläserne Belegschaften?
Däubler, Gläserne Belegschaften?, 3. Aufl. (1994), zit.: Däubler, Gläserne Belegschaften?, 3. Aufl., 1994
Däubler, Internet und Arbeitsrecht, 5. Aufl. (2015)
Däubler/Bertzbach (Hrsg.), Allgemeines Gleichbehandlungsgesetz, 3. Aufl. (2013)
Däubler/Bonin/Deinert, AGB-Kontrolle im Arbeitsrecht, 4. Aufl. (2014)
Däubler/Hjort/Schubert/Wolmerath, Handkommentar Arbeitsrecht, 3. Aufl. (2013), zit.: HK-ArbR-Berabeiter
Däubler/Kittner/Klebe/Wedde (Hrsg.), Betriebsverfassungsgesetz, 14. Aufl. (2014), zit.: Bearbeiter in DKKW
Dörr/Schmidt, Neues Datenschutzgesetz, 2. Aufl. (1992)
Ehmann/Helfrich, EG-Datenschutzrichtlinie
Ellger, Der Datenschutz im grenzüberschreitenden Datenverkehr (1990)
Feest (Hrsg.), Kommentar zum Strafvollzugsgesetz (AK-StVollzG), 6. Aufl. 2012
Fischer, Strafgesetzbuch und Nebengesetze, 62. Aufl. (2015)
Fitting/Engels/Schmidt/Trebinger/Linsenmaier, Betriebsverfassungsgesetz, Kommentar, 27. Aufl. (2014), zit.: Fitting
Forgó/Helfrich/Schneider (Hrsg.), Betrieblicher Datenschutz, Rechtshandbuch, 2014
Fritz/Vormeier (Hrsg.), Gemeinschaftskommentar zum Asylverfahrensgesetz, Loseblatt, zit.: GK-AsylVfG
Geiger/Klinghardt, Stasi-Unterlagen-Gesetz – mit Erläuterungen für die Praxis, 2. Aufl. (2006)
Göhler/Gürtler/Seitz, Gesetz über Ordnungswidrigkeiten, 16. Aufl. (2012), zit.: GGS
Gola/Schomerus, BDSG Bundesdatenschutzgesetz, Kommentar, 12. Aufl. (2015), bearbeitet von Gola, Klug, Körffer
Gola/Klug, Grundzüge des Datenschutzrechts (2003)
Gola/Wronka, Handbuch zum Arbeitnehmerdatenschutz – Rechtsfragen und Handlungshilfen für die betriebliche Praxis, 6. Aufl. (2013)
Gounalakis/Rhode, Persönlichkeitsschutz im Internet (2002)
Griese, Zur Notwendigkeit und Effektivität eines verbesserten datenrechtlichen Persönlichkeitsschutzes im Arbeitsrecht (1987)
Hohmann (Hrsg.), Freiheitssicherung durch Datenschutz (1987)
Hornung, Die digitale Identität – Rechtsprobleme von Chipkartenausweisen (2005)
Leopold, Datenschutzrecht in der anwaltlichen Beratung (2011)
Kilian/Heussen (Hrsg.), Computerrechts-Handbuch, Kap. 13 – Datenschutz, (Loseblattsammlung, Stand: Mai 2012), zit.: Bearbeiter in Kilian/Heussen
Kittner/Däubler/Zwanziger, KSchR – Kündigungsschutzrecht, 9. Aufl. (2014), zit.: KDZ
Koch, Datenschutz-Handbuch für die betriebliche Praxis (1997)
Koch (Hrsg.), Der betriebliche Datenschutzbeauftragte, 5. Aufl. (2003)
Kötz/Wagner, Deliktsrecht, 11. Aufl. (2010)
Kroll, Datenschutz im Arbeitsverhältnis (1981)
Kühling/Seidel/Sivridis, Datenschutzrecht, 2. Aufl. (2011)
Larenz/Canaris, Lehrbuch des Schuldrechts, Allgemeiner Teil, 14. Aufl. (1987)
Leibholz/Rinck/Hesselberger, Grundgesetz, Kommentar, 7. Aufl. (1993), zit.: LRH
Lisken/Denninger, Handbuch des Polizeirechts, 5. Aufl. (2012)

Literaturverzeichnis

Louis, Grundzüge des Datenschutzrechts (1981)
Lübking, Datenschutz in der Kommunalverwaltung, 2. Aufl. (2006)
Mattke, Adressenhandel (1995)
Maunz/Dürig/Herzog/Scholz, Kommentar zum Grundgesetz, 2. Aufl. (1963 ff.), zit.: MDHS
Mucksch, Datenschutz und Datensicherung in Klein- und Mittelbetrieben (1987)
Müller-Glöge/Preis/Schmidt (Hrsg.), Erfurter Kommentar zum Arbeitsrecht, 15. Aufl. (2015), zit.: Bearbeiter in ErfK
Müller/Wächter, Der Datenschutzbeauftragte, 2. Aufl. (1991)
Münchener Handbuch zum Arbeitsrecht, 3 Bände, 2. Aufl. (2000/2001), zit.: Bearbeiter in MünchArbR
Nungesser, Hessisches Datenschutzgesetz, Kommentar, 2. Aufl. (2001)
Palandt (Begr.), BGB 74. Aufl. (2015), zit.: Bearbeiter in Palandt
Petri, Europol – Grenzüberschreitende polizeiliche Tätigkeit in Europa (2001)
Plath (Hrsg.), BDSG Kommentar (2013), zit.: Bearbeiter in Plath
Riegel, Datenschutz bei den Sicherheitsbehörden, 2. Aufl. (1992)
Roßnagel, Handbuch Datenschutzrecht (2003), zit.: Bearbeiter in Roßnagel
Roßnagel/Pfitzmann/Garstka, Modernisierung des Datenschutzrechts: Gutachten im Auftrag des Bundesministeriums des Innern (2001), zit.: RPG
Roßnagel/Wedde/Hammer/Pordesch, Die Verletzlichkeit der Informationsgesellschaft, 2. Aufl. (1990), zit.: RWHP
Schaar, Datenschutz im Internet (2002)
Schaffland/Wiltfang, Bundesdatenschutzgesetz (Loseblatt, Stand: August 2015), zit.: SW
Scheja, Datenschutzrechtliche Zulässigkeit einer weltweiten Kundendatenbank (2006)
Schmidt/Dörr, Stasi-Unterlagengesetz, Kommentar für Betroffene, Wirtschaft und Verwaltung (1993)
Schröder, Die Haftung für Verstöße gegen Privacy Policies und Codes of conduct nach US-amerik. und dtsch. Recht (2007)
Schröder/Taeger, Scoring im Focus: Ökonomische Bedeutung und rechtliche Rahmenbedingungen im internationalen Vergleich (2014)
Schulte (Hrsg.), Enzyklopädie der Rechts- und Staatswissenschaften (2003)
Siemen, Datenschutz als europäisches Grundrecht, (2006)
Simitis (Hrsg.), Kommentar zum Bundesdatenschutzgesetz, 8. Aufl. (2014), zit.: Bearbeiter in Simitis
Simitis/Dammann/Geiger/Mallmann/Walz, Kommentar zum Bundesdatenschutzgesetz (Loseblatt), 4. Aufl. (1992), zit.: Bearbeiter in SDGMW
Simitis/Dammann/Mallmann/Reh, Dokumentation zum BDSG (Loseblatt), zit.: SDMR
Simitis, Schutz von Arbeitnehmerdaten (1980)
Solove/Schwartz, Privacy Law Fundamentals (2011), zit.: Solove/Schwartz
Sokol (Hrsg.), GPS, Internet & Video, Datenschutz am Arbeitsplatz (2009)
Sommer/Brandt/Schröder, Im Netz§werk (2003)
Stange, Datenschutz – Recht und Praxis (1993)
Stoltenberg, Stasi-Unterlagen-Gesetz, Kommentar (1993)
Stylianidis, Rechtsfolgen privater Vaterschaftsbegutachtung (2005)

Literaturverzeichnis

Taeger/Gabel (Hrsg.), Kommentar zum BDSG, 2. Aufl. (2013), zit.: Taeger/Gabel-Bearbeiter
Taeger/Wiebe (Hrsg.), Informatik – Wirtschaft – Recht. Regulierung in der Wissensgesellschaft. Festschrift für Wolfgang Kilian (2004)
Thüsing (Hrsg.), Beschäftigtendatenschutz und Compliance, 2. Aufl. (2014), zit.: Bearbeiter in: Thüsing (Hrsg.), Beschäftigtendatenschutz und Compliance
Tinnefeld/Ehmann/Gerling, Einführung in das Datenschutzrecht, 4. Aufl. (2005), zit.: TEG
Tinnefeld/Buchner/Petri, Einführung in das Datenschutzrecht, 5. Aufl. (2012), zit.: TBP
Tinnefeld/Philipps/Heil, Informationsgesellschaft und Rechtskultur in Europa (1995), zit.: TPH
Unabhängiges Landeszentrum für Datenschutz Schleswig-Holstein, (Verfasser Kamp/Weichert) Scoringsysteme zur Beurteilung der Kreditwürdigkeit (2005), zit.: ULD, Scoringsysteme
Unabhängiges Landeszentrum für Datenschutz Schleswig-Holstein/GP Forschungsgruppe Scoring nach der Datenschutz-Novelle 2009 und neue Entwicklungen (2014), zit.: ULD/GP-Forschungsgruppe, Scoring
Verbraucherzentrale Schleswig-Holstein e. V./Verbraucherzentrale Bundesverband e. V./ Unabhängiges Landeszentrum für Datenschutz Schleswig-Holstein, 99+1 Beispiele und viele Tipps zum Bundesdatenschutzgesetz (2002)
Voss, Europol: Polizei ohne Grenzen (2003)
Wächter, Datenschutz im Unternehmen, 3. Aufl. (2003)
Weberling, Stasi-Unterlagen-Gesetz. Kommentar (1993).
Wedde, Arbeitsrecht – Kompaktkommentar 4. Aufl. (2014), zit.: Bearbeiter in Wedde AR
Wedde, Telearbeit, 3. Aufl. (2002), zit.: Wedde, Telearbeit
Wedde, in Bizer/v. Mutius/Petri/Weichert (Hrsg.), Innovativer Datenschutz – Wünsche, Wege, Wirklichkeit, Festschrift für Bäumler, Kiel 2004, zit.: Wedde, FS Bäumler
Wedde/Schröder, quid! – Das Gütesiegel für Qualität im betrieblichen Datenschutz (2001)
Weichert, Informationelle Selbstbestimmung und strafrechtliche Ermittlung (1990)
Weichert, Kommentar zum AZRG (1998)
Weichert, Rechtsbehelfe im Datenschutz, *www.datenschutzzentrum.de/artikel/809-.html* (2014), zit.: Weichert, Rechtsbehelfe
Weniger, Grenzüberschreitende Datenübermittlungen international tätiger Unternehmen, (2005)
Weth/Herberger/Wächter (Hrsg.), Daten- und Persönlichkeitsschutz im Arbeitsverhältnis, Praxishandbuch zum Arbeitnehmerdatenschutz (2014)
Wiese/Kreutz/Oetker/Raab/Weber/Franzen/Gutzeit/Jacobs, Gemeinschaftskommentar zum Betriebsverfassungsgesetz, 10. Aufl. (2014), zit.: GK-BetrVG
Willemsen/Hohenstatt/Schweibert/Seibt, Umstrukturierung und Übertragung von Unternehmen, 4. Aufl. (2011), zit.: Bearbeiter in WHSS
Wind, Die Kontrolle des Datenschutzes im nicht-öffentlichen Bereich – eine Untersuchung über die Tätigkeit der Datenschutz-Aufsichtsbehörden (1995).
Wohlgemuth, Datenschutz für Arbeitnehmer, 2. Aufl. (1988)

Literaturverzeichnis

Wohlgemuth/Gerloff, Datenschutzrecht – Eine Einführung mit praktischen Fällen, 3. Aufl. (2005)

Wolff/Brink, Datenschutzrecht in Bund und Ländern, (2013), zit.: Bearbeiter in WB

Würmeling, Handelshemmnis Datenschutz. Die Drittländerregelung der Europäischen Datenschutzrichtlinie (2000)

Wybitul/Schultze-Melling, Datenschutz im Unternehmen, 2. Aufl. (2014)

Zilkens, Datenschutz in der Kommunalverwaltung, 4. Aufl. (2014)

Zöllner, Daten- und Informationsschutz im Arbeitsverhältnis, 2. Aufl. (1983)

Bundesdatenschutzgesetz (BDSG)

in der Fassung der Bekanntmachung vom 14. Januar 2003 (BGBl. I S. 66), zuletzt geändert durch Gesetz vom 25. Februar 2015 (BGBl. I S. 162)

Erster Abschnitt
Allgemeine und gemeinsame Bestimmungen
§ 1 Zweck und Anwendungsbereich des Gesetzes
§ 2 Öffentliche und nicht-öffentliche Stellen
§ 3 Weitere Begriffsbestimmungen
§ 3a Datenvermeidung und Datensparsamkeit
§ 4 Zulässigkeit der Datenerhebung, -verarbeitung und -nutzung
§ 4a Einwilligung
§ 4b Übermittlung personenbezogener Daten ins Ausland sowie an über- und zwischenstaatliche Stellen
§ 4c Ausnahmen
§ 4d Meldepflicht
§ 4e Inhalt der Meldepflicht
§ 4f Beauftragter für den Datenschutz
§ 4g Aufgaben des Beauftragten für den Datenschutz
§ 5 Datengeheimnis
§ 6 Rechte des Betroffenen
§ 6a Automatisierte Einzelentscheidung
§ 6b Beobachtung öffentlich zugänglicher Räume mit optisch-elektronischen Einrichtungen
§ 6c Mobile personenbezogene Speicher- und Verarbeitungsmedien
§ 7 Schadensersatz
§ 8 Schadensersatz bei automatisierter Datenverarbeitung durch öffentliche Stellen
§ 9 Technische und organisatorische Maßnahmen
§ 9a Datenschutzaudit
§ 10 Einrichtung automatisierter Abrufverfahren
§ 11 Erhebung, Verarbeitung oder Nutzung personenbezogener Daten im Auftrag

Zweiter Abschnitt
Datenverarbeitung der öffentlichen Stellen

Erster Unterabschnitt
Rechtsgrundlagen der Datenverarbeitung
§ 12 Anwendungsbereich

Bundesdatenschutzgesetz (BDSG)

§ 13 Datenerhebung
§ 14 Datenspeicherung, -veränderung und -nutzung
§ 15 Datenübermittlung an öffentliche Stellen
§ 16 Datenübermittlung an nicht-öffentliche Stellen
§ 17 *weggefallen*
§ 18 Durchführung des Datenschutzes in der Bundesverwaltung

Zweiter Unterabschnitt
Rechte des Betroffenen
§ 19 Auskunft an den Betroffenen
§ 19a Benachrichtigung
§ 20 Berichtigung, Löschung und Sperrung von Daten; Widerspruchsrecht
§ 21 Anrufung der oder des Bundesbeauftragten für den Datenschutz und die Informationsfreiheit

Dritter Unterabschnitt
Die oder der Bundesbeauftragte für den Datenschutz und die Informationsfreiheit
§ 22 Wahl und Unabhängigkeit der oder des Bundesbeauftragten für den Datenschutz und die Informationsfreiheit
§ 23 Rechtsstellung der oder des Bundesbeauftragten für den Datenschutz und die Informationsfreiheit
§ 24 Kontrolle durch die Bundesbeauftragte oder den Bundesbeauftragten für den Datenschutz und die Informationsfreiheit
§ 25 Beanstandungen durch die Bundesbeauftragte oder den Bundesbeauftragten für den Datenschutz und die Informationsfreiheit
§ 26 Weitere Aufgaben der oder des Bundesbeauftragten für den Datenschutz und die Informationsfreiheit

Dritter Abschnitt
Datenverarbeitung nicht-öffentlicher Stellen und öffentlich-rechtlicher Wettbewerbsunternehmen

Erster Unterabschnitt
Rechtsgrundlagen der Datenverarbeitung
§ 27 Anwendungsbereich
§ 28 Datenerhebung und -speicherung für eigene Geschäftszwecke
§ 28a Datenübermittlung an Auskunfteien
§ 28b Scoring
§ 29 Geschäftsmäßige Datenerhebung und -speicherung zum Zweck der Übermittlung
§ 30 Geschäftsmäßige Datenerhebung und -speicherung zum Zweck der Übermittlung in anonymisierter Form
§ 30a Geschäftsmäßige Datenerhebung und -speicherung für Zwecke der Markt- oder Meinungsforschung

Bundesdatenschutzgesetz (BDSG)

§ 31 Besondere Zweckbindung
§ 32 Datenerhebung, -verarbeitung und -nutzung für Zwecke des Beschäftigungsverhältnisses

Zweiter Unterabschnitt
Rechte des Betroffenen
§ 33 Benachrichtigung des Betroffenen
§ 34 Auskunft an den Betroffenen
§ 35 Berichtigung, Löschung und Sperrung von Daten

Dritter Unterabschnitt
Aufsichtsbehörde
§ 36 *weggefallen*
§ 37 *weggefallen*
§ 38 Aufsichtsbehörde
§ 38a Verhaltensregeln zur Förderung der Durchführung datenschutzrechtlicher Regelungen

Vierter Abschnitt
Sondervorschriften
§ 39 Zweckbindung bei personenbezogenen Daten, die einem Berufs- oder besonderen Amtsgeheimnis unterliegen
§ 40 Verarbeitung und Nutzung personenbezogener Daten durch Forschungseinrichtungen
§ 41 Erhebung, Verarbeitung und Nutzung personenbezogener Daten durch die Medien
§ 42 Datenschutzbeauftragter der Deutschen Welle
§ 42a Informationspflicht bei unrechtmäßiger Kenntniserlangung von Daten

Fünfter Abschnitt
Schlussvorschriften
§ 43 Bußgeldvorschriften
§ 44 Strafvorschriften

Sechster Abschnitt
Übergangsvorschriften
§ 45 Laufende Verwendungen
§ 46 Weitergeltung von Begriffsbestimmungen
§ 47 Übergangsregelung
§ 48 Bericht der Bundesregierung
Anlage zu § 9 Satz 1

Bundesdatenschutzgesetz (BDSG)

Erster Abschnitt
Allgemeine und gemeinsame Bestimmungen

§ 1 Zweck und Anwendungsbereich des Gesetzes

(1) Zweck dieses Gesetzes ist es, den Einzelnen davor zu schützen, dass er durch den Umgang mit seinen personenbezogenen Daten in seinem Persönlichkeitsrecht beeinträchtigt wird.

(2) Dieses Gesetz gilt für die Erhebung, Verarbeitung und Nutzung personenbezogener Daten durch
1. öffentliche Stellen des Bundes,
2. öffentliche Stellen der Länder, soweit der Datenschutz nicht durch Landesgesetz geregelt ist und soweit sie
   a) Bundesrecht ausführen oder
   b) als Organe der Rechtspflege tätig werden und es sich nicht um Verwaltungsangelegenheiten handelt,
3. nicht-öffentliche Stellen, soweit sie die Daten unter Einsatz von Datenverarbeitungsanlagen verarbeiten, nutzen oder dafür erheben oder die Daten in oder aus nicht automatisierten Dateien verarbeiten, nutzen oder dafür erheben, es sei denn, die Erhebung, Verarbeitung oder Nutzung der Daten erfolgt ausschließlich für persönliche oder familiäre Tätigkeiten.

(3) Soweit andere Rechtsvorschriften des Bundes auf personenbezogene Daten einschließlich deren Veröffentlichung anzuwenden sind, gehen sie den Vorschriften dieses Gesetzes vor. Die Verpflichtung zur Wahrung gesetzlicher Geheimhaltungspflichten oder von Berufs- oder besonderen Amtsgeheimnissen, die nicht auf gesetzlichen Vorschriften beruhen, bleibt unberührt.

(4) Die Vorschriften dieses Gesetzes gehen denen des Verwaltungsverfahrensgesetzes vor, soweit bei der Ermittlung des Sachverhalts personenbezogene Daten verarbeitet werden.

(5) Dieses Gesetz findet keine Anwendung, sofern eine in einem anderen Mitgliedstaat der Europäischen Union oder in einem anderen Vertragsstaat des Abkommens über den Europäischen Wirtschaftsraum belegene verantwortliche Stelle personenbezogene Daten im Inland erhebt, verarbeitet oder nutzt, es sei denn, dies erfolgt durch eine Niederlassung im Inland. Dieses Gesetz findet Anwendung, sofern eine verantwortliche Stelle, die nicht in einem Mitgliedstaat der Europäischen Union oder in einem anderen Vertragsstaat des Abkommens über den Europäischen Wirtschaftsraum belegen ist, personenbezogene Daten im Inland erhebt, verarbeitet oder nutzt. Soweit die verantwortliche Stelle nach diesem Gesetz zu nennen ist, sind auch Angaben über im Inland ansässige Vertreter zu machen. Die Sätze 2 und 3 gelten nicht, sofern Datenträger nur zum Zwecke des Transits durch das Inland eingesetzt werden. § 38 Abs. 1 Satz 1 bleibt unberührt.

§ 2 Öffentliche und nicht-öffentliche Stellen

(1) Öffentliche Stellen des Bundes sind die Behörden, die Organe der Rechtspflege und andere öffentlich-rechtlich organisierte Einrichtungen des Bundes, der bundesunmittel-

Bundesdatenschutzgesetz (BDSG)

baren Körperschaften, Anstalten und Stiftungen des öffentlichen Rechts sowie deren Vereinigungen ungeachtet ihrer Rechtsform. Als öffentliche Stellen gelten die aus dem Sondervermögen Deutsche Bundespost durch Gesetz hervorgegangenen Unternehmen, solange ihnen ein ausschließliches Recht nach dem Postgesetz zusteht.
(2) Öffentliche Stellen der Länder sind die Behörden, die Organe der Rechtspflege und andere öffentlich-rechtlich organisierte Einrichtungen eines Landes, einer Gemeinde, eines Gemeindeverbandes und sonstiger der Aufsicht des Landes unterstehender juristischer Personen des öffentlichen Rechts sowie deren Vereinigungen ungeachtet ihrer Rechtsform.
(3) Vereinigungen des privaten Rechts von öffentlichen Stellen des Bundes und der Länder, die Aufgaben der öffentlichen Verwaltung wahrnehmen, gelten ungeachtet der Beteiligung nicht-öffentlicher Stellen als öffentliche Stellen des Bundes, wenn
1. sie über den Bereich eines Landes hinaus tätig werden oder
2. dem Bund die absolute Mehrheit der Anteile gehört oder die absolute Mehrheit der Stimmen zusteht.

Andernfalls gelten sie als öffentliche Stellen der Länder.
(4) Nicht-öffentliche Stellen sind natürliche und juristische Personen, Gesellschaften und andere Personenvereinigungen des privaten Rechts, soweit sie nicht unter die Absätze 1 bis 3 fallen. Nimmt eine nicht-öffentliche Stelle hoheitliche Aufgaben der öffentlichen Verwaltung wahr, ist sie insoweit öffentliche Stelle im Sinne dieses Gesetzes.

§ 3 Weitere Begriffsbestimmungen

(1) Personenbezogene Daten sind Einzelangaben über persönliche oder sachliche Verhältnisse einer bestimmten oder bestimmbaren natürlichen Person (Betroffener).
(2) Automatisierte Verarbeitung ist die Erhebung, Verarbeitung oder Nutzung personenbezogener Daten unter Einsatz von Datenverarbeitungsanlagen. Eine nicht automatisierte Datei ist jede nicht automatisierte Sammlung personenbezogener Daten, die gleichartig aufgebaut ist und nach bestimmten Merkmalen zugänglich ist und ausgewertet werden kann.
(3) Erheben ist das Beschaffen von Daten über den Betroffenen.
(4) Verarbeiten ist das Speichern, Verändern, Übermitteln, Sperren und Löschen personenbezogener Daten. Im Einzelnen ist, ungeachtet der dabei angewendeten Verfahren:
1. Speichern das Erfassen, Aufnehmen oder Aufbewahren personenbezogener Daten auf einem Datenträger zum Zwecke ihrer weiteren Verarbeitung oder Nutzung,
2. Verändern das inhaltliche Umgestalten gespeicherter personenbezogener Daten,
3. Übermitteln das Bekanntgeben gespeicherter oder durch Datenverarbeitung gewonnener personenbezogener Daten an einen Dritten in der Weise, dass
    a) die Daten an den Dritten weitergegeben werden oder
    b) der Dritte zur Einsicht oder zum Abruf bereitgehaltene Daten einsieht oder abruft,
4. Sperren das Kennzeichnen gespeicherter personenbezogener Daten, um ihre weitere Verarbeitung oder Nutzung einzuschränken,
5. Löschen das Unkenntlich machen gespeicherter personenbezogener Daten.

Bundesdatenschutzgesetz (BDSG)

(5) Nutzen ist jede Verwendung personenbezogener Daten, soweit es sich nicht um Verarbeitung handelt.

(6) Anonymisieren ist das Verändern personenbezogener Daten derart, dass die Einzelangaben über persönliche oder sachliche Verhältnisse nicht mehr oder nur mit einem unverhältnismäßig großen Aufwand an Zeit, Kosten und Arbeitskraft einer bestimmten oder bestimmbaren natürlichen Person zugeordnet werden können.

(6a) Pseudonymisieren ist das Ersetzen des Namens und anderer Identifikationsmerkmale durch ein Kennzeichen zu dem Zweck, die Bestimmung des Betroffenen auszuschließen oder wesentlich zu erschweren.

(7) Verantwortliche Stelle ist jede Person oder Stelle, die personenbezogene Daten für sich selbst erhebt, verarbeitet oder nutzt oder dies durch andere im Auftrag vornehmen lässt.

(8) Empfänger ist jede Person oder Stelle, die Daten erhält. Dritter ist jede Person oder Stelle außerhalb der verantwortlichen Stelle. Dritte sind nicht der Betroffene sowie Personen und Stellen, die im Inland, in einem anderen Mitgliedstaat der Europäischen Union oder in einem anderen Vertragsstaat des Abkommens über den Europäischen Wirtschaftsraum personenbezogene Daten im Auftrag erheben, verarbeiten oder nutzen.

(9) Besondere Arten personenbezogener Daten sind Angaben über die rassische und ethnische Herkunft, politische Meinungen, religiöse oder philosophische Überzeugungen, Gewerkschaftszugehörigkeit, Gesundheit oder Sexualleben.

(10) Mobile personenbezogene Speicher- und Verarbeitungsmedien sind Datenträger,
1. die an den Betroffenen ausgegeben werden,
2. auf denen personenbezogene Daten über die Speicherung hinaus durch die ausgebende oder eine andere Stelle automatisiert verarbeitet werden können und
3. bei denen der Betroffene diese Verarbeitung nur durch den Gebrauch des Mediums beeinflussen kann.

(11) Beschäftigte sind:
1. Arbeitnehmerinnen und Arbeitnehmer
2. zu ihrer Berufsbildung Beschäftigte
3. Teilnehmerinnen und Teilnehmer an Leistungen zur Teilhabe am Arbeitsleben sowie an Abklärungen der beruflichen Eignung oder Arbeitserprobung (Rehabilitandinnen und Rehabilitanden),
4. in anerkannten Werkstätten für behinderte Menschen Beschäftigte,
5. nach dem Jugendfreiwilligendienstegesetz Beschäftigte,
6. Personen, die wegen ihrer wirtschaftlichen Unselbständigkeit als arbeitnehmerähnliche Personen anzusehen sind; zu diesen gehören auch die in Heimarbeit Beschäftigten und die ihnen Gleichgestellten,
7. Bewerberinnen und Bewerber für ein Beschäftigungsverhältnis sowie Personen, deren Beschäftigungsverhältnis beendet ist,
8. Beamtinnen, Beamte, Richterinnen und Richter des Bundes, Soldatinnen und Soldaten sowie Zivildienstleistende.

Bundesdatenschutzgesetz (BDSG)

§ 3 a Datenvermeidung und Datensparsamkeit

Die Erhebung, Verarbeitung und Nutzung personenbezogener Daten und die Auswahl und Gestaltung von Datenverarbeitungssystemen sind an dem Ziel auszurichten, so wenig personenbezogene Daten wie möglich zu erheben, zu verarbeiten oder zu nutzen. Insbesondere sind personenbezogene Daten zu anonymisieren oder zu pseudonymisieren, soweit dies nach dem Verwendungszweck möglich ist und keinen im Verhältnis zu dem angestrebten Schutzzweck unverhältnismäßigen Aufwand erfordert.

§ 4 Zulässigkeit der Datenerhebung, -verarbeitung und -nutzung

(1) Die Erhebung, Verarbeitung und Nutzung personenbezogener Daten sind nur zulässig, soweit dieses Gesetz oder eine andere Rechtsvorschrift dies erlaubt oder anordnet oder der Betroffene eingewilligt hat.
(2) Personenbezogene Daten sind beim Betroffenen zu erheben. Ohne seine Mitwirkung dürfen sie nur erhoben werden, wenn
1. eine Rechtsvorschrift dies vorsieht oder zwingend voraussetzt oder
2. a) die zu erfüllende Verwaltungsaufgabe ihrer Art nach oder der Geschäftszweck eine Erhebung bei anderen Personen oder Stellen erforderlich macht oder
 b) die Erhebung beim Betroffenen einen unverhältnismäßigen Aufwand erfordern würde

und keine Anhaltspunkte dafür bestehen, dass überwiegende schutzwürdige Interessen des Betroffenen beeinträchtigt werden.
(3) Werden personenbezogene Daten beim Betroffenen erhoben, so ist er, sofern er nicht bereits auf andere Weise Kenntnis erlangt hat, von der verantwortlichen Stelle über
1. die Identität der verantwortlichen Stelle,
2. die Zweckbestimmungen der Erhebung, Verarbeitung oder Nutzung und
3. die Kategorien von Empfängern nur, soweit der Betroffene nach den Umständen des Einzelfalles nicht mit der Übermittlung an diese rechnen muss,

zu unterrichten. Werden personenbezogene Daten beim Betroffenen aufgrund einer Rechtsvorschrift erhoben, die zur Auskunft verpflichtet, oder ist die Erteilung der Auskunft Voraussetzung für die Gewährung von Rechtsvorteilen, so ist der Betroffene hierauf, sonst auf die Freiwilligkeit seiner Angaben hinzuweisen. Soweit nach den Umständen des Einzelfalles erforderlich oder auf Verlangen, ist er über die Rechtsvorschrift und über die Folgen der Verweigerung von Angaben aufzuklären.

§ 4 a Einwilligung

(1) Die Einwilligung ist nur wirksam, wenn sie auf der freien Entscheidung des Betroffenen beruht. Er ist auf den vorgesehenen Zweck der Erhebung, Verarbeitung oder Nutzung sowie, soweit nach den Umständen des Einzelfalles erforderlich oder auf Verlangen, auf die Folgen der Verweigerung der Einwilligung hinzuweisen. Die Einwilligung bedarf der Schriftform, soweit nicht wegen besonderer Umstände eine andere Form angemessen ist. Soll die Einwilligung zusammen mit anderen Erklärungen schriftlich erteilt werden, ist sie besonders hervorzuheben.

Bundesdatenschutzgesetz (BDSG)

(2) Im Bereich der wissenschaftlichen Forschung liegt ein besonderer Umstand im Sinne von Absatz 1 Satz 3 auch dann vor, wenn durch die Schriftform der bestimmte Forschungszweck erheblich beeinträchtigt würde. In diesem Fall sind der Hinweis nach Absatz 1 Satz 2 und die Gründe, aus denen sich die erhebliche Beeinträchtigung des bestimmten Forschungszwecks ergibt, schriftlich festzuhalten.
(3) Soweit besondere Arten personenbezogener Daten (§ 3 Abs. 9) erhoben, verarbeitet oder genutzt werden, muss sich die Einwilligung darüber hinaus ausdrücklich auf diese Daten beziehen.

§ 4 b Übermittlung personenbezogener Daten ins Ausland sowie an über- oder zwischenstaatliche Stellen

(1) Für die Übermittlung personenbezogener Daten an Stellen
1. in anderen Mitgliedstaaten der Europäischen Union,
2. in anderen Vertragsstaaten des Abkommens über den Europäischen Wirtschaftsraum oder
3. der Organe und Einrichtungen der Europäischen Gemeinschaften
gelten § 15 Abs. 1, § 16 Abs. 1 und §§ 28 bis 30a nach Maßgabe der für diese Übermittlung geltenden Gesetze und Vereinbarungen, soweit die Übermittlung im Rahmen von Tätigkeiten erfolgt, die ganz oder teilweise in den Anwendungsbereich des Rechts der Europäischen Gemeinschaften fallen.
(2) Für die Übermittlung personenbezogener Daten an Stellen nach Absatz 1, die nicht im Rahmen von Tätigkeiten erfolgt, die ganz oder teilweise in den Anwendungsbereich des Rechts der Europäischen Gemeinschaften fallen, sowie an sonstige ausländische oder über oder zwischenstaatliche Stellen gilt Absatz 1 entsprechend. Die Übermittlung unterbleibt, soweit der Betroffene ein schutzwürdiges Interesse an dem Ausschluss der Übermittlung hat, insbesondere wenn bei den in Satz 1 genannten Stellen ein angemessenes Datenschutzniveau nicht gewährleistet ist. Satz 2 gilt nicht, wenn die Übermittlung zur Erfüllung eigener Aufgaben einer öffentlichen Stelle des Bundes aus zwingenden Gründen der Verteidigung oder der Erfüllung über- oder zwischenstaatlicher Verpflichtungen auf dem Gebiet der Krisenbewältigung oder Konfliktverhinderung oder für humanitäre Maßnahmen erforderlich ist.
(3) Die Angemessenheit des Schutzniveaus wird unter Berücksichtigung aller Umstände beurteilt, die bei einer Datenübermittlung oder einer Kategorie von Datenübermittlungen von Bedeutung sind; insbesondere können die Art der Daten, die Zweckbestimmung, die Dauer der geplanten Verarbeitung, das Herkunfts- und das Endbestimmungsland, die für den betreffenden Empfänger geltenden Rechtsnormen sowie die für ihn geltenden Standesregeln und Sicherheitsmaßnahmen herangezogen werden.
(4) In den Fällen des § 16 Abs. 1 Nr. 2 unterrichtet die übermittelnde Stelle den Betroffenen von der Übermittlung seiner Daten. Dies gilt nicht, wenn damit zu rechnen ist, dass er davon auf andere Weise Kenntnis erlangt, oder wenn die Unterrichtung die öffentliche Sicherheit gefährden oder sonst dem Wohl des Bundes oder eines Landes Nachteile bereiten würde.
(5) Die Verantwortung für die Zulässigkeit der Übermittlung trägt die übermittelnde Stelle.

Bundesdatenschutzgesetz (BDSG)

(6) Die Stelle, an die die Daten übermittelt werden, ist auf den Zweck hinzuweisen, zu dessen Erfüllung die Daten übermittelt werden.

§ 4c Ausnahmen

(1) Im Rahmen von Tätigkeiten, die ganz oder teilweise in den Anwendungsbereich des Rechts der Europäischen Gemeinschaften fallen, ist eine Übermittlung personenbezogener Daten an andere als die in § 4b Abs. 1 genannten Stellen, auch wenn bei ihnen ein angemessenes Datenschutzniveau nicht gewährleistet ist, zulässig, sofern
1. der Betroffene seine Einwilligung gegeben hat,
2. die Übermittlung für die Erfüllung eines Vertrags zwischen dem Betroffenen und der verantwortlichen Stelle oder zur Durchführung von vorvertraglichen Maßnahmen, die auf Veranlassung des Betroffenen getroffen worden sind, erforderlich ist,
3. die Übermittlung zum Abschluss oder zur Erfüllung eines Vertrags erforderlich ist, der im Interesse des Betroffenen von der verantwortlichen Stelle mit einem Dritten geschlossen wurde oder geschlossen werden soll,
4. die Übermittlung für die Wahrung eines wichtigen öffentlichen Interesses oder zur Geltendmachung, Ausübung oder Verteidigung von Rechtsansprüchen vor Gericht erforderlich ist,
5. die Übermittlung für die Wahrung lebenswichtiger Interessen des Betroffenen erforderlich ist oder
6. die Übermittlung aus einem Register erfolgt, das zur Information der Öffentlichkeit bestimmt ist und entweder der gesamten Öffentlichkeit oder allen Personen, die ein berechtigtes Interesse nachweisen können, zur Einsichtnahme offen steht, soweit die gesetzlichen Voraussetzungen im Einzelfall gegeben sind.

Die Stelle, an die die Daten übermittelt werden, ist darauf hinzuweisen, dass die übermittelten Daten nur zu dem Zweck verarbeitet oder genutzt werden dürfen, zu dessen Erfüllung sie übermittelt werden.

(2) Unbeschadet des Absatzes 1 Satz 1 kann die zuständige Aufsichtsbehörde einzelne Übermittlungen oder bestimmte Arten von Übermittlungen personenbezogener Daten an andere als die in § 4b Abs. 1 genannten Stellen genehmigen, wenn die verantwortliche Stelle ausreichende Garantien hinsichtlich des Schutzes des Persönlichkeitsrechts und der Ausübung der damit verbundenen Rechte vorweist; die Garantien können sich insbesondere aus Vertragsklauseln oder verbindlichen Unternehmensregelungen ergeben. Bei den Post- und Telekommunikationsunternehmen ist die oder der Bundesbeauftragte für den Datenschutz und die Informationsfreiheit zuständig. Sofern die Übermittlung durch öffentliche Stellen erfolgen soll, nehmen diese die Prüfung nach Satz 1 vor.

(3) Die Länder teilen dem Bund die nach Absatz 2 Satz 1 ergangenen Entscheidungen mit.

§ 4d Meldepflicht

(1) Verfahren automatisierter Verarbeitungen sind vor ihrer Inbetriebnahme von nichtöffentlichen verantwortlichen Stellen der zuständigen Aufsichtsbehörde und von öf-

Bundesdatenschutzgesetz (BDSG)

fentlichen verantwortlichen Stellen des Bundes sowie von den Post- und Telekommunikationsunternehmen der oder dem Bundesbeauftragten für den Datenschutz und die Informationsfreiheit nach Maßgabe von § 4 e zu melden.
(2) Die Meldepflicht entfällt, wenn die verantwortliche Stelle einen Beauftragten für den Datenschutz bestellt hat.
(3) Die Meldepflicht entfällt ferner, wenn die verantwortliche Stelle personenbezogene Daten für eigene Zwecke erhebt, verarbeitet oder nutzt, hierbei in der Regel höchstens neun Personen ständig mit der Erhebung, Verarbeitung oder Nutzung personenbezogener Daten beschäftigt und entweder eine Einwilligung des Betroffenen vorliegt oder die Erhebung, Verarbeitung oder Nutzung für die Begründung, Durchführung oder Beendigung eines rechtsgeschäftlichen oder rechtsgeschäftsähnlichen Schuldverhältnisses mit dem Betroffenen erforderlich ist.
(4) Die Absätze 2 und 3 gelten nicht, wenn es sich um automatisierte Verarbeitungen handelt, in denen geschäftsmäßig personenbezogene Daten von der jeweiligen Stelle
1. zum Zweck der Übermittlung,
2. zum Zweck der anonymisierten Übermittlung oder
3. für Zwecke der Markt- oder Meinungsforschung
gespeichert werden.
(5) Soweit automatisierte Verarbeitungen besondere Risiken für die Rechte und Freiheiten der Betroffenen aufweisen, unterliegen sie der Prüfung vor Beginn der Verarbeitung (Vorabkontrolle). Eine Vorabkontrolle ist insbesondere durchzuführen, wenn
1. besondere Arten personenbezogener Daten (§ 3 Abs. 9) verarbeitet werden oder
2. die Verarbeitung personenbezogener Daten dazu bestimmt ist, die Persönlichkeit des Betroffenen zu bewerten einschließlich seiner Fähigkeiten, seiner Leistung oder seines Verhaltens,
es sei denn, dass eine gesetzliche Verpflichtung oder eine Einwilligung des Betroffenen vorliegt oder die Erhebung, Verarbeitung oder Nutzung für die Begründung, Durchführung oder Beendigung eines rechtsgeschäftlichen oder rechtsgeschäftsähnlichen Schuldverhältnisses mit dem Betroffenen erforderlich ist.
(6) Zuständig für die Vorabkontrolle ist der Beauftragte für den Datenschutz. Dieser nimmt die Vorabkontrolle nach Empfang der Übersicht nach § 4g Abs. 2 Satz 1 vor. Er hat sich in Zweifelsfällen an die Aufsichtsbehörde oder bei den Post- und Telekommunikationsunternehmen an die Bundesbeauftragte oder den Bundesbeauftragten für den Datenschutz und die Informationsfreiheit zu wenden.

§ 4 e   Inhalt der Meldepflicht

Sofern Verfahren automatisierter Verarbeitungen meldepflichtig sind, sind folgende Angaben zu machen:
1. Name oder Firma der verantwortlichen Stelle,
2. Inhaber, Vorstände, Geschäftsführer oder sonstige gesetzliche oder nach der Verfassung des Unternehmens berufene Leiter und die mit der Leitung der Datenverarbeitung beauftragten Personen,
3. Anschrift der verantwortlichen Stelle,
4. Zweckbestimmungen der Datenerhebung, -verarbeitung oder -nutzung,

Bundesdatenschutzgesetz (BDSG)

5. eine Beschreibung der betroffenen Personengruppen und der diesbezüglichen Daten oder Datenkategorien,
6. Empfänger oder Kategorien von Empfängern, denen die Daten mitgeteilt werden können,
7. Regelfristen für die Löschung der Daten,
8. eine geplante Datenübermittlung in Drittstaaten,
9. eine allgemeine Beschreibung, die es ermöglicht, vorläufig zu beurteilen, ob die Maßnahmen nach § 9 zur Gewährleistung der Sicherheit der Verarbeitung angemessen sind.

§ 4d Abs. 1 und 4 gilt für die Änderung der nach Satz 1 mitgeteilten Angaben sowie für den Zeitpunkt der Aufnahme und der Beendigung der meldepflichtigen Tätigkeit entsprechend.

§ 4f Beauftragter für den Datenschutz

(1) Öffentliche und nicht-öffentliche Stellen, die personenbezogene Daten automatisiert verarbeiten, haben einen Beauftragten für den Datenschutz schriftlich zu bestellen. Nicht-öffentliche Stellen sind hierzu spätestens innerhalb eines Monats nach Aufnahme ihrer Tätigkeit verpflichtet. Das Gleiche gilt, wenn personenbezogene Daten auf andere Weise erhoben, verarbeitet oder genutzt werden und damit in der Regel mindestens 20 Personen beschäftigt sind. Die Sätze 1 und 2 gelten nicht für die nicht-öffentlichen Stellen, die in der Regel höchstens neun Personen ständig mit der automatisierten Verarbeitung personenbezogener Daten beschäftigen. Soweit aufgrund der Struktur einer öffentlichen Stelle erforderlich, genügt die Bestellung eines Beauftragten für den Datenschutz für mehrere Bereiche. Soweit nicht-öffentliche Stellen automatisierte Verarbeitungen vornehmen, die einer Vorabkontrolle unterliegen oder personenbezogene Daten geschäftsmäßig zum Zweck der Übermittlung, der anonymisierten Übermittlung oder für Zwecke der Markt- oder Meinungsforschung automatisiert verarbeiten, haben sie unabhängig von der Anzahl der mit der automatisierten Verarbeitung beschäftigten Personen einen Beauftragten für den Datenschutz zu bestellen.

(2) Zum Beauftragten für den Datenschutz darf nur bestellt werden, wer die zur Erfüllung seiner Aufgaben erforderliche Fachkunde und Zuverlässigkeit besitzt. Das Maß der erforderlichen Fachkunde bestimmt sich insbesondere nach dem Umfang der Datenverarbeitung der verantwortlichen Stelle und dem Schutzbedarf der personenbezogenen Daten, die die verantwortliche Stelle erhebt oder verwendet. Zum Beauftragten für den Datenschutz kann auch eine Person außerhalb der verantwortlichen Stelle bestellt werden; die Kontrolle erstreckt sich auch auf personenbezogene Daten, die einem Berufs- oder besonderen Amtsgeheimnis, insbesondere dem Steuergeheimnis nach § 30 der Abgabenordnung, unterliegen. Öffentliche Stellen können mit Zustimmung ihrer Aufsichtsbehörde einen Bediensteten aus einer anderen öffentlichen Stelle zum Beauftragten für den Datenschutz bestellen.

(3) Der Beauftragte für den Datenschutz ist dem Leiter der öffentlichen oder nicht-öffentlichen Stelle unmittelbar zu unterstellen. Er ist in Ausübung seiner Fachkunde auf dem Gebiet des Datenschutzes weisungsfrei. Er darf wegen der Erfüllung seiner Aufgaben nicht benachteiligt werden. Die Bestellung zum Beauftragten für den Datenschutz

Bundesdatenschutzgesetz (BDSG)

kann in entsprechender Anwendung von § 626 des Bürgerlichen Gesetzbuches, bei nicht-öffentlichen Stellen auch auf Verlangen der Aufsichtsbehörde, widerrufen werden. Ist nach Absatz 1 ein Beauftragter für den Datenschutz zu bestellen, so ist die Kündigung des Arbeitsverhältnisses unzulässig, es sei denn, dass Tatsachen vorliegen, welche die verantwortliche Stelle zur Kündigung aus wichtigem Grund ohne Einhaltung einer Kündigungsfrist berechtigen. Nach der Abberufung als Beauftragter für den Datenschutz ist die Kündigung innerhalb eines Jahres nach der Beendigung der Bestellung unzulässig, es sei denn, dass die verantwortliche Stelle zur Kündigung aus wichtigem Grund ohne Einhaltung einer Kündigungsfrist berechtigt ist. Zur Erhaltung der zur Erfüllung seiner Aufgaben erforderlichen Fachkunde hat die verantwortliche Stelle dem Beauftragten für den Datenschutz die Teilnahme an Fort-und Weiterbildungsveranstaltungen zu ermöglichen und deren Kosten zu übernehmen.
(4) Der Beauftragte für den Datenschutz ist zur Verschwiegenheit über die Identität des Betroffenen sowie über Umstände, die Rückschlüsse auf den Betroffenen zulassen, verpflichtet, soweit er nicht davon durch den Betroffenen befreit wird.
(4a) Soweit der Beauftragte für den Datenschutz bei seiner Tätigkeit Kenntnis von Daten erhält, für die dem Leiter oder einer bei der öffentlichen und nicht-öffentlichen Stelle beschäftigten Person aus beruflichen Gründen ein Zeugnisverweigerungsrecht zusteht, steht dieses Recht auch dem Beauftragten für den Datenschutz und dessen Hilfspersonal zu. Über die Ausübung dieses Rechtes entscheidet die Person, der das Zeugnisverweigerungsrecht aus beruflichen Gründen zusteht, es sei denn, dass diese Entscheidung in absehbarer Zeit nicht herbeigeführt werden kann. Soweit das Zeugnisverweigerungsrecht des Beauftragten für den Datenschutz reicht, unterliegen seine Akten und andere Schriftstücke einem Beschlagnahmeverbot.
(5) Die öffentlichen und nicht-öffentlichen Stellen haben den Beauftragten für den Datenschutz bei der Erfüllung seiner Aufgaben zu unterstützen und ihm insbesondere, soweit dies zur Erfüllung seiner Aufgaben erforderlich ist, Hilfspersonal sowie Räume, Einrichtungen, Geräte und Mittel zur Verfügung zu stellen. Betroffene können sich jederzeit an den Beauftragten für den Datenschutz wenden.

§ 4g Aufgaben des Beauftragten für den Datenschutz

(1) Der Beauftragte für den Datenschutz wirkt auf die Einhaltung dieses Gesetzes und anderer Vorschriften über den Datenschutz hin. Zu diesem Zweck kann sich der Beauftragte für den Datenschutz in Zweifelsfällen an die für die Datenschutzkontrolle bei der verantwortlichen Stelle zuständige Behörde wenden Er kann die Beratung nach § 38 Abs. 1 Satz 2 in Anspruch nehmen. Er hat insbesondere
1. die ordnungsgemäße Anwendung der Datenverarbeitungsprogramme, mit deren Hilfe personenbezogene Daten verarbeitet werden sollen, zu überwachen; zu diesem Zweck ist er über Vorhaben der automatisierten Verarbeitung personenbezogener Daten rechtzeitig zu unterrichten,
2. die bei der Verarbeitung personenbezogener Daten tätigen Personen durch geeignete Maßnahmen mit den Vorschriften dieses Gesetzes sowie anderen Vorschriften über den Datenschutz und mit den jeweiligen besonderen Erfordernissen des Datenschutzes vertraut zu machen.

Bundesdatenschutzgesetz (BDSG)

(2) Dem Beauftragten für den Datenschutz ist von der verantwortlichen Stelle eine Übersicht über die in § 4e Satz 1 genannten Angaben sowie über zugriffsberechtigte Personen zur Verfügung zu stellen. Der Beauftragte für den Datenschutz macht die Angaben nach § 4e Satz 1 Nr. 1 bis 8 auf Antrag jedermann in geeigneter Weise verfügbar.

(2a) Soweit bei einer nicht-öffentlichen Stelle keine Verpflichtung zur Bestellung eines Beauftragten für den Datenschutz besteht, hat der Leiter der nicht-öffentlichen Stelle die Erfüllung der Aufgaben nach den Absätzen 1 und 2 in anderer Weise sicher zu stellen.

(3) Auf die in § 6 Abs. 2 Satz 4 genannten Behörden findet Absatz 2 Satz 2 keine Anwendung. Absatz 1 Satz 2 findet mit der Maßgabe Anwendung, dass der behördliche Beauftragte für den Datenschutz das Benehmen mit dem Behördenleiter herstellt; bei Unstimmigkeiten zwischen dem behördlichen Beauftragten für den Datenschutz und dem Behördenleiter entscheidet die oberste Bundesbehörde.

§ 5 Datengeheimnis

Den bei der Datenverarbeitung beschäftigten Personen ist untersagt, personenbezogene Daten unbefugt zu erheben, zu verarbeiten oder zu nutzen (Datengeheimnis). Diese Personen sind, soweit sie bei nicht-öffentlichen Stellen beschäftigt werden, bei der Aufnahme ihrer Tätigkeit auf das Datengeheimnis zu verpflichten. Das Datengeheimnis besteht auch nach Beendigung ihrer Tätigkeit fort.

§ 6 Rechte des Betroffenen

(1) Die Rechte des Betroffenen auf Auskunft (§§ 19, 34) und auf Berichtigung, Löschung oder Sperrung (§§ 20, 35) können nicht durch Rechtsgeschäft ausgeschlossen oder beschränkt werden.

(2) Sind die Daten des Betroffenen automatisiert in der Weise gespeichert, dass mehrere Stellen speicherungsberechtigt sind, und ist der Betroffene nicht in der Lage festzustellen, welche Stelle die Daten gespeichert hat, so kann er sich an jede dieser Stellen wenden. Diese ist verpflichtet, das Vorbringen des Betroffenen an die Stelle, die die Daten gespeichert hat, weiterzuleiten. Der Betroffene ist über die Weiterleitung und jene Stelle zu unterrichten. Die in § 19 Abs. 3 genannten Stellen, die Behörden der Staatsanwaltschaft und der Polizei sowie öffentliche Stellen der Finanzverwaltung, soweit sie personenbezogene Daten in Erfüllung ihrer gesetzlichen Aufgaben im Anwendungsbereich der Abgabenordnung zur Überwachung und Prüfung speichern, können statt des Betroffenen die Bundesbeauftragte oder den Bundesbeauftragten für den Datenschutz und die Informationsfreiheit unterrichten. In diesem Fall richtet sich das weitere Verfahren nach § 19 Abs. 6.

(3) Personenbezogene Daten über die Ausübung eines Rechts des Betroffenen, das sich aus diesem Gesetz oder aus einer anderen Vorschrift über den Datenschutz ergibt, dürfen nur zur Erfüllung der sich aus der Ausübung des Rechts ergebenden Pflichten der verantwortlichen Stelle verwendet werden.

Bundesdatenschutzgesetz (BDSG)

§ 6a Automatisierte Einzelentscheidung

(1) Entscheidungen, die für den Betroffenen eine rechtliche Folge nach sich ziehen oder ihn erheblich beeinträchtigen, dürfen nicht ausschließlich auf eine automatisierte Verarbeitung personenbezogener Daten gestützt werden, die der Bewertung einzelner Persönlichkeitsmerkmale dienen. Eine ausschließlich auf eine automatisierte Verarbeitung gestützte Entscheidung liegt insbesondere dann vor, wenn keine inhaltliche Bewertung und darauf gestützte Entscheidung durch eine natürliche Person stattgefunden hat.
(2) Dies gilt nicht, wenn
1. die Entscheidung im Rahmen des Abschlusses oder der Erfüllung eines Vertragsverhältnisses oder eines sonstigen Rechtsverhältnisses ergeht und dem Begehren des Betroffenen stattgegeben wurde oder
2. die Wahrung der berechtigten Interessen des Betroffenen durch geeignete Maßnahmen gewährleistet ist und die verantwortliche Stelle dem Betroffenen die Tatsache des Vorliegens einer Entscheidung im Sinne des Absatzes 1 mitteilt sowie auf Verlangen die wesentlichen Gründe dieser Entscheidung mitteilt und erläutert.
(3) Das Recht des Betroffenen auf Auskunft nach den §§ 19 und 34 erstreckt sich auch auf den logischen Aufbau der automatisierten Verarbeitung der ihn betreffenden Daten.

§ 6b Beobachtung öffentlich zugänglicher Räume mit optisch-elektronischen Einrichtungen

(1) Die Beobachtung öffentlich zugänglicher Räume mit optisch-elektronischen Einrichtungen (Videoüberwachung) ist zulässig, soweit sie
1. zur Aufgabenerfüllung öffentlicher Stellen,
2. zur Wahrnehmung des Hausrechts oder
3. zur Wahrnehmung berechtigter Interessen für konkret festgelegte Zwecke
erforderlich ist und keine Anhaltspunkte bestehen, dass schutzwürdige Interessen der Betroffenen überwiegen.
(2) Der Umstand der Beobachtung und die verantwortliche Stelle sind durch geeignete Maßnahmen erkennbar zu machen.
(3) Die Verarbeitung oder Nutzung von nach Absatz 1 erhobenen Daten ist zulässig, wenn sie zum Erreichen des verfolgten Zwecks erforderlich ist und keine Anhaltspunkte bestehen, dass schutzwürdige Interessen der Betroffenen überwiegen. Für einen anderen Zweck dürfen sie nur verarbeitet oder genutzt werden, soweit dies zur Abwehr von Gefahren für die staatliche und öffentliche Sicherheit sowie zur Verfolgung von Straftaten erforderlich ist.
(4) Werden durch Videoüberwachung erhobene Daten einer bestimmten Person zugeordnet, ist diese über die Verarbeitung oder Nutzung entsprechend §§ 19a und 33 zu benachrichtigen.
(5) Die Daten sind unverzüglich zu löschen, wenn sie zur Erreichung des Zwecks nicht mehr erforderlich sind oder schutzwürdige Interessen der Betroffenen einer weiteren Speicherung entgegenstehen.

Bundesdatenschutzgesetz (BDSG)

§ 6c Mobile personenbezogene Speicher- und Verarbeitungsmedien

(1) Die Stelle, die ein mobiles personenbezogenes Speicher- und Verarbeitungsmedium ausgibt oder ein Verfahren zur automatisierten Verarbeitung personenbezogener Daten, das ganz oder teilweise auf einem solchen Medium abläuft, auf das Medium aufbringt, ändert oder hierzu bereithält, muss den Betroffenen
1. über ihre Identität und Anschrift,
2. in allgemein verständlicher Form über die Funktionsweise des Mediums einschließlich der Art der zu verarbeitenden personenbezogenen Daten,
3. darüber, wie er seine Rechte nach den §§ 19, 20, 34 und 35 ausüben kann, und
4. über die bei Verlust oder Zerstörung des Mediums zu treffenden Maßnahmen unterrichten, soweit der Betroffene nicht bereits Kenntnis erlangt hat.

(2) Die nach Absatz 1 verpflichtete Stelle hat dafür Sorge zu tragen, dass die zur Wahrnehmung des Auskunftsrechts erforderlichen Geräte oder Einrichtungen in angemessenem Umfang zum unentgeltlichen Gebrauch zur Verfügung stehen.

(3) Kommunikationsvorgänge, die auf dem Medium eine Datenverarbeitung auslösen, müssen für den Betroffenen eindeutig erkennbar sein.

§ 7 Schadensersatz

Fügt eine verantwortliche Stelle dem Betroffenen durch eine nach diesem Gesetz oder nach anderen Vorschriften über den Datenschutz unzulässige oder unrichtige Erhebung, Verarbeitung oder Nutzung seiner personenbezogenen Daten einen Schaden zu, ist sie oder ihr Träger dem Betroffenen zum Schadensersatz verpflichtet. Die Ersatzpflicht entfällt, soweit die verantwortliche Stelle die nach den Umständen des Falles gebotene Sorgfalt beachtet hat.

§ 8 Schadensersatz bei automatisierter Datenverarbeitung durch öffentliche Stellen

(1) Fügt eine verantwortliche öffentliche Stelle dem Betroffenen durch eine nach diesem Gesetz oder nach anderen Vorschriften über den Datenschutz unzulässige oder unrichtige automatisierte Erhebung, Verarbeitung oder Nutzung seiner personenbezogenen Daten einen Schaden zu, ist ihr Träger dem Betroffenen unabhängig von einem Verschulden zum Schadensersatz verpflichtet.

(2) Bei einer schweren Verletzung des Persönlichkeitsrechts ist dem Betroffenen der Schaden, der nicht Vermögensschaden ist, angemessen in Geld zu ersetzen.

(3) Die Ansprüche nach den Absätzen 1 und 2 sind insgesamt auf einen Betrag von € 130 000 begrenzt. Ist aufgrund desselben Ereignisses an mehrere Personen Schadensersatz zu leisten, der insgesamt den Höchstbetrag von € 130 000 übersteigt, so verringern sich die einzelnen Schadensersatzleistungen in dem Verhältnis, in dem ihr Gesamtbetrag zu dem Höchstbetrag steht.

(4) Sind bei einer automatisierten Verarbeitung mehrere Stellen speicherungsberechtigt und ist der Geschädigte nicht in der Lage, die speichernde Stelle festzustellen, so haftet jede dieser Stellen.

Bundesdatenschutzgesetz (BDSG)

(5) Hat bei der Entstehung des Schadens ein Verschulden des Betroffenen mitgewirkt, gilt § 254 des Bürgerlichen Gesetzbuchs.
(6) Auf die Verjährung finden die für unlaubte Handlungen geltenden Verjährungsvorschriften des Bürgerlichen Gesetzbuchs entsprechende Anwendung.

§ 9 Technische und organisatorische Maßnahmen

Öffentliche und nicht-öffentliche Stellen, die selbst oder im Auftrag personenbezogene Daten erheben, verarbeiten oder nutzen, haben die technischen und organisatorischen Maßnahmen zu treffen, die erforderlich sind, um die Ausführung der Vorschriften dieses Gesetzes, insbesondere die in der Anlage zu diesem Gesetz genannten Anforderungen, zu gewährleisten. Erforderlich sind Maßnahmen nur, wenn ihr Aufwand in einem angemessenen Verhältnis zu dem angestrebten Schutzzweck steht.

§ 9a Datenschutzaudit

Zur Verbesserung des Datenschutzes und der Datensicherheit können Anbieter von Datenverarbeitungssystemen und -programmen und Daten verarbeitende Stellen ihr Datenschutzkonzept sowie ihre technischen Einrichtungen durch unabhängige und zugelassene Gutachter prüfen und bewerten lassen sowie das Ergebnis der Prüfung veröffentlichen. Die näheren Anforderungen an die Prüfung und Bewertung, das Verfahren sowie die Auswahl und Zulassung der Gutachter werden durch besonderes Gesetz geregelt.

§ 10 Einrichtung automatisierter Abrufverfahren

(1) Die Einrichtung eines automatisierten Verfahrens, das die Übermittlung personenbezogener Daten durch Abruf ermöglicht, ist zulässig, soweit dieses Verfahren unter Berücksichtigung der schutzwürdigen Interessen der Betroffenen und der Aufgaben oder Geschäftszwecke der beteiligten Stellen angemessen ist. Die Vorschriften über die Zulässigkeit des einzelnen Abrufs bleiben unberührt.
(2) Die beteiligten Stellen haben zu gewährleisten, dass die Zulässigkeit des Abrufverfahrens kontrolliert werden kann. Hierzu haben sie schriftlich festzulegen:
1. Anlass und Zweck des Abrufverfahrens,
2. Dritte, an die übermittelt wird,
3. Art der zu übermittelnden Daten,
4. nach § 9 erforderliche technische und organisatorische Maßnahmen.
Im öffentlichen Bereich können die erforderlichen Festlegungen auch durch die Fachaufsichtsbehörden getroffen werden.
(3) Über die Einrichtung von Abrufverfahren ist in Fällen, in denen die in § 12 Abs. 1 genannten Stellen beteiligt sind, die oder der Bundesbeauftragte für den Datenschutz und die Informationsfreiheit unter Mitteilung der Festlegungen nach Absatz 2 zu unterrichten. Die Einrichtung von Abrufverfahren, bei denen die in § 6 Abs. 2 und in § 19 Abs. 3 genannten Stellen beteiligt sind, ist nur zulässig, wenn das für die speichernde und die abrufende Stelle jeweils zuständige Bundes- oder Landesministerium zugestimmt hat.

Bundesdatenschutzgesetz (BDSG)

(4) Die Verantwortung für die Zulässigkeit des einzelnen Abrufs trägt der Dritte, an den übermittelt wird. Die speichernde Stelle prüft die Zulässigkeit der Abrufe nur, wenn dazu Anlass besteht. Die speichernde Stelle hat zu gewährleisten, dass die Übermittlung personenbezogener Daten zumindest durch geeignete Stichprobenverfahren festgestellt und überprüft werden kann. Wird ein Gesamtbestand personenbezogener Daten abgerufen oder übermittelt (Stapelverarbeitung) so bezieht sich die Gewährleistung der Feststellung und Überprüfung nur auf die Zulässigkeit des Abrufes oder der Übermittlung des Gesamtbestandes.

(5) Die Absätze 1 bis 4 gelten nicht für den Abruf allgemein zugänglicher Daten. Allgemein zugänglich sind Daten, die jedermann, sei es ohne oder nach vorheriger Anmeldung, Zulassung oder Entrichtung eines Entgelts, nutzen kann.

§ 11 Erhebung, Verarbeitung oder Nutzung personenbezogener Daten im Auftrag

(1) Werden personenbezogene Daten im Auftrag durch andere Stellen erhoben, verarbeitet oder genutzt, ist der Auftraggeber für die Einhaltung der Vorschriften dieses Gesetzes und anderer Vorschriften über den Datenschutz verantwortlich. Die in den §§ 6, 7 und 8 genannten Rechte sind ihm gegenüber geltend zu machen.

(2) Der Auftragnehmer ist unter besonderer Berücksichtigung der Eignung der von ihm getroffenen technischen und organisatorischen Maßnahmen sorgfältig auszuwählen. Der Auftrag ist schriftlich zu erteilen, wobei insbesondere im Einzelnen festzulegen sind:
1. der Gegenstand und die Dauer des Auftrags,
2. der Umfang, die Art und der Zweck der vorgesehenen Erhebung, Verarbeitung oder Nutzung von Daten, die Art der Daten und der Kreis der Betroffenen,
3. die nach § 9 zu treffenden technischen und organisatorischen Maßnahmen,
4. die Berichtigung, Löschung und Sperrung von Daten,
5. die nach Absatz 4 bestehenden Pflichten des Auftragnehmers, insbesondere die von ihm vorzunehmenden Kontrollen,
6. die etwaige Berechtigung zur Begründung von Unterauftragsverhältnissen,
7. die Kontrollrechte des Auftraggebers und die entsprechenden Duldungs- und Mitwirkungspflichten des Auftragnehmers,
8. mitzuteilende Verstöße des Auftragnehmers oder der bei ihm beschäftigten Personen gegen Vorschriften zum Schutz personenbezogener Daten oder gegen die im Auftrag getroffenen Festlegungen,
9. der Umfang der Weisungsbefugnisse, die sich der Auftraggeber gegenüber dem Auftragnehmer vorbehält,
10. die Rückgabe überlassener Datenträger und die Löschung beim Auftragnehmer gespeicherter Daten nach Beendigung des Auftrags.

Er kann bei öffentlichen Stellen auch durch die Fachaufsichtsbehörde erteilt werden. Der Auftraggeber hat sich vor Beginn der Datenverarbeitung und sodann regelmäßig von der Einhaltung der beim Auftragnehmer getroffenen technischen und organisatorischen Maßnahmen zu überzeugen. Das Ergebnis ist zu dokumentieren.

(3) Der Auftragnehmer darf die Daten nur im Rahmen der Weisungen des Auftraggebers erheben, verarbeiten oder nutzen. Ist er der Ansicht, dass eine Weisung des

Bundesdatenschutzgesetz (BDSG)

Auftraggebers gegen dieses Gesetz oder andere Vorschriften über den Datenschutz verstößt, hat er den Auftraggeber unverzüglich darauf hinzuweisen.
(4) Für den Auftragnehmer gelten neben den §§ 5, 9, 43 Abs. 1, Nr. 2, 10 und 11, Abs. 2, Nr. 1 bis 3 und Abs. 3 sowie § 44 nur die Vorschriften über die Datenschutzkontrolle oder die Aufsicht, und zwar für
1. a) öffentliche Stellen,
   b) nicht-öffentliche Stellen, bei denen der öffentlichen Hand die Mehrheit der Anteile gehört oder die Mehrheit der Stimmen zusteht und der Auftraggeber eine öffentliche Stelle ist,
   die §§ 18, 24 bis 26 oder die entsprechenden Vorschriften der Datenschutzgesetze der Länder,
2. die übrigen nicht-öffentlichen Stellen, soweit sie personenbezogene Daten im Auftrag als Dienstleistungsunternehmen geschäftsmäßig erheben, verarbeiten oder nutzen, die §§ 4f, 4g und 38.

(5) Die Absätze 1 bis 4 gelten entsprechend, wenn die Prüfung oder Wartung automatisierter Verfahren oder von Datenverarbeitungsanlagen durch andere Stellen im Auftrag vorgenommen wird und dabei ein Zugriff auf personenbezogene Daten nicht ausgeschlossen werden kann.

Zweiter Abschnitt
Datenverarbeitung der öffentlichen Stellen
Erster Unterabschnitt
Rechtsgrundlagen der Datenverarbeitung

§ 12 Anwendungsbereich

(1) Die Vorschriften dieses Abschnittes gelten für öffentliche Stellen des Bundes, soweit sie nicht als öffentlich-rechtliche Unternehmen am Wettbewerb teilnehmen.
(2) Soweit der Datenschutz nicht durch Landesgesetz geregelt ist, gelten die §§ 12 bis 16, 19 bis 20 auch für die öffentlichen Stellen der Länder, soweit sie
1. Bundesrecht ausführen und nicht als öffentlich-rechtliche Unternehmen am Wettbewerb teilnehmen oder
2. als Organe der Rechtspflege tätig werden und es sich nicht um Verwaltungsangelegenheiten handelt.

(3) Für Landesbeauftragte für den Datenschutz gilt § 23 Abs. 4 entsprechend.
(4) Werden personenbezogene Daten für frühere, bestehende oder zukünftige Beschäftigungsverhältnisse erhoben, verarbeitet oder genutzt, gelten § 28 Absatz 2 Nummer 2 und die §§ 32 bis 35 anstelle der §§ 13 bis 16 und 19 bis 20.

§ 13 Datenerhebung

(1) Das Erheben personenbezogener Daten ist zulässig, wenn ihre Kenntnis zur Erfüllung der Aufgaben der verantwortlichen Stelle erforderlich ist.

Bundesdatenschutzgesetz (BDSG)

(1 a) Werden personenbezogene Daten statt beim Betroffenen bei einer nicht-öffentlichen Stelle erhoben, so ist die Stelle auf die Rechtsvorschrift, die zur Auskunft verpflichtet, sonst auf die Freiwilligkeit ihrer Angaben hinzuweisen.
(2) Das Erheben besonderer Arten personenbezogener Daten (§ 3 Abs. 9) ist nur zulässig, soweit
1. eine Rechtsvorschrift dies vorsieht oder aus Gründen eines wichtigen öffentlichen Interesses zwingend erfordert,
2. der Betroffene nach Maßgabe des § 4 a Abs. 3 eingewilligt hat,
3. dies zum Schutz lebenswichtiger Interessen des Betroffenen oder eines Dritten erforderlich ist, sofern der Betroffene aus physischen oder rechtlichen Gründen außerstande ist, seiner Einwilligung zu geben,
4. es sich um Daten handelt, die der Betroffene offenkundig öffentlich gemacht hat,
5. dies zur Abwehr einer erheblichen Gefahr für die öffentliche Sicherheit erforderlich ist,
6. dies zur Abwehr erheblicher Nachteile für das Gemeinwohl oder zur Wahrung erheblicher Belange des Gemeinwohls zwingend erforderlich ist,
7. dies zum Zweck der Gesundheitsversorgung, der medizinischen Diagnostik, der Gesundheitsversorgung oder Behandlung oder für die Verwaltung von Gesundheitsdiensten erforderlich ist und die Verarbeitung dieser Daten durch ärztliches Personal oder durch sonstige Personen erfolgt, die einer entsprechenden Geheimhaltungspflicht unterliegen,
8. dies zur Durchführung wissenschaftlicher Forschung erforderlich ist, das wissenschaftliche Interesse an der Durchführung des Forschungsvorhabens das Interesse des Betroffenen an dem Ausschluss der Erhebung erheblich überwiegt und der Zweck der Forschung auf andere Weise nicht oder nur mit unverhältnismäßigem Aufwand erreicht werden kann oder
9. dies aus zwingenden Gründen der Verteidigung oder der Erfüllung über- oder zwischenstaatlicher Verpflichtungen einer öffentlichen Stelle des Bundes auf dem Gebiet der Krisenbewältigung oder Konfliktverhinderung oder für humanitäre Maßnahmen erforderlich ist.

§ 14 Datenspeicherung, -veränderung -nutzung

(1) Das Speichern, Verändern oder Nutzen personenbezogener Daten ist zulässig, wenn es zur Erfüllung der in der Zuständigkeit der verantwortlichen Stelle liegenden Aufgaben erforderlich ist und es für die Zwecke erfolgt, für die die Daten erhoben worden sind. Ist keine Erhebung vorausgegangen, dürfen die Daten nur für die Zwecke geändert oder genutzt werden, für die sie gespeichert worden sind.
(2) Das Speichern, Verändern oder Nutzen für andere Zwecke ist nur zulässig, wenn
1. eine Rechtsvorschrift dies vorsieht oder zwingend voraussetzt,
2. der Betroffene eingewilligt hat,
3. offensichtlich ist, dass es im Interesse des Betroffenen liegt, und kein Grund zu der Annahme besteht, dass er in Kenntnis des anderen Zwecks seine Einwilligung verweigern würde,
4. Angaben des Betroffenen überprüft werden müssen, weil tatsächliche Anhaltspunkte für deren Unrichtigkeit bestehen,

Bundesdatenschutzgesetz (BDSG)

5. die Daten allgemein zugänglich sind oder die verantwortliche Stelle sie veröffentlichen dürfte, es sei denn, dass das schutzwürdige Interesse des Betroffenen an dem Ausschluss der Zweckänderung offensichtlich überwiegt,
6. es zur Abwehr erheblicher Nachteile für das Gemeinwohl oder einer Gefahr für die öffentliche Sicherheit oder zur Wahrung erheblicher Belange des Gemeinwohls erforderlich ist,
7. es zur Verfolgung von Straftaten oder Ordnungswidrigkeiten, zur Vollstreckung oder zum Vollzug von Strafen oder Maßnahmen im Sinne des § 11 Abs. 1 Nr. 8 des Strafgesetzbuches oder von Erziehungsmaßregeln oder Zuchtmitteln im Sinne des Jugendgerichtsgesetzes oder zur Vollstreckung von Bußgeldentscheidungen erforderlich ist,
8. es zur Abwehr einer schwerwiegenden Beeinträchtigung der Rechte einer anderen Person erforderlich ist oder
9. es zur Durchführung wissenschaftlicher Forschung erforderlich ist, das wissenschaftliche Interesse an der Durchführung des Forschungsvorhabens das Interesse des Betroffenen an dem Ausschluss der Zweckänderung erheblich überwiegt und der Zweck der Forschung auf andere Weise nicht oder nur mit unverhältnismäßigem Aufwand erreicht werden kann.

(3) Eine Verarbeitung oder Nutzung für andere Zwecke liegt nicht vor, wenn sie der Wahrnehmung von Aufsichts- und Kontrollbefugnissen, der Rechnungsprüfung oder der Durchführung von Organisationsuntersuchungen für die verantwortliche Stelle dient. Das gilt auch für die Verarbeitung oder Nutzung zu Ausbildungs- und Prüfungszwecken durch die verantwortliche Stelle, soweit nicht überwiegende schutzwürdige Interessen des Betroffenen entgegenstehen.

(4) Personenbezogene Daten, die ausschließlich zu Zwecken der Datenschutzkontrolle, der Datensicherung oder zur Sicherstellung eines ordnungsgemäßen Betriebes einer Datenverarbeitungsanlage gespeichert werden, dürfen nur für diese Zwecke verwendet werden.

(5) Das Speichern, Verändern oder Nutzen von besonderen Arten personenbezogener Daten (§ 3 Abs. 9) für andere Zwecke ist nur zulässig, wenn
1. die Voraussetzungen vorliegen, die eine Erhebung nach § 13 Abs. 2 Nr. 1 bis 6 oder 9 zulassen würden oder
2. dies zur Durchführung wissenschaftlicher Forschung erforderlich ist, das öffentliche Interesse an der Durchführung des Forschungsvorhabens das Interesse des Betroffenen an dem Ausschluss der Zweckänderung erheblich überwiegt und der Zweck der Forschung auf andere Weise nicht oder nur mit unverhältnismäßigem Aufwand erreicht werden kann.

Bei der Abwägung nach Satz 1 Nr. 2 ist im Rahmen des öffentlichen Interesses das wissenschaftliche Interesse an dem Forschungsvorhaben besonders zu berücksichtigen.

(6) Die Speicherung, Veränderung oder Nutzung von besonderen Arten personenbezogener Daten (§ 3 Abs. 9) zu den in § 13 Abs. 2 Nr. 7 genannten Zwecken richtet sich nach den für die in § 13 Abs. 2 Nr. 7 genannten Personen geltenden Geheimhaltungspflichten.

Bundesdatenschutzgesetz (BDSG)

§ 15 Datenübermittlung an öffentliche Stellen

(1) Die Übermittlung personenbezogener Daten an öffentliche Stellen ist zulässig, wenn
1. sie zur Erfüllung der in der Zuständigkeit der übermittelnden Stelle oder des Dritten, an den die Daten übermittelt werden, liegenden Aufgaben erforderlich ist und
2. die Voraussetzungen vorliegen, die eine Nutzung nach § 14 zulassen würden.

(2) Die Verantwortung für die Zulässigkeit der Übermittlung trägt die übermittelnde Stelle. Erfolgt die Übermittlung auf Ersuchen des Dritten, an den die Daten übermittelt werden, trägt dieser die Verantwortung. In diesem Falle prüft die übermittelnde Stelle nur, ob das Übermittlungsersuchen im Rahmen der Aufgaben des Dritten, an den die Daten übermittelt werden, liegt, es sei denn, dass besonderer Anlass zur Prüfung der Zulässigkeit der Übermittlung besteht. § 10 Abs. 4 bleibt unberührt.

(3) Der Dritte, an den die Daten übermittelt werden, darf diese für den Zweck verarbeiten oder nutzen, zu dessen Erfüllung sie ihm übermittelt werden. Eine Verarbeitung oder Nutzung für andere Zwecke ist nur unter den Voraussetzungen des § 14 Abs. 2 zulässig.

(4) Für die Übermittlung personenbezogener Daten an Stellen der öffentlich-rechtlichen Religionsgesellschaften gelten die Absätze 1 bis 3 entsprechend, sofern sichergestellt ist, dass bei diesen ausreichende Datenschutzmaßnahmen getroffen werden.

(5) Sind mit personenbezogenen Daten, die nach Absatz 1 übermittelt werden dürfen, weitere personenbezogene Daten des Betroffenen oder eines Dritten so verbunden, dass eine Trennung nicht oder nur mit unvertretbarem Aufwand möglich ist, so ist die Übermittlung auch dieser Daten zulässig, soweit nicht berechtigte Interessen des Betroffenen oder eines Dritten an deren Geheimhaltung offensichtlich überwiegen; eine Nutzung dieser Daten ist unzulässig.

(6) Absatz 5 gilt entsprechend, wenn personenbezogene Daten innerhalb einer öffentlichen Stelle weitergegeben werden.

§ 16 Datenübermittlung an nicht-öffentliche Stellen

(1) Die Übermittlung personenbezogener Daten an nicht-öffentliche Stellen ist zulässig, wenn
1. sie zur Erfüllung der in der Zuständigkeit der übermittelnden Stelle liegenden Aufgaben erforderlich ist und die Voraussetzungen vorliegen, die eine Nutzung nach § 14 zulassen würden, oder
2. der Dritte, an den die Daten übermittelt werden, ein berechtigtes Interesse an der Kenntnis der zu übermittelnden Daten glaubhaft darlegt und der Betroffene kein schutzwürdiges Interesse an dem Ausschluss der Übermittlung hat. Das Übermitteln von besonderen Arten personenbezogener Daten (§ 3 Abs. 9) ist abweichend von Satz 1 Nr. 2 nur zulässig, wenn die Voraussetzungen vorliegen, die eine Nutzung nach § 14 Abs. 5 und 6 zulassen würden oder soweit dies zur Geltendmachung, Ausübung oder Verteidigung rechtlicher Ansprüche erforderlich ist.

(2) Die Verantwortung für die Zulässigkeit der Übermittlung trägt die übermittelnde Stelle.

Bundesdatenschutzgesetz (BDSG)

(3) In den Fällen der Übermittlung nach Absatz 1 Nr. 2 unterrichtet die übermittelnde Stelle den Betroffenen von der Übermittlung seiner Daten. Dies gilt nicht, wenn damit zu rechnen ist, dass er davon auf andere Weise Kenntnis erlangt, oder wenn die Unterrichtung die öffentliche Sicherheit gefährden oder sonst dem Wohle des Bundes oder eines Landes Nachteile bereiten würde.

(4) Der Dritte, an den die Daten übermittelt werden, darf diese nur für den Zweck verarbeiten oder nutzen, zu dessen Erfüllung sie ihm übermittelt werden. Die übermittelnde Stelle hat ihn darauf hinzuweisen. Eine Verarbeitung oder Nutzung für andere Zwecke ist zulässig, wenn eine Übermittlung nach Absatz 1 zulässig wäre und die übermittelnde Stelle zugestimmt hat.

§ 17 Datenübermittlung an Stellen außerhalb des Geltungsbereiches dieses Gesetzes

weggefallen

§ 18 Durchführung des Datenschutzes in der Bundesverwaltung

(1) Die obersten Bundesbehörden, der Präsident des Bundeseisenbahnvermögens sowie die bundesunmittelbaren Körperschaften, Anstalten und Stiftungen des öffentlichen Rechts, über die von der Bundesregierung oder einer obersten Bundesbehörde lediglich die Rechtsaufsicht ausgeübt wird, haben für ihren Geschäftsbereich die Ausführung dieses Gesetzes sowie anderer Rechtsvorschriften über den Datenschutz sicherzustellen. Das Gleiche gilt für die Vorstände der aus dem Sondervermögen Deutsche Bundespost durch Gesetz hervorgegangenen Unternehmen, solange ihnen ein ausschließliches Recht nach dem Postgesetz zusteht.

(2) Die öffentlichen Stellen führen ein Verzeichnis der eingesetzten Datenverarbeitungsanlagen. Für ihre automatisierten Verarbeitungen haben sie die Angaben nach § 4 e sowie die Rechtsgrundlage der Verarbeitung schriftlich festzulegen. Bei allgemeinen Verwaltungszwecken dienenden automatisierten Verarbeitungen, bei welchen das Auskunftsrecht des Betroffenen nicht nach § 19 Abs. 3 oder 4 eingeschränkt wird, kann hiervon abgesehen werden. Für automatisierte Verarbeitungen, die in gleicher oder ähnlicher Weise mehrfach geführt werden, können die Festlegungen zusammengefasst werden.

Zweiter Unterabschnitt
Rechte des Betroffenen

§ 19 Auskunft an den Betroffenen

(1) Dem Betroffenen ist auf Antrag Auskunft zu erteilen über
1. die zu seiner Person gespeicherten Daten, auch soweit sie sich auf die Herkunft dieser Daten beziehen,

Bundesdatenschutzgesetz (BDSG)

2. die Empfänger oder Kategorien von Empfängern, an die die Daten weitergegeben werden, und
3. den Zweck der Speicherung.

In dem Antrag soll die Art der personenbezogenen Daten, über die Auskunft erteilt werden soll, näher bezeichnet werden. Sind die personenbezogenen Daten weder automatisiert noch in nicht automatisierten Dateien gespeichert, wird die Auskunft nur erteilt, soweit der Betroffene Angaben macht, die das Auffinden der Daten ermöglichen, und der für die Erteilung der Auskunft erforderliche Aufwand nicht außer Verhältnis zu dem vom Betroffenen geltend gemachten Informationsinteresse steht. Die verantwortliche Stelle bestimmt das Verfahren, insbesondere die Form der Auskunftserteilung, nach pflichtgemäßem Ermessen.

(2) Absatz 1 gilt nicht für personenbezogene Daten, die nur deshalb gespeichert sind, weil sie aufgrund gesetzlicher, satzungsmäßiger oder vertraglicher Aufbewahrungsvorschriften nicht gelöscht werden dürfen, oder ausschließlich Zwecken der Datensicherung oder der Datenschutzkontrolle dienen und eine Auskunftserteilung einen unverhältnismäßigen Aufwand erfordern würde.

(3) Bezieht sich die Auskunftserteilung auf die Übermittlung personenbezogener Daten an Verfassungsschutzbehörden, den Bundesnachrichtendienst, den Militärischen Abschirmdienst und, soweit die Sicherheit des Bundes berührt wird, andere Behörden des Bundesministeriums der Verteidigung, ist sie nur mit Zustimmung dieser Stellen zulässig.

(4) Die Auskunftserteilung unterbleibt, soweit
1. die Auskunft die ordnungsgemäße Erfüllung der in der Zuständigkeit der verantwortlichen Stelle liegenden Aufgaben gefährden würde,
2. die Auskunft die öffentliche Sicherheit oder Ordnung gefährden oder sonst dem Wohle des Bundes oder eines Landes Nachteile bereiten würde oder
3. die Daten oder die Tatsache ihrer Speicherung nach einer Rechtsvorschrift oder ihrem Wesen nach, insbesondere wegen der überwiegenden berechtigten Interessen eines Dritten, geheim gehalten werden müssen

und deswegen das Interesse des Betroffenen an der Auskunftserteilung zurücktreten muss.

(5) Die Ablehnung der Auskunftserteilung bedarf einer Begründung nicht, soweit durch die Mitteilung der tatsächlichen und rechtlichen Gründe, auf die die Entscheidung gestützt wird, der mit der Auskunftsverweigerung verfolgte Zweck gefährdet würde. In diesem Falle ist der Betroffene darauf hinzuweisen, dass er sich an die Bundesbeauftragte oder den Bundesbeauftragten für den Datenschutz und die Informationsfreiheit wenden kann.

(6) Wird dem Betroffenen keine Auskunft erteilt, so ist sie auf sein Verlangen der oder dem Bundesbeauftragten für den Datenschutz und die Informationsfreiheit zu erteilen, soweit nicht die jeweils zuständige oberste Bundesbehörde im Einzelfall feststellt, dass dadurch die Sicherheit des Bundes oder eines Landes gefährdet würde. Die Mitteilung der oder des Bundesbeauftragten an den Betroffenen darf keine Rückschlüsse auf den Erkenntnisstand der verantwortlichen Stelle zulassen, sofern diese nicht einer weitergehenden Auskunft zustimmt.

(7) Die Auskunft ist unentgeltlich.

Bundesdatenschutzgesetz (BDSG)

§ 19a Benachrichtigung

(1) Werden Daten ohne Kenntnis des Betroffenen erhoben, so ist er von der Speicherung, der Identität der verantwortlichen Stelle sowie über die Zweckbestimmungen der Erhebung, Verarbeitung oder Nutzung zu unterrichten. Der Betroffene ist auch über die Empfänger oder Kategorien von Empfängern von Daten zu unterrichten, soweit er nicht mit der Übermittlung an diese rechnen muss. Sofern eine Übermittlung vorgesehen ist, hat die Unterrichtung spätestens bei der ersten Übermittlung zu erfolgen.
(2) Eine Pflicht zur Benachrichtigung besteht nicht, wenn
1. der Betroffene auf andere Weise Kenntnis von der Speicherung oder Übermittlung erlangt hat,
2. die Unterrichtung des Betroffenen einen unverhältnismäßigen Aufwand erfordert oder
3. die Speicherung oder Übermittlung der personenbezogenen Daten durch Gesetz ausdrücklich vorgesehen ist.
Die verantwortliche Stelle legt schriftlich fest, unter welchen Voraussetzungen von einer Benachrichtigung nach Nummer 2 oder 3 abgesehen wird.
(3) § 19 Abs. 2 bis 4 gilt entsprechend.

§ 20 Berichtigung, Löschung und Sperrung von Daten; Widerspruchsrecht

(1) Personenbezogene Daten sind zu berichtigen, wenn sie unrichtig sind. Wird festgestellt, dass personenbezogene Daten, die weder automatisiert verarbeitet noch in nicht automatisierten Dateien gespeichert sind, unrichtig sind, oder wird ihre Richtigkeit von dem Betroffenen bestritten, so ist dies in geeigneter Weise festzuhalten.
(2) Personenbezogene Daten, die automatisiert verarbeitet oder in nicht automatisierten Dateien gespeichert sind, sind zu löschen, wenn
1. ihre Speicherung unzulässig ist oder
2. ihre Kenntnis für die verantwortliche Stelle zur Erfüllung der in ihrer Zuständigkeit liegenden Aufgaben nicht mehr erforderlich ist.
(3) An die Stelle einer Löschung tritt eine Sperrung, soweit
1. einer Löschung gesetzliche, satzungsmäßige oder vertragliche Aufbewahrungsfristen entgegenstehen,
2. Grund zu der Annahme besteht, dass durch eine Löschung schutzwürdige Interessen des Betroffenen beeinträchtigt würden, oder
3. eine Löschung wegen der besonderen Art der Speicherung nicht oder nur mit unverhältnismäßig hohem Aufwand möglich ist.
(4) Personenbezogene Daten, die automatisiert verarbeitet oder in nicht automatisierten Dateien gespeichert sind, sind ferner zu sperren, soweit ihre Richtigkeit vom Betroffenen bestritten wird und sich weder die Richtigkeit noch die Unrichtigkeit feststellen lässt.
(5) Personenbezogene Daten dürfen nicht für eine automatisierte Verarbeitung oder Verarbeitung in nicht automatisierten Dateien erhoben, verarbeitet oder genutzt werden, soweit der Betroffene dieser bei der verantwortlichen Stelle widerspricht und eine Prüfung ergibt, dass das schutzwürdige Interesse des Betroffenen wegen seiner beson-

Bundesdatenschutzgesetz (BDSG)

deren persönlichen Situation das Interesse der verantwortlichen Stelle an dieser Erhebung, Verarbeitung oder Nutzung überwiegt. Satz 1 gilt nicht, wenn eine Rechtsvorschrift zur Erhebung, Verarbeitung oder Nutzung verpflichtet.

(6) Personenbezogene Daten, die weder automatisiert verarbeitet noch in einer nicht automatisierten Datei gespeichert sind, sind zu sperren, wenn die Behörde im Einzelfall feststellt, dass ohne die Sperrung schutzwürdige Interessen des Betroffenen beeinträchtigt würden und die Daten für die Aufgabenerfüllung der Behörde nicht mehr erforderlich sind.

(7) Gesperrte Daten dürfen ohne Einwilligung des Betroffenen nur übermittelt oder genutzt werden, wenn
1. es zu wissenschaftlichen Zwecken, zur Behebung einer bestehenden Beweisnot oder aus sonstigen im überwiegenden Interesse der verantwortlichen Stelle oder eines Dritten liegenden Gründen unerlässlich ist und
2. die Daten hierfür übermittelt oder genutzt werden dürften, wenn sie nicht gesperrt wären.

(8) Von der Berichtigung unrichtiger Daten, der Sperrung bestrittener Daten sowie der Löschung oder Sperrung wegen Unzulässigkeit der Speicherung sind die Stellen zu verständigen, denen im Rahmen einer Datenübermittlung diese Daten zur Speicherung weitergegeben wurden, wenn dies keinen unverhältnismäßigen Aufwand erfordert und schutzwürdige Interessen des Betroffenen nicht entgegenstehen.

(9) § 2 Abs. 1 bis 6, 8 und 9 des Bundesarchivgesetzes ist anzuwenden.

§ 21 Anrufung der oder des Bundesbeauftragten für den Datenschutz und die Informationsfreiheit

Jedermann kann sich an die Bundesbeauftragte oder den Bundesbeauftragten für den Datenschutz und die Informationsfreiheit wenden, wenn er der Ansicht ist, bei der Erhebung, Verarbeitung oder Nutzung seiner personenbezogenen Daten durch öffentliche Stellen des Bundes in seinen Rechten verletzt worden zu sein. Für die Erhebung, Verarbeitung oder Nutzung von personenbezogenen Daten durch Gerichte des Bundes gilt dies nur, soweit diese in Verwaltungsangelegenheiten tätig werden.

Dritter Unterabschnitt
Die oder der Bundesbeauftragte für den Datenschutz und die Informationsfreiheit

§ 22 Wahl und Unabhängigkeit der oder des Bundesbeauftragten für den Datenschutz und die Informationsfreiheit

(1) Der Deutsche Bundestag wählt ohne Aussprache auf Vorschlag der Bundesregierung die Bundesbeauftragte oder den Bundesbeauftragten für den Datenschutz und die Informationsfreiheit mit mehr als der Hälfte der gesetzlichen Zahl seiner Mitglieder. Die oder der Bundesbeauftragte muss bei ihrer oder seiner Wahl das 35. Lebensjahr

Bundesdatenschutzgesetz (BDSG)

vollendet haben. Die oder der Gewählte ist von der Bundespräsidentin oder dem Bundespräsidenten zu ernennen.

(2) Die oder der Bundesbeauftragte leistet vor der Bundespräsidentin oder dem Bundespräsidenten folgenden Eid:

»Ich schwöre, dass ich meine Kraft dem Wohle des deutschen Volkes widmen, seinen Nutzen mehren, Schaden von ihm wenden, das Grundgesetz und die Gesetze des Bundes wahren und verteidigen, meine Pflichten gewissenhaft erfüllen und Gerechtigkeit gegen jedermann üben werde. So wahr mir Gott helfe.«

Der Eid kann auch ohne religiöse Beteuerung geleistet werden.

(3) Die Amtszeit der oder des Bundesbeauftragten beträgt fünf Jahre. Einmalige Wiederwahl ist zulässig.

(4) Die oder der Bundesbeauftragte steht nach Maßgabe dieses Gesetzes zum Bund in einem öffentlich-rechtlichen Amtsverhältnis. Sie oder er ist in Ausübung ihres oder seines Amtes unabhängig und nur dem Gesetz unterworfen.

(5) Die oder der Bundesbeauftragte ist eine oberste Bundesbehörde. Der Dienstsitz ist Bonn. Die Beamtinnen und Beamten der oder des Bundesbeauftragten sind Beamtinnen und Beamte des Bundes.

(6) Die Leitende Beamtin oder der Leitende Beamte nimmt die Rechte der oder des Bundesbeauftragten wahr, wenn die oder der Bundesbeauftragte an der Ausübung ihres oder seines Amtes verhindert ist oder wenn ihr oder sein Amtsverhältnis endet und sie oder er nicht zur Weiterführung der Geschäfte verpflichtet ist. Absatz 4 Satz 2 ist entsprechend anzuwenden.

§ 23 Rechtsstellung der oder des Bundesbeauftragten für den Datenschutz und die Informationsfreiheit

(1) Das Amtsverhältnis der oder des Bundesbeauftragten für den Datenschutz und die Informationsfreiheit beginnt mit der Aushändigung der Ernennungsurkunde. Es endet
1. mit Ablauf der Amtszeit,
2. mit der Entlassung.

Die Bundespräsidentin oder der Bundespräsident entlässt die Bundesbeauftragte oder den Bundesbeauftragten, wenn diese oder dieser es verlangt oder auf Vorschlag der Präsidentin oder des Präsidenten des Bundestages, wenn Gründe vorliegen, die bei einer Richterin auf Lebenszeit oder einem Richter auf Lebenszeit die Entlassung aus dem Dienst rechtfertigen. Im Falle der Beendigung des Amtsverhältnisses erhält die oder der Bundesbeauftragte eine von der Bundespräsidentin oder dem Bundespräsidenten vollzogene Urkunde. Eine Entlassung wird mit der Aushändigung der Urkunde wirksam. Endet das Amtsverhältnis mit Ablauf der Amtszeit, ist die oder der Bundesbeauftragte verpflichtet, auf Ersuchen der Präsidentin oder des Präsidenten des Bundestages die Geschäfte bis zur Ernennung einer Nachfolgerin oder eines Nachfolgers weiterzuführen.

(2) Die oder der Bundesbeauftragte darf neben ihrem oder seinem Amt kein anderes besoldetes Amt, kein Gewerbe und keinen Beruf ausüben und weder der Leitung oder dem Aufsichtsrat oder Verwaltungsrat eines auf Erwerb gerichteten Unternehmens

Bundesdatenschutzgesetz (BDSG)

noch einer Regierung oder einer gesetzgebenden Körperschaft des Bundes oder eines Landes angehören. Sie oder er darf nicht gegen Entgelt außergerichtliche Gutachten abgeben.

(3) Die oder der Bundesbeauftragte hat der Präsidentin oder dem Präsidenten des Bundestages Mitteilung über Geschenke zu machen, die sie oder er in Bezug auf das Amt erhält. Die Präsidentin oder der Präsident des Bundestages entscheidet über die Verwendung der Geschenke. Sie oder er kann Verfahrensvorschriften erlassen.

(4) Die oder der Bundesbeauftragte ist berechtigt, über Personen, die ihr oder ihm in ihrer oder seiner Eigenschaft als Bundesbeauftragte oder Bundesbeauftragter Tatsachen anvertraut haben, sowie über diese Tatsachen selbst das Zeugnis zu verweigern. Dies gilt auch für die Mitarbeiterinnen und Mitarbeiter der oder des Bundesbeauftragten mit der Maßgabe, dass über die Ausübung dieses Rechts die oder der Bundesbeauftragte entscheidet. Soweit das Zeugnisverweigerungsrecht der oder des Bundesbeauftragten reicht, darf die Vorlegung oder Auslieferung von Akten oder anderen Schriftstücken von ihr oder ihm nicht gefordert werden.

(5) Die oder der Bundesbeauftragte ist, auch nach Beendigung ihres oder seines Amtsverhältnisses, verpflichtet, über die ihr oder ihm amtlich bekanntgewordenen Angelegenheiten Verschwiegenheit zu bewahren. Dies gilt nicht für Mitteilungen im dienstlichen Verkehr oder über Tatsachen, die offenkundig sind oder ihrer Bedeutung nach keiner Geheimhaltung bedürfen. Die oder der Bundesbeauftragte entscheidet nach pflichtgemäßem Ermessen, ob und inwieweit sie oder er über solche Angelegenheiten vor Gericht oder außergerichtlich aussagt oder Erklärungen abgibt; wenn sie oder er nicht mehr im Amt ist, ist die Genehmigung der oder des amtierenden Bundesbeauftragten erforderlich. Unberührt bleibt die gesetzlich begründete Pflicht, Straftaten anzuzeigen und bei Gefährdung der freiheitlichen demokratischen Grundordnung für deren Erhaltung einzutreten. Für die Bundesbeauftragte oder den Bundesbeauftragten und ihre oder seine Mitarbeiterinnen und Mitarbeiter gelten die §§ 93, 97, 105 Abs. 1, § 111 Abs. 5 in Verbindung mit § 105 Abs. 1 sowie § 116 Abs. 1 der Abgabenordnung nicht. Satz 5 findet keine Anwendung, soweit die Finanzbehörden die Kenntnis für die Durchführung eines Verfahrens wegen einer Steuerstraftat sowie eines damit zusammenhängenden Steuerverfahrens benötigen, an deren Verfolgung ein zwingendes öffentliches Interesse besteht, oder soweit es sich um vorsätzlich falsche Angaben der oder des Auskunftspflichtigen oder der für sie oder ihn tätigen Personen handelt. Stellt die oder der Bundesbeauftragte einen Datenschutzverstoß fest, ist sie oder er befugt, diesen anzuzeigen und den Betroffenen hierüber zu informieren.

(6) Die oder der Bundesbeauftragte darf als Zeugin oder Zeuge aussagen, es sei denn, die Aussage würde
1. dem Wohle des Bundes oder eines deutschen Landes Nachteile bereiten, insbesondere Nachteile für die Sicherheit der Bundesrepublik Deutschland oder ihre Beziehungen zu anderen Staaten, oder
2. Grundrechte verletzen.

Betrifft die Aussage laufende oder abgeschlossene Vorgänge, die dem Kernbereich exekutiver Eigenverantwortung der Bundesregierung zuzurechnen sind oder sein könnten, darf die oder der Bundesbeauftragte nur im Benehmen mit der Bundesregierung aussagen. 3§ 28 des Bundesverfassungsgerichtsgesetzes bleibt unberührt.

Bundesdatenschutzgesetz (BDSG)

(7) Die oder der Bundesbeauftragte erhält vom Beginn des Kalendermonats an, in dem das Amtsverhältnis beginnt, bis zum Schluss des Kalendermonats, in dem das Amtsverhältnis endet, im Falle des Absatzes 1 Satz 6 bis zum Ende des Monats, in dem die Geschäftsführung endet, Amtsbezüge in Höhe der Besoldungsgruppe B 11 sowie den Familienzuschlag entsprechend Anlage V des Bundesbesoldungsgesetzes. Das Bundesreisekostengesetz und das Bundesumzugskostengesetz sind entsprechend anzuwenden. Im Übrigen sind § 12 Abs. 6 sowie die §§ 13 bis 20 und 21a Abs. 5 des Bundesministergesetzes mit den Maßgaben anzuwenden, dass an die Stelle der vierjährigen Amtszeit in § 15 Abs. 1 des Bundesministergesetzes eine Amtszeit von fünf Jahren tritt. Abweichend von Satz 3 in Verbindung mit den §§ 15 bis 17 und 21a Abs. 5 des Bundesministergesetzes berechnet sich das Ruhegehalt der oder des Bundesbeauftragten unter Hinzurechnung der Amtszeit als ruhegehaltsfähige Dienstzeit in entsprechender Anwendung des Beamtenversorgungsgesetzes, wenn dies günstiger ist und die oder der Bundesbeauftragte sich unmittelbar vor ihrer oder seiner Wahl zur oder zum Bundesbeauftragten als Beamtin oder Beamter oder als Richterin oder Richter mindestens in dem letzten gewöhnlich vor Erreichen der Besoldungsgruppe B 11 zu durchlaufenden Amt befunden hat.

(8) Absatz 5 Satz 5 bis 7 gilt entsprechend für die öffentlichen Stellen, die für die Kontrolle der Einhaltung der Vorschriften über den Datenschutz in den Ländern zuständig sind.

§ 24 Kontrolle durch die Bundesbeauftragte oder den Bundesbeauftragten für den Datenschutz und die Informationsfreiheit

(1) Die oder der Bundesbeauftragte für den Datenschutz und die Informationsfreiheit kontrolliert bei den öffentlichen Stellen des Bundes die Einhaltung der Vorschriften dieses Gesetzes und anderer Vorschriften über den Datenschutz.

(2) Die Kontrolle der oder des Bundesbeauftragten erstreckt sich auch auf
1. von öffentlichen Stellen des Bundes erlangte personenbezogene Daten über den Inhalt und die näheren Umstände des Brief-, Post- und Fernmeldeverkehrs, und
2. personenbezogene Daten, die einem Berufs- oder besonderen Amtsgeheimnis, insbesondere dem Steuergeheimnis nach § 30 der Abgabenordnung, unterliegen.

Das Grundrecht des Brief-, Post- und Fernmeldegeheimnisses des Artikels 10 des Grundgesetzes wird insoweit eingeschränkt. Personenbezogene Daten, die der Kontrolle durch die Kommission nach § 15 des Artikel 10-Gesetzes unterliegen, unterliegen nicht der Kontrolle durch die Bundesbeauftragte oder den Bundesbeauftragten, es sei denn, die Kommission ersucht die Bundesbeauftragte oder den Bundesbeauftragten, die Einhaltung der Vorschriften über den Datenschutz bei bestimmten Vorgängen oder in bestimmten Bereichen zu kontrollieren und ausschließlich ihr darüber zu berichten. Der Kontrolle durch die Bundesbeauftragte oder den Bundesbeauftragten unterliegen auch nicht personenbezogene Daten in Akten über die Sicherheitsüberprüfung, wenn der Betroffene der Kontrolle der auf ihn bezogenen Daten im Einzelfall gegenüber der oder dem Bundesbeauftragten widerspricht.

(3) Die Bundesgerichte unterliegen der Kontrolle der oder des Bundesbeauftragten nur, soweit sie in Verwaltungsangelegenheiten tätig werden.

Bundesdatenschutzgesetz (BDSG)

(4) Die öffentlichen Stellen des Bundes sind verpflichtet, die Bundesbeauftragte oder den Bundesbeauftragten und ihre oder seine Beauftragten bei der Erfüllung ihrer Aufgaben zu unterstützen. Ihnen ist dabei insbesondere
1. Auskunft zu ihren Fragen sowie Einsicht in alle Unterlagen, insbesondere in die gespeicherten Daten und in die Datenverarbeitungsprogramme, zu gewähren, die im Zusammenhang mit der Kontrolle nach Absatz 1 stehen,
2. jederzeit Zutritt in alle Diensträume zu gewähren.

Die in § 6 Abs. 2 und § 19 Abs. 3 genannten Behörden gewähren die Unterstützung nur der oder dem Bundesbeauftragten selbst und den von ihr oder ihm schriftlich besonders Beauftragten. Satz 2 gilt für diese Behörden nicht, soweit die oberste Bundesbehörde im Einzelfall feststellt, dass die Auskunft oder Einsicht die Sicherheit des Bundes oder eines Landes gefährden würde.

(5) Die oder der Bundesbeauftragte teilt das Ergebnis ihrer oder seiner Kontrolle der öffentlichen Stelle mit. Damit kann sie oder er Vorschläge zur Verbesserung des Datenschutzes, insbesondere zur Beseitigung von festgestellten Mängeln bei der Verarbeitung oder Nutzung personenbezogener Daten, verbinden. § 25 bleibt unberührt.

(6) Absatz 2 gilt entsprechend für die öffentlichen Stellen, die für die Kontrolle der Einhaltung der Vorschriften über den Datenschutz in den Ländern zuständig sind.

§ 25 Beanstandungen durch die Bundesbeauftragte oder den Bundesbeauftragten für den Datenschutz und die Informationsfreiheit

(1) Stellt die oder der Bundesbeauftragte für den Datenschutz und die Informationsfreiheit Verstöße gegen die Vorschriften dieses Gesetzes oder gegen andere Vorschriften über den Datenschutz oder sonstige Mängel bei der Verarbeitung oder Nutzung personenbezogener Daten fest, so beanstandet sie oder er dies
1. bei der Bundesverwaltung gegenüber der zuständigen obersten Bundesbehörde,
2. beim Bundeseisenbahnvermögen gegenüber dem Präsidenten,
3. bei den aus dem Sondervermögen Deutsche Bundespost durch Gesetz hervorgegangenen Unternehmen, solange ihnen ein ausschließliches Recht nach dem Postgesetz zusteht, gegenüber deren Vorständen,
4. bei den bundesunmittelbaren Körperschaften, Anstalten und Stiftungen des öffentlichen Rechts sowie bei Vereinigungen solcher Körperschaften, Anstalten und Stiftungen gegenüber dem Vorstand oder dem sonst vertretungsberechtigten Organ
und fordert zur Stellungnahme innerhalb einer von ihm zu bestimmenden Frist auf. In den Fällen von Satz 1 Nr. 4 unterrichtet die oder der Bundesbeauftragte gleichzeitig die zuständige Aufsichtsbehörde.

(2) Die oder der Bundesbeauftragte kann von einer Beanstandung absehen oder auf eine Stellungnahme der betroffenen Stelle verzichten, insbesondere wenn es sich um unerhebliche oder inzwischen beseitigte Mängel handelt.

(3) Die Stellungnahme soll auch eine Darstellung der Maßnahmen enthalten, die auf Grund der Beanstandung der oder des Bundesbeauftragten getroffen worden sind. Die in Absatz 1 Satz 1 Nr. 4 genannten Stellen leiten der zuständigen Aufsichtsbehörde gleichzeitig eine Abschrift ihrer Stellungnahme an die Bundesbeauftragte oder den Bundesbeauftragten zu.

Bundesdatenschutzgesetz (BDSG)

§ 26 Weitere Aufgaben der oder des Bundesbeauftragten für den Datenschutz und die Informationsfreiheit

(1) Die oder der Bundesbeauftragte für den Datenschutz und die Informationsfreiheit erstattet dem Deutschen Bundestag alle zwei Jahre einen Tätigkeitsbericht. Sie oder er unterrichtet den Deutschen Bundestag und die Öffentlichkeit über wesentliche Entwicklungen des Datenschutzes.

(2) Auf Anforderung des Deutschen Bundestages oder der Bundesregierung hat die oder der Bundesbeauftragte Gutachten zu erstellen und Berichte zu erstatten. Auf Ersuchen des Deutschen Bundestages, des Petitionsausschusses, des Innenausschusses oder der Bundesregierung geht die oder der Bundesbeauftragte ferner Hinweisen auf Angelegenheiten und Vorgänge des Datenschutzes bei den öffentlichen Stellen des Bundes nach. Die oder der Bundesbeauftragte kann sich jederzeit an den Deutschen Bundestag wenden.

(3) Die oder der Bundesbeauftragte kann der Bundesregierung und den in § 12 Abs. 1 genannten Stellen des Bundes Empfehlungen zur Verbesserung des Datenschutzes geben und sie in Fragen des Datenschutzes beraten. Die in § 25 Abs. 1 Nr. 1 bis 4 genannten Stellen sind durch die Bundesbeauftragte oder den Bundesbeauftragten zu unterrichten, wenn die Empfehlung oder Beratung sie nicht unmittelbar betrifft.

(4) Die oder der Bundesbeauftragte wirkt auf die Zusammenarbeit mit den öffentlichen Stellen, die für die Kontrolle der Einhaltung der Vorschriften über den Datenschutz in den Ländern zuständig sind, sowie mit den Aufsichtsbehörden nach § 38 hin. § 38 Abs. 1 Satz 4 und 5 gilt entsprechend.

Dritter Abschnitt
Datenverarbeitung nicht-öffentlicher Stellen und öffentlich-rechtlicher Wettbewerbsunternehmen

Erster Unterabschnitt
Rechtsgrundlagen der Datenverarbeitung

§ 27 Anwendungsbereich

(1) Die Vorschriften dieses Abschnittes finden Anwendung, soweit personenbezogene Daten unter Einsatz von Datenverarbeitungsanlagen verarbeitet, genutzt oder dafür erhoben werden oder die Daten in oder aus nicht automatisierten Dateien verarbeitet, genutzt oder dafür erhoben werden durch
1. nicht-öffentliche Stellen,
2. a) öffentliche Stellen des Bundes, soweit sie als öffentlich-rechtliche Unternehmen am Wettbewerb teilnehmen,
   b) öffentlichen Stellen der Länder, soweit sie als öffentlich-rechtliche Unternehmen am Wettbewerb teilnehmen, Bundesrecht ausführen und der Datenschutz nicht durch Landesgesetz geregelt ist.
Dies gilt nicht, wenn die Erhebung, Verarbeitung oder Nutzung der Daten ausschließ-

Bundesdatenschutzgesetz (BDSG)

lich für persönliche oder familiäre Tätigkeiten erfolgt. In den Fällen der Nummer 2 Buchstabe a gelten anstelle des § 38 die §§ 18, 21 und 24 bis 26.
(2) Die Vorschriften dieses Abschnittes gelten nicht für die Verarbeitung und Nutzung personenbezogener Daten außerhalb von nicht automatisierten Dateien, soweit es sich nicht um personenbezogene Daten handelt, die offensichtlich aus einer automatisierten Verarbeitung entnommen worden sind.

§ 28 Datenerhebung und -speicherung für eigene Geschäftszwecke

(1) Das Erheben, Speichern, Verändern oder Übermitteln personenbezogener Daten oder ihre Nutzung als Mittel für die Erfüllung eigener Geschäftszwecke ist zulässig
1. wenn es für die Begründung, Durchführung oder Beendigung eines rechtsgeschäftlichen oder rechtsgeschäftsähnlichen Schuldverhältnisses mit dem Betroffenen erforderlich ist,
2. soweit es zur Wahrung berechtigter Interessen der verantwortlichen Stelle erforderlich ist und kein Grund zu der Annahme besteht, dass das schutzwürdige Interesse des Betroffenen an dem Ausschluss der Verarbeitung oder Nutzung überwiegt, oder
3. wenn die Daten allgemein zugänglich sind oder die verantwortliche Stelle sie veröffentlichen dürfte, es sei denn, dass das schutzwürdige Interesse des Betroffenen an dem Ausschluss der Verarbeitung oder Nutzung gegenüber dem berechtigten Interesse der verantwortlichen Stelle offensichtlich überwiegt.

Bei der Erhebung personenbezogener Daten sind die Zwecke, für die die Daten verarbeitet oder genutzt werden sollen, konkret festzulegen.
(2) Die Übermittlung oder Nutzung für einen anderen Zweck ist zulässig:
1. unter den Voraussetzungen des Absatzes 1 Satz 1 Nummer 2 oder Nummer 3,
2. soweit es erforderlich ist
    a) zur Wahrung berechtigter Interessen eines Dritten oder
    b) zur Abwehr von Gefahren für die staatliche oder öffentliche Sicherheit oder zur Verfolgung von Straftaten
    und kein Grund zu der Annahme besteht, dass der Betroffene ein schutzwürdiges Interesse an dem Ausschluss der Übermittlung oder Nutzung hat, oder
3. wenn es im Interesse einer Forschungseinrichtung zur Durchführung wissenschaftlicher Forschung erforderlich ist, das wissenschaftliche Interessen an der Durchführung des Forschungsvorhabens das Interesse des Betroffenen an dem Ausschluss der Zweckänderung erheblich überwiegt und der Zweck der Forschung auf andere Weise nicht oder nur mit unverhältnismäßigem Aufwand erreicht werden kann.

(3) Die Verarbeitung oder Nutzung personenbezogener Daten für Zwecke des Adresshandels oder der Werbung ist zulässig, soweit der Betroffene eingewilligt hat und im Falle einer nicht schriftlich erteilten Einwilligung die verantwortliche Stelle nach Absatz 3a verfährt. Darüber hinaus ist die Verarbeitung oder Nutzung personenbezogener Daten zulässig, soweit es sich um listenmäßig oder sonst zusammengefasste Daten über Angehörige einer Personengruppe handelt, die sich auf die Zugehörigkeit des Betroffenen zu dieser Personengruppe, seine Berufs-, Branchen- oder Geschäftsbezeichnung, seinen Namen, Titel, akademischen Grad, seine Anschrift und sein Geburtsjahr beschränken, und die Verarbeitung oder Nutzung erforderlich ist

Bundesdatenschutzgesetz (BDSG)

1. für Zwecke der Werbung für eigene Angebote der verantwortlichen Stelle, die diese Daten mit Ausnahme der Angaben zur Gruppenzugehörigkeit beim Betroffenen nach Absatz 1 Satz 1 Nummer 1 oder aus allgemein zugänglichen Adress-, Rufnummern-, Branchen- oder vergleichbaren Verzeichnissen erhoben hat,
2. für Zwecke der Werbung im Hinblick auf die berufliche Tätigkeit des Betroffenen und unter seiner beruflichen Anschrift oder
3. für Zwecke der Werbung für Spenden, die nach § 10b Absatz 1 und § 34g des Einkommensteuergesetzes steuerbegünstigt sind.

Für Zwecke nach Satz 2 Nummer 1 darf die verantwortliche Stelle zu den dort genannten Daten weitere Daten hinzuspeichern. Zusammengefasste personenbezogene Daten nach Satz 2 dürfen auch dann für Zwecke der Werbung übermittelt werden, wenn die Übermittlung nach Maßgabe des § 34 Absatz 1a Satz 1 gespeichert wird; in diesem Fall muss die Stelle, die die Daten erstmalig erhoben hat, aus der Werbung eindeutig hervorgehen. Unabhängig vom Vorliegen der Voraussetzungen des Satzes 2 dürfen personenbezogene Daten für Zwecke der Werbung für fremde Angebote genutzt werden, wenn für den Betroffenen bei der Ansprache zum Zwecke der Werbung die für die Nutzung der Daten verantwortliche Stelle eindeutig erkennbar ist. Eine Verarbeitung oder Nutzung nach den Sätzen 2 bis 4 ist nur zulässig, soweit schutzwürdige Interessen des Betroffenen nicht entgegenstehen. Nach den Sätzen 1, 2 und 4 übermittelte Daten dürfen nur für den Zweck verarbeitet oder genutzt werden, für den sie übermittelt worden sind.

(3a) Wird die Einwilligung nach § 4a Absatz 1 Satz 3 in anderer Form als der Schriftform erteilt, hat die verantwortliche Stelle dem Betroffenen den Inhalt der Einwilligung schriftlich zu bestätigen, es sei denn, dass die Einwilligung elektronisch erklärt wird und die verantwortliche Stelle sicherstellt, dass die Einwilligung protokolliert wird und der Betroffene deren Inhalt jederzeit abrufen und die Einwilligung jederzeit mit Wirkung für die Zukunft widerrufen kann. Soll die Einwilligung zusammen mit anderen Erklärungen schriftlich erteilt werden, ist sie in drucktechnisch deutlicher Gestaltung besonders hervorzuheben.

(3b) Die verantwortliche Stelle darf den Abschluss eines Vertrags nicht von einer Einwilligung des Betroffenen nach Absatz 3 Satz 1 abhängig machen, wenn dem Betroffenen ein anderer Zugang zu gleichwertigen vertraglichen Leistungen ohne die Einwilligung nicht oder nicht in zumutbarer Weise möglich ist. Eine unter solchen Umständen erteilte Einwilligung ist unwirksam.

(4) Widerspricht der Betroffene bei der verantwortlichen Stelle der Verarbeitung oder Nutzung seiner Daten für Zwecke der Werbung oder der Markt- oder Meinungsforschung, ist eine Verarbeitung oder Nutzung für diese Zwecke unzulässig. Der Betroffene ist bei der Ansprache zum Zweck der Werbung oder der Markt- oder Meinungsforschung und in den Fällen des Absatzes 1 Satz 1 Nummer 1 auch bei Begründung des rechtsgeschäftlichen oder rechtsgeschäftsähnlichen Schuldverhältnisses über die verantwortliche Stelle sowie über das Widerspruchsrecht nach Satz 1 zu unterrichten; soweit der Ansprechende personenbezogene Daten des Betroffenen nutzt, die bei einer ihm nicht bekannten Stelle gespeichert sind, hat er auch sicherzustellen, dass der Betroffene Kenntnis über die Herkunft der Daten erhalten kann. Widerspricht der Betroffene bei dem Dritten, dem die Daten im Rahmen der Zwecke nach Absatz 3 übermittelt worden sind, der Verarbeitung oder Nutzung zum Zwecke der Werbung

Bundesdatenschutzgesetz (BDSG)

oder der Markt- oder Meinungsforschung, hat dieser die Daten für diese Zwecke zu sperren. In den Fällen des Absatzes 1 Satz 1 Nummer 1 darf für den Widerspruch keine strengere Form verlangt werden als für die Begründung des rechtsgeschäftlichen oder rechtsgeschäftsähnlichen Schuldverhältnisses.

(5) Der Dritte, dem die Daten übermittelt worden sind, darf diese nur für den Zweck verarbeiten oder nutzen, zu dessen Erfüllung sie ihm übermittelt werden. Eine Verarbeitung oder Nutzung für andere Zwecke ist nicht-öffentlichen Stellen nur unter den Voraussetzungen der Absätze 2 und 3 und öffentlichen Stellen nur unter den Voraussetzungen des § 14 Abs. 2 erlaubt. Die übermittelnde Stelle hat ihn darauf hinzuweisen.

(6) Das Erheben, Verarbeiten und Nutzen von besonderen Arten personenbezogener Daten (§ 3 Abs. 9) für eigene Geschäftszwecke ist zulässig, soweit nicht der Betroffene nach Maßgabe des § 4a Abs. 3 eingewilligt hat, wenn

1. dies zum Schutz lebenswichtiger Interessen des Betroffenen oder eines Dritten erforderlich ist, sofern der Betroffene aus physischen oder rechtlichen Gründen außerstande ist, seine Einwilligung zu geben,
2. es sich um Daten handelt, die der Betroffene offenkundig öffentlich gemacht hat,
3. dies zur Geltendmachung, Ausübung oder Verteidigung rechtlicher Ansprüche erforderlich ist und kein Grund zu der Annahme besteht, dass das schutzwürdige Interesse des Betroffenen an dem Ausschluss der Erhebung, Verarbeitung oder Nutzung überwiegt, oder
4. dies zur Durchführung wissenschaftlicher Forschung erforderlich ist, das wissenschaftliche Interesse an der Durchführung des Forschungsvorhabens das Interesse des Betroffenen an dem Ausschluss der Erhebung, Verarbeitung und Nutzung erheblich überwiegt und der Zweck der Forschung auf andere Weise nicht oder nur mit unverhältnismäßigem Aufwand erreicht werden kann.

(7) Das Erheben von besonderen Arten personenbezogener Daten (§ 3 Abs. 9) ist ferner zulässig, wenn dies zum Zweck der Gesundheitsvorsorge, der medizinischen Diagnostik, der Gesundheitsversorgung oder Behandlung oder für die Verwaltung von Gesundheitsdiensten erforderlich ist und die Verarbeitung dieser Daten durch ärztliches Personal oder durch sonstige Personen erfolgt, die einer entsprechenden Geheimhaltungspflicht unterliegen. Die Verarbeitung und Nutzung von Daten zu den in Satz 1 genannten Zwecken richtet sich nach den für die in Satz 1 genannten Personen geltenden Geheimhaltungspflichten. Werden zu einem in Satz 1 genannten Zweck Daten über die Gesundheit von Personen durch Angehörige eines anderen als in § 203 Abs. 1 und 3 des Strafgesetzbuches genannten Berufes, dessen Ausübung die Feststellung, Heilung oder Linderung von Krankheiten oder die Herstellung oder den Vertrieb von Hilfsmitteln mit sich bringt, erhoben, verarbeitet oder genutzt, ist dies nur unter den Voraussetzungen zulässig, unter denen ein Arzt selbst hierzu befugt wäre.

(8) Für einen anderen Zweck dürfen die besonderen Arten personenbezogener Daten (§ 3 Abs. 9) nur unter den Voraussetzungen des Absatzes 6 Nr. 1 bis 4 oder des Absatzes 7 Satz 1 übermittelt oder genutzt werden. Eine Übermittlung oder Nutzung ist auch zulässig, wenn dies zur Abwehr von erheblichen Gefahren für die staatliche und öffentliche Sicherheit sowie zur Verfolgung von Straftaten von erheblicher Bedeutung erforderlich ist.

(9) Organisationen, die politisch, philosophisch, religiös oder gewerkschaftlich aus-

Bundesdatenschutzgesetz (BDSG)

gerichtet sind und keinen Erwerbszweck verfolgen, dürfen besondere Arten personenbezogener Daten (§ 3 Abs. 9) erheben, verarbeiten oder nutzen, soweit dies für die Tätigkeit der Organisation erforderlich ist. Dies gilt nur für personenbezogene Daten ihrer Mitglieder oder von Personen, die im Zusammenhang mit deren Tätigkeitszweck regelmäßig Kontakte mit ihr unterhalten. Die Übermittlung dieser personenbezogenen Daten an Personen oder Stellen außerhalb der Organisation ist nur unter den Voraussetzungen des § 4a Abs. 3 zulässig. Absatz 2 Nr. 2 Buchstabe b gilt entsprechend.

§ 28a Datenübermittlung an Auskunfteien

(1) Die Übermittlung personenbezogener Daten über eine Forderung an Auskunfteien ist nur zulässig, soweit die geschuldete Leistung trotz Fälligkeit nicht erbracht worden ist, die Übermittlung zur Wahrung berechtigter Interessen der verantwortlichen Stelle oder eines Dritten erforderlich ist und
1. die Forderung durch ein rechtskräftiges oder für vorläufig vollstreckbar erklärtes Urteil festgestellt worden ist oder ein Schuldtitel nach § 794 der Zivilprozessordnung vorliegt,
2. die Forderung nach § 178 der Insolvenzordnung festgestellt und nicht vom Schuldner im Prüfungstermin bestritten worden ist,
3. der Betroffene die Forderung ausdrücklich anerkannt hat,
4. a) der Betroffene nach Eintritt der Fälligkeit der Forderung mindestens zweimal schriftlich gemahnt worden ist,
   b) zwischen der ersten Mahnung und der Übermittlung mindestens vier Wochen liegen,
   c) die verantwortliche Stelle den Betroffenen rechtzeitig vor der Übermittlung der Angaben, jedoch frühestens bei der ersten Mahnung über die bevorstehende Übermittlung unterrichtet hat und
   d) der Betroffene die Forderung nicht bestritten hat oder
5. das der Forderung zugrunde liegende Vertragsverhältnis aufgrund von Zahlungsrückständen fristlos gekündigt werden kann und die verantwortliche Stelle den Betroffenen über die bevorstehende Übermittlung unterrichtet hat.

Satz 1 gilt entsprechend, wenn die verantwortliche Stelle selbst die Daten nach § 29 verwendet.
(2) Zur zukünftigen Übermittlung nach § 29 Abs. 2 dürfen Kreditinstitute personenbezogene Daten über die Begründung, ordnungsgemäße Durchführung und Beendigung eines Vertragsverhältnisses betreffend ein Bankgeschäft nach § 1 Abs. 1 Satz 2 Nr. 2, 8 oder Nr. 9 des Kreditwesengesetzes an Auskunfteien übermitteln, es sei denn, dass das schutzwürdige Interesse des Betroffenen an dem Ausschluss der Übermittlung gegenüber dem Interesse der Auskunftei an der Kenntnis der Daten offensichtlich überwiegt. Der Betroffene ist vor Abschluss des Vertrages hierüber zu unterrichten. Satz 1 gilt nicht für Giroverträge, die die Einrichtung eines Kontos ohne Überziehungsmöglichkeit zum Gegenstand haben. Zur zukünftigen Übermittlung nach § 29 Abs. 2 ist die Übermittlung von Daten über Verhaltensweisen des Betroffenen, die im Rahmen eines vorvertraglichen Vertrauensverhältnisses der Herstellung von Markttransparenz dienen, an Auskunfteien auch mit Einwilligung des Betroffenen unzulässig.

Bundesdatenschutzgesetz (BDSG)

(3) Nachträgliche Änderungen der einer Übermittlung nach Absatz 1 oder Absatz 2 zugrunde liegenden Tatsachen hat die verantwortliche Stelle der Auskunftei innerhalb von einem Monat nach Kenntniserlangung mitzuteilen, solange die ursprünglich übermittelten Daten bei der Auskunftei gespeichert sind. Die Auskunftei hat die übermittelnde Stelle über die Löschung der ursprünglich übermittelten Daten zu unterrichten.

§ 28b Scoring

Zum Zwecke der Entscheidung über die Begründung, Durchführung oder Beendigung eines Vertragsverhältnisses mit dem Betroffenen darf ein Wahrscheinlichkeitswert für ein bestimmtes zukünftiges Verhalten des Betroffenen erhoben oder verwendet werden, wenn
1. die zur Berechnung des Wahrscheinlichkeitswerts genutzten Daten unter Zugrundelegung eines wissenschaftlich anerkannten mathematisch-statistischen Verfahrens nachweisbar für die Berechnung der Wahrscheinlichkeit des bestimmten Verhaltens erheblich sind,
2. im Falle der Berechnung des Wahrscheinlichkeitswerts durch eine Auskunftei die Voraussetzungen für eine Übermittlung der genutzten Daten nach § 29, und in allen anderen Fällen die Voraussetzungen einer zulässigen Nutzung der Daten nach § 28 vorliegen,
3. für die Berechnung des Wahrscheinlichkeitswerts nicht ausschließlich Anschriftendaten genutzt werden,
4. im Falle der Nutzung von Anschriftendaten der Betroffene vor Berechnung des Wahrscheinlichkeitswerts über die vorgesehene Nutzung dieser Daten unterrichtet worden ist; die Unterrichtung ist zu dokumentieren.

§ 29 Geschäftsmäßige Datenerhebung und -speicherung zum Zwecke der Übermittlung

(1) Das geschäftsmäßige Erheben, Speichern, Verändern oder Nutzen personenbezogener Daten zum Zwecke der Übermittlung, insbesondere wenn dies der Werbung, der Tätigkeit von Auskunfteien oder dem Adresshandel dient, ist zulässig, wenn
1. kein Grund zu der Annahme besteht, dass der Betroffene ein schutzwürdiges Interesse an dem Ausschluss der Erhebung, Speicherung oder Veränderung hat,
2. die Daten aus allgemein zugänglichen Quellen entnommen werden können oder die verantwortliche Stelle sie veröffentlichen dürfte, es sei denn, dass das schutzwürdige Interesse des Betroffenen an dem Ausschluss der Erhebung, Speicherung oder Veränderung offensichtlich überwiegt, oder
3. die Voraussetzungen des § 28a Abs. 1 oder Abs. 2 erfüllt sind; Daten im Sinne von § 28a Abs. 2 Satz 4 dürfen nicht erhoben oder gespeichert werden.

§ 28 Abs. 1 Satz 2 und Abs. 3 bis 3b ist anzuwenden.

(2) Die Übermittlung im Rahmen der Zwecke nach Absatz 1 ist zulässig, wenn
1. der Dritte, dem die Daten übermittelt werden, ein berechtigtes Interesse an ihrer Kenntnis glaubhaft dargelegt hat und

Bundesdatenschutzgesetz (BDSG)

2. kein Grund zu der Annahme besteht, dass der Betroffene ein schutzwürdiges Interesse an dem Ausschluss der Übermittlung hat.

§ 28 Abs. 3 bis 3b gilt entsprechend. Bei der Übermittlung nach Satz 1 Nr. 1 sind die Gründe für das Vorliegen eines berechtigten Interesses und die Art und Weise ihrer glaubhaften Darlegung von der übermittelnden Stelle aufzuzeichnen. Bei der Übermittlung im automatisierten Abrufverfahren obliegt die Aufzeichnungspflicht dem Dritten, dem die Daten übermittelt werden. Die übermittelnde Stelle hat Stichprobenverfahren nach § 10 Abs. 4 Satz 3 durchzuführen und dabei auch das Vorliegen eines berechtigten Interesses einzelfallbezogen festzustellen und zu überprüfen.

(3) Die Aufnahme personenbezogener Daten in elektronische oder gedruckte Adress-, Rufnummern-, Branchen- oder vergleichbare Verzeichnisse hat zu unterbleiben, wenn der entgegenstehende Wille des Betroffenen aus dem zugrunde liegenden elektronischen oder gedruckten Verzeichnis oder Register ersichtlich ist. Der Empfänger der Daten hat sicherzustellen, dass Kennzeichnungen aus elektronischen oder gedruckten Verzeichnissen oder Registern bei der Übernahme in Verzeichnisse oder Register übernommen werden.

(4) Für die Verarbeitung oder Nutzung der übermittelten Daten gilt § 28 Abs. 4 und 5.

(5) § 28 Abs. 6 bis 9 gilt entsprechend.

(6) Eine Stelle, die geschäftsmäßig personenbezogene Daten, die zur Bewertung der Kreditwürdigkeit von Verbrauchern genutzt werden dürfen, zum Zweck der Übermittlung erhebt, speichert oder verändert, hat Auskunftsverlangen von Darlehensgebern aus anderen Mitgliedstaaten der Europäischen Union oder anderen Vertragsstaaten des Abkommens über den Europäischen Wirtschaftsraum genauso zu behandeln wie Auskunftsverlangen inländischer Darlehensgeber.

(7) Wer den Abschluss eines Verbraucherdarlehensvertrags oder eines Vertrags über eine entgeltliche Finanzierungshilfe mit einem Verbraucher infolge einer Auskunft einer Stelle im Sinne des Absatzes 6 ablehnt, hat den Verbraucher unverzüglich hierüber sowie über die erhaltene Auskunft zu unterrichten. Die Unterrichtung unterbleibt, soweit hierdurch die öffentliche Sicherheit oder Ordnung gefährdet würde. § 6a bleibt unberührt.

§ 30 Geschäftsmäßige Datenerhebung und -speicherung zum Zwecke der Übermittlung in anonymisierter Form

(1) Werden personenbezogene Daten geschäftsmäßig erhoben und gespeichert, um sie in anonymisierter Form zu übermitteln, sind die Merkmale gesondert zu speichern, mit denen Einzelangaben über persönliche oder sachliche Verhältnisse einer bestimmten oder bestimmbaren natürlichen Person zugeordnet werden können. Diese Merkmale dürfen mit den Einzelangaben nur zusammengeführt werden, soweit dies für die Erfüllung des Zweckes der Speicherung oder zu wissenschaftlichen Zwecken erforderlich ist.

(2) Die Veränderung personenbezogener Daten ist zulässig, wenn

1. kein Grund zu der Annahme besteht, dass der Betroffene ein schutzwürdiges Interesse an dem Ausschluss der Veränderung hat, oder
2. die Daten aus allgemein zugänglichen Quellen entnommen werden können oder die

verantwortliche Stelle sie veröffentlichen dürfte, soweit nicht das schutzwürdige Interesse des Betroffenen an dem Ausschluss der Veränderung offensichtlich überwiegt.
(3) Die personenbezogenen Daten sind zu löschen, wenn ihre Speicherung unzulässig ist.
(4) § 29 gilt nicht.
(5) § 28 Abs. 6 bis 9 gilt entsprechend.

§ 30a Geschäftsmäßige Datenerhebung und -speicherung für Zwecke der Markt- und Meinungsforschung

(1) Das geschäftsmäßige Erheben, Verarbeiten oder Nutzen personenbezogener Daten für Zwecke der Markt- oder Meinungsforschung ist zulässig, wenn
1. kein Grund zu der Annahme besteht, dass der Betroffene ein schutzwürdiges Interesse an dem Ausschluss der Erhebung, Verarbeitung oder Nutzung hat, oder
2. die Daten aus allgemein zugänglichen Quellen entnommen werden können oder die verantwortliche Stelle sie veröffentlichen dürfte und das schutzwürdige Interesse des Betroffenen an dem Ausschluss der Erhebung, Verarbeitung oder Nutzung gegenüber dem Interesse der verantwortlichen Stelle nicht offensichtlich überwiegt.

Besondere Arten personenbezogener Daten (§ 3 Absatz 9) dürfen nur für ein bestimmtes Forschungsvorhaben erhoben, verarbeitet oder genutzt werden.
(2) Für Zwecke der Markt- oder Meinungsforschung erhobene oder gespeicherte personenbezogene Daten dürfen nur für diese Zwecke verarbeitet oder genutzt werden. Daten, die nicht aus allgemein zugänglichen Quellen entnommen worden sind und die die verantwortliche Stelle auch nicht veröffentlichen darf, dürfen nur für das Forschungsvorhaben verarbeitet oder genutzt werden, für das sie erhoben worden sind. Für einen anderen Zweck dürfen sie nur verarbeitet oder genutzt werden, wenn sie zuvor so anonymisiert werden, dass ein Personenbezug nicht mehr hergestellt werden kann.
(3) Die personenbezogenen Daten sind zu anonymisieren, sobald dies nach dem Zweck des Forschungsvorhabens, für das die Daten erhoben worden sind, möglich ist. Bis dahin sind die Merkmale gesondert zu speichern, mit denen Einzelangaben über persönliche oder sachliche Verhältnisse einer bestimmten oder bestimmbaren Person zugeordnet werden können. Diese Merkmale dürfen mit den Einzelangaben nur zusammengeführt werden, soweit dies nach dem Zweck des Forschungsvorhabens erforderlich ist.
(4) § 29 gilt nicht.
(5) § 28 Absatz 4 und 6 bis 9 gilt entsprechend.

§ 31 Besondere Zweckbindung

Personenbezogene Daten, die ausschließlich zu Zwecken der Datenschutzkontrolle, der Datensicherung oder zur Sicherstellung eines ordnungsgemäßen Betriebes einer Datenverarbeitungsanlage gespeichert werden, dürfen nur für diese Zwecke verwendet werden.

Bundesdatenschutzgesetz (BDSG)

§ 32 Datenerhebung, -verarbeitung und -nutzung für Zwecke des Beschäftigungsverhältnisses

(1) Personenbezogene Daten eines Beschäftigten dürfen für Zwecke des Beschäftigungsverhältnisses erhoben, verarbeitet oder genutzt werden, wenn dies für die Entscheidung über die Begründung eines Beschäftigungsverhältnisses oder nach Begründung des Beschäftigungsverhältnisses für dessen Durchführung oder Beendigung erforderlich ist. Zur Aufdeckung von Straftaten dürfen personenbezogene Daten eines Beschäftigten nur dann erhoben, verarbeitet oder genutzt werden, wenn zu dokumentierende tatsächliche Anhaltspunkte den Verdacht begründen, dass der Betroffene im Beschäftigungsverhältnis eine Straftat begangen hat, die Erhebung, Verarbeitung oder Nutzung zur Aufdeckung erforderlich ist und das schutzwürdige Interesse des Beschäftigten an dem Ausschluss der Erhebung, Verarbeitung oder Nutzung nicht überwiegt, insbesondere Art und Ausmaß im Hinblick auf den Anlass nicht unverhältnismäßig sind.

(2) Absatz 1 ist auch anzuwenden, wenn personenbezogene Daten erhoben, verarbeitet oder genutzt werden, ohne dass sie automatisiert verarbeitet werden oder in oder aus einer nicht automatisierten Datei verarbeitet, genutzt oder für die Verarbeitung oder Nutzung in einer solchen Datei erhoben werden.

(3) Die Beteiligungsrechte der Interessenvertretungen der Beschäftigten bleiben unberührt.

Zweiter Unterabschnitt
Rechte des Betroffenen

§ 33 Benachrichtigung des Betroffenen

(1) Werden erstmals personenbezogene Daten für eigene Zwecke ohne Kenntnis des Betroffenen gespeichert, ist der Betroffene von der Speicherung, der Art der Daten, der Zweckbestimmung der Erhebung, Verarbeitung oder Nutzung und der Identität der verantwortlichen Stelle zu benachrichtigen. Werden personenbezogene Daten geschäftsmäßig zum Zwecke der Übermittlung ohne Kenntnis des Betroffenen gespeichert, ist der Betroffene von der erstmaligen Übermittlung und der Art der übermittelten Daten zu benachrichtigen. Der Betroffene ist in den Fällen der Sätze 1 und 2 auch über die Kategorien von Empfängern zu unterrichten, soweit er nach den Umständen des Einzelfalles nicht mit der Übermittlung an diese rechnen muss.

(2) Eine Pflicht zur Benachrichtigung besteht nicht, wenn
1. der Betroffene auf andere Weise Kenntnis von der Speicherung oder der Übermittlung erlangt hat,
2. die Daten nur deshalb gespeichert sind, weil sie aufgrund gesetzlicher, satzungsmäßiger oder vertraglicher Aufbewahrungsvorschriften nicht gelöscht werden dürfen oder ausschließlich der Datensicherung oder der Datenschutzkontrolle dienen und eine Benachrichtigung einen unverhältnismäßigen Aufwand erfordern würde,
3. die Daten nach einer Rechtsvorschrift oder ihrem Wesen nach, namentlich wegen des überwiegenden rechtlichen Interesses eines Dritten, geheim gehalten werden müssen,

Bundesdatenschutzgesetz (BDSG)

4. die Speicherung oder Übermittlung durch Gesetz ausdrücklich vorgesehen ist,
5. die Speicherung oder Übermittlung für Zwecke der wissenschaftlichen Forschung erforderlich ist und eine Benachrichtigung einen unverhältnismäßigen Aufwand erfordern würde,
6. die zuständige öffentliche Stelle gegenüber der verantwortlichen Stelle festgestellt hat, dass das Bekanntwerden der Daten die öffentliche Sicherheit oder Ordnung gefährden oder sonst dem Wohle des Bundes oder eines Landes Nachteile bereiten würde,
7. die Daten für eigene Zwecke gespeichert sind und
   a) aus allgemein zugänglichen Quellen entnommen sind und eine Benachrichtigung wegen der Vielzahl der betroffenen Fälle unverhältnismäßig ist, oder
   b) die Benachrichtigung die Geschäftszwecke der verantwortlichen Stelle erheblich gefährden würde, es sei denn, dass das Interesse an der Benachrichtigung die Gefährdung überwiegt,
8. die Daten geschäftsmäßig zum Zwecke der Übermittlung gespeichert sind und
   a) aus allgemein zugänglichen Quellen entnommen sind, soweit sie sich auf diejenigen Personen beziehen, die diese Daten veröffentlicht haben, oder
   b) es sich um listenmäßig oder sonst zusammengefasste Daten handelt (§ 29 Absatz 2 Satz 2)
   und eine Benachrichtigung wegen der Vielzahl der betroffenen Fälle unverhältnismäßig ist,
9. aus allgemein zugänglichen Quellen entnommene Daten geschäftsmäßig für Zwecke der Markt- oder Meinungsforschung gespeichert sind und eine Benachrichtigung wegen der Vielzahl der betroffenen Fälle unverhältnismäßig ist.

Die verantwortliche Stelle legt schriftlich fest, unter welchen Voraussetzungen von einer Benachrichtigung nach Satz 1 Nr. 2 bis 7 abgesehen wird.

§ 34 Auskunft an den Betroffenen

(1) Die verantwortliche Stelle hat dem Betroffenen auf Verlangen Auskunft zu erteilen über
1. die zu seiner Person gespeicherten Daten, auch soweit sie sich auf die Herkunft dieser Daten beziehen,
2. den Empfänger oder Kategorien von Empfängern, an die Daten weitergegeben werden, und
3. den Zweck der Speicherung.

Der Betroffene soll die Art der personenbezogenen Daten, über die Auskunft erteilt werden soll, näher bezeichnen. Werden die personenbezogenen Daten geschäftsmäßig zum Zweck der Übermittlung gespeichert, ist Auskunft über die Herkunft und die Empfänger auch dann zu erteilen, wenn diese Angaben nicht gespeichert sind. Die Auskunft über die Herkunft und die Empfänger kann verweigert werden, soweit das Interesse an der Wahrung des Geschäftsgeheimnisses gegenüber dem Informationsinteresse des Betroffenen überwiegt.

(1a) Im Fall des § 28 Absatz 3 Satz 4 hat die übermittelnde Stelle die Herkunft der Daten und den Empfänger für die Dauer von zwei Jahren nach der Übermittlung zu speichern und dem Betroffenen auf Verlangen Auskunft über die Herkunft der Daten und den Empfänger zu erteilen. Satz 1 gilt entsprechend für den Empfänger.

Bundesdatenschutzgesetz (BDSG)

(2) Im Fall des § 28b hat die für die Entscheidung verantwortliche Stelle dem Betroffenen auf Verlangen Auskunft zu erteilen über
1. die innerhalb der letzten sechs Monate vor dem Zugang des Auskunftsverlangens erhobenen oder erstmalig gespeicherten Wahrscheinlichkeitswerte,
2. die zur Berechnung der Wahrscheinlichkeitswerte genutzten Datenarten und
3. das Zustandekommen und die Bedeutung der Wahrscheinlichkeitswerte einzelfallbezogen und nachvollziehbar in allgemein verständlicher Form.

Satz 1 gilt entsprechend, wenn die für die Entscheidung verantwortliche Stelle
1. die zur Berechnung der Wahrscheinlichkeitswerte genutzten Daten ohne Personenbezug speichert, den Personenbezug aber bei der Berechnung herstellt oder
2. bei einer anderen Stelle gespeicherte Daten nutzt.

Hat eine andere als die für die Entscheidung verantwortliche Stelle
1. den Wahrscheinlichkeitswert oder
2. einen Bestandteil des Wahrscheinlichkeitswerts

berechnet, hat sie die insoweit zur Erfüllung der Auskunftsansprüche nach den Sätzen 1 und 2 erforderlichen Angaben auf Verlangen der für die Entscheidung verantwortlichen Stelle an diese zu übermitteln. Im Falle des Satzes 3 Nr. 1 hat die für die Entscheidung verantwortliche Stelle den Betroffenen zur Geltendmachung seiner Auskunftsansprüche unter Angabe des Namens und der Anschrift der anderen Stelle sowie der zur Bezeichnung des Einzelfalls notwendigen Angaben unverzüglich an diese zu verweisen, soweit sie die Auskunft nicht selbst erteilt. In diesem Fall hat die andere Stelle, die den Wahrscheinlichkeitswert berechnet hat, die Auskunftsansprüche nach den Sätzen 1 und 2 gegenüber dem Betroffenen unentgeltlich zu erfüllen. Die Pflicht der für die Berechnung des Wahrscheinlichkeitswerts verantwortlichen Stelle nach Satz 3 entfällt, soweit die für die Entscheidung verantwortliche Stelle von ihrem Recht nach Satz 4 Gebrauch macht.

(3) Eine Stelle, die geschäftsmäßig personenbezogene Daten zum Zwecke der Übermittlung speichert, hat dem Betroffenen auf Verlangen Auskunft über die zu seiner Person gespeicherten Daten zu erteilen, auch wenn sie weder automatisiert verarbeitet werden noch in einer nicht automatisierten Datei gespeichert sind. Dem Betroffenen ist auch Auskunft zu erteilen über Daten, die
1. gegenwärtig noch keinen Personenbezug aufweisen, bei denen ein solcher aber im Zusammenhang mit der Auskunftserteilung von der verantwortlichen Stelle hergestellt werden soll,
2. die verantwortliche Stelle nicht speichert, aber zum Zwecke der Auskunftserteilung nutzt.

Die Auskunft über die Herkunft und die Empfänger kann verweigert werden, soweit das Interesse an der Wahrung des Geschäftsgeheimnisses gegenüber dem Informationsinteresse des Betroffenen überwiegt.

(4) Eine Stelle, die geschäftsmäßig personenbezogene Daten zum Zweck der Übermittlung erhebt, speichert oder verändert, hat dem Betroffenen auf Verlangen Auskunft zu erteilen über
1. die innerhalb der letzten zwölf Monate vor dem Zugang des Auskunftsverlangens übermittelten Wahrscheinlichkeitswerte für ein bestimmtes zukünftiges Verhalten des Betroffenen sowie die Namen und letztbekannten Anschriften der Dritten, an die die Werte übermittelt worden sind,

Bundesdatenschutzgesetz (BDSG)

2. die Wahrscheinlichkeitswerte, die sich zum Zeitpunkt des Auskunftsverlangens nach den von der Stelle zur Berechnung angewandten Verfahren ergeben,
3. die zur Berechnung der Wahrscheinlichkeitswerte nach den Nummern 1 und 2 genutzten Datenarten sowie
4. das Zustandekommen und die Bedeutung der Wahrscheinlichkeitswerte einzelfallbezogen und nachvollziehbar in allgemein verständlicher Form.

Satz 1 gilt entsprechend, wenn die verantwortliche Stelle
1. die zur Berechnung des Wahrscheinlichkeitswerts genutzten Daten ohne Personenbezug speichert, den Personenbezug aber bei der Berechnung herstellt oder
2. bei einer anderen Stelle gespeicherte Daten nutzt.

(5) Die nach den Absätzen 1a bis 4 zum Zweck der Auskunftserteilung an den Betroffenen gespeicherten Daten dürfen nur für diesen Zweck sowie für Zwecke der Datenschutzkontrolle verwendet werden; für andere Zwecke sind sie zu sperren.

(6) Die Auskunft ist auf Verlangen in Textform zu erteilen, soweit nicht wegen der besonderen Umstände eine andere Form der Auskunftserteilung angemessen ist.

(7) Eine Pflicht zur Auskunftserteilung besteht nicht, wenn der Betroffene nach § 33 Abs. 2 Satz 1 Nr. 2, 3 und 5 bis 7 nicht zu benachrichtigen ist.

(8) Die Auskunft ist unentgeltlich. Werden die personenbezogenen Daten geschäftsmäßig zum Zweck der Übermittlung gespeichert, kann der Betroffene einmal je Kalenderjahr eine unentgeltliche Auskunft in Textform verlangen. Für jede weitere Auskunft kann ein Entgelt verlangt werden, wenn der Betroffene die Auskunft gegenüber Dritten zu wirtschaftlichen Zwecken nutzen kann. Das Entgelt darf über die durch die Auskunftserteilung entstandenen unmittelbar zurechenbaren Kosten nicht hinausgehen. Ein Entgelt kann nicht verlangt werden, wenn
1. besondere Umstände die Annahme rechtfertigen, dass Daten unrichtig oder unzulässig gespeichert werden, oder
2. die Auskunft ergibt, dass die Daten nach § 35 Abs. 1 zu berichtigen oder nach § 35 Abs. 2 Satz 2 Nr. 1 zu löschen sind.

(9) Ist die Auskunftserteilung nicht unentgeltlich, ist dem Betroffenen die Möglichkeit zu geben, sich im Rahmen seines Auskunftsanspruchs persönlich Kenntnis über die ihn betreffenden Daten zu verschaffen. Er ist hierauf hinzuweisen.

§ 35 Berichtigung, Löschung und Sperrung von Daten

(1) Personenbezogene Daten sind zu berichtigen, wenn sie unrichtig sind. Geschätzte Daten sind als solche deutlich zu kennzeichnen.

(2) Personenbezogene Daten können außer in den Fällen des Absatzes 3 Nr. 1 und 2 jederzeit gelöscht werden. Personenbezogene Daten sind zu löschen, wenn
1. ihre Speicherung unzulässig ist,
2. es sich um Daten über die rassische oder ethnische Herkunft, politische Meinungen, religiöse oder philosophische Überzeugungen, Gewerkschaftszugehörigkeit, Gesundheit, Sexualleben, strafbare Handlungen oder Ordnungswidrigkeiten handelt und ihre Richtigkeit von der verantwortlichen Stelle nicht bewiesen werden kann,
3. sie für eigene Zwecke verarbeitet werden, sobald ihre Kenntnis für die Erfüllung des Zweckes der Speicherung nicht mehr erforderlich ist, oder

Bundesdatenschutzgesetz (BDSG)

4. sie geschäftsmäßig zum Zweck der Übermittlung verarbeitet werden und eine Prüfung jeweils am Ende des vierten, soweit es sich um Daten über erledigte Sachverhalte handelt und der Betroffene der Löschung nicht widerspricht, am Ende des dritten Kalenderjahres beginnend mit dem Kalenderjahr, das der erstmaligen Speicherung folgt, ergibt, dass eine längerwährende Speicherung nicht erforderlich ist.
Personenbezogene Daten, die auf der Grundlage von § 28a Abs. 2 Satz 1 oder § 29 Abs. 1 Satz 1 Nr. 3 gespeichert werden, sind nach Beendigung des Vertrages auch zu löschen, wenn der Betroffene dies verlangt.
(3) An die Stelle einer Löschung tritt eine Sperrung, soweit
1. im Falle des Absatzes 2 Satz 2 Nr. 3 einer Löschung gesetzliche, satzungsmäßige oder vertragliche Aufbewahrungsfristen entgegenstehen,
2. Grund zu der Annahme besteht, dass durch eine Löschung schutzwürdige Interessen des Betroffenen beeinträchtigt würden, oder
3. eine Löschung wegen der besonderen Art der Speicherung nicht oder nur mit unverhältnismäßig hohem Aufwand möglich ist.
(4) Personenbezogene Daten sind ferner zu sperren, soweit ihre Richtigkeit vom Betroffenen bestritten wird und sich weder die Richtigkeit noch die Unrichtigkeit feststellen lässt.
(4a) Die Tatsache der Sperrung darf nicht übermittelt werden.
(5) Personenbezogene Daten dürfen nicht für eine automatisierte Verarbeitung oder Verarbeitung in nicht automatisierten Dateien erhoben, verarbeitet oder genutzt werden, soweit der Betroffene dieser bei der verantwortlichen Stelle widerspricht und eine Prüfung ergibt, dass das schutzwürdige Interesse des Betroffenen wegen seiner besonderen persönlichen Situation das Interesse der verantwortlichen Stelle an dieser Erhebung, Verarbeitung oder Nutzung überwiegt. Satz 1 gilt nicht, wenn eine Rechtsvorschrift zur Erhebung, Verarbeitung oder Nutzung verpflichtet.
(6) Personenbezogene Daten, die unrichtig sind oder deren Richtigkeit bestritten wird, müssen bei der geschäftsmäßigen Datenspeicherung zum Zwecke der Übermittlung außer in den Fällen des Absatzes 2 Nr. 2 nicht berichtigt, gesperrt oder gelöscht werden, wenn sie aus allgemein zugänglichen Quellen entnommen und zu Dokumentationszwecken gespeichert sind. Auf Verlangen des Betroffenen ist diesen Daten für die Dauer der Speicherung seine Gegendarstellung beizufügen. Die Daten dürfen nicht ohne diese Gegendarstellung übermittelt werden.
(7) Von der Berichtigung unrichtiger Daten, der Sperrung bestrittener Daten sowie der Löschung oder Sperrung wegen Unzulässigkeit der Speicherung sind die Stellen zu verständigen, denen im Rahmen einer Datenübermittlung diese Daten zur Speicherung weitergegeben wurden, wenn dies keinen unverhältnismäßigen Aufwand erfordert und schutzwürdige Interessen des Betroffenen nicht entgegenstehen.
(8) Gesperrte Daten dürfen ohne Einwilligung des Betroffenen nur übermittelt oder genutzt werden, wenn
1. es zu wissenschaftlichen Zwecken, zur Behebung einer bestehenden Beweisnot oder aus sonstigen im überwiegenden Interesse der verantwortlichen Stelle oder eines Dritten liegenden Gründen unerlässlich ist und
2. die Daten hierfür übermittelt oder genutzt werden dürften, wenn sie nicht gesperrt wären.

Bundesdatenschutzgesetz (BDSG)

Dritter Unterabschnitt
Aufsichtsbehörde

§ 36 Bestellung eines Beauftragten für den Datenschutz

weggefallen

§ 37 Aufgaben des Beauftragten für den Datenschutz

weggefallen

§ 38 Aufsichtsbehörde

(1) Die Aufsichtsbehörde kontrolliert die Ausführung dieses Gesetzes sowie anderer Vorschriften über den Datenschutz, soweit diese die automatisierte Verarbeitung personenbezogener Daten oder die Verarbeitung oder Nutzung personenbezogener Daten in oder aus nicht automatisierten Dateien regeln einschließlich des Rechts der Mitgliedstaaten in den Fällen des § 1 Abs. 5. Sie berät und unterstützt die Beauftragten für den Datenschutz und die verantwortlichen Stellen mit Rücksicht auf deren typische Bedürfnisse. Die Aufsichtsbehörde darf die von ihr gespeicherten Daten nur für Zwecke der Aufsicht verarbeiten und nutzen; § 14 Abs. 2 Nr. 1 bis 3, 6 und 7 gilt entsprechend. Insbesondere darf die Aufsichtsbehörde zum Zweck der Aufsicht Daten an andere Aufsichtsbehörden übermitteln. Sie leistet den Aufsichtsbehörden anderer Mitgliedstaaten der Europäischen Union auf Ersuchen ergänzende Hilfe (Amtshilfe). Stellt die Aufsichtsbehörde einen Verstoß gegen dieses Gesetz oder andere Vorschriften über den Datenschutz fest, so ist sie befugt, die Betroffenen hierüber zu unterrichten, den Verstoß bei den für die Verfolgung oder Ahndung zuständigen Stellen anzuzeigen sowie bei schwerwiegenden Verstößen die Gewerbeaufsichtsbehörde zur Durchführung gewerberechtlicher Maßnahmen zu unterrichten. Sie veröffentlicht regelmäßig, spätestens alle zwei Jahre, einen Tätigkeitsbericht. § 21 Satz 1 und § 23 Abs. 5 Satz 4 bis 7 gelten entsprechend.

(2) Die Aufsichtsbehörde führt ein Register der nach § 4d meldepflichtigen automatisierten Verarbeitungen mit den Angaben nach § 4e Satz 1. Das Register kann von jedem eingesehen werden. Das Einsichtsrecht erstreckt sich nicht auf die Angaben nach § 4e Satz 1 Nr. 9 sowie auf die Angabe der zugriffsberechtigten Personen.

(3) Die der Kontrolle unterliegenden Stellen sowie die mit deren Leitung beauftragten Personen haben der Aufsichtsbehörde auf Verlangen die für die Erfüllung ihrer Aufgaben erforderlichen Auskünfte unverzüglich zu erteilen. Der Auskunftspflichtige kann die Auskunft auf solche Fragen verweigern, deren Beantwortung ihn selbst oder einen der in § 383 Abs. 1 Nr. 1 bis 3 der Zivilprozessordnung bezeichneten Angehörigen der Gefahr strafgerichtlicher Verfolgung oder eines Verfahrens nach dem Gesetz über Ordnungswidrigkeiten aussetzen würde. Der Auskunftspflichtige ist darauf hinzuweisen.

(4) Die von der Aufsichtsbehörde mit der Kontrolle beauftragten Personen sind befugt, soweit es zur Erfüllung der der Aufsichtsbehörde übertragenen Aufgaben erforderlich ist, während der Betriebs- und Geschäftszeiten Grundstücke und Geschäftsräume der

Bundesdatenschutzgesetz (BDSG)

Stelle zu betreten und dort Prüfungen und Besichtigungen vorzunehmen. Sie können geschäftliche Unterlagen, insbesondere die Übersicht nach § 4g Abs. 2 Satz 1 sowie die gespeicherten personenbezogenen Daten und die Datenverarbeitungsprogramme, einsehen. § 24 Abs. 6 gilt entsprechend. Der Auskunftspflichtige hat diese Maßnahmen zu dulden.

(5) Zur Gewährleistung der Einhaltung dieses Gesetzes und anderer Vorschriften über den Datenschutz kann die Aufsichtsbehörde Maßnahmen zur Beseitigung festgestellter Verstöße bei der Erhebung, Verarbeitung oder Nutzung personenbezogener Daten oder technischer oder organisatorischer Mängel anordnen. Bei schwerwiegenden Verstößen oder Mängeln, insbesondere solchen, die mit einer besonderen Gefährdung des Persönlichkeitsrechts verbunden sind, kann sie die Erhebung, Verarbeitung oder Nutzung oder den Einsatz einzelner Verfahren untersagen, wenn die Verstöße oder Mängel entgegen der Anordnung nach Satz 1 und trotz der Verhängung eines Zwangsgeldes nicht in angemessener Zeit beseitigt werden. Sie kann die Abberufung des Beauftragten für den Datenschutz verlangen, wenn er die zur Erfüllung seiner Aufgaben erforderliche Fachkunde und Zuverlässigkeit nicht besitzt.

(6) Die Landesregierungen oder die von ihnen ermächtigten Stellen bestimmen die für die Kontrolle der Durchführung des Datenschutzes im Anwendungsbereich dieses Abschnittes zuständigen Aufsichtsbehörden.

(7) Die Anwendung der Gewerbeordnung auf die den Vorschriften dieses Abschnitts unterliegenden Gewerbebetriebe bleibt unberührt.

§ 38a Verhaltensregeln zur Förderung der Durchführung datenschutzrechtlicher Regelungen

(1) Berufsverbände und andere Vereinigungen, die bestimmte Gruppen von verantwortlichen Stellen vertreten, können Entwürfe für Verhaltensregeln zur Förderung der Durchführung von datenschutzrechtlichen Regelungen der zuständigen Aufsichtsbehörde unterbreiten.

(2) Die Aufsichtsbehörde überprüft die Vereinbarkeit der ihr unterbreiteten Entwürfe mit dem geltenden Datenschutzrecht.

Vierter Abschnitt
Sondervorschriften

§ 39 Zweckbindung bei personenbezogenen Daten, die einem Berufs- oder besonderen Amtsgeheimnis unterliegen

(1) Personenbezogene Daten, die einem Berufs- oder besonderen Amtsgeheimnis unterliegen und die von der zur Verschwiegenheit verpflichteten Stelle in Ausübung ihrer Berufs- oder Amtspflicht zur Verfügung gestellt worden sind, dürfen von der verantwortlichen Stelle nur für den Zweck verarbeitet oder genutzt werden, für den sie sie erhalten hat. In die Übermittlung an eine nicht-öffentliche Stelle muss die zur Verschwiegenheit verpflichtete Stelle einwilligen.

Bundesdatenschutzgesetz (BDSG)

(2) Für einen anderen Zweck dürfen die Daten nur verarbeitet oder genutzt werden, wenn die Änderung des Zwecks durch besonderes Gesetz zugelassen ist.

§ 40 Verarbeitung und Nutzung personenbezogener Daten durch Forschungseinrichtungen

(1) Für Zwecke der wissenschaftlichen Forschung erhobene oder gespeicherte personenbezogene Daten dürfen nur für Zwecke der wissenschaftlichen Forschung verarbeitet oder genutzt werden.
(2) Die personenbezogenen Daten sind zu anonymisieren, sobald dies nach dem Forschungszweck möglich ist. Bis dahin sind die Merkmale gesondert zu speichern, mit denen Einzelangaben über persönliche oder sachliche Verhältnisse einer bestimmten oder bestimmbaren Person zugeordnet werden können. Sie dürfen mit den Einzelangaben nur zusammengeführt werden, soweit der Forschungszweck dies erfordert.
(3) Die wissenschaftliche Forschung betreibenden Stellen dürfen personenbezogene Daten nur veröffentlichen, wenn
1. der Betroffene eingewilligt hat oder
2. dies für die Darstellung von Forschungsergebnissen über Ereignisse der Zeitgeschichte unerlässlich ist.

§ 41 Erhebung, Verarbeitung und Nutzung personenbezogener Daten durch die Medien

(1) Die Länder haben in ihrer Gesetzgebung vorzusehen, dass für die Erhebung, Verarbeitung und Nutzung personenbezogener Daten von Unternehmen und Hilfsunternehmen der Presse ausschließlich zu eigenen journalistisch-redaktionellen oder literarischen Zwecken den Vorschriften der §§ 5, 9 und 38a entsprechende Regelungen einschließlich einer hierauf bezogenen Haftungsregelung entsprechend § 7 zur Anwendung kommen.
(2) Führt die journalistisch-redaktionelle Erhebung, Verarbeitung oder Nutzung personenbezogener Daten durch die Deutsche Welle zur Veröffentlichung von Gegendarstellungen des Betroffenen, so sind diese Gegendarstellungen zu den gespeicherten Daten zu nehmen und für dieselbe Zeitdauer aufzubewahren wie die Daten selbst.
(3) Wird jemand durch eine Berichterstattung der Deutschen Welle in seinem Persönlichkeitsrecht beeinträchtigt, so kann er Auskunft über die der Berichterstattung zugrunde liegenden, zu seiner Person gespeicherten Daten verlangen. Die Auskunft kann nach Abwägung der schutzwürdigen Interessen der Beteiligten verweigert werden, soweit
1. aus den Daten auf Personen, die bei der Vorbereitung, Herstellung oder Verbreitung von Rundfunksendungen berufsmäßig journalistisch mitwirken oder mitgewirkt haben, geschlossen werden kann,
2. aus den Daten auf die Person des Einsenders oder des Gewährsträgers von Beiträgen, Unterlagen und Mitteilungen für den redaktionellen Teil geschlossen werden kann,
3. durch die Mitteilung der recherchierten oder sonst erlangten Daten die journalistische Aufgabe der Deutschen Welle durch Ausforschung des Informationsbestandes beeinträchtigt würde.
Der Betroffene kann die Berichtigung unrichtiger Daten verlangen.

Bundesdatenschutzgesetz (BDSG)

(4) Im Übrigen gelten für die Deutsche Welle von den Vorschriften dieses Gesetzes die §§ 5, 7, 9 und 38a. Anstelle der §§ 24 bis 26 gilt § 42, auch soweit es sich um Verwaltungsangelegenheiten handelt.

§ 42 Datenschutzbeauftragter der Deutschen Welle

(1) Die Deutsche Welle bestellt einen Beauftragten für den Datenschutz, der an die Stelle der oder des Bundesbeauftragten für den Datenschutz und die Informationsfreiheit tritt. Die Bestellung erfolgt auf Vorschlag des Intendanten durch den Verwaltungsrat für die Dauer von vier Jahren, wobei Wiederbestellungen zulässig sind. Das Amt eines Beauftragten für den Datenschutz kann neben anderen Aufgaben innerhalb der Rundfunkanstalt wahrgenommen werden.

(2) Der Beauftragte für den Datenschutz kontrolliert die Einhaltung der Vorschriften dieses Gesetzes sowie anderer Vorschriften über den Datenschutz. Er ist in Ausübung dieses Amtes unabhängig und nur dem Gesetz unterworfen. Im Übrigen untersteht er der Dienst- und Rechtsaufsicht des Verwaltungsrates.

(3) Jedermann kann sich entsprechend § 21 Satz 1 an den Beauftragten für den Datenschutz wenden.

(4) Der Beauftragte für den Datenschutz erstattet den Organen der Deutschen Welle alle zwei Jahre, erstmals zum 1. Januar 1994 einen Tätigkeitsbericht. Er erstattet darüber hinaus besondere Berichte auf Beschluss eines Organs der Deutschen Welle. Die Tätigkeitsberichte übermittelt der Beauftragte auch der oder dem Bundesbeauftragten für den Datenschutz und die Informationsfreiheit.

(5) Weitere Regelungen entsprechend den §§ 23 bis 26 trifft die Deutsche Welle für ihren Bereich. Die §§ 4f und 4g bleiben unberührt.

§ 42a Informationspflicht bei unrechtmäßiger Kenntniserlangung von Daten

Stellt eine nicht-öffentliche Stelle im Sinne des § 2 Absatz 4 oder eine öffentliche Stelle nach § 27 Absatz 1 Satz 1 Nummer 2 fest, dass bei ihr gespeicherte
1. besondere Arten personenbezogener Daten (§ 3 Absatz 9),
2. personenbezogene Daten, die einem Berufsgeheimnis unterliegen,
3. personenbezogene Daten, die sich auf strafbare Handlungen oder Ordnungswidrigkeiten oder den Verdacht strafbarer Handlungen oder Ordnungswidrigkeiten beziehen oder
4. personenbezogene Daten zur Bank- und Kreditkartenkonten

unrechtmäßig übermittelt oder auf sonstige Weise Dritten unrechtmäßig zur Kenntnis gelangt sind und drohen schwerwiegende Beeinträchtigungen für die Rechte oder schutzwürdigen Interessen der Betroffenen, hat sie dies nach den Sätzen 2 bis 5 unverzüglich der zuständigen Aufsichtsbehörde sowie den Betroffenen mitzuteilen. Die Benachrichtigung des Betroffenen muss unverzüglich erfolgen, sobald angemessene Maßnahmen zur Sicherung der Daten ergriffen worden oder nicht unverzüglich erfolgt sind und die Strafverfolgung nicht mehr gefährdet wird. Die Benachrichtigung der Betroffenen muss eine Darlegung der Art der unrechtmäßigen Kenntniserlangung und Empfehlung für Maßnahmen zur Minderung möglicher nachteiliger Folgen enthalten.

Bundesdatenschutzgesetz (BDSG)

Die Benachrichtigung der zuständigen Aufsichtsbehörde muss zusätzlich eine Darlegung möglicher nachteiliger Folgen der unrechtmäßigen Kenntniserlangung und der von der Stelle daraufhin ergriffenen Maßnahmen enthalten. Soweit die Benachrichtigung der Betroffenen einen unverhältnismäßigen Aufwand erfordern würde, insbesondere aufgrund der Vielzahl der betroffenen Fälle, tritt an ihre Stelle die Information der Öffentlichkeit durch Anzeigen, die mindestens eine halbe Seite umfassen, in mindestens zwei bundesweit erscheinenden Tageszeitungen oder durch eine andere, in ihrer Wirksamkeit hinsichtlich der Information der Betroffenen gleich geeignete Maßnahme. Eine Benachrichtigung, die der Benachrichtigungspflichtige erteilt hat, darf in einem Strafverfahren oder in einem Verfahren nach dem Gesetz über Ordnungswidrigkeiten gegen ihn oder einen in § 52 Absatz 1 der Strafprozessordnung bezeichneten Angehörigen des Benachrichtigungspflichtigen nur mit Zustimmung des Benachrichtigungspflichtigen verwendet werden.

Fünfter Abschnitt
Schlussvorschriften

§ 43 Bußgeldvorschriften

(1) Ordnungswidrig handelt, wer vorsätzlich oder fahrlässig
1. entgegen § 4d Abs. 1, auch in Verbindung mit § 4e Satz 2, eine Meldung nicht, nicht richtig, nicht vollständig oder nicht rechtzeitig macht,
2. entgegen § 4f Abs. 1 Satz 1 oder 2, jeweils auch in Verbindung mit Satz 3 und 6, einen Beauftragten für den Datenschutz nicht, nicht in der vorgeschriebenen Weise oder nicht rechtzeitig bestellt,
2a. entgegen § 10 Absatz 4 Satz 3 nicht gewährleistet, dass die Datenübermittlung festgestellt und überprüft werden kann,
2b. entgegen § 11 Absatz 2 Satz 2 einen Auftrag nicht richtig, nicht vollständig oder nicht in der vorgeschriebenen Weise erteilt oder entgegen § 11 Absatz 2 Satz 4 sich nicht vor Beginn der Datenverarbeitung über die Einhaltung der beim Auftragnehmer getroffenen technischen und organisatorischen Maßnahmen überzeugt,
3. entgegen § 28 Abs. 4 Satz 2 den Betroffenen nicht, nicht richtig oder nicht rechtzeitig unterrichtet oder nicht sicherstellt, dass der Betroffene Kenntnis erhalten kann,
3a. entgegen § 28 Absatz 4 Satz 4 eine strengere Form verlangt,
4. entgegen § 28 Abs. 5 Satz 2 personenbezogene Daten übermittelt oder nutzt,
4a. entgegen § 28a Abs. 3 Satz 1 eine Mitteilung nicht, nicht richtig, nicht vollständig oder nicht rechtzeitig macht,
5. entgegen § 29 Abs. 2 Satz 3 oder 4 die dort bezeichneten Gründe oder die Art und Weise ihrer glaubhaften Darlegung nicht aufzeichnet,
6. entgegen § 29 Abs. 3 Satz 1 personenbezogene Daten in elektronische oder gedruckte Adress-, Rufnummern-, Branchen- oder vergleichbare Verzeichnisse aufnimmt,

Bundesdatenschutzgesetz (BDSG)

7. entgegen § 29 Abs. 3 Satz 2 die Übernahme von Kennzeichnungen nicht sicherstellt,
7a. entgegen § 29 Abs. 6 ein Auskunftsverlangen nicht richtig behandelt,
7b. entgegen § 29 Abs. 7 Satz 1 einen Verbraucher nicht, nicht richtig, nicht vollständig oder nicht rechtzeitig unterrichtet,
8. entgegen § 33 Abs. 1 den Betroffenen nicht, nicht richtig oder nicht vollständig benachrichtigt,
8a. entgegen § 34 Absatz 1 Satz 1, auch in Verbindung mit Satz 3, entgegen § 34 Absatz 1a, entgegen § 34 Absatz 2 Satz 1, auch in Verbindung mit Satz 2, oder entgegen § 34 Absatz 2 Satz 5, Absatz 3 Satz 1 oder Satz 2 oder Absatz 4 Satz 1, auch in Verbindung mit Satz 2, eine Auskunft nicht, nicht richtig, nicht vollständig oder nicht rechtzeitig erteilt oder entgegen § 34 Absatz 1a Daten nicht speichert,
8b. entgegen § 34 Abs. 2 Satz 3 Angaben nicht, nicht richtig, nicht vollständig oder nicht rechtzeitig übermittelt,
8c. entgegen § 34 Abs. 2 Satz 4 den Betroffenen nicht oder nicht rechtzeitig an die andere Stelle verweist,
9. entgegen § 35 Abs. 6 Satz 3 Daten ohne Gegendarstellung übermittelt,
10. entgegen § 38 Abs. 3 Satz 1 oder Abs. 4 Satz 1 eine Auskunft nicht, nicht richtig, nicht vollständig oder nicht rechtzeitig erteilt oder eine Maßnahme nicht duldet oder
11. einer vollziehbaren Anordnung nach § 38 Abs. 5 Satz 1 zuwiderhandelt.

(2) Ordnungswidrig handelt, wer vorsätzlich oder fahrlässig
1. unbefugt personenbezogene Daten, die nicht allgemein zugänglich sind, erhebt oder verarbeitet,
2. unbefugt personenbezogene Daten, die nicht allgemein zugänglich sind, zum Abruf mittels automatisierten Verfahrens bereithält,
3. unbefugt personenbezogene Daten, die nicht allgemein zugänglich sind, abruft oder sich oder einem anderen aus automatisierten Verarbeitungen oder nicht automatisierten Dateien verschafft,
4. die Übermittlung von personenbezogenen Daten, die nicht allgemein zugänglich sind, durch unrichtige Angaben erschleicht,
5. entgegen § 16 Abs. 4 Satz 1, § 28 Abs. 5 Satz 1, auch in Verbindung mit § 29 Abs. 4, § 39 Abs. 1 Satz 1 oder § 40 Abs. 1, die übermittelten Daten für andere Zwecke nutzt,
5a. entgegen § 28 Absatz 3b den Abschluss eines Vertrages von der Einwilligung des Betroffenen abhängig macht,
5b. entgegen § 28 Absatz 4 Satz 1 Daten für Zwecke der Werbung oder der Markt- oder Meinungsforschung verarbeitet oder nutzt,
6. entgegen § 30 Absatz 1 Satz 2, § 30a Absatz 3 Satz 3 oder § 40 Absatz 2 Satz 3 ein dort genanntes Merkmal mit einer Einzelangabe zusammenführt oder
7. entgegen § 42a Satz 1 eine Mitteilung nicht, nicht richtig, nicht vollständig oder nicht rechtzeitig macht.

(3) Die Ordnungswidrigkeit kann im Falle des Absatzes 1 mit einer Geldbuße bis zu fünfzigtausend Euro, in den Fällen des Absatzes 2 mit einer Geldbuße bis zu dreihunderttausend Euro geahndet werden. Die Geldbuße soll den wirtschaftlichen Vorteil,

den der Täter aus der Ordnungswidrigkeit gezogen hat, übersteigen. Reichen die in Satz 1 genannten Beträge hierfür nicht aus, so können sie überschritten werden.

§ 44 Strafvorschriften

(1) Wer eine in § 43 Abs. 2 bezeichnete vorsätzliche Handlung gegen Entgelt oder in der Absicht, sich oder einen anderen zu bereichern oder einen anderen zu schädigen, begeht, wird mit Freiheitsstrafe bis zu zwei Jahren oder mit Geldstrafe bestraft.

(2) Die Tat wird nur auf Antrag verfolgt. Antragsberechtigt sind der Betroffene, die verantwortliche Stelle, die oder der Bundesbeauftragte für den Datenschutz und die Informationsfreiheit und die Aufsichtsbehörde.

Sechster Abschnitt
Übergangsvorschriften

§ 45 Laufende Verwendungen

Erhebungen, Verarbeitungen oder Nutzungen personenbezogener Daten, die am 23. Mai 2001 bereits begonnen haben, sind binnen drei Jahren nach diesem Zeitpunkt mit den Vorschriften dieses Gesetzes in Übereinstimmung zu bringen. Soweit Vorschriften dieses Gesetzes in Rechtsvorschriften außerhalb des Anwendungsbereichs der Richtlinie 95/46/EG des Europäischen Parlaments und des Rates vom 24. Oktober 1995 zum Schutz natürlicher Personen bei der Verarbeitung personenbezogener Daten und zum freien Datenverkehr zur Anwendung gelangen, sind Erhebungen, Verarbeitungen oder Nutzungen personenbezogener Daten, die am 23. Mai 2001 bereits begonnen haben, binnen fünf Jahren nach diesem Zeitpunkt mit den Vorschriften dieses Gesetzes in Übereinstimmung zu bringen.

§ 46 Weitergeltung von Begriffsbestimmungen

(1) Wird in besonderen Rechtsvorschriften des Bundes der Begriff Datei verwendet, ist Datei
1. eine Sammlung personenbezogener Daten, die durch automatisierte Verfahren nach bestimmten Merkmalen ausgewertet werden kann (automatisierte Datei), oder
2. jede sonstige Sammlung personenbezogener Daten, die gleichartig aufgebaut ist und nach bestimmten Merkmalen geordnet, umgeordnet und ausgewertet werden kann (nicht automatisierte Datei).

Nicht hierzu gehören Akten und Aktensammlungen, es sei denn, dass sie durch automatisierte Verfahren umgeordnet und ausgewertet werden können.

(2) Wird in besonderen Rechtsvorschriften des Bundes der Begriff Akte verwendet, ist Akte jede amtlichen oder dienstlichen Zwecken dienende Unterlage, die nicht dem Dateibegriff des Absatzes 1 unterfällt; dazu zählen auch Bild- und Tonträger. Nicht hierunter fallen Vorentwürfe und Notizen, die nicht Bestandteil eines Vorgangs werden sollen.

(3) Wird in besonderen Rechtsvorschriften des Bundes der Begriff Empfänger ver-

Bundesdatenschutzgesetz (BDSG)

wendet, ist Empfänger jede Person oder Stelle außerhalb der verantwortlichen Stelle. Empfänger sind nicht der Betroffene sowie Personen und Stellen, die im Inland, in einem anderen Mitgliedstaat der Europäischen Union oder in einem anderen Vertragsstaat des Abkommens über den Europäischen Wirtschaftsraum personenbezogene Daten im Auftrag erheben, verarbeiten oder nutzen.

§ 47 Übergangsregelung

Für die Verarbeitung und Nutzung vor dem 1. September 2009 erhobener oder gespeicherter Daten ist § 28 in der bis dahin geltenden Fassung weiter anzuwenden
1. für Zwecke der Markt- oder Meinungsforschung bis zum 31. August 2010,
2. für Zwecke der Werbung bis zum 31. August 2012.

§ 48 Bericht der Bundesregierung

Die Bundesregierung berichtet dem Bundestag
1. bis zum 31. Dezember 2012 über die Auswirkungen der §§ 30a und 42a,
2. bis zum 31. Dezember 2014 über die Auswirkungen der Änderungen der §§ 28 und 29.

Sofern sich aus Sicht der Bundesregierung gesetzgeberische Maßnahmen empfehlen, soll der Bericht einen Vorschlag enthalten.

Anlage (zu § 9 Satz 1)

Werden personenbezogene Daten automatisiert verarbeitet oder genutzt, ist die innerbehördliche oder innerbetriebliche Organisation so zu gestalten, dass sie den besonderen Anforderungen des Datenschutzes gerecht wird. Dabei sind insbesondere Maßnahmen zu treffen, die je nach der Art der zu schützenden personenbezogenen Daten oder Datenkategorien geeignet sind,
1. Unbefugten den Zutritt zu Datenverarbeitungsanlagen, mit denen personenbezogene Daten verarbeitet oder genutzt werden, zu verwehren (Zutrittskontrolle),
2. zu verhindern, dass Datenverarbeitungssysteme von Unbefugten genutzt werden können (Zugangskontrolle),
3. zu gewährleisten, dass die zur Benutzung eines Datenverarbeitungssystems Berechtigten ausschließlich auf die ihrer Zugriffsberechtigung unterliegenden Daten zugreifen können, und dass personenbezogene Daten bei der Verarbeitung, Nutzung und nach der Speicherung nicht unbefugt gelesen, kopiert, verändert oder entfernt werden können (Zugriffskontrolle),
4. zu gewährleisten, dass personenbezogene Daten bei der elektronischen Übertragung oder während ihres Transports oder ihrer Speicherung auf Datenträger nicht unbefugt gelesen, kopiert, verändert oder entfernt werden können, und dass überprüft und festgestellt werden kann, an welche Stellen eine Übermittlung personenbezogener Daten durch Einrichtungen zur Datenübertragung vorgesehen ist (Weitergabekontrolle),
5. zu gewährleisten, dass nachträglich überprüft und festgestellt werden kann, ob und

Bundesdatenschutzgesetz (BDSG)

von wem personenbezogene Daten in Datenverarbeitungssysteme eingegeben, verändert oder entfernt worden sind (Eingabekontrolle),
6. zu gewährleisten, dass personenbezogene Daten, die im Auftrag verarbeitet werden, nur entsprechend den Weisungen des Auftraggebers verarbeitet werden können (Auftragskontrolle),
7. zu gewährleisten, dass personenbezogene Daten gegen zufällige Zerstörung oder Verlust geschützt sind (Verfügbarkeitskontrolle),
8. zu gewährleisten, dass zu unterschiedlichen Zwecken erhobene Daten getrennt verarbeitet werden können.

Eine Maßnahme nach Satz 2 Nummer 2 bis 4 ist insbesondere die Verwendung von dem Stand der Technik entsprechenden Verschlüsselungsverfahren.

Einleitung

Übersicht	Rn.
1. Historisches	1 – 6b
2. Allgemeines Persönlichkeitsrecht und informationelle Selbstbestimmung	7 – 29
a) Inhalt des Grundrechts auf informationelle Selbstbestimmung	16 – 18b
b) Einschränkung des Grundrechts	19 – 29
3. Sonstiger informationeller Grundrechtsschutz	30 – 38
4. Sonstiger besonderer Vertrauens- und Geheimschutz	39 – 44
5. Konkretisierung des Grundrechts auf Datenschutz	45 – 52
a) Verbot von Persönlichkeitsprofilen	45, 46
b) Verbot einheitlicher Personenkennzeichen	47, 48
c) Verbot der Datensammlung auf Vorrat	49
d) Schutz vor dem Zwang zur Selbstbezichtigung	50
e) Recht auf Vergessenwerden	50a
f) Kollektivdatenschutz	51
g) Juristische Personen	52
6. Weiterentwicklung des Grundrechts	53 – 58
a) Ein Grundrecht auf Anonymität	53, 54
b) Grundrecht auf Selbstschutz	55
c) Recht auf Nicht-Wissen	56
d) Recht auf Informationszugang	57, 58
7. Rechtsquellen	59 – 93
a) Gesetzgebungskompetenz	59 – 64
b) Bundesdatenschutzgesetz	65 – 68
c) Landesdatenschutzgesetze	69, 70
d) Bereichsspezifische Datenschutzregelungen	71 – 77a
e) Europäische Datenschutzvorschriften	78 – 85
f) Internationale und ausländische Rechtsquellen	86 – 93
8. Datenschutz als Wirtschaftsfaktor	94 –101
a) Allgemeines	94 – 96a
b) Verbraucherschutz	97 – 99
c) Wettbewerbsrecht	100, 101
9. Gesellschaftliche Anerkennung des Datenschutzes	102 –112
a) Organisationen	102 –108
b) Datenschutz-Quellen	109 –111
c) Lehrangebote	111a, 112

Einleitung

1. Historisches

1 Der Begriff »Datenschutz« stammt aus den 1970er-Jahren des 20. Jahrhunderts.[1] Er ist insofern missverständlich, als er den Eindruck vermittelt, Objekt des rechtlichen Schutzes seien Daten. Tatsächlich geht es **nicht um den Schutz von Daten**, sondern um den Schutz der Menschen vor beeinträchtigender Datenverarbeitung. Ziel ist der Schutz des allgemeinen Persönlichkeitsrechts und der Privatsphäre bzw. in der vom BVerfG begründeten Terminologie des »Rechts auf informationelle Selbstbestimmung«.[2] Dieses Schutzziel hat rechtliche Wurzeln, die zeitlich weit zurückreichen.

2 Die Notwendigkeit eines umfassenden Persönlichkeitsschutzes, unabhängig von der Sensibilität der jeweiligen Informationen, ist erst mit der Möglichkeit der technischen (industriellen) Verarbeitung dieser Informationen entstanden. Solange die persönliche Information in überschaubaren sozialen Subsystemen, in denen sich der einzelne Mensch selbst bewegte, verblieb, bestand für diesen die Möglichkeit, auf die von ihm wahrgenommene Rolle und das Bild, das er dabei abgab, Einfluss zu nehmen. Doch schon in der Vergangenheit bestand der Bedarf nach Vertraulichkeitsschutz in Bezug auf persönliche Sachverhalte, die als besonders empfindlich angesehen wurden, wo anstelle der sozialen Sicherheit in der Familie bzw. im sonstigen gesellschaftlichen Subsystem (vor allem im Beruf) Sicherheit nur über eine Vertrauensperson hergestellt werden konnte. Dies gilt für die »Expertise« des Arztes mit seiner Entscheidungsmacht über das körperliche Leben bzw. den Tod sowie die des Gottesmannes (d.h. des Pfarrers) in Bezug auf das seelische Wohlergehen und die »Gnade Gottes«. Eine rechtliche Ausprägung fanden diese »Geheimverhältnisse« in der standesrechtlichen Verpflichtung zur **ärztlichen Verschwiegenheit** im Eid des Hippokrates (ca. 60 bis 370 v. Chr.) sowie im **Seelsorge- und Beichtgeheimnis**, was 1215 n. Chr. im Kirchenrecht erstmals formuliert wurde.[3]

3 Mit dem Aufkommen der Massenmedien und der Fotografie entstand im ausgehenden 19. Jahrhundert ein neuer normativer Bedarf: Insbesondere Prominente liefen Gefahr, durch – evtl. falsche oder verzerrende – öffentliche Darstellung in ihrem gesellschaftlichen Ansehen geschädigt zu werden. In Reaktion auf die Probleme einer beliebigen Verwendung von persönlichen Fotos in Zeitungen formulierten in den USA die Verfassungsrechtler Warren und Brandeis das »Recht des Einzelnen, allein gelassen zu werden« (The individual's **right to be let alone**).[4] Wenig später wurde mit vergleichbarem sozialen Hintergrund im Jahr 1907 in Deutschland im Kunsturhebergesetz (§§ 22 ff. KUG) das »Recht am eigenen Bilde« normiert. In der Folgezeit entwickelte

---

1 Zur Zeit davor von Lewinski, Freiheit-Sicherheit-Öffentlichkeit, 48. Assistententagung Öffentliches Recht, 2009, S. 196; ders. in Schmidt/Weichert, 2012, S. 23 ff.; von den Ursprüngen und den frühen Entwicklungen von Privatheit bis in die Neuzeit Westin, Privacy and Freedom, 1967, S. 8 ff.
2 BVerfGE 65, 1 = NJW 1984, 419.
3 Listl, Handbuch des Kirchenrechts, 1983, 704 f.; Weichert in Kilian/Heussen, 1993, 136 Rn. 41 f.
4 Warren/Brandeis, 1890, The Right to Privacy, Harvard Law Review Vol. IV, Dec. 15. 1890, No. 5; Übersetzung von Hansen/Weichert, DuD 2012, 755; dazu Weichert, DuD 2012, 753.

Einleitung

sich hieraus bzw. aus sonstigen höchstpersönlichen Rechten (z. B. dem Namensrecht) in der Rechtsprechung des Reichsgerichts und vor allem des Bundesgerichtshofs **das allgemeine Persönlichkeitsrecht**.
In den USA wie in Deutschland zeigten sich ab etwa 1960 die ersten persönlichkeitsrechtlichen Risiken beim Einsatz der Großrechnertechnik in Verbindung mit der zentralen **elektronischen Erfassung der Bevölkerung**. War es in den USA die Auseinandersetzung um die Einrichtung einer Nationalen Datenbank, die zum »Kampf um die Privatheit« führte,[5] war es in Deutschland die Diskussion um ein zentrales Melderegister.[6] Während jedoch in den USA die politische Debatte nach Erlass des Privacy Act 1974 verebbte bzw. sich die persönlichkeitsrechtlichen Interessen nicht durchsetzen konnten, entstand in Deutschland eine Datenschutzkultur, die bis heute Bestand hat und zu einem weltweiten Exportschlager wurde. 1970 erfolgte mit dem Hessischen Datenschutzgesetz (HDSG)[7] weltweit die erste Normierung, dem 1974 Rheinland-Pfalz mit seinem »Gesetz gegen missbräuchliche Datennutzung« folgte.[8] Zentrale Grundlage der deutschen Diskussion war 1971 ein vom Bundestag in Auftrag gegebenes Gutachten.[9] 1977 folgten das erste Bundesdatenschutzgesetz (BDSG)[10] sowie in zeitlicher Nähe die weiteren Landesdatenschutzgesetze der »**ersten Generation**«.

Der politische und der gesellschaftliche Durchbruch des Datenschutzes kamen mit der Volkszählungsboykottbewegung im Jahr 1983 und dem in deren Folge ergangenen »Volkszählungsurteil« des BVerfG.[11] In direkter Reaktion hierauf erfolgte eine Novellierungsrunde sämtlicher allgemeinen Datenschutzgesetze (BDSG 1990) sowie der Erlass spezifischer Regelungen (»**zweite Generation**«). In der früheren DDR wurde »Datenschutz« als Schutz des staatlichen Informationsmonopols vor den Bürgern verstanden. Die Erfahrungen mit der Missachtung von Privatsphäre und Persönlichkeitsrechten, vor allem durch das Ministerium für Staatssicherheit in der DDR, flossen mit den Regelungen der »neuen Länder« in die allgemeine Diskussion mit ein.[12]

Die weitere Entwicklung im Datenschutzrecht wurde normativ ausgelöst durch die Anpassungsnotwendigkeit an die 1995 in Kraft getretene Europäische Datenschutzrichtlinie (EG-DSRl; s. u. Rn. 82). Faktischer Hintergrund ist die Entwicklung der EDV-Technik bzw. Informationstechnik (IT: kleiner, billiger, leistungsfähiger, »intelligenter«) und die weltweite Computervernetzung, vor allem durch die Popularisierung des Internets. Bei einigen Datenschutzgesetzen, die an die EG-DSRl angepasst sind, kann noch nicht von einer »**dritten Generation**« gesprochen werden, da sie sich auf diese Anpassung begrenzen. Dazu gehört auch weitgehend noch das BDSG 2001, das nach dem erklärten Willen des Bundesgesetzgebers in einer »zweiten Stufe« überarbeitet

---

5 Umfassend zur damaligen Diskussion über Privacy: Westin, Privacy and Freedom, 1967.
6 Tinnefeld/Ehmann, 1998, S. 36 ff.
7 Hess. GVBl. 1970, 625.
8 GVBl. Rh. Pf. 1974, 84.
9 BT-Drs. VI/3826; Steinmüller, RDV 2007, 158.
10 G. v. 27.1.1977, BGBl. I S. 201; von Lewinski, in Pohle/Knaur, Geschichte und Theorie des Datenschutzes, 2014, S. 9 ff.
11 BVerfGE 65, 1.
12 Einwag, RDV 1991, 11; Lutterbeck/Mühlbauer, CR 1990, 531; Weichert in Kilian/Heussen, 1993, 131 Rn. 23–26; ders. DANA 4-1991, 5; DANA 1-1992.

Einleitung

werden sollte.[13] Die verfassungsrechtliche Dimension der neuen IT hat das BVerfG im Urteil zur Online-Durchsuchung mit dem Recht auf Gewährleistung der Vertraulichkeit und Integrität informationstechnischer Systeme erfasst.[14]

6a Einen neuen Schub erhielt die Entwicklung des Persönlichkeitsrechts durch die Qualitätsveränderungen der Datenverarbeitung im 2. Jahrzehnt des 21. Jahrhunderts. Diese lassen sich kennzeichnen mit den englischen Begriffen »Social«, »Mobile«, »Cloud« und »Analytics«. Es geht um die weltweite Etablierung sog. sozialer Medien bzw. Netzwerke im Internet,[15] die Verbreitung mobiler, personenbeziehbarer Endgeräte (z. B. Smartphones, Tablets, Wearables),[16] die Verlagerung lokaler Datenverarbeitung in eine netzgestützte Cloud[17] und die Koppelung riesiger evtl. heterogener Datenbestände und deren multifunktionale Auswertung, evtl. in Echtzeit, unter dem Stichwort »Big Data«.[18] Damit verbunden ist das Ersetzen vieler bisher von Menschen getroffener Entscheidungen durch Computer mit Hilfe von Algorithmen.[19] Dieser Digitalisierungsprozess spielt sich im menschlichen Lebensumfeld ab wie auch – versorgt durch digitale Sensorik – in der Dienstleistung, im persönlichen Lebensumfeld (»Smart Life«)[20] und in der Warenproduktion unter dem Stichwort »Industrie 4.0«,[21] wobei der »Produktionsfaktor Mensch« eine immer geringere Rolle spielt. Diese technische Entwicklung macht einen neu zu definierenden »digitalen Grundrechtsschutz« nötig.[22] Die neuen Techniken führen dazu, dass die Trennlinie zwischen Privatheit und Öffentlichkeit kulturell wie rechtlich neu definiert werden muss.[23] Dies muss und darf nicht zur Folge haben, dass im Sinne eines Post-Privacy-Ansatzes vor der technischen Faktizität kapituliert und der grundrechtliche Schutz abgewertet wird.[24]

6b Zur Anpassung des Datenschutzrechts an die moderne global vernetzte Datenverarbei-

---

13 Bizer, DuD 2004, 6; Roßnagel/Pfitzmann/Garstka, 2001, 10; Roßnagel, MMR 2005, 71; zur Geschichte des BDSG Weichert DANA Sonderheft 2008, 12; zu den aktuellen Herausforderungen Klar DÖV 2013, 103.
14 BVerfG NJW 2008, 822, s. u. Rn. 13.
15 DSB-Konferenz, Orientierungshilfe Soziale Netzwerke, https://www.datenschutz.hessen.de/sonetinh.htm; Schleipfer, DuD 2014, 318; Keber, RDV 2014, 190; Caspar, DuD 2013, 767; Venzke-Caprarese, DuD 2013, 775; Weichert, DuD 2012, 716.
16 Hansen, DuD 2015, 435; Lober/Falker, K&R 2013, 357; Sachs/Meder, ZD 2013, 303; Weichert, Mobiler Datenschutz, https://www.datenschutzzentrum.de/vortraege/20131112-weichert-schutzregelungen-tkg-bdsg.html.
17 Schild, DANA 2015, 155; Hilber, Handbuch Cloud Computing, 2014; Brennscheid, Cloud Computing und Datenschutz, 2013; Jotzo, Der Schutz personenbezogener Daten in der Cloud, 2013; Weichert, DuD 2010, 679.
18 Welchering, DANA 2015, 144; Roßnagel/Nebel, DuD 2015, 455; Hill, DÖV 2014, 213; Hofstetter, Sie wissen alles, 2014; Martini DVBl 2014, 1481; Ohrtmann/Schwiering, NJW 2014, 2984; Türpe/Selzer/Poller/Bedner, DuD 2014, 31; Reichert, Big Data, 2014; Geiselberger/Moostedt, Big Data, 2013; Ulmer, RDV 2013, 227; Weichert, ZD 2013, 251; zum Medizinbereich ders. DuD 2014, 831; Becker/Schwab ZD 2014, 151.
19 Zur Mensch-Maschine-Relation Kersten, JZ 2015, 1.
20 Raabe/Weis, RDV 2014, 231; Rüdiger, RDV 2014, 253; Beilage zu RDV 2/2015.
21 Bräutigam/Klindt, NJW 2015, 1137; Mühlich, ZD 2014, 381.
22 Hoffmann/Luch/Schulz/Borchers, Die digitale Dimension der Grundrechte, 2015; Weichert, KJ 2014, 123.
23 Peifer, JZ 2013, 860.
24 Klar, DÖV 2013, 103.

tung ist es bis heute nicht gekommen.²⁵ An die Stelle nationaler Modernisierungsbestrebungen trat Anfang 2012 endgültig die Europäische Kommission mit ihrem Vorschlag einer **Europäischen Datenschutz-Grundverordnung** (EU-DSGVO).²⁶ Hierzu wurden vom Berichterstatter des Europäischen Parlaments zum Jahreswechsel 2012/2013 umfassende Änderungsvorschläge vorgelegt.²⁷ Inzwischen erfolgt eine umfassende Diskussion auf allen Ebenen, d. h. regional, national, europaweit vor allem auch transatlantisch.²⁸

2. Allgemeines Persönlichkeitsrecht und informationelle Selbstbestimmung

Artikel 2 Abs. 1 i.V.m. Art. 1 Abs. 1 GG gewährleistet das allgemeine Persönlichkeitsrecht. Nicht ausdrücklich im Verfassungstext enthalten, aber vom BVerfG als **Teilausprägungen dieses Grundrechts** anerkannt, sind Konkretisierungen, die das BVerfG selbst als Grundrechte bezeichnet.²⁹ Dies sind das Grundrecht auf Schutz des eigenen Bildes,³⁰ das Grundrecht auf Schutz des eigenen Wortes,³¹ auf Schutz der Privatsphäre in räumlicher und thematischer Hinsicht sowie das »Recht auf informationelle Selbstbestimmung«. Im Urteil zur Online-Durchsuchung³² wurde als weitere Teilausprägung ein »Grundrecht auf Gewährleistung der Vertraulichkeit und Integrität informationstechnischer Systeme« hinzugefügt, das auch als IT-Grundrecht bezeichnet wird (s. u. Rn. 13). Das **Recht am eigenen Bild** und **am gesprochenen Wort** werden vom Recht auf informationelle Selbstbestimmung mit umfasst, können aber auch in anderen Grundrechtsverhältnissen wichtig sein.³³ Der Privatsphärenschutz schließt personenbezogene Daten ein,³⁴ geht aber darüber hinaus, wenn es um den Schutz von Verhalten in bestimmten Situationen geht, z. B. in privaten Räumen. Das neu geschaffene Recht auf Gewährleistung der Vertraulichkeit und Integrität informationstechnischer Systeme enthält Überschneidungen zu anderen Teilausprägungen, findet aber seine Begründung im gegenständlichen Schutz der Inanspruchnahme informationstechnischer Systeme für persönlichkeitsbezogene Zwecke gegen damit verbundene Gefährdungen.³⁵ 7

»Unter den Bedingungen der modernen Datenverarbeitung wird der Schutz des Einzelnen gegen unbegrenzte Erhebung, Speicherung, Verwendung und Weitergabe seiner personenbezogenen Daten von dem allgemeinen Persönlichkeitsrechts des Art. 2 Abs. 1 8

---

25 Zu den Notwendigkeiten und Bestrebungen Weichert, RDV 2013, 8 ff.
26 Vom 25.1.2012 COM 2012/11; weitere Nachweise unter Rn. 82 a.
27 Vom 17.12.2012, 2012/0011(COD).
28 Nachweise Rn. 82 a; zum Datenschutz in den USA Weichert, RDV 2012, 113 ff.
29 BVerfG, NJW 2008, 1793 f.
30 §§ 22 ff. KUG, § 201 a StGB, BVerfG, NJW 2008, 1793 – Caroline; Frenz, NJW 2008, 3102; Schertz, AfP 2005, 421 ff.; im Verhältnis zum Arbeitgeber Ruhland, DANA 4/2012, 159; zur Macht der Bilder Sachse/Wagner, DuD 2012, 350; zum Bildnisschutz im Verhältnis zur Pressefreiheit Dahle/Stegmann, AfP 2013, 480; Haug/Schwartz, AfP 2013, 485; zur Bildherstellung Mann, AfP 2013, 16.
31 BVerfG, CR 1992, 489; § 201 StGB.
32 BVerfG, NJW 2008, 822.
33 TBP, 2012, S. 101 f.
34 Elektronische Privatsphäre, Böckenförde, JZ 2008, 925.
35 Hoffmann-Riem, JZ 2008, 1014; aktueller Überblick über Rspr. des BVerfG, Frenz DVBl. 2009, 333.

Einleitung

i.V.m. Art. 1 Abs. 1 GG umfasst. Das Grundrecht gewährleistet insoweit die **Befugnis des Einzelnen, grundsätzlich selbst über die Preisgabe und Verwendung seiner persönlichen Daten zu bestimmen.**«[36]

9 Mit diesen Worten begründete das BVerfG am 15.12.1983 im Volkszählungsurteil das »Recht auf informationelle Selbstbestimmung« aus dem »**allgemeinen Persönlichkeitsrecht**«, dessen Grundlagen die Menschenwürde (Art. 1 Abs. 1 GG)[37] und die freie Selbstbestimmung des Menschen (Art. 2 Abs. 1 GG) sind.

10 Das **Recht auf informationelle Selbstbestimmung** gewährleistet die Befugnis des Einzelnen, grundsätzlich selbst über die Preisgabe und Verwendung seiner persönlichen Daten zu bestimmen.[38] Er soll selbst entscheiden können, wann und innerhalb welcher Grenzen persönliche Lebenssachverhalte offenbart werden. »Wer nicht mit hinreichender Sicherheit überschauen kann, welche ihn betreffenden Informationen in bestimmten Bereichen seiner sozialen Umwelt bekannt sind, und wer das Wissen möglicher Kommunikationspartner nicht einigermaßen abzuschätzen vermag, kann in seiner Freiheit wesentlich gehemmt werden, aus eigener Selbstbestimmung zu planen und zu entscheiden«. Der Mensch soll wissen, »wer was wann und bei welcher Gelegenheit über ihn weiß«. Das Grundrecht auf informationelle Selbstbestimmung gewährleistet »die Befugnis des Einzelnen, grundsätzlich selbst über die Preisgabe und Verwendung seiner Daten zu bestimmen«.

11 Mit dem Volkszählungsurteil vollzog das BVerfG die Abkehr von der **Sphärentheorie**, die es bisher vertreten hatte. Das Urteil begründete informationellen Grundrechtsschutz, der kein unscharfer und dysfunktionaler Vorfeldschutz ist.[39] Es stellt fest, dass ein rechtfertigungsbedürftiger Eingriff schon in der Erfassung von persönlichen Lebensumständen und in der weiteren Verwendung dieser Erkenntnisse liegt. Die Erfassung und Nutzung dieser Informationen muss keine kausale Auswirkung auf mehr oder weniger greifbare persönliche Sphären haben. Die Sphärentheorie war konturiert durch typisierte Eingriffstiefen und durch jeweils gestaffelte Rechtfertigungserfordernisse für Eingriffe. Grob wurde unterschieden zwischen: 1. Intimsphäre, 2. Privatsphäre und 3. Öffentlichkeitssphäre.[40] Das Sphärenmodell ist zwar nicht mehr Grundlage für die Feststellung eines Grundrechtseingriffes, wohl aber ist es bei der Feststellung der Eingriffstiefe weiterhin von Relevanz.[41]

11a Gemäß der Rechtsprechung des BVerfG löst eine Datenverarbeitung einen Grundrechtseingriff erst aus, wenn bei einer **Gesamtbetrachtung von Überwachungs- und Verwen-**

---

36 BVerfGE 65, 1 = NJW 1984, 419.
37 A.A. Britz, Freie Entfaltung durch Selbstdarstellung, 2007, S. 25 f.: kein Bezug auf die Menschenwürdegarantie.
38 BVerfGE 65, 43 = NJW 1984, 422; dazu Baumann, DVBl 1984, 612; Bäumler, JR 1984, 361; Benda, DuD 1984, 86; Denninger, KJ 1985, 215; Hufen, JZ 1984, 1072; Mückenberger, KJ 1984, 1; Podlech, Leviathan 1984, 85; Riegel, DVBl 1985, 765; Rosenbaum, Jura 1988, 178; Schlink, Der Staat 1986, 233; Simitis, NJW 1984, 398; Hohmann-Dennhardt, RDV 2008, 1; zur Entwicklung Gurlit, RDV 2006, 43; kritisch Ladeur, DÖV 2009, 45.
39 So aber von Lewinski in Auernhammer, Einl. Rn. 2 f.; Gola/Schomerus, § 1 Rn. 6; von Lewinski, Die Matrix des Datenschutzes, 2014, S. 78 ff., dazu Weichert, DuD 2015, 426.
40 Zur Wahrnehmung und Abgrenzung der Sphären Worms/Gusy, DuD 2012, 93; zur Kritik an der Sphärentheorie Weichert, 1990, S. 13 ff.; Wölfl, NVwZ 2002, 49.
41 Von Lewinski in Auernhammer, Einl. Rn. 8 m.w.N.; Peifer JZ 2013, 857.

Einleitung

dungszweck eine Persönlichkeitsverletzung technisch ermöglicht wird. Es genügt keine Erfassung von Daten, die umgehend wieder spurenlos, anonym und ohne die Möglichkeit, einen Personenbezug herzustellen, ausgesondert werden.[42] Erfolgt jedoch zwischen Erfassung und Löschung mehr als eine kurzzeitige Speicherung und mehr als ein reiner Abgleich mit einer Referenzdatei, werden die Daten also in eine komplexere Verarbeitungsstruktur einbezogen, so ist ein Eingriff gegeben, auch wenn diese Verarbeitung in einem technisch geschlossenen System und nur für eine minimale Zeitspanne erfolgt.

Bei der Festlegung der Tragweite des Rechts auf informationelle Selbstbestimmung kommt es nicht allein auf die Art der Angaben an: »Entscheidend sind ihre Nutzbarkeit und Verwendungsmöglichkeit. Diese hängen einerseits von dem Zweck, dem die Erhebung dient, und andererseits von den der Informationstechnologie eigenen Verarbeitungs- und Verknüpfungsmöglichkeiten ab. Dadurch kann ein für sich gesehen belangloses Datum einen neuen Stellenwert bekommen; insoweit gibt es unter den Bedingungen der automatischen Datenverarbeitung **kein ›belangloses‹ Datum** mehr.«[43] Das BVerfG hält weiterhin am Gedanken fest, dass es einen letzten unantastbaren Kernbereich privater Lebensgestaltung gibt, der der öffentlichen Gewalt schlechthin entzogen sein soll (Rn. 18). Das Gewicht einer Beeinträchtigung wird vor allem von der Art der erfassten Informationen beeinflusst, aber auch von dem Anlass und den Umständen ihrer Erhebung, dem betroffenen Personenkreis und der Art der Verwertung.[44]

Mit dem **Recht auf Gewährleistung der Vertraulichkeit und Integrität informationstechnischer Systeme** reagierte das BVerfG auf die Allgegenwärtigkeit informationstechnischer Systeme und deren Bedeutung für die Lebensführung der Menschen.[45] Das neue Grundrecht soll Schutzlücken schließen, die von anderen Grundrechten, vor allem dem Recht auf informationelle Selbstbestimmung, dem Schutz des Fernmeldegeheimnisses nach Art. 10 GG und der Wohnung nach Art. 13 GG nicht abgedeckt sind. Zielsetzung ist der Schutz des Vertrauens in die eigengenutzten IT-Systeme, die Schaffung einer elektronischen, bzw. genauer, »digitalen Privatsphäre«. Die heimliche Infiltration eines geschützten informationstechnischen Systems, mittels derer die Nutzung des Systems überwacht und seine Speichermedien ausgelesen werden können, ist nur zulässig, wenn tatsächliche Anhaltspunkte einer konkreten Gefahr für ein überragend wichtiges Rechtsgut, wie z. B. Leib, Leben, Freiheit oder Person oder für die Existenz der Menschen grundlegende Güter der Allgemeinheit, vorliegen.[46]

---

42 BVerfGE 120, 378, 399; 100, 313, 366; 107, 299, 328; 115, 320, 343; vgl. BVerwG 22.10.2014 – 6 C 7.13 = DANA 2014, 183.
43 BVerfGE 65, 45 = NJW 1984, 422.
44 BVerfG, NJW 2008, 1505 = DVBl 2008, 575 = MMR 2008, 308 – Kfz-Kennzeichen.
45 BVerfG, NJW 2008, 822 = DÖV 2008, 459 = MMR 2008, 315 = DVBl 2008, 582.
46 Hoffmann-Riem, JZ 2008, 1011; Böckenförde, JZ 2008, 925; Britz, DÖV 2008, 411; Bull in Möllers/van Ooyen, Jahrbuch Öffentliche Sicherheit 2008/2009, 317; Eifert, NVwZ 2008, 521; Gusy, DuD 2009, 33; Hirsch, NJW 2008, 1922; ders. NJOZ 2008, 2902; Hornung, CR 2008, 299; Kutscha, NJW 2008, 1042; Volkmann, DVBl 2008, 590; Polenz, Der Grundrechtsschutz beim Zugriff auf informationstechnische Systeme, 2008, https://www.datenschutzzentrum.de/grundrecht/neues-grundrecht.pdf; Kutscha, DuD 2012, 391; Schulz, DuD 2012, 395; Hansen, DuD 2012, 407; Eiermann, DuD 2012, 452; zu Auswirkungen auf RFID-Technologie Holznagel/Schumacher, MMR 2009, 3; zum Einfluss auf das Privatrecht Roßnagel/Schnabel, NJW 2008, 3534; rechtsvergleichend mit den USA Wiebe, DuD 2008, 713.

Einleitung

14 Die Ausprägungen des allgemeinen Persönlichkeitsrechts schützen nicht nur vor direkten staatlichen Eingriffen, sondern entfalten als objektive Normen ihren Rechtsgehalt **auch im Privatrecht**. In dieser Eigenschaft strahlt sie auf die Auslegung und Anwendung privatrechtlicher Vorschriften aus.[47] Daher können sich aus Persönlichkeitsverletzungen durch Private zivilrechtliche Schadensersatzforderungen oder Ansprüche aus unerlaubter Handlung ergeben.[48] Im Privatrechtsverkehr muss eine Abwägung der u. U. sich gegenüberstehenden Interessen unterschiedlicher Grundrechtsträger erfolgen.[49] Inwieweit das Recht auf informationelle Selbstbestimmung zum Gegenstand von zivilrechtlichen Verträgen gemacht und damit »kommerzialisiert« werden kann, ist streitig.[50]

15 Dem allgemeinen Persönlichkeitsrecht kommt nicht nur eine individuelle, subjektivrechtliche, sondern auch eine **gesellschaftliche, objektiv-rechtliche Funktion** zu. Die Verletzung des Rechts beeinträchtigt nicht nur die individuellen Entwicklungschancen des Einzelnen, »sondern auch das Gemeinwohl, weil Selbstbestimmung eine elementare Funktionsbedingung eines auf Handlungs- und Mitwirkungsfähigkeit seiner Bürger begründeten freiheitlichen demokratischen Gemeinwesens ist«.[51] Daraus kann sich eine **staatliche Schutzpflicht** ergeben.[52] Zur staatlichen Schutz- und Gewährleistungspflicht gehört auch der sich aus Art. 19 Abs. 4 GG und Art. 47 EUGRCh ergebende Anspruch auf gerichtlichen Rechtsschutz.[53]

15a Nicht in der persönlichen Freiheitswahrnehmung total erfasst und registriert zu werden, zählt das BVerfG »zur **verfassungsrechtlichen Identität der Bundesrepublik Deutschland**«.[54] Eine Gesetzgebung, »die auf eine möglichst flächendeckende vorsorgliche Speicherung aller für die Strafverfolgung oder Gefahrenprävention nützlichen Daten zielte, wäre von vornherein mit der Verfassung nicht vereinbar. ... Sie darf auch nicht im Zusammenspiel mit anderen vorhandenen Dateien zur Rekonstruierbarkeit praktisch aller Aktivitäten der Bürger führen.« Der Gesetzgeber ist beim Erarbeiten von Gesetzen, mit denen neue Überwachungsinstrumente zugelassen werden, verpflichtet, eine **Überwachungs-Gesamtrechnung** vorzunehmen und die verfügbaren Überwachungsmaßnahmen in eine Verhältnismäßigkeitsprüfung der Gesamtbelastungen digitaler Freiheiten einzubeziehen.[55]

---

47 BVerfG, NJW 1991, 2411; ständige Rspr.; BVerfG, NJW 2013, 3087.
48 BGH, NJW 2007, 689; Balthasar, NJW 2007, 664; Helle, JZ 2007, 444.
49 Giesen, JZ 2007, 918 versucht fälschlich aus Art. 2 GG und weiteren Grundrechten als Gegenrecht ein »Grundrecht auf Datenverarbeitung« abzuleiten.
50 Dafür Kilian, CR 2002, 921; Weichert, NJW 2001, 1463; Buchner, Informationelle Selbstbestimmung im Privatrecht, 2006; dagegen Simitis, NJW 1998, 2477, dazu Klüber, Persönlichkeitsschutz und Kommerzialisierung, 2007; zur Frage des Regelungsortes privatrechtlichen Datenschutzes Steffen und Weichert, ZRP 2009, 95.
51 BVerfGE 65, 43 = NJW 1984, 422; Seubert, DuD 2012, 100.
52 Deiseroth, DVBl 2015, 199; Hoffmann-Riem JZ 2014, 56; Weichert, DANA 2014, 67; Schliesky/Hoffmann/Luch/Schulz/Borchers, Schutzpflichten im Internet, 2014; Rupp, Die grundrechtliche Schutzpflicht des Staates für das Recht auf informationelle Selbstbestimmung im Pressesektor, 2013; Kutscha, DuD 2011, 464; Kipker/Voskamp, RDV 2014, 84; relativierend Ullrich, DVBl 2015, 204.
53 EuGH 6.10.2015 – C-362/14, Rn. 95 – Safe Harbor.
54 BVerfGE 125, 323 = NJW 2010, 839, Rn. 218 – Vorratsdatenspeicherung; vgl. BVerfGE 123, 267.
55 Roßnagel/Moser-Knierim/Schweda, Interessenausgleich im Rahmen der Vorratsdatenspeicherung, 2013, S. 177.

Einleitung

a) Inhalt des Grundrechts auf informationelle Selbstbestimmung

Das BVerfG spricht beim Recht auf informationelle Selbstbestimmung ausdrücklich von einem »**Grundrecht auf Datenschutz**«.[56] Obwohl es mehrere Versuche gegeben hat, hat sich der Verfassungsgeber auf Bundesebene bisher nicht durchringen können, dieses Grundrecht ausdrücklich in das Grundgesetz aufzunehmen.[57] Keine derartige Zurückhaltung zeigen viele **Landesverfassungen**, die eine ausdrückliche Normierung enthalten: Art. 4 Abs. 2 LVerf NW (1978)[58], Art. 2 Abs. 2 LVerf Saarland (1985), Art. 21 b LVerf Bln (1990), Art. 11 LVerf Bbg (1992), Art. 33, 34 Sächs LVerf (1992), Art. 6 LVerf LSA (1992), Art. 6 LVerf Th (1993), Art. 6 LVerf MV (1994), Art. 4 a LVerf RhPf (2001), Art. 15 LVerf SH (2014).[59] In der **Charta der Grundrechte der Europäischen Union** (EUGRCh) ist in einem Artikel 8 der »Schutz personenbezogener Daten« gewährleistet. Hinsichtlich des Inhalts und der Reichweite bestehen keine wesentlichen Abweichungen zum »Recht auf informationelle Selbstbestimmung«. In weiteren Artikeln der EUGRCh sind darüber hinausgehende informationell relevante Grundrechte enthalten.[60]

16

Für die informationelle Selbstbestimmung ist zentral, dass personenbezogene Daten nur für bestimmte definierte Zwecke genutzt werden. Der **Grundsatz der Zweckbindung** gilt sowohl für Private als auch für die öffentliche Verwaltung. Damit ist auch informationelle Amtshilfe nach dem Verwaltungsverfahrensrecht ausgeschlossen.[61] Es gibt keinen Rechtsgrundsatz der »Einheit der Verwaltung« oder einen der »Einheit der verarbeitenden Stelle«, wonach einmal erlangte Informationen für den Verarbeiter frei verfügbar wären. Aufgrund eines Rechtsgeschäfts erlangte Personendaten dürfen ebenso wenig zu beliebigen anderen Zwecken genutzt werden wie administrativ gespeicherte Daten. Das Wissen einer bestimmten Stelle darf nicht als potenzielles Wissen anderer Organisationsteile dieser Stelle genutzt werden. Damit der Betroffene die Tragweite der Einschränkung seines Rechts auf informationelle Selbstbestimmung korrekt einschätzen kann, müssen ihm Ziel und Umfang offen gelegt werden. Den Grundsatz der Zweckbindung umzusetzen wird durch zunehmende technische Möglichkeiten der Datenverknüpfung, insbesondere im Rahmen von Big-Data-Anwendungen, zunehmend schwierig.[62] Dem wird mit dem neuen Datenschutzziel der Nichtverkettbarkeit (Rn. 17 a) entgegenzuwirken versucht.

17

Der Schutz informationeller Selbstbestimmung verpflichtet nicht nur zur Beachtung materiell-rechtlicher Vorgaben bei der Verarbeitung personenbezogener Daten, sondern auch zu **technischen und organisatorischen Schutzmaßnahmen**, mit denen der Gefahr einer Verletzung des Persönlichkeitsrechts entgegengewirkt wird.[63] **Schutzziele**

17a

---

56 BVerfG, NJW 1991, 2132; a. A. BayVerfGH 42, 141.
57 Schrader, CR 1994, 427; Künast ZRP 2008, 201; Kloepfer/Schärdel JZ 2009, 453.
58 Schwarze, Das Grundrecht auf Datenschutz in der Verfassung des Landes Nordrhein-Westfalen, 1989.
59 Weichert CR 1992, 738; Simitis in Simitis, 2003, § 1 Rn. 29.
60 ABl. EG Nr. C 364/01 v. 18.12.2000; Einl. Rn 8 a.
61 Schlink, Die Amtshilfe, 1982, S. 169 ff.
62 Helbing, K&R 2015, 145; s.o. Rn. 6 a.
63 BVerfG, NJW 1984, 119, 425; EuGH 16.2.2012 – C-360/10, Rn. 48 ff. = MMR 2012, 337.

Einleitung

sind »Verfügbarkeit«, »Integrität«, »Vertraulichkeit«, »Transparenz«, »Intervenierbarkeit« und »Nichtverkettbarkeit«.[64]

18 Nach der Rechtsprechung des BVerfG gibt es einen **unantastbaren Kernbereich privater Lebensgestaltung**, der sich aus der Garantie der Menschenwürde des Art. 1 Abs. 1 GG ableitet.[65] Er umfasst die Möglichkeit, innere Vorgänge – wie Empfindungen und Gefühle sowie Überlegungen, Ansichten und Erlebnisse höchstpersönlicher Art – zum Ausdruck zu bringen; ebenfalls werden dazu Gefühlsäußerungen, Äußerungen des unbewussten Erlebens sowie Ausdrucksformen der Sexualität gezählt. Der Kernbereich ist tangiert, wenn ein Sachverhalt seinem Inhalt nach höchstpersönlichen Charakter hat, ohne wesentlich in Art und Intensität die Sphäre anderer oder die Belange der Gemeinschaft zu berühren.[66]

18a Informationelle Selbstbestimmung steht allen Menschen zu. Die Wahrnehmung dieses Rechts hängt jedoch von deren **Einsichtsfähigkeit** ab. Besteht diese nicht bzw. nicht hinreichend, sind Sicherungsmaßnahmen geboten, z.B. die Wahrnehmung des Rechts durch eine dritte Person, durch einen gesetzlichen Vertreter oder einen Betreuer nach § 1896 BGB; der tatsächliche, zumindest aber der mutmaßliche Wille der nicht einsichtsfähigen Person muss dabei berücksichtigt werden.

18b Die Einsichtsfähigkeit in komplexe personenbezogene Datenverarbeitung bei **Kindern und Jugendlichen** entwickelt sich kontinuierlich. Bei diesen besteht im Hinblick auf die Entfaltung ihrer Persönlichkeit und ihres Persönlichkeitsrechts ein besonderer Schutzbedarf.[67] Artikel 8 des Entwurfs einer EU-DSGVO sieht eine Sonderregelung für Kinder vor. Bei unter 7-Jährigen kann grds. keine Einsichtsfähigkeit angenommen werden. Bei 7- bis 14-Jährigen muss dies i.d.R. ebenso vermutet werden. Es kann davon ausgegangen werden, dass bei überschaubaren Formen der Verarbeitung einzelfallbezogen diese ihr Recht auf informationelle Selbstbestimmung bei Vollendung des 14. Lebensjahres selbst wahrnehmen können.[68] Dieses Recht besteht auch gegenüber den Eltern. In einer Übergangszeit sollten die Eltern ihre Kinder bei der Wahrnehmung des Rechts auf informationelle Selbstbestimmung durch Befragen und Berücksichtigen von deren Willen einbeziehen. Teilweise setzen Gesetze klare Grenzen, ab wann Datenschutzrechte wahrgenommen werden dürfen, wobei als Grenze das Alter von 14, 16 und 18 Jahren genannt wird.[69]

---

64 Rost, in Schmidt/Weichert, 2012, S. 353 ff.
65 BVerfGE 80, 373 = NJW 1990, 563; BVerfGE 109, 279 = NJW 2004, 999 = DVBl 2004, 557 = MMR 2004, 302 – Großer Lauschangriff; kritisch Dammann, Der Kernbereich der privaten Lebensgestaltung, 2011.
66 Puschke/Singlnstein, NJW 2005, 3536; Baldus, JZ 2008, 218; Poscher, JZ 2009, 269.
67 BGH 6.10.2009 – VI ZR 314/08, VI ZR 315/08, DuD 2010, 109 = DANA 4/2009, 162.
68 S.u. § 4a Rn. 5 f.; Holznagel/Sonntag in Roßnagel, Kap. 4.8 Rn. 22; Simitis in Simitis, § 4a Rn. 21; Spindler, 2012, F50 f.; TBP, 2012, S. 401 f.: 13 Jahre; zur Situation in den USA unter dem Children's Online Privacy Protection Act (COPPA) Solove/Schwartz, 2011, S. 116; zur Praxis Verbraucherzentrale Bundesverband, 2010, S. 116; zum Verhältnis Datenschutz zu Kinderschutz Neumann, DANA 4/2011, 154.
69 Siehe z.B. §§ 30, Abs. 3 S. 2, Abs. 8, 31 Schulgesetz SH; vgl. BGH, ZD 2014, 469 = RDV 2015, 89; OLG Hamm DuD 2013, 106 = RDV 2013, 91 = ZD 2013, 29: keine Einsichtsfähigkeit von 15-Jährigem in Relevanz von Werbung mit geschäftlichem Bezug; zum zivilrechtlichen Persönlichkeitsschutz Beater, JZ 2013, 111; zum Kinderschutz nach dem Entwurf einer EU-DSGVO Gola/Schulz, ZD 2013, 475.

b) Einschränkung des Grundrechts

Das Recht auf informationelle Selbstbestimmung ist nicht schrankenlos gewährleistet. Der Einzelne muss Einschränkungen seines Rechts **im überwiegenden Allgemeininteresse** hinnehmen. Diese Einschränkungen bedürfen einer gesetzlichen Grundlage, aus der sich die Voraussetzungen und der Umfang der Beschränkungen klar und für den Bürger erkennbar ergeben und die damit dem rechtsstaatlichen Gebot der Normenklarheit entspricht. Beim Erlass dieser Regelungen sowie bei deren Anwendung ist der **Grundsatz der Verhältnismäßigkeit** zu beachten. Angesichts der Risiken bei der Nutzung der automatischen Datenverarbeitung sind außerdem zusätzliche **organisatorische und verfahrensrechtliche Vorkehrungen** zu treffen, welche der Gefahr der Verletzung des Persönlichkeitsrechts entgegenwirken.[70]   19

Aus der Anerkennung als Grundrecht folgt, dass gemäß der **Wesentlichkeitstheorie** des BVerfG der Gesetzgeber die wesentlichen Entscheidungen und Konkretisierungen des Grundrechts selbst vornehmen muss.[71] Es besteht ein **Gesetzesvorbehalt**.[72] Umstritten ist, inwieweit auf Generalklauseln als gesetzliche Eingriffsgrundlagen zurückgegriffen werden kann. Wegen der Vielseitigkeit und Komplexität von Datenverarbeitung und den damit verfolgten Zwecken kann auf Generalklauseln nicht verzichtet werden.[73] Sind materiell-rechtliche Eingrenzungen nur beschränkt möglich, so bedarf es im Interesse eines effektiven Grundrechtsschutzes kompensierender und ergänzender prozeduraler Regelungen (z.B. zu Anordnungsbefugnis, Transparenz, Evaluation, Löschung). Je schwerwiegender ein Eingriff ist und je präziser dieser normativ definiert werden kann, desto konkreter muss dies auch erfolgen und desto höhere Anforderungen sind an die Bestimmtheit zu stellen bezüglich Verwendungszweck, Datenfelder, Datenverarbeitungsphasen, Form der automatisierten Verarbeitung, berechtigte Personen bzw. bezüglich Stellen und verfahrensrechtliche Sicherungen.[74]   20

Grundrechtseinschränkungen müssen verhältnismäßig sein. Es bedarf der Abwägung und evtl. der Optimierung mit anderen verfassungsrechtlichen Garantien. Ein **Grundrecht auf Sicherheit** kann bei dieser Abwägung aber nicht geltend gemacht werden.[75]   20a

In keinem Fall kann bei hoheitlichen Informationseingriffen von der gesetzlichen **Aufgabenbeschreibung** auf eine **Verarbeitungsbefugnis** geschlossen werden.[76] Lässt sich jedoch eine Präzisierung nicht vornehmen, können Regelungen zulässig sein, die die Datenverarbeitung erlauben, wenn dies »zur Erfüllung der Aufgaben der verantwortlichen Stelle erforderlich ist« (vgl. §§ 13 Abs. 1, 14 Abs. 1 S. 1 BDSG).   21

Allgemeine Datenschutzgesetze sehen vor, dass neben einem Gesetz auch andere **Rechtsvorschriften** – also eine Rechtsverordnung oder eine Satzung, z.B. einer kommunalen Selbstverwaltungskörperschaft – informationelle Eingriffe rechtfertigen kön-   22

---

70 BVerfGE 65, 44 = NJW 1984, 422; Kingreen/Kühling, JZ 2015, 215.
71 BVerfGE 49, 78; BVerfGE 49, 126.
72 Zum Verbot mit Erlaubnisvorbehalt § 4 Rn. 1.
73 Bull in Bäumler, 1998, S. 25.
74 Rosenbaum, Jura 1988, 183.
75 So aber Isensee, Das Grundrecht auf Sicherheit, 1983; dagegen Weichert, 1990, S. 34 ff.; Leutheusser-Schnarrenberger, MMR 2013, 481.
76 BVerfG, NJW 1990, 701; Gusy, JZ 1989, 1003.

Einleitung

nen (vgl. §§ 13 Abs. 2 Nr. 1, 14 Abs. 2 Nr. 1 BDSG). Rechtsverordnungen bedürfen einer gesetzlichen Grundlage, die Zweck, Inhalt und Ausmaß der erteilten Ermächtigung bestimmt (Art. 80 Abs. 1 GG). Untergesetzliche Rechtsvorschriften sind nur bei weniger schwerwiegenden Eingriffen ausreichend.[77]

23 Nach dem Volkszählungsurteil ergab sich die Notwendigkeit, eine Vielzahl von Befugnisnormen für die Datenverarbeitung zu schaffen. Für eine Übergangszeit wurde vom BVerfG generell ein ungeregelter Zustand bei einer neuen Dimension von Grundrechtseingriffen hingenommen, um dem Gesetzgeber genügend Zeit für die Ausarbeitung neuer Regelungen zu lassen. Dieser **Übergangsbonus**, der darauf abzielt, einen Zustand zu verhindern, bei dem durch die Nichtanwendbarkeit von Regelungen sich verfassungsrechtlich eine Verschlechterung ergibt, ist im Hinblick auf Eingriffe in das Recht auf informationelle Selbstbestimmung abgelaufen.[78] Die Gesetzgebung hat inzwischen zu einer **Normenflut** geführt und eine Komplexität erlangt, dass von dem Bestreben, möglichst sämtliche Informationseingriffe bereichsspezifisch zu regeln, wieder Abstand genommen wird. Die Zahl der Normen hat nicht immer zu mehr Klarheit und Transparenz geführt, sondern in vielen Fällen durch nicht mehr bürgerfreundliche Regelungen zum genauen Gegenteil.[79]

24 Angesichts des rapiden technischen Fortschritts hat sich der Gesetzesvorbehalt als äußerst schwerfällig erwiesen. Als adäquate Antwort hierauf ist es möglich, gesetzlich die Erprobung von Datenverarbeitungsverfahren über **Testklauseln** zuzulassen und die endgültige Normierung von den gesammelten Erfahrungen abhängig zu machen (vgl. § 6 BStatG). Als Kompensation der dadurch einhergehenden Unbestimmtheit der Datenverarbeitung müssen dann jedoch problemadäquate Entscheidungsverfahren vorgesehen werden. Möglich ist eine **Befristung** von Eingriffsbefugnissen und die Anordnung einer **Evaluation** der nach einer gewissen Zeit gemachten Erfahrungen, bevor eine Entfristung, Aufhebung oder Modifikation beschlossen wird (z. B. § 8 Abs. 10 BVerfSchG).

25 Ob bei einem informationellen Eingriff die tatbestandlichen Voraussetzungen eines Gesetzes gegeben sind, bedarf der **Einzelfallprüfung**. Hierbei ist zu prüfen, ob die Maßnahme geeignet, erforderlich und angemessen (also verhältnismäßig) ist.

25 Es gibt keine allgemein gültigen Kriterien für die Bewertung der **Intensität von Grundrechtseingriffen**. Das Verständnis von Privatheit und Persönlichkeitsschutz ist gesellschaftlichen Wandlungen ausgesetzt und abhängig von den kulturellen Vorgaben und den technischen Möglichkeiten. Die Eingriffstiefe hängt generell davon ab, inwieweit ein »Bestimmenkönnen« des Einzelnen für seine Daten gegeben ist und welche Kenntnis er über die Erhebung und weitere Verarbeitung hat. Die Datenverarbeitung ohne Wissen verhindert von vornherein die Möglichkeit des »Bestimmenkönnens« und ist daher als schwerwiegender anzusehen als die erzwungene Angabe, da hier der Betroffene durch die Kenntnis Gewissheit hat und Handlungsalternativen, evtl. auch Schutzmöglichkeiten, prüfen kann.[80] Bei »Obliegenheiten zur Datenpreisgabe« hängt die

---

77 BVerfG, DVBl 1992, 825 = NJW 1992, 1873.
78 Alberts, ZRP 1987, 193; Simitis, NJW 1989, 21; Vogelesang, DVBl 1989, 962; Simitis in Simitis, Einl. Rn. 39 f.
79 Weichert, RDV 1999, 65; zum Gesundheitsdatenschutz Kingreen/Kühling, JZ 2015, 213.
80 Zur Datenerhebung durch Folter siehe Petri, DuD 2010, 539.

Eingriffsintensität davon ab, wie stark und existenziell die Folgen einer Verweigerung von Angaben auf die Betroffenen wirken würden. Bei der **Datenerhebung** kann folgende Intensitätshierarchie angenommen werden: 1. Nichtwissen, 2. Auskunftspflicht, 3. Obliegenheit (je nach Motivationsdruck), 4. Freiwilligkeit.

Für die **nachfolgende Verarbeitung** spielen bei der Bewertung der Eingriffstiefe folgende Kriterien eine Rolle: 1. Art und Umfang der Daten, 2. Art der Verarbeitung und Dauer der Speicherung, 3. vorgesehene und denkbare Verwendungszwecke, 4. konkrete und abstrakte Missbrauchsgefahren. Hinsichtlich der Art der Daten 1. bleibt auch nach Aufgabe der »Sphärentheorie« die Frage von Relevanz, nämlich, aus welcher Sphäre die Daten stammen, also ob ein Datum der Intim-, der Privat-, der Sozial- oder der Öffentlichkeitssphäre zuzuordnen ist (Rn. 11). Dieser Frage kommt gerade in einer Zeit, in der die technische Entwicklung die Grenzlinie zwischen Öffentlichkeit und Privatheit immer mehr aufhebt, eine bleibende Bedeutung zu. 27

Unter den Bedingungen der automatisierten Datenverarbeitung gibt es kein »belangloses Datum« mehr, so dass die Verarbeitung jedes personenbezogenen Datums einen Eingriff darstellt.[81] Die Eingriffstiefe wird durch die Nutzbarkeit und **Verwendungsmöglichkeit** des konkreten Datums bestimmt. Relevant sind die Verarbeitungs- und Verknüpfungsmöglichkeiten sowie der Kreis der Personen und Stellen, die von dem Datum Kenntnis erlangen. Der Persönlichkeitsschutz im privaten Bereich im engeren Sinne geht weiter als im gewerblichen Bereich.[82] Bei Finanzdaten spielt deren Persönlichkeitsrelevanz eine Rolle, die mit der Höhe des Einkommens oder des Vermögens abnimmt, während zugleich deren soziale Relevanz zunimmt. 27a

Die Dauer einer Datenverarbeitung hat Einfluss auf die Eingriffstiefe. Der **Zeitfaktor** ist von Bedeutung bei der Frage, inwieweit eine Datenverarbeitung noch erforderlich ist. Ist dies nicht der Fall, sind die Daten zu löschen. Eine besondere Form der »Gnade des Vergessens« wird auch aus dem allgemeinen Persönlichkeitsrecht abgeleitet, nämlich dem Anspruch, nach einer gewissen Zeit (z. B. im Interesse der Resozialisierung) nicht mehr mit negativen Lebensumständen wie z. B. einer Straftat konfrontiert zu werden.[83] 28

Datenschutzrecht regelt den Umgang mit personenbezogenen Daten. Es legt fest, unter welchen materiell-rechtlichen, verfahrensrechtlichen, organisatorischen und technischen Voraussetzungen diese Daten erhoben, verarbeitet und genutzt werden dürfen. Es regelt damit den Konflikt zwischen Zugänglichkeit und Vertraulichkeit von personenbezogenen Daten unter den Bedingungen einer hochtechnisierten Informationsgesellschaft. Die Bedingungen des Gebrauchs der Informationstechnik sollen für den Bürger akzeptabel und mit der demokratischen Struktur der Gesellschaft vereinbar sein. 29

---

81 BVerfG, NJW 1984, 422.
82 OLG Brandenburg 9.7.2012 – 1 U 19/11, DuD 2013, 180 = RDV 2013, 95; zum Verhältnis zu Transparenzpflichten EuGH 9.11.2010 – C-92/09, C-93/09, DuD 2011, 140 f. – Agrarsubventionen.
83 BVerfGE 35, 220 = NJW 1973, 1226; BVerfG, NJW 2000, 1860; s. u. Rn. 50 a.

Einleitung

3. Sonstiger informationeller Grundrechtsschutz

30 Von großer praktischer Bedeutung sind Daten aus vom Grundgesetz speziell geschützten Bereichen. Soweit **sonstige Grundrechte** betroffen sind, sind diese mit zu berücksichtigen, unabhängig davon, ob der Informationseingriff ein »Begleiteingriff«, ein »Folgeeingriff« oder ein gezielter informationeller Eingriff in ein Grundrecht ist. Man kann insofern von einer digitalen Dimension der Grundrechte sprechen.[84]

30 a Der behördliche Schutz digitaler Grund- und Menschenrechte obliegt in Deutschland vorwiegend den Datenschutz- und Informationsfreiheitsbeauftragten.[85] Wegen der zunehmenden Gefährdung der Menschenrechte durch Globalisierung und Digitalisierung bedarf es eines Zusammenwirkens mit weiteren **Institutionen.** Hierzu gehört künftig auch das Deutsche Institut für Menschenrechte als unabhängige nationale Einrichtung zur Information der Öffentlichkeit über die Lage der Menschenrechte sowie zu deren Förderung.[86]

31 Eine auf lange Tradition zurückgehende, durch Art. 4 GG (**Religionsfreiheit**) geschützte Ausprägung des Rechts auf informationelle Selbstbestimmung, ist das Seelsorge- und Beichtgeheimnis.[87] Vor Ausforschung geschützt ist aber schon der Umstand der Zugehörigkeit zu einer Religionsgemeinschaft sowie generell die religiöse Betätigung. Artikel 140 GG inkorporiert Art. 136 Abs. 3 Weimarer Reichsverfassung, wo es heißt: »Niemand ist verpflichtet, seine religiöse Überzeugung zu offenbaren. Die Behörden haben nur soweit das Recht, nach der Zugehörigkeit zu einer Religionsgesellschaft zu fragen, als davon Rechte und Pflichten abhängen oder eine gesetzlich angeordnete statistische Erhebung dies erfordert«.[88]

32 Die **Pressefreiheit** (Art. 5 Abs. 1 S. 2 GG) garantiert die journalistische Unabhängigkeit und den Quellenschutz der Presse mit dem Zeugnisverweigerungsrecht nach § 53 Abs. 1 Nr. 5 StPO.[89] Das journalistische Zeugnisverweigerungsrecht schützt einerseits die informationelle Selbstbestimmung des Journalisten und des Informanten, begrenzt aber zugleich andererseits die informationelle Selbstbestimmung der Objekte der Presserecherche und -berichterstattung. Das Recht zur Zeugnisverweigerung wird flankiert durch ein Durchsuchungs- und Beschlagnahmeverbot.[90] Selbst gegenüber der Datenschutzkontrolle genießt die Presse in § 41 BDSG ein Medienprivileg. Die **Meinungsfreiheit** des Art. 5 Abs. 1 S. 1 GG kann die Erhebung und die Veröffentlichung personenbezogener Daten legitimieren.[91] Die **Informationsfreiheit** des Art. 5 Abs. 1 S. 1 GG schützt vor unbeobachteter Informationsbeschaffung, kann aber auch zum Recht auf informationelle Selbstbestimmung in einem Spannungsverhältnis stehen.

---

[84] Hoffmann/Luch/Schulz/Borchers, Die digitale Dimension der Grundrechte, 2015; Weichert, KJ 2014, 123; Greve, K&R 2013, 87.
[85] Weichert, DuD 2015, 325 ff.; ders., Rechtsbehelfe, 2014; ULD, 35. TB 2015, Kap. 1.4.
[86] Entwurf eines Gesetzes über die Rechtsstellung und Aufgaben des Deutschen Instituts für Menschenrechte, DIMRG-E v. 27.3.2015, BR-Drs. 124/15.
[87] Weichert in Kilian/Heussen, 1993, 136 Rn. 41 f.
[88] Sog. Lohengrin-Klausel; Globig, ZRP 2002, 107.
[89] Mediengeheimnis; BVerfGE 64, 114; Ronellenfitsch, RDV 2008, 56.
[90] BVerfG NJW 2011, 1863 – Freies Sender Kombinat; BVerfG, RDV 2007, 67 – Cicero; Leutheusser-Schnarrenberger ZRP, 2007, 249; Pöppelmann, AfP 2003, 218.
[91] BVerfG, DuD 2000, 482.

Einleitung

Die **Forschungsfreiheit** (Art. 5 Abs. 3 GG)[92] gewährleistet eine Privilegierung bei der 33
Datenbeschaffung. Diese kann aber grundrechtlich gegenüber den Betroffenen nur legitimiert werden, wenn die Forschungsdaten einer absoluten Zweckbindung unterworfen werden. Insofern kann man von einem Forschungsgeheimnis sprechen.[93] Artikel 5 Abs. 3 GG begründet auch ein Recht des Forschers in seiner Tätigkeit auf Datenschutz und Kontrollfreiheit.[94]

Artikel 6 GG schützt die besonders enge soziale Beziehung von **Ehe und Familie** als 34
elementare Zone der Persönlichkeitsentfaltung. Dieses Grundrecht hat eine informationsrechtliche Bedeutung, z.B. dadurch, dass Familienangehörigen im Strafverfahren nach § 52 StPO ein Zeugnisverweigerungsrecht zukommt. Artikel 6 GG schützt auch vor Datenerfassung in diesem sensiblen Bereich, z.B. im Rahmen der behördlichen Feststellung einer ehe(ähn)lichen Lebensgemeinschaft. Der Intimbereich der Ehe, z.B. Angaben zu sexuellen Praktiken, muss behördlicher Ausforschung entzogen bleiben.[95] Kinder stehen unter einem verschärften informationellen Schutz.[96]

Die **politischen Freiheitsrechte** (Versammlungs-/Demonstrations- und Vereinigungs- 35
freiheit) nach Art. 8 und 9 GG sollen auch davor schützen, dass politische und gesellschaftliche Aktivitäten, etwa die Teilnahme an einer Versammlung oder an einer Bürgerinitiative, registriert werden, woraus persönliche Nachteile (z.B. durch Diskriminierung im Berufsleben) entstehen können.[97] Aufzeichnungen eines Versammlungsgeschehens ohne hinreichenden Anlass können bei den Betroffenen Einschüchterungswirkungen auslösen und so von der Wahrnehmung der politischen Freiheitsrechte abhalten und dadurch diese Freiheitsrechte verletzen.[98]

Das Fernmelde- bzw. **Telekommunikationsgeheimnis** (TK-Geheimnis, Art. 10 GG) 36
schützt die Unbeobachtetheit der nicht direkten, technisch vermittelten Kommunikation. Es ergänzt das Recht auf informationelle Selbstbestimmung im Hinblick auf den (menschlichen) Austausch und erweitert diesen in räumlicher Hinsicht. Über § 88 TKG gilt es auch zwischen Privaten und begründet eine verstärkte Zweckbindung personenbezogener Daten.[99] Das TK-Geheimnis schützt die unkörperliche Übermittlung von Informationen an individuelle Empfänger mithilfe des Telekommunikationsverkehrs, unabhängig von der Übermittlungsart (Sprache, Bilder, Töne, Zeichen oder sonstige Daten), auch über das Internet.[100] Der Schutz umfasst in erster Linie den Kommunikationsinhalt, sei er privater, geschäftlicher, politischer oder sonstiger Natur.[101] Vor

---

92 Gerling, DuD 2008, 733.
93 Weichert, MedR 1996, 259 f.; ders. in Erichsen/Schäferbarthold/Staschen/Zöllner, Lebensraum Hochschule, 2012, S. 77 ff.; vgl. § 40.
94 Johannes, DuD 2012, 817.
95 Weichert, NVwZ 1997, 1054 f.
96 BVerfG, NJW 2000, 2191 = DANA 1/2000, 33; BVerfG, NJW 2000, 2194 = DANA 3/2000, 34; vgl. Rn. 18 b.
97 BVerfGE 65, 46; 69, 315; Brenneisen, DuD 2000, 651.
98 BVerfG 17.2.2009 – 1 BvR 2492/08, DÖV 2009, 410; dazu Arzt, DÖV 2009, 384; Hanschmann, DÖV 2009, 393; zum Recht auf Versammlungsfreiheit im Internet Möhlen, MMR 2013, 221.
99 Groß in Roßnagel, 2003, S. 1259 ff.
100 BVerfGE 120, 307.
101 BVerfGE 100, 358; 106, 36.

Einleitung

Kenntnisnahme geschützt sind daneben auch die Kommunikationsumstände.[102] Der Schutz aus Art. 10 GG erstreckt sich nicht auf die außerhalb eines laufenden Kommunikationsvorgangs im Herrschaftsbereich des Kommunikationsteilnehmers gespeicherten Inhalte und Kommunikationsumstände. Der Schutz des Fernmeldegeheimnisses endet insoweit in dem Moment, in dem die Kommunikation beim Empfänger angekommen und der Übertragungsvorgang beendet ist.[103] Ein zugangsgesicherter Kommunikationsinhalt in einem E-Mail-Postfach, auf das der Nutzer nur über eine Internetverbindung zugreifen kann, ist aber durch Art. 10 Abs. 1 GG geschützt. Das TK-Geheimnis knüpft an das Kommunikationsmedium an und will jenen Gefahren für die Vertraulichkeit begegnen, die sich gerade aus der Verwendung dieses Mediums ergeben.[104]

37 Der Schutz der **Unverletzlichkeit der Wohnung** nach Art. 13 GG soll auch vor informationellen Eingriffen bewahren, sowohl vor Durchsuchungen (Art. 13 Abs. 2 GG) als auch vor heimlichem Observieren und Abhören mit personellen und technischen Mitteln.[105] Die Wohnung ist der Raum, in dem die Menschen den Großteil ihres Privatlebens verbringen und der als Ruheraum und zum Zweck individueller Entfaltung einen besonderen Schutz verdient. Zum geschützten Wohnraum gehört auch ein nicht allgemein zugängliches Vereinsbüro[106] oder ein Vorgarten,[107] nicht aber ein Kraftfahrzeug.[108] Dazu gehört auch nicht ein sich in einer Wohnung befindlicher bzw. hieraus anlässlich einer Durchsuchung beschlagnahmter Computer.[109] Anders als ein Haftraum genießt ein Besuchsraum einer Vollzugsanstalt nicht den Schutz des Art. 13 GG.[110]

38 Artikel 16a GG garantiert politisch Verfolgten individuellen Schutz. Das **Grundrecht auf Asyl** ist in starkem Maße verfahrensabhängig. Eingriffe können in einer nicht sachgemäßen Verfahrensgestaltung liegen. Zur Begründung ihrer politischen Verfolgung müssen Asylsuchende sich umfassend offenbaren. Diese Daten sind geeignet, eine bestehende politische Verfolgung zu verstärken oder eine solche erst zu begründen. Der Schutz des Art. 16a GG erstreckt sich auch darauf, dass zur Begründung des Asylbegehrens vorgebrachte Informationen vor möglichen Verfolgern geheim gehalten werden.[111]

---

102 BVerfGE 113, 364 f.
103 BVerfGE 115, 183 ff.; 120, 307 f.
104 BVerfG 16.6.2009 – 2 BvR 902/06, Rn. 46 = NJW 2009, 2432.
105 BVerfG, DuD 2008, 297; BVerfG, NJW 2004, 999 = DVBl 2004, 557 = MMR 2004, 302 – Großer Lauschangriff; MVVerfG, NVwZ 2000, 1038; BbgVerfG, NJW 1999, 3703; SächsStGH, DuD 1996, 560; Rux, JZ 2007, 285, 831; Hornung, JZ 2007, 828.
106 BGH, RDV 1997, 172.
107 BGH, RDV 1998, 19.
108 BGH, RDV 1997, 255.
109 BVerfG, NJW 2002, 1411.
110 BGH, RDV 1999, 24.
111 Bäumler in GK-AsylVfG § 7 Rn. 12–16; Weichert, NVwZ 1996, 17; ders. in Huber, Handbuch des Ausländer- und Asylrechts, Februar 2002, Vorb §§ 7, 8 AsylVfG Rn. 10 f.; zur Erhebung der sexuellen Ausrichtung im Rahmen eines Asylverfahrens EuGH DVBl 2015, 165.

Einleitung

4. Sonstiger besonderer Vertrauens- und Geheimschutz

Viele berufliche Vertrauensverhältnisse finden eine verfassungsrechtliche Ableitung. Sie sind Voraussetzung für die freie Berufsausübung nach Art. 12 GG;[112] einige lassen sich aus dem Sozialstaatsprinzip begründen.[113] Sie sind zugleich eine Konkretisierung des Rechts auf informationelle Selbstbestimmung.[114] Die **berufliche Schweigepflicht** von Ärzten, sonstigen Angehörigen eines Heilberufs, Psychologen, Rechtsanwälten, besonderen Beratern und auch von Sozialarbeitern wird vorrangig durch die Strafrechtsnorm des § 203 StGB begründet. Mit dieser Geheimhaltungspflicht korrespondiert weitgehend ein berufliches Zeugnisverweigerungsrecht sowie ein Beschlagnahmeverbot in Strafverfahren (§§ 53, 53a, 97 StPO). Durchbrochen werden dürfen Berufsgeheimnisse nur bei Einwilligung des Betroffenen oder bei Vorliegen einer gesetzlichen Ausnahmeregelung. Das **Patientengeheimnis** bzw. die ärztliche Schweigepflicht, die für jede Art von Ärzten gilt (auch Militär-, Betriebs- und Amtsärzte) findet seine Konkretisierung nicht nur in Gesetzen (z. B. § 203 StGB), sondern auch im Standesrecht der Ärztlichen Berufsordnungen.[115] Das **Beicht- bzw. Seelsorgegeheimnis** ist in § 53 Abs. 1 StPO normativ geregelt und sichert dem Geistlichen im Rahmen seiner beruflichen Tätigkeit besondere Vertraulichkeit.[116]

Das **Sozialgeheimnis** nach § 35 SGB I soll – ebenso wie das Patientengeheimnis – bewirken, dass die Hilfsbedürftigen nicht dadurch vor der Inanspruchnahme von Hilfe abgehalten werden, dass sie befürchten müssen, ihre Angaben könnten zu ihrem Nachteil verwendet werden.[117] Dessen ungeachtet sehen die Regelungen des Sozialgesetzbuches (SGB) eine Vielzahl von Durchbrechungen vor (z. B. §§ 67 eff. SGB X).

Das **Steuergeheimnis** (§§ 30, 31 AO, § 355 StGB) soll die Steuerpflichtigen zur Ehrlichkeit gegenüber dem Finanzamt anhalten. Daten, die anlässlich eines steuerrechtlichen Veranlagungs-, Straf- oder Bußgeldverfahrens angefallen sind, unterliegen einer besonderen Zweckbindung.[118]

Mit dem **Statistikgeheimnis** soll gegenüber den Statistikämtern auskunftspflichtigen Bürgern das Vertrauen für korrekte Angaben geschaffen werden, die nicht für den Verwaltungsvollzug und damit auch nicht zulasten der Betroffenen genutzt werden dürfen (§ 16 BStatG).

Weitere besondere **Geheimhaltungspflichten** ergeben sich aus dem Adoptionsgeheimnis (§ 1758 BGB, § 61 Abs. 2 PStG), dem Chiffrengeheimnis (vgl. Art. 5 Abs. 1 S. 2 GG),[119] dem Wahlgeheimnis (vgl. Art. 38 GG, § 107c StGB), dem Personalaktengeheimnis,[120] dem Amtsgeheimnis (vgl. §§ 203 Abs. 2, 353b StGB, § 67 BBG), dem

---

112 BVerfGE 38, 323.
113 BVerfG, NJW 1977, 1489; BVerfG, NJW 1993, 1752; Weichert, DuD 2000, 214.
114 SächsStGH, DuD 1996, 496.
115 Weichert in Kilian/Heussen, 2002, Kap. 137, Rn. 16 ff.; zum Gesundheitsdatenschutz umfassend rechtlich: Kingreen/Kühling, Gesundheitsdatenschutzrecht, 2015; praktisch: Buchner, Datenschutz im Gesundheitswesen, seit 2011.
116 BVerfG, NJW 2007, 1865; BGH, NJW 2007, 307; de Wall, NJW 2007, 1856; vgl. Rn. 2.
117 Weichert, DuD 2000, 213; Köppen, DANA 2007, 101.
118 BVerfG, NJW 1991, 2132; NJW 1990, 701; NJW 1984, 2275 f.; BVerfGE 67, 139.
119 BVerfG, NJW 1990, 702; BVerfGE 64, 115 = NJW 1984, 1101; AG Köln RDV 1996, 257.
120 Däubler, Gläserne Belegschaften? Rn. 543 ff.; Gola/Wronka, 2004, S. 34 ff.

Einleitung

Bankgeheimnis des § 30a AO, das aber nicht den Kunden vor Banküberittlungen generell schützt, sondern lediglich vor Ausforschung durch Finanzbehörden,[121] der strengen Zweckbindung von Daten zur Datenschutzkontrolle und Datensicherung (§§ 14 Abs. 4, 31 BDSG, vgl. Art. 28 Abs. 7 EG-DSRl).

44 Für die oben genannten »Geheimnisse« wird in Gesetzen teilweise der Sammelbegriff der »**besonderen gesetzlichen Verwendungsregelungen**« verwendet (z.B. § 77 AuslG).[122] Das **Datengeheimnis** (vgl. § 5 BDSG) begründet keine besondere Zweckbindung, sondern verpflichtet die bei der Datenverarbeitung beschäftigten Personen zur Beachtung der Datenschutzvorschriften. Das **Meldegeheimnis** (§ 7 BMG, früher § 5 MRRG)[123] hat nur eine beschränkte materiell-rechtliche Bedeutung und ist im Grunde nichts als eine frühe Bestätigung des allgemein geltenden, zu diesem Zeitpunkt aber verfassungsrechtlich noch nicht begründeten Zweckbindungsgrundsatzes.

5. Konkretisierung des Grundrechts auf Datenschutz
a) Verbot von Persönlichkeitsprofilen

45 Für das BVerfG liegt eine Grenze der Datenverarbeitung im Verbot der **Erstellung totaler Persönlichkeitsbilder**. Es sei mit der Menschenwürde nicht vereinbar, »wenn der Staat das Recht für sich in Anspruch nehmen könnte, den Menschen zwangsweise in seiner ganzen Persönlichkeit zu registrieren und zu katalogisieren«.[124] Vor allem bei der Integration automatisierter Informationssysteme entsteht die Gefahr, dass Personendaten zu einem »teilweisen oder weitgehend vollständigen Persönlichkeitsprofil zusammengefügt« werden, »ohne dass der Betroffene dessen Richtigkeit und Verwendung zureichend kontrollieren kann«.[125] Auch im privaten Bereich gilt das Verbot der zwangsweisen und heimlichen Erstellung von Persönlichkeitsbildern.[126] Nicht erst das Erstellen von Profilen, sondern auch die systematische Datensammlung zu einem Menschen, z.B. durch systematische Observation, ist untersagt.[127]

46 Persönlichkeitsprofile lassen sich entlang einer zeitlichen Entwicklung (Langzeitprofile) oder als sektorenübergreifende Blitzaufnahme (Querschnittprofile) erstellen. **Langzeitprofile** geben Antworten auf Fragen nach individuellen, z.B. politischen oder religiösen, Einstellungen und Verhaltensweisen oder beruflichen Laufbahnen. **Querschnittprofile** fassen Informationen aus verschiedenen Lebensbereichen zusammen (z.B. über Familie, Gesundheit, Vermögen, Religion, Freizeit). Durch das Verbot von Langzeitprofilen soll verhindert werden, dass die Vergangenheit prägend für die Zukunft eines Menschen wird. Das Verbot von Querschnittprofilen sichert das Ausfüllen unterschiedlicher sozialer Rollen. Es ist äußerst schwierig, eine objektive Grenze festzulegen, bei deren Überschreiten das Verbot von Persönlichkeitsprofilen wirksam wird. Der Gefahr von

---

121 Gola, RDV 2013, 291; Weichert, RDV 2003, 115.
122 Weichert in Huber, AufenthG, 2010, § 88 AufenthG Rn. 2.
123 Zilkens, RDV 2013, 281.
124 BVerfG, NJW 1969, 1707.
125 BVerfGE 27, 6.
126 BGH, NJW 1988, 3078; bzgl. Beschäftigten Däubler, Gläserne Belegschaften? Rn. 428ff.
127 Vgl. BVerwG, NJW 1986, 2332.

Persönlichkeitsprofilen versucht der Gesetzgeber mit beschränktem Erfolg durch die §§ 6a, 28b Herr zu werden.[128] Einen umfassenderen, gleichwohl ungenügenden Regelungsversuch stellt Art. 20 des Entwurfs einer EU-DSGVO dar.[129]

b) Verbot einheitlicher Personenkennzeichen

Unzulässig ist auch die übergreifende Verwendung einheitlicher Personenkennzeichen (PKZ) durch private wie durch öffentliche Stellen.[130] Mithilfe solcher PKZ – in der ehemaligen DDR fand eine solche »Personenkennzahl« Verwendung[131] – werden Daten aus verschiedenen Verwaltungs- und Lebensbereichen zusammengefasst. Durch das **Verbot einheitlicher Personenkennzeichen** soll präventiv das Zusammenführen von Daten, z.b. zur Erstellung von Persönlichkeitsprofilen verhindert werden. Solange Ordnungsnummern, z.B. Pass- oder Ausweisnummern, nur für einen Zweck oder für überschaubare Zwecke verwendet werden, sind sie noch unbedenklich.[132]

47

Das Verbot einheitlicher Personenkennzeichen droht zunehmend dadurch unwirksam zu werden, dass unterschiedliche Datenbestände auch ohne eine solche Nummer sowie über eine Vielzahl **miteinander verknüpfbarer Identifikatoren**, z.B. in sog. Big-Data-Systemen, zusammengeführt werden können, etwa über die Namen, Geburtsdaten, über Gerätekennungen oder über Pseudonyme. Als PKZ eignen sich auch biometrische Merkmale, weshalb bei deren Verwendung Vorsicht geboten ist. Um die Erstellung von Persönlichkeitsprofilen im öffentlichen Bereich zu verhindern, bedarf es bezüglich der Nutzung der Identifizierungsangaben einfach-gesetzlicher Nutzungseinschränkungen (vgl. § 3 Abs. 3, 4 PersAuswG).

48

c) Verbot der Datensammlung auf Vorrat

Unzulässig ist die Sammlung von personenbezogenen »Daten auf Vorrat zu unbestimmten oder noch nicht bestimmbaren Zwecken«.[133] Alle Stellen müssen sich auf das Minimum an Daten beschränken, das zur Erfüllung der jeweiligen Aufgabe notwendig ist. Mit dem **Verbot der Sammlung auf Vorrat** soll verhindert werden, dass Daten »einfach drauflos«, »ins Blaue hinein« oder »für alle Fälle« gespeichert werden, ohne dass ein aktueller oder zukünftiger Bedarfsfall klar umschrieben wäre.[134] Ein »bloßer Betriebsverdacht« genügt nicht zur Rechtfertigung der Datenverarbeitung.[135] Die Frage der unzulässigen Vorratsdatenspeicherung stellt sich in zunehmendem Maße durch die Digitalisierung alltäglicher Vorgänge und der möglichen Nutzung z.B. für Sicherheitszwecke, so etwa bei der mehrmonatigen Aufbewahrung von TK-Verkehrs-

49

---

128 ULD/GP Forschungsgruppe, 2014, S. 172.
129 ULD/GP Forschungsgruppe, 2014, S. 157; Schröder/Taeger, 2014, S. 138 ff.
130 Kirchberg, ZRP 1977, 137; Weichert, RDV 2002, 172 ff.; Bizer, DuD 2004, 45.
131 Dazu Weichert in Kilian/Heussen, 1993, 130 Rn. 35.
132 Zur Ausländerzentralregisternummer Weichert, Kommentar zum AZRG, 1998, § 3 Rn. 5–7.
133 BVerfGE 65, 46 = NJW 1984, 422.
134 Denninger, KJ 1985, 224.
135 BVerfG, NJW 1977, 1492.

daten.¹³⁶ Sie stellt sich auch, wenn Daten in anderen Staaten erfasst werden, wo sie ohne Erforderlichkeitsprüfung, etwa für Zwecke der »nationalen Sicherheit« genutzt werden.¹³⁷ Die Tendenz, unter dem Stichwort »Big Data« große Datenmengen für unterschiedliche Zwecke zusammenzuführen und auszuwerten, um hieraus völlig neue Erkenntnisse zu erlangen, steht tendenziell dem Verbot der Vorratsdatensammlung entgegen.¹³⁸ Das Verbot der Vorratsdatenverarbeitung ist im Grunde eine Konkretisierung des Übermaßverbots bzw. des Erforderlichkeitsgrundsatzes. Für einen Verstoß gegen das Verbot spricht, dass der Nutzungszweck unklar und allgemein ist und mit dem ursprünglichen Erhebungszweck nicht übereinstimmt und dass von den gespeicherten Daten nur ein verschwindend geringer Teil tatsächlich benötigt wird.¹³⁹

d) Schutz vor dem Zwang zur Selbstbezichtigung

50   Eine Konkretisierung des allgemeinen Persönlichkeitsrechts ist der Grundsatz, dass niemand gezwungen werden darf, gegen sich selbst auszusagen (**Nemo-Tenetur-Grundsatz**), der Eingang in die Strafprozessordnung (§§ 55 Abs. 1, 136 Abs. 1 StPO) und in Art. 14 des Internationalen Paktes über bürgerliche und politische Rechte von 1966 sowie in Art. 6 Abs. 2 EMRK gefunden hat. Niemand soll zum bloßen Objekt eines Verfahrens gemacht werden. Mit diesem Schweigerecht soll vor dem notstandsähnlichen Zwiespalt bewahrt werden, wider den natürlichen Selbsterhaltungstrieb das eigene Schicksal dem staatlichen Bestreben um Wahrheit unterordnen zu müssen. Am weitesten geht der Schutz, sich im Straf- und entsprechenden zwangsweisen hoheitlichen Verfahren nicht selbst bezichtigen zu müssen.¹⁴⁰ Anderes gilt im zivilrechtlichen Streitverfahren, da hier die Aussage nicht zu einer bestrafenden Verurteilung beiträgt, sondern zum Ausgleich in selbst begründeten Pflichtverhältnissen.¹⁴¹

e) Recht auf Vergessenwerden

50a Angesichts der technischen Realität, dass aufgrund fast unbeschränkter Speicherkapazität und globaler Vernetzung personenbezogene Daten im Internet nur schwer gelöscht

---

136 BVerfG, DuD 2010, 409; dazu Gietl, DuD 2010, 398; Roßnagel, DuD 2010, 544; Petri, DuD 2011, 607; Roßnagel, Hensel, Dix/Petri, Roßnagel/Bedner/Knapp, Pfitzmann/Köpsell, Freiling/Heinson im Schwerpunktheft DuD 9/2009; Breyer, Die systematische Aufzeichnung und Vorhaltung von Telekommunikations-Verkehrsdaten für staatliche Zwecke in Deutschland, 2005; im Verhältnis zu europäischen Grundrechten Dix, DANA 1/2012, 15; EuGH 8. 4. 2014 – C-293/12, C-594/12, NJW 2014, 709 = DuD 2014, 488; dazu Kühling NVwZ 2014, 681; Simitis, NJW 2014, 2158; Leutheusser-Schnarrenberger, DuD 2014, 589; Kunnert, DuD 2014, 103; zu den Schlussanträgen Kunnert, DuD 2014, 103.
137 So im Hinblick auf die Datennutzung von per Safe Harbor übermittelten Daten in die USA, die von der NSA genutzt werden: EuGH 6. 10. 2015 – C-362/14, Rn. 83 f., 93 f., 33 – Safe Harbor.
138 Weichert, ZD 6/2013; vgl. Rn. 6 a.
139 Zu TK-Verkehrsdaten und Flugpassagierdaten Petri, DuD 2008, 729.
140 Bärlein/Paninis/Rehmsmeier, NJW 2002, 1825.
141 Umfassend dazu Weichert, 1990, S. 123; konkret zur Herausgabepflicht von Passwörtern Franck, RDV 2013, 287.

werden können, hat der EuGH einen grundrechtlich begründeten Anspruch gegen Webseitenbetreiber und Intermediäre abgeleitet, Daten zu sperren bzw. nicht anzuzeigen.[142] Dieser Anspruch wird »Recht auf Vergessenwerden« oder »Recht auf medialen Neubeginn« genannt.[143] Dieses Recht können auch ehemalige Straftäter für sich in Anspruch nehmen, denen eine Resozialisierungschance eingeräumt werden muss.[144]

f) Kollektivdatenschutz

Der Einzelne definiert sich in der Gesellschaft nicht nur als Individuum, sondern auch als **Mitglied identitätsstiftender Gruppen** und Kollektive. Mitglieder solcher Gruppen können wegen ihrer Zugehörigkeit durch die gesellschaftliche Geringschätzung, rechtliche oder faktische Diskriminierung in ihrer Selbstentfaltung gefährdet sein. Aus diesem Grund verbietet sich grundsätzlich die Verarbeitung von Daten über die Zugehörigkeit zu einer religiösen, weltanschaulichen, sozialen, ethnischen oder nationalen Gruppe. Dies folgt auch aus dem Sozialstaatsgebot, das dem Staat eine Vor- und Fürsorge abverlangt für Gruppen der Gesellschaft, die aufgrund »gesellschaftlicher Benachteiligung in ihrer persönlichen und sozialen Entfaltung behindert sind«.[145] Werden Daten über eine Personengemeinschaft verarbeitet, zu der eine konkrete natürliche Person gehört, so kann dies auf die Person »durchschlagen«, mit der Folge einer direkten Anwendbarkeit des Datenschutzrechts.[146]

51

g) Juristische Personen

Zum Datenschutz im engeren Sinne wird nicht der Schutz informationeller Selbstbestimmung für juristische Personen gezählt. Dieser wird über Art. 19 Abs. 3 GG und Art. 2 Abs. 1 GG und ohne Berufung auf Art. 1 Abs. 1 GG vor allem Kapital- und Personengesellschaften zugesprochen.[147] Betreibt die juristische Person ein Gewerbe, wird der Schutz vor Ausspähung und Weitergabe von **Betriebs- und Geschäftsgeheimnissen** von Art. 12 GG und Art. 14 GG erfasst. Es können aber auch andere Grundrechte herangezogen werden. Es geht also regelmäßig um den Schutz wirtschaftlicher

52

---

142 EuGH 13. 5. 2014 – C-131/12 – Google, NVwZ 2014, 857 = NJW 2014, 2257 = K&R 2014, 502 = WRP 2014, 805 = AfP 2014, 245 = DuD 2014, 559 = RDV 2014, 265 = ZD 2014, 350 mit Anm. Karg; dazu Piltz, K&R 2014, 566; Lang K&R 2014, 449; vgl. § 3 Rn. 44a; zur danach erfolgenden Praxis bei Google Leutheusser-Schnarrenberger, ZD 2015, 149; DANA 2015, 96 f.
143 Boehme-Neßler, NVwZ 2014, 825; Nolte, NJW 2014, 2238; Kühling, NVwZ 2014, 681; Sörup, MMR 2014, 464; Mann AfP 2014, 210; Gerling/Gerling DuD 2013, 445; Jandt/Kieselmann/Wacker, DuD 2013, 235; kritisch Diesterhöft, VBlBW 2014, 370; ders. Das Recht auf medialen Neubeginn, 2014; von Lewinski, AfP 2015, 1; mit Hinweisen auf Planungen zur EU-DSGVO Hornung/Hofmann, JZ 2013, 163; Kodde, ZD 2013, 115.
144 Himmelsbach K&R 2013, 82 gegen BGH 13. 11. 2012 – VI ZR 330/11, K&R 2013, 110 = MMR 2013, 194 = AfP 2013, 54; Ruttig, AfP 2013, 372.
145 BVerfGE 35, 236; allgemein Weichert in Huber, AufenthG, 2010, Vorb § 86–91e, Rn. 9 f.; Dammann in Simitis, § 3 Rn. 19; zum »Racial Profiling« Tischbirek/Witzl, JZ 2013, 219.
146 Gola/Schomerus, § 3 Rn. 11a; vgl. § 3 Rn. 9.
147 EuGH 9. 11. 2010 – C-92/09, C-93/09, DuD 2011, 141 = RDV 2011, 23; Nds OVG, DVBl 2009, 856 = NJW 2009, 2697; VG Wiesbaden, MMR 2009, 429 f.; Wilms/Roth, JuS 2004, 577; ausdrücklich offen lassend BVerfGE 95, 220 = DVBl 1997, 604 = DÖV 1997, 503.

Einleitung

Interessen. Mangels Möglichkeit der Bezugnahme auf Art. 1 Abs. 1 GG kann der Schutz informationeller Selbstbestimmung bei juristischen Personen nicht so weit gehen wie bei natürlichen Personen.

6. Weiterentwicklung des Grundrechts

a) Ein Grundrecht auf Anonymität

53 In der analogen Welt ist es selbstverständlich, dass fast alle täglichen Aktivitäten (Konsum, Kommunikation, Verkehr) anonym erfolgen. Bei der Nutzung elektronischer Verfahren (z. B. Internetnutzung) ist es umgekehrt die Regel, dass eine Aktivität **elektronische Spuren** hinterlässt und – u. U. mit einem gewissen Aufwand – einer Person zugeordnet werden kann. Diese Spuren und deren weitere Nutzung bleiben u. U. außerhalb der Kontrollmöglichkeit des Betroffenen. Um diesen Verlust informationeller Selbstbestimmung sowie die Beeinträchtigung weiterer Grundrechte, z. B. der Meinungsfreiheit, zu vermeiden, muss es dem Betroffenen rechtlich und technisch i. d. R. möglich gemacht werden, auch bei der Nutzung elektronischer Verfahren keine Spuren zu hinterlassen, d. h. anonym oder pseudonym zu handeln.[148]

54 Nur die erforderlichen Daten dürfen verarbeitet werden. Dieser Grundsatz wird faktisch unterlaufen, wenn das Entstehen der Daten durch den Betroffenen selbst angestoßen wird, auch wenn ihm dies nicht bewusst ist. Ist für einen elektronischen Dienst die Identität des Nutzers nicht relevant, kann und muss im Interesse der Selbstbestimmung hierauf verzichtet werden (Datensparsamkeit, § 3 a). Dem Betroffenen steht ein Recht zu, Dienste anonym oder pseudonym in Anspruch zu nehmen. Die bisher bestehenden einfach gesetzlich begründeten Befugnisse (§ 13 Abs. 6 TMG) sind insofern grundrechtlich gebotene **Konkretisierungen des allgemeinen Persönlichkeitsrechts**.[149]

b) Grundrecht auf Selbstschutz

55 Das traditionelle Datenschutzrecht basiert auf der Vorstellung vom Staat als Verteidiger individueller Freiheiten durch rechtliche Garantien und Verfahren. Dieser Erwartungshaltung kann der Staat mit seiner territorialen Bindung und der Begrenztheit seiner Ressourcen angesichts der qualitativ und quantitativ explodierenden Informationsverarbeitung und der Globalisierung des Datenverkehrs nicht mehr gerecht werden. Sollen die Bürger nicht schutzfrei gestellt werden, müssen sie daher technisch-faktisch sowie rechtlich in die Lage versetzt werden, ihre Grundrechte selbst zu verteidigen. Generell ist in unserer Rechtsordnung das Recht der Selbsthilfe bzw. Selbstverteidigung anerkannt.[150] Dies gilt z. B. im Fall von akuten Notlagen, in denen staatliche Hilfe nicht

---

148 OLG Hamm 3.8.2011 – I-3 U196/10, RDV 2011, 304; Brunst, DANA 1/2011, 4; Hoffmann-Riem, AöR 1998, 532 ff.; Bäumler/von Mutius, Anonymität im Internet, 2003, mit vielen Beiträgen; relativierend Spindler, 2012, F 33 ff.; Bender K&R 2013, 218; rechtspolitisch verfehlt Härting, NJW 2013, 2065.
149 Kritisch gegen § 126a BGB Roßnagel/Pfitzmann/Garstka, 2001, 149 f.; rechtspolitisch verfehlt Härtling, NJW 2013, 2065.
150 BVerfGE 17, 57.

rechtzeitig mobilisiert werden kann. Das Recht auf Selbsthilfe muss angesichts der informationstechnischen **dauernden und situationsunabhängigen Gefährdungslage** in diesem Bereich umfassender interpretiert werden. Es bedarf ergänzender normativer wie auch organisatorischer Gewährleistungen dafür, dass dem Einzelnen »informationeller Selbstschutz« tatsächlich möglich ist.[151] Aus dem allgemeinen Persönlichkeitsrecht ergibt sich angesichts moderner informationstechnischer Risiken ein Grundrecht auf Selbstschutz, dessen Konkretisierung ein Recht auf Verschlüsselung eigener Datenverarbeitung, die Möglichkeit der pseudonymen oder anonymen Nutzung von Systemen, z. b. mithilfe eines technischen Identitätsmanagements,[152] und ein Recht auf die Nutzung digitaler Signaturen ist. Der technisch-organisatorische Rahmen lässt sich unter dem Stichwort »Systemdatenschutz« zusammenfassen.[153] Voraussetzung für Selbstschutz ist eine hinreichende rechtliche und tatsächlich-technische Kompetenz der Betroffenen.[154]

c) Recht auf Nicht-Wissen

Die biotechnologische Entwicklung mit der Entzifferung des menschlichen Genoms und der zunehmendem Fähigkeit, aus Gensequenzen Rückschlüsse auf persönliche (körperliche und seelische) Eigenschaften und Anlagen zu ziehen, eröffnet eine völlig neue persönlichkeitsrechtliche Problematik: Angesichts der Unabänderbarkeit genetischer Dispositionen und des Umstands, dass deren Kenntnis, z. B. von unheilbaren Krankheiten, die erst in einigen Jahren ausbrechen werden, massive Einschränkungen der persönlichen Freiheiten bedeuten können, hat sich die Notwendigkeit der Ableitung eines Rechts auf Nicht-Wissen bezüglich genetischer Daten ergeben.[155] Die Wahrnehmung informationeller Selbstbestimmung liegt u. U. darin, keine Kenntnis von genetischen Dispositionen nehmen zu wollen. Über den genetischen Bereich hinaus stellen sich vergleichbare Fragestellungen bei der **medizinischen Diagnostik** allgemein.[156]

56

d) Recht auf Informationszugang

Datenschutz zielt auf die Informiertheit des Menschen über sich selbst. Informationszugangsrechte verfolgen das Anliegen, dem Menschen auch Informationen über die ihn berührende Umwelt zu verschaffen (vgl. Art. 5 Abs. 1 S. 1 2. Alt. GG). Insoweit verfolgen Datenschutz und Informationszugang das gemeinsame Ziel der Förderung der

57

---

151 BVerfG, NJW 2013, 3087, Rn. 20 ff. = JZ 2013, 1157 – private Krankenversicherung.
152 Weichert, DuD 2009, 10; Köhntopp, DANA 3/2000, 7; Federrath/Berthold in Bäumler, 2000, 189.
153 Roßnagel, ZRP 1997, 26 ff.; Schrader in Bäumler, 1998, S. 206 ff.; Weichert in Kilian/Heussen, 2002, Kap. 135.
154 Worms/Gusy, DuD 2012, 92; Gola/Schomerus, § 1 Rn. 8; Hilfen hierzu bei Heuer/Tranberg, Mich kriegt ihr nicht! 2013; Jendrian, DuD 2013, 563.
155 Donner/Simon, DÖV 1990, 913; Stumper, DuD 1995, 511, 514; Weichert, DuD 2002, 142.
156 Vgl. Gendiagnostikgesetz – GenDG, BGBl. I 2009, S. 2529; BGH, NJW 2014, 2190 = ZD 2014, 465; Schneider, NJW 2014, 3133; Duttge, DuD 2010, 34; Tinnefeld, RDV 2010, 213.

Einleitung

Selbstbestimmung.[157] Informationszugangsrechte fanden in Deutschland ihre erste bundesweite Regelung im **Umweltinformationsgesetz** des Bundes.[158] Inzwischen bestehen in vielen Bundesländern (außer in Bayern, Baden-Württemberg, Hessen, Niedersachsen, Sachsen) und auf Bundesebene **Informationsfreiheitsgesetze**, die bereichsübergreifend in der öffentlichen Verwaltung Akteneinsicht gewähren.[159] In Hamburg wird über ein **Transparenzgesetz** die Verwaltung generell verpflichtet, eigene Daten nicht nur auf Antrag, sondern von sich aus aktiv der Öffentlichkeit zur Verfügung zu stellen.[160] Auch außerhalb gesetzlicher Regelung wird von der Rechtsprechung bei berechtigtem Interesse ein Anspruch auf ermessensfehlerfreie Entscheidung auf Akteneinsicht zugestanden.[161]

58 Spezifische Informationszugangsregelungen enthält z.B. das sogenannte **Stasi-Unterlagen-Gesetz**.[162] Informationsfreiheit kann es **auch im privaten Bereich** geben.[163] Der Anspruch auf Datenzugang wird u.a. durch entgegenstehende Grundrechte privater Dritter, z.B. durch deren Datenschutz- und sonstige Geheimhaltungsinteressen, begrenzt.

7. Rechtsquellen

a) Gesetzgebungskompetenz

59 Das Datenschutzrecht reicht in alle Lebensbereiche und damit auch in alle Rechtsgebiete. Es handelt sich um eine **Querschnittsmaterie** mit materiellen und verfahrensrechtlichen Regelungen. In der Kompetenzordnung der Art. 70 ff. GG kommt Datenschutz nicht vor. Daher folgt die Gesetzgebungskompetenz von Bund und Ländern der Zuständigkeit für die jeweilige Materie, für die die Datenverarbeitung erfolgt.[164]

60 Hinsichtlich der öffentlichen Verwaltung folgt die Zuständigkeit dem **Verwaltungsverfahrensrecht**. Das Recht der öffentlichen Stellen des Bundes wird vom Bund geregelt, das der Länder generell von den Ländern. Es gibt aber eine Vielzahl von Regelungsbereichen, in denen öffentliche Stellen der Länder Bundesrecht anwenden (z.B. Strafprozessrecht, Ausländerrecht). Enthält dieses Datenschutzregelungen, gelten diese; subsidiär bleibt aber das jeweilige Landesdatenschutzgesetz anwendbar. Abschlie-

---

157 Caspar, DÖV 2013, 371; kritisch Gusy DVBl 2013, 941; zur Situation in Europa Hustinx in Schmidt/Weichert, 2012, 322; EuGH 29.6.2010 – C-28/08P, DANA 3/2010, 130.
158 UIG 1994, neueste Fassung 2004, BGBl. 2004 I S. 3704; Merten, NVwZ 2005, 1157; Näckel/Wasielewski, DVBl 2005, 1351; vgl. Europäische Richtlinie über den freien Zugang zu Informationen über die Umwelt v. 28.1.2003, ABl. EG Nr. L 41, 26 ff.; Butt, NVwZ 2003, 1072 ff.; Schrader, ZUR 2004, 130.
159 Bundes-IFG, BGBl. 2005 I, S. 2722; Kloepfer/von Lewinski, DVBl 2005, 1277; Kugelmann, NJW 2005, 3609.
160 HmbTG v. 19.6.2012; HmbGVBl. 2012, 271.
161 Z.B. VGH München, RDV 1999, 889 = NVwZ 1999, 265.
162 StUG; dazu Geiger/Budsinowski/Burth/Klinghardt, StUG, 2. Aufl. 1996; Schmidt/Dörr, StUG, 1995; Stoltenberg, StUG, 1992, Weberling, StUG, 1993; Arndt, NJW 2004, 3157; Derksen, NVwZ 2004, 551; TBP 2012, S. 61 ff.; Bonitz, Persönlichkeitsschutz im Stasi-Unterlagen-Gesetz, 2009.
163 BVerfG, NJW 1994, 2143.
164 TBP, 2012, S. 114 ff.; kritisch Kingreen/Kühling, JZ 2015, 214.

ßende Regelungen hat der Bund nur in wenigen Fällen getroffen. Wichtigstes Beispiel hierfür sind die Sozialgesetzbücher (SGB).

Im privaten Bereich besteht konkurrierende Gesetzgebungskompetenz nach Art. 74 Nr. 11 GG (»**Recht der Wirtschaft**«) im Interesse der »Wahrung der Rechts- und Wirtschaftseinheit« im Geltungsbereich des Grundgesetzes (Art. 72 Abs. 2 Nr. 3 GG). Nachdem der Anwendungsbereich des BDSG 2001 erweitert worden ist, bestehen im Privatbereich für die Länder praktisch keine Regelungsmöglichkeiten mehr.

In Art. 140 GG i. V. m. Art. 137 Abs. 3 WRV wird den **Religionsgesellschaften** das Recht zugesprochen, »ihre Angelegenheiten selbständig innerhalb der Schranken des für alle geltenden Gesetzes« zu ordnen und zu verwalten. Daraus wird in der Praxis und von der h. M. abgeleitet, dass den Kirchen in inneren Angelegenheiten, auch wenn Grundrechte tangiert sind, völlige Selbstständigkeit zukommt.[165] Dies hat zur Folge, dass die öffentlich anerkannten Religionsgesellschaften ihr eigenes Datenschutzrecht anwenden.[166]

Die nationale Gesetzgebungskompetenz wird zunehmend durch europäische, in den EU-Mitgliedsstaaten verbindliche Regelungen überlagert. Von der **Regelungskompetenz der Europäischen Union** des Art. 114 AEUV zur »Angleichung der Rechts- und Verwaltungsvorschriften, die sich auf den Gemeinsamen Markt auswirken« und Art. 268 AEUV zur »Verwirklichung von Zielen im Rahmen des Gemeinsamen Marktes« wird verstärkt beim Datenschutz Gebrauch gemacht. Der systematisch als Kompetenznorm einzuordnende Art. 16 AEUV gibt die Festlegungen von Art. 8 EUGRCh wieder (Rn. 80).

Europäisches Recht hat grundsätzlich **Vorrang** vor nationalem Recht. Innerhalb des bundesdeutschen Rechts hat Bundesrecht Vorrang vor Landesrecht (Art. 70, 31, 30 GG).

b) Bundesdatenschutzgesetz

Das erste Bundesdatenschutzgesetz (BDSG), das »Gesetz zum **Schutz vor Missbrauch** personenbezogener Daten bei der Datenverarbeitung« vom 27.1.1977[167] trat am 1.1.1978 in Kraft. Schon vor Verabschiedung dieses Gesetzes (1. Generation) wurde dessen baldige Novellierung gefordert. Bis heute bleiben die geltenden BDSG-Normen hinter den Regelungserfordernissen der Technik und der gesellschaftlichen Realität zurück. Mit dem Volkszählungsurteil[168] wurde die Notwendigkeit der Überarbeitung des BDSG höchstrichterlich bestätigt. Das daraufhin völlig überarbeitete Bundesdatenschutzgesetz vom 29.12.1990 trat am 1.6.1991 in Kraft.[169] Dieses Gesetz der 2. Generation regelt nicht nur den Missbrauch, sondern in einem erweiterten Anwendungsbereich generell den **Gebrauch personenbezogener Daten**.

Eine Notwendigkeit zur Überarbeitung dieses zweiten BDSG ergab sich durch die

---

165 Kritisch dazu Weichert in Kilian/Heussen, 1993, 131 Rn. 5, 136 Rn. 35; Dammann in Simitis, § 2 Rn. 84 ff.
166 Zur aktuellen Rechtslage wie zu den Planungen in einer EU-DSGVO Preuß, ZD 2015, 217.
167 BGBl. I S. 201.
168 BVerfGE 65, 1 = NJW 1984, 419.
169 BGBl. I S. 2955; zur Gesetzgebungsgeschichte Auernhammer, 1993, Einf. Rn. 21 ff.

Einleitung

»Richtlinie 95/46/EG des Europäischen Parlaments und des Rates vom 24.10.1995 zum Schutz natürlicher Personen bei der Verarbeitung personenbezogener Daten und zum freien Datenverkehr« (**Europäische Datenschutzrichtlinie**– EG-DSRl).[170] Im Interesse eines ungehinderten Binnenmarkts informationstechnischer Dienstleistungen und des Datenaustauschs werden darin gemeinsame Datenschutzstandards festgelegt. Enthalten die Vorschriften der EG-DSRl hinreichend konkrete Regelungen, so gehen sie den Regelungen des BDSG vor.[171] Auch die Weiterentwicklung der Informationstechnik, z.B. bei Datenträgern wie Chipkarten[172] oder CD-ROM,[173] vor allem aber durch die globale Vernetzung über das Internet gaben Anlass für die Überarbeitung des Rechts.[174]

67 Erst am 23.5.2001[175] trat eine den Anforderungen der EG-DSRl genügende Novelle des BDSG in Kraft. Zusätzlich sollte die Überarbeitung dazu führen, dass die neuen technischen Anforderungen erfüllt würden. Von einem Datenschutzgesetz der 3. Generation[176] kann aber nicht gesprochen werden. Ein Gutachtenauftrag und entsprechende politische Willenserklärungen brachten zum Ausdruck, dass in einer zweiten Stufe wegen der zunehmenden Ubiquität und Globalität der Verarbeitung, wegen der zunehmenden Leistungsfähigkeit von Rechnern und wegen deren Vernetzung (vor allem über das Internet) eine vollständige Überarbeitung des BDSG für erforderlich angesehen wird. Das Gutachten zur **Modernisierung des Datenschutzrechts** wurde im Oktober 2001 vorgelegt,[177] ohne dass hieraus von der Politik effektiv Konsequenzen gezogen worden sind.[178]

68 Neuer Schwung kam in die Debatte über die BDSG-Novellierung durch Datenschutzskandale vor allem im Jahr 2008.[179] Mit Beschluss vom 30.6.2008 brachte die Bundesregierung einen Gesetzentwurf ein, der den Einsatz von Scoringverfahren und die Bewertung der Kreditwürdigkeit spezifisch regelt.[180] Das Gesetz wurde vom Bundestag und Bundesrat in der Fassung der Beschlussempfehlung des Innenausschusses[181] am 3. bzw. am 10.7.2009 beschlossen.[182] Nach einem großen Kontodatenskandal beschloss die Bundesregierung am 10.12.2008 einen weiteren Entwurf, dessen Hauptziel es sein sollte, die Datenweitergabe für Werbezwecke von der Einwilligung des Betroffenen

---

170 ABl. der EG 23.11.1995 Nr. L 281/31, Rn. 82.
171 KG Berlin 24.1.2014 – 5 U 42/12, K&R 2014, 280; Voigt, K&R 2014, 325.
172 Weichert, DuD 1997, 266.
173 Weichert, RDV 1995, 202.
174 Weichert, RDV 1999, 65.
175 BGBl. I S. 904.
176 Bäumler/von Mutius, Datenschutzgesetze der 3. Generation, 1999.
177 Roßnagel/Pfitzmann/Garstka, 2001; Simitis, DuD 2000, 714–726.
178 DSB-Konferenz, DuD 2010, 331; Schwerpunktheft DuD 4/2007 mit Beiträgen von Neumann/Schulz, Dix, Schaar, Bizer, Jaspers, Verbraucherzentrale Bundesverband e.V.; Bizer, Sonderheft DANA 2008, 18; Weichert, RDV 2013, 13; ders. DuD 2010, 7; ders DuD 2010, 810; Wagner DuD 2011, 82; vgl. BMI, »Rote Linie« RDV2011, 49; Überblick bei Gola/Schomerus, Einl. Rn. 14ff.
179 Zur Novelle 2006 Karper/Stutz, DuD 789; Leopold, DuD 2006, 436.
180 BT-Drs. 16/10529; Weichert, verdikt 2.08, 12ff.
181 BT-Drs. 16/13219.
182 BGBl. I 2009, 2254.

abhängig zu machen und ein Datenschutzaudit einzuführen.[183] Der Vorschlag des Datenschutzauditgesetzes erwies sich als unbrauchbar und wurde vom Parlament abgelehnt. Aufgrund der Lobbyarbeit der werbenden Wirtschaft wurde auch der weitgehende Vorschlag zur Werbenutzung stark verwässert. Der Bundestag beschloss am 2.7.2009 kurz vor Ende der Legislaturperiode dennoch eine Novelle, die viele Regelungen des BDSG erfasst.[184] Es wurde in § 32 sogar eine Regelung zum Arbeitnehmerdatenschutz aufgenommen. Doch bestand in der Politik Konsens, dass diese Regelungen nicht abschließend sein können und in der folgenden Wahlperiode ergänzt werden müssten.[185] Alle Versuche, in der 18. Legislaturperiode eine Novellierung des BDSG, vor allem des Beschäftigtendatenschutzes zu verabschieden, blieben jedoch erfolglos.[186] Nachdem der EuGH festgestellt hatte, dass die Regelungen zur Datenschutzaufsicht in Deutschland wegen ungenügender Unabhängigkeit europarechtswidrig sind, wurde das BDSG entsprechend geändert.[187]

c) Landesdatenschutzgesetze

Das **erste Datenschutzgesetz** nicht nur Deutschlands, sondern weltweit, verabschiedete der Hessische Landtag im Jahr 1970.[188] 1974 folgte Rheinland-Pfalz mit seinem »Gesetz gegen missbräuchliche Datennutzung (Landesdatenschutzgesetz)«.[189] Nach der Volkszählungsentscheidung des BVerfG 1983 war es wieder Hessen, das als erstes Land ein damals modernes wegweisendes Gesetz erließ.[190] Nachdem Mecklenburg-Vorpommern 1992 ein allgemeines Datenschutzgesetz erhalten hatte, gab es in Deutschland keine datenschutzrechtsfreien Zonen mehr, so dass eine subsidiäre Anwendung des BDSG nach § 1 Abs. 2 Nr. 2 BDSG nicht mehr in Frage kommt.[191]

69

Bei der Anpassung des Rechts an die EG-DSRl waren einige **Länder schneller als der Bund** und zwar wieder allen voran das Land Hessen mit seinem HDSG vom 28.10.1998 – als einziges Land fristgemäß. Anders als der Bundesgesetzgeber versuchten einige Länder, ihr Gesetz nicht nur europarechtskonform zu gestalten, sondern auch zugleich umfassend den neuen technischen Anforderungen gerecht zu werden. Bis heute erfolgten in allen Ländern weitere Novellierungen der Landesdatenschutzgesetze, bei denen die Unabhängigkeit der Datenschutzaufsicht nach dem Urteil des EuGH vom 9.3.2010[192] umgesetzt wurde oder Anpassungen an neue technische und organisatorische Entwicklungen erfolgten. Während es auf Bundesebene keine Verwaltungsvor-

70

---

183 BT-Drs. 16/12011, Eckhardt, DuD 2009, 587; Bull, NJW 2008, 233; Weichert, FIfF-Kommunikation 4/2008, 5 ff.
184 BT-Drs. 16/13657; BGBl I S. 2814; zusammenfassend Roßnagel, NJW 2009, 2716.
185 Zur Geschichte des BDSG Weichert, Sonderheft DANA 2008, 12.
186 Brandt, DuD 2013, 260; Thüsing/Forst, RDV 2011, 163; Hilbrans, DANA 2/2011, 56; Weichert, DANA 4/2010, 140; Schuler, DANA 3/2009, 92, 97; TBP 2012, S. 179 ff.
187 BGBl I 2015, 162; § 23 Rn. 1.
188 Hess. GVBl. 1970, 625.
189 GVBl. Rh. Pf. 1974, 84.
190 HDSG v. 11.11.1986, Hess. GVBl. I 1986, 309.
191 Aktueller Überblick bei Ronellenfitsch in WB, Einl. Rn. 41.
192 EuGH 9.3.2010 – C-518/07, NJW 2010, 1533 = DuD 2010, 497 = RDV 2010, 121; vgl. EuGH 16.10.2012 – C-614/10, vgl. § 23 Rn. 2.

Einleitung

schriften, Auslegungshinweise oder regelrechte Rechtsvorschriften gibt, finden sich bei den Ländern in unterschiedlicher Form solche untergesetzlichen Regelungen bzw. Normpräzisierungen.

d) Bereichsspezifische Datenschutzregelungen

71 Das BDSG und die Landesdatenschutzgesetze (LDSG) enthalten allgemeine datenschutzrechtliche Grundregeln. Sie sind **Grundlagengesetze**, die subsidiär anzuwenden sind, wenn keine speziellen Regelungen für den konkreten Sachverhalt vorhanden sind. Während man nach dem Volkszählungsurteil lange davon ausging, die datenschutzrechtlichen Eingriffsbefugnisse müssten möglichst bereichsspezifisch normiert werden, kommt man hiervon angesichts der Regelungsflut (Rn. 23) wieder ab, zumal sich diese **Befugnisregelungen** oft von allgemeinen Regelungen inhaltlich nicht unterscheiden. Sind aber aufgrund der Besonderheit der Regelungsmaterie spezifische Regelungen sinnvoll und möglich, sind diese weiterhin anzustreben. Aus Sicht des Betroffenen können deren im allgemeinen Datenschutzrecht enthaltenen Befugnisse erweitert oder eingeschränkt werden; in jedem Fall sollten sie diese konkretisieren. Es gibt auch spezifische **Verfahrensregeln**. Das bereichsspezifische Recht muss hinsichtlich der Besonderheiten des geregelten Bereichs normklare Vorgaben über Art und Umfang der zulässigen Datenverarbeitung enthalten.[193]

72 Bereichsspezifische Datenschutzgesetze gehen den allgemeinen Regelungen vor (vgl. **Subsidiaritätsklauseln** z. B. § 1 Abs. 3 BDSG). Soweit das spezifische Recht keine Regelung enthält, ist auf das allgemeinere Gesetz zurückzugreifen.

73 Beispiele für **bereichsspezifische Bundesregelungen** sind: § 35 SGB I, §§ 67–85a SGB X sowie die spezifischen Regelungen in den SGB I–XI, z. B. §§ 61 ff. SGB VIII,[194] Bundesmeldegesetz (BMG),[195] §§ 185 ff., 201 ff., 303 a f. StGB,[196] §§ 179–187 StVollzG,[197] §§ 85–93 Telekommunikationsgesetz (TKG), Telemediengesetz (TMG), §§ 86–91 b AufenthG, §§ 7, 8, 16 AsylVfG, Ausländerzentralregistergesetz (AZRG), §§ 81 a ff., 98 a ff, 160 ff., 474 ff. Strafprozessordnung (StPO), Gesetz zu Artikel 10 Grundgesetz, Bundespolizeigesetz, Bundeskriminalamtsgesetz (BKAG), Bundesgeheimdienstgesetze (MADG, BNDG, BverfSchG), Bundeszentralregistergesetz (BZRG), Grundbuchordnung (GBO), §§ 8 ff. Handelsgesetzbuch (HGB), Personenstandsgesetz (PStG), §§ 28 ff. Straßenverkehrsgesetz (StVG), §§ 915 ff. Zivilprozessordnung (ZPO).

74 Bei einigen Gesetzen hat der Bund die Funktion eines **Mustergesetzgebers** übernommen, an dessen Vorgaben sich die meisten Länder für ihren Zuständigkeitsbereich mehr oder weniger orientieren: Verwaltungsverfahrensgesetz (VwVfG), Bundesverfassungsschutzgesetz, Sicherheitsüberprüfungsgesetz (SÜG).

75 Bei einigen Datenverarbeitungsregelungen wurden vom Bund **Rahmenregelungen**

---

193 BVerfG, NJW 1984, 419.
194 Das SGB ist das einzige Rechtsgebiet, das eine (fast) abschließende Vollregelung der Datenverarbeitung enthält; Köppen, DANA 2007, 100.
195 BGBl. I 2013, 1084; dazu Zilkens, RDV 2013, 280; Ehmann, ZD 2013, 199.
196 Ernst, NJW 2007, 2661.
197 Der Versuch einer Vollregelung ist hier misslungen; vgl. Weichert in Feest, AK-StVollzG, 5. Aufl. 2006; vor § 179 Rn. 16, § 187.

Einleitung

erlassen, die von den Ländern in Landesrecht umgesetzt wurden. Dies war z. B. beim Beamtenrechtsrahmengesetz (BRRG) der Fall, das inzwischen aber durch das Mindeststandards festlegende, aber direkt geltende Beamtenstatusgesetz (BeamtStG) abgelöst wurde, sowie beim Melderechtsrahmengesetz (MRRG), das durch das direkt geltende Bundesmeldegesetz (BMG) abgelöst wurde.

In großen Bereichen besteht eine **Regelungsautonomie der Länder**, die auch von diesen mit spezifischen, teilweise stark voneinander abweichenden Regeln umfassend wahrgenommen wurde: Polizeirecht, Schulrecht und Hochschulrecht, Gesundheitsdienstrecht, Informationsfreiheits- bzw. Akteneinsichtsrecht. 76

Die Zahl der **bereichsspezifischen Datenschutz-** bzw. Datenverarbeitungsregelungen geht inzwischen in die Tausende. 77

Mit der zunehmenden Digitalisierung von Lebensbereichen und der zunehmenden Relevanz personenbezogener Datenverarbeitung werden immer mehr Gesetze erlassen, bei denen der Datenschutz oder **Datenschutzaspekte** eine Rolle spielen. Dies gilt z. B. für das (Umwelt-) Informationsfreiheitsrecht, für E-Government-Gesetze des Bundes[198] und der Länder, für das De-Mail-Gesetz,[199] für die Regulierung von digitalen Signaturen oder für das BSI-Gesetz.[200] 77a

e) Europäische Datenschutzvorschriften

Vorgaben der Europäischen Union (EU) gewinnen für den Datenschutz zunehmend an Bedeutung. Zwar stellt der Datenschutz **keinen eigenen Aufgabenbereich der EU** dar, die Regelungen ergaben sich aber aus der Notwendigkeit der Rechtsangleichung im Binnenmarkt, die im Vertrag über die Arbeitsweise der Europäischen Union (AEUV) geregelt ist[201], als Verfahrensregelungen für einzelne Zuständigkeitsbereiche (z. B. Europol) oder für die eigene Verwaltung bestehen. Das Subsidiaritätsprinzip erlaubt ein Tätigwerden auf Gemeinschaftsebene nur, wenn ein gemeinsames Ziel nicht mehr auf nationaler Ebene realisiert werden kann. 78

Der EU fehlte bis 2009 ein verbindlicher gemeinsamer Grundrechtskatalog. Der EuGH hatte aber unter Hinweis auf **Art. 8 EMRK**[202] und den Grundrechtsbestand der Mitgliedstaaten das Recht auf Achtung des Privatlebens als »ein von der Gemeinschaftsordnung geschütztes Grundrecht« festgestellt.[203] Dennoch war der Eingriffscharakter informationeller Eingriffe noch lange nicht umfassend anerkannt. So sah der EuGH 79

---

198 BGBl I 2013, 2749; dazu Müller-Terpitz/Rauchhaus, MMR 2013, 10; Habammer/Denkhaus, MMR 2013, 358; Stollhof, DuD 2013, 691; Kammer/Zapp, Das E-Government-Gesetz des Bundes, 2013; Roßnagel, NJW 2013, 710; Prell, NVwZ 2013, 1514; Ramsauer/Frische, NVwZ 2013, 1505; Drechsler, DuD 2013, 696; Karg, DuD 2013, 702.
199 BGBl. I 2011, 666, BGBl. I 2013, 3154; Schulz/Brackmann, DuD 2014, 186; Gerling, DuD 2014, 110.
200 Zu Novellierungsbestrebungen in einem IT-Sicherheitsgesetz, BT-Drs. 18/4096, BR-Drs. 284/15, Eckhardt, ZD 2014, 599; Ruhmann, FIfF-Kommunikation 1/2015, 10.
201 Ronellenfitsch, DuD 2009, 451.
202 Kugelmann, EuGRZ 2003, 21; Breitenmoser, Der Schutz der Privatsphäre gemäß Art. 8 EMRK, 1986; Uerpmann-Wittzack/Jankowska-Gilberg MMR 2008, 86.
203 EuGH 5. 10. 1994 – Rs C 404/92, Slg. 1994, I S. 4780-P; Schiedermair, Der Schutz des Privaten als internationales Grundrecht, 2012.

Einleitung

2006 in der Übermittlung von personenbezogenen Daten noch keine »unmittelbar beschwerende Maßnahme«.[204]

80 Ende 2000 wurde von einem eigens hierfür eingerichteten Konvent eine **Charta der Grundrechte der Europäischen Union** (EUGRCh) vorgelegt.[205] Diese trat Ende 2009 in Kraft. Artikel 7 EUGRCh regelt die »Achtung des Privat- und Familienlebens«: »Jede Person hat das **Recht auf Achtung ihres Privat- und Familienlebens**, ihrer Wohnung sowie ihrer Kommunikation«. In Art. 8 EUGRCh wird explizit das **Grundrecht auf Datenschutz** geregelt: »(1) Jede Person hat das Recht auf Schutz der sie betreffenden personenbezogenen Daten. (2) Diese Daten dürfen nur nach Treu und Glauben für festgelegte Zwecke und mit Einwilligung der betroffenen Person oder einer sonstigen gesetzlich geregelten legitimen Grundlage verarbeitet werden. Jede Person hat das Recht, Auskunft über die sie betreffenden erhobenen Daten zu erhalten und die Berichtigung der Daten zu bewirken. (3) Die Einhaltung dieser Vorschriften wird von einer unabhängigen Stelle überwacht«. Die EUGRCh ist mit Inkrafttreten des Vertrags von Lissabon am 1.12.2009 für die EU rechtsverbindlich geworden. Die Institutionen, die Organe und die Mitgliedstaaten sind bei der Umsetzung der EU-Vorschriften an die EUGRCh gebunden. Der materielle Regelungsgehalt der EUGRCh im Bereich des Datenschutzes entspricht dem des deutschen Grundgesetzes (GG).[206]

81 Schon vor der Verbindlichkeit der Grundrechtecharta war der Datenschutz als **Grundrechtsschutz auf der Ebene der EU** in der Rechtsprechung des Europäischen Gerichtshofes (EuGH) anerkannt.[207] Inzwischen hat der EuGH eine Vorreiterrolle beim Datenschutz übernommen.[208] Dies gilt ebenso für den informationellen Schutz beruflicher Tätigkeiten.[209] Auch der Europäische Gerichtshof für Menschenrechte (EGMR) schützt in seiner Rechtsprechung ein Grundrecht auf Datenschutz und gewährt einen umfassenden Schutz der Privatsphäre.[210]

81a Das Recht der EU wird vor allem in **Richtlinien und Verordnungen** festgelegt. Verordnungen haben allgemeine, direkte Geltung. Richtlinien sind für die Mitgliedsstaaten bzgl. der Zielsetzungen verbindlich, überlassen aber Form und Mittel dem nationalen Recht (Art. 288 AEUV).[211]

82 Die **Europäische Datenschutzrichtlinie** (EG-DSRl) wurde zur Erleichterung des grenzüberschreitenden Verkehrs personenbezogener Daten erlassen. Die Europäische Gemeinschaft sah es für nötig an, ein gemeinsames Datenschutzniveau festzulegen. Unterschiedliche nationale Datenschutzgesetze hinderten den Datenaustausch, gewährleisteten keinen ausreichenden Grundrechtsschutz und keine Rechtssicherheit für die

---

204 EuGH-Präsident, NJW 2006, 279.
205 Charte 4487/00 v. 28.9.2000 (OR, fr) Convent 50.
206 Hilbrans, DANA 1/2001, 11; Simitis in Simits, Einl. Rn. 244ff.
207 EuGH, MMR 2008, 227 – Promusicae/Telefonica; Streinz, DuD 2011, 602; Zerdick, RDV 2009, 56; zu Einheit und Vielfalt des europäischen Grundrechtsschutzes Masing, JZ 2015, 477.
208 Epiney, NVwZ 2015, 707; Schwartmann/Theodorou, RDV 2014, 61.
209 EuGH 20.5.2003 – verb. Rs C-465/00, C-138/01 und C-139/01 – Rechnungshof/Österreichischer Rundfunk, Slg. 2003, I-4989, Rn. 73.
210 EGMR, NJW 2004, 2647 = AfP 204, 348 – Caroline; dazu Heldrich, NJW 2004, 2634; Mann, NJW 2004, 3220; Grabenwarter, AfP 2004, 309; Engels/Jürgens, NJW 2007, 2517; Schweizer, DuD 2009, 462; ausführlich Siemen, Datenschutz als europäisches Grundrecht, 2006.
211 Mester, DuD 2013, 250.

Einleitung

Verarbeiter. Durch die **Schaffung eines gleichwertigen Schutzniveaus** werden grenzüberschreitende Datenströme in der EU wie nationale Transfers behandelt. Diese Ziele werden mit der Richtlinie 95/46/EG v. 24.10.1995 »zum Schutz natürlicher Personen bei der Verarbeitung personenbezogener Daten und zum freien Datenverkehr« (EG-DSRl) verfolgt.[212] Die EG-DSRl zielt nicht nur auf einen wirksamen und umfassenden Schutz der individuellen Grundrechte ab, sondern auch institutionell und generell auf ein hohes Niveau dieser Grundrechte.[213] In Deutschland erfolgte auf Bundesebene deren Umsetzung mit einem Artikelgesetz, das auch das BDSG 2001 enthält. Die EG-DSRl kann, soweit sie nicht durch nationales Gesetz umgesetzt wurde, durch direkte Anwendbarkeit Rechte und Pflichten bei betroffenen Menschen wie verantwortlichen Stellen begründen.[214] Nach der Rechtsprechung des EuGH ist bei Abwägungsregelungen der EG-DSRl eine zwingend geltende strenge nationale Regelung nicht mehr zulässig.[215]

Am 25.1.2012 legte die EU-Kommission einen umfassenden Vorschlag einer **Europäischen Datenschutz-Grundverordnung** (EU-DSGVO) vor.[216] Nach umfassenden Änderungsvorschlägen des Europaparlaments und des Europäischen Rats wird seit dem 23.6.2015 im sog. Trilog versucht, eine Einigung zu finden.[217] 82a

Datenschutzverordnung für Organe und Einrichtungen der EG: Das Europäische Parlament und der Ministerrat haben auf Basis des damals gültigen Art. 286 EG-Vertrag am 18.12.2000 eine »Verordnung zum Schutz natürlicher Personen bei der Verarbeitung personenbezogener Daten durch die Organe und Einrichtungen der Gemeinschaft und zum freien Datenverkehr« verabschiedet.[218] Die Verordnung betrifft die personenbezogene Datenverarbeitung beim Europäischen Parlament, dem Rat der EU, der Europäischen Kommission, dem Europäischen Gerichtshof und dem Rechnungshof. 83

Die Zusammenarbeit der EU im **Bereich der Justiz- und Innenpolitik** war bis zum Inkrafttreten des Lissabonner Vertrags 2009 nach Art. K EUV in einer eigenen »dritten Säule« eine Angelegenheit von gemeinsamem Interesse. Nunmehr ist dieser Bereich vollständig »vergemeinschaftet«. Für die insofern vorgesehene Richtlinie liegen bisher 84

---

212 ABl. Nr. L 281/31, S. 31.
213 EuGH 6.10.2015 – C-362/14, Rn. 39.
214 KG 24.1.2014 – 5 U 42/12, K&R 2014, 325; Voigt, K&R 2014, 160, 325; Dammann/Simitis, 1997; Brühann in Grabitz/Hilf, 1999.
215 EuGH 24.11.2011 – C-468/10 und C-469/10, RDV 2012, 22.
216 Vorschlag für eine Verordnung zum Schutz natürlicher Personen bei der Verarbeitung personenbezogener Daten und zum freien Datenverkehr, COM (2012)0011-C7-0025/2012-2012/0011(COD); Pötters, RDV 2015, 10; Roßnagel/Kroschwald, ZD 2014, 495; Sydow/Kring, ZD 2014, 271; Roßnagel/Richter/Nebel, ZD 2013, 103; Gola/Schulz, RDV 2013, 1; Spary, DANA 1/2012, 4; Dehmel/Hullen, ZD 2013, 147; Kipker/Voskamp, DuD 2012, 737; Ronellenfitsch, DuD 2012, 561; von Lewinski, DuD 2012, 564; Jaspers, DuD 2012, 571; Richter, DuD 2012, 576; Schild/Tinnefeld, DuD 2012, 312; Reding, ZD 2012, 195; zum Arbeitnehmerdatenschutz Franzen, DuD 2012, 322; Wybitul/Rauer, ZD 2012, 160; Gola/Schomerus, Einl. Rn. 28 f.
217 DuD-Schwerpunktheft 10/2013 mit Beiträgen von Mester, Eckhardt, Kramer, Schießler, Zöll, Wieszorek, Seifert, Albrecht.
218 EG Nr. 45/2001 ABl. L 8 v. 12.1.2001; RDV 2001, 136; Hijmans/Langfeldt in Schmidt/Weichert, 2012, S 405.

Einleitung

aber nur Vorschläge der Kommission[219] und des Parlaments vor. Zu beachten sind deshalb bisher nur das Übereinkommen Nr. 108 des Europarats sowie der Rahmenbeschluss 2008/977/JI des Rats, der bis zum 27.11.2010 in nationales Recht umgesetzt werden musste. Bei den informationellen Maßnahmen ergeben sich Datenschutzfragen, die bisher nicht in einer allgemeinen Regelung, sondern spezifisch geregelt sind. Neben dem Schengener Durchführungsübereinkommen (SDÜ) und der Europol-Konvention ist vor allem die Zusammenarbeit der Justizbehörden (Eurojus) von informationeller Bedeutung.[220]

85 Die Kontrolle über den Datenschutz in der EU erfolgt über den **Europäischen Datenschutzbeauftragten** (European Data Protection Supervisor – EDPS), der seit 2003 im Amt ist.[221] Die Arbeitsgruppe erstellt Arbeitspapiere, denen aber nur ein empfehlender, kein verbindlicher Charakter zukommt. Die Kooperation der nationalen Datenschutzbehörden und des EDPS erfolgt über die Artikel 29-Arbeitsgruppe.[222]

f) Internationale und ausländische Rechtsquellen

Europarat

86 In der Konvention zum Schutz der Menschenrechte und Grundfreiheiten des Europarats (**Europäische Menschenrechtskonvention**– EMRK) vom 4.11.1950 lautet Art. 8 Abs. 1: »Jedermann hat Anspruch auf Achtung seines Privat- und Familienlebens, seiner Wohnung und seines Briefverkehrs«. Der EMRK kommt nach wohl h.M. der Rang von einfachem Bundesrecht zu. Zu beachten ist aber, dass Verstöße hiergegen über ein gesondertes Rechtsschutzverfahren überprüft werden können, in deren Mittelpunkt die Menschenrechtskommission und der Europäischen Menschenrechtsgerichtshof (EGMR) in Straßburg stehen.[223]

87 Ähnlich wie beim allgemeinen Persönlichkeitsrecht wurde lange Zeit die Ansicht vertreten, Art. 8 EMRK schütze das Privatleben, nicht aber die sozialen Kontakte im öffentlichen Leben. Seit Anfang der 1980er-Jahre erkennt die Menschenrechtskommission aber an, dass die Sammlung, Speicherung und weitere **Verarbeitung von Personendaten** in den Schutzbereich von Art. 8 EMRK fallen und daher einer gesetzlichen Rechtfertigung bedürfen. Dies gilt in besonderem Maße für geheime Überwachungsmaßnahmen. Der Schutz nach Art. 8 EMRK geht inhaltlich nicht weiter als der nationale Schutz des allgemeinen Persönlichkeitsrechts bzw. des Rechts auf informationelle Selbstbestimmung und entspricht dem weitgehend.

---

219 EU-Kommission, 25.1.2012, KOM (2012)10 endg 2012/0010(COD), dazu Bäcker/Hornung, ZD 2012, 147; Kugelmann, DuD 2012, 581; Art.-29-Datenschutzgruppe, Stellungnahme v. 26.2.2013, 00379/13/DE, WP 201; European Parliament 20.12.2012 Committee on Civil Liberties, Justice and Home Affairs, 2012/0010(COD).
220 Überblick über Europäisches Datenschutzrecht bei Zilkens, RDV 2007, 196; Hijmans/Langfeldt in Schmidt/Weichert, 2012, 403.
221 EDPS, Rue Montoyer 63, Brussels, Belgium, bzw. per Post: EDPS, Rue Wiertz 60, B-1047 Brussels, Belgium, Tel.: +32 2283190, Fax: +32 2283 1950; E-Mail: edps@edps.europa.eu, http://www.edps.europa.eu/, Hustinx, DANA 2006, 4.
222 http://ec.europa.eu/justice_home/fsj/privacy/workinggroup/index_de.htm; Schaar DANA 2006, 7.
223 Schweizer, DuD 2009, 462.

Einleitung

Der Europarat hat sich schon früh mit Fragen des Datenschutzes beschäftigt. Mit Entschließungen vom 26.9.1973 und vom 20.9.1974 verabschiedete das Ministerkomitee des Europarats **Grundsätze über den Schutz der Privatsphäre natürlicher Personen gegenüber elektronischen Datenbanken im privaten und im öffentlichen Bereich**. In diesen Entschließungen sind zentrale Grundsätze des Datenschutzes angelegt. Am 18.9.1980 verabschiedete das Ministerkomitee eine Empfehlung, Informationen über den Datenschutz auszutauschen. Am 28.1.1981 beschloss der Europarat mit der Konvention zum Datenschutz (**Europäische Datenschutzkonvention**) die erste internationale Datenschutzregelung mit völkerrechtlich verbindlichem Charakter. Diese Konvention, die in der Bundesrepublik am 1.10.1985 in Kraft trat, begründet jedoch keine subjektiven Betroffenenrechte. In der Folgezeit einigte sich das Ministerkomitee des Europarats auf eine Vielzahl von Empfehlungen zum Datenschutz in einzelnen Bereichen z.B. bei medizinischen Datenbanken (1981), bei wissenschaftlicher Forschung und Statistik (1983), bei der Direktwerbung (1985), bei der Informationsfreiheit (1986), bei der sozialen Sicherung (1986), bei der Arbeitnehmerdatenverarbeitung (1989), beim Zahlungsverkehr (1990), bei der Drittübermittlung (1991) und im Bereich der Telekommunikation (1995).[224]

88

Vom Europarat werden auch **völkerrechtliche Regelungsvorschläge** erarbeitet, deren primäres Ziel nicht der Datenschutz ist, die aber datenschutzrechtliche Implikationen haben. Dazu gehören z.B. die Konvention über Menschenrechte und Biomedizin (Bioethik-Konvention) vom 19.11.1996 mit Regelungen zur Genomanalyse, sowie die Cyber-Crime-Convention.[225]

89

Sonstige internationale Rechtsquellen

Die Empfehlung des Rats der **Organisation für wirtschaftliche Zusammenarbeit und Entwicklung** (OECD) über Leitlinien für den Schutz des Persönlichkeitsrechts und der grenzüberschreitende Verkehr personenbezogener Daten vom 23.9.1980 entfaltet keine rechtliche Bindungswirkung.[226]

90

Am 4.12.1990 beschloss die Generalversammlung der **Vereinten Nationen** (United Nations – UN) »Richtlinien betreffend personenbezogene Daten in automatisierten Dateien«, wonach die Regelung der Datenverarbeitung der Initiative der einzelnen Staaten überlassen wird, aber folgende Prinzipien als Orientierung beachtet werden müssen: 1. Rechtmäßigkeit und Beachtung von Treu und Glauben, 2. Richtigkeit, 3. Zweckbestimmung, 4. Möglichkeit des Betroffenen zur Einsichtnahme, 5. Nichtdiskriminierung, 6. Ausnahmevorbehalt, 7. Sicherheit, 8. Überwachung und Sanktionen. Außerdem ist vorgesehen, dass Beschränkungen des grenzüberschreitenden Verkehrs nur zulässig sind, soweit diese angemessen und für den Schutz der Privatsphäre erforderlich sind. Die Richtlinien sollen auch für internationale staatliche Organisatio-

91

---

224 Simitis in Simitis, Einl. Rn. 151 ff.; dok. bei Simitis/Dammann/Mallmann/Reh, Dokumentation zum BDSG Bd. 2, D3.
225 Bäumler, DuD 2001, 348; Breyer, DuD 2001, 592; Hilbrans, DANA 2/2001, 16; Kugelmann, DuD 2001, 215.
226 Simitis in Simitis, Einl. Rn. 184 ff.; dok. bei Simitis/Dammann/Mallmann/Reh, Dokumentation zum BDSG Bd. 2, D 12; generell auch Solove/Schwarz, 2011, S. 165 ff.; Gürtler, RDV 2012, 126.

Einleitung

nen gelten.²²⁷ Anlässlich der Enthüllungen über die Spionagetätigkeit von NSA und GCHQ stellte die UN-Vollversammlung fest, dass Art. 12 der Allgemeinen Erklärung der Menschenrechte und Art. 17 des Internationalen Paktes für zivile und politische Rechte Schutz vor Überwachen, Abhören und Datensammeln gewährt.²²⁸

92   Im Rahmen der Internationalen Kriminalpolizeilichen Organisation (**IKPO-Interpol**) bestehen rudimentäre Datenschutzregelungen, die zwar eine Beschwerdemöglichkeit vorsehen, jedoch keine subjektiven Rechte.²²⁹

Datenschutzgesetze anderer Länder

93   Innerhalb des Europäischen Wirtschaftsraums (EWR), wozu neben den EU-Staaten derzeit Norwegen, Island und Lichtenstein gehören, kommt es nach § 1 Abs. 5 BDSG nicht mehr – wie bisher – auf den Ort der Verarbeitung (Territorialitätsprinzip) an, sondern auf den Sitz der verantwortlichen Stelle (**Sitzlandprinzip**). Das bedeutet, dass nicht das BDSG und das deutsche Datenschutzrecht anwendbar ist, wenn die verantwortliche Stelle Daten zwar im Inland verarbeitet, aber in einem anderen EWR-Mitgliedsland belegen ist und im Inland auch keinen Vertreter (Niederlassung) hat. Anwendbar ist vielmehr das Recht des Sitzlandes. Bei der genannten Fall-Konstellation haben damit die deutschen Datenschutzkontrollinstanzen ausländisches Datenschutzrecht anzuwenden.²³⁰ Daher ist dessen Kenntnis bei internationalen Datenverarbeitungen von praktischer Relevanz. In jedem Fall ist ausländisches Datenschutzrecht von Relevanz bei der Bewertung der **Angemessenheit des Schutzniveaus** bei grenzüberschreitenden Verarbeitungen nach § 4b Abs. 2, 3 BDSG.²³¹

8. Datenschutz als Wirtschaftsfaktor

a) Allgemeines

94   Eine neue Akzeptanz für den Datenschutz entsteht dadurch, dass der seit Anbeginn bestehende Fakt, dass es sich bei personenbezogenen Daten um eine Ware handelt, ins gesellschaftliche Bewusstsein dringt.²³² Während in den Frühzeiten der informationstechnischen Automation der Betroffene bei Auskunftsdiensten und Direktmarketing reines Objekt war, gewinnt er durch sein eigenes Nutzen von Informationstechnik, vor allem im Internet, Subjektcharakter und wird sich der ökonomischen Bedeutung seiner Daten bewusst. Datenschutz wird zu einem zentralen Akzeptanzfaktor für elektronische Angebote.²³³ Daraus ergibt sich, dass Datenschutz zu einem Teil des modernen Verbraucherschutzes wurde. Dem wird dadurch rechtlich Rechnung getragen, dass die

---

227 Ullrich, RDV 1994, 217–221; Simitis in Simitis, Einl. Rn. 192 ff.; Körner in Schmidt/Weichert, 2012, S. 426.
228 DuD 2014, 403; dazu Weichert, DuD 2014, 402; vgl. DANA 2014, 119, 176.
229 Baldus, Transnationales Polizeirecht, 2001, S. 319 f.
230 Scheja, S. 77.
231 Scheja, S. 285.
232 Weichert, NJW 2001, 1463; zur Vermarktung durch die Betroffenen Novotny/Spiekermann, DuD 2015, 460.
233 Opaschowski, DuD 2001, 678.

Einleitung

Marktrelevanz von Personendaten anerkannt wird und Verbraucherschutzverbände Betroffenenrechte wahrnehmen.[234]

Das BDSG gibt hierzu bisher nur ansatzweise Antworten. Es basierte auf ordnungsrechtlichen Prinzipien und enthält nur wenige **Markt- oder gar verbraucherrechtliche Instrumente**. Im BDSG 2001 wurden mit erhöhten Transparenzanforderungen, einer leichten Verbesserung des Schadensersatzrechts, der grundsätzlichen Einführung des Audits sowie der Stärkung des Einwilligungserfordernisses diese Idee zumindest gefördert. Die Novellen 2009 stellten einen weiteren Fortschritt in dieser Richtung dar.

In der weiteren BDSG-Novellierung 2009 geht es darum, diesen Trend durch Zurückdrängung der Verarbeitungsbefugnis aufgrund »berechtigten Interesses«, durch spezifische Regelungen zum Direktmarketing und zur Bonitätskontrolle, vor allem aber durch **Einführung effektiver verbraucherrechtlicher Instrumente** weiter zu entwickeln. Hierzu gehören u. a.:

- die Förderung von Audits und Gütesiegeln sowohl von privaten und staatlichen Stellen (vgl. § 9a) als auch von Verbraucherschutzverbänden, sowohl im positiven Sinn, im Sinne einer neutralen Bewertung (Datenschutztest als »Warentest«) als auch im Sinne negativer Anprangerung,[235]
- die Einbeziehung von Datenschutz- und Verbraucherverbänden bei der Ausarbeitung von Verhaltensregeln (§ 38a Rn. 4),
- die verstärkte Integration des Verbraucherdatenschutzes in den gesetzlich geregelten Verbraucherschutz (Beratung, Angebot von Selbstschutz-Werkzeugen, Unterstützung bei Verbraucherklagen, Kooperation zw. Datenschutzkontrollinstanzen und Verbraucherschutzverbänden).

Die Enthüllungen von Edward Snowden seit Mitte 2013 haben dazu geführt, dass Datenschutzvorkehrungen im Marktgeschehen eine erhöhte Bedeutung beigemessen wird. Dies äußert sich darin, dass Anti-Spionage-Klauseln in Datenverarbeitungsverträge aufgenommen werden und Verletzungen mit Vertragsstrafen oder Haftungspflichten sanktioniert werden, oder dass bei der Vergabe von Verträgen sog. **No-Spy-Klauseln** angewendet werden.[236]

b) Verbraucherschutz

Außerhalb des originären Datenschutzrechts besteht schon heute die Möglichkeit, Datenschutzinteressen von Verbrauchern zur Geltung zu bringen.[237] So können diese ungerechtfertigte Bereicherungen durch unzulässige Datenverarbeitung nicht nur als Schadensersatz, sondern als **Bereicherungsanspruch** gem. § 812 BGB (Eingriffskondiktion) zivilrechtlich geltend machen.[238] Enthalten **Allgemeine Geschäftsbedingungen** unzulässige Datenverarbeitungsklauseln, können diese über Klagen der Verbrau-

---

234 Bäumler/von Mutius, Datenschutz als Wettbewerbsvorteil, 2002; Hess/Schreiner, DuD 2012, 105.
235 Z. B. »BigBrotherAward«, dazu Rn. 106.
236 Für das öffentliche Vergaberecht ULD, 35. TB 2015, Kap. 4.1.2; kritisch Gabriel/Fritzemeyer/Bären-brinker, NVwZ 2015, 13.
237 Müller u. Weichert in Bäumler/von Mutius, 2002, S. 20, 27; Weichert, DuD 2001, 264.
238 Weichert, NJW 2001, 466.

cherverbände nach dem UKlaG[239] einer gerichtlichen Überprüfung zugeführt werden.[240] Datenschutzrecht ist als Verbraucherschutzrecht anzusehen, wenn es die Rechte von Konsumenten schützt.[241] Dies gilt in jedem Fall für die materiellen Datenschutzregelungen in den §§ 4, 28 ff. BDSG.[242] Wegen der insofern unklaren Rechtslage ist es wünschenswert, dass das Datenschutzrecht als verbraucherschützendes Recht gesetzlich anerkannt wird.[243] Dies wird mit dem Entwurf eines »Gesetzes zur Verbesserung der zivilrechtlichen Durchsetzung von verbraucherschützenden Vorschriften des Datenschutzrechts« in Angriff genommen.[244]

98 Der Verbraucherschutz hat auch eine **informationstechnische Komponente**: Je mehr Instrumente zum Selbstdatenschutz den Betroffenen zur Verfügung stehen, desto größer ist deren Verhandlungsmacht gegenüber Dienstleistern. Neben den eingriffsverhindernden Instrumenten[245] kommt verhandlungsfördernden Instrumenten absehbar eine zunehmende Bedeutung zu. Hierzu gezählt werden können z. B. die Verbraucher-Standard-Platform for Privacy Preferences[246] oder Identitätsmanagement-Systeme.[247]

98a Gemäß Art. 73 des Entwurfs einer **EU-DSGVO** sollen Verbraucherschutzverbände die Befugnis erhalten, Beschwerden bei einer Datenschutzaufsichtsbehörde einzulegen. Nach Art. 76 des Entwurfs sollen sie zudem das Recht erhalten, im Namen von Betroffenen gegen verantwortliche Stellen gerichtliche Verfahren durchzuführen.

99 Die Verbraucherzentralen und Verbraucherverbände sind zusammengeschlossen in dem **Verbraucherzentrale Bundesverband** e. V. (vzbv), Markgrafenstraße 66, 10969 Berlin, Besucher: Kochstr. 22, Tel.: 0 30/2 58 00-0, Fax: -518, E-Mail info§vzbv.de; *http:// www.vzbv.de*.[248]

---

239 BGBl. I 2001, 3173; dazu Schmidt, NJW 2002, 25.
240 ULD, Erhöhung des Datenschutzniveaus zugunsten der Verbraucher, Studie im Auftrag des BMELV, April 2006, 182 ff.
241 LG Berlin, DuD 2015, 259; KG Berlin, ZD 2014, 412; OLG Köln, NJW 2014, 1020; OLG Hamburg, RDV 2013, 260; OLG Köln, RDV 2010, 35; OLG Stuttgart, MMR 2007, 437; Weichert, VuR 2006, 377; ders., DuD 2001, 131; Schmidt in Taeger/Gabel, § 1 Rn. 12 f.; Plath in Plath, Huppertz/Ohrmann, CR 2011, 449; § 1 Rn. 16; a. A. OLG München, CR 2012, 269 = DuD 2012, 609 = RDV 2012, 149; OLG Frankfurt a. M., GRUR 2005, 785; Kamlah/Hoke, RDV 2008, 226.
242 Gola, DSB 2/2006, 14 ff.; OLG Stuttgart, RDV 2008, 26; a. A. OLG Frankfurt/Main DuD 2013, 808; OLG Frankfurt/Main, RDV 2005, 270; OLG Düsseldorf, RDV 2004, 222 f.
243 Weichert in Klumpp/Kubicek/Roßnagel/Schulz, Informationelles Vertrauen für die Informationsgesellschaft, 2008, 325 f.
244 BReg, Entwurf v. 13. 2. 2015, BR-Drs. 55/15, BT-Drs. 18/4631; Gola/Wronka, RDV 2015, 8; Gerhard, CR 2015, 338; Reif, RDV 2014, 206; kritisch Schulz, ZD 2014, 510.
245 Verschlüsselung, digitale Signatur, Nutzung von Anonymisierungsdiensten, Selbsttests, Seiffert, DuD 2000, 696.
246 P3P, Wenning/Köhntopp, DuD 2001, 139; Greß, DuD 2001, 144.
247 Köhntopp, DANA 3/2000, 7.
248 Verbraucherzentrale Bundesverband, Meine Daten gehören mir, 2010; Lüke und Billen in Schmidt/Weichert, 2012, S. 154 und 172.

Einleitung

c) Wettbewerbsrecht

Inzwischen ist allgemein anerkannt, dass Datenschutz ein Wettbewerbsfaktor ist und dass die Beachtung des Datenschutzrechts einen Wettbewerbsvorteil darstellen kann.[249] Verstöße gegen das Datenschutzrecht, die das Recht der Betroffenen auf informationelle Selbstbestimmung verletzen, können sittenwidrig i.S.v. § 1 UWG und damit wettbewerbswidrig sein. Werden nur formale Regelungen nicht beachtet (z.B. bei einer freiwilligen Datenerhebung die Beachtung der Schriftform), ist ein **Verstoß gegen das Wettbewerbsrecht** nicht zwingend. Voraussetzung für die Sittenwidrigkeit ist, dass Vorschriften missachtet werden, denen eine dem Schutzzweck des UWG entsprechende sittlich-rechtliche Wertung zu Grund liegt, die unmittelbare Wettbewerbsbezogenheit aufweisen oder aber besonders wichtige Gemeinschaftsgüter schützen.[250] Die Regelungen der §§ 28 ff. können im Wettbewerbskontext Marktverhaltensregeln i.S.v. § 4 Nr. 11 UWG sein. Verstöße gegen das Wettbewerbsrecht können von Verbraucherverbänden wie von Konkurrenten gerichtlich geltend gemacht werden.[251]

100

Die EU-Kommission hat bisher nicht berücksichtigt, dass Datenschutz bei **europarechtlichen Wettbewerbsverfahren** relevant ist. Dies ist rechtlich nicht zwingend.[252] Bei völkerrechtlichen Freihandelsabkommen kann Datenschutz als Regelungsinhalt bzw. -ausnahme bedeutend sein.[253]

101

9. Gesellschaftliche Anerkennung des Datenschutzes

a) Organisationen

Neben der staatlichen Organisation der Datenschutzkontrolle gibt es im **verbandlichen Bereich** Institutionen, die sich mit unterschiedlicher Motivation die Förderung des Datenschutzes zur zentralen Aufgabe gemacht haben. Bisher ist es nicht gelungen, ähnlich wie im Umwelt- und Naturschutz sowie im Bereich des Verbraucherschutzes

102

---

249 Bäumler/von Mutius, Datenschutz als Wettbewerbsvorteil, 2002; Janeck, DANA 3/2005, 12; Weichert, DuD 2012, 716.
250 OLG Frankfurt, RDV 2001, 131.
251 KG, ZD 2014, 414; OLG Köln, NJW 2014, 1820; OLG Hamburg, ZD 2013, 511; OLG Karlsruhe, DuD 2012, 911 = ZD 2012, 432 = RDV 2012, 305 mit Anm. Krell; OLG Köln, DuD 2009, 696, zustimmend Lindhorst, DuD 2010, 696; LG Augsburg 19.8.2011 – 3 HKO 2827/11, DuD 2012, 60; Schröder, ZD 2012, 193; Busse, RDV 2005, 264 f.; ULD Erhöhung des Datenschutzniveaus der Verbraucher, Studie im Auftrag des BMELV, April 2006, S. 183 f.; Bohne, Die Datenschutzverletzung als Wettbewerbsverstoß, 2014; Buchner, in Alexander u.a. Festschrift für Helmut Köhler, 2014, S. 51; Eckhardt/Rheingans, ZD 2013, 318; Galetzka, K&R 2015, 77; einschränkend KG Berlin, DuD 2011, 733; LG Berlin, RDV 2011, 150; rechtspolitisch Spindler, 2012, F130 f.; Peifer, JZ 2012, 858.
252 DSB-Konferenz, RDV 2014, 349; Buchner, DuD 2008, 724; Weichert, DuD 2008, 724; ausführlich, aber keine direkten rechtlichen Konsequenzen ziehend Monopolkommission, Wettbewerbspolitik: Herausforderung digitaler Märkte, Sondergutachten gem. § 44 Abs. 1 S. 1 GWB, 2015, insbes. K10–K15, Tz. 64-Tz. 110.
253 Weichert, DuD 2014, 850.

Einleitung

Verbandsbeteiligungen gesetzlich zu normieren.[254] Die Tätigkeit dieser Verbände richtet sich nach allgemeinem Vereinsrecht (§§ 21 ff. BGB).[255]

103 Die **Deutsche Vereinigung für Datenschutz** e. V. (DVD) besteht seit 1978 als Bürgerrechtsorganisation.[256] Ihr Ziel ist es, öffentliche Lobbyarbeit im Interesse der Betroffenen zu machen. Sie veröffentlicht die Zeitschrift »Datenschutz Nachrichten« (DANA). Erreichbarkeit: Rheingasse 8-10, 53113 Bonn, Tel.: 02 28 22 24 98, E-Mail: dvd@datenschutzverein.de, *http://www.datenschutzverein.de.*

104 Die **Gesellschaft für Datenschutz und Datensicherheit** e. V. (GDD) besteht seit 1976. Sie organisiert vorrangig die Datenschutzinteressen von Wirtschaftsunternehmen und bietet ein Forum für den Erfahrungsaustausch behördlicher und betrieblicher Datenschutzbeauftragter in regionalen Erfa-Kreisen und in einer jährlich stattfindenden Datenschutzfachtagung (DAFTA). Sie zielt auf eine datenschutzrechtliche Selbstkontrolle ebenso wie auf eine Beeinflussung der aufsichtsbehördlichen Tätigkeit und der Datenschutzpolitik. Sie ist Herausgeber der Zeitschrift »Recht der Datenverarbeitung« (RDV). Erreichbarkeit: Pariser Str. 37, 53117 Bonn, Tel.: 02 28 69 43 13, Fax: 02 28 69 56 38, E-Mail: info@gdd.de, *http://www.gdd.de.*

105 Der **Berufsverband der betrieblichen und behördlichen Datenschutzbeauftragten** e. V. (BvD) versteht sich als Interessenvertretung von in Behörden und Betrieben tätigen Datenschutzbeauftragten. Das Mitgliedermagazin heißt BvD-News. Erreichbarkeit: Budapester Straße 31, 10787 Berlin, Tel.: 0 30 21 96 43 97, Fax: 0 30 21 96 43 92; E-Mail: BvD-GS@bvdnet.de; *http://www.bvdnet.de.*

106 Beim **Digital Courage** e. V. (ehem. Verein zur Förderung des öffentlichen bewegten und unbewegten Datenverkehrs – FoeBuD) handelt es sich um eine private Initiative, deren zentrales Ziel die Stärkung des Datenschutzes ist. Er organisiert jährlich die Verleihung der »BigBrotherAwards«, Preise, mit denen die Öffentlichkeit über Datenschutzverstöße informiert und sensibilisiert werden soll. Erreichbarkeit: Marktstr. 18, 33602 Bielefeld, Tel.: 05 21 16 39 16 39, E-Mail: mail@digitalcourage.de Fax: 05 21 6 11 72; *http://digitalcourage.de.*

107 Einzige regionale nicht-kommerzielle Datenschutzorganisation ist die Hamburger Gesellschaft zur Förderung des Datenschutzes e. V. (**Hamburger Datenschutzgesellschaft – HDG**), ein Zusammenschluss von Interessierten aus allen Bereichen. Erreichbarkeit: Hamburger Datenschutzgesellschaft e. V., verantwortlich: RA Dr. Philipp Kramer, Erik-Blumenfeld-Platz 27 a, 22587 Hamburg, Tel.: 0 40/39 90 60 32, E-Mail: info@hamdg.de; *http://www.hamdg.de.*

108 Die Internationalisierung der Datenverarbeitung hat es mit sich gebracht, dass sich auch die Behörden und die Nichtregierungsorganisationen im Bereich des Datenschutzes verstärkt austauschen und kooperieren. Eine erklärtermaßen grenzüberschreitende Organisation ist **Privacy International**, die eine wichtige Rolle bei der Organisation der nationalen Verleihungen der BigBrotherAwards (Rn. 106) spielt und ein globales Datenschutz-Ranking veröffentlicht (DANA 2007, 34): Privacy International, 265

---

254 Vgl. DANA 1–1992, 14 f.; siehe aber Rn. 97.
255 Vgl. allgemein Ruhmann in Bäumler, 2000, 120–132; weitere Informationen in Schmidt/Weichert, 2012, S. 459 ff.
256 Gola, DANA 3/1997, 6; Weichert, DANA 2/2007, 56.

Strand, London, WC2R 1BH, United Kingdom, Tel.: +44 (GB). 208 123.7933, E-Mail: privacyint@privacy.org; *http://www.privacyinternational.org/*.[257]

b) Datenschutz-Quellen

Datenschutz war bis in die jüngste Zeit Tätigkeitsgebiet für Experten – d. h. für Juristen und Informatiker. Inzwischen haben Führungskräfte erkannt, dass es sich bei Datenschutz auch um eine Leitungsaufgabe handelt. Die Betroffenen haben festgestellt, dass sie ihre Rechte selbst wahrnehmen können und müssen. Dies führte zwangsläufig dazu, dass sich das **Informationsangebot** zum Datenschutz und zur Datensicherheit immer mehr ausgeweitet hat. 109

Neben der Darstellung in Lehr- und Handbüchern sowie in Kommentaren kommt wegen der Schnelllebigkeit des Gebiets der Diskussion in **Zeitschriften** eine zentrale Bedeutung zu. 110
Folgende Periodika haben das Thema als Schwerpunkt:
- Datenschutz und Datensicherheit (DuD, technische und rechtliche Ausrichtung),
- Recht der Datenverarbeitung (RDV, rechtliche Ausrichtung),
- Zeitschrift für Datenschutz (ZD, rechtliche Ausrichtung),
- Datenschutz-Nachrichten (DANA, bürgerrechtliche Ausrichtung),
- Datenschutzberater (DSB, wendet sich an bDSB),
- Computer – Fachwissen (CF, zielt auf Arbeitnehmerdatenschutz).

Ein strukturiertes Datenschutz-**Informationsangebot im Internet** steht durch die Webseiten der Datenschutzkontrollinstanzen bereit, durch die gesellschaftlichen Verbände sowie durch die Zeitschriften und Bildungseinrichtungen. Eine Plattform für diese Angebote besteht seit Ende 2000 mit dem Virtuellen Datenschutzbüro, dem auch eine internationale Dimension zukommt.[258] Im Jahr 2009 ging das »Zentralarchiv für Tätigkeitsberichte des Bundes- und der Landesdatenschutzbeauftragten und der Aufsichtsbehörden für den Datenschutz« (ZAfTDa) online (*http://www.fh-giessen-friedberg.de/zaftda/*). Das Ziel von ZAfTDa ist es, sämtliche erscheinende Datenschutzberichte, auch aus den Frühzeiten des Datenschutzes, zu digitalisieren und über Internet zur Verfügung zu stellen.[259] 111

c) Lehrangebote

Datenschutz wird zunehmend als eine Aufgabe angesehen, die gesamte Bevölkerung anzusprechen, vor allem junge Menschen. Dies wird als der Teil der **Vermittlung von Medienkompetenz** verstanden, die vor allem durch die zunehmende Nutzung des Internets nötig ist.[260] Die Vermittlung muss in der Schule beginnen.[261] 111a
Im allgemeinen Lehrangebot der Universitäten spielte Datenschutz lange Zeit weder bei 112

---

257 Überblick über europäische Datenschutzorganisationen bei Schuler DANA 1/2006, 10.
258 *http://www.datenschutz.de*; DuD 2001, 4; Köhntopp in Bäumler, 2000, 291.
259 Köppen, DANA 2/2009, 59; von Lewinsky/Köppen, RDV 2009, 267.
260 Weichert, Journal für politische Bildung 2/2015, 26; Richter, DuD 2013, 367; Wagner, DuD 2012, 83; ders. DuD 2010, 557.
261 Kramer/Spaeing, DuD 2013, 370; Gimmler, DuD 2012, 110; Mester, DuD 2012, 132.

Einleitung

den Juristen noch bei den Informatikern eine wesentliche Rolle.[262] Im Bereich der Rechtsinformatik hat das Thema jedoch inzwischen einen wichtigen Platz gefunden.[263] Eine Vielzahl von wissenschaftlichen Arbeiten beschäftigt sich damit. An einigen Fachhochschulen wie auch an selbstständigen **Bildungseinrichtungen** wird Datenschutz inzwischen regelmäßig unterrichtet.

- Datenschutzakademie Schleswig-Holstein, getragen vom Unabhängigen Landeszentrum für Datenschutz Schleswig-Holstein, Postfach 7116, 24171 Kiel, Holstenstr. 98, 24105 Kiel, Tel.: 04 31 9 88-12 08 bis -12 10, Fax: 04 31 9 88-12 23, E-Mail: akademie@datenschutzzentrum.de; *http://www.datenschutzzentrum.de/akademie/* sowie der Nordsee Akademie Leck, Flensburger Str. 18, 25917 Leck, Tel.: 0 46 62 87 05-25, Fax: 0 46 62 87 05-30[264]
- Gesellschaft für Datenschutz und Datensicherung (GDD-Datenschutz-Akademie) e. V., Pariser Str. 37, 53117 Bonn, Tel.: 02 28 69 43 13, Fax: 02 28 69 56 38, E-Mail: info@gdd.de, *https://www.gdd.de*[265]
- Ulmer Akademie für Datenschutz und IT-Sicherheit e. V. (udis), Sedanstraße 14, 89077 Ulm, Geschäftsstelle und Postanschrift: Marlene-Dietrich-Straße 5, 89231 Neu-Ulm, E-Mail: info@udis.de, *http://www.udis.de*[266]

---

262 Haferkorn/Ahrens, DuD 1992, 521.
263 Paar/Sadeghi/Schwenk/Wegener DuD 2007, 338; Menzel DuD 2007, 343; Empfehlungen der Gesellschaft für Informatik DuD 2007, 367.
264 Bizer, DuD 2007, 336.
265 Jaspers/Reif, DuD 2007, 333.
266 Kongehl, DANA 4/1997, 16f.; ders. DuD 2007, 330.

Kommentierung

Erster Abschnitt
Allgemeine und gemeinsame Bestimmungen

§ 1 Zweck und Anwendungsbereich des Gesetzes

(1) Zweck dieses Gesetzes ist es, den Einzelnen davor zu schützen, dass er durch den Umgang mit seinen personenbezogenen Daten in seinem Persönlichkeitsrecht beeinträchtigt wird.

(2) Dieses Gesetz gilt für die Erhebung, Verarbeitung und Nutzung personenbezogener Daten durch
1. öffentliche Stellen des Bundes,
2. öffentliche Stellen der Länder, soweit der Datenschutz nicht durch Landesgesetz geregelt ist und soweit sie
   a) Bundesrecht ausführen oder
   b) als Organe der Rechtspflege tätig werden und es sich nicht um Verwaltungsangelegenheiten handelt,
3. nicht-öffentliche Stellen, soweit sie die Daten unter Einsatz von Datenverarbeitungsanlagen verarbeiten, nutzen oder dafür erheben oder die Daten in oder aus nicht automatisierten Dateien verarbeiten, nutzen oder dafür erheben, es sei denn, die Erhebung, Verarbeitung oder Nutzung der Daten erfolgt ausschließlich für persönliche oder familiäre Tätigkeiten.

(3) Soweit andere Rechtsvorschriften des Bundes auf personenbezogene Daten einschließlich deren Veröffentlichung anzuwenden sind, gehen sie den Vorschriften dieses Gesetzes vor. Die Verpflichtung zur Wahrung gesetzlicher Geheimhaltungspflichten oder von Berufs- oder besonderen Amtsgeheimnissen, die nicht auf gesetzlichen Vorschriften beruhen, bleibt unberührt.

(4) Die Vorschriften dieses Gesetzes gehen denen des Verwaltungsverfahrensgesetzes vor, soweit bei der Ermittlung des Sachverhalts personenbezogene Daten verarbeitet werden.

(5) Dieses Gesetz findet keine Anwendung, sofern eine in einem anderen Mitgliedstaat der Europäischen Union oder in einem anderen Vertragsstaat des Abkommens über den Europäischen Wirtschaftsraum belegene verantwortliche Stelle personenbezogene Daten im Inland erhebt, verarbeitet oder nutzt, es sei denn, dies erfolgt durch eine Niederlassung im Inland. Dieses Gesetz findet Anwendung, sofern eine verantwortliche Stelle, die nicht in einem Mitgliedstaat der Europäischen Union

oder in einem anderen Vertragsstaat des Abkommens über den Europäischen Wirtschaftsraum belegen ist, personenbezogene Daten im Inland erhebt, verarbeitet oder nutzt. Soweit die verantwortliche Stelle nach diesem Gesetz zu nennen ist, sind auch Angaben über im Inland ansässige Vertreter zu machen. Die Sätze 2 und 3 gelten nicht, sofern Datenträger nur zum Zweck des Transits durch das Inland eingesetzt werden. § 38 Abs. 1 Satz 1 bleibt unberührt.

Übersicht

	Rn.
1. Gesetzeszweck	1 – 7
2. Adressaten des Gesetzes	8 –11
3. Subsidiarität	12 –15
4. Ausländische Stellen im Inland	15 a–21

1. Gesetzeszweck

1 Das BDSG verwendet in seinen Formulierungen nicht den Begriff des Datenschutzes. Ebenso wenig wird der Begriff der »informationellen Selbstbestimmung« verwendet. Gleichwohl beschreibt Absatz 1 inhaltsidentisch diese Begriffe. Er verweist darauf, dass der Datenschutz dem Schutz des Persönlichkeitsrechts nach Art. 2 Abs. 1 i. V. m. Art. 1 Abs. 1 GG dient. Im Ergebnis unterscheidet sich das **Schutzziel** des BDSG nicht von dem des Art. 1 Abs. 2 EG-DSRl, wonach die »Grundrechte und Grundfreiheiten« und die »Privatsphäre« gewährleistet werden sollen. Das Gesetz enthält keine Aussage zu der grundsätzlichen Frage, ob es sich beim Datenschutz um ein »eigentumsähnliches« Recht,[1] um ein Kommunikationsrecht[2] oder um ein individuell unveräußerliches Grundprinzip handelt. Diese Interpretationsformen können vielmehr nebeneinander bestehen.[3] Anknüpfungspunkte sind Daten als Informationen über und zu Personen.[4] Geschützt werden sowohl materielle als auch immaterielle Ansprüche. Der Datenschutz macht den Einzelnen im Grunde zum Herrn der ihn betreffenden Datenverarbeitung sowohl gegenüber privaten als auch öffentlichen Stellen, ohne jedoch ein umfassendes und ausschließliches Verfügungsrecht einzuräumen.

2 Der Umstand, dass jeglicher Umgang mit personenbezogenen Daten einem Gesetzes- bzw. Einwilligungsvorbehalt unterworfen wurde, erlaubt nicht die Schlussfolgerung, der Gesetzgeber habe Datenverarbeitung generell für gefährlich deklariert.[5] Er ist vielmehr Ausdruck der **Regulierungsbedürftigkeit jeder Form der Datenverarbeitung** angesichts der hierbei verfolgten, sich teilweise widersprechenden Interessen.

3 Das Schutzziel des Gesetzes ist im Kontext mit den aktuellen und künftigen Möglichkeiten der automatisierten Datenverarbeitung zu sehen. Bei dem BDSG handelt es sich insofern um ein Gesetz der **Technikregulierung**. Die Anwendbarkeit auch auf konventionelle Datenverarbeitung erklärt sich damit, dass diese heute ebenso einer tech-

---

1 Weichert in Wiebe/Taeger, Informatik-Wirtschaft-Recht, 2004, S. 281; Kilian CR 2002, 921.
2 Simitis DuD 2000, 719.
3 Kang/Buchner Harvard Journal of Law & Technology 2004, Vol 18 No. 1, 229 ff.; Buchner, Informationelle Selbstbestimmung im Privatrecht, 2006.
4 Wieczorek DuD 2011, 476 versucht, zwischen Daten und Informationen zu unterscheiden; vgl. Simitis in Simitis, § 1 Rn. 57.
5 So aber Gola/Schomerus, § 1 Rn. 14.

Zweck und Anwendungsbereich des Gesetzes §1

nischen Erfassung und Bewertung zugänglich ist. Das Gesetz erfasst neben der Informationstechnik auch die personenbezogene Biotechnik.[6]
Bei dem BDSG handelt es sich um ein **Schutzgesetz**. Es dient dem Schutz natürlicher Personen. Verstöße begründen u. U. einen Schadensersatzanspruch nach § 823 Abs. 2 BGB. Dem BDSG kommt generell auch eine verbraucherschützende Funktion zu.[7] Zugleich dient das Gesetz der Regulierung des Wettbewerbs, soweit personenbezogene Daten verarbeitet werden.[8]   4

Das BDSG ist ein **Eingriffsgesetz**, mit dem Eingriffe in das Grundrecht auf Datenschutz legitimiert werden. Es ist anwendbar, soweit nicht bereichsspezifische Eingriffsbefugnisse mit Rechtsnormcharakter vorliegen. Die Eingriffsnormen wie auch die konkreten Eingriffe müssen durch ein überwiegendes Allgemeininteresse gerechtfertigt sein. Sie müssen den Grundsätzen der Verhältnismäßigkeit und der Normenklarheit genügen und Schutzvorkehrungen zum Zweck der Datensicherung sowie der Sicherung der Betroffenenrechte vorsehen.   5

Das **BDSG setzt die EG-DSRl um**. Durch diese Richtlinie wird ein einheitlich hohes Schutzniveau innerhalb der Mitgliedsstaaten gewährleistet. Die allgemeinen Anforderungen der Richtlinie sind abschließend und können nicht durch zusätzliche Bedingungen erweitert werden. Dem nationalen Gesetzgeber ist es untersagt, hinter dem Mindestniveau der Richtlinie zurückzubleiben oder strengere Voraussetzungen zu schaffen. Dies ändert aber nichts daran, dass die Konkretisierung von Ermessenserwägungen der Richtlinie durch nationale Regelungen zulässig ist, soweit keine zusätzlichen Voraussetzungen geschaffen werden.[9] Die Regelungen des BDSG sind immer richtlinienkonform auszulegen.   5a

Beim BDSG handelt es sich um ein **Arbeitnehmer-Schutzgesetz** mit direkten Folgen für das kollektive und individuelle Arbeitsrecht. Es obliegt dem Personal- und Betriebsrat, die Beachtung der Beschäftigtenrechte nach dem BDSG zu überwachen (vgl. § 68 Abs. 1 Nr. 2 BPersVG, § 80 Abs. 1 Nr. 1 BetrVG). Dies betrifft nicht nur die materiellrechtlichen Regelungen des BDSG, sondern auch die prozessualen Normen, z. B. die Aufgabenwahrnehmung durch den betrieblichen Datenschutzbeauftragten nach den §§ 4f, 4g, sowie die technisch-organisatorischen Maßnahmen der Datensicherheit (§ 9 mit Anhang).[10]   6

Der Begriff des **Umgangs mit personenbezogenen Daten** beschreibt – untechnisch – sämtliche Formen der Verarbeitung einschließlich der Vermeidung von Daten. Dem BDSG kommt also nicht nur eine gefahrenabwehrende Funktion bei der Verarbeitung zu, sondern auch der Schutz im Vorfeld. »Umgang« ist als Sammelbegriff für die Verarbeitungsphasen der Erhebung, der Speicherung, der Veränderung, des Übermittelns, der Sperrung, der Löschung und des Nutzens zu verstehen.   7

---

6 Weichert DuD 2002, 133 ff.
7 Weichert DuD 2001, 264; Weichert VuR 2006, 380; einschränkend Plath in Plath, § 1 Rn. 15; Schmidt in Taeger/Gabel, § 1 Rn. 13; Einl. Rn. 97.
8 LG Hamburg CR 1997, 21; LG Stuttgart CR 1997, 83; LG Mannheim CR 1996, 672; Einl. Rn. 100.
9 EuGH 24.11.2011 – C-418/10, C-469/10, K&R 2012, 40 ff. = DÖV 2012, 201(LS) – ASNEF und FECEMD.
10 Gola/Wronka, Rn. 1579 ff.; kritisch Däubler, Gläserne Belegschaften?, 2015, Rn. 54.

2. Adressaten des Gesetzes

8 Gemäß Absatz 2 umfasst das BDSG die gesamte personenbezogene Informationsverarbeitung der **öffentlichen Stellen des Bundes**. Die Definition von öffentlichen und nicht-öffentlichen Stellen erfolgt in § 2. Öffentliche Stellen der Länder (Abs. 2 Nr. 2) sind nicht Gegenstand des Gesetzes, da in sämtlichen Ländern Landesdatenschutzgesetze bestehen. Dies gilt auch, soweit die Landesstellen Bundesrecht anwenden.

9 **Nicht-öffentliche Stellen** unterliegen ausschließlich den allgemeinen Regelungen des BDSG (Abs. 2 Nr. 3). Insofern haben die Länder keine Gesetzgebungskompetenz. Keine Anwendung findet das Datenschutzrecht im privaten Bereich, wenn die Verarbeitung »ausschließlich für **persönliche oder familiäre Tätigkeiten** erfolgt« (§ 27 Abs. 1 S. 2 BDSG, Art. 3 Abs. 2 3. Sp. EG-DSRl). Diese Ausnahme gilt nicht, wenn die Tätigkeit aus dem familiären Bereich herausragt, wie z. B. bei einer den öffentlichen Raum mit erfassenden Videoüberwachung,[11] bei privaten Internet-Angeboten.[12] Maßgeblich ist, ob Daten ausschließlich im Rahmen des persönlichen Konsums, der Freizeit oder der rein sozialen und familiären Kontakte genutzt werden. Dies ist z. B. regelmäßig bei der privaten Nutzung von Kameras der Fall, auch wenn die Erhebung im öffentlichen Raum erfolgt, z. B. Videokameras in oder an einem privaten Pkw. Anderes gilt für berufliche oder gewerbliche Tätigkeiten. Die Grenze des persönlich-familiären wird auch bei der gezielten Erfassung überschritten, etwa auf fremden Grundstücken oder wenn für private Zwecke erhobene Daten an Dritte, z. B. an eine Versicherung oder an die Polizei, weitergegeben werden. Unabhängig von der Anwendbarkeit des BDSG bleiben die zivilrechtlichen Regelungen zum Schutz des allgemeinen Persönlichkeitsrechts sowie die strafrechtlichen Notwehrregelungen (§ 32 StGB) anwendbar.[13]

10 Erfasst wird die private Datenverarbeitung nur, soweit diese unter Einsatz von **Datenverarbeitungsanlagen** oder mit nicht automatisierten Dateien erfolgt. Erfolgt die Datenverarbeitung automatisiert, d. h. elektronisch, ist die Anwendbarkeit des BDSG in jedem Fall gegeben (§ 3 Abs. 2 S. 1). Bei konventioneller Datenverarbeitung kommt es darauf an, ob die Sammlung personenbezogener Daten gleichartig aufgebaut und nach bestimmten Merkmalen zugänglich ist und ausgewertet werden kann (§ 3 Abs. 2 S. 2).

11 Die Anwendbarkeit des BDSG ist auch gegeben, wenn die Verarbeitung der Daten nur **vorübergehend oder mit einem eingeschränkten Ziel**, z. B. zur Datensicherung, erfolgt. Von Zwischen- und Hilfsdateien geht die gleiche Gefährdung für die informationelle Selbstbestimmung aus wie von einer gezielten langfristigen Verarbeitung. Erfasst sind weiterhin alle Formen rein interner Datenbestände.

3. Subsidiarität

12 Absatz 3 regelt die nachrangige Anwendbarkeit des BDSG und dessen Subsidiarität. Das BDSG ist ein Auffanggesetz. Vorrang haben **spezifischere Rechtsvorschriften des**

---

11 EuGH 11.12.2014 – C-212/13, NJW 2015, 464 mit Anm. Klar.
12 § 27 Rn. 16 f.
13 OLG Hamburg 5.4.2012 – 1 Ss 29/12.

Zweck und Anwendungsbereich des Gesetzes § 1

Bundes. Rechtsvorschriften sind nicht nur Gesetze, sondern auch Rechtsverordnungen und Satzungen des Bundes. Durch Regelungen des Anwaltsrechts wird das BDSG nicht verdrängt, sondern ergänzt.[14] Dasselbe gilt für das BetrVG im Hinblick auf die Datenverarbeitung durch den Betriebsrat[15] für Verwaltungsvorschriften, Anordnungen und Erlasse, die zur Auslegung der Vorschriften des BDSG herangezogen werden können. Tarif- und Betriebsvereinbarungen sind allerdings Erlaubnisnormen (§ 4 Abs. 1), die eine Datenverarbeitung legitimieren können.

Die Subsidiarität tritt nur ein, wenn eine Tatbestandskongruenz vorliegt, d. h., wenn die **speziellere Regelung** inhaltlich einen Regelungsgegenstand des BDSG umfasst. Werden bestimmte Sachverhalte durch die spezifische Regelung nicht erfasst, bleibt das BDSG insofern – lückenfüllend – anwendbar. Irrelevant ist, ob das speziellere Gesetz enger oder weiter als das BDSG ist.[16]

13

Sonstige Verpflichtungen zur Geheimhaltung, wenn diese auf Gesetz oder auf anderen Vorschriften beruhen, sollen nach Abs. 3 S. 2 gültig bleiben. Dies ergibt sich bei speziellen Regelungen (z. B. Steuergeheimnis § 30 AO, Sozialgeheimnis § 35 SGB I, Statistikgeheimnis § 16 BStatG) schon aus Satz 1. Auch bei besonderen Amtsgeheimnissen, wie z. B. dem Personalaktengeheimnis, handelt es sich um spezielle Regelungen. Erfasst werden vor allem **standesrechtliche Geheimhaltungspflichten**, z. B. die ärztliche oder die anwaltliche Schweigepflicht (Patientengeheimnis, Mandantengeheimnis). Inwieweit daneben das BDSG anwendbar bleibt, ist nicht eine Frage des Schutzniveaus,[17] sondern des Normzwecks. So bedarf es z. B. zur Aufhebung des Patientengeheimnisses durch Einwilligung des Betroffenen nicht zwingend der Anforderungen des § 4a.

14

Die **Vorrangregelung des Absatzes 4** schränkt die in §§ 24, 26 BVwVfG weit geregelten Sachermittlungsbefugnisse bei der Bundesverwaltung ein, wenn personenbezogene Daten betroffen sind. Bzgl. der Datenerhebung gilt § 4.

15

4. Ausländische Stellen im Inland

In Absatz 5 wird die Kollisionsregelung des Art. 4 EG-DSRl umgesetzt. Er verdrängt die allgemeinen Kollisionsnormen der Art. 3–46a EGBGB zum Internationalen Privatrecht. Hinsichtlich der Geltendmachung von Ansprüchen aus unerlaubter Handlung wegen Persönlichkeitsverletzungen ist für den Betroffenen ergänzend Art. 40 EGBGB anwendbar.[18] Hinsichtlich der Anwendbarkeit der strafrechtlichen Vorschriften, auch des § 44, gelten die §§ 3 ff. StGB.

15a

Es gilt grds. nicht das Territorialprinzip, sondern das **Sitzprinzip**; d. h., für die Anwendbarkeit des nationalen Datenschutzrechts kommt es darauf an, dass der Sitz der datenverarbeitenden Stelle in dem jeweiligen Staat liegt. Der physikalische Ort der Datenverarbeitung ist zunächst nicht relevant. Bei der Satellitenerfassung von personenbe-

16

---

14 Leowsky, DuD 2011, 413; Weichert NJW 2009, 551; ders. in Schneider, Festschrift für Heussen, 2009, S. 119; Redeker NJW 2009, 555 f.; vgl. § 38 Rn. 11; a. A. Rüpke NJW 2008, 1122; KG 20.8.2010 – 1 Ws(B)51/07 – 2 Ss 23/07, DuD 2011, 366; NJW 2011, 325.
15 Unklar LAG Berlin-Brandenburg 4.3.2011 – 10 TaBV 1984/10, DuD 2011, 428.
16 Gola/Schomerus, § 1 Rn. 24.
17 So aber Gola/Schomerus, § 1 Rn. 25.
18 Jotzo MMR 2009, 233; a. A. Gabel in Taeger/Gabel, § 1 Rn. 50.

zogenen Daten kommt es ausschließlich auf den Sitz des Unternehmens bzw. der Stelle an.[19] Grenzüberschreitend oder international tätige Unternehmen sollen nach einem einheitlichen Datenschutzrecht beurteilt werden. Dies hat zur Folge, dass die nach dem Territorialprinzip zuständigen Aufsichtsbehörden (§ 38) u.U. ausländisches Datenschutzrecht anwenden müssen.

17 Die Tragweite der Regelung ist dadurch eingeschränkt, dass es nicht auf den Hauptsitz eines Unternehmens ankommt, sondern bei der Datenverarbeitung von Filialen oder **Niederlassungen** auf deren Sitz (Abs. 5 S. 1). Bei der Auslegung des Begriffs der Niederlassung kommt es nicht auf eine formalistische Sicht an. Er umfasst jede tatsächliche und effektive Tätigkeit, selbst wenn diese geringfügig ist.[20] Eine Niederlassung ist gegeben, wenn die Tätigkeit tatsächlich von einer »festen Einrichtung« aus mit einem ausreichenden Grad an Beständigkeit ausgeübt wird (Erwägung 19 EG-DSRl).[21] Die Tätigkeit muss nicht in einer Form der Datenverarbeitung liegen; es genügt, wenn Erklärungen für die verantwortliche Stelle entgegengenommen und abgegeben und Geschäfte abgewickelt werden, die mit der Verarbeitung in Zusammenhang stehen, oder wenn die Stelle Werbeflächen verkauft und die Tätigkeit auf die Einwohner des jeweiligen Staates ausgerichtet ist. Auf die Rechtsform kommt es nicht an.[22] Diese kann rechtlich selbstständig oder unselbstständig sein.[23] Für die Feststellung der Niederlassungseigenschaft ist es unerheblich, ob die Stelle zugleich verantwortliche Stelle oder Auftragnehmerin ist. Ist lediglich eine Briefkastenfirma eingerichtet, muss sich die verantwortliche Stelle dies zurechnen lassen.[24] Das Betreiben eines Servers führt noch nicht zu einer Niederlassung, ebenso wenig wie ein Auftragsverhältnis in Deutschland.[25]

17a Das BDSG ist anwendbar, wenn die Verantwortlichkeit bei einer **Stelle außerhalb des Raumes von EU/EWR** liegt und die Verarbeitung in Deutschland im Inland erfolgt (Abs. 5 S. 2). Insofern gilt das Territorialitätsprinzip. Erfasst sind gemäß dieser Alternative sowohl das Betreiben eines Servers als auch eine Auftragsdatenverarbeitung. Das Speichern von Cookies auf dem Rechner eines Nutzers genügt. Eine volle Kontrolle des Mittels der Datenverarbeitung ist nicht nötig.[26] Haben Telemedienanbieter Töchter oder Filialen in Deutschland und zielt deren Angebot auf den deutschen Markt, etwa indem sie ein deutschsprachiges Angebot bereithalten oder unter deutscher Länderkennung auftreten (.de), verfolgen sie gezielt die Erhebung und Verarbeitung von

---

19 Klar, ZD 2014, 109.
20 EuGH 1.10.2015 – C-240/14, Rn. 29, 31 – Weltimmo.
21 EuGH 1.10.2015 – C-240/14, Rn. 30 – Weltimmo.
22 EuGH 13.5.2014 – C-131/12, Rn. 45ff., 60, DuD 2014, 559 = AfP 2014, 245; LG Berlin, ZD 2013, 451 mit Anm. Schröder; Ziebarth, ZD 2014, 395; Karg, ZD 2013, 371; Beyvers/Herbrich, ZD 2014, 558; a.A. OVG Schleswig-Holstein, NJW 2013, 1977 = ZD 2013, 364 = DuD 2013, 463; VG Schleswig, K&R 2013, 280 mit Anm. Piltz. = ZD 2013, 245 mit Anm. Karg.; Piltz, K&R 2013, 294; Kremer, RDV 2014, 73; problembeschreibend Pauly/Ritzer/Geppert, ZD 2013, 423.
23 Dammann RDV 2002, 70.
24 Plath in Plath, § 1 Rn. 54; Voigt, ZD 2013, 18; a.A. Karg ZD 2013, 248: relevant ist die konkrete Tätigkeit der Niederlassung; dass sie »Herr der Daten« ist.
25 BMH, § 1 Rn. 43; a.A. Plath in Plath, § 1 Rn. 54.
26 Plath in Plath, § 1 Rn. 64ff.; Jotzo, MMR 2009, 237; Ott, MMR 2009, 160; Piltz, K&R 2013, 296; Weichert, MR-Int 2007, 189; weitergehend OLG Hamburg, ZD 2011, 139: Server befindet sich im Drittstaat, Abruf kann und soll aus Deutschland erfolgen.

deutschen Nutzerdaten und können nicht behaupten, die bei ihnen verarbeiteten Daten seien aufgedrängt.

Handeln Stellen von außerhalb der EU oder des Europäischen Wirtschaftsraumes (EWR), bleibt das BDSG weiterhin anwendbar. Notwendig ist in diesen Fällen die Benennung eines **inländischen Vertreters**. Über diesen soll gewährleistet werden, dass der Betroffene und die Aufsichtsbehörde einen greifbaren Ansprechpartner im Inland haben. In diesen Fällen mangelt es regelmäßig an der rechtlichen Durchsetzbarkeit.

Bei **Telemedien** wird für die Anwendbarkeit des TMG gem. § 3 Abs. 1 TMG auf das Herkunftsland abgestellt. § 1 Abs. 5 TMG stellt jedoch klar, dass damit keine Kollisionsregel aufgestellt werden soll, so dass die jeweiligen Kollisionsnormen gelten.[27] Für Anbieter von außerhalb des EWR, die in Deutschland eine Niederlassung haben, sind die nationalen Datenschutzrechte geltend zu machen.[28] Fehlt es an einer Niederlassung, besteht aber ein im Inland ansässiger Vertreter, ist dieser Adressat des nationalen Datenschutzrechts (Abs. 5 S. 3).

Beim bloßen **Datentransit** findet das BDSG keine Anwendung (Abs. 5 S. 4). Ein Transit liegt vor, wenn eine Kommunikation über Router in Deutschland erfolgt, ohne dass die Daten zur Kenntnis genommen oder sonst wie verarbeitet werden, etwa durch den Einsatz eines Spamfilters.

Nach Absatz 5 Satz 5 bleibt § 38 Abs. 1 S. 1 unberührt. Die Regelung über die Zuständigkeit einer **Datenschutzkontrolle** wird durch Absatz 5 nicht eingeschränkt. Die Kontrolle erfolgt unter Anwendung des ausländischen materiellen Rechts.

§ 2 Öffentliche und nicht-öffentliche Stellen

(1) Öffentliche Stellen des Bundes sind die Behörden, die Organe der Rechtspflege und andere öffentlich-rechtlich organisierte Einrichtungen des Bundes, der bundesunmittelbaren Körperschaften, Anstalten und Stiftungen des öffentlichen Rechts sowie deren Vereinigungen ungeachtet ihrer Rechtsform. Als öffentliche Stellen gelten die aus dem Sondervermögen Deutsche Bundespost durch Gesetz hervorgegangenen Unternehmen, solange ihnen ein ausschließliches Recht nach dem Postgesetz zusteht.

(2) Öffentliche Stellen der Länder sind die Behörden, die Organe der Rechtspflege und andere öffentlich-rechtlich organisierte Einrichtungen eines Landes, einer Gemeinde, eines Gemeindeverbandes und sonstiger der Aufsicht des Landes unterstehender juristischer Personen des öffentlichen Rechts sowie deren Vereinigungen ungeachtet ihrer Rechtsform.

(3) Vereinigungen des privaten Rechts von öffentlichen Stellen des Bundes und der Länder, die Aufgaben der öffentlichen Verwaltung wahrnehmen, gelten ungeachtet der Beteiligung nicht-öffentlicher Stellen als öffentliche Stellen des Bundes, wenn
1. sie über den Bereich eines Landes hinaus tätig werden oder
2. dem Bund die absolute Mehrheit der Anteile gehört oder die absolute Mehrheit der Stimmen zusteht.

---

27 Jotzo, MMR 2009, 234.
28 So im Ergebnis bzgl. Google LG Hamburg, 7.8.2009 – Az. 324 O 650/08, S. 15.

Andernfalls gelten sie als öffentliche Stellen der Länder.

(4) **Nicht-öffentliche Stellen** sind natürliche und juristische Personen, Gesellschaften und andere Personenvereinigungen des privaten Rechts, soweit sie nicht unter die Absätze 1 bis 3 fallen. Nimmt eine nicht-öffentliche Stelle hoheitliche Aufgaben der öffentlichen Verwaltung wahr, ist sie insoweit öffentliche Stelle im Sinne dieses Gesetzes.

Übersicht

	Rn.
1. Allgemeines	1– 3
2. Öffentliche Stellen	4–10
3. Unternehmen zwischen öffentlichem und privatem Bereich	11–14
4. Nicht-öffentliche Stellen	15, 16

1. Allgemeines

1 Im deutschen Datenschutzrecht wurde von Anfang an – anders als z. B. in der EG-DSRl – zwischen öffentlichem und privatem Bereich unterschieden. Wegen des mit der Datenverarbeitung verbundenen Grundrechtseingriffs und dem Gesetzesvorbehalt gilt im öffentlichen Bereich das **Verbot mit Erlaubnisvorbehalt**. Im privaten Bereich stehen sich – abstrakt gesehen – gleichberechtigte Individuen gegenüber. Daher wird immer wieder gefordert, hier müsse das Recht für die personenbezogene Datenverarbeitung eine generelle **Erlaubnis mit Verbotsvorbehalt** vorsehen. Regelmäßig geht es aber – auch bei zunehmender IT-Kompetenz der Betroffenen – um informationstechnisch und ökonomisch mächtige Unternehmen. Daher sieht das BDSG auch für diesen Bereich vor, dass die Datenverarbeitung durch Gesetz oder eine andere Rechtsvorschrift oder durch die Einwilligung des Betroffenen zugelassen werden muss (§ 4 Abs. 1 BDSG).[1] Dadurch, dass jedoch Private nach § 28 Abs. 1 S. 1 Nr. 2 BDSG unter Berufung auf ein irgendwie geartetes »berechtigtes Interesse« Personendaten verarbeiten dürfen, kommt die Rechtslage derzeit einer Generalerlaubnis sehr nahe. Diese weitgehende Verarbeitungsbefugnis sollte im Rahmen künftiger Rechtsetzung – sei es auf nationaler oder europäischer Ebene – weiter eingeschränkt werden.[2]

2 Die **Übergänge zwischen öffentlichem und privatem Bereich** werden dadurch fließend, dass bisher öffentlich wahrgenommene Aufgaben von Privaten erfüllt werden, sich öffentliche Stellen bei ihrer Aufgabenerfüllung privater Stellen sowie privatrechtlicher Handlungsformen bedienen und gemeinsame informationstechnische Medien (Internet, Mobilkommunikation, gemeinsame Netze) genutzt werden. Dies hat schon seit langem zur Folge, dass z.B. im Bereich der Datenschutzkontrolle keine klare Trennung möglich und eine gemeinsame Aufgabenerfüllung erforderlich ist, die, außer in Bayern, auch erfolgt.[3] Datenverstöße **privater** Datenverarbeiter unterscheiden sich oft nicht von denen, die bei Behörden vorkommen.[4]

---

[1] Vgl. § 4 Rn. 1 m.w.N.
[2] Roßnagel/Pfitzmann/Garstka, 2001, 15 f.
[3] Dronsch, DuD 1994, 612; Simitis, DuD 1995, 648.
[4] Weichert, Wenn Grundrechte und Freundschaft in der digitalen Welt unvereinbar werden, in Joerden, Jahrbuch für Recht und Ethik, 2016.

Öffentliche und nicht-öffentliche Stellen § 2

Die Regelung enthält Begriffsbestimmungen zu den Normadressaten des BDSG. Die 3
EG-DSRl kennt keine klare **Unterscheidung zwischen öffentlichem und privatem Bereich**. Mit der Novellierung des BDSG 2001 wurde dieser Tatsache insofern Rechnung getragen, als eine Vielzahl von Regelungen vor die Klammer gezogen wurden und nun für beide Bereiche anwendbar ist. Getrennt geregelt bleiben lediglich die gesetzlichen Verarbeitungsbefugnisse sowie die Datenschutzkontrolle, die sich für den öffentlichen Bereich im 2. Abschnitt (§§ 12–26 BDSG), für den privaten Bereich im 3. Abschnitt (§§ 27–38a BDSG) finden. Die EG-DSRl zwingt nicht zu einer Aufgabe dieser Unterscheidung.[5] Vielmehr enthält auch die EG-DSRl Erlaubnistatbestände, die typisch für hoheitliche, und solche, die typisch für nicht-hoheitliche Stellen sind. Beim TKG und beim TMG wird nicht zwischen öffentlichen und nicht-öffentlichen Stellen unterschieden.

2. Öffentliche Stellen

Öffentliche Stellen sind zunächst sämtliche Behörden. Für die Definition der Behörde 4
sind die jeweiligen Verwaltungsverfahrensgesetze heranzuziehen. Behörde ist danach jede Stelle, die Aufgaben der öffentlichen Verwaltung wahrnimmt (§ 1 Abs. 4 VwVfG, vgl. § 1 Abs. 2 SGB X). Durch die ausdrückliche Erwähnung **öffentlich-rechtlicher Einrichtungen**, Körperschaften, Anstalten und Stiftungen sowie deren Vereinigungen ist der Begriff der »öffentlichen Stelle« umfassend anwendbar. Stellen i.S.d. Datenschutzrechts sind nicht Funktionsgliederungen, sondern die jeweilige durch Organisationsakt geschaffenen Einrichtungen, die im eigenen Namen nach außen hin auftreten. Einzelnen Referaten, Dezernaten, Abteilungen, Ämtern in Kommunen usw. kommt keine eigenständige Stellenqualität zu. Insofern unterscheidet sich das BDSG vom SGB, das nicht den organisatorischen, sondern den funktionalen Stellenbegriff kennt (§ 67 Abs. 9 S. 3 SGB X).[6] Der Umstand, dass der Stellenbegriff nach dem BDSG umfassend ist, ändert nichts an den Zweckbindungen der jeweils geltenden (allgemeinen oder spezifischen) Regelungen. Auch Teile einer Stelle, die rechtlich mit eigenen Aufgaben und Befugnissen ausgestattet sind (z.B. Betriebsrat, Personalrat), sind keine eigenständige Stellen, sondern Teile der öffentlichen Einrichtung.

Oberste **Bundesbehörden** sind z.B. die Bundesministerien, das Bundespräsidialamt, 5
das Bundeskanzleramt, der Bundesrechnungshof, die Verwaltungsorgane von Bundestag, Bundesrat und Bundesverfassungsgericht. Bundesoberbehörden sind den obersten Bundesbehörden nachgeordnet, z.B. das Bundeskriminalamt, das Bundesverwaltungsamt, das Bundesamt für Finanzen, die Bundesanwaltschaft beim BGH, das Bundesarchiv, das Kraftfahrtbundesamt, das Statistische Bundesamt, das Bundeskartellamt und auch die Bundesbeauftragte für den Datenschutz und die Informationsfreiheit (BfDI, §§ 22 ff.). Als Bundesmittelbehörden werden z.B. die Oberfinanzdirektionen, die Wasser- und Schifffahrtsdirektionen sowie die Wehrbereichsverwaltungen erfasst. Bundesunterbehörden sind z.B. die Hauptzollämter, die Passkontrollämter oder die Standortverwaltungen des Bundesministeriums für Verteidigung.

---
5 So aber Brühann, RDV 1996, 12.
6 Hanloser in WB, § 2 Rn. 8 ff.

6 **Organe der Rechtspflege** sind Gerichte wie auch Staatsanwaltschaften und Strafvollzugsbehörden. Auch Notare sind, soweit sie in dieser Funktion tätig werden, öffentliche Stellen (der Länder, i.d.R. sog. Beliehene, s.u. Rn. 7), auch wenn sie in ihrer sonstigen Tätigkeit als Rechtsanwalt als nicht-öffentliche Stelle anzusehen sind,[7] für die der 3. Abschnitt des BDSG gilt. Andere öffentlich-rechtlich organisierte Einrichtungen erfassen z.B. die Gesetzgebungsorgane (z.B. Bundestag, Bundesrat). Bei Vereinigungen öffentlicher Stellen kommt es auf die Rechtsform nicht an; öffentliche Stelle ist daher auch ein Verein, dessen Mitglieder ausschließlich öffentlich-rechtliche Stellen sind. Rechtsanwälte sind Organe der Rechtspflege, nicht aber öffentliche Stellen; anwendbar sind die §§ 27 ff.[8]

7 Ein Anwendungsproblem stellen Einrichtungen dar, die als Unternehmen privaten Rechts mit staatlicher Einflussnahme tätig sind. Soweit diese als »**beliehene Unternehmen**« **hoheitliche Aufgaben** wahrnehmen (z.B. TÜV bei technischer Kfz-Kontrolle), sind sie nicht als Gesamtheit, aber »insoweit« öffentliche Stellen, wie ihnen Verwaltungstätigkeiten übertragen sind (Abs. 4 S. 2). Hoheitliche Aufgaben sind solche, bei denen die Stelle ohne gerichtliche Hilfe gegenüber dem Bürger Maßnahmen mit Verwaltungszwang durchsetzen kann. Dies schließt Tätigkeiten ein, die selbst keinen hoheitlichen Charakter haben, davon aber nicht zu trennen sind.

8 Mit der Generalklausel der **anderen öffentlich-rechtlich organisierten Einrichtungen** werden alle Bereiche staatlichen Handelns – unabhängig von der rechtlichen Form – abgedeckt. Dazu gehören z.B. die gesetzgebenden Körperschaften (Bundesrat, Bundestag), die unselbstständigen Eigenbetriebe der öffentlichen Hand, öffentliche Selbstverwaltungsorgane, die Berufsgenossenschaften, die Deutsche Rentenversicherung, die Bundesagentur für Arbeit, die Deutsche Bundesbank mit den Landeszentralbanken, der Deutschlandfunk, die Deutsche Welle sowie Stiftungen. Die Zusammenschlüsse von Kommunen und der Bundesagentur für Arbeit in Arbeitsgemeinschaften nach dem SGB II sind nach gesetzlicher Regelung Stellen des Bundes.[9]

9 **Öffentlich-rechtliche Religionsgesellschaften** sind keine öffentlichen Stellen. Für diese gilt i.d.R. wegen ihrer rechtlichen Privilegierung ein eigenständiges Datenschutzrecht.[10] Werden sie nicht in ihrer kirchlichen Mission, sondern im allgemeinen Geschäftsverkehr tätig, gelten für sie die § 27 ff. BDSG als nicht-öffentliche Stellen.[11] **Öffentlich-rechtliche Rundfunkanstalten** sind öffentliche Stellen. Für sie gilt aber wegen der verfassungsrechtlich gewährleisteten Pressefreiheit ein Sonderregime mit eigenständigen Datenschutzkontrollorganen (vgl. § 41).

10 In Absatz 2 werden die öffentlichen **Stellen der Länder** definiert. Für deren Datenverarbeitung ist aber nicht das BDSG anwendbar.

---

7 BGH, NJW 1991, 568.
8 Vgl. § 38 Rn. 11.
9 War zuvor str.; vgl. Vorauflage, 29. TB ULD 2007, Kap. 4.5.1, S. 56.
10 Datenschutzgesetze der katholischen bzw. der evangelischen Kirchen; Einl. Rn. 62; Dammann in Simitis, § 2 Rn. 84 ff.
11 Dammann in Simitis, § 2 Rn. 107 ff.

3. Unternehmen zwischen öffentlichem und privatem Bereich

Absatz 1 Satz 2 trägt dem Umstand Rechnung, dass frühere öffentliche Stellen inzwischen in private Rechtsform (Deutsche Telekom, Deutsche Post AG) überführt wurden. Fällt für diese Stellen ihr Monopolrecht fort, wird diese Regelung grds. obsolet und das Recht für nicht-öffentliche Stellen anwendbar. § 51 PostG gab der Post AG im Bereich der Briefbeförderung bis 2007 ein gesetzliches Monopol. Da für die Erbringung von Postdienst- und Telekommunikationsdienstleistungen weitgehend bereichsspezifisches Recht gilt (§§ 91 ff. TKG, § 41 PostG), kommt der Übergangsregelung nur wenig Relevanz zu. Nehmen die Unternehmen aus dem **Sondervermögen Deutsche Bundespost** am Wettbewerb teil, gilt nach § 27 Abs. 1 Nr. 2 für diese öffentliche Stellen der 3. Abschnitt des BDSG für private Stellen; die Kontrolle bleibt aber beim BfDI (vgl. § 115 Abs. 4 TKG). 11

Vereinigungen des privaten Rechts von öffentlichen Stellen, die Aufgaben der öffentlichen Verwaltung wahrnehmen, gelten nach Absatz 3 bzw. nach Landesrecht insgesamt als öffentliche Stellen. Der Begriff der **Aufgaben der öffentlichen Verwaltung** ist weiter als »hoheitliche Aufgaben«. Dazu gehört, was durch staatliche Rechtsvorschrift der öffentlichen Verwaltung zugewiesen ist, sowie auch das, was zur Koordinierung zwischen Trägern öffentlicher Verwaltung nötig ist. Zur öffentlichen Verwaltung gehören die Angebote ausreichender Verkehrsinfrastruktur oder von Energieversorgung sowie der Bereich der nicht dem Marktgeschehen überlassenen »Daseinsvorsorge«.[12] 12

Vereinigungen des privaten Rechts sind öffentliche Stellen, wenn sie von einer oder mehreren Stellen des Bundes bzw. des Landes beherrscht werden (Absatz 3 S. 1 Nr. 2). Daran ändert sich nichts, wenn auch private Stellen beteiligt sind.[13] Allein durch die Inanspruchnahme von Subventionen oder sonstigen staatlichen Zuwendungen wird eine Stelle nicht »öffentlich-rechtlich«; ebenso wenig dann wenn eine staatliche Kapitalbeteiligung vorliegt, die nicht darauf abzielt, Aufgaben der Verwaltung wahrzunehmen. 13

Bei der **Teilnahme öffentlicher Stellen am Wettbewerb** unterliegen diese zwar der Kontrolle der Datenschutzbeauftragten im öffentlichen Bereich, materiell gelten jedoch die Regelungen für die nicht-öffentlichen Stellen (§ 27 Abs. 1 Nr. 2a). Damit sollen Wettbewerbsverzerrungen zum Nachteil oder Vorteil des öffentlichen Unternehmens verhindert werden. Am Wettbewerb nehmen öffentliche Stellen teil, soweit sie Leistungen, die auch von Privaten erbracht werden, auf dem Markt anbieten. Besteht ein Monopol einer öffentlichen Stelle oder gibt es keine private Konkurrenz für die angebotene Leistung, liegt kein Wettbewerb vor.[14] Kein Wettbewerb besteht bei hoheitlichem Handeln oder bei Anschluss- und Benutzungszwang. Wettbewerbsunternehmen sind i.d.R. Sparkassen und öffentliche Krankenhäuser, nicht aber z.B. Universitätskliniken im Bereich der wissenschaftlichen Forschung und Lehre.[15] Dient eine Verarbeitung sowohl Verwaltungszwecken als auch dem Wettbewerb, gilt das öffent- 14

---

12 33. TB HDSB 2004 – HessLT-Drs. 16/3746 – S. 7; Dammann in Simitis, § 2 Rn. 52; a. A. Petri/Tinnefeld, RDV 2008, 59, 63.
13 Dammann, RDV 1992, 158.
14 A. A. Tinnefeld/Ehmann/Gerling, 2005, S. 266.
15 Zum Verhältnis von Forschungsfreiheit und Datenschutz bei Hochschulen Weichert in Erichsen/Schäferbarthold/Staschen/Zöllner, Lebensraum Hochschule, 2012, 77 ff.

§ 3 Weitere Begriffsbestimmungen

liche Recht. Eine nur gelegentliche Beteiligung am Wettbewerb oder eine solche von untergeordneter Bedeutung ist keine Teilnahme am Wettbewerb.

4. Nicht-öffentliche Stellen

15 In Absatz 4 Satz 1 werden als nicht-öffentliche Stellen alle natürlichen und juristischen Personen definiert, soweit sie nicht unter die Absätze 1 bis 3 fallen. Für sie findet das BDSG Anwendung (§§ 1–11, 27 ff.), wenn sie personenbezogene Daten zu anderen als persönlich-familiären Zwecken (§§ 1 Abs. 2 Nr. 3, 27 Abs. 1) verarbeiten. Bei **natürlichen Personen** ist es gleichgültig, ob diese als Privatpersonen oder wirtschaftlich bzw. beruflich tätig werden (Einzelfirma, freier Beruf).

16 Bei **juristischen Personen** kommt es auf die Rechtsform nicht an; erfasst werden Gesellschaften (GmbH, AG, OHG, KG), Genossenschaften, Vereine, Stiftungen und Parteien. Auf den Umfang rechtlicher Selbstständigkeit kommt es nicht an. Auch BGB-Gesellschaften oder nicht rechtsfähige Vereine können nicht-öffentliche Stellen sein. Ein wirtschaftlicher Verbund von Unternehmen (Konzern) erfüllt nicht den Stellenbegriff. Voraussetzung ist das Vorliegen einer rechtlich-organisatorischen Einheit. Eine Holding ist zwar eine verarbeitende Stelle, die jedoch nicht identisch ist mit den Konzernunternehmen.

§ 3 Weitere Begriffsbestimmungen

(1) Personenbezogene Daten sind Einzelangaben über persönliche oder sachliche Verhältnisse einer bestimmten oder bestimmbaren natürlichen Person (Betroffener).
(2) Automatisierte Verarbeitung ist die Erhebung, Verarbeitung oder Nutzung personenbezogener Daten unter Einsatz von Datenverarbeitungsanlagen. Eine nicht automatisierte Datei ist jede nicht automatisierte Sammlung personenbezogener Daten, die gleichartig aufgebaut ist und nach bestimmten Merkmalen zugänglich ist und ausgewertet werden kann.
(3) Erheben ist das Beschaffen von Daten über den Betroffenen.
(4) Verarbeiten ist das Speichern, Verändern, Übermitteln, Sperren und Löschen personenbezogener Daten. Im Einzelnen ist, ungeachtet der dabei angewendeten Verfahren:
1. Speichern das Erfassen, Aufnehmen oder Aufbewahren personenbezogener Daten auf einem Datenträger zum Zwecke ihrer weiteren Verarbeitung oder Nutzung,
2. Verändern das inhaltliche Umgestalten gespeicherter personenbezogener Daten,
3. Übermitteln das Bekanntgeben gespeicherter oder durch Datenverarbeitung gewonnener personenbezogener Daten an einen Dritten in der Weise, dass
   a) die Daten an den Dritten weitergegeben werden oder
   b) der Dritte zur Einsicht oder zum Abruf bereitgehaltene Daten einsieht oder abruft,
4. Sperren das Kennzeichnen gespeicherter personenbezogener Daten, um ihre weitere Verarbeitung oder Nutzung einzuschränken,
5. Löschen das Unkenntlichmachen gespeicherter personenbezogener Daten.

Weitere Begriffsbestimmungen § 3

(5) Nutzen ist jede Verwendung personenbezogener Daten, soweit es sich nicht um Verarbeitung handelt.

(6) Anonymisieren ist das Verändern personenbezogener Daten derart, dass die Einzelangaben über persönliche oder sachliche Verhältnisse nicht mehr oder nur mit einem unverhältnismäßig großen Aufwand an Zeit, Kosten und Arbeitskraft einer bestimmten oder bestimmbaren natürlichen Person zugeordnet werden können.

(6a) Pseudonymisieren ist das Ersetzen des Namens und anderer Identifikationsmerkmale durch ein Kennzeichen zu dem Zweck, die Bestimmung des Betroffenen auszuschließen oder wesentlich zu erschweren.

(7) Verantwortliche Stelle ist jede Person oder Stelle, die personenbezogene Daten für sich selbst erhebt, verarbeitet oder nutzt oder dies durch andere im Auftrag vornehmen lässt.

(8) Empfänger ist jede Person oder Stelle, die Daten erhält. Dritter ist jede Person oder Stelle außerhalb der verantwortlichen Stelle. Dritte sind nicht der Betroffene sowie Personen und Stellen, die im Inland, in einem anderen Mitgliedstaat der Europäischen Union oder in einem anderen Vertragsstaat des Abkommens über den Europäischen Wirtschaftsraum personenbezogene Daten im Auftrag erheben, verarbeiten oder nutzen.

(9) Besondere Arten personenbezogener Daten sind Angaben über die rassische und ethnische Herkunft, politische Meinungen, religiöse oder philosophische Überzeugungen, Gewerkschaftszugehörigkeit, Gesundheit oder Sexualleben.

(10) Mobile personenbezogene Speicher- und Verarbeitungsmedien sind Datenträger,
1. die an den Betroffenen ausgegeben werden,
2. auf denen personenbezogene Daten über die Speicherung hinaus durch die ausgebende oder eine andere Stelle automatisiert verarbeitet werden können und
3. bei denen der Betroffene diese Verarbeitung nur durch den Gebrauch des Mediums beeinflussen kann.

(11) Beschäftigte sind:
1. Arbeitnehmerinnen und Arbeitnehmer,
2. zu ihrer Berufsbildung Beschäftigte,
3. Teilnehmerinnen und Teilnehmer an Leistungen zur Teilhabe am Arbeitsleben sowie an Abklärungen der beruflichen Eignung oder Arbeitserprobung (Rehabilitandinnen und Rehabilitanden),
4. in anerkannten Werkstätten für behinderte Menschen Beschäftigte,
5. nach dem Jugendfreiwilligendienstgesetz Beschäftigte,
6. Personen, die wegen ihrer wirtschaftlichen Unselbständigkeit als arbeitnehmerähnliche Personen anzusehen sind; zu diesen gehören auch die in Heimarbeit Beschäftigten und die ihnen Gleichgestellten,
7. Bewerberinnen und Bewerber für ein Beschäftigungsverhältnis sowie Personen, deren Beschäftigungsverhältnis beendet ist,
8. Beamtinnen, Beamte, Richterinnen und Richter des Bundes, Soldatinnen und Soldaten sowie Zivildienstleistende.

§ 3 Weitere Begriffsbestimmungen

Übersicht

	Rn.
1. Allgemeines	1
2. Personenbezogene Daten	2–22
3. Automatisierte Verarbeitung und Datei	23–27
4. Verarbeiten	28, 29
5. Erheben	30–32
6. Speichern	33, 34
7. Verändern	35
8. Übermitteln	36–41
9. Sperren	42, 43
10. Löschen	44, 44a
11. Nutzen	45
12. Anonymisieren	46–50
13. Pseudonymisieren	51–53
14. Verantwortliche Stelle	54–62
15. Empfänger und Dritter	63, 64
16. Besondere Arten personenbezogener Daten	65
17. Mobile Verarbeitungsmedien	66
18. Beschäftigte	67

1. Allgemeines

1 § 3 definiert die im BDSG maßgeblichen Begriffe für das Bundesrecht, also z. B. auch für das TMG und das TKG,[1] die sich in mancher Hinsicht von der Terminologie der **sonstigen Regelwerke des Datenschutzrechts unterscheiden**, etwa dem Art. 2 EG-DSRl oder vielen Landesdatenschutzgesetzen. Dies gilt vor allem für den engen Begriff »Verarbeiten« im BDSG, der weder die Erhebung noch die Nutzung mit einschließt. Absatz 11 ist durch eine BDSG-Novelle im Jahre 2009 neu eingeführt worden (s. u. Rn. 67). § 46 ergänzt die Regelung des § 3 um bestimmte – in älteren Gesetzen verwendete – Begriffsbestimmungen, die weiterhin Gültigkeit haben.

2. Personenbezogene Daten

2 Geschützt werden vom BDSG bzw. generell vom Datenschutzrecht natürliche Personen als Grundrechtsträger (Art. 2 lit. a EG-DSRl). Datenschutzrechtlich »**Betroffener**« ist jede **natürliche Person**, über die Einzelangaben zu persönlichen oder sachlichen Verhältnissen verarbeitet werden (§ 3 Abs. 1). Erfasst sind Deutsche ebenso wie Ausländer.[2] Erfasst werden nicht nur Angaben über private Tätigkeiten, sondern auch Daten über geschäftliche bzw. berufliche Tätigkeiten z. B. bzgl. des Einkommens aus Erwerbstätigkeit und Kapital sowie des Vermögens.[3] Von der Betroffeneneigenschaft ist eine Vielzahl von Rechten abhängig. Der Betroffene kann über seine Daten verfügen, auch gegenüber Dritten durch Einwilligung. Er hat Ansprüche auf Auskunft, Datenkorrektur,

---

1 Siehe aber die vorrangig geltenden spezifischen Definitionen in § 2 TMG, § 3 TKG, § 2 RStV.
2 Huber, NJW 2013, 2575; Weichert in Huber, Aufenthaltsgesetz, 2010, Vorb §§ 86–91e AufenthG Rn. 1 ff.
3 EuGH, RDV 2009, 113.

auf Benachrichtigung, Folgenbeseitigung, Schadensersatz oder das Recht zur Anrufung der Datenschutzkontrollinstanz.

Unstreitig beginnt das Leben einer natürlichen Person mit der Geburt. Dessen ungeachtet liegen seit der Befruchtung einer Eizelle, aus der später ein Neugeborenes entsteht, schon **vor der Geburt** von diesem personenbezogene Daten vor, vor allem per Genomanalyse zu gewinnende Daten über Erbanlagen. Wird hierüber vor der Geburt disponiert, wird die (Selbst-)Bestimmungsmöglichkeit des künftigen Kindes eingeschränkt. Insofern entfaltet das Recht auf informationelle Selbstbestimmung eine Vorwirkung.[4]

Betroffene müssen natürliche Personen sein; nicht hierzu gehören **Verstorbene**.[5] Deren Daten können jedoch als berufliches Geheimnis (§ 203 Abs. 4 StGB), als Sozialgeheimnis (§ 35 Abs. 5 SGB I), als Statistik- oder als Steuergeheimnis oder nach sonstigem speziellen Recht geschützt sein. So heißt es z. B. in § 7 Abs. 1 S. 3 KrankenhausGHmb: »Der Datenschutz endet nicht mit dem Tode des Patienten«.[6] Das allgemeine Persönlichkeitsrecht und das Recht auf informationelle Selbstbestimmung können auch jenseits gesetzlicher Regelungen eine Reflexwirkung zugunsten eines postmortalen Persönlichkeitsschutzes entwickeln.[7]

Funktionsträger, also z. B. Verfassungsorgane oder auch Beamte bei Ausübung ihrer Tätigkeit, sind nicht Träger von Grundrechten.[8] Da jedoch jeder hoheitlichen Tätigkeit eine handelnde natürliche Person zugeordnet werden kann und diese als solche auch während ihrer Tätigkeit und in ihrer Funktion einen Persönlichkeitsschutz genießt, ist auch bei Funktionsträgern die Anwendung des Datenschutzrechts nicht ausgeschlossen (vgl. § 5 Abs. 2 IFG-Bund).[9] Die Ansicht, dass es sich bei Informationen über öffentliche Bedienstete nicht um personenbezogene Daten handelt, weil sie einen derart engen Bezug zur amtlichen bzw. staatlichen Tätigkeit gegenüber dem Bürger haben, dass sie nicht der Individualsphäre des Bediensteten, sondern der Sphäre des Staates zuzuordnen seien,[10] verkennt den Doppelcharakter solcher Angaben. Diese Ansicht geht fälschlich davon aus, dass staatlich Bedienstete bei ihrer Funktionsausübung ihre persönliche Individualität aufgeben würden. Dies ist aber weder im Innenverhältnis zum Dienstherrn, noch im Außenverhältnis der Fall.[11]

Wohl aber ist der **Schutzbedarf geringer** als etwa bei wirtschaftlich tätigen Privatpersonen, da die relevanten Informationen zugleich solche über die Ausübung von Ho-

---

4 Weichert, DuD 2002, 137.
5 Gola/Schomerus, § 3 Rn. 12; Dammann in Simitis, § 3 Rn. 17; a. A. BMH, § 3 Rn. 4 ff.; Schild in WB, BDSG, § 3 Rn. 6.
6 BVerfGE 30, 173, 194; BVerfG, DVBl 2001, 985; BGH, JZ 2000, 1056; Leeb, K&R 2014, 693; Herzog, NJW 2013, 3745; Heinemann/Heinemann, DuD 2013, 242; Martini, JZ 2012, 1145; Brinkert/Stolze/Heidrich, ZD 2013, 153; Jung, AfP 2005, 317; Pabst, NJW 2002, 999; Bizer, DuD 2000, 233; Wyduckel, DVBl. 1989, 332; LG Düsseldorf, DuD 1992, 259.
7 Spieker, DÖV 2015, 54.
8 Arndt, NJW 2004, 3157.
9 BVerwG, NVwZ 2015, 669, 675.
10 So Globig, DöD 1991, 217; 16. TB LfD Rh. Pf., S. 104; unklar Simitis in Simitis, 4. Aufl. Juli 1994, § 4 Rn. 24.
11 Bay VGH, 26.3.2015 – 5 B 14.2164; vgl. VGH BW, DÖV 2013, 993 (LS); zur Bereitstellung von Telefonlisten VG Leipzig 10.1.2013 – 5 K 981/11; VG Aachen 17.7.2013 – 8 K 532/11; OVG NRW 6.5.2015 – 8 A 1943/13; Debus, NJW 2015, 981.

heitsgewalt sind, die grds. dem Öffentlichkeitsgrundsatz und der demokratischen Kontrollierbarkeit unterliegen müssen.[12]

7, 8 Bei **Personen der Zeitgeschichte** können oft ebenso wenig schutzwürdige Belange geltend gemacht werden, soweit deren zeitgeschichtliche Rolle in Frage steht. Dessen ungeachtet bleiben sie Betroffene (vgl. § 23 Abs. 1 Nr. 1 KUG).[13] Auch Verstöße gegen das Datenschutzrecht sind zeitgeschichtliche Vorgänge, die z. b. eine Mitteilung an die Öffentlichkeit rechtfertigen können.[14]

9 Datenschutzrechtlich relevant sind Unternehmensdaten, die sich auf eine natürliche Person beziehen lassen (z. b. »Elektro-Discount Eugen Schulz«), allerdings nur, soweit die Firmendaten die Einzelperson, z. B. den Firmeninhaber, persönlich betreffen, d. h. auf die natürliche Person »durchschlagen«.[15] Hat sich ein Name einer Sache, z. B. eines Unternehmens, von der Person des Namensgebers gelöst (z. B. Krupp AG), handelt es sich nicht mehr um ein personenbezogenes Datum. Bei einer **Einzelfirma** oder einer »Ein-Mann-GmbH« ist i. d. R. davon auszugehen, dass hinter der juristischen Person eine natürliche Person steht. Enthält eine Datei Angaben über juristische und natürliche Personen, empfiehlt es sich, diese so zu behandeln, als unterlägen sie insgesamt den datenschutzrechtlichen Bestimmungen.[16]

10 Nicht Betroffene i. S. d. deutschen Datenschutzrechts – anders als in anderen Staaten[17] – sind **juristische Personen.** Diesen steht keine Menschenwürde nach Art. 1 Abs. 1 GG zu. Sie können aber einen Schutz vor informationellen Eingriffen für juristische Personen für sich in Anspruch nehmen, wobei das Datenschutzrecht analog angewendet werden kann. Dabei ist aber zu beachten, dass der Schutz u. U. nicht so weit geht wie bei natürlichen Personen.[18] Informationen über juristische Personen stehen aber u. U. unter anderweitigem Schutz, etwa als Betriebs- und Geschäftsgeheimnis, als Sozialgeheimnis (§ 35 Abs. 4 SGB X) oder als Steuergeheimnis (§ 30 AO).

11 Das **Telekommunikationsgeheimnis** nach Art. 10 Abs. 1 GG schützt auch juristische Personen (Art. 19 Abs. 3 GG). Angesichts der zunehmenden Datenverarbeitung im Bereich von Telekommunikationsvorgängen und der Überschneidung mit dem Datenschutzrecht wird teilweise erwogen, Letzteres künftig auch auf juristische Personen auszuweiten.[19]

12 Personenbezogene Daten sind nach Absatz 1 Einzelangaben über persönliche oder sachliche Verhältnisse einer **bestimmten oder bestimmbaren Person** – des Betroffe-

---

12 BVerwG, NJW 2004, 2462, kritisch Arndt, NJW 2004, 3157.
13 EGMR, NJW 2004, 2647; vgl. Einl. Rn. 81 m. w. N.; zu weitgehend OLG Frankfurt, RDV 1991, 84 f.
14 OLG Frankfurt, RDV 1990, 191.
15 BGH, NJW 1986, 2505; OLG Stuttgart, DuD 2004, 48; vgl. Einl. Rn. 51; kritisch von Lewinski, DuD 2000, 39.
16 Zur Abgrenzung zwischen Privatsphäre und Funktion als Organ einer Gesellschaft Fleischer, NJW 2006, 3239.
17 Dammann in Simitis, § 3 Rn. 18.
18 Einl. Rn. 52; EuGH 9.11.2010 – C-92/09, C-93/09; DuD 2011, 141 – Agrarsubventionen; BVerfGE 67, 142 f.; BVerfGE 77, 46 f.; BayVGH, BayVBl. 1994, 115; BGH, NJW 1994, 1282 = CR 1994, 397; KG, RDV 2006, 124; dagegen Bär, BayVBl. 1994, 427; offen lassend BVerfG, NJW 2001, 505 und BVerfG, NJW 2001, 811.
19 Roßnagel/Pfitzmann/Garstka, 2001, 14, 64 ff.

Weitere Begriffsbestimmungen § 3

nen. Als bestimmbar wird eine Person angesehen, die direkt oder indirekt identifiziert werden kann, vor allem etwa durch Zuordnung einer Kennnummer oder zu mehreren spezifischen Elementen, die Ausdruck ihrer physischen, physiologischen, psychischen, wirtschaftlichen, kulturellen oder sozialen Identität sind (Art. 2 lit. a EG-DSRl).

Bestimmbarkeit ist weit auszulegen. Es muss kein Personenbezug bestehen; es genügt, 13
wenn dieser, u. U. mit mehreren Zwischenschritten, hergestellt werden kann. Das ist der Fall, wenn im Umfeld der verantwortlichen Stelle Zusatzwissen vorhanden ist, das abgefragt werden könnte. Bestimmbar sind z. B. »Abteilungsleiter der Abt. X der Firma Y« oder »einzige Kostenposition einer Planstelle in einem Haushaltsplan«. Nach einer erfolgreichen Anonymisierung oder Aggregierung (s. u. Rn. 41) liegt keine Bestimmbarkeit mehr vor. Für die Bestimmbarkeit kommt es nicht ausschließlich auf die Kenntnisse, Mittel und Möglichkeiten der speichernden Stelle und die dieser normalerweise zur Verfügung stehenden Hilfsmittel an.[20] Bestimmbarkeit ist nicht relativ, sondern objektiv zu bestimmen.[21] Verfügt die speichernde Stelle nicht über die Zuordnungsmöglichkeit zu einem Pseudonym (s. u. Rn. 45), wohl aber eine andere Stelle, sind die pseudonymisierten Daten personenbezogen, wenn es nicht völlig unrealistisch ist, dass die andere Stelle ihre Kenntnisse zur Verfügung stellt. Die Möglichkeiten der Zuordnung bzw. der Verkettung von Datenbeständen zwecks Identifizierung nehmen mit der technischen Entwicklung immer weiter zu.[22] Ein Personenbezug besteht nur dann nicht, wenn Einzelangaben nicht mehr oder nur mit einem unverhältnismäßig großen Aufwand an Zeit, Kosten und Arbeitskraft einer natürlichen Person zugeordnet werden können (vgl. § 3 Abs. 6). Da über die weltweiten elektronischen Netze jede Information global generell zur Verfügung gestellt werden kann, besteht diese generelle Möglichkeit grds. auch für das für die Identifizierung nötige Wissen. Eine Ausnahme besteht allenfalls dann, wenn das Zusatzwissen auf wenige begrenzt bleibt und dessen Preisgabe nicht nur rechtlich, sondern auch technisch-organisatorisch ausgeschlossen wird.

Bestimmbar sind Daten, die mithilfe von **Referenzdaten einer Person zugeordnet** 14
werden können. Solche Referenzdaten können Ordnungsnummern, ein Personenkennzeichen oder ein Pseudonym sein. Zugeordnet werden können Daten auch über die Telefonnummer oder über sonstige Erreichbarkeitsnummern, über die Adresse oder über Geokoordinaten.[23] Eine Zuordnung kann auch über einen Funkchip (Radio Frequency Identification – RFID) erfolgen.[24] Die statische IP-Adresse ist ein personenbezogenes Datum, wenn das darüber identifizierte Endgerät einer Person zugeordnet ist.[25] Bei **dynamischen IP-Adressen** besteht für den Access-Provider die Möglichkeit,

---

20 So aber Gola/Schomerus, § 3 Rn. 10; Wojtowicz, PinG 2013, 65.
21 Pahlen-Brandt, DuD 2008, 34; Karg, ZD 2012, 256; Buchner in Taeger/Gabel, § 3 Rn. 13; EuGH ZD 2012, 32 mit Anm. Meyerdierks; tendenziell auch Brink/Eckhardt, ZD 2015, 205.
22 Hansen, Meissner u. a. – ULD, Verkettung digitaler Identitäten, 2007.
23 EuGH, MMR 2004, 96 – Lindqvist.
24 Däubler, Gläserne Belegschaften? Rn. 324 ff.; Holznagel/Bonnekoh, MMR 2006, 19; Buchner in Taeger/Gabel, § 3 Rn. 18; Breyer, ZD 2012, 20.
25 A. A. Meyerdierks, MMR 2013, 705.

bei Angabe der Nutzungszeit einen Personenbezug herzustellen.[26] Cookies und zunehmend Device (Canvas) Fingerprinting werden als Identifikatoren zu natürlichen Personen im Internet genutzt.[27] Eine Telefonnummer ist auch dann personenbezogen, wenn die Nummer vom Betroffenen nicht veröffentlicht wurde und erst durch Anruf eine Identifizierung erfolgt.[28] Werden Referenzdaten ohne einen Personenbezug verwendet, z. B. Geokoordinaten mit topografischen Daten, kann man noch nicht von personenbezogenen Daten sprechen, wohl aber, wenn zu diesen Daten ein individueller Bezug hergestellt wird, z. B. Hausgrundriss, Grundstückfläche, persönlicher Aufenthalt oder ein Bild von der Person, dem Grundstück oder der Wohnung.[29]

15 Die Bestimmbarkeit ist ausschließlich **objektiv zu beurteilen**. Sie ist unabhängig von der Identität und von den Intentionen der verantwortlichen Stelle. Auf die Zielsetzung bzw. den Zweck der Verarbeitung, also einen subjektiven Vorbehalt, kann es nicht ankommen. Anderenfalls hinge die Anwendbarkeit des Datenschutzrechts davon ab, welche innere Vorstellung eine Stelle von ihrer Verarbeitung hat.[30] Auch kommt es grds. nicht darauf an, ob die Beschaffung des für die Identifizierung nötigen Zusatzwissens nur durch Verstoß gegen Gesetze erlangt werden kann.[31]

16 Von einem personenbezogenen Datum kann erst dann die Rede sein, wenn die Einzelangaben auf einem Datenträger materialisiert und wahrnehmbar festgehalten sind. Welcher Aufwand für die verantwortliche Stelle zur Wahrnehmung erforderlich ist, ist unerheblich, soweit sie überhaupt möglich ist. Auf die Art des **Datenträgers** und auf die Frage, mit welchen Mitteln ein Datum verarbeitet wird, kommt es nicht an. Regelmäßig sind dies schriftliche Unterlagen, Akten, Karteien, Listen oder elektronische Datenträger (Diskette, USB-Stick, CD, DVD, Chipkarte, Ton- oder Datenband, Festplatte, optische Speichermedien).[32] Als Datenträger (z. B. von genetischen Daten) kommt auch Körpergewebe in Betracht.[33] Datenschutzrechtlich unbeachtlich sind

---

26 Breyer, ZD 2014, 400; ders. MMR 2009, 16; Specht/Müller-Riemenschneider, ZD 2014, 71; Bonholzer, MMR Beilage 6/2009, 7; Pahlen-Brandt, K&R 2008, 288; Bizer, DuD 2007, 602; Gundermann, K&R 2000, 22 f.; EuGH, CR 2012, 33; AG Berlin-Mitte, DuD 2007, 856 = ZUM 2008, 83 = RDV 2007, 257 = ITRB 2008 m. Anm. Rössel; AG Darmstadt, DuD 2005, 615; LG Darmstadt, DuD 2006 = RDV 2006, 125, 178; LG Berlin, DuD 2007, 858; VG Wiesbaden, MMR 2009, 432; Artikel 29-Datenschutzgruppe, WP 150 v. 15.5.2008; Österr. DSK, DuD 2006, 821; relativierend Voigt MMR 2009, 379; Steidle/Pordesch, DuD 2008, 326 f.; LG Frankenthal, MMR 2008, 480, m. Anm. Sankol; a. A. Meyerdierks, MMR 2009, 9; Kirchberg-Lennartz/Weber, DuD 2010, 479; AG München, MMR 2008, 860 = RDV 2009, 76; zur Fälschbarkeit der IP-Adresse Alsbih, DuD 2011, 482; vgl. BGH, Vorlagebeschluss beim EuGH, NJW 2015, 368 = RDV 2015, 31 = CR 20115, 109 mit Anm. Schleipfer u. Eckhardt = K&R 2015, 106 mit Anm. Bertermann.
27 Karg/Kühn, ZD 2014, 285; zu Cookies Rauer/Ettig ZD 2015, 255; Bizer, DuD 2003, 644; LG Frankfurt/M. 18.2.2014 – 3-10 O 86/12 – Piwik; zum Canvas Fingerprinting Dietrich, ZD 2015, 199.
28 LG Frankfurt, RDV 2008, 28.
29 Däubler, CF 7–8/2005, 42.
30 Weichert, DuD 2009, 351; a. A. Forgó/Krügel/Reiners, Forschungs- und Entwicklungsauftrag zum Thema Geoinformation und Datenschutz – GEODAT – v. 20.12.2008.
31 Gola/Schomerus, § 3 Rn. 10; a. A. Meyerdierks, MMR 2009, 9; Arning/Forgó/Krügel, DuD 2006, 704 f.
32 von Sponeck, CR 1993, 334.
33 Weichert, DuD 2002, 134.

Weitere Begriffsbestimmungen § 3

Informationen, soweit sie nur Eingang in mentale Vorgänge finden, also in die sinnliche Wahrnehmung und in Gedanken eines Menschen.[34] Deren Materialisierung in Schriftzeichen, in Bildern, in Symbolen, in Ton oder Ähnlichem führt zur Anwendbarkeit des Datenschutzrechts.

Die Daten müssen weder zutreffend noch bewiesen sein. Erfasst werden Fakten ebenso wie **Werturteile**.[35] Es spielt dabei keine Rolle, ob das beobachtete Verhalten oder das Werturteil von rechtlicher Relevanz ist.[36] Auch die wertneutrale Wiedergabe stellt einen Personenbezug her, selbst wenn eine Verletzung des Persönlichkeitsrechts nicht vorliegt. Auch rein wirtschaftliches Handeln einer Person führt zum Entstehen personenbezogener Daten.[37]   17

Wahrscheinlichkeitsaussagen zu einer Person sind personenbezogene Daten, z. B. die Aussage, mit einer bestimmten genetischen Disposition werde eine Person in fünf Jahren mit 50 % Wahrscheinlichkeit an einer Krankheit leiden.[38] Ähnliches gilt für Bewertungen der Kreditwürdigkeit aufgrund von statistischen Berechnungen durch Zuordnung eines Durchschnittswertes (Scores)[39] oder die Einstufung zu einem »Lifestyle-Typ« oder zu einer Käufergruppe oder Kaufkraftklasse. Wird ein Gruppenergebnis einem Gruppenmitglied zugeordnet, liegt nicht nur bzgl. der Gruppenmerkmale, sondern auch bzgl. dieses Gruppenergebnisses ein personenbezogenes Datum vor.[40] Entsprechendes gilt für Prognosen (z. B. Ausfallwahrscheinlichkeit eines Kredits, Entwicklungsmöglichkeiten eines Arbeitnehmers) und individuelle Planungsdaten (Zielvereinbarungen mit Arbeitgeber).[41] Auf die Größe der Wahrscheinlichkeitsangabe und auf deren Qualität kommt es bei der Einordnung als personenbezoge Daten nicht an. Derartige Prognosen werden i. d. R. mit einem Score bewertet (§ 6a Rn. 4). Hierbei handelt es sich um ein personenbezogenes Datum.[42]   18

Persönliche oder sachliche Verhältnisse sind Informationen über die Person des Betroffenen oder über einen auf diesen bezogenen Sachverhalt. Persönliche Verhältnisse sind z. B. auch Tonaufzeichnungen von einer Person, Bilder (Foto, Röntgenbild),[43] biometrische Daten in Rohform wie als Template (Fingerabdruck, Gesichtsprofil, Stimmprofil, genetischer Fingerabdruck),[44] Standortdaten eines einer Person etwa per   19

---

34 Wolff in WB, Syst. A Rn. 3.
35 Greve/Schärdel, MMR 2008, 647; a. A. Härting CR 2009, 26.
36 So aber Bay VGH, DSB 12/1992, 21.
37 BVerfG, NJW 1988, 3009.
38 Weichert, DuD 2002, 134.
39 Buchner in Taeger/Gabel, § 3 Rn. 16; ULD, Scoringsysteme, S. 67.
40 BAG, RDV 1986, 138; BAG, RDV 1995, 29.
41 Buchner in Taeger/Gabel, § 3 Rn. 6; Gola/Schomerus, § 3 Rn. 9.
42 Dammann in Simitis, § 3 Rn. 50 ff., 71; Buchner in Taeger/Gabel, § 3 Rn. 16; Plath/Schreiber in Plath, § 3 Rn. 9; ULD, Scoringsysteme, S. 67; inzwischen nicht mehr strittig; a. A. noch Koch, MMR 1998, 458; Wuermeling, NJW 2002, 3508; zum Personenbezug bei Big Data Schefzig, K&R 2014, 772.
43 Schertz, AfP 2005, 421.
44 EuGH 17.10.2013 – C-291/12 – Reisepass, NVwZ 2014, 435 = DuD 2014, 199; Albrecht, Biometrische Verfahren im Spannungsfeld von Authentizität im elektronischen Rechtsverkehr und Persönlichkeitsschutz, 2003; Hornung, DuD 2004, 429; Weichert, DANA 2/2004, 9; Dammann in Simitis, § 3, Rn. 73; Däubler, Gläserne Belegschaften? Rn. 287 ff.; Schwerpunktheft DuD 6/2013 mit Beiträgen von Busch, Opel, Körffer, Novak u. v. m., sowie DuD 3/2011.

GSM, GPS[45] oder RFID[46] zuzuordnenden Geräts (§ 32 Rn. 103); Angaben über finanzielle, berufliche, wirtschaftliche oder gesundheitliche Verhältnisse. Sachliche Verhältnisse müssen einen direkten Bezug zum Betroffenen haben, z. B. Angaben zu einem Kfz, dessen Halter der Betroffene ist (Kfz-Kennzeichen, Eigenschaften, Orts- und Zeitangaben),[47] über einen vom Betroffenen geführten Betrieb, über eine Wohnung, ein Haus oder ein Grundstück, das der Betroffene bewohnt oder besitzt.

20 Um eine willkürlich weite und über den Schutzzweck des Datenschutzes hinausgehende Anwendbarkeit des Datenschutzrechts bei **Sachdaten** zu vermeiden, hat die Art. 29-Datenschutzgruppe der EU den Personenbezug darauf beschränkt, dass ein Sachdatum Auskunft über die Identität, die Merkmale oder das Verhalten einer natürlichen Person gibt. Es muss sich auf die Rechte oder zumindest auf die Interessen der Person auswirken und Persönlichkeitsrelevanz entwickeln. Eine der drei folgenden Verbindungen zwischen Sache und Person muss bestehen: 1. Ergebniskontext, 2. Zweckkontext, 3. Inhaltskontext. Daten mit Ergebniskontext wirken auf die Rechte und Interessen einer natürlichen Person ein. Daten mit Zweckkontext zielen auf das Beschreiben oder Beeinflussen des sozialen, kulturellen, wirtschaftlichen oder sonstigen gesellschaftlichen Interagierens einer Person. Der Inhaltskontext besteht, wenn ein Datum eine inhaltliche Aussage über die Persönlichkeit der Person trifft.[48]

21 Eine Besonderheit stellen **Geodaten** dar, die vor allem eine der folgenden Ortsfunktionen für eine Person haben können: Angaben über 1. Aufenthalt, 2. Nutzungsbeziehung (z. B. als Bewohner oder wirtschaftlich Tätiger), 3. Eigentum. Bei Geodaten wird zwischen Punkt- und Flächendaten unterschieden. Punktdaten werden durch Geokoordinaten dargestellt, Flächendaten basieren i. d. R. auf Kartendarstellungen, in denen die Flächengrenzen durch Linien in einem Geokoordinatensystem dargestellt sind. Punktdaten sind, auch wenn sie sich auf Sachdaten beziehen (s. o. Rn. 20), regelmäßig personenbezogen. Bei Flächendaten verschwimmt der Personenbezug umso mehr, je größer die Fläche wird und dadurch mehr Personen als nur eine erfasst werden.[49] Angaben zu einem Haus in einem Stadtführer sind z. B. wegen des möglichen Bezugs zu Eigentümern, Bewohnern oder dem Architekten regelmäßig personenbezogen; eine völlig andere Frage ist, ob deren Verarbeitung zulässig ist, z. B. wegen öffentlicher Zugänglichkeit (vgl. § 28 Abs. 1 S. 1 Nr. 3 BDSG).[50] Von hoher Sensibilität sind Standortdaten, die zu Bewegungsprofilen zusammengefügt und aus denen Sozial-, Interessen- und Berufsprofile abgeleitet werden können.[51]

---

45 BGH, NJW 2013, 2530 = DuD 2013, 666 = RDV 2013, 297; Cornelius, NJW 2013, 3340.
46 Löw, ZD 2013, 309; vgl. § 32 Rn. 98.
47 AG Coburg, ZD 2013, 458; LG Kassel, ZD 2014, 363; a. A. AG Kassel, ZD 2014, 90; AG Pforzheim, ZD 2014, 577.
48 Art. 29-Datenschutzgruppe, Stellungnahme 4/2007 v. 20.6.2007, WP 136; Karg, ZD 2012, 260.
49 Neumann, DANA 2/2011, 44; Karg, DuD 2010, 824; Behm, RDV 2010, 64; Weichert, DuD 2009, 350; Karg/Weichert – ULD, Datenschutz und Geoinformationen, 2007; Karg – ULD, Datenschutzrechtliche Rahmenbedingungen für die Bereitstellung von Geodaten für die Wirtschaft, 2008; vgl. auch Weichert, DuD 2007, 113; Fickert, DuD 2009, 495; zur Geolokalisierung Hansen, DANA 3/2010, 100.
50 BGH, NJW 2013, 1809.
51 Däubler, Gläserne Belegschaften? Rn. 318 ff.; zum europäischen Rechtsrahmen Klabunde, DANA 2014, 98.

Weitere Begriffsbestimmungen § 3

Bild- und Videoaufnahmen sind personenbezogen, wenn durch Gesicht, Körperform, Bewegungsart, Kleidung, Kfz-Kennzeichen usw., evtl. in Kombination mit Orts- und Zeitangaben, der Personenbezug hergestellt werden kann.[52] Durch die globale Verfügbarkeit von – mithilfe elektronischer Mustererkennung erschlossenen – Gesichtsbildern, etwa über die Plattform Facebook, erhöht sich das Identifizierungsrisiko (Rn. 19). Durch neue technische Methoden, etwa die dreidimensionale Mustererkennung, erhöht sich das Risiko weiter. Personenbezogen sind nicht nur die Bilder, sondern jede Form eindeutig zuordenbarer biometrischer Daten, auch die elektronischen Templates als Identifikatoren.[53] 21a

Personenbezogen sind i.d.R. auch sog. **Metadaten**, also einem Datum oder einem Datensatz beigefügte Daten, die Auskunft über deren Verarbeitungskontext (Herkunft, Ersteller, Entstehungsdatum, Lokalisierung, Kategorie, Zweckbindung, Verarbeitungsbeschränkung, Gerätekennzeichen, Lösch- und Prüffrist) geben. Bei komplexer Datenverarbeitung, etwa bei »Big Data«, kommt dieser Datenart eine zunehmende Relevanz zu. Diese Daten können einem eigenen Regime unterworfen sein.[54] Deren Löschung kann dazu führen, dass die weitere Verarbeitung der Merkmalsdaten unzulässig wird. 21b

Der Begriff »personenbezogenes Datum« wird inhaltsgleich auch **in anderen Gesetzen** verwendet, z.B. im Statistik- und Archivrecht oder mit ähnlicher Formulierung in § 203 StGB. Im Recht des SGB schließt der weitere Begriff des Sozialgeheimnisses bzw. des Sozialdatums auch Betriebs- und Geschäftsgeheimnisse mit ein (§ 35 Abs. 4 SGB I). 22

3. Automatisierte Verarbeitung und Datei

Das BDSG 1977 und die Landesdatenschutzgesetze (LDSG) der ersten Generation schützten nur vor der Verarbeitung von Daten in Dateien. Im Volkszählungsurteil stellte das BVerfG klar, dass es hierauf beim Persönlichkeitsschutz grds. nicht ankommen kann. Demgemäß erfassten bei öffentlichen Stellen die Gesetze der zweiten Generation die Verarbeitung in Dateien und Akten, für private Stellen galten die Gesetze nur bei Dateibezug. Auch Art. 2c) EG-DSRl kennt die Differenzierung nach dem **Dateibegriff**. Dieser wird aber auf »jede strukturierte Sammlung personenbezogener Daten, die nach bestimmten Kriterien zugänglich sind, gleichgültig ob diese Sammlung zentral, dezentralisiert oder nach funktionalen oder geografischen Gesichtspunkten aufgeteilt geführt wird« ausgeweitet. 23

Eine **Datei** ist jede »Sammlung personenbezogener Daten, die gleichartig aufgebaut ist und nach bestimmten Merkmalen zugänglich ist und ausgewertet werden kann« (§ 3 Abs. 2 S. 2 BDSG, Art. 2c) EG-DSRl). Entgegen den Anforderungen des BDSG 1990 bedarf es für die Annahme einer Datei nicht mehr mehrerer erschließender Merkmale; vielmehr genügt ein Merkmal.[55] Eine »Sammlung« ist jede planmäßige Zusammenstellung von Einzelangaben. Sind Akten so angelegt, dass der Zugriff oder die Suche 24

---

52 EuGH 11.12.2014 – C-212/13 – private Videoüberwachung, Rn. 22, NJW 2015, 463.
53 S.o. Rn. 19; ULD, Biometrie und Datenschutz, *www.datenschutzzentrum.de/projekte/biometrie/*.
54 Dix in Simitis, § 33 Rn. 73; vgl. Schmidt-Wudy in WB, § 34 Rn. 88.
55 A.A. Gola/Schomerus, § 3 Rn. 20: zwei Merkmale.

nach einer natürlichen Person erleichtert ist, was z. B. bei der Personalaktenführung der Fall ist, ist der gesetzliche Dateibegriff erfüllt.[56] Nicht erforderlich ist, dass Daten von mehreren Personen gespeichert sind; es genügt, dass eine Person betroffen ist. Die Art des genutzten Speichermediums als Datenträger ist unerheblich. Voraussetzung für eine Datei ist nicht die Möglichkeit, Daten umzuordnen. Ton- und Bildträger unterliegen keiner Sonderbehandlung mehr (so noch § 3 Abs. 3 S. 1 BDSG 1990). Der Dateibegriff wird durch Bilddatenbanken erfüllt, die ausschließlich über Ortskoordinaten erschlossen werden. Gleiches gilt für inhaltlich erschlossene Aktensammlungen, wenn die Akten im Wesentlichen strukturell gleiche Inhalte haben (z. B. Gehaltslisten). Die früher geltende Privilegierung von nicht-automatisierten Dateien für rein interne Zwecke und von automatisierten Dateien, die ausschließlich aus verarbeitungstechnischen Gründen vorübergehend erstellt werden (§ 1 Abs. 3 Nr. 1, 2 BDSG 1990), ist in der EG-DSRl nicht vorgesehen und seit dem BDSG 2001 nicht mehr enthalten.

25 Automatisierte Verarbeitung wird in Absatz 2 Satz 1 definiert als die »Erhebung, Verarbeitung oder Nutzung personenbezogener Daten unter Einsatz von Datenverarbeitungsanlagen«. Der Begriff der **Datenverarbeitungsanlagen** ist weit gefasst und offen für Entwicklungen. Er umschließt Aktenerschließungssysteme ebenso wie z. B. digitale Ton- und Bildverarbeitungssysteme oder elektronische Geräte zum Zweck medizinischer oder genetischer Diagnostik. Davon sind auch digitale Kamera-Monitor-Videoüberwachungssysteme, Fotokopierer oder Smartphones mit Ton- und Bildaufnahmefunktion erfasst. Die weit auszulegenden Begriffe von Datei und Datenverarbeitungsanlagen sind die Schlüssel für die Anwendbarkeit des Datenschutzrechts im nicht-öffentlichen Bereich (§§ 1 Abs. 2 Nr. 3, 27 Abs. 1 S. 1 BDSG).

26 Der Begriff der **Akte** (vgl. § 3 Abs. 3 BDSG 1990) ist im modernen Datenschutzrecht kaum noch relevant. Die sie auszeichnende eindimensionale Ordnungsstruktur kann u. U. den Dateibegriff erfüllen (s. o. Rn. 24). Die »reine« Aktenverarbeitung kann allenfalls bei einer unstrukturierten Datenhaltung als Ausschlusskriterium für die Anwendung des BDSG im privaten Bereich angesehen werden. Von Datenschutzbedeutung ist der Aktenbegriff bei speziellen Sachverhalten und Vorgängen, z. B. bei der Löschung (§ 20 Abs. 6; vgl. die Übergangsbestimmung in § 46 Abs. 2).

27 Aktendaten werden vom BDSG erfasst, »wenn die Daten offensichtlich **aus einer Datei entnommen** worden« sind (§ 27 Abs. 2 BDSG). Dies gilt nicht nur für die verarbeitende Stelle, sondern auch für die Empfänger solcher Daten.[57] Eine andere Sicht ist weder mit dem Wortlaut noch mit dem Zweck der Regelung vereinbar. Es wäre nicht zu erklären, weshalb dasselbe Datum beim Übermittler strengeren Regeln unterworfen sein soll als beim Empfänger, der das Datum zumeist für einen anderen Zweck verarbeitet. Durch Übermittlung könnte sich so eine Stelle der Anwendbarkeit des BDSG entziehen.

4. Verarbeiten

28 Die neueren Novellierungen des BDSG brachten leider hinsichtlich der Phasen der Datenverarbeitung keine einheitliche Terminologie. Ohne erkennbaren Grund hält das

---

56 Klug, RDV 2001, 267.
57 A. A. Drews, DuD 1991, 566.

Weitere Begriffsbestimmungen § 3

Gesetz an der Trias »Erheben«, »Verarbeiten« und »Nutzen« fest. Dem gegenüber verwenden die meisten LDSG sowie die EG-DSRl einen **umfassenden Verarbeitungsbegriff**, der das Erheben und Nutzen von Daten mit einschließt: »Verarbeitung« wird nach Art. 2 b) EG-DSRl definiert als »jeder mit oder ohne Hilfe automatisierter Verfahren ausgeführte Vorgang oder jede Vorgangsreihe im Zusammenhang mit personenbezogenen Daten wie das Erheben, das Speichern, die Organisation, die Aufbewahrung, die Anpassung oder Veränderung, das Auslesen, das Abfragen, die Benutzung, die Weitergabe durch Übermittlung, Verbreitung oder jede andere Form der Bereitstellung, die Kombination oder die Verknüpfung sowie das Sperren, Löschen oder Vernichten«. § 1 Abs. 1 BDSG verwendet hierfür den Begriff »Umgang« mit Daten.

Das BDSG verwendet einen **engeren Verarbeitungsbegriff**, der Erhebung und Nutzung nicht mit einschließt und folgende Verarbeitungsformen (Phasen) umfasst: Speichern, Verändern, Übermitteln, Sperren und Löschen (§ 3 Abs. 4 S. 1 BDSG). Daher verwendet das BDSG an fast allen Stellen die Aufzählung der Begriffstrias, dies jedoch nicht konsequent (vgl. z. B. § 3 Abs. 1 S. 1 BDSG). Im Folgenden wird allerdings regelmäßig der umfassendere Verarbeitungsbegriff verwendet.

29

5. Erheben

Erheben ist das **Beschaffen von Daten** über den Betroffenen (§ 3 Abs. 3 BDSG). Auf die Art und Weise der Beschaffung kommt es nicht an. Möglich ist die Befragung einer Person, das Anfordern von Unterlagen, das elektronische Abrufen von Daten, das Anhören oder Beobachten. Das Beschaffen der Daten muss gezielt erfolgen. Die beiläufige zufällige Wahrnehmung ist ebenso wenig Erhebung wie die aufgedrängte Unterrichtung durch einen Dritten (Zusendung einer E-Mail, Sprechen auf einen Telefonanrufbeantworter). Eine aufgedrängte oder beiläufig wahrgenommene Information wird aber dann erhoben, wenn sie nicht gelöscht und ihr nachträglich eine Zweckbestimmung gegeben wird. Vor der Speicherung erfolgt daher i. d. R. eine Erhebung.[58] Eine Erhebung setzt jedoch nicht zwingend eine darauf folgende Speicherung voraus.[59]

30

Eine Erhebung bedingt eine **Aktivität der erhebenden Stelle**, durch welche diese Kenntnis oder zumindest Verfügungsmacht erhält. Erfolgt die Datenanlieferung, um einen Vertrag oder eine Absprache zu erfüllen, oder basiert sie auf einem Übermittlungsersuchen, kann von einer Datenerhebung gesprochen werden. Die Mitteilung durch eine Person oder das Stellen eines Antrags führt noch nicht zur Erhebung; Voraussetzung ist vielmehr, dass die bereit gestellten Daten gezielt für einen Zweck entgegengenommen werden. Auch eine Datenübermittlung aufgrund einer gesetzlichen Übermittlungsbefugnis oder -verpflichtung bewirkt erst eine Erhebung, wenn den Daten ein Zweck zugewiesen wird. Allein das Einrichten eines technischen Geräts zum Empfang von Informationen genügt noch nicht. Die Einrichtung muss vielmehr in einer gezielten Weise erfolgen, so dass der erhebenden Stelle die ohne weiteres Zutun

31

---

58 Dammann in Simitis, § 3 Rn. 106 ff.
59 OVG Münster, RDV 2002, 127.

erlangten Daten zugeordnet werden können (z.B. Inbetriebnahme einer Videokamera, das Bereithalten eines E-Mail-Accounts).

32 Während das BDSG weiterhin den Begriff des Erhebens nicht unter den umfassenden **Begriff der Verarbeitung** fasst, ist dies bei der EG-DSRl sowie bei den meisten LDSG der Fall. Dieser terminologische Unterschied hat jedoch keine wesentliche materiell-rechtliche Bedeutung.

6. Speichern

33 Speichern ist »das Erfassen, Aufnehmen oder **Aufbewahren personenbezogener Daten auf einem Datenträger zum Zweck ihrer weiteren Verarbeitung**« (Abs. 4 S. 2 Nr. 1 BDSG). Bei manueller Verarbeitung stellt schon das Eintragen in eine Karteikarte, ja sogar das Festhalten einer Personeninformation auf einem Notizblock eine Speicherung dar. Bei maschinellen Verfahren kommen alle denkbaren Medien als Datenträger in Betracht (vgl. Rn. 16, 24). Auch die Zwischensicherung bei der Dateneingabe ist eine Speicherung. Eine Speicherung ist auch bei der Aufbewahrung von Gewebeproben, Körperzellen oder einer extrahierten DNA gegeben.

34 Weitere Voraussetzung der Speicherung ist die **Zielrichtung** auf eine weitere Verarbeitung. Will die verantwortliche Stelle eine nicht gezielt beschaffte und daher nicht erhobene Information nicht weiter verwenden, muss sie diese löschen. Spätestens im Zeitpunkt der Kenntnisnahme einer »aufgedrängten Speicherung« ist der Tatbestand des Speicherns erfüllt, wenn diese nicht zur unverzüglichen Löschung gebracht wird.

7. Verändern

35 Das Verändern von Daten ist »das **inhaltliche Umgestalten** gespeicherter personenbezogener Daten« (Abs. 4 S. 2 Nr. 2 BDSG). Die Qualität der Veränderung liegt in einer inhaltlichen Aufarbeitung und Verknüpfung, mit der eine Kontextveränderung einhergeht. Die Veränderung kann darin liegen, dass Daten miteinander verknüpft werden, dass Daten berichtigt, pseudonymisiert oder anonymisiert werden. Die Berechnung eines Scores aus Daten, die zu einer Person vorhandenen sind, ist eine Veränderung und nicht eine Nutzung.[60] Entsprechendes gilt für den Einsatz von Auswertungstools oder Data-Mining-Werkzeugen in Datenbanken. Eine Löschung ist nicht mehr als Veränderung zu bewerten. Eine Veränderung (inhaltliches Umgestalten) dürfte auch darin zu sehen sein, dass Daten in einen anderen Verwendungszusammenhang gestellt oder mit einem Sperrvermerk versehen werden. Eine reine Veränderung der äußeren Form, z.B. eine Veränderung einer Feldbezeichnung oder die Nutzung einer neuen Software, stellt keine Veränderung dar. Die Chiffrierung oder Codierung ist dagegen eine inhaltliche Veränderung.[61] Dem Begriff der »Veränderung« kommt als Unterbegriff der »Verarbeitung« keine wesentliche materiell-rechtliche Bedeutung zu, wohl aber den speziellen Formen der Berichtigung, Sperrung, (Löschung,) Pseudonymisierung und Anonymisierung.

---

60 Plath in Plath, § 3 Rn. 37 m. w. N.; a.A. Iraschko-Luscher, DuD 2005, 471; Petri, DuD 2003, 636; dies ist nicht mehr praktisch relevant, seitdem § 29 ausdrücklich auch das Nutzen regelt.
61 A. A. Gola/Schomerus, § 3 Rn. 30.

Weitere Begriffsbestimmungen § 3

8. Übermitteln

Übermitteln ist das **Bekanntgeben personenbezogener Daten an einen Dritten** durch Datenweitergabe oder durch Einsicht bzw. Abruf bei entsprechender Bereithaltung (Abs. 4 S. 2 Nr. 3). Dem gegenüber hatte noch das BDSG 1977 das Bereithalten von Daten zur Einsicht bzw. zum Abruf bereits als Übermittlung angesehen. Als Ausgleich für die Einengung des Übermittlungsbegriffs und wegen der besonderen Gefahren automatisierter **Abrufverfahren** wurden im BDSG 1990 hieran besondere Zulassungsvoraussetzungen aufgestellt (§ 10 BDSG). 36

Auf die **Art der Bekanntgabe** kommt es nicht an. Diese kann schriftlich, mündlich, fernmündlich, durch körperliche Weitergabe eines Datenträgers oder mithilfe elektronischer Medien erfolgen. Ein Telefonanruf oder ein direktes Gespräch genügen also. Eine Übermittlung setzt nicht voraus, dass die Empfänger konkret bekannt sind; die Bekanntgabe gegenüber der Öffentlichkeit oder einer bestimmten Personengruppe genügt (z. B. öffentliche Bekanntgabe einer Entmündigung wegen Trunksucht oder Verschwendung). Die Veröffentlichung ist eine eingriffsintensive Form der Übermittlung.[62] Das Einstellen von Daten ins Internet zum Abruf ist eine Veröffentlichung und damit eine Übermittlung[63] mit der bzgl. des Empfängerkreises höchsten vorstellbaren Eingriffsintensität.[64] Für eine Bekanntgabe genügt es, dass Informationen auf einen Datenträger (z. B. Pass, Ausweis, Chipkarte) aufgetragen werden, der vom Betroffenen in bestimmten Situationen Dritten zum Auslesen vorgelegt werden muss.[65] Keine Übermittlung ist die Datenweitergabe an den Betroffenen selbst (vgl. §§ 19, 34: Auskunft). 37

Die vollständige **Übergabe von Dateien**, Karteien oder Teilen davon ist eine Übermittlung. Dies wird bei Geschäfts-, Praxis- oder Firmenübergaben bedeutsam. Bei der Übergabe von Patientenkarteien bei einer Arztpraxisübergabe kann das sog. Zweischrankenmodell zum Einsatz kommen.[66] Keine Übermittlung erfolgt bei einer Gesamtrechtsnachfolge, z. B. aufgrund einer Erbschaft oder einer Unternehmensübertragung. Mit einer Verfügungsbefugnis aufgrund einer Gesamtrechtsfolge kann aber zusätzlich die Offenbarung von Patientengeheimnissen verbunden sein, für die es einer eigenständigen rechtlichen Legitimation bedarf.[67] 38

Eine Übermittlung **innerhalb einer speichernden Stelle** ist grundsätzlich nicht möglich. Empfänger muss ein Dritter sein (vgl. Rn. 31). Dies schließt aber nicht aus, dass die Weitergabe von Daten innerhalb einer verantwortlichen Stelle (= Nutzung) von besonderen rechtlichen Erfordernissen abhängig gemacht wird (z. B. bei Zweckänderung oder bei Berufsgeheimnissen). Denkbar ist auch, dass in speziellen Gesetzen über einen 39

---

62 OVG Lüneburg, NJW 1992, 192.
63 Gola, NJW 2000, 3752; Dammann, RDV 2004, 21 f.; Brühann, DuD 2004, 201; anders wohl EuGH, RDV 2004, 16.
64 VG Wiesbaden, MMR 2009, 430; Buchner in Taeger/Gabel, § 3 Rn. 35 f. mit dem Hinweis auf die etwas andere Terminologie des EuGH, DuD 2004, 244 (Linqvist) bei Übermittlung ins Drittausland.
65 OVG Schleswig NordÖR 2000, 32 = InfAuslR 2000, 78; dazu Weichert NordÖR 2000, 182.
66 ULD, https://www.datenschutzzentrum.de/medizin/arztprax/gemeinschafts-praxis.htm.
67 BGH, NJW 1992, 737; Rechts- und Steuerberatungspraxis BGH, NJW 2001, 2462; OLG Naumburg, RDV 2003, 29.

besonderen Stellenbegriff Teile zu »Dritten« erklärt werden (z. B. funktionaler Stellenbegriff im SGB, vgl. Rn. 49). Der Personalrat einer Behörde wird teilweise als eigenständige Stelle angesehen.[68]

40 Die Datenweitergabe zwischen Auftragnehmer und Auftraggeber im Rahmen einer **Datenverarbeitung im Auftrag** (§ 11) ist keine Übermittlung. Davon zu unterscheiden ist die sog. Funktionsübertragung, bei der die in Auftrag gegebene Datenverarbeitung über eine reine Hilfstätigkeit nach Weisung hinausgeht; hier liegt in der Datenweitergabe eine Übermittlung. Wird eine Person für unterschiedliche Stellen bei der Datenverarbeitung tätig, kommt es darauf an, in welcher Funktion sie für welche Stelle handelt. Eine Übermittlung liegt dann vor, wenn z. B. Daten, die im Auftrag verarbeitet wurden, für eigene Zwecke gespeichert und genutzt werden.

41 Eine Übermittlung kann einhergehen mit einer **Datenerhebung bei einer dritten Stelle**: Begründet eine Daten anfordernde Stelle ein Übermittlungsersuchen mit personenbezogenen Daten eines Betroffenen, liegt hierin eine eigenständige, rechtlich begründungsbedürftige Übermittlung.

9. Sperren

42 Das Sperren zum Zweck der Einschränkung der Verarbeitung oder Nutzung durch ein entsprechendes Kennzeichen (Abs. 3 Nr. 4) kann **textlich oder technisch** erfolgen. Eine Sperrung kann erfolgen durch Ausblenden der Daten bei rechtlich nicht erlaubten Formen der Verarbeitung oder durch einen Sperrvermerk beim Datum, dem Datensatz oder dem Datenträger. Eine Sperrung kann auch durch gesonderte Aufbewahrung erfolgen (besonderer Datenschrank). Es ist auch möglich, eine Kopie ohne die zu sperrenden Daten in der normalen Verarbeitung weiter zu verwenden und die ursprüngliche Datei insgesamt zu sperren.

43 Die **Einschränkung der Datenverarbeitung** kann sich auf bestimmte Zwecke oder auf bestimmte Nutzer beziehen. So hat z. B. bei Widerspruch gegen eine Datennutzung für Zwecke der Werbung oder Markt- und Meinungsforschung eine Datensperrung zu erfolgen (§§ 28 Abs. 4, 29 Abs. 4). Daten zur Datensicherung (vgl. § 14 Abs. 4) sind für andere Verarbeitungen zu sperren. Die Sperrverpflichtung bzw. die Verarbeitungs- und Nutzungsbeschränkung ergibt sich aus dem materiellen Datenschutzrecht.

10. Löschen

44 Löschen ist jede Form des **Unkenntlichmachens** von Daten. Dies kann in Form der Vernichtung des Datenträgers erfolgen oder durch ein Überschreiben bzw. Beseitigen auf dem Datenträger. Der zuvor gespeicherte Text darf nicht mehr lesbar sein. Allein das Kenntlichmachen, dass die Daten nicht mehr gelten sollen, genügt nicht. Ein Unkenntlichmachen der identifizierenden Merkmale kann zur Umsetzung eines Löschanspruchs als milderes Mittel gegenüber der vollständigen Entfernung eines Datensatzes oder Bildes genügen.[69] Wird nur die Erschließung eines Datums durch Löschen der

---

68 Beilecke, Landesdatenschutzgesetz Schleswig-Holstein, 1996, § 3 Rn. 3.
69 AG Frankfurt 20.7.2012 – 7 Ca 1649/12, DuD 2013, 185.

Weitere Begriffsbestimmungen § 3

Referenz erschwert, erfolgt keine Löschung, ebenso wenig, wenn ein Text auf Papier geschwärzt wird und dieser durch Gegen-das-Licht-halten noch lesbar ist. Löschen ist der tatsächliche Vorgang des Unkenntlichmachens; dessen Anordnung oder Freigabe genügt nicht.[70] Angesichts der technischen Möglichkeiten der Rekonstruktion nach Löschungsversuchen[71] ist die Auslegung des Begriffs vom aktuellen Stand der Technik abhängig. Dieser wird durch Standards festgelegt, zuletzt durch die seit 2012 gültige DIN 66399 »Büro- und Datentechnik, Vernichtung von Datenträgern«.[72] Der datenschutzrechtliche Begriff des Löschens kann sich von dem in anderen Rechtsbereichen unterscheiden (z.B. Grundbuchlöschung §§ 23 ff. GBO).[73]

In Artikel 17 des Entwurfs einer EU-DSGVO ist ein »**Recht auf Vergessenwerden** und auf Löschung« vorgesehen, das auch einen Anspruch auf Unterlassung jeglicher weiterer Verbreitung beinhaltet, »speziell wenn es sich um personenbezogene Daten handelt, die die betroffene Person im Kindesalter öffentlich gemacht«. Dieser Anspruch steht im Konflikt mit dem Umstand, »dass das Internet nie vergisst«, weil eine Löschung in einem Ursprungsdatenbestand durch Kopien leicht umgangen werden kann, die an anderer Stelle zur Nutzung bereitgestellt werden. Diese praktische Problematik hindert nicht das Geltendmachen entsprechender Unterlassungs- und Beseitigungsansprüche, sondern macht deren Durchsetzung dringlicher denn je. Dies kann durch technische Lösungen sowie durch das rechtliche Erschweren der Auffindbarkeit im Internet realisiert werden.[74]

44a

11. Nutzen

Nutzen ist jede **Verwendung personenbezogener Daten** (Abs. 5). Es handelt sich dabei um einen Auffangtatbestand, wenn keine andere Form der Verarbeitung gegeben ist. In den Datenschutzgesetzen der meisten Länder wird die »Nutzung« von Daten als Unterfall der »Verarbeitung« angesehen, nicht als etwas davon zu Unterscheidendes. Eine Nutzung kann im Auswerten von Daten liegen, in einer stelleninternen Weitergabe, in einem internen Abruf oder in einer zielgerichteten Kenntnisnahme. Erfasst wird der zweckgerichtete Gebrauch des Datums. Die Errechnung eines Scores aus vorliegenden personenbezogenen Daten ist keine Nutzung, sondern eine Veränderung (vgl. Rn. 35).[75] Dies gilt auch für die Pseudonymisierung eines Datensatzes.[76] Die Veröffentlichung von Daten ist auch keine Nutzung, sondern eine Übermittlung (vgl. Rn. 37).

45

---

70 Gräff/Günsel, DuD 1990, 77; Jürgens, DuD 1998, 449; zu Entscheidungen des VG Wiesbaden zur Löschung bei SAP vgl. Schild, DANA 1/2013, 13.
71 Fox, DuD 2009, 110.
72 Technische Hochschule Mittelhessen (THM), Datenschutz-Tipp 4; dazu Köppen, DANA 1/2013, 12.
73 Dazu LAG Köln, RDV 1989, 131.
74 Einl. Rn. 50a; Jandt/Kieselmann/Wacker, DuD 2013, 235; Hammer, DANA 1/2013, 4; Hornung/Hofmann, JZ 2013, 163; Fraenkel/Hammer, DANA 1/2013, 8; Gstrein, ZD 2012, 424; Mayer-Schönberger, DANA 1/2012, 9; Spindler, 2012, F35f.; zum »digitalen Radiergummi« Federath/Fuchs/Herrmann/Maier/Scheuer/Wagner, DuD 2011, 403; zum Verhältnis der Löschung zur Meinungsfreiheit Koreng/Feldmann, ZD 2012, 311.
75 A.A. Gesetzesbegründung BDSG 2009, vgl. § 28b Rn. 5, § 29 Rn. 10.
76 A.A. Wohlgemuth/Gerloff, S. 33f.

12. Anonymisieren

46 Mit der Anonymisierung nach Absatz 6 (vgl. § 16 Abs. 5 BStatG) soll der Gehalt eines Datensatzes zu einer Person erhalten bleiben, ohne dass noch eine inhaltliche **Aussage über eine bestimmte Person** möglich wäre. Diese Daten finden im Bereich der wissenschaftlichen Forschung, in der Statistik und in der Planung Gebrauch. Die rein mathematisch-statistische Auswertung bedarf keiner gesetzlichen Ermächtigungsgrundlage.[77] Es sind strenge Anforderungen bei der Frage anzulegen, wann ein Personenbezug (praktisch) nicht mehr hergestellt werden kann. Die verantwortliche Stelle trägt die Beweislast für eine ausreichende Anonymisierung.

47 Dabei kommt es auf die Erkenntnisquellen an, die der speichernden Stelle als **Zusatzwissen** zur personenbezogenen Zuordnung direkt oder indirekt zur Verfügung stehen. Ob dieses Zusatzwissen legal oder unzulässig beschafft wird bzw. werden kann, ist unbeachtlich (s. o. Rn. 15). Ausschlaggebend ist, ob Erkenntnisquellen zur Identifizierung faktisch zur Verfügung stehen bzw. stehen könnten. Für die Verfügbarkeit des Zusatzwissens genügt eine theoretische Möglichkeit. Nicht beachtlich ist, dass diese Möglichkeit nicht in Anspruch genommen werden soll oder will. Eine absolute Anonymisierung ist bei komplexen Datensätzen oft praktisch nicht möglich. Wenn das Zusatzwissen nur unter einem unverhältnismäßigen Aufwand an Zeit, Kosten und Arbeitskraft beschafft werden kann, genügt dies für die Anonymisierung. Hierbei ist ein objektiver Maßstab anzulegen; nicht beachtlich ist, wenn der Aufwand nur für die speichernde Stelle unverhältnismäßig ist; auch das Interesse der Stelle ist nicht erheblich.[78] Aufgrund von neuen Zuordnungstechniken können bisher als anonymisiert geltende Daten wieder zu personenbezogenen Daten werden.

47a Anonymisieren kann dadurch praktisch realisiert werden, dass die Identifikatoren eines Datensatzes gelöscht werden. Voraussetzung für eine wirksame Anonymisierung ist in diesen Fällen, dass die weiteren Merkmalsdaten einschließlich eines Identifikators nicht anderweitig verfügbar sind. Je mehr detaillierte Merkmale also in einem Datensatz verfügbar sind, umso größer ist das Re-Identifizierungsrisiko. Sicherer als die **Methode der Anonymisierung** ist die Methode der Aggregierung, d. h. des Zusammenführens mehrerer personenbeziehbarer Datensätze zu einem Gruppendatensatz, so dass nicht mehr festgestellt werden kann, welcher Person in einem Kollektivdatensatz welche Merkmale zugeordnet sind. Bei der Merkmalsaggregierung werden spezifische Angaben zu einer Person (z. B. Alter 16 Jahre) durch Gruppenmerkmale (z. B. minderjährig) ersetzt, wobei hiermit der Personenbezug nur gelockert, nicht aufgehoben wird. Entsprechendes gilt für das gezielte Einführen von Merkmalsfehlern. Der Einsatz eines Trustcenters genügt regelmäßig nicht für eine Anonymisierung, wenn dem Trustcenter die Re-Identifizierung möglich ist.[79]

48 Bei **georeferenzierten Flächenangaben** (s. o. Rn. 21) lässt sich eine Anonymisierung – z. B. von Grundstücksangaben (mit Aussagekraft z. B. über den Eigentümer, Bewohner

---

[77] BFH, NJW 1994, 2246 = RDV 1995, 32.
[78] A. A. Gola/Schomerus, § 3 Rn. 44.
[79] Dammann in Simitis, § 3 Rn. 205 ff.; Weichert, DuD 2013, 130; Kühling/Klar, NJW 2013, 3601 kritisieren die Unbestimmtheit des Begriffs.

Weitere Begriffsbestimmungen § 3

oder den Nutzer) – durch ein Zusammenfassen von mindestens drei Grundstücken erreichen, wenn kein weiteres Zusatzwissen verfügbar ist, z. b. die Information, dass der Durchschnittswert von drei Grundstücken pro Quadratmeter zugleich deren Realwert darstellt. Je mehr unterschiedliche Flächenangaben miteinander kombiniert werden (»Verschneidung«), desto gröber muss eine Darstellung sein bzw. desto mehr Grundstücke müssen aggregiert werden, um eine hinreichende Anonymisierung zu erreichen. Anonymisierte Daten unterliegen nicht (mehr) dem Reglement des Datenschutzrechts. Anonymisierte Daten sind **keine personenbezogenen Daten**. Die verantwortliche Stelle darf sie ungehindert verarbeiten. Anderes gilt, wenn mit verfügbarem Zusatzwissen eine Re-Identifizierung möglich ist. Oft wird (juristisch unzutreffend) der Begriff »anonym« schon verwendet, wenn einfach die Identifizierungsdaten weggelassen werden. Dies kann im Interesse der Datensparsamkeit geboten sein (§ 3a BDSG), ohne dass aber dadurch eine ausreichende Anonymität bestünde. Erfolgt nur eine teilweise Anonymisierung, d. h. die Identifizierung wird erschwert, bleibt aber – z. B. für nähere Bekannte oder nur für Personen, die einer Verschwiegenheitspflicht unterliegen – möglich, erfolgt keine Anonymisierung; wohl kann hierin aber ein geringerer Eingriff in das Persönlichkeitsrecht liegen.[80]

Zumeist lässt sich keine absolute, sondern nur eine (faktische) Anonymisierung verwirklichen. Der Begriff des Anonymisierens schließt ein gewisses Restrisiko der Re-Identifizierung mit ein. Um eine Re-Identifizierung unter Zusammenführen bisher nicht bekannter Datenquellen nicht nur tatsächlich, sondern auch normativ auszuschließen, besteht ein (strafbewehrtes) **Re-Identifizierungsverbot** (z. B. § 43 Abs. 2 BDSG, § 21 BStatG). Ist eine Re-Identifizierung nicht völlig ausgeschlossen, bewegt sich die Datenverarbeitung weiterhin im Rahmen des BDSG.[81] Wird der unverhältnismäßige Aufwand der Re-Identifizierung erbracht bzw. ist durch den technischen Fortschritt der Aufwand nicht mehr unverhältnismäßig, werden die anonymen Daten wieder zu personenbezogenen Daten.

13. Pseudonymisieren

Der Begriff des Pseudonymisierens wurde 2001 neu in das BDSG eingeführt. Er wird auch in anderen Gesetzen verwendet (z. B. § 15 Abs. 3 TMG), wobei dann auf die Definition im BDSG zurückgegriffen wird. Bei pseudonymisierten Daten nach Absatz 6a handelt es sich um personenbezogene Daten, wenn über das Pseudonym der verarbeitenden Stelle direkt oder indirekt wieder eine persönliche Zuordnung möglich ist. Dies hat zur Folge, dass bzgl. der pseudonymisierten Daten sämtliche Betroffenenrechte gelten, wenn die Zuordnung tatsächlich möglich ist.[82] Pseudonymisierung dient ebenso wie die Anonymisierung der Datensparsamkeit (§ 3a BDSG), z. B. im Bereich der Forschung, Statistik und Planung. Über die **Zuordnungsfunktion** besteht aber weiterhin die Möglichkeit, auch im Nachhinein Datensätze zu einer Person zusammen-

---

80 BVerfG, NJW 2000, 1859; BVerfG, RDV 1996, 184 = DuD 1996, 566.
81 A. A. Gola/Schomerus, § 3 Rn. 44 a, im Fall einer Übermittlung müsse eine Überprüfung der »relativ« anonymisierten Daten erfolgen.
82 A. A. Wohlfahrt/Gerloff, S. 30.

zuführen.[83] Die Pseudonymisierung verfolgt das Ziel, die Kenntnis der Identität der Betroffenen während der Verarbeitung zu verhindern, wenn diese Kenntnis nicht erforderlich ist.

52 Die Vergabe des Pseudonyms kann durch die betroffene Person selbst erfolgen (selbst generiert), durch einen vertrauenswürdigen Dritten, der über die Zuordnungsregel verfügt (trusted third party, z. B. pseudonymisierter Signaturschlüssel nach § 7 SignaturG) oder durch die verarbeitende Stelle. In den letzten beiden Fällen wird unterschieden zwischen Referenz-Pseudonymen (Referenzliste) und Einweg-Pseudonymen, die mithilfe von (geheimen) mathematischen Algorithmen erstellt werden. Das **Erschweren der Identifizierung** muss bei Fehlen der Zuordnungsfunktion zur Anonymisierung führen. Leicht identifizierbare Chiffre (z. B. Namensbestandteile verbunden mit Geburtsdatum) genügen für eine wirksame Pseudonymisierung i. d. R. nicht (vgl. Art. 6e) S. 1 EG-DSRl).

53 Während einzelne LDSG die Verarbeitung mit pseudonymen Daten ähnlich wie mit anonymisierten Daten **privilegieren** (z. B. §§ 11 Abs. 6, 22 Abs. 3 LDSG SH), enthält das BDSG eine solche Regelung ausdrücklich nicht. Dessen ungeachtet kann generell gesagt werden, dass pseudonymisierte Daten von solchen Stellen verarbeitet werden dürfen, die keinen Zugriff auf die Zuordnungsfunktion haben können. Erfolgt eine abgeschottete pseudonymisierte Verarbeitung von Arbeitnehmerdaten, so dass keine individuelle Leistungs- und Verhaltenskontrolle möglich ist, wird keine Mitbestimmungspflicht ausgelöst.[84]

14. Verantwortliche Stelle

54 Mit dem BDSG 2001 wurde der Begriff der speichernden bzw. der **verarbeitenden Stelle** durch den Begriff der »verantwortlichen Stelle« ersetzt. Dies ist »jede Person oder Stelle, die personenbezogene Daten für sich selbst erhebt, verarbeitet oder nutzt oder dies durch Andere im Auftrag vornehmen lässt« (Abs. 7). Demgemäß definiert Art. 2 d) EG-DSRl den »für die Verarbeitung Verantwortlichen« als die natürliche oder juristische Person, Behörde, Einrichtung oder sonstige Stelle, die allein oder gemeinsam mit anderen über die Zwecke und Mittel der Verarbeitung von personenbezogenen Daten entscheidet.[85] Im Datenschutzrecht wird unabhängig vom Wissen über die Daten darauf abgestellt, wer objektiv über die Daten bestimmen kann, wer die Entscheidungsgewalt über den Zweck und die Mittel der Datenverarbeitung hat.[86] Dabei kommt es nicht darauf an, ob die Stelle die Daten tatsächlich im Besitz und die Herrschaft hierüber hat.[87] Teilweise wird die Ansicht vertreten, dass bei arbeitsteiliger Datenverarbeitung eine Verantwortung nur bei Vorliegen eines Vertragsverhältnisses besteht, und wenn

---

83 Roßnagel/Scholz, MMR 2000, 721.
84 VGH Mannheim, RDV 2001, 185.
85 Buchner in Taeger/Gabel, § 3 Rn. 52; a. A. wohl Plath/Schreiber in Plath, § 3 Rn. 66, die von einem unterschiedlichen Stellenbegriff nach EG-DSRl und BDSG ausgehen, dann aber eine richtlinienkonforme Auslegung vornehmen; ähnlich Monreal, ZD 2014, 611.
86 Weichert, DuD 2009, 10; Jotzo, MMR 2009, 233.
87 Dammann in Simitis, § 3 Rn. 225; Weichert, ZD 2014, 605; ders., ZD 2014, 1; a. A. OVG Schleswig, ZD 2014, 643 = DuD 2014, 869 = K&R 2014, 831; VG Schleswig, ZD 2014, 51 mit Anm. Karg.

die Stelle positive Kenntnis von Tatsachen hat, die eine rechtswidrige Verarbeitung der beteiligten anderen Stelle begründen.[88] Mit der datenschutzrechtlichen Verantwortlichkeit wird auch die zivilrechtliche Passivlegitimation begründet, auch wenn die Einflussmöglichkeit auf die Datenverarbeitung begrenzt ist.[89] Keine Verarbeitung »im Auftrag«, sondern in eigener Verantwortung ist es, wenn eine Stelle durch Gesetz oder behördliche Anweisung verpflichtet wird, Daten für hoheitliche Zwecke zu speichern und vorzuhalten.[90] Kann eine datenschutzrechtliche Verantwortlichkeit bei einem informationstechnischen Mittler nicht begründet werden, so kommt bei Verletzung des allgemeinen Persönlichkeitsrechts eine Haftung als Störer in Betracht.[91]

Inzwischen dürfte unstreitig sein, dass generell nicht von einer funktionalen, sondern von einer **juristischen Betrachtungsweise** bei der Festlegung des Stellenbegriffs auszugehen ist.[92] Eine Sonderregelung enthält lediglich § 67 Abs. 9 S. 3 SGB X für den Bereich des Sozialdatenschutzes: Handelt es sich bei einem Sozialleistungsträger um eine Gebietskörperschaft, sind verantwortliche Stelle die Organisationseinheiten, die eine Aufgabe nach einem der besonderen Teile des SGB **funktional** erfüllen.   55

Der Zugehörigkeit zu einer Stelle tut es keinen Abbruch, dass einer ihrer **Mitarbeiter oder ein Organisationsteil** eine gesetzlich gesicherte Unabhängigkeit genießt oder eigene Verarbeitungsrechte hat bzw. Pflichten unterworfen ist, z. B. als Betriebsarzt, Schwerbehindertenvertretung, als Betriebsrat oder als Personalvertretung.[93] Auf die Belegenheit der Datenverarbeitungsanlage kommt es auch nicht an; so werden z. B. dienstlich genutzte mobile Rechner (Laptop, Notebook) eines Arbeitnehmers dem Arbeitgeber als verantwortliche Stelle zugeordnet.[94]   56

Auch bei **Telemedienanbieter** richtet sich die datenschutzrechtliche Verantwortlichkeit nach Absatz 7. Die §§ 7 ff. TMG mit Regelungen zur Verantwortlichkeit gelten nur für die strafrechtliche Verantwortlichkeit und die Schadensersatzhaftung.[95] Für zivilrechtlich geltend zu machende Ansprüche wegen Persönlichkeitsverletzungen ist als Kollisionsnorm Art. 40 EGBGB anzuwenden.[96] Inhaltsanbieter, die fremde Inhalte bereit halten – also z. B. Betreiber von Chat-Foren, Blogs oder Suchmaschinen –, sind aus datenschutzrechtlicher Sicht nach Absatz 7 verantwortlich, ohne von den personenbezogenen Inhalten aktiv Kenntnis haben zu müssen.[97] Die Verantwortlichkeit beginnt   57

---

88 Petri, ZD 2015, 103.
89 A. A. LG Berlin, ZD 2015, 235.
90 Kritisch Simitis, RDV 2007, 148.
91 Mantz, ZD 2014, 62; KG, MMR 2013, 659; LG Hamburg, DuD 2013 – Mosley; LG Heidelberg, CR 2015, 326; a. A. Voigt, K&R 2014, 80; allgemein Peifer, AfP 2014, 18.
92 A. A. noch Weichert in Kilian/Heussen, 1993, 132 Rn. 39 ff.
93 Gola/Schomerus, § 3 Rn. 49; a. A. Beilecke, Landesdatenschutzgesetz Schleswig-Holstein, 2. Aufl. 1996, § 3 Rn. 3; zur Eigenverantwortlichkeit des Betriebs- bzw. Personalrats BAG, NJW 1998, 2466 = RDV 1998, 64.
94 LAG Schleswig-Holstein, DuD 2001, 235 = RDV 2001, 107.
95 BGH, VersR 2007, 1004 f.; BGH 23.6.2009 – VI ZR 196/08 = MMR 2009, 609.
96 Zur Prüfpflicht von Inhaltsanbietern Breyer, MMR 2009, 14 ff. gegen OLG Hamburg, MMR 2008, 823.
97 EuGH 13.5.2014 – C-131/15, Rn. 21 ff., 41, AfP 2014, 245 – Google Suche; dazu Ziebarth, ZD 2014, 397; Schilde-Stenzel, RDV 2006, 108; Weichert in Lewandowski, Handbuch Internet-Suchmaschinen, 2009, S. 293; ders. DuD 2009, 10; a. A. noch LG Mönchengladbach, DuD 2013, 812 = AfP 2013, 532; Ott, MMR 2009, 162.

jedenfalls spätestens mit Kenntniserlangung der Persönlichkeitsverletzung.[98] Die mangelnde Kenntnis von Daten und der Gedanke des § 10 TMG können allenfalls materiellrechtlich bei Abwägungsvorgängen eine Rolle spielen. Bei Telemedienanbieter erfolgt regelmäßig eine Arbeitsteilung verschiedener Stellen. Lassen sich hierbei bestimmte Verarbeitungsschritte nicht eindeutig logisch voneinander trennen, tragen die Stellen gemeinsam die Verantwortung. Schon das Bereitstellen eines umfassenden Verarbeitungsangebots unter Nutzung der Verarbeitung eines Dienstleisters führt dazu, dass der Bereitsteller für die damit verbundene Datenverarbeitung verantwortlich ist, da er durch die Auswahl des Dienstleisters die Verarbeitung tatsächlich beherrscht.[99]

58 Auch bei **mobilen Verarbeitungsmedien** (§ 6 c) liegt die Verantwortlichkeit zuweilen bei unterschiedlichen Stellen und teilweise auch beim Betroffenen selbst. Entscheidend ist, wer den Datenverarbeitungsprozess tatsächlich beherrscht.[100]

59 Das BDSG kennt kein **Konzernprivileg**. Wirtschaftliche Verflechtung oder faktischer Einfluss spielen keine Rolle. Tochtergesellschaften sind also auch als hundertprozentige Beteiligungen datenschutzrechtlich kein Teil der Muttergesellschaft, unabhängig davon, wie konzernintern die Geschäfts- und Produktionsbereiche behandelt werden. Damit soll die nötige Transparenz für die Wahrnehmung der Betroffenenrechte und bei der Durchführung von Kontrollen sichergestellt werden. Die rechtliche Selbstständigkeit ist ausschlaggebend. Zur verantwortlichen Stelle gehören die unselbstständigen Niederlassungen und Zweigstellen. Die in § 32 Abs. 1 BDSG 1990 geregelte selbstständige Meldepflicht von Zweigniederlassungen ist mit dem BDSG 2001 weggefallen.

60 Innerhalb der speichernden Stelle erfolgt keine Übermittlung. Die interne Datenweitergabe – evtl. für einen anderen Zweck – erfüllt vielmehr den Begriff des **Nutzens** (Rn. 34).

61 Erfolgt eine **Datenverarbeitung im Auftrag** (§ 11), ist der Auftraggeber verantwortliche Stelle, nicht der Auftragnehmer.[101] Kein Auftragsverhältnis im Sinne des Datenschutzrechts besteht, soweit im Rahmen strafrechtlicher Ermittlungen z. B. die Polizei als Hilfsbeamte der Staatsanwaltschaft tätig wird. Weisungen der Staatsanwaltschaft sind nur für das Innenverhältnis zwischen den Strafverfolgungsbehörden relevant.

62 Sind mehrere verantwortliche Stellen an einem Informationssystem beteiligt, kann es Schwierigkeiten der Zuordnung geben. Bei einer Chipkarte, die vom Betroffenen mit sich geführt wird, liegt die Verantwortlichkeit jeweils bei der Stelle bzw. bei den Stellen, die die Herrschaft über den Verarbeitungsvorgang ausüben. Befinden sich die Daten in **Verbunddateien** und sind mehrere Stellen selbstständig zur Veränderung der Datensätze berechtigt, liegt bei sämtlichen derart berechtigten Stellen kumulativ die Verantwortlichkeit. Ist z. B. ein Verbundteilnehmer zu einer Löschung oder Berichtigung

---

98 BGH 14.5.2013 – VI ZR 269/12 – Autocomplete, DuD 2013, 663 = RDV 2013, 197; einschränkend OLG Köln, DuD 2014, 413.
99 Plath/Schreiber in Plath, § 3 Rn. 69; Weichert, DANA 1/2012, 18; Spindler, 2012, F82; Weichert in Breiter/Wind, Informationstechnik und ihre Informationslücken, 2011, S. 301; zweifelnd Schleipfer, DuD 2014, 318; a. A. OVG Schleswig, DuD 2014, 869; VG Schleswig, DuD 2014, 120.
100 Art. 29-Datenschutzgruppe, Arbeitsdokument »Datenschutz und RFID-Technologie« v. 18.1.2005, WP 105; Kesten, RDV 2008, 100.
101 Weichert, Datenschutzrechtliche Verantwortlichkeit, https://www.datenschutzzentrum.de/artikel/894-.html.

Weitere Begriffsbestimmungen § 3

verpflichtet, müssen die anderen Teilnehmer dies auch gegen sich gelten lassen. Erfolgt ein (automatisierter) Abruf eines Verbundteilnehmers von einem Datum, für das nur eine andere Stelle verantwortlich ist, liegt hierin eine Übermittlung.[102] Ein Beispiel für eine Verbunddatei ist das polizeiliche Informationssystem INPOL.

15. Empfänger und Dritter

Dritter ist, wer nicht verantwortliche Stelle, Betroffener oder Auftragsdatenverarbeiter innerhalb der EU ist (Abs. 8). Eine Beauftragung, ohne dass die rechtlichen Voraussetzungen des § 11 vorliegen, stellt eine Funktionsübertragung dar; im Fall von Datenweitergaben besteht entweder eine gemeinsame oder eine aufeinanderfolgende Verantwortlichkeit nach einer Übermittlung. Mitarbeiter einer verarbeitenden Stelle sind keine Dritten, wenn sie in dieser Funktion Daten erhalten. Unselbstständige Zweigstellen eines Unternehmens sind i.d.R. keine Dritte. Anderes gilt, wenn diese im EU-Ausland gelegen sind und dadurch dem Recht des Gastlandes unterliegen. Auftragnehmer außerhalb der EU werden als Dritte angesehen.[103] Ob jemand zur verantwortlichen Stelle gehört oder Dritter ist, hängt von seiner Funktion ab, d.h., ob er für die Stelle oder für sich tätig wird. Der externe Datenschutzbeauftragte ist Dritter;[104] die Verarbeitung der Daten der verarbeitenden Stelle ist aber im Rahmen der Aufgabenwahrnehmung nach § 4g befugt.

Empfänger ist jede Person oder Stelle, die Daten erhält. Der Begriff des »Empfängers« ist in das BDSG 2001 entsprechend der Terminologie von Art. 2 lit. g EG-DSRl aufgenommen worden. Empfänger ist der Dritte als Übermittlungsempfänger und der Auftragsdatenverarbeiter. Nicht dazu zu zählen sind Organisationseinheiten innerhalb einer verantwortlichen Stelle, z.B. der Betriebs- oder der Personalrat, da die Regelung eine weitergehende rechtliche Eigenständigkeit verlangt.[105] Relevant ist der Empfängerbegriff im Rahmen von Informations-, Benachrichtigungs- und Meldepflichten (z.B. §§ 4 Abs. 3 S. 1 Nr. 3, 4e S. 1 Nr. 6, 33 Abs. 1 S. 3).

63

64

16. Besondere Arten personenbezogener Daten

In Umsetzung des Art. 8 Abs. 1 EG-DSRl definiert Absatz 9 abschließend »besondere Arten personenbezogener Daten«. Dabei handelt es sich um Daten, die einem **besonderen Schutz** unterliegen, und die nach dem AGG oder nach § 75 Abs. 1 BetrVG nicht zur Diskriminierung verwendet werden dürfen:[106] z.B. solche über die rassische und ethnische Herkunft, über politische Meinungen, religiöse oder philosophische Überzeugungen, Gewerkschaftszugehörigkeit, Gesundheit oder Sexualleben. Ob das jeweilige Datum tatsächlich besonders sensibel ist, ist unerheblich, wenn es zu einer der genannten Datengruppen gehört. Unerheblich ist auch, ob es sich explizit um ein sensibles

65

---

102 VGH Kassel, CR 1992, 693.
103 Dies ist nach Ansicht von Erd, DuD 2011, 275 europarechtswidrig.
104 A.A. Dammann in Simitis, § 3 Rn. 239; Gola/Schomerus, § 3 Rn. 54: wenn er »ausnahmsweise in den Betrieb eingegliedert ist«.
105 A.A. Gola/Schomerus, § 3 Rn. 51; Gola, RDV 2011, 66.
106 Gola/Schomerus, § 3 Rn. 57a f.

Datum handelt, z. B. weil es aus einer Gesundheitsakte stammt, oder ob sich die Sensibilität aus dem Gesamtzusammenhang ergibt, z. B. die Angabe »schwerbehindert« in einem ansonsten keine Gesundheitsdaten enthaltenden Dokument. Ergebnisse aus Analysen codierender Gensequenzen sind als Angaben über die Gesundheit grds. als sensibel anzusehen.[107] Entsprechendes gilt für sog. Neuro-Daten, die z. B. über bildgebende Verfahren wie Kernspintomografie (MRT) oder Elektroenzephalografie (EEG) erfasst werden können.[108] Die Freiheit, die eigenen Ausdrucksformen der Sexualität für sich zu behalten und sie in einem dem staatlichen Zugriff entzogenen Freiraum zu erleben, tangiert den Würdeschutz sowie den Schutz von Privat- und Familienleben[109] und gehört zum absolut geschützten Kernbereich des Grundrechts auf Datenschutz. Bei einem Sozialbezug, etwa der Begehung einer Sexualstraftat, können jedoch öffentliche Verarbeitungsinteressen in den Vordergrund treten.[110] Daten über das Sexualleben beschränken sich nicht auf den privaten, sondern erstrecken sich auch auf den beruflichen Bereich von Sexualarbeitenden.[111] Zu den Angaben über politische Meinungen und religiöse oder philosophische Überzeugungen gehören auch Mitgliedschaften in Kirchen und Sekten, der Besuch von Gottesdiensten und religiösen Veranstaltungen[112] oder das Abonnement einschlägiger Zeitschriften. Der besondere Schutz besteht bei der Einwilligungserteilung (§ 4a Abs. 3 BDSG) sowie bei vorzunehmenden Abwägungsvorgängen (z. B. § 28 Abs. 6 BDSG). Handelt es sich bei diesen Daten zugleich um solche, die einer beruflichen (z. B. ärztlichen) Schweigepflicht unterliegen, sind auch die zusätzlichen Anforderungen zu beachten (§ 39 BDSG, z. B. § 203 StGB, anders teilweise im Landesrecht, z. B. § 11 Abs. 3 LDSG SH).

17. Mobile Verarbeitungsmedien

66 Die Definition des Absatzes 10 bezieht sich vor allem auf die Regelung des § 6c. Ursprünglich werden hiervon vorrangig Prozessorchipkarten erfasst, nicht jedoch reine Speicherchipkarten (auch Signaturkarten, Mitarbeiterausweise, der neue Personalausweis) oder sonstige reine Speichermedien (CD, USB-Stick). Relevant ist, dass der Betroffene mit dem Gebrauch des Mediums zwar einen ihn betreffenden Verarbeitungsprozess auslöst, ohne diesen aber im Wesentlichen selbst bestimmen zu können. Unerheblich ist, ob die Kommunikation per Kontakt oder über Funk (Radio Frequency Identifikation – RFID) erfolgt,[113] oder ob die Ausgabe des Mediums freiwillig, auf vertraglicher Basis oder verpflichtend erfolgt.[114] Auf die Form des Mediums kommt es nicht an. Die Definition gilt für klassische **Chipkarten** ebenso wie für sonstige Geräte

---

107 Vgl. DSB-Konferenz, DuD 2005, 58.
108 Kritisch Hallinan/Schütz/Friedewald/de Hert, Neurodata and Neuroprivacy – Data Protection outdated? Surveillance&Society 1/2014.
109 EuGH 1.12.2014 – C-148/13, C-150/13, Rn. 53, DVBl 2015, 166 = NVwZ 2015, 133 = DANA 2015, 47.
110 BVerfG 10.6.2009 – 1 BvR 1107/09.
111 Bundesweiter Koordinierungskreis gegen Menschenhandel (Hrsg.), Herausforderungen des Datenschutzes in der Politik gegen Menschenhandel, 2015, S. 45 f.
112 Differenzierend Gola/Schomerus, § 3 Rn. 56a.
113 Lahner, DuD 2004, 724.
114 Scholz in Simitis, § 3 Rn. 271.

mit Prozessorchip (z. B. implantierte Chips, Armbandgeräte), u. U. auch für einzelne, nicht individuell beeinflussbare Anwendungen in komplexen mobilen EDV-Geräten wie z. B. Smartphones, Tablets oder mobile Computer.[115]

18. Beschäftigte

Absatz 11 wurde zum Ende des Gesetzgebungsverfahrens im Juni 2009 durch Beschlussempfehlung des Innenausschusses des Bundestags anlässlich der Aufnahme der Regelung zu dem neuen § 32 zum Datenschutz in Beschäftigtenverhältnissen aufgenommen und definiert den dort verwendeten Begriff des Beschäftigten. Danach gehören zum Schutzobjekt des § 32 nicht nur Arbeitnehmer im engeren Sinn, sondern auch Leiharbeitnehmer, Firmenvertreter, Organmitglieder,[116] ehrenamtlich Tätige,[117] Heimarbeiter, die zur Berufsausbildung Beschäftigten und Personen, denen (wie z. B. den Rehabilitanden) eine **arbeitnehmerähnliche Stellung** zukommt.[118] Zu den Beschäftigten sind, entgegen dem Wortlaut, auch Bewerbende vor Begründung des Arbeitsverhältnisses zu zählen.[119] Der Begriff ist nicht nur bei Schutzregelungen relevant, sondern z. B. auch bei der Bestellung betrieblichen Datenschutzbeauftragter (§ 4 f). Die Legaldefinition der Beschäftigten ist nicht identisch mit dem im Sozialversicherungsrecht verwendeten Begriff des Beschäftigtenverhältnisses.[120]

67

§ 3 a Datenvermeidung und Datensparsamkeit

Die Erhebung, Verarbeitung und Nutzung personenbezogener Daten und die Auswahl und Gestaltung von Datenverarbeitungssystemen sind an dem Ziel auszurichten, so wenig personenbezogene Daten wie möglich zu erheben, zu verarbeiten oder zu nutzen. Insbesondere sind personenbezogene Daten zu anonymisieren oder zu pseudonymisieren, soweit dies nach dem Verwendungszweck möglich ist und keinen im Verhältnis zu dem angestrebten Schutzzweck unverhältnismäßigen Aufwand erfordert.

Übersicht	Rn.
1. Allgemeines	1–4
2. Anonymisierung und Pseudonymisierung	5, 6

1. Allgemeines

Der zunächst in § 3 Abs. 4 TDDSG, in § 12 Abs. 5 MDStV a. F. sowie im Landesdatenschutzrecht (z. B. § 4 Abs. 1 LDSG SH) enthaltene Grundsatz der Datenvermeidung und

1

---

115 Weichert in Roßnagel, S. 1948 ff.; Duhr/Naujok/Peter/Seiffert, DuD 2002, 11; Geis RDV 2007, 2 f.
116 Seifert in Simitis, § 3 Rn. 284; a. A. Zöll in Taeger/Gabel, § 3 Rn. 13.
117 Schild in WB, § 3 Rn. 176.
118 Däubler, Gläserne Belegschaften? Rn. 183; Forst, RDV 2014, 128; Gola/Schomerus, § 3 Rn. 59 a f.
119 § 32 Rn. 4; Thüsing, NZA 2009, 867.
120 BT-Drs. 16/13657, 27.

§ 3a Datenvermeidung und Datensparsamkeit

Datensparsamkeit wurde 2001 mit § 3a S. 1 BDSG generell auch ins Bundesrecht übernommen (ebenso § 78b SGB X). Die BDSG-Novelle 2009 hat einige Formulierungen leicht geändert, ohne allerdings in den Inhalt signifikant einzugreifen. Die Pflicht zur Anonymisierung und Pseudonymisierung wurde verstärkt und besteht nur dann nicht, wenn der Aufwand unverhältnismäßig ist.[1] Weitere **Maßnahmen der Datenvermeidung** sind eine frühzeitige Löschung von identifizierenden oder aller personenbeziehbarer Daten, die Vermeidung von Verknüpfungsmöglichkeiten, die Verarbeitung in technisch abgeschotteten Bereichen (Blackbox) oder die Aggregierung bzw. Pseudo- oder Anonymisierung durch einen Auftragnehmer nach § 11.[2] Die Regelung geht über den Erforderlichkeits- und Verhältnismäßigkeitsgrundsatz beim Einsatz der Verarbeitungssysteme hinaus.

1a Schon bei der **Gestaltung und Auswahl der Systeme** ist darauf zu achten, dass der Umfang personenbezogener Datenverarbeitung auf ein Minimum beschränkt wird. Die Regelung ist als Antwort auf die zunehmende Automatisierung alltäglicher Abläufe zu verstehen, bei denen – nebenbei – massenhaft personenbezogene Daten anfallen.

2 Datenvermeidung und Datensparsamkeit sind als Maßnahmen des Systemdatenschutzes, der technisch-organisatorischen Systemgestaltung einzustufen (Datenschutz durch Technik). Der Anfall von personenbezogenen Daten wird verhindert oder zumindest minimiert. Die verantwortliche Stelle muss vorab und unabhängig vom Einzelfall prüfen, welche Daten für den jeweiligen Zweck **in einem Verfahren tatsächlich erforderlich** sind und entsprechende Vorgaben bei der Systemgestaltung machen.[3] Unter Umständen sind verschiedene Modelle des Geschäftsablaufs durchzuspielen, um festzustellen, welches Verfahren den Anforderungen an die Datensparsamkeit am besten genügt. § 3a S. 2 BDSG nennt die Anonymisierung und Pseudonymisierung als Beispiele zur Umsetzung dieses Ziels. Anonymität kann im Internet durch Anonymisierungsdienste erreicht werden.[4] Beim Einsatz von Chipkarten wird dieses Ziel durch Verwendung von nicht personifizierten Prepaid-Karten erreicht.[5]

3 Der Idealfall ist immer noch, dass bei einem System oder Verfahren überhaupt keine personenbezogenen Daten anfallen. Neben Anonymisierung und Pseudonymisierung (s.u. 2.) kommt der systemseitig sichergestellten frühestmöglichen Datenlöschung eine wichtige Rolle zu. Datensparsamkeit beschränkt sich nicht auf die Reduzierung der Quantität personenbezogener Daten, sondern umfasst auch die Verringerung der Eingriffstiefe (Sensibilität, Umfang der Verarbeitungsschritte).

4 Bei der Regelung handelt es sich nicht nur um eine praktisch nicht durchsetzbare Zielvorgabe oder um einen reinen Programmsatz.[6] Der verantwortlichen Stelle kommt bei § 3a ein Umsetzungsspielraum zu. Dies ändert aber nichts daran, dass die Norm eine Rechtspflicht begründet. Ein Verstoß gegen § 3a BDSG kann zu einer Beanstandung führen (vgl. § 25), nicht aber für sich zur materiellen Rechtswidrigkeit einer

---

1 BT-Drs. 16/13657, S. 27 f.; Schulz in WB, § 3a.
2 Vgl. den Regelungsansatz von § 30 a; a.A. Hornung/Hofmann, WRP 2014, 782.
3 Bizer in Simitis § 3a Rn. 2.
4 Bäumler, DuD 2001, 316; Möller, DuD 2000, 267, 344.
5 Büttgen, DuD 2001, 128.
6 Eßer in Auernhammer, § 3a Rn. 4; a.A. Wuermeling DSB 7+8/1997, 8; Gola/Schomerus, § 3a Rn. 2.

konkreten Datenverarbeitung. Ein Verstoß gegen § 3a kann ein technisch-organisatorischer Mangel nach § 9 sein. Im Rahmen von Abwägungsvorschriften (z.B. §§ 28 f. BDSG) führt eine Verletzung des Grundsatzes u.U. zur **Rechtswidrigkeit**.[7] Die Hauptzielrichtung der Regelung liegt aber nicht im repressiven Bereich, sondern als Gestaltungsmerkmal z.B. im Rahmen der Vorabkontrolle und vor allem des Datenschutzaudits (§ 9a). Wird die auf die Verfahrensgestaltung ausgerichtete Regelung missachtet, schließt dies eine erfolgreiche Auditierung aus. Durch ausdrückliche gesetzliche Regelung kann vorgesehen werden, dass Produkte oder Systeme, die den Anforderungen des § 3a entsprechen, vorrangig eingesetzt oder bei der Beschaffung vorrangig berücksichtigt werden sollen (so z.B. § 4 Abs. 2 LDSG SH).

2. Anonymisierung und Pseudonymisierung

Lässt sich bei einem Verfahren der Anfall personenbeziehbarer Daten nicht von vornherein verhindern (z.B. durch Prepaid-Verfahren), kommt der Anonymisierung und Pseudonymisierung die zentrale Funktion zu. Während in anderen Gesetzen teilweise weitergehende Regelungen zur Pseudonymisierung bestehen (z.B. § 11 Abs. 6 LDSG SH), ist § 3a die einzige Regelung des BDSG, die die Definition des § 3 Abs. 6a aufgreift. Anonymisierung und Pseudonymisierung sind dann möglich, wenn in ein Verfahren zwar personenbezogene Daten einfließen, die **Zielsetzung** aber **nicht in der Erlangung personenbezogener Daten** liegt. Dies gilt i.d.R. für Zwecke der Forschung, der Planung, der Organisationskontrolle, der Qualitätssicherung, der Wirtschaftlichkeitsprüfung oder der Supervision. Grundsätzlich ist die Anonymisierung mit dem vollständigen Beseitigen eines Personenbezugs vorzugswürdig. Um jedoch unterschiedliche Datensätze, die u.U. zu verschiedenen Zeiten generiert werden, einander zuordnen zu können, es also nicht auf den Personenbezug, wohl aber auf einen Fallbezug ankommt, muss die Pseudonymisierung gewählt werden. Die Pseudonymisierung ist vor allem auch bei sensiblen Datenbeständen relevant, deren personenbezogener Gebrauch durch eine separate Haltung der identifizierenden Daten verhindert wird (z.B. Krankheitsregister, Biobanken). Bei Protokolldaten ist eine Pseudonymisierung zur Gewährleistung der strengen Zweckbindung dringend geboten.[8] Der technische Vorgang der Pseudo- oder Anonymisierung ist eine technisch-organisatorische Maßnahme nach § 9.

5

Das BDSG enthält – anders als § 13 Abs. 6 TMG für die Nutzung von Telemediendiensten – **keine Verpflichtung**, dem Betroffen die anonyme oder pseudonyme Inanspruchnahme von Leistungen zu ermöglichen.

6

§ 4 Zulässigkeit der Datenerhebung, -verarbeitung und -nutzung

(1) Die Erhebung, Verarbeitung und Nutzung personenbezogener Daten sind nur zulässig, soweit dieses Gesetz oder eine andere Rechtsvorschrift dies erlaubt oder anordnet oder der Betroffene eingewilligt hat.

---

7 Duhr/Naujok/Peter/Seiffert, DuD 2002, 11.
8 Bizer, DuD 2006, 271; Leopold, DuD 2006, 276.

(2) Personenbezogene Daten sind beim Betroffenen zu erheben. Ohne seine Mitwirkung dürfen sie nur erhoben werden, wenn
1. eine Rechtsvorschrift dies vorsieht oder zwingend voraussetzt oder
2. a) die zu erfüllende Verwaltungsaufgabe ihrer Art nach oder der Geschäftszweck eine Erhebung bei anderen Personen oder Stellen erforderlich macht oder
   b) die Erhebung beim Betroffenen einen unverhältnismäßigen Aufwand erfordern würde

und keine Anhaltspunkte dafür bestehen, dass überwiegende schutzwürdige Interessen des Betroffenen beeinträchtigt werden.

(3) Werden personenbezogene Daten beim Betroffenen erhoben, so ist er, sofern er nicht bereits auf andere Weise Kenntnis erlangt hat, von der verantwortlichen Stelle über
1. die Identität der verantwortlichen Stelle,
2. die Zweckbestimmung der Erhebung, Verarbeitung oder Nutzung und
3. die Kategorien von Empfängern nur, soweit der Betroffene nach den Umständen des Einzelfalles nicht mit der Übermittlung an diese rechnen muss,

zu unterrichten. Werden personenbezogene Daten beim Betroffenen aufgrund einer Rechtsvorschrift erhoben, die zur Auskunft verpflichtet, oder ist die Erteilung der Auskunft Voraussetzung für die Gewährung von Rechtsvorteilen, so ist der Betroffene hierauf, sonst auf die Freiwilligkeit seiner Angaben hinzuweisen. Soweit nach den Umständen des Einzelfalles erforderlich oder auf Verlangen, ist er über die Rechtsvorschrift und über die Folgen der Verweigerung von Angaben aufzuklären.

Übersicht Rn.
1. Allgemeines 1
2. Andere Rechtsvorschriften 2, 3
3. Einwilligung 4
4. Datenerhebung 5–10
5. Hinweispflicht bei Direkterhebung 11–14
6. Hinweis auf Auskunftspflicht 15–18
7. Folgen unterlassener Unterrichtung und Aufklärung 19

1. Allgemeines

1 § 4 enthält die zentrale Zulässigkeitsregelung für die personenbezogene Datenverarbeitung. Gemäß dem **Verbot mit Erlaubnisvorbehalt** ist Datenverarbeitung nur zulässig, wenn entweder eine Rechtsvorschrift diese ausdrücklich erlaubt oder wenn der Betroffene eingewilligt hat (ebenso Art. 7 EG-DSRl). Dieser Grundsatz ergibt sich zwangsläufig daraus, dass Eingriffe in das Grundrecht auf informationelle Selbstbestimmung nach Art. 2 Abs. 1 i. V. m. Art. 1 Abs. 1 GG bzw. das Grundrecht auf Datenschutz nach Art. 8 EuGRCh einer rechtlichen Legitimation bedürfen.[1] Seit der Reform des BDSG im

---
1 BVerfG, NJW 1984, 419 ff.; Karg, DuD 2013, 75; a. A. im Hinblick auf die Gesundheitsdatenverarbeitung Kingreen/Kühling, JZ 2015, 217; im Hinblick auf den nicht-öffentlichen Bereich Rogall-Grothe, ZRP 2012, 195 f.; Giesen, PinG 2013, 62; Bull, Netzpolitik: Freiheit und Rechtsschutz im Internet, 2013, S. 136; dagegen Weichert, DuD 2013, 246.

Jahr 2001 gilt dies uneingeschränkt auch für die Phase der **Datenerhebung**. Für jede neue Verarbeitungsphase (Erhebung, Speicherung, Zweckänderung, Übermittlung usw.) muss im öffentlichen wie im nichtöffentlichen Bereich entweder eine solche gesetzliche Erlaubnis oder eine Einwilligung des Betroffenen vorliegen. Dies ergibt sich für den nicht-öffentlichen Bereich aus der Drittwirkung des Grundrechtsschutzes vor allem bei Machtungleichgewichten,[2] also nicht bei rein persönlichen und familiären Tätigkeiten (§ 1 Abs. 2 Nr. 3). Die Legitimation durch Rechtsvorschrift kann durch das BDSG selbst erfolgen oder durch eine spezielle Rechtsvorschrift. Dem BDSG kommt die Rolle eines Auffanggesetzes zu, das anwendbar ist, wenn keine spezielle, d.h. bereichsspezifische Norm anwendbar ist.

2. Andere Rechtsvorschriften

Spezielle Rechtsvorschriften verdrängen im Rahmen ihres Regelungsumfangs die allgemeinen Regelungen, vor allem das BDSG. Andere **Rechtsvorschriften** können solche des Bundes und solche der Länder sein, aber auch kommunale Satzungen, sonstige Satzungen von Körperschaften sowie normative Teile von Tarifverträgen und Betriebs- bzw. Dienstvereinbarungen.[3] Tarifverträge und Betriebsvereinbarungen können das BDSG – als insoweit höherrangige – Norm nicht abbedingen, wohl aber auslegen und konkretisieren.[4] Auch sonstige gesetzliche Verarbeitungsverbote oder Geheimhaltungsgebote können durch kollektive arbeitsrechtliche Regelungen nicht außer Kraft gesetzt werden. Keine aus sich selbst heraus Grundrechtseingriffe legitimierenden Rechtsvorschriften sind Verwaltungsvorschriften, Erlasse oder sonstiges Binnenrecht.

Voraussetzung ist, dass die Rechtsvorschrift die Verarbeitung personenbezogener Daten regelt bzw. **zwingend voraussetzt** (vgl. § 13 Abs. 2 Nr. 1). Aus der Aufgabe allein kann noch nicht auf eine Befugnis zum Grundrechtseingriff geschlossen werden. Reine Aufgabennormen zur Informationsverarbeitung, zur Zusammenarbeit oder zur Amtshilfe genügen nicht. Ein Mindestmaß an Bestimmtheit bzgl. Zweck, verarbeitender Stelle und Art der Verarbeitung muss aus der Rechtsvorschrift hervorgehen. Je sensibler die Verarbeitung für die Betroffenen ist und je präziser die Verarbeitung beschrieben werden kann, desto klarer muss auch die Norm sein.

3. Einwilligung

Die Einwilligung (§ 4a) stellt neben einer Rechtsnorm eine eigenständige Legitimation für die Datenverarbeitung dar. Grundsätzlich können **beide Legitimationen** nebeneinander bestehen. Liegt aber eine Rechtsnorm vor, sollte auf eine Einwilligung verzichtet werden, da mit der Einholung einer Einwilligung der Eindruck erweckt wird,

---

2 BVerfG, NJW 1991, 2411 – Mietvertrag; BVerfG, DuD 2006, 817 ff. – Schweigepflichtentbindung.
3 Sassenberg/Bamberg, DuD 2006, 226.
4 Sokol in Simitis, § 4 Rn. 17; Rose, DuD 2011, 136; Brandt, DuD 2010, 213; Kort, RDV 2012, 15; Gola/Schomerus, § 4 Rn. 10 a; a.A. BAGE 52, 88 = RDV 1986, 199 = CR 1986, 571.

deren Verweigerung könne die Verarbeitung verhindern. Zudem ist fraglich, ob die Freiwilligkeit der Einwilligung gegeben ist, wenn der Betroffene auf die Möglichkeit hingewiesen wird, dass die Verarbeitung auch per Rechtsnorm legitimiert werden kann. Erfolgt die Datenverarbeitung durch eine öffentliche Stelle, bedarf es bei Vorliegen einer Einwilligung für die Rechtmäßigkeit der Datenverarbeitung zusätzlich einer gesetzlichen Beschreibung von Aufgaben, für deren Erfüllung diese erforderlich sein muss.

4. Datenerhebung

5   Absatz 2 regelt die Datenerhebung, den Grundsatz der **Direkterhebung beim Betroffenen** und die Ausnahmen hiervon. Datenerhebung ist nach § 3 Abs. 4 das aktive Beschaffen von Daten (§ 3 Rn. 30). Durch die Direkterhebung soll gewährleistet werden, dass der Betroffene von der Datenerhebung Kenntnis erlangt. Außerdem wird davon ausgegangen, dass die Erhebung an der Datenquelle die beste Gewähr für die Authentizität und Richtigkeit der Daten gewährt. Werden Daten mit einem Doppelbezug, d. h. mit einer Aussagekraft für mehr als eine natürliche Person, erhoben, genügt es für die Beachtung des Direkterhebungsgrundsatzes i. d. R., dass von der am direktesten betroffenen Person die Daten erhoben werden.[5]

6   Die Erhebung beim Betroffenen setzt voraus, dass die Daten mit **Kenntnis und Mitwirkung des Betroffenen** beschafft werden. Das Mitwirken kann in einem aktiven Tun liegen, aber auch in einem bewussten Unterlassen. Der Betroffene muss die reale Möglichkeit haben zu entscheiden, ob er die zu erhebenden Daten preisgeben möchte oder nicht. Die verdeckte Datenerhebung »hinter dem Rücken« und ohne das Wissen des Betroffenen ist grds. untersagt. Nach Absatz 2 Satz 2 darf unter den genannten Voraussetzungen vom Grundsatz der Direkterhebung vom Betroffenen abgewichen werden. Ist eine Dritterhebung zulässig, bedeutet dies noch nicht, dass auch die Datenübermittlung an die erhebende Stelle zulässig ist.

7   Absatz 2 Satz 2 Nr. 1 erlaubt als Ausnahme, dass die Erhebung ohne Mitwirkung **durch eine Rechtsvorschrift** vorgesehen oder zwingend vorausgesetzt wird. Das Abweichen vom Grundsatz der Direkterhebung muss ausdrücklich erfolgen. Es genügt, wenn eine Rechtsvorschrift ohne Einschaltung des Betroffenen eine Übermittlung von einer dritten Stelle explizit vorsieht. Allein die rechtliche Zulassung der Erhebung ohne Nennung der Datenquelle genügt aber i. d. R. nicht. Zwingend vorausgesetzt wird eine Verarbeitung, wenn eine gesetzliche Aufgabenwahrnehmung ohne sie nicht möglich wäre. So setzen eine Vielzahl staatlicher Ermittlungsmethoden (z. B. Telefonüberwachung) voraus, dass der Betroffene hiervon keine Kenntnis erlangt.

8   Die Erforderlichkeit zur **Erfüllung der Verwaltungsaufgabe oder für den Geschäftszweck** (Abs. 2 S. 2 Nr. 2 a) ist dann nicht gegeben, wenn mit einem gewissen höheren Aufwand die Daten auch beim Betroffenen direkt erhoben werden könnten.[6] Es genügt aber, dass die Daten nicht oder nicht rechtzeitig vom Betroffenen beschafft werden können. Besteht ein Kontakt zum Betroffenen, z. B bei einer Antragstellung oder bei einem Vertragsabschluss, ist er i. d. R. darauf hinzuweisen, dass Daten bei Dritten

---

5 Kritisch Wolff in WB, Syst. A, Rn. 8.
6 Zur Erhebung von Arbeitnehmerdaten bei Dritten Däubler, Gläserne Belegschaften? Rn. 241 ff.

Zulässigkeit der Datenerhebung, -verarbeitung und -nutzung § 4

gemäß dieser Alternative erhoben werden sollen. Im privaten Bereich ist die Datenerhebung von Adressdaten bei der Meldebehörde im Rahmen einer Geschäftsbeziehung zulässig, wenn sich erweist, dass die bisherige Adresse nicht mehr zutrifft. Erforderlich ist eine Dritterhebung, wenn es Hinweise darauf gibt, dass Angaben des Betroffenen nicht zutreffen und dies über die Drittanfragen verifiziert werden kann. Die Adressbeschaffung für Zwecke des Direktmarketing lässt sich nicht mit Nr. 2 a rechtfertigen, wenn bisher kein Geschäftskontakt besteht.[7] Besteht der Geschäftszweck in einer Datenübermittlung an andere als den Betroffenen (z. B. die Fälle des § 29), bedarf es einer im Einzelfall begründbaren Rechtfertigung der Erforderlichkeit der Datenerhebung. Diese kann z. B. bei einer Detekteitätigkeit gegeben sein.[8] Pre-Employment-Checks, z. b. im Internet, bedürfen keiner vorherigen Information, wohl aber einer Benachrichtigung.[9]

Eine Datenerhebung ohne Mitwirkung des Betroffenen ist auch zulässig, wenn die Erhebung einen **unverhältnismäßigen Aufwand** erfordern würde (Abs. 2 S. 2 Nr. 2 b). Je sensibler die Daten sind, umso höher darf der Aufwand sein. Ein auf den Betroffenen beziehender Geschäftszweck ist in diesen Fällen nicht erforderlich. Die Datenbeschaffung von Direktmarketingunternehmen oder Adresshändlern lässt sich hierüber rechtfertigen. Der unverhältnismäßige Aufwand kann durch zu hohe Kosten begründet sein oder durch einen unverhältnismäßigen Zeit- oder Arbeitsaufwand. Sind Daten in allgemein zugänglichen Quellen verfügbar, ist eine Pflicht zur Direkterhebung i. d. R. unverhältnismäßig. 9

Bei einer Dritterhebung nach Absatz 2 Satz 2 Nr. 2 a oder 2 b dürfen keine **überwiegenden schutzwürdigen Interessen der Betroffenen** entgegenstehen. Diese Interessen müssen darin bestehen, dass eine Direkterhebung bzw. dass keine Dritterhebung erfolgt. Bei allgemein zugänglichen Daten sind diese i. d. R. nicht gegeben, wohl aber bei besonders sensiblen Daten, vor allem bei solchen nach § 3 Abs. 9. Werden Daten vom Verfassungsschutz bei einem Arbeitgeber unter Nennung der erhebenden Stelle beschafft, stehen dem i. d. R. schutzwürdige Interessen entgegen. Entsprechendes gilt bei einer Erhebung durch eine Ausländerbehörde über das Bestehen einer ehelichen Beziehung bei Verwandten oder Nachbarn. Lassen sich aus der Erhebung negative Rückschlüsse auf den Befragten ziehen, kann sich hieraus ein überwiegendes Betroffeneninteresse ergeben. 10

5. Hinweispflicht bei Direkterhebung

Die Hinweispflicht nach Absatz 3 soll die **Kenntnis der Betroffenen** bei der Direkterhebung sicherstellen, wer die Daten für welchen Zweck erhebt und an wen diese weitergegeben werden sollen. Der Hinweis muss rechtzeitig, also vor der Erhebung erfolgen. Die Kenntnis ist Voraussetzung für die bewusste Entscheidung des Betroffenen, die Daten freizugeben. Die Unterrichtung des Betroffenen bei der Erhebung bei Dritten ist in § 33 geregelt. Die Hinweispflicht besteht vor der Datenerhebung. Die Hinweise 11

---

[7] A. A. Gola/Schomerus, § 4 Rn. 27; Plath in Plath, § 4 Rn. 19; anwendbar bleibt aber Nr. 2 b.
[8] Gola/Schomerus, § 4 Rn. 27 a; Däubler, Gläserne Belegschaften? Rn. 294.
[9] Gola/Wronka, Rn. 499; a. A. Bäcker in WB, § 4 Rn. 49.

sollten schriftlich erteilt werden. Dies gilt vor allem für die schriftliche Befragung. Die Information kann in allgemeinen Geschäftsbedingungen, aber auch mündlich oder sogar konkludent erfolgen. Letzteres ist z.B. im Rahmen eines Bewerbungsverfahrens der Fall.[10] Die Hinweispflicht wird auch in Art. 10 EG-DSRl begründet.

12 Die Angaben über die **erhebende Stelle, den Zweck und den Empfänger** müssen so bestimmt sein, dass dem Betroffenen eine vernünftige Entscheidung über die Preisgabe möglich ist. Dies bedingt i.d.R. die Angabe des Namens und der Adresse der Stelle. Die Mitteilung von Erreichbarkeitsdaten (Telefon- oder Faxnummer, Internet- oder E-Mail-Adresse) genügt nicht. Die Adresse ist Grundbedingung für den Betroffenen zur Wahrnehmung seiner Rechte. Die Hinweispflicht erstreckt sich auch auf den Zweck bzw. auf mehrere Zweckrichtungen. Ein Hinweis auf eine Rechtsvorschrift genügt nicht. Benannt werden müssen sämtliche ursprünglich verfolgten Zwecke, aber auch nur diese. Mögliche unerwartete Zweckänderungen müssen nicht genannt werden. Ergibt sich dagegen nachträglich eine erweiterte Zweckbestimmung der Daten, ist hierüber zu informieren.

13 Bei der Offenlegung der **Kategorien der Empfänger** wird auf den Begriff der Empfänger nach § 3 Abs. 8 Bezug genommen; genannt werden müssen also auch interne Datenweitergaben oder die Einschaltung von Auftragnehmern. Dem steht die Verwendung des Begriffs »Übermittlung« nicht entgegen. In Auslegung von Art. 10 EG-DSRl muss dieser Begriff hier nicht förmlich ausgelegt werden.[11] Bei der Frage, ob der Betroffene mit der Weitergabe rechnen muss, kommt es auf die vernünftige Sicht eines durchschnittlichen Betroffenen an. Branchenüblichkeit schließt die Informationspflicht nicht aus.[12] Dies gilt z.B. für die Abfrage bei einer Auskunftei bei Vertragsabschluss oder für die Erhebung eines externen Scores vor Abschluss eines Kreditvertrags. Mit einer Datenweitergabe im Konzernverbund muss nicht gerechnet werden. Hinreichend bestimmt sind Angaben wie »Tochterunternehmen«, »Auskunfteien« oder »Inkassounternehmen«. Bei Bewerbungsverfahren muss mit der Einschaltung der Personalvertretung gerechnet werden, nicht aber mit der eines externen Personalberaters. Mit Outsourcing, d.h. einer Auftragsdatenverarbeitung, muss ein Betroffener i.d.R. nicht rechnen, auch nicht, wenn diese bei einem Konzernunternehmen erfolgt. Wird nicht nur die Kategorie der Empfänger benannt, sondern genau die Stelle oder Person des Empfängers, entfällt bei diesem die Benachrichtigungspflicht nach § 33.

14 Die **Hinweispflicht entfällt**, wenn der Betroffenen bereits anderweitig informiert ist. Dies muss tatsächlich sichergestellt sein; eine Mutmaßung genügt nicht. Ist schon zu einem früheren Zeitpunkt eine Information gegeben worden, die dem Betroffenen noch bewusst sein dürfte, ist kein neuer Hinweis nötig. Die Information muss nicht im Zusammenhang mit der Erhebung erfolgen und kann schon im Vorfeld erfolgt sein, z.B. durch Rundschreiben. Wird in einem Vertrag verabredet, dass Ansprüche abgetreten werden können, bedarf es für den Fall einer Zession nicht einer konkreten Information.

---

10 Zur Erhebung im Arbeitsverhältnis Gola, RDV 2003, 177.
11 Gola/Schomerus, § 4 Rn. 33; Klug, RDV 2001, 266; a.A. Plath in Plath, § 4 Rn. 32.
12 Gola/Schomerus, § 4 Rn. 33; a.A. Plath in Plath, § 4 Rn. 34.

Zulässigkeit der Datenerhebung, -verarbeitung und -nutzung § 4

6. Hinweis auf Auskunftspflicht

Absatz 3 Satz 2 legt eine Hinweispflicht fest, wenn dem Betroffenen eine Pflicht zur **15** Auskunft obliegt. Dies kann bei öffentlichen, aber auch bei privaten Stellen der Fall sein. So besteht z. B. bei Abschluss eines Telekommunikationsvertrags die Pflicht zur Offenlegung der Identität (§ 111 Abs. 1 TKG). **Gesetzliche Auskunftspflichten** bestehen bei Verträgen mit Finanzdienstleistern (§ 3, 11 GeldwäscheG)[13] oder gegenüber Arbeitgebern (vgl. § 5 EFZG). Wird dagegen der Abschluss eines Vertrags von Datenangaben nach dem Willen eines Vertragspartners abhängig gemacht, besteht – wegen des Prinzips der Vertragsfreiheit – keine Auskunftspflicht. Ob die Angabe von Daten zur Voraussetzung eines Vertragsabschlusses gemacht werden darf, kann im Einzelfall nach § 242 BGB fraglich sein (vgl. z. B. auch § 3 Abs. 3 TDDSG). Gesetzliche Auskunftspflichten bestehen gegenüber Steuerbehörden (z. B. § 149 Abs. 1 AO) oder gegenüber Staatsanwaltschaften in Rahmen strafrechtlicher Ermittlungen (§ 161a StPO). Die Datenerhebung kann u. U. auch zwangsweise gegen den Willen des Betroffenen (z. B. Beschlagnahme, §§ 94 ff. StPO; Hausdurchsuchung, § 102 StPO) erfolgen.

Ist die Gewährung **staatlicher Leistungen oder anderer Rechtsvorteile** von Angaben **16** des Betroffenen abhängig, besteht bei derartigen Obliegenheiten eine Hinweispflicht bzgl. des Vorteils und – soweit eine solche besteht – in Bezug auf die Rechtsgrundlage. Die Vermeidung von Rechtsnachteilen ist der Erlangung von Vorteilen gleichzustellen.

Im Bereich der Privatwirtschaft bedarf es eines **Hinweises auf die Freiwilligkeit** von **17** Angaben i. d. R. nicht, es sei denn, durch besondere Umstände besteht der Eindruck einer Verpflichtung. Werden jedoch Daten im Rahmen eines Rechtsgeschäftes erhoben, die hierfür nicht erforderlich sind, ist auf die Freiwilligkeit und den Zweck der Daten hinzuweisen. Bei öffentlichen Stellen ist ein Hinweis auf die Freiwilligkeit regelmäßig geboten. Ist die Freiwilligkeit gesetzlich geregelt, ist die Rechtsvorschrift zu benennen. Der Hinweis muss – auch bei teilweiser Freiwilligkeit – eindeutig und verständlich sein.

In Absatz 3 Satz 3 ist zusätzlich auf Verlangen oder nach den Umständen des Einzelfalls **18** eine **Aufklärungspflicht** vorgesehen, wenn die Folgen der Verweigerung von Angaben unklar sind oder die erfolgten Hinweise nicht verständlich oder ausführlich genug sind. Nur so kann sich der Betroffene eine Meinung bilden, welche Daten er angeben will und welche nicht.

7. Folgen unterlassener Unterrichtung und Aufklärung

Ein Verstoß gegen die Hinweis- und Aufklärungspflichten nach Absatz 3 Satz 1 hat die **19** **Rechtswidrigkeit** der weiteren Datenverarbeitung zur Folge, wenn dieser Verstoß dazu geführt hat, dass der Betroffene die Angaben gemacht hat. Davon ist i. d. R. nicht beim Bestehen von Auskunftspflichten auszugehen.[14] In diesen Fällen ist die Unterrichtung nachzuholen. War der Verstoß gegen Absatz 3 kausal für die Datenerhebung, war diese

---

13 Vgl. Eul in Roßnagel, 2002, S. 1088.
14 Sokol in Simitis, § 4 Rn. 59; a. A. Gola/Schomerus, § 4 Rn. 50; Plath in Plath, § 4 Rn. 48.

unzulässig.[15] Derart unzulässig erhobene Daten sind zu löschen, wenn sie zuvor gespeichert worden sind.[16]

§ 4a Einwilligung

(1) Die Einwilligung ist nur wirksam, wenn sie auf der freien Entscheidung des Betroffenen beruht. Er ist auf den vorgesehenen Zweck der Erhebung, Verarbeitung oder Nutzung sowie, soweit nach den Umständen des Einzelfalles erforderlich oder auf Verlangen, auf die Folgen der Verweigerung der Einwilligung hinzuweisen. Die Einwilligung bedarf der Schriftform, soweit nicht wegen besonderer Umstände eine andere Form angemessen ist. Soll die Einwilligung zusammen mit anderen Erklärungen schriftlich erteilt werden, ist sie besonders hervorzuheben.
(2) Im Bereich der wissenschaftlichen Forschung liegt ein besonderer Umstand im Sinne von Absatz 1 Satz 3 auch dann vor, wenn durch die Schriftform der bestimmte Forschungszweck erheblich beeinträchtigt würde. In diesem Fall sind der Hinweis nach Absatz 1 Satz 2 und die Gründe, aus denen sich die erhebliche Beeinträchtigung des bestimmten Forschungszwecks ergibt, schriftlich festzuhalten.
(3) Soweit besondere Arten personenbezogener Daten (§ 3 Abs. 9) erhoben, verarbeitet oder genutzt werden, muss sich die Einwilligung darüber hinaus ausdrücklich auf diese Daten beziehen.

Übersicht Rn.
1. Einführung .... 1 – 3e
   a) Bedeutung der Einwilligung .... 1 – 2a
   b) Anwendungsbereich 3
   c) Sonderregelungen 3a– 3e
2. Formale Erfordernisse .... 4 –17
   a) Zeitpunkt 4
   b) Einsichtsfähigkeit des Betroffenen .... 5 – 6a
   c) Vorherige Information des Betroffenen .... 7 –10
   d) Schriftform als Regel .... 11 –17
3. Das Bestimmtheitserfordernis 18, 19
4. Die »freie Entscheidung« des Betroffenen .... 20 –28
   a) Die Ausgangssituation 20, 21
   b) Konkretisierungen .... 22 –28
      aa) Vermutung für Unfreiwilligkeit in sozialen Abhängigkeitsverhältnissen
          und Ausnahmen 23
      bb) Opt-in- und Opt-out-Klauseln im Verbraucherrecht 23a
      cc) Unfreiwilligkeit bei Verstoß gegen Koppelungsverbot ... 24
      dd) Unfreiwilligkeit bei »Überrumpelung« 25
      ee) Unfreiwilligkeit bei Ankündigung vermeidbarer Nachteile 26, 27
      ff) Verbleibende Problemfälle 28
5. Inhaltsschranken der Einwilligung .... 29 –34c
   a) Zwingendes Recht 29, 30
   b) Angemessenheitskontrolle .... 31 –34c

---

15 Innenministerium BaWü, RDV 2004, 244, dazu GDD-Arbeitskreis, RDV 2005, 86 und Innenministerium BaWü, RDV 2005, 182.
16 Sokol in Simitis, § 4 Rn. 60; a. A. Schaffland/Wiltfang, § 13 Rn. 27.

| Einwilligung | § 4a |

6. Widerruf der Einwilligung	35–38
7. Sonderregeln für die wissenschaftliche Forschung	39, 40
8. Verarbeitung sensitiver Daten	41–43
9. Umstrukturierung von Unternehmen	44–47
10. Mitbestimmung des Betriebsrats	48
11. Europäische Perspektiven	49–52

1. Einführung

a) Bedeutung der Einwilligung

Die Vorschrift des § 4 Abs. 1 könnte den Eindruck erwecken, bei der Einwilligung handle es sich um ein der gesetzlichen Zulassung gleichwertiges Mittel, um Daten erheben und weiterverarbeiten zu können. **In der Realität** ist dies nur mit großen Einschränkungen der Fall. Ist der Einzelne auf einen Arbeitsplatz, ein Bankkonto, einen Strom- und Telefonanschluss oder eine Versicherung angewiesen, so wird er die Speicherung wohl kaum verweigern; die Freiwilligkeit seiner Entscheidung steht auf dem Papier.[1] Außerdem besteht die **Gefahr**, dass es zu einer umfassenden **Kommerzialisierung höchstpersönlicher Daten** kommt, die sich bis auf die genetische Struktur des Einzelnen erstrecken.[2] Schon heute ist der Einzelne im Regelfall nicht mehr in der Lage zu überschauen, wer welche Daten über ihn gespeichert hat. Die **Vermarktung** erobert so Lebensbereiche, die ihr aus grundsätzlichen Erwägungen verschlossen sein sollten.[3] 1

§ 4a sieht eine Reihe von formellen (s. u. 2.), aber auch inhaltlichen Anforderungen (s. u. 3.) vor, die eine wirksame Einwilligung erfüllen muss. Seit 2001 ist der an der Spitze stehende Abs. 1 Satz 1 hinzugekommen, wonach die Einwilligung »**auf der freien Entscheidung**« des Betroffenen beruhen muss. Letzteres bedarf eingehender Erörterung (s. u. 4.). Weiter darf die Einwilligung nicht im Widerspruch zu zwingendem Recht wie § 134 BGB und § 307 BGB stehen (s. u. 5.). Ist sie einmal erteilt, kann sie unter bestimmten Voraussetzungen widerrufen werden (s. u. 6.). Für die wissenschaftliche Datenerhebung gelten nach Abs. 2 Sonderregelungen (s. u. 7.); dasselbe gilt nach Abs. 3 für sensitive Daten im Sinne des § 3 Abs. 9 (s. u. 8.). 2

Der Gesetzgeber hat mit diesen Regelungen **Vorschriften zum Schutz des informationellen Selbstbestimmungsrechts** getroffen[4]; der Einzelne kann bestimmen, wem er seine Daten zugänglich machen will.[5] Soweit er jedoch – wie in aller Regel im Arbeitsrecht – auf den Abschluss eines Vertrages angewiesen ist, ist seine Entscheidungsfreiheit fiktiv, versagt der sonst geübte »informationelle Selbstschutz«. Ist der Verzicht auf den Vertrag keine zumutbare Alternative, muss der Gesetzgeber bzw. die an seiner Stelle handelnde Rechtsprechung eingreifen und darf eine **Preisgabe von Daten nur** dann zulassen, wenn sie **unter Beachtung der Interessen beider Seiten** erforderlich ist.[6] 2a

---

1 Zustimmend Petri RDV 2007, 153, 155; vgl. auch RPG, S. 91 ff. und Körner, FS Simitis, S. 140.
2 Holznagel/Sonntag in Roßnagel, Kap. 4.8 Rn. 4; Simitis in Simitis, § 4a Rn. 5. Eingehend B. Buchner DuD 2010, 39 ff.
3 Zu den Grenzen der Kommerzialisierung s. den Überblick bei Däubler, BGB kompakt, Kap. 6.
4 BVerfG 23.10.2006 – 1 BvR 2027/02, JZ 2007, 576 = RDV 2007, 20.
5 Riesenhuber RdA 2011, 257.
6 BVerfG aaO.

Führt dies dazu, dass die Interessen des Betroffenen nicht mehr ausreichend berücksichtigt sind, ist die Einwilligung unwirksam. Dies wurde für eine pauschale Entbindung von der ärztlichen Schweigepflicht zugunsten eines Versicherers angenommen, der das Vorliegen des Versicherungsfalls »Berufsunfähigkeit« überprüfen wollte: Dies könne auch im Wege von Einzelermittlungen erfolgen, von denen der Betroffene jeweils Kenntnis habe.[7] Im Arbeitsrecht wäre genauso zu entscheiden, wenn der **Betriebsarzt generell von der Schweigepflicht entbunden** würde oder wenn dies in Bezug auf alle Ärzte geschehen würde, die bei künftigen Erkrankungen Auskunft über den Gesundheitszustand des Betroffenen geben könnten.

b) Anwendungsbereich

3   Die Vorschrift des § 4a gilt für den **öffentlichen wie** für den **nichtöffentlichen Bereich**. Behörden dürfen allerdings vom Mittel der Einwilligung nur Gebrauch machen, wenn ihnen die Erledigung einer Aufgabe, nicht aber die dafür notwendige Datenerhebung gesetzlich zugewiesen ist – ein wenig wahrscheinlicher Fall.[8] Außerdem kann die Einwilligung das Verfahren beschleunigen und vereinfachen.[9] § 4a hat unter diesen Umständen sehr viel größere Bedeutung im nichtöffentlichen Bereich.[10] Im Arbeitsverhältnis kann die Einwilligung nicht durch eine Betriebsvereinbarung ersetzt werden.[11] Sonderregeln existieren im Bereich der Telekommunikation und im TMG (Überblick bei Däubler, Gläserne Belegschaften? Rn. 177 f.).

c) Sonderregelungen

3a Die **Reform des Datenschutzrechts** im Jahre 2009 hat den § 4a **unverändert** gelassen. Neu geschaffen wurden die Absätze 3, 3a und 3b von § 28; sie enthalten Sonderregelungen zur Einwilligung bei Adresshandel und Werbung.[12] § 32 als neue Vorschrift über den Beschäftigtendatenschutz lässt – wie die amtliche Begründung ausdrücklich hervorhebt – die Möglichkeit eines Rückgriffs auf § 4a unberührt. § 4a Abs. 2 sieht für die wissenschaftliche Forschung weitgehend von der Schriftform der Einwilligung ab, doch ist nach § 40 Abs. 3 Nr. 1 BDSG grundsätzlich die Einwilligung der Betroffenen für eine Veröffentlichung erforderlich, soweit die Daten nicht anonymisiert sind (Einzelheiten bei § 40 Rn. 11 f.). § 4a Abs. 3 betrifft die sensitiven Daten nach § 3 Abs. 9, die ohne Einwilligung nur unter den engen Voraussetzungen des § 28 Abs. 6 verarbeitet werden dürfen. Die Einwilligung zur Übermittlung von Daten in ein Land ohne angemessenes Datenschutzniveau nach § 4c Abs. 1 Satz 1 Nr. 1 bedarf einer eingehenden vorherigen Information des Betroffenen (s. § 4c Rn. 5).

---

7 BVerfG aaO.
8 Einzelheiten unten § 14 Rn. 14. Vgl. auch Wolff/Brink-Kühling § 4a Rn. 6.
9 Kühling/Seidel/Sivridis, S. 114; zur Einwilligung im Rahmen von FATCA (= Foreign Account Tax Compliance Act) s. Hanloser ZD 2013, 542 ff.
10 Holznagel/Sonntag in Roßnagel, Kap. 4.8 Rn. 24; Kühling/Seidel(Sivridis, S. 114; Taeger in Taeger/Gabel, § 4a Rn. 21; dazu auch Engelien/Schulz VR 2009, 73.
11 Wedde DuD 2004, 174.
12 S. § 28 Rn. 90 ff., 118 ff.

Einwilligung § 4a

Das **Telekommunikations- und das Telemedienrecht** lassen statt der Schriftform für die Einwilligung die elektronische Form genügen, soweit dabei bestimmte Voraussetzungen eingehalten sind. Einzelheiten finden sich in § 94 TKG bzw. in § 12 Abs. 1 und 2 sowie § 13 Abs. 2 und 3 TMG. Die übrigen Voraussetzungen einer wirksamen Einwilligung müssen auch in diesen Fällen erfüllt sein.[13] Wird die **Einwilligung auf einer Webseite** erklärt, so ist zunächst die Vorfrage zu stellen, ob nach § 1 Abs. 5 BDSG deutsches oder ausländisches Datenschutzrecht Anwendung findet.[14] Weitere Fragen stellen sich bei einer im Netz abgegebenen Einwilligung in die Verwendung von **Cookies**.[15]

3b

Nach § 22 KUG dürfen **Fotos nur mit Einwilligung des Abgebildeten** verbreitet werden. Ein geschäftliches Interesse des Arbeitgebers genügt für sich allein nicht. Die Einwilligung muss die Voraussetzungen des § 4a wahren, im Regelfall also schriftlich und insbesondere freiwillig erfolgen.[16] Sonderprobleme ergeben sich im Zusammenhang mit einem auch hier möglichen Widerruf.[17] Das BAG vertritt insoweit eine eher restriktive Linie und nimmt ein Recht zum Widerruf nur an, wenn sich die Bildnisse auf den Betroffenen beziehen oder wenn dieser – als Teil der Belegschaft abgebildet – einen plausiblen Grund darlegen kann.[18]

3c

Im **Sozialrecht** spielt die Einwilligung gleichfalls eine erhebliche Rolle. Neben den in § 63 Abs. 3a SGB V geregelten Modellvorhaben der Krankenkassen ist insbesondere auf § 298 SGB III zu achten, wonach **private Arbeitsvermittler** Daten von Arbeitsuchenden nur erheben, verarbeiten und nutzen dürfen, wenn diese nach Maßgabe des § 4a eingewilligt haben.[19] Nach § 67c Abs. 2 Nr. 2 SGB X ist die Einwilligung des Betroffenen erforderlich, wenn der Sozialleistungsträger **Daten für andere Zwecke** als für die verwenden will, für die sie erhoben wurden. Bei einer Übermittlung zu Forschungs- und zu Planungszwecken ist die Einwilligung nach § 75 Abs. 2 SGB X erforderlich, bei einer Übermittlung ins Ausland greift § 75 Abs. 3 SGB X ein. § 213 VVG regelt die Erhebung personenbezogener Gesundheitsdaten **durch einen Versicherer** bei Dritten, wobei gleichfalls die Einwilligung des Betroffenen erforderlich ist. Ohne rechtliche Wirkung bleibt nach § 19 GenDG eine **Einwilligung in genetische Untersuchungen**, die vor oder nach Begründung eines Beschäftigungsverhältnisses abgegeben wird. Ist aus bestimmten Gründen des Arbeitsschutzes eine solche Untersuchung ausnahmsweise zulässig, so muss die Einwilligung des Betroffenen den besonders weitgehenden Voraussetzungen der §§ 8 bis 10 GenDG entsprechen, wozu insbesondere auch die Einräumung einer angemessenen Bedenkzeit gehört.[20]

3d

§ 7 UWG will Marktteilnehmer, insbesondere Verbraucher vor **unzumutbaren Belästigungen** durch Werbung bewahren. Er greift nur dann nicht ein, wenn die Einwilligung

3e

---

13 Moos in Taeger/Gabel, § 12 TMG Rn. 18; Munz in Taeger/Gabel, § 94 TKG Rn. 3; Däubler, Gläserne Belegschaften? Rn. 177 ff.; ähnlich Hullen/Roggenkamp in Plath, § 13 TMG Rn. 17 ff.
14 Kartheuser/Klar, ZD 2014, 500; zum Kollisionsrecht des Datenschutzes s. oben § 1 Rn. 15 a ff. sowie Däubler, Gläserne Belegschaften? Rn. 493 ff.
15 Eingehend Bauer/Ettig ZD 2014, 27.
16 Für Schriftlichkeit der Einwilligung BAG 11.12.2014 – 8 AZR 1010/13, NZA 2015, 604; Lorenz ZD 2012, 367 ff.; Stamer/Kuhnke in Plath, § 32 Rn. 147.
17 Einzelheiten bei Däubler, Internet und Arbeitsrecht, Rn. 369 bf.
18 BAG 11.12.2014 – 8 AZR 1010/13, NZA 2015, 604.
19 Taeger in Taeger/Gabel, § 4a Rn. 11.
20 Einzelheiten bei Däubler, Gläserne Belegschaften? Rn. 235 ff.

bei Fax, E-Mail, SMS und Telefon ausdrücklich erklärt wurde; nach der Rechtsprechung des BGH[21] wird eine sog. opt-in-Lösung verlangt, wonach man sein Einverständnis mit der Zusendung von Werbematerial durch Anklicken bekunden muss. Dieses wird dann aus Beweisgründen durch eine »Bestätigungs-Mail« ergänzt, was zum sog. Double-opt-in führt.[22] Die Anforderungen des UWG stehen neben denen des BDSG.[23]

2. Formale Erfordernisse

a) Zeitpunkt

4 Die Einwilligung muss vor dem fraglichen Vorgang der Erhebung, Verarbeitung oder Nutzung der Daten vorliegen. Der Gesetzgeber hat insoweit die Terminologie des § 183 BGB übernommen.[24] Eine nachträglich erteilte Zustimmung kann die bislang ergriffenen Maßnahmen nicht rückwirkend rechtfertigen,[25] steht jedoch im Regelfall einem Schadensersatzanspruch nach §§ 7, 8 entgegen.[26]

b) Einsichtsfähigkeit des Betroffenen

5 Da es bei der Einwilligung ausschließlich um die Legalisierung eines Eingriffs in das allgemeine Persönlichkeitsrecht geht, wird nicht anders als z. B. bei Operationen und anderen Eingriffen in die körperliche Unversehrtheit[27] allein darauf abgestellt, ob der Betroffene die Konsequenzen seines Handelns übersehen konnte; **auf die Geschäftsfähigkeit kommt es nicht an**.[28] Man kann insoweit bei der Einwilligung von einer geschäftsähnlichen Handlung sprechen.[29] Geht es im Einzelfall um eine Preisgabe von Daten gegen Entgelt oder um primär vermögensrechtliche Folgen, müssen auch die gesetzlichen Vertreter zustimmen.[30] Sie sind in all den Fällen allein zuständig, wo es – wie z. B. bei der Übermittlung von Daten des Kindergartens an die Schule – (noch) an der

---

21 16.7.2008 – VIII ZR 348/06, NJW 2008, 3055 = CR 2008, 720 – payback.
22 Einzelheiten bei Plath in Plath, § 4a Rn. 54 ff.
23 Plath in Plath § 4a Rn. 52; Gola/Schomerus § 4a Rn. 12.
24 Reichold in MünchArbR, § 88 Rn. 23; Franzen in ErfK, § 4a BDSG Rn. 1; Gola/Schomerus, § 4a Rn. 2; Petri RDV 2007, 153, 155; Weichert in Kilian/Heussen, Nr. 132 Rn. 44; Plath in Plath, § 4a Rn. 11; Simitis in Simitis, § 4a Rn. 27.
25 Mester, S. 86; Panzer S. 161; Taeger in Taeger/Gabel, § 4a Rn. 32; Thüsing/Traut, in: Thüsing (Hrsg.), Beschäftigtendatenschutz und Compliance, § 5 Rn. 6.
26 Kloepfer, § 8 Rn. 76; Holznagel/Sonntag in Roßnagel, Kap. 4.8 Rn. 19; Plath in Plath, § 4a Rn. 81; Taeger in Taeger/Gabel, § 4a Rn. 87; TEG, S. 318.
27 Nachweise bei Däubler, BGB kompakt, Kap. 10 Rn. 69.
28 Auernhammer-Kramer § 4a Rn. 15; Franzen in ErfK, § 4a BDSG Rn. 1; Kloepfer, § 8 Rn. 75.; Mester, S. 89; Petri RDV 2007, 153, 156; Plath in Plath, § 4a Rn. 8; Reichold in MünchArbR § 88 Rn. 23; Simitis in Simitis, § 4a Rn. 20; Taeger in Taeger/Gabel, § 4a Rn. 29; Buchner, S. 250; HK-ArbR-Hilbrans § 4a BDSG Rn. 2; Wolff/Brink-Kühling § 4a Rn. 32; im Ergebnis auch BMH, § 4a Rn. 9. »Hohe Anforderungen« an die Einsichtsfähigkeit stellen Beisenherz/Tinnefeld DuD 2011, 110.
29 Ebenso Holznagel/Sonntag in Roßnagel, Kap. 4.8. Rn. 21; Reichold in MünchArbR, § 88 Rn. 23; Wolff/Brink-Kühling § 4a Rn. 33.
30 Vgl. auch Holznagel/Sonntag in Roßnagel, Kap. 4.8. Rn. 21.

Einwilligung § 4a

notwendigen Einsichtsfähigkeit fehlt. Genauso ist bei **Erwachsenen** zu verfahren, wenn infolge einer Erkrankung auch bei ihnen ein entsprechendes Defizit besteht und deshalb der **Betreuer** handeln muss. Im Übrigen gehen Sondervorschriften wie § 36 SGB I vor.

Da es entscheidend auf die Einsichtsfähigkeit des Betroffenen ankommt, hat die Einwilligung notwendigerweise **höchstpersönlichen Charakter**.[31] Eine Stellvertretung scheidet daher aus;[32] die Einschaltung des gesetzlichen Vertreters bei fehlender Einsichtsfähigkeit bleibt unberührt. 6

Ob die **Einwilligung ausschließliche Rechtsgrundlage** für die beabsichtigte Erhebung, Verarbeitung oder Nutzung der Daten sein soll oder ob sich die verantwortliche Stelle im Streitfall auch auf andere Rechtsgrundlagen wie § 28 Abs. 1 Satz 1 berufen könnte, ist eine Frage der Auslegung der Einwilligungserklärung. Ergeben sich keine Anhaltspunkte für die eine oder andere Lösung, wird man der Einwilligung exklusiven Charakter beimessen müssen; ihrem Sinn nach will sie etwas legitimieren, was sonst nicht zulässig wäre.[33] Wird sie wirksam widerrufen,[34] so kann sich die verantwortliche Stelle nicht mehr auf eine gesetzliche Verarbeitungsermächtigung berufen.[35] Dies wäre nur dann anders, wenn der Betroffene schon vor der Erteilung der Einwilligung auf die gleichfalls bestehende andere Rechtsgrundlage hingewiesen worden wäre.[36] Ist die gesetzliche Regelung wenig eindeutig, weil etwa schon die Zuordnung bestimmter Vorgänge zum Telekommunikations-, zum Telemedien- oder zum allgemeinen Datenschutzrecht zweifelhaft ist,[37] so soll die Einwilligung Rechtssicherheit schaffen. Misslingt dies, weil die Einwilligung unwirksam ist, dürfte der **Rückgriff auf die gesetzlichen Rechtsgrundlagen** eher gewollt sein als die völlige Unzulässigkeit der Datenverarbeitung. 6a

c) Vorherige Information des Betroffenen

Nach Abs. 1 Satz 2 muss der Betroffene auf den vorgesehenen **Zweck** der Erhebung, Verarbeitung oder Nutzung hingewiesen werden. Dies bedeutet je nach der in Frage stehenden Datenverarbeitung eine Information, die von einem eher pauschalen Hinweis bis einer umfassenden Aufklärung reichen kann.[38] Soweit es nach den Umständen des Einzelfalls erforderlich ist oder der Betroffene dies von sich aus verlangt, sind auch die Folgen deutlich zu machen, die die **Verweigerung** der Einwilligung mit sich bringt. 7

Der Gedanke einer »**informierten**« Einwilligung lag bereits dem BDSG 1977 zugrunde (»informed consent«).[39] Die Gesetzesformulierung bringt dieses Anliegen nur unvollständig zum Ausdruck, da der primäre Gegenstand einer Information (Um welche Daten geht es? Wer ist die verantwortliche Stelle und wie ist sie zu erreichen?) nicht 8

---

31 Simitis in Simitis, § 4a Rn. 30 m.w.N.; TEG, S. 321; Wolff/Brink-Kühling § 4a Rn. 31; a.A. Gola/Schomerus, § 4a Rn. 25; Plath in Plath, § 4a Rn. 9; Taeger in Taeger/Gabel, § 4a Rn. 18.
32 A. A. Wolff/Brink-Kühling § 4a Rn. 47.
33 Gola/Wronka RDV 2007, 59, 64 ff.
34 S. unten Rn. 35 ff.
35 Mester, S. 85, die in solchen Fällen generell einen Verstoß gegen Treu und Glauben annimmt.
36 Vgl. Kühling/Seidel/Sivridis, S. 115.
37 S. das Beispiel bei B. Buchner DuD 2010, 40.
38 Hartmann DuD 2008, 455, 459.
39 Dazu Körner, FS Simitis, S. 131 ff.; Mester, S. 88 f.; Beisenherz/Tinnefeld DuD 2011, 111.

erwähnt ist. Auch dürfte es nicht allein um den »Zweck« der fraglichen Maßnahmen gehen. Vielmehr ist auch einzubeziehen, **an welche Personen** im Falle einer **Übermittlung** die Daten weitergegeben werden.[40] Nur wenn diese Bedingung sichergestellt ist, weiß der Betroffene wirklich um die Tragweite seiner Erklärung. **Unspezifische Bezeichnungen** wie »Benutzung im Rahmen einer Aktion«[41] oder »Weitergabe an andere Firmen« bzw. »an andere Konzernunternehmen«[42] genügen nicht.[43] Soll etwa der Arbeitnehmer seine Einwilligung geben, dass ein **Outplacement-Berater** eingeschaltet wird, um ihn in eine neue Arbeitsstelle zu vermitteln, so muss genau festgelegt werden, welche Daten dieser im Einzelnen erhält und in welchem Umfang er von ihnen Gebrauch machen darf. Hier wie auch sonst genügt es nicht, einen Link auf anderwärts gemachte Ausführungen zur Verfügung zu stellen.[44]

9 Der **Hinweis auf** die **Folgen einer Verweigerung** kann nur dann **entfallen**, wenn diese **auf der Hand liegen**.[45] Wer vom Vertreter eines Meinungsforschungsinstituts auf seine Ansichten über die Wirtschaftsentwicklung oder die Pünktlichkeit der Deutschen Bahn angesprochen wird, weiß, dass er nichts zu befürchten hat, wenn er mit einem »Lasst mich in Ruhe« reagiert. Im Arbeitsverhältnis liegen die Dinge in aller Regel anders, da der **Arbeitnehmer** oft nicht beurteilen kann, ob ein »**Nein« als Illoyalität** gewertet wird. Eine klare Aussage (»Wer seine Daten nicht ins Netz stellen lässt, hat keinerlei Nachteile zu befürchten«) wäre daher dringend zu empfehlen.[46] Fehlt es an einer solchen Angabe, kann nicht nur der betroffene Arbeitnehmer ein entsprechendes Aufklärungsverlangen geltend machen; auch der **Betriebsrat** wäre in der Lage, insoweit beim Arbeitgeber zu intervenieren. Rechtsgrundlage wäre § 80 Abs. 1 Nr. 1 BetrVG.

10 Fehlt die nötige **Information**, ist die Einwilligung nach allgemeiner Auffassung **unwirksam**,[47] was zur Folge hat, dass auch eine bereits begonnene Datenverarbeitung sich mangels Rechtsgrundlage als rechtswidrig herausstellt. Das LG Berlin[48] hat einen solchen Fall bei einer Bestimmung in den Facebook-AGB angenommen, die eine Weitergabe von Daten an die jeweiligen Spielebetreiber vorsah.

d) Schriftform als Regel

11 Nach Abs. 1 Satz 3 bedarf die Einwilligung der Schriftform, soweit nicht »**wegen besonderer Umstände**« eine andere Form angemessen ist. Schriftform bedeutet nach

---

40 Holznagel/Sonntag in Roßnagel, Kap. 4.8. Rn. 45; Simitis in Simitis, § 4a Rn. 72; vgl. auch Buchner, S. 241 ff.; für Orientierung am Wortlaut demgegenüber Thüsing/Traut, in: Thüsing (Hrsg.), Beschäftigtendatenschutz und Compliance, § 5 Rn. 3.
41 So der Fall LG Bremen 23.2.2001 – 1 O 2275/00, DuD 2001, 620.
42 Petri RDV 2007, 153, 157; Auernhammer-Kramer § 4a Rn. 21.
43 Gola/Schomerus, § 4a Rn. 29 ff.
44 Gola, Datenschutz am Arbeitsplatz, Rn. 406.
45 Ebenso AG Elmshorn 25.4.2005 – 49 C 54/05, RDV 2005, 174 = CR 2005, 641; Thüsing/Traut, in: Thüsing (Hrsg.), Beschäftigtendatenschutz und Compliance, § 5 Rn. 5; Wolff/Brink-Kühling § 4a Rn. 43. Etwas einengend Gola/Schomerus, § 4a Rn. 28; Plath in Plath, § 4a Rn. 34.
46 Vgl. Wedde DuD 2004, 172.
47 Buchner, S. 242; Holznagel/Sonntag in Roßnagel, Kap. 4.8. Rn. 48; Riesenhuber RdA 2011, 257, 259; Simitis in Simitis, § 4a Rn. 76; Wybitul/Schultze-Melling § 4a Rn. 7.
48 28.10.2014 – 16 O 60/13, ZD 2015, 133.

Einwilligung § 4a

§ 126 BGB **eigenhändige Unterschrift** mit Familiennamen, die durchaus ihre Eigenwilligkeiten haben kann.[49] Durch das sog. Formgesetz vom 13. Juli 2001[50] ist mit Wirkung vom 1. August 2001 die sog. **elektronische Form** eingeführt worden.[51] Nach § 126a BGB verlangt sie, dass dem elektronischen Dokument der Name des Ausstellers beigefügt und dass dieses mit einer qualifizierten elektronischen Signatur versehen wird. Was Letzteres bedeutet, bestimmt sich nach dem sog. Signaturgesetz vom 16. Mai 2001.[52] Den meisten Mitbürgern stehen die technischen Voraussetzungen für eine qualifizierte elektronische Signatur bisher nicht zur Verfügung. Die Schriftform hat ebenso wie die elektronische Form **Warnfunktion**, soll also den Betroffenen vor einer Entscheidung zum Nachdenken veranlassen. Außerdem schafft sie für alle Beteiligten eine höhere Rechtssicherheit.[53]

Ein Fax und eine **E-Mail** genügen nach allgemeiner Auffassung nicht.[54] Dies gilt auch bei elektronisch geschlossenen Verträgen sowie dann, wenn die Unterschrift eingescannt ist.[55] Unzureichend ist auch ein **Aushang im Sprechzimmer eines Arztes**, wonach die Daten an die ärztliche Verrechnungsstelle weitergegeben werden.[56] Auch insoweit ist Schriftform zu verlangen.[57] Der **ärztliche Schriftverkehr** kann außerhalb der Auftragsdatenverarbeitung nach § 11 nicht auf Dritte verlagert werden, sofern der Patient nicht vorher eingewilligt hat.[58]

12

Soweit der Betroffene ein vorformuliertes Vertragsdokument unterzeichnet, ist die Einwilligung **nach Abs. 1 Satz 4 besonders hervorzuheben**. Dies kann insbesondere durch technische Kennzeichnung, etwa durch Fettdruck erfolgen.[59] Die Aufmerksamkeit muss gezielt auf die geforderte Einwilligung gelenkt werden,[60] sie muss an gut sichtbarer Stelle stehen.[61] Geschieht dies nicht und kann die Einwilligungsklausel leicht überlesen werden, so ist nicht nur Abs. 1 Satz 4 verletzt; vielmehr fehlt es auch an der von Abs. 1 Satz 1 geforderten Freiwilligkeit, da diese das Wissen um eine Entscheidungssituation voraussetzt.[62] Die Verletzung des »**Hervorhebungsgebots**« führt zur Unwirksamkeit der Einwilligung;[63] ebenso in jüngerer Zeit das AG Elmshorn[64] und das

13

---

49 Einzelheiten bei Däubler, BGB kompakt, Kap. 11 Rn. 40ff.
50 BGBl. I, 1542.
51 Dazu Wedde in DKKW, Einl. Rn. 187f.
52 Dazu Roßnagel NJW 2001, 1817ff.
53 RPG, S. 93.
54 Mester, S. 87; Plath in Plath, § 4a Rn. 14; Simitis in Simitis, § 4a Rn. 34; Taeger in Taeger/Gabel, § 4a Rn. 36; TEG, S. 321; Auernhammer-Kramer § 4a Rn. 24.
55 BMH, § 4a Rn. 84; Mester, S. 87.
56 BGH 20.5.1992 – VIII ZR 240/91 – NJW 1992, 2348; OLG Düsseldorf 4.3.1994 – 22 U 257/93, NJW 1994, 2421.
57 BMH, § 4a Rn. 58.
58 BMH, § 4a Rn. 66.
59 Auch andere Formen wie Umrahmungen, Unterstreichungen und eine besonders aussagekräftige Überschrift können genügen – s. Plath in Plath, § 4a Rn. 43.
60 Simitis in Simitis, § 4a Rn. 41.
61 Grimm in Tschöpe, Teil 6 F Rn. 19; Mester, S. 88.
62 LG München I 9.3.2006 – 12 O 12679/05, RDV 2006, 169 = DuD 2006, 309.
63 So bereits BGH 19.9.1985 – III ZR 213/83, NJW 1986, 46, 47.
64 25.4.2005 – 49 C 54/05, RDV 2005, 174 = CR 2005, 641. Ebenso Auernhammer-Kramer § 4a Rn. 40ff.; Wybitul/Schultze-Melling § 4a Rn. 10.

OLG Koblenz.[65] Andererseits wird an dieser Rechtsprechung mittelbar deutlich, dass die Einwilligungserklärung nicht separat erfolgen muss, sondern zusammen mit anderen Erklärungen abgegeben werden kann.[66] Wer lediglich eine Nutzungsordnung akzeptiert, obwohl in ihr bestimmte Kontrollrechte vorgesehen sind, hat nicht in deren Anwendung eingewilligt.[67] In allen Fällen ist es sinnvoll, die »Datenschutzklausel« in ein getrenntes Formular aufzunehmen und den Betroffenen um eine separate Unterschrift zu bitten.[68] Der bloße Hinweis auf Allgemeine Geschäftsbedingungen, in denen der Datenschutz geregelt sei, genügt jedenfalls nicht.[69] Eine Ausnahme gilt nur dann, wenn die in einem anderen Dokument abgedruckte Klausel dem Betroffenen vorliegt und die Bezugnahme so konkret ist, dass sie unschwer auffindbar ist.[70] Die **Überschrift »Datenschutz«** entspricht dem Hervorhebungsgebot nicht, sondern trägt im Gegenteil zur Verwirrung bei, weil der Kunde darin eher eine Absicherung seiner Position als die Einwilligungserklärung zu einer über das Gesetz hinausgehenden Verarbeitung seiner Daten vermutet. Insoweit fehlt es überdies an der von § 307 Abs. 1 Satz 2 BGB geforderten Transparenz.[71]

14 Ist die **Schriftform nicht** in der vorgeschriebenen Weise **gewahrt**, kann die Einwilligung **keine Wirkung** entfalten.[72] Die **Datenverarbeitung** ist **unzulässig**, gespeicherte Daten sind nach §§ 20 Abs. 2 Nr. 1, 35 Abs. 2 Nr. 1 zu löschen. Dies darf auch nicht dadurch relativiert werden, dass man bei der Prüfung anderer Rechtsgrundlagen für die Datenverarbeitung wie z. B. § 28 Abs. 1 Satz 1 Nr. 2 BDSG die »schützwürdigen Belange« des Betroffenen als wenig oder nicht betroffen ansieht, weil er ja eingewilligt habe.[73] Ohne Bedeutung ist, dass die **EG-Datenschutzrichtlinie** kein vergleichbares Formerfordernis enthält; wie der Düsseldorfer Kreis der Aufsichtsbehörden mit Recht betonte, hebt der Erwägungsgrund 9 der Richtlinie ausdrücklich hervor, dass ein stärkerer Schutz des Betroffenen nicht ausgeschlossen sein soll.[74] Auch hat der Düsseldorfer Kreis eine **Musterformulierung für eine Einwilligung** entwickelt.[75]

15 Eine »**besondere Situation**«, in der man **von der Schriftform absehen** kann, liegt etwa dann vor, wenn wie bei einer Meinungsbefragung die »Verschriftlichung« einen von niemandem erwarteten unzumutbaren Aufwand darstellen würde.[76] Eine solche Situation wird bei Arbeitnehmerdaten kaum je vorliegen.[77] Auch andere spezifische Umstände kommen in Betracht, die etwa dann vorliegen können, wenn der Betroffene **an einer schnellen Erledigung** der Angelegenheit **interessiert** ist.[78] Im Arbeitsrecht ist

---

65 26.3.2014 – 9 U 1116/13, ZD 2014, 524.
66 BGH 16.7.2008 – VIII ZR 348/06, DB 2008, 2188, 2190; Plath in Plath § 4a Rn. 37; Taeger in Taeger/Gabel § 4a Rn. 25.
67 Gola, Datenschutz am Arbeitsplatz, Rn. 402.
68 HWK-Lembke Vorb. BDSG Rn. 65. Ebenso Grimm in Tschöpe Teil 6 F Rn. 19.
69 Gola/Schomerus, § 4a Rn. 31; HK-ArbR-Hilbrans § 4a BDSG Rn. 2.
70 AG Elmshorn 25.4.2005 – 49 C 54/05, RDV 2005, 174 = CR 2005, 641.
71 AG Elmshorn a. a. O.
72 Panzer S. 161.
73 So aber v. Lewinski RDV 2003, 122, 126.
74 RDV 2007, 87.
75 Wiedergegeben RDV 2007, 87.
76 BMH, § 4a Rn. 85.
77 Mester, S. 87.
78 Simitis in Simitis, § 4a Rn. 45; TEG, S. 323.

Einwilligung § 4a

allerdings beim Rückgriff auf diesen Ausnahmetatbestand Vorsicht geboten, da sich die Eilbedürftigkeit auch aus organisatorischen Defiziten im Arbeitsablauf ergeben kann, für die der Arbeitgeber einzustehen hat.[79] Weniger problematisch ist der Fall, dass der Arbeitnehmer selbst ein Medium wie das Internet wählt, bei dem die nicht-schriftliche Datenerfassung eine übliche Begleiterscheinung ist.[80] Weiter kann im Rahmen einer langjährigen geschäftlichen Beziehung auf die Schriftform verzichtet werden, es sei denn, es würden neue Zwecke verfolgt.[81] Die Vorschrift des Abs. 1 Satz 3 ist grundsätzlich restriktiv auszulegen.[82]

Das Absehen von der Schriftform bedeutet nicht, dass deshalb die Anforderungen an das Vorliegen einer Einwilligung gelockert wären. Zulässig ist daher eine **mündliche**, aber auch eine **konkludente Erklärung**, die einen eindeutigen Rückschluss auf einen entsprechenden Willen des Betroffenen zulässt.[83] An der »Eindeutigkeit« fehlt es, wenn eine Disco-Besucherin in ein Fotoshooting einwilligt, die Fotos aber anschließend ins Internet gestellt werden.[84] Anders wird bei der Frage entschieden, ob das Einstellen eines Fotos bei Facebook oder einem anderen sozialen Netzwerk auch die Verwertung durch Suchmaschinen erfasst, sofern von einer entsprechenden »Sperrmöglichkeit« kein Gebrauch gemacht wurde.[85] Die schriftlichen wie die sonstigen Einwilligungen sind gleichwertig; im ersten Fall wird die Sprache, im zweiten ein anderes Kommunikationsmittel benutzt.[86] Bloßes **Stillschweigen** des Betroffenen **reicht** dagegen **nicht**;[87] erst recht ist eine mutmaßliche Einwilligung ohne Bedeutung.[88] Bei wissenschaftlichen Erhebungen können andere Grundsätze gelten; dazu unten Rn. 39.[89]

16

Bestehen **Unklarheiten**, ob der Betroffene überhaupt eingewilligt hat oder wie weit seine Einwilligung reicht, geht dies **zu Lasten der verantwortlichen Stelle**.[90] Dies war

17

---

79 Ebenso Thüsing/Traut, in: Thüsing (Hrsg.), Beschäftigtendatenschutz und Compliance, § 5 Rn. 8.
80 Plath in Plath § 4 a Rn. 17. Taeger in Taeger/Gabel, § 4 a Rn. 35 verweist auf die Eintragung von Daten in ein Internet-Formular, wobei jedoch die »Warnfunktion« durch andere Mittel erfüllt werden muss. S. als weiteres Beispiel den Wertpapierhandel – s. Petri RDV 2007, 153, 157. Für eine entsprechende Anwendung des § 28 Abs 3 a BDSG in solchen Fällen s. Raabe/Lorenz DuD 2011, 279 ff.
81 Simitis in Simitis, § 4 a Rn. 46; ähnlich Holznagel/Sonntag in Roßnagel, Kap. 4.8. Rn. 29.
82 LG Darmstadt 24. 9. 1998 – 15 O 204/98, RDV 1999, 29.
83 Taeger in Taeger/Gabel, § 4 a Rn. 41 ff.; TEG, S. 323. Zur konkludenten Einwilligung in die Veröffentlichung von Fotos in einem »Eventportal« s. BGH 11. 11. 2014 – VI ZR 9/14, ZD 2015, 180.
84 Taeger in Taeger/Gabel, § 4 a Rn. 44.
85 OLG Köln 9. 2. 2010 – 15 U 107/09, RDV 2010, 127; vgl. auch LG Hamburg 16. 6. 2010 – 325 O 448/09, RDV 2011, 98
86 Däubler, BGB kompakt, Kap. 8 Rn. 10.
87 Holznagel/Sonntag in Roßnagel, Kap. 4.8. Rn. 39; Wolff/Brink-Kühling § 4 a Rn. 50; Grimm in Tschöpe, Teil 6 F Rn. 20. Missverständlich insoweit OLG Köln 9. 2. 2010 – 15 U 107/09, RDV 2010, 127.
88 Ebenso Plath in Plath, § 4 a Rn. 19; Taeger in Taeger/Gabel, § 4 a Rn. 46. S. jedoch die Ausnahmevorschrift des § 14 Abs. 2 Nr. 3 – dazu unten § 14 Rn. 15.
89 Zu Sonderproblemen der Einwilligung in Telefonwerbung s. auch Drewes/Siegert RDV 2006, 139 ff., die für die Preisgabe des Schriftformerfordernisses in diesem Fall plädieren. Dies ist durch § 28 Abs. 3 bis 3 b überholt.
90 Klug RDV 2001, 272; Simitis in Simitis, § 4 a Rn. 85; TEG, S. 321. Ebenso Grimm in Tschöpe Teil 6 F Rn. 17: »Unklarheiten gehen zu Lasten des Arbeitgebers«.

schon nach früherem Recht anerkannt[91] und wird durch die **EG-Richtlinie** zum Datenschutz bestätigt, die in Art. 7 Buchstabe a der Einwilligung nur dann rechtfertigende Kraft gibt, wenn sie »**ohne jeden Zweifel**« erteilt wurde. Zweifel am Bestehen der Einwilligung stellen daher ihre Existenz in Frage; ist ihr Umfang zweifelhaft, muss eine enge Auslegung Platz greifen.

3. Das Bestimmtheitserfordernis

18 Die Einwilligung darf nach allgemeiner Auffassung **keinen pauschalen Charakter** tragen; sie muss erkennen lassen, welche Daten zu welchem Zweck verarbeitet oder genutzt werden sollen.[92] Je stärker der Schutz der Persönlichkeit tangiert ist, umso präziser müssen die Verarbeitungsmöglichkeiten umschrieben sein.[93] Dem ist Rechnung getragen, wenn ein **Patient** in die Abtretung der **Honorarforderung** des Arztes »zu Abrechnungszwecken« und in die Weitergabe der dafür notwendigen Informationen einwilligt; eines besonderen Hinweises auf die ärztliche Schweigepflicht bedarf es nicht.[94] Unzulässig ist dagegen eine Einwilligung zur Abtretung an jede »refinanzierende Bank«; hier kann der Betroffene die Tragweite seiner Erklärung nicht überblicken.[95] Das Bestimmtheitserfordernis rechtfertigt sich insgesamt damit, dass nur auf diese Weise der Vorgang für den Einzelnen überschaubar und damit der Grundsatz der **Datentransparenz** gewahrt bleibt. Zu den notwendigen Informationen gehört auch die Kenntnis davon, an wen die Daten übermittelt werden.[96] Aus diesen Gründen hat auch das BVerfG[97] die pauschale Befreiung von der ärztlichen Schweigepflicht durch einen Versicherungsnehmer als Verfassungsverstoß gewertet, weil der Betroffene nicht mehr wissen kann, welche Informationen über ihn an wen übermittelt werden.

19 Ein solches Bestimmtheitserfordernis liegt auch dem Art. 2 Buchstabe h der **EG-Richtlinie** zum Datenschutz zugrunde. Dort ist von einer (wirksamen) Einwilligung nur dann die Rede, wenn die Willensbekundung »für den konkreten Fall und in Kenntnis der Sachlage erfolgt«. Weiter wird vorausgesetzt, dass die betroffene Person akzeptiert, »dass personenbezogene Daten, die sie betreffen, verarbeitet werden« Dies schließt »Blanko-Einwilligungen« aus.[98] Bestätigt wird dies durch die amtliche Begründung zu Art. 2 des geänderten Richtlinienvorschlags, der mit der Endfassung identisch ist. Dort wird ausgeführt:[99] »Die Einwilligung der betroffenen Person gilt für den konkreten Fall, d. h., dass sie sich auf eine konkrete Verarbeitung von Daten über die betroffene Person durch einen bestimmten Verantwortlichen für bestimmte Zwecke beziehen muss.« Dies

---

91 Vgl. BGH 20.5.1992 – VIII ZR 240/91, RDV 1992, 231.
92 Zustimmend Taeger in Taeger/Gabel, § 4a Rn. 30; s. weiter Klug RDV 2001, 272; Grimm in Tschöpe Teil 6 F Rn. 17; Wohlgemuth BB 1996, 693; Wächter, Rn. 234; Wolff/Brink-Kühling § 4a Rn. 44.
93 Tinnefeld/Ehmann/Gerling, 4. Aufl., S. 319.
94 OLG Celle 11.9.2008 – 11 U 88/08, VersR 2009, 224 = MDR 2009, 195.
95 AG Hagen 11.11.2004 – 10 C 275/04, juris.
96 BGH 16.7.2008 – VIII ZR 348/06, NJW 2008, 3055 = CR 2008, 720 – payback; dazu Plath in Plath § 4a Rn. 48.
97 23.10.2006 – 1 BvR 2027/02, JZ 2007, 576 = RDV 2007, 20.
98 Ebenso Dammann/Simitis, Art. 2 Anm. 22; Ehmann/Helfrich, Art. 2 Rn. 71.
99 Wiedergegeben bei Dammann/Simitis, S. 108.

Einwilligung § 4a

ist im Wege der richtlinienkonformen Interpretation auch bei der Handhabung des § 4a zu berücksichtigen. Außerdem kann bei pauschalen Erklärungen das Transparenzprinzip verletzt sein (dazu unten Rn. 33).

4. Die »freie Entscheidung« des Betroffenen

a) Die Ausgangssituation

Nach Abs. 1 Satz 1 muss die Einwilligung »auf der freien Entscheidung des Betroffenen« beruhen. Obwohl es Überlegungen zu einem entsprechenden (ungeschriebenen) Erfordernis auch schon nach früherem Recht gab,[100] ist damit ein **neues Element** in das gesetzliche Datenschutzrecht eingeführt worden. Basis ist auch hier die **EG-Richtlinie**, die in Art. 2 Buchstabe h eine wirksame Einwilligung nur dann annimmt, wenn diese »ohne Zwang« abgegeben wurde. Dabei ist zu berücksichtigen, dass die deutsche Formulierung der Richtlinie ein wenig eng ausgefallen ist und theoretisch im Sinne eines Fehlens widerrechtlicher Drohung interpretiert werden könnte. Die in gleicher Weise verbindlichen englischen und französischen Fassungen betonen demgegenüber sehr viel deutlicher die Freiheit der Willensentscheidung, da dort von »freely given indication« bzw. von »manifestation libre« die Rede ist. Auch die übrigen Versionen der bisherigen Mitgliedstaaten betonen die Freiwilligkeit.[101] Der **deutsche Gesetzgeber** ist mit seiner Formulierung daher **keineswegs über** den Inhalt der **Richtlinie hinausgegangen**.[102] Das verfassungsrechtlich zwingend Gebotene (oben Rn. 2a) ist dagegen möglicherweise überschritten. 20

In der **amtlichen Begründung** zur Endfassung **der Richtlinie**[103] wurden auch Überlegungen zum **Arbeitsverhältnis** angestellt. So hieß es: »In der geänderten Fassung wurde präzisiert, dass die Einwilligung in den Fällen, in denen möglicherweise Druck auf die betroffene Person ausgeübt wird (Fall des Arbeitnehmers gegenüber seinem Arbeitgeber beispielsweise) ›ohne Zwang‹ zu erfolgen hat.« Der hamburgische Datenschutzbeauftragte vertritt deshalb den Standpunkt, dem Arbeitnehmer fehle in der Regel die nötige Unabhängigkeit, um eine wirksame Einwilligung abgeben zu können.[104] 21

b) Konkretisierungen

Einvernehmen besteht darüber, dass eine **Einwilligung** wegen Irrtums, Täuschung oder Drohung **angefochten** werden kann.[105] Das Anfechtungsrecht steht demjenigen zu, der 22

---

100 Siehe etwa Däubler, Gläserne Belegschaften?, 3. Auflage, 1994, Rn. 136 ff. Beisenherz/Tinnefeld (DuD 2011, 112) stützen sich auf den Gedanken, zur (unbestritten) erforderlichen Einsichtsfähigkeit des Betroffenen gehöre auch die Möglichkeit, gemäß der eigenen Einsicht zu handeln.
101 Siehe die Nachweise bei Däubler, Gläserne Belegschaften? Rn. 150 Fn. 48.
102 Dies übersehen BMH, § 4a Rn. 5. Wie hier im Ergebnis Thüsing/Traut, in: Thüsing (Hrsg.), Beschäftigtendatenschutz und Compliance, § 5 Rn. 10.
103 Wiedergegeben bei Dammann/Simitis, S. 108.
104 18. TB, S. 197; ebenso bei einer Vereinbarung, durch die die **Kontrollmöglichkeiten des Arbeitgebers erweitert** werden, BMH, § 4a Rn. 5.
105 Simitis in Simitis, § 4a Rn. 25; TEG, S. 324; Kohte AcP 185 (1985) 139 ff.; Wohlgemuth, Datenschutz, Rn. 202.

§ 4a Einwilligung

die Einwilligung erteilt hat. Seine Voraussetzungen bestimmen sich nach allgemeinen Grundsätzen. Die Hervorhebung der »freien Entscheidung« in Abs. 1 Satz 1 bedeutet jedoch nach allgemeiner Auffassung mehr als das Nichtvorliegen eines Willensmangels.[106]

aa) Vermutung für Unfreiwilligkeit in sozialen Abhängigkeitsverhältnissen und Ausnahmen

23 Ebenso einig ist man sich de facto über den Grundsatz, dass die **Existenz eines sozialen Abhängigkeitsverhältnisses** wie zwischen Arzt und Patient, Bank und Kunden sowie Arbeitgeber und Arbeitnehmer **nicht** von vorneherein jede **»freiwillige«** Einwilligung **ausschließt.** So kann es Fälle geben, in denen z.B. die Übermittlung von Daten im Interesse des Arbeitnehmers liegt (er will – so ein Fall aus der Praxis – mit der von ihm verantworteten Schaufensterdekoration an einem branchenweiten Wettbewerb teilnehmen). Auch kann ersichtlich der Arbeitsvertrag als Basis eines Dauerschuldverhältnisses nicht alle denkbaren Situationen vorwegnehmen, in denen ein neues Verarbeitungsbedürfnis des Arbeitgebers entsteht, dem keine schutzwürdigen Belange des Arbeitnehmers entgegenstehen. Ein genereller Ausschluss der Einwilligung scheidet daher aus. Im Regelfall spricht aber eine **Vermutung** dafür, **dass** eine **gegenüber dem Arbeitgeber abgegebene Einwilligung »unfreiwillig«** ist.[107] Dies dürfte auch der Auffassung des BGH[108] entsprechen, wonach es an der Möglichkeit zur freien Entscheidung fehlen könne, wenn die Einwilligung »in einer Situation wirtschaftlicher oder sozialer Schwäche oder Unterordnung« erteilt werde. Danach bedarf es also **besonderer Umstände**, um gleichwohl von »Freiwilligkeit« sprechen zu können. Diese werden in der Literatur etwa dann angenommen, wenn die Eingriffstiefe gering ist oder wenn sich bei objektiver Betrachtung **für den Arbeitnehmer überwiegend Vorteile** ergeben.[109] Ihr Vorliegen muss im Streitfall der Arbeitgeber beweisen.[110] In der Literatur werden verschiedene Beispiele genannt:[111] Übermittlung von Daten an den Betreiber des Firmenparkplatzes, um eine **Magnetkarte** zu erhalten; Übermittlung von Daten an ein Kreditinstitut, um eine **Firmenkreditkarte** zu bekommen, die eine erleichterte Abrechnung nach Dienstreisen ermöglicht; Übermittlung von Daten an eine Versicherung oder einen anderen Geschäftspartner des Arbeitgebers, um einen **»Firmenrabatt«** zu erhalten; Übermittlung von Daten an ein anderes Konzernunternehmen, um in das konzernweite **Personalentwicklungssystem** aufgenommen oder in bestimmte Sozialleistungen einbezogen zu werden.

bb) Opt-in- und Opt-out-Klauseln im Verbraucherrecht

23a Wird die Einwilligung im Rahmen eines Vertrags erteilt, so wird zwischen **»opt-in«**-Klauseln (der Betroffene muss einen Satz ankreuzen oder sonstwie aktiv werden, um

---

106 Anders nur Riesenhuber RdA 2011, 257, 260.
107 Ähnlich Weichert in Kilian/Heussen, Nr. 132 Rn. 45.
108 16.7.2008 – VIII ZR 348/06, DB 2008, 2188, 2189.
109 HK-ArbR-Hilbrans § 4a BDSG Rn. 3.
110 Wedde DuD 2004, 169.
111 Taeger in Taeger/Gabel, § 4a Rn. 62, auch zum Folgenden. Zur darin liegenden »Kommerzialisierung« s. Auernhammer-Kramer § 4a Rn. 6 (im Ergebnis aber zustimmend).

Einwilligung § 4a

seine Einwilligung zu erklären) und »opt-out«-Klauseln unterschieden, bei denen die Einwilligung von vorne herein im Text steht und der Betroffene durch Ankreuzen nur seine Zustimmung verweigern kann. Beide Formen wahren als solche nach herrschender Auffassung den Grundsatz der Freiwilligkeit,[112] obwohl in der Literatur zu Recht darauf hingewiesen wird, das »Opt-out-Modell« sorge nicht ausreichend dafür, dass der wirkliche Wille des Betroffenen zum Ausdruck komme.[113] Soweit es um die Einwilligung in den **Empfang von Werbe-E-Mails** und Werbe-SMS geht, wird allerdings mit Rücksicht auf § 7 Abs. 2 Nr. 3 UWG eine **opt-in**-Erklärung verlangt.[114] Für den Bereich des Adresshandels und der Werbung hat § 28 Abs. 3a BDSG bei der Novellierung 2009 die opt-in-Lösung verbindlich vorgeschrieben, doch erscheint zweifelhaft, ob das auch für nicht-gewerbliche Aktivitäten wie die von gemeinnützigen Organisationen gilt. Werden diese Grundsätze nicht eingehalten, ist die Einwilligung unwirksam.

cc) Unfreiwilligkeit bei Verstoß gegen Koppelungsverbot

Von »Freiwilligkeit« ist auch in anderen Zusammenhängen dann nicht mehr die Rede, wenn die Einwilligung in die Datenverarbeitung mit Handlungen verknüpft wird, die für die Durchführung des in Aussicht genommenen Vertrages nicht erforderlich sind.[115] Ein solches »**Koppelungsverbot**«[116] ist beispielsweise dann missachtet, wenn der **Zugang zu einem Teledienst** davon abhängig gemacht wird, dass der Nutzer in den Empfang von Werbung einwilligt und ein Zugang zu vergleichbaren Leistungen nicht oder nicht in zumutbarer Weise möglich ist.[117] Für den Bereich des Adresshandels, der Werbung und der Markt- und Meinungsforschung enthält nunmehr § 28 Abs. 3b eine vergleichbare Regelung. Diese Vorschriften lassen sich dahin verallgemeinern, dass der »**Dateninteressent**« nur **solche Daten** verlangen darf, **die er für** den Abschluss oder die Durchführung des **Vertrages benötigt**[118] (s. auch unten Rn. 34c). Die Freiheit, einen Vertragsschluss oder eine andere Maßnahme abzulehnen, darf nicht »Aufhänger« für ein sachlich nicht gebotenes Informationsverlangen sein.[119] Dies wäre etwa der Fall, wenn beim Abschluss des Arbeitsvertrags die Einwilligung in den Empfang von Werbesendungen »aller befreundeten Unternehmen« verlangt[120] oder wenn der Betriebsarzt

24

---

112 BGH 16.7.2008 – VIII ZR 348/06, DB 2008, 2188, 2189; LG Köln 9.5.2007 – 26 O 358/05, juris.
113 B. Buchner DuD 2010, 39, 42: »Traumbild« vom mündigen Verbraucher.
114 BGH aaO. Näher oben Rn. 3e.
115 Dies ist in sozialen Abhängigkeitsverhältnissen auch dann von Bedeutung, wenn man die hier entwickelte Vermutung zugunsten des Fehlens einer freiwilligen Entscheidung (oben Rn. 23) nicht teilt.
116 Simitis in Simitis, § 4a Rn. 63; TEG, S. 320; HK-ArbR-Hilbrans, § 4a Rn. 5; HWK-Lembke Vorb. BDSG Rn. 60; Iraschko-Luscher DuD 2006, 706, 708; s. auch Grentzenberg/Schreibauer/Schuppert, K&R 2009, 368, 371.
117 § 12 Abs. 3 TMG a.F.; zur gleichlautenden Vorgängervorschrift des § 3 Abs. 3 TDDSG Schaar MMR 2001, 644. Zum Kopplungsverbot s. auch Wolff/Brink-Kühling § 4a 38 ff.
118 Taeger in Taeger/Gabel, § 4a Rn. 55 ff.: ähnlich Auernhammer-Kramer § 4a Rn. 8 ff.
119 Für entsprechende Anwendung des § 95 Abs. 5 TKG und damit für eine Begrenzung des Koppelungsverbots auf die Fälle, in denen der Betroffene sich die Leistung nicht bei einem anderen Anbieter verschaffen kann, Thüsing/Traut, in: Thüsing (Hrsg.), Beschäftigtendatenschutz und Compliance, § 5 Rn. 15 sowie B. Buchner DuD 2010, 39, 41.
120 Vgl. HK-ArbR-Hilbrans, 2. Aufl., § 4a BDSG Rn. 5; nunmehr ist § 28 Abs. 3b einschlägig.

von vorne herein generell von der ärztlichen Schweigepflicht entbunden würde.[121] Das Innenministerium von Baden-Württemberg betrachtet jede vor der Einstellung abgegebene Einwilligung als »unfreiwillig«;[122] es genügt, dass Daten für die Zwecke des Anbahnungsverhältnisses nach § 32 Abs. 1 Satz 1 BDSG erhoben werden können.

dd) Unfreiwilligkeit bei »Überrumpelung«

25 Die Freiwilligkeit fehlt weiter dann, wenn der Einwilligende **in unangemessener Weise unter Druck** gesetzt wurde, ohne dass deshalb die Grenze der widerrechtlichen Drohung erreicht wäre. Das angloamerikanische Recht kennt insoweit die Kategorie des »undue influence«, die sich auch im vorliegenden Zusammenhang heranziehen lässt.[123] Erfasst sind damit Fälle einer einseitig strukturierten Verhandlungssituation: Der Betroffene wird bei den Vertragsverhandlungen unter Zeitdruck gesetzt, er sieht sich mehreren Personen gegenüber, die das Ansinnen an ihn herantragen, er kann sich nicht mit einer Person seines Vertrauens besprechen. Dabei handelt es sich um Situationen, die man umgangssprachlich als »**Überrumpelung**« bezeichnet.[124] Aus der Rechtsprechung ist der Fall zu erwähnen, dass ein Patient nach zweistündiger zahnärztlicher Behandlung eine Einwilligungserklärung in weitere Behandlungen samt Datenübermittlung abgeben sollte, deren Beginn sich dann unmittelbar anschloss.[125] Die situative Überforderung war umso stärker, als die Fortsetzungsbehandlung ein Kostenvolumen von 30 000 € hatte. Unfreiwillig und deshalb unwirksam ist eine Einwilligung auch dann, wenn sie sich auf sehr komplexe und sensible Daten bezieht und keine ergebnisoffene, sondern eine **auf** die **Einwilligung** hin **zielende Beratung** erfolgt.[126] Auch **übermäßige Anreize** finanzieller oder sonstiger Natur können die Freiwilligkeit aufheben;[127] dies wurde etwa für die Teilnahme an einem Gewinnspiel angenommen.[128] Erst recht kann das direkte Versprechen einer hohen Belohnung z. B. für die Preisgabe genetischer Daten die Freiwilligkeit ausschließen.[129] Gleichgestellt ist auch der Fall, dass zunächst ein Vorteil quasi fest verabredet, abschließend aber die Forderung nach der Einwilligung aufgetischt wird.[130]

---

121 Vgl. BVerfG 23.10.2006 – 1 BvR 2027/02, JZ 2007, 576 = RDV 2007, 20.
122 RDV 2009, 43.
123 Siehe St. Lorenz JZ 1997, 281. Wie hier Thüsing/Traut, in: Thüsing (Hrsg.), Beschäftigtendatenschutz und Compliance, § 5 Rn. 13.
124 Ähnlich Tinnefeld NJW 2001, 3081.
125 OLG Celle 11.9.2008 – 11 U 88/08, VersR 2009, 224 = MDR 2009, 195.
126 Weichert DuD 2002, 139. Wie hier Thüsing/Traut, in: Thüsing (Hrsg.), Beschäftigtendatenschutz und Compliance, § 5 Rn. 13.
127 So ausdrücklich BGH 16.7.2008 – VIII ZR 348/06, DB 2008, 2188, 2189. Ebenso Auernhammer-Kramer § 4a Rn. 10.
128 LG Stuttgart 30.8.1998 – 17 O 329/98, DuD 1999, 294 f.; Iraschko-Luscher DuD 2006, 706, 708.
129 Auch hier ergibt sich die Unwirksamkeit der Einwilligung schon aus der Vermutung fehlender Freiwilligkeit in sozialen Abhängigkeitsverhältnissen (oben Rn. 23), sofern man die hier entwickelte Auffassung teilt.
130 Auernhammer-Kramer § 4a Rn. 11.

Einwilligung

§ 4a

ee) Unfreiwilligkeit bei Ankündigung vermeidbarer Nachteile

Weiter kann die Freiwilligkeit auch dadurch beeinträchtigt sein, dass dem Arbeitnehmer für den Fall der Verweigerung bestimmte **Nachteile in Aussicht gestellt** werden. Diese können im Entzug vorhandener rechtlicher Positionen, aber auch darin liegen, dass **Vorteile verweigert** werden oder ihre Gewährung als weniger wahrscheinlich bezeichnet wird. Auch die **angedrohte Vorenthaltung einer** für den Betroffenen **wichtigen Leistung**, die andern gewährt wird (Telefonanschluss, Strom, Bankkredit), macht im Regelfall die Einwilligung zu einer unfreiwilligen.[131] Denkbar ist schließlich, dass dies nicht ausdrücklich geschieht, sondern dass der Betroffene lediglich eine entsprechende Entwicklung befürchtet. Dies gilt insbesondere in der Einstellungssituation, wo der Bewerber häufig befürchten wird, dass eine unterbleibende Zustimmung zu einer »Datenklausel« den Vertragsabschluss als solchen gefährden wird.[132]

26

Nimmt man zunächst die erste Alternative (»Nachteile«), so ist die Freiwilligkeit aufgehoben, es sei denn, für die Nachteile würden dringende Bedürfnisse der verantwortlichen Stelle sprechen. Will etwa ein Arbeitgeber **sämtliche Außendienstmitarbeiter im Internet** präsentieren, weil er sich dadurch eine höhere Kundenbindung und bessere Absatzmöglichkeiten verspricht, so ist der Hinweis, die Verweigerung einer Einwilligung könne eine Versetzung in den Innendienst zur Folge haben, kein Umstand, der die »Freiwilligkeit« ausschließt. Bezieht sich die Verweigerung allerdings nur auf eine Einzelangabe wie das Foto, so fehlt es an den betrieblichen Erfordernissen für eine Versetzung und erst recht für eine Änderungskündigung; diese wären beide unverhältnismäßig. Sie gleichwohl ins Spiel zu bringen, würde die Freiwilligkeit aufheben, da mit einem **nicht zwingend gebotenen Nachteil** gedroht wird. Der Einzelne muss sich als Arbeitnehmer usw. lediglich unvermeidbaren Entwicklungen fügen; ansonsten sind ihm Handlungsalternativen zu belassen.[133]

27

ff) Verbleibende Problemfälle

Die Freiwilligkeit ist also nur gewahrt, wenn die Willensbildung des Betroffenen nicht in unangemessener Weise beeinflusst wurde (»Überrumpelung«, zielgerichtete Beratung) und wenn keine vermeidbaren Nachteile in Aussicht gestellt werden.[134] Damit ist ein beträchtlicher Teil von Fällen erfasst, nicht jedoch die Situation, dass der Betroffene infolge einer **auf Lebenserfahrung beruhenden Pauschaleinschätzung** Nachteile wie z. B. eine Nichtbeförderung befürchtet, deren ernsthafte Möglichkeit die verantwortliche Stelle im Streitfall in Abrede stellen würde. Eine solche in der Praxis durchaus nicht unbekannte Konstellation lässt sich nicht vom subjektiven Merkmal der Freiwil-

28

---

131 BMH, § 4a Rn. 16, 17; Holznagel/Sonntag in Roßnagel, Kap. 4.8. Rn. 54; Mester, S. 90; Taeger in Taeger/Gabel, § 4a Rn. 59.
132 Mester, S. 90; Thüsing/Traut, in: Thüsing (Hrsg.), Beschäftigtendatenschutz und Compliance, § 5 Rn. 13.
133 Siehe auch Wedde AiB 2001, 374; ähnlich Gola RDV 2002, 111, der die Freiwilligkeit bei Androhung »ungerechtfertigter« Nachteile entfallen lässt.
134 Zustimmend Mester, S. 90. Wir hier im Ergebnis auch Tinnefeld DuD 2002, 233.

ligkeit erfassen; insoweit stellt sich die Frage, ob es inhaltliche Grenzen für die Erteilung von Einwilligungen gibt.

5. Inhaltsschranken der Einwilligung

a) Zwingendes Recht

29 Eine Einwilligung ist dann entsprechend § 134 BGB unwirksam, wenn sie den Zugriff auf Daten ermöglichen soll, die den Interessenten kraft zwingenden Rechts verschlossen bleiben müssen. Dies gilt etwa dann, wenn durch die Einwilligung eine Fernsehbeobachtung rund um die Uhr beim »Leben im Container« oder beim »Leben im Dschungelcamp« und damit ein **gegen die Menschenwürde verstoßender Zustand** herbeigeführt würde.[135] Dasselbe gilt, wenn ein Persönlichkeitsprofil über den Arbeitnehmer erstellt werden soll – dies ist auch mit seiner Einwilligung nicht möglich.[136] Einen weiteren Anwendungsfall kennt das Arbeitsrecht bei der **Informationserhebung gegenüber Bewerbern**: Die Grenzen des arbeitgeberseitigen Fragerechts dürfen auch nicht mit Zustimmung des Bewerbers überschritten werden.[137] Der Arbeitgeber darf sich also die Möglichkeit zu einem graphologischen Test nicht dadurch eröffnen, dass er sich vom Bewerber eine Einwilligung erteilen lässt,[138] und er darf auch nicht vom Bewerber verlangen, dass er den die Einstellungsuntersuchung vornehmenden Arzt von der Schweigepflicht entbindet.[139] Erst recht ist der Zugriff auf nicht einschlägige Vorstrafen nicht dadurch möglich, dass mit »Einwilligung« des Bewerbers eben auch nach diesen gefragt werden darf. Diese Grenzen können auch nicht durch das Verlangen nach einer »Selbstauskunft« oder nach Vorlage eines Auszugs aus dem Bundeszentralregister umgangen werden.[140] Erst recht darf von einem Bewerber nicht verlangt werden, dem Arbeitgeber die Zugangsdaten zu seinem Account in sozialen Netzwerken zu überlassen; eine entsprechende Praxis in den USA lässt sich in Deutschland nicht etablieren.[141] Entsprechende Grenzen gelten dann, wenn es um den Schutz des **Mietinteressenten** oder des **um einen Kredit nachsuchenden Verbrauchers** geht.[142] In allen diesen Fällen geht es nicht um »Bevormundung«, sondern um notwendigen Schutz.[143]

30 **Im bestehenden Arbeitsverhältnis** sind solche Grenzen nur in ersten Ansätzen entwickelt worden. Auch mit Einwilligung des Arbeitnehmers dürfen **keine Persönlich-**

---

135 BMH, § 4a Rn. 13.
136 Däubler, Gläserne Belegschaften? Rn. 162; zustimmend Mester, S. 91; Thüsing/Traut, in: Thüsing (Hrsg.), Beschäftigtendatenschutz und Compliance, § 5 Rn. 24.
137 Siehe statt aller Auernhammer-Kramer, § 4a Rn. 4; Franzen in ErfK, § 4a Rn. 1; Gola/Schomerus, § 4a Rn. 22 a; Mester, S. 85; Taeger in Taeger/Gabel, § 4a Rn. 73; Wohlgemuth BB 1996, 693; auch das Innenministerium von Baden-Württemberg betrachtet jede vor der Einstellung abgegebene Einwilligung als »unfreiwillig« – RDV 2009, 43.
138 Siehe bereits BAG 17.5.1983 – 1 AZR 1249/79, DB 1984, 140 = NJW 1984, 824.
139 Däubler in TPH, S. 123.
140 Zur generellen Unwirksamkeit von Einwilligungen beim Abschluss des Arbeitsvertrags Wedde DuD 2004, 172; Mester, S. 91.
141 Däubler, Internet und Arbeitsrecht, Rn. 211d
142 Däubler CR 1994, 101, 110.
143 Etwas anders B. Buchner DuD 2010, 39, 43.

Einwilligung § 4a

keitsprofile erstellt werden.[144] Die hessische Landesregierung hat den berechtigten Standpunkt vertreten, dass trotz des Wortlauts von § 4c Abs. 1 Nr. 1 BDSG die bloße Einwilligung eines Betroffenen nicht ausreicht, um seine Daten in ein Drittland ohne ausreichendes Datenschutzrecht zu transferieren.[145] Dies lässt sich in der Tat damit rechtfertigen, dass das fehlende oder unzureichende Datenschutzrecht im Prinzip einen »beliebigen« Gebrauch der Daten ermöglichen und so jede Transparenz für den Betroffenen und erst recht jede effektive Einwirkungsmöglichkeit zerstören würde. Er hätte sich insoweit eines erheblichen Teils seines informationellen Selbstbestimmungsrechts entäußert, was die Rechtsordnung – wenn man so formulieren will – schon in ihrem eigenen Interesse nicht hinnehmen kann, da dadurch nicht nur die Persönlichkeit des Individuums, sondern auch die Grundlage einer freiheitlichen Gesellschaft betroffen wäre.[146] Vom Einzelnen her gesehen handelt es sich insoweit um eine neue Erscheinungsform des schon in anderem Zusammenhang erwähnten Grundsatzes, dass wesentliche Teile der **Persönlichkeit nicht kommerzialisiert** werden dürfen.

b) Angemessenheitskontrolle

Einwilligungen werden häufig in standardisierter Form erteilt, sei es, dass sie Bestandteil von häufig verwendeten Vertragsmustern sind, sei es, dass ihr Wortlaut aus einem bestimmten Anlass heraus von der verantwortlichen Stelle vorformuliert wurde. Damit sind die **Grundsätze über die AGB-Kontrolle** (§§ 305–310 BGB) anwendbar.[147] Da der Arbeitnehmer unter den Verbraucherbegriff des § 13 BGB fällt,[148] finden diese Vorschriften nach § 310 Abs. 3 Nr. 1 BGB auch dann Anwendung, wenn die Erklärung nur für den Einzelfall vorformuliert wurde. Dasselbe dürfte in aller Regel angesichts der Auffangfunktion des Verbraucherbegriffs bei anderen Betroffenen der Fall sein. 31

Eine vom AGB-Verwender vorformulierte Einwilligungserklärung unterliegt der AGB-Kontrolle. Ist ihr Inhalt auch im Wege der Interpretation nicht voll zu klären, so ist nach § 305c Abs. 2 BGB diejenige Variante zu wählen, die den Arbeitnehmer weniger belastet. Dies bedeutet, dass der Einwilligungserklärung ein **möglichst geringer Anwendungsbereich** gegeben wird.[149] 31a

Maßstab für die Beurteilung einer Einwilligungsklausel ist in erster Linie § **307 Abs. 1 BGB**. Danach ist zu fragen, ob der Arbeitnehmer entgegen den Geboten von Treu und Glauben unangemessen benachteiligt wurde. Diese unangemessene Benachteiligung kann sich auch aus mangelnder Transparenz ergeben. 32

Pauschale Einwilligungserklärungen lassen für den Betroffenen nicht erkennen, wie die Folgen seiner Erklärung im Einzelnen beschaffen sind; insoweit fehlt es – von 33

---

144 Dazu Däubler, Gläserne Belegschaften? Rn. 119 ff.
145 Mitgeteilt in RDV 2002, 38. Ebenso Taeger in Taeger/Gabel, § 4a Rn. 15.
146 BVerfG 15.12.1983 – 1 BvR 209/83 u. a., BVerfGE 65, 1, 43 = NJW 1984, 419; BVerfG 14.5.1985 – 1 BvR 233/81 u. a., EuGRZ 1985, 450, 459.
147 BMH, § 4a Rn. 26 ff.; Buchner, S. 251 ff.; Thüsing/Traut, in: Thüsing (Hrsg.), Beschäftigtendatenschutz und Compliance, § 5 Rn. 25 ff.
148 BAG 25.5.2005 – 5 AZR 572/04, NZA 2005, 1111.
149 HK-ArbR-Hilbrans § 4a BDSG Rn. 2.

anderen Mängeln abgesehen[150] – an der in § 307 Abs. 1 Satz 2, Abs. 3 Satz 2 vorgeschriebenen **Transparenz**.[151] Diese ist auch dann verletzt, wenn wie bei sozialen Netzwerken der Eindruck einer Erbringung unentgeltlicher Leistungen erweckt wird, obwohl in Wahrheit das Zur-Verfügung-Stellen der Daten des Nutzers eine (wichtige) Gegenleistung darstellt.[152] Auch rechtfertigt sich eine enge Auslegung der Einwilligungsklausel – wie gerade erwähnt – mit einem Rückgriff auf § 305c Abs. 2 BGB.[153] Führt allerdings bei **mehrdeutigen Klauseln** eine Auslegungsvariante zur Unwirksamkeit, so ist diese zugrunde zu legen.[154]

34 In seiner Entscheidung vom 19. September 1985 hat der BGH[155] den Standpunkt vertreten, die damals übliche **Schufa-Klausel** stelle eine unangemessene Benachteiligung der Kreditnehmer dar. Beanstandet wurde, dass Angaben über einseitige Maßnahmen des Kreditgebers zur Durchsetzung vermeintlicher Ansprüche gegen den Kreditnehmer wie z. B. Mahnungen, Kündigungen und Mahnbescheide generell an die Schufa weitergegeben werden konnten, ohne dass im Einzelfall eine Interessenabwägung notwendig gewesen wäre. Vom Gesetz (heute: § 28 Abs. 1 Satz 1 Nr. 2 BDSG) vorgesehene Abwägungsprozesse können daher – so muss man schließen – jedenfalls nicht über formularmäßig erteilte Einwilligungen beseitigt oder nachträglich wieder korrigiert werden. Die Einwilligung wird insoweit zu Recht nicht als dem Gesetz gleichwertige Rechtsgrundlage für Datenverarbeitung angesehen.[156]

34a Dieselben Maßstäbe legte der BGH[157] zugrunde, als es um die Einwilligung in **Telefonanrufe zu Werbezwecken** ging. Im Rahmen von AGB stelle eine derartige Vereinbarung eine unangemessene Benachteiligung des Kunden dar, der in seiner Privatsphäre erheblich gestört werde. Auch die Möglichkeit des jederzeitigen Widerrufs ändere daran nichts. Möglich sei eine Einwilligung nur im Wege einer ausgehandelten Individualvereinbarung. Das LG München I[158] kam zum gleichen Ergebnis im Fall eines Kunden, der an einem Rabattverfahren teilgenommen hatte; auch hier wurde mit Recht der »Lästigkeitswert« dieser Form der Kommunikation betont. Eine unangemessene Benachteiligung des Kunden liegt weiter dann vor, wenn sich die Einwilligung in Werbeanrufe auf alle Unternehmen des Konzerns, und zwar auch auf solche bezieht, die einer anderen Sparte als der Vertragspartner angehören.[159] Sonderregeln gelten für die

---

150 Oben Rn. 18.
151 OLG Hamburg 4.3.2009 – 5 U 260/08, K&R 2009, 414, 416; AG Hagen 11.11.2004 – 10 C 275/04, juris; ebenso im Ergebnis BMH, § 4a Rn. 27 ff.; Thüsing/Traut, in: Thüsing (Hrsg.), Beschäftigtendatenschutz und Compliance, § 5 Rn. 30. Zu intransparenten Einwilligungen in Videokontrollen in einem Fitnessklub s. LG Koblenz 19.12.2013 – 3 O 205/13, ZD 2014, 202.
152 B. Buchner DuD 2010, 39, 41.
153 Ebenso Holznagel/Sonntag in Roßnagel, Kap. 4.8. Rn. 61.
154 Allgemein: BAG 18.3.2008 – 9 AZR 186/07, NZA 2008, 1004, 1007 Tz 24; Däubler in Däubler/Bonin/Deinert § 305c Rn. 35; ebenso im hier interessierenden Bereich Weichert in Kilian/Heussen, Nr. 132 Rn. 47.
155 BGH 19.9.1985 – III ZR 213/83, NJW 1986, 46.
156 Holznagel/Sonntag in Roßnagel, Kap. 4.8. Rn. 16.
157 16.3.1999 – XI ZR 76/98, NJW 1999, 1864.
158 LG München I 1.2.2001 – 12 O 13009/00, RDV 2001, 187.
159 OLG Köln 23.11.2007 – 6 U 95/07, RDV 2008, 126; ähnlich OLG Hamburg 4.3.2009 – 5 U 260/08, K&R 2009, 414.

Einwilligung § 4a

Einwilligung in den **Empfang von E-Mails und SMS zu Werbezwecken:** Hier kommt in AGB von vorne herein nur eine **opt-in-Erklärung** in Betracht, da § 7 Abs. 2 Nr. 3 UWG bei richtlinienkonformer Auslegung eine »spezifische« Erklärung verlangt und eine Abweichung eine unangemessene Benachteiligung des Betroffenen darstellen würde.[160] Inzwischen ist die Frage in § 28 Abs. 3a BDSG geregelt.[161]

Eine unangemessene Benachteiligung würde es weiter darstellen, wollte man den Abschluss eines **Versicherungsvertrags** von einer **vorherigen Genomanalyse** abhängig machen.[162] Dies ist nunmehr grundsätzlich durch § 18 Abs. 1 Gendiagnostikgesetz bestätigt worden. Auch die **Befreiung des Betriebsarztes von der Schweigepflicht** dürfte in aller Regel an § 307 Abs. 1 BGB scheitern. Da er kraft seiner Funktion dem Arbeitgeber nur mitteilen darf, ob der Arbeitnehmer (weiter) zur Ausübung einer bestimmten Tätigkeit in der Lage ist, lässt sich schwerlich eine Konstellation finden, in der eine standardisierte Entbindung von der Schweigepflicht durch ein überwiegendes Arbeitgeberinteresse gerechtfertigt wäre, also keine unangemessene Benachteiligung des Arbeitnehmers darstellen würde. Im Einzelfall kann in Analogie zum ausgehandelten Vertrag etwas anderes gelten. Dies wird jedoch nur dann der Fall sein, wenn der Arbeitnehmer von sich aus die Offenlegung der Befunddaten vorschlägt, um Schutzmaßnahmen oder eine von ihm gewünschte Versetzung zu erreichen.

34b

Eine in AGB erteilte Einwilligung stößt auch dann auf Bedenken, wenn sie sich auf Daten bezieht, an deren Kenntnis der Vertragspartner **gar kein nachvollziehbares Interesse** hat.[163] Im Einzelnen wird die Rechtsprechung noch weitere konkrete Maßstäbe zur Beurteilung von »**Datenschutzklauseln**« entwickeln müssen. Die konzerninterne Datenübermittlung auf die Einwilligung aller Betroffenen zu stützen, wird als zu aufwendig und rechtlich zu riskant abgelehnt.[164]

34c

6. Widerruf der Einwilligung

Nach allgemeiner Auffassung ist die einmal erteilte Einwilligung widerruflich.[165] Dies hängt mit ihrem Persönlichkeitsbezug zusammen; der Einzelne soll die Möglichkeit haben, eine vorschnell getroffene Entscheidung wieder zu korrigieren. Der Widerruf lässt andere Verarbeitungsmöglichkeiten, etwa aus § 28 Abs. 1 Satz 1 BDSG unbe-

35

---

160 BGH 16.7.2008 – VIII ZR 348/06, DB 2008, 2188, 2190.
161 Dazu Grentzenberg/Schreibauer/Schuppert, K&R 2009, 369, 371.
162 Tinnefeld/Ehmann/Gerling, 4. Aufl., S. 320 f.
163 LG Berlin VuR 2002, 413 ff. – für Angabe aller Haustiere, die der Kunde besitzt, im Vertrag über eine Kundenkarte bei einer Tierfutterhandlung; siehe weiter HK-ArbR-Hilbrans § 4a BDSG Rn. 4.
164 So zuletzt Feige ZD 2015, 116, 121 m.w.N.
165 Auernhammer-Kramer § 4a Rn. 45; BMH, § 4a Rn. 24; Franzen in ErfK, § 4a Rn. 4; Gola, Datenschutz am Arbeitsplatz, Rn. 413, Klug RDV 2001, 272; Holznagel/Sonntag in Roßnagel, Kap. 4.8. Rn. 64; Mester, S. 94; Panzer S. 162; Plath in Plath, § 4a Rn. 70; Reichold in MünchArbR § 88 Rn. 23; Schaar MMR 2001, 647; Simitis in Simitis, § 4a Rn. 94; Taeger in Taeger/Gabel, § 4a Rn. 81; Thüsing/Traut, in: Thüsing (Hrsg.), Beschäftigtendatenschutz und Compliance, § 5 Rn. 32; Wächter, Rn. 232; Weichert DuD 2002, 139; Wybitul/Schultze-Melling § 4a Rn. 3; Buchner, S. 232; HWK-Lembke Vorb. BDSG Rn. 58; Iraschko-Luscher DuD 2006, 706, 709; einschränkend Gola/Schomerus, § 4a Rn. 38.

rührt.¹⁶⁶ Dies gilt allerdings dann nicht, wenn die Einwilligung nach dem Willen der Beteiligten ausschließliche Rechtsgrundlage für die Datenverarbeitung sein sollte (oben Rn. 6 a); ihre »Sperrwirkung« bleibt in einem solchen Fall erhalten.

36 Der Widerruf ist eine **höchstpersönliche Erklärung**, die genau wie die Einwilligung schriftlich abzugeben ist.¹⁶⁷ Der Widerruf kann auch dadurch erfolgen, dass auf Feststellung der Unzulässigkeit der Datenverarbeitung geklagt wird.¹⁶⁸ Er **wirkt** jedoch anders als die Anfechtung wegen Irrtums, Täuschung oder Drohung **nur für die Zukunft**.¹⁶⁹ Auch kann der Betroffene entscheiden, in Bezug auf welche konkreten Daten er seine Einwilligung widerrufen will.¹⁷⁰ Die gespeicherten Informationen sind zu löschen, andere Unterlagen dem Betroffenen herauszugeben.¹⁷¹ Sind die Daten als personenbezogene nicht mehr vorhanden (Umfragedaten wurden bereits anonymisiert), entfällt selbstredend die Pflicht zur Löschung und Herausgabe.¹⁷² Wurden die Daten an Dritte übermittelt, so ist diesen lediglich Kenntnis von dem Widerruf zu geben; die verantwortliche Stelle hat keine weitergehenden Pflichten.¹⁷³

37 Das **Widerrufsrecht** wird im Übrigen auch in der EG-Richtlinie zum Datenschutz **vorausgesetzt**.¹⁷⁴ In der amtlichen Begründung der geänderten Vorschläge heißt es dazu im Einzelnen:¹⁷⁵ »Die betroffene Person hat das Recht, ihre Einwilligung jederzeit zu widerrufen. Der Widerruf hat allerdings keine Rückwirkung, da anderenfalls eine Verarbeitung personenbezogener Daten, die zuvor zulässig war, rückwirkend unzulässig würde.«

38 Ist die **Einwilligung** zum **Gegenstand eines Vertrages** gemacht worden, kann ihr Widerruf eine Verletzung der übernommenen Pflichten darstellen.¹⁷⁶ Angesichts der persönlichkeitsrechtlichen Natur der Einwilligung ist ein dahingehender Wille der Beteiligten aber nicht zu vermuten. Liegt er gleichwohl vor, so ist der **Widerruf nur dann möglich**, wenn eine von der Einwilligung nicht gedeckte Verarbeitung praktiziert wurde,¹⁷⁷ wenn die notwendige Datensicherung fehlte¹⁷⁸ oder wenn wegen veränderter Umstände ein Festhalten an den bisherigen Abmachungen nicht mehr zuzumuten ist.¹⁷⁹

---

166 Vgl. HK-ArbR-Hilbrans § 4 a BDSG Rn. 7.
167 Grimm in Tschöpe, Teil 6 F Rn. 21; HWK-Lembke, Vorb. BDSG Rn. 58; anders Mester, S. 94; Thüsing/Traut, in: Thüsing (Hrsg.), Beschäftigtendatenschutz und Compliance, § 5 Rn. 32; Wolff/Brink-Kühling § 4 a Rn. 58; Plath in Plath, § 4 a Rn. 72, die eine Verschriftlichung jedoch als sinnvoll ansehen.
168 AG Elmshorn 23. 2. 2005 – 49 C 54/05, RDV 2005, 174 = CR 2005, 641.
169 BMH, § 4 a Rn. 24; Klug RDV 2001, 272; Mester, S. 94; Plath in Plath, § 4 a Rn. 71; Simitis in Simitis, § 4 a Rn. 102; Weichert DuD 2002, 139.
170 Simitis in Simitis, § 4 a Rn. 97.
171 Mester, S. 94.
172 Mester, S. 94. Weitere Einzelfragen bei Simitis in Simitis, § 4 a Rn. 103.
173 Plath in Plath, § 4 a Rn. 74; Simitis in Simitis, § 4 a Rn. 103.
174 Ehmann/Helfrich, Art. 2 Rn. 72.
175 Wiedergegeben bei Dammann/Simitis, S. 108.
176 Weichert in Kilian/Heussen, Nr. 132 Rn. 51; TEG, S. 324; vgl. auch Buchner, S. 270 ff.
177 Simitis in Simitis, § 4 a Rn. 99.
178 Tinnefeld/Ehmann/Gerling, S. 324.
179 Wächter, Rn. 232; Wolff/Brink-Kühling § 4 a Rn. 59; vgl. auch Gola/Wronka RDV 2007, 65. Gegen grundlosen Widerruf in solchen Fällen Thüsing/Traut, in: Thüsing (Hrsg.), Beschäftigtendatenschutz und Compliance, § 5 Rn. 34.

Einwilligung § 4a

Eine weitere Ausnahme ist dann zu machen, wenn die Einwilligung die (als zulässig unterstellte) Aufzeichnung von Gesprächen zum Inhalt hatte, die Basis für die Erteilung von Leistungsprämien waren: Wer hier »aussteigt«, erhält eben keine Prämien mehr, verletzt aber keine arbeitsvertraglichen Pflichten.[180] Ist die **rechtsgeschäftliche Beziehung aufgelöst**, kann die Einwilligung frei widerrufen werden.[181] Gespeicherte Daten sind zu löschen oder an den Betroffenen herauszugeben.[182]

7. Sonderregeln für die wissenschaftliche Forschung

Nach Abs. 2 kann im Rahmen wissenschaftlicher Forschung auf die Schriftlichkeit der Einwilligung verzichtet werden. Voraussetzung ist, dass es sich um eine wissenschaftliche Tätigkeit handelt, die nicht notwendigerweise an eine Forschungseinrichtung angebunden sein muss; **Umfragen mit kommerziellem Hintergrund** fallen jedoch nicht darunter.[183] Durch das Verlangen nach schriftlicher Einwilligung muss der konkrete Forschungszweck erheblich beeinträchtigt sein;[184] empirische Untersuchungen über Kriminalität würden ersichtlich leiden, müsste man vor jedem Gespräch dem Interviewpartner erst eine Einwilligungserklärung zur Unterschrift vorlegen. Die Gründe, weshalb auf die Schriftform verzichtet wurde, sind nach Abs. 2 Satz 2 zu dokumentieren. 39

Der Wegfall des Schriftformerfordernisses ändert nichts daran, dass die Einwilligung als solche vorliegen muss; sie kann in mündlicher Form abgegeben werden. Ist es objektiv unmöglich, die Einwilligung einzuholen, weil beispielsweise die fragliche Familie in ihr Heimatland zurückgekehrt ist, so steht dies der wissenschaftlichen Forschung nicht entgegen.[185] Die Gründe, weshalb **ausnahmsweise auf eine Einwilligung verzichtet** wurde, sind in entsprechender Anwendung von Abs. 2 Satz 2 zu dokumentieren.[186] Auf die Grundsatzfrage nach dem Verhältnis zwischen Forschungsfreiheit und informationellem Selbstbestimmungsrecht[187] kommt es daher in diesem Zusammenhang gar nicht an. 40

8. Verarbeitung sensitiver Daten

Für sog. sensitive Daten, die im Einzelnen in § 3 Abs. 9 umschrieben sind (s. oben § 3 Rn. 57) hat das BDSG eine Reihe von Sonderregelungen getroffen. Nach § 28 Abs. 6 Satz 1 ist ihre Erhebung, Verarbeitung und Nutzung außer in den speziell genannten Fällen der Abs. 7 und 9 nur dann zulässig, wenn der Betroffene eingewilligt hat. Nach § 4a **Abs. 3** muss sich diese Einwilligung allerdings **ausdrücklich** auf die in Frage 41

---

180 Gola, Datenschutz am Arbeitsplatz, Rn. 413.
181 Holznagel/Sonntag in Roßnagel, Kap. 4.8. Rn. 66; Simitis in Simitis, § 4a Rn. 100.
182 Wolff/Brink-Kühling § 4a Rn. 59. Fotos intimen Charakters sind herauszugeben, wenn die intime Beziehung beendet ist, während Fotos in Alltags- und Urlaubssituationen dem ehemaligen Partner verbleiben: OLG Koblenz 20.5.2014 – 3 U 1288/13, ZD 2014, 568.
183 Simitis in Simitis, § 4a Rn. 49.
184 Holznagel/Sonntag in Roßnagel, Kap. 4.8. Rn. 30.
185 Tinnefeld/Ehmann/Gerling, 4. Aufl., S. 323.
186 Holznagel/Sonntag in Roßnagel, Kap. 4.8. Rn. 33. Zur Datenermittlung im Ausland siehe Gerling DuD 2008, 733.
187 Dazu Zilkens/Heinrich RDV 2007, 9 ff.

stehenden **sensiblen Daten** beziehen.[188] Dies ist der Fall, wenn es (nur) um die Abtretung der Honorarforderungen eines Arztes zu Abrechnungszwecken und die Übermittlung der dafür notwendigen Informationen geht.[189] Im Übrigen sind erstaunlicherweise keine weiteren Anforderungen zu beachten.

42 Da die Einwilligung im Normalfall immer schriftlich erfolgen muss (s. oben Rn. 11 ff.), müssen die **sensitiven Daten im Text der Erklärung** benannt werden.[190] Außerdem muss der Betroffene bei der Belehrung meines Erachtens nicht nur über die Daten und ihre geplante Verarbeitung als solche, sondern auch darüber informiert werden, dass es sich um besonders geschützte Angaben handelt, die ohne seine Einwilligung nur in engem Rahmen genutzt werden dürfen.[191] Ein Hinweis darauf gehört zu den »Konsequenzen der Verweigerung«, die Abs. 1 Satz 2 für den Regelfall ausdrücklich benannt haben möchte.

43 Die Einwilligung muss **schriftlich** erteilt werden; ob eine mündliche Erklärung genügt, ist umstritten, aber abzulehnen.[192] Eine konkludente Erklärung scheidet auf alle Fälle aus.[193] Bei anonymisierten Meinungsumfragen greift § 4a von vorneherein nicht ein, da keine personenbezogenen Daten der Befragten erfasst werden.

9. Umstrukturierung von Unternehmen

44 Zusätzliche Probleme ergeben sich dann, wenn das Unternehmen als verantwortliche Stelle einem Konzern angehört und die **Einwilligung** auch die **konzerninterne Weitergabe** der **Daten umfasst**. Praktische Bedeutung hat dies insbesondere für Kundendaten (sog. cross-selling), doch ist auch an konzernweite Nachwuchsförderungsdateien zu denken. Wie wirken sich hier Veränderungen im Konzern aus?

45 **Kommen weitere Unternehmen hinzu**, weil sie z.B. aufgekauft wurden, so erweitern sich die Zugriffsmöglichkeiten. Dies ist im Regelfall dann von der Einwilligung gedeckt, wenn weiterhin dieselben Zwecke verfolgt werden. Erwirbt etwa eine Buchhandelskette weitere Filialen, die als selbständige GmbHs organisiert sind, tut dies der Wirksamkeit der Einwilligung keinen Abbruch. Allerdings sollten die Betroffenen von der Veränderung entsprechend § 33 **in Kenntnis gesetzt** werden (s. unten § 33 Rn. 9). **Ändert sich** dagegen der **Zweck**, weil die neuen Firmen etwa auf Waschmaschinen oder Software spezialisiert sind, so können sie auf die **Kundendaten** nicht zugreifen, da die Einwilligung einen solchen Fall nicht erfasst.[194] Anders jedoch Duisberg,[195] der auf die quantitative Erweiterung der Zugriffsmöglichkeiten abstellt; schlage diese in eine qualitative Veränderung um, bedürfe es einer neuen Einwilligung. Dies schafft vermeidbare Abgrenzungsprobleme und achtet zu wenig auf die Relevanz für den Einwilligenden. Zu

---

188 HWK-Lembke Vorb. BDSG Rn. 63.
189 OLG Celle 11.9.2008 – 11 U 88/08, VersR 2009, 224 = MDR 2009, 195 – wenn auch ohne Erwähnung von § 4a Abs. 3.
190 Ebenso Gola RDV 2001, 126.
191 Mester, S. 89.
192 Simitis in Simitis, § 4a Rn. 88; Wolff/Brink-Kühling § 4a Rn. 55; bejahend Gola/Schomerus, § 4a Rn. 34.
193 Gola/Schomerus, § 4a Rn. 34; Reichold in MünchArbR, § 88 Rn. 23 a.E.
194 Wie hier Plath in Plath, § 4a Rn. 79.
195 RDV 2004, 104.

Einwilligung § 4a

den **Arbeitnehmerdaten** beim Betriebsübergang und bei Unternehmensumstrukturierungen kann auf anderwärts gemachte Ausführungen verwiesen werden.[196]

Werden die Anteilsrechte an einem Unternehmen veräußert (**share deal**), so ändert sich an der Wirksamkeit der Einwilligung nichts, da diese der juristischen Person GmbH usw. gegenüber abgegeben wurde.[197] Wurden stattdessen die Ressourcen übertragen (**asset deal**), kommt es auf die Auslegung der **Einwilligungserklärung** an. War diese **funktionsbezogen**, bleibt sie auch dem Erwerber gegenüber wirksam, war sie **personenbezogen**, wird sie hinfällig.[198] Im Zweifel wird das erstere gewollt sein; die Einwilligung deckt auch die mit dem Betriebsübergang verbundene Übermittlung.[199]

Fusionieren zwei Unternehmen, so liegt ein Fall der Gesamtrechtsnachfolge vor. War die Einwilligung dem fortbestehenden Unternehmen gegenüber erteilt, so ist wie beim Hinzukauf im Konzern zu verfahren (dazu oben Rn. 45). Bezog sie sich auf das untergehende Unternehmen, gelten die beim Betriebsübergang zu praktizierenden Grundsätze entsprechend (s. Rn. 46).[200]

46

47

10. Mitbestimmung des Betriebsrats

Wendet sich ein Arbeitgeber mit der Anfrage an seine Beschäftigten, ob sie in die Erhebung, Verarbeitung oder Nutzung einzelner ihrer Daten einwilligen, so unterliegt diese als »Personalfragebogen« der Mitbestimmung des Betriebsrats nach § 94 Abs. 1 BetrVG.[201] Setzt sich der Arbeitgeber darüber hinweg, so ist das zur Einwilligung führende Verfahren fehlerhaft. Diese ist dann ihrerseits unwirksam; insoweit gilt nichts anderes als bei nicht ausreichender Aufklärung über das Ausmaß ihrer rechtlichen Wirkungen.[202]

48

11. Europäische Perspektiven

Bei der Diskussion um die EU-Datenschutz-Grundverordnung spielten die Voraussetzungen einer wirksamen Einwilligung eine bedeutsame Rolle. Der **Kommissionsentwurf**[203] hatte in Art. 7 bestimmt:

49

(1) Der für die Verarbeitung Verantwortliche trägt die Beweislast dafür, dass die betroffene Person ihre Einwilligung zur Verarbeitung ihrer personenbezogenen Daten für eindeutig festgelegte Zwecke erteilt hat.

---

196 Däubler RDV 2004, 57.
197 Plath in Plath, § 4a Rn. 76.
198 Zustimmend Plath in Plath, § 4a Rn. 77.
199 Zur datenschutzrechtlichen Qualifizierung des Betriebsübergangs nach § 613 a BGB s. Däubler RDV 2004, 57.
200 Vgl. auch Duisberg RDV 2004, 404, 411.
201 DKKW-Klebe § 94 Rn. 31; Fitting § 94 Rn. 12; Grimm in Tschöpe, Teil 6 F Rn. 22; HK-ArbR-Hilbrans § 4a Rn. 2 a.E.; Schierbaum AiB 2001, 512, 521; a.A. GK-Raab § 94 Rn. 20.
202 Oben Rn. 10.
203 Verordnung des Europäischen Parlaments und des Rates zum Schutz natürlicher Personen bei der Verarbeitung personenbezogener Daten und zum freien Datenverkehr (Datenschutz-Grundverordnung), Vorschlag vom 25.1.2012, KOM (2012) 11 endgültig, abgedruckt in »Datenschutzrecht«, Beck-Texte im dtv, 5. Aufl. (2013) unter Nr. 28.

§ 4a   **Einwilligung**

(2) Soll die Einwilligung durch eine schriftliche Erklärung erfolgen, die noch einen anderen Sachverhalt betrifft, muss das Erfordernis der Einwilligung äußerlich erkennbar von dem anderen Sachverhalt getrennt werden.
(3) Die betroffene Person hat das Recht, ihre Einwilligung jederzeit zu widerrufen. Durch den Widerruf der Einwilligung wird die Rechtmäßigkeit der aufgrund der Einwilligung bis zum Widerruf erfolgten Verarbeitung nicht berührt.
(4) Die Einwilligung bietet keine Rechtsgrundlage für die Verarbeitung, wenn zwischen der Position der betroffenen Person und des für die Verarbeitung Verantwortlichen ein erhebliches Ungleichgewicht besteht.

50   Das Europäische **Parlament** hat am 12. März 2014 zum Vorschlag der Kommission durch eine sog. **legislative Entschließung** Stellung genommen und folgende Fassung des Art. 7 der VO vorgeschlagen:

1. Im Fall der Verarbeitung auf Grundlage einer Einwilligung trägt der für die Verarbeitung Verantwortliche die Beweislast dafür, dass die betroffene Person ihre Einwilligung zur Verarbeitung ihrer personenbezogenen Daten für eindeutig festgelegte Zwecke erteilt hat.
2. Soll die Einwilligung durch eine schriftliche Erklärung erfolgen, die noch einen anderen Sachverhalt betrifft, muss das Erfordernis der Einwilligung äußerlich klar erkennbar von dem anderen Sachverhalt getrennt werden. Bestimmungen über die Einwilligung der betroffenen Person, die diese Verordnung teilweise verletzen, sind in vollem Umfang nichtig.
3. Unbeschadet anderer Rechtsgrundlagen für die Verarbeitung hat die betroffene Person das Recht, ihre Einwilligung jederzeit zu widerrufen. Durch den Widerruf der Einwilligung wird die Rechtmäßigkeit der aufgrund der Einwilligung bis zum Widerruf erfolgten Verarbeitung nicht berührt. Der Widerruf der Einwilligung muss so einfach wie die Erteilung der Einwilligung sein. Die betroffene Person wird von dem für die Verarbeitung Verantwortlichen informiert, wenn der Widerruf der Einwilligung zu einer Einstellung der erbrachten Dienstleistungen oder der Beendigung der Beziehungen zu dem für die Verarbeitung Verantwortlichen führen kann.
4. Die Einwilligung ist zweckgebunden und wird unwirksam, wenn der Zweck nicht mehr gegeben ist oder die Verarbeitung der personenbezogenen Daten zur Erreichung des Zwecks, für den die Daten ursprünglich erhoben wurden, nicht mehr erforderlich ist. Die Erfüllung eines Vertrages oder die Erbringung einer Dienstleistung darf nicht von der Einwilligung in eine Verarbeitung von Daten abhängig gemacht werden, die für die Erfüllung des Vertrages oder die Erbringung der Dienstleistung nicht im Sinne von Artikel 6 Absatz 1 Buchstabe b erforderlich ist.

51   Der **Rat** hat am 15. Juni 2015 eine sog. **konsentierte Fassung** beschlossen, die in den trilateralen Dialog mit Kommission und Parlament eingehen wird. Danach ist folgende Regelung vorgesehen:

Art. 6 (Rechtmäßigkeit der Verarbeitung)
1. Die Verarbeitung personenbezogener Daten ist nur rechtmäßig, wenn mindestens eine der nachstehenden Bedingungen erfüllt ist:

(a) Die betroffene Person hat ihre unmissverständliche Einwilligung zu der Verarbeitung der sie betreffenden personenbezogenen Daten für einen oder mehrere genau festgelegte Zwecke gegeben;
(b) ...

Art. 7 (Bedingungen für die Einwilligung)
1. In den Fällen, in denen Artikel 6 Absatz 1 Buchstabe a zur Anwendung kommt, muss der für die Verarbeitung Verantwortliche nachweisen können, dass die betroffene Person ihre unmissverständliche Einwilligung erklärt hat.
1 a. In den Fällen, in denen Artikel 9 Absatz 2 Buchstabe a[204] zur Anwendung kommt, muss der für die Verarbeitung Verantwortliche nachweisen können, dass die betroffene Person ihre ausdrückliche Einwilligung erklärt hat.
2. Soll die Einwilligung durch eine schriftliche Erklärung erfolgen, die noch andere Sachverhalte betrifft, so muss das Ersuchen um Einwilligung in verständlicher und leicht zugänglicher Form in einer klaren und einfachen Sprache so erfolgen, dass es (...) von den anderen Sachverhalten klar zu unterscheiden ist.
3. Die betroffene Person hat das Recht, ihre Einwilligung jederzeit zu widerrufen. Durch den Widerruf der Einwilligung wird die Rechtmäßigkeit der aufgrund der Einwilligung bis zum Widerruf erfolgten Verarbeitung nicht berührt. Die betroffene Person wird vor Abgabe der Einwilligung hiervon in Kenntnis gesetzt.

Art. 82 (Datenverarbeitung im Beschäftigungskontext)
(1) ...
(2) ...
(3) Die Mitgliedstaaten können durch Rechtsvorschriften die Bedingungen festlegen, unter denen personenbezogene Daten im Beschäftigungskontext auf der Grundlage der Einwilligung des Arbeitnehmers verarbeitet werden dürfen.

Die verschiedenen Fassungen dokumentieren die **Uneinigkeit der Akteure**. Wann die Einwilligung eines Arbeitnehmers genügen soll, ist eine Frage, die nach Art. 82 Abs. 3 den Mitgliedstaaten überlassen bleibt. Der Grundsatz der **Freiwilligkeit jeder Einwilligung**, der sich in der derzeit geltenden Richtlinie befindet, wird **aufgegeben**. Außerdem findet sich im Text kein Hinweis auf die **Notwendigkeit, den Betroffenen** vor der Einwilligung umfassend **zu informieren**. Stattdessen werden »kleinteilige« Probleme wie das Hervorhebungsgebot (oben Rn. 13) und der Widerruf der Einwilligung (oben Rn. 35 ff.) geregelt, bei dem offen bleibt, ob damit auch vertragliche Bindungen überspielt werden. Die Terminologie ist schwerfällig und deshalb wenig bürgerfreundlich. Würde es bei Nummer 3 nicht genügen zu sagen »Der Widerruf wirkt nur für die Zukunft«?

52

§ 4 b Übermittlung personenbezogener Daten ins Ausland sowie an über- oder zwischenstaatliche Stellen

(1) Für die Übermittlung personenbezogener Daten an Stellen
1. in anderen Mitgliedstaaten der Europäischen Union,

---

204 Betrifft die Einwilligung in die Verarbeitung sensitiver Daten – der Verf.

2. in anderen Vertragsstaaten des Abkommens über den Europäischen Wirtschaftsraum oder
3. der Organe und Einrichtungen der Europäischen Gemeinschaften
gelten § 15 Abs. 1, § 16 Abs. 1 und §§ 28 bis 30 a nach Maßgabe der für diese Übermittlung geltenden Gesetze und Vereinbarungen, soweit die Übermittlung im Rahmen von Tätigkeiten erfolgt, die ganz oder teilweise in den Anwendungsbereich des Rechts der Europäischen Gemeinschaften fallen.
(2) Für die Übermittlung personenbezogener Daten an Stellen nach Absatz 1, die nicht im Rahmen von Tätigkeiten erfolgt, die ganz oder teilweise in den Anwendungsbereich des Rechts der Europäischen Gemeinschaften fallen, sowie an sonstige ausländische oder über- oder zwischenstaatliche Stellen gilt Absatz 1 entsprechend. Die Übermittlung unterbleibt, soweit der Betroffene ein schutzwürdiges Interesse an dem Ausschluss der Übermittlung hat, insbesondere wenn bei den in Satz 1 genannten Stellen ein angemessenes Datenschutzniveau nicht gewährleistet ist. Satz 2 gilt nicht, wenn die Übermittlung zur Erfüllung eigener Aufgaben einer öffentlichen Stelle des Bundes aus zwingenden Gründen der Verteidigung oder der Erfüllung über- oder zwischenstaatlicher Verpflichtungen auf dem Gebiet der Krisenbewältigung oder Konfliktverhinderung oder für humanitäre Maßnahmen erforderlich ist.
(3) Die Angemessenheit des Schutzniveaus wird unter Berücksichtigung aller Umstände beurteilt, die bei einer Datenübermittlung oder einer Kategorie von Datenübermittlungen von Bedeutung sind; insbesondere können die Art der Daten, die Zweckbestimmung, die Dauer der geplanten Verarbeitung, das Herkunfts- und das Endbestimmungsland, die für den betreffenden Empfänger geltenden Rechtsnormen sowie die für ihn geltenden Standesregeln und Sicherheitsmaßnahmen herangezogen werden.
(4) In den Fällen des § 16 Abs. 1 Nr. 2 unterrichtet die übermittelnde Stelle den Betroffenen von der Übermittlung seiner Daten. Dies gilt nicht, wenn damit zu rechnen ist, dass er davon auf andere Weise Kenntnis erlangt, oder wenn die Unterrichtung die öffentliche Sicherheit gefährden oder sonst dem Wohl des Bundes oder eines Landes Nachteile bereiten würde.
(5) Die Verantwortung für die Zulässigkeit der Übermittlung trägt die übermittelnde Stelle.
(6) Die Stelle, an die die Daten übermittelt werden, ist auf den Zweck hinzuweisen, zu dessen Erfüllung die Daten übermittelt werden.

Übersicht

	Rn.
1. Einleitung	1– 3
2. Datenübermittlung innerhalb der EU	4– 8
3. Datenübermittlung nach »draußen«	9–21a
a) Anwendungsbereich	9
b) Das angemessene Schutzniveau	10–14
c) Der Sonderfall USA	15–17
d) Die Ausnahmefälle des Abs. 2 Satz 3	18
e) Die Information des Betroffenen nach Abs. 4	19
f) Aufgaben der übermittelnden Stelle	20–21a
4. Datenimport	22

Übermittlung personenbezogener Daten ins Ausland § 4 b

1. Einleitung

Die §§ 4b, 4c enthalten erstmalig eine Regelung des grenzüberschreitenden Datenverkehrs, die den öffentlichen wie den nichtöffentlichen Bereich umfasst. Sie führen die Art. 25 ff. der EG-Datenschutzrichtlinie aus. Angesichts der sich immer weiter entwickelnden internationalen Arbeitsteilung kommt ihnen wachsende Bedeutung zu.[1] Das Outsourcen von Teilen der Parsonaldatenverarbeitung und die Nutzung des Cloud computing sind die derzeit wichtigsten Erscheinungsformen.[2] Durch die Reformen 2009 sind die §§ 4b und 4c nicht unmittelbar berührt worden. Vergleichbare Regelungen enthalten § 77 SGB X für die Sozialversicherung, § 37 StVG für die Straßenverkehrsbehörden und § 92 TKG für Telekommunikationsanbieter. Sie gehen innerhalb ihres Anwendungsbereichs den §§ 4b, 4c vor, soweit sie inhaltlich ein bestimmtes Sachproblem regeln. 1

Abs. 1 betrifft **Datenübermittlungen innerhalb** des Anwendungsbereichs des **Unionsrechts**, die entsprechenden, **rein innerstaatlichen Vorgängen gleichgestellt** werden. Abs. 2 erfasst die Fälle, die diesen »Binnenraum« verlassen: Neben Bereichen, die nicht vom Unionsrecht erfasst sind, geht es insbesondere um die **Datenübermittlung in Drittländer**. Sie soll grundsätzlich nur zulässig sein, wenn der Betroffene kein schutzwürdiges Interesse an dem Ausschluss der Übermittlung hat. Ein solches liegt insbesondere dann vor, wenn im »Empfängerland« ein »angemessenes« Datenschutzniveau nicht gewährleistet ist. Abs. 3 nennt in einer nicht abschließenden Aufzählung Kriterien, die für die Angemessenheit maßgebend sind. Lässt sich die Angemessenheit nicht feststellen, ist die Datenübermittlung keineswegs generell ausgeschlossen; vielmehr kann sie nach Maßgabe des § 4c gleichwohl stattfinden, wenn bestimmte »Sicherungsvorkehrungen« getroffen sind. 2

Die §§ 4b und 4c enthalten **keine eigene Rechtsgrundlage** für die Übermittlung ins Ausland. Vielmehr werden die allgemeinen Übermittlungsvoraussetzungen lediglich durch spezifische Anforderungen ergänzt.[3] Dies bedeutet, dass in der Praxis eine **zweistufige Prüfung** stattzufinden hat:[4] Zunächst ist zu fragen, ob die allgemeinen Voraussetzungen der §§ 28, 32 gegeben sind. Wird dies bejaht, stellt sich das weitere Problem, ob den Anforderungen der §§ 4b, 4c Rechnung getragen ist. 2a

Abs. 4 sieht die **Information des Betroffenen** vor, wenn seine Daten von einer öffentlichen an eine nichtöffentliche Stelle übermittelt werden. Abs. 5 weist der übermittelnden Stelle die Verantwortung zu; sie hat also zu prüfen, ob eine Übermittlung den datenschutzrechtlichen Normen Rechnung trägt oder nicht. Nach Abs. 6 ist der Datenempfänger auf den Zweck hinzuweisen, zu dessen Erfüllung die Daten übermittelt wurden. 3

---

1 Zu den für und gegen eine Regulierung sprechenden Interessen siehe Weniger, S. 47 ff.
2 Dazu und zu weiteren Anwendungsfällen v. d. Bussche in Plath, § 4b Rn. 3; Wolff/Brink-Schantz § 4b Rn. 1.
3 v.d. Bussche in Plath, § 4b Rn. 4; Simitis in Simitis, § 4b Rn. 38.
4 Gabel in: Taeger/Gabel, § 4b Rn. 1, 9; Hoeren RDV 2012, 271 ff.; Kühling/Seidel/Sivridis, S. 129; Mester, S. 130; Wybitul/Schultze-Melling § 4b Rn. 3, 5.

2. Datenübermittlung innerhalb der EU

4 Der »**Binnenraum**«, innerhalb dessen die grenzüberschreitende Übermittlung wie eine rein innerstaatliche behandelt wird,[5] ist geografisch, daneben aber auch gegenständlich bestimmt.

5 Geografisch geht es um das Gebiet aller **EU-Mitgliedstaaten**, wozu auch die französischen Übersee-Departements, die Azoren, Madeira und die Kanarischen Inseln gehören. **Ausgeklammert** sind demgegenüber die **Färöer-Inseln**, sowie grundsätzlich auch die **Kanalinseln** Guernsey und Jersey sowie die in der Irischen See gelegene **Isle of Man** (Art. 355 Abs. 5 Buchst. c AEUV). **Einbezogen** sind weiter die zum Europäischen Wirtschaftsraum (EWR) gehörenden Länder **Island, Norwegen und Liechtenstein**. Hintergrund ist, dass in allen diesen Ländern aufgrund der Umsetzung der EG-Datenschutzrichtlinie ein vergleichbares Schutzniveau existiert. Einbezogen sind schließlich auch die **Organe und Einrichtungen der EU**, für die in Form der Verordnung 45/2001 vom 18.12.2001[6] ein eigenes, gleichfalls mindestens vergleichbares Datenschutzrecht gilt.[7] Der Datenverkehr mit den deutschen **diplomatischen Vertretungen im Ausland** wird angesichts von deren Exterritorialität wie ein rein innerstaatlicher Vorgang behandelt.

6 Die Übermittlung muss »**im Rahmen von Tätigkeiten** erfolgen«, die ganz oder teilweise in den **Anwendungsbereich des Rechts der EU** fallen. Im nichtöffentlichen Bereich ist dies in aller Regel gegeben; wer Daten ins EU-Ausland übermittelt, bewegt sich im Bereich des Warenverkehrs, der Niederlassungs- und der Dienstleistungsfreiheit, des Kapitalverkehrs oder der Arbeitnehmerfreizügigkeit.[8] Meinungsverschiedenheiten sind, soweit ersichtlich, hier bislang nicht aufgetreten. **Ausgeklammert** sind jedoch Gegenstände außerhalb des (alten) EG-Vertrags, was insbesondere die gemeinsame Außen- und Sicherheitspolitik sowie die polizeiliche und justizielle Zusammenarbeit betrifft.[9] In diesen Fällen gelten die Regelungen des Abs. 2, auch wenn der räumliche Bereich der EU-Mitgliedstaaten nicht verlassen ist.

7 Bewegt sich eine Datenübermittlung innerhalb des so umschriebenen Binnenraumes, so stellt sich das Problem nach der **Anwendbarkeit des BDSG**. Diese ist in § 1 Abs. 5 Satz 1 für diesen Fall so geregelt, dass es auf alle verantwortlichen Stellen Anwendung findet, die ihren Sitz in der Bundesrepublik haben (vgl. § 1 Rn. 15 a ff.). Hat die verantwortliche Stelle ihren Sitz in einem anderen Mitgliedstaat, so findet das BDSG nur dann Anwendung, wenn diese eine **Niederlassung im Inland** besitzt. Diese ist dann die verantwortliche Stelle im Sinne des BDSG (oben § 1 Rn. 17). Fehlt es daran, findet ausschließlich das Datenschutzrecht des Sitzlandes Anwendung.

8 Gilt das BDSG, so wird die Gleichstellung mit dem Inland konsequent durchgeführt. Anders als nach früherem Recht sieht § 3 Abs. 8 Satz 3 insoweit auch eine **grenzüber-**

---

5 Auernhammer-Thomale § 4 b Rn. 7; Wolff/Brink-Schantz § 4 b Rn. 3; Wybitul/Schultze-Melling § 4 b Rn. 4.
6 ABl. v. 12.1.2002, L 8.
7 v. d. Bussche in Plath § 4 b Rn. 9.
8 Zustimmend Gabel in Taeger/Gabel § 4 b Rn. 11; ebenso im Ergebnis Scheja, S. 107.
9 v. d. Bussche in Plath, § 4 b Rn. 10; Gabel in Taeger/Gabel, § 4 b Rn. 11; Gola/Schomerus, § 4 b Rn. 1; Wolff/Brink-Schantz § 4 b Rn. 5; TEG, S. 345.

schreitende **Auftragsdatenverarbeitung** nach § 11 vor, so dass § 4b gar nicht eingreift, weil es an einer Übermittlung im Rechtssinne fehlt.[10] Diese ist allerdings auch dann anzunehmen, wenn die rechtlich unselbständige inländische Niederlassung Daten an die Unternehmenszentrale mit Sitz im EU-Ausland weitergibt. Andernfalls wäre die datenschutzrechtliche Selbständigkeit der Zweigstelle usw. ohne praktische Bedeutung.[11]

3. Datenübermittlung nach »draußen«

a) Anwendungsbereich

Soweit die Speicherung, Verarbeitung und Nutzung von Daten auf Gebieten geschieht, die außerhalb des EU-Vertrags liegen oder – ungleich wichtiger – soweit es um die Übermittlung von Daten in Drittländer wie die Schweiz, USA oder Japan geht, greift Abs. 2 ein. Dies ist auch dann der Fall, wenn sich die **verantwortliche Stelle in einem Drittstaat** befindet und sie personenbezogene Daten im Inland erhebt, verarbeitet oder nutzt. Ob sie hier eine Niederlassung hat, spielt anders als im »Binnenraum« keine Rolle. Das »Territorialitätsprinzip« wird insoweit sehr viel strenger gehandhabt, während man im »Binnenraum« durchaus bereit ist, die »einfache Datenerhebung« (ohne inländische Niederlassung) voll dem ausländischen Recht zu unterstellen. Soweit im Ausland erhobene Daten hier nur gespeichert werden, fällt ihr **Rücktransfer** nicht unter §§ 4b, 4c[12]. Werden Daten ins Internet gestellt und aus einem Drittstaat abgerufen, so finden die §§ 4b Abs. 2 und 3 bzw. § 4c Anwendung.[13]

9

b) Das angemessene Schutzniveau

Nach Abs. 2 Satz 2 muss die Übermittlung unterbleiben, soweit der Betroffene ein **schutzwürdiges Interesse an** ihrem **Ausschluss** hat. Dies ist »insbesondere« dann der Fall, wenn bei der ausländischen oder zwischenstaatlichen Stelle kein angemessenes Datenschutzniveau gewährleistet ist.[14] Insoweit dürfte es dem Wortlaut nach auf die konkrete Stelle, nicht auf den ausländischen Staat insgesamt ankommen,[15] wobei allerdings nicht nur der Datenschutz unter Privaten, sondern auch der im Verhältnis zum ausländischen Staat zu beachten ist.[16] Dies ist auch sachgerecht, weil es durchaus denkbar ist, dass ein ausländischer Staat in bestimmten Bereichen ein angemessenes Datenschutzniveau garantiert, in andern jedoch nicht. In solchen Fällen muss dann

10

---

10 Gabel in Taeger/Gabel, § 4b Rn. 13; Kühling/Seidel/Sivridis, S. 129.
11 Vgl. Gabel in Taeger/Gabel, § 4b Rn. 15; Wolff/Brink-Schantz § 4b Rn. 12.
12 Gabel in Taeger/Gabel, § 4b Rn. 16; Hartmann DuD 2008, 455, 460 unter Hinweis auf einen Beschluss des Düsseldorfer Kreises.
13 Zum Diskussionsstand s. Wolff/Brink-Schantz § 4b Rn. 15f.
14 Andere Fälle einzubeziehen, würde trotz der beispielhaften Nennung (»insbesondere«) daran scheitern, dass die Datenschutz-Richtlinie zugleich ein Höchstniveau des Datenschutzes festlegt: Wolff/Brink-Schantz § 4b Rn. 19.
15 Backes/Eul u.a. RDV 2004, 157; Gabel in Taeger/Gabel, § 4b Rn. 21; Räther/Seitz MMR 2002, 425,426; a. A. v. d. Bussche in Plath § 4b Rn. 24ff; Wolff/Brink-Schantz § 4b Rn. 21.
16 EuGH 6.10.2015 – C-362/14 – Safe Harbor Rn. 82.

trotz der Anerkennung eines gleichwertigen Datenschutzes in dem fraglichen Staat durch die EU-Kommission (dazu sogleich Rn. 11) von den Möglichkeiten des § 4c Gebrauch gemacht werden. Fehlt umgekehrt die Anerkennung, ist es nicht von vorne herein ausgeschlossen, dass die Empfänger-Stelle auch ohne Rückgriff auf § 4c einen angemessenen Schutz gewährleistet, doch wird man in der Praxis die damit verbundenen Beweisprobleme in der Regel scheuen und deshalb den Weg über § 4c gehen.

11 Was »**angemessenes Schutzniveau**« bedeutet, bedarf grundsätzlich der wertenden Bestimmung. Die in Abs. 3 genannten Kriterien sind sehr unspezifisch und bringen wenig Erkenntnisfortschritt.[17] Wann sind Daten ihrer »**Art**« nach so beschaffen, dass man strengere oder weniger strenge Maßstäbe anwenden kann? In den Fällen des § 3 Abs. 9 wird man sicherlich an besondere Vorkehrungen denken,[18] doch ist eine Differenzierung zwischen anderen Datenarten nicht ersichtlich. Welche Bedeutung hat die »**Dauer**« der geplanten **Verarbeitung**? Auch wenn Daten nur für einen Tag zur Verfügung gestellt werden, können sie theoretisch beliebig kopiert und in alle Welt versendet werden. Welche Bedeutung hat das **Herkunftsland von Daten** bei der Beurteilung der Angemessenheit des Schutzniveaus? Die Tatsache, dass die Formulierung des Abs. 3 fast wörtlich aus Art. 25 Abs. 2 der EG-DSRl übernommen ist, macht die Regelung nicht inhaltsreicher. Entscheidend ist auf den Inhalt der bestehenden verbindlichen Vorschriften sowie auf die Mittel abzustellen, die ihre Einhaltung sicherstellen sollen.[19] Dieser Grundsatz ist in der Safe-Harbor-Entscheidung des EuGH[20] bestätigt worden.

12 **Bezugsgröße** für die Beurteilung der Angemessenheit kann nur die **EG-Richtlinie**, nicht eine spezielle Regelung des deutschen Rechts sein.[21] Mit Rücksicht auf den Wortlaut (»angemessen«) verlangte man bisher keine Gleichheit oder Vergleichbarkeit, sondern ließ es genügen, dass die **wesentlichsten Inhalte der Richtlinie gewahrt** blieben.[22] Nicht ausreichend war es beispielsweise, wenn im anderen Land lediglich eine Generalklausel wie »Schutz des allgemeinen Persönlichkeitsrechts« oder »Schutz der privacy« existierte, ohne dass man daraus konkrete Konsequenzen in Bezug auf den Datenschutz gezogen hätte.[23] Wichtig war weiter die Existenz einer **Zweckbindung** sowie von **Individualrechten**, die dem Betroffenen die Möglichkeit eröffneten, Auskünfte über die zu seiner Person gespeicherten Daten zu erhalten und notfalls korrigierend einzugreifen. Zu einem angemessenen Datenschutz gehörte auch die **Datensicherung**; würde sie fehlen, wären die besten Vorschriften von Leerlauf bedroht.

12a In der **Safe-Harbor-Entscheidung** hat der **EuGH** diese Position korrigiert. Er verlangt nunmehr ein Schutzniveau, das zwar nicht mit dem in der Union bestehenden identisch

---

17 So in der Sache auch der EuGH (6.10.2015 – C-362/14 – Safe Harbor Rn. 70), der den übereinstimmenden Art. 25 Abs. 2 der EG-DSRl lediglich erwähnt, ohne aus ihm irgendwelche Folgerungen abzuleiten.
18 Gola/Schomerus, § 4b Rn. 13.
19 Gola/Schomerus, § 4b Rn. 11.
20 6.10.2015 – C-362/14 – Rn. 74.
21 Ebenso Scheja, S. 111 m.w.N., auch für die Gegenmeinung.
22 Ebenso Auernhammer-Thomale § 4b Rn. 11; Gola/Schomerus, § 4b Rn. 12, die vom Kernbestand der Schutznormen der Richtlinie sprechen. Ähnlich v. d. Bussche in Plath, § 4b Rn. 28; Wolff/Brink-Schantz § 4b Rn. 22; Wybitul/Schultze-Melling § 4b Rn. 8.
23 Vgl. Simitis in Simitis, § 4b Rn. 53.

ist, das jedoch »der Sache nach gleichwertig« sein muss.[24] Dabei ist auf die **tatsächliche Wirksamkeit** in der Praxis abzustellen.[25] Ein System der »Selbstzertifizierung«, wie es bislang im Rahmen des Safe-Harbor-Abkommens praktiziert wurde, ist durchaus hinnehmbar, wenn wirksame Überwachungs- und Kontrollmechanismen bestehen, »die es erlauben, in der Praxis etwaige Verstöße gegen Regeln zur Gewährleistung des Schutzes der Grundrechte, insbesondere des Rechts auf Achtung der Privatsphäre sowie des Rechts auf den Schutz personenbezogener Daten, zu ermitteln und zu ahnden.«[26] Der Wertungsspielraum der Kommission sei insoweit eingeschränkt.[27] Maßgebende Rechtsgrundlage für diesen Wandel ist die Auslegung des Art. 25 der EG-DSRl im Lichte des Art. 8 Abs. 1 der EU-Grundrechtecharta, der ein **hohes Schutzniveau in Bezug auf personenbezogene Daten** garantiert, das auch bei einer Übermittlung in Drittstaaten gewährleistet bleiben muss.[28]

Die **Beurteilung**, ob in einem anderen Land ein angemessenes Niveau in diesem Sinne besteht, ist an sich nach Abs. 5 Sache der übermittelnden Stelle. In der Praxis würde dies meist auf eine (bisweilen hoffnungslose) Überforderung hinauslaufen. Obwohl das BDSG keinen entsprechenden Hinweis enthält, orientiert man sich deshalb an **Feststellungen der Kommission**, die auf der Grundlage von Art. 25 Abs. 6 in Verbindung mit Art. 31 Abs. 2 EG-DSRl das Datenschutzniveau bestimmter Länder als »angemessen« bezeichnet.[29] Die entsprechenden Entscheidungen haben vorbehaltlich gerichtlicher Kontrolle bindenden Charakter. Eine positive Angemessenheitsentscheidung wurde etwa in Bezug auf **Argentinien**,[30] Uruguay,[31] Kanada,[32] die **Schweiz**[33], Israel[34] und Neuseeland[35] getroffen. In Europa kommen zu den EU- und den EWR-Staaten Andorra,[36] Färöer[37] sowie die Inseln **Guernsey**[38], **Jersey**[39] und **Isle of Man**[40] hinzu. Im Verhältnis zu Australien[41] besteht nur eine Sonderregelung in Bezug auf PNR (= Passenger Name Records – Fluggastdaten); bei Indien ist die Situation eher unklar,[42] bei der Volksrepublik China besteht die Befürchtung staatlicher Zugriffe, die möglicher-

13

---

24 EuGH 6.10.2015 – C-362/14 – Rn. 73.
25 EuGH, a.a.O. – Rn. 74.
26 EuGH, a.a.O. – Rn. 81.
27 EuGH, a.a.O. – Rn. 78.
28 EuGH, a.a.O. – Rn. 72.
29 Sie könnte auch bestimmte Länder als solche mit unangemessenem Datenschutz bestimmen (Mester S. 131), doch hat sie davon bisher aus diplomatischer Rücksichtnahme keinen Gebrauch gemacht.
30 ABl. v. 5.7.2003, Nr. L 168/19.
31 ABl. v. 23.8.2012, Nr. L 227/11.
32 ABl. v. 4.1.2000, Nr. L 2/13 (teilweise).
33 ABl. v. 25.8.2000, Nr. L 215/1.
34 ABl. 1.2.2011, Nr. L 27/39.
35 ABl. v. 30.1.2013, Nr. L 28/12.
36 ABl. v. 21.10.2010, Nr. L 277/27.
37 ABl. v. 9.3.2010, Nr. L 58/17.
38 ABl. v. 25.11.2003, Nr. L 308/27 – ein bekanntes »Steuerparadies«.
39 ABl. v. 28.5.2008, Nr. L 138/21 – ebenfalls ein von bestimmten Leuten geschätztes »Steuerparadies«.
40 ABl. v. 30.4.2004, Nr. L 151/51, berichtigt in ABl. v. 10.6.2004, Nr. L 208/47.
41 ABl. v. 8.8.2008, Nr. L 213/47.
42 Stauder ZD 2014, 188.

weise über die durch den NSA praktizierten hinausgehen.[43] Der jeweilige aktuelle Stand ist im Internet abfragbar (*www.europa.eu.int/comm/justice_home/fsj/privacy/third countries/index_de.htm*). Eine entsprechende Feststellung wurde bislang meist als verbindlich angesehen.[44] Erhielt das **ganze Land** ein **entsprechendes Prädikat**, musste dies auch für die einzelnen dort beheimateten verantwortlichen Stellen gelten.[45] Dies erscheint anders als bei den EU-Mitgliedstaaten, die alle an dieselbe EG-DSRl gebunden sind, überzogen und allzu schematisch. Auch in einem Land, das sich auf der »Weißen Liste« befindet, kann es Bereiche ohne angemessenen Datenschutz geben.[46]

13a Die **Anerkennungsentscheidungen** erfolgten auf der Grundlage der bisherigen Anerkennungskriterien. Ob sie nach der Safe-Harbor-Entscheidung des EuGH[47] noch Bestand haben, erscheint zumindest nicht in allen Fällen gesichert. Die Aufsichtsbehörden haben jedenfalls nach dieser Rechtsprechung die Aufgabe, auch bei einer Übermittlung in »anerkannte« Länder den **Umfang des tatsächlich bestehenden Schutzes** zu überprüfen. Sind sie der Auffassung, dass die Anerkennung zu Unrecht erfolgt ist, muss ihnen eine gerichtliche Klärung offen stehen. Solange diese Möglichkeit nicht existiert, können Betroffene gegen die Übermittlung gerichtlich vorgehen und auf diese Weise eine Vorlage an den EuGH nach Art. 267 AEUV erreichen. Dieser überprüft dann, ob die bindende Entscheidung der Kommission nach Art. 25 Abs. 6 EG-DSRl auch aus heutiger Sicht zu Recht ergangen ist.

14 Nach verbreiteter Auffassung ist ein angemessenes Schutzniveau auch dann anzunehmen, wenn der betreffende Staat die **Datenschutzkonvention des Europarats** ratifiziert und Instanzen zu ihrer praktischen Umsetzung bestellt hat.[48] Der EuGH stellt ganz generell auf »innerstaatliche Rechtsvorschriften oder internationale Verpflichtungen« ab, legt dabei aber entscheidenden Wert auf ihre praktische Befolgung.[49]

c) Der Sonderfall USA

15 In vielen Bereichen, etwa auch im Arbeitsrecht, weisen die USA **kein Datenschutzniveau** auf, das man auch **nach den milderen Maßstäben der Vergangenheit** als **angemessen** ansehen konnte.[50] Um den Datenverkehr nicht unnötig zu belasten, ist deshalb zwischen der EU-Kommission und dem US-Handelsministerium eine Abmachung getroffen worden. Danach sind Unternehmen aus den USA dann taugliche Datenempfänger, wenn sie sich den Grundsätzen über den sog. sicheren Hafen (sog.

---

43 Kritische Darstellung bei Hao Wang, Protecting Privacy in China. A Research on China's Privacy Standards and the Possibility of Establishing the Right to Privacy and the Information Privacy Protection Legislation in Modern China, Berlin-Heidelberg 2011.
44 Vgl. einerseits Gola/Schomerus, § 4b Rn. 14: v. d. Bussche in Plath, § 4b Rn. 29; Kühling/Seidel/Sivridis, S. 130: verbindliche Feststellung; andererseits Simitis in Simitis, § 4b Rn. 66: Anregung für die Beurteilung des Einzelfalls.
45 Gabel in Taeger/Gabel § 4b Rn. 22.
46 Burkert in Roßnagel, Kap. 2.3. Rn. 62.
47 EuGH 6.10.2015 – C-362/14.
48 Ehmann/Helfrich, Art. 25 Rn. 14.
49 EuGH 6.10.2015 – C-362/14 – Rn. 75.
50 Reichold in MünchArbR, § 88 Rn. 47; Wilske CR 1993, 297; Däubler CR 1999, 53; zu den konzeptionellen Unterschieden s. Buchner, S. 7 ff.

safe harbor principles) angeschlossen haben, deren Einhaltung von der Federal Trade Commission **auf Beschwerde hin kontrolliert** wird.[51] Unternehmen, die nicht von der Federal Trade Commission überprüft werden können (Telekommunikationsunternehmen, ein großer Teil des Finanzsektors[52]), kommen für die Safe-Harbor-Grundsätze allerdings nicht in Betracht.[53]

Die Grundsätze sind einschließlich Erläuterungen **abrufbar** unter *www.export.gov/ safeharbor* oder unter *http://web.ita.doc.gov/safeharbor/shlist.nsf/web-Pages/safe+ harbor+list*. Sie bestehen aus »principles« von etwa zwei Druckseiten und aus »FAQs« (= frequently asked questions) von ca. 20 Druckseiten, die beide gleichen Rang besitzen;[54] Rechtsnormen in Form von Frage und Antwort sind etwas gewöhnungsbedürftig. **Rechtsgrundlage** für ihre »Anerkennung« in der EU war eine Entscheidung der EG-Kommission vom 26. Juli 2000,[55] die seit November 2000 praktiziert wurde.[56] Im Einzelfall war zu prüfen, auf welche konzernangehörigen Unternehmen sich die »Selbstbindung« bezog, welche Art von Daten sie erfasste und ob sie jährlich erneuert wurde.[57] **Soweit** sich ein **US-Unternehmen** diesen Prinzipien **nicht anschloss** oder sich aus der fraglichen Liste mit Wirkung für die Zukunft wieder austrug,[58] galten die für sonstige (»unsichere«) Drittstaaten bestehenden Regeln.[59]

15a

Die im Ansatz intelligente Lösung, die sowohl europäischen Ansprüchen wie auch US-amerikanischen Souveränitätsvorstellungen Rechnung trug, war **in der Praxis** vielfältiger **Kritik** ausgesetzt.[60] Die sog. Galexia-Studie hatte ergeben, dass von den 1700 sich zu »safe harbor« bekennenden Unternehmen nur 348 wirklich nach diesen Grundsätzen handelten.[61] Der Hafen erschien aus unserer Sicht auch deshalb als recht unsicher, weil einerseits eine staatliche Kontrolle nur auf Beschwerde hin einsetzte, andererseits jedoch nicht ausgeschlossen war, dass aufgrund des Patriot Act oder anderer Sicherheitsgesetze von den US-Behörden auf den fraglichen Datenbestand zugegriffen wurde. Trotz dieser Umstände schlossen sich **nur relativ wenige** amerikanische **Unternehmen** der Safe-Harbor-Regelung an.[62] Ob die **Entscheidung der Kommission** nach Art. 25 Abs. 6 der Richtlinie, wonach die »safe harbor principles« ein angemessenes Datenschutzniveau sicherstellten, für die nationalen Stellen **wirklich bindend** war, war nicht über jeden Zweifel erhaben.[63] Ungeklärt war beispielsweise,

16

---

51 Einzelheiten bei Klug RDV 2000, 212; Weniger, S. 425 ff.
52 v. d. Bussche in Plath, § 4 b Rn. 33; Hoeren RDV 2012, 271, 274.
53 Gola/Klug S. 65; Dammann, FS Simitis, S. 27; siehe auch den Tätigkeitsbericht 2007 des Regierungspräsidiums Darmstadt, RDV 2009, 42.
54 Dammann, FS Simitis, S. 27.
55 ABl. v. 25.8.2000 Nr. L 215/7 ff.
56 Mitgeteilt in RDV 2001, 31.
57 Regierungspräsidium Darmstadt, Tätigkeitsbericht 2007, RDV 2009, 42. Vgl. weiter v. d. Bussche in Plath § 4 b Rn. 31.
58 Zulässig: Dammann, FS Simitis, S. 26.
59 Gerhold/Heil DuD 2001, 378.
60 Siehe nur Simitis in Simitis, § 4 b Rn. 70 ff.; TEG, S. 353; HK-ArbR-Hilbrans §§ 4 b, 4 c Rn. 3.
61 Hoeren RDV 2012, 271, 276.
62 Simitis in Simitis, § 4 b Rn. 76; Weniger, S. 438.
63 Für volle Bindungswirkung Auernhammer-Thomale § 4 b Rn. 19; Wolff/Brink-Schantz § 4 b Rn. 25 (ohne die hier vorgenommene Problematisierung).

ob eine Richtlinie überhaupt eine ausreichende Ermächtigungsgrundlage für die Kommission sein kann, verbindliche Entscheidungen mit Wirkung für die Mitgliedstaaten oder gar für jeden einzelnen Bürger zu treffen.[64] Die deutschen Aufsichtsbehörden für den Datenschutz verlangten in jüngerer Zeit von den Datenexporteuren, dass sie sich von den Datenempfängern in den USA bestätigen ließen, den safe-harbor-principles zu unterstehen und diese auch effektiv einzuhalten.[65] Genauso war in Bezug auf US-amerikanische **Cloud-Computing-Anbieter** zu verfahren,[66] denen solche europäischen Firmen gleichzustellen sind, die in den USA gelegene Server benutzen.

16 a Überlegungen dieser Art sind seit dem **Safe-Harbor-Urteil des EuGH** vom 6.10.2015[67] weitgehend überholt. Auf Vorlage des irischen High Court stellte der EuGH fest, dass die Entscheidung der Kommission über die **Anerkennung der Safe-Harbor-Regeln unwirksam** war, da diese nicht gegen beliebige staatliche Zugriffe auf die in die USA übermittelten Daten schützen würden. Im Einzelnen werden die Bedingungen beschrieben, die erfüllt sein müssen, damit eine Datenübermittlung in Drittstaaten mit dem Unionsrecht vereinbar ist. Innerhalb der Union dürften Eingriffe in die Privatsphäre nach Art. 7 EU-Grundrechtecharta und in den Schutz personenbezogener Daten nach Art. 8 EU-Grundrechtecharta nur auf der Grundlage klarer und präziser Regeln erfolgen, die den Betroffenen in die Lage versetzen, sich gegen Missbräuche zur Wehr zu setzen. Beschränkungen müssen sich außerdem auf **das absolut Notwendige** beschränken.[68] **Dem wird die Rechtslage in den USA nicht gerecht**. Wörtlich heißt es in der Entscheidung:[69]

»*Nicht auf das absolut Notwendige beschränkt ist eine Regelung, die generell die Speicherung aller personenbezogenen Daten sämtlicher Personen, deren Daten aus der Union in die Vereinigten Staaten übermittelt wurden, gestattet, ohne irgendeine Differenzierung, Einschränkung oder Ausnahme anhand des verfolgten Ziels vorzunehmen und ohne ein objektives Kriterium vorzusehen, das es ermöglicht, den Zugang der Behörden zu den Daten und deren spätere Nutzung auf ganz bestimmte, strikt begrenzte Zwecke zu beschränken, die den sowohl mit dem Zugang zu diesen Daten als auch mit deren Nutzung verbundenen Eingriff zu rechtfertigen vermögen ...*«

Eine solche Regelung verletze den **Wesensgehalt des Grundrechts auf Achtung des Privatlebens nach Art. 7** der EU-Grundrechtecharta. Außerdem habe der Einzelne keine Möglichkeit, mittels eines Rechtsbehelfs Zugang zu den ihn betreffenden Daten zu erlangen, was gegen den **Wesensgehalt des Grundrechts aus Art. 47** EU-Grundrechtecharta und das Rechtsstaatsprinzip verstoße.[70] Damit sei das Gleichwertigkeitsprinzip

---

64 Weitere berechtigte inhaltliche Bedenken bei Simitis in Simitis, § 4 b Rn. 78.
65 Der Beschluss des Düsseldorfer Kreises ist abrufbar unter http://www.lfd.niedersachsen.de/download/38062. Weitergehend HK-ArbR-Hilbrans, §§ 4 b, 4 c Rn. 2.
66 v. dem Bussche in Plath § 4 b Rn. 31; Grimm in Tschöpe, Teil 6 F Rn. 65.
67 C-362/14.
68 EuGH 6.10.2015 – C-362/14 – Rn. 91 f.
69 EuGH a. a. O. Rn. 93.
70 EuGH, a. a. O., Rn. 95.

Übermittlung personenbezogener Daten ins Ausland § 4b

(bei weitem) verfehlt.[71] Der Datenschutz muss nunmehr mit Hilfe von Standardverträgen oder bindenden Unternehmensgrundsätzen sichergestellt werden, wie sie § 4c in Bezug auf Länder ohne angemessenes Datenschutzniveau vorschreibt.[72] Diese müssen allerdings ihrerseits den Vorgaben des EuGH Rechnung tragen.

Probleme hat auch die Übermittlung der **Daten von Flugpassagieren** in die USA aufgeworfen.[73] Die vergleichsweise »großzügigen« Entscheidungen der Kommission und des Ministerrats, die das Tor weit aufmachten, haben den Widerspruch des Europäischen Parlaments gefunden. Dieses hat den EuGH angerufen, der im Jahre 2006 der Klage wegen mangelnder Kompetenz von Kommission und Rat stattgab, im Übrigen aber zur Sache selbst keine Ausführungen machte.[74] Zur Vereinbarkeit mit datenschutzrechtlichen Grundsätzen wurde nicht Stellung genommen.[75] Im Jahre 2007 wurde deshalb ein spezielles völkerrechtliches Abkommen zwischen der EU und den USA geschlossen,[76] dem Deutschland umgehend durch Gesetz zugestimmt hat.[77] Eine inhaltliche Stellungnahme vermied der EuGH in seiner Entscheidung zur **Vorratsdatenspeicherung**,[78] die gleichfalls im Kontext der Terrorismusbekämpfung steht.[79] Kritik rief weiter die sog. **SWIFT-Affäre** hervor:[80] Nach dem 11. September 2001 hatten US-Behörden Zugriff auf Daten erlangt, die in dem weltweiten Geldüberweisungsdienst SWIFT (Society for Worldwide Interbank Financial Telecommunication) vorhanden waren und dort dem Bankgeheimnis unterlagen.[81] Auch hier wurde ein eigenständiges Abkommen geschlossen,[82] um ein Mindestmaß an Rechtsstaatlichkeit sicher zu stellen. In allen diesen Fällen wird eine **Überprüfung** anhand der vom EuGH in der Safe-Harbor-Entscheidung entwickelten Kriterien **notwendig** sein.

17

d) Die Ausnahmefälle des Abs. 2 Satz 3

Öffentlichen Stellen des Bundes ist aus bestimmten, relativ präzise umrissenen Gründen das Recht eingeräumt, ohne Rücksicht auf schutzwürdige Interessen des Betroffenen Daten an ausländische Stellen zu übermitteln. Ein entsprechendes Verhalten muss sich auf **zwingende Gründe der Verteidigung** oder der **Erfüllung über- oder zwischenstaatlicher Verpflichtungen** auf dem Gebiet der Krisenbewältigung oder Konfliktver-

18

---

71 EuGH, a.a.O., Rn. 96.
72 Vgl. Grimm in Tschöpe, Teil 6 F Rn. 65.
73 Simitis in Simitis, § 4b Rn. 80.
74 EuGH 30.5.2006 – C-317, 318/04, NJW 2006, 2029; dazu Simitis NJW 2006, 2011.
75 Dazu eingehend Ehricke/Becker/Walzel RDV 2006, 149 ff. Zum neuen Abkommen und zur Kritik der Art. 29-Datenschutzgruppe daran siehe RDV 2007, 219.
76 Abkommen zwischen der Europäischen Union und den Vereinigten Staaten von Amerika über die Verarbeitung von Fluggastdatensätzen (Passenger Name Records – PNR) und deren Übermittlung durch die Fluggesellschaften an das United States Department of Homeland Security (DHS), ABl EU v. 4.8.2007, L 204/18.
77 BGBl 2007 II S. 1978.
78 EuGH 10.2.2009 – C-201/06, NJW 2009, 1801 = EuZW 2009, 212.
79 Dazu die ablehnende Stellungnahme von Simitis NJW 2009, 1782.
80 Zu den Fakten siehe RDV 2007, 41.
81 Zur Stellungnahme der Art. 29-Gruppe RDV 2007, 37.
82 ABlEU v. 27.5.2010, Nr. L 195/3.

hinderung stützen oder aber für humanitäre Maßnahmen erforderlich sein. Einer ceylonesischen Passbehörde oder auch einer dortigen Hilfsorganisation konnten deshalb die Personalien von Tsunami-Helfern auch dann übermittelt werden, wenn dort der Datenschutz als Luxuserfindung der industrialisierten Länder betrachtet worden wäre. Letztlich hängt alles davon ab, dass vom **Kriterium »Erforderlichkeit«** ein verantwortungsvoller Gebrauch gemacht wird.[83]

e) Die Information des Betroffenen nach Abs. 4

19 Die in Abs. 4 geregelte Information des Betroffenen betrifft die (grenzüberschreitende) Übermittlung seiner Daten von einer öffentlichen an eine nichtöffentliche Stelle. Wenig einleuchtend ist, dass die Information dann unterbleiben kann, »wenn damit zu rechnen ist«, dass der Betroffene von der Übermittlung auf andere Weise Kenntnis erlangt; eine solche Vorstellung lässt sich unschwer konstruieren. Der Ausnahmetatbestand einer **Gefährdung der öffentlichen Sicherheit** ist demgegenüber eher plausibel, doch ist nicht recht zu erkennen, dass es daneben noch die Ausnahme gibt, die Mitteilung würde dem Wohl des Bundes oder eines Landes Nachteile bereiten. Dem **informationellen Selbstbestimmungsrecht** ist hier **nicht mehr ausreichend Rechnung getragen.**[84]

f) Aufgaben der übermittelnden Stelle

20 Nach Abs. 5 trägt die übermittelnde Stelle die Verantwortung für die Zulässigkeit der Übermittlung. Bei Übermittlungen innerhalb der EU ist dies unproblematisch, doch muss in anderen Fällen das **fremde Schutzniveau in eigener Verantwortung beurteilt** werden.[85] Dies gilt in gleicher Weise für öffentliche wie für nichtöffentliche Stellen und trifft auch für den Fall des Abs. 2 Satz 3 zu.[86]

21 Abs. 6 verpflichtet die übermittelnde Stelle in allen Fällen grenzüberschreitender Übermittlung, den **Datenempfänger auf den Zweck hinzuweisen**, zu dessen Erfüllung die Daten übermittelt werden. Dies ist eine höchst zurückhaltende Formulierung, die es offen lässt, ob und unter welchen Voraussetzungen der Empfänger andere Zwecke verfolgen darf. Bei innerstaatlichen Übermittlungen, die auch für den EU-Binnenraum gelten, sieht § 28 Abs. 5 eine generelle Bindung an den Übermittlungszweck vor, eine Vorschrift, auf die auch § 29 Abs. 5 verweist. Ähnliches wird bei der Übermittlung in Drittstaaten anzunehmen sein, da die **Zweckbindung** zu den **elementaren Anforderungen** an einen angemessenen Datenschutz zählt;[87] der Hinweis hat daher vorwiegend deklaratorischen Charakter.

21a Denkbar ist, dass die Übermittlung nur in einem Rahmen erfolgen soll, der bei einem rein inländischen Sachverhalt (oder bei Sitz des Auftragnehmers in einem anderen EU-

---

83 Simitis in Simitis, § 4 b Rn. 83.
84 Deutlich ablehnend auch Simitis in Simitis, § 4 b Rn. 88.
85 Gola/Schomerus, § 4 b Rn. 18; BMH § 4 b Rn. 39.
86 Simitis in Simitis, § 4 b Rn. 90.
87 Simitis in Simitis, § 4 b Rn. 94.

Ausnahmen § 4c

Land) als »**Auftragsdatenverarbeitung**« im Sinne des § 11 qualifiziert würde. In einem solchen Fall muss § 11 entsprechende Anwendung finden, so dass insbesondere allen Anforderungen des § 11 Abs. 2 Satz 2 entsprochen werden muss.[88] Weiter muss die übermittelnde Stelle ggf. eine Einigung mit ihrem Betriebsrat erreichen, wenn die Möglichkeit der **Überwachung von Leistung und Verhalten** der Arbeitnehmer durch die Übermittlung selbst oder vom ausländischen Standort aus besteht.[89]

4. Datenimport

Wenig Aufmerksamkeit hat bislang der Datenimport erfahren, der in den §§ 4b und 4c nicht angesprochen ist.[90] Gleichwohl stellt sich die Frage, inwieweit Daten ins Inland überspielt werden dürfen, die **in einer Weise erhoben** wurden, die **mit unserem Rechtsverständnis schwer in Einklang** zu bringen ist. Dies nicht zu thematisieren mag damit zusammenhängen, dass durch solche Vorgänge in der Regel ausländische und keine deutschen Staatsbürger betroffen sind, und dass sich überdies Vorgänge schwer klären lassen, die sich irgendwann in einem anderen Land vollzogen haben. Dennoch wäre es inkonsequent, wollte man die Datenerhebung und weitere Phasen der Datenverarbeitung im Inland an strenge Grundsätze knüpfen, während man auf der anderen Seite den »Import« auch solcher Daten zuließe, die **ohne Rücksicht auf Bank- und Steuergeheimnis** oder gar mit Hilfe eines **Lügendetektors** erhoben wurden.[91] Das Verbringen in den Geltungsbereich des BDSG ist daher dann unzulässig, wenn die Erhebung unter **Verstoß gegen Grundauffassungen des deutschen Rechts** erfolgt ist.[92] Der Telekom-Skandal hat auch insoweit Erstaunliches zu Tage gefördert: Die Bankkonten sowie die Privatsphäre einschließlich des Sexualverhaltens von Mitarbeitern ausländischer Tochterunternehmen wurden ermittelt und die Ergebnisse der deutschen Konzernmutter zur Kenntnis gebracht.[93] Auch darin liegt ein Verstoß gegen das BDSG; die Betroffenen können nach § 35 Abs. 2 Satz 2 Nr. 1 BDSG Löschung verlangen. Der Entstehung einer solchen Situation soll die Benutzung der **EU-Musterverträge** auch in solchen Fällen vorbeugen.[94] Eine schlichte Erstreckung deutscher Regeln scheidet dagegen aus.

§ 4c Ausnahmen

(1) Im Rahmen von Tätigkeiten, die ganz oder teilweise in den Anwendungsbereich des Rechts der Europäischen Gemeinschaften fallen, ist eine Übermittlung personenbezogener Daten an andere als die in § 4b Abs. 1 genannten Stellen, auch

---

88 Wedde AiB 2007, 83. Ebenso im Ergebnis v. d. Bussche in Plath § 4b Rn. 19.
89 Wedde a. a. O.
90 Für Unanwendbarkeit deshalb Hartmann DuD 2008, 455, 458; Wolff/Brink-Schantz § 4b Rn. 11.
91 Zum teilweisen, wenn auch nicht völligen Verbot in den USA, Arbeitnehmer mit Hilfe eines Lügendetektors zu befragen, siehe Welske CR 1993, 297 ff.
92 Art. 6 EGBGB bzw. Art. 21 Rom I-VO; ebenso Hartmann DuD 2008, 455, 460; ähnlich Hillenbrand-Beck RDV 2007, 235. Für Anwendung in der Bundesrepublik geltender Maßstäbe Simitis in Simitis § 4b Rn. 99.
93 Handelsblatt v. 20. 5. 2009, S. 11 in Bezug auf die kroatische Niederlassung.
94 Backes/Eul u. a. RDV 2004, 160.

§ 4c — Ausnahmen

wenn bei ihnen ein angemessenes Datenschutzniveau nicht gewährleistet ist, zulässig, sofern
1. der Betroffene seine Einwilligung gegeben hat,
2. die Übermittlung für die Erfüllung eines Vertrags zwischen dem Betroffenen und der verantwortlichen Stelle oder zur Durchführung von vorvertraglichen Maßnahmen, die auf Veranlassung des Betroffenen getroffen worden sind, erforderlich ist,
3. die Übermittlung zum Abschluss oder zur Erfüllung eines Vertrags erforderlich ist, der im Interesse des Betroffenen von der verantwortlichen Stelle mit einem Dritten geschlossen wurde oder geschlossen werden soll,
4. die Übermittlung für die Wahrung eines wichtigen öffentlichen Interesses oder zur Geltendmachung, Ausübung oder Verteidigung von Rechtsansprüchen vor Gericht erforderlich ist,
5. die Übermittlung für die Wahrung lebenswichtiger Interessen des Betroffenen erforderlich ist oder
6. die Übermittlung aus einem Register erfolgt, das zur Information der Öffentlichkeit bestimmt ist und entweder der gesamten Öffentlichkeit oder allen Personen, die ein berechtigtes Interesse nachweisen können, zur Einsichtnahme offen steht, soweit die gesetzlichen Voraussetzungen im Einzelfall gegeben sind.

Die Stelle, an die die Daten übermittelt werden, ist darauf hinzuweisen, dass die übermittelten Daten nur zu dem Zweck verarbeitet oder genutzt werden dürfen, zu dessen Erfüllung sie übermittelt werden.

(2) Unbeschadet des Absatzes 1 Satz 1 kann die zuständige Aufsichtsbehörde einzelne Übermittlungen oder bestimmte Arten von Übermittlungen personenbezogener Daten an andere als die in § 4b Abs. 1 genannten Stellen genehmigen, wenn die verantwortliche Stelle ausreichende Garantien hinsichtlich des Schutzes des Persönlichkeitsrechts und der Ausübung der damit verbundenen Rechte vorweist; die Garantien können sich insbesondere aus Vertragsklauseln oder verbindlichen Unternehmensregelungen ergeben. Bei den Post- und Telekommunikationsunternehmen ist die oder der Bundesbeauftragte für den Datenschutz und die Informationsfreiheit zuständig. Sofern die Übermittlung durch öffentliche Stellen erfolgen soll, nehmen diese die Prüfung nach Satz 1 vor.

(3) Die Länder teilen dem Bund die nach Absatz 2 Satz 1 ergangenen Entscheidungen mit.

Übersicht

	Rn.
1. Einleitung	1– 3
2. Die gesetzlichen Ausnahmen nach Abs. 1	4–11
3. Die behördliche Genehmigung nach Abs. 2	12–25
a) Der Grundsatz	12–16b
b) Die Vertragslösung	17–19
c) Selbstbindung der Unternehmen	20–25
4. Europäische Perspektiven	26

Ausnahmen § 4c

1. Einleitung

Die Bestimmung regelt, unter welchen Voraussetzungen Daten in ein **Drittland** übermittelt werden dürfen, in dem **kein angemessenes Datenschutzniveau** besteht. Dabei wird der Versuch unternommen, den grenzüberschreitenden Geschäftsverkehr so wenig wie möglich zu beeinträchtigen, gleichzeitig jedoch für die Wahrung datenschutzrechtlicher Prinzipien zu sorgen. Die Vorschrift hat durch die Reform 2009 keine Änderung erfahren.

Abs. 1 enthält gesetzliche Ausnahmen vom Verbot der Datenübermittlung, die in sechs Ziffern zusammengefasst sind und die abschließenden Charakter haben. **Abs. 2** ermächtigt die zuständige Aufsichtsbehörde darüber hinaus zu einer Genehmigung, sofern ausreichende Garantien zum Schutz des Persönlichkeitsrechts insbesondere aufgrund von Vertragsklauseln oder verbindlichen Unternehmensregelungen vorhanden sind. Die Behörde wird dadurch in die Lage versetzt, Datenflüsse in gewissem Umfang präventiv zu steuern, während sie sonst auf nachträgliche Beanstandungen beschränkt ist.[1]

§ 4c erstreckt sich ausschließlich auf Tätigkeiten, die ganz oder teilweise in den Anwendungsbereich des (alten) EG-Vertrags und des sekundären Gemeinschaftsrechts fallen. Gegenstände, die zu den **beiden anderen »Säulen« des EU-Vertrags** gehörten (gemeinsame Außen- und Sicherheitspolitik, polizeiliche und justizielle Zusammenarbeit), sind von § 4c **nicht erfasst**.[2] Fehlt insoweit im Empfängerstaat ein **angemessenes Datenschutzniveau**, bleibt es bei dem **Verbot der Übermittlung** nach § 4b Abs. 2 Satz 2,[3] was bei der Mitteilung der Flugpassagierdaten an US-Behörden als Teil der »Terrorismusabwehr« von Bedeutung war[4] (näher oben § 4b Rn. 17).

2. Die gesetzlichen Ausnahmen nach Abs. 1

Die in sechs Ziffern aufgeführten Ausnahmen betreffen die **praktisch wichtigsten Fälle**, bei denen das Schutzbedürfnis des Einzelnen vergleichsweise gering ist.[5] Eine **ausdehnende Auslegung** oder gar eine analoge Anwendung auf andere Fälle kommt **nicht in Betracht**, da es sich um Beschränkungen des Grundrechts auf informationelle Selbstbestimmung handelt.[6] Als **selbstverständlich** ist vorausgesetzt, dass die **allgemeinen Voraussetzungen** für eine Übermittlung (im nichtöffentlichen Bereich: nach §§ 28–30, 32) erfüllt sind.

- **Nr. 1:** Die **Einwilligung** muss sämtlichen Voraussetzungen des § 4a entsprechen (zu den Einzelheiten s. dort). Im Anwendungsbereich des TMG genügt allerdings eine elektronische Erklärung.[7] Angesichts der erhöhten Risiken, die mit einer Übermittlung in ein Land ohne angemessenen Datenschutz verbunden sind, muss der

---

1 Vgl. Simitis in Simitis, § 4c Rn. 2; Dix/Gardain DuD 2006, 343 ff.
2 Wolff/Brink-Schantz § 4c Rn. 2.
3 Simitis in Simitis § 4c Rn. 4.
4 Gola/Schomerus, § 4b Rn. 14.
5 So Gola/Schomerus, § 4c Rn. 4.
6 Für enge Auslegung auch Wolff/Brink-Schantz § 4c Rn. 5.
7 Für generellen Verzicht auf die Schriftform zu Unrecht Auernhammer-Thomale § 4c Rn. 2.

Betroffene eine **intensivere Aufklärung als im »Normalfall«** erhalten. Er muss genau über Empfänger und Zielland sowie etwaige Probleme aufgeklärt werden, die sich aus dem Zugriff fremder Behörden oder der Übermittlung an weitere Interessenten ergeben könnten.[8] Auch muss das Verbot der Pauschaleinwilligung (oben § 4a Rn. 33) hier besonders ernst genommen werden.[9] Eine **in AGB enthaltene Einwilligung** hat überraschenden Charakter und ist nach § 305c Abs. 1 BGB unwirksam, wenn der Betroffene den Umständen nach gar nicht mit einer Übermittlung in »unsichere« Drittstaaten rechnen musste.[10] Eine Opt-out-Klausel genügt nicht, da sie keinen sicheren Rückschluss auf den Willen des Betroffenen zulässt, auch eine Datenübermittlung im Sinne des § 4c Abs. 1 Satz 1 Nr. 1 BDSG zu akzeptieren.[11] Die **Freiwilligkeit** ist zu bejahen, wenn ein Arbeitnehmer einen Arbeitsvertrag geschlossen hat, der auch mit Auslandseinsätzen verbunden ist,[12] doch verhält es sich anders, wenn lediglich die **Verarbeitung von Arbeitnehmerdaten in einem Drittstaat** zentralisiert werden soll.[13] In der Literatur wird deshalb empfohlen, Datentransfers möglichst nicht auf die Einwilligung zu stützen,[14] zumal diese meist auch noch für die Zukunft widerruflich ist.

6 • **Nr. 2:** Die dort erwähnten Verträge und vorvertraglichen Rechtsbeziehungen sind nur dann eine taugliche Grundlage, wenn sie einen Auslandsbezug aufweisen[15] und dieser auch für den Betroffenen erkennbar ist. Dies ist etwa bei **Reise- und Hotelbuchungen** der Fall, aber auch bei **Käufen im Internet** oder bei der Herstellergarantie eines ausländischen Produzenten. Dabei genügt es, wenn der Auslandsbezug zum normalen Erscheinungsbild des Vertrages gehört; wer als Führungskraft bei einem **multinationalen Konzern** tätig ist, muss damit rechnen (und rechnet üblicherweise damit), dass er für einige Zeit auch in einem anderen Land eingesetzt wird.[16] Auch bei anderen Beschäftigten kann der grenzüberschreitende Konzernbezug von vorne herein ersichtlich sein, was dem Vertrag einen konzerndimensionalen Charakter verleiht.[17] Konzernweite Telefonverzeichnisse lassen sich im Einzelfall unter Rückgriff auf § 28 Abs. 1 Satz 1 Nr. 2 BDSG rechtfertigen.[18] Vorausgesetzt wird nach der Lebenserfahrung, dass das geringere ausländische Datenschutzniveau bekannt ist oder als irrelevant behandelt wird.[19] Bei Maßnahmen im Rahmen

---

8 Gabel in Taeger/Gabel, § 4c Rn. 6; Gola/Klug, S. 67; Gola/Schomerus, § 4c Rn. 5; Hoeren RDV 2012, 271, 273; Simitis in Simitis, § 4c Rn. 9ff.; Wybitul/Schultze-Melling § 4c Rn. 3; Kühling/Seidel/Sivridis, S. 131; Wolff/Brink-Schantz § 4c Rn. 11.
9 Schmidl DuD 2007, 756ff.; Gabel in Taeger/Gabel, § 4c Rn. 6; Hoeren RDV 2012, 271, 273; Auernhammer-Thomale § 4c Rn. 3.
10 Wolff/Brink-Schantz § 4c Rn. 7.
11 Ebenso im Ergebnis Wolff/Brink-Schantz § 4c Rn. 8.
12 HK-ArbR-Hilbrans §§ 4b, 4c Rn. 4.
13 Simitis in Simitis § 4c Rn. 11.
14 Backes/Eul u. a. RDV 2004, 159; Gabel in Taeger/Gabel § 4c Rn. 6; Hoeren RDV 2012, 271, 274; sehr skeptisch auch Weniger, S. 287 und Schmidl DuD 2007, 758.
15 Für »deutlichen« Auslandsbezug Wolff/Brink-Schantz § 4c Rn. 12.
16 Gabel in Taeger/Gabel, § 4c Rn. 7.
17 Wolff/Brink-Schantz § 4c Rn. 14. Eingehend Feige ZD 2015, 116ff. und Götz DuD 2013, 631.
18 Hoeren ZD 2014, 441ff.
19 Backes/Eul u. a. RDV 2004, 157; Auernhammer-Thomale § 4c Rn. 5; vgl. auch Gola/Klug S. 68/69.

vorvertraglicher Beziehungen kommt es darauf an, dass die fragliche Maßnahme vom Betroffenen veranlasst wurde. Dies wäre etwa dann der Fall, wenn ein Bewerber von sich aus anbieten würde, Informationen über sein früheres Arbeitsverhältnis beizuziehen, die sich **in den in den USA geführten Personalakten** befinden. Bei umgekehrter Rollenverteilung, d.h. einem nähere Informationen verlangenden Arbeitgeber wäre Nr. 2 nicht anwendbar. Eine **Vertragsänderung**, die einen rein national ausgerichteten Arbeitsvertrag in einen »transnationalen« verwandeln würde, kann nur unter Bedingungen geschlossen werden, die auch eine wirksame Einwilligung nach Nr. 1 ermöglichen würden. Nr. 2 deckt im Übrigen nur solche Datenübermittlungen ab, die für den Abschluss, die Durchführung und die Beendigung des Vertrags erforderlich sind.[20]

- **Nr. 3:** Im Fall der Nr. 3 ist der **Betroffene** am Vertrag oder den Vorverhandlungen **nicht beteiligt**, jedoch soll er begünstigt werden. Damit sind Verträge aller Art im Sinne des § 328 BGB erfasst; in der Literatur wird auf eine Bücherbestellung zugunsten des Betroffenen[21] und auf eine Gruppenversicherung zugunsten von Beschäftigten mit einer ausländischen Gesellschaft verwiesen.[22] Ob der Dritte nur begünstigt wird oder selbst einen einklagbaren Anspruch erhält, ist ohne Bedeutung. Die Datenübermittlung muss erforderlich sein, was bei einer bloßen Zentralisierung der Personalverwaltung in der Regel nicht der Fall ist.[23]

- **Nr. 4:** Das »**wichtige öffentliche Interesse**« liegt etwa vor, wenn es um die Übermittlung der Daten von Sozialversicherungsträgern, der Steuer- und Zollverwaltungen oder der Bankenaufsicht geht. Im nichtöffentlichen Bereich ist ein Rückgriff auf diese Alternative schwer vorstellbar; das Streben nach Compliance kann wegen Fehlens eines wichtigen öffentlichen Interesses nicht genügen.[24] Daneben ist die »**Geltendmachung, Ausübung oder Verteidigung von Rechtsansprüchen vor Gericht**« erwähnt, eine (sprachlich verunglückte) Formulierung, die sich in ähnlicher Weise in § 28 Abs. 6 Nr. 3 bei der Erhebung, Verarbeitung und Nutzung sensitiver Daten findet. Dabei genügt es, wenn es um Ansprüche geht, die von einer anderen Konzerngesellschaft geltend gemacht werden oder gegen die sich diese verteidigen muss.[25] Auch hier hat die prozessuale Nutzung von Daten Vorrang, was auch für Anforderungen von US-Gerichten im Rahmen eines sog. Pretrial Discovery – Verfahrens gilt.[26] So war es etwa zulässig, dass die Firma Bayer im Rahmen der Schadensersatzprozesse wegen behaupteter schwerer Nebenwirkungen des Medikaments Lipobay der amerikanischen Justiz die im Zusammenhang mit der Entwicklung dieses Medikaments angefallenen Daten einschließlich aller internen E-Mails zur Verfügung stellte. Gleichzeitig ist jedoch Sorge dafür zu tragen, dass diese Daten nur im **Rahmen des gerichtlichen Verfahrens** Ver-

---

20 Gabel in Taeger/Gabel, § 4c Rn. 7.
21 Simitis in Simitis, § 4c Rn. 17.
22 Gabel in Taeger/Gabel, § 4c Rn. 8. Vgl. weiter Gola/Schomerus, § 4c Rn. 6.
23 Wolff/Brink-Schantz § 4c Rn. 17.
24 Anders Gabel in Taeger/Gabel, § 4c Rn. 10. Wie hier Wolff/Brink-Schantz § 4c Rn. 20.
25 Auernhammer-Thomale § 4c Rn. 8; Wolff/Brink-Schantz § 4c Rn. 21.
26 Gabel in Taeger/Gabel, § 4c Rn. 11; Auernhammer-Thomale § 4c Rn. 9. Näher auch zu den Bedenken Wolff/Brink-Schantz § 4c Rn. 24 ff.

wendung finden und nicht etwa der Presse oder Konkurrenzunternehmen zur Verfügung gestellt werden; dies wäre vom Tatbestand der Nr. 4 nicht mehr gedeckt.[27] Auch ausländische Ermittlungs- oder Verwaltungsverfahren sind nicht erfasst.[28]

9 • **Nr. 5: Lebenswichtige Interessen des Betroffenen** im Sinne der Nr. 5 sind dann betroffen, wenn es um die Übermittlung medizinischer Daten in einer lebensgefährlichen Situation geht. (Ungeschriebene) Voraussetzung ist, dass der Betroffene keine Einwilligung geben kann.[29] Eine entsprechende Verdeutlichung ist in der Parallelvorschrift des § 28 Abs. 6 Nr. 1 ausdrücklich eingefügt. Die Übermittlung von Daten, die lediglich der medizinischen Forschung im Allgemeinen dienen, ist von Nr. 5 nicht erfasst.[30]

10 • **Nr. 6:** Dieser Tatbestand betrifft öffentliche **Register**, die nicht notwendigerweise von einer Behörde geführt sein müssen.[31] Soweit sie wie das Handels- und das Vereinsregister **für jedermann frei zugänglich** sind, erscheint die Übermittlung von Daten in andere Länder unproblematisch. Ist für den Zugang eine bestimmte Schwelle zu überwinden (das Gesetz spricht von einem nachzuweisenden »**berechtigten Interesse**«), so ist die Übermittlung schon nach allgemeinen Grundsätzen nur demjenigen möglich, der diese Schwelle überwindet. Um eine nicht gewollte Publizität etwa des Gewerbezentralregisters oder des Grundbuchs zu vermeiden, dürfte **eine Übermittlung nur an** solche **Personen** zulässig sein, **die ihrerseits Einblick** nehmen könnten.[32] Ein in den USA wohnender Erbe kann also sehr wohl einen Grundbuchauszug erhalten. Die Tatsache, dass § 13 GBO ein »rechtliches« und kein »berechtigtes« Interesse voraussetzt, grenzt lediglich den Kreis der Zugriffsberechtigten weiter ein, kann aber für die Übermittlung nicht ausschlaggebend sein. Der Sinn der Nr. 6 wird allerdings verfehlt, wenn öffentlich zugängliche Register insgesamt kopiert und in andere Länder transferiert werden.[33]

11 **Abs. 1 Satz 2** enthält eine Hinweispflicht gegenüber dem Übermittlungsempfänger, der dessen Bindung an den Übermittlungszweck deutlich zum Ausdruck bringt. Die Regelung ist allerdings von geringer Bedeutung, da dem BDSG keine extraterritoriale Anwendung zukommt und deshalb letztlich das ausländische Recht darüber entscheidet, ob die übermittelten Daten einer Zweckbindung unterliegen.[34]

---

27 Zum sog. Pretrial Discovery (was in etwa dem Beweissicherungsverfahren entspricht) s. v. d. Bussche in Plath, § 4b Rn. 32; Gabel in Taeger/Gabel, § 4c Rn. 11.
28 Wybitul/Schultze-Melling § 4c Rn. 6.
29 Kühling/Seidel/Sivridis, S. 131 f.; Auernhammer-Thomale § 4c Rn. 10; Wolff/Brink-Schantz § 4c Rn. 26.
30 Gabel in Taeger/Gabel § 4c Rn. 12.
31 Auernhammer-Thomale § 4c Rn. 11; Gola/Schomerus § 4c Rn. 8: Schuldnerlisten der Schufa.
32 Ebenso Gabel in Taeger/Gabel, § 4c Rn. 13 und wohl auch Simitis in Simitis, § 4c Rn. 23.
33 Ebenso Auernhammer-Thomale § 4c Rn. 11; Wolff/Brink-Schantz § 4c Rn. 29.
34 Wolff/Brink-Schantz § 4c Rn. 30.

Ausnahmen § 4c

3. Die behördliche Genehmigung nach Abs. 2

a) Der Grundsatz

Soweit die gesetzlichen Ausnahmetatbestände nicht eingreifen, kann die Aufsichtsbehörde für den Datenschutz die Übermittlung genehmigen, wenn die verantwortliche Stelle »**ausreichende Garantien** hinsichtlich des Schutzes des Persönlichkeitsrechts und der Ausübung der damit verbundenen Rechte« vorweist. Der Gesetzgeber geht also davon aus, dass die **Mängel** im Empfängerland durch privatautonom festgelegte »Garantien« **kompensiert** werden können.[35] Dieser Weg steht auch dann offen, wenn man mit guten Gründen den Standpunkt vertreten kann, die Übermittlung falle unter einen der Ausnahmetatbestände des Abs. 1. Ihr Vorliegen kann im Einzelfall immer streitig sein oder streitig werden. Auch macht der Eingangssatz von Absatz 2 (»Unbeschadet des Abs. 1 Satz 1 ...«) hinreichend deutlich, dass beide Möglichkeiten nebeneinander bestehen.[36] Fehlt es allerdings schon an den allgemeinen Übermittlungsvoraussetzungen, so wird keine Genehmigung erteilt.[37] Dasselbe gilt dann, wenn das Drittland aufgrund einer Entscheidung der EU-Kommission über ein angemessenes Datenschutzniveau verfügt.[38] Fehlt es an einem solchen formalen Akt, kann der Weg über Abs. 2 in der Praxis bei weitem sicherer sein.[39] 12

Im **nichtöffentlichen Bereich** liegt nach Abs. 2 Satz 1 die Zuständigkeit bei der **Aufsichtsbehörde** für den Datenschutz nach § 38. Im Fall des Abs. 2 Satz 3 fehlt es dagegen an der Einschaltung einer solchen neutralen Instanz: Die öffentlichen Stellen nehmen die Prüfung gemäß Abs. 2 Satz 3 selbst vor. Dies ist mit Recht als Abkehr von Grundprinzipien der Datenschutzrichtlinie kritisiert worden.[40] 13

Die **Genehmigung** der Übermittlung stellt einen **Verwaltungsakt** dar. Wird er verweigert, kann nach ggf. durchgeführtem Widerspruchsverfahren eine Verpflichtungsklage vor dem Verwaltungsgericht erhoben werden.[41] In der Praxis wird die Genehmigung meist unter Widerrufsvorbehalt erteilt.[42] Auch wenn dieser fehlt, kann sie nach §§ 48 ff. VwVfG unter bestimmten Voraussetzungen widerrufen oder zurückgenommen werden. 14

Die Genehmigung kann sich auf einzelne Übermittlungen oder **bestimmte Kategorien von Übermittlungen** beziehen.[43] Dies ist relativ großzügig in dem Sinne zu handhaben, dass ganze Bereiche wie »Arbeitnehmerdaten« oder »Kundendaten« erfasst sein können.[44] 15

Die **Genehmigung** hängt inhaltlich davon ab, dass trotz der Bedingungen in dem anderen Staat das **Persönlichkeitsrecht geschützt** und die mit diesem verbundenen 16

---

35 Zustimmend Gabel in Taeger/Gabel, § 4c Rn. 15; Simitis in Simitis, § 4c Rn. 32.
36 Die Frage ist umstritten. Siehe die Nachweise bei Gabel in Taeger/Gabel, § 4c Rn. 15.
37 Auernhammer-Thomale § 4c Rn. 14; Wolff/Brink-Schantz § 4c Rn. 33.
38 Auernhammer-Thomale § 4c Rn. 16.
39 Wolff/Brink-Schantz § 4c Rn. 39.
40 Simitis in Simitis, § 4c Rn. 39.
41 Simitis in Simitis § 4c Rn. 37.
42 Gabel in Taeger/Gabel, § 4c Rn. 19.
43 Wolff/Brink-Schantz § 4c Rn. 33.
44 TBP, S. 268.

Rechte ausgeübt werden können. Gemeint ist damit kein umfassender Persönlichkeitsschutz in jedem Lebensbereich. Vielmehr kommt es allein auf den Schutz der Privatsphäre und des informationellen Selbstbestimmungsrechts an. Insoweit gilt die Forderung des EuGH nach einem gleichwertigen Schutz wie innerhalb der Union auch hier.[45] Dass der Gesetzgeber dies nicht ausdrücklich zum Ausdruck gebracht hat, gehört zu den weniger gravierenden Ungereimtheiten des BDSG. Als **Form der Garantie** nennt der zweite Halbsatz von Abs. 2 Satz 1 beispielhaft Vertragsklauseln und verbindliche Unternehmensregelungen; weitere Gestaltungsformen sind nicht ersichtlich.

16a Werden **Daten ins Internet** gestellt, so können sie auch aus Ländern mit keinem (angemessenen) Datenschutz abgerufen werden. Auch hier mit den §§ 4b, 4c Ernst zu machen, kommt vielen nicht in den Sinn,[46] doch lässt sich der grenzüberschreitende Charakter nicht leugnen.[47] Dies gilt insbesondere im Rahmen von »social networking« wie Facebook, Xing usw.[48] Soweit **Arbeitnehmerdaten** betroffen sind (Name, Funktion und Bild werden ins Netz gestellt), muss man zunächst nach der Zulässigkeit fragen. Für das parallel liegende Problem bei Beamten vertritt das OVG Rheinland-Pfalz[49] den Standpunkt, Name, Funktion und dienstliche Erreichbarkeit könnten ins Netz gestellt werden, sofern die fragliche **Person mit Außenkontakten** betraut ist und sofern keine Sicherheitsbedenken entgegenstehen. Letzteres wäre etwa anzunehmen, wenn der Beamte aufgrund dieser Angaben persönlichen Nachstellungen (»**Stalking**«) ausgesetzt wäre. Auf die Frage der Datenübermittlung in Drittländer ohne angemessenes Schutzniveau wurde nicht eingegangen. Will man das BDSG korrekt einhalten, kommt nach Abs. 1 Satz 1 Nr. 2 nur der Arbeitsvertrag als Grundlage in Betracht, der die fraglichen Angaben decken würde.[50] **Für Bild und Privatanschrift** wäre dagegen eine **Einwilligung** notwendig, die entweder nicht erreichbar oder schwerlich als »freiwillig« zu qualifizieren wäre.[51] Sollte dies im Einzelfall anders sein, sind die eingehenden Belehrungspflichten zu berücksichtigen (oben Rn. 5).[52]

16b Wer als **Lehrer** mit Nachnamen, Schule und Unterrichtsfächern im Netz steht, kann sich nach der Rechtsprechung nicht darüber beklagen, wenn seine Tätigkeit im Rahmen eines von Schülern betriebenen Internetportals (*www.spickmich.de*) bewertet wird.[53] Die geäußerten Bewertungen bewegen sich grundsätzlich im Rahmen der Meinungsfreiheit des Art. 5 Abs. 1 GG, soweit nicht Beleidigungen ausgesprochen oder Schmäh-

---

45 Dazu oben § 4b Rn. 12a ff.
46 Zu Recht konstatiert bei Weichert DuD 2009, 8.
47 Anders v. d. Bussche in Plath, § 4b Rn. 15 unter Berufung auf EuGH CR 2004, 286 = MMR 2004, 95 – Bodil Lindqvist.
48 Dazu Jotzo MMR 2009, 232 ff.
49 10.9.2007 – 2 A 10413/07. OVG, K&R 2007, 671.
50 Weitere Einzelheiten zur »Veröffentlichung« von Arbeitnehmerdaten im Internet s. Däubler, Internet und Arbeitsrecht, Rn. 361 ff.
51 Schmidl DuD 2007, 758 ff. S. weiter Däubler, Internet und Arbeitsrecht, Rn. 369a ff.
52 Die grenzüberschreitende Dimension der Internet-Veröffentlichung ist nicht beachtet bei Moos K&R 2009, 154, 159.
53 BGH 23.6.2009 – VI ZR 196/08, NJW 2009, 2888 – spickmich. S. weiter OLG Frankfurt 8.3.2012 – 16 U 125/11, ZD 2012, 274; OLG Köln 27.11.2007 – 15 U 142/07, K&R 2008, 40; OLG Köln 3.7.2008 – 15 U 43/08, K&R 2008, 540; LG Duisburg 18.4.2008 – 10 O 350/07, MMR 2008, 691.

kritik geäußert wird. Den Arbeitgeber trifft allerdings die Nebenpflicht, seine Arbeitnehmer gegen Angriffe Dritter in Schutz zu nehmen.[54] Bei unsachlichen Bewertungen, die nicht nur Einzelfälle (»Ausreißer«) betreffen, müsste die Verfügbarkeit der Lehrerdaten im Internet rückgängig gemacht werden.

b) Die Vertragslösung

Ein gleichwertiger, zumindest angemessener Schutz des informationellen Selbstbestimmungsrechts kann dadurch sichergestellt werden, dass die verantwortliche Stelle **mit dem ausländischen Übermittlungsempfänger einen Vertrag** schließt, der entsprechende verbindliche Schutzvorkehrungen beinhaltet; bloße **Sollbestimmungen genügen nicht.** Dabei müssen allerdings auch **Zugriffe durch den ausländischen Staat** auf das Notwendige beschränkt werden[55] – eine Voraussetzung, die meist nicht vertraglich geschaffen werden kann, sondern durch das fremde Recht sichergestellt sein muss. Soweit der Datenempfänger als Zweigstelle nicht rechtsfähig ist, muss eine Garantieerklärung durch ihn bzw. durch die hinter ihm stehende juristische Person genügen.[56] Vertrag und verbindliche Erklärungen müssen von einer gewissen **Dauerhaftigkeit** sein, was eine jederzeitige beliebige Auflösung durch eine Seite ausschließt. Der einvernehmliche Abschluss eines Aufhebungsvertrages kann allerdings nicht verboten werden, doch wäre die Datenübermittlung nicht mehr zulässig, wenn von dieser Möglichkeit Gebrauch gemacht würde.[57]

17

In **Konzernen** stellt sich das Problem, wer von verschiedenen Niederlassungen innerhalb der EU den Vertrag schließt. Die Aufsichtsbehörden stellen darauf ab, **wo die Entscheidung** für oder gegen die Übermittlung **fällt**; ist hierfür ausschließlich die Konzernspitze im Inland zuständig, ist der Vertragsschluss allein ihre Sache.[58] Anders dann, wenn die Zuständigkeiten dezentralisiert sind.[59] Übermittelt die rechtlich **unselbständige inländische Zweigstelle** Daten an das ausländische Unternehmen, so finden die §§ 4b, 4c entsprechende Anwendung,[60] doch kann der Genehmigungsantrag nur von der rechtlich selbständigen Hauptniederlassung gestellt werden. Befindet sich diese im Ausland, ist die Zuständigkeit der dortigen Aufsichtsbehörde gegeben, doch entbindet dies die inländische Niederlassung nicht von der Prüfung, ob die Voraussetzungen der Übermittlung effektiv gegeben sind.[61] In diesen Fällen lässt sich aber kein Vertrag zwischen verschiedenen Unternehmen schließen; hier kommt lediglich eine Garantieerklärung des Datenempfängers gegenüber den Betroffenen in Betracht.[62]

17a

Bei der inhaltlichen Ausgestaltung des Vertrages geht es nicht allein darum, materielles

17b

---

54 Däubler, Arbeitsrecht 2, Rn. 897; s. auch ders., Internet und Arbeitsrecht, Rn. 369k.
55 EuGH 6.10.2015 – C-362/14 – Rn. 91 ff.
56 Wolff/Brink-Schantz § 4c Rn. 31.
57 Vgl. Gabel in Taeger/Gabel, § 4c Rn. 21.
58 Hillenbrand-Beck RDV 2007, 232; v.d. Bussche in Plath, § 4b Rn. 37; Gabel in Taeger/Gabel, § 4b Rn. 16.
59 Gabel in Taeger/Gabel § 4c Rn. 16.
60 Hillenbrand-Beck RDV 2007, 232; Gabel in Taeger/Gabel, § 4b Rn. 16.
61 Gabel in Tager/Gabel § 4b Rn. 28.
62 v.d. Bussche in Plath § 4c Rn. 37; Hillenbrand-Beck RDV 2007, 232; Gola/Schomerus § 4c Rn. 12.

Datenschutzrecht wie etwa die **Zweckbindung beim Empfänger** aufrecht zu erhalten. Sehr viel schwieriger ist es, auch die **Individualrechte** des Betroffenen zu sichern und die **Kontrolle durch eine unabhängige Stelle** vorzusehen.[63] Auch muss dafür Sorge getragen werden, dass der Vertrag von Bestand ist und nicht bei Auftreten der ersten Misshelligkeit oder des ersten Verdachtsfalls gekündigt oder aufgehoben werden kann.[64]

18 In der Gegenwart sind diese Probleme scheinbar dadurch entschärft, dass die **EU-Kommission** auf der Grundlage des Art. 26 Abs. 4 der Datenschutzrichtlinie **Standardvertragsklauseln** entwickelt hat. Sie wurden erstmals im Jahre 2001 veröffentlicht;[65] alternative Regelungen finden sich in der Entscheidung der Kommission v. 17.12.2004.[66] Beide werden auch als »Set I« bzw. »Set II« bezeichnet.[67] Parallel dazu existiert ein Standardvertrag zur **Auftragsdatenverarbeitung**, die ja im Verhältnis zu einem Auftragnehmer außerhalb des EU-Binnenraums als Übermittlung gilt.[68] Die Standardvertragsklauseln sind im Anhang abgedruckt. Zu ihnen existiert eine »Handreichung« des Düsseldorfer Kreises, abrufbar unter *http://www.rp-darmstadt.hessen.de/Sicherheit&Ordnung/Datenschutz/Auslandsdatentransfer/*. Die Standardverträge orientieren sich zwar am Modell von zwei sich gegenüber stehenden Parteien, doch bestehen keine Bedenken, sie auch multilateralen Rechtsbeziehungen zugrunde zu legen.[69] Gleichwohl ergeben sich praktische Probleme, wenn die **Datenströme** nicht sternförmig (»von einem inländischen Zentrum aus«) verlaufen, sondern **in einer netzartigen Organisation** angesiedelt sind, wo prinzipiell von jedem Konzernunternehmen an jedes andere Konzernunternehmen Daten übermittelt werden können. Dies setzt voraus, dass jedes Unternehmen mit allen anderen einen entsprechenden Vertrag schließt und ein neu hinzu kommendes in relativ aufwendiger Weise in das »Netz« integriert werden muss.[70] Mit Rücksicht auf die Rechtsprechung des EuGH[71] sind die Standardverträge dann keine ausreichende Grundlage mehr, wenn im Empfängerland **staatliche Zugriffsmöglichkeiten** bestehen, die erheblich über das in der EU zulässige hinausgehen und die auch nicht durch Vereinbarung abdingbar sind.

18a Nach Auffassung der Aufsichtsbehörden ist der **Standardvertrag von 2004** (»Set II«) **für Arbeitnehmerdaten nicht geeignet**.[72] Es fehle die im Vertrag 2001 vorgesehene

---

63 Auernhammer-Thomale § 4c Rn. 17; Wybitul/Schultze-Melling § 4c Rn. 8.
64 Zu den Gestaltungsfragen im Einzelnen Däubler AiB 1997, 261 ff., mit einem der Praxis entnommenen Beispiel.
65 Entscheidung der Kommission vom 15.6.2001 hinsichtlich Standardvertragsklauseln für die Übermittlung personenbezogener Daten in Drittländer nach der Richtlinie 95/46/EG, ABl. v. 4.7.2001, Nr. L 181/19.
66 2004/915/EG, ABl. v. 29.12.2004, Nr. L 385.
67 Schmidl DuD 2008, 258.
68 Entscheidung der Kommission v. 27.12.2001 hinsichtlich Standardvertragsklauseln für die Übermittlung personenbezogener Daten an Auftragsverarbeiter in Drittländer nach der Richtlinie 95/46/EG, ABl. v. 10.1.2002, Nr. L 6/52. Aktuell geltende Neufassung vom 5.2.2010, ABlEU v. 12.2.2010, Nr. L 39/5, die auch den Unterauftrag regelt.
69 v. d. Bussche in Plath, § 4c Rn. 35, 36; Gabel in Taeger/Gabel, § 4c Rn. 25.
70 Hoeren RDV 2012, 271, 275, der für den Abschluss eines Gruppenvertrags plädiert.
71 6.10.2015 – C-362/14 – Safe Harbor.
72 Die Klauseln nach SET II bevorzugt dagegen Hoeren RDV 2012, 271, 276. Ebenso im Prinzip Auernhammer-Thomale § 4c Rn. 20.

Ausnahmen § 4c

Bestimmung, dass die Arbeitnehmer ihre Individualrechte auf Auskunft, Berichtigung, Löschung und Schadensersatz weiterhin dem Datenexporteur (also ihrem Arbeitgeber) gegenüber geltend machen können und dass dieser sich vertraglich vorbehalte, alle notwendigen Informationen von dem ausländischen »Datenimporteur« verlangen zu können.[73] Für die Praxis bedeutet dies, dass man entweder Set I zugrunde legt oder Set II durch Abmachungen ergänzt, die den Vorgaben der Aufsichtsbehörden voll Rechnung tragen. Als Form bietet sich hierfür gegenüber bereits Beschäftigten eine **Gesamtzusage**, gegenüber neu Eingestellten eine entsprechende **Arbeitsvertragsklausel** an.[74] Dazu muss die (z. B. durch konzernrechtliche Abhängigkeit gesicherte) Möglichkeit kommen, den Datenimporteur zur Lieferung aller notwendigen Informationen zu veranlassen.

Die Einschaltung eines **ausländischen Subunternehmers** ist nur dann zulässig, wenn auch mit diesem der Standardvertrag abgeschlossen wird.[75] Dies kann in der Weise geschehen, dass ein separater Vertrag unterzeichnet wird oder der Unter-Auftragnehmer dem schon bestehenden Vertrag beitritt.[76] Ein bloßer Vertrag mit dem Auftragnehmer soll nicht genügen.[77] Dies bedeutet, dass der Unterauftragnehmer zwei Verträge – mit dem Hauptauftraggeber und seinem Auftraggeber – schließen muss.[78] Ob dem im Rahmen des **Cloud Computing** immer Rechnung getragen wird, ist zu bezweifeln.[79]

Werden diese Standardverträge zugrunde gelegt, ist nach allgemeiner Auffassung eine **Genehmigung nicht mehr erforderlich**, da sie zu einer überflüssigen Förmlichkeit würde.[80] Die Aufsichtsbehörde ist jedoch zu informieren, damit sie die Übereinstimmung mit dem Mustervertrag und dessen Einhaltung überprüfen kann.[81] Immer ist allerdings zu beachten, dass die Verträge nur Datenübermittlungen legitimieren können, die den Anforderungen des § 28 Abs. 1 BDSG bzw. des § 32 Abs. 1 Satz 1 BDSG entsprechen; andernfalls wäre es einfacher, Daten in ein Drittland ohne angemessenen Datenschutz als in einen EU-Mitgliedstaat zu übermitteln.[82]

Eine **andere vertragliche Regelung** ist **weiterhin möglich**; Abweichungen von Regeln der Standardverträge zu Lasten des Betroffenen müssen durch eine Besserstellung auf

18b

18c

19

---

73 Schmidl DuD 2008, 258 f.
74 Vgl. Wolff/Brink-Schantz § 4c Rn. 49 sowie Schmidl DuD 2008, 258, 260, der jedoch die Informationsbeschaffung durch den inländischen Arbeitgeber nicht anspricht.
75 Backes/Eul u. a. RDV 2004, 160; Gabel in Taeger/Gabel, § 4c Rn. 26. Der Mustervertrag sieht in der Fassung von 2010 die Vergabe von Unteraufträgen vor (Klausel 11), was insbesondere für das cloud computing von großer praktischer Bedeutung ist.
76 Hillenbrand-Beck RDV 2007, 234.
77 Gabel in Taeger/Gabel, § 4c Rn. 26 a. E.
78 Kritisch dazu v. d. Bussche in Plath, § 4c Rn. 32.
79 Näher Weichert DuD 2010, 679, 686 ff.; Däubler, Gläserne Belegschaften? Rn. 507 r.
80 So die Stellungnahme der im sog. Düsseldorfer Kreis versammelten Aufsichtsbehörden; ebenso v. d. Bussche in Plath, § 4c Rn. 29; Gabel in Taeger/Gabel, § 4c Rn. 22; Gola/Schomerus, § 4c Rn. 14; Kühling/Seidel/Sividris, S. 132; Simitis in Simitis, § 4c Rn. 51; Weniger, S. 493; Wolff/Brink-Schantz § 4c Rn. 43; Wybitul/Schultze-Melling § 4c Rn. 9.
81 Gola/Schomerus, § 4c Rn. 14; Hoeren RDV 2012, 271, 277; Simitis in Simitis, § 4c Rn. 51; Backes/Eul u. a. RDV 2004, 160 Fn. 13 halten die Einschaltung für ratsam. Anders Gabel in Taeger/Gabel, § 4c Rn. 22 und Wybitul/Schultze-Melling § 4c Rn. 9 (nur auf Verlangen der Aufsichtsbehörde) sowie v. d. Bussche in Plath § 4c Rn. 29.
82 Richtig Wedde CF 5/2006, S. 31.

anderen Gebieten kompensiert werden.[83] Auch ist einem solchen Fall die **Genehmigungspflicht wieder gegeben.** Damit ist ein beträchtlicher Anreiz geschaffen, die Standardvertragsbedingungen zu übernehmen, würde doch jede Abweichung zu Unsicherheiten und ggf. sogar zu einer Gefährdung der Genehmigung führen. Wird ein höheres Datenschutzniveau als das der EG-Musterverträge gewählt, ist keine Genehmigung erforderlich.[84] Auch eine Anpassung an konzerninterne Besonderheiten ist ohne Genehmigung möglich, soweit zugleich festgelegt wird, dass im Kollisionsfall der Standardvertrag den Vorrang hätte.[85] Bei **Arbeitnehmerdaten** ist denkbar, dass der Betriebsrat aufgrund seines Mitbestimmungsrechts nach § 87 Abs. 1 Nr. 6 BetrVG eine solche Regelung erreicht.[86] Soweit eine **Betriebsvereinbarung** zum Schutz von Arbeitnehmerdaten besteht, muss der Arbeitgeber durch entsprechende Vertragsgestaltung dafür sorgen, dass der Datenempfänger im Drittland dieses Schutzniveau beachtet.[87] Unterwerfen sich ausländische Konzernteile einer solchen Betriebsvereinbarung, kann diese die Funktion eines Vertrages nach Abs. 2 Nr. 1 erfüllen.[88]

c) Selbstbindung der Unternehmen

20 Bei multinationalen Konzernen oder bei kooperierenden Unternehmen steht ein zweiter Weg zur Verfügung, um den notwendigen Persönlichkeitsschutz sicherzustellen. Möglich sind hier »**verbindliche Unternehmensregelungen**« (auch »Binding Corporate Rules« – BCR – genannt), über die das Gesetz keine näheren Aussagen macht. Sie sind jedoch Gegenstand des Dokuments Nr. 74 der Arbeitsgruppe nach Art. 29 (abrufbar unter http://ec.europa.eu/justice_home/fsj/privacy/docs/wpdocs/2003/wp74_de.pdf) sowie weiterer Dokumente, insbesondere des »Working Paper 154«.[89] Soweit die BCR Grundsätze enthalten, die der EU-DSRl entsprechen, bestehen keine grundsätzlichen Bedenken. Allerdings ist zu beachten, dass nach der Rechtsprechung des EuGH[90] auch die **potentiellen staatlichen Zugriffe** im Drittstaat zu beachten sind; gehen sie erheblich weiter als in der Union und lassen sie sich auch nicht durch Abmachung beschränken, so muss die Datenübermittlung nach Abs. 2 (nicht die nach Abs. 1) unterbleiben.

21 Fest steht zunächst, dass es **nicht ausreichen** kann, wenn die Konzernspitze oder die einzelnen beteiligten Unternehmen »**Wohlverhaltenserklärungen**« abgeben, wie sie sich häufig unter dem Stichwort des »**Code of Conduct**« in der Praxis finden. Ihnen fehlt ersichtlich der verbindliche Charakter, von dem Abs. 2 Satz 1 ausgeht.[91]

22 Der Terminologie der Art. 29 – Gruppe nach muss **Verbindlichkeit nach innen** (etwa

---

83 Weniger, S. 492.
84 Gabel in Taeger/Gabel, § 4c Rn. 27; Hillenbrand-Beck RDV 2007, 234; Auernhammer-Thomale § 4c Rn. 24. Nicht einmal eine Anzeigepflicht verlangt v. d. Bussche in Plath, § 4c Rn. 29.
85 Gabel in Taeger/Gabel, § 4c Rn. 27.
86 Siehe Simitis in Simitis, § 4c Rn. 57.
87 Wedde CF 5/2006, S. 28 ff.
88 Gabel in Taeger/Gabel, § 4c Rn. 33.
89 Vgl. Hoeren RDV 2012, 271, 274; C. Schröder, S. 209.
90 6.10.2015 – C-362/14 – Safe Harbor.
91 Für notwendige rechtliche Verbindlichkeit auch Heil DuD 2009, 229; Scheja, S. 246; Weniger, S. 504 f.

Ausnahmen § 4c

durch Weisungen, die »Richtlinie« korrekt zu befolgen) **wie nach außen** (etwa durch Einräumung von Rechten an die Betroffenen) bestehen.[92] Fehlt es daran, ist der Datentransfer unzulässig. Da die »Unternehmensregelungen« ein Äquivalent zu vertraglichen Bindungen zwischen voneinander unabhängigen Unternehmen sind, müssen sie auch ein vergleichbares Maß an Datenschutz gewährleisten.[93] Die Unternehmensregelungen können ihrerseits **vertraglicher Natur** sein, müssen dies jedoch nicht: So wären beispielsweise auch Festlegungen in der **Satzung** der einzelnen Gesellschaften denkbar.[94] Die Verbindlichkeit »nach außen« sorgt dafür, dass einseitige Änderungen entweder rechtlich ausgeschlossen sind oder so weit sichtbar werden, dass durch sie ggf. die Zulässigkeit der Datenübermittlung in Gefahr gerät. Besser wäre allerdings, dass eine **unabhängige Stelle** für die Einhaltung der Abmachungen sorgt und dass automatisch Sanktionen fällig werden, wenn bestimmte Verstöße auftreten. Möglich und sinnvoll wäre es deshalb, **Außenstehende** wie Arbeitnehmervertretungen, Gewerkschaften, Verbraucherverbände und sonstige NGOs in den Vertrag einzubeziehen, weil sie ihrer divergierenden Interessenlage wegen am ehesten auf die Einhaltung des Vorgesehenen achten werden. Weiter kommt eine Festschreibung durch (Konzern-) Betriebsvereinbarung in Betracht, zumal der Betriebsrat bei einzelnen Bestimmungen nach § 87 Abs. 1 Nr. 1 und 6 BetrVG mitbestimmen kann.[95] Auch der **Europäische Betriebsrat**, der ja auch Vertreter aus Nicht-EU-Staaten umfassen kann, könnte hier eine bedeutsame Rolle spielen. Weiter ist die Einräumung von Kontrollrechten an die Betroffenen erforderlich.[96]

Liegt eine verbindliche Unternehmensregelung vor, bedarf es einer **staatlichen Genehmigung**.[97] Ein »**Musterkodex**« analog den Standardvertragsklauseln, der die Genehmigungsbedürftigkeit ggf. hinfällig machen würde, **existiert** bisher **nicht**. Die Musterverträge stellen aber eine wichtige Orientierungsgröße dar. Der Gesamtverband der Deutschen Versicherungswirtschaft (GDV) hat eine »Unternehmensrichtlinie« entwickelt.[98] Weiter sind die Aufsichtsbehörden üblicherweise bereit, bei der Ausarbeitung der Regelung behilflich zu sein. Auch gibt es Absprachen, **welche nationale Behörde** im Einzelfall zuständig sein soll.[99] Zu beachten ist weiter, dass der »Code« nur verbundene Unternehmen im Sinne der §§ 15 ff. AktG, nicht jedoch Dritte binden kann. Der Genehmigung unterliegt über den Wortlaut des Gesetzes hinaus das Regelwerk, nicht die einzelne Datenübermittlung.[100] Kleinere Änderungen lösen keine erneute Geneh- 23

---

92 Gabel in Taeger/Gabel, § 4c Rn. 30; Auernhammer-Thomale § 4c Rn. 25; Wolff/Brink-Schantz § 4c Rn. 60.
93 C. Schröder, S. 208 ff.
94 Vgl. auch Scheja, S. 260; eingehend Achim Büllesbach S. 180 ff.
95 Wolff/Brink-Schantz § 4c Rn. 58.
96 C. Schröder, S. 221; Weniger, S. 505 ff.
97 Achim Büllesbach, S. 176 ff.; v. d. Bussche in Plath, § 4c Rn. 42; Gabel in Taeger/Gabel, § 4c Rn. 31; Hoeren RDV 2012, 271, 274; Lambrich/Cahlik RDV 2002, 287, 297; Räther DuD 2005, 462, 464; Simitis in Simitis, § 4c Rn. 66; s. auch Scheja, S. 261 ff.; a. A. Gola/Schomerus § 4c Rn. 15.
98 Nachlesbar unter *http://www.datenschutz-berlin.de/jahresbe/02/anl/anlagenband2002.pdf*.
99 Dix/Gardain DuD 2006, 345; Gabel in Taeger/Gabel § 4c Rn. 32.
100 v. d. Bussche in Plath, § 4c Rn. 45; anders Wolff/Brink-Schantz § 4c Rn. 57.

§ 4 d Meldepflicht

migungspflicht aus, wohl aber solche von signifikantem Ausmaß, die beispielsweise die Art der erfassen Daten oder den Kreis der erfassten Personen betreffen.[101]

24 Ein Beispiel für verbindliche Festlegungen bietet der (damalige) DaimlerChrysler-Konzern.[102] Kritisch wird die von der Art. 29-Gruppe empfohlene Regelung gesehen, wonach die inländische Gesellschaft für alle Datenschutzverstöße der in Drittstaaten gelegenen Gesellschaften haftet.[103]

25 Werden von **Niederlassungen** aus, die **in verschiedenen EU-Mitgliedstaaten** gelegen sind, Daten an eine Stelle in einem Drittstaat übermittelt, so wären an sich zahlreiche nationale Aufsichtsbehörden jeweils um eine Genehmigung zu ersuchen. Für solche Fälle hat die Artikel-29-Datenschutzgruppe ein **Kooperationsverfahren** entwickelt, wonach auf Vorschlag des Unternehmens eine federführende Behörde bestimmt wird, deren Entscheidung dann auch von den andern anerkannt wird.[104]

4. Europäische Perspektiven

26 Die Übermittlung von Daten in Drittstaaten hat in den **Artikeln 40 bis 45 des Kommissionsentwurfs** für eine Datenschutz-Grundverordnung eine sehr eingehende Regelung erfahren. Sie kodifiziert im Wesentlichen den Status quo und konkretisiert die Kriterien, die für ein angemessenes Datenschutzniveau in einem Drittstaat sprechen. Dabei wird die Angemessenheit auch in Bezug auf einzelne »Sektoren« überprüft. Fehlt ein angemessenes Niveau, so ist wie nach geltendem Recht für die Übermittlung eine Genehmigung erforderlich, die durch Verwendung von Musterverträgen oder durch Binding Corporate Rules ersetzt werden kann. Das **Parlament** hat redaktionelle Veränderungen vorgeschlagen und will die Arbeitnehmervertreter in die Ausarbeitung der Binding Corporate Rules einschalten. Der **Rat** wünscht zum Teil abweichende Formulierungen, will jedoch an der Grundstruktur nichts ändern.

§ 4 d Meldepflicht

(1) Verfahren automatisierter Verarbeitungen sind vor ihrer Inbetriebnahme von nicht-öffentlichen verantwortlichen Stellen der zuständigen Aufsichtsbehörde und von öffentlichen verantwortlichen Stellen des Bundes sowie von den Post- und Telekommunikationsunternehmen der oder dem Bundesbeauftragten für den Datenschutz und die Informationsfreiheit nach Maßgabe von § 4 e zu melden.
(2) Die Meldepflicht entfällt, wenn die verantwortliche Stelle einen Beauftragten für den Datenschutz bestellt hat.
(3) Die Meldepflicht entfällt ferner, wenn die verantwortliche Stelle personenbezogene Daten für eigene Zwecke erhebt, verarbeitet oder nutzt, hierbei in der Regel

---

101 v. d. Bussche in Plath, § 4 c Rn. 45.
102 Unter *http://www.daimlerchrysler.com/Projects/c2c/channel/documents/184264_coc_itr_g. pdf*) sowie die Telekom-Gruppe (*http://www.datenschutz-berlin.de/jahresbe/03/anl/472 d2.pdf*). Weitere Beispiele bei Dix/Gardain DuD 2006, 344.
103 Hoeren RDV 2012, 271, 275.
104 Einzelheiten bei v. d. Bussche in Plath, § 4 c Rn. 43.

Meldepflicht § 4d

höchstens neun Personen ständig mit der Erhebung, Verarbeitung oder Nutzung personenbezogener Daten beschäftigt und entweder eine Einwilligung des Betroffenen vorliegt oder die Erhebung, Verarbeitung oder Nutzung für die Begründung, Durchführung oder Beendigung eines rechtsgeschäftlichen oder rechtsgeschäftsähnlichen Schuldverhältnisses mit dem Betroffenen erforderlich ist.

(4) Die Absätze 2 und 3 gelten nicht, wenn es sich um automatisierte Verarbeitungen handelt, in denen geschäftsmäßig personenbezogene Daten von der jeweiligen Stelle
1. zum Zweck der Übermittlung,
2. zum Zweck der anonymisierten Übermittlung oder
3. für Zwecke der Markt- oder Meinungsforschung
gespeichert werden.

(5) Soweit automatisierte Verarbeitungen besondere Risiken für die Rechte und Freiheiten der Betroffenen aufweisen, unterliegen sie der Prüfung vor Beginn der Verarbeitung (Vorabkontrolle). Eine Vorabkontrolle ist insbesondere durchzuführen, wenn
1. besondere Arten personenbezogener Daten (§ 3 Abs. 9) verarbeitet werden oder
2. die Verarbeitung personenbezogener Daten dazu bestimmt ist, die Persönlichkeit des Betroffenen zu bewerten einschließlich seiner Fähigkeiten, seiner Leistung oder seines Verhaltens,
es sei denn, dass eine gesetzliche Verpflichtung oder eine Einwilligung des Betroffenen vorliegt oder die Erhebung, Verarbeitung oder Nutzung für die Begründung, Durchführung oder Beendigung eines rechtsgeschäftlichen oder rechtsgeschäftsähnlichen Schuldverhältnisses mit dem Betroffenen erforderlich ist.

(6) Zuständig für die Vorabkontrolle ist der Beauftragte für den Datenschutz. Dieser nimmt die Vorabkontrolle nach Empfang der Übersicht nach § 4g Abs. 2 Satz 1 vor. Er hat sich in Zweifelsfällen an die Aufsichtsbehörde oder bei den Post- und Telekommunikationsunternehmen an die Bundesbeauftragte oder den Bundesbeauftragten für den Datenschutz und die Informationsfreiheit zu wenden.

Übersicht

	Rn.
1. Einleitung	1
2. Meldepflicht: Grundsatz und Ausnahmen (Abs. 1–3)	2–6
3. Geschäftsmäßige Speicherung von Daten: Die Ausnahme von den Ausnahmen (Abs. 4)	7
4. Vorabkontrolle: Voraussetzungen (Abs. 5)	8–10
5. Vorabkontrolle: Zuständigkeit und Durchführung (Abs. 6 Satz 1 und 2)	11
6. Einschaltung der Aufsichtsbehörde (Abs. 6 Satz 3)	12
7. Landesrecht, Sanktionen	13, 14

1. Einleitung

Die Norm regelt für öffentliche und nicht-öffentliche Stellen die **Meldepflicht** bei automatisierter Verarbeitung (vgl. auch §§ 26 Abs. 5, 32 BDSG 90). Zudem wird mit der Einführung der **Vorabkontrolle** Art. 20 der EU-Richtlinie entsprochen. Der Entwurf der Kommission und die Beschlüsse des EU-Parlaments vom 12.3.2014 und des 1

Rates vom 15.6.2015 für die DS-GVO enthalten in Art. 33 und 34 Regelungen i.S.v. Abs. 5 und 6.

2. Meldepflicht: Grundsatz und Ausnahmen (Abs. 1–3)

2 Die Meldung der **Verfahren automatisierter Verarbeitungen** (§ 3 Abs. 2) hat bei den Post- und Telekommunikationsunternehmen sowie den öffentlichen verantwortlichen Stellen des Bundes gegenüber der/dem BfDI zu erfolgen, bei nicht-öffentlichen Stellen gegenüber der zuständigen Aufsichtsbehörde (§ 38). Mit dem Begriff »Verfahren automatisierter Verarbeitungen« sollen nicht die einzelnen Verarbeitungsschritte erfasst werden. Meldepflichtig sind vielmehr nur die unter einem bestimmten Zweck **zusammengefassten DV-Arbeitsabläufe**, also komplette Verfahren der Verarbeitung, die eine Vielzahl von Einzelverfahren erfassen können.[1] Als Beispiele werden **Telefondatenerfassung, Videoüberwachung, Personaladministrations- und -informationssysteme** sowie auch Kunden- und Lieferantenmanagement genannt. Die Verfahren müssen allerdings so aussagekräftig benannt werden, dass die Aufsichtsbehörde eine erste überschlägige Rechtmäßigkeitskontrolle vornehmen kann.[2] In diesem Sinne ist eine Bezeichnung Beschäftigten- oder Kundendaten zu unbestimmt.[3]

3 Die Meldung hat **vor der Inbetriebnahme** zu erfolgen. Hiermit soll eine vorherige Zulässigkeitsüberprüfung ermöglicht werden. Eine **Formvorschrift** für die Meldung gibt es nicht. Sie kann daher mit einem Schreiben, per Formular, per E-Mail[4] oder auch zur Niederschrift bei der Aufsichtsbehörde erfolgen. Ein bloßer Verweis auf andere Register oder Verzeichnisse reicht allerdings nicht.[5]

4 Die Meldung hat an die örtlich **zuständige Aufsichtsbehörde** zu erfolgen. Diese überprüft sie nur auf **Vollständigkeit** (vgl. auch § 4 e zum Inhalt der Meldung), **nicht inhaltlich**. Daher begründet die Aufnahme in das Register gem. § 38 Abs. 2 nicht die Rechtmäßigkeit der Verarbeitung.[6] Die Meldepflicht trifft die mit der Vertretung gesetzlich oder nach der Verfassung des Unternehmens betrauten Personen.

5 Die Meldepflicht ist nur scheinbar der Grundsatz: Wegen der diversen Sonderregelungen wird sie zur Ausnahme.[7] Nach Absatz 2 entfällt die Meldepflicht nämlich, wenn die verantwortliche Stelle einen **Beauftragten für den Datenschutz** bestellt hat. Gemäß § 4f Abs. 1 Satz 1 ist dies bei öffentlichen Stellen generell die Pflicht, bei nicht-öffentlichen entfällt die Verpflichtung nur bei kleineren Unternehmen, die in der Regel höchstens neun Personen ständig mit der automatisierten Verarbeitung personenbe-

---

1 H.M.: Gola/Schomerus, § 4d Rn. 9a; Petri in Simitis, § 4d Rn. 25; SW, § 4d Rn. 1; TEG, S. 438; Taeger/Gabel-Scheja, § 4d Rn. 13; v.d. Bussche in Plath, § 4d Rn. 6 unter Hinweis auf Art. 18 Abs. 1 der EU-Datenschutzrichtlinie.
2 Petri in Simitis, § 4d Rn. 26; Gola/Schomerus, § 4d Rn. 9; Raum in Auernhammer, § 4d Rn. 15f.
3 Gola/Schomerus, § 4d Rn. 9a.
4 Vgl. auch Taeger/Gabel-Scheja, § 4d Rn. 16; Meltzian in WB, § 4d Rn. 12; Raum in Auernhammer, § 4d Rn. 22.
5 Petri in Simitis, § 4d Rn. 28.
6 Petri in Simitis, § 4d Rn. 30; Taeger/Gabel-Scheja, § 4d Rn. 18.
7 BMH, § 4d Rn. 22 ff.

Meldepflicht § 4d

zogener Daten beschäftigen (§ 4f Abs. 1 Satz 4). Hierbei hat der Gesetzgeber z.B. an **Architekten, Apotheker, Ärzte, Optiker** oder auch **Handwerker** gedacht.[8]

Zudem entfällt die Meldepflicht auch bei solchen **Kleinunternehmen**, die keine Beauftragten für den Datenschutz bestellen müssen, wenn sie die Daten für **eigene Zwecke** erheben, verarbeiten oder nutzen und dies durch **Einwilligung** der Betroffenen gestattet oder für die Begründung, Durchführung oder Beendigung eines rechtsgeschäftlichen oder rechtsgeschäftsähnlichen Schuldverhältnisses[9] mit dem Betroffenen **erforderlich** ist. Dies ist als Klarstellung zu verstehen, da auch der bisherige Begriff »dient« mit »erforderlich« »übersetzt« wurde.[10] Dabei gilt die Befreiung von der Meldepflicht auch dann, wenn die Kleinbetriebe nach § 4f Abs. 1 Satz 6 wegen der durchzuführenden Vorabkontrolle einen Beauftragten bestellen müssen.[11] Bei der Berechnung der neun Personen werden alle mit der automatisierten Verarbeitung Beschäftigten berücksichtigt. Es kommt nicht darauf an, ob sie in Voll- oder Teilzeit arbeiten und wie groß der Anteil dieser Tätigkeit an der Gesamttätigkeit ist. Da von Personen die Rede ist kommen neben den AN auch LeihAN und freie Mitarbeiter in Betracht.[12] Für die Ermittlung der Zahl ist die **regelmäßige Beschäftigung** maßgeblich, also die, die den Normalfall darstellt, und keine Stichtagsbetrachtung (vgl. insbesondere § 4f Rn. 14ff.). Die Tätigkeit muss **ständig** ausgeübt werden, also über einen längeren Zeitraum vorgesehen sein, selbst wenn sie nur gelegentlich anfällt.[13] Die beiden letzteren Kriterien harmonisieren nun die Vorschrift mit § 4f.

6

3. Geschäftsmäßige Speicherung von Daten: Die Ausnahme von den Ausnahmen (Abs. 4)

Die Befreiung von der Meldepflicht gem. Abs. 2 und 3 gilt nach Absatz 4 nicht, falls es sich um eine automatisierte Verarbeitung handelt, bei der **geschäftsmäßig** personenbezogene Daten zum Zweck der Übermittlung oder anonymisierten Übermittlung gespeichert werden. Hierbei handelt es sich um die in §§ 29, 30 und 30a genannten Stellen. In § 29, der beispielhaft Zwecke der Werbung, Auskunftserteilung und Adressvermittlung nennt, werden z.B. **Auskunfteien, Warndienste, Detekteien**, und **Kreditschutzorganisationen** wie Schufa, Creditreform, Adressenverlage und die zentralen Hinweis- und Informationssysteme der Versicherungs- oder der Wohnungswirtschaft erfasst (vgl. z.B. § 29 Rn. 6ff.),[14] aber auch Bewertungsplattformen[15] oder soziale Netzwerke wie Facebook, XING und Studi-/SchülerVZ und Suchmaschinen.[16] In § 30 sind z.B. Konzern- und VerbandsUN, die für angeschlossene UN statistische Auswertungen

7

---

8 TEG, S. 439; Meltzian in WB, § 4d Rn. 19.
9 Vgl. hierzu im Einzelnen § 28 Rn. 15ff.
10 Vgl. Gola/Schomerus, § 28 Rn. 14.
11 BMH, § 4d Rn. 31; Petri in Simitis, § 4d Rn. 16.
12 Petri in Simitis, § 4d Rn. 15; Taeger/Gabel-Scheja, § 4d Rn. 23.
13 Gola/Schomerus, § 4f Rn. 12; v.d. Bussche in Plath, § 4d Rn. 11.
14 Ehmann in Simitis, § 29 Rn. 74ff.; TEG, S. 438.
15 BGH 23.6.2009 –VI ZR 196/08, NJW 2009, 2888 (Rn. 24).
16 Meltzian in WB, § 4d Rn. 29; Raum in Auernhammer, § 4d Rn. 29; Taeger/Gabel-Scheja, § 4d Rn. 31.

vornehmen und Forschungseinrichtungen der Sozialwissenschaften oder der Medizin gemeint, die geschäftsmäßig tätig sind (§ 30 Rn. 1). Die Befreiung greift zudem nicht ein, wenn die entsprechende Verarbeitung zum Zwecke der Markt- oder Meinungsforschung erfolgt, also bei **Markt- und Meinungsforschungsinstituten** (Nr. 3; § 30 a). Geschäftsmäßig ist die automatisierte Verarbeitung, wenn sie auf eine **gewisse Dauer** hin angelegt ist. Es ist unerheblich, ob sie mit Einnahmen verbunden ist oder hierauf abzielt. Auch eine erstmalige Verarbeitung kann diese Voraussetzung erfüllen, wenn eine Wiederholungsabsicht erkennbar ist (vgl. § 29 Rn. 3).[17]

4. Vorabkontrolle: Voraussetzungen (Abs. 5)

8 Falls automatisierte Verfahren **besondere Risiken für die Rechte und Freiheiten der Betroffenen** mit sich bringen, ist nach Absatz 5 vor Beginn der Bearbeitung eine Vorabkontrolle durchzuführen. Beispielhaft nennt das Gesetz hierfür
- die Verarbeitung der in § 3 Abs. 9 aufgeführten besonderen Arten personenbezogener Daten, wie z. B. Angaben über die **rassische und ethnische Herkunft, politische Meinung**, Gesundheit oder Sexualleben und
- die Verarbeitung von Daten, um die **Persönlichkeit des Betroffenen** zu bewerten.

Die Vorabkontrolle entfällt allerdings, wenn eine gesetzliche Verpflichtung oder die Einwilligung des Betroffenen vorliegt oder die Verarbeitung für die Begründung, Durchführung oder Beendigung eines rechtsgeschäftlichen oder rechtsgeschäftsähnlichen Schuldverhältnisses mit dem Betroffenen erforderlich ist. Hierbei handelt es sich um eine **generelle Befreiung von der Vorabkontrolle**.[18] Eine gesetzliche Verpflichtung ist anzunehmen, wenn die Norm die Verarbeitung verlangt, nicht bereits, wenn sie sie erlaubt.[19] Die Einwilligung muss u. a. freiwillig sein (§ 4 a Abs. 1). Insbesondere in sozialen Abhängigkeitsverhältnissen, wie z. B. dem Arbeitsverhältnis, ist dies besonders sorgfältig zu prüfen (vgl. auch § 4 a Rn. 23). Das BAG[20] stellt dies zu Unrecht sehr pauschal in Frage.

9 Es handelt sich um zwei Beispiele, d. h., die besonderen Risiken können auch bei sonstigen Verarbeitungen vorliegen. So können z. B. auch eigentlich »harmlose« Daten durch den **Verwendungszusammenhang besondere Risiken** mit sich bringen, wie z. B. Name und Adresse in einer Datenbank über Aids-Tests, ohne dass das Testergebnis erwähnt würde.[21] Die entsprechende Prüfung hat daher immer zu erfolgen.[22]

10 Eine Persönlichkeitsbewertung, nicht notwendig der gesamten Persönlichkeit, sondern auch schon einzelner Fähigkeiten oder Verhaltensweisen,[23] wird üblicherweise in **Personalinformationssystemen**, bei Auswahlverfahren, bei Personalentwicklungs- und

---

17 Gola/Schomerus, § 29 Rn. 6f.; Ehmann in Simitis, § 29 Rn. 60; Taeger/Gabel-Scheja, § 4 d Rn. 28.
18 Gola/Schomerus, § 4 d Rn. 11; v. d. Bussche in Plath, § 4 d Rn. 17; a. A. Maltzian in WB, § 4 d Rn. 47 ff.
19 Petri in Simitis, § 4 d Rn. 34; Maltzian in WB, § 4 d Rn. 44.
20 11.12.14 – 8 AZR 1010/13, NJW 15, 604 (607).
21 So zu Recht TEG, S. 441.
22 Gola/Wronka, Rn. 1604; vgl. auch Taeger/Gabel-Scheja, § 4 d Rn. 64.
23 Vgl. Maltzian in WB, § 4 d Rn. 42.

Meldepflicht § 4 d

Karriereplanungssystemen, in Skilldatenbanken[24] oder auch **Assessment Centern** vorgenommen. Darüber hinaus sind hier der Einsatz von Videoüberwachung, **Chipkarteneinsatz**, Systeme zur Erarbeitung von **Kundenprofilen**, Warndateien der Versicherungswirtschaft, Systeme zur Bewertung der **Kreditwürdigkeit**[25] und auch personenbeziehbare Mitarbeiterbefragungen[26] zu nennen.

5. Vorabkontrolle: Zuständigkeit und Durchführung (Abs. 6 Satz 1 und 2)

Die Vorabkontrolle hat nach Abs. 6 Satz 1 der Beauftragte für den Datenschutz durchzuführen. Daher hat die verantwortliche Stelle die automatisierten Verarbeitungen ihm rechtzeitig vor deren Beginn, also **in der Planungsphase**,[27] mit den entsprechenden Detaillierungen zu melden. Der Datenschutzbeauftragte hat zu prüfen, ob »besondere Risiken« vorliegen und dann gegebenenfalls eine gründliche Überprüfung vorzunehmen. Prüfkriterien nennt das Gesetz zwar nicht, es kann jedoch sinnvollerweise hierbei nur um die **Überprüfung der materiellen Zulässigkeit** gehen.[28] Demgegenüber argumentiert Raum,[29] dass sich die Kriterien nach Abs. 6 Satz 1 (gemeint ist Satz 2) i. V. m. § 4 g Abs. 2 Satz 1 aus § 4 e Satz 1 ergäben. Dort werden jedoch keine Kriterien genannt, sondern vorher zu gebende Informationen und damit ggf. Gegenstände für die Überprüfung. Die Überprüfung hat die Zulässigkeit der Verarbeitung (§ 4), insbesondere auch die Grundsätze der Datenvermeidung und Datensparsamkeit (§ 3a) und die grundsätzliche Frage, ob das **informationelle Selbstbestimmungsrecht** des Betroffenen gefährdet ist, ebenso zu erfassen, wie eine Bewertung der **organisatorischen Sicherungsmaßnahmen**.[30] Die Durchführung der Vorabkontrolle ist allerdings nicht Rechtmäßigkeitsvoraussetzung für die beabsichtigte Verarbeitung.[31] Die Rechtmäßigkeit richtet sich nach der materiellen Rechtslage. Das Ergebnis der Vorabkontrolle ist **schriftlich oder elektronisch zu dokumentieren**.[32]

11

6. Einschaltung der Aufsichtsbehörde (Abs. 6 Satz 3)

In Zweifelsfällen muss der Datenschutzbeauftragte nach Abs. 6 Satz 3 die **Aufsichtsbehörde einschalten**. Diese gibt dann im Rahmen ihrer Befugnisse nach dem BDSG eine Stellungnahme ab.

12

---

24 Vgl. auch Maltzian in WB, § 4 d Rn. 42.
25 Vgl. BMH, § 4 d Rn. 38 ff.; Gola/Schomerus, § 4 d Rn. 13; Petri in Simitis, § 4 d Rn. 33; TEG, S. 441; v. d. Bussche in Plath, § 4 d Rn. 15.
26 Gola/Wronka, RDV 14, 293 (301).
27 BMH, § 4 d Rn. 56; Taeger/Gabel-Scheja, § 4 d Rn. 72 f.
28 BMH, § 4 d Rn. 46.
29 In Auernhammer, § 4 d Rn. 41.
30 Vgl. § 9; Gola/Schomerus, § 4 d Rn. 17; Petri in Simitis, § 4 d Rn. 37; Taeger/Gabel-Scheja, § 4 d Rn. 73.
31 Gola/Schomerus, § 4 d Rn. 15; v. d. Bussche in Plath, § 4 d Rn. 20; Meltzian in WB, § 4 d Rn. 58.
32 BMH, § 4 d Rn. 51.

7. Landesrecht, Sanktionen

13 Die Vorabkontrolle findet sich in allen **Landesdatenschutzgesetzen.**[33] Teilweise ist die Vorabkontrolle so angelegt, dass eine **Freigabe generell erforderlich ist.** Eine Meldepflicht ist nur dort vorgesehen, wo die Bestellung des behördlichen Datenschutzbeauftragten in das Ermessen der verantwortlichen Stelle gelegt ist.

14 Gem. § 43 Abs. 1 Nr. 1 ist die nicht ordnungsgemäße Erfüllung der Meldepflicht ebenso eine Ordnungswidrigkeit wie die fehlerhafte Änderungs- und Beendigungsmitteilung.

§ 4e Inhalt der Meldepflicht

Sofern Verfahren automatisierter Verarbeitungen meldepflichtig sind, sind folgende Angaben zu machen:
1. Name oder Firma der verantwortlichen Stelle,
2. Inhaber, Vorstände, Geschäftsführer oder sonstige gesetzliche oder nach der Verfassung des Unternehmens berufene Leiter und die mit der Leitung der Datenverarbeitung beauftragten Personen,
3. Anschrift der verantwortlichen Stelle,
4. Zweckbestimmungen der Datenerhebung, -verarbeitung oder -nutzung,
5. eine Beschreibung der betroffenen Personengruppen und der diesbezüglichen Daten oder Datenkategorien,
6. Empfänger oder Kategorien von Empfängern, denen die Daten mitgeteilt werden können,
7. Regelfristen für die Löschung der Daten,
8. eine geplante Datenübermittlung in Drittstaaten,
9. eine allgemeine Beschreibung, die es ermöglicht, vorläufig zu beurteilen, ob die Maßnahmen nach § 9 zur Gewährleistung der Sicherheit der Verarbeitung angemessen sind.

§ 4d Abs. 1 und 4 gilt für die Änderung der nach Satz 1 mitgeteilten Angaben sowie für den Zeitpunkt der Aufnahme und der Beendigung der meldepflichtigen Tätigkeit entsprechend.

Übersicht

	Rn.
1. Einleitung	1
2. Inhalt der Meldepflicht	2–5
3. Änderung und Ende der Tätigkeit	6
4. Landesrecht, Sanktionen	7

1. Einleitung

1 Wie bereits zu § 4d dargestellt, ist die Meldepflicht bei einer automatisierten Datenverarbeitung für eigene Zwecke die Ausnahme (vgl. § 4d Rn. 5). Ihr Hauptanwendungsbereich ist die **geschäftsmäßige Verarbeitung**. Die Vorschrift legt fest, **welche Anga-**

---

[33] Vgl. z. B. Art. 26 BayDSG, § 10 Abs. 3 DSG NRW, § 9 LDSG SH; zur Meldepflicht in anderen Ländern der EG vgl. Taeger/Gabel-Scheja, § 4d Rn. 32 ff.

Inhalt der Meldepflicht § 4e

ben gegenüber der Aufsichtsbehörde zu machen sind, die diese in das **öffentliche Register** gemäß § 38 Abs. 2 Satz 1 aufnimmt, mit der Ausnahme der Maßnahmen zur Datensicherung. Dieser Teil des Registers kann nicht allgemein eingesehen werden (§ 38 Abs. 2 Satz 3). Die Meldepflicht trifft die verantwortliche Stelle, nicht den Datenschutzbeauftragten.[1] Der Entwurf und die Beschlüsse für eine DS-GVO enthalten keine vergleichbare Regelung.

2. Inhalt der Meldepflicht

Nach Nr. 1 sind **Name oder Firma** der verantwortlichen Stelle mitzuteilen. Bei natürlichen Personen sind dies Vor- und Familienname. Die Firma ist gem. § 17 HGB der Name, unter dem das Geschäft betrieben wird. Darüber hinaus sind die **vertretungsberechtigten Personen** (z. B. Geschäftsführer, Inhaber, Vorstände) ebenso anzugeben wie die **DV-Leiter** (Nr. 2). Bei der **Anschrift** (Nr. 3) ist eine konkrete örtliche Identifizierung erforderlich, d. h. Ort, Straße und Hausnummer müssen angegeben werden. Es reicht nicht aus, lediglich ein Postfach zu nennen.[2]

Die in Nr. 4 genannten **Zweckbestimmungen der Verarbeitung** erfassen lediglich die, zu deren Erfüllung personenbezogene Daten verarbeitet werden. Teilweise wird vorgeschlagen,[3] sich hierbei an der Systematik der §§ 28 ff. zu orientieren. Danach wäre z. B. die Angabe »DV für eigene Zwecke, Personaldatenverwaltung der Beschäftigten« oder »geschäftsmäßige DV zum Zwecke der Übermittlung, Kreditvergabe« zu machen. Nach anderer Auffassung soll eine Orientierung an § 4d Abs. 1 erfolgen, so dass »Verfahren« zu nennen wären.[4] Hierfür spricht der systematische Zusammenhang. Gleichwohl ist der ersten Auffassung der Vorzug zu geben, da sie mit der Angabe jeder einzelnen Datenverarbeitung zu einer klareren Beschreibung der Verarbeitungszwecke führt, die wesentlichen Einfluss auf den zulässigen Umfang der Datenverwendung haben.[5]

Nach Nr. 5 sind die **betroffenen Personengruppen** und die diesbezüglichen **Daten/ Datenkategorien** zu nennen. Auch hier ist eine Zusammenfassung möglich, wie z. B. Kreditnehmer, gesetzliche Vertreter, Bürgen (bei dem Zweck »Kreditvergabe«) oder aktive Beschäftigte, Auszubildende, Rentner usf. (bei dem Zweck »Personaldatenverwaltung«). Jeder Personengruppe sind die Daten entsprechend zuzuordnen.[6] Bei diesen Angaben geht es insbesondere darum, **sensitive Daten** (§ 3 Abs. 9) zu identifizieren. Die Angaben müssen eine solche Detaillierung haben, dass die Aufsichtsbehörde ihre **Kontrollaufgaben** wahrnehmen kann (§ 38).[7] **Empfänger bzw. Empfängerkategorien** (Nr. 6), der Meldepflichtige hat also die Wahl, sind alle Personen und Stellen, die Daten erhalten können (§ 3 Abs. 8) bzw. eigentlich »sollen«, da Daten jedermann mitgeteilt

---

1 SW, § 4e Rn. 1.
2 BMH, § 4e Rn. 9; Petri in Simitis, § 4e Rn. 6; v. d. Bussche in Plath, § 4e Rn. 6; Raum in Auernhammer, § 4e Rn. 9; Meltzian in WB, § 4e Rn. 3; **a. A.** Taeger/Gabel-Scheja, § 4e Rn. 6.
3 BMH, § 4e Rn. 10; Petri in Simitis, § 4e Rn. 7.
4 V. d. Bussche in Plath, § 4e Rn. 7f.; Raum in Auernhammer, § 4e Rn. 11f.
5 Vgl. auch die Beispiele bei Taeger/Gabel-Scheja, § 4e Rn. 7.
6 Petri in Simitis, § 4e Rn. 9.
7 Vgl. auch Petri in Simitis, § 4e Rn. 8; Gola/Schomerus, § 4e Rn. 7.

werden »können«.⁸ Dies sind auch Auftragsdatenverarbeiter (§ 11)⁹ und Nutzer innerhalb der verantwortlichen Stelle.¹⁰ In der Literatur¹¹ wird teilweise davon ausgegangen, dass nur **Dritte** i. S. v. § 3 Abs. 8 Satz 2 anzugeben sind, die zudem **regelmäßig** Daten empfangen. Diese Begrenzung ist mit dem Wortlaut der Vorschrift nicht vereinbar.¹² Entsprechende weitere Angaben sind nach Nr. 8 erforderlich, wenn es sich um Empfänger in Drittstaaten gem. § 4b und c handelt, damit das dortige Datenschutzniveau überprüfbar ist.¹³

5 Weiterhin sind die **Regelfristen für die Löschung der Daten** anzugeben (Nr. 7). Die Vorschrift trifft also keine eigenständige Regelung, sondern nimmt anderweitig bestehende in Bezug. Diese sind zu benennen.¹⁴ Der Hinweis, es werde nach den gesetzlichen Vorschriften verfahren, ist daher nicht ausreichend.¹⁵ Schließlich sind **Datenübermittlungen in Drittstaaten** (Nr. 8; vgl. §§ 4b, 4c), wie bereits erwähnt, und die **Datensicherungsmaßnahmen** (Nr. 9; vgl. § 9) zu benennen.

3. Änderung und Ende der Tätigkeit

6 Die verantwortliche Stelle hat die Informationen nicht nur **vor Inbetriebnahme** der automatisierten Verarbeitung zu machen, sondern auch bei **Änderungen** anzupassen. Darüber hinaus ist die **Beendigung der meldepflichtigen Tätigkeit** anzuzeigen. Das Register soll auf diese Weise aktuell bleiben.¹⁶

4. Landesrecht, Sanktionen

7 Eine Meldepflicht ist nur teilweise in den Landesdatenschutzgesetzen vorgesehen.¹⁷ Auf die Erläuterungen zu § 43 Abs. 1 Nr. 1 wird verwiesen. Für **Streitigkeiten** über Art und Umfang der Meldepflichten ist die **Verwaltungsgerichtsbarkeit** zuständig. Die Aufsichtsbehörde kann ihren **Auskunftsanspruch** gemäß § 38 auch **zwangsweise durchsetzen.**¹⁸

§ 4f Beauftragter für den Datenschutz

(1) Öffentliche und nicht-öffentliche Stellen, die personenbezogene Daten automatisiert verarbeiten, haben einen Beauftragten für den Datenschutz schriftlich zu bestellen. Nicht-öffentliche Stellen sind hierzu spätestens innerhalb eines Monats

---

8 Vgl. Gola/Schomerus, § 4e Rn. 8; SW, § 4e Rn. 5.
9 So auch Taeger/Gabel-Scheja, § 4e Rn. 8.
10 BMH, § 4e Rn. 12; Gola/Schomerus, § 4e Rn. 8.
11 SW § 4e Rn. 5.
12 Ebenso v. d. Bussche in Plath, § 4e Rn. 11; Raum in Auernhammer, § 4e Rn. 19.
13 Vgl. EuGH 6.10.2015 – C-362/14; Gola/Schomerus, § 4e Rn. 8, 9a.
14 Vgl. Petri in Simitis, § 4e Rn. 11; v. d. Bussche in Plath, § 4e Rn. 12; a. A. Schild, DuD 2001, 282 [284].
15 Vgl. auch Raum in Auernhammer, § 4e Rn. 21.
16 Petri in Simitis, § 4e Rn. 14.
17 Gola/Schomerus, § 4d Rn. 22 und § 4e Rn. 15.
18 BMH, § 4e Rn. 20.

Beauftragter für den Datenschutz § 4f

nach Aufnahme ihrer Tätigkeit verpflichtet. Das Gleiche gilt, wenn personenbezogene Daten auf andere Weise erhoben, verarbeitet oder genutzt werden und damit in der Regel mindestens 20 Personen beschäftigt sind. Die Sätze 1 und 2 gelten nicht für die nicht-öffentlichen Stellen, die in der Regel höchstens neun Personen ständig mit der automatisierten Verarbeitung personenbezogener Daten beschäftigen. Soweit aufgrund der Struktur einer öffentlichen Stelle erforderlich, genügt die Bestellung eines Beauftragten für den Datenschutz für mehrere Bereiche. Soweit nichtöffentliche Stellen automatisierte Verarbeitungen vornehmen, die einer Vorabkontrolle unterliegen oder personenbezogene Daten geschäftsmäßig zum Zweck der Übermittlung, der anonymisierten Übermittlung oder für Zwecke der Markt- oder Meinungsforschung automatisiert verarbeiten, haben sie unabhängig von der Anzahl der mit der automatisierten Verarbeitung beschäftigten Personen einen Beauftragten für den Datenschutz zu bestellen.

(2) Zum Beauftragten für den Datenschutz darf nur bestellt werden, wer die zur Erfüllung seiner Aufgaben erforderliche Fachkunde und Zuverlässigkeit besitzt. Das Maß der erforderlichen Fachkunde bestimmt sich insbesondere nach dem Umfang der Datenverarbeitung der verantwortlichen Stelle und dem Schutzbedarf der personenbezogenen Daten, die die verantwortliche Stelle erhebt oder verwendet. Zum Beauftragten für den Datenschutz kann auch eine Person außerhalb der verantwortlichen Stelle bestellt werden; die Kontrolle erstreckt sich auch auf personenbezogene Daten, die einem Berufs- oder besonderen Amtsgeheimnis, insbesondere dem Steuergeheimnis nach § 30 der Abgabenordnung, unterliegen. Öffentliche Stellen können mit Zustimmung ihrer Aufsichtsbehörde einen Bediensteten aus einer anderen öffentlichen Stelle zum Beauftragten für den Datenschutz bestellen.

(3) Der Beauftragte für den Datenschutz ist dem Leiter der öffentlichen oder nichtöffentlichen Stelle unmittelbar zu unterstellen. Er ist in Ausübung seiner Fachkunde auf dem Gebiet des Datenschutzes weisungsfrei. Er darf wegen der Erfüllung seiner Aufgaben nicht benachteiligt werden. Die Bestellung zum Beauftragten für den Datenschutz kann in entsprechender Anwendung von § 626 des Bürgerlichen Gesetzbuches, bei nicht-öffentlichen Stellen auch auf Verlangen der Aufsichtsbehörde, widerrufen werden. Ist nach Absatz 1 ein Beauftragter für den Datenschutz zu bestellen, so ist die Kündigung des Arbeitsverhältnisses unzulässig, es sei denn, dass Tatsachen vorliegen, welche die verantwortliche Stelle zur Kündigung aus wichtigem Grund ohne Einhaltung einer Kündigungsfrist berechtigen. Nach der Abberufung als Beauftragter für den Datenschutz ist die Kündigung innerhalb eines Jahres nach der Beendigung der Bestellung unzulässig, es sei denn, dass die verantwortliche Stelle zur Kündigung aus wichtigem Grund ohne Einhaltung einer Kündigungsfrist berechtigt ist. Zur Erhaltung der zur Erfüllung seiner Aufgaben erforderlichen Fachkunde hat die verantwortliche Stelle dem Beauftragten für den Datenschutz die Teilnahme an Fort- und Weiterbildungsveranstaltungen zu ermöglichen und deren Kosten zu übernehmen.

(4) Der Beauftragte für den Datenschutz ist zur Verschwiegenheit über die Identität des Betroffenen sowie über Umstände, die Rückschlüsse auf den Betroffenen zulassen, verpflichtet, soweit er nicht davon durch den Betroffenen befreit wird.

(4a) Soweit der Beauftragte für den Datenschutz bei seiner Tätigkeit Kenntnis von

§ 4f   Beauftragter für den Datenschutz

Daten erhält, für die dem Leiter oder einer bei der öffentlichen oder nicht-öffentlichen Stelle beschäftigten Person aus beruflichen Gründen ein Zeugnisverweigerungsrecht zusteht, steht dieses Recht auch dem Beauftragten für den Datenschutz und dessen Hilfspersonal zu. Über die Ausübung dieses Rechtes entscheidet die Person, der das Zeugnisverweigerungsrecht aus beruflichen Gründen zusteht, es sei denn, dass diese Entscheidung in absehbarer Zeit nicht herbeigeführt werden kann. Soweit das Zeugnisverweigerungsrecht des Beauftragten für den Datenschutz reicht, unterliegen seine Akten und andere Schriftstücke einem Beschlagnahmeverbot.

(5) Die öffentlichen und nicht-öffentlichen Stellen haben den Beauftragten für den Datenschutz bei der Erfüllung seiner Aufgaben zu unterstützen und ihm insbesondere, soweit dies zur Erfüllung seiner Aufgaben erforderlich ist, Hilfspersonal sowie Räume, Einrichtungen, Geräte und Mittel zur Verfügung zu stellen. Betroffene können sich jederzeit an den Beauftragten für den Datenschutz wenden.

Übersicht

	Rn.
1. Einleitung	1 – 4b
2. Die Pflicht zur Bestellung eines Datenschutzbeauftragten	5 –20
a) Die verpflichtete Stelle	5 –10
b) Unbedingte Pflicht zur Bestellung	11
c) Von der Zahl der Beschäftigten abhängige Pflicht	12 –19
d) Freiwillige Bestellung	20
3. Die Bestellung und ihre Voraussetzungen	21 –42
a) Interner oder externer Beauftragter	21, 22
b) Zeitpunkt und Form der Bestellung	23 –25a
c) Amtsverhältnis und persönliches Rechtsverhältnis	26, 27
d) Ernennungsvoraussetzungen: Fachkunde und Zuverlässigkeit	28 –35
e) Die Beteiligung des Betriebsrats	36 –42
4. Sicherung der Funktionserfüllung	43 –62
a) Unterstellung unter das Leitungsorgan	43
b) Weisungsfreiheit	44 –47
c) Benachteiligungsverbot	48 –50
d) Verschwiegenheitspflicht	51 –54a
e) Unterstützung durch den Arbeitgeber	55 –61
f) Teilnahme an Fort- und Weiterbildungsveranstaltungen	61a–61h
g) Anrufungsrecht	62
5. Beendigung der Tätigkeit als Datenschutzbeauftragter	63 –81
a) Niederlegung des Amtes	63
b) Wegfall der gesetzlichen Voraussetzungen	64
c) Abberufungsverlangen der Aufsichtsbehörde	65, 66
d) Abberufung durch die verantwortliche Stelle aus wichtigem Grund	67 –69
e) Erstreckung des Schutzes auf das Arbeitsverhältnis – der 2009 geschaffene Sonderkündigungsschutz	70 –74a
f) Auslaufen einer befristeten Bestellung	75, 76
g) Umstrukturierung von Unternehmen	77 –81
6. Streitigkeiten, insbesondere Sanktionen bei unterlassener oder fehlerhafter Bestellung	82 –85
7. Europäische Perspektiven	86 –88

Beauftragter für den Datenschutz § 4f

1. Einleitung

Der betriebliche Datenschutzbeauftragte, den es seit 2001 auch bei Behörden geben muss, dient der **Selbstkontrolle der verantwortlichen Stelle**.[1] Eine solche Institution erspart einen beträchtlichen Überwachungsapparat und befreit die Unternehmen von nie auszuschließenden Ärgernissen im Umgang mit der Bürokratie. Das Modell »**Befehl und Gehorsam**« wird **durch** die Installierung eines **Verfahrens ergänzt**, mit dessen Hilfe die tatsächlichen Probleme viel besser benannt und bewältigt werden können, weil Zugang zu allen Betriebsinterna besteht.[2] **Auf der anderen Seite** kann ein innerbetrieblicher Kontrolleur zur **Alibi-Instanz** werden, wenn die arbeitnehmertypische Abhängigkeit auf seine Amtsführung durchschlägt oder wenn er sich aus freien Stücken den von der Leitung formulierten Unternehmenszielen bedingungslos unterwirft.[3] 1

Die **EG-Datenschutzrichtlinie** sieht die Institution eines betrieblichen Datenschutzbeauftragten (=bDSB) **nicht zwingend vor**, schafft jedoch in Art. 18 Abs. 2 zweiter Spiegelstrich einen **Anreiz**, weil die Existenz eines bDSB die Meldepflicht gegenüber der staatlichen Kontrollstelle entfallen lässt. Allerdings muss er in hohem Maße von der verantwortlichen Stelle unabhängig sein: Nach dem Richtlinientext ist ihm die »**unabhängige Überwachung**« des Datenschutzrechts anvertraut; Erwägungsgrund 49 sagt ausdrücklich: »Ein solcher Beauftragter, ob Angestellter des für die Verarbeitung Verantwortlichen oder externer Beauftragter, muss seine Aufgaben in vollständiger Unabhängigkeit ausüben können«. Ob dieser Vorgabe Rechnung getragen ist, wird man bezweifeln müssen, da die verantwortliche Stelle noch immer ihren eigenen Kontrolleur ernennt.[4] 2

Das geltende Recht kennt **zahlreiche andere** »**Beauftragte**«, die aus ähnlichen Erwägungen im Betrieb oder Unternehmen geschaffen wurden. Dies gilt etwa für den **Betriebsarzt** und die Fachkräfte für Arbeitssicherheit, für den **Immissionsschutzbeauftragten** nach §§ 55ff. BImSchG und für die Gleichstellungsbeauftragte nach den § 16ff. Bundesgleichstellungsgesetz.[5] Die Rechtsstellung ist keineswegs einheitlich ausgestaltet, was sich insbesondere an dem unterschiedlichen Bestandsschutz zeigt,[6] doch schließt dies nicht aus, dass im Einzelfall Erkenntnisse, die in einem Bereich gewonnen wurden, auf einen anderen übertragen werden können. Die größte Ähnlichkeit besteht mit dem (nur teilweise gesetzlich vorgeschriebenen) Compliance-Beauftragten.[7] 3

§ 4f regelt in dem relativ kompliziert formulierten **Abs. 1** die **Pflicht zur Bestellung** eines betrieblichen bzw. behördlichen Datenschutzbeauftragten. Welche **persönlichen Voraussetzungen** dieser zu erfüllen hat, ist in Abs. 2 festgelegt. Die Abs. 3 bis 5 betreffen seine persönliche **Rechtsstellung**. Zunächst geht es um die Unabhängigkeit, die durch Weisungsfreiheit, direkte Unterstellung unter das Leitungsorgan und durch 4

---

1 Grimm in Tschöpe, Teil 6 F Rn. 42; Lembke in HWK, §§ 4f, 4g Rn. 1.
2 Näher Däubler DuD 2010, 20. Vgl. auch Königshofen in Roßnagel, Kap. 5.5. Rn. 3ff.
3 Zu den praktischen Schwierigkeiten überzeugend Scholl DANA 2005, 15.
4 Zustimmend Auernhammer-Raum § 4f Rn. 112. Bedenken auch bei v.d. Bussche in Plath, § 4f Rn. 1 und insbesondere bei Tinnefeld/Buchner DuD 2010, 581.
5 Weitere Beispiele bei BMH, § 4f Rn. 12; Däubler, Arbeitsrecht 1, Rn. 1241ff.
6 Dazu KDZ-Brecht-Heitzmann, Einl. Rn. 235.
7 Auernhammer-Raum § 4f Rn. 12.

einen Abberufungsschutz erreicht werden soll (Abs. 3). Abs. 4 spricht die Verschwiegenheitspflicht an, während Abs. 5 die Unterstützung des Beauftragten durch die verantwortliche Stelle, insbesondere die Ausstattung mit Personal- und Sachmitteln zum Gegenstand hat. § **4g** bestimmt dann die zu erfüllenden **Aufgaben**.

4a Das »Erste Gesetz zum Abbau bürokratischer Hemmnisse insbesondere in der mittelständischen Wirtschaft vom 22. 8. 2006[8] hat § 4f **in einer Reihe von Punkten geändert**. Die relativ größte Bedeutung hat die Veränderung des **Grenzwerts** für die Bestellung eines betrieblichen Datenschutzbeauftragten: Statt mehr als vier Arbeitnehmer sind jetzt mehr als neun »Personen« erforderlich. Angesichts der Tatsache, dass in sehr kleinen Einheiten die Bestellungspflicht häufig mehr oder weniger auf dem Papier stand, dürfte sich in der Praxis nicht übermäßig viel geändert haben.[9] Soweit ausnahmsweise Datenschutzbeauftragte eingesetzt waren, bleiben sie so lange im Amt, bis ein Widerruf ausgesprochen oder eine Einigung über die Weiterarbeit auf freiwilliger Grundlage (dazu unten Rn. 20) erreicht ist. Die übrigen Änderungen hatten mehr redaktionellen Charakter. Dass nicht nur Arbeitnehmer, sondern auch Personen mit anderem Status mitzählen, war schon bisher herrschende Meinung (unten Rn. 15) ebenso, dass eine Arzt- oder Rechtsanwaltspraxis einen externen Datenschutzbeauftragten bestellen konnte (unten Rn. 21).

4b Das Gesetz zur Änderung datenschutzrechtlicher Vorschriften vom 14. August **2009**[10] hat dem Abs. 3 die Sätze 5 bis 8 angefügt. Danach kann das Arbeitsverhältnis eines betrieblichen Datenschutzbeauftragten **nur aus wichtigem Grund** gekündigt werden; dieser Bestandsschutz wirkt nach dem Ausscheiden aus dem Amt noch ein Jahr fort. Weiter muss ihm die **Teilnahme an Schulungs- und Fortbildungsmaßnahmen** ermöglicht werden, um die zur Erfüllung seiner Aufgaben erforderliche Fachkunde zu erhalten; die Kosten trägt die verantwortliche Stelle. Damit soll die Unabhängigkeit des bDSB gestärkt werden, doch liegt seine Bestellung weiterhin grundsätzlich in der Hand des Arbeitgebers bzw. der Geschäftsleitung. Dabei sollte er als »Unternehmensberater in Sachen Datenschutz« verstanden werden.[11]

2. Die Pflicht zur Bestellung eines Datenschutzbeauftragten
a) Die verpflichtete Stelle

5 Der betriebliche Datenschutzbeauftragte ist grundsätzlich von der **verantwortlichen Stelle** im Sinne des § 3 Abs. 7 zu bestellen. Dahinter verbirgt sich die rechtliche Einheit, d.h. das Unternehmen oder eine nicht gewerblich tätige natürliche oder juristische Person.[12] Im öffentlichen Bereich ist die einzelne **Behörde** Adressat des Abs. 1.[13]

6 Ausländische Unternehmen, die im Inland lediglich eine rechtlich unselbstständige **Zweigstelle** unterhalten, sind – wenn die sonstigen Voraussetzungen (unten Rn. 11 ff.)

---

8 BGBl. I 1970.
9 Ähnlich die Einschätzung von Gola/Klug NJW 2007, 119.
10 BGBl I. 2814.
11 Auernhammer-Raum § 4f Rn. 70.
12 Däubler, Gläserne Belegschaften? Rn. 584.
13 BMH, § 4f Rn. 41.

erfüllt sind – gleichfalls zur Bestellung eines betrieblichen Datenschutzbeauftragten verpflichtet.¹⁴

Jedes zu einem Konzern gehörende **Unternehmen** muss selbst einen Beauftragten bestellen; dies kann nicht etwa die Muttergesellschaft für ihre Töchter miterledigen.¹⁵ Möglich ist jedoch, dass sich **mehrere Unternehmen** auf **ein und dieselbe Person** einigen.¹⁶ Dabei ist aber darauf zu achten, dass der »**Konzerndatenschutzbeauftragte**« über den nötigen »Unterbau« verfügt, so dass Beschäftigte, Kunden und Lieferanten im Prinzip in jedem Betrieb einen Ansprechpartner finden können und der Beauftragte selbst überdies mit den nötigen Informationen versorgt wird.¹⁷ Auch ist dafür Sorge zu tragen, dass bei **Interessenkollisionen** (Die Muttergesellschaft will die Kundendaten der Tochter) die Unabhängigkeit der Kontrolle gewahrt bleibt.¹⁸ Dies könnte z. B. in der Weise geschehen, dass das Arbeits- oder Dienstverhältnis des Datenschutzbeauftragten zu allen konzernangehörigen Unternehmen besteht und eine Auflösung nur durch gemeinsame Entscheidung aller »Arbeitgeber« möglich ist. **Pro Unternehmen** jeweils einen **selbständigen bDSB** zu bestellen, ist zwar rechtlich möglich, erschwert jedoch ein einheitliches Vorgehen, da der bei der Konzernspitze bestellte bDSB **keine Weisungsbefugnisse** gegenüber seinen Kollegen in den nachgeordneten Unternehmen hat.¹⁹ Lediglich unverbindliche Empfehlungen werden als (noch) zulässig angesehen.²⁰

Auch in **multinationalen Konzernen** kann ein einheitlicher Datenschutzbeauftragter bestellt werden, dessen Aufgabe insbesondere darin besteht, die Einhaltung der verbindlichen Unternehmensregelungen im Sinne des § 4c Abs. 2 Satz 1 zweiter Halbsatz zu kontrollieren.²¹ Dabei erstreckt sich die Zuständigkeit des nach deutschem Recht bestellten bDSB auch auf rechtlich unselbständige Niederlassungen im Ausland.²²

Nach Abs. 1 Satz 5 kann im öffentlichen Bereich ein Datenschutzbeauftragter für mehrere Behörden bestellt werden. So ist es etwa zulässig, beim **Bundesgrenzschutz** die Datenschutzbeauftragten bei der **Mittelbehörde** anzusiedeln und ihre Zuständigkeit auf die nachgeordneten Behörden zu erstrecken.²³

Wer **Daten im Auftrag** verarbeitet, ist zwar nicht verantwortliche Stelle, gleichwohl aber unter den allgemeinen Voraussetzungen zur Bestellung eines Datenschutzbeauftragten verpflichtet (s. oben § 11 Rn. 52). Dies wird schon im Wortlaut des Abs. 1 deutlich, der lediglich von »Stellen«, nicht aber von »verantwortlichen Stellen« spricht.²⁴

---

14 BMH, § 4f Rn. 37.
15 Auernhammer-Raum § 4f Rn. 32; BMH, § 4f Rn. 39.
16 Büllesbach RDV 2002, 57; Däubler, Gläserne Belegschaften? Rn. 594; Gola/Schomerus § 4f Rn. 8; Mester S. 216; Reinhard NZA 2013, 1050; Scheja in Taeger/Gabel § 4f Rn. 17; Simitis in Simitis, § 4f Rn. 36; Wolff/Brink-Moos § 4f Rn. 35.
17 Gola/Schomerus § 4f Rn. 8 und v. d. Bussche in Plath, § 4f Rn. 14 sprechen von »Datenschutzkoordinatoren«.
18 Zustimmend Auernhammer-Raum § 4f Rn. 35.
19 Auernhammer-Raum § 4f Rn. 34.
20 Wolff/Brink-Moos § 4f Rn. 72; Reinhard NZA 2013, 1049, 1050.
21 Simitis in Simitis, § 4f Rn. 37.
22 BMH, § 4f Rn. 37.
23 Gola/Schomerus, § 4f Rn. 7.
24 Ebenso v. d. Bussche in Plath, § 4f Rn. 14.

b) Unbedingte Pflicht zur Bestellung

11 In zwei Fällen ist die Bestellung eines Datenschutzbeauftragten ohne Rücksicht darauf obligatorisch, wie viele Arbeitnehmer mit Datenverarbeitung befasst sind. Dies gilt nach Abs. 1 Satz 1 einmal für **öffentliche Stellen, die** personenbezogene Daten **automatisiert erheben,** verarbeiten oder nutzen, da die nachfolgenden Grenzwerte diesen Fall nicht erfassen.[25] Abs. 1 Satz 6 sieht eine unbedingte Bestellungspflicht weiter dann vor, wenn **nichtöffentliche Stellen** automatisierte Verarbeitungen vornehmen, die einer **Vorabkontrolle** unterliegen (§ 4d Abs. 5) oder die personenbezogene Daten geschäftsmäßig zum Zwecke der Übermittlung oder der anonymisierten Übermittlung erheben, verarbeiten oder nutzen.[26] Damit sind insbesondere Auskunfteien, Adressverlage sowie Markt- und Meinungsforschungsunternehmen erfasst.

c) Von der Zahl der Beschäftigten abhängige Pflicht

12 In allen anderen Fällen hängt die Pflicht zur Bestellung von der Zahl der mit Datenverarbeitung befassten Arbeitnehmer ab. Dies ist ein **keineswegs in allen Fällen einleuchtendes Kriterium,** da die Gefährdung des informationellen Selbstbestimmungsrechts auch dann sehr groß sein kann, wenn nur ein oder zwei Personen Zugang zu den Daten haben.[27] Die **Einschätzung des Gesetzgebers,** dass der mit Datenverarbeitung verbundene Aufwand die Gefährdung der Betroffenen erhöht, ist jedoch als standardisierende Regelung noch **vertretbar.** Soweit ersichtlich, werden die Sätze 3 und 4 des Abs. 1 von niemandem als gleichheits- und damit verfassungswidrig angesehen.

13 Bei nichtöffentlichen Stellen besteht die Pflicht zur Bestellung eines Datenschutzbeauftragten nur dann, wenn **mehr als neun Personen ständig** mit der **automatisierten** Verarbeitung personenbezogener Daten befasst sind (Abs. 1 Satz 4). Soweit eine **nicht automatisierte** Verarbeitung stattfindet, müssen **mindestens 20** Personen einschlägig befasst sein (Abs. 1 Satz 3). Dieser Fall gilt auch für den öffentlichen Bereich, doch verliert er immer mehr an Bedeutung.[28]

14 Ähnlich wie in der Betriebsverfassung wird nicht zwischen **Teilzeitkräften** und Vollzeitarbeitnehmern unterschieden.[29] Weiter spielt es keine Rolle, welchen **Anteil** die personaldatenbezogene Tätigkeit **an der Gesamtarbeit** ausmacht.[30] Mitgezählt werden weiter alle Personen, auch wenn sie **nur in eine Phase** der Datenverarbeitung **einbezogen** sind. So genügt es, wenn der Einzelne im Rahmen seiner Tätigkeit Personaldaten auf den Bildschirm holt.[31] Auch wer als Kassiererin am POS tätig ist, ist wegen des

---

25 Auernhammer-Raum § 4f Rn. 22; Mester S. 215; Scheja in Taeger/Gabel, § 4f Rn. 12.
26 Zustimmend v.d. Bussche in Plath, § 4f Rn. 9.
27 Däubler, Gläserne Belegschaften? Rn. 586; Schierbaum AiB 2001, 512; kritisch auch Scheja in Taeger/Gabel, § 4f Rn. 24 sowie Auernhammer-Raum § 4f Rn. 51; siehe weiter Karper/Stutz DuD 2006, 790f.
28 Scheja in Taeger/Gabel, § 4f Rn. 12; Wybitul/Schultze-Melling § 4f Rn. 3.
29 Däubler, Gläserne Belegschaften? Rn. 587; Gola/Schomerus, § 4f Rn. 11; Koch, Der betriebliche Datenschutzbeauftragte, S. 29; Simitis in Simitis, § 4f Rn. 23.
30 Däubler, Gläserne Belegschaften? Rn. 587; Mester S. 215; Simitis in Simitis, § 4f Rn. 23; ähnlich BMH, § 4f Rn. 18.
31 Gola/Schomerus, § 4f Rn. 14.

Einsatzes von Kreditkarten und der dort gespeicherten personenbezogenen Daten einbezogen.[32] Selbst die Vorbereitung der Dateneingabe, etwa das Ausfüllen von maschinenlesbaren Formularen genügt.[33] Dasselbe wird beim Telefonieren in einer Nebenstellenanlage angenommen, bei der die äußeren Gesprächsdaten automatisch erfasst werden.[34]

Auf den Status als Arbeitnehmer kam es schon nach bisheriger Rechtslage nicht an; der Kontrollbedarf hängt nicht von der Natur des Beschäftigungsverhältnisses ab. Durch das Bürokratieabbaugesetz v. 22. August 2006[35] wurde dies in der Weise klargestellt, dass nunmehr ausdrücklich von »Personen« die Rede ist. **Auszubildende und Praktikanten** sowie **Leiharbeitnehmer**[36] sind daher ebenso mitzuzählen wie (reale oder scheinbare) **freie Mitarbeiter** oder sonstige arbeitnehmerähnliche Personen.[37] Bei selbständigen **Handelsvertretern** kommt es darauf an, ob sie organisatorisch an die Datenverarbeitung des Unternehmens »angebunden« sind oder ob sie die Erfassung und Nutzung der Daten im Wesentlichen mit eigenen Mitteln betreiben.[38] Insoweit besteht Übereinstimmung mit dem Beschäftigtenbegriff des 2009 geschaffenen § 3 Abs. 11. Wer als **Arbeitgeber selbst** ein unternehmerisches Risiko trägt, wird **nicht** mitgezählt;[39] ebenso wenig Mitglieder des gesetzlichen Vertretungsorgans wie Vorstand, Geschäftsführung usw.[40] Auch hatte der Regierungsentwurf[41] ausdrücklich von »arbeitsrechtlichem Status« gesprochen und dabei neben Arbeitnehmern freie Mitarbeiter und Auszubildende erwähnt. Auftragnehmer sind deshalb gleichfalls nicht erfasst.[42]

15

Die mitzurechnenden Beschäftigten müssen nicht im Betrieb als räumliche Einheit beschäftigt sein.[43] Einbezogen sind auch **Telearbeitnehmer**, wobei die Kontrollrechte des Datenschutzbeauftragten in Bezug auf die Wohnung vertraglich vereinbart werden müssen.[44] Auch ein **grenzüberschreitendes Internetarbeitsverhältnis** ist erfasst.[45]

16

Nicht dazu gehören Personen, die zur Erledigung anderer Aufgaben mit personenbezogenen Daten in Berührung kommen (können). Dies gilt etwa für **Wartungstechniker**

17

---

32 BMH, § 4f Rn. 30; Gola/Schomerus, § 4f Rn. 13; Simitis in Simitis, § 4f Rn. 28.
33 Däubler, Gläserne Belegschaften? Rn. 586; Mester S. 216.
34 BMH, § 4f Rn. 32.
35 BGBl. I S. 1970.
36 Für Letztere nach bisherigem Recht ebenso BMH, § 4f Rn. 21; Simitis in Simitis, § 4f Rn. 24; a. A. Schaffland/Wiltfang, § 4f Rn. 10a.
37 Zustimmend v. d. Bussche in Plath, § 4f Rn. 8; Mester S. 215; ebenso BMH, § 4f Rn. 35; Däubler, Gläserne Belegschaften? Rn. 587; Scheja in Taeger/Gabel, § 4f Rn. 19; Simitis in Simitis, § 4f Rn. 22; Wolff/Brink-Moos § 4f Rn. 11; im Grundsatz auch Koch, Der betriebliche Datenschutzbeauftragte, S. 27 – alle bereits nach früherem Recht.
38 Simitis in Simitis, § 4f Rn. 25. Ähnlich Scheja in Taeger/Gabel, § 4f Rn. 20.
39 BMH, § 4f Rn. 20; Wolff/Brink-Moos § 4f Rn. 11.
40 Gola/Klug NJW 2007, 120; Mester S. 216; Wolff/Brink-Moos § 4f Rn. 11; a. A. Scheja in Taeger/Gabel § 4f Rn. 19.
41 BT-Drucksache 16/1853, S. 12.
42 Karper/Stutz, DuD 2006, 791; v. d. Bussche in Plath, § 4f Rn. 8.
43 Zum Stand der Diskussion um den Betriebsbegriff f siehe Däubler, Arbeitsrecht 1 Rn. 752 ff.
44 Dazu Wedde, Telearbeit, Rn. 558.
45 Zu diesem Begriff siehe Däubler, Internet und Arbeitsrecht, Rn. 413 ff.

und **Mitarbeiter der Revisionsabteilung**.[46] Auch den **Personalleiter** auszuklammern,[47] erscheint nicht angemessen, da er zwar möglicherweise nur Leitentscheidungen trifft, diese aber auch auf der Grundlage von Daten vornehmen wird, die über die automatisierte Verarbeitung generiert werden.

18 Der fragliche Personenkreis muss »in der Regel« vorhanden sein. Dies bedeutet, dass Schwankungen nach oben oder unten ohne Bedeutung sind.[48] Entscheidend ist nicht anders als in der Betriebsverfassung **der** für die Stelle **typische**, im Normalfall bestehende **Zustand**. Die datenverarbeitende Tätigkeit muss ihrerseits »**ständig**« anfallen, wie die Änderung 2006 deutlich gemacht hat. Dies ist nicht mit »dauernd« in eins zu setzen; auch nur einmal im Monat anfallende Aufgaben werden erfasst,[49] sofern dies nur über einen längeren Zeitraum hinweg geschieht.[50] Wer nur im Einzelfall vertretungsweise herangezogen wird, zählt nicht mit.[51]

19 Wird der **Grenzwert** für die automatisierte wie der für die nicht automatisierte Verarbeitung **knapp verfehlt**, so ist an eine **Addition** zu denken.[52] Dabei ist allerdings zu berücksichtigen, dass der Gesetzgeber das Gefährdungspotential bei nicht automatisierter Verarbeitung deutlich geringer einschätzt (Grenze 20 statt 10), so dass eine Umrechnung erfolgen muss. Sind in einer Stelle beispielsweise drei Personen mit automatisierter Verarbeitung und acht mit nicht automatisierter befasst, wäre auch bei Addition kein Grenzwert erreicht (acht manuell Arbeitende entsprechen vier automatisiert Arbeitenden). Anders wäre es, wenn drei Personen mehr im automatisierten Bereich tätig wären. Bergmann/Möhrle/Herb[53] empfehlen in solchen Fällen eine **freiwillige Bestellung**, um die Meldepflicht nach § 4 d Abs. 2 zu vermeiden. Für konzernweite Betrachtung Karper/Stutz DuD 2006, 792 (de lege ferenda).

d) Freiwillige Bestellung

20 Sind die Voraussetzungen des Abs. 1 nicht erfüllt, kann auf freiwilliger Grundlage ein Datenschutzbeauftragter bestellt werden. Seine **Befugnisse bestimmen sich** dann allerdings ausschließlich **nach** den getroffenen **Abreden**.[54] Bleibt er erheblich hinter der Rechtsstellung eines gesetzlich vorgeschriebenen Datenschutzbeauftragten zurück, so entfällt allerdings die Meldepflicht nach § 4 d Abs. 1 nicht.[55] Eine stillschweigende Abmachung ist dann anzunehmen, wenn die Schwellenwerte des Abs. 1 über längere

---

46 Simitis in Simitis, § 4 f Rn. 23; Mester S. 215.
47 Gola/Schomerus, § 4 f Rn. 14.
48 BMH, § 4 f Rn. 17; Däubler, Gläserne Belegschaften? Rn. 588; Koch, Der betriebliche Datenschutzbeauftragte, S. 28; Simitis in Simitis, § 4 f Rn. 19.
49 Gola/Schomerus, § 4 f Rn. 12; v. d. Bussche in Plath, § 4 f Rn. 12; Mester S. 215; Scheja in Taeger/Gabel, § 4 f Rn. 22.
50 Karper/Stutz DuD 2006, 791.
51 Wolff/Brink-Moos § 4 f Rn. 16.
52 Dafür Däubler, Gläserne Belegschaften? Rn. 586; daggen Gola/Schomerus, § 4 f Rn. 9 m. w. N.
53 § 4 f Rn. 50. Ebenso Scheja in Taeger/Gabel, § 4 f Rn. 23.
54 Simitis in Simitis, § 4 f Rn. 31; v. d. Bussche in Plath, § 4 f Rn. 6; Mester S. 216; anders Auernhammer-Raum § 4 f Rn. 55.
55 v. d. Bussche in Plath, § 4 f Rn. 6. Nach anderer Auffassung bleibt diese sowieso unberührt: S. Mester S. 217.

Zeit nicht mehr erreicht werden, der einmal bestellte Beauftragte aber gleichwohl im Amt bleibt.[56] Die verantwortliche Stelle ist im Übrigen gehalten, die Bestellung des Datenschutzbeauftragten zu widerrufen, wenn die Grenzwerte dauerhaft unterschritten sind. Ein automatisches Erlöschen des Amtes wäre der Rechtssicherheit wenig dienlich, zumal Meinungsverschiedenheiten über die Anzahl der »ständig« einschlägig beschäftigten Personen bestehen könnten.[57] (Zur Einbeziehung des freiwilligen Beauftragten in den Kündigungsschutz s. unten Rn. 74a)

3. Die Bestellung und ihre Voraussetzungen

a) Interner oder externer Beauftragter

Der (verantwortlichen) Stelle steht es frei, eine im Betrieb beschäftigte Person zum betrieblichen bzw. behördlichen Datenschutzbeauftragten zu bestellen oder sich für einen »Externen« zu entscheiden. Letzterer kann auch dann bestellt werden, wenn in der verantwortlichen Stelle (wie z. B. in einem Krankenhaus) Daten anfallen, die einem **Berufsgeheimnis** nach § 203 StGB unterliegen; angesichts der Verschwiegenheitspflicht des Datenschutzbeauftragten ist es hinzunehmen, dass auch ein Nicht-Berufsangehöriger Kenntnis erhält.[58] Dies ist nunmehr durch Abs. 4a ausdrücklich klargestellt worden. **Im öffentlichen Bereich** kann (wohl aus Kostengründen) nach Abs. 2 Satz 3 nicht auf jeden Dritten, sondern nur auf einen Bediensteten aus einer anderen öffentlichen Stelle zurückgegriffen werden; außerdem ist in einem solchen Fall die Zustimmung der Aufsichtsbehörde erforderlich.

21

Betrieblicher oder behördlicher Datenschutzbeauftragter kann **nur** eine **natürliche Person** sein.[59] Allein natürliche Personen können über die in Abs. 2 Satz 1 geforderte Fachkunde und Zuverlässigkeit verfügen.[60] Würde man z. B. eine Unternehmensberatungsfirma mit einer solchen Aufgabe betrauen, müsste man bei neu eingesetzten Mitarbeitern immer wieder überprüfen, ob Fachkunde und Zuverlässigkeit vorliegen; dies würde sowohl die Aufgabe der verantwortlichen Stelle als auch insbesondere die der Aufsichtsbehörde nachhaltig erschweren. Möglich ist jedoch, einen **Angestellten einer fremden Firma**, mit der man in Geschäftsbeziehungen steht, zu berufen, doch muss sichergestellt sein, dass er bei der Ausübung seiner Funktion als Datenschutzbeauftragter keinerlei Weisungen von seinem Arbeitgeber erhält.[61] **Selbständige Datenschutzbeauftragte** werden von der Finanzgerichtsbarkeit **nicht** als **Freiberufler**, sondern als Gewerbetreibende angesehen, sodass sie zur Gewerbesteuer herangezogen werden. Dies hat mit Rücksicht auf die in der Realität gestellten Anforderungen (unten

22

---

56 Däubler, Gläserne Belegschaften? Rn. 593; Gola/Schomerus, § 4f Rn. 16; Simitis in Simitis, § 4f Rn. 17.
57 Für Widerru f auch Simitis in Simitis, § 4f Rn. 17.
58 Anders nach früherem Recht Th. Fischer DuD 2005, 458.
59 Auernhammer-Raum § 4f Rn. 103; Däubler, Gläserne Belegschaften? Rn. 594; Gola/Schomerus, § 4f Rn. 19; Mester S. 217; Schierbaum PersR 2011, 454, 455; a. A. Simitis in Simitis, § 4f Rn. 48; v. d. Bussche in Plath, § 4f Rn. 26; Wolff/Brink-Moos § 4f Rn. 37.
60 Ebenso BMH, § 4f Rn. 93; Königshofen in Roßnagel, Kap. 5.5. Rn. 99; Schaffland/Wiltfang, § 4f Rn. 45.
61 Mester S. 217.

Rn. 28) berechtigte Kritik erfahren.[62] An die Schaffung einer »**Berufsordnung**« wird unter Hinweis auf die sehr unterschiedlichen Anforderungen in den einzelnen Unternehmen nicht gedacht.[63] Zum »Berufsbild« s. unten Rn. 28.

b) Zeitpunkt und Form der Bestellung

23 Sobald die Voraussetzungen für die Bestellung eines Beauftragten vorliegen, haben **nichtöffentliche Stellen** nach Abs. 1 Satz 2 **einen Monat Zeit**, um die entsprechende Maßnahme zu ergreifen. Die Frist beginnt mit der Aufnahme der Verarbeitungstätigkeit.[64] Dieselbe Frist gilt dann, wenn sich das Mandat des bisherigen Beauftragten aus irgendwelchen Gründen (z. B. Amtsniederlegung, Abberufung, Tod) erledigt hat.

24 Bei **öffentlichen Stellen** gilt die **Monatsfrist nicht**; die Bestellung ist daher unverzüglich vorzunehmen, sobald sich entsprechende Verarbeitungsabsichten abzeichnen.[65]

25 Die Bestellung bedarf nach Abs. 1 Satz 1 der **Schriftform**; andernfalls ist sie nichtig.[66] Nach herrschender Auffassung muss der Beauftragte auf der Bestellungsurkunde **mitunterschreiben**.[67] Dies ist überall dort gerechtfertigt, wo es zur Begründung der mit dem Amt verbundenen Pflichten einer besonderen vertraglichen Grundlage bedarf. Anders verhält es sich nur dort, wo ein schon bisher im Unternehmen tätiger Arbeitnehmer zum Beauftragten bestellt wird und der Arbeitgeber dies ausnahmsweise im Wege seines Direktionsrechts bewerkstelligen kann.[68] Auch in solchen Fällen wird es allerdings sinnvoll sein, sich des Einverständnisses des Beauftragten schriftlich zu versichern.[69] Keine Bedenken bestehen im Übrigen dagegen, dass die Einigung über die Bestellung Teil eines Vertrages ist, der zahlreiche andere Fragen regelt.[70]

25a Der bDSB kann wegen Urlaubs, Krankheit oder Fortbildung für einen kürzeren oder längeren Zeitraum nicht zur Verfügung stehen. Um eine »kontrollfreie« Situation zu vermeiden, ist daher ein **Vertreter** zu bestellen, dem bei Abwesenheit des bDSB dieselben Rechte wie diesem zustehen.[71] Außerdem sind Name und Erreichbarkeit des bDSB im Unternehmen bekannt zu geben, um so den Betroffenen die Möglichkeit zu eröffnen, sich nach Abs. 5 Satz 2 an die fragliche Person zu wenden.[72]

---

62 Wagner RDV 2006, 146.
63 Siehe. die Antwort der Bundesregierung au f eine Anfrage der FDP-Fraktion, RDV 2007, 83.
64 Scheja in Taeger/Gabel, § 4f Rn. 28.
65 Auernhammer-Raum § 4 f Rn. 48; Simitis in Simitis, § 4 f Rn. 53. Ähnlich v. d. Bussche in Plath, § 4 f Rn. 16; Wolff/Brink-Moos § 4 f Rn. 31.
66 Auernhammer-Raum § 4 f Rn. 58; Gola/Schomerus, § 4 f Rn. 30; v. d. Bussche in Plath, § 4 f Rn. 17; Lembke in HWK, §§ 4 f, 4 g Rn. 16; Mester S. 220; Wolff/Brink-Moos § 4 f Rn. 28.
67 v. d. Bussche in Plath, § 4 f Rn. 17; BMH, § 4 f Rn. 6; Lembke in HWK §§ 4 f, 4 g Rn. 16; Simitis in Simitis, § 4 f Rn. 57 m. w. N.
68 Scheja (in Taeger/Gabel, § 4f Rn. 31) unterstellt zu Unrecht, dies würde hier als Regeltatbestand angesehen. Für Bestellung qua Direktionsrecht als Ausnahmetatbestand auch Lembke in HWK, §§ 4f, 4g Rn. 14.
69 Tinnefeld/Ehmann/Gerling, 4. Aufl., S. 447.
70 Lembke in HWK, §§ 4f, 4g Rn. 16; Scheja in Taeger/Gabel, § 4f Rn. 31.
71 Auernhammer-Raum § 4 f Rn. 49.
72 Auernhammer-Raum § 4 f Rn. 59.

c) Amtsverhältnis und persönliches Rechtsverhältnis

Ähnlich wie bei Geschäftsführern und Vorstandsmitgliedern wird beim internen Datenschutzbeauftragten zwischen der durch die Bestellung zum »Organ« geschaffenen Rechtsbeziehung und dem zugrunde liegenden Arbeits- bzw. Dienstverhältnis unterschieden.[73] Aus letzterem ergibt sich die Pflicht, als Datenschutzbeauftragter tätig zu werden, weiterhin der Anspruch auf Vergütung. Besteht bereits ein Beschäftigungsverhältnis, so ist in aller Regel ein Änderungsvertrag notwendig.[74] Die arbeitsvertragliche Pflicht, die Aufgaben eines bDSB zu erfüllen, ist jedoch durch eine wirksame Abberufung auflösend bedingt: Anders als nach der früheren Rechtsprechung, die eine Teilkündigung des Arbeitsverhältnisses verlangte,[75] fällt die arbeitsvertragliche Verpflichtung nach der aktuellen Rechtsprechung des BAG im Regelfall automatisch weg;[76] eines gestaltenden Aktes bedarf es nicht mehr.[77] Außerdem wird es von den Beteiligten in aller Regel **nicht** gewollt sein, dass trotz **Auflösung des Arbeitsverhältnisses** (z. B. durch Kündigung seitens des Arbeitnehmers) das Rechtsverhältnis **als Beauftragter fortbesteht**. Eine Ausnahme liegt dann nahe, wenn ein älterer Angestellter in den Ruhestand tritt, die Funktion als betrieblicher Datenschutzbeauftragter jedoch beibehalten möchte. Die beiden Rechtsverhältnisse sind daher aufs engste verknüpft.

Im Verhältnis zu einem **externen Beauftragten** liegt im Normalfall ein **Geschäftsbesorgungsverhältnis** zugrunde,[78] das mit dem »Amtsverhältnis« zwingend verbunden ist. Auch dies gewinnt im Abberufungsfall erhebliche Bedeutung (dazu unten Rn. 74).

26

27

d) Ernennungsvoraussetzungen: Fachkunde und Zuverlässigkeit

Die Tätigkeit als betrieblicher oder behördlicher Datenschutzbeauftragter setzt **keine bestimmte Ausbildung** voraus,[79] doch handelt es sich um einen Beruf im Sinne des Art. 12 Abs. 1 GG.[80] An seine Ausübung werden unter dem Stichwort »**Fachkunde**« zumindest verbal recht hohe Anforderungen gestellt. Sie müssen sich notwendigerweise an den in § 4g aufgezählten Aufgaben orientieren, sollten jedoch realistisch bleiben und kein unerreichbares Allround-Wissen verlangen. Der Beauftragte muss sich im **Datenschutzrecht** und in den **aktuellen Verarbeitungstechnologien** einschließlich der Datensicherung auskennen.[81] Auch muss er in der Lage sein, sich mit der betrieblichen

28

---

73 BAG 13.3.2007 – 9 AZR 612/05, NZA 2007, 563 Tz. 22; BAG 29.9.2010 – 10 AZR 588/09, NZA 2011, 151 Tz. 11; BAG 23.2.2011 – 10 AZR 562/09, NZA 2011, 1036. Anders nur LAG Sachsen 8.7.2005, 3 Sa 861/04, Tz. 42 – juris.
74 BAG 29.9.2010 – 10 AZR 588/09, NZA 2011, 151 Tz. 11. Dazu auch Lembke in HWK, §§ 4f, 4g Rn. 12; Wolff/Brink-Moos § 4f Rn. 29.
75 BAG 13.3.2007 – 9 AZR 612/05, NZA 2007, 563.
76 BAG 23.2.2011 – 10 AZR 562/09, NZA 2011, 1063.
77 Zustimmend Reinhard NZA 2013, 1049.
78 BMH, § 4f Rn. 69; v. d. Bussche in Plath, § 4f Rn. 23.
79 Gola/Schomerus, § 4f Rn. 20; Mester S. 218; zu den Qualifizierungsmöglichkeiten siehe Einl. Rn. 112.
80 v. d. Bussche in Plath, § 4f Rn. 24.
81 v. d. Bussche in Plath, § 4f Rn. 28.

Organisation vertraut zu machen.⁸² Der Düsseldorfer Kreis hat durch Beschluss vom 24./25.11.2010 diese Anforderungen zusammengefasst.⁸³ Mit Rücksicht auf § 4g Abs. 1 Satz 3 Nr. 2 sollte er eine gewisse **didaktische Begabung** besitzen. Einfühlungsvermögen und Organisationstalent sowie die Fähigkeit, Konflikte in angemessener Form zu bewältigen, sind wünschenswerte Eigenschaften, deren genaue Feststellung jedoch nicht möglich ist und die deshalb auch nicht zwingend verlangt werden können.⁸⁴

29 Die **Zuverlässigkeit** kann an der **Person als solcher** scheitern. Hat der »Kandidat« in der Vergangenheit eine Verschwiegenheitspflicht verletzt oder sich – wie verschiedene Abmahnungen belegen – als recht unsorgfältig arbeitend erwiesen, kommt er für eine Bestellung nicht in Betracht.⁸⁵ Dasselbe gilt dann, wenn der »Ausgesuchte« die Funktion eigentlich gar nicht übernehmen will, sondern sich lediglich einer Weisung des Arbeitgebers fügt. **Vorstrafen**, die nicht mehr in ein Führungszeugnis aufzunehmen sind, müssen ohne Bedeutung bleiben, ebenso Ordnungswidrigkeiten und kleinere Delikte, die nichts mit der Arbeit zu tun haben.⁸⁶ **Wenig hilfreich** ist es, »Belastbarkeit, Lernfähigkeit, Loyalität einerseits und Durchsetzungsfähigkeit andererseits« zur Ernennungsvoraussetzung zu machen;⁸⁷ die Einschätzungsspielräume gehen hier gegen unendlich.

30 Viel wichtiger als singuläre Fälle persönlicher Defizite ist der Fall, dass ein Bewerber deshalb ungeeignet ist, weil ihn die korrekte Arbeit als Datenschutzbeauftragter in **Interessenkollisionen** bringen würde. Dass dies die (objektive) **Zuverlässigkeit in Frage stellen** würde, hat mit aller Deutlichkeit auch das **BAG**⁸⁸ bestätigt.

31 Die Interessenkollision wird typischerweise bei internen Beauftragten auftreten, die ihre bisherige Tätigkeit im Wesentlichen fortsetzen: In ihrer Ursprungsfunktion haben sie einen umfassenden Informationsbedarf, dem sie in ihrer jetzt übernommenen Zusatzfunktion Grenzen ziehen müssten. Die fragliche **Person müsste** sich nicht nur selbst kontrollieren, sondern **divergierenden Ansprüchen Rechnung tragen**.⁸⁹ Mit Rücksicht darauf ist die Bestellung des **Geschäftsführers** ausgeschlossen. Grundsätzlich ungeeignet ist auch der **Leiter der EDV-Abteilung**.⁹⁰ Dasselbe gilt für den **Personalleiter**, der vor allem die Interessen der verantwortlichen Stelle zu wahren hat.⁹¹ Beim **Leiter der Rechtsabteilung** kommt erschwerend hinzu, dass das Datenschutzrecht, dessen Ein-

---

82 Von einer Trias rechtlicher, organisatorischer und technischer Kenntnisse spricht v. d. Bussche in Plath, § 4f Rn. 28. Weitergehende Anforderungen bei Auernhammer-Raum § 4f Rn. 72ff.
83 Wolff/Brink-Moos § 4f Rn. 43.
84 Zum Berufsbild des Datenschutzbeauftragten siehe LG Ulm DuD 1991, 154 = CR 1991, 103, mit Anm. Ehmann; Auernhammer-Raum § 4f Rn. 15 sowie die Vorschläge des Berufsverbandes der Datenschutzbeauftragten Deutschlands e. V. DuD 2006, 220. Dazu auch Wolff/Brink-Moos § 4f Rn. 45, wonach die soft skills aber nicht als Teil der Fachkunde behandelt werden könnten.
85 Vgl. v. d. Bussche in Plath, § 4f Rn. 30.
86 Mester S. 219.
87 So aber BMH, § 4f Rn. 100.
88 BAG 22.3.1994 – 1 ABR 51/93, DB 1994, 1678 = NZA 1994, 1049.
89 Mester S. 219.
90 Nicht bedacht in OVG Nordrhein-Westfalen 7.10.2014 – 6 B 1021/14, ZD 2015, 95; BMH, § 4f Rn. 104; v. d. Bussche in Plath, § 4f Rn. 31; Däubler, Gläserne Belegschaften? Rn. 596; Gola/Schomerus, § 4f Rn. 26; Franzen in ErfK, §§ 4d–4f BDSG Rn. 4; Simitis in Simitis, § 4f Rn. 100.
91 BMH, § 4f Rn. 104; Franzen in ErfK a. a. O.; Lembke in HWK, §§ 4f, 4g Rn. 5.

haltung der Beauftragte zu überwachen hat, außerordentlich vielfältige Interpretationsspielräume lässt, die sich »im Interesse eines reibungslosen Arbeitsablaufs«, aber ebenso im Interesse der Betroffenen nutzen lassen. Auch für den **Leiter der Marketingabteilung** sind möglichst viele personenbezogene Daten ein erstrebenswertes Ziel jedenfalls dann, wenn Direktwerbung betrieben wird.[92] Auch bei Mitarbeitern der EDV-Abteilung liegt ein Interessenkonflikt nahe, wenngleich dieser weniger markant ist als bei Personen, die die Verantwortung für einen bestimmten Bereich haben.[93] Das LAG Hamm[94] stellt darauf ab, ob die fragliche Person in ihrem (verbleibenden) Arbeitsbereich für eine datenschutzkonforme Verarbeitung zu sorgen hat; ist das der Fall, würde eine Situation der »Selbstkontrolle« vorliegen. **Mitarbeiter der Revisionsabteilung** und IT-Sicherheitsbeauftragte sind als geborene Kontrolleure gut geeignet, zumal sie nicht selbst für die Einhaltung des Datenschutzrechts sorgen müssen.[95] Geeignet sind auch alle anderen Mitarbeiter, die wenig mit dem Datenbedarf der verantwortlichen Stelle zu tun haben. In Zweifelsfällen ist die Grenze dort zu ziehen, wo die vom Bundesverfassungsgericht und von der Datenschutzrichtlinie verlangte Unabhängigkeit noch einigermaßen existiert. Dies bedeutet, dass die ausgewählte Person jedenfalls so viel Distanz zur Unternehmens- bzw. Behördenleitung haben muss, dass die Kontrolle nicht zur Farce wird. Ausgenommen sind deshalb z. B. **Familienangehörige des Arbeitgebers**, zumal sie in einem Straf- oder Zivilverfahren ein Zeugnisverweigerungsrecht hätten. Auch **leitende Angestellte** sind ihrer Arbeitgebernähe wegen ungeeignet.[96] Einen Sonderfall stellen **Sicherheits- und Geheimschutzbeauftragte** dar, bei denen die Zusammenarbeit mit dem Verfassungsschutz zu einem unangemessenen »Datenhunger« führen kann[97] und die deshalb nicht in Betracht kommen.

Umstritten war, ob auch **Mitglieder des Betriebs- bzw. des Personalrats** zum Datenschutzbeauftragten bestellt werden können. Eine entsprechende Entscheidung des Arbeitgebers setzt ein hohes Maß an Vertrauen in die persönliche Integrität des »Gegenspielers« voraus und wird deshalb nur in Ausnahmefällen in Betracht gezogen werden. Denkbar ist aber auch der Fall, dass der bereits ernannte bDSB in den Betriebsrat gewählt wird. Rechtlich ist gegen die gleichzeitige Wahrnehmung beider Ämter nach der Rechtsprechung des BAG[98] nichts einzuwenden.[99] Dies lässt sich schon

32

---

92 Siehe im Einzelnen Däubler, Gläserne Belegschaften? Rn. 596; Gola/Schomerus, § 4f Rn. 26; Simitis in Simitis, § 4f Rn. 101 ff. S. weiter Reinhard NZA 2013, 1052.
93 Ähnlich BAG 22.3.1994 – 1 ABR 51/93, DB 1994, 1678 = NZA 1994, 1049.
94 8.4.2011 – 13 TaBV 92/10, DuD 2011,737 = ZD 2012, 83.
95 Ebenso Däubler, Gläserne Belegschaften? Rn. 596; Schierbaum/Kiesche CR 1992, 730; Reinhard NZA 2013, 1049, 1053; a. A. Simitis in Simitis, § 4f Rn. 104. Differenzierend Auernhammer-Raum § 4f Rn. 99.
96 Borgaes BlfStR 1980, 232; v. d. Bussche in Plath, § 4f Rn. 31; Däubler, Gläserne Belegschaften? Rn. 596; als »höchst fraglich« bezeichnet Tinnefeld CR 1991, 32 ihre Eignung; differenzierend je nach Funktion Simitis in Simitis, § 4f Rn. 99ff.
97 Simitis in Simitis, § 4f Rn. 107. Ebenso im Ergebnis Auernhammer-Raum § 4f Rn. 96.
98 23.3.2011 – 10 AZR 562/09, NZA 2011, 1036.
99 Däubler, Gläserne Belegschaften? Rn. 596; im Ergebnis übereinstimmend v. d. Bussche in Plath, § 4f Rn. 34; Gola/Schomerus § 4f Rn. 28; Auernhammer-Raum § 4f Rn. 102; a. A. Grimm in Tschöpe, Teil 6 F Rn. 42; Lembke in HWK, §§ 4f, 4g Rn. 5; Simitis in Simitis § 4f Rn. 108 mwN zum Diskussionsstand (Fn. 204).

damit rechtfertigen, dass beide Institutionen dasselbe Ziel haben – die konsequente Umsetzung des Datenschutzrechts.[100] Zugangsbarrieren zu sensiblen Teilen der betrieblichen Datenverarbeitung sind angesichts des bestehenden Vertrauensverhältnisses nicht zu befürchten.[101] Wollte man Betriebs- und Personalräte generell als ungeeignet ansehen, würde dies auf eine Benachteiligung gegenüber anderen Arbeitnehmern hinauslaufen.[102] Auch für **Arbeitnehmervertreter im Aufsichtsrat** ist die Übernahme einer solchen Funktion nicht von vorneherein ausgeschlossen.[103]

33 In Großunternehmen, wo die Funktion als **Datenschutzbeauftragten** die ganze Arbeitskraft in Anspruch nimmt, sind die Probleme weniger gravierend. Auch hier muss allerdings darauf geachtet werden, dass nicht eine Person ausgesucht wird, für die ein **übergroßer Rollenwechsel** unvermeidbar wäre.

34 Bei **externen Beauftragten** können dann Probleme auftauchen, wenn sie zur verantwortlichen Stelle in für sie lukrativen vertraglichen Beziehungen z. B. als Unternehmensberater, Rechtsanwalt usw. stehen. Könnte eine Beendigung von Aufträgen wegen unwillkommener Initiativen als Datenschutzbeauftragter drohen, wäre die Zuverlässigkeit aus objektiven Gründen nicht (mehr) gegeben.[104] Das BAG hat deshalb zu Recht den spezifischen Kündigungsschutz des bDSB auch auf den externen Datenschutzbeauftragten erstreckt.[105]

35 Wird ein Beauftragter bestellt, der **in Wirklichkeit nicht** die erforderliche **Fachkunde** oder **Zuverlässigkeit** besitzt, kommt dies einer **Nichtbestellung** gleich.[106] Dasselbe gilt, wenn die Schriftform nicht gewahrt wurde. In Fällen dieser Art kann die Aufsichtsbehörde intervenieren; als Sanktion droht ein Bußgeld nach § 43 Abs. 1 Nr. 2. Der Sonderkündigungsschutz des bDSB findet in diesem Fall keine Anwendung, da er eine wirksame Bestellung voraussetzt.[107] Anders dann, wenn die »Unzuverlässigkeit« wegen Interessenkollision erst nachträglich eintritt.[108] Entsteht aufgrund der missglückten Bestellung einem Betroffenen ein Schaden, ist dieser nach näherer Maßgabe der §§ 7, 8 zu ersetzen.

e) Die Beteiligung des Betriebsrats

36 Die **Bestellung** zum betrieblichen oder behördlichen Datenschutzbeauftragten löst **als solche keine Beteiligungsrechte** des Betriebsrats bzw. Personalrats aus. Der Wortlaut des BDSG ist insoweit eindeutig.[109] Das Landespersonalvertretungsrecht sieht zum Teil andere Regelungen vor.[110]

---

100 Dazu Bommer ZD 2015, 123 ff.
101 Anders Simitis in Simitis, § 4 f Rn. 108.
102 Gola/Schomerus, § 4 f Rn. 28; grundsätzlich ablehnend jedoch BMH, § 4 f Rn. 105.
103 23. Tätigkeitsbericht des Landesdatenschutzbeauftragten von Schleswig-Holstein, unter 6.3.4.; zustimmend Däubler, Gläserne Belegschaften? Rn. 596.
104 Ebenso im Ergebnis BMH, § 4 f Rn. 104; v. d. Bussche in Plath, § 4 f Rn. 35; Mester S. 220.
105 BAG 23.3.2011 – 10 AZR 562/09, NZA 2011, 1036 Tz. 33.
106 v. d. Bussche in Plath, § 4 f Rn. 69.
107 Reinhard NZA 2013, 1049, 1053.
108 Vgl. LAG Düsseldorf 23.7.2012 – 9 Sa 593/12, ZD 2013, 357.
109 BAG 22.3.1994 – 1 ABR 51/93, NZA 1994, 1049 = DB 1994, 1678; Auernhammer-Raum § 4 f Rn. 65; BMH, § 4 f Rn. 75; Ehrich DB 1991, 1982; Scheja in Taeger/Gabel, § 4 f Rn. 34; TEG, S. 452 u. a.
110 Mester S. 224.

Beauftragter für den Datenschutz § 4 f

Ist der **interne Datenschutzbeauftragte** zugleich Arbeitnehmer und wird sein **Arbeits-** 37
verhältnis im Hinblick auf die Bestellung **begründet**, so hat der Betriebsrat ein
Zustimmungsverweigerungsrecht nach § 99 BetrVG, wenn im Unternehmen in der
Regel mehr als 20 wahlberechtigte Arbeitnehmer beschäftigt sind. Bei Arbeitnehmern
des öffentlichen Dienstes besteht im Bundesbereich ein Mitbestimmungsrecht des
Personalrats nach § 75 Abs. 1 Nr. 1 BPersVG. Bei Beamten gibt es nur die sog. eingeschränkte Mitbestimmung nach § 76 Abs. 1 Nr. 1 BPersVG.

Wird ein **schon beschäftigter Arbeitnehmer** mit der Funktion eines Datenschutz- 38
beauftragten betraut, so ändert sich damit sein Tätigkeitsfeld. Auch wenn er nur einen
Teil seiner Arbeitszeit für die neue Aufgabe verausgabt,[111] liegen in der Regel die
Voraussetzungen einer Versetzung im Sinne des § 95 Abs. 3 Satz 1 BetrVG vor.[112]
Dabei spielt es keine Rolle, ob der **Arbeitsvertrag** mit dem betreffenden Beschäftigten
zuerst geändert werden musste oder ob der Arbeitgeber mit Rücksicht auf eine sehr
weite Umschreibung der Aufgaben im Arbeitsvertrag eine entsprechende **einseitige
Anordnung** treffen konnte. Das **Personalvertretungsrecht** des Bundes stellt darauf
ab, ob die Dienststelle gewechselt wurde oder die neue Tätigkeit anders als die
bisherige zu bewerten ist (§ 75 Abs. 1 Nr. 2 und 3 BPersVG); zumindest diese zweite
Voraussetzung dürfte in aller Regel gegeben sein. Folge ist, dass bei Arbeitnehmern
ein volles, bei Beamten ein eingeschränktes Mitbestimmungsrecht des Personalrats
besteht.

Der Betriebsrat kann die Zustimmung zur Einstellung wie zur Versetzung aus einem der 39
Gründe des § 99 Abs. 2 BetrVG verweigern. Insbesondere kann er nach Nr. 1 dieser
Vorschrift einen Gesetzesverstoß rügen, weil die in Aussicht genommene Person nicht
über die nötige Fachkunde oder Zuverlässigkeit verfügt.[113] Der Arbeitgeber muss in
einem solchen Fall das Arbeitsgericht anrufen, um die fehlende Zustimmung des
Betriebsrats ersetzen zu lassen. Unter den Voraussetzungen des § 100 sind vorläufige
Maßnahmen möglich. Wird die Position des Betriebsrats vom Arbeitsgericht bestätigt,
ist auch die Bestellung zum Datenschutzbeauftragten gescheitert, da eine tatsächliche
Beschäftigung des Arbeitnehmers in dieser Funktion ausgeschlossen ist. Im Bereich des
öffentlichen Dienstes entscheidet die Einigungsstelle, doch kommt bei Beamten der
obersten Dienstbehörde das Letztentscheidungsrecht zu.

Handelt es sich um einen **externen Datenschutzbeauftragten**, der als freier Mitarbeiter 40
im Rahmen eines Dienst- oder Geschäftsbesorgungsvertrags tätig wird, liegt gleichwohl
eine »**Eingliederung**« **in den Betrieb** und damit eine Einstellung vor, die das Betei-

---

111 Nach LAG München 16.11.1978 – 8 TaBV 6/78, NJW 1979, 1847, 1848 genügen schon 20 %
   der Arbeitszeit, um eine Versetzung im Rechtssinne anzunehmen. Ohne quantitatives Minimum bejaht ein Beteiligungsrecht Scheja in Taeger/Gabel, § 4 f Rn. 34.
112 Dazu BAG 22.3.1994 – 1 ABR 51/93, NZA 1994, 1049 = AP Nr. 4 zu § 99 BetrVG 1972
   Versetzung; LAG München 16.11.1978 – 8 TaBV 6/78, NJW 1979, 1847 = DB 1979, 1561;
   BMH, § 4 f Rn. 77; Däubler, Arbeitsrecht 1, Rn. 1050 b; Bachner in DKKW, § 99 Rn. 98;
   Fitting, § 99 Rn. 131.
113 BAG 22.3.1994 – 1 ABR 51/93, DB 1994, 1678. Ebenso Grimm in Tschöpe, Teil 6 F Rn. 43
   Fn. 3; Lembke in HWK, §§ 4 f, 4 g Rn. 6, 17; Wolff/Brink-Moos § 4 f Rn. 27.

ligungsrecht des Betriebsrats nach § 99 BetrVG auslöst.[114] Auch der Externe muss mit den übrigen Beschäftigten des Betriebs eng zusammenarbeiten, er kann seine Funktion nicht als isolierter Einzelkämpfer erfüllen. Trotz seiner Weisungsfreiheit nach Abs. 3 Satz 2 (die es de facto bei vielen Experten gibt) dient seine Tätigkeit dem Betriebszweck, der durch die Einhaltung des Datenschutzrechts gefördert wird.

41 Die Mitbestimmung scheitert auch **nicht** daran, dass der betriebliche Datenschutzbeauftragte ein **leitender Angestellter** nach § 5 Abs. 3 und 4 BetrVG wäre; ihm fehlt ersichtlich das Recht, unternehmerische (Teil-) Aufgaben selbstständig wahrnehmen zu können.[115] Daran ändert sich auch dann nichts, wenn er seine **Mitarbeiter selbst auswählen** kann.[116] Wird ein leitender Angestellter zum betrieblichen Datenschutzbeauftragten bestellt (zu den dagegen sprechenden Bedenken s. oben Rn. 31), so greift § 99 gleichfalls ein; der Sache nach liegt auch bei bloßer Nebentätigkeit eine »Hereinnahme« in den Bereich der Nicht-Leitenden vor, der analog einer Einstellung zu behandeln ist.[117]

42 Durch **freiwillige Betriebsvereinbarung** kann dem Betriebsrat ein **volles Mitbestimmungsrecht** bei der Bestellung des Datenschutzbeauftragten eingeräumt werden.[118] Auch eine entsprechende Erweiterung der Betriebsratsbefugnisse durch **Tarifvertrag** ist zulässig.[119] Allerdings muss Sorge dafür getragen werden, dass etwaige Meinungsverschiedenheiten innerhalb der Bestellungsfrist gelöst werden.[120]

4. Sicherung der Funktionserfüllung

a) Unterstellung unter das Leitungsorgan

43 Nach Abs. 3 Satz 1 ist der Datenschutzbeauftragten dem Leitungsorgan, z. B. dem Inhaber, dem Vorstand, dem Geschäftsführer usw. unmittelbar zu unterstellen. Auf diese Weise hat er direkten **Zugang zu den wichtigsten Entscheidungsträgern**; seine Initiativen können nicht auf dem »Dienstweg« versickern;[121] ihm steht ein unmittelbares Vortragsrecht zu.[122] Abs. 3 Satz 1 lässt auch eine Zuordnung zu einem bestimmten Mitglied des Vorstands, der Geschäftsführung usw. zu, doch darf zu dessen

---

114 LAG Frankfurt/Main 28.2.1989 – 4 TaBV 106/88, RDV 1990, 150; Däubler, Gläserne Belegschaften? Rn. 599; Fitting, § 99 Rn. 131; Koch, Der betriebliche Datenschutzbeauftragte, S. 37; a.A. BMH, § 4f Rn. 82; Mester S. 226; Scheja in Taeger/Gabel, § 4f Rn. 36; Simitis in Simitis, § 4f Rn. 75 ff.; einschränkend auch BAG 5.3.1991 – 1 ABR 39/90 – CR 1992, 170, das äußere Umstände wie die Überlassung eines Büros oder von Hilfskräften nicht genügen lässt.
115 Ebenso im Ergebnis BMH, § 4f Rn. 65; Königshofen in Roßnagel, Kap. 5.5. Rn. 96.
116 Simitis in Simitis, § 4f Rn. 71 ff.
117 Vgl. Bachner in DKKW, § 99 Rn. 14; a.A. BMH, § 4f Rn. 76; Mester S. 227.
118 LAG Düsseldor f 23.2.1988 – 16 TaBV 13/88, NZA 1988, 813 = RDV 1989, 34; Däubler, Gläserne Belegschaften? Rn. 597; TEG, S. 453; Mester S. 225; Simitis in Simitis, § 4f Rn. 68; a.A. BMH, § 4f Rn. 79, ohne die abweichende h.M. zur Kenntnis zu nehmen.
119 Zur tariflichen Erweiterung von Beteiligungsrechten – insbesondere auch im Fall des § 99 BetrVG – s. BAG 10.2.1988 – 1 ABR 70/86, NZA 1988, 699.
120 v.d. Bussche in Plath, § 4f Rn. 18.
121 v.d. Bussche in Plath, § 4f Rn. 37; Scheja in Taeger/Gabel, § 4f Rn. 84.
122 Auernhammer-Raum § 4f Rn. 124; Wolff/Brink-Moos § 4f Rn. 63; Wybitul/Schultze-Melling § 4f Rn. 8.

Beauftragter für den Datenschutz § 4f

Geschäftsbereich keine Abteilung gehören, deren Leitung mit der Funktion des betrieblichen Datenschutzbeauftragten nicht vereinbar wäre.[123] Auch kann sich der Beauftragte gleichwohl direkt an die übrigen Mitglieder des Vorstands, der Geschäftsführung usw. wenden.[124] Die Herausnahme aus der sonst üblichen Hierarchie erhöht die Autorität und erleichtert den Informationsfluss, kann aber fehlende Durchsetzungsmacht nicht ersetzen.[125]

b) Weisungsfreiheit

Nach Abs. 3 Satz 2 ist der Datenschutzbeauftragte »bei Anwendung seiner Fachkunde auf dem Gebiet des Datenschutzes« weisungsfrei. Dies bedeutet nicht nur, dass er nicht zu bestimmten »Meinungen« oder »Ergebnissen« angewiesen werden kann, sondern dass jede inhaltliche Beeinflussung seiner Tätigkeit ausscheidet.[126] Es bleibt daher allein ihm überlassen, wann und wie er welche Initiativen ergreift.[127] Soweit er als Arbeitnehmer auch andere Tätigkeiten zu erledigen hat, dürfen diese nicht so organisiert sein, dass dadurch die Aufgabe als Datenschutzbeauftragter beeinträchtigt wird. Dies wäre etwa dann der Fall, wenn er jederzeit zu einer bestimmten innerbetrieblichen Stelle oder in den Außendienst abkommandiert werden könnte und während dieser Zeit an datenschutzbezogenen Initiativen gehindert wäre. 44

Sind dem Datenschutzbeauftragten **Mitarbeiter zugeordnet**, so kann nur er, nicht aber die verantwortliche Stelle ihnen Weisungen erteilen.[128] 45

Der betriebliche Datenschutzbeauftragte ist nach herrschender Auffassung verpflichtet, **Prüfaufträge** der verantwortlichen Stelle, aber auch des Betriebsrats oder des Personalrats anzunehmen, soweit dadurch seine sonstige Tätigkeit nicht wesentlich erschwert wird.[129] Insbesondere für die verantwortliche Stelle kann häufig ein Bedarf bestehen, angesichts unklarer Konturen des datenschutzrechtlich Zulässigen eine einigermaßen plausible Auskunft zu erhalten. Dies kann allerdings als Eingriff in seine (unionsrechtskonform) interpretierte Unabhängigkeit gesehen werden.[130] 46

Die Weisungsfreiheit in der Sache schließt eine »**Dienstaufsicht**« nicht aus, die sich aber nur auf den äußeren Ablauf der Tätigkeit und die Einhaltung der Arbeitszeit bezieht.[131] **Widmet sich** der Datenschutzbeauftragte **seinen Aufgaben nicht** oder nur in nachlässiger Weise, kann dies durchaus mit Abmahnungen und in schweren Fällen 47

---

123 BMH, § 4 f Rn. 118.
124 Königshofen in Roßnagel, Kap. 5.5. Rn. 95.
125 Zustimmend Mester S. 221.
126 Zustimmend Wolff/Brink-Moos § 4 f Rn. 67; Auernhammer-Raum § 4 f Rn. 113; v. d. Bussche in Plath, § 4 f Rn, 38; ebenso Simitis in Simitis, § 4 f Rn. 122.
127 BMH, § 4 f Rn. 124.
128 BMH, § 4 f Rn. 128; Däubler, Gläserne Belegschaften? Rn. 609; Simitis in Simitis, § 4 f Rn. 123; TEG, S. 444/445.
129 v. d. Bussche in Plath, § 4 f Rn. 40; Lembke in HWK, §§ 4 f, 4 g Rn. 9; Simitis in Simitis, § 4 f Rn. 124.
130 Wolff/Brink-Moos § 4 f Rn. 67 f.
131 Enger Auernhammer-Raum § 4 f Rn. 108, der lediglich die Aufsichtsbehörde für kontrollbefugt erklärt. Dies widerspricht der Tatsache, dass auch die verantwortliche Stelle das Amt des bDSB aus wichtigem Grund beenden kann.

mit einer Rücknahme der Bestellung und einer außerordentlichen Kündigung beantwortet werden.[132]

c) Benachteiligungsverbot

48 Nach Abs. 3 Satz 3 ist es jedermann untersagt, den Datenschutzbeauftragten wegen seiner Tätigkeit zu benachteiligen, ihm etwa aus diesem Grund einen betriebsüblichen Aufstieg zu verweigern oder bei der Bestimmung des Arbeitspensums auf die Aufgabe als bDSB keine Rücksicht zu nehmen. Dies gilt auch noch **nach Beendigung seiner Tätigkeit**.[133] Das Verbot des Abs. 3 Satz 3 richtet sich nicht nur an den Arbeitgeber, sondern auch an andere Mitarbeiter des Unternehmens bzw. der Behörde und den Betriebsrat/Personalrat. Dabei reicht eine objektive Benachteiligung aus; böse Absichten sind nicht erforderlich.[134]

49 **Mitarbeiter des Datenschutzbeauftragten** sind in gleicher Weise gegen Benachteiligung geschützt.[135]

50 Die **praktische Tragweite** des Abs. 3 Satz 3 dürfte **beschränkt** sein,[136] da sich im Einzelfall häufig Gründe finden werden, die die Entscheidung als »sachlich begründet«, zumindest als »vertretbar« erscheinen lassen. Spielen wie z. B. bei Beförderungen auch zahlreiche Imponderabilien und schwer überprüfbare Einschätzungen eine Rolle, wird sich kaum je eine Verbindung zur Tätigkeit als Datenschutzbeauftragter herstellen lassen. Daran ändert auch eine **Umkehr der Beweislast** nur wenig.[137] Mit Recht wurde deshalb 2009 ein **Sonderkündigungsschutz** eingeführt, der den 1990 geschaffenen beschränkten Bestandsschutz erheblich erweitert, so dass die elementarste Form der Benachteiligung, d. h. der »Hinauswurf«, grundsätzlich ausgeschlossen ist. Näher dazu unten Rn. 67 ff. Andere Benachteiligungen sind dadurch nicht ausgeschlossen, die insbesondere dann drohen können, wenn der bDSB seine Funktion nur in Teilzeit ausübt und so sein allgemeines Arbeitsverhalten weiter der Beurteilung durch Vorgesetzte unterliegt.[138]

d) Verschwiegenheitspflicht

51 Nach Abs. 4 ist der Datenschutzbeauftragten zur Verschwiegenheit über die Identität des Betroffenen sowie über Umstände verpflichtet, die **Rückschlüsse auf den Betroffenen** zulassen. Nur auf diese Weise ist sichergestellt, dass sich einzelne Personen dem Beauftragten gegenüber offenbaren werden. Auch ist dieser selbst durch Abs. 4 vor einem Loyalitätskonflikt geschützt, der ggf. entstehen könnte, wenn der Betroffene

---

132 Mester S. 222. Vgl. auch Lembke in HWK, §§ 4f, 4g Rn. 9.
133 BMH, § 4f Rn. 133; Däubler, Gläserne Belegschaften? Rn. 610; Simitis in Simitis, § 4f Rn. 139.
134 Königshofen in Roßnagel, Kap. 5.5. Rn. 123; v. d. Bussche in Plath, § 4f Rn. 42.
135 Simitis in Simitis, § 4f Rn. 136.
136 Ebenso Schierbaum/Kiesche CR 1992, 731; Koch, Der betriebliche Datenschutzbeauftragte, S. 132 f.; Mester S. 222.
137 Für Letzteres Louis, Rn. 316.
138 Auernhammer-Raum § 4f Rn. 40, der aus diesem Grund Bedenken gegen die Unabhängigkeit einer nur in Teilzeit als bDSB tätigen Person hat.

selbst erhebliche Verstöße gegen Datenschutzrecht begangen hat. Inhaltlich handelt es sich um ein **Berufsgeheimnis**, das grundsätzlich nicht anders als das eines Rechtsanwalts oder Arztes zu behandeln ist.[139] Die Verschwiegenheitspflicht besteht auch gegenüber der Aufsichtsbehörde und dem Betriebs- bzw. Personalrat; sie dauert nach Ende des Amtes fort.[140]

Der Datenschutzbeauftragte ist berechtigt, **auch einer anderen Person** als dem Betroffenen **Vertraulichkeit zuzusichern**. Dies ist insbesondere dann von Bedeutung, wenn ein Betriebsangehöriger (reale oder angebliche) Verstöße gegen den Datenschutz namhaft macht, die nicht ihn selbst betreffen. 52

Der Betroffene bzw. die soeben genannte Person kann den Datenschutzbeauftragten von seiner **Verschwiegenheitspflicht befreien**, doch hat dies eine ähnliche Wirkung wie die Einwilligung in eine vom Gesetz nicht vorgesehene Datenverarbeitung. Die an eine wirksame Einwilligung zu stellenden Anforderungen (§ 4a Rn. 4ff.) müssen daher auch hier gelten.[141] Die **Einwilligung** bedarf grundsätzlich der Schriftform, doch kann sie **auch konkludent** erklärt werden. Hat sich etwa der Betroffene vergeblich um die Löschung auf ihn bezogener Daten bemüht und wendet er sich nunmehr an den Datenschutzbeauftragten, um doch noch zum Ziel zu kommen, besteht jedenfalls gegenüber der verantwortlichen Stelle keine Verschwiegenheitspflicht.[142] 53

In entsprechender Anwendung des § 34 StGB kann die Verschwiegenheitspflicht im **Interesse höherrangiger Rechtsgüter** durchbrochen werden. Erfährt der Datenschutzbeauftragte beispielsweise von einem beabsichtigten Mord oder einem andern von § 138 StGB erfassten Delikt, so kann und muss er die Polizei alarmieren.[143] Bloße Datenschutzverstöße reichen aber in keinem Fall aus.[144] 54

Unterliegen die zu kontrollierenden Personen einem **Berufsgeheimnis** (Ärzte, Zahnärzte, Psychologen, Rechtsanwälte, Steuerberater usw.), so ist dieses auch vom betrieblichen Datenschutzbeauftragten zu beachten, soweit er von entsprechenden Informationen wie z.B. von Patientendaten Kenntnis erhält. Wie der 2006 eingefügte Abs. 4a deutlich macht, steht ihm insoweit auch ein (abgeleitetes) **Zeugnisverweigerungsrecht** zu. »Abgeleitet« deshalb, weil es vom Verhalten des eigentlichen Geheimnisträgers abhängig ist. Entschließt sich dieser, von seinem Recht keinen Gebrauch zu machen, ist dies auch für den Datenschutzbeauftragten verbindlich.[145] Das Zeugnisverweigerungsrecht wird von einem **Beschlagnahmeverbot** in Bezug auf Akten und andere Schriftstücke flankiert. Sonstige Datenträger und elektronische Dokumente sind nicht erwähnt,[146] doch wäre an eine entsprechende Anwendung zu denken. Dafür spricht, dass nach der Begründung des Regierungsentwurfs[147] das Beschlagnahmeverbot so weit wie das Zeugnisverweigerungsrecht reichen soll. Verletzt der Datenschutzbeauftragte 54a

---

139 Mester S. 223.
140 Mester S. 223.
141 BMH, § 4f Rn. 156; ähnlich Mester S. 223.
142 Gola/Schomerus § 4f Rn. 50.
143 v.d. Bussche in Plath, § 4f Rn. 46.
144 Mester S. 223.
145 v.d. Bussche in Plath, § 4f Rn. 47.
146 Kritisch Gola/Klug NJW 2007, 122.
147 BT-Drucksache 16/1853, S. 12.

seine Verschwiegenheitspflicht, so macht er sich nach § 203 Abs. 2 a StGB **strafbar**, doch hat es der Gesetzgeber versäumt, auch die Gehilfen in die Strafdrohung einzubeziehen – eine Lückenfüllung durch Analogie scheidet hier aus, weil sie den Kreis der strafbaren Verhaltensweisen über das Gesetz hinaus erweitern würde.[148]

e) Unterstützung durch den Arbeitgeber

55 Nach Abs. 5 Satz 1 hat der Arbeitgeber den Datenschutzbeauftragten bei der Erfüllung seiner Aufgaben zu unterstützen; wie weit diese reichen und welche Unterstützung benötigt wird, richtet sich nach den Umständen des einzelnen Falles.[149] Dies bedeutet u. a., dass er rechtzeitig von allen datenschutzrechtlich relevanten Vorgängen und Vorhaben informiert wird.[150] Nicht weniger wichtig ist, ihn **von** etwaigen **sonstigen Arbeitsaufgaben** so weit zu **entlasten**, dass er seine im Gesetz vorgesehenen Aufgaben in vollem Umfang wahrnehmen kann. Gibt es im Unternehmen beispielsweise mehr als 500 Bildschirmgeräte und sind dort mehr als 30 Programmierer beschäftigt, wird eine Vollfreistellung notwendig sein.[151] Diese ist allerdings die Ausnahme; eine Umfrage in Rheinland-Pfalz ergab, dass nur 1 % aller bDSB für diese Tätigkeit voll freigestellt war.[152] Bei einem Betrieb mit weniger als 300 Beschäftigten hat das ArbG Offenbach vor über 20 Jahren[153] ein Zeitbudget von unter 20 % einer Vollzeittätigkeit noch als angemessen angesehen, doch kann dies nicht unbesehen für die Gegenwart fortgeschrieben werden. Gleichwohl liegt der effektive Zeitaufwand für das Amt in der Regel bei weniger als 20 %.[154] Der Datenschutzbeauftragte darf jedenfalls in seiner sonstigen Tätigkeit nicht mit Arbeit »zugepackt« werden; dies liefe auf eine Behinderung seiner Tätigkeit hinaus und würde die dafür vorgesehenen Sanktionen auslösen (dazu oben Rn. 48). Besteht von Anfang an eine zeitliche Überforderung, liegt keine wirksame Bestellung vor.[155]

56 Dem internen Datenschutzbeauftragten ist auch die nötige **Zeit für die eigene Weiterbildung** zu gewähren. Dies bedeutet nicht nur Bücherstudium, sondern ggf. auch die Teilnahme an **Kursen und** an **Kongressen**, die auf Wissens- und Erfahrungsvermittlung ausgerichtet sind. Dies ist durch die Novellierung 2009 ausdrücklich in Abs. 3 Satz 8 festgeschrieben worden (unten Rn. 61 a ff.)

57 Abs. 5 Satz 1 verpflichtet die verantwortliche Stelle weiter, dem Datenschutzbeauftragten **Hilfspersonen** sowie (abschließbare) **Räume**, Einrichtungen, **Geräte** und **(finanzielle) Mittel** im Rahmen des Erforderlichen zur Verfügung zu stellen. Je nach dem Umfang der anfallenden Aufgaben wird das »Hilfspersonal« zahlreicher oder weniger zahlreich sein.[156] Die Vorschrift entspricht der für Betriebsräte geltenden Bestimmung

---

148 »Nulla poena sine lege«. S. Gola/Klug NJW 2007, 122.
149 v. d. Bussche in Plath, § 4 f Rn. 44.
150 v. d. Bussche in Plath, § 4 f Rn. 45.
151 BMH, § 4 f Rn. 163, 164; Schierbaum AiB 2001, 516.
152 Auernhammer-Raum § 4 f Rn. 37.
153 ArbG Offenbach 19. 2. 1992 – 1 BV 79/91, RDV 1993, 83.
154 Auernhammer-Raum § 4 f Rn. 37.
155 Auernhammer-Raum § 4 f Rn. 37; BMH, § 4 f Rn. 163, 164.
156 Siehe auch den Bericht des Berliner Datenschutzbeauftragten, mitgeteilt bei Köppen CuA 6/2009, S. 31.

Beauftragter für den Datenschutz § 4f

des § 40 Abs. 2 BetrVG.[157] Allerdings besteht die Besonderheit, dass die »Hilfsperson« ggf. Bereiche abdeckt, in denen der bDSB weniger zu Hause ist; dem gelernten Informatiker ist beispielsweise ein Jurist zur Seite zu stellen.[158] Auch kommt bei entsprechendem Bedarf die Einschaltung von Sachverständigen in Betracht; sie heranzuziehen kann sogar eine Pflicht des bDSB sein.[159] Ist der Datenschutzbeauftragte voll von jeder sonstigen Arbeit freigestellt, steht ihm zumindest eine **Halbtagssekretärin** zu. Wer **für mehrere Betriebe zuständig** ist, muss in jedem Betrieb einen Mitarbeiter haben, der zumindest als Ansprechpartner in dringenden Fällen zur Verfügung steht.

Der Datenschutzbeauftragte hat weiter Anspruch auf eine **Grundausstattung** an auf- 58
gabenbezogener Literatur.[160] Dazu gehören neben Fachzeitschriften wie CuA (= Computer und Arbeit, bisher: CF), RDV, ZD, DuD, MMR und CR **Kommentare zum BDSG** sowie informationstechnische und informationswissenschaftliche Darstellungen. Mit Rücksicht auf seine Unabhängigkeit steht dem **Datenschutzbeauftragten** dabei selbst das **Auswahlrecht** zu. Er kann sich die jeweils aktuellsten Kommentierungen anschaffen,[161] muss aber auch auf die Kosten achten.

Die Unterstützungspflicht nach Abs. 5 Satz 1 erstreckt sich nicht nur auf Zeit, Wei- 59
terqualifizierung und materielle Ressourcen, sondern setzt auch **funktionsgerechte Arbeitsbedingungen** voraus. Dazu gehören alle für die Erfüllung der Aufgaben erforderlichen Zutritts- und Einsichtsrechte.[162] Der Datenschutzbeauftragte ist über geplante Maßnahmen, die Auswirkungen auf Informationssysteme haben, frühzeitig zu unterrichten.[163] Ihm kann ein »Sicherheitsreport« auch nicht mit der Begründung vorenthalten werden, er sei zu seiner Beurteilung nicht in der Lage.[164] Weiter ist seine Bewegungsfreiheit im Unternehmen zu sichern. Ihm ist Einblick in alle Dateien, Akten und sonstigen Unterlagen zu gewähren, deren Kenntnis für die Erfüllung der in § 4g vorgesehenen Aufgaben erforderlich ist. Für einen externen Datenschutzbeauftragten ist ein jederzeit erreichbarer Ansprechpartner vorzusehen.

Über das Maß des »**Erforderlichen**« können **Meinungsunterschiede** entstehen; dies gilt 60
etwa für die vom Datenschutzbeauftragten in Anspruch genommene Zeit oder für die ihm zustehenden Hilfsmittel. Die Entscheidung darüber kann mit Rücksicht auf die Unabhängigkeit und die Kontrollaufgaben des Beauftragten nicht allein der Arbeitgeber treffen;[165] vielmehr kommt es darauf an, ob der Beauftragte bei vernünftiger Abwägung aller Umstände eine bestimmte Aktivität oder eine bestimmte Aufwendung **als erforderlich ansehen durfte**.[166]

---

157 Ehrich DB 1991, 1981.
158 Auernhammer-Raum § 4f Rn. 131; Simitis in Simitis § 4f Rn. 144.
159 Wybitul/Schultze-Melling § 4f Rn. 11.
160 BMH, § 4f Rn. 178.
161 Ebenso für den Fall des Betriebsrats BAG 26.10.1994 – 7 ABR 15/94, AiB 1995, 468.
162 Auernhammer-Raum § 4f Rn. 122.
163 BMH, § 4f Rn. 167.
164 Darin liegt ein grober Verstoß gegen die Unterstützungspflicht – so mit Recht der Berliner Datenschutzbeauftragte, mitgeteilt bei Köppen, CuA 6/2009 S. 29.
165 So aber Gola DuD 1991, 341.
166 Zur entsprechenden Handhabung des § 40 Abs. 2 BetrVG s. Wedde in DKKW, § 40 Rn. 117; Fitting, § 40 Rn. 9 m.w.N.; wichtige rechtspolitische Vorschläge zur Absicherung der Position des betrieblichen Datenschutzbeauftragten bei Wedde, FS Bäumler, S. 253 ff.

61 Auch ein Datenschutzbeauftragter wird bisweilen wegen Urlaubs, Teilnahme an einem Weiterbildungskurs oder wegen Krankheit nicht im Betrieb bzw. in der Dienststelle anwesend sein können. Für diese Fälle ist ein **Stellvertreter** zu bestimmen, der zumindest die unaufschiebbaren Angelegenheiten erledigt.[167] Dies ergibt sich aus der Kontrollfunktion, die beliebig durchlöchert werden könnte, wenn die verantwortliche Stelle in der Lage wäre, die jeweiligen Abwesenheitszeiten für datenschutzrechtlich fragwürdige oder gar offen rechtswidrige Handlungen zu nutzen.

f) Teilnahme an Fort- und Weiterbildungsveranstaltungen

61 a Abs. 3 Satz 7 gibt dem betrieblichen Datenschutzbeauftragten einen Anspruch darauf, auf Kosten der verantwortlichen Stelle an Fort- und Weiterbildungsveranstaltungen teilzunehmen, um so die zur Erfüllung seiner Aufgaben erforderliche **Fachkunde** zu **erhalten**. Nach der amtlichen Begründung zum Regierungsentwurf[168] hat die Vorschrift Ähnlichkeit mit § 37 Abs. 6 Satz 1 BetrVG und mit § 46 Abs. 6 BPersVG. Der Fortbildungsbedarf des Datenschutzbeauftragten variiere nach dem Umfang und der Art der Daten, die die verantwortliche Stelle verarbeite. Dazu komme ein durch die stetige Fortentwicklung von Recht und Technik hervorgerufener Grundbedarf.

61 b Ob und in welchem Umfang diese Vorschrift zu rechtlichen Auseinandersetzungen Anlass gibt, wird abzuwarten sein. Bei der Verpflichtung der verantwortlichen Stelle handelt es sich um eine **aus dem Amtsverhältnis folgende Nebenpflicht**, deren Erfüllung bei internen Beauftragten vor dem Arbeitsgericht, bei externen grundsätzlich vor den ordentlichen Gerichten geltend zu machen ist (es sei denn, diese wären arbeitnehmerähnliche Personen, so dass sich die Zuständigkeit der Arbeitsgerichte aus § 5 Abs. 1 Satz 2 ArbGG ergeben würde). Vgl. auch unten Rn. 85.

61 c Der Kreis der in Betracht kommenden Veranstaltungen bestimmt sich nach dem **Inhalt, nicht** nach der äußeren **Form**. Ob es sich um einen »Kongress«, eine »Fachtagung« oder eine »Seminarveranstaltung« handelt, ist ohne Bedeutung. Auch ist es gleichgültig, ob sich unter den Teilnehmern auch andere Personen als betriebliche Datenschutzbeauftragte befinden.[169] Als **Veranstalter** kommen unterschiedliche Einrichtungen in Betracht, die von gemeinnützigen Organisationen bis zu kommerziell betriebenen »Fortbildungs-AGs« reichen. Besondere Resonanz findet die Sommerakademie des Unabhängigen Landeszentrums für Datenschutz in Schleswig-Holstein.[170]

61 d Der in der amtlichen Begründung angesprochene »Grundbedarf« (oben Rn. 61 a) wird durch Veranstaltungen gedeckt, die sich mit **neuen rechtlichen und technischen Entwicklungen** befassen. Eine »Einführung in das veränderte Datenschutzrecht aufgrund der Novelle 2009« war genauso erfasst wie heute ein Seminar über »RFID im Betrieb« oder »Erstellung von Bewegungsprofilen«. Bei dieser Gelegenheit kann gleichzeitig auch der Status quo beschrieben werden, so dass (nie auszuschließende) Lücken

---

167 Ebenso der Berliner Datenschutzbeauftragte, mitgeteilt bei Köppen CuA 6/2009 S. 31.
168 BT-Drucksache 16/12011, S. 25.
169 Ebenso die allgemeine Auffassung für den Bereich des § 37 Abs. 6 BetrVG – Nachweise bei Däubler, Schulung und Fortbildung, Rn. 340; Wedde in DKKW, § 37 Rn. 143.
170 Dazu auch der Bericht des Berliner Datenschutzbeauftragten, mitgeteilt bei Köppen CuA 6/2009 S. 30.

Beauftragter für den Datenschutz § 4f

im aktuellen Kenntnisstand geschlossen werden. Eine Veranstaltung »Datenschutz im Internet« wäre daher auch dann geeignet, wenn sie nur zu 20 % auf Neuerungen wie die Rechtsprechung zu Bewertungsportalen oder das Grundrecht auf Integrität und Vertraulichkeit informationstechnischer Systeme eingehen und im Übrigen Grundfragen ansprechen würde.[171] In Zweifelsfällen hat der betriebliche Datenschutzbeauftragte einen Beurteilungsspielraum: Da er selbst seinen Bedarf am besten kennt, genügt es, wenn sich die ausgesuchte Veranstaltung im Rahmen des Vertretbaren bewegt.[172]

Wie lange die Veranstaltung dauern kann, hängt von den vermittelten Kenntnissen ab. 61 e
Es kann durchaus in Betracht kommen, sich für ein oder zwei Wochen fortzubilden. Anhaltspunkte für einen entsprechenden Bedarf ergeben sich aus der bisherigen **beruflichen Ausbildung** (der Datenschutzbeauftragte ist Informatiker, weshalb er im Datenschutzrecht besondere Defizite sieht) sowie aus **bisherigen Erfahrungen** (der neu bestellte Datenschutzbeauftragte kann einen Kurs »Einführung in SAP« belegen, der seit Jahren mit SAP befasste wird nur Bedarf nach Informationen über ein neues Modul wie SAP HRM haben). Eine Veranstaltung »zur Wiederholung und Auffrischung« kann durchaus in Betracht kommen, dürfte aber schwerlich länger als einen Tag dauern.

Da die verantwortliche Stelle die Kosten trägt, darf sie nicht mehr als erforderlich 61 f belastet werden. Von **zwei gleichwertigen Angeboten** zum selben Thema ist das preiswertere zu wählen. Dabei besteht aber auch hier ein Beurteilungsspielraum des Datenschutzbeauftragten, der etwa mit Rücksicht auf von ihm besonders geschätzte Referenten ggf. auch die teurere Veranstaltung wählen kann, weil er sich von ihr eine bessere Aktualisierung seiner Kenntnisse verspricht. Auch kann es eine Rolle spielen, ob am Rande der Veranstaltung ein Erfahrungsaustausch mit Datenschutzbeauftragten aus anderen Unternehmen möglich ist, was mehrtägige Veranstaltungen besonders sinnvoll macht.

Die Teilnahme an einer Fort- und Weiterbildungsveranstaltung gehört zur Tätigkeit als 61 g betrieblicher Datenschutzbeauftragter, so dass insoweit **keine Entgeltminderung** eintreten darf. Zu den Kosten zählen neben den **Teilnahmegebühren Fahrt, Unterbringung und Verpflegung**, wobei das Betriebsratsmitgliedern zugestandene Maß an Aufwand sicherlich eine Untergrenze darstellen dürfte.[173] Maßstäbe können sich auch aus den Fortbildungskosten für Manager (etwa bei »Management Circle«) ergeben.

Externe Datenschutzbeauftragte, die in der Regel auf der Grundlage eines Geschäfts- 61 h besorgungsvertrags tätig werden, müssen selbst für ihre Weiterbildung sorgen; Abs. 3 Satz 7 ist auf sie nicht anwendbar.[174]

---

171 Zu diesen etwa Schaar, Datenschutz im Internet; Weichert DuD 2009, 7 ff.; Däubler, AiB Extra (März 2015), S. 29 ff.
172 Ähnlich im Bereich der Betriebsratstätigkeit Wedde in DKKW, § 37 Rn. 26: »für erforderlich halten durfte« m. N. aus der Rechtsprechung.
173 Einzelheiten bei Däubler, Schulung und Fortbildung, Rn. 458 ff. Für Heranziehung der zu § 37 Abs. 6 BetrVG entwickelten Grundsätze »mutatis mutandis« auch Lembke in HWK, §§ 4f, 4g Rn. 4.
174 Lembke in HWK, §§ 4f, 4g Rn. 4.

g) Anrufungsrecht

62 Die Aufgabenerfüllung des Datenschutzbeauftragten wird dadurch entscheidend erleichtert, dass sich nach Abs. 5 Satz 2 **Betroffene** jederzeit an ihn wenden können. Dabei muss es sich nicht notwendigerweise um Betriebsangehörige handeln.[175] Irgendwelche verfahrensmäßigen Beschränkungen gelten nicht; weder ist ein bestimmter Zeitpunkt zu wählen noch eine bestimmte Form einzuhalten. In der Regel werden sie die Vermutung äußern, dass es zu Datenschutzverstößen gekommen ist (die aber nicht die eigene Person betreffen müssen),[176] doch hängt das Anrufungsrecht nicht davon ab, ob diese Vermutung wohl begründet ist oder nicht. Der Beauftragte kann auf diese Weise wichtige Hinweise über neuralgische Punkte in der Datenverarbeitung erhalten. Seine umfassende **Verschwiegenheitspflicht**, die nicht nur die Identität des Betroffenen, sondern auch seine Angaben umfasst,[177] sorgt dafür, dass auch brisante Themen zu seiner Kenntnis kommen können. Anonymen Hinweisen ist nachzugehen, wenn ernsthafte Verstöße vorliegen können; andernfalls besteht die Gefahr, dass Betroffene oder die verantwortliche Stelle Schaden nehmen und dies der Aufsichtsbehörde zur Kenntnis gebracht wird.[178]

5. Beendigung der Tätigkeit als Datenschutzbeauftragter

a) Niederlegung des Amtes

63 Der Datenschutzbeauftragte ist befugt, sein **Amt niederzulegen**.[179] Hat er sich arbeitsvertraglich verpflichtet, die Funktion für eine längere Zeit auszuüben, wird er dadurch ggf. **vertragsbrüchig**.[180] Eine Ausnahme gilt dann, wenn ihm die Fortsetzung seiner Tätigkeit unzumutbar wird und deshalb der Rechtsgedanke des § 626 BGB eingreift, oder wenn eine einvernehmliche Aufhebung vereinbart wird.[181] Ein Vertragsverstoß ändert im Übrigen an der Beendigung des Amtes nichts.[182] Eine erzwingbare Verpflichtung zur Erfüllung der übernommenen Aufgabe scheitert schon an § 888 Abs. 3 ZPO. Die Pflicht zur Leistung von Schadensersatz ist in der Regel von geringer Bedeutung, da kein in Euro und Cent ausdrückbarer Schaden entstehen wird.[183]

---

175 Wybitul/Schultze-Melling § 4f Rn. 13.
176 Auernhammer-Raum § 4f Rn. 136.
177 Simitis in Simitis, § 4f Rn. 164.
178 Auernhammer-Raum § 4f Rn. 137.
179 Simitis in Simitis, § 4f Rn. 179; a. A. Auernhammer-Raum § 4f Rn. 144.
180 v. d. Bussche in Plath, § 4f Rn. 65.
181 v. d. Bussche in Plath, § 4f Rn. 66.
182 Mester S. 238.
183 Scheja (in Taeger/Gabel, § 4f Rn. 55) hält dem entgegen, es seien die Kosten für die Anwerbung und Einarbeitung eines neuen Beauftragten zu ersetzen. Dabei verkennt er, dass ein vertragswidrig ausscheidender Arbeitnehmer diese Schäden nicht zu ersetzen hat, da sie auch bei rechtmäßigem Verhalten (wenn auch später) entstanden wären. Zu ersetzen ist allein der »Verfrühungsschaden«: BAG 23. 3. 1984 – 7 AZR 37/81. NZA 1984, 122 = AP Nr. 8 zu § 276 BGB Vertragsbruch. Weitere Nachweise bei Däubler in KDZ, § 628 BGB Rn. 19.

b) Wegfall der gesetzlichen Voraussetzungen

Sind die Voraussetzungen des Abs. 1 nicht mehr gegeben, weil die **Zahl der mit Datenverarbeitung befassten Beschäftigten abgesunken** ist, so verliert das Amt des Datenschutzbeauftragten seine Grundlage. Da es auf die Zahl der »in der Regel ständig mit Datenverarbeitung befassten Arbeitnehmer« ankommt, kann der Zeitpunkt sehr zweifelhaft sein. Deshalb wird man einen **Widerruf der Bestellung** verlangen müssen.[184] Etwaige Meinungsverschiedenheiten müssen ggf. gerichtlich geklärt werden. Bis zu einer definitiven Entscheidung bleibt der Beauftragte im Amt, es sei denn, die Voraussetzungen des Abs. 1 würden offenkundig nicht mehr vorliegen. Zur Weiterarbeit auf freiwilliger Grundlage s. oben Rn. 20.

64

c) Abberufungsverlangen der Aufsichtsbehörde

Nach § 38 Abs. 5 Satz 3 kann die Aufsichtsbehörde die Abberufung des Datenschutzbeauftragten verlangen, »wenn er die zur Erfüllung seiner Aufgaben erforderliche Fachkunde und Zuverlässigkeit nicht besitzt«. **Gelegentliche Pflichtverletzungen** reichen hierfür nicht aus.[185] Hinsichtlich der Einzelheiten kann auf § 38 Rn. 33 verwiesen werden. Daneben besteht die Möglichkeit, nach § 4f Abs. 3 Satz 4 eine Abberufung zu verlangen, die im Regelfall eine schwere Pflichtverletzung voraussetzen wird, aber nicht vom Vorliegen eines »wichtigen Grundes« nach § 626 BGB abhängig ist.[186] Auch greift die Zwei-Wochen-Frist des § 626 Abs. 2 BGB nicht ein.[187]

65

Eine derartige Entscheidung der Aufsichtsbehörde ist nur für den **nichtöffentlichen Bereich** vorgesehen; Datenschutzbeauftragte in Behörden sind nicht erfasst.[188] Sie berechtigt den Arbeitgeber zur Abberufung.[189] Ob er auch dazu verpflichtet ist, erscheint demgegenüber zweifelhaft. Den Grundsätzen über die Druckkündigung entsprechend[190] wird man den **Arbeitgeber für verpflichtet** ansehen müssen, in all den Fällen, in denen er die Zuverlässigkeit und Fachkunde weiter bejaht, **der Behörde gegenüber Gegenvorstellungen** zu erheben und ggf. Rechtsmittel einzulegen. Der **Datenschutzbeauftragte** kann sich seinerseits gegen das Abberufungsverlangen, das ihn in seinen Rechten beeinträchtigen kann, im Verwaltungsverfahren und **gerichtlich zur Wehr setzen**; insoweit besteht eine Parallele zu den Fällen, in denen die Kündigung eines Arbeitsverhältnisses von staatlicher Zustimmung abhängig ist.

66

d) Abberufung durch die verantwortliche Stelle aus wichtigem Grund

Auch ohne eine entsprechende Initiative der Aufsichtsbehörde kann eine Abberufung durch die verantwortliche Stelle dann erfolgen, wenn die Voraussetzungen des § 626

67

---

184 Mester S. 238; Auernhammer-Raum § 4f Rn. 151.
185 Ehrich DB 1991, 1984.
186 Reinhard NZA 2013, 1049, 1051.
187 Reinhard NZA 2013, 1049, 1051.
188 Gola/Wronka, Rn. 1337.
189 v. d. Bussche in Plath, § 4f Rn. 52.
190 Nachweise bei Däubler in KDZ, § 626 BGB Rn. 168 ff.

BGB gegeben sind. Die **weitere Tätigkeit** als Datenschutzbeauftragter muss danach **unzumutbar** sein; dies gilt gleichermaßen für interne wie für externe Datenschutzbeauftragte; auch die Tätigkeit eines freiwillig bestellten kann auf diese Weise beendet werden.[191] Ein wichtiger Grund ist in der Regel bei schweren Verletzungen von »Amtspflichten« anzunehmen, so, wenn der Datenschutzbeauftragte einen Geheimnisverrat begeht oder sich an Computerkriminalität beteiligt. Auch das Entwenden von Datenträgern würde hierher gehören, ebenso eine faktische Untätigkeit in einzelnen gesetzlichen Tätigkeitsbereichen.[192] Im Einzelfall kann auch eine **schwere Verletzung arbeitsvertraglicher Pflichten** wie etwa die Unterschlagung eines größeren Geldbetrags die Fortsetzung der Funktion als Datenschutzbeauftragter ausschließen, da diese ein besonderes Maß an Vertrauen bei allen Beteiligten voraussetzt.[193] Dabei muss den Vorgaben des § 626 Abs. 1 BGB entsprechend immer eine Abwägung der beiderseitigen Interessen stattfinden. Hat etwa die verantwortliche Stelle nur wenig Fachkunde verlangt, kann sie den Beauftragten nicht ein halbes Jahr später mit der Begründung seines Amts entheben, er habe bei der Erfüllung seiner Aufgaben eine Reihe von Fehlern gemacht. Hier könnte lediglich die Aufsichtsbehörde intervenieren und eine Abberufung verlangen.

67a Die Verletzung der Amtspflicht kann **zugleich** auch eine **Verletzung arbeitsvertraglicher Pflichten** darstellen, muss es aber nicht. So kann etwa die Untätigkeit im Nebenamt »Datenschutzbeauftragter« zwar die Abberufung, nicht aber die Kündigung des Arbeitsverhältnisses rechtfertigen (unten Rn. 70 ff.).

68 Um rechtzeitig klare Verhältnisse zu schaffen, muss der Arbeitgeber die **Zwei-Wochen-Frist des § 626 Abs. 2 BGB** beachten. Dies deckt sich auch mit dem Wortlaut des Abs. 3 Satz 4, wonach nicht nur auf § 626 Abs. 1 BGB, sondern auf die gesamte Bestimmung verwiesen ist.[194] Außerdem wird die Wirksamkeit der Abberufung in der Literatur davon abhängig gemacht, dass der Datenschutzbeauftragte zuvor angehört wurde.[195] Ob die Schriftform einzuhalten ist, ist umstritten,[196] aber im Interesse der Rechtssicherheit und in Anlehnung an § 623 BGB zu bejahen.[197]

69 Die **Schwelle des »wichtigen Grundes«** ist **nach** der Rechtsprechung des **BAG**[198] **nicht erreicht**, wenn die verantwortliche Stelle die Organisationsentscheidung trifft, den

---

191 v. d. Bussche in Plath, § 4f Rn. 53. Ebenso für den externen Beauftragten BAG 23.3.2011 – 10 AZR 562/09, NZA 2011, 1036. 1039 Tz. 33.
192 Lembke in HWK, §§ 4f, 4g Rn. 18; Scheja in Taeger/Gabel, § 4f Rn. 46. Weitere Beispiele bei Auernhammer-Raum § 4f Rn. 147.
193 v. d. Bussche in Plath, § 4f Rn. 53; Gola/Schomerus § 4f Rn. 38; Dzida/Kröpelin NZA 2011, 1018, 1020; der Tendenz nach auch BAG 23.3.2011 – 10 AZR 562/09, NZA 2011,1036, 1037 Tz. 15. Nur die Verletzung von Amtspflichten lassen genügen Reichold in MünchArbR, § 88 Rn. 85; Simitis in Simitis, § 4f Rn. 183; Scheja in Taeger/Gabel, § 4f Rn. 46.
194 v. d. Bussche in Plath, § 4f Rn. 54; BMH, § 4f Rn. 144; Lembke in HWK, §§ 4f, 4g Rn. 19; Reichold in MünchArbR, § 88 Rn. 85; Reinhard NZA 2013, 1051; Simitis in Simitis, § 4f Rn. 197; Gola/Schomerus, § 4f Rn. 44.
195 BMH, § 4f Rn. 147.
196 Nachweise bei v. d. Bussche in Plath, § 4f Rn. 55.
197 Lembke in HWK, §§ 4f, 4g Rn. 19.
198 23.3.2011 – 10 AZR 562/09, NZA 2011, 1036. Zustimmend Grimm in Tschöpe, Teil 6 F Rn. 43; Lembke in HWK, §§ 4f, 4g Rn. 18.

internen durch einen externen Beauftragten zu ersetzen. Dies gilt auch innerhalb eines Konzerns. Betriebliche Erwägungen können nur ganz ausnahmsweise die Voraussetzungen des § 626 BGB erfüllen;[199] das Outsourcing eines Betriebs oder Betriebsteils zählt allenfalls dann dazu, wenn es Folge einer wirtschaftlichen Notsituation ist.[200] In dem weitgehenden Abberufungsschutz liegt eine bedeutsame Absicherung der Kontrollfunktion des Datenschutzbeauftragten.

e) Erstreckung des Schutzes auf das Arbeitsverhältnis – der 2009 geschaffene Sonderkündigungsschutz

Ist der Datenschutzbeauftragte Arbeitnehmer des Betriebs, besteht neben dem »Amtsverhältnis« auch das Arbeitsverhältnis. Dies ist evident in all den Fällen, in denen der Datenschutzbeauftragte nur einen Teil seiner Arbeitszeit für diese Funktion verwendet, doch gilt es **auch** dann, wenn er sich **ausschließlich Aufgaben des Datenschutzes** widmet.[201] Beide Verhältnisse stehen ersichtlich nicht unverbunden nebeneinander (s. oben Rn. 26), so dass sich die Frage stellt, ob und wie sich die »Störung« des einen auf das andere auswirkt.   70

Liegen die Voraussetzungen für den Widerruf der Bestellung zum Datenschutzbeauftragten vor, so wird dadurch der Bestand des Arbeitsverhältnisses nicht unmittelbar berührt. Lässt sich etwa die fehlende Fachkunde nicht nachträglich herstellen, kann lediglich eine Abberufung, nicht jedoch eine Kündigung des Arbeitsverhältnisses erfolgen. Anders verhält es sich dann, wenn der Datenschutzbeauftragte auch oder ausschließlich **arbeitsvertragliche Pflichten** verletzt hat. Weiter ist an den Fall zu denken, dass das Arbeitsverhältnis aus betriebsbedingten Gründen gekündigt und damit auch dem »Amtsverhältnis« die Grundlage entzogen wird.   71

Würde man in solchen Fällen der Funktion als Datenschutzbeauftragter keinerlei Bedeutung beimessen, könnte der durch Abs. 3 Satz 4 gewährte Schutz unschwer unterlaufen werden.[202] Ein unliebsamer Beauftragter könnte – u. U. unter einem schwer zu widerlegenden Vorwand – gekündigt werden und würde so auch die Grundlage für seine Kontrolltätigkeit verlieren. Wollte man eine isolierte Fortsetzung seiner Tätigkeit als Datenschutzbeauftragter annehmen,[203] müsste man eine Art faktisches Beschäftigungsverhältnis bejahen, dessen rechtliche Konturen höchst unsicher wären. Mit Recht hat deshalb das BAG in dem vergleichbaren Fall des Betriebsarztes entschieden, dass **Hindernisse**, die der Beendigung des »Amtsverhältnisses« entgegenstehen, **auch vor einer Kündigung des Arbeitsverhältnisses schützen**.[204] Dies gelte jedenfalls dann,   72

---

199 BAG 23.1.2014 – 2 AZR 372/13, ZD 2015, 92 = NZA 2014, 895 Tz. 24; LAG Düsseldorf 23.7.2012 – 9 Sa 593/12, ZD 2013, 357 (»sinnentleertes Arbeitsverhältnis«). Überblick über die Rechtsprechung zu diesem Begriff bei Däubler in KDZ, § 626 BGB Rn. 160 ff.
200 So auch v. d. Bussche in Plath, § 4f Rn. 53; Gehlhaar NZA 2010, 373, 374; Dzida/Kröpelin NZA 2011, 1018, 1020; Lembke in HWK, §§ 4f, 4g Rn. 18.
201 BMH, § 4f Rn. 64.
202 Vgl. die Stellungnahmen des Berufsverbandes der Datenschutzbeauftragten Deutschlands DuD 2005, 273 und DuD 2006, 220.
203 Dafür Wagner DuD 2008, 660 ff.
204 BAG 24.3.1988 – 2 AZR 369/87, DB 1989, 227.

wenn Anlass für die Auflösung des Arbeitsverhältnisses ein Tatbestand sei, der sich nicht von der Tätigkeit als Betriebsarzt trennen lasse. Entsprechendes war schon bisher beim betrieblichen Datenschutzbeauftragten anzunehmen.[205]

73 Dem hat der Gesetzgeber 2009 durch Einfügung von Abs. 3 Satz 5 und 6 Rechnung getragen. Danach kann auch das **Arbeitsverhältnis nur noch aus wichtigem Grund nach § 626 BGB gekündigt** werden. Der »Abberufungsschutz« überträgt sich so auf den Bestandsschutz des Arbeitsverhältnisses. Nur wenn auch dieses in unzumutbarer Weise gestört ist, kann eine Kündigung erfolgen. Dies wäre etwa bei kriminellen Handlungen gegen den Arbeitgeber einschließlich des Verrats von Betriebs- und Geschäftsgeheimnissen der Fall.[206] Abberufung und Kündigung sind aber zwei getrennte Erklärungen.[207] Bezüglich der in Betracht kommenden Einzelfälle muss auf die Kommentarliteratur zu § 626 BGB verwiesen werden.[208] Eine **ordentliche Kündigung** ist ausgeschlossen.[209] Damit wird die Unabhängigkeit des betrieblichen Datenschutzbeauftragten in einem entscheidenden Punkt verstärkt. Wird das ganze Unternehmen geschlossen, ist die Grundlage für die Tätigkeit entfallen; in einem solchen Fall muss eine außerordentliche Kündigung mit Auslauffrist möglich sein.[210]

73a Ist zwar eine **Abberufung gerechtfertigt, fehlt** es jedoch an einem **wichtigen Grund für die Auflösung des Arbeitsverhältnisses**, so muss der Arbeitsvertrag an die neue Situation angepasst werden. Nach der Rechtsprechung des BAG[211] geschieht dies automatisch in der Weise, dass die Tätigkeit als Datenschutzbeauftragter nicht mehr zur geschuldeten Tätigkeit zählt. Ergibt die Auslegung des Arbeitsvertrags, dass die Tätigkeit als Datenschutzbeauftragter zu dessen normalem und auf Dauer berechneten Inhalt gehört, so kommt nach einer früheren Entscheidung des BAG eine Teilkündigung in Betracht.[212] Die Arbeitspflicht beschränkt sich wieder auf ihren ursprünglichen Inhalt, wobei dieser ggf. an veränderte Umstände angepasst werden muss. War der Datenschutzbeauftragte ausschließlich mit dieser Tätigkeit befasst – vergleichbar einem freigestellten Betriebsratsmitglied – so lebt auch hier die ursprüng-

---

205 LAG Berlin 27.10.1997 – 17 Sa 87/97, RDV 1998, 73; ArbG Dresden 9.2.1994 – 3 Ca 7628/93, RDV 1994, 140; ArbG Hannover 9.10.2002 – 2 Ca 189/02, AuR 2003, 274 mit Anm. Gerloff; Preis in APS, § 4f Rn. 14; Ehrich DB 1991, 1985; Gola/Wronka RDV 1991, 171; Schierbaum/Kiesche CR 1992, 729.
206 In MünchArbR, § 97 Rn. 61.
207 v.d. Bussche in Plath, § 4f Rn. 60.
208 Däubler, in: KDZ § 626 BGB Rn. 55ff.; Müller-Glöge in ErfK, § 626 BGB Rn. 60ff.; Weidenkaff, in: Palandt, § 626 Rn. 42ff.
209 BAG 23.1.2014 – 2 AZR 372/13, ZD 2015, 92 = NZA 2014, 895 Tz. 24; v.d. Bussche in Plath, § 4f Rn. 56; Däubler DuD 2010, 20, 22; Lembke in HWK, §§ 4f, 4g Rn. 25; Simitis in Simitis, § 4f Rn. 185.
210 Einzelheiten bei Däubler DuD 2010, 20, 22f. Die Frage der Anwendung des § 15 Abs. 4 KSchG blieb dahingestellt in BAG 23.1.2014 – 2 AZR 372/13, ZD 2015, 92 = NZA 2014, 895 Tz. 24. Zu Recht abgelehnt von LAG Düsseldorf 23.7.2012 – 9 Sa 593/12, ZD 2013, 357 und von Reinhard NZA 2013, 1049, 1054.
211 29.9.2010 – 10 AZR 588/09, NZA 2011, 151 Tz. 15ff.; BAG 23.3.2011 – 10 AZR 562/09, NZA 2011, 1036, 1038 Tz. 30.
212 BAG 13.3.2007 – 9 AZR 612/05, NZA 2007, 563. Kritisch dazu mit Recht Lembke in HWK, §§ 4f, 4g Rn. 21.

liche Arbeitspflicht wieder auf. Soweit sich diese nicht mehr realisieren lässt, ist einvernehmlich eine Umstellung auf eine aktuell mögliche Tätigkeit mit gleicher Vergütung vorzunehmen. Missglückt dies, ist erst nach Ablauf des nachwirkenden Kündigungsschutzes (dazu Rn. 73 b) eine Änderungskündigung nach § 2 KSchG möglich.

Nach Abs. 3 Satz 6 ist die ordentliche Kündigung auch noch innerhalb eines Jahres »nach der Beendigung der Bestellung« unzulässig.[213] Dieser **nachwirkende Kündigungsschutz** findet sich in ähnlicher Weise bei Betriebsratsmitgliedern und anderen Betriebsbeauftragten. Keine Rolle spielt, aus welchem Grund die Tätigkeit ihr Ende fand. Auch eine (berechtigte) **Abberufung** aus wichtigem Grund und ein vom Datenschutzbeauftragten aus persönlichen Gründen erklärter **Amtsverzicht** reichen aus. Würde man unter Berufung auf den Wortlaut den zuletzt genannten Fall ausnehmen, könnte nicht nur ein unangemessener Anreiz entstehen, trotz »Amtsmüdigkeit« die Tätigkeit fortzuführen; auch einvernehmliche Lösungen wären erschwert, bei denen die förmliche Abberufung durch einen »Rücktritt« ersetzt würde.[214] 73b

Bei **Externen** bezieht sich der mit ihnen geschlossene Dienst- oder Geschäftsbesorgungsvertrag allein auf die Tätigkeit als betrieblicher Datenschutzbeauftragter. Diese ist wiederum durch den Abberufungsschutz des Abs. 3 Satz 4 gegen einen Entzug ohne wichtigen Grund geschützt. Würde der zugrunde liegende Vertrag gekündigt, so würde sich an der Tätigkeit als solcher nichts ändern. Der Anspruch auf Vergütung des Externen würde sich aus Abs. 5 Satz 1 ergeben, wonach ihm alle Mittel zur Verfügung zu stellen sind, die er zur Erfüllung seiner Aufgaben benötigt.[215] Sinnvoller erscheint es allerdings, den Abberufungsschutz auf das zugrunde liegende Vertragsverhältnis zu erstrecken.[216] 74

Der Sonderkündigungsschutz gilt nur für die kraft Gesetzes zu bestellenden Datenschutzbeauftragten. **Bei freiwilliger Bestellung** scheidet er nach der amtlichen Begründung des Regierungsentwurfs[217] aus, da dies die verantwortliche Stelle von einem solchen Entgegenkommen abhalten könnte. Einvernehmlich kann aber eine Gleichstellung mit den »gesetzlichen« Beauftragten vorgesehen werden. 74a

f) Auslaufen einer befristeten Bestellung

Der weitgehende Bestandsschutz, den der Datenschutzbeauftragte genießt, darf nicht dadurch umgangen werden, dass die Aufgabe nur befristet übertragen wird. Dies hätte zur Folge, dass der Beauftragte befürchten müsste, im Falle einer Konfrontation nicht »verlängert« zu werden. In Betracht kommt **allenfalls** eine **Befristung auf fünf Jahre**, 75

---

213 Dazu v. d. Bussche in Plath, § 4 f Rn. 58.
214 Anders Lembke in HWK, §§ 4 f, 4 g Rn. 24, der den nachwirkenden Kündigungsschutz auf den Fall beschränken möchte, dass der Amtsverzicht durch das Verhalten des Arbeitgebers veranlasst wurde.
215 Wagner DuD 2008, 660, 662.
216 So wohl auch BAG 23. 3. 2011 – 10 AZR 562/09, NZA 2011, 1036 Tz. 33.
217 BT-Drucksache 16/12011 S. 25. Ebenso v. d. Bussche in Plath, § 4 f Rn. 56; Scheja in Taeger/Gabel, § 4 f Rn. 50.

die genügend Spielräume lässt.[218] Die Befristung aus »wichtigem Grund« zuzulassen,[219] würde zwar wertungsmäßig mit Abs. 3 Satz 4 übereinstimmen, doch sind praktisch keine Fälle denkbar, in denen derart gravierende Gründe für eine Befristung sprechen. Eine **Probebefristung** auf diese Weise zu rechtfertigen, erscheint entgegen früher eingenommener Position **höchst fragwürdig**, da dann ein sehr gravierender Mangel an Fachkunde oder Zuverlässigkeit vorliegen müsste, den das Gesetz nicht duldet: Fachkunde und Zuverlässigkeit müssen schon bei der Bestellung vorhanden sein.[220] Auch **bei Externen** ist eine langfristige Beschäftigung zu verlangen.[221] Eine kommissarische Besetzung ist möglich, um Zeit für die Suche nach einem geeigneten Bewerber zu gewinnen, doch darf diese nicht länger als sechs Monate dauern.[222]

76 Der Bestandsschutz des Datenschutzbeauftragten wird in ähnlicher Weise unterlaufen, wenn das **Arbeitsverhältnis befristet** wird. Auch dies ist daher allenfalls in den Grenzen zulässig, in denen eine befristete Bestellung in Betracht kommt. Soll ein befristet Beschäftigter zum Datenschutzbeauftragten bestellt werden, ist sein Arbeitsverhältnis vorher zu entfristen. Jede abweichende Lösung würde die Unabhängigkeit des Beauftragten beseitigen, was nicht nur im Widerspruch zu § 4f BDSG, sondern auch im Widerspruch zur EG-Datenschutzrichtlinie stehen würde.

g) Umstrukturierung von Unternehmen

77 Wird innerhalb der verantwortlichen Stelle umstrukturiert, beispielsweise ein **Betriebsteil** aus einem Betrieb herausgelöst und **einem anderen zugeordnet**, so findet zwar § 613a BGB entsprechende Anwendung,[223] doch ändert sich an der Zuständigkeit des Datenschutzbeauftragten nichts.

78 Wird ein **Betrieb an ein anderes Unternehmen veräußert**, ist der **Datenschutzbeauftragte des** »**Empfängerunternehmens**« vom Zeitpunkt des Übergangs an zuständig. Vollzieht sich die Übernahme im Rahmen eines Konzerns, kann im Einzelfall zwischen beiden Funktionen Personenidentität bestehen (s. oben Rn. 7), so dass alles beim Alten bleibt. Wird der Betrieb von einem Unternehmen erworben, wo es keinen betrieblichen Datenschutzbeauftragten gibt, so steht dem bisherigen Funktionsträger m.E. in vorsichtiger Analogie zu § 21a BetrVG ein **Übergangsmandat** zu, sofern in der neuen Einheit die Voraussetzungen des § 4f Abs. 1 erfüllt sind. Nur so wird eine kontrollfreie Zeit oder gar eine dauerhaft kontrollfreie Zone vermieden. Der betriebliche Datenschutzbeauftragte muss sich **um die Bestellung** eines neuen Funktionsträgers, d.h. eines »**Nachfolgers**« **bemühen**; notfalls ist die Aufsichtsbehörde einzuschalten. Sind

---

218 Gola/Schomerus, § 4f Rn. 32; anders Simitis in Simitis, § 4f Rn. 61, Scheja in Taeger/Gabel § 4f Rn. 39 und Reinhard NZA 2013,1049, 1054 (zwei Jahre); Wolff/Brink-Moos § 4f Rn. 22 (vier Jahre); für freie Befristung Lembke in HWK, §§ 4f, 4g Rn. 13; gegen jede Befristung Auernhammer-Raum § 4f Rn. 63.
219 So BMH, § 4f Rn. 68; Mester S. 240.
220 v.d. Bussche in Plath, § 4f Rn. 19, 20. Ebenso im Ergebnis Scheja in Taeger/Gabel, § 4f Rn. 42.
221 BMH, § 4f Rn. 69: mindestens fünf Jahre.
222 Auernhammer-Raum § 4f Rn. 64, ähnlich Wolff/Brink-Moos § 4f Rn. 23.
223 Hohenstatt in WHSS, Teil E Rn. 68ff.

(ausnahmsweise) die Voraussetzungen des § 4f nicht gegeben, ist nur eine freiwillige Bestellung möglich (zu dieser s. oben Rn. 20).

Die Dinge werden komplizierter, wenn ein **Unternehmen** einschließlich der ihm zugeordneten Betriebe **von einem anderen** Unternehmen **aufgenommen** wird und beide über einen betrieblichen Datenschutzbeauftragten verfügen. Nach Auffassung des ArbG Frankfurt/Main[224] bleibt in einem solchen Fall die **Funktion der beiden** Beauftragten **erhalten**. Dies kann jedoch schwerlich ein Dauerzustand sein, und zwar schon deshalb nicht, weil sich die Grenzen der ursprünglichen Unternehmen in der Regel verwischen werden, so dass eine Abgrenzung der Betreuungsbereiche nicht mehr praktikabel ist. Deshalb sieht die Betriebsverfassung bei der Zusammenlegung von zwei Betrieben nicht etwa eine Koexistenz von zwei Betriebsräten, sondern ein Übergangsmandat für den Betriebsrat aus der größeren Ausgangseinheit vor, der dann die Neuwahlen zu einer einheitlichen Interessenvertretung vorzubereiten hat (§ 21a Abs. 2 BetrVG). Das **BAG** hat deshalb im Fall der **Fusion** zweier gesetzlicher Krankenkassen entschieden, dass mit der Schließung einer Kasse und damit dem Erlöschen ihrer Rechtsfähigkeit auch das **Amt des Datenschutzbeauftragten hinfällig** wird.[225] Dies wird man auf die gewerbliche Wirtschaft übertragen können. Wird eine Gesellschaft von der anderen aufgenommen, endet mit der Eintragung dieses Vorgangs ins Handelsregister auch das Amt ihres betrieblichen Datenschutzbeauftragten. Verfügt die weiterbestehende Gesellschaft über einen eigenen betrieblichen Datenschutzbeauftragten, **dehnt sich** dessen **Zuständigkeitsbereich** automatisch **aus**.[226] Findet eine **Verschmelzung durch Neugründung** statt, erlöschen die Mandate der Datenschutzbeauftragten in beiden Ursprungsgesellschaften; die neue Gesellschaft muss ihrerseits aktiv werden und einen betrieblichen Datenschutzbeauftragten bestellen, der häufig mit einem der bisherigen Amtsinhaber identisch sein wird.[227]

Wird ein **Betrieb** durch Ausgründung **zu einem selbstständigen Unternehmen gemacht**, ist in der neuen Einheit ein betrieblicher Datenschutzbeauftragter zu bestellen, sofern die Voraussetzungen des Abs. 1 erfüllt sind. Bis dies geschieht, sollte man auch hier entsprechend § 21a BetrVG dem bisherigen Datenschutzbeauftragten ein »**Übergangsmandat**« einräumen, um auf diese Weise eine »kontrollfreie Zone« zu vermeiden. Vermutlich wird in der Praxis einvernehmlich in diesem Sinne verfahren, da keinerlei Auseinandersetzungen über derartige Fragen in der Literatur dokumentiert sind.

Ist ein **interner** Datenschutzbeauftragter in einem **Betrieb beschäftigt**, der **auf einen neuen Inhaber übergeht**, so kann er sein Amt anders als der Betriebsrat nicht »mitnehmen«,[228] da dieses letztlich auf einer Legitimation durch den jeweiligen Unternehmer, nicht auf einer Wahl durch die Belegschaft beruht. Besteht das »abgebende« Unternehmen weiter, so könnte er an sich dort zum externen Datenschutzbeauftragten werden, doch ergeben sich praktische Probleme, weil er vom Übernehmer im Zweifel

79

80

81

---

224 5.9.2001 – 9 Ca 705/01, RDV 2001, 290.
225 BAG 29.9.2010 – 10 AZR 588/08, NZA 2011, 151.
226 Auernhammer-Raum § 4f Rn. 140.
227 Auernhammer-Raum § 4f Rn. 140.
228 Ebenso im Ergebnis LAG Berlin-Brandenburg 15.10.2013 – 3 Sa 567/13.

keine Freistellung für die Fortführung seiner bisherigen Tätigkeit erhalten wird. Insoweit ist **mit dem Übergang des Arbeitsverhältnisses** die **Geschäftsgrundlage** für die bisherige Tätigkeit **weggefallen**, was einen Widerruf ermöglichen würde.[229] In der Praxis wird man sich allerdings im Regelfall vorher verständigen, ob der betriebliche Datenschutzbeauftragte – notfalls im Wege der Ausübung des Widerspruchsrechts – beim bisherigen Inhaber verbleibt, ob er seine Tätigkeit beim Erwerber fortsetzt oder ob er letztlich auf sein Amt verzichtet.

6. Streitigkeiten, insbesondere Sanktionen bei unterlassener oder fehlerhafter Bestellung

82 Wird entgegen der gesetzlichen Verpflichtung der Datenschutzbeauftragte nicht in der vorgeschriebenen Weise oder nicht rechtzeitig bestellt, so liegt eine **Ordnungswidrigkeit** nach § 43 Abs. 1 Nr. 2 vor. Sie kann mit einer Geldbuße von bis zu 50 000 Euro geahndet werden. Im **Fall Lidl** hatte keine der 35 Vertriebsgesellschaften der gesetzlichen Pflicht genügt, weshalb **jede ein Bußgeld von 10 000,– Euro** bezahlen musste.[230] Dasselbe gilt, wenn eine Person bestellt wird, die nicht die nötige Fachkunde oder die nötige Zuverlässigkeit besitzt. Außerdem liegt in solchen Fällen ein **Organisationsverschulden der verantwortlichen Stelle** vor, das sie Dritten gegenüber schadensersatzpflichtig macht.[231]

83 Eine **persönliche Haftung des Datenschutzbeauftragten** auf Schadensersatz kommt praktisch noch weniger in Betracht als eine Haftung der verantwortlichen Stelle (zu dieser § 7 Rn. 3). Im Verhältnis zu dieser ist eine vertragliche Haftung denkbar, doch setzt sie voraus, dass eine Pflichtverletzung zu einem Schaden führte. Dies ist nur dann der Fall, wenn sich belegen lässt, dass eine Intervention des Datenschutzbeauftragten den Eintritt des Vermögensnachteils oder der Persönlichkeitsverletzung verhindert hätte. Angesichts fehlender Entscheidungsbefugnisse ist dies eine höchst unwahrscheinliche Konstellation. Anders kann im Einzelfall die Situation sein, wenn der Beauftragte schuldhaft seine **Verschwiegenheitspflicht verletzte**.

84 Im **Verhältnis zum Betroffenen** sowie Dritten gegenüber kommt nur eine **Haftung** des Datenschutzbeauftragten **aus unerlaubter Handlung** in Betracht. § 823 Abs. 1 BGB setzt eine Verletzung des allgemeinen Persönlichkeitsrechts voraus. Immaterieller Schaden müsste nur ersetzt werden, wenn ein schwerer Eingriff vorliegt. Datenschutzrechtliche Normen sind weiter Schutzgesetze zugunsten des Betroffenen, so dass sich ein Ersatzanspruch zusätzlich auf § 823 Abs. 2 BGB stützen ließe. Auch hier wird der Nachweis eines Schadens kaum je ernsthaft in Betracht kommen.

85 Bestehen Meinungsverschiedenheiten zwischen dem Datenschutzbeauftragten und der verantwortlichen Stelle über die Einhaltung des Datenschutzrechts, so kann die **Aufsichtsbehörde eingeschaltet** werden (dazu § 4 g Rn. 21). Geht es um die persönliche Rechtsstellung des Datenschutzbeauftragten, so entscheiden die **Arbeitsgerichte**, wenn

---

229 Für automatischen Wegfall der Funktion als Datenschutzbeauftragter Lembke in HWK, §§ 4 f, 4 g Rn. 15.
230 Mitgeteilt in RDV 2008, 217 f.
231 BMH, § 4 f Rn. 185.

er Arbeitnehmer ist, da sich seine Amtsbefugnisse nicht von denen als Arbeitnehmer trennen lassen (vgl. § 2 Abs. 3 ArbGG). Ein externer Datenschutzbeauftragter müsste je nach Streitgegenstand vor dem **Amtsgericht** oder dem **Landgericht** klagen.

7. Europäische Perspektiven

Der **Kommissionsentwurf** für eine Datenschutz-Grundverordnung sieht in den Artikeln 35 bis 37 einen »betrieblichen Datenschutzbeauftragten« vor. Er soll in allen Behörden und öffentlichen Einrichtungen sowie in Unternehmen bestehen, die mindestens 250 Mitarbeiter beschäftigen. Auch ist er für solche Unternehmen vorgesehen, deren »Kerntätigkeit« in der Durchführung von Verarbeitungsvorgängen besteht, »welche aufgrund ihres Wesens, ihres Umfangs und/oder ihrer Zwecke eine regelmäßige und systematische Beobachtung von betroffenen Personen erforderlich machen.« Die Eingrenzung dieser Fälle wird schwierig sein.

86

Das **Parlament** will die Institution ebenfalls akzeptieren, will ihn jedoch außer in Behörden dann vorsehen, wenn

87

a. ...
b. die Verarbeitung von einer juristischen Person durchgeführt wird und sich auf mehr als 5 000 betroffene Personen innerhalb eines Zeitraumes von zwölf aufeinanderfolgenden Monaten bezieht; oder
c. die Kerntätigkeit des für die Verarbeitung Verantwortlichen oder des Auftragsverarbeiters in der Durchführung von Verarbeitungsvorgängen besteht, welche aufgrund ihres Wesens, ihres Umfangs und/oder ihrer Zwecke eine regelmäßige und systematische Beobachtung von betroffenen Personen erforderlich machen; oder
d. die Kernaktivitäten des für die Verarbeitung Verantwortlichen oder des Auftragsverarbeiters aus der Verarbeitung besonderer Kategorien von Daten gemäß Artikel 9 Absatz 1, Standortdaten, Daten über Kinder oder Arbeitnehmerdaten in groß angelegten Ablagesystemen bestehen.

Was ist eine »Kerntätigkeit« und eine »Kernaktivität«? Wann geraten Arbeitnehmerdaten in »groß angelegte Ablagesysteme«?

Der **Rat** lässt die Frage offen, ob ein betrieblicher Datenschutzbeauftragter zu bestellen ist und trifft eingehende Vorkehrungen über seine Aufgaben und seine Rechtsstellung.

88

§ 4g Aufgaben des Beauftragten für den Datenschutz

(1) Der Beauftragte für den Datenschutz wirkt auf die Einhaltung dieses Gesetzes und anderer Vorschriften über den Datenschutz hin. Zu diesem Zweck kann sich der Beauftragte für den Datenschutz in Zweifelsfällen an die für die Datenschutzkontrolle bei der verantwortlichen Stelle zuständige Behörde wenden. Er kann die Beratung nach § 38 Abs. 1 Satz 2 in Anspruch nehmen. Er hat insbesondere
1. die ordnungsgemäße Anwendung der Datenverarbeitungsprogramme, mit deren Hilfe personenbezogene Daten verarbeitet werden sollen, zu überwachen; zu

§ 4g Aufgaben des Beauftragten für den Datenschutz

diesem Zweck ist er über Vorhaben der automatisierten Verarbeitung personenbezogener Daten rechtzeitig zu unterrichten,
2. die bei der Verarbeitung personenbezogener Daten tätigen Personen durch geeignete Maßnahmen mit den Vorschriften dieses Gesetzes sowie anderen Vorschriften über den Datenschutz und mit den jeweiligen besonderen Erfordernissen des Datenschutzes vertraut zu machen.

(2) Dem Beauftragten für den Datenschutz ist von der verantwortlichen Stelle eine Übersicht über die in § 4e Satz 1 genannten Angaben sowie über zugriffsberechtigte Personen zur Verfügung zu stellen. Der Beauftragte für den Datenschutz macht die Angaben nach § 4e Satz 1 Nr. 1 bis 8 auf Antrag jedermann in geeigneter Weise verfügbar.

(2 a) Soweit bei einer nichtöffentlichen Stelle keine Verpflichtung zur Bestellung eines Beauftragten für den Datenschutz besteht, hat der Leiter der nichtöffentlichen Stelle die Erfüllung der Aufgaben nach den Absätzen 1 und 2 in anderer Weise sicherzustellen.

(3) Auf die in § 6 Abs. 2 Satz 4 genannten Behörden findet Absatz 2 Satz 2 keine Anwendung. Absatz 1 Satz 2 findet mit der Maßgabe Anwendung, dass der behördliche Beauftragte für den Datenschutz das Benehmen mit dem Behördenleiter herstellt; bei Unstimmigkeiten zwischen dem behördlichen Beauftragten für den Datenschutz und dem Behördenleiter entscheidet die oberste Bundesbehörde.

Übersicht
	Rn.
1. Einleitung	1– 6
2. Die Hauptaufgabe: Kontrolle der praktischen Umsetzung des Datenschutzrechts	7–13
3. Ausdrücklich hervorgehobene Aufgaben	14–21
a) Kontrolle der Datenverarbeitungsprogramme	14–16
b) Fortbildungsfunktion	17, 18
c) Verfahrensverzeichnis und Herstellung von Publizität	19–21
4. Kooperation mit der Aufsichtsbehörde	22, 23
5. Das Verhältnis des Datenschutzbeauftragten zum Betriebsrat	24
6. Haftung des Datenschutzbeauftragten auf Schadensersatz und strafrechtliche Verantwortlichkeit	25–29

1. Einleitung

1 Die Vorschrift benennt die wichtigsten Aufgaben des Datenschutzbeauftragten, will jedoch **keine abschließende Aufzählung** geben. Unberührt bleibt daher seine Zuständigkeit für die Vorabkontrolle nach § 4d Abs. 6 Satz 1 (s. oben § 4d Rn. 11) sowie das Recht, den nach § 4f Abs. 5 Satz 2 vorgetragenen Anregungen und Beschwerden von Betroffenen nachzugehen (s. § 4f Rn. 62). Der Datenschutzbeauftragte ist nicht verpflichtet, einen **Tätigkeitsbericht** zu erstellen, doch kann sich dies empfehlen, wenn seine Amtsführung der Kritik ausgesetzt ist.[1]

2 Nach Abs. 1 Satz 1 **wirkt** der Datenschutzbeauftragte **auf die Einhaltung des Datenschutzrechts hin**; die in § 37 Abs. 1 Satz 1 a.F. enthaltene Verpflichtung zur »Sicherstellung« war unrealistisch, da hierfür umfangreiche Eingriffsbefugnisse erforderlich

---
1 v.d. Bussche in Plath, § 4g Rn. 26.

Aufgaben des Beauftragten für den Datenschutz § 4g

wären. Wie nach früherem Recht ist er darauf beschränkt, zu beraten und Vorschläge zu machen.[2]

Abs. 1 Satz 3 nennt beispielhaft die **Kontrolle** der Datenverarbeitungsprogramme und die **Fortbildungsfunktion** als wichtige Tätigkeitsfelder des Datenschutzbeauftragten. Abs. 2 befasst sich mit dem sog. Verfahrensverzeichnis sowie der herzustellenden Publizität. 3

Von grundsätzlicher Bedeutung ist die in Abs. 1 Satz 2 geregelte **Zusammenarbeit mit der Aufsichtsbehörde**. Sie zu mobilisieren ist – etwas pointiert ausgedrückt – die schärfste Waffe des Beauftragten, da ihm keinerlei eigene Anordnungsbefugnisse zustehen. Vielmehr ist er gegenüber der verantwortlichen Stelle auf Beratung, Anregung und Kritik beschränkt.[3] 4

Der neue Abs. 2a legt die **Verantwortlichkeit des Leiters** der nichtöffentlichen Stelle fest, wenn kein Beauftragter bestellt werden musste. Dies läuft darauf hinaus, dass auch in kleinen Einheiten ein Arbeitnehmer mit Aufgaben betraut wird, die weithin denen des betrieblichen Datenschutzbeauftragten entsprechen; eine entsprechende rechtliche Absicherung besteht aber nicht.[4] 4a

Abs. 3 enthält Sonderregeln für den **öffentlichen Bereich**, die **Sicherheitsinteressen** Rechnung tragen (Satz 1), die darüber hinaus jedoch die Einschaltung des Bundesbeauftragten für den Datenschutz und die Informationsfreiheit erschweren (Satz 2). 5

Existiert im Unternehmen **keine Verpflichtung** zur Bestellung eines **betrieblichen Datenschutzbeauftragten**, so hat die Leitung der verantwortlichen Stelle nach **Abs. 2a** die Kontrollaufgaben nach Abs. 1 und die Erstellung des Verfahrensverzeichnisses nach Abs. 2 auf andere Weise sicherzustellen. Dabei liegt es nahe, eine bestimmte einigermaßen sachkundige Person mit dieser Aufgabe zu betrauen,[5] die dann allerdings nicht die Rechte eines betrieblichen Datenschutzbeauftragten hat. Ist unter Verstoß gegen das BDSG kein betrieblicher Datenschutzbeauftragter bestellt worden, so bleibt die Verantwortlichkeit gleichwohl erhalten; Abs. 2a ist in solchen Fällen entsprechend anwendbar. Allerdings leistet er keinen wesentlichen Beitrag zur besseren Einhaltung des Datenschutzrechts.[6] 5a

Die Vorschrift ist aufgrund der zahlreichen Verweisungen in Abs. 2 und Abs. 3 Satz 1 **schwer lesbar**. Nichtjuristen werden sie als abschreckendes Beispiel für schlechte Gesetzgebungstechnik empfinden.[7] 6

---

2 Auernhammer-Raum § 4g Rn. 5; v.d. Bussche in Plath, § 4g Rn. 8; Wolff/Brink-Moos § 4g Rn. 6. Die in BayVGH (1.12.2014 – 16a DZ 11.2411, ZD 2015, 187) mitgeteilte Durchsuchung eines Dienstcomputers durch den behördlichen Datenschutzbeauftragten lässt sich allenfalls mit Besonderheiten des bayerischen Landesrechts rechtfertigen; ansonsten stehen dem bDSB keine entsprechenden Befugnisse zu.
3 Ebenso v.d. Bussche in Plath, § 4g Rn. 3, der vom »schärfsten Schwert« spricht.
4 Karper/Stutz DuD 2006, 792. Vgl. auch Wybitul/Schultze-Melling § 4g Rn. 2.
5 v. d. Busche in Plath, § 4g Rn. 34; Scheja in Taeger/Gabel, § 4g Rn. 38.
6 Kritisch auch Scheja in Taeger/Gabel, § 4g Rn. 38.
7 Zustimmend Auernhammer-Raum § 4g Rn. 4.

2. Die Hauptaufgabe: Kontrolle der praktischen Umsetzung des Datenschutzrechts

7 Die in **Abs. 1 Satz 1** niedergelegte Verpflichtung bezieht sich nicht nur auf das BDSG (einschließlich des in §§ 4b und 4c geregelten grenzüberschreitenden Datenverkehrs[8]) und bereichsspezifische Normen über den Datenschutz wie §§ 88 ff. TKG. Erfasst sind z. B. auch die **für manuell geführte Personalakten** geltenden **Rechtsgrundsätze**.[9] Zu berücksichtigen ist weiter, ob die **Beteiligungsrechte** der betrieblichen Interessenvertretung **eingehalten** wurden, da bei Verstößen die Datenverarbeitung unzulässig wäre.[10] Große Bedeutung kann die Einhaltung der Datensicherungsvorschriften haben.[11] Auch die Einhaltung datenschutzrechtlicher Vorschriften bei einem **Auftragsdatenverarbeiter** hat der Datenschutzbeauftragte zu überwachen; Zugangs- und Kontrollrechte ergeben sich allerdings nicht aus dem Gesetz, sondern müssen vertraglich vereinbart werden.[12]

8 Um seiner Kontrollaufgabe nachzukommen, kann der Datenschutzbeauftragte **Einblick auch in vertrauliche Angaben** nehmen. Dazu gehören auch Personalaktendaten.[13] Selbst die Daten von Betriebsärzten und Betriebspsychologen unterliegen seiner Kontrollkompetenz.[14] Weder kann ihm das Personalakten- noch das Arztgeheimnis entgegengehalten werden.[15] Als Korrektiv dient seine Verschwiegenheitspflicht nach § 4f Abs. 4 (dazu oben § 4f Rn. 51 ff.). Ist dem einzelnen Beschäftigten eine »persönliche Ablage« eingeräumt, ist diese seiner Privatsphäre zuzuordnen, die außerhalb der Kontrollkompetenz des bDSB liegt.[16]

9 **Betriebsrat**, Personalrat und andere Arbeitnehmervertretungen unterliegen nach der Rechtsprechung des BAG **nicht der Kontrolle** des Datenschutzbeauftragten.[17] Maßgebend hierfür ist die Erwägung, dass der Datenschutzbeauftragte durch die Form seiner Bestellung (s. oben § 4f Rn. 36 ff.) eine Art **Gewährsmann des Arbeitgebers** ist, weshalb eine Kontrolle des Betriebsrats mit dessen Unabhängigkeit nicht zu vereinbaren wäre. Die Literatur hat dem zum Teil zugestimmt,[18] zum Teil aber auch mehr oder weniger deutliche Skepsis artikuliert.[19] Ihrem Sinn nach kann die BAG-Rechtsprechung dann keine Anwendung finden, wenn aufgrund Tarifvertrags oder Betriebsvereinbarung die Bestellung des Beauftragten der **Mitbestimmung des Betriebsrats**

---

8 v.d. Bussche in Plath, § 4g Rn. 9.
9 Gola/Schomerus, § 4g Rn. 4. Ebenso im Ergebnis Auernhammer-Raum § 4g Rn. 8.
10 Auernhammer-Raum § 4g Rn. 31; v.d. Bussche in Plath, § 4g Rn. 10; Wohlgemuth/Gerloff, S. 150.
11 Dazu Königshofen in Roßnagel, Kap. 5.5. Rn. 52 ff.
12 Auernhammer-Raum § 4g Rn. 27; v.d. Bussche in Plath, § 4g Rn. 9.
13 Auernhammer-Raum § 4g Rn 28.
14 Reichold in MünchArbR, § 88 Rn. 82.
15 Simitis in Simitis, § 4g Rn. 35.
16 A.A. Auernhammer-Raum § 4g Rn. 24 ff.
17 BAG 11.11.1997 – 1 ABR 21/97, AP Nr. 1 zu § 36 BDSG = NJW 1998, 2466 = DB 1998, 627.
18 Däubler, Gläserne Belegschaften? Rn. 616; Klebe in DKKW, § 94 Rn. 51; Wedde AiB 1999, 695; Wohlgemuth/Gerloff, S. 150.
19 Gola/Schomerus, § 4g Rn. 11; Reichold in MünchArbR, § 88 Rn. 82; Simitis in Simitis, § 4g Rn. 40.

Aufgaben des Beauftragten für den Datenschutz § 4g

unterliegt (dazu § 4f Rn. 42)[20] oder wenn das Landespersonalvertretungsrecht eine entsprechende Regelung enthält. Die bloße Zustimmung des Betriebsrats zur Einsetzung einer bestimmten Person kann dagegen nicht genügen. Ist das Kontrollrecht des Datenschutzbeauftragten effektiv ausgeschlossen, so kann allein die **Aufsichtsbehörde intervenieren**.[21]   10
Die Bestellung eines **eigenen Datenschutzbeauftragten** für den Fall, dass im Betriebsrat   11
mehr als neun (bisher vier) Personen mit automatisierter Personaldatenverarbeitung befasst sind, wird erwogen,[22] scheint sich in der Praxis aber noch nicht durchgesetzt zu haben. Bisweilen wird gegen eine solche Vorstellung auch unsachlich polemisiert,[23] was Erstaunen erweckt. Die **betriebliche Interessenvertretung** ist zwar Teil der verantwortlichen Stelle, wird aber aufgrund der Rechtsprechung des BAG im Bereich der Kontrollkompetenz des betrieblichen Datenschutzbeauftragten nicht in dieser Weise, sondern **als unabhängige Größe behandelt**. Daraus kann man die weitere Konsequenz ziehen, zur Vermeidung eines kontrollfreien Raumes auch in Bezug auf die Bestellungspflicht eine selbständige Einheit anzunehmen. Die Unabhängigkeit von der zu kontrollierenden Stelle ist kein größeres Problem als die des »normalen« Datenschutzbeauftragten,[24] man sollte sie nicht gerade hier zu einem Bestellungshindernis hochstilisieren. Wenigstens wird akzeptiert, dass der Betriebsrat eine »**freiwillige Selbstkontrolle**« praktiziert und dabei ggf. den betrieblichen Datenschutzbeauftragten zu seinem eigenen macht.[25]
Der Datenschutzbeauftragte kann konkrete Maßstäbe für die Anwendung des Daten-   12
schutzrechts entwickeln und diese in einer »**Datenschutzordnung**« niederlegen. So kann er beispielsweise darauf dringen, dass ein Verfahren für die Unterrichtung nach § 33 und die Auskunftserteilung nach § 34 eingerichtet wird oder dass bestimmte **Löschungsroutinen** praktiziert werden. Abs. 1 Satz 1 verpflichtet ihn auch dazu, auf Widersprüche zwischen einzelnen Klauseln in Arbeitsverträgen oder in Verträgen mit Kunden und datenschutzrechtlichen Normen hinzuweisen.[26]
Der Datenschutzbeauftragte kann **unangemeldete Kontrollen** und Stichproben vor-   13
nehmen.[27] Dies gilt insbesondere für die Arbeit mit PCs und Laptops[28] sowie auch für Zweigstellen und Mitarbeiter im Außendienst.

---

20 Zustimmend Wolff/Brink-Moos § 4g Rn. 5.
21 BAG 11.11.1997 – 1 ABR 21/97, DB 1998, 627, 630 = AP Nr. 1 zu § 36 BDSG.
22 Klebe in DKKW, § 94 Rn. 54; Königshofen in Roßnagel, Kap. 5.5. Rn. 65; Schierbaum PersR 2002, 499.
23 S. Gola/Schomerus, § 4g Rn. 11: »abwegig«.
24 Bedenken aber bei Simitis in Simitis, § 4g Rn. 41.
25 Gola/Schomerus, a. a. O.
26 Zu weiteren möglichen Aktivitäten, die im Gesetz nicht ausdrücklich benannt sind, s. BMH, § 4f Rn. 53 ff., zur Mitwirkung bei der Videokontrolle s. Koch, Der betriebliche Datenschutzbeauftragte, S. 60.
27 Auernhammer-Raum § 4g Rn. 15; v. d. Bussche in Plath, § 4g Rn. 11; ebenso für die Kontrolle von Programmen Gola/Schomerus, § 4g Rn. 19; Simitis in Simitis, § 4g Rn. 48.
28 BMH, § 4g Rn. 30.

3. Ausdrücklich hervorgehobene Aufgaben
a) Kontrolle der Datenverarbeitungsprogramme

14 Nach Abs. 1 Satz 3 Nr. 1 hat der Beauftragte die ordnungsgemäße **Anwendung der Datenverarbeitungsprogramme** zu überwachen, wenn mit ihrer Hilfe personenbezogene Daten verarbeitet werden sollen. Ihm muss deshalb schon bei seiner Bestellung Kenntnis von allen eingesetzten Programmen gegeben werden. Dazu zählen **auch** (möglicherweise illegale) **Kontrollprogramme**.[29] Die Aufgabe des bDSB erstreckt sich auf alle Vorschriften des BDSG, bezieht also auch die Datensicherung nach § 9 mit ein;[30] außerdem ist auch die Einhaltung bereichsspezifischer Vorschriften über den Datenschutz zu überwachen (oben Rn. 7). Bei der Bestandsaufnahme kann sich der Datenschutzbeauftragte mit der Versendung von Fragebögen begnügen, die die jeweils Systemverantwortlichen auszufüllen haben; nur wenn Anhaltspunkte für eine Unrichtigkeit oder sonstige Ungereimtheiten bestehen, muss er auf die Datenbestände selbst zugreifen.[31] Tut er dies, ist er gut beraten, das **Vier-Augen-Prinzip** zu beachten und nicht allein und ohne Zeugen vorzugehen.[32] Wo die Daten im Einzelnen gespeichert sind, spielt keine Rolle.[33]

15 Vor der **Einführung neuer Programme** ist er so **rechtzeitig zu beteiligen**, dass seinen etwaigen Einwendungen noch Rechnung getragen werden kann.[34] Wenige Tage genügen hierfür in aller Regel nicht.[35] Entsprechendes gilt in der Betriebsverfassung für die Information des Betriebsrats. Möglich wäre dann beispielsweise, dass der Datenschutzbeauftragte vorschlägt, die Auswertungen von Kundendaten auf der Basis anonymisierter Angaben vorzunehmen.[36] Auch könnte er die **Installierung zusätzlicher Virenschutzprogramme** verlangen, um so der **Datensicherung** nach § 9 besser Rechnung zu tragen und der Gefahr einer Datenlöschung im Widerspruch zu § 35 Abs. 3 entgegenzuwirken. Generell kann er sich allerdings auf Hinweise zu den aus seiner Sicht notwendigen Zielen beschränken; **Vorschläge zur konkreten technischen Umsetzung** können **nicht verlangt** werden.[37] Die Zugriffsberechtigungen sowie die Vergabe von Passwörtern gehören gleichfalls zu den Themen, zu denen er Vorschläge erarbeiten sollte.

16 Soweit der Datenschutzbeauftragte nicht in der Lage ist, die Programme selbst umfassend zu analysieren, kann er sich der **Hilfe externer Experten** bedienen.[38] Mit Rücksicht auf seine Fachkunde wird dies typischerweise nur bei Neuentwicklungen

---

29 Dazu Haverkamp CF, Heft 12/1998, S. 18.
30 Wolff/Brink-Moos § 4g Rn. 2.
31 Scheja in Taeger/Gabel, § 4g Rn. 20.
32 Auernhammer-Raum § 4g Rn. 13.
33 Auernhammer-Raum § 4g Rn. 18.
34 BMH, § 4g Rn. 27; v.d. Bussche in Plath, § 4g Rn. 14; Däubler, Gläserne Belegschaften? Rn. 602; Simitis in Simitis, § 4g Rn. 45; TEG, S. 454.
35 Scheja in Taeger/Gabel, § 4g Rn. 16.
36 S. das Beispiel bei Königshofen in Roßnagel, Kap. 5.5. Rn. 22 ff.
37 Zustimmend Wolff/Brink-Moos § 4g Rn. 17; v.d. Bussche in Plath, § 4g Rn. 15.
38 Auernhammer-Raum § 4g Rn. 12; v.d. Bussche in Plath, § 4g Rn. 15; Mester S. 235; Simitis in Simitis, § 4g Rn. 59.

Aufgaben des Beauftragten für den Datenschutz §4g

komplexer Programme der Fall sein. Die **Kosten** der Externen hat die verantwortliche Stelle zu übernehmen. Ist ein **Externer als Datenschutzbeauftragter** tätig, ist es seine Sache, für den notwendigen Informationsstand zu sorgen.[39]

b) Fortbildungsfunktion

Die in Abs. 1 Satz 3 Nr. 2 vorgesehene Fortbildungsaufgabe hat das Ziel, unter den Beschäftigten ein »**Datenschutzbewusstsein**« zu wecken.[40] Angesichts der rasanten Entwicklung der Informationstechnik ist dies zu einer Daueraufgabe geworden.[41] Der Einzelne soll »Grundzüge« des geltenden Rechts kennen, die ihn in die Lage versetzen, etwaige Problempunkte ausfindig zu machen.[42] Dies setzt voraus, dass auf die **spezifischen Probleme** eingegangen wird, die sich **an bestimmten Arbeitsplätzen** wie z. B. in der Personalabteilung, in der EDV oder im Außendienst stellen.[43] Damit wäre ein wichtiger Beitrag für die Durchsetzung des Datenschutzrechts geleistet.

17

Neben Gesprächen und der Erarbeitung und Verteilung von **Merkblättern** kommen insbesondere **Weiterbildungsseminare** in Betracht; die Auswahl und Ausgestaltung ist Sache des betrieblichen Datenschutzbeauftragten.[44] Ihre Durchführung unterliegt der Mitbestimmung des Betriebsrats nach § 98 BetrVG.[45] Für die Personalvertretung enthält § 75 Abs. 3 Nr. 6 BPersVG eine ähnliche Regelung. Die verantwortliche Stelle hat **Räume und Materialien** zur Verfügung zu stellen.[46] Auch muss sie ggf. die **Kosten von Externen** tragen, die als Vortragende herangezogen werden.[47] Die teilnehmenden Beschäftigten sind von der Arbeit freizustellen.[48]

18

c) Verfahrensverzeichnis und Herstellung von Publizität

Nach Abs. 2 Satz 1 hat die verantwortliche Stelle eine Übersicht über die Verfahren automatisierter Verarbeitung zur Verfügung zu stellen, die die in § 4e Satz 1 in 9 Ziffern vorgesehenen Informationen enthält (dazu oben § 4e Rn. 2 ff.).[49] Auch etwaige Änderungen sowie – über § 4e Satz 1 hinaus – die **zugriffsberechtigten Personen** sind festzuhalten. Dies muss nicht namentlich geschehen; es reicht, wenn die Personen bestimmbar sind.[50] Dazu können auch Personen gehören, die außerhalb der verant-

19

---

39 Einschränkend Mester S. 235.
40 BMH, § 4g Rn. 36; Scheja in Taeger/Gabel, § 4g Rn. 21.
41 Auernhammer-Raum § 4g Rn. 37; v.d. Bussche in Plath, § 4g Rn. 17.
42 BMH, § 4g Rn. 38.
43 Königshofen in Roßnagel, Kap. 5.5. Rn. 41.
44 Scheja in Taeger/Gabel, § 4g Rn. 24.
45 Auernhammer-Raum § 4g Rn. 41; Gola/Schomerus, § 4g Rn. 20; Simitis in Simitis, § 4g Rn. 55; TEG, S. 445.
46 Gola/Schomerus, § 4g Rn. 20.
47 BMH, § 4g Rn. 39; Scheja in Taeger/Gabel, § 4g Rn. 23; Wolff/Brink-Moos § 4g Rn. 22.
48 v.d. Bussche in Plath, § 4g Rn. 18; Simitis in Simitis, § 4g Rn. 58.
49 Ebenso Wybitul/Schultze-Melling § 4g Rn 5; Wolff/Brink-Moos § 4g Rn. 30.
50 Auernhammer-Raum § 4g Rn. 61; Scheja in Taeger/Gabel, § 4g Rn. 29; Wolff/Brink-Moos § 4g Rn. 28.

§ 4g   Aufgaben des Beauftragten für den Datenschutz

wortlichen Stelle tätig sind, aber ständigen Zugriff haben.[51] Die Existenz der Übersicht erleichtert die Kontrollierbarkeit der Datenverarbeitung für die Betroffenen wie auch für externe Instanzen.[52] Es handelt sich um eine Aufgabe der verantwortlichen Stelle, die typischerweise vom betrieblichen Datenschutzbeauftragten erfüllt wird.[53] Seine Einschaltung ist überall da geboten, wo sie die sonst bestehende Anzeigepflicht an die Behörde entfallen lässt.[54] Dabei muss er das Verfahrensverzeichnis nicht alleine erstellen, sondern kann sich u. a. durch Mitarbeiter der IT-Abteilung unterstützen lassen. Ob es in digitalisierter oder manueller Form vorliegt, ist rechtlich ohne Bedeutung.[55]

20 Als Ausgleich für die generelle Meldepflicht nach § 4d Abs. 1 sieht § 4g Abs. 2 Satz 2 vor, dass der Datenschutzbeauftragte die Angaben nach § 4e Satz 1 Nr. 1 bis 8 auf Antrag **jedermann in geeigneter Weise verfügbar** macht. Damit soll Publizität hergestellt werden, die sich allerdings aus einsehbaren Gründen nicht auf die in § 4g Satz 1 Nr. 9 genannten Maßnahmen der Datensicherung bezieht und auch die Zugriffsberechtigungen ausklammert. Gemäß Abs. 3 Satz 1 entfällt die Publizitätspflicht auch für die in § 6 Abs. 2 Satz 4 genannten Sicherheitsbehörden.[56]

21 Der Datenschutzbeauftragte bestimmt den Weg, wie das Dateiverzeichnis zugänglich gemacht wird. Ein Abruf per Internet ist nicht vorgeschrieben, aber durchaus verbreitet;[57] es reicht die **Möglichkeit zur Einsichtnahme** auf Antrag hin. Das Vorliegen eines »berechtigten Interesses« kann nicht verlangt werden,[58] doch gilt auch hier das Schikaneverbot des § 226 BGB. Die Einsichtnahme kann auch Konkurrenten nicht verweigert werden,[59] wobei man sich fragen muss, ob diese bzw. von diesen instruierte Personen nicht diejenigen sind, die allein von dieser Informationsmöglichkeit Gebrauch machen.[60] Sie kann jedoch auch **für die betriebliche Interessenvertretung von Nutzen** sein, weil sie nach § 80 Abs. 1 Nr. 1 BetrVG auf die Einhaltung des § 4g Abs. 2 dringen kann, was in vielen Fällen eine deutliche Verstärkung der Datentransparenz in der Praxis zur Folge hätte. Existiert ein Verfahrensverzeichnis und legt ein Vorgesetzter eine eigene Datei an, so spricht eine Vermutung dafür, dass es sich um eine (unzulässige) Privatinitiative handelt, wenn die Datei nicht im Verfahrensverzeichnis erscheint.[61]

---

51 Auernhammer-Raum § 4g Rn. 61; v. d. Bussche in Plath, § 4g Rn. 20; Scheja in Taeger/Gabel, § 4g Rn. 29.
52 Zustimmend v. d. Bussche in Plath, § 4g Rn. 23; ebenso im Ergebnis Auernhammer-Raum § 4g Rn. 47 f.
53 V. d. Bussche in Plath, § 4g Rn. 22; Scheja in Taeger/Gabel, § 4g Rn. 25, 32.
54 Für eine richtlinienkonforme Interpretation mit diesem Inhalt Auernhammer-Raum § 4g Rn. 50 ff.
55 Auernhammer-Raum § 4g Rn. 63.
56 Kritisch Simitis in Simitis, § 4g Rn. 79.
57 Auernhammer-Raum § 4g Rn. 67.
58 Scheja in Taeger/Gabel, § 4g Rn. 33.
59 Simitis in Simitis, § 4g Rn. 77.
60 Auch Scheja (in Taeger/Gabel, § 4g Rn. 34) berichtet, in der Praxis würde das Verfahrensverzeichnis für jedermann eine untergeordnete Rolle spielen.
61 Zur Unzulässigkeit der Datei s. Däubler, Gläserne Belegschaften? Rn. 827.

Aufgaben des Beauftragten für den Datenschutz § 4g

4. Kooperation mit der Aufsichtsbehörde

Abs. 1 Satz 2 enthält die einzige »Sanktion«, die dem Datenschutzbeauftragten zur Verfügung steht. Eine parallele Vorschrift findet sich in § 4d Abs. 6 Satz 3. Voraussetzung für die Einschaltung der Aufsichtsbehörde sind lediglich **Meinungsverschiedenheiten und Zweifel** über Inhalt und Anwendung des Datenschutzrechts. Abs. 1 Satz 3 fügt nunmehr die allgemeine Beratungsfunktion nach § 38 Abs. 1 Satz 2 hinzu,[62] was insbesondere dann von Bedeutung ist, wenn der Datenschutzbeauftragte bei der Beurteilung bestimmter Vorgänge unsicher ist.[63] Der Beauftragte wird allerdings in der Praxis zunächst versuchen, den Streitfall **innerbetrieblich zu lösen**,[64] da der »Gang nach außen« leicht als Illoyalität ausgelegt wird. Nur wenn sich keine Einigung erreichen lässt und es um mehr als eine Lappalie geht, wird er die Aufsichtsbehörde einschalten. Dies auf »gravierende Streitfälle« zu beschränken,[65] besteht kein Anlass; ohne die unschwer zu mobilisierende Unterstützung der Aufsichtsbehörde stünde der betriebliche Datenschutzbeauftragte von vorneherein auf verlorenem Posten.[66] Bei sehr gravierenden Verstößen kann es sogar geboten sein, sich an die Aufsichtsbehörde zu wenden.[67] Im Einzelfall kann es hilfreich sein, nur von der Beratungsmöglichkeit nach Abs. 1 Satz 3 i. V. m. § 38 Abs. 1 Satz 2 Gebrauch zu machen. 22

Im **öffentlichen Bereich** ist der **Bundesbeauftragte für den Datenschutz** und die Informationsfreiheit zuständig. Der **behördliche Datenschutzbeauftragte** kann ihn allerdings nicht aus eigenem Recht einschalten, sondern muss das »Benehmen« mit dem Behördenleiter herbeiführen (Abs. 3 Satz 2). Scheitert dies, entscheidet die Oberste Bundesbehörde darüber, ob der Bundesbeauftragte eingeschaltet werden darf. Dies ist eine in keiner Weise zu rechtfertigende Einschränkung der Kontrollmöglichkeiten, die sowohl gegen die Rechtsprechung des Bundesverfassungsgerichts als auch gegen die Datenschutzrichtlinie verstößt.[68] 23

5. Das Verhältnis des Datenschutzbeauftragten zum Betriebsrat

Soweit Arbeitnehmerdaten betroffen sind, ist nach § 80 Abs. 1 Nr. 1 BetrVG auch der Betriebsrat verpflichtet, für die Einhaltung des Datenschutzrechts zu sorgen.[69] Dies bezieht sich sowohl auf das BDSG wie auf bereichsspezifische Regelungen. Anders als der Datenschutzbeauftragte ist der Betriebsrat von der Belegschaft gewählt und besitzt daher ein beträchtliches Maß an Unabhängigkeit gegenüber dem Arbeitgeber. Er übt seine Kontrollbefugnisse und insbesondere seine Mitbestimmungsrechte nach § 87 24

---

62 Näher dazu Gola/Klug NJW 2007, 121.
63 Vgl. v. d. Bussche in Plath, § 4g Rn. 41; Scheja in Taeger/Gabel, § 4g Rn. 36.
64 BMH, § 4g Rn. 21; v. d. Bussche in Plath, § 4g Rn. 40; Scheja in Taeger/Gabel, § 4g Rn. 36; Wolff/Brink-Moos § 4g Rn. 13.
65 So Gola/Schomerus, § 4g Rn. 16.
66 Zustimmend Mester S. 237.
67 BMH, § 4g Rn. 23; v. d. Bussche in Plath, § 4g Rn. 40; Mester S. 237. Nur bei strafrechtlich relevanten Umständen Scheja in Taeger/Gabel, § 4g Rn. 37. Vermittelnd Auernhammer-Raum § 4g Rn. 75: Fälle des § 42 a sowie dann, wenn sich der bDSB Haftungsrisiken aussetzen würde.
68 Simitis in Simitis, § 4g Rn. 27.
69 BAG 17.3.1987 – 1 ABR 59/85, DB 1987, 1491.

Abs. 1 Nr. 6, 94 BetrVG unabhängig von etwaigen Stellungnahmen des Datenschutzbeauftragten aus. Eine **Zusammenarbeit beider Instanzen** ist gleichwohl in hohem Maße **wünschenswert**.[70] Der Datenschutzbeauftragte ist aber nicht befugt, die Einhaltung des Datenschutzrechts durch den Betriebsrat zu kontrollieren; insoweit kann lediglich die Aufsichtsbehörde nach § 38 aktiv werden.[71]

6. Haftung des Datenschutzbeauftragten auf Schadensersatz und strafrechtliche Verantwortlichkeit

25   Die Haftung des betrieblichen Datenschutzbeauftragten auf Schadensersatz richtet sich nach allgemeinen Grundsätzen, da § 7 nur die verantwortliche Stelle erfasst (unten § 7 Rn. 9).[72] Dass er effektiv auf Schadensersatz in Anspruch genommen wird, ist – soweit ersichtlich – **bisher ein theoretischer Fall** geblieben.[73] Dies hängt vermutlich zum einen damit zusammen, dass etwaige Fehlleistungen **mangels eigener Entscheidungsbefugnisse selten kausal** für eine Rechtsverletzung sind, dass zumindest ein entsprechender Beweis nicht geführt werden kann. Zum andern entsteht **nur ausnahmsweise** ein **materieller Schaden;** immaterielle Schäden liegen zwar sehr viel näher, doch sind sie nur bei schweren Verletzungen des Persönlichkeitsrechts ersatzfähig (unten § 7 Rn. 30). Dass der betriebliche Datenschutzbeauftragte sie begeht oder an ihr mitwirkt, ist wenig wahrscheinlich. Werden beispielsweise Beschäftigte einer unzulässigen Videokontrolle ausgesetzt oder werden ihre privaten Mails gelesen,[74] so dürfte der Datenschutzbeauftragte schwerlich in eine solche Aktion »eingeweiht« werden.[75]

26   **Gegenüber Dritten**, insbesondere dem Betroffenen, kommt eine Haftung auf Schadensersatz nur aufgrund **unerlaubter Handlung** in Betracht (§ 4f Rn. 84, § 7 Rn. 39).[76] Würde etwa der betriebliche Datenschutzbeauftragte Inhalte einer Personalakte ins Internet stellen, wäre ein solcher Fall gegeben. Dasselbe wäre anzunehmen, wenn er einer Drittfirma leichtfertig oder gar bewusst der Wahrheit zuwider **strafbares Tun** wie Datenunterdrückung nach § 303a StGB oder Computersabotage nach § 303b in der Öffentlichkeit **vorwerfen** würde. Hier ist ein materieller Schaden nicht von vorne herein ausgeschlossen; auch kommt eine Ersatzpflicht wegen Rufschädigung in Betracht.

27   Realistischer als solche »Exzesse« ist der Fall, dass die **verantwortliche Stelle** einen **Dritten** schädigte und der Datenschutzbeauftragte trotz entsprechender Kenntnis untätig blieb und keinen Hinweis auf den Rechtsverstoß gab. In einem solchen Fall würde eine **Beihilfe durch Unterlassen** vorliegen.[77] Sie wäre für den Schaden dann kausal, wenn die Unternehmensleitung einem entsprechenden Hinweis Rechnung getragen hätte oder wenn der Datenschutzbeauftragte verpflichtet gewesen wäre, die

---
70 So auch v. d. Bussche in Plath, § 4g Rn. 33 a. E.; Scheja in Taeger/Gabel, § 4g Rn. 11.
71 BAG 11.11.1987 – 1 ABR 21/97, NZA 1998, 385 = AiB 1999, 675 mit Anm. Wedde. Kritisch dazu v. d. Bussche in Plath, § 4g Rn. 30; Scheja in Taeger/Gabel, § 4g Rn. 13.
72 Dazu Wolff/Brink-Moos § 4g Rn. 38.
73 Auernhammer-Raum § 4g Rn. 79.
74 So die Beispiele bei Barton RDV 2010, 247, 248.
75 Einzelfragen zur Haftung des internen bDSB bei Bongers/Krupna ZD 2013, 594.
76 Zu potentiellen vertraglichen Ansprüchen zu Recht ablehnend Wolff/Brink-Moos § 4g Rn 42.
77 Auernhammer-Raum § 4g Rn. 84. Zur Garantenstellung s. unten Rn. 29.

Aufsichtsbehörde einzuschalten (oben Rn. 22), die dann aller Voraussicht nach eingegriffen und den Schaden verhindert hätte. Der (ausnahmsweise) informierte Datenschutzbeauftragte geht daher bei Untätigkeit ein effektives Haftungsrisiko ein. Der Abschluss einer **Berufshaftpflichtversicherung**[78] schützt nur in Fällen, in denen dem Datenschutzbeauftragten kein vorsätzliches Handeln nachgewiesen werden kann.

Im Verhältnis zur verantwortlichen Stelle kommt zusätzlich eine **vertragliche Haftung** des betrieblichen Datenschutzbeauftragten in Betracht (§ 4f Rn. 83). Soweit er in einem Arbeitsverhältnis steht, kommen dabei die Grundsätze über den innerbetrieblichen Schadensausgleich zur Anwendung.[79] Für freie Mitarbeiter und andere »Externe« gilt dies jedoch nicht.[80] Entsteht der verantwortlichen Stelle dadurch ein Schaden, dass die **Aufsichtsbehörde** für den Datenschutz nach § 38 **eingeschaltet** wird, so fehlt es in aller Regel schon an einer Pflichtverletzung, da der betriebliche Datenschutzbeauftragte zu einem solchen Verhalten nach Abs. 1 Satz 2 berechtigt ist (oben Rn. 22). 28

Wird eine **strafbare Handlung** (z.B. eine Datenausspähung nach § 202a StGB) begangen, kann auch der betriebliche Datenschutzbeauftragte wegen **Beihilfe** belangt werden, wenn er eine Pflicht zum Handeln verletzt hat. Diese setzt eine sog. **Garantenstellung** gegenüber dem geschädigten Rechtsgut voraus, die etwa für den Compliance-Beauftragten bejaht wurde.[81] Ob sich diese Rechtsprechung eins zu eins auf den Datenschutzbeauftragten übertragen lässt, ist höchstrichterlich noch nicht entschieden; in der Literatur sind die Meinungen geteilt.[82] Dagegen könnte das vom BGH aufgestellte Erfordernis sprechen, dass der Beauftragte nicht nur unternehmensinterne Prozesse optimieren, sondern auch vom Unternehmen ausgehende Rechtsverstöße verhindern soll.[83] Auch wenn man diese Voraussetzung beim betrieblichen Datenschutzbeauftragten als gegeben ansieht,[84] würde eine Bestrafung wegen Beihilfe voraussetzen, dass er durch sein Unterlassen die Haupttat vorsätzlich fördern wollte.[85] In der Literatur wird ihm zu Recht empfohlen, alle von ihm unternommenen Schritte umfassend zu dokumentieren und so von vorne herein jedes Strafbarkeitsrisiko auszuschließen.[86] 29

§ 5 Datengeheimnis

Den bei der Datenverarbeitung beschäftigten Personen ist untersagt, personenbezogene Daten unbefugt zu erheben, zu verarbeiten oder zu nutzen (Datengeheimnis). Diese Personen sind, soweit sie bei nicht-öffentlichen Stellen beschäftigt werden, bei der Aufnahme ihrer Tätigkeit auf das Datengeheimnis zu verpflichten. Das Datengeheimnis besteht auch nach Beendigung ihrer Tätigkeit fort.

---

78 Dazu Simitis in Simitis, § 4g Rn. 113 f.; Scheja in Taeger/Gabel, § 4g Rn. 45.
79 Auernhammer-Raum § 4g Rn. 87; Simitis in Simitis, § 4g Rn. 100; Wolff/Brink-Moos § 4g Rn. 41. Zu diesen Grundsätzen s. Preis in ErfK, § 619a BGB Rn. 6 ff., 32 ff. mwN.
80 Preis in ErfK, § 619a BGB Rn. 19.
81 BGH 17.7.2009 – 5 StR 394/08, NJW 2009, 3173.
82 v. d. Bussche in Plath, § 4g Rn. 57.
83 BGH 17.7.2009 – 5 StR 394/08, NJW 2009, 3173.
84 So wohl Barton RDV 2010, 247, 249 ff.
85 Barton RDV 2010, 248. Gegen eine strafrechtliche Verantwortlichkeit auch Wolff/Brink-Moos § 4g Rn. 46.
86 Marschall ZD 2014, 66 ff.

§ 5 Datengeheimnis

Übersicht

	Rn.
1. Einleitung	1– 3
2. Normadressaten	4– 8
3. Verletzung des Datengeheimnisses	9
4. Verpflichtung der Beschäftigten	10–14
5. Rechtsfolgen bei Verstößen	15, 16
6. Landesrecht	17

1. Einleitung

1 Die Vorschrift beinhaltet ein **umfassendes gesetzliches Verbot** unbefugter Datenverwendung.[1] Durch verfahrensmäßige Vorkehrungen, wie die Verpflichtung auf das Datengeheimnis, soll dem Datenmissbrauch durch eigenmächtiges Verhalten vorgebeugt werden (vgl. z. B. auch § 9).

2 Die Vorschrift untersagt jede **unbefugte Verwendung** personenbezogener Daten.[2] Unbefugt ist eine Verwendung dann, wenn sich weder aus Gesetz, Verordnung, Anordnung, Vertrag oder Einzelanweisung eine Erlaubnis für die durchgeführte Verarbeitung oder Nutzung ergibt. Es geht also nicht lediglich um die Einhaltung der allgemeinen arbeitsvertraglichen Verschwiegenheits- und Sorgfaltspflichten. Die Vorschrift enthält vielmehr ein umfassendes Verbot, das immer dann verletzt ist, wenn **rechtswidriges Handeln** vorliegt. Daher werden nicht nur Verstöße gegen das BDSG erfasst, sondern ebenso die Verwendung von Daten bei Verstoß gegen das MBR des BR (z. B. § 87 Abs. 1 Nr. 6 BetrVG).[3] Auch das **unzulässige Beschaffen** von Daten erfüllt nach Einfügung der Datenerhebung in Satz 1 den Tatbestand.[4]

3 Die Vorschrift tritt einerseits nicht gegenüber speziellen **Geheimhaltungsvorschriften** zurück und lässt sie andererseits unberührt: Sie ergänzt sie kumulativ.[5] Der Entwurf und die Beschlüsse für die DS-GVO enthalten keine vergleichbare Regelung.

2. Normadressaten

4 Adressaten der Norm sind die »bei der DV beschäftigten Personen«. Damit sind zunächst alle Beschäftigten erfasst, die Tätigkeiten des § 3 Abs. 3–5 durchführen. Der Anteil dieser Tätigkeiten an der Gesamttätigkeit ist gleichgültig.[6] In erster Linie sind also die im **DV-Bereich** eingesetzten Mitarbeiter gemeint. Hinzu kommen aber auch diejenigen, die in **Fachabteilungen** personenbezogene Daten verarbeiten. Der Anwendungsbereich ist wegen des Schutzzwecks der Norm weit zu ziehen.[7] Daher kommt es nicht darauf an, auf welcher rechtlichen Grundlage die Tätigkeit erfolgt. Hieran hat

---

1 Vgl. Gola/Schomerus, § 5 Rn. 1; Ehmann in Simitis § 5 Rn. 5, 20.
2 Vgl. BMH, § 5 Rn. 4; Gola/Schomerus, § 5 Rn. 1.
3 Vgl. Gola/Schomerus, § 5 Rn. 1; Gola/Wronka, Rn. 1365; Taeger/Gabel-Kinast, § 5 Rn. 18; Schmidt in WB, § 5 Rn. 5; Herbst in Auernhammer, § 5 Rn. 14.
4 Vgl. Ehmann in Simitis, § 5 Rn. 1.
5 BMH, § 5 Rn. 47 ff.; Ehmann in Simitis, § 5 Rn. 7 ff.; Wedde in Wedde AR, § 5 BDSG Rn. 1.
6 Vgl. z. B. Ehmann in Simitis, § 5 Rn. 13.
7 BMH, § 5 Rn. 10.

Datengeheimnis § 5

auch der neue § 3 Abs. 11 nichts geändert, der ausweislich der amtlichen Begründung[8] nur den in § 32 verwendeten Begriff des Beschäftigten legal definieren soll. So sind von der Norm auch Beschäftigte erfasst, die – aufgrund eines **Werkvertrages** – als **freie Mitarbeiter**, Praktikanten, **Tele-AN**, Heimarbeiter, oder auch als **Leih-AN** mit nach dem BDSG geschützten Daten umzugehen haben.[9]
Wegen des weiten Anwendungsbereichs werden auch Beschäftigte erfasst, die in **Hilfsfunktionen** mit personenbezogenen Daten umgehen, wie z. B. **Reinigungspersonal, Boten** oder in der **Poststelle** tätige Personen.[10] Zudem ist es unerheblich, ob tatsächlich Umgang mit geschützten Daten erfolgt. Es ist ausreichend, dass die zugewiesenen Tätigkeiten den Beschäftigten die **Möglichkeit des Zugangs** bieten.[11]

Die Mitarbeiter von **Auftragnehmern** werden, anders als noch nach § 5 BDSG 77, nicht erfasst. Nach § 11 Abs. 4 ist der Auftragnehmer für die Einhaltung der BDSG-Vorschriften verantwortlich, d. h., er muss seine Beschäftigten entsprechend verpflichten. Der Auftraggeber muss sich dies lediglich im Rahmen von § 11 Abs. 2 Satz 4 nachweisen lassen und auch gem. Abs. 2 Satz 2 Nr. 5 zum Inhalt des Auftrages machen.[12]

Es ist umstritten, ob auch der Datenschutzbeauftragte von der Vorschrift erfasst wird. Fraglos ist er eine bei der DV beschäftigte Person. Trotzdem soll er nicht Normadressat sein, weil er nach § 4g auf die Anwendung des BDSG hinzuwirken habe.[13] Dies ist ebenso richtig wie die Feststellung, dass die nach § 4f Abs. 2 Satz 1 erforderliche Fachkunde sicherlich auch die Kenntnis des Datengeheimnisses umfassen wird.[14] Trotzdem ist wegen des eindeutigen Wortlauts die Vorschrift auch auf ihn anwendbar.[15]

Nicht erfasst werden Mitglieder der Organe von juristischen Personen, wie **Geschäftsführer, Vorstands- und Aufsichtsratsmitglieder** oder **UN-Inhaber**. Sie sind nicht »Beschäftigte«.[16] Zudem müssten sie die Verpflichtung auf das Datengeheimnis vornehmen, es ist nicht ersichtlich, wem gegenüber sie sich verpflichten sollten.[17]

---

8 BT-Drucks. 16/13657, S. 27.
9 Vgl. Taeger/Gabel-Kinast, § 5 Rn. 12; Gola/Wronka, Rn. 1345; Schreiber in Plath, § 5 Rn. 9; Schmidt in WB, § 5 Rn. 1; Herbst in Auernhammer, § 5 Rn. 5; BMH, § 5 Rn. 14, 21 (allerdings ohne Leih-AN und Beschäftigte aufgrund von Werkverträgen: hier soll der AG des anderen UN die Verpflichtung vornehmen); Ehmann in Simitis, § 5 Rn. 14, 16 (ohne Leih-AN).
10 Wank in ErfK, § 5 BDSG Rn. 1; Ehmann in Simitis, § 5 Rn. 15; a. A. Schmidt in WB, § 5 Rn. 3.
11 BMH, § 5 Rn. 13; Dörr/Schmidt, § 5 Rn. 3; Ehmann in Simitis, § 5 Rn. 13; Herbst in Auernhammer, § 5 Rn. 5.
12 BMH, § 5 Rn. 22; Gola/Schomerus, § 5 Rn. 14; Gola/Wronka, Rn. 1375; Schmidt in WB, § 5 Rn. 9; Wedde in Wedde AR, § 5 BDSG Rn. 2; a. A. SW, § 5 Rn. 20 und wohl auch Taeger/Gabel-Kinast, § 5 Rn. 16.
13 Vgl. SW, § 5 Rn. 8.
14 Vgl. Dörr/Schmidt, Rn. 8.
15 Gola/Schomerus, § 5 Rn. 9; Gola/Wronka, Rn. 1548; Ehmann in Simitis, § 5 Rn. 17; BMH, § 5 Rn. 15 a f.; Taeger/Gabel-Kinast, § 5 Rn. 15; a. A. Wohlgemuth/Gerloff, 7.2.
16 Ehmann in Simitis, § 5 Rn. 16; SW, § 5 Rn. 7, 8; a. A. Schreiber in Plath, § 5 Rn. 10 und Herbst in Auernhammer, § 5 Rn. 6 für Satz 1.
17 Vgl. auch BMH, § 5 Rn. 16 ff.; Dörr/Schmidt, § 5 Rn. 5; Taeger/Gabel-Kinast, § 5 Rn. 13.

3. Verletzung des Datengeheimnisses

9 **Verstöße** gegen das Datengeheimnis liegen z. B. vor, wenn Auswertungen für private Zwecke vorgenommen (z. B. Sammeln von Eingruppierungsdaten anderer AN für den eigenen Höhergruppierungsantrag), Daten verändert (z. B Fehlzeiten in einer entsprechenden Kartei), **Daten an Dritte** ohne Rechtsgrundlage weitergegeben werden, Regelungen der Datensicherung umgangen werden,[18] Dritten die Möglichkeit der Einsichtnahme oder sogar zur **Entwendung der Daten** verschafft oder wenn die eigene Zugriffsberechtigung überschritten wird.[19] Dies ist z. B. der Fall, wenn ein Personalsachbearbeiter lediglich für das Werk A zuständig ist und auf Beschäftigungsdaten des Werks B Zugriff nimmt. Durch Einbeziehung der »Nutzung« kann auch die **unbefugte Weitergabe innerhalb der verantwortlichen Stelle** einen Verstoß darstellen.[20] In diesem Zusammenhang ist von Bedeutung, dass der AG z. B. verpflichtet ist, den mit Personalakten/Personaldatenverarbeitung befassten Personenkreis eng zu halten.[21]

4. Verpflichtung der Beschäftigten

10 Die in Satz 2 vorgesehene Verpflichtung auf das Datengeheimnis soll sicherstellen, dass der geschilderte Personenkreis seine Pflichten kennt und sich beispielsweise nicht bei etwaigen Verstößen auf einen unvermeidbaren **Verbotsirrtum** berufen kann.[22] Ursprünglich war im Regierungswurf zum BDSG 1990[23] auch eine **Verpflichtung öffentlicher Stellen** vorgesehen. Diese wurde auf Antrag des Bundesrats gestrichen[24], da Angehörige des öffentlichen Dienstes schon aufgrund der dienst- und arbeitsvertraglichen Vorschriften eine entsprechende Verschwiegenheitspflicht hätten. Zudem seien sie entweder als Amtsträger vereidigt und über ihre Schweigepflicht belehrt oder nach dem Verpflichtungsgesetz verpflichtet worden.[25]

11 Die Einschränkung der Verpflichtung auf nicht-öffentliche Stellen ist ohne Einfluss auf die **materielle Geltung des Datengeheimnisses**.[26] Die Verpflichtung ist nicht konstitutiv.[27]

12 Eine besondere **Form für die Verpflichtung** ist nicht vorgeschrieben, insbesondere ist auch keine Zustimmungserklärung des Verpflichteten erforderlich.[28] Trotzdem wird man im Hinblick auf den Zweck der Norm verlangen müssen, dass eine **arbeitsplatz-**

---

18 Gola/Wronka, Rn. 1369.
19 Vgl. BMH, § 5 Rn. 30; Gola/Schomerus, § 5 Rn. 6; Ehmann in Simitis, § 5 Rn. 20 ff. (23); Gola/Wronka, Rn. 1365 f.; Schreiber in Plath, § 5 Rn. 5 f.; Taeger/Gabel-Kinast, § 5 Rn. 20.
20 BMH, § 5 Rn. 5; Wedde in Wedde AR, § 5 BDSG Rn. 3.
21 Vgl. z. B. Däubler, Gläserne Belegschaften?, Rn. 411 unter Hinweis auf BAG, NZA 88, 53 f.; BMH, § 5 Rn. 31; Gola/Schomerus, § 5 Rn. 6; SW, § 5 Rn. 2.
22 Vgl. z. B. Gola/Schomerus, § 5 Rn. 4; Wohlgemuth, § 5 Rn. 528.
23 BT-Drucks. 11/4306, S. 41.
24 BT-Drucks. a. a. O., S. 74.
25 Vgl. auch Gola/Schomerus, § 5 Rn. 10.
26 Vgl. z. B. Büllesbach, NJW 91, 2593, 2600; BMH, § 5 Rn. 7 f.
27 Ehmann in Simitis, § 5 Rn. 26.
28 Vgl. z. B. TEG, S. 371; Wohlgemuth/Gerloff, 7.2.

Datengeheimnis § 5

bezogene individuelle Belehrung[29] erfolgt.[30] Die Mitteilung des Gesetzeswortlauts reicht nicht aus.[31] Ebensowenig genügt ein entsprechender Aushang am Schwarzen Brett oder eine allgemeine Arbeitsanweisung.[32] Es müssen vielmehr die verbotenen Handlungen erläutert und auf mögliche Konsequenzen aufmerksam gemacht werden. Die Verpflichtung hat die **verantwortliche Stelle** durchzuführen.[33] Da das Gesetz nur die Verpflichtung, aber nicht ihre Art und Weise festlegt, hat der BR insoweit – wohl entgegen der Auffassung des BAG[34] – ein MBR gem. § 87 Abs. 1 Nr. 1 BetrVG.[35] Obwohl **BR** und **PR** ebenfalls mit nach dem BSDG geschützten Daten umgehen, kommt eine formale Verpflichtung durch den AG auf das Datengeheimnis nicht in Betracht.[36]. Der BR erfüllt seine Aufgaben **unabhängig** und in **eigener Kompetenz**. Dem AG stehen keinerlei Überwachungs- und Kontrollrechte zu.[37]
Das Datengeheimnis besteht, wie Satz 2, klarstellt, nach **Beendigung der Tätigkeit** fort. Die Regelung gilt für nicht-öffentliche wie öffentliche Stellen.

5. Rechtsfolgen bei Verstößen

Erfolgt die Verpflichtung auf das Datengeheimnis nicht oder in unzureichender Form, so kann dies zur Folge haben, dass sich der bei der DV Beschäftigte bei etwaigen Verstößen in einem unvermeidbaren Verbotsirrtum befindet und er ohne Schuld handelt. Sanktionen gegen die **verantwortliche Stelle** können sich daraus ergeben, dass ggf. eine Exkulpierung im Rahmen von § 831 BGB nicht möglich ist bzw. eine Haftung gem. § 823 wegen Organisationsmangels in Betracht kommt.[38]
Der **Beschäftigte** kann bei einem Verstoß gegen das Datengeheimnis eine Ordnungswidrigkeit begehen oder sich nach §§ 44 Abs. 1, 43 Abs. 2 strafbar machen und auch Schadensersatzansprüchen aussetzen.[39] Darüber hinaus können arbeitsvertragliche

---

29 Vgl. auch Gola/Schomerus, § 5 Rn. 12; Schreiber in Plath, § 5 Rn. 11.
30 Vgl. z. B. Ehmann in Simitis, § 5 Rn. 28; Gola/Schomerus, § 5 Rn. 11 f.; Schreiber in Plath, § 5 Rn. 16.
31 Vgl. Gola/Schomerus, § 5 Rn. 11 f.; Ehmann in Simitis, § 5 Rn. 28.
32 Vgl. z. B. Gola/Wronka, Rn. 1377 ff.; Schmidt in WB, § 5 Rn. 10; a. A. Taeger/Gabel-Kinast, § 5 Rn. 25; SW, § 5 Rn. 18.
33 Wohlgemuth/Gerloff, 7.2.
34 NZA 10, 180 (182 f.); ebenso Fitting, § 87 Rn. 73; ErfK-Kania, § 87 Rn. 21 a; Taeger/Gabel-Kinast, § 5 Rn. 28; Schmidt in WB,§ 5 Rn. 14.
35 DKKW-Klebe, § 87 Rn. 64.
36 Vgl. DKKW-Klebe, § 94 Rn. 52 m. w. N.; vgl. auch BAG, DB 98, 627 zum Verhältnis Datenschutzbeauftragter-BR.
37 A. A. die h. M. der Kommentatoren im Datenschutz, wie z. B. Ehmann in Simitis, § 5 Rn. 18, der die Auffassung vertritt, die Unabhängigkeit des BR werde durch die Abgabe der förmlichen Verpflichtungserklärung nicht tangiert; ebenso BMI, § 5 Rn. 15; Gola/Schomerus, § 5 Rn. 16; SW, § 5 Rn. 9; Wank in ErfK, § 5 BDSG Rn. 1; Gola/Wronka, Rn. 1362; Herbst in WB, § 5 Rn. 15 f.; Schreiber in Plath, § 5 Rn. 23; Taeger/Gabel-Kinast, § 5 Rn. 14.
38 Palandt-Sprau, § 823 Rn. 50, 78; § 831 Rn. 2, 10 ff.; Taeger/Gabel-Kinast, § 5 Rn. 33.
39 Vgl. auch Gola/Wronka, Rn. 1394 ff.; Taeger/Gabel-Kinast, § 5 Rn. 38.

§ 6 Rechte des Betroffenen

Sanktionen, wie **Abmahnung** oder **Kündigung** in Betracht kommen.[40] Wird der Beschäftigte zu rechtswidrigem Handeln vom AG angewiesen, wie es z.B. der Fall ist, wenn eine bestimmte DV trotz Nichtbeachtung des MBR des BR durchgeführt werden soll, so wird man zumindest verlangen müssen, dass er sich gegen die Anweisung wendet.[41] Strafbare Handlungen muss er zurückweisen.[42]

6. Landesrecht

17 Das **Landesrecht** enthält ähnliche Regelungen.[43]

§ 6 Rechte des Betroffenen

(1) Die Rechte des Betroffenen auf Auskunft (§§ 19, 34) und auf Berichtigung, Löschung oder Sperrung (§§ 20, 35) können nicht durch Rechtsgeschäft ausgeschlossen oder beschränkt werden.

(2) Sind die Daten des Betroffenen automatisiert in der Weise gespeichert, dass mehrere Stellen speicherungsberechtigt sind, und ist der Betroffene nicht in der Lage festzustellen, welche Stelle die Daten gespeichert hat, so kann er sich an jede dieser Stellen wenden. Diese ist verpflichtet, das Vorbringen des Betroffenen an die Stelle, die die Daten gespeichert hat, weiterzuleiten. Der Betroffene ist über die Weiterleitung und jene Stelle zu unterrichten. Die in § 19 Abs. 3 genannten Stellen, die Behörden der Staatsanwaltschaft und der Polizei sowie öffentliche Stellen der Finanzverwaltung, soweit sie personenbezogene Daten in Erfüllung ihrer gesetzlichen Aufgaben im Anwendungsbereich der Abgabenordnung zur Überwachung und Prüfung speichern, können statt des Betroffenen die Bundesbeauftragte oder den Bundesbeauftragten für den Datenschutz und die Informationsfreiheit unterrichten. In diesem Fall richtet sich das weitere Verfahren nach § 19 Abs. 6.

(3) Personenbezogene Daten über die Ausübung eines Rechts des Betroffenen, das sich aus diesem Gesetz oder aus einer anderen Vorschrift über den Datenschutz ergibt, dürfen nur zur Erfüllung der sich aus der Ausübung des Rechts ergebenden Pflichten der verantwortlichen Stelle verwendet werden.

Übersicht Rn.
1. Zweck der Regelung 1– 3
2. Die Unabdingbarkeit der Individualrechte 4–10
3. Verbunddateien und vernetzte Systeme 11, 12
4. Sicherheitsbereiche 13, 14
5. Verbot der Benachteiligung wegen Rechtsausübung 15

---

40 BAG 24.3.11 – 2 AZR 282/10, RDV 2011, 300; LAG Frankfurt 27.6.12 – 2 Sa 578/11; LAG Hamm 16.9.11 – 10 TaBV 17/11; LAG Köln 14.5.10 – 4 Sa 1257/09, RDV 2011, 43; LAG Berlin 10.7.03 – 16 Sa 545/03, RDV 2004, 129; Gola/Wronka, Rn. 1434ff.; Schmidt in WB, § 5 Rn. 19; Ehmann in Simitis, § 5 Rn. 37.
41 Vgl. auch Gola/Schomerus, § 5 Rn. 5; Gola/Wronka, Rn. 1368; Schmidt in WB, § 5 Rn. 7.
42 Gola/Wronka, Rn. 1368.
43 Z.B. Art. 5 BayDSG, § 9 HDSG; vgl. auch Gola/Schomerus, Rn. 17.

Rechte des Betroffenen § 6

1. Zweck der Regelung

Die Vorschrift enthält drei **sehr unterschiedliche Regelungen**. In **Abs. 1** werden die **Individualrechte** des Betroffenen auf Auskunft und auf Berichtigung, Löschung und Sperrung im öffentlichen wie im nichtöffentlichen Bereich **für zwingend erklärt**; eine Abbedingung oder Einschränkung scheidet aus. Damit soll der Kommerzialisierung von Daten wenigstens vom Verfahren her eine Grenze gezogen werden: Das informationelle Selbstbestimmungsrecht soll auch dann noch in gewissem Umfang zur Geltung kommen, wenn durch Gesetz oder Einwilligung des Betroffenen ein sehr weiter Verarbeitungsrahmen eröffnet ist. Bisweilen ist deshalb von einer »Grundschutznorm« die Rede.[1]

Abs. 2 behandelt demgegenüber die Fragestellung, was geschehen soll, wenn der Betroffene bei **Verbunddateien** und **vernetzten Systemen** die verantwortliche Stelle nicht kennt. Hier genügt es, dass er sich an eine speicherungsberechtigte Stelle wendet, die das **Ersuchen** dann an die zuständige Einheit **weiterleitet**. Angesichts komplexer organisatorischer und technischer Prozesse ist dies eine sinnvolle Entscheidung; Entsprechendes findet sich z. B. beim Auskunftsrecht eines Betriebsrats, der sich nach § 5 Abs. 2 EBR-Gesetz an seine örtliche Betriebsleitung wenden kann, um die Struktur eines europaweit tätigen Konzerns (und damit die Voraussetzungen für die Bildung eines Europäischen Betriebsrats) zu erfragen. Die Sätze 4 und 5 von Abs. 2 enthalten Sonderbestimmungen für den **Sicherheitsbereich**, wo schon die Mitteilung der speicherungsberechtigten Stelle an den Betroffenen Probleme aufwerfen könnte.

Der 2009 angefügte **Abs. 3**, der am 1.4.2010 in Kraft trat, will **verhindern**, dass die Geltendmachung von Individualrechten etwa gegenüber Auskunfteien zu **Nachteilen** für die Betroffenen führt.

2. Die Unabdingbarkeit der Individualrechte

§ 6 Abs. 1 **setzt** die **Existenz der Rechte** auf Auskunft, Berichtigung, Löschung und Sperrung **voraus**, wie sich aus der Verweisung auf die einschlägigen Rechtsgrundlagen ergibt. Dem Betroffenen wird in seinem Interesse **untersagt**, sich gewissermaßen **datenschutzrechtlich selbst zu entmündigen**, indem er auf die Kontrolle des weiteren Schicksals seiner Daten verzichtet.

Erfasst ist **nicht nur** der rechtsgeschäftliche, insbesondere der vertragliche **Verzicht** auf die genannten Rechte.[2] **Auch jede Einschränkung** ist ausgeschlossen. So würde es etwa gegen Abs. 1 verstoßen, wollte man die Erteilung einer Auskunft von der »persönlichen Vorsprache« des Betroffenen abhängig machen.[3] Dasselbe gilt dann, wenn ein »berechtigtes Interesse« verlangt[4] oder wenn man die **Geltendmachung** der Rechte **durch**

---
1 Wedde in Roßnagel, Kap. 4.4. Rn. 84.
2 Erst recht ist ein Verzicht durch Betriebsvereinbarung ausgeschlossen: Auernhammer-Stollhoff § 6 Rn. 11.
3 BMH, § 6 Rn. 28; Dix in Simitis, § 6 Rn. 21.
4 So auch Wybitul/Schultze-Melling § 6 Rn. 1.

wirtschaftliche Belastungen erschweren würde, beispielsweise für jede Auskunft oder jede Berichtigung ein Entgelt vorsehen würde. Erst recht wäre dies bei der Vereinbarung einer **Vertragsstrafe** der Fall.[5] Generell gesprochen, darf die Ausübung der Individualrechte nicht von zusätzlichen Voraussetzungen abhängig gemacht werden. Eine mittelbare Beschränkung liegt auch dann vor, wenn bestehende Abmachungen zu einem **Zurückbehaltungsrecht** für die verantwortliche Stelle führen; auch dieses würde daher eine unzulässige Beschränkung darstellen.[6] Auch eine Einwilligung, wonach eine Löschung unterbleiben kann, wirkt wie ein Verzicht und ist deshalb unwirksam.[7]

6 Das gegen Abs. 1 verstoßende **Rechtsgeschäft** ist **unwirksam**.[8] Dabei kann dahinstehen, ob sich dies unmittelbar aus Abs. 1 oder daraus ergibt, dass dieser ein Verbotsgesetz darstellt, das gemäß § 134 BGB zur Unwirksamkeit einer entsprechenden Abrede führt. Soweit es sich nur um eine Klausel in einem Vertragswerk handelt, bleibt dieses als solches jedenfalls dann bestehen, wenn es sich um einen Verbraucher- oder einen Arbeitsvertrag handelt. In den übrigen Fällen bestimmt sich die Auswirkung auf die sonstigen Vertragsteile nach **§ 139 BGB**.[9]

7 Abs. 1 enthält nur ein »**Verböserungsverbot**«,[10] steht also einer **Verbesserung der gesetzlichen Rechte** nicht entgegen.[11] Keine Bedenken bestehen etwa dagegen, dass auch in den Fällen des § 34 Abs. 5 Satz 2 auf ein Entgelt verzichtet wird.

8 Abs. 1 gilt **auch im öffentlichen Bereich**, wo es allerdings für eine hoheitliche Einschränkung der Rechte aus den §§ 19 ff. schon an einer Rechtsgrundlage fehlt. Unzulässig ist weiter eine entsprechende Nebenbestimmung (**Auflage, Bedingung**) in einem Verwaltungsakt.[12] Auch durch **öffentlich-rechtlichen Vertrag** im Sinne des § 59 Abs. 1 VwVfG können die Individualrechte nicht ausgeschlossen oder beschränkt werden.[13] Die Nichtigkeit einer verbotswidrigen Maßnahme tritt allerdings nur bei einem besonders schwerwiegenden Fehler ein.[14]

9 Das Gesetz kennt außer den in Abs. 1 genannten **weitere Individualrechte**. So kann etwa der Betroffene der Nutzung »seiner« Daten für Zwecke der Werbung oder der Markt- oder Meinungsforschung **nach § 28 Abs. 4** auch **nachträglich widersprechen** oder eine einmal erteilte Einwilligung wieder zurücknehmen (dazu § 4a Rn. 35 ff.).

---

5 Weichert in Kilian/Heussen, Nr. 133 Rn. 1. Weitere Beispiele bei Schmidt-Wudy in Wolff/Brink § 6 Rn. 17.1.
6 Ebenso Auernhammer-Stollhoff § 6 Rn. 11; BMH, § 6 Rn. 29; Gola/Schomerus, § 6 Rn. 5; Schreiber in Plath, § 6 Rn. 5; Weichert in Kilian/Heussen, Nr. 133 Rn. 9; Dix in Simitis, § 6 Rn. 21; Wohlgemuth/Gerloff, S. 140.
7 Anders Auernhammer-Stollhoff § 6 Rn. 10.
8 Meents/Hinzpeter in Taeger/Gabel, § 6 Rn. 11; Schreiber in Plath, § 6 Rn. 11; Schmidt-Wudy in Wolff/Brink § 6 Rn. 20; Wybitul/Schultze-Melling § 6 Rn. 4. Vgl. weiter Gola/Schomerus § 6 Rn. 4.
9 Schmidt-Wudy in Wolff/Brink § 6 Rn. 20 betont, der mutmaßliche Parteiwille würde immer für eine bloße Teilnichtigkeit sprechen.
10 Wedde in Roßnagel, Kap. 4.4. Rn. 85.
11 Ebenso Gola/Schomerus, § 6 Rn. 4; Meents/Hinzpeter in Taeger/Gabel, § 6 Rn. 7; Schreiber in Plath, § 6 Rn. 7; Wedde in Roßnagel, Kap. 4.4. Rn. 86; Wolff/Brink-Schmidt-Wudy § 6 Rn. 15.
12 Gola/Schomerus, § 6 Rn. 4; Schreiber in Plath, § 6 Rn. 6; Wohlgemuth/Gerloff, S. 140.
13 BMH, § 6 Rn. 30; Schreiber in Plath, § 6 Rn. 12; Wolff/Brink-Schmid-Wudy § 6 Rn. 21.
14 Schreiber in Plath § 6 Rn. 12; dazu Mallmann in Simitis § 6 Rn. 25. Differenzierend Wolff/Brink-Schmidt-Wudy § 6 Rn. 22.

Rechte des Betroffenen § 6

Unter spezifischen Voraussetzungen geben die §§ 20 Abs. 5, 35 Abs. 5 ein **allgemeines Widerspruchsrecht** gegen die weitere Verarbeitung von Daten. Nach näherer Maßgabe der §§ 7 und 8 steht dem Betroffenen ein **Schadensersatzanspruch** zu. Auch muss er nach den §§ 19a, 33 unter den dort genannten Bedingungen **von einer Speicherung oder Übermittlung informiert** werden. Schließlich kann der Betroffene verlangen, dass seine **Gegendarstellungen nach § 41 Abs. 2** zu den gespeicherten Daten einer Bundesrundfunkanstalt hinzugenommen werden. Als Individualrecht lässt sich auch die **Befugnis** qualifizieren, **sich an öffentliche Datenschutzbeauftragte**, an den betrieblichen Datenschutzbeauftragten oder an die Aufsichtsbehörde **zu wenden**; dieser gegenüber kann ggf. sogar ein Anspruch auf Einschreiten bestehen.[15] Alle diese Rechte sind **gleichfalls unabdingbar**.[16] Auch hier geht es nicht darum, den Verarbeitungsrahmen zu beschränken; vielmehr handelt es sich nur um **verfahrensrechtliche Vorkehrungen**, um die Respektierung des informationellen Selbstbestimmungsrechts und des materiellen Datenschutzrechts sicherzustellen. Abs. 1 erlaubt keinen Umkehrschluss, dass alle dort nicht erwähnten Rechte disponibel sein sollen.

Potentiell sehr wichtig ist das dem Betroffenen zustehende **Zurückbehaltungsrecht** nach § 273 BGB, das dann eingreift, wenn der Arbeitgeber als verantwortliche Stelle seine datenschutzrechtlichen Pflichten zugunsten des Arbeitnehmers nicht erfüllt.[17] Der Betroffene verweigert seine Arbeitsleistung so lange, bis der Datenschutzverstoß abgestellt ist, behält aber während dieser Zeit seinen Entgeltanspruch.[18] Sind mehrere oder viele Arbeitnehmer durch die Verletzung datenschutzrechtlicher Normen betroffen, können sie ihr Zurückbehaltungsrecht auch gemeinsam ausüben.[19] In der Praxis ist dies bisher nur im Zusammenhang mit einer unerlaubten offenen Videoüberwachung erörtert[20] und möglicherweise im Einzelfall realisiert worden. 9a

Die **Individualrechte** sind **höchstpersönlicher Natur**, können also nicht an Dritte abgetreten werden.[21] Auch hierin könnte eine Beschränkung liegen. Die Geltendmachung durch einen **Bevollmächtigten** ist demgegenüber nicht ausgeschlossen.[22] **Erben** stehen ggf. vergleichbare Ansprüche deshalb zu, weil sich die Daten des Verstorbenen mittelbar auch auf sie beziehen, was insbesondere in allen vermögensrechtlichen Angelegenheiten der Fall sein wird.[23] Ansprüche **verjähren** nach Maßgabe der §§ 195,199 BGB in drei Jahren,[24] doch ist zu beachten, dass beispielsweise das Recht 10

---

15 VG Darmstadt 18.11.2010 – 5 K 994/10, MMR 2011, 416.
16 Dix in Simitis, § 6 Rn. 20; Schreiber in Plath, § 6 Rn. 4; Wedde in Roßnagel, Kap. 4.4. Rn. 86; s. weiter Gola/Schomerus, § 6 Rn. 2; Däubler, Gläserne Belegschaften?, Rn. 570 und für den Widerruf der Einwilligung BMH, § 4a Rn. 24. Bedenken, aber im Ergebnis unentschieden Auernhammer-Stollhoff § 6 Rn. 6 – 8; beschränkt auf Individualrechte aus dem BDSG Schmidt-Wudy in Wolff/Brink § 6 Rn. 11.
17 Forst AuR 2010, 107; zu den allgemeinen Voraussetzungen des Zurückbehaltungsrechts s. Däubler, Arbeitskampfrecht, 3. Aufl. 2011, § 28 Rn. 38ff. mwN.
18 Forst AuR 2010, 107; Preis in ErfK, § 611 BGB Rn. 690 mwN.
19 So schon BAG 20.12.1963 – 1 AZR 428/62, AP Nr. 32 zu Art. 9 GG Arbeitskampf.
20 S. die Nachweise bei Däubler, Gläserne Belegschaften? Rn. 822 Fn. 386.
21 Gola/Schomerus, § 6 Rn. 3; Schreiber in Plath, § 6 Rn. 8.
22 Wedde in Roßnagel, Kap. 4.4. Rn. 87.
23 Nicht beachtet bei Wedde in Roßnagel, Kap. 4.4. Rn. 87.
24 BMH, § 6 Rn. 68ff.

auf Auskunft kontinuierlich neu entsteht, solange Daten über den Betroffenen gespeichert sind.

3. Verbunddateien und vernetzte Systeme

11 Abs. 2 greift dann ein, wenn mindestens zwei Stellen zur Speicherung von Daten in einem automatisierten System befugt sind,[25] was beispielsweise im Rahmen eines Konzerns oder des Cloud computings der Fall sein kann.[26] Gibt es eine größere Anzahl von speicherungsberechtigten Stellen, wird es für den Betroffenen **schwierig** sein, **die verantwortliche Stelle ausfindig zu machen**. Dies gilt auch dann, wenn Auftragsdatenverarbeitung vorliegt, weil dabei ebenfalls eine wenig transparente Situation entstehen kann.[27] Dem Betroffenen sind keine Nachforschungen zuzumuten.[28] Erhält er allerdings eine **Benachrichtigung nach § 33 Abs. 1** von einer Stelle, so kann er seine Rechte **dieser gegenüber** geltend machen.[29] Erhält er dagegen Benachrichtigungen von mehreren Stellen (oder von niemandem), greift Abs. 2 ein, da dann keine positive Kenntnis von der Verantwortlichkeit gegeben ist.[30] Er bezieht sich auf alle Individualrechte aus dem BDSG.[31]

12 Wendet sich der Betroffene an eine speicherungsberechtigte Stelle, so hat sie sein Anliegen unverzüglich **an die zuständige Stelle** weiterzugeben. Eine Form ist hierfür nicht vorgeschrieben, doch empfiehlt es sich, zumindest die Textform zu verwenden, um so Missverständnisse zu vermeiden.[32] Die **Weiterleitung** ist **dem Betroffenen mitzuteilen**. Er weiß von diesem Zeitpunkt an, an wen er sich zu halten hat. »Verantwortliche Stelle« ist in aller Regel diejenige, die seine Daten in das System eingegeben hat. Unterbleibt die Weiterleitung oder die Mitteilung, so steht dem Betroffenen ein Schadensersatzanspruch zu.[33]

4. Sicherheitsbereiche

13 Geht es um Daten aus dem Bereich der in § 19 Abs. 3 genannten **Geheimdienste**, der Staatsanwaltschaft, der Polizei oder der **Finanzverwaltung**, so kann **statt des Betroffenen** der **Bundesbeauftragte** für den Datenschutz und die Informationsfreiheit informiert werden. Dies gilt allerdings nur in den Fällen des § 19 Abs. 4, in denen eine Auskunft definitiv aus Sicherheitsgründen verweigert wird.[34] Der Betroffene ist davon

---

25 Mallmann in Simitis, § 6 Rn. 27.
26 Schmidt-Wudy in Wolff/Brink § 6 Rn. 29; Schreiber in Plath, § 6 Rn. 15; Wybitul/Schultze-Melling § 6 Rn. 3.
27 Auernhammer-Stollhoff § 6 Rn. 18; Meents/Hinzpeter in Taeger/Gabel, § 6 Rn. 12; Schreiber in Plath, § 6 Rn. 15; Wybitul/Schultze-Melling § 6 Rn. 6.
28 BMH, § 6 Rn. 55; Mallmann in Simitis, § 6 Rn. 33.
29 Zustimmend Schmidt-Wudy in Wolff/Brink § 6 Rn. 32.
30 Vgl. Schreiber in Plath, § 6 Rn. 14.
31 Schmidt-Wudy in Wolff/Brink § 6 Rn. 25.
32 Auernhammer-Stollhoff § 6 Rn. 17.
33 Schreiber in Plath, § 6 Rn. 19; Auernhammer-Stollhoff § 6 Rn. 19; Schmidt-Wudy in Wolff/Brink § 6 Rn. 35.
34 Mallmann in Simitis, § 6 Rn. 46.

Automatisierte Einzelentscheidung § 6a

in Kenntnis zu setzen. **Dem Bundesbeauftragten** wird nach § 19 Abs. 6 **Auskunft erteilt**; er gibt sie an den Betroffenen in einer Form weiter, die keine Rückschlüsse auf den Erkenntnisstand der verantwortlichen Stelle zulässt. Sie muss aber so formuliert sein, dass ein Gericht kontrollieren kann, ob ein Verweigerungsgrund vorliegt oder nicht.[35]

Über diese Relativierung hinaus bleibt das informationelle Selbstbestimmungsrecht völlig auf der Strecke, wenn die fraglichen Behörden nach § 19 Abs. 6 Satz 1 im Einzelfall feststellen, dass **schon durch die Weitergabe an den Bundesbeauftragten die Sicherheit des Bundes** oder eines Landes **gefährdet** wäre. Angesichts der sowieso vorgesehenen »gefilterten« Weitergabe an den Betroffenen erscheint das nicht hinnehmbar, da es definitiv jede Transparenz beseitigt.

14

5. Verbot der Benachteiligung wegen Rechtsausübung

Wer von seinen Individualrechten Gebrauch macht, kann bei der verantwortlichen Stelle **Verärgerung auslösen**. Dies kann dazu führen, dass er beispielsweise als Verbraucher von einer Auskunftei negativer als eine vergleichbare »unauffällige« Person beurteilt wird[36] oder dass er als Arbeitnehmer den Ruf des »Rechthabers« bekommt, der einem Aufstieg in höhere Positionen entgegensteht. Der Gesetzgeber will dem dadurch Rechnung tragen, dass er eine **strikte Zweckbindung** anordnet, wonach von den anfallenden Daten nur zur Erfüllung des Anspruchs Gebrauch gemacht werden darf. Insofern besteht eine strukturelle Ähnlichkeit mit den von §§ 31, 34 Abs. 5 erfassten Daten. Ob durch die zweckwidrige Verwendung tatsächlich ein Nachteil entstanden ist, spielt keine Rolle.[37] Sobald dem fraglichen Anspruch Rechnung getragen ist und kein Streit über seine Existenz oder seine korrekte Erfüllung (mehr) besteht, sind die Daten nach § 35 Abs. 2 Satz 2 Nr. 3 zu löschen. Abs. 3 betrifft alle, nicht nur die ausdrücklich in Abs. 1 genannten Individualrechte.[38]

15

§ 6a Automatisierte Einzelentscheidung

(1) **Entscheidungen, die für den Betroffenen eine rechtliche Folge nach sich ziehen oder ihn erheblich beeinträchtigen, dürfen nicht ausschließlich auf eine automatisierte Verarbeitung personenbezogener Daten gestützt werden, die der Bewertung einzelner Persönlichkeitsmerkmale dienen. Eine ausschließlich auf eine automatisierte Verarbeitung gestützte Entscheidung liegt insbesondere dann vor, wenn keine inhaltliche Bewertung und darauf gestützte Entscheidung durch eine natürliche Person stattgefunden hat.**
(2) **Dies gilt nicht, wenn**
1. die Entscheidung im Rahmen des Abschlusses oder der Erfüllung eines Vertrags-

---

35 Mallmann in Simitis, § 6 Rn. 53.
36 So die amtliche Begründung des Regierungsentwurfs, BT-Drucksache 16/10529, S. 13. Ebenso Auernhammer-Stollhoff § 6 Rn. 21.
37 Schmidt-Wudy in Wolff/Brink § 6 Rn. 48.
38 Schreiber in Plath § 6 Rn. 24. Zu diesen Rechten s. oben Rn. 9.

verhältnisses oder eines sonstigen Rechtsverhältnisses ergeht und dem Begehren des Betroffenen stattgegeben wurde oder
2. die Wahrung der berechtigten Interessen des Betroffenen durch geeignete Maßnahmen gewährleistet ist und die verantwortliche Stelle dem Betroffenen die Tatsache des Vorliegens einer Entscheidung im Sinne des Absatzes 1 mitteilt sowie auf Verlangen die wesentlichen Gründe dieser Entscheidung mitteilt und erläutert.[1]

(3) Das Recht des Betroffenen auf Auskunft nach den §§ 19 und 34 erstreckt sich auch auf den logischen Aufbau der automatisierten Verarbeitung der ihn betreffenden Daten.

Übersicht

	Rn.
1. Allgemeines	1– 7
2. Beeinträchtigung als Tatbestandsmerkmal	8, 9
3. Erlaubte automatisierte Entscheidungen	10–13
4. Auskunftsanspruch des Betroffenen	14–16

1. Allgemeines

1 Die 2001 neu ins BDSG aufgenommene Regelung basiert auf Art. 15 und Art. 12 a lit. 3 EG-DSRl. Durch die BDSG Novelle I im Jahr 2009 wurde der Absatz 2 Nr. 2 geändert. Diese Änderung trat am 1.4.2010 in Kraft. Die Vorschrift soll insgesamt verhindern, dass Menschen komplexeren **nachteiligen automatisierten Entscheidungen unterworfen** werden, ohne hierbei ihre Belange hinreichend einbringen zu können. Geregelt wird damit eine besondere Form der Datennutzung. Absatz 1 spricht ein generelles Verbot bestimmter automatisierter Entscheidungen aus, das in Absatz 2 in definierten Fällen wieder aufgehoben wird. Im Beamtenrecht (§ 114 Abs. 4 BBG) und im Sozialrecht (§ 67 b Abs. 4 SGB X) bestehen vergleichbare Regelungen. Ein Unterworfensein liegt dann vor, wenn die verantwortliche Stelle die Bedingungen des Verfahrens einseitig festgelegt hat. Die Regelung ist nur anwendbar, wenn die Entscheidung vom Betroffenen nicht beeinflusst werden kann. Dies ist der Fall, wenn ein Prozess nicht bewusst und gewollt von Betroffenen initiiert und gesteuert wird. § 6 a ist nicht nur anwendbar, wenn eine automatisierte Entscheidung vorgegeben wird,[2] sondern auch, wenn eine automatisierte Bewertung wesentlich in eine Entscheidung einfließt.[3] Es spielt keine Rolle, ob das automatisierte Ergebnis in Form eines Werts (Scores, vgl. § 28 b), als eine Ja-Nein-Aussage oder anderweitig erfolgt.

2 Keine automatisierte Entscheidung liegt vor, wenn mithilfe der gespeicherten Persönlichkeitsmerkmale eine von einer Person zu treffende Entscheidung nur vorbereitet wird, z. B. wenn Bewerberdaten mithilfe eines automatisierten Verfahrens in einer Rankingliste strukturiert werden. Daran ändert sich auch nichts, wenn letztendlich der automatisierte Vorschlag von der Person übernommen wird. Wichtig ist, dass die

---

1 Die Nr. 2 wurde durch die BDSG Novelle I mit Wirkung zum 1.4.2010 geändert.
2 So Wolber, CR 2003, 625.
3 Kritisch Piltz/Holländer, ZRP 2008, 145.

Automatisierte Einzelentscheidung § 6a

endgültige Entscheidung durch eine **individuelle Bewertung** erfolgt. Durch die Neufassung des Absatzes 1 im Jahr 2009 wurde klargestellt, dass die rechtlichen Vorgaben nicht dadurch umgangen werden können, dass der automatisierten Verarbeitung noch eine mehr oder minder formale Bearbeitung durch einen Menschen nachgeschaltet wird, dieser Mensch aber gar nicht die Befugnis oder ausreichende Datengrundlage besitzt, um von der automatisierten Entscheidung abweichen zu können. § 6a erfasst alle Entscheidungen, deren bestimmende Motive durch automatisierte Vorgänge vorgegeben werden. Eine wesentliche Vorbereitung und damit Mitbestimmung durch das automatisierte Verfahren genügt.[4]

Unzulässig ist nur ein Verfahren, das eine **Bewertung einzelner Persönlichkeitsmerkmale** vornimmt. »Bewertung« setzt eine gewisse Komplexität der elektronischen Auswertung voraus.[5] Erfolgt eine automatisiert voreingestellte einfache »Wenn-Dann-Entscheidung«, ist § 6a nicht anwendbar. Dies ist der Fall bei biometrischen oder chipkartenbasierten Zugangs- oder Zutrittsberechtigungssystemen, beim Abheben von Geld aus einem Geldautomaten, der die Auszahlung bei mangelnder Kontendeckung verweigert oder bei der Verabreichung eines Arzneimittels in eindeutig definierter Abhängigkeit von einer elektronischen medizinischen Messung. Wird die Verteilung von Studienplätzen von einer bestimmten Abiturnote und einer bestimmten Wartezeit abhängig gemacht und wird die Ableistung eines staatlichen Zwangsdienstes hierbei nach normativ festgelegten Regeln berücksichtigt, kann die Ablehnung einer Studienzulassung rein automatisiert erfolgen, da die Merkmale nicht automatisiert bewertet, sondern schematisiert genutzt werden. 3

Mit dem Begriff »**Persönlichkeitsmerkmal**« werden alle zum Zweck der Bewertung erfassten persönlichen Aspekte erfasst, unabhängig davon, ob die einbezogenen Wahrscheinlichkeitswerte schon personenbezogen sind oder nicht. Einfließende Merkmale wie die erstellten Profile sind personenbezogene Daten. Welche Daten in das Verfahren einfließen, ist für dessen Einordnung ohne Relevanz. 4

Beispiele für die Bewertung von Persönlichkeitsmerkmalen sind **Scoring-Verfahren**, mit denen aufgrund mehrerer Merkmale (z.B. Konsumverhalten, Finanzdaten, Adresse, Alter, Kinderzahl) die Kaufkraft oder die Kreditwürdigkeit bewertet wird. Beim Scoring, das seit 2009 in § 28b gesondert geregelt ist, werden aus personenbezogenen Daten eines Betroffenen aufgrund von statistisch-mathematischen Verfahren für diesen ein künftiges Verhalten (z.B. Rückzahlung eines Kredites) mit einem Wahrscheinlichkeitswert (Score) prognostiziert, der durch die Auswertung bestimmter Daten bzw. durch die Erfahrung mit Personen mit vergleichbaren Merkmalen berechnet wird. Die derart einer Person zugewiesenen Scores sind personenbezogene Daten (§ 3 Rn. 7). 5

Keinen Unterschied für die Anwendbarkeit des § 6a macht es, ob die Entscheidung durch eine öffentliche oder durch eine private Stelle erfolgt. Die Regelung schützt auch Arbeitnehmer vor automatisierten Entscheidungen im Arbeitsverhältnis.[6] Der Umstand, dass der automatisierten Entscheidung ein **Vertrag**, ein Tarifvertrag oder eine 6

---

4 BT-Drs. 16/10529, 13.
5 Dammann/Simitis, 1997, Art. 15 Rn. 4.
6 Däubler, Gläserne Belegschaften? Rn. 432.

Betriebsvereinbarung zu Grunde liegt, schließt die Anwendbarkeit des § 6a nicht aus.[7]

7 Es spielt für die Unzulässigkeit der automatisierten Entscheidung keine Rolle, ob die automatisierte Bewertung der Daten durch eine **andere als die entscheidende Stelle** erfolgt.[8] Die einen Score von einer dritten Stelle erhaltende Stelle muss sich u. U. vertraglich zusichern lassen, dass allen Transparenzansprüchen des Betroffenen genügt werden kann.

2. Beeinträchtigung als Tatbestandsmerkmal

8 Voraussetzung für die Anwendbarkeit des § 6a ist, dass die Entscheidung eine **rechtliche Folge** nach sich zieht oder den Betroffenen erheblich beeinträchtigt. Rechtliche Folgen ergeben sich, wenn die automatisierte Bewertung Einfluss auf ein hoheitliches Handeln hat, z. B. auf die Gewährung oder Verweigerung von staatlichen Leistungen, auf den Erlass von Verwaltungsakten oder sonstiges hoheitliches, z. B. polizeiliches Handeln, etwa in Form einer Überprüfung oder Durchsuchung. Rechtliche Folgen liegen im Privatrechtsverkehr in der Gewährung und in der Kündigung oder in der inhaltlichen Gestaltung eines Vertrags. Auch die Verweigerung eines Vertragsabschlusses ist eine rechtliche Folge; hieran ändert auch der Umstand nichts, dass es wegen der Privatautonomie keinen Anspruch auf Vertragsabschluss gibt.[9] Die Verweigerung eines Kreditvertrags wegen Unterschreitung eines Scores ist ein Anwendungsfall (sog. Cut-Off).[10] Dazu gehört auch die Festlegung der Zahlungsweise (Vorkasse, Nachnahme, auf Rechnung), eines Kredit-Zinssatzes oder eines Dispositionsrahmens aufgrund eines Bonitäts-Scores. Keine rechtliche Folge liegt in der Werbeansprache oder im Zusenden von Botschaften, z. B. in Briefen oder E-Mails. § 6a verbietet nicht die Ablehnung eines Vertrags – evtl. gar aus unsachlichen Gründen, sondern eine bestimmte diskriminierende Vorgehensweise in dessen Vorfeld; er stärkt damit die Privatautonomie.

9 Eine **erhebliche Beeinträchtigung** liegt in jeder Form von Diskriminierung. Entsprechendes gilt, wenn sich durch das Scoring wesentliche finanzielle Nachteile ergeben, z. B. ein erhöhter Zinssatz oder die Verweigerung eines nicht unbedeutenden Kredits. Werben Direktbanken mit günstigeren Kreditkonditionen als dann tatsächlich angeboten, liegt eine erhebliche Beeinträchtigung vor. Auch in einer Belästigung kann eine erhebliche Beeinträchtigung liegen, z. B. in einer unverlangten Nutzung von Kommunikationsdaten zur Werbeansprache per Post, Telefon, Fax oder E-Mail.[11]

---

7 A. A. Gola/Schomerus, § 6a Rn. 4.
8 Möller/Florax, NJW 2003, 2725; Duhr in Roßnagel, 2003, S. 1173; Duhr/Naujok/Peter/Seiffert, DuD 2002, 25; ULD, Scoringsysteme, S. 86; a. A. Hoeren, RDV 2007, 98.
9 Weichert, DuD 2005, 585; kritisch hierzu Kamlah in Plath, § 6a Rn. 6 ff., der bei geringer wirtschaftlicher oder praktischer Bedeutung § 6a nicht anwenden will.
10 Scholz in Simitis, § 6a, Rn. 19; Mackenthun in Taeger/Gabel, § 6a Rn. 19; Kamlah in Plath, § 6a Rn. 13.
11 Scholz in Simitis, § 6a Rn. 24; von Lewinski in WB, § 6a Rn. 32–34, a. A. Gola/Schomerus, § 6a Rn. 10.

3. Erlaubte automatisierte Entscheidungen

§ 6 a verbietet nicht alle automatisierten Entscheidungen. Erlaubt sind diese nach Absatz 2, wenn dem **Begehren des Betroffenen stattgegeben** wird oder wenn Maßnahmen ergriffen werden, welche die Wahrung der berechtigten Interessen der Betroffenen gewährleisten. Wird gemäß dem Antrag nach Durchführung eines Scoring ein Kredit gewährt, greift das Verbot des § 6 a nicht. Anderes gilt, wenn bei einem Kreditantrag wegen eines Scoring schlechtere als die beantragten Vertragsbedingungen zustande kommen.

10

Bei ablehnenden Entscheidungen muss dem Betroffenen die **Tatsache des Vorliegens einer automatisierten Entscheidung** mitgeteilt werden. Dies ermöglicht diesem, die Entscheidung und seine Grundlagen zu hinterfragen. Für diese Mitteilung genügt die Angabe, dass z. B. ein Kreditantrag wegen eines negativen Scores abgelehnt wurde.

11

Durch die Änderung des Absatzes 2 S. 1 Nr. 2 wird klargestellt, dass die verantwortliche Stelle dem Betroffenen auf Verlangen die **wesentlichen Gründe einer für ihn ungünstigen Entscheidung** mitzuteilen und zu erläutern hat. Dabei wird sie zwar nicht zu einer detaillierten Begründung ihrer (Vertrags-)Entscheidung z. B. über eine Kreditvergabe verpflichtet; sie muss dem Betroffenen aber die wesentlichen Gründe erläutern, damit dieser in die Lage versetzt wird, mit einem zuständigen Sachbearbeiter in Kontakt zu treten und seine Interessen sachgerecht zu vertreten.[12] Die Änderung 2009 wurde zugleich zum Anlass genommen, die bisherige Regelung sprachlich zu verbessern und kürzer zu fassen.[13] Aus der Regelung ergibt sich die Pflicht zur verständlichen Mitteilung der für den negativen Score wesentlichen Merkmale. Die Mitteilung kann der Auskunftserteilung im Einzelfall nach § 34 Abs. 2 oder 4 unter Nennung der konkret genutzten Datenarten entsprechen. Es geht nicht darum, dass der Betroffene das Funktionieren des automatisierten Verfahrens oder gar die verwendeten mathematischen Formeln offen gelegt bekommt, sondern dass ihm verdeutlicht wird, was in seinem Fall ausschlaggebend war. Dies gilt auch dann, wenn die Entscheidung auf anderen Gründen beruht, etwa auf gesetzlichen Regelungen (z. B. mangelnde Geschäftsfähigkeit) oder auf geschäftspolitischen Entscheidungen (z. B. Kreditvergabe nicht an Verbraucher). Dem Betroffenen muss erklärt werden, »woran es gelegen hat«.[14] Nur so kann der Betroffene erkennen, ob evtl. falsche Daten in das Verfahren Eingang gefunden haben oder ob wesentliche Aspekte nicht berücksichtigt wurden. Der Betroffene erhält so die Möglichkeit, die Entscheidung und deren Grundlagen zu reklamieren und aufgrund dieser Reklamation eine von einer Person geprüfte erneute Entscheidung zu bekommen. Es genügt nicht, den Computer noch einmal anzuwerfen und die getroffene Entscheidung nochmals mitzuteilen.[15] Der Betroffene ist aktiv auf sein Recht hinzuweisen; dessen abstrakte Kenntnis des Gesetzes genügt nicht. Es genügt nicht, dass der Betroffene durch einen Widerspruch präventiv eine Score-Berechnung verhindern kann.

12

---

12 BT-Drs. 16/13219 S. 18; kritisch wegen der Unbestimmtheit ULD/GP Forschungsgruppe, 2014, S. 26.
13 BT-Drs. 16/13219 S. 18.
14 BT-Drs. 16/10529, 13.
15 Eul in Roßnagel, 2003, S. 1106.

13 Das Gesetz macht keine Aussage über **Art, Ort und Zeitpunkt der Mitteilung**. Sie sollte schriftlich oder sonst in Textform (E-Mail) erfolgen, um der Warn- und der Nachweisfunktion zu genügen. Die Information kann auch nach Vertragsabschluss gegeben werden. Am Point of Sale (POS) besteht oft eine erhebliche Kundenfrequenz, so dass eine sofortige Mitteilung und Erläuterung nicht möglich ist. Diese muss dann aber später – vor allem wenn dies verlangt wird – realisiert werden.

4. Auskunftsanspruch des Betroffenen

14 Nach Absatz 3 wird das Recht des Betroffenen auf Auskunft bei Verfahren nach § 6a auf den **logischen Aufbau der automatisierten Verarbeitung** der ihn betreffenden Daten ausgeweitet. Dem Betroffenen soll damit transparent gemacht werden, nach welcher Logik er einer Bewertung und Entscheidung unterworfen wird. Er soll in die Lage versetzt werden, diese Bewertung zu überprüfen. Dies ist nur möglich, wenn ihm mitgeteilt wird, welche personenbezogenen Daten in die Berechnung (z. B. des Scores) eingeflossen sind. Weiterhin muss er in groben Zügen erkennen, welche **Merkmale für die individuelle Bewertung** den wesentlichen Ausschlag gegeben haben. Hierbei genügt die Benennung der wichtigsten (vier) Merkmale und deren Gewichtung.[16] Diese müssen zum Zweck der Auskunftserteilung protokolliert werden. Bzgl. der verwendeten Software bedarf es nicht der Offenlegung von Einzelheiten, sondern nur der tragenden Funktionsprinzipien. Bei Standardprodukten genügt deren genaue Bezeichnung.[17] Es handelt sich bei Absatz 3 um ein individuelles Auskunftsrecht, nicht nur um eine generelle Informationspflicht. Dieses Recht besteht nicht nur bei unzulässigen Verfahren, sondern in jedem Anwendungsfall der Absätze 1 und 2. Die Auskunft über den logischen Aufbau ist unentgeltlich (§ 34 Abs. 8). Wird der Betroffene nicht ordnungsgemäß informiert, ist die auf der Bewertung beruhende Datenverarbeitung nach § 43 Abs. 2 Nr. 1 unbefugt und somit bußgeldbewehrt.

15 **Adressat des Auskunftsanspruchs** ist die verantwortliche Stelle. Dies ist i. d. R. die Stelle, die die automatisierte Bewertung vornimmt. Fallen jedoch die Bewertung, z. B. das Scoring, und die Nutzung des Ergebnisses auseinander, obliegt der nutzenden Stelle die Auskunftspflicht, wenngleich der Gegenstand des Auskunftsanspruchs nicht nur die automatisierte Einzelentscheidung ist, sondern auch die diese vorbereitende automatisierte Datenverarbeitung.[18] Dem Betroffenen kann nicht entgegengehalten werden, die nutzende Stelle habe gar keine Kenntnis von der Logik des Verfahrens; vielmehr muss diese sich die relevanten Daten dann von ihrem Dienstleister besorgen.

16 Die genaue Berechnung der individuellen Bewertung und die hierbei verwendeten mathematisch-statistischen Verfahren werden von den meisten Stellen, die Scoring nutzen, als **Betriebs- und Geschäftsgeheimnisse** behandelt. Mit dem Verweis hierauf darf das Transparenzziel nicht ausgeschlossen werden.[19] Der Umstand, dass im Gesetzgebungsverfahren statt vom »strukturierten Ablauf« vom logischen Aufbau die Rede ist,

---

16 Scholz in Simitis, § 6a Rn. 40; a. A. Kamlah in Plath, § 6a Rn. 29.
17 Christians, DANA 4/2000, 20.
18 Wolber, CR 2003, 626; a. A. Kamlah, MMR 1999, 403.
19 ULD, Scoringsysteme, S. 98 ff.

Videoüberwachung § 6b

schließt nicht aus, dass sich der Auskunftsanspruch auch auf die innerbetriebliche Organisation, auf den Ablauf des Verfahrens, auf die Kriterien der Entscheidung und deren Gewichtung erstreckt. Die Datengrundlage in Bezug auf den Betroffenen kann kein Geschäftsgeheimnis sein, auch wenn die Furcht besteht, dass das System »nachgebaut« wird oder der Betroffene mit dieser Kenntnis das Verfahren manipuliert.

§ 6 b Beobachtung öffentlich zugänglicher Räume mit optisch-elektronischen Einrichtungen

(1) Die Beobachtung öffentlich zugänglicher Räume mit optisch-elektronischen Einrichtungen (Videoüberwachung) ist nur zulässig, soweit sie
1. zur Aufgabenerfüllung öffentlicher Stellen,
2. zur Wahrnehmung des Hausrechts oder
3. zur Wahrnehmung berechtigter Interessen für konkret festgelegte Zwecke erforderlich ist und keine Anhaltspunkte bestehen, dass schutzwürdige Interessen der Betroffenen überwiegen.

(2) Der Umstand der Beobachtung und die verantwortliche Stelle sind durch geeignete Maßnahmen erkennbar zu machen.

(3) Die Verarbeitung oder Nutzung von nach Absatz 1 erhobenen Daten ist zulässig, wenn sie zum Erreichen des verfolgten Zwecks erforderlich ist und keine Anhaltspunkte bestehen, dass schutzwürdige Interessen der Betroffenen überwiegen. Für einen anderen Zweck dürfen sie nur verarbeitet oder genutzt werden, soweit dies zur Abwehr von Gefahren für die staatliche und öffentliche Sicherheit sowie zur Verfolgung von Straftaten erforderlich ist.

(4) Werden durch Videoüberwachung erhobene Daten einer bestimmten Person zugeordnet, ist diese über eine Verarbeitung oder Nutzung entsprechend den §§ 19a und 33 zu benachrichtigen.

(5) Die Daten sind unverzüglich zu löschen, wenn sie zur Erreichung des Zwecks nicht mehr erforderlich sind oder schutzwürdige Interessen der Betroffenen einer weiteren Speicherung entgegenstehen.

Übersicht	Rn.
1. Einleitung	1–11a
2. Zulässigkeitsvoraussetzungen der Beobachtung (Abs. 1)	12–47
a) Beobachtung	13–15
b) Medium der Beobachtung	16–18
c) Öffentlich zugängliche Räume	19–27
d) Zwecke der Beobachtung	28
e) Aufgabenerfüllung öffentlicher Stellen (Nr. 1)	29, 30
f) Wahrnehmung des Hausrechts (Nr. 2)	31–34
g) Wahrnehmung berechtigter Interessen (Nr. 3)	35–38
h) Erforderlichkeit	39–44a
i) Interessenabwägung (Abs. 1 letzter Hlbs.)	45–47
3. Transparenz der Videoüberwachung (Abs. 2)	48–51
4. Verarbeitung und Nutzung/Zweckänderung (Abs. 3)	52–57
a) Verarbeitung und Nutzung (Satz 1)	53, 54
b) Zweckänderung (Satz 2)	55–57

5. Benachrichtigung (Abs. 4)	58, 59
6. Löschung der Daten (Abs. 5)	60–64
7. Streitigkeiten	65–67

1. Einleitung

1 Gegenstand der Vorschrift ist die Beobachtung öffentlich zugänglicher Räume mit optisch-elektronischen Einrichtungen. Hinter dem sprachlich nicht einfach verständlichen Begriff der »optisch-elektronischen Einrichtungen« verbirgt sich, wie schon am Klammerzusatz in Abs. 1 erster Halbs. deutlich wird, nichts anderes als die immer mehr um sich greifende Videoüberwachung. Für den Einsatz diese Technik stellt die Vorschrift datenschutzrechtlich eine gesetzliche Grundlage dar, die der Wahrung des informationellen Selbstbestimmungsrechts durch einen angemessenen Interessenausgleich Rechnung tragen soll.[1] Ziel der Regelung ist eine restriktive Überwachungspraxis unter Wahrung der Interessen potentieller Anwender.[2]

2 Die Anwendung der Vorschrift setzt die generelle Anwendbarkeit des BDSG voraus. Sie kommt sowohl für die in § 1 Abs. 2 Nr. 1 und 2 aufgeführten öffentlichen Stellen als auch für die in § 1 Abs. 2 Nr. 3 genannten nicht-öffentlichen Stellen zur Anwendung, wenn die Überwachung in öffentlich zugänglichen Räumen erfolgt.

3 Im Einzelnen geregelt werden Sachverhalte wie
 • die Zulässigkeitsvoraussetzungen einer Beobachtung (Abs. 1),
 • die Verpflichtung zur Kenntlichmachung der Videoüberwachung (Abs. 2),
 • die Zulässigkeitsvoraussetzungen für eine Verarbeitung und Nutzung der erhobenen Daten (Abs. 3),
 • die Verpflichtungen zur Unterrichtung der Betroffenen (Abs. 4) sowie
 • Regelungen zur Löschung (Abs. 5).

4 Der Regelung kommt vor dem Hintergrund einer zunehmenden und in vielen Bereichen immer mehr ausufernden Überwachungspraxis herausragende Bedeutung zu.[3] Mit Blick auf die ständig zunehmende Zahl von Videoüberwachungssystemen ist es allerdings fraglich, ob die Vorschrift tatsächlich geeignet ist, die Grundrechte der Betroffenen hinreichend zu wahren.

5 In der EG-Datenschutzrichtlinie gibt es keine vergleichbare Regelung. Entsprechende Normen finden sich aber in einzelnen LDSG (etwa § 31b BlnDSB, § 33c BbgDSG, § 29b DSG NRW, § 34 LDSG RP, § 12 HDSG oder § 20 LDSG SW).[4] Die Landesvorschriften entsprechen weitgehend der Vorschrift des BDSG. Abweichungen finden sich in einzelnen Landesgesetzen bezüglich der Benachrichtigungspflicht (vgl. § 31b Abs. 4 LDSG SW) oder der Zulässigkeit der Speicherung von Videoaufzeichnungen zu Beweiszwecken (nach § 29b Abs. 2 DSG NRW nur zu Beweiszwecken).[5] Aufgrund der Sonderregelung in § 41[6] findet die Vorschrift keine Anwendung, wenn Videosysteme zu

---

1 BT-Drs. 14/4329, S. 38.
2 BT-Drs. 14/5793, S. 61.
3 Scholz in Simitis, § 6b Rn. 2 mit Beispielen zur Überwachungspraxis.
4 Vgl. weitere Beispiele bei BMH, § 6b Rn. 1.
5 Vgl. insgesamt BMH, § 6b Rn. 60; Gola/Schomerus, § 6b Rn. 34.
6 Vgl. dort Rn. 5.

Videoüberwachung § 6b

journalistisch-redaktionellen Zwecken im Bereich der Hilfsunternehmen und Unternehmen der Presse eingesetzt und genutzt werden.

Durch § 6b wird der Sachverhalt der Beobachtung selbst vom Schutzbereich des Datenschutzrechts erfasst. Für die Einbeziehung in das Gesetz ist es deshalb unerheblich, ob anschließend eine weitere Verarbeitung (etwa durch Speicherung oder Übermittlung) erfolgt oder nicht.[7] 6

Wird digitale Videotechnik eingesetzt, handelt es sich um ein automatisiertes Verfahren, das u. a. die Meldepflicht gemäß § 4d auslöst.[8] Wird analoge Technik eingesetzt, unterfällt diese **im öffentlichen Bereich** uneingeschränkt dem Gesetz, da § 1 Abs. 1 Nr. 1 nur auf den Tatbestand der Erhebung, Verarbeitung oder Nutzung, nicht aber auf die verwendete Technik abstellt. Etwas anderes gilt aufgrund der anderweitigen Regelung in § 1 Abs. 2 Nr. 3 für den **nicht-öffentlichen Bereich**. Aufgrund der technikneutralen Formulierung in Abs. 1 unterfällt auch analoge Technik grundsätzlich dem Anwendungsbereich der Vorschrift.[9] Hiervon kann es nur dann zu Ausnahmen kommen, wenn eine analoge Aufzeichnung nicht die Vorgabe einer »nicht automatisierten Datei« des § 3 Abs. 2 erfüllt.[10] 7

Videoüberwachung im Sinne von § 6b unterliegt der Vorabkontrolle.[11] Hierbei muss die Art der erfassten Informationen besonders berücksichtigt werden. Ist eine Kamera beispielsweise im Eingangsbereich eines Krankenhauses angebracht, fallen besondere Arten personenbezogener Daten an, was unmittelbaren Einfluss auf die Vorabkontrolle hat.[12] 8

Besonders strenge Maßstäbe sind bei der Bewertung im Rahmen einer Vorabkontrolle anzulegen, wenn die erfassten Daten übermittelt oder zugänglich gemacht werden. Die Zulässigkeit des Einsatzes von Webcams und die anschließende Einstellung der gewonnenen Bilder in das Internet ist besonders restriktiv zu bewerten.[13] Zum gleichen Ergebnis führt die Anwendung der in § 3a enthaltenen Grundsätze zur Datenvermeidung und Datensparsamkeit. Vor diesem Hintergrund müssen verantwortliche Stellen immer abwägen, ob es Alternativen gibt, die weniger in Grundrechte der Betroffenen eingreifen.[14] Hierbei ist besonders zu beachten, dass Videosequenzen, die über das Internet zugänglich gemacht werden, sehr schnell ein unkontrolliertes Eigenleben führen und in der Praxis nicht »rückholbar« sind.[15] 9

Kommen Vidoeüberwachungssysteme zum Einsatz, müssen verantwortliche Stellen die weiteren allgemeinen Vorgaben des Gesetzes beachten. Hierzu gehören die erforderlichen technischen und organisatorischen Maßnahmen nach § 9. Die gewonnenen Informationen müssen insbesondere gegen unbefugten Zugriff (etwa durch entspre- 10

---

7 BT-Drs. 14/4329; S. 38; ebenso BMH, § 6b Rn. 3.
8 BMH, § 6b Rn. 3.
9 Brink in WB, § 6b Rn. 19; Onstein in Auernhammer, § 6b Rn. 17; Scholz in Simitis, § 6b Rn. 40 und Rn. 52 ff.
10 Ähnlich BMH, § 6b Rn. 16; Gola/Schomerus, § 6b Rn. 10.
11 BMH, § 6b Rn. 6; Brink in WB, § 6b Rn. 93.
12 Ähnlich BMH, § 6b Rn. 6 für den Fall, dass Rollstuhlfahrer betroffen sind.
13 Ähnlich BMH, § 6b Rn. 6; allgemein zu Webcams Wrede DuD 2010, 225.
14 Vgl. hierzu etwa BAG v. 14.12.2004 AuR 2005, 456; im Ergebnis ähnlich Scholz in Simitis, § 6b Rn. 16; BMH, § 6b Rn. 8.
15 Ebenso Brink in WB, § 6b Rn. 93.

11 chende Zugriffssicherungen oder Verschlüsselung der Daten), gegen inhaltliche Manipulationen und gegen die unzulässige Weitergabe an Dritte geschützt werden.[16] Verantwortliche Stellen müssen neben den allgemeinen Vorgaben des Gesetzes auch spezialgesetzliche Regelungen zum Schutz vor ungewollten Videoaufnahmen wie etwas das Recht am eigenen Bild und hieraus erwachsene Schadensersatzpflichten (§§ 823, 1004 BGB sowie die Vorgaben in § 22 Kunsturhebergesetz) beachten.[17] Erfolgen Videoaufnahmen in einer Wohnung oder in einem gegen Einblick besonders geschützten Raum, kann die unbefugte Herstellung von Videoaufnahmen den Straftatbestand der Verletzung des höchstpersönlichen Lebensbereichs gemäß § 201a StGB erfüllen.[18]

11a Die Reform des Datenschutzrechts im Jahre 2009 hat § 6b unverändert gelassen. Damit bleibt es bei der für abhängig Beschäftigte problematischen Situation, dass es weiterhin keine normative Regelung gibt, durch die die Videoüberwachung durch Arbeitgeber in nicht-öffentlichen Betriebsräumen begrenzt wird (vgl. § 32 Rn. 95ff.). Die vom EU-Parlament vorgesehene Regelung in Art. 82 Abs. 1c Buchstabe b des Entwurfs der EU-Datenschutz-Grundverordnung würde für Beschäftigungsverhältnisse »optisch-elektronische« Überwachung weitgehend zulassen. Ausgenommen würden in den nicht öffentlich zugänglichen Teilen der Betriebe lediglich solche Räume bleiben, die überwiegend der privaten Lebensgestaltung der Arbeitnehmer dienen. Hierzu sollen insbesondere Sanitär-, Umkleide-, Pausen- und Schlafräume gehören. Zudem soll die heimliche Überwachung in jedem Fall unzulässig sein.

2. Zulässigkeitsvoraussetzungen der Beobachtung (Abs. 1)

12 In Abs. 1 1. Hlbs. wird die Beobachtung als neuer Tatbestand eingeführt, ohne dass zugleich eine ausdrückliche Definition in § 3 erfolgt. Dieser erste Schritt der Verwendung von personenbezogenen Daten steht gleichberechtigt neben anderen in § 3 Abs. 3 bis 6a genannten Verarbeitungsphasen der Erhebung, der Verarbeitung oder der Nutzung. Als weiterer Tatbestand schließt sich in Abs. 1 die Begrenzung des Anwendungsbereichs der Vorschrift auf öffentlich zugängliche Räume an. Es folgt eine Aufzählung von drei Voraussetzungen, bei deren Vorliegen die Videoüberwachung zulässig ist. Durch den letzten Hlbs. wird eine vorzunehmende Interessenabwägung vorgeschrieben.

a) Beobachtung

13 Die Vorschrift knüpft in Abs. 1 Satz 1 1. Hlbs. an das Beobachten an. Hierbei kann es sich sowohl um ein passives Handeln im Sinne von »bloßem Schauen« als auch um ein aktives gezieltes Handeln im Sinne von »genau unter die Lupe nehmen« bzw. »konzentriert verfolgen« handeln.[19] Unerheblich für das Erfüllen des Tatbestandes der Beobachtung ist, ob eine Aufnahme, Speicherung oder Übermittlung der Bilder erfolgt

---

16 Ähnlich BMH, § 6b Rn. 10.
17 BMH, § 6b Rn. 11; Scholz in Simitis, § 6b Rn. 19.
18 Vgl. Oberwetter NZA 2008, 609f.
19 Ähnlich Scholz in Simitis, § 6b Rn. 37; BMH, § 6b Rn. 18.

Videoüberwachung § 6b

oder gewollt ist.[20] Damit werden Kameras an S-Bahn-Bahnsteigen, durch die sich Lokführer einen Überblick über die Zugtüren verschaffen können, ebenso von der Vorschrift erfasst wie technische Anlagen aller Art, z. B. auf Türen oder auf Fahrzeuge im öffentlichen Bereich gerichtete Videoanlagen.[21] Entsprechendes gilt für Kameras in öffentlichen Verkehrsmitteln oder in Taxis, die dort aus Sicherheitsheitsgründen immer öfter zu finden sind, aber auch für sog. **Dome-Kameras** mit »Rundumsicht«[22], für Webcams in Notebooks oder Tablets von Beschäftigten, die von öffentlichen Orten aus an dienstlichen Videokonferenzen teilnehmen. Die Veröffentlichung von Bildern einer Webcam per Livestream im Internet, die öffentlich zugängliche Bereiche von Ferienanlagen zu Werbezwecken zeigen, ist ebenfalls von der Vorschrift erfasst.[23] Den Tatbestand der Beobachtung erfüllt auch der Einsatz von Drohnen, die mit Kameras bestückt sind[24] sowie sog. **Wildkameras**, die etwa Jäger in ihren Jagdrevieren aufstellen.[25] In den beiden letztgenannten Fällen stellt der Betrieb der Kameras einen unzulässigen Eingriff in das Persönlichkeitsrecht von Betroffenen dar.[26]

Die Beobachtung muss sich nicht gezielt auf bestimmte Personen richten. Der Tatbestand ist vielmehr auch erfüllt, wenn öffentliche Räume in einer Art und Weise gefilmt werden, die es ermöglicht, bestimmte Personen zu identifizieren. Er erfasst auch sog. Übersichts- oder Überblicksaufnahmen, wenn hierbei die Bildqualität so gut ist, dass bei entsprechender Vergrößerung Einzelpersonen oder Gesichter erkennbar sind.[27] Erfolgt hingegen eine Beobachtung per Videokamera technisch in einer Art und Weise, die das Erkennen bestimmter Personen bzw. Gesichter unmöglich macht (etwa aufgrund einer geringen Auflösung), kann die Anwendbarkeit der Vorschrift entfallen.[28] Vom Grundsatz her wird dieses aber nur der Fall sein, wenn eine technische Ausgestaltung gewählt wird, die der Anonymisierung nach § 3a entspricht. 14

Keine Beobachtung im Sinne des Abs. 1 soll gegeben sein, wenn eine einmalige Verfilmung von öffentlichen Räumen, Gebäuden oder Straßenzügen zum Zwecke der digitalen Kartierung erfolgt.[29] Diese Auffassung überzeugt in den Fällen nicht, in denen Gebäude oder Wohnungen bestimmten Personen zugeordnet werden können. Betroffenen stehen hier wegen des Fehlens einer Rechtsgrundlage für die Erhebung und Verarbeitung die Löschungsrechte nach § 35 zu. Darüber hinaus können sie auf allgemeine zivilrechtliche Abwehrrechte zurückgreifen, um ungewollte Aufnahmen zu unterbinden. 15

---

20 BT-Drs. 14/4329, S. 38; Scholz in Simitis, § 6b Rn. 37; BMH, § 6b Rn. 20: a. A. Gola/Schomerus, § 6b Rn. 10; Königshofen RDV 2001, 220; Wohlfahrt RDV 2000, 106.
21 Ebenso BMH, § 6b Rn. 20; enger Brink in WB, § 6b Rn. 33, der einmalige Bilderfassungen für nicht einschlägig hält.
22 Scholz in Simitis, § 6b Rn. 13.
23 VG Schwerin 18.6.2015 – 6 B 1637/15 SN, juris.
24 Schmid, K&R 2015, 217; Gola/Schomerus, § 6b Rn. 7b.
25 Gola/Schomerus, § 6b Rn. 7 b.
26 Gola/Schomerus, § 6b Rn. 7b und 9a.
27 Ähnlich Scholz in Simitis, § 6b Rn. 29 und 68.
28 Ähnlich BMH, § 6b Rn. 21 für Aufnahmen aus großer Höhe; Gola/Schomerus, § 6b Rn. 7.
29 So Scholz in Simitis, § 6b Rn. 37; Gola/Schomerus, § 6b Rn. 12; Müller DuD 1999, 252.

b) Medium der Beobachtung

16 Weiteres Tatbestandsmerkmal ist der Einsatz optisch-elektronischer Einrichtungen. Regelmäßig müssen damit entsprechende optische Aufnahmegeräte vorhanden sein, die eine Beobachtung ermöglichen. Die vom Gesetzgeber genutzte Festlegung auf optisch-elektronische Einrichtungen ist technikneutral und stellt nicht auf eine bestimmte Gerätetechnik oder Gerätetypen ab. Mit dem Klammerverweis auf »Videoüberwachung« macht die Vorschrift deutlich, dass von einer unspezifischen und damit weiten Technikdefinition auszugehen ist. In Betracht kommen damit Kameras jeglicher Art und Gestaltung wie insbesondere »klassische« Videokameras oder Webcams.[30] Voraussetzung ist lediglich, dass die Kameras dazu geeignet sind, für Beobachtungen genutzt zu werden. Damit werden beispielsweise auch Kameras in Handys von der Vorschrift erfasst, wenn mit ihnen in der Öffentlichkeit Videosequenzen aufgenommen und übermittelt werden. Somit unterfällt beispielsweise auch das Erstellen von kurzen Filmen in einem Lokal mit einem IPhone, einem Tablet oder vergleichbaren Geräten und das anschließende Einstellen in eine Internetplattform wie YouTube uneingeschränkt der Vorschrift.[31]

17 Vom Tatbestand der optisch-elektronischen Beobachtung erfasst werden sowohl fest installierte wie bewegliche Kameras, ohne dass es darüber hinaus darauf ankommt, ob ein mechanischer Schwenkbereich, Zoommöglichkeiten usw. gegeben sind.[32] Die Voraussetzung der elektronischen Beobachtung ist gegeben, wenn mindestens eine Systemkomponente durch entsprechende elektrische Impulse gesteuert werden kann. Damit können auch elektronisch gesteuerte Ferngläser und ähnliche Geräte den Tatbestand erfüllen.[33]

18 Der Anwendungsbereich der Norm ist durch seine technikneutrale Formulierung nicht auf digitale Kamerasysteme beschränkt. Erfasst werden auch analoge Systeme, wenn diese zur Beobachtung geeignet sind (vgl. auch Rn. 7). Werden Attrappen eingesetzt, bei denen für Betroffene das Fehlen der Funktionsfähigkeit und entsprechender Beobachtungsmöglichkeiten nicht erkennbar ist, muss ebenfalls ein gesetzeskonformer Hinweis erfolgen.[34] Nur dieser versetzt Betroffene in die Lage, ihre Rechte angemessen wahrzunehmen und sich ggf. über das Fehlen einer tatsächlichen Beobachtungsmöglichkeit Gewissheit zu verschaffen, wenn eine Kontrolle als Beeinträchtigung der eigenen Rechte empfunden wird.

c) Öffentlich zugängliche Räume

19 Die Vorschrift setzt voraus, dass die Beobachtung in einem öffentlich zugänglichen Raum erfolgt. Der gesetzliche Tatbestand zielt zunächst einmal auf umbaute Flächen,

---

30 Ebenso Brink in WB, § 6b Rn. 23; Scholz in Simitis, § 6b Rn. 36.
31 Scholz in Simitis, § 6b Rn. 38; Onstein in Auernhammer, § 6b Rn. 17.
32 Scholz in Simitis, § 6b Rn. 35; a. A. Duhr/Naujock/Peter/Seiffert DuD 2002, 27, die den Tatbestand nur durch fest montierte Kameras gegeben sehen.
33 Zutreffend Scholz in Simitis, § 6b Rn. 36; a. A. Duhr/Naujock/Peter/Seiffert, a. a. O.
34 Scholz in Simitis, § 6b Rn. 39; Gola/Schomerus, § 6b Rn. 27: a. A. BMH, § 6b Rn. 21a; vgl. nach Hilport, RDV 09, 160.

Videoüberwachung § 6b

die dazu bestimmt sind, von unbestimmten oder nur nach allgemeinen Kriterien abgegrenzten Personengruppen betreten zu werden.³⁵ Öffentlich zugängliche Räume sind beispielsweise die Ausstellungsräume eines Museums, Verkaufsräume oder Schalterhallen,³⁶ aber auch Tankstellen, Biergärten, Parkhäuser, Internetcafés, Geldautomaten usw.³⁷ Hierzu gehören weiterhin Eingangsbereich und Treppenaufgänge zu Geschäftsräumen von Bürogebäuden.³⁸

Unerheblich für die Erfüllung des Tatbestandes ist, ob für den Zugang besondere allgemeine Voraussetzungen erfüllt sein müssen (etwa Volljährigkeit oder ein bestimmtes Mindestalter) oder ob die Öffnung nur zu bestimmten Zeiten erfolgt. An der öffentlichen Zugänglichkeit ändert sich auch dadurch nichts, dass bestimmte Vorkehrungen beachtet werden müssen. So ist beispielsweise der Geldautomatenraum einer Bank öffentlich zugänglich und vom Anwendungsbereich des Abs. 1 erfasst, wenn hierfür eine EC-Karte erforderlich ist wie Eingangsbereiche und Treppenhäuser – etwa von Arzt- und Anwaltskanzleien.³⁹ 20

Der Begriff der öffentlich zugänglichen Räume ist weit zu fassen. Dies macht der Gesetzgeber deutlich, indem er in der Gesetzesbegründung beispielhaft Bahnsteige nennt.⁴⁰ Maßgeblich für die Anwendbarkeit der Vorschrift ist nur, dass Betroffene in der Öffentlichkeit einer Videoüberwachung nicht ausweichen können. Die Regelung kommt damit auch auf umgrenzte Plätze und Bereiche außerhalb von Gebäuden zur Anwendung wie etwa in Parks, auf Straßen, in Fußgängerzonen usw.⁴¹ 21

Nicht öffentlich zugänglich sind Räume, die nur von einem bestimmten und abschließend definierten Personenkreis betreten werden können oder dürfen.⁴² Hierzu gehören etwa Büros oder Produktionsbereiche ohne Publikumsverkehr. Maßgeblich für den Ausschluss aus dem Bereich öffentlich zugänglicher Räume sind Vorgaben der Verfügungsberechtigten. Deshalb kommt es für die Bewertung der öffentlichen Zugänglichkeit nicht darauf an, ob die Räume oder Bereiche durch Zugangskontrollen, Türen usw. gesichert sind. Entscheidend ist, dass die Nichtöffentlichkeit erkennbar ist, etwa durch Verbotsschilder oder den Kontext der Umgebung.⁴³ 22

Die Vorschrift findet keine Anwendung auf Arbeitsplätze in nicht-öffentlichen Bereichen von Betrieben oder Dienststellen. Der Gesetzgeber geht für diese Fälle ausdrücklich davon aus, dass hier besondere Vorschriften wie beispielsweise im Rahmen eines Arbeitnehmerdatenschutzgesetzes erforderlich sind.⁴⁴ Eine solche gesetzliche Spezialregelung steht allerdings nach wie vor aus. Die Videoüberwachung an Arbeitsplätzen in 23

---

35 Scholz in Simitis, § 6b Rn. 40; BMH, § 6b Rn. 22; Polenz, DuD 09, 561.
36 BT.-Drs. 14/4329, S. 38.
37 Weitere Beispiele bei BMH, § 6b Rn. 25 ff.; zur Überwachung im öffentlichen Nahverkehr Hilport, RDV 09, 160.
38 OVG Lüneburg, 29.9.2014 – 11 LC 114/13, DuD 2014, 864, vgl. hierzu Zscherpe, DuD 2015, 172.
39 Ebenso Brink in WB, § 6b Rn. 28; Scholz in Simitis, § 6b Rn. 42 f.; a.A. Onstein in Auernhammer, § 6b Rn. 16; a.A. BMH, § 6b Rn. 25; Gola/Schomerus, § 6b Rn. 9.
40 BT-Drs. 14/4329, S. 38.
41 Scholz in Simitis, § 6b Rn. 21; Weichert DuD 2000, 66; Becker in Plath, § 6b Rn. 9.
42 BT-Drs. 14/4329, S. 38.
43 Ähnlich BMH, § 6b Rn. 26; Scholz in Simitis, § 6b Rn. 43; Gola/Schomerus, § 6b Rn. 9.
44 BT-Drs. 14/4329, S. 38; vgl. zur Videoüberwachung im Beschäftigungsverhältnis § 32 Rn. 95 ff.

§ 6b Videoüberwachung

nicht-öffentlichen Bereichen ohne Publikumsverkehr lässt sich deshalb mit § 6b nicht legitimieren.[45]

24 Befinden sich Arbeitsplätze hingegen in öffentlichen Bereichen (etwa in den Verkaufsräumen eines Kaufhauses), kommt die Vorschrift im Arbeitsverhältnis uneingeschränkt zur Anwendung. Bezogen auf die Beschäftigten ist dann zu beachten, dass sie keiner Totalüberwachung unterworfen sein dürfen. Der Arbeitgeber muss deshalb für eine Ausgestaltung der Systeme sorgen, die die Persönlichkeitsrechte der Betroffenen so gering wie nur möglich tangiert. Im Einzelfall kann diese Vorgabe dazu führen, dass statt einer Überwachung durch technische Anlagen auf zusätzliche Aufsichtspersonen zurückgegriffen werden muss.[46] Grundsätzlich möglich ist die Einführung von Videoüberwachungssystemen auf der Basis einer Betriebs- oder Dienstvereinbarung. Allerdings muss bei deren Ausgestaltung die Verhältnismäßigkeit beachtet werden.[47] Dies schließt für den Regelfall permanente oder umfassende Kontrollmaßnahmen aus.

25 Erfolgt der Einsatz von Videosystemen im privaten Umfeld (etwa in einer privaten Wohnung), kommt die Vorschrift im Regelfall nicht zur Anwendung. Diese Feststellung leitet sich aus zwei Überlegungen ab: Einerseits fehlt es hier an der vorstehend erläuterten Voraussetzung eines öffentlich zugänglichen Raumes. Andererseits ist in privaten Wohnungen davon auszugehen, dass die Datenerhebung dort ausschließlich persönlichen oder familiären Tätigkeiten dient und aufgrund § 1 Abs. 2 Nr. 3 letzter Hlbs. vom Anwendungsbereich des Gesetzes nicht erfasst ist. Allerdings ist der Begriff des privaten Umfelds eng auszulegen und auf die Bereiche und Fallkonstellationen zu beschränken, die eindeutig persönlichen oder familiären Zwecken dienen.[48] Die enge Auslegung führt im Einzelfall dazu, dass die Anbringung von Kameras im privaten Umfeld gegenüber Dritten (beispielsweise Besuchern oder Reinigungskräften), die sich dort berechtigt aufhalten, erkennbar gemacht werden muss. Wird die Überwachung eines privaten Bereichs einem kommerziellen Sicherheitsdienst übertragen, führt dies zum Verlust der datenschutzrechtlichen Privilegierung.[49] In Abhängigkeit von der konkreten Beauftragung kann dabei der Tatbestand des § 11 erfüllt sein (vgl. dort).

26 Keine Ausnahme vom Anwendungsbereich der Vorschrift ist im privaten Umfeld gegeben, wenn eine teilweise Öffnung der Wohnung nach außen und damit für die Öffentlichkeit erfolgt (etwa im »Wohnbüro« eines Rechtsanwalts oder Steuerberaters).[50] Für diese Fälle ist zumindest bezüglich der Teile der Wohnung, zu denen Dritte Zugang

---

45 Vgl. allgemein Wilke, AiB 2006, 31; zum Beseitigungsanspruch in diesen Fällen LAG Hamm v. 14.4.2011 – 15 Sa 125/11.
46 Vgl. insgesamt BAG 1. Senat v. 29.6.2004 und v. 14.12.2004 ArbuR 2005, 454 mit Anm. Wedde, vgl. dort auch BAG 2. Senat v. 23.3.2003, der die heimliche Videoüberwachung für den Fall zugelassen hat, dass sich nur so ein Diebstahl aufklären lässt; vgl. auch ArbG Frankfurt v. 25.1.2006, RDV 2006, 214, das ein Beweisverwertungsverbot sieht; ausführlich zur Videoüberwachung im Arbeitsverhältnis § 32 Rn. 95f.
47 Vgl. BAG 1. Senat v. 26.8.2008 – 1 ABR 16/07, NZA 08, 1187; ähnlich BAG v. 21.6.2012 – 2 AZR 153/11, NZA 2012, 1025.
48 Ähnlich Gola/Schomerus, § 6b Rn. 7a; a.A. Onstein in Auernhammer, § 6b Rn. 7, der die Erstreckung auf Privatpersonen für unangemessen hält.
49 Gola/Schomerus, § 6b Rn. 7a.
50 Ähnlich Becker in Plath, § 6b Rn. 9.

Videoüberwachung § 6b

haben, von einer Anwendbarkeit der Vorschrift auszugehen. Entsprechendes gilt, wenn eine gewerbliche Nutzung von Wohnungen erfolgt.[51]

Zur Anwendung kommt die Vorschrift in privaten Räumen damit erst, wenn die Überwachung zu persönlichen oder familiären Zwecken den rein privaten Bereich verlässt und in die Rechte anderer Personen eingreift, die sich berechtigt innerhalb der Wohnung oder außerhalb befinden. So müssen die hierfür verantwortlichen Personen die allgemeine Rechte der überwachten Personen beachten. Dies gilt insbesondere für Besucher, die in geeigneter Form auf die Überwachungsmaßnahmen hingewiesen werden müssen. Entsprechendes gilt, wenn eine Überwachungskamera neben einem privaten Grundstück auch den öffentlichen Verkehrsraum und die sich dort befindlichen Personen erfasst.[52] Erfolgt die Überwachung von Nachbargrundstücken, die ebenfalls nicht öffentlich zugänglich sind, liegen Eingriffe in Persönlichkeitsrechte vor, gegen die sich die Betroffenen zivilrechtlich zur Wehr setzen können.[53] Werden Kameras in Türklingelsystemen in Mehrfamilienhäusern eingesetzt, handelt es sich im Regelfall um Beobachtungsmöglichkeiten öffentlicher Räume.[54]

d) Zwecke der Beobachtung

In Abs. 1 erfolgt unter den Nr. 1 bis 3 eine abschließende Aufzählung von Zwecken, zu denen Beobachtungen erfolgen dürfen. Die Zulässigkeit einer Beobachtung setzt weiterhin immer voraus, dass sie erforderlich ist (Rn. 39 ff.) und dass eine Interessenabwägung erfolgt (Rn. 45 ff.).

e) Aufgabenerfüllung öffentlicher Stellen (Nr. 1)

Die Beobachtung mit optisch-elektronischen Systemen ist nach Abs. 1 Nr. 1 zur Aufgabenerfüllung öffentlicher Stellen zulässig. Eine vergleichbare Regelung für nichtöffentliche Stellen gibt es nicht.

Art und Umfang der angesprochenen Aufgaben leiten sich aus der Verfassung, aus Gesetzen, Verordnungen und Rechtsvorschriften ab.[55] Die Zulässigkeit von Videoüberwachung wird durch die gesetzlich normierte Aufgabenerfüllung öffentlicher Stellen normiert und begrenzt.[56] In Betracht kommen einerseits Videoüberwachungen zur Eigensicherung von Bundesbehörden und andererseits Maßnahmen zum Schutz von Einrichtungen der öffentlichen Hand wie etwa die Beobachtung von Deich- oder Brückenanlagen zur Objektsicherung oder aus Gründen des Katastrophenschutzes.[57]

---

51 BMH, § 6b Rn. 15.
52 Ebenso Scholz in Simitis, § 6b Rn. 32 ff.; a.A. BMH, § 6b Rn. 13, die entsprechende Beobachtungen in bestimmten Fällen für zulässig halten.
53 Vgl. etwa BGH NJW 1995, 1955; OLG Köln NJW 1989, 720; LG Detmold v. 8.7.2015 – 10 S 52/15; ebenso BMH, § 6b Rn. 14; zur Bewertung durch den EuGH vgl. Urteil vom 11.12.2014 – C-212/13, NJW 2015, 463; zur Zulässigkeit, wenn das Nachbargrundstück verpixelt wird AG Berlin-Wedding v. 25.6.2014 – 8a C 63/13.
54 Scholz in Simitis, § 6b Rn. 34; BMH, § 6b Rn. 36a; offen Gola/Schomerus, § 6b Rn. 7a.
55 Gola/Schomerus, § 6b Rn. 15.
56 Scholz in Simitis, § 6b Rn. 46.
57 BMH, § 6b Rn. 33; a.A. Onstein in Auernhammer, § 6b Rn. 27.

Für öffentliche Stellen der Länder gibt es in einzelnen LDSG Sonderregelungen, die denen des BDSG vorgehen.

f) Wahrnehmung des Hausrechts (Nr. 2)

31 Die Beobachtung mit optisch-elektronischen Systemen ist nach Abs. 1 Nr. 2 zur Wahrnehmung des Hausrechts zulässig. Die Regelung kommt für öffentliche wie für nichtöffentliche Stellen gleichermaßen zur Anwendung.

32 Für den öffentlichen Bereich ist das Hausrecht insbesondere durch Verwaltungsvorschriften des öffentlichen Rechts geregelt (vgl. etwa § 89 VwVfG zum Recht der Sitzungsleitung im Verwaltungsverfahren). Für den nicht-öffentlichen Bereich leitet sich das Hausrecht insbesondere aus zivilrechtlichen Abwehransprüchen der Besitzer oder Eigentümer ab (vgl. etwa §§ 859 ff., 904, 1004 BGB).[58] Die Ausübung des Hausrechts kann mehreren Personen allein oder gemeinschaftlich zustehen.[59] Das Hausrecht kann privaten Sicherheitsdiensten übertragen werden.[60] Je nach Ausgestaltung kann die Übertragung die Voraussetzungen der Auftragsdatenverarbeitung nach § 11 erfüllen (vgl. dort).

33 Die Beobachtung zur Wahrnehmung des Hausrechts kann sowohl präventiven Zwecken (insbesondere Vermeidung von Diebstählen, Sachbeschädigungen oder Störungen) dienen. Sie kann auch als repressives Mittel zur Verfolgung von Tätern eingesetzt werden.[61]

34 Der Einsatz von Videoüberwachungssystemen zur Wahrnehmung des Hausrechts muss so ausgestaltet sein, dass die Rechte der Betroffenen nur so gering wie möglich tangiert werden. Unzulässig ist vor diesem Hintergrund eine Form der Beobachtung, die allen Bewohnern einer Eigentumswohnanlage ermöglicht, jeden Besucher über einen Überwachungsmonitor in der Wohnung zu überwachen.[62] Kameras in Klingelanlagen müssen so geschaltet sein, dass nur die Bewohner auf die Bilder zugreifen können, bei denen geklingelt wird (vgl. zur Anwendbarkeit der Vorschrift Rn. 27).

g) Wahrnehmung berechtigter Interessen (Nr. 3)

35 Die Beobachtung mit optisch-elektronischen Systemen ist nach Abs. 1 Nr. 3 zur Wahrnehmung berechtigter Interessen für konkret festgelegte Zwecke zulässig. Die Formulierung ist gleichlautend mit der in § 28 Abs. 1 Satz 1 Nr. 2. Die Regelung ist als Ausnahmetatbestand eng auszulegen.[63]

36 Die Vorschrift beinhaltet zwei Tatbestandsvoraussetzungen, die beide erfüllt sein müssen. Zunächst einmal muss die Beobachtung der Wahrung berechtigter Interessen dienen. Hierzu gehören wirtschaftliche wie ideele Interessen der verantwortlichen Stellen.

---

58 Hierzu Ziegler DuD 2003, 337; Scholz in Simitis, § 6b Rn. 48f.
59 Gola/Schomerus, § 6b Rn. 16.
60 BMH, § 6b Rn. 35; Gola/Schomerus, § 6b Rn. 16.
61 Scholz in Simitis, § 6b Rn. 50; BMH, § 6b Rn. 34.
62 Zutreffend KG Berlin v. 26.6.2002 DuD 2002, 633; BMH, § 6b Rn. 36; ähnlich Becker in Plath, § 6b Rn. 16.
63 Scholz in Simitis, § 6b Rn. 51; Becker in Plath, § 6b Rn. 17; vgl. auch § 28 Rn. 62.

Videoüberwachung § 6b

Weiterhin müssen die Zwecke im Voraus konkret festgelegt werden.[64] Diese Voraussetzung wird im Regelfall nur erfüllt sein, wenn eine entsprechende Präzisierung in verbindlicher und abschließend dokumentierte Form erfolgt ist.[65] Allgemeine Umschreibungen des Verarbeitungszwecks wie etwa »zur Gefahrenabwehr« sind nicht ausreichend.[66] 37

Die Beweislast für die rechtzeitige und gesetzeskonforme Festlegung trägt die verantwortliche Stelle.[67] Kann der Beweis nicht erbracht werden, muss auf die weitere Beobachtung verzichtet werden. Bereits vorhandene Aufzeichnungen sind zu vernichten und unterliegen einem gerichtlichen Beweisverwertungsverbot.[68] 38

h) Erforderlichkeit

Die Zulässigkeit der in den Nr. 1 bis 3 normierten Erlaubnistatbestände knüpft daran an, dass die Beobachtung zur Erreichung des genannten Zwecks erforderlich ist. 39

Videoüberwachungen können nur dann erforderlich sein, wenn es kein milderes und ebenfalls geeignetes Mittel gibt, mit dem der gleiche Zweck erreicht werden kann.[69] Die Bewertung der Erforderlichkeit muss ausgehend von einer objektiven Betrachtungsweise erfolgen. Mit Blick auf die Informationspflicht gemäß Abs. 2 scheidet eine heimliche Überwachung damit im Regelfall aus, weil sie nicht das mildeste denkbare Mittel ist. 40

Die Beurteilung der Erforderlichkeit muss sich zudem an allgemeinen Vorgaben des BDSG wie etwa dem Gebot der Datenvermeidung und Datensparsamkeit in § 3a orientieren. Diese Vorgabe hat unmittelbare Auswirkungen auf die Ausgestaltung der eingesetzten Systeme und Technik. Die Videoüberwachung muss deshalb sowohl räumlich wie auch sachlich auf das unbedingt notwendige Maß beschränkt werden.[70] Konkret bedeutet dies etwa, dass eine dauerhafte Beobachtung hinter ein Verfahren zurücktreten muss, das einzelfallbezogen (etwa Auslösung durch eine Lichtschranke) arbeitet oder bei dem Zoomfunktionen nicht dauerhaft aktiviert sind, sondern im konkreten Fall von einem Bedienpult ausgelöst werden müssen.[71] Auf umfassende und flächendeckende Überwachungen muss verzichtet werden, wenn alternativ eine begrenzte und auf bestimmte Bereiche bezogene Kontrolle zu vergleichbaren Ergebnissen führt.[72] Grundsätzlich nicht erforderlich sind Systeme, deren Bilder weltweit über das Internet oder unternehmensweit über ein Intranet übertragen werden.[73] 41

Besonders hohe Anforderungen an die Bewertung der Erforderlichkeit gelten, wenn in öffentlich zugänglichen Räumen gleichzeitig Arbeitsplätze angesiedelt sind. Hier muss 42

---

64 BMH, § 6b Rn. 38.
65 Brink in WB, § 6b Rn. 55 setzt die Schriftform voraus.
66 Zutreffend Scholz in Simitis, § 6b Rn. 53f.
67 Brink in WB, § 6b Rn. 55; Scholz in Simitis, § 6b Rn. 55.
68 Zum Verwertungsverbot allgemein Däubler, Internet und Arbeitsrecht, Rn. 316a ff.; vgl. auch Rn. 66.
69 Scholz in Simitis, § 6b Rn. 86; BAG v. 29.6.2004 und v. 14.12.2004 ArbuR 2005, 454 mit Anm. Wedde; v. 26.8.2008, NZA 2008, 1187.
70 BMH, § 6b Rn. 27.
71 Zutreffend Weichert DuD 2000, 668.
72 BMH, § 6b Rn. 27a.
73 BMH, § 6b Rn. 28.

durch die Ausgestaltung der Systeme sichergestellt werden, dass die Beschäftigten keinem unzulässigen Überwachungsdruck ausgesetzt sind. Praktisch bedeutet dies, dass ihnen kontrollfreie Bereiche verbleiben müssen, in denen sie unbeobachtet von einer Kamera sind. Unzulässig ist der Einsatz von verdeckten Kameras in öffentlichen Bereichen (vgl. Rn. 40). Bei der Bewertung der Erforderlichkeit muss sowohl die Intensität der Überwachung als auch ihr Überwachungskontext berücksichtigt werden.[74] Zulässig kann der Einsatz von Videosystemen nur dann sein, wenn es ein besonderes Gefährdungspotential gibt (etwa in den Schalterhallen von Banken). Arbeitgeber müssen durch die Wahl besonderer Verfahren sicherstellen, dass die Persönlichkeitsrechte der Beschäftigten nicht über Gebühr tangiert werden (etwa durch Verankerung von Auswertungsmöglichkeiten, die nur eintreten, wenn es zu sicherheitsrelevanten Vorfällen gekommen ist). Fordern sie eine Einwilligung von Beschäftigten in die Videoüberwachung, ist diese nur wirksam, wenn die in § 4a genannten Voraussetzungen erfüllt sind. Hierzu gehört insbesondere die Freiwilligkeit (vgl. § 4a Rn. 20 ff.).

43 Stehen Arbeitgebern Überwachungs- und Kontrollmöglichkeiten zur Verfügung, die weniger in Grundrechte eingreifen als der Einsatz von Videosystemen, müssen diese selbst dann zur Anwendung kommen, wenn hierfür ein erhöhter Personalaufwand erforderlich ist.[75]

44 Kommen unzulässige Videosysteme zum Einsatz, steht Arbeitnehmern ein individualrechtlich einklagbarer Unterlassungsanspruch zu. Darüber hinaus können sie ihre Arbeitsleistung zurückbehalten.[76]

44a Besteht ein Betriebsrat, kann dieser den Einsatz von Videoanlagen unter Berufung auf sein Mitbestimmungsrecht aus § 87 Abs. 1 Nr. 6 BetrVG bezüglich Verhaltens- und Leistungskontrollen bei der Einführung und Anwendung technischer Einrichtungen durch eine BV regeln.[77] Bezogen auf Kameras in öffentlichen Bereichen (etwa in Kaufhäusern) kann er verlangen, dass die Vorgaben des § 6b vom Arbeitgeber eingehalten werden. Verdeckten Kameras kann der Betriebsrat unter Hinweis auf die zwingende Vorgabe in Abs. 2 entgegentreten. Das Mitbestimmungsrecht soll nicht gegeben sein, wenn Arbeitgeber Attrappen einsetzen.[78] Unabhängig hiervon sind kollektivrechtliche Informationsansprüche des Betriebsrats. Kommt es über dieses Thema zu Streitigkeiten, darf der Spruch einer Einigungsstelle nicht hinter dem gesetzlichen Mindeststandard des BDSG zurück bleiben. Wurde Videoüberwachung ohne Beachtung der Mitbestimmung des Betriebsrats eingeführt, steht ihm ein Unterlassungsanspruch zu. Für den Personalrat im Bereich der Bundesverwaltung leitet sich das entsprechende Mitbestimmungsrecht aus § 75 Abs. 3 Nr. 17 BPersVG ab. Entsprechendes gilt für Personalvertretungen in den Bundesländern (vgl. zu reduzierten Mitbestimmungsrechten in einzelnen Bundesländern § 9 Rn. 113).

---

74 Gola/Schomerus, § 6b Rn. 20.
75 BAG v. 14.12.2004 AuR 2005, 456 mit Anm. Wedde.
76 Gola/Schomerus, § 6b Rn. 21; ArbG Dortmund 25.7.1988, CR 1989, 715.
77 Hierzu ausführlich Klebe in DKKW, § 87 Rn. 162 ff.
78 LAG Mecklenburg-Vorpommern 12.11.2014 – 3 TaBV 5/14, NZA 2015, 765; Ehmann, juris PR-ArbR 3/2015 Anm. 6 weist zutreffend darauf hin, dass zivilrechtliche Unterlassungsansprüche von Beschäftigten von dieser Auffassung nicht berührt werden.

Videoüberwachung § 6b

i) Interessenabwägung (Abs. 1 letzter Hlbs.)

Voraussetzung für die Zulässigkeit einer Beobachtung nach Abs. 1 ist neben der 45
Erforderlichkeit schließlich, dass keine Anhaltspunkte dafür bestehen, dass schutzwürdige Interessen der Betroffenen überwiegen. Maßstab der vorzunehmenden Bewertung ist das Recht auf informationelle Selbstbestimmung der Personen, die als Beobachtungsobjekt von der Videoüberwachung betroffen sind.[79] Auf die Identifizierbarkeit bzw. auf die Herstellung des konkreten Personenbezugs kommt es hierbei nicht an. Schutzwürdige Interessen sind nicht verletzt, wenn die Identifizierung aufgrund der Aufzeichnungsqualität nicht möglich ist.[80] Etwas anderes gilt, wenn moderne »intelligente« Kamerasysteme zum Einsatz kommen, die technisch eine Identifikation von Personen ermöglichen. Derartige Systeme beinhalten ein erhöhtes Kontrollpotential und damit neuartige Gefährdungen für Persönlichkeitsrechte, die bei einer Interessenabwägung zu beachten sind. Entsprechendes gilt, wenn derartige Systeme automatisch bestimmte Aktionen auslösen wie etwa einen Alarm, wenn eine mit Hausverbot belegte Person ein Kaufhaus betritt.[81]

Die Beobachtung ist unzulässig, wenn Anhaltspunkte dafür vorliegen, dass schutz- 46
würdige Interessen der Betroffenen überwiegen. Ausreichend ist, wenn hierfür belegbare Tatsachen substantiiert vorgetragen werden.[82] Eine gerichtsfeste Beweisführung ist nicht notwendig. In diesem Sinn spricht es beispielsweise für das Überwiegen schutzwürdiger Interessen, wenn vorgetragen wird, dass Besucher einer Toilette, eines Präservativautomaten, eines Ärztehauses oder einer Wohnanlage gefilmt werden. Entsprechendes gilt, wenn in einer Wohnanlage alle privaten Parkplätze über das hausinterne Kabelfernsehnetz einsehbar sind, es sei denn, die Auflösung ist so schlecht, dass die Identifikation von Personen, Kennzeichen oder individuellen Fahrzeugmerkmalen nicht möglich ist.[83]

Notwendig ist eine auf den konkreten Einzelfall bezogene Abwägung unter Berück- 47
sichtigung aller verfassungsrechtlich geschützten Personen, die von der Beobachtung betroffen sein könnten.[84] Unzulässig sind insbesondere intensive oder dauerhafte Überwachungen, denen Betroffene nicht ausweichen können (etwa bezogen auf den Eingang einer Wohnanlage oder eine öffentliche Straße). Gleiches gilt für die Kontrolle des Kundenbereichs eines Gastronomiebetriebs.[85] Eine andere Bewertung kommt in Betracht, wenn bestimmte Bereiche oder Anlagen besonders gefährdet sind (etwa der Eingang zu einem Gebäude, auf das es schon mehrfach Anschläge gegeben hat). In derartigen Fällen können die schutzwürdigen Interessen der Betroffenen hinter die der

---

79 Scholz in Simitis, § 6b Rn. 60.
80 Ähnlich Gola/Schomerus, § 6b Rn. 19.
81 Ebenso Gola/Schomerus, § 6b Rn. 4 für »Thinking Cameras«.
82 Scholz in Simitis, § 6b Rn. 61.
83 Gola/Schomerus, § 6b Rn. 19; ähnlich a. A. Onstein in Auernhammer, § 6b Rn. 46; vgl. auch BMH, § 6b Rn. 21 für den Fall von Satellitenaufnahmen; allgemein Hitpaß WuM 2007, 355; ders. ZMR 2006, 247; weitergehender LG München I v. 21.10.2011 – 20 O 19879/10 (nicht rechtskräftig), dass die Erfassung öffentlichen Verkehrsraums unter bestimmten Voraussetzungen für zulässig erklärt.
84 Duhr/Naujock/Peter/Seiffert DuD 2002, 28.
85 AG Hamburg v. 22.4.2008, CR 2009, 129.

verantwortlichen Stellen zurücktreten.[86] Im Rahmen der vorzunehmenden Interessenabwägung ist allerdings auf derartige Fälle ein strenger Maßstab anzuwenden.

3. Transparenz der Videoüberwachung (Abs. 2)

48 Die Regelung in Abs. 2 dient der Transparenz des Vorgangs der Videoüberwachung.[87] Sie schreibt vor, dass sowohl der Umstand der Beobachtung als auch die verantwortliche Stelle durch geeignete Maßnahmen kenntlich gemacht werden müssen. Die Verpflichtung besteht auch, wenn Attrappen angebracht werden.[88] Hinweisschilder müssen so angebracht sein, dass Betroffene sie sehen, bevor sie in das Blickfeld einer Kamera treten.[89]

49 Der Umstand der Beobachtung muss als erste Voraussetzung auf eine Art und Weise kenntlich gemacht werden, die es allen Betroffenen ermöglicht, hiervon zu erfahren. Erforderlich sind eindeutige Hinweise wie etwa gut sichtbar angebrachte Schilder.[90] Ggf. muss der Hinweis in mehreren Sprachen erfolgen, wenn mit ausländischen Betroffenen zu rechnen ist (etwa an Bahnhöfen und Flughäfen). Der Hinweis kann durch Piktogramme erfolgen, wenn diese eindeutig und klar verständlich sind.[91] In jedem Fall müssen die Hinweise in Sichthöhe der Betroffenen angebracht werden. Eine Anbringung in »Dackelaugenhöhe« erfüllt die gesetzlichen Anforderungen nicht.

50 Nicht erforderlich ist, dass alle genutzten Kameras auf den ersten Blick zu erkennen sind. Es muss jedoch sichergestellt sein, dass Betroffene sich auch in öffentlich zugänglichen Bereichen der Kameraüberwachung nach dem Erkennen der überwachten Bereiche kurzfristig entziehen können (etwa um die Kleider zu richten oder sich die Nase zu putzen).[92] Dies führt für die Praxis dann doch wieder zu dem Zwang, Kameras sichtbar anzubringen oder kontrollfreie Räume auszuweisen (etwa durch Schraffuren auf dem Fußboden).

51 Als zweite Voraussetzung gibt Abs. 2 vor, dass die verantwortliche Stelle erkennbar ist. Verantwortlich ist nach § 3 Abs. 7 die Stelle, die personenbezogene Daten aus der Beobachtung erhebt, verarbeitet oder nutzt.[93] Diese Voraussetzung lässt sich im Regelfall durch klare Angaben auf den Hinweisschildern erfüllen. Mitgeteilt werden muss mindestens der Name und die Postanschrift der verantwortlichen Stelle. Die Mitteilung eines Postfachs ist nicht ausreichend.[94] Bei juristischen Personen ist ein Vertreter namentlich zu nennen. Erfolgt eine Beobachtung unterschiedlicher Standorte durch eine zentrale Stelle, so ist ggf. diese zu benennen und im Innenverhältnis entsprechend zu beauftragen.[95]

---

86 Scholz in Simitis, § 6b Rn. 64f.
87 BT-Drs. 14/4329, S. 38.
88 Scholz in Simitis, § 6b Rn. 112; zur Unzulässigkeit heimlicher Überwachung Polenz, DuD 09, 561; a. A. BMH, § 6b Rn. 41c; vgl. auch Rn. 18.
89 Becker in Plath, § 6b Rn. 27.
90 Scholz in Simitis, § 6b Rn. 105.
91 BMH, § 6b Rn. 40; Gola/Schomerus, § 6b Rn. 26.
92 Ähnlich Scholz in Simitis, § 6b Rn. 70.
93 Scholz in Simitis, § 6b Rn. 71.
94 BMH, § 6b Rn. 41; Scholz in Simitis, § 6b Rn. 104.
95 BMH, § 6b Rn. 41.

4. Verarbeitung und Nutzung/Zweckänderung (Abs. 3)

Die Verarbeitung und Nutzung der Informationen, die bei der Beobachtung mittels Videoüberwachung angefallen sind, ist nur in den in Abs. 3 genannten Fällen zulässig. Durch Satz 1 werden zulässige Verarbeitungen und Nutzungen festgelegt. Regelungen zu zulässigen Zweckänderungen enthält Satz 2.

a) Verarbeitung und Nutzung (Satz 1)

Eine Verarbeitung und Nutzung auf der Grundlage von Abs. 3 darf nur innerhalb des gemäß Abs. 1 festgelegten Zwecks erfolgen (Rn. 28). Die zur Wahrnehmung berechtigter Interessen verfolgten Zwecke müssen von Anfang an verbindlich festgelegt werden. Zweckänderungen bei der Verarbeitung und Nutzung sind ausgeschlossen. Die an die Beobachtung anschließende Verwendung muss für die festgelegten Zwecke erforderlich sein.[96] Dies schließt etwa Zweckänderungen aus, bei denen beispielsweise Videoaufnahmen zu Werbezwecken benutzt oder an interessierte Dritte (etwa bei Prominenten) verkauft werden.

Die Verarbeitung und Nutzung darf nach Abs. 3 Satz 1 2. Hlbs. nur erfolgen, wenn kein Anhaltspunkt dafür besteht, dass schutzwürdige Interessen der Betroffenen überwiegen. Anhaltspunkte sind weniger als bewiesene Tatsachen, aber mehr als bloße Vermutungen.[97] Mit Blick auf das schützenswerte Recht auf informationelle Selbstbestimmung muss im Zweifel zugunsten der Betroffenen entschieden werden. Als unzulässig zu qualifizieren ist deshalb jede nicht von Anfang an durch den Zweck festgelegte Bearbeitung oder Veränderung der Bildinhalte (etwa durch Vergrößern oder Herausschneiden) sowie jede nicht eindeutig vom Zweck gedeckte Verarbeitung (etwa durch Übermittlung an andere Stellen) oder Nutzung (etwa durch Identifikation und Ansprache von Betroffenen).

b) Zweckänderung (Satz 2)

Für andere Zwecke dürfen die bei den Beobachtungen mittels optisch-elektronischer Einrichtungen gewonnenen Daten nur in den beiden Fällen verwendet werden, die in Abs. 2 Satz 2 abschließend genannt sind.[98] Der Rückgriff auf andere Erlaubnistatbestände (etwa in den §§ 14 Abs. 2 bis 6 oder 28 Abs. 3) zur Ausweitung der Verwendungsmöglichkeiten ist aufgrund der abschließenden Regelung ausgeschlossen.[99]

Nach der ersten Alt. in Satz 2 ist die Verarbeitung und Nutzung für andere Zwecke zulässig, soweit dies für die Abwehr von Gefahren für die staatliche oder öffentliche Sicherheit erforderlich ist. Bedeutung erlangt diese Regelung in der Praxis insbesondere bei der Verfolgung von Straftaten sowie bei der Gewährleistung der öffentlichen Sicherheit. Spezialregelungen finden sich für diesen Bereich insbesondere in den

---

96 Scholz in Simitis, § 6b Rn. 78.
97 Scholz in Simitis, § 6b Rn. 79; vgl. auch Rn. 45 f.
98 Scholz in Simitis, § 6b Rn. 91.
99 BMH, § 6b Rn. 44.

Polizeigesetzen der Länder sowie in der StPO.[100] Vor dem Hintergrund des staatlichen Strafverfolgungsmonopols reduziert sich der Anwendungsbereich der 1. Alt. des Satzes 2 für nicht-öffentliche Stellen auf die Übermittlung gewonnener Daten, die der Abwehr von Gefahren dienen können.[101]

57 Nach der zweiten Alt. in Satz 2 ist die den Zweck ändernde Verarbeitung und Nutzung weiterhin zulässig, wenn sie für die Verfolgung von Straftaten erforderlich ist. Videoaufzeichnungen dürfen beispielsweise aus dem Videoüberwachungssystem eines Einkaufszentrums übermittelt werden, wenn sich nach einem Überfall nur so Hinweise auf mögliche Täter erlangen lassen. Ausgeschlossen bleibt hingegen die Verwendung dieser Aufzeichnungen, wenn es andere Anhaltspunkte zur Ermittlung der Täter gibt (etwa zahlreiche präzise Zeugenaussagen). Nicht zur Anwendung kommt die Regelung in Satz 2 darüber hinaus für die Verfolgung von Ordnungswidrigkeiten.[102]

5. Benachrichtigung (Abs. 4)

58 Nach der Regelung in Abs. 4 muss ein Betroffener informiert werden, wenn ihm per Videoüberwachung gewonnene Daten zugeordnet werden. Die Regelung soll damit den Umgang mit Videodaten für die Betroffenen transparent gestalten. Besondere Bedeutung könnte ihr zukünftig zukommen, wenn Videoaufnahmen mittels entsprechender Software einfach personalisiert werden können.

59 Der Regelungsgehalt der Vorschrift wird dadurch entwertet, dass ausdrücklich auf die allgemeinen Benachrichtigungsregelungen in den §§ 19a und 33 verwiesen wird. Da diese Regelungen eine Fülle von Ausnahmetatbeständen enthalten (vgl. hierzu § 19a Rn. 21 ff. und § 33 Rn. 22 ff.), ist zu befürchten, dass eine Benachrichtigung über die Zuordnung eher die Ausnahme als die Regel darstellen wird. Allerdings gilt aufgrund der engen Zweckbindung auch hier der Grundsatz, dass nach einer Zuordnung die Verarbeitungen und Nutzungen zu anderen Zwecken nur unter engen Voraussetzungen zulässig sein können.

6. Löschung der Daten (Abs. 5)

60 In Abs. 5 ist eine spezifische Löschungspflicht für den Bereich der Videoüberwachung festgeschrieben. Hiernach sind die gewonnenen Daten unverzüglich zu löschen, wenn sie entweder nicht mehr erforderlich sind oder wenn schutzwürdige Interessen der Betroffenen einer weiteren Speicherung entgegenstehen. Vorgaben zu Löschungsfristen enthält Abs. 5 anders als vergleichbare Regelungen in einzelnen Landesdatenschutzgesetzen nicht (§ 20 Abs. 2 LDSG SW sieht im Regelfall eine Löschung nach sieben Tagen vor; § 20b Abs. 5 BremDSG Brem schreibt entsprechend eine unverzügliche Löschung – spätestens nach 24 Stunden – vor). Auch ohne eine gesetzliche Verankerung bestimmter Fristen in § 6b ist aber nach Wegfall der Erforderlichkeit von einer

---

100 Scholz in Simitis, § 6b Rn. 88.
101 Ähnlich Scholz in Simitis, § 6b Rn. 90.
102 BMH, § 6b Rn. 48.

Videoüberwachung § 6b

unverzüglichen Löschung auszugehen, die in der Regel innerhalb von ein bis zwei Tagen erfolgt.[103]

Die Löschung nach Abs. 5 setzt voraus, dass tatsächlich Daten aus einer Videoüberwachung gespeichert sind (§ 3 Abs. 4 Nr. 1). Gelöscht sind Daten, wenn sie unkenntlich gemacht sind (§ 3 Abs. 4 Nr. 5). — 61

Nach der ersten Tatbestandsalternative des Abs. 5 sind die Daten zu löschen, wenn sie zur Erreichung des Zwecks nicht mehr erforderlich sind. Dieser Tatbestand knüpft an den in Abs. 1 Nr. 1 bis 3 vor der Beobachtung festgelegten Zweck der Verarbeitung an. Ist der Zweck erfüllt oder nicht mehr gegeben, muss eine Löschung zwingend erfolgen. — 62

Nach der zweiten Tatbestandsalternative des Abs. 5 sind die Daten zu löschen, wenn der weiteren Speicherung schutzwürdige Interessen des Betroffenen entgegenstehen. Dieser Tatbestand steht aufgrund der Verwendung des Wortes »oder« als echte Alternative im Gesetz. Dies führt dazu, dass eine Speicherung nach der ersten Alternative zwar noch erforderlich sein kann (etwa zur Verfolgung von Rechten), jedoch nach der zweiten Alternative eine Löschung zwingend erfolgen muss. Legt ein Betroffener vor diesem Hintergrund der verantwortlichen Stelle dar, dass zu seinen Gunsten schutzwürdige Interessen der weiteren Speicherung entgegenstehen, muss eine Löschung ohne Rücksicht auf die Zweckerreichung erfolgen.[104] — 63

Sind Daten nach den Vorgaben in Abs. 5 nicht mehr erforderlich, muss ihre Löschung unverzüglich und damit ohne schuldhaftes Zögern erfolgen (§ 121 BGB). Angemessen sind in der Regel ein bis zwei Arbeitstage,[105] soweit sich nicht aus dem konkreten Sachzusammenhang etwas anderes ergibt.[106] Von einer Löschung kann allerdings abgesehen werden, wenn der Betroffene selbst dies aus einem berechtigten Interesse heraus verlangt und der verantwortlichen Stelle rechtzeitig eine entsprechende Mitteilung macht.[107] — 64

7. Streitigkeiten

Eine unbefugte Erhebung nach Abs. 1 oder eine unbefugte Verarbeitung nach Abs. 3 können nach § 43 Abs. 2 Nr. 1 als Ordnungswidrigkeit zu qualifizieren sein.[108] Aufsichtsbehörden und damit zuständig für die Bewertung von Verstößen sind die Aufsichtsbehörden nach § 38 bzw. der BfDI.[109] Erfolgen keine ausreichenden Hinweise nach Abs. 2, stellt dies einen Verstoß gegen die Vorgaben des § 9 dar und rechtfertigt ein Einschreiten der Aufsichtsbehörden.[110] — 65

---

103 BMH, § 6b Rn. 54; Brink in WB, § 6b Rn. 113 geht von einer Löschung innerhalb von 48 Stunden aus.
104 Im Ergebnis ebenso Scholz in Simitis, § 6b Rn. 106.
105 BT-Drs. 14/5793, S. 63.
106 Nach Schaffland/Wiltfang, § 6b Rn. 7, muss die Löschung von Aufzeichnungen der Kameras von Geldautomaten spätestens mit dem Rechnungsabschluss erfolgen.
107 Etwa zur Sicherung eines Alibis; vgl. auch BMH, § 6b Rn. 56; Brink in WB, § 6b Rn. 20.
108 Brink in WB, § 6b Rn. 58 und 100; Scholz in Simitis, § 6b Rn. 159.
109 BMH, § 6b Rn. 58f.
110 Weichert DANA 2001, 5.

§ 6 c Mobile personenbezogene Speicher- und Verarbeitungsmedien

66 Videoaufnahmen, die unter Verstoß gegen die Vorschrift erstellt wurden, können bei zivilrechtlichen Auseinandersetzungen einem Beweisverwertungsverbot unterliegen.[111] Insbesondere die Ergebnisse einer heimlichen Dauerüberwachung bestimmter Räume dürfen dann nicht als Beweismittel berücksichtigt werden, wenn im Rahmen einer Interessenabwägung nicht geprüft wurde, ob eine offene Überwachung nicht den gleichen Zweck erfüllt hätte.[112] Gleiches gilt bei Verkehrsunfällen für sog. Dashcams, die im PKW angebracht sind und permanent das Verkehrsgeschehen im Umfeld des Fahrzeugs aufnehmen.[113] Im arbeitsrechtlichen Bereich wird das Vorliegen eines allgemeinen Beweisverwertungsverbots allerdings teilweise verneint.[114]

67 Aus der Durchführung unzulässiger Videokontrollen von Beschäftigten kann sich ein Anspruch auf Schadensersatz bzw. Schmerzensgeld ableiten.[115]

§ 6 c Mobile personenbezogene Speicher- und Verarbeitungsmedien

(1) Die Stelle, die ein mobiles personenbezogenes Speicher- und Verarbeitungsmedium ausgibt oder ein Verfahren zur automatisierten Verarbeitung personenbezogener Daten, das ganz oder teilweise auf einem solchen Medium abläuft, auf das Medium aufbringt, ändert oder hierzu bereithält, muss den Betroffenen
1. über ihre Identität und Anschrift,
2. in allgemein verständlicher Form über die Funktionsweise des Mediums einschließlich der Art der zu verarbeitenden personenbezogenen Daten,
3. darüber, wie er seine Rechte nach den §§ 19, 20, 34 und 35 ausüben kann, und
4. über die bei Verlust oder Zerstörung des Mediums zu treffenden Maßnahmen
unterrichten, soweit der Betroffene nicht bereits Kenntnis erlangt hat.
(2) Die nach Absatz 1 verpflichtete Stelle hat dafür Sorge zu tragen, dass die zur Wahrnehmung des Auskunftsrechts erforderlichen Geräte oder Einrichtungen in angemessenem Umfang zum unentgeltlichen Gebrauch zur Verfügung stehen.
(3) Kommunikationsvorgänge, die auf dem Medium eine Datenverarbeitung auslösen, müssen für den Betroffenen eindeutig erkennbar sein.

---

111 Gola/Schomerus, § 6 b Rn. 19; Becker in Plath, § 6 b Rn. 31.
112 OLG Köln v. 5.7.2005 NJW 2005, 2997; ArbG Frankfurt v. 25.1.2006 RDV 2006, 214.
113 LG Heilbronn 3.2.2015 – I 3 S 19/14 und 3 S 19/14 I, DuD 2015, 333; AG Nienburg – 4 Ds 155/14, DuD 2015, 483, das eine Verwertungsmöglichkeit im Strafprozess ausdrücklich offen lässt; AG München 13.8.2014 – 345 C 5551/14, RDV 2014, 345, das gleichzeitig einen Verstoß gegen § 22 Satz 1 KunstUrhG sieht; für eine Unzulässigkeit auch der Beschluss des Düsseldorfer Kreises vom 25./26.2.2014; Reibach, DuD 2015, 157; Gola/Schomerus, § 6 b Rn. 9 a; für eine Verwertungsmöglichkeit etwa Balzer/Nugel, NJW 2014, 1622; Greger, NZV 2015, 114.
114 Vgl. BAG v. 13.12.2007, NZA 2008, 1008 dessen 2. Senat das Vorliegen eines »Sachverhaltsverwertungsverbot« im Falle unzulässig erlangter Informationen verneint hat; ebenso im Ergebnis BAG v. 21.6.2012 – 2 AZR 153/11, ähnlich LAG Hamm 27.3.2014 – 16 Sa 1629/13; LAG Sachsen-Anhalt v. 15.4.2008, LAGE § 626 BGB 2002 Nr. 17; enger BAG v. 23.4.2009 – 6 AZR 189/08, NZA 2009, 974, die kein Beweisverwertungsverbot bei rechtswidrig erlangten Informationen sieht; ebenso ArbG Düsseldorf v. 3.5.2011 – 11 Ca 7326/10; zum Verwertungsverbot allgemein Däubler, Internet und Arbeitsrecht, Rn. 316 a ff.; Jerchel/Schubert, DuD 2015, 151.
115 ArbG Frankfurt v. 8.11.2013, ZD 2014, 633.

Mobile personenbezogene Speicher- und Verarbeitungsmedien § 6c

Übersicht	Rn.
1. Allgemeines	1-3
2. Informationspflichten	4-6
3. Auskunftsgeräte, Erkennbarkeit der Kommunikation	7, 8

1. Allgemeines

§ 6c wurde 2001 in das BDSG mit dem Ziel eingefügt, die bisher ungeklärten Datenschutzfragen beim Einsatz von Prozessor-Chipkarten oder sonstigen mobilen Verarbeitungsmedien zu regeln. Durch den Einsatz dieser mobilen Medien ist es für die Betroffenen u. U. nicht erkennbar, welche Daten ausgelesen und wie diese weiterverarbeitet werden. Inzwischen beschränkt sich die komplexe ortsbezogene Datenverarbeitung nicht mehr auf Chipkarten; daher war die allgemeine begriffliche Gestaltung der Regelung weitsichtig.[1] Die Regelung ergänzt technikspezifisch die allgemeinen **Regelungen zur Transparenz** der §§ 4a Abs. 1 S. 2, 19, 33, 34. In dieser Form ist sie europarechtlich nicht vorgegeben. § 6c regelt nicht umfassend die Rechtmäßigkeit der Datenverarbeitung mit mobilen Verarbeitungsmedien; insofern gelten die allgemeinen Zulässigkeitsnormen. Die Vorschrift erhöht vielmehr die Transparenzanforderungen, indem die ausgebenden sowie die nutzenden verantwortlichen Stellen zusätzlichen Informationspflichten unterworfen werden.[2] Die abstrakte Beschreibung als »mobile Medien« trägt dem Umstand Rechnung, dass die klassischen Chipkarten nur eine besondere Form der mobilen Daten(verarbeitungs)träger sind, bei denen Transparenzdefizite entstehen. Die Informationspflichten entstehen schon bei der Ausgabe der mobilen Speichermedien. Bereits bevor mit diesen kommuniziert wird, müssen die Betroffenen über deren Funktionsweise aufgeklärt werden.

Anwendbar ist § 6c nur, soweit personenbezogene Daten auf dem bzw. durch den Datenträger automatisiert verarbeitet werden, ohne dass der Betroffene diesen Vorgang vollständig beeinflussen könnte. Von der Regelung erfasst ist jede Form von **mobilen elektronischen Medien**, soweit diese – i. d. R. ausgelöst durch eine Handlung des Betroffenen – einen vorstrukturierten ihn betreffenden Verarbeitungsvorgang vornehmen (§ 3 Abs. 10). Die Regelung erfasst auch Datenverarbeitungen auf dem und durch das mobile Medium, die im Austausch mit Hintergrundsystemen erfolgen.[3] Für die Anwendbarkeit des § 6c spielt es keine Rolle, ob die Kommunikation mit dem Medium direkt per Kontakt oder per Funk erfolgt; selbst passive RFID-Systeme können darunter fallen.[4] Anwendungsbeispiele sind elektronische Betriebsausweise, Gesundheitskarten, Berechtigungsbescheinigungen, Kundenkarten,[5] der neue elektronische Personalausweis gemäß Personalausweisgesetz,[6] Geld- und Zahlungskarten, aber auch Mobilgeräte

---

1 Zur Geschichte und Funktion Weichert in Roßnagel, S. 1948 ff.
2 Hornung, DuD 2004, 18 f.
3 Hornung in WB, § 6c Rn. 12, 15; a. A. Schaffland/Wiltfang, § 3 Rn. 108.
4 Lahner, DuD 2004, 723; Gräfin von Westerholt/Döring, CR 2004, 714; Holznagel/Bonnekoh, MMR 2006, 21; Scholz in Simitis, § 6c Rn. 10 ff. m. w. N.
5 A. A. Holznagel/Bonnekoh, MMR 2006, 19.
6 Borges, NJW 2010, 3334; Roßnagel/Hornung, DÖV 2009, 301 ff.; Zilkens, RDV 2010, 14 ff.; Polenz, MMR 2010, 671 ff.

wie Handys, Smartphones oder Tablets mit einer Vielzahl von Funktionen. Erfasst sind auch sonstige mobile Geräte, etwa ein Kraftfahrzeug, über das in Bezug auf einen oder mehrere Betroffene personenbezogene Daten verarbeitet werden.[7] Unerheblich ist, ob die Ausgabe und Nutzung der Karten bzw. Medien auf Basis einer Rechtsvorschrift oder auf vertraglicher Grundlage erfolgt. Ersteres ist z. B. bei der elektronischen Gesundheitskarte nach § 291a SGB V der Fall;[8] gleiches gilt beim elektronischen Personalausweis und Reisepass mit biometrischer Identifikation, bei digitalen Signaturkarten im geplanten JobCard-Verfahren[9] oder bei elektronischen Kurkarten.[10] Auch eine Kombination von öffentlichen und privaten Anwendungen ist möglich. Von der Regelung nicht tangiert sind mobile Datenverarbeitungsgeräte, soweit deren Kommunikation vollständig von Betroffenen bestimmt wird (z. B. persönlicher Laptop). Jedoch kann § 6c durchaus auch in diesen Fällen auf bestimmte festgelegte Verarbeitungsprozesse anwendbar sein.

3   § 6c regelt **nicht die Zulässigkeit** der einzelnen (auf dem oder über das Medium) stattfindenden Verarbeitungsprozesse. Diese richtet sich nach den allgemeinen oder speziellen Regelungen des Datenschutzrechts, evtl. auch des Landesrechts, wenn öffentliche Stellen des Landes bestimmte Verarbeitungen über die Karte vornehmen. § 6c ist anwendbar, wenn das Medium von einer Stelle ausgegeben oder ein Dienst auf einem Mobilgerät bereitgestellt wird, auf die bzw. auf den das BDSG anwendbar ist.

2. Informationspflichten

4   Absatz 1 gewährt dem Betroffenen einen einklagbaren subjektiven Anspruch auf Information über die **Identität und Anschrift der verantwortlichen Stellen** gegenüber der Stelle, die das Medium ausgibt. Diese Stelle muss mit den verantwortlichen Stellen nach § 3 Abs. 7 nicht identisch sein, wenn die Stelle das Medium nur herausgibt oder darauf Verfahren aufbringt oder ändert.[11] So erfolgt z. B. die Ausgabe der elektronischen Gesundheitskarte durch die Krankenkassen; die Datenverarbeitungsprozesse werden dagegen i. d. R. von den medizinischen Leistungserbringern verantwortet. Ist noch nicht festgelegt, welche Stellen über das Medium Daten verarbeiten, sind die möglichen berechtigten Stellen so präzise wie möglich zu beschreiben. Die Angaben müssen zumindest in Textform erfolgen.[12]

4a Adressat der Regelung ist auch eine Stelle, die Applikationen, Programme oder sonstige informationstechnische Verfahren auf ein Smartphone, ein Tablet oder ein sonstiges mobiles Gerät aufspielt und auf dieser Grundlage personenbezogene Daten verarbeitet werden, ohne dass dies vom Betroffenen initiiert wurde. Da die Änderung von Ver-

---

7   Dazu ausführlich Weichert, SVR 2014, 201 ff., 241 ff.
8   Weichert, DuD 2004, 391; ders. GesR 2005, 151; ders. in Bundesamt für Sicherheit in der Informationstechnik, IT-Sicherheit geht alle an! 2005, S. 27.
9   Hornung, Die digitale Identität – Rechtsprobleme von Chipkartenausweisen, 2005; Roßnagel/Hornung, DuD 2005, 69; Roßnagel, DuD 2005, 69; Weichert, DuD 2005, 340.
10 26. TB 2004 ULD, Kap. 4.1.4 S. 22, 27. TB 2005 ULD, Kap. 9.2.1 S. 128; insges. Weichert, DuD 1997, 266.
11 Weichert in Roßnagel, S. 1956 ff. (Rn. 24–26, 30); Zscherpe in Taeger/Gabel, § 6c Rn. 10, 11.
12 Hornung in WB, § 6c, Rn. 29.

fahren im Gesetz als eigener Tatbestand genannt wird, gilt die Verpflichtung auch für **Updates** von vom Betroffenen aufgespielten Applikationen, die automatisch geladen werden und dabei neue Datenverarbeitungen auslösen. Der durch die Verfahrensänderung eröffnete Verarbeitungsprozess muss von dem Mobilmedium ausgehen, muss sich aber nicht darauf beschränken und kann z.B. von Betroffenen nicht initiierte Übermittlungen betreffen.[13]

Die **Funktionsweise des Mediums** ist »in allgemein verständlicher Form« offenzulegen. Dabei kommt es nicht auf technische Präzision an, sondern darauf, dass der Betroffene als technischer Laie erkennen kann, unter welchen Voraussetzungen welche Daten für welche Zwecke von welchen Stellen in welcher Weise verarbeitet werden bzw. verarbeitet werden können.[14] Bei den unterschiedlichen Zwecken spricht man von Anwendungen bzw. Applikationen. Informiert werden muss auch darüber, wann per Kontakt oder kontaktlos (z.B. über Funk per Radio Frequency Identification – RFID) Kommunikationsvorgänge im Austausch mit Hintergrundsystemen ausgelöst werden.[15] Die Information darf nicht versteckt sein, sondern muss direkt oder durch direktes Anklicken eines Buttons erreichbar sein. Entsprechendes gilt auch im Hinblick auf die Wahrnehmung der Betroffenenrechte (Rn. 6). Die Informationspflicht im Fall von Verlust oder Zerstörung erfasst auch die teilweise Zerstörung in Form einer Beschädigung.[16]

Nach Absatz 1 Nr. 3 ist dem Betroffenen mitzuteilen, wie er seine **Rechte auf Auskunft und Datenkorrektur** (Berichtigung, Löschung, Sperrung, Widerspruch) wahrnehmen kann. Bestehen diese Betroffenenrechte nach Landesrecht, ist hierüber – in sinngemäßer Anwendung der Regelung – ebenso zu unterrichten. Relevant sind vor allem Informationen über die Standorte und die Funktionalität der Geräte und Einrichtungen nach Absatz 2. Nach Nr. 4 ist der Betroffene darüber zu unterrichten, was im Fall des Verlusts oder der Zerstörung bzw. Funktionsunfähigkeit des Mediums zu tun ist.[17]

3. Auskunftsgeräte, Erkennbarkeit der Kommunikation

Die Stellen, die Medien ausgeben bzw. verwenden, müssen die **technischen Voraussetzungen** schaffen, dass die Betroffenen in angemessenem Umfang von ihrem datenschutzrechtlichen Auskunftsrecht Gebrauch machen können. Dies kann durch Bereitstellen von Terminals an zentralen Orten erfolgen, z.B. durch das Aufstellen von Lesegeräten für die elektronische Gesundheitskarte in Apotheken, Arztpraxen oder Krankenkassenräumen. Lesegeräte können auch den Betroffenen direkt zur Verfügung gestellt werden. Die Bereitstellung der Daten kann auch direkt über das mobile Gerät erfolgen. Mit der Regelung soll sichergestellt werden, dass das Auskunftsrecht nicht dadurch vereitelt wird, dass die für die Datenverarbeitung verantwortliche Stelle keinen körperlichen Zugriff auf die Daten auf dem Medium hat und somit selbst keine

---

13 So wohl auch Hornung in WB, § 6c Rn. 14, unklar Rn. 20; a.A. Gola/Schomerus, § 6a, Rn. 2a.
14 BT-Drs. 14/5793, 63.
15 Hornung in WB, § 6c Rn. 12, 15; a.A. Schaffland/Wiltfang, § 3 Rn. 108.
16 Hullen in Plath, § 6c Rn. 16.
17 Hornung, DuD 2004, 19f.

§ 7   Schadensersatz

Auskunft geben kann. Die Bereitstellung muss unentgeltlich erfolgen, um keine wirtschaftlichen Hindernisse bei der Ausübung des Betroffenenrechts aufzubauen. Die Pflicht trifft primär die ausgebende Stelle, sekundär die verarbeitenden Stellen. Diese können bzw. sollen im Interesse einer umfassenden Wahrnehmung der Betroffenenrechte kooperieren. Es ist darauf zu achten, dass die anfallenden Daten nicht unzulässig von den unterstützenden Stellen gespeichert und genutzt werden.

8   Absatz 3 verpflichtet zur Information im konkreten Einzelfall eines **Kommunikationsvorgangs**. Hierbei muss die Verarbeitung eindeutig erkennbar sein. Denkbar ist, dass die Verarbeitung auf einem Display bzw. auf dem Bildschirm angezeigt oder dass ein Papierbeleg ausgedruckt wird. Bei einfachen Kommunikationsvorgängen ist denkbar, dass der Vorgang durch eine Lichtanzeige erkennbar gemacht wird. Eine Information erst nach Abschluss des Verarbeitungsvorgangs ist nicht ausreichend, da dann der Vorgang nicht mehr unterbrochen werden kann.[18] Je präziser die Informationen nach Absatz 1 erfolgt sind, desto mehr lässt sich der Informationsbedarf nach Absatz 3 eingrenzen.

§ 7 Schadensersatz

Fügt eine verantwortliche Stelle dem Betroffenen durch eine nach diesem Gesetz oder nach anderen Vorschriften über den Datenschutz unzulässige oder unrichtige Erhebung, Verarbeitung oder Nutzung seiner personenbezogenen Daten einen Schaden zu, ist sie oder ihr Träger dem Betroffenen zum Schadensersatz verpflichtet. Die Ersatzpflicht entfällt, soweit die verantwortliche Stelle die nach den Umständen des Falles gebotene Sorgfalt beachtet hat.

Übersicht
	Rn.
1. Einleitung	1– 3
2. Vorgaben der EG-Datenschutzrichtlinie	4, 5
3. Anspruchsberechtigte	6
4. Anspruchsgegner	7– 9
5. Die Verursachung eines Schadens durch Verletzung datenschutzrechtlicher Vorschriften	10–13
6. Exkulpation der verantwortlichen Stelle und Fragen der Beweislast	14–18
7. Ersatz des immateriellen Schadens auf der Grundlage des § 7?	19, 20
8. Einzelfragen des Anspruchs aus § 7	21–25
9. Andere Ansprüche	26–39
a) Gegen die verantwortliche Stelle	26–37a
b) Gegen einen Mitarbeiter der verantwortlichen Stelle	38, 39
10. Rechtsdurchsetzung	40
11. Europäische Perspektiven	41

---

18 Scholz in Simitis, § 6c, Rn. 65.

Schadensersatz § 7

1. Einleitung

Die Vorschrift enthält eine **eigenständige** datenschutzrechtliche **Haftungsnorm**,[1] die auf sämtliche verantwortlichen Stellen im öffentlichen wie im nicht-öffentlichen Bereich anwendbar ist. Der Sache nach handelt es sich um eine **Haftung aus vermutetem Verschulden**,[2] die sich jedoch keine Exklusivitätswirkung beimisst und die deshalb einen Rückgriff auf andere (vertragliche oder deliktische) Haftungsnormen jederzeit zulässt.[3] Soweit Landesdatenschutzgesetze Anwendung finden, enthalten sie eigenständige Haftungsregeln, die nicht selten über § 7 hinausgehen.[4]

Für einen relativ beschränkten Teilbereich sieht § 8 eine **Gefährdungshaftung** vor. Voraussetzung ist, dass die verantwortliche Stelle zum öffentlichen Bereich gehört und dass sie ein automatisiertes Verfahren verwendet. Dabei wird ein **Haftungshöchstbetrag** von 130 000 Euro vorgesehen (Einzelheiten bei § 8). Diese Differenzierung erweckt Bedenken im Hinblick auf den **Gleichheitssatz des Art. 3 Abs. 1 GG**,[5] da die Schutzbedürftigkeit der Betroffenen keineswegs geringer ist, wenn ihre Daten statt im öffentlichen im nicht-öffentlichen Bereich verarbeitet werden.[6]

Die **praktische Bedeutung des § 7** ist sehr beschränkt.[7] Auf diese Vorschrift gestützte Klagen, die nicht auch auf der Grundlage des allgemeinen Haftungsrechts zum gleichen Ergebnis geführt hätten, sind nicht ersichtlich.[8] **Materielle Schäden** sind zwar durchaus denkbar. So kann eine Bewerbung wegen unberechtigter Datenweitergabe durch den früheren Arbeitgeber nicht berücksichtigt oder ein günstiger Kredit verweigert werden, weil die Schufa eine unrichtige Auskunft gab.[9] In aller Regel wird es aber **nicht möglich** sein, entsprechende Geschehensabläufe **zu beweisen**. Ist dies im Einzelfall anders, werden Verstöße gegen datenschutzrechtliche Normen in aller Regel unverzüglich korrigiert; materieller Schaden entsteht so allenfalls durch Anwaltskosten.[10] Auch mag eine Rolle spielen, dass die Vorschrift des § 7 relativ wenig bekannt ist.[11] Die nicht selten entstehenden (und beweisbaren) **immateriellen Schäden**[12] sind nach herrschender Auffassung von der Vorschrift **nicht erfasst**. Gleichwohl kann sie eine gewisse präventive Wirkung entfalten. Die Tatsache, dass zumindest bei groben Verstößen (Auszüge aus der Krankenakte werden einer Boulevardzeitung zugespielt) eine Ersatz-

---

1 Niedermeier/Schröcker, RDV 2002, 218.
2 TBP, S. 288; zu anderen Fällen dieser Art siehe Däubler, BGB kompakt, Kap. 26.
3 Allgemeine Meinung; siehe statt aller Auernhammer-Eßer § 7 Rn. 1; Forst AuR 2010, 106, 111; Grimm in Tschöpe Teil 6 F Rn. 206; Simitis in Simitis, § 7 Rn. 52; TEG, S. 418 f.; Wolff/Brink-Quaas § 7 Rn. 9.
4 Überblick bei Wolff/Brink-Quaas § 7 Rn. 14 ff.
5 Däubler, Gläserne Belegschaften? Rn. 576.
6 Schwere Bedenken auch bei Simitis in Simitis, § 7 Rn. 5 ff., 32.
7 Ebenso Auernhammer-Eßer § 7 Rn. 3; Wybitul/Schultze-Melling § 7 Rn. 1.
8 Wie hier (wenn auch ohne Bezugnahme) Wolff/Brink-Quaas § 7 Rn. 3. Siehe weiter Wohlgemuth/Gerloff, S. 140. Überblick über Entscheidungen, in denen § 7 herangezogen wurde, bei Becker in Plath, § 7 Rn. 1 Fn. 2.
9 S. den Fall OLG Düsseldorf 14.12.2006 – I-10 U 69/06, CR 2007, 534.
10 Becker in Plath, § 7 Rn. 1.
11 Vgl. Däubler, BGB kompakt, Kap. 27 Rn. 45.
12 Niedermeier/Schröcker RDV 2002, 217; Simitis in Simitis, § 7 Rn. 5, 32; näher zu ihnen Born, S. 73 ff.; anders BMH § 7 Rn. 12.

pflicht droht, kann ein durchaus gewichtiger Anlass sein, um dem Datenschutzrecht mehr Beachtung zu verschaffen.[13] Rechtspolitisch wird eine Verschärfung der Haftung als Mittel der Verhaltenssteuerung verlangt.[14]

2. Vorgaben der EG-Datenschutzrichtlinie

4 Art. 23 Abs. 1 der EG-Datenschutzrichtlinie geht in verschiedener Hinsicht **über § 7 hinaus**. Während dieser bei Verstößen gegen datenschutzrechtliche Normen nur den Betroffenen schützt, erfasst Art. 23 Abs. 1 »jede Person«, die einen Schaden erleidet. Zum zweiten enthält Art. 23 Abs. 2 eine sehr zurückhaltend formulierte Exkulpationsmöglichkeit: Es wird nicht auf fehlendes Verschulden, sondern nur darauf abgestellt, dass der fragliche Verstoß der verantwortlichen Stelle nicht »zur Last gelegt« werden kann. Als Beispiele nennt Erwägungsgrund 55 zur Richtlinie lediglich den Fall höherer Gewalt und ein Fehlverhalten des Betroffenen selbst.[15] Da die Richtlinie – zum dritten – nur ganz allgemein von »Schaden« spricht, geht eine verbreitete Auffassung davon aus, auch immaterielle Schäden seien erfasst.[16] Schließlich enthält die Richtlinie anders als § 8 keine summenmäßige Beschränkung.

5 Soweit das deutsche Recht keine inhaltlich völlig eindeutige Regelung trifft, ist eine **richtlinienkonforme Auslegung** zu wählen. Dabei ist zu beachten, dass ein unionsrechtskonformer Zustand auch dadurch herbeigeführt werden kann, dass Vorschriften und Grundsätze außerhalb des BDSG (z. B. über die Ersatzpflicht bei Eingriffen in das allgemeine Persönlichkeitsrecht) eine Auslegung erfahren, die einen Widerspruch zum Unionsrecht vermeidet. Insoweit besteht keine Verpflichtung, die §§ 7, 8 »gewaltsam« über ihren Wortlaut hinaus auszudehnen.[17]

3. Anspruchsberechtigte

6 **§ 7 schützt lediglich den Betroffenen**, nicht aber weitere Personen.[18] Wird beispielsweise wegen der Verwechslung von Unterlagen eine unberechtigt positive Auskunft über den Betroffenen gegeben und entsteht dadurch einer Bank ein Schaden, so kann sie diesen nicht nach § 7 ersetzt verlangen.[19] Nicht einbezogen sind weiter juristische Personen, die nach deutschem Rechtsverständnis nicht durch das BDSG erfasst sind.[20]

---

13 Born, S. 76 f.
14 Buchner, S. 312.
15 Auf diese Divergenz verweist auch Simitis in Simitis, § 7 Rn. 21.
16 Dammann/Simitis, Art. 23 Rn. 5; Kopp RDV 1993, 1, 8; Wuermeling DB 1996, 663, 670; a. A. jedoch Born, S. 84; Ehmann/Helfrich, Art. 23 Rn. 20; Brühann/Zerdick CR 1996, 429, 434.
17 Dies übersehen BMH § 7 Rn. 12. Vgl. auch Gola/Wronka, Rn. 1251 ff.
18 Zustimmend BAG 20. 1. 2009 – 1 AZR 515/08, DB 2009, 1410, 1414 = NZA 2009, 615, 621 Tz. 55. Ebenso Forst AuR 2010, 106, 108; BMH § 7 Rn. 4.
19 Ebenso Wolff/Brink-Quaas § 7 Rn. 36.
20 BAG 20. 1. 2009 – 1 AZR 515/08, NZA 2009, 615, 621 Tz. 57; Forst AuR 2010, 106, 108; Gola/Schomerus, § 7 Rn. 6; Simitis in Simitis, § 7 Rn. 9.

Schadensersatz § 7

4. Anspruchsgegner

Der Anspruch aus § 7 richtet sich ausschließlich gegen die verantwortliche Stelle bzw. ihren Träger. Im nichtöffentlichen Bereich sind im Regelfall beide identisch, doch gilt anderes im öffentlichen Bereich: **Verantwortliche Stelle** ist dort typischerweise die einzelne Behörde, der aber keine Rechtsfähigkeit zukommt; der Anspruch richtet sich daher gegen die fragliche juristische Person des öffentlichen Rechts (Bund, Land, Gemeinde, Anstalt usw.). 7

Die **Auftragsdatenverarbeitung** nach § 11 ist im Rahmen des § 7 ohne Bedeutung; die Verantwortung für Fehlhandlungen des Auftragnehmers bleibt beim Auftraggeber.[21] Missachtet der Auftragnehmer die Weisungen und verwendet er die Daten für eigene Zwecke, wird er selbst zur verantwortlichen Stelle, so dass die Haftung nach § 7 eingreift.[22] 8

Die Haftung nach § 7 erstreckt sich **nicht** auf die **Mitarbeiter** der verantwortlichen Stelle[23] oder den bei dieser tätigen **betrieblichen Datenschutzbeauftragten**.[24] Diese können jedoch ggf. nach allgemeinen vertrags- und deliktsrechtlichen Grundsätzen in Anspruch genommen werden. § 7 ordnet anders als z.B. Art. 34 GG oder § 25 Atomgesetz keine »Kanalisierung« der Haftung auf die verantwortliche Stelle an.[25] Näher zu den insoweit bestehenden Anspruchsmöglichkeiten unten Rn. 36 f. 9

5. Die Verursachung eines Schadens durch Verletzung datenschutzrechtlicher Vorschriften

Die Haftung nach § 7 setzt voraus, dass die verantwortliche Stelle gegen Vorschriften über den Datenschutz verstoßen hat. Daten werden beispielsweise an Dritte übermittelt, obwohl weder eine Einwilligung vorliegt noch die Voraussetzungen des § 28 BDSG gegeben sind. Einbezogen sind **auch Verstöße gegen** datenschutzrechtliche **Normen außerhalb des BDSG**, wie sie sich beispielsweise im TKG und im TMG finden.[26] Die verletzten datenschutzrechtlichen Normen müssen nicht dem Schutz des allgemeinen Persönlichkeitsrechts dienen; es kann sich auch um bloße Ordnungsvorschriften handeln.[27] Auch Betriebsvereinbarungen und Tarifverträge, die die Erhebung, Verarbeitung oder Nutzung von Arbeitnehmerdaten regeln, sind erfasst.[28] Datenschutzrechtliche Bestimmungen können auch dort bestehen, wo – wie bei unstrukturierten Unterlagen oder manuell geführten Personalakten – die Voraussetzungen des Dateibegriffs nach § 3 Abs. 2 nicht erfüllt sind (zu diesem s. oben § 3 Rn. 19).[29] So haben etwa Personalakten 10

---

21 Niedermeier/Schröcker RDV 2002, 218; Becker in Plath, § 7 Rn. 8; Simitis in Simitis, § 7 Rn. 11.
22 Simitis in Simitis, § 7 Rn. 11; Auernhammer-Eßer § 7 Rn. 10; Wolff/Brink-Quaas § 7 Rn. 41.
23 Gola/Wronka, Rn. 1231.
24 Wächter, Rn. 1260; Becker in Plath, § 7 Rn. 8; Wolff/Brink-Quaas § 7 Rn. 43.
25 Zum Begriff der »Kanalisierung« s. Däubler, BGB kompakt, Kap. 26 Rn. 149, Kap. 28 Rn. 48.
26 Auernhammer-Eßer § 7 Rn. 13; Becker in Plath, § 7 Rn. 7; Forst AuR 2010, 106, 108; Gola/Schomerus, § 7 Rn. 5.
27 Forst AuR 2010, 106, 108.
28 Becker in Plath, § 7 Rn. 7 a. E.; Simitis in Simitis, § 7 Rn. 16; Wybitul/Schultze-Melling § 7 Rn. 3; a. A. Wolff/Brink-Quaas § 7 Rn. 50.
29 Becker in Plath, § 7 Rn. 10.

Däubler

ohne Rücksicht auf die Art der Erhebung, Verarbeitung und Nutzung immer vertraulichen Charakter, dessen Verletzung eine Haftung nach § 7 auslöst. Dasselbe gilt erst recht von ärztlichen Behandlungsdaten, die sogar einer Abtretung von Honorarforderungen entgegenstehen können.[30]

11 Keine Rolle spielt, ob der Datenschutzverstoß bei der Erhebung, bei der **Verarbeitung oder** bei der **Nutzung** der Daten erfolgte. Auch die fehlende Information bei erstmaliger Speicherung nach § 33 oder die nicht ausreichende Information vor einer Einwilligung sind erfasst. Ein Verstoß gegen bloße Ordnungsvorschriften soll nicht ausreichen,[31] doch ist im Einzelfall sorgfältig zu prüfen, ob es nicht doch um den Schutz der Betroffenen geht.

12 Der Verstoß gegen datenschutzrechtliche Normen macht die **Erhebung, Verarbeitung oder Nutzung unzulässig.** Um Zweifelsfragen von vornherein auszuschließen, sind jedoch auch »unrichtige« Daten mit einbezogen worden. Dies kann dort von Nutzen sein, wo z. B. die Übermittlung als solche (nach Vertrag oder aufgrund Einwilligung) zulässig ist, jedoch durch ein Versehen falsche Angaben weitergeleitet werden. »Unrichtigkeit« liegt dabei auch dann vor, wenn bestimmte Angaben zu unrichtigen Schlüssen verleiten, weil ihr Kontext nicht mitgespeichert bzw. übermittelt wird.[32] Werden etwa lediglich »Fehlzeiten« mitgeteilt, ohne auf die Ursachen einzugehen, wäre ein solcher Fall gegeben; Missverständnisse wären vorprogrammiert.

13 Die unzulässige oder unrichtige Erhebung, Verarbeitung oder Nutzung von Daten des Betroffenen muss diesem einen **Schaden verursacht** haben.[33] Wegen einer Indiskretion gelangen z. B. Informationen aus den Personalakten an einen potentiellen neuen Arbeitgeber, der deshalb überraschend auf die Einstellung verzichtet, wegen einer Personenverwechslung bei der Schufa nimmt die Bank ein hohes Risiko an, das sie sich mit erhöhten Zinsen bezahlen lässt, wegen der unbefugten Mitteilung der Kündigung des Kreditkartenvertrages an die Schufa wird der Betroffene dort schlechter eingestuft,[34] was gleichfalls höhere Zinsaufwendungen zur Folge hat. In solchen Fällen haftet nur das anmeldende Kreditinstitut, nicht die Schufa.[35] Weiter wird die Auffassung vertreten, der Betroffene könne vom Verletzer alternativ auch Gewinnherausgabe oder eine angemessene Lizenzgebühr verlangen.[36]

6. Exkulpation der verantwortlichen Stelle und Fragen der Beweislast

14 Nach dem Wortlaut des § 7 Satz 1 löst die durch eine unzulässige oder unrichtige Erhebung, Verarbeitung oder Nutzung verursachte Schädigung als solche die Haftung aus. Die verantwortliche Stelle hat nach § 7 Satz 2 lediglich die Möglichkeit, den Nachweis zu führen, sie habe »die nach den Umständen des Falles gebotene Sorgfalt«

---

30 BGH 5.12.1995 – X ZR 121/93, NJW 1996, 775.
31 Niedermeier/Schröcker RDV 2002, 218.
32 Gola/Wronka, Rn. 1240; Simitis in Simitis, § 7 Rn. 20.
33 Gola/Schomerus, § 7 Rn. 7.
34 Siehe den Sachverhalt in LG Bonn 16.3.1994 – 5 S 179/93, RDV 1995, 253 = NJW-RR 1994, 1392.
35 LG Stuttgart 15.5.2002 – 21 O 97/01, DB 2002, 1499.
36 Buchner, S. 304.

Schadensersatz § 7

beachtet; gelingt ihr dies, hat sie sich »exkulpiert« und ist von der Haftung frei. Gleichzustellen ist der Fall, dass zwar Vorschriften über den Datenschutz verletzt wurden, dass aber auch ihre korrekte Einhaltung den Schaden nicht verhindert hätte.[37] Dies gilt etwa dann, wenn Vorkehrungen zur Datensicherheit nach § 9 Mängel aufwiesen, jedoch auch ein regelgerechtes Vorgehen den erfolgten Einbruch durch Dritte nicht hätte verhindern können. Dies werden jedoch Ausnahmefälle sein.
Anders als § 276 Abs. 2 BGB verlangt § 7 Satz 2 nicht die Wahrung der »im Verkehr erforderlichen« Sorgfalt. Statt eines solchen standardisierten Maßstabes wird vielmehr die »**nach den Umständen des Falles gebotene Sorgfalt**« verlangt.[38] Je höher die potentiellen Gefahren für den Betroffenen sind, umso effektiver müssen die Vorkehrungen sein. Medizinische Daten bedürfen daher einer ungleich sorgsameren Behandlung als z. B. die Aufbewahrung veröffentlichter oder nicht veröffentlichter Leserbriefe.
Ist die Organisation der Erhebung, Verarbeitung und Nutzung der Daten insoweit nicht zu beanstanden, kann gleichwohl infolge des Versagens technischer Systeme oder wegen Fehlverhaltens der bei der verantwortlichen Stelle tätigen Beschäftigten ein Schaden entstehen. War die technische Störung nicht zu vermeiden und kann dies auch zur Überzeugung des Gerichts belegt werden, ist die Exkulpation gelungen. Bei Fehlverhalten von Beschäftigten stellt sich das Problem, ob § 831 Abs. 1 Satz 2 BGB entsprechend anwendbar ist, also bei sorgfältiger Auswahl und Überwachung eine Haftung gleichfalls entfällt.[39] Die gesetzliche Regelung betrachtet in § 7 Satz 2 die verantwortliche Stelle als Einheit, ohne irgendwie nach der hierarchischen Stellung einzelner Personen zu unterscheiden. Entsprechendes findet sich bei der Produzentenhaftung nach § 823 Abs. 1 BGB, wo sich der Hersteller gleichfalls nicht mit dem Argument entlasten kann, er habe seine einzelnen Mitarbeiter korrekt ausgesucht und überwacht.[40] Da Datenschutzverstöße typischerweise nicht vom Leiter der verantwortlichen Stelle begangen werden, würde bei entsprechender Anwendung des § 831 Abs. 1 Satz 2 BGB die Haftung aus § 7 den größten Teil ihrer (potentiellen) praktischen Bedeutung verlieren. Auch wäre der Betroffene schlechter gestellt, wenn der Schaden durch menschliches Versagen und nicht durch ein Fehlfunktionieren der Systeme verursacht wäre – eine wenig einsichtige Differenzierung.[41] **§ 831 BGB** kann deshalb **nicht entsprechend** angewandt werden.[42]
Selbst von der Gegenposition aus misslingt die Exkulpation auch dann, wenn der **Datenschutzbeauftragte** seine **Aufgaben nur mangelhaft erfüllt** hat.[43] Auch er ist Teil der verantwortlichen Stelle. Die Tatsache, dass er bei der Ausübung seiner Fachkunde nicht

---

37 Gola/Schomerus, § 7 Rn. 8.
38 Dazu Niedermeier/Schröcker RDV 2002, 217, 219; Wolff/Brink-Quaas § 7 Rn. 63; anders Forst AuR 2010, 106, 108.
39 Dafür Gola/Wronka, Rn. 1245; Gola/Schomerus, § 7 Rn. 10; gegen Heranziehung des § 831 Abs. 1 Satz 2 BGB Simitis in Simitis, § 7 Rn. 25.
40 Einzelheiten bei Däubler, BGB kompakt, Kap. 29 Rn. 9 ff.
41 Gabel in Taeger/Gabel § 7 Rn. 13.
42 Gabel in Taeger/Gabel, § 7 Rn. 13; Forst AuR 2010, 106, 108; Gola/Schomerus § 7 Rn. 10; Grimm in Tschöpe, Teil 6 F Rn. 204; Simitis in Simitis, § 7 Rn. 25; anders Becker in Plath, § 7 Rn. 17, der jedoch mit Recht die Entlastungsmöglichkeit nach § 831 Abs. 1 Satz 2 BGB als durch Organisationspflichten der verantwortlichen Stelle überlagert ansieht.
43 Eingehend Simitis in Simitis, § 7 Rn. 26.

weisungsabhängig ist, ändert nichts daran, dass er in die Organisation der verantwortlichen Stelle eingebunden ist und dort bestimmte Pflichten erfüllen muss. Er ist daher wie jeder andere »Controller« der verantwortlichen Stelle zuzurechnen. Dies gilt selbst dann, wenn es sich um eine nicht dem Betrieb oder der Dienststelle angehörende Person handelt. Schließlich tritt eine Haftung auch dann ein, wenn der Datenschutzverstoß auf einem Organisationsmangel beruht (es wurde beispielsweise entgegen der gesetzlichen Verpflichtung kein betrieblicher Datenschutzbeauftragter bestellt).

17 Gelingt die Exkulpation nicht und bleibt es daher bei der Haftung nach § 7 Satz 1, so kann die verantwortliche Stelle ggf. geltend machen, den Betroffenen treffe ein **mitwirkendes Verschulden**. § 254 BGB bringt einen allgemeinen Rechtsgrundsatz zum Ausdruck, so dass ein etwaiger Gegenschluss aus § 8 Abs. 5 ausscheidet.[44] Je nach Grad des Verschuldens kann die Haftung gemindert sein, aber auch völlig entfallen. Letzteres wäre beispielsweise der Fall, wenn der Betroffene die Verwechslung von Personalunterlagen erkennt, gleichwohl jedoch keinen entsprechenden Hinweis unterlässt.

18 Für den Betroffenen kann es **schwierig** sein, die **Voraussetzungen des § 7 Satz 1 im Einzelnen darzulegen und zu beweisen**. Typischerweise wird er lediglich eine Vermutung haben, dass der bei ihm eingetretene Schaden z. B. mit einer »Indiskretion« zusammenhängt. Zwar verfügt er über ein Auskunftsrecht gegen die verantwortliche Stelle nach § 34,[45] doch stellt es keinen ausreichenden verfahrensmäßigen Schutz des informationellen Selbstbestimmungsrechts dar, wenn sich der Betroffene auf Informationen stützen muss, die ihm sein (potentieller) Prozessgegner zu liefern hat. Mit Recht hat das Bundesverfassungsgericht im Bereich des Kündigungsschutzes den Standpunkt vertreten, der Arbeitnehmer dürfe im Hinblick auf Art. 12 Abs. 1 GG nicht mit dem vollen Beweis von Tatsachen belastet werden, die zum Bereich des Arbeitgebers gehören.[46] Dementsprechend hat es das BAG[47] dahingestellt gelassen, ob es dem Arbeitnehmer zumutbar sei, das Vorliegen der (recht kompliziert gewordenen) Voraussetzungen für das Eingreifen des KSchG im Einzelnen darzulegen und zu beweisen. Entsprechendes wie für Art. 12 Abs. 1 GG muss für das informationelle Selbstbestimmungsrecht gelten: Auch dieses darf nicht durch schwer oder nicht zu erfüllende verfahrensrechtliche Anforderungen ausgehöhlt werden. Dies bedeutet, dass man im Einzelfall immer fragen muss, ob die vom Betroffenen vorgetragenen Indizien nicht zumindest einen **Prima-facie-Beweis** im Sinne des kausalen Eintritts der Schädigung begründen. Auch ist die verantwortliche Stelle zu einer verstärkten Mitwirkung verpflichtet, wenn der Betroffene Anhaltspunkte für einen Datenschutzverstoß dargelegt hat. Erhält er etwa keinen oder nur einen sehr teuren Kredit unter Hinweis darauf, er sei als »nicht ganz unproblematischer Kunde« eingestuft worden, so müsste die Schufa oder eine andere verantwortliche Stelle im Einzelnen belegen, dass eine solche Information auch von anderer Seite gekommen sein kann.[48] Zahlreiche Stimmen in der

---

44 Simitis in Simitis, § 7 Rn. 43; TEG, S. 419. Ebenso Forst AuR 2010, 106, 108.
45 Hierauf verweist Simitis in Simitis, § 7 Rn. 23.
46 BVerfG 6.10.1999 – 1 BvR 2110/93 NZA 2000, 110.
47 BAG 24.2.2005 – 2 AZR 207/04, NZA 2005, 764.
48 Vgl. auch Niedermeier/Schröcker RDV 2002, 218, 219, wonach es ausreicht, wenn der Betroffene beweist, dass die rechtswidrige Datenverarbeitung aus der Sphäre der verantwortlichen Stelle resultiert.

Literatur[49] gehen weiter und wenden die Beweislastumkehr des § 7 Satz 2 auch auf die Frage der haftungsbegründenden Kausalität an: Die verantwortliche Stelle muss von vorne herein beweisen, dass ihr rechtswidriger Umgang mit den Daten des Betroffenen dessen Schaden nicht verursacht hat.

7. Ersatz des immateriellen Schadens auf der Grundlage des § 7?

§ 7 Satz 1 benutzt lediglich die Begriffe »Schaden« und »Schadensersatz«, ohne selbst zwischen materiellen und immateriellen Schäden zu unterscheiden. Nach § 253 Abs. 1 BGB kann allerdings Geldersatz für Schäden, die nicht Vermögensschäden sind, nur dann verlangt werden, wenn dies ausdrücklich vorgesehen ist. Eine entsprechende Bestimmung existiert nur für die automatisierte Datenverarbeitung im öffentlichen Bereich (§ 8 Abs. 2), nicht jedoch im Rahmen des § 7. Da sich dieser in das System des Haftungsrechts insgesamt einfügen will und nicht etwa eine abschließende Sonderregelung darstellt (oben Rn. 1), sind **immaterielle Schäden nicht erfasst**.[50] Angesichts der Tatsache, dass immaterielle Schäden typische Folgen von Datenschutzverletzungen sind, ist dies nachhaltig zu bedauern.

Auch eine **richtlinienkonforme Interpretation** des § 7 führt zu keinem abweichenden Ergebnis. Umstritten ist schon, ob der Schadensbegriff der Richtlinie auch immaterielle Nachteile umfasst (s. die Nachweise oben Rn. 4). Auch wenn man dies bejaht, ergibt sich lediglich die Folge, dass das deutsche Recht insgesamt richtlinienkonform ausgelegt werden muss. Dem ist entsprochen, wenn der Ersatz immaterieller Schäden auf anderer Rechtsgrundlage, etwa über den Schutz des allgemeinen Persönlichkeitsrechts sichergestellt ist. Eine ausdehnende Auslegung des § 7 ist deshalb nicht geboten.[51]

19

20

8. Einzelfragen des Anspruchs aus § 7

Sind mehrere verantwortliche Stellen für die Entstehung eines Schadens verantwortlich, so haften sie als **Gesamtschuldner**; § 840 Abs. 1 BGB findet als Ausdruck allgemeiner Grundsätze des Haftungsrechts auch im vorliegenden Zusammenhang Anwendung.[52] Ein bewusstes und gewolltes Zusammenwirken ist nicht erforderlich; es genügt, wenn die durch eine Indiskretion erlangte Information ungeprüft übernommen und zu Lasten des Betroffenen verwertet wird.

Sind wie **bei vernetzten Systemen** mehrere Stellen speicherungsberechtigt, so kann es für den Betroffenen schwierig, wenn nicht unmöglich sein, die verantwortliche Stelle zu

21

22

---

49 Forst AuR 2010, 106, 108; Franzen in ErfK § 7 BDSG Rn. 1; Grimm in Tschöpe, Teil 6 F, Rn. 204; Reichold in MünchArbR § 88 Rn. 68; Simitis in Simitis, § 7 Rn. 23; Thüsing/Pötters, in: Thüsing (Hrsg.), Beschäftigtendatenschutz und Compliance, § 21 Rn. 12; a. A. wohl Gola/Schomerus § 7 Rn. 7; Schaffland/Wiltfang § 7 Rn. 2.
50 Ebenso Becker in Plath, § 7 Rn. 14; Gabel in Taeger/Gabel, § 7 Rn. 10; Gola/Schomerus, § 7 Rn. 12; Grimm in Tschöpe, Teil 6 F Rn. 205; Oberwetter NZA 2009,1120, 1122; Simitis in Simitis, § 7 Rn. 32; Wohlgemuth/Gerloff, S. 140; Wolff/Brink-Quaas § 7 Rn. 55; a. A. Wächter, Rn. 1256.
51 Zustimmend Auernhammer-Eßer § 7 Rn. 25.
52 Becker in Plath, § 7 Rn. 21; Gabel in Taeger/Gabel, § 7 Rn. 18; Gola/Schomerus, § 7 Rn. 15; Simitis in Simitis, § 7 Rn. 37.

identifizieren. In Bezug auf die Auskunfts- und Korrekturrechte nach §§ 34, 35 gewährt § 6 Abs. 2 dem Betroffenen daher das Recht, sich an jede der beteiligten Stellen zu wenden, die sein Begehren dann an die verantwortliche Stelle weiterleiten muss. Für die automatisierte Verarbeitung im öffentlichen Bereich sieht § 8 Abs. 4 überdies eine gesamtschuldnerische Haftung der einzelnen Stellen, d.h. ihrer Träger vor. Daraus wird man den allgemeinen Rechtsgrundsatz ableiten können, dass die Rechte eines Betroffenen nicht durch die **Vielfalt verantwortlicher Stellen** beeinträchtigt werden dürfen. Dem lässt sich nur durch eine gesamtschuldnerische Haftung Rechnung tragen, die eine gewisse Parallele in § 830 Abs. 1 Satz 2 BGB findet.

23 Der Schadensersatzanspruch aus § 7 ist **übertragbar und vererblich**. Die Tatsache, dass ihm eine datenschutzrechtliche Verletzung der Persönlichkeitssphäre zugrunde liegt, ändert daran nichts.[53] Auch unterliegt der Anspruch der Pfändung und der Aufrechnung. Er verjährt nach näherer Maßgabe der §§ 195, 199 BGB in drei Jahren. Diese Frist beginnt am Ende des Jahres, in dem der Anspruch entstanden ist und dem Betroffenen die ihn begründenden Tatsachen bekannt geworden (oder infolge grober Fahrlässigkeit unbekannt geblieben) sind.

24 Die Haftung der verantwortlichen Stelle kann **nicht durch Vertrag ausgeschlossen** werden. Zwar ist das Individualrecht auf Schadensersatz nicht ausdrücklich in § 6 Abs. 1 erwähnt, doch gehört es zu den konstitutiven Elementen eines wirksamen Datenschutzes.[54] Würde er ganz oder teilweise in Wegfall geraten, wäre ein wichtiger Anreiz für die Einhaltung der auch im öffentlichen Interesse liegenden datenschutzrechtlichen Normen beseitigt. Erst recht wäre es mit Rücksicht auf § 307 Abs. 1 BGB unzulässig, eine entsprechende Haftungsverzichtsklausel in allgemeine Vertragsbedingungen aufzunehmen.

25 Das der verantwortlichen Stelle auferlegte Risiko kann durch eine **Haftpflichtversicherung** aufgefangen werden.[55] Wirkliche Bedeutung kommt dem erst zu, wenn durch entsprechende Handhabung der Regeln über die Beweislast eine reale Gefahr besteht, dass materielle Schäden ersetzt werden müssen oder wenn immaterielle Schäden in die Ersatzpflicht einbezogen werden (dazu unten Rn. 30 ff.).

9. Andere Ansprüche

a) Gegen die verantwortliche Stelle

26 Da sich § 7 keine Exklusivitätswirkung zumisst, ist ein Rückgriff auf andere Rechtsgrundlagen für Ansprüche gegen die verantwortliche Stelle jederzeit möglich. Insoweit gibt es keine Meinungsverschiedenheiten (s. oben Rn. 1).

27 Bestehen **vertragliche Beziehungen** zwischen dem Betroffenen und der verantwortlichen Stelle, so kommt ein Schadensersatz wegen Pflichtverletzung nach **§ 280 BGB** in Betracht. Dasselbe gilt, wenn der Vertrag zwischen einer juristischen Person wie einer GmbH und der verantwortlichen Stelle geschlossen wurde.[56] Typischerweise wird es

---

53 Zustimmend Becker in Plath § 7 Rn. 22.
54 Simitis in Simitis, § 7 Rn. 46; anders Gabel in Taeger/Gabel, § 7 Rn. 18. Eingehend oben § 6 Rn. 9 Fn. 13.
55 Simitis in Simitis, § 7 Rn. 49 ff.; Wächter, Rn. 1321 ff.
56 Auernhammer-Eßer § 7 Rn. 29: Gabel in Taeger/Gabel, § 7 Rn. 24.

Schadensersatz § 7

darum gehen, dass eine vertragliche Nebenpflicht zum sorgsamen Umgang mit den Daten des Betroffenen verletzt wurde;[57] diese ergibt sich häufig aus dem BDSG, das auf diese Weise in das einzelne Arbeitsverhältnis hineinwirkt.[58] Dies ist beispielsweise der Fall, wenn ohne Zustimmung des Betroffenen Daten aus seiner Personalakte an Dritte übermittelt werden oder wenn sich eine Bank über das (in ihren AGB enthaltene) Bankgeheimnis hinwegsetzt und Informationen über den Betroffenen an Dritte weiter gibt. Die vertragliche Haftung beschränkt sich ihrerseits auf den materiellen Schaden, da die in § 253 Abs. 2 BGB vorgesehenen Ausnahmetatbestände hier nicht vorliegen. Die verantwortliche Stelle haftet nach § 278 BGB auch für ihre Erfüllungsgehilfen. Da diese schon nach allgemeinen Grundsätzen nicht weisungsabhängig sein müssen,[59] wird damit auch der betriebliche Datenschutzbeauftragte erfasst.[60]

Die vertragsrechtlichen Grundsätze gelten in gleicher Weise für Ansprüche aus **Culpa in contrahendo** nach § 311 Abs. 2 in Verbindung mit § 280 BGB. Praktische Bedeutung kann dies insbesondere erlangen, wenn in Vorverhandlungen offengelegte Daten an Dritte übermittelt werden. Dabei kann es um Bewerberdaten im Arbeitsrecht, um Daten von Kredit- oder Mietinteressenten sowie um Informationen gehen, die im Zusammenhang mit dem geplanten Erwerb eines Betriebs oder Unternehmens preisgegeben wurden.

28

Die verantwortliche Stelle kann weiter wegen rechtswidrigen oder schuldhaften Eingriffes in das **allgemeine Persönlichkeitsrecht** nach § 823 Abs. 1 BGB haften. Soweit nicht Organe nach §§ 30, 31 BGB gehandelt haben, sondern ein Fehlverhalten nachgeordneter Personen vorlag, greift allerdings § 831 BGB mit seiner Exkulpationsmöglichkeit ein. Greift diese Platz, ist allerdings in der Regel ein Organisationsverschulden zu prüfen, das beispielsweise darin liegen kann, dass keine ausreichenden Vorkehrungen zur Datensicherung getroffen wurden oder kein betrieblicher Datenschutzbeauftragter existierte. Die unbefugte Weitergabe von Daten an die Schufa stellt einen Eingriff in das allgemeine Persönlichkeitsrecht dar, so dass auf jeden Fall der materielle Schaden zu ersetzen ist. Dieser kann wie im Fall des OLG Düsseldorf[61] z. B. in der Entstehung von Rechtsanwaltskosten liegen. Die Verletzung des allgemeinen Persönlichkeitsrechts kann auch durch **Publikation im Internet** erfolgen.[62] Eher traditionellen Charakter besitzt die **heimliche Durchsuchung eines Spinds**, der dem Arbeitnehmer zum persönlichen Gebrauch überlassen war; wegen der Schwere des Eingriffs besteht nicht nur eine Schadensersatzpflicht, sondern auch ein prozessuales Verwertungsverbot.[63] Eine **Kontrolle von Mantel- und Jackentaschen** beim Verlassen des Betriebsgeländes (»Torkontrolle«) ist zwar gleichfalls ein Eingriff in die Persönlichkeitssphäre,

29

---

57 Gola/Wronka, Rn. 1265; Niedermeier/Schröcker RDV 2002, 217, 219.
58 Reichold in MünchArbR, § 88 Rn. 68.
59 BGH 8.2.1974 – V ZR 21/72, BGHZ 62, 124; BGH 17.12.1992 – III ZR 133/91, NJW 1993, 1704, 1705.
60 Gabel in Taeger/Gabel, § 7 Rn. 24; Simitis in Simitis, § 7 Rn. 58. Anders Thüsing/Pötters, in: Thüsing (Hrsg.), Beschäftigtendatenschutz und Compliance, § 21 Rn. 21; Auernhammer-Eßer § 7 Rn. 29. Für entsprechende Anwendung von §§ 31, 89 BGB Wolff/Brink-Quaas § 7 Rn. 43.
61 14.12.2006 – I-10 U 69/06, DuD 2007, 58 = CR 2007, 534.
62 Dazu Däubler, Persönlichkeitsschutz des Arbeitnehmers im Internet? DuD 2013, 759–765. Zu Durchsetzungsfragen s. Lauber-Rönsberg MMR 2014, 10 ff.
63 BAG 20.6.2013 – 2 AZR 546/12, ZD 2014, 260. Dazu Brink/Wybitul ZD 2014, 225.

nach BAG jedoch gerechtfertigt, wenn ein erheblicher »Schwund« an Gegenständen festzustellen war und die Kontrollen nicht übermäßig oder diskriminierend wirkten, weil sie nur an 30 Tagen im Jahr erfolgten und die erfassten Personen durch Zufallsgenerator ausgewählt wurden.[64]

30 Soweit ein **schwerer Eingriff in das allgemeine Persönlichkeitsrecht** vorliegt, kann in unmittelbarem Rückgriff auf die Artikel 1 und 2 GG eine **angemessene Entschädigung** für die erlittenen immateriellen Nachteile verlangt werden.[65] In der Literatur wird mit Recht verlangt, mit Rücksicht auf Art. 23 Abs. 2 der EG-Datenschutzrichtlinie die Umkehrung der Beweislast beim Verschulden und bei der Kausalität auch hierher zu übertragen.[66]

31 Fälle dieser Art haben die **Rechtsprechung** durchaus beschäftigt.[67] So hat etwa das LAG Hamburg[68] ein »Schmerzensgeld« zugesprochen, weil der Arbeitgeber in einer Verbandszeitschrift einen Arbeitnehmer kritisiert, persönlich genannt und ausdrücklich um einen Anruf gebeten hatte, falls sich der Betroffene irgendwo bewerben sollte. Dasselbe wurde erst recht angenommen, als Fehlzeiten und Freizeitbeschäftigungen einer Arbeitnehmerin während ihrer Schwangerschaft veröffentlicht und sie im Zusammenhang damit als »faulste Mitarbeiterin Deutschlands« bezeichnet wurde.[69] Eine Verletzung des Persönlichkeitsrechts wurde auch angenommen, als der Arbeitgeber die Personalakten und einen Personalkreditvertrag einem anderen Arbeitgeber zeigte, bei dem sich der Arbeitnehmer bewerben wollte.[70] Allerdings wurde kein »Schmerzensgeld« zugesprochen, da die Handlungsweise des Arbeitgebers keine (materiellen) Nachteile zur Folge gehabt habe.[71] Eine Geldentschädigung ist aber dann geschuldet, wenn ein Arzt ohne Einwilligung des Betroffenen einen **HIV-Test** vornimmt.[72] Eine schwere Persönlichkeitsverletzung liegt weiter dann vor, wenn **falsche Angaben** über schlechte Zahlungsmoral und angeblichen wiederholten Bankrott an Dritte **weitergegeben** werden.[73] Dasselbe gilt, wenn im Strafregister **getilgte Vorstrafen** Dritten bekannt gegeben werden.[74] Auch **unerlaubte Videokontrollen** führen nicht selten zu Sanktionen. So ist ein »Schmerzensgeld« geschuldet, wenn von einem Betrunkenen Videoaufnahmen angefertigt werden, der gar nicht mehr in der Lage ist, seine Einwilligung zu geben oder zu verweigern,[75] oder wenn knapp zwei Monate lang ein Teil des Arbeitsbereichs des betroffenen Arbeitnehmers im Lebensmittellager (nicht aber sein Büro) von einer

---

64 BAG 9.7.2013 – 1 ABR 2/13, ZD 2014, 256.
65 BGH 5.12.1995 – VI ZR 332/94, NJW 1996, 984 und BGH 12.12.1995 – VI ZR 223/94, NJW 1996, 985, ständige Rechtsprechung. Dazu Forst AuR 2010, 106, 109.
66 Forst AuR 2010, 106, 112; zur Beweislast s. oben Rn. 14 und 18.
67 Überblick auch bei Auernhammer-Eßer § 7 Rn. 30.
68 3.4.1991 – 8 Sa 1/91, NZA 1992, 509.
69 BAG 18.2.1999 – 8 AZR 735/97, NZA 1999, 645.
70 BAG 18.12.1984 – 3 AZR 389/83, DB 1985, 2307.
71 BAG a.a.O.
72 LG Köln 8.2.1995 – 25 O 308/92, RDV 1995, 251.
73 OLG Frankfurt 6.1.1988 – 17 U 35/87, CR 1989, 19 ff.
74 LG Köln 4.12.1991 – 28 O 211/91, RDV 1993, 138.
75 OLG Frankfurt 21.1.1987 – 21 U 164/86, NJW 1987, 1087.

versteckten Kamera überwacht wird.[76] Das LAG Hessen[77] sprach in einem ähnlichen Fall eine Entschädigung von 7 000 Euro zu; das ArbG Wetzlar hatte als Vorinstanz sogar einen Betrag von 15 000 Euro für angemessen gehalten. Hat ein Arbeitnehmer eine **Arbeitsunfähigkeitsbescheinigung** vorgelegt und lässt ihn der Arbeitgeber heimlich per Video überwachen, obwohl keine ernsthaften Anhaltspunkte für die Unrichtigkeit der »Krankmeldung« bestehen, so ist auch hier eine Geldentschädigung gerechtfertigt.[78] Dasselbe gilt für **unerlaubte Filmaufnahmen**.[79]

An der schlichten **Weitergabe von Daten** scheint die Rechtsprechung weniger Anstoß zu nehmen.[80] So sah das AG Kassel[81] keinen Anlass für eine Geldentschädigung, als die Daten von vier **Bahncard** Kunden trotz Streichung der entsprechenden Ermächtigungsklausel in den Vertragsbedingungen an ein US-Unternehmen übermittelt wurden. In der Berufungsinstanz wurde allerdings dann vor dem LG Kassel ein Vergleich geschlossen, wonach jeder der Kläger eine Entschädigung in Höhe von 500 DM erhielt.[82] Auch im Zusammenhang mit der unberechtigten Weiterleitung von Daten über die Vertragskündigung an die Schufa war lediglich von materiellem Schadensersatz wegen positiver Vertragsverletzung die Rede.[83] In einem anderen Fall wurde die **namentliche Bekanntgabe von Kirchenaustritten** zwar als Eingriff in das Allgemeine Persönlichkeitsrecht gewertet, doch überwiege das Interesse der Kirchengemeinde an der Information ihrer Mitglieder.[84] Auch die unzulässige **Weitergabe von Vorstrafen** durch die Polizei an eine Privatperson im Umkreis des Betroffenen hatte keine finanziellen Konsequenzen, da die straf- und disziplinarrechtlichen Maßnahmen gegen den fraglichen Polizeibeamten dem Betroffenen ausreichend Genugtuung verschaffen würden.[85] Hier wurde verkannt, dass die Geldentschädigung jedenfalls primär die Einbuße an sozialem Ansehen und Selbstwertgefühl ausgleichen soll, die durch die Persönlichkeitsverletzung entstanden ist; um »Genugtuung« – soweit man sie überhaupt noch akzeptiert[86] – geht es nur in zweiter Linie. Vertretbarer erscheint es demgegenüber, eine Entschädigung zu verweigern, wenn ein Inkassobüro Daten länger als erlaubt speichert, dies aber nach außen hin nicht deutlich wird und deshalb auch nicht zu einer Ruf- und Interessenschädigung des Betroffenen führt.[87] Im Normalfall wird man auch keine »schwere« Verletzung des Persönlichkeitsrechts annehmen können, wenn der Betroffene entgegen

---

76 ArbG Frankfurt 26.9.2000 – 18 Ca 4036/00, RDV 2001, 190. S. weiter LAG Rheinland-Pfalz 23.5.2013 – 2 Sa 540/12, ZD 2014, 41.
77 25.10.2010 – 7 Sa 1586/09; zustimmend Grimm in Tschöpe, Teil 6 F Rn. 209.
78 LAG Hamm 11.7.2013 – 11 Sa 312/13, ZD 2014, 204. Anders LAG Rheinland-Pfalz 11.7.2013 – 10 SaGa 3/13, ZD 2013, 631, wenn ein Vorgesetzter einem krankgeschriebenen Untergebenen in einer Autowaschanlage begegnet.
79 AG Köln 6.5.2013 – 142 C 227/12, ZD 2014, 253.
80 Kritisch dazu Oberwetter NZA 2009, 1120, 1122. Anders aber bei der Weitergabe von Intimfotos: S. das sehr differenziert argumentierende Urteil des LG Frankfurt/Main v. 20.5.2014 – 2-03 O 189/13, CR 2014, 674.
81 3.11.1998 – 424 C 1260/98, CR 1999, 749 = DuD 1999, 599.
82 Mitgeteilt bei Born, S. 73.
83 LG Bonn16.3.1994 – 5 S 179/93, RDV 1995, 253.
84 LG Zweibrücken v. 25.11.1997 – 3 S 134/97, DuD 1998, 232 = RDV 1998, 177.
85 LG Deggendorf v. 24.11.1992 – S 108/92, RDV 1993,188 = NJW-RR 1993, 410.
86 Däubler, BGB kompakt, Kap. 30 Rn. 52 m.w.N.
87 AG Speyer 2.4.2008 – 33 C 34/08, RDV 2008, 161.

seinem ausdrücklich geäußerten Wunsch im **Telefonbuch** erscheint.[88] Anders müsste die Beurteilung aber ausfallen, wenn der Betroffene in der Vergangenheit von belästigenden Anrufen heimgesucht wurde und gerade deshalb die Eintragung im Telefonbuch nicht mehr aufrechterhalten wollte.

33 Datenschutzrechtliche Vorschriften sind grundsätzlich **Schutzgesetze** zugunsten des Betroffenen und können deshalb Schadensersatzansprüche nach § 823 Abs. 2 BGB auslösen.[89] Im Einzelfall kann auch eine Haftung wegen Kreditgefährdung nach § 824 BGB sowie wegen vorsätzlicher sittenwidriger Schädigung nach § 826 BGB in Betracht kommen. Die Ansprüche bestehen neben den aus § 7 abgeleiteten; dass sie denselben Inhalt haben, ändert daran nichts.[90]

34 Droht (erneut) die Verletzung eines deliktsrechtlich geschützten Rechtsguts, so steht dem Inhaber ein **Unterlassungsanspruch** zu.[91] Dies gilt beispielsweise dann, wenn die Rufnummer in einem Telefonbuch veröffentlicht wird und das Telekommunikationsunternehmen nicht zusagt, die Eintragung auf Wunsch des Betroffenen bei der nächsten Ausgabe zu streichen.[92] Der Anspruch besteht auch dann, wenn ein von § 7 erfasster Vorgang oder seine Wiederholung droht.[93]

35 Soweit eine Beeinträchtigung des Persönlichkeitsrechts in seiner Ausprägung als informationelles Selbstbestimmungsrecht weiterwirkt, kann auch ein **Beseitigungsanspruch** geltend gemacht werden. Dieser richtet sich insbesondere auf den Widerruf von Erklärungen, der über § 35 nicht durchgesetzt werden kann.

36 Eingriffe in das allgemeine Persönlichkeitsrecht können einen Bereicherungsanspruch nach § 812 Abs. 1 Satz 1 2. Alt. BGB (**Eingriffskondiktion**) zur Folge haben. Dies gilt insbesondere dann, wenn man dem allgemeinen Persönlichkeitsrecht mit der neueren Rechtsprechung[94] auch vermögenswerte Elemente zuspricht. Das durch Eingriff in den »Zuweisungsgehalt« Erlangte kann herausverlangt werden.[95] Die Höhe bestimmt sich im Grundsatz nach dem Betrag, der bei einer freiwilligen Einräumung entsprechender Befugnisse zu bezahlen wäre. Soweit eine solche Entscheidung des Betroffenen nicht in

---

88 So LG Hanau 4.4.2003 – 2 S 395/02, NJW-RR 2003, 1410.
89 Auernhammer-Eßer § 7 Rn. 30; Grimm in Tschöpe, Teil 6 F Rn. 208; Thüsing/Pötters, in: Thüsing (Hrsg.), Beschäftigtendatenschutz und Compliance, § 21 Rn. 19. Ausnahme: Regeln über den betrieblichen Datenschutzbeauftragten. Vgl. auch Reichold in MünchArbR, § 88 Rn. 68 und Forst AuR 2010, 106, 110.
90 Thüsing/Pötters, in: Thüsing (Hrsg.), Beschäftigtendatenschutz und Compliance, § 21 Rn. 23. Vgl. aber auch Simitis in Simitis, § 7 Rn. 68.
91 Grimm in Tschöpe, Teil 6 F Rn. 210; Reichold in MünchArbR, § 88 Rn. 70. Einzelheiten bei Däubler, BGB kompakt, Kap. 33 Rn. 21 ff.
92 Vgl. OLG Frankfurt 12.12.2001 – 23 U 140/01, NJW 2002, 1277, wo allerdings die Zusage gegeben wurde.
93 BAG 20.1.2009 – 1 AZR 515/08, NZA 2009, 615, 621 Tz. 55; Gabel in Taeger/Gabel, § 7 Rn. 17; Simitis in Simitis, § 7 Rn. 35; vgl. auch Wächter, Rn. 1262 und Grimm in Tschöpe, Tel 6 F Rn. 211. Für Vorrang des allgemeinen deliktsrechtlichen Unterlassungsanspruchs Thüsing/Pötters, in: Thüsing (Hrsg.), Beschäftigtendatenschutz und Compliance, § 21 Rn. 24 und Forst AuR 2010, 106, 111.
94 BGH 1.12.1999 – I ZR 49/97, BGHZ 143, 214 = NJW 2000, 2195.
95 Vgl. Born, S. 137 ff.; Sprau in Palandt, § 812 Rn. 40, 42; Wolff/Brink-Quaas § 7 Rn. 68. Wie hier im Ergebnis Forst AuR 2010, 106, 111; Thüsing/Pötters, in: Thüsing (Hrsg.), Beschäftigtendatenschutz und Compliance, § 21 Rn. 26.

Betracht gekommen wäre (etwa Veröffentlichung von Angaben aus der Krankenakte eines Prominenten) ist der Betrag zu schätzen, wobei die Sätze »üblicher« Vermarktungsformen deutlich zu überschreiten wären.

Ansprüche gegen die öffentliche Hand sollen im Zusammenhang mit § 8 behandelt werden (§ 8 Rn. 9 ff.). 37

Die **Providerhaftung** richtet sich nach allgemeinen Grundsätzen, soweit sich nicht aus §§ 7 ff. TMG Abweichendes ergibt. Wird trotz eines Hinweises eine personenbezogene Information nicht von der Website entfernt, so haftet der Verantwortliche ggf. wegen Verletzung des allgemeinen Persönlichkeitsrechts auf Schadensersatz.[96] Außerdem sieht er sich einem Unterlassungsanspruch ausgesetzt.[97] 37a

b) Gegen einen Mitarbeiter der verantwortlichen Stelle

Dem Mitarbeiter z.B. eines Unternehmens gegenüber bestehen in aller Regel keine vertraglichen Beziehungen. Von daher kommen insoweit nur **Ansprüche aus unerlaubter Handlung** in Betracht.[98] Die Mitwirkung an einer Verletzung des Persönlichkeitsrechts löst auch die persönliche Haftung des Arbeitnehmers aus, doch hat er einen Freistellungsanspruch gegenüber seinem Arbeitgeber, soweit er nach den Grundsätzen über den innerbetrieblichen Schadensausgleich den Schaden nicht oder nur teilweise zu ersetzen hat.[99] Beseitigungs- und Unterlassungsansprüche richten sich allerdings gegen die verantwortliche Stelle, nicht gegen Hilfspersonen;[100] sie wären ihrer Weisungsabhängigkeit wegen nicht in der Lage, einer entsprechenden Verurteilung Rechnung zu tragen. 38

Dieselben Grundsätze gelten auch für den **betrieblichen Datenschutzbeauftragten**. Einzelheiten sind an anderer Stelle abgehandelt (§ 4f Rn. 83 ff.). Ob er in einem Arbeitsverhältnis zur verantwortlichen Stelle steht, spielt keine Rolle. 39

10. Rechtsdurchsetzung

Für Ansprüche aus § 7 sind die ordentlichen Gerichte zuständig.[101] Dasselbe gilt für Schadensersatzansprüche gegenüber der öffentlichen Hand (dazu § 8 Rn. 9 ff.). Soweit die Daten der bei der verantwortlichen Stelle beschäftigten Arbeitnehmer in Rede stehen, sind die Arbeitsgerichte zuständig. 40

11. Europäische Perspektiven

Der **Entwurf der Kommission** für eine Datenschutz-Grundverordnung sieht in Art. 77 einen Schadensersatzanspruch gegen die verantwortliche Stelle vor, wenn dem Betrof- 41

---

96 Dazu Mantz ZD 2014, 62 ff.
97 BGH 1.7.2014 – VI ZR 345/13, ZD 2014, 520.
98 Forst AuR 2010, 106, 110; Simitis in Simitis, § 7 Rn. 71.
99 Einzelheiten bei BAG 18.1.1966 – 1 AZR 247/63, AP Nr. 37 zu § 611 BGB Haftung des Arbeitnehmers = NJW 1967, 238; Däubler, Arbeitsrecht 2, Rn. 747 a; Kötz/Wagner, Rn. 318; Thüsing/Pötters, in: Thüsing (Hrsg.), Beschäftigtendatenschutz und Compliance, § 21 Rn. 22.
100 Larenz/Canaris, § 86 III 1 d; Däubler, BGB kompakt, Kap. 33 Rn. 11.
101 Auernhammer-Eßer § 7 Rn. 34.

§ 8 Schadensersatz bei Datenverarbeitung durch öffentliche Stellen

fenen durch eine rechtswidrige Datenverarbeitung oder eine andere Handlung, die mit der Verordnung nicht vereinbar ist, ein Schaden entsteht. Der Verantwortliche kann sich exkulpieren, »wenn er nachweist, dass ihm der Umstand, durch den der Schaden eingetreten ist, nicht zur Last gelegt werden kann.« Ob der »Schaden« auch den immateriellen Schaden erfasst, ist nicht erkennbar, da der Erwägungsgrund 118 lediglich das umschreibt, was in Art. 77 geregelt ist. Das **Parlament** möchte den **immateriellen Schaden** ausdrücklich einbeziehen, ebenso der **Rat**. Dieser sieht eine Exkulpation dann vor, wenn der in Anspruch Genommene nachweist, »dass er in keinerlei Hinsicht für den Umstand, durch den der Schaden eingetreten ist, verantwortlich ist.« Dies scheint eine höhere Schwelle als im Kommissionsentwurf zu sein, doch müssen konkrete Maßstäbe erst durch die Gerichte entwickelt werden.

§ 8 Schadensersatz bei automatisierter Datenverarbeitung durch öffentliche Stellen

(1) Fügt eine verantwortliche öffentliche Stelle dem Betroffenen durch eine nach diesem Gesetz oder nach anderen Vorschriften über den Datenschutz unzulässige oder unrichtige automatisierte Erhebung, Verarbeitung oder Nutzung seiner personenbezogenen Daten einen Schaden zu, ist ihr Träger dem Betroffenen unabhängig von einem Verschulden zum Schadensersatz verpflichtet.
(2) Bei einer schweren Verletzung des Persönlichkeitsrechts ist dem Betroffenen der Schaden, der nicht Vermögensschaden ist, angemessen in Geld zu ersetzen.
(3) Die Ansprüche nach den Absätzen 1 und 2 sind insgesamt auf einen Betrag von 130 000 Euro begrenzt. Ist aufgrund desselben Ereignisses an mehrere Personen Schadensersatz zu leisten, der insgesamt den Höchstbetrag von 130 000 Euro übersteigt, so verringern sich die einzelnen Schadensersatzleistungen in dem Verhältnis, in dem ihr Gesamtbetrag zu dem Höchstbetrag steht.
(4) Sind bei einer automatisierten Verarbeitung mehrere Stellen speicherungsberechtigt und ist der Geschädigte nicht in der Lage, die speichernde Stelle festzustellen, so haftet jede dieser Stellen.
(5) Hat bei der Entstehung des Schadens ein Verschulden des Betroffenen mitgewirkt, gilt § 254 des Bürgerlichen Gesetzbuchs.
(6) Auf die Verjährung finden die für unerlaubte Handlungen geltenden Verjährungsvorschriften des Bürgerlichen Gesetzbuchs entsprechende Anwendung.

Übersicht

	Rn.
1. Einleitung	1
2. Anwendungsbereich	2, 3
3. Die Ausgestaltung des Anspruchs im Einzelnen	4
4. Die Besonderheiten des § 8: Gefährdungshaftung, Ersatz des immateriellen Schadens, Haftungshöchstgrenze	5– 7a
5. Andere Anspruchsgrundlagen	8–10
6. Rechtsdurchsetzung	11

§ 8 Schadensersatz bei Datenverarbeitung durch öffentliche Stellen

1. Einleitung

Die Vorschrift sieht für einen relativ engen Bereich eine Gefährdungshaftung vor, die überdies der Höhe nach beschränkt ist. Ihre praktische Bedeutung ist bislang gering geblieben,[1] woran auch die Unabdingbarkeit nach § 6 Abs. 1[2] nichts ändert.

2. Anwendungsbereich

§ 8 findet nur auf »öffentliche Stellen« Anwendung (zu diesem Begriff s. oben § 2 Rn. 4 ff.). Einbezogen ist auch die Datenverarbeitung gegenüber **Beamten und Arbeitnehmern des öffentlichen Dienstes**, da § 12 Abs. 4 zwar in weitem Umfang auf den Dritten Abschnitt des BDSG verweist, § 8 aber nicht abbedingt.[3] Ebenso verhält es sich mit öffentlich-rechtlichen Unternehmen, die im Wettbewerb stehen. Zwar unterliegen sie nach § 27 Abs. 1 Satz 1 Nr. 2 denselben Verarbeitungsregeln wie private Unternehmen, doch ändert dies nichts an ihrer Zugehörigkeit zum öffentlichen Bereich und der damit verbundenen Anwendbarkeit von § 8.[4]

Anders als § 7 erfasst § 8 **nur** die »**automatisierte« Erhebung, Verarbeitung und Nutzung** personenbezogener Daten. Auf nicht-automatisierte Verfahren findet er keine Anwendung; insoweit bleibt es bei der generellen Norm des § 7. Zweifelhaft ist, wie beide Bereiche abzugrenzen sind. Insoweit kommt es entscheidend auf die spezifischen Gefahren an, die eine automatisierte Verarbeitung mit sich bringen kann.[5] Da die Anwendung der Technik zu einer Vielzahl von Persönlichkeitsverletzungen führen kann, ist es gerechtfertigt, auch Eingabefehler einzubeziehen.[6] Erhöhte Risiken bestehen weiter dann, wenn maschinenlesbare Erhebungsbögen falsch ausgefüllt werden.[7] Das Informationssystem ist insoweit als Einheit zu betrachten. Lediglich Verstöße, die mit der Technik nichts zu tun haben, wie die fehlende Zustimmung des Betriebsrats zu einem Personalfragebogen nach § 94 BetrVG, können außer Betracht bleiben.[8]

3. Die Ausgestaltung des Anspruchs im Einzelnen

Der Ersatzanspruch nach § 8 ist in zahlreichen Einzelheiten dem Anspruch nach § 7 nachgebildet. Dies gilt etwa für
- die Anspruchsberechtigung (oben § 7 Rn. 6: nur natürliche Personen als Betroffene),

---

1 Becker in Plath, § 8 Rn. 1; Forst AuR 2010, 106, 109; Gola/Schomerus, § 8 Rn. 1; Auernhammer-Eßer § 8 Rn. 4.
2 Auernhammer-Eßer § 8 Rn. 11.
3 Ebenso im Ergebnis Becker in Plath, § 8 Rn. 3; Oberwetter NZA 2009, 1121; Wolff/Brink-Quaas § 8 Rn. 24.
4 Becker in Plath, § 8 Rn. 3; Gola/Schomerus, § 8 Rn. 3; Oberwetter NZA 2009, 1121; Simitis in Simitis, § 8 Rn. 4; Wolff/Brink-Quaas § 8 Rn. 16.
5 Gola/Schomerus, § 8 Rn. 9.
6 So auch Gola/Schomerus, § 8 Rn. 9; Simitis in Simitis, § 8 Rn. 11; Wolff/Brink-Quaas § 8 Rn. 29; in dieselbe Richtung tendierend Gabel in Taeger/Gabel, § 8 Rn. 6.
7 Simitis in Simitis, § 8 Rn. 11; a.A. Gabel in Taeger/Gabel, § 8 Rn. 6; Gola/Schomerus, § 8 Rn. 9; Auernhammer-Eßer § 8 Rn. 9.
8 Gabel in Taeger/Gabel, § 8 Rn. 6; Simitis in Simitis, § 8 Rn. 11.

§ 8 Schadensersatz bei Datenverarbeitung durch öffentliche Stellen

- den Anspruchsgegner (oben § 7 Rn. 7 ff.: nur die verantwortliche Stelle, nicht die dort tätigen Mitarbeiter oder der Datenschutzbeauftragte),
- die Verstöße gegen datenschutzrechtliche Normen (oben § 7 Rn. 10), wobei jedoch nur solche in Betracht kommen, die sich auf eine automatisierte Erhebung, Verarbeitung oder Nutzung beziehen,
- die Unzulässigkeit der Erhebung, Verarbeitung oder Nutzung der Daten bzw. ihre Unrichtigkeit (oben § 7 Rn. 11 ff.),
- die Relevanz des mitwirkenden Verschuldens (oben § 7 Rn. 17), die § 8 Abs. 5 ausdrücklich hervorhebt,
- die gesamtschuldnerische Haftung mehrerer verantwortlicher Stellen (oben § 7 Rn. 21 ff.), die durch § 8 Abs. 4 verdeutlicht wird,
- die Übertragbarkeit und Vererblichkeit, die Verjährung sowie die Unabdingbarkeit des Anspruchs (§ 7 Rn. 23 ff.).

4. Die Besonderheiten des § 8: Gefährdungshaftung, Ersatz des immateriellen Schadens, Haftungshöchstgrenze

5 Abs. 1 betont ausdrücklich, dass die Schadensersatzpflicht »unabhängig von einem Verschulden« besteht. Anders als nach § 7 Satz 2 ist keine Exkulpation der verantwortlichen Stelle möglich. Für den Betroffenen bleibt gleichwohl die Aufgabe, die ursächliche Entstehung eines Schadens durch das rechtswidrige Verhalten der verantwortlichen Stelle zu beweisen. Dies kann mit erheblichen Schwierigkeiten verbunden sein (s. oben § 7 Rn. 18). In der Literatur wird deshalb mit Recht vorgeschlagen, der Betroffene müsse außer dem Schaden lediglich die Tatsache belegen, dass seine Daten durch die verantwortliche Stelle verwendet worden seien.[9] Ist die **Ursächlichkeit** im Sinne des Betroffenen geklärt, bleibt der verantwortlichen Stelle nur noch der Nachweis, der Schaden sei nicht im Rahmen automatisierter Verarbeitung entstanden.

6 Die Einbeziehung **immaterieller Schäden** durch Abs. 2 folgt der Rechtsprechung zu Eingriffen in das allgemeine Persönlichkeitsrecht und erfasst deshalb im Grunde nur Extremfälle.[10] Ob eine »schwere Verletzung« des Persönlichkeitsrechts vorliegt, bestimmt sich allein nach dem Umfang der Beeinträchtigung des Betroffenen, nicht nach einer etwaigen Schwere der Pflichtverletzung.[11] An ihr fehlt es in der Regel, wenn der Betroffene die **fraglichen Daten selbst öffentlich gemacht** hat[12] oder wenn er in die Nähe von Ermittlungsbehörden (und nicht in die von Straftätern) gerückt wird.[13]

7 Die **summenmäßige Beschränkung des Schadensersatzes** nach Abs. 3 bezieht sich auf die Summe von materiellen und immateriellen Schäden. Sie ist deshalb gravierend, weil

---

9 Simitis in Simitis, § 8 Rn. 14; Auernhammer-Eßer § 8 Rn. 24.
10 Ähnlich Auernhammer-Eßer § 8 Rn. 26.
11 Simitis in Simitis, § 8 Rn. 18. Beispiele, in denen eine »schwere« Verletzung abgelehnt wurde, bei Wolff/Brink-Quaas § 8 Rn. 35.1 bis 35.3; selbst eine vorsätzlich falsche Mitteilung an die Schufa wurde nicht erfasst (OLG Frankfurt/Main 6. 1. 1988 – 17 U 35/87, NJW-RR 1988, 562).
12 S. als Beispiel BGH 25.10.2011 – VI ZR 332/09, NJW 2012, 767: Mitwirkung an einem Pornofilm; einen Bericht hierüber muss sich ein Darsteller gefallen lassen. S. weiter LG Berlin 26.7.2005 – 27 O 301/05, NJW-RR 2005, 1565.
13 LG Berlin a. a. O.

sie auch den Fall einer Vielzahl von Geschädigten umfasst: Obwohl gerade eine solche Konstellation bei automatisierter Datenverarbeitung eher die Regel als die Ausnahme sein wird, gilt gleichwohl die Gesamt-Obergrenze von 130 000 Euro.[14] Dies kann im Einzelfall dazu führen, dass die Haftungsverschärfung nach § 8 dem Betroffenen wenig bringt und er ggf. mit einem Rückgriff auf § 7 deutlich besser fährt. Im Ergebnis liegt darin auch ein Verstoß gegen Art. 23 Abs. 2 der EG-Richtlinie 95/46/EG, da die Haftung ggf. auch dann entfällt, wenn sie sehr wohl der verantwortlichen Stelle »zur Last gelegt« werden kann und deshalb eine unbeschränkte Haftung bestehen müsste.[15]

Sind **mehrere Stellen** speicherungsbefugt (vgl. § 6 Abs. 2), kann der Geschädigte aber nicht klären, welche Stelle in seinem Fall gehandelt hat, so haftet jede dieser Stellen als Gesamtschuldner (**Abs. 4**). Dies entspricht der Regelung des § 830 Abs. 1 Satz 2 BGB. § 8 Abs. 4 greift nicht (mehr) ein, sobald über den Schädiger Klarheit besteht.[16]   7a

5. Andere Anspruchsgrundlagen

§ 8 beansprucht für sich ebenso wenig Exklusivität wie § 7; insoweit ist sich die Literatur einig.[17]   8

Soweit es um hoheitliches Handeln geht, greift die Amtshaftung nach Art. 34 GG in Verbindung mit § 839 BGB ein. Damit können Ansprüche nur gegen den Träger der speichernden Stelle (Bund, Land, Gemeinde usw.), nicht aber gegen einzelne handelnde Personen geltend gemacht werden. Gegen sie ist bei grober Fahrlässigkeit lediglich ein Rückgriff durch den Dienstherrn bzw. Arbeitgeber möglich.   9

Bei privatrechtlicher (»fiskalischer«) Tätigkeit ist zu differenzieren. Beamte im staatsrechtlichen Sinne haften persönlich nach § 839 Abs. 1 Satz 1 BGB, doch ist ihre Haftung nach § 839 Abs. 1 Satz 2 BGB ausgeschlossen, wenn der Geschädigte auf andere Weise Ersatz erhalten kann. Dies ist etwa dann der Fall, wenn die verantwortliche Stelle nach § 7 oder nach § 8 haftet. Für Arbeitnehmer gilt § 839 nicht. Ihre »Außenhaftung« richtet sich nach denselben Grundsätzen wie bei Personen, die bei einem Privatunternehmen beschäftigt sind (oben § 7 Rn. 36).   10

6. Rechtsdurchsetzung

Ansprüche aus § 8 sind vor den ordentlichen Gerichten durchzusetzen. Dasselbe gilt für die Staatshaftung nach Art. 34 GG. Soweit Beamte als Betroffene Ansprüche gegen die verantwortliche Stelle geltend machen wollen, haben die Verwaltungsgerichte zu entscheiden. Geht es um eine Schädigung aufgrund fehlerhaften Umgangs mit Daten von Arbeitnehmern des öffentlichen Dienstes, sind die Arbeitsgerichte zuständig.   11

---

14 Kritisch dazu Gola/Schomerus, § 8 Rn. 6; Simitis in Simitis, § 8 Rn. 22.
15 Missverständlich die Kritik von Becker in Plath § 8 Rn. 2 Fn. 5, wonach Art. 23 Abs. 2 der Richtlinie übersehen sei.
16 Gabel in Taeger/Gabel, § 8 Rn. 10; Simitis in Simitis § 8 Rn. 25.
17 Becker in Plath, § 8 Rn. 14; Gabel in Taeger/Gabel, § 8 Rn. 4; Gola/Schomerus, § 8 Rn. 2; Simitis in Simitis, § 8 Rn. 35; TEG, S. 419.

§ 9 Technische und organisatorische Maßnahmen

Öffentliche und nicht-öffentliche Stellen, die selbst oder im Auftrag personenbezogene Daten erheben, verarbeiten oder nutzen, haben die technischen und organisatorischen Maßnahmen zu treffen, die erforderlich sind, um die Ausführung der Vorschriften dieses Gesetzes, insbesondere die in der Anlage zu diesem Gesetz genannten Anforderungen, zu gewährleisten. Erforderlich sind Maßnahmen nur, wenn ihr Aufwand in einem angemessenen Verhältnis zu dem angestrebten Schutzzweck steht.

Anlage zu § 9 Satz 1
Werden personenbezogene Daten automatisiert verarbeitet oder genutzt, ist die innerbehördliche oder innerbetriebliche Organisation so zu gestalten, dass sie den besonderen Anforderungen des Datenschutzes gerecht wird. Dabei sind insbesondere Maßnahmen zu treffen, die je nach der Art der zu schützenden personenbezogenen Daten oder Datenkategorien geeignet sind,

1. Unbefugten den Zutritt zu Datenverarbeitungsanlagen, mit denen personenbezogene Daten verarbeitet oder genutzt werden, zu verwehren (Zutrittskontrolle),
2. zu verhindern, dass Datenverarbeitungssysteme von Unbefugten genutzt werden können (Zugangskontrolle),
3. zu gewährleisten, dass die zur Benutzung eines Datenverarbeitungssystems Berechtigten ausschließlich auf die ihrer Zugriffsberechtigung unterliegenden Daten zugreifen können, und dass personenbezogene Daten bei der Verarbeitung, Nutzung und nach der Speicherung nicht unbefugt gelesen, kopiert, verändert oder entfernt werden können (Zugriffskontrolle),
4. zu gewährleisten, dass personenbezogene Daten bei der elektronischen Übertragung oder während ihres Transports oder ihrer Speicherung auf Datenträger nicht unbefugt gelesen, kopiert, verändert oder entfernt werden können, und dass überprüft und festgestellt werden kann, an welche Stellen eine Übermittlung personenbezogener Daten durch Einrichtungen zur Datenübertragung vorgesehen ist (Weitergabekontrolle),
5. zu gewährleisten, dass nachträglich überprüft und festgestellt werden kann, ob und von wem personenbezogene Daten in Datenverarbeitungssysteme eingegeben, verändert oder entfernt worden sind (Eingabekontrolle),
6. zu gewährleisten, dass personenbezogene Daten, die im Auftrag verarbeitet werden, nur entsprechend den Weisungen des Auftraggebers verarbeitet werden können (Auftragskontrolle),
7. zu gewährleisten, dass personenbezogene Daten gegen zufällige Zerstörung oder Verlust geschützt sind (Verfügbarkeitskontrolle),
8. zu gewährleisten, dass zu unterschiedlichen Zwecken erhobene Daten getrennt verarbeitet werden können.

Eine Maßnahme nach Satz 2 Nummer 2 bis 4 ist insbesondere die Verwendung von dem Stand der Technik entsprechenden Verschlüsselungsverfahren.

Technische und organisatorische Maßnahmen § 9

Übersicht
	Rn.
1. Einleitung	1 - 8a
2. Technische und organisatorische Maßnahmen (Satz 1)	9 - 19
a) Adressaten der Norm	10 - 12
b) BR und PR als Adressaten der Vorschrift	13 - 15
c) Arbeitnehmer als Adressaten	16
d) Gegenstand der technischen und organisatorischen Maßnahmen	17 - 19
3. Erforderlichkeit und Verhältnismäßigkeit von Maßnahmen (Satz 2)	20 - 28
4. Der Anforderungskatalog der Anlage zu Satz 1	29 -101e
a) Anlage zu § 9 - Einleitungssatz: Organisationskontrolle als grundsätzliche Anforderung	33 - 35
b) Zutrittskontrolle (Nr. 1)	36 - 42
c) Zugangskontrolle (Nr. 2)	43 - 50
d) Zugriffskontrolle (Nr. 3)	51 - 60
e) Weitergabekontrolle (Nr. 4)	61 - 76
aa) Schutz vor unbefugten Zugriffen	64 - 71
bb) Vorgesehene Übermittlungen	72 - 76
f) Eingabekontrolle (Nr. 5)	77 - 85
g) Auftragskontrolle (Nr. 6)	86 - 91
h) Verfügbarkeitskontrolle (Nr. 7)	92 - 96
i) Trennungsgebot zur Zweckbindung (Nr. 8)	97 -101
j) Verschlüsselungsverfahren (Satz 3 der Anlage)	101a-101e
5. Streitigkeiten	101f, 101g
6. Mitwirkungs- und Mitbestimmungsrechte von BR und PR	102 -115
aa) Rechtspositionen nach dem BetrVG	104 -109
bb) Rechtspositionen nach dem BPersVG	110 -115

1. Einleitung

Die Vorschrift normiert einen Standard für den Bereich der Datensicherheit, der in alle Bereiche des Gesetzes ausstrahlt, ohne den Begriff »Datensicherheit« selbst explizit zu nennen. § 9 ist die zentrale Datensicherheitsvorschrift im BDSG.[1] Der gesetzliche Datenschutz nach dem BDSG und die technisch-organisatorische Datensicherheit stehen in einer engen Beziehung zueinander.[2] Die Einhaltung der allgemeinen Vorgaben zum Datenschutz sollte für verantwortliche Stellen eine Selbstverständlichkeit sein, da lediglich Maßnahmen genannt sind, die für den störungsfreien und sicheren Betrieb von IT-Anlagen und -Systemen unerlässlich sind.[3] Insoweit sollte ein Eigeninteresse der verantwortlichen Stellen bestehen, einschlägige Maßnahmen der Datensicherung, die den ordnungsgemäßen Ablauf der DV durch Schutz der Hard- und Software sowie der Daten vor Verlust, Beschädigung oder Missbrauch sicherstellen sollen, unabhängig von gesetzlichen Vorgaben umzusetzen. In der Praxis bleibt die Umsetzung dieses vermeintlichen Eigeninteresses oft hinter den tatsächlichen Gegebenheiten zurück.

1

---

1 Ernstus in Simitis, § 9 Rn. 1; zur Definition des Begriffs Datensicherheit BMH, § 9 Rn. 4ff.
2 Ähnliche Schultze-Melling in Taeger/Gabel, Rn. 4, der von einer Symbiose spricht; vgl. auch Kramer/Meints in Auernhammer, § 9 Rn. 5.
3 Ähnlich Gola/Schomerus, § 9 Rn. 1; zustimmend Schultze-Melling in Taeger/Gabel, Rn. 36.

2 Die nach dieser Vorschrift erforderlichen technischen und organisatorischen Maßnahmen sind unabhängig von der konkreten Verarbeitungsform (automatisiert oder nicht automatisiert) zu treffen, wenn das BDSG zur Anwendung kommt.[4] Damit müssen beispielsweise auch die in nicht automatisierten Akten oder Karteien (etwa Personalakten oder Kundenkarteien; vgl. § 3 Abs. 2) enthaltenen personenbezogenen Daten entsprechend gesichert werden.

3 Durch Satz 1 wird den verantwortlichen Stellen die allgemeine Pflicht auferlegt, bezüglich personenbezogener Daten für einen angemessenen technisch-organisatorischen Schutzstandard zu sorgen. Auf konkrete Anweisungen hat der Gesetzgeber wohl mit Blick auf die Praktikabilitätsprobleme verzichtet. Allerdings wird in der Anlage zu § 9 Satz 1 für den Bereich der automatisierten Verarbeitung eine Reihe von Vorgaben zur Umsetzung der Datensicherung gemacht. Konkretisiert werden diese Sicherheitsanforderungen für die verantwortliche Stelle für die Fälle der automatisierten Verarbeitung durch den Maßnahmenkatalog, der in der Anlage zu Satz 1 enthalten ist. Dieser bestimmt das Mindestmaß des Notwendigen und kommt zur Anwendung, wenn sich an Phasen automatisierter Datenverarbeitung solche anschließen, die nicht mehr durch EDV bestimmt sind.[5] Werden die Ergebnisse einer automatisierten Verarbeitung in Listen ausgedruckt, müssen diese entsprechend den elektronischen Dateien nach den Grundsätzen der Anlage gesichert werden. Auf nicht automatisierte Dateien sind die Vorgaben der Anlage zu Satz 1 entsprechend anzuwenden (vgl. allgemein § 3 Rn. 18 ff.).

4 Die gesetzlichen Vorgaben zur Datensicherheit sind nicht unbegrenzt, da Satz 2 eine für die gesamte Vorschrift geltende Relativierung enthält. Der Umfang der Datensicherung steht damit unter dem Abwägungsgebot der Verhältnismäßigkeit (hierzu Rn. 20 ff.)

5 Der durch § 9 begründete Schutzrahmen bezieht sich nicht nur auf den Bereich der Datensicherung, sondern ganz allgemein auf die Sicherstellung der korrekten Ausführung der Vorgaben des Gesetzes.[6] Damit ist beispielsweise auch die Erteilung der nach den §§ 19 und 34 vorgesehenen Auskünfte an die Betroffenen gemeint (vgl. § 19 Rn. 4 ff.; § 34 Rn. 7 ff.). Der Regelungsgehalt des § 9 wird ergänzt durch allgemeine normative Vorgaben, die sich in den §§ 4 f und 4 g Abs. 1 (Beauftragter für Datenschutz) sowie in § 5 (Verpflichtung auf das Datengeheimnis) finden (vgl. dort).

6 § 9 findet seine Entsprechung in Art. 17 EG-Datenschutzrichtlinie. Nach deren Abs. 1 Satz 1 sehen die Mitgliedstaaten vor, dass der für die Verarbeitung Verantwortliche die geeigneten technischen und organisatorischen Datensicherungsmaßnahmen durchführen muss, insbesondere wenn eine Übertragung von Daten in einem Netz erfolgt.

7 Die Regelung ist bei der Neufassung des BDSG im Jahre 2001 strukturell unverändert geblieben. Satz 1 wurde mit Blick auf den weiteren Verarbeitungsbegriff in Art. 2 Buchstabe b EG-Datenschutzrichtlinie um die Phasen der Erhebung und Nutzung ergänzt. Weiterhin wurde der Maßnahmenkatalog in der Anlage zu Satz 1 gegenüber der Fassung aus dem Jahre 1990 inhaltlich modifiziert und volumenmäßig auf acht Ziffern reduziert. Diese Neufassung der Anlage zu Satz 1 vermag aber mit Blick auf die

---

4 Ebenso Kramer/Meints in Auernhammer, § 9 Rn. 7 und 34; Plath in Platz, § 9 Rn. 6.
5 Gola/Schomerus, § 9 Rn. 9.
6 Ebenso Kramer/Meints in Auernhammer, § 9 Rn. 42.

Technische und organisatorische Maßnahmen § 9

sich wandelnde Situation im IT-Bereich und die hier rasant fortschreitende Entwicklung nicht zu überzeugen. Eine Befassung mit aktuellen Entwicklungen im IT-Bereich hat ebenso wenig stattgefunden wie eine Berücksichtigung standardisierter Begrifflichkeiten wie etwa Verfügbarkeit, Integrität und Vertraulichkeit. Die normativen Vorgaben sind mithin für die Realisierung eines ausreichenden Maßes an Datensicherheit in der aktuellen IT-Landschaft, nicht mehr oder nur begrenzt tauglich.[7] Diese Feststellung gilt besonders bezogen auf Konzepte wie »Cloud-Computing« oder »Bring your own device – BYOD«. Der Begriff BYOD steht für die Nutzung eigener Geräte wie etwa Notebooks oder Smartphones für die Erledigung dienstlicher Aufgaben.[8] Cloud Computing steht für die Nutzung von Rechnerkapazitäten, die über das Internet angeboten werden.[9] Im Rahmen der Reform des BDSG im Jahre 2009 wurde § 9 selbst nicht verändert. Die Anlage zu Satz 1 der Vorschrift wurde jedoch durch einen Satz 2 ergänzt, der für die Maßnahmen nach den Nm. 2 bis 4 insbesondere auf die Verwendung von Verschlüsselungsverfahren hinweist.

Die normativen Vorgaben zur Datensicherung kommen auch dann zur Anwendung, wenn aus verarbeitungstechnischen Gründen Daten vorübergehend gespeichert werden (= temporäre Daten oder Dateien) und anschließend automatisiert gelöscht werden.[10] Die im Rahmen der Novelle 2001 erfolgte Streichung der in § 1 Abs. 3 Nr. 3 BDSG a. F. enthaltenen Sonderregelung zu diesem Thema ist insoweit ohne Auswirkungen auf den Datensicherheitsstandard. Für temporäre Daten oder für Protokolldateien muss derselbe Schutzstandard garantiert werden wie für dauerhafte Erhebungen, Verarbeitungen oder Nutzungen.[11] Entsprechendes gilt bezüglich der Ausnahmeregelungen für nicht zur Übermittlung an Dritte bestimmte, nicht automatisierte Dateien, die § 1 Abs. 3 Nr. 2 a. F. enthielt. Auch auf diese Art von Daten kommen die allgemeinen Grundsätze des § 9 nunmehr uneingeschränkt zur Anwendung.[12]

8

Im Entwurf einer EU-DSGVO finden sich Vorgaben zum technischen und organisatorischen Datenschutz insbesondere in Art. 30 unter der Überschrift »Sicherheit der Verarbeitung«. Die Entwurfsfassung des Parlaments sieht hierzu in Art. 30 Abs. 1 auch die Berücksichtigung der Ergebnisse der in Art. 33 vorgesehenen Datenschutz-Folgenabschätzung vor.

8a

2. Technische und organisatorische Maßnahmen (Satz 1)

Durch Satz 1 werden die Adressaten der Norm und die zu treffenden erforderlichen technischen und organisatorischen Maßnahmen festgelegt.

9

---

7 Zum generellen Veränderungsbedarf Ernestus in Simitis, § 9 Rn. 1; Bizer, DuD 2007, 350.
8 Vgl. zu BYOD ausführlich Däubler, Internet und Arbeitsrecht, S. 142; Sinn, CuA 10/2011, 4 sowie die weiteren Beiträge in dieser Ausgabe der Zeitschrift zu diesem Schwerpunkt.
9 Vgl. etwa Brandt, CuA 12/2012, 23; Weichert, DuD 2010, 679.
10 A. A. wohl Plath in Plath, Rn. 8.
11 Ernestus in Simitis, § 9 Rn. 10; a. A. Schaffland/Wiltfang, § 9 Rn. 5 a, die für »Back-up-Fälle« geringere Schutzstandards zulassen wollen.
12 Schaffland/Wiltfang, § 9 Rn. 3.

a) Adressaten der Norm

10 Die Vorschrift kommt auf alle personenbezogenen Daten gemäß § 3 Abs. 1 zur Anwendung und gilt für öffentliche und nicht-öffentliche Stellen und Personen gleichermaßen. Diese umfassende Anwendbarkeit leitet sich aus der Tatsache ab, dass durch die §§ 1 Abs. 2, 12 und 27 geschützte personenbezogene Daten erhoben, verarbeitet oder genutzt werden. Ohne Bedeutung ist es hingegen, dass eine verantwortliche Stelle die quantitativen Voraussetzungen des § 4 f erfüllt.[13] Das notwendige Maß an Datensicherheit ist unabhängig von der Zahl der Personen zu garantieren, die mit der Erhebung, Verarbeitung und Nutzung personenbezogener Daten beschäftigt sind. Das BDSG bzw. § 9 gilt immer, wenn überhaupt personenbezogene Daten erhoben, verarbeitet oder genutzt werden, ohne dass eine Mindestzahl von hiermit befassten Personen vorausgesetzt wird. Diese Konsequenz ist plausibel, da das Maß der zu treffenden Schutzmaßnahmen von den Risiken für die Persönlichkeitsrechte der Betroffenen geprägt wird und nicht davon, ob ein betrieblicher oder behördlicher Datenschutzbeauftragter bestellt werden muss. Die Vorschrift ist spätestens ab dem Moment der Installation zu beachten.[14]

11 Die Vorgaben zu technischen und organisatorischen Maßnahmen gelten auch für die Auftragnehmer der Auftragsdatenverarbeitung gemäß § 11.[15] Der verantwortlichen Stelle, die Aufträge erteilt, obliegt die gesetzliche Verpflichtung, sich von der Einhaltung der gemäß § 9 getroffenen Maßnahmen beim Auftragnehmer zu überzeugen.[16] Diese Verpflichtung gilt unabhängig davon, wo der Auftragnehmer geographisch angesiedelt ist. Auch ein konzernrechtliches Unterordnungsverhältnis verändert das Bestehen der Verantwortlichkeit nicht.

12 Von der Anwendbarkeit der Vorschrift ausgenommen sind nach § 1 Abs. 2 Nr. 3 nur die Erhebung, Verarbeitung und Nutzung für ausschließlich persönliche oder familiäre Tätigkeiten. Mit Blick auf den weit gefassten allgemeinen Schutzrahmen, den das BDSG vorgibt, sind die möglichen Ausnahmefälle eng auszulegen (vgl. § 1 Rn. 9). Das Gesetz und damit auch die Vorgaben des § 9 kommen deshalb uneingeschränkt zur Anwendung, wenn Erhebungen, Verarbeitungen oder Nutzungen aus dem persönlichen oder familiären Bereich herausragen und wenn sie die Rechtssphäre anderer Personen tangieren. So ist beispielsweise das Führen von dienstlichen Aufzeichnungen über Mitarbeiter in einem »Tagebuch«, dessen Inhalt Grundlage für die jährliche Leistungsbeurteilung ist, ebenso wenig eine persönliche oder familiäre Erhebung wie die Verwaltung der Adressen von Geschäftspartnern oder Mitarbeitern in einem elektronischen Organizer, im Smartphone oder in einem Tablet-Computer, wenn diese Daten vorwiegend oder regelmäßig auch für berufliche Zwecken genutzt werden.[17] Rein persönlichen oder familiären Zwecken dient hingegen das Führen eines persönlichen

---

13 Zustimmend Schultze-Melling in Taeger/Gabel, Rn. 10.
14 Ähnlich Plath in Plath, Rn. 10.
15 Ernestus in Simitis, § 9 Rn. 5; Gola/Schomerus, § 9 Rn. 3; SZW Rn. 10; Schultze-Melling in Taeger/Gabel, Rn. 10; Kramer/Meints in Auernhammer, § 9 Rn. 29.
16 Vgl. § 11 Rn. 39; zustimmend Schultze-Melling in Taeger/Gabel, Rn. 11.
17 A. A. für elektronische Organizer Ernestus in Simitis, § 9 Rn. 8; zur Anwendung des BDSG vgl. § 32 Abs. 2.

Technische und organisatorische Maßnahmen § 9

Tagebuchs oder eines persönlichen Telefonbuchs nur, wenn die gespeicherten Daten nur gelegentlich oder zufällig in anderen Zusammenhängen benutzt werden.

b) BR und PR als Adressaten der Vorschrift

Besteht bei einer verantwortlichen Stelle ein BR oder PR, kommen die Vorgaben der Vorschrift ebenfalls zur Anwendung, wenn diese Gremien zur Wahrnehmung ihrer gesetzlichen Mitwirkungs- und Mitbestimmungsrechte Daten von AN erheben, verarbeiten oder speichern.[18] Da die kollektivrechtliche Vertretung Teil der verantwortlichen Stelle ist, kann der AG ihr den Zugriff auf personenbezogene Daten, die zur Wahrnehmung kollektivrechtlicher Aufgaben benötigt werden, nicht mit dem Hinweis verwehren, dass die entsprechende Übermittlung datenschutzrechtlich unzulässig ist.[19] 13

BR oder PR müssen beim Umgang mit personenbezogenen Daten i.S. des § 3 Abs. 1 zur Sicherstellung der gesetzlichen Vorgaben in ihren Bereichen eigene Sicherheitsstandards definieren und umsetzen. Sie sind auch an die Vorgaben des § 9 zur technischen und organisatorischen Datensicherheit gebunden.[20] Sinnvoll ist die Bestellung eines eigenen »Datenschutzbeauftragten«, dessen Kompetenzen analog der Vorgaben des § 4f ausgestaltet werden sollten.[21] Vereinbarungen hierzu mit dem AG können in einer freiwilligen Betriebsvereinbarung getroffen werden. Auch ohne eine Vereinbarung gibt es einen Freistellungsanspruch für die Wahrnehmung entsprechender Aufgaben auf der Grundlage von § 37 Abs. 2 BetrVG bzw. § 46 Abs. 2 BPersVG. Alle im Zusammenhang mit der Umsetzung der Vorgaben des BDSG anfallenden notwendigen Aufwendungen eines BR oder PR sind als erforderlich im Sinne der §§ 40 BetrVG und 44 BPersVG zu qualifizieren. Für den Bereich der Landesverwaltung enthalten Landesdatenschutzgesetze entsprechende Vorgaben für die dort gewählten PR. 14

Der behördliche oder betriebliche Datenschutzbeauftragte gemäß § 4f hat keine eigenständigen Kontrollbefugnisse im Bereich der BR und PR. Begründet wird diese Konsequenz mit der mangelnden Unabhängigkeit der vom AG eingesetzten Datenschutzbeauftragten. Das BAG sieht insoweit die Gefahr einer Kollision mit dem Prinzip der eigenständigen und unabhängigen Geschäftsführung der kollektiven Gremien.[22] Kollektivrechtlichen Gremien ist es allerdings unbenommen, einem Datenschutzbeauftragten Kontrollbefugnisse auf freiwilliger Basis einzuräumen. Die Befugnisse der staatlichen Kontrollbehörden nach § 38 bestehen hingegen auch gegenüber BR und PR. 15

c) Arbeitnehmer als Adressaten

AN sind im Rahmen ihrer arbeitsvertraglichen Verpflichtungen zur Einhaltung der Vorgaben verpflichtet, die ihnen der AG im Bereich des Datenschutzes und der Daten- 16

---

18 Vgl. Däubler, Gläserne Belegschaften?, Rn. 641; Vogelgesang CR 1992, 165.
19 Vgl. zu den Besonderheiten im öffentlichen Bereich § 13 Rn. 11.
20 Kramer/Meints in Auernhammer, § 9 Rn. 33; Schierbaum, PersR 11/2014, 13.
21 Däubler, Gläserne Belegschaften?, Rn. 641; zu Datenschutzmaßnahmen im BR-Büro allgemein Wedde AiB 2000, S. 39 ff.
22 BAG v. 11.11.1997 NJW 1998, 2466 = AiB 1999, 675 mit Anm. Wedde; vgl. Klebe in DKKW, § 94 Rn. 41.

sicherheit macht.[23] Insbesondere sind sie gemäß § 5 auf das Datengeheimnis zu verpflichten (vgl. § 5 Rn. 10). Darüber hinaus kann der AG sie anweisen, an Schulungsangeboten teilzunehmen, die der Datenschutzbeauftragte gemäß der §§ 4f und 4g macht (vgl. § 4g Rn. 17ff.). Unzulässig wäre hingegen eine generelle Verlagerung der datenschutzrechtlichen Verpflichtungen, die das BDSG der verantwortlichen Stelle zuweist. Wird aus Sicherheitsgründen eine qualifizierte elektronische Signatur verwendet, müssen AN eine hierfür nötige elektronische Signaturkarte nutzen, wenn dies für die Erbringung der vertraglich geschuldeten Arbeitsleistung erforderlich und zumutbar ist. In diesem Zusammenhang wird es als zumutbar angesehen, wenn AN persönliche Daten an eine Stelle weiter geben müssen, die die Signaturkarte ausstellt.[24]

d) Gegenstand der technischen und organisatorischen Maßnahmen

17 Die Vorschrift enthält keine Definition der technischen und organisatorischen Maßnahmen, die von verantwortlichen Stellen zu treffen sind. Die verwendeten Begriffe sind indes mit Blick auf den Schutzzweck des BDSG weit auszulegen.[25] Sie beinhalten alle Maßnahmen, die verantwortliche Stellen im Zusammenhang mit der Erhebung, Verarbeitung oder Nutzung von personenbezogenen Daten treffen müssen, um den durch § 9 vorgeschriebenen Mindeststandard der Datensicherheit zu erreichen. Hierzu können im Einzelfall auch bauliche oder personelle Vorkehrungen gehören (etwa besondere Armierung von Wänden, Fenstern oder Türen sowie Beschränkung von Zugangsrechten zu Gebäuden, in denen sich IT-Anwendungen befinden).[26] Einschlägig ist über den Wortlaut des § 9 hinaus folglich alles, was geeignet ist, den vom BDSG gewollten Schutz der Persönlichkeitsrechte der Betroffenen zu sichern. Die verantwortlichen Stellen müssen deshalb im Ergebnis alle Maßnahmen treffen, die erforderlich sind, um die Ausführung der Normen des BDSG zu realisieren und zu gewährleisten.[27] Eine Beschränkung kann allenfalls aus den objektiven Grenzen der aktuell verfügbaren technischen Möglichkeiten folgen.[28]

18 Nicht erforderlich sind Maßnahmen und Vorkehrungen, die nur sonstigen Interessen der verantwortlichen Stellen dienen (etwa im Bereich des Kundenservice) oder die sich aus anderen Rechtspflichten ableiten (etwa im Bereich der Haftung).[29] Die hieraus folgenden Handlungspflichten können im Einzelfall deckungsgleich mit denen nach § 9 sein bzw. diese ergänzen.

19 Die Feststellung der erforderlichen Maßnahmen sollte im Rahmen einer standardisierten Risikoanalyse erfolgen.[30] Diese muss bereits vor Einführung neuer Verfahren durchgeführt werden, da sich der angemessene Schutzstandard nur so von Anfang an

---

23 Ähnlich Kramer/Meints in Auernhammer, § 9 Rn. 32.
24 BAG v. 25.9.2013, NZA 2014, 41.
25 Zustimmend Schultze-Melling in Taeger/Gabel, Rn. 16; Plath in Plath, Rn. 11.
26 Ähnlich BMH, § 9 Rn. 32; Ernestus in Simitis, § 9 Rn. 20 und 22.
27 Ernestus in Simitis, § 9 Rn. 12.
28 Zutreffend Schultze-Melling in Taeger/Gabel, Rn. 16.
29 Vgl. ähnlich Ernestus in Simitis, § 9 Rn. 14.
30 Vgl. zu Prüfkriterien Wedde/Schröder, S. 37ff.; Muksch, S. 117ff.; ähnlich BMH, § 9 Rn. 35; Ernestus in Simitis, § 9 Rn. 16; Gola/Schomerus, § 9 Rn. 9.

Technische und organisatorische Maßnahmen § 9

garantieren lässt. Demgemäß muss sich die Ausgestaltung der Technik und der gewählten Verfahren von Anfang an am Schutzziel des Datenschutzes und des hierfür zu garantierenden Maßes an Datensicherheit ausrichten.[31] Bei der Risikoanalyse muss die konkrete Ausgestaltung der Datenverarbeitung berücksichtigt werden. An eine Verarbeitung von Daten, die ausschließlich in einem gut gesicherten Rechenzentrum erfolgt, sind andere Maßstäbe anzulegen als an die Verarbeitung personenbezogener Daten auf einem vernetzten Notebook.[32] Die Ergebnisse der Risikoanalyse sollten Niederschlag in einem einheitlichen und angepassten Sicherheitskonzept finden.

3. Erforderlichkeit und Verhältnismäßigkeit von Maßnahmen (Satz 2)

Nicht alle Maßnahmen zur Datensicherung, die dem Schutzzweck des Gesetzes dienen, müssen von datenverarbeitenden Stellen auch ergriffen werden. Nach Satz 2 stehen Datensicherungsmaßnahmen unter dem Grundsatz der Verhältnismäßigkeit. Dadurch soll vermieden werden, dass »mit Kanonen auf Spatzen geschossen wird«.[33] Erforderlich sind die Maßnahmen, die in einem angemessenen Verhältnis zum angestrebten Schutzzweck stehen.[34] Zur Ausfüllung der Verhältnismäßigkeit ist auf allgemeine Grundsätze zurückzugreifen, wie sie insbesondere die Rechtsprechung zur Verfügung stellt. 20

Nach Auffassung des BVerfG gebietet es der Grundsatz der Verhältnismäßigkeit, dass eine Maßnahme zur Erreichung des angestrebten Zwecks geeignet und erforderlich ist und dass der mit ihr verbundene Eingriff seiner Intensität nach nicht außer Verhältnis zur Bedeutung der Sache steht.[35] In der Praxis bereitet die Umsetzung dieses Grundsatzes allerdings Probleme, da im Bereich des Datenschutzrechts vielfältige Faktoren – wie die Art der zu verarbeitenden Daten, der Zweck der Verarbeitung, die Größe des Unternehmens usw. – berücksichtigt werden müssen. 21

Aus der bestehenden normativen Situation darf indes nicht die Schlussfolgerung abgeleitet werden, dass im konkreten Einzelfall eine Minimalisierung bei der Festlegung der erforderlichen Maßnahmen erfolgen kann. Die Erfüllung der Mindestvorgaben der Vorschrift ist vielmehr zwingend vorgeschrieben. Offen lässt der Gesetzgeber lediglich deren konkrete Umsetzung. Die verantwortliche Stelle hat damit ein hohes Maß an Gestaltungsfreiheit.[36] Dieses muss allerdings so ausgelegt werden, dass im Ergebnis ein angemessener Schutzstandard garantiert wird.[37] Es geht also bei der vorzunehmenden Bewertung der Verhältnismäßigkeit einer Maßnahme nicht um das »ob«, sondern lediglich um das »wie«.[38] 22

Ergriffen werden müssen alle erforderlichen Maßnahmen, die verhältnismäßig sind, d. h. bei denen die Schutzwirkung in einem angemessenen Verhältnis zum Aufwand steht, den sie verursachen.[39] Die verantwortliche Stelle kann insoweit prüfen, ob eine 23

---

31 Ernestus in Simitis, § 9 Rn. 16.
32 Ähnlich Ernestus in Simitis, § 9 Rn. 31.
33 BMH, § 9 Rn. 36; Gola/Schomerus, § 9 Rn. 21; Schierbaum, CI 9/1995, 30.
34 Zustimmend Schultze-Melling in Taeger/Gabel, Rn. 19.
35 BVerfGE 27, 352.
36 Ebenso Kramer/Meints in Auernhammer, § 9 Rn. 22.
37 Ernestus in Simitis, § 9 Rn. 19.
38 Ebenso Ernestus in Simitis, § 9 Rn. 24; Kramer/Meints in Auernhammer, § 9 Rn. 38.
39 Ausführlich Volle, CR 1995, 120.

alternative Maßnahme mit geringerem Aufwand oder mit reduzierten Kosten zum selben Ergebnis führen würde.[40] Stehen keine günstigeren Alternativen zur Verfügung, muss der erhöhte Aufwand indes erbracht werden.

24 Die verantwortliche Stelle muss bei ihrer Prüfung nicht jedes theoretisch denkbare Risiko oder neuartige Gefahren mit einer geringen Realisierungswahrscheinlichkeit berücksichtigen.[41] Verlangt werden kann aber der Rückgriff auf einschlägige Standards wie etwa die IT-Grundschutz-Kataloge des BSI (*https://www.bsi.und.de/DE/Themen/ITGrundschutz/ITGrundschutzKataloge/Inhalt/_content/kataloge.html*) und die Berücksichtigung der dort dargelegten Grundsätze.[42]

25 Die vorzunehmende Prüfung der Verhältnismäßigkeit bei der verantwortlichen Stelle muss alle Umstände des Einzelfalls berücksichtigen und sich dabei am Schutzzweck orientieren.[43] Hierzu gehören insbesondere die Art der personenbezogenen Daten, deren Sensibilität und der konkrete Verwendungszusammenhang. Werden etwa besondere Daten nach § 3 Abs. 9 verarbeitet, muss ein höherer Schutzstandard realisiert werden als beispielsweise bei Adressdaten, die aus einem öffentlichen Verzeichnis übernommen worden sind.[44] Ändert sich der Verarbeitungs- oder Speicherzusammenhang, kann auch für wenig sensitive Daten eine Erhöhung des Schutzstandards eintreten (etwa bei der Verwendung öffentlich zugänglicher Daten beim sog. Scoring, vgl. hierzu § 6 a Rn. 4 und ausführlich § 28 b Rn. 1 ff.), der die Notwendigkeit einer Anpassung des Schutzstandards nach sich zieht. Werden Daten unterschiedlicher Sensitivität verarbeitet, muss sich der zu treffende Schutzstandard jeweils an den empfindlichsten Daten oder Dateien orientieren.[45]

26 Dem zu beachtenden Schutzzweck steht – als weiteres Kriterium der Verhältnismäßigkeitsprüfung – der notwendige Aufwand gegenüber, der für technische und organisatorische Maßnahmen zu erbringen ist. Hierunter fallen sämtliche Kosten, die für Maßnahmen der Datensicherung von der Planungsphase bis zur Einführung anfallen.[46] Bei der vorzunehmenden Abwägung des verhältnismäßigen Aufwands ist die finanzielle Leistungsfähigkeit der verantwortlichen Stelle zu berücksichtigen. Diese darf nicht überfordert werden.[47] Andererseits darf die Berücksichtigung finanzieller Aspekte nicht dazu führen, dass der Schutzstandard vernachlässigt wird. Kann etwa eine verantwortliche Stelle im konkreten Fall den notwendigen Minimalaufwand nicht erbringen bzw. finanzieren, bedeutet dies nicht, dass auf den objektiv erforderlichen Schutzstandard verzichtet werden kann. Konsequenz ist vielmehr, dass in derartigen Fällen bestimmte Erhebungen, Verarbeitungen oder Nutzungen unterbleiben müssen.[48] Würde man es nämlich zulassen, dass der erforderliche Aufwand durch die individuelle finanzielle

---

40 Schaffland/Wiltfang, § 9 Rn. 7.
41 Schaffland/Wiltfang, § 9 Rn. 7; ebenso Schultze-Melling in Taeger/Gabel, Rn. 24.
42 Vgl. zum IT-Grundschutzkatalog Lensdorf/Mayer-Wegelis, GR 09, 545.
43 Ernestus in Simitis, § 9 Rn. 25.
44 Zu Schutzstufen vgl. Ernestus in Simitis, § 9 Rn. 29; vgl. auch Schaffland/Wiltfang, § 9 Rn. 18; Schultze-Melling in Taeger/Gabel, Rn. 20.
45 Vgl. Ernestus in Simitis, § 9 Rn. 28; Nungesser, HDSG § 10 Rn. 7.
46 Ernestus in Simitis, § 9 Rn. 34.
47 Ernestus in Simitis, § 9 Rn. 39; Gola/Schomerus, § 9 Rn. 8; Schaffland/Wiltfang, § 9 Rn. 19; Kramer/Meints in Auernhammer, § 9 Rn. 36 ff.
48 Zustimmend Schultze-Melling in Taeger/Gabel, Rn. 26.

Technische und organisatorische Maßnahmen   §9

Leistungsfähigkeit begrenzt würde, hieße dies, dass personenbezogene Daten in finanzschwachen Betrieben erheblich schlechter geschützt wären als in solventen. Bei der Bewertung der Verhältnismäßigkeit ist damit im Zweifel, wegen des hohen persönlichen Schutzinteresses der einzelnen Betroffenen, dem Recht auf informationelle Selbstbestimmung das größere Gewicht einzuräumen, auch wenn dies im Einzelfall den Aufwand der verarbeitenden Stelle erhöht.[49] Kein absolutes Kriterium im Rahmen des Bewertungsvorgangs sind die Kosten von Maßnahmen, da eine Abwägung zwischen Datensicherungskosten und »Wert der Daten« vom Gesetz nicht gewollt ist.[50] Die Erfüllung der aus § 9 folgenden Pflichten muss von der verantwortlichen Stelle nachgewiesen werden.[51]   27

Keine Rolle spielen die vorstehend angesprochenen Abwägungsgesichtspunkte, wenn es um die Durchsetzung der Informationsansprüche von Betroffenen nach den §§ 19 und 34 geht. In diesen Fällen sind Kosten unbeachtlich, da es notwendig ist, unabweisbare Rechte der Betroffenen umzusetzen.[52] Dies gilt mit Blick auf Art. 17 Abs. 1 Satz 2 EG-Datenschutzrichtlinie, der zwar eine Berücksichtigung des Standes der Technik und der Kosten bei erforderlichen Datensicherungsmaßnahmen vorschreibt, den Kostenaspekt aber ebenfalls nicht zum Maß aller Dinge erhebt.   28

4. Der Anforderungskatalog der Anlage zu Satz 1

Erfolgt die Erhebung, Verarbeitung oder Nutzung personenbezogener Daten, muss die innere Organisation der verantwortlichen Stelle nach der Anlage zu Satz 1 den besonderen Anforderungen des Datenschutzes gerecht werden. Zur Erreichung dieses Ziels müssen insbesondere die Maßnahmen getroffen werden, die in den acht Ziffern der Anlage zu § 9 Satz 1 aufgelistet sind. Die hier enthaltenen Anforderungen sind nicht abschließend, sondern beispielhaft.[53] Es können deshalb im Einzelfall weitere oder andere Maßnahmen zur Datensicherung in Betracht kommen, die auf die Sicherung der Vertraulichkeit von personenbezogenen Daten sowie auf die Gewährleistung der Verfügbarkeit, der Authentizität und der Integrität[54] zielen. Die genannten Maßnahmen stehen nebeneinander und können sich in ihrer Wirkungsweise teilweise überschneiden.   29

Bei der Umsetzung der in der Anlage zu § 9 Satz 1 aufgeführten Maßnahmen stellt sich oftmals das Problem, dass diese vorrangig auf klassische DV-Strukturen abzielen, wie sie etwa in zentralen Rechenzentren gegeben sind. Für moderne und sich wandelnde Formen der DV wie etwa verteilte Datenbanken, Client-Server-Konzepte, Kommunikation über das Internet, Cloud Computing[55] oder SaaS (=Software as a Service)[56], Nutzung von Mobile Devices oder von Smartphones (etwa IPhones), VPN (= Virtual   30

---

49 Zustimmend VG Berlin v. 24.5.2011 – 1 K 133.10, CR 2012, 191.
50 TEG, S. 389.
51 Vgl. Bizer, DuD 2006, 44; ebenso Kramer/Meints in Auernhammer, § 9 Rn. 39.
52 So auch Gola/Schomerus, § 9 Rn. 8.
53 Zustimmend Plath in Plath, Rn. 28.
54 Vgl. Gola/Schomerus, § 9 Rn. 2.
55 Zum Begriff Weichert, DuD 2010, 679; Däubler, Internet –; vgl. auch Rn. 7.
56 Zum Begriff Schuster/Reichl, CR 2010, 38.

Wedde   325

Private Networks), Telearbeit; Mobile Work oder »BYOD« = Bring Your Own Device (=Nutzung privater Geräte für dienstliche Zwecke)[57] usw. sind die Vorgaben der Anlage hingegen nicht oder nur begrenzt geeignet, um einen umfassenden Datensicherungsstand zu garantieren. Die Regelung läuft deshalb in vielen Bereichen leer und ist neuen Trends kaum gewachsen.[58] Konsequenz aus diesem Defizit kann allerdings nicht sein, auf ausreichende Datensicherungsmaßnahmen zu verzichten. Die rasante technische Entwicklung führt vielmehr dazu, dass die vorzunehmenden Maßnahmen nicht statisch sind, sondern sehr dynamisch. Sie müssen von der verantwortlichen Stelle permanent überprüft und weiter entwickelt werden.[59] Lässt sich der gesetzlich vorgegebene Schutzstandard nicht einhalten, kann dies mit Blick auf das Recht auf informationelle Selbstbestimmung im Einzelfall nur dazu führen, das bestimmte Verarbeitungen und Nutzungen nur eingeschränkt oder gar nicht durchgeführt werden dürfen. Entsprechendes gilt für die Nutzung privater Geräte im Rahmen von BYOD-Konzepten. Lässt sich hierbei durch die verantwortliche Stelle nicht sicherstellen, dass Vorgaben dieser Vorschrift eingehalten werden, muss die Verwendung privater Geräte untersagt und technisch ausgeschlossen werden.

31 Die in der Anlage geforderten Datensicherungsmaßnahmen gelten für alle Formen der Erhebung, Verarbeitung und Nutzung von Daten. Deshalb ist es unerheblich, ob diese in zentralen Rechenzentren, auf autonomen Arbeitsplatzcomputern, auf Notebooks oder auf PDAs bzw. MDAs erfolgen. In Abhängigkeit von der konkreten Ausgestaltung kommen die genannten Maßnahmen auch auf beliebige End- und Datenausgabegeräte wie z. B. Drucker oder USB-Speicher zur Anwendung.[60]

32 Ohne Einfluss auf die Anwendbarkeit der Vorgaben des § 9 ist die räumliche Komponente der Durchführung von Erhebungen, Verarbeitungen oder Nutzungen. Deshalb kommen die in der Anlage genannten Maßnahmen sowohl auf Verarbeitungen in einer Betriebsstätte als auch auf verschiedene Formen der Telearbeit, der mobilen Arbeit sowie auf BYOD-Konzepte zur Anwendung.[61] Bezüglich mobiler Formen der Datenerhebung, -verarbeitung und -nutzung stellt sich allerdings das Problem, dass sich einschlägige Vorgaben zur Datensicherung hier in der Praxis oftmals nicht erfüllen lassen. Dies hat zur Folge, dass die Verarbeitung personenbezogener Daten in bestimmten Fällen (etwa bei Krankenversicherungen oder Banken) allenfalls in Ausnahmefällen und auch nur bei Daten mit geringer Sensitivität möglich ist.[62]

---

57 Vgl. Göpfert/Wilke, NZA 2012, 765; vgl. auch Rn. 7.
58 Zustimmend Schultze-Melling in Taeger/Gabel, Rn. 38.
59 Zustimmend Schultze-Melling in Taeger/Gabel, Rn. 17; ähnlich Ernestus in Simitis, § 9 Rn. 67, der zutreffend auf die Hilfen hinweist, die die staatlichen Aufsichtsbehörden anbieten.
60 Vgl. so schon die amtliche Begründung zum Entwurf des BDSG 1990, BT-Drs. 11/4306, S. 37; ähnlich Ernestus in Simitis, § 9 Rn. 65 ff.
61 Gola/Schomerus, § 9 Rn. 20 ff.; Ernestus in Simitis, § 9 Rn. 60; Schaffland/Wiltfang, § 9 Rn. 45 b ff.; Wedde WSI-Mitteilungen 3/1997, S. 206 ff.; ders. Telearbeit, S. 126 ff.; zum aktuellen Stand mobiler Arbeit Schwemmle/Wedde, S. 21 ff.
62 Ausführlich Wedde, Telearbeit, a. a. O.; zustimmend Schultze-Melling in Taeger/Gabel, Rn. 91.

Technische und organisatorische Maßnahmen § 9

a) Anlage zu § 9 – Einleitungssatz: Organisationskontrolle als grundsätzliche Anforderung

Der Regelungsgehalt der Anlage wird bestimmt durch die im Einleitungssatz enthaltenen Vorgaben zum Einsatz von Maßnahmen. Verantwortlichen Stellen wird hiermit aufgegeben, die Maßnahmen zu treffen, die unter Berücksichtigung der Art der zu schützenden Daten und der Datenkategorien den besonderen Anforderungen des Datenschutzes gerecht werden. Damit wird verdeutlicht, dass die im konkreten Fall vorliegenden Daten sowie deren datenschutzrechtlicher Kontext wesentliche Kriterien für Entscheidungen der verantwortlichen Stelle sind.[63] Aus der Feststellung leitet sich die Notwendigkeit ab, für bestimmte Arten von Daten, wie insbesondere für solche gemäß § 3 Abs. 9, herausragende Vorkehrungen im Bereich der Datensicherheit zu treffen. 33

Bei der Neufassung des BDSG 2001 wurde den nunmehr acht Maßnahmen die Organisationskontrolle als grundlegende Vorgabe vorangestellt. Diese war als Nr. 10 bereits im Katalog der Maßnahmen in der Anlage zu § 9 Satz 1 BDSG 1990 enthalten. Die vom Gesetzgeber vorgenommene Umstellung weist darauf hin, dass die Ausgestaltung der inneren Organisation als Kern der Datensicherung zu qualifizieren ist und mithin die Umsetzung nunmehr der einzelnen Maßnahmen prägt.[64] Die Organisation von verantwortlichen Stellen ist deshalb auf die besonderen Anforderungen des Datenschutzes abzustellen.[65] 34

Nach dem ausdrücklichen Wortlaut des Eingangssatzes der Anlage zu § 9 Satz 1 sind die dort genannten Maßnahmen auf die automatisierte Verarbeitung und Nutzung anzuwenden. Ausdrückliche gesetzliche Vorgaben zur Datensicherheit für nicht automatisierte Verarbeitungen, die denen der Anlage zu Satz 1 für die Fälle der automatisierten Verarbeitung entsprechen, fehlen hingegen. Aufgrund des normativen Gesamtzusammenhangs ist davon auszugehen, dass die in der Anlage zu Satz 1 genannten Vorgaben analog auf nicht automatisierte Dateien zur Anwendung kommen, soweit dies aus technischer Sicht sinnvoll und machbar ist.[66] Die Anlage stellt damit einen allgemeinen Mindeststandard dar, der von verantwortlichen Stellen im Anwendungsbereich des BDSG immer und unabhängig von der Tatsache der automatisierten oder nicht automatisierten Erhebung, Verarbeitung oder Nutzung realisiert werden muss. 35

b) Zutrittskontrolle (Nr. 1)

Die Zutrittskontrolle soll allen Unbefugten den direkten Kontakt zu DV-Anlagen oder Teilen hiervon verwehren. Die Vorschrift ist textidentisch mit der Zugangskontrolle in Nr. 1 a. F. Die sprachliche Neufassung des Titels dieser Schutzmaßnahme verdeutlicht, dass es um den unmittelbaren physikalischen Zutritt geht. So sollen unberechtigte 36

---

63 Ernestus in Simitis, § 9 Rn. 58.
64 BMH, § 9 Anm. 1 Nr. 0. »Organisationskontrolle«; zustimmend Schultze-Melling in Taeger/Gabel, Rn. 39.
65 Ernestus in Simitis, § 9 Rn. 57; Schaffland/Wiltfang, § 9 Rn. 43.
66 Zustimmend Schultze-Melling in Taeger/Gabel, Rn. 15; ähnlich Ernestus in Simitis, § 9 Rn. 61; vgl. auch Gola/Schomerus, § 9 Rn. 6; Schaffland/Wiltfang, § 9 Rn. 12.

§ 9 Technische und organisatorische Maßnahmen

Kenntnisnahme- und Einflussmöglichkeiten physikalisch ausgeschlossen werden.[67] Die konkret zu treffenden Vorkehrungen werden im Bereich der Zutrittskontrolle unmittelbar durch die Sensitivität der verarbeiteten Daten bestimmt.

37 Unbefugt ist, wer mit oder an DV-Anlagen nicht im Rahmen der ihm übertragenen Aufgaben oder einer besonderen Ermächtigung tätig wird.[68] Der unbefugte Personenkreis soll nicht die Möglichkeit haben, unkontrolliert auch nur in die Nähe von DV-Anlagen zu kommen. Die Umsetzung dieser Vorgabe bereitet in der betrieblichen Praxis immer wieder Probleme. Insbesondere gegenüber Vorgesetzten oder anderen ranghöheren Personen (beispielsweise Geschäftsführern oder leitenden Angestellten), die keine direkten aktiven Aufgaben im DV-Bereich haben und deshalb aus objektiver Sicht keinen eigenständigen Zutritt benötigen, fällt es schwer, Zutrittsbeschränkungen durchzusetzen.

38 Personenbezogene Daten sollten generell im closed-shop-Betrieb verarbeitet werden. Erfolgt eine zentralisierte DV, ist es zur Erreichung dieses Ziels auf der organisatorischen Ebene zunächst notwendig, abgeschlossene Sicherheitszonen (beispielsweise Rechenzentrum, Datenarchiv, PC-Netze) zu definieren, in denen die Verarbeitung stattfindet. Weiterhin muss der Kreis der generell (DV-Mitarbeiter) und – ausnahmsweise auch – der Zugangsberechtigten (Wartungspersonal, Putzdienste, Besucher, Kunden) festgelegt werden. Dies sollte in einem umfassenden Berechtigungskonzept erfolgen.

39 Ist der Kreis der Zugangsberechtigten definiert, müssen im nächsten Schritt Verfahren eingeführt werden, die nur diesen den Zugang ermöglichen (je nach betrieblichen Gegebenheiten z. B. Pförtner, Gegensprechanlagen, Schlüssel, Codekartensysteme, biometrische Zugangskontrollsysteme usw.). Ggf. muss die Berechtigung jederzeit transparent gemacht werden (z. B. Protokollierung des Zugangs, Tragen von Ausweisen mit Lichtbildern). Handelt es sich um die Verarbeitung besonders sensibler Daten, sind entsprechende Kontrollsysteme notwendig. Greifen diese in Persönlichkeitsrechte der Beschäftigten ein (etwa Videokameras), muss vorab eine umfassende Abwägung der unterschiedlichen Grundrechtspositionen stattfinden (vgl. hierzu § 6b Rn. 45 ff.). Handelt es sich um besonders sensible Daten, kann es darüber hinaus angebracht sein, insbesondere das Ein- und Ausschleusen von Datenträgern zu verhindern oder zu erschweren.

40 Auf der baulichen Ebene müssen Vorkehrungen getroffen werden, die den Zugang Unberechtigter ausschließen (z. B. baulich geschlossene Bereiche, besondere Absicherung von Fenstern, Türen und anderen Zugängen, Zugangskontrollsysteme).[69]

41 Da zentrale Rechenzentren alter Prägung immer öft durch verteilte Systeme oder Clouds sowie vernetzte Einzelgeräte wie PCs oder Notebooks abgelöst werden, verliert die physische Zutrittskontrolle indes zunehmend an Bedeutung. Sie kann aber auf der Netzebene durch virtuelle Nachfolger wie beispielsweise Firewalls oder VPNs ersetzt werden.

42 Besondere Probleme bezüglich der Zutrittskontrolle ergeben sich mit Blick auf die Verarbeitung personenbezogener Daten auf autonomen PCs und Notebooks. Hier lässt

---

67 Gola/Schomerus, § 9 Rn. 22.
68 Ähnlich Ernestus in Simitis, § 9 Rn. 78; Schaffland/Wiltfang, § 9 Rn. 54.
69 Vgl. ausführlich Ernestus in Simitis, § 9 Rn. 83.

Technische und organisatorische Maßnahmen § 9

sich eine Zutrittskontrolle naturgemäß nur noch schwer oder gar nicht realisieren.[70] Dies gilt insbesondere auch für alle Formen der Telearbeit bzw. der mobilen Arbeit.[71] Das damit entstehende spezifische Risiko lässt sich in der Praxis nicht ausschließen. Zur Reduzierung ist es aber erforderlich, den Umfang der auf diesen Geräten befindlichen Daten zu minimieren. Darüber hinaus müssen hier besondere Schutzvorkehrungen (sichere Verschlüsselung der Daten, biometrische Authentifizierung usw.) getroffen werden.[72] Entsprechendes gilt für die Verarbeitung von Daten im Rahmen von BYOD-Konzepten.[73] Hier wie auch bei der Nutzung betrieblicher Geräte für mobile Arbeit müssen ggf. besondere Vorkehrungen wie Maßnahmen zur Fernlöschung getroffen werden.[74]

c) Zugangskontrolle (Nr. 2)

Verantwortliche Stellen müssen verhindern, dass Datenverarbeitungssysteme von Unbefugten genutzt werden können. Die im BDSG 2001 neu gefasste Regelung zur Zugangskontrolle zielt darauf ab, unberechtigte Personen oder Stellen von einem Zugriff auf personenbezogene Daten auszuschließen. Die Regelung entspricht weitgehend der »Benutzerkontrolle« der Nr. 4 a. F. des BDSG 1990. Sie geht allerdings weiter als diese Vorgängerregelung. Anders als dort sollen die nach Nr. 2 nunmehr zu treffenden Maßnahmen jede Art der unberechtigten Nutzung ausschließen. Darauf, ob diese Nutzung mittels einer Einrichtung zur Datenübertragung erfolgt oder auf andere (direkte) Weise, kommt es nicht an. 43

Die nach Nr. 2 vorzunehmende Zugangskontrolle knüpft an ein DV-System an. Hierunter ist eine Funktionseinheit zur Verarbeitung von Daten zu verstehen, die aus Hard- und Software sowie aus Übermittlungswegen besteht.[75] Der gewählte Begriff geht daher weiter als der der Datenverarbeitungsanlage in Nr. 1. Er erfasst beispielsweise auch die Übermittlung von Daten innerhalb einer verantwortlichen Stelle.[76] 44

Durch eine wirksame Zugangskontrolle soll sichergestellt werden, dass nur berechtigte Personen datenschutzrechtlich geschützte Daten verarbeiten und nutzen dürfen. Die Kontrolle bezieht sich sowohl auf interne wie auf externe Beschäftigte.[77] Die Vorgaben zur Zugangskontrolle stehen in einem engen Zusammenhang mit der Zugriffskontrolle gemäß Nr. 3 (vgl. die Erläuterung zu Nr. 3, Rn. 51). 45

Nutzung ist nach der allgemeinen Definition des § 3 Abs. 5 jede Verwendung personenbezogener Daten, soweit es sich nicht um eine Verarbeitung handelt. Die nach Nr. 2 zu treffenden Maßnahmen müssen indes weiter gefasst werden. Im Rahmen der Zugangskontrolle nach Nr. 2 muss verhindert werden, dass unberechtigten Personen 46

---

70 Zustimmend Plath in Plath, Rn. 33.
71 Vgl. zur Telearbeit ausführlich Wedde, Telearbeit, S. 127 f. und zur mobilen Arbeit Schwemmle/Wedde, S. 21 ff.
72 Ähnlich Ernestus in Simitis, § 9 Rn. 87.
73 Vgl. Rn. 7.
74 Vgl. Schultze-Melling in Taeger/Gabel, Rn. 90.
75 Ähnlich Ernestus in Simitis, § 9 Rn. 90.
76 Schaffland/Wiltfang, § 9 Rn. 71.
77 Vgl. Schultze-Melling in Taeger/Gabel, Rn. 50.

oder Stellen Nutzungsmöglichkeiten eröffnet werden oder dass sie auf Verarbeitungsprozesse einwirken können. Darüber hinaus muss jede Kenntnisnahme oder Störung der Datenverarbeitungssysteme durch Unbefugte ausgeschlossen werden.[78]

47 Eine Grundvoraussetzung für eine effektive Zugangskontrolle ist eine klare und eindeutige Begrenzung der Zahl berechtigter Mitarbeiter. Je weniger Nutzungsberechtigte es gibt, desto einfacher lassen sich missbräuchliche Zugangsversuche identifizieren. Darüber hinaus ist es im Rahmen der Zugangskontrolle notwendig, dass die Befugnisse berechtigter Personen abschließend festgelegt werden. Derartige Vorkehrungen müssen auch für den Fall der sog. »Fernwartung« getroffen werden.[79]

48 Für die praktische Umsetzung kommen unterschiedliche technische und organisatorische Maßnahmen in Betracht. Neben der Erstellung und Pflege eines Berechtigungskonzepts ist insbesondere an die Einrichtung von Nutzer-Accounts sowie Vergabe von Zugangsberechtigungen wie Passworten zu denken. Die Zugangsberechtigung lässt sich darüber hinaus auch durch andere technische Maßnahmen wie Chipkarten, biometrische Verfahren usw. sicherstellen.[80]

49 Erforderlich ist weiterhin eine Sicherung der Datenverarbeitungssysteme selbst. Hierzu gehören i. R. von BYOD-Konzepten ggf. auch private Geräte von Beschäftigten. Diese kann insbesondere durch die Verschlüsselung der personenbezogenen Daten oder durch die Nutzung digitaler Signaturen erfolgen. Sind personenbezogene Daten nur in chiffrierter Form vorhanden und benötigen berechtigte Nutzer zur Umwandlung in Klartext spezielle »Schlüssel«, sinkt das Risiko, dass die Nutzung durch Unbefugte erfolgen kann.[81] Zum gleichen Ergebnis führen entsprechend gesicherte Übertragungswege oder die Einrichtung von VPN-Systemen.

50 Schließlich lassen sich unberechtigte Zugangsversuche durch Protokollierungen der Zugangsversuche identifizieren.[82] Hierbei ist aus kollektivrechtlicher Sicht zu beachten, dass entsprechende Maßnahmen sich aus arbeitsrechtlicher Sicht als Verhaltens- und Leistungskontrollen darstellen können, die gemäß § 87 Abs. 1 Nr. 6 BetrVG bzw. § 75 Abs. 3 Nr. 17 BPersVG mitbestimmungspflichtig sind.[83] Die Einführung entsprechender Verfahren darf aus kollektivrechtlicher Sicht erst nach Durchführung des Mitbestimmungsverfahrens erfolgen.

d) Zugriffskontrolle (Nr. 3)

51 Zielrichtung der Zugriffskontrolle ist der Ausschluss unberechtigter Zugriffe auf Daten, Dateien, Programme oder Prozesse. Anders als das räumliche Schutzziel der Zutrittskontrolle nach Nr. 1 und als das organisatorische Schutzziel der Nr. 2 ist bei Maßnahmen im Bereich der Zugriffskontrolle nach Nr. 3 davon auszugehen, dass Personen grundsätzlich auf DV-Systemen bzw. die angeschlossenen Endgeräte zugreifen können.

---

78 Ernestus in Simitis, § 9 Rn. 92.
79 Zutreffend Schultze-Melling in Taeger/Gabel, Rn. 51; ähnlich Plath in Plath, Rn. 36.
80 Vgl. die Beispiele bei Ernestus in Simitis, § 9 Rn. 97 f.; Schaffland/Wiltfang, § 9 Rn. 76 ff.; BMH, Anlage zu § 9 Satz 1 unter 2. Zugangskontrolle.
81 Im Ergebnis ebenso Schultze-Melling in Taeger/Gabel, Rn. 53.
82 Gola/Schomerus, § 9 Rn. 23.
83 Vgl. ausführlich Klebe in DKKW, § 87 Rn. 146 ff.

Technische und organisatorische Maßnahmen § 9

Vor diesem Hintergrund soll gewährleistet werden, dass der Zugriff nur im Rahmen bestehender Berechtigungen möglich ist.[84]
Der Inhalt der Maßnahme ist im BDSG 2001 neu gefasst worden und enthält Elemente der im BDSG a. F. enthaltenen Datenträger-, Speicher- und Zugriffskontrolle. Der erste Halbsatz der neuen Nr. 3 n. F. entspricht inhaltlich weitgehend der »Zugriffskontrolle« in Nr. 5 a. F. Im zweiten Halbsatz finden sich die Elemente der »Datenträgerkontrolle« nach Nr. 2 a. F. wieder.[85] 52

Eine Zugriffskontrolle ist unabhängig von der konkreten technischen Situation und Gestaltung bei der verantwortlichen Stelle zu realisieren. Erfasst werden damit sowohl Großsysteme, die einheitlich verwaltet werden (etwa zentrale Server-Strukturen innerhalb eines Unternehmens) als auch vernetzte oder autonome Rechner.[86] 53

Ziel der Maßnahme ist, dass generell zur Nutzung von DV-Systemen Berechtigte nur auf die Daten und Dateien zugreifen können, die sie für ihre Arbeit bzw. Tätigkeit brauchen und die damit für ihre Arbeit erforderlich sind. In der Praxis lässt sich dieses Ziel durch die Erstellung eines umfassenden Rollen- und Berechtigungskonzepts erreichen.[87] Hierin müssen sowohl die generellen Zugriffsmöglichkeiten als auch deren konkrete Ausgestaltungen (Lese-, Schreib- oder Übermittlungsrechte) abschließend festgelegt werden. Darüber hinaus müssen vorgesehene Vertretungsregelungen definiert werden. Um das Berechtigungskonzept abzurunden, sollte es darüber hinaus die klare Festlegung enthalten, dass hier nicht genannte Personen generell auch keine Zugriffsmöglichkeiten haben dürfen. Erfolgt die Erhebung, Verarbeitung und Nutzung innerhalb von Konzernstrukturen oder im Rahmen von Auftragsdatenverarbeitung oder Funktionsübertragung (vgl. § 11 Rn. 4 und 14 f.), muss ein Berechtigungskonzept ebenfalls abschließend und vollständig festlegen, wer hier zu welchen Zwecken welche Rechte hat. 54

Durch eine optimal gestaltete Zugriffskontrolle soll zunächst einmal sichergestellt werden, dass personenbezogene Daten nicht unbefugt gelesen werden können. Die zu verhindernde unbefugte Kenntnisnahme geschützter personenbezogener Daten kann auf unterschiedliche Art und Weise erfolgen. In Betracht kommt beispielsweise der Abruf aus einer Datenbank, die Herstellung von Ausdrucken oder das Aufrufen von Dateien auf einem Datenträger.[88] 55

Weiterhin muss vermieden werden, dass personenbezogene Daten unberechtigt kopiert werden können. Als Kopie ist jegliche Übertragung von personenbezogenen Daten auf ein anderes Medium oder in ein anderes System zu verstehen. Der Begriff erfasst damit sowohl das Abspeichern auf einem Datenträger als auch die elektronische Übermittlung an einen anderen Speicherort. 56

Zu verhindern ist weiterhin jede unbefugte Veränderung von personenbezogenen Daten. Als Veränderung ist nach der Definition in § 3 Abs. 4 Nr. 2 jede inhaltliche 57

---

84 Gola/Schomerus, § 9 Rn. 24.
85 Vgl. hierzu im Übrigen die Erläuterungen zur Weitergabekontrolle nach Nr. 4.
86 Schaffland/Wiltfang, § 9 Rn. 79.
87 Zu weiteren Aspekten der Maßnahme vgl. Ernestus in Simitis, § 9 Rn. 108 f.; zustimmend Schultze-Melling in Taeger/Gabel, Rn. 55.
88 Ähnlich Schaffland/Wiltfang, § 9 Rn. 104.

§ 9 Technische und organisatorische Maßnahmen

Umgestaltung gespeicherter personenbezogener Daten zu verstehen (vgl. dort unter Rn. 30). Hierzu gehört auch die unberechtigte Eingabe von Daten.[89]

58 Die Zugriffskontrolle soll weiterhin ausschließen, dass personenbezogene Daten von nicht Berechtigten entfernt werden können. Der Gehalt dieses Begriffs ist vielschichtig. Erfasst wird insbesondere das Kopieren und Speichern auf anderen Datenträgern mit dem Ziel der Verbringung an einen anderen Ort bzw. die elektronische Versendung an ein anderes System (vgl. auch Rn. 61 ff.).

59 Unter den Begriff Zugriffskontrolle fällt aber auch das Löschen von Daten aus Systemen ohne vorheriges Kopieren.[90] Damit muss der Schutzrahmen von Maßnahmen nach Nr. 3 entsprechend weit gefasst werden.

60 Ob sich die vorstehend beschriebenen Voraussetzungen und Anforderungen in der Praxis umfassend realisieren lassen, scheint mit Blick auf den erforderlichen hohen organisatorischen Aufwand fraglich. Mit Blick auf den grundsätzlich zu beachtenden Verhältnismäßigkeitsgrundsatz muss eine verantwortliche Stelle den für ein umfassendes Berechtigungskonzept notwendigen Aufwand in jedem Fall dann uneingeschränkt erbringen, wenn es sich um sensible Informationen oder um besondere Daten gemäß § 3 Abs. 9 handelt.

e) Weitergabekontrolle (Nr. 4)

61 Die Weitergabekontrolle nach Nr. 4 hat zwei generelle Zielrichtungen: Einerseits soll die Integrität und die Vertraulichkeit personenbezogener Daten sowohl bei elektronischen Übermittlungsvorgängen als auch beim Transport per Datenträger gewährleistet werden.[91] Der Zugriff Unbefugter auf personenbezogene Daten während beliebiger Übermittlungsvorgänge soll ausgeschlossen werden. Hierzu finden sich Vorgaben im ersten Teil der Regelung. Andererseits soll überprüft und festgestellt werden können, an welchen Stellen eine Übermittlung personenbezogener Daten vorgesehen ist. Hierauf bezieht sich der zweite Teil der Wiedergabekontrolle nach Nr. 4.

62 Die im BDSG 2001 neu formulierte Regelung fasst zur Erreichung beider Ziele die Maßnahmen zusammen, die im BDSG 1990 als Datenträgerkontrolle (Nr. 2 a. F.), als Transportkontrolle (Nr. 9 a. F.) und als Übermittlungskontrolle (Nr. 6 a. F.) enthalten waren. Die nach der aktuellen Nr. 4 erforderlichen Einzelmaßnahmen weisen in der Praxis eine große Schnittmenge zur Zugriffskontrolle nach Nr. 3 auf, ist es doch zur Verhinderung des unbefugten Zugriffs und der unbefugten Nutzung auch immer erforderlich, dass gleichzeitig festgelegt ist, welche Personen befugt sind.[92]

63 Der in der Nr. 4 verwendete Begriff der Weitergabekontrolle ist umfassend zu sehen und deshalb weit auszulegen: Er beinhaltet nicht nur die Übermittlung von Daten an andere Stelle oder Dritte, sondern auch alle Formen der Weitergabe innerhalb der verantwortlichen Stelle. Darüber hinaus schließt er auch andere Formen der Weitergabe

---

89 Schaffland/Wiltfang, § 9 Rn. 97.
90 Ähnlich Ernestus in Simitis, § 9 Rn. 107.
91 Ernestus in Simitis, § 9 Rn. 110.
92 Ähnlich Ernestus in Simitis, § 9 Rn. 125.

wie etwa an Auftragnehmer nach § 11 und an die Betroffenen (etwa im Rahmen von Auskunftsersuchen) ein.[93]

aa) Schutz vor unbefugten Zugriffen

Die Vorgaben der Nr. 4 zum Schutz vor unbefugten Zugriffen zielen auf der personellen Ebene zunächst auf die Mitarbeiter der verantwortlichen Stelle, die aufgrund ihrer beruflichen Aufgaben berechtigt auf elektronische Übertragungswege oder auf Datenträger zugreifen können. Diesbezüglich muss zwar bereits durch die Zugriffskontrolle nach Nr. 3 sichergestellt werden, dass innerhalb einer verantwortlichen Stelle nur Berechtigte auf personenbezogene Daten zugreifen können. Um den Vorgaben der Weitergabekontrolle gerecht zu werden, muss darüber hinaus garantiert werden, dass auch Zugriffsberechtigte während des Weitergabeprozesses nicht unbefugt auf personenbezogene Daten einwirken bzw. diese unberechtigt kopieren können. Dies setzt für die Praxis sowohl klare Abgrenzungen in bestehenden Berechtigungskonzepten als auch umfassende organisatorische Regelungen der Prozesse zur Datenübermittlung voraus. 64

Auf der personellen Ebene wird durch Nr. 4 weiterhin gefordert, dass der unbefugte Zugriff von Personen außerhalb der verantwortlichen Stelle ausgeschlossen wird. Der Adressatenkreis der Maßnahme ist weit auszulegen. Er erfasst neben Empfängern und Dritten im Sinne des § 3 Abs. 8 beispielsweise auch Auftragnehmer nach § 11 oder Betroffene gemäß § 3 Abs. 1.[94] 65

Inhaltliche Zielrichtung des ersten Teils der Weitergabekontrolle ist der Ausschluss unbefugter Zugriffe aller Art auf personenbezogene Daten während elektronischer Übermittlungen oder bei der Speicherung auf Datenträgern.[95] 66

Bezüglich der unbefugten Kenntnisnahme (=»lesen«) lässt sich das Ziel einer wirksamen Weitergabekontrolle softwaretechnisch in der Regel bereits dadurch erreichen, dass durchgängig sichere Verschlüsselungsverfahren zur Anwendung kommen (»Ende-zu-Ende-Verschlüsselung«). Einen sinnvollen Schutz bieten insbesondere elektronische Signier- und Verschlüsselungsverfahren, die Datenveränderungen während des elektronischen Transports aufdecken.[96] 67

Unzulässige und nicht gewollte Einwirkungen während einer elektronischen Übermittlung lassen sich durch die Nutzung geschlossener Übertragungsnetze (etwa eines nach außen hin abgeschotteten Intranets), durch ein Virtual Private Networks (VPN) oder durch ähnliche Konzepte ausschließen oder erheblich erschweren. 68

Die notwendige physikalische Sicherung von Datenträgern lässt sich durch geeignete organisatorische Vorkehrungen wie etwa sichere Lagerung in verschlossenen Schränken, Tresoren oder Archiven usw. erreichen. Hierzu gehören neben der Festlegung der Aufbewahrungsorte von Datenträgern eine effektive Bestands-, Zugangs- und Abgangsdokumentation und die Sicherung der Archive durch geeignete technische Vorkehrun- 69

---

93 BMH, zu 4. Weitergabekontrolle Anm. 2.
94 Zustimmend Schultze-Melling in Taeger/Gabel, Rn. 59.
95 Zustimmend Schultze-Melling in Taeger/Gabel, Rn. 58.
96 Pordesch/Nissen CR 1995, 562.

gen. Weiterhin sind Vorkehrungen gegen das Erstellen illegaler Kopien auf Datenträgern zu treffen (etwa durch Sperrung der entsprechenden Anschlüsse oder Geräte in Arbeitsplatzrechnern). Nach Nutzungsende sind Prozeduren für die sichere Vernichtung der Datenträger vorzusehen.[97] Wird ein Transport von Datenträgern erforderlich, muss die nach Nr. 4 erforderliche Weitergabekontrolle in Abhängigkeit von der Art der Daten und ihres Verwendungszusammenhangs durch Festlegung der Transportwege, -mittel, -zeiten, -behältnisse sowie durch Vorgabe der Versandart und der damit betrauten Personen oder Unternehmen, verbunden mit entsprechender Protokollierung, sichergestellt werden.

70 Auf der theoretischen Ebene stellt die Sicherung von Datenträgern, auf denen personenbezogene Daten gespeichert sind, somit im Rahmen der Weitergabekontrolle kein unlösbares Problem dar. Aus dem praktischen Blickwinkel ist allerdings zu bedenken, dass eine wirksame Datenträgerkontrolle mit Blick auf die zunehmende Miniaturisierung der Hardware und die eklatante Leistungssteigerung des Speichervolumens von Datenträgern (etwa bei sog. »USB-Sticks« oder bei »Miniatur-Festplatten«) in der Praxis immer schwieriger wird. Hinzu kommt die Integration von Speichermedien in andere weit verbreitete »Alltagsgeräte«, die auch am Arbeitsplatz mitgeführt werden (etwa der Einbau leistungsfähiger Harddisks in viele Mobiltelefone, Smartphones oder Tablets). Eine wirksame Datenträgerkontrolle läuft damit oft leer und lässt sich gerade auch aus sozialen Überlegungen heraus an »Standardarbeitsplätzen« nicht mehr realisieren. Werden bei einer verantwortlichen Stelle besonders sensible Daten verarbeitet, kann es vor diesem Hintergrund zwingend notwendig werden, die Möglichkeiten der Speicherung auf Datenträgern auszuschließen wie etwa durch Einsatz von Programmen, die eine Sperrung fremder Datenträger erlauben.[98] Auch ein Verbot der Mitführung von Datenträgern oder anderen Speichermedien am Arbeitsplatz kommt in bestimmten Fällen in Betracht.

71 Kommen die vorstehend angesprochenen Sicherungsvorkehrungen zur Anwendung, erschweren sie auch das unbefugte Kopieren von personenbezogenen Daten. Ergänzend lässt sich dieses auch durch weitere Maßnahmen wie etwa einem programmgesteuerten Schreib- oder Leseschutz oder durch die sichere Sperrung von Laufwerken für unbefugte Benutzter erreichen. Erfolgt eine Kombination mit wirksamen Verschlüsselungsverfahren (vgl. Rn. 67), schließt dies unzulässige Nutzungen nach einer unberechtigten Kopie aus.

bb) Vorgesehene Übermittlungen

72 Durch die Weitergabekontrolle soll weiterhin überprüft und festgestellt werden können, welche Übermittlungen durch Einrichtungen zur Datenübertragung vorgesehen sind. Der Wortlaut der Nr. 4 gibt darüber hinaus nicht zwingend vor, dass prüfbar gemacht wird, ob und an wen personenbezogene Daten im konkreten Fall übermittelt worden sind.[99] Die Maßnahme beschränkt sich damit auf Ausführungen zu möglichen Über-

---

97 Heymann CR 1992, 370.
98 Vgl. Ernestus in Simitis, § 9 Rn. 127.
99 Ernestus in Simitis, § 9 Rn. 116.

Technische und organisatorische Maßnahmen § 9

mittlungen. Diese müssen allerdings denklogisch von der verantwortlichen Stelle auch tatsächlich gewollt sein und können damit nicht im Widerspruch zu den Vorgaben der Zugangskontrolle nach Nr. 2 bzw. der Zugriffskontrolle nach Nr. 3 stehen.

Obwohl weitergehende Feststellungen vom Gesetz nicht gefordert sind, können verantwortliche Stellen über die reine Feststellung der Übermittlungsmöglichkeiten hinaus Protokollierungen der tatsächlichen Übermittlungsvorgänge vornehmen. 73

Die Feststellungen, die von der verantwortlichen Stelle nach Nr. 4 zu treffen sind, müssen vollständig sein. Sie müssen Informationen dazu beinhalten, welche Daten an die potentiellen Empfänger übermittelt werden können. Dies schließt in der Konsequenz umfassende Darlegungen zu den Berechtigungs- und Schutzkonzepten mit ein. Darüber hinaus müssen die Feststellungen abschließend sein. Dies hat für die Praxis zur Folge, dass alle potentiellen Empfänger von personenbezogenen Daten genannt werden müssen. Gleichzeitig müssen dann aber auch nicht genannte Stellen durch Maßnahmen gemäß der Nrn. 2 und 3 von der Möglichkeit der Übermittlung ausgeschlossen werden. 74

Die Vorgaben der Nr. 4 zur Überprüfung und Feststellung vorgesehener Übermittlungen lassen sich vor dem Hintergrund der aktuellen Entwicklung in der IT-Welt nur noch in bestimmten Konstellationen ohne größere Probleme realisieren. So kann beispielsweise die vorgeschriebene Feststellung, an welchen Stellen die Übermittlung von Daten vorgesehen ist, allenfalls noch in überschaubaren geschlossenen Netzen mit abschließend definierten Benutzern getroffen werden. In offenen Netzen mit einer unbestimmten Zahl von Schnittstellen und Benutzern trifft eine entsprechende Feststellung hingegen auf massive Probleme. Um auch hier die Vorgaben einer wirksamen Weitergabekontrolle zu erfüllen, müssen andere Maßnahmen gewählt werden wie etwa die Sperrung von Übertragungsfunktionen oder der Einsatz umfassender Protokollierungsverfahren.[100] Darüber hinaus müssen verantwortliche Stellen durch umfängliche Kontrollprozesse überprüfen, ob nur berechtigte Übermittlungen erfolgt sind oder ob unberechtigte Übermittlungen vorliegen oder versucht worden sind. Damit erhöhen sich die Anforderungen an die zu treffenden Maßnahmen erheblich. In Abhängigkeit von der Sensitivität der personenbezogenen Daten und von der zu befürchtenden Missbrauchsintensität kann es im Einzelfall erforderlich sein, zu erfassen, welche Daten von wem tatsächlich abgerufen wurden und wer wann vergeblich oder unberechtigt Zugriffe versucht hat. Dies setzt eine Protokollierung aller Übermittlungen und Übermittlungsversuche voraus. 75

Kommt es zu derart umfassenden Protokollierungen und werden hierbei Informationen zu den bei der verantwortlichen Stelle tätigen Mitarbeitern erfasst, sind die Mitbestimmungsrechte der BR und PR zu beachten (vgl. Rn. 13 ff.). Da das MBR von BR nach § 87 Abs. 1 Nr. 6 BetrVG (zum entsprechenden MBR von PR vgl. § 75 Abs. 3 Nr. 17) bereits einsetzt, wenn eine technische Einrichtung zur Verhaltens- und Leistungskontrolle nur theoretisch geeignet ist,[101] können BR und PR in diesem Zusammenhang vom AG 76

---

100 Ernestus in Simitis, § 9 Rn. 117; ähnlich Auernhammer, § 9 Rn. 22; Gola/Schomerus, § 9 Rn. 4.6.
101 BAG v. 6.9.1975, AP Nr. 2 zu § 87 BetrVG 1972 Überwachung; Klebe in DKKW, § 87 Rn. 153 ff.

umfassende Informationen zu Kontrollprozessen, aber auch zu den Schnittstellen des Systems verlangen, wenn hierüber personenbezogene Daten von Mitarbeitern an andere Stellen gelangen.

f) Eingabekontrolle (Nr. 5)

77 Die nach Nr. 5 vorzunehmende Eingabekontrolle soll nachträgliche Überprüfungen und Feststellungen dazu ermöglichen, ob personenbezogene Daten in Verarbeitungssysteme eingegeben worden sind, ob sie dort verändert oder entfernt wurden. Weiterhin soll festgestellt werden können, wer dies getan hat. Die im Rahmen der Eingabekontrolle zu treffenden Maßnahmen bauen inhaltlich auf die Zugriffskontrolle nach Nr. 3 und auf die Weitergabekontrolle nach Nr. 4 auf. Im Gegensatz zu diesen Kontrollen, die der Verhinderung unbefugter Handlungen dienen, hat die Eingabekontrolle die Möglichkeit einer nachträglichen Entdeckung von Fehlern zum Ziel.[102]

78 Die Regelung im BDSG 2001 ist weitgehend inhaltsgleich mit der Eingabekontrolle der Nr. 7 a. F. des BDSG 1990. Der aktuelle Text wurde lediglich durch die Schritte der »Veränderung« und »Entfernung« ergänzt. Darüber hinaus stellt die Vorschrift nunmehr darauf ab, »ob« überhaupt personenbezogene Daten eingegeben werden, während die abgelöste Fassung des BDSG 1990 noch auf die Art der eingegebenen Daten (»welche«) abstellte. Weitere Verarbeitungsschritte wie etwa das Kopieren oder die Nutzung personenbezogener Daten haben keine Erwähnung gefunden. Hierfür leiten sich vergleichbare Handlungspflichten aber aus anderen Maßnahmen (etwa aus den Maßnahmen nach den Nm. 3 und 4) ab.

79 Die Maßnahme der Eingabekontrolle zielt auf die Revisionsfähigkeit des Umgangs mit personenbezogenen Daten.[103] Nachträgliche Prüfungen und Feststellungen dazu, wer wann welche Daten eingegeben oder verändert und entfernt hat, lassen sich unter den Gegebenheiten moderner DV-Systeme praktisch nur noch durch automatische Protokollierungsprozesse erreichen. Verfahren, die allein an die manuelle Protokollierung (z. B. Aufbewahrung der Eingabebelege) anknüpfen, sind hingegen schon mit Blick auf das bei elektronischer Verarbeitung regelmäßig anfallende Datenvolumen inzwischen fast ohne Bedeutung.

80 In Abhängigkeit von der tatsächlichen Situation bei der verantwortlichen Stelle ergeben sich unterschiedliche Anforderungen an den Umfang der erforderlichen Protokollierung. Dieser wird wesentlich durch die tatsächlichen betrieblichen Gegebenheiten sowie durch die Sensitivität der verarbeiteten personenbezogenen Daten bestimmt. Haben beispielsweise auf eine Datenbank viele Beschäftigte Zugriff, müssen die zur Eingabekontrolle gespeicherten Informationen sehr detailliert sein. Das Gleiche gilt, wenn es sich um sensible Daten handelt, etwa aus dem Gesundheitsbereich. Hingegen kann auf Protokollierungen u. U. dann vollständig verzichtet werden, wenn bestimmte

---

102 Ähnlich Ernestus in Simitis, § 9 Rn. 129, der die Eingabekontrolle allerdings als »präventive Maßnahme« qualifiziert.
103 Ähnlich BMH, Anlage zu § 9 Anm. 1 zu Nr. 5; im Ergebnis ebenso Schultze-Melling in Taeger/Gabel, Rn. 64; zu konkreten Maßnahmen Ernestus in Simitis, § 9 Rn. 144.

Technische und organisatorische Maßnahmen § 9

Eingaben nur von einer Person gemacht werden können (etwa wenn auf die Daten zur Gehaltsabrechnung in einem kleinen Betrieb nur ein AN Zugriff hat).

Bei allen Formen der Protokollierung muss jedoch mit Blick auf die Persönlichkeitsrechte der aktiv an der Verarbeitung beteiligten Arbeitnehmer immer darauf geachtet werden, dass Inhalte von Protokollierungen auf das erforderliche Minimum zu beschränken sind (vgl. hierzu § 3a). Kann etwa jeweils nur eine Person Daten eingeben, verändern oder entfernen, ist neben der Datumserfassung eine zusätzliche Protokollierung der Uhrzeit i.d.R. nicht erforderlich. Können mehrere Personen unabhängig voneinander Daten eingeben, verändern oder entfernen, ist hingegen die Herstellung eines Bezugs zwischen Person und Erfassungsvorgang notwendig, nicht aber zugleich auch die Speicherung der Uhrzeit.[104] Grundsätzlich ist immer zu beachten, dass mit dem Umfang der aus Datensicherungsgründen protokollierten Mitarbeiterdaten das Risiko wächst, dass diese Informationen auch zu ungewollten oder unzulässigen Verhaltens- und Leistungskontrollen genutzt werden. 81

Die vorstehend angesprochenen Protokollierungsmaßnahmen lassen sich bei vernetzten DV-Systemen aus technischer Sicht relativ einfach realisieren. Schwieriger gestaltet sich die Realisierung hingegen bei der Nutzung von autonomen Rechnern (insbesondere Arbeitsplatz-PCs, Notebooks, Smartphones, Tablets sowie privater Endgeräte im Rahmen von BYOD[105]). Grundsätzlich lassen sich zwar auch hier entsprechende Protokollierungsprogramme installieren. Revisionssichere Anwendungen auf dezentraler Ebene erfordern aber im Regelfall einen hohen Aufwand. Deshalb wird der Schwerpunkt der Maßnahmen für diese Fälle eher im organisatorischen Bereich liegen.[106] 82

Erfolgen Protokollierungen, müssen die vorhandenen Daten für eine angemessene Zeit sicher aufbewahrt werden, um den Vorgaben der Nr. 5 inhaltlich gerecht zu werden.[107] Der notwendige Speicherungszeitraum orientiert sich in der Praxis (soweit es keine gesetzlichen Spezialvorschriften gibt) am konkreten Anwendungszusammenhang. 83

Das Ermessen der verantwortlichen Stelle wird dadurch eingeschränkt, dass sie die Rechte der direkt betroffenen Beschäftigten beachten muss. Dies steht einer unreflektierten langfristigen oder dauerhaften Speicherung der Daten entgegen. Deshalb müssen die Aufbewahrungsfristen so kurz wie möglich bemessen sein. Besteht ein BR oder ein PR, können Regelungen zu Aufbewahrungsfristen auf der Basis des Mitbestimmungsrechts nach § 87 Abs. 1 Nr. 6 BetrVG bzw. nach § 75 Abs. 3 Nr. 17 BPersVG verlangt werden. Dabei können insbesondere Festlegungen zur Zweckbindung und zu Verwertungsverboten in anderen arbeitsrechtlichen Zusammenhängen getroffen werden.[108] 84

Wegen der hohen arbeitsrechtlichen Sensibilität derartiger Informationen[109] sind mit Blick auf das informationelle Selbstbestimmungsrecht der Betroffenen die Fristen für deren Aufbewahrung kurz zu halten. Ist beispielsweise ein Vorgang wie etwa eine Lieferung abgeschlossen und bezahlt, sind die angefallenen personenbezogenen Ein- 85

---

104 Ähnlich Gola/Schomerus, § 9 Rn. 26, die in diesen Fällen eine entsprechende Protokollierung immer für unverzichtbar halten.
105 Vgl. zu BYOD Rn. 7.
106 Ähnlich Schaffland/Wiltfang, § 9 Rn. 129.
107 Ähnlich Ernestus in Simitis, § 9 Rn. 131; Plath in Plath, Rn. 46.
108 Zustimmend Schultze-Melling in Taeger/Gabel, Rn. 62.
109 Ausführlich Däubler, Gläserne Belegschaften?, Rn. 389 ff.

§ 9　Technische und organisatorische Maßnahmen

gabedaten nicht mehr erforderlich und damit zu löschen. Ist in besonderen Fällen eine längerfristige Aufbewahrung notwendig (etwa mit Blick auf mögliche Garantieforderungen oder auf steuerrechtliche Aufbewahrungspflichten), ist in jedem Fall die möglicherweise mit erfasste Uhrzeit der Bearbeitung zu löschen, da diese für die Berechnung von Rechtsfristen ohne Bedeutung ist.

g) Auftragskontrolle (Nr. 6)

86　Die Auftragskontrolle nach Nr. 6 soll garantieren, dass jede Form der Auftragsdatenverarbeitung nach § 11 BDSG nur entsprechend den Weisungen des Auftraggebers erfolgt. Die Regelung hat den Text der Nr. 8 aus dem BDSG von 1990 unverändert übernommen.

87　Die Auftragskontrolle ergänzt die allgemeinen Anforderung des § 11 (vgl. Rn. 4 ff.). Anders als im Rahmen des § 11 steht diese im Rahmen der Nr. 6 unter dem generellen Vorbehalt der Verhältnismäßigkeit. Hieraus darf allerdings nicht geschlossen werden, dass damit bezüglich der vorzunehmenden Gewährleistungen ein umfassender Ermessensspielraum besteht. Der Regelungszusammenhang hat vielmehr zur Folge, dass die in § 11 enthaltenen Ge- und Verbote als grundlegender Maßstab immer zwingend zu beachten sind (vgl. ausführlich § 11 Rn. 5 ff.). Eine Reduzierung durch den Grundsatz der Verhältnismäßigkeit leitet sich daneben nur für die flankierenden technischen und organisatorischen Maßnahmen ab.[110] So kann beispielsweise die nach § 11 Abs. 2 zu beachtende Sorgfalt bei der Auswahl der Auftragnehmer sowie die vorzunehmende schriftliche Beauftragung nicht unter Hinweis auf die Unverhältnismäßigkeit des hiermit verbundenen hohen Zeitaufwands unterbleiben.

88　Die Vorgaben zur Auftragskontrolle beinhalten Verpflichtungen zu Lasten des Auftragnehmers und des Auftragsgebers.[111]

89　Der Auftragnehmer muss durch entsprechende technische und organisatorische Maßnahmen sicherstellen, dass Abweichungen von den Weisungen des Auftraggebers nicht vorkommen können. Hierzu gehört beispielsweise der Ausschluss unzulässiger Verarbeitungsschritte oder des nicht erlaubten Kopierens von personenbezogenen Daten. Darüber hinaus ist jeder Zugriff unbefugter Dritter sowie jede nicht vom Auftraggeber gewollte oder erlaubte Übermittlung an andere Stellen oder Personen zu verhindern.[112]

90　Der Auftraggeber muss sicherstellen, dass seine Weisungen vom Auftragnehmer zweifelsfrei, uneingeschränkt und präzise eingehalten und umgesetzt werden. Hierzu gehört, dass die nach § 11 Abs. 2 zu erteilenden Weisungen so klar und abschließend sind, dass beim Auftragnehmer Zweifel an seinen eigenen Kompetenzen und Befugnissen nicht auftauchen können.[113] Unter Berücksichtigung des Erforderlichkeitsprinzips ist eine enge Festlegung der Kompetenzen des Auftragnehmers vorzusehen. Prak-

---

110　Ernestus in Simitis, § 9 Rn. 146; Schaffland/Wiltfang, § 9 Rn. 134.
111　Ähnlich Ernestus in Simitis, § 9 Rn. 147, enger Gola/Schomerus, § 9 Rn. 27, die eine herausragende Verpflichtung des Auftragnehmers sehen.
112　Vgl. zu konkreten Maßnahmen Ernestus in Simitis, § 9 Rn. 153 ff.; Schaffland/Wiltfang, § 9 Rn. 138.
113　Ernestus in Simitis, § 9 Rn. 147; Gola/Schomerus, § 9 Rn. 27.

Technische und organisatorische Maßnahmen §9

tisch kann der Auftraggeber diese Vorgaben durch eine Reihe von Maßnahmen erfüllen wie etwa
* eindeutige vertragliche Regelungen über die genaue Festschreibung des Verarbeitungsverfahrens,
* die Vereinbarung der Möglichkeit (unerwarteter) Kontrollen und die
* Vereinbarung von Konventionalstrafen usw.[114]

Der Bereich der Auftragsdatenverarbeitung ist durch einen ungebremsten Trend zu Outsourcing und Offshoring geprägt[115], teilweise kombiniert mit Cloud-Computing.[116] Bestandteile dieses Trends sind eine Verschärfung des Angebotsmarktes sowie ein zunehmender Preiskampf. Insbesondere ausländische Anbieter sind inzwischen auch auf dem deutschen Markt aktiv und bieten die Erbringungen von DV-Leistungen im Auftrag, beispielsweise aus Indien, zu extrem niedrigen Preisen an. Vor dem Hintergrund dieser Marktsituation kommt der durch die Notwendigkeit einer Auftragskontrolle geprägten Auswahl eines Auftragnehmers eine immer größere Bedeutung zu. Zur Sicherstellung der Vorgaben, die sich aus dem BDSG und insbesondere aus der Nr. 6 der Anlage zu § 9 Satz 1 ableiten, kommen Auftraggeber nicht umhin, die Vorgaben des Gesetzes ernst zu nehmen. Sie können sich nicht damit begnügen, lediglich den kostengünstigsten Anbieter auszusuchen und darauf zu vertrauen, dass dieser (natürlich) die Einhaltung des Datenschutzes zusichert. Es ist vielmehr in derartigen Fällen notwendig, das bei Auftragnehmern bestehende Schutzniveau konkret zu recherchieren (etwa durch Nachfrage bei Referenzunternehmen, durch Einholung von Auskünften von Dritten oder durch Nachfrage bei der zuständigen staatlichen Kontrollinstanz; vgl. auch Art. 17 Abs. 2 und 3 EG-Datenschutzrichtlinie). Gegen derart aufwändige Verfahren lässt sich auch nicht der Verhältnismäßigkeitsgrundsatz ins Feld führen. Vielmehr muss gerade bei der Beauftragung von Auftragnehmern aus Ländern außerhalb der Europäischen Union immer sichergestellt werden, dass diese über einen vergleichbaren datenschutzrechtlichen Normenapparat verfügen.

91

h) Verfügbarkeitskontrolle (Nr. 7)

Die Verfügbarkeitskontrolle gemäß Nr. 7 soll den Schutz personenbezogener Daten gegen zufällige Zerstörung oder Verlust gewährleisten. Die Regelung wurde im Jahr 2001 neu in das Gesetz aufgenommen und setzt die entsprechende Vorgabe in Art. 17 Abs. 1 EG-Richtlinie in nationales Recht um.

92

Welche Vorkehrungen eine verantwortliche Stelle im Rahmen der Verfügbarkeitskontrolle trifft, wird insbesondere von der Sensibilität der Gesamtanwendung abhängen.[117] So sind etwa an die Verfügbarkeit von Patientendaten im elektronischen System eines Krankenhauses mit Intensivpflegeabteilung signifikant höhere Anforderungen zu stellen als an das computerisierte Kassen- und Abrechnungssystem einer kleinen Versandbuchhandlung. Grundsätzlich ist aber davon auszugehen, dass die Sicherstellung der

93

---

114 Ähnlich Auernhammer, § 9 Rn. 27.
115 Vgl. insgesamt Boes/Schwemmle.
116 Zum Begriff vgl. Weichert, DuD 2010, 679.
117 Zustimmend Plath in Plath, Rn. 53.

Verfügbarkeit nicht nur im Interesse des Gesetzgebers liegt, sondern uneingeschränkt auch von der verantwortlichen Stelle geteilt wird. Die im konkreten Fall zu treffenden Maßnahmen werden im Bereich der Verfügbarkeitskontrolle durch den Grundsatz der Verhältnismäßigkeit beeinflusst.[118]

94 Die Verfügbarkeitskontrolle zielt inhaltlich auf zwei unterschiedliche Sachverhalte ab, die die störungsfreie Verarbeitung personenbezogener Daten vereiteln können: Die zufällige Zerstörung durch ungeplante Ereignisse (etwa den Ausfall der Hardware durch Umwelteinflüsse oder nicht vorhersehbare Störungen der genutzten Computerprogramme) auf der einen, und den Verlust der personenbezogenen Daten selbst auf der anderen Seite (zu Schadensmöglichkeiten und -ursachen vgl. grundlegend RWHP).

95 Um den Schutz gegen zufällige Zerstörungen sicherzustellen, müssen denkbare Schadensquellen identifiziert und ausgeschlossen werden. Hierzu gehören Störungen in der technischen Infrastruktur (insbesondere Stromversorgung) ebenso wie schädigende Einflüsse auf die IT-Systeme (etwa durch Feuer, Wasser, Staub, Vibrationen usw.). Hinzu kommen die Auswirkungen des fahrlässigen oder vorsätzlichen Handelns von Mitarbeitern oder Dritten (etwa die Folgen einer versehentlichen Abschaltung von Geräten oder der vorsätzlichen Zerstörung von Datenbeständen). Sind die denkbaren Ursachen für Zerstörungen eingegrenzt, müssen entsprechende Schutzvorkehrungen getroffen werden. Hierzu gehört neben dem regelmäßigen Herstellen von Sicherungskopien insbesondere die Schaffung von redundanten Hard- und Softwarestrukturen, die bei Störungen oder Zerstörungen der benötigten Hard- und Software die unverzügliche Weiterarbeit ermöglichen.[119]

96 Gegen den Verlust personenbezogener Daten lässt sich Vorsorge insbesondere durch die regelmäßige und strukturierte Herstellung von Sicherungskopien treffen. Intensität und Frequenz der zu treffenden Maßnahmen hängen vom konkreten Anwendungszusammenhang ab, in dem die Daten erhoben, verarbeitet und genutzt werden. Neben der Erstellung von Sicherungskopien und deren Verwahrung im sog. Generationsprinzip kommt auf der technischen Ebene beispielsweise der Einsatz von »gespiegelten Datenträgern« oder der Einsatz von sog. RAID-Systemen in Betracht. In beiden Fällen stehen die Datenbestände nach dem Ausfall des aktiven Systemteils praktisch unterbrechungsfrei zur Verfügung.[120]

i) Trennungsgebot zur Zweckbindung (Nr. 8)

97 Durch die Maßnahme nach Nr. 8 soll gewährleistet werden, dass Daten, die zu unterschiedlichen Zwecken erhoben wurden, anschließend getrennt verarbeitet werden können. Diese Vorgabe wurde durch die Novelle des Jahres 2001 neu in das BDSG eingeführt. Sie beinhaltet ein grundsätzliches Trennungsgebot, wenn Daten von einer verantwortlichen Stelle zu unterschiedlichen Zwecken erhoben worden sind. Damit

---

118 Zur Verhältnismäßigkeit Rn. 20 ff.; weitere Beispiele bei Ernestus in Simitis, § 9 Rn. 159.
119 Vgl. die Hinweise zu denkbaren Maßnahmen bei Ernestus in Simitis, § 9 Rn. 159; Schaffland/ Wiltfang, § 9 Rn. 138.
120 Ähnlich Ernestus in Simitis, § 9 Rn. 158.

Technische und organisatorische Maßnahmen § 9

sind erstmals Grundsätze des modernen Systemdatenschutzes in das BDSG eingeführt worden.[121]
Ziel des Trennungsgebots nach Nr. 8 ist die Umsetzung der Zweckbindung personenbezogener Daten durch technische und organisatorische Maßnahmen.[122] Diese können nur unterbleiben, wenn Zweckänderungen gesetzlich zulässig sind. Ist dies nicht der Fall, müssen verantwortliche Stellen Systeme, mit denen personenbezogene Daten zu unterschiedlichen Zwecken verarbeitet werden können, so auslegen, dass eine klare Trennung der unterschiedlichen Dateien garantiert wird. Dies kann sowohl durch die Speicherung und Verarbeitung auf unterschiedlichen Servern als auch durch logische Trennungen innerhalb eines technischen Verarbeitungszusammenhangs auf einem Gerät erreicht werden.[123] Unabhängig von der technischen Ausgestaltung muss durch eine entsprechende Gestaltung von Berechtigungskonzepten sichergestellt werden, dass das Trennungsgebot auch auf der Ebene der persönlichen Zugriffsberechtigungen nachvollzogen wird. Es muss ausgeschlossen werden, dass getrennt zu verarbeitende Datenbestände dadurch zusammengeführt werden können und dass Nutzer über Berechtigungen in unterschiedlichen Bereichen bzw. für unterschiedliche Programme verfügen und deshalb an sich unzulässige – dateiübergreifende – Verarbeitungsvorgänge manuell anstoßen können. 98

Kann das Trennungsgebot nach Nr. 8 im konkreten Fall nicht durch organisatorische und technische Maßnahmen umgesetzt werden, muss die Verarbeitung auf einem gemeinsamen System zugunsten einer getrennten Speicherung unterbleiben.[124] 99

Besondere Bedeutung kommt dem Trennungsgebot nach Nr. 8 im Bereich der Auftragsdatenverarbeitung zu (vgl. hierzu § 11). Verarbeiten Auftragnehmer personenbezogene Daten verschiedener Stellen oder aus verschiedenen Zusammenhängen, müssen herausragende Sicherungsmaßnahmen getroffen werden, durch die eine klare und absolute Trennung der, zu unterschiedlichen Zwecken und innerhalb unterschiedlicher Vertragsverhältnisse erhobenen und verarbeiteten, Daten garantiert wird. Diese Vorgaben gelten auch, wenn innerhalb eines Konzerns Auftragsverarbeitung erfolgt (etwa zentrale Lohnbuchhaltung für alle Konzernunternehmen durch einen Betrieb; vgl. auch § 11 Rn. 10) und unabhängig davon, ob Aufgaben im Inland bzw. im europäischen oder im außereuropäischen Ausland erledigt werden. 100

Im arbeitsrechtlichen Bereich kommt dem Trennungsgebot eine besondere Bedeutung zu, wenn auf einem System sowohl Mitarbeiter- als auch Kundendaten verarbeitet werden. Diese Form der gemeinsamen Verarbeitung ist für Mitarbeiter, die zugleich Kunden sind (etwa bei Banken, Versicherungen oder Versandhändlern) mit Blick auf die Vorgaben der Nr. 8 unzulässig. Die verantwortliche Stelle muss in derartigen Fällen die notwendige Trennung durch entsprechende personelle und technische Maßnahmen sicherstellen, etwa durch Schaffung einer »Bank in der Bank«.[125] 101

---

121 Ernestus in Simitis, § 9 Rn. 160.
122 BMH, Anlage zu § 9 Satz 1 Anm. 1 zu Nr. 8.
123 Ernestus in Simitis, § 9 Rn. 161; zustimmend Plath in Plath, Rn. 55.
124 Zutreffend BMH, Anlage zu § 9 Satz 1 Anm. 4 zu Nr. 8.
125 Ebenso BMH, Anlage zu § 9 Satz 1 Anm. 3 zu Nr. 8; a. A. Schaffland/Wiltfang, § 9 Rn. 140, die einen Handlungsbedarf generell verneinen.

j) Verschlüsselungsverfahren (Satz 3 der Anlage)

101a Die in Satz 3 der Anlage enthaltene Vorgabe zur Verschlüsselung wurde im Rahmen der Novelle des BDSG des Jahres 2009 aufgenommen. Aus ihr leitet sich bezogen auf die in Satz 2 Nm. 2 bis 4 enthaltenen Maßnahmen der Zugangs-, Zugriffs und Weitergabekontrolle ab, dass dort Verschlüsselungsverfahren eine herausragende Bedeutung zukommt. Durch deren Einsatz soll der Schutz personenbezogener Daten verbessert werden.[126] Darüber hinaus bleiben alle übrigen erforderlichen Maßnahmen notwendig. Verschlüsselungsverfahren sind nicht die einzigen Maßnahmen, um die Zugangs-, Zugriffs und Weitergabekontrolle sicherzustellen.

101b Der Gesetzgeber reagierte mit der Einfügung des Satzes darauf, dass Verschlüsselungsverfahren in der Praxis noch nicht im wünschenswerten Umfang eingesetzt werden. Deshalb wurden sie im Gesetz ausdrücklich als geeignete Maßnahmen erwähnt.[127] Hieraus leitet sich für verantwortliche Stellen eine besondere Notwendigkeit ab, im Rahmen der Maßnahmen nach Satz 2 Nm. 2 bis 4 zu prüfen, ob Verschlüsselung eine Maßnahme zur Verbesserung der Datensicherheit ist.[128]

101c Das BDSG gibt keine Definition des Begriffs der »Verschlüsselung« vor. Damit bleibt es hinter dem Standard zurück, der sich in einzelnen Landesgesetzen findet. So enthält beispielswiese § 3 Abs. 4 Nr. 10 LDSG Mecklenburg-Vorpommern eine gesetzliche Definition zur Verschlüsselung. Hiernach ist »*Verschlüsseln das Verändern personenbezogener Daten derart, dass ohne Entschlüsselung die Kenntnisnahme des Inhaltes der Daten nicht oder nur mit unverhältnismäßig hohem Aufwand möglich ist.*« In Anlehnung an diese Definition lässt sich der Begriff der Verschlüsselung in Satz 3 der Anlage als Verfahren beschreiben, bei denen personenbezogene Daten in einer Art so verändert werden, dass sie für Unbefugte nicht mehr oder nur mit einem unverhältnismäßigen Aufwand lesbar oder auswertbar sind. Die einfache Wiederherstellung der Lesbarkeit ist durch den Einsatz von »Schlüsseln« möglich.[129]

101d Durch Satz 3 wird kein bestimmtes Verschlüsselungsverfahren vorgegeben. Die Formulierung »*dem Stand der Technik entsprechenden Verschlüsselungsverfahren*« bringt zum Ausdruck, dass fortschrittliche Verfahren gemeint sind, die sich in der Praxis bewährt haben und die einen hohen Sicherheitsstandard gewährleisten.[130] Die Regelung ist damit technik- und entwicklungsoffen.

101e Für die betriebliche Praxis leitet sich aus den Anforderungen in Satz 3 die Notwendigkeit ab, Verschlüsselungsverfahren einzuführen, wenn dies möglich und sinnvoll ist. In Betracht kommen sie insbesondere für E-Mails und personenbezogene Daten, die in Datenbanken gespeichert werden.[131] Auf sie kann nicht allein aus Kostengründen

---

126 Ernestus in Simitis, Rn. 168.
127 Vgl. die amtliche Begründung in der Beschlussempfehlung des Innenausschusses, BT-Drs. 16/13657, S. 23.
128 Zu Anforderungen an Verschlüsselungsverfahren Bergt, CR 2014, 726.
129 Ähnlich Ernestus in Simitis, Rn. 166; Plath in Plath, Rn. 58.
130 Vgl. BT-Drs. 16/13657, S. 23.
131 Vgl. Klett/Lee, CR 2008, 644; a.A. Plath in Plath, Rn. 59 unter Hinweis auf die Verhältnismäßigkeit.

Technische und organisatorische Maßnahmen § 9

verzichtet werden, sondern nur dann, wenn die durch § 9 Satz 2 vorgegebene Verhältnismäßigkeit nicht gegeben ist.

5. Streitigkeiten

Werden Maßnahmen nicht getroffen und folgt hieraus ein Verstoß gegen die Vorgaben des § 9, kann die zuständige Datenschutzaufsichtsbehörde die Durchführung entsprechender Maßnahmen anordnen.[132] Auf diesem Wege lässt sich ein einheitlicher Mindeststandard gewährleisten. 101f

Abweichungen von den in der Anlage genannten Maßnahmen sollen nach der Position des VG Berlin vom 24.5.2011 jedoch zulässig sein, wenn die entsprechende Erhebung, Verarbeitung oder Nutzung nach § 4 Abs. 1 zulässig ist. Die Zulässigkeit von Abweichungen wie etwa der Verzicht auf die Verschlüsselung von E-Mails, die Informationen über Arbeitssuchende enthalten, kann sich nach Auffassung des VG Berlin aus einer Einwilligung der Betroffenen nach § 4a herleiten.[133] Dem VG Berlin ist zu widersprechen. Der durch § 9 vorgegebene Mindeststandard technischer und organisatorischer Maßnahmen orientiert sich nach Satz 3 der Norm ausschließlich am Vorliegen der Verhältnismäßigkeit, nicht aber an einer etwaigen Einwilligung von Betroffenen, an deren Freiwilligkeit zudem dann Zweifel offensichtlich sind, wenn sie von Arbeitssuchenden erteilt wird. Diese befinden sich schon mit Blick auf Kürzungsmöglichkeiten staatlicher Leistungen in einer Situation, in der ihre freiwillige Entscheidung eingeschränkt ist. Aber auch ohne den Bezug zu staatlichen Leistungen ist offenkundig, dass Arbeitssuchende für eine erfolgreiche Vermittlung möglicherweise Einschränkungen ihres Rechts auf informationelle Selbstbestimmung in Kauf nehmen, zu denen sie beim Vorliegen echter Handlungsalternativen freiwillig nicht bereit wären. 101g

6. Mitwirkungs- und Mitbestimmungsrechte von BR und PR

Die in der Anlage zu § 9 Satz 1 aufgeführten Maßnahmen sind auf ein zentrales Ziel ausgerichtet: die Sicherung des verfassungsrechtlich geschützten Rechts auf informationelle Selbstbestimmung. Eine umfassende Umsetzung der geforderten Datensicherungsmaßnahmen ist aus datenschutzrechtlicher Sicht uneingeschränkt zu begrüßen. Aus arbeitsrechtlicher Sicht kann eine umfassende Umsetzung der Maßnahmen aus der Anlage zu § 9 Satz 1 jedoch zu dem Problem führen, dass sich aus den dann anfallenden Informationen ungewollte Rückschlüsse zu Verhalten und Leistung der Mitarbeiter ziehen lassen können. Eine Erhöhung des Datensicherungsstandards kann somit unmittelbare Auswirkungen auf verfassungsrechtliche Positionen der mit der Verarbeitung befassten Arbeitnehmer haben. 102

Vor diesem Hintergrund kommt den Mitwirkungs- und Mitbestimmungsrechten, die BR und PR haben, um Arbeitnehmer vor unzulässigen Verhaltens- und Leistungskontrollen zu schützen und um zulässige Kontrollmaßnahmen zu regeln, eine heraus- 103

---

132 Vgl. VG Berlin v. 24.5.2011 – 1 K 133.10, CR 2012, 191, das eine Anordnung der zuständigen Aufsichtsbehörde im konkreten Fall allerdings für unzulässig hielt.
133 Vgl. VG Berlin, a.a.O.

ragende Bedeutung zu. Die kollektivrechtlichen Möglichkeiten speisen sich bereichsspezifisch aus einschlägigen gesetzlichen Regelungen im BetrVG bzw. im BPersVG (zur Situation auf Landesebene vgl. die jeweiligen LPersVG sowie Rn. 113).

aa) Rechtspositionen nach dem BetrVG

104 Werden bei einer Verarbeitung bzw. bei einer Maßnahme zur Datensicherung AN-Daten erhoben, verarbeitet oder genutzt (etwa i. R. der Zugriffskontrolle gemäß Nr. 3), gilt das BDSG als Schutzgesetz auch zugunsten der Beschäftigten selbst.[134] Deshalb haben BR nach § 80 Abs. 1 BetrVG die Aufgabe, die Durchführung des BDSG zu überwachen.[135] Damit steht ihnen bezüglich der in der Anlage genannten Maßnahmen ein unmittelbares Mitwirkungsrecht zu. Der Arbeitgeber ist nach § 80 Abs. 1 BetrVG verpflichtet, den BR über alle einschlägigen Sachverhalte umfassend und vollständig zu informieren. Auf der Grundlage dieser Information kann der BR die Umsetzung bestimmter Maßnahmen einfordern, wenn sie erforderlich und verhältnismäßig sind.

105 Unter Berufung auf die erforderliche Zugriffskontrolle nach Nr. 3 kann der BR beispielsweise die Schaffung abschließender Berechtigungskonzepte einfordern. In Ausfüllung der Verfügbarkeitskontrolle nach Nr. 7 kann er verlangen, dass allgemeine und individuelle Möglichkeiten getroffen werden, damit eine Weiterarbeit jederzeit (d.h. auch nach dem Ausfall einzelner Komponenten) möglich ist. Die Weitergabekontrolle nach Nr. 4 zieht die Notwendigkeit nach sich, dass auf allen Geräten eine zuverlässige Verschlüsselungssoftware zur Verfügung gestellt wird.[136] Will ein Arbeitgeber auf notwendige Verschlüsselungsverfahren unter Hinweis auf das Vorliegen einer freiwilligen Einwilligung der Betroffenen verzichten, steht dies der Aufnahme von einschlägigen Regelungen in Betriebsvereinbarungen nicht entgegen. Es ist BR unbenommen, Verschlüsselungsverfahren im Rahmen bestehender Mitbestimmungsrechte zu fordern. Gibt es entsprechende Regelungen, stehen diese einer Legitimation des Arbeitgeberhandelns durch Einwilligungen nach § 4a Abs. 1 schon mit Blick auf die durch § 77 Abs. 4 BetrVG begründete zwingende Wirkung von Betriebsvereinbarungen entgegen.[137]

106 Die angesprochenen Konsequenzen bewegen sich im Bereich der kollektivrechtlichen Mitwirkungsrechte. Vom BR durchsetzbare MBR leiten sich hingegen aus der Vorschrift nicht ab. Verzichtet ein AG auf die Umsetzung bestimmter Maßnahmen, die unter Beachtung des Verhältnismäßigkeitsgrundsatzes eigentlich vorgenommen werden müssten, kann ihn ein BR deshalb zwar darauf hinweisen und auf Abhilfe drängen. Weitergehende Durchsetzungsmöglichkeiten bestehen auf der Grundlage von § 80 Abs. 1 BetrVG aber nicht. Dem BR ist es allerdings unbenommen, im konkreten Fall die zuständigen Aufsichtsbehörden zu informieren.[138]

107 Sind Maßnahmen nach der Anlage zu § 9 Satz 1 im Sinne von § 87 Abs. 1 Nr. 6 BetrVG dazu geeignet, das Verhalten und die Leistung der AN zu überwachen, fällt dem BR ein

---

134 Ausführlich zur Anwendbarkeit Däubler, Gläserne Belegschaften?, Rn. 630 ff.
135 Buschmann in DKKW, § 80 Rn. 10 m.w.N.; Wedde AiB 2003, 290.
136 Wedde AiB 2003, 290.
137 Vgl. hierzu Berg in DKKW, § 77 Rn. 88.
138 Vgl. § 38 und allgemein Buschmann in DKKW, § 80 Rn. 10 m.w.N.

Technische und organisatorische Maßnahmen § 9

echtes Mitbestimmungsrecht zu.[139] Die in § 87 BetrVG genannte Voraussetzung wird im Regelfall durch technisch-organisatorische Maßnahmen nach den Nr. 1 bis 8 der Anlage zu § 9 erfüllt. Hierbei ist zu beachten, dass es für das Einsetzen des Mitbestimmungsrechts unerheblich ist, ob der Arbeitgeber entsprechende Kontrollmaßnahmen tatsächlich durchführt oder durchführen will. Ausschlaggebend ist allein die (auch nur theoretische) Möglichkeit von Verhaltens- und Leistungskontrollen. Dem BR steht damit die Möglichkeit offen, die Interessen der Beschäftigten durch Abschluss von Betriebsvereinbarungen zu wahren, die sich auf den Bereich des technischen und organisatorischen Datenschutzes beziehen. Neben Regelungen zur Ausgestaltung zulässiger Auswertungen können auch Verwertungsverbote nach Zweckänderungen bzw. zum Nachteilsschutz verankert werden.[140]

Maßnahmen der technisch-organisatorischen Datensicherung können im konkreten Einzelfall Mitbestimmungsrechte nach anderen Vorschriften des BetrVG auslösen. Werden beispielsweise zur Zutrittskontrolle gemäß Nr. 1 Zugangskartensysteme eingeführt, deren Ausweise sichtbar am Körper getragen werden müssen, kann dies als Vorgabe zum Verhalten der Beschäftigten im Regelfall den Tatbestand des § 87 Abs. 1 Nr. 1 BetrVG zur Ordnung im Betrieb erfüllen.[141] Sind im Rahmen der Zutritts-, Weitergabe- oder Verfügbarkeitskontrolle bauliche Maßnahmen notwendig (etwa die Verlagerung der DV-Abteilung in sichere Kellerräume oder in das Dachgeschoss), kann dies als Betriebsänderung i. S. v. § 90 Abs. 1 BetrVG zu qualifizieren sein. Gleiches gilt, wenn einzelne Arbeitsplätze durch den Einbau von Schutzwänden oder -scheiben verändert werden.[142] **108**

Zur Wahrnehmung seiner kollektivrechtlichen Mitwirkungs- und Mitbestimmungsrechte haben BR zu allen betrieblichen Arbeitsplätzen ein Zugangsrecht.[143] Damit sie ihren gesetzlichen Aufgaben nachkommen können, müssen AG ihnen sowohl ein physisches Zugangsrecht zu allen DV-Bereichen als auch ein elektronisches Zugriffsrecht auf alle Systeme gewähren, da nur so sichergestellt ist, dass alle gesetzlich zulässigen bzw. vorgeschriebenen Kontrollen und Prüfungen möglich sind. Da der BR Teil der speichernden Stelle ist, sind derartige Rechte datenschutzrechtlich unbedenklich, solange sie zweckgebunden erfolgen. Die angesprochenen Rechte stehen dem BR mit Blick auf § 1 Abs. 2 Nr. 3 auch bezüglich nicht automatisierter Dateien zu. Damit werden beispielsweise auch in manuellen Personalakten erfasste Informationen einbezogen. **109**

bb) Rechtspositionen nach dem BPersVG

Die vorstehenden Aussagen für den BR gelten entsprechend auch für Personalräte im Bereich der Bundesverwaltung. Vergleichbare gesetzliche Regelungen finden sich im **110**

---

139 Vgl. ausführlich Klebe in DKKW, § 87 Rn. 135 ff. m. w. N.; zum AN-Datenschutz Leopold, DuD 2006, 274.
140 Vgl. Wedde AiB 2003, 290 f.
141 Klebe in DKKW, § 87 Rn. 50 f. m. w. N.; a. A. BAG, AP Nr. 7 zu § 87 BetrVG 1972, das ein Mitbestimmungsrecht abgelehnt hat.
142 Ausführlich Klebe in DKKW, § 90 Rn. 7 ff.
143 Buschmann in DKKW, § 80 Rn. 14 ff.

§ 9 Technische und organisatorische Maßnahmen

BPersVG. Die Mitwirkungs- und Mitbestimmungstatbestände sind zu den hier einschlägigen Themen strukturell gleich ausgestaltet.

111 Werden Mitarbeiterdaten aus Datensicherungsgründen erhoben, verarbeitet oder genutzt, hat der PR gemäß § 68 Abs. 1 Nr. 2 BPersVG über die Einhaltung aller zugunsten der Beschäftigten geltenden Gesetze zu wachen. Hierzu gehört auch das BDSG.[144] Die Überwachungsrechte vom PR erfassen automatisierte und nicht automatisierte Dateien gleichermaßen.

112 Im Konfliktfall steht Personalräten nach § 66 Abs. 3 BPersVG die Einschaltung des zuständigen BfD frei, wenn eine Einigung in der Dienststelle nicht erzielt werden konnte.[145]

113 Beinhalten Datensicherungsmaßnahmen die Möglichkeit von Verhaltens- und Leistungskontrollen, kommen aufgrund der textidentischen Aussage zu § 87 Abs. 1 Nr. 6 BetrVG, bei der Anwendung § 75 Abs. 3 Nr. 17 BPersVG, die gleichen Grundsätze wie im Bereich der Betriebsverfassung zur Anwendung (vgl. Rn. 107). Das BVerwG hat diesbezüglich die Rechtspositionen des BAG weitgehend übernommen.[146] PR wird damit der Weg zum Abschluss von einschlägigen Dienstvereinbarungen eröffnet.[147] Allerdings ist im Bereich der Mitbestimmung auf Landesebene zu beachten, dass einzelne Landespersonalvertretungsgesetze die Mitbestimmungsrechte des PR bezüglich Leistungs- und Verhaltenskontrollen inzwischen beschränken. So besteht das Mitbestimmungsrecht bezüglich der Einführung und Anwendung von technischen Einrichtungen nach § 87 Abs. 1 Nr. 32 HmbPersVG im Rahmen der »eingeschränkten Mitbestimmung« und sonstiger Beteiligung nur noch, wenn diese das Verhalten oder die Leistung von Angehörigen des öffentlichen Dienstes tatsächlich überwachen sollen und nicht mehr bereits dann, wenn sie hierfür geeignet sind.

114 Einen grundlegenden Unterschied bei der Wahrnehmung kollektiver Rechte gibt es im öffentlichen Bereich bezüglich der Zugangsrechte zu Arbeitsplätzen. Dieses ist nach der bisher geltenden Rechtsprechung vom Einvernehmen mit den Dienststellenleitern abhängig.[148] Obwohl die Dienststellenleitung Zugangsrechte nur aus triftigen Gründen verweigern darf, besteht für den PR damit im Einzelfall bezüglich besonders gesicherter DV-Bereiche eine hohe Hürde, die die Wahrnehmung der bestehenden gesetzlichen Rechte erschweren kann. Aus dem Blickwinkel des Datenschutzes ist diese Hürde nicht zu rechtfertigen, unterliegen doch auch die Mitglieder des PR als Beschäftigte der verantwortlichen Stelle den gleichen datenschutzrechtlichen Geheimhaltungsvorschriften wie alle anderen Mitarbeiter auch.

115 Ähnliche Rechte wie BR haben PR bezüglich der aus Datensicherungsgründen ggf. notwendig werdenden Gestaltung der Arbeitsplätze gem. § 75 Abs. 3 Ziff. 16 BPersVG.

---

144 Vgl. Altvater u.a., § 68 Rn. 3 m.w.N.
145 Däubler, Gläserne Belegschaften?, Rn. 849.
146 Vgl. BVerwG CR 1988, 500; PersR 1992, 147; PersR 1993, 30.
147 Ausführlich Vogelsang CR 1992, 407 ff. sowie Wedde AiB 2003, 290 f.
148 BVerwG PersR 1990, 177; Däubler, Gläserne Belegschaften?, Rn. 844.

§ 9a Datenschutzaudit

§ 9a Datenschutzaudit

Zur Verbesserung des Datenschutzes und der Datensicherheit können Anbieter von Datenverarbeitungssystemen und -programmen und Daten verarbeitende Stellen ihr Datenschutzkonzept sowie ihre technischen Einrichtungen durch unabhängige und zugelassene Gutachter prüfen und bewerten lassen sowie das Ergebnis der Prüfung veröffentlichen. Die näheren Anforderungen an die Prüfung und Bewertung, das Verfahren sowie die Auswahl und Zulassung der Gutachter werden durch besonderes Gesetz geregelt.

Übersicht

	Rn.
1. Allgemeines	1–11a
2. Produkt-Gütesiegel	12
3. Verfahrensaudit	13, 14
4. Gesetzliche Regelung	15, 16

1. Allgemeines

Mit dem Datenschutzaudit wird primär das Ziel der **Selbstregulierung** über marktwirtschaftliche Anreize verfolgt.[1] Den Daten verarbeitenden Stellen sollen gesetzliche Anreize gegeben werden, ihre IT-Produkte und Verfahren datenschutzgerecht oder datenschutzfördernd zu gestalten. Durch die förmliche Bestätigung im Rahmen eines Auditverfahrens sollen die verantwortlichen Stellen einen Qualitätsnachweis in die Hand bekommen, mit dem sie öffentlich werben und dadurch einen Wettbewerbsvorteil erzielen können. Vergleichbare Instrumente gibt es in anderen Staaten, z. B. in den USA[2] oder in Japan.[3] Mit dem Audit soll allen Beteiligten eine **höhere rechtliche und technische Sicherheit** gegeben werden: Nicht im Nachhinein werden – repressiv – Rechtsverstöße und Missbräuche festgestellt, sondern – präventiv – schon bei der Produkt- und Verfahrensgestaltung vermieden. Eine obligatorische Zertifizierung des Datenschutzkonzepts von De-Mail-Anbietern durch die BfDI ist in § 18 Abs. 3 Nr. 4 De-Mail-G vorgesehen. 1

Regelungen zum Datenschutzaudit waren zunächst in die Multimedia-Gesetzgebung eingeflossen (1997: § 17 MDStV, 2001: § 21 MDStV), die dann 2001 in das BDSG übernommen wurden.[4] Bei § 9a handelt es sich um eine **unvollständige Regelung**, da diese auf ein besonderes Gesetz verweist, das bis heute nicht existiert. 2

In dem Gesetzentwurf der Bundesregierung zur Änderung datenschutzrechtlicher Vorschriften vom 18.2.2009 war ein »**Datenschutzauditgesetz** (DSAG)« vorgesehen.[5] Der Entwurf gab den Anbietern von IT-Produkten und Verantwortlichen von Verfahren jedoch keine überprüfbare Zusicherung, dass ihre Angebote mit dem Datenschutz 3

---

1 Bock in Schmidt/Weichert, 2012, S. 310.
2 Grimm/Roßnagel, DuD 2000, 446; Roßnagel in Roßnagel, 2003, S. 447 ff.
3 Roßnagel, DuD 2001, 154; Roßnagel in Roßnagel, 2003, S. 450 ff.
4 Scholz in Simitis, § 9a Rn. 2; Gola/Schomerus, § 9a Rn. 1 f.; Roßnagel in Roßnagel, 2003, S. 442 ff.; zur Regelungskompetenz Bizer/Petri, DuD 2001, 97 ff.
5 BT-Drs. 16/12011, Art. 1.

vereinbar sind. Private Kontrollstellen sollten mit dem Instrument des sog. Kontrahierungszwangs zur Übernahme von Datenschutzkontrollen verpflichtet werden, ohne dass gewährleistet wurde, dass sie über die hierfür nötigen Ressourcen verfügen. Es fehlten Transparenzregeln, so dass die Nutzenden sowie die Betroffenen oder Interessierte keine Ansatzpunkte für Nachvollziehbarkeit der Zertifizierung erhielten; ja es war nicht einmal eine Gewähr vorgesehen, dass überhaupt eine seriöse Überprüfung stattfindet. Den Datenschutzaufsichtsbehörden sollten zusätzliche Kontrollaufgaben ohne Mehrwert für den Datenschutz auferlegt werden: gegenüber den Kontrollstellen und bei der Rücknahme von Zertifizierungen. Ein großer Datenschutzauditausschuss, der mit Interessenvertretern besetzt werden sollte, wäre ohne konkrete Anlässe mit der Erstellung abstrakter Richtlinien zur Fortentwicklung des Datenschutzes beauftragt worden. Für das Bundesinnenministerium waren weitgehende Entscheidungs- und Vetorechte vorgesehen – wie bei der Besetzung des Ausschusses, beim Festlegen der Verfahren und bei der Feststellung der Datenschutzanforderungen. Der Entwurf wurde deshalb einhellig von allen relevanten Beteiligten, sowohl von den Datenschutzbehörden als auch von der Wirtschaft, abgelehnt.[6]

3 a Auf Grundlage eines Bundestagsbeschlusses vom 28.6.2012 wurde im Januar 2013 in Leipzig ohne gesetzliche Grundlage eine **Stiftung Datenschutz** gegründet, deren Aufgabe es u. a. sein sollte, ein Datenschutzgütesiegel zu entwickeln, mit dem Verbraucherinnen und Verbrauchern eine Orientierung über datenschutzfreundliche Punkte gegeben wird.[7] Die finanzielle und personelle Ausstattung der Stiftung erlaubt es nicht, diese anspruchsvolle Aufgabe wahrzunehmen. Immerhin erstellt die Stiftung einen Überblick über die im deutschsprachigen Raum angebotenen Datenschutzzertifizierungen.[8]

3 b Am 13.4.2015 wurde ein vom Bundeswirtschaftsministerium (BMWi) gefördertes Pilotprojekt »**Datenschutzzertifizierung für Cloud-Dienste**« abgeschlossen. In diesem Projekt wurden von Vertretern von Wissenschaft, Wirtschaft (insbes. IT- und Cloud-Anbieter, Zertifizierungsstellen) und Aufsichtsbehörden, unterstützt vom BMWi und der Europäischen Kommission, ein Konzept für die Datenschutzzertifizierung von Cloud-Diensten mit »Eckpunkten eines Zertifizierungsverfahrens«, Leitfäden zum Cloud-Computing und zu Haftungsrisiken, Thesen- und Arbeitspapieren sowie einem Prüfkatalog erarbeitet.[9]

4 Inzwischen ist weitgehend unbestritten, dass ein fakultatives Datenschutzaudit zur **freiwilligen Verbesserung des Schutzes** informationeller Selbstbestimmung einen wichtigen Beitrag leisten kann.[10] Verpflichtende Regelungen sind bisher nicht erwogen

---

6 ULD-Stellungnahme v. 23.3.2009 https://www.datenschutzzentrum.de/bdsauditg/20090323-dsag-bdsg.html; Schultze-Melling in Taeger/Gabel, § 9 a, Rn. 9 ff.; Hornung in Auernhammer § 9 a Rn. 15 ff.
7 DuD 2012, 696; DuD 2013, 260; DANA 4/2012, 165; Onstein, DuD 2011, 234; Piltz/Schulz, RDV 2011, 117; Berliner Datenschutzrunde, Stiftung Datenschutz, 2011, http://www.berliner-datenschutzrunde.de/stiftung-datenschutz; kritisch Wagner, DuD 2012, 825; ders. RDV 2011, 22); Weichert, DuD 2012, 230.
8 Vgl. https://stiftungdatenschutz.org/zertifizierungsubersicht/.
9 Abrufbar unter http://www.trusted-cloud.de/; dazu Borges DuD 2014, 165; zum Audit von Auftragsdatenverarbeitern auch Bittner, RDV 2014, 315; vgl. Rn. 6 a.
10 Kritisch Drews/Kranz, DuD 1998, 93; Gola/Schomerus § 9a Rn. 5: Beschränkung der betrieblichen Selbstkontrolle durch bDSB, kostenaufwändige Bürokratie.

Datenschutzaudit § 9a

worden; sie sind nicht ausgeschlossen, sollten aber nicht im Vordergrund stehen. Die Wirksamkeit von Audits besteht vor allem dort, wo Dritte (Vertragspartner) Vertrauen in die Datenschutzkonformität der Verarbeitung einfordern. Dies gilt für Internet-Angebote[11] oder auch für die Verarbeitung fremder besonders sensibler Daten, etwa im Gesundheitsbereich.[12] Audits haben aber darüber hinausgehend im gesamten Sektor der Verbraucherdatenverarbeitung sowie in der geschäftlichen Datenverarbeitung eine Daseinsberechtigung. Überschneidungen gibt es mit Zertifizierungen, bei denen Datenschutz ein Bestandteil darstellt (z. B. ISO 27001, 27002, 27018)[13] sowie bei Zertifikaten zur Datensicherheit.[14] Adressaten eines Datenschutzaudits können nicht nur verantwortliche Stellen sein, sondern auch Auftragsdatenverarbeiter oder Anbieter von Software oder Hardware, deren Produkte zur personenbezogenen Datenverarbeitung eingesetzt werden können.[15]

Es ist nicht ausgeschlossen, dass Audits als gesetzliche **zwingende Voraussetzung** für bestimmte Formen der Datenverarbeitung festgelegt werden. Möglich ist auch, im Fall des Vorliegens von Audits bestimmte formelle Erleichterungen vorzusehen, wobei dies jedoch nicht dazu führen darf, dass die materiellen Regelungen und die Betroffenenrechte beeinträchtigt werden. Audits bieten sich insofern vor allem dort an, wo verantwortliche Stellen mangels technischer und/oder rechtlicher Kompetenz ihre Verantwortung nur eingeschränkt wahrnehmen können, wie dies oft bei der Auftragsdatenverarbeitung allgemein bzw. beim Cloud Computing speziell der Fall ist, und das Audit der Nivellierung des Kompetenzgefälles dient (s. o. Rn. 3 b).[16]   4a

Im Rahmen des Audits erfolgt eine **Dokumentation und Bewertung**, die eine Beurteilungsgrundlage für alle beteiligten Stellen darstellen kann: Produkthersteller, Verfahrensbetreiber, Anwender, Betroffene, betrieblicher Datenschutzbeauftragter, Aufsichtsbehörde, Vertragspartner und Öffentlichkeit.[17] Je detaillierter und nachvollziehbarer Dokumentation und Bewertung sind, desto leichter ist die kritische Hinterfragung und desto höher die Vertrauenswürdigkeit. Die Auditierung von Produkten und Verfahren fördert zugleich die Erarbeitung von Standards, Best Practices oder Schutzprofilen, die bei der Forschung und Entwicklung frühzeitig berücksichtigt werden können.[18] Mit Datenschutzaudits werden nicht nur Fragen zur **IT-Sicherheit**[19] beantwortet, sondern auch solche zur Vereinbarkeit mit materiellem Datenschutzrecht, zur Umsetzung von Betroffenenrechten und zu einem effektiven Datenschutzmanagement. Zielsetzung des Audits ist nicht nur die Bestätigung von Gesetzeskonformität, sondern darüber hinausgehend eine Datenschutzoptimierung, so dass Audits zu einer überge-   5

---

11 Hladjk, DuD 2002, 597.
12 Dazu ausführlich Weichert, MedR 2003, 674.
13 Cloud – Datenschutzprofil für Cloud-Dienste, April 2015, S. 5 f.
14 Common Criteria, BSI-Grundschutzhandbuch; Ruländer/Weck, DuD 2003, 692; Münch, DuD 2002, 346; Voßbein, DuD 2006, 33; Meints, DuD 2006, 13; Gora, DuD 2009, 238.
15 Plath in Plath, § 9a Rn. 6.
16 Kompetenzzentrum TrustedCloud, 2012; http://www.trusted-cloud.de/documents/Daten schutzrechtliche-Loesungen-fuer-Cloud-Computing.pdf.
17 Hammer/Schuler, DuD 2007, 77.
18 Z. B. für Online-Dienste Schaar/Stutz, DuD 2002, 330; Schläger/Stutz, DuD 2003, 406; Föhlisch, DuD 2004, 74; Zwick, DuD 2006, 24.
19 Quiring-Kock, DuD 2010, 178; Kersten/Schröder, DuD 2011, 565, 650, 726, 802.

§ 9a   Datenschutzaudit

setzlichen Verbesserung und Weiterentwicklung des Datenschutzes beitragen können.

6 Gütesiegel und Auditzeichen können für das **Marketing und für Werbung** genutzt werden. Die Verwendung von Gütezeichen, Qualitätskennzeichen oder Ähnlichem sowohl von öffentlichen wie von privaten Stellen ohne die Erfüllung der festgelegten Voraussetzungen (einschließlich evtl. nötiger Zertifikate und Genehmigungen) ist eine Irreführung im Wettbewerb und stellt einen Verstoß gegen Wettbewerbsrecht dar (Nr. 2 Anhang zu § 3 Abs. 3 UWG). Das Gleiche gilt, wenn gegenüber Verbrauchern eine unwahre Angabe gemacht wird, ein Unternehmen, eine von ihm vorgenommene geschäftliche Handlung, eine Ware oder eine Dienstleistung sei von einer öffentlichen Stelle bestätigt, gebilligt oder genehmigt worden (Nr. 4 Anhang zu § 3 Abs. 3 UWG). Dies wäre gegeben, wenn ausdrücklich werbend auf ein nicht bestehendes Gütesiegel verwiesen wird.[20] Produkte mit Zertifizierungen können auch privilegiert bei öffentlichen oder privaten Ausschreibungen behandelt werden (so ausdrücklich § 4 Abs. 2 LDSG SH).

6a Abgesehen von hoheitlichen Verfahren (s. u. Rn. 8) basieren bisher die bestehenden Datenschutzzertifizierungen auf einer rein **vertragsrechtlichen Basis**.[21] Die Verträge können eine Schutzwirkung zugunsten Dritter entfalten. In den Verträgen sind u. a. regelungsbedürftig: Inhalte und Aussage des Zertifikats, Rechtswirkungen, Geltungsdauer, Geltungsbereich, Prüfanforderungen, Prüfintensität, Kosten, Voraussetzungen für Prüf- und Zertifizierungsstelle, Rücknahme des Zertifikats, Haftung, Rechtsmittel.[22]

7 Größere Unternehmen und Konzerne führen **interne Audits** durch.[23] Private Stellen bieten für andere Unternehmen auch externe Audits auf vertraglicher Basis an.[24] Diese Audits leiden allerdings weitgehend unter dem Problem unzureichender Glaubwürdigkeit und Vertrauenswürdigkeit, da die Bewertungskriterien, das Verfahren und die Bewertung von den Auditierer selbst festgelegt und nur selten transparent gemacht werden.[25] Um in diesen Fällen die Seriosität zu gewährleisten, bedarf es für die privaten Auditoren einer größtmöglichen Unabhängigkeit. Nur durch die Offenlegung der Kriterien und des Verfahrensablaufs können die Ergebnisse nachvollzogen werden.

8 In einem **hoheitlichen Verfahren** kann die Unabhängigkeit und Seriosität der Auditierung durch die staatliche Autorität erhöht werden. Zugleich wird über die rechtliche Bindung eine Überprüfbarkeit gewährleistet, was die Gefahr von Gefälligkeitsaudits verringert. Die weltweit ersten hoheitliche Auditverfahren wurde mit den §§ 4 Abs. 2,

---

20 Gola/Reif, RDV 2009, 111.
21 Zur Zertifizierung von Auftragsdatenverarbeitern durch BvD/GDD Staub, DuD 2014, 156; LDI NRW, DuD 2014, 6; zum EuroCloud Star Audit Weiss, DuD 2014, 170.
22 Kompetenzzentrum Trusted Cloud, Eckpunkte eines Zertifizierungsverfahrens für Cloud-Dienste, April 2015, http://www.trusted-cloud.de.
23 Voßbein, DuD 2006, 713; Bijok/Kling/Wiebler, DuD 2004, 621; Ulmer/Zwick, DuD 2004, 85; Neundorf, DuD 2002, 338; Sievers/Weber, DuD 2002, 342.
24 Z. B. Quid, dazu Wedde/Schröder, Das Gütesiegel für Qualität im betrieblichen Datenschutz, 2001; Rösser, DuD 2003, 401; Überblicke bei Feik/von Lewinski, ZD 2014, 59; Schuler CF 3/2003, 24; HladjkDuD 2002, 672.
25 Scholz in Simitis, § 9a, Rn. 11.

Datenschutzaudit § 9a

43 Abs. 2 LDSG SH in Schleswig-Holstein eingeführt.[26] Diese beschränken sich aber – wegen der begrenzten Gesetzgebungszuständigkeit – auf Verfahren, an denen öffentliche Stellen des Landes beteiligt sind bzw. auf Produkte, die dort eingesetzt werden können. § 4 Abs. 2 LDSG SH regelt, dass auditierte Produkte von öffentlichen Stellen vorrangig eingesetzt werden sollen. Das Gütesiegel ist somit ein wesentliches Qualitätsmerkmal bei öffentlichen Ausschreibungen.[27] Inzwischen gibt es Auditverfahren für öffentliche Stellen in weiteren Bundesländern.[28] Die auf nationaler und auf europäischer Ebene angebotenen hoheitlich regulierten und/oder durchgeführten Verfahren sollten aufeinander abgestimmt werden.[29] Bei Audits durch hoheitliche Stellen, die zugleich Kontroll- und Sanktionsaufgaben wahrnehmen, stellt sich das Problem einer möglichen Interessenkollision. Dieses lässt sich nur dadurch lösen, dass eine strenge Trennung zwischen den kontrollierenden und den auditierenden Organisationsteilen erfolgt.

Seit 2008 gibt es ein **Europäisches Datenschutzgütesiegel** (European Privacy Seal – EuroPriSe).[30] Aus einem von der EU geförderten Projekt hervorgegangen, werden in einem 2-stufigen Verfahren IT-Produkte und -Dienstleistungen zertifiziert, wenn der Nachweis gelingt, dass das Produkt bzw. die Dienstleistung mit europäischem Datenschutzrecht in Einklang steht.[31] Dem Vorbild des schleswig-holsteinischen Gütesiegels folgend, wird in einem ersten Schritt von den beauftragten Sachverständigen die Konformität mit EU-Datenschutzrecht und mit den Erfordernissen der Datensicherheit geprüft. Deren Expertise wird danach im zweiten Schritt von einer unabhängigen Zertifizierungsstelle auf ihre Qualität, also auf Vollständigkeit, Schlüssigkeit und Nachvollziehbarkeit untersucht und im Fall eines positiven Ergebnisses mit dem EuroPriSe-Zertifikat ausgezeichnet. Dieses kann für Werbezwecke genutzt werden.[32] EuroPriSe ist seit Anfang 2014 privatisiert und im Markt eingeführt.[33]

Bei den Audits kann unterschieden werden zwischen: 1. der Prüfung und Bewertung von Datenverarbeitungssystemen und -programmen, die auf dem Markt Dritten angeboten werden (**Produktaudit oder Gütesiegel**), und 2. von Daten verarbeitenden Stellen, bei denen die Datenschutzkonformität von eigenen eingesetzten Organisationen, Verfahren bzw. Verfahrensteilen festgestellt wird (**Verfahrensaudit**).[34] Der Gegenstand der Zertifizierung (Target of Evaluation –ToE) muss wegen der sich dauernd

---

26 Bäumler, RDV 2001, 167; ders. DuD 2002, 325; aktuelle Informationen unter *http://www.datenschutzzentrum.de/audit* bzw … *.de/guetesiegel*.
27 Zum Wirtschaftsrecht Petri, DuD 2001, 150.
28 Überblick bei Gola/Schomerus, § 9a, Rn. 14; Scholz in Simitis, § 9a, Rn. 19 f.; zu Bremen Holst DuD 2004, 710; abgedruckt in RDV 2005, 26; zu Mecklenburg-Vorpommern *https://www.datenschutz-mv.de/datenschutz/guetesiegel/guetesiegel.html*.
29 Münch, RDV 2003, 223.
30 European Privacy Seal – EuroPriSe; Meissner, DuD 2014, 153; D, DuD 2014, 222; Bock, DuD 2008, 712; dies. DuD 2008, 610; dies. DuD 2007, 410.
31 Zu den Zertifizierungskriterien Meissner, DuD 2008, 525.
32 Eine umfassende Darstellung von Datenschutzzertifizierungen ist zu finden in ULD, Datentreuhänderschaft in der Biobank-Forschung – bdcAudit, Schlussbericht 30.4.2009; *https://www.datenschutzzentrum.de/biobank/20090630-abschlussbericht-biobanken.pdf*.
33 35. TB ULD 2015, Kap. 9.3.
34 Zur Terminologie Hornung in Auernhammer § 9a Rn. 4.

verändernden Versionen, den Schnittstellen zu anderen Produkten und Verfahren sowie dem jeweiligen Anwendungsumfeld präzise beschrieben werden.[35] Wegen sich oft ändernder Rahmenbedingungen und des teilweise schnellen Innovationszyklus kann ein regelmäßiges Monitoring vorgesehen werden. Bei komplexen Produkten (z. B. Cloud Computing) ist auch eine modulare Zertifizierung möglich.[36]

11 Bei den Audit-Inhalten kann grob zwischen (materiell-) **rechtlichen und technisch-organisatorischen Anforderungen** unterschieden werden. Mindestvoraussetzung jeder Zertifizierung ist, dass die gesetzlichen Anforderungen eingehalten werden bzw. eingehalten werden können. Zudem müssen Gestaltungsanforderungen des Datenschutzes, vor allem Datenvermeidung und Datensparsamkeit (§ 3 a), berücksichtigt werden. Streitig ist, in welchem Maße darüber hinausgehende Datenschutzvorteile vorliegen müssen (dagegen die Zertifizierungen des ULD, s. u. Rn. 12 f.).[37] Anders als im Bereich des Datenschutzrechts gibt es im Bereich der IT-Sicherheit[38] (s. o. Rn. 4) und im Bereich des Managements[39] schon Traditionen, auf die bei der Datenschutzzertifizierung zurückgegriffen werden kann und die einen wichtigen Bestandteil des umfassenderen Datenschutzaudits darstellen. Ebenso können nationale oder internationale Standards (z. B. von DIN oder ISO/IEC) zur Grundlage von Zertifizierungsanforderungen genommen werden.[40]

11 a Bei jedem Auditverfahren, insbesondere unter Einbeziehung von privaten Stellen, stellt sich die Aufgabe, die Unabhängigkeit, Fachkunde und Zuverlässigkeit dieser privaten Stellen zu gewährleisten. Dies geschieht regelmäßig durch **Zulassungs- oder Akkreditierungsverfahren**.[41] In der Praxis wird zwischen der Zulassung bzw. Akkreditierung von Einzelgutachtern und Zertifizierungsstellen unterschieden sowie zwischen rechtlicher und technischer bzw. umfassend rechtlich-technischer Expertise. Voraussetzungen und Verfahren der Zulassung sollten selbst formalisiert, eindeutig festgelegt und transparent sein.[42]

2. Produkt-Gütesiegel

12 Gemäß der in Schleswig-Holstein etablierten Terminologie wird bei der **Auditierung von Produkten** vom Gütesiegel-Verfahren gesprochen (§ 4 Abs. 2 LDSG SH). Anbieter von IT-Produkten können ihre Angebote von technischen und rechtlichen Sachverständigen, die beim Unabhängigen Landeszentrum für Datenschutz Schleswig-Holstein (ULD) akkreditiert sind, begutachten lassen. Diese Gutachten dokumentieren präzise das IT-Produkt, dessen Zweck und Einsatzbereich, besondere datenschutzrelevante Eigenschaften und deren Bewertung. Auditierungsvoraussetzung ist, dass beim regelgerechten Einsatz des Produkts die materiellen Voraussetzungen des Datenschutzrechts

---

35 Hammer/Schuler, DuD 2007, 79; Bizer in Simitis, 2005, § 9 a Rn. 55 ff.
36 Kompetenzzentrum Trusted Cloud, Modulare Zertifizierung von Cloud-Diensten, März 2014, http://www.trusted-cloud.de.
37 Dafür Hammer/Schuler, DuD 2007, 81.
38 Weck, DuD 2007, 84.
39 Rost, DuD 2013, 296; Meints, DuD 2007, 91.
40 So z. B. bei Trusted Cloud, Rn. 3 b.
41 Hornung in Auernhammer § 9 a Rn. 62 ff.
42 Scholz in Simitis, § 9 a, Rn. 36 f.

Datenschutzaudit § 9a

beachtet werden, vor allem die Regelungen zur Datenvermeidung und Datensparsamkeit (§ 4 Abs. 1 LDSG SH, vgl. § 3a BDSG), zur Datensicherheit und Revisionsfähigkeit der Datenverarbeitung (§§ 5, 6 LDSG SH, vgl. § 9 BDSG) und zur Gewährleistung der Betroffenenrechte. Nach Anerkennung erhält das Produkt ein Gütesiegel, mit dem öffentlich geworben werden kann. Ein Kurzgutachten mit den wichtigsten Angaben zum Produkt wird im Internet veröffentlicht.[43]

3. Verfahrensaudit

Beim Verfahrensaudit erfolgt die Prüfung und Beurteilung des Datenschutzkonzeptes einer Daten verarbeitenden Stelle, eines Teils davon und/oder dessen Umsetzung.[44] In Schleswig-Holstein können einzelne automatisierte oder nicht-automatisierte Verfahren, abgrenzbare Teilbereiche oder die gesamte Daten verarbeitende Stelle Gegenstand des vom ULD selbst durchgeführten Auditverfahrens sein. Es erfolgt in fünf Schritten: Bestandsaufnahme, Festlegung der Datenschutzziele, Einrichtung eines Datenschutzmanagementsystems, Auditverleihung. Einbezogen werden sämtliche betroffenen Geräte, Programme, Verfahrensabläufe und Organisationsstrukturen. Auch hier erfolgen sowohl eine materiell-rechtliche als auch eine sicherheitstechnische Überprüfung. Zentraler Aspekt ist die Einrichtung eines **Datenschutzmanagementsystems**, das die interne Organisation im Hinblick auf die Erreichung der Datenschutzziele und das Einhalten der Gesetzesvorgaben darstellt.[45]

13

Beim Datenschutzmanagementsystem kommt neben der Stellenleitung und den IT-Verantwortlichen den behördlichen bzw. **betrieblichen Datenschutzbeauftragten** (bDSB) eine zentrale Funktion zu. Der bDSB muss bei der Auditierung von Anfang an mit eingebunden sein, um eine enge Verzahnung der auditierten und der auditierenden Stelle zu sichern. Hoheitliche Auditierungen bieten sich auch an als Vorabprüfungen durch die jeweilige Kontrollbehörde, die statt der nachschauenden eine vorsorgende Datenschutzbewertung vornehmen kann.

14

4. Gesetzliche Regelung

Nach Satz 2 bedarf die **nähere Gestaltung des Audits** einer Regelung durch Gesetz. In diesem Gesetz sind das Verfahren der Prüfung und Bewertung sowie die Akkreditierungsvoraussetzungen von einbezogenen Sachverständigen festzulegen. Bei den Sachverständigen müssen qualitative Mindestanforderungen formuliert werden, die eine rechtliche und technisch sachkundige Aufgabenwahrnehmung sichern.[46] Es muss fest-

15

---

43 Gütesiegel-Verordnung v. 3.11.2008, GVOBl. SH 2008, 562; Schläger, DuD 2004, 459; Bäumler, DuD 2004, 80.
44 Bizer, DuD 2006, 5.
45 Rost, DuD 2013, 95; Martin in Schmidt/Weichert, 2012, S. 390; Prietz, DuD 2012, 14; Karper/Maseberg, DuD 2010, 704; Quiring-Kock, DuD 2012, 832; Bausteine für freiwillige Audits bei Bizer, DuD 2006, 5; Hinweise des ULD zur Durchführung des Datenschutz-Behördenaudits nach § 43 Abs. 2 LDSG: *https://www.datenschutzzentrum.de/material/recht/audit.htm*; vgl. Behrendt DuD 2006, 20.
46 Voßbein, DuD 2004, 92; AK des BvD, DuD 2003, 700.

gelegt werden, wer die Zertifikate verleiht, wer die Prüfungen vornimmt und wie eine Qualitätssicherung gewährleistet wird. Die Geltungsdauer ist festzulegen und ein Verfahren der Re-Auditierung wegen Zeitablauf oder wegen wesentlicher Änderungen des Audit-Objekts. Denkbar sind ein 1-stufiges Verfahren (ausschließlich Durchführung des Audits durch eine öffentliche oder private Stelle) oder ein 2-stufiges Verfahren (Begutachtung durch private Stelle, Prüfung und Auditverleihung durch öffentliche Stelle). Die Kontrollinstanzen (vgl. § 24) bzw. die Aufsichtsbehörden nach § 38 sind entweder direkt zu beteiligen oder zumindest indirekt einzubeziehen. In Anforderungsprofilen sind die materiellen Voraussetzungen zur Auditverleihung zu konkretisieren (protection profiles). Angesichts der auf Landesebene bestehenden Verfahren bedarf es einer gegenseitigen Abstimmung bzw. eines Verfahrens der gegenseitigen Anerkennung.

16 In den **Entwürfen einer EU-DSGVO**[47] sind in den Art. 39, 39a die Einführung von datenschutzspezifischen Zertifizierungsverfahren sowie von Datenschutzsiegeln und -zeichen vorgesehen, anhand derer betroffene Personen rasch das von für die Verarbeitung Verantwortlichen oder von Auftragsverarbeitern gewährleistete Datenschutzniveau in Erfahrung bringen können. Diese Verfahren sollen die ordnungsmäßige Anwendung des Datenschutzrechts unter Berücksichtigung der Besonderheiten einzelner Sektoren und Verarbeitungsprozesse gewährleisten.[48]

§ 10 Einrichtung automatisierter Abrufverfahren

**(1) Die Einrichtung eines automatisierten Verfahrens, das die Übermittlung personenbezogener Daten durch Abruf ermöglicht, ist zulässig, soweit dieses Verfahren unter Berücksichtigung der schutzwürdigen Interessen der Betroffenen und der Aufgaben oder Geschäftszwecke der beteiligten Stellen angemessen ist. Die Vorschriften über die Zulässigkeit des einzelnen Abrufs bleiben unberührt.
(2) Die beteiligten Stellen haben zu gewährleisten, dass die Zulässigkeit des Abrufverfahrens kontrolliert werden kann. Hierzu haben sie schriftlich festzulegen:
1. Anlass und Zweck des Abrufverfahrens,
2. Dritte, an die übermittelt wird,
3. Art der zu übermittelnden Daten,
4. nach § 9 erforderliche technische und organisatorische Maßnahmen.
Im öffentlichen Bereich können die erforderlichen Festlegungen auch durch die Fachaufsichtsbehörden getroffen werden.
(3) Über die Einrichtung von Abrufverfahren ist in Fällen, in denen die in § 12 Abs. 1 genannten Stellen beteiligt sind, die oder der Bundesbeauftragte für den Datenschutz und die Informationsfreiheit unter Mitteilung der Festlegung nach Absatz 2 zu unterrichten. Die Einrichtung von Abrufverfahren, bei denen die in § 6 Abs. 2 und in § 19 Abs. 3 genannten Stellen beteiligt sind, ist nur zulässig, wenn das**

---

47 Einl. Rn. 82a.
48 Kompetenzzentrum Trusted Cloud, Datenschutzzertifizierung durch private Stellen, Februar 2015, S. 9, http://www.trusted-cloud.de; Hornung/Hartl, ZD 2014, 219; Jaspers, RDV 2013, 271.

Einrichtung automatisierter Abrufverfahren § 10

für die speichernde und die abrufende Stelle jeweils zuständige Bundes- oder Landesministerium zugestimmt hat.

(4) Die Verantwortung für die Zulässigkeit des einzelnen Abrufs trägt der Dritte, an den übermittelt wird. Die speichernde Stelle prüft die Zulässigkeit der Abrufe nur, wenn dazu Anlass besteht. Die speichernde Stelle hat zu gewährleisten, dass die Übermittlung personenbezogener Daten zumindest durch geeignete Stichprobenverfahren festgestellt und überprüft werden kann. Wird ein Gesamtbestand personenbezogener Daten abgerufen oder übermittelt (Stapelverarbeitung), so bezieht sich die Gewährleistung der Feststellung und Überprüfung nur auf die Zulässigkeit des Abrufes oder der Übermittlung des Gesamtbestandes.

(5) Die Absätze 1 bis 4 gelten nicht für den Abruf allgemein zugänglicher Daten. Allgemein zugänglich sind Daten, die jedermann, sei es ohne oder nach vorheriger Anmeldung, Zulassung oder Entrichtung eines Entgelts, nutzen kann.

Übersicht	Rn.
1. Einleitung	1– 3
2. Zulässigkeit des Abrufverfahrens (Abs. 1)	4– 9
3. Zulässigkeitskontrolle (Abs. 2)	10–14
4. Regelungen für den öffentlichen Bereich (Abs. 3)	15, 16
5. Verantwortung für den einzelnen Abruf (Abs. 4)	17, 18
6. Offene Datenbanken (Abs. 5)	19
7. Sanktionen	20

1. Einleitung

Die Vorschrift, die durch die BDSG-Novellen 2009 nicht betroffen ist, regelt die 1 Voraussetzungen für die Einrichtung von On-line-Anschlüssen. Im BDSG 77 war schon das Bereithalten der Daten zum Abruf als Übermittlung charakterisiert (§ 2 Abs. 2 Nr. 2). Damit war es nur zulässig, wenn ein spezieller Erlaubnistatbestand vorlag (§ 3 Satz 1 BDSG 77).

Das BDSG 90 stellte in § 3 Abs. 5 Nr. 3 demgegenüber nicht mehr auf das bloße 2 Bereithalten ab, sondern auf den realen Abruf von Datenbeständen. Erst hiermit lag eine Übermittlung vor. Die jetzige Fassung hat dies beibehalten. Sie beinhaltet drei redaktionelle Änderungen. Der Empfänger der Daten wird als Dritter bezeichnet (vgl. § 3 Abs. 8 Satz 2), in Abs. 3 wird die sächliche Namensform verwendet und in Abs. 5 wird der Begriff der allgemein zugänglichen Daten weiter präzisiert. Demgegenüber wird in Abs. 3 und 4 weiter der Begriff der speichernden Stelle verwendet, entgegen § 3 Abs. 7, der von der verantwortlichen Stelle spricht.

Der On-line-Zugriff auf personenbezogene Daten birgt für die Betroffenen besondere 3 Risiken.[1] Der Dritte erhält von der speichernden Stelle Verfügungsmöglichkeiten, er kann die Daten selbständig abrufen. Die Notwendigkeit der einzelnen Datennutzung ist dabei kaum überprüfbar. Es ist insofern sehr fraglich, ob die Vorschrift diesem Gefah-

---

[1] Vgl. z. B. Däubler, Gläserne Belegschaften?, Rn. 443; Gola/Schomerus, § 10 Rn. 1; TE, S. 126; Wedde in Wedde AR, § 10 BDSG Rn. 1; Plath in Plath, § 10 Rn. 2.

renpotenzial und auch den Anforderungen, die das BVerfG[2] zum Schutz des informationellen Selbstbestimmungsrechts (Normklarheit, Zweckbindung) aufgestellt hat, mit seinen allgemeinen Formulierungen ausreichend Rechnung trägt.[3] Werden personenbezogene Daten ins Internet gestellt, wie z. B. von UN die Mitarbeiterdaten[4], findet die Vorschrift ebenfalls Anwendung. Kann jedermann die Daten abrufen, liegen die Voraussetzungen des Abs. 5 vor, bei einem geschlossenen Benutzerkreis müssen die der Abs. 1 bis 4 erfüllt werden.[5] Der Entwurf und die Beschlüsse für die DS-GVO enthalten keine vergleichbare Regelung.

2. Zulässigkeit des Abrufverfahrens (Abs. 1)

4 Die Norm gilt für die verantwortliche Stelle ebenso wie für den abrufenden Dritten. Sie umfasst den öffentlichen wie auch den nicht-öffentlichen Bereich. Dabei ist ein zweistufiges Verfahren für die Zulässigkeitsprüfung der Datenweitergabe mittels automatisiertem Abruf vorgesehen: Die Zulässigkeit der Einrichtung des Verfahrens wird in dieser Vorschrift geregelt, darüber hinaus muss auch der einzelne Abruf z. B. nach den §§ 4, 15, 16, 28 ff. oder vorrangigen Spezialvorschriften zulässig sein (vgl. Abs. 1 Satz 2).[6] Der Abruf kann über die entsprechenden Netze sowohl mit mobilen Geräten (Notebook, PDA, Handy) als auch stationären Endgeräten (PC) erfolgen.

5 Bereichsspezifische Regelungen, wie z. B. § 22 AZR oder § 9a HGB, gehen der Norm vor.[7] Im öffentlichen Bereich ist der BfDI über das Vorhaben zu unterrichten. Im privaten Bereich besteht keine Meldepflicht gegenüber der Aufsichtsbehörde (vgl. § 4 d).

6 Anders als in einigen Landesgesetzen[8] fordert die Norm keine besondere Ermächtigungsgrundlage für die Einrichtung automatisierter Abrufverfahren.[9] Der Anschluss ist zulässig, sofern das Verfahren angemessen ist. Dies haben die abgebende und abrufende Stelle gemeinsam zu prüfen. Dabei sind die schutzwürdigen Interessen der Betroffenen und die Aufgaben bzw. Geschäftszwecke der beteiligten Stellen zu berücksichtigen. Bei öffentlichen Stellen hat eine Abwägung nach pflichtgemäßem Ermessen zu erfolgen, im privaten Bereich muss die Abwägung zu einem sachgerechten Interessenausgleich führen. Bloße Wirtschaftlichkeitsüberlegungen können dabei allein nicht ausreichend sein.[10]

7 Bei den schutzwürdigen Interessen sind insbesondere der Schutzweck des BDSG, wie er in § 1 Abs. 1 beschrieben wird, und auch die Ausführungen des BVerfG[11] zum informationellen Selbstbestimmungsrecht zu berücksichtigen;[12] d. h., insbesondere Ge-

---

2 DB 84, 36.
3 Vgl. auch Däubler, Gläserne Belegschaften?, Rn. 443.
4 Vgl. Däubler, Internet und Arbeitsrecht, Rn. 361 ff.
5 Vgl. auch Ehmann in Simitis, § 10 Rn. 24 ff. und Gola/Schomerus, § 10 Rn. 8 a.
6 Dörr/Schmidt, § 10 Rn. 4; Gola/Schomerus, § 10 Rn. 4; TEG, S. 392 f.; Plath in Plath, § 10 Rn. 3.
7 Vgl. z. B. auch von Lewinski in WB, § 19 Rn. 10.1.
8 Vgl. z. B. § 11 Abs. 1 HmbDSG; § 9 Abs. 1 DSGNW.
9 Vgl. auch SW, § 10 Rn. 1.
10 BMH, § 10 Rn. 14; Gola/Schomerus, § 10 Rn. 11; Ehmann in Simitis, § 10 Rn. 70 ff. (74).
11 DB 84, 36; vgl. auch Einleitung Rn. 7 ff.
12 Gola/Schomerus, § 10 Rn. 11.

Einrichtung automatisierter Abrufverfahren § 10

fährdungen für das Persönlichkeitsrecht z. B. wegen der Art der Daten (vgl. Rn. 9), ihres Verwendungszwecks oder auch der Größe des Empfängerkreises.[13] Auf der anderen Seite sind die Aufgaben oder Geschäftszwecke der beteiligten Stellen zu berücksichtigen. Hierbei kann z. b. für die Einrichtung des automatisierten Abrufverfahrens sprechen, dass der Dritte ein Bedürfnis nach besonders schneller Auskunft hat, weil dadurch z. B. Anträge schnell und ohne zeitraubende Anfragen bei der verantwortlichen Stelle bearbeitet werden können,[14] oder auch der Umstand, dass es um Datenübermittlungen von erheblichem Umfang (Massenübermittlungen) geht.[15] Abrufverfahren erfolgen üblicherweise mit Hilfe von Telemedien. Daher findet auch das TMG Anwendung. Bei einem Widerspruch zwischen den Vorschriften geht § 10 vor[16]
Da bei der Auftragsdatenverarbeitung der Auftragnehmer im Verhältnis zum Auftraggeber nicht Dritter i. S. des Gesetzes ist (§ 3 Abs. 18), findet die Vorschrift auf ihn ebensowenig Anwendung, wie z. B. auf Netzbetreiber, die die On-line-Anschlüsse technisch bereitstellen,[17] in Telearbeit Beschäftigte oder auf den BR, dem das Abrufen bestimmter Personaldateien eingeräumt wird.[18]

8

Der Abrufende muss die Zulässigkeit der einzelnen Datenabfrage gem. Abs. 4 in erster Linie selbst prüfen. Dabei besteht, wie oben ausgeführt, die Gefahr, dass auch objektiv nicht erforderliche Übermittlungen durchgeführt werden. Insofern besteht ein erhöhtes Risiko für das Persönlichkeitsrecht des einzelnen Betroffenen. Daher wird man bei bestimmten besonders sensiblen Daten – wie z. B. im Falle eines bestehenden Berufs- oder besonderen Amtsgeheimnisses (vgl. auch § 3 Abs. 9) – die Einrichtung eines automatisierten Verfahrens i. d. R. als unangemessen ansehen müssen.[19]

9

3. Zulässigkeitskontrolle (Abs. 2)

Sofern die materiellen Voraussetzungen für die Zulässigkeit des automatisierten Abrufverfahrens gegeben sind, soll durch Abs. 2 eine generelle Kontrolle, nicht eine Kontrolle des einzelnen Abrufs, ermöglicht werden.[20] Dabei stellen die obersten Bundesbehörden für ihren Geschäftsbereich den Datenschutz selbst sicher (§ 18 Abs. 1). Darüber hinaus kontrolliert der BfDI die öffentlichen Stellen des Bundes (§ 24). Nicht-öffentliche und öffentliche Stellen werden durch den betrieblichen bzw. behördlichen Datenschutzbeauftragten (§§ 4 f, g), nicht-öffentliche zudem durch die Aufsichtsbehörde (§ 38) kontrolliert.

10

Um eine effektive Kontrolle zu ermöglichen, müssen die beteiligten Stellen vor Inbetriebnahme des Verfahrens eine Reihe von Einzelheiten schriftlich festlegen. Bei öf-

11

---

13 Gola/Schomerus, § 10 Rn. 11; von Lewinski in WB, § 10 Rn. 15.
14 BMH, § 10 Rn. 15; Gola/Schomerus, § 10 Rn. 6.
15 BMH, § 10 Rn. 15; Ehmann in Simitis § 10 Rn. 73; SW, § 10 Rn. 4; von Lewinski in WB, § 10 Rn. 18.
16 Ehmann in Simitis, § 10 Rn. 20 ff.; Gola/Schomerus, § 10 Rn. 7 f.; Taeger/Gabel-Schultze-Melling, § 10 Rn. 8.
17 Vgl. auch SW, § 10 Rn. 2, 5 f.
18 Die Zulässigkeit dieser Datennutzung ist allerdings zu prüfen; vgl. auch BAG, DB 98, 627; DKKW-Klebe, § 94 Rn. 50, 53 m. w. N.
19 Vgl. auch Ehmann in Simitis, § 10 Rn. 67.
20 Ehmann in Simitis, § 10 Rn. 85, 92.

fentlichen Stellen des Bundes können die Festlegungen auch durch die Fachaufsichtsbehörden getroffen werden (Abs. 2 Satz 3). Die Festlegung muss in allgemeinverständlicher Sprache erfolgen, DV-technische Bezeichnungen sind nach Möglichkeit zu vermeiden oder aber zu erläutern.[21] Sie ist konstitutiv für die Rechtmäßigkeit des Online-Zugriffs.[22]

12 Zunächst ist Anlass und Zweck des Abrufverfahrens zu dokumentieren. Hierzu gehört eine nachvollziehbare Darstellung der Interessenabwägung des Abs. 1, eine Begründung für die Annahme, dass die Einrichtung des Verfahrens angemessen ist.[23] Es muss dargelegt werden, für welche Aufgaben welche Daten benötigt werden, warum hierfür das Online-Verfahren erforderlich ist und warum die jeweiligen Einzelabfragen zulässig sind.[24]

13 Der Dritte, an den übermittelt wird, ist die abrufende Stelle. Hierbei sind generelle Angaben, wie z. B. »Kreditinstitute« nicht ausreichend. Es ist vielmehr erforderlich, dass die Stellen einzeln benannt werden (z. B.: »X-AG Zweigstellen ABCD«).[25] Weiterhin muss die Art der zu übermittelnden Daten festgelegt werden. Auch hier sind konkrete Angaben erforderlich, eine allgemeine Festlegung des Personenkreises (z. B. Kunden) reicht nicht aus.[26] Erforderlich ist vielmehr eine genaue Angabe z. B. von Name, Geburtsdatum, Beruf usf. und welche Empfänger im Hinblick auf welche Daten abrufberechtigt sind.

14 Schließlich sind auch die nach § 9 erforderlichen Datensicherungsmaßnahmen zu beschreiben. Die einzelnen Kontrollinstanzen sollen sich einen Überblick verschaffen können. Dies ist nur möglich, wenn auch hier die entsprechenden Einzelheiten dokumentiert sind.

4. Regelungen für den öffentlichen Bereich (Abs. 3)

15 Abs. 3 sieht für den öffentlichen Bereich besondere Beteiligungs- und Unterrichtungsregelungen vor. Nach Satz 1 ist der BfDI über die Einrichtung von Abrufverfahren im öffentlichen und nicht-öffentlichen Bereich zu informieren, bei denen öffentliche Stellen des Bundes als speichernde oder abrufende Stelle beteiligt sind. Eine vorherige rechtzeitige Unterrichtung ist also nicht vorgesehen[27], so dass der/dem BfDI bei Mängeln nur die nachträgliche Beanstandung (§ 25) bleibt.[28]

16 Normalerweise können öffentliche Stellen über die Einrichtung von Abrufverfahren in eigener Verantwortung entscheiden. Satz 2 macht die Entscheidung für die in § 6 Abs. 2 und in § 19 Abs. 3 genannten Stellen von der Zustimmung des zuständigen Ministeri-

---

21 BMH, § 10 Rn. 22.
22 OLG Stuttgart 26.8.02 – 1 Sa 230/02, NJW 04, 83.
23 BMH, § 10 Rn. 22; Gola/Schomerus, § 10 Rn. 14.
24 Gola/Schomerus, § 10 Rn. 14.
25 Vgl. auch BMH, § 10 Rn. 22; Gola/Schomerus, § 10 Rn. 14; Taeger/Gabel-Schultze-Melling, § 10 Rn. 15; Herbst in Auernhammer, § 10 Rn. 16; von Lewinski in WB, § 10 Rn. 25.
26 BMH, § 10 Rn. 22; Gola/Schomerus, § 10 Rn. 14.
27 Ehmann in Simitis, § 10 Rn. 42.
28 Vgl. aber auch BMH, § 10 Rn. 27, die als spätesten Zeitpunkt für die Unterrichtung den des **Abschlusses der Vorabkontrolle**, die gem. § 4d Abs. 5 Satz 1 wegen der mit Abrufverfahren verbundenen besonderen Risiken für die Betroffenen erforderlich ist, ansehen.

Einrichtung automatisierter Abrufverfahren § 10

ums abhängig. Es handelt sich hierbei um die Staatsanwaltschaft, Polizei- und Finanzbehörden, Verfassungsschutzbehörden, Bundesnachrichtendienst, Militärischen Abschirmdienst und weitere Behörden des Bundesverteidigungsministers. Die Zustimmung ist Voraussetzung für die Rechtmäßigkeit.[29]

5. Verantwortung für den einzelnen Abruf (Abs. 4)

Die Verantwortung für die Zulässigkeit des einzelnen Abrufs trägt notwendigerweise der Dritte, der Empfänger, da hierauf die verantwortliche Stelle ebenso wenig Einfluss hat wie auf die erforderlichen Datensicherungsmaßnahmen.[30] Die verantwortliche Stelle überprüft die Zulässigkeit des Abrufs nur, wenn hierfür ein konkreter Anlass besteht. Dies ist bereits der Fall, wenn es Indizien für eine Rechtsverletzung im Einzelfall gibt.[31] Zudem trifft sie die Verpflichtung sicherzustellen, dass geeignete Stichprobenverfahren zur Überprüfung der Zulässigkeit durchgeführt werden können. Insofern ist vor allem an eine Protokollierung der Abrufe zu denken, die als Minimum den Namen des Abrufenden, Datum und Uhrzeit des Abrufs sowie alle Daten, die übermittelt worden sind, erfasst.[32] Das Gesetz trifft zwar keine entsprechende Festlegung, nur so kann aber ein einzelner Vorgang überhaupt überprüft werden. Auch ansonsten bestimmt das Gesetz nicht, wie das Stichprobenverfahren durchzuführen ist. Wegen der oben beschriebenen hohen Sensibilität des automatisierten Abrufverfahrens wird man eine Stichprobenquote von 5–10 % als erforderlich ansehen müssen.[33] Im Einzelfall kann nach sorgfältiger Abwägung eine geringere Quote in Betracht kommen.[34] Darüber hinaus sollten für bestimmte Zeiträume alle Abrufe protokolliert werden. Bei besonders sensiblen Daten (vgl. z. B. § 3 Abs. 9 und Rn. 9) ist eine vollständige Protokollierung angebracht, um unzulässige Abrufe zu verhindern.[35] Das Stichprobenverfahren ist als Mindeststandard (»zumindest«) vorgesehen. § 29 Abs. 2 Satz 4 stellt für die geschäftsmäßige Datenerhebung und -speicherung zum Zwecke der Übermittlung eine Sonderregelung zu Abs. 4 dar. Im automatisierten Abrufverfahren hat der Empfänger die Gründe für das Vorliegen eines berechtigten Interesses und die Art und Weise ihrer glaubhaften Darlegung vollständig zu protokollieren.[36] Die in Stichprobenverfahren festgehaltenen Informationen dürfen selbstverständlich nur zweckgebunden für die Überprüfung der Zulässigkeit des Abrufverfahrens verwendet werden.

17

Für die Stapelverarbeitung (Batch-Betrieb) trifft Abs. 4 Satz 4 eine Sonderregelung. Die Gewährleistung bezieht sich nur auf die Zulässigkeit der Übermittlung des Gesamtbestands und nicht auf die einzelnen Daten. Hier ist es deshalb ausreichend, beispiels-

18

---

29 BMH, § 10 Rn. 28; Ehmann in Simitis, § 10 Rn. 82.
30 BMH, § 10 Rn. 33; TEG, S. 393.
31 Ehmann in Simitis, § 10 Rn. 101.
32 BMH, § 10 Rn. 36; Gola/Schomerus, § 10 Rn. 15; Ehmann in Simitis, § 10 Rn. 112.
33 Herbst in Auernhammer, § 10 Rn. 28; BMH, § 10 Rn. 38; vgl. auch Taeger/Gabel-Schultze-Melling, § 10 Rn. 19: Richtwert 2 %.
34 Vgl. Taeger/Gabel-Schultze-Melling, § 10 Rn. 19; Herbst in Auernhammer, § 10 Rn. 28.
35 Vgl. auch Gola/Schomerus, § 10 Rn. 15; Taeger/Gabel-Schultze-Melling, § 10 Rn. 19.
36 Ehmann in Simitis, § 10 Rn. 119 f.; TEG, S. 393 f.

§ 11 Erhebung, Nutzung personenbezogener Daten im Auftrag

weise das Auswertungsprogramm, das dem Batch-Verfahren zugrunde liegt, zu dokumentieren.

6. Offene Datenbanken (Abs. 5)

19 Gem. Abs. 5 gelten die in Abs. 1–4 normierten Anforderungen nicht für personenbezogene Daten in offenen Datenbanken (vgl. auch §§ 28 Abs. 1 Nr. 3, 29 Abs. 1 Nr. 2). Erforderlich ist, dass die Datenbank für jedermann offen und nicht auf bestimmte Personengruppen beschränkt ist. Bloße Zugangsregeln (Anmeldung, Zulassung), die beispielsweise aus Abrechnungsgründen eine Benutzeridentifizierung vorsehen, beschränken den Zugang i. S. von Abs. 5 ebenso wenig wie die Entrichtung eines Entgelts. Jedermann hat die Möglichkeit, sich bei Einhaltung dieser Regelungen den Zugang zu verschaffen. Gemeint sind hier z. B. Adress- und Telefondatenbanken, Literatur- und Branchendatenbanken, insbesondere die im Internet frei zugänglichen, wie z. B. JURIS, sowie auch öffentliche Register.[37]

7. Sanktionen

20 Ist nicht gewährleistet, dass die Datenübermittlung festgestellt und überprüft werden kann (Abs. 4 Satz 3) liegt tatbestandsmäßig eine Ordnungswidrigkeit nach § 43 Abs. 1 Nr. 2a vor. Das unbefugte Bereithalten von Daten kann ebenso wie das unbefugte Abrufen eine Ordnungswidrigkeit nach § 43 Abs. 2 sein oder der Strafvorschrift des § 44 Abs. 1 unterliegen.

§ 11 Erhebung, Verarbeitung oder Nutzung personenbezogener Daten im Auftrag

(1) Werden personenbezogene Daten im Auftrag durch andere Stellen erhoben, verarbeitet oder genutzt, ist der Auftraggeber für die Einhaltung der Vorschriften dieses Gesetzes und anderer Vorschriften über den Datenschutz verantwortlich. Die in den §§ 6, 7 und 8 genannten Rechte sind ihm gegenüber geltend zu machen.
(2) Der Auftragnehmer ist unter besonderer Berücksichtigung der Eignung der von ihm getroffenen technischen und organisatorischen Maßnahmen sorgfältig auszuwählen. Der Auftrag ist schriftlich zu erteilen, wobei insbesondere im Einzelnen festzulegen sind:
1. der Gegenstand und die Dauer des Auftrags,
2. der Umfang, die Art und der Zweck der vorgesehenen Erhebung, Verarbeitung oder Nutzung von Daten, die Art der Daten und der Kreis der Betroffenen,
3. die nach § 9 zu treffenden technischen und organisatorischen Maßnahmen,
4. die Berichtigung, Löschung und Sperrung von Daten,
5. die nach Absatz 4 bestehenden Pflichten des Auftragnehmers, insbesondere die von ihm vorzunehmenden Kontrollen,

---

[37] Vgl. z.B. das Handelsregister gem. § 9 HGB und insgesamt BMH, § 10 Rn. 43 f.; Ehmann in Simitis, § 10 Rn. 124; Gola/Schomerus, § 10 Rn. 17; Taeger/Gabel-Schultze-Melling, § 10 Rn. 4.

6. die etwaige Berechtigung zur Begründung von Unterauftragsverhältnissen,
7. die Kontrollrechte des Auftraggebers und die entsprechenden Duldungs- und Mitwirkungspflichten des Auftragnehmers,
8. mitzuteilende Verstöße des Auftragnehmers oder der bei ihm beschäftigten Personen gegen Vorschriften zum Schutz personenbezogener Daten oder gegen die im Auftrag getroffenen Festlegungen,
9. der Umfang der Weisungsbefugnisse, die sich der Auftraggeber gegenüber dem Auftragnehmer vorbehält,
10. die Rückgabe überlassener Datenträger und die Löschung beim Auftragnehmer gespeicherter Daten nach Beendigung des Auftrags.

Er kann bei öffentlichen Stellen auch durch die Fachaufsichtsbehörde erteilt werden. Der Auftraggeber hat sich vor Beginn der Datenverarbeitung und sodann regelmäßig von der Einhaltung der beim Auftragnehmer getroffenen technischen und organisatorischen Maßnahmen zu überzeugen. Das Ergebnis ist zu dokumentieren.

(3) Der Auftragnehmer darf die Daten nur im Rahmen der Weisungen des Auftraggebers erheben, verarbeiten oder nutzen. Ist er der Ansicht, dass eine Weisung des Auftraggebers gegen dieses Gesetz oder andere Vorschriften über den Datenschutz verstößt, hat er den Auftraggeber unverzüglich darauf hinzuweisen.

(4) Für den Auftragnehmer gelten neben den §§ 5, 9, 43 Abs. 1 Nr. 2, 10 und 11, Abs. 2 Nr. 1 bis 3 und Abs. 3 sowie § 44 nur die Vorschriften über die Datenschutzkontrolle oder die Aufsicht, und zwar für
1. a) öffentliche Stellen,
   b) nicht-öffentliche Stellen, bei denen der öffentlichen Hand die Mehrheit der Anteile gehört oder die Mehrheit der Stimmen zusteht und der Auftraggeber eine öffentliche Stelle ist,
   die §§ 18, 24 bis 26 oder die entsprechenden Vorschriften der Datenschutzgesetze der Länder,
2. die übrigen nicht-öffentlichen Stellen, soweit sie personenbezogene Daten im Auftrag als Dienstleistungsunternehmen geschäftsmäßig erheben, verarbeiten oder nutzen, die §§ 4f, 4g und 38.

(5) Die Absätze 1 bis 4 gelten entsprechend, wenn die Prüfung oder Wartung automatisierter Verfahren oder von Datenverarbeitungsanlagen durch andere Stellen im Auftrag vorgenommen wird und dabei ein Zugriff auf personenbezogene Daten nicht ausgeschlossen werden kann.

Übersicht	Rn.
1. Allgemeines	1– 3a
2. Anwendungsbereichsbereich und Regelungsgegenstände	4–21
a) Rechtsrahmen	17
b) Datenschutzrechtliche Qualifikation der Auftragnehmer	18, 19
c) Auftragnehmer in Drittländern	20–21
3. Allgemeine Verantwortlichkeit des Auftraggebers (Abs. 1)	22–25
4. Pflichten des Auftraggebers (Abs. 2)	26–60
5. Pflichten des Auftragnehmers (Abs. 3)	61–67
6. Rechtsrahmen für die Auftragsdatenverarbeitung und Kontrolle des Auftragnehmers (Abs. 4)	68–72

§ 11 Erhebung, Nutzung personenbezogener Daten im Auftrag

7. Prüfung und Wartung im Auftrag (Abs. 5) 73–80
8. Landesrecht 81

1. Allgemeines

1 Die Vorschrift enthält als zentrale Norm Vorgaben zur Ausgestaltung der Auftragsdatenverarbeitung. Der Vorschrift liegt der allgemeine Grundsatz zugrunde, dass jeder Auftraggeber umfassend für die Rechtmäßigkeit der DV verantwortlich ist und sich von dieser Verpflichtung nicht durch die Einschaltung anderer Stellen befreien kann. Diese Verantwortung wird durch die Definition in § 3 Abs. 7 bekräftigt, in der von der »verantwortlichen Stelle« gesprochen wird (vgl. § 3 Rn. 54 ff.). Der Auftraggeber ist vor diesem Hintergrund uneingeschränkt dafür verantwortlich, dass datenschutzrechtliche Zulässigkeitsvoraussetzungen (insbesondere nach den §§ 13 und 28) unmittelbar auch vom Auftragnehmer eingehalten werden.[1]

2 Die Vorschrift ist in weiten Teilen textidentisch mit der bereits im BDSG 1990 enthaltenen Fassung. Bei der Neufassung des BDSG im Jahr 2001 wurden allerdings zahlreiche Ergänzungen bzw. Änderungen vorgenommen:
- Entsprechend dem weiteren Verarbeitungsbegriff des Art. 2 Buchstabe 2 b EG-Datenschutzrichtlinie wurde die Phase der Erhebung auch bei der Auftragsdatenverarbeitung berücksichtigt.
- Durch Satz 4 wurde in Abs. 2 die Verpflichtung des Auftraggebers eingeführt, sich von der Einhaltung der beim Auftragnehmer getroffenen technischen und organisatorischen Maßnahmen zu überzeugen.
- Die Verweise auf andere Vorschriften in Abs. 4 wurden an die geänderte Struktur des BDSG angepasst. Durch Abs. 5 werden Prüfungs- und Wartungsarbeiten durch andere Stellen der Auftragsdatenverarbeitung gleichgestellt.

3 Die Reform des BDSG im Jahre 2009 hat zu einer weiteren Präzisierung von Abs. 2 geführt. Diese zielt darauf ab, für die beteiligten Auftragnehmer und Auftraggeber sowie für die Aufsichtsbehörden mehr Rechtssicherheit zu gewährleisten.[2] Neben der Einfügung von zehn Unterpunkten mit verbindlichen Vorgaben zum Mindestinhalt des Auftragsvertrags in Satz 2 sind Auftraggeber nunmehr durch Satz 4 ausdrücklich dazu verpflichtet, die beim Auftragnehmer getroffenen technischen und organisatorischen Maßnahmen sowohl vor Beginn der Datenverarbeitung als auch danach regelmäßig zu kontrollieren. Durch den neu eingefügten Satz 5 wird den Auftraggebern eine verbindliche Dokumentationspflicht auferlegt.

3 a Die EU-Datenschutz-Grundverordnung enthält in Art. 26 Vorgaben zur Auftragsdatenverarbeitung, die denen in § 11 angenähert sind.

---

1 Petri in Simitis, § 11 Rn. 1; enger Schaffland/Wiltfang, § 11 Rn. 3 für »gelegentliche« Auftragsverarbeitung.
2 Vgl. BT-Drucksache 16/13657 S. 30.

2. Anwendungsbereichsbereich und Regelungsgegenstände

Die Vorschrift kommt im öffentlichen und im nicht-öffentlichen Bereich gleichermaßen zur Anwendung. Voraussetzung für das Vorliegen eines Auftragsverhältnisses ist, dass eine verantwortliche Stelle DV-Aufgaben von einem Dienstleister durchführen lässt. Ein Auftrag kann alle in § 3 definierten Phasen des Umgangs mit Daten beinhalten, zu denen neben der Erhebung, Verarbeitung und Nutzung von Daten auch deren Sperrung oder Löschung gehört. 4

Das Auftragsverhältnis nach § 11 muss so ausgestaltet sein, dass die beauftragte Stelle nur eine Hilfs- und Unterstützungsfunktion hat und in diesem Rahmen in völliger Abhängigkeit von den Vorgaben der verantwortlichen Stelle – quasi wie eine ausgelagerte Abteilung – agiert. Die verantwortliche Stelle bestimmt weiterhin allein über die Erhebung, Verarbeitung oder Nutzung der Daten und behält die uneingeschränkte Verfügungsgewalt.[3] Auftragnehmer haben somit keine eigenständigen Verarbeitungs- oder Nutzungsbefugnisse. Eine Übertragung eigenständiger Verarbeitungsbefugnisse oder eine Funktionsübernahme ist hingegen auf der Grundlage von § 11 nicht möglich.[4] Die klare Verantwortlichkeit der Auftraggeber wird nunmehr durch die Vorgaben in Abs. 2 Nr. 1 bis 10 präzisiert. Keinen Einfluss auf die Feststellung eines Auftragsverhältnisses haben die Häufigkeit oder das Maß der zeitlichen Inanspruchnahme des Auftragnehmers. Die Vorschrift kommt deshalb selbst dann zur Anwendung, wenn nur eine zeitliche begrenzte (auch nur einmalige) Beauftragung erfolgt oder wenn das Volumen der zu bearbeitenden Daten gering ist.[5] Sollen mehrfach begrenzte Aufträge erteilt werden, ist der Abschluss eines Rahmenvertrags möglich. Dem Vorliegen einer Auftragsdatenverarbeitung steht ein Eigeninteresse des Auftragnehmers an der Durchführung, das über übliche finanzielle Interessen hinausgeht, nicht zwingend entgegen.[6] 5

Ein wirksames Auftragsverhältnis nach § 11 setzt voraus, dass der Auftraggeber bezüglich der Auswahl des Auftragnehmers eine echte Auswahlmöglichkeit hat. Besteht eine solche Wahlmöglichkeit nicht, ist der potentielle Empfänger von Daten kein Auftragnehmer, sondern Dritter. Dann muss die Übermittlung unterbleiben, es sei denn, sie lässt sich aus einem anderen datenschutzrechtlichen Erlaubnistatbestand herleiten.[7] 5a

Einschränkungen der Anwendbarkeit der Vorschriften können sich nach § 1 Abs. 3 ergeben, wenn bereichsspezifische Regelungen zur Anwendung kommen, die das Rechtsverhältnis zwischen den an der Datenverarbeitung beteiligten Stellen abschließend regeln. Im Sozialleistungsbereich sind beispielsweise die Vorgaben des § 80 SGB X zu beachten, durch die eine Beauftragung nicht-öffentlicher Stellen an besondere Voraussetzungen geknüpft werden. Unterfallen Daten dem Steuergeheimnis, dürfen 6

---

3 Gola/Schomerus, § 11 Rn. 3; BMH § 11 Rn. 8 ff.; ausführlich Kramer/Herrmann, CR 2003, 938.
4 A. A. Tager/Gabel-Gabel, § 11 Rn. 16; Plath-Plath, § 11 Rn. 28.
5 Ebenso Tager/Gabel-Gabel, § 11 Rn. 11; ähnlich Plath-Plath, § 11 Rn. 4, der zum Rückgriff auf andere Erlaubnistatbestände rät; a. A. Schaffland/Wiltfang, § 11 Rn. 3 f., die gelegentliche oder unwesentliche Datenübermittlungen »an Dritte« aus dem Anwendungsbereich der Vorschrift ausnehmen wollen.
6 LG Oldenburg v. 16. 9. 2013 – 5 O 2544/12.
7 Vgl. OVG Schleswig-Holstein 12. 1. 2011 – 4 MB 56/10, CR 2011, 359.

nach § 30 AO nur öffentliche Stellen beauftragt werden.[8] Werden Telekommunikations- oder Telemediendienste erbracht bzw. angeboten, müssen bei der Auftragsvergabe insbesondere die spezifischen Regelungen in den §§ 91 TKG ff. bzw. den §§ 12 ff. zu beachten.[9] Strittig ist, ob die Verarbeitung von Patientendaten durch Auftragnehmer zulässig ist, die nicht der ärztlichen Schweigepflicht unterliegen. Während das Bayerische Landeskrankenhausgesetz entsprechende Beauftragungen verbietet, wird sie in anderen Bundesländern unter bestimmten Voraussetzungen zugelassen.[10] Mit Blick auf die hohe Sensibilität von Patientendaten und auf bestehende Missbrauchsgefahren ist im Zweifel einem Verbot der Vorrang zu geben.

7 Sind bereichsspezifische Einschränkungen nicht zu beachten, ist für die Anwendbarkeit der Vorschrift das Vorliegen einer Beauftragung erforderlich. Lässt sich diese Voraussetzung nicht eindeutig aus dem zugrunde liegenden Vertrag ableiten, kann auf die tatsächlichen Verhältnisse zurückgegriffen werden. Für das Vorliegen eines Auftragsverhältnisses sprechen Details, wie das Fehlen einer eigenen Entscheidungsbefugnis zur Durchführung der Verarbeitungsschritte, die Beschränkung der Erhebung, Verarbeitung und Nutzung auf Daten, die der Auftraggeber zur Verfügung stellt oder das Fehlen einer Vertretung nach außen.[11] Mit Blick auf das Schutzziel der Vorschrift ist eine weite Auslegung des Bestehens von Auftragsverhältnissen vorzunehmen.

8 Ein Auftrag kann sich auf bestimmte Phasen des Umgangs mit personenbezogenen Daten beschränken (etwa die Speicherung von Daten in einem Back-up-Rechenzentrum ohne weitere Nutzungsbefugnisse des Auftragnehmers). Auch die Löschung personenbezogener Daten (etwa durch Vernichtung von Datenträgern) ist ein Auftrag im Sinne dieser Vorschrift.[12] Auftraggeber müssen durch die Ausgestaltung der Verträge sicherstellen, dass eine eindeutige und abschließende Begrenzung des Auftragsgegenstandes gegeben ist.

9 Ein Auftragsverhältnis liegt beispielsweise auch vor, wenn ein externes Rechenzentrum die Lohn- und Gehaltsabrechnung für andere Unternehmen durchführt, wenn ein Call-Center Daten bei den Kunden eines Auftraggebers erhebt oder wenn Hosting und Administration eines E-Mail-Servers von einem Auftragnehmer übernommen wird.[13] Voraussetzung ist aber immer, dass der Auftraggeber das alleinige und umfassende Weisungsrecht bezüglich der verwendeten personenbezogenen Daten hat.

10 Die vorstehenden Grundsätze gelten auch, wenn innerhalb eines Konzerns die Beauftragung durch einzelne Konzernunternehmen erfolgt. Es gibt insoweit kein konzernweites Datenverarbeitungsprivileg.[14] Auch in diesen Fällen muss sichergestellt werden, dass beauftragte Konzernunternehmen **keine** eigenständigen Erhebungs-, Übermittlungs- oder Nutzungsbefugnisse haben. Fehlt eine vertragliche Vereinbarung, ist eine Erhebung, Verarbeitung oder Nutzung durch andere Konzernunternehmen auf der

---

8 BMH, § 11 Rn. 24; Gola/Schomerus, § 11 Rn. 2.
9 Gola/Schomerus, § 11 Rn. 2.
10 Ausführlich hierzu BMH, § 11 Rn. 26 ff.; Gola/Schomerus, § 11 Rn. 2, jeweils m. w. N.
11 Niedermeier/Schröcker RDV 2001, 90 ff.
12 Ebenso Schaffland/Wiltfang, § 11 Rn. 1; zustimmend Plath-Plath, § 11 Rn. 22.
13 Zustimmend Plath-Plath, § 11 Rn. 31.
14 Vgl. § 3 Rn. 59; § 32 Rn. 147; allgemein Däubler, Gläserne Belegschaften?, Rn. 450 ff.; Steding/Meyer BB 2001, 1693, 1698; Simitis in Simitis, § 2 Rn. 152.

Grundlage von § 11 datenschutzrechtlich unzulässig.¹⁵ Die zuständigen Betriebsräte in den einzelnen Konzernunternehmen können vor diesem Hintergrund von ihrem Arbeitgeber verlangen, dass Aufträge gemäß § 11 mit anderen Konzernunternehmen so ausgestaltet werden, dass die Inhalte abgeschlossener Betriebsvereinbarungen gewährleistet werden. Dies macht beispielsweise spezifische Regelungen zu Kontrollrechten (Abs. 2 Satz 2 Nr. 7), zur Weisungsbefugnis (Abs. 2 Satz 2 Nr. 9) und zur Mitteilung von Verstößen (Abs. 2 Satz 2 Nr. 8) unumgänglich. Auf der Grundlage des allgemeinen Informationsrechts nach § 80 BetrVG ist ihnen Einblick in die Verträge mit den Auftragnehmern zu gewähren.¹⁶ Ist eine Übermittlung an Konzernunternehmen in den USA geplant, können sie vom AG die Darlegung verlangen, dass diese auch unter Anlegung des Maßstabs des EuGH in der Safe Harbor zulässig ist.¹⁷

Auftragsdatenverarbeitung liegt auch in den Fällen vor, in denen Auftragnehmer lediglich IT-Ressourcen wie etwa Speicherplatten oder Datenbankserver zur Verfügung stellen, die der Auftraggeber über das Internet nutzen kann. Auch hier haben die Auftragnehmer im Regelfall technische Einwirkungs- und Zugriffsmöglichkeiten auf die vorhandenen personenbezogenen Daten. Deshalb müssen die in § 11 genannten Voraussetzungen erfüllt sein.

Die Voraussetzungen eines Auftrags im Sinne der Vorschrift sind nicht erfüllt, wenn beauftragte Stellen eigenständige Verfügungsbefugnisse über personenbezogene Daten haben. Derartige Auftragnehmer sind als Dritte im Sinne von § 3 Abs. 8 Satz 2 zu qualifizieren (vgl. § 3 Rn. 53). Diese Situation besteht etwa bei Franchise-Nehmern, die überlassene Kundendaten eigenständig für ihre Zwecke verwenden können.¹⁸ Auch sog. Lettershops, die für Werbe- oder Marketingaktionen Adressenbestände verwalten, sind dann keine Auftragnehmer im Sinne von § 11, wenn sie über diese personenbezogenen Daten eigenständig verfügen können.¹⁹ Sie sind vielmehr als verantwortliche Stellen i. S. v. § 3 Abs. 7 zu qualifizieren und müssen die Daten in datenschutzrechtlich zulässiger Weise erhalten haben. Dies bedarf einer gesonderten datenschutzrechtlichen Rechtfertigung.²⁰

Wird Telearbeit erbracht, liegt im Regelfall ebenfalls keine Auftragsdatenverarbeitung vor. Die Beschäftigten sind als Arbeitnehmer vielmehr Teil der verantwortlichen Stelle. Etwas anderes gilt, wenn Telearbeit ausnahmsweise von »echten« freien Mitarbeitern oder Unternehmern erbracht wird. Diese können als Selbständige Auftragnehmer von verantwortlichen Stellen werden.²¹

Geht die Tätigkeit von Auftragnehmern über die Wahrnehmung von Hilfsfunktionen hinaus und führen diese Aufgaben für den Auftraggeber unter Verwendung personenbezogener Daten unabhängig weisungsunabhängig durch, kann es sich um eine sog.

---

15 Zur Möglichkeit einer Funktionsübertragung vgl. Rn. 14 ff.
16 Vgl. auch Buschmann in DKKW, § 80 Rn. 10.
17 EuGH v. 6.10.2015 – C-362/14; vgl. ausführlich § 4a Rn. 12 ff.
18 Schaffland/Wiltfang, § 11 Rn. 1 b; Büser BB 1997, 213, 218.
19 Gola/Schomerus, § 11 Rn. 5; Wronka RDV 2003, 132.
20 Tager/Gabel-Gabel, § 11 Rn. 12; Thomale in Auernhammer, § 11 Rn. 16.
21 Ausführlich Wedde, Telearbeit, S. 164 f.; ders. WSI-Mitt. 1997, 206 ff.; ebenso Gola/Schomerus, § 11 Rn. 10; Schaffland/Wiltfang, § 11 Rn. 1 a.

Funktionsübertragung handeln.[22] Die Entscheidung, ob Auftragsdatenverarbeitung oder eine Funktionsübertragung vorliegt, muss einzelfallbezogen unter Beachtung der konkreten Gegebenheiten erfolgen.[23] Hierbei sind die tatsächlichen Verhältnisse maßgeblich. Liegen hiervon abweichende vertragliche Vereinbarungen vor, ist zu prüfen, ob es sich um Umgehungstatbestände handelt, die ohne rechtliche Verbindlichkeit sind. Die Auftragnehmer sind beim Vorliegen einer Funktionsübertragung aus datenschutzrechtlicher Sicht Dritte. Die Übermittlung von Daten an sie ist nur zulässig, wenn die allgemeinen gesetzlichen Voraussetzungen vorliegen. Bezogen auf Beschäftigungsverhältnisse ist bei der Bewertung nunmehr auf die Vorgaben in § 32 abzustellen. Ein darüber hinausgehender Rückgriff auf die Erlaubnisnormen in § 28 Abs. 1 Satz 1 Nr. 2 und 3 ist hingegen nur möglich, wenn es berechtigte Verarbeitungsinteressen von Arbeitgebern gibt, die außerhalb des Beschäftigungsverhältnisses stehen (etwa die Information eines potentiellen Betriebserwerbers über Gehaltsstrukturen im Betrieb auf der Grundlage eines berechtigten Interesses des Verkäufers; vgl. § 32 Rn. 8). Dient eine solche Übermittlung der Wahrung berechtigter Interessen des Auftraggebers, ist sie grundsätzlich nicht ausgeschlossen. Allerdings steht die datenschutzrechtliche Zulässigkeit ebenso wie im Rahmen anderer Rechtsgeschäfte unter dem Vorbehalt, dass schutzwürdige Interessen der Betroffenen nicht überwiegen. Eine entsprechende Bewertung muss im Rahmen einer Verhältnismäßigkeitsprüfung als Abwägung zwischen den verschiedenen Interessen erfolgen (vgl. ausführlich § 28 Rn. 64 ff.). Von einem Überwiegen der schutzwürdigen Interessen der Betroffenen ist immer dann auszugehen, wenn sich deren datenschutzrechtliche Situation als Folge der Übermittlung verschlechtern würde.

15 Eine Funktionsübertragung wird beispielsweise vorliegen, wenn ein Betrieb die Gehaltsabrechnung für sein Personal vollständig an ein Steuerberatungsbüro überträgt oder wenn eine Versicherung die Schadensregulierung für Privatkunden in ein eigenständiges Unternehmen ausgliedert.[24] Entsprechendes kann innerhalb von Konzernstrukturen der Fall sein. Übertragen etwa Konzernunternehmen der Konzernspitze das Recht zur selbstständigen Erledigung von Aufgaben (beispielsweise die unternehmensübergreifende Verarbeitung der Gehaltsdaten aller Konzernmitarbeiter, die Verwaltung von Mitarbeiteraktien oder die Schaffung einer zentralen Personalabteilung für alle Konzernunternehmen), spricht dies für eine Funktionsübertragung und gegen Auftragsdatenverarbeitung im Sinne von § 11. Ebenso verhält es sich, wenn ein Unternehmen eine externe Firma mit der Errechnung von Rückstellungen für die betriebliche Altersversorgung beauftragt und hierfür die entsprechenden personenbezogenen Daten ihrer Mitarbeiter übermittelt. Die Zulässigkeit der Funktionsübertragung ist in allen diesen Fällen primär danach zu bewerten, ob eine Erforderlichkeit gemäß § 32 Abs. 1 Satz 1 gegeben ist (vgl. § 32 Rn. 13 ff. und 67 ff.).

16 Liegt eine Funktionsübertragung vor, darf die Übermittlung von Daten an die beauf-

---

22 Vgl. Hoeren in Roßnagel, 4.6. Rn. 97; Petri in Simitis, § 11 Rn. 22 ff.; Gola/Schomerus, § 11 Rn. 9.
23 Gola/Schomerus, a. a. O.
24 Ähnlich Gola/Schomerus, § 11 Rn. 9 mit weiteren Beispielen; vgl. auch Büser BB 1997, 213, 218; Wolber DSB 12/2003, 12; Sutschet RDV 2004, 97.

Erhebung, Nutzung personenbezogener Daten im Auftrag § 11

tragte Stelle nur erfolgen, wenn es hierfür eine datenschutzrechtliche Rechtfertigung gibt. Vor der Übermittlung personenbezogener Daten muss die verantwortliche Stelle daher prüfen, ob schutzwürdige Interessen der Betroffenen entgegenstehen. Entsprechendes gilt für eigenständige Erhebungen durch die beauftragte Stelle. Diese darf Daten nur erheben, verarbeiten oder nutzen, wenn sie hierzu gesetzlich oder durch eine Einwilligung der Betroffenen legitimiert ist (vgl. insgesamt § 4 Rn. 2 ff.). Diese Voraussetzungen müssen auch im arbeitsrechtlichen Bereich erfüllt sein (vgl. § 32 Rn. 13 ff.). Dabei ist zu beachten, dass sich aus der gesellschaftsrechtlichen Zugehörigkeit eines Arbeitgebers zu einem Konzern nicht automatisch die Berechtigung ableitet, personenbezogene Daten konzernweit zu verarbeiten (vgl. Rn. 10). Entsprechende Befugnisse innerhalb eines Konzerns können durch eine Konzernbetriebsvereinbarung zum konzerninternen Datenaustausch legitimiert werden. Durch derartige Vereinbarungen lassen sich die datenschutzrechtlichen Anforderungen mit nachvollziehbaren Verarbeitungsbedürfnissen in Einklang bringen.[25] Leitet sich aus einer Betriebsvereinbarung eine Befugnis für einen konzerninternen Datenaustausch ab, wird für dessen Durchführung weiterhin ein Auftrag nach § 11 benötigt. Die Betriebsvereinbarung legitimiert insoweit nur die Zulässigkeit bestimmter Erhebungen, Verarbeitungen oder Nutzungen im Sinne von § 4 Abs. 1, macht aber den Abschluss eines Auftrags nicht entbehrlich.[26]

a) Rechtsrahmen

Das einer Auftragsdatenverarbeitung zugrunde liegende Rechtsverhältnis kann ein Dienst-, Werk-, Geschäftsbesorgungs- oder Wartungsvertrag sein. Der Auftrag ist im Rahmen der Vorschrift nicht nur im Sinne von § 662 BGB zu verstehen.[27] Normadressat ist ausschließlich der Auftraggeber. Er ist bezüglich seiner Auftragnehmer für die Einhaltung aller einschlägigen Datenschutzvorschriften verantwortlich und muss beispielsweise sicherstellen, dass die gesetzlichen Zulässigkeitsvoraussetzungen eingehalten sind und dass die Rechte der Betroffenen uneingeschränkt gewahrt werden. 17

b) Datenschutzrechtliche Qualifikation der Auftragnehmer

Die Auftragnehmer sind nach § 3 Abs. 8 Satz 3 nicht Dritte i. S. d. Gesetzes. Deshalb ist beispielsweise die Datenübermittlung vom Auftraggeber an einen Auftragnehmer nicht als Übermittlung nach § 3 Abs. 4 Nr. 3 zu qualifizieren, sondern als Teil des internen Umgangs mit personenbezogenen Daten.[28] Dies gilt auch, wenn Auftragnehmer außerhalb der Bundesrepublik Deutschland in einem Staat der EU bzw. des EWR tätig sind.[29] 18

---

25 Zur möglichen Ausgestaltung vgl. die KBV zu »konzerninternen Datenflüssen im DB-Konzern« vom 13.3.2013 (*www.evg-online.org/Arbeitswelt/Mitbestimmung/Betriebsverfassung/.Aktuelles/13_06_19_KBV_KiD/*).
26 A. A. Plath-Plath, § 11 Rn. 89, der die Anwendung von § 11 beim Vorliegen einer Betriebsvereinbarung verneint.
27 Gola/Schomerus, § 11 Rn. 6.
28 Ebenso Thomale in Auernhammer, § 11 Rn. 25.
29 Zu spezifischen Anforderungen eines Auftrags Voigt, ZD 2012, 546.

19 Aufgrund der besonderen datenschutzrechtlichen Privilegierung, die aus der Qualifikation als Auftragnehmer im Sinne von § 11 folgt, ist der Tatbestand der Vorschrift im Zweifel eng auszulegen. Lässt sich ein Auftragsverhältnis im Sinne dieser Vorschrift nicht eindeutig belegen, müssen die Auftragnehmer als Dritte qualifiziert werden.

c) Auftragnehmer in Drittländern

20 Eine andere Situation besteht, wenn Auftragnehmer außerhalb der EU bzw. des EWR angesiedelt sind. Diese werden nicht vom Tatbestand des § 3 Abs. 8 Satz 3 erfasst und sind deshalb als Dritte zu qualifizieren.[30] Die Übermittlung von Daten an diese Auftragnehmer ist nur dann möglich, wenn im jeweiligen Land ein angemessenes Datenschutzniveau gewährleistet ist.[31] Bei der Bewertung dieses Schutzniveaus müssen insbesondere die Vorgaben Berücksichtigung finden, die der EuGH in seiner Safe Harbor Entscheidung formuliert hat.[32] Ist dies der Fall, sind die Vorgaben des § 11 zur Sicherung eines einheitlichen Schutzniveaus entsprechend anzuwenden, wenn Interessenlagen bestehen, die denen der Auftragsdatenverarbeitung im EU-Rahmen gleichen.[33] Auftraggeber müssen insoweit sicherstellen, dass ein verbindliches datenschutzrechtliches Schutzniveau geschaffen wird, das dem entspricht, das bei einer Beauftragung innerhalb der EU besteht. Insbesondere muss eine Beauftragung erfolgen, die die in Abs. 2 enthaltenen Vorgaben an den Mindestvertragsinhalt erfüllt. Diese Voraussetzung gilt bei einer Verarbeitung außerhalb der EU oder des EWR unabhängig davon, ob EU-Standardverträge angewandt werden (vgl. § 4c Rn. 18 sowie Anlage 3), ob es »Binding Corporate Rules (BCR)« gibt oder ob ein Auftragnehmer aus den USA den safe harbor principles unterworfen ist[34] (vgl. § 4b Rn. 15). Bezüglich einer Verarbeitung auf Grundlage einer Vertragslösung ist grundsätzlich zu beachten, dass ein Verzicht auf die Beachtung der gesetzlichen Mindestvorgaben auf Grundlage eines EU-Standardvertrags oder von BCR dazu führen würde, dass Auftraggeber und Auftragnehmer weniger Schutzvorgaben beachten müssten als dies bei einer Verarbeitung im Geltungsbereich der EG-Richtlinie der Fall wäre. Eine solche Reduzierung des Schutzniveaus in Ländern ohne vergleichbare Datenschutzgesetze würde Sinn und Zweck des BDSG wie auch der EG-Richtlinie widersprechen. Unter Beachtung der Positionen des EuGH müssen entsprechende vertragliche Regelungen beispielsweise auch sicherstellen, dass in den Drittländern, in denen eine Verarbeitung und Nutzung erfolgen kann, Behörden keine Zugriffe auf den Inhalt elektronischer Kommunikation gestattet sind, die dem Wesensgehalt des in Europa garantierten Grundrechts auf Achtung des Privatlebens

---

30 Gola/Schomerus, § 11 Rn. 16a; Petri in Simitis, § 3 Rn. 8; von dem Bussche/Voigt, S. 20; 9 a. A. Thomale in Auernhammer, § 11 Rn. 32.
31 Hierzu § 4b Rn. 10ff.; Däubler Gläserne Belegschaften?, Rn. 490ff.; zu Arbeitnehmerdaten Wedde AiB 2007, 80; enger Giesen, CR 2007, 543, der das Bestehen strengerer Anforderungen bei der Übermittlung in Länder ohne angemessenes Schutzniveau für nicht überzeugend hält.
32 EuGH 6.10.2015 – C-362/14; vgl. zu den Vorgaben § 4b Rn. 12 aff. und § 4c Rn. 18ff.
33 Ebenso Schmidl/Krone, DuD 2010, 838; a. A. Scholz/Lutz, CR 2011, 424, die die Anwendbarkeit der Vorgaben des § 11 ablehnen.
34 Zur Ungeeignetheit von Safe Harbor als datenschutzrechtliche Grundlage für eine Übermittlung vgl. EuGH v. 6.10.2015 – C-362/14; hierzu ausführlich § 4b Rn. 12 aff. sowie § 4c Rn. 18 und 20.

verletzten würden.³⁵ Dafür, dass die Gesetzgeber des deutschen und des europäischen Datenschutzrechts den verbindlichen Datenschutzrahmen ausgerechnet für Drittländer aufweichen wollen, gibt es keine belastbaren Hinweise. Vor diesem Hintergrund ist davon auszugehen, dass hier eine ungewollte Regelungslücke besteht, die durch eine analoge Anwendung der Vorgaben zur Auftragsdatenverarbeitung geschlossen werden muss. Der Abschluss eines Auftrags, der den verbindlichen Vorgaben von § 11 uneingeschränkt gerecht wird, ist damit neben anderen grundlegenden Bedingungen wie etwa dem Abschluss eines EU-Standardvertrags als Voraussetzung für die Verarbeitung und Nutzung in Drittländern unumgänglich. Ist diese Voraussetzung nicht erfüllt, muss beispielsweise eine Übermittlung personenbezogener Daten auf der Grundlage von § 11 schon deshalb unterbleiben, weil entgegenstehende schutzwürdige Interessen der Betroffenen eindeutig überwiegen.³⁶

Die Zulässigkeit der Verarbeitung und Nutzung von personenbezogenen Daten auf der Grundlage von EU-Standardverträgen oder von BCR setzt mit Blick auf die aktuelle Rechtsprechung des EuGH voraus, dass die getroffenen Vereinbarungen eine datenschutzrechtliche Situation garantieren, die der in der EU entspricht. Dies beinhaltet bezogen auf die Verarbeitung in einem datenschutzrechtlichen Drittland beispielsweise die »Schaffung wirksamer Überwachungs- und Kontrollmechanismen, die es erlauben, in der Praxis etwaige Verstöße gegen Regeln zur Gewährleistung des Schutzes der Grundrechte, insbesondere des Rechts auf Achtung der Privatsphäre sowie des Rechts auf den Schutz personenbezogener Daten, zu ermitteln und zu ahnden«.³⁷ Weiterhin muss durch vertragliche Datenschutzregelungen sichergestellt sein, dass grundsätzlich mögliche Zugriffe staatlicher Behörden nicht erheblich über die hinausgehen dürfen, die innerhalb der einzelnen EU-Länder zulässig sind.³⁸ Zudem muss für Betroffene das Bestehen eines wirksamen Rechtsschutzes gegen unzulässige oder zu weitgehende staatliche Eingriffe garantiert werden.³⁹ Sind die vorstehend skizzierten Grundsätze durch vertragliche Regelungen auf der Grundlage von EU-Standardverträgen oder von konzerninternen Regelungen wie BCR nicht wirksam gewährleistet, müssen Übermittlungen sowie anschließende Verarbeitungen und Nutzungen unterbleiben.⁴⁰ Mit Blick auf § 75 Abs. 2 BetrVG gilt dies auch, wenn Verarbeitungsprozesse in datenschutzrechtlichen Drittländern durch Betriebsvereinbarungen legitimiert werden sollen. Bestehen innerhalb von Konzernen entsprechende kollektivrechtliche Vereinbarungen, müssen diese mit Blick auf die Grundsätze, die der EuGH aufgestellt hat, bezüglich ihrer Wirksamkeit überprüft werden.

20a

Bezogen auf Beschäftigungsverhältnisse ist in diesem Zusammenhang zudem zu beachten, dass die Regelung des § 28 Abs. 1 Satz 1 Nr. 2 mit Blick auf die abschließende Vorgabe in § 32 nicht zur Anwendung kommt (vgl. § 32 Rn. 8). Sie wäre allerdings auf

20b

---

35 Vgl. in diesem Sinne EuGH 6.10.2015 – C-362/14, Rn. 94.
36 Ausführlich hierzu Wedde CF 5/2006, S. 28 ff.; ähnlich Nielen/Thum, K&R 2006, 171; vgl. allgemein § 28 Rn. 97.
37 EuGH v. 6.10.2015 – C-362/14, Rn. 81.
38 Vgl. EuGH 6.10.2015 – C-362/14, Rn. 93 ff.; § 4c Rn. 20.
39 EuGH v. 6.10.2015 – C-362/14, Rn. 89.
40 Vgl. auch § 4c Rn. 18 und 20.

§ 11   Erhebung, Nutzung personenbezogener Daten im Auftrag

Basis einer anderen Rechtsgrundlage – wie insbesondere einer wirksamen Einwilligung der Betroffenen – möglich (vgl. § 4a).

21 Die vorstehend dargelegten Grundsätze zur rechtlichen Bewertung grenzüberschreitender Datenerhebung, -verarbeitung und -nutzung kommen in der Arbeitswelt auf alle Formen des Outsourcing und des Offshoring zur Anwendung[41] sowie auf Konzepte des Cloud-Computing oder »Software as a Service (SaaS)«.[42] Entsprechendes gilt für die grenzüberschreitende Datenverarbeitung in weltweit tätigen Konzernen.[43] Werden in allen diesen Fällen personenbezogene IT-Prozesse in Drittländer außerhalb der EU bzw. des EWR verlagert, erhöhen sich die datenschutzrechtlichen Anforderungen an den hiermit verbundenen Umgang mit Beschäftigtendaten aufgrund der Neuregelung in § 32 erheblich (vgl. dort Rn. 147 ff.). Bezogen auf die in den USA bestehenden gesetzlichen Erhebungsmöglichkeiten staatlicher Stellen, die in bestimmten Fällen auch vollkommen heimlich erfolgen, ist es mit Blick auf die »Safe Harbor Entscheidung« des EuGH[44] fraglich, ob eine Übermittlung von Daten überhaupt noch zulässig ist. Möglich bleibt sie, wenn beispielsweise durch sichere Verschlüsselungsverfahren sichergestellt wird, dass staatliche Stellen auf personenbezogene Daten keinen Zugriff nehmen können. Arbeitgeber müssen in diesen Fällen durch entsprechende Vertragsgestaltungen mit Auftragnehmern sicherstellen, dass die Rechte von Arbeitnehmern und Betriebsräten gewahrt werden, die sich aus nationalen Gesetzen, aus Arbeitsverträgen und aus kollektiven Regelungen ableiten. Hieraus folgen auch besondere Anforderungen an die Ausgestaltung der Aufträge. Insoweit ist zu berücksichtigen, dass Arbeitgebern der ersatzweise Rückgriff auf die allgemeine Erlaubnisnorm in § 28 Abs. 1 Satz 1 Nr. 2 nunmehr aufgrund des abschließenden Charakters der bereichsspezifischen Vorgabe in § 32 verwehrt ist (vgl. § 28 Rn. 47 und § 32 Rn. 8).

3. Allgemeine Verantwortlichkeit des Auftraggebers (Abs. 1)

22 Erfolgt Auftragsdatenverarbeitung, liegt die Verantwortlichkeit dafür, dass im Gesamtprozess die Vorschriften des BDSG sowie andere einschlägige gesetzliche Vorgaben eingehalten werden, allein beim Auftraggeber. Diese Risikoverteilung ist sinnvoll, weil der Auftraggeber seine Auftragnehmer frei aussuchen und die vertraglichen Rahmenbedingungen festlegen kann. An dieser datenschutzrechtlichen Verpflichtung ändern auch bestehende gesellschaftsrechtliche Abhängigkeiten in Konzernen nichts.

23 Zu den Vorschriften, die einzuhalten sind, gehören insbesondere die im BDSG genannten Zulässigkeitsvoraussetzungen (vgl. § 4). Weiterhin muss sichergestellt werden, dass die Einhaltung einschlägiger spezifischer Datenschutzregeln in anderen Gesetzen

---

41 Vgl. zum Outsourcing: Evers/Keine NJW 2003, 2726; Räther DuD 2005, 461; zum öffentlichen Bereich: Ulmer CR 2003, 701; zum Offshoring: Wedde in Boes/Schwemmle, S. 118.
42 Vgl. zum Cloud-Computing Eckhardt, DuD 2015, 176; Kunz/Selzer/Steiner, DuD 2015, 21; Selzer, DuD 2014, 470; Selzer, DuD 2013, 215; Boos/Kroschwald/Wicker, ZD 2013, 205; Brandt, CuA 12/2012, 23; Funke/Wittmann, ZD 2013, 221; Weichert, DuD 2010, 679; Schuster/Reichl, CR 2010, 38; Plath-Plath, § 11 Rn. 46 ff.
43 Vgl. Wedde AiB 2007, 80; § 32 Rn. 145 ff.
44 EuGH v. 6.10.2015 – C-362/14.

(etwa im SGB X, im TKG, im TMG usw.) sowie Berufsgeheimnisse (etwa das Arztgeheimnis) auch bei der Auftragsdatenverarbeitung umfassend garantiert werden. Durch die ausdrückliche Erwähnung der §§ 6 bis 8 in Abs. 1 Satz 2 wird klargestellt, dass der Auftraggeber auch für die Wahrung die Rechte der Betroffenen verantwortlich ist. Er ist deshalb beispielsweise zuständig dafür, dass die nach den §§ 19 und 34 an Betroffene zu erteilenden Auskünfte bezogen auf Auftragnehmer richtig und vollständig sind.[45] Auch für Schäden, die auf Pflichtverletzungen des Auftragnehmers zurückzuführen sind, hat der Auftraggeber einzustehen.

24

Diese klare Zuweisung der Verantwortlichkeit ist im arbeitsrechtlichen Bereich von besonderer Bedeutung. Beschäftige wie Betriebsräte in einem Konzernunternehmen dürfen von ihrem Arbeitgeber bezüglich der im Auftrag erhobenen, verarbeiteten oder genutzten personenbezogenen Daten zur Erlangungen von Auskünften nicht an andere Konzernunternehmen oder an die Konzernspitze verwiesen werden. Der Arbeitgeber bleibt deshalb beispielsweise auch dann persönlich zur Auskunft verpflichtet, wenn Personalakten in einem zentralen System geführt werden, auf das er keinen unmittelbaren Zugriff hat. Ihm obliegt die vertragliche Verankerung entsprechender Möglichkeiten als grundlegende datenschutzrechtliche Verpflichtung.

25

4. Pflichten des Auftraggebers (Abs. 2)

Durch Abs. 2 werden besondere Verpflichtungen des Auftraggebers festgelegt. Zunächst einmal muss er Auftragnehmer sorgfältig auswählen. Bei der Durchführung des Auswahlprozesses hat der Auftraggeber zwar eine Wahlfreiheit, diese wird jedoch durch einzelne Vorgaben im Gesetz in eine bestimmte Richtung gelenkt. Insbesondere muss der Auftraggeber bei seiner Auswahl das Ziel verfolgen, dass die Verarbeitungsprozesse bei Auftragnehmern genauso sicher sein müssen wie bei der internen Verarbeitung. Um diesen Vorgaben gerecht zu werden, darf die Auswahlentscheidung nicht allein von der Kostensituation bestimmt werden. Auch Anweisungen einer Konzernspitze dürfen aus datenschutzrechtlicher Sicht nicht dazu führen, dass suboptimale Lösungen gewählt werden. Der Vorzug sollte vielmehr dem Anbieter gegeben werden, der bezüglich der vorhandenen Sicherheitsstandards die beste Kosten/Nutzen-Relation bietet. Bei der konkreten Auswahlentscheidung ist der Auftraggeber frei. Eine Verpflichtung zur Ausschreibung besteht nicht.[46]

26

Voraussetzung für eine rechtskonforme Auswahl ist das Bestehen einer echten Wahlmöglichkeit. Ist diese beim Auftraggeber tatsächlich nicht gegeben, kommt ein Auftrag nach § 11 nicht wirksam zustande.[47] Um das Ziel einer sorgfältigen Auswahl zu erreichen, bedarf es in der Regel zunächst einer umfassenden Analyse des notwendigen Schutzstandards. Dieser muss insbesondere die Art der personenbezogenen Daten berücksichtigen, die an Auftragnehmer übermittelt werden sollen. Handelt es sich um

27

---

45 BAG 17.3.1987, NZA 1987, 749; BMH, § 11 Rn. 19.
46 Tager/Gabel-Gabel, § 11 Rn. 34.
47 Vgl. OVG Schleswig-Holstein 12.1.2011 – 4 MB 56/10, CR 2011, 359 bezüglich fehlender Wahlmöglichkeiten von Hausärzten im Rahmen der sog. »hausarztzentrierten Versorgung (HzV) in Schleswig-Holstein.

§ 11   Erhebung, Nutzung personenbezogener Daten im Auftrag

besondere Arten personenbezogener Daten gemäß § 3 Abs. 9, sind bei der Auswahlanalyse andere Bewertungsmaßstäbe anzulegen als bei einfachen Adressdaten.[48] Die bei der Auftragsdatenverarbeitung vom Auftragnehmer zu fordernden Maßnahmen zum technischen und organisatorischen Datenschutz sind umso höher, je sensitiver die hiervon betroffenen personenbezogenen Daten sind.[49] Ein Mindestmaß an Maßnahmen ist aber unabhängig von der Sensibilität der Daten immer zu fordern.

28   Steht der zu sichernde Schutzstandard im Ergebnis einer Analyse fest, muss in einem nächsten Schritt die sorgfältige Auswahl potentieller Auftragnehmer erfolgen. Der Auftraggeber muss sich Gewissheit vom dort vorhandenen Schutzstandard verschaffen. Maßstab der notwendigen Prüfung sind die in der Anlage § 9 Satz 1 genannten Maßnahmen der technischen und organisatorischen Datensicherung (vgl. § 9 Rn. 9 ff.). Besondere Bedeutung kommt hierbei der nach der dortigen Nr. 8 zu gewährleistenden Datentrennung zu. Darüber hinaus ist auf den aktuellen Stand der Technik abzustellen, wie er sich etwa im BSI-Grundschutz-Katalog[50] manifestiert. Relevant ist der Umsetzungsstand eines IT-Sicherheitskonzeptes.[51]

29   Bei der Bewertung des bestehenden Schutzstandards reicht es im Regelfall nicht, sich auf bloße Aussagen der Vertragsfirma zu verlassen. Erforderlich ist vielmehr die persönliche Bewertung der bestehenden Situation im Bereich des technischen und organisatorischen Datenschutzes (vgl. Rn. 41 und 54). Der Auftraggeber hat sich Klarheit über das Sicherungskonzept des Auftragnehmers und der Umsetzung in die Praxis zu verschaffen.[52] Im Regelfall gehören hierzu auch Analysen vor Ort. Darüber hinaus kann die Einsicht in die Ergebnisse von Datenschutzzertifizierungen oder -audits sinnvoll sein (vgl. die Erläuterungen zu § 9 a). Zu prüfen ist weiterhin etwa auch, ob eine gesetzeskonforme Verpflichtung der Mitarbeiter auf das Datengeheimnis nach § 5 vorliegt und welche weitergehenden Anweisungen es für die mit der Auftragsdatenverarbeitung befassten Beschäftigten gibt. Die relevanten Themenfelder müssen ggf. mit dem betrieblichen Datenschutzbeauftragten des Auftragnehmers diskutiert werden. Ist dieser entgegen der gesetzlichen Vorgabe in § 4 f nicht bestellt, steht dies der Vergabe eines Auftrags entgegen. Notwendig kann darüber hinaus im Einzelfall die Kontaktaufnahme zu Referenzkunden sein.

30   Die Feststellungen des Auftraggebers dürfen nicht nur zu Beginn des Auftrags erfolgen. Notwendig ist vielmehr eine fortlaufende Überprüfung, ggf. im Rahmen von spontanen Stichproben.[53] Eine entsprechende Verpflichtung ist nunmehr in Satz 4 ausdrücklich vorgesehen (vgl. Rn. 54). Stellt sich bei einer Überprüfung heraus, dass der Schutzstandard (nicht mehr) ausreichend ist, muss der Auftraggeber auf die Einführung entsprechende Maßnahmen drängen oder den Vertrag lösen.

31   Bei der Auftragsvergabe sollte der Auftraggeber den Auftragnehmer umfassend über die Art der zu verarbeitenden Daten informieren. So lässt sich sicherstellen, dass dieser

---

48 Ähnlich BMH, § 11 Rn. 35.
49 Petri in Simitis, § 11 Rn. 58.
50 https://www.bsi.bund.de/DE/Themen/ITGrundschutz/ITGrundschutzKataloge/itgrund
   schutz-kataloge_node.html.
51 Hierzu Gliss DSB 2005, 14.
52 Petri in Simitis, § 11 Rn. 58; zur Nachweispflicht einer Stelle nach § 9 Bizer, DuD 2006, 44.
53 Ähnlich Petri in Simitis, § 11 Rn. 59 f.

weiß, welche Schutzvorkehrungen notwendig sind.[54] Sind für bestimmte Anwendungen oder Verarbeitungen besondere Sicherheitsstandards erforderlich, müssen diese vor der Auftragsvergabe präzisiert werden, damit der Auftragnehmer sich hierauf einstellen kann.[55]

Der Auftrag ist nach Abs. 2 Satz 2 der Vorschrift schriftlich zu erteilen. Die Schriftform ist für das Zustandekommen des Vertrags konstitutiv (§ 125 BGB).[56] Fehlt sie, darf die Übermittlung von Daten an Auftraggeber nicht erfolgen. Entsprechendes gilt für die Begründung von Unteraufträgen, die ebenfalls erst nach dem schriftlichen Abschluss eines Vertrags durchgeführt werden dürfen.[57] Im Ergebnis wird zukünftig beispielsweise auch die Bewerberauswahl durch externe Personalberater als »Datenerhebung im Auftrag« nur noch auf schriftlicher Grundlage zulässig sein. 32

Neben der Schriftformvorgabe wurden in das Gesetz im Rahmen der Reform 2009 mit den Nn. 1 bis 10 Mindestbestandteile eingefügt, die der schriftliche Auftrag enthalten muss. Die Aufzählung dieser Mindestvertragsbestandteile ist nicht abschließend (»insbesondere«). Damit ist die Aufnahme weiterer Vorgaben in entsprechende Verträge möglich. Die ausdrückliche gesetzliche Normierung von Mindestvertragsbestandteile verdeutlicht aber, dass der Auftrag einen umfassenden und vollständigen Charakter haben muss, um dem Ziel gerecht zu werden, für Auftraggeber und Auftragnehmer sowie für die Aufsichtsbehörden ein Höchstmaß an Rechtssicherheit zu erzeugen.[58] Ein solcher Charakter leitet sich zudem aus der Formulierung »im Einzelnen festzulegen« im 2. Halbsatz von Abs. 2 Satz 2 ab. Nur eine abschließende und vollständige Festschreibung aller relevanten Aspekte garantiert für die Praxis, dass sich Auftragnehmer der Bindung an die Weisungen des Auftraggebers bewusst sind. Die Notwendigkeit der vertraglichen Fixierung aller relevanten Sachverhalte folgt zudem aus der in Nr. 6 der Anlage zu § 9 Satz 1 enthaltenen Auftragskontrolle, die von Auftraggebern wie Auftragnehmern gleichermaßen vorzunehmen ist (vgl. § 9 Rn. 86).[59] Fehlen wirksame und aussagekräftige Vereinbarungen zu den in den Nn. 1 bis 10 genannten Sachverhalten, steht dies der Wirksamkeit des Auftrags ebenso wie das Fehlen der Schriftform entgegen[60]. Die gleiche Wirkung wie fehlende Aussagen zu den Mindestvertragsbestandteilen haben unverbindliche oder allgemeine Regelungen (etwa »alle notwendigen technischen und organisatorischen Maßnahmen zur Datensicherung werden getroffene« als Ausfüllung der Vorgabe in Nr. 3). Mit Blick auf den nicht abschließenden Charakter können im Auftrag weitere Festlegungen erfolgen, wie etwa Freistellungsklauseln, Vertragsstrafenregelungen oder Regelungen zur Beweislastumkehr.[61] 33

- Nr. 1: Nach der ersten Mindestvoraussetzung muss der Gegenstand der Auftrags- 34

---
54 Gola/Schomerus, § 11 Rn. 21.
55 Schaffland/Wiltfang, § 11 Rn. 11.
56 Gola/Schomerus, § 11 Rn. 17; zu allgemeinen Anforderungen an die Schriftform Wedde in DKKW, Einl. Rn. 162 ff.; a. A. Tager/Gabel-Gabel, § 11 Rn. 54; Thomale in Auernhammer, § 11 Rn. 34.
57 A. A. bezüglich Unterauftragsverhältnissen Plath-Plath, § 11 Rn. 97.
58 Vgl. BT-Drucksache 16/13657 S. 28.
59 Ähnlich im Ergebnis Petri in Simitis, § 11 Rn. 76; Gola/Schomerus, § 11 Rn. 18 m.w.N.; Schaffland/Wiltfang, § 11 Rn. 9 a.
60 Ebenso Plath-Plath, § 11 Rn. 126.
61 Vgl. BMH, § 11 Rn. 43 ff.

datenverarbeitung festgelegt werden. Im Regelfall muss konkret benannt werden, um welche Form der Datenverarbeitung (Erhebung, Verarbeitung, Nutzung) es sich handelt. Mit Blick auf die angestrebte Rechtssicherheit ist eine klare und abschließende Festschreibung unumgänglich (etwa »Durchführung von Reisekostenabrechnungen im Bereich Vertrieb«). Neben dem Gegenstand ist die Dauer des Auftrags aufzunehmen. Hierbei ist zunächst festzulegen, ob es sich um einen einmaligen Auftrag oder um wiederkehrende Aufgaben über einen längeren Zeitraum handelt. Bezüglich der zeitlichen Dauer ist sowohl die Benennung eines konkreten Zeitraums (etwa »für die Dauer eines Jahres« oder »bis zum 31.12.2012«) als auch die Formulierung eines offenen Endes des Auftrags (etwa »der Vertrag endet nach Kündigung«) möglich. Gibt es kein Enddatum, muss bei der Festlegung der Löschungsfristen gemäß Nr. 4 sichergestellt werden, dass Auftragnehmer nur so lange wie notwendig über personenbezogene Daten verfügen können.[62] Die Vorgaben einer Beendigung des Auftrags leiten sich beim Fehlen einer vertraglichen Festlegung aus allgemeinen zivilrechtlichen Normen ab.

35 • Nr. 2: Die hier genannten Mindestvoraussetzungen haben in der Praxis eine besondere Bedeutung. Im Ergebnis führt diese Regelung dazu, dass Auftraggeber konkret, verbindlich, vollständig und abschließend festhalten müssen, wie viele und welche personenbezogenen Daten von Auftragnehmern zu welchen Zwecken erhoben, verarbeitet und genutzt werden dürfen. Hier nicht genannte Zwecke dürfen im Ergebnis von Auftragnehmern nicht verfolgt werden.

36 Festgelegt werden muss zunächst einmal der Umfang der zulässigen Erhebung, Verarbeitung und Nutzung personenbezogener Daten. Konkret und abschließend fixiert werden muss damit beispielsweise,
 – welche personenbezogenen Daten für welche Aufgaben zu erheben bzw. zu verarbeiten sind
 – ob und an wen die Daten ggf. übermittelt werden dürfen,
 – wie im Einzelnen der Austausch zwischen Auftraggeber und Auftragnehmer durchzuführen ist,
 – welche datenschutzrechtlichen Grundlagen der Auftrag hat usw.

37 Um dem Gebot der Rechtssicherheit gerecht zu werden, muss der zulässige Umfang der Erhebung, Verarbeitung und Nutzung abschließend festgelegt werden. Ist eine abschließende Festlegung im Einzelfall nicht möglich (etwa weil der Umfang sich aus den zu erledigenden Arbeiten ableitet), muss durch geeignete Formulierungen sichergestellt werden, dass für Auftragnehmer jederzeit die Möglichkeiten und Grenzen der zulässigen Datenverarbeitung verbindlich erkennbar sind.

38 Neben dem Umfang muss nach Nr. 2 die Art der Erhebung, Verarbeitung oder Nutzung im Auftrag fixiert werden. Die Vorgabe bezieht sich einerseits auf die konkrete Durchführung der Datenerhebung (etwa durch Befragung von Personen, durch Auswertung vorliegender Dateien usw.) und andererseits auf die Verarbeitung (etwa die Speicherung in manuellen oder in automatisierten Dateien, die Übermittlung über Datennetze oder auf Datenträgern usw.) bzw. Nutzung. Im Ergebnis muss sich im Auftrag eine abschließende Regelung dazu finden, welche Vorgänge Auf-

---

62 Zustimmend Plath-Plath, § 11 Rn. 100.

tragnehmer durchführen dürfen. Diese müssen auch den Regelungsgehalt einschlägiger Betriebsvereinbarungen beinhalten (vgl. auch Rn. 59 f.).

Weiterhin gibt Nr. 2 vor, dass der Zweck der Erhebung, Verarbeitung und Nutzung im Auftrag festgelegt werden muss. Mit Blick auf die angestrebte Rechtssicherheit muss diese Angabe so konkret wie möglich sein. Es müssen verbindliche Festschreibungen vorgenommen werden, die Auftragnehmer in die Lage versetzen, die Rechtmäßigkeit ihres Handelns jederzeit beurteilen zu können. Pauschale Festlegungen (etwa »die Auftragsdatenverarbeitung erfolgt zu Zwecken der Datensicherung« oder »zu Zwecken der Kundenbetreuung«) erfüllen diese Vorgabe nicht. Die gesetzlich indizierte Festlegung des Zwecks muss auch stattfinden, wenn eine Auftragsvergabe innerhalb von Konzernen zwischen einzelnen Konzernunternehmen vereinbart wird.[63] 39

Durch Nr. 2 wird vorgegeben, dass im Auftrag auch die Art der Daten selbst festgeschrieben werden muss, die durch Auftragnehmer erhoben, verarbeitet und genutzt werden dürfen. Um zu diesem Thema Rechtssicherheit zu erzeugen, müssen Auftraggeber Kataloge von Datenarten vollständig und abschließend vorgeben. Neben einer allgemeinen Festlegung zu Kategorien, Gruppen usw. von personenbezogenen Daten, die verwendet werden dürfen, kommt in diesem Zusammenhang auch der Information darüber eine große Bedeutung zu, ob besondere Arten personenbezogener Daten i. S. von § 3 Abs. 9 vom Auftrag erfasst sind und auf welcher Rechtsgrundlage diese verarbeitet werden dürfen. 40

Schließlich gibt die Regelung in Nr. 2 vor, dass der Kreis der Betroffenen im Auftrag festgelegt werden muss. Damit müssen Auftraggeber abschließende und vollständige Vorgaben dazu machen, welche personenbezogenen Daten überhaupt an Auftragnehmer übergeben werden dürfen. Dabei müssen allgemeine datenschutzrechtliche Vorgaben wie etwa die Pflicht zur Datenvermeidung oder Datensparsamkeit besonders beachtet werden. Leitet sich der Kreis der Betroffenen unmittelbar aus der Art der Daten ab (etwa bei Übermittlung aller Bestelldaten der Kunden eines Auftraggebers an einen Auftragnehmer), ist eine explizite Nennung entbehrlich. Besteht eine solche Klarheit nicht, muss eine entsprechende Festlegung aus Gründen der Rechtssicherheit ausdrücklich erfolgen. 40 a

- Nr. 3: In Nr. 3 wird festgeschrieben, dass im Auftrag die nach § 9 zu treffenden technischen und organisatorischen Maßnahmen im Einzelnen festzulegen sind. Eine Bezugnahme auf § 9 fand sich in § 11 Abs. 2 Satz 2 BDSG 2001 nicht. Damit stellt sich die ursprüngliche Regelung auf den ersten Blick umfassender dar als der nunmehr gültige Text. Allerdings kommt der Einfügung der einschlägigen Norm in den Text von Nr. 3 für die Praxis keine Bedeutung zu, weil der in § 9 genannte Gegenstand des technischen und organisatorischen Datenschutzes ohnehin weit auszulegen ist (vgl. § 9 Rn. 17). Im Auftrag müssen mithin die erforderlichen Maßnahmen konkret benannt und wirksam vereinbart werden. Pauschale Hinweise (etwa »die Verarbeitung erfolgt unter Beachtung der Vorgaben in § 9 BDSG«) erfüllen diese Vorgabe nicht.[64] Zulässig kann allerdings die Bezugnahme auf ein 41

---

[63] Ebenso Plath-Plath, § 11 Rn. 42.
[64] Zustimmend Plath-Plath, § 11 Rn. 102.

§ 11 Erhebung, Nutzung personenbezogener Daten im Auftrag

beim Auftragnehmer etabliertes IT-Sicherheitskonzept oder auf das Vorliegen einer anerkannten Datenschutzzertifizierung sein. Werden besondere Arten personenbezogener Daten i. S. von § 3 Abs. 9 oder andere vergleichbar sensible Daten vom Auftrag erfasst, sind die für deren Erhebung, Verarbeitung oder Nutzung erforderlichen besonderen Vorkehrungen zu benennen.

42 • Nr. 4: Durch Nr. 4 wird vorgegeben, dass der Auftragsvertrag Festlegungen zur Berichtigung, Löschung und Sperrung von Daten enthalten muss. Soweit sich entsprechende Notwendigkeiten nicht bereits aus einschlägigen gesetzlichen Vorgaben ableiten, die der Auftragnehmer eigenständig beachten muss, kann der Auftraggeber konkrete und verbindliche Anweisungen zu Maßnahmen und zu Prozessen machen. So kann etwa zur Berichtigung festgelegt werden, dass der Auftragnehmer hierzu nur auf Anweisung des Auftraggebers oder aber eigenständig berechtigt ist. Bezüglich der Löschung kann der Auftraggeber Vorgaben zu Fristen und zu Löschungsverfahren machen. Hinsichtlich der Sperrung kann deren Umfang und Dauer fixiert werden.

43 • Nr. 5: Die Regelung in Nr. 5 zielt im Sinne der Rechtsklarheit darauf ab, dass die nach Abs. 4 bestehenden Pflichten des Auftragnehmers im Auftrag noch einmal explizit erwähnt werden. Diese müssen in einer verständlichen und auf die konkrete Verarbeitungssituation angepassten Form enthalten sein (etwa durch Nennung der einschlägigen Rechtsnormen und der hieraus folgenden Auswirkungen). Ein pauschaler Verweis auf Abs. 4 erfüllt die Vorgabe der Festlegung im Einzelnen nicht und ist mithin nicht ausreichend. Auftragnehmer müssen weiterhin mit dem Auftrag auf die von ihnen vorzunehmenden Kontrollen hingewiesen werden. Unterbleibt ein entsprechender Hinweis, bedeutet dies allerdings nicht, dass Auftragnehmer damit von gesetzlichen Kontrollpflichten frei sind, soweit sich diese aus einschlägigen gesetzlichen Regelungen ableiten. Das Fehlen eines entsprechenden Hinweises kann jedoch im Schadensfall haftungsrechtlich zugunsten des Auftragnehmers bewertet werden.

44 • Nr. 6: Sollen Unteraufträge begründet werden, muss dies gemäß Nr. 6 im Auftrag im Einzelnen festgelegt werden. Aus der Formulierung »die etwaige Berechtigung« leitet sich ab, dass zunächst grundsätzlich festgelegt werden muss, ob Unteraufträge vergeben werden können oder nicht. Diese Situation entspricht der gemäß § 11 Abs. 2 Satz 2 BDSG 2001. Kommt es zur Beauftragung von Subunternehmern durch den eigentlichen Auftragnehmer, muss mit diesem ebenfalls ein Vertrag geschlossen werden, der den Vorgaben von § 11 entspricht. Hierbei müssen die Vorgaben des Ursprungsvertrags zwischen Auftraggeber und Auftragnehmer umfassend Berücksichtigung finden. Möglich ist auch, dass der Auftraggeber die Begründung von Unteraufträgen davon abhängig macht, dass bestimmte Vereinbarungen mit Subunternehmern geschlossen werden (etwa zu unmittelbaren Kontrollrechten des Auftraggebers bei den beauftragten Unternehmen nach Nr. 7).

45 Fehlt eine entsprechende Berechtigung im Auftrag, muss die Begründung von Unteraufträgen unterbleiben. Ohne eine entsprechende Berechtigung ist jeder Zugriff anderer Stellen oder Personen außerhalb des Auftragnehmers auf die entsprechenden personenbezogenen Daten ohne datenschutzrechtliche Grundlage unzulässig. Dies gilt auch innerhalb von Konzernstrukturen bzw. zwischen Unternehmen eines Konzerns.

Da die Einschaltung von Subunternehmen immer das Risiko in sich birgt, dass sich die Verantwortlichkeit für die Rechtmäßigkeit der Datenverarbeitung verflüchtigt, müssen an die Zulässigkeit der Einschaltung Dritter durch Auftragnehmer strenge Maßstäbe angelegt werden. Die entsprechenden Regelungen im Auftrag müssen konkret, transparent und abschließend sein sowie die Zweckbindung der Datenverarbeitung garantieren. Insoweit muss im »Grundauftrag« zwischen Auftraggeber und Auftragnehmer bezüglich der Unteraufträge sichergestellt werden, dass Subunternehmer den gleichen vertraglichen Voraussetzungen unterliegen wie der direkte Auftragnehmer selbst.[65] Auf die vereinbarte zeitliche Dauer und den Umfang der Inanspruchnahme von Unterauftragnehmern kommt es nicht an. Im Zweifel müssen sich Dauer und Umfang am »Grundvertrag« orientieren. Auch die einmalige oder kurzfristige Einschaltung von Subunternehmern (etwa für Notfälle) ist nur zulässig, wenn der Auftraggeber vorab zugestimmt hat. Unzulässig ist die Vergabe von Unteraufträgen hingegen auf der Basis allgemeiner und pauschaler Vereinbarungen wie etwa der vertraglichen Regelung in einem Konzern, nach der sich »alle Konzernunternehmen gegenseitig mit der Erledigung von Auftragsdatenverarbeitung« beauftragen«.

Ist ein Auftragnehmer zur Erteilung von Unteraufträgen berechtigt, muss er dem Auftraggeber jederzeit nachweisen können, dass hierdurch keine Rechtsverluste eintreten und die gemäß der Nr. 1 bis 10 erforderlichen Festlegungen sowie darüber hinaus getroffene vertragliche Vereinbarungen auch bezogen auf den Unterauftragnehmern garantiert sind. Auf die Tätigkeit der Unterauftragnehmer kommen insoweit die gleichen Pflichten und normativen Regelungen zur Anwendung, die auch den Auftragnehmer selbst treffen.[66]

- Nr. 7: Durch Nr. 7 wird die Verpflichtung vorgegeben, im Auftrag im Einzelnen die Kontrollrechte des Auftraggebers sowie die entsprechenden Duldungs- und Mitwirkungspflichten des Auftragnehmers festzulegen. Die Regelung normiert damit zwar eigentlich nur eine Selbstverständlichkeit, die zudem in Abs. 2 Satz 4 präzisiert wird, macht aber zugleich deutlich, dass entsprechende Festlegungen explizit erfolgen müssen. Im Auftrag müssen insbesondere die Kontrollrechte der betrieblichen Datenschutzbeauftragten verankert werden. Soweit gesetzlich vorgegeben oder erforderlich, müssen diese über eigenständige und praktikable Kontrollrechte beim Auftragnehmer verfügen. Darüber hinaus müssen entsprechende Rechte anderer betrieblicher Stellen wie insbesondere die von Betriebs- und Personalräten bei der Vertragsausgestaltung berücksichtigt werden (vgl. hierzu Rn. 59 f.). Der Umfang der zu fixierenden Kontrollrechte sowie die sich hieraus ableitenden Duldungs- und Mitwirkungspflichten bestimmt sich für den konkreten Einzelfall insbesondere aus dem Gegenstand des Auftrags sowie aus Umfang, Art und Zweck der Erhebung, Verarbeitung und Nutzung der personenbezogenen Daten. Insoweit steht die Regelung in einer engen Verbindung zu den Vorgaben gemäß Nr. 1 und 2.
- Nr. 8: Die Regelung in Nr. 8 ist in ihrer Art neu. Sie flankiert insbesondere die zu treffenden Vorgaben zum technischen und organisatorischen Datenschutz gemäß Nr. 3, indem sie vertragliche Vereinbarungen dazu verlangt, unter welchen Voraus-

---

[65] Zu Weisungs- und Kontrollmöglichkeiten Bongers/Krupna, RDV 2014, 19.
[66] Ähnlich Petri in Simitis, § 11 Rn. 76.

§ 11　Erhebung, Nutzung personenbezogener Daten im Auftrag

setzungen Auftragnehmer Verstöße gegen Vorschriften zum Schutz personenbezogener Daten oder gegen die im Auftrag getroffenen Festlegungen mitteilen müssen. Die Regelung bezieht sich sowohl allgemein auf den Auftragnehmer als auch konkret auf die bei ihm beschäftigten Personen. Wurden Unteraufträge vergeben, müssen sich bestehende Informationspflichten entsprechend wieder finden. Aus dem Wortlaut lässt sich nicht unmittelbar ableiten, ob eine entsprechende Verpflichtung bezüglich aller Verstöße besteht. Mit Blick darauf, dass im Einzelfall schon leichte Verstöße zu Verletzungen der Rechte des Auftraggebers sowie der Persönlichkeitsrechte der Betroffenen führen können, muss die Regelungsverpflichtung nach dieser Norm und die hieraus folgende Informationsverpflichtung der Auftragnehmer weit ausgelegt werden. Diesbezüglich ist zu bedenken, dass selbst eine umfassende, schon bei leichten Verstößen einsetzende Informationspflicht den Auftragnehmern keine unbilligen oder unmöglichen Verpflichtungen auferlegt. Zudem ermöglicht nur eine umfassende Informationspflicht dem Auftraggeber zu prüfen, ob der Auftrag fortgeführt werden kann.

50 Problematisch könnte sich in der Praxis die Vorgabe im letzten Halbsatz von Nr. 8 darstellen, nach der ein Auftragnehmer eigenständig darüber informieren muss, dass er gegen seine vertraglichen Verpflichtungen verstoßen hat. Es ist zu vermuten, dass diese Verpflichtung zur »Selbstanzeige« häufig leerläuft. Dies darf Auftraggeber aber nicht davon abhalten, entsprechende vertragliche Festlegungen zu treffen und entsprechende Informationen zu fordern.

51 • Nr. 9: Die Vorgabe in Nr. 9 nimmt die allgemeine Regelung zum Fortbestehen der Verantwortlichkeit in Abs. 1 Satz 1 auf und präzisiert die sich hieraus ableitenden Verpflichtungen des Auftraggebers. Zur Erreichung der angestrebten Rechtsklarheit muss im Auftrag im Einzelnen festgelegt werden, welche Weisungsbefugnisse sich der Auftraggeber gegenüber dem Auftragnehmer vorbehält. In der Umkehrung dieser normativen Vorgabe leitet sich aus der erforderlichen vertraglichen Fixierung der verbleibenden Weisungsbefugnisse der Grad der Freiheit ab, den Auftragnehmer bei der Erhebung, Verarbeitung oder Nutzung haben. Allerdings ist dieser durch die übrigen Festlegungen im Rahmen von Abs. 2 Satz 2 ohnehin begrenzt. Eigenständige und grenzenlose Befugnisse zur Erhebung, Verarbeitung und Nutzung würden einem Auftragnehmer selbst dann nicht zufallen, wenn im Vertrag der Umfang der Weisungsbefugnisse ungeregelt bliebe. Werden vom Auftragnehmer Unteraufträge vergeben, müssen bestehende Weisungsbefugnisse des Auftraggebers hier entsprechend vereinbart werden.

52 • Nr. 10: Durch Nr. 10 wird die Notwendigkeit begründet, schon bei Vertragsabschluss bestimmte Festlegungen für die Beendigung des Auftrags zu treffen. Deshalb muss für den Fall der Beendigung des Auftrags die Rückgabe überlassener Datenträger ebenso im Einzelnen festgelegt werden wie die Löschung beim Auftragnehmer gespeicherter Daten. Die zu treffenden Festlegungen können individuell gestaltet werden oder sich an anerkannten Standards orientieren (etwa den Vorgaben in den IT-Grundschutz-Katalogen des BSI[67]). Geht es um die Rückgabe von Datenträgern, müssen Vorgaben für den sicheren Transport vereinbart werden.

67　Vgl. http://www.bsi.bund.de/DE/Themen/ITGrundschutz/ITGrundschutzKataloge/itgrundschutzkataloge_node.html.

Alternativ können auch Verfahren zur gesicherten Vernichtung von Datenträgern beim Auftragnehmer festgelegt werden.[68] Bezüglich der Löschung von Daten muss beispielsweise festgelegt werden, dass hierfür beim Auftragnehmer entsprechende Programme und Verfahren genutzt werden, die eine spätere Wiederherstellung sicher verhindern. Auch bezüglich der Löschung vorliegender Back-Up-Daten müssen Regelungen in den Auftrag eingefügt werden. Weiterhin muss sichergestellt werden, dass der Auftraggeber vor der Löschung in den Besitz der aktuellen Daten kommt, wenn er diese benötigt. Nur so kann sichergestellt werden, dass eine Weiterarbeit ohne Informationsverluste erfolgen kann. Insgesamt muss durch die Vertragsgestaltung zu diesem Thema garantiert werden, dass der Auftragnehmer nach Beendigung des Auftrags nicht mehr im Besitz von Daten ist. Damit müssen insbesondere auch zivilrechtliche Zurückbehaltungsrechte an den Daten verbindlich ausgeschlossen sein.

Bei öffentlichen Stellen kann die Beauftragung von Auftragnehmern nach Abs. 2 Satz 3 auch durch die Fachaufsichtsbehörde erfolgen. Im Auftrag sollten allerdings die jeweiligen Kompetenzen und Verantwortungen umfassend und abschließend festgelegt werden.[69] Die verantwortliche Stelle muss in diesen Fällen von der Fachaufsichtsbehörde über die Auftragserteilung unterrichtet werden.[70]

Während der Durchführung des Auftrags muss sich der Auftraggeber gem. Abs. 2 Satz 4 von der Einhaltung der beim Auftraggeber getroffenen Maßnahmen überzeugen. Aufgrund der im Rahmen der Novelle im Jahr 2009 eingefügten Ergänzung müssen entsprechende Kontrollen nunmehr »vor Beginn der Datenverarbeitung und sodann regelmäßig« durchgeführt werden. Werden Unteraufträge genehmigt, müssen Auftraggeber auch diesbezüglich entsprechende Kontrollen sicherstellen.

Eine erste Überprüfung muss zwingend vor Beginn der ersten Erhebung von Daten durch den Auftragnehmer bzw. vor der ersten Übermittlung an diesen erfolgen. Die Überprüfung ist eine verbindliche Wirksamkeitsvoraussetzung für die Aufnahme der Auftragstätigkeit. Bei der Prüfung muss sich der Auftraggeber davon überzeugen, dass der Auftragnehmer die erforderlichen technischen und organisatorischen Maßnahmen auch tatsächlich vorgenommen hat.[71] Auftraggeber dürfen sich mithin nicht mehr allein auf Zusicherungen der Auftragnehmer verlassen, sondern müssen eigene Recherchen durchführen, um sich Gewißheit darüber zu verschaffen, dass gesetzlich normierte bzw. vertraglich vereinbarte Sicherheitsstandards auch tatsächlich existieren. Mit Blick auf deren gesetzlich normierte Aufgaben sollten in die Überprüfungen neben den betrieblichen Datenschutzbeauftragten auch IT-Sicherheitsbeauftragte sowie Betriebs- und Personalräte eingebunden werden. Unterbleibt die vorherige Prüfung, kann dies gemäß der neuen Regelung in § 42a Nr. 9 ein Bußgeld auslösen.

Eine Überprüfung der Einhaltung der gesetzlich indizierten oder vertraglich vereinbarten technischen und organisatorischen Maßnahmen muss weiterhin nach Aufnahme der Auftragstätigkeit regelmäßig erfolgen. Durch diese Regelung soll erreicht

---

68 Hierzu allgemein BMH, § 11 Rn. 36 ff.; Gola/Schomerus, § 11 Rn. 18.
69 Petri in Simitis, § 11 Rn. 84.
70 BMH, § 11 Rn. 47.
71 Vgl. BT-Drucksache 16/13657 S. 28 f.

§ 11   Erhebung, Nutzung personenbezogener Daten im Auftrag

werden, dass es insbesondere bei einer längerfristigen Auftragsdatenverarbeitung nicht bei einer einmaligen Kontrolle bleibt. Da der Gesetzgeber keine Aussagen zu Prüfungsintervallen getroffen hat,[72] müssen bei der zeitlichen Planung von Kontrollen Aspekte wie die Sensibilität der personenbezogenen Daten ebenso berücksichtigt werden wie der Umfang und die Intensität der Verarbeitungsaufgaben.

57 Die nach Abs. 2 Satz 4 notwendigen Überprüfungen müssen nicht notwendigerweise immer »vor Ort« erfolgen.[73] Gerade bei neuen Auftragnehmern oder bei sensiblen Daten darf auf unmittelbare Prüfungen aber nicht grundsätzlich verzichtet werden.[74] In Abhängigkeit von der konkreten Verarbeitungssituation und der Sensitivität der Daten kommen anstatt direkter Besuche oder Stichproben beim Auftragnehmer andere Prüfmaßnahmen wie beispielsweise die Anforderung von Informationen zu den technischen und organisatorischen Maßnahmen, elektronische Zugriffe auf die entsprechenden Systemdateien, die Durchführung eigener bzw. die Berücksichtigung fremder Audits in Betracht.[75] Die Kontrollbefugnisse des Auftraggebers müssen gemäß Abs. 2 Satz 2 Nr. 7 im Auftrag festgeschrieben werden. Dabei müssen auch die besonderen Befugnisse der zuständigen Kontrollinstanzen des Auftraggebers (Datenschutzbeauftragter, Innenrevision, Betriebs- oder Personalräte usw.) Berücksichtigung finden.

58 Das Ergebnis der Prüfungen nach Abs. 2 Satz 4 ist aufgrund des 2009 neu eingefügten Satzes 5 vom Auftraggeber zu dokumentieren. Diese Dokumentation soll den Zeitpunkt der Überprüfungen vor und während der Auftragsdatenverarbeitung nachweisen. Sie dient auch dazu, den Auftraggeber im Streitfall z. B. gegenüber der Aufsichtsbehörde zu entlasten.[76] In der Ausgestaltung der Dokumentation ist der Auftraggeber frei. Art und Umfang der Dokumentation können in Abhängigkeit von Größe und Komplexität der Auftragsdatenverarbeitung variieren.[77] Mit Blick auf die ggf. notwendige Beweiskraft wird regelmäßig eine schriftliche Dokumentation sinnvoll sein, deren Art und Umfang sich nach der konkreten Auftragssituation bestimmt. Die gemäß Satz 5 zu erstellende Dokumentation ist unabhängig von der Führung des Verfahrensverzeichnisses. Dieses muss auch bei der Auftragsdatenverarbeitung weiter vom betrieblichen Datenschutzbeauftragten des Auftraggebers erstellt und gepflegt werden.

59 Für den arbeitsrechtlichen Bereich muss vom Auftraggeber sichergestellt werden, dass Betriebs- und Personalräte ihre einschlägigen Mitwirkungs- und Mitbestimmungsrechte gegenüber den Auftragnehmern wahrnehmen können.[78] Auf der Grundlage von § 80

---

72 Vgl. BT-Drucksache 29 S. 16. Starre Kontrollintervalle werden hier abgelehnt, weil diese der Bandbreite der Auftragsdatenverarbeitung nicht gerecht werden.
73 Vgl. BT-Drucksache 16/13657 S. 17, nach der ausdrücklich von der Vorgabe abgesehen wurde, dass sich der Auftraggeber immer unmittelbar beim Auftragnehmer vor Ort oder selbst in Person überzeugen muss; ähnlich Hallermann, RDV 2012, 226 unter Hinweis auf den Reise- und Arbeitsaufwand.
74 Ebenso Hallermann, RDV 2012, 226.
75 Vgl. BT-Drucksache 16/13657 S. 29, wo für den Einzelfall auf Testate eines Sachverständigen als Alternative zu persönlichen Besuchen verwiesen wird.
76 Vgl. BT-Drucksache 16/13657 S. 28 f.
77 Vgl. BT-Drucksache 16/13657 S. 29.
78 Vgl. z. B. LAG Frankfurt NZA 1985, 34 f.; LAG Hamburg DB 1985, 2308; Klebe in DKKW, § 87 Rn. 14 m. w. N.; ähnlich Gola/Schomerus, § 11 Rn. 23; zum Unterrichtungsrecht BAG DB 1987, 1493.

BetrVG gehört im nicht-öffentlichen Bereich hierzu beispielsweise neben den allgemeinen Informationsrechten im Einzelfall auch ein elektronisches Zugangsrecht zu den beim Auftragnehmer vorhandenen Daten des eigenen Betriebs oder ein direktes Kontrollrecht vor Ort. Dieses Kontrollrecht besteht nunmehr analog zu den Kontrollpflichten des Arbeitgebers nach Abs. 2 Satz 4 sowohl vor Aufnahme der Auftragsdatenverarbeitung als auch während des laufenden Betriebs. Die nach § 80 BetrVG bestehenden Kontrollrechte dürfen nicht durch restriktive Vereinbarungen mit dem Auftragnehmer eingeschränkt werden.

Die Rechte der Betriebs- und Personalräte müssen insgesamt ihren Niederschlag in den erweiterten vertraglichen Festlegungen finden, die sich für die Gestaltung des Auftrags aus Abs. 2 Satz 2 Nr. 2 ableiten. Praktisch bedeutet dies zunächst, dass Betriebs- und Personalräte über den Inhalt der Aufträge in Kenntnis gesetzt werden müssen. In diesem Rahmen können sie innerhalb von Konzernstrukturen beispielsweise überprüfen, ob es bei der Wahl des Auftragnehmers eine echte Auswahlentscheidung gegeben hat.[79] Darüber hinaus müssen sie auch informiert werden, wenn es bei der Verarbeitung von Beschäftigtendaten zu Verstößen i. S. von Abs. 2 Satz 2 Nr. 8 kommt. Entsprechende Informationspflichten bestehen auch bezüglich der Dokumentation nach Abs. 2 Satz 5. Gibt es zu bestimmten IT-Systemen Betriebs- oder Dienstvereinbarungen und beinhalten diese spezielle Kontrollrechte der Betriebs- und Personalräte, müssen Arbeitgeber bei der Formulierung von Aufträgen sicherstellen, dass diese auch gegenüber Auftragnehmern umgesetzt werden können. Bei der Gestaltung von Aufträgen muss schließlich der Inhalt einschlägiger Betriebs- und Dienstvereinbarungen Berücksichtigung finden. Schließen kollektivrechtliche Regelungen bestimmte Verarbeitungen oder Nutzungen aus oder begrenzen sie diese, müssen Auftragnehmer hiervon in einer Art und Weise in Kenntnis gesetzt werden, die Verstöße gegen Betriebsvereinbarungen ausschließt.

60

5. Pflichten des Auftragnehmers (Abs. 3)

Die Pflichten des Auftragnehmers sind in Abs. 3 geregelt. Nach Satz 1 darf er personenbezogene Daten aus der Rechtssphäre des Auftraggebers nur im Rahmen der von diesem erteilten Weisungen erheben, verarbeiten oder nutzen.[80] Er muss durch geeignete technische und/oder organisatorische Maßnahmen sicherstellen, dass nur eine weisungsgemäße Erhebung, Verarbeitung oder Nutzung stattfinden kann. Der Handlungsspielraum der Auftragnehmer ist mit Blick auf das Schutzziel des Gesetzes eng auszulegen.

61

Durch die Formulierung des Satzes 1 wird klargestellt, dass der Auftraggeber dafür verantwortlich ist, den Auftragnehmer zu einem datenschutzrechtskonformen Verhalten anzuhalten. Er ist deshalb verpflichtet, dem Auftragnehmer durch konkrete Anweisungen alle erforderlichen Vorgaben zu machen.[81] Die Vorgabe unterstreicht die

62

---

79 Vgl. zu dieser Voraussetzung OVG Schleswig-Holstein 12.1.2011 – 4 MB 56/10, CR 2011, 359 sowie Rn. 5a und 27.
80 Ähnlich Petri in Simitis, § 11 Rn. 87.
81 Gola/Schomerus, § 11 Rn. 24; Petri in Simitis, § 11 Rn. 85.

§ 11   Erhebung, Nutzung personenbezogener Daten im Auftrag

Bedeutung des Katalogs in Abs. 2 Satz 2 und den sich hieraus ableitenden Mindestinhalte von Aufträgen. Durch den Verweis auf den »Rahmen der Weisungen« wird verdeutlicht, dass der Auftragnehmer die ihm überlassenen personenbezogenen Daten ohne ausdrückliche Erlaubnis des Auftraggebers nicht außerhalb des Auftrags verwenden darf.

63   Jeder Verstoß gegen die in Satz 1 enthaltenen gesetzlichen Vorgaben ist eine Verletzung des gesetzlichen Datengeheimnisses.[82] Tritt dieser ein, muss der Auftraggeber unverzüglich für ein ordnungsgemäßes Verhalten des Auftragnehmers sorgen. Ist dies nicht möglich, muss er den Vertrag (ggf. fristlos) lösen und die weitere Erhebung, Verarbeitung oder Nutzung der personenbezogenen Daten unterbinden. Darüber hinaus ist die Einschaltung der Aufsichtsbehörde nach § 38 möglich.[83]

64   Gesetzliche Vorgaben für die Form der Erteilung der Weisungen an den Auftraggeber gibt es nicht. Sie können deshalb auch mündlich erteilt werden. Schon aus Gründen der Rechtssicherheit und der Beweisbarkeit ist aber die Schriftform anzuraten.

65   Der Auftragnehmer darf sich auf die Rechtmäßigkeit der ihm erteilten Weisungen verlassen. Ihn trifft keine Überprüfungspflicht bezüglich der einzelnen Aufträge.[84] Ist er allerdings der Auffassung, dass eine Weisung gesetzwidrig ist, hat er nach Abs. 3 Satz 2 den Auftraggeber unverzüglich darauf hinzuweisen. Diese normative Vorgabe zielt darauf, unzulässige Verarbeitung zu vermeiden. Nach einer entsprechenden Mitteilung kann er die Reaktion des Auftraggebers abwarten, bevor er den Auftrag fortsetzt.[85] Hat er mit der Abwicklung bereits begonnen und erkennt er die Unzulässigkeit erst später, muss der Auftragnehmer sie unterbrechen.[86]

66   Ist die Durchführung einer Weisung als strafbare Handlungen zu qualifizieren, trifft den Auftragnehmer keine Durchführungspflicht.[87] Entsprechendes gilt, wenn ein nicht zu rechtfertigender Verstoß gegen andere einschlägige Normen vorliegt (etwa im Bereich des Zivilrechts, wenn dem Auftragnehmer Schadensersatzforderungen von Betroffenen drohen). Verstößt die Weisung gegen Datenschutzbestimmungen, kann sich ihre Nichtigkeit wegen Verstoßes gegen ein gesetzliches Verbot (§ 134 BGB) ergeben. Verbindet sich die Durchführung einer Weisung mit Gesetzesverstößen, besteht eine Verpflichtung des Auftraggebers, seine Anweisungen zurückzunehmen.[88] Bestehen bezüglich der Rechtswidrigkeit unterschiedliche Rechtsauffassungen, soll der Auftragnehmer allerdings verpflichtet sein, Weisungen zu folgen.[89] In der Praxis kann ein Auftragnehmer beim Bestehen berechtigter Zweifel ggf. die Einholung einer Stellungnahme bei der zuständigen staatlichen Aufsichtsbehörde verlangen.

67   Die Haftung für weisungsgemäß durchgeführte Aufträge trägt der Auftraggeber.[90] Dies gilt auch bezüglich berechtigt tätiger Unterauftragnehmer. Etwas anderes gilt, wenn der

---
82   Ebenso Petri in Simitis, § 11 Rn. 57.
83   Petri in Simitis, § 11 Rn. 58.
84   BMH, § 11 Rn. 51; Petri in Simitis, § 11 Rn. 61.
85   Petri in Simitis, § 11 Rn. 93.
86   Petri in Simitis, § 11 Rn. 63.
87   Gola/Schomerus, § 11 Rn. 25; Petri in Simitis, § 11 Rn. 95; Plath-Plath, § 11 Rn. 117.
88   BMH, § 11 Rn. 51.
89   BMH, § 11 Rn. 52.
90   Zustimmend Plath-Plath, § 11 Rn. 117.

Erhebung, Nutzung personenbezogener Daten im Auftrag § 11

Auftragnehmer (oder der Unterauftragnehmer) rechtswidrig handeln. Dann haftet er nach allgemeinen zivil- und datenschutzrechtlichen Grundsätzen selbst.[91]

6. Rechtsrahmen für die Auftragsdatenverarbeitung und Kontrolle des Auftragnehmers (Abs. 4)

Die Regelungen in Abs. 4 legen fest, welche gesetzliche Vorschriften von Auftragnehmern ergänzend zu den Weisungen der Auftragnehmer zu beachten sind. Weiterhin werden Aussagen zur Datenschutzkontrolle bzw. Datenschutzaufsicht im Bereich der Auftragsdatenverarbeitung getroffen. Die Vorschrift war nahezu inhaltsgleich bereits im BDSG 1990 enthalten. Durch das BDSG 2001 wurden neben der Einbeziehung der Erhebung in den Text der Norm lediglich die Verweisungen der neuen Struktur des Gesetzes angepasst.

68

Die Vorschrift präzisiert den besonderen Rechtsrahmen, der für die Auftragnehmer zur Anwendung kommt. Sie müssen unabhängig von den Weisungen des Auftraggebers beachten

69

- die Vorschriften über das Datengeheimnis in § 5;
- die Vorschriften zur technischen und organisatorischen Datensicherung in § 9 und in der Anlage zu Satz 1 dieser Vorschrift (insbesondere das Trennungsgebot gemäß Nr. 8);
- die Bußgeldvorschriften in § 43 Abs. 1 Nr. 2 (Nichtbestellung eines betrieblichen Datenschutzbeauftragten), Nr. 10 (Pflichtverletzungen gegenüber der zuständigen Aufsichtsbehörde) und Nr. 11 (Zuwiderhandlung gegen eine Anordnung der zuständigen Aufsichtsbehörde);
- die Strafvorschriften in § 44.

Weiterhin enthält Abs. 4 Regelungen zur Durchführung der Datenschutzkontrolle und zur Aufsicht bei Auftragsdatenverarbeitung.[92] Grundsätzlich gelten für die Kontrolle von Auftragnehmern durch die zuständigen Aufsichtsbehörden die gleichen Regelungen wie für die eigene DV der Auftraggeber.

70

Für öffentliche Stellen sowie für von öffentlichen Stellen beherrschte nicht-öffentliche Stellen kommen die §§ 18, 24 bis 26 sowie die entsprechenden Vorschriften der Länder zur Anwendung.[93] Ausnahmen gelten für von der öffentlichen Hand beherrschte private Stellen, wenn diese Auftragsdatenverarbeitung für eine öffentliche Stelle vornehmen. Sie werden dann, wie die öffentlichen Stellen selbst, durch den BfD kontrolliert. Werden sie allerdings für nicht-öffentliche Stellen tätig, erfolgt die Kontrolle durch die zuständige Aufsichtsbehörde nach § 38.

71

Auftragnehmer aus dem nicht-öffentlichen Bereich müssen die Vorgaben zur Bestellung von betrieblichen Datenschutzbeauftragten und zu deren Befugnissen und Aufgaben in den §§ 4f und 4g beachten. Weiterhin unterliegen sie der unmittelbaren Überwachung durch die zuständigen staatlichen Stellen gemäß § 38.

72

---

91 Ebenso Petri in Simitis, § 11 Rn. 96.
92 Vgl. ausführlich Petri in Simitis, § 11 Rn. 78 ff.; BMH, § 11 Rn. 63.
93 Ausführlich Petri in Simitis, § 11 Rn. 74 ff.

Wedde

7. Prüfung und Wartung im Auftrag (Abs. 5)

73 Dieser Absatz wurde neu in das BDSG 2001 aufgenommen. Die Regelung beendet den Meinungsstreit um die rechtliche Bewertung von Wartung bzw. Fernwartung.[94] Sie entspricht inhaltlich vergleichbaren Formulierungen in verschiedenen LDSG.[95]

74 Die Vorschrift kommt zur Anwendung, wenn im Zusammenhang mit der Prüfung und Wartung durch externe Stellen der Zugriff auf personenbezogene Daten nicht ausgeschlossen werden kann. Aus dieser im Text normierten Voraussetzung leitet sich ein weiter Anwendungsbereich ab. Die Regelung wird deshalb nur dann nicht anwendbar sein, wenn der Zugriff auf reine Testdateien beschränkt ist oder wenn er ausschließlich auf anonyme Daten erfolgen kann.[96] Ist der Zugriff auf personenbezogene Daten hingegen (auch nur theoretisch) möglich, kommt die Vorschrift ohne Rücksicht darauf zur Anwendung, ob er auch tatsächlich erfolgt.

75 Nicht anwendbar ist Abs. 5, wenn die Prüfung oder Wartung durch interne Personen oder Abteilungen durchgeführt wird. Hierbei handelt es sich um interne DV innerhalb der verantwortlichen Stelle.[97]

76 Die Begriffe »Prüfung« und »Wartung« sind im BDSG nicht definiert. Eine Prüfung im Sinne der Norm wird vorliegen, wenn Zugriffe auf DV-Anlagen oder personenbezogene Daten mit dem Ziel erfolgen, einen Systemzustand festzustellen. In Betracht kommen beispielsweise Maßnahmen der Online-Überwachung, zur Feststellung des Hard- oder Softwarestatus, Formen der Systemkontrolle usw.[98]

77 Zur Ausfüllung des Begriffs der Wartung kann auf die vergleichbare Definition in § 3 Abs. 3 Nr. 5 Bbg DSG zurückgegriffen werden.[99] Hiernach ist Wartung die Summe der Maßnahmen zur Sicherstellung der Verfügbarkeit und Integrität der Hard- und Software. Hierzu gehören auch die Installation, Pflege, Überprüfung und Korrektur der Software sowie Überprüfung, Reparatur oder Austausch von Hardware. Der Sonderfall der Fernwartung liegt nach der an gleicher Stelle unter Buchstabe b. zu findenden Definition vor, wenn die Wartung von einem Ort außerhalb der Stelle mittels Einrichtungen zur Datenübertragung vorgenommen wird.

78 Fallen Prüfungs- und Wartungsarbeiten aufgrund der Möglichkeit des Zugriffs auf personenbezogene Daten in den Anwendungsbereich des Abs. 5, gelten die gleichen Grundsätze wie bei »echter« Auftragsvergabe. Insbesondere bleibt der Auftraggeber auch bei der Vergabe von Prüfungs- oder Wartungsaufgaben im DV-Bereich in der datenschutzrechtlichen Gesamtverantwortung.

79 Weisungen müssen »prüfungsspezifisch« oder »wartungsspezifisch« erteilt werden. Hierzu gehört beispielsweise die abschließende Festlegung typischer Wartungspflichten im schriftlichen Auftrag.[100] Hinzu müssen spezifische technische und organisatorische Maßnahmen kommen wie etwa die Herstellung der notwendigen Verbindungen durch

---

94 Vgl. hierzu Müller/Wehrmann NJW-CoR 5/1993, 20f.; Petri in Simitis, § 11 Rn. 84.
95 Vgl. die Auflistung bei BMH, § 11 Rn. 65.
96 Ähnlich BMH, § 11 Rn. 65; Petri in Simitis, § 11 Rn. 86; Plath-Plath, § 11 Rn. 122.
97 Zustimmend Petri in Simitis, § 11 Rn. 100.
98 Ebenso Petri in Simitis, § 11 Rn. 99.
99 Ebenso Petri in Simitis, § 11 Rn. 99; BMH, § 11 Rn. 66.
100 Petri in Simitis, § 11 Rn. 87.

Anwendungsbereich   § 12

den Auftraggeber, die Einrichtung von Rückrufverfahren oder besondere Protokollierungsmaßnahmen.[101]

Werden Prüfungs- oder Wartungsarbeiten im Rahmen von Outsourcing- oder Offshoringkonzepten grenzüberschreitend vergeben, muss sichergestellt werden, dass der angemessene Datenschutzstandard gewahrt wird. Dies gilt insbesondere bei der Beauftragung von Stellen außerhalb der EU (vgl. Rn. 20 f.).   80

8. Landesrecht

Die meisten Landesgesetze enthalten zum Thema Auftragsdatenverarbeitung vergleichbare Regelungen (vgl. etwa § 11 Abs. 3 Bbg DSG; § 4 Abs. 2 HDSG, § 11 Abs. 3 DSG NRW).[102]   81

Zweiter Abschnitt
Datenverarbeitung der öffentlichen Stellen
Erster Unterabschnitt
Rechtsgrundlagen der Datenverarbeitung

§ 12 Anwendungsbereich

(1) Die Vorschriften dieses Abschnittes gelten für öffentliche Stellen des Bundes, soweit sie nicht als öffentlich-rechtliche Unternehmen am Wettbewerb teilnehmen.

(2) Soweit der Datenschutz nicht durch Landesgesetz geregelt ist, gelten die §§ 12 bis 16, 19 bis 20 auch für die öffentlichen Stellen der Länder, soweit sie
1. Bundesrecht ausführen und nicht als öffentlich-rechtliche Unternehmen am Wettbewerb teilnehmen oder
2. als Organe der Rechtspflege tätig werden und es sich nicht um Verwaltungsangelegenheiten handelt.

(3) Für Landesbeauftragte für den Datenschutz gilt § 23 Abs. 4 entsprechend.

(4) Werden personenbezogene Daten für frühere, bestehende oder zukünftige Beschäftigungsverhältnisse erhoben, verarbeitet oder genutzt, gelten § 28 Absatz 2 Nummer 2 und die §§ 32 bis 35 anstelle der §§ 13 bis 16 und 19 bis 20.

Übersicht	Rn.
1. Einleitung	1– 5
2. Öffentliche Stellen des Bundes (Abs. 1)	6– 9
3. Öffentliche Stellen der Länder (Abs. 2)	10
4. Zeugnisverweigerungsrecht der LfD (Abs. 3)	11–13
5. Dienst- und arbeitsrechtliche Rechtsverhältnisse – Personaldatenverarbeitung (Abs. 4)	14–25

---

101 Petri in Simitis, § 11 Rn. 87.
102 Eine Übersicht findet sich bei Gola/Schomerus, § 11 Rn. 29.

§ 12 Anwendungsbereich

1. Einleitung

1 Die Vorschrift definiert den Anwendungsbereich der im Zweiten Abschnitt enthaltenen spezifischen Datenschutzregelungen für den öffentlichen Bereich. Gleichzeitig dient sie der Abgrenzung zu den Regelungen für nicht-öffentliche Stellen im Dritten Abschnitt (§§ 27 ff.).

2 Durch das BDSG 2001 wurde die Vorschrift mit Ausnahme einer Ergänzung in Abs. 4 (vgl. Rn. 15) nur redaktionell angepasst (etwa Berücksichtigung des Wegfalls des § 17). Der Gesetzgeber hat es damit versäumt, systematische und redaktionelle Mängel zu beseitigen, die das BDSG 1990 enthielt.[1] Nicht notwendig ist beispielsweise die teilweise Wiederholung des § 1 Abs. 2 in § 12 Abs. 2. Systematisch nicht nachvollziehbar ist die Einfügung des Abs. 3 in die Vorschrift. Diese Regelung wäre in § 23 besser aufgehoben.[2] Gesetzestechnisch widersprüchlich ist die ausdrückliche Herausnahme der öffentlich-rechtlichen Wettbewerbsunternehmen (vgl. § 27 Abs. 1 Nr. 2 a und 2 b sowie dort Rn. 10) aus diesem Abschnitt durch Abs. 1 2. Hlbs., unterliegen diese Unternehmen doch nach der eindeutigen Aussage des § 24 Abs. 1 ebenfalls der Kontrolle durch den BfD. Nach dem gesetzlichen Gesamtzusammenhang ist aber offenkundig gewollt, dass für die öffentlich-rechtlichen Wettbewerbsunternehmen nur der Dritte Unterabschnitt (§§ 22–26) des Zweiten Abschnitts und vom Dritten Abschnitt nur der Erste und Zweite Unterabschnitt gelten (§§ 27–35) sollen.[3]

3 Der Regelungsbereich des Abs. 4 wird auf die Erhebung von Daten erstreckt. Darüber hinaus wird durch den letzten Halbsatz klargestellt, dass auch die Verarbeitung von personenbezogenen Daten in Personalakten vom Anwendungsbereich des Gesetzes erfasst wird (vgl. Rn. 15). Die Reform 2009 hat zu einer Folgeänderung in § 12 Abs. 4 geführt. Mit Blick auf die neue Regelung zur Datenerhebung, -verarbeitung und -nutzung für Zwecke des Beschäftigungsverhältnisses in § 32 wurden die »dienst- oder arbeitsrechtlichen Rechtsverhältnisse« durch den weitergehenden Begriff der Beschäftigungsverhältnisse ersetzt (zum erfassten Personenkreis vgl. § 3 Abs. 9 und § 32 Rn. 3 ff.). Weiterhin verweist die Vorschrift nunmehr bezüglich der Zulässigkeit der Datenerhebung, -verarbeitung und -nutzung sowie der Rechte der Betroffenen auf die für den nicht-öffentlichen Bereich einschlägigen Vorschriften. Gestrichen wurde in Abs. 4 der letzte Halbsatz, der eine Einbeziehung nicht automatisierter Daten vorsah. Die entsprechende Norm findet sich nunmehr in § 32 Abs. 2, auf den Bezug genommen wird.

4 Der Gesetzgeber hat es auch in Abs. 4 versäumt, eine systematische Unklarheit zu beseitigen, die schon seit dem BDSG 1990 besteht: Durch § 12 Abs. 4 wird die sich aus § 14 Abs. 4 ableitende enge Zweckbindung für dienst- und arbeitsrechtliche Rechtsverhältnisse und damit für die Verarbeitung von Arbeitnehmerdaten im öffentlichen Bereich außer Kraft gesetzt. Ein Verweis auf § 31 als vergleichbare Regelung für den nicht-öffentlichen Bereich fehlt weiterhin. Da ein Verzicht auf diese Regelung zu einer

---

1 Vgl. hierzu § 12 Rn. 2 ff. in der 3. Auflage dieses Kommentars.
2 Ähnlich Dammann in Simitis, § 12 Rn. 1.
3 So auch Dammann in Simitis, § 12 Rn. 2; nach *Heckmann* in Taeger/Gabel, § 12 Rn. 12 entspricht die Herausnahme nicht dem Willen des Gesetzgebers.

Anwendungsbereich § 12

nicht gerechtfertigten Benachteiligung von Beschäftigten des öffentlichen Dienstes und damit zu einem Verstoß gegen den allgemeinen Gleichbehandlungsgrundsatz führen würde, spricht alles für das Fortbestehen eines Redaktionsversehens mit der Konsequenz, dass § 31 entsprechend anzuwenden ist.[4]

Im Gesamtzusammenhang der Regelung nicht nachvollziehbar ist weiterhin, dass der in Abs. 4 enthaltene Verweis sich nur auf § 28 Abs. 2 Nr. 2 beschränkt. Damit bliebe der für die Verarbeitung besonderer personenbezogener Daten maßgebliche § 28 Abs. 6 weiterhin ausgeschlossen. Dieser Sachverhalt wurde bereits bezogen auf das BDSG 2001 moniert und als vermutliches Redaktionsversehen qualifiziert (vgl. Rn. 5 der 2. Auflage).[5] Der Gesetzgeber hat es versäumt, im aktuellen Gesetzestext für eine Klärung zu sorgen. Somit besteht die Kritik fort, dass eine solche Schlechterstellung schon mit Blick auf den allgemeinen arbeitsrechtlichen Gleichheitsgrundsatz und auf die allgemeinen Vorgaben in Art. 8 EG-Datenschutzrichtlinie nicht zu rechtfertigen ist. Es ist von einer Regelungslücke auszugehen, die dadurch ausgefüllt werden muss, dass bei der Prüfung der Erforderlichkeit gemäß § 32 Abs. 1 Satz 1 berücksichtigt wird, ob es sich um besondere Arten personenbezogener Daten handelt. Nicht einschlägig sind hingegen die Regelungen in § 28 Abs. 1 Satz 1 Nr. 2 und 3, da sie in keinem unmittelbaren Zusammenhang mit den Beschäftigungsverhältnissen stehen.

5

2. Öffentliche Stellen des Bundes (Abs. 1)

Der durch § 12 eingeleitete Zweite Abschnitt richtet sich mit seinen spezifischen Datenschutzregelungen vorrangig an die in § 2 Abs. 1 genannten öffentlichen Stellen des Bundes. Zu den direkt erfassten öffentlichen Stellen gehören auch Bundesunternehmen mit »atypischen« Aufgaben wie etwa Forschungsinstitute oder Presse- und Informationsämter.[6]

6

Ausgenommen von der Anwendbarkeit des Zweiten Abschnitts sind öffentlich-rechtliche Wettbewerbsunternehmen (vgl. hierzu § 27 Rn. 10). Durch diese Herausnahme sollen Wettbewerbsverzerrungen zwischen privaten und öffentlich-rechtlich organisierten Unternehmen ausgeschlossen werden.[7] Darüber hinaus soll es öffentlichen Stellen verwehrt werden, sich trotz privatrechtlicher Organisationsformen den strengeren Vorschriften des Zweiten Abschnitts zu entziehen.[8]

7

Von der sich aus der klaren Definition des Abs. 1 ableitenden Festlegung und Begrenzung des Anwendungsbereichs gibt es drei grundlegende Ausnahmen:[9]
- Für die Durchführung der Datenschutzaufsicht durch staatliche Stellen bei öffentlich-rechtlichen Wettbewerbsunternehmen ist gem. § 27 Abs. 1 Satz 3 statt der Aufsichtsbehörden (§ 38) der BfDI zuständig. Es kommen insoweit die Aufsichts- und Kontrollregeln nach den §§ 18, 21 und 24 bis 26 zur Anwendung. Im Übrigen

8

---

4 Ebenso zum BDSG 2001 Dammann in Simitis, § 12 Rn. 31; Eßer in Auernhammer, § 12 Rn. 29.
5 Ähnlich noch Gola/Schomerus, Bundesdatenschutzgesetz in der 9. Aufl. München 2007, § 12 Rn. 10; ebenso *Heckmann* in Taeger/Gabel, § 12 Rn. 47f.
6 Dammann in Simitis, § 12 Rn. 13; Eßer in Auernhammer, § 12 Rn. 9.
7 Schaffland/Wiltfang, § 12 Rn. 4.
8 Dammann in Simitis, § 12 Rn. 13.
9 Dammann in Simitis, § 12 Rn. 2.

kommen auf diese Stellen die Vorschriften der §§ 27 bis 35 uneingeschränkt zur Anwendung.
- Hält bei einer nicht-öffentlichen Stelle die öffentliche Hand die Mehrheit der Anteile oder die Mehrheit der Stimmen und ist der Auftraggeber eine öffentliche Stelle, kommen gem. § 11 Abs. 4 Nr. 1 b die Aufsichts- und Kontrollregeln nach den §§ 18, 24 bis 26 oder nach den entsprechenden Datenschutzvorschriften der Länder zur Anwendung.
- Werden im öffentlichen Bereich Arbeitnehmer- bzw. Personaldaten verarbeitet, kommen, hinsichtlich der Zulässigkeit und der Rechte der Betroffenen, die in Abs. 4 genannten Vorschriften des Dritten Abschnitts zur Anwendung.

9 Zu den öffentlichen Stellen des Bundes, auf die das Gesetz zur Anwendung kommt, können auch private Stellen gehören, wenn diese hoheitliche Aufgaben wahrnehmen (vgl. auch § 2 Rn. 7). Dies kann etwa der Fall sein bei Sachverständigen von Technischen Überwachungsvereinen wie etwa »TÜV« oder »DEKRA«.[10]

3. Öffentliche Stellen der Länder (Abs. 2)

10 Abs. 2 ist eine Ausnahmeregelung für die Fälle, in denen es keine landesrechtlichen Datenschutzregelungen gibt. Die Vorschrift wiederholt im Wesentlichen den Inhalt des § 1 Abs. 2 Nr. 1 und 2 (vgl. hierzu § 1 Rn. 8). Darüber hinaus enthält sie eine Aufzählung der anwendbaren Vorschriften des Zweiten Abschnitts, die beim Fehlen von landesrechtlichen Regelungen zur Anwendung kommen würden sowie die ausdrückliche Herausnahme der öffentlich-rechtlichen Wettbewerbsunternehmen. Da inzwischen in allen Bundesländern Landesdatenschutzgesetze gelten, ist die Regelung praktisch bedeutungslos.[11]

4. Zeugnisverweigerungsrecht der LfD (Abs. 3)

11 Der Verweis auf § 23 Abs. 4 räumt auch den LfD ein Zeugnisverweigerungsrecht ein. Dieses erstreckt sich auf seine gesamte Tätigkeit. Es erfasst auch alle Mitarbeiter der jeweiligen Landesbehörde (§ 23 Abs. 4 Satz 2)[12] und soll sicherstellen, dass Betroffene sich den LfD anvertrauen können, ohne die Weitergabe des Gesprochenen an andere Personen oder Stellen befürchten zu müssen.[13]

12 Das Zeugnisverweigerungsrecht gilt unabhängig von anderweitigen Regelungen in Landesgesetzen und ist als datenschutzrechtliche Spezialnorm anzusehen. Es kommt deshalb selbst dann zum Tragen, wenn nach einem LDSG eine Aussagegenehmigung erteilt wurde.[14]

13 Das Zeugnisverweigerungsrecht besteht im Bereich des Datenschutzes bezüglich Per-

---

10 Vgl. BMH, § 12 Rn. 7; Eßer in Auernhammer, § 12 Rn. 8; Heckmann in Taeger/Gabel, § 12 Rn. 8.
11 BMH, § 12 Rn. 13; Gola/Schomerus, § 12 Rn. 3; Dammann in Simitis, § 12 Rn. 17; Heckmann in Taeger/Gabel, § 12 Rn. 16; Eßer in Auernhammer, § 12 Rn. 16.
12 Dammann in Simitis, § 12 Rn. 21; Auernhammer, § 12 Rn. 4.
13 BMH, § 12 Rn. 16.
14 Dammann in Simitis, § 12 Rn. 19.

… sonen und Tatsachen. Seine Reichweite ist mit Blick auf den Schutzgegenstand weit auszulegen. Für seine Anwendung ist es ausreichend, wenn ein sachlicher Zusammenhang mit dem in § 1 Abs. 1 genannten Zweck des Datenschutzes besteht. Es ist nicht einschlägig, wenn einem LfD anderweitige Aufgaben außerhalb der unmittelbaren Datenschutztätigkeit übertragen worden sind, wie etwa Untersuchungen für den jeweiligen Landtag.[15]

5. Dienst- und arbeitsrechtliche Rechtsverhältnisse – Personaldatenverarbeitung (Abs. 4)

Die Regelung bezieht sich in der aktuellen Fassung auf die Erhebung, Verarbeitung oder Nutzung von Daten für frühere, bestehende oder zukünftige Beschäftigungsverhältnisse. Sie trägt dem Grundsatz Rechnung, dass alle Arbeitsverhältnisse sowie andere Beschäftigungsverhältnisse unabhängig von der Zugehörigkeit des Arbeitgebers zum öffentlichen oder zum nicht-öffentlichen Bereich in datenschutzrechtlicher Hinsicht gleich behandelt werden sollen.[16] Das Gesetz wählt damit für die Bundesbediensteten einen anderen Weg als einzelne Landesgesetze, in denen es von Abs. 4 abweichende Sonderregelungen für die Daten aus dienst- und arbeitsrechtlichen Rechtsverhältnissen gibt (etwa in § 34 HDSG).[17]

14

Die Regelung in Abs. 4 kommt sowohl für automatisierte wie auch für nicht automatisierte Daten zur Anwendung. Ein entsprechender (und noch im BDSG 2001 enthaltener) Halbsatz findet sich zwar im BDSG nicht mehr. Er ist aber nunmehr in § 32 Abs. 2 zu finden, auf den Abs. 4 ausdrücklich Bezug nimmt. Damit fällt beispielsweise auch die Verarbeitung von Informationen in Personalakten uneingeschränkt unter den Schutz des Gesetzes.[18] Auf diese Form der Informationsverarbeitung kommen die allgemeinen Vorgaben des Gesetzes und insbesondere die spezifischen Vorgaben des § 32 uneingeschränkt zur Anwendung. Personenbezogene Daten von Beschäftigten sind deshalb unabhängig von der Art und Weise der Speicherung geschützt.[19] Dies wiegt zwar das nach wie vor zu bemängelnde Fehlen eines expliziten Arbeitnehmerdatenschutzgesetzes[20] nicht auf, schafft aber zumindest einen datenschutzrechtlichen Minimalstandard.[21]

15

Der Begriff »Beschäftigungsverhältnis« in Abs. 4 ist weit auszulegen.[22] Zum erfassten Personenkreis gehören im Bereich der Bundesverwaltung insbesondere Beamte, Ar-

16

---

15 So Dammann in Simitis, § 12 Rn. 21, der auf das Beispiel des § 39 HDSG verweist.
16 BMH, § 12 Rn. 19; Dammann in Simitis, § 12 Rn. 22; Eßer in Auernhammer, § 12 Rn. 21; Heckmann in Taeger/Gabel, § 12 Rn. 27; Schaffland/Wiltfang, § 12 Rn. 16; im Ergebnis auch Gola/Schomerus, § 12 Rn. 5.
17 Vgl. die Zusammenstellung bei Gola/Schomerus, § 12 Rn. 13.
18 Dammann in Simitis, § 12 Rn. 29; Gola/Schomerus, § 12 Rn. 9; zum Umgang mit Personalakten Franz PersR 2011, 193.
19 BMH, § 12 Rn. 24.
20 Vgl. hierzu die Übersicht von Simitis, NJW 1998, 2397 m.w.N.; Wedde in Sommer/Brandt/Schröder, S. 57 m.w.N.; ders. in Sokol, S. 7 ff.
21 Zustimmend Heckmann in Taeger/Gabel, § 12 Rn. 41.
22 Zur Definition vgl. § 32 Rn. 3 ff.; zur Auslegung Dammann in Simitis, § 12 Rn. 26; Eßer in Auernhammer, § 12 Rn. 26; Schaffland/Wiltfang, § 12 Rn. 16.

beitnehmer, Richter, zu Ausbildungszwecken Beschäftigte, arbeitnehmerähnliche Personen sowie Soldaten, Helfer im Zivil- und Katastrophenschutz, Entwicklungshelfer, Helfer des THW und vergleichbarer Organisationen usw.[23] Da nicht nur auf bestehende, sondern auch auf frühere oder zukünftige Beschäftigungsverhältnisse abgestellt wird, kommt Abs. 4 auch auf Daten von Bewerbern zur Anwendung sowie auf ehemalige Beschäftigte (vgl. § 32 Rn. 3).[24] Auf die zeitliche Dauer der Beschäftigung (etwa Teilzeit- oder Vollzeit) kommt es nicht an. Nicht erfasst werden Bundestagsabgeordnete und Inhaber von anderen Wahlämtern auf Bundesebene.[25]

17 Ausgeschlossen von der Anwendbarkeit bleiben Beschäftigte, die auf der Basis von Werkverträgen tätig werden. Für diese sind die Regelungen des Dritten Abschnitts unmittelbar anwendbar.[26]

18 Unterschiedliche Auffassungen gibt es bezüglich der Einbeziehung von Wahlvorständen oder Wahlhelfern, von Schöffen, von Mitgliedern in Beiräten, Kuratorien und Ausschüssen und von Volkszählern.[27] Da es im Rahmen der weiten Auslegung der Vorschrift auf die Beschäftigteneigenschaft nach § 4 Abs. 1 BPersVG nicht ankommt und ein Ausschluss aus dem Anwendungsbereich für diese Gruppe zu einer datenschutzrechtlichen Schlechterstellung führen würde, ist es nahe liegend, Abs. 4 auf die vorstehend genannten Beschäftigungsverhältnisse zumindest bei einer längeren Dauer der Tätigkeit ebenfalls anzuwenden.

19 Von Abs. 4 werden nicht nur gegenwärtige, sondern auch frühere oder zukünftige Rechtsverhältnisse erfasst, wie beispielsweise die von ehemaligen Wehr- und Zivildienstpflichtigen.[28]

20 Die Vorschrift bezieht sich auf alle personenbezogenen Daten, die das der Beschäftigung zugrunde liegende Rechtsverhältnis und die verschiedenen Phasen seiner Ausgestaltung bzw. Durchführung (Anbahnung, Begründung, Durchführung und Beendigung) betreffen. Zu den geschützten Informationen gehören etwa Personaldateien, Personalinformationssysteme und darin enthaltenen Informationen zur Lohn- und Gehaltsabrechnung, zur Arbeitszeit, zum Telefonierverhalten, zu Beihilfen und Zusatzversorgungen sowie Daten und Dateien zum Personalbestand, zur Personalplanung und zu sonstigen Leistungen des Dienstherrn.[29]

21 Der Anwendungsrahmen der Norm ist mit Blick auf die in Beschäftigungsverhältnissen besonders zu schützenden Persönlichkeitsrechte weit auszulegen.[30] Nicht unter den Anwendungsbereich fallen nur personenbezogene Daten, die ausschließlich anderen

---

23 BMH, § 12 Rn. 20; Dammann in Simitis, § 12 Rn. 26; Eßer in Auernhammer, § 12 Rn. 23; Schaffland/Wiltfang, § 12 Rn. 18.
24 Ebenso Dammann in Simitis, § 12 Rn. 26; Gola/Schomerus, § 12 Rn. 8; Heckmann in Taeger/Gabel, § 12 Rn. 31 ff.
25 Dammann in Simitis, § 12 Rn. 27; Gola/Schomerus, § 12 Rn. 8.
26 Zustimmend Heckmann in Taeger/Gabel, § 12 Rn. 33; Roggenkamp in Plath Rn. 12.
27 A. A. Dammann in Simitis, § 12 Rn. 27.
28 Vgl. Begr. zu § 5 RegE zum BDSG 1977, BT Drucks. 7/1027; Schaffland/Wiltfang, § 12 Rn. 19.
29 BMH, § 12 Rn. 21.
30 Ebenso Eßer in Auernhammer, § 12 Rn. 27; a. A. Dammann in Simitis, § 12 Rn. 29, der »betriebliche Personaldaten« ohne Rücksicht auf das hieran anknüpfende Risiko von Verhaltens- und Leistungskontrollen ausnehmen will; ähnlich Gola/Schomerus, § 12 Rn. 8; Schaffland/Wiltfang, § 12 Rn. 18 a.

Anwendungsbereich § 12

Zwecken als der Kontrolle von Verhalten und Leistung dienen und die ohne direkten Bezug zu dienst- oder arbeitsrechtlichen Rechtsverhältnissen sind. Hierzu können etwa die in Geschäftsverteilungsplänen oder Telefonverzeichnissen enthaltenen Organisationsdaten zählen sowie Besprechungsniederschriften, Einsatzpläne, Inventardaten, Informationen zur Nutzung von Dienstwagen usw.[31]

Sofern im Einzelfall Abgrenzungsschwierigkeiten zwischen den von Abs. 4 erfassten und den ausgenommenen personenbezogenen Daten auftreten (etwa bei identischen Angaben in verschiedenen Dateien), ist mit Blick auf den Schutzcharakter des Gesetzes und die vorzunehmende weite Auslegung der Vorschrift im Zweifelsfall von einer Einbeziehung auszugehen.[32] 22

Für Beamte wird der von Abs. 4 abgedeckte Rahmen durch das neue Personalaktenrecht vom 11. Juni 1992 beschrieben (Neuntes Gesetz zur Änderung dienstrechtlicher Vorschriften).[33] Nach der Regelung der §§ 90 Abs. 4 BBG und 56 Abs. 4 BRRG darf der Dienstherr beispielsweise personenbezogene Daten über Bewerber, Beamte und ehemalige Beamte nur erheben, soweit dies zur Begründung, Durchführung, Beendigung oder Abwicklung des Dienstverhältnisses oder zur Durchführung organisatorischer, personeller und sozialer Maßnahmen, insbesondere auch zu Zwecken der Personalplanung und des Personaleinsatzes erforderlich ist. Gespeichert werden dürfen diese Daten nach Maßgabe der §§ 90g Abs. 1 BBG, 56g Abs. 1 Satz 1 BRRG nur zu Zwecken der Personalverwaltung und der Personalwirtschaft. 23

Abs. 4 verweist u. a. darauf, dass auf Beschäftigungsverhältnisse anstelle der §§ 13 bis 16, 19 bis 20 neben den §§ 32 bis 35 auch § 28 Abs. 2 Nr. 2 zur Anwendung kommt. Aufgrund dieser Vorgabe kommen die übrigen Regelungen des § 28 auf Beschäftigungsverhältnisse nicht zur Anwendung. Diese klare normative Vorgabe verdeutlicht, dass der Gesetzgeber für den Bereich der Beschäftigungsverhältnisse mit öffentlichen Stellen auch einen Rückgriff auf den Regelungsgehalt des § 28 Abs. 1 Satz 1 Nr. 2 und 3 ausschließt. Entsprechendes muss auch für die Beschäftigten nicht-öffentlicher Stellen gelten (vgl. § 32 Rn. 7). Problematisch an der begrenzten Verweisung ist, dass damit die speziellen Regelungen zur Verarbeitung besonderer personenbezogener Daten in § 28 Abs. 6 ausgeklammert werden.[34] Vermutlich handelt es sich hier um ein Redaktionsversehen.[35] Die damit bestehende Regelungslücke lässt sich nur dadurch schließen, dass der Regelungsgehalt einschlägiger Schutznormen bei der Bewertung der Erforderlichkeit gemäß § 32 Abs. 1 Satz 1 und die hieraus resultierende Interessenabwägung umfassend berücksichtigt wird. Arbeitgeber müssen damit im Zweifel beispielsweise darlegen, warum die Erhebung, Verarbeitung oder Nutzung besonderer Arten personenbezogener Daten konkret erforderlich ist. Ist der Umgang mit diesen Daten im Einzelfall unumgänglich (etwa bezüglich der Erfassung von Krankheitstagen zu Abrechnungs- 24

---

31 Ähnlich Heckmann in Taeger/Gabel, § 12 Rn. 37; weitergehend Dammann in Simitis, § 12 Rn. 28; Gola/Schomerus, § 12 Rn. 8.
32 A. A. wohl Dammann in Simitis, § 12 Rn. 28, der sich für eine Einstufung nach der jeweiligen Verwendung ausspricht.
33 BGBl. I S. 1030.
34 Nach Heckmann in Taeger/Gabel, § 12 Rn. 45 ist diese Situation aus arbeitsrechtlicher Sicht vermutlich unzulässig.
35 Eßer in Auernhammer, § 12 Rn. 30.

zwecken), muss sichergestellt werden, dass Rechte der Beschäftigten nicht verletzt werden (vgl. hierzu allgemein § 32 Rn. 13 ff.).

25 Da die Vorschrift nicht auf § 38 verweist, haben Personalräte (anders als Betriebsräte) in arbeitsrechtlichen Angelegenheiten keine juristische Möglichkeit, die Aufsichtsbehörden in den einzelnen Bundesländern anzurufen.[36] Sie können sich aber an ihre behördlichen Datenschutzbeauftragten bzw. an den BfDI wenden.

§ 13 Datenerhebung

(1) Das Erheben personenbezogener Daten ist zulässig, wenn ihre Kenntnis zur Erfüllung der Aufgaben der verantwortlichen Stelle erforderlich ist.
(1 a) Werden personenbezogene Daten statt beim Betroffenen bei einer nicht-öffentlichen Stelle erhoben, so ist die Stelle auf die Rechtsvorschrift, die zur Auskunft verpflichtet, sonst auf die Freiwilligkeit ihrer Angaben hinzuweisen.
(2) Das Erheben besonderer Arten personenbezogener Daten (§ 3 Abs. 9) ist nur zulässig, soweit
1. eine Rechtsvorschrift dies vorsieht oder aus Gründen eines wichtigen öffentlichen Interesses zwingend erfordert,
2. der Betroffene nach Maßgabe des § 4a Abs. 3 eingewilligt hat,
3. dies zum Schutz lebenswichtiger Interessen des Betroffenen oder eines Dritten erforderlich ist, sofern der Betroffene aus physischen oder rechtlichen Gründen außerstande ist, seine Einwilligung zu geben,
4. es sich um Daten handelt, die der Betroffene offenkundig öffentlich gemacht hat,
5. dies zur Abwehr einer erheblichen Gefahr für die öffentliche Sicherheit erforderlich ist,
6. dies zur Abwehr erheblicher Nachteile für das Gemeinwohl oder zur Wahrung erheblicher Belange des Gemeinwohls zwingend erforderlich ist,
7. dies zum Zweck der Gesundheitsvorsorge, der medizinischen Diagnostik, der Gesundheitsversorgung oder Behandlung oder für die Verwaltung von Gesundheitsdiensten erforderlich ist und die Verarbeitung dieser Daten durch ärztliches Personal oder durch sonstige Personen erfolgt, die einer entsprechenden Geheimhaltungspflicht unterliegen,
8. dies zur Durchführung wissenschaftlicher Forschung erforderlich ist, das wissenschaftliche Interesse an der Durchführung des Forschungsvorhabens das Interesse des Betroffenen an dem Ausschluss der Erhebung erheblich überwiegt und der Zweck der Forschung auf andere Weise nicht oder nur mit unverhältnismäßigem Aufwand erreicht werden kann oder
9. dies aus zwingenden Gründen der Verteidigung oder der Erfüllung über- oder zwischenstaatlicher Verpflichtungen einer öffentlichen Stelle des Bundes auf dem Gebiet der Krisenbewältigung oder Konfliktverhinderung oder für humanitäre Maßnahmen erforderlich ist.

---

36 Däubler, Gläserne Belegschaften?, Rn. 849.

Datenerhebung § 13

Übersicht
Rn.
1. Einleitung 1, 2
2. Erhebung personenbezogener Daten (Abs. 1) 3–18
3. Erhebung bei nicht-öffentlichen Stellen (Abs. 1 a) 19–22
4. Erhebung besonderer Arten personenbezogener Daten (Abs. 2) 23–40

1. Einleitung

Die Vorschrift ist die Reaktion des Gesetzgebers auf das Volkszählungsurteil des BVerfG vom 15.12.1983.[1] Nach Auffassung des Gerichts ist die freie Entfaltung der Persönlichkeit unter den Bedingungen der modernen Datenverarbeitung nur dann gesichert, wenn der Einzelne gegen unbegrenzte Erhebung, Speicherung, Verwendung und Weitergabe seiner persönlichen Daten geschützt wird. Durch die Vorschrift soll in diesem Sinne die Erhebung von Daten als erster Schritt der Verarbeitung geregelt werden. Sie wirkt dem Kontrollverlust entgegen, den Betroffene mit der Erhebung durch öffentliche Stellen bezüglich ihrer Daten erleiden können.[2] Sie deckt damit auch den Rahmen ab, den Art. 1 Abs. 1 EG-DSRl für den auf die DV bezogenen Schutz der Grundrechte und Grundfreiheiten natürlicher Personen vorgibt. 1

Die letzte Modifikation der Vorschrift erfolgte durch das BDSG 2001. Der Gesetzgeber hat es damit weiterhin versäumt, die Erhebung in einen umfassenden Verarbeitungsbegriff einzubeziehen, wie ihn die EG-DSRl vorgibt.[3] 2

2. Erhebung personenbezogener Daten (Abs. 1)

Die Erhebung von Daten ist das Beschaffen von personenbezogenen Daten über den Betroffenen durch öffentliche Stellen des Bundes (vgl. § 3 Rn. 23 ff.). Die Erhebung liegt als eigenständiger, gesetzlich geregelter Vorgang in der zeitlichen Abfolge vor der Speicherung (vgl. § 3 Abs. 4 Nr. 1). Sie setzt ein Handeln der erhebenden Stelle voraus und umfasst das aktive und willentliche Beschaffen von Daten, etwa durch Befragung, Anforderung von Unterlagen, Anhörung oder Beobachtung.[4] Auch das Sammeln von Informationen zu einem konkreten Sachverhalt oder zu einer bestimmten Person ist als Erhebung zu qualifizieren.[5] 3

Erhebungen sind beispielsweise polizeiliche Ermittlungen sowie gerichtlich, behördlich oder medizinisch verfügte Untersuchungen.[6] Werden Daten durch andere Stellen oder Personen im Auftrag oder durch zurechenbare Geschäftsführung ohne Auftrag beschafft, ist auch dies eine Erhebung.[7] 4

---

1 BVerfG NJW 1984, 422.
2 Vgl. Sokol/Scholz in Simitis, § 13 Rn. 5.
3 Sokol/Scholz in Simitis, § 13 Rn. 11.
4 Sokol/Scholz in Simitis, § 13 Rn. 11; zustimmend Roggenkamp in Plath, § 13 Rn. 2; Eßer in Auernhammer, § 13 Rn. 5.
5 A. A. Schaffland/Wiltfang, § 13 Rn. 3.
6 Weitere Beispiele bei Gola/Schomerus, § 13 Rn. 6 ff.
7 Zutreffend Sokol/Scholz in Simitis, § 13 Rn. 11; zustimmend Roggenkamp in Plath, § 13 Rn. 2.

5 Keine Erhebung liegt vor, wenn öffentliche Stellen personenbezogene Daten ohne Anforderung erhalten (etwa durch Anträge, Eingaben oder Berichte).[8] Gleiches gilt, wenn sie Daten und Informationen bei anderer Gelegenheit ohne entsprechenden Vorsatz wahrnehmen, etwa wenn ein Mitarbeiter der Agentur für Arbeit zufällig eine als arbeitslos gemeldete Person als Fahrer eines von ihm bestellten Taxis trifft.[9] Daten, die einer öffentlichen Stelle ohne Erhebung bekannt werden, dürfen allerdings im Regelfall nicht weiter verarbeitet werden, da sie zumeist ohne Erhebungszweck und für die eigene Aufgabenerfüllung nicht erforderlich sind.[10]

6 Voraussetzung für die Erhebung ist deren Zulässigkeit, die sich aus bereichsspezifischen Regelungen ergibt. Die Vorschrift beschreibt damit zusammen mit § 4 die Voraussetzungen für die Aufnahme personenbezogener Daten durch öffentliche Stellen. Mit Blick auf Art. 6 Abs. 1 Buchstabe a EG-Richtlinie ist weiterhin zu beachten, dass die Erhebung, wie auch die sich anschließende Verarbeitung, nach Treu und Glauben auf rechtmäßige Weise erfolgen muss. Als für die Erfüllung einer rechtlichen Verpflichtung erforderlicher Verarbeitungsvorgang ist die Erhebung auch im Sinne von Art. 7 Buchstabe c EG-DSRl zulässig. Fehlen bereichsspezifische Regelungen, kann eine öffentliche Stelle allein aus § 13 keinen Anspruch gegen Betroffene auf die Herausgabe personenbezogener Daten herleiten.[11]

7 Die Erhebung darf nur erfolgen, wenn sie rechtmäßig ist[12] und wenn die erhebende Stelle örtlich, sachlich und verbandsmäßig zuständig ist[13]. Die örtliche Zuständigkeit bestimmt sich bei öffentlichen Stellen im Regelfall nach deren geographischer Ansiedelung. Bei natürlichen Personen ist der Aufenthaltsort maßgeblich, bei Dienststellen deren Sitz und bei der Berufsausübung deren Ort.[14] Die sachliche Zuständigkeit knüpft an die Einordnung in der jeweiligen Verwaltungsorganisation und an die ressortmäßige Zuständigkeit an. Sie ist in der Regel durch Rechtsvorschriften bestimmt. Die verbandsmäßige Zuständigkeit grenzt die Verwaltungshoheit der öffentlichen Stellen zueinander ab.[15] Sie wird durch Gesetz, Rechtsverordnung oder Verwaltungsanordnung geregelt.[16]

8 Die erforderliche Prüfung der Zuständigkeit begrenzt die Zulässigkeit der Erhebung im konkreten Fall. So dürfen etwa Organisationseinheiten des BKA personenbezogene Informationen nur im Rahmen einschlägiger normativer Generalklauseln erheben. Jede weitere oder weitergehende Erhebung muss entweder durch spezialgesetzliche Regelungen oder durch die Einwilligung der Betroffenen abgesichert sein.[17]

9 Personenbezogene Daten dürfen von öffentlichen Stellen nur erhoben werden, wenn die hiermit angestrebte Aufgabenerfüllung rechtmäßig ist. Die Rechtmäßigkeit wird als Voraussetzung der Erhebung in der Vorschrift zwar nicht ausdrücklich erwähnt. Sie ist

---

8 Ebenso Eßer in Auernhammer, § 13 Rn. 5.
9 Sokol/Scholz in Simitis, § 13 Rn. 11.
10 Sokol/Scholz in Simitis, § 13 Rn. 11.
11 Vgl. Sokol/Scholz in Simitis, § 13 Rn. 7; Gola/Schomerus, § 13 Rn. 2; unklar BMH, § 13 Rn. 8 ff., die § 13 selbst als »Erlaubnistatbestand« qualifizieren.
12 Ausführlich Sokol/Scholz in Simitis, § 13 Rn. 16 ff.; BMH, § 13 Rn. 15 ff.; vgl. auch § 14 Rn. 6 ff.
13 Grundlegend hierzu Bull ZRP 1975, 12.
14 BMH, § 13 Rn. 16.
15 Vgl. Sokol/Scholz in Simitis, § 13 Rn. 16 ff.; ähnlich Eßer in Auernhammer, § 13 Rn. 9.
16 BMH, § 13 Rn. 18.
17 Riegel, S. 5 f.; Gola/Schomerus, § 13 Rn. 2.

Datenerhebung § 13

jedoch als selbstverständliche Voraussetzung für das Handeln aller öffentlichen Stellen anzusehen.[18] Vor diesem Hintergrund sind Erhebungen nicht als rechtmäßig zu qualifizieren, wenn sie Persönlichkeitsrechte oder das Recht auf informationelle Selbstbestimmung in unzulässiger Weise beeinträchtigen oder wenn sie gegen Rechtsvorschriften verstoßen.[19] Die Erhebung muss der Erfüllung einer durch Gesetz oder durch einschlägige Verwaltungsverordnungen vorgeschriebenen öffentlich-rechtlichen Aufgabe dienen. Ausnahmsweise kommen auch Vorschriften des Privatrechts für die Begründung der Rechtmäßigkeit in Betracht, wie etwa bei der Behandlung von Patienten in einem Bundeswehrkrankenhaus.[20]

Als rechtmäßig anzusehen ist beispielsweise die Erhebung der Kosten von Telefongesprächen der bei öffentlichen Stellen Beschäftigten aus betriebswirtschaftlichen Gründen.[21] Hingegen ist die Erfassung von bestimmten besonderen Arten personenbezogener Daten (etwa zur Gewerkschaftszugehörigkeit) durch öffentliche Arbeitgeber ohne Einwilligung der Betroffenen generell unzulässig.[22] Entsprechendes gilt für die Frage nach der Schwangerschaft im Rahmen eines Bewerbungsverfahrens (vgl. hierzu § 32 Rn. 24). Wird sie vor der Einstellung gestellt, steht sie im Widerspruch zum Diskriminierungsverbot des § 611a BGB[23] sowie zu den Regeln des AGG (vgl. § 7 AGG). Zulässig soll die Beiziehung einer Ausländerakte zum Zweck der Prüfung eines Ehefähigkeitszeugnisses durch den Präsidenten eines OLG sein.[24] Als unzulässig anzusehen ist auch das Erheben von Sozialdaten durch eine Krankenkasse zu Zwecken der Mitgliederwerbung.[25] 10

Die Erhebung von Daten durch den Personalrat soll nach der wenig überzeugenden Rechtsprechung der Zustimmung der Dienststellenleiter bedürfen.[26] Selbst eine Information über die Schwangerschaft von Beschäftigten soll der Personalrat nur mit Einwilligung der schwangeren Frauen erhalten dürfen.[27] Gegen diese Position ist einzuwenden, dass dem Personalrat nach dem Personalvertretungsrecht grundsätzlich der Zugriff auf alle bei der Dienststelle zulässig erhobenen und gespeicherten Daten zusteht. Dieses Recht würde durch einen restriktiven und von der Dienststellenleitung bestimmten Umgang mit den personenbezogenen Daten der Beschäftigten unzulässig begrenzt. Für Personalakten sind die Einschränkungen des § 68 Abs. 2 Satz 3 BPersVG zu beachten.[28] 11

---

18 Zutreffend Sokol/Scholz in Simitis, § 13 Rn. 19; ähnlich BMH, § 13 Rn. 19; Gola/Schomerus, § 13 Rn. 2; Auernhammer, § 13 Rn. 7.
19 Sokol/Scholz in Simitis, § 13 Rn. 23.
20 Sokol/Scholz in Simitis, § 13 Rn. 21; BMH, § 13 Rn. 21.
21 VGH Baden-Württemberg 29.1.1991 RDV 1991, 145; zur Zulässigkeit bei Richtern vgl. RDV 1995, 123.
22 BVerwG RDV 1991, 35.
23 BAG NJW 1993, 1154.
24 KG Berlin v. 24.6.2003, FamRZ 2004, 545.
25 BSG DuD 2003, 645; a.A. Kramer DSB 4/2003, 13.
26 BVerwG RDV 1990, 247; offener VG München CR 1987, 707, das die Speicherung von Stammdaten der Beschäftigten durch den PersR zulässt; allgemein Däubler, Gläserne Belegschaften?, Rn. 844; Gola RiA 1987, 169.
27 BVerwG NJW 1991, 373.
28 Zu Mitbestimmungsrechten vgl. Däubler, Gläserne Belegschaften?, Rn. 851 ff.; Franz PersR 2011, 193; allg. zum Informationsrecht des Personalrats BAG, AP Nr. 80 BetrVG 1972 Nr. 11.

§ 13   **Datenerhebung**

12   Die Erhebung von Daten der bei öffentlichen Stellen Beschäftigten mittels »verdeckter« technischer Einrichtungen (versteckte Kameras, Türspione, Einwegspiegel usw.) trifft auf enge Grenzen, die sich aus allgemeinen Persönlichkeitsrechten und aus der beamtenrechtlichen Fürsorgepflicht der Dienstherren ableiten. Mit Blick auf die Grenzen, die das BVerfG heimlichen Überwachungsmaßnahmen in seiner Entscheidung zur »Online-Durchsuchung« gesetzt hat, stellen diese Kontrollformen eine absolute Ausnahme dar.[29] Sie wird deshalb nur in wenigen Ausnahmefällen zulässig sein. Der Rechtmäßigkeit »verdeckter« Erhebung stehen nämlich das verfassungsmäßige Übermaßverbot sowie die Tatsache entgegen, dass möglicherweise die eingesetzten Erhebungsmethoden selbst rechtswidrig sind.[30]

13   Vor diesem Hintergrund können »verdeckte« Erhebungen überhaupt nur ausnahmsweise zulässig sein, wie etwa zur Aufklärung schwerer Straftaten.[31] Für den Einzelfall stellt sich beim Verdacht auf das Vorliegen schwerer Straftaten allerdings ohnehin die Frage, ob die Aufklärung nicht Polizei und Staatsanwaltschaft überlassen werden muss, die über weitergehende gesetzlich geregelte Erkenntnismethoden verfügen. Entsprechendes gilt im Bereich der IT-Technik für den Einsatz von anderer Hard- oder Software zur Kontrolle des E-Mail- oder Internet-Verhaltens der Beschäftigten. Hier fehlt es im Regelfall ebenfalls an der Rechtmäßigkeit der Erhebung.

14   Es dürfen nach § 13 grundsätzlich nur solche Daten erhoben werden, die zur Erfüllung der Aufgaben der erhebenden Stelle zwingend erforderlich sind. Die verantwortlichen Stellen müssen in diesem Zusammenhang insbesondere auch die Vorgaben des § 3a zur Datenvermeidung und Datensparsamkeit beachten, die sich ausdrücklich auf die Erhebung, Verarbeitung und Nutzung beziehen (vgl. dort Rn. 5). Weiterhin muss der in Art. 6 Abs. 1 EG-DSRl festgelegte Grundsatz der Verarbeitung nach Treu und Glauben auf rechtmäßige Weise berücksichtigt werden. Um diesen Vorgaben gerecht zu werden, müssen Art und Umfang der zu erhebenden Daten vorab festgelegt werden, nach Möglichkeit in den einschlägigen Erlaubnisnormen.[32]

15   An die Ausfüllung des unbestimmten Rechtsbegriff der Erforderlichkeit sind strenge Anforderungen zu stellen.[33] Öffentlichen Stellen sind nur genau die Daten zuzubilligen, die sie zur Erfüllung ihrer Aufgaben unbedingt benötigen – aber nicht mehr. Bewertungsmaßstab ist immer das Minimum, wobei sich auch öffentliche Stellen den Maßstäben einer »schlanken Verwaltung« stellen müssen. Die Anlegung dieser Maßstäbe muss im Ergebnis zur Reduzierung der Datenbestände führen. Kein Maßstab für die Bestimmung der Erforderlichkeit sind hingegen alte, schon lang geübte und ggf. bewährte Verwaltungsabläufe.[34] Erhoben werden dürfen in diesem Sinn nur Daten,

---

29 BVerfG v. 27.2.2008, NJW 2008, 503; zu den Auswirkungen der Entscheidung auf Beschäftigungsverhältnisse Wedde, 2009, 373.
30 Sokol/Scholz in Simitis, § 13 Rn. 24.
31 Vgl. BVerwG CR 1991, 553; BAG RDV 1992, 178; Däubler, Gläserne Belegschaften?, Rn. 294 ff.; offener Sokol/Scholz in Simitis, § 13 Rn. 24; zu den gegensätzlichen Positionen des 1. und 2. Senats des BAG vgl. AuR 2005, 453 ff. mit gemeinsamer Anm. Wedde.
32 Gola/Schomerus, § 13 Rn. 3, die beispielhaft auf das Gesetz nur Neuordnung des Kinder- und Jugendhilferechts sowie auf das Sicherheitsüberprüfungsgesetz (SÜG) verweisen.
33 Ebenso BMH, § 13 Rn. 22; Eßer in Auernhammer, § 13 Rn. 11; Gola/Schomerus, § 13 Rn. 3; Sokol/Scholz in Simitis, § 13 Rn. 25; Roggenkamp in Plath, § 13 Rn. 5.
34 Sokol/Scholz in Simitis, § 13 Rn. 25.

Datenerhebung § 13

ohne die öffentliche Stellen ihre gesetzlichen Aufgaben nicht, nicht vollständig oder nicht in rechtmäßiger Weise durchführen können. Hingegen reicht es nicht aus, dass die Erhebung für die öffentliche Stelle nur dienlich, praktisch, geeignet oder zweckmäßig ist.[35] Generell unzulässig ist eine Datenerhebung auf Vorrat.[36] Abweichungen von diesem Grundsatz sind nur in gesetzlich ausdrücklich geregelten Ausnahmefällen zulässig,[37] an die aber dann mit Blick auf das Recht auf informationelle Selbstbestimmung erhöhte Begründungsanforderungen zu stellen sind. Zudem ist bei einer zulässigen Datenerhebung auf Vorrat die Zweckbindung strikt zu beachten. Kritisch sind in diesem Lichte beispielsweise Vorratsdatenspeicherungen von Finanzbehörden zu sehen, wenn diese mit dem Ziel erfolgen, erst in der Zukunft Verwendung zu finden. 16

Sind Daten erhoben, müssen die öffentlichen Stellen in bestimmten Zeitabständen prüfen, ob diese weiterhin erforderlich sind. Mit Blick auf die Anforderungen des § 3a muss hierbei auch die Möglichkeit einer Pseudonymisierung oder Anonymisierung in Betracht gezogen werden.[38] Sind Daten nicht mehr erforderlich, müssen sie gelöscht werden. Diese Vorgaben gelten auch für die von Verfassungsschutzbehörden erhobenen Daten.[39] 17

Die Erhebung personenbezogener Daten ohne rechtliche Grundlage ist immer unzulässig. Die Daten dürfen in diesen Fällen ohne Rücksicht auf ihre Herkunft weder verarbeitet noch anderweitig genutzt werden. Betroffene haben einen Anspruch auf Löschung (vgl. § 20 Rn. 10) sowie ggf. auf Schadensersatz.[40] Etwas anderes kann gelten, wenn die Erhebung zwar rechtmäßig war, die Nutzung aber nicht gesetzeskonform erfolgt. Dann bleibt die Rechtmäßigkeit der Erhebung selbst bestehen.[41] 18

3. Erhebung bei nicht-öffentlichen Stellen (Abs. 1a)

Eine Hinweispflicht der öffentlichen Stelle besteht nach Abs. 1a auch, wenn personenbezogene Daten nicht beim Betroffenen, sondern bei einer nicht-öffentlichen Stelle erhoben werden. Die schon im BDSG 1990 textgleich in Abs. 4 der Vorschrift zu findende Regelung ergänzt die allgemeine Regelung in § 4 Abs. 2. 19

Durch Abs. 1a werden der verantwortlichen Stelle bezogen auf die nicht-öffentliche Stelle, von der Auskunft verlangt wird, die gleichen Hinweispflichten auferlegt, die gegenüber den betroffenen Personen bestehen.[42] Ist die nicht-öffentliche Stelle zur Auskunft verpflichtet, stellt die Aufforderung einen Verwaltungsakt dar, der nach 20

---

35 OLG Dresden MMR 2003, 592f.; BMH, § 13 Rn. 23; Gola/Schomerus, § 13 Rn. 3; Eßer in Auernhammer, § 13 Rn. 11; Sokol/Scholz in Simitis, § 13 Rn. 26.
36 Vgl. EuGH 8.4.2014, NJW 2014, 2169; BVerfG NJW 1984, 419ff.; Bull ZRP 1975, 12; Simitis NJW 1977, 734; BMH, § 13 Rn. 24; Gola/Schomerus, § 13 Rn. 4; Sokol/Scholz in Simitis, § 13 Rn. 26; allgemein zum »Grundrecht gegen Vorratsdatenspeicherung« Wedde, CuA 6/2014, 22ff.
37 Weyer, DSG NW § 12 Rn. 3.
38 Ähnlich Sokol/Scholz in Simitis, § 13 Rn. 27.
39 VGH Mannheim DÖV 1982, 1041; BMH, § 13 Rn. 24.
40 Gola/Schomerus, § 13 Rn. 8.
41 Sokol/Scholz in Simitis, § 13 Rn. 22.
42 Sokol/Scholz in Simitis, § 13 Rn. 30.

§ 39 VwVfG zu begründen ist. Ohne die entsprechende Begründung ist der Verwaltungsakt rechtswidrig.[43] In der Aufforderung zur Auskunft ist der Hinweis auf die gesetzliche Grundlage so verständlich darzulegen, dass auch ein juristischer Laie ihn ohne Probleme verstehen kann.[44]

21 Gibt es keine gesetzliche Grundlage für eine Auskunft, können Angaben von nichtöffentlichen Stellen nur auf freiwilliger Grundlage verlangt werden. Auf die Freiwilligkeit muss die verantwortliche Stelle ausdrücklich und eindeutig hinweisen.[45] Dies gilt auch, wenn ein Auskunftsersuchen teilweise verpflichtende und teilweise freiwillige Angaben verlangt.[46] Die nicht-öffentliche Stelle muss prüfen, ob sie eine Übermittlung nach den Grundsätzen des § 28 vornehmen darf (vgl. § 28 Rn. 85 ff.).

22 Liegt eine rechtliche Verpflichtung der nicht-öffentlichen Stelle zur Auskunft vor, muss die verantwortliche Stelle mit Blick auf Schutzrechte der Betroffenen darauf achten, dass sich mit dem Auskunftsersuchen keine Hinweise zum Erhebungszweck verbinden (etwa Aktenzeichen eines laufenden strafrechtlichen Ermittlungsverfahrens). Insoweit kommt schutzwürdigen Interessen von Betroffenen ein Vorrang zu. Werden freiwillige Auskünfte verlangt, ist möglicherweise ein Hinweis auf den Erhebungszweck notwendig, damit die nicht-öffentliche Stelle prüfen kann, ob sie die Daten übermitteln darf. Deshalb sind entsprechende Informationen nicht grundsätzlich ausgeschlossen. Allerdings müssen die schutzwürdigen Interessen der Betroffenen von der verantwortlichen Stelle ausreichend berücksichtigt werden.[47] Gibt es Zweifel bezüglich der Zulässigkeit der Übermittlung entsprechender Informationen, muss die Übermittlung an die nicht-öffentliche Stelle unterbleiben.

4. Erhebung besonderer Arten personenbezogener Daten (Abs. 2)

23 Die Regelung des Abs. 2 wurde durch das BDSG 2001 neu in das Gesetz aufgenommen. Durch die Vorschrift wird die Vorgabe von Art. 8 EG-DSRl umgesetzt, der allen Mitgliedstaaten der EU die Pflicht auferlegt, auf die Verarbeitung bestimmter als besonders sensibel eingestufter Daten grundsätzlich zu verzichten. Eine Definition dieser als besonders sensibel anzusehenden Daten enthält § 3 Abs. 9 (vgl. dort Rn. 57). Die Auslegung der an der EG-DSRl orientierten Tatbestände muss richtlinienkonform erfolgen.[48]

24 Um das Regelungsziel von Art. 8 EG-DSRl in das BDSG umzusetzen, enthält Abs. 2 eine abschließende Aufzählung von Sachverhalten, bei deren Vorliegen die Erhebung besonderer Arten von personenbezogenen Daten ausnahmsweise zulässig ist. Der Katalog von neun Ausnahmetatbeständen ist abschließend. Die in Abs. 2 genannten Tatbestände sind mit Blick auf den Schutzzweck der Norm eng auszulegen.[49] Wird ein auf-

---

43 Gola/Schomerus, § 13 Rn. 11.
44 Gola/Schomerus, § 13 Rn. 11; Sokol/Scholz in Simitis, § 13 Rn. 29; Schaffland/Wiltfang, § 13 Rn. 6.
45 Ebenso Eßer in Auernhammer, § 13 Rn. 18.
46 Gola/Schomerus, § 13 Rn. 12.
47 Sokol/Scholz in Simitis, § 13 Rn. 32.
48 Sokol/Scholz in Simitis, § 13 Rn. 33.
49 Ebenso BMH, § 13 Rn. 26; Sokol/Scholz in Simitis, § 13 Rn. 34.

Datenerhebung § 13

geführter Tatbestand nicht uneingeschränkt erfüllt, muss die Erhebung durch eine öffentliche Stelle unterbleiben. Für die Praxis wird der Schutz besonderer Arten personenbezogener Daten dadurch erschwert, dass der Katalog in Abs. 2 relativ weitgehende Erhebungen als Ausnahme vom generellen Verbot zulässt. Der Schutzrahmen der Vorschrift wird damit erheblich reduziert.

- Datenerhebung nach Nr. 1   25

Nach Nr. 1 ist die Erhebung besonderer personenbezogener Daten zulässig, wenn eine Rechtsvorschrift dies vorsieht oder aus Gründen eines wichtigen öffentlichen Interesses zwingend erfordert.[50] Die erste dieser beiden in Nr. 1 genannten Alternativen setzt voraus, dass eine Rechtsvorschrift vorliegt, die den Anforderungen der EG-DSRl genügt.[51] Ist diese Voraussetzung erfüllt, kann für den Regelfall davon ausgegangen werden, dass der Gesetzgeber ein besonderes öffentliches Interesse ausdrücklich bejaht hat.[52]

Die zweite Alternative der Nr. 1 ist erfüllt, wenn ein wichtiges öffentliches Interesse   26
besteht, das eine Erhebung zwingend erforderlich macht. Die vorzunehmende Prüfung beinhaltet drei Komponenten. Zunächst ist zu bewerten, ob es zur Erfüllung des Zwecks andere und für die Betroffenen weniger einschneidende Maßnahmen gibt, durch deren Durchführung das öffentliche Interesse erfüllt werden kann.[53] Ist dies der Fall, darf keine Erhebung nach Abs. 2 erfolgen. Gibt es hingegen keine anderen Möglichkeiten für die öffentliche Stelle, muss in einem zweiten Bewertungsschritt die Wichtigkeit des Interesses überprüft werden. Damit eine Erhebung erfolgen kann, muss es sich um ein öffentliches Interesse von solcher Bedeutung und Tragweite handeln, das ausnahmsweise ein Abweichen von den verbindlichen Vorgaben des gesetzlichen Datenschutzes rechtfertigt.[54] Schließlich muss als dritte Komponente ein zwingendes Erfordernis vorliegen, das praktisch mit dem völligen Fehlen von Alternativen gleichzusetzen ist. Im Ergebnis bedeutet dies, dass im Einzelfall eine besonders strenge Überprüfung der Erforderlichkeit erfolgen muss.[55]

- Datenerhebung nach Nr. 2   27

Nach Nr. 2 kann eine Erhebung erfolgen, wenn der Betroffene nach Maßgabe des § 4a Abs. 3 eingewilligt hat (vgl. § 4a Rn. 41). Damit ist eine Erhebung durch öffentliche Stellen auf Grundlage dieser Regelung nur zulässig, wenn sich die Einwilligung ausdrücklich auch auf die besonderen Arten von Daten bezieht. Der Tatbestand ist insgesamt eng auszulegen und darf insbesondere nicht dahin interpretiert werden, dass öffentliche Stellen auf dem Wege der Einwilligung ihre hoheitlichen Befugnisse erweitern dürfen.[56]

Eine wirksame Einwilligung muss gemäß § 4a ausdrücklich erteilt werden. Kon-   28
kludentes Handeln oder eine unbestimmte Pauschaleinwilligung reichen nicht aus.

---

50 Ebenso Eßer in Auernhammer, § 13 Rn. 21.
51 Sokol/Scholz in Simitis, § 13 Rn. 35; Beispiele bei TEG, S. 505.
52 Gola/Schomerus, § 13 Rn. 14.
53 Ähnlich Gola/Schomerus, § 13 Rn. 15.
54 Sokol/Scholz in Simitis, § 13 Rn. 35; Eßer in Auernhammer, § 13 Rn. 23.
55 Sokol/Scholz in Simitis, § 13 Rn. 35; ebenso Roggenkamp in Plath, § 13 Rn. 14.
56 Sokol/Scholz in Simitis, § 13 Rn. 36; ähnlich Engelien-Schulz VR 2009, 73; zu den Grenzen der Einwilligung im Forschungsbereich Gerling, DuD 2008, 733.

Weitere Voraussetzung einer wirksamen Einwilligung ist ihre freiwillige Erteilung (vgl. hierzu § 4a Rn. 20ff.). Diese Voraussetzung trifft allerdings in der Praxis oft auf das Problem, dass sich aus der Verweigerung einer freiwilligen Einwilligung für Betroffenen Nachteile ableiten können, etwa im Bereich der sozialen Daseinsvorsorge.[57] An dieser Gefahr ändert sich auch dadurch nichts, dass Betroffene nach § 4a über die Rechtsfolgen einer Verweigerung aufzuklären sind.

29 • Datenerhebung nach Nr. 3

Nach Nr. 3 kann eine Erhebung erfolgen, wenn dies zum Schutz lebenswichtiger Interessen des Betroffenen oder eines Dritten erforderlich ist und sofern der Betroffene aus physischen oder rechtlichen Gründen außerstande ist, seine Einwilligung zu geben. Die Vorschrift entspricht inhaltlich der entsprechenden Regelung in Art. 8 Abs. 2 Buchstabe c EG-DSRl.

30 Der Tatbestand in Nr. 3 hat zwei Voraussetzungen. Zunächst einmal müssen lebenswichtige Interessen der Betroffenen oder Dritter vorliegen, zu deren Schutz eine Erhebung erforderlich ist. Es muss sich um existenzielle Interessen handeln, die insbesondere im Bereich des Gesundheitsschutzes (etwa im Zusammenhang mit hochinfektiösen Krankheiten) bestehen können. In der Regel wird diese Voraussetzung erfüllt sein, wenn die Erhebung zur Abwehr von Gefahren für Leib und Leben notwendig ist.[58] Dies rechtfertigt im Übrigen auch die Einbeziehung Dritter in den Tatbestand. Weiterhin muss der Betroffene physisch oder aus rechtlichen Gründen außerstande sein, seine Einwilligung persönlich zu geben. Dieser Teil des Tatbestandes verdeutlicht schon vom Wortlaut, dass es gesetzliche Erhebungsregeln in diesen Fällen nicht geben kann, weil dann eine Einwilligung obsolet wäre. Die Regelung setzt voraus, dass der Betroffene seine Einwilligung geben würde, wenn er hierzu in der Lage wäre. Die Entscheidung ist im Zweifel vom Standpunkt eines verständigen Dritten aus zu treffen.[59] Die Erhebung muss allerdings unterbleiben, wenn mit hinreichender Sicherheit davon auszugehen ist, dass der Betroffene eine Einwilligung gerade nicht erteilt hätte, wenn er hierzu in der Lage gewesen wäre. Gibt es diesbezüglich Zweifel, ist eine Entscheidung nur bezogen auf den konkreten Sachverhalt möglich.[60]

31 • Datenerhebung nach Nr. 4

Nach Nr. 4 kann eine Erhebung erfolgen, wenn es sich um Daten handelt, die der Betroffene offenkundig öffentlich gemacht hat. Die Verwendung des Wortes »offenkundig« verdeutlicht, dass sich die Vorschrift nicht auf alle Informationen bezieht, die öffentlich bekannt sind. Eine Erhebung ist nach Nr. 4 vielmehr nur zulässig, wenn der Betroffene bei der Veröffentlichung bereits eindeutig wollte bzw. gewusst hat, dass die entsprechenden Daten von einer öffentlichen Stelle erhoben und weiter

---

57 Ebenso Gola/Schomerus, § 13 Rn. 16; Eßer in Auernhammer, § 13 Rn. 25.
58 Ebenso Eßer in Auernhammer, § 13 Rn. 29.
59 Ebenso Eßer in Auernhammer, § 13 Rn. 30.
60 Grundlegend hierzu Dammann/Simitis, EG-Richtlinie, Art. 8 Erl. 11; ebenso Sokol/Scholz in Simitis, § 13 Rn. 37, die zutreffend auf Probleme bei der Ermittlung des tatsächlichen Willens hinweist; Gola/Schomerus, § 13 Rn. 17; a.A. BMH, § 13 Rn. 32, die zur Begründung auf das Fehlen einer mutmaßlichen Einwilligung im BDSG hinweisen.

Datenerhebung § 13

verwendet werden können.[61] In Betracht kommen damit beispielsweise nur solche Daten, die auf Veranlassung von Betroffenen in öffentliche Verzeichnisse aufgenommen worden sind (etwa der freiwillige Eintrag in ein Telefonbuch). Unter Beachtung des § 4a muss hierbei sichergestellt sein, dass die Veröffentlichung freiwillig erfolgt ist. Bestand hingegen im Zusammenhang mit der Aufnahme in ein öffentliches Verzeichnis ein (direkter oder indirekter) Zwang, kann mangels Freiwilligkeit der Einwilligung im Sinne von § 4a nicht davon ausgegangen werden, dass die betroffene Person die Daten offenkundig öffentlich gemacht und damit für Verwendungen durch öffentliche Stellen freigegeben hat. So kann beispielsweise bei der öffentlichen Kandidatur eines Gemeindemitgliedes für den Kirchenvorstand nicht davon ausgegangen werden, dass gleichzeitig ein Einverständnis mit der Aufnahme dieser Information in staatliche Dateien besteht.

An die Bewertung der Zulässigkeit einer Erhebung nach Nr. 4 ist im Ergebnis ein **32** restriktiver Maßstab anzulegen. Erhoben werden dürfen nur solche Daten, bei denen außer Zweifel steht, dass Betroffene keine Einwände gegen die Erfassung durch öffentliche Stellen haben.[62] Unzulässig ist die Erhebung öffentlicher Daten über Betroffene, wenn es sich um verfassungsrechtlich geschützte Informationen wie etwa über die Teilnahme an einer Demonstration oder die Mitgliedschaft in einer Interessengruppe handelt.[63] Kein Anspruch auf Erhebung ist gegeben, wenn vermutet werden kann, dass Betroffene hiergegen Einwände haben. Diese Grundsätze gelten entsprechend bei Veröffentlichungen von Betroffenen im Internet (etwa durch Freischalten einer eigenen Homepage). Die Offenkundigkeit einer Veröffentlichung ist nur gegeben, wenn ohne Zweifel davon auszugehen ist, dass die mitgeteilten Informationen auch öffentlichen Stellen zur Kenntnis gebracht werden sollen.[64] Ist dies nicht der Fall, muss eine Erhebung unterbleiben. Gleiches gilt für Informationsplattformen wie etwa Twitter. Ebenso stellt sich die Situation dar, wenn Betroffene Informationen in sog. Soziale Netzwerke wie etwa Facebook einstellen. Hieran ändert auch der Verzicht auf Einstellungen im individuellen Profil nichts, durch die der Kreis der Zugangsberechtigten eingeschränkt werden kann. Öffentliche Stellen müssen in Anbetracht entsprechender »schutzfeindlicher« Voreinstellungen in entsprechenden Systemen im Zweifel davon ausgehen, dass beim Fehlen von Nutzungsbeschränkungen ein Versehen der Betroffenen vorliegt. Informationen in elektronischen Netzwerken, die auf den Aufbau beruflicher Kontakte zielen, wie etwa LinkedIn oder Xing, sind aus Sicht öffentlicher Stellen ebenfalls nur offenkundig, wenn die Betroffenen diese adressieren wollen.[65] Eine Ausnahme, die eine Erhebung nach Nr. 4 rechtfertigt, kann hingegen vorliegen, wenn sich Veröffentlichungen von Betroffenen explizit an öffentliche Stellen wenden.

---

61 Ähnlich Gola/Schomerus, § 13 Rn. 17; Eßer in Auernhammer, § 13 Rn. 31.
62 Ebenso Sokol/Scholz in Simitis, § 13 Rn. 38; Ebenso Eßer in Auernhammer, § 13 Rn. 31; a.A. BMH, § 13 Rn. 33, die kein besonderes Schutzbedürfnis sehen.
63 Sokol/Scholz in Simitis, § 13 Rn. 38.
64 Weitergehender Roggenkamp in Plath, § 13 Rn. 19, der für diese Fälle die Offenkundigkeit grundsätzlich für gegeben hält.
65 Weiter Roggenkamp in Plath, § 13 Rn. 19, der auf die Ausrichtung bzw. den Zweck des Angebots abstellt.

§ 13 Datenerhebung

33 • Datenerhebung nach Nr. 5
Nach Nr. 5 kann die Erhebung erfolgen, wenn dies zur Abwehr einer erheblichen Gefahr für die öffentliche Sicherheit erforderlich ist. Die Regelung setzt die Ausnahme in nationales Recht um, die sich aus Art. 3 Abs. 2 EG-DSRl ableitet. Hiernach ist der Bereich der öffentlichen Sicherheit vom Anwendungsbereich der EG-DSRl ausgenommen. Der Begriff der öffentlichen Sicherheit entstammt dem Polizeirecht und kommt auch für die Bundespolizei zur Anwendung.[66] Eine Erhebung von besonderen Arten personenbezogener Daten ist nur zulässig, wenn eine erhebliche Gefahr für die öffentliche Sicherheit besteht. Eine einfache Gefahr genügt, anders als im Polizeirecht, nicht. Der Tatbestand ist in Nr. 5 deshalb eng auszulegen und kommt nur in Betracht, wenn es für öffentliche Stellen keine Handlungsalternativen gibt. Die den Eingriff rechtfertigende Gefahr muss sich auf ein qualifiziertes Rechtsgut beziehen. In Betracht kommen beispielsweise Rechtsgüter wie Bestand des Staates, Leben, Gesundheit oder Freiheit.[67]

34 • Datenerhebung nach Nr. 6
Nach Nr. 6 kann die Erhebung erfolgen, wenn dies zur Abwehr erheblicher Nachteile für das Gemeinwohl oder zur Wahrung erheblicher Belange des Gemeinwohls zwingend erforderlich ist. Beide Alternativen der Vorschrift setzen das Vorliegen erheblicher Nachteile bzw. Belange voraus. Die Verwendung dieses Begriffs macht deutlich, dass die Schwelle für das Eintreten des Tatbestands hoch ist.[68] Dieser Begrenzung der Anwendbarkeit steht die Tatsache gegenüber, dass die in der Vorschrift verwendeten Begriffe »Gemeinwohl«, »Nachteile« und »Belange« wenig bestimmt sind. Damit besteht aufgrund der sprachlichen Ausgestaltung eine Spannung, die nicht zur Klarheit des gesetzlich bestimmten Anwendungsbereichs beiträgt.

35 Hilfreich für die Bewertung des Gemeinwohls ist die Rechtsprechung des BVerfG zur Freiheit der Berufswahl.[69] Im Interesse des Gemeinwohls sollen Einschränkungen hier nur möglich sein, wenn dies zur Abwehr schwerer Gefahren für ein überwiegend wichtiges Wirtschaftsgut erforderlich ist. Bezogen auf das Drohen erheblicher Nachteile für das Gemeinwohl heißt dies nichts anderes, als dass die Erhebung von besonderen Arten von Daten nach Nr. 6 nur dann zulässig sein wird, wenn ansonsten nicht hinzunehmende Nachteile für die Gesellschaft oder für gesellschaftliche Gruppen eintreten oder wenn nur hierdurch überragend wichtige Belange gewahrt werden können. Mit Blick auf diese überragend hohen Voraussetzungen sind für die Praxis Anwendungsfälle kaum vorstellbar.[70] Eine Anwendung der Vorschrift kommt mithin praktisch nur Betracht, wenn alternative Maßnahmen, die einen Verzicht auf die Erhebung ermöglichen, untauglich sind.[71]

---

66 BMH, § 13 Rn. 34; Eßer in Auernhammer, § 13 Rn. 33.
67 Sokol/Scholz in Simitis, § 13 Rn. 39; ähnlich BMH, § 13 Rn. 34.
68 Sokol/Scholz in Simitis, § 13 Rn. 40; Eßer in Auernhammer, § 13 Rn. 36.
69 Vgl. BVerfGE 7, 405; 11, 183; Gola/Schomerus, § 13 Rn. 20.
70 BMH, § 13 Rn. 36; Sokol/Scholz in Simitis, § 13 Rn. 40; a. A. wohl Gola/Schomerus, die eine Erhebung schon im Fall »unzutreffender Nachrichten (etwa über Terrorismus)« in bestimmten Fällen zulassen wollen.
71 Gola/Schomerus, § 13 Rn. 21.

Datenerhebung § 13

- Datenerhebung nach Nr. 7 36
Nach Nr. 7 ist die Erhebung zulässig, wenn sie zum Zweck der Gesundheitsvorsorge, der medizinischen Diagnostik, der Gesundheitsversorgung oder Behandlung oder für die Verwaltung von Gesundheitsdiensten erforderlich ist. Die Vorschrift übernimmt diese Vorgabe praktisch wortgleich aus Art. 8 Abs. 3 EG-DSRl. Im Ergebnis wird damit der unmittelbare medizinische Sektor vom Verbot der Erhebung besonderer personenbezogener Daten ausgenommen. Diese pauschale Ausnahme ist mit Blick auf das weitere Spektrum der besonderen Arten personenbezogener Daten logisch nicht nachvollziehbar. So ist es doch zur Behandlung von Krankheiten im Regelfall nicht erforderlich, Informationen zur Gewerkschaftszugehörigkeit zu erheben.

Voraussetzung der Erhebung ist im Rahmen von Nr. 7, dass sie durch ärztliches 37
Personal oder durch sonstige Personen erfolgt, die einer entsprechenden Geheimhaltungspflicht unterliegen. Durch diese Voraussetzung soll sichergestellt werden, dass die Erhebung und die sich anschließende Verarbeitung nur durch Personen erfolgt, die dem Arztgeheimnis nach § 203 StGB unterliegen.[72] Neben dem unmittelbaren ärztlichen Personal werden auch Verwaltungen, Abrechnungsstellen sowie Apotheken erfasst.[73] Ausgenommen bleiben Krankenversicherungen, die wie andere Finanzdienstleister außerhalb des unmittelbaren medizinischen Bereichs stets eine Einwilligung für die Erhebung einholen müssen.[74]

- Datenerhebung nach Nr. 8 38
Nach Nr. 8 ist die Erhebung zulässig, wenn sie zur Durchführung wissenschaftlicher Forschung erforderlich ist. Durch die Vorschrift wird klargestellt, dass wissenschaftliche Forschung in bestimmten Fällen auf besondere Arten personenbezogener Daten zurückgreifen kann. Die Regelung erfasst sowohl öffentliche Forschungsvorhaben als auch solche, für deren Durchführung die Erhebung besonderer Arten personenbezogener Daten bei öffentlichen Stellen erforderlich ist. Die in der Vorschrift genannten Vorgaben sind wortgleich mit denen in § 14 Abs. 2 Nr. 9 (vgl. dort Rn. 21).

Die Erhebung von Daten auf der Grundlage von Nr. 8 steht unter dem Vorbehalt 39
einer Interessenabwägung. Überwiegt hierbei das Interesse des Betroffenen am Ausschluss der Erhebung erheblich, muss die Verwendung für wissenschaftliche Zwecke unterbleiben.[75] Im konkreten Fall kann es zur Wahrung der Interessen der Betroffenen auch ausreichend sein, wenn die wissenschaftliche Verwertung eingeschränkt wird. So hat etwa das BVerfG in seiner »Kohl«-Entscheidung vom 23. 6. 2004[76] festgelegt, dass Daten ausschließlich für bestimmte Forschungszwecke genutzt und hierbei weder weitergegeben noch publiziert werden dürfen. Diese Entscheidung macht deutlich, dass auch in anderen Fällen ergänzende Vorkehrungen getroffen werden müssen, um die Rechte der Betroffenen im Zusammenhang

---

72 Ähnlich BMH, § 13 Rn. 37; Eßer in Auernhammer, § 13 Rn. 38; zum Umgang mit Gesundheitsdaten vgl. ausführlich Engelien-Schulz, RDV 2005, 201.
73 Gola/Schomerus, § 13 Rn. 22; Roggenkamp in Plath, § 13 Rn. 22.
74 Dammann/Simitis, EG-Richtlinie, Art. 8 Rn. 18; Eßer in Auernhammer, § 13 Rn. 38.
75 Ebenso Eßer in Auernhammer, § 13 Rn. 41.
76 BVerfG NJW 2004, 2462, 2466.

mit der wissenschaftlichen Auswertung besonderer Arten personenbezogener Daten zu wahren.[77] Mit Blick auf § 3a BDSG kommt insbesondere die Pseudonymisierung bzw. Anonymisierung von Informationen in Betracht. Entsprechende Maßnahmen werden regelmäßig nicht mit einem bei der Abwägung zu berücksichtigenden unverhältnismäßigen Aufwand verbunden sein. Rückschlüsse auf konkrete Betroffene müssen für den Regelfall ausgeschlossen werden.

40 • Datenerhebung nach Nr. 9

Nach Nr. 9 ist die Erhebung zulässig, wenn sie aus zwingenden Gründen der Verteidigung, zur Krisenbewältigung, zur Konfliktverhinderung oder für humanitäre Maßnahmen erforderlich ist. Die Regelung hat einen Bereich zum Gegenstand, der nach Art. 3 Abs. 2 EG-DSRl nicht vom Gemeinschaftsrecht erfasst wird. Erhebungen nach dieser Vorschrift dürfen nur erfolgen, wenn eine Stelle des Bundes besondere Arten von personenbezogenen Daten zur Erfüllung ihrer Aufgaben zwingend benötigt. Damit bestehen hohe Anforderungen an die von der öffentlichen Stelle zu erbringende Begründung.[78] Der Tatbestand ist im Ergebnis eng auszulegen.

§ 14 Datenspeicherung, -veränderung und -nutzung

(1) Das Speichern, Verändern oder Nutzen personenbezogener Daten ist zulässig, wenn es zur Erfüllung der in der Zuständigkeit der verantwortlichen Stelle liegenden Aufgaben erforderlich ist und es für die Zwecke erfolgt, für die die Daten erhoben worden sind. Ist keine Erhebung vorausgegangen, dürfen die Daten nur für die Zwecke geändert oder genutzt werden, für die sie gespeichert worden sind.

(2) Das Speichern, Verändern oder Nutzen für andere Zwecke ist nur zulässig, wenn

1. eine Rechtsvorschrift dies vorsieht oder zwingend voraussetzt,
2. der Betroffene eingewilligt hat,
3. offensichtlich ist, dass es im Interesse des Betroffenen liegt, und kein Grund zu der Annahme besteht, dass er in Kenntnis des anderen Zwecks seine Einwilligung verweigern würde,
4. Angaben des Betroffenen überprüft werden müssen, weil tatsächliche Anhaltspunkte für deren Unrichtigkeit bestehen,
5. die Daten allgemein zugänglich sind oder die verantwortliche Stelle sie veröffentlichen dürfte, es sei denn, dass das schutzwürdige Interesse des Betroffenen an dem Ausschluss der Zweckänderung offensichtlich überwiegt,
6. es zur Abwehr erheblicher Nachteile für das Gemeinwohl oder einer Gefahr für die öffentliche Sicherheit oder zur Wahrung erheblicher Belange des Gemeinwohls erforderlich ist,
7. es zur Verfolgung von Straftaten oder Ordnungswidrigkeiten, zur Vollstreckung oder zum Vollzug von Strafen oder Maßnahmen im Sinne des § 11 Abs. 1 Nr. 8 des Strafgesetzbuches oder von Erziehungsmaßregeln oder Zuchtmitteln im

---

77 Vgl. Mand MedR 2005, 565 zu den Anforderungen, die in diesem Bereich an eine Einwilligung zu stellen sind.
78 Sokol/Scholz in Simitis, § 13 Rn. 43.

Sinne des Jugendgerichtsgesetzes oder zur Vollstreckung von Bußgeldentscheidungen erforderlich ist,

8. es zur Abwehr einer schwerwiegenden Beeinträchtigung der Rechte einer anderen Person erforderlich ist oder

9. es zur Durchführung wissenschaftlicher Forschung erforderlich ist, das wissenschaftliche Interesse an der Durchführung des Forschungsvorhabens das Interesse des Betroffenen an dem Ausschluss der Zweckänderung erheblich überwiegt und der Zweck der Forschung auf andere Weise nicht oder nur mit unverhältnismäßigem Aufwand erreicht werden kann.

(3) Eine Verarbeitung oder Nutzung für andere Zwecke liegt nicht vor, wenn sie der Wahrnehmung von Aufsichts- und Kontrollbefugnissen, der Rechnungsprüfung oder der Durchführung von Organisationsuntersuchungen für die verantwortliche Stelle dient. Das gilt auch für die Verarbeitung oder Nutzung zu Ausbildungs- und Prüfungszwecken durch die verantwortliche Stelle, soweit nicht überwiegende schutzwürdige Interessen des Betroffenen entgegenstehen.

(4) Personenbezogene Daten, die ausschließlich zu Zwecken der Datenschutzkontrolle, der Datensicherung oder zur Sicherstellung eines ordnungsgemäßen Betriebes einer Datenverarbeitungsanlage gespeichert werden, dürfen nur für diese Zwecke verwendet werden.

(5) Das Speichern, Verändern oder Nutzen von besonderen Arten personenbezogener Daten (§ 3 Abs. 9) für andere Zwecke ist nur zulässig, wenn
1. die Voraussetzungen vorliegen, die eine Erhebung nach § 13 Abs. 2 Nr. 1 bis 6 oder 9 zulassen würden oder
2. dies zur Durchführung wissenschaftlicher Forschung erforderlich ist, das öffentliche Interesse an der Durchführung des Forschungsvorhabens das Interesse des Betroffenen an dem Ausschluss der Zweckänderung erheblich überwiegt und der Zweck der Forschung auf andere Weise nicht oder nur mit unverhältnismäßigem Aufwand erreicht werden kann.

Bei der Abwägung nach Satz 1 Nr. 2 ist im Rahmen des öffentlichen Interesses das wissenschaftliche Interesse an dem Forschungsvorhaben besonders zu berücksichtigen.

(6) Die Speicherung, Veränderung oder Nutzung von besonderen Arten personenbezogener Daten (§ 3 Abs. 9) zu den in § 13 Abs. 2 Nr. 7 genannten Zwecken richtet sich nach den für die in § 13 Abs. 2 Nr. 7 genannten Personen geltenden Geheimhaltungspflichten.

Übersicht	Rn.
1. Einleitung	1–3
2. Zulässigkeit der Speicherung, Veränderung und Nutzung (Abs. 1)	4–11
3. Zweckänderung (Abs. 2)	12–22
4. Aufsichts- und Kontrollbefugnisse (Abs. 3)	23–27
5. Verschärfte Zweckbindung in besonderen Fällen (Abs. 4)	28
6. Speichern, Verändern oder Nutzen besonderer Arten personenbezogener Daten (Abs. 5)	29–32
7. Medizinische Daten (Abs. 6)	33
8. Folgen unzulässiger oder unrichtiger Verarbeitung	34

§ 14 Datenspeicherung, -veränderung und -nutzung

1. Einleitung

1 Die Vorschrift gibt als zentrale Regelung zur Datenspeicherung, -verarbeitung und -nutzung für den öffentlichen Bereich den Rahmen vor, in dem die Verarbeitung personenbezogener Daten zulässig ist. Sie wurde als wichtiges Element zur Sicherstellung des Rechts auf informationelle Selbstbestimmung in das BDSG 1990 eingeführt und beinhaltet in Abs. 1 verbindliche Vorgaben zur Zweckbindung. In den Abs. 2 bis 4 finden sich Vorgaben zur Zweckänderung bzw. zur spezifischen Zweckbindung. Die Abs. 5 und 6 enthalten Regelungen zur Zweckbindung besonderer Arten personenbezogener Daten i. S. v. § 3 Abs. 9. Die Vorschrift wiederholt teilweise Sachverhalte, die auch in anderen Vorschriften des Gesetzes zu finden sind (vgl. etwa zur Erhebung § 13, zur Übermittlung die §§ 15, 16, 4b und 4c sowie zur Berichtigung, Löschung oder Sperrung § 20). Dies trägt insgesamt nicht zur Übersichtlichkeit der Regelungsmaterie bei.

2 Nicht anwendbar ist die Vorschrift, wenn bereichsspezifische Regelungen zu berücksichtigen sind, die denen des BDSG vorgehen (etwa die speziellen Datenschutzregeln im Zweiten Kapitel des SGB X oder im Bereich des Telekommunikationsrechts). Für den dienst- bzw. arbeitsrechtlichen Bereich ist zu berücksichtigen, dass gemäß § 12 Abs. 4 statt der Regelungen des Zweiten Abschnitts die des § 28 Absatz 2 Nummer 2 und die §§ 32 bis 35 zur Anwendung kommen (vgl. § 12 Rn. 14 ff. sowie die entsprechende Kommentierung zum Dritten Abschnitt).

3 Die Vorschrift wurde durch die BDSG-Novelle des Jahres 2009 nicht verändert.

2. Zulässigkeit der Speicherung, Veränderung und Nutzung (Abs. 1)

4 In Abs. 1 finden sich die allgemeinen Zulässigkeitsvoraussetzungen für die Speicherung, Veränderung und Nutzung personenbezogener Daten durch öffentliche Stellen des Bundes. Grundlegende Voraussetzung jeder Verarbeitung und Nutzung ist, dass eine Erforderlichkeit zur Erfüllung der jeweiligen Aufgaben gegeben ist. Darüber hinaus statuiert die Vorschrift eine enge Zweckbindung, die jedoch durch die besonderen Regeln in Abs. 2 teilweise aufgehoben wird. Das Verständnis der grundlegenden Regelung des Abs. 1 wird dadurch erschwert, dass bei der Prüfung der Zulässigkeit der Speicherung, Veränderung und Nutzung andere allgemeine Regelungen des Gesetzes wie insbesondere die Erlaubnisnorm § 4 zu beachten sind. Weiterhin ist die Zulässigkeit davon abhängig, dass bei der speichernden Stelle eine Erforderlichkeit zur rechtmäßigen Aufgabenerfüllung vorliegt.[1] Es gelten insoweit die gleichen Voraussetzungen wie bei § 13 (vgl. dort Rn. 6 ff.).

5 Die Regelung findet an verschiedenen Stellen der EG-Richtlinie ihre Entsprechungen. Nach Art. 6 Abs. 1 Buchstabe a EG-Richtlinie sollen personenbezogene Daten nach Treu und Glauben verarbeitet werden. Art. 6 Abs. 1 Buchstabe b verpflichtet dazu, dass Verarbeitungen nur auf rechtmäßige Weise und nicht entgegen der ursprünglichen Zweckbestimmung weiterverarbeitet werden. Nach Abs. 1 Buchstabe c sollen Verarbei-

---

[1] BMH, § 14 Rn. 10 ff.; Eßer in Auernhammer, § 14 Rn. 7; Gola/Schomerus, § 14 Rn. 5; Schaffland/Wiltfang, § 14 Rn. 13 ff.

tungen der Daten »den Zwecken entsprechen, für die sie erhoben und/oder verarbeitet werden, dafür erheblich sind und nicht darüber hinausgehen«. Eine Zweckänderung lässt Abs. 1 Buchstabe e in Satz 2 nur für die Weiterverarbeitung von Daten zu historischen, statistischen oder wissenschaftlichen Zwecken zu, sofern für die Einhaltung des Datenschutzes nationale Garantien vorhanden sind. Gem. Art. 7 Buchstabe a EG-Richtlinie ist Voraussetzung für die Verarbeitung weiterhin, das sie erforderlich für die Erfüllung eines Vertragsverhältnisses unter Beteiligung des Betroffenen ist. Buchstabe c) knüpft die Zulässigkeit an die Erforderlichkeit zur Erfüllung einer rechtlichen Verpflichtung, der der Betroffene unterliegt.

Zulässig sind nur solche Verarbeitungen und Nutzungen von Daten, die aus objektiver Sicht in der rechtlichen Zuständigkeit der öffentlichen Stelle liegen.[2] Das Vorliegen der Zuständigkeit muss von der öffentlichen Stelle wirksam begründet werden.[3] 6

Ist die Zuständigkeit zu bejahen, muss als weitere Voraussetzung die Verarbeitung oder Nutzung zur Aufgabenerfüllung erforderlich sein. Bei der Ausfüllung des Merkmals der Erforderlichkeit ist ein restriktiver Maßstab anzulegen. Dies bedeutet, dass das Erfüllen der den öffentlichen Stellen obliegenden Aufgaben aus objektiver Sicht ohne die Verarbeitung oder Nutzung nicht, nicht vollständig oder nicht in rechtmäßiger Weise möglich ist.[4] Die Erforderlichkeit ist für jede Maßnahme einzeln zu prüfen.[5] 7

Die Erforderlichkeit beinhaltet eine zeitliche Komponente. Verarbeitungen und Nutzungen von Daten sind nur so lange zulässig, wie sie zur Aufgabenerfüllung aktuell benötigt werden.[6] Die verantwortliche Stelle muss deshalb für jedes Datum den erforderlichen Zeitrahmen bestimmen. Weiterhin muss sie die allgemeinen Vorgaben zur Datenvermeidung und Datensparsamkeit gemäß § 3a berücksichtigen. Hieraus leitet sich auch für den öffentlichen Bereich eine grundlegende Rechtspflicht zum restriktiven Umgang mit personenbezogenen Daten ab (vgl. allgemein § 3a Rn. 4).[7] 8

Im Regelfall unzulässig ist eine Speicherung von Daten auf Verdacht oder auf Vorrat (vgl. auch § 13 Rn. 16). Abweichungen von diesem Grundsatz sind nur zulässig, wenn es hierfür eine eindeutige gesetzliche Grundlage gibt, die zugleich Art und Umfang der Vorratsspeicherung festlegt.[8] Nur eine solche einschränkende Auslegung steht im Einklang mit den allgemeinen Grundsätzen des BVerfG zum Recht auf informationelle Selbstbestimmung[9] sowie mit den Vorgaben zur Zulässigkeit von Vorratsdatenspeicherungen, die der EuGH entwickelt hat.[10] Nur sie wird zudem den Vorgaben gerecht, die 9

---

2 Zur Zuständigkeit vgl. § 13 Rn. 7; ebenso BMH, § 14 Rn. 11; Gola/Schomerus, § 14 Rn. 5; Heckmann in Taeger/Gabel, § 14. Rn. 9.
3 Dammann in Simitis, § 14 Rn. 5; zustimmend auch Heckmann in Taeger/Gabel, § 14. Rn. 9.
4 BMH, § 14 Rn. 14; Dammann in Simitis, § 14 Rn. 15; Eßer in Auernhammer, § 14 Rn. 10.
5 Roggenkamp in Plath, § 14 Rn. 3.
6 Ähnlich Dammann in Simitis, § 14 Rn. 19; Heckmann in Taeger/Gabel, § 14 Rn. 14.
7 Ebenso Eßer in Auernhammer, § 14 Rn. 13.
8 Im Ergebnis ähnlich Dammann in Simitis, § 14 Rn. 19; Eßer in Auernhammer, § 14 Rn. 15; offener Gola/Schomerus, § 14 Rn. 8 und Schaffland/Wiltfang, § 14 Rn. 17, die insbesondere den Polizeibehörden ein umfassendes und nicht klar umgrenztes Recht zur Vorratsspeicherung einräumen.
9 BVerfGE 65, 1 ff.; ähnlich Gola/Schomerus, § 14 Rn. 8, die Vorratsdatenspeicherungen im Ermittlungsbereich allerdings für zulässig halten; vgl. allgemein auch § 13 Rn. 16.
10 EuGH 8.4.2014, NJW 2014, 2169.

§ 14 Datenspeicherung, -veränderung und -nutzung

sich aus dem durch die Entscheidung des BVerfG vom 27.2.2008 begründeten neuen Grundrecht auf Vertraulichkeit und Integrität informationstechnischer Systeme[11] sowie aus der Entscheidung zur Vorratsdatenspeicherung vom 2.3.2010[12] ableiten.

10 Eine Verarbeitung oder Nutzung von Daten darf nur für Zwecke erfolgen, die der Erhebung zugrunde lagen. Der im Rahmen des § 13 Abs. 1 vorzunehmenden restriktiven Auslegung der Erforderlichkeit kommt damit auch für die Bestimmung der Zweckbindung von Daten eine prägende Bedeutung zu.[13]

11 Ist einer Verarbeitung oder Nutzung von Daten durch öffentliche Stellen keine Erhebung im Sinne des § 13 vorausgegangen, etwa weil Daten von Dritten erhoben oder weil sie einer öffentlichen Stellen unaufgefordert zugesandt worden sind (vgl. § 13 Rn. 4), unterliegen die Veränderung und Nutzung nach Abs. 1 Satz 2 ebenfalls der besonderen Zweckbindung im Sinne des Satz 1.[14] Entsprechendes gilt für die in der Vorschrift nicht ausdrücklich erwähnte Speicherung.[15]

3. Zweckänderung (Abs. 2)

12 Abs. 2 enthält eine abschließender Aufzählung von neun Tatbeständen zulässiger Zweckänderungen bei der Speicherung, Veränderung oder Nutzung personenbezogener Daten.[16] Nur wenn eine der hier genannten Ausnahmen vorliegt und wenn die in Abs. 1 festgeschriebene Erforderlichkeit zu bejahen ist, dürfen personenbezogene Daten zu anderen als den in Abs. 1 Satz 1 festgelegten Zwecken gespeichert, verändert oder genutzt werden.[17] Die in Abs. 2 aufgeführten Tatbestände sind mit Blick auf den allgemeinen Schutzzweck des Gesetzes sowie unter Beachtung der Grundsätze von § 3a eng auszulegen.[18]

13 • Nr. 1

Nr. 1 ist textidentisch mit der Regelung in § 4 Abs. 2 Nr. 1 (vgl. dort Rn. 7).[19] Nach der ersten Alternative ist eine Zweckänderung zulässig, wenn eine Rechtsvorschrift dies vorsieht. Diese Voraussetzung wird erfüllt, wenn eine Norm eine Zweckänderung ausdrücklich anordnet oder zulässt. Entsprechende Vorschriften finden sich beispielsweise im Ausländerrecht (Mitteilung auf Ersuchen gem. § 76 Abs. 1 AuslG) oder im Sozialrecht (Einschränkung des Sozialdatengeheimnisses gem. § 71 Abs. 2

---

11 BVerfG NJW 2008, 822.
12 Vgl. BVerfG NJW 2010, 833.
13 Vgl. § 13 Rn. 14 ff.; Auernhammer, § 14 Rn. 6; BMH, § 14 Rn. 19 ff.; Dammann in Simitis, § 14 Rn. 39 ff.; Heckmann in Taeger/Gabel, § 14. Rn. 24.
14 Ebenso Eßer in Auernhammer, § 14 Rn. 27.
15 Zutreffend Dammann in Simitis, § 14 Rn. 51, der zur Begründung der Auslassung zutreffend auf die Vermeidung eines »logischen Zirkels« verweist; ebenso Schaffland/Wiltfang, § 14 Rn. 22; a. A. Auernhammer, § 14 Rn. 8.
16 Ebenso BMH, § 14 Rn. 22; Eßer in Auernhammer, § 14 Rn. 28; Heckmann in Taeger/Gabel, § 14. Rn. 32; Roggenkamp in Plath, § 14 Rn. 7.
17 Ebenso Eßer in Auernhammer, § 14 Rn. 28.
18 Dammann in Simitis, § 14 Rn. 53; Gola/Schomerus, § 14 Rn. 12; Heckmann in Taeger/Gabel, § 14. Rn. 32.
19 Unzutreffend insofern Schaffland/Wiltfang, § 14 Rn. 24, die von einer »Wiederholung des Inhalts« sprechen.

Datenspeicherung, -veränderung und -nutzung § 14

SGB X). Nach der zweiten Alternative ist eine Zweckänderung zulässig, wenn eine Rechtsnorm diese zwingend voraussetzt. Diese Vorschrift stellt eine Art Übergangsregelung dar, die zur Anwendung kommt, solange in einer gesetzlichen Regelung keine verfassungsrechtlich einwandfreie Ermächtigungsgrundlage für eine Verarbeitung oder Nutzung von Daten enthalten ist. Insbesondere ältere Rechtsvorschriften, die noch nicht den Vorgaben des Volkszählungsurteils genügen, werden durch diese Regelung einer Erlaubnisnorm gleichgestellt. Die Zweckentfremdung muss allerdings immer »zwingend« und damit das letzte Mittel sein, weil keine anderen Handlungsalternativen vorliegen.[20] In Betracht kommt die Anwendung dieser Vorschrift etwa bei der Weitergabe von Steuerdaten gemäß § 30 Abs. 4 Nr. 5 AO, wenn ein zwingendes öffentliches Interesse vorliegt.[21]

- Nr. 2   14

Nach Nr. 2 ist eine Zweckänderung zulässig, wenn der Betroffene eingewilligt hat. Es kommen die allgemeinen Grundsätze des § 4a zur Anwendung (vgl. dort Rn. 4ff.). Der Tatbestand ist insgesamt eng auszulegen und darf nicht dahin interpretiert werden, dass öffentliche Stellen auf dem Wege der Einwilligung ihre hoheitlichen Befugnisse erweitern dürfen.[22] Die erteilte Einwilligung muss, um wirksam zu sein, auch die Zweckänderung erfassen, da sich nur so das Recht auf informationelle Selbstbestimmung garantieren lässt.[23]

- Nr. 3   15

Die Vorgabe in Nr. 3 macht das offensichtliche Interesse des Betroffenen zum Prüfungsmaßstab einer Zweckänderung. Offensichtlichkeit liegt vor, wenn ein entsprechendes Interesse des Betroffenen für die datenverarbeitende Stelle ohne weiteres zu erkennen ist[24] und dieser gegen seine eigenen Interessen handeln würde, wenn er seine Einwilligung versagen würde. Zweckänderungen, die Nachteile für den Betroffenen mit sich bringen würden, sind damit immer ausgeschlossen.[25] Allerdings sind nicht alle theoretisch denkbaren Verweigerungsmöglichkeiten zu berücksichtigen, sondern nur solche, für die konkrete Anhaltspunkte vorliegen.[26] Für eine Anwendung der Vorschrift kommen beispielsweise Fälle in Betracht, bei denen der Aufenthaltsort von Betroffenen unbekannt ist oder bei denen eine Person unfallbedingt nicht in der Lage ist, eine eigene Entscheidung zu treffen.[27]

---

20 Dammann in Simitis, § 14 Rn. 56, Eßer in Auernhammer, § 14 Rn. 30; Heckmann in Taeger/Gabel, § 14. Rn. 37; Roggenkamp in Plath, § 14 Rn. 8.
21 Vgl. Gola/Schomerus, § 14 Rn. 13; BMH, § 14 Rn. 24.
22 Ähnlich Engelien-Schulz VR 2009, 73; Heckmann in Taeger/Gabel, § 14. Rn 39 sieht die Einwilligung als notwendige Bedingung; zu den Grenzen der Einwilligung im Forschungsbereich Gerling, DuD 2008, 733.
23 Ebenso BMH, § 14 Rn. 25; zustimmend Heckmann in Taeger/Gabel, § 14 Rn. 41.
24 Vgl. § 27 Abs. 2; ebenso Eßer in Auernhammer, § 14 Rn. 33; Heckmann in Taeger/Gabel, § 14. Rn. 47; a. A. Roggenkamp in Plath, § 14 Rn. 10.
25 So zutreffend Gola/Schomerus, § 14 Rn. 17; weitergehend Dammann in Simitis, § 14 Rn. 58, Roggenkamp in Plath, § 14 Rn. 10 und Schaffland/Wiltfang, § 14 Rn. 25, die beim Vorliegen von Vor- und Nachteilen auf ein positives Saldo als Voraussetzung einer Verarbeitung abstellen.
26 nicht besetzt
27 BMH, § 14 Rn. 26; Dammann in Simitis, § 14 Rn. 61.

16 • Nr. 4

Eine durch Nr. 4 vorgesehene Zweckänderung zur Überprüfung von Angaben des Betroffenen ist nur zulässig, wenn die speichernde Stelle tatsächliche Anhaltspunkte dafür hat, dass gemachte Angaben falsch sind.[28] Diese Voraussetzung kann etwa gegeben sein, wenn zum selben Sachverhalt vom Betroffenen unterschiedliche Angaben gemacht werden.[29] Eine Überprüfung auf Verdacht auf Grundlage dieser Vorschrift ist schon mit Blick auf das Recht auf informationelle Selbstbestimmung immer unzulässig.

17 • Nr. 5

Nr. 5 erlaubt eine Zweckänderung für Daten, die aus öffentlich zugänglichen Quellen entnommen wurden oder die die verantwortliche Stelle veröffentlichen dürfte. Die Vorschrift ist textgleich mit § 28 Abs. 1 Nr. 3 (vgl. dort Rn. 73 ff.). Öffentliche Stellen dürfen allerdings nur dann Daten aus öffentlichen Quellen verarbeiten und nutzen, wenn diese für ihre Arbeit erforderlich sind und wenn schutzwürdige Interessen des Betroffenen nicht offensichtlich überwiegen (zum Begriff der Offensichtlichkeit vgl. Rn. 15). Ein solches überwiegendes Interesse würde beispielsweise vorliegen, wenn auf der Grundlage öffentlich zugänglicher Informationen umfassende Personendossiers erstellt werden könnten.[30] Es kann aber auch bezüglich Veröffentlichungen im Internet gegeben sein (vgl. § 13 Rn. 32).

18 • Nr. 6

Die Regelung der Nr. 6 lässt eine Zweckänderung im öffentlichen Interesse zu. Der Tatbestand wird nur in seltenen Ausnahmefällen erfüllt sein, da die Schwelle der Vorschrift (»erheblicher Nachteile für das Gemeinwohl«) hoch ist.[31] Das Hauptanwendungsfeld liegt im Sicherheitsbereich, in dem das individuelle Recht auf informationelle Selbstbestimmung gegenüber schützenswerten Rechtsgütern der Allgemeinheit in bestimmten Einzelfällen zurückzutreten hat. Darüber hinaus kommen andere akute Notfälle in Betracht.[32] Kann eine drohende Beeinträchtigung auf andere Weise verhindert werden, ist zwingend dieser Weg zu wählen.[33]

19 • Nr. 7

Die Regelung in Nr. 7 ermöglicht eine Zweckänderung zur Verfolgung von Straftaten und Ordnungswidrigkeiten sowie für den Vollzug staatlicher Erziehungs- und Strafmaßnahmen. Die Vorschrift richtet sich nicht primär an Polizei und Staatsanwaltschaft, für die fachspezifische Vorschriften wie etwa die der StPO gelten, sondern an andere öffentlichen Stellen, in deren Aufgabenkreis die Unterrichtung

---

28 Ebenso Dammann in Simitis, § 14 Rn. 62; Eßer in Auernhammer, § 14 Rn. 36.
29 BMH, § 14 Rn. 27; Gola/Schomerus, § 14 Rn. 18; zu weit Schaffland/Wiltfang, § 14 Rn. 27, die undifferenziert etwa auch »einen mit Daten« als Voraussetzung zulassen wollen.
30 Gola/Schomerus, § 14 Rn. 19.
31 Gola/Schomerus, § 14 Rn. 20; Eßer in Auernhammer, § 14 Rn. 43; Schaffland/Wiltfang, § 14 Rn. 29; vgl. zur ähnlichen Regelung in § 13 dort Rn. 30; ähnlich im Ergebnis auch Roggenkamp in Plath, § 14 Rn. 14.
32 TEG, S. 518 nennen als Beispiel die Nutzung von Daten aus wasserrechtlichen Genehmigungsverfahren (etwa ein Verzeichnis privater Brunnen im Falle eines Großbrandes).
33 Dammann in Simitis, § 14 Rn. 75; ebenso Heckmann in Taeger/Gabel, § 14. Rn. 66; zu weit Gola/Schomerus, § 14 Rn. 20, die bereits einen »deutlichen Rückgang von Besucherzahlen« als Grund für eine Zweckänderung zu Lasten von Betroffenen anerkennen.

von Strafverfolgungsbehörden fallen kann.³⁴ Bei der Prüfung der Erforderlichkeit ist der Grundsatz der Verhältnismäßigkeit der Mittel im Rahmen einer Interessenabwägung besonders zu beachten.³⁵
- Nr. 8
Die durch Nr. 8 geregelte Zweckänderung ist nur zulässig, wenn die drohende bzw. abzuwendende schwerwiegende Beeinträchtigung eines Dritten so groß ist, dass das Recht des Betroffenen auf informationelle Selbstbestimmung als Ergebnis einer Interessenabwägung zurücktreten muss.³⁶ Es muss sich um gewichtige Rechte Dritter handeln wie etwa der Anspruch auf körperliche und geistige Unversehrtheit, der Schutz des Eigentums oder vergleichbarer Rechtsgüter. Nicht ausreichend sind reine Vermögensinteressen Dritter.³⁷ Für die Beeinträchtigung müssen konkrete Anhaltspunkte vorliegen. Eine theoretische Möglichkeit reicht hingegen nicht.³⁸
- Nr. 9
Die Regelung in Nr. 9 lässt eine Zweckänderung im Interesse wissenschaftlicher Forschung unter zwei engen Voraussetzungen zu. Einerseits muss im Rahmen einer Rechtsgüterabwägung das wissenschaftliche Interesse erheblich überwiegen, andererseits muss der Forschungszweck sich nicht auf andere Weise oder nur mit einem unverhältnismäßigen Aufwand erreichen lassen.³⁹ Die Regelung entspricht inhaltlich dem § 13 Abs. 2 Nr. 8 (vgl. dort Rn. 34). Die speichernde Stelle muss bei ihrer Entscheidung auch die getroffenen Sicherheitsvorkehrungen berücksichtigen. Zum Schutz der Interessen der Betroffenen sind im Einzelfall Beschränkungen des Verwendungszwecks zulässig.⁴⁰ Ist der Forschungszweck auf der Basis pseudonymisierter oder anonymer Daten erreichbar, ist die Zweckänderung personenbezogener Daten schon mit Blick auf § 3 a ausgeschlossen.⁴¹

Der Regelungsgehalt des Abs. 2 nimmt Vorgaben auf, die sich an unterschiedlichen Stellen der EG-Richtlinie finden. Nr. 1 findet sich in Art. 7 c und 7 e wieder, der vorschreibt, dass die Verarbeitung personenbezogener Daten nur beim Vorliegen einer vertraglichen Beziehung oder einer rechtlichen Verpflichtung erfolgen kann. Unter dem Buchstaben a) der EG-Richtlinie findet sich die Einwilligung des Betroffenen aus Nr. 2 wieder. Statt der Wahrung von Interessen im Sinne der Nr. 3 sieht die EG-Richtlinie in Art. 7 d die Wahrung lebenswichtiger Interessen vor und setzt damit die Schwelle höher an.⁴² Nr. 4 findet ihre Entsprechung in Art. 7 b und c. Allerdings fehlt in der EG-Richtlinie an dieser Stelle der Hinweis auf das Vorhandensein tatsächlicher Anhaltspunkte für die Unrichtigkeit von Angaben. Dass eine Zweckänderung nicht ohne derartige Anhaltspunkte erfolgen darf, folgt indes bereits aus Art. 6 Abs. 1 a EG-Richt-

---
34 Gola/Schomerus, § 14 Rn. 21.
35 Dammann in Simitis, § 14 Rn. 80.
36 BMH, § 14 Rn. 31; Dammann in Simitis, § 14 Rn. 87; Gola/Schomerus, § 14 Rn. 22; BMH, § 14 Rn. 49.
37 BMH, § 14 Rn. 31; Dammann in Simitis, § 14 Rn. 84; Gola/Schomerus, § 14 Rn. 20; Heckmann in Taeger/Gabel, § 14. Rn. 82; Roggenkamp in Plath, § 14 Rn. 17.
38 Gola/Schomerus, § 14 Rn. 22.
39 Ebenso Eßer in Auernhammer, § 14 Rn. 51.
40 BVerwG NJW 2004, 2462 ff.; vgl. hierzu § 13 Rn. 35.
41 Im Ergebnis zustimmend Roggenkamp in Plath, § 14 Rn. 18.
42 Ebenso Eßer in Auernhammer, § 14 Rn. 34.

linie, der die DV an den Grundsatz von Treu und Glauben bindet und deshalb einer grundlosen Zweckänderung entgegensteht. Zweckänderungen, die der Forschung zu wissenschaftlichen oder statistischen Zwecken dienen, sind gem. Art. 6 Abs. 1 b Satz 2 EG-Richtlinie zulässig.

4. Aufsichts- und Kontrollbefugnisse (Abs. 3)

23　Die Vorschrift soll im Interesse einer funktionsfähigen und ordnungsgemäßen Verwaltung eine Kontrolle der Rechtmäßigkeit, Zweckmäßigkeit und Kostengerechtigkeit ermöglichen und funktionsfähige Kontrollmechanismen sichern.[43] Die Verwendung personenbezogener Daten für Aufsichts- und Kontrollzwecke ist nach der Fiktion des Abs. 3 keine Zweckänderung. Sie ist für diese Nebenzwecke zulässig, soweit Daten dafür im Lichte des Erforderlichkeitsgrundsatzes benötigt werden.[44]

24　Die Vorschrift stellt in Satz 1 darauf ab, dass Aufsichts- und Kontrollbefugnisse wahrgenommen werden. Dies kann etwa der Fall sein, wenn im Rahmen einer Rechnungsprüfung auch auf Daten zugegriffen werden muss, die der ärztlichen Schweigepflicht unterliegen.[45] Gleiches gilt gem. § 119 SGG für die Übermittlung von Daten, die dem Sozialgeheimnis unterliegen und die dem Präsidenten eines Landessozialgerichts zum Zwecke der Geschäftsprüfung vorgelegt werden.[46]

25　Abs. 3 ermöglicht nicht nur die Verarbeitung und Nutzung durch die speichernde Stelle, sondern auch durch andere Stellen (Aufsichtsbehörden, Rechnungshof usw.) sowie durch behördliche Datenschutzbeauftragte oder durch den BfDI.[47]

26　Organisationsuntersuchungen sind nach Abs. 3 nur zulässig, wenn sie Kontroll- oder Aufsichtszwecken dienen. Haben sie nur eine Steigerung der Effizienz zum Ziel, handelt es sich um eine unzulässige Zweckänderung, die der diesbezüglichen Verarbeitung entgegensteht.[48]

27　Die Verarbeitung oder Nutzung zu Ausbildungs- und Prüfungszwecken ist nach Satz 2 zulässig, wenn sie erforderlich ist und eine pflichtgemäße Abwägung ergibt, dass schutzwürdige Interessen des Betroffenen nicht entgegenstehen bzw. verletzt werden. Ist letzteres der Fall, müssen die Unterlagen ggf. pseudonymisiert oder anonymisiert werden.[49]

5. Verschärfte Zweckbindung in besonderen Fällen (Abs. 4)

28　Werden Daten ausschließlich zu Zwecken der Datenschutzkontrolle, der Datensicherung oder zur Sicherstellung eines ordnungsgemäßen Betriebes einer DV-Anlage gespeichert, dürfen sie auch unter den Voraussetzungen des Abs. 2 nicht für andere

---

43　Gola/Schomerus, § 14 Rn. 24; Heckmann in Taeger/Gabel, § 14. Rn. 96.
44　BMH, § 14 Rn. 33.
45　BVerwG RDV 1990, 87.
46　OVG Münster DuD 1991, 95; Gola/Schomerus, § 14 Rn. 24; Schaffland/Wiltfang, § 14 Rn. 33.
47　BMH, § 14 Rn. 37; Dammann in Simitis, § 14 Rn. 96 f.
48　Ähnlich Dammann in Simitis, § 14 Rn. 99; Eßer in Auernhammer, § 14 Rn. 58; Gola/Schomerus, § 14 Rn. 25; Schaffland/Wiltfang, § 14 Rn. 33.
49　BMH, § 14 Rn. 38; Dammann in Simitis, § 14 Rn. 102 ff.; Gola/Schomerus, § 14 Rn. 26.

Zwecke verwendet werden.[50] Damit ist eine Verwendung entsprechender Daten zur Mitarbeiterüberwachung ausgeschlossen.[51] Unzulässig ist es, personenbezogene Daten von Sicherungskopien wieder herzustellen, wenn die ursprünglichen Verarbeitungszwecke inzwischen entfallen sind.[52] Die strikte Zweckbindung steht allerdings einer Kontrolle durch die zuständigen Aufsichtsinstanzen (insbesondere durch den BfDI) nicht entgegen.[53] Die Vorschrift entspricht im Übrigen der Regelung des § 31 für den nicht-öffentlichen Bereich, weshalb auf die dortige Kommentierung verwiesen wird.

6. Speichern, Verändern oder Nutzen besonderer Arten personenbezogener Daten (Abs. 5)

Mit der Einfügung dieser Vorschrift durch das BDSG 2001 wurde die Vorgabe von Art. 8 EG-Richtlinie umgesetzt. Durch Abs. 5 wird verantwortlichen Stellen bezüglich besonderer Arten personenbezogener Daten (vgl. § 3 Abs. 9) ein Recht zur Zweckänderung eingeräumt.

29

Nach den in Nr. 1 enthaltenen Vorgaben ist eine Zweckänderung zulässig, wenn eine Erhebung aufgrund der in § 13 Abs. 2 Nr. 1 bis 6 oder 9 aufgeführten Tatbestände zulässig wäre. Insoweit wird auf die dortige Kommentierung (vgl. dort Rn. 19 ff.) verwiesen. Die in Nr. 1 nicht angesprochenen Regelungen zur Zweckänderung bei wissenschaftlicher Forschung finden sich in Abs. 5 Nr. 2 wieder. Vorgaben für die Zulässigkeit von Zweckänderungen im Gesundheitsbereich enthält Abs. 6.

30

Nach Abs. 5 Nr. 2 sind Zweckänderungen zulässig, wenn dies zur Durchführung wissenschaftlicher Forschungsvorhaben erforderlich ist. Die gewählte Formulierung entspricht der in Abs. 2 Nr. 9. Insoweit wird auf die dortige Kommentierung verwiesen (vgl. Rn. 21 f.).

31

Nach Abs. 5 Satz 2 ist im Rahmen des bei der Abwägung zu berücksichtigenden öffentlichen Interesses das wissenschaftliche Interesse am Forschungsvorhaben besonders zu berücksichtigen. Dies kommt im Ergebnis einer höheren Gewichtung der Forschungsinteressen zu Lasten des Rechts auf informationelle Selbstbestimmung gleich.[54] Mit Blick auf die Grundrechte der Betroffenen kann einem »allgemeinen« wissenschaftlichen Interesse nicht der Vorrang gegeben werden. Die Vorschrift muss deshalb zu Lasten der Zulässigkeit einer Zweckänderung eng ausgelegt werden.[55]

32

7. Medizinische Daten (Abs. 6)

Durch die Sonderregelung des Abs. 6 wird die Speicherung, Veränderung und Nutzung medizinischer Daten grundsätzlich ermöglicht. Die Regelung ist damit faktisch – statt

33

---

50 Gola/Schomerus, § 14 Rn. 29; für eine strenge Zweckbindung auch Heckmann in Taeger/Gabel, § 14. Rn. 106.
51 BMH, § 14 Rn. 39.
52 VGH Baden-Württemberg 30.7.2014, DuD 2014, 789.
53 Gola/Schomerus, § 14 Rn. 30.
54 Ähnlich Dammann in Simitis, § 14 Rn. 120, der im Rahmen der vorzunehmenden Abwägung auch »praktische Nutzanwendungen« für bedeutsam hält.
55 Zustimmend Heckmann in Taeger/Gabel, § 14. Rn. 118.

einer normativen Vorgabe zur Zweckänderung – eine datenschutzrechtliche Erlaubnisnorm.[56] Die entsprechenden personenbezogenen Daten werden durch die speziellen Geheimhaltungspflichten besonders geschützt, die für medizinisches Personal zur Anwendung kommen (vgl. § 28 Rn. 180). Die Regelung ist vor dem Hintergrund unbefriedigend, dass die Speicherung, Veränderung und Nutzung der besonders sensiblen Daten keiner besonderen Einwilligung des Betroffenen bedürfen.[57] Da selbst Zweckänderungen möglich sind, ist es zweifelhaft, ob das Arztgeheimnis hier einen ausreichenden Schutz darstellt.[58]

8. Folgen unzulässiger oder unrichtiger Verarbeitung

34 Unzulässig gespeicherte oder nicht mehr erforderliche personenbezogene Daten müssen grundsätzlich gelöscht werden (vgl. § 20 Rn. 10). Zulässig gespeicherte, aber unrichtige Daten sind nach § 20 Abs. 1 zu berichtigen (vgl. § 20 Rn. 4 ff.). Eine unberechtigte Verarbeitung kann die Bußgeld- und Straftatbestände des Gesetzes erfüllen (vgl. die Erläuterungen zu den §§ 43 und 44).

§ 15 Datenübermittlung an öffentliche Stellen

(1) Die Übermittlung personenbezogener Daten an öffentliche Stellen ist zulässig, wenn
1. sie zur Erfüllung der in der Zuständigkeit der übermittelnden Stelle oder des Dritten, an den die Daten übermittelt werden, liegenden Aufgaben erforderlich ist und
2. die Voraussetzungen vorliegen, die eine Nutzung nach § 14 zulassen würden.
(2) Die Verantwortung für die Zulässigkeit der Übermittlung trägt die übermittelnde Stelle. Erfolgt die Übermittlung auf Ersuchen des Dritten, an den die Daten übermittelt werden, trägt dieser die Verantwortung. In diesem Fall prüft die übermittelnde Stelle nur, ob das Übermittlungsersuchen im Rahmen der Aufgaben des Dritten, an den die Daten übermittelt werden, liegt, es sei denn, dass besonderer Anlass zur Prüfung der Zulässigkeit der Übermittlung besteht. § 10 Abs. 4 bleibt unberührt.
(3) Der Dritte, an den die Daten übermittelt werden, darf diese für den Zweck verarbeiten oder nutzen, zu dessen Erfüllung sie ihm übermittelt werden. Eine Verarbeitung oder Nutzung für andere Zwecke ist nur unter den Voraussetzungen des § 14 Abs. 2 zulässig.
(4) Für die Übermittlung personenbezogener Daten an Stellen der öffentlich-rechtlichen Religionsgesellschaften gelten die Absätze 1 bis 3 entsprechend, sofern sichergestellt ist, dass bei diesen ausreichende Datenschutzmaßnahmen getroffen werden.

---

56 Gola/Schomerus, § 14 Rn. 33; Heckmann in Taeger/Gabel, § 14. Rn. 122.
57 So auch Gola/Schomerus, § 14 Rn. 33; Heckmann in Taeger/Gabel, § 14. Rn. 124 sieht die Notwendigkeit einer Einwilligung.
58 BMH, § 14 Rn. 45.

Datenübermittlung an öffentliche Stellen § 15

(5) Sind mit personenbezogenen Daten, die nach Absatz 1 übermittelt werden dürfen, weitere personenbezogene Daten des Betroffenen oder eines Dritten so verbunden, dass eine Trennung nicht oder nur mit unvertretbarem Aufwand möglich ist, so ist die Übermittlung auch dieser Daten zulässig, soweit nicht berechtigte Interessen des Betroffenen oder eines Dritten an deren Geheimhaltung offensichtlich überwiegen; eine Nutzung dieser Daten ist unzulässig.

(6) Absatz 5 gilt entsprechend, wenn personenbezogene Daten innerhalb einer öffentlichen Stelle weitergegeben werden.

Übersicht

	Rn.
1. Einleitung	1, 2
2. Zulässigkeit der Übermittlung (Abs. 1)	3– 9
3. Verantwortung für die Übermittlung (Abs. 2)	10–16
4. Zweckbindung beim Empfänger (Abs. 3)	17–19
5. Übermittlung an Religionsgemeinschaften (Abs. 4)	20–23
6. Übermittlung von Daten aus »untrennbaren« Dateien (Abs. 5)	24–27
7. Interne Weitergabe (Abs. 6)	28–30

1. Einleitung

Die Vorschrift regelt die Übermittlung personenbezogener Daten innerhalb des öffentlichen Bereichs und soll verhindern, dass es dadurch zu einer Beeinträchtigung der Persönlichkeitsrechte der Betroffenen kommt.[1] Im Ergebnis schränkt sie das Recht auf informationelle Selbstbestimmung ein.[2]

Die Vorschrift wurde im Rahmen der Novelle des Jahres 2009 inhaltlich nicht verändert.

2. Zulässigkeit der Übermittlung (Abs. 1)

Die Vorschrift richtet sich an öffentliche Stellen des Bundes und der Länder (§ 2 Rn. 4 ff.), wenn diese in zulässiger Weise (§ 14 Rn. 3 ff.) Daten übermitteln oder empfangen wollen. Sie kommt für alle Übermittlungen zwischen öffentlichen Stellen des Bundes zur Anwendung. Für öffentliche Stellen der Länder ist sie nur anwendbar, wenn es keine landesrechtlichen Spezialvorschriften gibt. Nehmen Stellen des Bundes und der Länder als öffentlich-rechtliche Wettbewerbsunternehmen (vgl. hierzu § 27 Abs. 1 Nr. 1a und 1b) am Wettbewerb teil und sollen zur Wahrnehmung dieser Tätigkeit Daten übermittelt werden, kommt statt § 15 die Regelung des § 16 zur Anwendung.[3] Entsprechendes gilt für Vereinigungen von Körperschaften, Anstalten und Stiftungen im Sinne von § 2 Abs. 3 Nr. 1 und 2, wenn sie im Wettbewerb zu nicht-öffentlichen Stellen stehen. § 16 ist in diesen Fällen analog anzuwenden, da sich nur so Wettbewerbsverzerrungen zwischen dem öffentlichen und dem privaten Bereich vermeiden

---

1 Gola/Schomerus, § 15 Rn. 2.
2 Zutreffend Dammann in Simitis, § 15 Rn. 3.
3 Gola/Schomerus, § 15 Rn. 4; Dammann in Simitis, § 15 Rn. 4; Eßer in Auernhammer, § 15 Rn. 11.

lassen.⁴ Nehmen die im vorstehenden Satz genannten Stellen öffentliche Aufgaben wahr und besteht hierbei keine Konkurrenz zu nicht-öffentlichen Stellen, kommt für eine Übermittlung § 15 zur Anwendung. Übermittlungen, die nach Abs. 1 Nr. 1 erforderlich sind, müssen sich unter Beachtung von § 3a auf das notwendige Minimum beschränken.⁵ Für die Übermittlung an öffentliche Stellen außerhalb der Bundesrepublik Deutschland ist die Vorschrift nicht einschlägig. Die Zulässigkeit einer grenzüberschreitenden Übermittlung an öffentliche Stellen anderer Staaten bestimmt sich nach § 4b.⁶

4   Bei der Bewertung der Übermittlung innerhalb einer verantwortlichen Stelle des Bundes ist ausgehend vom funktionalen Behördenbegriff zu beachten, dass die Weitergabe von Daten von einer Fachabteilung in eine andere als Übermittlung an Dritte zu bewerten sein kann.⁷ Es gelten die Voraussetzungen wie bei der Übermittlung innerhalb eines Konzerns im nicht-öffentlichen Bereich (vgl. hierzu § 3 Rn. 51).

5   Für die Zulässigkeit der Datenübermittlung werden in Abs. 1 Nr. 1 der Vorschrift zwei Alternativen genannt. Nach der ersten Alternative muss die öffentliche Stelle entweder zur Übermittlung verpflichtet sein oder diese muss zur Aufgabenerfüllung notwendig sein. Der gesetzgeberische Verweis auf die Erforderlichkeit verdeutlicht, dass eine Übermittlung nur unter engen Voraussetzungen zulässig ist. Es ist nicht ausreichend, dass die Daten zur Aufgabenerfüllung geeignet oder zweckmäßig sind. Notwendig ist vielmehr, dass es einer öffentlichen Stelle ohne die Übermittlung unmöglich ist, ihre gesetzlichen Aufgaben zu erfüllen.⁸ Dies kann etwa der Fall sein, wenn die Zusammenarbeit mit anderen öffentlichen Stellen, die die Übermittlung erforderlich macht, vorgeschrieben oder unumgänglich ist.

6   Eine Verpflichtung zur Übermittlung nach der ersten Alternative aus Nr. 1 kann sich etwa aus § 161 StPO, aus den §§ 67ff. SGB X oder aus den §§ 20, 21, 26 BZRG ergeben.⁹ Der Verfassungsschutz darf auch auf Basis der §§ 17ff. BVerfSchG nur Tatsachen übermitteln, die den Schluss einer verfassungsfeindlichen Tätigkeit zuverlässig tragen, nicht jedoch solche, die lediglich Zweifel an der Verfassungstreue zulassen.¹⁰ Von der Polizei dürfen nach Auffassung des BVerwG¹¹ Erkenntnisse über den möglichen Alkoholmissbrauch eines Kraftfahrers an die Straßenverkehrsbehörde weitergegeben werden, wenn diese die Fahreignung überprüft. Unzulässig soll die Übermittlung vollständiger Personal- und Disziplinarakten eines Beamten an den Petitionsausschuss des Deutschen Bundestags sein.¹² Eine Übermittlung besonderer Arten personenbezogener

---

4   Vgl. Dammann in Simitis, § 15 Rn. 6ff. mit überzeugenden Argumenten; ähnlich Heckmann in Taeger/Gabel, § 15 Rn. 13; enger Gola/Schomerus, § 15 Rn. 4.
5   Zustimmend Heckmann in Taeger/Gabel, § 15 Rn. 10; ähnlich Dammann in Simitis, § 15 Rn. 12.
6   Vgl. dort; ebenso Heckmann in Taeger/Gabel, § 15 Rn. 11.
7   Ebenso BMH, § 15 Rn. 11; Eßer in Auernhammer, § 15 Rn. 9; Heckmann in Taeger/Gabel, § 15 Rn. 9; ähnlich Dammann in Simitis, § 2 Rn. 16; a.A. Gola/Schomerus, § 15 Rn. 5; vgl. auch § 2 Rn. 4.
8   Dammann in Simitis, § 15 Rn. 11; Eßer in Auernhammer, § 15 Rn. 13; nach Roggenkamp in Plath, § 15 Rn. 7, ist ein strenger Maßstab anzulegen.
9   Gola/Schomerus, § 15 Rn. 6.
10 OVG Berlin NJW 1978, 1644; Schaffland/Wiltfang, § 15 Rn. 10.
11 BVerwG RDV 1989, 18.
12 OVG NW RDV 1989, 24.

Datenübermittlung an öffentliche Stellen § 15

Daten von einer unzuständigen an eine zuständige öffentliche Stelle darf nur erfolgen, wenn schutzwürdige Belange der Betroffenen nicht verletzt werden.[13] Die Herausgabe von Mautdaten von PKW-Fahrern, die aufgrund des ABMG erhoben werden, zu Zwecken der Strafverfolgung, ist als Eingriff in das Recht auf informationelle Selbstbestimmung unzulässig.[14]

Nach der zweiten Alternative aus Nr. 1 ist die Übermittlung zulässig, wenn die Aufgaben des Dritten, an den die Daten übermittelt werden, diese erforderlich machen. Da der Dritte aus dem öffentlichen Bereich stammen muss, handelt es sich um eine Vorschrift zur Amtshilfe.[15] Allerdings ist mit Blick auf § 4 Abs. 2 S. 1 vor der Informationsanforderung zu prüfen, ob die Daten nicht direkt beim Betroffenen erhoben werden müssen.[16]   7

Die Übermittlung nach Alt. 2 darf nur erfolgen, wenn der Empfänger für die rechtmäßige Erfüllung von Aufgaben, der sie dient, auch objektiv zuständig ist (vgl. zur Zuständigkeit § 14 Rn. 7). Bei der Bewertung der Erforderlichkeit muss geprüft werden, ob die Erfüllung der Aufgaben des Dritten auch ohne die Übermittlung ordnungsgemäß erfolgen kann. Ist dies der Fall, muss die Übermittlung unterbleiben.[17]   8

Zusätzlich zu den in Abs. 1 Nr. 1 genannten Alternativen wird durch die kumulativ zu erfüllenden Vorgaben der Nr. 2 festgelegt, dass eine Übermittlung nur zulässig ist, wenn die Voraussetzungen vorliegen, die eine Nutzung nach § 14 zulassen würden.[18] Die Datenübermittlung ist damit nur in dem Rahmen zulässig, in dem auch die Nutzung durch eine verantwortliche Stelle erfolgen könnte (vgl. die entsprechenden Ausführungen zu § 14 Rn. 4 ff.).   9

3. Verantwortung für die Übermittlung (Abs. 2)

Sollen nach Maßgabe des Abs. 1 Nr. 1 personenbezogene Daten übermittelt werden, trägt nach Abs. 2 Satz 1 allein die übermittelnde Stelle die Verantwortung für die Zulässigkeit der Weiterleitung. Sie muss hierbei u. a. auch prüfen, ob sie die Daten ohne weitere Vorkehrungen übermitteln darf oder ob ggf. eine Einwilligung erforderlich ist (etwa bei Daten nach § 3 Abs. 9). Darüber hinaus muss sie eigenständig bewerten, welche Daten sie übermitteln kann bzw. muss.[19]   10

Erfolgt die Übermittlung nach Satz 2 auf Ersuchen des Dritten, wird die datenschutzrechtliche Verantwortung für die Prüfung der Zulässigkeit geteilt. Die Hauptverantwortung trägt der Dritte, an den Daten übermittelt werden sollen. Die übermittelnde Stelle trifft eine »Mitverantwortung«. Sie hat in diesem Rahmen gem. Satz 3 eine Plausibilitätsprüfung vorzunehmen und zu bewerten, ob eine Zuständigkeit des Dritten   11

---

13 Gola/Schomerus, § 15 Rn. 6.
14 Zutreffend Otten DuD 2005, 657.
15 So Gola/Schomerus, § 15 Rn. 7; im Ergebnis ebenso Heckmann in Taeger/Gabel, § 15 Rn. 18.
16 BMH, § 15 Rn. 16; Dammann in Simitis, § 15 Rn. 16; Gola/Schomerus, § 15 Rn. 7; Heckmann in Taeger/Gabel, § 15 Rn. 18; vgl. allgemein § 4 Rn. 5.
17 Dammann in Simitis, § 15 Rn. 14.
18 Ähnlich Heckmann in Taeger/Gabel, § 15 Rn. 20.
19 Zustimmend Heckmann in Taeger/Gabel, § 15 Rn. 24; ähnlich Eßer in Auernhammer, § 15 Rn. 20.

gegeben ist, die die Nutzung der zu übermittelnden Daten im Rahmen seiner Verwaltungsaufgaben rechtfertigt.[20] Um diese Prüfung durchführen zu können, muss der Dritte Angaben machen, die eine Plausibilitätsprüfung ermöglichen. Hierzu gehört im öffentlichen Bereich insbesondere die Angabe einer einschlägigen Rechtsgrundlage (etwa § 13). Ohne entsprechende Angaben muss die Übermittlung mangels Möglichkeit zur Prüfung unterbleiben.[21]

12 Mit Blick auf § 3a muss die übermittelnde Stelle im Rahmen der Plausibilitätsprüfung auch berücksichtigen, ob die Übermittlung unter Berücksichtigung des allgemeinen Gebots zur Datenvermeidung bzw. -sparsamkeit sinnvoll, angemessen und im Ergebnis zulässig ist. Darüber hinaus muss sie einschlägige Übermittlungsverbote beachten und sicherstellen.[22] Insbesondere der Übermittlung besonderer Arten von personenbezogenen Daten im Sinne von § 3 Abs. 9 sind damit enge Grenzen gesetzt.

13 Die Übermittlung an einen Dritten setzt voraus, dass dessen Zuständigkeit zur Überzeugung der übermittelnden Stelle abstrakt feststeht.[23] Bestehen Zweifel, wird die übermittelnde Stelle dem Dritten aufgeben müssen, den Übermittlungsanspruch näher zu spezifizieren.[24]

14 Die datenschutzrechtliche Verantwortlichkeit der übermittelnden Stelle für die Zulässigkeit der Übermittlung lebt gem. Abs. 2 S. 3 letzter Hlbs. auch bei Anforderung durch den Empfänger wieder auf, wenn im konkreten Einzelfall besonderer Anlass für die Prüfung der Zulässigkeit besteht, etwa wenn die Finanzverwaltung Gesundheitsdaten anfordert.[25] Dieser Fall kann in der Praxis immer wieder auftreten, wenn ein angeforderter Datensatz einzelne Daten enthält, deren Bedarf beim Empfänger nicht erkennbar ist.[26]

15 Abs. 2 S. 4 schreibt fest, dass bei automatisierten Abrufverfahren gem. § 10 Abs. 4 der Datenempfänger primär verantwortlich ist (vgl. ausführlich § 10 Rn. 17).[27] Die Verantwortlichkeit bezieht sich sowohl auf die Übermittlung insgesamt als auch auf jeden einzelnen Abruf.

16 Werden von einem Dritten hinsichtlich der Zuständigkeit oder der Erforderlichkeit für die Übermittlung von Daten gegenüber der übermittelnden Stelle falsche Angaben gemacht, kann dies den Straftatbestand der Erschleichung von Daten (§ 44 Abs. 1 i. V. m. § 43 Abs. 2 Nr. 4) erfüllen. Darüber hinaus kommt die Einordnung als Ordnungswidrigkeit gem. § 43 Abs. 2 in Betracht[28] (vgl. auch die Ausführungen zu § 44). Darüber hinaus können Tatbestände des StGB erfüllt sein (etwa § 202a – Ausspähen von Daten oder § 203 StGB – Verletzung von Privatgeheimnissen).

---

20 BMH, § 15 Rn. 21; Eßer in Auernhammer, § 15 Rn. 24.
21 Ebenso BMH, § 15 Rn. 20; Heckmann in Taeger/Gabel, § 15 Rn. 28.
22 Etwa besondere Amts- oder Berufsgeheimnisse; vgl. Dammann in Simitis, § 15 Rn. 24.
23 Dammann in Simitis, § 15 Rn. 26.
24 Ähnlich Dammann in Simitis, § 15 Rn. 27; enger Gola/Schomerus, § 15 Rn. 16, die weitere Ausführungen nur beim Vorliegen eines »besonderen Anlasses« bzw. aufgrund »gewichtiger Gründe« fordern.
25 BMH, § 15 Rn. 29; zustimmend Roggenkamp in Plath, § 15 Rn. 13.
26 So Dammann in SDGMW, § 15 Rn. 27.
27 Ebenso Eßer in Auernhammer, § 15 Rn. 28.
28 Schaffland/Wiltfang, § 15 Rn. 28.

4. Zweckbindung beim Empfänger (Abs. 3)

Wurden Daten von einer öffentlichen Stelle an eine andere übermittelt, besteht die gesetzliche Zweckbindung fort. Die Vorschrift wird damit dem Grundsatz der Zweckbindung gerecht, den das BVerfG als herausragende Sicherung des Rechts auf informationelle Selbstbestimmung beschrieben hat.[29] Für die Praxis eröffnet die Regelung in der Übermittlungskette zusätzliche Verarbeitungs- und Nutzungsmöglichkeiten und ist daher geeignet, die Wirksamkeit des Rechts auf informationelle Selbstbestimmung zu beeinträchtigen.[30]

Durch Satz 1 wird zunächst festgeschrieben, dass eine Verarbeitung und Nutzung von übermittelten Daten beim Dritten nur zweckgebunden erfolgen darf. Die Verwendung zu anderen Zwecken ist nach Satz 2 nur unter den in § 14 Abs. 2 aufgeführten Voraussetzungen zulässig. Die dort abschließend genannten neun Tatbestände sind im Rahmen von § 15 eng auszulegen (vgl. § 14 Rn. 12). Wird der Verwendungszweck von Daten gemäß § 14 Abs. 2 geändert, resultiert hieraus seine neue verbindliche Festschreibung.[31]

Übermitteln Dritte Daten an andere öffentliche Stellen weiter, kommt Abs. 3 nur zur Anwendung, wenn die »Zweitempfänger« ebenfalls vom Anwendungsbereich des BDSG erfasst werden. Ist dies nicht der Fall, weil es sich um eine Landesbehörde handelt, leitet sich die Zweckbindung aus dem jeweils anwendbaren Landesrecht ab.[32]

5. Übermittlung an Religionsgemeinschaften (Abs. 4)

Eine Übermittlung von personenbezogenen Daten von einer öffentlichen Stelle an Religionsgemeinschaften ist nach Abs. 4 zulässig, wenn diese den Status einer Körperschaft des öffentlichen Rechts gem. Art. 140 GG i. V. m. Art. 137 Abs. 2 WRV haben. Dieser Status ist beispielsweise bei den evangelischen Landeskirchen, bei der Evangelischen Kirche Deutschlands (EKD), bei der Vereinigten Lutherischen Kirche (VELKD), bei der Evangelischen Kirche der Union (EKU) sowie bei den katholischen Bistümern sowie dem Bistum der Altkatholiken gegeben. Entsprechendes gilt für die Griechisch-Orthodoxe sowie die Russisch-Orthodoxe Kirche und den Zeugen Jehovas, soweit ihnen der Status einer Körperschaft öffentlichen Rechts zugebilligt wurde.[33] Religionsgemeinschaften und Kirchen außerhalb des Rahmens von Körperschaften des öffentlichen Rechts, die auf der Basis privatrechtlicher Organisationsformen organisiert sind (etwa die Griechisch-Katholische Kirche oder Buddhistische Gemeinden)

---

29 BVerfG NJW 1984, 419 ff.; ebenso BMH, § 15 Rn. 28; Gola/Schomerus, § 15 Rn. 18; Heckmann in Taeger/Gabel, § 15 Rn. 39.
30 Ähnlich Schaffland/Wiltfang, § 15 Rn. 29.
31 Gola/Schomerus, § 15 Rn. 18.
32 Dammann in Simitis, § 15 Rn. 37; Gola/Schomerus, § 15 Rn. 18; Heckmann in Taeger/Gabel, § 15 Rn. 41.
33 Vgl. Heckmann in Taeger/Gabel, § 15 Rn. 50 (dort Fn. 122); Dammann in Simitis, § 15 Rn. 47; Eßer in Auernhammer, § 15 Rn. 33.

werden vom Anwendungsbereich des Abs. 4 nicht erfasst.[34] Die Übermittlung von personenbezogenen Daten an privatrechtlich organisierte Religionsgemeinschaften durch öffentliche Stellen erfolgt auf Grundlage des § 16.[35]

21 Die Übermittlung auf der Grundlage von Abs. 4 darf nur an Stellen innerhalb der Religionsgemeinschaften erfolgen, die als organisationsrechtlich unselbständige Teile Aufgaben wahrnehmen, für deren Durchführung eine Erforderlichkeit erkennbar ist.[36] Nicht von der Vorschrift erfasst ist hingegen die Übermittlung an selbständige Einrichtungen von Religionsgemeinschaften (etwa kirchliche Kindergärten oder Krankenhäuser). Auf diese kommen ebenfalls die Regelungen für den nicht-öffentlichen Bereich zur Anwendung.[37]

22 Die Übermittlung ist aufgrund des ausdrücklichen Verweises in Satz 1 nur unter den allgemeinen Voraussetzungen zulässig, die in den Abs. 1 bis 3 genannt sind. Hinzu kommen die Beschränkungen der Nutzung in § 14, die aufgrund des Verweises in Abs. 3 S. 2 ebenfalls zu berücksichtigen sind. Die zu übermittelnden Daten müssen demgemäß zur Aufgabenerfüllung erforderlich sein und dem Zweckbindungsgrundsatz Rechnung tragen.[38] Mit Blick auf die enge Auslegung der zur Anwendung kommenden rechtlichen Tatbestände setzt die Erforderlichkeit einer Übermittlung erst ein, wenn Religionsgemeinschaften ein bestimmtes Ziel oder eine bestimmte Aufgabe sonst nicht oder nur mit erheblichem Aufwand erreichen bzw. erfüllen könnten.[39] Unter Berücksichtigung des herausragenden Schutzes, den besondere Arten personenbezogener Daten gem. § 3 Abs. 9 genießen, scheidet vor diesem Hintergrund deren Übermittlung schon mit Blick auf die Möglichkeit der Einholung einer Einwilligung nach § 4a Abs. 3 aus.[40]

23 Weitere Voraussetzung für eine Übermittlung ist das Vorliegen ausreichender Datenschutzmaßnahmen beim Empfänger. Diese müssen in ihrem Schutzeffekt denen des BDSG entsprechen.[41] Maßstab für die zu treffenden Maßnahmen sind insbesondere die in § 9 genannten Vorkehrungen.

6. Übermittlung von Daten aus »untrennbaren« Dateien (Abs. 5)

24 Abs. 5 trägt der Tatsache Rechnung, dass auch personenbezogene Daten dem BDSG unterfallen, die in nicht automatisierten Dateien (etwa in sortierbaren Akten oder auf

---

34 Vgl. insgesamt Maunz in MDHS, Art. 140 GG, Art. 137 WRV Rn. 30; zum Datenschutz bei Kirchen Arlt in Roßnagel, Kap. 8. Rn. 8 ff.; Wohlgemuth/Gerloff, S. 22; zur Anwendbarkeit des BDSG Eßer in Auernhammer, § 15 Rn. 34.
35 Zustimmend Roggenkamp in Plath, § 15 Rn. 19; Heckmann in Taeger/Gabel, § 15 Rn. 51.
36 Dammann in Simitis, § 15 Rn. 49.
37 Dammann in Simitis, § 15 Rn. 49; Auernhammer, § 15 Rn. 24; Gola/Schomerus, § 15 Rn. 21; a. A. Hoeren DuD 1988, 286; ders. DuD 1989, 193 f.
38 Gola/Schomerus, § 15 Rn. 23; Heckmann in Taeger/Gabel, § 15 Rn. 52.
39 Dammann in Simitis, § 15 Rn. 54; a. A. Gola/Schomerus, § 15 Rn. 23, die sich für eine weite Auslegung der Aufgaben aussprechen.
40 Vgl. Dammann in Simitis, § 15 Rn. 56, der beispielhaft auf Angaben über Behinderung, Drogengefährdung, Strafvollzug usw. verweist.
41 Dammann in Simitis, § 15 Rn. 64; Gola/Schomerus, § 15 Rn. 25; Heckmann in Taeger/Gabel, § 15 Rn. 55; jeweils mit Hinweisen auf einschlägige Regelungen in der evangelischen und katholischen Kirche; Eßer in Auernhammer, § 15 Rn. 36.

Datenübermittlung an öffentliche Stellen § 15

unveränderbaren Datenträgern) physikalisch »untrennbar« verbunden sind (vgl. § 3 Rn. 21). Sollen aus derartigen verbundenen Dateien Einzeldaten übermittelt werden, kann sich im Einzelfall das Problem stellen, dass eine Trennung der verschiedenen Informationen nicht oder nur mit hohem Aufwand möglich ist. Für diese Fälle stellt die Vorschrift Übermittlungsregeln auf.[42] Ist eines der in der Vorschrift genannten Kriterien nicht erfüllt, muss die Übermittlung unterbleiben.

Erste Voraussetzung ist nach dem ersten Halbsatz der Vorschrift eine Verbindung zwischen personenbezogenen Daten, deren Aufhebung nicht oder nur mit einem unvertretbaren Aufwand möglich wäre. Mit Blick auf das zu schützende Rechtsgut darf allerdings die Zumutbarkeit des Aufwands nicht allein aus der Sicht der öffentlichen Stelle beurteilt werden, an die eine Übermittlung erfolgen soll. Er muss vielmehr aus objektiver Sicht gegeben sein.[43] Dabei ist zu berücksichtigen, dass etwa das Herauskopieren und »Schwärzen« einzelner Daten in vielen Fällen ohne großen Aufwand leistbar ist.[44] Beim Vorliegen entsprechender Möglichkeiten muss die Übersendung unveränderter Dateien ggf. unterbleiben. Nur wenn die Anfertigung eines Auszugs bzw. die Unkenntlichmachung bestimmter Inhalte nicht möglich ist oder wenn die erforderlichen Daten hierdurch ihre Aussagekraft verlieren, ist die Übermittlung ausnahmsweise zulässig. 25

Steht die Unzumutbarkeit fest, muss eine Übermittlung nach Abs. 5 letzter Hlbs. dennoch unterbleiben, wenn berechtigte Interessen des Betroffenen oder eines Dritten an der Geheimhaltung von Daten offensichtlich überwiegen. Bei der damit vorzunehmenden Abwägung sind neben datenschutzrechtlichen Belangen auch andere Geheimhaltungsinteressen zu berücksichtigen wie z. B. Geschäftsgeheimnisse.[45] Ist hiernach ein Überwiegen festzustellen, muss die Übermittlung der Gesamtdatei unterbleiben. Etwas anderes soll gelten, wenn eine Gleichgewichtigkeit der Interessen besteht oder wenn das Überwiegen der berechtigten Interessen nicht klar zu erkennen ist. Dann soll eine Übermittlung zulässig sein.[46] Unzulässig ist eine Übermittlung auch dann, wenn ein Dritter die zusätzlichen Daten und Informationen zum Nachteil eines Betroffenen nutzen könnte.[47] Gibt es Streit über das Überwiegen eines berechtigten Interesses, ist von einer Übermittlung so lange abzusehen, bis eine abschließende Klärung hierzu erfolgt ist.[48] 26

Eine Nutzung der weiteren Daten, die außerhalb des eigentlichen Übermittlungszwecks stehen, bzw. der Daten Dritter, die mit einer Datei untrennbar verbunden sind, durch den Dritten ist unzulässig und damit grundsätzlich untersagt. Deshalb wäre beispielsweise jede Datenauswertung, jeder Datenabgleich oder jede Veröffentlichung unzuläs- 27

---

42 Ebenso Heckmann in Taeger/Gabel, § 15 Rn. 60.
43 Zustimmend Heckmann in Taeger/Gabel, § 15 Rn. 67.
44 BMH, § 15 Rn. 45; a. A. Dammann in Simitis, § 15 Rn. 70, der dieses Vorgehen für teilweise »sehr aufwändig« hält.
45 Dammann in Simitis, § 15 Rn. 78; Eßer in Auernhammer, § 15 Rn. 41; Heckmann in Taeger/Gabel, § 15 Rn. 69.
46 BMH, § 15 Rn. 46; Dammann in Simitis, § 15 Rn. 78; Gola/Schomerus, § 15 Rn. 28.
47 Gola/Schomerus, § 15 Rn. 28.
48 Dammann in Simitis, § 15 Rn. 78; Heckmann in Taeger/Gabel, § 15 Rn. 70.

sig.⁴⁹ Dieses Verbot gilt auch bei einer Weiterübermittlung an andere öffentliche Stellen.⁵⁰

7. Interne Weitergabe (Abs. 6)

28 Werden verbundene personenbezogene Daten oder Datenträger innerhalb einer öffentlichen Stelle weitergegeben, sind die Regelungen des Abs. 5 entsprechend anzuwenden, wenn das Dokument hierbei seinen normalen Bearbeitungsweg verlässt und beispielsweise einer anderen Organisationseinheit zugänglich gemacht wird.⁵¹

29 Die Vorschrift kommt auch zur Anwendung, wenn dem Personalrat zur Erfüllung seiner Aufgaben nach § 68 BPersVG vom Arbeitgeber Informationen zugeleitet werden.⁵² Nach der Rechtsprechung sollen die übermittelten Informationen in »untrennbarer Beziehung« zu den Aufgaben des Personalrats stehen müssen, damit eine Übermittlung überhaupt zulässig ist.⁵³ Es ist allerdings zu beachten, dass das nach § 68 BPersVG bestehende allgemeine Informationsrecht des Personalrats Vorrang vor dem individuellen Datenschutz nach dem BDSG hat.⁵⁴ Die Vorgaben des BDSG dürfen deshalb nicht zu Lasten der kollektiven Aufgabenwahrnehmung des Personalrats eng ausgelegt werden. In diesem Zusammenhang muss zudem bedacht werden, dass der Personalrat besonderen Geheimhaltungspflichten unterliegt (vgl. § 10 Abs. 1 BPersVG).⁵⁵

30 Personenbezogene Daten, die ein Personalrat immer wieder benötigt, sind dem Vorsitzenden oder im Verhinderungsfall seinem Stellvertreter zu überlassen.⁵⁶ Nur so lässt sich verhindern, dass der Personalrat bei der Wahrnehmung seiner Aufgaben durch eine falsch verstandene Auffassung von Datenschutz behindert wird.⁵⁷

§ 16 Datenübermittlung an nicht-öffentliche Stellen

(1) Die Übermittlung personenbezogener Daten an nicht-öffentliche Stellen ist zulässig, wenn
1. sie zur Erfüllung der in der Zuständigkeit der übermittelnden Stelle liegenden Aufgaben erforderlich ist und die Voraussetzungen vorliegen, die eine Nutzung nach § 14 zulassen würden, oder
2. der Dritte, an den die Daten übermittelt werden, ein berechtigtes Interesse an der

---

49 BMH, § 15 Rn. 55, Eßer in Auernhammer, § 15 Rn. 42; Heckmann in Taeger/Gabel, § 15 Rn. 73.
50 Dammann in Simitis, § 15 Rn. 81 f.; Gola/Schomerus, § 15 Rn. 29.
51 Dammann in Simitis, § 15 Rn. 85; Eßer in Auernhammer, § 15 Rn. 44; ähnlich Heckmann in Taeger/Gabel, § 15 Rn. 75.
52 Ausführlich Däubler, Gläserne Belegschaften?, Rn. 842 ff.; Gola/Wronka NZA 1991, 793; ähnlich Heckmann in Taeger/Gabel, § 15 Rn. 77.
53 BVerwG RDV 1990, 247.
54 BVerwG PersR 1985, 124; enger Gola/Schomerus, § 15 Rn. 31, die auf die Wahrnehmung von Aufgaben im Einzelfall abstellen.
55 Zustimmend Heckmann in Taeger/Gabel, § 15 Rn. 77.
56 BVerwG RDV 2002, 188; Wohlgemuth/Gerloff, S. 65.
57 Ebenso Heckmann in Taeger/Gabel, § 15 Rn. 77.

Datenübermittlung an nicht-öffentliche Stellen § 16

Kenntnis der zu übermittelnden Daten glaubhaft darlegt und der Betroffene kein schutzwürdiges Interesse an dem Ausschluss der Übermittlung hat. Das Übermitteln von besonderen Arten personenbezogener Daten (§ 3 Abs. 9) ist abweichend von Satz 1 Nr. 2 nur zulässig, wenn die Voraussetzungen vorliegen, die eine Nutzung nach § 14 Abs. 5 und 6 zulassen würden oder soweit dies zur Geltendmachung, Ausübung oder Verteidigung rechtlicher Ansprüche erforderlich ist.

(2) Die Verantwortung für die Zulässigkeit der Übermittlung trägt die übermittelnde Stelle.

(3) In den Fällen der Übermittlung nach Absatz 1 Nr. 2 unterrichtet die übermittelnde Stelle den Betroffenen von der Übermittlung seiner Daten. Dies gilt nicht, wenn damit zu rechnen ist, dass er davon auf andere Weise Kenntnis erlangt, oder wenn die Unterrichtung die öffentliche Sicherheit gefährden oder sonst dem Wohle des Bundes oder eines Landes Nachteile bereiten würde.

(4) Der Dritte, an den die Daten übermittelt werden, darf diese nur für den Zweck verarbeiten oder nutzen, zu dessen Erfüllung sie ihm übermittelt werden. Die übermittelnde Stelle hat ihn darauf hinzuweisen. Eine Verarbeitung oder Nutzung für andere Zwecke ist zulässig, wenn eine Übermittlung nach Absatz 1 zulässig wäre und die übermittelnde Stelle zugestimmt hat.

Übersicht	Rn.
1. Einleitung	1, 2
2. Zulässigkeit der Übermittlung (Abs. 1)	3–16
a) Übermittlung zur Erfüllung von Aufgaben (Nr. 1)	5, 6
b) Übermittlung aufgrund eines Interesses Dritter (Nr. 2)	7–12
c) Übermittlung besonderer Arten personenbezogener Daten (Abs. 1 Satz 2)	13–16
3. Verantwortung für die Zulässigkeit der Übermittlung (Abs. 2)	17
4. Unterrichtung von der Datenübermittlung (Abs. 3)	18–22
5. Zweckbindung (Abs. 4)	23–25

1. Einleitung

Die Vorschrift regelt die Übermittlung personenbezogener Daten an nicht-öffentliche Stellen. Durch sie wird eine besondere Rechtfertigungspflicht zu Lasten der verantwortlichen Stelle begründet.[1] Eine Übermittlung ist unter den in Abs. 1 aufgeführten zwei Voraussetzungen zulässig. Die Regelung entspricht in der allgemeinen Intention der des § 15. Anders als bei der Übermittlung von Daten zwischen öffentlichen Stellen, bei der die Verantwortlichkeit für die Rechtmäßigkeit aufgeteilt sein kann, verbleibt diese im Bereich des § 16 allein bei der öffentlichen Stelle, die personenbezogene Daten übermittelt. Sie ist in bestimmten Fällen (Abs. 3) auch zur Unterrichtung des Betroffenen verpflichtet. Allerdings zeigt die Praxis, dass gerade die Umsetzung dieser gesetzlichen Vorgabe eher die Ausnahme als die Regel darstellt. Entsprechende Mitteilungen an Betroffene sind in der Praxis eher selten. Damit wird der Regelungsgehalt der Vorschrift teilweise entwertet.

1

---

1 Wedde in Roßnagel, Kap. 4.4. Rn. 25.

§ 16　　　　Datenübermittlung an nicht-öffentliche Stellen

2　Die Vorschrift wurde im Rahmen der Novelle des Jahres 2009 inhaltlich nicht verändert.

2. Zulässigkeit der Übermittlung (Abs. 1)

3　Die Vorschrift richtet sich einerseits an die in § 12 Abs. 1 aufgeführten öffentlichen Stellen (vgl. dort Rn. 6 ff.) sowie an Dritte aus dem nicht-öffentlichen Bereich (§ 3 Abs. 8 Satz 2). Für die Übermittlung an öffentliche Stellen ist hingegen § 15 einschlägig. Soll eine Übermittlung an Dritte im Ausland erfolgen, ist § 4b zu beachten. Soll die Übermittlung personenbezogener Daten von Beschäftigten außerhalb des Anwendungsbereichs des § 32 erfolgen, ist dies aufgrund des Verweises in § 12 Abs. 4 (vgl. dort Rn. 14) nur nach Maßgabe des § 28 Absatz 2 Nummer 2 zulässig.[2]

4　Die Übermittlung personenbezogener Daten an nicht-öffentliche Stellen ist unter zwei unterschiedlichen Voraussetzungen zulässig. Nach Abs. 1 Satz 1 Nr. 1 kann eine Übermittlung erfolgen, wenn diese zur Erfüllung von Aufgaben der verantwortlichen Stelle erforderlich ist (z. B. Information möglicherweise infizierter Kontaktpersonen eines Betroffenen durch das Gesundheitsamt).[3] Unzulässig ist hingegen eine nur im Interesse des Empfängers liegende Übermittlung.[4] Nach Nr. 2 ist sie zulässig, wenn ein berechtigtes Interesse an der Kenntnis glaubhaft dargelegt wird und wenn kein entgegenstehendes schutzwürdiges Interesse des Betroffenen besteht. Sollen besondere personenbezogene Daten übermittelt werden, ist dies nur unter den in Abs. 1 Satz 2 genannten Voraussetzungen zulässig. Die Aufzählung in Abs. 1 ist abschließend.[5] Die Vorschrift ist eine Erlaubnisnorm i. S. v. § 4 Abs. 1.[6]

a) Übermittlung zur Erfüllung von Aufgaben (Nr. 1)

5　Die in Nr. 1 normierten Voraussetzungen für die Übermittlung im Rahmen der Aufgabenerfüllung stimmen mit denen in § 15 Abs. 1 Nr. 1 erste Alt. überein. Auf die dortigen Erläuterungen wird verwiesen (vgl. § 15 Rn. 5 ff.). Im Einzelfall muss die Erforderlichkeit der Übermittlung auf der Grundlage von Nr. 1 kritisch überprüft werden.[7] Im Allgemeinen nicht erforderlich ist die Übermittlung von Daten zu Geburtstagen oder Jubiläen durch Meldeämter, soweit nicht durch Landesrecht Ausnahmen ausdrücklich zugelassen sind.

6　Die übermittelten Daten dürfen aufgrund des Verweises auf § 14 von Dritten nur zweckgebunden verwendet werden (vgl. hierzu § 14 Rn. 4).[8] Damit würde beispielsweise ein Hinweis der Staatsanwaltschaft an einen Belastungszeugen zulässig, dass ein verurteilter Täter, der ihn bedroht hat, wieder auf freiem Fuß ist. Ausgeschlossen wäre ein

---

2　Zustimmend Heckmann in Taeger/Gabel, § 16 Rn. 6.
3　Vgl. Dammann in Simitis, § 16 Rn. 13; Schaffland/Wiltfang, § 16 Rn. 8.
4　Vgl. Heckmann in Taeger/Gabel, § 16 Rn. 10.
5　Zustimmend Heckmann in Taeger/Gabel, § 16 Rn. 8.
6　Heckmann in Taeger/Gabel, § 16 Rn. 8.
7　Zutreffend Dammann in Simitis, § 16 Rn. 13 unter Hinweis auf die fehlende Erforderlichkeit von Mitteilungen an Arbeitgeber oder Mitbewohner.
8　Ebenso Heckmann in Taeger/Gabel, § 16 Rn. 12.

entsprechender Hinweis an die Presse,⁹ es sei denn, es erfolgte ein offizieller Fahndungsaufruf aufgrund erneuter Straftaten.¹⁰

b) Übermittlung aufgrund eines Interesses Dritter (Nr. 2)

In der Praxis bedeutsamer als der Tatbestand der Nr. 1 ist die Übermittlung aufgrund eines Interesses des Dritten gem. Abs. 1 Satz 1 Nr. 2. Diese Vorschrift stellt staatliche Datenbestände in den Dienst privater Interessen. Mit Blick auf das informationelle Selbstbestimmungsrecht jedes Bürgers und auf die sich im BDSG verwirklichende Grundsatzentscheidung des Gesetzgebers, der die Verarbeitung personenbezogener Daten nur in einem restriktiven Rahmen zulässt, ist eine enge Auslegung angemessen.¹¹ Die Zulässigkeit einer Übermittlung nach Nr. 2 knüpft an zwei Voraussetzungen an, die kumulativ vorliegen müssen: Es muss einerseits ein berechtigtes Interesse des Dritten an der Kenntnis der zu übermittelnden Daten bestehen und es darf andererseits kein schutzwürdiges Interesse des Betroffenen dagegen sprechen.

Die Anforderungen an das Vorliegen eines berechtigten Interesses sind gering. Ausreichend soll etwa jedes wirtschaftliche oder ideelle Interesse sein, das auf sachlichen Erwägungen fußt und mit der Rechtsordnung in Einklang steht. Ein rechtliches Interesse ist nicht erforderlich.¹² Auch ein Vermarktungswunsch soll als Begründung eines berechtigten Interesses nicht generell unzulässig sein, auch wenn er sich bei der notwendigen Abwägung gegen die schutzwürdigen Interessen der Betroffenen in der Regel nicht durchsetzen wird (vgl. Rn. 10). Bloße Neugier ist als Grundlage für die Übermittlung hingegen nicht ausreichend.¹³

Der Dritte muss sein berechtigtes Interesse nicht nachweisen, sondern nur glaubhaft machen.¹⁴ Dafür reicht eine plausible Erklärung, für die eine überwiegende Wahrscheinlichkeit spricht, etwa die Mitteilung an die Meldebehörde, dass man die neue Adresse eines Betroffenen zur Geltendmachung von Forderungen benötigt. Eine besondere Formvorschrift – etwa Schriftform – gibt es nicht. Eine einfache Erklärung des Dritten kann damit genügen.¹⁵ Aus Gründen der Beweisbarkeit ist Schriftform anzuraten.¹⁶ Die übermittelnde Behörde muss die Darlegungen prüfen, wobei die Anforderungen gering sind. Es soll ausreichen, wenn für das Vorliegen eines berechtigten Interesses eine überwiegende Wahrscheinlichkeit spricht.¹⁷

Unter Beachtung dieser minimalen gesetzlichen Anforderungen an die Darlegung eines berechtigten Interesses ist die Schutzwirkung dieser Vorschrift begrenzt, da es in vielen

---

9 Dammann in Simitis, § 16 Rn. 13.
10 OLG Hamburg NJW 1980, 842; Gola/Schomerus, § 16 Rn. 7; Heckmann in Taeger/Gabel, § 16 Rn. 14.
11 So auch Dammann in Simitis, § 16 Rn. 15; Gola/Schomerus, § 16 Rn. 9; Heckmann in Taeger/Gabel, § 16 Rn. 16; vgl. auch Wedde in Roßnagel, Kap. 4.4. Rn. 25 f.
12 BGH NJW 1984, 1887; BMH, § 16 Rn. 17; Heckmann in Taeger/Gabel, § 16 Rn. 20.
13 Gola/Schomerus, § 16 Rn. 10.
14 Zustimmend Roggenkamp in Plath, § 16 Rn. 7.
15 BVerfG NJW 1974, 1903.
16 Heckmann in Taeger/Gabel, § 16 Rn. 21.
17 BGHZ 93, 300; Dammann in Simitis, § 16 Rn. 27; Gola/Schomerus, § 16 Rn. 10; Schaffland/Wiltfang, § 16 Rn. 18.

Fällen einfach ist, durch plausible Erklärungen einen Anspruch auf personenbezogene Daten zu begründen, ohne dass Missbrauchsfälle sofort erkennbar sind.[18] Dieses Problem wird allerdings durch die zweite Voraussetzung entschärft, die erfüllt sein muss, bevor es zu einer Übermittlung von Daten kommen darf. Bevor eine durch ein glaubhaft gemachtes berechtigtes Interesse begründete Übermittlung stattfinden kann, muss sich nämlich die übermittelnde öffentliche Stelle vergewissern, dass Betroffene kein schutzwürdiges Interesse am Ausschluss der Übermittlung haben.[19]

11 Das schutzwürdige Interesse von Betroffenen am Ausschluss einer Übermittlung ist mit Blick auf das Recht auf informationelle Selbstbestimmung weit zu fassen.[20] An die Begründung eines Betroffenen zum Vorliegen schutzwürdiger Interessen sind keine höheren Anforderungen zu stellen als an die zum berechtigten Interesse.[21] Es reicht deshalb ebenfalls ein einfacher und in sich plausibler Vortrag. Liegt im Ergebnis einer Rechtsgüterabwägung ein vorrangiges schutzwürdiges Interesse vor, muss die Übermittlung unterbleiben.[22] Kann die öffentliche Stelle bei der vorzunehmenden Abwägung beispielsweise Beeinträchtigungen von einer gewissen Intensität für den Betroffenen nicht ausschließen, muss die Übermittlung unterbleiben.[23] Im Zweifel wird schon mit Blick auf den hohen Rang des Rechts auf informationelle Selbstbestimmung zugunsten der Betroffenen zu entscheiden sein.[24]

12 Im Ergebnis der vorzunehmenden Abwägung wird beispielsweise die (ansonsten zulässige) Übermittlung der Meldedaten von Betroffenen, die sich in Strafanstalten, in psychiatrischen Kliniken oder in Krankenhäusern befinden, ebenso unzulässig sein (zum Umgang mit besonderen Arten personenbezogener Daten vgl. Rn. 13 ff.) wie die Bekanntgabe von Notenlisten per Aushang am Schwarzen Brett[25] oder die Kopie und anschließende privatwirtschaftliche Vermarktung des gesamten Handelsregisters auf Datenträgern.[26] Generell nicht übermittelt werden dürfen Daten, die zu löschen sind. Unrichtige und gesperrte Daten dürfen nur in den Ausnahmefällen des § 20 Abs. 7 (vgl. dort Rn. 25) übermittelt werden. In der Regel zulässig ist die Übermittlung von normalen Wohnanschriften in Privathäusern oder die Einzelabfrage von Daten aus dem Handelsregister. Nicht unbegrenzt schutzwürdig ist das Interesse von Schuldnern, für Gläubiger nicht auffindbar zu sein.[27]

c) Übermittlung besonderer Arten personenbezogener Daten (Abs. 1 Satz 2)

13 Die Regelung in Abs. 1 Satz 2 wurde mit dem BDSG 2001 eingeführt und bestimmt abweichend von der allgemeinen Übermittlungsregel in Abs. 1 Satz 1, unter welchen

---

18 Ähnlich Heckmann in Taeger/Gabel, § 16 Rn. 23.
19 Zustimmend Heckmann in Taeger/Gabel, § 16 Rn. 23.
20 Dammann in Simitis, § 16 Rn. 19.
21 Dammann in Simitis, § 16 Rn. 24; Heckmann in Taeger/Gabel, § 16 Rn. 24.
22 Dammann in Simitis, § 16 Rn. 24; Eßer in Auernhammer, § 16 Rn. 11.
23 Schaffland/Wiltfang, § 16 Rn. 25.
24 Zustimmend Heckmann in Taeger/Gabel, § 16 Rn. 26.
25 Schaffland/Wiltfang, § 16 Rn. 27 c, nicht abschließend BayVGH CR 1986, 423.
26 BGH RDV 1990, 31.
27 OVG NW BB 1988, 589.

Voraussetzungen die Übermittlung besonderer Arten von Daten im Sinne von § 3 Abs. 9 auf Anforderung von Dritten zulässig ist. Die hier genannten beiden Ausnahmetatbestände sind abschließend und mit Blick auf die besondere Sensibilität der Daten eng auszulegen.[28]

Der erste Ausnahmetatbestand in Satz 2 Alt. 1 ist aufgrund der Verweise auf andere Vorschriften inhaltlich nicht einfach nachzuvollziehen. Übermittlungen an Dritte sind hiernach nur unter den Voraussetzungen zulässig, die eine Nutzung nach § 14 Abs. 5 und 6 zulassen würden (vgl. hierzu § 14 Rn. 29 ff.). Eine somit mögliche Nutzung ist aufgrund des Verweises in § 14 Abs. 5 Nr. 1 ihrerseits unter Beachtung der Vorgaben in § 13 Abs. 2 Nr. 1 bis 6, 9 zu bewerten (vgl. hierzu § 13 Rn. 19 ff.). Werden medizinische Daten übermittelt, müssen die besonderen Geheimhaltungsvorschriften in § 14 Abs. 6 beachtet werden (vgl. § 14 Rn. 29). Nicht ausgeschlossen ist die Übermittlung zu wissenschaftlichen Forschungszwecken, wenn sie unter Beachtung der Vorgaben in § 14 Abs. 5 Nr. 2 erfolgt. **14**

Der zweite Ausnahmetatbestand in Satz 2 Alt. 2 kommt zum Tragen, wenn die Übermittlung besonderer Arten personenbezogener Daten zur Geltendmachung, Ausübung oder Verteidigung rechtlicher Ansprüche der verantwortlichen Stelle erforderlich ist. Durch diese Vorschrift werden die Vorgaben von Art 8 Abs. 2 Buchstabe e 2. Hlbs. EU-DSRl umgesetzt. Der Begriff der rechtlichen Ansprüche erfasst sowohl öffentliche als auch private Rechte.[29] Die vorausgesetzte Erforderlichkeit wird nur zu bejahen sein, wenn ohne die Übermittlung die Durchsetzung von Ansprüchen nicht möglich ist.[30] **15**

Die Ansprüche müssen der Stelle selbst zustehen. Auf dieser Grundlage erlaubt die Vorschrift insbesondere die Weitergabe besonderer Arten personenbezogener Daten von einer öffentlichen Stelle an ihren Prozessvertreter oder Sachverständigen oder einen entsprechenden Vortrag vor Gericht.[31] Sie kommt nicht zur Anwendung, wenn Dritte die Übermittlung besonderer Arten personenbezogener Daten zur Durchsetzung eigener Ansprüche einfordern. **16**

3. Verantwortung für die Zulässigkeit der Übermittlung (Abs. 2)

Da Dritten als nicht-öffentliche Stellen nicht die Verantwortung für behördliches Handeln zugewiesen werden kann, obliegt diese allein der übermittelnden Stelle,[32] die über die rechtliche Zulässigkeit einer Übermittlung verbindlich und abschließend entscheiden muss. Die Vorschrift dient in erster Linie der Klarstellung (vgl. die Erläuterungen zur textgleichen Regelung § 15 Abs. 2 S. 1, Rn. 10 ff.). Sie hat vor dem Hintergrund der Schadensersatzvorschriften in den §§ 7 und 8 an Bedeutung gewonnen. **17**

---

28 Ebenso Heckmann in Taeger/Gabel, § 16 Rn. 28.
29 Gola/Schomerus, § 16 Rn. 14; Dammann in Simitis, § 16 Rn. 17.
30 Ebenso Eßer in Auernhammer, § 16 Rn. 13.
31 Ähnlich Dammann in Simitis, § 16 Rn. 35; Gola/Schomerus, § 16 Rn. 14.
32 Eßer in Auernhammer, § 16 Rn. 14.

4. Unterrichtung von der Datenübermittlung (Abs. 3)

18 Wer einer öffentlichen Stelle personenbezogene Daten übergibt, rechnet in der Regel nicht damit, dass diese Informationen auf Anforderung an Dritte im nicht-öffentlichen Bereich weitergegeben werden. Vor diesem Hintergrund schreibt die Regelung des Abs. 3 öffentlichen Stellen im Sinne einer Rechtfertigungspflicht eine erweiterte Informationspflicht vor.[33] Ob die Regelung für die Praxis von hoher Bedeutung ist, ist mit Blick auf die geringe Zahl von Benachrichtigungen zweifelhaft, die Bürger in der Praxis tatsächlich erhalten.[34]

19 Die Unterrichtungspflicht nach Abs. 3 ist auf die Fälle der Datenübermittlung auf Anforderung von Dritten nach Abs. 1 Nr. 1 beschränkt. Auf die Übermittlung zur eigenen Aufgabenerfüllung nach Abs. 1 Satz 1 ist diese Vorschrift hingegen nicht anwendbar. Ist eine Übermittlung auf der Grundlage von Abs. 1 Satz 2 erfolgt, muss die übermittelnde Stelle die Betroffene hierüber unterrichten. Die Benachrichtigung muss neben der grundsätzlichen Information Art, Zweck, Umfang und Empfänger der Daten benennen.[35] Über die Art der Unterrichtung macht das Gesetz keine Aussage. Sie kann deshalb schriftlich, mündlich oder auf anderem Weg wie durch öffentliche Bekanntmachung erfolgen.[36] Auch die Nutzung von elektronischen Kommunikationsmedien ist möglich[37], soweit hierbei sichergestellt ist, dass unberechtigte Dritte hiervon keine Kenntnis erlangen können.

20 Erlangt der Betroffene auf andere Weise Kenntnis, kann die Unterrichtung unterbleiben. Dieser Ausnahmetatbestand ist eng auszulegen. Für die öffentliche Stelle muss eine ausreichende Wahrscheinlichkeit dafür bestehen, dass der Betroffene informiert wird, etwa durch einen direkten Hinweis des Empfängers. Nicht ausreichend wäre es, wenn der Betroffene zu Werbezwecken angeschrieben wird, ohne dass die Herkunft der Daten von privaten Datenempfängern für ihn erkennbar ist.[38] Keine ausreichende Benachrichtigung liegt vor, wenn die Kenntnisnahme nicht unmittelbar nach der Übermittlung möglich ist.[39]

21 Ausnahmsweise unterbleiben kann die Benachrichtigung bei einer Gefährdung der öffentlichen Sicherheit oder bei drohenden Nachteilen für das Wohl des Bundes oder eines Landes. Hauptanwendungsfall dieser eng auszulegenden Vorschrift[40] sind die Übermittlung von Sicherheitsbedenken durch den Verfassungsschutz an Arbeitgeber

---

33 Dammann in Simitis, § 16 Rn. 39; BMH, 16 Rn. 28; ähnlich Heckmann in Taeger/Gabel, § 16 Rn. 37; vgl. allgemein Wedde in Roßnagel, Kap. 4.4. Rn. 18.
34 Ähnlich kritisch Heckmann in Taeger/Gabel, § 16 Rn. 35; vgl. auch Eßer in Auernhammer, § 16 Rn. 15.
35 Dammann in Simitis, § 16 Rn. 41; Eßer in Auernhammer, § 16 Rn. 16.
36 Zustimmend Heckmann in Taeger/Gabel, § 16 Rn. 36.
37 Zustimmend Eßer in Auernhammer, § 16 Rn. 16.
38 Zutreffend BMH, § 16 Rn. 24.
39 Ähnlich Dammann in Simitis, § 16 Rn. 44 »in einem vernünftigen zeitlichen Zusammenhang«; Heckmann in Taeger/Gabel, § 16 Rn. 39 »Kenntnisnahme zeitnah«; Roggenkamp in Plath, § 16 Rn. 13 »in engem zeitlichen Zusammenhang«; a. A. Gola/Schomerus, § 16 Rn. 17, in »absehbarer Zeit«.
40 Vgl. Wedde in Roßnagel, Kap. 4.4. Rn. 26 m. w. N.

Datenübermittlung an nicht-öffentliche Stellen § 16

über Beschäftigte in sicherheitsrelevanten Bereichen[41] oder polizeiliche Ermittlungsverfahren. Würde eine Benachrichtigung während eines laufenden Ermittlungsverfahrens den Erfolg von Ermittlungsverfahren gefährden, muss sie unverzüglich nach dessen Abschluss nachgeholt werden.[42]

Unklar bleibt, warum auf die Information über die Übermittlung mit Blick auf das Wohl des Bundes oder eines Landes verzichtet werden soll. Es ist nicht einzusehen, warum derart wichtige Informationen dann überhaupt in private Hände gelangen dürfen.[43] 22

5. Zweckbindung (Abs. 4)

Die Vorschrift legt in Satz 1 fest, dass übermittelte Daten von den nicht-öffentlichen Stellen nur zu bestimmten Zwecken verwendet werden dürfen (vgl. die Erläuterungen zur vergleichbaren Regelung in § 15 Rn. 17 ff.). Sind von der übermittelnden Stelle entsprechende Vorgaben nicht ausdrücklich gemacht worden, orientiert sich der Inhalt der Zweckbindung entweder an den zu erfüllenden Aufgaben (Abs. 1 Nr. 1) oder an den Angaben des Dritten, der ein berechtigtes Interesse an der Übermittlung der Daten bekundet hat (Abs. 1 Nr. 2). Schreibt die übermittelnde Stelle einen Verwendungszweck fest, ist dieser bindend.[44] Die Festlegung des Verwendungszwecks kann in jeder Hinsicht erfolgen (z. B. »nur für die nächste Bundestagswahl«; »nur für eine bestimmte Mailingaktion« usw.). 23

Nach Satz 2 der Vorschrift muss die übermittelnde Stelle den Dritten auf die Zweckbindung hinweisen. Damit soll sichergestellt werden, dass dieser die Zweckbindung beachtet. Die nachträgliche Berufung auf einen Verbotsirrtum wird damit unmöglich gemacht.[45] Ein unterbliebener Hinweis führt indes nicht automatisch zur Annahme eines vermeidbaren Verbotsirrtums.[46] Das Abweichen von der festgelegten Zweckbindung und die Verwendung zu anderen Zwecken kann auf Antrag mit Freiheits- oder Geldstrafe geahndet werden (§ 44 i. V. m. § 43 Abs. 2; vgl. dort § 43 Rn. 15 ff.). 24

Satz 3 stellt die Entscheidung über die Zweckänderung in den Verantwortungsbereich der übermittelnden Stelle.[47] Sie hat auf einen entsprechenden Wunsch des Empfängers hin zu prüfen, ob eine Zweckänderung ausnahmsweise zulässig ist. Der anzuwendende Maßstab leitet sich aus den Vorgaben des Abs. 1 ab. Der Empfänger selbst hat keinerlei materielle Entscheidungsbefugnis über eine Zweckänderung. Erst bzw. nur wenn ihm die Zustimmung der öffentlichen Stelle vorliegt, darf er die Daten anderweitig nutzen.[48] 25

---

41 BMH, § 16 Rn. 30; Dammann in Simitis, § 16 Rn. 45; Gola/Schomerus, § 16 Rn. 17.
42 Zustimmend Heckmann in Taeger/Gabel, § 16 Rn. 40.
43 Zustimmend Eßer in Auernhammer, § 16 Rn. 18; ahnlich BMH, § 16 Rn. 30.
44 Dammann in Simitis, § 16 Rn. 48; Eßer in Auernhammer, § 16 Rn. 20; Heckmann in Taeger/Gabel, § 16 Rn. 49.
45 Gola/Schomerus, § 16 Rn. 18.
46 So der zutreffende Hinweis von Dammann in Simitis, § 16 Rn. 49.
47 Ebenso Heckmann in Taeger/Gabel, § 16 Rn. 40.
48 Dammann in Simitis, § 16 Rn. 50.

§ 18 Durchführung des Datenschutzes in der Bundesverwaltung

§ 17 Datenübermittlung an Stellen außerhalb des Geltungsbereichs dieses Gesetzes

(Aufgrund der Einfügung der §§ 4b und 4c weggefallen.)

§ 18 Durchführung des Datenschutzes in der Bundesverwaltung

(1) Die obersten Bundesbehörden, der Präsident des Bundeseisenbahnvermögens sowie die bundesunmittelbaren Körperschaften, Anstalten und Stiftungen des öffentlichen Rechts, über die von der Bundesregierung oder einer obersten Bundesbehörde lediglich die Rechtsaufsicht ausgeübt wird, haben für ihren Geschäftsbereich die Ausführung dieses Gesetzes sowie anderer Rechtsvorschriften über den Datenschutz sicherzustellen. Das Gleiche gilt für die Vorstände der aus dem Sondervermögen Deutsche Bundespost durch Gesetz hervorgegangenen Unternehmen, solange diesen ein ausschließliches Recht nach dem Postgesetz zusteht.

(2) Die öffentlichen Stellen führen ein Verzeichnis der eingesetzten Datenverarbeitungsanlagen. Für ihre automatisierten Verarbeitungen haben sie die Angaben nach § 4e sowie die Rechtsgrundlage der Verarbeitung schriftlich festzulegen. Bei allgemeinen Verwaltungszwecken dienenden automatisierten Verarbeitungen, bei welchen das Auskunftsrecht des Betroffenen nicht nach § 19 Abs. 3 oder 4 eingeschränkt wird, kann hiervon abgesehen werden. Für automatisierte Verarbeitungen, die in gleicher oder ähnlicher Weise mehrfach geführt werden, können die Festlegungen zusammengefasst werden.

Übersicht

	Rn.
1. Einleitung	1, 2
2. Normadressaten (Abs. 1)	3– 8
3. Pflichten (Abs. 2)	9–19
a) Hardwareverzeichnis (Satz 1)	10–13
b) Festlegungen zur automatisierten Verarbeitung (Satz 2)	14–16
c) Ausnahmen (Sätze 3 und 4)	17–19

1. Einleitung

1 Durch die Vorschrift werden Fragen der Durchführung des gesetzlichen Datenschutzes bei der Bundesverwaltung geregelt. Abs. 1 verpflichtet die genannten Stellen, für ihren jeweiligen Geschäftsbereich sicherzustellen, dass das BDSG und andere Datenschutzvorschriften eingehalten werden. Damit wird der eigentlich selbstverständliche Grundsatz festgeschrieben, dass geltendes Recht und einschlägige Gesetze auch von Stellen in der Bundesverwaltung zu beachten sind. Diese Rechtspflicht leitet sich im Übrigen aus Art. 17 Abs. 1 EG-Richtlinie ab, durch die eine Verantwortlichkeit der Verarbeiter für die Sicherheit der Verarbeitung festgeschrieben wird. In Abs. 2 werden verpflichtende Grundmaßnahmen beschrieben, die einzuhalten sind.

2 Die Vorschrift wurde im Rahmen der Novelle des Jahres 2009 inhaltlich nicht verändert.

2. Normadressaten (Abs. 1)

Die Vorschrift richtet sich an alle öffentlichen Stellen des Bundes einschließlich der öffentlich-rechtlichen Wettbewerbsunternehmen, die als öffentliche Stellen im Sinne von § 2 Abs. 1 und 3 anzusehen sind (vgl. § 2 Rn. 4ff.; § 27 Rn. 10). Die von Abs. 1 erfassten obersten Bundesbehörden sind die Bundesministerien, das Bundeskanzleramt, das Bundespräsidialamt, der Bundesrechnungshof und die Verwaltungen des Deutschen Bundestags, des Bundesrats und des Bundesverfassungsgerichts. Zu den von Abs. 1 ebenfalls erfassten Anstalten und Stiftungen des öffentlichen Rechts, die nur der Rechtsaufsicht einer obersten Bundesbehörde oder der Bundesregierung unterliegen, gehören beispielsweise die Bundesagentur für Arbeit, die Bundesversicherungsanstalt für Angestellte, die Deutsche Bundesbank, die Rundfunkanstalt des Bundes (Deutsche Welle) und die Treuhand.[1]

Für die Sicherstellung des Datenschutzes beim Bundeseisenbahnvermögen ist dessen Präsidentin/dessen Präsident verantwortlich. Für das als selbständige Bundesoberbehörde dem Bundesministerium für Verkehr unterstehende Eisenbahn-Bundesamt kommen die Vorschriften des Zweiten Abschnitts zur Anwendung. Für die rechtlich selbständige und deshalb als nicht-öffentliche Stelle zu qualifizierende Deutsche Bahn AG gelten die Vorschriften des Dritten Abschnitts dieses Gesetzes (vgl. §§ 27ff.).[2]

Nicht mehr anwendbar sind die Vorschriften auf die Deutsche Postbank AG, die Deutsche Telekom AG und seit nach dem Auslaufen der Exklusivlizenz für das Befördern von Briefen zum 31.12.2007 auf die Deutsche Post AG. Es sind die Vorschriften des Dritten Abschnitts des BDSG anwendbar.

Durch Abs. 1 werden zwar keine konkreten Datenschutzpflichten vorgegeben. Es wird aber festgeschrieben, dass von den genannten Verantwortlichen für den jeweiligen Geschäftsbereich die Ausführung des BDSG sowie anderer einschlägiger gesetzlicher Regelungen (etwa Auskünfte nach dem Bundeszentralregistergesetz, Einhaltung der spezifischen Datenschutzvorgaben nach dem TKG und dem TMG, nach der ZPO usw.) sicherzustellen ist. Aus dieser Verantwortlichkeit resultiert die Notwendigkeit der Bestellung eines behördlichen Datenschutzbeauftragten nach § 4f.[3] und die Pflicht zum Aufbau einer Datenschutzorganisation.[4]

Für die Praxis leiten sich aus den Vorgaben des Abs. 1 Verpflichtungen auf zwei Ebenen ab. Einerseits sollen die verantwortlichen öffentlichen Stellen alle verantwortlichen Stellen in ihrem Geschäftsbereich bei der Umsetzung einschlägiger Datenschutzvorschriften unterstützen. Andererseits müssen sie die zutreffende Anwendung der gesetzlichen Regelungen auch durch die Durchführung geeigneter Kontrollmaßnahmen überwachen.[5] Im Ergebnis muss sichergestellt werden, dass Verpflichtungen nach

---

1 BMH, § 18 Rn. 18; Dammann in Simitis, § 18 Rn. 2.
2 Vergleiche auch BMH, § 18 Rn. 12.
3 BMH, § 18 Rn. 17; Schaffland/Wiltfang, § 18 Rn. 1; Dammann in Simitis, § 18 Rn. 13; Auernhammer, § 18 Rn. 3.
4 Heckmann in Taeger/Gabel, § 18 Rn. 10; zu Konzepten vgl. Engelien-Schulz, VR 2011, 185.
5 BMH, § 18 Rn. 20; Dammann in Simitis, § 18. Rn. 10; Heckmann in Taeger/Gabel, § 18 Rn. 17.

dem Datenschutzrecht ohne Einschränkung erfüllt und gesetzliche Verbote lückenlos beachtet werden.[6]

8 Die Zuweisung von Kontrollpflichten an die jeweilige Oberbehörde des Bundes ändert nichts an der Tatsache, dass die nachgeordneten verantwortlichen Stellen für die Einhaltung und Durchführung der Vorgaben, die sich aus einschlägigen Gesetzen und insbesondere auch aus dem BDSG ableiten, eine Primärverantwortlichkeit tragen.[7] Das »Abschieben« von Verantwortlichkeit unter Berufung auf Abs. 1 ist nicht zulässig.

3. Pflichten (Abs. 2)

9 Die Vorschrift richtet sich an alle in Abs. 1 angesprochenen öffentlichen Stellen des Bundes, die personenbezogene Daten mit automatisierten Verfahren (vgl. zum Begriff § 3 Rn. 18 ff.) verarbeitet. Sie beschreibt die zwei Pflichtkreise »Führung eines Hardwareverzeichnisses« (Satz 1) und »Führung eines Dateistatus« (Satz 2). Hinzu kommen Ausnahmeregelungen für Verfahren der automatisierten Verarbeitung (Sätze 3 und 4).

a) Hardwareverzeichnis (Satz 1)

10 Das nach Satz 1 zu führende Hardwareverzeichnis erfasst nicht nur Großrechner, Rechner- oder Servernetze, sondern ausdrücklich auch Arbeitsplatz-PCs sowie deren Vernetzung. Darüber hinaus sind auch mobile Geräte wie Notebooks, Laptops, Handhelds und andere »mobile devices« (etwa Smartphones, Tablets usw.)[8] aufzunehmen, die aufgrund ihrer flexiblen Anwendungsmöglichkeiten besondere Risiken erzeugen können.[9] Auch die der Programmierung dienende Hardware ist einzubeziehen.[10] Die Aufnahme in das Verfahrensverzeichnis ist unabhängig von den Eigentumsrechten. Deshalb sind neben dienstlichen Geräten auch private aufzunehmen,[11] wenn diese Zugang zu dienstlichen Netzen haben bzw. wenn hierauf dienstliche Daten verarbeitet werden. Beschäftigte müssen von der verantwortlichen Stelle darauf hingewiesen werden, dass die Nutzung privater Geräte nur zulässig ist, wenn sie der Dienststelle angezeigt und von dort genehmigt wurde.[12] Die Pflicht zur Aufnahme besteht auch, wenn die Nutzung privater Geräte (noch) nicht genehmigt ist.[13] Ob auf der im Verzeichnis aufgeführten Hardware tatsächlich personenbezogene Daten verarbeitet werden, ist für die Aufnahme unerheblich.[14]

11 Vorgaben zum Inhalt des Hardwareverzeichnisses macht die Vorschrift nicht. Mit Blick auf den Zweck des Verzeichnisses müssen aber mindestens Angaben zur Art der Anlage

---

6 Dammann in Simitis, § 18 Rn. 5.
7 BMH, § 18 Rn. 21.
8 Ähnlich Roggenkamp in Plath, § 18 Rn. 5.
9 Ebenso Dammann in Simitis, § 18 Rn. 18; Eßer in Auernhammer, § 18 Rn. 12.
10 Stange, Rn. 223; Dammann in Simitis, § 18 Rn. 23.
11 Ähnlich Gola/Schomerus, § 18 Rn. 5; Dörr/Schmidt, § 18 Rn. 7; Eßer in Auernhammer, § 18 Rn. 13.
12 Ähnlich Roggenkamp in Plath, § 18 Rn. 7.
13 Heckmann in Taeger/Gabel, § 18 Rn. 22.
14 Dammann in Simitis, § 18 Rn. 23; Müller/Wächter, S. 67.

Durchführung des Datenschutzes in der Bundesverwaltung § 18

(etwa Hersteller, Produktname, Typ), zum Einsatz- und Standort (etwa Gebäude, Raum, Behörde, Organisationseinheit), zur Anzahl (etwa Zahl gleichartiger/gleichwertiger Geräte) sowie zur konkreten Identifizierung (etwa Geräte- und/oder Inventarnummer) enthalten sein.[15] Die vorstehenden Angaben sind als Minimum zu verstehen und müssen in Abhängigkeit von der jeweiligen Anwendungssituation ggf. erweitert werden.[16] Das Verzeichnis ist bei der Behörde zu führen und zwingt diese, eine Bestandsaufnahme der genutzten Hardware durchzuführen. Der BfDI hat jederzeit ein Einsichtsrecht.

Nach dem Wortlaut des Abs. 2 Satz 1 muss ein Verzeichnis geführt werden. Hieraus folgt für den Regelfall die Erstellung an einer zentralen Stelle. Ausnahmsweise sind aber auch mehrere Verzeichnisse zulässig, etwa wenn die Dienststellen einer öffentlichen Stelle geographisch über mehrere Standorte verteilt sind.[17] Entscheidend für die Zulässigkeit von aufgeteilten Verzeichnissen wird es sein, ob sich jeweils schnell ein genauer Überblick über die insgesamt bei einer Behörde eingesetzte Hardware erlangen lässt.   12

Das nach Satz 1 zu führende Verzeichnis muss aktuell sein. Eine tagesaktuelle Führung ist nicht erforderlich.[18] Die öffentliche Stelle muss dafür Sorge tragen, dass Veränderungen in das Verzeichnis zeitnah eingepflegt werden. Die Verknüpfung des Hardwareverzeichnisses mit anderen Verzeichnissen (etwa einem Inventarverzeichnis) ist grundsätzlich zulässig,[19] wenn hierdurch Informationsgehalt und Verwendbarkeit nicht beeinträchtigt werden.   13

b) Festlegungen zur automatisierten Verarbeitung (Satz 2)

Nach Satz 2 müssen für eine automatisierte Verarbeitung die Angaben nach § 4e sowie die entsprechenden Rechtsgrundlagen schriftlich festgelegt werden. Die Vorschrift normiert die verbindliche Darlegung datenschutzrechtlicher Eckwerte, durch die die sichere Verarbeitung bestimmt und geregelt wird. Für diese Form der Beschreibung von Verarbeitungsprozessen unter Einbeziehung der Rechtsgrundlagen der Verarbeitung hat sich der Begriff des Dateistatuts eingebürgert.[20] Der mit einem Dateistatut zu leistende Dokumentationsaufwand geht über den eines Verfahrensverzeichnisses nach § 4e (vgl. zu den Inhalten eines Verfahrensverzeichnisses die Kommentierung zu § 4e Rn. 2ff.) inhaltlich schon deshalb hinaus, weil hier die Vorgaben der einschlägigen Datenschutzgesetze mit der Realität der Datenverarbeitung konfrontiert werden.[21]   14

---

15 BMH, § 18 Rn. 32; Dammann in Simitis, § 18 Rn. 19; Eßer in Auernhammer, § 18 Rn. 12.
16 Zutreffend Dammann in Simitis, § 18 Rn. 22.
17 Ebenso Dammann in Simitis, § 18 Rn. 20; Heckmann in Taeger/Gabel, § 18 Rn. 27; Schaffland/Wiltfang, § 18 Rn. 5; enger BMH, § 18 Rn. 34, die sich gegen die Zulässigkeit entsprechender »Teilverzeichnisse« aussprechen.
18 Dammann in Simitis, § 18 Rn. 23.
19 BMH, § 18 Rn. 34; Dammann in Simitis, § 18 Rn. 21; Eßer in Auernhammer, § 18 Rn. 14.
20 Vgl. Dammann DuD 1993, 547; Dammann in Simitis, § 18 Rn. 24; Eßer in Auernhammer, § 18 Rn. 15; Gola/Schomerus, § 18 Rn. 5.
21 Zutreffend Dammann in Simitis, § 18 Rn. 24; enger BMH, § 18 Rn. 35, die von einem Verfahrensverzeichnis ausgehen.

15 Ein Dateistatut muss für jede automatisierte Verarbeitung erstellt werden, wenn sie die Voraussetzungen des § 18 erfüllt.[22] Aufgrund der ausdrücklichen Vorgabe im Gesetzestext ist die Schriftform vorgeschrieben. Das Dateistatut muss bei einschlägigen Änderungen aktualisiert werden.[23] Zuständig für die Erstellung des Dateistatus ist die verantwortliche Stelle, die die Daten verarbeitet. Bei Auftragsdatenverarbeitung trifft die Verantwortlichkeit nach § 11 Abs. 1 weiterhin den Auftraggeber (vgl. § 11 Rn. 22ff.).

16 Entspricht ein Dateistatus nicht den vorstehend beschriebenen Anforderungen, liegt ein Verstoß gegen eine Datenschutzvorschrift vor, der nach § 25 Abs. 1 vom BfDI beanstandet werden kann. Die Nichtbeachtung einer im Dateistatut enthaltenen Festlegung kann als sonstiger Mangel gem. § 25 Abs. 1 zu qualifizieren sein.[24]

c) Ausnahmen (Sätze 3 und 4)

17 Die in den Sätzen 3 und 4 des Abs. 2 enthaltenen Ausnahmen von den nach § 18 bestehenden Verpflichtungen beschränken sich auf eng umgrenzte Sachverhalte. Dienen automatisierte Verarbeitungen lediglich der Erleichterung des Verwaltungsvollzugs, müssen sie nicht in die nach Abs. 2 vorgesehenen Verzeichnisse aufgenommen werden.

18 Nach Satz 3 kann von der Aufnahme abgesehen werden, wenn eine automatisierte Verarbeitung nur zu allgemeinen Verwaltungszwecken erfolgt. Angesprochen sind Maßnahmen zur Erleichterung des Verwaltungsvorzugs, nicht aber solche, die der eigentlichen Aufgabenerfüllung dienen.[25] Nicht von der Ausnahme des Satzes 3 erfasst werden allerdings die in § 19 Abs. 3 und 4 genannten personenbezogenen Daten. Da diese für die Betroffenen eine höhere Bedeutung haben, soll den öffentlichen Stellen nicht die Möglichkeit gegeben werden, sie unter Hinweis auf § 18 Abs. 2 Satz 3 zu »verstecken«.[26]

19 Durch die Regelung in Satz 4 wird festgelegt, dass gleiche oder ähnliche Mehrfachverarbeitungen in einer Zusammenfassung in Verzeichnisse nach § Abs. 2 aufgenommen werden können. Aufgrund der Beschränkung auf allgemeine Verwaltungszwecke kommt diese Regelung nur auf die Verarbeitung »trivialer« Daten zur Anwendung wie etwa auf zentrale Adressenverzeichnisse von Antragstellern oder Kontaktpersonen innerhalb einer Behörde.[27]

---

22 Zustimmend Heckmann in Taeger/Gabel, § 18 Rn. 29.
23 Dammann in Simitis, § 18 Rn. 35; Stange, Rn. 129; Lübking, Rn. 232.
24 Dammann in Simitis, § 18 Rn. 36f.
25 BMH, § 18 Rn. 40.
26 Gola/Schomerus, § 18 Rn. 15; Eßer in Auernhammer, § 18 Rn. 21; Heckmann in Taeger/Gabel, § 18 Rn. 35.
27 BMH, § 18 Rn. 41; Gola/Schomerus, § 18 Rn. 15.

Zweiter Unterabschnitt
Rechte des Betroffenen

§ 19 Auskunft an den Betroffenen

(1) Dem Betroffenen ist auf Antrag Auskunft zu erteilen über
1. die zu seiner Person gespeicherten Daten, auch soweit sie sich auf die Herkunft dieser Daten beziehen,
2. die Empfänger oder Kategorien von Empfängern, an die die Daten weitergegeben werden, und
3. den Zweck der Speicherung.

In dem Antrag soll die Art der personenbezogenen Daten, über die Auskunft erteilt werden soll, näher bezeichnet werden. Sind die personenbezogenen Daten weder automatisiert noch in nicht automatisierten Dateien gespeichert, wird die Auskunft nur erteilt, soweit der Betroffene Angaben macht, die das Auffinden der Daten ermöglichen, und der für die Erteilung der Auskunft erforderliche Aufwand nicht außer Verhältnis zu dem vom Betroffenen geltend gemachten Informationsinteresse steht. Die verantwortliche Stelle bestimmt das Verfahren, insbesondere die Form der Auskunftserteilung, nach pflichtgemäßem Ermessen.

(2) Absatz 1 gilt nicht für personenbezogene Daten, die nur deshalb gespeichert sind, weil sie aufgrund gesetzlicher, satzungsmäßiger oder vertraglicher Aufbewahrungsvorschriften nicht gelöscht werden dürfen, oder ausschließlich Zwecken der Datensicherung oder der Datenschutzkontrolle dienen und eine Auskunftserteilung einen unverhältnismäßigen Aufwand erfordern würde.

(3) Bezieht sich die Auskunftserteilung auf die Übermittlung personenbezogener Daten an Verfassungsschutzbehörden, den Bundesnachrichtendienst, den Militärischen Abschirmdienst und, soweit die Sicherheit des Bundes berührt wird, andere Behörden des Bundesministeriums der Verteidigung, ist sie nur mit Zustimmung dieser Stellen zulässig.

(4) Die Auskunftserteilung unterbleibt, soweit
1. die Auskunft die ordnungsgemäße Erfüllung der in der Zuständigkeit der verantwortlichen Stelle liegenden Aufgaben gefährden würde,
2. die Auskunft die öffentliche Sicherheit oder Ordnung gefährden oder sonst dem Wohle des Bundes oder eines Landes Nachteile bereiten würde oder
3. die Daten oder die Tatsache ihrer Speicherung nach einer Rechtsvorschrift oder ihrem Wesen nach, insbesondere wegen der überwiegenden berechtigten Interessen eines Dritten, geheim gehalten werden müssen

und deswegen das Interesse des Betroffenen an der Auskunftserteilung zurücktreten muss.

(5) Die Ablehnung der Auskunftserteilung bedarf einer Begründung nicht, soweit durch die Mitteilung der tatsächlichen und rechtlichen Gründe, auf die die Entscheidung gestützt wird, der mit der Auskunftsverweigerung verfolgte Zweck gefährdet würde. In diesem Falle ist der Betroffene darauf hinzuweisen, dass er sich an die Bundesbeauftragte oder den Bundesbeauftragten für den Datenschutz und die Informationsfreiheit wenden kann.

(6) Wird dem Betroffenen keine Auskunft erteilt, so ist sie auf sein Verlangen der oder dem Bundesbeauftragten für den Datenschutz und die Informationsfreiheit zu erteilen, soweit nicht die jeweils zuständige oberste Bundesbehörde im Einzelfall feststellt, dass dadurch die Sicherheit des Bundes oder eines Landes gefährdet würde. Die Mitteilung der oder des Bundesbeauftragten an den Betroffenen darf keine Rückschlüsse auf den Erkenntnisstand der verantwortlichen Stelle zulassen, sofern diese nicht einer weitergehenden Auskunft zustimmt.
(7) Die Auskunft ist unentgeltlich.

Übersicht

	Rn.
1. Einleitung	1– 3
2. Gegenstand der Auskunft (Abs. 1)	4–12
3. Ausnahmen von der Auskunftspflicht (Abs. 2)	13–16
4. Zustimmungspflichtige Auskunft (Abs. 3)	17–20
5. Unterbleiben der Auskunftserteilung (Abs. 4)	21–29
6. Ausnahme von der Begründungspflicht (Abs. 5)	30–32
7. Einschaltung des BfDI (Abs. 6)	33, 34
8. Unentgeltlichkeit der Auskunft (Abs. 7)	35
9. Streitigkeiten	36

1. Einleitung

1 Die durch die Vorschrift begründeten Auskunftsrechte von Betroffenen gegenüber öffentlichen Stellen erfüllen Kernforderungen des Volkszählungsurteils des BVerfG: Der Bürger soll wissen, »wer was wann und bei welcher Gelegenheit über ihn weiß«.[1] Durch dieses Wissen wird er in die Lage versetzt, weitere Rechte wahrzunehmen, die ihm das Gesetz gibt (etwa gem. § 20 auf Löschung oder Sperrung von Daten). Die Vorschrift steht im Einklang mit Art. 12 Buchstabe a EG-Richtlinie, die jedem Bürger das Recht garantiert, von dem für die Verarbeitung Verantwortlichen die Bestätigung zu erhalten, ob es eine Verarbeitung gibt oder nicht. Das durch die Vorschrift begründete Auskunftsrecht ist unmittelbarer Bestandteil des Grundrechts auf informationelle Selbstbestimmung.[2]

2 Abs. 1 beschreibt i. d. S. das Verfahren zur Auskunftserteilung aus einer automatisierten und aus einer nicht automatisierten Datei. Die Abs. 2 bis 5 enthalten Ausnahmetatbestände, in denen von der Auskunftspflicht abgesehen werden kann. Abs. 6 weist den Weg zur Einschaltung des BfDI bei der Auskunftsverweigerung. Abs. 7 stellt Auskünfte frei von einem Entgelt.

3 Die Vorschrift wurde im Rahmen der Novelle des Jahres 2009 inhaltlich nicht verändert.

---

[1] BVerfGE 65, 1, 43.
[2] Mallmann in Simitis, § 19 Rn. 1; Bäumler NVwZ 1988, 199; Kneymeyer JZ 1992, 348; a. A. Gola/Schomerus, § 19 Rn. 2; jeweils m. w. N.

2. Gegenstand der Auskunft (Abs. 1)

Durch Abs. 1 werden die Voraussetzungen für die Erteilung einer Auskunft festgelegt. Der erste Satz ist textidentisch, der zweite Satz inhaltsgleich zur entsprechenden Regelung für den nicht-öffentlichen Bereich in § 34 Abs. 1 Satz 1 und 2. Deshalb wird zu den allgemeinen Voraussetzungen einer Auskunft sowie zu den Tatbeständen von Abs. 1 Nr. 1 bis 3 auf die dortigen Ausführungen verwiesen (vgl. § 34 Rn. 7 ff.). Die Vorschrift sieht einen weitreichenden Anspruch des Betroffenen auf Auskunft vor.[3] Die Auskunftspflicht wird durch einen Antrag des Betroffenen ausgelöst. Im Antrag soll nach Satz 2 die Art der Daten benannt werden, zu denen Auskunft verlangt wird. An den Inhalt des Antrags dürfen keine überzogenen Maßstäbe angelegt werden, da nur so das Recht auf informationelle Selbstbestimmung gewahrt wird.[4] Eine Begründung für das Auskunftsersuchen muss nicht gegeben werden. Der Antrag bedarf keiner besonderen Form und kann beispielsweise mündlich oder schriftlich gestellt werden (§ 34 Rn. 4 ff.).[5] Eine Beantragung per E-Mail oder SMS ist nicht grundsätzlich ausgeschlossen, wenn sich ein sicherer Bezug zu einem bestimmten Betroffenen herstellen lässt. Das Antragsrecht ist nicht »einmalig«. Einem wiederholten Antragsersuchen ist zu entsprechen. Etwas anderes gilt nur, wenn ein Betroffener sein Antragsrecht offenkundig missbraucht und hiermit lediglich den Zweck verfolgt, die ordnungsgemäße Aufgabenerfüllung bei der verantwortlichen Stelle zu erschweren oder zu gefährden.[6] Zulässig ist das Ersuchen um Auskünfte über Daten aus der Vergangenheit, soweit diese bei der verantwortlichen Stelle noch vorhanden sind.[7] Auf einen Antrag hin müssen dem Betroffenen alle über ihn vorhandenen personenbezogenen Daten mitgeteilt werden. Hierzu gehören auch Daten, die die verantwortliche Stelle selbst für bedeutungslos hält.[8] Liegen keine personenbezogenen Daten vor, besteht ein Anspruch auf eine »Negativauskunft«.[9]

Der öffentlichen Stelle obliegt die sichere Feststellung der Identität der anfragenden Person. Bei persönlicher Vorsprache kann dies beispielsweise durch Ansicht von Ausweispapieren geschehen. Schriftliche Anfragen dürfen nur beantwortet werden, wenn Sicherheit über die Identität der anfragenden Person gegeben ist (etwa bei Übereinstimmung der angegebenen Anschrift mit den Daten der verantwortlichen Stelle). Weiterhin muss klar sein, dass Dritte (etwa Familienangehörige) keinen Zugriff auf die zugesendeten Daten bekommen können. Wird schriftlich nach sensiblen Daten (insbesondere besondere Arten von Daten im Sinne von § 3 Abs. 9) gefragt, muss die Identität des Betroffenen zweifelsfrei festgestellt werden.[10] Die Berechtigung kann etwa

---
3 BVerfG 10.3.2008 NJW 2008, 2099.
4 Vgl. bezüglich des Auskunftsrechts von Strafgefangenen KG Berlin v. 5.9.2007, NStZ-RR 2008, 327, das einen Anspruch unter Bezugnahme auf § 19 BDSG zugestanden hat; a.A. LG Hamburg NStZ 2002, 55.
5 Gola/Schomerus, § 19 Rn. 12; Mester in Taeger/Gabel, § 19 Rn. 8; Schaffland/Wiltfang, § 19 Rn. 9.
6 BMH, § 19 Rn. 11.
7 BMH, § 19 Rn. 14.
8 Eßer in Auernhammer, § 19 Rn. 11; Schaffland/Wiltfang, § 19 Rn. 8a.
9 Vgl. Weichert NVwZ 2007, 1004.
10 Ähnlich Mester in Taeger/Gabel, § 19 Rn. 8.

durch eine behördlich oder notariell beglaubigte Unterschrift nachgewiesen werden.[11] In diesen Fällen können besondere Versendeformen (etwa per Einschreiben/eigenhändig) erforderlich sein.[12] Ist eine sichere Zuordnung von anfragenden Personen und bestimmten personenbezogenen Daten nicht möglich, muss die Auskunft unterbleiben.[13]

7 Das Auskunftsrecht steht jedem Betroffenen im Sinne von § 3 Abs. 1 zu.[14] Hingegen können Auskunftsansprüche von Dritten nicht auf § 19, sondern allenfalls auf andere Vorschriften wie etwa § 16 Abs. 1 Nr. 2 (vgl. dort Rn. 7 ff.) gestützt werden. Da das Auskunftsrecht nicht höchstpersönlich ausgestaltet ist, kann eine Bevollmächtigung erfolgen. Die für die Auskunft verantwortliche Stelle muss allerdings prüfen, ob die Vollmacht für die Erteilung der Auskunft ausreicht. Dies gilt insbesondere dann, wenn auch die Auskunft an den Bevollmächtigten erteilt werden soll.[15] Flankiert wird das datenschutzrechtliche Auskunftsrecht nunmehr durch die allgemeinen Regelungen des Informationsfreiheitsgesetzes (IFG). Nach § 1 Abs. 1 IFG hat jedermann nach Maßgabe dieses Gesetzes gegenüber den Behörden des Bundes einen Anspruch auf Zugang zu amtlichen Informationen. Begrenzt wird dieses Recht lediglich nach § 5 Abs. 1 IFG, soweit schutzwürdige Interesse Dritter am Ausschluss des Informationszugangs überwiegen. Bezogen auf den Auskunftsanspruch bezüglich eigener personenbezogener Daten verdeutlicht das IFG, dass Bundesbehörden in weitem Umfang verpflichtet sind, Betroffene über ihre eigenen personenbezogenen Daten zu informieren.

8 Um den Arbeitsaufwand für die öffentlichen Stellen in einem vertretbaren Rahmen zu halten, wird durch Satz 3 für die Auskunft über Daten, die weder automatisiert noch nicht automatisiert vorliegen[16] vom Betroffenen verlangt, dass er Angaben macht, die deren Auffinden ermöglichen. Hierbei kann es sich etwa um die Benennung der Bearbeitungs- oder Aktenzeichen, des Grundes für den Vorgang (etwa Bauantrag), des Datums oder des Sachbereichs. Auch in diesen Fällen muss ein Grund für das Auskunftsersuchen nicht angegeben werden.[17] Die dem Betroffenen zugewiesene Mitteilungspflicht entbindet die verantwortliche Stelle nicht von ihrer Verpflichtung, eigene Recherchen zu betreiben, um die gewollte Auskunft zu erteilen.[18]

9 Hat der Betroffene seine Mitwirkungspflicht erfüllt, kann die Auskunft unterbleiben, wenn der für die Erteilung erforderliche Aufwand unverhältnismäßig hoch ist. Im Einzelfall muss eine Abwägung zwischen dem Informationsinteresse des Betroffenen und dem notwendigen Arbeitsaufwand stattfinden.[19] Der Betroffene kann ggf. durch

---

11 Ebenso Eßer in Auernhammer, § 19 Rn. 29.
12 Gola/Schomerus, § 19 Rn. 14; Mallmann in Simitis, § 19 Rn. 52.
13 Mallmann in Simitis, § 19 Rn. 15.
14 Vgl. VG Berlin 24.8.2004 – Az. 23 A 1.04 –; zur Akteneinsicht im Bereich des Strafvollzugs BVerfG NStZ 2004, 609; KG Berlin v. 5.9.2007 NStZ-RR 2008, 327; OLG Sachsen-Anhalt NStZ 2004, 613, das im Bereich des StVollzG neben Strafgefangenen beispielsweise auch deren Angehörige oder Besucher als Träger von Auskunftsrechten anerkennt.
15 Mallmann in Simitis, § 19 Rn. 34.
16 Hierbei handelt es sich typischerweise um Akten; vgl. auch BFH, NVwZ-RR 2004, 419; Mallmann in Simitis, § 19 Rn. 40.
17 Schaffland/Wiltfang, § 19 Rn. 15.
18 Ähnlich Mallmann in Simitis, § 19 Rn. 42.
19 Eßer in Auernhammer, § 19 Rn. 20.

Auskunft an den Betroffenen § 19

Darlegung zusätzlicher Gründe nachweisen, dass auf seiner Seite ein Informationsinteresse besteht, das einen hohen Aufwand rechtfertigt. Mit Blick auf das verfassungsrechtlich begründete Informationsinteresse und auf das sich hieraus ableitende Schutzbedürfnis der Betroffenen sind an die Bewertung des Aufwands zu Lasten der öffentlichen Stelle strenge Maßstäbe anzulegen.[20] Der Aufwand für die Erteilung einer Auskunft wird nicht als unverhältnismäßig hoch zu bewerten sein, wenn konkrete Anhaltspunkte dafür bestehen, dass Daten unzulässig erhoben oder unrichtig verarbeitet und genutzt werden oder dass anderweitige Rechte der Betroffenen verletzt werden.[21]

Anders als im nicht-öffentlichen Bereich (vgl. § 34 Abs. 3) ist für die Auskunft keine Schriftform vorgegeben. Mit Blick auf die notwendige Verbindlichkeit ist sie aber für den Regelfall sinnvoll. Zwingende Verfahrensvorschriften gibt es nicht. Die speichernde Stelle kann das Verfahren und die Form der Auskunftserteilung nach pflichtgemäßem Ermessen bestimmen.[22] Das Gesetz trägt zahlreichen Sonderregelungen in Spezialgesetzen Rechnung. So sieht etwa § 42 Abs. 1 BZRG nur die Möglichkeit der höchstpersönlichen Einsicht in Strafregisterdaten vor und schließt eine schriftliche Übermittlung aus. Ist jedoch eine bestimmte Form der Auskunftserteilung nicht gesetzlich vorgesehen, wird man für den Regelfall davon ausgehen können, dass Betroffene schon aus Beweisgründen eine schriftliche Auskunft verlangen können. Da der Aufwand hierfür nicht höher, sondern eher niedriger ist als eine mündliche Information, stehen Interessen der öffentlichen Stelle einer solchen Auffassung nicht entgegen.[23] 10

Die Form der Auskunft muss sich an der Art der Daten orientieren. Sie muss für den Betroffenen verständlich sein.[24] Werden etwa schriftlich Name und aktuelle Anschrift aus dem Melderegister abgefragt, kann auf diesem Weg geantwortet werden. Spricht der Betroffene persönlich vor, kann eine mündliche Auskunft oder die direkte Einsicht angemessen sein. Fernmündliche Auskünfte werden wegen der nicht gegebenen Sicherheit über die Identität des Gesprächspartners nur in Ausnahmefällen und auf keinen Fall bei besonderen Arten von Daten zulässig sein.[25] Gleiches gilt für Auskünfte per E-Mail, per SMS usw., sofern nicht besondere Schutzvorkehrungen (etwa die Verwendung sicherer Verschlüsselungsverfahren und einer qualifizierten digitalen Signatur) getroffen werden. Grundsätzlich möglich sind Auskünfte über das Internet, mit denen derzeit in der öffentlichen Verwaltung experimentiert wird.[26] 11

Fristen für die Auskunftserteilung schreibt das Gesetz ebenfalls nicht vor. Für den Regelfall ist aber davon auszugehen, dass eine Auskunft unverzüglich erfolgen muss. Diese Vorgabe wird mit einer Bearbeitungsfrist von zwei Wochen erfüllt sein.[27] Längere Fristen sind nur in begründeten Ausnahmefällen zulässig. 12

---

20 Zu eng deshalb VG Berlin DSB 12/2002, 13, nach dem die Durchsicht einzelner Seiten durch die verantwortliche Stelle nicht zumutbar sein soll.
21 Ähnlich Gola/Schomerus, § 19 Rn. 10; Mallmann in Simitis, § 19 Rn. 45.
22 Eßer in Auernhammer, § 19 Rn. 30.
23 Zustimmend Mester in Taeger/Gabel, § 19 Rn. 19.
24 Mallmann in Simitis, § 19 Rn. 54.
25 Gola/Schomerus, § 19 Rn. 13; Eßer in Auernhammer, § 19 Rn. 25; vgl. auch Rn. 5.
26 Eßer in Auernhammer, § 19 Rn. 24; ähnlich Mallmann in Simitis, § 19 Rn. 53; ausführlich hierzu RPG, S. 174 ff.
27 Eßer in Auernhammer, § 19 Rn. 24; Mallmann in Simitis, § 19 Rn. 50; Mester in Taeger/Gabel, § 19 Rn. 20; Roggenkamp in Plath, § 19 Rn. 16; Schaffland/Wiltfang, § 19 Rn. 18.

3. Ausnahmen von der Auskunftspflicht (Abs. 2)

13 Für die Fälle der gesetzlich, satzungsmäßig oder vertraglich normierten Aufbewahrungspflichten und der Datensicherung bzw. Datenschutzkontrolle sind in Abs. 2 Ausnahmen von der allgemeinen Auskunftspflicht vorgesehen. Die Vorschrift ist inhaltlich identisch mit der entsprechenden Regelung im nicht-öffentlichen Bereich § 34 Abs. 4 i.V.m. § 33 Abs. 2 Nr. 2 (vgl. die Ausführungen in § 33 Rn. 26 ff.). Die beiden in Abs. 2 genannten Ausnahmen führen zum vollständigen Wegfall des Auskunftsrechts. Deshalb sind sie mit Blick auf das Recht auf informationelle Selbstbestimmung eng auszulegen.[28]

14 Die Auskunft kann nach der ersten Alternative unterbleiben, wenn Daten aufgrund von Aufbewahrungsfristen nicht gelöscht werden dürfen. Eine gesetzliche Aufbewahrungsfrist findet sich beispielsweise in § 141 AO. Satzungsmäßige und vertragliche Aufbewahrungsfristen sind im öffentlichen Bereich eher die Ausnahme und können beispielsweise aufgrund öffentlich-rechtlicher Verträge nach § 54 VwVfG in Betracht kommen.[29]

15 Die zweite Alternative begründet einen Auskunftsausschluss für die Daten, die aus Gründen der Datensicherung oder Datenschutzkontrolle vorgehalten werden. In den Bereich der Datensicherung fallen beispielsweise Sicherungskopien, Protokolldateien oder Logfiles. Diesbezüglich ist allerdings zu bedenken, dass sich der gesetzliche Ausschluss dann nur auf diese redundanten oder technisch bedingten Daten bezieht, nicht aber auf die zur eigentlichen Verarbeitung benötigten »Originaldaten«. In den Bereich der Datenschutzkontrolle fallen ausschließlich Daten, die ein behördlicher Datenschutzbeauftragter oder der BfDI bereithalten.[30]

16 Seit der durch das BDSG 2001 eingeführten Ergänzung des Abs. 2 durch einen neuen letzten Hlbs. steht die Verweigerung einer Auskunft zudem unter dem Vorbehalt, dass die Erteilung mit einem unverhältnismäßigen Aufwand verbunden wäre. Mit Blick auf den Ausnahmecharakter der Vorschrift muss bei der Bewertung der Verhältnismäßigkeit von der verantwortlichen Stelle begründet dargelegt werden, warum der Aufwand unverhältnismäßig (und damit unzumutbar) hoch ist. Ist diese Begründung nicht substantiiert, muss die Auskunft erteilt werden.[31] Gleiches gilt, wenn eine Auskunft offenkundig ohne nennenswerten Aufwand erteilt werden kann.[32]

4. Zustimmungspflichtige Auskunft (Abs. 3)

17 Da nach Abs. 1 Auskunft über die Herkunft und den Empfänger von Daten zu geben ist, räumt das Gesetz den in der Vorschrift aufgeführten Behörden aus dem Nachrichten- und Sicherheitsbereich dann ein besonderes Zustimmungsrecht ein, wenn sie von öffentlichen Stellen Daten empfangen haben. Die Vorschrift steht im Einklang mit

---

28 Ebenso Mester in Taeger/Gabel, § 19 Rn. 23.
29 BMH, § 19 Rn. 26.
30 BMH, § 19 Rn. 27; Gola/Schomerus, § 19 Rn. 19; Eßer in Auernhammer, § 19 Rn. 39.
31 Ebenso BMH, § 19 Rn. 28; Mester in Taeger/Gabel, § 19 Rn. 27; ähnlich im Ergebnis wohl auch Roggenkamp in Plath, § 19 Rn. 17.
32 Gola/Schomerus, § 19 Rn. 21.

Auskunft an den Betroffenen § 19

Art. 13 EG-Richtlinie, der Ausnahmen und Einschränkungen von der allgemeinen Auskunftspflicht mit Blick auf die Sicherheit des Staates und die öffentliche Sicherheit ausdrücklich zulässt.

Für die Erteilung von Auskünften über Daten, die die Nachrichtendienste selbst erhoben haben, ist die Vorschrift aufgrund spezialgesetzlicher Regelungen nicht einschlägig.[33] Die gesetzliche Ausnahme von der Auskunftspflicht erstreckt sich nur auf die Tatsache der Übermittlung in den Sicherheitsbereich, nicht aber auf die Daten selbst. Die diesbezüglich bestehende Auskunftspflicht der verantwortlichen Stelle bleibt von Abs. 3 unberührt.[34]

18

Ziel der Regelung ist es, zu vermeiden, dass Betroffene auf diesem Umweg davon Kenntnis erlangen, dass Nachrichtendienste Daten angefordert bzw. von öffentlichen Stellen übermittelt bekommen haben.[35] Entsprechendes gilt für die Datenübermittlung zum Zwecke der Sicherheitsüberprüfung nach dem SÜG. Würden Betroffene nämlich von den entsprechenden Übermittlungen aufgrund der Auskunft einer öffentlichen Stelle nach Abs. 1 Nr. 2 Kenntnis erlangen, könnte dies die Arbeit der Nachrichten- bzw. Sicherheitsbehörden negativ beeinträchtigen. Deshalb wird die entsprechende Mitteilung durch Abs. 3 unter einem Zustimmungsvorbehalt gestellt. Wird die Erlaubnis vom jeweiligen Nachrichtendienst nicht erteilt, erfolgt kein Hinweis an den Betroffenen, dass Daten übermittelt worden sind.[36] Die jeweilige Behörde muss allerdings nach pflichtgemäßem Ermessen prüfen, ob die Zustimmung verweigert werden kann.[37] Hierbei ist zu bedenken, dass nach Abs. 3 kein Auskunftsverbot besteht.[38]

19

Eine andere Situation gilt für personenbezogene Daten, die aus dem Sicherheitsbereich stammen. Hat beispielsweise ein Nachrichtendienst seinerseits Daten an eine öffentliche Stelle übermittelt, kann im Rahmen einer Auskunft von dort eine Information über die Herkunft erfolgen, da dann offensichtlich kein besonderes Geheimhaltungsinteresse mehr besteht.[39]

20

5. Unterbleiben der Auskunftserteilung (Abs. 4)

Eine Auskunft durch öffentliche Stellen kann nur unterbleiben, wenn zwei Voraussetzungen gegeben sind: Einer der in Abs. 4 Nrn. 1 bis 3 genannten Tatbestände muss erfüllt sein und das Interesse des Betroffenen muss wegen des überwiegenden Allgemeininteresses zurücktreten.[40] Die damit vorzunehmende Interessenabwägung wird der eindeutigen Vorgabe gerecht, die das BVerfG in seiner Volkszählungsentscheidung gemacht hat.[41] Die Aufzählung von Ausnahmetatbeständen in Abs. 1 ist mit Blick auf

21

---

33 Vgl. Einl. Rn. 68 sowie BMH, § 19 Rn. 29 ff. m. w. N.
34 Mallmann in Simitis, § 19 Rn. 73; Mester in Taeger/Gabel, § 19 Rn. 28.
35 Auernhammer, § 19 Rn. 24; OSG, § 19 Anm. 7.
36 Gola/Schomerus, § 19 Rn. 23; Mester in Taeger/Gabel, § 19 Rn. 28.
37 BVerwG DVBl. 90, 707; OVG Berlin NJW 1986, 2004; VG Stade CR 1988, 496; ebenso Eßer in Auernhammer, § 19 Rn. 42.
38 BMH, § 19 Rn. 38.
39 Dörr/Schmidt, § 19 Rn. 12; Gola/Schomerus, § 19 Rn. 22; Mallmann in Simitis, § 19 Rn. 74.
40 Eßer in Auernhammer, § 19 Rn. 55.
41 Vgl. BVerfGE 65, 1, 43 f.

§ 19　　　　　　　　　　　　　　　　　　　　　　Auskunft an den Betroffenen

das Grundrecht auf informationelle Selbstbestimmung und nach dem eindeutigen Gesetzeswortlaut abschließend.[42]

22 Durch Abs. 4 wird der verantwortlichen Stelle kein Entscheidungs- oder Ermessensspielraum eingeräumt. Die vorzunehmende Prüfung muss sich auf den konkreten Einzelfall beziehen. Sind die normativen Voraussetzungen erfüllt, muss die Auskunft unterbleiben. Ist dies nicht der Fall, muss sie erteilt werden.[43] Fällt die Voraussetzung der Auskunftsverweigerung nachträglich weg, muss die Auskunft nachgeholt werden.[44] Die Gründe für die Auskunftsverweigerung sind auf Verlangen des Betroffenen von der verantwortlichen Stelle schriftlich zu begründen. Als Verwaltungsakt ist die Entscheidung gerichtlich nachprüfbar.[45]

23 Nach Nr. 1 unterbleibt die Auskunftserteilung, wenn die ordnungsgemäße Aufgabenerfüllung dadurch gefährdet würde (zum Begriff »Erfüllung der Aufgaben« vgl. § 13 Rn. 14ff.; zum nicht-öffentlichen Bereich § 33 Rn. 48). Die Gefährdung muss unmittelbar durch den Inhalt der Auskunft herbeigeführt werden[46] und die Aufgabenerfüllung der Behörde konkret gefährden. Die Regelung zielt auf den Sicherheitsbereich der Bundesverwaltung und kommt insbesondere in Bezug auf das Bundeskriminalamt, die Behörden der Staatsanwaltschaft und die Polizei zur Anwendung. Hier ist die Auskunftsverweigerung inzwischen zur Ausnahme geworden.[47] Auf die Nachrichtendienste ist die Vorschrift hingegen nicht unmittelbar anzuwenden, da es bereichsspezifische Auskunftsregeln gibt (vgl. § 7 BNDG, § 15 BverfSchG und § 9 MADG sowie zur Sicherheitsüberprüfung §§ 6, 23 SÜG).[48] Anwendbar kann sie darüber hinaus beispielsweise auch im Bereich der Finanzverwaltung sein.[49] Das vom BVerfG angeführte Argument, nach dem die ordnungsgemäße Aufgabenerfüllung im Finanzbereich gefährdet sei, weil die vom Betroffenen angeforderten Daten nach einer Aufgabenerteilung für die Behörde selbst wertlos seien, vermag allerdings im Ergebnis nicht zu überzeugen.

24 Eine Auskunftsverweigerung nach Nr. 1 kommt beispielsweise in Betracht, wenn mit der Erteilung der Auskunft Informationen über ein laufendes Ermittlungsverfahren an einen Betroffenen gelangen würden, die ihn in die Lage versetzen könnten, Sachverhalte zu verschleiern oder Spuren zu verwischen.[50] Einschlägig ist sie auch, wenn die Staatsanwaltschaft einem Informanten Vertraulichkeit zugesichert hat, die durch die Auskunft aufgehoben würde.[51] Nicht anwendbar wäre die Auskunftsverweigerung hin-

---

42 Vgl. auch VerfG Rheinland-Pfalz CR 1999, 354; BVerfG NJW 1992, 451; ebenso BMH, § 19 Rn. 40; im Ergebnis auch Gola/Schomerus, § 19 Rn. 24.
43 Zutreffend Mallmann in Simitis, § 19 Rn. 75.
44 Riegel, S. 193; Mallmann in Simitis, § 19 Rn. 80; Mester in Taeger/Gabel, § 19 Rn. 31.
45 Gola/Schomerus, § 19 Rn. 24; Mester in Taeger/Gabel, § 19 Rn. 31.
46 Gola/Schomerus, § 19 Rn. 23; Mallmann in Simitis, § 19 Rn. 83; Roggenkamp in Plath, § 19 Rn. 20.
47 Simitis/Fuckner NJW 1990, 2713, 2715; Gola/Schomerus, § 19 Rn. 24.
48 Allgemein Bäumler DuD 1996, 537; Riegel, S. 192ff.
49 Vgl. BFH DuD 2004, 179 für die Sammlung von Informationen über sog. »Domizilgesellschaften«; bestätigt durch BVerfG v. 10.3.2018 NJW 2008, 2099.
50 Ähnlich Gola/Schomerus, § 19 Rn. 25; Mallmann in Simitis, § 19 Rn. 85f.; Mester in Taeger/Gabel, § 19 Rn. 32.
51 Vgl. BVerwG RDV 1994, 28; VGH Rheinland-Pfalz RDV 1999, 71; Gola/Schomerus, § 19 Rn. 25; Schaffland/Wiltfang, § 19 Rn. 23.

Auskunft an den Betroffenen § 19

gegen, wenn die Zahl der Anfragen bei der speichernden Stelle lediglich zu erhöhter Inanspruchnahme der Beschäftigten oder der technischen Anlagen führen würde, ohne dass zugleich die ordnungsgemäße Aufgabenerfüllung gefährdet wäre.[52] Das Recht zur Auskunftsverweigerung nach Nr. 2 zielt auf bedeutende Rechtsgüter wie den Schutz des Bestands der verfassungsmäßigen Ordnung oder die Vermeidung von drohenden Gefährdungen des Lebens, der Gesundheit, der Freiheit oder des Eigentums von Bürgern.[53] Die genannten Voraussetzungen sind unbestimmte Rechtsbegriffe und daher im Interesse der verfassungsrechtlich gebotenen Datentransparenz eng auszulegen[54] und können deshalb nur selten zur Anwendung kommen.[55] Ein Nachteil für das Wohl des Bundes könnte beispielsweise gegeben sein, wenn eine Auskunft über den Inhalt von Akten oder Dateien im Sicherheitsbereich die künftige Aufgabenerfüllung der jeweiligen öffentlichen Stellen erschweren würde.[56] Die Voraussetzungen für eine zulässige Auskunftsverweigerung sind hoch. Sie wären beispielsweise nicht erfüllt, wenn nach dem Erteilen einer Auskunft dem öffentlichen Bereich lediglich fiskalische Nachteile drohen.[57] Da die Vorschrift auf drohende Nachteile für das Wohl des Bundes oder eines Landes abstellt, ist sie auf kleinere Teile des Gemeinwesens – etwa eine Gemeinde – ebenso so wenig anwendbar wie auf nachgeordnete Bundesbehörden, deren Daten ohne übergreifende oder herausragende Bedeutung sind.[58]   25

Das durch Nr. 3 begründete Auskunftsverweigerungsrecht knüpft an zwei Alternativen an: Daten müssen entweder nach einer Rechtsvorschrift (Abs. 4 Nr. 3 Hlbs. 1) oder ihrem Wesen nach, insbesondere wegen des überwiegenden Interesses eines Dritten, geheim (Abs. 4 Nr. 3 Hlbs. 2) zu halten sein.   26

Da die meisten Rechtsvorschriften zur Geheimhaltung dem Schutz der Betroffenen selbst dienen, besteht ein sich aus der ersten Alternative ableitendes Recht zur Auskunftsverweigerung öffentlicher Stellen nur in wenigen Fällen. Zu denken ist beispielsweise an die Geheimhaltungspflicht bezüglich der eigenen Daten, die gem. § 61 Abs. 2, 3 PStG gegenüber noch nicht 16 Jahre alten adoptierten oder nichtehelichen Kindern besteht.[59]   27

Sind Daten ihrem Wesen nach, namentlich wegen berechtigter Interessen eines Dritten, geheim zu halten, unterbleibt nach der zweiten Alternative die Auskunft ebenfalls. Mit Blick auf die vorgegebene enge Auslegung[60] kommen hier nur Fälle in Betracht, in denen etwa einem verlässlichen Informanten, der Tatsachen berichtet hat, Vertraulich-   28

---

52 Zutreffend Schaffland/Wiltfang, § 19 Rn. 24; a. A. Auernhammer, § 19 Rn. 28, der in diesen Fällen ein Verweigerungsrecht sieht.
53 Gola/Schomerus, § 19 Rn. 27.
54 Bergmann/Möhrle/Herb, § 19 Rn. 43; Mester in Taeger/Gabel, § 19 Rn. 33; zustimmend Roggenkamp in Plath, § 19 Rn. 21; Mallmann in Simitis, § 19 Rn. 90 spricht nur von »gravierenden Fällen«.
55 Wedde in Roßnagel, Kap. 4.4. Rn. 44.
56 BVerwG 21.6.1993 DÖV 1993, 1102.
57 Eßer in Auernhammer, § 19 Rn. 46.
58 Ähnlich Eßer in Auernhammer, § 19 Rn. 48; Schaffland/Wiltfang, § 19 Rn. 26.
59 Auernhammer, § 19 Rn. 31; Schaffland/Wiltfang, § 19 Rn. 27; Gola/Schomerus, § 19 Rn. 28; für den nicht-öffentlichen Bereich vgl. § 33 Rn. 30 ff.
60 Bergmann/Möhrle/Herb, § 19 Rn. 44.

keit zugesichert wurde, die durch Einblick in eine Akte aufgehoben würde[61] oder in denen die Einweisung einer akut selbstmordgefährdeten Person in eine psychiatrische Klinik durch den Ehe- oder Lebenspartner veranlasst wurde.[62] Die Vorschrift rechtfertigt allerdings nicht eine Auskunftsverweigerung bezüglich medizinischer Daten.[63]

29 Ist einer der drei durch die Nr. 1 bis 3 abschließend beschriebenen Ausnahmetatbestände erfüllt, hat die speichernde Stelle im Rahmen einer Abwägung weiterhin zu prüfen, ob das Interesse des Betroffenen an der Auskunftserteilung zurücktreten muss. Nur wenn im Rahmen dieser Prüfung, die mit Blick auf das Recht auf informationelle Selbstbestimmung unter Anlegung eines strengen Maßstabs erfolgen muss, die Auskunftsverweigerung zu rechtfertigen ist, ist sie rechtsstaatlich zulässig.[64] Bestehen auf Seiten des Betroffenen für den Erhalt der Auskunft besondere Gründe wie etwa ansonsten drohende Rechtsnachteile, müssen die entgegenstehenden öffentlichen Interessen mindestens ebenso gewichtig sein, damit auf die Auskunft verzichtet werden kann. Im Falle der angesprochenen Zusicherung der Vertraulichkeit gegenüber einem Informanten der Staatsanwaltschaft muss die Auskunft als Ergebnis einer Abwägung dennoch erfolgen, wenn der Informant offensichtlich die Unwahrheit gesagt hat bzw. der staatlichen Behörde leichtfertig eine falsche Information mitteilte und wenn dem Betroffenen hieraus Nachteile entstanden sind oder entstehen können.[65]

6. Ausnahme von der Begründungspflicht (Abs. 5)

30 Die Ablehnung einer Auskunft ist als Verwaltungsakt von der verantwortlichen Stelle im Regelfall gegenüber dem Betroffenen zu begründen. Die Begründung kann in bestimmten Fällen unterbleiben, wenn durch sie der mit der Auskunftsverweigerung verfolgte Zweck gefährdet würde. Die Regelung zielt insbesondere auf Fälle ab, bei denen die Begründung der Auskunftsverweigerung einen Betroffenen mit Informationen darüber versorgen würde, über welchen Kenntnisstand eine öffentliche Stelle bereits verfügt (etwa laufende Ermittlungsverfahren). Könnte ein Betroffener seinerseits diese Informationen nutzen, um Ermittlungen zu vereiteln, wäre der Tatbestand des Abs. 5 erfüllt. Art. 12 EG-Richtlinie steht der Regelung nicht entgegen, da insoweit Art. 13 Abs. 1 Buchstabe d EG-Richtlinie mit Blick auf Verhütung, Ermittlung, Feststellung und Verfolgung von Straftaten ausdrücklich Beschränkungen der Betroffenenrechte zulässt.

31 Um derartige Effekte zu vereiteln, die die Arbeit von öffentlichen Stellen ins Leere laufen lassen würde, kann nach Satz 1 beim Vorliegen entsprechender Gefährdungen auf eine Begründung vollständig verzichtet werden. Schon mit Blick auf die mögliche

---

61 VGH München NJW 1980, 198; vgl. auch BVerwG NJW 1992, 451.
62 Gola/Schomerus, § 19 Rn. 28; Mester in Taeger/Gabel, § 19 Rn. 34.
63 Gola/Schomerus, § 19 Rn. 28; Eßer in Auernhammer, § 19 Rn. 53; Mallmann in Simitis, § 19 Rn. 100.
64 Ähnlich Eßer in Auernhammer, § 19 Rn. 55; Mallmann in Simitis, § 19 Rn. 101; Roggenkamp in Plath, § 19 Rn. 19.
65 Vgl. BVerwG NJW 1992, 451; BVerwG NJW 2003, 3217 für die Nennung eines Denunzianten durch den Dienstherrn eines Beamten; ähnlich im Ergebnis BMH, § 19 Rn. 41; Gola/Schomerus, § 19 Rn. 25; Mallmann in Simitis, § 19 Rn. 102.

Auskunft an den Betroffenen § 19

Einschaltung des BfDI unverzichtbar ist allerdings ein Hinweis darauf, dass überhaupt Daten gespeichert werden. Da ein solcher Hinweis in allgemeiner Form erfolgen kann (etwa durch die Formulierung »Soweit sich das Auskunftsersuchen auf laufende Ermittlungen bezieht, wird hierzu unabhängig davon, ob tatsächlich Daten gespeichert sind oder nicht, keine Auskunft erteilt«);[66] wird der konkrete Ermittlungszweck im Regelfall nicht tangiert oder vereitelt. Das Festhalten an einer allgemeinen Informationspflicht dient der Umsetzung des Rechts auf informationelle Selbstbestimmung und ist deshalb unverzichtbar.[67]

Dem Betroffenen ist in der allgemeinen Mitteilung über die Ablehnung der Auskunft nach Abs. 5 Satz 2 auch der Hinweis zu geben, dass er den BfDI einschalten kann. Dies gilt unabhängig von Art und Umfang der nach Satz 1 erfolgten Begründung.[68] 32

7. Einschaltung des BfDI (Abs. 6)

Wurde einem Betroffenen die Auskunft aufgrund besonderer Geheimhaltungsinteressen öffentlicher Stellen verweigert, die in § 19 normiert sind, kann er den BfDI um »Ersatzvornahme« bitten.[69] Die Auskunft an den BfDI erfolgt nur auf Verlangen eines Betroffenen und damit mit seinem Einverständnis. Sie darf nach Abs. 1 Satz 1 letzter Hlbs. nur unterbleiben, wenn hierdurch die Sicherheit des Bundes oder eines Landes gefährdet würde. Dese geschaffene Ausnahmeregelung ist als eine Art »Notstandsklausel« eng auszulegen.[70] Für die Praxis sind schon mit Blick auf den Tatbestand der Gefährdung der »Sicherheit des Bundes oder eines Landes« überhaupt nur wenige Fallkonstellationen vorzustellen, in denen sie einschlägig ist.[71] Im Regelfall wird eine Zustimmung erfolgen müssen.[72] 33

Gibt es aus Sicht der verantwortlichen Stelle Gründe, die gegen eine Prüfung durch den BfDI sprechen, sind diese darzulegen. Ist dies nicht der Fall, obliegt dem BfDI die datenschutzrechtliche Überprüfung des Sachverhalts. Stellt er einen Verstoß fest, hat er auf Abhilfe hinzuwirken und deren Möglichkeiten mit der verantwortlichen Stelle zu diskutieren.[73] Dem Betroffenen darf er das Ergebnis seiner Überprüfung nach Satz 2 nur in allgemeiner Form mitteilen. Rückschlüsse auf den Erkenntnisstand der verantwortlichen Stelle darf die Mitteilung nicht zulassen. Gegenüber dem Betroffenen hat der BfDI damit in der Praxis die schwierige Aufgabe, eine fundierte und verbindliche 34

---

66 Ähnlich Mallmann in Simitis, § 19 Rn. 109; Gola/Schomerus, § 19 Rn. 32.
67 Im Ergebnis ähnlich Bergmann/Möhrle/Herb, § 19 Rn. 47 f.; zu eng Gola/Schomerus, § 19 Rn. 31 m.w.N., nach denen auf einen entsprechenden Hinweis in bestimmten Fällen vollständig verzichtet werden kann.
68 Ebenso Bergmann/Möhrle/Herb, § 19 Rn. 51; Mallmann in Simitis, § 19 Rn. 110; Mester in Taeger/Gabel, § 19 Rn. 36.
69 BMH, § 19 Rn. 53 und Mallmann in Simitis, § 19 Rn. 111 sprechen zutreffend von einem »Ersatzrecht für Bürger«.
70 Ebenso Eßer in Auernhammer, § 19 Rn. 59.
71 Mallmann in Simitis, § 19 Rn. 113; BMH, § 19 Rn. 54; ähnlich Mester in Taeger/Gabel, § 19 Rn. 37.
72 Zutreffend Gola/Schomerus, § 19 Rn. 33.
73 Gola/Schomerus, § 19 Rn. 33.

Aussage so zu formulieren, dass direkte oder indirekte Rückschlüsse auf geheime Sachverhalte ausgeschlossen werden.[74]

8. Unentgeltlichkeit der Auskunft (Abs. 7)

35 Die Vorschrift erleichtert die Rechtswahrung der von der Datenverarbeitung betroffenen Bürger. Die hiernach zu erteilende Auskunft muss nach dem eindeutigen Wortlaut gebührenfrei erfolgen. Es dürfen deshalb weder Kosten für Porto bzw. Auslagen noch andere »allgemeine Gebühren« erhoben werden.[75] Auch der generelle Verweis auf ein Einsichtsrecht erfüllt im Regelfall den nach § 19 bestehenden allgemeinen Auskunftsanspruch nicht ausreichend, da Betroffene damit keine beweiskräftigen Unterlagen erhalten.[76]

9. Streitigkeiten

36 Wird eine Auskunft nach Abs. 1 abgelehnt, ist dies ein gerichtlich nachprüfbarer Verwaltungsakt, der auf Verlangen schriftlich mitgeteilt werden muss.[77] Die gegen den Verwaltungsakt bestehenden Rechtsmittel bestimmen sich nach den im jeweiligen öffentlichen Bereich geltenden Verfahrensvorschriften (z. B. nach Abschluss des Widerspruchsverfahrens Verpflichtungsklage nach § 42 Abs. 1 VwVfG).[78] Reagiert die Behörde nicht auf den Auskunftsantrag, kann Leistungsklage erhoben werden.[79]

§ 19a Benachrichtigung

(1) Werden Daten ohne Kenntnis des Betroffenen erhoben, so ist er von der Speicherung, der Identität der verantwortlichen Stelle sowie über die Zweckbestimmungen der Erhebung, Verarbeitung oder Nutzung zu unterrichten. Der Betroffene ist auch über die Empfänger oder Kategorien von Empfängern von Daten zu unterrichten, soweit er nicht mit der Übermittlung an diese rechnen muss. Sofern eine Übermittlung vorgesehen ist, hat die Unterrichtung spätestens bei der ersten Übermittlung zu erfolgen.
(2) Eine Pflicht zur Benachrichtigung besteht nicht, wenn
1. der Betroffene auf andere Weise Kenntnis von der Speicherung oder der Übermittlung erlangt hat,
2. die Unterrichtung des Betroffenen einen unverhältnismäßigen Aufwand erfordert oder
3. die Speicherung oder Übermittlung der personenbezogenen Daten durch Gesetz ausdrücklich vorgesehen ist.

---

[74] Ebenso Gola/Schomerus, § 19 Rn. 33; Mallmann in Simitis, § 19 Rn. 115.
[75] Zustimmend Mester in Taeger/Gabel, § 19 Rn. 39; ebenso Eßer in Auernhammer, § 19 Rn. 61.
[76] A. A. Bergmann/Möhrle/Herb, § 19 Rn. 60.
[77] Schaffland/Wiltfang, § 19 Rn. 22.
[78] Vgl. ausführlich Mallmann in Simitis, § 19 Rn. 124.
[79] Gola/Schomerus, § 19 Rn. 35.

Benachrichtigung § 19a

Die verantwortliche Stelle legt schriftlich fest, unter welchen Voraussetzungen von einer Benachrichtigung nach Nummer 2 oder 3 abgesehen wird.
(3) § 19 Abs. 2 bis 4 gilt entsprechend.

Übersicht
	Rn.
1. Einleitung	1- 6
2. Unterrichtungspflicht (Abs. 1)	7-14
a) Form der Unterrichtung	8
b) Inhalt der Unterrichtung (Satz 1)	9-11
c) Unterrichtung über Empfänger (Satz 2)	12
d) Zeitpunkt der Unterrichtung (Satz 3)	13, 14
3. Ausnahmen von der Benachrichtigungspflicht (Abs. 2 und 3)	15-23
a) Kenntnisnahme auf andere Weise (Abs. 2 Nr. 1)	16, 17
b) Unverhältnismäßiger Aufwand (Abs. 2 Nr. 2)	18-20
c) Speicherung oder Übermittlung aufgrund gesetzlicher Vorgabe (Abs. 2 Nr. 3)	21
d) Schriftliche Festlegung der Voraussetzungen für Ausnahmen (Abs. 2 Satz 2)	22
e) Entsprechende Anwendbarkeit von § 19 Abs. 2 bis 4 (Abs. 3)	23
4. Verstöße gegen die Unterrichtungspflicht	24
5. Streitigkeiten	25

1. Einleitung

Die Vorschrift wurde im Rahmen der Novelle des Jahres 2009 inhaltlich nicht verändert. Durch die Regelung werden die in Art. 11 der EG-Richtlinie vorgeschriebenen Benachrichtigungspflichten für den öffentlichen Bereich für die Fälle normiert, in denen Daten ohne Kenntnis der Betroffenen gespeichert werden. Ergänzende allgemeine Vorschriften finden sich in § 4 Abs. 3. Für den nicht-öffentlichen Bereich gibt es mit § 33 schon seit 1990 eine vergleichbare Vorschrift. 1

Die Regelung trägt dem Transparenzgebot Rechnung, das nach der Volkszählungsentscheidung des BVerfG das Recht eines jeden Bürgers beinhaltet, zu wissen, wer was wann und bei welcher Gelegenheit über ihn weiß.[1] Sie stellt eine Vorstufe des Auskunftsrechts (§ 19) dar, da dies nur wahrgenommen werden kann, wenn Betroffene wissen, wonach sie fragen können.[2] 2

Die Vorschrift richtet sich an alle öffentlichen Stellen im Anwendungsbereich des BDSG 3 (vgl. § 12 Rn. 6 ff.). Die entsprechende Verantwortlichkeit besteht auch für den Bereich der Auftragsdatenverarbeitung (§ 11 Rn. 22 ff.). Ausgenommen sind öffentlich-rechtliche Wettbewerbsunternehmen (§ 12 Abs. 1 Hlbs. 1, vgl. dort Rn. 6 ff.) sowie personenbezogene Daten aus dem dienst- und arbeitsrechtlichen Bereich (§ 12 Abs. 4, vgl. dort Rn. 14 ff.). Auf diese Daten kommen die Regelungen des Dritten Abschnitts und hier insbesondere die des § 33 zur Anwendung (vgl. die Erläuterungen zu § 33 Rn. 4 ff.).

In Abs. 1 der Vorschrift finden sich allgemeine Vorgaben der Benachrichtigungspflicht, 4 wenn Daten ohne Kenntnis von Betroffenen erhoben werden. Diesen stehen in Abs. 2

---

[1] BVerfGE 65, 1 (43); ebenso Mallmann in Simitis, § 19a Rn. 4; BMI, § 19a Rn. 2; enger Gola/Schomerus, § 19a Rn. 1, die Ausnahmen von der Benachrichtigungspflicht ausdrücklich für notwendig halten.
[2] Mallmann in Simitis, § 19a Rn. 29.

zahlreiche Ausnahmen gegenüber. Darüber hinaus sind nach Abs. 3 zusätzlich die speziellen Ausnahmen von der Auskunftsberechtigung anzuwenden, die für den Bereich der Auskunftserteilung in § 19 Abs. 2 bis 4 enthalten sind.

5 Die durch die Vorschrift begründete Unterrichtungspflicht wird nach dem Gesetzeswortlaut erst ausgelöst, wenn eine Speicherung erfolgt. Die Erhebung von Daten unterfällt der Unterrichtungspflicht nach dieser Norm nicht. Der Regelungsgehalt bleibt damit hinter dem von § 4 Abs. 3 zurück, da dort die allgemeine Unterrichtungspflichten bereits durch die Erhebung ausgelöst werden (vgl. dort Rn. 11 ff.). Er unterscheidet sich auch von dem des § 33, der lediglich auf eine erstmalige Speicherung abstellt. Dieser sprachliche Unterschied führt dazu, dass die Benachrichtigung nach § 19 a wiederholt werden muss (vgl. Rn. 13).

6 Der in der Vorschrift verwendete Begriff der »Unterrichtung« ist inhaltsgleich mit dem der »Benachrichtigung«, der etwa in § 33 gebraucht wird. Hierauf deutet schon die vom Gesetzgeber verwendete Überschrift des § 19 a hin. Die unterschiedliche Begriffswahl ist eine redaktionelle Ungenauigkeit und hat keinen Einfluss auf die materiellrechtliche Wirkung der Norm.[3] Beide Begriffe sind synonym zu benutzen.

2. Unterrichtungspflicht (Abs. 1)

7 Die Vorschrift macht grundlegende Vorgaben zur Benachrichtigung von Betroffenen, wenn deren personenbezogene Daten ohne ihre Kenntnis gespeichert werden. Der Tatbestand setzt voraus, dass die vorangehende Erhebung ohne Kenntnis des Betroffenen und damit nicht im Wege der Direkterhebung stattgefunden hat.[4] Andernfalls hätte nämlich eine Information nach § 4 Abs. 3 erfolgen müssen. Allgemeine Voraussetzung der in § 19 a genannten Speicherung ist mit Blick auf die allgemeinen Vorgaben in § 4, dass auch die vorausgehende Erhebung aus datenschutzrechtlicher Sicht zulässig war. Keine Unterrichtungspflicht besteht, wenn eine Erhebung ohne nachfolgende Speicherung erfolgt.[5]

a) Form der Unterrichtung

8 Zur Form der Unterrichtung enthält die Vorschrift keine Aussagen (vgl. die Erläuterungen zu § 10 Rn. 10 sowie § 33 Rn. 16). Schon aus Gründen der Beweisbarkeit sollte sie schriftlich erfolgen. Die verantwortliche Stelle muss in jedem Fall sicherstellen, dass die Mitteilung den Betroffenen sicher erreicht (§ 130 BGB). Gleichzeitig muss gewährleistet sein, dass unberechtigte Dritte hiervon keine Kenntnis erlangen können. Voraussetzung ist, dass sie über eine Anschrift des Betroffenen verfügt. Ist dies nicht der Fall, ist die verantwortliche Stelle schon mit Blick auf den Schutzzweck der Norm verpflichtet, die Anschrift zu ermitteln, sofern dies mit zumutbarem Aufwand möglich ist.[6]

---

3 Mallmann in Simitis, § 19 a Rn. 9.
4 Mallmann in Simitis, § 19 a Rn. 10.
5 BMH, § 19 a Rn. 6; Eßer in Auernhammer, § 19 a Rn. 6; Mallmann in Simitis, § 19 a Rn. 11.
6 Ebenso Eßer in Auernhammer, § 19 a Rn. 10; a. A. BMH, § 19 a Rn. 16; Gola/Schomerus, § 19 a Rn. 8; Mallmann in Simitis, § 19 a Rn. 18, der in diesen Fällen keine Benachrichtigungspflicht sehen.

Benachrichtigung § 19a

Hierbei ist zu bedenken, dass die Ermittlung einer Postanschrift sich im Regelfall durch einen Blick in die Akte, durch einen Anruf bei der Auskunft oder durch eine Recherche im Internet erledigen lässt.

b) Inhalt der Unterrichtung (Satz 1)

Werden Daten ohne Kenntnis des Betroffenen gespeichert, muss dieser nach Satz 1 über diese Tatsache an sich informiert werden. Die notwendige Information beinhaltet zunächst einmal Aussagen zur Art der gespeicherten Daten (vgl. § 33 Rn. 18f.). Hierbei sind allgemeine Ausführungen ausreichend. Der Informationsgehalt muss nicht den einer vom Betroffenen angeforderten Auskunft nach § 19 erreichen. Die verantwortliche Stelle kann aber zusammen mit der Benachrichtigung freiwillig eine umfassende Auskunft erteilen.[7]

9

Der Betroffene muss weiterhin über die Identität der verantwortlichen Stelle unterrichtet werden. Hierzu muss ihm mindestens die genaue Bezeichnung der öffentlichen Stelle sowie eine Postanschrift mitgeteilt werden. Darüber hinaus ist die Mitteilung der üblichen Kommunikationsdaten (Telefon, E-Mail usw.) sinnvoll. Die bloße Angabe eines Postfachs ist hingegen mit Blick darauf nicht ausreichend, dass Auskunftsersuchen von Betroffenen im Rahmen eines persönlichen Besuchs geltend gemacht werden können.[8]

10

Betroffene müssen von der verantwortlichen Stelle über die Zweckbestimmung der Erhebung, Verarbeitung und Nutzung informiert werden. Der Zweck der Erhebung, Verarbeitung und Nutzung ist als allgemeine Voraussetzung für den Umgang mit personenbezogenen Daten nach § 14 von der verantwortlichen Stelle festzulegen (vgl. dort Rn. 4ff.). Hat eine Speicherung mehrere oder unterschiedliche Zwecke, müssen diese vollständig angegeben werden.[9]

11

c) Unterrichtung über Empfänger (Satz 2)

Nach Satz 2 muss der Betroffene über Empfänger oder Kategorien von Empfängern unterrichtet werden, soweit er mit der Übermittlung nicht rechnen muss. Dieser Teil der Vorschrift setzt voraus, dass die Benachrichtigung selbst erfolgt ist. Die Unterrichtung kann vor diesem Hintergrund nur die Empfänger bzw. Kategorien von Empfängern aussparen, bei denen den Betroffenen bekannt ist oder bekannt sein muss, dass ihre Daten an diese übermittelt werden. Bei der Bewertung dieses Sachverhalts ist von einem Betroffenen mit durchschnittlichen Kenntnissen über Verwaltungsabläufe auszugehen.[10] Ist vor diesem Hintergrund nicht davon auszugehen, dass die Übermittlung für Betroffene vorhersehbar ist, muss eine entsprechende Information immer erfolgen.[11] Sollen Daten zu anderen Zwecken verwendet werden, löst dies die Unterrichtungspflicht in jedem Fall aus.[12]

12

---

7 Mallmann in Simitis, § 19a Rn. 15.
8 BMH, § 19a Rn. 9; Gola/Schomerus, § 19a Rn. 5; Mallmann in Simitis, § 19a Rn. 17.
9 BMH, § 19a Rn. 8.
10 Mallmann in Simitis, § 19a Rn. 24; Eßer in Auernhammer, § 19a Rn. 15.
11 Gola/Schomerus, § 19a Rn. 5.
12 BMH, § 19a Rn. 11; Mallmann in Simitis, a.a.O.

d) Zeitpunkt der Unterrichtung (Satz 3)

13 Die Vorschrift gibt keinen verbindlichen Zeitpunkt für die Unterrichtung vor. Nach Satz 3 muss diese spätestens mit der ersten Übermittlung erfolgen. Offen bleibt damit, wann sie frühestens erfolgen kann. Unklar ist weiterhin, welcher Zeitpunkt zu beachten ist, wenn keine Übermittlung erfolgt. Die Frage nach einem verbindlichen Zeitpunkt kann vor diesem Hintergrund mit Blick auf den allgemeinen Schutzzweck der Norm nur dahin beantwortet werden, dass eine Unterrichtung jedenfalls so rechtzeitig erfolgen muss, dass alle bestehenden Rechte (insbesondere Auskunfts-, Korrektur- und Löschungsrechte) ohne Einschränkung wahrgenommen werden können. Dies wird nur möglich sein, wenn die Unterrichtung unverzüglich, das heißt ohne schuldhaftes Zögern (§ 121 BGB) erfolgt.[13]

14 Der Regelungsgehalt der Vorschrift beschränkt sich nicht auf die einmalige Unterrichtung. Diese muss wiederholt werden, wenn weitere Speicherungen ohne Kenntnis des Betroffenen erfolgen. Ziel ist eine kontinuierliche Information über die aktuelle Verarbeitungssituation.[14] Gleiches gilt, wenn in der Folge neue Daten ohne Kenntnis des Betroffenen gespeichert werden.

3. Ausnahmen von der Benachrichtigungspflicht (Abs. 2 und 3)

15 Die Vorschrift enthält in Abs. 2 einen abschließenden Katalog von Ausnahmetatbeständen. Nur wenn eine der drei Voraussetzungen vorliegt, entfällt die Verpflichtung der verantwortlichen Stelle zur Benachrichtigung des Betroffenen. Die Benachrichtigung kann darüber hinaus unterbleiben, wenn eine der in § 19 Abs. 2 bis 4 genannten Ausnahmen von der Auskunftspflicht vorliegt (vgl. die Ausführungen unter § 19 Rn. 13 ff.). Mit Blick auf die Erhöhung der Transparenz, die mit einer umfassenden Benachrichtigungspflicht angestrebt wird, sind die in der Vorschrift genannten Ausnahmetatbestände insgesamt eng und im Zweifel zugunsten des Betroffenen auszulegen.[15]

a) Kenntnisnahme auf andere Weise (Abs. 2 Nr. 1)

16 Keine Pflicht zur Benachrichtigung besteht nach Abs. 2 Nr. 1, wenn der Betroffene auf andere Weise Kenntnis von der Speicherung oder Übermittlung erlangt hat. Der Text wurde wörtlich aus § 33 Abs. 2 Nr. 1 übernommen (vgl. deshalb dort die Rn. 24 ff.). Durch die Regelung sollen überflüssige Benachrichtigungen vermieden werden.

17 Das Vorliegen der geforderten Kenntnis wird ausnahmsweise zu bejahen sein, wenn Betroffene sowohl über die Tatsache der Speicherung oder Übermittlung als auch über die Art der hiervon betroffenen Daten informiert sind.[16] Unerheblich ist hingegen, wie und wann der Betroffene diese Kenntnisse erlangt hat oder durch wen die Information erfolgt ist. Die notwendige Kenntnisnahme setzt in jedem Fall voraus, dass Umstände

---

13 Mallmann in Simitis, § 19a Rn. 27; ebenso Eßer in Auernhammer, § 19a Rn. 16.
14 BMH, § 19a Rn. 7; Eßer in Auernhammer, § 19a Rn. 7; Mallmann in Simitis, Rn. 12.
15 BMH, § 19a Rn. 14; Mallmann in Simitis, § 19a Rn. 5.
16 Ähnlich BMH, § 19a Rn. 15; Mallmann in Simitis, § 19a Rn. 34.

Benachrichtigung § 19a

vorliegen, aus denen zwingend auf ein positives Wissen über alle wesentlichen Umstände geschlossen werden kann (vgl. § 33 Rn. 25).[17] Auf eigene Ermittlungen des Betroffenen kommt es hingegen nicht an. Im Dienst- oder Arbeitsverhältnis muss nicht davon ausgegangen werden, dass Angaben in Personalfragebogen oder Formularverträgen immer gespeichert werden (vgl. § 33 Rn. 25). Deshalb darf eine entsprechende Benachrichtigung der Betroffenen nicht unterbleiben. Im Streitfall obliegt der Nachweis, dass eine entsprechende Kenntnis bei Betroffenen vorhanden war, der verantwortlichen Stelle.[18]

b) Unverhältnismäßiger Aufwand (Abs. 2 Nr. 2)

Eine Pflicht zur Benachrichtigung besteht nach Nr. 2 nicht, wenn die Unterrichtung des Betroffenen einen unverhältnismäßigen Aufwand erfordert. Dieser Ausnahmetatbestand ist an den in § 33 Abs. 2 Nr. 5 angelehnt (vgl. deshalb dort Rn. 40). Allerdings bezieht sich die Regelung in § 33 nur auf die Speicherung und Übermittlung für die Zwecke wissenschaftlicher Forschung und ist damit wesentlich enger zu interpretieren als 19a Abs. 2 Nr. 2. 18

Die Feststellung des Vorliegens eines unverhältnismäßigen Aufwands ist Ergebnis einer Interessenabwägung. Hierbei kommt es insbesondere auf die Art der Daten und ihren Verwendungszusammenhang an.[19] Handelt es sich beispielsweise um wenig sensible Informationen wie etwa historische oder statistische Daten oder erfolgt deren Speicherung oder Übermittlung zu wissenschaftlichen Zwecken, kann bereits ein geringer Aufwand als unverhältnismäßig zu qualifizieren sein. Etwas anderes gilt, wenn Anhaltspunkte dafür bestehen, dass die Benachrichtigung zur Wahrung schutzwürdiger Interessen des Betroffenen erforderlich ist oder wenn Missbrauchsgefahren oder Missbrauchsrisiken zu erkennen sind.[20] Auch ohne derartige Anhaltspunkte wird eine Benachrichtigung darüber hinaus immer erfolgen müssen, wenn es sich um besonders sensible Daten (§ 3 Abs. 9) handelt. In allen diesen Fällen muss die verantwortliche Stelle dann auch einen hohen Aufwand in Kauf nehmen, um die Unterrichtung der Betroffenen vorzunehmen. 19

Ist die Anschrift eines Betroffenen nicht bekannt, stellt deren Ermittlung durch die verantwortliche Stelle im Regelfall keinen unzumutbaren Aufwand dar (vgl. Rn. 7). Handelt es sich um eine Vielzahl von Betroffenen, ist deren Benachrichtigung ebenfalls nicht schon von vornherein ein unverhältnismäßiger Aufwand.[21] Die öffentliche Stelle wird in derartigen Fällen vielmehr auch alternative Möglichkeiten prüfen müssen, wie etwa eine öffentliche Bekanntmachung, durch die allgemeine Hinweise zu potenziell Betroffenen sowie Informationen über die Speicherung bzw. Übermittlung vermittelt werden.[22] 20

---

17 Sowie siehe Mallmann in Simitis, Rn. 38; Wohlgemuth/Gerloff, § 19a Rn. 328; Schierbaum AiB 1993, 517, 520.
18 BMH, § 19a Rn. 15.
19 Schaffland/Wiltfang, § 19a Rn. 4.
20 Gola/Schomerus, § 19a Rn. 8; Mallmann in Simitis, Rn. 44.
21 Ebenso Eßer in Auernhammer, § 19a Rn. 23.
22 Ähnlich BMH, § 19a Rn. 16; a. A. Schaffland/Wiltfang, Rn. 4, die den Ausnahmetatbestand der Nr. 2 bei einer größeren Zahl von Betroffen automatisch als erfüllt ansehen.

c) Speicherung oder Übermittlung aufgrund gesetzlicher Vorgabe (Abs. 2 Nr. 3)

21 Eine Pflicht zur Benachrichtigung nach Nr. 3 besteht nicht, wenn die Speicherung oder Übermittlung durch Gesetz ausdrücklich vorgesehen ist. Der Text dieses Ausnahmetatbestandes wurde wörtlich aus § 33 Abs. 2 Nr. 4 übernommen (vgl. deshalb die Rn. 38 ff.). Die Vorschrift unterstellt, dass Betroffene einschlägige gesetzliche Regelungen kennen müssen bzw. leicht in Erfahrung bringen können.[23] Gefährdungen der Rechte der Betroffenen sollen auszuschließen sein, wenn eine verantwortliche Stelle Speicherungen oder Übermittlungen aufgrund einschlägiger Vorschriften vornimmt.[24] Dies setzt allerdings voraus, dass die jeweiligen Gesetze selbst die Vorgaben zum Schutze des Rechts auf informationelle Selbstbestimmung erfüllen.

d) Schriftliche Festlegung der Voraussetzungen für Ausnahmen (Abs. 2 Satz 2)

22 Die Vorschrift aus Satz 2 dient der Umsetzung von Art. 11 Abs. 2 Satz 2 EG-Richtlinie, die »geeignete Garantien« für den Fall vorsieht, dass eine Benachrichtigung der Betroffenen nicht erfolgt. Die Regelung entspricht § 33 Abs. 2 Satz 2 (vgl. deshalb dort Rn. 51). Sie soll mit ihrer Dokumentationspflicht sicherstellen, dass verantwortliche Stellen nicht zu großzügig mit den in Satz 1 genannten Ausnahmemöglichkeiten umgehen.[25]

e) Entsprechende Anwendbarkeit von § 19 Abs. 2 bis 4 (Abs. 3)

23 Liegt einer der Tatbestände nach § 19 Abs. 2 bis 4, entfällt die Pflicht der verantwortlichen Stelle zur Erteilung einer Auskunft (vgl. die Kommentierung in § 19 Rn. 13 ff.).

4. Verstöße gegen die Unterrichtungspflicht

24 Ein Verstoß gegen die aus § 19a folgende Benachrichtigungspflicht findet sich (anders als der in § 43 Abs. 1 Nr. 8 ausdrücklich genannte § 33) nicht im Katalog der Bußgeldvorschriften des § 43 wieder. Auch wenn davon auszugehen ist, dass es sich um ein Redaktionsversehen handelt, da kein sachlicher Grund für die Besserstellung öffentlicher Stellen zu erkennen ist, folgt aus dieser gesetzlichen Situation die Konsequenz, dass ein Versäumen der vorgeschriebenen Benachrichtigung keine Ordnungswidrigkeit ist.[26] Die Unterlassung einer vorgeschriebenen Unterrichtung löst für sich damit keinen Anspruch auf Berichtigung, Sperrung oder Löschung von Daten aus.[27]

---

23 Mallmann in Simitis, § 19a Rn. 46.
24 Gola/Schomerus, § 19a Rn. 9; Eßer in Auernhammer, § 19a, Rn. 24.
25 Gola/Schomerus, § 19a Rn. 10.
26 BMH, § 19a Rn. 21.
27 Vgl. zu § 26 Abs. 1 BDSG 1977 BVerwG, NVwZ 1988, 156; Mallmann in Simitis, § 19a Rn. 28.

Berichtigung, Löschung und Sperrung von Daten; Widerspruchsrecht § 20

5. Streitigkeiten

Das für Rechtsstreitigkeiten zuständige Gericht wird durch die Zuordnung der öffentlichen Stelle bestimmt, die personenbezogene Daten verarbeitet. In Abhängigkeit vom konkreten Einzelfall ist die Zuständigkeit der Finanz-, der Sozial- oder der Verwaltungsgerichtsbarkeit gegeben.

§ 20 Berichtigung, Löschung und Sperrung von Daten; Widerspruchsrecht

(1) Personenbezogene Daten sind zu berichtigen, wenn sie unrichtig sind. Wird festgestellt, dass personenbezogene Daten, die weder automatisiert verarbeitet noch in nicht automatisierten Dateien gespeichert sind, unrichtig sind, oder wird ihre Richtigkeit von dem Betroffenen bestritten, so ist dies in geeigneter Weise festzuhalten.

(2) Personenbezogene Daten, die automatisiert verarbeitet oder in nicht automatisierten Dateien gespeichert sind, sind zu löschen, wenn
1. ihre Speicherung unzulässig ist oder
2. ihre Kenntnis für die verantwortliche Stelle zur Erfüllung der in ihrer Zuständigkeit liegenden Aufgaben nicht mehr erforderlich ist.

(3) An die Stelle einer Löschung tritt eine Sperrung, soweit
1. einer Löschung gesetzliche, satzungsmäßige oder vertragliche Aufbewahrungsfristen entgegenstehen,
2. Grund zu der Annahme besteht, dass durch eine Löschung schutzwürdige Interessen des Betroffenen beeinträchtigt würden, oder
3. eine Löschung wegen der besonderen Art der Speicherung nicht oder nur mit unverhältnismäßig hohem Aufwand möglich ist.

(4) Personenbezogene Daten, die automatisiert verarbeitet oder in nicht automatisierten Dateien gespeichert sind, sind ferner zu sperren, soweit ihre Richtigkeit vom Betroffenen bestritten wird und sich weder die Richtigkeit noch die Unrichtigkeit feststellen lässt.

(5) Personenbezogene Daten dürfen nicht für eine automatisierte Verarbeitung oder Verarbeitung in nicht automatisierten Dateien erhoben, verarbeitet oder genutzt werden, soweit der Betroffene dieser bei der verantwortlichen Stelle widerspricht und eine Prüfung ergibt, dass das schutzwürdige Interesse des Betroffenen wegen seiner besonderen persönlichen Situation das Interesse der verantwortlichen Stelle an dieser Erhebung, Verarbeitung oder Nutzung überwiegt. Satz 1 gilt nicht, wenn eine Rechtsvorschrift zur Erhebung, Verarbeitung oder Nutzung verpflichtet.

(6) Personenbezogene Daten, die weder automatisiert verarbeitet noch in einer nicht automatisierten Datei gespeichert sind, sind zu sperren, wenn die Behörde im Einzelfall feststellt, dass ohne die Sperrung schutzwürdige Interessen des Betroffenen beeinträchtigt würden und die Daten für die Aufgabenerfüllung der Behörde nicht mehr erforderlich sind.

(7) Gesperrte Daten dürfen ohne Einwilligung des Betroffenen nur übermittelt oder genutzt werden, wenn
1. es zu wissenschaftlichen Zwecken, zur Behebung einer bestehenden Beweisnot

§ 20 Berichtigung, Löschung und Sperrung von Daten; Widerspruchsrecht

oder aus sonstigen im überwiegenden Interesse der verantwortlichen Stelle oder eines Dritten liegenden Gründen unerlässlich ist und
2. die Daten hierfür übermittelt oder genutzt werden dürften, wenn sie nicht gesperrt wären.

(8) Von der Berichtigung unrichtiger Daten, der Sperrung bestrittener Daten sowie der Löschung oder Sperrung wegen Unzulässigkeit der Speicherung sind die Stellen zu verständigen, denen im Rahmen einer Datenübermittlung diese Daten zur Speicherung weitergegeben wurden, wenn dies keinen unverhältnismäßigen Aufwand erfordert und schutzwürdige Interessen des Betroffenen nicht entgegenstehen.

(9) § 2 Abs. 1 bis 6, 8 und 9 des Bundesarchivgesetzes ist anzuwenden.

Übersicht
	Rn.
1. Einleitung	1– 3
2. Berichtigung (Abs. 1)	4– 9
3. Löschung (Abs. 2)	10–12
4. Sperrung	13–18
a) Sperrung statt Löschung (Abs. 3)	14–17
b) Zweifel an der Richtigkeit von Daten – »non liquet« Fälle (Abs. 4)	18
5. Verarbeitung von Daten außerhalb nicht-automatisierter Dateien – »Sperren« von »Akten« (Abs. 6)	19
6. Widerspruchsrecht (Abs. 5)	20–26
7. Verwendungsbeschränkungen nach Sperrung (Abs. 7)	27
8. Nachbenachrichtigungspflicht (Abs. 8)	28
9. Vorrang des Bundesarchivgesetzes (Abs. 9)	29
10. Streitigkeiten	30

1. Einleitung

1 Die Vorschrift ist sprachlich schwer verständlich und deshalb wenig anwenderfreundlich. Dieses Manko ist bedauerlich, weil die Norm umfassende Regeln zur Berichtigung, Löschung und Sperrung von personenbezogenen Daten enthält, die im Rechtsrahmen des Zweiten Abschnitts durch öffentliche Stellen verarbeitet werden. Darüber hinaus garantiert sie mit Abs. 5 den Betroffenen ein Widerspruchsrecht, das zum Tragen kommt, wenn deren schutzwürdige Interessen wegen einer besonderen persönlichen Situation die der verantwortlichen Stelle überwiegen. Durch Abs. 9 werden Belange des Archivwesens berücksichtigt. Die Umsetzung der Rechte, die die Vorschrift enthält, stößt in der Praxis auf Schwierigkeiten (vgl. § 35 Rn. 3).

2 Die Vorschrift entspricht in weiten Teilen der Regelung für den nicht-öffentlichen Bereich in § 35. Auf die dortige Kommentierung wird deshalb jeweils verwiesen. Sie steht bezüglich Berichtigung, Löschung und Sperrung im Einklang mit Art. 12 Buchstabe b EG-Richtlinie, durch die jeder betroffenen Person die Wahrnehmung dieser Rechte garantiert wird.

3 Die Vorschrift wurde im Rahmen der Novelle des Jahres 2009 inhaltlich nicht verändert.

2. Berichtigung (Abs. 1)

Die Regelung gibt Betroffenen die Möglichkeit, von öffentlichen Stellen eine Richtigstellung von personenbezogenen Daten zu verlangen, die über sie dort vorhanden sind. Der Begriff der Berichtigung steht damit für einen umfassenden Korrekturanspruch. Dieser Anspruch wird aufgrund der durchgängigen Informatisierung der öffentlichen Verwaltung zunehmend bedeutsamer.[1] Der Anspruch besteht, wenn es sich um Angaben über persönliche oder sachliche Verhältnisse einer Person handelt.

Der Anspruch setzt voraus, dass unrichtige Informationen über den Betroffenen vorhanden sind. Dies ist der Fall, wenn personenbezogene Daten Informationen enthalten, die nicht mit der Realität übereinstimmen oder die nur ein unvollständiges und damit unzutreffendes Abbild der Wirklichkeit wiedergeben und damit falsch sind.[2] Als unrichtig sind auch an sich zutreffende Daten zu bewerten, die aber aufgrund eines bestimmten Kontextes ein falsches Gesamtbild entstehen lassen.[3] Hierzu gehört beispielsweise der fehlende Eintrag einer bestehenden »Eingetragenen Lebenspartnerschaft« – ELP eines Soldaten der Bundeswehr in das »Personalführungs- und Informationssystem Soldaten – PERFIS«.[4]

Der Berichtigungsanspruch bezieht sich nur auf Daten zu Tatsachen.[5] Ausgenommen bleiben hingegen Werturteile über persönliche oder sachliche Verhältnisse eines Betroffenen.[6] Hierbei handelt es sich zwar auch um personenbezogene Daten. Eine rechtliche Bewertung bezüglich der Feststellung »richtig« oder »unrichtig« ist hier aber nicht möglich.[7] Gesperrte Daten müssen berichtigt werden, wenn sie unrichtig sind.[8]

Personenbezogene Daten sind von verantwortlichen Stellen im öffentlichen Bereich von Amts wegen unverzüglich zu berichtigen,[9] sobald ihre Unrichtigkeit bekannt wird (vgl. ausführlich § 35 Rn. 2 ff.). Auf eine Mitteilung oder einen Hinweis des Betroffenen kommt es nicht an, auch wenn sein Handeln in der Praxis häufig der Auslöser für eine Berichtigung sein wird.

Ist eine Berichtigung erfolgt, können Betroffene von der verantwortlichen Stelle eine entsprechende Bestätigung verlangen.[10]

Für die Fälle der nicht-automatisierte Verarbeitung außerhalb einer Datei enthält Abs. 1 in Satz 2 eine Sonderregelung. Diese kommt insbesondere auf Akten zur Anwendung, die den Dateibegriff des § 3 Abs. 2 Satz 2 nicht erfüllen (vgl. § 3 Rn. 19).[11] Die Regelung

---
1 Ähnlich Gola/Schomerus, § 20 Rn. 2.
2 Gola/Schomerus, § 20 Rn. 3; Eßer in Auernhammer, § 20 Rn. 8; Mallmann in Simitis, § 20 Rn. 11; vgl. ausführlich § 35 Rn. 5 ff.
3 Eßer in Auernhammer, § 20 Rn. 10; Mallmann in Simitis, § 20 Rn. 13; Mester in Taeger/Gabel, § 20 Rn. 6.
4 BVerwG NJW 2004, 3058; ebenso Wohlgemuth/Gerloff, S. 66.
5 Zustimmend Roggenkamp in Plath, § 20 Rn. 5.
6 Zustimmend Mester in Taeger/Gabel, § 20 Rn. 8.
7 Mallmann in Simitis, § 20 Rn. 17.
8 Mester in Taeger/Gabel, § 20 Rn. 6; Schaffland/Wiltfang, § 20 Rn. 6.
9 BMH, § 20 Rn. 19; Eßer in Auernhammer, § 20, Rn. 11; Mallmann in Simitis, § 20 Rn. 9.
10 BVerwG DVBl. 1999, 332; Mallmann in Simitis, § 20 Rn. 16; Mester in Taeger/Gabel, § 20 Rn. 11.
11 Zustimmend Mester in Taeger/Gabel, § 20 Rn. 13; ebenso Eßer in Auernhammer, § 20 Rn. 12.

§ 20 Berichtigung, Löschung und Sperrung von Daten; Widerspruchsrecht

soll den Grundsätzen der Aktenvollständigkeit und der Aktenklarheit gerecht werden.[12] Sind Informationen in einer Akte unrichtig, müssen sie so berichtigt werden, dass der ursprüngliche Text unlesbar gelöscht (»geschwärzt«) wird und dass stattdessen nur noch der Korrekturvermerk zu lesen ist.[13] Die Tatsache einer Berichtigung ist ggf. als Hinweis oder Vermerk in der Akte (etwa an der unrichtigen Textstelle oder auf dem Aktenvorblatt) oder an einer sonstigen geeigneten Stelle (etwa im Aktenregister) aufzuführen.[14] Von der verantwortlichen Stelle muss sichergestellt werden, dass jeder Leser der Akte die vorgenommene Berichtigung ggf. auch im Nachhinein bei nochmaliger Durchsicht erkennen kann, nicht aber den berichtigten Text.

3. Löschung (Abs. 2)

10 Für den öffentlichen Bereich beschreibt die Vorschrift in den Nr. 1 und 2 Tatbestände, deren Vorliegen eine Pflicht zur Löschung von personenbezogenen Daten in Dateien von Amts wegen mit sich bringt (vgl. zum Begriff der Löschung § 3 Rn. 17). Die Vorschrift bezieht sich nur auf automatisierte und nicht-automatisierte Dateien. Akten bleiben deshalb von der Löschungspflicht nach dieser Vorschrift ausgeschlossen und sind ggf. nach den Grundsätzen des Abs. 1 zu sperren (vgl. Rn. 9).

11 Nach dem ersten der beiden Tatbestände in Nr. 1 muss eine Löschung erfolgen, wenn die Speicherung unzulässig ist. Diese Voraussetzung ist erfüllt, wenn keine der in § 4 Abs. 1 genannten Verarbeitungsvoraussetzungen erfüllt ist (vgl. zum textgleichen § 35 Rn. 17 ff.).

12 Der zweite Tatbestand in Nr. 2 schreibt die Löschung vor, wenn die personenbezogenen Daten für die Aufgabenerfüllung der öffentlichen Stelle nicht mehr erforderlich sind, d. h., wenn die Aufgabe, zu deren Erfüllung sie gespeichert waren, endgültig erledigt ist (vgl. ausführlich § 35 Rn. 23). Im Einzelfall bereitet die Feststellung des Wegfalls der Erforderlichkeit Schwierigkeiten. Während etwa Hinweise in Dateien auf mehr als fünfzehn Jahre zurückliegende Gesetzesverstöße nach zutreffender Auffassung des VG Darmstadt zu löschen sind,[15] wurde eine Pflicht zur Löschung von vor sieben Jahren erfassten Informationen zur DKP-Zugehörigkeit eines Betroffenen vom VGH Mannheim verneint.[16] Mit Blick auf das zur Disposition stehende Grundrecht auf informationelle Selbstbestimmung muss die Vorschrift zu Lasten der öffentlichen Stellen eng ausgelegt werden.[17] Eine Löschung muss so früh wie möglich erfolgen. Ist eine Löschung erfolgt, steht dies der Wiederherstellung der Daten aus evtl. noch vorhandenen Back-Up-Dateien entgegen.[18]

---

12 Gola/Schomerus, § 20 Rn. 7; Eßer in Auernhammer, § 20 Rn. 13.
13 Gola/Schomerus, § 20 Rn. 7; Eßer in Auernhammer, § 20 Rn. 13.
14 Ebenso Mester in Taeger/Gabel, § 20 Rn. 13.
15 VG Darmstadt DVBl. 1979, 743.
16 VGH Mannheim NJW 1984, 2431.
17 Zustimmend Mester in Taeger/Gabel, § 20 Rn. 18.
18 VGH Baden-Württemberg 30. 7. 2014, DuD 2014, 789.

4. Sperrung

Tatbestände, die eine Sperrung von personenbezogenen Daten auslösen können, sind in den Abs. 3 und 4 enthalten. Eine Definition der Sperrung beinhaltet § 3 Abs. 4 Nr. 4 (vgl. dort Rn. 37 ff.). Die gesetzlichen Regelungen kommen indes nach dem Gesamtzusammenhang des § 20 nur auf personenbezogene Daten in automatisierten oder in nicht-automatisierten Dateien zur Anwendung. Akten sind damit ausgeschlossen. Für diese ist die abschließende Sonderregelung des Abs. 6 einschlägig.[19]

13

a) Sperrung statt Löschung (Abs. 3)

Die Vorschrift kommt zur Anwendung, wenn personenbezogene Daten zwar nach Abs. 2 grundsätzlich zu löschen wären, dieser Löschung aber ein Interesse des Betroffenen oder der speichernden Stelle entgegensteht. Sie ist inhaltsgleich mit der des § 35 Abs. 3 (vgl. die Kommentierung zu § 35 Rn. 27 ff.).

14

Eine Sperrung muss nach Nr. 1 erfolgen, wenn einer Löschung gesetzliche, satzungsmäßige oder vertragliche Aufbewahrungsfristen entgegenstehen (vgl. zur entsprechenden Auskunftseinschränkung § 19 Rn. 13 ff.). Die Sperrung knüpft damit an Archivierungspflichten der verantwortlichen Stelle an.

15

Nach Nr. 2 muss eine Sperrung erfolgen, wenn schutzwürdige Interessen des Betroffenen beeinträchtigt werden können. Dieser Begriff ist weit zu verstehen.[20] Die Prüfung muss bezogen auf den Einzelfall erfolgen.

16

Nach Nr. 3 erfolgt eine Sperrung, wenn eine Löschung nicht oder nur mit hohem Aufwand möglich wäre. Dieser Tatbestand kommt, mit Blick auf flexibler und kostengünstiger werdende Speichermedien, immer seltener zur Anwendung. Ist doch beispielsweise die Löschung von Daten auf einer CD-ROM heute aufgrund ständig sinkender Materialpreise im Gegensatz zu früher nicht mehr mit einem nennenswerten Aufwand verbunden.[21] Zudem ermöglichen aktuelle Datenverarbeitungssysteme inzwischen problemlos vollständige oder auszugsweise Löschungen.[22]

17

b) Zweifel an der Richtigkeit von Daten – »non liquet« Fälle (Abs. 4)

Nach dieser Vorschrift sind personenbezogene Daten zu sperren, wenn es zwischen dem Betroffenen und der verantwortlichen Stelle Unklarheiten oder Streitigkeiten über deren Richtigkeit gibt. Die Vorschrift ist identisch mit § 35 Abs. 4 (vgl. die Kommentierung zu § 35 Rn. 28). Der Tatbestand wird durch einfaches Bestreiten durch den Betroffenen ausgelöst. Entsprechende Nachweise muss er nicht erbringen.[23] Vielmehr obliegt es nach einem Bestreiten der verantwortlichen Stelle, die Richtigkeit der ent-

18

---

19 Mallmann in Simitis, § 20 Rn. 48; BMH, § 20 Rn. 70; ähnlich Mester in Taeger/Gabel, § 20 Rn. 20; a.A. Gola/Schomerus, § 20 Rn. 9; Dörr/Schmidt Rn. 8.
20 Mallmann in Simitis, § 20 Rn. 50.
21 Zustimmend Roggenkamp in Plath, § 20 Rn. 14; ähnlich Mester in Taeger/Gabel, § 20 Rn. 24; Gola/Schomerus, § 20 Rn. 17 f.
22 Eßer in Auernhammer, § 20 Rn. 33.
23 Gola/Schomerus, § 35 Rn. 18.

§ 20 Berichtigung, Löschung und Sperrung von Daten; Widerspruchsrecht

sprechenden personenbezogenen Daten zu belegen. Ist sie hierzu nicht in der Lage, muss die Sperrung zwingend erfolgen.[24]

5. Verarbeitung von Daten außerhalb nicht-automatisierter Dateien – »Sperren« von »Akten« (Abs. 6)

19 Abs. 6 trägt der Tatsache Rechnung, dass es im Gesetz keine Vorschrift für die Löschung von personenbezogenen Daten gibt, die weder automatisiert verarbeitet werden noch in nicht-automatisierten Dateien (insbesondere in Akten bzw. Aktenteilen) gespeichert sind. Trotz des Fehlens entsprechender Rechtsansprüche ist ein Verlangen von Betroffenen an die verantwortliche Stelle (der im Gesetz verwendete Begriff »Behörde« ist offenkundig ein Redaktionsversehen)[25] auf Entfernung und Vernichtung von personenbezogenen Daten aus Akten oder Aktenteilen nicht ausgeschlossen.[26] Mit Blick auf das Gebot der Aktenvollständigkeit[27] wird aber im Regelfall eine Sperrung statt einer Löschung schon dann vorgenommen werden, wenn die Daten zur Aufgabenerfüllung nicht mehr erforderlich sind und die Gefahr droht, dass ohne sie schutzwürdige Interessen des Betroffenen (etwa drohende Verletzung der Persönlichkeitsrechte) beeinträchtigt werden.[28]

6. Widerspruchsrecht (Abs. 5)

20 Das Widerspruchsrecht wurde durch das BDSG 2001 neu in § 20 eingefügt und entspricht § 35 Abs. 5 (vgl. deshalb auch § 35 Rn. 32 ff.). Damit wurde vom Gesetzgeber die Vorgabe von Art. 14 Buchstabe a EG-Richtlinie in nationales Recht umgesetzt. Es kommt auf alle automatisierten Verarbeitungen sowie auf die Erhebung, Verarbeitung und Nutzung in nicht automatisierten Dateien zur Anwendung. Insbesondere Akten bleiben damit ausgeschlossen (vgl. aber Rn. 17). Das Widerspruchsrecht kann mit Blick auf § 6 nicht abbedungen oder eingeschränkt werden (vgl. dort Rn. 4 ff.).[29]

21 Das Widerspruchsrecht muss nach Satz 1 gegenüber der verantwortlichen Stelle geltend gemacht werden.[30] Inhaltlich muss es sich auf bestimmte Verarbeitungsmodalitäten beziehen.[31] Betroffene können der Verarbeitung insgesamt widersprechen. Möglich ist aber auch ein »Teilwiderspruch«, der sich nur auf bestimmte Daten oder auf bestimmte Formen der Erhebung, Verarbeitung oder Nutzung bezieht.[32]

22 Eine bestimmte Form des Widerspruchs schreibt das Gesetz nicht vor. Er kann deshalb

---

24 Eßer in Auernhammer, § 20 Rn. 36; Mallmann in Simitis, § 20 Rn. 56; ähnlich Mester in Taeger/Gabel, § 20 Rn. 25.
25 Mallmann in Simitis, § 20 Rn. 62; Eßer in Auernhammer, § 20 Rn. 48.
26 Für erkennungsdienstliche Unterlagen umstritten, für eine Vernichtung VG Frankfurt NJW 1987, 2248, dagegen VGH Mannheim NJW 1987, 2762, 2763, 2764; Gola/Schomerus, § 20 Rn. 25.
27 BVerfG NJW 1983, 2135; vgl. Rn. 2.
28 BMI, § 20 Rn. 73.
29 Ebenso Eßer in Auernhammer, § 20 Rn. 38; Mallmann in Simitis, § 20 Rn. 82.
30 Ebenso Eßer in Auernhammer, § 20 Rn. 41.
31 Gola/Schomerus, § 20 Rn. 22.
32 Eßer in Auernhammer, § 20 Rn. 43; Mallmann in Simitis, § 20 Rn. 84.

Berichtigung, Löschung und Sperrung von Daten; Widerspruchsrecht § 20

beispielsweise mündlich, telefonisch, per E-Mail, per SMS oder auch durch konkludentes Handeln erhoben werden.[33] Aus Nachweisgründen ist aber für den Regelfall die Schriftform sinnvoll.[34]

Der Widerspruch muss Ausführungen zu den aus der persönlichen Situation folgenden schutzwürdigen Interessen des Betroffenen enthalten, die der Erhebung, Verarbeitung oder Nutzung seiner personenbezogenen Daten entgegenstehen. Zwingende Anforderungen an den Inhalt dieser Darlegung gibt es nicht.[35] Betroffene können deshalb den Widerspruch mit allen geeigneten Hinweisen begründen.[36] 23

Die verantwortliche Stelle muss eine Interessenabwägung der Widerspruchsgründe mit ihren Verarbeitungsinteressen vornehmen. Überwiegen die vom Betroffenen vorgebrachten Argumente zu seiner persönlichen Situation, muss die Verarbeitung unterbleiben. Mit Blick auf den allgemeinen Schutzcharakter der Vorschrift ist im Rahmen der Interessenabwägung eine weite Auslegung des Begriffs der »persönlichen Situation« angebracht. In Betracht kommen alle einschlägigen Aspekte wie etwa eine herausgehobene gesellschaftliche oder politische Stellung der Betroffenen, eine besondere Sensibilität der Daten (etwa Informationen zu bestimmten Erkrankungen) oder bereits erfolgte Verletzungen von Datenschutzrechten (zu weiteren Beispiele vgl. § 35 Rn. 34).[37] 24

Ist der Widerspruch berechtigt, dürfen die entsprechenden personenbezogenen Daten nicht mehr verarbeitet oder genutzt werden. Eine erneute Erhebung muss unterbleiben. Bereits erhobene Daten sind zu löschen bzw. nach Maßgabe des Abs. 3 zu sperren. Hält die verantwortliche Stelle den Widerspruch für unberechtigt, kann der Betroffene die als ein Verwaltungsakt zu qualifizierende Entscheidung mit einer Anfechtungsklage vor dem zuständigen Gericht angreifen (Rn. 30). Darüber hinaus kann er nach § 21 den BfDI anrufen. 25

Das Widerspruchsrecht besteht nach Satz 2 nicht, wenn die verantwortliche Stelle durch eine Rechtsvorschrift zur Erhebung, Verarbeitung oder Nutzung der Daten verpflichtet ist. 26

7. Verwendungsbeschränkungen nach Sperrung (Abs. 7)

Die Sperrung von Daten führt nicht zu einem absoluten Verwendungsverbot. Liegt die Einwilligung des Betroffenen vor oder ist einer der beiden in der Vorschrift genannten Tatbestände gegeben, ist eine Übermittlung oder Nutzung zulässig, wenn diese im Rahmen des Zweckbindungsgebots der §§ 14 bis 17 liegt. Da die Vorschrift identisch mit der für den nicht-öffentlichen Bereich geltenden Regelung in § 35 Abs. 8 ist, wird auf die entsprechende Kommentierung verwiesen (vgl. § 35 Rn. 30). 27

---

33 Ähnlich Eßer in Auernhammer, § 20 Rn. 42; Mallmann in Simitis, § 20 Rn. 86; Mester in Taeger/Gabel, § 20 Rn. 27.
34 Zustimmend Mester in Taeger/Gabel, § 20 Rn. 27.
35 Enger Gola/Schomerus, § 20 Rn. 22, die die Nennung bestimmter Verarbeitungsmodalitäten voraussetzen.
36 Ebenso Mester in Taeger/Gabel, § 20 Rn. 28.
37 Zustimmend Mester in Taeger/Gabel, § 20 Rn. 29.

§ 21 Anrufung der oder des Bundesbeauftragten für den Datenschutz

8. Nachbenachrichtigungspflicht (Abs. 8)

28 Durch Abs. 8 wird eine Nachbenachrichtigungspflicht zu Lasten der verarbeitenden öffentlichen Stelle festgeschrieben. Sie verpflichtet die verantwortliche Stelle, andere Stellen von der Berichtigung unrichtiger Daten, von der Sperrung bestrittener Daten sowie von Sperrungen und Löschungen zu informieren.[38] Die Vorschrift trägt der Tatsache Rechnung, dass im öffentlichen Bereich zahlreiche Datenflüsse stattfinden.[39] Da die Vorschrift identisch mit der für den nicht-öffentlichen Bereich geltenden Regelung in § 35 Abs. 7 ist, wird auf die entsprechende Kommentierung verwiesen (vgl. § 35 Rn. 38 f.).

9. Vorrang des Bundesarchivgesetzes (Abs. 9)

29 Durch Abs. 9 soll der Erhalt von Daten mit bleibendem Wert im Sinne von § 3 BArchivG gesichert werden. § 20 BDSG ist gegenüber dem Bundesarchivgesetz nachrangig.

10. Streitigkeiten

30 Wird ein Antrag auf Berichtigung, Sperrung oder Löschung abgelehnt, steht dem Betroffenen nach Ausschöpfung des Widerspruchsverfahrens der Rechtsweg (Verpflichtungs- oder Untätigkeitsklage beim zuständigen Verwaltungs-, Finanz- oder Sozialgericht) offen. Ist Betroffenen ein Schaden entstanden, kann ihnen ein Schadensersatzanspruch gem. Art. 34 GG i. V. m. § 839 BGB zustehen, sofern sich ein Verschulden der speichernden Stelle beweisen lässt.[40] Unbefugte Übermittlung kann den Straftatbestand des § 44 i. V. m. § 43 Abs. 2 auslösen.

§ 21 Anrufung der oder des Bundesbeauftragten für den Datenschutz und die Informationsfreiheit

Jedermann kann sich an die Bundesbeauftragte oder den Bundesbeauftragten für den Datenschutz und die Informationsfreiheit wenden, wenn er der Ansicht ist, bei der Erhebung, Verarbeitung oder Nutzung seiner personenbezogenen Daten durch öffentliche Stellen des Bundes in seinen Rechten verletzt worden zu sein. Für die Erhebung, Verarbeitung oder Nutzung von personenbezogenen Daten durch Gerichte des Bundes gilt dies nur, soweit diese in Verwaltungsangelegenheiten tätig werden.

Übersicht Rn.
1. Allgemeines 1
2. Betroffenenrecht 2–10

---

38 Zustimmend Roggenkamp in Plath, § 20 Rn. 30.
39 Eßer in Auernhammer, § 20 Rn. 59.
40 BMH, § 20 Rn. 104; ähnlich Roggenkamp in Plath, § 20 Rn. 35.

Anrufung der oder des Bundesbeauftragten für den Datenschutz § 21

1. Allgemeines

Das Anrufungsrecht ist ein **Jedermann-Recht**, das unabhängig von der Staatsange- 1
hörigkeit, dem Alter oder sonstiger Merkmale jeder natürlichen Person zusteht. Es
handelt sich um ein nach Art. 17 GG gesetzlich garantiertes Petitionsrecht.[1] Es findet
auch in Art. 28 Abs. 4 EG-DSRl eine Grundlage (vgl. § 38 Rn. 14). Es steht selbstständig
neben diesem sowie neben dem Recht, sich an die Gerichte zu wenden. Durch die
Anrufungsmöglichkeit des BfDI als sachkundige Stelle soll eine außergerichtliche
unbürokratische Sachverhalts- und Rechtsklärung sowie im Bedarfsfall eine Konflikt-
lösung zwischen Betroffenem und Behörde erreicht werden. Die Anrufung und das sich
anschließende Verfahren ist ein Verwaltungsverfahren, auf das das BVwVfG Anwendung findet. Die Regelung kann entsprechend angewendet werden, wenn die BfDI für
Stellen des nicht-öffentlichen Bereichs zuständig ist (Post, Telekommunikation).

2. Betroffenenrecht

Das Anrufungsrecht ist in § 21 als **»Betroffenenrecht«** ausgestaltet. Es hindert aber 2
andere Personen und Stellen als den Betroffenen nicht, sich mit der Bitte zur Prüfung
von möglichen Datenschutzverstößen an die Bundesbeauftragte für den Datenschutz
und die Informationsfreiheit (BfDI) zu wenden. In der Praxis kommen »Anrufungen«
durch Familienangehörige, durch die Personalvertretung,[2] Bedienstete, Interessengruppen oder durch sonstige Dritte vor. In diesen Fällen ist § 21 nicht anwendbar, doch
findet weitgehend das gleiche Verfahren statt. Erfolgt die Anrufung nicht durch den
Betroffenen und wird von diesem auch keine Vollmacht vorgelegt, muss bei der
Ergebnismitteilung durch die BfDI an den Anrufer darauf geachtet werden, dass keine
noch nicht bekannten Daten des Betroffenen mitgeteilt werden.
Petent kann, egal ob Betroffener oder nicht, auch ein **Angehöriger einer verantwort-** 3
lichen Stelle sein. Zwar sieht das BDSG, anders als Landesgesetze (z. B. § 25 Abs. 1 DSG
NRW, § 40 Abs. 2 LDSG SH), kein explizites Recht auf Anrufung der BfDI ohne
Einhaltung des Dienstwegs vor, ein solches Recht kann aber aus der Funktion der
BfDI als verwaltungsinterne Kontrollinstanz abgeleitet werden. Hat ein Mitarbeiter
einer öffentlichen Stelle Kenntnis von Datenschutzverstößen und zugleich den Eindruck, dass eine Thematisierung dieser Verstöße gegenüber Vorgesetzten keine Abhilfe
bringt bzw. evtl. zu persönlichen Nachteilen führen kann, muss es diesem möglich sein,
seine Kenntnis der BfDI zum Zweck einer neutralen Prüfung zukommen zu lassen.
Eine **Verletzung in den eigenen Rechten des Betroffenen** ist nicht nur bei dem 4
Verstoß gegen die Betroffenenrechte (Auskunft, Datenkorrektur, Schadensersatz usw.)
und bei materiell-rechtlichen Verstößen gegeben, sondern auch, wenn gegen datenschutzrechtliche Verfahrensregeln (nicht nur Hinweis- und Aufklärungspflichten, sondern auch Pflicht zur Bestellung von bDSB, zur Durchführung von Vorabkontrollen
usw., vgl. die Verstöße in § 43 BDSG) oder gegen technisch-organisatorische Pflichten
nach § 9 verstoßen wurde, da alle diese Regelungen die Funktion verfolgen, das

---

[1] Zum Petitionsrecht in Europa Guckelberger, DÖV 2003, 829.
[2] Vgl. § 66 Abs. 3 BPersVG; Däubler, 2002, S. 399.

§ 21 Anrufung der oder des Bundesbeauftragten für den Datenschutz

individuelle Betroffenenrecht zu schützen. Für die Anrufung ist nicht das tatsächliche Vorliegen eines Verstoßes erforderlich, es genügt die Vermutung eines Verstoßes oder ein drohender Verstoß.[3] Um die Bearbeitung zu erleichtern, sollte der Betroffene bei einer Eingabe so umfassend wie ihm möglich den bekannten Sachverhalt darstellen.

5 Die Anrufung ist an keine **Form- und Fristvorschriften** gebunden. Im Interesse einer effektiven Kontrolle sollte sie schriftlich erfolgen; möglich ist aber auch die telefonische, mündliche oder per E-Mail vorgenommene Anrufung. In Zweifelsfällen kann der BfDI die Identität des Betroffenen prüfen bzw. den Umstand, ob der Betroffenen eine wirksame Bevollmächtigung erteilte.

6 Satz 2 lässt den falschen Eindruck entstehen, eine Anrufung der BfDI sei bei einer **Datenverarbeitung durch Gerichte** unzulässig, soweit diese nicht in Verwaltungsangelegenheiten tätig werden. Richtig ist, dass die BfDI insofern keine eigene Kontrollkompetenz hat (§ 24 Abs. 3). Die BfDI kann aber das Gericht bitten, trotz fehlender Kontrollzuständigkeit eine Stellungnahme abzugeben, die er an den Betroffenen weiterleiten kann; er kann die Eingabe an die zuständige Stelle (Präsident des Gerichts) mit der Bitte um weitere Bearbeitung weitergeben; er kann die Eingabe aber auch an den Petenten mit einem Verweis auf die Rechtslage zurückgeben.

7 Die BfDI nimmt die Eingabe entgegen, bearbeitet diese und unterrichtet den Betroffenen über das bei der Bearbeitung erzielte Ergebnis. Bei der Bearbeitung sowie der Unterrichtung ist zwischen der Sachverhaltsfeststellung und der rechtlichen Bewertung zu unterscheiden. Wird ein Datenschutzverstoß festgestellt, soll die BfDI gegenüber der verantwortlichen Stelle auf Abhilfe hinwirken. Der Betroffene hat lediglich einen Anspruch auf begründete Bescheidung seiner Eingabe, nicht darauf, dass seinem Begehren umfassend entsprochen wird.[4] Es besteht im Fall eines Datenschutzverstoßes kein Anspruch auf eine Beanstandung.[5] Der Bescheid ist mangels Regelungsgehalt kein Verwaltungsakt. Wie weit der **Anspruch auf Tätigwerden** geht, ist fraglich. Dieser Anspruch schließt auf jeden Fall die Kenntnisnahme und Dokumentation ein sowie die Prüfung der datenschutzrechtlichen Relevanz und eine Information hierüber. Basiert eine Anrufung auf eindeutig falschen Fakten, enthält sie ausschließlich einen beleidigenden Inhalt, hat sie keine datenschutzrechtliche Relevanz oder ergibt sich aus ihr kein plausibler Ansatz für einen Datenschutzverstoß, ist die BfDI zu keiner weiteren Prüfung und Reaktion verpflichtet. Eine vertiefte Sachverhalts- und Rechtsprüfung kann der Betroffene gegenüber der BfDI rechtlich nicht durchsetzen. Der BfDI steht bzgl. der Bearbeitung ein weites Ermessen zu.[6] Tatsächlich wird die Art der Bearbeitung vor allem durch das Fehlen ausreichender personeller und technischer Ressourcen bestimmt.

8 Die Angaben des Betroffenen sind von der BfDI **vertraulich** zu behandeln. Die Eingabe darf nur für Kontrollzwecke genutzt werden (vgl. § 6 Abs. 3). Die Verwendung der Betroffenendaten gegenüber Dritten und auch gegenüber der verantwortlichen Stelle

---

3 Dammann in Simitis, § 21 Rn. 8 f.
4 OVG Münster, RDV 1994, 138.
5 VGH München, NJW 1989, 2643.
6 VG Berlin 23. 3. 2010 – VG 1 K 285.09, DANA 2/2010, 88 f.; Nds OVG 23. 7. 2013 – 11 PA 145/13.

setzt voraus, dass der Betroffene hierin zumindest schlüssig einwilligt.[7] Im Fall einer falschen Verdächtigung (§ 164 StGB) durch den Petenten besteht durch die BfDI keine Mitwirkungspflicht bei der Strafverfolgung oder bei sonstigen Verfahren (§ 23 Abs. 4). Ein explizites Verbot der Benachteiligung wegen einer Anrufung des BfDI enthält das BDSG nicht, anders wie viele Landesregelungen (z. B. § 27 Abs. 1 S. 2 LDSG BW, § 25 Abs. 2 DSG NRW). Ein solches Verbot ergibt sich aber durch Auslegung des § 21, soweit der Petent nicht offensichtlich vorsätzlich falsche Angaben gegenüber der BfDI machte.

Im Fall der **Unzuständigkeit** kommt es auf den aus der Eingabe ersichtlichen Wunsch des Petenten an. Liegt dieser in der Bearbeitung durch die zuständige Datenschutzbehörde, kann die Eingabe an die zuständige Stelle auf der Basis einer (mutmaßlichen) Einwilligung und mit einer Abgabenachricht weitergegeben werden. Anderenfalls ist sie mit dem Hinweis auf die zuständige Stelle zu verwerfen. 9

Der Betroffene hat gegenüber der BfDI im Rahmen der gesetzlichen Regelung einen **Auskunfts- und Akteneinsichtsanspruch** nach § 19 sowie nach Verwaltungsverfahrensrecht. Für eine pauschale Ausnahme der BfDI von dieser Regelung gibt es keine rechtliche Grundlage.[8] Insoweit ist ein Vergleich mit dem parlamentarischen Petitionsrecht nicht möglich, wo die Akteneinsicht im Interesse der Wahrung der Unabhängigkeit der Abgeordneten ausgeschlossen werden kann. 10

Dritter Unterabschnitt
Die oder der Bundesbeauftragte für den Datenschutz und die Informationsfreiheit

§ 22 Wahl und Unabhängigkeit der oder des Bundesbeauftragten für den Datenschutz und die Informationsfreiheit

(1) Der Deutsche Bundestag wählt ohne Aussprache auf Vorschlag der Bundesregierung die Bundesbeauftragte oder den Bundesbeauftragten für den Datenschutz und die Informationsfreiheit mit mehr als der Hälfte der gesetzlichen Zahl seiner Mitglieder. Die oder der Bundesbeauftragte muss bei ihrer oder seiner Wahl das 35. Lebensjahr vollendet haben. Die oder der Gewählte ist von der Bundespräsidentin oder dem Bundespräsidenten zu ernennen.

(2) Die oder der Bundesbeauftragte leistet vor der Bundespräsidentin oder dem Bundespräsidenten folgenden Eid:
»Ich schwöre, dass ich meine Kraft dem Wohle des deutschen Volkes widmen, seinen Nutzen mehren, Schaden von ihm wenden, das Grundgesetz und die Gesetze des Bundes wahren und verteidigen, meine Pflichten gewissenhaft erfüllen und Gerechtigkeit gegen jedermann üben werde. So wahr mir Gott helfe.«

---

7 VG Bremen 25.3.2010, DANA 2/2010, 89; Dammann in Simitis, § 23 Rn. 27; VG Hannover 15.5.2013 – 10 A 7016/12; NdsOVG 23.7.2013 – 11 PA 145/13.
8 Hullen in Plath, § 21 Rn. 11; Grittmann in Taeger/Gabel, § 21 Rn. 11; Gola/Schomerus, § 21 Rn. 6; a.A. VGH München, NJW 1989, 2643.

§ 22 Wahl und Unabhängigkeit des Bundesbeauftragten für den Datenschutz

Der Eid kann auch ohne religiöse Beteuerung geleistet werden.
(3) Die Amtszeit der oder des Bundesbeauftragten beträgt fünf Jahre. Einmalige Wiederwahl ist zulässig.
(4) Die oder der Bundesbeauftragte steht nach Maßgabe dieses Gesetzes zum Bund in einem öffentlich-rechtlichen Amtsverhältnis. Sie oder er ist in Ausübung ihres oder seines Amtes unabhängig und nur dem Gesetz unterworfen.
(5) Die oder der Bundesbeauftragte ist eine oberste Bundesbehörde. Der Dienstsitz ist Bonn. Die Beamtinnen und Beamten der oder des Bundesbeauftragten sind Beamtinnen und Beamte des Bundes.
(6) Die Leitende Beamtin oder der Leitende Beamte nimmt die Rechte der oder des Bundesbeauftragten wahr, wenn die oder der Bundesbeauftragte an der Ausübung ihres oder seines Amtes verhindert ist oder wenn ihr oder sein Amtsverhältnis endet und sie oder er nicht zur Weiterführung der Geschäfte verpflichtet ist. Absatz 4 Satz 2 ist entsprechend anzuwenden.

Übersicht

	Rn.
1. Allgemeines	1
2. Wahl der oder des Bundesbeauftragten	2–3
3. Rechtliche Organisation	4–6

1. Allgemeines

1 Die Beteiligung **unabhängiger Datenschutzbeauftragter** ist »von erheblicher Bedeutung für einen effektiven Schutz des Rechts auf informationelle Selbstbestimmung«.[1] Art. 28 Abs. 1 EG-DSRl verpflichtet die Mitgliedstaaten zur Beauftragung einer oder mehrerer unabhängiger Stellen, die Anwendung der Datenschutzregelungen zu überwachen (§ 23 Rn. 2). Für die Bundesebene erfüllt diese Funktion im Bereich der öffentlichen Verwaltung sowie in einigen begrenzten weiteren Bereichen (Post, Telekommunikation, vgl. § 38 Rn. 2 a) die oder der Bundesbeauftragte für den Datenschutz und die Informationsfreiheit (BfDI). Die Regelungen hierzu wurden mit Gesetz vom 25. 2. 2015 geändert. Bis dahin genügte die Regelung den verfassungs- und europarechtlichen Anforderungen an die Unabhängigkeit nicht. Geändert wurde die Eidesleistung, die vor dem Bundespräsidenten und nicht mehr vor dem Bundesminister des Innern erfolgt (Abs. 2), und die organisatorische Verselbständigung als oberste Bundesbehörde statt der bisherigen Einbindung beim Bundesministerium des Innern (Abs. 5). Die Regelung zur Rechtsaufsicht (bisher Abs. 4 S. 3) wurde aufgehoben. Außerdem wurde die bisherige männliche Formulierung um die weibliche Form ergänzt.[2] In Art. 46 ff. EU-DSGVO sind künftig detaillierte Vorgaben für Datenschutzaufsichtsbehörden vorgesehen.

---

1 BVerfGE 65, 1, 46 = NJW 1984, 422 f.; BVerfGE 67, 157; Heil in Roßnagel, S. 752 ff.
2 Weichert, Rechtsbehelfe, 2014, III.

2. Wahl der oder des Bundesbeauftragten

Durch die Wahl der BfDI durch den Bundestag erhält diese die notwendige **demokratische Legitimation**. Der Vorschlag für eine Kandidatin oder einen Kandidaten erfolgt durch die Bundesregierung. Dieses Vorschlagsrecht steht weiterhin tendenziell in Widerspruch zu der vom BfDI geforderten Unabhängigkeit, da die BfDI die Datenverarbeitung der Bundesverwaltung kontrollieren soll, die von den in der Bundesregierung vertretenen Ministern geleitet wird. Die Wahl der BfDI muss mit der absoluten Mehrheit des Bundestags erfolgen. Diese Abweichung vom Grundsatz des Art. 42 Abs. 2 S. 1 GG (einfache Mehrheit) signalisiert den Willen des Gesetzgebers, dass die BfDI das Vertrauen zumindest der absoluten Mehrheit des Parlamentes genießen soll. Der Ernennung durch den Bundespräsidenten gemäß Absatz 1 Satz 2 kommt nur eine formelle Bedeutung zu.

2

Die Wahl erfolgt **ohne Aussprache**. Dies kann dazu führen, dass eine Wahl ohne vorherige öffentliche Debatte über die Kandidaten erfolgt. Ziel ist es, eine öffentliche Personaldiskussion, die für die Betroffenen persönlichkeitsrechtlich beeinträchtigend sein kann, zu vermeiden. Zugleich eröffnet die Regelung die Möglichkeit der Auswahl in Hinterzimmern. Dies kann Regierungsmehrheiten veranlassen, politisch gefällige und nicht hinreichend qualifizierte Personen auszuwählen.

2a

Abgesehen vom Alterserfordernis[3] und der Befähigung zur Bekleidung öffentlicher Ämter sieht das Gesetz keine **Qualifikationsanforderungen** vor.[4] Es bedarf nicht, wie in Landesgesetzen vorgesehen (z.B. 20 Abs. 1 LDSG LSA) der Befähigung zum Richteramt. Tatsächlich benötigt die BfDI, um ihre Aufgabe wirksam wahrnehmen zu können, neben einer datenschutzrechtlichen auch eine informationstechnische Qualifikation, sowie die Fähigkeit, das Verständnis für den Datenschutz zu vermitteln und hierfür auch politisch einzutreten.[5] Eine förmliche Überprüfung auf die Verfassungstreue ist nicht vorgesehen und wegen der hohen demokratischen Legitimation auch nicht erforderlich. Eine verpflichtende Regelung hätte zur Folge, dass die Exekutive einen entscheidenden Einfluss darauf ausüben könnte, wer sie kontrolliert. Gewählt werden kann auch eine Person, die keine deutsche Staatsangehörigkeit hat.[6] Die Beschränkung der Amtszeit – nach einmaliger Wiederwahl – auf maximal zehn Jahre soll einerseits eine gewisse Kontinuität und andererseits dadurch Unabhängigkeit gewährleisten, dass eine Ausrichtung der Amtsführung auf die Wiederwahl eingegrenzt wird. Es ist zweifelhaft, ob diese Beschränkung die Unabhängigkeit stärkt. Die Erfahrung zeigt, dass die hohen qualitativen rechtlichen, technischen und politischen Anforderungen an die BfDI durch langjährige Praxis erlangt werden und eine hohe fachliche Qualifikation für die Unabhängigkeit wichtiger ist als die zeitliche Begrenzung der Amtszeit.

3

---

3 Kein Verstoß gegen die Antidiskriminierungs-Richtlinie 2008/78/EG, zweifelnd Schiedermair in WB, § 22 Rn. 3.
4 Zur Praxis Schild, DANA 2014, 16; vgl. DANA 2014, 25.
5 Gola/Schomerus, § 22 Rn. 4; Weichert, Gesetze, Geld und Gadgets, https://www.datenschutzzentrum.de/vortraege/20120418-weichert-bitkom-keynote.html.
6 Von Lewinski in Auernhammer, § 22 Rn. 6.

§ 23 Rechtsstellung der oder des Bundesbeauftragten für den Datenschutz

3. Rechtliche Organisation

4 Die BfDI ist nicht Beamtin auf Zeit, sondern nimmt eine **rechtliche Sonderstellung** mit einem öffentlich-rechtlichen Amtsverhältnis eigener Art wahr.[7] Sie ist nach Absatz 4 Satz 2 in ihrer Amtsausübung unabhängig und nur dem Gesetz unterworfen.[8] Sie unterliegt bei ihrer Tätigkeit keinen fachlichen Weisungen und keiner Rechtsaufsicht. Die zuvor geltende Regelung war europarechtswidrig.[9]

5 Durch die **organisatorische Verselbständigung** der Dienststelle der BfDI als oberste Bundesbehörde und weg vom Bundesministerium des Innern (BMI) nach Abs. 5 wurde rechtlich die geforderte Unabhängigkeit umgesetzt (vgl. § 23 Rn. 2). Der rechtlichen Anforderung an die Unabhängigkeit wird in den Ländern dadurch Rechnung getragen, dass die Landesbeauftragten für den Datenschutz entweder beim Parlament angebunden (z.B. § 31 HDSG), als rechtsfähige Anstalt des öffentlichen Rechtes (so § 32 LDSG SH) oder – wie nun auch die BfDI – als oberste Landesbehörde ausgestaltet sind (so § 22 Abs. 2 BerlDSG). Die Festlegung des Dienstsitzes schließt es nicht aus, dass die BfDI in anderen Städten, insbesondere in Berlin, eine Vertretung betreibt (vgl. Anlage 7). Die BfDI stellt selbst ihren Haushaltsbedarf fest, so dass künftig eine Beeinflussung durch das BMI vermieden wird.

6 Der Anspruch auf eine angemessene **Personal- und Sachausstattung** ist als ein subjektives Recht der BfDI gegenüber dem Bundestag ausgestaltet, das verletzt ist, wenn die gesetzlichen Aufgaben der BfDI, insbesondere deren Kontrollpflichten (§ 24 Rn. 4a), offensichtlich nicht mehr ausreichend wahrgenommen werden können.

§ 23 Rechtsstellung der oder des Bundesbeauftragten für den Datenschutz und die Informationsfreiheit

(1) Das Amtsverhältnis der oder des Bundesbeauftragten für den Datenschutz und die Informationsfreiheit beginnt mit der Aushändigung der Ernennungsurkunde. Es endet
1. mit Ablauf der Amtszeit,
2. mit der Entlassung.
Die Bundespräsidentin oder der Bundespräsident entlässt die Bundesbeauftragte oder den Bundesbeauftragten, wenn diese oder dieser es verlangt oder auf Vorschlag der Präsidentin oder des Präsidenten des Bundestages, wenn Gründe vorliegen, die bei einer Richterin auf Lebenszeit oder einem Richter auf Lebenszeit die Entlassung aus dem Dienst rechtfertigen. Im Falle der Beendigung des Amtsverhältnisses erhält die oder der Bundesbeauftragte eine von der Bundespräsidentin oder dem Bundespräsidenten vollzogene Urkunde. Eine Entlassung wird mit der Aushändigung der Urkunde wirksam. Endet das Amtsverhältnis mit Ablauf der Amtszeit, ist die oder der Bundesbeauftragte verpflichtet, auf Ersuchen der Präsidentin oder des Prä-

---

7 Paeffgen, JZ 1997, 184 ff.
8 Wippermann, DÖV 1994, 929 f.
9 So z.B. die Vorauflage.

sidenten des Bundestages die Geschäfte bis zur Ernennung einer Nachfolgerin oder eines Nachfolgers weiterzuführen.

(2) Die oder der Bundesbeauftragte darf neben ihrem oder seinem Amt kein anderes besoldetes Amt, kein Gewerbe und keinen Beruf ausüben und weder der Leitung oder dem Aufsichtsrat oder Verwaltungsrat eines auf Erwerb gerichteten Unternehmens noch einer Regierung oder einer gesetzgebenden Körperschaft des Bundes oder eines Landes angehören. Sie oder er darf nicht gegen Entgelt außergerichtliche Gutachten abgeben.

(3) Die oder der Bundesbeauftragte hat der Präsidentin oder dem Präsidenten des Bundestages Mitteilung über Geschenke zu machen, die sie oder er in Bezug auf das Amt erhält. Die Präsidentin oder der Präsident des Bundestages entscheidet über die Verwendung der Geschenke. Sie oder er kann Verfahrensvorschriften erlassen.

(4) Die oder der Bundesbeauftragte ist berechtigt, über Personen, die ihr oder ihm in ihrer oder seiner Eigenschaft als Bundesbeauftragte oder Bundesbeauftragter Tatsachen anvertraut haben, sowie über diese Tatsachen selbst das Zeugnis zu verweigern. Dies gilt auch für die Mitarbeiterinnen und Mitarbeiter der oder des Bundesbeauftragten mit der Maßgabe, dass über die Ausübung dieses Rechts die oder der Bundesbeauftragte entscheidet. Soweit das Zeugnisverweigerungsrecht der oder des Bundesbeauftragten reicht, darf die Vorlegung oder Auslieferung von Akten oder anderen Schriftstücken von ihr oder ihm nicht gefordert werden.

(5) Die oder der Bundesbeauftragte ist, auch nach Beendigung ihres oder seines Amtsverhältnisses, verpflichtet, über die ihr oder ihm amtlich bekannt gewordenen Angelegenheiten Verschwiegenheit zu bewahren. Dies gilt nicht für Mitteilungen im dienstlichen Verkehr oder über Tatsachen, die offenkundig sind oder ihrer Bedeutung nach keiner Geheimhaltung bedürfen. Die oder der Bundesbeauftragte entscheidet nach pflichtgemäßem Ermessen, ob und inwieweit sie oder er über solche Angelegenheiten vor Gericht oder außergerichtlich aussagt oder Erklärungen abgibt; wenn sie oder er nicht mehr im Amt ist, ist die Genehmigung der oder des amtierenden Bundesbeauftragten erforderlich. Unberührt bleibt die gesetzlich begründete Pflicht, Straftaten anzuzeigen und bei Gefährdung der freiheitlichen demokratischen Grundordnung für deren Erhaltung einzutreten. Für die Bundesbeauftragte oder den Bundesbeauftragten und ihre oder seine Mitarbeiterinnen und Mitarbeiter gelten die §§ 93, 97, 105 Abs. 1, § 111 Abs. 5 in Verbindung mit § 105 Abs. 1 sowie § 116 Abs. 1 der Abgabenordnung nicht. Satz 5 findet keine Anwendung, soweit die Finanzbehörden die Kenntnis für die Durchführung eines Verfahrens wegen einer Steuerstraftat sowie eines damit zusammenhängenden Steuerverfahrens benötigen, an deren Verfolgung ein zwingendes öffentliches Interesse besteht, oder soweit es sich um vorsätzlich falsche Angaben der oder des Auskunftspflichtigen oder der für sie oder ihn tätigen Personen handelt. Stellt die oder der Bundesbeauftragte einen Datenschutzverstoß fest, ist sie oder er befugt, diesen anzuzeigen und den Betroffenen hierüber zu informieren.

(6) Die oder der Bundesbeauftragte darf als Zeugin oder Zeuge aussagen, es sei denn, die Aussage würde

1. dem Wohle des Bundes oder eines deutschen Landes Nachteile bereiten, ins-

§ 23 Rechtsstellung der oder des Bundesbeauftragten für den Datenschutz

besondere Nachteile für die Sicherheit der Bundesrepublik Deutschland oder ihre Beziehungen zu anderen Staaten, oder
2. Grundrechte verletzen.

Betrifft die Aussage laufende oder abgeschlossene Vorgänge, die dem Kernbereich exekutiver Eigenverantwortung der Bundesregierung zuzurechnen sind oder sein könnten, darf die oder der Bundesbeauftragte nur im Benehmen mit der Bundesregierung aussagen. § 28 des Bundesverfassungsgerichtsgesetzes bleibt unberührt.

(7) Die oder der Bundesbeauftragte erhält vom Beginn des Kalendermonats an, in dem das Amtsverhältnis beginnt, bis zum Schluss des Kalendermonats, in dem das Amtsverhältnis endet, im Fall des Absatzes 1 Satz 6 bis zum Ende des Monats, in dem die Geschäftsführung endet, Amtsbezüge in Höhe der Besoldungsgruppe B 11 sowie den Familienzuschlag entsprechend Anlage V des Bundesbesoldungsgesetzes. Das Bundesreisekostengesetz und das Bundesumzugskostengesetz sind entsprechend anzuwenden. Im Übrigen sind § 12 Abs. 6 sowie die §§ 13 bis 20 und 21a Abs. 5 des Bundesministergesetzes mit den Maßgaben anzuwenden, dass an die Stelle der vierjährigen Amtszeit in § 15 Abs. 1 des Bundesministergesetzes eine Amtszeit von fünf Jahren tritt. Abweichend von Satz 3 in Verbindung mit den §§ 15 bis 17 und 21a Abs. 5 des Bundesministergesetzes berechnet sich das Ruhegehalt der oder des Bundesbeauftragten unter Hinzurechnung der Amtszeit als ruhegehaltsfähige Dienstzeit in entsprechender Anwendung des Beamtenversorgungsgesetzes, wenn dies günstiger ist und die oder der Bundesbeauftragte sich unmittelbar vor ihrer oder seiner Wahl zur oder zum Bundesbeauftragten als Beamtin oder Beamter oder als Richterin oder Richter mindestens in dem letzten gewöhnlich vor Erreichen der Besoldungsgruppe B 11 zu durchlaufenden Amt befunden hat.

(8) Absatz 5 Satz 5 bis 7 gilt entsprechend für die öffentlichen Stellen, die für die Kontrolle der Einhaltung der Vorschriften über den Datenschutz in den Ländern zuständig sind.

Übersicht Rn.
1. Allgemeines 1– 3
2. Zeugnisverweigerungsrecht 4, 5
3. Verschwiegenheitspflicht 6–10
4. Gutachtenerstellung und Sonstiges 11, 12

1. Allgemeines

1 § 23 wurde mit Gesetz vom 25.2.2015 geändert.[1] Er regelt eine Vielzahl von unterschiedlichen **Fragen zur Rechtsstellung der BfDI** von geringer bis hin zu sehr großer Bedeutung. Sowohl hinsichtlich der Form als auch teilweise hinsichtlich des Inhalts ist die Norm verunglückt. Die Norm zur Aussageverweigerung (Abs. 2) und die Geschenkregelung (Abs. 3) wurden im parlamentarischen Verfahren nachgebessert.[2]

2 Regelungen, die eine Einflussnahme des Bundesministers des Innern (BMI) vorsahen, tangierten die verfassungsrechtlich und europarechtlich geforderte **Unabhängigkeit**

---
1 BGBl. I 2015, 162; Roßnagel, ZD 2015, 106.
2 BR-Drs. 6/15 v. 16.1.2015.

der BfDI und wurden modifiziert, nachdem der EuGH mit den Urteilen vom 9.3.2010 und vom 16.10.2012 Anforderungen an die Unabhängigkeit formuliert hatte.[3] Die Aufgabenwahrnehmung muss ohne äußere Einflussnahme erfolgen, soweit diese unmittelbar (z.B. über Weisungen) oder mittelbar Entscheidungen steuern könnten. Unabhängigkeit bedeutet nicht nur die Freiheit vor äußerer Einflussnahme, vor allem der kontrollierten Stellen, sondern auch die institutionelle Unabhängigkeit einschließlich der Freiheit vor vorgesetzter Fach- und Rechtsaufsicht. Eine Unterstellung von Mitarbeitern unter einen anderen Dienstherrn ist unzulässig. Durch die organisationsrechtliche Einordnung darf nicht der Verdacht der Parteilichkeit entstehen, d.h. der Eindruck, nicht Hüter des Rechts auf Privatsphäre zu sein. Das Unabhängigkeitserfordernis gilt nicht nur für die Zuweisung und Nutzung der personellen, sondern auch der sachlichen Mittel. Selbst eine konkrete Berichtspflicht gegenüber einer anderen exekutiven Dienststelle bzw. ein Unterrichtungsrecht von dieser verstieße gegen die Unabhängigkeit. Die BfDI ist der Exekutive zuzuordnen. Zu ihrer Tätigkeit kann grds. gemäß dem Untersuchungsausschussgesetz eine parlamentarische Untersuchung erfolgen. Im Interesse der Wahrung der Unabhängigkeit und Vertraulichkeit besteht aber auch insofern ein weitgehendes Zeugnisverweigerungsrecht (Rn. 4).

Die BfDI kann ihre **Entlassung** jederzeit verlangen, ohne hierfür Gründe nennen zu müssen. Der Bundespräsident muss dem Ersuchen entsprechen.[4] In § 21 DRiG sind die Gründe aufgeführt, weshalb der Präsident des Bundestages vom Bundespräsidenten eine Entlassung verlangen kann. Eine Klage hiergegen durch die BfDI hat vor dem Verwaltungsgericht zu erfolgen. Eine vorzeitige Amtsenthebung ohne höchste demokratische Legitimation würde die Unabhängigkeit der BfDI beeinträchtigen und ist deshalb unzulässig.[5]

2a

Die **Inkompatibilitätsregelung** des Absatzes 2 ist vergleichbar mit der für den Bundespräsidenten (Art. 55 GG), für Minister (§ 5 BMinG) und den Wehrbeauftragten (§ 14 Abs. 3 WBeauftG). Soweit die BfDI die im Gesetz genannten Tätigkeiten wahrgenommen hat, muss sie diese nach der Ernennung unverzüglich beenden. Die Unabhängigkeit der Amtstätigkeit soll auch nicht durch die genannten Nebentätigkeiten in Zweifel gezogen werden, auch wenn diese unentgeltlich ausgeübt werden. Das Verbot zur entgeltlichen Gutachtenerstellung hindert die BfDI nicht, unentgeltlich wissenschaftliche Stellungnahmen abzugeben, Meinungsäußerungen zu publizieren oder Vorträge zu halten. Aufgrund ihres Amts ist sie vielmehr zu solchen Aktivitäten geradezu verpflichtet.[6]

3

---

3 EuGH 9.3.2010 – C-518/07, NJW 2010, 1266 = MMR 2010, 350 = RDV 2010, 121 = DuD 2010, 335 = DANA 2/2010, 85; EuGH 16.10.2012 – C-614/10, ZD 2012, 563 = DANA 4/2012, 186 = DÖV 2013, 34 (LS) = RDV 2013, 32 (LS); dazu Tinnefeld/Buchner, DuD 2010, 581f.; Petri/Tinnefeld, MMR 2010, 355; Schild, DuD 2010, 549; kritisch Frenzel DÖV 2010, 925; Bull, EuZW 2010, 488.
4 Dammann in Simitis, § 23 Rn. 6f.
5 EuGH, ZD 2014, 301 – Ungarn.
6 Gola/Schomerus, § 23 Rn. 3.

§ 23 Rechtsstellung der oder des Bundesbeauftragten für den Datenschutz

2. Zeugnisverweigerungsrecht

4 Das in Absatz 4 geregelte Zeugnisverweigerungsrecht ist eine Grundbedingung für ein rechtlich nicht zu beeinträchtigendes **Vertrauensverhältnis zu Petenten**, aber auch im gewissen Maße zu den von der BfDI kontrollierten verantwortlichen Stellen. Die Petenten müssen sich darauf verlassen können, dass sie sich, ohne Nachteile zu befürchten, an die BfDI wenden können (vgl. § 21 Rn. 8). Die BfDI soll als »Anwalt des Bürgers« agieren. Die Regelung gilt nach § 12 Abs. 3 auch für die LfD und wird von Art. 28 Abs. 7 EG-DSRl als Verankerung eines Berufsgeheimnisses gefordert. Das Zeugnisverweigerungsrecht ergänzt die in Absatz 5 geregelte Verschwiegenheitspflicht, ohne mit dieser inhaltlich übereinzustimmen. Die BfDI kann bei über die Verschwiegenheitspflicht hinausgehenden Umständen selbst über die Offenbarung disponieren. Das Zeugnisverweigerungsrecht steht neben den für andere Berufsgruppen geltenden Regelungen in den §§ 52 f. StPO und §§ 383 f. ZPO. Es gilt nur für Tatsachen, die der BfDI **in ihrer amtlichen Funktion anvertraut** wurden. Hierzu gehören sämtliche Mitteilungen von Betroffenen und anderen Petenten, auch soweit es sich hierbei um subjektive Äußerungen handelt. Erfasst werden mündliche, fernmündliche, schriftliche oder elektronische Mitteilungen. Eine besondere Vertraulichkeitszusage gegenüber dem Mitteilenden wird nicht vorausgesetzt. Soweit die BfDI im Rahmen ihrer klassischen Kontroll- und Beratungstätigkeit ohne Anstoß von außen mit Stellen kommuniziert und dabei Tatsachen zur Kenntnis erhält, handelt es sich um normalen Dienstverkehr und nicht um ein »Anvertrauen«.[7] Insofern ist das Informationsfreiheitsrecht, bei der BfDI also das IFG-Bund, anwendbar.[8]

5 Das Zeugnisverweigerungsrecht der Mitarbeiter sichert die Vertraulichkeit hinsichtlich der gesamten Tätigkeit der Dienststelle der BfDI. Über die Aussage und deren Umfang der **Mitarbeiter** entscheidet die BfDI. Es besteht auch keine Pflicht, Akten herauszugeben und zur Einsicht zur Verfügung zu stellen (Abs. 4 S. 3). Sämtliche Unterlagen der BfDI über Eingaben unterliegen damit einem **Beschlagnahmeverbot** im Rahmen von Strafverfahren (vgl. § 96 StPO).

3. Verschwiegenheitspflicht

6 Die Verschwiegenheitspflicht der BfDI nach Absatz 5 umfasst sämtliche Angelegenheiten, die ihr **amtlich bekannt** werden (vgl. ebenso §§ 6, 7 BMinG, § 19 WBeauftG). Sie umfasst nicht nur personenbezogene Daten von Petenten und Betroffenen im Rahmen von Eingaben und Kontrollen, sondern auch sonstige sachliche oder organisatorische dienstlich erlangte Erkenntnisse. Sie hat eine doppelte Schutzfunktion: für den Petenten sowie auch für die Aufgabenwahrnehmung der BfDI. Die Verschwiegenheitspflicht gilt bei Eingaben auch gegenüber einer überprüften Stelle: Ist die Nennung des Namens eines Petenten für die Bearbeitung einer Eingabe nicht erforderlich, darf diese auch nicht erfolgen. Absatz 5 regelt direkt nur die Verschwiegenheit der BfDI selbst. Für die Mitarbeiter gelten insofern die Vorschriften des § 67 BBG bzw. des Tarifrechts sowie

---

7 Dammann in Simitis, § 23 Rn. 18.
8 VG Bremen 28.7.2014 – 4 K 382/13.

Rechtsstellung der oder des Bundesbeauftragten für den Datenschutz § 23

vertragliche Regelungen bei freien Mitarbeitern.[9] Deren Pflicht zur Verschwiegenheit wird aber durch den äußeren Rahmen des Absatzes 5 definiert.

Die Verschwiegenheitspflicht der BfDI und deren Mitarbeiter korrespondiert mit der strengen Zweckbindung, der die zur Datenschutzkontrolle verarbeiteten Daten unterliegen (§ 14 Abs. 4). Hierbei handelt es sich um eine **besondere Verwendungsbeschränkung** i. S. v. sonstigen Datenschutzregelungen (z. B. § 88 Abs. 1 AufenthG) sowie um eine Geheimhaltungsvorschrift i. S. d. Presserechts.[10]
Nicht erfasst von der Verschwiegenheitspflicht sind offenkundige und bedeutungslose Tatsachen sowie **Mitteilungen im dienstlichen Verkehr**. Soweit Mitteilungen zur Aufgabenwahrnehmung erforderlich sind, ist die BfDI hierzu befugt. Keine Verschwiegenheitspflicht besteht grds. im Hinblick auf die Offenbarung von Datenschutzverstößen, wenn damit auf gesetzmäßiges Verhalten hingewirkt wird.[11]
Von Absatz 5 unberührt bleiben besondere **weitergehende Geheimhaltungsvorschriften**. Die Offenbarungsbefugnis zum Schutz der freiheitlichen demokratischen Grundordnung (S. 4) nimmt Bezug auf die Eidesformel in § 22 Abs. 2.
Absatz 6 nennt die **Kriterien für Zeugenaussagen**. Die BfDI bedurfte bisher der Genehmigung des BMI für Zeugenaussagen in einem Parlamentsuntersuchungsausschuss oder vor einem Gericht. An diese Stelle tritt nun im Interesse der Unabhängigkeit der BfDI eine materielle Regelung. Die BfDI hat eine fallbezogene Abwägung vorzunehmen. Dabei sind grundrechtlich insbesondere von Relevanz das allgemeine Persönlichkeitsrecht, das Recht auf Leben und körperliche Unversehrtheit, die Berufsfreiheit und das Eigentumsrecht einschließlich des Schutzes von Betriebs- und Geschäftsgeheimnissen (Art. 2, 12, 14 GG). Zum Kernbereich exekutiver Eigenverantwortung sollen insbesondere Informationen gehören, die die BfDI im Rahmen von Prüfungen über die Willensbildung der Bundesregierung, über Erörterungen im Kabinett oder Abstimmungsprozesse zur Vorbereitung von Kabinetts- und Ressortentscheidungen erlangt hat.[12] Benehmen ist nicht Einvernehmen oder Einverständnis; es eröffnet der BfDI nach Einholen einer Stellungnahme der Bundesregierung die Möglichkeit, aus sachlichen Gründen hiervon abzuweichen.

Das **Informationsrecht gegenüber dem Betroffenen** bei Verstößen (Abs. 5 S. 6) ist kein Auskunftsanspruch nach § 19 und unterliegt nicht den dort genannten Einschränkungen. Es erstreckt sich auf den Sachverhalt und auf die rechtliche Bewertung (vgl. § 38 Rn. 15).

---

9 Dammann in Simitis, § 23 Rn. 26.
10 OVG NRW, AfP 2009, 295 = RDV 2009, 179 = MMR 2009, 294 f.
11 Zur Strafbarkeit nach § 353 b StGB BGHSt 48, 132 = NJW 2003, 979 = DuD 2003, 311; kritisch Schuldt, Geheimnisverrat, 2011, S. 92; einschränkend auch von Lewinski in Auernhammer, § 23 Rn. 35.
12 BR-Drs. 395/14, 17.

Weichert 471

§ 24 Kontrolle durch den Bundesbeauftragten für den Datenschutz

4. Gutachtenerstellung und Sonstiges

11 Das Erstatten von Gutachten unterliegt keinem Genehmigungsvorbehalt mehr.[13] § 28 VerfGG regelt die Aussage als Zeuge vor dem Bundesverfassungsgericht.

12 Mit der Anhebung der **Vergütung** für die BfDI 2015 sollte eine Anpassung an die gestiegene Bedeutung des Amtes und des Datenschutzes erfolgen.[14]

§ 24 Kontrolle durch die Bundesbeauftragte oder den Bundesbeauftragten für den Datenschutz und die Informationsfreiheit

(1) Die oder der Bundesbeauftragte für den Datenschutz und die Informationsfreiheit kontrolliert bei den öffentlichen Stellen des Bundes die Einhaltung der Vorschriften dieses Gesetzes und anderer Vorschriften über den Datenschutz.
(2) Die Kontrolle der oder des Bundesbeauftragten erstreckt sich auch auf
1. von öffentlichen Stellen des Bundes erlangte personenbezogene Daten über den Inhalt und die näheren Umstände des Brief-, Post- und Fernmeldeverkehrs, und
2. personenbezogene Daten, die einem Berufs- oder besonderen Amtsgeheimnis, insbesondere dem Steuergeheimnis nach § 30 der Abgabenordnung, unterliegen.
Das Grundrecht des Brief-, Post- und Fernmeldegeheimnisses des Artikels 10 des Grundgesetzes wird insoweit eingeschränkt. Personenbezogene Daten, die der Kontrolle durch die Kommission nach § 15 des Artikel 10-Gesetzes unterliegen, unterliegen nicht der Kontrolle durch die Bundesbeauftragte oder den Bundesbeauftragten, es sei denn, die Kommission ersucht die Bundesbeauftragte oder den Bundesbeauftragten, die Einhaltung der Vorschriften über den Datenschutz bei bestimmten Vorgängen oder in bestimmten Bereichen zu kontrollieren und ausschließlich ihr darüber zu berichten. Der Kontrolle durch die Bundesbeauftragte oder den Bundesbeauftragten unterliegen auch nicht personenbezogene Daten in Akten über die Sicherheitsüberprüfung, wenn der Betroffene der Kontrolle der auf ihn bezogenen Daten im Einzelfall gegenüber der oder dem Bundesbeauftragten widerspricht.
(3) Die Bundesgerichte unterliegen der Kontrolle der oder des Bundesbeauftragten nur, soweit sie in Verwaltungsangelegenheiten tätig werden.
(4) Die öffentlichen Stellen des Bundes sind verpflichtet, die Bundesbeauftragte oder den Bundesbeauftragten und ihre oder seine Beauftragten bei der Erfüllung ihrer Aufgaben zu unterstützen. Ihnen ist dabei insbesondere
1. Auskunft zu ihren Fragen sowie Einsicht in alle Unterlagen, insbesondere in die gespeicherten Daten und in die Datenverarbeitungsprogramme, zu gewähren, die im Zusammenhang mit der Kontrolle nach Absatz 1 stehen,
2. jederzeit Zutritt in alle Diensträume zu gewähren.
Die in § 6 Abs. 2 und § 19 Abs. 3 genannten Behörden gewähren die Unterstützung nur der oder dem Bundesbeauftragten selbst und den von ihr oder ihm schriftlich

---

13 Zur Kritik an der bis 2015 geltenden Regelung vgl. Vorauflage; tendenziell auch Grittmann in Taeger/Gabel, § 23 Fn. 17 (Rn. 9).
14 So Gesetzesbegründung, BR-Drs. 395/14, S. 2, 18.

besonders Beauftragten. Satz 2 gilt für diese Behörden nicht, soweit die oberste Bundesbehörde im Einzelfall feststellt, dass die Auskunft oder Einsicht die Sicherheit des Bundes oder eines Landes gefährden würde.

(5) Die oder der Bundesbeauftragte teilt das Ergebnis ihrer oder seiner Kontrolle der öffentlichen Stelle mit. Damit kann sie oder er Vorschläge zur Verbesserung des Datenschutzes, insbesondere zur Beseitigung von festgestellten Mängeln bei der Verarbeitung oder Nutzung personenbezogener Daten, verbinden. § 25 bleibt unberührt.

(6) Absatz 2 gilt entsprechend für die öffentlichen Stellen, die für die Kontrolle der Einhaltung der Vorschriften über den Datenschutz in den Ländern zuständig sind.

Übersicht	Rn.
1. Allgemeines	1– 4
2. Kontrolle in speziellen Bereichen	5– 9
3. Unterstützungspflicht	10–13
4. Kontrollergebnis	14

1. Allgemeines

Historisch gesehen liegt die primäre Aufgabe der BfDI in der **nachschauenden Datenschutzkontrolle**. Weitere Aufgaben sind hinzugekommen, die das Schwergewicht von dieser repressiven Seite immer weiter auf die präventive Seite verlagern (§ 26 Rn. 1). Dies ändert aber nichts an dem zentralen Stellenwert der klassischen Prüftätigkeit. Europarechtlich ist diese Aufgabe in Art. 28 Abs. 1, 3 EG-DSRl abgesichert.[1]

Der Kontrolle der BfDI unterliegen umfassend die **öffentlichen Stellen des Bundes** gem. § 2 Abs. 1, soweit diese personenbezogene Daten verarbeiten. Dazu gehören auch die Verfassungsorgane (Bundestag, Bundesrat, Bundespräsident, Bundesregierung) und die Bundesgerichte; doch die Kontrolle ist insofern begrenzt (vgl. Abs. 3). Eine Kontrollbefugnis besteht zudem im Post- und Telekommunikationsbereich (§ 42 Abs. 3 PostG, § 115 Abs. 4 TKG, vgl. § 38 Rn. 2a).

Zu den **Vorschriften über den Datenschutz** gehören neben den allgemeinen Datenschutzgesetzen des Bundes und der Länder die bereichsspezifischen Datenschutznormen, aber auch weitere Regelungen, deren Ziel u. a. der Schutz des Rechts auf informationelle Selbstbestimmung ist. Dies sind z. B. die strafrechtlichen oder standesrechtlichen Regelungen zu den Berufsgeheimnissen (§ 203 StGB). Nicht nur materiell-rechtliche Regelungen, sondern auch Verfahrens-, Organisations- und reines Technikrecht wird erfasst, soweit es positive Auswirkungen auf das Recht auf informationelle Selbstbestimmung hat und hierauf auch abzielt. Erfasst sind neben formellen Rechtsvorschriften auch Verwaltungsvorschriften und Dienstanweisungen. Im Bereich der Sozialgesetzbücher (SGB) erstreckt sich die Kontrollkompetenz auch auf Betriebs- und Geschäftsgeheimnisse (§§ 35 Abs. 4 SGB I, 81 Abs. 1 SGB X).

Wegen der Kompensationsfunktion der unabhängigen Datenschutzkontrolle für die tatsächlich beschränkte Möglichkeit der Betroffenen, ihre Rechte geltend zu machen, ergeben sich unter Anwendung des Verhältnismäßigkeitsgrundsatzes **Mindestanfor-**

---
[1] Kritisch zu einem weiten Selbstverständnis Giesen, CR 1997, 43.

derungen an die **Frequenz und Tiefe** aufsichtlicher Prüfungen. Je weniger eine subjektivrechtliche Kontrolle sichergestellt werden kann, umso wichtiger wird ein hinreichend wirksames aufsichtsrechtliches Kontrollregime. Dies gilt insbesondere für die hoheitliche Datenverarbeitung durch Sicherheitsbehörden, die für Betroffene in besonders hohem Maße intransparent bleibt. Dies trifft z. B. für die Bund und Länder übergreifenden Verbunddateien im Sicherheitsbereich zu, bei denen aufgrund föderaler Zuständigkeitsunklarheiten eine effektive Kontrolle gefährdet sein kann. Den Datenschutzbeauftragten ist es gestattet zusammenzuarbeiten und sich etwa im Wege der Amtshilfe durch Delegation oder Ermächtigung bei der Wahrnehmung ihrer Befugnisse gegenseitig zu unterstützen. Aufsichtliche Kontrollen dürfen »ein gewisses Höchstmaß, etwa zwei Jahre, nicht überschreiten«.[2] Angesichts dieser verfassungsrechtlichen Vorgaben ist in § 10 Abs. 2 Antiterrordateigesetz (ATDG) und § 11 Abs. 2 Rechtsextremismusdateigesetz (REDG) die Verpflichtung geregelt, mindestens alle zwei Jahre die Einhaltung des Datenschutzes zu kontrollieren. Diese Pflicht richtet sich an die zuständige Datenschutzaufsicht, also je nach verantwortlicher Stelle an die BfDI sowie an die Landesbeauftragten für Datenschutz.

4   Die BfDI hat ein weites Ermessen bei der Frage, wo sie was wann und wie kontrolliert. Die **Art und Weise des Vorgehens** wird von ihr bestimmt, soweit das Ziel in der Überprüfung der Beachtung von Datenschutzvorschriften liegt. Neben anlassbezogenen Prüfungen sind systematische und anlasslose Kontrollen möglich. Zusätzlich zur schriftlichen Nachfrage und der Vorortnachschau können Online-Prüfungen durchgeführt werden.[3] Die BfDI hat immer die jeweilige Aufgabenerfüllung der öffentlichen Stelle und deren fachliche Kompetenz im Auge zu behalten. Letztendlich steht es aber der BfDI zu, die Erforderlichkeit der personenbezogenen Datenverarbeitung zur Aufgabenerfüllung umfassend in Frage zu stellen.

2. Kontrolle in speziellen Bereichen

5   Absatz 2 begrenzt die Kontrollkompetenz in besonderen Bereichen. Die Regelung ist historisch zu erklären: Es gab und gibt Bereiche, die sich einer Datenschutzkontrolle mit dem Hinweis auf **besondere Geheimhaltungspflichten** (Post- und Fernmeldegeheimnis, besonderes Amts- und Berufsgeheimnis, Steuergeheimnis, Personalaktengeheimnis) in besonderem Maße widersetzten, was vom Gesetzgeber teilweise akzeptiert wurde. Das Infrage stellen der Kontrollkompetenz nimmt aber ab. Soweit besondere Geheimnisse nicht nur das Recht auf informationelle Selbstbestimmung, sondern darüber hinausgehend weitere Grundrechte oder sonstige Verfassungsrechte informationell schützen, besteht die Erforderlichkeit der Datenschutzkontrolle in besonderem Maße.[4] Wegen des Zitiergebots des Art. 19 Abs. 1 S. 2 GG musste die besondere Ermächtigung zum Eingriff in Art. 10 GG durch die BfDI ausdrücklich benannt werden. Mit jeder Kontrolle per-

---

2   BVerfG 24.4.2013 – 1 BvR 1215/07, Rn. 217 = NJW 2013, 1517 = DuD 2013, 740 = ZD 2013, 328.
3   Kühn, Schönleber, Baeriswyl/Heinzmann in Bäumler, Der neue Datenschutz, 1998, S. 121, 128, 143.
4   Einl. Rn. 30 ff.

sonenbezogener Daten durch die BfDI, die nicht direkt auf eine Initiative des Betroffenen selbst zurückgeht und insofern eine Einwilligung hierzu angenommen werden kann, ist seinerseits ein hoheitlicher Grundrechtseingriff gegeben, der rechtlich legitimiert sein muss. Bei ihrer Kontrolle hat die BfDI stets zu beachten, dass sämtliche von ihr vorgenommenen Eingriffe ausschließlich das Ziel verfolgen, das Grundrecht auf informationelle Selbstbestimmung zu schützen.

Die personenbezogene Datenverarbeitung nach dem **Artikel-10-Gesetz** unterliegt der BfDI-Kontrolle nur eingeschränkt. Dadurch wird ein besonders sicherheitsrelevanter Datenverarbeitungsbereich der BfDI weitgehend entzogen. Dies wird grundrechtlich damit gerechtfertigt, dass insofern die Prüfung durch die G-10-Kommission erfolge. Diese Erwägung ist nicht zutreffend, da Rechtmäßigkeitskontrollen im Bereich der Datenverarbeitung in vieler Hinsicht parallel und damit redundant geregelt sind – ja, sein müssen und oft erst ein Zusammenspiel verschiedener Aufsichtsinstanzen eine verfassungsrechtlich gebotene Kontrolle sicherstellt.[5] Dies gilt generell für die Fachaufsicht über die Datenverarbeitung, aber auch speziell etwa durch die standesrechtliche Aufsicht durch Kammern bei der verkammerten Datenverarbeitung (z. B. Ärzte und Rechtsanwälte).[6] Die Einschränkung der Kontrollkompetenz gilt nur für Daten, die der Kontrolle durch die Kommission unterliegen, also die Daten, die sich auf die Zulässigkeit von Überwachungsmaßnahmen und Entscheidungen über die Unterrichtung Betroffener beziehen. Darüber hinausgehende personenbezogene Datenverarbeitung wird von der BfDI kontrolliert.[7] 6

Das **Widerspruchsrecht von Betroffenen** konkretisiert die Erwägung, dass Grundrechtsschutz nicht gegen den Willen der Grundrechtsträger vorgenommen werden soll. An diesem Gedanken soll sich die Prüftätigkeit der BfDI auch außerhalb des explizit geregelten Bereiches ausrichten, soweit von der Kontrolle nur die Daten der jeweils widersprechenden Person erfasst werden. Das im BDSG 1990 sehr weit ausgestaltete Widerspruchsrecht[8] wurde 2001 auf die Kontrolle in die Akten über die Sicherheitsüberprüfung eingeschränkt. Ein Verstoß gegen Art. 28 Abs. 3 1. Sp. EG-DSRl besteht nicht, da Sicherheitsüberprüfungen nicht dem Anwendungsbereich der Datenschutzrichtlinie unterliegen (Art. 3 Abs. 2 1. Sp. EG-DSRl). Die Regelung geht auf großes Misstrauen im Geheimdienstbereich gegenüber der Datenschutzkontrolle zurück. Es ist daher nicht verwunderlich, dass von dem Widerspruchsrecht praktisch nur von Mitarbeitern von Geheimdiensten Gebrauch gemacht wird. Die Kontrolle durch die BfDI erfolgt aber nicht nur im Interesse des Betroffenen, sondern auch im Interesse der Gesetzmäßigkeit der gesamten Datenverarbeitung. Bei der Datenverarbeitung sind Daten von Personen regelmäßig so vermischt, dass eine klare Trennung nach einzelnen Personen nicht möglich ist. Daher kann der Widerspruch nur Wirkung bezüglich Akten entfalten, die einzig über die widersprechende Person geführt werden. Der Widerspruch muss der BfDI gegenüber erklärt werden.[9] 7

---

5 BVerfG 24.4.2013 – 1 BvR 1215/07 – Antiterrordatei, Rn. 216.
6 An der Verfassungsgemäßheit zweifelnd BMH § 24 Rn. 17; Riegel, DVBl 1995, 311.
7 Dammann in Simitis, § 24 Rn. 22 ff.
8 Dagegen Weichert, CR 1994, 174 ff.
9 Zu den praktischen Problemen Weichert, CR 1994, 180 f.

8 Mit der Ausnahme der Datenschutzkontrolle hinsichtlich der rechtsprechenden Tätigkeit der Bundesgerichte nach Absatz 3 soll die **Unabhängigkeit der rechtsprechenden Gewalt** (Judikative) gewährleistet werden.[10] Nicht erfasst ist die Tätigkeit der Gerichte im Bereich der Justizverwaltung. Zur Rechtsprechung gehören nicht die Tätigkeit der Geschäftsstellen der Gerichte,[11] der Rechtspfleger,[12] des Generalbundesanwalts und des Oberbundesanwalts beim Bundesverwaltungsgericht, die Registerführung, z. B. des Bundeszentralregisters. Kontrolliert werden kann auch die Durchführung von (Ermittlungs-) Maßnahmen, die richterlich angeordnet wurden.[13] Von der richterlichen Unabhängigkeit nicht mit umfasst und deshalb kontrollierbar sind die technische Ausstattung der Richter und Fragen der Datensicherheit.[14] Von der Datenschutzkontrolle nicht ausgenommen sind die Mitglieder des Bundesrechnungshofs bei ihren Prüfungen, auch wenn ihnen eine ähnliche Unabhängigkeit zukommt (§ 3 Abs. 4 S. 2 BRHG), da es sich bei deren Tätigkeit nicht um eine judikative Tätigkeit handelt.[15]

8a Kirchen bzw. **Religionsgesellschaften** als Körperschaften des öffentlichen Rechts unterfallen nicht der Kontrolle der BfDI.[16]

9 Nach Absatz 6 wird die Kontrollbegrenzung des Absatzes 2 auch auf den Bereich der Datenschutzkontrollinstanzen der Länder erstreckt. Dies sind die **Landesbeauftragten für den Datenschutz sowie die Aufsichtsbehörden** nach § 38. Die Norm wirkt jedoch nur so weit, wie die Gesetzgebungskompetenz des Bundes geht, erstreckt sich also nicht auf Sicherheitsüberprüfungen nach Landesrecht oder auf Kontroll-Kommissionen zu Art. 10 GG nach Landesrecht.

3. Unterstützungspflicht

10 Die Unterstützungspflicht der öffentlichen Stellen nach Absatz 4 soll eine **effektive Kontrolle durch die BfDI** ermöglichen, im Bedarfsfall auch gegen den Willen der kontrollierten Stelle. Diese Pflicht wird nicht durch anderweitige Pflichten eingeschränkt. So steht z. B. die berufliche Schweigepflicht nach § 203 StGB einer BfDI-Kontrolle nicht entgegen. Die Unterstützungspflicht besteht gegenüber der BfDI, gegenüber ihren Mitarbeitern sowie im Einzelfall gegenüber hinzugezogenen Sachverständigen.[17]

11 Zu den Unterstützungspflichten gehören u. a. die Auskunftserteilung und die Zutrittsgewährung in Diensträume. Weiterhin gehören dazu die **Einsichtsgewährung** in EDV-Verfahren und in schriftliche Unterlagen, also auch Dienstanweisungen, Verwaltungs-

---

10 Ronellenfitsch, DuD 2005, 354; Weßlau in Zöller/Hilger/Küper/Roxin, Gesamte Strafrechtswissenschaft in internationaler Dimension, Wolter-Festschrift, 2013, S. 1169.
11 Dammann in Simitis, § 24 Rn. 31; a. A. von Lewinski in Auernhammer, § 24 Rn. 7.
12 ULD, 35. TB (2015), Kap. 4.3.9.
13 Kurz, DuD 2012, S. 259.
14 BGH 6.10.2011 – RiZ (R) 7/10 = CR 2012, 9 = DRiZ 2012, 169 = MDR 2011, 1508 = MMR 2012, 128; BVerfG 17.1.2013 – 2 BvR 2576/11, NJW 2013, 2102 = K&R 2013, 248 (LS); Ronellenfitsch, DuD 2005, 354 ff.; 34. TB HDSB (2005) Kap. 5.2.1.
15 Gola/Schomerus, § 24 Rn. 11; a. A. Hockenbrink, DÖV 1991, 50.
16 Kritisch Dammann in Simitis, § 2 Rn. 90 ff.; Brink in WB, § 38 Rn. 10.
17 Dammann in Simitis, § 24 Rn. 38.

Kontrolle durch den Bundesbeauftragten für den Datenschutz § 24

vorschriften, Anordnungen, Erlasse, Verfahrensdokumentationen und Organigramme. Die BfDI hat Anspruch auf direkten Zugang zu personenbezogenen Daten. Dieser kann vor Ort gewährt werden oder auch durch Online-Zugriffe. Die Einsicht der BfDI ist lediglich durch ihren gesetzlichen Auftrag begrenzt; d.h. es muss ein Zusammenhang mit der personenbezogenen Datenverarbeitung bestehen, egal, ob es um die konkrete Verarbeitung eines personenbezogenen Datums geht oder um das Verfahren im Allgemeinen, das vor allem auch die Datensicherheit (§ 9 mit Anlage) geprüft werden muss.

Die Unterstützung muss **unverzüglich und umfassend** erfolgen, d.h. ohne schuldhafte Verzögerung. Kontrollunterworfene Daten und Verfahren dürfen ohne Zustimmung der BfDI während der Kontrolle nicht – z.B. mit dem Ziel der Beweisunterdrückung oder Sachverhaltsverschleierung, auch wenn deren Rechtswidrigkeit erkannt wird – verändert werden. Verstöße gegen die Unterstützungspflicht können gem. § 25 beanstandet werden. 12

Absatz 4 Satz 3 und 4 regelt Einschränkungen bei der **Kontrolle von Sicherheitsbehörden**. Mit der Prüfung durch die BfDI selbst soll diese persönlich in die Verantwortung genommen werden und zugleich wegen der Begrenztheit der Ressourcen eine quantitative Grenze gezogen werden. Durch die gesonderte schriftliche Beauftragung ist die Kontrolle jedoch grundsätzlich im erforderlichen Umfang möglich. Für die Einschränkung der Kontrolle wegen der Sicherheitsgefährdung des Bundes oder eines Landes besteht für die oberste Bundesbehörde eine Begründungspflicht, die der BfDI zumindest eine Plausibilitätsprüfung ermöglicht. Angesichts des Umstandes, dass die Mitarbeiter der BfDI den gleichen Geheimhaltungsvorschriften (Verschlusssachen-Regelungen) unterworfen werden können wie Mitarbeiter der Sicherheitsbehörden, ist der Zweck dieser Einschränkung nicht nachvollziehbar. Sie ist Ausdruck eines überkommenen Misstrauens gegenüber der BfDI-Kontrolle, für das es keine tatsächliche Grundlage gibt. 13

4. Kontrollergebnis

Die Ergebnisse der Prüfungen der BfDI sind der geprüften Stelle mitzuteilen, damit diese festgestellte Defizite beheben bzw. die Wahrung des **Datenschutzes optimieren** kann. Im Rahmen des Prüfberichts werden die datenschutzrechtlichen Beanstandungen ausgesprochen (Abs. 5 S. 3). Vorrangiges Ziel des Prüfberichts sollte es nicht sein, die Stelle an den Pranger zu stellen, sondern sie von der Notwendigkeit der Einhaltung der Datenschutzvorschriften zu überzeugen und deren eigenes Interesse hieran zu fördern. Daher sollten die Prüfberichte eine präzise Sachverhaltsdarstellung sowie eine rechtliche Bewertung enthalten. Das Know-how der BfDI bei der Realisierung des Datenschutzes, z.B. über datenschutzfördernden Techniken (Privacy Enhancing Technologies – PET) oder Standards oder Best-Practice-Beispiele, soll den geprüften Stellen in Form von spezifischen Vorschlägen weitergegeben werden. 14

§ 25 Beanstandungen durch die Bundesbeauftragte oder den Bundesbeauftragten für den Datenschutz und die Informationsfreiheit

(1) Stellt die oder der Bundesbeauftragte für den Datenschutz und die Informationsfreiheit Verstöße gegen die Vorschriften dieses Gesetzes oder gegen andere Vorschriften über den Datenschutz oder sonstige Mängel bei der Verarbeitung oder Nutzung personenbezogener Daten fest, so beanstandet sie oder er dies
1. bei der Bundesverwaltung gegenüber der zuständigen obersten Bundesbehörde,
2. beim Bundeseisenbahnvermögen gegenüber dem Präsidenten,
3. bei den aus dem Sondervermögen Deutsche Bundespost durch Gesetz hervorgegangenen Unternehmen, solange ihnen ein ausschließliches Recht nach dem Postgesetz zusteht, gegenüber deren Vorständen,
4. bei den bundesunmittelbaren Körperschaften, Anstalten und Stiftungen des öffentlichen Rechts sowie bei Vereinigungen solcher Körperschaften, Anstalten und Stiftungen gegenüber dem Vorstand oder dem sonst vertretungsberechtigten Organ

und fordert zur Stellungnahme innerhalb einer von ihr oder ihm zu bestimmenden Frist auf. In den Fällen von Satz 1 Nr. 4 unterrichtet die oder der Bundesbeauftragte gleichzeitig die zuständige Aufsichtsbehörde.

(2) Die oder der Bundesbeauftragte kann von einer Beanstandung absehen oder auf eine Stellungnahme der betroffenen Stelle verzichten, insbesondere wenn es sich um unerhebliche oder inzwischen beseitigte Mängel handelt.

(3) Die Stellungnahme soll auch eine Darstellung der Maßnahmen enthalten, die aufgrund der Beanstandung der oder des Bundesbeauftragten getroffen worden sind. Die in Absatz 1 Satz 1 Nr. 4 genannten Stellen leiten der zuständigen Aufsichtsbehörde gleichzeitig eine Abschrift ihrer Stellungnahme an die Bundesbeauftragte oder den Bundesbeauftragten zu.

1 Die Beanstandung erfolgt, wenn bei einer Kontrolle Datenschutzdefizite festgestellt wurden. Ziel ist das Beheben dieser Defizite. Die Beanstandung ist keine verbindliche Weisung, sondern lediglich eine negative Bewertung durch den BfDI. Die Herstellung der Rechtskonformität eines beanstandeten Vorgangs liegt ausschließlich bei der verantwortlichen Stelle und den fachlich weisungsberechtigten Stellen. Es handelt sich im Hinblick auf öffentliche Stellen bei ihr um keine »wirksame Einwirkungsbefugnis« des BfDI i. S. d. Art. 28 Abs. 2 2. Sp. EG-DSRl. Die Möglichkeit der demokratisch kontrollierten exekutive Aufsicht, die Beseitigung von Mängeln anzuordnen, genügt den europarechtlichen Anforderungen nicht, auch wenn der deutsche Gesetzgeber auf weitergehende Einwirkungsmöglichkeiten der Kontrollstelle im Interesse einer möglichst einvernehmlichen Zusammenarbeit mit den kontrollierten Stellen bewusst verzichtet hat.[1] Dies gilt erst recht für die privatrechtlich organisierten Post- und Telekommunikationsunternehmen (§ 42 Abs. 3 PostG, § 115 Abs. 4 TKG), wo der Beanstandung lediglich der Charakter eines vielleicht über die Öffentlichkeit wirkenden Appells zukommt, was den europarechtlich geforderten Sanktionen nicht genügt.

---

1 A. A. Weber, CR 1995, 298.

Europarechtliche Anforderungen werden zudem dadurch verletzt, dass der BfDI vom Gesetzgeber ein Klagerecht vorenthalten wird, wenn sie anlässlich einer Prüfung feststellt, dass eine Datenverarbeitung grundrechtswidrig ist, diese aber durch einfachrechtliche Normen legitimiert wird.[2]

Gegenstand der Beanstandung können nur **tatsächlich festgestellte Verstöße** gegen das Datenschutzrecht und Mängel sein, egal, ob diese auf vorwerfbarem oder vorsätzlichem Handeln beruhen oder nicht. Gegenüber einer vorgesetzten Stelle kann auch beanstandet werden, dass diese gegen die Weigerung einer untergeordneten Stelle zur Beachtung des Datenschutzes nicht tätig wird oder dass diese gegenüber einer verantwortlichen Stelle eine unzulässige Weisung erteilt hat. Bei der Entscheidung über die Beanstandung hat der BfDI einen weiten Ermessensspielraum. Der Beanstandung kommt eine Hinweis-, nicht eine Straffunktion zu. Sie ist kein Verwaltungsakt und kann deshalb auch i.d.R. nicht verwaltungsrechtlich angegriffen werden.[3] Sie muss nicht als ultima ratio darauf beschränkt bleiben, dass andere Mittel zur Durchsetzung des Datenschutzes erfolglos blieben.[4] Auch bei abgestellten Verstößen bzw. solchen, deren Abhilfe angekündigt ist, kann eine Beanstandung erfolgen, um für die Zukunft ein Rückfall in die bisherige Praxis zu verhindern. 2

Der **Adressat** einer Beanstandung sind die zuständigen weisungsberechtigten Stellen, also i.d.R. die jeweiligen Ministerien als oberste Bundesbehörden bzw. die obersten weisungsberechtigten Organe bei den in Absatz 1 Nummern 2-4 genannten Stellen. Es handelt sich dabei nicht um einen Verwaltungsakt, da sie keine rechtliche Regelung trifft.[5] Sie stellt den vorläufigen Abschluss eines Kontrollvorgangs dar, mit dem die verantwortliche Stelle zur Beachtung des Datenschutzes veranlasst werden soll. Es gibt zwar keine Formvorschriften, doch sollte die Beanstandung schriftlich oder zumindest in Textform erfolgen. Die Pflicht zur Beanstandung eine **Stellungnahme** abzugeben, dient der Herstellung datenschutzkonformer Zustände. Wird innerhalb einer angemessenen Frist trotz der entsprechenden Aufforderung eine Stellungnahme nicht abgegeben, kann auch dies beanstandet werden. Eine Beanstandung gegenüber einer Aufsichtsbehörde kann sich darauf beziehen, dass diese angesichts der Beanstandung gegenüber einer nachgeordneten Stelle pflichtwidrig untätig bleibt oder ungenügend tätig wird. 3

Weitere **Möglichkeiten zur Einwirkung** der BfDI sind die öffentliche Darstellung eines Sachverhalts und dessen Bewertung (vgl. § 26 Rn. 4), die Darstellung im Tätigkeitsbericht (§ 26 Abs. 1 S. 1), die Information der Bundesregierung (§ 26 Abs. 3 S. 1) sowie des Deutschen Bundestags § 26 Abs. 2 S. 3), schließlich die Anzeigerstattung gegenüber den Verfolgungsbehörden nach § 26 Abs. 3 S. 2 i.V.m. § 38 Abs. 1 S. 4 und der Strafantrag nach § 44 Abs. 2. 4

Betroffene haben keinen Anspruch auf eine Beanstandung (vgl. § 21 Rn. 7). Gemäß § 23 5

---

2 EuGH 6.10.2015 – C-362/14, Rn. 39; dazu ausführlicher § 38 Rn. 33b.
3 BVerwG, RDV 1993, 27 = CR, 1993, 242; OVG Sachsen 21.6.2011 – 3 A 224/10, DuD 2011, 818 = RDV 2011, 249 = NVwZ-RR 2011, 980 = DÖV 2011, 901 (LS) = DÖD 2011, 286 mit Anm. Leuze, DÖD 2011, 274; OVG Münster, RDV 1994, 139; Dammann in Simitis, § 25 Rn. 21.
4 Dammann in Simitis, § 38 Rn. 8; a.A. Gola/Schomerus, § 25 Rn. 6; Heil in Roßnagel, S. 769 (Rn. 56).
5 BVerwG, CR 1993, 242 = RDV 1993, 27.

§ 26 Weitere Aufgaben des Bundesbeauftragten für den Datenschutz

Abs. 5 S. 7 ist die BfDI berechtigt, über festgestellte Datenschutzverstöße den **Betroffenen zu unterrichten.** Vor allem bei Kontrollen, die auf eine Anrufung gem. § 21 zurückgehen, ist der BfDI verpflichtet, den Betroffenen über das Prüfergebnis zu informieren. In sonstigen Fällen steht der BfDI ein Ermessensspielraum zu. Durch die Unterrichtung darf grds. auch eine ansonsten als Auskunft unzulässige Information (§§ 19 Abs. 4, 15 Abs. 2 BVerfSchG, 9 MADG, 7 BNDG) erteilt werden. Eine Abstimmung der Mitteilung mit der verantwortlichen Stelle ist jedoch angezeigt.

§ 26 Weitere Aufgaben der oder des Bundesbeauftragten für den Datenschutz und die Informationsfreiheit

(1) Die oder der Bundesbeauftragte für den Datenschutz und die Informationsfreiheit erstattet dem Deutschen Bundestag alle zwei Jahre einen Tätigkeitsbericht. Sie oder er unterrichtet den Deutschen Bundestag und die Öffentlichkeit über wesentliche Entwicklungen des Datenschutzes.
(2) Auf Anforderung des Deutschen Bundestages oder der Bundesregierung hat die oder der Bundesbeauftragte Gutachten zu erstellen und Berichte zu erstatten. Auf Ersuchen des Deutschen Bundestages, des Petitionsausschusses, des Innenausschusses oder der Bundesregierung geht die oder der Bundesbeauftragte ferner Hinweisen auf Angelegenheiten und Vorgänge des Datenschutzes bei den öffentlichen Stellen des Bundes nach. Die oder der Bundesbeauftragte kann sich jederzeit an den Deutschen Bundestag wenden.
(3) Die oder der Bundesbeauftragte kann der Bundesregierung und den in § 12 Abs. 1 genannten Stellen des Bundes Empfehlungen zur Verbesserung des Datenschutzes geben und sie in Fragen des Datenschutzes beraten. Die in § 25 Abs. 1 Nr. 1 bis 4 genannten Stellen sind durch die Bundesbeauftragte oder den Bundesbeauftragten zu unterrichten, wenn die Empfehlung oder Beratung sie nicht unmittelbar betrifft.
(4) Die oder der Bundesbeauftragte wirkt auf die Zusammenarbeit mit den öffentlichen Stellen, die für die Kontrolle der Einhaltung der Vorschriften über den Datenschutz in den Ländern zuständig sind, sowie mit den Aufsichtsbehörden nach § 38 hin. § 38 Abs. 1 Satz 4 und 5 gilt entsprechend.

Übersicht Rn.
1. Allgemeines 1
2. Tätigkeitsbericht/Öffentlichkeitsarbeit 2–4a
3. Gutachten/Berichte 5, 6
4. Beratung 7, 8
5. Zusammenarbeit 9

1. Allgemeines

1 Immer mehr setzt sich die Überzeugung durch, dass neben der repressiv wirkenden Kontrolle zur Verwirklichung des Rechts auf informationelle Selbstbestimmung dem präventiven Datenschutz eine stärkere Bedeutung beigemessen werden muss. Hierbei kommt zwangsläufig der BfDI eine wichtige Rolle zu. Derartige präventive Instrumente sind die Beratung, die Aus- und Fortbildung im Bereich des Datenschutzes, Maßnah-

men der Forschung und Entwicklung, die Standardisierung, Gütesiegel und Audit sowie die Öffentlichkeitsarbeit. Das BDSG bildet dieses moderne Datenschutzverständnis nur unzureichend ab. § 26 gibt hierzu einige Hinweise. Die Servicefunktion der Datenschutzbeauftragten spiegelt sich besser in einigen LDSG wider. In der Schaffung des Unabhängigen Landeszentrums für Datenschutz Schleswig-Holstein nach §§ 32 ff, 43 LDSG SH zu einer Anstalt des öffentlichen Rechts wurden bisher am weitesten gehend die Aufgaben der Prävention ausgestaltet.[1] Der Umstand, dass ein Instrument des präventiven Datenschutzes gesetzlich nicht genannt wird, deutet nicht auf dessen Unzulässigkeit hin, soweit hiermit keine hoheitlichen Rechtseingriffe verbunden sind. Der BfDI kommt außerdem die Aufgabe der Überprüfung der Einhaltung des Informationsfreiheitsgesetzes des Bundes zu (§ 24 IFG-Bund). Angesichts der engen Verknüpfung der unterschiedlichen digitalen Grundrechte haben die Datenschutzaufsichtsbehörden generell bzw. die BfDI konkret in informationellen Fragen die Funktion als »Anwalt des Bürgers«.[2]

2. Tätigkeitsbericht/Öffentlichkeitsarbeit

Die Tätigkeitsberichte des BfDI sowie der anderen Datenschutzkontrollstellen erfüllen eine wichtige Funktion zur Verbreitung von Sensibilität und Kenntnisse über den Datenschutz. Deren Erstellung ist nach Art. 28 Abs. 5 EG-DSRl europarechtlich verpflichtend. **Adressaten des Tätigkeitsberichts**, der auch als Bundestagsdrucksache veröffentlicht wird, sind die politisch Verantwortlichen (Parlament, Regierung, Parteien), die verantwortlichen Stellen, die Betroffenen sowie generell die Öffentlichkeit. Sie dienen der frühzeitigen breiten Diskussion in diesem schnelllebigen Bereich und damit der Fortentwicklung des Datenschutzes, der Transparenz von Entscheidungs- und Verarbeitungsverfahren und der Vermittlung komplexer rechtlicher, technischer und gesellschaftlicher Zusammenhänge.[3]

2

Mit dem BDSG 2001 wurde die 1-jährige durch eine **2-jährige Berichtspflicht** abgelöst. Diese Berichtsperiode ist im Hinblick auf die vielen kurzfristigen Veränderungen nicht ausreichend, um eine angemessene öffentliche Reaktion zu ermöglichen. Der BfDI ist es auch deshalb unabhängig von dem Berichtsturnus möglich, kurzfristig auf rechtliche, technische, gesellschaftliche und politische Entwicklungen öffentlich zu reagieren, soweit Fragen des Datenschutzes bzw. des digitalen Grundrechtsschutzes tangiert sind. Daher ist die BfDI u. a. befugt, sich in anderer Form an das Parlament und an die Öffentlichkeit zu wenden.[4]

3

Die BfDI darf bei offensichtlich rechtswidrigen Verfahren eine **öffentliche Warnung**

4

---

1 Z. B. Unabhängiges Landeszentrum für Datenschutz Schleswig-Holstein (ULD): §§ 32 ff., 43 LDSG SH; dazu Konzept des ULD v. 1.2.2011; https://www.datenschutzzentrum.de/ldsh/kon zept; Bäumler, DuD 2000, 20 ff.; Weichert, RDV 2005, 2 ff.
2 Müller, RDV 204, 213; Weichert, DuD 2015, 324.
3 Alle Tätigkeitsberichte des BfDI sowie der anderen deutschen Kontrollstellen sind dokumentiert im Zentralarchiv für Tätigkeitsberichte des Bundes und der Landesdatenschutzbeauftragten sowie der Aufsichtsbehörden für den Datenschutz – ZafTDa, www.thm.de/zaftda/; dazu Köppen, DANA 2/2009, 59; von Lewinsky/Köppen, RDV 2009, 267.
4 Von Lewinski RDV 2004, 163.

§ 26 Weitere Aufgaben des Bundesbeauftragten für den Datenschutz

aussprechen. Hierin liegt eine wirksame Einwirkungsbefugnis i. S. v. Art. 28 Abs. 3 EG-DSRl., die in Unabhängigkeit wahrgenommen werden kann.[5] Mit der Veröffentlichung von wesentlichen Rechtsverstößen verstößt die BfDI grundsätzlich nicht gegen ihre Amtsverschwiegenheit, sondern nimmt ein öffentliches Interesse wahr.[6] Diese Publikationsbefugnis beschränkt sich aber nicht hierauf.[7] Da die vorrangige Wirkungsmöglichkeit der insofern demokratisch durch Parlamentswahl legitimierten BfDI darin besteht, zu prüfen, zu kritisieren, zu mahnen, zu beanstanden und zu empfehlen, kann sie diese Aktivitäten entfalten, solange sie hiermit nicht rechtswidrig in Rechte Dritter eingreift. Von der BfDI wird per Gesetz erwartet, im Interesse des Grundrechtsschutzes parteiisch zu sein. Dies entbindet sie nicht davon, sämtliche sonstige rechtlichen und berechtigten Interessen zu berücksichtigen. Würde die BfDI angesichts aktueller Risiken für den Datenschutz ihrer Warnfunktion nicht nachkommen, würde sie ihrer gesetzlichen Pflicht nicht genügen. Dabei ist Adressat der Öffentlichkeitsarbeit nicht nur die öffentliche Verwaltung, sondern die gesamte Gesellschaft. Angesichts der Offenheit vieler datenschutzrechtlicher Vorschriften ist die BfDI nicht gehindert, auch in streitigen Fragen ihre datenschutzrechtliche Bewertung zu veröffentlichen, wenn diese vertretbar ist und erkennbar ist, dass diese ein Beitrag zur gesellschaftlichen Auseinandersetzung sein soll und nicht eine pauschale Anprangerung oder Anpreisung.[8]

4a Warnungen oder vergleichbare **hoheitliche Äußerungen** sind schlicht-hoheitliches Handeln in Form von öffentlich-rechtlichen Realakten, womit Grundrechtseingriffe gegenüber privaten Stellen, insbesondere in die freie Berufsausübung und den Schutz des Eigentums (Art. 12, 14 GG) einhergehen können. Hierbei kann sich die Aufsichtsbehörde nicht auf die Meinungsfreiheit nach Art. 5 GG berufen; anderes gilt jedoch, wenn ein hoheitlicher Vertreter sich als Privatperson äußert.[9] Hoheitliche Äußerungen bedürfen keiner ausdrücklichen gesetzlichen Grundlage und legitimieren sich schon durch die behördliche Aufgabenstellung in Verbindung mit der Wahrnehmung von Schutzpflichten, wenn ein hinreichend gewichtiger, dem Inhalt und der Bedeutung des berührten Grundrechts entsprechender Anlass besteht, und wenn die negativen Werturteile nicht unsachlich sind, sondern auf einem im Wesentlichen zutreffenden oder zumindest sachgerecht und vertretbaren Tatsachenkern beruhen.[10] Entsprechend dem Verhältnismäßigkeitsgrundsatz müssen die staatlichen Äußerungen den zu gewährleistenden öffentlichen und privaten Belangen förderlich sein und sich in den Grenzen der Erforderlichkeit und der Angemessenheit bzw. der Zumutbarkeit bewegen.[11] Zuständig ist nicht nur die räumlich und sachlich für einen Verstoß einer Stelle zuständige Aufsichtsbehörde; vielmehr genügt ein Anknüpfungspunkt der sich äußernden Behörde

---

5 Weichert, DuD 2015, 325.
6 BGHSt 48, 126 ff. = NJW 2003, 979ff = RDV 2003, 84 = DuD 2003, 311; dazu Kauß, DuD 2003, 370.
7 So aber VG Köln, RDV 1999, 125 = DANA 2/1999, 29 = CR 1999, 557 = DuD 1999, 353; dagegen Köppen, DANA 2/1999, 31; Ehmann, RDV 1999, 560; s. u. Rn. 5.
8 Köppen, DANA 2/1999, 31; Müller, RDV 2004, 211.
9 Zu den Abgrenzungskriterien Weichert, DuD 2015, 401.
10 Ständige Rechtsprechung BVerfG, NJW 1989. 3270; BVerwG NJW 2089, 2273.
11 Zu den Kriterien Weichert, DuD 2015, 398.

in ihrem Zuständigkeitsbereich.[12] Der dadurch ausgelöste Diskurs muss und kann sich oft nicht auf die interne Fachöffentlichkeit beschränken, zumal derartige Einschränkungen in der Praxis von der sich äußernden Behörde beherrscht werden können, ebenso wenig wie die Kennzeichnung als eigene Ansicht unter mehreren ohne Absolutheitsanspruch.[13]

3. Gutachten/Berichte

Die Erstattung von Gutachten und Berichten auf Anforderung von Bundestag oder Bundesregierung ist nach Absatz 2 Satz 1 eine gesetzliche Pflicht. Hierfür bedarf es eines förmlichen Beschlusses des anfordernden Organs. Davon unberührt bleibt die Möglichkeit der BfDI, auf Bitte bzw. nicht förmliche Anforderung eines Ausschusses, eines Ministers, ja u. U. einer Fraktion oder eines Abgeordneten im Rahmen ihrer Beratung eine eigene Bewertung vorzutragen, soweit ein Datenschutz- (oder Informationsfreiheits-) Bezug besteht. Gutachtenaufträge durch andere als die im Gesetz genannten Stellen sind nicht ausgeschlossen. Diese dürfen aber nicht die Unabhängigkeit der BfDI einschränken. Solche **Bewertungen** muss die BfDI aus Gründen der Gleichbehandlung und Transparenz ihres Handelns auf Anforderung allgemein zur Verfügung stellen. Die Möglichkeit der BfDI, sich jederzeit an den Bundestag zu wenden, wird i. d. R. in schriftlicher Form wahrgenommen. Das **Anrufungsrecht des Bundestags** geht nicht soweit, dass die BfDI Themen auf die Tagesordnung des Bundestags oder einer seiner Ausschüsse bringen könnte oder ein eigenständiges Rederecht hätte.

4. Beratung

Die Beratungsaufgabe der BfDI ist umfassend zu verstehen.[14] Sie bezieht sich nach Absatz 3 explizit auf die Bundesregierung und auf die öffentlichen Stellen des Bundes. Dadurch ist eine **Beratung anderer Stellen** und vor allem von Betroffenen nicht ausgeschlossen. In einigen Gesetzen bzw. Gesetzesvorhaben wird die Einholung der Expertise der BfDI zwingend vorgeschrieben. Dies gilt z. B. für deren Einbeziehung bei der De-Mail-Akkreditierung oder bei der De-Mail-Standardisierung (§§ 18 Abs. 2 u. Abs. 3 Nr. 4, 22 S. 2 De-Mail-G). Geplant ist die pflichtige Einbeziehung bei der Definition von Standards und von Anforderungen an die Telematik-Infrastruktur bzw. die elektronische Gesundheitskarte[15] oder bei bestimmten Maßnahmen gemäß dem IT-Sicherheitsgesetz.[16] Beim Verkehr mit nachgeordneten Stellen von Ministerien bedarf es keiner expliziten Zustimmung der jeweiligen obersten Bundesbehörde.[17] Eine direkte Kommunikation liegt im Interesse einer unbürokratischen Erledigung datenschutzrechtlicher Fragen. Nach Absatz 3 Satz 2 ist die BfDI aber verpflichtet, bei aufsichtsrelevanten

---

12 Weichert, DuD 2015, 399; a. A. VG Schleswig, ZD 2014, 103.
13 Weichert, DuD 2015, 399; a. A. OVG Schleswig-Holstein, DuD 2014, 717 mit Anm. Kauß.
14 Weichert in Bäumler, Der neue Datenschutz, 1998, S. 213.
15 Sog. E-Health-G, vgl. ULD, *https://www.datenschutzzentrum.de/artikel/874-.html*.
16 Kritisch ULD, *https://www.datenschutzzentrum.de/artikel/877-.html*.
17 So aber unter Hinweis auf § 71 GGO Gola/Schomerus, § 26 Rn. 8.

§ 27 Anwendungsbereich

Tätigkeiten im nachgeordneten Bereich die jeweils zuständige oberste Bundesbehörde zu unterrichten, damit diese im Rahmen ihrer Aufsicht tätig werden kann.

8 Es ist generell Aufgabe der BfDI, über eine **proaktive Beratungstätigkeit** darauf hinzuwirken, dass datenschutzrechtliche Konflikte vermieden werden. Zwar ist die BfDI zur Beratung gesetzlich nicht zwingend verpflichtet, wohl aber berechtigt. Ihr steht insofern ein weites Ermessen zu. Die Beratung kann schriftlich, mündlich oder elektronisch erfolgen. Das Schweigen des BfDI auf eine Bitte um Stellungnahme kann nicht als Zustimmung gewertet werden.

5. Zusammenarbeit

9 Die Zusammenarbeit zwischen den **Landesbeauftragten für den Datenschutz** (LfD) und der BfDI erfolgt nach Absatz 4 in der Konferenz der Datenschutzbeauftragten des Bundes und der Länder (DSB-Konferenz), die regelmäßig zweimal im Jahr zusammentrifft (vgl. Art. 28 Abs. 6 EG-DSRl). Für einzelne Themenbereiche bestehen Arbeitskreise und Arbeitsgruppen.[18] Die Zusammenarbeit mit den **Aufsichtsbehörden** im nicht-öffentlichen Bereich nach § 38 erfolgt im Kontext der DSB-Konferenz im ebenso zweimal jährlich zusammentreffenden »Düsseldorfer Kreis« (DK, § 38 Rn. 25). In Arbeitsgruppen des DK, zu denen auch Vertreter der Daten verarbeitenden Wirtschaft hinzugezogen werden können, erfolgt ein Erfahrungsaustausch und wird dessen Meinungsbildung vorbereitet.[19] Die föderale Struktur des Datenschutzes hat sich in Deutschland bewährt. Sie fördert den öffentlichen pluralistischen Diskurs bei relevanten Themen und erweitert das Erfahrungsspektrum. Ohne Einschränkung der Unabhängigkeit der jeweiligen Aufsichtsstellen wird über die DSB-Konferenz ein Höchstmaß an Einheitlichkeit angestrebt. Die BfDI vertritt gemeinsam mit einem LfD Deutschland in der **Art. 29-Datenschutzgruppe** (Art. 29 Abs. 1 S. 2 EG-DSRl).

Dritter Abschnitt
Datenverarbeitung nicht-öffentlicher Stellen und öffentlich-rechtlicher Wettbewerbsunternehmen

Erster Unterabschnitt
Rechtsgrundlagen der Datenverarbeitung

§ 27 Anwendungsbereich

(1) Die Vorschriften dieses Abschnittes finden Anwendung, soweit personenbezogene Daten unter Einsatz von Datenverarbeitungsanlagen verarbeitet, genutzt oder dafür erhoben werden oder die Daten in oder aus nicht automatisierten Dateien verarbeitet, genutzt oder dafür erhoben werden durch

---

18 Internetlink: *www.datenschutz.de/dsb-konferenz/*; zur Praxis Weichert, Rechtsbehelfe, 2014, IV. u. V.
19 Internetlink: *www.datenschutz.de/aufsicht_privat/*.

Anwendungsbereich § 27

1. nicht-öffentliche Stellen,
2. a) öffentliche Stellen des Bundes, soweit sie als öffentlich-rechtliche Unternehmen am Wettbewerb teilnehmen,
   b) öffentliche Stellen der Länder, soweit sie als öffentlich-rechtliche Unternehmen am Wettbewerb teilnehmen, Bundesrecht ausführen und der Datenschutz nicht durch Landesgesetz geregelt ist.

Dies gilt nicht, wenn die Erhebung, Verarbeitung oder Nutzung der Daten ausschließlich für persönliche oder familiäre Tätigkeiten erfolgt. In den Fällen der Nummer 2 Buchstabe a gelten anstelle des § 38 die §§ 18, 21 und 24 bis 26.

(2) Die Vorschriften dieses Abschnittes gelten nicht für die Verarbeitung und Nutzung personenbezogener Daten außerhalb von nicht automatisierten Dateien, soweit es sich nicht um personenbezogene Daten handelt, die offensichtlich aus einer automatisierten Verarbeitung entnommen worden sind.

Übersicht	Rn.
1. Einleitung	1- 3
2. Normadressaten und Anwendungsvoraussetzungen (Abs. 1)	4–20
a) Nicht-öffentliche Stellen (Abs. 1 Nr. 1)	6- 9
b) Öffentlich-rechtliche Wettbewerbs-UN (Abs. 1 Nr. 2a und 2b)	10–13
c) Datenschutzrechtliche Aufsicht bei öffentlichen Wettbewerbsunternehmen (Abs. 1 Satz 3)	14, 15
d) Persönliche oder familiäre Tätigkeiten (Abs. 1 Satz 2)	16, 17
e) Einsatz von Datenverarbeitung (Abs. 1 1. Hlbs.)	18–20
3. Ausnahmen (Abs. 2)	21–23

1. Einleitung

Diese am Anfang des Dritten Abschnitts stehende Vorschrift prägt die Zulässigkeit der Datenverarbeitung im Bereich der nicht-öffentlichen Stellen und damit in der gesamten privaten Wirtschaft. Gleichermaßen erfasst werden darüber hinaus öffentliche Stellen des Bundes und der Länder, soweit sie als öffentlich-rechtliche Unternehmen am Wettbewerb teilnehmen.

Die Regelung ist als zentraler Anknüpfungspunkt für den gesamten nicht-öffentlichen Bereich von Kompromissen und Widersprüchen gekennzeichnet.[1] Das Verständnis der Vorschrift wird dadurch erschwert, dass die folgende Systematik des Dritten Abschnitts in den §§ 28 bis 30 nach der Zielrichtung der Datenverarbeitung (§ 28 = eigene Zwecke/§ 29 = Zwecke der Übermittlung/§ 30 = Zwecke der Übermittlung in anonymisierter Form) unterscheidet.[2]

Die Vorschrift wurde im Rahmen der Novelle des BDSG im Jahre 2009 nicht verändert.

1

2

3

---

1 Ausführlich hierzu Simitis in Simitis, § 27 Rn. 3.
2 BMH, § 27 Rn. 4.

2. Normadressaten und Anwendungsvoraussetzungen (Abs. 1)

4 Der Dritte Abschnitt des Gesetzes ist nach den Vorgaben in Abs. 1 insgesamt anwendbar, wenn drei Voraussetzungen kumulativ erfüllt sind:
- Es muss sich erstens um eine nicht-öffentliche Stelle oder um ein öffentlich-rechtliches Wettbewerbs-UN des Bundes oder der Länder handeln;
- die Erhebung, Verarbeitung oder Nutzung darf zweitens nicht ausschließlich zu persönlichen oder familiären Zwecken erfolgen (vgl. § 1 Abs. 1 Nr. 3 letzter Hlbs.);
- die Stelle muss drittens personenbezogene Daten unter Einsatz von DV-Anlagen oder in bzw. aus nicht automatisierten Dateien erheben, verarbeiten oder nutzen.

5 Darüber hinaus kommen die Vorschriften des Dritten Abschnitts aufgrund des Verweises in § 12 Abs. 4 auf alle dienst- und arbeitsrechtlichen Rechtsverhältnisse des öffentlichen Bereichs zur Anwendung (siehe § 12 Rn. 14 ff.), soweit auf Landes- oder Bundesebene keine spezifischen Regelungen für die Personaldatenverarbeitung existieren.[3]

a) Nicht-öffentliche Stellen (Abs. 1 Nr. 1)

6 Von der Vorschrift angesprochene nicht-öffentliche Stellen sind alle natürlichen und juristischen Personen des Privatrechts wie etwa Handwerker, Kaufleute, Freiberufler oder Gesellschaften des bürgerlichen Rechts (§§ 705 ff. BGB), Personengesellschaften, Vereine, Gewerkschaften oder Parteien.[4]

7 Da das Gesetz auf die juristische Einheit UN abstellt und nicht auf die wirtschaftliche Abhängigkeit, kommt die Vorschrift auf die einzelnen gesellschaftsrechtlich selbständigen Unternehmen eines Konzerns uneingeschränkt zur Anwendung. Das Gesetz kennt kein datenschutzrechtliches Konzernprivileg.[5] Deshalb sind auch innerhalb verbundener UN Übertragungen von personenbezogenen Daten an den Maßstäben des Gesetzes zu messen.[6]

8 Nicht zu den Normadressaten gehören hingegen die Abteilungen von UN, deren unselbständige Zweigstellen, rechtlich unselbständige soziale Einrichtungen[7] sowie BR oder PR von Betrieben, Unternehmen oder Dienststellen. Sie sind aus datenschutzrechtlicher Sicht Teil der verantwortlichen Stelle.[8] Datenflüsse innerhalb dieser Unternehmen oder Dienststellen sind als intern zu qualifizieren.

9 Keine Anwendung findet die Vorschrift auf beliehene Unternehmen (vgl. § 2 Rn. 7), auf

---

3 BMH, § 27 Rn. 6.
4 Vgl. § 2 Abs. 4 und dort Rn. 15 f.; BMH, § 27 Rn. 8; Gola/Schomerus, § 27 Rn. 3; Simitis in Simitis, § 27 Rn. 5.
5 Ebenso Gola/Schomerus, § 27 Rn. 4; Taeger/Gabel-Buchner, § 27 Rn. 6.
6 Ebenso BMH, § 27 Rn. 8; Gola/Schomerus, § 27 Rn. 3; Kramer in Auernhammer, § 27 Rn. 10; anders Simitis in Simitis, § 27 Rn. 5, der verbundene Unternehmen nicht zu den Normadressaten der §§ 28 ff. zählt; vgl. auch § 11 Rn. 10 und § 32 Rn. 147 ff.
7 Gola/Schomerus, § 27 Rn. 3; Simitis in Simitis, § 27 Rn. 5.
8 Klebe in DKKW, § 94 Rn. 40; ebenso Gola/Schomerus, § 27 Rn. 3; Kramer in Auernhammer, § 27 Rn. 9; Simitis in Simitis, § 27 Rn. 5; Taeger/Gabel-Buchner, § 27 Rn. 5; Stender-Vorwachs in Wolff/Brink, § 27 Rn. 6.

Anwendungsbereich § 27

die wegen der Wahrnehmung öffentlicher Aufgaben die Vorschriften des Zweiten Abschnitts (§§ 12 ff.) zur Anwendung kommen.

b) Öffentlich-rechtliche Wettbewerbs-UN (Abs. 1 Nr. 2a und 2b)

Die Vorschriften des 3. Abschnittes gelten auch für öffentliche Stellen des Bundes (Nr. 2 a) sowie der Länder (Nr. 2 b), die als UN am Wettbewerb teilnehmen. Hiermit sollen verantwortliche Stellen aus dem staatlichen Bereich erfasst werden, die in Konkurrenz zu privaten Personen oder UN treten und die gleichen Leistungen oder Waren anbieten bzw. die den privaten Anbietern den Abschluss von Geschäften streitig machen.[9] Ziel der Regelung ist, Wettbewerbsverzerrungen zwischen öffentlichen und privaten UN zu vermeiden.[10] 10

Als öffentlich-rechtliche Wettbewerbsunternehmen kommen beispielsweise Unternehmen im Bereich der Kredit- und Versicherungswirtschaft (etwa die Kreditanstalt für Wiederaufbau oder die Deutsche Genossenschaftsbank), öffentliche Bausparkassen, Verkehrs- und Versorgungsunternehmen, staatliche Produktionseinrichtungen, »Eigenbetriebe« usw. in Betracht.[11] Um die Anwendbarkeit des Dritten Abschnitts auszulösen, muss eine tatsächliche Konkurrenz bestehen. Eine potenzielle Konkurrenzmöglichkeit reicht hingegen nicht aus. Ein öffentlich-rechtliches Wettbewerbs-UN besteht auch, wenn aus Qualitätsgründen ein wirtschaftliches Monopol gegeben ist. Resultiert ein solches Monopol lediglich aus rechtlichen Gründen (etwa zur Sicherstellung der allgemeinen Grundversorgung mit Trinkwasser), kommen die Vorschriften des Dritten Abschnitts mangels Wettbewerbssituation nicht zur Anwendung.[12] 11

Für die Anwendbarkeit des Dritten Abschnitts nicht maßgeblich ist das Volumen der Beteiligung am Wettbewerb. Ausreichend ist eine gelegentliche wirtschaftliche Betätigung von untergeordneter Bedeutung.[13] Eine Ausnahme von diesem Grundsatz ist nur gegeben, wenn eine Beteiligung einmalig und oder in großen Zeitabständen (etwa einmal jährlich) erfolgt.[14] Gewinnerzielungsabsicht ist nicht erforderlich.[15] Erfolgt neben der Wahrnehmung ausschließlich staatlicher Aufgaben noch eine teilweise Beteiligung am Wettbewerb, kommen die Regeln des Dritten Abschnitts nur auf die im Wettbewerb stehenden Stellen zur Anwendung. Die »rein staatliche Betätigung« unterfällt den Vorschriften des Zweiten Abschnitts bzw. den der entsprechendes LDSG.[16] 12

Der Dritte Abschnitt würde nach Abs. 1 Nr. 2 b auch für öffentlich-rechtliche Wett- 13

---

9 TEG, S. 266.
10 Simitis in Simitis, § 27 Rn. 7; vgl. z. B. die Unterschiede bei der Datenerhebung § 13 – §§ 28 Abs. 1 Satz 2, 29 Abs. 1 Satz 2 oder bei der Zweckbindung § 14 Abs. 2 – §§ 28 Abs. 4, 30 Abs. 1 Satz 2; hierzu im Einzelnen TEG, a. a. O.
11 BMH, § 27 Rn. 11; Simitis in Simitis, § 27 Rn. 39; TEG, S. 265.
12 BMH, a. a. O.; Gola/Schomerus, § 27 Rn. 7.
13 Simitis in Simitis, § 27 Rn. 40; a. A. Plath-Plath, § 27 Rn. 19, der eine »gewisse Regelmäßigkeit« verlangt.
14 So für den Fall einer jährlichen Versteigerung Hoeren in Roßnagel, S. 604; zustimmend BMH, § 27 Rn. 12.
15 Gola/Schomerus, § 27 Rn. 7.
16 BMH, § 27 Rn. 12; Gola/Schomerus, § 27 Rn. 7.

bewerbs-UN der Länder zur Anwendung kommen, wenn sie Bundesrecht ausführen und wenn keine landesrechtlichen Vorschriften existiert. Da aber inzwischen in allen Bundesländern entsprechende LDSG verabschiedet worden sind, ist diese Vorschrift ohne praktische Bedeutung.[17]

c) Datenschutzrechtliche Aufsicht bei öffentlichen Wettbewerbsunternehmen (Abs. 1 Satz 3)

14 Die Vorschriften des Dritten Abschnitts gelten für Wettbewerbsunternehmen aus dem Bereich des Bundes nach Abs. 1 nur bezüglich der Zulässigkeit des Umgangs mit personenbezogenen Daten. Für die datenschutzrechtliche Aufsicht wird durch Satz 3 festgelegt, dass sie dem BfDI und nicht den Aufsichtsbehörden nach § 38 obliegt. Die Einzelheiten ergeben sich aus den §§ 18, 21, 24 bis 26.

15 Landesunternehmen mit Wettbewerbscharakter werden in Satz 3 nicht genannt. Die Aufsicht in diesem Bereich obliegt deshalb den nach § 38 zuständigen Aufsichtsbehörden.[18]

d) Persönliche oder familiäre Tätigkeiten (Abs. 1 Satz 2)

16 Wird eine Erhebung, Verarbeitung oder Nutzung durch einen der in Abs. 1 genannten Normadressaten durchgeführt, kommen die Vorschriften des Dritten Abschnitts nicht zur Anwendung, wenn der Umgang mit Daten ausschließlich für persönliche oder familiäre Tätigkeiten erfolgt. Diese Ausnahme ist textidentisch mit der aus dem allgemeinen Anwendungsbereich des Gesetzes in § 1 Abs. 2 Nr. 3 letzter Hlbs. (vgl. deshalb die dortige Kommentierung in Rn. 8 ff.). Die Vorschrift gilt nur für natürliche Personen.[19] Nicht zur Anwendung kommt sie hingegen etwa für karitative Einrichtungen oder Vereine.[20]

17 Die vom Text der Regelung her eindeutige Ausnahme vom Anwendungsbereich des Dritten Abschnitts trifft vor dem Hintergrund der zunehmenden Vermischung »geschäftlicher« und privater Nutzung von DV-Geräten wie etwa Notebooks, »Smartphones«, »Tables« oder anderer »mobile devices« auf immer größere Schwierigkeiten.[21] Werden auf entsprechenden Geräten, die im privaten Eigentum stehen, auch geschäftliche Daten verarbeitet, entzieht dies die Grundlage für die durch Abs. 1 Satz 2 ausgesprochenen Ausgliederung aus dem Anwendungsbereich des Dritten Abschnitts bzw. des BDSG. Entsprechende Erhebungen, Verarbeitungen und Nutzungen werden uneingeschränkt vom Gesetz erfasst. Gleiches gilt, wenn im Arbeitsleben auf privaten DV-Geräten (etwa im Rahmen von »Bring your own device« (BYOD) Konzepten)[22] Informationen über Arbeitnehmer verarbeitet werden.[23] Nicht zu den in Abs. 1 Satz 2

---

17 Ebenso BMH, § 27 Rn. 13; Simitis in Simitis, § 27 Rn. 20.
18 Simitis in Simitis, § 27 Rn. 19.
19 Simitis in Simitis, § 27 Rn. 51.
20 Gola/Schomerus, § 27 Rn. 12.
21 Ebenso Simitis in Simitis, § 27 Rn. 46.
22 Vgl. zu BYOD Höller, CuA 7–8/2013, 9; Wedde, CuA 7–8/2013, 4.
23 Ähnlich Taeger/Gabel-Buchner, § 27 Rn. 19.

Anwendungsbereich § 27

genannten Ausnahmetatbeständen gehört der Betrieb einer sog. »Dashcam«, d.h. einer kleinen Videokamera, die an der Windschutzscheibe eines PKW angebracht ist und die den gesamten Verkehr vor dem Fahrzeug filmt. Der Ausschluss aus dem Anwendungsbereich der Vorschrift folgt allein daraus, dass entsprechende Filmaufnahmen auf Vorrat mit dem Ziel erfolgen, dass sie bei evtl. eintretenden Verkehrsunfällen von den Nutzern als Beweismittel in Straf- oder Zivilprozessen vorgelegt werden können.[24] Vor diesem Hintergrund muss der Tatbestand des Abs. 1 Satz 2, der zur Nichtanwendbarkeit des Dritten Abschnitts führt, eng ausgelegt werden. Eine Anwendung der §§ 28 ff. entfällt, wenn personenbezogene Daten ausschließlich für persönliche oder familiäre Tätigkeiten verwendet werden. Einschlägig ist der Tatbestand beispielsweise dann, wenn es sich um Fotos mit intimem Charakter handelt.[25] Schon eine auch nur geringfügige berufliche oder dienstliche Nutzung entzieht der datenschutzrechtlichen Privilegierung die Basis. Bestehen Zweifel an der Ausschließlichkeit, fallen die an der Schnittstelle zwischen persönlich/familiärer und anderweitiger erhobenen, verarbeiteten oder genutzten personenbezogenen Daten uneingeschränkt in den Anwendungsbereich des Dritten Abschnitts, soweit die weiteren Voraussetzungen des § 27 erfüllt sind.[26]

e) Einsatz von Datenverarbeitung (Abs. 1 1. Hlbs.)

Erfolgt der Umgang mit personenbezogenen Daten durch einen in der Vorschrift genannten Normadressaten, steht die Anwendbarkeit der Regelungen des Dritten Abschnitts unter dem Vorbehalt, dass dies unter Einsatz von Datenverarbeitungsanlagen geschieht oder dass die Daten in oder aus nicht automatisierten Dateien verarbeitet, genutzt oder dafür erhoben werden. Die Vorschrift wiederholt die in § 1 Abs. 2 Nr. 3 normierten allgemeinen gesetzlichen Vorgaben (vgl. insoweit die entsprechende Kommentierung § 1 Rn. 10). Der Gesetzgeber will durch diese Vorschrift den lückenlosen Schutz personenbezogener Daten beim Vorliegen automatisierter Verarbeitungsprozesse erreichen.[27] Die von der Vorschrift erfassten Schritte des Umgangs mit personenbezogenen Daten sind in § 3 Abs. 2 bis 5 definiert. 18

Eine Anwendbarkeit der Vorschrift ist in der Praxis immer gegeben, wenn sich personenbezogene Daten auf einem Datenträger befinden oder wenn eine Erhebung mit dem Ziel erfolgt, die gewonnenen personenbezogenen Daten hierauf festzuhalten.[28] Eine Verwendung von Daten in oder aus nicht automatisierten Dateien kann etwa bei der Sammlung von Daten auf Karteikarten vorliegen.[29] 19

---

24 VG Ansbach 12.8.2014, DuD 2015, 49; zur Verwendung im Strafverfahren AG Nienburg 20.1.2015, DuD 2015, 483, allgemein Atzert/Franck, RDV 2014, 136.
25 OLG Koblenz 20.5.2014, DuD 2014, 566.
26 Ebenso Simitis in Simitis, § 27 Rn. 47 ff.; Taeger/Gabel-Buchner, § 27 Rn. 19; ähnlich BMH, § 27 Rn. 7, die die Anwendung der §§ 28 ff. bei »gemischter Verarbeitung« auf die beruflichen Daten begrenzen; a.A. Gola/Schomerus, § 27 Rn. 11, die entsprechende Verarbeitungen in bestimmten Fällen (Kontaktdaten bzw. Telefonnummern) außerhalb des Anwendungsbereichs der §§ 28 ff. sehen; ähnlich Plath-Plath, § 27 Rn. 23.
27 Ähnlich Simitis in Simitis, § 27 Rn. 25.
28 Simitis in Simitis, § 27 Rn. 26.
29 BMH, § 27 Rn. 15.

20 Ausdrücklich nicht vom in Abs. 1 normierten Anwendungsbereich erfasst sind Akten oder Listen ohne Bezug zu automatisierten Dateien. Etwas anderes gilt nach der Sonderregelung in Abs. 2, wenn die Informationen in Akten mit denen in automatisierten oder nicht automatisierten Dateien in Verbindung stehen.[30]

3. Ausnahmen (Abs. 2)

21 Nach Abs. 2 kommen die Regelungen der §§ 27 ff. nicht zur Anwendung, wenn die Verarbeitung und Nutzung außerhalb von dateigebundenen Verfahren erfolgt. Da die Erhebung bei dieser Ausnahme nicht genannt wird, ist auf diese der Dritte Abschnitt beim Vorliegen der übrigen Voraussetzungen immer anwendbar.[31] In Abweichung vom Regelfall enthält Abs. 2 eine Ausnahme für die Fälle, in denen es sich um personenbezogene Daten handelt, die offensichtlich aus einer automatisierten Verarbeitung entnommen worden sind. Die Offensichtlichkeit kann sich z.b. aus der Art der Aufbereitung (Sortierung/Formatierung), dem Zeitaufwand zur Datenermittlung im Verhältnis zur Datenmenge und ggf. auch aus dem Verwendungszusammenhang ergeben. Selbstverständlich kann auch das äußere Erscheinungsbild (z.B. Original oder Kopie eines Computerausdrucks)[32] zur Anwendung des Dritten Abschnittes führen.[33] Offensichtlichkeit im Sinne der Vorschrift liegt weiterhin vor, wenn die speichernde Stelle die Herkunft der Daten kennt oder kennen muss, etwa weil sie diese selbst aus einer Datei entnommen hat oder weil sie von einer Stelle übermittelt wurden, die entsprechende elektronische Verarbeitungen durchführt.

22 Im konkreten Fall kann die Auslegung des unbestimmten Rechtsbegriffs der Offensichtlichkeit Schwierigkeiten bereiten.[34] Deshalb wird teilweise zusätzlich verlangt, dass die Daten unmittelbar aus einer elektronischen Datei übernommen worden sind.[35] Diese restriktive Auffassung ist abzulehnen, weil sie den Anwendungsbereich der Vorschrift und damit die des Dritten Abschnitts unzulässig verkürzt.[36] Mit Blick auf den allgemeinen Schutzzweck des Gesetzes darf der Begriff der Offensichtlichkeit nicht zu Lasten der Betroffenen restriktiv ausgelegt werden. Bestehen Unklarheiten über die Herkunft von Daten, muss im Zweifel vielmehr eine Interpretation zugunsten der Betroffenen erfolgen. Für eine restriktive Auslegung des Anwendungsrahmens ist deshalb kein Platz. Eine an den Vorgaben des Rechts auf informationelle Selbstbestimmung ausgerichtete Interpretation der Vorschrift muss sich vielmehr an dem Ziel orientieren, Schutzdefizite im öffentlichen Bereich zu verringern oder auszuschließen.[37]

---

30 Ähnlich BMH, § 27 Rn. 15.
31 Vgl. VG Osnabrück v. 1.6.2005 – 6 A 17/04.
32 Zustimmend Plath-Plath, § 27 Rn. 14.
33 Simitis in Simitis, § 27 Rn. 31 ff.; zustimmend Taeger/Gabel-Buchner, § 27 Rn. 16; ähnlich Kramer in Auernhammer, § 27 Rn. 14.
34 Hierzu ausführlich Simitis in Simitis, § 27 Rn. 30 ff.
35 Vgl. BMH, § 27 Rn. 20; Gola/Schomerus, § 27 Rn. 15 f.; Schaffland/Wiltfang, § 27 Rn. 51; Plath-Plath, § 27 Rn. 15.
36 Ähnlich Simitis in Simitis, § 27 Rn. 31; Kramer in Auernhammer, § 27 Rn. 15; Taeger/Gabel-Buchner, § 27 Rn. 17; Stender-Vorwachs in Wolff/Brink, § 27 Rn. 32; Walz CR 1991, 368.
37 Zutreffend Simitis in Simitis, § 27 Rn. 29.

Datenerhebung und -speicherung für eigene Geschäftszwecke § 28

Gibt es Hinweise darauf, dass Informationen aus einer automatisierten Verarbeitung stammen, ist dies für sich ausreichend, um die Voraussetzung der Offensichtlichkeit zu erfüllen. Auf den Tatbestand einer unmittelbaren Entnahme aus einer Datei kommt es deshalb ebenso wenig an wie darauf, ob die aus einer elektronischen Quelle stammenden Daten direkt oder nur mittelbar verwendet werden.[38]

23

§ 28 Datenerhebung und -speicherung für eigene Geschäftszwecke

(1) Das Erheben, Speichern, Verändern oder Übermitteln personenbezogener Daten oder ihre Nutzung als Mittel für die Erfüllung eigener Geschäftszwecke ist zulässig
1. wenn es für die Begründung, Durchführung oder Beendigung eines rechtsgeschäftlichen oder rechtsgeschäftsähnlichen Schuldverhältnisses mit dem Betroffenen erforderlich ist,
2. soweit es zur Wahrung berechtigter Interessen der verantwortlichen Stelle erforderlich ist und kein Grund zu der Annahme besteht, dass das schutzwürdige Interesse des Betroffenen an dem Ausschluss der Verarbeitung oder Nutzung überwiegt, oder
3. wenn die Daten allgemein zugänglich sind oder die verantwortliche Stelle sie veröffentlichen dürfte, es sei denn, dass das schutzwürdige Interesse des Betroffenen an dem Ausschluss der Verarbeitung oder Nutzung gegenüber dem berechtigten Interesse der verantwortlichen Stelle offensichtlich überwiegt.
Bei der Erhebung personenbezogener Daten sind die Zwecke, für die die Daten verarbeitet oder genutzt werden sollen, konkret festzulegen.
(2) Die Übermittlung oder Nutzung für einen anderen Zweck ist zulässig:
1. unter den Voraussetzungen des Absatzes 1 Satz 1 Nummer 2 oder Nummer 3,
2. soweit es erforderlich ist,
    a) zur Wahrung berechtigter Interessen eines Dritten oder
    b) zur Abwehr von Gefahren für die staatliche oder öffentliche Sicherheit oder zur Verfolgung von Straftaten
    und kein Grund zu der Annahme besteht, dass der Betroffene ein schutzwürdiges Interesse an dem Ausschluss der Übermittlung oder Nutzung hat, oder
3. wenn es im Interesse einer Forschungseinrichtung zur Durchführung wissenschaftlicher Forschung erforderlich ist, das wissenschaftliche Interesse an der Durchführung des Forschungsvorhabens das Interesse des Betroffenen an dem Ausschluss der Zweckänderung erheblich überwiegt und der Zweck der Forschung auf andere Weise nicht oder nur mit unverhältnismäßigem Aufwand erreicht werden kann.
(3) Die Verarbeitung oder Nutzung personenbezogener Daten für Zwecke des Adresshandels oder der Werbung ist zulässig, soweit der Betroffene eingewilligt hat und im Falle einer nicht schriftlich erteilten Einwilligung die verantwortliche Stelle nach Absatz 3a verfährt. Darüber hinaus ist die Verarbeitung oder Nutzung personenbezogener Daten zulässig, soweit es sich um listenmäßig oder sonst zu-

---
38 Simitis in Simitis, § 27 Rn. 31.

§ 28 Datenerhebung und -speicherung für eigene Geschäftszwecke

sammengefasste Daten über Angehörige einer Personengruppe handelt, die sich auf die Zugehörigkeit des Betroffenen zu dieser Personengruppe, seine Berufs-, Branchen- oder Geschäftsbezeichnung, seinen Namen, Titel, akademischen Grad, seine Anschrift und sein Geburtsjahr beschränken, und die Verarbeitung oder Nutzung erforderlich ist

1. für Zwecke der Werbung für eigene Angebote der verantwortlichen Stelle, die diese Daten mit Ausnahme der Angaben zur Gruppenzugehörigkeit beim Betroffenen nach Absatz 1 Satz 1 Nummer 1 oder aus allgemein zugänglichen Adress-, Rufnummern-, Branchen- oder vergleichbaren Verzeichnissen erhoben hat,
2. für Zwecke der Werbung im Hinblick auf die berufliche Tätigkeit des Betroffenen und unter seiner beruflichen Anschrift oder
3. für Zwecke der Werbung für Spenden, die nach § 10b Absatz 1 und § 34g des Einkommensteuergesetzes steuerbegünstigt sind.

Für Zwecke nach Satz 2 Nummer 1 darf die verantwortliche Stelle zu den dort genannten Daten weitere Daten hinzuspeichern. Zusammengefasste personenbezogene Daten nach Satz 2 dürfen auch dann für Zwecke der Werbung übermittelt werden, wenn die Übermittlung nach Maßgabe des § 34 Absatz 1a Satz 1 gespeichert wird; in diesem Fall muss die Stelle, die die Daten erstmalig erhoben hat, aus der Werbung eindeutig hervorgehen. Unabhängig vom Vorliegen der Voraussetzungen des Satzes 2 dürfen personenbezogene Daten für Zwecke der Werbung für fremde Angebote genutzt werden, wenn für den Betroffenen bei der Ansprache zum Zwecke der Werbung die für die Nutzung der Daten verantwortliche Stelle eindeutig erkennbar ist. Eine Verarbeitung oder Nutzung nach den Sätzen 2 bis 4 ist nur zulässig, soweit schutzwürdige Interessen des Betroffenen nicht entgegenstehen. Nach den Sätzen 1, 2 und 4 übermittelte Daten dürfen nur für den Zweck verarbeitet oder genutzt werden, für den sie übermittelt worden sind.

(3a) Wird die Einwilligung nach § 4a Absatz 1 Satz 3 in anderer Form als der Schriftform erteilt, hat die verantwortliche Stelle dem Betroffenen den Inhalt der Einwilligung schriftlich zu bestätigen, es sei denn, dass die Einwilligung elektronisch erklärt wird und die verantwortliche Stelle sicherstellt, dass die Einwilligung protokolliert wird und der Betroffene deren Inhalt jederzeit abrufen und die Einwilligung jederzeit mit Wirkung für die Zukunft widerrufen kann. Soll die Einwilligung zusammen mit anderen Erklärungen schriftlich erteilt werden, ist sie in drucktechnisch deutlicher Gestaltung besonders hervorzuheben.

(3b) Die verantwortliche Stelle darf den Abschluss eines Vertrags nicht von einer Einwilligung des Betroffenen nach Absatz 3 Satz 1 abhängig machen, wenn dem Betroffenen ein anderer Zugang zu gleichwertigen vertraglichen Leistungen ohne die Einwilligung nicht oder nicht in zumutbarer Weise möglich ist. Eine unter solchen Umständen erteilte Einwilligung ist unwirksam.

(4) Widerspricht der Betroffene bei der verantwortlichen Stelle der Verarbeitung oder Nutzung seiner Daten für Zwecke der Werbung oder der Markt- oder Meinungsforschung, ist eine Verarbeitung oder Nutzung für diese Zwecke unzulässig. Der Betroffene ist bei der Ansprache zum Zweck der Werbung oder der Markt- oder Meinungsforschung und in den Fällen des Absatzes 1 Satz 1 Nummer 1 auch bei

Datenerhebung und -speicherung für eigene Geschäftszwecke § 28

Begründung des rechtsgeschäftlichen oder rechtsgeschäftsähnlichen Schuldverhältnisses über die verantwortliche Stelle sowie über das Widerspruchsrecht nach Satz 1 zu unterrichten; soweit der Ansprechende personenbezogene Daten des Betroffenen nutzt, die bei einer ihm nicht bekannten Stelle gespeichert sind, hat er auch sicherzustellen, dass der Betroffene Kenntnis über die Herkunft der Daten erhalten kann. Widerspricht der Betroffene bei dem Dritten, dem die Daten im Rahmen der Zwecke nach Absatz 3 übermittelt worden sind, der Verarbeitung oder Nutzung für Zwecke der Werbung oder der Markt- oder Meinungsforschung, hat dieser die Daten für diese Zwecke zu sperren. In den Fällen des Absatzes 1 Satz 1 Nummer 1 darf für den Widerspruch keine strengere Form verlangt werden als für die Begründung des rechtsgeschäftlichen oder rechtsgeschäftsähnlichen Schuldverhältnisses.

(5) Der Dritte, dem die Daten übermittelt worden sind, darf diese nur für den Zweck verarbeiten oder nutzen, zu dessen Erfüllung sie ihm übermittelt werden. Eine Verarbeitung oder Nutzung für andere Zwecke ist nicht-öffentlichen Stellen nur unter den Voraussetzungen der Absätze 2 und 3 und öffentlichen Stellen nur unter den Voraussetzungen des § 14 Abs. 2 erlaubt. Die übermittelnde Stelle hat ihn darauf hinzuweisen.

(6) Das Erheben, Verarbeiten und Nutzen von besonderen Arten personenbezogener Daten (§ 3 Abs. 9) für eigene Geschäftszwecke ist zulässig, soweit nicht der Betroffene nach Maßgabe des § 4a Abs. 3 eingewilligt hat, wenn
1. dies zum Schutz lebenswichtiger Interessen des Betroffenen oder eines Dritten erforderlich ist, sofern der Betroffene aus physischen oder rechtlichen Gründen außerstande ist, seine Einwilligung zu geben,
2. es sich um Daten handelt, die der Betroffene offenkundig öffentlich gemacht hat,
3. dies zur Geltendmachung, Ausübung oder Verteidigung rechtlicher Ansprüche erforderlich ist und kein Grund zu der Annahme besteht, dass das schutzwürdige Interesse des Betroffenen an dem Ausschluss der Erhebung, Verarbeitung oder Nutzung überwiegt, oder
4. dies zur Durchführung wissenschaftlicher Forschung erforderlich ist, das wissenschaftliche Interesse an der Durchführung des Forschungsvorhabens das Interesse des Betroffenen an dem Ausschluss der Erhebung, Verarbeitung und Nutzung erheblich überwiegt und der Zweck der Forschung auf andere Weise nicht oder nur mit unverhältnismäßigem Aufwand erreicht werden kann.

(7) Das Erheben von besonderen Arten personenbezogener Daten (§ 3 Abs. 9) ist ferner zulässig, wenn dies zum Zweck der Gesundheitsvorsorge, der medizinischen Diagnostik, der Gesundheitsversorgung oder Behandlung oder für die Verwaltung von Gesundheitsdiensten erforderlich ist und die Verarbeitung dieser Daten durch ärztliches Personal oder durch sonstige Personen erfolgt, die einer entsprechenden Geheimhaltungspflicht unterliegen. Die Verarbeitung und Nutzung von Daten zu den in Satz 1 genannten Zwecken richtet sich nach den für die in Satz 1 genannten Personen geltenden Geheimhaltungspflichten. Werden zu einem in Satz 1 genannten Zweck Daten über die Gesundheit von Personen durch Angehörige eines anderen als in § 203 Abs. 1 und 3 des Strafgesetzbuches genannten Berufes, dessen Ausübung die Feststellung, Heilung oder Linderung von Krankheiten oder die

§ 28 Datenerhebung und -speicherung für eigene Geschäftszwecke

Herstellung oder den Vertrieb von Hilfsmitteln mit sich bringt, erhoben, verarbeitet oder genutzt, ist dies nur unter den Voraussetzungen zulässig, unter denen ein Arzt selbst hierzu befugt wäre.

(8) Für einen anderen Zweck dürfen die besonderen Arten personenbezogener Daten (§ 3 Abs. 9) nur unter den Voraussetzungen des Absatzes 6 Nr. 1 bis 4 oder des Absatzes 7 Satz 1 übermittelt oder genutzt werden. Eine Übermittlung oder Nutzung ist auch zulässig, wenn dies zur Abwehr von erheblichen Gefahren für die staatliche und öffentliche Sicherheit sowie zur Verfolgung von Straftaten von erheblicher Bedeutung erforderlich ist.

(9) Organisationen, die politisch, philosophisch, religiös oder gewerkschaftlich ausgerichtet sind und keinen Erwerbszweck verfolgen, dürfen besondere Arten personenbezogener Daten (§ 3 Abs. 9) erheben, verarbeiten oder nutzen, soweit dies für die Tätigkeit der Organisation erforderlich ist. Dies gilt nur für personenbezogene Daten ihrer Mitglieder oder von Personen, die im Zusammenhang mit deren Tätigkeitszweck regelmäßig Kontakte mit ihr unterhalten. Die Übermittlung dieser personenbezogenen Daten an Personen oder Stellen außerhalb der Organisation ist nur unter den Voraussetzungen des § 4a Abs. 3 zulässig. Absatz 2 Nr. 2 Buchstabe b gilt entsprechend.

Übersicht

	Rn.
1. Einleitung	1 – 6
2. Datenerhebung für eigene Zwecke (Abs. 1)	7 – 64
a) Rechtsgeschäftliche oder rechtsgeschäftsähnliche Schuldverhältnisse (Nr. 1)	15 – 23
aa) Rechtsgeschäftliches Schuldverhältnis (1. Alt.)	19 – 22
bb) Rechtsgeschäftsähnliches Schuldverhältnis (2. Alt.)	23
b) Einzelfälle	24 – 46c
aa) Datenschutz im Arbeitsverhältnis	24 – 29
bb) Arzt- und Krankenhausbereich	30 – 32
cc) Bankbereich/Geldgewerbe	33 – 39
dd) Kaufverträge	40 – 43
ee) Reise- und Tourismusbereich	44
ff) Versicherungen	45, 46
gg) Mietverhältnisse	46a, 46b
hh) Vereinsmitgliedschaft	46c
c) Wahrung berechtigter Interessen (Nr. 2)	47 – 55
d) Allgemein zugängliche Daten (Nr. 3)	56 – 61
e) Zweckbestimmung bei der Datenerhebung (Abs. 1 Satz 2)	62 – 64
3. Übermittlung und Nutzung für andere Zwecke (Abs. 2)	65 – 86
a) Verweis auf die Tatbestände in Abs. 1 Satz 1 Nr. 2 und 3 (Nr. 1)	71 – 73
b) Wahrung berechtigter Interessen Dritter (Nr. 2a)	74 – 76
c) Abwehr von Gefahren/Verfolgung von Straftaten (Nr. 2b)	77 – 79
d) Schutzwürdige Interessen der Betroffenen in den Fällen der Nr. 1 bis 2b	80 – 82
e) Übermittlung und Nutzung im Forschungsinteresse (Abs. 2 Nr. 3)	83 – 86
4. Werbung und Adresshandel (Abs. 3)	87 –117
a) Werbung und Adresshandel mit Einwilligung (Abs. 3 Satz 1)	90 – 93
b) Erweitertes Listenprivileg (Abs. 3 Satz 2)	94 –106
aa) Werbung für eigene Angebote (Abs. 3 Satz 2 Nr. 1)	100 –103
bb) Werbung im Hinblick auf die berufliche Tätigkeit (Abs. 3 Satz 2 Nr. 2)	104, 105
cc) Werbung für Spenden (Abs. 3 Satz 2 Nr. 3)	106

Datenerhebung und -speicherung für eigene Geschäftszwecke § 28

    c) Hinzuspeicherung von Daten (Abs. 3 Satz 3) .... 107 – 110
    d) Listenübermittlung zu Werbezwecken (Abs. 3 Satz 4) .... 111 – 113
    e) Werbung für fremde Angebote (Abs. 3 Satz 5) 114, 115
    f) Schutzwürdige Interessen der Betroffenen (Abs. 3 Satz 6) 116
    g) Zweckbindung (Abs. 3 Satz 7) 117
5. Einwilligung als Verarbeitungsvoraussetzung (Abs. 3 a) .... 118 – 133
    a) Einwilligung außerhalb der Schriftform (Abs. 3 a Satz 1) .... 121 – 131
    b) Drucktechnische Gestaltung (Abs. 3 a Satz 2) 132, 133
6. Koppelungsverbot (Abs. 3 b) .... 134 – 138
7. Widerspruchsrecht (Abs. 4) .... 139 – 157
    a) Ansprechpartner und Wirkung des Widerspruchs (Abs. 4 Satz 1 und Satz 3) .... 145 – 147
    b) Unterrichtungs- und Belehrungspflichten (Abs. 4 Satz 2) .... 148 – 153
    c) Form und Frist des Widerspruchs (Abs. 4 Satz 4) .... 154 – 157
8. Zweckbindung (Abs. 5) .... 158 – 162
9. Besondere Arten personenbezogener Daten für eigene Geschäftszwecke (Abs. 6) .... 163 – 177
    a) Zulässigkeit der Datenerhebung bei Einwilligung der Betroffenen ...... 164 – 167
    b) Zulässigkeit der Datenerhebung ohne Einwilligung .... 168 – 177
10. Erhebung von Daten gemäß § 3 Abs. 9 im Gesundheitsbereich (Abs. 7) ..... 178 – 180
11. Übermittlung und Nutzung von Daten gemäß § 3 Abs. 9 für andere Zwecke (Abs. 8) .... 181 – 184
12. Sonderbestimmung für den Umgang von Daten gemäß § 3 Abs. 9 durch bestimmte Organisationen (Abs. 9) .... 185 – 191
13. Folgen von Rechtsverletzungen 192, 193
14. Streitigkeiten 194

1. Einleitung

Die Vorschrift ist eine Erlaubnisnorm im Sinne des § 4 Abs. 1. Als zentrale Vorschrift 1
für den nicht-öffentlichen Bereich regelt sie die Zulässigkeit der Erhebung, Speicherung,
Veränderung sowie Nutzung von Daten als Mittel zur Erfüllung eigener Geschäftszwecke. Die Vorschrift kommt weiterhin für die (gemäß § 27 Abs. 1 Nr. 2 a und 2 b
einbezogenen) öffentlichen Wettbewerbsunternehmen zur Anwendung. Aufgrund des
Verweises in § 12 Abs. 4 kommt Abs. 2 Nr. 2 für dienst- und arbeitsrechtliche Beschäftigungsverhältnisse von Mitarbeitern öffentlicher Stellen des Bundes zur Anwendung,
soweit es dort keine spezifischen Regelungen gibt (vgl. § 27 Rn. 5).

Im Rahmen der Novelle des BDSG 2009 kam es zu zahlreichen redaktionellen und 2
inhaltlichen Anpassungen, die insbesondere die Abs. 1 bis 3 betreffen. Die Änderungen
sind am 1.9.2009 in Kraft getreten. Aus der Fülle der Veränderungen besonders
herauszuheben sind:

- Die Überschrift verweist nunmehr ausdrücklich auf die Datenerhebung und -speicherung für eigene Zwecke. Im Text selbst ist weiterhin von der Veränderung,
Übermittlung oder Nutzung die Rede, so dass die neue Überschrift etwas verwirrend
ist.
- Die neu gefasste Nr. 1 in Abs. 1 Satz 1 bezieht sich nicht mehr auf Vertragsverhältnisse, sondern auf Schuldverhältnisse (vgl. § 311 BGB).
- Die bisherigen Abs. 2 und 3, die gesetzliche Erlaubnistatbestände für die Übermitt-

lung und Nutzung personenbezogener Daten zu anderen Zwecken enthielten, sind nunmehr ohne inhaltliche Änderung im neuen Abs. 2 zusammengeführt worden. Der bisherige Abs. 2 ist nunmehr Abs. 2 Nr. 1. Die bisherigen Erlaubnistatbestände in Abs. 3 Satz 1 Nr. 1 und 2 sind sprachlich zusammengefasst worden und nunmehr in Abs. 2 Nr. 2 Buchstabe a und b enthalten. Der bisherige Abs. 3 Satz 1 Nr. 4 ist nunmehr Abs. 2 Nr. 3[1].

- Das bisher in Abs. 3 Nr. 3 zu findende »Listenprivileg« wurde nicht etwa, wie vom Gesetzgeber propagiert,[2] gestrichen, sondern in den neuen Abs. 3 übernommen und dort in den Nutzungsmöglichkeiten sogar erweitert. Diese Situation stellt die mit der Novelle verfolgte Intention auf den Kopf, Betroffene besser vor ungewollter Werbung zu schützen. Im neu gefassten Abs. 3 finden sich in Satz 1 zunächst Vorgaben zur Zulässigkeit der Verwendung personenbezogener Daten für Zwecke der Werbung und des Adresshandels, wenn eine Einwilligung nach dem neu eingefügten Abs. 3a vorliegt. Die Sätze 2 bis 5 enthalten Erlaubnistatbestände im Sinne von § 4 Abs. 1 1. Alternative. Satz 6 stellt die Verarbeitung und Nutzung unter den Vorbehalt, dass schutzwürdige Interessen dieser nicht entgegenstehen. Durch Satz 7 erfolgt eine Festschreibung des Verarbeitungszwecks.

In den drei Ziffern von Abs. 3 Satz 2 ist die Zulässigkeit der Werbung für eigene Angebote der verantwortlichen Stelle (Nr. 1), gegenüber freiberuflich und gewerblich Tätigen (Nr. 2) sowie für Spendenwerbung zu steuerbegünstigten Zwecken (Nr. 3) festgeschrieben. Allerdings ist bezüglich der Daten im Bereich der Werbung sowie der Markt- und Meinungsforschung die Übergangsregelung in § 47 Nr. 1 und 2 zu beachten.[3] Hiernach gilt das BDSG 2001 für die Verarbeitung und Nutzung der vor dem 1. September 2009 erhobenen und gespeicherten Daten für Zwecke der Markt- und Meinungsforschung bis zum 31. August 2010 weiter, für Zwecke der Werbung sogar bis zum 31. August 2012. Diese lange Übergangsfrist wird in der Praxis vermutlich zu zahlreichen Unklarheiten, Missverständnissen und möglicherweise auch zu Missbräuchen führen.

- Durch Abs. 3 Satz 3 wird es verantwortlichen Stellen ermöglicht, für Zwecke gemäß Abs. 1 Satz 1 Nr. 1 Daten hinzuzuspeichern.
- Nach Abs. 3 Satz 4 dürfen zusammengefasste Daten gemäß Satz 2 für Zwecke der Werbung übermittelt werden, wenn Informationen zur Übermittlung gemäß § 34 Abs. 1a Satz 1 gespeichert werden.
- Durch Abs. 3 Satz 5 wird über die Regelung in Satz 2 hinaus die Werbung für fremde Zwecke zugelassen.
- Der neu eingefügte Abs. 3a Satz 1 präzisiert die in § 4a Abs. 1 Satz 3 angeführten Anforderungen an die Erteilung einer Einwilligung außerhalb der Schriftform. In Abs. 3a Satz 2 werden die in § 4a Abs. 3a Satz 4 zu findenden Anforderungen an die besondere Hervorhebung der Einwilligung in allgemeinen Erklärungen präzisiert.
- Der neu eingefügte Abs. 3b enthält ein Koppelungsverbot, durch das sichergestellt werden soll, dass der Abschluss eines Vertrags im »Monopolbereich« nicht zwin-

---

[1] Vgl. BT-Drs. 16/12011, S. 26.
[2] Vgl. BT-Drs. 16/12011, S. 26.
[3] Vgl. zur Markt- und Meinungsforschung ansonsten § 30a.

Datenerhebung und -speicherung für eigene Geschäftszwecke § 28

gend von einer Einwilligung in die Nutzung für Zwecke der Werbung oder der Markt- und Meinungsforschung abhängig gemacht wird.
- Das Widerspruchsrecht in Abs. 4 wurde redaktionell angepasst und bezüglich der Form des Widerspruchs zugunsten der Betroffenen modifiziert.
- In Abs. 9 Satz 3 findet sich eine redaktionelle Folgeänderung, die sich aus der Zusammenfassung der Abs. 2 und 3 ableitet.

Die Vorschrift regelt schwerpunktmäßig insgesamt fünf Sachverhalte: 3
- In den Abs. 1 bis 3 sind allgemeine Zulässigkeitsvoraussetzungen für die Erhebung, Verarbeitung und Nutzung für eigene bzw. für andere Zwecke enthalten. Diese werden durch spezifische Vorgaben für den Umgang mit besonderen Arten personenbezogener Daten in den Abs. 6 bis 8 ergänzt.
- Durch Abs. 4 werden spezifische Widerspruchsrechte der Betroffenen bei der Verarbeitung von Daten für Zwecke der Werbung sowie der Markt- und Meinungsforschung normiert.
- Abs. 5 enthält spezifische Zweckbindungsregelungen für Dritte, die Daten erhalten haben.
- In den Abs. 6 bis 8 finden sich normative Vorgaben für den Umgang mit besonderen Arten personenbezogener Daten und für eigene Geschäftszwecke sowie für Zwecke der Gesundheitsvorsorge der medizinischen Diagnostik und der Gesundheitsversorgung.
- In Abs. 9 finden sich Privilegierungen für die tätigkeitsbezogene Verarbeitung besonderer Arten personenbezogener Daten durch politische, philosophische oder gewerkschaftliche Stellen.

Der durch die Vorschrift bestimmte Regelungsbereich und damit die Zulässigkeit der 4 Verwendung personenbezogener Daten für eigene Geschäftszwecke muss mit Blick auf § 4 Abs. 1 immer auch mit Blick auf andere Rechtsvorschriften oder eine vorliegende Einwilligung der Betroffenen bewertet werden. Durch bereichsspezifische Regelungen kann die Zulässigkeit des Umgangs mit personenbezogenen Daten für eigene Geschäftszwecke erheblich ausgeweitet werden.[4] Gibt es anwendbare Spezialvorschriften, die exakt den gleichen Sachverhalt regeln, gehen diese § 28 vor. Für den Bereich der Beschäftigungsverhältnisse (Arbeitnehmerdatenschutz) ist insbesondere der neu in das Gesetz eingefügte § 32 einschlägig. Speziell für Arbeitsverhältnisse sind bezüglich der Zulässigkeit der Erhebung, Verarbeitung und Nutzung der Daten von Beschäftigten zahlreiche weitere Spezialnormen zu beachten.[5] Für den Bereich der Markt- und Meinungsforschung findet sich eine Sonderregelung in § 30a.

Die Erhebung, Verarbeitung und Nutzung von Daten durch nicht-öffentliche Stellen 5 auf der Grundlage des § 28 ist nur zulässig, wenn die allgemeinen Anwendungsvoraussetzungen des § 27 erfüllt sind (vgl. dort Rn. 4 ff.). Die Zulässigkeit der Erhebung, Speicherung, Veränderung, Übermittlung oder Nutzung von Daten nach § 28 setzt regelmäßig eine Interessenabwägung voraus, die beispielsweise innerhalb eines rechtsgeschäftlichen Schuldverhältnisses (Abs. 1 Nr. 1) durch Erforderlichkeit und Verhältnismäßigkeit, in fast allen übrigen Tatbeständen durch die zu berücksichtigenden

---

4 Simitis in Simitis, § 28 Rn. 4 ff.
5 Simitis in Simitis, § 28 Rn. 17; Däubler, Gläserne Belegschaften?, S. 105 ff.; 205 ff.; sowie Rn. 22 ff.

§ 28 Datenerhebung und -speicherung für eigene Geschäftszwecke

Interessen der Betroffenen bestimmt wird.[6] Unterbleibt die Interessenabwägung, ist die Datenübermittlung unzulässig.[7]

6 Die Vorschrift ist aufgrund ihres Umfangs und zahlreicher Verweise für normale Nutzer praktisch unlesbar und in ihren normativen Zusammenhängen nur schwer verständlich.[8] Damit sind für die Praxis eine Fülle von Auslegungs- und Abgrenzungsproblemen und damit einhergehende Rechtsstreitigkeiten absehbar.[9] Diesen schon für das BDSG 2001 zu kritisierenden Zustand hat die Novelle des Jahres 2009 noch verschärft.

2. Datenerhebung für eigene Zwecke (Abs. 1)

7 Die Vorschrift zielt gemäß ihrer im Jahre 2009 neu gefassten Überschrift auf die »Datenerhebung und -speicherung für eigene Zwecke«. Sinn und Zweck ist es, eine Anpassung zu § 29 herbeizuführen[10].

8 Die Neuformulierung der Überschrift deutet vom Wortlaut her darauf hin, dass nunmehr eine einschränkende Zielrichtung der Gesamtnorm intendiert ist und dass die Begrenzung der Zulässigkeit von Datennutzungen für eigene Zwecke in dieser Norm nicht geregelt werden soll. Die Begrenzung im Text der Einzelregelungen wurde nicht fortgeführt. Abs. 1 Satz 1 greift beispielsweise die in § 3 Abs. 3, Abs. 4 Nr. 1 bis 3 und Abs. 5[11] genannten Verarbeitungsschritte Erhebung, Speicherung, Veränderung, Übermittlung und Nutzung auf und erklärt deren Umsetzung für die Erfüllung eigener Geschäftszwecke weiterhin für zulässig. In Abs. 3 wird die Verarbeitung und Nutzung mehrfach ausdrücklich genannt. Insoweit ist davon auszugehen, dass es sich bei der Verkürzung um ein neuerliches (unverständliches) Redaktionsversehen handelt, das ohne Auswirkungen auf die im Wortlaut der Norm ansonsten genannten Verarbeitungsschritte ist.

9 In der Regelung nicht genannt werden die Verarbeitungsschritte Sperrung und Löschung. Hierfür kommen die einschlägigen Regelungen in § 35 zur Anwendung. Für die Anonymisierung und Pseudonymisierung gilt § 3 a.

10 DV ist nach dieser Vorschrift nur zur Erfüllung eigener Geschäftszwecke zulässig. Der Begriff der »eigenen Geschäftszwecke« ist inhaltsgleich mit dem der »eigenen Zwecke«.[12] Erfasst sind alle Prozesse, die als »Mittel zum Zweck« zur Erfüllung anderer außerhalb der DV liegender Geschäftszwecke wie etwa Abwicklung von Kauf-, Kredit-, Versicherungs-, Geschäftsbesorgungs-, Krankenhaus-, Dienst- oder Werkverträgen dienen.[13] Weiterhin kommt die Vorschrift auch zur Anwendung, wenn die DV nur

---

6 BMH, § 28 Rn. 7; Gola/Schomerus, § 28 Rn. 27.
7 LG Verden v. 13.12.2010 – Az. 4 O 342/10, VuR 2011, 191.
8 Ähnlich BMH, § 28 Rn. 1, die bezogen auf die Abs. 6 bis 9 von einer »gesetzgeberischen Zumutung« sprechen sowie Simitis in Simitis, § 28 Rn. 3, der eine »kaum noch lesbare Vorschrift« sieht.
9 Ähnlich Simitis in Simitis, § 28 Rn. 24.
10 So die knappe amtliche Begründung, vgl. BT-Drs. 16/12011, S. 26.
11 Vgl. ausführlich § 3 Rn. 23 ff.
12 Simitis in Simitis, § 28 Rn. 22; Wolff in Wolff/Brink, § 28 Rn. 11.
13 Amtl. Begründung zum RegE des BDSG 77, BT-Drs. 7/1027, S. 27.

Datenerhebung und -speicherung für eigene Geschäftszwecke § 28

Hilfsmittel für die Erfüllung eigener Geschäftszwecke ist, weil sie die Betreuung von Kunden, die Herstellung von Waren oder die Erbringung bestimmter Dienstleistungen nur mittelbar unterstützt, aber nicht unmittelbar ermöglicht.[14] Sind die vorstehenden Voraussetzungen nicht erfüllt, weil die DV nicht »Selbstzweck« ist, scheidet § 28 als Erlaubnisnorm im Sinne von § 4 Abs. 1 BDSG aus. Ersatzweise können dann aber auf den geschäftsmäßigen Umgang mit Daten für andere Zwecke die §§ 29 oder 30, für Beschäftigungsverhältnisse § 32 und in den Fällen der Auftrags-DV der § 11 zur Anwendung kommen.[15] Das Scannen und Speichern von Personalausweisen ist aufgrund der Vorschriften des dritten Abschnitts des PAuswG unzulässig. Die Spezialvorschriften des PAuswG verdrängen die Regelung des § 28.[16]

Typisches Merkmal für die Anwendbarkeit der Vorschrift ist das Bestehen einer 11 Rechtsbeziehung zwischen der verarbeitenden Stelle und dem Betroffenen, die durch ein rechtsgeschäftliches oder durch ein rechtsgeschäftsähnliches Schuldverhältnis (§ 311 BGB) begründet wird. Das Vorliegen einer solchen Rechtsbeziehung ist ein wichtiges Kriterium für die Abgrenzung zu den §§ 29, 30 BDSG, da diese nach ihrem Wortlaut gerade keine entsprechende Beziehung voraussetzen (vgl. § 29 Rn. 4 und § 30 Rn. 4).[17] Weiteres Abgrenzungsmerkmal zu anderen Vorschriften ist das Vorliegen eines eigenen Interesses der verantwortlichen Stelle an den Daten, weil sie etwa mit den Betroffenen im Rahmen eines Rechtsgeschäfts in Kontakt steht oder in Kontakt treten will.[18]

Erfolgt eine Vermischung des Umgangs mit personenbezogenen Daten zu eigenen 12 Zwecken mit anderen Zielsetzungen, kommt es zu einer Parallelität der anwendbaren Normen: Neben § 28 müssen dann ggf. die entsprechenden Regelungen in den §§ 29 und 30 beachtet werden.[19] Ein notwendig werdender Aufwand muss als Preis für die Vermischung in Kauf genommen werden. Das Gesetz kennt insoweit kein »Entweder-Oder«.[20] Werden etwa personenbezogene Daten zwar vorrangig für die Abwicklung eines Rechtsgeschäfts genutzt, erfolgt daneben aber auch eine Weitergabe an Dritte (etwa bei einer Bank, die Daten eines Darlehensnehmers in Form einer Bankauskunft an Dritte weitergibt), bestimmt sich die Zulässigkeit für die Abwicklung des Rechtsgeschäfts nach den normativen Vorgaben des § 28 und die der Übermittlung nach denen des § 29. Handelt es sich um ein Beschäftigungsverhältnis mit Betroffenen, muss vorrangig § 32 beachtet werden.

Stellt sich ein DV-Prozess sowohl als Verarbeitung für eigene Zwecke als auch für 13 andere Zwecke dar und kommen deshalb verschiedene Erlaubnisnormen zur Anwendung, muss mit Blick auf die Vorgaben des § 9 Nr. 8 (vgl. dort Rn. 97) eine strikt

---

14 BMH, § 28 Rn. 14; Gola/Schomerus, § 28 Rn. 4; Simitis in Simitis, a. a. O.; Schaffland/Wiltfang, § 28 Rn. 3.
15 Zustimmend Plath-Plath, § 28 Rn. 15; Taeger/Gabel-Taeger, § 28 Rn. 31.
16 VG Hannover 28. 11. 2013, DuD 2014, 493.
17 Zustimmend Plath-Plath, § 28 Rn. 16.
18 Gola/Schomerus, § 28 Rn. 4; Wolff in Wolff/Brink, § 28 Rn. 12.
19 Ausführlich Simitis in Simitis, § 28 Rn. 25 ff.; Taeger/Gabel-Taeger, § 28 Rn. 34 ff.; vgl. auch § 29 Rn. 4; a. A. Gola/Schomerus, § 28 Rn. 4; Schaffland/Wiltfang, § 28 Rn. 10, die auf das Überwiegen eines Zwecks bzw. einer Zielsetzung abstellen; ebenso Plath-Plath, Rn. 14.
20 Zutreffend Simitis in Simitis, § 28 Rn. 25.

getrennte Verarbeitung der entsprechenden personenbezogenen Daten erfolgen (bei einer Versicherung beispielsweise Trennung der Daten, die aus einem Beschäftigungsverhältnis sowie aus einem gleichzeitig bestehenden Versicherungsverhältnis anfallen).[21]

14 Abs. 1 enthält in Satz 1 drei alternative Voraussetzungen, deren Vorliegen die Zulässigkeit der DV begründen kann. Die Aufzählung ist abschließend.[22] Die aufgeführten Tatbestände stehen vom Wortlaut her zwar ohne Rangfolge nebeneinander. Dies führt aber für die Rechtsanwendung nicht dazu, dass eine verantwortliche Stelle die Tatbestände nach eigenem Ermessen auswählen und ggf. kumulativ verwenden kann. Vorrang hat die Berufung auf nur einen der Tatbestände.[23] Im Vordergrund steht dabei immer die Regelung in Nr. 1, die an das Bestehen eines rechtsgeschäftlichen und rechtsgeschäftsähnlichen Schuldverhältnisses anknüpft.[24] Ist der Tatbestand der Nr. 1 erfüllt, tritt eine Sperrwirkung ein, die die Tatbestände der Nr. 2 und 3 ausschließt.[25] Die ergänzenden Tatbestände in den Nr. 2 und 3 können folglich nur außerhalb des Regelungsrahmens von Schuldverhältnissen zur Anwendung kommen.[26] In jedem Fall kann im Rahmen eines Schuldverhältnisses durch Rückgriff auf die weiteren Zulässigkeitsalternativen in den Nr. 2 und 3 nicht mehr gestattet werden als auf der Basis der Nr. 1.[27] Die unter den Nr. 2 und 3 genannten Tatbestände sind als »Auffangklauseln« zu qualifizieren und entsprechend eng auszulegen.[28] Eine Erhebung, Verarbeitung und Nutzung für eigene Zwecke ist somit (auch außerhalb vertraglicher Beziehungen) auf dieser Grundlage nur ausnahmsweise zulässig.[29] Liegt etwa eine vertragliche Beziehung vor, bestimmt diese allein den Rahmen der zulässigen Verarbeitung. Vertragspartner sollen sich darauf verlassen können, dass Daten nur zu genau dem Zweck verwendet werden, zu dem sie der anderen Seite überlassen worden sind. Die verarbeitende Stelle kann deshalb beispielsweise nicht unter Berufung auf Nr. 2 Nutzungen durchführen, die nach dem geschlossenen Vertrag und dem hierzu mitgeteilten Zweck unzulässig wären.[30]

14a Holt eine verantwortliche Stelle eine Einwilligung des Betroffenen ein, um Zweifel an der Zulässigkeit einer Verarbeitung auszuschließen, obwohl einer der in § 28 Abs. Satz 1 genannten Tatbestände die Erhebung, Verarbeitung oder Nutzung erlaubt, steht dies einem späteren Rückgriff auf die hier genannten Erlaubnisnormen entgegen. Als Folge ihres eigenen Verhaltens muss die verantwortliche Stelle auf die weitere Verwendung von personenbezogenen Daten dann verzichten.[31]

---

21 Ebenso Gola/Schomerus, § 28 Rn. 6; zum Beschäftigungsverhältnis allgemein vgl. § 32.
22 Simitis in Simitis, § 28 Rn. 52; Wolff in Wolff/Brink, § 28 Rn. 20.
23 Ebenso Simitis in Simitis, § 28 Rn. 53f.; Gola/Schomerus, Rn. 9; a. A. Taeger/Gabel-Taeger, § 28 Rn. 107, der alternative Zulässigkeitsvoraussetzungen sieht.
24 Simitis in Simitis, § 28 Rn. 54.
25 Plath-Plath, Rn. 11; ähnlich Simitis in Simitis, § 28 Rn. 53f.
26 Zutreffend Däubler, Gläserne Belegschaften?, Rn. 185.
27 Zutreffend Gola/Schomerus, § 28 Rn. 9.
28 Simitis in Simitis, § 28 Rn. 55.
29 Simitis in Simitis, § 28 Rn. 54; Gola/Schomerus, § 28 Rn. 9; Weichert, WRP 1996, 526.
30 Ebenso Gola/Schomerus, Rn. 9; Plath-Plath, Rn. 11.
31 So zutreffend Simitis in Simitis, § 28 Rn. 20; a. A. Plath-Plath, Rn. 9.

Datenerhebung und -speicherung für eigene Geschäftszwecke § 28

a) Rechtsgeschäftliche oder rechtsgeschäftsähnliche Schuldverhältnisse (Nr. 1)

Voraussetzung für die Zulässigkeit einer Erhebung, Speicherung, Veränderung, Über- 15
mittlung und Nutzung personenbezogener Daten ist nach Abs. 1 Nr. 1, dass sie für die
Begründung, Durchführung oder Beendigung eines rechtsgeschäftlichen oder rechtsgeschäftsähnlichen Schuldverhältnisses erforderlich ist. Mit der aktuellen Fassung der
Norm wurden die noch im BDSG 2001 verwendete Begrifflichkeit der »Zweckbestimmung eines Vertragsverhältnisses oder eines vertragsähnlichen Vertrauensverhältnisses« durch die mit der Schuldrechtsnovelle des Jahres 2002 eingeführten Terminologie
des § 311 BGB ersetzt. Gleichzeitig wurde der weite Begriff »dient« durch die engere
Formulierung der »Erforderlichkeit« ersetzt. Damit dürfen nur solche personenbezogenen Daten erhoben, verarbeitet und genutzt werden, ohne die eine Durchführung des
rechtsgeschäftlichen oder des rechtsgeschäftsähnlichen Schuldverhältnisses nicht möglich ist. Ist diese Voraussetzung erfüllt, ist eine Interessenabwägung entbehrlich.[32] Auch
mit Blick auf das Fehlen einer Interessenabwägung ist der Tatbestand eng auszulegen.[33]
Nicht vom Begriff der Erforderlichkeit erfasst werden Erhebungen, Verarbeitung oder
Nutzung, die lediglich geeignet sind, die Erfüllung der Pflichten oder die Wahrnehmung
der Rechte aus dem rechtsgeschäftlichen bzw. dem rechtsgeschäftsähnlichen Schuldverhältnisses zu unterstützen oder zu fördern.

Die in der Vorschrift ausdrücklich genannte Zweckbestimmung leitet sich unmittelbar 16
aus den vorliegenden übereinstimmenden Willenserklärungen der jeweiligen Partner
eines Rechtsgeschäfts ab.[34] Entsprechendes gilt für die am rechtsgeschäftsähnlichen
Schuldverhältnis beteiligten Personen. Nicht maßgeblich sind die einseitigen Vorstellungen der verantwortlichen Stellen oder des Betroffenen.[35]

Die normative Vorgabe der Zweckbestimmung führt zu einer engen Bindung an den 17
Zweck des Schuldverhältnisses oder den Inhalt des rechtsgeschäftsähnlichen Schuldverhältnisses.[36] Das Maß der zulässigen Verarbeitung bestimmt sich immer aus dem
Vorliegen einer im Einzelfall objektiv feststellbaren Erforderlichkeit. Bei deren Prüfung
sind auch allgemeine datenschutzrechtliche Grundsätze wie insbesondere die des § 3 a
zur Datenvermeidung und zur Datensparsamkeit zu berücksichtigen (vgl. dort
Rn. 1 ff.).

Im Regelfall zulässig wird bei rechtsgeschäftlichen wie bei rechtsgeschäftsähnlichen 18
Schuldverhältnissen die Erhebung, Verarbeitung und Nutzung von »Basisdaten« der
Betroffenen sein (insbesondere Name, Anschrift, Inhalt und Gegenstand des rechts-
geschäftlichen Schuldverhältnisses bzw. des rechtsgeschäftsähnlichen Schuldverhält-
nisses, Informationen zur ordnungsgemäßen Abwicklung eines Schuldverhältnisses).
Im konkreten Einzelfall können sich aber auch hier in Abhängigkeit von der Art der
Daten und dem verfolgten Zweck Einschränkungen der Zulässigkeit ergeben. In jedem

---

32 Ähnlich Plath-Plath, Rn. 19; Taeger/Gabel-Taeger, § 28 Rn. 47; für eine weitere Auslegung des Begriffs der Erforderlichkeit Kramer in Auernhammer, § 28 Rn. 29 ff.
33 Ähnlich BMH Rn. 234; für eine weitere Auslegung wohl Wolff in Wolff/Brink, § 28 Rn. 33.
34 Vgl. LG Frankfurt 8.5.2009, NZG 2009, 986.
35 Schaffland/Wiltfang, § 28 Rn. 18.
36 Ähnlich zum BDSG 2001 BMH, § 28 Rn. 18; Duhr/Naujok/Danker/Seiffert DuD 2003, 6; Simitis in Simitis, § 28 Rn. 57.

Fall steht die Verwendung unter dem Vorbehalt, dass die in § 3 a enthaltenen Vorgaben zur Datenvermeidung und zur Datensparsamkeit zu beachten sind.[37]

aa) Rechtsgeschäftliches Schuldverhältnis (1. Alt.)

19 Die Vorschrift lässt nach ihrer ersten Alternative DV im Rahmen der Zweckbestimmung eines rechtsgeschäftlichen Schuldverhältnisses zu. Vom Tatbestand erfasst sind alle Arten von kausalen oder abstrakten Verträgen wie etwa Dienst- oder Werkverträge (mit Ausnahme der unter § 32 fallenden Verträge über Beschäftigungsverhältnisse und hier insbesondere Arbeitsverträge), Kauf-, Leih- Werk-, Werklieferungs-, Dienstleistungs- und Mietverträge sowie Schenkungen, Bürgschaften, Auftragsverhältnisse usw.[38] Stehen Betroffene mit einer verantwortlichen Stelle in verschiedenen Vertragsbeziehungen (beispielsweise als Kunde und als Mitarbeiter), ist eine Verarbeitung nur zweckgebunden im jeweiligen Speicherungszusammenhang zulässig.[39] Sollen Kundendaten beispielsweise auch für ein Beschäftigungsverhältnis genutzt werden (etwa die privater Girokontodaten für ein neu abgeschlossenes Arbeitsverhältnis mit der Bank), wäre dies eine Zweckänderung, die gemäß Abs. 2 nur unter den engen Voraussetzungen von Abs. 1 Nr. 2 und 3 zulässig ist. Die datenschutzrechtliche Zulässigkeit der Verwendung der Daten aus dem Beschäftigungsverhältnis bestimmt sich nicht nach Abs. 1 Satz 1 Nr. 1, sondern nach den Regeln von § 32. Die Vorschrift setzt voraus, dass die Datenerhebung für die Begründung, Durchführung oder Beendigung eines rechtsgeschäftlichen oder rechtsgeschäftsähnlichen Schuldverhältnisses erforderlich ist. Wird diese Voraussetzung im konkreten Fall nicht erfüllt, muss die Erhebung unterbleiben.[40] Die Erhebung personenbezogener Daten von Minderjährigen ist ohne Zustimmung der Erziehungsberechtigten unzulässig und kann einen Wettbewerbsverstoß darstellen.[41]

20 Besteht ein rechtsgeschäftliches Schuldverhältnis, darf die verantwortliche Stelle im Regelfall nur Daten über den direkten Vertragspartner erheben, verarbeiten und nutzen. Daten Dritter (etwa von Ehepartnern oder Familienangehörigen) dürfen hingegen nur erhoben werden, wenn eine entsprechende Einwilligung der Dritten oder die Voraussetzungen der Nr. 2 und 3 vorliegen. Wird ein rechtsgeschäftliches Schuldverhältnis mit mehreren Personen geschlossen, müssen die entsprechenden Daten getrennt verarbeitet werden. Dies gilt auch bei Ehe- oder Lebenspartnern.[42]

20a Bei Publikumspersonengesellschaften soll die Übermittlung von Namen und Adressen der mittelbar beteiligten Treugeber an andere Treugeber zulässig sein.[43] In Wohnungs-

---

37 Zutreffend Plath-Plath, § 28 Rn. 28.
38 Auernhammer, § 28 Rn. 2; Schaffland/Wiltfang, § 28 Rn. 17; TEG, S. 549. Zwischen der DV und dem Vertrag muss ein unmittelbarer Zusammenhang bestehen, Hoeren in Roßnagel, S. 605.
39 Simitis in Simitis, § 28 Rn. 59.
40 Vgl. OLG Hamm v. 20.9.2012 – I-4 U 85/12, 4 U 85/12, DuD 2013, 106.
41 Vgl. OLG Hamm, a.a.O.
42 OLG Hamm 4.4.1995, NJW 1996, 131; BMH, § 28 Rn. 17; Wolff in Wolff/Brink, § 28 Rn. 36.
43 OLG München 5.2.2015, BB 2015, 848; BGH 5.2.2013, WM 2013, 603; Forgó/Hänold/Pfeiffenbring/Pieper/Tehrani, ZD 2014, 182.

eigentumsgesellschaften dürfen die Eigentümer die Verwaltung nicht pauschal und ohne weitere Detaillierung zum Funktionsumfang damit beauftragen, Heizkostenverteiler auf Funkbasis zu installieren.[44]

Wird ein rechtsgeschäftliches Schuldverhältnis zugunsten Dritter (etwa eine Lebensversicherung, in der Familienangehörige als Berechtigte genannt werden) geschlossen, kommt für die Rechtsbeziehung zum Versicherungsnehmer die 1. Alt. des Abs. 1 Nr. 1 (»rechtsgeschäftliches Schuldverhältnis«) zur Anwendung. Die datenschutzrechtliche Zulässigkeit des Umgangs mit den Daten der begünstigten Dritten bestimmt sich hingegen nach der 2. Alt. (»rechtsgeschäftsähnliches Schuldverhältnis«) der Vorschrift.[45] 21

Verändert sich der Partner eines rechtsgeschäftlichen Schuldverhältnisses (etwa durch Verkauf einer Lebensversicherung), dürfen neuen Vertragspartnern hierzu schon mit Blick auf den Grundsatz der Datenminimierung des § 3a nur solche Daten mitgeteilt werden, die für die Fortführung des Vertrags zwingend erforderlich sind (etwa Name und Anschrift des neuen Partners des Schuldverhältnisses).[46] Alle weiteren Daten muss die verantwortliche Stelle dann im Wege der Direkterhebung beim neuen Partner des Schuldverhältnisses einholen. Ist die Veränderung des Vertragspartners Ergebnis eines Betriebsübergangs nach § 613a BGB, bestimmt sich die Zulässigkeit der Übermittlung von Daten vorrangig nach § 32 (vgl. dort Rn. 150). Etwas anderes kann gelten, wenn die Beschäftigtendaten zu anderen Zwecken (etwa allgemein zur Förderung der Verkaufsverhandlungen) verwendet werden. Dann kann § 28 Abs. 1 Satz 1 Nr. 2 ausnahmsweise für Zwecke außerhalb des Beschäftigungsverhältnisses einschlägig sein (vgl. § 32 Rn. 8). In jedem Fall dürfen dem neuen Arbeitgeber nur die Personaldaten von Beschäftigten mitgeteilt werden, die übernommen wurden bzw. die noch Ansprüche gegen den Betrieb haben (etwa aus Abfindungs- oder Zusatzrentenzahlungen).[47] 22

bb) Rechtsgeschäftsähnliches Schuldverhältnis (2. Alt.)

Nach der 2. Alt. von Abs. 1 Satz 1 Nr. 1 ist die Verwendung von Daten für eigene Zwecke zulässig, wenn es sich um rechtsgeschäftsähnliche Schuldverhältnisse handelt. Rechtsgeschäftsähnliche Schuldverhältnisse können etwa während der konkreten Anbahnung eines Schuldverhältnisses entstehen (z.B. bei Vorverhandlungen). Auf den erfolgreichen Abschluss kommt es nicht an. Sie können auch durch nichtige Schuldverhältnisse oder durch Gefälligkeitsverhältnisse begründet werden.[48] Rechtsgeschäftsähnliche Schuldverhältnisse verpflichten die Beteiligten wechselseitig zu besonderer Sorgfalt.[49] Sie können sowohl bei vorbereitenden Vertragsverhandlungen als auch in deren Nachgang entstehen. Für Beschäftigungsverhältnisse aller Art findet sich eine entsprechende Regelung in § 32 Abs. 1 Satz 1. 23

---

44 LG Dortmund 28.10.2014, ZMR 2015, 330.
45 Vgl. BMH, 28 Rn. 22; Wolff in Wolff/Brink, § 28 Rn. 73.
46 Enger wohl Wolff in Wolff/Brink, § 28 Rn. 30.
47 Ebenso BMH, § 28 Rn. 23.
48 Gola/Schomerus, § 28 Rn. 13; Simitis in Simitis, § 28 Rn. 190 ff.
49 TEG, S. 557.

b) Einzelfälle

aa) Datenschutz im Arbeitsverhältnis

- Unterschiedliche rechtsgeschäftliche oder rechtsgeschäftsähnliche Schuldverhältnisse zu einer Stelle

24 Für den Bereich des Arbeitsverhältnisses enthält das Gesetz nunmehr mit § 32 eine spezifische Regelung, die für alle Beschäftigungsverhältnisse anstatt der allgemeinen Regelung in Abs. 1 Satz 1 Nr. 1 zur Anwendung kommt. § 32 verdrängt insoweit den § 28.[50] Weiterhin einschlägig kann die allgemeine Regelung in Abs. 1 Satz 1 Nr. 1 allerdings sein, wenn Beschäftigte andere unabhängige Vertragsbeziehungen zu ihrem Arbeit- oder Auftraggeber haben.[51] So bieten beispielsweise Banken Mitarbeitern Konten zu Vorzugskonditionen an; Krankenversicherungen treten ihren Beschäftigten oft als Arbeitgeber und gesetzlicher Versicherer gegenüber; Autohersteller verleasen Fahrzeuge an Beschäftigte zu Vorzugskonditionen, Krankenhäuser verfügen über Untersuchungsergebnisse ihrer eigenen Beschäftigten usw.

25 Aus datenschutzrechtlicher Sicht sind diese, parallel zu Beschäftigungsverhältnissen Rechtsverhältnisse bestehenden Vertragssphären, getrennt zu bewerten. Eine mehrfache Nutzung der zu unterschiedlichen Zwecken und auf unterschiedlichen Rechtsgrundlagen erhobenen personenbezogenen Daten muss mangels Rechtsgrundlage unterbleiben.[52] Eine Nutzung der Daten aus dem jeweils anderen Rechts- bzw. Vertragsverhältnis oder eine »vertragsübergreifende« Übermittlung in die jeweils andere Vertragssphäre kann nur zulässig sein, wenn hierfür eine gesetzliche Grundlage oder eine Einwilligung vorliegt. Insoweit haben beispielsweise Beschäftigte einer Bank denselben Anspruch auf Wahrung ihres Bankgeheimnisses gegenüber dem eigenen Arbeitgeber wie alle externen Kunden auch. Genauso wenig wie eine Bank einem »fremden« Arbeitgeber Konteninformationen über dessen Beschäftigte geben darf, ist ihm dies, bezogen auf die »eigenen« Arbeitnehmer, verwehrt, wenn etwa die interne Personalabteilung anfragt.

26 Werden im Rahmen von »mehrfachen« Vertragsbeziehungen Daten für die jeweils andere Vertragssphäre benötigt, kommt zur Legitimation in erster Linie eine Einwilligung nach § 4 a in Betracht. Wird diese nicht erteilt, deutet dies allerdings darauf hin, dass ein schutzwürdiges Interesse besteht, das etwa die Wahrung berechtigter Interessen der für diese Daten verantwortlichen Stelle gemäß § 28 Abs. 1 Nr. 2 überwiegt. Eine Übermittlung von Daten ist deshalb dann in der Regel unzulässig.[53]

27 Diese Feststellung gilt insbesondere für den Umgang mit besonderen Arten personenbezogener Daten gemäß § 3 Abs. 9. Deshalb dürfen beispielsweise die Untersuchungsergebnisse eines Krankenhauspatienten, der zugleich Mitarbeiter ist, nicht an den AG weiter gegeben werden.[54]

28 Die verantwortliche Stelle muss schon mit Blick auf die Vorgaben in Nr. 8 der

---

50 Simitis in Simitis, § 28 Rn. 12.
51 Ebenso Plath-Plath, § 28 Rn. 39.
52 Gola/Schomerus, § 28 Rn. 13; ähnlich Simitis in Simitis, § 28 Rn. 59.
53 Ähnlich Gola/Schomerus, § 28 Rn. 17.
54 Enger LG Braunschweig RDV 1990, 151, das in bestimmten Fällen die Einräumung der Möglichkeit der direkten Information für notwendig hält.

Anlage zu § 9 Satz 1 durch eine entsprechende Organisation sicherstellen, dass der Zugriff auf die jeweils anderen Datenbestände nicht möglich ist.[55] Werden die entsprechenden Daten benötigt, muss der Weg der Direkterhebung beim Betroffenen gewählt werden. Ist dieser zu einer Auskunft nicht bereit, bleibt der verantwortlichen Stelle zur Durchsetzung bestehender Ansprüche der Rechtsweg. Insoweit darf beispielsweise die Innenrevision einer Bank die Daten aus dem Beschäftigungs- und dem Kundenverhältnis selbst dann nicht zusammenführen, wenn es einen Verdacht auf eine strafbare Handlung gibt.[56] Entsprechendes gilt bezüglich von Maßnahmen im Bereich der Korruptionsbekämpfung oder der Compliance. Mit Blick auf allgemeine rechtsstaatliche Grundsätze kann man einem Arbeitgeber für derartige Situation lediglich einen Nothilfe- oder Notwehr-Anspruch auf Beweissicherung zubilligen (etwa durch Sicherung oder Sperrung der vorhandenen Daten), nicht aber auf die Durchführung eigener Recherchen in den Datenbeständen unterschiedlicher Verträge. Dieses Recht obliegt beim Verdacht auf das Vorliegen einer Straftat den zuständigen Ermittlungsbehörden, nicht aber im Wege der »Selbstjustiz« den, aus datenschutzrechtlicher Sicht differenziert zu bewertenden, Vertragspartnern.

- Betriebsrat und Personalrat

BR und PR sind aus datenschutzrechtlicher Sicht Teil der verantwortlichen Stelle.[57] Sie dürfen deshalb im Rahmen ihrer gesetzlichen Aufgaben Daten erheben, verarbeiten und nutzen. Hierzu gehört beispielsweise die Einsichtnahme in Bruttolohn- und Gehaltslisten.[58] Einschlägige Erlaubnisnormen hierfür finden sich im BetrVG bzw. im BPersVG. Darüber hinaus ist die Erhebung, Verarbeitung und Nutzung nur im Rahmen der Erlaubnisnormen des BDSG zulässig. Dies muss auch bei der Übermittlung von Daten an Dritte beachtet werden. Insoweit bestimmt sich die Weitergabe an andere kollektivrechtliche Vertretungen im Konzern oder innerhalb der Behördenorganisation nach den allgemeinen Regeln dieses Gesetzes, soweit nicht in den einschlägigen kollektivrechtlichen Normen spezielle Regelungen zu finden sind, die eine Übermittlung legitimieren. Eine Weitergabe von Mitarbeiterlisten an eine Gewerkschaft zu Werbezwecken gehört ebenso wenig zu den Aufgaben eines BR oder PR wie die Übermittlung an Aufsichtsbehörden[59] und ist datenschutzrechtlich unzulässig.

bb) Arzt- und Krankenhausbereich

Im Zusammenhang mit der Behandlung durch Ärzte oder in Krankenhäusern fallen im Regelfall besondere Arten von Daten im Sinne von § 3 Abs. 9 an. Hieraus resultiert ein besonderer Schutz, der sich insbesondere in den Abs. 6 und 7 niederschlägt (vgl. dort) und dessen Verletzung durch § 203 StGB strafbewehrt ist. Auf der Grundlage des Abs. 1 Nr. 1 dürfen Ärzte nur die für die Durchführung des Arztvertrags zwingend notwen-

---

55 Ähnlich Wolff in Wolff/Brink, § 28 Rn. 27.
56 Im Ergebnis ebenso Simitis in Simitis, § 28 Rn. 69 ff.
57 BAG v. 11.11.1997, NJW 1998, 2466; BMH, § 28 Rn. 59; Gola/Schomerus, Rn. 36; Mester, S. 277; DKKW-Klebe § 94 Rn. 40.
58 LAG Niedersachen 18.4.2012 – 16 TaBV 39/11, DuD 2012, 916.
59 Etwa im Bereich Arbeitsschutz; vgl. BAG v. 3.6.2003, DuD 2003, 773; BMH Rn. 61.

§ 28 Datenerhebung und -speicherung für eigene Geschäftszwecke

digen Daten erheben, speichern und nutzen. Die Übermittlung dieser Daten ist, soweit nicht spezifische gesetzliche Regelungen (etwa im SGB) zur Anwendung kommen, nur mit einer Einwilligung gemäß § 4a gestattet. Diese Feststellung gilt auch, wenn ein Arzt ein Labor einschaltet. Sofern keine Einwilligung vorliegt, muss aufgrund § 3a ggf. die Bearbeitung von Aufträgen unter einem Pseudonym erfolgen.[60] Entsprechendes gilt, wenn die Abrechnung durch eine ärztliche Verrechnungsstelle erfolgt. Mit Blick auf die notwendige Freiwilligkeit müssen Ärzte ihren Patienten im konkreten Fall Handlungsalternativen anbieten.

31 Die Abtretung offener Honorarforderungen durch Ärzte an Inkassobüros ist als Verstoß gegen die ärztliche Schweigepflicht des § 203 StGB zu qualifizieren und unzulässig.[61] Eine entsprechende Vereinbarung ist nichtig.[62] Schaltet ein Arzt zur gerichtlichen Durchsetzung seiner Ansprüche einen Rechtsanwalt ein, ist dies mit Blick auf dessen spezifische Schweigepflicht zulässig. Soll hingegen ein Inkassobüro eingeschaltet werden, muss der Patient hierüber so rechtzeitig hingewiesen werden, dass er seine Rechte gegenüber dem Arzt wahren kann.[63]

32 Die vorstehenden Grundsätze gelten entsprechend, wenn ein Behandlungsvertrag mit einem Krankenhaus geschlossen wird. Der im konkreten Fall zur Anwendung kommende datenschutzrechtliche Rahmen wird allerdings durch die tatsächliche Vertragsform bestimmt, die aus der konkreten Form der Leistungserbringung resultiert.[64]

cc) Bankbereich/Geldgewerbe

33 In Zeitalter des bargeldlosen Zahlungsverkehrs kann sich praktisch niemand der Verarbeitung seiner Daten durch Unternehmen des Geldgewerbes entziehen. Deshalb kommt der Umsetzung des gesetzlichen Datenschutzes in diesem Bereich eine herausragende Bedeutung zu. Im Mittelpunkt stehen hierbei Daten zur Bonität von Betroffenen. Wird zur Bewertung der Bonität auf Scoring-Verfahren zurückgegriffen, muss nunmehr die Regelung in § 28b beachtet werden (vgl. dort).

34 In der vorvertraglichen Phase dürfen Bonitätsdaten, die nicht dem Anwendungsbereich des § 28b unterfallen, auf der Basis Abs. 1 Nr. 1 2. Alt zur Prüfung einer Abschlussmöglichkeit herangezogen werden. Die erhobenen Daten unterliegen, mit Blick auf die aus dem Bankgeheimnis resultierenden besonderen vorvertraglichen Verschwiegenheitspflichten, einem herausragenden Schutz. Eine Verwendung zu anderen Zwecken (insbesondere zu Werbe- und Marketingzwecken) dient eindeutig nicht der Zweckbestimmung der vorvertraglichen Beziehung und ist deshalb grundsätzlich unzulässig.[65] Kommt es als Ergebnis der Anbahnungsphase zu keinem Vertragsabschluss, müssen die erhobenen Daten unverzüglich gelöscht werden. Mitteilungen an Kreditauskunftsdateien dürfen in der Anbahnungsphase in der Regel nicht erfolgen. Sind sie ausnahmsweise

---

60 Ähnlich BMH, § 28 Rn. 85.
61 Ähnlich Wolff in Wolff/Brink, § 28 Rn. 12.1.
62 BGH NJW 1991, 2955.
63 Ähnlich BMH, § 28 Rn. 87.
64 Etwa Gesamtleistung durch das Krankenhaus oder Trennung in Arzt- und Pflegevertrag; vgl. ausführlich BMH, § 28 Rn. 136 ff.
65 Ebenso BMH, § 28 Rn. 116; Ungnade/Gorynia WM 1991, 121.

Datenerhebung und -speicherung für eigene Geschäftszwecke § 28

(etwa zur Beseitigung von Unklarheiten) notwendig, müssen die Daten nach dem Scheitern der Verhandlungen gelöscht werden.

Kommt es zum Abschluss eines Vertrags mit einer Bank, einer Sparkasse oder einem anderen Geldinstitut, wird die Zweckbestimmung durch den konkreten Vertragstyp bestimmt.[66] Die Festlegung des Umfangs der zulässigen Erhebung, Verarbeitung und Nutzung wird durch die Erforderlichkeit abschließend vorgegeben.[67] Es dürfen nur die unbedingt benötigten Daten verarbeitet werden.[68] Bei Kreditverträgen dürfen (soweit nicht § 28b als vorrangige Spezialnorm für das Scoring zur Anwendung kommt) beispielsweise Bonitätsdaten, auf der Grundlage von Abs. 1 Satz 1 Nr. 1 erhoben und verarbeitet werden, sowie ggf. auch Informationen an Kreditinformationssysteme übermittelt werden.[69] Unter Beachtung der allgemeinen Vorgaben muss hierbei allerdings die Notwendigkeit der Übermittlung und Verwendung jedes einzelnen Datums begründet werden.[70] In jedem Fall unzulässig ist die Weitergabe von Informationen an Ehegatten, an den AG oder an andere Dritte. Werden Girokonten nur auf Guthabenbasis geführt, darf keine Übermittlung von Informationen an Auskunfteien wie etwa die SCHUFA erfolgen.[71] 35

Das Bankgeheimnis ist in den letzten Jahren durch zahlreiche gesetzliche Regelungen auf unterschiedlichen Ebenen reglementiert worden. Dies hat einerseits zu neuen Datenschutzproblemen geführt, andererseits zu einer Fülle von spezifischen Vorschriften für die Erhebung, Speicherung und Nutzung von Daten, die im Ergebnis das Bankgeheimnis aushöhlen. 36

Neue Datenschutzprobleme folgen etwa aus Dokumentations- und Überprüfungspflichten der Banken. So gelten beispielsweise nach dem Wertpapierhandelsgesetz (WpHG) seit dem 1.1.1995 verbindliche Beratungspflichten für Banken gegenüber ihren Kunden. Dies hat bei vielen Banken dazu geführt, dass die Durchführung von Beratungsgesprächen umfassend dokumentiert wird. Eine Verwendung der so gewonnenen Daten für andere Zwecke als die der Dokumentation zu Zwecken des WpHG ist mit Blick auf die durch Abs. 1 Satz 2 vorgegebene enge Zweckbindung unzulässig.[72] Entsprechendes gilt für Präventionssysteme, die Banken zur Vermeidung von Geldwäsche, Terrorismusfinanzierung und betrügerischen Handlungen zum Nachteil der Institute nach dem Kreditwesengesetz (KWG) einrichten müssen. Im Rahmen des nach § 25a KWG einzurichtenden Risikomanagementsystems werden personenbezogene Daten von Kunden erhoben, verarbeitet und genutzt. Auch Daten in derartigen Risikomanagementsystemen dürfen nicht für andere Zwecke verwendet werden.[73] Ent- 37

---

66 Vgl. die Übersicht zu unterschiedlichen Vertragstypen bei BMH, § 28 Rn. 89 ff.
67 BGH NJW 1986, 2505; a.A. Plath-Plath, § 28 Rn. 36.
68 Wolff in Wolff/Brink, § 28 Rn. 45.
69 Z.B. an die SCHUFA; vgl. Hoeren in Roßnagel, S. 610; TEG, S. 558, Schaffland/Wiltfang, § 28 Rn. 21.
70 BMH, § 28 Rn. 111 weisen in diesem Zusammenhang zutreffend darauf hin, dass das Kopieren eines Personalausweises bei einer Kontoeröffnung wegen der hier vorhandenen Identitätsdaten in der Regel nicht erforderlich ist; vgl. auch Weichert, DANA 3/4–95, S. 11.
71 BMH, § 28 Rn. 48 ff.
72 BMH Rn. 102.
73 Ähnlich im Ergebnis BMH Rn. 105a.

§ 28   Datenerhebung und -speicherung für eigene Geschäftszwecke

sprechendes gilt für die durch § 10 Abs. KWG ausdrücklich zum Zwecke von Ratings zugelassene Erhebung und Verwendung von Kundendaten.

38 Aushöhlungen des Bankgeheimnisses gehen insbesondere mit gesetzlichen Regelungen einher, die mit dem Ziel der Terrorbekämpfung verkündet wurden. So sind Banken durch das Terrorismusbekämpfungsgesetz vom 9.1.2002 in bestimmten Fällen verpflichtet, Sicherheitsbehörden Auskünfte über Kundendaten zu erteilen.[74] Auch hier gilt eine enge Zweckbindung.

39 Steuerbehörden wurden in den letzten Jahren immer mehr Zugriffsrechte auf Kundendaten von Banken eingeräumt.[75] So muss beispielsweise nach § 24c KWG jedes Kreditinstitut bestimmte Kontodaten seiner Kunden speichern und die Daten bei Bedarf dem Bundesamt für Finanzdienstleitungen und dem Bundeszentralamt für Steuern zur Verfügung stellen, ohne dass hierbei zugleich Vorgaben zur Datenvermeidung oder Datenreduzierung festgeschrieben sind.

dd) Kaufverträge

40 Beim Abschluss von Kaufverträgen ist die Speicherung und Nutzung von Daten im Regelfall nur so lange erlaubt, wie es die Abwicklung des Vertrags aus objektiver Sicht erfordert. Beim Kauf von schnelllebigen Verbrauchsgütern (etwa Lebensmitteln) endet diese Frist in der Regel unmittelbar nach Bezahlung der Ware. Bei langlebigeren Gütern wird eine Speicherung und Nutzung allenfalls so lange zulässig sein, wie sich aus dem Vertrag spezifische Verpflichtungen oder Fristen ableiten (etwa im Rahmen der Gewährleistung). Bei Käufen im Versandhandel ist die Speicherung nur bis zum Abschluss der konkreten Vertragsbeziehungen zulässig. Gleiches gilt für Internetanbieter. Diese dürfen das Blätterverhalten von Kunden nicht erheben.[76] Die Daten müssen in allen diesen Fällen spätestens gelöscht werden, wenn die Waren vollständig bezahlt und bestehende Gewährleistungsfristen abgelaufen sind.[77] Soweit bestimmte Informationen aus anderen Gründen (etwa aufgrund steuerlicher Vorgaben in der AO) länger vorgehalten werden müssen, sind diese für anderweitige Nutzungen zu sperren.[78]

41 Die Nutzung der Vertragsdaten zu Werbezwecken oder für die Erstellung von Adresslisten steht ebenso wie die Verwendung für Zwecke der Markt- und Meinungsforschung (§ 30a) regelmäßig außerhalb des Vertragsverhältnisses und ist deshalb nach Abs. 1 Nr. 1 nicht zulässig. Die Zulässigkeit der Erhebung, Verarbeitung und Nutzung für diese Zwecke bestimmt sich vorrangig nach den Regeln in Abs. 3 oder nach § 30a.

42 Für die Zwecke von Kaufverträgen dürfen nur die personenbezogenen Daten erhoben und gespeichert werden, die aus objektiver Sicht erforderlich sind. Die Vorgabe des § 3a zur Datenvermeidung ist uneingeschränkt zu beachten. Im Regelfall ist damit nur die Erhebung und Speicherung von Name und Anschrift der Vertragspartner erforderlich. Das vollständige Geburtsdatum ist im Regelfall nicht erforderlich. Allenfalls das Ge-

---

74 Vgl. BMH Rn. 103a; zur mangelnden Kontrolle Huber, NJW 2007, 881.
75 Vl. ausführlich BMH Rn. 106ff.
76 Ebenso BMH Rn. 134.
77 BMH, § 28 Rn. 129.
78 Ebenso Wolff in Wolff/Brink, § 28 Rn. 44.

burtsjahr kann notwendig sein, wenn ein Mindestalter festgestellt werden muss.[79] Nicht notwendig ist, das Geburtsdatum standardmäßig als Identifikationsdatum für die Fälle von Namensgleichheit des Vor- und Nachnamens zu verwenden, da sich eine Unterscheidung in diesen Fällen auch über die Anschrift realisieren lässt.[80] Ist der Rückgriff auf das Geburtsdatum ausnahmsweise unumgänglich, weil es mehrere Personen mit gleichem Namen und gleicher Anschrift gibt (etwa zwei Anschriften »Manfred Meyer« unter einer Hochhausanschrift), reicht die Verwendung eines Teils (etwa Geburtsjahr und -monat) aus.

Werden Zahlungen zur Abwicklung eines Vertrags bargeldlos mit Scheck oder mit EC- bzw. Kreditkarte geleistet, ist die Verwendung von erhobenen Kontodaten nur bis zu dem Moment von der Zweckbestimmung des Abs. 1 Nr. 1 gedeckt, zu dem der Geldeingang bei der verantwortlichen Stelle erfolgt. Die hierbei anfallenden Daten dürfen nur zur unmittelbaren Abwicklung des Zahlungsverkehrs genutzt werden. Es ist ein strenger Maßstab anzulegen.[81] Nach Zahlung durch den Betroffenen und nach Ablauf evtl. bestehender Widerspruchsfristen sind die Daten zu löschen bzw. zu sperren (etwa beim Vorliegen gesetzlicher Dokumentationspflichten). Eine Auswertung der Daten zu anderen Zwecken (etwa im Rahmen von »Data Mining«) oder eine Weitergabe zu Werbe- oder Marketingzwecken steht außerhalb des Vertragszwecks und ist unzulässig (zum Aufbau von Zahlungsprofilen aus Sicherheitsgründen vgl. Rn. 55).[82] Entsprechendes gilt, wenn Anbieter Kundenkarten ausgeben. Eine weitergehende Nutzung der Daten ist in diesen Fällen nur auf der Grundlage einer Einwilligung zulässig, die den Vorgaben von § 4a und von Abs. 3a entspricht. Tritt ein vom Betroffenen zu vertretener Zahlungsverzug ein, darf für dessen Dauer die Aufnahme in eine sog. »Sperrdatei« erfolgen. Die dort gespeicherten Daten müssen gelöscht werden, wenn offene Forderungen beglichen sind.

ee) Reise- und Tourismusbereich

Im Reise- und Touristikbereich gilt für abgeschlossene Verträge das Gebot der Zweckbindung des Abs. 1 Nr. 1 ohne Einschränkung. Es sind nur solche Erhebungen, Verarbeitungen und Nutzungen zulässig, die zur Abwicklung der geschlossenen Verträge erforderlich sind (etwa Mitteilung der Namen der Reisenden an ein Hotel oder an eine Fluggesellschaft). Unzulässig ist hingegen die Erstellung von Urlauberprofilen, soweit dafür nicht eine ausdrückliche Einwilligung der Betroffenen gemäß § 4a vorliegt.[83]

---

79 Ähnlich Plath-Plath, § 28 Rn. 30; Kramer in Auernhammer, § 28 Rn. 44; weitergehend BMH, § 28 Rn. 129a.
80 Ähnlich kritisch Köhler JR 2009, 204; a.A. OLG München 28.9.2006, DuD 2006, 741, das die Notwendigkeit dieses Identifikationsmerkmals bejaht hat; OLG Köln v. 14.12.2007, RDV 2008, 124; ebenso BMH, § Rn. 129a.
81 Zutreffend BMH, § 28 Rn. 133.
82 Ähnlich Gola/Schomerus, Rn. 11; Plath-Plath, § 28 Rn. 32.
83 Ausführlich BMH, § 28 Rn. 157 ff.; allgemein Gola/Yvette, RDV 2008, 177.

ff) Versicherungen

45 Bei Abschluss und Durchführung von Versicherungsverträgen dürfen gemäß Abs. 1 Nr. 1 nur die konkret benötigten Informationen erhoben, verarbeitet und genutzt werden. Aufgrund der in § 3a enthaltenen allgemeinen gesetzlichen Vorgaben zur Datensparsamkeit muss eine verantwortliche Stelle schon bei der Erhebung darauf achten, dass nur die unbedingt notwendigen Daten erhoben und verarbeitet werden.

46 Unzulässig ist es beispielsweise, zu einer Kfz-Versicherung die Zahl der Kinder oder Informationen zum Lebenspartner der Versicherungsnehmerin zu erheben und zu speichern. Zulässig gespeicherte Daten (etwa begünstigte Kinder einer Lebensversicherung der Eltern) dürfen nicht zu anderen Zwecken (etwa Werbung für Versicherungsverträge nach Erreichen der Volljährigkeit) genutzt werden.[84] Gibt eine KFZ-Unfallversicherung Daten eines Geschädigten zur Prüfung an einen Dritten weiter, kann dem betroffenen Unfallgegner ein Unterlassungsanspruch zustehen, wenn die Versicherung mit dem Datenempfänger keine Regelung über die Auftragsdatenverarbeitung getroffen hat.[85]

gg) Mietverhältnisse

46a Im Zusammenhang mit dem Abschluss eines Mietvertrags dürfen Daten erhoben und verarbeitet werden, die der Identifikation des Mieters dienen. Hierzu können allgemeine Informationen über die Angehörigen kommen, die die Wohnung mit bewohnen sollen (Anzahl, Geschlecht, Alter). Weiterhin dürfen Daten zur Bonität erhoben werden.[86] Werden von Mietinteressenten sog. »Selbstauskünfte« verlangt, müssen diese auf die individuelle Situation der Betroffenen Rücksicht nehmen.[87] Zulässig ist die Einsichtnahme in Unterlagen zur Einkommenssituation potentieller Mieter (etwa in eine aktuelle Gehaltsabrechnung), nicht aber deren Kopie. Auch der Personalausweis darf nicht kopiert werden.[88] Zulässig ist aber die Notiz erforderlicher Daten durch den Vermieter.

46b Fragen des Vermieters nach Mietschulden müssen wahrheitsgemäß beantwortet werden.[89] Unzulässig sind Nachfragen bei vorherigen Vermietern.[90]

hh) Vereinsmitgliedschaft

46c Vereine dürfen Daten ihrer Mitglieder verarbeiten, soweit dies durch den Satzungs- oder durch den Vereinszweck gedeckt ist.[91] Hieraus folgt etwa die Berechtigung zur Erstellung von Mitgliederlisten. Darüber hinaus können im Einzelfall weitere Informa-

---

84 Ähnlich BMH, § 28 Rn. 175ff.; Plath-Plath, § 28 Rn. 38.
85 LG Oldenburg (Oldenburg) 3.4.2014, ZD 2014, 476.
86 Ähnlich Gola/Schomerus, Rn. 17; Plath-Plath, § 28 Rn. 40.
87 Simitis in Simitis, § 28 Rn. 48.
88 Gola/Schomerus, Rn. 17.
89 LG Itzehoe v. 28.3.2008 – 9 S 132/07, DuD 2008, 550; Gola/Schomerus, Rn. 17.
90 Gola/Schomerus, Rn. 17.
91 Gola/Schomerus, Rn. 22; Plath-Plath, § 28 Rn. 43.

Datenerhebung und -speicherung für eigene Geschäftszwecke § 28

tionen erhoben, verarbeitet und genutzt werden wie etwa die interne Veröffentlichung von Turnierergebnissen in einen Sportverein.[92] Nicht vom Vereinszweck gedeckt ist im Regelfall die Einstellung personenbezogener Informationen in das Internet. Die Zulässigkeit der Verwendung von Informationen für interne Zwecke reduziert sich, wenn es um besondere Arten personenbezogener Daten geht, wie etwa bei der Mitgliederliste eines Vereins, in dem sich von einer Krankheit betroffene Personen organisieren.

46 d

c) Wahrung berechtigter Interessen (Nr. 2)

Die Verarbeitung und Nutzung personenbezogener Daten ist nach Abs. 1 Satz Nr. 2 erlaubt, wenn sie zur Wahrung berechtigter Interessen der speichernden Stelle erforderlich ist und kein Grund zu der Annahme besteht, dass das schutzwürdige Interesse des Betroffenen an dem Ausschluss der Verarbeitung oder Nutzung überwiegt. Die Vorschrift kommt regelmäßig nur zur Anwendung, wenn kein rechtsgeschäftliches Schuldverhältnis oder kein rechtsgeschäftsähnliches Schuldverhältnis bestehen, das eine Erhebung, Verarbeitung und Nutzung gemäß Abs. 1 Nr. 1 zulässt. Der Tatbestand der Nr. 2 stellt eine Ausnahme zum Regelfall der Nr. 1 dar und ist deshalb stets eng auszulegen.[93] Eine solche Auslegung ist auch mit Blick auf Art. 7 EG-Richtlinie geboten, der die Zulässigkeit einer Verarbeitung an enge Voraussetzungen knüpft. Die Vorschrift ist kein Auffangtatbestand, auf den immer dann zurückgegriffen werden kann, wenn sich eine Erhebung, Verarbeitung und Nutzung nicht aus Abs. 1 Satz 1 Nr. 1 ableiten lässt. Sie berechtigt verantwortliche Stellen nicht zur Zweckentfremdung von Daten.[94]

47

Eine Voraussetzung der Verwendung zur Wahrung berechtigter Interessen ist, dass die Daten richtig und zulässig erhoben worden sind und dass sie regelmäßig aktualisiert werden.[95] Die Erhebung, Verarbeitung oder Nutzung muss zur Wahrung berechtigter Interessen der verantwortlichen Stelle erforderlich sein. Es muss sich zudem um ein eigenes Interesse handeln.[96] Nicht ausreichend ist es, wenn sie diesen nur dienlich wäre. Die Erforderlichkeit besteht nicht, wenn die Ziele auch ohne die personenbezogene Information erreicht werden können.[97] Der Begriff der »berechtigten Interessen« erfasst nicht nur rechtliche, sondern auch wirtschaftliche und ideelle Interessen.[98]. Ohne die Erhebung oder Verarbeitung muss die speichernde Stelle einen nicht zumutbaren Nachteil erleiden.[99] Erforderlich sind nur solche Verwendungen, zu denen es keine objektiv zumutbare Alternative gibt.[100] Die verantwortliche Stelle kann sich nicht auf

48

---

92 Plath-Plath, § 28 Rn. 43.
93 Simitis in Simitis, § 28 Rn. 133; Taeger/Gabel-Taeger, § 28 Rn. 54.
94 Simitis in Simitis, § 28 Rn. 134.
95 Hoeren in Roßnagel, S. 608.
96 Plath-Plath, § 28 Rn. 48.
97 Gola/Schomerus, § 28 Rn. 15, im Ergebnis wohl auch Kramer in Auernhammer, § 28 Rn. 69.
98 BGH NJW 1986, 1886; VGH Mannheim NJW 1984, 1911; vgl. auch Simitis in Simitis, § 28 Rn. 104.
99 Auernhammer, § 28 Rn. 18; zustimmend auch Plath-Plath, § 28 Rn. 47.
100 Enger Plath-Plath, § 28 Rn. 50 und 73 f.

§ 28 Datenerhebung und -speicherung für eigene Geschäftszwecke

ein »beliebiges« Interesse berufen.[101] Allerdings gehen die Anforderungen in Nr. 2 nicht so weit, dass eine absolut zwingende Notwendigkeit zur Verarbeitung bestehen muss, damit der Tatbestand erfüllt ist.[102]

49 Ein anerkanntes berechtigtes Interesse soll beispielsweise bei Autoherstellern bezüglich der Käuferdaten für die Fälle möglicher Rückrufaktionen oder bei Rückversicherern bezüglich der Daten mittelbarer Versicherungsnehmer bestehen.[103] Gegen diese Auffassung wird allerdings zutreffend angeführt, dass das Interesse in den Fällen nicht bestehen kann, in denen staatliche Stellen hierfür Daten zur Verfügung stellen können.[104] Das Vorliegen eines vorrangigen Interesses wird bezüglich der Übermittlung rechtskräftig titulierter Forderungen aus einem Kreditvertrag an eine Auskunftei wie die SCHUFA bejaht.[105] Nicht rechtskräftige Entscheidungen dürfen in Umkehrung des vorstehenden Arguments nicht an Auskunfteien übermittelt werden.[106] Kein vorrangiges Interesse besteht beim Verkauf einer Anwaltspraxis bezüglich der Übermittlung der Mandantendaten. Diese ist deshalb nur mit Einwilligung der einzelnen Mandanten zulässig.[107] Ein berechtigtes Interesse soll weiterhin bezüglich der Aufnahme von Personen in eine Liste vorliegen, die sich auf den Verdacht der betrügerischen Inanspruchnahme von Versicherungen bezieht.[108]

50 Die Erhebung und Verarbeitung von »Kundendaten auf Vorrat« ist nicht durch Abs. 1 Nr. 2 legitimiert, da diese Vorschrift die verantwortliche Stelle zwingt, sich auf einen bestimmten Verarbeitungszweck festzulegen. Deshalb lassen sich die Verarbeitung von Daten in »Data Warehouses« oder das »Data Mining« nicht mit dieser Norm legitimieren.[109] Gleiches gilt für konzerninterne Hinweisdateien im Bereich Geldwäsche oder Korruption.[110]

51 Entsprechendes gilt mit Blick auf die Erhebung und Verarbeitung von Daten zu Zwecken der Korruptionsbekämpfung oder für Compliance-Aktivitäten im Rahmen von Beschäftigungsverhältnissen. Deren Zulässigkeit bestimmt sich nunmehr ausschließlich nach § 32. Der Erlaubnistatbestand der Nr. 2 kann im Rahmen von Beschäftigungsverhältnissen deshalb nicht dafür herangezogen werden, über die in § 32 Abs. 1 Satz 1 festgelegte Erforderlichkeit hinaus Erhebungen, Verarbeitungen und Nutzungen zu rechtfertigen (etwa für sog. »präventive Screenings«; vgl. hierzu § 32

---

101 Zutreffend Simitis in Simitis, § 28 Rn. 108; zustimmend Taeger/Gabel-Taeger, § 28 Rn. 55, ähnlich Wolff in Wolff/Brink, § 28 Rn. 59.1.
102 Wolff in Wolff/Brink, § 28 Rn. 62.
103 Auernhammer, § 28 Rn. 18; BMH, § 28 Rn. 252.
104 Vgl. Simitis in Simitis, § 28 Rn. 122, der auf den für diese Fälle zugeschnittenen Übermittlungsanspruch in § 35 Abs. 2 Nr. 1 StVG hinweist; a. A. Plath-Plath, § 28 Rn. 60; wohl auch Gola/Schomerus, Rn. 23.
105 OLG Frankfurt 13.7.2010 – 19 W 33/10, MDR 2010, 1135.
106 AG Leipzig v. 31.1.2010 – 118 C 10105/09, MMR 2010, 723.
107 NJW 2001, 2462; KG Berlin NJW 1992, 2771; Simitis in Simitis, § 28 Rn. 134; ebenso Plath-Plath, § 28 Rn. 72.
108 LG Oldenburg (Oldenburg) 29.11.2013 – 13 O 1694/13.
109 Zutreffend Simitis in Simitis, § 28 Rn. 112 m. w. N.; Wolff in Wolff/Brink, § 28 Rn. 75; ähnlich Gola/Schomerus, Rn. 11; Taeger/Gabel-Taeger, § 28 Rn. 57; a. A. wohl Plath-Plath, § 28 Rn. 55 ff.
110 Weitergehend Plath-Plath, § 28 Rn. 58, der entsprechende Vorratsverarbeitungen unter den Tatbestand fassen will.

Datenerhebung und -speicherung für eigene Geschäftszwecke § 28

Rn. 8 und 130 ff.). Restriktiv zu bewerten ist auch die Zulässigkeit der Übermittlung von Beschäftigtendaten im Rahmen von sog. Due-Dilligence-Prüfungen, die im Zusammenhang mit einem geplanten Unternehmenserwerb erfolgen.[111] Sofern die Zulässigkeit einer solchen Übermittlung nicht unter den Zweck des Beschäftigungsverhältnisses zu subsumieren ist und damit ausschließlich nach § 32 bewertet werden muss, obliegt der verantwortlichen Stelle die Pflicht zu prüfen, ob das Informationsinteresse von potenziellen Erwerbern nicht schon mit Blick auf die Anforderungen des § 3a auch unter Verwendung pseudonymisierter oder anonymisierter Listen befriedigt werden kann. Die Übermittlung von Klardaten ist im Regelfall nicht vom berechtigten Interesse erfasst. Erfolgt ein Verkauf des Unternehmens, bestimmt sich die Zulässigkeit der Erhebung, Verarbeitung und Nutzung der vorhandenen Daten durch den Erwerber nach § 32.

Die Erhebung, Verarbeitung und Nutzung auf der Grundlage von Abs. 1 Nr. 2 steht immer unter dem Vorbehalt, dass kein Grund zu der Annahme besteht, dass schutzwürdige Interessen des Betroffenen überwiegen und damit der Verarbeitung entgegenstehen. Durch diese Einschränkung und die dadurch notwendig werdende Interessenabwägung soll insbesondere das informationelle Selbstbestimmungsrecht und damit das Persönlichkeitsrecht der Betroffenen gewahrt werden.[112] Es dürfen aus Sicht der verantwortlichen Stelle keine erheblichen, sofort ins Auge springenden Umstände ersichtlich sein, die eine Beeinträchtigung der schutzwürdigen Interessen nahe legen.[113] Diese Vorgabe steht der Erhebung, Verarbeitung und Nutzung sensitiver Daten (etwa solcher gemäß § 3 Abs. 9) entgegen.[114] Allerdings muss die verantwortliche Stelle in der Regel keine konkreten, einzelfallbezogenen Nachforschungen anstellen. Ausreichend ist vielmehr im Normalfall eine summarische Abwägung.[115] Soweit es sich um Daten aus einem Beschäftigungsverhältnis handelt, ist mit Blick auf die spezifischen Vorgaben in § 32 regelmäßig vom Vorliegen eines überwiegenden schutzwürdigen Interesses auszugehen. Dies leitet sich schon daraus ab, dass vermieden werden muss, dass Arbeitgeber durch den Rückgriff auf Nr. 2 den Schutzstandard des § 32 unterlaufen (vgl. hierzu ausführlich § 32 Rn. 8 ff.). Eine andere Bewertung ist nur möglich, wenn sich Gefährdungen für die Interessen der Beschäftigten aus objektiver Sicht ausschließen lassen (etwa durch eine umfassende Pseudonymisierung oder durch Vorkehrungen in kollektivrechtlichen Regelungen).

Liegt ein Widerspruch eines Betroffenen vor, muss immer eine umfassende einzelfallbezogene Prüfung erfolgen.[116] Eine Erhebung, Speicherung oder Übermittlung trotz des

52

53

---

111 Ebenso Braun/Wybitul, BB 2008, 782; weniger restriktiv Göpfert/Meyer, NZA 2011, 486; PPP, Rn. 66.
112 BMH, § 28 Rn. 236; Gola/Schomerus, § 28 Rn. 26; Plath-Plath, § 28 Rn. 51; Plath-Plath, § 28 Rn. 51.
113 Zustimmend Wolff in Wolff/Brink, § 28 Rn. 71.
114 So zutreffend Simitis in Simitis, § 28 Rn. 132; zu besonderen Anforderungen in diesem Bereich BMH, § 28 Rn. 247.
115 Gola/Schomerus, § 28 Rn. 28; Plath-Plath, § 28 Rn. 53; enger Taeger/Gabel-Taeger, § 28 Rn. 62.
116 Wolff in Wolff/Brink, § 28 Rn. 71.

§ 28 Datenerhebung und -speicherung für eigene Geschäftszwecke

Vorliegens eines Widerspruchs kann nur in besonders begründeten Einzelfällen erfolgen wie etwa bei der erforderlichen Überprüfung der Kreditwürdigkeit.[117]

54 Der Übermittlung von Negativdaten an Auskunfteien wie die SCHUFA muss immer eine einzelfallbezogene Interessenabwägung vorausgehen, wobei zwischen sog. »harten« und »weichen« Negativmerkmalen zu unterscheiden ist.[118] Zu den »weichen« Merkmalen gehören allgemeine Einschätzungen. »Harte« Merkmale sind Informationen über titulierte Forderungen oder über Insolvenzen.[119] Bezogen auf »weiche« Merkmale folgt aus den sich hiermit verbindenden Interpretationsmöglichkeiten die Notwendigkeit einer intensiveren Abwägung.[120] Im Einzelfall kann es notwendig sein, dem Betroffenen vor der Übermittlung »weicher« Merkmale die Gelegenheit zur Stellungnahme zu geben.[121] In jedem Fall unzulässig ist die Übermittlung von »weichen« unklaren Negativmerkmalen über Betroffene wie beispielsweise »Klage« oder »Mahnbescheid« durch eine Bank an Kreditauskunfteien oder von für einen AN abträglichen Daten durch den AG an eine Auskunftsstelle.[122] Ein entsprechend berechtigtes Interesse ist stets zu verneinen. Es besteht weiterhin nicht für einen Vertrag über den Verkauf einer Arztpraxis, durch den die Patienten- und Beratungskartei ohne Einwilligung der Betroffenen auf den Erwerber übergeht. Entsprechende Verträge sind wegen des Verstoßes gegen ein gesetzliches Verbot nichtig.[123]

55 Die Anfertigung umfassender Kundenprofile, wie sie von Reiseunternehmen oder Kreditkartenorganisationen erstellt werden,[124] ist mit Blick auf die Vorgaben des Volkszählungsurteils unzulässig, da die Betroffenen nicht mehr erkennen können, wer was über sie weiß. Erstellt eine Kreditkartenorganisation hingegen allein aus Sicherheitsgründen (etwa um Missbräuchen oder Diebstählen vorzubeugen) Zahlungsprofile, die bei auffälligen Veränderungen der Zahlungsgewohnheiten für eine automatische Sperrung der Karten sorgen, kann dies im Ergebnis einer Interessenabwägung ausnahmsweise datenschutzrechtlich zulässig sein, wenn eine anderweitige Verarbeitung oder Nutzung der Daten (insbesondere zu Marketing- und Werbezwecken) ausgeschlossen ist.[125] Soweit es sich bei den Profilen um Scoring-Maßnahmen handelt, ist § 28 a als Spezialnorm zu beachten. Die dort enthaltenen Regeln gehen denen in Nr. 2 vor.

d) Allgemein zugängliche Daten (Nr. 3)

56 Die Erhebung, Verarbeitung und Nutzung personenbezogener Daten ist nach Nr. 3 zulässig, wenn diese öffentlich zugänglich sind. Die Einführung des Begriff der »all-

---

117 Vgl. Auernhammer, § 28 Rn. 22.
118 OLG Koblenz v. 4.11.2009 – 2 U 423/09, DuD 201, 188; OLG Koblenz v. 23.9.2009 – 2 U 423/09, DuD 201, 188.
119 Zur Definition vgl. Plath-Plath, § 28 Rn. 61.
120 Plath-Plath, § 28 Rn. 61.
121 Gola/Schomerus, Rn. 29.
122 Auernhammer, § 28 Rn. 22.
123 BGH NJW 1992, 737; vgl. auch Plath-Plath, § 28 Rn. 71; Simitis in Simitis, § 28 Rn. 133.
124 Vgl. ausführlich BMH, § 28 Rn. 143 ff.
125 Ähnlich Wolff in Wolff/Brink, § 28 Rn. 46.

gemein zugänglichen Daten« (a. F.: »aus allgemein zugänglichen Quellen entnommen«) in die Regelung hatte ausschließlich redaktionelle Gründe. Der Regelungsgehalt der Norm ist damit gegenüber der des BDSG 90 unverändert geblieben. Die Vorschrift ist eine Konsequenz des Grundrechts auf Informationsfreiheit des Art. 5 Abs. 1 Satz 1 GG.[126] Sie gestattet die Erhebung, Verarbeitung und Nutzung öffentlich zugänglicher personenbezogener Daten und begrenzt diese nur dadurch, dass die schutzwürdigen Interessen eines Betroffenen am Ausschluss der Verwendung das berechtigte Interesse der verantwortlichen Stelle offensichtlich überwiegen müssen. Die Regelung der Nr. 3 beinhaltet zwei Alternativen.

Voraussetzung der Zulässigkeit von Erhebung, Verarbeitung und Nutzung nach der 1. Alt. ist, dass die Daten aus allgemein zugänglichen Quellen stammen. Dieser Begriff beinhaltet jede Informationsquelle, die technisch dazu geeignet oder bestimmt ist, der Allgemeinheit und nicht nur einem bestimmten oder bestimmbaren Personenkreis Informationen zu verschaffen.[127] Hierzu gehören beispielsweise Zeitungen, Zeitschriften, Informationsdienste, Rundfunk, Fernsehen, Telefonbücher, Bücher, öffentliche Mitteilungen im Internet sowie Informationen von Messen, Ausstellungen und Informationsständen.[128] Nicht zu den öffentlichen Quellen zählen beispielsweise Grundbücher, interne Rundschreiben, Werkszeitungen, die Informationen in geschlossenen Intranets, SCHUFA-Listen, Aktienbücher, Mitgliedslisten von Vereinen,[129] sowie Schuldnerverzeichnisse.[130] Allein die Tatsache, dass im Internet oder in Intranets Daten über Suchmaschinen zugänglich sind, macht diese nicht zu allgemein zugänglichen Daten im Sinn von Nr. 3.[131] Hinzukommen muss, dass Betroffene die Veröffentlichung explizit gewollt haben.[132] In der Praxis ist die Beurteilung schwierig, ob dies der Fall ist. Ein Anhaltspunkt für einen der Veröffentlichung entgegenstehenden Willen der Betroffenen ist gegeben, wenn die Veröffentlichung in einem geschützten Bereich stattfindet (etwa in einem nicht für die Öffentlichkeit freigegebenen Bereich eines sozialen Netzwerkes wie Facebook, Xing usw.). Hieraus leitet sich unmittelbar die Feststellung ab, dass es sich nicht um öffentliche Quellen handelt.[133] Entsprechendes gilt, wenn sich aus dem Kontext ergibt, dass eine Veröffentlichung nicht gewollt ist (etwa wenn eine private Webseite einen Hinweis enthält wie etwa »nicht zur Veröffentlichung bestimmt«). Ein offenkundiger oder konkludenter Wille der Betroffenen muss von der Stelle, die die Daten erheben, verarbeiten oder nutzen will, immer geprüft und berücksichtigt werden. Schließlich muss bei der Bewertung der »Öffentlichkeit« in Betracht

---

126 Gola/Schomerus, § 28 Rn. 32.
127 TEG, S. 563; Hoeren in Roßnagel, S. 609 mit einer Auflistung von möglichen Quellen.
128 Simitis in Simitis, § 28 Rn. 151; Kramer in Auernhammer, § 28 Rn. 16; Mester, S. 112.
129 Simitis in Simitis, § 28 Rn. 152; Wolff in Wolff/Brink, § 28 Rn. 81.1; weitere Beispiele bei Schaffland/Wiltfang, § 28 Rn. 134; BMH, § 28 Rn. 264 ff.
130 TEG, S. 565.
131 A. A. Kramer in Auernhammer, § 28 Rn. 20; Wolff in Wolff/Brink, § 28 Rn. 83.
132 A. A. wohl BMH, § 28 Rn. 262, die diese Daten für verwendbar halten.
133 Vgl. BGH v. 23.6.2009, DuD 2009, 565, der die Bewertung von Lehrern zwar für zulässig erklärt, zugleich aber darauf hinweist, dass Betroffene dadurch geschützt werden, dass der Zugriff die konkrete Kenntnis der Schule voraussetzt und damit ein gewisser Schutz vor der breiten Veröffentlichung besteht; ebenso Wolff in Wolff/Brink, § 28 Rn. 83; a. A. Plath-Plath, § 28 Rn. 76.

gezogen werden, in welcher Form Betreiber entsprechender Angebote die Möglichkeit der »Privatheit« suggerieren. Werden Nutzern entsprechende Einstellungsmöglichkeiten eingeräumt, ohne dass diese in der Praxis wirksam sind, weist dies auf eine nicht gewollte Veröffentlichung hin, die von verantwortlichen Stellen berücksichtig werden muss. Bestehen Zweifel am Veröffentlichungswillen der Betroffenen, muss eine Verwendung der Daten mit Blick auf das Recht auf informationelle Selbstbestimmung unterbleiben.

59 Die Daten müssen nicht unmittelbar aus den öffentlichen Quellen stammen. Es reicht aus, wenn sie aus diesen hätten gewonnen werden können. Dies gilt auch, wenn sie der verantwortlichen Stelle von anderen Stellen übermittelt worden sind.[134]

60 Voraussetzung der Zulässigkeit von Erhebung, Verarbeitung und Nutzung nach der 2. Alt. ist, dass die verantwortliche Stelle die Daten hätte veröffentlichen dürfen. Diese Zulässigkeitsvoraussetzung ist von begrenzter praktischer Relevanz. Geht es doch im Rahmen von § 28 grundsätzlich um die Erfüllung eigener Geschäftszwecke. Der praktische Anwendungsbereich der Vorschrift reduziert sich vor diesem Hintergrund beispielsweise auf die Fälle von Fachinformationsdiensten, die Autorenangaben speichern, um sie zu publizieren.[135]

61 Die Regelung der Nr. 3 steht insgesamt unter dem Vorbehalt, dass das schutzwürdige Interesse des Betroffenen an dem Ausschluss der Verarbeitung oder Nutzung das berechtigte Interesse der verantwortlichen Stelle nicht offensichtlich überwiegt. Offensichtlichkeit bedeutet in diesem Zusammenhang, dass die Verletzung der Interessen eines Betroffenen für einen unvoreingenommenen, verständigen Beobachter ohne weiteres zu erkennen ist.[136] Eine intensive Einzelprüfung soll hingegen nicht notwendig sein, es sei denn, dass ein schutzwürdiges Gegeninteresse als Möglichkeit klar auf der Hand liegt.[137] Dies wird beispielsweise der Fall sein, wenn der Betroffene der Erhebung, Verarbeitung oder Nutzung widersprochen hat.[138]

e) Zweckbestimmung bei der Datenerhebung (Abs. 1 Satz 2)

62 Die Regelung verpflichtet die verantwortliche Stelle, die Zwecke der Verarbeitung und Nutzung konkret festzulegen. Konsequenz dieser Vorgabe ist, dass Datenerhebungen »ins Blaue hinein« oder »auf Vorrat« nicht mehr zulässig sind.[139]

63 Die vorzunehmende Festlegung muss bereits bei der Erhebung, mithin also vor der ersten Speicherung erfolgen.[140] Sie muss konkret und bestimmt sein. Von der verantwortlichen Stelle müssen verbindliche Angaben dazu gemacht werden, welche Zwecke

---
134 Schaffland/Wiltfang, § 28 Rn. 136; Plath-Plath, § 28 Rn. 77.
135 Zur rechtlichen Zulässigkeit BMH, § 28 Rn. 273 ff.; Gola/Schomerus, § 28 Rn. 33, Plath-Plath, § 28 Rn. 91.
136 Zustimmend Wolff in Wolff/Brink, § 28 Rn. 89.
137 Gola/Schomerus, § 28 Rn. 31; Plath-Plath, § 28 Rn. 82.
138 Zustimmend Plath-Plath, § 28 Rn. 84; ähnlich Kramer in Auernhammer, § 28 Rn. 27.
139 Duhr/Naujok/Danker/Seiffert DuD 2003, 5; BMH, § 28 Rn. 282; Däubler, Gläserne Belegschaften?, Rn. 187.
140 BMH, § 28 Rn. 282; Plath-Plath, § 28 Rn. 88; Simitis in Simitis, § 28 Rn. 38; a.A. Wolff in Wolff/Brink, § 28 Rn. 15 »vor Abschluss der Erhebung«.

Datenerhebung und -speicherung für eigene Geschäftszwecke § 28

das berechtigte Interesse an einer Verarbeitung und Nutzung begründen.[141] Nicht ausreichend wäre eine allgemeine Form der Zweckbestimmung, die Zweckänderungen einfach möglich macht.[142] Die Regelung kommt auch auf Beschäftigungsverhältnisse weiter zur Anwendung, wenn auf der Grundlage von § 32 personenbezogene Daten erhoben werden (vgl. zur Begründung § 32 Rn. 9). In diesen Fällen müssen Beschäftigte über den konkreten Zweck abschließend und vollständig informiert werden. Die im Rahmen von Abs. 1 Satz 2 vorgenommene Festlegung des Zwecks der Verarbeitung und Nutzung bindet den gesamten folgenden Verarbeitungsprozess. Der Regelungsgehalt der Vorschrift wird allerdings dadurch erheblich entwertet, dass nach den Voraussetzungen in Abs. 2, 3 und 8 Übermittlungen und Nutzungen für andere Zwecke zulässig sind.[143]

Mit Blick auf die Anforderungen zur Sicherung des technisch-organisatorischen Datenschutzes, die sich aus § 9 ableiten, wird die Festlegung der Zweckbestimmung der Datenverarbeitung regelmäßig schriftlich erfolgen müssen, auch wenn dies vom Gesetz nicht ausdrücklich vorgeschrieben wird.[144]   64

3. Übermittlung und Nutzung für andere Zwecke (Abs. 2)

In dieser Regelung wurden im Rahmen der Novelle des BDSG im Jahre 2009 die vorher im BDSG 2001 in den Abs. 2 und 3 enthaltenen Tatbestände ohne inhaltliche Änderung zusammengeführt. Im neu gefassten Abs. 2 findet sich der (unübersichtliche) Verweis auf die Erlaubnistatbestände in Abs. 1 Satz 1 Nr. 2 und 3 nunmehr in der Nr. 1 wieder. Die Erlaubnistatbestände aus Abs. 3 Satz 1 Nr. 1 und 2 BDSG 2001 sind sprachlich zusammengefasst worden und nunmehr in Nr. 2 als Buchstaben a und b zu finden. Der bisherige Abs. 3 Satz 1 Nr. 4 BDSG 2001 ist ohne inhaltliche Änderung als Abs. 2 Satz 1 Nr. 3 enthalten.   65

Im Rahmen der Novelle 2009 ausgegliedert wurde das sog. »Listenprivileg« des bisherigen Abs. 3 Satz 1 Nr. 3 sowie Abs. 3 Satz 2. Entsprechende Regelungen für die Verwendung personenbezogener Daten im Bereich der Werbung sowie des Adresshandels finden sich im neuen Abs. 3. Hieran schließen sich in den Abs. 3a und 3b Regelungen zur Einwilligung an. Vorgaben zur Verarbeitung und Nutzung im Bereich der Markt- und Meinungsforschung enthält nunmehr § 30a.   66

Nach der Übergangsvorschrift in § 47 galten für die Verarbeitung und Nutzung von vor dem 1. September 2009 erhobenen und gespeicherten Daten die Regelungen des § 28 in der Fassung des BDSG 2001 für Zwecke der Markt- und Meinungsforschung bis zum 31. August 2010 und für Zwecke der Werbung bis zum 31. August 2012.[145]   67

In Abs. 2 Satz 1 werden drei Voraussetzungen genannt, unter denen die Übermittlung oder Nutzung für einen anderen Zweck zulässig ist: 68
- Nr. 1 verweist auf die Tatbestände in Abs. 1 Satz 1 Nr. 1 und 2.

---

141 BMH, § 28 Rn. 282.
142 So aber der Vorschlag einer »möglichst weitläufigen« Fassung von Plath-Plath, § 28 Rn. 98.
143 Zur Zulässigkeit von Zweckänderung gemäß Abs. 2 vgl. LAG Hamm RDV 2005, 170.
144 Gola/Schomerus, § 28 Rn. 35; Plath-Plath, § 28 Rn. 90; Simitis in Simitis, § 28 Rn. 43; Wolff in Wolff/Brink, § 28 Rn. 16.
145 Zu Einzelheiten vgl. die Rn. 195 ff. in der 3. Auflage.

- Nr. 2 ermöglicht die Übermittlung und Nutzung zur Wahrung berechtigter Interessen (Buchstabe a) oder zur Abwehr von Gefahren für die staatliche oder öffentliche Sicherheit oder zur Verfolgung von Straftaten (Buchstabe b).
- Nr. 3 beschreibt die Voraussetzungen für die Übermittlung und Nutzung zu Forschungszwecken.

69 Abs. 2 enthält damit insgesamt fünf Tatbestände, bei deren Vorliegen eine Übermittlung und Nutzung von Daten für andere Zwecke als die zulässig ist, die gemäß Abs. 1 Satz 2 bei der Erhebung genannt bzw. festgelegt wurden. Die Aufzählung ist abschließend. Geregelt wird nichts anderes als eine Durchbrechung des Zweckbindungsgrundsatzes.[146] Abs. 2 darf indes nicht als Auffangtatbestand verstanden werden, der es erlaubt, die durch Abs. 1 Satz 2 vorgegebenen engen Grenzen der Zulässigkeit der Verwendung von Daten zu überwinden. Mit Blick auf die verfassungsrechtlichen Vorgaben, die sich aus dem Recht auf informationelle Selbstbestimmung ableiten, muss sich die Bewertung zulässiger Ausnahmen vielmehr immer an einem restriktiven Maßstab orientieren.[147] Die in Abs. 2 Nn. 1 bis 3 enthaltene Aufzählung ist abschließend.[148] Hierauf weist im Übrigen die Tatsache hin, dass das in Abs. 3 Satz 1 BDSG 2001 enthaltene Wort »auch« im Rahmen der Novelle des Jahres 2009 ersatzlos gestrichen wurde.[149]

70 Aus Abs. 3 leitet sich nur eine Berechtigung zur Übermittlung und Nutzung für andere Zwecke ab, nicht aber auch zugleich eine gesetzliche Legitimation für anderweitige Speicherungen oder Übermittlungen.[150] Sollen diese im Anschluss an die Zweckänderung vorgenommen werden, ist dies mit Blick auf § 4 Abs. 1 nur zulässig, wenn entsprechende gesetzliche Erlaubnisnormen existieren oder wenn eine wirksame Einwilligung der Betroffenen gemäß § 4a vorliegt.

a) Verweis auf die Tatbestände in Abs. 1 Satz 1 Nr. 2 und 3 (Nr. 1)

71 Die Regelung Nr. 1 lässt in Abweichung von der durch Abs. 1 Satz 2 begründeten Zweckbindung für bestimmte Fälle eine Übermittlung und Nutzung für andere Zwecke zu. Bedingung ist allerdings, dass die Voraussetzungen des Absatzes 1 Satz 1 Nr. 2 und 3 erfüllt sind. Die Abweichung von der Zweckbindung ist an zwei Voraussetzungen geknüpft, die kumulativ vorliegen müssen.

72 Die Zweckänderung ist nur zulässig, wenn einer der in Abs. 1 Nr. 2 und 3 aufgezählten Tatbestände vorliegt. Aufgrund des Gesetzeswortlautes ist der Ausnahmetatbestand abschließend definiert. Gibt es kein berechtigtes Interesse der verantwortlichen Stelle an der Zweckänderung im Sinne der Nr. 2 oder sind die Daten, die einer Zweckänderung unterworfen werden sollen, nicht gemäß Nr. 3 allgemein zugänglich, steht dies einer Übermittlung und Nutzung auf der Grundlage von Abs. 2 grundsätzlich entgegen.

---

146 Zustimmend Plath-Plath, § 28 Rn. 91.
147 Ebenso BMH, § 28 Rn. 284; Simitis in Simitis, § 28 Rn. 169; Mester, S. 134.
148 Ähnlich Plath-Plath, § 28 Rn. 91; Taeger/Gabel-Taeger, § 28 Rn. 117.
149 Vgl. BT-Drs. 16/12011, S. 26.
150 Ähnlich Auernhammer, § 28 Rn. 35.

Datenerhebung und -speicherung für eigene Geschäftszwecke § 28

Weitere Voraussetzung für die Zulässigkeit einer Zweckänderung ist, dass diese nach dem Gesetzeswortlaut nur zur Übermittlung und Nutzung der Daten erfolgen darf. Die Stelle, die Daten erhält, darf diese damit also lediglich nutzen, nicht aber verarbeiten (vgl. hierzu die Legaldefinition in § 3). Eine eigenständige Weiterverwendung ist nur unter den Voraussetzungen des Abs. 5 zulässig. Die aus Abs. 2 resultierenden Möglichkeiten sind für die Praxis eng begrenzt. 73

b) Wahrung berechtigter Interessen Dritter (Nr. 2a)

Nach der Vorgabe in Abs. 2 Nr. 2a ist die Übermittlung und Nutzung für andere Zwecke zur Wahrung berechtigter Interessen eines Dritten zulässig (vgl. zum Begriff des »berechtigten Interesses« Rn. 47). Ein berechtigtes Interesse kann beispielsweise gegeben sein, wenn beim Verkauf eines Handwerksbetriebs die Kunden- und Lieferantenkartei an den Käufer übergeben wird oder wenn Mieter vom Vermieter zur Überprüfung der Richtigkeit der Nebenkostenabrechnung, Daten anderer Mieter im selben Haus erhalten.[151] Nicht als berechtigtes Interesse wären hingegen über die Durchführung der reinen Abrechnungsvorgänge hinausgehende Auswertungen von individuellen Zahlungsdaten der Kreditkartenkunden durch Kreditkartenunternehmen zu qualifizieren wie etwa Informationen zu Art und Preis der erworbenen Waren.[152] Kein berechtigtes Interesse liegt vor, wenn ein ehemaliger Energieversorger Daten zu neuen Stromlieferanten, die er nach der Kündigung zur Lieferumstellung erhalten hat, dafür nutzt, den ehemaligen Kunden neue Angebote zu machen.[153] 74

Mit Blick auf das schutzwürdige Interesse der Betroffenen muss der zweckändernden Übermittlung oder Nutzung zur Wahrung berechtigter Dritter immer eine Interessenabwägung vorausgehen (vgl. Rn. 80 ff. sowie 52). Hierbei spielen die Art der Daten und deren Verwendungszusammenhang eine wichtige Rolle.[154] Bei der Abwägung ist zu berücksichtigen, dass die Empfänger der Daten diese nur für den Zweck verarbeiten dürfen, zu dem sie sie erhalten haben.[155] Handelt es sich um personenbezogene Daten, die besonderen Berufs- oder Amtsgeheimnissen unterliegen (etwa bei Ärzten[156], Psychologen, Rechtsanwälten, Steuerberatern) oder um besondere Arten von personenbezogenen Daten im Sinne von § 3 Abs. 9, ist das schutzwürdige Interesse der Betroffenen am Ausschluss der Übermittlung regelmäßig höher zu bewerten als das der verantwortlichen Stelle an einer Übermittlung.[157] Das berechtigte Interesse eines Dritten rechtfertigt in diesen Fällen die Übermittlung und Nutzung der besonders geschützten Daten 75

---

151 BMH, § 28 Rn. 287; Simitis in Simitis, § 28 Rn. 176.
152 Vgl. BMH, § 28 Rn. 291.
153 Vgl. OLG Karlsruhe 9.5.2012 – 6 U 38/11, NJW 2012, 3312; OLG Köln 19.11.2010 – I-6 U 73/10, CR 2011, 680; a. A. für ein ähnliches Vorgehen eines Gasversorgungsunternehmens OLG München 12.1.2012 – 29 U 3926/11, DuD 2012, 609.
154 Wolff in Wolff/Brink, § 28 Rn. 100.
155 Vgl. OLG Frankfurt 8.5.2009 – 2-21 O 78/08.
156 Vgl. hierzu auch die Strafvorschrift des § 203 Abs. 1 Nr. 1 StGB.
157 Zu den Anforderungen an die Weitergabe im Arzt- und Rechtsanwaltsbereich vgl. BGH NJW 1996, 773; BGH NJW 2001, 2462; KG Berlin NJW 1992, 2771; BMH, § 28 Rn. 265; Gola/Schomerus, § 28 Rn. 37; Simitis in Simitis, § 28 Rn. 186; Huffer NJW 2002, 1382.

ebenso wenig wie das berechtigte Interesse der verantwortlichen Stelle. Eine Übermittlung und Nutzung setzt hier immer eine wirksame Einwilligung nach § 4a voraus.

76 Datenübermittlungen an Dritte durch einen BR oder PR (etwa Arbeitszeiten der AN an die für Arbeitsschutz zuständige staatliche Stelle) sollen auf der Grundlage der Vorschrift nicht zulässig sein.[158] Eine entsprechende Befugnis kann sich allerdings aus vorrangigen Normen des BetrVG ableiten (etwa aus der allgemeinen Überwachungsbefugnis gemäß § 80 Abs. 1 Nr. 1)[159].

c) Abwehr von Gefahren/Verfolgung von Straftaten (Nr. 2b)

77 Nach Nr. 2b ist die Übermittlung und Nutzung zulässig, wenn dies zur Abwehr von Gefahren für die staatliche und öffentliche Sicherheit und zur Verfolgung von Straftaten erforderlich ist und wenn keine schutzwürdigen Interessen des Betroffenen entgegenstehen (hierzu Rn. 80ff.). Die Regelung zielt in Ausfüllung von Art. 13 Abs. 1 EG-Richtlinie auf eine restriktive Auslegung der Zulässigkeit entsprechender Verwendungen.[160] Der Rückgriff auf diese Vorschrift unter Hinweis auf die Abwehr von Gefahren für die staatliche oder öffentliche Sicherheit ist allerdings nur zulässig, wenn es keine anderen, spezialgesetzlichen Regelungen gibt. Insoweit leiten sich beispielsweise die Ermittlungsbefugnisse von Polizei und Staatsanwaltschaft aus den einschlägigen Vorschriften der StPO (vgl. dort etwa § 98a) oder denen der Finanzbehörden aus der AO ab.

78 Unter Verweis auf die Abwehr von Gefahren für die staatliche oder öffentliche Sicherheit wurde in der Vergangenheit beispielsweise das Bestehen einer Verpflichtung von Energieversorgern zur Mitteilung von Bankkonten an die Finanzbehörden[161] oder zur Mitteilung der Inhaber von Verbrauchsstellen an Sozialämter bejaht.[162] Aus der Vorschrift leitet sich keine Befugnis der Staatsanwaltschaft oder von Polizeibehörden ab, von verantwortlichen Stellen die Überlassung von Daten zu Zwecken der Rasterfahndung zu verlangen.[163] Das FG Düsseldorf hält den internen Abgleich von Beschäftigten, die in sicherheitsrelevanten Bereichen tätig sind, mit sog. »Antiterrorlisten« für zulässig.[164]

79 Grundsätzlich zulässig sind die Übermittlung und Nutzung zu anderen Zwecken beim Vorliegen von Straftaten.[165] Keine entsprechende Befugnis besteht, wenn es um die Verfolgung von Ordnungswidrigkeiten geht.[166]

---

158 BAG DB 2003, 2496; BMH, § 28 Rn. 294.
159 Vgl. ausführlich DKKW-Buschmann, § 80 Rn. 7ff.
160 Simitis in Simitis, § 28 Rn. 190.
161 BVerfGE 103, 44; BFH NJW 2001, 245.
162 Peus, DuD 1994, 703.
163 Simitis in Simitis, § 28 Rn. 193; LG Berlin DuD 2002, 175; a.A. Auernhammer, § 28 Rn. 21; vgl. auch BVerfG, NJW 2006, 1939 zur Rasterfahndung.
164 FG Düsseldorf 1.6.2011 – 4 K 3063/10 Z, DuD 2011, 735; zustimmend Strauf, ZD 2012, 299.
165 Simitis in Simitis, § 28 Rn. 190.
166 BMH, § 28 Rn. 296.

d) Schutzwürdige Interessen der Betroffenen in den Fällen der Nr. 1 bis 2 b

Die Zulässigkeit der Übermittlung oder Nutzung von personenbezogenen Daten für andere Zwecke nach Abs. 2 Nr. 1 bis 2 b steht unter dem generellen Vorbehalt, dass diese unterbleiben müssen, wenn der Betroffene ein schutzwürdiges Interesse am Ausschluss entsprechender Verwendungen der Daten hat. Bei der Bewertung des Vorliegens des schutzwürdigen Interesses müssen die spezifischen Voraussetzungen beachtet werden, die für Abs. 1 Satz 1 Nr. 2 und 3 zur Anwendung kommen (vgl. Rn. 52 und 61).   80

Bei der Übermittlung personenbezogener Daten an Dritte (Abs. 2 Satz 1 Nr. 2 a) muss in diesem Zusammenhang insbesondere geprüft werden, ob besondere Sachverhalte dagegen sprechen. Diese können sich insbesondere aus der Art der Daten ergeben.[167] Zu beachten ist auch der jeweilige Verwendungszusammenhang. Erschwert wird die vorzunehmende Interessenabwägung allerdings für die Praxis dadurch, dass der konkrete Verwendungszusammenhang beachtet werden muss, durch den sich die zu berücksichtigende Sensibilität der Daten verändern kann.[168] Von der Übermittlung und Nutzung von Daten muss bereits dann abgesehen werden, wenn die verantwortliche Stelle Zweifel daran hat, ob schutzwürdige Interessen der Betroffenen nicht doch überwiegen.[169]   81

Schutzwürdige Interessen der Betroffenen werden beispielsweise verletzt, wenn eine Wohnungseigentümergemeinschaft die Videoüberwachung der Tiefgarage einer Wohnanlage beschließt.[170]   81 a

Unter Berücksichtigung der schutzwürdigen Interessen der Betroffenen ist an die zulässige Übermittlung und Nutzung von Daten zur Gefahrenabwehr und Strafverfolgung (Abs. 2 Satz 1 Nr. 2 b) ein enger Maßstab anzulegen. Sie wird überhaupt nur dann erfolgen können, wenn konkrete Anhaltspunkte für eine Gefährdung vorliegen. Nicht ausreichend sind allgemeine Möglichkeiten oder Wahrscheinlichkeiten.[171] Ist vor diesem Hintergrund anzunehmen, dass eine Übermittlung oder Nutzung zu einer Kollision mit schutzwürdigen Interessen der Betroffenen führt, muss die Verwendung der Daten unterbleiben.[172] Mit Blick auf die besonderen Erlaubnistatbestände in den Abs. 6 bis 9 ist, bezüglich besonderer Arten personenbezogener Daten, grundsätzlich vom Vorliegen eines schutzwürdigen Interesses der Betroffenen auszugehen.[173] Eine Übermittlung dieser Daten in Listenform ist nur bei Vorliegen einer Einwilligung durch alle Betroffenen zulässig, deren Wirksamkeit an den Maßstäben des § 4 a Abs. 3 zu messen ist (vgl. dort Rn. 20 ff.).   82

---

167 Simitis in Simitis, § 28 Rn. 183.
168 Ähnlich BMH, § 28 Rn. 288.
169 Simitis in Simitis, § 28 Rn. 182.
170 LG Münche 11.11.2011 – 1 S 12752/11 WEG, ZD 2012, 528.
171 Vgl. BMH, § 28 Rn. 298; BVerfG 23.5.2006, NJW 2006, 1939 zur Rasterfahndung.
172 Simitis in Simitis, § 28 Rn. 195.
173 Vgl. hierzu Rn. 141.

§ 28 Datenerhebung und -speicherung für eigene Geschäftszwecke

e) Übermittlung und Nutzung im Forschungsinteresse (Abs. 2 Nr. 3)

83 Durch die Regelung in Abs. 2 Satz 1 Nr. 3 erfolgt eine Privilegierung der Übermittlung und Nutzung von Daten für andere Zwecke, wenn diese im Interesse einer Forschungseinrichtung zur Durchführung wissenschaftlicher Forschung erforderlich ist (zum Begriff der Forschungseinrichtung vgl. § 40 Rn. 3 ff.). Die Vorschrift beinhaltet drei Voraussetzungen, die kumulativ erfüllt sein müssen.[174] Sie bezieht sich nicht auf besondere Arten von Daten, da hierfür eine Sonderregelung in Abs. 6 Nr. 4 enthalten ist (vgl. Rn. 163).

84 Die Zweckänderung muss erstens zur Durchführung der wissenschaftlichen Forschung erforderlich sein. Forschung ist als ernsthafter Versuch zur Ermittlung der Wahrheit zu verstehen.[175] Voraussetzung ist weiterhin, dass es sich um eine Form der wissenschaftlichen Forschung handelt, die vom Schutzbereich der Forschungsfreiheit nach Art. 5 GG erfasst ist. Hierzu gehört alles, was nach Form und Inhalt als ernsthafter Versuch zur Ermittlung der Wahrheit anzusehen ist.[176] Bei der vorzunehmenden Prüfung ist mit Blick auf § 3 a darauf abzustellen, ob die Forschungsziele nicht auf Basis von pseudonymisierten oder anonymisierten Daten erreicht werden können.

85 Das wissenschaftliche Interesse muss zweitens das Interesse der Betroffenen am Ausschluss der Zweckänderung erheblich überwiegen. Insoweit muss eine Interessenabwägung vorgenommen werden. Nur wenn diese im Ergebnis zu der Feststellung führt, dass die Forschungszwecke von überragender Bedeutung sind, darf die Zweckänderung erfolgen. Ansonsten muss sie mit Blick auf die Schutzrechte der Betroffenen unterbleiben.

86 Drittens muss es nicht oder nur mit einem unverhältnismäßigem Aufwand möglich sein, den Forschungszweck auf eine andere Weise zu erreichen. Es ist auch zu prüfen, ob eine Einwilligung der Betroffenen nach § 4 a eingeholt werden kann. Ist dies möglich, scheidet eine Datenerhebung auf der Grundlage von Abs. 3 Nr. 4 aus.

4. Werbung und Adressenhandel (Abs. 3)

87 Die Regelung in Abs. 3 wurde im Rahmen der Novelle des BDSG im Jahre 2009 eingefügt. Begründet wird die Einfügung damit, dass das sog. »Listenprivileg« des bisherigen Abs. 3 Satz 1 Nr. 3 gestrichen wurde.[177] Diese Aussage entspricht nicht der gesetzlichen Wirklichkeit. Tatsächlich wurde das »Listenprivileg« nicht gestrichen, sondern in Abs. 3 Satz 2 erneut verankert und beispielsweise durch die Möglichkeit der Zuspeicherung in Satz 3 sogar noch ausgeweitet.[178] Gegenüber der gesetzlichen Regelung des BDSG 2001 ausgebaut wurden auch die nunmehr in § 30 a zu findenden Möglichkeiten der Markt- und Meinungsforschung. Diese Ausweitungen der Handlungsmöglichkeiten verantwortlicher Stellen werden durch das neu eingefügte »Opt-in-

---

174 BMH, § 28 Rn. 302.
175 Hoeren in Roßnagel, S. 612.
176 BMH, § 28 Rn. 302; Kramer in Auernhammer, § 28 Rn. 87.
177 Vgl. BT-Drs. 16/12011, S. 26.
178 Ebenso Wolff in Wolff/Brink, § 28 Rn. 113.

Datenerhebung und -speicherung für eigene Geschäftszwecke § 28

Modell« mit einer Verankerung einer Einwilligung in Abs. 3 Satz 1 nur begrenzt komprimiert, da diese (ebenso wie die Kennzeichnung der Datenquelle) schon in den Fällen des Satzes 2 entbehrlich wird (vgl. Rn. 94). Mit Blick auf den erklärten Willen des Gesetzgebers, den Schutz der Betroffenen bezüglich der Verwendung ihrer Daten zu Werbezwecken, zum Adresshandel oder zur Markt- und Meinungsforschung zu verbessern, müssen die Erlaubnistatbestände in Abs. 3 insgesamt restriktiv interpretiert werden.

In Abs. 3 finden sich unterschiedliche Sachverhalte. Satz 1 beinhaltet den Grundsatz, dass die Verwendung von personenbezogenen Daten für Zwecke des Adressenhandels und der Werbung zulässig ist, wenn Betroffene eingewilligt haben. Satz 2 enthält unabhängig von der Einwilligung normative Vorgaben für den Umgang mit Listen bestimmter personenbezogener Daten. In Satz 3 wird für Zwecke der Werbung für eigene Angebote gemäß Satz 2 Nr. 1 die Möglichkeit einer »Hinzuspeicherung« festgeschrieben. Nach Satz 4 ist die Nutzung personenbezogener Daten für Zwecke der Fremdwerbung zugelassen. Durch Satz 5 wird die Werbung für fremde Angebote unter der Voraussetzung ermöglicht, dass für Betroffene bei der Ansprache die verantwortliche Stelle eindeutig erkennbar ist. Durch Satz 6 wird festgelegt, dass die Verarbeitung nach den Sätzen 2 bis 4 im Vorbehalt steht, dass schutzwürdige Interessen des Betroffenen nicht entgegenstehen. Satz 7 enthält eine Zweckbindung für Verarbeitungen nach den Sätzen 1, 2 und 4.   88

Die Begriffe »Werbung« und »Adressenhandel« werden gesetzlich nicht definiert. Adresshandel steht allgemein für alle Formen der Vermarktung von Dateien, die neben Namen und Vornamen auch die Anschriften von Personen enthält.[179] Zuweilen werden diese Informationen durch weitere Hinweise ergänzt. Werbung steht für alle Formen der Ansprache potenzieller oder tatsächlicher Kunden. Werbung beinhaltet im kommerziellen Bereich im Regelfall das Anpreisen von Waren, Dienstleistung usw.[180] Darüber hinaus erfasst der Begriff der Werbung beispielsweise auch die Darstellung eigener ideeller oder politischer Ziele oder Aufrufe zur Unterstützung.[181] Zu den Zwecken der Werbung gehören sowohl unmittelbare wie auch mittelbare absatzfördernde Maßnahmen.[182]   89

a) Werbung und Adressenhandel mit Einwilligung (Abs. 3 Satz 1)

Durch den in Rahmen der Novelle 2009 neu in das Gesetz eingeführten Satz 1 wird in Abs. 3 der Grundsatz verankert, dass die Verarbeitung oder Nutzung personenbezogener Daten für Zwecke der Werbung oder des Adressenhandels nur zulässig ist, wenn eine Einwilligung des Betroffenen vorliegt. Die Vorschrift zielt nunmehr nur auf Werbung und Adressenhandel. Die geschäftsmäßige Erhebung, Verarbeitung und Nutzung für Zwecke der Markt- und Meinungsforschung ist hingegen in § 30a geregelt. Die Notwendigkeit der Einwilligung bezieht sich nicht unmittelbar auf Listen gemäß   90

---

179 Wolff in Wolff/Brink, § 28 Rn. 117.
180 Ähnlich BMH, § 28 Rn. 322; Plath-Plath, § 28 Rn. 103; Wolff in Wolff/Brink, § 28 Rn. 116.
181 VG Hannover ZUM 1996, 997.
182 OVG Berlin-Brandenburg v. 31.7.2015 – OVG 12 N 71.14.

§ 28 Datenerhebung und -speicherung für eigene Geschäftszwecke

Abs. 3 Satz 2. Es ist allerdings zu beachten, dass die hier enthaltenen Daten aus einer legalen Erhebung stammen müssen, mithin also im Regelfall auf der Grundlage einer Einwilligung ermittelt wurden.

91 Grundsätzlich ist es nicht ausgeschlossen, dass verantwortliche Stellen die Erteilung einer Einwilligung honorieren (etwa im Rahmen von Bonus- oder Kundenbindungsprogrammen). Im Zweifelsfall wird die verantwortliche Stelle nachweisen müssen, dass durch gewährte Vorteile die freie Entscheidung der Betroffenen nicht negativ beeinflusst wurde.

92 Die Verarbeitung und Nutzung von Daten auf der Grundlage von Satz 1 hat zur Voraussetzung, dass eine Einwilligung der Betroffenen vorliegt. Erforderlich ist eine schriftliche Einwilligung, die den Voraussetzungen von § 4a Abs. Satz 3 entspricht. Ist diese Voraussetzung nicht erfüllt, weil beispielsweise eine Erklärung nur mündlich oder elektronisch abgegeben wurde, ist dennoch eine wirksame Einwilligung gegeben, wenn die Voraussetzungen des neu in das Gesetz eingefügten Abs. 3a erfüllt sind. Liegt weder eine wirksame Einwilligung nach § 4a noch nach § 28 Abs. 3 vor, ist eine Verarbeitung auf der Grundlage von Satz 1 unzulässig und rechtswidrig. Die Einwilligung ist somit immer Wirksamkeitsvoraussetzung. Deshalb ist beispielsweise eine »Einladungs-E-Mail«, die von anderen Nutzern eines »Sozialen Netzwerks« zu werblichen Zwecken über die sog. »Freunde-Finder«-Funktion verschickt werde, mangels Einwilligung der Betroffenen unzulässig. Es ist ohne Bedeutung, dass der Versand von E-Mails aufgrund der Eingabe von Anschriften durch Dritte zurückgeht.[183]

93 Die verantwortlichen Stellen müssen die erteilten Einwilligungen in geeigneter Form dokumentieren. Kommt es zu Streitigkeiten darüber, ob sie vorliegt und ob die Erhebung, Verarbeitung und Nutzung damit datenschutzkonform ist, obliegt der verantwortlichen Stelle eine Nachweispflicht gegenüber den Betroffenen, ihren weiteren Vertragspartnern sowie der staatlichen Aufsichtsbehörden.[184] Eine gesetzliche Kennzeichnungspflicht der auf der Grundlage einer Einwilligung erhobenen Daten, anhand derer die Herkunft nachgewiesen werden könnte, hält der Gesetzgeber nicht für erforderlich.[185]

b) Erweitertes Listenprivileg (Abs. 3 Satz 2)

94 In Abs. 3 Satz 2 findet sich das ehemals in § 28 Abs. 3 Nr. 3 BDSG 2001 beheimatete Listenprivileg in erweiterter Form wieder. Die den Satz einleitende Formulierung »Darüber hinaus ...« verdeutlicht, dass die Regelung die Verarbeitungs- und Nutzungsmöglichkeiten ausweitet,[186] ohne dass es diesbezüglich auf eine explizite Einwilligung noch ankommt.[187] Damit wurde das anlässlich der Novelle 2009 propagierte Ziel der Veränderung des § 28, nämlich eine Stärkung der Rechte der Verbraucher, grundlegend verfehlt. Das neue Recht bietet verantwortlichen Stellen im Bereich der Nutzung von

---

183 KG Berlin 24.1.2014, DuD 2014, 417.
184 Vgl. BT-Drs. 16/12011, S. 26.
185 Vgl. amtliche Begründung, a. a. O.; ebenso Plath-Plath, § 28 Rn. 112.
186 Vgl. hierzu auch BT-Drs. 16/12011, S. 27.
187 So auch Plath-Plath, § 28 Rn. 113.

Datenerhebung und -speicherung für eigene Geschäftszwecke § 28

Listen nach Abs. 3 Satz 2 mehr Möglichkeiten als das BDSG 2001. Diese Konsequenz steht zur Aussage des Gesetzgebers im Widerspruch. Nimmt man dessen Willen ernst, muss dies zu einer restriktiven Auslegung der Erlaubnistatbestände in Abs. 3 führen. Bedenklich ist insbesondere, dass es verantwortlichen Stellen im Bereich der Werbung und des Adresshandels aufgrund der Regelung in § 28 Abs. 1 Nr. 1 möglich ist, im Rahmen von Abs. 3 Satz 2 auch solche Personen werblich anzusprechen, die sich für ein bestimmtes Produkt oder Angebot lediglich besonders interessiert haben, weil sich für diese Fälle das Bestehen eines rechtsgeschäftsähnlichen Schuldverhältnisses nicht sicher von der Hand weisen lässt.

Durch Satz 2 wird die Übermittlung von personenbezogenen Daten für die in Satz 1 genannten Zwecke des Adresshandels und der Werbung im Rahmen von Listen für zulässig erklärt. Die Aufzählung im ersten Teil des Satzes beschränkt sich auf bestimmte Einzeldaten, die listenmäßig oder in anderer Form zusammengefasst sind. Weiterhin enthält Satz 2 in den Nr. 1 bis 3 eine Aufzählung von Tatbeständen, in denen die Verarbeitung und Nutzung dieser listenmäßig zusammengefassten Daten erforderlich ist. Diese Auflistung zulässiger Datenverarbeitung und -nutzung ist abschließend und eng zu interpretieren. 95

Wie auch die Vorgängerfassung der Vorschrift im BDSG 2001 berücksichtigt das aktuelle »Listenprivileg« weiterhin einseitig die Interessen der Werbewirtschaft und nunmehr insbesondere die des Adressenhandels.[188] Damit bestehen Gefahren für das Persönlichkeitsrecht der Betroffenen und die aus ungewollter Werbung resultierenden persönlichen Lasten nicht nur fort, sondern werden noch verstärkt. Die Probleme für Betroffene resultieren im Wesentlichen daraus, dass mit Übermittlungen von Listen im Einzelfall Zusatzinformationen verbunden sein können (etwa bei der Übermittlung durch eine Partnervermittlung oder einen Anbieter von Geldanlagen im Hochrisikobereich), die über das ansonsten vom Gesetzgeber zu Grunde gelegte eingeschränkte Informationsspektrum von Listendaten hinausreichen.[189] Diese Gefahren werden dadurch verstärkt, dass nach Satz 3 für Zwecke der Werbung die Hinzuspeicherung von weiteren Daten erlaubt wird (Rn. 107 ff.). Dieses war nach der Vorgängerregelung so nicht möglich. Die kritische Bewertung der Regelung in Satz 2 wird weder durch die nach Satz 6 vorzunehmende Abwägung mit den schutzwürdigen Interessen der Betroffenen, noch durch das Bestehen des Widerspruchsrechts nach Absatz 4 entkräftet. Auch dadurch, dass der Regelungsgehalt der Vorschrift vor dem Hintergrund der verfassungsrechtlichen Vorgaben zum Recht auf informationelle Selbstbestimmung eng und abschließend auszulegen ist, werden die Risiken für die Betroffenen nicht ausgeschlossen oder zumindest nicht angemessen reduziert. 96

Die Verarbeitung oder Nutzung personenbezogener Daten gemäß Satz 2 setzt voraus, dass es sich um Listen oder vergleichbar zusammengefasste Daten von Personengruppen handelt. Eine listenmäßige Zusammenfassung liegt vor, wenn die Daten fortlaufend nach bestimmten Merkmalen in einer Datei bzw. auf einer Seite zusammengestellt sind.[190] Auf die technische Umsetzung der Zusammenstellung oder auf ein bestimmtes 97

---

188 Ähnlich zum alten Recht BHM; § 28 Rn. 228.
189 Simitis in Simitis, § 28 Rn. 235.
190 Ebenso Simitis in Simitis, § 28 Rn. 235; Wolff in Wolff/Brink, § 28 Rn. 120.

§ 28 Datenerhebung und -speicherung für eigene Geschäftszwecke

Medium (Papier, PC-Datei, CD, DVD, USB-Stick, Speicherkarte, BlackBerry, Smartphone, Tablet-PC usw.) kommt es nicht an. So zusammengefasste Daten können beispielsweise als Sammlung von Einzelkarteikarten oder -blättern vorliegen.[191] Voraussetzung für die Zulässigkeit der Verarbeitung und Nutzung auf der Grundlage von Abs. 3 Satz 2 ist in jedem Fall, dass entsprechende Listen Angaben zu mehr als einer Person enthalten.[192]

98 Die Daten, die listenmäßig oder sonst nach Abs. 3 Satz 2 zusammengefasst werden dürfen, beschränken sich auf sieben verschiedene Feststellungen:
- Angaben zur Zugehörigkeit des Betroffenen zu der in der Liste angeführten Personengruppe,
- Berufs-, Branchen- oder Geschäftsbezeichnung,
- Namen,
- Titel,
- Akademischer Grad,
- Anschrift und
- Geburtsjahr.

99 Die Verarbeitung und Nutzung dieser Listendaten ist nur in den Fällen zulässig, die in den Nr. 1–3 von Satz 2 genannt sind. Diese Aufzählung ist abschließend.[193] Weitere Daten wie beispielsweise E-Mail-Adressen dürfen deshalb nicht in die Listen aufgenommen werden.[194]

aa) Werbung für eigene Angebote (Abs. 3 Satz 2 Nr. 1)

100 Durch die Regelung in Abs. 3 Satz 2 Nr. 1 wird es verantwortlichen Stellen ermöglicht, die im ersten Teil von Satz 2 angesprochenen Listen oder die sonst zusammengefassten Daten für Zwecke der Werbung für eigene Angebote zu verwenden. Eine Weitergabe der Listen an Dritte für deren Werbezwecke ist auf dieser Rechtsgrundlage ebenso wenig zulässig wie die Werbung für fremde Angebote. Vorausgesetzt wird, dass sie diese Daten (mit Ausnahme der Angaben zur Gruppenzugehörigkeit) beim Betroffenen gemäß Abs. 1 Satz 1 Nr. 1 legal erhoben haben. Mit Ausnahme der Angaben zur Gruppenzugehörigkeit ist es auch zulässig, die entsprechenden Daten aus allgemein zugänglichen Adress-, Rufnummern-, Branchen- oder vergleichbaren Verzeichnissen zu erheben. Damit wird es beispielsweise einem Versandhändler ermöglicht, vorhandene Adressen zu komplettieren (etwa beim Fehlen der Hausnummer). Die zulässigen Quellen, aus denen Daten erhoben werden dürfen, sind im Gesetz nicht trennscharf definiert. Dies gilt insbesondere für die »vergleichbaren Verzeichnisse«. Eingegrenzt werden die Quellen dadurch, dass sie allgemein zugänglich sein müssen. Damit kommen beispielsweise öffentliche Telefonbücher in Betracht, nicht aber mit Zugangs-

---

191 Ähnlich BMH, § 28 Rn. 343.
192 Simitis in Simitis, § 28 Rn. 236; Kramer in Auernhammer, § 28 Rn. 103; Wolff in Wolff/Brink, § 28 Rn. 122.
193 Ebenso Simitis in Simitis, § 28 Rn. 238.
194 So aber Plath-Plath, § 28 Rn. 119.

Datenerhebung und -speicherung für eigene Geschäftszwecke § 28

hürden versehene Datenbestände von Auskunfteien oder Branchenauskunftsdiensten. Im Zweifel ist das Kriterium der »allgemeinen Zugänglichkeit« eng auszulegen. Sollen die Listendaten durch weitere Informationen über den Betroffenen ergänzt werden, muss eine Direkterhebung erfolgen. Unzulässig ist die Erhebung weiterer Daten aus allgemein zugänglichen Quellen und deren anschließende Speicherung gemäß Abs. 3 Satz 3.[195] Insoweit ist die ergänzende Speicherung an die Voraussetzung gebunden, dass die verantwortliche Stelle hierfür einen eigenen Rechtsgrund gemäß § 4 Abs. 1 vorweisen kann. 101

Werden Daten rechtskonform gemäß Abs. 3 Satz 2 Nr. 1 erhoben, dürfen diese von der verantwortlichen Stelle nur für eigene Werbeangebote, nicht aber für andere Zwecke genutzt werden. Unzulässig ist auf der Grundlage von Nr. 1 die Verwendung für Fremdwerbung, sowie aufgrund der fehlenden Erwähnung im Text, für Zwecke des Adressenhandels. Auch der Verkauf oder die Überlassung der entsprechenden Daten an Dritte ist durch die Regelung in Satz 2 Nr. 1 nicht legitimiert.[196] 102

Die Regelung in Satz 2 Nr. 1 beinhaltet keine ausdrückliche Kennzeichnungspflicht der verantwortlichen Stelle. Da es sich aber nur um eigene Werbung handeln darf, muss eine Kennzeichnung in der Praxis immer erfolgen, um die Legitimität des Handelns zu begründen. Der Verwendung von Daten für eigene Werbezwecke auf der Grundlage von Satz 2 Nr. 1 können Betroffene unter Berufung auf ihr Widerspruchsrecht nach Abs. 4 entgegentreten. Liegt ein Widerspruch vor, muss die weitere Verarbeitung und Nutzung unterbleiben.[197] 103

bb) Werbung im Hinblick auf die berufliche Tätigkeit (Abs. 3 Satz 2 Nr. 2)

Der Erlaubnistatbestand gemäß Abs. 3 Satz 2 Nr. 2 bezieht sich auf eigene Werbung im Hinblick auf die berufliche Tätigkeit von Betroffenen. Vor diesem Hintergrund darf Werbung nur an die Geschäftsadressen versendet werden. Die Versendung an Privatanschrift ist unzulässig.[198] Grundsätzlich nicht ausgeschlossen ist es aber, dass alle Beschäftigten eines Unternehmens personifizierte Werbung erhalten, soweit der Zugriff der verantwortlichen Stelle auf entsprechende Namenslisten legal möglich ist. Unzulässig ist die Hinzuspeicherung weiterer Daten, die nicht in Satz 2 genannt sind. Die entsprechende Regelung in Satz 3 verweist nämlich nur auf Abs. 3 Satz 2 Nr. 1 und kommt in anderen Fällen als Rechtsgrundlage nicht in Betracht. 104

Der Gesetzgeber hat die Werbung auf der Grundlage von Nr. 2 unter erleichterten Bedingungen zugelassen. Insbesondere ist keine Einwilligung in Werbemaßnahmen erforderlich (wohl aber in die Erhebung der Grunddaten nach Satz 1). Begründet wird dies mit dem (vermeintlich) höheren Interesse dieser Personengruppe an Werbung. Diese Argumentation ist nicht überzeugend, weil insbesondere Freiberufler mit kleinerem Büro in der Praxis die Erfahrung machen, dass sie mit Werbung förmlich überschüttet werden. Das Aussortieren von nicht benötigen Informationen und von un- 105

---

195 Vgl. BT-Drs. 16/12011, Seite 27.
196 Vgl. BT-Drs. 16/12011, Seite 27; Gola/Schomerus, Rn. 47.
197 Vgl. BT-Drs. 16/12011, Seite 27.
198 Vgl. BT-Drs. 16/12011, Seite 27.

gewollter Werbung beansprucht in deren Büroalltag eine nicht zu unterschätzende Zeit. Insoweit vermag die getroffene Differenzierung nicht zu überzeugen. Allerdings besteht auch für freiberuflich oder gewerblich tätige Personen die Möglichkeit, der Zusendung von Werbung unter Hinweis auf Abs. 4 zu widersprechen.[199] Mit Blick auf die Zielrichtung ist der Regelungsgehalt von Ziffer 2 eng zu fassen. Sofern der Bezug zur beruflichen Tätigkeit nicht klar nachzuweisen ist, muss die Speicherung entsprechender Daten bzw. die Nutzung vorhandener Listen unterbleiben.

cc) Werbung für Spenden (Abs. 3 Satz 2 Nr. 3)

106 Der Erlaubnistatbestand in Abs. 3 Satz 2 Nr. 3 bezieht sich auf die Verwendung von listenmäßig zusammengefassten Daten für die Zwecke der Werbung für Spenden. Es muss sich um Spenden handeln, die nach den §§ 10b Abs. 1 und 34g EStG steuerbegünstigt sind. Der Tatbestand beschränkt sich auf diese Spendenform. Alle anderen Spendenarten werden von der Erlaubnisnorm nicht erfasst. Der Tatbestand der Nr. 3 ist eng auszulegen. Zu den steuerbegünstigten Zwecken gehören beispielsweise gemeinnützige, karitative oder kirchliche Zwecke nach den §§ 52 – 54 AO. Die Ausnahme in Ziffer 3 ist auf die Verwendung der anfallenden Daten für Zwecke der Spendenwerbung beschränkt. Andere Verwendungszwecke und Zweckänderungen bleiben ausgenommen.[200] Die Herkunft der Daten, die von Spendensammlern verwendet werden, muss nicht ausdrücklich gekennzeichnet werden. Die Betroffenen haben auch in diesen Fällen ein Widerspruchsrecht nach Abs. 4.[201]

c) Hinzuspeicherung von Daten (Abs. 3 Satz 3)

107 Die Regelung in Abs. Satz 3 ermöglicht es verantwortlichen Stellen für Werbung für eigene Angebote gemäß Abs. Satz 2 Nr. 1 zu den zulässigen Listendaten (Berufs-, Branchen- oder Geschäftsbezeichnung, Name, Titel, akademischer Grad, Anschrift, Geburtsjahr) für Zwecke der eigenen Werbung weitere Daten hinzuspeichern. Das Recht auf Hinzuspeicherung nach Satz 3 besteht ausdrücklich nur bezogen auf Abs. 3 Satz 2 Nr. 1. Damit ist das Hinzuspeicherung im Rahmen der Nr. 2 und Nr. 3 auf dieser Rechtsgrundlage ausgeschlossen.

108 Der Begriff des »Hinzuspeicherns« ist in § 3 BDSG nicht normiert. Gemeint ist die Veränderung bestehender Datensätze durch das Hinzufügen von rechtmäßig erhobenen Daten und ggf. deren Verbindung mit bereits vorhandenen Informationen. Durch die Möglichkeit des Hinzuspeicherns soll es verantwortlichen Stellen ermöglicht werden, den eigenen Datenbestand, der direkt beim Betroffenen erhoben wurde, für Zwecke der eigenen Werbung zu bearbeiten, um Kunden gezielter ansprechen zu können.[202] Eine Verwendung der durch Hinzuspeicherung ausgeweiteten Datensätze für andere Zwecke ist mangels datenschutzrechtlicher Legitimation unzulässig. Aufgrund des

---

199 Vgl. BT-Drs. 16/12011, Seite 28.
200 Wolff in Wolff/Brink, § 28 Rn. 129.
201 Vgl. BT-Drs. 16/12011, Seite 28.
202 Vgl. BT-Drs. 16/12011, Seite 28.

Datenerhebung und -speicherung für eigene Geschäftszwecke § 28

Wortlauts werden Listen zu Zwecken des Adresshandels nicht privilegiert. Hier bleiben hinzuzuspeichernde Daten ausgeschlossen.

Die Befugnis nach Satz 3 bezieht sich nur auf solche Daten, die von den verantwortlichen Stellen rechtmäßig erhoben wurden (etwa nach Abs. 1 Satz 1 Nr. 1) oder die ihnen rechtmäßig übermittelt wurden. Die Regelung in Satz 3 stellt somit ausdrücklich keine eigene Erhebungs- oder Übermittlungsbefugnis dar.[203] Im Streitfall muss die verantwortliche Stelle darlegen, auf welcher Rechtsgrundlage die Erhebung der hinzuzuspeichernden Daten erfolgt ist. Ist der entsprechende Nachweis nicht möglich, müssen die Daten wegen des Fehlens einer Verarbeitungsberechtigung schon mit Blick auf § 35 Abs. 2 Nr. 1 gelöscht werden. 109

Kommt es zur Hinzuspeicherung gemäß Satz 3, wird auf Grund des einheitlichen und zusammenhängenden Datensatzes für Betroffene erkennbar, woher die Daten stammen. Sie haben auch im Falle von Satz 3 das Widerspruchsrecht nach Abs. 4. 110

d) Listenübermittlung zu Werbezwecken (Abs. 3 Satz 4)

Durch die Regelung in Satz 4 wird es ermöglicht, dass Listen mit zusammengefassten, personenbezogenen Daten im Sinne von Satz 2 für die Zwecke von Werbung an Dritte übermittelt werden dürfen. Damit wird die Verwendung für eigene Zwecke erheblich aufgeweicht.[204] Aufgrund des Wortlauts wird die Übermittlung von Listen zu Zwecken des Adresshandels in diesem Rahmen nicht privilegiert.[205] 111

Voraussetzung für eine Zulässigkeit der Übermittlung an Dritte ist gemäß § 34 Abs. 1 a, dass die übermittelnde Stelle die Herkunft der Daten für die Dauer von zwei Jahren speichert und dem Betroffenen auf Verlangen eine entsprechende Auskunft erteilt. Hierdurch soll sichergestellt werden, dass Betroffene ihr Widerspruchsrecht wahrnehmen können (vgl. § 34 Rn. 50 ff.).[206] Kommt es zu einer Übermittlung gemäß Satz 4, muss nach dem letzten Halbsatz die Stelle, die die Daten erstmalig erhoben hat, in der Werbung eindeutig ausdrücklich genannt werden. 112

Die Vorgabe in Abs. 3 Satz 4 betrifft alle Werbeformen. Damit trifft die Dokumentationspflicht auch Werber, die auf der Basis der erhaltenen Informationen direkte Haustürwerbung betreiben (etwa Spendensammler).[207] 113

e) Werbung für fremde Angebote (Abs. 3 Satz 5)

Nach Abs. 3 Satz 5 dürfen personenbezogene Daten unabhängig von den Erlaubnisvoraussetzungen in Satz 2 für Zwecke der Werbung für fremde Angebote genutzt werden, wenn für den Betroffenen klar erkennbar ist, wer die für die Nutzung verantwortliche Stelle ist. Diese Norm ist keine eigenständige datenschutzrechtliche Erhe- 114

---

203 Vgl. BT-Drs. 16/12011, Seite 28; ähnlich Wolff in Wolff/Brink, § 28 Rn. 132.
204 Zustimmend Plath-Plath, § 28 Rn. 133; a. A. Wolff in Wolff/Brink, § 28 Rn. 134, der von einer Einschränkung ausgeht.
205 Gola/Schomerus, Rn. 47; a. A. Kramer in Auernhammer, § 28 Rn. 101.
206 Ebenso Kramer in Auernhammer, § 28 Rn. 130; Wolff in Wolff/Brink, § 28 Rn. 135.
207 Zustimmend Plath-Plath, § 28 Rn. 138.

bungs- oder Übermittlungsbefugnis sondern nur eine Durchführungsregel. Sie ist eng auszulegen.

115 Die Regelung ermöglicht es Firmen, ihrer eigenen Werbung gezielt und ggf. auch im Auftrag Informationen anderer Anbieter beizufügen. Damit wird die sog. »Beipackwerbung« legitimiert. Dies wird vermutlich neue Werbeformen generieren und reduziert die Möglichkeiten von Betroffenen, sich vor ungewollter Werbung zu schützen. Allerdings muss für sie immer klar erkennbar sein, wer die verantwortliche Stelle ist und wo der Betroffene Widerspruchsrechte nach Abs. 4 geltend machen kann.[208] Betroffene können ihr Widerspruchsrecht bezogen auf »Beipackwerbung« differenziert wahrnehmen und verantwortlichen Stellen diese Werbeform untersagen.

f) Schutzwürdige Interessen der Betroffenen (Abs. 3 Satz 6)

116 Eine Verarbeitung oder Nutzung personenbezogener Daten auf der Grundlage der Tatbestände in den Sätzen 2 – 4 ist gemäß Abs. 3 Satz 6 nur zulässig, solange schutzwürdige Interessen des Betroffenen nicht entgegenstehen. Es muss mithin immer eine Interessenabwägung stattfinden. Diese muss besonders intensiv und im Zweifel zu Gunsten der Betroffenen ausfallen, wenn die Listen etwa im Zusammenhang mit besonderen Arten personenbezogener Daten stehen (etwa Kunden eines medizinischen Warenhauses). Mit Blick auf das Schutzziel der Norm sind die Verarbeitungs- und Nutzungsbefugnisse der verantwortlichen Stellen eng auszulegen. Im Übrigen gelten die gleichen Voraussetzungen wie für die Interessenabwägung gem. Abs. 2 (vgl. dort Rn. 74 ff.).

g) Zweckbindung (Abs. 3 Satz 7)

117 Abs. 3 Satz 7 legt fest, dass die nach den Sätzen 1, 2 und 4 übermittelten personenbezogenen Daten einer engen Zweckbindung unterliegen. Sie dürfen nur für die Zwecke verarbeitet oder genutzt werden, für die sie übermittelt worden sind (vgl. zur Zweckbindung im Übrigen Rn. 62 ff.).

5. Einwilligung als Verarbeitungsvoraussetzung (Abs. 3 a)

118 Die Verarbeitung und Nutzung personenbezogener Daten nach Abs. 3 Satz 1 für Zwecke der Werbung oder des Adressenhandels ist nur zulässig, wenn Betroffene eingewilligt haben. Nicht zwingend ist diese Einwilligung, wenn es sich um listenmäßige Verarbeitung gemäß Abs. 3 Satz 2 handelt. Allerdings ist zu beachten, dass Betroffene bei der Erhebung nach § 28 Abs. 1 Satz 2 auch über den geplanten Listenzweck informiert werden müssen und dass eine Einwilligung nach Abs. 3 Satz 1 sich hierauf beziehen muss.

119 Im Regelfall muss diese Einwilligung gemäß der Voraussetzungen von § 4 a erfolgen. Insbesondere muss die dort in Abs. 1 Satz 3 genannte Schriftform gewahrt werden.[209]

---

208 Vgl. BT-Drs. 16/12011, Seite 29.
209 Allgemein zu Schriftform Lixfeld, RDV 2010, 163.

Datenerhebung und -speicherung für eigene Geschäftszwecke § 28

Gegenstandslos ist hingegen für den Bereich des Abs. 3 die in § 4a Abs. 1 Satz 3 enthaltene Ausnahme, nach der wegen besonderer Umstände eine andere Form der Einwilligung angemessen sein kann (vgl. dort Rn. 11 ff.). Gerade für diese Fälle ist Abs. 3a gegenüber § 4a eine abschließende Spezialregelung. Die spezielle Form der Einwilligung nach Abs. 3a bezieht sich nur auf die in Abs. 3 genannte Verarbeitung und Nutzung personenbezogener Daten für Zwecke des Adressenhandels und der Werbung. Auf andere Einwilligungszusammenhänge kommt die Regelung nicht zur Anwendung. Für diese Fälle bleibt weiterhin ausschließlich § 4a einschlägig.[210]
Die formalen Anforderungen an die Schriftform sind im BGB zu finden. Nach § 126 Abs. 1 BGB ist die Schriftform erfüllt, wenn eine Urkunde eigenhändig unterschrieben wird. Nach § 126a BGB ist auch eine elektronische Form möglich. Nach Abs. 1 BGB dieser Norm wird dem Formerfordernis der Schriftform nach § 126 BGB im elektronischen Bereich Genüge getan, wenn Dokumente mit einer qualifizierten elektronischen Signatur nach dem Signaturgesetz versehen werden. Diese Variante der elektronischen Schriftform stellt damit in der Praxis die Ausnahme dar. Regelfall wird die klassische Schriftform bleiben.

120

a) Einwilligung außerhalb der Schriftform (Abs. 3a Satz 1)

Wird eine Einwilligung nicht schriftlich erteilt, kann sie unter den Voraussetzungen von Abs. 3a Satz 1 dennoch wirksam sein. Nach dem ersten Halbsatz dieser Norm kommt die Regelung zur Anwendung, wenn andere Formen der Einwilligung als die Schriftform verwendet werden. Neben einer mündlichen Erteilung kommen insoweit alle Varianten wie etwa die Einwilligung per Telefax, per E-Mail, per SMS usw. in Betracht.[211] Auch außerhalb der Schriftform gemäß § 126 BGB darf die Verarbeitung und Nutzung personenbezogener Daten für Zwecke des Adressenhandels und der Werbung indes nur erfolgen, wenn es vorher eine ausdrückliche Einwilligungserklärung gibt, die das Einverständnis des Betroffenen dokumentiert. Eine konkludente, stillschweigende oder nur mutmaßliche Einwilligung, die von der verantwortlichen Stelle unterstellt wird, reicht als Voraussetzung einer Verarbeitung oder Nutzung nicht.[212]

121

Der verantwortlichen Stelle obliegt es, den Gegenstand der Einwilligung ausreichend zu beschreiben. Damit muss beispielsweise dargestellt werden, dass die personenbezogenen Daten nur für eigene oder auch für fremde Werbezwecke verwendet werden sollen. Evtl. bestehende Grenzen der Übermittlung, auf die sich die Einwilligung bezieht, müssen von der verantwortlichen Stelle so beschrieben werden, dass es den Betroffenen klar ist, in welchem Umfang ihre personenbezogenen Daten künftig verwendet werden.[213]

122

Eine Einwilligung nach Abs. 3a muss, ebenso wie die nach § 4a, bewusst und eindeutig erteilt worden sein, um Wirkung zu entfalten.[214] Es muss ein klarer Handlungswillen

123

---

210 Ebenso Wolff in Wolff/Brink, § 28 Rn. 142; a. A. Kramer in Auernhammer, § 28 Rn. 133.
211 Zustimmend Plath-Plath, § 28 Rn. 159; Wolff in Wolff/Brink, § 28 Rn. 148.
212 Vgl. BT-Drs. 16/12011, Seite 29.
213 Vgl. BT-Drs. 16/12011, a. a. O.
214 Ähnlich Mester, S. 92.

des Erklärenden erkennbar sein.[215] Dieser Handlungswille ist im Streitfall von der verantwortlichen Stelle zu beweisen. Wird eine Einwilligung beispielsweise elektronisch erteilt, muss insoweit ausgeschlossen werden, dass sie versehentlich erteilt wird (etwa durch Drücken einer falschen Taste). [216]Um dieses Ziel zu erreichen, ist es in der Praxis notwendig, sich das Erteilen einer Einwilligung durch geeignete Maßnahmen ausdrücklich bestätigen zu lassen und dem Betroffenen die Tatsache der Erteilung bewusst zu machen.[217]

124 Erfolgt eine Einwilligung nicht schriftlich, muss sie vom Betroffenen persönlich erteilt werden. Stellvertretung ist bei volljährigen Personen ausgeschlossen. Für minderjährige Kinder ist eine Stellvertretung durch die Eltern im Rahmen von § 1629 BGB zulässig.[218]

125 Ist eine Einwilligung außerhalb der Schriftform erteilt worden, muss die verantwortliche Stelle nach Satz 1, zweiter Halbsatz, den Inhalt dieser Einwilligung schriftlich bestätigen. Im Rahmen der Bestätigung muss beispielsweise mitgeteilt werden, ob nur eine Eigenverwendung oder eine Fremdnutzung der Daten gewollt ist, ob eine Übermittlung vorgesehen wird und welche Grenzen und Beschränkungen es für die Verarbeitung geben soll. Mit Blick auf den Schutzcharakter, den diese Mitteilung hat, muss deren Inhalt so ausführlich wie möglich und vollständig sein. Betroffene müssen hierdurch in die Lage versetzt werden, die Reichweite ihrer Einwilligung abschätzen und ungewollten Datennutzungen widersprechen zu können.

126 Die Einwilligung soll es Betroffenen weiterhin ermöglichen, kontrollieren zu können, ob die verantwortliche Stelle die erteilte Einwilligung korrekt dokumentiert hat.[219] Die Bestätigung muss so erfolgen, dass den Betroffenen zeitlich und formal die Möglichkeit verbleibt, die Einwilligung zurücknehmen zu können.[220]

127 Der Grundsatz der schriftlichen Bestätigung, der in Satz 1, zweiter Halbsatz dokumentiert ist, erfährt indes im dritten Halbsatz eine grundlegende Durchbrechung. Wurde die Einwilligung elektronisch erklärt, ist eine entsprechende schriftliche Bestätigung an den Betroffenen entbehrlich, soweit die verantwortliche Stelle sicherstellt, dass eine Protokollierung der Einwilligung erfolgt und dass der Betroffene deren Inhalt jederzeit abrufen kann. Die Regelung in Abs. 3a entspricht inhaltlich den Regelungen in § 94 TKG bzw. in § 13 Abs. 2 TMG.[221] Die Verpflichtung der verantwortlichen Stelle zu einer elektronisch erteilten Erklärung reduziert sich darauf, deren Gehalt zu protokollieren und für den Betroffenen abrufbar zu machen.

128 Um entsprechende Nachweise führen zu können, muss von der verantwortlichen Stelle insbesondere der Zeitpunkt des Zugangs der Einwilligungserklärung beim Diensteanbieter erfasst werden.[222] Nur so lässt sich der Nachweis führen, ab wann die Erklärung

---

215 Wolff in Wolff/Brink, § 28 Rn. 146.
216 Ebenso Wolff in Wolff/Brink, § 28 Rn. 146.
217 Albers in Scheurle/Mayen, § 94 TKG Rn. 7; Mester, S. 92.
218 Wolff in Wolff/Brink, § 28 Rn. 144.
219 Vgl. BT-Drs. 16/12011, Seite 30.
220 Wolff in Wolff/Brink, § 28 Rn. 151.
221 Ebenso Plath-Plath, § 28 Rn. 162.
222 Zustimmend Plath-Plath, § 28 Rn. 163.

Datenerhebung und -speicherung für eigene Geschäftszwecke § 28

wirksam wurde.[223] Weiterhin müssen selbstredend auch der Inhalt der Einwilligung und ihre genauen Umstände (etwa Übersendung per E-Mail, Bestätigung auf einer Website usw.) festgehalten werden.

Der Inhalt der erteilten Einwilligung muss in den Fällen des Satzes 1 zweiter Halbsatz für den Betroffenen bei der verantwortlichen Stelle jederzeit abrufbar sein. Die Einhaltung dieser Formvorgabe ist Wirksamkeitsvoraussetzung. Ist ein entsprechender Abruf nicht möglich, liegt keine wirksame Einwilligung im Sinne von Abs. 3a vor. Damit ist eine durch diese Einwilligung begründete Verarbeitung oder Nutzung personenbezogener Daten nach Abs. 3 Satz 1 unzulässig. Im Streitfall trägt die verantwortliche Stelle die Beweislast dafür, dass der Abruf jederzeit möglich war. Unschädlich für die Wirksamkeit der Einwilligung sind allenfalls kurzzeitige Probleme des Abrufs, die auf technische Umstände außerhalb der verantwortlichen Stelle zurückzuführen sind (etwa Störungen des DSL in einem Ortsbereich). 129

Um den jederzeitigen Abruf zu ermöglichen, muss die verantwortliche Stelle den Betroffenen einen eigenständigen Zugriff auf ihre persönlichen Daten ermöglichen. Da diese aus datenschutzrechtlicher Sicht schutzwürdig sind, müssen die notwendigen technischen und/oder organisatorischen Vorkehrungen getroffen werden. In der Praxis wird der Zugriff auf den Inhalt einer erteilten Einwilligung durch die Vergabe einer Kundennummer oder eines Kennwortes geschützt werden.[224] Die Vergabe einer entsprechenden Zugriffskennung muss sich allerdings ausschließlich auf die Möglichkeit der Wahrnehmung der Rechte nach Abs. 3a beschränken. Verantwortliche Stellen dürfen diese Daten nicht dazu nutzen, zusätzliche Erkenntnisse über Betroffene zu gewinnen. Insoweit besteht ein absolutes Verwertungsverbot.[225] 130

Die nach Abs. 3 erteilte Einwilligung ist, ebenso wie die nach § 4a gemäß § 28 Abs. 4, jederzeit mit Wirkung für die Zukunft widerruflich. Der in Abs. 3a Satz 1 letzter Halbsatz enthaltene Hinweis auf die Wirkung »für die Zukunft« führt gegenüber der Regelung in Abs. 4 zu keiner Spezialität. Nach dem erfolgten Widerruf müssen die personenbezogenen Daten, die auf Grundlage der Einwilligung für Zwecke des Adressenhandels oder Werbung erhoben und gespeichert wurden, mit Blick auf § 35 Abs. 2 Nr. 1 wegen des Wegfalls des Rechtsgrunds unverzüglich gelöscht werden. Werden die Daten zu anderen rechtmäßigen Zwecken weiter benötigt (etwa zur Vertragsabwicklung), so müssen sie für die Zwecke des Adressenhandels und der Werbung gesperrt werden. 131

b) Drucktechnische Gestaltung (Abs. 3a Satz 2)

In Abs. 3a Satz 2 wird festgestellt, dass eine Einwilligung, die zusammen mit anderen Erklärungen schriftlich erteilt wird, in drucktechnisch deutlicher Gestaltung besonders hervorzuheben ist. Diese Regelung präzisiert die in § 4a Abs. 1 Satz 4 enthaltene allgemeine Vorgabe. Dort ist lediglich von einer »besonderen Hervorhebung« die Rede. 132

---

223 Vgl. zur entsprechenden Regelung im TKG GPSS-Büttgen, § 95 TKG Rn. 7.
224 Vgl. Albers in Scheurle/Mayen, § 95 TKG Rn. 10.
225 Ähnlich Wolff in Wolff/Brink, § 28 Rn. 158.

§ 28 Datenerhebung und -speicherung für eigene Geschäftszwecke

133 Die Präzisierung in Abs. 3a Satz 2 bezieht sich auf alle schriftlichen Einwilligungen, die bezüglich der Verarbeitung oder Nutzung personenbezogener Daten im Rahmen von Abs. 3 Satz 1 erteilt werden. Die hieran zu knüpfenden Anforderungen gehen, für den Fall der Verbindung der Einwilligung mit anderen schriftlichen Erklärungen, über die allgemeinen Vorgaben in § 4a Abs. 1 Satz 1 hinaus und stellen insoweit eine zwingende Spezialnorm dar. Eine Einwilligung im Rahmen anderer Erklärungen (wie etwa einem Kaufvertrag) ist damit nur wirksam, wenn der Betroffene sie eindeutig erkennen konnte, weil sie etwa in Fettdruck oder einer größeren Schrift gesetzt ist.[226] Weiterhin muss der Betroffene durch eine gesonderte Unterschrift, durch bewusstes Ankreuzen oder ein vergleichbar eindeutiges Tun im Zweifelsfall zum Ausdruck bringen, dass er die Einwilligung in die Verarbeitung und Nutzung seiner Daten für Werbezwecke bewusst erteilt.[227] An die deutliche Gestaltung und Hervorhebung sind insoweit hohe Anforderungen zu stellen. Zweifel gehen zu Lasten der verantwortlichen Stelle, die für die entsprechende Gestaltung verantwortlich ist. Dies folgt daraus, dass der Gesetzgeber mit der Formulierung in Satz 2 sicherstellen will, dass es keinen Zweifel darüber gibt, dass Betroffene ihre Einwilligung in die Weitergabe personenbezogener Daten für Werbezwecke gegeben haben.[228] Fehlt die gesetzlich indizierte, deutliche drucktechnische Gestaltung bzw. Hervorhebung, ist die Einwilligung unwirksam.

6. Koppelungsverbot (Abs. 3b)

134 Im Rahmen der Novelle des Jahres 2009 wurde Abs. 3b neu in die Vorschrift eingefügt. Die Regelung beinhaltet ein Koppelungsverbot, durch das sichergestellt werden soll, dass der Abschluss eines Vertrags nicht zwingend von der Erteilung einer Einwilligung des Betroffenen nach Abs. 3 Satz 1 abhängig gemacht wird. Dies wäre etwa der Fall, wenn der Zugang zu gleichwertigen Gegenleistungen ohne die Einwilligung nicht möglich ist bzw. nicht in zumutbarer Weise erfolgen kann.

135 Ob Unzumutbarkeit vorliegt, kann nur für den Einzelfall beurteilt werden. Sie wird im Rahmen eines Kaufvertrags beispielsweise gegeben sein, wenn ein Kunde zwar grundsätzlich eine bestimmte Ware auch bei einem Anbieter erhalten könnte, ohne hierfür eine Einwilligung in Werbemaßnahmen erteilen zu müssen, wenn dies aber mit einem größeren Zeitaufwand für die erneute Suche verbunden wäre.[229] Gleiches gilt, wenn vergleichbare Angebote bei anderen Anbietern nur zu einem höheren Preis oder zu schlechteren Gesamtkonditionen zu erhalten sind.[230] Schließlich wird eine unzulässige Koppelung vorliegen, wenn eine Leistung zwar von mehreren Anbietern erbracht wird, die aber alle eine entsprechende Einwilligung fordern. Anbieter kommen damit nicht umhin, bei Einführung eines Angebots die Vertragsbedingungen der Mitbewerber zu prüfen, um bewerten zu können, ob aufgrund einer flächendeckend geforderten Einwilligung ein Verstoß gegen das Koppelungsverbot vorliegt.

---

226 Zustimmend Plath-Plath, § 28 Rn. 168.
227 Vgl. BT-Drs. 16/12011, Seite 30; a.A. Plath-Plath, § 28 Rn. 168; Taeger/Gabel-Taeger, § 28 Rn. 175.
228 Vgl. BT-Drs. 16/12011, a.a.O.
229 Ähnlich im Ergebnis Plath-Plath, § 28 Rn. 172.
230 Zustimmend BMH § 28 Rn. 431; a.A. Gola/Schomerus, § 28 Rn. 46.

Die Schwelle für die Feststellung der Unzumutbarkeit ist niedrig anzusetzen. Ein anderer Zugang ist nicht in zumutbarer Weise gegeben, wenn er nur mit Einwilligung nach Abs. 3 Satz 1 möglich ist.²³¹ Es kommt also nicht darauf an, ob eine bestimmte Leistung anderweitig verlangt werden könnte. Die Regelung in Abs. 3b ist insoweit dahin zu verstehen, dass sie der Abwehr der Gefahr des Missbrauchs von Marktmacht von verantwortlichen Stellen entgegensteht.²³² 136

Verweigert eine verantwortliche Stelle den Abschluss eines Vertrages unter Hinweis auf das Fehlen einer Einwilligung des Betroffenen nach Abs. 3 Satz 1, ist sie beweispflichtig dafür, dass eine gleichwertige vertragliche Leistung ohne die Einwilligung in zumutbarer Weise möglich ist.²³³ Sie muss dafür andere Angebote konkret benennen und deren Gleichwertigkeit darlegen. 137

Ist der Abschluss eines Vertrages ohne eine Einwilligung nicht oder in nicht zumutbarer Weise möglich, ist die so erteilte Einwilligung nach Satz 2 unwirksam. Eine verantwortliche Stelle kann hieraus keine Rechte zur Verarbeitung und Nutzung für Werbung oder Adressenhandel ableiten. Die Unzulässigkeit setzt ein, wenn Betroffene auf das Fehlen der Einwilligung hinweisen. Der Grundvertrag besteht nach der Rücknahme der Einwilligung unverändert fort.²³⁴ Hieraus folgende Leistungen dürfen nach der Rücknahme der Einwilligung nicht verweigert werden. Die ohne wirksame Einwilligung erhobenen Daten sind wegen des Fehlens einer Verarbeitungsgrundlage mit Blick auf § 35 Abs. 2 Nr. 1 zu löschen. Gibt es für die Verarbeitung oder Nutzung eine andere Rechtsgrundlage (etwa im Zusammenhang mit der Abwicklung eines Vertrages), sind die Daten für Werbung oder Adressenhandel zu sperren.²³⁵ 138

7. Widerspruchsrecht (Abs. 4)

Durch die Regelung wird Betroffenen bezüglich der Nutzung und Übermittlung ihrer Daten für Zwecke der Werbung bzw. der Markt- und Meinungsforschung ein spezifisches Widerspruchsrecht eingeräumt. Dieses bezieht sich auf jede einschlägige Übermittlung und Nutzung und ist unabhängig vom Verwendungszusammenhang bzw. vom angewendeten Verfahren.²³⁶ Die Vorschrift wurde im Rahmen der Novelle des BDSG im Jahre 2009 inhaltlich und redaktionell verändert. Die Änderungen in Abs. 4 Satz 1 und 3 dienen der redaktionellen Anpassung an die Formulierung des Abs. 3. Mit der Änderung in Abs. 4 Satz 2 und 4 wird eine Stärkung des Widerspruchsrechts der Betroffenen bezweckt.²³⁷ Redaktionell wurde durchgängig der Verarbeitungsschritt der »Übermittlung« durch die umfassendere »Verarbeitung« ersetzt. Damit werden nunmehr alle Verarbeitungsschritte mit Ausnahme der Erhebung erfasst. Diesbezüglich 139

---

231 Vgl. die Erläuterung in der amtlichen Begründung, BT-Drs. 16/12011, S. 30.
232 Vgl. zur entsprechenden Regelung im TKG Kannenberg in Scheurle/Mayen, § 95 TKG Rn. 74.
233 Ebenso Wolff in Wolff/Brink, § 28 Rn. 175.
234 Zustimmend BMH, Rn. 433.
235 Wolff in Wolff/Brink, § 28 Rn. 178.
236 Simitis in Simitis, § 28 Rn. 248; Wolff in Wolff/Brink, § 28 Rn. 197; enger Gola/Schomerus, § 28 Rn. 61, nach denen das Widerspruchsrecht auf das Direktmarketing begrenzt sein soll.
237 Vgl. BT-Drs. 16/12011, S. 30.

§ 28 Datenerhebung und -speicherung für eigene Geschäftszwecke

lässt sich der Widerspruch durch konkludentes Handeln in der Praxis relativ einfach durchführen.

140 Das Widerspruchsrecht kommt aufgrund der Verweisung in § 29 Abs. 4 für Auskunfteien und Adressenhändler uneingeschränkt zur Anwendung.[238] Es bezieht sich mithin auch auf den Tatbestand in § 28 Abs. 3 Satz 1.

141 Der in Abs. 4 genannte Tatbestand steht unabhängig neben anderen Rechten des Betroffenen (vgl. etwa § 6).[239] Das Widerspruchsrecht kann vertraglich nicht ausgeschlossen werden.[240] Die Vorschrift ist eine verbraucherschützende Norm im Sinne des Unterlassungsklagegesetzes – UKlaG.[241]

142 Der Regelung kommt besonders mit Blick auf ausufernde Werbekampagnen, die sehr schnell zum Überquellen häuslicher Briefkästen, zur Belästigung durch ungewollte Telefonanrufe, zu Werbetelefaxbriefen sowie zu einer Fülle von Spam-E-Mails führen, eine besondere Bedeutung zu. Den Betroffenen wird ein Widerspruchsrecht eingeräumt, das die Adressaten bindet und die Übermittlung und Nutzung zu Zwecken der Werbung und der Markt- und Meinungsforschung verhindert bzw. beendet. Erfolgen nach einem Widerspruch weiterhin Werbemaßnahmen, sind diese illegal und lösen ggf. ein Bußgeld nach § 43 Abs. 2 Nr. 5 b aus.

143 Das Widerspruchsrecht besteht bei allen Nutzungen und Verarbeitungen »für Zwecke« der Werbung oder der Markt- und Meinungsforschung sowie gemäß § 29 Abs. 4 von Auskunfteien und Adressenhändlern.[242]

144 Der Anwendungsrahmen der Widerspruchsregelung ist mit Blick auf den Schutzzweck weit auszulegen.[243] Die Übergangsregelung bezieht sich insoweit nur auf die nicht geregelten Verarbeitungsschritte, nicht aber auf den generellen Schutzrahmen der Norm. Vom Begriff werden nicht nur klassische Werbeformen per Brief oder Telefon erfasst, sondern auch moderne Varianten wie Internetwerbung, SMS- oder E-Mail-Werbung usw. sowie Formen des Sponsoring der Imageförderung usw.[244] Auch Werbemaßnahmen von politischen Parteien, religiösen oder sozialen Gruppen, sog. »Nichtregierungsorganisationen« usw. fallen ebenso in den Anwendungsbereich der Vorschrift wie sog. »Ideenwerbung«.[245] Erfasst werden auch alle Widersprüche gegen die Verarbeitung und Nutzung von Daten im Bereich der Markt- und Meinungsforschung. Nicht vom Widerspruchsrecht erfasst werden hingegen Verarbeitungen und Nutzungen, die durch andere Tatbestände der Vorschrift (etwa die des 1. Abs.) legitimiert sind.[246]

---

238 Gola/Schomerus, § 28 Rn. 62; a.A. Kramer in Auernhammer, § 28 Rn. 137.
239 Ähnlich Simitis in Simitis, § 28 Rn. 247, 252, der von einer »weiteren unabdingbaren Schranke« spricht.
240 Kramer in Auernhammer, § 28 Rn. 136; Wolff in Wolff/Brink, § 28 Rn. 186.
241 Zutreffend BMH, § 28 Rn. 445; a.A. OLG Düsseldorf, DuD 2004, 631; Kaufmann DuD 2006, 102; Plath-Plath, § 28 Rn. 178; BMH, § 28 Rn. 445.
242 Simitis in Simitis, § 28 Rn. 249.
243 Ebenso BMH, § 28 Rn. 316.
244 Wolff in Wolff/Brink, § 28 Rn. 197; ähnlich Plath-Plath, § 28 Rn. 176.
245 BMH, § 28 Rn. 461.
246 Zutreffend BMH, § 28 Rn. 463.

Datenerhebung und -speicherung für eigene Geschäftszwecke § 28

a) Ansprechpartner und Wirkung des Widerspruchs (Abs. 4 Satz 1 und Satz 3)

Das Widerspruchsrecht hat unterschiedliche Ansprechpartner. Der Widerspruch nach Satz 1 richtet sich direkt an die verantwortliche Stelle, die die Nutzung oder Verarbeitung (bzw. Übermittlung im Anwendungsbereich von § 47) durchführt. Handelt es sich bei der verantwortlichen Stelle um einen größeren Betrieb oder um ein größeres Unternehmen, ist die Einlegung bei einer Niederlassung oder Betriebsstätte ausreichend.[247] Ist bereits eine Speicherung, Veränderung oder Übermittlung (bzw. eine Übermittlung im Anwendungsbereich von § 47) bzw. eine Nutzung erfolgt, kann der Betroffene gemäß Satz 3 der weiteren Verarbeitung oder Nutzung zu Zwecken der Werbung oder der Markt- und Meinungsforschung unmittelbar bei einem Dritten widersprechen. Dieser Widerspruch hat die gleiche Wirkung wie der bei der verantwortlichen Stelle nach Satz 1. Da Satz 3 auch von »Verarbeitung oder Nutzung« spricht, kann der Widerspruch sich gegen eine Speicherung bei einem Dritten richten.[248] Nach dem Widerspruch müssen die Daten unverzüglich gelöscht werden.[249] 145

Eine Übermittlung von Daten ist ab dem 1. September 2009 für Zwecke der Werbung und des Adresshandels nur noch nach Maßgabe von Abs. 3 zulässig. Diese Vorgabe legt allgemein fest, dass nach dem Widerspruch durch den Betroffenen eine Sperrung erfolgen muss. Für »Altdaten« i. S. von § 47 führt ein Widerspruch zu demselben Ergebnis: Die Daten dürfen nach einem Widerspruch nicht mehr für Zwecke der Werbung, des Adresshandels oder der Markt- und Meinungsforschung verwendet werden und sind zu sperren. 146

Ist der Widerspruch erfolgt, sind die entsprechenden Daten zu sperren. Die Verarbeitung und Nutzung zu anderen Zwecken bleibt zulässig, sofern dafür eine gesonderte gesetzliche Erlaubnisnorm vorliegt ist oder wenn eine entsprechende Einwilligung erfolgt ist.[250] Die Lösung über eine Sperrung überzeugt allerdings mit Blick auf Daten nicht, die bei Dritten ausschließlich zu Zwecken der Werbung oder der Markt- und Meinungsforschung vorhanden sind.[251] Sinnvoller wäre für diese Fälle eine klare Vorgabe, dass diese Daten nach einem Widerspruch gelöscht werden müssen. Die Notwendigkeit der Löschung folgt im Übrigen aus § 35 Abs. 2 Nr. 1, weil die Speicherung ohne einschlägige Rechtsgrundlage unzulässig ist. 147

b) Unterrichtungs- und Belehrungspflichten (Abs. 4 Satz 2)

In der Praxis ist es für Betroffene nicht immer einfach, den Urheber von Werbung, von Adresslisten bzw. von Markt- und Meinungsforschungsaktivitäten zu identifizieren. Diesem Problem widmet sich die Regelung in Abs. 4 Satz 2. 148

Aufgrund der in Abs. 4 Satz 2 festgeschriebenen Unterrichtungs- und Belehrungspflichten ist der Betroffene nach der ersten Alternative grundsätzlich bei der Ansprache 149

---

247 BMH, § 28 Rn. 307; Plath-Plath, § 28 Rn. 180; Wolff in Wolff/Brink, § 28 Rn. 193.
248 BMH, § 28 Rn. 448.
249 Simitis in Simitis, § 28 Rn. 277; enger Wolff in Wolff/Brink, § 28 Rn. 201, der eine Löschung »in der Regel« für erforderlich hält.
250 Ähnlich Plath-Plath, § 28 Rn. 201.
251 Ähnlich Wolff in Wolff/Brink, § 28 Rn. 202.

§ 28 Datenerhebung und -speicherung für eigene Geschäftszwecke

(etwa bei ersten Werbemaßnahmen) über die verantwortliche Stelle sowie über sein Widerspruchsrecht nach Abs. 4 Satz 1 zu unterrichten. Weiterhin muss die verantwortliche Stelle nach dem letzten Halbsatz von Satz 2 sicherstellen, dass der Betroffene Informationen zur Herkunft der Daten erhält, wenn diese bei einer Stelle gespeichert sind, die ihr selbst nicht bekannt sind. Diese Regelung bezieht sich insbesondere auf bei Adressenhändlern oder sog. Lettershops eingekaufte Anschriften, die entweder nur einmalig zur Verfügung gestellt werden oder über die die verantwortlichen Stellen im Produktionsprozess der Werbungserstellung selbst nicht verfügen. Diese Regelung gilt unabhängig von der Übergangsregelung in § 47 für alle verantwortlichen Stellen.

150 Neu in Abs. 4 Satz 2 eingefügt wurde mit der Novelle des Jahres 2009 eine zweite Alternative. Diese schreibt für in Abs. 1 Satz 1 Nr. 1 geregelte Erhebung, Speicherung, Veränderung, Übermittlung oder Nutzung personenbezogener Daten für eigene Geschäftszwecke im Rahmen von rechtsgeschäftlichen oder rechtsgeschäftsähnlichen Schuldverhältnisses mit dem Betroffenen vor, dass eine Information über die verantwortliche Stelle und über das Widerspruchsrecht bereits bei der Begründung des Rechtsgeschäfts erfolgen muss. Damit soll sichergestellt werden, dass Betroffene beispielsweise bereits bei Abschluss eines Vertrags über ihr Widerspruchsrecht informiert werden.[252] Durch diese Regelung soll der Effekt vermieden werden, dass Betroffene erst von der Verwendung ihrer personenbezogenen Daten zu Werbezwecken erfahren und ihr widersprechen können, wenn die entsprechenden Informationen bereits gespeichert sind und verwendet werden. Die Vorverlegung des Widerspruchszeitpunkts ist grundsätzlich zu begrüßen, zumal die Regelung die meisten von Verbrauchern abgeschlossenen Vertragsvarianten erfasst. Die Regelung unterfällt für Altdaten der Übergangsregelung gemäß § 47.

151 Die Unterrichtung muss über die verantwortliche Stelle erfolgen. Es sind Name und Anschrift der Stelle bzw. der gesellschaftsrechtlich verantwortlichen Personen mitzuteilen. Weiterhin muss über das Bestehen des Widerspruchsrechts informiert werden. Hierzu gehört (auch wenn das Gesetz dies nicht ausdrücklich erwähnt) ein Hinweis dazu, wie dieses geltend gemacht werden kann. Schließlich muss mitgeteilt werden, woher die Daten stammen, wenn diese nicht bei der verantwortlichen Stelle vorgehalten werden. Zielrichtung der Gesamtmitteilung ist es, die Wahrung der Rechte durch die Betroffenen zu gewährleisten.[253]

152 Eine bestimmte Form der Unterrichtung und Belehrung schreibt Satz 2 nicht vor. Aus Gründen der Absicherung ist der verantwortlichen Stellen anzuraten, die Schriftform zu wählen.[254] Zeitlich muss die Unterrichtung »bei der Ansprache« erfolgen, mithin also spätestens zusammen mit der Werbemaßnahme selbst.[255] Eine frühere Unterrichtung ist möglich und zur Wahrung der Rechte der Betroffenen sinnvoll.

153 Offen lässt das Gesetz die Frage, ob die Unterrichtungs- und Belehrungspflicht nach Satz 2 auch bei mehrfacher Ansprache besteht.[256] Dies wird man in jedem Fall für

---

252 Vgl. BT-Drs. 16/12011, S. 30.
253 Wolff in Wolff/Brink, § 28 Rn. 210.
254 BMH, § 28 Rn. 453; Wolff in Wolff/Brink, § 28 Rn. 215.
255 BMH, § 28 Rn. 480; Gola/Schomerus, § 28 Rn. 62; Wolff in Wolff/Brink, § 28 Rn. 217.
256 Wolff in Wolff/Brink, § 28 Rn. 221.

Datenerhebung und -speicherung für eigene Geschäftszwecke § 28

»Massenansprachen« in Form von ungezielten Aktivitäten oder Aussendungen bejahen müssen.[257] Darüber hinaus ist ein solches Vorgehen aber zur Absicherung der verantwortlichen Stelle immer sinnvoll, etwa um die Begehung einer Ordnungswidrigkeit auszuschließen. Werden nämlich entgegen einem Widerspruch personenbezogene Daten weiterhin zu Zwecken der Werbung oder der Markt- und Meinungsforschung genutzt, kann dies eine Ordnungswidrigkeit nach § 43 Abs. 1 Nr. 3 sein (vgl. § 43 Rn. 8).

c) Form und Frist des Widerspruchs (Abs. 4 Satz 4)

Ein Widerspruch muss nicht begründet werden.[258] Auch zwingende Formvorgaben gibt es nicht. Eine bestimmte Form kann erforderlich sein, wenn der Widerspruch sich auf rechtsgeschäftliche oder rechtsgeschäftsähnliche Schuldverhältnisse bezieht.[259] Abs. 4 Satz 4 sieht vor, dass für den Widerspruch keine strengere Form verlangt werden darf als für die Begründung des Schuldverhältnisses selbst. Durch diese Regelung soll die Stärkung der Rechte der Betroffenen erreicht werden. Sie soll beispielsweise dem oft zu beobachtenden Effekt entgegenwirken, dass Verträge mit geringen Formerfordernissen (etwa durch eine elektronische Erklärung im Internet oder auch mündlich) abgeschlossen werden können, dass an einen Widerspruch dann aber höhere Anforderungen (etwa die erneute Schriftform) gestellt werden.[260] In der Konsequenz wird es verantwortlichen Stellen durch Abs. 4 Satz 4 möglich, festzulegen, dass der Widerspruch in derselben Form eingelegt werden muss, in der der Vertragsschluss erfolgt ist. Dies kann im Einzelfall zu einer Verschlechterung gegenüber der gesetzlichen Situation nach der vor dem 1. September 2009 gültigen Fassung führen. Betroffene müssen nämlich sicherstellen, dass sie die zutreffende Widerspruchsform wählen.

154

Unterbleibt eine Festlegung der Form bei Vertragsschluss oder liegt kein Fall des Abs. 1 Satz 1 Nr. 1 vor, besteht Formfreiheit. Der Widerspruch kann dann mündlich, schriftlich, telefonisch oder auch durch konkludentes Handeln (etwa durch Mitteilung, dass keine weiteren Geschäftskontakte mehr gewünscht sind) erklärt werden.[261] Auch die Rücksendung eines Briefes mit dem Hinweis »Annahme verweigert« ist ein Widerspruch im Sinne der Vorschrift.[262] Unabhängig von der notwendigen Form ist es aus Sicht der Betroffenen sinnvoll, den Widerspruch in einer beweisbaren Form einzulegen (z. B. durch Einschreiben mit Rückschein). Nicht notwendig, aber sicher erforderlich ist es, einer konkreten Verwendung oder einer bestimmten Phase (etwa »Übermittlung« oder »Nutzung«) zu widersprechen.[263] Zulässig ist es, den Widerspruch auf bestimmte Verwendungszwecke zu beschränken.

155

Nicht als Widerspruch soll ein Eintrag in die sog. »Robinson-Liste« (vgl. *www.robinsonliste.de*) zu qualifizieren sein, die vom Direktmarketingverband als eine Art »Sperr-

156

---

257 Gola/Schomerus, § 28 Rn. 63; zustimmend Plath-Plath, § 28 Rn. 187; Simitis in Simitis, § 28 Rn. 255; Kramer in Auernhammer, § 28 Rn. 143.
258 Zustimmend BMH, § 28 Rn. 456.
259 Ähnlich Simitis in Simitis, § 28 Rn. 264.
260 Vgl. BT-Drs. 16/12011, S. 30 f.
261 BMH, § 28 Rn. 310; Wolff in Wolff/Brink, § 28 Rn. 188.
262 Gola/Schomerus, § 28 Rn. 61; BMH, § 28 Rn. 453; Wolff in Wolff/Brink, § 28 Rn. 189.
263 Zutreffend BMH, § 28 Rn. 453 f.

datei« geführt wird.[264] Mit Blick auf die zu berücksichtigenden schutzwürdigen Interessen der Betroffenen spricht allerdings alles dafür, dass verantwortliche Stellen verpflichtet sind, einen regelmäßigen Abgleich ihrer Listen mit der Robinson-Liste durchzuführen.[265] Erhält eine Stelle einen Widerspruch, kann sie ihrerseits Betroffene nicht an die Robinson-Liste verweisen.[266]

157 Eine Frist für die Einlegung des Widerspruchs gibt es nicht. Er kann zu jedem Zeitpunkt erhoben werden. Auch ein vorsorglicher Widerspruch ist zulässig. Die Bearbeitung des Widerspruchs muss bei der verantwortlichen Stelle kostenfrei erfolgen.[267]

8. Zweckbindung (Abs. 5)

158 Daten, die nach Maßgabe des § 28 übermittelt worden sind, stehen unter dem Gebot einer besonderen Zweckbindung. Deshalb wird Dritten, denen Daten zur Verfügung gestellt werden, durch Abs. 5 Satz 1 die Verpflichtung auflegt, diese nur für die Zwecke zu verarbeiten und zu nutzen, zu denen sie übermittelt worden sind. Allgemeine Voraussetzung ist hierbei natürlich, dass die Daten ursprünglich rechtmäßig übermittelt worden sind.[268]

159 Angesprochene Dritte sind alle von der Definition des § 3 Abs. 8 Satz 2 erfassten Personen und Stellen des öffentlichen wie des nicht-öffentlichen Bereichs.[269] Die Zweckbindung besteht unabhängig davon, ob eine automatisierte oder nicht-automatisierte Übermittlung bzw. Verarbeitung erfolgt.[270]

160 Die Vorgaben zur Zweckbindung, die die Vorschrift enthält, sind nur auf den ersten Blick restriktiv. Auf den zweiten offenbart sich eine Reihe von Ausnahmen, die den Gehalt des Zweckbindungsgebots entwerten.[271] Nach Abs. 5 Satz 1 darf nämlich der Dritte die Daten zwar nur für die Zwecke verarbeiten oder nutzen, zu denen sie ihm übermittelt worden sind. Dem steht die Regelung in Abs. 5 Satz 2 entgegen, die im Ergebnis der Verweise auf die Abs. 2 und 3 sowie auf § 14 Abs. 2 weitgehende Ausnahmen zulässt. Ist eine der Voraussetzungen der in Verweis genommenen Vorschriften erfüllt, dürfen die Daten vom Dritten zu den dort aufgeführten Zwecken verarbeitet werden. Einseitige Erklärungen der übermittelnden Stelle (etwa in einem »E-Mail-Disclaimer«) sollen die gesetzliche Ermächtigung nicht wirksam aufheben oder begrenzen können.[272]

---

264 Gola/Schomerus, § 28 Rn. 62; BMH, § 28 Rn. 453; Plath-Plath, § 28 Rn. 195; Simitis in Simitis, § 28 Rn. 259; Wolff in Wolff/Brink, § 28 Rn. 191.
265 Vgl. Weichert, WRP 1996, 522; Mattke, S. 249; Simitis in Simitis, § 28 Rn. 260; Wolff in Wolff/Brink, § 28 Rn. 192; a.A. wohl Gola/Schomerus, § 28 Rn. 62, die dies für »fraglich« halten; Kramer in Auernhammer, § 28 Rn. 139.
266 BMH, § 28 Rn. 454.
267 BMH, § 28 Rn. 459; Plath-Plath, § 28 Rn. 199; Simitis in Simitis, § 28 Rn. 266; Wolff in Wolff/Brink, § 28 Rn. 187.
268 Wolff in Wolff/Brink, § 28 Rn. 227.
269 Simitis in Simitis, § 28 Rn. 285.
270 BMH, § 28 Rn. 494.
271 Simitis in Simitis, § 28 Rn. 284 spricht von »faktischer Aufhebung«; ähnlich Gola/Schomerus, § 28 Rn. 39; Wolff in Wolff/Brink, § 28 Rn. 230.
272 Gola/Wronka RDV 2007, 53; Schmidl, MMR 2005, 501.

Damit wird im Ergebnis die in Abs. 5 Satz 3 vorgeschriebene Hinweispflicht weitgehend entwertet, die eigentlich eine Stärkung der Zweckbindung erzeugen sollte. Dem Dritten ist hiernach der Zweck der Übermittlung bekannt zu geben, verbunden mit dem Hinweis, dass er von diesem nur unter den Voraussetzungen der Abs. 1 und 2 (bzw. bei öffentlichen Stellen unter denen des § 14) abweichen darf.[273] Im Einzelfall kehrt sich diese datenschutzbezogene Hinweispflicht ins Gegenteil, wenn sie Dritte, die Daten erhalten, ausdrücklich auf die bestehenden Möglichkeiten für Zweckänderungen hinweist und damit erst den Anlass für weitergehende Verarbeitung schafft.

161

In der Konsequenz besteht aufgrund des Gesamtzusammenhangs der Regelung für Dritte, die Daten im Rahmen dieser Vorschrift erhalten, tatsächlich keine verschärfte Zweckbindung. Sie haben in der Konsequenz den gleichen Verarbeitungsspielraum wie die übermittelnde Stelle.[274] Das schon im ursprünglichen Gesetzgebungsverfahren zum BDSG 90 verfolgte Ziel einer Verschärfung der Zweckbindung[275] wurde damit bis heute vom Gesetzgeber nicht erreicht. Vor diesem Hintergrund muss die Regelung in Satz 2 mit Blick auf die zu schützenden Rechte der Betroffenen so restriktiv wie möglich interpretiert werden.[276] Notwendig ist eine Interessenabwägung, die sich an den im erhöhten Maße schutzwürdigen Belangen der Betroffenen misst. Hierbei ist zu berücksichtigen, dass Betroffenen die Dritten nicht kennen und dass sie von der beabsichtigten Zweckänderung nichts wissen.[277]

162

9. Besondere Arten personenbezogener Daten für eigene Geschäftszwecke (Abs. 6)

Durch die Abs. 6 wird die Vorgabe von Art. 8 EG-Richtlinie umgesetzt, der allen Mitgliedstaaten der EU die Pflicht auferlegt, auf die Verarbeitung bestimmter, als besonders sensibel eingestufter Daten grundsätzlich zu verzichten. Eine Definition entsprechender Daten enthält § 3 Abs. 9 (vgl. dort Rn. 65 ff.). Die Auslegung der an der EG-Richtlinie orientierten Tatbestände muss richtlinienkonform erfolgen.[278] Die Vorschrift entspricht inhaltlich den Regelungen, die für den öffentlichen Bereich in § 13 Abs. 2 Nrn. 1, 3 und 4 sowie in § 14 Abs. 5 enthalten sind (vgl. insoweit auch § 13 Rn. 23 ff. und § 14 Rn. 29 ff.).

163

a) Zulässigkeit der Datenerhebung bei Einwilligung der Betroffenen

Um das Regelungsziel von Art. 8 EG-Richtlinie in das BDSG einzufügen, enthält Abs. 6 eine abschließende Aufzählung von Sachverhalten, bei deren Vorliegen die Erhebung besonderer Arten von personenbezogenen Daten ausnahmsweise zulässig ist. Darüber hinaus kann eine Erhebung, Verarbeitung und Nutzung besonderer Arten personenbezogener Daten aufgrund der besonderen Erwähnung in Abs. 6 Satz 1 zulässig sein,

164

---
273 Zustimmend Plath-Plath, § 28 Rn. 206.
274 Zutreffend kritisch Simitis in Simitis, § 28 Rn. 290.
275 Vgl. hierzu Auernhammer, § 28 Rn. 56.
276 Simitis in Simitis, § 28 Rn. 317; zustimmend Plath-Plath, § 28 Rn. 205; BMH, § 28 Rn. 497.
277 BMH, § 28 Rn. 497.
278 Sokol in Simitis, § 13 Rn. 33.

§ 28 Datenerhebung und -speicherung für eigene Geschäftszwecke

wenn eine Einwilligung des Betroffenen nach § 4a Abs. 3 vorliegt. An die Wirksamkeit dieser Einwilligung, die gemäß § 4a Abs. 3 »ausdrücklich« erklärt werden muss (vgl. § 4a Rn. 41), sind aufgrund der Sensibilität der besonderen Arten personenbezogener Daten herausragend hohe Anforderungen zu stellen.

165 Diese Feststellung gilt insbesondere für Beschäftigungsverhältnisse und die diesen regelmäßig vorangehende Bewerbungsphase. Hier dürfen selbst beim Vorliegen einer individuellen Einwilligung nur die Daten verwendet werden, die für die Abwicklung eines Beschäftigungsverhältnisses zwingend erforderlich sind. Es ist mit Blick auf die Grenzen des Fragerechts (vgl. § 32 Rn. 13 ff.) zu beachten, dass an die Feststellung der Freiwilligkeit einer Einwilligung im Beschäftigungsverhältnis hohe Anforderungen zu stellen sind. Bezogen auf unzulässige Fragen des Arbeitgebers im Bereich der besonderen Arten personenbezogener Daten ist davon auszugehen, dass hier eine vom Beschäftigten erteilte Einwilligung aufgrund des Mangels der Freiwilligkeit in der Regel keine rechtliche Wirkung entfalten kann. Eine Datenerhebung oder -verarbeitung lässt sich hierdurch datenschutzrechtlich nicht legitimieren.

166 Restriktiv muss sich die Berufung auf das Vorliegen einer Einwilligung auch im Versicherungsbereich gestalten, wenn etwa im Zusammenhang mit dem Abschluss eines Lebensversicherungsvertrags von Betroffenen weitergehende Informationen (etwa zur Gesundheit oder zum Freizeitverhalten) verlangt werden. Einwilligungen können nur gefordert werden, wenn die verantwortliche Stelle aus objektiver Sicht ein Interesse an den Daten hat. Keinesfalls kann die Einwilligung als Generalklausel für die Zulässigkeit einer unbegrenzten Datenerhebung verwendet werden.[279]

167 Erforderlich ist eine Einwilligung schließlich im Zusammenhang mit dem Verkauf von Praxen im Gesundheitsbereich. Dem Käufer darf mit Blick auf die Vorgaben in Abs. 6 der Einblick in Patientenakten überhaupt nur dann gewährt werden, wenn eine vorherige Einwilligung der Betroffenen vorliegt.[280]

b) Zulässigkeit der Datenerhebung ohne Einwilligung

168 Liegt keine wirksame Einwilligung vor, kann eine Erhebung, Verarbeitung und Nutzung besonderer Arten personenbezogener Daten für eigene Geschäftszwecke nur erfolgen, wenn einer der in Abs. 6 genannten vier Tatbestände vorliegt. Der Katalog von Ausnahmetatbeständen ist abschließend.[281] Sie sind mit Blick auf den Schutzzweck der Norm eng auszulegen.[282] Deshalb dürfen in allen vier Einzelfällen nur und ausschließlich die jeweils erforderlichen Daten zugänglich gemacht werden.[283] Wird einer der aufgeführten Tatbestände nicht uneingeschränkt erfüllt, muss die Erhebung, Verarbeitung oder Nutzung grundsätzlich unterbleiben. Für die Praxis wird der Schutz besonderer Arten personenbezogener Daten in diesem Bereich allerdings dadurch erschwert,

---

279 Ähnlich Simitis in Simitis, § 28 Rn. 295.
280 Simitis in Simitis, § 28 Rn. 296; Roßnagel, NJW 1989, 2304 ff.; Körner-Dammann, NJW 1992, 1543; vgl. auch Rn. 71.
281 Simitis in Simitis, § 28 Rn. 297.
282 Ebenso Wolff in Wolff/Brink, § 28 Rn. 247; Vgl. auch Sokol/Scholz in Simitis, § 13 Rn. 34 zur entsprechenden Regelung im 2. Abschnitt.
283 Simitis in Simitis, § 28 Rn. 299; Wolff in Wolff/Brink, § 28 Rn. 247.

Datenerhebung und -speicherung für eigene Geschäftszwecke § 28

dass der Katalog der Ausnahmetatbestände relativ weitgehende Erhebungen, Verarbeitungen und Nutzungen zulässt. Die Wirksamkeit des Schutzrahmens der Vorschrift wird damit erheblich eingeschränkt.

- **Nr. 1: Schutz lebenswichtiger Interessen**
  Nach dem Tatbestand in Nr. 1 kann eine Erhebung erfolgen, wenn dies zum Schutz lebenswichtiger Interessen des Betroffenen oder eines Dritten erforderlich ist und sofern der Betroffene aus physischen oder rechtlichen Gründen außerstande ist, seine Einwilligung zu geben. Die Vorschrift entspricht inhaltlich der entsprechenden Regelung in Art. 8 Abs. 2 Buchstabe c EG-Richtlinie.   169

  Der Tatbestand beinhaltet zwei Voraussetzungen. Zunächst einmal müssen lebenswichtige Interessen der Betroffenen oder Dritter vorliegen, zu deren Schutz eine Erhebung erforderlich ist. Es muss sich um existenzielle Interessen handeln, die insbesondere im Bereich des Gesundheitsschutzes (etwa im Zusammenhang mit hochinfektiösen Krankheiten) bestehen können.[284] In der Regel wird diese Voraussetzung erfüllt sein, wenn die Erhebung zur Abwehr von Gefahren für Leib und Leben notwendig ist. Diese Situation rechtfertigt auch die Einbeziehung Dritter in den Tatbestand. Weiterhin muss der Betroffene physisch oder aus rechtlichen Gründen außerstande sein, seine Einwilligung persönlich zu geben. Dieser Teil des Tatbestandes verdeutlicht schon vom Wortlaut, dass es andere gesetzliche Erhebungsregeln in diesen Fällen nicht geben kann, weil dann eine Einwilligung obsolet wäre. Die Vorschrift fingiert, dass der Betroffene seine Einwilligung geben würde, wenn er hierzu in der Lage wäre.[285] Die Entscheidung ist im Zweifel vom Standpunkt eines verständigen Dritten aus zu treffen. Die Erhebung muss unterbleiben, wenn mit hinreichender Sicherheit davon auszugehen ist, dass der Betroffene eine Einwilligung gerade nicht erteilt hätte, wenn er hierzu in der Lage gewesen wäre.[286] Gibt es diesbezüglich Zweifel, ist eine Entscheidung nur bezogen auf den konkreten Sachverhalt möglich.[287] Hat ein handlungsunfähiger Betroffener einen gesetzlichen Vertreter oder liegt eine Vollmacht vor, scheidet eine Berufung auf Nr. 1 aus, da dann dessen Einwilligung eingeholt werden kann.[288] Wird die Erteilung der Einwilligung vom Vertreter bzw. Bevollmächtigten verweigert (etwa aus religiösen Gründen bezüglich bestimmter medizinischer Maßnahmen), kann die verantwortliche Stelle hingegen auf den Tatbestand der Nr. 1 zurückgreifen.   170

- **Nr. 2: Öffentliche Bekanntgabe der Daten**
  Nach dem Tatbestand in Nr. 2 kann eine Erhebung, Verarbeitung oder Nutzung für eigene Geschäftszwecke erfolgen, wenn es sich um besondere Arten personenbezo-   171

---

284 Ähnlich Wolff in Wolff/Brink, § 28 Rn. 249.
285 Ebenso Plath-Plath, § 28 Rn. 210; Simitis in Simitis, § 28 Rn. 302; Wolff in Wolff/Brink, § 28 Rn. 248.
286 Ähnlich Kramer in Auernhammer, § 28 Rn. 160; Simitis in Simitis, § 28 Rn. 302; Wolff in Wolff/Brink, § 28 Rn. 248.
287 Grundlegend hierzu Dammann/Simitis, EG-Datenschutzrichtlinie Art. 8 Erl. 11; entsprechende Vorschrift für den öffentlichen Bereich Sokol in Simitis, § 13 Rn. 37, die zutreffend auf Probleme bei der Ermittlung des tatsächlichen Willens hinweist; Gola/Schomerus, § 13 Rn. 16; a. A. BMH, § 13 Rn. 512, die zur Begründung auf das Fehlen einer mutmaßlichen Einwilligung im BDSG hinweisen.
288 Plath-Plath, § 28 Rn. 210; Wolff in Wolff/Brink, § 28 Rn. 251.

gener Daten handelt, die der Betroffene offenkundig öffentlich gemacht hat. Die Verwendung des Wortes »offenkundig« verdeutlicht, dass sich die Vorschrift nicht auf alle Informationen bezieht, die öffentlich bekannt sind. Eine Verwendung unter Berufung auf Nr. 2 ist vielmehr nur zulässig, wenn der Betroffene eine Veröffentlichung selbst eindeutig wollte bzw. gewusst hat, dass die entsprechenden Daten für die Öffentlichkeit nutzbar erhoben, verarbeitet oder genutzt werden können. In Betracht kommen nur solche Daten, die auf Veranlassung des Betroffenen bzw. von ihm selbst mit dem Ziel publiziert worden sind, sie der Öffentlichkeit zugänglich zu machen wie etwa durch einen freiwillige Eintrag in Berufsverzeichnisse, Telefonbücher usw.[289] Auch aus dem individuellen Verhalten kann sich ein »Öffentlichmachen« ableiten (etwa eine Kandidatur für eine Partei oder ein Amt in der kirchlichen Mitverwaltung).[290] Gibt es an dieser Zielsetzung Zweifel, muss die Verwendung unter Berufung auf Nr. 2 unterbleiben. An die Bewertung der Zulässigkeit einer Erhebung nach Nr. 2 ist damit im Ergebnis ein restriktiver Maßstab anzulegen.

172 Unter Beachtung des § 4a muss sichergestellt sein, dass die Veröffentlichung durch den Betroffenen selbst freiwillig erfolgt ist.[291] Bestand hingegen bezüglich der Aufnahme in ein öffentliches Verzeichnis ein (direkter oder indirekter) Zwang, kann mangels Freiwilligkeit der Einwilligung im Sinne von § 4a nicht davon ausgegangen werden, dass die betroffene Person die Daten offenkundig öffentlich gemacht und damit für die Erhebung, Verarbeitung oder Nutzung zu eigenen Geschäftszwecken freigegeben hat.

173 Nicht als offenkundig öffentliche Daten im Sinne von Nr. 2 sind Pressemeldungen zu qualifizieren, es sei denn, es steht fest, dass die Angaben vom Betroffenen selbst stammen (etwa aufgrund der Verwendung autorisierter Zitate).[292] Offenkundig öffentlich sind hingegen Interviews, die Aussagen von Betroffenen wörtlich wiedergeben.[293] Nicht von Nr. 2 erfasst ist der Inhalt privater Webseiten, es sei denn, Betroffene sind ausdrücklich und für jeden erkennbar mit der Erhebung, Verarbeitung und Nutzung dieser Daten einverstanden.[294] Entsprechendes gilt für die Ergebnisse einer Internetsuche mit einer Suchmaschine. Die hierbei gefundenen Ergebnisse und Daten sind nur offenkundig öffentlich, wenn sie in jedem Einzelfall ausdrücklich für eine breite Veröffentlichung bestimmt sind. Bestehen hieran Zweifel, muss auf eine Verwendung verzichtet werden. Die Voraussetzungen der Norm sind insoweit eng auszulegen.

- Nr. 3: Zur Verteidigung rechtlicher Ansprüche:

174 Nach dem Tatbestand in Nr. 3 können besondere Arten personenbezogener Daten zu eigenen Geschäftszwecken verwendet werden, wenn dies zur Geltendmachung, Ausübung oder Verteidigung rechtlicher Ansprüche erforderlich ist. Die Vorschrift ist im Wesentlichen deckungsgleich mit den in Abs. 1 Nr. 1 genannten rechts-

---

[289] Ähnlich Gola/Schomerus, § 28 Rn. 69; Simitis in Simitis, § 28 Rn. 303.
[290] Däubler, Gläserne Belegschaften?, Rn. 197; Wolff in Wolff/Brink, § 28 Rn. 257.
[291] Ebenso Kramer in Auernhammer, § 28 Rn. 155.
[292] Ähnlich Simitis in Simitis, § 28 Rn. 304; Plath-Plath, § 28 Rn. 211; Wolff in Wolff/Brink, § 28 Rn. 254.
[293] Wolff in Wolff/Brink, § 28 Rn. 254.
[294] A. A. Wolff in Wolff/Brink, § 28 Rn. 254, der Webseiten als »öffentlich« qualifiziert.

Datenerhebung und -speicherung für eigene Geschäftszwecke § 28

geschäftlichen Schuldverhältnissen.[295] Ob damit zugleich rechtsgeschäftsähnliche Schuldverhältnisse erfasst sind, muss mit Blick auf den Wortlaut der Vorschrift allerdings offen bleiben.[296] Lässt man eine solche Ausdehnung des Anwendungsbereichs zu, bedeutet dies aber zugleich, dass das Maß des Zulässigen im Rahmen der durchzuführenden Interessenabwägung äußerst restriktiv bewertet werden muss. Für die Praxis führt dies im Bereich eines Beschäftigungsverhältnisses zu einer weitgehenden Einschränkung des Fragerechts der AG, soweit sich dieses auf besondere Arten personenbezogener Daten richtet.[297]

Die Erhebung, Verarbeitung und Nutzung besonderer Arten steht unter dem Vorbehalt einer Interessenabwägung. Eine Verwendung darf nicht erfolgen, wenn ein Grund zu der Annahme besteht, dass das schutzwürdige Interesse des Betroffenen an dem Ausschluss der Erhebung, Verarbeitung oder Nutzung überwiegt. Die Anforderungen an die Zulässigkeit der Verwendung sind hier mit Blick auf die besondere Sensitivität der verwendeten Daten höher als die im Rahmen des Abs. 1 Nr. 2 (vgl. Rn. 69).[298] 175

- Nr. 4: Zur Durchführung wissenschaftlicher Forschung

Nach Nr. 4 ist die Erhebung, Verarbeitung und Nutzung zulässig, wenn dies zur Durchführung wissenschaftlicher Forschung erforderlich ist und wenn das wissenschaftliche Interesse an der Durchführung des Forschungsvorhabens einem gegenteiligen Interesse des Betroffenen erheblich überwiegt. Weiterhin muss der Zweck der Forschung auf andere Weise nicht oder nur mit unverhältnismäßigem Aufwand erreicht werden können. Durch die Vorschrift wird klargestellt, dass wissenschaftliche Forschung in bestimmten Fällen auf besondere Arten personenbezogener Daten zurückgreifen kann. Die genannten Vorgaben sind wortgleich mit denen in den §§ 13 Abs. 2 Nr. 8 und 14 Abs. 2 Nr. 9 (vgl. hierzu § 14 Rn. 21). 176

Die Erhebung, Verarbeitung und Nutzung von besonderen Arten von Daten für eigene Geschäftszwecke auf der Grundlage von Nr. 4 steht unter dem Vorbehalt einer Interessenabwägung. Überwiegt hierbei das Interesse des Betroffenen am Ausschluss der Erhebung erheblich, muss die Verwendung für wissenschaftliche Zwecke unterbleiben. Im konkreten Fall kann es zur Wahrung der Interessen der Betroffenen ausreichend sein, wenn die wissenschaftliche Verwertung eingeschränkt wird.[299] So hat etwa das BVerfG in seiner »Kohl«-Entscheidung vom 23.6.2004[300] festgelegt, dass Daten ausschließlich für bestimmte Forschungszwecke genutzt und hierbei weder weitergegeben noch publiziert werden dürfen. Diese Entscheidung macht deutlich, dass auch in anderen Fällen ergänzende Vorkehrungen getroffen werden müssen, um die Rechte der Betroffenen im Zusammenhang mit der wissen- 177

---

295 Vgl. Simitis in Simitis, § 28 Rn. 306 m.w.N.
296 Für eine Anwendung Däubler, Gläserne Belegschaften?, Rn. 198; BMH, § 28 Rn. 519; Simitis in Simitis, § 28 Rn. 306; Gola/Schomerus, § 28 Rn. 72; Wolff in Wolff/Brink, § 28 Rn. 257; a.A. Franzen, RDV 2003, 3, der eine Anwendung auf vorvertragliche Beziehungen ablehnt.
297 Zum Fragerecht ausführlich § 32 Rn. 13ff.; allgemein Däubler, Gläserne Belegschaften?, Rn. 207; Simitis in Simitis, § 28 Rn. 306; FESTL, § 94 Rn. 25; Klebe in DKKW, § 94 Rn. 13ff.
298 Ähnlich Simitis in Simitis, § 28 Rn. 308; Wolff in Wolff/Brink, § 28 Rn. 258.
299 Ähnlich Simitis in Simitis, § 28 Rn. 311.
300 BVerfG NJW 2004, 2462, 2466.

schaftlichen Auswertung besonderer Arten personenbezogener Daten zu wahren.[301] Mit Blick auf § 3a BDSG kommt insbesondere die Pseudonymisierung bzw. Anonymisierung von Informationen in Betracht. Entsprechende Maßnahmen werden regelmäßig nicht mit einem bei der Abwägung zu berücksichtigenden unverhältnismäßigen Aufwand verbunden sein. Rückschlüsse auf konkrete Betroffene müssen für den Regelfall ausgeschlossen werden.

10. Erhebung von Daten gemäß § 3 Abs. 9 im Gesundheitsbereich (Abs. 7)

178 Die Regelung in Abs. 7 setzt die Vorgabe aus Art. 8 Abs. 3 EG-Richtlinie um und gibt vor, unter welchen Voraussetzungen besondere Arten von Daten im Gesundheitsbereich erhoben, verarbeitet und genutzt werden dürfen.

179 Die Bereiche, in denen eine Erhebung erfolgen darf, sind in Satz 1 1. Hlbs. der Regelung abschließend aufgezählt. Neben dem unmittelbaren Bereich der medizinischen Versorgung werden von der Vorschrift auch die entsprechenden administrativen Bereiche (insbesondere Verwaltung) erfasst.[302] Auch auf Apotheken ist die Vorschrift anwendbar.[303] Nicht erfasst werden hingegen andere (externe) Stellen wie etwa Krankenversicherungen und Beihilfestellen.[304] Auch die Weitergabe an gewerbliche Verrechnungsstellen, Inkassobüros, Anbieter von Dokumentationsdienstleistungen (etwa Mikroverfilmung von Akten) usw. ist auf der Grundlage von Abs. 7 nicht zulässig.[305]

180 Gehört eine Stelle zu dem in Satz 1 beschriebenen Gesundheitsbereich, ist die Erfüllung der 2. Alt. des Satzes 1 Voraussetzung für die Zulässigkeit der Erhebung sowie für sich anschließende Verarbeitungen und Nutzungen. Nach dieser Vorgabe muss in allen Phasen die Verwendung von Gesundheitsdaten durch ärztliches Personal oder durch Personen erfolgen, die einer entsprechenden Geheimhaltungspflicht unterliegen. Die Erhebungsbefugnis wird hierdurch auf die Personen beschränkt, die in § 203 Abs. 1 Nr. 1 StGB genannt sind.[306] Sie wird allerdings gleichzeitig auf »Hilfspersonal« erweitert, das unterstützende oder ergänzende Aufgaben durchführt, solange für diese Personen entsprechende Schweigepflichten gelten. Angesprochen sind neben Ärzten beispielsweise Heilpraktiker, Logopäden, Krankengymnasten, Masseure, Optiker, aber auch Produzenten von Arzneimitteln, Händler im Bereich der orthopädischen Hilfsmittel usw.[307] Nicht dem Arztgeheimnis unterliegende Personen (etwa Verwaltungsmitarbeiter) müssen eine entsprechende Verpflichtungserklärung abgeben.[308]

---

301 Vgl. Mand, MedR 2005, 565 zu den Anforderungen, die in diesem Bereich an eine Einwilligung zu stellen sind.
302 BMH, § 28 Rn. 530; Simitis in Simitis, § 28 Rn. 315 f; Wolff in Wolff/Brink, § 28 Rn. 266.
303 Simitis in Simitis, § 28 Rn. 315.
304 Simitis in Simitis, § 28 Rn. 317; Kramer in Auernhammer, § 28 Rn. 162.
305 BMH, § 28 Rn. 530, Simitis in Simitis, § 28 Rn. 317.
306 Ebenso Plath-Plath, § 28 Rn. 215.
307 BMH, § 28 Rn. 530; Simitis in Simitis, § 28 Rn. 316; Kramer in Auernhammer, § 28 Rn. 163; Wolff in Wolff/Brink, § 28 Rn. 264.
308 BMH, § 28 Rn. 528; Kramer in Auernhammer, § 28 Rn. 163.

Datenerhebung und -speicherung für eigene Geschäftszwecke § 28

11. Übermittlung und Nutzung von Daten gemäß § 3 Abs. 9 für andere Zwecke (Abs. 8)

Die Regelung in Abs. 8 gestattet für bestimmte Fälle eine zweckändernde Übermittlung und Nutzung besonderer Arten personenbezogener Daten. Die Regelung ist aufgrund der Verweisungen kaum verständlich und in sich widersprüchlich.[309] Mit Blick auf das Recht auf informationelle Selbstbestimmung ist es notwendig, die Tatbestände, die eine zweckändernde Übermittlung und Nutzung zulassen, so restriktiv wie möglich auszulegen.[310] Unzulässig wäre beispielsweise die Übermittlung und Nutzung zu Werbezwecken oder zu Leistungs- und Verhaltenskontrollen der AN.[311]

181

Eine Zweckänderung lässt die Vorschrift in Satz 1 zunächst unter den Voraussetzungen des Abs. 6 Nrn. 1 bis 4 sowie des Abs. 7 Satz 1 zu. Damit kann es beispielsweise ausnahmsweise möglich sein, besondere Arten von Daten zur Geltendmachung rechtlicher Ansprüche zu übermitteln. Mit Blick auf die vorzunehmende Interessenabwägung ist allerdings für Beschäftigungsverhältnisse davon auszugehen, dass entsprechende Übermittlungen oder Nutzungen im Regelfall unzulässig sind. Ausnahmen können sich allenfalls im Zusammenhang mit Rechtsstreitigkeiten (etwa Nutzung von Daten in Schriftsätzen an das zuständige Arbeitsgericht) ergeben. Die Zulässigkeit wird indes in derartigen Fällen durch die einschlägigen Vorgaben der Prozessordnungen geprägt.

182

Die Übermittlung und Nutzung für andere Zwecke ist nach Satz 2 weiterhin zulässig, wenn dies zur Abwehr erheblichen Gefahren oder zur Verfolgung von Straftaten erheblicher Bedeutung erforderlich ist. Der Tatbestand lehnt sich an den in Abs. 2 Nr. 2b an (vgl. Rn. 90 ff.). Es muss sich allerdings anders als dort um erhebliche Gefahren handeln. Die Gefahr muss deshalb herausragend sein, um die Übermittlung und Nutzung zu legitimieren. »Einfache« Gefährdungen oder die Möglichkeit, dass diese eintreten können, reichen hingegen nicht aus, um eine Übermittlung und Nutzung auf der Grundlage von Abs. 8 zu legitimieren.[312]

183

Bezogen auf Straftaten kommt die Vorschrift nur zur Anwendung, wenn diese von erheblicher Bedeutung sind. Diese aus dem Polizeirecht bekannte und auch in § 98 a StPO verwendete Definition ist indes wenig trennscharf[313] und lässt keine abschließende Festlegung zu. In jedem Fall unzulässig wären aber Übermittlungen und Nutzungen beim Vorliegen von Straftaten aus dem Bereich der »Kleinkriminalität«.[314]

184

12. Sonderbestimmung für den Umgang von Daten gemäß § 3 Abs. 9 durch bestimmte Organisationen (Abs. 9)

Die Vorschrift enthält Sonderregelungen für die Erhebung, Verarbeitung und Nutzung besonderer Arten personenbezogener Daten durch Organisationen, die aufgrund ihrer

185

---

309 Hierzu Simitis in Simitis, § 28 Rn. 320.
310 Zutreffend Simitis in Simitis, § 28 Rn. 327; ebenso BMH, § 28 Rn. 531.
311 BMH, § 28 Rn. 533.
312 Ähnlich BMH, § 28 Rn. 534.
313 Vgl. Simitis in Simitis, § 28 Rn. 323.
314 BMH, § 28 Rn. 534; im Ergebnis wohl auch Kramer in Auernhammer, § 28 Rn. 166; Wolff in Wolff/Brink, § 28 Rn. 272.

politischen, philosophischen, religiösen oder gewerkschaftlichen Ausrichtung eine politische oder weltanschauliche »Tendenz« ohne Erwerbszweck verfolgen. Die Regelung setzt die Vorgabe von Art. 8 Abs. 2 d EG-Richtlinie um. In Abs. 9 wurde im Rahmen der Novelle des Jahres 2009 nur eine redaktionelle Anpassung des Verweises im letzten Satz (nunmehr auf Abs. 2 Nr. 2 b) vorgenommen.

186 Die Aufzählung von Organisation in Satz 1 ist abschließend.[315] Der Tatbestand der Vorschrift knüpft an drei Voraussetzungen an, die insgesamt erfüllt sein müssen.

187 Erste Voraussetzung für die Anwendbarkeit der Vorschrift ist nach Satz 1 1. Hlbs., dass die Organisation keinen Erwerbszweck verfolgt. Ist dieser auch nur teilweise vorhanden, kommt Abs. 9 nicht zur Anwendung.[316] Diese Feststellung gilt für kommerzielle Unternehmen, die im Eigentum von Organisationen stehen. Damit bestimmt sich beispielsweise die Zulässigkeit der Verwendung von personenbezogenen Daten der Mitglieder bei einem kommerziellen Kirchenverlag nicht nach Abs. 9, sondern nach den allgemeinen Vorschriften (etwa Abs. 1 Satz 1).[317]

188 Als weitere Voraussetzung enthält Satz 1 2. Hlbs. die Vorgabe, dass die Verwendung der Daten für die Organisation erforderlich sein muss. Diese Vorgabe begrenzt die zulässigen Zwecke der Erhebung, Verarbeitung und Nutzung grundlegend auf den Inhalt der verfolgten politischen oder weltanschaulichen Zielrichtung bzw. der »Tendenz«. Eine Partei darf beispielsweise nur Daten zur Parteizugehörigkeit, nicht aber auch zur Zugehörigkeit ihrer Mitglieder in einer Gewerkschaft oder Kirche verwenden. Eine Kirche darf entsprechend keine Informationen zur Parteizugehörigkeit ihrer Mitglieder erheben, verarbeiten oder nutzen usw.[318]

189 Die Anwendbarkeit der Vorschrift knüpft nach Satz 2 als dritte Voraussetzung schließlich daran an, dass im Zusammenhang mit der Tätigkeit der Organisation regelmäßig Kontakte zu den entsprechenden Mitgliedern oder Personen gehalten werden. Die Berechtigung zur Verwendung von Daten wird auf den Kreis der Personen beschränkt, zu denen eine ständige Verbindung besteht. Damit scheidet die Erhebung von Informationen potenzieller Mitglieder und deren anschließende Verwendung für Werbemaßnahmen auf der Grundlage dieser Vorschrift[319] ebenso aus wie die Verarbeitung der Daten von Interessenten, Spendern, Förderern usw.[320]

190 Eine Übermittlung an Dritte, die als Personen oder Stellen außerhalb der Organisation stehen, ist nach in Satz 3 nur zulässig, wenn eine Einwilligung nach § 4a Abs. 3 vorliegt.[321] Dies schränkt beispielsweise die Möglichkeit zur Weitergabe von Mitgliederlisten für Werbezwecke oder für die Spendensammlung ein.[322] Möglich bleibt die Erteilung von Aufträgen zur Verarbeitung von Mitgliederdaten auf der Grundlage von § 11.[323]

---

315 Simitis in Simitis, § 28 Rn. 328; Plath-Plath, § 28 Rn. 219.
316 Simitis in Simitis, § 28 Rn. 331.
317 Zustimmend Kramer in Auernhammer, § 28 Rn. 169.
318 Gola/Schomerus, § 28 Rn. 380; Simitis in Simitis, § 28 Rn. 333; Duhr/Naujok/Danker/Seiffert, DuD 2003, 12.
319 Simitis in Simitis, § 28 Rn. 334; Wolff in Wolff/Brink, § 28 Rn. 276.
320 Kramer in Auernhammer, § 28 Rn. 171; Plath-Plath, § 28 Rn. 220.
321 Ebenso Simitis in Simitis, § 28 Rn. 335.
322 BMH, § 28 Rn. 550; Wolff in Wolff/Brink, § 28 Rn. 277.
323 Gola/Schomerus, § 28 Rn. 82; Wolff in Wolff/Brink, § 28 Rn. 277.

Datenübermittlung an Auskunfteien § 28a

Eine Übermittlung an Dritte oder Nutzung durch Dritte kann aufgrund des Verweises in Satz 4 auch erfolgen, wenn dies zur Abwehr von Gefahren für die staatliche oder öffentliche Sicherheit sowie zur Verfolgung von Straftaten erforderlich ist (vgl. hierzu Rn. 90 ff.). Dieser Tatbestand ist mit Blick auf das Recht auf informationelle Selbstbestimmung allein schon deshalb eng auszulegen, weil in Abs. 3 Nr. 2 (anders als in Abs. 8 Satz 2) weder von erheblichen Gefahren noch von Straftaten von erheblicher Bedeutung die Rede ist.[324] In Betracht kommen allenfalls erhebliche Gefahren oder Straftaten.[325]

191

13. Folgen von Rechtsverletzungen

Wird ein Betroffener durch die Erhebung, Verarbeitung und Nutzung von Daten für eigene Zwecke geschädigt, kann er Schadensersatz nach den Regeln des § 7 verlangen (vgl. dort). § 28 ist eine Schutznorm i. S. v. § 823 Abs. 2 BGB. Bei schuldhafter Verletzung hat der Betroffene weiterhin gegen die verantwortliche Stelle einen allgemeinen zivilrechtlichen Schadensersatzanspruch.[326]

192

Eine unzulässige Erhebung, Verarbeitung oder Nutzung löst die allgemeinen Bußgeldtatbestände des § 43 aus (vgl. dort). Die unbefugte Erhebung und Verarbeitung von personenbezogenen Daten entgegen den Vorgaben der Abs. 1 bis 3 oder 6 bis 9 ist ebenso strafbar (§ 44 Abs. 1 i. V. m. § 43 Abs. 2 Nr. 1) wie unzulässige Zweckänderungen entgegen Abs. 5 Satz 1 durch Empfänger (§ 44 Abs. 1 i. V. m. § 43 Abs. 2 Nr. 5).[327]

193

14. Streitigkeiten

Zuständig für Streitigkeiten über die datenschutzrechtliche Bewertung von Erhebungen, Verarbeitungen oder Nutzungen für eigene Zwecke sind die Zivilgerichte. Etwas anderes gilt, wenn die Verwendung von Daten im Zusammenhang im arbeitsrechtlichen Bereich erfolgt. Hier besteht nach § 2 ArbGG eine Zuständigkeit der Arbeitsgerichte.[328]

194

§ 28a Datenübermittlung an Auskunfteien

(1) Die Übermittlung personenbezogener Daten über eine Forderung an Auskunfteien ist nur zulässig, soweit die geschuldete Leistung trotz Fälligkeit nicht erbracht worden ist, die Übermittlung zur Wahrung berechtigter Interessen der verantwortlichen Stelle oder eines Dritten erforderlich ist und
1. die Forderung durch ein rechtskräftiges oder für vorläufig vollstreckbar erklärtes

---

324 So zutreffend Simitis in Simitis, § 28 Rn. 337, der zutreffend eine »dezidiert restriktive« Interpretation für zwingend erforderlich hält; ebenso BMH, § 28 Rn. 551.
325 Zutreffend Plath-Plath, § 28 Rn. 221.
326 BMH, § 28 Rn. 552.
327 Vgl. Simitis in Simitis, § 28 Rn. 346.
328 Wolff in Wolff/Brink, § 28 Rn. 278.

§ 28a Datenübermittlung an Auskunfteien

Urteil festgestellt worden ist oder ein Schuldtitel nach § 794 der Zivilprozessordnung vorliegt,
2. die Forderung nach § 178 der Insolvenzordnung festgestellt und nicht vom Schuldner im Prüfungstermin bestritten worden ist,
3. der Betroffene die Forderung ausdrücklich anerkannt hat,
4. a) der Betroffene nach Eintritt der Fälligkeit der Forderung mindestens zweimal schriftlich gemahnt worden ist,
   b) zwischen der ersten Mahnung und der Übermittlung mindestens vier Wochen liegen,
   c) die verantwortliche Stelle den Betroffenen rechtzeitig vor der Übermittlung der Angaben, jedoch frühestens bei der ersten Mahnung über die bevorstehende Übermittlung unterrichtet hat und
   d) der Betroffene die Forderung nicht bestritten hat oder
5. das der Forderung zugrunde liegende Vertragsverhältnis aufgrund von Zahlungsrückständen fristlos gekündigt werden kann und die verantwortliche Stelle den Betroffenen über die bevorstehende Übermittlung unterrichtet hat.

Satz 1 gilt entsprechend, wenn die verantwortliche Stelle selbst die Daten nach § 29 verwendet.

(2) Zur zukünftigen Übermittlung nach § 29 Abs. 2 dürfen Kreditinstitute personenbezogene Daten über die Begründung, ordnungsgemäße Durchführung und Beendigung eines Vertragsverhältnisses betreffend ein Bankgeschäft nach § 1 Abs. 1 Satz 2 Nr. 2, 8 oder 9 des Kreditwesengesetzes an Auskunfteien übermitteln, es sei denn, dass das schutzwürdige Interesse des Betroffenen an dem Ausschluss der Übermittlung gegenüber dem Interesse der Auskunftei an der Kenntnis der Daten offensichtlich überwiegt. Der Betroffene ist vor Abschluss des Vertrages hierüber zu unterrichten. Satz 1 gilt nicht für Giroverträge, die die Einrichtung eines Kontos ohne Überziehungsmöglichkeit zum Gegenstand haben. Zur zukünftigen Übermittlung nach § 29 Abs. 2 ist die Übermittlung von Daten über Verhaltensweisen des Betroffenen, die im Rahmen eines vorvertraglichen Vertrauensverhältnisses der Herstellung von Markttransparenz dienen, an Auskunfteien auch mit Einwilligung des Betroffenen unzulässig.

(3) Nachträgliche Änderungen der einer Übermittlung nach Absatz 1 oder Absatz 2 zugrunde liegenden Tatsachen hat die verantwortliche Stelle der Auskunftei innerhalb von einem Monat nach Kenntniserlangung mitzuteilen, solange die ursprünglich übermittelten Daten bei der Auskunftei gespeichert sind. Die Auskunftei hat die übermittelnde Stelle über die Löschung der ursprünglich übermittelten Daten zu unterrichten.

Übersicht

	Rn.
1. Allgemeines	1– 3
2. Übermittlung von Negativdaten (Abs. 1)	4–10
3. Übermittlung von Positivdaten (Abs. 2)	11–17
4. Nachberichtspflicht (Abs. 3)	18, 19

Datenübermittlung an Auskunfteien § 28a

1. Allgemeines

Die Regelung wurde 2009 ins BDSG aufgenommen und trat am 1.4.2010 in Kraft. Mit der Vorschrift wird der gestiegenen Bedeutung von **Auskunfteien** in einer anonymer werdenden Geschäftswelt Rechnung getragen, indem die Intransparenz für die Betroffenen, vor allem beim Einsatz sog. Scoringverfahren (dazu § 28b), reduziert wird.[1] Auskunfteien sind Unternehmen, die unabhängig vom Vorliegen einer konkreten Anfrage geschäftsmäßig bonitätsrelevante Daten über Unternehmen oder Privatpersonen sammeln, um sie bei Bedarf Geschäftspartnern für die Beurteilung der Kreditwürdigkeit der Betroffenen zugänglich zu machen.[2] Nicht erfasst werden Unternehmen, die Auskunft über andere als bonitätsrelevante Merkmale, evtl. auch vertragswidriges Verhalten, geben, so etwa viele Warndateien oder das Hinweis- und Informationssystem der Versicherungswirtschaft.[3]

§ 28a führt **spezielle Erlaubnistatbestände** für die Übermittlung bestimmter Daten an Auskunfteien zum Zweck der Auskunftserteilung über die Bonität an Dritte ein.[4] Sie befreien zugleich vom Bankgeheimnis.[5] Er regelt nicht Datenbeschaffungen zu anderen Auskunftszwecken nach § 29 BDSG.[6] Neben den in § 28a Abs. 1 geregelten privaten Informationsquellen erhalten Auskunfteien harte Negativmerkmale (zum Begriff § 29 Rn. 34) aus dem Schuldnerregister nach §§ 915 ff. ZPO sowie den öffentlichen Bekanntmachungen über Insolvenzen (§ 9 InsO). Weiche Negativmerkmale stammen vor allem von den Kunden (Vertragspartnern) der Auskunfteien. Werden von einer Auskunftei Bonitätsbewertungen mit weiteren Merkmalen berichtet, kommt für die Datenanlieferung der bonitätsrelevanten Daten ausschließlich § 28a zur Anwendung, für die anderen Daten § 28 oder auch § 32. Nicht forderungsbezogen sind z.B. Angaben über Betrugsverdacht, über Vertragsverhalten oder Vertragsverstöße.

Bei § 28a handelt es sich um eine Regelung, die einen umfassenden Ausgleich zwischen Unternehmen und Verbrauchern herstellen soll. Erfasst werden zudem Zahlungserfahrungen mit Unternehmen, wenn diese direkt auf eine natürliche Person bezogen werden können, z.B. bei Einzelunternehmer, Kleingewerbetreibenden, Selbstständigen oder eingetragenen Kaufleuten.[7] Daneben können im engen Rahmen auf Basis einer **Einwilligung** Meldungen an Auskunfteien erfolgen. Dabei darf aber das in § 28a vorgegebene Interessengleichgewicht nicht beeinträchtigt werden. So sind z.B. Vertragsklauseln oder Einwilligungen, die ohne Einzelfallprüfung oder bei Wahrnehmung der eigenen Interessen Meldungen vorsehen, unzulässig.[8]

---

1 Zur Gesetzgebungsgeschichte BT-Drs. 16/13219, S. 8 ff.
2 BT-Drs. 16/10529, 9.
3 HIS, § 29 Rn. 51.
4 Zur Frage der Verantwortlichkeit für die angelieferten Daten vgl. § 29 Rn. 3 a.
5 Dies wird von der Kreditwirtschaft und der Schufa ignoriert, vgl. Kamlah in Plath, § 28 a Rn. 55, 80; dem Bankgeheimnis kommt keine eigene umfassende Geltung zu, Weichert, RDV 2003, 115; ders. VuR 2007, 374.
6 Hilpert ZD 2015, 262.
7 Kamp in WB, § 28a Rn. 16–23; kritisch Kamlah in Plath, § 28a Rn. 4, 6.
8 OLG Düsseldorf 14.12.2006 – I-10 U 69/06, DuD 2007, 58.

§ 28a — Datenübermittlung an Auskunfteien

2. Übermittlung von Negativdaten (Abs. 1)

4 Absatz 1 legt im Interesse einer erhöhten Rechtssicherheit **einheitliche Voraussetzungen** für die Übermittlung von Daten an Auskunfteien fest, soweit die geschuldete Leistung trotz Fälligkeit nicht erbracht worden ist. Die bisherige Abwägung zwischen Auskunftsinteressen und schutzwürdigen Betroffeneninteressen wird durch die Voraussetzungen der Nummern 1 bis 5 ersetzt. Diese sind abschließend; weitere Übermittlungstatbestände sind nicht zulässig; eine Abwägung ist nicht notwendig.[9]

4a Einmelde- und damit übermittlungsberechtigt sind die **Forderungsinhaber**, nicht dagegen Sonstige, auch nicht Inkassounternehmen, wenn diese die Eintragung im eigenen Namen vornehmen.[10]

5 In den Nummern 1 und 2 tritt nach dem Gesetz das schutzwürdige Interesse des Betroffenen zurück, sofern der Betroffene die Forderung trotz Wissens um ihr Bestehen und berechtigtes Geltendmachen durch den Gläubiger nicht begleicht. Dies ist nicht der Fall, wenn eine Forderung z. B. wegen einem Teilzahlungsvergleich nicht fällig ist.[11] Ergeben sich neue Informationen von Bonitätsrelevanz, besteht akzessorisch die Pflicht der Zuspeicherung, um die Aktualität und Richtigkeit der Daten zu gewährleisten.[12] Ist der Betroffene aufgrund von **Zahlungsunfähigkeit** gar nicht in der Lage, die Forderung auszugleichen, wären die in Nummer 4 vorgesehenen zwei Mahnungen nicht zielführend.[13] Urteile werden u. U. bereits in der ersten Instanz ohne Sicherheitsleistung für vorläufig vollstreckbar erklärt bzw. sind mit Sicherheitsleistung vorläufig vollstreckbar (§§ 708, 709 ZPO). Vollstreckungstitel nach § 794 ZPO sind vollstreckbare Vergleiche, Kostenfestsetzungsbeschlüsse oder Vollstreckungsbescheide. Die Meldung von Titeln darf in Anlehnung an § 807 Abs. 1 Nr. 4 ZPO erst nach zwei Wochen erfolgen.[14] Diese Zeit muss einem Schuldner gewährt werden, die bestätigte Forderung zu begleichen. Im Rahmen der Insolvenz genügt die Forderungsfeststellung im Prüfungstermin. Erfasst werden so auch Forderungen, die bei Eröffnung des Insolvenzverfahrens noch nicht verfahrensmäßig abgeschlossen wurden. Da bei den Nrn. 1 und 2 keine Abwägung mit schutzwürdigen Interessen erfolgt, sind die Tatbestände restriktiv auszulegen.

6 Nummer 3 erfasst die Fälle, in denen der Betroffene eine **Forderung anerkennt**, diese aber ohne rechtliche Gründe nicht begleicht. Nötig ist das ausdrückliche Anerkenntnis, rein tatsächliches Verhalten genügt nicht. Hierunter fallen nicht die Fälle, in denen aus guten Gründen die Forderung nicht erfüllt wird, z. B. weil eine Aufrechnungsmöglichkeit besteht. Kann der Schuldner Einwände oder Einreden gegen die Forderung geltend machen, ist nach Absatz 1 2. Halbsatz ein Gläubigerinteresse an der Übermittlung der Angaben nicht gegeben.

7 Bei nicht rechtskräftig festgestellten und nicht ausdrücklich anerkannten Forderungen, also weichen Negativmerkmalen (§ 29 Rn. 34), sollen die unter Nummer 4 genannten

---

9 OLG Frankfurt 16.3.2011 – 19 U 291/10, DuD 2011, 496 = RDV 2011, 197.
10 Elgert, K&R 2013, 290 f.
11 LG Berlin 27.4.2011 – 4 O 97/11, ZD 2012, 41 = VuR 2011, 271.
12 KG Berlin 7.2.2013 – 10 U 118/12, ZD 2013, 190 = Beck, RS 2012, 19531; Krämer, NJW 2012, 3203.
13 BT-Drs. 16/10529, 14.
14 Kamlah in Plath, § 28a Rn. 22.

Datenübermittlung an Auskunfteien § 28a

Voraussetzungen sicherstellen, dass der Betroffene ausreichend Gelegenheit erhält, die Forderung zu begleichen oder deren Bestehen zu bestreiten. Dem dienen die **zweimaligen Mahnungen** in zeitlichem Abstand.[15] So soll vermieden werden, dass Falschmeldungen erfolgen, wenn z. b. aus Unachtsamkeit oder mangels Kenntnis der Forderung, etwa wegen längerer Abwesenheit des Betroffenen, nicht geleistet wird. Die Mahnung kann von unterschiedlichen Stellen ausgesprochen worden sein, doch muss erkennbar sein, dass sie sich eindeutig erkennbar auf dieselbe Forderung bezieht. Es besteht kein Widerspruch zu den Verzugsregelungen in § 286 BGB, deren Ziel es ist, bei nicht fristgemäßer Zahlung dem Gläubiger keinen finanziellen Nachteil entstehen zu lassen. Verzug ist kein Indiz für die **Zahlungsunfähigkeit oder -unwilligkeit** des Schuldners als Voraussetzung für die Meldung bei einer Auskunftei.

Weitere Voraussetzung nach Nummer 4 ist, dass die verantwortliche Stelle den Betroffenen über die geplante Übermittlung unterrichtet. Rechtzeitig ist die **Unterrichtung** nur, wenn dem Betroffenen noch die Möglichkeit verbleibt, in zumutbarer Weise die Forderung zu begleichen oder deren Bestehen zu bestreiten. Im Grundsatz muss eine Reaktionszeit von zwei Wochen beachtet werden. In der Unterrichtung sollte die Auskunftei, an die übermittelt werden soll, explizit benannt werden. Die Pflicht, den Betroffenen auf die rechtlich zulässigen Folgen seines Verhaltens hinzuweisen, ist vor allem relevant, wenn der Betroffene nicht auf die erhobene Forderung reagiert und geschwiegen hat, weil er die Forderung für unbegründet hält. Wäre eine Datenübermittlung nicht zulässig, ist auch die mit der Drohung einer Negativ-Meldung verbundene Aufforderung zur Zahlung einer Forderung unzulässig.[16] Der Betroffene muss ausdrücklich auf die Möglichkeit des Bestreitens einer Forderung hingewiesen werden. Die Unterrichtung darf nicht dazu genutzt werden, den Betroffenen im Fall einer bestrittenen Forderung unter Zahlungsdruck zu setzen.[17] Die Unterrichtungspflichten nach § 4 Abs. 3 bleiben von der vorliegenden Norm unberührt.[18] Das Bestreiten kann nach Fälligkeit, Mahnung, ja sogar nach erfolgter Speicherung stattfinden.[19] 8

Die Forderung darf **nicht vom Betroffenen bestritten** worden sein. Ein Bestreiten ist auch gegeben, wenn eine Auseinandersetzung über die Höhe einer Forderung erfolgt.[20] Die neue Regelung will aber nicht von der bisherigen Praxis, dass ein treuwidriges Bestreiten einer Forderung durch den Betroffenen einer Übermittlung an eine Auskunftei nicht entgegensteht, abweichen.[21] Das Bestreiten muss deshalb substantiiert erfolgen, wobei jedoch an die Begründung keine überzogenen Anforderungen gestellt werden können.[22] 9

Ohne Vorliegen der Voraussetzungen von Nummer 4 soll nach Nummer 5 die Über- 10

---

15 Kritisch Piltz/Holländer, ZRP 2008, 145.
16 AG Plön, RDV 2008, 31.
17 BGH 19.3.2015 – I ZR 157/13; OLG Celle, RDV 2014, 108 = ZD 2014, 198; OLG Düsseldorf, MMR 2013, 647; LG Darmstadt, RDV 2015, 100; Elgert, K&R 2013, 291.
18 BT-Drs. 16/10529, 14.
19 Krämer, NJW 2012, 3204.
20 AG Frankfurt/M., ZD 2013, 350.
21 BT-Drs. 10/10529, 14.
22 Weitergehend Kamp in WB, § 28a Rn. 101: einfaches Bestreiten genügt; a. A. Elgert, K&R 2013, 290: Beweislast liegt beim Betroffenen.

Weichert 553

mittlung zulässig sein, wenn der Betroffene nicht schutzwürdig ist und die Erfüllung der Anforderungen von Nummer 4 einen ungerechtfertigten bürokratischen Aufwand erzeugen würde. Wenn eine **fristlose Kündigung möglich** ist, tritt das schutzwürdige Betroffeneninteresse zurück, da in diesen Fällen eine erhebliche vom Betroffenen zu verantwortende Vertragsstörung vorliegen muss (z. B. Mietrecht: §§ 543, 569 Abs. 3 BGB; bei Darlehensvertrag vgl. §§ 490, 498 BGB). Voraussetzung bleibt, dass der Betroffene über die bevorstehende Übermittlung unterrichtet wurde.[23]

3. Übermittlung von Positivdaten (Abs. 2)

11 Normzweck ist es, die bisher mangels spezieller Rechtsgrundlage auf einer Einwilligung begründeten Übermittlungen bei Bankgeschäften i. S. d. § 1 Abs. 1 S. 2 Nr. 2 (Kreditgeschäft), Nr. 8 (Garantiegeschäft) oder Nr. 9 (Girogeschäft) des Kreditwesengesetzes (KWG) klar zu regeln.[24] Mangels zumutbarem Alternativverhalten meinte der Gesetzgeber, eine vom Betroffenen erteilte **Einwilligung sei nicht freiwillig**. An der Stelle der Einwilligung tritt daher der Erlaubnistatbestand des Absatzes 2. Die Regelung stellt klar, dass außerhalb der ausdrücklichen genannten Bankgeschäfte, z. B. beim Versandhandel, Positivdaten ohne wirksame Einwilligung nicht an Auskunfteien gemeldet werden dürfen.[25] Die Regelung ist insofern abschließend, als nicht auf § 28 zur Übermittlung von Positivdaten zurückgegriffen werden darf.[26] Die Meldung von Störungen im Vertragsverhältnis wird damit nicht abgedeckt; diese erfolgt entweder nach § 28a Abs. 1 oder nach § 28.

12 Voraussetzung für die Übermittlung ist, dass die **schutzwürdigen Interessen** des Betroffenen nicht offensichtlich überwiegen. Dies kann z. B. der Fall sein, wenn eine **bedrohte Person** vermeiden möchte, dass im Rahmen einer Kontoeröffnung ihre aktuellen Adressdaten in den Datenbestand einer Auskunftei gemeldet werden und von dort eventuell der Person, von der die Drohung ausgeht, zur Kenntnis gelangen können. Andere Beispiele sind, wenn sensible Daten gem. § 3 Abs. 9 oder Daten von Minderjährigen betroffen sind.[27]

13 Übermittelt werden dürfen alle das **Vertragsverhältnis beschreibenden Daten** (Begründung, ordnungsgemäße Durchführung und Beendigung des Vertrags), nicht jedoch inhaltliche Daten (z. B. Einkommensdaten des Betroffenen). Es dürfen nur Daten übermittelt werden, die zum Zeitpunkt der Übermittlung zulässigerweise gespeichert werden.

14 Absatz 2 Satz 1 betrifft nur die Übermittlung der ausdrücklich genannten Daten durch Kreditinstitute. Darüber hinaus besteht die Möglichkeit, dass der Betroffene in die Übermittlung durch die Kreditinstitute bzgl. **darüber hinausgehender Daten einwilligt**, wobei Sinn und Zweck der Vorschrift hierdurch nicht in Frage gestellt werden dürfen. Auch andere Stellen können – bei Vorliegen einer Einwilligung – das Vertragsverhältnis beschreibende Daten übermitteln.

---

23 BT-Drs. 16/10529, 14.
24 Zur früheren Rechtslage Düsseldorfer Kreis, DuD 2007, 447; Kamlah/Hoke, RDV 2009, 242.
25 Düsseldorfer Kreis, DuD 2007, 447; kritisch Piltz/Holländer, ZRP 2008, 145.
26 A. A. Kamlah in Plath, § 28a Rn. 54.
27 Kamlah in Plath, § 28a Rn. 52.

Datenübermittlung an Auskunfteien § 28a

Der Betroffene ist nach Satz 2 durch die verantwortliche Stelle über die Übermittlung **zu unterrichten,** damit dem Betroffenen die Möglichkeit verbleibt, vom Abschluss des Vertrags abzusehen. § 4 Abs. 3 bleibt von dieser Regelung unberührt. Satz 3 nimmt Daten über Giroverträge aus dem Erlaubnistatbestand aus, bei denen keine Überziehungsmöglichkeit besteht. Bei reinen **Guthabenkonten** überwiegt das schutzwürdige Betroffeneninteresse.

15

Satz 4 stellt klar, dass Daten über Verhaltensweisen des Betroffenen, die der Herstellung von Markttransparenz dienen, (auch mit Einwilligung des Betroffenen) nicht an Auskunfteien übermittelt werden dürfen. Damit sollen z. B. Anfragen von Betroffenen nach Kreditkonditionen bei verschiedenen Banken nicht in die Auskunftsbestände der Auskunftei einfließen. Dies ist in der Vergangenheit z. T. vorgekommen – z. B. auch bei der Scoreberechnung–, wurde aber kritisiert.[28] Derartige Maßnahmen der Markttransparenz durch verantwortungsbewusste Kunden, die Angebote vergleichen und auf dieser Basis entscheiden, sind erwünscht und sollen nicht durch Auskunfteiübermittlungen verhindert werden. Die Übermittlung von Daten über Anfragen nach Kreditkonditionen an Auskunfteien ist daher unzulässig. Zulässig bleibt die Übermittlung von Anfragedaten, damit auf die **Konditionenanfrage** des Kunden eine individuelle Auskunft erteilt werden kann, da diese nicht zur künftigen Übermittlung übermittelt wird. Die Übermittlung von Angaben, die gezielt auf den Abschluss eines konkreten Kreditvertrags gemacht werden, ist unter den Voraussetzungen des Satzes 1 zulässig, sofern die Angaben nur zur – auf anderem Wege nicht möglichen – Konditionenanfrage gemacht worden sind. Soweit Kreditinstitute ihre Konditionen nur nach Stellung eines vollständigen Kreditantrags mitteilen, der Kunde also die für ihn geltenden Konditionen nur erfahren kann, wenn er den Kreditantrag stellt, dürfen auch die im Rahmen eines solchen Antrags erhobenen Angaben erst dann in den Auskunfteibestand gemeldet werden, wenn der Kunde die ihm genannten Konditionen akzeptiert und ein Kreditvertrag zustande kommt.[29]

16

Die Regelung des § 28 betrifft allein die Zulässigkeit der **Übermittlung in den Bestand einer Auskunftei.** Die Zulässigkeit von Übermittlungen von Angaben zur Glaubhaftmachung eines berechtigten Interesses am Abruf von Daten aus dem Auskunfteibestand nach § 29 Abs. 2 bleibt von der Regelung unberührt.

17

4. Nachberichtspflicht (Abs. 3)

Mit dem Absatz 3 wurde dem Vorschlag des Bundesrats entsprochen, eine Nachberichtspflicht einzuführen. Diese soll gewährleisten, dass in Auskunfteien die **Datenbestände aktuell und richtig** sind. Vor allem sind Negativdaten (Absatz 1) zu korrigieren, wenn eine bestehende Forderung beglichen wurde oder aus anderen Gründen nicht mehr besteht. Auch bei Positivdaten (Absatz 2) kann sich Berichtigungsbedarf

18

---

28 Weichert, digma 2/2007, 61; Kamp/Weichert, Scoringssysteme, S. 55.
29 BT-Drs. 16/10529, 15; Mackenthun in Taeger/Gabel, § 28a Rn. 37 hält Abs. 2 S. 4 für verfassungswidrig, weil mit dem Ausschluss der Einwilligungsmöglichkeit unverhältnismäßig ins Recht auf informationelle Selbstbestimmung eingegriffen würde, ihm folgend Ehmann in Simitis, § 28a Rn. 97. Dies trifft nicht zu, da Betroffene an derartigen Meldungen kein Interesse haben können und eine Einholung zumeist nicht freiwillig wäre.

§ 28 b Scoring

ergeben, wenn z. B. ein Darlehen vorzeitig zurückgezahlt wird oder der Betroffene umzieht oder verstirbt.[30] Die Regelung erschien dem Gesetzgeber nötig, weil bisher bestehenden vertraglichen Nachberichtspflichten in der Praxis nicht ordnungsgemäß nachgekommen wurde und von Aufsichtsbehörden nicht durchgesetzt werden konnten. So haben – nach der Gesetzesbegründung – Kreditinstitute kein eigenes Interesse an der Nachmeldung von Tatsachen, die geeignet sind, den Scorewert positiv zu beeinflussen, weil der betroffene Kunde damit auch für die Konkurrenz attraktiver wird.[31]

19 Die Nachberichtspflicht kann nur solange bestehen, wie bei der Auskunftei **die ursprünglich übermittelten Daten gespeichert** sind. Die Unterrichtungspflicht nach Satz 2 soll sicherstellen, dass die berichtspflichtige Stelle Kenntnis darüber hat, ob die zeitlichen Voraussetzungen der Nachberichtspflicht noch vorliegen.

§ 28 b Scoring

Zum Zwecke der Entscheidung über die Begründung, Durchführung oder Beendigung eines Vertragsverhältnisses mit dem Betroffenen darf ein **Wahrscheinlichkeitswert** für ein bestimmtes zukünftiges Verhalten des Betroffenen erhoben oder verwendet werden, wenn

1. die zur Berechnung des Wahrscheinlichkeitswerts genutzten Daten unter Zugrundelegung eines wissenschaftlich anerkannten mathematisch-statistischen Verfahrens nachweisbar für die Berechnung der Wahrscheinlichkeit des bestimmten Verhaltens erheblich sind,
2. im Falle der Berechnung des Wahrscheinlichkeitswerts durch eine Auskunftei die Voraussetzungen für eine Übermittlung der genutzten Daten nach § 29, und in allen anderen Fällen die Voraussetzungen einer zulässigen Nutzung der Daten nach § 28 vorliegen,
3. für die Berechnung des Wahrscheinlichkeitswerts nicht ausschließlich Anschriftendaten genutzt werden,
4. im Falle der Nutzung von Anschriftendaten der Betroffene vor Berechnung des Wahrscheinlichkeitswerts über die vorgesehene Nutzung dieser Daten unterrichtet worden ist; die Unterrichtung ist zu dokumentieren.

Übersicht	Rn.
1. Allgemeines	1– 1b
2. Anwendungsbereich	2– 4
3. Zulässigkeit	5–13

1. Allgemeines

1 Mit Scoring werden systematische, regelmäßig auf mathematisch-statistischer Analyse von Erfahrungswerten aus der Vergangenheit basierende Verfahren zur **Prognose über das zukünftige Verhalten** bestimmter Personengruppen und Einzelpersonen mit bestimmten Merkmalen verstanden. Die Vorschrift, die aufgrund der BDSG-Novelle I

---
30 Kamlah in Plath, § 28 a Rn. 74, zur Forderungsabtretung Rn. 75.
31 BT-Drs. 16/13219; kritisch zur Nachberichtspflicht Abel, RDV 2009, 149.

Scoring § 28b

2009 neu eingefügt wurde, trat am 1.4.2010 in Kraft. Grundlage des Scoring sind Daten über Personen, über die in der Vergangenheit Erkenntnisse zu einer bestimmten Frage gesammelt wurden. Scoring basiert auf der Erwägung, dass bei Vorliegen bestimmter vergleichbarer Merkmale anderen Personen ein ähnliches Verhalten vorausgesagt werden kann.[1] Diese Form der personenbezogenen Datenverarbeitung geriet vor allem im Bereich der Kreditvergabe, aber auch bei der Werbung sowie in anderen Zusammenhängen zwischen Verbrauchern und Unternehmen in den letzten Jahren zunehmend in die Kritik.[2] Nachdem vonseiten der Wirtschaft keine Initiativen erkennbar waren, die öffentlich erörterten Missstände abzustellen,[3] sah sich der Gesetzgeber 2009 zu einer Regelung veranlasst. Ziel der Regelung ist es, mehr Rechtssicherheit und vor allem über die Auskunftsregelung in § 34 Abs. 2–4 mehr Transparenz der Verfahren zu erreichen.[4] Die Regelung zu automatisierten Entscheidungen in § 6a gilt unabhängig von § 28b; Scorewerte fließen in diese Entscheidungen regelmäßig ein.

In der Praxis wird unterschieden zwischen **internem Scoring**, bei dem ausschließlich Daten der verantwortlichen Stelle zur Scoreberechnung gem. § 28 herangezogen werden, und **externem Scoring**, bei dem eine Bewertung eines (potenziellen) Vertragspartners durch ein spezialisiertes Scoringunternehmen, das zumeist zugleich als Auskunftei tätig ist, gem. § 29 angeliefert wird. Regelmäßig erfolgt eine Kombination beider Verfahren, wobei der verwendete Algorithmus regelmäßig durch ein externes spezialisiertes Unternehmen zur Verfügung gestellt wird. In jedem Fall liegt aber die Verantwortlichkeit nach § 3 Abs. 7 bei dem Unternehmen, das auf der Basis der Daten eines Vertragspartners zu diesem einen Score berechnet bzw. berechnen lässt.[5] Da der verwendete Algorithmus beim externen Scoring durch das Scoringunternehmen als Geschäftsgeheimnis i.d.R. nicht offen gelegt wird, ist es der verantwortlichen Stelle oft nicht möglich, die Richtigkeit und Zulässigkeit der Scoreberechnung nachzuweisen (vgl. § 29 Rn. 3a). 1a

Entgegen einer weit verbreiteten Ansicht können Scores, also von Computern berechnete Bewertungen, nicht das nur Personen zustehende **Recht auf Meinungsfreiheit** (Art. 5 GG) für sich in Anspruch nehmen. Für das Scoring durchführende Unternehmen kommen lediglich die Art. 2 und 14 GG zur Anwendung.[6] 1b

---

1 Korczak, Verantwortungsvolle Kreditvergabe, Gutachten im Auftrag des BMVEL, 2005, S. 29; Abel, RDV 2006, 108f.; Hoeren, RDV 2007, 93.
2 Kamp/Weichert – ULD, Scoringsysteme zur Beurteilung der Kreditwürdigkeit, 2005 (ULD Scoringsysteme).
3 Weichert, Bank und Markt 6/2008, 19.
4 BT-Drs. 16/10529, 15; kritisch zur Frage, ob dieses Ziel erreicht wurde ULD/GP Forschungsgruppe, 2014, S. 170; positiv dagegen Schröder/Taeger, Scoring, 2014, S. 137.
5 ULD, Scoringsysteme, S. 23ff.; zur internationalen Praxis ULD/GP Forschungsgruppe, S. 142ff.; Schröder/Taeger, Scoring, S. 48ff., 141ff.
6 Weichert, ZRP 2014, 169; ULD/GP Forschungsgruppe, 2014, 52ff.; a.A. BGH NJW 2014, 1235 = K&R 2014, 269 i.V.m. BGH, NJW 2011, 2204; OLG München, ZD 2014, 570; LG Berlin, ZD 2014, 369.

2. Anwendungsbereich

2 § 28 b formuliert allgemeine Voraussetzungen in Bezug auf Art und Umfang der Daten für die Durchführung von Scoringverfahren, sofern der Score für Entscheidungen über die Begründung, Durchführung oder Beendigung eines **konkreten Vertragsverhältnisses** mit dem Betroffenen verwendet wird. Relevant ist, dass der Scorewert (kurz Score) in eine Entscheidung Eingang findet, die für den Betroffenen eine rechtliche oder tatsächliche Folge im Zusammenhang mit einem (potenziellen) Vertragsverhältnis nach sich zieht. Das Scoring kann auf die Gestaltung von Vertragsmodalitäten oder auf ein Inkassoverfahren abzielen.[7] Die Norm verlangt keine direkte rechtliche Konsequenz, schon eine faktische Beeinträchtigung oder Bevorzugung genügt, z. B. eine längere Wartezeit beim Telefonieren. Dies kann schon beim Werbescoring, also der Anbahnung eines Kundenkontakts auf der Basis der Erwartung eines Vertragsabschlusses und positiven Vertragsablaufs, der Fall sein.[8]

2a Die Regelung gilt für das Konditionen-Scoring, bei dem der Score bestimmend für die **Vertragsbedingungen** (z. B. Dauer, Preis, Sicherheiten) ist. Sie gilt für das vertragsbegleitende Scoring, das Auswirkungen auf das Vertragsverhalten des Unternehmens hat (z. B. Serviceleistungen, Forderung von Sicherheiten, Änderung der Kreditlinie), und für das Inkasso-Scoring, das einer Prognose der Forderungsdurchsetzung bei Leistungsstörungen dient und entscheidend sein kann, in welcher Form diese Durchsetzung erfolgt.[9] Erfasst werden auch Potenzialanalysen von Vertragspartnern, da diese Auswirkungen auf die weitere Vertragsgestaltung haben können.[10] Das gleiche gilt für die Bewertung eines Forderungsportfolios, da die Bewertung von Forderungen gegenüber Dritten zugleich eine Aussage über die Werthaltigkeit und über die Verkaufsbereitschaft in Bezug auf den Forderungsinhaber enthält.[11]

3 Die Methode wird nicht nur bei Kreditverträgen angewendet. Deshalb ist es nicht nachvollziehbar, weshalb nach dem Willen des Gesetzgebers **Geldwäsche- und Betrugspräventionssysteme** nicht erfasst sein sollen.[12]

3a Ursprünglicher Anwendungsfall des Verbraucher-Scorings war der Kreditvertrag. Inzwischen hat das Scoring aber bei den unterschiedlichsten **Konsumentenverträgen** Einzug gehalten, vor allem im Versicherungswesen. In die Prämienberechnung fließen perspektivisch zunehmend viele Faktoren mit ein, aus denen besondere Risiken oder Vorteile geschlossen werden. Besonders interessant sind für Versicherungen Daten über die Kfz-Nutzung sowie über »gesundes« Verhalten, das im Rahmen der Kfz-, der Kranken- oder der Lebensversicherung verwendet werden kann.[13] Anwendung findet Scoring außerdem bei der Telekommunikation, im Bereich Miete und Leasing sowie bei

---

7 A. A. Abel, RDV 2009, 149.
8 BMH, § 28 b Rn. 20; a. A. Kamlah in Plath, § 28 b Rn. 9; Ehmann in Simitis, § 28 b Rn. 45; Gürtler/Kriese, RDV 2010, 50.
9 Gola/Schomerus, § 28 b Rn. 10; a. A. Kamlah in Plath, § 28 b Rn. 12.
10 A. A. wohl Gola/Schomerus, § 28 b Rn. 7 f.
11 A. A. Kamlah in Plath, § 28 b Rn. 14.
12 BT-Drs. 16/10529, 16.
13 Siedenbiedel, DANA 2015, 24; DANA 2015, 32, 39 f.; Eichler/Kamp in WB, Syst. K Rn. 130 ff.; DANA 2014, 171.

Lieferverhältnissen. Die Regelung ist auf alle Wirtschaftsbereiche anzuwenden, was jedoch von der Regelung unzureichend reflektiert wird.[14] Wegen der Nichterwähnung in § 32 findet § 28 b keine direkte Anwendung auf Arbeitsverhältnisse.[15] Die Berechnung des Wahrscheinlichkeitswerts muss sich auf ein **zukünftiges Verhalten des Betroffenen** beziehen. Reine retrospektive Analysen ohne direkten Zukunftsbezug werden nicht erfasst. Bei den Prognosen handelt es sich nicht um persönliche Werturteile, die durch die Meinungsfreiheit nach Art. 5 Abs. 1 S. 1 GG geschützt sind, sondern um rein programmtechnisch festgelegte maschinelle Bewertungen von Personen.[16] Die Prognose setzt ein selbstbestimmtes Handeln der betroffenen Menschen voraus. Elektronische Auswahlentscheidungen in Bewerbungsverfahren zielen auf eine Leistungsprognose der Bewerber.[17] Ereignisse, die auf höhere Gewalt oder Fremdeinwirkung zurückgehen, scheiden für ein Scoring aus (z. B. Blitzschlag, Diebstahl, Erkrankung). Deshalb sind z. B die Verfahren zur Tarifierung von Lebens- oder Krankenversicherungen oder Versicherungen gegen Kfz-Diebstahl kein Scoring i. S. d. § 28 b.[18]

4

3. Zulässigkeit

Die in den Nummern 1 bis 4 genannten Voraussetzungen müssen kumulativ vorliegen. Als Zulässigkeitsvoraussetzung ist formuliert, dass ein wissenschaftlich anerkanntes **mathematisch-statistisches Verfahren** zur Anwendung kommen muss (Nr. 1). Dies ist von der verantwortlichen Stelle, die das Verfahren zum Einsatz bringt, nachzuweisen.[19] Dem kann nicht entgegengehalten werden, dass Anbieter ihr Scoringverfahren als Betriebs- und Geschäftsgeheimnis ansehen und dessen Funktionsweise daher der anwendenden verantwortlichen Stelle nicht offenlegen. Es besteht eine Dokumentationspflicht hinsichtlich der genutzten Daten (Scorekarte), hinsichtlich deren Relevanz und deren Berechnung (Algorithmus). Mangels hinreichender Dokumentation und Nachvollziehbarkeit sind Verfahren mit selbstlernenden Algorithmen grds. nicht zulässig.[20] Verfahren, die trotz einer ungenügenden Datenbasis Scores berechnen, sind insofern unzulässig. Der Aufsichtsbehörde muss auf Nachfrage der behauptete statistische Zusammenhang belegt werden. Dies setzt ein dauerndes Monitoring der angewandten Methode voraus. Bei Kooperation mit Dienstleistern muss der Informationsfluss zur verantwortlichen Stelle gewährleistet sein. Erfasst werden von der Nachweispflicht sämtliche verwendete Daten. Zufällige Analogien sind auszuschließen.[21] Die Einhaltung der Vorgaben des § 10 Abs. 1–8 KWG ist noch kein Nachweis für die

5

---

14 Helfrich, ZD 2013, 473.
15 Ehmann in Simitis, § 28 b Rn. 2 ff.; ULD/GP Forschungsgruppe, Scoring, S. 21, 24; a.A. Kamlah in Plath, § 28 b Rn. 25; Kramer in Auernhammer, § 28 Rn. 7.
16 Ausführlich ULD/GP Forschungsgruppe, Scoring, S. 45 ff.; a.A. BGH 22. 2. 2011 – VI ZR 120/10, NJW 2011, 2204 = DuD 2011, 498 = RDV 2011, 188; Verweis darauf BGH 28. 1. 2014 – VI ZR 156/13, DuD 343 = RDV 2014, 154 mit Anm. Joos.
17 Ehmann in Simitis, § 28 b Rn. 7; a. A. Kamlah in Plath, § 28 b Rn. 18.
18 BT-Drs. 16/10529, 16.
19 Kritisch zur Praxis ULD/GP Forschungsgruppe, Scoring, S. 168 ff.
20 Problematisch deshalb das Vorgehen von Kreditech, DANA 2013, 118.
21 ULD, Scoringsysteme, S. 48 ff.

Wissenschaftlichkeit, da die Ausrichtung und der Regelungsgehalt in eine andere Richtung geht als das BDSG.[22] Entsprechendes gilt, wenn die Scoreberechnung auf einer unzureichenden Datenbasis beruht.[23] Dies ist der Fall, wenn ausschließlich oder vorwiegend demografische oder Adress-Daten oder sonstige Angaben ohne direkte Aussagekraft über die Zahlungsbereitschaft verwendet werden oder wenn der Score auf einem singulär bleibenden Negativmerkmal beruht.[24] Wissenschaftlichkeit muss nicht nur bzgl. der Methode im Allgemeinen gegeben sein, sondern auch bei jeder einzelnen Scoreberechnung. Jede Verwendung personenbezogener Daten im Rahmen des Scorings wird vom Gesetzgeber als eine »Nutzung« und nicht »Veränderung« angesehen.[25]

6   Bei der Heranziehung der Merkmale müssen die bestehenden **Diskriminierungsverbote** beachtet werden. Nach Art. 3 Abs. 3 GG darf niemand wegen seines Geschlechts, seiner Abstammung, seiner Rasse, seiner Sprache, seiner Heimat und Herkunft, seines Glaubens, seiner religiösen oder politischen Anschauungen benachteiligt oder bevorzugt werden. Eine Benachteiligung ist auch wegen einer Behinderung verboten. Diese Grundregeln sind durch das Allgemeine Gleichbehandlungsgesetz (AGG) konkretisiert worden und müssen bei der Merkmalsauswahl beachtet werden.[26] Diskriminierungsverbote können sich auch aus anderen rechtlichen Regeln ergeben. So darf z. B. die Wahrnehmung von Datenschutzrechten nicht zu einer Beeinflussung des Scores führen (§ 6 Abs. 3 BDSG). Die Nutzung besonderer Arten von Daten nach § 3 Abs. 9 ist, wenn keine explizite Einwilligung vorliegt (Rn. 10), grundsätzlich verboten.[27]

7   Die Nutzung der Daten für das Scoring ist nur zulässig, wenn die **Verarbeitung dieser Daten für den Zweck** ohne Einsatz des Scoring-Verfahrens auch zulässig wäre. Im Fall der Berechnung des Scores durch eine Auskunftei müssen die Voraussetzungen für eine zulässige Übermittlung der genutzten Daten nach § 29 vorliegen. Eine Auskunftei darf nur die Daten für die Berechnung des Scores für einen bestimmten Kunden nutzen, die sie auch nach § 29 an diesen Kunden übermitteln dürfte.[28] Wird der Score für eigene Zwecke erhoben und berechnet, müssen die Voraussetzungen des § 28 vorliegen (Nr. 2). Verfügt eine Stelle über Daten zweckgebunden für andere als Auskunftserteilungszwecke (etwa Voradressdaten zwecks Identifizierung) und dürften diese zur Bonitätsbewertung nicht übermittelt werden, so dürfen diese Daten auch nicht zur Scoreberechnung verwendet werden.

7a Für die Einbeziehung eines Merkmals zur Scoreberechnung genügt nicht die – evtl. nur gering ausgeprägte – statistische Signifikanz. Nötig ist vielmehr **Relevanz bzw. Plausibilität**, jedoch nicht Kausalität.[29] Für die Bonitätsbewertung nicht relevant und daher

---

22 ULD/GP Forschungsgruppe, Scoring, S. 26; a. A. Gürtler/Kriese RDV 2010, 49.
23 BayLDA, TB 2011/12, Kap. 9.1.
24 LfD Nds., XXI. TB 2011-2012, S. 52 f.; OLG Frankfurt 7.4.2015 – 24 U 82/14; a. A. LG Darmstadt 31.1.2014 – 10 O 37/13.
25 BT-Drs. 16/10529, 16; a. A. Kamlah in Plath, § 28 b Rn. 22: statistische Erheblichkeit genügt.
26 ULD, Scoringsysteme, S. 77; LfDNds RDV 2006, 132; a. A. Kamlah in Plath, § 28 b Rn. 27.
27 §§ 28 Abs. 6, 29 Abs. 5 BDSG; ULD/GP Forschungsgruppe, Scoring, S. 127.
28 BT-Drs. 16/10529, 16.
29 ULD, Scoringsysteme, S. 74; Weichert, DuD 2006, 401 f.; a. A. Hoeren, RDV 2007, 97: mathematische Gesetzmäßigkeit genügt.

Scoring § 28 b

unzulässig sind Angaben zu unverbindlichen Kreditkonditionenanfragen, zum Konsumverhalten, zu datenschutzrechtlichen Auskunftsanfragen, zu abgebrochenen Vertragsverhandlungen, zu Wohndauer, Nationalität, Bildungsabschluss, Geschlecht sowie Familienstand.[30]

Nummer 2 hat zur Folge, dass die bisher geltenden materiell-rechtlichen Anforderungen an das Scoring weiterhin gestellt werden, auch wenn sie nicht ausdrücklich durch die Nummern 1, 3 und 4 gesetzlich konkretisiert wurden. Dies bedeutet, dass im Fall des § 28 Abs. 1 S. 1 Nr. 1 eine ausdrücklich Einbeziehung in den Vertrag erfolgen muss. Ein Rückgriff auf § 28 Abs. 1 S. 1 Nr. 2 BDSG kommt grds. nicht in Betracht, da **schutzwürdige Betroffeneninteressen** überwiegen und in der Praxis eine Einwilligung des Betroffenen eingeholt werden muss.[31] Allenfalls beim Werbescoring kann die Ansicht vertreten werden, dass auf eine ausdrückliche Einwilligung verzichtet werden kann.

Die Ermittlung und Auskunftserteilung von Scores kann nach § 29 BDSG zulässig sein. Es bedarf in jedem Fall einer Interessenabwägung.[32] Der **Widerspruch des Betroffenen** gegen die Ausführung des Scorings zu seiner Person gegenüber einer Auskunftei nach § 29 ist Ausdruck seines schutzwürdigen Interesses, das gem. § 29 Abs. 1 S. 1 Nr. 1, 2 und 3 2. Alt. (Verweis auf Abwägungsklausel in § 28 b Abs. 2) in der Form berücksichtigt werden muss, dass kein Scoring erfolgt. Um Diskriminierungen wegen des Widerspruchs zu verhindern, muss bei einer Antwort auf eine Scoreabfrage eine neutrale Formulierung gewählt werden. Eine Berufung auf ein Vertragsverhältnis ist durch eine Stelle nach § 29 nicht möglich, da zum Betroffenen keine solche Beziehung besteht. Basiert ein Scoring ausschließlich auf Daten nach § 28 a Abs. 1, hat ein Widerspruch lediglich die Wirkung einer Prüfpflicht nach § 35 Abs. 5.[33]

Fraglich ist, ob unter Missachtung von § 28 b Scoring auf der Basis einer **Einwilligung** zugelassen werden kann. In der Praxis ist diese mangels Freiwilligkeit zumeist ausgeschlossen. Jedenfalls schließt die Regelung die Einwilligung in die Erhebung und Verarbeitung bestimmter Merkmale aus, die zu § 28 b in Widerspruch stehen. Wegen der besonderen persönlichkeitsrechtlichen Relevanz des Scoringverfahrens muss bei der Einwilligung darauf ausdrücklich Bezug genommen werden. Dies gilt in besonderem Maße für sensitive Daten nach § 3 Abs. 9.[34]

Mit dem Verbot der Scoreberechnung ausschließlich mit **Anschriftendaten** gemäß Nr. 3 will der Gesetzgeber der besonderen Sensibilität der Öffentlichkeit hinsichtlich der scorebedingten Diskriminierung wegen der Wohnadresse Rechnung tragen. Anschriftendaten sind die Adresse, beschreibende Daten wie z. B. Geokoordinaten, oder die Zugehörigkeit zu einer Wohngegend bzw. zu einem Ort oder Ortsteil. Während zunächst nur eine Informationspflicht vorgesehen war,[35] wurde im weiteren Gesetzgebungsverfahren ein generelles Verbot festgelegt. Hiergegen wird auch verstoßen, wenn neben den Anschriftendaten noch andere Daten genutzt werden, diese aber nur

---

30 LfD Nds., XXI. TB 2011–2012, S. 51.
31 ULD, Scoringsysteme, S. 72 f.; a. A. Abel, RDV 2006, 111.
32 Hoeren, RDV 2007, 96.
33 Zur Rechtslage vor 2009 ULD, Scoringsysteme, S. 105.
34 A. A. Hoeren, RDV 2007, 97.
35 BT-Drs. 16/10529, 16.

§ 29 Datenerhebung und -speicherung zum Zweck der Übermittlung

mit einer geringen Gewichtung in die Berechnung des Scorewerts eingehen.[36] Es handelt sich hier um ein spezifisches Scoring-Diskriminierungsverbot (s. o. Rn. 6).

12 Die **Unterrichtungspflicht bei Nutzung von Anschriftendaten** nach Nummer 4 muss zeitlich vor der Berechnung erfolgen. Sie tritt neben sonstige Transparenzpflichten, wie z. B. § 4 Abs. 3. Bei einer Unterrichtung in AGB ist durch besondere Hervorhebung oder zusätzliche mündliche (zu dokumentierende) Hinweise zu gewährleisten, dass die Betroffenen davon tatsächlich Kenntnis erlangen.[37]

13 Die Regelungen des **Kreditwesengesetzes**, vor allem zum internen Risikomessverfahren (§ 10 KWG), und die Regelungen des Versicherungsaufsichtsgesetzes bleiben durch § 28 b unberührt.[38] Das KWG kann insofern bei der Auslegung des BDSG herangezogen werden, dass die zum Scoring herangezogenen Merkmale, wie die im Merkmalskatalog des § 10 Abs. 1 S. 6 KWG aufgeführten Regelbeispiele erkennen lassen, eine hohe Stringenz aufweisen müssen.[39] Die Bundesanstalt für Finanzdienstleistungsaufsicht (BAFin) nimmt im Rahmen seiner Anforderungen keine datenschutzrechtlichen Bewertungen vor, noch definiert sie insofern verbindliche Vorgaben.

§ 29 Geschäftsmäßige Datenerhebung und -speicherung zum Zweck der Übermittlung

(1) Das geschäftsmäßige Erheben, Speichern, Verändern oder Nutzen personenbezogener Daten zum Zweck der Übermittlung, insbesondere wenn dies der Werbung, der Tätigkeit von Auskunfteien oder dem Adresshandel dient, ist zulässig, wenn
1. kein Grund zu der Annahme besteht, dass der Betroffene ein schutzwürdiges Interesse an dem Ausschluss der Erhebung, Speicherung oder Veränderung hat,
2. die Daten aus allgemein zugänglichen Quellen entnommen werden können oder die verantwortliche Stelle sie veröffentlichen dürfte, es sei denn, dass das schutzwürdige Interesse des Betroffenen an dem Ausschluss der Erhebung, Speicherung oder Veränderung offensichtlich überwiegt, oder
3. die Voraussetzungen des § 28a Abs. 1 oder Abs. 2 erfüllt sind; Daten im Sinne von § 28a Abs. 2 Satz 4 dürfen nicht erhoben oder gespeichert werden.
§ 28 Abs. 1 Satz 2 und Abs. 3 bis 3b ist anzuwenden.
(2) Die Übermittlung im Rahmen der Zwecke nach Absatz 1 ist zulässig, wenn
1. der Dritte, dem die Daten übermittelt werden, ein berechtigtes Interesse an ihrer Kenntnis glaubhaft dargelegt hat und
2. kein Grund zu der Annahme besteht, dass der Betroffene ein schutzwürdiges Interesse an dem Ausschluss der Übermittlung hat.
§ 28 Absatz 3 bis 3b gilt entsprechend. Bei der Übermittlung nach Satz 1 Nr. 1 sind die Gründe für das Vorliegen eines berechtigten Interesses und die Art und Weise

---

36 BT-Drs. 16/13219; ULD/GP Forschungsgruppe, Scoring, S. 38; Hammersen/Eisenried, ZD 2014, 343; a. A. wohl Ehmann in Simitis, § 28 b Rn. 73; unklar Behm, RDV 2010, 70.
37 ULD/GP Forschungsgruppe, Scoring, S. 41.
38 ULD-Stellungnahme, *https://www.datenschutzzentrum.de/scoring/060404-bankenrichtlinie.htm*; Ehmann in Simitis, § 28 b Rn. 18; a. A. Mackenthun in Taeger/Gabel, § 28 b Rn. 34–47: § 10 KWG verdrängt § 28 b; ähnlich, aber zweifelnd Gürtler/Kriese, RDV 2010, 49.
39 Düsseldorfer Kreis, DuD 2007, 446.

Datenerhebung und -speicherung zum Zweck der Übermittlung § 29

ihrer glaubhaften Darlegung von der übermittelnden Stelle aufzuzeichnen. Bei der Übermittlung im automatisierten Abrufverfahren obliegt die Aufzeichnungspflicht dem Dritten, dem die Daten übermittelt werden. Die übermittelnde Stelle hat Stichprobenverfahren nach § 10 Abs. 4 Satz 3 durchzuführen und dabei auch das Vorliegen eines berechtigten Interesses einzelfallbezogen festzustellen und zu überprüfen.

(3) Die Aufnahme personenbezogener Daten in elektronische oder gedruckte Adress-, Rufnummern-, Branchen- oder vergleichbare Verzeichnisse hat zu unterbleiben, wenn der entgegenstehende Wille des Betroffenen aus dem zugrunde liegenden elektronischen oder gedruckten Verzeichnis oder Register ersichtlich ist. Der Empfänger der Daten hat sicherzustellen, dass Kennzeichnungen aus elektronischen oder gedruckten Verzeichnissen oder Registern bei der Übernahme in Verzeichnisse oder Register übernommen werden.

(4) Für die Verarbeitung oder Nutzung der übermittelten Daten gilt § 28 Abs. 4 und 5.

(5) § 28 Abs. 6 bis 9 gilt entsprechend.

(6) Eine Stelle, die geschäftsmäßig personenbezogene Daten, die zur Bewertung der Kreditwürdigkeit von Verbrauchern genutzt werden dürfen, zum Zweck der Übermittlung erhebt, speichert oder verändert, hat Auskunftsverlangen von Darlehensgebern aus anderen Mitgliedstaaten der Europäischen Union oder anderen Vertragsstaaten des Abkommens über den Europäischen Wirtschaftsraum genauso zu behandeln wie Auskunftsverlangen inländischer Darlehensgeber.

(7) Wer den Abschluss eines Verbraucherdarlehensvertrags oder eines Vertrags über eine entgeltliche Finanzierungshilfe mit einem Verbraucher infolge einer Auskunft einer Stelle im Sinne des Absatzes 6 ablehnt, hat den Verbraucher unverzüglich hierüber sowie über die erhaltene Auskunft zu unterrichten. Die Unterrichtung unterbleibt, soweit hierdurch die öffentliche Sicherheit oder Ordnung gefährdet würde. § 6a bleibt unberührt.

Übersicht

	Rn.
1. Allgemeines	1 – 4a
2. Zweck der Übermittlung	5 – 8
3. Zulässigkeit der Speicherung	9 –28a
4. Besonderheiten bei der Werbung	29 –32
5. Besonderheiten bei Bonitätsauskünften	33 –35
6. Übermittlung bei bestimmten Branchen	36 –43
7. Besonderheiten bei Internet-Veröffentlichungen	44 –49
8. Zulässigkeit der Übermittlung durch Abwägung	49a–52
9. Automatisierte Abrufverfahren, Adressverzeichnisse, sensible Daten, Widerspruch, Rechtsfolgen	53 –58
10. Verbraucherkreditrichtlinie	59 –62

1. Allgemeines

Bei der Datenverarbeitung durch nicht-öffentliche Stellen unterscheidet das BDSG zwischen der Verarbeitung für eigene Zwecke und der **zum Zweck der Übermittlung** (BDSG 1990 »für Dritte«). Bei Letzterer wird unterschieden, ob die Übermittlung personenbezogen erfolgen soll – dann ist § 29 anwendbar – oder nicht personenbezogen

§ 29 Datenerhebung und -speicherung zum Zweck der Übermittlung

(§ 30). Die Verarbeitung zum Zweck der Markt- und Meinungsforschung ist von 2009 an nicht mehr in § 29, sondern in § 30a gesondert geregelt. Personenbezogene Daten werden in den Fällen der §§ 29 bis 30a als »Ware« vermarktet. Für fremde Zwecke erfolgt auch die Auftragsdatenverarbeitung (§ 11), die aber die Anwendung des § 29 ausschließt. Eine Auftragsdatenverarbeitung kann bzgl. des jeweiligen Datenbestands eines Auftraggebers nur für diesen erfolgen; die Nutzung durch den Auftragnehmer für eigene Zwecke oder zum Zweck der Übermittlung ist schon begrifflich nicht möglich.

2 Die Regelung stammt in seiner Grundstruktur aus dem Jahr 1990 und wurde zuletzt 2009 in Einzelaspekten verändert. Ihr ursprünglicher Anwendungsbereich waren Auskunfteien und der Adresshandel. Mit der **Internet-Technologie** und den vor allem über das Internet möglichen Abrufen personenbezogener Daten von Webseiten bestehen nun Anwendungsfälle der Verarbeitung »zum Zweck der Übermittlung«, bei denen Regelungen des § 29 nicht mehr passen: Oft ist schon bei der Speicherung faktisch keine Einzelfallprüfung nach Absatz 1 möglich, wenn umfangreiche Datenbestände vollständig übernommen werden. Eine Einzelfallprüfung mit Abwägung der Interessen beim Abruf (Abs. 2 S. 1) aus dem öffentlichen Teil ist zumeist überhaupt nicht möglich;[1] ebenso wenig eine Glaubhaftmachung eines berechtigten Interesses (Abs. 2 S. 2) und eine Stichprobenprüfung (Abs. 2 S. 3). Eine Beschränkung von Verzeichnissen auf bestimmte Daten ist ebenso unüblich wie eine Markierung bei Nutzungsbeschränkungen (Abs. 3). Dennoch handelt es sich bei Internetspeicherungen um das geschäftsmäßige Verarbeiten »zum Zweck der Übermittlung« und damit um einen Anwendungsfall des § 29, bei dem als in § 29 BDSG nicht vorgesehener Abwägungsaspekt zusätzlich Art. 5 GG berücksichtigt werden muss.[2] Wegen der geänderten technischen und faktischen Rahmenbedingungen wäre es geboten, eine spezifische Regelung der Veröffentlichung im Internet vorzunehmen.[3]

3 **Geschäftsmäßig** ist jede auf eine gewisse Dauer angelegte Tätigkeit (vgl. § 157 ZPO, § 3 Nr. 10 TKG). Darunter fällt jede auf Wiederholung gerichtete Tätigkeit der Datenverarbeitung, die dauernd oder zumindest wiederkehrend erfolgt. Auch die erstmalige Datenverarbeitung fällt bei Fortsetzungsabsicht darunter. Unerheblich ist, ob eine Gewinnabsicht besteht oder ob die Tätigkeit entgeltlich bzw. unentgeltlich stattfindet.[4] Geschäftsmäßigkeit ist nicht mit Gewerbsmäßigkeit gleichzusetzen.

3a Ein praxisbegründetes Problem bei einer Datenverarbeitung nach § 29 besteht darin, dass sie zumeist auf einer **Zweitverwertung von Daten** basiert, die von anderen Stellen, zu denen regelmäßig eine Vertragspartnerschaft besteht, angeliefert werden. Die nach § 29 verantwortliche Stelle muss darauf vertrauen, dass die Datenanlieferung rechtmäßig war, ohne dass sie dies im Einzelfall nachprüfen kann. So ist z. B. die Behauptung

---

1 Mit dem Schluss der Unzulässigkeit der Verarbeitung Petri, DuD 2002, 727f.; vgl. Brühann mit Besprechung von EuGH, DSB 12/2003, 11 = DuD 2004, 244 = RDV 2004, 16; dazu auch Dammann, RDV 2004, 19.
2 BVerfG, DuD 2003, 172 – Schuldnerspiegel; Bizer, DuD 2002, 561; Dorn, DuD 2008, 100; Dix, DuD 2006, 330; Greve/Schärdel MMR 2009, 614; Schilde-Stenzel, RDV 2006, 105; BGH MMR 2009, 610 – Spickmich; a.A. OLG Köln, DuD 2008, 693 = MMR 2008, 675: § 28; s.u. Rn. 45.
3 Weichert, DuD 2009, 7; zur Behandlung nach aktueller Gesetzeslage s.u. Rn. 44ff.
4 A.A. Schaffland/Wiltfang, § 29 Rn. 4, die geschäftsmäßig mit kommerziell gleichsetzen.

Datenerhebung und -speicherung zum Zweck der Übermittlung § 29

des Vorliegens einer Einwilligung oder einer notleidenden Forderung oft Rechtmäßigkeitsbedingung für die Verarbeitung nach § 29, die zunächst nicht nachweisbar ist. Sind Daten inhaltlich falsch oder unzulässig angeliefert worden, ist dieser Mangel der verantwortlichen Stelle nach § 29 zuzurechnen.[5] Es besteht ein Unterlassungsanspruch bzgl. einer falschen oder unzulässigen Datenübermittlung.[6] Auch wenn es in der Praxis dieser Stelle oft nicht zumutbar ist, sämtliche Daten auf ihre **Richtigkeit und Zulässigkeit** hin zu überprüfen, trifft sie das datenschutzrechtliche Risiko durch die Bereitstellung. Die Stelle kann im Binnenverhältnis zu den Datenlieferanten Sicherungen zur Gewährleistung von Richtigkeit und Zulässigkeit vorsehen (z. B. Vorlage der Einwilligung, Vertragsstrafen, Haftungsübernahme). Dies ändert nichts an dem Umstand, dass die verantwortliche Stelle im Konfliktfall die Rechtmäßigkeitsvoraussetzungen nachweisen und die rechtlichen Folgen einer unrechtmäßigen Verarbeitung tragen muss. Der Betroffene kann nicht allein auf die Daten anliefernde Stelle verwiesen werden. Im Zweifel sind Daten nach § 35 zu korrigieren. Im Falle des Bestreitens der Richtigkeit müssen die Daten für die Übermittlung gesperrt werden.[7]

Die Regelung des § 29 steht nicht im Widerspruch zu dem **Verbot einer Vorratsdatenverarbeitung** (Einl. Rn. 49). Sie erlaubt grds. nur eine Verarbeitung für genau definierte Zwecke (Abs. 1 S. 2). Bei Internet-Veröffentlichungen ist eine Bindung an bestimmte Zwecke praktisch nicht mehr durchsetzbar; daher muss ein durch Art. 5 GG geschütztes Ziel verfolgt werden. Bei Anwendung des § 29 kommt es nicht darauf an, ob ein bestimmtes Datum tatsächlich benötigt wird; es genügt, dass es benötigt werden kann. Eine Verarbeitung nach § 29 darf erfolgen, wenn die Speicherung für den festgelegten Zweck sinnvoll und erforderlich ist. 4

Die Datenübermittlung bzw. die **Meldung personenbezogener Daten** an eine Stelle nach § 29 richtet sich nicht nach dieser Regelung, sondern nach § 28, bei Forderungsdaten nach § 28a. Auch die personenbezogene Datenübermittlung im Rahmen einer Anfrage bei einer Stelle nach § 29 erfolgt für eigene Zwecke i. S. v. § 28. 4a

2. Zweck der Übermittlung

Werden Daten primär für eigene Zwecke verarbeitet und gelegentlich an Dritte weitergegeben, ist zunächst § 28 anwendbar. Wird aber mit der Datenspeicherung dauernd auch das Ziel der personenbezogenen **Übermittlung als eigener Zweck** verfolgt, ist die Datenverarbeitung sowohl an § 28 als auch an § 29 zu messen.[8] Anderenfalls könnte sich eine Stelle der Anwendung des § 29 dadurch entziehen, dass Daten auch für eigene Zwecke genutzt werden.[9] 5

---

5 LG Paderborn, MDR 1981, 581; OLG Düsseldorf 24.11.2009 – I-20 U 137/09, MMR 2010, 99 = DANA 1/2010, 43; LG Traunstein 20.5.2008 – 7 O 318/08; BMH § 29 Rn. 12; a.A. Plath in Plath, § 29 Rn. 43.
6 LG München I, ZD 2013, 135.
7 VG Darmstadt, ZD 2013, 469.
8 Taeger in Taeger/Gabel, § 29 Rn. 12–14; a.A. Plath in Plath, § 29 Rn. 12, der auf den »Schwerpunkt« abstellt.
9 Plath in Plath, § 29 Rn. 11 differenziert danach, ob Daten als »Ware« übermittelt werden; a.A. Kilian/Scheja, RDV 2002, 183.

§ 29 Datenerhebung und -speicherung zum Zweck der Übermittlung

6   Das Gesetz benennt beispielhaft die Zwecke der **Werbung, Auskunftserteilung und Adressvermittlung** für Dritte als Anwendungsfälle der Regelung. Erfasst werden auch Adressbuch- und Verzeichnisverlage mit Adress-, Rufnummern-, Branchen- und vergleichbaren **Verzeichnissen** (Abs. 3), wenn es sich nicht um Telekommunikationsverzeichnisse handelt, für die spezifische Regelungen gelten (§ 104 TKG). Ebenso erfasst werden Stellen, die für andere Firmen, die Werbung oder Markt- und Meinungsforschung vornehmen, Sperrdateien führen.[10] Werden Daten vor der Übermittlung aufbereitet, z.B. durch Berechnung von Scores, ist für die (personenbezogene) Ergebnisübermittlung § 29 anwendbar.[11] Erfasst sind darüber hinaus Unternehmen, die gewerbsmäßig mit personenbezogenen Daten von Betroffenen, zu denen sie keine direkte (Vertrags-) Beziehung haben, handeln. Hierzu gehören z.B. u.U. auch Detekteien,[12] Warndienste oder Informationsdienste. Es kommt nicht darauf an, welches Informationsinteresse die Übermittlungsempfänger verfolgen. Werden von dem Unternehmen Daten unabhängig von einem Einzelauftrag erhoben und gespeichert, ist § 29 anwendbar (zum Internet s.o. Rn. 2). Wird dagegen ein Dienstleister mit spezifischen Daten ausschließlich zu jeweils einzelnen Auftragsabwicklungen tätig, ist für diesen § 28 anwendbar, wenn nicht eine Auftragsdatenverarbeitung vorliegt (§ 11 BDSG).

7   § 29 findet auch keine Anwendung bei Presse und Medien, die für ihre Datenverarbeitung das Grundrecht der **Pressefreiheit** des Art. 5 Abs. 1 S. 2, 3 GG in Anspruch nehmen können.[13] Auch bei **Veröffentlichungen im Internet** kann diese Privilegierung anwendbar sein; anwendbar ist dann der Pressekodex des Presserats und § 57 RStV.[14]

8   **Warn- und Hinweisdienste** sind Stellen, die sich i.d.R. für eine bestimmte Branche vertragswidriges Verhalten von bestimmten Unternehmen oder Risiken mitteilen lassen, um diese Informationen zusammenzuführen und auf Nachfragen darüber Auskunft zu erteilen. Hierzu gehören die zentralen Hinweis- und Informationssysteme (HIS) der Versicherungswirtschaft (Rn. 51) oder der Wohnungswirtschaft. Im Bereich der Kreditwirtschaft betätigen sich insofern die Schutzgemeinschaft für die allgemeine Kreditsicherung (Schufa) sowie Wirtschaftsauskunfteien (z.B. Creditreform, Bürgel; InfoScore); für die Datenerhebung ist im Bereich der Bonitätsauskünfte § 28a anwendbar. Auskunfteien werden auch von Kredit- und Finanzdienstleistern im Rahmen der Bekämpfung von Geldwäsche genutzt.[15] Zu Warndateien im weiteren Sinne gezählt werden können Auskunfteien, die Hinweise auf Geldwäsche, Terrorismusfinanzierung oder andere Straftaten geben.[16]

3. Zulässigkeit der Speicherung

9   Die rechtmäßige Speicherung setzt eine zulässige **Datenerhebung** voraus. Auch bei § 29 gilt der Vorrang der Direkterhebung beim Betroffenen (§ 4 Abs. 2 S. 1). Mangels

---

10 LG Frankfurt, RDV 2008, 29.
11 Weichert, DuD 2005, 585.
12 Duhr in Roßnagel, 2003, S. 1159f.
13 BGH 15.12.2009 – VI ZR 227/08 und 228/08, MMR 2010, 438 = DANA 1/2010, 43.
14 Weichert, VuR 2009, 328f.; s.u. Rn. 45.
15 Chrooziel, ZD 2013, 170.
16 Hilpert, ZD 2015, 262.

direkter (vertraglicher) Beziehung erfolgt aber die Erhebung i.d.R. bei Dritten (§ 4 Abs. 2 S. 2). Bei der Erhebung bei Stellen mit dem Kontakt zum Betroffenen[17] muss die Verhältnismäßigkeit gewahrt bleiben; Diskriminierungseffekte sind zu vermeiden. Teilweise wird die Ansicht vertreten, dass ein nach § 29 einmal festgelegter Zweck nicht mehr nachträglich geändert werden könne.[18]

§ 29 Abs. 1 erlaubt auch die **Veränderung**, d.h. die Aufbereitung gespeicherter Daten. Eine Scoreberechnung wird von § 28b als Nutzung, nicht als Veränderung angesehen (§ 28b Rn. 5; a.A. § 3 Rn. 35, 45). Verändern ist eine Kodierung oder die Verknüpfung von Daten bis hin zur Erstellung von Persönlichkeitsbildern (Einl. Rn. 45f., s.u. Rn. 23). Durch die Zuordnung von scheinbar wenig sensiblen Daten wie Adresse, Geolokation, Telefonnummern, über Internet recherchierte Daten usw. gewinnt die Datenveränderung nach § 29 eine immer wichtigere Bedeutung.[19]

2009 wurde als weitere Verarbeitungsform das **Nutzen** aufgenommen. Dies soll der »Klarstellung« dienen. In der Praxis war bisher auch das Nutzen als »geringerer Eingriff« gegenüber dem Verändern als zulässig angesehen worden. Nun ist eine Abgrenzung zwischen »Verändern« und »Nutzen« entbehrlich.[20]

Die Speicherung ist unzulässig, wenn die **Objektivität der Daten** nicht ausreichend gesichert ist. Die verantwortliche Stelle ist auf die Anlieferung bzw. Erhebung richtiger aussagekräftiger Daten angewiesen. Handelt es sich bei den angelieferten Daten um Vertragsdaten für Warnzwecke, genügt i.d.R. nicht allein die behauptete und nicht weiter belegbare Verletzung eines Vertragsverhältnisses. Die speichernde Stelle ist für die Speicherung verantwortlich und muss sich die Fehlerhaftigkeit angelieferter Daten zurechnen lassen.

Die Verarbeitung ist zulässig, wenn im Rahmen einer **Abwägung** die berechtigten Interessen der verantwortlichen Stelle gegenüber den schutzwürdigen Interessen des Betroffenen überwiegen.[21] Da eine Vielzahl von Daten verarbeitet wird, kann diese Abwägung zunächst nur pauschal erfolgen. Grundsätzliche Abwägungsfehler können zur Rechtswidrigkeit der gesamten Datenverarbeitung führen. Im Zweifels- und Konfliktfall muss bzgl. jedes Datums eines Betroffenen eine konkrete Abwägung vorgenommen werden. Die Norm geht davon aus, dass bei allgemein zugänglichen Daten die Abwägung ergibt, dass die Daten verfügbar sind (Abs. 1 Nr. 2).

Das **berechtigte Interesse** an der Datenverarbeitung wird durch den Zweck der Übermittlung definiert. Dabei ist grds. jede nicht verbotene Tätigkeit berechtigt. Dient die Datenverarbeitung einem verfassungsrechtlich gesicherten Interesse, z.B. dem Schutz der Berufsfreiheit (Art. 12 GG), des Eigentumsrechts (Art. 14 GG) oder der Pressefreiheit (Art. 5 GG), ist dies bei der Abwägung zu berücksichtigen.

Die **Berufsfreiheit** beinhaltet auch das Recht, gewerblich Informationen anzubieten und zu vermitteln. Dieses Recht begründet für sich allein aber keinen eigenständigen Anspruch darauf, in das Grundrecht auf Datenschutz völlig unbekannter Dritter ein-

---

17 Vertragspartner, evtl. Nachbar, dazu Duhr in Roßnagel, 2003, S. 1162f.
18 So Duhr/Naujok/Danker/Seiffert, DuD 2003, 13.
19 A.A. Mallmann in Simitis, 5. Aufl., § 29 Rn. 81.
20 BT-Drs. 16/10529, 16.
21 Zur europarechtlichen Verpflichtung zur Abwägung EuGH 24.11.2011 – C-468/10, C-469/10, DuD 2012, 370.

zugreifen. Dies gilt nur, wenn ein sozialpflichtiger Vorgang dokumentiert wird, an dessen Kenntnis Dritte ein berechtigtes Interesse haben können. Dieser Vorgang kann seine Grundlage im kulturellen, sozialen und politischen, vor allem aber im Bereich der wirtschaftlichen Betätigung haben. Besteht kein solcher sozialpflichtiger Sachverhalt hat der Betroffene ein Recht, in Ruhe gelassen zu werden (Right to be let alone). Werbezwecke (ebenso wie Zwecke der Markt- oder Meinungsforschung) legitimieren im Rahmen eines Abwägungsprozesses nicht die Beeinträchtigung dieses Rechts, wenn zu der verantwortlichen Stelle kein direkter wirtschaftlicher Kontakt besteht. Daher bedarf es für diese Zwecke der materiell-rechtlichen Legitimation durch eine ausdrückliche Einwilligung. Die generelle Teilnahme am Marktgeschehen begründet keine soziale Pflicht, direkt Werbung entgegenzunehmen und hierfür verdatet zu werden. Dies gilt auch dann, wenn die Daten aus allgemein zugänglichen Quellen entnommen werden können.[22]

16 Besteht irgendein triftiger Grund zur Annahme, dass der Datenverarbeitung **schutzwürdige Interessen des Betroffenen** entgegenstehen, ist die Verarbeitung unzulässig. Schutzwürdig ist grds. das Recht auf informationelle Selbstbestimmung, schutzwürdig sind aber auch sonstige regelmäßig durch andere Grundrechte geschützte wirtschaftliche, berufliche, soziale, politische oder familiäre Interessen. Konsumenten sind schutzwürdiger als gewerblich tätige Personen.[23] Kinder sind schutzwürdiger als Erwachsene. Nicht oder beschränkt Geschäftsfähige sind schutzwürdiger als voll Geschäftsfähige. Entgegen stehen Interessen bei der Verarbeitung sensibler Daten. Dies ist der Fall bei besonders geschützten Daten nach § 3 Abs. 9, denkbar sind aber auch andere Daten, z. B. bei den besonders missbrauchsanfälligen Kontoverbindungsdaten oder wenn aufgrund der äußeren Umstände erkennbar ist, dass die Betroffenen (z. B. die Nutzer einer geschlossenen Internet-Nutzer-Gruppe) keinen Außenkontakt wünschen. Gegen eine Verarbeitung sprechende Gründe sind z. B., wenn die weitere Übermittlung zu ungerechtfertigten Nachteilen für die Betroffenen oder zu deren Diskriminierung führen kann. Geschätzte Daten oder Wahrscheinlichkeitsangaben dürfen nur verarbeitet werden, wenn sie als solche gekennzeichnet sind (§ 35 Abs. 1 S. 2) und die Datengrundlage für die Bewertung für die gemachte Aussage eine direkte Relevanz hat. Hierbei ist zunächst eine abstrakte Abwägung vorzunehmen. Im geschäftlichen Leben kommt der Postadresse eine zentrale Identifizierungsfunktion zu. Selbst wenn dies die Anschrift einer Justizvollzugsanstalt ist, besteht gegen deren Verarbeitung grundsätzlich kein überwiegendes schutzwürdiges Interesse.[24]

17 Die Schutzwürdigkeit wird verringert, wenn über das gesetzlich zwingend vorgesehene Maß hinaus eine **Information des Betroffenen** über die Datenverarbeitung erfolgt und ihm die Möglichkeit eingeräumt wird, seinen Standpunkt, z. B. über einen Widerspruch oder eine Datenkorrektur, geltend zu machen. Dies gilt aber nur, wenn den Betroffenen aufgrund der Umstände eine Gegenvorstellung zugemutet werden kann. Ein derartiger Widerspruch muss – vorab – schon eingeräumt werden, wenn Daten über das Internet

---

22 Weichert in Taeger/Wiebe, Informatik-Wirtschaft-Recht, 2004, S. 293 ff.; enger die h. M. die eine Unzulässigkeit der Verarbeitung für Zwecke der Werbung und der Marktforschung erst annimmt, wenn ein entgegenstehender Wille des Betroffenen zum Ausdruck gebracht wurde; z. B. Gola/Schomerus, § 28 Rn. 59, § 29 Rn. 12.
23 OLG Stuttgart, DuD 2004, 48.
24 AG Bremen 27.5.2011 – 10 C 221/75, DuD 2011, 575.

Datenerhebung und -speicherung zum Zweck der Übermittlung § 29

zum Abruf bereitgestellt werden sollen und nur so überwiegende schutzwürdige Interessen zur Geltung gebracht werden können, wie dies z. b. bei der Bereitstellung von Straßenpanoramabildern bzw. Haus- und Grundstücksansichten der Fall ist.[25]

Spricht eine abstrakte Interessenabwägung für ein Überwiegen der berechtigten Interessen, ist die Verarbeitung dennoch unzulässig, wenn **im konkreten Einzelfall** schutzwürdige Interessen bestehen. Dabei müssen die Individualinteressen mit den Verarbeitungsinteressen der Allgemeinheit unter Berücksichtigung der gesamten äußeren und inneren Umstände abgewogen werden. Art, Inhalt und Aussagekraft der beanstandeten Daten sind zu messen und zu den Aufgaben und Zwecken ins Verhältnis zu setzen, denen ihre Verarbeitung dient.[26] 18

Es genügen **Anhaltspunkte** für entgegenstehende Interessen. Dies ist im Bereich der Werbung (und der Markt- oder Meinungsforschung) jede Form des Widerspruchs oder Protests gegen eine Datennutzung. Ausreichende Anhaltspunkte sind i. d. R. auch die plausible Behauptung der Unzulässigkeit der Datenerhebung oder der sonstigen Verarbeitung, z. B. der Verstoß gegen das Direkterhebungsgebot des § 4 Abs. 2. Auch an der Löschung aus einer Sperrdatei, mit der Werbung oder Markt- und Meinungsforschung verhindert werden soll, besteht ein schutzwürdiges Interesse.[27] Sprechen überwiegende Gründe für berechtigte Verarbeitungsinteressen, hat der Betroffene eine gesteigerte Begründungspflicht bzgl. seiner Interessen. 19

Die Aufnahme in **Warndateien** ist zulässig, wenn der konkrete gespeicherte Vorgang im Geschäftsleben relevant ist und objektive Umstände und Verhaltensweisen dokumentiert sind, die bei potenziellen Datenempfängern die Abwendung eines von der Rechtsordnung missbilligten Schadens ermöglichen. Eine objektivierte Datengrundlage besteht noch nicht in der Geltendmachung einer Forderung oder in der erneuten Mahnung, diese zu erfüllen (vgl. § 28 a). Ein berechtigtes Interesse besteht, wenn ein unstreitiger Anspruch nicht erfüllt werden kann (Leistungsunfähigkeit und Leistungsunwilligkeit). 20

Die Speicherung von **Straftaten** ist nur zulässig, soweit dem kein Verwertungsverbot entgegensteht[28] und die Delikte für den Speicherzweck relevant sind (z. B. Vermögensdelikte). 21

Eine Zulässigkeit der Verarbeitung ist gegeben, wenn der Betroffene hierzu seine wirksame **Einwilligung** erteilt hat. 22

Werden Daten bei der verantwortlichen Stelle aus unterschiedlichen Quellen zusammengeführt und aufbereitet, z. B. indem eine Zuordnung zu bestimmten Kaufklassen, Interessengruppen oder Bonitätsindices erfolgt, liegt hierin ein Verändern dieser Daten. Hierbei ist darauf zu achten, dass keine unzulässigen **Persönlichkeitsprofile** oder Teilabbilder von den Betroffenen erstellt werden,[29] die deren schutzwürdige Interessen verletzen können. Derartige Persönlichkeitsprofile sind gegeben, wenn die Daten eine umfassende Bewertung einer Person aufgrund bereichsübergreifender Daten (Quer- 23

---

25 Dreyer/Spieker, Google Street View, 2010, S. 67 f.; 22. TB HmbBfDI 2008/2009, 102 f.; a. A. Moos/Zeiter, ZD 2013, 182.
26 BGH, NJW 1986, 2505 = DB 1986, 855 = RDV 1986, 81.
27 LG Frankfurt, RDV 2008, 28, 31.
28 § 51 BZRG, wegen Gewerbe-Ordnungswidrigkeiten vgl. § 153 Abs. 5 GewO.
29 BVerfGE 27, 6 = NJW 1969, 1707; BVerfG NJW 1984, 424; Einl. Rn. 45 f.; Pfeifer, K&R 2011, 543 ff.

§ 29   Datenerhebung und -speicherung zum Zweck der Übermittlung

schnittsprofil) oder auch aus einem Bereich über einen längeren Zeitraum hinweg (Längsprofil) oder eine Kombination von beidem ermöglichen.[30] Unterhalb der Erstellung von Persönlichkeitsprofilen können schutzwürdige Interessen tangiert sein, wenn durch die Kombination der Daten ein verfälschtes Bild von dem Betroffenen entsteht.

24 Die Speicherung von Daten ist unter erleichterten Umständen nach Absatz 1 Satz 2 Nummer 2 erlaubt, wenn die Daten aus **allgemein zugänglichen Quellen** (dazu § 28 Rn. 56 ff.) entnommen werden können oder die Daten veröffentlicht werden dürften. Zu diesen »öffentlichen Daten« gehören die Angaben aus allgemein – d. h. »jedermann« – zugänglichen öffentlichen Registern, wie z. B. das Handelsregister (§ 9 Abs. 1 HGB), das Vereinsregister (§ 79 BGB), das Güterrechtsregister (§ 1563 BGB), das Markenregister (§ 62 Abs. 3 MarkenG) oder die öffentlichen Bekanntmachungen der Insolvenzgerichte (§ 9 InsO).[31] Nicht darunter fallen das Schuldnerverzeichnis (§§ 915 ff. ZPO)[32] oder Register, zu denen der Zugang ein »berechtigtes Interesse«[33] oder gar ein »rechtliches Interesse«[34] voraussetzt. Erfasst werden die Angaben aus öffentlich zugänglichen gedruckten oder elektronischen Telefon-, sonstigen Kommunikations-, Adress- und Branchenverzeichnissen, soweit nicht ein Widerspruchsvermerk gemäß Absatz 3 besteht, ebenso aus Zeitungen, Zeitschriften und andere, evtl. elektronische Publikationen. Der Umstand, dass für einen Zugang zu einer Quelle eine Gebühr erhoben wird, hat keine Auswirkung auf die Allgemeinzugänglichkeit. Die Privilegierung gilt für aus öffentlichen Quellen stammende Daten nur in ihrem Urzustand, nicht, wenn diese zu einer neuen Information verknüpft wurden.[35]

25 Keine allgemein zugängliche Quelle sind die **Melderegister**. Bei den Melderegisterdaten handelt es sich um von staatlicher Seite zwangsweise erhobene Daten aller Einwohner, die nur nach dem rechtlichen Regime des Melderechts und unter öffentlicher Kontrolle zugänglich gemacht werden dürfen. Zwar werden die Daten der einfachen Melderegisterauskunft (§ 44 BMG) ohne Nachweis eines berechtigten Interesses auf Anfrage i. d. R. nach einer Ermessensentscheidung übermittelt. Würden die Melderegisterdaten durch eine private Auskunftei weiterübermittelt, kämen die melderechtlichen Schutzmechanismen für die Betroffenen[36] nicht mehr zum Tragen. Eine Speicherung der Daten aus Melderegistern zum Zweck der Übermittlung nach § 29 würde daher überwiegende schutzwürdige Interessen des Betroffenen berühren.[37]

---

30 Weichert in Kilian/Heussen, Stand 2002, Kap. 130 Rn. 35 f.
31 Krämer, NJW 2012, 3203.
32 LG Berlin, ZD 2014, 366.
33 Grundbuch, § 12 GBO; Gewerberegister, § 14 Abs. 3 GewO; a. A. AG Schwartau, DuD 2005, 373; Fahrzeugregister, § 39 StVG, BGH, DuD 2003, 241 = RDV 2003, 139; dazu Keichel, RDV 2004, 229.
34 Personenstandsbuch, § 61 Abs. 1 PStG.
35 Gola/Schomerus, § 28 Rn. 31.
36 Möglichkeit der Sperre – § 51 BMG, Widerspruch gegen Übermittlungen an besondere Empfänger – §§ 42 Abs. 5, 50 Abs. 5 BMG.
37 ULD, Erteilung einfacher Melderegisterauskünfte an gewerbsmäßige Adresshändler und Auskunfteien, 2008, https://www.datenschutzzentrum.de/melderecht/adresshandel.html; ULD 31. TB 2009, Kap. 4.1.3; a. A. Abel RDV 2008, 195 für andere Zwecke als Werbung, vgl. BVerwG, RDV 2006, 263; zum »Adress-Pooling« und dem Verhältnis von § 29 zu § 11 siehe auch die Ausführung in Rn. 1.

Datenerhebung und -speicherung zum Zweck der Übermittlung § 29

Bei zur Veröffentlichung geeigneten Daten ist die Speicherung unzulässig, wenn ein **26** **entgegenstehendes Interesse offensichtlich** ist. Dies ist der Fall, wenn die Angaben auf negativen subjektiven Bewertungen beruhen. Gleiches gilt, wenn die Angaben offensichtlich eine diskriminierende Wirkung entfalten. Dies gilt bzgl. der Adresse z. B. bei der Wohnung in einem Frauenhaus, bei einer Justizvollzugsanstalt, bei einem psychiatrischen Krankenhaus, einer Entzugseinrichtung oder einem Obdachlosenasyl. Handelt es sich um besonders sensible Daten gem. § 3 Abs. 9, um Berufsgeheimnisse oder um Sozialdaten, so genügt dies als Indiz für entgegenstehende Interessen.[38]

2009 wurde mit der Aufnahme der Regelung zur **Übermittlung an Auskunfteien** **27** (§ 28a) Nummer 3 aufgenommen. Dadurch wird eine Rechtsgrundlage für Auskunfteien geschaffen zur Verarbeitung und Nutzung von Daten, die diesen nach § 28a übermittelt werden dürfen. Es wird ferner klargestellt, dass Daten i. S. d. § 28a Abs. 2 S. 3, d. h. im Rahmen der Herstellung von Markttransparenz entstehenden Daten (z. B. Konditionenanfragen) von Auskunfteien nicht zum Zweck der Übermittlung verarbeitet werden dürfen. Die Aufnahme solcher Daten in den Auskunftsbestand ist unzulässig. Davon unberührt bleibt die Frage der Zulässigkeit der Datenverarbeitung zum Zweck des möglichen Nachweises eines berechtigten Interesses des abrufenden Kunden/Vertragspartners.[39]

Der Verweis in Absatz 1 Satz 2 auf § 28 Abs. 1 S. 2 und Abs. 3 bis 3b zielt darauf ab, **28** dass auch im Bereich der Verarbeitung zum Zweck der Übermittlung eine **Festlegung der konkreten Zwecke** nötig ist (vgl. § 28 Rn. 62). Abzutrennende Zwecke sind die Werbung, die Adressmitteilung, die Bewertung der Bonität für kreditorische Zwecke, die Bewertung von Risiken für sonstige Vertragsbeziehungen (z. B. Mietvertrag oder spezieller Versicherungs-, Telekommunikations-, Lieferantenvertrag), die Markt- oder Meinungsforschung. Es ist zulässig, dass mit einem gemeinsamen Datenbestand verschiedene Zwecke verfolgt werden. Voraussetzung ist aber, dass entweder eine Nutzung von sämtlichen Daten für sämtliche Zwecke möglich ist, d. h. keine Betroffeneninteressen entgegenstehen, oder dass ein Zugriff und die Übermittlung der Daten durch eine entsprechende Markierung auf die erlaubten Zwecke begrenzt wird. Wurden die Daten bei den Betroffenen, z. B. über eine Einwilligung erhoben, sind diese über den Zweck und den Kreis der Empfänger zu informieren (§ 4 Abs. 3 S. 1).

Die verantwortliche Stelle ist verpflichtet, die erfolgten **Datenübermittlungen zu pro-** **28a** **tokollieren** und zu Zwecken der Datenschutzkontrolle oder der Auskunftserteilung gegenüber den Betroffenen zu speichern (§ 31), wobei die Aufbewahrungsfrist nicht die Speicherung der Ursprungsdaten des Betroffenen überschreiten darf.[40]

4. Besonderheiten bei der Werbung

Werbung ist die Ansprache von Personen, um diese zur Abnahme einer Ware oder zur **29** Inanspruchnahme einer Leistung zu veranlassen. Personenbezogene Daten werden zur direkten Ansprache (z. B. per Post oder E-Mail) genutzt und von Stellen nach § 29

---

38 Kramer in Auernhammer, § 29 Rn. 5.
39 BT-Drs. 16/10529, 16.
40 EuGH 7.5.2009 – C-553/07, DANA 3/2009, 118.

§ 29 Datenerhebung und -speicherung zum Zweck der Übermittlung

bereitgestellt. Dabei können die Daten der (bisherigen und potenziellen) Kunden selbst erhoben worden oder von anderen Unternehmen übermittelt worden sein. Werden diese Daten zugleich auch für die eigene Werbung genutzt (§ 28), hindert dies die Anwendbarkeit des § 29 nicht (s. o. Rn. 5; zur verfassungsrechtlichen Bewertung s. o. Rn. 15). Erfolgt die Werbung in der Form, dass diese für andere Unternehmen an Adressaten aus dem eigenen Datenbestand versendet wird (Lettershop-Verfahren), handelt es sich grds. um eine Speicherung für eigene Zwecke und nicht zum Zweck der Übermittlung. Der Begriff »**Adresshandel**« beschreibt die Vermarktung von Daten zur direkten Kontaktaufnahme (Name, Adresse, E-Mail-Adresse, Telefonnummer); dieser dient regelmäßig der Werbeansprache.[41]

30 Der Zweck der Übermittlung ist aber gegeben, wenn mit einem Anschreiben an die Adressaten eine **Animation zu einer Rückantwort** erfolgt (z. B. durch Antwortkarte, Coupon, Internetformular), sich gegenüber dem Unternehmen, für das die Tätigkeit (z. B. die Werbung) erfolgte, mit den gesammelten Daten zu melden. Hier werden die Betroffenen als Übermittlungsweg genutzt. Ziel der Verarbeitung (Anschreiben der Betroffenen) ist letztendlich, dass beauftragte Unternehmen die bei der verantwortlichen Stelle vorhandenen Daten – bereinigt durch eine fehlende Antwort der Nichtinteressierten – erhält.[42] Ergeben sich aus der Rückantwort mehr Informationen über den Betroffenen, als diesem erkennbar ist, z. B. über die Zugehörigkeit zu einer bestimmten Personengruppe (durch Kennzeichnung mit Codes), müssen die Betroffenen über die Kriterien der Auswahl bzw. der Gruppenzuordnung informiert werden. Dies dient nicht nur dem Zweck, einen Widerspruch nach Absatz 4 i. V. m. § 28 Abs. 4 zu ermöglichen,[43] sondern auch, um eine Übermittlung zu verhindern, die schutzwürdige Interessen Betroffener verletzt.

31 Die bisherige **Privilegierung** zum Zwecke der Werbung und Markt- und Meinungsforschung (Abs. 2 Satz 1 Nr. 1 b a. F.), wonach ein berechtigtes Interesse unterstellt wurde, wenn »es sich um listenmäßig oder sonst zusammengefasste Daten« handelt, die keine anderen Merkmale als die in § 28 Abs. 3 Nr. 3 a. F. genannten enthalten (Gruppenzugehörigkeit, Berufs-, Branchen- oder Geschäftsbezeichnung, Namen, Titel, akademische Grade, Anschrift, Geburtsjahr), wurde 2009 gestrichen. Die Übermittlung für Zwecke des Adresshandels und der Werbung ist nunmehr in § 28 Abs. 3 bis 3a BDSG geregelt.

32 Ein einer Übermittlung entgegenstehendes **schutzwürdiges Interesse** kann sich aus der äußeren Aufmachung der Werbung ergeben, wenn z. B. der falsche Eindruck erweckt wird, es handele sich um eine Gewinnnachricht oder um die Reaktion auf eine vorangegangene Anfrage. Erklärt ein Betroffener gegenüber der übermittelnden Stelle oder dem (werbenden) Empfänger seinen Widerspruch gegen die Nutzung für Zwecke der Werbung oder der Markt- und Meinungsforschung, ist die weitere Nutzung für diese Zwecke unzulässig (Abs. 4 i. V. m. § 28 Abs. 4, 5). Sowohl die werbende (§ 28 Abs. 4) als auch die übermittelnde Stelle müssen den Widerspruch in einer Sperrdatei speichern und künftige Versendungen damit abgleichen. Ein überwiegendes schutzwürdiges

---

41 Bahr, Recht des Adresshandels, 2011; dazu Gramlich, DuD 2013, 119; DANA 2013, 61.
42 Mattke, Adressenhandel, 1995, S. 238 ff.
43 Wind, 1995, S. 132.

Interesse besteht weiterhin bei sensiblen Daten, z. B. über Ordnungswidrigkeiten und Strafverfahren oder aus Personalakten. Die 2009 gestrichene ausdrückliche Regelung (Abs. 2 S. 2 i. V. m. § 28 Abs. 3 S. 2 a. F.) sollte von ihrem Rechtsgedanken nicht aufgehoben werden.

5. Besonderheiten bei Bonitätsauskünften

Die Bonitätsauskunft diente ursprünglich vorrangig der Beurteilung der Kreditanträge.[44] Sie erfolgt typischerweise durch »Auskunfteien«. Durch die Zunahme von Distanzgeschäften und Dauerverträgen mit Vorausleistung, vor allem unter Einsatz elektronischer Medien, werden immer mehr auch andere Vertragsabschlüsse einer Bonitätsbewertung, also einer Beurteilung der **Kreditwürdigkeit**, unterzogen, wobei es nicht nur um das »Ob«, sondern auch um das »Wie« des Vertrags (Bestellung auf Rechnung, Höhe des Dispos oder des Zinssatzes) geht. Die Bonität wird verstärkt auch beim Marketing eingesetzt, obwohl dem i. d. R. schutzwürdige Interessen entgegenstehen.[45] Die Abfrage von Bonitätsdaten setzt ein kreditorisches Risiko voraus.[46] Ein kreditorisches Risiko besteht grds. nicht bei Versicherungsverträgen im Hinblick auf die Möglichkeit des Eintritts des Versicherungsfalls. Unzulässig sind auch Bonitätsauskünfte über Beschäftigte an Arbeitgeber, wenn nicht mit dem Arbeitsvertrag zugleich eine kreditähnliche Belastung des Arbeitgebers verbunden ist. Allein der Rückschluss auf eine Gefährdung beim Umgang mit Arbeitgebergeldern wegen einer Überschuldungssituation des Beschäftigten ist nicht berechtigt. Die Datenbeschaffung zum Zweck der Bonitätsauskunft ist seit 2009 in § 28 a geregelt. Branchenweite Auskunftssysteme zur Erhöhung der Transparenz des Marktes müssen keine Beschränkung des Wettbewerbs darstellen, sofern der betroffene Markt nicht hochgradig konzentriert ist und die Zugangs- und Nutzungsbedingungen rechtlich und tatsächlich keine Diskriminierung enthalten.[47] Werden Forderungs- und Bonitätsauskünfte über das Internet bereitgestellt, sind besondere Schutzvorkehrungen erforderlich.[48]

Neben den Grunddaten, die der eindeutigen Identifizierung dienen, spielen bei der Bonitätsauskunft Negativdaten die zentrale Rolle. Dabei handelt es sich um Daten über Vertragsstörungen, die von Dritten der Auskunftei gemeldet werden. Dabei wird unterschieden zwischen sog. harten und weichen **Negativmerkmalen**, also belegbaren und möglicherweise bestrittenen Merkmalen. Harte Negativmerkmale sind durch ein rechtliches Verfahren gesicherte Informationen über Vertragsverletzungen, die auf eine mangelnde Bonität hinweisen. Weiche Merkmale sind einseitige Maßnahmen eines Vertragspartners infolge einer dem anderen zugeschriebenen Vertragsstörung.[49] Die Erhebung zum Zweck der Speicherung von Negativmerkmalen ist seit 2009 in § 28 a Abs. 1 geregelt. Die Meldung harter Negativmerkmale ist in Satz 1 Nrn. 1 bis 3 geregelt.

---

44 BGH, NJW 1986, 2505; BGH, DuD 2004, 46 = RDV 2003, 291.
45 Duhr in Roßnagel, 2003, S. 1181 f.
46 Eichler/Kamp in WB, Syst. K Rn. 114 f.
47 EuGH, DuD 2007, 136.
48 Iraschko-Luscher/Kieckenbeck DuD 2012, 904; zu einem Titelverkauf-Online-Portal LG Köln 17. 3. 2010 – 28 O 612/09, DuD 2010, 586 = RDV 2010, 177.
49 Zur Rechtslage vor 2009 vgl. Nachweise in der Vorauflage (2010) § 29 Fn. 35.

Zu den harten Negativmerkmalen gehören auch Eintragungen im Schuldnerverzeichnis nach § 915 ZPO sowie die nach § 300 InsO öffentlich zu machende Restschuldbefreiung, soweit nicht die Frist des § 35 Abs. 2 Nr. 4 BDSG verstrichen ist.[50] Nicht dazu gehören Informationen über verjährte Forderungen.[51] Die weichen Negativmerkmale sind in Satz 1 Nrn. 4, 5 genannt. Der Umstand, dass eine Forderung bestritten wird, führt nicht automatisch dazu, dass deren Speicherung unzulässig ist.[52] Gespeichert werden dürfen weiche Negativmerkmale nicht, wenn ihnen ein Konflikt oder ein Streit über die gegenseitigen Vertragspflichten zu Grunde liegt.[53]

35 Die Speicherung von **Positivmerkmalen,** also über die Aufnahme und ordnungsgemäße Abwicklung einer Geschäftsverbindung, ist i. d. R. außer in den Fällen des § 28 a Abs. 2 mangels berechtigten Interesses nur mit Einwilligung des Betroffenen zulässig. Dazu gehört auch die Mitteilung eines Vergleichs.[54]

6. Übermittlung bei bestimmten Branchen

36 Bei Übermittlungen für Zwecke einer Vertragsentscheidung mit **kreditorischem Risiko** kommt es darauf an, ob ein Bankkredit oder ein spezieller Verbraucherkredit gewährt werden soll (z. B. aus den Bereichen Telekommunikation, Leasing, Versandhandel). Einer Übermittlung von Negativmerkmalen aus anderen Verbraucherbereichen stehen bei geringeren Summen schutzwürdige Interessen entgegen.

37 In der **Versicherungswirtschaft** wird seit April 2011 ein neues Auskunftsverfahren mit einem Hinweis- und Informationssystem (HIS, früher Uniwagnis) praktiziert, bei dem auf Initiative des Gesamtverbands der Deutschen Versicherungswirtschaft (GDV) Informationen zur Betrugsbekämpfung und zur Risikoprüfung zum Abruf bereitgestellt werden.[55] Der Verband der Privaten Krankenversicherer (PKV) führte bis 2014 eine sog. Versichertenumfrage durch, bei der kritische Fälle namentlich an die anderen Krankenversicherungen übermittelt wurden. Über diese Verfahren werden der anfragenden Versicherung die in der Referenzliste als Meldende aufgeführten Unternehmen mitgeteilt. Diese nehmen eine Verifizierung der Identität des Versicherungsnehmers vor und übermitteln nach Einzelfallprüfung die angeforderten Daten. Diese Praxis ist an § 29 zu messen.

38 Bei Übermittlungen in der **Wohnungswirtschaft** an Vermieter ist zu berücksichtigen, dass die Verfügbarkeit von Wohnraum eine existenzielle Bedeutung hat und das Mietrecht soziale Bindungen auferlegt. Der Vermieter hat die Möglichkeit, sich durch Direktbefragungen, Kautionen und Pfandrechte oder durch Einbeziehung von Sozial-

---

50 VG Karlsruhe, ZD 2013, 142; KG Berlin, ZD 2013, 190; AG Wiesbaden, DuD 2011, 364; OLG Frankfurt 1.9.2009 – 21 U 45/09; Riemann, RDV 2014, 144; Krämer, NJW 2012, 3203; a. A. Gärtner/Tintemann, VuR 2012, 56; kritisch ULD/GP Forschungsgruppe, Scoring, S. 64; BT-Petitionsausschuss, BfDI, 24. TB 2011–2012, Kap. 10.2; zur Aufhebung des Insolvenzverfahrens OLG Frankfurt 19.3.2015 – 7 U 187/13.
51 OLG Frankfurt, ZD 2014, 134.
52 OLG Koblenz, DuD 2010, 188.
53 A. A. AG Elmshorn, RDV 2005, 2404.
54 A. A. OLG Düsseldorf, NJW 2005, 2403.
55 LG Kassel, ZD 2014, 363; AG Kassel, ZD 2014, 90; AG Coburg, ZD 2013, 458; Weichert, DANA 2/2010, 58; Eichler/Kamp in WB Syst. K Rn. 33–47.

behörden abzusichern. Mitgeteilt werden dürfen daher nur eingeschränkt harte allgemeine Negativdaten von größerer Bedeutung (eidesstattliche Versicherung, § 807 ZPO; Haftbefehl, § 901 ZPO) sowie gesicherten Daten aus dem Mietbereich (rechtskräftige Urteile und Titel aus Mietverhältnissen).

Bestehen Regelungen zum Austausch über Daten zu potentiellen Vertragspartnern, etwa über den Verdacht auf Geldwäsche, Terrorismusfinanzierung oder eine andere Straftat (**Seriositätsdaten**), wie dies z. B. bei § 25 h KWG oder § 12 Abs. 3 GWG der Fall ist, so sind diese Regelungen sinngemäß auch zu berücksichtigen, wenn der Austausch über eine Auskunftei erfolgt.[56]   39

Warndateien existieren inzwischen auch über **Beschäftigte und Bewerbende**.[57]   40–43

7. Besonderheiten bei Internet-Veröffentlichungen

Werden personenbezogene Daten in einem **geschützten Bereich des Internet** angeboten, gilt § 29 in vollem Umfang.   44

Im Internet besteht eine Vielzahl an **Informations- und Geschäftsangeboten**, die keinen gesteigerten Schutz durch Art. 5 GG genießen. Dies ist der Fall für Karten- und Luftbildangebote (Maps), für Panoramadienste (Street View),[58] für Archive[59] oder für Geschäftsangebote mit einem Bezug zu dritten Personen (z. B. Schuldtitelhandel[60]). Hier ist § 29 anwendbar.   44a

Bei Veröffentlichungen im Internet gegenüber unbestimmten Abrufenden ist, wie in den sonstigen Fällen des § 29, ein Rückgriff auf die §§ 823, 1004 BGB zur Sicherung der Betroffenenrechte nicht nötig.[61] Solange keine ausdrückliche gesetzliche Regelung geschaffen worden ist (Rn. 2), ist bei einem **Beitrag zur demokratischen Meinungsbildung** wegen der Anwendbarkeit der Meinungsäußerungs- und der Informationsfreiheit nach Art. 5 GG der Absatz 2 des § 29 im Sinne einer verfassungskonformen Auslegung nicht anwendbar.[62] Es besteht keine Pflicht zur Glaubhaftmachung eines berechtigten Interesses, keine Aufzeichnungspflicht und keine Pflicht zur Stichprobenkontrolle. Dokumente, die nach nationalen Rechtsvorschriften veröffentlicht werden, dienen regelmäßig der Verbreitung von Informationen, Meinungen und Ideen in der Öffentlichkeit und damit »journalistischen Zwecken«.[63] Bei redaktionell-journalistischen Beiträgen im Internet gilt die **Pressefreiheit** nach Art. 5 Abs. 1 S. 2, 3 GG; § 29 ist nicht anwendbar; es gelten § 41 BDSG bzw. 57 RStV und der Pressekodex des   45

---

56 Hilpert, ZD 2015, 262.
57 Zur AGG-Warndatei OLG Stuttgart, DuD 2014, 202.
58 Caspar, DÖV 2009, 971; Nachweise unter *http://www.datenschutzzentrum.de/geodaten/street view.htm*; a. A. Forgó/Krügel/Müllenbach CR 2010, 620.
59 OLG Hamburg 17.11.2009 – 7 U 62/09, 7 U 74/09.
60 LG Köln 17.3.2010 – 28 O 612/10, RDV 2010, 177 = DuD 2010, 586.
61 BGH, MMR 2009, 610 = RDV 2010, 27 = DuD 2009, 565 – Spickmich; Nachweise zur alten Rspr. Vorauflage Fn. 53; Überblick bei Dittmayer, DuD 2013, 780.
62 Vgl. Schilde-Stenzel, RDV 2006, 107; Greve/Schärdel, MMR 2009, 614.
63 EuGH, RDV 2009, 113.

§ 29 Datenerhebung und -speicherung zum Zweck der Übermittlung

Presserats.[64] **Bewertungsportale**, auch wenn sie über anonyme Meldungen beschickt werden, genießen den Schutz der Meinungsfreiheit nach Art. 5 Abs. 1 S. 1 GG, nicht aber die besondere Privilegierung für die Presse gemäß Satz 2.[65]

45 a Es hat eine **grundrechtliche Interessenabwägung** zu erfolgen, wobei zu unterscheiden ist, ob das personenbezogene Datum eine Tatsachenbehauptung ist oder eine Meinungsäußerung. Das Dafürhalten und Werten eröffnet einen größeren Freiraum als das bloße Feststellen.[66] Je länger ein Sachverhalt zurückliegt, umso größer wird das schutzwürdige Interesse eines Betroffenen. Dieses besteht besonders bei Straftätern wegen deren **Resozialisierungsinteresse**.[67] Bei Presseveröffentlichungen im Internet gelten lediglich die §§ 5, 7, 9, 38 a BDSG. Von Art. 5 GG geschützt sind wahre Tatsachenbehauptungen sowie individuelle Meinungsurteile bzw. Werturteile. Dazu gehören z. B. auch Namenslisten verhängter Spielsperren.[68] Keinen Schutzanspruch genießen unsachliche Schmähkritik, An-den-Pranger-stellen, Formalbeleidigungen oder Angriffe auf die Menschenwürde.[69] Keinen Schutz nach Art. 5 GG genießen auch personenbezogene Darstellungen, die sich aus einer rein automatisierten Auswertung von Daten ergeben oder eine ausschließlich technische Darstellung einer fremden Veröffentlichung sind, also z. B. Suchmaschinenergebnisse, Scores, Schnipsel oder Autocomplete-Anzeigen, bei denen Feldeingaben automatisch ergänzt und dadurch personenbezogene Zuordnungen vorgenommen werden.[70]

45 b Die Veröffentlichung von Beschäftigtendaten im Internet setzt grds. die – widerrufbare – Einwilligung des Betroffenen voraus. Setzt die Art des Arbeitsverhältnisses eine derartige Veröffentlichung voraus, z. B. bei einem Pressesprecher oder einem betrieblichen Datenschutzbeauftragten, so ist diese im Rahmen des Erforderlichen zulässig. Fotos sind nicht erforderlich. Wegen der besonderen Gefährdung obliegt dem Arbeit-

---

64 Lauber-Rönsberg, ZD 2014, 177; Weichert, DuD 2009, 12; ders. VuR 2009, 324, 328; Greve/Schärdel, MMR 2009, 613 f.; zu Falschberichterstattung EGMR 16.7.2013 – No 33846/07, CEDH 224 (2013); zur Veröffentlichung rechtswidrig erlangter Informationen BGH, AfP 2014, 534 = RDV 2015, 32 = ZD 2015, 227.
65 BGH, NJW 2015, 489 = AfP 2014, 529 = CR 2015, 116 – Ärztebewertungsportal II, BGH, NJW 2009, 2890; OLG Frankfurt, DuD 2012, 8 = ZD 2012, 274 = RDV 2012, 200; LG Kiel, RDV 2014, 217 = ZD 2014, 323 (LS); LG Kiel, ZD 2015, 278; Arbeitskreis Gesundheit und Soziales der DSB-Konferenz, Leitlinien mit Mindestanforderungen für die Ausgestaltung und den Betrieb von Arztbewertungsportalen im Internet vom 14.3.2013, http://www.datenschutz-berlin.de/attachments/934/Leitlinien_Arztbewertung-final.pdf?1363609731; Kühling, NJW 2015, 447; Meyer, K&R 2014, 807; Wilkat, Bewertungsportale im Internet, 2013.
66 Zur umfangreichen BGH-Rspr. von Pentz, AfP 2007, 20; kritisch zur Rspr. von BGH und BVerfG Schertz, NJW 2013, 721; zu AGG-Hopper OLG Stuttgart, DuD 2014, 202 = ZD 2013, 408; LG Nürnberg-Fürth, DuD 2013, 183; OLG Hamm, DuD 2012, 55; Hennig/Etgeton, DuD 2011, 841.
67 BGH 13.11.2012 – VI ZR 330/11, K&R 2013, 110 BGH, DuD 2011, 423, DuD 2010, 722 – Sedlmayr; Himmelsbach, K&R 2013, 82; Ruttig, AfP 2013, 372; Vosskamp/Kipker, DuD 2013, 787.
68 OLG Karlsruhe, RDV 2009, 179.
69 BGH, VersR 2007, 250 f. 250 f.; BVerfG, NJW-RR 2000, 1712.
70 BGH, NJW 2013, 2348 = ZD 2013, 405 mit Anm. Hoeren = DuD 2013, 663 = RDV 2013, 197 = JZ 2013, 789 = MMR 2013, 535; einschränkend OLG Köln, DuD 2013, 413; hierzu generell Weichert, ZRP 2014, 168; ders. in Roggan/Busch, Das Recht in guter Verfassung, Kutscha-Festschrift, 2013, S. 147; a. A. Milstein/Lippold, NVwZ 2013, 182.

Datenerhebung und -speicherung zum Zweck der Übermittlung § 29

geber eine ungeschriebene Schutzpflicht im Hinblick auf das Persönlichkeitsrecht des Arbeitnehmers.
Wurden **Daten zulässigerweise veröffentlicht**, spricht dies für die Zulässigkeit einer weiteren Veröffentlichung.[71] Dies gilt vor allem, wenn die identifizierenden Umstände von dem Betroffenen selbst preisgegeben wurden.[72] Nicht zulässig ist der Schluss, dass unzulässig ins Netz gestellte Daten allgemein zugänglich sind und daher deren weitere Verarbeitung erlaubt sei. In diesem Fall überwiegen offensichtlich schutzwürdige Betroffeneninteressen (Abs. 1 Nr. 2). Erweist sich die Unzulässigkeit einer Veröffentlichung und erfolgte deshalb im Internet eine Löschung, so kann die verantwortliche Stelle zusätzlich verpflichtet sein, Google über die Löschung zu informieren und aufzufordern, die Daten im dortigen Cache zu löschen.[73] 46

Anbieter von personenbezogenen Inhalten müssen entweder eine Einwilligung des Betroffenen einholen (§ 4 Abs. 1)[74] oder eine **Abwägung mit den schutzwürdigen Betroffeneninteressen** vornehmen.[75] Eine Veröffentlichung ohne Einwilligung kommt nur in Betracht, wenn es sich um Daten geringerer Sensibilität handelt. Dabei kann auf die abgestufte Schutzwürdigkeit nach Sphären (Intim- und Geheimsphäre, Sozial- und Privatsphäre, Öffentlichkeit) zurückgegriffen werden (Einl. Rn. 11, 27). Betreffen Informationen z. B. eine nach außen gerichtete berufliche Tätigkeit einer Person, treffen diese die Sozialsphäre und sind in geringem Umfang schutzbedürftig.[76] Der Umstand, dass der Betroffene der verantwortlichen Stelle die Daten zur Verfügung gestellt hat, z. B. über eine E-Mail, hat für die Interessenabwägung keine Bedeutung, da der Absender grds. von einer vertraulichen Behandlung durch den Empfänger ausgehen kann.[77] Das öffentliche Interesse an Informationen ist relevant,[78] etwa bei erhöhtem Informations-, Transparenz- oder Aufklärungsbedarf, der z. B. durch Bewertungsportale von Gesundheitsanbietern oder Rechtsanwälten gedeckt wird.[79] Die Verantwortlichkeit besteht uneingeschränkt, selbst wenn die Inhalte, wie bei Suchmaschinen, nur zwischengespeichert und angezeigt werden, ohne dass eine inhaltliche Bearbeitung stattfindet. Bei der Abwägung ist die konkrete Form der Veröffentlichung relevant, wobei eine Unzulässigkeit auch dann gegeben sein kann, wenn eine Erstveröffentlichung im Internet zulässig ist.[80] 47

Bei **Prangerseiten**, mit denen ein (angeblich) unzulässiges oder unmoralisches Verhalten veröffentlicht wird, besteht regelmäßig kein öffentliches Informationsinteresse; die schutzwürdigen Interessen überwiegen. Entsprechendes gilt z. B. für Gegnerlisten 47a

---

71 BGH, NJW 2010, 2888 = MMR 2009, 610; LG Köln, DuD 2007, 781 – Spickmich; LG Berlin, DuD 2007, 784 = MMR 2007, 668 = CR 2007, 742 – meinprof.de.
72 LG Berlin, MMR 2008, 353 = CR 2008, 402 = RDV 2008, 76.
73 OLG Celle 29.1.2015 – 13 U 59/14.
74 Weichert, VuR 2009, 327.
75 OLG Hamburg, MMR 2009, 405 vgl. Flechsig, AfP 2008, 284.
76 BGH 23.6.2009 – VI ZR 196/08; MMR 2009, 611; OLG Köln, DuD 2008, 691; zum Diskussionsstand Bilek, MMR Beilage 6/2009, 29.
77 LG Köln, RDV 2009, 32; LG Köln, RDV 2007, 128.
78 OLG Hamburg, RDV 2008, 76.
79 LG Kiel, NJW-RR 2002, 1195; Gundermann, VuR 2010, 333.
80 EuGH 13.5.2014 – C-131/12, Rn. 62 ff., 88, AfP 2014, 245 = DuD 2014, 559 – Google Suche; dazu von Lewinski, AfP 2015, 1; vgl. LG Hamburg, DuD 2014, 343 – Mosley.

§ 29 Datenerhebung und -speicherung zum Zweck der Übermittlung

von Rechtsanwälten.[81] Auch wenn eine Einordnung als relative oder absolute Person der Zeitgeschichte möglich ist, bedarf es einer Abwägung im Einzelfall und eine pauschale Veröffentlichung ist ausgeschlossen.[82] Verfolgt die Veröffentlichung das Ziel, den Betroffenen als Menschen herabzusetzen, spricht dies gegen die Zulässigkeit.[83]

48 Die **Schutzinteressen** können u. U. in der Form wahrgenommen werden, dass der Zugriff auf die Daten von zusätzlichen Anforderungen des Internetanbieters (z. B. Mitgliedschaft in einem Verein, Verpflichtung zur Beachtung verbindlicher Nutzungsbeschränkungen) abhängig gemacht oder dass eine Erschließung durch Suchmaschinen technisch ausgeschlossen wird.[84] Die Eingriffsintensität kann ein wenig durch eine Beschränkung des IP-Adressenbereichs reduziert werden, dem der Zugriff erlaubt wird.[85] Eine Form der Berücksichtigung schutzwürdiger Interessen kann darin bestehen, dass die Erkennbarkeit, z. B. durch Verpixelung von Bildern oder durch Verwenden von Pseudonymen erschwert wird, der Anbieter die Betroffenen generell über die Erfassung informiert und ihnen vor Veröffentlichung die Möglichkeit des Widerspruchs einräumt.[86] Schutzwürdige Interessen können auch dadurch gewahrt werden, dass den Betroffenen ein Gegendarstellungsrecht eingeräumt wird (analog § 57 Abs. 3 RStV). Betroffeneninteressen können weiterhin durch zivilrechtliche Regelungen gewahrt werden (z. B. Satzung des Betreibers). Ist es zumutbar, vom Betroffenen eine Einwilligung einzuholen, macht der Verzicht hierauf die Veröffentlichung rechtswidrig. Das Einstellen von Informationen über Kinder ist ohne Einwilligung der Erziehungsberechtigten grds. ausgeschlossen.[87]

49 Inhaltsanbieter, die **fremde Inhalte** ins Internet stellen (z. B. Bewertungsportale, Blogs, Chatforen, Suchmaschinen, Soziale Netzwerkdienste),[88] haben analog § 10 TMG sicherzustellen, dass im Fall der Kenntnisnahme von datenschutzwidrigen Inhalten diese unverzüglich entfernt oder die Zugänge gesperrt werden.[89] Im Zweifel muss der Dienstanbieter durch technische Gestaltung und durch ergänzende organisatorische Maßnahmen sicherstellen, dass keine unzulässigen (z. B. beleidigende) Inhalte bereitgestellt werden (Feld- und Bewertungsvorgaben, Zugangsbeschränkungen der Inhaltseinsteller).[90]

8. Zulässigkeit der Übermittlung durch Abwägung

49a Die Übermittlung aus den Datenbeständen des Informationsmittlers ist zulässig, wenn der Betroffene in die konkrete Übermittlung seine **Einwilligung** erteilt hat (§§ 4 Abs. 1,

---

81 OLG Hamburg, RDV 2008, 76; LG Essen 30.8.2012 – 4 O 263/12, MMR 2012, 845; Pfeiffenberg, MMR Fokus 12/2012, XII.
82 BGH, NJW 2007, 1981; Teichmann, NJW 2007, 1917.
83 OLG Hamburg, RDV 2008, 76.
84 Falsch insofern: OLG Karlsruhe, MMR 2009, 405.
85 VG Wiesbaden, MMR 2009, 431.
86 Düsseldorfer Kreis, Beschluss v. 13./14.11.2008, digitale Straßenansicht, DuD 2008, 806 = RDV 2008, 260; Anhang bei Fickert, DuD 2009, 498.
87 Vgl. 30. Intern. Konferenz der Datenschutzbeauftragten v. 17.10.2008, DuD 2008, 807.
88 Vgl. 30. Intern. Konferenz der Datenschutzbeauftragten v. 17.10.2008, DuD 2008, 810; Fox, DuD 2009, 53; Vaeth, DANA 2009, 49.
89 Weichert, MR-Int 2007, 190.
90 BGH NJW 2009, 2891 ff. – Spickmich.

Datenerhebung und -speicherung zum Zweck der Übermittlung § 29

4a BDSG, vgl. aber § 28a). Dabei kommt es oft vor, dass die Einwilligung zu einem Zeitpunkt erteilt wurde, z.b. bei einem Vertragsabschluss, der weit vor der konkreten Übermittlung liegt. In diesen Fällen ist erforderlich, dass die Voraussetzungen für die konkrete Datenbeschaffung so präzise beschrieben werden, dass für den Betroffenen die spätere Abfrage kalkulierbar ist. Nicht in § 29 geregelt sind Übermittlungen an öffentliche Stellen aufgrund besonderer Auskunftspflichten.[91]

Die Übermittlung von für Übermittlungszwecke gespeicherten Daten ist zulässig, wenn vom Dritten, dem die Daten übermittelt werden (sollen), eine glaubhafte Darlegung seines **berechtigten Interesses** an ihrer Kenntnis erfolgt und kein Grund zur Annahme besteht, dass der Übermittlung ein schutzwürdiges Betroffeneninteresse entgegensteht (Abs. 2 S. 1). Berechtigtes Interesse ist weniger als ein rechtliches Interesse. Berechtigt ist ein sachlich begründetes ideelles oder wirtschaftliches Interesse, das in Einklang mit der Rechtsordnung steht.[92] Die Daten müssen bzgl. Inhalt, Umfang und Qualität konkret für die beabsichtigten Ziele und Zwecke erforderlich sein. So sind Bonitätsinformationen für Arbeitgeber zur Überprüfung von Stellenbewerber grds. nicht erforderlich.[93] Die Übermittlung für Zwecke einer Personalentscheidung ist grds. unzulässig.[94] Nicht erforderlich ist die Kenntnis der Daten eines Aktionärs, der bei einer Aktionsversammlung einen Redebeitrag angemeldet hat.[95] Für den Abruf von Nutzungsdaten und Hashwerten von urheberrechtlich geschützten Dateien im Internet kann nicht auf § 29 zurückgegriffen werden, weil dabei die gesetzlich geforderte Abwägung mit den Betroffeneninteressen unterbleibt.[96]

49b

Das vom Empfänger geltend gemachte Interesse ist **glaubhaft darzulegen**. Hierzu ist in jedem Fall zunächst eine Identitätsfeststellung der anfragenden Stelle nötig. Der angefragten Stelle müssen Informationen vorgelegt werden, die das bestehende Interesse mit einer überwiegenden Wahrscheinlichkeit begründen. Eine schlichte Erklärung des Empfängers kann genügen, wenn nach den Gesamtumständen und der Lebenserfahrung die Richtigkeit der behaupteten Tatsachen wahrscheinlich ist. Bestehen z.B. längerfristige oder intensive Geschäftsbeziehungen zum Empfänger und gab es bisher keine Hinweise auf dessen Unzuverlässigkeit, kann von der Richtigkeit von Angaben ausgegangen werden.[97] Für Bonitätsauskünfte nicht ausreichend sind anzukreuzende Merkmale wie »Bonitätsprüfung« oder »Geschäftsanbahnung«.[98]

49c

Die übermittelnde Stelle muss die Glaubhaftigkeit der **geltend gemachten Interessen überprüfen**. Entstehen hierbei Zweifel, muss sie diese durch eine Nachfrage und das Einholen weiterer Belege beim Empfänger beseitigen, bevor Daten übermittelt werden. Bei Massenverfahren, nicht nur bei Online-Anfragen (dazu Rn. 53), bedarf es darüber hinausgehend fundierter Stichproben, bei denen die übermittelnde Stelle sich z.B. bei 1 % der Anfragen das berechtigte Interesse näher belegen lässt. Bei Zweifels- und

49d

---

91 Z.B. nach Polizeirecht OVG Rheinland-Pfalz, DuD 2003, 44.
92 Dammann in Simitis, § 16 Rn. 17.
93 Mallmann in Simitis, 5. Aufl., § 29 Rn. 117ff.
94 Däubler, 2002, S. 126ff.
95 A.A. Wohlgemuth/Gerloff, 2005, S. 108f. mit Verweis auf BGH, NJW 1984, 1886.
96 Lutz, DuD 2012, 588f.
97 Mallmann in Simitis, 5. Aufl., § 29 Rn. 92.
98 Petri, DuD 2002, 728; a.A. Plath in Plath, § 29 Rn. 85.

§ 29 Datenerhebung und -speicherung zum Zweck der Übermittlung

Stichprobenüberprüfungen genügen i. d. R. nicht weitere einseitige Konkretisierungen durch den Empfänger; vielmehr sind vom Betroffenen stammende Belege vorzulegen (z. B. Kreditantrag, Warenbestellung).

49e Bestehen Zweifel, dass sich die Anfrage zu einer Person auf den gespeicherten Datensatz bezieht, steht der Auskunftserteilung grds. ein schutzwürdiges Interesse entgegen. Die personelle Zuordnung der Anfrage muss eindeutig sein. Bei **Identitätszweifeln** ist eine Auskunft in jedem Fall unzulässig, wenn kein Hinweis darauf erfolgt, dass es sich möglicherweise um eine andere Person handelt.

50 Bei der Abwägung über die Bereitstellung von **personenbezogenen Geodaten** (§ 3 Rn. 21) kommt es auf die Aussagekraft der Daten im Hinblick auf eine einzelne Person an. Bei einer allgemeinen Bereitstellung von Daten bedarf es einer pauschalierten Interessenabwägung. Bei Luft- und Satellitenbildern, sog. Orthofotos, kann bei einer Pixelgröße von 40 cm i. d. R. davon ausgegangen werden, dass schutzwürdige Betroffeneninteressen nicht mehr überwiegen. Bei Kartendarstellungen besteht eine solche Vermutung bei einem Maßstab größer als 1:10000.[99]

51 Nach Absatz 2 Satz 3 und 4 müssen die Gründe für das Vorliegen eines berechtigten Interesses und ihrer Darlegung aufgezeichnet werden: bei automatisierten Abrufverfahren (vgl. § 3 Abs. 5 Nr. 3b) durch den Empfänger, ansonsten durch die übermittelnde Stelle. Die **Aufzeichnungen** müssen dem entsprechen, was an Darlegung erfolgt ist (s. o. Rn. 38). Erfolgte die Glaubhaftmachung durch Urkunden (z. B. Kreditantrag), ist die Urkunde abzulegen.[100] Die Aufzeichnung soll eine einfache Nachprüfung durch den bDSB oder durch die Aufsichtsbehörde ermöglichen. Im Fall von Beweisverlusten durch die Vernichtung der Originaldarlegungen ist eine Nachfrage beim Empfänger erforderlich. Erfolgt die Anfrage in Vertretung einer berechtigten Stelle, muss zusätzlich zum berechtigten Interesse des Vertretenen die Vollmacht glaubhaft dargelegt werden. Die Verletzung der Aufzeichnungspflicht ist eine Ordnungswidrigkeit nach § 43 Abs. 1 Nr. 5 BDSG.[101] Die Aufzeichnungen sind grds. fünf Jahre lang aufzubewahren (vgl. § 35 Abs. 2 S. 2 Nr. 4); dass Schadensersatzansprüche früher verjähren, ist insofern nicht relevant.[102] In dieser Zeit ist auch mit einer anlassbezogenen oder systematischen Einzelfallprüfung zu rechnen. Um keinen Haftungsansprüchen wegen Beweisverlust ausgesetzt bzw. verlustig zu werden, empfiehlt sich eine Aufbewahrung zumindest für die Zeit möglicher Schadensersatzansprüche.

52 Eine Übermittlung ist i. d. R. unzulässig, wenn die **Richtigkeit der Daten** nicht festgestellt werden kann oder wenn diese bestritten werden. Eine entsprechende Kennzeichnung, z. B. mit »Identität nicht feststellbar«, genügt nicht.[103] Geschätzte Angaben sind als solche zu kennzeichnen (§ 35 Abs. 1 S. 2) und nur im gewerblichen Bereich zulässig, nicht bei Verbrauchern. Errechnete Prognosedaten (Scores, § 28b) müssen als solche gekennzeichnet sein.

---

99 Karg – ULD, Datenschutzrechtliche Rahmenbedingungen für die Bereitstellung von Geodaten für die Wirtschaft, 2008, S. 10 ff., 67; Weichert, DuD 2009, 350.
100 A. A. Gola/Schomerus, § 29 Rn. 29: Bezeichnung des Merkmals genügt.
101 AG Bremen, RDV 1987, 91.
102 Taeger in Taeger/Gabel, § 29 Rn. 58; a. A.. BMH § 29 Rn. 107: 4 Jahre; Plath in Plath, § 29 Rn. 92: 3 Jahre.
103 OLG Hamburg, NJW 1987, 659.

9. Automatisierte Abrufverfahren, Adressverzeichnisse, sensible Daten, Widerspruch, Rechtsfolgen

Unter den Bedingungen des § 10 können **Online-Übermittlungen** zulässig sein.[104] Der 2009 eingeführte Absatz 2 Satz 5 tritt klarstellend neben die weiterhin geltenden Regelungen in § 10 Abs. 4 und benennt Vorgaben zur Sicherstellung der **Stichprobenkontrollen** im automatisierten Abrufverfahren: Die übermittelnde Stelle, d. h. die Auskunftei, hat Stichprobenverfahren vorzunehmen und dabei das Vorliegen des für die Datenübermittlung erforderlichen berechtigten Interesses des Abrufenden einzelfallbezogen festzustellen und zu überprüfen.[105]

53

Absatz 3 enthält eine Sonderregelung für elektronische oder gedruckte **Adress-, Rufnummern-, Branchen- oder sonstige Verzeichnisse**. Die Regelung hatte ursprünglich vorrangig CD-ROM-Listen im Blick.[106] Inzwischen spielen im Internet verfügbare Verzeichnisse eine erheblich größere Rolle. Bei diesen Verzeichnissen besteht das Risiko, dass die Daten in einer Form ausgewertet werden, die schutzwürdige Interessen der Betroffenen verletzen. Daher dürfen Datensätze nicht übernommen und zur Verfügung gestellt werden, wenn der entgegenstehende Wille des Betroffenen aus dem als Datenquelle herangezogenen Verzeichnis erkennbar ist. Soll die Nutzung nur eingeschränkt, nicht ausgeschlossen werden, muss die Kennzeichnung des Betroffenenwillens übernommen werden. Damit wird der Schutz, der für Telekommunikationsverzeichnisse in § 104 TKG geregelt ist, auf Verzeichnisse erweitert, auf die das TKG nicht anwendbar ist.[107]

54

Absatz 4 verweist auf § 28 Abs. 5, der eine **Zweckbindung beim Übermittlungsempfänger** festlegt. Durch die Öffnungsklausel, den Verweis auf § 28 Abs. 2 und 3, ist dem Übermittlungsempfänger aber eine sehr weitgehende Zweckänderung gestattet. Von Relevanz ist aber die in § 28 Abs. 5 S. 3 enthaltene Hinweispflicht auf die datenschutzrechtliche Zweckbindung gegenüber den Übermittlungsempfängern.

55

Widerspricht der Betroffene der Übermittlung für Zwecke der Werbung (oder der Markt- und Meinungsforschung, vgl. § 30a Abs. 5), sind die Daten zu sperren (vgl. § 28 Abs. 4). Entsprechendes gilt grundsätzlich bei einem **Widerspruch** gegen die Erstellung und Übermittlung von Scores wegen des entgegenstehenden Betroffeneninteresses.[108]

56

Absatz 5 erklärt § 28 Abs. 6–9 für entsprechend anwendbar. Dies hat zur Folge, dass die Verarbeitung von **besonderen Arten personenbezogener Daten** – also Angaben über Rasse, Ethnie, politische Meinung, Religion, Gewerkschaftszugehörigkeit, Gesundheit und Sexualleben (§ 3 Abs. 9) – für Werbezwecke nur mit ausdrücklicher und spezifischer Einwilligung (§ 4a Abs. 3) zulässig ist. Für Markt- oder Meinungsforschung besteht in § 30a Abs. 5 eine entsprechende Regelung. Bei einer Nutzung für andere Zwecke kann die Verarbeitung nach § 29 zulässig sein, wenn der Betroffene die

57

---

104 Duhr in Roßnagel, 2003, S. 1178 f.
105 BT-Drs. 16/10529, 16; Heinemann, ZD 2014, 291.
106 Weichert, RDV 1995, 202.
107 Duhr/Naujok/Danker/Seiffert, DuD 2003, 14.
108 Weichert, DuD 2005, 586 f.

sensiblen Daten offenkundig öffentlich gemacht hat (§ 28 Abs. 6 Nr. 2) oder wenn dies zur Geltendmachung, Ausübung oder Verteidigung von rechtlichen Ansprüchen erforderlich ist, gegenüber denen die Betroffeneninteressen zurücktreten müssen (§ 28 Abs. 6 Nr. 3).

58 Der Betroffene kann gegenüber der verantwortlichen Stelle sowie gegenüber den übermittelnden Stellen und Empfängern Korrekturansprüche nach § 35 geltend machen. Schadensersatzansprüche nach § 7 unterliegen einer Beweiserleichterung. § 29 ist ein Schutzgesetz nach § 823 Abs. 2 BGB, der neben §§ 823 Abs. 1, 824 BGB anwendbar ist. **Verstöße gegen § 29** können nach den §§ 43, 44 geahndet werden; es kann auch der Tatbestand der üblen Nachrede gemäß § 186 StGB erfüllt sein.

10. Verbraucherkreditrichtlinie

59 Durch die Ergänzung der Absätze 6 und 7 wurde 2009 die Art. 9 EU-Verbraucherkreditrichtlinie (EU-VerbrKredRL) umgesetzt. Der Kreditgeber wird verpflichtet, sich hinreichend über die Kreditwürdigkeit des Kreditnehmers zu informieren, um dessen übermäßige Kreditbelastung zu vermeiden und ihn gegen Übervorteilung zu schützen.[109] Die Richtlinie statuiert Pflichten von Datenbankbetreibern, deren sich Darlehensgeber zur **Bewertung der Kreditwürdigkeit** potenzieller Darlehensnehmer bedienen. Ein Verstoß gegen die Verpflichtungen ist nach § 43 Abs. 1 Nr. 7a, 7b bußgeldbewehrt. Die Regelung gilt nur für die Kreditvergabe. Darum handelt es sich nicht bei einer üblichen vertraglichen Vorleistung.[110]

60 Absatz 6 dient der Umsetzung von Art. 9 Abs. 1 EU-VerbrKredRL. Danach ist **Darlehensgebern aus den EU- und EWR-Staaten** bei grenzüberschreitenden Krediten ein diskriminierungsfreier Zugang zu den zur Bewertung der Kreditwürdigkeit des Verbrauchers verwendeten Auskunfteien zu gewähren. Der Begriff des Verbrauchers ist wie in § 13 BGB zu verstehen. Mit der Regelung sollen Wettbewerbsverzerrungen im Binnenmarkt unterbunden werden. Die genannten ausländischen Darlehensgeber sollen inländischen gleichgestellt werden. Verursacht ein Auskunftsverlangen für deutsche Darlehensgeber Kosten, dürfen diese auch dem ausländischen Anfragenden abverlangt werden.[111]

61 Absatz 7 setzt Art. 9 Abs. 2 EU-VerbrKredRL um. Der Anspruch richtet sich primär gegen den Darlehensgeber, kann jedoch auch von der Stelle, die die Auskunft erteilt hat, erfüllt werden. Die Vorschrift ist nur anzuwenden, wenn der Abschluss eines Verbraucherdarlehensvertrags (§ 49a Abs. 1 BGB) oder eines entgeltlichen Finanzierungshilfevertrags (§ 506 BGB) abgelehnt wird. Der Verbraucher ist in diesem Fall kostenlos und **unverzüglich zu unterrichten**. Prüft der zur Unterrichtung Verpflichtete, ob bei dem gewählten Unterrichtungsmedium die Datenschutzbelange des Betroffenen ausreichend gewahrt werden, ist dies kein »schuldhaftes Zögern« i.S.d. § 121 BGB und beeinflusst daher die »Unverzüglichkeit« nicht. Eine bloße Unterrichtung genügt nicht;

---

109 EuGH, 18.12.2014 – C-449/13, ZD 2015, 175.
110 Abel, DSB 6/2009, 8.
111 BT-Drs. 16/11643, 233.

Datenerhebung zur anonymisierten Weiterleitung § 30

nötig ist auch eine Begründung. Der Anspruch besteht nur, wenn infolge der Datenbankabfrage der Abschluss des Verbraucherdarlehens abgelehnt wird.

Absatz 7 Satz 2 entspricht in Sinn und Zweck den §§ 499 Abs. 2 S. 2, 675 k Abs. 2 BGB. Die in Satz 1 vorgeschriebene Unterrichtung soll nach Erwägungsgrund der EU-Verbr-KredRL vor allem ausgeschlossen sein, wenn sich aus der Auskunft ein **Verdacht auf Terrorismusfinanzierung oder Geldwäsche** ergibt. Satz 3 stellt klar, dass weitere Informationsrechte des Darlehensnehmers aus § 6a durch diese Vorschrift nicht beschnitten werden.

62

§ 30 Geschäftsmäßige Datenerhebung und -speicherung zum Zweck der Übermittlung in anonymisierter Form

(1) Werden personenbezogene Daten geschäftsmäßig erhoben und gespeichert, um sie in anonymisierter Form zu übermitteln, sind die Merkmale gesondert zu speichern, mit denen Einzelangaben über persönliche oder sachliche Verhältnisse einer bestimmten oder bestimmbaren natürlichen Person zugeordnet werden können. Diese Merkmale dürfen mit den Einzelangaben nur zusammengeführt werden, soweit dies für die Erfüllung des Zwecks der Speicherung oder zu wissenschaftlichen Zwecken erforderlich ist.
(2) Die Veränderung personenbezogener Daten ist zulässig, wenn
1. kein Grund zu der Annahme besteht, dass der Betroffene ein schutzwürdiges Interesse an dem Ausschluss der Veränderung hat, oder
2. die Daten aus allgemein zugänglichen Quellen entnommen werden können oder die verantwortliche Stelle sie veröffentlichen dürfte, soweit nicht das schutzwürdige Interesse des Betroffenen an dem Ausschluss der Veränderung offensichtlich überwiegt.
(3) Die personenbezogenen Daten sind zu löschen, wenn ihre Speicherung unzulässig ist.
(4) § 29 gilt nicht.
(5) § 28 Abs. 6 bis 9 gilt entsprechend.

Übersicht Rn.
1. Allgemeines 1– 6
2. File-Trennung 7
3. Zulässigkeit der Auswertung 8–12

1. Allgemeines

§ 30 enthält eine spezielle Vorschrift für Stellen, die personenbezogene Daten speichern und nutzen, um diese nach entsprechender Auswertung und Aggregierung **in anonymisierter Form** Dritten zur Verfügung zu stellen. Bei den dann derart zur Verfügung gestellten Daten handelt es sich i. d. R. nicht mehr um personenbezogene Daten, so dass das Datenschutzrecht nicht anwendbar ist. Von hoher persönlichkeitsrechtlicher Relevanz können aber die für die Erzeugung der aggregierten Daten intern verwendeten personenbezogenen Daten sein.

1

Die Regelung setzt Art. 6 Abs. 1 lit. b EG-DSRl um, wonach eine statistische Nutzung

1a

personenbezogener Daten zulässig ist, wenn geeignete Garantien zum Schutz der Betroffenen vorgesehen werden (im öffentlichen Bereich gilt insofern das Statistikrecht). Sie richtete sich zunächst vor allem an **Markt- und Meinungs- bzw. an Sozialforschungsinstitute**, deren Aufgabe es ist, Konsumgewohnheiten für Zwecke des Marketings zu erforschen. Seit der BDSG-Novelle 2009 ist aber insofern – bei Vorliegen der rechtlichen Voraussetzungen – die speziellere Regelung des § 30a anwendbar. Nunmehr gilt § 30 für Unternehmen, auch wenn sie in einen Konzern oder Verband eingebunden sind, die für andere Firmen statistische Auswertungen vornehmen. Die pseudonymisierte Datenauswertung und anonyme Übermittlung hat im Kontext der Nutzung des Internets und von Kundenbindungskarten aktuelle Relevanz erlangt. Ein Anwendungsfall sind Unternehmen, die für ein anderes bzw. für mehrere andere Unternehmen **Scoringerfahrungen** etwa zum Zweck der Risikoanalyse von Verbraucher- und Kreditverträgen oder zum Zweck unternehmerischer Planungen generieren.[1] Auch in diesen Fällen erfolgt u. U. eine ausschließlich anonymisierte Übermittlung aggregierter personenbezogener Daten. Ein Anwendungsfall ist auch das Durchführen von Portfolioanalysen für andere Unternehmen.[2]

2 Die Form der Datenverarbeitung wurde früher als besonders sensibel angesehen und daher gesondert geregelt (§ 36 BDSG 1977, § 30 BDSG 1990). Inzwischen ist der Regelungsinhalt des § 30 über allgemeine Datenschutzprinzipien (Zweckbindung, Datensparsamkeit, Erforderlichkeitsgrundsatz) derart etabliert, dass der Norm faktisch **kein eigenständiger Regelungswert** mehr zukommt. Eine Besonderheit stellt allenfalls Absatz 1 Satz 2 dar, der in bestimmten Fällen eine Re-Identifizierung pseudonymisierter Daten erlaubt.

3 § 30 unterscheidet sich von den für **wissenschaftliche Forschungsaktivitäten** geltenden Regelungen (z. B. § 40) dadurch, dass mit der geschäftsmäßigen Auswertung und Übermittlung vorrangig ein kommerzielles Interesse verfolgt wird. Bei ideeller Forschung sind i. d. R. die durch Art. 5 Abs. 3 GG privilegierten Datenschutz-Forschungsklauseln anwendbar.[3] Es ist nicht ausgeschlossen, dass ein Unternehmen sowohl kommerzielle als auch ideelle Forschung betreibt; in diesen Fällen muss die ideelle Forschung organisatorisch ausgegliedert und unabhängig sein (vgl. § 40 Rn. 5). Zwar gibt es zwischen § 30 und den Forschungsklauseln Parallelen – Daten aus § 40 dürfen für die ideelle Forschung genutzt werden (Abs. 1 S. 2) –, die rechtlichen Unterschiede verbieten jedoch eine Vermengung der jeweiligen Datenbestände.

4 Wie § 40 regelt auch § 30 nicht die allgemeinen Voraussetzungen für die Zulässigkeit der Erhebung, Verarbeitung und Nutzung. Vielmehr beschränkt sich die Regelung auf **zusätzliche Anforderungen** bei der Verarbeitung für Zwecke anonymisierter Übermittlung. Hieraus kann nicht geschlossen werden, dass die Erhebung und Speicherung der Daten ohne weitere Voraussetzungen zulässig wäre.[4] Erforderlich ist nicht in jedem Fall

---

1 Weichert, DuD 2005, 583.
2 Kamlah in Plath, § 30 Rn. 5.
3 Weichert in Erichsen/Schäferbarthold/Staschen/Zöllner, Lebensraum Hochschule, 2012, S. 77 ff.; § 30 ist deshalb nicht lex specialis zu § 40; so aber Gola/Schomerus, § 30 Rn. 2.
4 So aber Dörr/Schmidt, BDSG, 1990 § 30 Rn. 3.

Datenerhebung zur anonymisierten Weiterleitung § 30

eine Einwilligung.[5] Richtig ist vielmehr, dass die allgemeinen Anforderungen beachtet werden müssen, die für die Erhebung und Speicherung von Daten gelten. Voraussetzung ist entweder das Vorliegen einer wirksamen Einwilligung der Betroffenen in diese Form der Datenverarbeitung (§§ 4, 4a) oder dass die Daten aus allgemein zugänglichen Quellen erhoben und so gespeichert werden (§§ 28 Abs. 1 S. 1 Nr. 3, 29 Abs. 1 S. 1 Nr. 2). Möglich ist auch, dass die Daten von Dritten beschafft werden. Dies kann über eine Übermittlung auf der Grundlage eines berechtigten Interesses erfolgen (§§ 28 Abs. 1 S. 1 Nr. 2, 29 Abs. 1 S. 1 Nr. 1, Abs. 2 S. 1). Bei einer telefonischen oder mündlichen Datenerhebung durch Befragung beim Betroffenen kann regelmäßig auf die Schriftform verzichtet werden.[6]

Eine **personenbezogene Übermittlung gespeicherter Daten** ist nach § 30 definitiv ausgeschlossen. § 30 definiert einen eigenständigen Zweck, der die zusätzliche Nutzung für weitere Zwecke nicht erlaubt. Es bedarf daher des Führens eigenständiger Datenbestände. Wird per Einwilligung eine weitere Zweckbestimmung zugelassen,[7] können diese Daten nicht mehr nach § 30 verarbeitet werden. 5

Erfolgt die wissenschaftlich-statistische **Auswertung von eigenen Datenbeständen**, ist nicht § 30, sondern § 28 anwendbar. Sind bereichsspezifische Regelungen einschlägig, die die Bereitstellung personenbezogener Daten in anonymisierter Form regeln, gehen sie § 30 vor. In den Bereichen Telemedien und Telekommunikation gelten die § 15 Abs. 3 TMG und § 95 Abs. 2 TKG. 6

2. File-Trennung

In Absatz 1 wird die sog. File-Trennung festgelegt. Dies hat räumlich, technisch und organisatorisch zu erfolgen.[8] Die Merkmale sind so unverzüglich voneinander zu trennen, wie dies möglich ist. Über die **Pseudonymisierung von Datenbeständen** (§ 3a Abs. 6a) sind die mit der File-Trennung verfolgten Ziele heute technisch leicht zu realisieren. Die gesonderte Speicherung soll bewirken, dass nicht zufällig umfassend über personenbezogene Profile personenbezogen Auskünfte erteilt werden (können). Eine Zuordnung über eine Ordnungsnummer oder über sonstige Pseudonyme wird nach Absatz 1 Satz 2 für die Zwecke des § 30 sowie für wissenschaftliche Zwecke im Sinne des § 40 erlaubt. Bei der Veränderung bzw. Auswertung der Daten muss vollständig auf identifizierende Klardaten (Name, Adresse, Geburtsdatum) verzichtet werden. Auch bei der Übermittlung für ideell-wissenschaftliche Zwecke muss auf identifizierende Klardaten wie auch auf die Weitergabe der Pseudonyme (= personenbezogene Daten) vollständig verzichtet werden. Ein Verstoß gegen die File-Trennung wird nach § 43 Abs. 2 Nr. 6 bzw. § 44 Abs. 1 sanktioniert. 7

---

5 So Auernhammer, 1993, § 30 Rn. 16; ähnlich Ehmann in Simitis, § 30 Rn. 37 ff.
6 Walz in Simitis, 5. Aufl., § 30 Rn. 29.
7 Gola/Schomerus, § 30 Rn. 5.
8 Weniger eng Walz in Simitis, 5. Aufl., § 30 Rn. 18: programmtechnische Trennung.

3. Zulässigkeit der Auswertung

8 Die Absätze 2 und 3 legen die Anforderungen bei der Veränderung und Löschung fest. Für das Verändern, d. h. die Auswertung der Daten, genügt eine pauschale Prüfung auf der Grundlage des bei der verantwortlichen Stelle vorhandenen Wissens, ob nicht **schutzwürdige Interessen** der Auswertung (offensichtlich) überwiegen (Abs. 2 Nr. 1 und 2). Dies kann z. B. der Fall sein, weil aufgrund des Umfangs der Datensätze mit wenig Zusatzwissen eine Re-Identifizierung der file-getrennten Daten möglich ist. Ein anderer Anwendungsfall ist die Verwendung besonders sensibler Daten. Bei dieser Fallgestaltung dürfte aber i. d. R. schon die Erhebung durch die verantwortliche Stelle unzulässig sein. Bei Daten aus allgemein zugänglichen Quellen wird vom Gesetz unterstellt, dass die Schutzwürdigkeit geringer ist. Aber auch in diesem Fall muss eine pauschale Prüfung erfolgen.

9 Nach Absatz 3 sind unzulässig gespeicherte Daten zu löschen. Diese Selbstverständlichkeit (§ 35 Abs. 2 Nr. 1) hätte nicht gesondert geregelt werden müssen. Die allgemeinen Ausnahmen von der Löschpflicht nach § 35 Abs. 3 sind für die Anwendungsfälle des § 30 nicht anwendbar. Unzulässig ist die Speicherung bei Nichtvorliegen oder Unwirksamkeit einer erforderlichen Einwilligung, bei deren Rücknahme oder bei einem Widerspruch nach § 28 Abs. 4. Unzulässig ist sie auch, wenn bei Annahme des berechtigten Interesses dieses nicht vorlag oder schutzwürdige Interessen (offensichtlich) überwiegen. Eine **Löschpflicht** besteht auch, wenn im Rahmen der Auswertung eine die Zulässigkeit ausschließende Schutzwürdigkeit entsteht.

10 Die **Nichtanwendbarkeit des § 29** nach Absatz 4 kann sich nicht auf die Datenerhebung bei einer Stelle beziehen, die Daten zum Zweck der Übermittlung bereithält. Vielmehr wird klargestellt, dass für die Speicherung und Veränderung nicht die Voraussetzungen des § 29 Abs. 1 und für die Datenübermittlung kein berechtigtes Interesse nach § 29 Abs. 2 vorliegen müssen.

11 Absatz 5 bekräftigt die Anwendbarkeit der Regelungen zum Schutz **besonderer Arten personenbezogener Daten** (§ 28 Abs. 6 bis 9, vgl. § 3 Abs. 9). Auch dies ist eine Selbstverständlichkeit, da die Verarbeitung zum Zweck anonymisierter Übermittlung als eine Verarbeitung für eigene Zwecke angesehen werden kann.

12 Anders als noch in § 30 Abs. 4 BDSG 1990 sind die **Betroffenenrechte** nicht ausgeschlossen. Da pseudonymisierte Daten re-identifiziert werden können, sind Auskunfts- und sonstige Betroffenenansprüche möglich.

§ 30 a Geschäftsmäßige Datenerhebung und -speicherung für Zwecke der Markt- oder Meinungsforschung

(1) Das geschäftsmäßige Erheben, Verarbeiten oder Nutzen personenbezogener Daten für Zwecke der Markt- oder Meinungsforschung ist zulässig, wenn
1. kein Grund zu der Annahme besteht, dass der Betroffene ein schutzwürdiges Interesse an dem Ausschluss der Erhebung, Verarbeitung oder Nutzung hat, oder
2. die Daten aus allgemein zugänglichen Quellen entnommen werden können oder die verantwortliche Stelle sie veröffentlichen dürfte und das schutzwürdige Interesse des Betroffenen an dem Ausschluss der Erhebung, Verarbeitung oder

Datenerhebung zur Markt- oder Meinungsforschung § 30a

Nutzung gegenüber dem Interesse der verantwortlichen Stelle nicht offensichtlich überwiegt.

Besondere Arten personenbezogener Daten (§ 3 Absatz 9) dürfen nur für ein bestimmtes Forschungsvorhaben erhoben, verarbeitet oder genutzt werden.

(2) Für Zwecke der Markt- oder Meinungsforschung erhobene oder gespeicherte personenbezogene Daten dürfen nur für diese Zwecke verarbeitet oder genutzt werden. Daten, die nicht aus allgemein zugänglichen Quellen entnommen worden sind und die die verantwortliche Stelle auch nicht veröffentlichen darf, dürfen nur für das Forschungsvorhaben verarbeitet oder genutzt werden, für das sie erhoben worden sind. Für einen anderen Zweck dürfen sie nur verarbeitet oder genutzt werden, wenn sie zuvor so anonymisiert werden, dass ein Personenbezug nicht mehr hergestellt werden kann.

(3) Die personenbezogenen Daten sind zu anonymisieren, sobald dies nach dem Zweck des Forschungsvorhabens, für das die Daten erhoben worden sind, möglich ist. Bis dahin sind die Merkmale gesondert zu speichern, mit denen Einzelangaben über persönliche oder sachliche Verhältnisse einer bestimmten oder bestimmbaren Person zugeordnet werden können. Diese Merkmale dürfen mit den Einzelangaben nur zusammengeführt werden, soweit dies nach dem Zweck des Forschungsvorhabens erforderlich ist.

(4) § 29 gilt nicht.

(5) § 28 Absatz 4 und 6 bis 9 gilt entsprechend.

Übersicht

	Rn.
1. Allgemeines	1–2b
2. Befugnisnorm (Abs. 1)	3–3b
3. Zweckbindung (Abs. 2)	4
4. Anonymisierung und Pseudonymisierung (Abs. 3)	5
5. Verweisungen (Abs. 4 und 5)	6

1. Allgemeines

Einer Prüfbitte des Bundesrats folgend[1] sollte durch die BDSG-Novelle 2009 den Besonderheiten der Markt- und Meinungsforschung und damit auch der Demoskopie gegenüber der Werbung durch eine **eigenständige privilegierende Regelung** Rechnung getragen werden. Der neu in das Gesetz eingeführte § 30a trat am 1.9.2009 in Kraft. Der Gesetzgeber sieht in der Markt- und Meinungsforschung eine wichtige gesellschaftliche Aufgabe, indem öffentlichen und privaten Auftraggebern mittels wissenschaftlicher Methoden und Techniken notwendige Informationen als empirische Grundlage und zur Unterstützung wirtschaftlicher, gesellschaftlicher und politischer Entscheidungen bereitgestellt werden. Dies sei eine wichtige Voraussetzung für die nachhaltige demokratische und wirtschaftliche Entwicklung.[2] Hinsichtlich der Verwendung von Nutzungsdaten von Telemedien gilt nicht § 30a, sondern § 15 Abs. 3 TMG, in Bezug auf die

1

---

[1] BT-Drs. 16/12011, 53; zur Gesetzgebungsgeschichte Munz in Taeger/Gabel, § 30 a Rn. 3; Ehmann in Simitis, § 30 a Rn. 1f.
[2] BT-Drs. 16/13657, 33.

§ 30a Datenerhebung zur Markt- oder Meinungsforschung

Telekommunikation § 95 Abs. 2 TKG. § 30a ist jedoch auch für über das Internet durchgeführte Umfragen anwendbar. Die Regelung des § 30a wird teilweise dahingehend verstanden, dass diese eine gesetzliche Form der Auftragsdatenverarbeitung darstellt, die einen Vertrag, der die Anforderungen des § 11 erfüllt, hinfällig macht.[3] Für eine solche Lesart der Regelung besteht aber keine Notwendigkeit und keine Veranlassung. Marktforschung ist auch aus eigenem Antrieb und ohne vorherige Beauftragung möglich.[4] Keine Markt- und Meinungsforschung erfolgt über Internetportale, wenn die Ergebnisse personenbezogen veröffentlicht werden.[5]

1a Ergänzend zu den gesetzlichen Anforderungen nach dem BDSG und dem UWG hat sich die Branche eigene **Verhaltensregeln** gegeben in gemeinsamen Standards der Internationalen Handelskammer (ICC) und der European Society for Opinion and Market Research (ESOMAR).[6] Diese sind nicht nach § 38a BDSG anerkannt.

2 Für die Anwendung des § 30a ist es unerheblich, ob die Verarbeitung für fremde oder für eigene Zwecke erfolgt.[7] Die nach § 30a verarbeiteten Daten dürfen generell – auch stellenintern – nicht für einen anderen Zweck verwendet werden. Die **Abgrenzung zwischen Werbung und Marktforschung** ist schwierig, aber rechtlich von großer Bedeutung. Die Erhebung von Daten zu Werbezwecken unter Vorspiegelung einer Meinungsumfrage ist wegen der Verschleierung des Werbecharakters von geschäftlichen Handlungen wettbewerbswidrig (§ 4 Nr. 3 UWG) und zugleich ein Datenschutzverstoß (§ 4 Abs. 3 S. 1).[8] Keine Marktforschung liegt vor, wenn eine Befragung unmittelbar der Absatzförderung dient, vor allem, wenn Verbrauchergewohnheiten im Zusammenhang mit Produkten und Dienstleistungen der Auftraggeber erfragt werden.[9] Ist der Werbeeffekt ein Nebenziel, etwa bei Kundenzufriedenheitsanalysen, kann nicht mehr von Marktforschung gesprochen werden.[10] Eine Ansprache zu Werbezwecken erfolgt auch, wenn in einer Befragung zunächst nur die individuellen Interessen und Vorlieben einer Person erfasst werden, um diese Daten dann später für eine Werbeansprache zu nutzen. Eine »Werbeforschung« mit dem Ziel der Adressbeschaffung wird von § 30a nicht erfasst.[11]

2a Sind die gesetzlichen Anforderungen nicht gegeben, etwa weil **keine wissenschaftliche Methodik** zum Einsatz kommt, ist § 30a nicht anwendbar; es gelten die allgemeinen Regelungen.[12] Mitarbeiterbefragungen sind keine Markt- und Meinungsforschung.[13]

---

3 Gola/Reif, RDV 2009, 105, 110.
4 Hornung/Hofmann, WRP 2014, 780.
5 A.A. Iraschko-Luscher/Kieckenbeck, ZD 2012, 261.
6 ICC/ESOMAR, Internationaler Kodex für die Markt- und Sozialforschung, 2007.
7 Pflüger, RDV 2010, 103; a.A. Hornung/Hofmann, WRP 2014, 780, die bei eigenen Zwecken § 28 BDSG anwenden.
8 Pflüger, RDV 2010, 102; Wilken DANA 3/2012, 105.
9 OLG Köln, RDV 2013, 316; LG Hamburg, RDV 2007, 78; OLG Stuttgart, GRUR 2002, 457.
10 OLG Köln 30.3.2012 – 6 U 191/11; anders wohl Pflüger, RDV 2010, 103; zur Abgrenzung Hornung/Hofmann, WRP 2014, 914.
11 BGH, WRP 2000, 1256.
12 A.A. Munz in Taeger/Gabel, § 30a Rn. 10.
13 Ehmann in Simitis, § 30a Rn. 52–54.

Datenerhebung zur Markt- oder Meinungsforschung § 30 a

Weitergehend privilegierende Regelungen gelten, wenn eine Verarbeitung für durch Art. 5 GG erfasste wissenschaftliche Forschung erfolgt (vgl. § 40).[14]
Die Entwürfe einer **EU-DSVGO** sehen keine dem § 30 a entsprechende Regelung vor.[15] Der darin vorgegebene Rahmen dürfte aber für eine untergesetzliche Konkretisierung im Sinne des § 30 a genutzt werden können.

2 b

2. Befugnisnorm (Abs. 1)

Absatz 1 enthält eine auf allgemeinen **Abwägungsaspekten** basierende Befugnisnorm. Der Begriff des »geschäftsmäßigen« Handelns hat die gleiche Bedeutung wie an anderen Stellen im BDSG (z. B. §§ 29, 30). Die Regelung ist nicht instituts-, sondern tätigkeitsbezogen.[16] Eine einmalige Befragungsaktion fällt nicht unter § 30 a. Die materiellen Anforderungen orientieren sich am § 30 Abs. 2 S. 2, der die Verarbeitung von besonders sensiblen Daten nach § 3 Abs. 9 nur für ein bestimmtes Vorhaben für zulässig erklärt.[17] Ein »bestimmtes Forschungsvorhaben« kann zwar mehrere Phasen haben, muss aber zeitlich wie auch inhaltlich klar abgegrenzt definiert sein. Eine Verarbeitung ist unzulässig, wenn schutzwürdige Betroffeneninteressen überwiegen. Dies muss zumindest pauschaliert überprüft werden und ist nicht nur anzunehmen, wenn der Betroffenen widersprochen hat.[18] Neben der Zulässigkeit auf der Grundlage dieser gesetzlichen Norm ist auch eine Einwilligung in die Verarbeitung für die Markt- und Meinungsforschung nach § 4 a möglich.[19] Soweit dabei keine ausdrücklichen Festlegungen erfolgen, ist § 30 a entsprechend anwendbar.

3

Die **Datenbeschaffung** für Zwecke der Markt- und Meinungsforschung kann auf der Basis einer Einwilligung oder über Gesetz aus eigenen wie aus fremden Datenbeständen oder aus allgemein zugänglichen Quellen[20] erfolgen. Anders als für Zwecke der Werbung bedarf es für die telefonische Ansprache nicht der Einwilligung. In diesen Fällen muss auf die Zwecksetzung der Markt- und Meinungsforschung unmissverständlich hingewiesen werden.[21]

3 a

Die Anwendung des § 30 a setzt wegen der Verwendung des Begriffs »Forschung« bei der Erhebung und Auswertung den Einsatz **wissenschaftlicher Methoden** voraus, ohne dass damit eine Festlegung auf bestimmte Methoden erfolgt. Notwendig ist, dass das Vorgehen wissenschaftlich anerkannt und überprüfbar ist (vgl. § 40 Rn. 3). Internet-Bewertungsportale erfüllen diese Anforderungen regelmäßig nicht.[22]

3 b

---

14 Weichert in Erichsen/Schäferbarthold/Staschen/Zöllner, Lebensraum Hochschule, 2012, S. 77 ff.
15 Hornung/Hofmann, WRP 2014, 784 f.
16 Pflüger, RDV 2010, 103.
17 BT-Drs. 16/13657, 33.
18 So aber Pflüger, RDV 2010, 103; Wilken DANA 3/2012, 106.
19 A. A. Hornung/Hofmann, WRP 2014, 777: nur zwischen Forschungsinstitutionen.
20 § 28 Rn. 56 ff.
21 Hornung/Hofmann, WRP 2014, 783 f.
22 Hornung/Hofmann, WRP 2014, 784.

§ 31 Besondere Zweckbindung

3. Zweckbindung (Abs. 2)

4 Die Zweckbindung der nach Absatz 1 erhobenen und gespeicherten Daten ist in Absatz 2 **gestuft geregelt**. Aus allgemein zugänglichen Quellen ist eine generelle zweckbezogene Nutzung erlaubt. Andere Daten dürfen nur für das Forschungsvorhaben verarbeitet werden, für das sie erhoben worden sind. Für andere Zwecke als Markt- oder Meinungsforschung ist die Verarbeitung nur nach Beseitigung des Personenbezugs gegenüber dem Empfänger zulässig. Durch Verweis auf § 3 Absatz 6 1. Alternative genügt eine Pseudonymisierung nicht; vielmehr muss vor der Weitergabe eine wirksame Anonymisierung erfolgt sein. Dadurch soll u. a. ausgeschlossen werden, dass eine Nutzung für Werbezwecke erfolgt.[23]

4. Anonymisierung und Pseudonymisierung (Abs. 3)

5 Absatz 3 regelt eine gestufte Pflicht zur Anonymisierung und Pseudonymisierung. Eine Anonymisierung nach § 3 Absatz 6 muss **so früh wie möglich** erfolgen; zuvor, also unmittelbar nach der Erhebung, sind die Daten zu pseudonymisieren (§ 3 Absatz 6a). Die Pseudonymisierung darf nur aufgehoben werden, soweit dies für die Zwecke der Markt- oder Meinungsforschung erforderlich ist, also z. B. bei einer wiederholten Befragung über einen längeren Zeitraum. Verstöße gegen die Pflicht zur Anonymisierung und Pseudonymisierung sind, ebenso wie bei § 30, bußgeldbewehrt (§ 43 Abs. 2 Nr. 6).

5. Verweisungen (Abs. 4 und 5)

6 Absatz 4 entspricht § 30 Abs. 4, Absatz 5 entspricht § 30 Abs. 5. Zusätzlich wird die entsprechende Anwendbarkeit des § 28 Abs. 4, des **Widerspruchsrechts des Betroffenen** festgelegt, da § 30a – anders als § 30 – insofern eine eigenständige Erhebungsbefugnis enthält.[24] Richtet sich der Widerspruch gegen die konkrete Untersuchung, hat eine Sperrung der Daten beim Forschungsinstitut zu erfolgen. Richtet sich dieser aber generell gegen Marktforschung, muss die Sperrung bei der Daten anliefernden Stelle erfolgen.[25] Die Verarbeitung sensibler Daten, etwa von Gesundheitsdaten, unterliegt den einschränkenden Regelungen von § 28 Abs. 6 bis 9.

§ 31 Besondere Zweckbindung

Personenbezogene Daten, die ausschließlich zu Zwecken der Datenschutzkontrolle, der Datensicherung oder zur Sicherstellung eines ordnungsgemäßen Betriebes einer Datenverarbeitungsanlage gespeichert werden, dürfen nur für diese Zwecke verwendet werden.

---

23 BT-Drs. 16/13657, S. 33.
24 BT-Drs. 16/13657, S. 34.
25 Wilken DANA 3/2012, 107.

Besondere Zweckbindung § 31

Übersicht
	Rn.
1. Allgemeines	1–5
2. Arbeitnehmerdatenschutz	6, 7

1. Allgemeines

§ 31 regelt für den nicht-öffentlichen Bereich ein **absolutes Zweckentfremdungsverbot** und damit eine strenge Zweckbindung für zum Zweck der Datenschutzkontrolle gespeicherte Daten.[1] Die Regelung entspricht § 14 Abs. 4 für den öffentlichen Bereich. Mit ihr soll die Diskrepanz aufgelöst werden, dass in Widerspruch zum Grundsatz der Datensparsamkeit (§ 3 a) zum Zweck des Datenschutzes und der Datensicherheit u. U. sehr viele Daten gespeichert werden müssen. Im Rahmen der Protokollierung als technisch-organisatorische Maßnahme gem. § 9 werden vorläufig u. U. große Datenbestände angelegt.[2] Die vollständige **Protokollierung** von Zugriffen und Änderungen des Datenbestands können im Interesse des Grundrechtsschutzes der Betroffenen verfassungsrechtlich geboten sein. Durch technische und organisatorische Maßnahmen muss sichergestellt werden, dass die Daten für die Kontroll- und Sicherungszwecke praktikabel auswertbar und aussagekräftig zur Verfügung stehen.[3] 1

Eine klare Trennung zwischen **Datensicherung, ordnungsgemäßem Betriebsablauf und Datenschutzkontrolle** ist nicht möglich. Es handelt sich hierbei um einen besonderen Verwendungszusammenhang bzw. um eine gesetzliche Verwendungsbeschränkung. Zur technischen Sicherung der Zweckbindung ist eine Pseudonymisierung zu empfehlen.[4] Die Zweckbindung nach § 31 ist ein gesetzliches Verbot nach § 134 BGB und ein Schutzgesetz i. S. v. § 823 Abs. 2 BGB. 1a

Dieser einheitliche Zweck besteht unabhängig davon, auf welchen Datenträgern die Speicherung erfolgt und wer hierfür die **Verantwortung** trägt. Die Zweckbindung gilt auch für die gesamte personenbezogene Datenverarbeitung der Aufsichtsbehörden nach § 38 und der betrieblichen Datenschutzbeauftragten nach § 4g Abs. 1 S. 3 Nr. 1 im Rahmen der jeweiligen Kontrolltätigkeit. Im Bereich der Systemadministration unterliegen die Daten der Zweckbindung, die ausschließlich zur Sicherung des Betriebsablaufs gespeichert werden. Hierbei handelt es sich vor allem um die Daten der Datensicherung (Back-Up), über die ein Verlust und eine Zerstörung von Daten verhindert werden. Eine weitere Fallgruppe sind Protokolldatenbestände, über welche nachvollzogen werden kann, welche Personen welche Daten wann und in welcher Form verarbeitet (verwendet) haben, um im Nachhinein die Rechtmäßigkeit dieser Vorgänge überprüfen zu können.[5] 2

Es liegt nicht in der Freiheit der verantwortlichen Stelle selbstständig festzulegen, welche Daten ausschließlich für diesen Zweck verarbeitet werden.[6] Vielmehr dürfen 3

---
1 VGH BW 30.7.2014 – 1 S 1352/13, DVBl 2014, 1326 = DÖV 2014, 936 (LS); Runge, CR 1994, 710.
2 Zum historischen Hintergrund Dammann in Simitis, § 14 Rn. 106.
3 BVerfG 24.4.2013 – 1 BvR 1215/07 – Antiterrordatei, Rn. 215.
4 Bizer, DuD 2006, 271.
5 Rost, DuD 2007, 731; Thomsen/Rost, DuD 2006, 292 ff.
6 So aber Buchner in Taeger/Gabel, § 31 Rn. 3; Gola/Schomerus, § 31 Rn. 5.

nur solche Daten für diesen Zweck gespeichert werden, die hierfür geeignet, erforderlich und angemessen sind. Eine **nachträgliche Zweckerweiterung** ist nicht zulässig.[7] Die Festlegung der Speicherzwecke kann durch eine Betriebsvereinbarung erfolgen (Rn. 7). Sind Daten für Zwecke nach § 31 geeignet und ist eine Nutzung für andere Zwecke rechtlich ausgeschlossen, z. B. durch Betriebsvereinbarung, ist § 31 anwendbar.

4 Sollen diese Daten für **einen weiteren Zweck** genutzt werden, z. B. zur Leistungs- und Verhaltenskontrolle von Arbeitnehmern oder für behördliche Sicherheitszwecke, bedarf es hierfür einer eigenständigen Legitimation durch eine Rechtsvorschrift, die ausdrücklich einen Zugriff auf diese besonders geschützten Daten zulässt. Der Rückgriff auf allgemeine Zweckänderungsbefugnisse, etwa § 28 Abs. 3, also z. B. auch für Zwecke der Strafverfolgung, ist ausgeschlossen.[8] Etwas anderes gilt nur, wenn es um die Strafverfolgung von Verstößen gegen Datenschutz und Datensicherheit geht. Bei dieser pauschal vorzunehmenden Zweckbestimmung ist zum einen im Hinblick auf den weiteren Zweck eine eigenständige Verhältnismäßigkeitsprüfung vorzunehmen. Außerdem sind die formellen Anforderungen – bei Mitarbeiterdaten die Mitbestimmungspflicht im Rahmen der Verfahrenseinführung – zu beachten (s. u. Rn. 6). Liegen diese Voraussetzungen nicht vor, ist die Nutzung auf Zwecke des § 31 beschränkt. Zunehmend praktische Relevanz bekommen Daten nach § 31 für Kunden eines Unternehmens, soweit diese selbsttätig, z. B. über Internet, mit dem Unternehmen im Rahmen der Kundenbeziehung kommunizieren. Unzulässig ist jede nachträgliche Änderung der Zweckbestimmung.

5 Eine **zweckkonforme Nutzung** erfolgt durch den betrieblichen Datenschutzbeauftragten und durch die Aufsichtsbehörde. Aufgaben zur Sicherung des ordnungsgemäßen Betriebsablaufs nehmen im Bereich der EDV Systemadministratoren wahr. Zulässig ist auch eine auf die Zielsetzung der Beachtung der Aufgaben des Datenschutzes beschränkte Nutzung durch Vorgesetzte. In begründeten Einzelfällen kann auch eine Nutzung durch Dritte, etwa durch Sachverständige, Schiedsstellen, Gerichte oder Versicherungsunternehmen, in Frage kommen.[9] Zum Zweck der Datensicherung gehört die Vermeidung von Datenverlusten, die Datenmanipulation, der unbefugte Datenzugang sowie die Korrektur von Fehlern und die Wiederherstellung von Datenbeständen. Allgemeine personalrechtliche Maßnahmen sind unzulässig; solche Maßnahmen sind aber zulässig, soweit sie sich auf eine Überprüfung der Mitarbeiter im Hinblick auf die Beachtung des Datenschutzes beschränken. Zulässig ist insofern auch eine Nutzung zur Ahndung von Datenschutzverstößen oder zur Rechtfertigung von arbeitsrechtlichen Maßnahmen wegen Datenschutzverstößen.[10]

2. Arbeitnehmerdatenschutz

6 Die Daten nach § 31 sind in großem Maße zur Verhaltens- und Leistungskontrolle von Arbeitnehmern geeignet. Mit ihnen können umfassend Arbeitszeit-, Aufenthalts-,

---

7 Leopold, DuD 2006, 275.
8 VG Karlsruhe, 27.5.2013 – 2 K 3249/12.
9 Dammann in Simitis, § 31 Rn. 4.
10 Leopold, DuD 2006, 275.

Kommunikations- und EDV-Arbeitsprofile erstellt werden. Eine solche Verwendung steht im Widerspruch zum kollektiven und individuellen Persönlichkeitsschutz der Arbeitnehmer. Da die Auswertung dieser Daten zur Kontrolle von Leistung oder Verhalten der Beschäftigten geeignet sind, unterliegt diese automatisierte Verarbeitung bei direktem oder indirektem Beschäftigtenbezug der **Mitbestimmung** (vgl. § 87 Abs. 1 Nr. 6 BetrVG, § 75 Abs. 3 Nr. 17 BPersVG). Im Rahmen der Mitbestimmung schließen die Mitarbeitervertretung und die Stellenleitung regelmäßig **Dienst-** bzw. **Betriebsvereinbarungen** ab, in denen präzise festgelegt wird, unter welchen Voraussetzungen Daten nach § 31 für Überwachungs- und Kontrollzwecke genutzt werden dürfen, wobei genau festgelegt wird, unter welchen Voraussetzungen und durch wen in welchem Verfahren die Nutzung welcher Daten erlaubt wird.[11] Derartige Vereinbarungen müssen sich nicht auf die Modalitäten der Nutzung der Daten außerhalb der in § 31 beschriebenen Zwecke beschränken, sondern können diese Zwecke mit einbeziehen.

7

§ 32 Datenerhebung, -verarbeitung und -nutzung für Zwecke des Beschäftigungsverhältnisses

(1) Personenbezogene Daten eines Beschäftigten dürfen für Zwecke des Beschäftigungsverhältnisses erhoben, verarbeitet oder genutzt werden, wenn dies für die Entscheidung über die Begründung eines Beschäftigungsverhältnisses oder nach Begründung des Beschäftigungsverhältnisses für dessen Durchführung oder Beendigung erforderlich ist. Zur Aufdeckung von Straftaten dürfen personenbezogene Daten eines Beschäftigten nur dann erhoben, verarbeitet oder genutzt werden, wenn zu dokumentierende tatsächliche Anhaltspunkte den Verdacht begründen, dass der Betroffene im Beschäftigungsverhältnis eine Straftat begangen hat, die Erhebung, Verarbeitung oder Nutzung zur Aufdeckung erforderlich ist und das schutzwürdige Interesse des Beschäftigten an dem Ausschluss der Erhebung, Verarbeitung oder Nutzung nicht überwiegt, insbesondere Art und Ausmaß im Hinblick auf den Anlass nicht unverhältnismäßig sind.
(2) Absatz 1 ist auch anzuwenden, wenn personenbezogene Daten erhoben, verarbeitet oder genutzt werden, ohne dass sie automatisiert verarbeitet oder in oder aus einer nicht automatisierten Datei verarbeitet, genutzt oder für die Verarbeitung oder Nutzung in einer solchen Datei erhoben werden.
(3) Die Beteiligungsrechte der Interessenvertretungen der Beschäftigten bleiben unberührt.

Übersicht	Rn.
1. Einführung	1, 2
2. Anwendungsbereich	3– 6
a) Erfasster Personenkreis	3– 4a
b) Verzicht auf das Dateierfordernis	5
c) Ausgeklammert: Persönliche oder familiäre Zwecke	6
3. Verhältnis zu anderen Vorschriften	7– 12a

---

11 Leopold, DuD 2006, 276.

4. Erhebung und Speicherung von Bewerberdaten .... 13 – 66
   a) Allgemeiner Rahmen .... 13 – 15a
   b) Fragerecht des Arbeitgebers .... 16 – 40c
      aa) Privatleben 17
      bb) Mitteilungspflichten des Bewerbers 18
      cc) Berufliche Fähigkeiten und Erfahrungen sowie zeitliche Verfügbarkeit . 19
      dd) Bisherige Vergütung 20
      ee) »Diskriminierungsverdächtige« Tatsachen .... 21 – 34
      ff) Vorstrafen .... 35 – 37
      gg) Ermittlungen in sozialen Netzwerken 37a, 37b
      hh) Grenzüberschreitungen durch den Arbeitgeber ..... 38 – 40
      ii) »Ungefragte« Mitteilungen des Bewerbers 40a
      jj) Anfrage bei einem früheren Arbeitgeber 40b, 40c
   c) Ärztliche und psychologische Begutachtung .... 41 – 48a
   d) Gentechnische Untersuchungen .... 49 – 55
   e) Direkterhebung beim Bewerber und Informationen aus öffentlich zugänglichen Quellen .... 56 – 58
   f) Einschaltung von Betriebsrat und Personalrat .... 59 – 64
   g) Datenschutz bei gescheiterter Bewerbung 65, 66
5. Erhebung und Speicherung von Beschäftigtendaten .... 67 –124
   a) Allgemeiner Rahmen .... 67 – 69a
   b) Privatsphäre und Konsumverhalten .... 70 – 72
   c) Durchführung des Arbeitsverhältnisses .... 73 – 83
      aa) Entgeltabrechnung 73
      bb) Arbeitszeit und Arbeitsverhalten 74, 75
      cc) Weiterförderung 76
      dd) Erheben zahlreicher persönlicher Umstände im Hinblick auf eine mögliche »soziale Auswahl«? .... 77 – 81
      ee) Umfragen 82
      ff) Gesundheitsdaten und genetische Untersuchungen ... 83
   d) Erfassung und Speicherung biometrischer Daten .... 84 – 88
   e) Einsatz besonderer technischer Mittel für Kontrollen im Arbeitsverhältnis .. 89 –110
      aa) Bild- und Videoaufzeichnungen .... 95 – 97
      bb) RFID .... 98 –102
      cc) Erzeugung von Bewegungsprofilen mittels GPS- und Handyortung ... 103 –110
   f) Erfassung des Telekommunikationsverhaltens bei der Telefon-, E-Mail- und Internet-/Intranetnutzung .... 111 –120
      aa) Erlaubte Privatnutzung von E-Mail, Internet u. a. .... 114 –117
      bb) Verbotene Privatnutzung von E-Mail, Internet u. a. ... 118 –120
   g) Datenerhebung, -verarbeitung und -nutzung durch Testkäufer und Detektive . 121
   h) Besonderer Datenschutz für Beschäftigte mit Sonderstatus 122
   i) Mitbestimmungsrechte von Betriebs- und Personalräten ...... 123 –124
6. Aufdeckung von Straftaten (Abs. 1 Satz 2) .... 125 –133
7. Nutzung der für Zwecke des Beschäftigungsverhältnisses erhobenen Daten ... 134 –138
8. Übermittlung von Beschäftigtendaten im Inland .... 139 –166a
   a) Übergreifende Datenverarbeitung in Konzernen .... 147 –149
   b) Weitergabe personenbezogener Daten im Zusammenhang mit Umstrukturierungen .... 150 –152
   c) Übermittlung im Rahmen von Produktionsverbünden ..... 153 –154a
   d) Leiharbeit/»Crowdwork« .... 155 –156a
   e) Übermittlung von Beschäftigtendaten an Koalitionen/an Branchenauskunftsdienste .... 157 –159

Arbeitnehmerdatenschutz § 32

f) Übermittlung von Beschäftigtendaten anderer Arbeitgeber	160	–162a
g) Mitwirkungs- und Mitbestimmungsrechte von Betriebs- und Personalräten .	163	–166a
9. Übermittlung von Beschäftigtendaten an Stellen außerhalb der Bundesrepublik Deutschland	167	–172
10. Löschung von Beschäftigtendaten	173,	174
11. Anwendbarkeit auf nicht-automatisierte Dateien (Abs. 2)	175,	176
12. Beteiligungsrechte von Interessenvertretungen der Beschäftigen (Abs. 3)		177
13. Europäische Perspektiven	178	–181

1. Einführung

Die Vorschrift ist im Jahre 2009 erst **gegen Ende des Gesetzgebungsprozesses** aufgrund einer Initiative der Regierungsparteien CDU/CSU und SPD in das Gesetz aufgenommen worden.[1] Der beigefügten Begründung entsprechend will sie eine »**allgemeine Regelung**« zum Schutz personenbezogener Daten von Beschäftigten schaffen, die die von der Rechtsprechung erarbeiteten Grundsätze lediglich zusammenfassen, aber nicht inhaltlich ändern soll.[2] 1

Die Bestimmung stellt eine Art **ersten Schritt zu einem Beschäftigtendatenschutzgesetz** dar, will dieses aber nach der amtlichen Begründung »weder entbehrlich machen noch inhaltlich präjudizieren«.[3] Entsprechende Vorstellungen wurden schon vor über 20 Jahren in die politische Agenda aufgenommen, doch schien angesichts der öffentlich gewordenen Datenskandale bei Lidl, Telekom, Deutscher Bahn, Deutscher Bank und anderen Unternehmen ein realer politischer Wille entstanden zu sein. Die vorherige Situation war durch Rückgriff auf die allgemeinen Vorschriften des BDSG sowie einige arbeitsrechtliche Sondernormen wie § 83 BetrVG charakterisiert, zu denen richterrechtliche Grundsätze hinzutraten.[4] Seit 2009 gibt es nunmehr in Form des § 32 einen »provisorischen« Datenschutz für abhängig Beschäftigte, über dessen mutmaßliche Lebensdauer sich nur spekulative Aussagen machen lassen. 2

2. Anwendungsbereich

a) Erfasster Personenkreis

§ 32 greift über den Bereich des Arbeitsrechts hinaus, weil nicht nur Arbeitnehmer, sondern **alle Beschäftigten im Sinne von § 3 Abs. 11 BDSG** erfasst sind. Der Gesetzgeber hat damit bewusst nicht auf die rechtliche Konstruktion abhängiger Arbeit, sondern auf das reale Schutzbedürfnis abgestellt, weshalb er u.a. auch die Gruppe der arbeitnehmerähnlichen Personen einbezogen hat. Dies deckt sich mit einer aktuellen Tendenz in der Gesetzgebung, die zuletzt in § 7 Abs. 1 Pflegezeitgesetz zum Ausdruck gekommen ist.[5] 3

---

[1] S. den Bericht des Innenausschusses BT-Drucksache 16/13657.
[2] BT-Drucksache 16/13657, S. 35.
[3] A. a. O., S. 35.
[4] Näher Däubler RDV 1999, 243 ff.; Thüsing RDV 2009, 1 ff. Zu offenen und regelungsbedürftigen Fragen s. Schild/Tinnefeld DuD 2009, 469 ff.
[5] Ebenso das Gendiagnostikgesetz. Zu weiteren Fällen der ausdrücklichen Einbeziehung arbeitnehmerähnlicher Personen in arbeitsrechtliche Gesetze s. Däubler, FS Wank, 2014, S. 82 ff.

Korrekterweise muss man daher von »Beschäftigtendatenschutz«, nicht mehr von »Arbeitnehmerdatenschutz« sprechen. **Organmitglieder**, insbesondere Geschäftsführer sind in der Regel nicht abhängig beschäftigt, so dass in Bezug auf ihre Daten nicht § 32 sondern § 28 Anwendung findet.[6]

4 § 3 Abs. 11 nennt in acht Ziffern die Personengruppen, die von § 32 erfasst sind.
- **Nr. 1**: Arbeitnehmerinnen und **Arbeitnehmer**. Hier wird der allgemeine Arbeitnehmerbegriff zugrunde gelegt, wie er sich in der Rechtsprechung entwickelt hat.[7] Ob Leiharbeitnehmer im Entleihbetrieb wie Arbeitnehmer zu behandeln sind, ist umstritten,[8] aber zu bejahen, da ein partielles Arbeitsverhältnis zum Entleiher besteht.[9]
- **Nr. 2**: zu ihrer Berufsbildung Beschäftigte. Dies betrifft nicht nur **Auszubildende**, sondern nach § 1 Abs. 1 BBiG auch Personen in beruflicher Fortbildung, beruflicher Umschulung und in Berufsausbildungsvorbereitung.[10]
- **Nr. 3**: Teilnehmerinnen und Teilnehmer an Leistungen zur Teilhabe am Arbeitsleben sowie an Abklärungen der beruflichen Eignung oder Arbeitserprobung (Rehabilitandinnen und Rehabilitanden). Zur ersten Gruppe gehören Personen in sog. **Ein-Euro-Jobs** nach § 16d SGB II, zur zweiten solche, die ein »**Profiling**« (etwa nach § 216b Abs. 4 Satz 1 Nr. 4 SGB III) durchlaufen. Zur dritten Gruppe gehören insbesondere Personen in **Arbeitstherapie** nach den §§ 27 Satz 2 Nr. 6, 42 SGB V sowie solche, die nach längerer Krankheit gemäß § 74 SGB V ein »Wiedereingliederungsverhältnis« begründen, das nach der Rechtsprechung[11] kein Arbeitsverhältnis, sondern eine Rechtsbeziehung eigener Art ist.
- **Nr. 4**: in anerkannten **Werkstätten für behinderte Menschen** Beschäftigte: Auch sie sind keine Arbeitnehmer; ihr Rechtsstatus bestimmt sich nach den §§ 136 ff. SGB IX sowie den auf dieser Grundlage erlassenen Vorschriften.[12]
- **Nr. 5**: nach dem Jugendfreiwilligendienstegesetz vom 16.5.2008[13] tätige Personen. Erfasst ist insbesondere, wer ein freiwilliges soziales Jahr oder ein freiwilliges ökologisches Jahr absolviert.
- **Nr. 6**: Personen, die wegen ihrer wirtschaftlichen Unselbstständigkeit als **arbeitnehmerähnliche Personen** anzusehen sind. Diese nach den Arbeitnehmern bei weitem wichtigste Gruppe betrifft sog. freie Mitarbeiter, wie sie insbesondere bei den Medien beschäftigt werden,[14] aber auch Soloselbstständige, die zwar ihre Arbeit selbst organisieren können, die jedoch wirtschaftlich im Wesentlichen von einem Auftraggeber abhängig sind. Einzelheiten der Abgrenzung sind an anderer Stelle aus-

---

6 Stamer/Kuhnke in Plath, § 32 Rn. 4; Zöll in Taeger/Gabel, § 32 Rn. 14.
7 Überblick bei Däubler, Arbeitsrecht 1, Rn. 24a ff.; Kreuder in HK-ArbR § 611 BGB Rn. 5 ff.; Vogelsang in Schaub, § 8 Rn. 9 ff.
8 Nachweise bei Auernhammer-Forst § 32 Rn. 31.
9 Däubler, FS Buchner, 2009, S. 163, 170.
10 Zur Abgrenzung im Einzelnen siehe Wohlgemuth, in: Wohlgemuth/Lakies u.a., BBiG, Erläuterungen zu § 1.
11 BAG 29.1.1992 – 5 AZR 37/91, NZA 1992, 643, 644; BAG 28.7.1999 – 4 AZR 192/98, NZA 1999, 1295.
12 Einzelheiten bei Däubler, Arbeitsrecht 2, Rn. 2116; Linck in Schaub § 188 Rn. 22 ff.
13 BGBl I S. 842.
14 Sie sind typischerweise wirtschaftlich abhängig und deshalb arbeitnehmerähnliche Personen – dies sehen zu Unrecht als Ausnahmefall Stamer/Kuhnke in Plath, § 32 Rn. 4.

Arbeitnehmerdatenschutz § 32

geführt.[15] Die Tatsache, dass § 3 Abs. 11 Nr. 6 BDSG im Gegensatz zu § 12a TVG nicht verlangt, dass die fragliche Person »vergleichbar schutzbedürftig« wie ein Arbeitnehmer ist, dürfte ohne größere praktische Auswirkung sein. Nur bei Höchstverdienern hat bislang die Rechtsprechung trotz der wirtschaftlichen Abhängigkeit von einem Auftraggeber unter Hinweis auf dieses Erfordernis die Arbeitnehmerähnlichkeit verneint.[16] Ausdrücklich einbezogen sind **Heimarbeiter** und ihnen Gleichgestellte, aber auch **Handelsvertreter**, die im Wesentlichen für einen Auftraggeber tätig sind, werden erfasst.[17]

- **Nr. 7**: Bewerberinnen und **Bewerber** für ein Beschäftigungsverhältnis sowie Personen, deren **Beschäftigungsverhältnis beendet** ist. Die Einbeziehung des Vorstadiums eines Beschäftigungsverhältnisses und seiner Abwicklung folgt an sich schon aus allgemeinen Grundsätzen; insoweit hat Nr. 7 nur klarstellende Funktion. Auch bisher ging man beispielsweise davon aus, dass das Erheben von Informationen bei Bewerbern einer Legitimation (etwa durch § 28 Abs. 1 Satz 1 Nr. 1 – »vertragsähnliches Vertrauensverhältnis«) bedarf. Dass auch die Daten von Rentnern und Pensionären oder anderen früheren Beschäftigten nicht schutzlos sind, sondern im Gegenteil nur noch im Rahmen des »Abwicklungszwecks« verarbeitet werden dürfen, ist gleichfalls unbestritten.

- **Nr. 8**: Beamtinnen, **Beamte**, Richterinnen und Richter des Bundes, Soldatinnen und Soldaten sowie Zivildienstleistende. Der hier erfasste Personenkreis steht in einem öffentlich-rechtlichen Beschäftigungsverhältnis, dessen Vorliegen im Einzelfall so gut wie nie Zweifel hervorruft. Insoweit sind nähere Erläuterungen nicht erforderlich. Da das Vor- wie das Abwicklungsstadium gleichfalls erfasst sind, hätte Nr. 7 konsequenterweise ans Ende der Aufzählung gestellt werden müssen. Die §§ 106 ff. BBG und entsprechende Vorschriften des Landesrechts gehen dem § 32 innerhalb ihres Anwendungsbereichs vor (§ 1 Abs. 3 Satz 1 BDSG), so dass dieser insbesondere dann eingreift, wenn es sich nicht um »Personalaktendaten« im Sinne des § 106 Abs. 1 Satz 4 BBG handelt.[18] Für **Arbeitnehmer** und andere abhängig Beschäftigte **des öffentlichen Dienstes** verweist § 12 Abs. 4 auf § 32, so dass sie in gleicher Weise wie im Privatsektor als Beschäftigte erfasst sind.

Der durch den Betriebsrat bzw. den Personalrat vermittelte **kollektive Datenschutz**, den § 32 Abs. 3 ausdrücklich unberührt lässt, ist im Wesentlichen auf Arbeitnehmer beschränkt. Sein Anwendungsbereich bleibt deshalb erheblich hinter dem von § 32 Abs. 1 und 2 zurück; dies kann ein unterschiedliches Schutzniveau zur Folge haben.[19]

4a

b) Verzicht auf das Dateierfordernis

§ 32 Abs. 2 bezieht in Abweichung von § 27 Abs. 1 auch ausschließlich manuell erhobene, verarbeitete oder genutzte Beschäftigtendaten mit ein. § 32 Abs. 1 gilt somit

5

---

15 Däubler, Arbeitsrecht 2, Rn. 2093 ff.
16 BAG 2.10.1990 – 4 AZR 106/90 – NZA 1991, 239, 241.
17 Däubler, Arbeitsrecht 2, Rn. 2110 ff.
18 BMH § 32 Rn. 10.
19 Seifert in Simitis § 32 Rn. 13.

auch für traditionelle **Personalakten**[20] sowie beispielsweise für eine Liste, in der die Anwesenheit auf einer bestimmten Sitzung vermerkt ist. Auch **handschriftliche Notizen**, die bei Bewerbungsgesprächen erstellt wurden,[21] und Ergebnisse von persönlichen Befragungen einzelner Beschäftigter werden erfasst.[22] Ausdrücklich ist eine solche Erstreckung datenschutzrechtlicher Grundsätze **nur für Abs. 1** angeordnet. Daraus hat das BAG den Schluss gezogen, dass es in allen anderen Zusammenhängen bei dem Dateierfordernis bleibt, weshalb der Anspruch Ausgeschiedener auf Einsichtnahme in die (manuell geführte) Personalakte nicht auf § 34 gestützt werden kann.[23] Diese Festlegung schließt es aber nicht aus, Wertungen des BDSG heranzuziehen, wenn allgemeine arbeitsrechtliche Grundsätze keinen ausreichenden Schutz personenbezogener Daten gewähren. So ist zwar der Inhalt von Personalakten durch den Grundsatz der Vertraulichkeit gegen eine Weitergabe an Dritte geschützt, doch stellt sich die Frage, durch welche organisatorischen Sicherungen ein Zugriff Unbefugter verhindert werden kann. Hier kann eine **Orientierung an § 9** zu sinnvollen Schlussfolgerungen führen.

c) Ausgeklammert: Persönliche oder familiäre Zwecke

6 Unberührt bleibt die Vorschrift des § 27 Abs. 1 Satz 2 BDSG, wonach das Gesetz keine Anwendung findet, wenn die Erhebung, Verarbeitung oder Nutzung der Daten »ausschließlich für persönliche oder familiäre Tätigkeiten« erfolgt. Nicht erfasst von dieser Ausnahme sind **Aufzeichnungen**, die ein **Vorgesetzter** auf eigene Faust über das Verhalten seiner Untergebenen macht; insoweit ist zumindest auch ein beruflicher Verwendungszweck gegeben, der jenseits der rein persönlichen Zwecke liegt.[24]

3. Verhältnis zu anderen Vorschriften

7 Seinem Wortlaut und Sinn nach enthält § 32 Abs. 1 Satz 1 eine **Sonderregelung** für alle die Verträge und Anbahnungsverhältnisse, die zu einem »**Beschäftigungsverhältnis**« führen. Insoweit kann § 28 Abs. 1 Satz 1 Nr. 1 keine Anwendung mehr finden, da er sich ganz allgemein auf die Begründung, Durchführung oder Beendigung eines rechtsgeschäftlichen oder rechtsgeschäftsähnlichen Schuldverhältnisses bezieht.[25] Insoweit besteht allgemeine Einigkeit.

---

20 Gola, Datenschutz am Arbeitsplatz, Rn. 192; Stamer/Kuhnke in Plath, § 32 Rn. 6; Seifert in Simitis, § 32 Rn. 15.
21 Stamer/Kuhnke in Plath, § 32 Rn. 7.
22 Vogel/Glas DB 2009, 1749. Stamer/Kuhnke in Plath, § 32 Rn. 7 wollen innerbetriebliche Kommunikationsvorgänge, nicht jedoch die Personalakte ausnehmen. Dies ist in sich nicht überzeugend, da gerade die Personalakte innerbetrieblichen Charakter hat; außerdem fehlt jeder Anhaltspunkt für eine solche restriktive Interpretation in Wortlaut und Zweck der Vorschrift.
23 BAG 16.11.2010 – 9 AZR 573/09, NZA 2011, 453. Zustimmend Auernhammer-Forst § 32 Rn. 11.
24 S. weiter § 27 Rn. 17. Zur Unzulässigkeit s. Däubler, Gläserne Belegschaften? Rn. 827.
25 Ebenso die amtliche Begründung BT-Drucksache 16/13657 S. 34.

Sehr viel weniger eindeutig ist das Verhältnis zu § 28 Abs. 1 Satz 1 Nr. 2 und 3. Der vierte Absatz der amtlichen Begründung führt dazu aus:[26] 8

»Werden personenbezogene Daten eines Beschäftigten für Zwecke des Beschäftigungsverhältnisses erhoben, verarbeitet oder genutzt, findet § 28 Abs. 1 keine Anwendung mehr. Für andere Zwecke können auch im Verhältnis von Arbeitgeber und Beschäftigten die Vorschriften des Bundesdatenschutzgesetzes und anderer Gesetze, die eine Datenerhebung, -verarbeitung und -nutzung erlauben oder anordnen, weiterhin Anwendung finden. Dazu gehören die Regelungen über die Datenerhebung, -verarbeitung und -nutzung zur Wahrung berechtigter Interessen des Arbeitgebers (§ 28 Absatz 1 Satz 1 Nummer 2) und über die Datenübermittlung und -nutzung zur Wahrung berechtigter Interessen eines Dritten (§ 28 Absatz 3 Satz 1 Nummer 1).«

Aus dem gewählten **Wortlaut** ergibt sich eindeutig, dass **§ 32 dem gesamten § 28 Abs. 1 Satz 1 vorgehen** soll.[27] Nur wenn der Arbeitgeber andere, nicht auf das Beschäftigungsverhältnis bezogene Zwecke verfolgt, bleibt § 28 Abs. 1 anwendbar.[28] Will er beispielsweise die Verhandlungen mit einem potentiellen Betriebserwerber durch Rückgriff auf Mitarbeiterdaten fördern, so kann er sich auf § 28 Abs. 1 Satz 1 Nr. 2 berufen.[29] Dasselbe gilt für die Befragung von Arbeitnehmern in Bezug auf ihre Erfahrungen als Kunden des Arbeitgebers.[30] Auch steht es dem Arbeitgeber frei, auf allgemein zugängliche Daten des Arbeitnehmers nach § 28 Abs. 1 Satz 1 Nr. 3 zurückzugreifen, wenn es um andere Dinge als um das Beschäftigungsverhältnis geht. So kann er dem örtlichen Tierschutzverein eine Spende gewähren, weil er im Internet gesehen hat, dass einer seiner Prokuristen dort im Vorstand tätig ist.

Wollte man § 32 Abs. 1 Satz 1 BDSG keinen Vorrang gegenüber § 28 Abs. 1 Satz 1 einräumen, wäre auch der **Zweck der Vorschrift** verfehlt: Nicht mehr der vertraglich bestimmte Rahmen, sondern daneben auch eine Abwägung der beiderseitigen Interessen würde den Arbeitgeber zur Verarbeitung von Beschäftigtendaten ermächtigen. Dazu käme die Regelung der Nr. 3: Soweit sich Arbeitnehmerdaten aus allgemein zugänglichen Quellen entnehmen lassen, wäre nur noch danach zu fragen, ob die Interessen des Betroffenen, z.B. des Bewerbers »offensichtlich« überwiegen; es fände **keine volle Interessenabwägung** mehr statt.[31] Das Fragerecht des Arbeitgebers wäre weit über seine traditionellen Grenzen hinaus erweitert. Die Gewichte wären zugunsten des Informationsinteresses des Arbeitgebers und zu Lasten der Bewerber und Arbeitnehmer verschoben, ohne dass hierfür eine Legitimation ersichtlich wäre.[32]

8a

---

26 A. a. O., S. 35.
27 Erfurth NJOZ 2009, 2914, 2922; Gola/Jaspers RDV 2009, 212, 213; B. Schmidt DuD 2010, 207, 209; Seifert in Simitis, § 32 Rn. 17; differenzierend Stamer/Kuhnke in Plath, § 32 Rn. 9.
28 So auch für § 28 Abs. 1 Satz 1 Nr. 2 Wybitul/Schultze-Melling § 32 Rn. 2.
29 Grimm in Tschöpe, Teil 6 F Rn. 64; Stamer/Kuhnke in Plath, § 32 Rn. 9 (»due diligence«).
30 Vgl. oben § 28 Rn. 50 ff.
31 Vgl. Zöll in Taeger/Gabel, § 32 Rn. 7: Gefahr der Umgehung des § 32 Abs. 1 Satz 1 BDSG. Wie hier im Ergebnis Weichert AuR 2010, 100, 101 und wohl auch Zöll in Taeger/Gabel § 32 Rn. 6 und 7.
32 Nicht bedacht bei Auernhammer-Forst § 32 Rn. 17; BMH § 32 Rn. 26; Wolff/Brink-Riesenhuber § 32 Rn. 30.

8b Der These vom Vorrang des § 32 Abs. 1 kann nicht entgegengehalten werden, § 32 Abs. 1 Satz 1, nicht aber § 28 Abs. 1 Satz 1 Nr. 2 und Nr. 3 BDSG setze ein **Vertragsverhältnis** voraus.[33] Dies trifft zwar zu, ist aber für die Bestimmung des Verhältnisses der beiden Bestimmungen ohne Bedeutung. Soweit es um die »Rolle« und Funktion als Beschäftigter geht, soll **allein der durch § 32 Abs. 1 bestimmte vertragliche Rahmen** eingreifen, der keine Ausnahme entsprechend § 28 Abs. 1 Satz 1 Nr. 2 und entsprechend § 28 Abs. 1 Satz 1 Nr. 3 BDSG kennt. Der Gesetzgeber hatte nicht die Absicht, den Schutz der Arbeitnehmerpersönlichkeit zu verringern. Dies hätte er aber bewirkt, wenn er insbesondere die »allgemein zugänglichen« Daten dem Zugriff des Arbeitgebers generell geöffnet und lediglich noch den Vorbehalt eines offensichtlich überwiegenden Arbeitnehmerinteresses vorgesehen hätte. Dies gilt insbesondere im Hinblick auf die neuere technische Entwicklung, die »soziale Netzwerke« hervorgebracht hat, die in vorher nie gekanntem Ausmaß Informationen über einzelne Personen auf einfachste Weise allgemein zugänglich machen.

9 **Wenig nachvollziehbar** ist dagegen die gleichfalls in der amtlichen Begründung enthaltene These, § 32 Abs. 1 Satz 1 habe auch **Vorrang gegenüber § 28 Abs. 1 Satz 2**, wonach bei der Erhebung personenbezogener Daten die Zwecke, für die sie verarbeitet oder genutzt werden sollen, konkret festzulegen sind.[34] Mit Rücksicht auf den vorgegebenen Zweck »Beschäftigungsverhältnis« bedürfe es – so die amtliche Begründung – keiner weiteren konkreten Festlegung der Zwecke durch den Arbeitgeber mehr. Damit wird verkannt, dass es **Zwecke mit hohem Abstraktionsgrad** gibt und § 28 Abs. 1 Satz 2 gerade in solchen Fällen für Transparenz und Berechenbarkeit sorgen will. Wird beispielsweise ein Zugangskontrollsystem nur zu dem Zweck eingerichtet, den Zutritt Unbefugter zu verhindern, werden die erhobenen Daten dann aber zur Pünktlichkeitskontrolle verwendet, so dient beides der »Durchführung des Beschäftigungsverhältnisses«. Die »Umwidmung« kann aber trotz dieses »Daches« nicht beliebig, sondern nur unter den Voraussetzungen einer Zweckänderung nach § 28 Abs. 2 erfolgen. **Diesen spezifischen Schutz von Beschäftigtendaten zu beseitigen,** würde das grundsätzliche Anliegen des Gesetzgebers in sein Gegenteil verkehren. Die Begründung beruht insoweit auf einem Irrtum. Im Wortlaut selbst hat sich dieser jedoch nicht niedergeschlagen: Die Formulierung des § 32 Abs. 1 Satz 1 spricht nur für eine Spezialität gegenüber § 28 Abs. 1 Satz 1, berührt jedoch die in § 28 Abs. 1 Satz 2 angesprochene Konkretisierung von Zwecken nicht.[35]

10 Weniger Probleme ergeben sich in Bezug auf die **Sonderregeln über sensitive Daten** nach § 3 Abs. 9 BDSG. Sie bleiben als Sondernormen auch nach der amtlichen Begründung bestehen.[36] Alles andere würde einen ungewollten Rückschritt bedeuten, der

---

33 So aber Bissels u. a. BB 2010, 2436; Forst NZA 2010, 429, 430.
34 BT-Drucksache 16/13657 S. 34 f. Für Anwendung des § 28 Abs. 1 Satz 2 auf das Arbeitsverhältnis Reichold in MünchArbR, § 88 Rn. 32.
35 Ebenso im Ergebnis Erfurth NJOZ 2009, 2914, 2923; Gola/Jaspers RDV 2009, 212; Joussen NZA 2010, 254, 257; Stamer/Kuhnke in Plath, § 32 Rn. 10; Thüsing, NZA 2009, 865; a. A. Wolff/Brink-Riesenhuber § 32 Rn. 29. Unreflektiert Roßnagel NJW 2009, 2721.
36 BT-Drucksache 16/13657 S. 35.

Arbeitnehmerdatenschutz § 32

sich überdies nicht mit Art. 8 Abs. 2 lit. a der EG-Datenschutzrichtlinie vereinbaren ließe.[37]
Der im Verhältnis zu Bewerbern bedeutsame **Grundsatz der Direkterhebung** nach § 4 Abs. 2 BDSG bleibt ebenfalls unberührt, obwohl er in der amtlichen Begründung keine Erwähnung gefunden hat. Ausdrücklich wird dagegen hervorgehoben, dass eine Datenerhebung oder -verwendung auf der Grundlage einer »freiwillig erteilten Einwilligung des Beschäftigten« nach § 4a BDSG weiter möglich sein soll.[38]   11

Als Teil des **BDSG tritt** auch § 32 gegenüber anderen Rechtsvorschriften des Bundes **zurück**, die sich auf personenbezogene Daten und ihre Veröffentlichung beziehen (§ 1 Abs. 3 – dazu oben § 1 Rn. 12 ff.). Die Grundsätze über das Fragerecht des Arbeitgebers gegenüber Bewerbern und Beschäftigten sind daher auch in Zukunft anzuwenden. Dass die **Beteiligungsrechte des Betriebsrats und des Personalrats** unberührt bleiben, ist im Grunde selbstverständlich,[39] jedoch **in Abs.** 3 gleichwohl ausdrücklich hervorgehoben worden. Dasselbe gilt für Beteiligungsrechte anderer Gremien wie z. B. der kirchlichen Mitarbeitervertretungen.   12

Soweit **Landesdatenschutzgesetze** Vorschriften für Dienst- und Arbeitsverhältnisse enthalten, haben sie gegenüber § 32 den Vorrang.[40] Dies schließt nicht aus, dass man bei Fragen, die dort keine Regelung gefunden haben, auf Rechtsgedanken des BDSG zurückgreift.   12a

4. Erhebung und Speicherung von Bewerberdaten

a) Allgemeiner Rahmen

Nach § 32 Abs. 1 Satz 1 dürfen personenbezogene Daten eines Beschäftigten »für Zwecke des Beschäftigungsverhältnisses« erhoben, verarbeitet oder genutzt werden, wenn dies für die Entscheidung über die Begründung eines Beschäftigungsverhältnisses »erforderlich« ist. § 3 Abs. 11 Nr. 7 zählt ausdrücklich auch die Bewerber zu den »Beschäftigten«. Der Terminus »**erforderlich**« geht **über** die früher anzuwendende Vorschrift des **§ 28 Abs. 1 Satz 1 Nr. 1 BDSG hinaus**, weil dort nur verlangt wurde, dass das Erheben der Daten der Zweckbestimmung des Vertragsverhältnisses oder des vertragsähnlichen Vertrauensverhältnisses mit dem Betroffenen »dienen« musste. Vom Wortlaut her eröffnete dies der verantwortlichen Stelle größere Spielräume, obwohl auch nach früherem Recht der Standpunkt vertreten wurde, nur für den verfolgten Zweck »erforderliche« Daten dürften erhoben werden.[41] Nunmehr ist die **Kontroverse** auch außerhalb des Beschäftigtendatenschutzes **erledigt**, weil der neu gefasste § 28 Abs. 1 Satz 1 Nr. 1 gleichfalls verlangt, dass die Erhebung, Verarbeitung und Nutzung   13

---

37 Ebenso BAG 7.2.2012 – 1 ABR 46/10, ZD 2012, 481 = AiB 2012, 605. Aus der Lit. s. BMH § 32 Rn. 31; Deutsch/Diller DB 2009, 1462, 1465; Stamer/Kuhnke in Plath, § 32 Rn. 9, 11; Thüsing NZA 2009, 865 ff.; Wolff/Brink-Riesenhuber § 32 Rn. 30; Wybitul/Schultze-Melling § 32 Rn. 3, 14; Zöll in Taeger/Gabel, § 32 Rn. 11.
38 BT-Drucksache 16/13657, S. 35; zur Freiwilligkeit s. § 4 a Rn. 20 ff.
39 So auch Thüsing NZA 2009, 865 ff.
40 Stamer/Kuhnke in Plath, § 32 Rn. 13; Seifert in Simitis, § 32 Rn. 19.
41 Nachweise bei Thüsing NZA 2009, 865 ff.

der Daten für die Begründung, Durchführung oder Beendigung eines rechtsgeschäftlichen oder rechtsgeschäftsähnlichen Schuldverhältnisses mit dem Betroffenen »erforderlich« sein muss.

14 Der Gesetzgeber hat mit dieser Entscheidung **verfassungsrechtlichen Vorgaben** entsprochen. Im Zusammenhang mit der Einwilligung in die Datenverarbeitung hat das Bundesverfassungsgericht für Rechtsverhältnisse, die durch ein Machtgefälle gekennzeichnet sind, restriktive Bedingungen aufgestellt. Danach darf die Preisgabe von Daten nur zugelassen werden, wenn sie unter Beachtung der Interessen beider Seiten »erforderlich« ist.[42] Im Rahmen der Begründung vertraglicher Beziehungen kann nichts anderes gelten, wenn für den schwächeren Teil eine zumutbare Alternative nicht verfügbar ist. Würde man schon die »Dienlichkeit« in Bezug auf den Vertragszweck genügen lassen, wäre das informationelle Selbstbestimmungsrecht des schwächeren Teils in unverhältnismäßiger Weise beeinträchtigt.[43] Entsprechende Grundsätze hat das BVerfG im Zusammenhang mit den Informationspflichten des Mieters entwickelt.[44]

15 Die »Erforderlichkeit« erstreckt sich nach Absatz 2 auch auf solche **Angaben, die nichtdateimäßig erfasst** werden. Eine Frage, die bei einem Bewerbungsgespräch seitens des Arbeitgebers »außerhalb der Tagesordnung« gestellt wird, muss sich daher an Abs. 1 Satz 1 messen lassen. Dies gilt sogar dann, wenn sich der Fragende die Antwort lediglich merkt, sie aber nirgends schriftlich niederlegt. Die dabei im Streitfall entstehenden Beweisschwierigkeiten sind auch bei Vier-Augen-Gesprächen keineswegs unüberwindlich, da es die Rechtsprechung zulässt, den Bewerber bzw. den Arbeitnehmer in einem solchen Fall wie einen Zeugen zu vernehmen.[45] Steht eine Diskriminierung in Frage, kommt die Beweiserleichterung des § 22 AGG zum Zuge.

15a Die »Erforderlichkeit« ist nicht die einzige Schranke für die Erhebung, Verarbeitung und Nutzung von Beschäftigtendaten für Zwecke des Beschäftigungsverhältnisses. Vielmehr muss auch der Verhältnismäßigkeitsgrundsatz gewahrt sein: **Außer der Erforderlichkeit** verlangt er noch die »**Angemessenheit**«, die sich danach bestimmt, ob das Informationsinteresse des Arbeitgebers den Vorrang gegenüber dem Schutz der Persönlichkeitssphäre des Arbeitnehmers verdient.[46] Insoweit können die für die Bewerbungssituation entwickelten Grundsätze (Rn. 16) im Sinne einer notwendigen Interessenabwägung generalisiert werden.[47]

b) Fragerecht des Arbeitgebers

16 Das BAG vertritt in ständiger Rechtsprechung die Auffassung, der Arbeitgeber dürfe nur nach Tatsachen fragen, an deren Kenntnis er **ein »berechtigtes, billigenswertes**

---

42 BVerfG 23.10.2006 – 1 BvR 2027/02, JZ 2007, 576 = RDV 2007, 20; näher oben § 4 a Rn. 2a.
43 Näher Däubler, Gläserne Belegschaften? Rn. 110 ff.
44 BVerfG CR 1992, 368.
45 BAG 22.5.2007 – 3 AZN 1155/06, NZA 2007, 885; BVerfG 21.2.2001 – 2 BvR 140/00, NJW 2001, 2531.
46 S. im Einzelnen Stamer/Kuhnke in Plath, § 32 Rn. 18 und Zöll in Taeger/Gabel, § 32 Rn. 18.
47 Stamer/Kuhnke in Plath, § 32 Rn. 16.

und schutzwürdiges Interesse« hat.[48] Dies ist nur dann anzunehmen, wenn sein Informationsbedürfnis so gewichtig ist, dass es den **Vorrang vor dem Persönlichkeitsrecht des Arbeitnehmers** beanspruchen kann.[49] Das entspricht der »Erforderlichkeit« im Sinne des § 32 Abs. 1 Satz 1[50] – ein nicht ganz selbstverständliches Ergebnis, wurde dieser Grundsatz doch bereits in den 1950er Jahren und damit zu einer Zeit entwickelt, als der Begriff »Datenschutz« überhaupt noch nicht existierte. Aus diesem Grund kommt es nicht entscheidend darauf an, ob man die Grundsätze über das Fragerecht als richterrechtliche oder gewohnheitsrechtliche arbeitsrechtliche Norm begreift, die nach § 1 Abs. 3 Satz 1 dem BDSG vorgeht, oder ob man unmittelbar auf § 32 Abs. 1 Satz 1 zurückgreift. Obwohl mehr für die erste Variante sprechen dürfte, ist das Ergebnis dasselbe.

Die Rechtsprechung hat zahlreiche **Fallgruppen** gebildet, die hier skizziert werden sollen.

aa) Privatleben

Für das Beschäftigungsverhältnis ohne Bedeutung müssen Freizeitbeschäftigungen des Bewerbers bleiben. Arbeit und sonstiges Leben zu trennen, gehört nach europäischem Verständnis zu den Errungenschaften eines modernen Arbeitsrechts.[51] Verwandte und Bekannte dürfen den Arbeitgeber daher ebenso wenig interessieren wie **Ess- und Trinkgewohnheiten** oder Hobbys.[52] Auch darf der Bewerber nicht gefragt werden, ob er Raucher ist.[53] Weiter sind die **privaten Vermögensverhältnisse** grundsätzlich »tabu«.[54] Überschuldung und hohe Unterhaltsverpflichtungen dürfen dann erfragt werden, wenn der in Aussicht genommene Arbeitsplatz beträchtliche finanzielle Spielräume eröffnet. Dies ist etwa bei einem Finanzdirektor, nicht aber bei einem Kassierer der Fall.[55] Die **Familienplanung** darf erst recht keine Rolle spielen,[56] ebenso wenig das Sexualleben und der Bekanntenkreis. Nicht erlaubt ist deshalb auch die an einen Bewerber gerichtete Aufforderung, dem Arbeitgeber die Zugangsdaten zu seinem **Account bei Facebook** oder anderen sozialen Netzwerken mitzuteilen; dies liefe auf die Zulassung einer umfassenden Durchleuchtung des Privatlebens hinaus.[57]

17

---

48 Grundlegend BAG 5.12.1957 – 1 AZR 594/56, AP Nr. 2 zu § 123 BGB; zuletzt BAG 13.6.2002 – 2 AZR 234/01, DB 2003, 396.
49 Thüsing/Lambrich BB 2002, 1146.
50 Die richterrechtlichen Grundsätze und § 32 Abs. 1 stehen nebeneinander, führen aber meist zum selben Ergebnis, weil das Richterrecht die »Erforderlichkeit« im Sinne des § 32 Abs. 1 Satz 1 ausfüllt: BAG 15.11.2011 – 6 AZR 339/11, NZA 2013, 429; Auernhammer-Forst § 32 Rn. 27.
51 Dazu und zu den Auflösungstendenzen in der Gegenwart Däubler, SR 2014, 45 ff.
52 Künzl BB 1993, 1583; Stamer/Kuhnke in Plath, 3 Rn. 35; Wisskirchen/Bissels NZA 2007, 171.
53 Seifert in Simitis, § 32 Rn. 24; BMH § 32 Rn. 48.
54 Von einem Bewerber darf deshalb auch keine Schufa-Auskunft verlangt werden – anders Stamer/Kuhnke in Plath, § 32 Rn. 48.
55 Däubler, Gläserne Belegschaften? Rn. 211. Anders Stamer/Kuhnke in Plath, § 32 Rn. 37, die alle Mitarbeiter von Finanzdienstleistungsunternehmen einbeziehen wollen.
56 Linck in Schaub § 26 Rn. 21a; Schierbaum AiB 1995, 591.
57 Dazu Heermann ZD 6/2012 S. XIV unter Bezugnahme auf eine verbreitete Praxis in den USA.

bb) Mitteilungspflichten des Bewerbers

18 Die Rechtsprechung sieht einen Bewerber als verpflichtet an, unaufgefordert alle **Umstände** zu erwähnen, **die die Durchführung des Vertrages unmöglich oder unzumutbar** machen würden. Ein Kraftfahrer muss daher darauf hinweisen, dass ihm derzeit die Fahrerlaubnis entzogen ist; das BAG[58] nimmt sogar eine Pflicht an, die fehlende Fahrpraxis in den letzten zehn Jahren zu erwähnen. Genauso ist der Fall zu behandeln, dass der Bewerber durch die Aufnahme der Tätigkeit gegen ein Wettbewerbsverbot verstoßen würde.[59] In allen diesen Fällen kann der Arbeitgeber selbstredend die möglichen Hinderungsgründe auch von sich aus ansprechen, etwa nach dem Führerschein oder einem Wettbewerbsverbot fragen.

cc) Berufliche Fähigkeiten und Erfahrungen sowie zeitliche Verfügbarkeit

19 Der Arbeitgeber hat ein berechtigtes Interesse daran, die Qualifikation eines Bewerbers kennen zu lernen, die sich in absolvierten Prüfungen, in der bisherigen beruflichen Tätigkeit und ggf. in Zeugnissen niederschlägt.[60] Allerdings gilt dies nur, wenn die in Aussicht genommene Funktion besondere Fähigkeiten und Kenntnisse voraussetzt.[61] **In weiter Vergangenheit liegende Details** können nicht abgefragt werden, weil sie keine Rückschlüsse auf die aktuelle Eignung mehr zulassen. So interessiert es nicht, ob sich der Bewerber vor 15 Jahren friedlich oder höchst unfriedlich von seinem damaligen Arbeitgeber getrennt hat. Erst recht kann es bei einem angestellten Rechtsanwalt keine Rolle mehr spielen, welche Examensnote er vor 25 Jahren erreicht hatte. Auf der anderen Seite kann je nach den Anforderungen der Tätigkeit nach der **zeitlichen Verfügbarkeit** gefragt werden. Wer häufig Auswärtstermine wahrzunehmen oder längere Dienstreisen zu absolvieren hat, darf gefragt werden, ob dies mit seinen Lebensumständen in Einklang zu bringen ist.

dd) Bisherige Vergütung

20 Die bisherige Vergütung kann dann in die Verhandlungen eingehen, wenn der Bewerber sie bewusst »als Minimum« ins Spiel bringt. Tut er dies nicht, würde eine entsprechende Frage lediglich die Verhandlungsposition des Arbeitgebers verbessern, weshalb sie als unzulässig angesehen wird.[62] Dahinter steht die Wertung, dass das typischerweise bestehende Verhandlungsungleichgewicht nicht noch stärker zu Gunsten des Arbeitgebers verschoben werden soll. Abgelehnt wird in der Literatur auch die

---

58 24.1.1974 – 3 AZR 488/72, AP Nr. 74 zu § 611 BGB Haftung des Arbeitnehmers.
59 Vgl. Seifert in Simitis, § 32 Rn. 23.
60 Stamer/Kuhnke in Plath, § 32 Rn. 33 verweisen auf BAG 12.2.1970 – 2 AZR 184/69, NJW 1970, 1565, 1566, wonach der Arbeitgeber auch danach fragen darf, wie lange der Bewerber in seinen früheren Arbeitsverhältnissen tätig war.
61 BAG 12.2.1970 – 2 AZR 184/69, AP Nr. 17 zu § 123 BGB = NJW 1970, 1565.
62 Fitting § 94 Rn. 21; Preis in ErfK, § 611 BGB Rn. 279; vgl. auch BAG 19.5.1983 – 2 AZR 171/81, AP Nr. 25 zu § 123 BGB = DB 1984, 298.

Arbeitnehmerdatenschutz § 32

Frage nach Lohn- und Gehaltspfändungen, da es insoweit an einem ausreichend engen Bezug zu der in Aussicht genommenen Tätigkeit fehlt.[63]

ee) »Diskriminierungsverdächtige« Tatsachen

Um die Diskriminierungsverbote des AGG von der verfahrensrechtlichen Seite her abzusichern, darf grundsätzlich nicht nach dem Vorliegen eines der »verpönten« Merkmale nach § 1 AGG oder den damit zusammenhängenden Eigenschaften und Verhaltensweisen gefragt werden.[64] Im Einzelnen gilt Folgendes.
Die Frage nach **Rasse und ethnischer Herkunft** ist grundsätzlich ausgeschlossen.[65] Der Arbeitgeber darf sich also nicht danach erkundigen, ob der Bewerber z. B. Sinti oder Türke ist. Ein berechtigtes Interesse besteht nur in den Fällen des § 8 Abs. 1 AGG.[66]
Das Verbot der Diskriminierung wegen des Geschlechts wirkt sich in erster Linie bei der Frage nach der **Schwangerschaft** aus. Diese ist heute generell unzulässig. Das BAG hatte unter der Geltung des § 611 a BGB den Standpunkt vertreten, sie sei dann möglich, wenn eine schwangere Frau auf dem in Aussicht genommenen Arbeitsplatz gar nicht eingesetzt werden könne, weil insoweit ein Beschäftigungsverbot nach dem MuSchG bestehe. Dies wurde von der Rechtsprechung des EuGH zunächst für den Fall der unbefristeten Einstellung korrigiert; wegen des Beschäftigungsverbots könne die Einstellung nicht abgelehnt werden.[67] Damit war sinngemäß auch eine entsprechende Frage ausgeschlossen. Kurz darauf entschied der EuGH in gleicher Weise in Bezug auf ein befristetes Arbeitsverhältnis, das wegen der Schwangerschaft der Bewerberin zu einem wesentlichen Teil gar nicht erfüllt werden konnte.[68] **§ 8 Abs. 1 AGG** dürfte jedoch dann eingreifen und die Frage zulässig sein, wenn es um die Vertretung einer Arbeitnehmerin geht, die wegen Schwangerschaft ihre Tätigkeit nicht fortsetzen konnte: Die Bewerberin weiß hier, dass das Nichtschwangersein wesentliche und entscheidende Anforderung für die Ausübung der fraglichen Tätigkeit ist.[69]
Potentiell diskriminierenden Charakter hat auch die Frage, **wer** denn die **Kinder** eines Bewerbers bzw. einer Bewerberin **betreue**. Nach aller Erfahrung wird dabei bei Frauen sehr viel häufiger als bei Männern der Fall einer »Doppelbelastung« auftreten, die eine eingeschränkte Verfügbarkeit signalisiert.[70]

21

22

23

---

63 Klebe in DKKW, § 94 Rn. 19; Fitting § 94 Rn. 21; Raab in GK-BetrVG § 94 Rn. 42; differenzierend Thüsing in Richardi, § 94 Rn. 26.
64 Schlachter in ErfK, § 2 AGG Rn. 4; Thüsing in HWK § 123 BGB Rn. 7; Wisskirchen DB 2006, 1494; Wisskirchen/Bissels NZA 2007, 170.
65 Stamer/Kuhnke in Plath, § 32 Rn. 42; Thüsing in HWK, § 123 BGB Rn. 6; Raab in GK-BetrVG, § 94 Rn. 42.
66 Weitere Einzelheiten bei Däubler in Däubler/Bertzbach, § 7 Rn. 22 ff.
67 EuGH 3.2.2000 – C-207/98, NZA 2000, 255 – Mahlburg.
68 EuGH 4.10.2001 – C-109/00, NZA 2001, 1241 – Tele Danmark.
69 Für Rückgriff auf den Missbrauchsgedanken in einem solchen Fall Thüsing/Lambrich BB 2002, 1146.
70 Däubler in KDZ, §§ 123, 124 BGB Rn. 13; Fitting § 94 Rn. 20; Seifert in Simitis, § 32 Rn. 28; a. A. Raab in GK-BetrVG § 94 Rn. 44.

24 Die Frage, ob bereits **Wehr- oder Zivildienst** abgeleistet wurde, kann sich nur an Männer richten und hat von daher diskriminierenden Charakter.[71] Insofern müssen dieselben Grundsätze wie bei der Schwangerschaft gelten. Auch eine bevorstehende Einberufung muss daher nicht mitgeteilt werden, zumal die dadurch auf den Arbeitgeber zukommenden Belastungen nach dem Arbeitsplatzschutzgesetz sehr viel geringer als bei einer Schwangerschaft sind.

25 Nach der Rechtsprechung des EuGH stellt es eine Diskriminierung wegen des Geschlechts dar, wenn eine **Geschlechtsumwandlung** Anlass für eine Benachteiligung ist.[72] Die Tatsache, dass Kunden oder Geschäftspartner des Arbeitgebers gegenüber »so einem Transsexuellen« möglicherweise Vorbehalte haben, ist ohne Bedeutung. Der Arbeitgeber muss deshalb die betreffende Person so nehmen, wie sie ist, und darf trotz entsprechender Anhaltspunkte nicht nach einem abweichenden früheren Geschlecht fragen.[73]

26 Nach der **Religionszugehörigkeit** zu fragen, ist dem Arbeitgeber traditionellerweise untersagt; hier fehlt in aller Regel bereits der Zusammenhang mit dem Beschäftigungsverhältnis.[74] Eine Ausnahme ist nur dann zulässig, wenn es um die Einstellung durch eine Kirche geht (§ 9 AGG).

27 Das Problem der Benachteiligung wegen einer bestimmten **Weltanschauung** konnte insbesondere bei der Frage nach früherer Stasi-Mitarbeit und nach einer **Tätigkeit in der SED** praktisch werden.[75] Sie ist nunmehr grundsätzlich unzulässig, zumal angesichts der großen zeitlichen Distanz keine Rückschlüsse auf aktuelles oder künftiges Verhalten mehr möglich sind. So hat das BVerfG[76] bereits Mitte der 1990-er Jahre die Frage nach Umständen untersagt, die sich vor 1970 abgespielt hatten, also bei einer zeitlichen Distanz von mehr als 20 Jahren der Vergangenheit keine Bedeutung mehr beigemessen. Ein noch längerer Zeitraum ist seit dem Umbruch 1989/90 verflossen, so dass entsprechende Fragen unzulässig geworden sind.[77] Auch eine früher begangene »Fragebogenlüge« kann nicht mehr ins Gewicht fallen, da die Frage heute unrichtig beantwortet werden dürfte.

28 Kann **Scientology** nicht als Religions- oder Weltanschauungsgemeinschaft betrachtet werden,[78] scheitert eine entsprechende Frage nicht am Verbot der Diskriminierung wegen Religion und Weltanschauung. Soweit man von einem vorwiegend kommerziellen Unternehmen ausgeht, ist ein berechtigtes Informationsinteresse allerdings nur bei Vertrauensstellungen vorhanden, bei denen sich Loyalitätskonflikte ergeben können.[79]

---

71 Klebe in DKKW, § 94 Rn. 24; Raab in GK-BetrVG § 94 Rn. 35; Seifert in Simitis, § 32 Rn. 28; Thüsing in HWK, § 123 BGB Rn. 27 m. w. N.
72 EuGH 30.4.1996 – C-13/94, NZA 1996, 695.
73 So grundsätzlich auch BAG 21.2.1991 – 2 AZR 449/90, DB 1991, 1934.
74 Däubler, Gläserne Belegschaften? Rn. 212; Raab in GK-BetrVG, § 94 Rn. 46; Seifert in Simitis, § 32 Rn. 29; Thüsing in HWK, § 123 BGB Rn. 16.
75 Vgl. BAG 16.12.2004 – 2 AZR 148/04, DB 2005, 892.
76 8.7.1997 – 1 BvR 2111/94 u. a., EuGRZ 1997, 279 ff.
77 Dies ist nicht bedacht bei Stamer/Kuhnke in Plath, § 32 Rn. 40.
78 Verneint für Scientology-Kirche Hamburg e. V. von BAG 22.3.1995 – 5 AZB 21/94, NZA 1995, 823.
79 Stamer/Kuhnke in Plath, § 32 Rn. 43, die außer Loyalitätskonflikten auch noch den Schutz vor Unterwanderung als Rechtfertigungsgrund nennen.

Arbeitnehmerdatenschutz § 32

Im diskriminierungsrechtlichen Sinne ist der **Begriff** »**Weltanschauung**« weiter als üblicherweise angenommen und umfasst jede ernsthafte Überzeugung; auch ein engagierter Tierschützer hat daher eine »Weltanschauung«. Das weite Begriffsverständnis hängt damit zusammen, dass die zugrundeliegende EG-Richtlinie nur in der deutschen Fassung von »Weltanschauung« spricht; die genauso maßgebenden anderen sprachlichen Fassungen wählen durchweg weitere Begriffe wie »Überzeugung« oder »persönliche Überzeugung«.[80] Legt man dies zugrunde, so darf schon deshalb nicht nach politischen und gewerkschaftlichen Auffassungen gefragt werden. 29

Der Arbeitgeber ist befugt, die **gesundheitliche Eignung** des Arbeitnehmers für die in Aussicht genommene Tätigkeit zu erkunden. Ergeben sich hier Defizite, ist mit einer Überforderung oder einem häufigen Ausfall zu rechnen, so kann er ohne Verstoß gegen Diskriminierungsverbote einen anderen Bewerber einstellen oder auf die Besetzung der Stelle verzichten. Davon ist das Problem zu unterscheiden, ob ein Bewerber nach der **Anerkennung als Schwerbehinderter** bzw. einer Gleichstellung gefragt werden darf. Dies war nach der überkommenen Rechtsprechung des BAG zulässig,[81] doch wird es mittlerweile in der Literatur fast allgemein abgelehnt.[82] In der Tat verstößt eine solche Frage nicht anders als die nach den übrigen verpönten Merkmalen gegen § 7 Abs. 1 in Verbindung mit § 1 AGG. Bei **einfachen Behinderungen** im Sinne des § 2 Abs. 1 SGB IX gilt nichts anderes. Wenn die Eignung für den Arbeitsplatz nicht beeinträchtigt ist, darf sich der Arbeitgeber für sie nicht interessieren. 30

Will der Arbeitgeber **gezielt Behinderte fördern** und enthält z. B. die Ausschreibung eine entsprechende Absichtserklärung, so ist dies nach § 5 AGG zulässig. In diesem Fall darf er auch nach einer entsprechenden Eigenschaft fragen.[83] Gibt ein Bewerber diese dennoch nicht preis und wird er eingestellt, weil sich kein ausreichend qualifizierter (»deklarierter«) Behinderter finden ließ, so darf der Arbeitgeber den Arbeitsvertrag nicht anfechten, da es an der Kausalität der Täuschung für den Vertragsabschluss fehlt.[84] 31

Die **Frage nach dem Alter** ist nur dort zulässig, wo dieses Kriterium bei der Einstellung Berücksichtigung finden darf. Im Regelfall ist sie daher ausgeschlossen.[85] Dies verhindert selbstredend nicht, dass sich der Arbeitgeber beim Bewerbungsgespräch ein ungefähres Bild vom Alter des Bewerbers macht.[86] 32

Eine Frage nach der **sexuellen Identität** ist nur in den Extremfällen zulässig, in denen es auf diese Eigenschaft für eine bestimmte Tätigkeit ankommt.[87] Im Normalfall darf auch nicht danach gefragt werden, ob jemand in einer gleichgeschlechtlichen Partnerschaft 33

---

80 Einzelheiten bei Däubler NJW 2006, 2608 ff.
81 S. etwa BAG 5.10.1995 – 2 AZR 923/94, AP Nr. 40 zu § 123 BGB.
82 Brors DB 2003, 1734 ff.; Deinert, in: Deinert/Welti (Hrsg.), Behindertenrecht, 2014, § 56 Rn. 5; Klebe in DKKW, § 94 Rn. 13; Düwell BB 2001, 1527, 1529 und BB 2006, 1741, 1743; Preis in ErfK, § 611 BGB Rn. 274a; Raab in GK-BetrVG § 94 Rn. 37; Seifert in Simitis, § 32 Rn. 30; Joussen NZA 2007, 177; von Koppenfels-Spies AuR 2004, 43, 45; Rolfs/Paschke BB 2002, 1260, 1261; Wolff/Brink-Riesenhuber § 32 Rn. 74 u. a.
83 Joussen NZA 2007, 177 f.
84 Düwell BB 2006, 1741, 1743.
85 Wisskirchen DB 2006, 1494; Stamer/Kuhnke in Plath, § 32 Rn. 42.
86 Wisskirchen/Bissels NZA 2007, 172.
87 Thüsing in Richardi, § 94 Rn. 16; Stamer/Kuhnke in Plath, § 32 Rn. 42.

lebt.⁸⁸ Ob die Frage nach dem Verheiratet-Sein weiter zulässig ist, kann man bezweifeln, da jedenfalls die positive Antwort zugleich die heterosexuelle Ausrichtung verdeutlicht.⁸⁹

34 § 2 Abs. 3 AGG lässt **sonstige Diskriminierungsverbote** unberührt. Die bisherige Rechtsprechung, die die Frage nach der **Mitgliedschaft in einer Gewerkschaft** und nach der **Parteizugehörigkeit** im Grundsatz ausschließt, bleibt daher aufrechterhalten.⁹⁰ Eine Ausnahme greift nur dann Platz, wenn es gerade um die Anstellung bei einer Kirche, einer Partei oder einer Gewerkschaft geht. Allerdings darf die Kirche nicht nach der Gewerkschaftszugehörigkeit und die Gewerkschaft nicht nach der Konfession fragen; es geht allein um die auch für den Arbeitgeber charakteristische Eigenschaft.

ff) Vorstrafen

35 Schon in den 1950er Jahren hat das BAG für die Frage nach Vorstrafen eine recht plausible Lösung entwickelt: Der Arbeitgeber darf sich nur nach **einschlägigen** Vorstrafen erkundigen, die sich am vorgesehenen Arbeitsplatz wiederholen könnten. Alle anderen Vorstrafen sind »Privatsache« des Bewerbers.⁹¹ Der Kraftfahrer darf also nach Verkehrsdelikten, der Jugendpfleger nach Sittlichkeitsdelikten, der Kassierer nach Vermögensdelikten gefragt werden.⁹²

36 Dieser Grundsatz wird durch § 53 BZRG weiter spezifiziert. Danach darf sich ein Verurteilter u. a. dann als unbestraft bezeichnen, wenn die **Strafe aus dem Register zu tilgen** ist. Auch eine »einschlägige« Vorstrafe braucht dann nicht mehr angegeben zu werden. Dasselbe gilt, wenn sie der »beschränkten Auskunft« unterliegt bzw. nicht im Bundeszentralregister vermerkt wird.⁹³ Das polizeiliche Führungszeugnis selbst würde auch die nicht einschlägigen Vorstrafen ausweisen, weshalb der Arbeitgeber seine Vorlage nicht verlangen darf.⁹⁴

37 Was **laufende Ermittlungsverfahren** betrifft, so sind dieselben Maßstäbe anzulegen, die man bislang bei der Verdachtskündigung zugrunde legt. Wenn es um eine gravierende und einschlägige Straftat geht und wenn wegen des Verfahrens ggf. die Verfügbarkeit leidet, ist die Frage zulässig, sonst nicht.⁹⁵ Auch berufen sich einige Autoren mit Recht auf Art. 6 Abs. 2 EMRK und die dort ausgesprochene Unschuldsvermutung.⁹⁶ Schließ-

---

88 Fitting § 94 Rn. 20; Thüsing in HWK § 123 BGB Rn. 18; Wisskirchen DB 2006, 1494.
89 Bedenken deshalb bei Wisskirchen DB 2006, 1494.
90 BAG 28. 3. 2000 – 1 ABR 16/99, AP Nr. 27 zu § 99 BetrVG 1972 Einstellung; Fitting § 94 Rn. 17; Stamer/Kuhnke in Plath, § 32 Rn. 36. Zur Situation nach der Einstellung s. unten Rn. 67 ff.
91 BAG 5. 12. 1957 – 1 AZR 594/56, AP Nr. 2 zu § 123 BGB, bestätigt durch BAG 19. 5. 1983 – 2 AZR 171/81, BB 1984, 534.
92 Klebe in DKKW, § 94 Rn. 16; Fitting § 94 Rn. 19; Leipold AuR 1971, 166.
93 ArbG Hamburg 7. 11. 1979 – 18 Ca 263/79, BB 1980, 316; Stamer/Kuhnke in Plath, § 32 Rn. 38.
94 Däubler, Gläserne Belegschaften? Rn. 217; Linnenkohl AuR 1983, 135; BMH § 32 Rn. 56b; Thüsing/Forst, in: Thüsing (Hrsg.), Beschäftigtendatenschutz und Compliance, § 7 Rn. 37; Wohlgemuth Beilage 21/1985 zu DB, S. 6; Wolff/Brink-Riesenhuber § 32 Rn. 66. Anders Stamer/Kuhnke in Plath, § 32 Rn. 47; Hohenstatt/Stamer/Hinrichs NZA 2006, 1065, 1067.
95 Gegen die Zulässigkeit einer pauschalen Frage nach anhängigen oder früheren Ermittlungsverfahren BAG 15. 11. 2012 – 6 AZR 339/11, NZA 2013, 429. Vgl. auch Fitting § 94 Rn. 19.
96 Linnenkohl AuR 1983, 140; MünchArbR-Buchner, 2. Aufl., § 38 Rn. 145 m. w. N.

gg) Ermittlungen in sozialen Netzwerken

Den Namen eines Bewerbers bei Google einzugeben und soziale Netzwerke wie Facebook nach seinen »Spuren« zu durchsuchen, ist eine verbreitete Erscheinung; vier von fünf Personalverantwortlichen sollen angeblich vor Gesprächen mit Bewerbern auf »virtuelle Schnüffeltour« gehen.[98] Rechtlich kann auf diese Weise das Fragerecht nicht erweitert werden; das Privatleben darf z. B. weiterhin bei der Einstellungsentscheidung keine Rolle spielen. Viele Informationen sind allerdings öffentlich zugänglich; ihre Verwertung kann aber **nicht** auf § 28 Abs. 1 Satz 1 Nr. 3 gestützt werden, da diese Vorschrift von § 32 Abs. 1 Satz 1 verdrängt wird (oben Rn. 8 ff.). Wäre es anders, so müsste man danach differenzieren, ob eine **Aussage nur an »Freunde«** oder ob sie sich an alle Mitglieder des Netzwerks richtet; im zweiten Fall läge eine öffentlich zugängliche Information vor, da die Mitgliedschaft ohne Schwierigkeiten erworben werden kann (vgl. § 10 Abs. 5 Satz 2).[99] Im Rahmen eines Bewerbungsverfahrens dürfen solche Fakten gleichwohl nicht verwertet werden, da der Grundsatz der Direkterhebung nach § 4 Abs. 2 den Vorrang hat.[100]

37 a

Die Gefahr, dass trotz fehlender Rechtsgrundlage gegoogelt wird, ist ersichtlich nicht von der Hand zu weisen. Aus Sicht des Bewerbers wird sich ein solcher Rechtsverstoß allerdings **nur unter besonders glücklichen Umständen beweisen** lassen. In solchen Fällen ist der Arbeitgeber wegen Verletzung einer vorvertraglichen Verpflichtung nach § 311 Abs. 2 BGB in Verbindung mit § 280 Abs. 1 BGB zum Schadensersatz verpflichtet. War eine Diskriminierung nach den §§ 1, 7 Abs. 1 AGG im Spiel, kommt neben dem Anspruch auf Ersatz des (beweisbaren) materiellen Schadens auch ein **Ersatzanspruch** wegen des immateriellen Schadens nach § 15 Abs. 2 AGG in Betracht, was für jene Bewerber von besonderem Wert ist, die auch bei diskriminierungsfreiem Verfahren die fragliche Stelle nicht bekommen hätten.[101] Daneben kann es dem Arbeitgeber sehr unwillkommen sein, wenn ihm ggf. in der Öffentlichkeit ein sehr »laxer« Umgang mit Daten zur Last gelegt wird. Von solchen Fällen abgesehen, sind die Grenzen für einen Rückgriff auf soziale Netzwerke für einen Arbeitgeber dann von Bedeutung, wenn er an dem Bewerber Interesse hat und bestimmte aus dem Internet entnommene Informationen im Gespräch abklären möchte.[102] Will man eine Verfälschung des Auswahlverfahrens durch allzu viele Blicke ins Internet verhindern, darf man nur noch **anonyme Bewerbungen** zulassen; dies hätte zur Folge, dass allein die in die engere Wahl Gezogenen und zu einem Vorstellungsgespräch Geladenen »gescreent« werden könn-

37 b

---

97 Linnenkohl AuR 1983, 138.
98 So Gola, Datenschutz am Arbeitsplatz, Rn. 572 Fn. 64 unter Bezugnahme auf eine Studie des Verbraucherschutzministeriums.
99 Dies übersehen zu haben, wirft mir Auernhammer-Forst § 32 Rn. 74 Fn. 110 vor.
100 Näher Däubler, Internet und Arbeitsrecht, Rn. 211 h ff.
101 Oberwetter BB 2008, 1562, 1565.
102 Oberwetter BB 2008, 1562.

ten; eine »Aussonderung« in einem früheren Stadium des Verfahrens wäre ausgeschlossen.

hh) Grenzüberschreitungen durch den Arbeitgeber

38 Wird einen unzulässige Frage gleichwohl gestellt, darf sie der Bewerber unrichtig beantworten (»**Recht zur Lüge**«). Der Arbeitgeber kann in einem solchen Fall den Arbeitsvertrag nicht wegen arglistiger Täuschung gemäß § 123 BGB anfechten.[103] Die Diskriminierungsverbote schließen es überdies aus, dass der Arbeitgeber **wegen Irrtums** über eine »verkehrswesentliche Eigenschaft« nach § 119 Abs. 2 BGB **anficht**. Dies ist für die Schwangerschaft ausdrücklich entschieden worden,[104] muss jedoch auch in anderen Fällen gelten. Die Entscheidung des BAG, wonach die Unkenntnis über eine Geschlechtsumwandlung einen Anfechtungsgrund darstellen soll,[105] ist unter diesen Umständen überholt.

39 Unzulässige Fragen nach verpönten Merkmalen im Sinne des § 1 AGG stellen überdies ein **gewichtiges Indiz** dafür da, dass im Einstellungsprozess **gegen Diskriminierungsverbote verstoßen** wurde. Nach § 22 Abs. 1 AGG muss der Arbeitgeber in einem solchen Fall den Nachweis führen, dass ausschließlich andere Gesichtspunkte bei der Einstellungsentscheidung eine Rolle gespielt haben oder dass ausnahmsweise auf das fragliche Merkmal abgestellt werden durfte.

40 Ein Bewerber kann **nicht wirksam einwilligen**, dass der Arbeitgeber ein **weitergehendes Fragerecht** haben soll.[106] Bei den hier skizzierten Grundsätzen geht es um Schutznormen, die als Reaktion auf die Unterlegenheit einer Seite entwickelt wurden. Wegen dieser spezifischen Zielsetzung stehen sie nicht zur Disposition der Beteiligten (s. auch § 4a Rn. 29).

ii) »Ungefragte« Mitteilungen des Bewerbers

40a Nicht selten kommt es vor, dass der Bewerber **von sich aus Daten offenlegt**, nach denen der Arbeitgeber gar nicht fragen dürfte: Er erzählt von seinen Freizeitbeschäftigungen, von seinen Familienverhältnissen und von seiner ehrenamtlichen Mitwirkung in einer kirchlichen Einrichtung. In diesem Fall erhebt der Arbeitgeber keine Daten, doch geht man davon aus, dass er bei seiner Entscheidung gleichwohl an die Grundsätze über das Fragerecht gebunden ist und das erworbene Wissen daher nicht verwerten darf.[107] In der Praxis hat dieses »Wegwischen« allerdings rein fiktiven Charakter.

---

103 So bereits BAG 5.12.1957 – 1 AZR 594/56, AP Nr. 2 zu § 123 BGB. Ebenso in der Literatur etwa Preis in ErfK, § 611 BGB Rn. 286; Stamer/Kuhnke in Plath, § 32 Rn. 23; TBP, S. 183; Thüsing/Lambrich BB 2002, 1146 ff. jeweils m. w. N.
104 EuGH 27.2.2003 – C-320/01, NZA 2003, 373 Tz. 49 – Wiebke Busch.
105 BAG 21.2.1991 – 2 AZR 449/90, DB 1991, 1934.
106 Ebenso Stamer/Kuhnke in Plath, § 32 Rn. 24.
107 Stamer/Kuhnke in Plath, § 32 Rn. 25.

jj) Anfrage bei einem früheren Arbeitgeber

Der **Grundsatz der Direkterhebung** nach § 4 Abs. 2 (oben Rn. 11) ist auch dann durchbrochen, wenn sich der Arbeitgeber an einen früheren Arbeitgeber des Bewerbers wendet. Nach § 4 Abs. 2 Satz 2 ist die Datenerhebung bei Dritten unter bestimmten engen Voraussetzungen zulässig.[108] Der dort genannte Fall, dass die Datenerhebung beim Betroffenen »unverhältnismäßigen Aufwand« verursacht, wird selten vorliegen, doch ist dem der Fall gleichzustellen, dass die **Informationsgewinnung beim Betroffenen ersichtlich fruchtlos** ist. Dies ist etwa dann der Fall, wenn deutliche Anhaltspunkte für unrichtige Angaben bestehen oder wenn Aussagen über die bisherige berufliche Tätigkeit (z. B. in Zeugnissen) so unspezifisch sind, dass der Arbeitgeber sich kein sicheres Bild von den Qualifikationen des Bewerbers machen kann.[109] In solchen Fällen vermag der Bewerber keine überwiegenden schutzwürdigen Interessen für sich ins Feld zu führen. Die Einschaltung eines Dritten, und damit auch eines früheren Arbeitgebers ist legal.

40 b

Der **Betroffene** ist von der Einschaltung des Dritten **zu informieren**. Die gesetzliche Regelung geht von der **Transparenz** der Datenerhebung aus, weshalb der Betroffene nach § 4 Abs. 3 im Normalfall der Direkterhebung eingehend von allen Umständen in Kenntnis zu setzen ist. Dies muss – obwohl das Gesetz insoweit keine ausdrückliche Regelung enthält – erst recht dann gelten, wenn es um einen Informationsfluss geht, den der Betroffene nicht automatisch nachvollziehen kann.[110] Der frühere Arbeitgeber darf allerdings **nichts mitteilen, was im Zeugnis nicht erwähnt** wurde.[111] Selbst wenn man mit der früheren Rechtsprechung des BAG[112] diese Grenze nicht gelten lässt, muss die Auskunft doch »sorgfältig und wahrheitsgemäß« sein. Hat sich der frühere Arbeitgeber daran gehalten, hat er im Übrigen kein berechtigtes Interesse daran, dass seine Einschaltung geheim gehalten wird. Der BGH hat deshalb zu Recht den Grundsatz aufgestellt, der Arbeitnehmer sei über die erteilte Auskunft in Kenntnis zu setzen.[113] Dies folgt heute auch aus datenschutzrechtlichen Grundsätzen. Ergänzend kann auf das **Gesetz zu Art. 10 GG** verwiesen werden, wonach sogar Beschränkungen des Brief-, Post- und Fernmeldegeheimnisses nach ihrem Abschluss dem Betroffenen mitzuteilen sind, wenn eine Gefährdung des Zwecks ausgeschlossen werden kann.[114]

40 c

---

108 Näher Däubler, Gläserne Belegschaften? Rn. 203 ff.
109 Zum »Zeugnisdeutsch« s. Däubler in KDZ, § 109 GewO Rn. 58 ff.
110 Vgl. auch Schierbaum PersR 2001, 278.
111 Vgl. aber Müller-Glöge in ErfK, § 109 GewO Rn. 60 f. (»inhaltlich umfassender und freier«); Stamer/Kuhnke in Plath, § 32 Rn. 29.
112 25.10.1957 – 1 AZR 434/55, AP Nr. 1 zu § 630 BGB; kritisch dazu Müller-Glöge in ErfK, § 109 GewO Rn. 61.
113 BGH 10.7.1959 – VI ZR 149/58, AP Nr. 2 zu § 630 BGB.
114 Gesetz zur Neuregelung von Beschränkungen des Brief-, Post- und Fernmeldegeheimnisses v. 26. Juni 2001, BGBl I S. 1253 ff., § 12 Abs. 1.

c) Ärztliche und psychologische Begutachtung

41 Die gesundheitliche Verfassung eines Bewerbers ist für den Arbeitgeber verständlicherweise von besonderem Interesse. Wer voraussichtlich immer wieder wegen Krankheit ausfällt, ist weniger »interessant« als eine Person, die auch bei einem sehr langen Arbeitstag belastbar bleibt und nicht »einknickt«. Was Behinderungen betrifft, so ist auf die obigen Ausführungen (Rn. 32) zu verweisen. Die aus ihr folgenden, am Arbeitsplatz relevanten **gesundheitlichen Beeinträchtigungen können erfasst werden**. Dasselbe gilt für gesundheitliche Einschränkungen, die die Schwelle zur Behinderung nicht erreichen, die jedoch durchaus eine erhebliche Belastung für das Beschäftigungsverhältnis darstellen können.

42 Die gesundheitliche Verfassung eines Bewerbers kann einmal Gegenstand des Fragebogens oder des Einstellungsgesprächs sein (Wie oft waren Sie in den letzten drei Jahren krank? Leiden Sie an einer chronischen Krankheit?). Daneben kommt eine **Einstellungsuntersuchung** durch einen vom Arbeitgeber bestimmten Arzt in Betracht, der mit dem Betriebsarzt nach den §§ 2 ff. ASiG identisch sein kann. Der Arzt hat dabei keine weitergehenden »Ermittlungsrechte« als der Arbeitgeber selbst.[115] Immerhin machen das Entgeltfortzahlungsgesetz und die Grundsätze zur Kündigung wegen Krankheit[116] deutlich, dass dem Arbeitgeber ein gewisses Maß an Belastungen zugemutet wird – eine Wertentscheidung, die auch bei der Bestimmung des Fragerechts zu berücksichtigen ist.[117]

43 Legt man dies zugrunde, so müssen zunächst alle **Krankheiten** ausscheiden, die **inzwischen überwunden** sind, weil sie die Eignung nicht mehr beeinflussen. Wer vor drei Jahren das Bein gebrochen hat, aber unter keinerlei Beschwerden mehr leidet, muss insoweit keine Angaben machen. Entgegen LAG Köln[118] ist daher auch nicht über eine erfolgreich absolvierte Entziehungskur zu berichten, soweit sie ein bis zwei Jahre zurückliegt und deshalb ein Rückfall eher unwahrscheinlich ist.

44 Zum zweiten darf der Arbeitgeber bzw. der Arzt auch den gegenwärtigen Gesundheitszustand nicht in jeder Hinsicht abfragen: Gesundheitliche Beeinträchtigungen, die **für die in Aussicht genommene Arbeit ohne Bedeutung** sind, dürfen ihn nicht interessieren.[119] Auf der anderen Seite ist es völlig legitim und auch vom Bewerber her gesehen vernünftig, wenn **Krankheiten** rechtzeitig zur Sprache kommen, die **die Eignung** für die in Aussicht genommene Tätigkeit **vermindern** oder die sich bei dieser sogar verschlimmern werden. Ein Fernfahrer sollte sehr wohl auf Bandscheibenschäden und ein Bauarbeiter auf Rheuma befragt werden können. Weiter besteht kein Zweifel daran, dass **ansteckende Krankheiten** schon im Interesse der Arbeitskollegen ermittelbar sein müssen.[120]

---

115 So bereits LAG Düsseldorf 30.9.1971 – 3 Sa 305/71, DB 1971, 2071; wie hier auch Seifert in Simitis, § 32 Rn. 34; Klebe in DKKW, § 94 Rn. 11 m.w.N.
116 Dazu Deinert in KDZ, § 1 KSchG Rn. 90 ff.; Däubler, Arbeitsrecht 2, Rn. 1075 ff.
117 Ähnlich MünchArbR- Reichold § 38 Rn. 63.
118 13.11.1995 – 3 Sa 832/95, DB 1996, 892.
119 BAG 7.6.1984 – 2 AZR 270/83, NZA 1985, 57; LAG Berlin 6.7.1973 – 3 Sa 48/73, DB 1974, 99.
120 BAG 7.6.1984 – 2 AZR 270/83, NZA 1985, 57.

Arbeitnehmerdatenschutz § 32

Was bleibt, ist eine »Grauzone« von wiederkehrenden Erkrankungen, die man nicht unbedingt als »leicht« einstufen kann, die andererseits aber auch keinen speziellen Bezug zu der beabsichtigten Tätigkeit haben (Die EDV-Kraft leidet an Hexenschuss). Hier wird man **ähnliche Maßstäbe wie bei der Kündigung wegen Krankheit** anlegen müssen, so dass sich das Fragerecht nur auf solche Abweichungen vom normalen Gesundheitszustand bezieht, die auch eine Auflösung des Arbeitsverhältnisses rechtfertigen könnten. Auch eine **beantragte Kur** muss deshalb grundsätzlich nicht angegeben werden.[121]

45

Angaben über den Gesundheitszustand sind **sensible Daten** im Sinne des § 3 Abs. 9 (oben § 3 Rn. 57). Insoweit gilt § 28 Abs. 6 Nr. 3, wonach ihre Erhebung zulässig ist, wenn sie zur »Geltendmachung, Ausübung oder Verteidigung rechtlicher Ansprüche erforderlich ist und kein Grund zu der Annahme besteht, dass das schutzwürdige Interesse des Betroffenen an dem Ausschluss der Erhebung überwiegt.« Dabei dürfte man zu den »rechtlichen Ansprüchen« auch die **Befugnis** zählen, **auf einen Vertragsabschluss zu verzichten**, obwohl dies dem Wortlaut nach alles andere als eindeutig ist.[122] Tut man diesen Schritt, muss man allerdings vermeiden, das Maß der erforderlichen Datenerhebung in gleicher Weise wie bei nicht sensiblen Daten zu bestimmen, weil dies die gesetzliche Differenzierung aufheben würde. Die hier skizzierten Beschränkungen des arbeitgeberseitigen Erhebungsrechts lassen einen gewissen Abstand vom »Normalniveau« bestehen. **Kein** legitimes **Informationsinteresse** besteht an **bestimmten Krankheitsbildern**. Erfolgt eine Einstellungsuntersuchung durch einen Arzt, ist dieser sowieso nach § 39 BDSG an die ärztliche Schweigepflicht gebunden, weshalb er nur das Ergebnis (»hervorragend geeignet«, »geeignet«, »nicht geeignet«) mitteilen darf (oben § 28 Rn. 28). Auch dürfen die Grenzen des Fragerechts nicht dadurch umgangen werden, dass der Arzt beispielsweise einen **Schwangerschaftstest** vornimmt und das Ergebnis dem Arbeitgeber mitteilt.

46

Eine **HIV-Infektion** beeinträchtigt als solche die Arbeitsfähigkeit nicht; sie stellt aber nach der Rechtsprechung des BAG[123] eine Behinderung dar. Eine entsprechende Frage des Arbeitgebers bzw. ein ärztlicher Test waren schon bisher grundsätzlich unzulässig.[124] Die mehr oder weniger große Wahrscheinlichkeit einer Erkrankung kann daran nichts ändern; gesundheitliche Risiken können auch in anderen Fällen bestehen. Andernfalls müsste man eine totale »Durchleuchtung« im Hinblick auf Risikofaktoren zulassen, was weder mit persönlichkeitsrechtlichen noch mit arbeitsmarktpolitischen Erwägungen vereinbar ist. Handelt es sich allerdings um eine Tätigkeit, bei der **Ansteckungsgefahr** besteht (medizinischer Bereich, Nahrungsmittelbranche), so sind Frage

47

---

121 Dahingestellt in BAG 27.3.1991 – 5 AZR 58/90, DB 1991, 2144.
122 Im Ergebnis wie hier Gola/Wronka Rn. 382.
123 19.12.2013 – 6 AZR 190/12, NZA 2014, 372.
124 Däubler, Gläserne Belegschaften? Rn. 215; Preis in ErfK, § 611 BGB Rn. 274a; Fitting § 94 Rn. 25a; Rose in Hess u. a. § 94 Rn. 36; Hinrichs AiB 1988, 8; Löwisch DB 1987, 940; Schierbaum AiB 1995, 502.

und (freiwilliger) Test zulässig.[125] Erst recht bestehen keine Bedenken, wenn die **Aidserkrankung** bereits **ausgebrochen** ist.[126]

48 Auch ein **Alkohol- und Drogentest** »auf Verdacht« ist nicht zulässig. Insoweit gelten dieselben Grundsätze wie im Rahmen eines bestehenden Arbeitsverhältnisses, wonach gewichtige Indizien für eine Abhängigkeit sprechen müssen, um eine solche Maßnahme vorzunehmen.[127]

48a Ähnliche Grundsätze wie für die Einstellungsuntersuchung gelten auch für **psychologische Tests**.[128] Sie müssen sich von vornherein auf solche Eigenschaften beschränken, die für die in Aussicht genommene Tätigkeit von Bedeutung sind. Allgemeine Intelligenztests oder Persönlichkeitsprofile sind als übermäßiger Eingriff in die Persönlichkeitssphäre rechtswidrig.[129] Auch hier gilt, dass der die Untersuchung vornehmende Psychologe dem Arbeitgeber **lediglich Ergebnisse** in Bezug auf die Eignung mitteilen darf, nicht aber irgendwelche Einzelresultate.[130] Generell unzulässig sind **Stressinterviews.**[131]

d) Gentechnische Untersuchungen

49 Die Zulässigkeit gentechnischer Untersuchungen von Bewerbern hat durch das **Gendiagnostikgesetz vom 31.7.2009**[132] eine Sonderregelung erfahren. Anlass ist u.a. die Befürchtung, Beschäftigte könnten allein aufgrund ihrer genetischen Eigenschaften oder Veranlagungen nicht eingestellt oder versetzt und damit »sozial ausgegrenzt« werden.[133] Auch fällt ins Gewicht, dass gentechnische Untersuchungen einen sehr tiefen Eingriff in die Persönlichkeitssphäre darstellen, die besondere Sicherheitsvorkehrungen erfordern. Dies betrifft nicht nur die Fachkunde der die Maßnahmen vornehmenden Personen, sondern insbesondere den Schutz der individuellen Autonomie: Der Einzelne muss frei entscheiden können, ob eine gentechnische Untersuchung vorgenommen wird, ob er selbst Kenntnis von den Ergebnissen erhält oder nicht (»**Recht auf Nichtwissen**«)[134] und an wen die Ergebnisse ggf. weitergegeben werden. Auch muss die Gefahr ausgeschlossen werden, dass **überschießende Informa-**

---

125 Auernhammer-Forst § 32 Rn. 80; Preis in ErfK, § 611 BGB Rn. 274a m.w.N.; Kreuder in HK-ArbR, § 611 BGB Rn. 175; Wolff/Brink-Riesenhuber § 32 Rn. 73.2.
126 Däubler, Gläserne Belegschaften? Rn. 215; Preis in ErfK, § 611 BGB Rn. 274a; Fitting § 94 Rn. 25a.
127 BAG 12.8.1999 – 2 AZR 55/99, DB 1999, 2369, 2370; zum Drogenscreening s. auch Heilmann/Wienemann/Thelen AiB 2001, 465; Stamer/Kuhnke in Plath, § 32 Rn. 44, 50.
128 TBP S. 183f.; vgl. auch Bausewein ZD 2014, 443.
129 Einzelheiten bei Däubler, Arbeitsrecht 2, Rn. 72 m.w.N.
130 Küpferle/Wohlgemuth, Rn. 32.
131 Zustimmend Preis in ErfK § 611 BGB Rn. 310; BMH § 32 Rn. 60.
132 GenDG, BGBl. I S. 2529.
133 So die amtliche Begründung, BT-Drucksache 16/10532 S. 37.
134 BGH 20.5.2014 – VI ZR 381/13, ZD 2014, 465: Das allgemeine Persönlichkeitsrecht umfasst ein »Recht auf Nichtwissen der eigenen genetischen Veranlagung«, das den Einzelnen davor schützt, Kenntnis über ihn betreffende genetische Informationen mit Aussagekraft für seine persönliche Zukunft zu erlangen, ohne dies zu wollen.

Arbeitnehmerdatenschutz § 32

tionen erfasst werden, die keinen Bezug zum konkreten Arbeitsplatz haben, die jedoch zur Entstehung eines »Gesundheitsprofils« führen können.[135] Das GenDG knüpft genau wie das 2009 neu gefasste BDSG an einen weiten **Beschäftigtenbegriff** an; er ist in § 3 Nr. 11 GenDG sachlich übereinstimmend mit § 3 Abs. 11 BDSG definiert.

§ 19 GenDG verbietet dem Arbeitgeber ausdrücklich, vor Begründung des Beschäftigungsverhältnisses vom Bewerber die Vornahme genetischer Untersuchungen oder Analysen zu verlangen oder die Mitteilung von Ergebnissen bereits vorgenommener genetischer Untersuchungen oder Analysen zu fordern, solche Ergebnisse entgegenzunehmen oder zu verwenden. Auf diese Weise soll **vermieden** werden, dass sich »**Genzeugnisse**« einbürgern, was zur Ausgrenzung einer »Risikogruppe« mit weniger guten Dispositionen führen könnte. 50

§ 20 Abs. 1 GenDG überträgt diesen Grundsatz wörtlich auf **arbeitsmedizinische Vorsorgeuntersuchungen.** Diese könnten sich auch auf Bewerber erstrecken. § 20 Abs. 2 GenDG lässt jedoch als **Ausnahme** »diagnostische genetische Untersuchungen durch Genproduktanalyse« zu, »soweit sie zur Feststellung genetischer Eigenschaften erforderlich sind, die für schwerwiegende Erkrankungen oder schwerwiegende gesundheitliche Störungen, die bei einer Beschäftigung an einem bestimmten Arbeitsplatz oder mit einer bestimmten Tätigkeit entstehen können, ursächlich oder mitursächlich sind.« Als Beispiele aus der Praxis nennt die amtliche Begründung genetisch bedingte Risiken, an Harnblasenkrebs zu erkranken, einen Zerfall roter Blutkörperchen zu erleiden oder bei einer Staubexposition an der Lunge zu erkranken.[136] Auch in solchen Fällen ist die genetische Untersuchung nach § 20 Abs. 2 Satz 2 GenDG nachrangig gegenüber anderen Maßnahmen des Arbeitsschutzes. 51

Ist eine genetische Untersuchung ausnahmsweise zulässig, sind nach § 20 Abs. 4 in Verbindung mit den §§ 7 bis 16 GenDG **spezifische Schutzmaßnahmen** geboten. § 7 GenDG enthält den Arztvorbehalt, die §§ 8 bis 10 GenDG regeln die Einwilligung des Betroffenen und die im Zusammenhang damit vorgeschriebene Aufklärung. Der **Einwilligung** muss nach § 9 Abs. 1 Satz 1 GenDG eine eingehende und in Abs. 2 näher beschriebene Aufklärung vorausgehen. Dem Betroffenen ist außerdem nach § 9 Abs. 1 Satz 2 eine **angemessene Bedenkzeit** bis zu seiner Entscheidung einzuräumen. Ist er einverstanden, wird das **Ergebnis** nach § 11 Abs. 1 grundsätzlich **nur ihm mitgeteilt**, es sei denn, er hätte sich nach § 8 Abs. 1 Satz 2 dafür entschieden, das Ergebnis nicht zur Kenntnis nehmen zu wollen. Nach § 11 Abs. 3 darf die verantwortliche ärztliche Person in allen Fällen das Ergebnis der genetischen Untersuchung oder Analyse **anderen** (also auch dem Arbeitgeber) **nur mit** ausdrücklicher und schriftlicher **Einwilligung** der betroffenen Person mitteilen. Der Betroffene kann seine Einwilligung auch in der Weise gestalten, dass das **Ergebnis** ohne Weitergabe an ihn und Dritte **vernichtet** wird (was eine Verwertung für statistische und epidemiologische Zwecke nicht ausschließt). Die Einwilligung kann nach § 8 Abs. 2 jederzeit mit Wirkung für die Zukunft schriftlich widerrufen werden. Dies führt dazu, dass eine weitere Verwertung ausgeschlossen ist; 52

---

135 Vgl. BT-Drucksache 16/10532 S. 37.
136 BT-Drucksache 16/10532, S. 38.

53 auch sind die Ergebnisse nach § 12 Abs. 1 Satz 4 zu vernichten, soweit sie dem Betroffenen noch nicht bekannt gemacht wurden.

Nach § 21 Abs. 1 Satz 1 GenDG darf der **Arbeitgeber einen Bewerber nicht** wegen seiner genetischen Eigenschaften **benachteiligen.** Dasselbe gilt für eine genetisch verwandte Person. Dabei genügt es, wenn die genetische Disposition als ein Grund von mehreren eine Rolle spielt.[137] Es genügt, wenn das Geschlecht innerhalb eines »Motivbündels« ein Gesichtspunkt war, der neben anderen Berücksichtigung fand. Dies wird auf die übrigen Diskriminierungsgründe übertragen,[138] könnte anderenfalls das Verbot doch durch Angabe weiterer (nicht widerlegbarer) Gründe auf seltene Ausnahmefälle beschränkt werden. Nach dem Sinn der gesetzlichen Regelung dürfte eine Benachteiligung auch dann vorliegen, wenn ein Bewerber deshalb nicht berücksichtigt wird, weil er wegen seiner genetischen Disposition an dem in Aussicht genommenen Arbeitsplatz ein **besonders hohes Krankheitsrisiko** trägt. Ist die Erhöhung des Risikos signifikant, könnte man durchaus an der »Benachteiligung« zweifeln; gleichwohl ist dies so gewollt. In der Praxis werden vermutlich Gespräche dazu führen, dass der Bewerber auf die Stelle verzichtet oder der Arbeitgeber andere Gründe findet, die dem Abschluss eines Arbeitsvertrags entgegenstehen. Nach § 21 Abs. 1 Satz 2 GenDG wird das Benachteiligungsverbot mit Recht auf die Fälle erstreckt, dass der Bewerber eine genetische Untersuchung verweigert oder die Offenbarung vorliegender Ergebnisse verhindert. Auch hier reicht eine »Mitursächlichkeit«.

54 Das Benachteiligungsverbot soll in ähnlicher Weise abgesichert werden wie die geltenden Diskriminierungsverbote, da § 21 Abs. 2 GenDG **auf die §§ 15 bis 22 AGG verweist.** Dies bedeutet, dass der potentiell Benachteiligte zunächst nur Indizien beweisen muss, die eine Benachteiligung vermuten lassen; gelingt ihm dies, muss der Arbeitgeber seinerseits beweisen, dass kein Verstoß gegen das Benachteiligungsverbot vorlag (§ 22 AGG). Muss man von einem Verstoß ausgehen, so ist nach § 15 Abs. 1 AGG der materielle, nach § 15 Abs. 2 AGG der immaterielle Schaden zu ersetzen, was meist zur Zahlung einer angemessenen Entschädigung führt. Dabei gilt jedoch bei Bewerbungen eine Obergrenze von drei Monatsgehältern, wenn die fragliche Person auch bei benachteiligungsfreier Auswahl nicht eingestellt worden wäre.[139]

55 Das **GenDG verdrängt** in seinem Anwendungsbereich das **BDSG** als vorrangige Vorschrift nach § 1 Abs. 3 Satz 1. **Nicht angesprochene Fragen** wie z. B. die Befugnisse des betrieblichen Datenschutzbeauftragten sowie Berichtigungsansprüche nach § 35 BDSG bleiben jedoch bestehen.[140]

e) Direkterhebung beim Bewerber und Informationen aus öffentlich zugänglichen Quellen

56 Nach § 4 Abs. 2 Satz 1 sind personenbezogene Daten beim Betroffenen zu erheben (oben § 4 Rn. 5ff.). Davon macht § 4 Abs. 2 Satz 2 Nr. 1 u. a. dann eine **Ausnahme,**

---

137 Ebenso für geschlechtsspezifische Diskriminierungen BVerfG 16. 11. 1993 – 1 BvR 258/86, AP Nr. 9 zu § 611a BGB Bl. 4R; BAG 5. 2. 2004 – 8 AZR 112/03, NZA 2004, 540, 544.
138 S. Däubler in Däubler/Bertzbach, § 1 Rn. 19 m. w. N.
139 Einzelheiten bei Deinert in Däubler/Bertzbach, § 15 Rn. 18ff., 46ff.
140 So die amtliche Begründung, BT-Drucksache 16/10532 S. 16.

Arbeitnehmerdatenschutz § 32

wenn eine Rechtsvorschrift eine anderweitige Erhebung vorsieht oder zwingend voraussetzt. In der Literatur wird vereinzelt die Auffassung vertreten, § 28 Abs. 1 Satz 1 Nr. 3 würde eine solche Vorschrift darstellen.[141] Danach wäre es beispielsweise dem Arbeitgeber möglich, **den Namen des Bewerbers bei Google einzugeben** und auf diese Weise Zusatzinformationen zu erhalten, deren Verlässlichkeit allerdings nur selten überprüft werden könnte. Auch wäre es unschwer möglich, eine Mitgliedschaft bei Facebook oder bei Xing zu erwerben und auf die dort zugänglichen »Profile« und Erklärungen zuzugreifen.[142] Im Vergleich dazu fällt die Auswertung anderer öffentlich-zugänglicher Quellen wie der Presse kaum mehr ins Gewicht.[143]

Im Rahmen der Erhebung von Bewerberdaten kann im Zusammenhang mit der Begründung eines Beschäftigungsverhältnisses **nicht** auf § 28 Abs. 1 Satz 1 Nr. 3 zurückgegriffen werden. Dies macht die Entstehungsgeschichte der Norm hinreichend deutlich (oben Rn. 8). Selbst wenn man davon absieht, wäre das Ergebnis kein anderes. Das Grundrecht aus Art. 5 Abs. 1 Satz 1 GG, wonach sich jedermann aus allgemein zugänglichen Quellen unterrichten kann, enthält nicht die zusätzliche Befugnis, die so gewonnenen Informationen mit anderen zu verknüpfen und damit zahlreiche Aussagen bis hin zu einem **Persönlichkeitsprofil zu generieren.**[144] Dies hat im Zusammenhang mit der automatischen Aufzeichnung von Autokennzeichen auch das BVerfG betont.[145] Typischerweise werden einer Verwertung bei der Vergabe eines Arbeitsplatzes auch überwiegende Belange des Betroffenen entgegenstehen. Wer sich in ein »Anbahnungsverhältnis« begibt, muss sich darauf verlassen können, dass diese quasi-vertragliche Beziehung auch den Rahmen zulässiger Datenerhebung umreißt; ein Rückgriff auf andere Quellen würde sich vom gemeinsamen Willen der Beteiligten entfernen. Das Vertrauen darauf, dass dies nicht geschieht, ist schützenswert. Es bleibt daher beim Grundsatz der Direkterhebung nach § 4 Abs. 2.

57

Die Gefahr, dass trotz fehlender Rechtsgrundlage »gegoogelt« wird, ist ersichtlich nicht von der Hand zu weisen. Dies wird sich allerdings aus Sicht des Bewerbers nur **unter besonders glücklichen Umständen beweisen** lassen. In solchen Fällen ist allerdings der Arbeitgeber wegen Verletzung einer vorvertraglichen Verpflichtung nach § 311 Abs. 2 BGB schadensersatzpflichtig, so dass er den Zustand wieder herstellen muss, der bei korrektem Verhalten bestanden hätte. Dies kann im Einzelfall zu einem Einstellungsanspruch des abgewiesenen Bewerbers oder zu einem Schadensersatzanspruch führen. Will ein Arbeitgeber von vorneherein solche Risiken ausschließen, sollte er auf den Gebrauch von Suchmaschinen oder die Auswertung von Zeitungen von vorneherein verzichten.[146]

58

---

141 Oberwetter BB 2008, 1562, 1564.
142 Oberwetter BB 2008, 1562, 1564.
143 Zur Problematik s. insbes. auch Weichert DuD 2009, 8 ff.
144 Simitis-Simitis § 28 Rn. 162 ff.
145 11.3.2008 – 1 BvR 2074/05, NJW 2008, 1505 Tz. 67.
146 Weitere Einzelheiten bei Däubler, Internet und Arbeitsrecht, Rn. 211 d ff.

f) Einschaltung von Betriebsrat und Personalrat

59 Existiert im Betrieb ein Betriebsrat, ist dieser in vielfältiger Weise in das Einstellungsverfahren einbezogen. Soweit ihm das BetrVG Informationsansprüche einräumt, handelt es sich um eine dem BDSG vorgehende Spezialregelung (vgl. § 1 Abs. 3 Satz 1).

60 Nach § 80 Abs. 1 Nr. 1 BetrVG hat der Betriebsrat darüber zu wachen, dass die **zu Gunsten der Arbeitnehmer geltenden Vorschriften beachtet** werden, wozu auch das BDSG gehört.[147] Weiter zählen dazu die für das Einstellungsverfahren und die Einstellung selbst maßgebenden Bestimmungen, was sich mittelbar aus seiner in § 92 BetrVG vorgesehenen Einschaltung in die Personalplanung ergibt: Seine Zuständigkeit ist ersichtlich nicht allein auf die bereits Beschäftigten beschränkt.

61 Der Betriebsrat kann nach § 93 BetrVG verlangen, dass **freie Stellen innerbetrieblich ausgeschrieben** werden. Geschieht dies nicht, kann er bei einer gleichwohl vom Arbeitgeber gewünschten Einstellung nach § 99 Abs. 2 Nr. 5 BetrVG seine Zustimmung verweigern.[148] **Rechtswidrige**, z. B. gegen § 11 AGG verstoßende **Ausschreibungen** sind wie nicht erfolgte zu behandeln.

62 Der Betriebsrat kann über Inhalt und Verwendung von **Personalfragebögen** nach § 94 Abs. 1 BetrVG mitbestimmen.[149] Dasselbe gilt nach § 94 Abs. 2 zweiter Halbsatz für die Aufstellung **allgemeiner Beurteilungsgrundsätze**.[150] Die Mitbestimmung erstreckt sich auch auf persönliche Angaben in Arbeitsverträgen, die allgemein für den Betrieb verwendet werden sollen.[151]

63 **Personalrichtlinien** im Sinne des § 95 BetrVG unterliegen gleichfalls der Mitbestimmung. Einzelheiten können hier nicht dargestellt werden.[152]

Nach § 99 BetrVG kann der Betriebsrat einer geplanten **Einstellung** aus bestimmten Gründen die **Zustimmung verweigern**. »Einstellung« bedeutet dabei »Eingliederung in den Betrieb«; der Abschluss des Arbeitsvertrags unterliegt nicht der Mitwirkung des Betriebsrats. Beharrt der Arbeitgeber gegen das Votum des Betriebsrats auf seinem Wunsch, muss er das Arbeitsgericht anrufen, das im Einzelnen prüft, ob sich der Betriebsrat wirklich auf einen der Gründe nach § 99 Abs. 2 BetrVG berufen konnte. Nach näherer Maßgabe des § 100 BetrVG kann der Arbeitgeber den Bewerber vor der endgültigen Klärung einstellen, d. h. effektiv im Betrieb beschäftigen.[153] Dringt der Betriebsrat mit seiner Position durch, kann das Arbeitsverhältnis im Wege der Kündigung wieder aufgelöst werden.[154] Um den Betriebsrat in die Lage zu versetzen, sachgerechte Entscheidungen zu treffen, ist der Arbeitgeber nach § 99 Abs. 1 Satz 1 verpflichtet, ihm die erforderlichen **Bewerbungsunterlagen** vorzulegen und Auskunft über die Person der Beteiligten zu geben. Dem stehen keine Bedenken aus dem BDSG entgegen,

---

147 BAG 17.3.1987 – 1 ABR 59/85, AP Nr. 29 zu § 80 BetrVG 1972.
148 Einzelheiten Däubler, Arbeitsrecht 1, Rn. 1024 ff.
149 Einzelheiten bei Klebe in DKKW, § 94 Rn. 3 ff.
150 Dazu Däubler, Arbeitsrecht 1, Rn. 1030 ff. m. w. N.
151 Dazu Klebe in DKKW, § 94 Rn. 31.
152 S. Klebe in DKKW, § 95 Rn. 4 ff.; Fitting § 95 Rn. 6 ff., 13 ff.
153 Einzelheiten bei Däubler, Arbeitsrecht 1, Rn. 1046 ff.
154 Dazu Bachner in DKKW § 100 Rn. 41.

Arbeitnehmerdatenschutz § 32

da das BetrVG als Spezialregelung vorgeht; ein Bewerber kann nicht etwa rechtswirksam verlangen, dass in seinem Fall der Betriebsrat nicht eingeschaltet oder nicht voll informiert werde.

In der **Personalvertretung** ist die Situation eine prinzipiell ähnliche. Nach § 68 Abs. 1 Nr. 2 BPersVG hat der Personalrat die Aufgabe, darüber zu wachen, dass die zugunsten der Beschäftigten geltenden Gesetze, Verordnungen, Tarifverträge, Dienstvereinbarungen und Verwaltungsanordnungen durchgeführt werden. In diesen Bereich fallen auch das BDSG und andere datenschutzrechtliche Normen.[155] In Bezug auf die Ausschreibung enthält § 75 Abs. 3 Nr. 4 BPersVG lediglich die Regelung, dass sich die Mitbestimmung nur auf das »Absehen von der Ausschreibung von Dienstposten« bezieht. Daraus wird jedoch eine Verpflichtung zur **dienststelleninternen Ausschreibung** abgeleitet.[156] Dadurch sind auch Stellen erfasst, die mit Arbeitnehmern besetzt werden.[157] § 75 Abs. 3 Nr. 8 BPersVG unterwirft den »Inhalt von Personalfragebogen für Arbeitnehmer« der Mitbestimmung des Personalrats; **Personalfragebogen** für Beamte unterliegen nach § 76 Abs. 2 Nr. 2 BPersVG nur der Mitwirkung. Bei der Einstellung von Arbeitnehmern kann der Personalrat nach § 75 Abs. 1 Nr. 1 BPersVG mitbestimmen, dabei jedoch seine Zustimmung nur aus den in § 77 Abs. 2 BPersVG genannten Gründen verweigern. Die Einstellung von Beamten unterliegt der eingeschränkten Mitbestimmung nach § 76 Abs. 1 Nr. 1.[158]

64

g) Datenschutz bei gescheiterter Bewerbung

Da die **Bewerbungsunterlagen zahlreiche persönliche Daten** enthalten, ist der Arbeitgeber nicht berechtigt, sie an Dritte weiterzugeben; dies wäre durch den Zweck des Anbahnungsverhältnisses nicht gedeckt und für die Entscheidung über die Bewerbung nicht erforderlich im Sinne des Abs. 1 Satz 1. Nicht ausgeschlossen ist, einen **Experten einzuschalten**, der im Auftrage des Arbeitgebers die Bewerbungen sichtet und eine bestimmte Entscheidung empfiehlt; darin läge keine Übermittlung, sondern eine Art Auftragsdatenverarbeitung nach § 11 BDSG. Ausnahmsweise ist eine Weitergabe an Dritte dann erlaubt, wenn der Bewerber darum bittet, seine Unterlagen an einen anderen Arbeitgeber weiterzuleiten, bei dem er sich gleichfalls bewerben will. Die **Pflicht zur Diskretion** trifft nach § 99 Abs. 1 Satz 3 BetrVG auch den Betriebsrat, der sich bei einem Geheimnisbruch sogar nach § 120 Abs. 2 BetrVG strafbar machen würde.

65

Der Bewerber kann darüber hinaus die **Rücksendung aller** seiner **Unterlagen** verlangen. Dies verhindert am ehesten die Weitergabe an Dritte und die darin liegende Verletzung seines Persönlichkeitsrechts. Außerdem sorgt es dafür, dass bei einer künftigen Bewerbung keine »Hypothek« zurückbleibt, und deshalb beispielsweise eine inzwischen aus dem Strafregister getilgte Vorstrafe verschwiegen werden kann. Das BAG hat dies im Grundsatz bestätigt und dem Bewerber einen Anspruch auf **Ver-**

66

---

155 Altvater in Altvater u.a. § 68 Rn. 7.
156 BVerwG 8.3.1988 – 6 P 32/85, PersR 1988, 183.
157 Berg in Altvater u.a. § 75 Rn. 235 ff.
158 Dazu Baden in Altvater u.a. § 76 Rn. 15 ff.

nichtung des von ihm ausgefüllten **Fragebogens** gewährt: Auch wenn im Einzelfall das BDSG nicht eingreife, folge aus dem **allgemeinen Persönlichkeitsrecht** der Anspruch, dass keine Daten aus der Intimsphäre wie Unfallschäden, körperliche Behinderungen, abgeleisteter Wehrdienst usw. gespeichert würden.[159] Eine **Ausnahme** soll nur bei einem »berechtigten Interesse« des Arbeitgebers gelten,[160] so wenn mit Rechtsstreitigkeiten zu rechnen sei oder wenn die Bewerbung in absehbarer Zeit wiederholt werden soll. Nicht ausreichend sei der Wunsch des Arbeitgebers, bei künftigen Bewerbungen einen Datenabgleich vorzunehmen und bei freiwerdenden Stellen an den Abgewiesenen herantreten zu können.[161] Werden die Unterlagen in einer Datei gespeichert, folgt der Anspruch aus § 35 Abs. 2 Satz 2 Nr. 3 BDSG. Die Vernichtung der Daten ist dann besonders wichtig, wenn in einer bestimmten Branche nur wenige selbstständige Unternehmen vorhanden sind oder wenn der Bewerber eine so spezielle Qualifikation aufweist, dass nur wenige Arbeitsplätze für ihn in Betracht kommen.

5. Erhebung und Speicherung von Beschäftigtendaten

a) Allgemeiner Rahmen

67 Wird ein Bewerber eingestellt, so gelten für die von jetzt an erfolgenden Erhebungen, Verarbeitungen und Nutzungen seiner Daten **keine prinzipiell anderen Regeln als zuvor**. Wichtigste Rechtsgrundlage ist auch hier § 32 Abs. 1 Satz 1, wobei es statt um die »Begründung« um die »**Durchführung**« und die »**Beendigung**« des Beschäftigungsverhältnisses geht. Das BAG[162] hat schon in der Vergangenheit das Fragerecht des Arbeitgebers in gleicher Weise wie gegenüber Bewerbern beschränkt: Der Arbeitgeber muss auch hier ein »berechtigtes, billigenswertes und schutzwürdiges Interesse an der Beantwortung« haben. Dieses kann nur in der Weise bestimmt werden, dass eine Abwägung mit den schutzwürdigen Interessen des Beschäftigten stattfindet. Soweit das Arbeitgeberinteresse überwiegt, kann die für das verfolgte Ziel notwendige Erhebung, Verarbeitung oder Nutzung stattfinden. Alles, was darüber hinausgeht, würde das informationelle Selbstbestimmungsrecht des Arbeitnehmers übermäßig einschränken und damit sein Persönlichkeitsrecht verletzen.[163]

68 Unproblematisch ist unter diesen Umständen die (manuelle oder EDV-mäßige) Speicherung von **Stammdaten**. Dazu gehören Name, Anschrift, Geschlecht, Familienstand, Ausbildung, Eintrittsdatum, Eingruppierung, Entgelt, Krankenkassenzugehörigkeit usw.[164]

69 Durch den modernen Arbeitsprozess entstehen automatisch zahlreiche Beschäftigtendaten. Zu denken ist etwa an die automatische Erfassung der **Kommens- und Gehenszeiten**, an die **Arbeitsvorgänge am PC** einschließlich der Nutzung des Internets sowie

---

159 BAG 6.6.1984 – 5 AZR 286/81, NZA 1984, 321 = DB 1984, 2626.
160 Vgl. Zöll in Taeger/Gabel, § 32 Rn. 20 ff.
161 BAG a. a. O. Ebenso Stamer/Kuhnke in Plath, § 32 Rn. 31.
162 7.9.1995 – 8 AZR 828/93, DB 1996, 634.
163 Vgl. aus der Literatur Reichold in MünchArbR, § 88 Rn. 32; Klebe in DKKW, § 94 Rn. 12; Tinnefeld/Ehmann/Gerling, S. 45 ff.
164 Tinnefeld/Ehmann/Gerling, S. 555.

an die Nutzung des **Telefons**, das nicht nur die angerufene Nummer und die am Apparat verbrachte Zeit, sondern mit Hilfe der Weiterleitungsfunktion ggf. auch die Abwesenheiten vom eigentlichen Arbeitsplatz erfasst. Neue Probleme ergeben sich, wenn im Betrieb **biometrische Verfahren** zur Identifizierung angewandt oder wenn **Videokameras** installiert werden. Als neues Problem ist in den letzten Jahren die **»Ortung«** von **Außendienstmitarbeitern** hinzugekommen.[165] Betrachtet man diese »Betriebsdaten« zusammen mit den Angaben, die sich in einer (elektronischen oder traditionellen) Personalakte befinden, so wird deutlich, dass der Einzelne nirgends sonst außerhalb des Arbeitslebens so intensiven und umfassenden Informationsansprüchen ausgesetzt ist. Dies macht eine **»informationelle Gewaltenteilung«** besonders **notwendig**, die darin besteht, dass immer nur zu bestimmten, genau definierten Zwecken von einzelnen Daten Gebrauch gemacht werden darf und dass zumindest in mittleren und größeren Unternehmen eine klare Abgrenzung der Zugriffsberechtigungen besteht, die einen allwissenden »Datenherrn« vermeidet. Im Folgenden werden die Einzelfragen behandelt, die sich aus spezifischen Zwecksetzungen und dem Einsatz besonderer Mittel wie Videokameras usw. ergeben.

Wegen der zu erfüllenden Schwerbehindertenquote nach SGB IX hat der Arbeitgeber ein berechtigtes Interesse zu erfahren, ob ein Beschäftigter als Schwerbehinderter oder als Gleichgestellter anerkannt ist. In diesem Punkt erweitert sich sein Fragerecht.[166] Gibt es im Betrieb mehrere Tarifverträge, darf er den einzelnen Arbeitnehmer auch danach fragen, ob er einer der beteiligten Gewerkschaften angehört.[167]

69 a

b) Privatsphäre und Konsumverhalten

Nicht anders als gegenüber einem Bewerber müssen die privaten Lebensverhältnisse eines bereits Beschäftigten für den Arbeitgeber ohne Interesse bleiben. Welchen Freizeitsport er treibt, welche Filme er anschaut und mit wem er in Ferien fährt sind Angelegenheiten, die nichts mit dem Arbeitsleben zu tun haben. Ob ein Beschäftigter **in der Freizeit raucht**, ist gleichfalls seine Privatangelegenheit; gewährt der Arbeitgeber einen »Nichtraucherurlaub« von fünf Arbeitstagen, kann ihn auch derjenige in Anspruch nehmen, der in seiner Freizeit zur Zigarette greift. Selbst durch freiwillige Leistungen kann der Arbeitgeber keine Angaben über das Privatleben erzwingen; erst recht kommt kein medizinischer Check in Betracht.

70

Auch soweit sich das **Konsumentenverhalten im Betrieb** vollzieht, darf keine weitergehende Erfassung möglich sein. Wer in der Kantine welches Essen zu sich nimmt, kann zwar zu Abrechnungszwecken gespeichert werden, doch ist jede Verbindung zu anderen Beschäftigtendaten untersagt. Dasselbe gilt für Personaleinkäufe; welche Wa-

71

---

165 Dazu Däubler CF Heft 7–8/2005, S. 42 ff.; Wilke/Kiesche CuA Heft 7/2009.
166 BAG 7.7.2011 – 2 AZR 396/10, NZA 2012, 34 und BAG 16.2.2012 – 6 AZR 553/10, NZA 2012, 555.
167 Generell (und nicht nur bei Tarifpluralität) für ein berechtigtes Interesse des Arbeitgebers Stamer/Kuhnke in Plath, § 32 Rn. 36. Thüsing/Forst in Thüsing (Hrsg.), Beschäftigtendatenschutz, § 7 Rn. 16 stellen mit Recht auf eine beabsichtigte oder praktizierte Ungleichbehandlung ab.

ren der X kauft und wie viel er tankt, ist kein beschäftigtenbezogenes Datum.[168] Unzulässig ist es deshalb, aus dem **Ess- oder Einkaufsverhalten** Rückschlüsse auf die Eignung für bestimmte Tätigkeiten zu ziehen (Wer immer Diätessen nimmt, wird es mit der russischen Küche relativ schwer haben, weshalb er für den attraktiven Moskau-Einsatz nicht in Betracht kommt). Unzulässig wäre erst recht eine Auswertung der Art, dass über die Abrechnungsdaten ermittelt wird, wer regelmäßig in unmittelbarem zeitlichem Zusammenhang mit dem Betriebsratsvorsitzenden sein Mittagessen einnimmt.

72 Sonderprobleme ergeben sich für Beschäftigte, die von Zeit zu Zeit in **Rufbereitschaft** sind. Um ihre Erreichbarkeit sicherzustellen, müssen sie ihre **private Handy- oder Festnetznummer** dem Arbeitgeber mitteilen, die ansonsten der reinen Privatsphäre zugeordnet ist.

c) Durchführung des Arbeitsverhältnisses
aa) Entgeltabrechnung

73 Bei der Entgeltabrechnung ist eine Reihe von persönlichen Merkmalen von Bedeutung, nach denen in der Einstellungssituation nicht gefragt werden darf. So erhält der Arbeitgeber etwa aufgrund der Vorlage der Lohnsteuerkarte automatisch Kenntnis von der **Konfession**. Auch lässt sich die Gewerkschaftszugehörigkeit nicht verbergen, wenn der Arbeitgeber die **Mitgliedsbeiträge direkt an die Gewerkschaft abführt**. Entsprechende Fragen an einen Arbeitnehmer sind daher aus begründetem Anlass (etwa bei abhanden gekommener Lohnsteuerkarte) zulässig.[169] Auch hier kommt es entscheidend darauf an, dass diese Daten **nur zu Abrechnungszwecken** verwendet werden; die Absicherung dieses Zwecks bedarf besonderer Schutzmaßnahmen.[170] Die Tatsache, dass es sich um sensitive Daten im Sinne des § 3 Abs. 9 handelt, ändert an dieser Situation nichts, da es um die Geltendmachung rechtlicher Ansprüche im Sinne von § 28 Abs. 6 Nr. 3 geht. Auch ist **kein schutzwürdiges Gegeninteresse** des Betroffenen ersichtlich, das überwiegen würde: Die Angabe über die Konfession ergibt sich letztlich aus den Vorschriften über die Erhebung der Kirchensteuer, die eine Information des Arbeitgebers implizieren. Dass dieser Kenntnis von der Gewerkschaftszugehörigkeit erhält, ist ebenfalls unproblematisch, wenn der Arbeitnehmer der Gewerkschaft gegenüber in die Einziehung der Gewerkschaftsbeiträge eingewilligt hat. Letzteres muss allerdings erfolgt sein.[171] Ergänzend sei noch darauf hingewiesen, dass nach erfolgter Einstellung auch nach **Familienstand und Kinderzahl** gefragt werden darf.[172]

bb) Arbeitszeit und Arbeitsverhalten

74 Der Arbeitgeber ist nach Abs. 1 Satz 1 berechtigt, die mit dem Arbeitnehmer vereinbarte Dauer und Lage der Arbeitszeit (»Soll-Arbeitszeit«) sowie die tatsächlichen

---

168 Ebenso Zöllner, Daten- und Informationsschutz, S. 42.
169 Fitting § 94 Rn. 17; weitergehend BAG 22.10.1986 – 5 AZR 660/85, DB 1987, 1050.
170 Däubler, Gläserne Belegschaften? Rn. 401.
171 Seifert in Simitis § 32 Rn. 128.
172 Fitting § 94 Rn. 20; Klebe in DKKW, § 94 Rn. 20 m. w. N.

Arbeitnehmerdatenschutz § 32

Anwesenheitszeiten im Betrieb zu speichern (»Ist-Arbeitszeit«). Auch die Abwesenheitsgründe können erfasst werden. Keine Bedenken bestehen weiter dagegen, Verkaufserfolge von Außendienstmitarbeitern selbst dann festzuhalten, wenn sie ohne Einfluss auf die Vergütung sind. Lediglich die betriebsinterne Bekanntmachung von »Rennlisten« kann Probleme aufwerfen.[173]

Erhält der Beschäftigte eine **Beurteilung durch Vorgesetzte** oder andere Personen, so kann auch deren Inhalt festgehalten werden, da praktisch keine Fälle denkbar sind, in denen dies ohne jede Auswirkung auf den weiteren Ablauf des Beschäftigungsverhältnisses ist. In welchem Umfang das Verhalten des Arbeitnehmers kontrolliert und damit ein »Leistungsprofil« erstellt werden darf, ist an anderer Stelle behandelt.[174] 75

cc) Weiterförderung

Will der Arbeitgeber eine sog. **Potenzialanalyse** in Bezug auf einzelne Beschäftigte vornehmen, so ist dies nur mit deren Einwilligung möglich.[175] Inhaltliche Bedenken gegen eine solche Einwilligung bestehen nicht, da diese Maßnahme auch dem Arbeitnehmer- bzw. Beschäftigteninteresse dient und ein unmittelbarer Zusammenhang mit dem Beschäftigungsverhältnis besteht. Ähnliches gilt für die Aufnahme in eine sog. **Weiterförderungsdatei**. 76

dd) Erheben zahlreicher persönlicher Umstände im Hinblick auf eine mögliche »soziale Auswahl«?

Ein besonderes Maß an »Datenhunger« könnte der Arbeitgeber unter Berufung auf die Tatsache entwickeln, dass bei einer sozialen Auswahl im Sinne des § 1 Abs. 3 KSchG alle für oder gegen die soziale Schutzwürdigkeit sprechenden Umstände bei sämtlichen vergleichbaren Arbeitnehmern berücksichtigt werden müssen. Dies schließt notwendigerweise auch Daten über Angehörige ein. Problematisch ist dabei nicht die Erhebung der fraglichen Daten sondern ihr Zeitpunkt: Da eine betriebsbedingte Kündigung nie völlig auszuschließen ist, könnte auf diesem Wege der durch den **Zweck des Beschäftigungsvertrags** gezogene Rahmen **enorm erweitert** werden. 77
Keine Lösung bringt die verbreitete und im Prinzip zutreffende Aussage, wonach § 1 Abs. 3 **KSchG als Spezialnorm dem BDSG vorgeht**.[176] Geregelt ist dort ausschließlich die Weitergabe der Daten an das Gericht und die Gegenpartei (und ggf. ihre Erörterung in mündlicher Verhandlung), nicht aber das Erhebungsrecht des Arbeitgebers. Dieses bestimmt sich vielmehr nach allgemeinen datenschutzrechtlichen Grundsätzen. Wenig befriedigend ist es, den Arbeitgeber von eigenen Nachforschungen zu dispensieren und ihn auf die Verwertung derjenigen Informationen zu beschränken, die ihm freiwillig von den in die soziale Auswahl einzubeziehenden Belegschaftsmitgliedern geliefert werden.[177] 78

---

173 Däubler, Gläserne Belegschaften? Rn. 483.
174 Däubler, Gläserne Belegschaften? Rn. 258 ff.
175 Schleswig-Holsteinischer DSB, 12. TB, unter 4.10.2.
176 So BAG 24. 3. 1983 – 2 AZR 21/82, NJW 1984, 79 re. Sp.; Achenbach NZA 1984, 280; wohl auch Gola DuD 1984, 33.
177 So aber Kroll, S. 102 ff.

Dies führt im Ergebnis dazu, dass derjenige Beschäftigte am ehesten **begünstigt** ist, der die **weitesten Einblicke** in seine Privatsphäre **gestattet** (vorausgesetzt, dabei treten Tatsachen zutage, die seine soziale Schutzbedürftigkeit verstärken). Mit dem informationellen Selbstbestimmungsrecht lässt sich ein solcher Zustand nicht vereinbaren. Wer sich gegen eine Bekanntgabe entscheidet (weil er vielleicht den Arbeitgeber nicht wissen lassen möchte, dass ein Familienangehöriger drogenabhängig ist), hat gravierende Nachteile zu gewärtigen. Ein »Recht zur Lüge«, wie es für die Einstellungssituation eingeräumt wird, hilft hier nicht weiter.

79 Ein **verfassungskonformer Zustand** wäre einmal dadurch herstellbar, dass die privaten Lebensverhältnisse generell aus dem Kreis der Faktoren ausgeklammert würden, die bei der sozialen Auswahl zu berücksichtigen sind. Da die Rechtsprechung diesen Weg richtigerweise nicht gegangen ist, bleibt als zweites nur die Möglichkeit, auch die Privatsphäre offen zu legen, den Arbeitnehmer aber gleichzeitig davor zu schützen, dass der Arbeitgeber damit alle sonstigen Grenzen des Fragerechts einreißt. Anders als bei medizinischen Daten ist dies nicht durch eine Beschränkung seines Erhebungsrechts und durch Geheimhaltung seitens einer Vertrauensperson wie des Werksarztes möglich, da es **keinen »Sozialauswahlbeauftragten«** gibt.

Vielmehr helfen nur zwei Mittel:

80 • Zum einen ist die Erhebung erst dann zulässig, wenn betriebsbedingte Kündigungen nicht mehr auszuschließen sind. Die lediglich abstrakte Möglichkeit reicht nicht aus.

81 • Zum zweiten muss ein zwingendes Verwertungsverbot in Bezug auf die zu Zwecken der sozialen Auswahl erhobenen Daten bestehen, die ja bei den nicht gekündigten Beschäftigten weiter abrufbar vorhanden sind. Dies lässt sich am ehesten in der Weise absichern, dass eine Separation von den übrigen Beschäftigtendaten erfolgt und ein Zugriff nur für den Fall von effektiv auszusprechenden betriebsbedingten Kündigungen möglich ist.[178]

ee) Umfragen

82 Keine datenschutzrechtlichen Probleme wirft eine Umfrage zur Arbeitszufriedenheit, zum Verhalten der Vorgesetzten, zur Darstellung der Firma in der Öffentlichkeit usw. auf, wenn die **Stellungnahme des Einzelnen anonym** bleibt: In einem solchen Fall entstehen keine personenbezogenen, sondern im Grunde nur Sachdaten. Die Situation ändert sich jedoch, wenn der einzelne Arbeitnehmer z. B. einen Fragebogen ausfüllen oder ein Gespräch führen muss und das **Resultat weiter ihm zugerechnet** werden kann. Soweit dem Einzelnen die Teilnahme freisteht und er sich der Aktion ohne irgendwelche potentiellen Nachteile entziehen kann, wird man letztlich eine Einwilligung als Legitimation für die Generierung solcher Daten anerkennen können. Will der Arbeitgeber jedoch eine **Teilnahme auch gegen den Willen des Einzelnen** durchsetzen, überschreitet er sein Erhebungsrecht, da bestimmte Fragen den Einzelnen in einen vermeidbaren Gewissenskonflikt bringen können, den zu provozieren ersichtlich nicht durch den Zweck des Beschäftigungsverhältnisses geboten ist. Zu denken ist etwa an

---

[178] Vgl. auch § 35 Abs. 1 Satz 3 SGB I, wonach bei Sozialleistungsträgern Sozialdaten der eigenen Beschäftigten der Personalabteilung nicht zur Kenntnis kommen dürfen.

den Fall, dass nach dem Führungsverhalten von Vorgesetzten gefragt wird und eine noch so berechtigte negative Bewertung möglicherweise Nachteile zur Folge haben könnte. Ähnliches gilt, wenn man der Firma ein schlechtes Image bescheinigt oder die Arbeitsatmosphäre als bedrückend beschreibt. Da in solchen Fällen vermutlich die »Ausweichstrategie« unwahrer positiver Einschätzungen gewählt würde, besteht auch betriebswirtschaftlich kein Interesse, eine derartige obligatorische Umfrage durchzuführen.

ff) Gesundheitsdaten und genetische Untersuchungen

Krankenrückkehrgespräche und betriebliches Eingliederungsmanagement nach § 84 Abs. 2 SGB IX betreffen primär Gesundheitsdaten, so dass auf die Erläuterungen zu § 28 Abs. 6 bis 9 zu verweisen ist. Genetische Untersuchungen bestimmen sich nach denselben Grundsätzen wie gegenüber Bewerbern (s. oben Rn. 51 ff.), ebenso Drogen- und Alkoholtests.[179]

83

d) Erfassung und Speicherung biometrischer Daten

In der Praxis gibt es immer häufiger den Versuch, Arbeitnehmer mit Hilfe bestimmter körperlicher Merkmale zu identifizieren. Dies kann ein **Fingerabdruck** sein, eine bestimmte Form und Farbe der **Iris** oder auch ein bestimmter **Zuschnitt des Gesichts**. Daneben wird bisweilen auf die **Stimme** oder auf die Schrift abgehoben.[180] In allen Fällen lässt sich eine wirksame **Identitätskontrolle** durchführen, die insbesondere beim Zugang zum Betrieb, aber auch zu Informationssystemen (Fingerabdruck statt Passwort beim PC) zum Einsatz gelangt.[181] Zusammenfassend ist von biometrischen Merkmalen die Rede.[182]

84

Die Erfassung derartiger Daten bringt **erhebliche Risiken** mit sich. Nicht nur, dass in manchen Fällen die »Gesichtskontrolle« ohne Wissen des Betroffenen erfolgen kann – viel wichtiger ist die Dauerhaftigkeit der erhobenen Daten. Da sie den betreffenden Menschen **ein Leben lang** charakterisieren, kann auf sie noch nach 30 oder 50 Jahren zurückgegriffen werden. In vielen Fällen ergeben sich überdies sog. **überschießende Informationen**; dem Gesichtsausdruck oder der Stimme können der körperliche Zustand wie auch die psychische Verfassung zu entnehmen sein. Von daher haben derartige Daten einen hoch sensiblen Charakter.[183] Um sensitive Daten im Sinne des § 3 Abs. 9 BDSG handelt es sich nur, wenn im Einzelfall Rückschlüsse auf die Rasse oder den Gesundheitszustand möglich sind. Sofern dies wie beim Fingerabdruck von vorneherein ausscheidet, gelten lediglich die allgemeinen Regeln.

85

Das **BDSG** enthält **kein Verbot**, derartige Daten zu erfassen. Bemerkenswert ist allerdings, dass der österreichische Oberste Gerichtshof den Standpunkt vertritt, durch

86

---

179 Oben Rn. 48. Dazu auch BMH § 32 Rn. 64.
180 Einzelheiten bei Tinnefeld/Ehmann/Gerling, S. 658 ff.
181 Zu weiteren Anwendungsmöglichkeiten s. Hornung/Steidle AuR 2005, 201, 203.
182 Näher Hornung AuR 2007, 400.
183 Näher Hamburgischer DSB, 18. TB, S. 3, 17 ff.

biometrische Kontrollverfahren sei die Menschenwürde berührt, so dass der Betriebsrat über das normale Mitbestimmungsrecht hinaus ein (im Gesetz vorgesehenes) Vetorecht habe, das auch durch den Schlichtungsausschuss nicht ausgeräumt werden könne.[184] Insofern muss auf die allgemeinen Erhebungsvoraussetzungen nach § 32 Abs. 1 Satz 1 BDSG zurückgegriffen werden. Dabei ist zu beachten, dass nur im Rahmen des Erforderlichen in das informationelle Selbstbestimmungsrecht des Einzelnen eingegriffen werden darf.[185] Diese Voraussetzung ist nicht gegeben, wenn die Fingerabdrücke der Beschäftigten allein zu dem Zweck gespeichert werden, im Falle von Straftaten bessere Erkenntnismöglichkeiten zu haben.[186] Auch das Ziel »**Erfassung der Arbeitszeit**« kann keinen so weitreichenden Eingriff rechtfertigen.[187] Auf der anderen Seite ist es ohne Bedeutung, wenn die Identifizierung per Fingerabdruck bei einem ganz kleinen Teil der Beschäftigten nicht funktioniert, weil die Betroffenen deshalb keine Nachteile zu befürchten haben.[188]

87 Legt man dies zugrunde, so ist in erster Linie die Frage zu stellen, ob auch eine andere Technik, die nicht oder weniger in das informationelle Selbstbestimmungsrecht eingreift, denselben oder einen vergleichbaren Zweck erreichen könnte. Auch verpflichtet § 3a BDSG die verantwortliche Stelle, sich um die **schonendste Form von Technik** zu bemühen. Dabei ist mit in die Betrachtung einzubeziehen, welche Nachteile entstehen könnten, weil beispielsweise nur mit Zugangsausweisen (die natürlich verloren oder gestohlen werden können) oder mit Passwörtern (die man anderen mitteilen kann) gearbeitet wird. Dies hängt von den jeweiligen Umständen ab, so dass sich eine generelle Aussage verbietet; nur im Einzelfall können **maschinenlesbare Ausweise** als milderes Mittel in Betracht kommen. Ist die Erfassung biometrischer Merkmale im Einzelfall unvermeidbar, ist in erster Linie daran zu denken, das **Referenzmaterial** zu **anonymisieren** und so beispielsweise beim Fingerabdruck nur zu überprüfen, ob eine Entsprechung in der Gesamtdatei aller zugangsberechtigten Personen gespeichert ist.[189] Außerdem ist auf alle Fälle zu **vermeiden**, dass die **Datenerfassung unbemerkt**, z. B. als »Gesichtskontrolle« im Vorbeigehen erfolgt.[190] Weiter ist zu prüfen, ob die biometrische Zugangskontrolle nur für einen beschränkten besonders sensiblen Bereich praktiziert werden kann, im Übrigen (z. B. bei der Erfassung der Arbeitszeit) aber weniger eingreifende Methoden verwendet werden können.[191]

88 Ein **unzulässiges Übermaß** stellt es auf alle Fälle dar, wenn die Erfassung der Merkmale so organisiert ist, dass automatisch auch überschießende Informationen z. B. über die Stimmungslage anfallen. Die Abgleichung der Gesichtsform führt außerdem dazu, dass in vielen Fällen die (vermeintliche) Rasse und damit ein sensitives Datum erfasst wird, was nur mit ausdrücklicher und freiwilliger Einwilligung des Betroffenen zulässig ist. Da

---

184 OGH 20.12.2006 – 90 bA 109/06 d, AuR 2007, 398 mit Anm. Hornung.
185 Näher Däubler, Gläserne Belegschaften? Rn. 115 ff.
186 Gola/Wronka, Rn. 764: Vorratsdatenspeicherung.
187 Ebenso Hornung AuR 2007, 401 im Anschluss an den österreichischen OGH. Ähnlich Auernhammer-Forst § 32 Rn. 59.
188 Gola/Wronka, Rn. 766.
189 Ebenso Gola/Wronka, Rn. 765; Hornung/Steidle AuR 2005, 201, 206.
190 Hornung/Steidle AuR 2005, 201, 206.
191 Hornung/Steidle AuR 2005, 201, 206.

Arbeitnehmerdatenschutz § 32

dieser Effekt vom Zweck der Maßnahme her nicht geboten, sondern überflüssig ist, wäre diese daher insgesamt rechtswidrig.[192] Ein besonderes **Gefährdungspotenzial** für die Betroffenen enthalten die sog. **Referenzdaten**, mit denen das Merkmal der konkreten Person abgeglichen wird. Bei ihnen ist die Datensicherung besonders ernst zu nehmen.[193] Auch darf eine Verknüpfung mit anderen Dateien nicht in Betracht kommen. Dem Betriebsrat steht bei allen Fragen der Anwendung biometrischer Verfahren ein Mitbestimmungsrecht nach § 87 Abs. 1 Nr. 6 BetrVG, aber auch nach § 87 Abs. 1 Nr. 1 BetrVG zu.[194]

e) Einsatz besonderer technischer Mittel für Kontrollen im Arbeitsverhältnis

Die Arbeitswelt ist heute dadurch gekennzeichnet, dass in ihr immer mehr Arbeitsmittel zur Anwendung kommen, die über IT-Komponenten verfügen. Diese technische Situation bringt es mit sich, dass beim normalen Betrieb von Geräten personenbezogene Daten aller Art erfasst werden und auswertbar sind. So fallen etwa beim Einsatz von Fahrzeug-Navigationsgeräten detaillierte Informationen zum Fahrverhalten (und damit mittelbar auch zum Arbeitsverhalten) von Beschäftigten an. Bei der Nutzung von sog. RFID-Transpondern in Firmenausweisen lassen sich, mit Hilfe entsprechender Leseeinheiten nebst geeigneter Software, Bewegungsprofile erstellen. Umfassende Kontrollpotenziale bieten auch moderne Mobiltelefone, mehr noch aber Smartphones, wenn die anfallenden Bewegungsdaten ausgewertet werden.[195]   89

Aufschlussreich bezüglich der Leistung und des Verhaltens von Beschäftigten sind die in IT-Systemen als sog. Log-Daten vorhandenen Informationen. Auswertungen der E-Mails sind für Arbeitgeber nicht nur bezüglich der E-Mail-Inhalte, sondern auch bezüglich des Kommunikationsverhaltens interessant. Arbeitgeber können beispielsweise Erkenntnisse darüber gewinnen, welche Beschäftigten mit dem Betriebsrat, dem Betriebsarzt, dem betrieblichen Datenschutzbeauftragten oder mit anderen Vertrauensinstanzen im Betrieb schriftlich kommuniziert haben. Fast noch intensiver sind die Informationen, die zum Verhalten von Beschäftigten im Internet oder in betrieblichen Intranets anfallen. Arbeitgebern stehen aus technischer Sicht umfassende Auswertungsmöglichkeiten zur Verfügung, die eingesetzt werden können, ohne dass Beschäftigte entsprechende Erkenntnismöglichkeiten haben.[196] Zusammengenommen lässt sich aus den einzelnen Daten ein perfektes Profil der Beschäftigten ableiten. Damit ist es aus datenschutzrechtlicher Sicht ebenso wie mit Blick auf das Persönlichkeitsrecht der Beschäftigten von großer Bedeutung, welche Formen der Erhebung, Verarbeitung und Nutzung unter Beachtung der einschlägigen Rechtsprechung sowie der neuen Regelung in Abs. 1 zulässig sind. Insoweit ist es wichtig, dass nach dem Willen des   90

---

192 Klebe in DKKW, § 94 Rn. 39.
193 Hornung/Steidle AuR 2005, 201, 207.
194 BAG 27.1.2004 – 1 ABR 7/03, NZA 2004, 556 = DuD 2004, 433.
195 Vgl. die Übersicht bei Wedde in Sokol (Hrsg.), 7 ff.; zu Regelungsmöglichkeiten Thannheiser, AiB 3/2014, S. 19 ff.
196 Vgl. zu Überwachungsmöglichkeiten Friedel/Wiegand, S. 5 ff.

Gesetzgebers in § 32 die von der Rechtsprechung erarbeiteten Grundsätze des Datenschutzes im Beschäftigungsverhältnis zusammengefasst sind.[197]

91 Bezüglich der angesprochenen technischen Mittel ist zunächst festzuhalten, dass Verhaltens- und Leistungskontrollen in Beschäftigungsverhältnissen nicht generell unzulässig sind. Arbeitgeber haben prinzipiell das Recht, zu kontrollieren, ob ihre Beschäftigten die vertraglich vereinbarten Arbeiten erledigen und insoweit ihren arbeitsvertraglichen Pflichten nachkommen.[198] Ihre Grenze finden Kontrollen durch Arbeitgeber an den schutzwürdigen Interessen der Beschäftigten. Greifen Verhaltens- und Leistungskontrollen etwa in Grundrechte von Beschäftigten ein, muss vorab eine Interessenabwägung bezüglich der Zulässigkeit von Maßnahmen erfolgen. Derartige Eingriffe sind mithin nur erlaubt, wenn sie insbesondere die Persönlichkeitsrechte der Beschäftigten nicht unzulässig berühren. Das zulässige Maß der Beschränkung allgemeiner Persönlichkeitsrechte im Rahmen eines Beschäftigungsverhältnisses bestimmt sich nach dem Grundsatz der Verhältnismäßigkeit.[199] Sind Eingriffe in Persönlichkeitsrechte der Beschäftigten unumgänglich, müssen sie so zurückhaltend wie möglich gestaltet werden. Stehen zur Erreichung eines mit der Verhaltens- und Leistungskontrolle legitim bezweckten Ziels unterschiedliche Kontrollvarianten zur Verfügung, so muss vom Arbeitgeber zwingend diejenige gewählt werden, die mit den geringsten Persönlichkeitsrechtseingriffen verbunden ist.[200]

92 Wegen des nicht zu rechtfertigenden Eingriffs in das Persönlichkeitsrecht der Beschäftigten sind verdeckte oder heimliche Formen der Datenerhebung, wie das heimliche Abhören, das Anfertigen von Videoaufnahmen mit versteckten Kameras usw. immer unzulässig.[201] Weitere Argumente gegen heimliche Kontrollen mittels technischer Geräte oder durch IT-Systeme lassen sich auch aus dem Grundrecht auf Gewährleistung der Vertraulichkeit und Integrität informationstechnischer Systeme ableiten, das das BVerfG im Februar 2008 im Zusammenhang mit der sog. Online-Durchsuchung begründet hat.[202] Nach dieser Entscheidung ist die heimliche Infiltration eines informationstechnischen Systems, mittels derer die Nutzung des Systems überwacht und seine Speichermedien ausgelesen werden können, selbst für staatliche Behörden aus verfassungsrechtlicher Sicht nur zulässig, wenn tatsächliche Anhaltspunkte einer konkreten Gefahr für ein überragend wichtiges Rechtsgut bestehen. Überragend wichtig sind nach den Ausführungen des BVerfG Leib, Leben und Freiheit der Person oder

---

197 Vgl. Innenausschuss vom 24.6.2009, A-Drs. 16(4)646 neu, S. 24.
198 Vgl. Däubler, Gläserne Belegschaften?, Rn. 292.
199 Vgl. BAG 14.12.2004, AuR 2005, 456; 26.8.2008, NZA 2008, 1187.
200 Vgl. BAG 29.6.2004, NZA 2004, 1278.
201 Vgl. BAG 1. Senat 29.6.2004, ArbuR 2005, 454 = NZA 2004, 1278 und 14.12.2008 ArbuR 2005, 456, der vom Arbeitgeber im Ergebnis einer Rechtsgüterabwägung als Alternative auch den Einsatz von zusätzlichem Kontrollpersonal fordert; a.A. der 2. Senat des BAG 27.3.2003, ArbuR 2005, 453 = DB 2003, 2230, der den Einsatz verdeckter Kameras zur Überführung eines Diebes in bestimmten Fällen ausnahmsweise für zulässig erachtet, BAG 20.6.2013, NZA 2014, 143 zur Unzulässigkeit heimlicher Spindkontrollen und zu einem hier bestehenden absoluten Beweisverwertungsverbot; a.A. Riesenhuber in Wolff/Brink, § 32 Rn. 132.
202 Vgl. BVerfG 27.2.2008, NJW 2008, 822; hierzu Wedde, Computer und Arbeit 2008, Nr. 3, S. 3; ders, AuR 2009, 373 ff.

Arbeitnehmerdatenschutz § 32

solche Güter der Allgemeinheit, deren Bedrohung die Grundlagen oder den Bestand des Staates oder die Grundlagen der Existenz der Menschen berühren.

Das BVerfG hat mit dem neuen Grundrecht eine sehr hohe Hürde für Zugriffe auf Daten in vernetzten IT-Systemen geschaffen. Die vom Gericht formulierten verfassungsrechtlichen Grundsätze müssen aufgrund der Drittwirkung der Grundrechte auch im zivilrechtlichen Bereich Beachtung finden. Arbeitgeber sind damit gehindert, heimliche Zugriffe auf die IT-Systeme der Beschäftigten durchzuführen. Würde man Arbeitgebern heimliche Kontroll- und Auswertungsmöglichkeiten zugestehen, gingen diese über die Befugnisse hinaus, die staatlichen Stellen auf der Basis einer richterlichen Prüfung zustehen können.[203] Zudem wird sich eine Gefahrensituation, wie sie das BVerfG für die Zulässigkeit heimlicher Zugriffe voraussetzt, für den Bereich von Beschäftigungsverhältnissen praktisch nicht einstellen können. Mithin wird man die Zulässigkeit heimlicher und verdeckter Kontrollmaßnahmen im Rahmen von Beschäftigungsverhältnissen aus dem verfassungsrechtlich geprägten Blickwinkel des Grundrechts auf Vertraulichkeit und Integrität informationstechnischer Systeme mit Blick auf § 32 grundsätzlich verneinen müssen, sofern entsprechende Maßnahmen nicht ohnehin schon mit Blick auf das Recht auf informationelle Selbstbestimmung unzulässig sind.

Offene und für Beschäftigte erkennbare Überwachungsmaßnahmen sind ebenfalls nicht uneingeschränkt zulässig. Zunächst ist zu beachten, dass keine Totalkontrollen stattfinden dürfen. Insbesondere das BAG weist diesbezüglich darauf hin, dass ein permanenter Überwachungsdruck, der von einer lückenlosen Kontrolle ausgeht, im Regelfall einen unzulässigen Eingriff in Persönlichkeitsrechte der Beschäftigten darstellt.[204]

Probleme entstehen, wenn Arbeitgeber Überwachungsmaßnahmen unter Verstoß gegen Datenschutzregeln oder gegen Verbote oder Regeln in einschlägigen Betriebs- oder Dienstvereinbarungen durchführen und die dabei gewonnen Erkenntnisse anschließend ohne Rücksicht auf kollektivrechtliche Schranken zur Begründung arbeitsrechtlicher Maßnahmen wie insbesondere Kündigungen nutzen. Entgegen der allgemein verbreiteten Annahme sollen derartige Erkenntnisse keinem prozessualen Beweisverwertungsverbot unterliegen.

Insbesondere nach der Feststellung des 2. Senats des BAG soll es im arbeitsrechtlichen Bereich kein »Sachvortragsverwertungsverbot« geben.[205] Arbeitgeber sollen nach Auffassung des Gerichts zur Begründung einer Kündigung auch Informationen heranziehen können, die sie entgegen eines Verbots zur Verhaltenskontrolle in einer Betriebsvereinbarung erlangt haben. Kann ein auf dieser Grundlage vom Arbeitgeber vorgetra-

93

94

94 a

94 b

---

203 Zu den Auswirkungen des Grundrechts im arbeitsrechtlichen Bereich Wedde, AuR 2009, 373 ff.
204 Vgl. etwa BAG v. 29.06.2004, a.a.O.; allgemein Berg in DKKW § 75 Rn. 56 f.
205 Vgl. etwa BAG v. 13.12.2007, NZA 2008, 1008; ebenso im Ergebnis BAG 21.6.2012 – 2 AZR 153/11, ähnlich LAG Rheinland-Pfalz 25.11.2014 – 8 Sa 363/14, n. rkr; LAG Köln 29.9.2014, EzA-SD 2015, Nr. 5, 4; LAG Sachsen-Anhalt 15.4.2008, LAGE § 626 BGB 2002 Nr. 17; zustimmend Bayreuther, DB 2012, 2222; enger BAG 23.4.2009 – 6 AZR 189/08, NZA 09, 974, das ein Beweisverwertungsverbot bei rechtswidrig erlangten Informationen sieht; ebenso ArbG Düsseldorf 3.5.2011 – 11 Ca 7326/10; LAG Berlin-Brandenburg 15.5.2014 – 18 TaBV 828/12, n. rkr. sieht ein Beweisverwertungsverbot zu Lasten eines Betriebsrats, der dem Arbeitgeber Arbeitszeitverstöße anhand von Protokolldaten nachweisen konnte; allgemein Däubler, Internet und Arbeitsrecht, Rn. 316 a ff.

gener Sachverhalt von einem Arbeitnehmer nicht prozessual wirksam bestritten werden, soll ein prozessuales Verwertungsverbot nach Auffassung des 2. Senats des BAG nur bestehen, wenn durch die Einbringung eines Vortrags in ein Gerichtsverfahren in verfassungsrechtlich geschützte Grundpositionen einer Prozesspartei eingegriffen wird. Dies soll insbesondere der Fall sein, wenn der Schutzzweck der bei der Informationsgewinnung verletzten Norm einer gerichtlichen Verwertung der Information zwecks Vermeidung eines Eingriffs in höherrangige Rechtspositionen dieser Partei zwingend entgegensteht.[206] Dies ist etwa bei einer heimlichen Durchsuchung eines Schranks für persönliche Gegenstände und Kleidung (»Spind«) der Fall, wenn diese heimlich in Abwesenheit des betroffenen Beschäftigten erfolgt.[207] Das absolute Beweisverwertungsverbot resultiert in derartigen Fällen aus dem mit der heimlichen Durchsuchung verbundenen schwerwiegenden Eingriff in die Privatsphäre der Beschäftigten.[208]

94 c Diese Vorgabe des BAG stellt für die Praxis eine hohe Hürde zu Lasten der Arbeitnehmer dar und entwertet einschlägige Schutzregeln in Betriebs- und Dienstvereinbarungen. Ein Beweisverwertungsverbot würde damit beispielsweise nur ausgelöst, wenn ein Vorgehen von Arbeitgebern zur Erlangung von Informationen unverhältnismäßig wäre. Diese Voraussetzung wäre beispielsweise erfüllt, wenn zur Aufdeckung eines vermuteten Arbeitszeitbetrugs nicht nur die Arbeitszeitkonten heimlich überwacht werden, sondern auch andere Aktivitäten der Arbeitnehmer. Eine solche Gestaltung der Kontrolle führt als unverhältnismäßiger Eingriff in das Persönlichkeitsrecht der Betroffenen dazu, dass das Interesse des Arbeitgebers an einer prozessualen Verwertung des mit dem heimlich installierten Kontrollprogramms gewonnenen Beweismaterials gegenüber dem Schutz des informationellen Selbstbestimmungsrechts des Arbeitnehmers zurückzutreten hat.[209]

94 d Um unzulässige Verwendungen von Informationen durch Arbeitgeber zu erschweren bzw. um Beschäftigte davor zu schützen, dass personenbezogene Daten kollektivrechtlich unzulässig gegen sie verwendet werden, müssen Betriebs- und Personalräte bei der Formulierung von Betriebs- oder Dienstvereinbarungen neue Schutzmechanismen verankern wie beispielsweise eine Verpflichtung des Arbeitgebers zur Rücknahme rechtlicher Schritte gegen Arbeitnehmer, die gegen Betriebsvereinbarungen verstoßen. Legitimiert eine Betriebs- oder Dienstvereinbarung gemäß § 4 Abs. 1 dieses Gesetzes die Erhebung, Verarbeitung und Nutzung personenbezogener Daten, müssen sie insbesondere Aussagen zum Gegenstand der Datenverarbeitung, zur Zweckbindung, zur Datenvermeidung und Datensparsamkeit, zu Art und Umfang der verarbeiteten Daten, zu den Empfängern der Daten, zu den Rechten der Betroffenen, zu Löschfristen sowie zu technischen und organisatorischen Maßnahmen (etwa das Berechtigungskonzept) beinhalten.[210]

---

206 BAG 13.12.2007, a.a.O.; ebenso LAG Hamm 10.7.2012 – 14 Sa 1711/10, DuD 2013, 50.
207 BAG 20.6.2013, NZA 2014, 143; vgl. auch ArbG Cottbus 25.11.2014 – 3 Ca 359/14, n. rkr.
208 BAG, a.a.O.
209 ArbG Augsburg 4.10.2012 – 1 BV 36/12, EzA-SD 2013, Nr. 4, 8 = Mitbestimmung 2012, Nr. 11, 8; vgl. zum Verwertungsverbot von heimlichen Videoaufnahmen auch ArbG Düsseldorf 3.5.2011 – 11 Ca 7326/10, ZD 2011, 185; ArbG Düsseldorf 29.4.2011 – 9 BV 183/10, BB 2011, 1332.
210 So der 22. TB des Hamburgischen Beauftragten vom 31.12.2014, S. 124 (www.datenschutz.hamburg.de).

aa) Bild- und Videoaufzeichnungen

Die Erhebung, Verarbeitung und Nutzung von Bild- und Videodaten im Rahmen von Beschäftigungsverhältnissen ist aus datenschutzrechtlicher Sicht nur zulässig, wenn sie der Durchführung des Vertrags dient und innerhalb der hierfür zulässigen Zweckbestimmung bleibt.[211] Dies kann bezogen auf Bilder oder Fotos etwa der Fall sein, wenn mit einem digitalen Bildverarbeitungssystem Firmenausweise mit einem individuellem Lichtbild erstellt werden oder wenn aus objektiv nachvollziehbaren Sicherheitsgründen Kameraaufzeichnungen erfolgen.[212]

Maßstab für die Zulässigkeit von Bild- und Videoaufzeichnungen ist die in § 32 Abs. 1 Satz 1 enthaltene Erforderlichkeit. Bei der zu ihrer Feststellung vorzunehmenden Interessenabwägung ist die geplante Verwendung von Bild- oder Videoaufnahmen herausragend zu beachten. Soll etwa die Verwendung eines Bildes auf einem Firmenausweis lediglich zu Zwecken der eindeutigen Identifizierung des Ausweisträgers erfolgen, wird die Erforderlichkeit regelmäßig gegeben sein.[213] Anders stellt sich die Situation dar, wenn die Verwendung dieses Bildes später neben dem Namen der Beschäftigten jeder Mitteilung in einem internen sozialen Netzwerk beigefügt werden soll. Eine solche Verwendung ist regelmäßig nicht erforderlich im Sinne von § 32 Abs. 1 Satz 1. Sie könnte allenfalls durch eine freiwillige Einwilligung oder durch eine kollektivrechtliche Regelung legitimiert werden.[214]

Im Regelfall nicht von der Zweckbestimmung eines Beschäftigungsverhältnisses gedeckt und nach § 32 Abs. 1 Satz 1 nicht erforderlich ist eine umfassendere Verarbeitung oder gar Veröffentlichung von Bildern der Beschäftigten, etwa in Firmenzeitungen oder im Internet. Derartige Verwendungen können ausnahmsweise zulässig sein, wenn beispielsweise entsprechende Veröffentlichungen offenkundig zu den beruflichen Aufgaben von Beschäftigten gehören. Dies kann der Fall sein bei der Leiterin der Abteilung Öffentlichkeitsarbeit eines großen Konzerns oder bei dessen Vorstandsmitgliedern, nicht aber bei Beschäftigten, deren Aufgaben keinen ausdrücklichen Bezug zur breiten Öffentlichkeit haben. Verarbeitungen oder Veröffentlichungen, die im Sinne von § 32 Abs. 1 Satz 1 nicht erforderlich sind, können in diesen Fällen durch eine wirksame Einwilligung der Beschäftigten gemäß § 4a legitimiert werden sowie durch Betriebs- oder Dienstvereinbarungen.[215]

Bezogen auf Bilder und Videoaufzeichnungen ist zu beachten, dass Beschäftigte in Einzelfällen ein persönliches und vertrauliches Interesse daran haben können, dass eine Verarbeitung oder Veröffentlichung außerhalb ihrer persönlichen Einflusssphäre unterbleibt. Dies kann etwa der Fall sein, wenn ein Stalking-Opfer sich davor schützen will, dass es nach einem Ortswechsel vom Stalker wieder gefunden wird. Mit Blick auf derartige Konstellationen muss deshalb ein Recht auf »Nichtverwendung« von Bild-

---

211 Allgemein zum Recht am eigenen Bild Brandt, AiB 2012, 591.
212 Etwa in Bankfilialen zum Schutz vor Überfällen; vgl. Däubler, Gläserne Belegschaften?, Rn. 299 ff.
213 Ebenso Gola/Schomerus, § 32 Rn. 19.
214 Zu den Grenzen kollektivrechtlicher Regelungen vgl. Rn. 23a.
215 Gounalakis/Rhode Rn. 55; Kaufmann, DuD 2005, 262; zum Recht am eigenen Bild allgemein Brandt, AiB 2012, 591.

aufzeichnungen garantiert werden, dass es Beschäftigten ermöglichen muss, die interne wie externe Veröffentlichung von Bildern, auf denen sie zu erkennen sind, ohne Begründung zu verhindern. Dieses Recht muss sich auch auf »zufällige« Aufzeichnungen erstrecken, die entstehen, weil Beschäftigte von Kameras an Arbeitsplätzen oder in mobilen Geräten erfasst werden, während deren Nutzer an einer Videokonferenz teilnehmen. Diese Problematik wird sich mit einer zunehmenden Verbreitung entsprechender Kommunikationssoftware (etwa »Skype for business«) verschärfen.

95 d Nicht im Rahmen der Zweckbestimmung von Beschäftigungsverhältnissen und damit außerhalb der Erforderlichkeit liegt die umfassende und flächendeckende Dauerüberwachung durch Bildaufzeichnungen und einem anschließenden »Screening«[216] oder gar der Einsatz versteckter Kameras zur Aufklärung von Straftaten, wenn Arbeitgebern Handlungsalternativen zur Verfügung stehen, die mit weniger Eingriffen in Grundrechte verbunden sind.[217] Fordern Arbeitgeber den Einsatz von verdeckten Videokameras zur Aufklärung von Diebstählen oder Unterschlagungen, müssen sie sich im Regelfall auf Handlungsalternativen in Form einer offenen Überwachung verweisen lassen. Dennoch hält der 2. Senat des BAG die heimliche Installation von Videokameras mit dem Ziel der Aufklärung von konkreten Straftaten in bestimmten Fällen für zulässig.[218] Diese Position kann schon mit Blick auf den Eingriff in das Persönlichkeitsrecht aller von einer heimlichen Überwachung getroffenen Beschäftigten nicht geteilt werden.[219]

95 e Findet eine den Beschäftigten bekannte Videoüberwachung statt, muss sichergestellt werden, dass dies keine Totalkontrolle ist. Totalkontrollen sind im Regelfall wegen des sich hiermit verbindenden Überwachungsdrucks unzulässig.[220] Ausnahmen können für bestimmte besonders gefährdete Bereiche gelten wie etwa Bankfilialen oder Nachtschalter von Tankstellen. Für diese Fälle müssen ergänzende Absicherungen erfolgen, etwa durch Sicherstellung, dass Zugriffe auf die Aufnahmen nur nach Straftaten erfolgen können. In jedem Fall unzulässig sind Videoüberwachungen, wenn sie in die Intimsphäre von Beschäftigten eingreifen, weil sie in Räumen erfolgt, die der persönlichen Lebensgestaltung dienen. Hierzu gehören etwa Umkleide-, Schlaf- oder Waschräumen, Toiletten usw.[221]

95 f Erfolgt ein Kameraeinsatz in öffentlichen Bereichen (etwa im Kaufhaus), kommen für die dort im Rahmen von Beschäftigungsverhältnissen tätigen Mitarbeiter die allgemeinen Regeln des § 6 b zur Anwendung (vgl. dort Rn. 21 ff.). Die in dieser Vorschrift enthaltenen Vorgaben müssen erfüllt sein, wenn ein Arbeitgeber die Erfassung von Daten seiner Beschäftigten im Sinne von § 32 für erforderlich hält. Darüber hinaus

---

216 Ähnlich Taeger/Gabel-Zöll, § 28 Rn. 24.
217 BAG 1. Senat 14.12.2004, ArbuR 2005, 454 mit Anm. Wedde = NZA 2004, 1278; a. A. bzgl. der Aufdeckung von Straftaten BAG 2. Senat 27.3.2003, ArbuR 2005, 453 = AP Nr. 42 zu § 87 BetrVG 1972 Überwachung; vgl. auch BAG 1. Senat 26.8.2008, NZA 2008, 1187, der die offene Kameraüberwachung unter bestimmten Umständen für zulässig hält.
218 BAG 21.6.2012, NZA 2012, 1025.
219 Vgl. zu den Gestaltungsmöglichkeiten von Betriebs- und Personalräten Rn. 123 ff.; zur Unzulässigkeit heimlicher Videoüberwachung Jerchel/Schubert, DuD 2015, 151.
220 Grundsätzlich BAG 27.03.2003, ArbuR 2005, 453 = AP Nr. 42 zu § 87 BetrVG 1972 Überwachung; 14.12.2004, ArbuR 2005, 454 mit Anm. Wedde = NZA 2004, 1278.
221 Ähnlich Simitis-Seifert, § 32 Rn. 81.

Arbeitnehmerdatenschutz § 32

müssen die Rechte Dritter beachtet werden. § 6 b verpflichtet den Arbeitgeber als verantwortliche Stelle insbesondere alle Betroffenen in geeigneter Form auf die Kameraüberwachung hinzuweisen.[222]

Erfolgt der Einsatz in nicht öffentlichen Räumen, wird das Maß des Zulässigen durch die angesprochene Rechtsprechung bestimmt, solange es keine einschlägige spezialgesetzliche Regelung in Form eines Beschäftigtendatenschutzgesetzes gibt. 96

Soweit zulässige Videoaufnahmen erfolgen (etwa aus Sicherheitsgründen), dürfen diese nur im Rahmen der vorher festgelegten Zwecke verwendet werden. Sind diese nicht mehr gegeben, müssen die Aufnahmen unverzüglich gelöscht werden. Zweckänderungen sind mit Blick auf die schutzwürdigen Interessen der Beschäftigten im Regelfall unzulässig. Sind Videoaufnahmen und Videokontrollen von Beschäftigten unzulässig, kann hieraus ein Anspruch auf Schadensersatz bzw. Schmerzensgeld resultieren.[223] 97

bb) RFID

In immer mehr Betrieben, Unternehmen und Konzernen kommen Anwendungen aus dem Bereich der RFID-Technik zur Anwendung. Der Begriff »RFID« steht für »Radio Frequency Identification«. Es handelt sich um einen miniaturisierten Transponder, der es mittels eines elektromagnetischen Feldes ermöglicht, Daten »per Funk« zu übertragen. 98

Die Geräte sind inzwischen teilweise sehr klein und beispielsweise als sog. RFID-Etiketten auf Waren zu finden. Die RFID-Technik ermöglicht es, zwischen den RFID-Etiketten und einem Empfangsgerät berührungslos Daten auszutauschen. Die Technik findet sich häufig bei Zugangskontrollsystemen oder -karten (etwa für Parkgaragen). RFID-Etiketten sind mobile personenbezogene Speicher- und Verarbeitungsmedien im Sinne von § 6c.[224] 99

Im betrieblichen Rahmen wird die RFID-Technik insbesondere bei Betriebsausweisen und im Zusammenhang mit Zugangskontrollsystemen angewendet. Grundsätzlich ermöglicht die RFID-Technik eine Erfassung der Zugangszeiten und -daten. Damit ist sie für Verhaltens- und Leistungskontrollen geeignet.[225] Möglich ist zudem eine Kombination von Ausweisdaten mit Informationen aus Warenwirtschaftssystemen, die ebenfalls RFID-Informationen enthalten. Auf dieser Basis lässt sich beispielsweise im Einzelhandel präzise erkennen, wer welche Waren in welchem Tempo bewegt hat. 100

Kommt RFID-Technik im Zusammenhang mit Beschäftigungsverhältnissen zur Anwendung, müssen die allgemeinen Grundsätze zu den Grenzen der Verhaltens- und Leistungskontrollen beachtet werden. Insbesondere müssen die Verarbeitungszwecke der erfassten Daten von Anfang an klar festgeschrieben werden. Darüber hinaus müssen die Systeme so ausgestaltet werden, dass Beschäftigte keiner unzulässigen Totalkontrolle unterliegen. Dies lässt sich beispielsweise dadurch erreichen, dass RFID-Systeme nicht untereinander und mit anderen IT-Systemen vernetzt werden. Unzulässig ist damit 101

---

222 Vgl. § 6 b Rn. 49 ff.; ähnlich Simitis-Seifert, § 32 Rn. 79.
223 ArbG Frankfurt 8.11.2013, ZD 2014, 633.
224 Vgl. § 6 c Rn. 2.
225 Vgl. zu den Möglichkeiten Gola/Wronka, S. 249.

beispielsweise eine Verbindung der Daten aus einem Warenwirtschaftssystem mit den Anwesenheitsdaten von Beschäftigten in einem bestimmten Laden, die ausschließlich der Arbeitszeiterfassung dienen. Weiterhin muss ausgeschlossen werden, dass mittels RFID-Technik heimliche Kontrollen der Arbeitnehmer stattfinden. Eine solche würde einen unangemessenen Eingriff in Persönlichkeitsrechte der Betroffenen darstellen.[226] Schließlich müssen die allgemeinen Vorgaben zur Datenvermeidung und Datensparsamkeit gemäß § 3a beachtet werden.

102 Die RFID-Technik ermöglicht es grundsätzlich, »außerbetriebliche« RFID-Etiketten auszulesen. Damit ist nicht auszuschließen, dass beim Betreten des Betriebes neben dem Betriebsausweis festgestellt wird, welche mit entsprechenden Etiketten versehenen Gegenstände sich in den Taschen der Beschäftigten befinden (etwa auf Zigaretten- oder Medikamentenschachteln). Da diese Daten nicht für Zwecke des Beschäftigungsverhältnisses erforderlich sind, darf eine solche Erfassung aus datenschutzrechtlicher Sicht nicht erfolgen. Sie wäre ein nicht hinnehmbarer Eingriff in Persönlichkeitsrechte der Beschäftigten. Betriebliche RFID-Systeme müssen deshalb so ausgestattet werden, dass nur die vom Arbeitgeber ausgegebene RFID-Etiketten ausgelesen werden können. Dies muss zu definierten Zwecken erfolgen. Entsprechende Beschränkungen können in Betriebs- oder Dienstvereinbarungen verankert werden.

cc) Erzeugung von Bewegungsprofilen mittels GPS- und Handyortung

103 Die zunehmende Verbreitung von GPS-Navigationsgeräten in Fahrzeugen aller Art sowie die fast flächendeckende Ausstattung von mobilen Beschäftigen mit Mobiltelefonen ermöglicht es aus technischer Sicht, umfassende Bewegungsprofile zu erstellen. Ergänzend können hierbei etwa die Informationen aus den schon angesprochenen RFID-Ausweisen und -Etiketten genutzt werden.

104 Die Navigationsgeräte basieren in der Regel auf sog. GPS-Geräten (GPS = Global Positioning System). GPS-Geräte sind beispielsweise die technische Grundlage von PKW-Navigationsgeräten. Bei entsprechender technischer Ausstattung können aus GPS-Geräten jederzeit die Standortdaten online und aktuell an eine Zentrale übertragen werden. Damit lässt sich sowohl die aktuelle Position der Fahrzeuge als auch das Fahrverhalten der jeweiligen Beschäftigten flächendeckend festhalten und erkennen. Entsprechende Lösungen finden sich unter Stichworten »Flottenmanagement« oder »Navigationslösungen für Geschäftskunden« bei zahlreichen Anbietern der entsprechenden Hard- und Software.

105 Neben klassischen Navigationsgeräten in Fahrzeugen gibt es inzwischen zahlreiche mobile GPS-Geräte, die teilweise nicht größer als Zigarettenschachteln sind und die an Gegenständen oder Fahrzeugen angebracht werden können. Auch sie ermöglichen eine präzise Ortung.[227] Gleiches gilt für Smartphones, Fitness-Armbänder, Kameras usw.

---

226 Vgl. insoweit BAG 14.12.2004, ArbuR 2005, 454; a.A. Gola/Wronka, S. 254; Oberwetter, NZA 2008, 609, die jeweils den heimlichen Einsatz für zulässig erachten, wenn es um den Nachweis von Straftaten geht.
227 Vgl. allgemein Gola, NZA 2007, 1139 [1143].

Arbeitnehmerdatenschutz § 32

Die datenschutzrechtliche Zulässigkeit der in GPS-Geräten anfallenden Daten ist nach allgemeinen Grundsätzen zu bewerten. Mit Blick auf § 32 Abs. 1 Satz 1 ist zunächst zu prüfen, welche Art und Intensität der Ortung im Beschäftigungsverhältnis tatsächlich erforderlich ist. Als zulässig sind Systeme zu erachten, die aus Sicherheitsgründen Standorte von besonders gefährdeten Fahrzeugen festhalten (etwa Geldtransporter).[228] Jedoch muss hierbei sichergestellt werden, dass der ursprüngliche Zweck gewahrt wird und dass nicht im Nachhinein anhand der gespeicherten Daten ungewollte Verhaltens- und Leistungskontrollen erfolgen. Zweckänderungen bezüglich der Verwendung dieser Daten, die dazu führen, überraschende oder heimliche Leistungs- und Verhaltenskontrollen zu realisieren, sind nicht durch die Erforderlichkeit im Sinne von § 32 Abs. 1 Satz 1 zu legitimieren. Eine Ausnahme von dieser Feststellung ist lediglich möglich, wenn die Zweckänderung zur Aufdeckung von Straftaten gemäß § 32 Abs. 1 Satz 2 erfolgt.[229] Mögliche Ausnahmen sind mit Blick auf die zur Disposition stehenden Persönlichkeitsrechte der Beschäftigten eng auszulegen.

106

Eine enge Auslegung ist weiterhin bezüglich der Möglichkeiten der Handyortung geboten. Diese ist inzwischen unter dem Begriff des »Location Based Service« möglich.[230] Die von Mobiltelefonen genutzte GSM-Technik (GSM = Global System for Mobile Communications) ermöglicht es dem jeweiligen Vertragsinhaber, über seinen Netzbetreiber festzustellen, wo sich das Handy gerade örtlich befindet. Soweit dienstliche Mobiltelefone an Beschäftigte ausgegeben werden, besteht grundsätzlich die Möglichkeit, dass durch entsprechende vertragliche Abmachungen mit dem Dienstanbieter Ortungsdaten übermittelt werden.

107

Es stellt sich indes die Frage, ob eine permanente »Ortung« von Beschäftigten erforderlich im Sinne von § 32 Abs. 1 Satz 1 ist. Mit Blick auf die Rechtsprechung zur Totalkontrolle und des hieraus resultierenden unzulässigen Überwachungsdrucks[231] wird man dies verneinen müssen. Damit ist der Einsatz der entsprechenden Technik allenfalls in Ausnahmefällen zulässig, beispielsweise in Bereichen, bei denen besondere Sicherheitsrisiken für Beschäftigte bestehen wie etwa bei Geldtransportfahrern oder bei Feuerwehrleuten im Einsatz. Unzulässig und möglicherweise sogar strafbar ist die verdeckte Anbringung eines GPS-Senders an Fahrzeugen von Beschäftigten durch eine Detektei.[232]

108

Allerdings muss selbst in den genannten Ausnahmefällen die Überwachung für die betroffenen Beschäftigten klar erkennbar sein. Dies ergibt sich bereits aus der Vorgabe des § 4 Abs. 3, der Unterrichtungspflichten zu Gunsten der Betroffenen festschreibt. Eine Informationsverpflichtung von Arbeitgebern gegenüber Beschäftigten, die mit dienstlichen Mobiltelefonen ausgestattet werden, leitet sich weiterhin aus § 98 Abs. 1 Satz 2 TKG ab. Nach dieser Vorschrift muss der Teilnehmer Mitbenutzer über eine erteilte Einwilligung über die Erfassung von Standortdaten unterrichten.[233]

109

---
228 Ähnlich Taeger/Gabel-Zöll, § 28 Rn. 36; Simitis-Seifert, § 32 Rn. 83.
229 Vgl. Rn. 125 ff.
230 Vgl. Gola, NZA 2007, 1139 [1142 f.].
231 Vgl. Rn. 90 ff.
232 LG Lüneburg – Große Strafkammer 28.3.2011 26 – Qs 45/11, NJW 2011, 2225; a. A. wohl Gola, ZD 2012, 308, der eine geheime Überwachung in bestimmten Fällen für zulässig hält.
233 Ebenso Gola, NZA 2007, 1139 [1142 f.].

110 Soweit Bewegungsprofile im Einzelfall gemäß Abs. 1 Satz 1 erforderlich und ohne umsetzbare Alternativen sind, muss die Tatsache ihrer Erstellung den Beschäftigten mitgeteilt werden. Hierbei müssen sie auch über die hierzu genutzten Technologien und technischen Einrichtungen sowie die Auswertungsformen und -ziele informiert werden.

f) Erfassung des Telekommunikationsverhaltens bei der Telefon-, E-Mail- und Internet-/Intranetnutzung

111 Erfolgt die dienstliche Nutzung von Telefonen oder Mobiltelefonen, von E-Mailsystemen oder von Internetzugängen, ist bezüglich der Erhebungs-, Verarbeitungs- und Nutzungsmöglichkeiten von Arbeitgebern gegenüber ihren Beschäftigten nach dem Gehalt der hierbei entstehenden personenbezogenen Daten zu differenzieren. Grundsätzlich gilt, dass Arbeitgeber Verbindungsdaten aus dem Bereich der Telefon- und Mobiltelefonnutzung erheben und verwenden können. Zum Schutze der Kommunikationsteilnehmer müssen hierbei lediglich die letzten Ziffern der Telefonnummern anonymisiert werden.[234] Entsprechendes gilt, wenn in Betrieben neue Kommunikationstechniken wie etwa VoIP-Telefonsysteme zum Einsatz kommen[235] oder Kommunikationssoftware wie etwa Lync, die Anwesenheitsinformationen über Beschäftigten sowohl intern als auch extern gegenüber Kunden anzeigen kann. Bezüglich dieser Systeme ist es Arbeitgebern mangels einer datenschutzrechtlichen Erlaubnisnorm verwehrt, weitergehende Erhebungen oder Auswertungen der Daten vorzunehmen, die beispielsweise auf den von ihm betriebene VoIP-Netzwerkserver zur Verfügung stehen.

111a Regelmäßig nicht erlaubt ist die Erhebung, Verarbeitung und Nutzung privater Telekommunikationsdaten, soweit Arbeitgeber hierauf Zugriff haben (etwa bei der parallelen Nutzung von dienstlichen Geräten für private und dienstliche Aufgaben mittels einer sog. »Twin Card«). Entsprechende Auswertungen sind nach § 32 Abs. 1 Satz 1 nicht erforderlich. Dies schließt die Erhebung und Verarbeitung von privaten Telefonnummern oder E-Mail-Adressen aus. Erforderliche Ausnahmen könnten allenfalls gegeben sein, wenn beispielsweise Bereitschaftsdienste erfolgen und Beschäftigte deshalb erreichbar sein müssen. Einfacher als durch die Bekanntgabe der privaten Kommunikationsdaten lässt sich die Erreichbarkeit in diesen Fällen allerdings durch die Übergabe eines dienstlichen Mobiltelefons erreichen.

112 In jedem Fall unzulässig ist das heimliche Mithören und Aufzeichnen von Telefongesprächen.[236] Dies gilt unabhängig von der benutzten Technik. Entsprechendes gilt für Erhebung, Verarbeitung und Nutzung von Daten, die im Zusammenhang mit der Internetkommunikation bzw. mit der Nutzung von betrieblichen E-Mail-Systemen

---

234 VGH Baden-Württemberg DB 1991, 653; BMH, § 28 Rn. 36; Däubler, Gläserne Belegschaften?, Rn. 793 ff.
235 Vgl. Strunk CF 9/2006, 31.
236 BVerfG NJW 1992, 815; BVerfG NJW 2002, 3619; BAG NZA 1988, 307; Büllesbach in Roßnagel, 6.2, Rn. 56; Gola/Schomeros, § 28 Rn. 20; Wedde DuD 2004, 169; Simitis-Seifert, § 32 Rn. 88.

anfallen.²³⁷ Arbeitgebern ist es gegenüber ihren Beschäftigten grundsätzlich verwehrt, heimliche Erhebungen und Auswertungen vorzunehmen.²³⁸ Die Befugnisse zu Auswertungen beschränken sich auf die reinen »Verbindungsdaten«. Handelt es sich um Beschäftigte, die einem Berufsgeheimnis unterliegen (etwa Ärzte oder Psychologen²³⁹), muss durch entsprechende technische und/oder organisatorische Vorkehrungen sichergestellt werden, dass sich aus den gespeicherten Verbindungsdaten keine Rückschlüsse auf Personen, Kontakte usw. ableiten lassen. Entsprechendes gilt für die Verbindungsdaten von Betriebs- oder Personalräten.²⁴⁰

Werden Überwachungsmaßnahmen mittels geeigneter Computerprogramme heimlich durchgeführt, ist dies regelmäßig eine Verletzung von Persönlichkeitsrechten der Beschäftigten sowie ein Verstoß gegen das Grundrecht auf Vertraulichkeit und Integrität informationstechnischer Systeme.²⁴¹ Dies gilt auch für Überwachungsmaßnahmen, die aus Gründen der Systemsicherheit zentral durchgeführt werden und bei denen eine Information der Beschäftigten es potentiellen Angreifern erleichtert, sich illegale Zugänge zu Systemen zu verschaffen. Das bestehende Schutzinteresse von Arbeitgebern lässt sich dadurch wahren, dass Beschäftigte grundlegend informiert werden, ohne dass Details zur eingesetzten Software bekannt gemacht werden. Diese Informationspflicht besteht allerdings gegenüber Betriebs- und Personalräten fort, die bezogen auf sensible Sicherheitsinformationen einer besonderen gesetzlichen Geheimhaltungspflicht unterliegen.

112a

Für zulässig erachtet hingegen das LAG Hamm²⁴² den Zugriff auf Chatprotokolle, die auf dem Arbeitsplatzrechner eines Arbeitnehmers gespeichert sind. Auf diese Daten soll das Fernmeldegeheimnis des § 88 TKG keine Anwendung mehr finden, sobald Kommunikationsinhalte in den Herrschaftsbereich des Empfängers gelangt sind.²⁴³

112b

Neben dem Zugriff auf die Verbindungs- und Kommunikationsdaten stellt sich in der Praxis regelmäßig die Frage nach der Zulässigkeit des Zugriffs auf Inhalte der elektronischen Kommunikation (etwa die von geschäftlichen E-Mails). Bezüglich dieser weitergehenden Zugriffe ist danach zu differenzieren, ob die Privatnutzung betrieblicher Internet- oder E-Mailsysteme ausdrücklich verboten oder tatsächlich oder konkludent erlaubt ist, da sich aus der Art der zugestandenen oder üblichen Nutzung unterschiedliche Rechtsfragen ableiten.²⁴⁴

113

aa) Erlaubte Privatnutzung von E-Mail, Internet u.a.

Erlaubt ein Arbeitgeber seinen Beschäftigten die Nutzung betrieblicher Kommunikationssysteme wie insbesondere E-Mail und Internet, kommen Datenschutzvorschriften

114

---

237 Ebenso Simitis in Simitis, § 28 Rn. 108; Däubler, Gläserne Belegschaften?, Rn. 351 ff.; ders,. Internet Rn. 210 n; TEG, § 28 Rn. 220 f.; Gola/Wronka, § 28 Rn. 353.
238 Wedde, ZF 7-8/2006, 49.
239 Vgl. Rn. 122.
240 Ebenso Simitis-Seifert, § 32 Rn. 88.
241 Zum Grundrecht BVerfG 27.2.2008 – 1 BvR 370/07, 1 BvR 595/07, NJW 2008, 822, zu den Auswirkungen des Grundrechts im Arbeitsverhältnis Wedde, AuR 2009, 373 ff.
242 LAG Hamm 10.7.2012 – 14 Sa 1711/10, DuD 2013, 50 (nicht rechtskräftig).
243 Vgl. BVerfG 2.3.2006 – 2 BvR 2099/04, NJW 2006, 976; vgl. Rn. 115c.
244 Vgl. auch Braun/Spiegl, AiB 2008, 393); Mester, S. 55.

§ 32 Arbeitnehmerdatenschutz

aus dem Bereich des Telekommunikationsrechts zur Anwendung, die das TKG bzw. das TMG enthält. Entsprechendes gilt, wenn kein ausdrückliches Verbot der privaten Nutzung erfolgt ist.

115 Im TKG finden sich einschlägige Vorschriften in den §§ 88 bis 107. Die Vorschriften beziehen sich auf das Fernmeldegeheimnis. Dieser traditionelle Begriff steht mit Blick auf die aktuelle Technik für das »Telekommunikationsgeheimnis«.[245] Zur Wahrung des Fernmeldegeheimnisses verpflichtet ist nach § 88 Abs. 2 Satz 1 TKG der sog. Diensteanbieter. Die Anwendbarkeit von Vorschriften aus dem Bereich des Telekommunikationsrechts resultiert daraus, dass Arbeitgeber als Diensteanbieter im Sinne des TKG bzw. des TMG zu qualifizieren sind.[246] Nach der Definition in § 3 Nr. 6 TKG wird vom Begriff des Anbieters derjenige erfasst, der ganz oder teilweise geschäftsmäßig Telekommunikationsdienste erbringt oder an der Erbringung solcher Dienste mitwirkt. Was geschäftsmäßige Erbringung von Telekommunikationsdiensten im Sinne von § 3 Nr. 6 TKG ist, wird in § 3 Nr. 10 TKG definiert. Hiernach handelt es sich um ein nachhaltiges Angebot von Telekommunikation für Dritte mit oder ohne Gewinnerzielungsabsicht. Bezogen auf die mögliche Privatnutzung durch Beschäftigte wirkt der Arbeitgeber im Sinne der vorstehenden Regelungen und Definitionen an der Erbringung von Telekommunikationsdiensten mit und macht seinen Beschäftigten ein entsprechendes Angebot.[247]

115a Bezüglich der Anwendbarkeit des TKG im Arbeitsverhältnis als Folge möglicher privater Nutzung von E-Mail- oder Internet-Systemen bestand auf der Grundlage der vorstehend aufgeführten Definitionen lange Zeit Einvernehmen darüber, dass die Datenschutzregeln in den §§ 88 ff. TKG anzuwenden sind.[248] Diese Position wird zwischenzeitlich durch Entscheidungen einzelner Arbeitsgerichte bzw. Verwaltungsgerichte infrage gestellt.[249] Die in den Entscheidungen genannten Begründungen sind allerdings sehr knapp gehalten und nicht geeignet, die in der Literatur zu findenden Argumente für die Anwendbarkeit des TKG zu entkräften.[250] Insoweit sind bei erlaubter oder nicht verbotener Privatnutzung die Vorgaben des TKG von Arbeitgebern weiterhin zu beachten.[251]

115b Die Anwendbarkeit des TKG führt dazu, dass der Arbeitgeber als Diensteanbieter zur Wahrung des Fernmeldegeheimnisses verpflichtet ist.[252] Ihm ist es nach § 88 Abs. 3

---

245 Däubler, Internet und Arbeitsrecht, Rn. 230.
246 Vgl. Däubler, Gläserne Belegschaften?, Rn. 338.; ebenso Fischer, ZD 2012, 265.
247 Ebenso Däubler, Internet und Arbeitsrecht, Rn. 236 m. w. N.
248 Vgl. etwa Büchner, NZA 2002, 585 (587); Kratz/Gubbels, NZA 2009, 652 (655); Däubler, Internet und Arbeitsrecht, Rn. 234 ff.; Taeger/Gabel-Munz, § 88 TKG Rn. 20; Simitis-Seifert, § 32 Rn. 86 und 92.
249 Vgl. LAG Niedersachsen 31. 5. 2010 – 12 Sa 875/09, RDV 2010, 232; LAG Berlin-Brandenburg 16. 2. 2011 – 4 Sa 2132/10, DB 2011, 1281; Hessischer Verwaltungsgerichtshof 19. 5. 2009 – 6 A 2672/08. Z, NJW 2009, 2470.
250 Ebenso Lensdorf/Born, CR 2013, 30 (32).
251 Im Ergebnis ebenso Däubler, Internet und Arbeitsrecht, Rn. 236b ff.; Gola/Schomerus, § 32 Rn. 23; Taeger/Gabel-Zöll, § 28 Rn. 34; Riesenhuber in Wolff/Brink, § 32 Rn. 146; Simitis-Seifert, § 32 Rn. 92; a. A. Fülbier/Splittgerber, NJW 2012, 1995; Buschbaum/Rosak, DB 2014, 2530.
252 *Nicht besetzt.*

Arbeitnehmerdatenschutz § 32

Satz 1 TKG grundsätzlich untersagt, sich Kenntnis von Inhalten und näheren Umständen der Telekommunikationsvorgänge im Internet bzw. in E-Mail-Systemen zu verschaffen.[253] Erlaubt ist es nach § 88 Abs. 3 Satz 1 TKG lediglich, Daten zu erheben und zu verarbeiten, die für Abrechnungszwecke oder zum technischen Schutz der Systeme notwendig sind.[254] Weitergehende Verarbeitungsbefugnisse können nach § 88 Abs. 3 Satz 3 TKG nur bestehen, wenn es hierfür im Gesetz selbst oder in anderen gesetzlichen Vorschriften eine ausdrückliche Erlaubnis gibt. Diese gesetzliche Situation schließt einen Zugriff von Arbeitgebern auf Inhalte von E-Mails der Beschäftigten oder auf aussagekräftige Informationen zur Internetnutzung aus.

Der Schutz durch das Fernmeldegeheimnis soll enden, wenn Beschäftigte E-Mails gelesen und archiviert haben.[255] Die E-Mails der Beschäftigten unterliegen dann aber weiterhin dem Recht auf informationelle Selbstbestimmung sowie dem Grundrecht auf Vertraulichkeit und Integrität.[256] Der Zugriff auf die E-Mail-Daten durch einen Arbeitgeber steht damit nach Wegfall des Fernmeldegeheimnisses weiterhin unter dem Vorbehalt einer Erforderlichkeit nach § 32 Abs. 1 Satz 1. In diesem Zusammenhang ist aber zu beachten, dass der durch das TKG geschützte Kommunikationsvorgang erst beendet ist, wenn die Daten in den »Herrschaftsbereich« der Beschäftigten gelangt sind, d. h. wenn diese E-Mails gelesen haben und über diese disponieren können. Etwas anderes gilt beispielsweise, wenn E-Mails zwar schon auf einem Server des Arbeitgebers gespeichert sind, von Beschäftigten aber noch nicht abgerufen oder gelesen wurden. In diesen Fällen besteht der Schutz des TKG fort.[257] 115c

Eine ähnliche Situation besteht im Anwendungsbereich des TMG. Nach § 1 Abs. 1 TMG kommt dieses Gesetz für dort abschließend genannte elektronische Informations- und Kommunikationsdienste zur Anwendung. Die Anwendbarkeit der Datenschutzvorschriften in den §§ 11 bis 15a TMG ist gegeben, wenn die Privatnutzung von einschlägigen Informations- und Kommunikationsdiensten durch den Arbeitgeber ausdrücklich erlaubt oder nicht ausdrücklich verboten ist. In diesen Fällen entspricht die Situation der, die vorstehend für den Anwendungsbereich des TKG beschrieben wurde: Die einschlägigen Datenschutzvorschriften in den §§ 11 ff. TMG sind von Arbeitgebern zu berücksichtigen.[258] 115d

Etwas anderes gilt für den Bereich des TMG, wenn die Erhebung und Verwendung personenbezogener Daten der Nutzer von Telemedien sowie die Bereitstellung solcher Dienste im Dienst- und Arbeitsverhältnis ausschließlich beruflichen oder dienstlichen Zwecken dient. In diesen Fällen sind die Datenschutzvorschriften des TMG nach § 11 Abs. 1 Nr. 2 des Gesetzes nicht anwendbar. 115e

Solange das TKG anwendbar ist, dürfen Arbeitgebern weder auf die Inhalte privater 116

---

253 Vgl. Gola/Schomerus, § 28 Rn. 20 h; Däubler, a. a. O., Rn. 366 ff.
254 Däubler, Internet und Arbeitsrecht, Rn. 237 c.
255 BVerfG 2. 3. 2006 – 2 BvR 2099/04, NJW 2006, 976.
256 Zum Recht auf informationelle Selbstbestimmung BVerfG 2. 3. 2006 – 2 BvR 2099/04, NJW 2006, 976 und zum Grundrecht auf Vertraulichkeit und Integrität informationstechnischer Systeme BVerfG 27. 2. 2008 – 1 BvR 370/07, 1 BvR 595/07, NJW 2008, 822.
257 Vgl. insgesamt Däubler, Internet und Arbeitsrecht, Rn. 237 d.
258 Vgl. etwa Taeger/Gabel-Moos, § 11 TMG Rn. 12; Däubler, Internet- und Arbeitsrecht, S. 199, jeweils m. w. N.

E-Mails noch auf die geschäftlicher E-Mails zuzugreifen, sofern keine Einwilligung der Beschäftigten nach § 4a vorliegt. Entsprechendes gilt im Anwendungsbereich des TMG für die vom Gesetz erfassten elektronischen Informations- und Kommunikationsdienste. Ein heimliches wie auch ein offenes Abhören der Kommunikationsvorgänge ist ohne Autorisierung durch die Beschäftigten unzulässig und wegen des Bruchs des Fernmeldegeheimnisses als Straftatbestand zu qualifizieren. Diese Situation führt dazu, dass in einer Reihe von Fällen die Privatnutzung von Arbeitgebern verboten wird. Es finden sich in der betrieblichen Praxis aber auch zahlreiche Regelungen, die die Wahrung der gegenseitigen Interessen durch sinnvolle Organisationsgestaltungen ermöglichen.

117 Grundsätzlich können bestimmte Zugriffe auf Kommunikations- und E-Mail-Inhalte durch Betriebsvereinbarungen geregelt werden, die als andere Rechtsvorschrift gemäß § 4 Abs. 1 zu qualifizieren sind. Allerdings ist es den Betriebsparteien mit Blick auf § 75 Abs. 2 BetrVG verwehrt, weitgehende Zugriffe in die Persönlichkeitsrechte der Beschäftigten zu legitimieren.[259] Arbeitgeber und Betriebsräte dürfen allerdings durch kollektivrechtliche Regelungen nur solche Eingriffe zulassen, die im Ergebnis einer Interessenabwägung unumgänglich sind und bei denen die Persönlichkeitsrechte der Beschäftigten maximal gewahrt bleiben.

bb) Verbotene Privatnutzung von E-Mail, Internet u. a.

118 Verbietet ein Arbeitgeber seinen Beschäftigten die private Nutzung von Kommunikationssystemen wie Telefon, E-Mail oder Internetzugang ausdrücklich, führt dies dazu, dass das TKG wie auch das TMG nicht zur Anwendung kommen. Für das TKG folgt dies aus dem Fehlen der Eigenschaft als Diensteanbieter[260] und für das TMG aus der in § 11 Abs. 1 Nr. 1 TMG enthaltenen Bereichsausnahme. Hieraus folgt indes nicht, dass damit unbegrenzte Zugriffsmöglichkeiten von Arbeitgebern auf die Daten von Beschäftigten bestehen. Auch nach einem Verbot der privaten Nutzung bleibt der Zugriff auf Daten aus dem persönlichen dienstlichen Bereich in jedem Fall unzulässig.[261] Zu diesem persönlichen Bereich gehören sowohl Aufzeichnungen zu Arbeitsvorgängen, die von Beschäftigten nicht zur Kenntnisnahme von Vorgesetzten oder Kollegen bestimmt sind. Weiterhin gehören hierzu alle Informationen, die nach dem Willen der Beschäftigten oder aus objektiver Sicht einer besonderen Vertraulichkeit unterliegen, wie beispielsweise E-Mails, die an Betriebsräte, Betriebsärzte oder Schwerbehindertenvertretungen gerichtet sind. Den gleichen Schutz genießen etwa persönliche Mitteilungen an andere Beschäftigte, die nicht unmittelbar im Zusammenhang mit Geschäftsvorfällen stehen.

119 In der Umkehr haben Arbeitgeber nur eine Berechtigung, dass ihnen Beschäftigte rein dienstliche E-Mails zur Verfügung stellen. Diese »Zurverfügungsstellung« muss indes so gestaltet sein, dass Arbeitnehmer hierüber vorab informiert sind. Soweit möglich, sollten sie die entsprechenden E-Mails dem Arbeitgeber durch eigenes Handeln zur

---

259 Vgl. Rn. 123 a.
260 Vgl. Rn. 115 ff.
261 Wedde CF 7–8/2006, 49; ähnlich Taeger/Gabel-Zöll, § 28 Rn. 34 für eindeutig private Korrespondenz.

Arbeitnehmerdatenschutz § 32

Verfügung stellen (etwa durch Verschieben in einen zugänglichen Ordner nach dem Lesen). Eine Ausnahme kann nur in den Fällen des § 32 Abs. 1 Satz 2 gelten.[262]
Auch wenn die Privatnutzung verboten ist, berechtigt dies Arbeitgeber nicht, in Kommunikationsinhalte ihrer Beschäftigten Einblick zu nehmen, die diese mit Trägern von besonderen Berufsgeheimnissen führen.[263] Insoweit müssen Arbeitgeber durch geeignete Verfahren sicherstellen, dass auch zufällige Einsichtnahmen in derartige Informationen nicht möglich werden. Entsprechendes gilt für persönliche dienstliche E-Mails (etwa die Bitte an einen Kollegen, während eines gemeinsamen Essens in der Kantine einen vertraulichen Rat bezüglich der Probleme in einem durchgeführten Projekt zu geben).

g) Datenerhebung, -verarbeitung und -nutzung durch Testkäufer und Detektive

Die Einschaltung von Testkäufern und Detektiven zur Kontrolle von Beschäftigten wird im Regelfall als unzulässig angesehen. Sie soll ausnahmsweise nur dann erlaubt sein, wenn Arbeitgeber mangels Alternativen nur so eine Möglichkeit haben, Straftaten erheblichen Umfangs zu verhindern.[264] Ist der Einsatz von Testkäufern und Detektiven ausnahmsweise zulässig, so dürfen diese Personen nur im datenschutzrechtlich zulässigen Rahmen tätig werden. Mithin ist ihnen im Regelfall der Einsatz von heimlichen und verdeckten Maßnahmen zur Erkenntnisgewinnung verwehrt. Arbeitgeber dürfen die notwendigen personenbezogenen Daten nur übergeben, wenn hierfür ein Auftrag gemäß § 11 vorliegt. Eine Ausnahme kann allenfalls dann gegeben sein, wenn die Voraussetzungen des Abs. 1 Satz 2 Arbeitgebern ausnahmsweise erweiterte Erkenntnismöglichkeiten zur Abwehr von Straftaten einräumen (vgl. Rn. 125).

h) Besonderer Datenschutz für Beschäftigte mit Sonderstatus

Unterliegen Beschäftigte mit Blick auf ihre vertraglich geschuldeten Aufgaben besonderen Berufsgeheimnissen, müssen diese von Arbeitgebern berücksichtigt und geschützt werden. In Betracht kommen insbesondere Beschäftigte, die ihr dienstlich erworbenes Wissen mit Blick auf § 208 StGB nicht an Dritte weitergeben dürfen. Hierzu gehören beispielsweise Ärzte, Angehörige anderer Heilberufe, Psychologen oder Anwälte. Aber auch Betriebs- und Personalräte sowie Schwerbehindertenvertretungen unterliegen besonderen gesetzlichen Verschwiegenheitspflichten.[265] Auf die Kommunikationsdaten von und mit diesen Beschäftigen dürfen Arbeitgeber auch dann nicht zugreifen, wenn die Privatnutzung in Betrieben verboten ist. Insoweit leiten sich aus den spezialgesetzlichen Regelungen absolute Erhebungs-, Verarbeitungs- und Nutzungsverbote ab. Diese sind unabhängig von einem evtl. Verbot der Privatnutzung.

120

121

122

---

262 Vgl. Rn. 125.
263 Vgl. hierzu Rn. 122.
264 Vgl. ausführlich Däubler, Gläserne Belegschaften?, Rn. 294; offener Riesenhuber in Wolff/Brink, § 32 Rn. 125.4.
265 Vgl. Däubler, Gläserne Belegschaften?, Rn. 379 ff.

i) Mitbestimmungsrechte von Betriebs- und Personalräten

123 Soweit die Erhebung, Verarbeitung und Nutzung personenbezogener Daten mittels technischer Einrichtungen erfolgt, bestehen Mitwirkungs- und Mitbestimmungsrechte von Betriebs- und Personalräten. Herausragende Bedeutung hat im nicht-öffentlichen Bereich § 87 Abs. 1 Nr. 6 BetrVG; in der Bundesverwaltung die textidentische Regelung in § 75 Abs. 3 Nr. 17 BPersVG.[266] Nach diesen Regelungen haben Betriebs- und Personalräte ein Mitbestimmungsrecht bzgl. der Einführung und Anwendung von technischen Einrichtungen, die dazu bestimmt sind, das Verhalten oder die Leistung von Arbeitnehmern zu überwachen.[267] Auf die Überwachungsabsicht des Arbeitgebers kommt es hierbei nicht an.[268] Unter Berufung auf § 87 Abs. 1 Nr. 6 BetrVG können Betriebsräte vom Arbeitgeber Regelungen zur datenschutzkonformen Ausgestaltung aller IT-Systeme verlangen, die für Kontrollen geeignet sind.

123a Auf dieser Grundlage können sie beispielsweise heimliche Videoaufnahmen generell verhindern und offene bzw. den Beschäftigten bekannte beschränken und regeln. Begrenzt werden die Regelungsmöglichkeiten des Betriebsrats durch die Vorgaben in § 75 Abs. 2 BetrVG. Hiernach haben Arbeitgeber und Betriebsrat die freie Entfaltung der Persönlichkeit der im Betrieb beschäftigten Arbeitnehmer zu schützen und zu fördern. § 75 Abs. 2 BetrVG beschränkt die Ausgestaltungsmöglichkeiten von Betriebsvereinbarungen, soweit sie datenschutzrechtliche Positionen tangieren. Um die Erhebung, Verarbeitung und Nutzung personenbezogener Daten gemäß § 4 Abs. 1 zu legitimieren, müssen sie insbesondere Aussagen zum Gegenstand der Datenverarbeitung, zur Zweckbindung, zur Datenvermeidung und Datensparsamkeit, zu Art und Umfang der verarbeiteten Daten, zu den Empfängern der Daten, zu den Rechten der Betroffenen, zu Löschfristen sowie zu technischen und organisatorischen Maßnahmen (etwa das Berechtigungskonzept) beinhalten.[269] Unter Beachtung dieser Vorgabe dürfen Betriebsräte nur solche Betriebsvereinbarungen abschließen, die nicht unangemessen in Persönlichkeitsrechte der Beschäftigten eingreifen. Dieses Ziel kann etwa dadurch erreicht werden, dass Eingriffe des Arbeitgebers durch Vereinbarung geeigneter Verfahren begrenzt werden.[270] Entsprechendes gilt für Betriebsvereinbarungen, durch die gesetzliche Vorgaben aus dem »Antiterrorbereich« geregelt werden. Will der Arbeitgeber die entsprechenden gesetzlichen Vorgaben umsetzen, ist sowohl das Mitbestimmungsrecht nach § 87 Abs. 1 Nr. 6 BetrVG wie das nach § 87 Abs. 1 Nr. 1 BetrVG einschlägig, dass sich auf Fragen der Ordnung im Betrieb und auf das Verhalten der Arbeitnehmer im Betrieb bezieht.

124 Mit Blick auf die Qualifikation des BDSG als zu Gunsten der Arbeitnehmer geltendes

---

266 Zu Handlungsmöglichkeiten von Personalräten Wedde, PersR 11/2014, 19 ff.
267 Zum Mitbestimmungsrecht ausführlich Klebe in DKKW, § 87 Rn. 154 ff.
268 BAG 06.12.1983, NJW 1984, 1476.
269 So der 22. TB des Hamburgischen Beauftragten vom 31.12.2014, S. 124 (*www.daten schutz.hamburg.de*).
270 Vgl. etwa den »Grundsatz der doppelten Verhältnismäßigkeit bei der Sachverhaltsaufklärung« in § 19 der Konzernbetriebsvereinbarung Beschäftigtendatenschutz im DB Konzern (KBV BDS) vom 24.11.2010, abrufbar unter *http://www.evg-online.org/Arbeitswelt/Mit bestimmung/Betriebsverfassung/.Aktuelles/13_04_10_KBV_BDS/*.

Arbeitnehmerdatenschutz § 32

Gesetz im Sinne von § 80 Abs. 1 Nr. 1 BetrVG (für den Bereich der Bundesverwaltung § 68 Abs. 1 Nr. 2 BPersVG) können Betriebsräte vom Arbeitgeber auf Grundlage der vorstehend angesprochenen Mitbestimmungsrechte eine rechtskonforme Ausgestaltung der entsprechenden Systeme einfordern. Da Arbeitgeber und Betriebsrat gemäß § 75 Abs. 2 BetrVG die freie Entfaltung der Persönlichkeit der im Betrieb beschäftigten Arbeitnehmer schützen und fördern müssen, gilt es hierbei auch, die Grundsätze des Rechts auf informationelle Selbstbestimmung sicherzustellen, die ihren Niederschlag im BDSG gefunden haben.

Ein entsprechender Mitbestimmungstatbestand besteht auch für Personalräte im Bereich der Bundesverwaltung. Dieser leitet sich aus der textgleichen Formulierung in § 75 Abs. 3 Nr. 17b BPersVG ab. In den meisten Landespersonalvertretungsgesetzen finden sich vergleichbare Regelungen.

6. Aufdeckung von Straftaten (Abs. 1 Satz 2)

In Absatz 1 Satz 2 findet sich, mit dem Ziel der Aufdeckung schwerer Straftaten, eine Durchbrechung der allgemeinen Verarbeitungsvoraussetzungen, die in Satz 1 genannt werden und die sich daran orientieren, welche Erhebung, Verarbeitung und Nutzung personenbezogener Daten im Zusammenhang mit der Begründung, Durchführung oder Beendigung des Beschäftigungsverhältnisses erforderlich sind. Die Vorschrift ähnelt der Regelung in § 100 Abs. 3 TKG. Nach dem Wortlaut bezieht sich Absatz 1 Satz 2 ausdrücklich nur auf Straftaten. Damit bleiben Erhebungen, Verarbeitungen und Nutzungen zur Aufdeckung von Ordnungswidrigkeiten unzulässig.[271] Nicht durch die Vorschrift legitimiert werden präventive Maßnahmen, die ohne konkreten Verdacht auf die Belegschaft insgesamt zielen, wie etwa sog.»Screenings«.[272] Mit Blick auf den geforderten Einzelfallbezug berechtigt sie etwa nicht zum Einsatz von sog.»Data Leak Prevention (DLP)«-Systemen, die eine permanente Rasterfahndung ermöglichen.[273]

125

Nach Satz 2 dürfen personenbezogene Daten ausnahmsweise zur Aufdeckung von Straftaten erhoben, verarbeitet und genutzt werden. Voraussetzung ist, dass zu dokumentierende tatsächliche Anhaltspunkte den Verdacht begründen, dass Betroffene im Beschäftigungsverhältnis eine Straftat begangen haben. Damit bleiben Straftaten außer Betracht, die außerhalb des Beschäftigungsverhältnisses begangen wurden.

126

Als weitere Voraussetzung wird in Satz 2 aufgeführt, dass die Erhebung, Verarbeitung oder Nutzung zur Aufdeckung erforderlich ist und dass schutzwürdige Interessen der Beschäftigten an dem Ausschluss der Erhebung, Verarbeitung oder Nutzung nicht überwiegen. Präzisiert wird die notwendige Interessenabwägung dadurch, dass im letzten Halbsatz von Satz 2 darauf abgestellt wird, dass Art und Ausmaß der Erhebung, Verarbeitung und Nutzung im Hinblick auf den Anlass nicht unverhältnismäßig sein dürfen. Voraussetzung der Zulässigkeit einer Erhebung, Verarbeitung und Nutzung

127

---

271 Ebenso Simitis-Seifert, § 32 Rn. 102.
272 Simitis-Seifert, § 32 Rn. 103. Forst in Auernhammer, § 32 Rn. 93; a. A. Gola/Schomerus, § 32 Rn. 39.
273 Vgl. zu den technischen Möglichkeiten von DLP-Systemen Höller, CuA 7–8/2013, und zu rechtlichen Aspekten Wedde, CuA 7–8/2013, 4.

nach Satz 2 ist zunächst, dass der Arbeitgeber dokumentierte, tatsächliche Anhaltspunkte vorlegen kann, die einen Strafverdacht begründen. Dafür reicht ein »bloßer Verdacht« auf Grund von vagen Hinweisen oder bloßen Gerüchten nicht aus. Die Schwelle für die Zulässigkeit ist hoch: Arbeitgeber müssen durch geeignete Maßnahmen nachweisen können, dass mit hoher Wahrscheinlichkeit eine Straftat vorliegt.[274] Tatsächliche Anhaltspunkte setzen insoweit voraus, dass ein Verdacht zumindest ansatzweise auf Tatsachen gestützt wird, auch wenn noch keine umfassenden Tatsachengrundlagen vorliegen.[275] Die tatsächlichen Anhaltspunkte müssen vom Arbeitgeber dokumentiert werden. Diese Voraussetzung wird erfüllt, wenn eine dauerhafte Aufbewahrung erfolgt, die geeignet ist, jederzeit abgerufen werden zu können. Hierbei ist eine Speicherung in elektronischer Form möglich.

128 Die Zulässigkeit entsprechender Erhebungen, Verarbeitungen und Nutzungen muss sich an der (restriktiven) Rechtsprechung des BAG zur Zulässigkeit verdeckter Überwachung von Beschäftigten orientieren.[276] Die einschlägigen Entscheidungen kommen trotz unterschiedlicher Argumentationswege zu der Feststellung, dass der Einsatz verdeckter Überwachungsmöglichkeiten nach dem Ultima-Ratio-Prinzip nur zulässig ist, wenn alle anderen Möglichkeiten zur Abwendung von Diebstählen ausscheiden. Damit ist die Handlungsbefugnis von Arbeitgebern nach Satz 2 eng auszulegen. Insbesondere ist zu beachten, dass der Einsatz entsprechender Maßnahmen überhaupt nur zulässig sein kann, wenn ein besonders intensiver Verdacht auf das Vorliegen einer schweren Straftat besteht.[277] Nicht legitimiert werden Präventionsmaßnahmen.[278] Sollen Maßnahmen erfolgen, muss der betroffene Beschäftigte so früh wie möglich hierüber informiert werden, damit er sich beispielsweise vor der Durchführung rechtlich beraten lassen kann. Begrenzt werden kann das Informationsinteresse von Beschäftigten nur ausnahmsweise, wenn durch entsprechende Mitteilungen die gewollte Aufklärung unmöglich gemacht würde. In diesen Fällen muss die Information so bald wie möglich nachgeholt werden. Unabhängig von der Information des betroffenen Beschäftigten ist der zuständige Betriebsrat von der geplanten Erhebung und Verarbeitung gemäß § 80 Abs. 2 BetrVG so früh wie möglich zu informieren.

129 Dafür, dass Satz 2 nur einen eng zu interpretierenden Ausnahmetatbestand für zulässige Erhebungen, Verarbeitungen und Nutzungen begründet, spricht weiterhin, dass die schutzwürdigen Interessen der Betroffenen im Rahmen einer Rechtsgüterabwägung beachtet werden müssen. Da Maßnahmen nach Absatz 2 besonders weit und intensiv in das allgemeine Persönlichkeitsrecht von Beschäftigten eingreifen, scheiden im Ergebnis einer Abwägung entsprechende Kontrollmaßnahmen aus, wenn es sich lediglich um Bagatellstraftaten handelt bzw. wenn der Arbeitgeber gerade keine tatsächlichen

---

274 Offener Seifert in Simitis, § 32 Rn. 104, der auf das Vorliegen »zureichender tatsächlicher Anhaltspunkte« abstellt; a. A. Zöll in Taeger/Gabel, § 32 Rn. 50 und Forst in Auernhammer, § 32 Rn. 96, die auf einen einfachen »Anfangsverdacht« abstellt; ähnlich Riesenhuber in Wolff/Brink, § 32 Rn. 118.
275 Vgl. Kannenberg in Scheurle/Mayen, § 100 Rn. 30 zum textgleichen § 100 Abs. 3 TKG.
276 Vgl. etwa BAG 27. 3. 2003, NZA 2003, 1193; BAG 26. 8. 2008, NZA 2008, 1187.
277 Ähnlich im Ergebnis Thüsing, NZA 2009, 868.
278 Vgl. Rn. 125 und 131.

Arbeitnehmerdatenschutz § 32

Anhaltspunkte an der Schwelle eines Tatsachenbeweises vorbringen kann.[279] Der Zugriff auf personenbezogene Daten wäre in diesen Fällen unverhältnismäßig im Sinne des letzten Halbsatzes von Satz 2 und damit unzulässig. Erhobene Daten dürfen nicht zur Begründung rechtlicher Maßnahmen verwendet werden.

Die Regelung in Satz 2 bezieht sich ausdrücklich darauf, dass tatsächliche Anhaltspunkte für einen Verdacht bestehen, dass Betroffene Straftaten bereits begangen haben. Damit lässt sich aus der Norm kein Anspruch auf Erhebung, Verarbeitung und Nutzung von Daten zu präventiven Zwecken aus Satz 2 ableiten. Die Zulässigkeit derartiger Maßnahmen zur Verhinderung von Straftaten oder sonstigen Rechtsverstößen, die im Zusammenhang mit dem Beschäftigungsverhältnis stehen, beurteilt sich vielmehr allein nach dem Erforderlichkeitsgrundsatz gemäß Satz 1.[280] 130

Keine Erweiterung erfährt Abs. 2 Satz 2 durch die Möglichkeit des Rückgriffs von Arbeitgebern auf die allgemeine Regelung in § 28 Abs. 1 Satz 1 Nr. 2 und 3. Selbst wenn man entgegen der hier vertretenen Auffassung[281] davon ausgehen würde, dass diese Regelung anwendbar ist, würden die dort genannten Tatbestände nur greifen, wenn die Erhebung, Verarbeitung oder Nutzung außerhalb des Beschäftigungsverhältnisses stehen würde. Dies ist aber bezogen auf mögliche Straftaten in einem Arbeitsverhältnis oder ein vergleichbares Handeln von Beschäftigten gerade nicht der Fall. Insoweit ist davon auszugehen, dass einem berechtigten Interesse des Arbeitgebers an der Erhebung, Verarbeitung und Nutzung von Daten aus Compliancegründen oder zu allgemeinen Zwecken der Korruptionsbekämpfung das schutzwürdige Interesse der Beschäftigten eindeutig entgegensteht.[282] Präventive Maßnahmen lassen sich ebenfalls nicht durch den Rückgriff auf § 28 Abs. 1 Satz 1 Nr. 2 legitimieren. 131

Im Ergebnis ist die Regelung in Absatz 1 Satz 2 damit ein eng auszulegender Ausnahmetatbestand, der nur dann zum Tragen kommt, wenn ein Arbeitgeber konkrete und substantiierte Hinweise darauf hat, dass Beschäftigte schwere Straftaten im Rahmen des bestehenden Beschäftigungsverhältnisses begangen haben.[283] Ein bloßer Verdacht ohne Fundierung löst den Tatbestand nicht aus. Keine Anwendung findet die Norm hingegen auf Bagatelldelikte wie auch auf Straftaten außerhalb des Beschäftigungsverhältnisses. Eine Observation eines AN durch einen Privatdetektiv, die eine vorgetäuschte Arbeitsunfähigkeit als überwachungsrechtfertigende Straftat aufdecken soll, soll angesichts des hohen Beweiswertes einer ärztlichen Arbeitsunfähigkeitsbescheinigung ausnahmsweise allenfalls dann zulässig sein, wenn vom AG begründete Zweifel an der Richtigkeit dieser ärztlichen Bescheinigung aufgezeigt werden, die den Beweiswert der Bescheinigung erschüttern.[284] 132

Werden die entsprechenden Daten mit einer technischen Einrichtung erhoben, die vom Anwendungsbereich des § 87 Abs. 1 Nr. 6 BetrVG bzw. § 75 Abs. 3 Nr. 17 BPersVG 133

---

279 Vgl. hierzu Innenausschuss vom 24.6.2009, A-Drs. 16(4)646 neu, S. 24; zustimmend Simitis-Seifert, § 32 Rn. 106.
280 Vgl. Innenausschuss vom 24.6.2009, A-Drs. 16(4)646 neu, S. 24; ebenso Thüsing, NZA 2009, 868; ähnlich Simitis-Seifert, § 32 Rn. 103; Riesenhuber in Wolff/Brink, § 32 Rn. 122.
281 Vgl. zur Unanwendbarkeit grundsätzlich Rn. 8 ff.
282 Ähnlich Thüsing, NZA 2009, 868.
283 Ähnlich Gola/Schomerus, § 32 Rn. 42.
284 BAG v. 19.2.2015 – 8 AZR 1007/13, NZA 2015, 994.

erfasst werden, ist vor der Durchführung der Maßnahme das Mitbestimmungsrecht der Betriebs- oder Personalräte zu beachten.[285]

7. Nutzung der für Zwecke des Beschäftigungsverhältnisses erhobenen Daten

134 Die im Rahmen eines Beschäftigungsverhältnisses gemäß § 32 Abs. 1 Satz 1 erhobenen Daten dürfen nur für Zwecke verwendet werden, die bei der Erhebung genannt wurden (vgl. Rn. 9). Damit sind Zweckänderungen enge Grenzen gesetzt. Ausgeschlossen ist insbesondere eine Speicherung auf Vorrat, da die notwendige Festlegung der Zwecke fehlt.[286]

135 Nach der hier vertretenen Position kann eine Zweckänderung auch nicht mit berechtigten Interessen des Arbeitgebers gemäß § 28 Abs. 1 Satz 1 Nr. 2 oder 3 begründet werden.[287] Damit erübrigt sich eine Befassung mit den Möglichkeiten, die sich, bezogen auf berechtigte Interessen der verantwortlichen Stelle, aus § 28 Abs. 1 Satz 1 Nr. 2 ableiten könnten. Selbst wenn diese Vorschrift anwendbar wäre, stünden einer Verarbeitung oder Nutzung überwiegende schutzwürdigen Interessen der Betroffenen entgegen, die daraus resultieren, dass die gewünschte Verarbeitung gerade nicht mehr im engen Rahmen der Erforderlichkeit gemäß § 32 Abs. 1 Satz 1 stattfindet.

136 Entsprechend verhält es sich mit der Zulässigkeit einer Nutzung für andere Zwecke im Sinne von § 28 Abs. 2 Nr. 2a (etwa bei einer gewollten unternehmensübergreifenden Verarbeitung innerhalb eines Konzerns). Die Berufung auf die Wahrung berechtigter Interessen Dritter könnte im Hinblick auf den engen Verarbeitungsrahmen, den § 32 Abs. 1 vorgibt, nur erfolgreich sein, wenn kein Grund zu der Annahme bestünde, dass betroffene Beschäftigte ein schutzwürdiges Interesse am Ausschluss der Verarbeitung haben. Eine solche Annahme gibt es aber bei einer Verarbeitung innerhalb eines Konzerns in der Regel schon wegen der nicht abzuschätzenden Auswertungsmöglichkeiten, die zu Lasten von Beschäftigten gehen können.

137 An die Zulässigkeit einer Zweckänderung außerhalb des Tatbestandes der Spezialnorm des § 32 Abs. 1 Satz 1 und der dort statuierten Erforderlichkeit sind strenge Anforderungen zu stellen. Insbesondere ist hier auch zu bedenken, dass die Daten gemäß § 3a pseudonymisiert oder anonymisiert werden müssen.

138 Eine Zweckänderung kann weiterhin vorliegen, wenn Daten im Nachhinein für die Erzeugung von automatisierten Entscheidungen gemäß § 6a verwendet werden sollen.[288] Diesbezüglich sind die Voraussetzungen dieser Norm zu beachten (vgl. § 6a Rn. 10 ff.).

8. Übermittlung von Beschäftigtendaten im Inland

139 In vielen Fällen verbleiben Beschäftigtendaten nicht beim Arbeitgeber als der verantwortlichen Stelle, sondern werden an Dritte oder an Auftragnehmer gemäß § 11 über-

---

285 Vgl. Rn. 123 ff.
286 Ähnlich Mester, S. 103.
287 Vgl. hierzu Rn. 8 ff.
288 Mester, S. 138.

mittelt. Solche Übermittlungen sind durch Abs. 1 Satz 1 nicht grundsätzlich ausgeschlossen, da die erlaubte Verarbeitung den Schritt der Übermittlung enthält. Die Zulässigkeit der Übermittlung beurteilt sich auch hier nach der Erforderlichkeit, die im Einzelfall gesondert zu prüfen ist.

Nach der Definition in § 3 Abs. 4 Nr. 3 ist Übermitteln das Bekanntgeben gespeicherter oder durch Datenverarbeitung gewonnener personenbezogener Daten an einen Dritten. Sie kann nach Nr. 3 Buchstabe a) durch Weitergabe an einen Dritten erfolgen oder nach Nr. 3 Buchstabe b) zur Einsicht oder zum Abruf bereitgehaltener Daten. **140**

Die Bekanntgabe nach § 3 Abs. 4 Nr. 3 Buchstabe a) kann auf allen denkbaren Wegen erfolgen; also schriftlich, mündlich, telefonisch, durch Weitergabe eines Datenträgers oder per elektronischer Übermittlung.[289] Es ist allein darauf abzustellen, ob der Dritte als Empfänger die Möglichkeit der Kenntnisnahme hat.[290] **141**

Die Bekanntgabe nach § 3 Abs. 4 Nr. 3 Buchstabe b) kann durch Abruf oder Bereithaltung zur Einsichtnahme erfolgen. Dies wird beispielsweise dadurch erreicht, dass Informationen auf einen Datenträger aufgetragen sind (z. B. auf einer Chipkarte oder einem Chip in einem Pass) und dass diese in bestimmten Situationen von Dritten ausgelesen werden können.[291] Die Übermittlung setzt denktechnisch eine vorangegangene Speicherung beim Absender voraus. **142**

Keine Übermittlung an Dritte im Sinne von § 3 Abs. 4 Nr. 3 liegt vor, wenn Daten innerhalb der verantwortlichen Stelle an andere Personen oder Stellen übergeben werden. Insbesondere fällt die Weitergabe von Daten an den eigenen Betriebs- oder Personalrat, an einen internen Betriebsarzt, an die Schwerbehindertenvertretung usw. nicht unter den Übermittlungsbegriff des § 3.[292] Allerdings müssen auch bei der Weitergabe innerhalb der verantwortlichen Stelle spezifische Datenschutz- oder Vertraulichkeitserfordernisse beachtet werden (etwa das Arztgeheimnis bei der Weitergabe medizinischer Daten). **143**

Nicht als Übermittlung im Sinne von § 3 Abs. 4 Nr. 3 ist die Auftragsdatenverarbeitung gem. § 11 zu qualifizieren. Nach der ausdrücklichen Definition in § 3 Abs. 8 Satz 2 sind Auftragnehmer gemäß § 11 keine »Dritten« und insoweit wie die verantwortliche Stelle selbst zu behandeln.[293] Etwas anderes gilt im Falle der Funktionsübertragung. In diesen Fällen sind die Stellen, die Daten von Arbeitgebern erhalten, als Dritte anzusehen und insoweit liegt Übermittlung vor (vgl. § 11 Rn. 14 f.). **144**

Keine Übermittlung im Sinne von § 3 Abs. 4 Nr. 3 stellt die Veröffentlichung personenbezogener Daten dar. Dies leitet sich schon daraus ab, dass nach einer Veröffentlichung nicht mehr zu bestimmen ist, wer die Informationen erhalten hat. Insoweit handelt es sich um eine Form der Nutzung, an deren Zulässigkeit bezogen auf Daten aus Beschäftigungsverhältnissen besonders hohe Anforderungen zu stellen sind.[294] Diese Nutzungsform wird mithin eine seltene Ausnahme sein. **145**

Eine Übermittlung im Sinne von § 3 Abs. 4 Nr. 3 setzt grundsätzlich voraus, dass die **146**

---

289 Vgl. § 3 Rn. 32.
290 Vgl. Däubler, Gläserne Belegschaften?, Rn. 438 ff.
291 OVG Schleswig-NordÖR 2000, 32; dazu Wiechert NordÖR 2000, 182.
292 Vgl. allgemein § 3 Rn. 36.
293 Vgl. § 3 Rn. 56.
294 Vgl. Däubler, Gläserne Belegschaften?, Rn. 441.

Daten bereits in elektronischer Form vorliegen. Bezogen auf Beschäftigungsverhältnisse wird der Anwendungsbereich allerdings durch die Regelung in § 32 Abs. 2 auch auf Akten erweitert. Vom Übermittlungsbegriff werden damit auch die hier vorliegenden personenbezogenen Daten erfasst.

a) Übergreifende Datenverarbeitung in Konzernen

147 Erfolgt die Übermittlung von Beschäftigtendaten zwischen verschiedenen Unternehmen eines Konzerns, bestimmt sich deren Zulässigkeit mangels eines Konzernprivilegs[295] für konzerninterne Datenverarbeitungen nach den allgemeinen Regeln des BDSG. Soll eine Übermittlung in Drittländer erfolgen, muss dort ein angemessenes Schutzniveau bestehen, dass nach der »Safe Harbor Entscheidung« des EuGH insbesondere den Schutz vor unangemessenen Zugriffen staatlicher Stellen beinhalten muss.[296] Außerhalb des öffentlichen Bereichs handelt es sich bei den beteiligten Unternehmen im Regelfall um natürliche und juristische Personen, Gesellschaften und andere Personenvereinigungen des privaten Rechts (vgl. § 2 Abs. 4). Aus datenschutzrechtlicher Sicht stellt sich die Übermittlung zwischen den Konzernunternehmen als Übermittlung an Dritte dar, sofern nicht Auftragsverarbeitung gem. § 11 BDSG gegeben ist.[297]

148 Die Übermittlung von personenbezogenen Daten an Dritte ist im Rahmen eines Beschäftigungsverhältnisses im Regelfall nicht erforderlich im Sinne von § 32, da sie außerhalb des eigentlichen Vertragszwecks steht. Damit kommt eine Übermittlung nur in Betracht, wenn es eine anderweitige datenschutzrechtliche Erlaubnisnorm gibt. Einschlägige datenschutzrechtliche Erlaubnisnormen sind indes für diese Fälle nicht gegeben. Ein Rückgriff auf § 28 Abs. 1 Satz 1 Nr. 2[298] scheidet schon deshalb aus, weil wegen des Fehlens der Erforderlichkeit gemäß § 32 Abs. 1 Satz 1 vom Vorliegen eines überwiegend schutzwürdigen Interesses der Betroffenen am Ausschluss der Verarbeitung auszugehen ist. Darüber hinaus ist zweifelhaft, ob überhaupt ein berechtigtes Interesse der verantwortlichen Stelle unterstellt werden kann.[299]

149 Eine unternehmensübergreifende Datenverarbeitung ist somit nur möglich, wenn als Erlaubnistatbestand gemäß § 4 Abs. 1 entweder eine Betriebsvereinbarung abgeschlossen ist oder wenn eine Einwilligung der Beschäftigten gemäß § 4a Abs. 1 vorliegt, die eindeutig freiwillig ist. Bezüglich Betriebsvereinbarungen ist zu beachten, dass auch kollektivrechtliche Regelungen nur Eingriffe in Rechte der Betroffenen zulassen können, die so gering wie möglich gehalten sind. Dies leitet sich unmittelbar aus § 75 Abs. 1 Satz 1 BetrVG ab.[300]

---

295 Vgl. zum Fehlen eines Konzernprivilegs § 11 Rn. 10 f.; ebenso Taeger/Gabel-Zöll, § 32 Rn. 28; Simitis-Seifert, § 32 Rn. 116.
296 Vgl. EuGH 6.10.2015 – C-362/14; vgl. hierzu § 4 b Rn. 12 a ff. und § 11 Rn. 20 ff.
297 Vgl. hierzu § 11 Rn. 10; allgemein von dem Busche/Voigt in dies., S. 95 ff.
298 Zur Unanwendbarkeit dieser Vorschrift auf Beschäftigungsverhältnisse vgl. Rn. 8 ff.
299 Vgl. Däubler, Gläserne Belegschaften?, Rn. 451 ff.
300 Vgl. Rn. 123 ff.

b) Weitergabe personenbezogener Daten im Zusammenhang mit Umstrukturierungen

Kommt es zu Umstrukturierungen der verantwortlichen Stelle, können sich hieraus Notwendigkeiten für Übermittlungen von personenbezogenen Daten ableiten. Dies kann insbesondere der Fall sein, wenn ein Betriebsübergang gemäß § 613a BGB stattfindet. Auch in diesen Fällen richtet sich die datenschutzrechtliche Zulässigkeit nach den allgemeinen Regeln des BDSG. Grundsätzlich wird man davon ausgehen können, dass ein berechtigtes Interesse der verantwortlichen Stelle an der Übermittlung gemäß § 28 Abs. 1 Satz 1 Nr. 2 gegeben sein kann. Soweit die Übermittlung im Zusammenhang mit dem Verkauf stattfindet, wird ein schutzwürdiges Interesse der Beschäftigten am Ausschluss der Übermittlung nicht überwiegen, solange sich die übermittelten personenbezogenen Daten auf die zwingend notwendigen Informationen beschränken. Für die Weitergabe steht indes mit Blick auf das Schutzziel der Norm nur ein enger Rahmen zur Verfügung.

Im Einzelfall kann es notwendig sein, auf die Übermittlung bestimmter Informationen zu verzichten, wenn sich hieraus Nachteile für Betroffene ergeben können.[301] Handelt es sich beispielsweise um besondere Arten personenbezogener Daten im Sinne von § 3 Abs. 9, können für die Übermittlung im Zusammenhang mit Umstrukturierungen besondere Restriktionen gelten. Dies kann beispielsweise für Daten gelten, die ein Betriebsarzt bei Beschäftigten erhoben hat. Mit Blick auf § 3a müssen derartige Daten anonymisiert oder pseudonymisiert werden.

Kommt es im Rahmen von Umstrukturierungen oder Übernahmen zur Auflösung von Betrieben oder Unternehmen, muss sichergestellt werden, dass die noch vorhandenen personenbezogenen Daten entweder sicher vernichtet oder gesichert aufbewahrt werden.

c) Übermittlung im Rahmen von Produktionsverbünden

Stimmen Betriebe oder Unternehmen ihre Produktion aufeinander ab, kann dies dazu führen, dass auch personenbezogene Daten übermittelt werden. Dies kann beispielsweise in Just-in-Time-Produktionsprozessen der Fall sein, wenn ein Auftraggeber zu Qualitätssicherungszwecken bei einem Zulieferer Detailinformationen abfragt, zu denen auch die Namen der an den Produktionsprozessen beteiligten Beschäftigten gehören. Für derartige Fälle ist zunächst zu prüfen, ob nicht eine Pseudonymisierung gemäß § 3a möglich ist.

Scheidet diese Möglichkeit aus, lässt sich die Kompetenz zur Übermittlung dieser Beschäftigtendaten nicht aus § 32 ableiten, da die entsprechenden Informationen nicht zur Durchführung des Vertragsverhältnisses erforderlich sind. Soweit die Übermittlung von bestimmten Informationen unabhängig vom Beschäftigungsverhältnis ist, könnte für ihre Notwendigkeit im Einzelfall ein berechtigtes Interesse der verantwortlichen Stelle gemäß § 28 Abs. 1 Satz 1 Nr. 2 bestehen. Die schutzwürdigen Interessen der Betroffenen sind in diesen Fällen nur gewahrt, wenn ihre personenbezogenen Daten

---

301 Vgl. Däubler, Gläserne Belegschaften?, Rn. 489c.

mindestens pseudonymisiert sind. Wo das technisch nicht möglich ist, muss eine absolute Zweckbindung garantiert sein, die es insbesondere dem Datenempfänger verwehrt, personenbezogene Daten für andere Zwecke zu verwenden.[302] Zudem müssen die übermittelten personenbezogenen Daten auf das notwendige Minimum beschränkt werden. Lassen sich die vorstehenden Vorgaben nicht realisieren, muss die Übermittlung unterbleiben.

154a Entsprechendes gilt für die unternehmensübergreifende Übermittlung von personenbezogenen Daten der Beschäftigten in sog. »internen sozialen Netzwerken«.[303] Der Begriff »interne soziale Netzwerke« steht für Softwareanwendungen, die es den Beschäftigten ermöglichen, ähnlich wie in kommerziellen »sozialen Netzwerken« in universeller Weise Informationen, Daten und Dokumente auszutauschen. Darüber hinaus ermöglichen sie beispielsweise sog. »Chats« zu bestimmten Themen oder das gemeinsame Bearbeiten von Dokumenten. Die unternehmensübergreifende Verarbeitung und Nutzung von Beschäftigtendaten in diesen Systemen ist nicht als erforderlich gemäß § 32 Abs. 1 Satz 1 zu qualifizieren. Die Anwendbarkeit dieser Vorschrift steht einem Rückgriff auf § 28 Abs. 1 Satz 1 Nr. 2 entgegen.[304]

d) Leiharbeit/»Crowdwork«

155 Werden Beschäftigte im Rahmen von Leiharbeit oder von anderen Formen der Arbeitnehmerüberlassung in anderen Betrieben oder Unternehmen tätig, kann hieraus die Notwendigkeit der Datenübermittlung zwischen der verantwortlichen Stelle (d. h. dem Arbeitgeber des Leiharbeiters) und Dritten (d. h. dem Auftraggeber der Leiharbeit) resultieren. Im Verhältnis zwischen einem Leiharbeitnehmer und dessen Arbeitgeber ist § 32 Abs. 1 Satz 1 die einschlägige Erlaubnisnorm. Auf der Grundlage der hier festgeschriebenen Erforderlichkeit kommt nur eine Übermittlung der zwingend erforderlichen Daten der Beschäftigten in Betracht.

156 Mit Blick auf die schutzwürdigen Interessen der Betroffenen muss allerdings sichergestellt werden, dass an Auftraggeber nur das Minimum an Daten übermittelt wird und nicht etwa alle personenbezogenen Informationen, die bei der verantwortlichen Stelle vorliegen. Für die allgemeine Information eines Auftraggebers ist es normalerweise ausreichend, diesem pseudonymisierte Informationen über potentielle Beschäftigte zu übermitteln. Konkretisiert sich ein Auftrag, ist es im Regelfall im Rahmen der notwendigen engen Auslegung ausreichend, dass, neben Namen und Anschrift von Beschäftigten, die zwingend notwendigen Qualifikationsdaten übermittelt werden.

156a Ähnliches gilt, wenn Arbeitgeber Tätigkeiten an Crowdworker vergeben.[305] Für diese Arbeitsform muss sichergestellt werden, dass die so beschäftigten Crowdworker entweder datenschutzkonform beauftragt werden oder dass ihnen von den Auftraggebern keine personenbezogenen Daten übermittelt werden. Erfolgt eine Zusammenarbeit mit

---

302 Ähnlich Däubler, Gläserne Belegschaften?, Rn 448.
303 Vgl. Wedde, CuA 4/2015, 4 ff.
304 Vgl. zur Anwendbarkeit von § 28 Abs. 1 Satz 1 Nr. 2 und 3 Rn. 8 ff.
305 Zur Definition vgl. Al-Ani, AiB-Sonderheft 9/2015, 10 ff.; Leimeister/Zogaj/Blohm in: Benner (Hrsg.), S. 9 ff.

Arbeitnehmerdatenschutz § 32

betrieblichen Beschäftigten, gehören zu den schützenswerten Daten auch Informationen über betriebliche Beschäftigte.[306]

e) Übermittlung von Beschäftigtendaten an Koalitionen/an Branchenauskunftsdienste

Die Übermittlung von Beschäftigtendaten an Arbeitgeberverbände oder Gewerkschaften gehört nicht zu den Zwecken eines Beschäftigungsverhältnisses gemäß § 32 Abs. 1 Satz 1. Sie ist auch nicht als Übermittlung für andere Zwecke zur Wahrung berechtigter Interessen eines Dritten gemäß § 28 Abs. 2 Nr. 1a zulässig, da Grund zu der Annahme besteht, dass Betroffene ein schutzwürdiges Interesse an der Verhinderung derartiger Informationsflüsse haben.

Bezogen auf Arbeitgeberverbände ist zu unterstellen, dass Beschäftigte schon wegen der gegensätzlichen Interessenlage nicht wollen, dass sie von diesen direkt angesprochen werden können. Bezogen auf Gewerkschaften muss beachtet werden, dass Beschäftigte im Regelfall nicht automatisch damit einverstanden sind, dass Arbeitgeber wissen sollen, ob und wo sie gewerkschaftlich organisiert sind. Etwas anderes kann nur gelten, wenn Gewerkschaftsmitglieder eine wirksame Einwilligung zur Übermittlung dieser Daten gemäß § 4a Abs. 3 erteilt haben.[307]

Entsprechende Übermittlungshemmnisse bestehen weiterhin, wenn Arbeitgeber die Daten von Beschäftigten an sog. Branchenauskunftsdienste weitergeben wollen. In Betracht kommen beispielsweise zentrale Auskunftsstellen, die unternehmensübergreifend Informationen über bestimmte Beschäftigte oder Beschäftigtengruppen sammeln (etwa angestellte Außendienstmitarbeiter[308]).

f) Übermittlung von Beschäftigtendaten anderer Arbeitgeber

Soll im Zusammenhang mit Arbeitsplatzwechseln eine Kommunikation zwischen alten und neuen Arbeitgebern stattfinden, bedarf diese der datenschutzrechtlichen Legitimation.[309] Aus § 32 Abs. 1 Satz 1 lässt sich eine solche Übermittlung datenschutzrechtlich nicht legitimieren, da es nicht zum Zweck des Beschäftigungsverhältnisses gehört, Auskünfte über Bewerber an Dritte wie insbesondere an potentielle Arbeitgeber zu erteilen. Zudem steht einem solchen Vorgehen das Selbstbestimmungsrecht der Beschäftigten entgegen.[310]

Auch aus § 28 Abs. 2 Nr. 2a, der die Übermittlung oder Nutzung zur Wahrung berechtigter Interessen eines Dritten zulässt, kann keine Legitimation für die Übermittlung entsprechender Informationen von den alten Arbeitgebern an einen neuen Arbeitgeber abgeleitet werden. Mit Blick darauf, dass sich aus den übermittelten Informationen für Beschäftigte negative Folgen ableiten können, besteht ein Grund zu der

---

306 Wedde, AiB-Sonderheft 9/2015, 26 ff.
307 Vgl. § 4a Rn. 20 ff.
308 Vgl. Däubler, Gläserne Belegschaften?, Rn. 455.
309 *Nicht besetzt.*
310 Ähnlich Simitis-Seifert, § 32 Rn. 41.

Annahme, dass ein schutzwürdiges Interesse am Ausschluss der nicht zu kontrollierenden Übermittlung von personenbezogenen Daten besteht.[311] Zudem ist diese Art der direkten Anforderung von Informationen nicht das mildeste Mittel. Sie ist damit im Ergebnis nicht erforderlich im Sinne von § 32 Abs. 1 Satz 1.

162 Vor diesem Hintergrund sind entsprechende Datenflüsse zwischen dem alten und dem neuen AG nur auf der Grundlage einer Einwilligung der Betroffenen gemäß § 4 a möglich. Insoweit entspricht es der Praxis, dass Bewerber vorherige Arbeitgeber eigenständig als Referenz angeben und dass diese dann von potentiellen Arbeitgebern kontaktiert werden können.[312] Auf der Grundlage einer eindeutigen Einwilligung können Daten nicht berücksichtigter Bewerber in eine Datenbank aufgenommen werden, die für künftige Auswahlverfahren genutzt werden soll. Die Betroffenen müssen über diese Aufnahme nach § 33 informiert werden.[313]

162a Ohne das Vorliegen einer Einwilligung sind die Daten nicht berücksichtigter Personen nach Abschluss des Bewerbungsverfahrens zu löschen, da für die weitere Speicherung keine datenschutzrechtliche Legitimation besteht.[314] Arbeitgeber haben ohne entsprechende Einwilligung insbesondere kein Recht, Daten abgelehnter Bewerber für einen späteren Datenabgleich bei nochmaliger Bewerbung aufzubewahren.[315] Enthalten Fragebogen unzulässige Angaben aus der Privat- und Intimsphäre, haben die Bewerber einen Anspruch auf deren Vernichtung.[316]

g) Mitwirkungs- und Mitbestimmungsrechte von Betriebs- und Personalräten

163 Die vorstehenden Übermittlungsvorgänge lösen eine Reihe von Mitwirkungs- und Mitbestimmungsrechten von Betriebs- und Personalräten aus. Die Erhebung, Verarbeitung und Nutzung personenbezogener Daten von Beschäftigten durch Betriebs- und Personalräte im Rahmen ihrer kollektiven Rechte ist datenschutzrechtlich zulässig.[317]

164 Betriebsräte müssen vom Arbeitgeber aufgrund des Mitwirkungsrechts gemäß § 80 Abs. 2 Satz 1 BetrVG rechtzeitig und umfassend über entsprechende Übermittlungen unterrichtet werden. Auf der Grundlage dieser Informationen haben sie gemäß § 80 Abs. 1 Nr. 1 die Verpflichtung, die Einhaltung einschlägiger Schutzgesetze zu überwachen, zu denen auch das BDSG gehört.

165 Eine entsprechende Norm findet sich für Personalräte im Bereich der Bundesverwaltung in § 68 Abs. 1 Nr. 2 BPersVG und darüber hinaus für Personalräte in den Landesverwaltungen in den meisten Landespersonalvertretungsgesetzen.[318] Betriebs- und Per-

---

311 A. A. Riesenhuber in Wolff/Brink, § 32 Rn. 169.
312 Ebenso Däubler, Gläserne Belegschaften?, Rn. 457 ff., der darauf hinweist, dass in einer Reihe von Landesdatenschutzgesetzen entsprechende Einwilligungen normiert sind.
313 Taeger/Gabel-Zöll, § 32 Rn. 20.
314 Ähnlich Taeger/Gabel-Zöll, § 32 Rn. 20, der allerdings auf das Fehlen eines berechtigten Interesses des Arbeitgebers abstellt.
315 BAG 6.6.1984 – 5 AZR 286/81, NZA 1984, 321.
316 BAG, a. a. O.; ebenso Taeger/Gabel-Zöll, § 32 Rn. 20.
317 BAG 14.1.2014, NZA 2014, 738 für Anspruch auf Einblick in Bruttogehaltslisten; vgl. auch Kröll, AiB 12/2014, 66.
318 Zu kollektivrechtlichen Handlungsmöglichkeiten von Personalräten Wedde, PersR 11/2014, 19 ff.

sonalräte können insoweit alle Informationen verlangen, die sie benötigen, um sich von der Rechtskonformität von Übermittlungen zu überzeugen.

Ein Mitbestimmungsrecht leitet sich für die Fälle der Übermittlungen sowohl für Betriebs- wie auch für Personalräte weiterhin aus der Tatsache ab, dass die Übermittlungsvorgänge praktisch immer mittels IT-Technik durchgeführt werden. Hieraus resultiert im nicht-öffentlichen Bereich das Mitbestimmungsrecht gemäß § 87 Abs. 1 Nr. 6 BetrVG, das Betriebsräte in die Lage versetzt, vom Arbeitgeber zu verlangen, dass Leistungs- und Verhaltenskontrollen entweder nicht möglich sind oder nur in einem durch Vereinbarung definierten Rahmen erfolgen können. Für Personalräte im Bundesbereich leiten sich vergleichbare Mitbestimmungsmöglichkeiten aus § 75 Abs. 3 Nr. 17 BPersVG ab. Darüber hinaus ist Mitbestimmungsrecht textgleich oder vergleichbar in den meisten Landespersonalvertretungsgesetzen enthalten. 166

Werden für die Befragung von Bewerbern oder von Beschäftigten Personalfragebogen eingesetzt, bedarf deren Inhalt nach § 95 BetrVG der Zustimmung des Betriebsrats.[319] Zulässig sind nur solche Fragen, an deren Beantwortung ein Arbeitgeber ein berechtigtes, billigenswertes und schutzwürdiges Interesse hat.[320] 166a

9. Übermittlung von Beschäftigtendaten an Stellen außerhalb der Bundesrepublik Deutschland

Die Übermittlung von Beschäftigtendaten beschränkt sich in der Praxis geographisch oft nicht mehr auf die Bundesrepublik Deutschland. Grundsätzlich ist es unter den vorstehend genannten datenschutzrechtlichen Voraussetzungen möglich, personenbezogene Daten grenzüberschreitend zu übermitteln und dort von anderen Stellen weiter verarbeiten zu lassen. Die datenschutzrechtliche Situation ist hierbei geographisch zu differenzieren. Erfolgt die weitere Verarbeitung oder Nutzung durch Stellen innerhalb der Europäischen Union oder des EWR und damit im Anwendungsbereich der europäischen Datenschutzrichtlinie, ist dies nach Maßgabe von § 4b Abs. 1 grundsätzlich zulässig. Für Stellen außerhalb der europäischen Union kann eine Übermittlung erfolgen, wenn dort ein vergleichbares datenschutzrechtliches Schutzniveau besteht (vgl. § 4b, Rn. 9 ff.) oder wenn eine der in § 4c genannten Ausnahmen vorliegt. 167

Soweit die Übermittlung an Stellen folgt, die in § 4b Abs. 1 genannt sind, das heißt insbesondere an solche innerhalb der Europäischen Union oder im Europäischen Wirtschaftsraum, sind dieselben datenschutzrechtlichen Voraussetzen zu beachten wie innerhalb der Bundesrepublik Deutschland. Soweit die Übermittlung im Rahmen von Auftragsdatenverarbeitung erfolgt, gehören hierzu insbesondere die Vorgaben in § 11. Daneben ist auch eine Funktionsübertragung grundsätzlich nicht ausgeschlossen (vgl. § 11 Rn. 14 f.). 168

Stellen, die innerhalb der Europäischen Union oder des Europäischen Wirtschaftsraums Daten übermittelt bekommen, gelten aufgrund der Regelung in § 3 Abs. 8 Satz 2 im Rahmen von Aufträgen gemäß § 11 nicht als Dritte. 169

Anders stellt sich die Situation dar, wenn Daten an Stellen außerhalb der Europäischen 170

---

319 DKKW-Klebe, § 94 Rn. 5.
320 Vgl. etwa BAG 5.12.1957 – 1 AZR 594/56, AP Nr. 2 zu § 123 BGB.

Union oder des Europäischen Wirtschaftsraums übermittelt werden. Auf diese Stellen bezieht sich die Privilegierung des § 3 Abs. 8 Satz 2 ausdrücklich nicht. Datenübermittlungen an diese Stellen sind damit (abgesehen von der Möglichkeit einer Einwilligung nach § 4a BDSG) nur nach der Regelung des § 28 Abs. 2 Nr. 2a möglich, wenn es ein berechtigtes Interesse des Datenempfängers gibt.

171 Allerdings ist die Zulässigkeit der Übermittlung daran zu messen, dass kein Grund zu der Annahme besteht, dass der Betroffene ein schutzwürdiges Interesse an dem Ausschluss der Übermittlung oder Nutzung hat. Diese schutzwürdigen Interessen werden im konkreten Einzelfall nur gewahrt sein, wenn vertragliche Regelungen zum Umgang mit den Daten beim Datenempfänger bestehen, die in ihrem Gehalt mindestens dem Niveau entsprechen, wie es sich für Auftragnehmer aus § 11 ableitet. Insoweit ist der Regelungsgehalt von § 11 entsprechend analog anzuwenden.

172 Liegen keine entsprechenden Vereinbarungen oder vertraglichen Regelungen zum Auftragsgegenstand und -inhalt vor, ist davon auszugehen, dass überwiegende schutzwürdige Interessen der Beschäftigten gegeben sind. Diese resultieren schon aus der Überlegung, dass beim Fehlen einer entsprechenden vertraglichen Regelung die Übermittlung von Beschäftigtendaten in Länder ohne angemessenes Datenschutzniveau an geringere datenschutzrechtliche Voraussetzungen geknüpft wäre als die Übermittlung innerhalb der Europäischen Union, die auf Grund der europäischen Datenschutzrichtlinie über ein einheitliches Schutzniveau verfügt.[321] Diese Voraussetzungen werden insbesondere durch die EU-Standardverträge nicht erfüllt, da deren Regelungsgehalt weit hinter den materiellrechtlichen Anforderungen von § 11 zurückbleiben. Dies macht beispielsweise ein Vergleich zwischen den Anforderungen zu den technischen und organisatorischen Daten in § 9 mit den nur allgemeinen Ausführungen zur Datensicherheit in Anlage 2 der Standardvertragsklauseln vom 15.6.2001 (vgl. Anhang 4) deutlich.

10. Löschung von Beschäftigtendaten

173 In der Praxis ist oftmals nicht klar festgelegt, innerhalb welcher Zeiträume Beschäftigtendaten zu löschen oder zu sperren sind. Soweit sich entsprechende Fristen nicht aus gesetzlichen Vorgaben (etwa zur Aufbewahrung oder aus steuerlichen Gründen) ableiten, muss eine Löschung nach allgemeinen datenschutzrechtlichen Vorgaben erfolgen. Im Regelfall muss sie mit Blick auf § 35 Abs. 2 Nr. 1 immer dann durchgeführt werden, wenn die Daten aus objektiver Sicht nicht mehr benötigt werden.

174 Mit Blick auf die allgemeine Vorgabe zur Datenvermeidung in § 3a müssen Arbeitgeber eine gesetzlich indizierte Löschung zeitnah durch geeignete Verfahren sicherstellen. Im Regelfall gelten die allgemeinen Vorgaben zur Löschung und Sperrung uneingeschränkt (vgl. insoweit die Kommentierung zu § 35).

---

321 Vgl. Wedde CR 5/2006, 28.

11. Anwendbarkeit auf nicht-automatisierte Dateien (Abs. 2)

Die Vorschrift nimmt die Grundsätze der Rechtsprechung[322] für den Umgang mit personenbezogenen Daten im Arbeitsverhältnis auf.[323] Bezogen auf personenbezogene Daten, die nicht-automatisiert verarbeitet werden oder die in oder aus einer nicht-automatisierten Datei verarbeitet oder genutzt oder mit einer solchen erhoben werden, kommen die in Abs. 1 formulierten Grundsätze uneingeschränkt zur Anwendung. Damit werden im Rahmen von Beschäftigungsverhältnissen insbesondere Papierakten uneingeschränkt den datenschutzrechtlichen Vorgaben des § 32 und anderer einschlägiger Regelungen dieses Gesetzes unterworfen. 175

Damit unterfallen in Beschäftigungsverhältnissen beispielsweise alle Aufzeichnungen in Papierform, die Vorgesetzte in strukturierter Form über Beschäftigte anfertigen und führen, den in Abs. 1 verankerten Vorgaben. Hierzu gehören etwa schriftliche Unterlagen, die von Vorgesetzten zur Vorbereitung von Jahres- oder Gehaltsgesprächen geführt werden, aber auch alle anderen Formen strukturierter Akten, die sich auf einzelne Beschäftigte beziehen. Ausgenommen bleiben nur Aufzeichnungen, die eindeutig für familiäre oder persönliche Tätigkeiten erhoben, verarbeitet oder genutzt werden (vgl. § 27, Rn. 16). Zulässige Ausnahmen sind im Rahmen von Beschäftigungsverhältnissen eng auszulegen. Im Zweifel muss von der verantwortlichen Stelle dargelegt werden, dass Aufzeichnungen oder Akten, die sich auf Beschäftigungsverhältnisse beziehen, ausnahmsweise nur einen familiären oder persönlichen Charakter haben. 176

12. Beteiligungsrechte von Interessenvertretungen der Beschäftigen (Abs. 3)

Durch Abs. 3 wird klargestellt, dass die Regelung in § 32 gesetzliche Beteiligungsrechte von Betriebs- und Personalräten unberührt lässt. Damit bleibt insbesondere auch das Mitbestimmungsrecht des Betriebsrats nach § 87 Abs. 1 Nr. 6 BetrVG oder des Personalrats nach § 75 Abs. 3 Nr. 17 BPersVG bezüglich der Einführung und Anwendung technischer Einrichtungen unberührt.[324] Die normative Klarstellung verdeutlicht, dass es zu den Aufgaben kollektivrechtlicher Interessenvertreter gehört, auch im Rahmen ihrer Mitwirkungs- und Mitbestimmungsrechte den durch § 32 begründeten Datenschutz sicherzustellen. 177

13. Europäische Perspektiven

Der Kommissionsentwurf vom 25. 1. 2012 für eine europäische Datenschutz-Grundverordnung (EU-DSGVO) enthielt in Art. 82 unter der Überschrift »Datenverarbeitung im Beschäftigungskontext« eine allgemeine und knappe Rahmenvorgabe für nationale Regelungen zum Beschäftigtendatenschutz. In den weiteren Verhandlungen zu dieser Verordnung wurde diese Überschrift vom EU-Parlament in der modifizierten Entwurfsfassung vom 12.3.2014 in »Mindestnormen für die Datenverarbeitung im Be- 178

---

322 Vgl. etwa BAG DB 1987, 2571; NZA 2007, 269.
323 BT-Drucksache 16/13657, S. 21.
324 Vgl. a. a. O.

schäftigungskontext« umbenannt. In der aktuellen Version des Rats vom 15.6.2015 wird wieder die alte Überschrift verwendet, dafür werden die vom EU-Parlament eingefügten Abs. 1 a bis 1 d nicht übernommen. Allerdings verzichtet der Rat in seiner Formulierung zu Art. 82 Abs. 1 Satz 1 vollständig auf die Vorgabe, dass nationale Regelungen zum Beschäftigtendatenschutz »*in den Grenzen dieser Verordnung*« (Vorschlag der EU-Kommission zu Abs. 1 Satz 1) oder »*im Einklang mit den Regelungen*« der EU-DSGVO (Vorschlag des EU-Parlaments zu Abs. 1 Satz 1) stehen müssen. Stattdessen sieht dieser Entwurf nunmehr vor, dass die Mitgliedsstaaten »*durch Rechtsvorschriften oder durch Kollektivvereinbarungen spezifischere Vorschriften*« zum Beschäftigtendatenschutz vorsehen können. Damit eröffnet der Entwurf den Weg, Datenschutz per Betriebsvereinbarung oder Tarifvertrag zu regeln. Dies kann im Ergebnis auch zu Verschlechterungen per Betriebsvereinbarung oder Tarifvertrag gegenüber der gesetzlichen Situation führen.[325]

179 Herausragend problematisch ist die Entwurfsfassung des EU-Parlaments, die Vorgaben für Mindestregelungen zum Beschäftigtendatenschutz macht, die weitgehende Erhebungs-, Verarbeitungs- und Nutzungsbefugnisse zugunsten der Arbeitgeber schaffen und damit die nationalen Gesetze zu diesem Thema inhaltlich vorbestimmen würde. Hinter diesen Befugnissen werden nationale Gesetzgeber bei der Erarbeitung von eigenen Gesetzen nicht zurück bleiben können.

180 In der Entwurfsfassung des EU-Parlaments zu Art. 82 Abs. 1 a bis 1 d, finden sich zahlreiche Sachverhalte wieder, die in Deutschland aus dem vieldiskutierten Entwurf der CDU/FDP-Bundesregierung zu einem Beschäftigtendatenschutzgesetz[326] bekannt sind. Der vorliegende Entwurf weitet die Verarbeitungsbefugnisse von Arbeitgebern deutlich aus, ohne zugleich wirksame Datenschutzmechanismen zugunsten der Beschäftigten zu verankern. Dies sei an dieser Stelle nur exemplarisch aufgezeigt:
- Die Verarbeitung von Beschäftigtendaten auf Grundlage einer freiwilligen Einwilligung von Beschäftigten wird durch Art. 82 Abs. 1 b des Entwurfs zugelassen, ohne dass zugleich die Freiwilligkeit durch starke Schutzmechanismen abgesichert wird.
- Die Regelung in Art. 82 Abs. 1 c Buchstabe a) des Entwurfs lässt für den Fall, dass zu dokumentierende tatsächliche Anhaltspunkte den Verdacht begründen, dass der Arbeitnehmer im Beschäftigungsverhältnis eine Straftat oder eine andere schwerwiegende Pflichtverletzung begangen hat, auch heimliche Verarbeitungen von Beschäftigtendaten zu. Einschlägig für schwerwiegende Pflichtverletzungen könnten nach deutschem Recht die Sachverhalte sein, die eine außerordentliche Kündigung gemäß § 626 BGB legitimieren. Die Schwelle hierfür ist im Angesicht der Rechtsprechung nicht hoch.
- Durch die Regelung in Art. 82 Abs. 1 c Buchstabe b) des Entwurfs wird die offene Videoüberwachung für alle Betriebsteile legitimiert. Ausgenommen sollen nur die Räume bleiben, die der »privaten Lebensgestaltung« der Arbeitnehmer dienen.
- Durch die Regelung in Art. 82 Abs. 1 c Buchstabe c) des Entwurfs werden ärztliche

---

325 Eine Synopse der verschiedenen Fassungen hat das Bayerische Landesamt für Datenschutzaufsicht (LDA) erstellt. Diese ist abrufbar unter *www.lda.bayern.de/lda/datenschutzaufsicht/lda_daten/Synopse_DS_GVO_EU_Parlament_BayLDA.pdf*.
326 Vgl. hierzu Einleitung, Rn. 68.

Benachrichtigung des Betroffenen § 33

Untersuchungen pauschal zugelassen. Lediglich Datenerhebungen zum Zwecke von gentechnischen Tests und Analysen sollen grundsätzlich untersagt werden.
- Für den Fall, dass die private Nutzung von betrieblichen Kommunikationsdiensten erlaubt ist, räumt eine nicht abschließende Aufzählung in Art. 82 Abs. 1 c Buchstabe d) des Entwurfs Arbeitgebern beispielsweise das Recht ein, die anfallenden Verkehrsdaten zur »Gewährleistung der Datensicherheit« zu verarbeiten. Dies würde beispielsweise eine Auswertung der Verkehrsdaten durch »Data Leak Prevention-Systeme« zu präventiven Zwecken beinhalten.
- Die vorstehenden Verarbeitungen müssten sich nicht mehr auf das Unternehmen beschränken, da Art. 82 Abs. 1 d des Entwurfs ein Konzernprivileg für die Datenverarbeitung schafft. Unter Beachtung der in Kapitel V des Entwurfs zu findenden Vorgaben könnten die Daten dann ggf. auch in Drittländern verarbeitet werden. Würde diese Vorgabe in das nationale Recht Deutschlands umgesetzt, wäre es beispielsweise internationalen Konzernen möglich, Überprüfungen von Verkehrsdaten zu Zwecken der Datensicherheit irgendwo auf der Welt und damit außerhalb der Reichweite von Kontroll- und Mitbestimmungsrechten der Betriebs- und Personalräte durchzuführen.
- Art. 82 Abs. 1 Satz 1 des Entwurfs sieht ausdrücklich vor, dass in den Mitgliedsstaaten durch Kollektivvereinbarungen spezifischere Vorschriften zur Gewährleistung des Schutzes der Rechte und Freiheiten hinsichtlich der Verarbeitung personenbezogener Daten in Beschäftigungsverhältnissen vereinbart werden können. Käme es zur Umsetzung dieser Regelung in das nationale Recht, könnten Betriebs- und Personalräte unter Druck gesetzt werden, einer Reduzierung von Datenschutzstandards zuzustimmen, etwa zu Zwecken der Beschäftigungssicherung.
- Aus Sicht von Beschäftigten positiv ist die Regelung in Art. 82 Abs. 1 c Buchstabe e) zu bewerten, durch die u.a. die Erstellung »schwarzer Listen« zur Gewerkschaftszugehörigkeit verboten wird.

Dem Entwurf des EU-Parlaments geht es offensichtlich weniger um eine Verbesserung des Schutzes von Beschäftigtendaten, als vielmehr um die Legitimation vielfältiger Verarbeitungen und hieraus resultierender Kontrollen von Beschäftigten. Hinzu kommen zahlreiche weitere Reduzierungen des im ursprünglichen Entwurf der EU-Kommission enthaltenen Schutzniveaus, die der Entwurf des EU-Parlaments vorsieht. Hierauf verzichtet zwar der Entwurf des Rats der EU. Bei diesem steht aber aufgrund der Modifikation des Art. 82 Abs. 1 ebenfalls nicht der Schutz der Beschäftigten im Vordergrund.

181

Zweiter Unterabschnitt
Rechte des Betroffenen

§ 33 Benachrichtigung des Betroffenen

(1) **Werden erstmals personenbezogene Daten für eigene Zwecke ohne Kenntnis des Betroffen gespeichert, ist der Betroffene von der Speicherung, der Art der Daten, der Zweckbestimmung der Erhebung, Verarbeitung oder Nutzung und der Identität der verantwortlichen Stelle zu benachrichtigen. Werden personenbezogene Daten**

geschäftsmäßig zum Zweck der Übermittlung ohne Kenntnis des Betroffen gespeichert, ist der Betroffene von der erstmaligen Übermittlung und der Art der übermittelten Daten zu benachrichtigen. Der Betroffene ist in den Fällen der Sätze 1 und 2 auch über die Kategorien von Empfängern zu unterrichten, soweit er nach den Umständen des Einzelfalles nicht mit der Übermittlung an diese rechnen muss.

(2) Eine Pflicht zur Benachrichtigung besteht nicht, wenn
1. der Betroffene auf andere Weise Kenntnis von der Speicherung oder der Übermittlung erlangt hat,
2. die Daten nur deshalb gespeichert sind, weil sie aufgrund gesetzlicher, satzungsmäßiger oder vertraglicher Aufbewahrungsvorschriften nicht gelöscht werden dürfen oder ausschließlich der Datensicherung oder der Datenschutzkontrolle dienen und eine Benachrichtigung einen unverhältnismäßigen Aufwand erfordern würde,
3. die Daten nach einer Rechtsvorschrift oder ihrem Wesen nach, namentlich wegen des überwiegenden rechtlichen Interesses eines Dritten, geheim gehalten werden müssen,
4. die Speicherung oder Übermittlung durch Gesetz ausdrücklich vorgesehen ist,
5. die Speicherung oder Übermittlung für Zwecke der wissenschaftlichen Forschung erforderlich ist und eine Benachrichtigung einen unverhältnismäßigen Aufwand erfordern würde,
6. die zuständige öffentliche Stelle gegenüber der verantwortlichen Stelle festgestellt hat, dass das Bekanntwerden der Daten die öffentliche Sicherheit oder Ordnung gefährden oder sonst dem Wohle des Bundes oder eines Landes Nachteile bereiten würde,
7. die Daten für eigene Zwecke gespeichert sind und
   a) aus allgemein zugänglichen Quellen entnommen sind und eine Benachrichtigung wegen der Vielzahl der betroffenen Fälle unverhältnismäßig ist, oder
   b) die Benachrichtigung die Geschäftszwecke der verantwortlichen Stelle erheblich gefährden würde, es sei denn, dass das Interesse an der Benachrichtigung die Gefährdung überwiegt,
8. die Daten geschäftsmäßig zum Zweck der Übermittlung gespeichert sind und
   a) aus allgemein zugänglichen Quellen entnommen sind, soweit sie sich auf diejenigen Personen beziehen, die diese Daten veröffentlicht haben oder
   b) es sich um listenmäßig oder sonst zusammengefasste Daten handelt (§ 29 Absatz 2 Satz 2)
   und eine Benachrichtigung wegen der Vielzahl der betroffenen Fälle unverhältnismäßig ist,
9. aus allgemein zugänglichen Quellen entnommene Daten geschäftsmäßig für Zwecke der Markt- oder Meinungsforschung gespeichert sind und eine Benachrichtigung wegen der Vielzahl der betroffenen Fälle unverhältnismäßig ist.

Die verantwortliche Stelle legt schriftlich fest, unter welchen Voraussetzungen von einer Benachrichtigung nach Satz 1 Nr. 2 bis 7 abgesehen wird.

Benachrichtigung des Betroffenen § 33

Übersicht	Rn.
1. Einleitung	1–3
2. Voraussetzungen für das Eingreifen des Abs. 1	4–9
3. Form und Inhalt der Benachrichtigung	10–21
a) Verantwortliche Stelle und Betroffener	10–14
b) Zeitpunkt	15
c) Form	16–17a
d) Inhalt der Unterrichtung	18–21
4. Ausnahmen von der Benachrichtigungspflicht	22–51
a) Abs. 2 Nr. 1	24, 25
b) Abs. 2 Nr. 2	26–29
c) Abs. 2 Nr. 3	30–37
d) Abs. 2 Nr. 4	38, 39
e) Abs. 2 Nr. 5	40
f) Abs. 2 Nr. 6	41–43
g) Abs. 2 Nr. 7	44–48
h) Abs. 2 Nr. 8	49, 50
i) Abs. 2 Nr. 9	50a
j) Abs. 2 Satz 2	51
5. Abhilfe bei unvollständiger Information	52
6. Europäische Perspektiven	53

1. Einleitung

Nach Abs. 1 ist der Betroffene bei erstmaliger Speicherung bzw. bei erstmaliger Übermittlung über die näheren dort genannten Umstände in Kenntnis zu setzen. Durch eine solche »Basisinformation« soll er in die Lage versetzt werden, »nachzuhaken« und mit Hilfe seines Auskunftsrechts nach § 34 Näheres zu erfahren und ggf. von seinen Korrekturrechten nach § 35 Gebrauch zu machen.[1] Ohne die Regelung des Abs. 1 wäre er nur in besonderen Glücksfällen in der Lage, seine Individualrechte wirksam auszuüben.[2] Es handelt sich der Sache nach um eine verfahrensrechtliche Schutzvorkehrung zugunsten des informationellen Selbstbestimmungsrechts,[3] die wesentliche Voraussetzung für die Herstellung von Datentransparenz ist.[4] Bis 2001 fehlte eine entsprechende Vorschrift für den öffentlichen Bereich. Seither gilt § 19a; außerdem sollen der Grundsatz der Direkterhebung sowie das Informationsfreiheitsgesetz zu einer umfassenden Transparenz beitragen.[5]   1

Abs. 1 differenziert zwischen verantwortlichen Stellen, die für eigene Zwecke speichern, und solchen, die dies zum Zwecke der Übermittlung tun (Auskunfteien usw.). Letztere sind nur bei einer erstmaligen Übermittlung zur Information verpflichtet, so dass sie sich unkontrolliert einen großen »Datenvorrat« aufbauen können. Für den Betroffenen   2

---

1 Thüsing/Pötters in Thüsing (Hrsg.), Beschäftigtendatenschutz und Compliance, § 18 Rn. 4; Wolff/Brink-Forgó § 33 Rn. 2.
2 Vgl. bereits Dammann ZRP 1980, 84.
3 BMH, § 33 Rn. 10; Dix in Simitis, § 33 Rn. 2.
4 Mester S. 155.
5 Vgl. schon Wedde in Roßnagel, Kap. 4.4. Rn. 20 ff.

schafft dies ein Transparenzdefizit, für das keine genügende Rechtfertigung ersichtlich ist.

3 Abs. 2 enthält zahlreiche Ausnahmen, die den Schluss nahe legen könnten, vom Grundprinzip bleibe nur noch relativ wenig übrig. Dass die Vorschrift ihr Ziel erreicht, wird in der Literatur in der Tat bezweifelt.[6] Der Nichtsahnende wird keine Ansprüche geltend machen und im Regelfall auch nicht die Aufsichtsbehörde einschalten. Wird ein vorsätzlicher oder fahrlässiger Verstoß aufgedeckt, so kann nach § 43 Abs. 1 Nr. 8 eine Geldbuße verhängt werden, die im (theoretischen) Höchstfall nach § 43 Abs. 3 Satz 1 50 000,00 € beträgt.

2. Voraussetzungen für das Eingreifen des Abs. 1

4 Wer personenbezogene **Daten für eigene Zwecke** ohne Kenntnis des Betroffenen speichert, muss diesen nach Maßgabe des **Abs. 1 Satz 1** informieren. Die bloße Erhebung als solche genügt nicht.[7] Die Speicherung muss im Rahmen des Anwendungsbereichs des Dritten Teiles erfolgen, erfasst also auch die Speicherung in Akten, sofern die Daten offensichtlich aus einer automatisierten Verarbeitung entnommen worden sind (§ 27 Abs. 2). Dies ist etwa bei Ausdrucken von E-Mails der Fall. Der Verzicht auf das Dateierfordernis in § 32 Abs. 2 schlägt nach der Rechtsprechung nicht auf die Individualrechte nach den §§ 33 ff. durch,[8] so dass der Einzelne nicht automatisch von manuell über ihn geführten Akten informiert werden muss. Wird **RFID-Technik** benutzt,[9] um Waren zu identifizieren, oder bezahlt der Kunde an der Kasse mit Kreditkarte, so stellt auch dies die Herstellung jedenfalls eines möglichen Personenbezugs dar. Gerade weil dies dem Einzelnen nicht bewusst sein wird, ist er nach § 33 Abs. 1 zu informieren.[10]

4a Abs. 1 stellt allein auf das »Speichern« ab, das in § 3 Abs. 4 Nr. 1 BDSG definiert ist. Danach kommt es auf das »Erfassen auf einem Datenträger« zum Zweck der weiteren Verarbeitung oder Nutzung an, wobei die dabei angewendeten Verfahren keine Rolle spielen. Früher griff § 33 nur ein, wenn die Voraussetzungen des § 27 BDSG gegeben waren, wonach die Daten zumindest aus einer automatisierten Verarbeitung entnommen sein mussten.

5 Werden personenbezogene Daten geschäftsmäßig **zum Zweck der Übermittlung** ohne Kenntnis des Betroffenen gespeichert, so wird die Informationspflicht nach **Abs. 1 Satz 2** erst durch die Übermittlung an einen Dritten ausgelöst. Werden Daten zum Abruf bereitgehalten, so kommt es nach § 3 Abs. 4 Satz 2 Nr. 3 auf den konkreten Abruf an. Die verantwortliche Stelle muss Vorkehrungen treffen, damit sie davon Kenntnis erhält.[11] Für sie wird es sich allerdings häufig empfehlen, den Betroffenen vorher in Kenntnis zu setzen, um die Möglichkeit zur Korrektur zu eröffnen und sich so in der Zukunft unangenehme Auseinandersetzungen zu ersparen. Allerdings darf dabei nicht

---

6 Wedde in Roßnagel, Kap. 4.4. Rn. 29; Dix in Simitis, § 33 Rn. 4.
7 Wolff/Brink-Forgó § 33 Rn. 25.
8 So für § 34 BDSG BAG 16.10.2010 – 9 AZR 573/09, NJW 2011, 1306.
9 Dazu Däubler, dbr 6/2005, S. 30.
10 Vgl. Dix in Simitis, § 33 Rn. 22.
11 Zustimmend Meents/Hinzpeter in Taeger/Gabel, § 33 Rn. 13.

Benachrichtigung des Betroffenen § 33

der Eindruck erweckt werden, der Betroffene sei zu einer »Selbstauskunft« verpflichtet.[12] Die Informationspflicht beschränkt sich im Übrigen auf die übermittelten Daten.[13]
Die Informationspflicht besteht nach Abs. 1 Satz 1 wie nach Abs. 1 Satz 2 nur dann, **6** wenn die Speicherung bzw. die Übermittlung »**ohne Kenntnis des Betroffenen**« erfolgte. Sinn dieser Einschränkung ist es, unnötigen bürokratischen Aufwand zu vermeiden; wer schon Bescheid weiß, bedarf keiner ausdrücklichen Unterrichtung mehr. Allerdings muss sich die Kenntnis des Betroffenen auf alle Umstände wie z. B. die Art der gespeicherten bzw. übermittelten Daten beziehen, die Gegenstand der Informationspflicht sind (dazu unten Rn. 18 ff.). Ist der vom Gesetz gewollte Informationsstand nicht erreicht, bleibt es bei den Pflichten nach Abs. 1.[14]
Wurden die fraglichen Daten **beim Betroffenen selbst erhoben**, so muss er nach § 4 **7** Abs. 2 Satz 1 dabei alle relevanten Umstände erfahren (Einzelheiten § 4 Rn. 11 ff.). Wird dem in vollem Umfang Rechnung getragen, wird in der Regel »Kenntnis« im Sinne des § 33 Abs. 1 vorhanden sein.[15] Dasselbe gilt, wenn die Datenerhebung auf einer **Einwilligung** des Betroffenen beruhte und er dabei die von § 4a Abs. 1 Satz 2 vorgeschriebenen Informationen erhielt (Einzelheiten oben § 4a Rn. 7 ff.).[16] Auch auf anderen Wegen – z. B. durch Vertragsverhandlungen – können die nötigen Kenntnisse erworben worden sein.[17]
Ändern sich die **Voraussetzungen**, unter denen die Information nach Abs. 1 erteilt **8** wurde (oder nach Abs. 2 überflüssig war), ist **erneut zu unterrichten**. Dies ist etwa dann der Fall, wenn eine zusätzliche Art von Daten gespeichert bzw. übermittelt wird.[18] Dasselbe gilt, wenn eine neue Kategorie von Empfängern im Sinne des Abs. 1 Satz 3 einbezogen wird.[19] Sind Daten zunächst nur für den »Hausgebrauch« erhoben, sollen sie dann aber an einen Dritten übermittelt werden, ist der Betroffene davon gleichfalls zu informieren.[20] Dies gilt auch für die Funktionsübertragung auf ein anderes Konzernunternehmen sowie die Auftragsdatenverarbeitung.[21] Dasselbe ist anzunehmen, wenn zunächst nicht informiert werden musste, weil die Daten aus öffentlich zugänglichen Quellen entnommen wurden (Abs. 2 Nr. 7 und 8 – dazu unten Rn. 44 ff.), wenn nunmehr aber auch andere Daten über den Betroffenen gespeichert werden.[22]
Ändert sich der Träger der verantwortlichen Stelle durch Spaltung oder Fusion von **9** Unternehmen oder durch Betriebserwerb nach § 613a BGB, wird gleichfalls eine

---

12 Dix in Simitis, § 33 Rn. 32.
13 BMH, § 33 Rn. 63.
14 Ebenso Mester, S. 156.
15 HK-ArbR-Hilbrans, §§ 33, 34 Rn. 3; Kamlah in Plath, § 33 Rn. 24; Thüsing/Pötters, in Thüsing (Hrsg.), Beschäftigtendatenschutz und Compliance, § 18 Rn. 19.
16 Ebenso Mester, S. 156. S. weiter Kamlah in Plath, § 33 Rn. 26.
17 Kamlah in Plath § 33 Rn. 28 ff. (allerdings im Zusammenhang mit Abs. 2 Nr. 1).
18 Gola/Schomerus, § 33 Rn. 16. Anders Meents/Hinzpeter in Taeger/Gabel, § 33 Rn. 9.
19 Thüsing/Pötters in Thüsing (Hrsg.), Beschäftigtendatenschutz und Compliance, § 18 Rn. 18.
20 Vgl. weiter BMH, § 33 Rn. 45 ff.
21 Gola/Wronka RDV 2007, 59.
22 BMH, § 33 Rn. 47.

Informationspflicht ausgelöst. Dabei spielt es keine Rolle, ob im Rechtssinne eine Übermittlung vorliegt.[23]

3. Form und Inhalt der Benachrichtigung
a) Verantwortliche Stelle und Betroffener

10 Die Pflicht aus Abs. 1 trifft die verantwortliche Stelle im Sinne des § 27. Bei einer Auftragsdatenverarbeitung ist ausschließlich der Auftraggeber als »Herr der Daten« verpflichtet, obwohl § 11 Abs. 1 Satz 2 nur auf § 6 Abs. 1 verweist, der die Informationspflicht nicht ausdrücklich nennt.[24] Verantwortliche Stelle im Konzern ist das einzelne Unternehmen; werden Daten des Betroffenen von mehreren Konzernunternehmen gespeichert, so können diese ihm ein gemeinsames Informationsschreiben schicken.[25]

11 Die verantwortliche Stelle muss von sich aus aktiv werden.[26] Sie kann einzelne ihrer Arbeitnehmer, bei Auftragsdatenverarbeitung auch den Auftragnehmer damit betrauen, die Unterrichtung vorzunehmen.

12 **Informiert** werden muss der »**Betroffene**« im Sinne des § 3 Abs. 1. Dies können auch Familienangehörige des Arbeitnehmers sein. Keine Rolle spielt dabei, ob er einen inländischen Wohnsitz oder Aufenthaltsort besitzt. Erfolgt die Datenverarbeitung in Deutschland, ist das BDSG in vollem Umfang anwendbar, und die Information muss ggf. an den **ausländischen Wohnsitz** geschickt werden.[27] Dass zusätzliches Porto eine Information in der Regel unzumutbar mache,[28] trifft nicht zu, da ein einfacher Brief genügt. Bei **Minderjährigen** kommt es ähnlich wie bei der Einwilligung (oben § 4a Rn. 5) auf die Einsichtsfähigkeit an, die sich hier auf die Möglichkeit beziehen muss, weitere Informationen zu erlangen und ggf. Korrekturen durchzusetzen. Fehlt es an dieser Voraussetzung, muss der gesetzliche Vertreter informiert werden.[29]

13 »**Betroffen**« sind auch solche Dritte, die die verantwortliche Stelle nur wegen ihrer Beziehung zum eigentlich Betroffenen interessieren: Familienangehörige eines Arbeitnehmers oder Darlehensschuldners und Vertragspartner des Betroffenen sind daher einzubeziehen.[30] Wenn schon die Personenbeziehbarkeit nach § 3 Abs. 1 ausreicht, um datenschutzrechtliche Rechte und Pflichten zu begründen, muss es erst recht genügen, wenn eine konkrete Person »mitgenannt« wird. Aus demselben Grund ist auch der Inhaber eines Telefonanschlusses zu informieren, wenn dieser als »Zielnummer« dateimäßig erfasst wird.[31]

---

23 Dix in Simitis, § 33 Rn. 28; HK-ArbR-Hilbrans, §§ 33, 34 Rn. 3. Etwas anders Meents/Hinzpeter in Taeger/Gabel, § 33 Rn. 10, der dies nur bei Änderung von Name oder Geschäftssitz der verantwortlichen Stelle annimmt. In den meisten Fällen wird sich kein Unterschied ergeben.
24 BMH, § 33 Rn. 23.
25 BMH, § 33 Rn. 137 ff.
26 Wybitul/Schultze-Melling § 33 Rn. 3.
27 BMH, § 33 Rn. 19; Gola/Schomerus, § 33 Rn. 24; Auernhammer-Stollhoff § 33 Rn. 13.
28 So BMH, § 33 Rn. 19.
29 Gola/Schomerus § 33 Rn. 24. Für generelle Einschaltung des gesetzlichen Vertreters BMH, § 33 Rn. 21.
30 Richtig Dix in Simitis, § 33 Rn. 14; ebenso BMH, § 33 Rn. 20.
31 Wohlgemuth/Gerloff, Rn. 328.

Benachrichtigung des Betroffenen § 33

Ist die Adresse des Betroffenen unbekannt, so soll grundsätzlich keine Benachrichtigungspflicht bestehen.[32] Dies erweckt Bedenken, da eine entsprechende Unkenntnis überall dort vorgeschoben werden kann, wo die Adresse nicht mitgespeichert ist. Von der verantwortlichen Stelle können daher insebsondere dann Ermittlungen verlangt werden, wenn es sich um sensible Daten nach § 3 Abs 9 handelt, doch ist ihr auch dann kein unverhältnismäßiger Aufwand zuzumuten.[33]

14

b) Zeitpunkt

Die Benachrichtigung muss »unverzüglich« nach der erstmaligen Speicherung bzw. Übermittlung erfolgen; insofern sind die Maßstäbe des § 121 BGB hierher zu übertragen.[34] Dabei wird eine Frist von 14 Tagen akzeptiert.[35] Dies entspricht der von der Rechtsprechung entwickelten Obergrenze.[36] Dort geht es allerdings häufig um komplizierte Einschätzungsfragen, die hier nicht auftauchen; auf der anderen Seite kann es sich um Massenvorgänge handeln, die im Interesse einer Reduzierung des Verwaltungsaufwands auf zwei Termine im Monat gebündelt werden können.[37]

15

c) Form

Die Information muss nicht schriftlich sein, sondern kann auch mündlich oder per E-Mail erfolgen.[38] In der Regel wird es sich aus Beweisgründen aber empfehlen, die Schriftform zu wählen.[39] Die Art der Übermittlung darf nicht in einer Weise erfolgen, dass wie bei einer Postkarte Dritte unschwer Kenntnis nehmen können[40] oder dass der Empfänger das Schreiben als Werbesendung auffassen muss und sich deshalb möglicherweise nicht um den Inhalt kümmert.[41] Die Information ist erfolgt, sobald das Schriftstück (oder die anderweitige Erklärung) dem Betroffenen zugegangen ist; insoweit gelten die allgemeinen Grundsätze nach §§ 130 ff.[42]

16

---

32 Gola/Schomerus, § 33 Rn. 25; Dix in Simitis, § 33 Rn. 20; Auernhammer-Stollhoff § 33 Rn. 6; Wolff/Brink-Forgó § 33 Rn 5.
33 BMH, § 33 Rn. 24.
34 Dörr/Schmidt, Anm. zu § 33; Gola/Schomerus, § 33 Rn. 15; HK-ArbR-Hilbrans §§ 33, 34 Rn. 3; Thüsing/Pötters in Thüsing (Hrsg.), Beschäftigtendatenschutz und Compliance, § 18 Rn. 9; Weichert in Kilian/Heussen, Nr. 133 Rn. 24; Dix in Simitis, § 33 Rn. 41; TEG, S. 587; Auernhammer-Stollhoff § 33 Rn. 15.
35 Thüsing/Pötters in Thüsing Beschäftigtendatenschutz und Compliance, § 18 Rn. 9; Gola/Schomerus, § 33 Rn. 15a; Wächter Rn. 785. Für »angemessene Frist im Einzelfall« Meents/Hinzpeter in Taeger/Gabel, § 33 Rn. 23.
36 Ellenberger in Palandt, § 121 Rn. 3 m.w.N.
37 Großzügiger BMH, § 33 Rn. 39, die – wenn auch ohne Begründung – bis zu drei Monate zulassen wollen.
38 Thüsing/Pötters in Thüsing (Hrsg.) Beschäftigtendatenschutz und Compliance, § 18 Rn 10; TEG, S. 587; Wolff/Brink-Forgó § 33 Rn. 6.
39 Ebenso BMH, § 33 Rn. 31; Gola/Schomerus, § 33 Rn. 18; Auernhammer-Stollhoff § 33 Rn. 14; Wächter, Rn. 783.
40 Meents/Hinzpeter in Taeger/Gabel, § 33 Rn. 20.
41 Vgl. Dix in Simitis, § 33 Rn. 36.
42 Dazu Däubler, BGB kompakt, Kap. 8 Rn. 20 ff.

17 Eine Unterrichtung des Betroffenen liegt nicht vor, wenn sich die verantwortliche Stelle mit einer Erklärung an die Öffentlichkeit wendet oder bestimmte Vorgänge durch Verbandsmitteilungen oder Aushang bekannt macht.[43] Dies wäre kein ausreichendes Äquivalent für die an den Betroffenen gerichtete Erklärung, die diesen wegen des unmittelbaren Angesprochen-Seins sehr viel eher dazu veranlassen kann, von seinen Auskunfts- und Korrekturrechten effektiv Gebrauch zu machen.

17a Die Unterrichtung muss nicht durch die verantwortliche Stelle selbst erfolgen. Zulässig ist vielmehr auch, dass z. B. eine Unternehmenszentrale oder ein **anderes Konzernunternehmen** die Informationspflichten generell übernimmt, um auf diese Weise den Aufwand in Grenzen zu halten.[44]

d) Inhalt der Unterrichtung

18 Inhaltlich muss die Information nicht nur die Speicherung bzw. Übermittlung als solche zur Kenntnis geben. Um die Datentransparenz sicherzustellen, ist die »**Art der Daten**« einzubeziehen. Darunter versteht man den Lebensbereich, auf den sie sich beziehen. Dieser darf seinerseits nicht nur schlagwortartig umschrieben werden;[45] vielmehr sind spezifischere Angaben zu machen (»Geburtstag«, »Angaben zur Beschäftigung«, »Anzahl der Kundenbesuche« usw.).[46] Allerdings ist nicht dasselbe Maß an Konkretheit wie bei einer Auskunft geschuldet.

19 Einzubeziehen ist weiter der **Zweck**, der zu dem die Daten erhoben, verarbeitet oder genutzt werden. Dieser ist von der verantwortlichen Stelle nach § 28 Abs. 1 Satz 2 bzw. nach § 29 Abs. 1 Satz 2 sowieso festzulegen und schriftlich zu fixieren.[47] Werden etwa die Kommens- und Gehenszeiten erfasst, müsste darauf hingewiesen werden, ob dies nur zu Kontrollzwecken oder auch deshalb erfolgt, um die im Betrieb verbrachte Arbeitszeit kontrollieren und abrechnen zu können. Mehrere Zwecke sind gleichermaßen namhaft zu machen.[48]

20 Ist eine Übermittlung der Daten an Dritte beabsichtigt, so sind nach Abs. 1 Satz 3 die »**Kategorien von Empfängern**« namhaft zu machen. Dazu gehören auch Auftragnehmer im Rahmen der Auftragsdatenverarbeitung nach § 11[49] sowie andere Abteilungen desselben Unternehmens.[50] Sind die Daten nur für einen Empfänger bestimmt, ist er zu nennen.[51] Dies wird man auf eine überschaubare Zahl von 5 bis 10 Empfängern erstrecken können, wenn nicht daran gedacht ist, diesen Kreis in absehbarer Zeit zu

---

43 BMH, § 33 Rn. 36; Meents/Hinzpeter in Taeger/Gabel, § 33 Rn. 21; Thüsing/Pötters in Thüsing (Hrsg.), Beschäftigtendatenschutz und Compliance, § 18 Rn. 10; Auernhammer-Stollhoff § 33 Rn. 15; Wolff/Brink-Forgó § 33 Rn. 9.
44 Vgl. Gola/Schomerus § 33 Rn. 3; Auernhammer-Stollhoff § 33 Rn. 5.
45 Wohlgemuth/Gerloff, S. 132; Thüsing/Pötters in Thüsing (Hrsg.) Beschäftigtendatenschutz und Compliance, § 18 Rn. 11.
46 Wohlgemuth/Gerloff, S. 132.
47 Gola/Schomerus, § 33 Rn. 22; HK-ArbR-Hilbrans, §§ 33, 34 Rn. 3; TEG, S. 586.
48 Zustimmend Thüsing/Pötters in Thüsing (Hrsg.) Beschäftigtendatenschutz und Compliance, § 18 Rn. 11 a. E.
49 Thüsing/Pötters in Thüsing (Hrsg.) Beschäftigtendatenschutz und Compliance, § 18 Rn. 12.
50 Thüsing/Pötters in Thüsing Beschäftigtendatenschutz und Compliance, § 18 Rn. 13.
51 Wohlgemuth/Gerloff, S. 132.

erweitern.[52] Die Beschränkung auf »Kategorien von Empfängern« hat den Sinn, die verantwortliche Stelle zu entlasten und auch die Überschaubarkeit für den Betroffenen zu wahren. Beides spielt keine Rolle, wenn es um einen kleinen Kreis von Adressaten geht.

Die Information des Betroffenen hat nur dann Sinn, wenn für ihn auch die **Identität der verantwortlichen Stelle** deutlich wird, da er nur dann in der Lage ist, seine Rechte im Einzelnen geltend zu machen. Ihm muss daher die vollständige Anschrift der verantwortlichen Stelle mitgeteilt werden. Die Angabe eines Postfachs genügt nicht, da er auch das Recht hat, persönlich vorzusprechen und mündliche Nachfragen zu stellen.[53] Bei einem Unternehmen kommt es allein auf die Hauptniederlassung, nicht auf die einer Zweigstelle an.[54]   21

4. Ausnahmen von der Benachrichtigungspflicht

Abs. 2 enthält einen Katalog von insgesamt neun Ausnahmetatbeständen, bei denen die Unterrichtungspflicht entfällt. Seiner systematischen Stellung nach und mit Rücksicht auf den verfassungsrechtlichen Schutz des informationellen Selbstbestimmungsrechts ist er **restriktiv auszulegen**.[55] Dies hat beispielsweise zur Folge, dass die Informationspflicht überall dort bestehen bleibt, wo Zweifel über das Eingreifen eines Ausnahmetatbestands bestehen.[56] Liegt ein Ausnahmetatbestand vor, ergreift er nicht alle gespeicherten oder übermittelten Daten, sondern nur diejenigen, die er von seinem Zweck her erfassen will.[57]   22

Auch wenn einer der Fälle des Abs. 2 vorliegt, bleibt die verantwortliche Stelle zur Information berechtigt.[58] Nur dort, wo es – wie in Nr. 3 und Nr. 6 – um den Schutz von Rechtsgütern Dritter geht, ist Abweichendes anzunehmen.[59] Diese »Offenheit« widerspricht auch nicht der EG-Datenschutzrichtlinie, weil diese den Mitgliedstaaten lediglich die Möglichkeit eröffnet, bestimmte Daten von der Informationspflicht auszunehmen; sie sind dazu aber nicht verpflichtet.[60]   23

---

52 HK-ArbR-Hilbrans, §§ 33, 34 Rn. 3.
53 Gola/Schomerus, § 33 Rn. 23; Wedde in Roßnagel, Kap. 4.4. Rn. 32; Dix in Simitis, § 33 Rn. 18; Kamlah in Plath, § 33 Rn. 15, 21; Wohlgemuth/Gerloff, S. 132; a. A. Schaffland/Wiltfang, § 33 Rn. 4.
54 BMH, § 33 Rn. 38.
55 BMH, § 33 Rn. 11, 65; Wedde in Roßnagel, Kap. 4.4. Rn. 34; Dix in Simitis, § 33 Rn. 45; auch Gola/Schomerus, § 33 Rn. 27 teilen wohl diese Auffassung. Meents/Hinzpeter in Taeger/Gabel, § 33 Rn. 25 distanzieren sich davon, kommen aber unter Rückgriff auf das »Regel-Ausnahme-Verhältnis« im Einzelfall zu ganz ähnlichen Ergebnissen. Nur distanzierend Wolff/Brink-Forgó § 33 Rn. 38.
56 Däubler CR 1991, 475, 477; Dix in Simitis, § 33 Rn. 56.
57 Dix in Simitis, § 33 Rn. 47.
58 Auernhammer-Stollhoff § 33 Rn. 17.
59 Dix in Simitis, § 33 Rn. 46.
60 EuGH 7.11.2013 – C-473/12, ZD 2014, 137.

a) Abs. 2 Nr. 1

24 Abs. 2 Nr. 1 stimmt wörtlich mit der Vorgängervorschrift des BDSG 1990 überein. Damals enthielt Abs. 1 jedoch noch nicht die Voraussetzung, dass eine Informationspflicht nur dann besteht, wenn Daten »ohne Kenntnis« des Betroffenen gespeichert bzw. übermittelt werden. Abs. 2 Nr. 1 greift daher nur noch dann ein, wenn der Betroffene als Individuum uninformiert war oder nachträglich Kenntnis erhielt. Wie oben (Rn. 6) ausgeführt, muss die Kenntnis ein volles Äquivalent für die Informationspflicht sein, sich also auch auf die Art der Daten, den Zweck der Speicherung bzw. Übermittlung und die Kategorie der Übermittlungsempfänger beziehen. Dasselbe ist im Rahmen des Abs. 2 Nr. 1 anzunehmen.[61]

25 In der Literatur wird versucht, in Abs. 2 Nr. 1 auch den Fall einzubeziehen, dass die »**Kenntnis vorhanden sein müsste**«.[62] Dies wäre jedoch eine mit dem Wortlaut und dem Sinn der Vorschrift nicht zu vereinbarende Ausdehnung; auch dass bestimmte Speicherungen »handelsüblich« sind, kann die positive Kenntnis nicht ersetzen. Notwendig ist vielmehr, dass Umstände vorliegen, aus denen zwingend auf eine positive Kenntnis aller wesentlichen Umstände geschlossen werden kann.[63] Der Persönlichkeitsschutz darf nicht davon abhängen, ob der Betroffene die verkehrsübliche Sorgfalt aufgewandt hat oder nicht. Ein Rückschluss ist beispielsweise dann möglich, wenn der Betroffene einen ersichtlich maschinenlesbaren Antrag auf Einräumung eines Kredits oder auf Abschluss eines Versicherungsvertrags ausfüllt.[64] Im Arbeitsverhältnis kann nicht davon ausgegangen werden, dass Angaben in Personalfragebogen oder in Formularverträgen immer gespeichert werden.[65] Zwar könnte man daran denken, einen Erfahrungssatz des Inhalts anzunehmen, dass »irgendetwas« immer gespeichert wird,[66] doch wäre selbst damit noch kein Äquivalent für die Information des Bewerbers bzw. Arbeitnehmers über die »Art der Daten« und die weiteren Angaben (oben Rn. 18 ff.) geschaffen. Erst recht rechnen Familienangehörige nicht damit, dass ihre Daten in größerem oder kleinerem Umfang vom Arbeitgeber gespeichert werden. Bei Zweifeln über das tatsächliche Wissen des Betroffenen bleibt es bei der Regel; die Benachrichtigung ist vorzunehmen. Genauso ist zu verfahren, wenn bestimmte Personen in einem Bewertungsportal bewertet werden – dass ihnen dies bekannt ist oder sein müsste, kann im Regelfall nicht angenommen werden.[67]

---

61 Vgl. Dix in Simitis, § 33 Rn. 50 ff. Bedenken bei Meents/Hinzpeter in Taeger/Gabel, § 33 Rn. 30, 31.
62 So Gola/Schomerus, § 33 Rn. 29, entgegen ihrem prinzipiellen Ausgangspunkt.
63 Zustimmend Kamlah in Plath, § 33 Rn. 31; a. A. Wolff/Brink-Forgó § 33 Rn. 42.
64 Schaffland/Wiltfang, § 33 Rn. 39 ff.
65 So aber Goldenbohm/Weise CR 1991, 604; dagegen Wohlgemuth/Gerloff, Rn. 328.
66 S. auch die Überlegungen bei Thüsing/Pötters in Thüsing (Hrsg.) Beschäftigtendatenschutz und Compliance, § 18 Rn. 20 ff.
67 Vgl. Auernhammer-Stollhoff § 33 Rn. 22; Wolff/Brink-Forgó § 33 Rn. 43.

Benachrichtigung des Betroffenen § 33

b) Abs. 2 Nr. 2

Abs. 2 Nr. 2 enthält einen relativ engen Ausnahmetatbestand. Er bezieht sich auf zwei Arten von Daten.

Einmal geht es um solche Daten, die nur deshalb gespeichert sind, weil sie aufgrund gesetzlicher, satzungsmäßiger oder vertraglicher **Aufbewahrungsvorschriften** nicht gelöscht werden dürfen. Ein Beispiel für eine gesetzliche Pflicht bietet § 257 HGB mit der dort vorgesehenen Zehnjahresfrist für die Aufbewahrung von »Handelsbüchern«.[68] Auch im Steuerrecht (§ 147 AO) finden sich entsprechende Vorschriften.[69] Weiter kann die Satzung einer Handelsgesellschaft vorsehen, dass bestimmte Daten auch dann nicht gelöscht werden dürfen, wenn der Zweck für ihre Erhebung und Speicherung mittlerweile entfallen ist. Dasselbe kann auf vertraglicher Grundlage geschehen, doch müssen entsprechende Abmachungen frei ausgehandelt sein; andernfalls läge eine unangemessene Benachteiligung des Betroffenen nach § 307 Abs. 1 BGB vor.[70] Der Anspruch auf Löschung darf nach § 6 grundsätzlich nicht eingeschränkt werden. Würde etwa in einem vorgedruckten Arbeitsvertrag vorgesehen, dass Abmahnungen niemals aus der Personalakte entfernt werden dürfen, wäre dies wegen Eingriffs in die Persönlichkeitssphäre des Arbeitnehmers unwirksam und Abs. 2 Nr. 2 könnte nicht eingreifen. Ist die Speicherung noch durch einen weiteren Zweck gedeckt, bleibt die Informationspflicht bestehen.[71]

Zum zweiten geht es um Daten, die ausschließlich der **Datensicherung oder** der **Datenschutzkontrolle** dienen. Insoweit greift die strenge Zweckbindung des § 31 ein (s. dort), die in beträchtlichem Umfang vor Missbrauch schützen soll. Soweit es um »Sicherungskopien« geht, unterliegt das »Original« weiter der Unterrichtungspflicht nach Abs. 1.[72] Gravierend ist jedoch die Ausklammerung von Sicherungs- und Logdateien,[73] die einen eigenen zusätzlichen Informationsgehalt aufweisen und die nicht mitgeteilt werden müssen, obwohl eine entsprechende Information für den Betroffenen von wesentlicher Bedeutung ist.[74]

In beiden Fällen entfällt die Informationspflicht nur dann, wenn die Benachrichtigung einen **unverhältnismäßigen Aufwand** erfordern würde. Bei der Bestimmung des »Unverhältnismäßigen« ist einerseits auf den technischen und administrativen Aufwand der verantwortlichen Stelle, andererseits auf die Informationsinteressen des Betroffenen abzustellen. Je »gefährlicher« die Daten, um so eher sind der verantwortlichen Stelle Bemühungen zuzumuten. Im Zweifel ist eine Benachrichtigung durchzuführen.[75]

---

68 Dazu Ernst/Schmittmann RDV 2006, 189 ff.
69 Zum Personalbereich s. den Gesamtüberblick bei Bolten/Putte.
70 BMH, § 33 Rn. 86; Meents/Hinzpeter in Taeger/Gabel, § 33 Rn. 34.
71 Dix in Simitis, § 33 Rn. 68.
72 Meents/Hinzpeter in Taeger/Gabel, § 33 Rn. 35.
73 Wolff/Brink-Forgó § 33 Rn. 50; Kort NZA 2011, 1319, 1321.
74 Siehe die Beispiele bei Wedde DuD 2007, 752 ff.
75 Dix in Simitis, § 33 Rn. 71. So auch Meents/Hinzpeter in Taeger/Gabel, § 33 Rn. 36.

c) Abs. 2 Nr. 3

30 Die weithin mit § 19 Abs. 4 Nr. 3 übereinstimmende Vorschrift des Abs. 2 Nr. 3 betrifft in erster Linie Fälle, in denen bestimmte Daten wegen des **überwiegenden rechtlichen Interesses eines Dritten geheim gehalten** werden müssen. Anders als im BDSG 1977 reicht ein bloßes »berechtigtes« Interesse nicht mehr aus (das im Übrigen § 19 Abs. 4 Nr. 3 noch immer genügen lässt). Das vorausgesetzte »rechtliche« Interesse bedeutet, dass die Rechtsordnung das fragliche Geheimhaltungsbedürfnis schützt. Dieses muss gegen das Interesse des Betroffenen an Datentransparenz abgewogen werden.

31 In der Literatur wurde mit Recht darauf hingewiesen, dass es im Rahmen des § 33 nicht um die konkreten gespeicherten oder übermittelten Inhalte, sondern nur um die Speicherung als solche, die Art der Daten usw. geht.[76] Allein hierauf muss sich das rechtlich geschützte Interesse beziehen. In einer Reihe von Lebensbereichen ergeben sich besondere Probleme.

32 **Medizinische Daten** sind gegenüber dem Betroffenen keineswegs »ihrem Wesen nach« geheim.[77] Der Patient hat vielmehr gegenüber seinem Arzt und dem Krankenhaus einen grundsätzlichen Anspruch auf Einsicht in die ihn betreffenden Krankenunterlagen, soweit sie Aufzeichnungen über objektive Befunde und Berichte über Behandlungsmaßnahmen zum Gegenstand haben.[78] Ohne dass es darauf ankommt, ob die Angaben dateimäßig verarbeitet sind, wird eine Einsichtnahme in weitere Angaben nur dann zugelassen, wenn dies nicht gegen überwiegende Interessen des Patienten verstößt. Letzteres ist etwa dann der Fall, wenn der Hinweis auf bestimmte Datenarten zu bohrenden Nachfragen sowie bei Ablehnung weiterer Auskünfte zu einer Verschlimmerung des Leidens oder gar zu Selbstmordgefahr führen würde. Eine entsprechende Informationsverweigerung ist auch durch Art. 13 Abs. 1 Buchstabe g der EG-Datenschutzrichtlinie gerechtfertigt.[79]

33 Im Geschäftsleben werden Forderungen häufig als Sicherungsmittel an ein Kreditinstitut abgetreten, ohne dass der Schuldner etwas davon erfährt. Diese sog. **stille Zession** hat den Sinn, den Kreditbedarf des Gläubigers nicht bekannt werden zu lassen. Die Rechtsprechung hat eine solche Vorgehensweise seit vielen Jahrzehnten anerkannt, da sich die Position des Schuldners in keiner Weise verschlechtert: Bezahlt er an den Zedenten, wird er nach § 407 BGB auch gegenüber dem Kreditinstitut als Zessionar von seiner Verbindlichkeit frei. Keine weiteren Probleme entstehen, wenn das Kreditinstitut die ihm überlassenen Sicherheiten verwerten will und deshalb die Zession aufdeckt: Vom Zeitpunkt der Kenntnis an kann der Betroffene nur noch gegenüber der Bank mit befreiender Wirkung bezahlen. Dieses anerkannte Rechtsinstitut würde beseitigt, wollte man den Zedenten oder das Kreditinstitut verpflichten, den Betroffenen wegen der auf die Forderungen bezogenen persönlichen Angaben ins Bild zu setzen. Angesichts seiner

---

76 Dix in Simitis, § 33 Rn. 73; Meents/Hinzpeter in Taeger/Gabel, § 33 Rn. 39.
77 Gola/Schomerus, § 33 Rn. 34a.
78 BGH 23.11.1982 – VI ZR 222/79, NJW 1983, 328.
79 Dammann/Simitis, Art. 13 Anm. 11.

Benachrichtigung des Betroffenen § 33

ungefährdeten rechtlichen Position besteht hierfür keine Veranlassung; das rechtliche Interesse von Gläubiger und Bank haben den Vorrang.[80]

Die Situation ist eine völlig andere, wenn über ein Unternehmen oder einen Verbraucher »Kreditinformationen« gesammelt werden, ohne dass er darüber etwas erfährt. Ein schlechter »Score-Wert« kann dazu führen, dass er keine Kredite mehr erhält und auch sonst im Geschäftsleben benachteiligt wird. Hier besteht deshalb kein anzuerkennendes rechtliches Geheimhaltungsinteresse von Banken und anderen Organisationen, so dass der Betroffene nach Abs. 1 zu informieren ist.[81] Auch dass die Namen von Informanten gespeichert sind, ist mitzuteilen;[82] die Tatsache, dass ihnen Vertraulichkeit zugesagt wurde, ist ohne Bedeutung.[83] 34

Als rechtliches Interesse anerkannt ist das Bedürfnis einer Person, einen anderen im Wege eines **Vertrags zugunsten Dritter auf den Todesfall** zu bedenken, diesem davon aber zunächst keine Kenntnis zu geben.[84] Nicht anders als bei einem Testament muss dem Einzelnen die Möglichkeit verbleiben, eine einmal getroffene Entscheidung wieder rückgängig zu machen, ohne dadurch die zwischenmenschlichen Beziehungen zu belasten.[85] Weiter kann es ganz generell ein legitimes Interesse daran geben, die Beziehungen zu dem Bedachten von wirtschaftlichen Erwägungen völlig frei zu halten. Die Tatsache, dass der Begünstigte keine wirtschaftlichen Einbußen riskiert, lässt das Überwiegen des Geheimhaltungsinteresses des Erblassers zusätzlich plausibel erscheinen. 35

Auch bei **Detekteien** kann Abs. 2 Nr. 3 an Bedeutung gewinnen. Soweit ihr eigenes Geheimhaltungsbedürfnis betroffen ist, gilt allerdings Nr. 7 Buchstabe b, dessen strenge Erfordernisse nicht durch Rückgriff auf Nr. 3 unterlaufen werden dürfen. Denkbar ist aber, dass Daten des Auftraggebers und der beobachteten Person geheim bleiben müssen, weil sonst der Auftrag nicht ausgeführt werden könnte.[86] 36

Daten über Arbeitnehmer fallen nur ganz ausnahmsweise unter Nr. 3.[87] Gesetzliche Sonderregelungen gelten für Sicherheitsüberprüfungen.[88] 37

d) Abs. 2 Nr. 4

Nach Abs. 2 Nr. 4 besteht keine Benachrichtigungspflicht, wenn die **Speicherung oder Übermittlung »durch Gesetz ausdrücklich vorgesehen«** ist. Die Vorschrift unterstellt, dass die Zulässigkeit in solchen Fällen außer Zweifel steht und dem Einzelnen auch die Datenverarbeitung als solche bekannt sein kann. Die amtliche Begründung des Regie- 38

---

80 Anders Gola/Schomerus, § 33 Rn. 33 und 39; Dix in Simitis, § 33 Rn. 80.
81 Vgl. Weichert DuD 2005, 582, 586.
82 Gola/Schomerus, § 33 Rn. 33.
83 Anders Schaffland/Wiltfang, § 33 Rn. 63.
84 Gola/Schomerus, § 33 Rn. 33; BMH, § 33 Rn. 92; Auernhammer-Stollhoff § 33 Rn. 27.
85 Kamlah in Plath, § 33 Rn. 40.
86 Dix in Simitis, § 33 Rn. 82.
87 Däubler, Gläserne Belegschaften? Rn. 517; Dix in Simitis, § 33 Rn. 85; s. Auernhammer-Stollhoff § 33 Rn. 28: Daten eines Whistleblowers; Wolff/Brink-Forgó Rn. 52: Daten zum Schutz der verantwortlichen Stelle.
88 Dazu Däubler, Gläserne Belegschaften? Rn. 901 ff. und SR 2012, 57 ff. S. weiter Engelien-Schulz RDV 2006, 199 ff.

rungsentwurfs nannte als Beispiel das Geldwäschegesetz, doch wird weiter die Datenübermittlung erwähnt, die im Zusammenhang mit der Abführung von Lohnsteuer und Sozialabgaben erfolgt.[89] Auch die Sicherheitsüberprüfungsgesetze des Bundes und der Länder werden hier eingereiht.[90]

39 Fraglich ist, ob bereits eine gesetzliche Ermächtigung zur Datenverarbeitung ausreicht.[91] Der Wortlaut (»vorgesehen«) ist ebenso wenig eindeutig wie der der Datenschutzrichtlinie, wo in Art. 11 Abs. 2 von »ausdrücklich vorgesehen« die Rede ist. Würde man Ermächtigungen nach Art des § 28 genügen lassen, wäre die Informationspflicht weitestgehend gegenstandslos. Weiter kann es anders als bei gesetzlich angeordneten Verarbeitungspflichten berechtigte Meinungsverschiedenheiten geben, ob von einer vorhandenen Ermächtigung auch in korrekter Weise Gebrauch gemacht wurde. So sind vertragliche Nebenpflichten vorstellbar, die sich auf die Datenverarbeitung auswirken, und die staatliche Verwaltung ist auch bei einer bloßen Ermächtigung immer gehalten, ausschließlich nach pflichtgemäßem Ermessen zu entscheiden. Beides spricht dafür, nur gesetzliche Regelungen einzubeziehen, die die Datenverarbeitung zwingend vorsehen. Damit wird schließlich auch dem Grundsatz Rechnung getragen, die Ausnahmebestimmungen des Abs. 2 eng auszulegen.

e) Abs. 2 Nr. 5

40 Abs. 2 Nr. 5 enthält als weiteren Fall ein »**Wissenschaftsprivileg**«. Die Benachrichtigung kann unterbleiben, wenn die Speicherung oder Übermittlung für Zwecke der wissenschaftlichen Forschung erforderlich ist, was nur in den Fällen des Abs. 1 Satz 1 von Bedeutung sein dürfte. Dahinter steht die Überlegung, wissenschaftliche Forschung nicht mit einem unzumutbaren Aufwand zu verknüpfen.[92] Auf der anderen Seite ist auch das Informationsinteresse der Betroffenen zu berücksichtigen: Geht es z. B. um die Auswertung seiner Krankenakte, ist mehr »Benachrichtigungsaufwand« geschuldet, als wenn es nur um die Daten eines Bahncard Kunden geht.[93]

f) Abs. 2 Nr. 6

41 Abs. 2 Nr. 6 betrifft insbesondere Fälle, in denen der **staatliche Geheimbereich auf Privatunternehmen ausgedehnt** wurde. Allerdings reicht die objektive Geheimhaltungsbedürftigkeit nicht aus; vielmehr muss sie durch die zuständige öffentliche Stelle gegenüber der verantwortlichen Stelle verbindlich festgestellt worden sein.[94] Wird der Name eines Informanten gespeichert, dem Vertraulichkeit zugesagt wurde, so führt dies

---

89 Dix in Simitis, § 33 Rn. 88; Thüsing/Pötters in Thüsing (Hrsg.), Beschäftigtendatenschutz und Compliance, § 18 Rn. 27.
90 Dix in Simitis, § 33 Rn. 88.
91 Dafür Dix in Simitis, § 33 Rn. 87.
92 Wolff/Brink-Forgó § 33 Rn. 60.
93 Vgl. Gola/Schomerus, § 33 Rn. 36; Dix in Simitis, § 33 Rn. 91; Meents/Hinzpeter in Taeger/Gabel, § 33 Rn. 44.
94 BMH, § 33 Rn. 118; Schaffland/Wiltfang, § 33 Rn. 69; Meents/Hinzpeter in Taeger/Gabel, § 33 Rn. 46.

Benachrichtigung des Betroffenen § 33

allein noch nicht zur Anwendung der Nr. 6.[95] Praktische Bedeutung hat die Vorschrift bei der Erteilung geheimer Forschungsaufträge und bei der Waffenproduktion. Dabei stehen mögliche Tätigkeiten für ausländische Geheimdienste oder der Verdacht einer Unterstützung terroristischer Vereinigungen im Vordergrund.

Ob die Einbeziehung in Rasterfahndungen (wie nach dem 11. September 2001) unter Nr. 6 fällt, ist differenziert zu beantworten. Die Tatsache, dass eine gerichtliche Entscheidung zumindest herbeigeführt werden kann, die nach § 173 GVG öffentlich verkündet werden muss, schließt es aus, den Vorgang insgesamt als geheim zu betrachten. Die zuständige Behörde kann vielmehr lediglich die Suchkriterien als solche für vertraulich erklären, zumal insoweit auch bei der Verkündung eines Gerichtsbeschlusses die Öffentlichkeit ausgeschlossen werden kann. Weiter wird man dem Zeitfaktor eine erhebliche Bedeutung beimessen können. Es wäre grotesk, dem Einzelnen gegenüber Stillschweigen zu wahren, obwohl die fraglichen Gerichtsentscheidungen samt eingehender Begründung veröffentlicht sind oder auf der Grundlage der Fahndungsergebnisse Gespräche mit den Personen geführt wurden, die sämtliche Kriterien erfüllt haben. 42

Ist unklar, welche Behörde für die »Geheimerklärung« zuständig ist, wird sich die verantwortliche Stelle an die Aufsichtsbehörde nach § 38 wenden, die insoweit für Klarheit sorgen muss.[96] Die Regeln der Sicherheitsüberprüfungsgesetze gehen als bereichsspezifisch dem § 33 vor. 43

g) Abs. 2 Nr. 7

Das Eigeninteresse der verantwortlichen Stelle steht in den beiden Fällen des Abs. 2 Nr. 7 im Vordergrund, wobei es anders als in Nr. 8 um die Fälle geht, in denen die Speicherung für eigene Zwecke erfolgt. 44

Nach § 28 Abs. 1 Satz 1 Nr. 3 dürfen **Daten, die aus allgemein zugänglichen Quellen** entnommen werden können, in weitem Umfang gespeichert werden. Niemand hat Bedenken dagegen, dass der Betreiber einer medizinischen oder juristischen Datenbank Aufsätze und andere Veröffentlichungen zusammenstellt, sofern dadurch im Einzelfall nicht das Urheberrecht verletzt wird. § 28 Abs. 1 Satz 1 Nr. 3 ist insofern sehr weit gefasst, als schon die Möglichkeit des Zugriffs genügt, ohne dass es darauf ankommt, ob die Informationen tatsächlich aus einer öffentlich zugänglichen Quelle stammen. Auf der anderen Seite findet die Speicherung und Verarbeitung ihre Grenze an einem offensichtlich überwiegenden schutzwürdigen Interesse des Betroffenen. Demgegenüber knüpft § 33 Abs. 2 Nr. 7a ausdrücklich an der **tatsächlichen Entnahme** aus allgemein zugänglichen Quellen an, stellt jedoch nicht auf ein mögliches entgegenstehendes Interesse des Betroffenen ab. Dies erscheint in all den Fällen bedenklich, in denen eine Veröffentlichung gegen den Willen des Betroffenen erfolgt war, dieser jedoch dagegen nichts unternehmen konnte, weil ihm beispielsweise die Möglichkeit eines presserechtlichen Gegendarstellungsanspruchs unbekannt war oder weil die Veröffentlichung Wertungen enthielt, die keiner Gegendarstellung zugänglich sind. In 45

---

95 LG Ulm 1.12.2004 – 1 S 89/04, RDV 2005, 29 = MMR 2005, 265.
96 Dix in Simitis, § 33 Rn. 93.

solchen Fällen dem Einzelnen auch das Recht zu nehmen, von einer Sammlung der entsprechenden Angaben wenigstens Kenntnis zu erhalten, stellt einen übermäßigen Eingriff in das Recht auf informationelle Selbstbestimmung dar. Eine Einschränkung ergibt sich nur insoweit, als die Daten unmittelbar aus diesen Quellen geschöpft sein müssen; ein Bezug z. B. von einem Adresshändler reicht nicht aus.[97] Dies hat im Streitfall die verantwortliche Stelle zu beweisen.[98]

46 »Öffentlich zugänglich« sind insbesondere Informationen, die sich in den Medien finden oder die dem (für jedermann zugänglichen) Handelsregister entnommen sind. Das Gewerbezentralregister oder das Grundbuch stehen demgegenüber nur einem beschränkten Personenkreis offen, der ein »berechtigtes« bzw. ein »rechtliches« Interesse an der Einsichtnahme geltend machen kann; insoweit handelt es sich nicht um allgemein zugängliche Quellen.[99] Erfasst sind dagegen Adressbücher und Telefonverzeichnisse sowie Websites. Legt man die Definition des § 10 Abs. 5 Satz 2 zugrunde, so sind auch soziale Medien allgemein zugänglich, da die Mitgliedschaft ohne Schwierigkeiten erwerbbar ist.[100] Werden die dadurch gewonnenen Daten mit den im Betrieb schon vorhandenen verknüpft, so entsteht eine neue Art von Daten, über die der jeweilige Bewerber zu informieren ist.[101]

47 Eine gewisse Korrektur ergibt sich daraus, dass die Information des Betroffenen nur dann entfällt, wenn die Benachrichtigung »**wegen der Vielzahl der betroffenen Fälle**« **unverhältnismäßig** ist. Werden Daten nur über wenige Personen gesammelt, kann die Ausnahmevorschrift des Abs. 2 Nr. 7 a nicht Platz greifen. Dies wäre etwa dann der Fall, wenn der Arbeitgeber systematisch die Leserbriefe von Betriebsratsmitgliedern speichern und auswerten würde, um sie ggf. bei innerbetrieblichen Auseinandersetzungen als »Munition« verwenden zu können. Dass dies aus anderen Gründen auch inhaltliche Bedenken aufwirft, steht auf einem anderen Blatt.[102] Werden die Zielnummern von Telefongesprächen aufgezeichnet, scheidet im Übrigen Nr. 7 a von vorneherein aus, da die Daten nicht aus der allgemein zugänglichen Quelle des Telefonbuchs stammen.[103]

48 Nach Nr. 7 b kann die Benachrichtigung auch dann unterbleiben, wenn sie die **Geschäftszwecke** der verantwortlichen Stelle **erheblich gefährden** würde. Dies wird in der Literatur zum Teil nur dann angenommen, wenn nicht lediglich einzelne Geschäfte, sondern das Verfolgen bestimmter Aktivitäten insgesamt gefährdet wäre.[104] Die verantwortliche Stelle bringt also ggf. einen angebahnten Vertrag in Gefahr, weil sie ihrem Verhandlungspartner mitteilen muss, sie habe über ihn eine Bankauskunft eingeholt. Praktisch wird dies dazu führen, dass man sich auf mündliche oder handschriftlich niedergelegte Informationen beschränkt, um so nicht die Voraussetzungen des § 27 Abs. 2 zu erfüllen; in vielen Fällen wird auch § 33 schlicht ignoriert werden. Im

---

97 BMH, § 33 Rn. 108.
98 AG Düsseldorf 7. 1. 2009 – 32 C 12779/08, MMR 2009, 872.
99 Dix in Simitis, § 33 Rn. 98; a. A. Meents/Hinzpeter in Taeger/Gabel, § 33 Rn. 49.
100 Dazu und zu Ausnahmen (»Freunde«) s. Däubler, Internet und Arbeitsrecht, Rn. 211 g ff.
101 Vgl. auch Thüsing/Pötters in Thüsing (Hrsg.) Beschäftigtendatenschutz und Compliance, § 18 Rn. 30.
102 Näher Däubler, Gläserne Belegschaften? Rn. 521.
103 Wohlgemuth/Gerloff, Rn. 238.
104 Dix in Simitis, § 33 Rn. 102.

Benachrichtigung des Betroffenen § 33

Einzelfall kann allerdings das Interesse des Betroffenen gegenüber dem Diskretionsinteresse der verantwortlichen Stelle überwiegen; dann ist eine Information geschuldet. Dies ist etwa dann der Fall, wenn eine negative Bonitätsauskunft dazu führt, dass der Betroffene schlechtere Konditionen erhält oder jeder Vertragsabschluss abgelehnt wird. Hier ist sein Interesse schützenswert, die Angelegenheit überprüfen zu können und etwaige Unrichtigkeiten aus der Welt zu schaffen.

h) Abs. 2 Nr. 8

Abs. 2 Nr. 8 betrifft Unternehmen, die **Daten zur Übermittlung an Dritte** speichern, wie z. B. Auskunfteien. Ähnlich wie in Nr. 7a entfällt eine Benachrichtigungspflicht, wenn die Daten aus öffentlich zugänglichen Quellen entnommen sind und die Benachrichtigung wegen der Vielzahl der betroffenen Personen unverhältnismäßig wäre. Anders als Nr. 7a sind dabei allerdings nur die Daten aus der Informationspflicht ausgenommen, die sich auf diejenigen Personen beziehen, die genau diese Daten veröffentlicht haben.[105] Konkret: Bibliotheken sollen davor bewahrt werden, alle Buchautoren davon zu informieren, dass sich ihre Namen und ihre Werke nunmehr im Bibliothekskatalog befinden. Erfasst sind auch Herausgeber und Verleger, nicht aber die in einer Veröffentlichung genannten Personen. 49

Abs. 2 Nr. 8b bezieht sich auf listenmäßig zusammengefasste Daten nach § 29 Abs. 2 Nr. 1 Buchstabe b, der seinerseits auf § 28 Abs. 3 Nr. 3 verweist (s. die dortigen Erläuterungen). Auch hier gilt der Grundsatz, dass die Benachrichtigungspflicht nur dann entfällt, wenn ihre Erfüllung wegen der Vielzahl der betroffenen Personen einen unverhältnismäßigen Aufwand mit sich bringen würde. 50

i) Abs. 2 Nr. 9

Die 2009 eingefügte Vorschrift betrifft den Sonderfall der **Markt- und Meinungsforschung**, die in der Regel für fremde Geschäftszwecke erfolgt. Die Vorschrift erwähnt die schutzwürdigen Interessen der Betroffenen nicht, weil solche vermutlich nicht ersichtlich sind. Soweit im Einzelfall Abweichendes gelten sollte (und beispielsweise irrtümlich ins Internet geratene Daten ausgewertet werden), müsste man die Verhältnismäßigkeit der Benachrichtigung bejahen.[106] 50a

j) Abs. 2 Satz 2

Nach Art. 11 Abs. 2 Satz 2 der EG-Datenschutzrichtlinie müssen die Mitgliedstaaten »geeignete Garantien« vorsehen, um die Einschränkungen der Transparenz im Rahmen des Möglichen zu kompensieren und insbesondere zu überprüfen, ob wirklich nur in den gesetzlich vorgesehenen Fällen von der Benachrichtigung abgesehen wird. Dieser Vorgabe soll Abs. 2 Satz 2 dienen, wonach die verantwortliche Stelle **schriftlich zu dokumentieren** hat, auf welchen Ausnahmetatbestand sie sich im Einzelnen gestützt 51

---

105 Meents/Hinzpeter in Taeger/Gabel, § 33 Rn. 56.
106 Letztlich unentschieden Auernhammer-Stollhoff § 33 Rn. 40 Fn. 64.

§ 34   Auskunft an den Betroffenen

und welche Interessenabwägung sie dabei vorgenommen hat.[107] Die Nummern 1, 8 und 9 sind dabei allerdings ausgeschlossen, doch kann sich eine Dokumentation gleichwohl empfehlen. Unbefriedigend ist, dass keine spezifischen Kontrollmöglichkeiten eröffnet werden. So ist es allein Sache des betrieblichen Datenschutzbeauftragten und der Aufsichtsbehörde zu überprüfen, ob der Dokumentationspflicht Rechnung getragen wurde und ob die Voraussetzungen eines der Ausnahmetatbestände vorliegen.

5. Abhilfe bei unvollständiger Information

52   Ein Verstoß gegen § 33 macht die Speicherung als solche nicht unzulässig.[108] Ein Betroffener, der nur mangelhaft informiert wurde, beispielsweise nur von der Speicherung als solcher, aber nicht von der Art der Daten informiert wurde, kann seinen Auskunftsanspruch nach § 34 geltend machen. Es steht ihm frei, diesen zunächst darauf zu beschränken, dass er diejenigen Tatsachen mitgeteilt erhält, die er nach § 33 Abs. 1 hätte bekommen müssen. Daneben hat er die Möglichkeit, den betrieblichen Datenschutzbeauftragten oder die Aufsichtsbehörde mit der Angelegenheit zu befassen. Bei Arbeitnehmern kommt auch die Einschaltung des Betriebsrats in Betracht. Der verantwortlichen Stelle kann nach § 43 Abs. 1 Nr. 8 ein Bußgeld auferlegt werden. Auch kann im Einzelfall der Tatbestand der Datenunterdrückung nach § 303a StGB erfüllt sein.

6. Europäische Perspektiven

53   Der **Kommissionsentwurf** für eine Datenschutz-Grundverordnung enthält in Art. 14 eine Regelung, die zugunsten des Betroffenen über die Regelung des § 33 hinausgeht: Die Information muss zahlreiche genau festgelegte Angaben enthalten. Außerdem sind die Ausnahmen sehr viel enger definiert als in § 33 Abs. 2 BDSG. Die Stellungnahme des **Parlaments** verstärkt diese Tendenz. Dies gilt mit gewissen Abstrichen auch für die Position des **Rates**.

§ 34   Auskunft an den Betroffenen[1]

(1) **Die verantwortliche Stelle hat dem Betroffenen auf Verlangen Auskunft zu erteilen über**
1. die zu seiner Person gespeicherten Daten, auch soweit sie sich auf die Herkunft dieser Daten beziehen,
2. den Empfänger oder die Kategorien von Empfängern, an die Daten weitergegeben werden, und
3. den Zweck der Speicherung.
Der Betroffene soll die Art der personenbezogenen Daten, über die Auskunft erteilt werden soll, näher bezeichnen. Werden die personenbezogenen Daten geschäftsmäßig zum Zweck der Übermittlung gespeichert, ist Auskunft über die Herkunft

---

107 Meents/Hinzpeter in Taeger/Gabel, § 33 Rn. 59; ähnlich Kamlah in Plath, § 33 Rn. 55 ff.
108 HK-ArbR-Hilbrans §§ 33, 34 BDSG Rn. 6.
1 Zum Inkrafttreten der einzelnen Regelungen siehe auch vorne im Gesetzestext.

Auskunft an den Betroffenen § 34

und die Empfänger auch dann zu erteilen, wenn diese Angaben nicht gespeichert sind. Die Auskunft über die Herkunft und die Empfänger kann verweigert werden, soweit das Interesse an der Wahrung des Geschäftsgeheimnisses gegenüber dem Informationsinteresse des Betroffenen überwiegt.

(1 a) Im Fall des § 28 Absatz 3 Satz 4 hat die übermittelnde Stelle die Herkunft der Daten und den Empfänger für die Dauer von zwei Jahren nach der Übermittlung zu speichern und dem Betroffenen auf Verlangen Auskunft über die Herkunft der Daten und den Empfänger zu erteilen. Satz 1 gilt entsprechend für den Empfänger.

(2) Im Fall des § 28b hat die für die Entscheidung verantwortliche Stelle dem Betroffenen auf Verlangen Auskunft zu erteilen über
1. die innerhalb der letzten sechs Monate vor dem Zugang des Auskunftsverlangens erhobenen oder erstmals gespeicherten Wahrscheinlichkeitswerte,
2. die zur Berechnung der Wahrscheinlichkeitswerte genutzten Datenarten und
3. das Zustandekommen und die Bedeutung der Wahrscheinlichkeitswerte einzelfallbezogen und nachvollziehbar in allgemein verständlicher Form.

Satz 1 gilt entsprechend, wenn die für die Entscheidung verantwortliche Stelle
1. die zur Berechnung der Wahrscheinlichkeitswerte genutzten Daten ohne Personenbezug speichert, den Personenbezug aber bei der Berechnung herstellt oder
2. bei einer anderen Stelle gespeicherte Daten nutzt.

Hat eine andere als die für die Entscheidung verantwortliche Stelle
1. den Wahrscheinlichkeitswert oder
2. einen Bestandteil des Wahrscheinlichkeitswerts

berechnet, hat sie die insoweit zur Erfüllung der Auskunftsansprüche nach den Sätzen 1 und 2 erforderlichen Angaben auf Verlangen der für die Entscheidung verantwortlichen Stelle an diese zu übermitteln. Im Falle des Satzes 3 Nr. 1 hat die für die Entscheidung verantwortliche Stelle den Betroffenen zur Geltendmachung seiner Auskunftsansprüche unter Angabe des Namens und der Anschrift der anderen Stelle sowie der zur Bezeichnung des Einzelfalls notwendigen Angaben unverzüglich an diese zu verweisen, soweit sie die Auskunft nicht selbst erteilt. In diesem Fall hat die andere Stelle, die den Wahrscheinlichkeitswert berechnet hat, die Auskunftsansprüche nach den Sätzen 1 und 2 gegenüber dem Betroffenen unentgeltlich zu erfüllen. Die Pflicht der für die Berechnung des Wahrscheinlichkeitswerts verantwortlichen Stelle nach Satz 3 entfällt, soweit die für die Entscheidung verantwortliche Stelle von ihrem Recht nach Satz 4 Gebrauch macht.

(3) Eine Stelle, die geschäftsmäßig personenbezogene Daten zum Zwecke der Übermittlung speichert, hat dem Betroffenen auf Verlangen Auskunft über die zu seiner Person gespeicherten Daten zu erteilen, auch wenn sie weder automatisiert verarbeitet werden noch in einer nicht automatisierten Datei gespeichert sind. Dem Betroffenen ist auch Auskunft zu erteilen über Daten, die
1. gegenwärtig noch keinen Personenbezug aufweisen, bei denen ein solcher aber im Zusammenhang mit der Auskunftserteilung von der verantwortlichen Stelle hergestellt werden soll,
2. die verantwortliche Stelle nicht speichert, aber zum Zwecke der Auskunftserteilung nutzt.

§ 34 Auskunft an den Betroffenen

Die Auskunft über die Herkunft und die Empfänger kann verweigert werden, soweit das Interesse an der Wahrung des Geschäftsgeheimnisses gegenüber dem Informationsinteresse des Betroffenen überwiegt.
(4) Eine Stelle, die geschäftsmäßig personenbezogene Daten zum Zweck der Übermittlung erhebt, speichert oder verändert, hat dem Betroffenen auf Verlangen Auskunft zu erteilen über
1. die innerhalb der letzten zwölf Monate vor dem Zugang des Auskunftsverlangens übermittelten Wahrscheinlichkeitswerte für ein bestimmtes zukünftiges Verhalten des Betroffenen sowie die Namen und letztbekannten Anschriften der Dritten, an die die Werte übermittelt worden sind,
2. die Wahrscheinlichkeitswerte, die sich zum Zeitpunkt des Auskunftsverlangens nach den von der Stelle zur Berechnung angewandten Verfahren ergeben,
3. die zur Berechnung der Wahrscheinlichkeitswerte nach den Nummern 1 und 2 genutzten Datenarten sowie
4. das Zustandekommen und die Bedeutung der Wahrscheinlichkeitswerte einzelfallbezogen und nachvollziehbar in allgemein verständlicher Form.
Satz 1 gilt entsprechend, wenn die verantwortliche Stelle
1. die zur Berechnung des Wahrscheinlichkeitswerts genutzten Daten ohne Personenbezug speichert, den Personenbezug aber bei der Berechnung herstellt oder
2. bei einer anderen Stelle gespeicherte Daten nutzt.
(5) Die nach den Absätzen 1a bis 4 zum Zweck der Auskunftserteilung an den Betroffenen gespeicherten Daten dürfen nur für diesen Zweck sowie für Zwecke der Datenschutzkontrolle verwendet werden; für andere Zwecke sind sie zu sperren.
(6) Die Auskunft ist auf Verlangen in Textform zu erteilen, soweit nicht wegen der besonderen Umstände eine andere Form der Auskunftserteilung angemessen ist.
(7) Eine Pflicht zur Auskunftserteilung besteht nicht, wenn der Betroffene nach § 33 Abs. 2 Satz 1 Nr. 2, 3 und 5 bis 7 nicht zu benachrichtigen ist.
(8) Die Auskunft ist unentgeltlich. Werden die personenbezogenen Daten geschäftsmäßig zum Zweck der Übermittlung gespeichert, kann der Betroffene einmal je Kalenderjahr eine unentgeltliche Auskunft in Textform verlangen. Für jede weitere Auskunft kann ein Entgelt verlangt werden, wenn der Betroffene die Auskunft gegenüber Dritten zu wirtschaftlichen Zwecken nutzen kann. Das Entgelt darf über die durch die Auskunftserteilung entstandenen unmittelbar zurechenbaren Kosten nicht hinausgehen. Ein Entgelt kann nicht verlangt werden, wenn
1. besondere Umstände die Annahme rechtfertigen, dass Daten unrichtig oder unzulässig gespeichert werden oder
2. die Auskunft ergibt, dass die Daten nach § 35 Abs. 1 zu berichtigen oder nach § 35 Abs. 2 Satz 2 Nr. 1 zu löschen sind.
(9) Ist die Auskunftserteilung nicht unentgeltlich, ist dem Betroffenen die Möglichkeit zu geben, sich im Rahmen seines Auskunftsanspruchs persönlich Kenntnis über die ihn betreffenden Daten zu verschaffen. Er ist hierauf hinzuweisen.

Übersicht

	Rn.
1. Einleitung	1– 6
2. Der Anspruch nach Abs. 1 Satz 1	7–20
a) Träger des Anspruchs	7, 8

Auskunft an den Betroffenen § 34

b) In Dateien gespeicherte Daten	9 –11	
c) Herkunft der Daten	12, 13	
d) Empfänger der Daten	14, 15	
e) Zweck der Speicherung	16	
f) Negativauskunft	17	
g) Rechtsmissbräuchliches und nicht erfüllbares Auskunftsersuchen	18, 19	
h) Medienprivileg	20	
3. Der Anspruch nach Abs. 1 Satz 3 und 4 und nach Abs. 3	21 –23	
4. Einzelheiten der Auskunftserteilung	24 –34 a	
a) Form des Auskunftsersuchens	24	
b) Zeitpunkt der Auskunftserteilung	25	
c) Prüfung der Identität des Auskunft Begehrenden	26 –29	
d) Form der Auskunft	30 –34	
e) Die Auskunft schafft neue Daten	34 a	
5. Entfallen der Auskunftspflicht	35 –41	
6. Kosten der Auskunft	42 –49	
7. Die persönliche Vorsprache	50	
8. Besondere Auskunftsansprüche	50 a–50 c	
9. Verhältnis zu anderen Vorschriften	51 –57 b	
10. Rechtsdurchsetzung	58 –60	
11. Europäische Perspektiven	61	

1. Einleitung

Das nach § 6 Abs. 1 unabdingbare Auskunftsrecht ist entscheidende Voraussetzung für 1 die Wahrung aller weiteren Rechte.[2] Ohne eine solche verfahrensmäßige Absicherung wäre der Einzelne nicht in der Lage, von seinem informationellen Selbstbestimmungsrecht effektiv Gebrauch zu machen.[3] Die Auskunft verschafft »**entscheidungsvorbereitendes Wissen**«.[4] **Im öffentlichen Bereich** richtet sich der Auskunftsanspruch nach § 19.[5]

§ 34 enthält allgemeine Regeln zu dem Verhältnis Betroffener – verantwortliche Stelle. 2 Daneben finden sich in Abs. 2 speziell ausgestaltete Ansprüche im Zusammenhang mit Scoring-Verfahren, die 2009 geschaffen wurden. Neu sind auch die Bestimmungen der Absätze 1 a, 3, 4 und 5, die Sonderregeln für den Fall vorsehen, dass – wie in Auskunfteien – Daten geschäftsmäßig zum Zwecke der Übermittlung gespeichert oder verarbeitet werden.

Das **Auskunftsverlangen** kann **jederzeit** gestellt werden und bedarf keiner besonderen 3 **Form** und keiner Begründung; es ist nicht vom Verdacht irgendwelcher »Unregelmäßigkeiten« abhängig.[6] Es erstreckt sich nicht allein auf die zur Person des Betroffenen

---

[2] Thüsing/Pötters in Thüsing (Hrsg.) Beschäftigtendatenschutz und Compliance, § 18 Rn. 33.
[3] Ebenso LG Bielefeld 12. 6. 2008 – 7 O 13/08, NJW-RR 2009, 554; LG Düsseldorf 4. 9. 2007 – 12 O 320/07, WRP 2008, 154.
[4] So AG Hamburg-Altona 17. 11. 2004 – 317 C 328/04, DuD 2005, 170.
[5] Dazu BFH 30. 7. 2003 – VII R 45/02, RDV 2004, 270. Zur Auskunft über Daten im Nationalen Waffenregister VG Köln 13. 3. 2014 – 13 K 162/14, ZD 2014, 489.
[6] Thüsing/Pötters in Thüsing (Hrsg.) Beschäftigtendatenschutz und Compliance § 18 Rn. 34.

gespeicherten Daten, sondern bezieht auch deren **Herkunft und Empfänger**[7] ein. Auch über den **Zweck der Speicherung** ist zu informieren (Abs. 1 Satz 1 Nr. 3). Die Auskunft ist im Regelfall unentgeltlich (Abs. 8 Satz 1). In der Praxis ergibt sich jedoch eine Reihe von Defiziten.[8]

4   Das Auskunftsrecht unterliegt **Beschränkungen**. Abs. 7 überträgt jedoch nicht alle Schranken der Informationspflichten nach § 33 Abs. 2 hierher. Außerdem kann nur die Erteilung von Auskünften, nicht die Herausgabe von Unterlagen verlangt werden; § 34 eignet sich deshalb **nicht** dazu, ein »**pre-trial discovery**« nach US-Vorbild zu praktizieren.[9] Allerdings kann auch eine Auskunft wesentliche Bedeutung in künftigen prozessualen Auseinandersetzungen haben; im Übrigen kennt auch das deutsche Prozessrecht ein Beweissicherungsverfahren.

5   § 34 lässt Ansprüche auf anderer Rechtsgrundlage grundsätzlich unberührt. Zum Teil gehen diese innerhalb ihres Anwendungsbereichs nach § 1 Abs. 3 Satz 1 dem § 34 vor (unten Rn. 51 ff.).

6   Werden Daten in der **inländischen Niederlassung eines ausländischen Unternehmens** gespeichert, so ist das BDSG nach § 1 Abs. 5 anwendbar (oben § 1 Rn. 17) und die Ansprüche nach § 34 richten sich gegen die, genauer: den Träger der Niederlassung. Nach dem Text der Vorschrift wie nach ihrem Sinn spielt es dabei keine Rolle, ob der Betroffene im Ausland wohnt oder nicht.[10] Umgekehrt kann man sich nicht auf das BDSG (wohl aber ggf. auf ausländisches Recht) berufen, um eine im Ausland ansässige verantwortliche Stelle auf Auskunft in Anspruch zu nehmen. Auf den Ort der physischen Speicherung kommt es dabei nicht an. Dies gilt auch bei vernetzten Systemen mit grenzüberschreitendem Charakter.

2. Der Anspruch nach Abs. 1 Satz 1

a) Träger des Anspruchs

7   Der **Auskunftsanspruch** steht **dem Betroffenen** zu (dazu oben § 3 Rn. 2 ff.). Dies kann auch ein Bewerber oder ein ehemaliger Arbeitnehmer sein.[11] Erfasst ist weiter der 100-%-Gesellschafter einer GmbH oder einer anderen Kapitalgesellschaft.[12] Der Betroffene muss nicht geschäftsfähig sein; für die Geltendmachung des Anspruchs reicht es, wenn er über die nötige **Einsichtsfähigkeit** verfügt.[13] Betroffener ist auch eine nur »bestimmbare« Person. Diese muss allerdings darlegen, weshalb möglicherweise gespeicherte Daten sich auch auf sie beziehen können.[14] **Stirbt der Betroffene**, so gehen jedenfalls

---

7   Ebenso LG Bielefeld 12.6.2008 – 7 O 13/08, NJW-RR 2009, 554.
8   S. den Erfahrungsbericht von Hoss RDV 2011, 6 ff.
9   Auernhammer-Stollhoff § 34 Rn. 4.
10 Zustimmend Kamlah in Plath, § 34 Rn. 7; ebenso BMH, § 34 Rn. 20; a. A. Schaffland/Wiltfang, § 34 Rn. 14.
11 HK-ArbR-Hilbrans §§ 33, 34 Rn. 1.
12 BGH 17.12.1985 – VI ZR 244/84, NJW 1986, 2505.
13 Kamlah in Plath, § 34 Rn. 2; Gola/Schomerus, § 34 Rn. 1; a. A. wohl Auernhammer-Stollhoff § 34 Rn. 54.
14 Dix in Simitis, § 34 Rn. 14.

Auskunft an den Betroffenen § 34

diejenigen Auskunftsansprüche auf die Erben über, die sich ausschließlich oder überwiegend auf vermögensrechtliche Umstände beziehen.[15]

Wer generell oder in bestimmten Lebensbereichen unter einem **Pseudonym** auftritt, kann Auskunft über die Daten verlangen, die zu dem Träger des fraglichen Pseudonyms gespeichert sind.[16] Davon zu unterscheiden ist der Fall, dass die verantwortliche Stelle die Daten pseudonymisiert hat (dazu oben § 3 Rn. 45 ff.). Soweit sie selbst (oder eine von ihren Weisungen abhängige Stelle) in der Lage ist, die Pseudonymisierung aufzulösen, hat sie dies zu tun, um das Auskunftsersuchen zu erfüllen.

8

b) In Dateien gespeicherte Daten

Mitzuteilen sind mit Rücksicht auf den Anwendungsbereich des Dritten Teils grundsätzlich nur Daten, die **in einem automatisierten Verfahren gespeichert** sind (§ 27 Abs. 1). Gleichgestellt sind nach § 27 Abs. 2 solche, die offensichtlich aus einer automatisierten Verarbeitung entnommen worden sind, sich aber nunmehr in einer Akte oder in unstrukturierten Unterlagen befinden. Auch über § 27 Abs. 2 hinaus sind solche Daten gemäß § 34 Abs. 1 Satz 3, Abs. 3 Satz 1 dann mitzuteilen, wenn es sich um eine geschäftsmäßige Speicherung **zu Zwecken der Übermittlung** oder **der Auskunftserteilung** handelt (dazu unten Rn. 21 ff.).

9

Die Rechtsprechung des BAG hat es abgelehnt, den **Verzicht auf das Dateierfordernis bei Beschäftigtendaten** in § 32 Abs. 2 hierher zu übertragen, so dass keine Auskunft über handschriftliche Notizen zu gewähren ist.[17]

9a

Die Tatsache, dass Daten nach § 35 Abs. 3 und 4 **gesperrt** sind, ist im Rahmen des § 34 ohne Bedeutung,[18] doch darf die Sperrung als solche nach § 35 Abs. 4a nicht mitgeteilt werden. Auch »**gelöschte**« **Daten** unterliegen dem Auskunftsrecht, wenn sie technisch noch rekonstruierbar sind.[19] Generell gilt, dass sich das Auskunftsrecht auch auf in der Vergangenheit bestehende Daten bezieht, was die Pflicht des Gesetzgebers mit sich bringt, unter Berücksichtigung der Interessen beider Seiten Speicherungsfristen zu schaffen.[20] Ob der Betroffene bereits Kenntnis von den Daten hat (und deshalb nur die Richtigkeit der Speicherung überprüfen will), ist ohne Bedeutung.[21]

9b

Soweit der Betroffene keine Eingrenzung vorgenommen hat, sind ihm **auf Wunsch alle Daten** mitzuteilen, die zu seiner Person gespeichert sind. Ob es sich um triviale oder hochsensible Informationen handelt, ist ohne Bedeutung.[22] Daten, die z. B. im Zusammenhang mit Einstellungen und Beförderungen zu dem Zweck gespeichert werden, das Fehlen einer Diskriminierung nach dem AGG zu dokumentieren, sind gleichfalls

10

---

15 Vgl. auch Kamlah in Plath, § 34 Rn. 3.
16 AG Hamburg-Altona 17.11.2004 – 317 C 328/04, DuD 2005, 170; Kamlah in Plath, § 34 Rn. 6.
17 BAG 16.11.2010 – 9 AZR 573/09, NZA 2011, 463 = NJW 2011, 1306. Kritik bei Däubler, Gläserne Belegschaften? Rn. 512a.
18 AG Hamburg-Altona 17.11.2004 – 317 C 328/04, DuD 2005, 170; Gola/Schomerus, § 34 Rn. 9; Wedde in Roßnagel, Kap. 4.4. Rn. 37; Dix in Simitis, § 34 Rn. 19, Auernhammer-Stollhoff § 34 Rn. 58; Wolff/Brink-Schmidt-Wudy § 34 Rn. 49.
19 Weichert in Kilian/Heussen, Nr. 133 Rn. 12.
20 EuGH 7.5.2009 – C-553/07, EuZW 2009, 546.
21 HK-ArbR-Hilbrans §§ 33, 34 Rn. 7.
22 HK-ArbR-Hilbrans §§ 33, 34 Rn. 7: Auch die unter § 31 fallenden Daten werden erfasst.

erfasst.[23] Weiter kann grundsätzlich Auskunft darüber verlangt werden, welche Daten zu einem in der Vergangenheit liegenden Zeitpunkt gespeichert waren.[24] Auskunft zu geben ist auch über die Bezeichnung der jeweiligen Dateien.[25] Einzubeziehen ist nach herrschender Auffassung weiter der logische Aufbau der Datei; § 6a Abs. 3 bringt insoweit ein allgemeines Prinzip zum Ausdruck.[26] Nur dann ist dem **Zweck der Vorschrift** Rechnung getragen, die Verwendungsmöglichkeiten der Daten einschätzen und deshalb von den Korrekturrechten nach § 35 Gebrauch machen zu können.

11 Bei Daten über die **genetische Struktur** menschlicher Zellen taucht das Problem auf, dass mittelbar nicht nur die fragliche Person, sondern auch ihre Abkömmlinge betroffen sind. Soweit der primäre »Datenlieferant« zustimmt, können auch sie Auskunft verlangen. Dies ergibt sich mittelbar aus § 8 Abs. 1 Gendiagnostikgesetz, wonach der Betroffene bei der Einwilligung auch entscheiden kann, wem das Ergebnis zur Kenntnis gebracht wird. Das Gendiagnostikgesetz gibt jedoch keinen Anspruch darauf, darüber hinaus die eigene »genetische Konstitution« zu erfahren, obwohl dieses Interesse an sich höher zu bewerten ist als das Abschirmungsinteresse des unmittelbar Betroffenen.[27]

c) Herkunft der Daten

12 Das Auskunftsrecht erstreckt sich nach Abs. 1 Satz 1 Nr. 1 auch auf die »Herkunft« der Daten, also auf die **Quelle**, aus der die verantwortliche Stelle geschöpft hat.[28] Dieses kann eine natürliche Person oder eine Institution sein.[29] Der Anspruch erstreckt sich allerdings nicht auf den Sachzusammenhang, wie die Information erworben wurde.[30]

13 Der Anspruch besteht nur, wenn die **Herkunft** der Daten **mitgespeichert** ist.[31] Eine Pflicht zur Speicherung kann sich aus § 9[32] oder aus arbeitsrechtlichen Grundsätzen ergeben.[33] In diesen Fällen wäre es missbräuchlich, wollte sich die verantwortliche Stelle auf die fehlende automatisierte Speicherung berufen.

d) Empfänger der Daten

14 Über das BDSG 1990 hinaus sind auch alle **Empfänger** und Empfängerkategorien mitzuteilen (Abs. 1 Satz 1 Nr. 2). Eine einmalige Übermittlung genügt,[34] wobei im

---

23 Rittweger/Schmidl, RDV 2006, 235ff.
24 BMH, § 34 Rn. 28.
25 HessVGH 17.12.1990 – 7 UE 1182/84, RDV 1991, 187, 188.
26 Dix in Simitis, § 34 Rn. 20; Wedde in Roßnagel, Kap. 4.4. Rn. 47; TEG, S. 590.
27 Vgl. auch Dix in Simitis, § 34 Rn. 16, der einen derartigen Anspruch wenigstens nach dem Tod des primär Betroffenen anerkennen will.
28 Gola/Schomerus, § 34 Rn. 10.
29 OVG NW 22.11.2001 – 1 A 4855/99, RDV 2002, 127; TEG, S. 591.
30 AG Hamburg-Altona 17.11.2004 – 317 C 328/04, DuD 2005, 170; Thüsing/Pötters in Thüsing (Hrsg.), Beschäftigtendatenschutz und Compliance, § 18 Rn. 35.
31 Hoss RDV 2011, 6; Meents/Hinzpeter in Taeger/Gabel, § 34 Rn. 18.
32 So Dix in Simitis, § 34 Rn. 22.
33 Däubler, Gläserne Belegschaften? Rn. 526. Zustimmend Meents/Hinzpeter in Taeger/Gabel, § 34 Rn. 18.
34 TEG, S. 591.

Auskunft an den Betroffenen   § 34

Rahmen des Möglichen auch die Adressen der Empfänger anzugeben sind.[35] »Empfänger« kann auch eine Person sein, die **innerhalb der verantwortlichen Stelle** tätig ist; insofern kann der Einzelne auch interne Datenflüsse nachvollziehen.[36] Dies gilt auch für die Weitergabe bei der **Auftragsdatenverarbeitung**; sie mitzuteilen bleibt Aufgabe der verantwortlichen Stelle.[37] Dies ist auch auf die Datenspeicherung und – verarbeitung in der **Cloud** zu erstrecken.[38] Der Betroffene kann sowohl sämtliche Empfänger als auch die Empfängerkategorien abfragen, sich aber auch auf einen Bereich beschränken.[39] Der Empfänger des Empfängers ist jedoch nicht mehr erfasst.[40] Will der Betroffene auch insoweit informiert sein, muss er sich mit einem Ersuchen nach § 34 an den Empfänger wenden.

Die Mitteilung von Herkunft und Empfänger hat häufig personenbezogene Daten zum Gegenstand. Insoweit liegt ein **Eingriff in das informationelle Selbstbestimmungsrecht** der fraglichen Personen vor. Dieser ist allerdings durch die Vorschrift des § 34 gerechtfertigt; wer Daten an andere gibt oder von diesen empfängt, muss es sich gefallen lassen, dass diese Tatsache im Interesse der Transparenz der Datenverarbeitung nicht geheim gehalten wird.   15

e) Zweck der Speicherung

Die Auskunft erstreckt sich nach Abs. 1 Satz 1 Nr. 3 auch auf den Zweck der Speicherung. Dabei geht es um den Zweck (z.B. Erfüllung eines Vertrages), der die Datenverarbeitung legitimiert. Einzubeziehen sind daher auch Auswertungsprogramme,[41] da nur so die Zweckbestimmung in vollem Umfang erkennbar wird. Werden mehrere Zwecke verfolgt, sind alle anzugeben.[42] Auch die Dateibezeichnung ist mitzuteilen, da aus ihr typischerweise Rückschlüsse auf den Verwendungszusammenhang möglich sind.[43] Die Angabe der Rechtsgrundlage für Speicherung und Weiterverarbeitung ist wünschenswert, jedoch nur in disparitätischen Rechtsverhältnissen wie dem zwischen Arbeitgeber und Arbeitnehmer oder zwischen Verkäufer und Endverbraucher rechtlich geboten.[44]   16

---

35 BMH, § 34 Rn. 41; Hoss RDV 2011, 6. Anders, aber ohne Begründung, Kamlah in Plath, § 34 Rn. 24 Fn. 2.
36 BMH, § 34 Rn. 39; Gola/Schomerus, § 34 Rn. 11; Thüsing/Pötters in Thüsing (Hrsg.) Beschäftigtendatenschutz und Compliance, § 18 Rn. 20.
37 Ebenso Meents/Hinzpeter in Taeger/Gabel, § 34 Rn. 20.
38 Wolff/Brink-Schmidt-Wudy § 34 Rn. 47.
39 Meents/Hinzpeter in Taeger/Gabel, § 34 Rn. 21. Wie hier Schmidt-Wudy in Wolff/Brink § 34 Rn. 47.
40 Auernhammer-Stollhoff § 34 Rn. 21; Schmidt-Wudy in Wolff/Brink § 34 Rn. 41 ff.
41 Däubler CR 1991, 438 m.w.N.
42 BMH, § 34 Rn. 44; Meents/Hinzpeter in Taeger/Gabel, § 34 Rn. 22.
43 Ebenso HessVGH 17.12.1990 – 7 UE 1182/84, RDV 1991, 187; Dix in Simitis, § 34 Rn. 17; Wohlgemuth/Gerloff, S. 134; Gola/Schomerus, § 34 Rn. 9 – »Alkoholliebhaber«.
44 Däubler, Gläserne Belegschaften? Rn. 528; Dix in Simitis, § 34 Rn. 31; TEG, S. 591.

f) Negativauskunft

17 Sind keine Daten zu dem Betroffenen gespeichert, ist ihm dies mitzuteilen; auch eine solche »Negativauskunft« ist geboten.[45] Dies ist etwa dann der Fall, wenn bei Werbeaktionen die E-Mail-Anschriften der Adressaten direkt aus dem Internet entnommen werden.[46] Die Tatsache, dass die Daten bereits hätten gelöscht werden müssen (was zu einer Negativauskunft geführt hätte), ist ohne Bedeutung; dem Einzelnen ist mitzuteilen, welche Daten über ihn verfügbar sind.[47]

g) Rechtsmissbräuchliches und nicht erfüllbares Auskunftsersuchen

18 Ein Auskunftsersuchen kann jederzeit **wiederholt** werden.[48] Die verantwortliche Stelle darf sich nicht darauf beschränken, allein auf die seit der letzten Auskunft eingetretenen Veränderungen hinzuweisen; für den Betroffenen ergäbe dies häufig kein klares Bild.[49] Nur wenn der Betroffene einverstanden ist, kann eine entsprechende Beschränkung erfolgen. Die Mitteilung, seit der letzten Auskunft sei keine Änderung eingetreten, reicht dann, wenn diese nicht länger als einige Wochen zurückliegt.[50]

19 Die Wiederholung des Auskunftsersuchens ist dann unzulässig, wenn – wie bei **querulatorischem Verhalten** – ein ersichtlicher Rechtsmissbrauch vorliegt.[51] Dies wäre etwa dann der Fall, wenn ohne ersichtlichen Anlass jede Woche erneut um Auskunft gebeten würde.[52] In einem solchen Fall kann die verantwortliche Stelle die Auskunft verweigern, bis neue Fakten gespeichert sind oder so viel Zeit verstrichen ist, dass nicht mehr von querulatorischem Verhalten die Rede sein kann. **Rechtsmissbräuchlich** ist auch ein Auskunftsverlangen, wenn der Betroffene die verlangten Informationen unschwer durch Auswertung seines eigenen E-Mail-Accounts erlangen könnte.[53] Schließlich kann die Erfüllung eines Auskunftsanspruchs in Extremfällen unmöglich sein.[54] Mit Rücksicht auf § 12 Abs. 2 TMG ist der Betreiber eines Bewertungsportals nicht verpflichtet, Auskunft über die Identität eines Nutzers zu geben, der einen kritischen Kommentar eingestellt hat.[55]

---

45 Dix in Simitis, § 34 Rn. 18; Kamlah in Plath, § 34 Rn. 21; Meents/Hinzpeter in Taeger/Gabel, § 34 Rn. 16; Weichert NVwZ 2007, 1004, 1005; Wohlgemuth/Gerloff, S. 134; Schmidt-Wudy in Wolff/Brink § 34 Rn. 14.
46 AG Leipzig 18.7.2014 – 107 C 2154/14, ZD 2014, 533.
47 BMH, § 34 Rn. 29; Wohlgemuth/Gerloff, S. 134.
48 Däubler, Gläserne Belegschaften? Rn. 530; Grimm in Tschöpe, Teil 6 F Rn. 193; Meents/Hinzpeter in Taeger/Gabel, § 33 Rn. 16.
49 Dix in Simitis, § 34 Rn. 21.
50 Generell für eine solche Antwort Gola/Schomerus, § 34 Rn. 14.
51 Ebenso Grimm in Tschöpe, Teil 6 F Rn. 193 (»rein querulatorisch oder schikanös«); Schaffland/Wiltfang, § 34 Rn. 21; Däubler, Gläserne Belegschaften? Rn. 530.
52 Meents/Hinzpeter in Taeger/Gabel, § 34 Rn. 16.
53 LAG Hessen 29.1.2013 – 13 Sa 263/12, DuD 2013, 392 = ZD 2013, 413. Zustimmend Aurnhammer-Stollhoff § 34 Rn. 60. Zum Missbrauch, wenn lediglich die vom Betroffenen gelieferten Daten an einen Dritten weitergegeben werden, s. AG Bremen 20.2.2014 – 9 C 30/13, ZD 2014, 535.
54 LAG Hessen, a.a.O.
55 BGH 1.7.2014 – VI ZR 345/13, ZD 2014, 520.

Auskunft an den Betroffenen § 34

h) Medienprivileg

Der Auskunftsanspruch besteht nicht in Bezug auf die journalistisch-redaktionelle 20
Erhebung, Verarbeitung und Nutzung personenbezogener Daten durch die **Presse
sowie andere Medien** (dazu § 41 Rn. 6 ff.). Die Daten der bei diesem Unternehmen
tätigen Beschäftigten sind dadurch nicht betroffen, da sie nicht journalistisch-redaktionellen Zwecken dienen, so dass insoweit ein Auskunftsanspruch der Betroffenen
besteht.[56] Die Tatsache, dass die verantwortliche Stelle bestimmte Daten ins Internet
stellt, führt nicht dazu, dass sie zu einem Medienunternehmen im Sinne des § 41
wird.[57]

3. Der Anspruch nach Abs. 1 Satz 3 und 4 und nach Abs. 3

Werden personenbezogene Daten **geschäftsmäßig zum Zweck der Übermittlung** 21
gespeichert, erfährt der Auskunftsanspruch nach Abs. 1 Satz 3 und 4 gewisse Modifikationen. Dasselbe gilt nach Abs. 3 für Stellen, die »geschäftsmäßig personenbezogene
Daten zum Zweck der Übermittlung speichern«. Die Modifikationen bestehen in
zweierlei Hinsicht:

Zum einen ist Auskunft über Herkunft und Empfänger der Daten auch dann zu erteilen, 22
wenn diese Angaben **nicht in einer Datei gespeichert** sind. Selbst die Fixierung auf
irgendeinem Datenträger wie Papier ist nicht erforderlich; vielmehr genügt, dass die
Information aufgrund des menschlichen Gedächtnisses verfügbar ist.[58] Einbezogen sind
auch Daten, die bei Bedarf von Dritten abgerufen werden können.[59]

Auf der anderen Seite tritt eine wesentliche Einengung dadurch ein, dass die Auskunft 23
über Herkunft und Empfänger nicht zu erteilen ist, wenn das **Interesse an der
Wahrung von Geschäftsgeheimnissen überwiegt**. Eine Auskunftei wäre in ihrer
Betätigung gravierend behindert, könnte etwa ein Konkurrenzunternehmen durch
Vorschieben harmlos erscheinender Privatpersonen ihre ganzen Quellen aufdecken.
Von einem Überwiegen des Geheimhaltungsinteresses kann allerdings nicht die Rede
sein, wenn begründete Zweifel an der Richtigkeit einer Auskunft bestehen.[60] Insofern ist
eine einzelfallbezogene Abwägung erforderlich.[61] Die Vereinbarung von Vertraulichkeit
mit einem »Datenlieferanten« schafft für sich allein noch kein Betriebsgeheimnis.[62] Erst
recht liegt dieses nicht vor, wenn die Daten zu wettbewerbswidrigem oder strafbarem
Tun verwendet werden sollen. Bezüglich der Auskunft über Datenempfänger ist auf die
Einigung der Aufsichtsbehörden mit dem Verband der Handelsauskunfteien zu verweisen.[63]

---

56 Dix in Simitis, § 34 Rn. 11.
57 AG Geislingen 20.4.2004 – 3 C 2/04, RDV 2004, 178.
58 Schaar, Rn. 494; Dix in Simitis, § 34 Rn. 29; Meents/Hinzpeter in Taeger/Gabel, § 34 Rn. 24.
59 Meents/Hinzpeter in Taeger/Gabel, § 34 Rn. 25.
60 BMH, § 34 Rn. 51; Meents/Hinzpeter in Taeger/Gabel, § 34 Rn. 27 a. E.; TEG, S. 592.
61 AG Hamburg-Altona 17.11.2004 – 317 C 328/04, DuD 2005, 170.
62 BMH, § 34 Rn. 51.
63 3. Tätigkeitsbericht des Innenministeriums Baden-Württemberg nach § 39 LDSG, 2005. S. auch BMH, § 34 Rn. 52 f.

4. Einzelheiten der Auskunftserteilung

a) Form des Auskunftsersuchens

24 Das Auskunftsersuchen muss keine besondere Form wahren, es kann auch mündlich oder per E-Mail gestellt werden.[64] Nach Abs. 1 Satz 2 »soll« der Betroffene die Art der personenbezogenen Daten näher bezeichnen, über die er Auskunft haben will. Unterbleibt dies, wird ihn die verantwortliche Stelle um eine Konkretisierung bitten.[65] Dem Betroffenen steht es frei, auf eine solche Eingrenzung zu verzichten und nach allen zu seiner Person gespeicherten Daten zu fragen.[66] Dies kann im Einzelfall allerdings zu einer Verzögerung der Auskunftserteilung führen.[67]

b) Zeitpunkt der Auskunftserteilung

25 Die Auskunft ist »**unverzüglich**« zu erteilen; § 121 BGB findet entsprechende Anwendung.[68] Insoweit gilt nichts anderes als im Rahmen der Informationspflicht des § 33 (s. dort Rn. 15).[69] Gehen viele Auskunftsersuchen ein, ist eine gesammelte Bearbeitung innerhalb von ein bis zwei Wochen möglich.[70] Ergeben sich aus technischen Gründen Verzögerungen, ist dem Betroffenen ein Zwischenbescheid zu erteilen.[71] In der Literatur wird zu Recht die gesetzliche Festlegung einer Frist verlangt.[72]

c) Prüfung der Identität des Auskunft Begehrenden

26 Die verantwortliche Stelle hat die **Identität des Auskunft Begehrenden** zu überprüfen, um nicht Daten an einen Unbefugten gelangen zu lassen.[73] Stimmt die vom Betroffenen angegebene Adresse mit der gespeicherten überein, wird in aller Regel kein Anlass zu weiteren Nachforschungen bestehen; selbst wenn eine vorgeschobene Person das Auskunftsersuchen gestellt hat, würde die Information der betroffenen Person zugeleitet.[74]

---

64 Kamlah in Plath, § 34 Rn. 11; Meents/Hinzpeter in Taeger/Gabel, § 34 Rn. 12; Wohlgemuth/Gerloff, S. 135; Wybitul/Schultze-Melling § 34 Rn. 1.
65 Dix in Simitis, § 34 Rn. 35; Wohlgemuth/Gerloff, S. 135.
66 Gola/Schomerus, § 34 Rn. 5; Meents/Hinzpeter in Taeger/Gabel, § 33 Rn. 15.
67 BMH, § 34 Rn. 44.
68 Grimm in Tschöpe, § 34 Rn. 193.
69 Für Zwei-Wochen-Frist Hoss RDV 2011, 6.
70 Dix in Simitis, § 34 Rn. 36; ähnlich Gola/Schomerus, § 34 Rn. 16; für nicht mehr als drei Wochen Dörr/Schmidt, § 34 Rn. 16. In Anlehnung an die Richtlinie plädiert Meents/Hinzpeter (in Taeger/Gabel, § 34 Rn. 44) dafür, auf den Einzelfall abzustellen und »unzumutbare Verzögerungen« zu vermeiden. Kamlah (in Plath, § 34 Rn. 73) hält eine Bearbeitungsdauer von zwei bis vier Wochen, Auernhammer-Stollhoff (§ 34 Rn. 57) und Schmidt-Wudy in Wolff/Brink (§ 34 Rn. 24) eine Dauer von vier Wochen für angemessen, doch fragt man sich, ob hier nicht stillschweigend das (heute überholte) Suchen in Akten vorausgesetzt wird.
71 Gola/Schomerus, § 34 Rn. 16.
72 Hoss RDV 2011, 6, 9.
73 Werden Daten durch Vorspiegelung einer falschen Identität erschlichen, so hat der Betroffene Auskunfts- und Vernichtungsansprüche; s. den Fall LG Münster 14. 9. 2011 – 016 O 150/10, ZD 2012, 476.
74 Wohlgemuth/Gerloff, S. 135.

Auskunft an den Betroffenen § 34

Anders verhält es sich dann, wenn die Adressen divergieren oder eine postlagernde Antwort erbeten wird; hier muss die Identität auf andere Weise geklärt werden.[75] Die Frage z. B. nach dem Geburtsdatum ist in einem solchen Fall eine berechtigte Datenerhebung.[76]

Bei **telefonischen Anfragen** ergeben sich keine Probleme, wenn ein bestimmtes Passwort vereinbart ist. Fehlt es daran, liegt es nahe, den Anrufer nach weiteren personenbezogenen Angaben wie dem Geburtsdatum und Geburtsort zu fragen. Stimmt dieses dann mit dem gespeicherten überein, steht der Auskunft nichts mehr im Wege. Notfalls ist der Anrufer auf eine schriftliche Anfrage zu verweisen, wenn noch keine ausreichenden Kontaktdaten vorhanden sind, die eine Überprüfung ermöglichen würden.[77] 27

Wird das Auskunftsersuchen mündlich gestellt und ist die fragliche Person nicht bekannt, so kann die Vorlage eines **Personalausweises** oder einer Kopie desselben verlangt werden.[78] Auf der Kopie kann alles außer Name, Anschrift und Geburtsdatum geschwärzt werden. 28

Wird das Auskunftsersuchen durch einen Bevollmächtigten gestellt, so ist in Zweifelsfällen nach einer schriftlichen Vollmachtsurkunde zu fragen.[79] Die verlangten Daten dürfen nur zur Identitätskontrolle verwendet werden (§ 6 Abs. 3) und sind nach Abschluss des Vorgangs zu löschen.[80] 29

d) Form der Auskunft

Die Auskunft muss nach Abs. 6 grundsätzlich **in Textform** erfolgen.[81] Dies bedeutet, dass lediglich Verfasser sowie Beginn und Ende der Mitteilung deutlich werden müssen, jedoch anders als bei der Schriftform keine Unterschrift vorliegen muss.[82] E-Mail und Fax werden diesen Anforderungen gerecht.[83] Bei **telefonischen Anfragen** kann eine **mündliche Auskunft** angemessen sein, wenn der Anrufer nicht auf Textform beharrt.[84] 30

Nach Art. 12 Buchstabe a zweiter Spiegelstrich der EG-Datenschutzrichtlinie muss die Mitteilung »in verständlicher Form« erfolgen. Dies setzt im Regelfall voraus, dass die **Angaben entschlüsselt** werden, so dass sie unschwer lesbar sind.[85] Die bloße Mitteilung des Schlüssels genügt allenfalls dann, wenn dieser einfach zu handhaben ist und nur wenige Systembegriffe erfasst.[86] Die auf Papier erfolgende Auskunft ist in einem 31

---

75 Gola/Schomerus, § 34 Rn. 7; TEG, S. 590.
76 Kamlah in Plath, § 34 Rn. 13.
77 Kamlah in Plath, § 34 Rn. 16.
78 Gola/Schomerus, § 34 Rn. 7.
79 Vgl. Gola/Schomerus, § 34 Rn. 7; Meents/Hinzpeter in Taeger/Gabel, § 34 Rn. 14; Schaffland/Wiltfang, § 34 Rn. 20.
80 Schmidt-Wudy in Wolff/Brink § 34 Rn. 29.
81 Schmidt-Wudy in Wolff/Brink § 34 Rn. 98.
82 § 126b BGB; dazu Däubler, BGB kompakt, Kap. 11 Rn. 44 c.
83 Hoss RDV 2011, 7.
84 Meents/Hinzpeter in Taeger/Gabel, § 34 Rn. 44; Wybitul/Schultze-Melling § 34 Rn. 4.
85 ArbG Berlin v. 24.9.1987 – 10 Ca 159/87, DB 1988, 133 – für § 83 BetrVG; ebenso für § 34 BDSG BMH, § 34 Rn. 67; Meents/Hinzpeter in Taeger/Gabel, § 34 Rn. 42.
86 Für generellen Rückgriff auf Klartext Gola/Schomerus, § 34 Rn. 13.

32 verschlossenen Umschlag zu übersenden, um Zugriffe Dritter im Rahmen des Möglichen auszuschließen.[87]

32 Eine andere Form kann einvernehmlich gewählt werden. Aus Gründen schneller Erledigung wird der Betroffene möglicherweise mit einer mündlichen Auskunft zufrieden sein. Ein Fax darf erst dann abgesandt werden, wenn durch einen Anruf geklärt ist, dass die Auskunft den Empfänger erreicht und unerwünschte Dritte nicht zugreifen können.[88]

33 Besteht keine Einigkeit über die Abweichung von der Textform, so bedarf es »besonderer Umstände«, die eine andere Art der Übermittlung nahe legen. Typischerweise liegen sie in der Sphäre der Betroffenen; Verwaltungsaufwand und Übermittlungskosten bei der verantwortlichen Stelle sind insoweit irrelevant.[89] Bei der **Eröffnung medizinischer Diagnosen** ist in der Regel die mündliche Form zu wählen, weil dadurch ggf. die Schockwirkung abgemildert werden kann.[90] Wird die mündliche Information aber nicht verstanden, weil der Patient schwere Hörprobleme hat, ist eine schriftliche Mitteilung geboten.[91] Eine gesetzliche Ausnahme besteht für Auskünfte aus dem Krebsregister, die nur mündlich erteilt werden dürfen.

34 Bestehen begründete **Zweifel an der Richtigkeit** oder Vollständigkeit der Auskunft, so kann die verantwortliche Stelle dazu verurteilt werden, die Vollständigkeit und Richtigkeit ihrer Auskunft an Eides Statt zu versichern.[92] Insoweit gelten die in den §§ 259 ff. BGB niedergelegten Grundsätze entsprechend.

e) Die Auskunft schafft neue Daten

34a Durch die Erteilung der Auskunft entstehen neue Daten. Nach Abs. 5 dürfen sie nicht für andere Zwecke als die Auskunftserteilung und die Datenschutzkontrolle verwendet werden.[93] Durch diese strikte Zweckbindung sollen Benachteiligungen wegen Ausübung der Rechte aus § 34 verhindert werden. Ist die Auskunft erteilt und schließen sich keine weiteren Auseinandersetzungen an, sind sie zu löschen.

5. Entfallen der Auskunftspflicht

35 Abs. 7 verweist prinzipiell auf die Gründe, aus denen nach § 33 Abs. 2 die Informationspflicht der verantwortlichen Stelle ausgeschlossen ist. In drei Punkten ist das Auskunftsrecht »liberaler«:

36 Auskunft muss auch dann gegeben werden, wenn die Information deshalb unterblieb, weil der Betroffene schon anderweitig informiert war (§ 33 Abs. 2 Satz 1 Nr. 1).

---

[87] Dix in Simitis, § 34 Rn. 40.
[88] Tinnefeld/Ehmann/Gerling, 4. Aufl., S. 592.
[89] Vgl. Dix in Simitis, § 34 Rn. 49.
[90] Gola/Schomerus, § 34 Rn. 15; TEG, Rn. 592.
[91] BVerfG 18.11.2004 – 1 BvR 2315/04, NJW 2005, 1103 = EuGRZ 2004, 805.
[92] AG Geislingen 20.4.2004 – 3 C 2/04, RDV 2004, 178; LG Ulm 1.12.2004 – 1 S 89/04, MMR 2005, 265; Meents/Hinzpeter in Taeger/Gabel, § 34 Rn. 60.
[93] Hoss RDV 2011, 6, 10; Meents/Hinzpeter in Tager/Gabel, § 34 Rn. 36; Kamlah in Plath, § 34 Rn. 63 ff.

Auskunft an den Betroffenen § 34

War die Speicherung oder Übermittlung durch Gesetz ausdrücklich vorgeschrieben, so entfällt die Informationspflicht, nicht aber die Auskunft (§ 33 Abs. 2 Nr. 4). 37

Werden Daten geschäftsmäßig zum Zweck der Übermittlung gespeichert und sind sie aus allgemein zugänglichen Quellen entnommen oder listenmäßig zusammengefasst, so entfällt nach § 33 Abs. 2 Satz 1 Nr. 8 die Informationspflicht, wenn eine Benachrichtigung wegen der Vielzahl der betroffenen Fälle unverhältnismäßig ist. In solchen Fällen besteht jedoch gleichwohl ein Auskunftsrecht, das sich z. B. gegen **Adresshändler** richtet. Dasselbe gilt für Daten, die aus allgemein zugänglichen Quellen entnommen und die geschäftsmäßig für Zwecke der Markt- oder Meinungsforschung gespeichert sind (§ 33 Abs. 2 Satz 1 Nr. 9) 38

Soweit es bei den **Ausschlussgründen nach § 33 Abs. 2** bleibt, ist zunächst auf die dort gemachten Ausführungen zu verweisen (§ 33 Rn. 22 ff.). Die Anwendung ist der Sache nach jedoch nur eine »entsprechende« mit der Folge, dass Besonderheiten im Zusammenhang mit der Erteilung von Auskünften durchaus Berücksichtigung finden können.[94] In aller Regel werden daher Ausschlussgründe, die (auch) auf einen unverhältnismäßigen Aufwand abstellen, hier nicht zum Tragen kommen, weil es sich nur um die Behandlung von Einzelfällen, nicht um ein Massengeschäft handelt. Auch ist immer zu berücksichtigen, dass die Ausnahmetatbestände nur im Rahmen ihres Geltungsanspruchs die Auskunftspflicht entfallen lassen; über Daten, die von ihnen nicht erfasst sind, ist sehr wohl Auskunft zu gewähren.[95] Auch steht es der verantwortlichen Stelle frei, ohne Rückgriff auf § 34 Abs. 4 gleichwohl zu informieren, sofern dadurch nicht gegen öffentliche Interessen oder vorrangige Interessen Dritter verstoßen wird.[96] Bei **rechtswidrig gespeicherten Daten** (es fehlte z. B. eine wirksame Einwilligung) ist immer Auskunft zu gewähren.[97] 39

Wird die **Auskunft verweigert**, so ist dies **schriftlich zu begründen**. Allerdings dürfen dadurch nicht die Ausschlussgründe selbst konterkariert werden; ein im öffentlichen Interesse geheim zu haltendes Ermittlungsverfahren darf daher auch nicht ansatzweise erwähnt werden. Aus der Ablehnung muss deutlich werden, dass durchaus Daten gespeichert sind; dies zu leugnen oder sich in Schweigen zu hüllen, wäre ein noch viel stärkerer Eingriff in die Datentransparenz und ist deshalb unzulässig.[98] Bestehen »offene« und geheime Informationen nebeneinander, muss die Übermittlung der »offenen« durch die Bemerkung ergänzt werden, weitere Angaben seien jedoch (aus näher auszuführenden Gründen) nicht möglich. 40

Die Auslegung und Handhabung der Verweigerungsgründe darf nie so weit gehen, dass das Regel-Ausnahme-Verhältnis umgekehrt wird.[99] 41

---

94 Zustimmend Meents/Hinzpeter in Taeger/Gabel, § 34 Rn. 45; s. weiter Dix in Simitis, § 34 Rn. 54.
95 BMH, § 34 Rn. 75.
96 Gola/Schomerus, § 34 Rn. 18; Hoss RDV 2011, 6.
97 Weichert in Kilian/Heussen, Nr. 133 Rn. 17.
98 Im Ergebnis übereinstimmend Schaffland/Wiltfang, § 34 Rn. 34; Dix in Simitis, § 34 Rn. 57 Auernhammer-Stollhoff § 34 Rn. 62.
99 Zustimmend Dix in Simitis, § 34 Rn. 58.

6. Kosten der Auskunft

42 Nach Abs. 8 Satz 1 ist die Auskunft anders als nach dem BDSG 1977 **grundsätzlich unentgeltlich**. Die Ausübung des informationellen Selbstbestimmungsrechts soll nicht von bestimmten wirtschaftlichen Opfern abhängig sein. Anders als im öffentlichen Bereich (§ 19 Abs. 7) gibt es davon jedoch eine nicht ganz unbedeutende Ausnahme.

43 Werden die personenbezogenen **Daten geschäftsmäßig** zum Zweck der Übermittlung **gespeichert**, gilt die Unentgeltlichkeit nicht, sofern die erhaltene Auskunft Dritten gegenüber zu wirtschaftlichen Zwecken nutzbar wäre. Hintergrund dieser Regelung ist die Überlegung, Banken, Vermieter oder Arbeitgeber könnten sonst potentielle Kunden bzw. Bewerber dazu veranlassen, unentgeltlich Auskünfte über ihre Bonität einzuholen. Dies ist einerseits verständlich, hat aber den unangenehmen Nebeneffekt, dass auch der nur wegen seiner »Verdatung« besorgte Bürger mit Kosten belastet wird. Diesem Bedenken hat die Novelle 2009 in gewissem Umfang Rechnung getragen, weil der Betroffene nach Abs. 8 Satz 2 auch in solchen Fällen **einmal je Kalenderjahr eine unentgeltliche Auskunft** in Textform verlangen kann; nur was darüber hinausgeht, ist kostenpflichtig.

44 Gesetzgeber, Rechtsprechung und Literatur sind bestrebt, die **Kostenbelastung** des Betroffenen **in Grenzen** zu halten. Nach Abs. 8 Satz 4 darf das Entgelt nicht über die der Auskunftserteilung unmittelbar zurechenbaren Kosten hinausgehen. Dies sind solche, die nicht anfallen würden, wenn das Auskunftsersuchen unterblieben wäre.[100] Gemeinkosten sind deshalb nicht erstattungsfähig,[101] ebenso wenig die Aufwendungen, die mit der Information nach § 33 verbunden sind.[102] Erfasst sind somit nur anteilige Kosten für das Laufen der Geräte, für Material und für Porto.[103] In Bezug auf die Schufa ist dies vom LG Berlin[104] konkretisiert worden. Entstehen besonders hohe »Suchkosten«, weil zahlreiche Dateien zu durchsuchen sind (was wohl nur in den Fällen des § 27 Abs. 2 realistisch ist), so muss ggf. dem Antragsteller vorher Mitteilung gegeben werden, um ihn so in die Lage zu versetzen, entweder sein Vorhaben aufzugeben oder den unentgeltlichen Weg über Abs. 9 zu gehen.[105] Das Prinzip der unmittelbaren Zurechenbarkeit kennt eine Obergrenze für Pauschalierungen,[106] die allerdings für verschiedene Arten von Auskünften unterschiedlich gestaltet sein können. Die geringen Beträge können es nahe legen, auf die »Gebühren« insgesamt zu verzichten, um so unnötigen Verwaltungsaufwand zu vermeiden.

45 Die wirtschaftliche Nutzbarkeit ist eine objektive Eigenschaft der erhaltenen Auskunft; welche Absichten der Betroffene im Einzelnen verfolgt, ist irrelevant. Allerdings sollte eine Situation gegeben sein, in der sich Kosten ersparen lassen.[107] Dies kann auch für

---

100 Gola/Schomerus, § 34 Rn. 23.
101 LG Berlin 14.1.1999 – 14 O 417/97, DuD 2000, 681; vgl. auch BMH, § 34 Rn. 97.
102 Dix in Simitis, § 34 Rn. 64.
103 Dix in Simitis, § 34 Rn. 66.
104 LG Berlin DuD 2000, 681 (oben Fn. 91).
105 Dix in Simitis, § 34 Rn. 68.
106 Schaffland/Wiltfang, § 34 Rn. 50.
107 Gola/Schomerus, § 34 Rn. 21; Walz CR 1991, 368; TEG, S. 594.

Auskunft an den Betroffenen § 34

Negativauskünfte gelten; nicht in einem bestimmten Schuldnerverzeichnis zu stehen, kann durchaus eine nützliche Information sein.[108]
Der Betroffene ist nicht zur Vorweg-Bezahlung verpflichtet, doch wird die Übersendung per Nachnahme durchaus zugelassen.[109] **46**
Von der ausnahmsweise bestehenden Zahlungspflicht macht Abs. 8 Satz 5 **zwei Rück-** **47**
ausnahmen, kehrt also zur **Unentgeltlichkeit** zurück. Dies ist einmal dann der Fall, wenn »besondere Umstände« die Annahme rechtfertigen, dass Daten unrichtig oder unzulässig gespeichert sind. Diese »besonderen Umstände« können nicht aus einem bloßen subjektiven Verdacht bestehen; vielmehr muss es sich um konkrete Fakten wie unrichtige Angaben in einem Schreiben der verantwortlichen Stelle oder eine Benachteiligung handeln, die vermutlich mit einer falschen Eintragung in einer Datei zusammenhängt.
Zum zweiten entfällt die Entgeltpflicht dann, wenn sich durch die Auskunft herausstellt, **48**
dass die Daten zu berichtigen oder nach § 35 Abs. 2 Satz 2 Nr. 1 zu löschen sind. Warum dabei lediglich die Löschungspflicht wegen unzulässiger Speicherung, nicht aber die wegen Speicherung nicht beweisbarer sensibler Daten (Nr. 2) erfasst ist, lässt sich nicht begründen.[110] Um einen Verstoß gegen den Gleichheitssatz zu vermeiden, müsste man wohl in verfassungskonformer Auslegung von Abs. 8 Satz 5 auch andere Fälle des § 35 Abs. 2 Satz 2 einbeziehen.
Die Zahlungspflicht entfällt nicht, wenn der Betroffene durch falsche Angaben oder auf **49**
andere Weise die Unrichtigkeit selbst herbeigeführt hat; dies wäre ein widersprüchliches Verhalten.[111] Weiter ist das Entgelt auch dann zu bezahlen, wenn es sich um einen **Bagatellfehler** handelt, der nicht zu irgendwelchen Missverständnissen führen kann.[112]

7. Die persönliche Vorsprache

Nach Abs. 9 ist dem Betroffenen in all den Fällen, in denen ein Entgelt zu bezahlen **50**
wäre, die Möglichkeit zu eröffnen, sich persönlich Kenntnis über die ihn betreffenden Daten und Angaben zu verschaffen. Dies kann auch durch eine Vertrauensperson wie einen Rechtsanwalt geschehen. Hierauf muss er in geeigneter Weise hingewiesen werden, was sinnvollerweise bereits im Zusammenhang mit der Information nach § 33 erfolgt. Die Einsichtnahme wird am Bildschirm erfolgen, doch kann es in den Fällen des § 27 Abs. 2 auch notwendig sein, dem Einzelnen Akteneinsicht zu gewähren. Bei Datenbanken ist ein gesicherter Online-Zugang mit Leserecht für einen bestimmten Zeitraum einzurichten.[113] Wird davon nicht nur in singulären Ausnahmefällen Gebrauch gemacht, wäre der Aufwand vermutlich sehr viel höher als bei der unentgelt-

---

108 Gola/Schomerus, § 34 Rn. 23.
109 Gola/Schomerus, § 34 Rn. 23 a; Dix in Simitis, § 34 Rn. 70; Meents/Hinzpeter in Tager/Gabel § 34 Rn. 55; a. A. BMH § 34 Rn. 101.
110 Dix in Simitis, § 34 Rn. 79: »kaum nachvollziehbar«. Wie hier wohl Meents/Hinzpeter in Taeger/Gabel, § 34 Rn. 52.
111 Gola/Schomerus, § 34 Rn. 22; TEG, S. 594.
112 Dix in Simitis, § 34 Rn. 73; Meents/Hinzpeter in Taeger/Gabel § 34 Rn. 51.
113 Meents/Hinzpeter in Taeger/Gabel, § 34 Rn. 56.

lichen Gewährung schriftlicher Auskünfte.[114] Der Betroffene hat das Recht, die von § 34 erfassten Informationen auf Datenträger (wie CD, Papier usw.) zu fixieren.[115]

8. Besondere Auskunftsansprüche

50 a Die Novellierung 2009 hat für zwei Lebensbereiche spezielle Auskunftsansprüche geschaffen. Zum einen geht es in Abs. 1 a um Daten, die für Zwecke der **Werbung** gespeichert werden. Zum andern ergänzen die Abs. 2 und 4 die Vorschrift des § 28 b über das **Scoring** und sichern sie von der verfahrensmäßigen Seite her ab.

50 b Abs. 1 a ist nur im Zusammenhang mit dem neuen § 28 Abs. 3 verständlich. Nach dessen Satz 2 existiert das sog. **Listenprivileg** nur noch, wenn es beim Empfänger um die Werbung für eigene Angebote geht. Eine Weitergabe an Dritte ist allein noch für den Fall vorgesehen, dass für Spenden geworben wird. Die verantwortliche Stelle, die die Liste mit Namen, Geburtsjahr, Titel usw. erhalten hat, kann nach § 28 Abs. 3 Satz 3 weitere Daten »hinzuspeichern«, die sich beispielsweise aus der bisherigen Beziehung zu bestimmten Kunden ergeben. Diese »zusammengefassten personenbezogenen Daten« dürfen nach § 28 Abs. 3 Satz 4 für Zwecke der Werbung auch an andere übermittelt werden, wenn die Übermittlung nach Maßgabe von § 34 Abs. 1 a Satz 1 gespeichert wird. § 34 Abs. 1 a Satz 1 verlangt nun, dass die übermittelnde Stelle die Herkunft der Daten und den Empfänger für die Dauer von zwei Jahren nach der Übermittlung speichert und dem Betroffenen auf Verlangen Auskunft über die Herkunft der Daten und den Empfänger erteilt. Weshalb dies an dieser Stelle geregelt wurde, ist schwer erkennbar: Die Speicherung hätte einen besseren Platz in § 28 Abs. 3 gefunden; die Auskunftspflicht würde sich schon aus Abs. 1 Satz 1 ergeben. Dasselbe gilt für die Vorschrift des Abs. 1 a Satz 2, wonach die Regeln über Speicherung und Auskunft auch im Verhältnis zum Datenempfänger gelten sollen.

50 c Etwas mehr Klarheit bringen die Auskunftsrechte im Zusammenhang mit dem **Scoring**, doch lassen sich die Absätze 2 und 4 nicht gerade als Muster für bürgerfreundliche, leicht zugängliche Gesetzgebung qualifizieren.[116] Die amtliche Begründung des Regierungsentwurfs[117] macht die hinter den Regelungen stehenden Überlegungen deutlich. Wird bei einer Entscheidung (z. B. über die Gewährung eines Kredits) ein Score-Wert verwendet (dazu § 28 b Rn. 7 ff.), so hat der Betroffene einen Anspruch darauf, dass ihm die zugrunde liegenden Tatsachen und das zum Ergebnis führende Verfahren »in allgemein verständlicher Form« dargelegt werden.[118] Hatte die entscheidende Stelle den Wert von einem Dritten (z. B. der Schufa) bezogen, so muss dieser die nötigen Informationen liefern; möglich ist aber auch, den Betroffenen an die Stelle zu verweisen, die den Score-Wert generiert hat. Sonderregelungen gibt es weiter für den Fall, dass ausschließlich anonyme Daten gespeichert werden, bei denen der Personenbezug im Einzelfall herstellbar ist. Auch insoweit besteht ein Auskunftsanspruch, der sich auf den

---

114 Gola/Schomerus, § 34 Rn. 24.
115 Schmidt-Wudy in Wolff/Brink § 34 Rn. 126.
116 Zu ihrem Inhalt im Einzelnen auch Gola/Schomerus § 34 Rn. 12c ff.; Meents/Hinzpeter in Taeger/Gabel, § 34 Rn. 31 ff.; Kamlah in Plath, § 34 Rn. 29 ff.
117 BT-Drucksache 16/10529, S. 17.
118 Dazu einleuchtend LG Berlin 31.10.2013 – 6 O 479/10, ZD 2014, 89.

hypothetischen Score-Wert bezieht. Bezüglich aller Einzelheiten ist auf die Kommentierung zu § 28b zu verweisen.

9. Verhältnis zu anderen Vorschriften

Nach § 1 Abs. 3 Satz 1 tritt das BDSG und damit auch § 34 hinter andere bundesrechtliche Vorschriften zurück, soweit sie auf personenbezogene Daten anzuwenden sind und nicht etwa – wie z. B. § 93 Abs. 1 Satz 4 TKG – das BDSG ausdrücklich unberührt lassen. Letzteres ist auch bei den zivilrechtlichen Auskunftsansprüchen der Fall.[119] Der Vorrang anderer Vorschriften gilt selbstredend nur, soweit sich die Regelungsgegenstände decken (s. oben § 1 Rn. 13). Als Beispiel mag man § 13 Abs. 7 TMG nennen, der jedoch einen Auskunftsanspruch »nach Maßgabe des § 34 BDSG« gewährt. Ein Konkurrenzverhältnis scheidet von vornherein aus, wenn es – wie bei vielen Auskunftsansprüchen nach BGB, HGB und Gesellschaftsrecht – in erster Linie um Sachdaten, nicht jedoch um Angaben zu einer bestimmten oder bestimmbaren Person geht.[120] 51

Eine praktisch wichtige Vorrangvorschrift stellt **§ 83 BetrVG** dar, wonach der Arbeitnehmer das Recht hat, in die über ihn geführten Personalakten Einsicht zu nehmen. Dabei wird der Begriff der »Personalakte« materiell bestimmt; zu ihr zählen alle personenbeziehbaren Daten, die potentiell Auswirkungen auf das Arbeitsverhältnis haben.[121] Erfasst ist etwa auch die Stellung in der Förderungs- und Nachwuchskartei[122] sowie die Nennung in den Unterlagen des Werkschutzes.[123] § 83 BetrVG setzt nicht voraus, dass im Betrieb ein Betriebsrat gewählt wurde.[124] 52

Die »Einsichtnahme«, die über das bloße Mitteilen gespeicherter Daten hinausgeht und auch das Anfertigen einer Kopie umfasst,[125] steht dem Arbeitnehmer zu. Personen nach § 5 Abs. 2 BetrVG sind gleichfalls erfasst, während freie Mitarbeiter und abgewiesene Bewerber nur auf § 34 zurückgreifen können. Für leitende Angestellte enthält § 26 Abs. 2 SprAuG eine dem § 83 BetrVG entsprechende Sonderregelung. Das Recht auf Einsichtnahme ist nach Auffassung des LAG Schleswig-Holstein[126] höchstpersönlicher Natur und kann deshalb nicht von einem dazu bevollmächtigten Rechtsanwalt ausgeübt werden. Dies überzeugt nicht; eine solche Höchstpersönlichkeit ist in der (Arbeits-)Rechtsordnung eine Ausnahme, für die es in der gesetzlichen Regelung eindeutige Indizien geben muss. Sie sind hier nicht ersichtlich, zumal § 83 Abs. 1 Satz 2 BetrVG ausdrücklich die Hinzuziehung eines Betriebsratsmitglieds vorsieht.[127] 53

Auch wenn es um die Speicherung von Daten durch arbeitgebernahe Einrichtungen wie z. B. eine **Pensionskasse** geht, greift nicht § 83 BetrVG, sondern § 34 BDSG ein. 54

---

119 Meents/Hinzpeter in Taeger/Gabel, § 34 Rn. 8.
120 Vgl. Dix in Simitis, § 34 Rn. 86.
121 Buschmann in DKKW, § 83 Rn. 3; Fitting § 83 Rn. 5.
122 Simitis, Schutz von Arbeitnehmerdaten, S. 135.
123 LAG Bremen 4.3.1977 – 1 Sa 303/76, BB 1977, 649.
124 Buschmann in DKKW, § 83 Rn. 2; Fitting § 83 Rn. 1; Meents/Hinzpeter in Taeger/Gabel, § 34 Rn. 7.
125 HK-ArbR-Hilbrans §§ 33, 34 BDSG Rn. 2.
126 17.4.2014 – 5 Sa 385/13, ZD 2014, 577 mit Anm. Tiedemann.
127 Aufgrund besonderer Vollmacht kann das Betriebsratsmitglied auch ausschließlich, d. h. ohne den Arbeitnehmer, Einblick nehmen: Buschmann in DKKW § 83 Rn. 18 m. w. N.

55 Bei der Einsichtnahme kann sich der Arbeitnehmer Notizen machen, aber auch die Akten kopieren. Wichtig ist, dass die **Verweigerungsgründe** des § 34 Abs. 4 **nicht anwendbar** sind. Auch die Existenz eines Betriebs- oder Geschäftsgeheimnisses steht der Information des Arbeitnehmers nicht entgegen, doch ist dieser seinerseits zur Geheimhaltung verpflichtet.[128] Herkunft und Übermittlung der Daten an Dritte sind durch § 83 BetrVG nicht erfasst; insoweit kann auf § 34 zurückgegriffen werden. Dieser wird nur insoweit verdrängt als § 83 BetrVG von seinen Voraussetzungen und Rechtsfolgen her eingreift.[129]

56 Sonderregeln bestehen auch im öffentlichen Dienstrecht. Aufgrund der Verweisungsvorschrift des § 12 Abs. 4 findet § 34 auf Arbeiter und Angestellte des öffentlichen Dienstes Anwendung, jedoch gelten für Beamte die Sonderregeln nach §§ 106 ff. BBG, 50 ff. Beamtenstatusgesetz.[130]

57 Soweit das BDSG keine Anwendung findet, gelten die **allgemeinen Grundsätze des Zivilrechts.** Nach einer wichtigen Entscheidung des BGH[131] stellt es einen rechtswidrigen Eingriff in das Persönlichkeitsrecht dar, wenn Daten des Betroffenen an einen Dritten weitergegeben werden, der kein berechtigtes Interesse hat, von ihnen Kenntnis zu erhalten. Im konkreten Fall hatte der Vorstand einer AG von einer Auskunftei Daten über die persönlichen Verhältnisse eines Lehrers erhalten, der eine »Aktionärsopposition« zu organisieren versuchte. Diese mit Argumenten aus der persönlichen Sphäre zu konfrontieren, lässt sich nicht mit einem »berechtigten Interesse« legitimieren. In Fällen dieser Art kann der Betroffene in entsprechender Anwendung von § 1004 BGB von der verantwortlichen Stelle verlangen, dass sie die Datenlieferanten bzw. Datenempfänger namhaft macht; der Betroffene kann dann gegen diese vorgehen.

57a Auch aus **gesellschaftsrechtlichen Verträgen** können sich zahlreiche Auskunftsansprüche ergeben. Besonders kontrovers wurde der Anspruch von Treuhandkommanditisten in einer Publikums-KG diskutiert, die Namen der Mit-Kommanditisten zu erfahren, was gemeinsame (Klage-)Aktionen erst ermöglicht. Der BGH[132] hat einen solchen Anspruch bejaht, der auch nicht durch Vertrag ausgeschlossen werden könne. In Bezug auf die Mitgesellschafter rechtfertigt sich die Übermittlung von Name und Adresse zumindest durch § 28 Abs. 1 Satz 1 Nr. 2, sofern man nicht unmittelbare vertragliche Beziehungen annimmt.

57b Die Frage eines Auskunftsanspruchs in Bezug auf die Person eines Dritten ist weiter bei **Bewertungsportalen im Internet** strittig geworden. Nach der Rechtsprechung[133] existiert kein solcher Anspruch, da dem die Wertung des § 13 Abs. 6 Satz 1 TMG entgegensteht, wonach eine anonyme oder pseudonyme Nutzung von Telediensten möglich sein muss. Diese Regelung baut auf der Rechtsprechung des BVerfG auf, wonach auch anonyme Meinungsäußerungen den Schutz des Art. 5 Abs. 1 GG genießen, weil andernfalls wegen Angst vor Repressalien oder anderen negativen Folgen eine »Selbst-

---

128 Näher Däubler, Gläserne Belegschaften? Rn. 537.
129 Grimm in Tschöpe, Teil 6 F Rn. 195.
130 Einzelheiten bei Däubler Gläserne Belegschaften?, Rn. 543 ff.
131 BGH 22.3.1984 – VI ZR 195/82, NJW 1984, 1886.
132 Urteil v. 5.2.2013 – II ZR 134/11, NJW 2013, 2190 = ZD 2013, 442.
133 OLG Hamm 3.8.2011 – I-3 U 196/10, ZD 2011, 179; einschränkend OLG Dresden 8.2.2012 – 4 U 1850/11, RDV 2012, 249.

Auskunft an den Betroffenen § 34

zensur« nicht auszuschließen wäre.[134] Anders verhält es sich dann, wenn ein Dritter einen **Beamten** leichtfertig oder wider besseres Wissen **der Korruption bezichtigt**; hier kann der Betroffene verlangen, dass ihm die Person namhaft gemacht wird, damit er sich gegen die Anschuldigungen zur Wehr setzen kann.[135]

10. Rechtsdurchsetzung

Wird die verlangte Auskunft nicht erteilt, kann sich der Betroffene an die Aufsichtsbehörde nach § 38 wenden. Lässt sich der Konflikt auch dadurch nicht bereinigen, so kann der Auskunftsanspruch vor den ordentlichen Gerichten geltend gemacht werden. Die Arbeitsgerichte sind zuständig, wenn ein Arbeitnehmer von seinem Arbeitgeber Auskunft über die zu seiner Person gespeicherten Daten haben möchte.[136] Soweit die Aufsichtsbehörde interveniert und sich die verantwortliche Stelle dagegen zur Wehr setzen möchte, sind nach durchgeführtem Widerspruchsverfahren die Verwaltungsgerichte zur Entscheidung berufen. 58

Der Auskunftsanspruch kann nicht »ins Blaue hinein« gerichtlich geltend gemacht werden. Der **Bestimmtheitsgrundsatz des § 253 Abs. 2 Nr. 2 ZPO** ist vielmehr nur dann gewahrt, wenn der Betroffene ausreichend darlegt, dass tatsächlich personenbezogene Daten gespeichert sein könnten.[137] 59

Die Verletzung des § 34, auch der Hinweispflicht nach Abs. 6 Satz 2, macht die verantwortliche Stelle schadensersatzpflichtig.[138] Mit der Novelle 2009 ist die Verletzung der Auskunftspflichten zu einer Ordnungswidrigkeit geworden (§ 43 Abs. 1 Nr. 8 a – 8 c), die auch die fahrlässige Begehung einbezieht.[139] Im Einzelfall kann zudem eine (versuchte) Datenunterdrückung nach § 303 a StGB vorliegen.[140] 60

11. Europäische Perspektiven

Der **Kommissionsentwurf** für eine Datenschutz-Grundverordnung gewährt in Art. 15 dem Betroffenen ein Auskunftsrecht, das ähnlich wie die Informationspflicht nach Art. 14 (dazu oben § 33 Rn. 53) zugunsten des Betroffenen über das deutsche Recht hinausgeht. Dies gilt in gleicher Weise für die Stellungnahme des **Parlaments**. Auch der **Rat** steht dem Auskunftsrecht positiv gegenüber. 61

---

134 Zusammenfassend BGH 23. 6.2009 – VI ZR 196/08, NJW 2009, 2888. Zu den gleichwohl bestehenden Abwehrmöglichkeiten gegen Ehrverletzungen s. Däubler, Internet und Arbeitsrecht, Rn. 369h ff.
135 BVerwG 27.2.2003 – 2 C 10/02, NJW 2003, 3217.
136 HK-ArbR-Hilbrans, §§ 33, 34 BDSG Rn. 8.
137 LAG Hessen 29.1.2013 – 13 Sa 263/12, DuD 2013, 392 = ZD 2013, 413; Auernhammer-Stollhoff § 34 Rn. 25.
138 Näher Meents/Hinzpeter in Taeger/Gabel, § 34 Rn. 59.
139 Dazu auch Hoss RDV 2011, 7.
140 Grundsätzlich zustimmend Wolff/Brink-Schmidt-Wudy § 34 Rn. 17.

§ 35 Berichtigung, Löschung und Sperrung von Daten[1]

(1) Personenbezogene Daten sind zu berichtigen, wenn sie unrichtig sind. Geschätzte Daten sind als solche deutlich zu kennzeichnen.
(2) Personenbezogene Daten können außer in den Fällen des Absatzes 3 Nr. 1 und 2 jederzeit gelöscht werden. Personenbezogene Daten sind zu löschen, wenn
1. ihre Speicherung unzulässig ist,
2. es sich um Daten über die rassische oder ethnische Herkunft, politische Meinungen, religiöse oder philosophische Überzeugungen, Gewerkschaftszugehörigkeit, Gesundheit, Sexualleben, strafbare Handlungen oder Ordnungswidrigkeiten handelt und ihre Richtigkeit von der verantwortlichen Stelle nicht bewiesen werden kann,
3. sie für eigene Zwecke verarbeitet werden, sobald ihre Kenntnis für die Erfüllung des Zwecks der Speicherung nicht mehr erforderlich ist, oder
4. sie geschäftsmäßig zum Zweck der Übermittlung verarbeitet werden und eine Prüfung jeweils am Ende des vierten, soweit es sich um Daten über erledigte Sachverhalte handelt und der Betroffene der Löschung nicht widerspricht, am Ende des dritten Kalenderjahres beginnend mit dem Kalenderjahr, das der erstmaligen Speicherung folgt, ergibt, dass eine längerwährende Speicherung nicht erforderlich ist.

Personenbezogene Daten, die auf der Grundlage von § 28a Abs. 2 Satz 1 oder § 29 Abs. 1 Satz 1 Nr. 3 gespeichert werden, sind nach Beendigung des Vertrages auch zu löschen, wenn der Betroffene dies verlangt.
(3) An die Stelle einer Löschung tritt eine Sperrung, soweit
1. im Fall des Absatzes 2 Satz 2 Nr. 3 einer Löschung gesetzliche, satzungsmäßige oder vertragliche Aufbewahrungsfristen entgegenstehen,
2. Grund zu der Annahme besteht, dass durch eine Löschung schutzwürdige Interessen des Betroffenen beeinträchtigt würden, oder
3. eine Löschung wegen der besonderen Art der Speicherung nicht oder nur mit unverhältnismäßig hohem Aufwand möglich ist.

(4) Personenbezogene Daten sind ferner zu sperren, soweit ihre Richtigkeit vom Betroffenen bestritten wird und sich weder die Richtigkeit noch die Unrichtigkeit feststellen lässt.
(4a) Die Tatsache der Sperrung darf nicht übermittelt werden.
(5) Personenbezogene Daten dürfen nicht für eine automatisierte Verarbeitung oder Verarbeitung in nicht automatisierten Dateien erhoben, verarbeitet oder genutzt werden, soweit der Betroffene dieser bei der verantwortlichen Stelle widerspricht und eine Prüfung ergibt, dass das schutzwürdige Interesse des Betroffenen wegen seiner besonderen persönlichen Situation das Interesse der verantwortlichen Stelle an dieser Erhebung, Verarbeitung oder Nutzung überwiegt. Satz 1 gilt nicht, wenn eine Rechtsvorschrift zur Erhebung, Verarbeitung oder Nutzung verpflichtet.
(6) Personenbezogene Daten, die unrichtig sind oder deren Richtigkeit bestritten wird, müssen bei der geschäftsmäßigen Datenspeicherung zum Zwecke der Über-

---
1 Zum Inkrafttreten der einzelnen neuen Regelungen siehe auch vorne im Gesetzestext S. 64.

Berichtigung, Löschung und Sperrung von Daten § 35

mittlung außer in den Fällen des Absatzes 2 Nr. 2 nicht berichtigt, gesperrt oder gelöscht werden, wenn sie aus allgemein zugänglichen Quellen entnommen und zu Dokumentationszwecken gespeichert sind. Auf Verlangen des Betroffenen ist diesen Daten für die Dauer der Speicherung seine Gegendarstellung beizufügen. Die Daten dürfen nicht ohne diese Gegendarstellung übermittelt werden.

(7) Von der Berichtigung unrichtiger Daten, der Sperrung bestrittener Daten sowie der Löschung oder Sperrung wegen Unzulässigkeit der Speicherung sind die Stellen zu verständigen, denen im Rahmen einer Datenübermittlung diese Daten zur Speicherung weitergegeben wurden, wenn dies keinen unverhältnismäßigen Aufwand erfordert und schutzwürdige Interessen des Betroffenen nicht entgegenstehen.

(8) Gesperrte Daten dürfen ohne Einwilligung des Betroffenen nur übermittelt oder genutzt werden, wenn
1. es zu wissenschaftlichen Zwecken, zur Behebung einer bestehenden Beweisnot oder aus sonstigen im überwiegenden Interesse der verantwortlichen Stelle oder eines Dritten liegenden Gründen unerlässlich ist und
2. die Daten hierfür übermittelt oder genutzt werden dürften, wenn sie nicht gesperrt wären.

Übersicht	Rn.
1. Einleitung	1– 3b
2. Berichtigung	4–12
3. Löschung	13–26
a) Recht der verantwortlichen Stelle auf Löschung und seine Grenzen	13–15a
b) Pflicht zur Löschung	16–26
4. Sperrung	27–31a
5. Widerspruch	32–36
6. Gegendarstellung als Korrektur	37
7. Die sog. Nachberichtpflicht	38, 39
8. Verhältnis zu anderen Rechtsansprüchen	40–46
9. Rechtsdurchsetzung	47, 48
10. Europäische Perspektiven	49

1. Einleitung

Die Vorschrift gibt dem Betroffenen verschiedene Befugnisse, um »seine« Daten in Einklang mit seinen berechtigten Interessen zu bringen. Er kann insoweit durch Berichtigung, Löschung, Sperrung und Widerspruch die Verarbeitungspraxis selbst wesentlich beeinflussen – ein singulärer Fall im BDSG.[2] Anders als beim Auskunftsrecht fallen für ihn in keinem Fall Kosten an. 1

Die wenig anwenderfreundlich formulierte Vorschrift enthält im Wesentlichen **vier Rechte** des Betroffenen: Berichtigung (Abs. 1), Löschung (Abs. 2 Satz 2), Sperrung (Abs. 3 und 4) sowie Widerspruch (Abs. 5), ein Recht, das erst im Jahre 2001 aufgrund des Art. 14 Buchstabe a der EG-Datenschutzrichtlinie hinzugekommen ist. Abs. 6 ersetzt in einer ganz spezifischen Konstellation das Recht auf Berichtigung oder 2

---
[2] Kamlah in Plath, § 35 Rn. 1. S. weiter Wedde in Roßnagel, Kap. 4.4. Rn. 53 ff.

Löschung durch ein Recht auf Gegendarstellung. Abs. 7 enthält eine sog. Nachberichtspflicht,[3] wonach die Übermittlungsempfänger grundsätzlich von der Berichtigung, Sperrung oder Löschung der Daten zu informieren sind. Etwas verwirrend ist, dass Berichtigung und Löschung auch ohne Initiative des Betroffenen möglich bzw. sogar geboten sind, dabei jedoch wiederum bestimmte Schranken bestehen. Außerdem hat die **Situation ungeklärter Richtigkeit** (»Non-liquet«-Fälle) eine Sonderregelung in der Art erfahren, dass im Normalfall entsprechende Daten zu sperren sind (Abs. 4). Handelt es sich um die in Abs. 2 Nr. 2 genannten sensitiven Daten (die ein wenig über dem Katalog des § 3 Abs. 9 hinausgehen), so ist in der Situation der Unklarheit eine Löschung vorzunehmen. Die **Novelle 2009** hat nur marginale Veränderungen gebracht: Schätzungen sind als solche kenntlich zu machen (Abs. 1 Satz 2), die Tatsache der Sperrung darf nicht übermittelt werden (Abs. 4a), und bei der Datenverarbeitung zu Zwecken der Übermittlung wurden in Abs. 2 Satz 3 zusätzliche Löschungspflichten geschaffen. Die **Übersichtlichkeit** der Vorschrift ist dadurch **nicht gestiegen**.[4]

3 Die praktische Umsetzung aller der (als solche erkannten) Korrekturrechte stößt auf schwer überwindbare Hindernisse, wenn Daten ins Internet gelangt sind. Soweit deutsches Recht anwendbar ist, sind Adressaten der Rechte aus § 35 die Inhaltsanbieter (Content Provider) und die Suchmaschinenbetreiber,[5] doch ist offen, wie gegen die Datenverarbeitung einer in der Karibik ansässigen Firma vorgegangen werden soll, deren Server sich in Guayana befindet.

3a Die Ausübung der Rechte aus § 35 ist an **keine Form und Frist** gebunden. Allerdings muss das in Bezug genommene Datum genau bezeichnet werden. Weiter muss der Betroffene eindeutig erklären, welche Befugnis er ausüben will, ob er beispielsweise eine Berichtigung oder eine Löschung erstrebt.[6]

3b § 35 bezieht sich nur auf **dateigebundene Verarbeitung**. § 32 Abs. 2, der sämtliche auf den Betroffenen bezogene Daten erfasst, findet nach der Rechtsprechung keine Anwendung auf die §§ 33 – 35.[7]

2. Berichtigung

4 Die verantwortliche Stelle muss auch ohne Verlangen des Betroffenen unrichtige Angaben nach Abs. 1 korrigieren.[8] Eine Initiative des Betroffenen wird jedoch häufig den Anstoß geben und ist außerdem nicht selten mit Meinungsverschiedenheiten belastet.

5 »**Unrichtig**« ist eine auf die Person bezogene Angabe dann, wenn sie **nicht mit der Realität übereinstimmt**. Dies ist nicht nur dann der Fall, wenn der Name falsch

---

3 TBP, S. 276; Wohlgemuth/Gerloff, S. 139.
4 Kritisch auch Wybitul/Schultze-Melling § 35 Rn 6.
5 Dix in Simitis, § 35 Rn. 8.
6 Näher Kamlah in Plath, § 35 Rn. 3.
7 LAG Sachsen 14.1.2014 – 1 Sa 266/13, ZD 2014, 482. Ebenso zum Auskunftsanspruch nach § 34 BAG 16.11.2010 – 9 AZR 573/09, NZA 2011, 453 Zf 29 ff. Kritisch dazu Däubler, Gläserne Belegschaften? Rn. 512a.
8 Däubler, Gläserne Belegschaften? Rn. 548; Mester S. 175; TEG, S. 595; Wohlgemuth/Gerloff, S. 137.

geschrieben oder eine unzutreffende Adresse gespeichert ist. Vielmehr liegt »Unrichtigkeit« auch dann vor, wenn eine Information aus dem Zusammenhang gerissen wurde und deshalb wahrscheinlich Fehlvorstellungen verursachen wird;[9] ein solcher **Kontextverlust** liegt beispielsweise vor, wenn Fehlzeiten eines Arbeitnehmers ohne Rücksicht auf die Gründe gespeichert werden, so dass z. B. auch im Fall einer einvernehmlichen Freistellung der Eindruck hoher krankheitsbedingter Abwesenheit entsteht.[10]

Tatsachen können auch **in sprachlich verdeckter** oder »geschönter« **Form** gespeichert sein. Dies gilt für Arbeitszeugnisse (»Der X machte sich durch seine fröhliche Art um die Geselligkeit im Betrieb verdient« = Er trinkt gerne mal ein Gläschen zu viel), kann aber auch bei Auskunfteien eine große Rolle spielen. Heißt es etwa »X gilt als unternehmend«, so bedeutet dies, dass er hoch spekulative Geschäfte tätigt. Heißt es, Außenstehende hätten keinen Einblick in seine Geschäfte, so ist damit gesagt, dass diese dubiosen Charakter haben. Höflich, wenngleich eindeutig ist auch die Formulierung »X soll, wie verlautet, zurzeit durch die Behörden seiner geschäftlichen Tätigkeit entzogen sein«, was die »Code-Formulierung« für eine Inhaftierung darstellt.[11] Trifft eine dieser Behauptungen nicht zu, so ist eine Berichtigung vorzunehmen; diese wird typischerweise in einer Löschung der fraglichen Angabe bestehen (zum Verhältnis zwischen Berichtigung und Löschung s. unten Rn. 25). 6

Unvollständig und deshalb unrichtig ist auch eine Aussage, jemand sei ein »**langsamer Zahler**«, solange nicht auf die Gründe für die verspäteten Zahlungstermine eingegangen wird.[12] Nach der klarstellenden Vorschrift des Abs. 1 Satz 2 müssen Schätzungen als solche kenntlich gemacht werden, da andernfalls der Eindruck einer sicheren Tatsache entstehen könnte. 7

Werturteile, wie sie sich etwa in Dienstzeugnissen finden können, sind zwar personenbezogene Daten, doch können sie nicht »richtig« oder »falsch« sein. Dies erscheint auf den ersten Blick insofern bedenklich, als die Persönlichkeit sowie das Fortkommen des Betroffenen durch entsprechende Wertungen noch stärker als durch Tatsachenbehauptungen beeinträchtigt sein können. Auf der anderen Seite ist zu berücksichtigen, dass sich Werturteile in aller Regel auf Tatsachen stützen, die ihrerseits durchaus der Berichtigung zugänglich sind.[13] Im Arbeitsrecht sind »isolierte« Wertungen schon wegen Verletzung einer arbeitsvertraglichen Nebenpflicht unzulässig.[14] Bei ärztlichen 8

---

9 Gola/Schomerus, § 35 Rn. 5; Grimm in Tschöpe, Teil 6 F Rn. 196; Kamlah in Plath, § 35 Rn. 11; Meents/Hinzpeter in Taeger/Gabel, § 35 Rn. 9; Mester, S. 175; Reichold in MünchArbR, § 88 Rn. 58; Wedde in Roßnagel, Kap. 4.4. Rn. 56; Wohlgemuth/Gerloff, S. 138; Wybitul/Schultze-Melling § 35 Rn. 2.
10 Däubler, Gläserne Belegschaften? Rn. 549; Mester, S. 176. Ebenso zur Unrichtigkeit wegen Kontextverlustes HK-ArbR-Hilbrans, § 35 BDSG Rn. 3; Wolff/Brink-Brink § 35 Rn. 13: Berichtigung auch durch »Hinzuspeicherung« von Informationen, die den Kontext wiederherstellen.
11 Alle Beispiele zu Auskunfteien bei Dix in Simitis, § 35 Rn. 13, 14.
12 Vgl. Dix in Simitis, § 35 Rn. 15.
13 HK-ArbR-Hilbrans § 35 BDSG Rn. 3; Gola/Schomerus, § 35 Rn. 5; Mester S. 177; Wolff/Brink-Brink § 35 Rn. 9.
14 Däubler, Gläserne Belegschaften? Rn. 550. Zustimmend Meents/Hinzpeter in Taeger/Gabel, § 35 Rn. 11; Mester S. 177.

Bewertungen gelten dieselben Grundsätze, so dass bei Diagnosen und nachvollziehbaren Vorgängen wie einer Medikation durchaus eine Berichtigung möglich ist.

9   Aus dem Zusammenhang ergibt sich, ob eine Angabe über eine Person nur einen in der Vergangenheit liegenden Zustand wiedergeben oder auch noch für die Gegenwart Geltung beanspruchen will. Ist Ersteres der Fall, kommt keine Berichtigung in Betracht, wenn das fragliche Datum zu seiner Zeit korrekt war. Im Bereich der ärztlichen Dokumentation muss eine **in der Vergangenheit liegende Fehldiagnose** durch den aktuellen Erkenntnisstand ergänzt werden; eine Berichtigung in Bezug auf die Vergangenheit würde zu einer zusätzlichen Unrichtigkeit führen und dem Betroffenen die Geltendmachung seiner Rechte erschweren.[15]

10 Die Berichtigung muss auch dann vorgenommen werden, wenn es sich um eine »**Bagatelle**« wie einen falsch geschriebenen Straßennamen handelt.[16] Auch kommt es nicht darauf an, ob ein Datum von Anfang an unrichtig war oder erst nachträglich unrichtig wurde.[17] Keine Unrichtigkeit liegt vor, wenn dem Computerprogramm entsprechend ein Name statt mit »ö« mit »oe« geschrieben wird.[18] Schätzungen müssen nach Abs. 1 Satz 2 als solche gekennzeichnet werden; bei Übermittlungen muss diese Einordnung mit übergehen.[19]

11 Die Berichtigung hat **unverzüglich**, d. h. ohne schuldhaftes Zögern zu erfolgen.[20] In der Literatur wird dies zum Teil auf »schwerwiegende Unrichtigkeiten« beschränkt.[21] Daran ist zutreffend, dass sich die verantwortliche Stelle mit einer Berichtigung mehr Zeit lassen kann, wenn es nur um Umstände geht, deren unzutreffende Wiedergabe dem Betroffenen keinen Nachteil bringen kann. Je größer die Gefahr für den Betroffenen, umso mehr Eile ist geboten.[22] Lässt sich aus technischen Gründen wie bei einer CD-ROM keine Berichtigung durchführen, ist notfalls die korrigierte Fassung neu zu speichern und die alte zu vernichten[23] – der Aufwand ist heute sehr viel geringer als vor zehn Jahren.

12 Die speichernde Stelle trägt die Kosten der Berichtigung.[24]

3. Löschung

a) Recht der verantwortlichen Stelle auf Löschung und seine Grenzen

13 Abs. 2 gibt der verantwortlichen Stelle das grundsätzlich von keinen inhaltlichen Voraussetzungen abhängige Recht, die von ihr gespeicherten personenbezogenen Daten

---

15 Vgl. Wolff/Brink-Brink § 35 Rn 15.
16 Gola/Schomerus, § 35 Rn. 4; Meents/Hinzpeter in Taeger/Gabel, § 35 Rn. 10; Auernhammer-Stollhoff § 35 Rn. 16; Mester S. 177; Wedde in Roßnagel, Kap. 4.4. Rn. 56; Wolff/Brink-Brink § 35 Rn. 10.
17 Meents/Hinzpeter in Taeger/Gabel, § 35 Rn. 10.
18 Mester S. 177; Schaffland/Wiltfang, § 35 Rn. 7.
19 Meents/Hinzpeter in Taeger/Gabel, § 35 Rn. 12.
20 Däubler CR 1991, 480; Mester S. 175; Wolff/Brink-Brink § 35 Rn. 17. Für Einräumung einer Frist von bis zu vier Wochen Kamlah in Plath, § 35 Rn. 15 (für Löschung).
21 BMH, § 35 Rn. 39; Schaffland/Wiltfang, § 35 Rn. 10.
22 Reichold in MünchArbR, § 88 Rn. 59.
23 Mester S. 178.
24 Dix in Simitis, § 35 Rn. 5; Kamlah in Plath, § 35 Rn. 7.

jederzeit zu löschen.²⁵ **Gewichtige Ausnahmen** finden sich aber in Abs. 3. Seine Nr. 1 nennt gesetzliche, satzungsmäßige oder vertragliche Aufbewahrungsfristen (dazu § 33 Rn. 27); sind sie noch nicht abgelaufen, kommt nach Abs. 3 nur eine Sperrung in Betracht. Dasselbe gilt nach **Abs. 3 Nr. 2**, wenn Grund zu der Annahme besteht, dass durch die Löschung schutzwürdige Interessen des Betroffenen beeinträchtigt würden. Dies ist etwa dann der Fall, wenn die verbleibenden, nicht gelöschten Daten wegen des unklar werdenden Kontextes zu Fehlschlüssen verleiten könnten.²⁶ Auch ist denkbar, dass der Betroffene die Daten in einer möglichen künftigen Auseinandersetzung benötigt oder dass sie für ihn so positiv sind, dass sie sich günstig auf seine weitere betriebliche Entwicklung oder sein soziales Ansehen auswirken können (»X hat das Bundesverdienstkreuz erhalten«).

Schließlich kann die Löschung nach **Abs. 3 Nr. 3** unterbleiben, wenn sie wegen der besonderen Art der Speicherung nicht oder nur mit unverhältnismäßig hohem Aufwand möglich ist. Dies ist allerdings nicht bei Eigeninitiativen der verantwortlichen Stelle, sondern nur dann anzunehmen, wenn der Betroffene ein entsprechendes Begehren stellt.

Die Möglichkeit zur Löschung besteht auch bei Daten, die bereits gesperrt sind.²⁷

Die praktische Durchführung der Löschung stößt nicht selten auf technisch-organisatorische oder psychologische Hindernisse.²⁸ Technisch sind verschiedene Wege denkbar (oben § 3 Rn. 44), wobei das Unkenntlichmachen durch Überschreiben oder die Vernichtung des Datenträgers am häufigsten vorkommen können. In neuerer Zeit ist auch die Verschlüsselung mit nachfolgender Vernichtung des Schlüssels ins Gespräch gebracht werden.²⁹ **Besondere Probleme** ergeben sich **im Internet**, da bei Dokumenten, die Interesse fanden, schwerlich alle denkbaren Kopien erfasst und gelöscht werden können. Auch das »**Recht auf Vergessenwerden**« nach der geplanten Datenschutz-Grundsatzverordnung findet hier seine praktische Grenze (oben § 3 Rn. 44 a).

b) Pflicht zur Löschung

Von ungleich größerer praktischer Bedeutung sind die vier Fälle einer Löschungspflicht nach **Abs. 2 Satz 2**, auf die sich häufig der Betroffene stützen wird. Sie ziehen die Konsequenz aus der Tatsache, dass das BDSG ein Verbotsgesetz mit Erlaubnisvorbehalt ist – sobald letzterer erschöpft ist, verlieren die Daten ihre Daseinsberechtigung.³⁰ Mehr als diesen Grundsatz bringt auch das unionsrechtliche »Recht auf Vergessenwerden« nicht.³¹ Soweit Aufbewahrungsfristen bestehen (oben § 33 Rn. 27), gehen diese selbstredend vor.

Bei **Nr. 1** kommt es allein darauf an, ob die **Speicherung in der Gegenwart unzulässig** ist. Dies kann darauf beruhen, dass die Verarbeitung ohne ausreichende Rechtsgrund-

---

25 Auernhammer-Stollhoff § 35 Rn. 21; Wybitul/Schultze-Melling § 35 Rn. 3.
26 Gola/Schomerus, § 35 Rn. 16.
27 BMH, § 35 Rn. 52.
28 Greveler/Wegener DuD 2010, 467.
29 Greveler/Wegener DuD 2010, 467, 471.
30 Fraenkel/Hammer DuD 2007, 899.
31 Näher Däubler, Gläserne Belegschaften? Rn. 561 b ff.

lage oder ohne Einwilligung des Betroffenen erfolgte, aber auch darauf, dass das bei der Erhebung zu beachtende Verfahren nicht beachtet, beispielsweise der Betriebsrat nicht um die nach § 94 BetrVG notwendige Zustimmung gebeten wurde.[32] Unzulässig ist die Speicherung auch dann, wenn die Daten aus einer rechtswidrigen Übermittlung stammen; es genügt, dass in einer früheren »Phase« des Umgangs mit den Daten ein Rechtsverstoß erfolgte.[33]

18 War die Speicherung zunächst rechtswidrig, wurde dann jedoch der **Mangel geheilt** (weil z. B. die betriebliche Interessenvertretung zustimmte), so kommt eine Löschung nicht mehr in Betracht.[34] Anders im umgekehrten Fall, dass eine zunächst völlig korrekte Speicherung nachträglich unzulässig wurde, weil beispielsweise die erteilte Einwilligung widerrufen (dazu § 4a Rn. 35 ff.) oder von dem Widerspruchsrecht nach Abs. 5 (dazu unten Rn. 32) Gebrauch gemacht wurde.[35]

19 Nach Abs. 2 Satz 2 **Nr.** 2 sind weiter zu löschen die dort genannten sog. **sensitiven Daten**, wenn ihre Richtigkeit von der verantwortlichen Stelle **nicht bewiesen** werden kann. Erfasst sind dabei alle Daten im Sinne des § 3 Abs. 9 (dazu oben § 3 Rn. 57), daneben aber auch Angaben über strafbare Handlungen und Ordnungswidrigkeiten.

20 Bei den genannten Daten besteht eine besonders ausgeprägte Gefahr, dass ihre Kenntnis oder Verwendung zu diskriminierendem Verhalten führt. Der Begriff **»rassische oder ethnische Herkunft«** stimmt mit dem in § 1 AGG verwandten überein; insoweit kann auf anderwärts gemachte Ausführungen verwiesen werden.[36] Die weiter genannten **»politischen Meinungen«** erfassen auch die Mitgliedschaft in Parteien und anderen politischen Organisationen sowie ihre Unterstützung durch Spenden.[37] Dasselbe gilt für die Teilnahme an einer politischen Demonstration. Auch bei **religiösen oder philosophischen** »**Überzeugungen«** ist nicht deren Existenz, sondern auch ein entsprechendes Handeln wie z. B. das Tragen eines islamischen Kopftuchs miterfasst. Dasselbe gilt für häufigen Gang in Kirche oder Moschee. Auch bei der **»Gewerkschaftszugehörigkeit«** geht es nicht nur um die Mitgliedschaft als solche, sondern auch um die Teilnahme an gewerkschaftlichen Aktionen. **»Gesundheitsdaten«** betreffen nicht allein negative Abweichungen vom Normalzustand, sondern jede, auch eine sehr positive Aussage zur gesundheitlichen Verfassung einer bestimmten oder bestimmbaren Person. Angaben zu Drogen- und Alkoholkonsum dürften gleichfalls darunter fallen. Das **»Sexualleben«** betrifft nicht nur die hetero- oder homosexuelle Ausrichtung, sondern auch die Frage, wer im Einzelnen der oder die Partner oder Partnerinnen sind.[38] Im Regelfall gibt das

---

32 BAG 22.10.1986 – 5 AZR 660/85, AP Nr. 2 zu § 23 BDSG [1977] mit Anm. Däubler; Meents/Hinzpeter in Taeger/Gabel, § 35 Rn. 19; Mester S. 180; Reichold in MünchArbR, § 88 Rn. 61.
33 Mester S. 179.
34 Grimm in Tschöpe, Teil 6 F Rn. 198; HK-ArbR-Hilbrans § 35 BDSG Rn. 4; Meents/Hinzpeter in Taeger/Gabel, § 35 Rn. 20; Reichold in MünchArbR, § 88 Rn. 61.
35 Vgl. BMH, § 35 Rn. 61; Wedde in Roßnagel, Kap. 4.4. Rn. 67; Dix in Simitis, § 35 Rn. 25; ebenso im Ergebnis Auernhammer-Stollhoff § 35 Rn. 26; Wolff/Brink-Brink § 35 Rn. 33. Die Frage bleibt dahingestellt bei Kamlah in Plath, § 35 Rn. 17 a. E.
36 Däubler/Bertzbach–Däubler § 1 AGG Rn. 21 ff.
37 Dix in Simitis § 35 Rn. 28; Meents/Hinzpeter in Taeger/Gabel, § 35 Rn. 22.
38 Meents/Hinzpeter in Taeger/Gabel, § 35 Rn. 22.

Berichtigung, Löschung und Sperrung von Daten § 35

Arbeitsverhältnis keine Rechtsgrundlage für die Speicherung solcher Angaben, so dass sich die Löschungsverpflichtung auch aus § 35 Abs. 2 Satz 2 Nr. 1 ergibt.[39] Nach dem Volkszählungs-Urteil des Bundesverfassungsgerichts kommt es für die Bedeutung eines Datums allerdings nicht auf seine »Natur«, sondern immer auf den jeweiligen Verwendungszusammenhang an.[40] Das Persönlichkeitsrecht des Einzelnen kann daher in spezifischen Konstellationen auch durch andere, nicht von Abs. 2 Satz 2 Nr. 2 erfasste Daten nachhaltig beeinträchtigt sein. So beziehen sich etwa **Abmahnungen** oder Betriebsbußen weder auf strafbare Handlungen noch auf Ordnungswidrigkeiten, doch können sie oft für das Arbeitsverhältnis von erheblich größerer Bedeutung sein. Auch die Speicherung bestimmter persönlicher Lebensverhältnisse[41] kann ähnlich »riskant« sein wie die Speicherung der im Gesetzestext erwähnten Angaben. Für die Herausnahme solcher Fälle aus dem (erleichterten) Löschungsanspruch besteht kein sachlicher Grund; **Abs. 2 Satz 2 Nr. 2** muss daher **entsprechende Anwendung** finden,[42] da diese Fälle im BDSG keine Regelung erfahren haben.

21

Die **verantwortliche Stelle muss** die Richtigkeit des gespeicherten Datums in vollem Umfang **beweisen**; es genügt nicht, wenn lediglich von einer »überwiegenden Wahrscheinlichkeit« die Rede sein kann.[43] Ob der Betroffene die vorhandenen Angaben pauschal oder substantiiert bestreitet, ist ohne Bedeutung.[44] In vielen Fällen ist die Speicherung der genannten Daten von vornherein unzulässig, so dass sich ein Löschungsanspruch bereits aus Nr. 1 ergibt. Lediglich dann, wenn die fraglichen Daten aus allgemein zugänglichen Quellen wie z. B. aus der Presse entnommen sind, gilt in der Regel Abweichendes.

22

Eine Löschung hat nach Abs. 2 Satz 2 **Nr. 3** auch dann zu erfolgen, wenn die verantwortliche Stelle die **Daten** für eigene Zwecke verarbeitet, sie jedoch zu deren Erfüllung **nicht mehr erforderlich** sind.[45] Dazu existiert einige Kasuistik.

23

Die Erforderlichkeit ist weiter gegeben und die Speicherung bei der Schufa kann bestehen bleiben, wenn der Betroffene eine Forderung über 341,- € erst nach Erhalt eines Mahnbescheids bezahlt hatte.[46] Dabei wird das Informationsinteresse künftiger Kreditgeber sehr groß geschrieben. Gelöscht werden müssen dagegen die Angaben eines erfolglos gebliebenen **Bewerbers**, sofern wegen der Einstellung kein Rechtsstreit anhängig ist.[47] Dies gilt erst Recht für einen bei dieser Gelegenheit durchgeführten

23a

---

39 Mester S. 181; Reichold in MünchArbR, § 88 Rn. 63.
40 BVerfG 15.12.1983 – 1 BvR 209/83 u. a., BVerfGE 65, 1, 45.
41 »Arbeitnehmer X wohnt mit der Schwester einer bekannten Terroristin zusammen« – s. den Fall BAG 26.10.1978 – 2 AZR 24/77, DB 1979, 895.
42 Zustimmend Dix in Simitis, § 35 Rn. 30; HK-ArbR-Hilbrans § 35 BDSG Rn. 6; Mester S. 181; ablehnend Meents/Hinzpeter in Taeger/Gabel, § 35 Rn. 24; Auernhammer-Stollhoff § 35 Rn. 30; Wolff/Brink-Brink § 35 Rn. 37.
43 Dix in Simitis, § 35 Rn. 32.
44 Zustimmend Wolff/Brink-Brink § 35 Rn. 59; Mester S. 181.
45 Fällt der ursprüngliche Zweck weg, besteht jedoch ein neuer, so muss die Löschung unterbleiben. Vgl. Auernhammer-Stollhoff § 34 Rn. 31.
46 LG Bochum 30.9.2004 – 8 O 276/04, DB 2005, 721.
47 Ebenso BAG 6.6.84 – 5 AZR 286/81, NZA 1984, 321 für manuell geführte Akten. Wie hier Meents/Hinzpeter in Taeger/Gabel, § 35 Rn. 28.

§ 35 Berichtigung, Löschung und Sperrung von Daten

Profilabgleich.[48] Auch **nach** dem **Ausscheiden eines Arbeitnehmers** werden die allermeisten Daten überflüssig.

23 b Während eines bestehenden Arbeitsverhältnisses kann gleichfalls die Situation eintreten, dass bestimmte Angaben jede Bedeutung verloren haben. Dies gilt etwa dann, wenn die zunächst praktizierte Abführung der Gewerkschaftsbeiträge durch den Arbeitgeber eingestellt wird oder wenn »einschlägige« Vorstrafen mittlerweile im Strafregister getilgt sind. Genauso sind **Abmahnungen** zu behandeln, wenn sie so lange zurückliegen, dass sie für das Arbeitsverhältnis keinerlei Bedeutung mehr haben, was von der Schwere und Art der Pflichtverletzung abhängt.[49] Eine für alle Fälle gleichermaßen gültige Dauer kann nicht angenommen werden.[50] Ist der »Vertrauensbereich« tangiert, ist der Zeitraum sehr viel größer als bei einer mangelhaften Leistung; in einem solchen Fall kann erst erheblich später der Fall eintreten, dass wieder von einem »störungsfreien« Verlauf des Arbeitsverhältnisses die Rede sein kann. Von großer praktischer Relevanz sind **Abrechnungsdaten**, die nach Ende einer Abrechnungsperiode grundsätzlich nur noch dann relevant sind, wenn über ihre Richtigkeit gestritten wird.

23 c Ist ein Vertrag abgewickelt, findet Löschung statt, es sei denn, die gerichtliche oder außergerichtliche Erhebung von Ansprüchen könne nicht ausgeschlossen werden (Zu gesetzlichen Aufbewahrungspflichten s. oben § 33 Rn. 27). Spätestens mit **Ablauf der Verjährungsfrist** tritt dieser Fall ein.[51] Wird ein Marketingunternehmen damit betraut, Kunden im Wege der Direktwerbung zu kontaktieren, wird dann aber der Vertrag aufgelöst, muss das Unternehmen die erhaltenen Daten zurückgewähren und in seinen eigenen Rechnern löschen.[52] Anders verhielt es sich mit der Speicherung der Personalausweisnummer die im Zusammenhang mit dem Kauf von **Eintrittskarten zur Fußballweltmeisterschaft** erhoben wurde: Mit ihrer Hilfe wurde sichergestellt, dass nur die Käufer selbst die Stadien betreten konnten und so »Hooligans« ferngehalten wurden.[53] Nach Ende der Spiele waren sie selbstredend als nicht mehr »erforderlich« zu löschen. Aus der Praxis wird von zahlreichen **Altdaten** berichtet, die nicht gelöscht werden, weil der Wegfall der Erforderlichkeit nicht völlig eindeutig bestimmt werden kann oder weil man »stornierte Verträge« oder »Kellerbestände« bewahren möchte, um sie ggf. bei Werbeaktionen einsetzen zu können.[54] Letzteres genügt als Rechtfertigung selbstredend nicht, da es sich um eine Zweckänderung nach § 28 Abs. 2 handeln würde, die nur unter den dort vorgesehenen engen Voraussetzungen möglich ist.[55]

24 Nach Abs. 2 Satz 2 **Nr. 4** müssen verantwortliche Stellen, die **Daten geschäftsmäßig zum Zweck der Übermittlung** verarbeiten, in Abständen von **vier Jahren** prüfen, ob

---

48 Reichold in MünchArbR, § 88 Rn. 62. Ebenso Mester S. 182.
49 BAG 19.7.2012 – 2 AZR 782/11, NZA 2013, 91 ff.
50 BAG NZA 2013, 91. Für zwei bis drei Jahre die Vorauflage sowie Meents/Hinzpeter in Taeger/Gabel, § 35 Rn. 28. Vgl. weiter Gola/Schomerus, § 35 Rn. 13; Franzen in ErfK, § 35 Rn. 4.
51 Dazu auch Gassner/Schmidt RDV 2004, 153; Kamlah in Plath, § 35 Rn. 19. Kritisch dazu Kühling/Klar ZD 2014, 507, die eine sehr viel schnellere Löschung befürworten. Dies wird der Praxis schwerlich gerecht. Zu den dort vorhandenen »Datengräbern« (gewissermaßen dem anderen Extrem): Katko/Knöpfle/Kirschner ZD 2014, 238 ff.
52 Dix in Simitis, § 35 Rn. 36.
53 AG Frankfurt/Main 28.3.2006 – 32 C 723/06-27, DuD 2006, 313 = CR 2006, 423.
54 Fraenkel/Hammer DuD 2007, 900.
55 Fraenkel/Hammer DuD 2007, 901.

Berichtigung, Löschung und Sperrung von Daten § 35

die Fortdauer der Speicherung noch erforderlich ist. Insoweit können sich z.B. bei Adresshändlern sehr lange Speicherungszeiten ergeben. Eine Verkürzung auf drei Jahre ist möglich, wenn es sich um erledigte Sachverhalte handelt und der Betroffene der Löschung nicht widerspricht. Dies setzt voraus, dass er zunächst von einer beabsichtigten Löschung in Kenntnis gesetzt wird. Sondervorschriften wie die Drei-Jahres-Frist nach § 915g Abs. 1 in Verbindung mit § 915a Abs. 1 ZPO nach Ableistung einer eidesstattlichen Versicherung haben den Vorrang. Allerdings sollen sie nicht für den Fall gelten, dass eine Zwangsvollstreckung gegen den Betroffenen als »erledigt« gespeichert wird; insoweit bleibt es bei den allgemeinen Grundsätzen.[56] Die verantwortliche Stelle ist im Übrigen gut beraten, die regelmäßige Überprüfung intern zu dokumentieren.[57]

Unrichtige Daten zu speichern ist unzulässig. Von daher konkurrieren der Berichtigungsanspruch nach Abs. 1 und der Löschungsanspruch nach Abs. 2 Satz 2 Nr. 1. Der Betroffene kann entscheiden, ob er die Angabe gelöscht haben will oder ob er eine Berichtigung vorzieht; diese kann auch in einer Ergänzung bestehen, um so den Kontext der Information (wieder-) herzustellen.[58] Der Betroffene kann nach einiger Zeit mit Hilfe seines Auskunftsrechts nach § 34 kontrollieren, ob die Berichtigung bzw. Löschung effektiv erfolgt ist.

Sobald die Löschungsvoraussetzungen vorliegen, sind die Daten **unverzüglich** zu löschen; insoweit findet § 121 BGB entsprechende Anwendung.[59] Länger zuzuwarten, liefe auf eine **Vorratsdatenspeicherung** hinaus, für die keine Rechtfertigung ersichtlich ist. Ob die einwöchige Speicherung von IP-Adressen nach **§ 100 TKG** ohne Rücksicht auf die konkreten Umstände zulässig ist,[60] wird man bezweifeln müssen.

Eine wichtige Konkretisierung des Löschungsanspruchs im Internet stellt der Anspruch gegen **Suchmaschinenbetreiber** dar, wonach diese nicht mehr auf Websites hinweisen dürfen, die »überholte« Informationen zum Gegenstand haben.[61] Im konkreten Fall, der sich in Spanien zugetragen hatte, war zwölf Jahre zuvor ein Grundstück des Betroffenen zwangsversteigert worden, was dem dortigen Recht entsprechend in einer Tageszeitung veröffentlicht worden war. Gab jemand in der Gegenwart den Namen des Betroffenen bei **Google** ein, wurde er automatisch mit dieser noch immer im Zeitungsarchiv verfügbaren Information konfrontiert. Nach Auffassung des EuGH war dies mit dem **Grundrecht auf Datenschutz nach Art. 8 GR-Charta** nicht vereinbar; dieses hatte Vorrang gegenüber den wirtschaftlichen Interessen des Suchmaschinenbetreibers, da die zwölf Jahre zurückliegenden Ereignisse für die gegenwärtige wirtschaftliche Situation des Betroffenen ohne Bedeutung waren.[62] Diese durchaus beifallswerte Festlegung

25

25a

25b

---

56 OLG München 13.10.1981 – 5 U 2200/81, NJW 1982, 244 – zum BDSG 1977.
57 Zur Sonderregelung des Abs. 2 Satz 3 für Auskunfteien s. Meents/Hinzpeter in Taeger/Gabel, § 35 Rn. 30.
58 Däubler, Gläserne Belegschaften? Rn. 552; Mester S. 180; Wedde in Roßnagel, Kap. 4.4. Rn. 57; Dix in Simitis, § 35 Rn. 24; Wolff/Brink-Brink § 35 Rn. 31.
59 Auernhammer-Stollhoff § 34 Rn. 39; Wolff/Brink-Brink § 35 Rn. 30.
60 Dafür BGH 3.7.2014 – III ZR 391/13, ZD 2014, 461.
61 EuGH 13.5.2014 – C-131/12, CuA 6/2014 S. 30.
62 Wie Fn. 61.

als »Recht auf Vergessen-Werden« zu qualifizieren, erscheint allerdings ein wenig übertrieben; die Eintragung als solche bleibt ja bestehen.

26 Als Minus zum Löschungsanspruch kann der Betroffene auch verlangen, dass das **Datum anonymisiert oder pseudonymisiert** wird (zu diesen Begriffen s. im Einzelnen oben § 3 Rn. 41 ff., 45 ff.).[63] Dies gilt allerdings nur dann, wenn die verantwortliche Stelle nicht ihrerseits eine Löschung vornehmen will und daran auch durch Abs. 3 Nr. 1 und 2 nicht gehindert ist.

4. Sperrung

27 Stehen der Löschung bestimmte Hindernisse entgegen, so erfolgt lediglich eine Sperrung. Abs. 3 nennt noch nicht abgelaufene Aufbewahrungsfristen sowie **schutzwürdige Interessen des Betroffenen** (dazu oben Rn. 13). Statt der Löschung wird nach Abs. 3 Nr. 3 eine Sperrung auch dann vorgenommen, wenn die **Löschung** nicht oder nur mit unverhältnismäßig hohem Aufwand möglich wäre. Als Beispiel hierfür wird die Speicherung auf CD-ROM angeführt. Moderne technische Verfahren lassen allerdings den **unverhältnismäßigen Aufwand** immer seltener werden,[64] weshalb die Vorschrift immer mehr zum Ausnahmetatbestand wird.[65]

28 Eine Sperrung ist weiter dann möglich, wenn bei anderen als sensitiven Daten im Sinne des Abs. 2 Satz 2 Nr. 2 Unklarheiten über ihre Richtigkeit bestehen. Nach Abs. 4 reicht es aus, wenn der **Betroffene die Richtigkeit bestreitet**, doch wird nicht von ihm verlangt, den gespeicherten die zutreffenden Daten gegenüberzustellen.[66] Wollte man dies voraussetzen, könnte die verantwortliche Stelle sich unschwer beliebig viele Daten unentgeltlich beschaffen, indem sie ersichtlich Falsches speichert und die Betroffenen zur Richtigstellung auffordert.[67] Es genügt daher, dass das Bestreiten durch den Betroffenen nicht offensichtlich fehlerhaft ist oder sich auf höchst unwahrscheinliche Konstellationen stützt[68] (Die Daten stammen z. B. vom Betroffenen und dieser behauptet auch keine Veränderung der Umstände). Wer die Richtigkeit seiner Anschrift mit dem Argument bestreitet, er sei oft nicht zu Hause oder würde bald wegziehen, kann keine Sperrung verlangen. Werden die Zweifel an der Richtigkeit mitgespeichert, schließt dies den Anspruch auf Sperrung nicht aus.[69]

29 Werden Daten einer bestimmten Person nur »möglicherweise« zugeordnet, so ändert dies nichts daran, dass sie bei einem nicht völlig unqualifizierten Bestreiten gesperrt werden müssen. Solange die Richtigkeit überprüft wird, können die Daten weiterverwandt werden, doch ist ein **Vermerk »in Prüfung«** schon im Interesse der verantwortlichen Stelle geboten.

---

63 Dix in Simitis, § 35 Rn. 43; Meents/Hinzpeter in Taeger/Gabel, § 35 Rn. 17; Mester S. 179; Schaar, Datenschutz im Internet, Rn. 531.
64 Meents/Hinzpeter in Taeger/Gabel, § 35 Rn. 34; Wolff/Brink-Brink § 35 Rn. 55. Einzelheiten bei Dix in Simitis, § 35 Rn. 48.
65 Wedde in Roßnagel, Kap. 4.4. Rn. 74.
66 Gola/Schomerus, § 35 Rn. 18.
67 Vgl. Wedde in Roßnagel, Kap. 4.4. Rn. 75.
68 Meents/Hinzpeter in Taeger/Gabel, § 35 Rn. 35.
69 Auernhammer-Stollhoff § 35 Rn. 51.

Die Sperrung hat ein **relatives Nutzungsverbot** zur Folge.[70] Nach Abs. 8 ist eine Übermittlung oder Nutzung nur zulässig, wenn zu den allgemeinen Voraussetzungen spezifische, in Abs. 8 Nr. 1 umschriebene Zwecke hinzukommen: Die Verwertung darf zu wissenschaftlichen Zwecken, zur Behebung einer bestehenden Beweisnot sowie dann erfolgen, wenn dies im überwiegenden Interesse der speichernden Stelle oder eines Dritten »unerlässlich« ist. Auch die Einwilligung des Betroffenen in die weitere Nutzung soll genügen. Dem ist im Rahmen der Datensicherung nach § 9 BDSG Rechnung zu tragen, doch ist dies für den Betroffenen angesichts der generalklauselhaften Weite der beibehaltenen Verarbeitungsmöglichkeiten wenig tröstlich. Im Interesse der Datentransparenz müsste zumindest sichergestellt sein, dass er von jeder einzelnen Datenverarbeitung und Datennutzung automatisch informiert wird. Außerdem sind die Fälle des Abs. 8 Nr. 1 eng auszulegen. Die »Behebung einer Beweisnot« ist nur dann anzunehmen, wenn ohne die Daten ein bestehendes Recht nicht durchgesetzt werden könnte.[71] Die »Unerlässlichkeit« ist eine verstärkte Form von »Erforderlichkeit«. Es darf deshalb keinen auch nur halbwegs vergleichbaren anderen Weg geben, um zum selben legitimen Ziel zu kommen.[72] Für die an erster Stelle genannte Forschung bedeutet dies, dass man immer zu fragen hat, ob die Resultate bei sofortiger Anonymisierung der Daten erheblich leiden würden.

Auch die Sperrung hat **unverzüglich** zu erfolgen, sobald ihre Voraussetzungen vorliegen. Dies gilt insbesondere dann, wenn ein gerichtliches Verfahren um die Berichtigung oder Löschung geführt wird.[73] Die Tatsache der **Sperrung darf** nach Abs. 4a **nicht an andere übermittelt** werden, weil dies zu erheblichen Missdeutungen führen könnte;[74] in vielen Fällen würde der Betroffene als »schwieriger Kunde« erscheinen.[75]

Eine Art privatautonom verfügter Sperrung stellt die Generierung einer sog. **Sperrdatei** dar. Sie hat den Sinn, dass die dort aufgeführten Telefonnummern bei Anrufaktionen im Rahmen von Meinungsbefragungen, Marktanalysen und wissenschaftlichen Untersuchungen nicht mehr berücksichtigt werden, weil der Anschlussinhaber einen entsprechenden Wunsch geäußert hat.[76] Eine Verwendung der Datei zu anderen Zwecken wäre mangels Rechtsgrundlage ausgeschlossen.

5. Widerspruch

Das 2001 mit Rücksicht auf Art. 14 Buchstabe a der EG-Datenschutzrichtlinie eingeführte Widerspruchsrecht scheint insbesondere im Arbeitsrecht noch keine große praktische Bedeutung erlangt zu haben.[77] Rechtsprechung ist nicht ersichtlich. Inhaltlich geht es darum, dass eine an sich rechtmäßige Erhebung, Verarbeitung oder

---

70 Meents/Hinzpeter in Taeger/Gabel, § 35 Rn. 37.
71 BMH, § 35 Rn. 170.
72 Zustimmend Meents/Hinzpeter in Taeger/Gabel, § 35 Rn. 40; Mester S. 185.
73 BMH, § 35 Rn. 113.
74 Einzelheiten bei Meents/Hinzpeter in Taeger/Gabel, § 35 Rn. 36. S. auch Kamlah in Plath, § 35 Rn. 40.
75 Auernhammer-Stollhoff § 35 Rn. 55.
76 AG Frankfurt/Main 28.3.2006 – 32 C 723/06-72, MMR 2007, 470.
77 HK-ArbR-Hilbrans § 35 BDSG Rn. 10.

§ 35 Berichtigung, Löschung und Sperrung von Daten

Nutzung vom Betroffenen untersagt werden kann, wenn er »**wegen seiner besonderen persönlichen Situation**« **schutzwürdige Interessen** besitzt, die denen der verantwortlichen Stelle an der Fortsetzung der Erhebung, Verarbeitung oder Nutzung vorgehen. Die zunächst »harmlose« Erhebung und Verarbeitung gewinnt nachträglich eine »besondere Eingriffsqualität«.[78] Ähnlich verhält es sich, wenn der Betroffene bei der Datenerhebung entgegen § 4 Abs. 3 oder bei der Erteilung der Einwilligung entgegen § 4a nicht ausreichend informiert wurde.[79]

34 Die »besondere persönliche Situation« kann darin liegen, dass der Betroffene bereits Opfer von Datenschutzverletzungen wurde und einer Wiederholung vorgebeugt werden soll.[80] Auch kann die besondere Gefährdung eines Menschen durch Terrorismus, z. B. aufgrund herausgehobener politischer Stellung, ein Grund sein, der weiteren Speicherung, Verarbeitung und Nutzung von Daten zu widersprechen.[81]

35 Der **Widerspruch** bezieht sich nur auf Formen der **Datenverarbeitung, die nicht verbindlich** durch Gesetz **angeordnet** sind. Der Weitergabe von Daten an die Sozialversicherungsträger, soweit dies zur Abführung der Beiträge erforderlich ist, kann daher nicht widersprochen werden.[82]

36 Der Widerspruch wirkt für die Zukunft,[83] doch läuft die Beendigung der weiteren Datenverarbeitung auf eine Pflicht zur Löschung wegen Zweckwegfalls hinaus.[84]

6. Gegendarstellung als Korrektur

37 Verantwortliche Stellen, die sich der geschäftsmäßigen Datenspeicherung zum Zweck der Übermittlung widmen (z. B. Auskunfteien), müssen nach Abs. 6 dem Verlangen auf Berichtigung, Sperrung oder Löschung nicht immer Rechnung tragen. Soweit sie Daten aus allgemein zugänglichen Quellen entnommen haben (dazu § 33 Rn. 45, § 34 Rn. 38) und diese zu Dokumentationszwecken gespeichert sind, kann der Betroffene lediglich verlangen, dass seine Gegendarstellung allen Übermittlungen der fraglichen Daten beigefügt wird (Abs. 6 Satz 3). Als Beispiel werden üblicherweise **Presseauswertungen** genannt.[85] Wollte man in einem solchen Fall eine unrichtige Pressemeldung korrigieren, würde der dokumentarische Charakter verloren gehen. Eine größere Anzahl von Gegendarstellungen würde überdies die verantwortliche Stelle veranlassen, im Normalfall den weiteren Vertrieb der Daten zu unterlassen, da diese insgesamt den Eindruck geringer Verlässlichkeit machen würden. Die Begrenzung auf den Gegendarstellungsanspruch gilt im Übrigen nicht, soweit es sich um sensible Daten nach Abs. 2 Satz 2 Nr. 2 handelt.

---

78 Tinnefeld/Ehmann/Gerling, 4. Aufl., S. 598. S. nunmehr TBP, S. 278 f.
79 Gola/Wronka RDV 2007, 59, 63.
80 Däubler, Gläserne Belegschaften? Rn. 565; zustimmend Wolff/Brink-Brink § 35 Rn. 76.
81 Zustimmend Mester S. 186. vgl. weiter Dix in Simitis, § 35 Rn. 58, der ersichtlich restriktivere Maßstäbe anlegt. Beispiele auch bei Kamlah in Plath, § 35 Rn. 49 und Auernhammer-Stollhoff § 35 Rn. 56.
82 Däubler, Gläserne Belegschaften? Rn. 566; etwas anders Dix in Simitis, § 35 Rn. 55.
83 Dammann/Simitis, Art. 14 Anm. 4; Ehmann/Helfrich, Art. 14 Rn. 22; Franzen in ErfK, § 35 Rn. 10.
84 Zustimmend Meents/Hinzpeter in Taeger/Gabel, § 35 Rn. 46; Mester S. 187.
85 Gola/Schomerus, § 35 Rn. 7 f.; Dix in Simitis, § 35 Rn. 59.

7. Die sog. Nachberichtspflicht

Die Berichtigung, Sperrung oder Löschung ist von geringer Bedeutung, wenn die fraglichen Daten bereits an zahllose andere Stellen weitergegeben wurden, die der Einzelne nicht mit zumutbarem Aufwand ermitteln kann. Abs. 7 verpflichtet deshalb die verantwortliche Stelle im Grundsatz, **alle Stellen** von der Berichtigung, Sperrung oder Löschung **zu verständigen, denen** im Rahmen einer Übermittlung diese **Daten zur Speicherung weitergegeben** wurden. Allerdings leidet diese Pflicht an zahlreichen gravierenden Einschränkungen. 38

Zum einen ist nur die Übermittlung zur Speicherung, nicht die bloße Auskunft gemeint.[86] Zum zweiten ist vom Katalog des Abs. 2 Satz 2 nur die unzulässige Speicherung nach Nr. 1 erfasst. Erfolgte beispielsweise die Löschung sensibler Daten, weil ihre Richtigkeit nicht bewiesen werden konnte, so greift Abs. 7 nicht ein. Zum dritten darf die Unterrichtung der Empfänger keinen »unverhältnismäßigen Aufwand« machen, was bei einer besonders großen Zahl der Fall sein könnte. Insoweit sind Interessen des Betroffenen und der verantwortlichen Stelle gegeneinander abzuwägen. Schließlich können auch schutzwürdige Interesse des Betroffenen einer Mitteilung entgegenstehen, weil dadurch eine längst vergessene und nicht mehr gespeicherte Angelegenheit wieder in Erinnerung gerufen würde.[87] 39

8. Verhältnis zu anderen Rechtsansprüchen

Soweit andere Vorschriften ein Recht auf Berichtigung, Sperrung, Löschung oder Widerspruch geben, gehen sie im Rahmen ihres eigenen Geltungsanspruchs nach § 1 Abs. 3 dem § 35 vor.[88] Dies ist etwa bei **§ 13 Abs. 4 Nr. 2 TMG** (früher: § 4 Abs. 4 Nr. 2 TDDSG) der Fall, der Vorkehrungen zur Löschung personenbezogener Daten bei Telediensten betrifft. 40

Was die **Löschung von Daten** betrifft, so hat das BDSG nach Auffassung des BGH[89] eine abschließende Regelung getroffen. Daran wird sich die Praxis orientieren. Soweit das Gesetz nicht eingreift, können allerdings Ansprüche wegen Verletzung des allgemeinen Persönlichkeitsrechts geltend gemacht werden; diese können insbesondere dazu führen, dass falsche Angaben berichtigt und die bisherigen Datenempfänger davon in Kenntnis gesetzt werden (Beseitigungsanspruch entsprechend § 1004 BGB). Auch ist § 35 ein Schutzgesetz im Sinne des § 823 Abs. 2 BGB.[90] 41

Die Verbreitung von Fotos und anderen Bildnissen richtet sich nach §§ 22, 23 KUG. Wird der Betroffene unter Verletzung seines allgemeinen Persönlichkeitsrechts abgebildet und wird dieses Bild verbreitet, so steht ihm ein Unterlassungsanspruch (und ggf. ein Anspruch auf Schadensersatz) zu.[91] Befindet sich sein **Bild auf einer Website**, kann 41a

---

86 Gola/Schomerus, § 35 Rn. 22.
87 Gola/Schomerus, § 35 Rn. 23; Wolff/Brink-Brink § 35 Rn. 72; s. auch Däubler, Gläserne Belegschaften? Rn. 553.
88 HK-ArbR-Hilbrans § 35 BDSG Rn. 2.
89 BGH 17.12.1985 – VI ZR 244/84, NJW 1986, 2505, 2507.
90 Auernhammer-Stollhoff § 35 Rn. 11; Wolff/Brink-Brink § 35 Rn. 4.
91 Einzelheiten bei Däubler, Internet und Arbeitsrecht, Rn. 369 a ff.

er **Entfernung** verlangen.[92] Nimmt jemand am **Mieterfest** einer Wohnungsbaugenossenschaft teil und ist er auf Fotos erkennbar, so kann er sich nicht gegen eine Verbreitung wenden, auch wenn er keine ausdrückliche Einwilligung in das Anfertigen von Fotos erteilt hatte.[93]

42 Was **Berichtigung und Sperrung** angeht, so dürften andere Normen gleichfalls zurückstehen. Relevant ist dies allerdings nur für die Berichtigung,[94] da das allgemeine Zivilrecht das Rechtsinstitut der Sperrung nicht kennt. Dasselbe gilt für einen Widerspruch gegen eine an sich legale Datenverarbeitung.

43 Im Arbeitsrecht ergeben sich Besonderheiten. Der Berichtigungsanspruch nach § 35 Abs. 1 deckt sich im Grundsatz mit dem **aus dem Arbeitsvertrag folgenden Anspruch** des Arbeitnehmers, wonach dieser verlangen kann, dass unrichtige Tatsachenbehauptungen aus den Personalakten entfernt werden. Ein Unterschied besteht allerdings insoweit, als dort die Beweislast immer beim Arbeitnehmer liegt. Im Ergebnis geht jedoch Abs. 1 vor. Zum einen ist mehr als zweifelhaft, ob eine aus dem Arbeitsverhältnis abgeleitete ungeschriebene Nebenpflicht überhaupt als »Rechtsvorschrift des Bundes« im Sinne des § 1 Abs. 3 Satz 1 angesehen werden kann. Zum zweiten ist es nicht Sinn arbeitsvertraglicher Grundsätze, einer gesetzlichen Weiterentwicklung von Arbeitgeberpflichten Zügel anzulegen: Als ein Stück richterlicher Rechtsfortbildung sind sie nur als Mittel der Lückenfüllung gedacht.[95] Beide Ansprüche bestehen daher **nebeneinander**.[96]

44 Nach § 83 Abs. 2 BetrVG hat der Arbeitnehmer die Möglichkeit, zum Inhalt seiner Personalakte Erklärungen abzugeben, die in räumlichem Zusammenhang mit den in Bezug genommenen Vorgängen festgehalten werden müssen. Richtiger Ansicht nach ist der Arbeitnehmer dabei nicht auf »Gegendarstellungen« beschränkt, sondern kann auch Erklärungen zu bisher nicht aktenkundigen Vorgängen aufnehmen lassen, sofern sie einen Bezug zum Arbeitsverhältnis besitzen.[97] Nach einer älteren Auffassung hatte der Anspruch aus § 83 Abs. 2 BetrVG Vorrang vor der Sperrungsvorschrift des Abs. 4.[98] Beiden Vorschriften liege derselbe Konflikt zugrunde; bei Meinungsverschiedenheiten über die Richtigkeit bestimmter Angaben gelte daher allein § 83 Abs. 2 BetrVG. Dies vermag nicht einzuleuchten. Die »Gegendarstellung« bzw. »Ergänzung« durch den Arbeitnehmer ist ein spezifisches Abwehrrecht, das mit der Sperrung nicht vergleichbar ist und das im BDSG keine Parallele findet. Beide stehen deshalb **nebeneinander**.[99]

45 Das **Gegendarstellungsrecht** bezieht sich zum einen auf Werturteile, die nicht »berichtigungsfähig« sind. Zum zweiten gehört es bei Tatsachenbehauptungen eher in den Normbereich der »Berichtigung« (und nicht wie angenommen der Sperrung), da

---

92 TBP, S. 186 f. Zum Vorgehen, wenn der Betroffene Teil eines Gruppenbildes ist, s. ArbG Frankfurt/Main 20.6.2012 – 7 Ca 1649/12, ZD 2012, 530, 531.
93 BGH 8.4.2014 – VI ZR 197/13, ZD 2014, 468.
94 Meents/Hinzpeter in Taeger/Gabel, § 35 Rn. 6.
95 Gegen einen Vorrang richterrechtlicher Grundsätze auch Simitis, Schutz von Arbeitnehmerdaten, S. 139.
96 Grimm in Tschöpe, Teil 6 F Rn. 197; Franzen in ErfK § 35 BDSG Rn. 2.
97 LAG Bremen 4.3.1977 – 1 Sa 303/76, BB 1977, 649.
98 Kroll, S. 221 f.; Griese, S. 94.
99 Buschmann in DKKW, § 83 Rn. 25 a. E. m.w.N.; Wolff/Brink-Brink § 35 Rn. 25.

»Zusatzerklärungen« notwendigerweise den Sinn haben, einen als nicht ausreichend empfundenen Kontext zu vervollständigen. Insoweit mag man diese Form der Berichtigung als spezielle Ausprägung des in Abs. 1 enthaltenen Gedankens ansehen. Schließlich wird § 83 Abs. 2 BetrVG auch ansonsten keine exklusive Wirkung beigemessen; so steht er etwa der Annahme eines Berichtigungsanspruchs zugunsten der Arbeitnehmer nicht entgegen. Im Verhältnis zur Sperrung ist daher kein Vorrang gegeben.

Im Gegensatz dazu stellen die **beamtenrechtlichen** Regelungen über den Datenschutz nach der Rechtsprechung des BVerwG[100] eine **abschließende Sondernormierung** dar. Nach dieser ist allerdings der Beamte berechtigt, trotz zugesagter Vertraulichkeit den Namen einer Person zu erfahren, die ihn leichtfertig der Korruption bezichtigt hat.[101]

46

9. Rechtsdurchsetzung

Die Ansprüche auf Berichtigung, Löschung und Sperrung sind vor den **ordentlichen Gerichten** geltend zu machen. Soweit es um eine Streitigkeit zwischen Arbeitgeber und Arbeitnehmer (oder arbeitnehmerähnlichen Personen) geht, sind die **Arbeitsgerichte** zur Entscheidung berufen. Für beamtenrechtliche Streitigkeiten sind die Verwaltungsgerichte zuständig. Bei Verstößen gegen § 35 liegt eine **Ordnungswidrigkeit** nur vor, wenn entgegen Abs. 6 Satz 3 Daten ohne Gegendarstellung übermittelt werden (§ 43 Abs. 1 Nr. 9).

47

Soweit personenbedingte Daten ins **Internet** gestellt sind, lässt sich § 35 meist nicht realisieren.[102] Die verantwortliche Stelle ist beispielsweise nicht ermittelbar oder in fernen Ländern angesiedelt, die Daten sind »zweckfrei« gespeichert, so dass sie nie wegen Zweckerreichung gelöscht werden müssen.[103] In der Praxis gibt es bislang nur die Möglichkeit, sich gegen Entgelt der Dienste eines »**reputation defenders**« zu bedienen, der ehrenrührige oder unrichtige Daten generell aus dem Netz zu tilgen versucht.[104] Sie stellen allerdings kein effektives Äquivalent für den Löschungsanspruch nach § 35 dar.[105]

48

10. Europäische Perspektiven

Der **Kommissionsentwurf** für eine Datenschutz-Grundverordnung steht den Individualrechten positiv gegenüber, was schon bei der Informationspflicht (oben § 33 Rn. 53) und beim Auskunftsanspruch des Betroffenen (oben § 34 Rn. 61) deutlich wurde. Art. 16 des Entwurfs enthält den **Berichtigungsanspruch**, der ausdrücklich auch die Vervollständigung der gespeicherten Daten einbezieht. Der Anspruch auf **Löschung** hängt von vergleichbaren Voraussetzungen wie nach § 35 ab (oben Rn. 16 ff.) und wird ausdrücklich durch das »**Recht auf Vergessenwerden**« ergänzt, das allerdings faktisch nicht über § 35 hinausgeht und im Internet auf schwer überwindbare Grenzen

49

---

100 BVerwG 27.2.2003 – 2 C 10.02, JZ 2004, 460 = RDV 2003, 238.
101 BVerwG, JZ 2004, 460 = RDV 2003, 238.
102 Wolff/Brink-Brink § 35 Rn. 2.
103 Weichert DuD 2009, 9.
104 Weichert DuD 2009, 12 mit Vorschlägen für eine Verbesserung der Situation.
105 Wolff/Brink-Brink § 35 Rn. 2.

stößt.[106] Die **Beschränkung der Verarbeitung** nach Art. 17 Abs. 4 des Entwurfs entspricht der Sperrung; Art. 19 sieht ein **Widerspruchsrecht** vor. Parlament und Rat haben keine grundsätzlichen Änderungswünsche, schlagen allerdings zahlreiche Formulierungsänderungen vor.

Dritter Unterabschnitt
Aufsichtsbehörde

§§ 36 und 37

weggefallen

§ 38 Aufsichtsbehörden

(1) Die Aufsichtsbehörde kontrolliert die Ausführung dieses Gesetzes sowie anderer Vorschriften über den Datenschutz, soweit diese die automatisierte Verarbeitung personenbezogener Daten oder die Verarbeitung oder Nutzung personenbezogener Daten in oder aus nicht automatisierten Dateien regeln einschließlich des Rechts der Mitgliedstaaten in den Fällen des § 1 Abs. 5. Sie berät und unterstützt die Beauftragten für den Datenschutz und die verantwortlichen Stellen mit Rücksicht auf deren typische Bedürfnisse. Die Aufsichtsbehörde darf die von ihr gespeicherten Daten nur für Zwecke der Aufsicht verarbeiten und nutzen; § 14 Abs. 2 Nr. 1 bis 3, 6 und 7 gilt entsprechend. Insbesondere darf die Aufsichtsbehörde zum Zweck der Aufsicht Daten an andere Aufsichtsbehörden übermitteln. Sie leistet den Aufsichtsbehörden anderer Mitgliedstaaten der Europäischen Union auf Ersuchen ergänzende Hilfe (Amtshilfe). Stellt die Aufsichtsbehörde einen Verstoß gegen dieses Gesetz oder andere Vorschriften über den Datenschutz fest, so ist sie befugt, die Betroffenen hierüber zu unterrichten, den Verstoß bei den für die Verfolgung oder Ahndung zuständigen Stellen anzuzeigen sowie bei schwerwiegenden Verstößen die Gewerbeaufsichtsbehörde zur Durchführung gewerberechtlicher Maßnahmen zu unterrichten. Sie veröffentlicht regelmäßig, spätestens alle zwei Jahre, einen Tätigkeitsbericht. § 21 Satz 1 und § 23 Abs. 5 Satz 4 bis 7 gelten entsprechend.
(2) Die Aufsichtsbehörde führt ein Register der nach § 4d meldepflichtigen automatisierten Verarbeitungen mit den Angaben nach § 4e Satz 1. Das Register kann von jedem eingesehen werden. Das Einsichtsrecht erstreckt sich nicht auf die Angaben nach § 4e Satz 1 Nr. 9 sowie die Angabe der zugriffsberechtigten Personen.
(3) Die der Kontrolle unterliegenden Stellen sowie die mit deren Leitung beauftragten Personen haben der Aufsichtsbehörde auf Verlangen die für die Erfüllung ihrer Aufgaben erforderlichen Auskünfte unverzüglich zu erteilen. Der Auskunftspflichtige kann die Auskunft über solche Fragen verweigern, deren Beantwortung ihn selbst oder einen der in § 383 Abs. 1 Nr. 1 bis 3 der Zivilprozessordnung

---

106 Näher Däubler, Gläserne Belegschaften? Rn. 561 b ff.

bezeichneten Angehörigen der Gefahr strafgerichtlicher Verfolgung oder eines Verfahrens nach dem Gesetz über Ordnungswidrigkeiten aussetzen würde. Der Auskunftspflichtige ist darauf hinzuweisen.

(4) Die von der Aufsichtsbehörde mit der Kontrolle beauftragten Personen sind befugt, soweit es zur Erfüllung der der Aufsichtsbehörde übertragenen Aufgaben erforderlich ist, während der Betriebs- und Geschäftszeiten Grundstücke und Geschäftsräume der Stelle zu betreten und dort Prüfungen und Besichtigungen vorzunehmen. Sie können geschäftliche Unterlagen, insbesondere die Übersicht nach § 4g Absatz 2 Satz 1 sowie die gespeicherten personenbezogenen Daten und die Datenverarbeitungsprogramme, einsehen. § 24 Abs. 6 gilt entsprechend. Der Auskunftspflichtige hat diese Maßnahmen zu dulden.

(5) Zur Gewährleistung der Einhaltung dieses Gesetzes und anderer Vorschriften über den Datenschutz kann die Aufsichtsbehörde Maßnahmen zur Beseitigung festgestellter Verstöße bei der Erhebung, Verarbeitung oder Nutzung personenbezogener Daten oder technischer oder organisatorischer Mängel anordnen. Bei schwerwiegenden Verstößen oder Mängeln, insbesondere solchen, die mit einer besonderen Gefährdung des Persönlichkeitsrechts verbunden sind, kann sie die Erhebung, Verarbeitung oder Nutzung oder den Einsatz einzelner Verfahren untersagen, wenn die Verstöße oder Mängel entgegen der Anordnung nach Satz 1 und trotz der Verhängung eines Zwangsgeldes nicht in angemessener Zeit beseitigt werden. Sie kann die Abberufung des Beauftragten für den Datenschutz verlangen, wenn er die zu Erfüllung seiner Aufgaben erforderliche Fachkunde und Zuverlässigkeit nicht besitzt.

(6) Die Landesregierungen oder die von ihnen ermächtigten Stellen bestimmen die für die Kontrolle der Durchführung des Datenschutzes im Anwendungsbereich dieses Abschnittes zuständigen Aufsichtsbehörden.

(7) Die Anwendung der Gewerbeordnung auf die den Vorschriften dieses Abschnittes unterliegenden Gewerbebetriebe bleibt unberührt.

Übersicht	Rn.
1. Allgemeines	1– 3
2. Organisation der Aufsichtsbehörde	4– 8
3. Kontrolltätigkeit	9–19
4. Mitwirkungspflichten der verantwortlichen Stelle	20–24
5. Kooperationen	25–28
6. Ahndung von Verstößen	29–33a
7. Tätigkeitsbericht und Öffentlichkeitsarbeit	34
8. Sonstige Aufgaben	35

1. Allgemeines

§ 38 regelt die **staatliche Datenschutzkontrolle** im nicht-öffentlichen Bereich.[1] Die Kontrolle im öffentlichen Bereich ist in § 24 (Stellen des Bundes) sowie in den Landes-

1

---

[1] Born, Die Datenschutzaufsicht und ihre Verwaltungstätigkeit im nicht-öffentlichen Bereich, 2014.

datenschutzgesetzen (LDSG) geregelt. Absatz 5 wurde mit Wirkung vom 1.9.2009 umfassend geändert.

1a Neben der klassischen ordnungsbehördlichen Funktion im Sinne einer repressiven Durchsetzung des Rechts auf informationelle Selbstbestimmung erhält die Datenschutzaufsicht im nicht-öffentlichen Bereich wie generell immer mehr auch die Funktion eines unabhängigen Sachwalters für **präventiven digitalen Grundrechtsschutz** mit Aufgaben im Bereich der Beratung, der Bildung, der Zertifizierung und der Standardisierung.[2] Im Rahmen einer Änderung des Unterlassungsklagegesetzes ist vorgesehen, dass bei Verbraucherschutzklagen die Aufsichtsbehörden gegenüber dem Gericht Stellungnahmen abgeben (Einl. Rn. 97).

2 Mit § 38 kommt der Staat seiner **Gewährleistungspflicht zum Grundrechtsschutz** nach.[3] Die Vorschrift setzt die europarechtliche Verpflichtung nach Art. 28 EG-DSRl zur Einrichtung einer oder mehrerer öffentlicher Kontrollstellen, die die Anwendung des Datenschutzrechts überwachen, in deutsches Recht um.[4] Die Kontrollstellen sind die wichtigsten (hoheitlichen) Organisationen zur Umsetzung der Vorschriften des Datenschutzes in der Wirtschaft. Sie unterstützen die stelleninternen betrieblichen Datenschutzbeauftragten (§§ 4f, 4g).[5]

2a Eine spezielle Zuständigkeitsregelung für Schuldnerverzeichnisse enthält § 915e Abs. 4 ZPO. Die Aufsicht über **Telekommunikationsanbieter und Postdienstunternehmen** erfolgt nicht durch die Aufsichtsbehörden der Länder, sondern nach § 115 Abs. 4 TKG bzw. § 42 Abs. 3 PostG durch den BfDI, der zu Zeiten des staatlichen Telekommunikationsmonopols für die Deutsche Bundespost zuständig war. Die Datenschutzaufsicht über Teledienste und Mediendienste wird von den Behörden nach § 38 wahrgenommen.

3 Die **örtliche Zuständigkeit** der Aufsichtsbehörden knüpft an den Ort der Datenverarbeitung an, also an die Betriebsstätte oder Zweigniederlassung, wo die Daten physikalisch verarbeitet werden, nicht an den Ort der Unternehmensleitung.[6] Dies führt dazu, dass bei bundesweit tätigen Unternehmen mit Filialen in mehreren Ländern alle Aufsichtsbehörden in diesen Ländern eine gewisse eigenständige Zuständigkeit haben. Der Koordination und der Abstimmung der Tätigkeit der Aufsichtsbehörden dient der »**Düsseldorfer Kreis**«.[7]

---

2 Christiansen/Schmidt, Dialog als Instrument der Datenschutzregulierung, 2014; vgl. Rn. 36, § 26 Rn. 1.
3 Weichert, NJW 2009, 550f.; Petri in Simitis, § 38 Rn. 3ff.
4 Zur Aufsicht in anderen EU-Staaten Weiß, RDV 2014, 319.
5 Herb, ZUM 2004, 530; Schierbaum CF 12/2004, 7.
6 Petri in Simitis, § 38 Rn. 26; VG Hannover, 6.11.2012 – 10 A 4805/11: auf den Ort des Handelsregistereintrags soll es nicht ankommen.
7 S. u. Rn. 25; Pohler CR, 1998, 309; Petri in Simitis, § 38 Rn. 42; Mester, DuD 2012, 274; dessen Beschlüsse finden sich unter *http://www.datenschutz.de/aufsicht_privat/*; zum föderalen Wettbewerb Weichert, DANA 3/2009, 99; als Vorbild für die europäische Ebene Dix, DuD 2012, 318.

2. Organisation der Aufsichtsbehörde

Nach Absatz 6 ist die Aufgabe der Datenschutzaufsicht **den Ländern übertragen**, die auch die rechtliche Ausgestaltung, Ausstattung und Arbeitsweise näher festlegen.[8] Die sachliche Zuständigkeit wird von den Ländern in ministeriellen Anordnungen, Rechtsverordnungen oder durch Gesetz (z. B. § 39 Abs. 2 LDSG SH) geregelt. In Bayern wurde 2009 ein »Landesamt für Datenschutz im nicht-öffentlichen Bereich« eingerichtet.[9] In allen anderen Bundesländern wird die Datenschutzaufsicht von den Landesbeauftragten für den Datenschutz wahrgenommen.[10] 4

Einige Aufsichtsbehörden erheben für ihre Prüf- und Beratungstätigkeit **Gebühren**.[11] Dies ist bei Vorliegen einer ausreichenden rechtlichen Grundlage zulässig.[12] 5

Art. 28 Abs. 1 S. 2 EG-DSRl regelt, dass die Aufgaben der Aufsichtsbehörden »in **völliger Unabhängigkeit**« wahrgenommen werden.[13] Der EuGH stellte mit Urteil vom 9. 3. 2010 fest, dass die rechtliche Organisation der Kontrollstellen in Deutschland nicht die europarechtlich geforderte Unabhängigkeit gewährleistete.[14] Unabhängigkeit bedeutet nicht nur die Freiheit vor äußerer Einflussnahme, vor allem der kontrollierten Stellen, sondern auch die institutionelle Unabhängigkeit einschließlich der Freiheit vor vorgesetzter Fach- und Rechtsaufsicht.[15] 6

Die **Datenverarbeitung der Aufsichtsbehörde** orientiert sich am jeweiligen Landesrecht im Rahmen der gesetzlichen Aufgaben und Bindungen des § 38 (z. B. § 13 LDSG SH). Soweit die Aufgaben vom Landesbeauftragten für Datenschutz wahrgenommen werden, dem die Kontrolle des öffentlichen Bereiches obliegt, handelt es sich um einen einheitlichen gemeinsamen Zweck der Datenschutzkontrolle im öffentlichen und nicht öffentlichen Bereich.[16] Die Kooperation und die damit verbundene Übermittlung von personenbezogenen Daten an andere Landesbeauftragte bzw. Aufsichtsbehörden ist nach Absatz 1 Satz 3 und diejenige mit Aufsichtsbehörden anderer EU-Staaten nach Satz 4 zulässig. 7

Nach Absatz 1 Satz 2 unterliegen die Daten bei der Aufsichtsbehörde einer **strengen Zweckbindung**: sie dienen ausschließlich der Wahrnehmung der Aufsichtsaufgaben. Die Regelung verweist zudem auf § 14 Abs. 2 Nrn. 1 bis 3, 6 und 7, wonach eine 8

---

8 Kritisch, aber unzutreffend im Hinblick auf die EU-DSGVO Kahler, RDV 2012, 72.
9 DANA 2009, 71.
10 Eine aktuelle Übersicht über alle Aufsichtsbehörden findet sich unter http://www.daten schutz.hessen.de/adr_priv.htm.
11 VG Bayreuth, CR 1989, VG München, CR 1989, 1019; Wind, S. 114 f.
12 VG Lüneburg, RDV 2007, 216.
13 Dies entspricht auch der deutschen Verfassungsrechtslage: BVerfG, NJW 1984, 422 f.; BVerfGE 67. 157; Heil in Roßnagel S. 752 ff.
14 Vgl. § 23 Rn. 2; EuGH 9. 3. 2010 – C-518/07, NJW 2010, 1266 ff. = MMR 2010, 350 ff. = DANA 2/2010, 85; in Bezug auf Österreich Ebenso EuGH 16. 10. 2012 – C-614/10; positiv: Tinnefeld/Buchner, DuD 2010, 581 f.; Petri/Tinnefeld, MMR 2010, 355 ff.; Schild, DuD 2010, 549 ff; kritisch Frenzel, DÖV 2010, 925; Bull, EuZW 2010, 488 ff.; zum vorherigen Meinungsstreit siehe die Nachweise in der Vorauflage.
15 Zur geplanten Regelung in der EU-DSGVO Kahler, RDV 2012, 72.
16 § 31; ebenso für den öffentlichen Bereich Landesrecht, z. B. § 13 Abs. 6 LDSG SH; vgl. § 14 Abs. 4 BDSG.

Zweckänderung auf der Basis einer Rechtsvorschrift, der Einwilligung des Betroffenen oder aufgrund eines offensichtlichen Interesses des Betroffenen zulässig ist. Während eine Zweckänderung zur Abwehr erheblicher Nachteile für das Gemeinwohl (Nr. 6) keine praktische Relevanz hat, kann Nr. 7 immer wieder von Bedeutung sein: die Nutzung zur Verfolgung von Straftaten oder Ordnungswidrigkeiten (vgl. § 38 Abs. 1 S. 6). Im Hinblick auf die strenge Zweckbindung in § 31, auf das in Art. 17 GG garantierte Petitionsrecht und auf die ebenso verfassungs- und europarechtlich abgesicherte Unabhängigkeit der Datenschutzaufsicht (s. o. Rn. 6), muss die Regelung restriktiv ausgelegt werden; in jedem Fall muss eine Verhältnismäßigkeitsprüfung erfolgen.[17] Handelt es sich bei der Verfolgung von Delikten gegen die informationelle Selbstbestimmung, bewegt sich die Datenverarbeitung im Rahmen des Zweckes des § 31. Die Entscheidung über eine Zweckänderung erfolgt durch die unabhängige Aufsichtsbehörde.

3. Kontrolltätigkeit

9 Nach Art. 28 Abs. 3 EU-DSRL verfügt die Kontrollstelle über **umfassende Untersuchungsbefugnisse**, namentlich das Recht auf Zugang zu Daten, die Gegenstand von Verarbeitungen sind, und das Recht auf Einholung aller für die Erfüllung des Kontrollauftrags erforderlichen Informationen.[18] Die Kontrollbefugnis erstreckt sich auch auf die personenbezogene Datenverarbeitung in Akten, wenn diese strukturiert erschlossen ist, wie dies z. B. bei Auskunfteien der Fall ist.[19] Die Kontrolle erstreckt sich auch auf die Datenerhebung, die regelmäßig die Grundlage der weiteren Verarbeitung ist, auch wenn diese selbst nicht unter Einsatz von Datenverarbeitungsanlagen erfolgt.[20]

10 Kontrollmaßstab sind **Vorschriften über den Datenschutz**. Hierzu gehören neben den allgemeinen und speziellen Vorschriften des Datenschutzes alle sonstigen Regelungen, deren Zweck auch darin liegt, das Recht auf informationelle Selbstbestimmung von Betroffenen zu schützen. Der Schutz der informationellen Selbstbestimmung ist auch hinsichtlich weiterer Grundrechte, etwa dem Schutz des Telekommunikationsgeheimnisses, relevant (s. o. Einl. Rn. 7 ff., 30 ff.). Relevant sind auch die allgemeinere Normen konkretisierenden Verhaltensregeln nach § 38 a[21], das Datenschutzrecht anderer Länder oder Staaten (vgl. § 1 Abs. 5 S. 5)[22] oder Verträge und Vereinbarungen zur Wahrung eines ausreichenden Datenschutzniveaus bei Datenübermittlungen ins Ausland. Normen zur Wahrung des Arbeitnehmerdatenschutzes bzw. des Personalaktengeheimnisses sind Vorschriften über den Datenschutz. Auch verbraucherschutzrechtliche Regelungen, die u. a. darauf abzielen, die informationelle Selbstbestimmung des Verbrauchers zu wahren, unterliegen der aufsichtsrechtlichen Prüfung (vgl. § 24 Rn. 3).

11 Dies gilt auch für die **besonderen Berufs- und Amtsgeheimnisse** (§ 203 StGB) sowie für die berufsrechtlichen Vorschriften zum Vertraulichkeitsschutz, egal, ob es sich

---

17 Skeptisch auch Petri in Simitis, § 38 Rn. 33.
18 Zur Prüfpraxis Dix, DANA 2006, 122.
19 Gola/Schomerus, § 38 Rn. 3.
20 A. A. OVG Hamburg, NJW 2006, 312 f. = DuD 2005, 735 f. = RDV 2006, 73.
21 A. A. von Lewinski in Auernhammer, § 38 Rn. 20.
22 Karg, ZD 2013, 248.

hierbei um gesetzliche oder standesrechtliche Regelungen handelt. Kontrollgegenstand sind daher auch die Vorschriften zur Beachtung des **Patientengeheimnisses** in den ärztlichen Berufsordnungen. Kontrollbefugnis besteht auch bei Rechtsanwälten.[23] Doch muss bei der Kontrolltätigkeit die verfassungsrechtliche Stellung des Anwalts als Organ der Rechtspflege berücksichtigt werden. Durch die Kontrolltätigkeit nach § 38 darf die Vertrauensbeziehung des Anwalts zu seinen Mandanten nicht unverhältnismäßig beeinträchtigt werden.[24] Die Kontrollzuständigkeit und die sich daraus ergebenden Auskunfts- und Kooperationspflichten entfallen auch nicht, wenn die Beachtung der Datenschutzvorschriften zusätzlich von weiteren öffentlichen Stellen kontrolliert werden kann, wie dies z. B. bei den Ärztekammern in Bezug auf das Patientengeheimnis und bei den Rechtsanwaltskammern in Bezug auf das **Mandantengeheimnis** der Fall ist. Dadurch, dass die Daten der Datenschutzkontrolle einer fast absoluten Zweckbindung unterliegen (s. o. Rn. 8), besteht keine nennenswerte Gefahr einer Beeinträchtigung der Unabhängigkeit der Anwaltstätigkeit.[25] Eine Offenbarung von Geheimnissen, vor allem auch nach § 203 StGB und berufsrechtlichen Verschwiegenheitspflichten, ist bei zur Kontrolle erforderlichen Angaben nach Absatz 1 Satz 1 zulässig.

Von der Kontrolle erfasst werden auch private Stellen, die **Datenverarbeitung im Auftrag** von Stellen vornehmen lassen (vgl. § 11), die selbst der Kontrolle der jeweiligen Aufsichtsbehörde nicht unterliegen. Der Prüfungsumfang beschränkt sich aber auf die Datenverarbeitung, die in der Verantwortlichkeit des im Zuständigkeitsbereich angesiedelten Auftraggebers liegt.

Zu den Datenschutzvorschriften gehören auch die Regelungen über das **Erheben und Nutzen von Daten**, selbst wenn dieser Vorgang noch keinen Dateibezug i. S. v. § 27 Abs. 1 aufweist oder wenn es entgegen des verfolgten Ziels nicht zu einer personenbezogenen Verarbeitung kommt, z. B. bei Verstößen gegen Treu und Glauben oder bei erfolglos versuchten unzulässigen Datenerhebungen.[26]

Wendet sich ein Betroffener an die Aufsichtsbehörde, muss dessen Eingabe bearbeitet werden (§ 38 Abs. 1 S. 7 i. V. m. § 21 S. 1). Nach Art. 17 GG hat nicht nur der Betroffene, sondern jedermann das Recht, sich mit Bitten und Beschwerden frist-, form- und kostenfrei wegen des Datenschutzes an die zuständige Datenschutzbehörde zu wenden (Petitionsrecht). Dessen Namensnennung im Rahmen der Prüfung setzt zumindest die mutmaßliche Einwilligung durch diesen voraus (vgl. § 21 Rn. 8). Auf Eingaben, bei denen offensichtlich kein Datenschutzverstoß oder gar keine Datenschutzrelevanz vorliegt, ist eine Reaktion nicht erforderlich (vgl. § 21 Rn. 7). Rechtsschutz gegen eine schlüssig begründete **Beschwerde eines Betroffenen** erfolgt durch eine allgemeine Leistungsklage vor dem Verwaltungsgericht.[27] Die mangelhafte Durchführung einer

---

23 So auch KG Berlin 20. 8. 2010 – 1 Ws(B)51/07 – 2 Ss 23/07, DuD 2011, 367 = RDV 2010, 285; a. A. Rüpke, ZRP 2008, 88; Redeker, NJW 2009, 556 f.
24 Weichert, NJW 2009, 553.
25 Zuck in Abel, Datenschutz in Anwaltschaft, Notariat und Justiz, 2003, § 2 Rn. 55; Weichert, NJW 2009, 553; ders. in Schneider, Festschrift für Heussen, 2009, 117; a. A. Rüpke, RDV 2003, 72; AG Tiergarten, RDV 2007, 79; vgl. Seiler, DNotZ 2002, 693; Conrad, ZD 2014, 165.
26 Gola/Schomerus, § 38 Rn. 6; VG Darmstadt 18. 11. 2010 – 5 K 994/10, DuD 2011, 211; a. A. BMH § 38 Rn. 18, 25.
27 Gola/Schomerus, § 38 Rn. 17; a. A. BMH § 38 Rn. 96.

Prüfung oder deren vollständiges Unterbleiben kann Schadensersatzpflichten nach Art. 34 GG, § 839 BGB auslösen. Der Betroffene hat einen Anspruch auf Auskunft und Akteneinsicht bei der Aufsichtsbehörde nach dem jeweiligen Landesdatenschutzgesetz (z. B. § 27 LDSG SH). Die Anwendung der Informationsfreiheitsgesetze der Länder auf die Unterlagen der Aufsichtsbehörde ist vom BDSG nicht ausgeschlossen. Ein Petent kann sich mit seiner **Eingabe an jede Kontrollstelle** wenden. Sie hat dann zu prüfen, ob sie hierfür zuständig ist. Zum Zweck dieser Prüfung kann sie die ihr zustehenden Untersuchungsbefugnisse wahrnehmen. Stellt sie ihre Unzuständigkeit fest, so gibt sie die Eingabe an die zuständige Kontrollstelle ab.[28]

15 Für den öffentlichen Bereich der Datenschutzkontrolle sind ausdrücklich die in Art. 17 GG konkretisierten Anrufungsbefugnisse als sog. »Betroffenen- oder Jedermannsrechte« vorgesehen (§ 21 BDSG, z. B. § 40 LDSG SH). Aus Art. 17 GG und § 6 Abs. 3 ist abzuleiten, dass demjenigen, der sich an eine Datenschutzbehörde wendet, kein Nachteil entstehen darf (vgl. § 21 Rn. 8). Hieraus ist weiterhin ein **Petitionsgeheimnis** abzuleiten, also die Verpflichtung zur Wahrung der Vertraulichkeit von Hinweisen. Zwar ist in § 38 keine entsprechende Regelung enthalten, doch auch die Aufsichtsbehörde ist verpflichtet, alle Hinweise vertraulich zu behandeln.[29]

16 Das Tätigwerden der Aufsichtsbehörde liegt in deren **pflichtgemäßem Ermessen**.[30] Auslöser können auch anonyme Hinweise sein.[31] Eine Pflicht zum Einschreiten kann nur in besonderen Ausnahmefällen bei einer Ermessensreduzierung auf Null bestehen.[32] Dies ermöglicht der Aufsichtsbehörde, das Ergebnis von Aktivitäten des Betroffenen selbst oder auch parallele Ermittlungsaktivitäten durch sonstige zuständige Stellen bzw. von Strafverfolgungs- oder Ordnungswidrigkeitenbehörden (s. u. Rn. 25 ff.) abzuwarten.

17 Für eine Datenschutzkontrolle bedarf es keines bestimmten Anlasses oder Verdachts. Zulässig sind sowohl anlassbezogene als auch **anlassunabhängige Prüfungen**. Anlässe können z. B. sein: eine Eingabe eines Betroffenen, der Hinweis eines Mitarbeiters oder des Betriebsrats, Anzeigen von Dritten (Interessenverband, Konkurrenzunternehmen, unbeteiligter Dritter), Presse- oder Medienberichte, Informationen von Behörden. Möglich sind auch branchenbezogene Prüfungen oder Stichproben.

18 **Gegenstand, Umfang und Tiefe einer Prüfung** werden von der Aufsichtsbehörde festgelegt. Möglich sind Vollprüfungen ebenso wie Sonder- oder Stichprobenkontrollen. Es kann eine Beschränkung auf allgemeine oder spezifische materiell-rechtliche oder technisch-organisatorische Fragen vorgenommen werden. Möglich sind oberflächliche Prüfungen in Form von Interviews oder Fragebögen, aber auch Prüfungen bis hinein in die Betriebssystem-Ebene und die Programmierung bestimmter Verfahren mit Personenbezug.

19 **Kontrollobjekt** ist nicht die einzelne mit der Datenverarbeitung betraute Person, sondern die verantwortliche Stelle, für die diese tätig ist. Im Rahmen der Kontrolle

---

28 EuGH 1. 10. 2015 – C-230/14, Rn. 44, 57 – Weltimmo.
29 VG Bremen 20. 3. 2010 – 2 K 548/09, RDV 2010, 129, allerdings vorausgesetzt, dass die Anschuldigung nicht wider besseren Wissens erfolgt.
30 Petri in Simitis, § 38 Rn. 31.
31 Walz in Simitis, 5. Aufl., § 38 Rn. 9.
32 VG Darmstadt, DuD 2011, 212.

soll die Aufsichtsbehörde die Leitung der verantwortlichen Stelle um eine **Stellungnahme** bitten, auch wenn diese nicht direkt für den geprüften Verarbeitungsvorgang zuständig ist. Hierbei handelt es sich um eine Ermittlungstätigkeit, nicht um eine Aufforderung an den Arbeitgeber zur Ahndung eines Datenschutzverstoßes von Mitarbeitern.[33] Eine Besonderheit ergibt sich bei der Prüfung der Datenverarbeitung des Betriebsrats, der nicht der Direktive der Unternehmensleitung unterliegt.[34] Hier hat der Betriebsrat direkt der Aufsichtsbehörde die relevanten Informationen zu geben.

4. Mitwirkungspflichten der verantwortlichen Stelle

Nach Absatz 3 ist die verantwortliche Stelle zur Erteilung aller Auskünfte verpflichtet, die die Aufsichtsbehörde zur Erfüllung ihrer Kontrollaufgabe benötigt.[35] Die Auskunft muss unverzüglich, d.h. ohne schuldhaftes Verzögern, erteilt werden. Die Auskunft muss umfassend und vollständig in Bezug auf die Anfrage der Aufsichtsbehörde sein;[36] sie muss auf Nachfrage auch die Datenherkunft oder den Datenempfänger namhaft machen. Die **Auskunftspflicht** setzt keine personenbezogene Datenverarbeitung voraus; es genügt der konkrete Verdacht einer solchen Verarbeitung aufgrund tatsächlicher Anhaltspunkte.[37] Ist dagegen erkennbar, dass keine Datenverarbeitung i.S.d. BDSG erfolgt, besteht keine Auskunftspflicht. Die Auskunftspflicht besteht im Hinblick auf die konkrete Datenverarbeitung, auf die eingesetzten (automatisierten Verfahren) sowie auf die organisatorischen und datenschutzrechtlichen Rahmenbedingungen. Das Auskunftsersuchen ist ein Verwaltungsakt.[38] Die Art der Auskunftserteilung (durch wen, schriftlich, elektronisch, mündlich zur Niederschrift, Vorlage von Unterlagen, Einsichtgabe in EDV) kann von der verantwortlichen Stelle bestimmt werden, soweit hierdurch die Pflicht zur umfassenden Auskunftserteilung nicht verletzt wird. Persönlich verpflichtet ist nur die Leitung des Unternehmens, nicht der betriebliche Datenschutzbeauftragte, an den die Pflicht aber delegiert werden kann. Auskunftspflichtig sind auch Personen, die einer beruflichen Schweigepflicht (§ 203 Abs. 1, 3 StGB) unterliegen; hierbei handelt es sich um eine Datenschutznorm, deren Einhaltung überprüft werden können muss.[39] Eine Verletzung des Auskunftspflicht stellt eine Ordnungswidrigkeit dar (§ 43 Abs. 1 Nr. 10), es sei denn, es liegt ein Auskunftsverweigerungsrecht nach Absatz 3 Satz 2 vor. Auf ein solches Auskunftsverweigerungsrecht muss sich die auskunftspflichtige Person aber ausdrücklich unter Angabe über-

---

33 A.A. Gola/Schomerus, § 38 Rn. 11, da Arbeitgeber für die Ahndung von Datenschutzverstößen der Mitarbeiter zuständig seien.
34 BAG, RDV 1998, 64 = DuD 1998, 227; dazu Schäfer, DANA 1/1998, 14.
35 Zur Verfassungskonformität OVG Sachsen, DuD 2014, 55.
36 OVG Sachsen, DuD 2014, 55.
37 Vgl. AG Kiel, RDV 1998, 93; AG Trier, RDV 1988, 154; OLG Celle, RDV 1995, 244; Herb, CR 1992, 111.
38 Zur sofortigen Vollziehbarkeit einer Auskunftsanforderung VG Leipzig 3.12.2012 – 5 L 1308/12.
39 S.o. Rn. 11; Weichert, NJW 2009, 554 ff.; Petri in Simitis, § 38 Rn. 22 ff.; Leowsky, DuD 2011, 414; a. A. KG Berlin 26.8.2010 – 1 Ws(B)51/07 – 2 Ss 23/07, NJW 2011, 324 = RDV 2010, 285 = DuD 2011, 367; Plath in Plath, § 38 Rn. 48.

prüfbarer Gründe berufen. Ein Kostenersatz für den mit der Mitwirkung verbundenen Aufwand ist nicht vorgesehen.

21 Mit dem **Auskunftsverweigerungsrecht** nach Absatz 3 Satz 2 soll verhindert werden, dass ein Auskunftspflichtiger sich selbst belasten muss (Nemur-Tenetur-Prinzip).[40] Beim erstmaligen Auskunftsersuchen im Rahmen einer Prüfung muss die Aufsichtsbehörde auf dieses Recht hinweisen. Eine Verletzung der Hinweispflicht macht eine darauf erfolgte Datenerhebung rechtswidrig und führt, soweit insofern ein Auskunftsverweigerungsrecht bestanden hätte, zu einem Verwertungsverbot. Zur **Zeugnisverweigerung berechtigt** nach § 333 Abs. 1-3 ZPO sind der Verlobte, der Ehegatte und diejenigen, die mit dem Auskunftspflichtigen in gerader Linie verwandt oder verschwägert bzw. in der Seitenlinie bis zum dritten Grad verwandt oder verschwägert sind. Das Recht zur Auskunftsverweigerung besteht nur bzgl. der Fragen, deren Beantwortung die genannten Personen der Gefahr einer strafrechtlichen oder ordnungswidrigkeitsrechtlichen Verfolgung aussetzen würde.[41] Das Verweigerungsrecht ist personaler Natur und entbindet die verantwortliche Stelle grds. nicht von der Auskunftspflicht.

22 Absatz 4 begründet ein **Betretungsrecht** von Grundstücken und Geschäftsräumen für die Aufsichtsbehörde für Kontrollzwecke. Die Wahrnehmung des Betretungsrechts, mit dem eine kraft Gesetz bestehende Rechtspflicht der kontrollierten Stelle korrespondiert, ist ein Realakt, kein Verwaltungsakt. Im Interesse eines wirksamen Schutzes des Wohnungsgrundrechts nach Art. 13 Abs. 1 GG ist der Begriff der Wohnung weit auszulegen und umfasst auch Arbeits-, Betriebs- und Geschäftsräume.[42] Gibt es beim geprüften Unternehmen keine expliziten Betriebs- und Geschäftszeiten, gelten die branchenüblichen Geschäftszeiten bzw. die am Ort üblichen Öffnungszeiten.[43] Das Betretungsrecht dient der Einsichtnahme in die EDV und in Geschäftsunterlagen sowie der Feststellung der technisch-organisatorischen Maßnahmen nach § 9. Das Einsichtsrecht schließt die Befugnis zur Anfertigung von Notizen, Skizzen, Fotos und Kopien mit ein.[44] Kein Betretungsrecht besteht, wenn vor der Kontrolle bereits feststeht, dass die Voraussetzungen einer personenbezogenen Datenverarbeitung nach dem BDSG nicht vorliegen.[45]

23 Während bei der Auskunft eine Pflicht zu aktivem Handeln besteht, begründet das Betretungsrecht eine **Duldungspflicht**. Im Rahmen von Datenschutzprüfungen erfolgen im Zusammenhang mit der Betretung weitere Prüfungen, z.B. die Durchsicht von Unterlagen oder die Einsicht in Dateien, die von der Duldungspflicht mit umfasst sind. Sind für Ermittlungsmaßnahmen aktive Maßnahmen der verantwortlichen Stelle erforderlich, unterliegen diese der Auskunftspflicht nach Absatz 3. Die Duldungspflicht hinsichtlich des Betretens ist bußgeldbewährt (§ 43 Abs. 1 Nr. 10), nicht aber die zur Einsicht in Unterlagen.[46]

---

40 Weichert, Informationelle Selbstbestimmung und strafrechtliche Ermittlung, 1990, S. 123 f.
41 Bärlein/Pananis/Rehmsmeier, NJW 2002, 1825.
42 BVerfG 32, 68; 76, 88, 228, 265.
43 Petri in Simitis, § 38 Rn. 58.
44 Petri in Simitis, § 38 Rn. 63; Grittmann in Taeger/Gabel, § 38 Rn. 33; a. A. Plath in Plath, § 38 Rn. 56.
45 Vgl. BVerfG, RDV 2007, 163 f.
46 KG Berlin 20.8.2010 – 1Ws(B)51/07 – 2 Ss 23/07, NStZ 2012, 220 = DuD 2011, 367; Plath in Plath, § 38 Rn. 60.

Aufsichtsbehörden § 38

Der Aufsichtsbehörde können Geheimhaltungsverpflichtungen entgegengehalten werden, wenn die Kontrolle nach § 15 des Art. 10 des Gesetzes gegeben ist oder ein Betroffener der Kontrolle durch die Aufsichtsbehörde wirksam widersprochen hat (§ 38 Abs. 4 S. 3 i. V. m. § 24 Abs. 2, 6). Das **Widerspruchsrecht des Betroffenen** erstreckt sich auf Akten über die Sicherheitsüberprüfung, die u. U. in der Personalabteilung oder beim Geheimschutzbeauftragten eines Betriebs vorhanden sind.[47] Gegen das Betretungs- und Einsichtsrecht der Aufsichtsbehörde können keine Auskunftsverweigerungsgründe nach Absatz 3 Satz 2 geltend gemacht werden.

24

5. Kooperationen

Die Aufsichtsbehörde muss den **betrieblichen Datenschutzbeauftragten** bei der Wahrnehmung seiner Aufgaben unterstützen (§§ 4g Abs. 1 S. 2; 4d Abs. 6 S. 3). Diese Unterstützung kann in einer Beratung liegen, aber auch in einer vermittelnden Tätigkeit zwischen dem Datenschutzbeauftragten und der Unternehmensführung. Zulässig ist auch die **Kooperation mit anderen Stellen**, denen der Datenschutz obliegt. Dies gilt vor allem für die anderen im »Düsseldorfer Kreis« zusammengeschlossenen Aufsichtsbehörden als Gremium der deutschen Konferenz der Datenschutzbeauftragten des Bundes und der Länder (DSB-Konferenz);[48] insofern besteht nach Absatz 1 Satz 4 eine Verpflichtung zur Amtshilfe, ebenso wie mit den Kontrollstellen in den anderen EU-Staaten (Abs. 1 S. 5; vgl. Art. 28 Abs. 6 S. 2 EG-DSRl).[49] Arbeitnehmervertretungen, denen u. a. auch die Wahrung des Arbeitnehmerdatenschutzes obliegt (BetrVG), können sich mit der Bitte um Beratung, Unterstützung oder Mediation direkt an die Aufsichtsbehörde wenden. Kooperationsmöglichkeiten bestehen weiterhin gegenüber den Kammern im Hinblick auf die Beachtung von Datenschutzvorschriften durch Kammerangehörige sowie Ethik-Kommissionen bzgl. der Beachtung des Datenschutzes bei medizinischen Forschungsprojekten.

25

Absatz 1 Satz 3 erlaubt die Datenweitergabe von der Aufsichtsbehörde an Aufsichtsbehörden anderer Länder oder Kontrollstellen nach Art. 28 EG-DSRl. Voraussetzung ist, dass der Übermittlungsempfänger (auch) für die in Frage stehende Datenverarbeitung zuständig ist. Gemäß den bisherigen Planungen für eine EU-DSGVO soll die Zusammenarbeit der Aufsichtsbehörden in Europa stark intensiviert werden.[50] Absatz 1 Satz 5 stellt es ins Ermessen der Aufsichtsbehörde, einen (festgestellten oder vermuteten) Verstoß anderen **für die Verfolgung oder Ahndung zuständigen Stellen** mitzuteilen. Dem korrespondiert das Strafantragsrecht nach § 44 Abs. 2 S. 2.

26

Nach Absatz 7 können Datenschutzverstöße auch nach Maßgabe der gewerberechtlichen Vorschriften geahndet werden. Zuständig ist hierfür nicht die Datenschutzaufsicht, sondern das zuständige Gewerbeaufsichtsamt. Die Aufsichtsbehörde darf festgestellte Verstöße an die **Gewerbeaufsicht** melden und damit eine gewerberechtliche

27

---

47 Kritisch zum Widerspruchsrecht Weichert, CR 1994, 174; vgl. § 24 Rn. 7.
48 S. o. Rn. 3; Lepper, DuD 2013, 74; ders. RDV 2012, 239; Pohler, CR 1998, 309; Petri in Simitis, § 38 Rn. 42; Weichert, Rechtsbehelfe, 2014, IV, V.
49 Duhr/Naujok/Dankert/Seifert, DuD 2003, 21; dagegen sieht Petri in Simitis, § 38 Rn. 41 in der Regelung keine Übermittlungsbefugnis.
50 Caspar, ZD 2012, 555.

Ahndung initiieren. Bei schwerwiegenden und nachhaltigen Gesetzesverstößen, die die Zuverlässigkeit für die Gewerbeausübung in Frage stellen, kommt eine vollständige oder teilweise Untersagung der weiteren gewerblichen Tätigkeit in Betracht, wenn dies zum Schutz der Allgemeinheit oder der Beschäftigten erforderlich ist (§ 35 GewO). Möglich ist auch der Erlass bestimmter Auflagen für die weitere gewerbliche Tätigkeit.

28 Datenschutzverstöße können zugleich auch Verstöße gegen das Strafrecht sein (§ 44 BDSG, § 203 StGB, Einl. Rn. 73). Ermitteln **Strafverfolgungsbehörden** datenschutzrechtlich relevante Sachverhalte, dürfen sie diese nach § 474 Abs. 2 Nr. 2 StPO an die Aufsichtsbehörden im Rahmen der Erforderlichkeit zur Aufgabenerfüllung übermitteln. Möglich ist auch eine vollständige Abgabe eines eingestellten Strafverfahrens an die Aufsichtsbehörde als zuständige Ordnungswidrigkeitenbehörde zur Verfolgung von Verstößen nach § 43 bzw. zur weiteren aufsichtsbehördlichen Ermittlung. Umgekehrt darf die Aufsichtsbehörde im Rahmen der Erforderlichkeit bei Straftaten mit Blick auf die informationelle Selbstbestimmung Informationen an die Strafverfolgungsbehörden weitergeben (§ 38 Abs. 1 S. 5; vgl. § 44 Abs. 2 S. 2). Aufsichtsbehördliche und strafrechtliche Ermittlungen können parallel nebeneinander geführt werden. Wegen der gegenseitigen Unterrichtungsbefugnis sind auch gemeinsame Ermittlungsmaßnahmen zulässig, wobei jedoch die jeweilige Stelle nur die ihr zustehenden Ermittlungsmaßnahmen vornehmen darf.

6. Ahndung von Verstößen

29 Die Aufsichtsbehörde kann festgestellte Datenschutzverstöße gegenüber der verantwortlichen Stelle beanstanden (vgl. § 25). Das **Recht zur Beanstandung** ist nicht ausdrücklich im BDSG genannt, ergibt sich aber zwingend aus der Notwendigkeit einer Abschlussverfügung bei Aufsichtsmaßnahmen, wenn Rechtsverstöße festgestellt werden, die nicht mit den Mitteln des Absatz 5 geahndet werden sollen. Teilweise ergibt sich das Beanstandungsrecht aus Landesrecht (z. B. § 42 i. V. m. § 39 Abs. 2 LDSG SH). Bei der Beanstandung handelt es sich um eine behördliche Feststellung ohne eigenständigen Regelungscharakter. Gegen sie ist daher nicht die Anfechtungsklage, sondern die Feststellungsklage vor dem Verwaltungsgericht zulässig.[51] Über eine Beanstandung dürfen die betroffenen Personen informiert werden, unabhängig davon, ob sie eine Eingabe gemacht haben oder von dem Vorgang noch überhaupt keine Kenntnis haben (Abs. 1 S. 5). Eine Verpflichtung zur Unterrichtung besteht nicht, wohl aber zur Bescheidung einer Beschwerde sowie wenn dies aus Gründen der Gefahrenabwehr erforderlich ist.[52] Hierbei dürfen sämtliche Informationen mitgeteilt werden, die für den Betroffenen zur Verfolgung seiner Datenschutzrechte erforderlich sein können. Angaben zu weiteren Betroffenen sind grds. nicht erforderlich und zulässig. Vor einer Beanstandung oder einer sonstigen Sanktion ist der verantwortlichen Stelle rechtliches Gehör zu gewähren. Erklärungen der Aufsichtsbehörde über die Rechtmäßigkeit oder

---

51 A. A. Hoeren, DuD 2011, 2 ff.; von Lewinski in Auernhammer, § 38 Rn. 84.
52 Gola/Schomerus, § 38 Rn. 10; a. A. Grittmann in Taeger/Gabel, § 38, Rn. 20 unter Verweis auf Art. 28 Abs. 4 EG-DSRl.

Aufsichtsbehörden § 38

Rechtswidrigkeit einer spezifischen Datenverarbeitung kann ein feststellender Verwaltungsakt sein und im Rahmen des Festgestellten Bindungswirkung entfalten.[53]
Die Aufsichtsbehörde darf im Fall der Feststellung eines Rechtsverstoßes den **Namen der verantwortlichen Stelle veröffentlichen**, wenn insofern ein Informationsbedarf der Öffentlichkeit besteht, Betroffene hierüber erreicht werden können oder Gründe der Gefahrenabwehr dies erforderlich machen.[54] Dabei ist wegen der möglichen Beeinträchtigung der Interessen der Stelle strikt der Verhältnismäßigkeitsgrundsatz zu wahren. Soweit möglich, sollte die Stelle die Möglichkeit zur Stellungnahme zu dem Vorwurf erhalten. Eine Übertragung des Maßstabes von § 42a ist nur eingeschränkt möglich.   30

Auf Bitte des Bundesrats wurde anlässlich der BDSG-Novelle 2009 in Absatz 5 Satz 1 eine **Anordnungsbefugnis** zur Beseitigung jeglicher Art von Verstößen bei der Erhebung, Verarbeitung oder Nutzung vorgesehen, die sich bis dahin auf Verstöße gegen § 9 beschränkt hatte.[55] Anordnungs- und Untersagungsverfügungen sind damit auch bei materiell-rechtlichen Datenschutzverstößen möglich. Geahndet werden kann derart nicht nur ein Verstoß gegen das BDSG, sondern jede Verletzung eines Gesetzes zum Schutz informationeller Selbstbestimmung, also z.B. auch ein Verstoß gegen § 203 StGB. Geahndet werden können auch sonstige datenschutzrechtliche Verstöße, etwa die Nichtbeachtung prozeduraler oder organisatorischer Anforderungen. Die entsprechende Ausweitung der Handlungsmöglichkeiten war aufgrund der Ahndungslücke in § 38 sowie auch im Hinblick auf Art. 28 Abs. 2 2. Sp. EU-DSRL nötig. Damit wird es den Aufsichtsbehörden ermöglicht, wirksam präventiv tätig zu sein. Die Anordnungen können auf ein vorläufiges oder auf ein endgültiges Verbot einer Verarbeitung hinauslaufen.[56] Bestehen für die verantwortliche Stelle verschiedene Möglichkeiten zur Beseitigung der festgestellten Mängel, bleibt dieser die Entscheidung über die konkret zu ergreifenden Maßnahmen überlassen.[57] Die Aufsichtsbehörde kann der verantwortlichen Stelle Vorschläge machen, wie ein Mangel behoben werden kann.   31

Auch bei Verstößen gegen § 9 (**technische und organisatorische Maßnahmen**) kann deren Beendigung per Verwaltungsakt eingefordert werden, z.B. die Dokumentation von Herkunft und Beschaffungsart gespeicherter Daten, auch wenn diese noch nicht in Datenverarbeitungsanlagen erfolgt.[58]   31a

Die Anordnung muss in Bezug auf das zu erreichende Ziel eines datenschutzkonformen Vorgehens der verantwortlichen Stelle in ihrer Gänze erforderlich und hinreichend bestimmt sein.[59] Bestehen verschiedene Möglichkeiten der Zielerreichung, so darf insofern durch die Aufsichtsbehörde keine Festlegung erfolgen. Erforderlich für die **Bestimmtheit der Anordnung** ist nicht die Angabe von Hersteller, Modell u.Ä., wenn ein anderes IT-Produkt in gleicher Weise rechtswidrig eingesetzt würde.[60]   31b

---

53 Hoeren, RDV 2011, 1.
54 Petri in Simitis, § 38 Rn. 46 m.w.N.
55 BT-Drs. 16/12011, 55; zur Praxis Weichert, Rechtsbehelfe, 2014, VI.
56 BT-Drs. 16/12011, 56.
57 Weiter scheinbar Plath in Plath, § 38 Rn. 62: Bindung nur durch Verhältnismäßigkeit.
58 A.A. OVG Hamburg, DuD 2005, 737 = RDV 2006, 74.
59 VG Oldenburg, RDV 2013, 209 = ZD 2013, 296.
60 A.A. VG Ansbach 12.8.2014 – AN 4 K 13.01634, S. 26.

32 War die Aufforderung zur Beseitigung eines Mangels ganz oder teilweise erfolglos, kann die Aufsichtsbehörde ihre Anordnung mithilfe eines Zwangsgeldverfahrens durchzusetzen versuchen. Erst wenn diese Maßnahme keinen Erfolg zeigt, hat die Aufsichtsbehörde bei gravierenden Verstößen die Möglichkeit der **Untersagung eines Verfahrens**. Die schwerwiegende Gefährdung des Persönlichkeitsrechts der Betroffenen muss auf dem gerügten Datenschutzverstoß beruhen. Untersagt werden kann z. b. die weitere Beauftragung eines bestimmten Auftragnehmers, die Nutzung eines unsicheren Netzes oder die Bereitstellung einer Datenbank im Abrufverfahren, bei der nicht das berechtigte Interesse nach § 29 Abs. 2 S. 1 geprüft wird, sowie nunmehr auch der Ankauf oder der Verkauf von bestimmten Adressen, die Bereitstellung von Daten im Internet oder die Speicherung von bestimmten Daten.

32 a Absatz 5 sieht grds. ein zweistufiges Vorgehen vor. Eine **Untersagungsverfügung** nach Satz 2 ist aber auch möglich, ohne dass zuvor ein Zwangsgeldverfahren durchgeführt wurde, wenn eine Anordnung nach Satz 1 nicht in Betracht kommt, etwa weil diese ersichtlich nicht zu einem Erfolg führen würde.[61]

33 Voraussetzung für die **Abberufung des betrieblichen Datenschutzbeauftragten** nach Abs. 5 S. 3 ist, dass die Aufsichtsbehörde feststellt, dass bei diesem nicht die erforderliche Zuverlässigkeit und Fachkunde besteht (§ 4 f Abs. 2 S. 1). In der Regel sind nicht behebbare Mängel unzulässige Interessenkollisionen. Gründe für Unzuverlässigkeit sind die Nichtwahrnehmung von Aufgaben, die ungenügende Verfügbarkeit oder auch die bewusste Missachtung bestehender Datenschutzvorschriften.[62] Bei fehlender Fachkunde sollte die Aufsichtsbehörde der Stelle die Möglichkeit einräumen, den betrieblichen Datenschutzbeauftragten ausreichend nachzuschulen. Das Abberufungsverlangen hat Regelungscharakter und ist als Verwaltungsakt durch Anfechtungsklage vor dem Verwaltungsgericht angreifbar. Da dieser sich gegen die verantwortliche Stelle richtende Verwaltungsakt eine Drittwirkung für die Person des betrieblichen Datenschutzbeauftragten hat, ist dieser hiergegen auch widerspruchs- und klagebefugt.[63] Mit Bestandskraft endet die Bestellung nicht automatisch, vielmehr wird die verantwortliche Stelle dadurch verpflichtet, die Bestellung zu widerrufen. Diese Pflicht lässt sich mit den Zwangsmitteln des Verwaltungsvollstreckungsgesetzes durchsetzen.[64] Die Nichtordnungsgemäßheit der Bestellung ist zudem eine Ordnungswidrigkeit nach § 43 Abs. 1 Nr. 2.

33 a Nicht in § 38 geregelt, aber zumeist nach Landesrecht den Aufsichtsbehörden nach § 38 übertragen, ist die Aufgabe der Sanktionierung von Datenschutzverstößen als **Ordnungswidrigkeiten** nach § 43.[65] In § 44 Abs. 2 ist vorgesehen, dass die Aufsichtsbehörden bei Straftaten ein Antragsrecht haben. In den Entwürfen für eine EU-DSGVO sind weitergehende und wirksamere Handlungsmöglichkeiten der Datenschutzaufsichtsbehörden geplant.[66]

Mit Urteil vom 6.10.2015 stellte der EuGH fest, dass der nationalen Kontrollstelle im

---
61 VG Ansbach 12.8.2014 – AN 4 K 13.01634, S. 21.
62 Breinlinger, RDV 1993, 53; diess. RDV 1995, 7.
63 BMH § 38 Rn. 79 ff.
64 Brink in WB, § 38 Rn. 85; a. a. von Lewinski in Auernhammer, § 38 Rn. 83.
65 Holländer, RDV 2009, 215; § 43 Rn. 23.
66 Weichert, Rechtsbehelfe, 2014, VII; Nguyen, ZD 2015, 265.

Lichte von Art. 8 Abs. 3 EUGRCh auch ein **Klagerecht** zustehen muss, wenn sie der Ansicht ist, dass für sie bindende Normen gegen Grundrechte verstoßen. Es sei Sache des nationalen Gesetzgebers, Rechtsbehelfe vorzusehen, die es der Kontrollstelle ermöglichen, von ihr begründet erachtete Rügen vor den nationalen Gerichten geltend zu machen, damit diese, wenn sie diese Zweifel teilen, den EuGH um eine Vorabentscheidung ersuchen können.[67] Derzeit wäre es einer deutschen Aufsichtsbehörde nur möglich, eine aus ihrer Sicht grundrechtswidrige, wenngleich ansonsten normgerechte Datenverarbeitung zu sanktionieren, wogegen Rechtsschutz gesucht werden könnte. Eine solche Vorgehensweise würde aber gegen die Gesetzesbindung der Aufsichtsbehörde verstoßen. Der deutsche Gesetzgeber ist daher gehalten, ein explizites Klagerecht der Aufsichtsbehörden einzuführen.

Die Frage der Zuständigkeit für die Untersuchung eines Falles ist unabhängig vom anzuwendenden Recht. Ist eine Kontrollstelle territorial zuständig, ist aber das Recht eines anderen EU-Mitgliedstaates anzuwenden, so gibt die untersuchende Kontrollstelle ihre Erkenntnisse an die Kontrollstelle des anderen Staates weiter, die in Wahrnehmung ihrer Pflicht zur Zusammenarbeit das Vorliegen eines Verstoßes überprüft und Sanktionen verhängt, wenn dies nach dem eigenen Recht zulässig ist.[68]

7. Tätigkeitsbericht und Öffentlichkeitsarbeit

Artikel 28 Abs. 5 EG-DSRl sieht vor, dass jede Kontrollstelle regelmäßig einen zu veröffentlichenden Bericht über ihre Tätigkeit vorlegt. Dies ist in Absatz 1 Satz 6 umgesetzt, wonach die Aufsichtsbehörde spätestens alle zwei Jahre einen **Tätigkeitsbericht** veröffentlicht. Ist die Aufsichtsbehörde zugleich Landesbeauftragter für den Datenschutz, erfolgt die Veröffentlichung zumeist im Rahmen der allgemeinen Jahres- oder Zweijahresberichte (§ 26 Rn. 2). Aufsichtsbehörden stellen in immer größerem Umfang Informationsmaterial im Internet zur Verfügung, das weitgehend über das Portal des **Virtuellen Datenschutzbüros** (*http://www.datenschutz.de*) erschlossen ist. Im Rahmen der Öffentlichkeitsarbeit ist die Aufsichtsbehörde befugt, unter Beachtung rechtsstaatlicher Grenzen (Zuständigkeit, Wahrheit, Sachlichkeit, evtl. rechtliches Gehör) **Warnungen und Empfehlungen** anzusprechen.[69]

34

8. Sonstige Aufgaben

Das nach Absatz 2 zu führende Register beinhaltet die in § 4d Abs. 1 vorgesehene Meldepflicht der in § 4e genannten Daten. Die Angaben zur Datensicherheit sowie zu den zugriffsberechtigten Personen aus diesem Register dürfen nicht jedem zur Verfügung gestellt werden. Weitere im BDSG vorgesehene Aufgaben betreffen die **Genehmigung bestimmter Datenübermittlungen ins Ausland** (§ 4e Abs. 2 S. 1), die **Beratung betrieblicher Datenschutzbeauftragter** (§ 4g Abs. 1 S. 2) und die **Überprüfung der Entwürfe von Verhaltensregeln** (§ 38a Abs. 2).

35

---

67 EuGH 6.10.2015 – C-362/14, Rn. 39 – Safe Harbor.
68 EuGH 1.10.2015 – C-240/14, Rn. 57 – Weltimmo.
69 § 26 Rn. 4, 4a; ausführlich Weichert, DuD 2015, 323, 397.

§ 38a Verhaltensregeln zur Förderung des Datenschutzrechts

36 Die Aufgabenbeschreibung des § 38 ist bzgl. des präventiven Datenschutzes nicht abschließend. Das **Landesrecht** kann weitere Aufgabenzuweisungen enthalten (z. B. § 43 Abs. 1, 3 LDSG SH). Weitere Aufgaben können sein: die Durchführung von Fortbildungsveranstaltungen, die Beratung von Betroffenen und verarbeitenden Stellen, die Erstellung von Gutachten, Öffentlichkeitsarbeit, die Förderung des Selbstdatenschutzes,[70] die Durchführung von Audit- und Gütesiegelverfahren (vgl. § 9a) oder die Entwicklung von datenschutzfreundlichen Lösungen.[71]

§ 38a Verhaltensregeln zur Förderung der Durchführung datenschutzrechtlicher Regelungen

(1) Berufsverbände und andere Vereinigungen, die bestimmte Gruppen von verantwortlichen Stellen vertreten, können Entwürfe für Verhaltensregeln zur Förderung von datenschutzrechtlichen Regelungen der zuständigen Aufsichtsbehörde unterbreiten.

(2) Die Aufsichtsbehörde überprüft die Vereinbarkeit der ihr unterbreiteten Entwürfe mit dem geltenden Datenschutzrecht.

1 Das aus den Niederlanden und Großbritannien stammende Instrument der Verhaltensregeln (**Code of Conduct**) wurde in Art. 27 EG-DSRl europaweit festgelegt und 2001 erstmals in die deutsche Rechtsordnung übernommen. Es dient – ähnlich wie Datenschutzaudit und Gütesiegel – dem präventiven Datenschutz und der regulierten Selbstregulierung der Wirtschaft. Die Verhaltensregeln sollen für bestimmte Bereiche Datenschutzstandards bzw. gute Praxis oder gar »best practice« festlegen. Diese Standards werden nach entsprechender Prüfung durch die zuständige Aufsichtsbehörde mit einer Art Qualitätsbestätigung oder Gütesiegel versehen. Diese Standardisierung ist nicht nur auf nationaler, sondern auch auf europäischer bzw. internationaler Ebene möglich (Art. 27 Abs. 1, 3 EG-DSRl).

2 Die einzigen **Verhaltensregeln nach § 38a** sind ein am 2.11.2012 vom Berliner Beauftragten für Datenschutz und Informationsfreiheit anerkanntes Regelwerk des Gesamtverbands der Deutschen Versicherungswirtschaft (GDV)[1] sowie der auch von diesem am 3.8.2015 auf Antrag des Vereins Selbstregulierung Informationswirtschaft (SRIW) anerkannte »GeoBusiness Code of Conduct«.[2] Vorausgegangen waren umfangreiche Verhandlungen der Wirtschaftsverbände mit den Arbeitsgruppen (AG) zur Versicherungswirtschaft bzw. zu Geodaten des »Düsseldorfer Kreises«. Der Düsseldorfer Kreis beschloss auf seiner Sitzung am 26./27.2.2013 eine »Orientierungshilfe der Daten-

---

70 Schrader in Bäumler, 1998, S. 206.
71 § 26 Rn. 1; Weichert, RDV 2005, 1.
1 Verhaltensregeln für den Umgang mit personenbezogenen Daten durch die deutsche Versicherungswirtschaft, *http://www.gdv.de/wp-content/uploads/2013/03/GDV_Code-of-Conduct_Datenschutz_2012.pdf*, abgedr. in: BlnBDI, Datenschutz und Informationsfreiheit, Dokumente 2012, S. 37ff; vgl. Tätigkeitsbericht ULD SH 2013, Kap. 5.1.3.; DANA 2013, 62; Wronka, RDV 2014, 93; Vomhof, PinG 2014, 209.
2 Staatssekretärin Zypries begrüßt Anerkennung einheitlicher Datenschutzvorgaben für Geodaten durch Aufsichtsbehörden, *http://www.geobusiness.org/* v. 3.8.2015.

schutzbehörden für den Umgang mit Verhaltensregeln nach § 38a BDSG«.[3] Es trifft nicht zu, dass die bisher zurückhaltende Nutzung des Instruments auf uneinheitlichen Auffassungen der Aufsichtsbehörden zurückzuführen ist.[4] Vielmehr scheuen Verbände bisher regelmäßig vor Festlegungen zurück, mit denen untergesetzliche Praktiken transparent würden.

Unterbreitungsberechtigt sind für das Anerkennungsverfahren Berufs- und Wirtschaftsverbände oder sonstige Vereinigungen, die Unternehmen repräsentieren, die im Hinblick auf die personenbezogene Datenverarbeitung Gemeinsamkeiten aufweisen. Die Vereinigungen können hoheitliche oder freiwillige Zusammenschlüsse sein (Kammern, Innungen, Firmengruppen, regionale oder nationale Wirtschaftsorganisationen). Ein Berufsverband muss nicht sämtliche Unternehmen einer Sparte vertreten. Auch Konzerne können sich über § 38a ihre Verhaltensrichtlinien behördlich genehmigen lassen, nicht aber einzelne Unternehmen. In der Vereinigung müssen Stellen vertreten sein, die für personenbezogene Datenverarbeitung verantwortlich sind; hierzu gehören nicht solche, die Betroffene, Arbeitnehmer oder Verbraucher vertreten.[5] Zur Erhöhung der Qualität und der Akzeptanz der Verhaltensregeln kann es sinnvoll sein, den Entwurf mit betroffenen Interessenverbänden, z.B. für den Verbraucherschutz, zu erörtern.

Der Verband bzw. die Vereinigung entscheidet über die Durchführung des Prüfverfahrens nach § 38a, indem eine Vorlage eines Entwurfs bei der örtlich nach § 38 für den Hauptsitz des Verbands oder der für die Vereinigung zuständigen Aufsichtsbehörde erfolgt. Durch Rücknahme des Antrags kann die Überprüfung jederzeit beendet werden.[6] Die Prüfung soll vermeiden, dass Verhaltensregeln in Kraft gesetzt werden, die mit den gesetzlichen Regeln in Kollision stehen. Zugleich kann hiermit geworben werden. Das **Anerkennungsverfahren** endet mit einem förmlichen feststellenden (begünstigenden)Verwaltungsakt. Hierfür können bei Vorliegen einer rechtlichen Grundlage Gebühren erhoben werden. Liegen die gesetzlichen Voraussetzungen vor, kann die aufsichtsbehördliche Entscheidung durch Verpflichtungsklage erzwungen werden.

Inhaltlich besteht ein großer **Gestaltungsspielraum**. Die Regeln können als Satzung, als Vertrag oder als einfacher Beschluss gestaltet sein. Die Wirksamkeit kann für einen Verband oder für die Vereinigung generell gültig sein oder von einem erklärten Beitritt abhängig gemacht werden. Festgelegt werden können unbestimmte Rechtsbegriffe, Ermessenskriterien, Musterklauseln, verfahrensrechtliche Vorkehrungen, Vorgaben für die Bearbeitung von Betroffenenrechten oder technisch-organisatorische Maßnahmen.[7] Zertifizierungsverfahren und Sanktionsmechanismen können vorgesehen werden. Regelungen zu Übermittlungen ins Ausland (Binding Corporate Rules) sind zur Erreichung von Verbindlichkeit nach § 4 Abs. 2 zu genehmigen.[8]

---

3 Abrufbar unter *https://www.datenschutzzentrum.de/wirtschaft/20130226-orientierungshilfe-38bdsg.html*.
4 So Hullen in Plath, § 38a Rn. 7; Kinast in Taeger/Gabel, § 38a Rn. 21.
5 Orientierungshilfe Düsseldorfer Kreis nach § 38a BDSG; a.A. scheinbar Hullen in Plath, § 38a Rn. 12.
6 Orientierungshilfe Düsseldorfer Kreis nach § 38a BDSG.
7 Orientierungshilfe Düsseldorfer Kreis nach § 38a BDSG.
8 Kinast in Taeger/Gabel, § 38a Rn. 9.

6 Die Verhaltensregeln zielen auf amtlich bestätigte **Interpretationshilfen** ab, mit denen die Flut staatlicher Normen zurückgedrängt werden sollen, verbunden mit dem Vorteil großer Wirtschafts- und Sachnähe sowie höherer Flexibilität. Deren formalrechtlich fehlende Verbindlichkeit[9] wird in der Praxis dadurch kompensiert, dass der Düsseldorfer Kreis (§ 38 Rn. 25) vor einer Anerkennung durch die örtlich zuständige Aufsichtsbehörde zum Entwurf eine Stellungnahme abgibt, von der eine selbstbindende Wirkung ausgeht. Sie können umfassend sein oder auch nur Teilbereiche der Datenverarbeitung einer Gruppe regeln, z. B. Allgemeine Geschäftsbedingungen, technische Standards oder bestimmte Verfahren. Sie sind nicht in der Lage, gesetzliche Regelungen zu ersetzen oder zu verdrängen, wohl aber darin enthaltene allgemeine Regeln zu konkretisieren. Ihnen kann nur amtlich zugestimmt werden, wenn sie den gesetzlichen Mindestanforderungen genügen. Sie sind nicht anerkennungsfähig, wenn sie die gesetzlichen Vorgaben nur bereichsspezifisch abbilden oder hinsichtlich Regelungstiefe und -breite hinter diesen zurückbleiben. Sie sollen hierbei auch § 3 a (Datenvermeidung, Datensparsamkeit) umsetzen sowie normative, organisatorische und technische Standards festlegen, die über den gesetzlichen Minimalforderungen liegen.[10]

7 In ihrer Orientierungshilfe weisen die Aufsichtsbehörden darauf hin, dass die Art. 29-Datenschutzgruppe der Europäischen Union zur Auslegung von länderübergreifenden Verhaltensregeln nach Art. 27 Abs. 3 EG-DSRl den Begriff der »**Förderung**« wie folgt interpretiert: Die Verhaltensregeln müssen »ausreichende Qualität und Kohärenz aufweisen und genügenden zusätzlichen Nutzen für die Richtlinien und andere geltende Datenschutzrechtsvorschriften liefern, insbesondere ob der Entwurf der Verhaltensregeln ausreichend auf die spezifischen Fragen und Probleme des Datenschutzes in der Organisation oder dem Sektor ausgerichtet ist, für den er gelten soll, und für diese Fragen und Probleme ausreichend klare Lösungen bietet«.[11]

8 Die Verhaltensregeln haben nach Anerkennung nicht nur eine selbstbindende, sondern auch eine gegenüber allen **Aufsichtsbehörden bindende Wirkung**.[12] Die Aufsichtsbehörden haben sich zu einer gegenseitigen Abstimmung verpflichtet, um eine bundesweite Bindungswirkung auch faktisch zu gewährleisten. Die Regeln gelten grds. unbefristet. Sinnvoll ist es, die Regeln nach einer gewissen Zeit zu evaluieren. An der Evaluierung können sich Aufsichtsbehörden beteiligen. Werden die Regeln geändert, bedarf es einer erneuten Antragstellung und des Erlasses eines entsprechenden Feststellungsbescheids.[13] Das Gesetz geht im Zweifel vor.

9 Die **Verbindlichkeitserklärung für jedes einzelne Unternehmen** kann auch ausdrücklich in den Verhaltensregeln vorgesehen werden. Erfolgt die Festlegung durch hoheitliche Körperschaften oder durch private Vereine, können sie als Satzungen allgemein verbindlich gemacht werden. Die Veröffentlichung ist geboten. Die Aufsichtsbehörde

---

9 Spindler/Thorun, Eckpunkte einer digitalen Ordnungspolitik, 2015, S. 59.
10 Gegen »Mehrwert« Abel, RDV 2003, 12 f.; Kinast in Taeger/Gabel, § 38 a Rn. 21.
11 Artikel 29-Arbeitsgruppe, Working Paper (WP) 13 vom 10. 9. 1998; http://ec.europa.eu/justice/policies/privacy/wpdocs/1998/wp12_de.pdf h2_15.
12 Hoeren, RDV 2011, 1; Petri in Simitis, § 38 a Rn. 25; a. A. noch 2. Aufl. Rn. 3: Verbindlichkeit nur für das Zuständigkeitsgebiet einer Aufsichtsbehörde.
13 Orientierungshilfe der Datenschutzbehörden für den Umgang mit Verhaltensregeln nach § 38 a BDSG v. 26./27.2.2013; 31. TB 2009 ULD Kap. 5.5.1 S. 83.

kann von sich aus eine Veröffentlichung vornehmen.¹⁴ Im Telekommunikationsbereich kommt eine Veröffentlichung nach § 45n TKG in Betracht.

Es gibt mehrere **nicht förmlich bestätigte Verhaltensregeln** von Berufsverbänden. Verbände bieten teilweise verbandsinterne Audits an. Ein »Datenschutzkodex für Geodatendienste« des IT-Branchenverbands BITKOM bleibt hinter den gesetzlichen Anforderungen zurück.¹⁵ Eine Sonderstellung hat der Pressekodex des Deutschen Presserates,¹⁶ der nach § 57 Abs. 1 RStV i.V.m. § 38a BDSG auf spezialgesetzlicher Grundlage anerkannt werden kann (vgl. auch § 41 Abs. 1). Soweit diese Verhaltensregeln nicht dem in § 38a vorgesehenen Verfahren unterworfen wurden, haben sie jeweils nur interne Verbindlichkeit.

10

Gemäß Art. 27 Abs. 3 EG-DSRl können Entwürfe von europaweiten **gemeinschaftlichen Verhaltensregeln** von der Art. 29-Gruppe anerkannt werden. Die Gruppe hat hierzu ihr WP 77 vom 13.6.2003 verabschiedet. Prüfmaßstab sind in diesem Fall vorrangig die EG-DSRl, die nationalen Datenschutzregelungen sowie ein Datenschutz-Mehrwert. Ein Beispiel hierfür ist der Ehrenkodex für den Bereich der Direktwerbung der Federation of European Direct Marketing (FEDEMA).¹⁷ In den Entwürfen für eine EU-DSGVO sind auch künftig in Art. 38 Verhaltensregeln auf europäischer Ebene vorgesehen, die förmlich anerkannt werden können.¹⁸

11

Vierter Abschnitt
Sondervorschriften

§ 39 Zweckbindung bei personenbezogenen Daten, die einem Berufs- oder besonderen Amtsgeheimnis unterliegen

(1) Personenbezogene Daten, die einem Berufs- oder besonderen Amtsgeheimnis unterliegen und die von der zur Verschwiegenheit verpflichteten Stelle in Ausübung ihrer Berufs- oder Amtspflicht zur Verfügung gestellt worden sind, dürfen von der verantwortlichen Stelle nur für den Zweck verarbeitet oder genutzt werden, für den sie sie erhalten hat. In die Übermittlung an eine nicht-öffentliche Stelle muss die zur Verschwiegenheit verpflichtete Stelle einwilligen.

(2) Für einen anderen Zweck dürfen die Daten nur verarbeitet oder genutzt werden, wenn die Änderung des Zwecks durch besondere Gesetz zugelassen ist.

Die Regelung verbindet die Regelungen des Datenschutzrechts mit den speziellen

1

---

14 Kinast in Taeger/Gabel, § 38a Rn. 29; Petri in Simitis, § 38a Rn. 25.
15 PE LfDI Rheinland-Pfalz v. 2.11.2012, *http://www.datenschutz.de/news/detail/?nid=4659*; Kodex findet sich unter *http://www.bitkom.org/de/themen/50792_66098.aspx*.
16 Kinast in Taeger/Gabel, § 38a Rn. 10; Münch, AfP 2002, 18ff.; Kloepfer, AfP 2005, 118; Thomale, AfP 2009, 107.
17 Artikel 29-Arbeitsgruppe, RDV 2003, 195; Working Paper (WP) 77 vom 13.6.2003; http://ec.europa.eu/justice/policies/privacy/wpdocs/2003/wp77_de.pdfh2_15.
18 Spindler/Thorun, Eckpunkte einer digitalen Ordnungspolitik, 2015, S. 60; Kranig/Peintinger, ZD 2014, 3.

Normen zum **Berufs- und Amtsgeheimnis**. Zentrale Vorschrift für Berufs- und besondere Amtsgeheimnisse ist § 203 Abs. 1 und 3 StGB.[1] Daneben gibt es aber in bereichsspezifischen Regelungen weitere Präzisierungen:
- Ärztliche Schweigepflicht – Patientengeheimnis (Ärztliche Berufsordnungen),
- Anwaltliche Schweigepflicht – Mandantengeheimnis (§ 43 a Abs. 2 BRAO),
- Personalaktengeheimnis (z. B. § 106 BBG),
- Steuerberatergeheimnis (§ 83 SteuerBerG),
- Wirtschaftsprüfergeheimnis (§ 64 WirtschaftsprüferO),
- Fernmeldegeheimnis (§ 88 TKG).

Um kein Berufs- bzw. Amtsgeheimnis handelt es sich beim sog. Bankgeheimnis,[2] beim Datengeheimnis nach § 5, beim Meldegeheimnis (§ 5 MRRG) oder beim allgemeinen Amtsgeheimnis (§ 203 Abs. 2 StGB,[3] § 30 VwVfG). In allen Fällen handelt es sich um eine persönliche Verpflichtung von Mitarbeitern zur Einhaltung der allgemeinen und speziellen datenschutzrechtlichen Vorschriften.

2 Die Regelung verpflichtet die Empfänger der besonderen Geheimnisse zu einer **strengen Zweckbindung**, die grds. sowohl eine weitere Übermittlung als auch eine Zweckänderung verbietet. Verpflichtet ist nicht nur der Übermittlungsempfänger, sondern jede Person und Stelle, der die Daten »zur Verfügung gestellt worden sind«. Dies bindet auch die ohnehin in ihrer Verfügungsbefugnis beschränkten Auftragnehmer der Auftragsdatenverarbeitung (§ 11)[4] wie auch Stellen innerhalb der verantwortlichen Stelle mit besonderer Eigenständigkeit (z. B. Betriebsarzt, Betriebs- und Personalrat). Die strenge Zweckbindung beim Empfänger hängt nicht davon ab, ob die dort erfolgende Datenverarbeitung unter den § 27 fällt (Dateibezug bei nicht-öffentlichen Stellen).[5] Vielmehr knüpft die Geltung des § 39 an eine datenschutzrechtlich geregelte Datenweitergabe an und schreibt für die dabei betroffenen Daten die Nutzungseinschränkung fort. Anderenfalls ließe sich die Regelung leicht umgehen.[6] Nachfolgende Empfänger werden nicht mehr von der Regelung erfasst, da die übermittelnde Stelle nur der Zweckbindung nach § 39, nicht aber den besonderen Geheimnissen unterliegt.[7] Die in Absatz 1 Satz 2 bei Übermittlungen an nicht-öffentliche Stellen geforderte Einwilligung darf von der geheimnispflichtigen Stelle nur erteilt werden, wenn die Weitergabe der Daten an die dritte Stelle zulässig ist.

3 In Absatz 2 wird bekräftigt, dass die **spezifischen Geheimnisregelungen** denen des BDSG vorgehen (vgl. § 1 Abs. 4). Spezifische Regelungen können auch solche sein, die zu Auskunftspflichten gegenüber staatlichen Stellen verpflichten.[8]

---

1 Zur Beschlagnahmefreiheit BVerfG, NJW 2005, 1917; dazu Kutzner, NJW 2005, 2652.
2 Weichert, RDV 2003, 115; ders. VuR 2007, 374; Mackenthun in Taeger/Gabel, § 39 Rn. 11; a. A. Uwer in WB, § 39 Rn. 20.
3 A. A. anscheinend Mackenthun in Taeger/Gabel, § 39 Rn. 8.
4 A. A. Dammann in Simitis, § 39 Rn. 41; der in Frage stellt, dass Auftragnehmern Daten »zur Verfügung gestellt« sind.
5 So Gola/Schomerus, § 39 Rn. 4; Plath in Plath, § 39 Rn. 3.
6 Dammann in Simitis, § 39 Rn. 16.
7 Dammann in Simitis, § 39 Rn. 26.
8 Zur Übermittlungspflicht von Patientengeheimnissen Weichert, DuD 2000, 213.

§ 40 Verarbeitung und Nutzung personenbezogener Daten durch Forschungseinrichtungen

(1) Für Zwecke der wissenschaftlichen Forschung erhobene oder gespeicherte Daten dürfen nur für Zwecke der wissenschaftlichen Forschung verarbeitet oder genutzt werden.
(2) Die personenbezogenen Daten sind zu anonymisieren, sobald dies nach dem Forschungszweck möglich ist. Bis dahin sind die Merkmale gesondert zu speichern, mit denen Einzelangaben über persönliche oder sachliche Verhältnisse einer bestimmten oder bestimmbaren Person zugeordnet werden können. Sie dürfen mit den Einzelangaben nur zusammengeführt werden, soweit der Forschungszweck dies erfordert.
(3) Die wissenschaftliche Forschung betreibenden Stellen dürfen personenbezogene Daten nur veröffentlichen, wenn
1. der Betroffene eingewilligt hat oder
2. dies für die Darstellung von Forschungsergebnissen über Ereignisse der Zeitgeschichte unerlässlich ist.

Übersicht	Rn.
1. Allgemeines	1, 2
2. Forschung	3– 5
3. Zweckbindung – Forschungsgeheimnis	6, 7
4. Anonymisierungs- und Pseudonymisierungspflicht	8–10
5. Ergebnisveröffentlichung	11, 12

1. Allgemeines

Die **Freiheit der Forschung** (Art. 5 Abs. 3 S. 1 GG) und das Recht auf informationelle Selbstbestimmung (Art. 2 Abs. 1 i.V.m. Art. 1 Abs. 1 GG) haben Verfassungsrang. Mit den datenschutzrechtlichen Forschungsregelungen (hier § 40) soll ein Ausgleich zwischen den beiden Rechtsgütern und den sich widersprechenden Interessen geschaffen werden.[1] Die Wissenschaft hat aus Art. 5 Abs. 3 GG einen Anspruch auf Schutz und Förderung durch den Staat.[2] Streitig ist, inwieweit Forschenden ein Anspruch auf Zugang zu vorhandenen Daten zusteht. In jedem Fall sind das Interesse des Forschenden und der Allgemeinheit an der Forschung mit dem Recht auf informationelle Selbstbestimmung der Betroffenen abzuwägen. 1

§ 40 enthält **keine Erhebungs- und Verarbeitungserlaubnis zum Zweck der Forschung**, sondern setzt die zulässige Erhebung von Daten für Forschungszwecke voraus. Geregelt werden nur die speziellen Voraussetzungen bei der Nutzung für wissenschaftliche Zwecke. Die Datenerhebung richtet sich nach den allgemeinen und speziellen 2

---

[1] Bizer, Forschungsfreiheit und informationelle Selbstbestimmung, 1992; Weichert, DANA 4/1997, 4.
[2] BVerfGE 35, 114.

§ 40 Verarbeitung personenbezogener Daten durch Forschungseinrichtungen

Erhebungsvorschriften.[3] Die weitere Verarbeitung (Speicherung, Übermittlung) richtet sich für öffentliche Stellen des Bundes nach § 14 Abs. 2 Nr. 9 und der Länder nach Landesdatenschutzrecht (z.B. § 22 LDSG SH), für nicht-öffentliche Stellen nach § 28 Abs. 2 S. 1 Nr. 3, Abs. 6 Nr. 4. Außerdem bestehen eine Vielzahl von bereichsspezifischen Regelungen, die jedoch auf vergleichbaren Überlegungen basieren (z.B. § 75 SGB X, § 476 StPO, § 86 StVollzG, § 16 BStatG, § 32 StUG; Archivgesetze, Krebsregistergesetze und Krankenhausgesetze der Länder). Diese nationalen Regelungen setzen die Vorgaben der EG-DSRl um, wo in Art. 6 Abs. 1 lit. b vorgegeben ist, dass die Weiterverarbeitung von Daten zu historischen, statistischen oder wissenschaftlichen Zwecken im Allgemeinen nicht als unvereinbar mit den Zwecken der vorausgegangenen Datenerhebung anzusehen ist, sofern die Mitgliedstaaten geeignete Garantien vorsehen.

2. Forschung

3   Nach der Rspr. des BVerfG ist **Forschung** ein auf wissenschaftlicher Eigengesetzlichkeit (Methodik, Systematik, Beweisbedürftigkeit, Nachprüfbarkeit, Kritikoffenheit, Revisionsbereitschaft) beruhender Prozess zum Auffinden von Erkenntnissen, ihrer Deutung und ihrer Weitergabe. Wissenschaftliche Forschung ist »alles, was nach Inhalt und Form als ernsthafter, planmäßiger Versuch zur Ermittlung der Wahrheit anzusehen ist«.[4] Forschung ist nicht dadurch ausgeschlossen, dass das Vorhaben auch Ausbildungs- und Prüfungszwecken dient. Dissertations- und Habilitationsvorhaben sind regelmäßig als Forschungsvorhaben anzusehen, nicht aber eine vorrangig der Ausbildung dienende Studienarbeit. Keine Forschung sind Untersuchungen, die Aufsichts-, Organisations- und Kontrollzwecken dienen.

4   Als **forschende Stellen** kommen Hochschulen[5] des Bundes, etwa die Hochschulen der Bundeswehr, und andere, private wie öffentliche, Einrichtungen in Betracht, etwa die Max-Planck- und die Helmholtz-Institute, die Fraunhofer-Gesellschaft oder Forschungsabteilungen in Bundesbehörden und Wirtschaftsunternehmen.[6] Diese müssen nicht ausschließlich Forschung betreiben; Voraussetzung ist aber, dass die Forschung von anderen Aufgaben und Zwecken unbeeinflusst und damit unabhängig erfolgt.[7] Nicht ausgeschlossen ist, dass es sich bei der forschenden Stelle nur um eine natürliche Einzelperson handelt.[8] Bei Projekten von Studierenden, die von Hochschullehrern betreut werden, kommt es darauf an, wo die Gesamtverantwortung für das Projekt

---

3   Vgl. §§ 4, 4 a Abs. 2, 28 Abs. 1 S. 2, Abs. 6 Nr. 4; Tinnefeld/Schrempf, RDV 1991, 241; zur Erforschung intelligenter Videosysteme Desoi/Jandt, DuD 2012, 895.
4   BVerfGE 35, 112 f. = NJW 1978, 1176; zur Erfordernis der Staatsferne Weichert, Informationelle Selbstbestimmung und strafrechtliche Ermittlung, 1990, 231 f.
5   Weichert in Erichsen/Schäferbarthold/Staschen/Zöllner, Lebensraum Hochschule, 2012, S. 77 ff., mit Ausführungen zum Verhältnis von Datenschutz und Informationsfreiheit.
6   Ansonsten sind die Datenschutzgesetze der Länder mit ihren Forschungsregelungen anwendbar, dazu Simitis in Simitis § 40 Rn. 18, 88–95.
7   Simitis in Simitis § 40 Rn. 41 ff.
8   A. A. wohl Gola/Schomerus, § 40 Rn. 7; ebenso mit Verweis auf die Regelungsüberschrift Simitis in Simitis § 40 Rn. 30; Mester in Taeger/Gabel § 40 Rn. 4.

liegt. Führt ein öffentlich Bediensteter sein Vorhaben im Rahmen einer privaten Nebentätigkeit aus, ist dies der öffentlichen Stelle nicht zuzuschreiben.
Das Forschungsprivileg gilt nur für **unabhängige Forschung**. Eine externe Einflussnahme auf den wissenschaftlichen Erkenntnisprozess oder eine Unterordnung unter wirtschaftliche oder sonstige Interessen muss ausgeschlossen sein. Die Finanzierung durch Drittmittel muss nicht, kann aber die Unabhängigkeit beeinträchtigen.[9] Wissenschaftliche Untersuchungen, die zu Aufsichts- und Kontrollzwecken vorgenommen werden, sind durch Sonderregelungen (§ 14 Abs. 3) erfasst, auch wenn sie ergänzend eine wissenschaftliche Zielsetzung verfolgen. Auf die Entwicklung neuer Produkte ausgerichtete Forschung (z. B. der Pharmaindustrie) und kommerzielle Markt- und Meinungsforschung (vgl. §§ 30, 30 a) kommen auch nicht in den Genuss der Privilegierung nach den datenschutzrechtlichen Forschungsregelungen.[10] Die Unabhängigkeit der Forschung ist nicht beeinträchtigt, wenn die Finanzierung des Forschungsvorhabens von einer dritten Stelle erfolgt, die selbst ein Interesse an den (unabhängig erlangten) Erkenntnissen hat.

3. Zweckbindung – Forschungsgeheimnis

§ 40 Abs. 1 BDSG enthält ein Zweckänderungsverbot: d. h. die Daten dürfen nur für Zwecke der wissenschaftlichen Forschung genutzt werden. Neben dieser Zweckbegrenzung gilt generell, dass Daten grds. nur für das jeweilige Forschungsvorhaben verwendet werden dürfen. Die Nutzung auch für ein anderes Forschungsprojekt ist unter spezialgesetzlichen Voraussetzungen möglich. Voraussetzung einer **Nutzung für ein anderes Forschungsprojekt** ist u. a. eine erneute Abwägung der widerstreitenden Interessen. Erfolgte die ursprüngliche Verwendung der Daten für Forschungszwecke aufgrund der Einwilligung des Betroffenen, muss auch die weitere Nutzung der Forschung von der Einwilligung mit umfasst sein. Jede Forschungsarbeit muss hinreichend bestimmt festgelegt sein. Die wissenschaftliche Fragestellung, die Methode der Datenerhebung und -nutzung, der zeitliche Umfang sowie die Verantwortlichkeit für das Projekt müssen klar sein. Ein auf unbestimmte Zeit angelegtes Vorhaben ist i. d. R. unzulässig. Werden Folgevorhaben durchgeführt, handelt es sich um andere Forschungsarbeiten, für die es einer gesonderten Legitimation bedarf. Bei einer Übermittlung für ein anderes Forschungsprojekt, die durch die Zweckbindung nicht ausgeschlossen sein muss, ist der Betroffene i. d. R. zu benachrichtigen (§§ 19 a, 33, vgl. aber § 33 Abs. 2 Nr. 5).

Eine Nutzung der Forschungsdaten für **andere als Forschungszwecke** ist absolut verboten und wird nach den §§ 43 Abs. 2 Nr. 5 und 6, 44 Abs. 1 sanktioniert. Absatz 1 enthält eine besondere Verwendungsbeschränkung, auf die in anderen Regelungen verwiesen wird (z. B. § 180 Abs. 10 StVollzG, § 88 Abs. 1 AufenthG). Dieses absolute Zweckänderungsverbot kann als »Forschungsgeheimnis« angesehen werden.[11] Würden

---

9 Gola/Schomerus, § 40 Rn. 8; Mester in Taeger/Gabel § 40 Rn. 6; kritisch Simitis in Simitis, § 40 Rn. 36.
10 Simon/Vesting, CR 1992, 307; Simitis in Simitis, § 40 Rn. 43; ähnlich Gola/Schomerus, § 40 Rn. 8 f.; a. A. Greve in Auernhammer, § 40 Rn. 8.
11 Vgl. hierzu die Kontroverse zwischen Weichert, MedR 1996, 258 und Bochnik, MedR 1996, 262; vgl. aber die Möglichkeit speziellerer Regelungen, Simitis in Simitis, § 40 Rn. 45.

§ 40 Verarbeitung personenbezogener Daten durch Forschungseinrichtungen

die Forschungsdaten für andere Zwecke (z. B. für Geschäfts- oder Verwaltungsaufgaben) genutzt, kämen sie unberechtigt in den Genuss der mit Art. 5 Abs. 3 GG begründeten Forschungsprivilegierung. Zwar besteht für den zivilrechtlichen Bereich nach § 383 Abs. 1 Nr. 6 ZPO ein Zeugnisverweigerungsrecht, nicht aber im Straf- und Finanzgerichtsverfahren, wenn der Forschende nicht persönlich beruflicher Geheimnisträger ist (vgl. § 53).[12]

4. Anonymisierungs- und Pseudonymisierungspflicht

8   Wissenschaftliche Forschung zielt regelmäßig auf das Erkennen von allgemeinen Gesetzmäßigkeiten, nicht auf die Beschreibung einer besonderen Person. Das Forschungsergebnis soll möglichst vom Einzelfall unabhängig sein, d. h. anonym und verallgemeinerungsfähig. Kein datenschutzrechtlicher Eingriff ist gegeben, wenn vor der Weitergabe personenbezogener Daten an die Forschungsstelle eine Anonymisierung erfolgt. Erfolgte eine personenbezogene Erhebung, sind die Daten nach Absatz 2 Satz 1 zum frühestmöglichen Zeitpunkt zu anonymisieren. Hierbei handelt es sich um eine Konkretisierung des Verhältnismäßigkeitsgrundsatzes und des Prinzips der **Datensparsamkeit** (§ 3 a). Anonymisieren bedeutet: das Verändern personenbezogener Daten derart, dass die Einzelangaben über persönliche oder sachliche Verhältnisse nicht mehr oder nur mit einem unverhältnismäßigen Aufwand an Zeit, Kosten und Arbeitskraft einer bestimmten oder bestimmbaren natürlichen Person zugeordnet werden können (§ 3 Abs. 6).

9   Ist eine vollständige Anonymisierung nicht möglich, da eine spätere Zuordnung von Datensätzen erfolgen muss, hat nach Absatz 2 Satz 2 eine **Pseudonymisierung** zu erfolgen (§ 3 Abs. 6 a). Eine solche Zuordnung ist bei Langzeitstudien nötig, bei denen Daten zu einer Person evtl. aus unterschiedlichen Quellen zu unterschiedlichen Zeiten erhoben werden. Durch die Pseudonymisierung soll verhindert werden, dass ohne direkten Personenbezug falsche Datensatzzuordnungen und Verwechslungen erfolgen.

10 Die Zuordnung der Datensätze kann technisch (z. B. Einwegverschlüsselung) oder über Pseudonymlisten vorgenommen werden. Im letztgenannten Fall sind die identifizierenden Angaben gesondert aufzubewahren. Durch diese technisch-organisatorische Maßnahme wird vermieden, dass bei der Auswertung ein Personenbezug besteht (**File-Trennung**). Eine Re-Identifizierung ist nur in Ausnahmefällen (wenn für Forschungszweck erforderlich, Abs. 2 S. 3; bei Wahrnehmung von Betroffenenrechten) zulässig. Die Trennung entspricht im Statistikrecht der Unterscheidung zwischen Hilfs- und Erhebungsmerkmalen (vgl. § 10 BStatG) und ist in Krebsregistergesetzen teilweise gesetzlich konkretisiert. Identifizierungsmerkmale dürfen nur genutzt werden, soweit dies für den Forschungszweck erforderlich ist. Ist eine Individualisierung oder eine individuelle Zuordnung der Forschungsdatensätze nicht mehr nötig, sind die identifizierenden Daten zu löschen.

---

12 Kritisch Simitis in Simitis, § 40 Rn. 14.

Datenerhebung und -nutzung durch die Medien § 41

5. Ergebnisveröffentlichung

Die Veröffentlichung von anonymisierten Angaben (vgl. § 3 Abs. 6 BDSG) unterliegt keinen Restriktionen. Eine Veröffentlichung personenbezogener Daten ist eine besonders intensive Form der Datenübermittlung an einen unbestimmten Empfängerkreis.[13] Die damit verbundene gravierende Persönlichkeitsbeeinträchtigung ist nur in besonderen Ausnahmefällen erlaubt, wenn sie aus Gründen der **Darstellung von Forschungsergebnissen** über Ereignisse der Zeitgeschichte unerlässlich ist (vgl. § 23 Abs. 1 Nr. 1 KUG). Es wird zwischen »absoluten« und »relativen« Personen der Zeitgeschichte unterschieden. Straftäter, die allein durch ihre Straftat in der Öffentlichkeit in Erscheinung treten, sind relative Personen der Zeitgeschichte. Relevant ist bei der Feststellung nicht nur die objektive Bedeutung der Person, sondern auch, welchen Anteil die Person durch eigenes Handeln für ihre Bedeutung hat. »Opfer« sind schutzwürdiger als »Täter«.[14] Der Umstand, dass eine Information schon einmal veröffentlicht worden ist, legitimiert grds. nicht die Veröffentlichung im Rahmen der Forschungsarbeit.

11

Eine Veröffentlichung ist auch zulässig, wenn der Betroffene einwilligt (§ 4a Abs. 1). § 4a Abs. 2 ist im Hinblick auf die Veröffentlichung wegen der Intensität des Eingriffs nicht anwendbar. Es besteht weder eine Pflicht zur Erteilung der **Einwilligung zur Veröffentlichung** noch zur Erteilung von Auskünften für Forschungszwecke. Eine wirksame Einwilligung liegt nur vor, wenn diese freiwillig erteilt worden ist. Es bedarf einer umfassenden Information über die Veröffentlichung (»informed consent«).

12

§ 41 Erhebung, Verarbeitung und Nutzung personenbezogener Daten durch die Medien

(1) Die Länder haben in ihrer Gesetzgebung vorzusehen, dass für die Erhebung, Verarbeitung und Nutzung personenbezogener Daten von Unternehmen und Hilfsunternehmen der Presse ausschließlich zu eigenen journalistisch-redaktionellen oder literarischen Zwecken den Vorschriften der §§ 5, 9 und 38a entsprechende Regelungen einschließlich einer hierauf bezogenen Haftungsregelung entsprechend § 7 zur Anwendung kommen.

(2) Führt die journalistisch-redaktionelle Erhebung, Verarbeitung oder Nutzung personenbezogener Daten durch die Deutsche Welle zur Veröffentlichung von Gegendarstellungen des Betroffenen, so sind diese Gegendarstellungen zu den gespeicherten Daten zu nehmen und für dieselbe Zeitdauer aufzubewahren wie die Daten selbst.

(3) Wird jemand durch eine Berichterstattung der Deutschen Welle in seinem Persönlichkeitsrecht beeinträchtigt, so kann er Auskunft über die der Berichterstattung zugrunde liegenden, zu seiner Person gespeicherten Daten verlangen. Die Auskunft kann nach Abwägung der schutzwürdigen Interessen der Beteiligten verweigert werden, soweit

---

13 BVerfG, NVwZ 1990, 1162.
14 Bizer, Forschungsfreiheit und informationelle Selbstbestimmung, 1992, S. 272.

§ 41   Datenerhebung und -nutzung durch die Medien

1. aus den Daten auf Personen, die bei der Vorbereitung, Herstellung oder Verbreitung von Rundfunksendungen berufsmäßig journalistisch mitwirken oder mitgewirkt haben, geschlossen werden kann,
2. aus den Daten auf die Person des Einsenders oder des Gewährsträgers von Beiträgen, Unterlagen und Mitteilungen für den redaktionellen Teil geschlossen werden kann,
3. durch die Mitteilung der recherchierten oder sonst erlangten Daten die journalistische Aufgabe der Deutschen Welle durch Ausforschung des Informationsbestandes beeinträchtigt würde.

Der Betroffene kann die Berichtigung unrichtiger Daten verlangen.

(4) Im Übrigen gelten für die Deutsche Welle von den Vorschriften dieses Gesetzes die §§ 5, 7, 9 und 38a. Anstelle der §§ 24 bis 26 gilt § 42, auch soweit es sich um Verwaltungsangelegenheiten handelt.

Übersicht
                                                                               Rn.
1. Einleitung 1– 4
2. Regelung des Medienprivilegs (Abs. 1) 5– 9
3. Medienprivileg der Deutschen Welle (Abs. 2 bis 4) 10–16

1. Einleitung

1   Dem Grundrecht der Betroffenen auf informationelle Selbstbestimmung steht die Pressefreiheit nach Art. 5 Abs. 1 GG gegenüber. Um einen Ausgleich zwischen diesen beiden Grundrechten herzustellen, regelt und präzisiert die Vorschrift das sogenannte Medienprivileg. Die Regelung bewegt sich in dem Rahmen, der durch Art. 9 EG-Richtlinie vorgegeben wird.

2   Die Verarbeitung personenbezogener Daten zu publizistischen Zwecken erfolgt nicht völlig schrankenlos. In bestimmten Fällen muss nach der Rechtsprechung des BVerfG den Persönlichkeitsrechten von Betroffenen der Vorrang vor der Pressefreiheit gem. Art. 5 Abs. 1 Satz 2 GG eingeräumt werden.[1] Auch aus allgemeinen Regeln wie etwa aus § 242 BGB leitet sich ein zivilrechtliches Mindestrecht auf Auskunft her. Ein solches Mindestrecht greift nicht unzulässig in die Interessensphäre der Medien ein. Deren schutzwerte Interessen – etwa bezüglich der Geheimhaltung von Informanten – kann durch entsprechende Auskunftsverweigerung zu konkreten Namen gesichert werden. Allerdings ist festzustellen, dass die Gefahr besteht, dass der Informantenschutz durch die Zunahme staatlicher Zugriffsrechte insbesondere im Bereich der Erhebung und Auswertung von Kommunikationsdaten immer mehr ausgehöhlt wird.[2]

3   Für die Medien finden sich allgemeingültige Sonderregelungen nur in Abs. 1, der den Anwendungsbereich des Gesetzes auf die Bereiche Wahrung des Datengeheimnisses (§ 5) und Sicherstellung von Datensicherungsmaßnahmen (§ 9) reduziert. Die Abs. 2 bis 4 beziehen sich ausschließlich auf die Deutsche Welle, die nunmehr die einzige Sendeanstalt des Bundes ist. Darüber hinaus werden die Medien praktisch aus dem Anwendungsbereich des BDSG herausgenommen. Es gelten weder die Auskunfts-,

---

1 Vgl. etwa BVerfGE 35, 202, 242.
2 Zutreffend Gola/Schomerus, § 41 Rn. 3a.

Datenerhebung und -nutzung durch die Medien § 41

Berichtigungs- und Löschungsrechte nach den §§ 33–35 noch die Normen zur staatlichen Aufsicht.³

Bei der Novelle des BDSG im Jahr 2001 wurde Abs. 1 der Regelung grundlegend verändert. Sie enthält nur noch allgemeine Vorgaben zur Umsetzung des medienbezogenen Datenschutzes in das Landesrecht. Der Anwendungsbereich der Vorschrift wurde aufgrund Art. 9 EG-Richtlinie auf literarische Zwecke erweitert. Gestrichen wurde die Sonderregelung für Verlage, die Adressbücher und Branchenverzeichnisse herausgeben. Die Vorschrift ist nur noch anwendbar auf Unternehmen und Hilfsunternehmen der Presse, nicht aber auch auf Rundfunkanstalten und Filmunternehmen. Datenschutzregelungen für den Bereich des Rundfunks enthält § 47 des Rundfunkstaatsvertrags. Datenschutzrechtliche Regelungen für allgemeine Informations- und Kommunikationsdienste enthält der Mediendienstestaatsvertrag (§§ 10 und 12 bis 17 MDStV).⁴ In den Abs. 2 bis 4 wurde neben der redaktionellen Beschränkung auf die »Deutschen Welle« die Regelung zu Auskunftsverweigerungsrechten in Abs. 3 Satz 2 ausgeweitet. 4

2. Regelung des Medienprivilegs (Abs. 1)

Die Regelung des Abs. 1 leitet sich aus der dem Bund nach Art. 75 GG obliegenden Rechtsgebungskompetenz ab. Durch die Vorschrift werden die Länder aufgefordert, datenschutzrechtliche Schutznormen in den einschlägigen Landesgesetzen zu verankern. Ergebnis dieser gesetzgeberischen Entscheidung ist die Herausnahme der genannten Medien aus dem Anwendungsbereich des BDSG.⁵ Den Bundesländern wird darüber hinaus durch die gesetzliche Vorgabe die Sicherstellung bestimmter datenschutzrechtlicher Mindeststandards vorgeschrieben. Die Landesregelungen müssen Vorschriften enthalten, die den Regelungen in den §§ 5, 9 und 38a entsprechen, sowie Haftungsregelungen gemäß § 7. 5

Keine Anwendung findet das BDSG nach Abs. 1 auf Unternehmen oder Hilfsunternehmen der Presse, soweit diese personenbezogene Daten ausschließlich zu eigenen journalistisch-redaktionellen oder literarischen Zwecken verarbeiten. Neben den Presseunternehmen kommt das Gesetz auch auf die Deutsche Welle uneingeschränkt zur Anwendung. Regelungen zum Datenschutz für die Landesrundfunkanstalten und für private Rundfunk- und Fernsehunternehmen sind in Landesdatenschutz- bzw. Landesrundfunkgesetzen enthalten. Die Sonderregelungen in den Abs. 2 bis 4 gelten mithin nur für die vom Bund betriebene Deutsche Welle. 6

Die erste Voraussetzungsalternative für die Anwendung des Abs. 1 ist die ausschließliche Erhebung, Verarbeitung und Nutzung zu eigenen journalistisch-redaktionellen Zwecken. Diese liegt vor, wenn Zielrichtung der Tätigkeit des Unternehmens eine Veröffentlichung für einen unbestimmten Personenkreis ist.⁶ Erfüllt sein soll diese Voraussetzung beispielsweise, wenn Fotos in Verbindung mit weiteren Informationen 7

---

3 Gola/Schomerus, § 41 Rn. 2; Dix in Simitis, § 41 Rn. 2; allg. Buchner, S. 60 ff.
4 Vgl. auch Gola/Schomerus, § 41 Rn. 3.
5 Gola/Schomerus, § 41 Rn. 2; enger Dix in Simitis, § 41 Rn. 7 »teilweise Herausnahme«.
6 Ausführlich BMH, § 41 Rn. 34; Dix in Simitis, § 41 Rn. 9 ff.

im Internet angeboten werden (etwa zum architektonischen Baustil).[7] Dient die Verarbeitung auch anderen Zwecken (z. B. zur Abwicklung von Kunden- und Liefervorgängen), entfällt das Medienprivileg. Dies hat zur Folge, dass der Dritte Abschnitt des Gesetzes uneingeschränkt anwendbar ist.[8] Zu den privilegierten Presseunternehmen gehören beispielsweise Zeitungs-, Fach-, Zeitschriften- und Buchverlage sowie alle anderen Hersteller von Druckwerken. Hilfsunternehmen sind beispielsweise Nachrichtenagenturen, Pressekorrespondenten und freie Journalisten.[9] Nicht von der Privilegierung erfasst werden Honorardaten von freien Mitarbeitern sowie Daten von Leseranalysen oder Abonnentenverwaltungen.[10]

8 Die zweite Voraussetzungsalternative für die Anwendung des Abs. 1 ist die ausschließliche Erhebung, Verarbeitung und Nutzung zu eigenen literarischen Zwecken. Diese Neuregelung nimmt die Vorgaben des Art. 9 EG-Richtlinie auf und privilegiert personenbezogene Datenverarbeitung, die für die Herstellung von Belletristik und Fachliteratur erfolgt. Sie betrifft auch selbständige Buchautoren.[11] Von der Anwendbarkeit der Vorschrift ausgenommen ist die Verwendung für andere Zwecke.

9 Um dem Medienprivileg zu unterfallen, muss die Erhebung, Verarbeitung und Nutzung ausschließlich journalistisch-redaktionellen oder literarischen Zwecken dienen. Die Tätigkeit muss losgelöst von anderen Aufgaben erfolgen.[12] Abgrenzungsprobleme können sich bei Werks-, Mitarbeiter- und Kundenzeitungen sowie bei Partei- und Vereinszeitungen ergeben. Diese werden nur vom Anwendungsbereich der Vorschrift erfasst, wenn sie als publizistische Abteilung ein »Unternehmen im Unternehmen« darstellen.[13] Gibt hingegen die Abteilung Öffentlichkeitsarbeit oder der BR eines Unternehmens eine interne Zeitung heraus, ohne dass eine organisatorische Trennung zum übrigen Betrieb gegeben ist, kommt das Gesetz ohne Einschränkung zur Anwendung. Gleiches gilt für Kurzzeitungen, die ebenfalls außerhalb des Medienprivilegs stehen.[14]

3. Medienprivileg der Deutschen Welle (Abs. 2 bis 4)

10 Für die Deutsche Welle gibt es spezifische Regelungen zur Sicherstellung des Medienprivilegs, die in den Abs. 2 bis 4 enthalten sind.

11 Durch Abs. 2 wird den Betroffenen ein spezifischer Rechtsanspruch auf Hinzufügung von Gegendarstellungen oder eines Widerrufs eingeräumt, soweit nach Presserecht eine derartige Verpflichtung besteht.[15] Damit soll sichergestellt werden, dass sich falsche

---

7 LG Köln v. 13.1.2010 – 28 O 578/09, DuD 2010, 258 zum »Bilderbuch-Köln«.
8 Dix in Simitis, § 41 Rn. 15.
9 Führ in Auernhammer, § 41 Rn. 11; Gola/Schomerus, § 41 Rn. 6 ff.; Schaffland/Wiltfang, § 41 Rn. 1.
10 Gola/Schomerus, § 41 Rn. 11; Dix in Simitis, a. a. O; a. A. wohl Führ in Auernhammer, § 41 Rn. 17.
11 Führ in Auernhammer, § 41 Rn. 19; Gola/Schomerus, § 41 Rn. 12; Dix in Simitis, § 41 Rn. 14.
12 Gola/Schomerus, § 41 Rn. 8.
13 Führ in Auernhammer, § 41 Rn. 12; Gola/Schomerus, a. a. O.; Schaffland/Wiltfang, § 41 Rn. 6.
14 Schaffland/Wiltfang, a. a. O.
15 Gola/Schomerus, § 41 Rn. 14.

Darstellungen von Sachverhalten nicht wiederholen.[16] Der Anspruch ist unabhängig von der Art der Speicherung und besteht auch bei Akten oder bezüglich eines automatisierten Pressearchivs.[17] Die Gegendarstellung ist bis zur Löschung der entsprechenden Daten aufzubewahren.

Abs. 3 begründet einen (kostenfreien) Auskunftsanspruch, wenn durch eine Berichterstattung Persönlichkeitsrechte verletzt worden sind. Dieser bleibt weit hinter dem allgemeinen Auskunftsrecht zurück, das ansonsten gemäß § 19 Abs. 1 Satz 1 bei öffentlichen Stellen besteht, weil der Betroffene die Beeinträchtigung nachweisen muss.[18] Mit Blick auf die Informationsreichweite der Deutschen Welle ist es problematisch, dass der Anspruch in der Regel erst entsteht, wenn die Beeinträchtigung bereits eingetreten ist. In Ausnahmefällen wird man durch analoge Anwendung der Vorschrift jedoch auch einen Auskunftsanspruch vor der Berichterstattung begründen können, wenn sich eine Beeinträchtigung bereits im Vorfeld abzeichnet, da nur so Persönlichkeitsrechte effektiv gewahrt werden können.[19]

Die Wirkung des ohnehin schwachen Auskunftsrechts kann im Einzelfall durch die Regelung des Satzes 2 weiter entwertet werden, da eine Mitteilung unter Hinweis auf den Informantenschutz ganz unterbleiben kann. Sie lässt eine Auskunftsverweigerung in drei Fällen zu. Nach Satz 2 Nr. 1 kann eine Auskunft unterbleiben, wenn dies der Eigensicherung der Beschäftigten der Deutschen Welle dient. Die Regelung in Satz 2 Nr. 2 soll den klassischen Informantenschutz sichern. Satz 2 Nr. 3 enthält zum Zwecke des Ausforschungsschutzes eine wenig konturierte Generalklausel. Ihr Regelungsgehalt zielt nicht auf Personen, sondern soll journalistische Aufgaben schützen.[20]

Den Ausnahmeregelungen des Satzes 2 lässt sich zutreffend entgegengehalten, dass sie Rechte der Betroffenen abschneidet, da sie es ermöglicht, »Täter« von Persönlichkeitsverletzungen »im Dunkeln« zu halten.[21] Hieran ändert auch die nunmehr in Satz 2 1. Hlbs. aufgenommene Verpflichtung zur Abwägung mit den schutzwürdigen Interessen der Betroffenen letztlich nicht wirklich etwas. Auf dieser Grundlage wird eine Auskunft, trotz des Vorliegens einer der in Satz 2 genannten Tatbestände, nur dann erfolgen müssen, wenn eine tiefgreifende Beeinträchtigung der Persönlichkeitsrechte besteht.[22]

Führt eine Auskunft zu der Erkenntnis, dass unrichtige Daten verarbeitet oder genutzt werden, kann der Betroffenen nach Satz 3 die Berichtigung verlangen.

In Abs. 4 Satz 1 sind die Vorschriften des BDSG aufgelistet, die auf die Deutsche Welle zur Anwendung kommen. Durch Satz 2 wird klargestellt, dass der BfDI auch hinsichtlich der Verwaltungsangelegenheiten in diesem Bereich keine Kontrollkompetenz hat. Diese obliegt ausschließlich den Datenschutzbeauftragten gemäß § 42.

---

16 Dix in Simitis, § 41 Rn. 33.
17 BMH, § 41 Rn. 56 f.
18 Ähnlich Dix in Simitis, § 41 Rn. 38.
19 So auch Dix in Simitis, § 41 Rn. 37; a. A. Gola/Schomerus, § 41 Rn. 15; Führ in Auernhammer, § 41 Rn. 32.
20 Dix in Simitis, § 41 Rn. 39.
21 Ähnlich Dix in Simitis, § 41 Rn. 40.
22 Ähnlich Dix in Simitis, § 41 Rn. 39.

§ 42 Datenschutzbeauftragter der Deutschen Welle

(1) Die Deutsche Welle bestellt einen Beauftragten für den Datenschutz, der an die Stelle der oder des Bundesbeauftragten für den Datenschutz und die Informationsfreiheit tritt. Die Bestellung erfolgt auf Vorschlag des Intendanten durch den Verwaltungsrat für die Dauer von vier Jahren, wobei Wiederbestellungen zulässig sind. Das Amt eines Beauftragten für den Datenschutz kann neben anderen Aufgaben innerhalb der Rundfunkanstalt wahrgenommen werden.
(2) Der Beauftragte für den Datenschutz kontrolliert die Einhaltung der Vorschriften dieses Gesetzes sowie anderer Vorschriften über den Datenschutz. Er ist in Ausübung dieses Amtes unabhängig und nur dem Gesetz unterworfen. Im Übrigen untersteht er der Dienst- und Rechtsaufsicht des Verwaltungsrates.
(3) Jedermann kann sich entsprechend § 21 Satz 1 an den Beauftragten für den Datenschutz wenden.
(4) Der Beauftragte für den Datenschutz erstattet den Organen der Deutschen Welle alle zwei Jahre, erstmals zum 1. Januar 1994 einen Tätigkeitsbericht. Er erstattet darüber hinaus besondere Berichte auf Beschluss eines Organs der Deutschen Welle. Die Tätigkeitsberichte übermittelt der Beauftragte auch der oder dem Bundesbeauftragten für den Datenschutz und die Informationsfreiheit.
(5) Weitere Regelungen entsprechend den §§ 23 bis 26 trifft die Deutsche Welle für ihren Bereich. Die §§ 4f und 4g bleiben unberührt.

Übersicht	Rn.
1. Einleitung	1
2. Bestellung (Abs. 1)	2
3. Aufgaben (Abs. 2)	3, 4
4. Anrufung (Abs. 3)	5
5. Tätigkeitsbericht (Abs. 4)	6
6. Regelungsermächtigung (Abs. 5)	7

1. Einleitung

1 Die Vorschrift enthält in fünf Absätzen Regelungen für die Wahrnehmung der Datenschutzaufsicht für die Auslandssendeanstalt »Deutsche Welle«, die einzige Rundfunkanstalt des Bundes. Ihr kommt damit im Gefüge des BDSG eine hohe Exklusivität zu. Der zu wählende Datenschutzbeauftragte entspricht in seiner Funktion dem BfDI. Schon hieraus leitet sich die Notwendigkeit der Bestellung weiterer interner Datenschutzbeauftragter nach § 4f ab (hierzu Rn. 7).

2. Bestellung (Abs. 1)

2 Die Deutsche Welle muss nach der Regelung in Abs. 1 einen Beauftragten für Datenschutz bestellen, dessen Position und Aufgaben sich vorrangig nach § 42 bestimmen. Er tritt an die Stelle des BfDI. Die Bestellung erfolgt auf Vorschlag des Intendanten durch den Verwaltungsrat für die Dauer von vier Jahren. Die Beschäftigung erfolgt in einem

Angestelltenverhältnis.[1] Neben einer Voll- oder Teilzeittätigkeit ist auch die Vergabe an einen externen Datenschutzbeauftragten nicht grundsätzlich ausgeschlossen.[2] Eine nebenberufliche Tätigkeit verbindet sich jedoch mit der Gefahr einer inhaltlichen Inkompatibilität (etwa bei Haupttätigkeit im DV-Bereich) und kann zeitliche Interessenkonflikte mit sich bringen (etwa bei Überlastung im »Hauptberuf«).[3]

3. Aufgaben (Abs. 2)

Der Datenschutzbeauftragte der Deutschen Welle kontrolliert alle Bereiche einschließlich der Verwaltungsangelegenheiten hinsichtlich der Einhaltung des gesetzlichen Datenschutzes. Ausgenommen sind nur die dem Medienprivileg unterliegenden ausschließlich journalistisch-redaktionellen bzw. literarischen Tätigkeiten für eigene Zwecke. Darüber hinaus obliegt ihm die Kontrolle anderer bereichsspezifischer Vorschriften, etwa aus dem Bereich des Dienst- oder Arbeitsrechts.[4]   3

Der Datenschutzbeauftragte der Deutschen Welle ist bei der Ausübung seiner Tätigkeit nach dem Willen des Gesetzes (vgl. § 4f) weisungsunabhängig. Da er aber der Dienst- und Rechtsaufsicht des Verwaltungsrats untersteht, der auch über seine Wiederwahl entscheidet, wird sich im Konfliktfall seine Unabhängigkeit je nach persönlicher Durchsetzungsfähigkeit in Grenzen halten. Die mit Blick auf Art. 28 Satz 2 notwendige völlige Unabhängigkeit liegt nicht vor.[5]   4

4. Anrufung (Abs. 3)

Entsprechend den Grundsätzen, die § 21 vorgibt, kann jedermann den Datenschutzbeauftragten der Deutschen Welle anrufen. Das Anrufungsrecht steht auch Mitarbeitern zu.[6] Das allgemeine Anrufungsrecht begründet die Pflicht des Datenschutzbeauftragten, Beanstandungen nachzugehen und diesen nach Möglichkeit abzuhelfen.[7]   5

5. Tätigkeitsbericht (Abs. 4)

Der Datenschutzbeauftragte der Deutschen Welle muss alle zwei Jahre einen Tätigkeitsbericht vorlegen, der wesentliche Vorgänge und Ereignisse sowie Beanstandungen der vergangenen Jahre beschreibt sowie einen Ausblick auf zukünftige Entwicklungen gibt, soweit sie für den Datenschutz relevant sind. Auf Beschluss von Organen ist er gemäß Abs. 4 Satz 2 (vergleichbar dem BfDI gemäß § 26 Abs. 1 und 2) zur Abfassung besonderer Berichte verpflichtet. Die Übersendung des Berichts an den BfDI gemäß Satz 3 hat Informationscharakter, da diesem jegliche Aufsichtsbefugnis fehlt.   6

---

1 Gola/Schomerus, § 42 Rn. 3.
2 Gola/Schomerus, § 42 Rn. 3.
3 Ähnlich BMH, § 42 Rn. 18; Walz in Simitis, § 42 Rn. 4.
4 BMH, § 42 Rn. 23.
5 Vgl. zur fehlenden Unabhängigkeit des Datenschutzbeauftragten allgemein BAG DB 1998, 627 ff.
6 BMH, § 42 Rn. 30.
7 Gola/Schomerus, § 42 Rn. 6.

§ 42a Informationspflicht bei unrechtmäßiger Kenntniserlangung von Daten

6. Regelungsermächtigung (Abs. 5)

7 Der Deutschen Welle wird durch Abs. 5 Gelegenheit gegeben, die nähere Ausgestaltung der Rechtsstellung und Aufgaben des Datenschutzbeauftragten angelehnt an die §§ 23 bis 26 vorzunehmen. Der Verweis auf die §§ 4f und 4g verdeutlicht die Notwendigkeit der Bestellung interner Datenschutzbeauftragter.

§ 42a Informationspflicht bei unrechtmäßiger Kenntniserlangung von Daten

Stellt eine nicht-öffentliche Stelle im Sinne des § 2 Absatz 4 oder eine öffentliche Stelle nach § 27 Absatz 1 Satz 1 Nummer 2 fest, dass bei ihr gespeicherte
1. besondere Arten personenbezogener Daten (§ 3 Absatz 9),
2. personenbezogene Daten, die einem Berufsgeheimnis unterliegen,
3. personenbezogene Daten, die sich auf strafbare Handlungen oder Ordnungswidrigkeiten oder den Verdacht strafbarer Handlungen oder Ordnungswidrigkeiten beziehen oder
4. personenbezogene Daten zu Bank- und Kreditkartenkonten

unrechtmäßig übermittelt oder auf sonstige Weise unrechtmäßig zur Kenntnis gelangt sind und drohen schwerwiegende Beeinträchtigungen für die Rechte und schutzwürdigen Interessen der Betroffenen, hat sie dies nach den Absätzen 2 bis 5 unverzüglich der zuständigen Aufsichtsbehörde sowie den Betroffenen mitzuteilen. Die Benachrichtigung des Betroffenen muss unverzüglich erfolgen, sobald angemessene Maßnahmen zur Sicherung der Daten ergriffen worden oder nicht unverzüglich erfolgt sind und die Strafverfolgung nicht mehr gefährdet wird. Die Benachrichtigung der Betroffenen muss eine Darlegung der Art der unrechtmäßigen Kenntniserlangung und Empfehlung für Maßnahmen zur Minderung möglicher nachteiliger Folgen enthalten. Die Benachrichtigung der zuständigen Aufsichtsbehörde muss zusätzlich eine Darlegung möglicher nachteiliger Folgen der unrechtmäßigen Kenntniserlangung und der von der Stelle daraufhin ergriffenen Maßnahmen enthalten. Soweit die Benachrichtigung der Betroffenen einen unverhältnismäßigen Aufwand erfordern würde, insbesondere aufgrund der Vielzahl der betroffenen Fälle, tritt an ihre Stelle die Information der Öffentlichkeit durch Anzeigen, die mindestens eine halbe Seite umfassen, in mindestens zwei bundesweit erscheinenden Tageszeitungen oder durch eine andere, in ihrer Wirksamkeit hinsichtlich der Information der Betroffenen gleich geeigneten Maßnahme. Eine Benachrichtigung, die der Benachrichtigungspflichtige erteilt hat, darf in einem Strafverfahren oder in einem Verfahren nach dem Gesetz über Ordnungswidrigkeiten gegen ihn oder einen in § 52 Absatz 1 der Strafprozessordnung bezeichneten Angehörigen des Benachrichtigungspflichtigen nur mit Zustimmung des Benachrichtigungspflichtigen verwendet werden.

Übersicht

	Rn.
1. Allgemeines	1, 1a
2. Voraussetzungen (Satz 1)	2– 7
3. Betroffenenbenachrichtigung	8–10

Informationspflicht bei unrechtmäßiger Kenntniserlangung von Daten § 42 a

4. Benachrichtigungsinhalt und -form 11, 12
5. Verwertungsverbot (Satz 6) und Sanktion 13–15

1. Allgemeines

Die Vorschrift wurde durch die 2. BDSG-Novelle 2009 in das Gesetz eingefügt und trat am 1.9.2009 in Kraft.[1] Sie folgt US-amerikanischen Vorbildern (sog. **Breach Notification**), die entsprechende Normen in den meisten Bundesstaaten (2011: 46) haben,[2] und soll bei bestimmten schwerwiegenden Datenschutzverstößen eine **Benachrichtigung der Betroffenen und der Aufsichtsbehörden** gewährleisten. Sie knüpft zudem an einen Vorschlag der Kommission der Europäischen Gemeinschaften zur Änderung der Richtlinie 2002/58/EG über die Verarbeitung personenbezogener Daten und den Schutz der Privatsphäre in der elektronischen Kommunikation[3] an.[4] Unabhängig von § 42 a kann im Einzelfall bei Datenschutzverletzungen eine Informationspflicht aus anderen Rechtsgründen bestehen, z. B. eine zivilrechtlich begründete Schadensminderungspflicht.[5]

In einem Entwurf eines **IT-Sicherheitsgesetzes**[6] sollen über eine Änderung des BSI-Gesetzes Meldepflichten für Betreiber kritischer IT-Infrastrukturen gegenüber dem Bundesamt für die Sicherheit in der Informationstechnik (BSI) bei Sicherheitsvorfällen eingeführt werden, die neben § 42 a anwendbar sind.[7] In der EU-DSGVO sind Meldepflichten im Fall von Datenpannen geplant gegenüber der Aufsichtsbehörde (Art. 31) und den Betroffenen (Art. 32). Dabei soll das Spektrum erfasster Datenarten erweitert werden.[8]

2. Voraussetzungen (Satz 1)

Durch die Pflicht zur Benachrichtigung soll mit Blick auf die verantwortlichen Stellen eine **präventive und eine Gefahr abwendende Wirkung** erzielt werden. Mit der Benachrichtigung bzw. Veröffentlichung wird eine negative Wirkung in der Öffentlichkeit angedroht, die durch besonders sorgsamen Umgang mit den genannten Daten vermieden werden kann. Die frühzeitige Information über Pannen liegt aber auch im Interesse der verantwortlichen Stelle, da damit ungesteuerte Veröffentlichungen und massive Kundenabwanderungen verhindert werden.[9] Die Betroffenen und die Auf-

---

1 Zu Praxiserfahrungen BfDI RDV 2011, 263; BReg. v. 4.1.2013, BT-Drs. 17/12319, S. 2ff.
2 Solove/Schwartz, S. 135; zu Kalifornien Orthwein/Rücker, DuD 2014, 614.
3 KOM(2007) 698 endg.
4 Zur Vorgeschichte BT-Drs. 16/1887, Beschlussempfehlung 16/6764; zur europäischen Harmonisierung EU-Kommission, RDV 2011, 256; zur Meldeverordnung Nr. 611/2913 v. 24.6.2013 Werkmeister/Görlich, K&R 2014, 632.
5 Taupitz, Die zivilrechtliche Pflicht zur unaufgeforderten Offenbarung eigenen Fehlverhaltens, 1989.
6 Ruhmann, FIfF-Kommunikation 1/2015, 10; Eckhardt, ZD 2014, 599.
7 BT-Drs. 18/4096, BR-Drs. 284/15; ULD-Stellungnahme, https://www.datenschutzzentrum.de/artikel/877-html; Eckhardt, ZD 2014, 599.
8 Marschall, BvD-News 1/2015, 30; ders., DuD 2015, 183.
9 Hansen, DANA 1/2009, 12.

§ 42 a Informationspflicht bei unrechtmäßiger Kenntniserlangung von Daten

sichtsbehörden sollen kurzfristig Maßnahmen ergreifen können, die die negativen Auswirkungen des Datenschutzverstoßes mildern.[10]

2a Die Umsetzung der Informationspflicht setzt zumindest bei mittleren und großen Unternehmen ein geordnetes, vorab festgelegtes Verfahren voraus, das Bestandteil eines umfasenderen **Datenschutzmanagementsystems** ist.[11]

3 Die Regelung richtet sich an **nichtöffentliche Stellen** und diesen gleichgestellte öffentlich-rechtliche Wettbewerbsunternehmen. Sonstige öffentliche Stellen des Bundes werden nicht verpflichtet. Im Landesrecht gibt es jedoch hinsichtlich öffentlicher Stellen vergleichbare Regelungen (z. B. § 27 a LDSG SH, § 23 LDSG MV). Für die Nichtberücksichtigung öffentlicher Stellen (des Bundes) gibt es keine nachvollziehbare Begründung, da Datenlecks auch dort durch Androhung einer Veröffentlichung vermieden werden können, da auch diese zu Schäden führen können, die mit einer frühzeitigen Information abgewendet oder zumindest gemildert werden können.[12]

4 Die Informationspflicht ist begrenzt auf **besonders sensible Daten** nach Satz 1 Nummern 1 bis 4. Für Bestandsdaten und Verkehrsdaten nach § 3 Nrn. 3 und 30 TKG sowie Bestandsdaten und Nutzungsdaten nach den §§ 14, 15 TMG sind bereichsspezifische Regelungen in § 109 a TKG und § 15 a TMG vorgesehen. Entsprechendes gilt seit 2010 für Sozialleistungsträger in § 83 a SGB X.

5 Die Informationspflicht wird ausgelöst durch **tatsächliche Anhaltspunkte** bei der verantwortlichen Stelle, dass Daten unrechtmäßig übermittelt oder auf andere Weise Nichtberechtigten zur Kenntnis gelangt sind und schwerwiegende Beeinträchtigungen für die Betroffenen drohen. Schon die Kenntniserlangung von Daten zu einer einzelnen Person kann genügen. Ein Verschulden bei der verantwortlichen Stelle oder bei Dritten muss nicht vorliegen. Vor der Kenntniserlangung muss es nicht zu einer Datenübermittlung i. S. v. § 3 Abs. 4 Nr. 3 gekommen sein. Auch das Handeln eines Insiders kann die Informationspflicht auslösen, wenn ein Mitarbeiter auf Daten zugreift, auf die er nicht zugreifen dürfte.[13] Ein Verdacht genügt nicht; Voraussetzung ist, dass die Offenbarung wahrscheinlich erfolgt ist. Dies kann schon bei einem Datenverlust, z. B. bei dem Abhandenkommen eines Datenträgers oder eines Notebooks im öffentlichen Raum der Fall sein, wenn die Daten nicht hinreichend verschlüsselt sind.[14] Völlig Gewissheit ist aber nicht nötig. Bei der Prüfung, ob die Anhaltspunkte für die schwerwiegende Gefahr vorliegen, ist der Beauftragte für den Datenschutz (§ 4 g Abs. 1 S. 1) einzubeziehen.[15]

6 **Auftragsdatenverarbeiter** gem. § 11 unterfallen keiner eigenständigen Benachrichtigungspflicht. Der Auftragnehmer ist im Innenverhältnis gegenüber dem Auftraggeber verpflichtet, diesen über unrechtmäßige Kenntniserlangung zu unterrichten (§ 11 Abs. 2 Nr. 8). Im Außenverhältnis bleibt der Auftraggeber verantwortlich. Benach-

---

10 Skeptisch Schuler in 1/DANA 2009, 14; Praxisbeispiele BayLDA, TB 2013/14, Kap. 21 (S. 153 ff.).
11 Neumann, DANA 2013, 56.
12 76. DSB-Konferenz 7. 11. 2008; Hornung, NJW 2010, 1842.
13 Eckhardt/Schmitz, DuD 2010, 391; Dix in Simitis, § 42 a Rn. 6.
14 Hornung, NJW 2010, 1842, Dix in Simitis, § 42 a Rn. 8; Ernst, DuD 2010, 473; a. A.: Eckhardt/Schmitz, DuD 2010, 393; Hanloser, DSB 11/2009, 11.
15 BT-Drs. 16/12011, 32.

richtigungen können durch Dritte in Vertretung der verantwortlichen Stelle erfolgen und sind dann dieser zuzurechnen.[16]
Eine **schwerwiegende Beeinträchtigung für die Betroffeneninteressen** droht, wenn die Gefahr besteht, dass die Stelle, die die Daten unzulässigerweise erlangt hat, die besonders sensiblen Daten in einer Weise verwendet, die für die Betroffenen schädlich wirkt. Die Gefahr der Beeinträchtigung bestimmt sich u. a. nach der Art der betroffenen Daten und den potenziellen Auswirkungen der unrechtmäßigen Kenntniserlangung. Dieser Schaden muss über das reine Offenbaren der Daten an einen Empfänger hinausgehen. Der Schaden liegt z. B. dann vor, wenn die Daten vom Empfänger weitergegeben, veröffentlicht oder in schädigender Form genutzt werden. Die unzulässige Kenntnisnahme in einer Stelle ist regelmäßig keine schwere Beeinträchtigung.[17] Sind entwendete Daten wirksam verschlüsselt, so droht i. d. R. keine schwerwiegende Beeinträchtigung.[18] Die Gesetzesbegründung nennt als Beispiele materielle Schäden bei Kreditkarteninformationen oder soziale Nachteile einschließlich des Identitätsbetrugs.[19] Die Gefährdung reiner Vermögensinteressen genügt.[20] Das Argument, bei illegaler Weitergabe von Kontodaten könne ein Verbraucher unberechtigte Abbuchungen im Lastschriftverfahren widerrufen, ist nicht akzeptabel. Der Begriff »schwerwiegende Beeinträchtigung« wirft Auslegungsschwierigkeiten auf.[21] Je schwerwiegender die zu befürchtende Beeinträchtigung für die Betroffenen ist, desto geringere Anforderungen sind an die Eintrittswahrscheinlichkeit zu stellen. Wird erst später eine Kenntniserlangung bekannt, wird die Informationspflicht ausgelöst. Entsprechendes gilt, wenn später Umstände bekannt werden, die eine schwere Beeinträchtigung befürchten lassen.[22] Im Zweifelsfalle sollte die verantwortliche Stelle immer die Aufsichtsbehörde konsultieren, bevor sie die Benachrichtigung unterlässt.

6a

Die Benachrichtigungspflicht entfällt grds. nicht, wenn durch die Benachrichtigung **Geheimhaltungspflichten** verletzt werden.[23] Dies gilt vor allem für Betriebs- und Geschäftsgeheimnisse. Vielmehr ist ein Ausgleich zwischen gesetzlichen Geheimhaltungs- und Informationspflichten zu suchen. Benachrichtigungen können durch Dritte in Vertretung der verantwortlichen Stelle erfolgen und sind dann dieser zuzurechnen.[24]

Adressat der Benachrichtigung ist zunächst die **Aufsichtsbehörde** nach § 38; bei Post- und Telekommunikationsunternehmen ist es der BfDI nach § 24. Die Benachrichtigung hat unverzüglich zu erfolgen, d.h. gem. der Legaldefinition des § 121 BGB ohne schuldhaftes Zögern.

7

---

16 BReg. BT-Drs. 17/12319, S. 3.
17 Eckhardt/Schmitz, DuD 2010, 391.
18 BayLDA, TB 2013/14, Kap. 21 (S. 153).
19 BT-Drs. 16/12011, 32.
20 Dix im Simitis, § 42a Rn. 9; a. A. Holländer, RDV 2009, 220.
21 BT-Drs. 16/12011, 56.
22 Gabel in Taeger/Gabel, § 42a Rn. 20; Marschall, RDV 2015, 17.
23 So aber Gabel in Taeger/Gabel, § 42a Rn. 29; Gabel, BB 2009, 2049; Kazemi/Leopold Rn. 451.
24 BReg. BT-Drs. 17/12319, S. 3.

§ 42 a Informationspflicht bei unrechtmäßiger Kenntniserlangung von Daten

3. Betroffenenbenachrichtigung

8   Während die Benachrichtigung der zur Amtsverschwiegenheit verpflichteten Aufsichtsbehörden auch vor der Beseitigung von Datensicherheitslücken und im Fall laufender Strafverfolgungsmaßnahmen erfolgen muss, stellt Satz 2 für die **Betroffenenbenachrichtigung** klar, dass ein schuldhaftes Zögern dann nicht gegeben ist, solange Datensicherungspflichten nach § 9 oder Strafverfolgungsinteressen der Veröffentlichung vorläufig noch entgegenstehen. Den Verpflichteten soll die Möglichkeit eingeräumt werden, etwaige, die Verletzung begünstigende Sicherheitslücken zu analysieren und so weit wie möglich zu beheben, bevor breitere Kreise und damit evtl. weitere potenzielle Angreifer von der Lücke Kenntnis erlangen.

9   Die Gesetzesbegründung spricht von »**verantwortungsvoller Offenlegung**« (responsible Disclosure). Danach wird nach dem Finden einer Schwachstelle als erstes der Hersteller informiert. Erst nach einer angemessenen Frist wird die Schwachstelle und die diese ausnutzende Software veröffentlicht. Der Hersteller erhält dadurch die Möglichkeit, das Problem zu beheben, indem er eine neue sicherere Version der Software erstellt, die Anwender informiert und diesen die Software zur Verfügung stellt.[25]

10 **Ermittlungen der Verfolgungsorgane** sollen bei einem kriminellen Hintergrund durch die Offenlegung nicht gefährdet werden. Handelt es sich bei einem Datenschutzverstoß erkennbar um ein sanktionsbedürftiges Verhalten, kann die Verfolgungsbehörde der grds. benachrichtigungspflichtigen Stelle eine Betroffenenbenachrichtigung untersagen. Ist unklar, ob die Strafverfolgung beeinträchtigt wird, muss die verantwortliche Stelle aktiv die Verfolgungsbehörde um eine Stellungnahme bitten und kann bis zum Eingang einer Antwort die Benachrichtigung aussetzen.

4. Benachrichtigungsinhalt und -form

11 Der **Inhalt der Benachrichtigung** variiert nach dem Empfänger. Die Benachrichtigung der Betroffenen muss nach Satz 3 für dessen Verständnishorizont eine Darlegung der Art der Verletzung und Empfehlungen für Maßnahmen zur Minderung möglicher nachteiliger Folgen enthalten, z. B. beim Verlust von Bankdaten. Die Meldungen müssen bei den Betroffenen folgende Effekte haben: mitbekommen, verstehen, persönliche Konsequenzen abschätzen können, geeignete Maßnahmen ergreifen können.[26] Dies bedingt, dass in der Regel auch die Art der betroffenen Daten sowie die von der verantwortlichen Stelle ergriffenen Maßnahmen genannt werden. Die Benachrichtigung kann schriftlich oder elektronisch erfolgen (Textform, § 126b BGB), in dringenden Ausnahmefällen auch telefonisch. Bei einer elektronischen Benachrichtigung ist darauf zu achten, dass sie dokumentiert ist und eine sichere Authentifizierung, etwa durch eine digitale Signatur, möglich ist.[27] Die Benachrichtigung der Aufsichtsbehörde muss nach Satz 4 eine Darlegung möglicher nachteiliger Folgen der Verletzung und der vom

---

25 BT-Drs. 16/12011, 32.
26 Schuler, DANA 1/2009, 14.
27 Hansen, DANA 1/2009, 12.

Betreiber nach der Verletzung ergriffenen Maßnahmen enthalten. Die Behörde muss prüfen können, ob auf den Datenschutzverstoß adäquat reagiert wird. Verursacht eine Betroffenenbenachrichtigung einen unverhältnismäßigen Aufwand an Kosten und Zeit, kann diese nach Satz 5 durch eine **Benachrichtigung der Öffentlichkeit** ersetzt werden. Ein solcher Fall kann z. b. gegeben sein, wenn die Adressdaten der Betroffenen der verantwortlichen Stelle nicht bekannt sind und erst ermittelt werden müssten. Die Meldepflicht muss verhältnismäßig sein im Hinblick auf den Datenschutzverstoß und den daraus drohenden Schäden. Die etwas unzeitgemäß erscheinende Regelung des Satzes 5 (halbseitige Anzeige in 2 bundesweiten Tageszeitungen) zielt darauf ab, dass jeder Betroffene eine adäquate Chance erhält, von der Meldung Kenntnis zu erlangen, ohne auf elektronische Medien angewiesen zu sein. Online-Veröffentlichungen können gleich gut geeignete Maßnahmen sein. Flankierend sind redaktionelle Presseberichte sowie strukturierte Darstellungen im Internet, z. B. durch Datenschutzbehörden, möglich.

5. Verwertungsverbot (Satz 6) und Sanktion

Das in Satz 6 enthaltene strafrechtliche Verwertungsverbot besteht auch in anderen Vorschriften, z. B. § 97 Abs. 1 S. 2 InsO. Auf diese Weise soll das Spannungsverhältnis verfassungskonform aufgelöst werden, dass die verantwortliche Stelle sich entweder selbst bezichtigt oder sich nach § 43 Abs. 2 Nr. 7 ordnungswidrig verhält (**Nemo-Tenetur-Grundsatz**).[28] Dabei ist zu berücksichtigen, dass eine Selbstbezichtigung bei juristischen Personen wegen der Verantwortlichkeit der handelnden Person nicht der Regelfall, sondern die Ausnahme ist. In besonderen Fällen, z. B. bei einer Ein-Mann-GmbH, kann Satz 6 jedoch praktische Relevanz bekommen.[29] Das Verwendungsverbot nach Satz 6 ist auf natürliche und juristische Personen sowie auf deren vertretungsberechtigte Organe anwendbar, soweit Aufgaben eigenverantwortlich wahrgenommen werden.[30] Es gilt nur bei den gesetzlich genannten Verfahren, nicht z. B. in Zivilverfahren, etwa wenn der Betroffene Schadensersatzforderungen geltend macht.[31]

Nach § 43 Abs. 2 Nr. 7 handelt **ordnungswidrig**, wer entgegen § 42a Satz 1 eine Mitteilung nicht, nicht richtig, nicht vollständig oder nicht rechtzeitig macht. Die Wirksamkeit des Instruments der Benachrichtigung hängt davon ab, dass die Missachtung der Vorschrift des § 42a auch tatsächlich festgestellt und sanktioniert wird.[32]

Die Aufsichtsbehörde kann die Betroffenen im Wege der **Ersatzvornahme** nach § 38 Abs. 1 S. 1 benachrichtigen, wenn die verantwortliche Stelle die Benachrichtigung zu Unrecht bestreitet oder die Benachrichtigung schuldhaft verzögert. In einem solchen Fall kann auch eine Veröffentlichung nach § 42a S. 5 in Betracht kommen. § 42a ist als Schutzgesetz gem. § 823 Abs. 2 BGB anzusehen, so dass eine Verletzung von Informationspflichten zu Schadensersatzansprüchen führen kann.[33]

---

28 Weichert, Informationelle Selbstbestimmung und strafrechtliche Ermittlung, 1990, S. 123 f.
29 BT-Drs. 16/12011, 33.
30 BReg. BT-Drs. 17/12319, S. 5.
31 Gabel in Taeger/Gabel, § 42a Rn. 32.
32 Schuler, DANA 2009, 14 f.
33 Dix in Simitis, § 42a Rn. 21.

§ 43 Bußgeldvorschriften

Fünfter Abschnitt
Schlussvorschriften

§ 43 Bußgeldvorschriften

(1) Ordnungswidrig handelt, wer vorsätzlich oder fahrlässig
1. entgegen § 4d Abs. 1, auch in Verbindung mit § 4e Satz 2, eine Meldung nicht, nicht richtig, nicht vollständig oder nicht rechtzeitig macht,
2. entgegen § 4f Abs. 1 Satz 1 oder 2, jeweils auch in Verbindung mit Satz 3 und 6, einen Beauftragten für den Datenschutz nicht, nicht in der vorgeschriebenen Weise oder nicht rechtzeitig bestellt,
2a. entgegen § 10 Absatz 4 Satz 3 nicht gewährleistet, dass die Datenübermittlung festgestellt und überprüft werden kann,
2b. entgegen § 11 Absatz 2 Satz 2 einen Auftrag nicht richtig, nicht vollständig oder nicht in der vorgeschriebenen Weise erteilt oder entgegen § 11 Absatz 2 Satz 4 sich nicht vor Beginn der Datenverarbeitung über die Einhaltung der beim Auftragnehmer getroffenen technischen und organisatorischen Maßnahmen überzeugt,
3. entgegen § 28 Abs. 4 Satz 2 den Betroffenen nicht, nicht richtig oder nicht rechtzeitig unterrichtet oder nicht sicherstellt, dass der Betroffene Kenntnis erhalten kann,
3a. entgegen § 28 Absatz 4 Satz 4 eine strengere Form verlangt,
4. entgegen § 28 Abs. 5 Satz 2 personenbezogene Daten übermittelt oder nutzt,
4a. entgegen § 28a Abs. 3 Satz 1 eine Mitteilung nicht, nicht richtig, nicht vollständig oder nicht rechtzeitig macht,
5. entgegen § 29 Abs. 2 Satz 3 oder 4 die dort bezeichneten Gründe oder die Art und Weise ihrer glaubhaften Darlegung nicht aufzeichnet,
6. entgegen § 29 Abs. 3 Satz 1 personenbezogene Daten in elektronische oder gedruckte Adress-, Rufnummern-, Branchen- oder vergleichbare Verzeichnisse aufnimmt,
7. entgegen § 29 Abs. 3 Satz 2 die Übernahme von Kennzeichnungen nicht sicherstellt,
7a. entgegen § 29 Abs. 6 ein Auskunftsverlangen nicht richtig behandelt,
7b. entgegen § 29 Abs. 7 Satz 1 einen Verbraucher nicht, nicht richtig, nicht vollständig oder nicht rechtzeitig unterrichtet,
8. entgegen § 33 Abs. 1 den Betroffenen nicht, nicht richtig oder nicht vollständig benachrichtigt,
8a. entgegen § 34 Absatz 1 Satz 1, auch in Verbindung mit Satz 3, entgegen § 34 Absatz 1a, entgegen § 34 Absatz 2 Satz 1, auch in Verbindung mit Satz 2, oder entgegen § 34 Absatz 2 Satz 5, Absatz 3 Satz 1 oder Satz 2 oder Absatz 4 Satz 1, auch in Verbindung mit Satz 2, eine Auskunft nicht, nicht richtig, nicht vollständig oder nicht rechtzeitig erteilt oder entgegen § 34 Absatz 1a Daten nicht speichert,
8b. entgegen § 34 Abs. 2 Satz 3 Angaben nicht, nicht richtig, nicht vollständig oder nicht rechtzeitig übermittelt,

8 c. entgegen § 34 Abs. 2 Satz 4 den Betroffenen nicht oder nicht rechtzeitig an die andere Stelle verweist,
9. entgegen § 35 Abs. 6 Satz 3 Daten ohne Gegendarstellung übermittelt,
10. entgegen § 38 Abs. 3 Satz 1 oder Abs. 4 Satz 1 eine Auskunft nicht, nicht richtig, nicht vollständig oder nicht rechtzeitig erteilt oder eine Maßnahme nicht duldet oder
11. einer vollziehbaren Anordnung nach § 38 Abs. 5 Satz 1 zuwiderhandelt.

(2) Ordnungswidrig handelt, wer vorsätzlich oder fahrlässig
1. unbefugt personenbezogene Daten, die nicht allgemein zugänglich sind, erhebt oder verarbeitet,
2. unbefugt personenbezogene Daten, die nicht allgemein zugänglich sind, zum Abruf mittels automatisierten Verfahrens bereithält,
3. unbefugt personenbezogene Daten, die nicht allgemein zugänglich sind, abruft oder sich oder einem anderen aus automatisierten Verarbeitungen oder nicht automatisierten Dateien verschafft,
4. die Übermittlung von personenbezogenen Daten, die nicht allgemein zugänglich sind, durch unrichtige Angaben erschleicht,
5. entgegen § 16 Abs. 4 Satz 1, § 28 Abs. 5 Satz 1, auch in Verbindung mit § 29 Abs. 4, § 39 Abs. 1 Satz 1 oder § 40 Abs. 1, die übermittelten Daten für andere Zwecke nutzt,
5 a. entgegen § 28 Absatz 3 b den Abschluss eines Vertrages von der Einwilligung des Betroffenen abhängig macht
5 b. entgegen § 28 Absatz 4 Satz 1 Daten für Zwecke der Werbung oder der Markt- oder Meinungsforschung verarbeitet oder nutzt,
6. entgegen § 30 Absatz 1 Satz 2, § 30 a Absatz 3 Satz 3 oder § 40 Absatz 2 Satz 3 ein dort genanntes Merkmal mit einer Einzelangabe zusammenführt oder
7. entgegen § 42 a Satz 1 eine Mitteilung nicht, nicht richtig, nicht vollständig oder nicht rechtzeitig macht.

(3) Die Ordnungswidrigkeit kann im Falle des Absatzes 1 mit einer Geldbuße bis zu fünfzigtausend Euro, in den Fällen des Absatzes 2 mit einer Geldbuße bis zu dreihunderttausend Euro geahndet werden. Die Geldbuße soll den wirtschaftlichen Vorteil, den der Täter aus der Ordnungswidrigkeit gezogen hat, übersteigen. Reichen die in Satz 1 genannten Beträge hierfür nicht aus, so können sie überschritten werden.

Übersicht	Rn.
1. Einleitung	1
2. Täterschaft	2–4
3. Tatbestände gem. Abs. 1	5–14
4. Tatbestände gem. Abs. 2	15–20
5. Rechtswidrigkeit und Schuld	21, 22
6. Verfahren, Sanktionen (Abs. 3)	23, 24
7. Landesrecht	25

1. Einleitung

1 Die **Bußgeldvorschriften** und **Straftatbestände** sind durch die Novellierungen im Jahre 2009 erheblich ergänzt worden.[1] Ordnungswidrigkeiten und Strafvorschriften sind in § 43 zusammen aufgeführt. In § 44 Abs. 1 werden dabei die Merkmale genannt, die eine Ordnungswidrigkeit gem. § 43 Abs. 2 zu einer Straftat machen. Die Begehung muss vorsätzlich erfolgen und z. B. gegen Entgelt oder in Schädigungsabsicht. Von Lewinski[2] hält eine Reihe von Tatbeständen für verfassungswidrig. Im Entwurf für die DS-GVO der Kommission und im Beschluss des Parlaments sind Sanktionen in Art. 78 und 79, im Beschluss des Rates vom 15.6.2015 in Art. 79, 79a und 79b vorgesehen.

2. Täterschaft

2 Als Täter kommt **jede natürliche Person** in Frage außer dem Betroffenen bezüglich seiner eigenen Daten.[3] Allerdings können Taten oft nur von bestimmten Personen begangen werden, wie z. B. die unterlassene Bestellung des Datenschutzbeauftragten (§ 4f). Diese Verpflichtung trifft nur die öffentliche oder nichtöffentliche Stelle, die personenbezogene Daten automatisiert erhebt, verarbeitet oder nutzt, nicht aber Dritte.

3 Die Vorschrift richtet sich also gegen denjenigen, der die jeweilige ihn treffende Pflicht verletzt, der insoweit verantwortlich und entscheidungsbefugt ist.[4] Bei juristischen Personen kommen dabei sowohl die **Mitglieder des Organs**, das zur gesetzlichen Vertretung berufen ist (§ 9 Abs. 1 Nr. 1 OWiG), als auch die von diesem Organ mit der eigenverantwortlichen Wahrnehmung der Pflichten **beauftragten Personen** (§ 9 Abs. 2 OWiG) in Betracht. Dies trifft z. B. denjenigen, der nach interner Aufgabenverteilung im Unternehmen Auskünfte gem. § 38 Abs. 3 Satz 1[5] zu geben oder die Meldepflicht gem. § 4d Abs. 1 zu erfüllen hat. **§ 30 OWiG** ermöglicht dabei eine Geldbuße nicht nur gegen den Täter, sondern auch gegen die juristische Person oder Personenvereinigung selbst, sofern die Ordnungswidrigkeit durch ein Organ, eine Organperson oder z. B. einen vertretungsberechtigten Gesellschafter begangen worden ist.[6]

4 Gem. § 14 OWiG sind auch **mittelbare Täterschaft**[7] und Mittäterschaft[8] möglich. **Anstiftung** und **Beihilfe** kommen bei vorsätzlicher Begehung in Betracht.

---

1 Holländer, RDV 2009, 215.
2 In Auernhammer, § 43: Abs. 1 Nr. 4 (Rn. 19) und Nr. 8 (Rn. 27), Abs. 2 Nr. 1–3 (Rn. 45), Nr. 5 (Rn. 50) und Nr. 7 (Rn. 55); vgl. insgesamt vor § 43 Rn. 5 ff.
3 Ehmann in Simitis, § 43 Rn. 22; Taeger/Gabel-Mackenthun, § 43 Rn. 8.
4 BMH, § 43 Rn. 18; Gola/Schomerus, § 43 Rn. 3; SW § 43 Rn. 4.
5 OLG Celle 14.6.1995 – 2 Ss (=Wi) 185/95, RDV 1995, 244 f.
6 Vgl. auch Ehmann in Simitis, § 43 Rn. 24 a mit Beispielen und Holländer in WB, § 43 Rn. 7.
7 Vgl. hierzu Fischer, § 25 Rn. 5 ff.; GGS, § 14 Rn. 5 b.
8 Fischer, a. a. O., Rn. 23 ff.; GGS, § 14 Rn. 1 ff.

3. Tatbestände gem. Abs. 1

Die weiteren Einzelheiten ergeben sich aus der Kommentierung zu den jeweiligen Vorschriften, so dass hier lediglich zusammenfassende bzw. ergänzende Hinweise gegeben werden.
- **Nr. 1:** Automatisierte Verarbeitungen sind vor Beginn der zuständigen Aufsichtsbehörde bzw. dem Bundesbeauftragten für den Datenschutz und die Informationsfreiheit zu melden (§ 4d, 4e). **§ 4d Abs. 1** bezieht sich dabei wegen des Inhalts der Meldepflicht auf § 4e insgesamt. Der Hinweis auf § 4e Satz 2 stellt insbesondere klar, dass auch bei fehlender Meldung von Änderungen der Tatbestand erfüllt wird.[9] Die **Meldepflichten entfallen**, wenn ein Beauftragter für den Datenschutz bestellt worden ist.
- **Nr. 2:** Der fehlenden Bestellung wird die gleichgesetzt, die nicht in der vorgeschriebenen Weise (z.B. fordert § 4f Abs. 1 Satz 1 Schriftform) bzw. nicht rechtzeitig erfolgt. Strittig ist, ob auch dann keine Bestellung vorliegt, wenn der Datenschutzbeauftragte die **erforderliche Fachkunde und Zuverlässigkeit** nicht besitzt (§ 4f Abs. 2 Satz 1)[10] oder wegen der Vielzahl sonstiger Aufgaben seine Funktion gar nicht wahrnehmen kann.[11] Da das Gesetz die Voraussetzungen einer Bestellung klar definiert, diese also konstitutiv sind,[12] wird man eine Bestellung ohne die erforderliche Qualifikation als Nichtbestellung, jedenfalls aber als Bestellung nicht in der vorgeschriebenen Weise verstehen müssen und annehmen können, dass das Bestimmtheitsgebot für Strafvorschriften erfüllt ist. Ist demgegenüber durch eine Vielzahl der Aufgaben die **ordnungsgemäße Erfüllung** der Funktion **faktisch unmöglich**, ist die Annahme einer Ordnungswidrigkeit zweifelhaft. Hier könnte der Datenschutzbeauftragte die anderen Aufgaben zurückstellen, wenngleich diese Alternative die Zwänge im Arbeitsverhältnis nicht ausreichend berücksichtigt. Entscheidend gegen eine Ordnungswidrigkeit spricht allerdings, dass diese Fallkonstellation ebenso wie die eines pflichtwidrigen Untätigbleibens nicht unter den Wortlaut subsumiert werden kann. Neben der fehlenden Schriftform werden auch die Fälle erfasst, in denen kein Einverständnis des betroffenen Mitarbeiters vorliegt oder dieser dem Leiter der Stelle nicht unmittelbar unterstellt ist (§ 4 Abs. 3 Satz 1).[13] Dann ist der Datenschutzbeauftragte ebenfalls nicht in der vorgeschriebenen Weise bestellt.
- **Nr. 2a** sanktioniert die unzureichende Überprüfungsmöglichkeit der Datenübermittlung.
- **Nr. 2b** soll einerseits sicherstellen, dass die Auftragserteilung nach Inhalt und Form § 11 Abs. 2 entspricht. Andererseits muss sich der Auftraggeber vor Beginn der Datenverarbeitung davon überzeugen, dass die beim Auftragnehmer getroffenen

---

9 Vgl. auch Ehmann in Simitis, § 43 Rn. 32.
10 Hierfür: BMH, § 43 Rn. 31; Gola/Schomerus, § 43 Rn. 6; Holländer in WB, § 43 Rn. 14f. und Simitis in Simitis, § 4f Rn. 111f.; a.A. von Lewinski in Auernhammer, § 43 Rn. 12.
11 Hierfür Gola/Schomerus, § 43 Rn. 6; BMH, § 43 Rn. 36; Taeger/Gabel-Mackenthun, § 43 Rn. 12; a.A. Ehmann in Simitis, § 43 Rn. 33; Holländer in WB, § 43 Rn. 15; SW, § 43 Rn. 12.
12 Simitis in Simitis, § 4f Rn. 111.
13 BMH, § 43 Rn. 33f.

technischen und organisatorischen Maßnahmen eingehalten werden. Der ersten Kontrolle kommt gewöhnlich eine besondere Bedeutung zu. Sie wird besonders gründlich sein. Zudem ist dieser Zeitpunkt, anders als der, später »regelmäßig« weitere Kontrollen vorzunehmen, auch für die Bußgeldbewehrung bestimmt genug.[14]

8
- **Nr. 3:** Die Vorschrift bezieht sich auf die Verpflichtung, dem Betroffenen bei einer Ansprache zum Zwecke der Werbung, der Markt- oder der Meinungsforschung über die verantwortliche Stelle und sein Widerspruchsrecht zu informieren. Diese **Unterrichtung** hat **bei der Ansprache** zu erfolgen. Auch **unvollständige Angaben** sind unrichtig.[15] Soweit der Ansprechende personenbezogene Daten des Betroffenen nutzt, die bei einer ihm nicht bekannten Stelle gespeichert sind, hat er sicherzustellen, dass der Betroffene Kenntnis über die Herkunft erhalten kann. Diese Verpflichtung kann also auch dann verletzt sein, wenn niemand Auskunft begehrt, aber **keine entsprechenden Vorkehrungen** getroffen worden sind.[16]
- Nach **Nr. 3a** handelt die verantwortliche Stelle ordnungswidrig, wenn sie für den Widerspruch des Betroffenen, seine personenbezogenen Daten für Werbung, Markt- und Meinungsforschung zu verwenden, eine strengere Form verlangt als für die Begründung des entsprechenden Schuldverhältnisses, in dessen Rahmen diese Daten erhoben werden. Dies wäre z. B. der Fall, wenn der Abschluss des Vertrages mündlich oder durch elektronische Erklärung im Internet erfolgte, für den Widerspruch aber Schriftform festgelegt wäre.[17]

9
- **Nr. 4:** Die Vorschrift betrifft den direkten Schutz des Betroffenen. Der Dritte darf die ihm übermittelten Daten nur entsprechend der **Zweckbindung** verarbeiten oder nutzen. Ansonsten handelt er ordnungswidrig.
- In **Nr. 4a** wird Verletzung der Nachberichtspflicht bußgeldbewehrt. Die Datenbestände in Auskunfteien sollen aktuell und richtig sein.[18]

10
- **Nr. 5:** Die Aufzeichnungspflicht der übermittelnden oder der abrufenden Stelle soll eine **spätere Überprüfung** der Zulässigkeit des Vorgangs ermöglichen.[19]

11
- **Nr. 6 und 7:** Adressat nach Nr. 6 ist sowohl derjenige, der die **Herstellung des Verzeichnisses** veranlasst, wie auch der, der es herstellt, wie z. B. eine Druckerei.[20] Demgegenüber ist in Nr. 7 lediglich der **Empfänger der Daten** betroffen. Hiermit soll sichergestellt werden, dass der Wille des Betroffenen dauerhaft erkennbar bleibt.[21]
- **Nr. 7a** sanktioniert die fehlerhafte Behandlung von Auskunftsverlangen ausländischer Darlehnsgeber aus den EU und EWR-Staaten. Sie sind inländischen gleich zu stellen.[22] **Nr. 7b** betrifft die fehlende oder unzureichende Erfüllung der in § 29

---

14 So auch der Bericht des Innenausschusses, BT-Drucks. 16/13657, S. 38 f.; vgl. auch die Praxisbeispiele bei Holländer in WB, § 43 Rn. 18.2.
15 Gola/Schomerus, § 43 Rn. 7.
16 BMH, § 43 Rn. 44; Ehmann in Simitis, § 43 Rn. 36; Praxisbeispiele bei Holländer in WB, § 43 Rn. 20.1.
17 Vgl. auch BT-Drucks. 16/12011, S. 30 f.; BMH, § 43 Rn. 47c; Gola/Schomerus, § 43 Rn. 7a.
18 Beispiele nennt Holländer in WB, § 43 Rn. 23.1.
19 Gola/Schomerus, § 43 Rn. 9; Beispiele bei Holländer in WB, § 43 Rn. 24.1.
20 Ehmann in Simitis, § 43 Rn. 41.
21 Vgl. auch Gola/Schomerus, § 43 Rn. 11.
22 BMH, § 43 Rn. 56a.

Abs. 7 Satz 1 für einen Darlehnsgeber vorgesehenen Verpflichtung, den Verbraucher kostenlos und unverzüglich zu unterrichten, wenn der Abschluss eines der dort genannten Verträge von ihm infolge der Datenbankabfrage abgelehnt wird. Beide Normen gehen auf die Umsetzung der EU-Verbraucherkreditrichtlinie zurück.

- **Nr. 8:** Hier wird die **fehlende/fehlerhafte Benachrichtigung**, die den Betroffenen über die erstmalige Speicherung von Daten und dazugehöriger Details informiert, als Ordnungswidrigkeit definiert. 12
- **Nr. 8 a–c** sanktionieren die fehlende oder fehlerhafte Erfüllung aus § 34 folgender Auskunfts-, Speicher-, Übermittlungs- und Verweispflichten.[23]
- **Nr. 9** regelt eine Datenübermittlung, die trotz Verlangen des Betroffenen nach § 35 Abs. 6 Satz 2 entgegen Satz 3 **ohne Gegendarstellung** erfolgt. Damit ist keine presserechtliche Erklärung mit den entsprechenden Anforderungen, sondern lediglich eine Darstellung des Betroffenen aus seiner Sicht gemeint.[24] 13
- **Nr. 10 und 11** haben den Zweck, die **Arbeit der Aufsichtsbehörde** durch entsprechende Auskunftserteilungen, Zugangsrechte und vollziehbare Anordnungen zur Beseitigung festgestellter Mängel mit entsprechenden Sanktionierungen zu erleichtern.[25] 14

4. Tatbestände gem. Abs. 2

- **Nr. 1** betrifft die unbefugte Erhebung oder Verarbeitung personenbezogener Daten, die nicht allgemein zugänglich sind. Die Nutzung (§ 3 Abs. 5) ist also nicht erfasst.[26] **Unbefugt** sind Handlungen, die weder nach dem BDSG noch nach anderen Rechtsvorschriften erlaubt sind.[27] **Allgemein zugänglich** sind Daten, die einer unbeschränkten Zahl von Personen bekannt oder ohne besondere Voraussetzungen oder Anstrengungen zugänglich sind. Demgegenüber ist von einem lediglich beschränkten Zugang z.B. bei behördlichen Registern auszugehen, weil dort die Geltendmachung eines berechtigten Interesses Voraussetzung ist.[28] 15
- **Nr. 2:** Hier wird auch die bloße **Bereithaltung von personenbezogenen Daten**, die mittels automatisierter Verfahren verarbeitet werden, sanktioniert. Das Bereithalten zum Abruf ist mit einer **besonderen Gefährdung** der gespeicherten Daten verbunden und deshalb als **abstraktes Gefährdungsdelikt**[29] durch das Gesetz sanktio- 16

---

23 Praxisbeispiele zu Nr. 8 a bei Ehmann in Simitis, § 43 Rn. 46 a und Holländer in WB, § 43 Rn. 35.2.
24 Vgl. auch Ehmann in Simitis, § 43 Rn. 49.
25 Vgl. auch Gola/Schomerus § 43 Rn. 14 m.w.N. und die Beispiele zu Nr. 10 bei Ehmann in Simitis, § 43 Rn. 50 und Holländer in WB, § 43 Rn. 43.1.
26 Vgl. auch Ehmann in Simitis, § 43 Rn. 57; Taeger/Gabel-Mackenthun, § 43 Rn. 51.
27 BGH 4.6.2013 – 1 StR 32/13, NJW 13, 2530 (2534 ff.); hierzu auch Brandt, CuA 1/14, S. 33 (34 ff.).
28 BGH 4.6.2013 – 1 StR 32/13, NJW 13, 2530 (2533); Ehmann in Simitis, § 43 Rn. 54 mit Praxisbeispielen in Rn. 57; Gola/Schomerus, § 43 Rn. 18; Holländer in WB, § 43 Rn. 48.2 (Beispiele); a.A. OLG Hamburg, RDV 1998, 216 (allerdings zur früheren Rechtslage »offenkundige Daten«); SW, § 43 Rn. 26.
29 Hierzu Fischer, vor § 13 Rn. 19; BMH, § 43 Rn. 91; von Lewinski in Auernhammer, § 43 Rn. 41.

niert.³⁰ Der Tatbestand ist erfüllt, wenn mindestens **einem** Dritten der Abruf von Daten ermöglicht wird.³¹

17 • **Nr. 3:** In dieser Vorschrift wird zunächst der **unbefugte Abruf** nicht allgemein zugänglicher personenbezogener Daten, die in automatisierter Form vorgehalten werden, sanktioniert.³² Es muss sich nicht um Daten handeln, die zum Abruf bereitgehalten werden.³³ Es kommt nicht darauf an, ob der Täter seine **Befugnisse überschreitet** oder ob er sich **ohne** jede Berechtigung Zugang verschafft.³⁴ Der Abruf setzt nicht voraus, dass der Täter Dritter ist. Auch wer **Teil der verantwortlichen Stelle** ist und Daten unbefugt abruft, verwirklicht die Vorschrift.³⁵ Die **Datenverschaffung** aus automatisierten Verarbeitungen oder nichtautomatisierten Dateien fällt ebenfalls unter die Norm. **Verschaffen** bedeutet aktives Handeln, das fehlt, wenn jemandem ohne eigenes Zutun Daten zugänglich werden (z. B. durch einen Übermittlungsfehler).³⁶ Unerheblich ist, ob jemand sich die Daten für eigene oder fremde Zwecke verschafft.³⁷ Ebenso wenig ist eine Nutzung der Daten erforderlich.³⁸

18 • **Nr. 4** erfasst das **Erschleichen geschützter personenbezogener Daten** durch unrichtige Angaben.³⁹ Dabei ist der Begriff vom Gesetzgeber bewusst weit gefasst. Insbesondere soll auch die Datenbeschaffung durch **Hacker** den Tatbestand erfüllen.⁴⁰ In diesem Falle wird zwar der Zugang/die Übermittlung nicht durch falsche Angaben, sondern durch Ermittlung des richtigen Passwortes erlangt, es wird aber über die **Identität/Zugriffsberechtigung** getäuscht.⁴¹Nur insoweit werden dann Hackerangriffe erfasst. Erfasst wird auch das sog. **Phishing** (»Password Fishing«).⁴²

19 • In **Nr. 5** wird das Prinzip der **zweckgebundenen Verwendung der Daten** schützt. Die ersten drei Fälle beziehen sich dabei auf eine Übermittlung von Daten mit entsprechender Zweckbestimmung. Diese muss **ausdrücklich erklärt** oder **klar erkennbar** sein, wie z. B. bei wiederholter Übermittlung.⁴³ §§ 39 und 40 beziehen sich schließlich auf personenbezogene Daten, die einem **Berufs-** oder **besonderen Amtsgeheimnis** unterliegen oder die für **wissenschaftliche Forschung** verwendet werden. Nr. 5 sanktioniert die zweckentfremdete Nutzung.

20 • In **Nr. 5a** wird ein Bußgeldtatbestand für den Verstoß gegen das in § 28 Abs. 3 b

---

30 Vgl. auch Gola/Schomerus, § 43 Rn. 21; Taeger/Gabel-Mackenthun, § 43 Rn. 53.
31 Beispiele bei Ehmann in Simitis, § 43 Rn. 59a.
32 AG Düsseldorf RDV 1985, 285.
33 Gola/Schomerus, § 43 Rn. 22; Ehmann in Simitis, § 43 Rn. 61.
34 Vgl. auch Gola/Schomerus, § 43 Rn. 22; Taeger/Gabel-Mackenthun, § 43 Rn. 55.
35 BMH, § 43 Rn. 94.
36 Vgl. auch Ehmann in Simitis, § 43 Rn. 65.
37 BMH, § 43 Rn. 95.
38 Vgl. auch SW, § 43 Rn. 31 und die Beispiele bei Ehmann in Simitis, § 43 Rn. 64 und Holländer in WB, § 43 Rn. 51 und 52.3 f.
39 Ehmann in Simitis, § 43 Rn. 71a mit Beispielen; ebenso Holländer in WB, § 43 Rn. 53.2.
40 BT-Drucks. 11/4306, S. 55.
41 BMH, § 43 Rn. 99, Gola/Schomerus, § 43 Rn. 23; SW, § 43 Rn. 33; Taeger/Gabel-Mackenthun, § 43 Rn. 57.
42 Von Lewinski in Auernhammer, § 43 Rn. 47.
43 Gola/Schomerus, § 43 Rn. 24.

Bußgeldvorschriften § 43

vorgesehene Kopplungsverbot[44] festgelegt. Nach **Nr. 5b** handelt eine verantwortliche Stelle ordnungswidrig, wenn sie trotz des Widerspruchs des Betroffenen seine Daten für Zwecke der Werbung oder der Markt- oder Meinungsforschung verarbeitet oder nutzt.

- In **Nr. 6** wird schließlich die **unerlaubte Deanonymisierung** von Daten, die unzulässige **Aufhebung der File-Trennung**, sanktioniert. Der Tatbestand ist erfüllt, wenn z. B. bei geschäftsmäßiger Datenspeicherung die anonymisierte Information über persönliche oder sachliche Verhältnisse von Betroffenen mit einem Merkmal zusammengeführt wird, mit dem sich ein Personenbezug herstellen lässt. Hierbei geht es in erster Linie um **Markt-, Meinungs-** und **Sozialforschungsinstitute** und ihre Veröffentlichungen.
- **Nr. 7** sanktioniert eine Verletzung der aus § 42a Satz 1 folgenden Mitteilungspflicht.

5. Rechtswidrigkeit und Schuld

Die Tathandlung muss **rechtswidrig** sein. Teilweise verlangt das Gesetz insofern, dass ein **unbefugtes Handeln** vorliegt. Auch wo dies nicht der Fall ist, ist davon auszugehen, dass die Verwirklichung des Tatbestandes die Rechtswidrigkeit indiziert. Es dürfen dann keine **allgemeinen Rechtfertigungsgründe**[45] wie z.B. Notwehr (§§ 15 OWiG, 32 StGB)[46] oder Notstand (§§ 16 OWiG, 34 StGB)[47] vorliegen. Ebenso ist eine entsprechende **Befugnis**[48] und eine § 4a entsprechende **Einwilligung** als Rechtfertigungsgrund gegebenenfalls in Betracht zu ziehen. 21

Alle Tatbestände können **vorsätzlich** und **fahrlässig** begangen werden (§ 10 OWiG).[49] Der **Versuch** ist nicht ausreichend (§ 13 Abs. 2 OWiG). 22

6. Verfahren, Sanktionen (Abs. 3)

Für die Verfolgung gelten die allgemeinen Vorschriften des OWiG. Nach § 36 Abs. 1 OWiG ist danach die jeweilige **oberste Landesbehörde**, d.h. die Ministerien bzw. Senatoren für Arbeit bzw. in Hamburg die Behörde für Arbeit, Gesundheit und Soziales, zuständig, sofern sie die Verantwortung nicht gem. Abs. 2 weiter übertragen hat. Dies ist häufig geschehen. Die **örtliche Zuständigkeit** richtet sich nach § 37 OWiG. Die Ahndung der Ordnungswidrigkeit ist nicht von einem Antrag des Geschädigten selbst abhängig. Grundsätzlich können **Anzeigen durch jedermann** erfolgen. Die Verfolgung der Ordnungswidrigkeit erfolgt von Amts wegen nach **pflichtgemäßem Ermessen** der Behörde (§ 47 Abs. 1 Satz 1 OWiG), es gilt also das Opportunitätsprinzip. 23

Die **Geldbuße** kann im Falle des Abs. 1 bis zu **50 000 €**, in den Fällen des Abs. 2 bis zu **300 000 €** betragen. Da das Gesetz nicht zwischen vorsätzlichem und fahrlässigem Handeln unterscheidet, gilt gem. § 17 Abs. 2 OWiG für **Fahrlässigkeit** die **Hälfte** des 24

---
44 Hierzu Plath/Frey, BB 2009, 1762 (1767).
45 Fischer, vor § 32 Rn. 2ff.
46 GGS, § 15 Rn. 2ff.
47 GGS, § 16 Rn. 2ff.
48 Fischer, § 203 Rn. 31.
49 Vgl. im Einzelnen GGS, § 10 Rn. 2ff., 6ff.

angedrohten **Strafmaßes** als Höchstgrenze, also 25500 € bei Abs. 1 und 150000 € bei Abs. 2. Demzufolge verjährt die Verfolgung in allen Fällen in drei Jahren (§ 31 Abs. 2 Nr. 1 OWiG). Abs. 3 Satz 2 entspricht § 17 Abs. 4 OWiG. Der wirtschaftliche Vorteil, den der Täter aus der Ordnungswidrigkeit gezogen hat, soll abgeschöpft und darüber hinaus eine Geldbuße festgesetzt werden. Der Täter soll also keinen wirtschaftlichen Vorteil behalten, die Ordnungswidrigkeit darf sich für ihn nicht letztlich doch gelohnt haben,[50] und zudem soll die Ordnungswidrigkeit geahndet werden. Das Höchstmaß der Geldbuße kann daher maximal den wirtschaftlichen Vorteil zuzüglich des angedrohten Höchstmaßes der Geldbuße umfassen. Damit ist die Bußgeldandrohung ausreichend bestimmt und verfassungsrechtlich unbedenklich.[51] Sowohl die Anzahl der eingeleiteten Verfahren als auch die Höhe verhängter Geldbußen zeigten bisher, dass nur die wenigsten Verstöße und dann auch nur mit geringfügigen Bußgeldern geahndet wurden.[52] Hier deutet sich in jüngerer Zeit, auch vor dem Hintergrund einer wegen einer Reihe von Datenschutzskandalen gewachsenen öffentlichen Sensibilität, eine Änderung, eine Verschärfung an.[53] Gegen einen Bescheid kann innerhalb von 2 Wochen **Einspruch** eingelegt werden (§ 67 OWiG).

7. Landesrecht

25   Die Regelungen der Landesdatenschutzgesetze sind unterschiedlich. Dabei hat die Mehrzahl bereits früher eine **Systematik, wie das BDSG,** verwirklicht.[54]

§ 44 Strafvorschriften

(1) Wer eine in § 43 Abs. 2 bezeichnete vorsätzliche Handlung gegen Entgelt oder in der Absicht, sich oder einen anderen zu bereichern oder einen anderen zu schädigen, begeht, wird mit Freiheitsstrafe bis zu zwei Jahren oder mit Geldstrafe bestraft.
(2) Die Tat wird nur auf Antrag verfolgt. Antragsberechtigt sind der Betroffene, die verantwortliche Stelle, die oder der Bundesbeauftragte für den Datenschutz und die Informationsfreiheit und die Aufsichtsbehörde.

Übersicht   Rn.
1. Einleitung 1
2. Täterschaft (Abs. 1) 2
3. Tatbestände (Abs. 1) 3
4. Rechtswidrigkeit und Schuld 4
5. Strafantrag (Abs. 2) 5
6. Konkurrenzen, Landesrecht 6, 7

---

50 GGS, § 17 Rn. 37; Holländer in WB, § 43 Rn. 70 f.
51 GGS, § 17 Rn. 50 m. w. N.
52 Vgl. insbesondere Ehmann in Simitis, § 43 Rn. 79 ff. m. w. N.; Becker in Plath, § 43 Rn. 1 und 4; BMH, § 43 Rn. 114; Holländer in WB, § 43 Rn. 74 f.
53 Holländer, RDV 2009, 215; Becker in Plath, § 43 Rn. 4 und 17; BMH, § 43 Rn. 115 a f.; Wybitul/Reuling, CR 10, 829; dagegen a. A. Ehmann in Simitis, § 43 Rn. 87 f.; vgl. zur Praxis der Aufsichtsbehörden auch den Überblick mit Beispielen von Gola, RDV 15, 26 f.
54 Vgl. im Einzelnen Gola/Schomerus, § 43 Rn. 30.

Strafvorschriften § 44

1. Einleitung

Die Strafvorschrift des § 44 dient ebenso wie die materiellen Bußgeldvorschriften dazu, den Schutz des Betroffenen bei **unbefugtem Umgang mit personenbezogenen Daten**[1] durchzusetzen, die **nicht allgemein zugänglich** sind. Es geht auch bei dieser Vorschrift, wie § 1 Abs. 1 formuliert, um den Schutz vor Beeinträchtigungen des **Persönlichkeitsrechts** und des Rechts auf informationelle Selbstbestimmung. Im Entwurf zur DS-GVO der Kommission und dem Beschluss des Parlaments sind Sanktionen in Art. 78 und 79, im Beschluss des Rates in Art. 79, 79 a und 79 b vorgesehen.

2. Täterschaft (Abs. 1)

Die Strafdrohung richtet sich gegen **jede natürliche Person** und nicht nur gegen den Normadressaten des BDSG, wie die verantwortliche Stelle oder die dort Beschäftigten. Der Betroffene kann nicht Täter sein.[2] Wie bei § 43 kommt auch mittelbare Täterschaft in Betracht.[3] Im Übrigen kann auf § 43 Rn. 4 wegen Täterschafts- und Teilnahmeformen verwiesen werden.

3. Tatbestände (Abs. 1)

Auf die Darstellung von § 43 Abs. 2 (dort Rn. 15–20) wird verwiesen. Die dort aufgeführten Handlungen werden durch die genannten **Qualifizierungsmerkmale** zu Straftatbeständen, wenn der Grundtatbestand **vorsätzlich** verwirklicht wird. Bedingter Vorsatz reicht aus.[4] Bei der Bereicherung und der Schädigung ist weitergehende Absicht erforderlich. **Entgelt** ist nach § 11 Abs. 1 Nr. 9 StGB jede in einem Vermögensvorteil bestehende vereinbarte Gegenleistung.[5] Ob eine **Bereicherung** angestrebt oder erreicht wird, ist dabei unmaßgeblich.[6] Die **Bereicherungsabsicht** kann, muss aber nicht auf Erlangung eines rechtswidrigen Vorteils gerichtet sein,[7] die **Schädigungsabsicht**, die sich nicht gegen den Betroffenen richten muss,[8] braucht nicht auf eine Vermögensschädigung abzuzielen. Es kommen auch immaterielle Nachteile, wie z. B. Ehrverletzungen, in Betracht.[9] Weder Bereicherung noch Schädigung müssen tatsächlich ein-

---

1 Vgl. OLG Stuttgart 17.5.06 – 1 Ws 128/06, NJW 2006, 2197; von Lewinski in Auernhammer, § 44 Rn. 4 hält die Tatbestände bei den Ordnungswidrigkeiten in § 43 teilweise und entsprechend auch die Straftatbestände wegen Unbestimmtheit für verfassungswidrig.
2 Gola/Schomerus, § 44 Rn. 3; Gola/Wronka, Rn. 1391.
3 Vgl. z. B. SW, § 44 Rn. 8 f.
4 Von Lewinski in Auernhammer, § 44 Rn. 11.
5 Vgl. auch BGH 4.6.2013 – 1 StR 32/13, NJW 13, 2530 (2533); dazu Däubler, Gläserne Belegschaften?, Rn. 627 d und auch die kritische Anm. von Cornelius, NJW 13, 3340 (3341).
6 Fischer, § 11 Rn. 31; SW, § 44 Rn. 2; von Lewinski in Auernhammer, § 44 Rn. 15; Holländer in WB, § 44 Rn. 9.
7 Ehmann in Simitis, § 44 Rn. 6; Fischer, § 41 Rn. 4; a. A. Taeger/Gabel-Mackenthun, § 44 Rn. 3.
8 Wytibul/Reuling, CR 10, 829 (831).
9 Vgl. auch Taeger/Gabel-Mackenthun, § 44 Rn. 4; von Lewinski in Auernhammer, § 44 Rn. 17; Wybitul/Reuling, CR 10, 829 (831).

treten. Schon die Absicht ist ausreichend.[10] Becker[11] fordert weitergehend eine **unmittelbare** Verbindung zwischen Verhalten und Entgeltlichkeit bzw. Bereicherungsabsicht, um dem Normzweck, eine erhöhte kriminelle Energie zu sanktionieren, gerecht zu werden. Dem kann wegen des klaren Wortlauts nicht gefolgt werden.[12]

4. Rechtswidrigkeit und Schuld

4   Wegen der Rechtswidrigkeit wird auf § 43 Rn. 21 verwiesen. Strafbar ist nur eine **vorsätzliche Handlung**, Fahrlässigkeit ist nicht betroffen. Vorsatz liegt nur vor, wenn der Täter weiß, dass die Daten durch das BDSG geschützt und nicht offenkundig sind. Auch die übrigen Tatbestandsmerkmale müssen ihm bekannt sein.[13] Da in der zweiten Alternative Bereicherungs- oder Schädigungsabsicht verlangt wird, ist hier **bedingter Vorsatz nicht ausreichend.**[14] Der **Versuch** ist gem. § 23 Abs. 1 StGB **nicht strafbar.**

5. Strafantrag (Abs. 2)

5   Die Strafverfolgung setzt einen entsprechenden Antrag voraus. **Antragsberechtigt** ist nach Abs. 2 der **Betroffene**, der auch schon vor der Novellierung des BDSG nach § 77 Abs. 1 StGB als durch die Handlung unmittelbar Verletzter[15] dieses Recht hatte. Handelt es sich um mehrere Betroffene, so kann jeder den Strafantrag selbständig stellen (§ 77 Abs. 4 StGB). Mit der Novellierung 2001 haben auch die **verantwortliche Stelle** (§ 3 Abs. 7), der **Bundesbeauftragte für den Datenschutz und die Informationsfreiheit** und die **Aufsichtsbehörde** eine Antragsberechtigung. Der betriebliche Datenschutzbeauftragte hat dieses Recht nicht, er kann allerdings den Antragsberechtigten entsprechende Hinweise geben.[16] Die **Antragsfrist** beträgt 3 Monate ab Kenntnis von der Tat und der Person des Täters (§ 77 b Abs. 1, 2 StGB). Die Verjährungsfrist beträgt gem. §§ 78 Abs. 3 Nr. 4, 78 a StGB fünf Jahre nach Vollendung bzw. Taterfolg.

6. Konkurrenzen, Landesrecht

6   Im **StGB** finden sich **weitere strafrechtliche Sanktionen**, die neben den BDSG-Straftatbeständen oder vorrangig zur Anwendung kommen können wie z. B. §§ 202 a, 203 (insbes. Abs. 2 a), 263, 263 a,[17] 266, 268, 274, 303 a[18] und b.[19] Hierbei handelt es sich

---

10 Vgl. auch Wytibul/Reuling, CR 10, 829 (831).
11 In Plath, § 44 Rn. 3.
12 Vgl. auch Ehmann in Simitis, § 44 Rn. 6 f.
13 Vgl. allgemein Fischer, § 15 Rn. 3 ff.
14 BMH, § 44 Rn. 21; Gola/Schomerus, § 44 Rn. 7; Becker in Plath, § 44 Rn. 4.
15 Hierzu Fischer, § 77 Rn. 2.
16 Vgl. auch Ehmann in Simitis, § 44 Rn. 12.
17 Hierzu z. B. BGH, DuD 1992, 204 und RDV 1995, 76; BayObLG, CR 1994, 552.
18 Vgl. z. B. OLG Nürnberg EwiR § 303 a StGB 1/13, 529 f. mit Anm. v. Floeth.
19 Vgl. die Übersicht bei BMH, § 44 Rn. 35 ff.; SW, § 44 Rn. 10 ff. und die einschlägigen Kommentierungen zum StGB wie z. B. die von Fischer.

überwiegend nicht um Antragsdelikte. Darüber hinaus können Strafvorschriften aus anderen Gesetzen, wie z. B. §§ 17, 18 UWG, in Betracht kommen.[20]
Weitere Strafvorschriften finden sich in **Landesdatenschutzgesetzen**. Sind diese anzuwenden und geht kein **bereichsspezifisches Landesgesetz** vor, wie z. b. ein Landesmeldegesetz, so setzt die Strafbarkeit ebenfalls das Vorliegen der qualifizierenden Merkmale voraus.[21] In Schleswig-Holstein sieht das Landesdatenschutzgesetz lediglich Ordnungswidrigkeiten und keine Straftatbestände vor (vgl. § 44 LDSG SH). Teilweise ist der Versuch strafbar, wie z. B. in Baden-Württemberg, Bremen, Niedersachsen und Nordrhein-Westfalen.

7

Sechster Abschnitt
Übergangsvorschriften

§ 45 Laufende Verwendungen

Erhebungen, Verarbeitungen oder Nutzungen personenbezogener Daten, die am 23. Mai 2001 bereits begonnen haben, sind binnen drei Jahren nach diesem Zeitpunkt mit den Vorschriften dieses Gesetzes in Übereinstimmung zu bringen. Soweit Vorschriften dieses Gesetzes in Rechtsvorschriften außerhalb des Anwendungsbereichs der Richtlinie 95/46/EG des Europäischen Parlaments und des Rates vom 24. Oktober 1995 zum Schutz natürlicher Personen bei der Verarbeitung personenbezogener Daten und zum freien Datenverkehr zur Anwendung gelangen, sind Erhebungen, Verarbeitungen oder Nutzungen personenbezogener Daten, die am 23. Mai 2001 bereits begonnen haben, binnen fünf Jahren nach diesem Zeitpunkt mit den Vorschriften dieses Gesetzes in Übereinstimmung zu bringen.

Übersicht	Rn.
1. Einleitung	1, 2
2. Anpassungsfrist im Bereich der Richtlinie	3, 4
3. Anpassungsfrist außerhalb des Anwendungsbereichs der Richtlinie	5, 6

1. Einleitung

Die Vorschrift **verliert mit Ablauf der Übergangsfristen ihre Bedeutung.** Sie macht in Satz 1 von der Ermächtigung des Art. 32 Abs. 2 Satz 1 EU-Richtlinie Gebrauch. Dort wird der verantwortlichen Stelle für bei Inkrafttreten des nationalen Umsetzungsrechts bereits begonnene Verarbeitungen eine **Übergangsfrist von 3 Jahren** eingeräumt. Der deutsche Gesetzgeber hat den Beginn dieser Frist auf den 23.5.2001 festgelegt. Im Satz 2 wird eine **5-jährige Übergangsfrist** für laufende Verwendungen außerhalb des Geltungsbereichs der Richtlinie festgelegt, ebenfalls gerechnet ab dem 23.5.2001.

1

---

20 Vgl. auch SW, § 44 Rn. 17 ff. zum Urheberrechts- und zum Patentgesetz.
21 Z.B. § 41 LDSG BaWü; § 33 DSG NRW; im Einzelnen Gola/Schomerus, § 44 Rn. 9 und Ehmann in Simitis, § 44 Rn. 17 ff.

Dammann[1] geht demgegenüber von einem Fristbeginn mit Inkrafttreten des Gesetzes am 23.6.2001 aus. Dies entspricht zwar der Richtlinie, aber nicht dem Wortlaut des Gesetzes. Insofern hat der Gesetzgeber eine kürzere Frist als nach der EU-Richtlinie möglich festgelegt.[2]

2 Das Inkrafttreten der Gesetzesänderungen wurde insoweit also bis zum 24.5.2004 hinausgeschoben.[3] Bei **manuellen Dateien** hat der Gesetzgeber von der Möglichkeit der Richtlinie (Art. 32 Abs. 2 Satz 2), eine 12-jährige Übergangsfrist anzuordnen, keinen Gebrauch gemacht.

2. Anpassungsfrist im Bereich der Richtlinie

3 Es muss sich um die Erhebung, Verarbeitung und Nutzung personenbezogener Daten handeln, die am 23.5.2001 bereits begonnen hatte, also um **laufende Verwendungen**. Damit sind nicht die einzelnen Vorgänge, wie die konkrete Datenerhebung, gemeint, sondern Verfahren und Programme, die über einen **längeren Zeitraum** angewendet werden.[4] So konnten z.B. Betriebsdatenerfassungs- oder Personalabrechnungssysteme 3 Jahre unverändert bleiben, obwohl die Daten und die Verarbeitung dem novellierten Gesetz nicht mehr entsprachen. Es geht hierbei um eine Karenzfrist, die als Ausnahme gewährt wird, weil der Gesetzgeber für komplexe Verwendungen die **technischen und organisatorischen Schwierigkeiten**, wie auch den entsprechenden Aufwand berücksichtigt. Dammann[5] vertritt die Auffassung, dass nur dort, wo solche Schwierigkeiten tatsächlich bestanden hätten, die Vorschrift Anwendung finden konnte. Dies entspricht allerdings nicht ihrem Wortlaut.

4 Als Ausnahmevorschrift erlaubte die Norm **nicht die Erweiterung oder Veränderung bestehender Verfahren**.[6] Auch bei restriktiver Anwendung als Ausnahmevorschrift wurde jedoch nicht jede Veränderung ausgeschlossen. Wurden z.B. in einem Personalabrechnungssystem später alle Vornamen erfasst und nicht nur, wie bisher, der Rufname, so fand die Norm trotzdem Anwendung.[7]

3. Anpassungsfrist außerhalb des Anwendungsbereichs der Richtlinie

5 Die 5-jährige Anpassungsfrist findet Anwendung bei Verfahren außerhalb des Anwendungsbereichs der Richtlinie. Es handelt sich also um Vorschriften aus **Rechtsgebieten, die von der Richtlinie nicht betroffen** sind. Dabei kann in dem Rechtsgebiet auf Vorschriften und Begriffe des BDSG verwiesen oder können dessen Begriffe verwendet werden.[8]

---

1 In Simitis (6. Aufl.,2006), § 45 Rn. 1 und 4.
2 Vgl. auch Becker in Plath, § 45.
3 Schierbaum CF 6/2004, 21.
4 Gola/Schomerus (8. Aufl., 2005), § 45 Rn. 4; Dammann in Simitis (6. Aufl., 2006), § 45 Rn. 2.
5 In Simitis (6. Aufl., 2006), § 45 Rn. 3.
6 Gola/Schomerus (8. Aufl., 2005), § 45 Rn. 4; Dammann in Simitis (6. Aufl., 2006), § 45 Rn. 3.
7 Gola/Schomerus, § 45 Rn. 4 sprechen von »wesentlichen« Veränderungen.
8 Dammann in Simitis (6. Aufl., 2006), § 45 Rn. 5.

Weitergeltung der Begriffsbestimmungen § 46

Als nicht erfasste Rechtsgebiete sind z. B. die **Polizei- und Nachrichtendienstgesetze** zu nennen.[9] 6

§ 46 Weitergeltung der Begriffsbestimmungen

(1) Wird in besonderen Rechtsvorschriften des Bundes der Begriff Datei verwendet, ist Datei
1. eine Sammlung personenbezogener Daten, die durch automatisierte Verfahren nach bestimmten Merkmalen ausgewertet werden kann (automatisierte Datei) oder
2. jede sonstige Sammlung personenbezogener Daten, die gleichartig aufgebaut ist und nach bestimmten Merkmalen geordnet, umgeordnet und ausgewertet werden kann (nicht automatisierte Datei).

Nicht hierzu gehören Akten und Aktensammlungen, es sei denn, dass sie durch automatisierte Verfahren umgeordnet und ausgewertet werden können.

(2) Wird in besonderen Rechtsvorschriften des Bundes der Begriff Akte verwendet, ist Akte jede amtlichen oder dienstlichen Zwecken dienende Unterlage, die nicht dem Dateibegriff des Absatzes 1 unterfällt; dazu zählen auch Bild- und Tonträger. Nicht hierunter fallen Vorentwürfe und Notizen, die nicht Bestandteil eines Vorgangs werden sollen.

(3) Wird in besonderen Rechtsvorschriften des Bundes der Begriff Empfänger verwendet, ist Empfänger jede Person oder Stelle außerhalb der verantwortlichen Stelle. Empfänger sind nicht der Betroffene sowie Personen und Stellen, die im Inland, in einem anderen Mitgliedstaat der Europäischen Union oder in einem anderen Vertragsstaat des Abkommens über den Europäischen Wirtschaftsraum personenbezogene Daten im Auftrag erheben, verarbeiten oder nutzen.

Der Gesetzgeber sah sich offensichtlich nicht in der Lage, bei der Novellierung des 1
BDSG im Jahr 2001 und der Anpassung an die EU-DSRL das gesamte bereichsspezifische Datenschutzrecht anzupassen. Werden dort Definitionen des vor 2001 gültigen BDSG zu »**Datei**«, »**Akte**« und »**Empfänger**« verwendet,[1] sollen diese Begriffe nach § 46 weiterhin gelten. Zur Auslegung dieser Begriffe kann auf die Kommentierung zum BDSG 1990 zurückgegriffen werden.[2]

Die Regelung kann dazu führen, dass bestimmte bereichsspezifische Regelungen im 2
Widerspruch zur EG-DSRl stehen, da diese einen umfassenderen Dateibegriff verwendet (Art. 2 lit. c) EG-DSRl). Sollte der Anwendungsbereich der EG-DSRl von der bereichsspezifischen Regelung erfasst sein, hat eine europarechtskonforme Auslegung zu erfolgen. Der EG-DSRl kommt in diesen Fällen eine direkte Anwendbarkeit zu.[3]

---
9 Dammann in Simitis (6. Aufl., 2006), § 45 Rn. 6.
1 So vor allem bei sog. Sicherheitsgesetzen wie z. B. §§ 12, 3 BVerfSchG, § 33 BKAG, §§ 180 Abs. 6, 7, 183 Abs. 2, 184 Abs. 2, 3 StVollzG; dazu AK-StVollzG-Weichert, 5. Aufl. 2006, Vorb § 179 Rn. 16; zum Aktenbegriff im Bereich Verfassungsschutz BfDI, 24. TB 2011–2012, Kap. 7.7.3 (S. 106).
2 Z. B. Däubler/Klebe/Wedde, BDSG, 1996, zu § 3 Abs. 2, 3 und 5 Nr. 3; vgl. Dammann in Simitis, § 46 Rn. 9.
3 Haslach, DuD 1998, 693.

3 § 46 ist eine **Übergangsvorschrift**. Damit ist ein Gesetzgebungsauftrag verbunden, sobald die entsprechenden Gesetze geändert werden, auch die Terminologie anzupassen. Dies missachtend, sah der Gesetzgeber bisher keine Veranlassung einer begrifflichen Anpassung. Dies kann zu Fehlinterpretationen und zu Rechtsunklarheit führen.[4] Inzwischen erweisen sich weitere Begriffe des BDSG im Verhältnis zur EG-DSRl und zum Landesdatenschutzrecht als überholt, weshalb eine umfassende Modernisierung der Terminologie des BDSG dringend erfolgen muss.

(§§ 47 und 48 und Anlage zu § 9 Satz 1 nicht kommentiert)

---

4 Ramm, DuD 2007, 433.

Anhang

1. Gesetz über genetische Untersuchungen bei Menschen (Gendiagnostikgesetz – GenDG)

in der Fassung der Bekanntmachung vom 31. Juli 2009 (BGBl. I S. 2529, 3672), zuletzt geändert durch Gesetz vom 7. August 2013 (BGBl. I S. 3154)

Inhaltsübersicht

Abschnitt 1
Allgemeine Vorschriften
§ 1 Zweck des Gesetzes
§ 2 Anwendungsbereich
§ 3 Begriffsbestimmungen
§ 4 Benachteiligungsverbot
§ 5 Qualitätssicherung genetischer Analysen
§ 6 Abgabe genetischer Untersuchungsmittel

Abschnitt 2
Genetische Untersuchungen zu medizinischen Zwecken
§ 7 Arztvorbehalt
§ 8 Einwilligung
§ 9 Aufklärung
§ 10 Genetische Beratung
§ 11 Mitteilung der Ergebnisse genetischer Untersuchungen und Analysen
§ 12 Aufbewahrung und Vernichtung der Ergebnisse genetischer Untersuchungen und Analysen
§ 13 Verwendung und Vernichtung genetischer Proben
§ 14 Genetische Untersuchungen bei nicht einwilligungsfähigen Personen
§ 15 Vorgeburtliche genetische Untersuchungen
§ 16 Genetische Reihenuntersuchungen

Anhang 1 — Gendiagnostikgesetz – GenDG

Abschnitt 3
Genetische Untersuchungen zur Klärung der Abstammung
§ 17   Genetische Untersuchungen zur Klärung der Abstammung

Abschnitt 4
Genetische Untersuchungen im Versicherungsbereich
§ 18   Genetische Untersuchungen und Analysen im Zusammenhang mit dem Abschluss eines Versicherungsvertrages

Abschnitt 5
Genetische Untersuchungen im Arbeitsleben
§ 19   Genetische Untersuchungen und Analysen vor und nach Begründung des Beschäftigungsverhältnisses
§ 20   Genetische Untersuchungen und Analysen zum Arbeitsschutz
§ 21   Arbeitsrechtliches Benachteiligungsverbot
§ 22   Öffentlich-rechtliche Dienstverhältnisse

Abschnitt 6
Allgemein anerkannter Stand der Wissenschaft und Technik
§ 23   Richtlinien
§ 24   Gebühren und Auslagen

Abschnitt 7
Straf- und Bußgeldvorschriften
§ 25   Strafvorschriften
§ 26   Bußgeldvorschriften

Abschnitt 8
Schlussvorschriften
§ 27   Inkrafttreten

Abschnitt 1
Allgemeine Vorschriften

§ 1   Zweck des Gesetzes

Zweck dieses Gesetzes ist es, die Voraussetzungen für genetische Untersuchungen und im Rahmen genetischer Untersuchungen durchgeführte genetische Analysen sowie die Verwendung genetischer Proben und Daten zu bestimmen und eine Benachteiligung auf Grund genetischer Eigenschaften zu verhindern, um insbesondere die staatliche Verpflichtung zur Achtung und zum Schutz der Würde des Menschen und des Rechts auf informationelle Selbstbestimmung zu wahren.

Gendiagnostikgesetz – GenDG

§ 2 Anwendungsbereich

(1) Dieses Gesetz gilt für genetische Untersuchungen und im Rahmen genetischer Untersuchungen durchgeführte genetische Analysen bei geborenen Menschen sowie bei Embryonen und Föten während der Schwangerschaft und den Umgang mit dabei gewonnenen genetischen Proben und genetischen Daten bei genetischen Untersuchungen zu medizinischen Zwecken, zur Klärung der Abstammung sowie im Versicherungsbereich und im Arbeitsleben.

(2) Dieses Gesetz gilt nicht für genetische Untersuchungen und Analysen und den Umgang mit genetischen Proben und Daten
1. zu Forschungszwecken,
2. auf Grund von Vorschriften
   a) über das Strafverfahren, über die internationale Rechtshilfe in Strafsachen, des Bundeskriminalamtgesetzes und der Polizeigesetze der Länder,
   b) des Infektionsschutzgesetzes und der auf Grund des Infektionsschutzgesetzes erlassenen Rechtsverordnungen.

§ 3 Begriffsbestimmungen

Im Sinne dieses Gesetzes
1. ist genetische Untersuchung eine auf den Untersuchungszweck gerichtete
   a) genetische Analyse zur Feststellung genetischer Eigenschaften oder
   b) vorgeburtliche Risikoabklärung einschließlich der Beurteilung der jeweiligen Ergebnisse,
2. ist genetische Analyse eine auf die Feststellung genetischer Eigenschaften gerichtete Analyse
   a) der Zahl und der Struktur der Chromosomen (zytogenetische Analyse),
   b) der molekularen Struktur der Desoxyribonukleinsäure oder der Ribonukleinsäure (molekulargenetische Analyse) oder
   c) der Produkte der Nukleinsäuren (Genproduktanalyse),
3. ist vorgeburtliche Risikoabklärung eine Untersuchung des Embryos oder Fötus, mit der die Wahrscheinlichkeit für das Vorliegen bestimmter genetischer Eigenschaften mit Bedeutung für eine Erkrankung oder gesundheitliche Störung des Embryos oder Fötus ermittelt werden soll,
4. sind genetische Eigenschaften ererbte oder während der Befruchtung oder bis zur Geburt erworbene, vom Menschen stammende Erbinformationen,
5. ist verantwortliche ärztliche Person die Ärztin oder der Arzt, die oder der die genetische Untersuchung zu medizinischen Zwecken vornimmt,
6. ist genetische Untersuchung zu medizinischen Zwecken eine diagnostische oder eine prädiktive genetische Untersuchung,
7. ist eine diagnostische genetische Untersuchung eine genetische Untersuchung mit dem Ziel
   a) der Abklärung einer bereits bestehenden Erkrankung oder gesundheitlichen Störung,
   b) der Abklärung, ob genetische Eigenschaften vorliegen, die zusammen mit der

Einwirkung bestimmter äußerer Faktoren oder Fremdstoffe eine Erkrankung oder gesundheitliche Störung auslösen können,

    c) der Abklärung, ob genetische Eigenschaften vorliegen, die die Wirkung eines Arzneimittels beeinflussen können, oder

    d) der Abklärung, ob genetische Eigenschaften vorliegen, die den Eintritt einer möglichen Erkrankung oder gesundheitlichen Störung ganz oder teilweise verhindern können,

8. ist prädiktive genetische Untersuchung eine genetische Untersuchung mit dem Ziel der Abklärung

    a) einer erst zukünftig auftretenden Erkrankung oder gesundheitlichen Störung oder

    b) einer Anlageträgerschaft für Erkrankungen oder gesundheitliche Störungen bei Nachkommen,

9. ist genetische Reihenuntersuchung eine genetische Untersuchung zu medizinischen Zwecken, die systematisch der gesamten Bevölkerung oder bestimmten Personengruppen in der gesamten Bevölkerung angeboten wird, ohne dass bei der jeweiligen betroffenen Person notwendigerweise Grund zu der Annahme besteht, sie habe die genetischen Eigenschaften, deren Vorhandensein mit der Untersuchung geklärt werden soll,

10. ist genetische Probe biologisches Material, das zur Verwendung für genetische Analysen vorgesehen ist oder an dem solche Analysen vorgenommen wurden,

11. sind genetische Daten die durch eine genetische Untersuchung oder die im Rahmen einer genetischen Untersuchung durchgeführte genetische Analyse gewonnenen Daten über genetische Eigenschaften,

12. sind Beschäftigte
    a) Arbeitnehmerinnen und Arbeitnehmer,
    b) die zu ihrer Berufsbildung Beschäftigten,
    c) Teilnehmer an Leistungen zur Teilhabe am Arbeitsleben sowie an Abklärungen der beruflichen Eignung oder Arbeitserprobung (Rehabilitanden),
    d) die in anerkannten Werkstätten für behinderte Menschen Beschäftigten,
    e) Personen, die nach dem Jugendfreiwilligendienstegesetz beschäftigt werden,
    f) Personen, die wegen ihrer wirtschaftlichen Unselbstständigkeit als arbeitnehmerähnliche Personen anzusehen sind; zu diesen gehören auch die in Heimarbeit Beschäftigten und die ihnen Gleichgestellten,
    g) Bewerberinnen und Bewerber für ein Beschäftigungsverhältnis sowie Personen, deren Beschäftigungsverhältnis beendet ist,

13. sind Arbeitgeber (Arbeitgeberinnen und Arbeitgeber) natürliche oder juristische Personen oder rechtsfähige Personengesellschaften, die Personen nach Nummer 12 beschäftigen, bei in Heimarbeit Beschäftigten und den ihnen Gleichgestellten die Auftraggeber oder Zwischenmeister oder bei Beschäftigten, die einem Dritten zur Arbeitsleistung überlassen werden, auch die Dritten.

Gendiagnostikgesetz – GenDG

§ 4 Benachteiligungsverbot

(1) Niemand darf wegen seiner oder der genetischen Eigenschaften einer genetisch verwandten Person, wegen der Vornahme oder Nichtvornahme einer genetischen Untersuchung oder Analyse bei sich oder einer genetisch verwandten Person oder wegen des Ergebnisses einer solchen Untersuchung oder Analyse benachteiligt werden.

(2) Die Geltung von Benachteiligungsverboten oder Geboten der Gleichbehandlung nach anderen Vorschriften und Grundsätzen wird durch dieses Gesetz nicht berührt. Dies gilt auch für öffentlich-rechtliche Vorschriften, die dem Schutz bestimmter Personengruppen dienen.

§ 5 Qualitätssicherung genetischer Analysen

(1) Genetische Analysen im Rahmen genetischer Untersuchungen zur Klärung der Abstammung dürfen nur von Einrichtungen vorgenommen werden, die eine Akkreditierung für die Durchführung der genetischen Analysen durch eine hierfür allgemein anerkannte Stelle erhalten haben. Für eine Akkreditierung muss die Einrichtung insbesondere
1. die genetischen Analysen nach dem allgemein anerkannten Stand der Wissenschaft und Technik durchführen und hierfür ein System der internen Qualitätssicherung einrichten,
2. über für die entsprechenden Tätigkeiten qualifiziertes Personal verfügen,
3. die Anforderungen an die Aufbewahrung und Vernichtung der Ergebnisse der genetischen Analysen nach § 12 sowie an die Verwendung und Vernichtung genetischer Proben nach § 13 einhalten und hierfür die erforderlichen organisatorischen und technischen Maßnahmen treffen und
4. die erfolgreiche Teilnahme an geeigneten externen Qualitätssicherungsmaßnahmen nachweisen.

Die Einrichtungen werden für die im Akkreditierungsantrag benannten Analysearten sowie Analyseverfahren akkreditiert. Die Akkreditierung ist auf längstens fünf Jahre zu befristen.

(2) Einrichtungen oder Personen, die genetische Analysen zu medizinischen Zwecken im Rahmen genetischer Untersuchungen vornehmen, müssen die in Absatz 1 Satz 2 Nr. 1 bis 4 genannten Anforderungen erfüllen.

§ 6 Abgabe genetischer Untersuchungsmittel

Das Bundesministerium für Gesundheit kann durch Rechtsverordnung mit Zustimmung des Bundesrates regeln, dass bestimmte, in der Rechtsverordnung zu bezeichnende genetische Untersuchungsmittel, die dazu dienen, genetische Untersuchungen vorzunehmen, zur Endanwendung nur an Personen und Einrichtungen abgegeben werden dürfen, die zu diesen Untersuchungen oder zu genetischen Analysen im Rahmen dieser Untersuchungen nach Maßgabe dieses Gesetzes berechtigt sind.

Abschnitt 2
Genetische Untersuchungen zu medizinischen Zwecken

§ 7 Arztvorbehalt

(1) Eine diagnostische genetische Untersuchung darf nur durch Ärztinnen oder Ärzte und eine prädiktive genetische Untersuchung nur durch Fachärztinnen oder Fachärzte für Humangenetik oder andere Ärztinnen oder Ärzte, die sich beim Erwerb einer Facharzt-, Schwerpunkt- oder Zusatzbezeichnung für genetische Untersuchungen im Rahmen ihres Fachgebietes qualifiziert haben, vorgenommen werden.

(2) Die genetische Analyse einer genetischen Probe darf nur im Rahmen einer genetischen Untersuchung von der verantwortlichen ärztlichen Person oder durch von dieser beauftragte Personen oder Einrichtungen vorgenommen werden.

(3) Eine genetische Beratung nach § 10 darf nur durch in Absatz 1 genannte Ärztinnen oder Ärzte, die sich für genetische Beratungen qualifiziert haben, vorgenommen werden.

§ 8 Einwilligung

(1) Eine genetische Untersuchung oder Analyse darf nur vorgenommen und eine dafür erforderliche genetische Probe nur gewonnen werden, wenn die betroffene Person in die Untersuchung und die Gewinnung der dafür erforderlichen genetischen Probe ausdrücklich und schriftlich gegenüber der verantwortlichen ärztlichen Person eingewilligt hat. Die Einwilligung nach Satz 1 umfasst sowohl die Entscheidung über den Umfang der genetischen Untersuchung als auch die Entscheidung, ob und inwieweit das Untersuchungsergebnis zur Kenntnis zu geben oder zu vernichten ist. Eine nach § 7 Abs. 2 beauftragte Person oder Einrichtung darf die genetische Analyse nur vornehmen, wenn ihr ein Nachweis der Einwilligung vorliegt.

(2) Die betroffene Person kann ihre Einwilligung jederzeit mit Wirkung für die Zukunft schriftlich oder mündlich gegenüber der verantwortlichen ärztlichen Person widerrufen. Erfolgt der Widerruf mündlich, ist dieser unverzüglich zu dokumentieren. Die verantwortliche ärztliche Person hat der nach § 7 Abs. 2 beauftragten Person oder Einrichtung unverzüglich einen Nachweis des Widerrufs zu übermitteln.

§ 9 Aufklärung

(1) Vor Einholung der Einwilligung hat die verantwortliche ärztliche Person die betroffene Person über Wesen, Bedeutung und Tragweite der genetischen Untersuchung aufzuklären. Der betroffenen Person ist nach der Aufklärung eine angemessene Bedenkzeit bis zur Entscheidung über die Einwilligung einzuräumen.

(2) Die Aufklärung umfasst insbesondere
1. Zweck, Art, Umfang und Aussagekraft der genetischen Untersuchung einschließlich der mit dem vorgesehenen genetischen Untersuchungsmittel im Rahmen des Untersuchungszwecks erzielbaren Ergebnisse; dazu gehören auch die Bedeutung der zu untersuchenden genetischen Eigenschaften für eine Erkrankung oder gesundheitli-

che Störung sowie die Möglichkeiten, sie zu vermeiden, ihr vorzubeugen oder sie zu behandeln,
2. gesundheitliche Risiken, die mit der Kenntnis des Ergebnisses der genetischen Untersuchung und der Gewinnung der dafür erforderlichen genetischen Probe für die betroffene Person verbunden sind, bei Schwangeren auch gesundheitliche Risiken, die mit der vorgeburtlichen genetischen Untersuchung und der Gewinnung der dafür erforderlichen genetischen Probe für den Embryo oder Fötus verbunden sind,
3. die vorgesehene Verwendung der genetischen Probe sowie der Untersuchungs- oder der Analyseergebnisse,
4. das Recht der betroffenen Person, die Einwilligung jederzeit zu widerrufen,
5. das Recht der betroffenen Person auf Nichtwissen einschließlich des Rechts, das Untersuchungsergebnis oder Teile davon nicht zur Kenntnis zu nehmen, sondern vernichten zu lassen,
6. bei einer genetischen Reihenuntersuchung die Unterrichtung der betroffenen Personen über das Ergebnis der Bewertung der Untersuchung durch die Gendiagnostik-Kommission nach § 16 Abs. 2.

(3) Die verantwortliche ärztliche Person hat den Inhalt der Aufklärung vor der genetischen Untersuchung zu dokumentieren.

§ 10 Genetische Beratung

(1) Bei einer diagnostischen genetischen Untersuchung soll die verantwortliche ärztliche Person nach Vorliegen des Untersuchungsergebnisses der betroffenen Person eine genetische Beratung durch eine Ärztin oder einen Arzt, die oder der die Voraussetzungen nach § 7 Abs. 1 und 3 erfüllt, anbieten. Wird bei der betroffenen Person eine genetische Eigenschaft mit Bedeutung für eine Erkrankung oder gesundheitliche Störung festgestellt, die nach dem allgemein anerkannten Stand der Wissenschaft und Technik nicht behandelbar ist, gilt Satz 1 mit der Maßgabe, dass die verantwortliche ärztliche Person die Beratung anzubieten hat.

(2) Bei einer prädiktiven genetischen Untersuchung ist die betroffene Person vor der genetischen Untersuchung und nach Vorliegen des Untersuchungsergebnisses durch eine Ärztin oder einen Arzt, die oder der die Voraussetzungen nach § 7 Abs. 1 und 3 erfüllt, genetisch zu beraten, soweit diese nicht im Einzelfall nach vorheriger schriftlicher Information über die Beratungsinhalte auf die genetische Beratung schriftlich verzichtet. Der betroffenen Person ist nach der Beratung eine angemessene Bedenkzeit bis zur Untersuchung einzuräumen.

(3) Die genetische Beratung erfolgt in allgemein verständlicher Form und ergebnisoffen. Sie umfasst insbesondere die eingehende Erörterung der möglichen medizinischen, psychischen und sozialen Fragen im Zusammenhang mit einer Vornahme oder Nichtvornahme der genetischen Untersuchung und ihren vorliegenden oder möglichen Untersuchungsergebnissen sowie der Möglichkeiten zur Unterstützung bei physischen und psychischen Belastungen der betroffenen Person durch die Untersuchung und ihr Ergebnis. Mit Zustimmung der betroffenen Person kann eine weitere sachverständige Person mitberatend hinzugezogen werden. Ist anzunehmen, dass genetisch Verwandte der betroffenen Person Träger der zu untersuchenden genetischen Eigenschaften mit

Bedeutung für eine vermeidbare oder behandelbare Erkrankung oder gesundheitliche Störung sind, umfasst die genetische Beratung auch die Empfehlung, diesen Verwandten eine genetische Beratung zu empfehlen. Soll die genetische Untersuchung bei einem Embryo oder Fötus vorgenommen werden, gilt Satz 4 entsprechend.
(4) Die verantwortliche ärztliche Person oder die Ärztin oder der Arzt, die oder der die Beratung angeboten oder vorgenommen hat, hat den Inhalt der Beratung zu dokumentieren.

§ 11 Mitteilung der Ergebnisse genetischer Untersuchungen und Analysen

(1) Das Ergebnis einer genetischen Untersuchung darf vorbehaltlich der Absätze 2 und 3 nur der betroffenen Person und nur durch die verantwortliche ärztliche Person oder die Ärztin oder den Arzt, die oder der die genetische Beratung durchgeführt hat, mitgeteilt werden.
(2) Eine nach § 7 Abs. 2 mit der genetischen Analyse beauftragte Person oder Einrichtung darf das Ergebnis der genetischen Analyse nur der ärztlichen Person mitteilen, die sie mit der genetischen Analyse beauftragt hat.
(3) Die verantwortliche ärztliche Person darf das Ergebnis der genetischen Untersuchung oder Analyse anderen nur mit ausdrücklicher und schriftlicher Einwilligung der betroffenen Person mitteilen.
(4) Das Ergebnis der genetischen Untersuchung darf der betroffenen Person nicht mitgeteilt werden, soweit diese Person nach § 8 Abs. 1 Satz 1 in Verbindung mit Satz 2 entschieden hat, dass das Ergebnis der genetischen Untersuchung zu vernichten ist oder diese Person nach § 8 Abs. 2 ihre Einwilligung widerrufen hat.

§ 12 Aufbewahrung und Vernichtung der Ergebnisse genetischer Untersuchungen und Analysen

(1) Die Ergebnisse genetischer Untersuchungen und Analysen hat die verantwortliche ärztliche Person zehn Jahre in den Untersuchungsunterlagen über die betroffene Person aufzubewahren. Die verantwortliche ärztliche Person hat die Ergebnisse genetischer Untersuchungen und Analysen unverzüglich in den Untersuchungsunterlagen über die betroffene Person zu vernichten,
1. wenn die Aufbewahrungsfrist nach Satz 1 abgelaufen ist oder
2. soweit diese Person nach § 8 Abs. 1 Satz 1 in Verbindung mit Satz 2 entschieden hat, dass die Ergebnisse der genetischen Untersuchungen und Analysen zu vernichten sind.

Soweit Grund zu der Annahme besteht, dass durch eine Vernichtung schutzwürdige Interessen der betroffenen Person beeinträchtigt würden oder wenn die betroffene Person eine längere Aufbewahrung schriftlich verlangt, hat die verantwortliche ärztliche Person die Ergebnisse anstelle einer Vernichtung nach Satz 2 Nr. 1 zu sperren und dies der nach § 7 Abs. 2 beauftragten Person oder Einrichtung mitzuteilen. Satz 2 Nr. 2 gilt auch, wenn die betroffene Person ihre Einwilligung nach § 8 Abs. 2 widerrufen hat, soweit ihr die Ergebnisse nicht bereits bekannt sind.
(2) Absatz 1 gilt für die Aufbewahrung, Vernichtung und Sperrung des Ergebnisses

Gendiagnostikgesetz – GenDG   Anhang 1

einer genetischen Analyse durch die nach § 7 Abs. 2 beauftragte Person oder Einrichtung entsprechend.

§ 13 Verwendung und Vernichtung genetischer Proben

(1) Eine genetische Probe darf nur für die Zwecke verwendet werden, für die sie gewonnen worden ist. Die verantwortliche ärztliche Person oder die nach § 7 Abs. 2 beauftragte Person oder Einrichtung hat die genetische Probe unverzüglich zu vernichten, sobald sie für diese Zwecke nicht mehr benötigt wird oder die betroffene Person ihre Einwilligung nach § 8 Abs. 2 widerrufen hat.

(2) Abweichend von Absatz 1 darf die genetische Probe zu anderen Zwecken nur verwendet werden, soweit dies nach anderen gesetzlichen Vorschriften zulässig ist oder wenn zuvor die Person, von der die genetische Probe stammt, nach Unterrichtung über die anderen Zwecke in die Verwendung ausdrücklich und schriftlich eingewilligt hat.

(3) Wer eine genetische Probe verwendet, hat die erforderlichen technischen und organisatorischen Maßnahmen zu treffen, um eine unzulässige Verwendung der Probe auszuschließen.

§ 14 Genetische Untersuchungen bei nicht einwilligungsfähigen Personen

(1) Bei einer Person, die nicht in der Lage ist, Wesen, Bedeutung und Tragweite der genetischen Untersuchung zu erkennen und ihren Willen hiernach auszurichten, dürfen eine genetische Untersuchung zu medizinischen Zwecken sowie die Gewinnung der dafür erforderlichen genetischen Probe nur vorgenommen werden, wenn
1. die Untersuchung nach dem allgemein anerkannten Stand der Wissenschaft und Technik erforderlich ist, um bei der Person eine genetisch bedingte Erkrankung oder gesundheitliche Störung zu vermeiden oder zu behandeln oder dieser vorzubeugen, oder wenn eine Behandlung mit einem Arzneimittel vorgesehen ist, dessen Wirkung durch genetische Eigenschaften beeinflusst wird,
2. die Untersuchung zuvor der Person in einer ihr gemäßen Weise so weit wie möglich verständlich gemacht worden ist und sie die Untersuchung oder die Gewinnung der dafür erforderlichen genetischen Probe nicht ablehnt,
3. die Untersuchung für die Person mit möglichst wenig Risiken und Belastungen verbunden ist und
4. der Vertreter der Person nach § 9 aufgeklärt worden ist, die Vorschriften über die genetische Beratung nach § 10 gegenüber dem Vertreter eingehalten worden sind und dieser nach § 8 Abs. 1 eingewilligt hat.

(2) Eine genetische Untersuchung darf bei einer in Absatz 1 bezeichneten Person abweichend von Absatz 1 auch vorgenommen werden, wenn
1. sich bei einer genetisch verwandten Person im Hinblick auf eine geplante Schwangerschaft nach dem allgemein anerkannten Stand der Wissenschaft und Technik auf andere Weise nicht klären lässt, ob eine bestimmte genetisch bedingte Erkrankung oder gesundheitliche Störung bei einem künftigen Abkömmling der genetisch verwandten Person auftreten kann,

Anhang 1   **Gendiagnostikgesetz – GenDG**

2. die Voraussetzungen nach Absatz 1 Nr. 2 und 4 vorliegen,
3. die Person voraussichtlich allenfalls geringfügig und nicht über die mit der Gewinnung der dafür erforderlichen genetischen Probe in der Regel verbundenen Risiken hinaus gesundheitlich beeinträchtigt wird und
4. die Person durch das Untersuchungsergebnis voraussichtlich weder physisch noch psychisch belastet wird.

(3) Es dürfen nur die für den jeweiligen Untersuchungszweck erforderlichen Untersuchungen der genetischen Probe vorgenommen werden. Andere Feststellungen dürfen nicht getroffen werden. Die §§ 1627 und 1901 Abs. 2 und 3 des Bürgerlichen Gesetzbuchs finden Anwendung.

§ 15 Vorgeburtliche genetische Untersuchungen

(1) Eine genetische Untersuchung darf vorgeburtlich nur zu medizinischen Zwecken und nur vorgenommen werden, soweit die Untersuchung auf bestimmte genetische Eigenschaften des Embryos oder Fötus abzielt, die nach dem allgemein anerkannten Stand der Wissenschaft und Technik seine Gesundheit während der Schwangerschaft oder nach der Geburt beeinträchtigen, oder wenn eine Behandlung des Embryos oder Fötus mit einem Arzneimittel vorgesehen ist, dessen Wirkung durch bestimmte genetische Eigenschaften beeinflusst wird und die Schwangere nach § 9 aufgeklärt worden ist und diese nach § 8 Abs. 1 eingewilligt hat. Wird anlässlich einer Untersuchung nach Satz 1 oder einer sonstigen vorgeburtlichen Untersuchung das Geschlecht eines Embryos oder Fötus festgestellt, kann dies der Schwangeren mit ihrer Einwilligung nach Ablauf der zwölften Schwangerschaftswoche mitgeteilt werden.

(2) Eine vorgeburtliche genetische Untersuchung, die darauf abzielt, genetische Eigenschaften des Embryos oder des Fötus für eine Erkrankung festzustellen, die nach dem allgemein anerkannten Stand der medizinischen Wissenschaft und Technik erst nach Vollendung des 18. Lebensjahres ausbricht, darf nicht vorgenommen werden.

(3) Vor einer vorgeburtlichen genetischen Untersuchung und nach Vorliegen des Untersuchungsergebnisses ist die Schwangere entsprechend § 10 Abs. 2 und 3 genetisch zu beraten und ergänzend auf den Beratungsanspruch nach § 2 des Schwangerschaftskonfliktgesetzes hinzuweisen; der Inhalt der Beratung ist zu dokumentieren.

(4) Wird die vorgeburtliche genetische Untersuchung bei einer Schwangeren vorgenommen, die nicht in der Lage ist, Wesen, Bedeutung und Tragweite der vorgeburtlichen genetischen Untersuchung zu erkennen und ihren Willen hiernach auszurichten, findet § 14 Abs. 1 Nr. 2 und 3 Anwendung. Die genetische Untersuchung darf nur vorgenommen werden, wenn zuvor

1. der Vertreter der Schwangeren nach § 9 aufgeklärt worden ist,
2. eine Ärztin oder ein Arzt, die oder der die Voraussetzungen nach § 7 Abs. 1 und 3 erfüllt, den Vertreter entsprechend Absatz 2 genetisch beraten und
3. der Vertreter nach § 8 Abs. 1 eingewilligt hat.

Die §§ 1627 und 1901 Abs. 2 und 3 des Bürgerlichen Gesetzbuchs finden Anwendung.

§ 16 Genetische Reihenuntersuchungen

(1) Eine genetische Reihenuntersuchung darf nur vorgenommen werden, wenn mit der Untersuchung geklärt werden soll, ob die betroffenen Personen genetische Eigenschaften mit Bedeutung für eine Erkrankung oder gesundheitliche Störung haben, die nach dem allgemein anerkannten Stand der Wissenschaft und Technik vermeidbar oder behandelbar ist oder der vorgebeugt werden kann.

(2) Mit einer genetischen Reihenuntersuchung nach Absatz 1 darf nur begonnen werden, wenn die Gendiagnostik- Kommission die Untersuchung in einer schriftlichen Stellungnahme bewertet hat. Die Gendiagnostik- Kommission prüft und bewertet anhand der ihr vorgelegten Unterlagen, ob die Voraussetzungen nach Absatz 1 vorliegen, das Anwendungskonzept für die Durchführung der Untersuchung dem allgemein anerkannten Stand der Wissenschaft und Technik entspricht und die Untersuchung in diesem Sinne ethisch vertretbar ist.

Abschnitt 3
Genetische Untersuchungen zur Klärung der Abstammung

§ 17 Genetische Untersuchungen zur Klärung der Abstammung

(1) Eine genetische Untersuchung zur Klärung der Abstammung darf nur vorgenommen werden, wenn die Person, deren genetische Probe untersucht werden soll, zuvor über die Untersuchung aufgeklärt worden ist und in die Untersuchung und die Gewinnung der dafür erforderlichen genetischen Probe eingewilligt hat; für die Einwilligung gilt § 8 entsprechend. Die Aufklärung muss durch die für die Vornahme der Untersuchung verantwortliche Person erfolgen; für die Aufklärung gilt § 9 Abs. 2 Nr. 1 erster Halbsatz, Nr. 2 bis 5 und Abs. 3 entsprechend. Es dürfen nur die zur Klärung der Abstammung erforderlichen Untersuchungen an der genetischen Probe vorgenommen werden. Feststellungen über andere Tatsachen dürfen nicht getroffen werden.

(2) Absatz 1 gilt entsprechend für Personen, die eine genetische Untersuchung zur Klärung der Abstammung vornehmen lassen.

(3) Bei einer Person, die nicht in der Lage ist, Wesen, Bedeutung und Tragweite der genetischen Untersuchung zu erkennen und ihren Willen hiernach auszurichten, darf eine genetische Untersuchung zur Klärung der Abstammung vorgenommen werden, wenn

1. die Untersuchung der Person zuvor in einer ihr gemäßen Weise so weit wie möglich verständlich gemacht worden ist und sie die Untersuchung oder die Gewinnung der dafür erforderlichen genetischen Probe nicht ablehnt,
2. der Vertreter der Person zuvor über die Untersuchung aufgeklärt worden ist und dieser in die Untersuchung und die Gewinnung der dafür erforderlichen genetischen Probe eingewilligt hat und
3. die Person voraussichtlich allenfalls geringfügig und nicht über die mit der Untersuchung und der Gewinnung der dafür erforderlichen genetischen Probe in der Regel verbundenen Risiken hinaus gesundheitlich beeinträchtigt wird.

Für die Aufklärung und die Einwilligung des Vertreters gelten Absatz 1 Satz 1 und 2 und Absatz 2 entsprechend.
Die §§ 1627 und 1901 Abs. 2 und 3 des Bürgerlichen Gesetzbuchs finden Anwendung.
(4) Genetische Untersuchungen zur Klärung der Abstammung dürfen nur durch Ärztinnen oder Ärzte oder durch auf dem Gebiet der Abstammungsbegutachtung erfahrene nichtärztliche Sachverständige mit abgeschlossener naturwissenschaftlicher Hochschulausbildung vorgenommen werden. § 7 Abs. 2 gilt entsprechend.
(5) § 11 Abs. 2 bis 4 über die Mitteilung der Ergebnisse und § 13 über die Verwendung und Vernichtung der Proben gelten entsprechend; § 12 über die Aufbewahrung und Vernichtung der Ergebnisse gilt entsprechend mit der Maßgabe, dass die Ergebnisse der genetischen Untersuchung 30 Jahre aufzubewahren sind.
(6) Eine vorgeburtliche genetische Untersuchung zur Klärung der Abstammung darf abweichend von § 15 Abs. 1 Satz 1 nur durch Ärztinnen oder Ärzte vorgenommen werden, wenn nach ärztlicher Erkenntnis an der Schwangeren eine rechtswidrige Tat nach den §§ 176 bis 179 des Strafgesetzbuchs begangen worden ist und dringende Gründe für die Annahme sprechen, dass die Schwangerschaft auf der Tat beruht.
(7) Der nach den Absätzen 1, 2 und 3 Satz 1 Nr. 2 erforderlichen Einwilligung steht eine rechtskräftige gerichtliche Entscheidung nach § 1598a Abs. 2 des Bürgerlichen Gesetzbuchs gleich. In diesem Falle ist eine Ablehnung nach Absatz 3 Satz 1 Nr. 1 unbeachtlich. Die Vorschriften über die Feststellung der Abstammung im Rahmen eines gerichtlichen Verfahrens bleiben unberührt.
(8) Auf genetische Untersuchungen an einem Mundschleimhautabstrich, die zum Nachweis eines Verwandtschaftsverhältnisses im Verfahren nach dem Pass- oder Personalausweisgesetz und im Verfahren der Auslandsvertretungen und der Ausländerbehörden zum Familiennachzug nach dem Aufenthaltsgesetz beigebracht werden, finden keine Anwendung
1. Absatz 1 Satz 1 zweiter Halbsatz, soweit er auf die Entscheidung, ob und inwieweit das Untersuchungsergebnis zur Kenntnis zu geben oder zu vernichten ist, nach § 8 Abs. 1 Satz 2 verweist,
2. Absatz 1 Satz 2 zweiter Halbsatz, soweit er auf § 9 Abs. 2 Nr. 2 und 5 verweist, und
3. Absatz 5, soweit er auf § 12 Abs. 1 Satz 1 verweist.
Auf die Aufklärung und die Einwilligung des Vertreters nach Absatz 3 Satz 1 Nr. 2 findet Absatz 3 Satz 2 in Verbindung mit Absatz 1 Satz 1 und 2 keine Anwendung, soweit er auf die Entscheidung, ob und inwieweit das Untersuchungsergebnis zur Kenntnis zu geben oder zu vernichten ist, nach § 8 Abs. 1 Satz 2 und auf § 9 Abs. Nr. 2 und 5 verweist. Die Aufklärung nach den Absätzen 1 und 3 kann abweichend von Absatz 1 Satz 2 erster Halbsatz im Verfahren vor einer Auslandsvertretung von einer anderen als der für die Untersuchung verantwortlichen Person vorgenommen werden, die nicht die Anforderungen nach Absatz 4 erfüllen muss. Ergibt sich der Verdacht einer Straftat, dürfen abweichend von Absatz 5 das Ergebnis der genetischen Untersuchung und die genetische Probe auch nach einem Widerruf der Einwilligung zum Zwecke der Strafverfolgung übermittelt werden; § 11 Abs. 4, § 12 Abs. 1 Satz 4 und § 13 Abs. 1 finden in diesem Fall keine Anwendung.

Abschnitt 4
Genetische Untersuchungen im Versicherungsbereich

§ 18 Genetische Untersuchungen und Analysen im Zusammenhang mit dem Abschluss eines Versicherungsvertrages

(1) Der Versicherer darf von Versicherten weder vor noch nach Abschluss des Versicherungsvertrages
1. die Vornahme genetischer Untersuchungen oder Analysen verlangen oder
2. die Mitteilung von Ergebnissen oder Daten aus bereits vorgenommenen genetischen Untersuchungen oder Analysen verlangen oder solche Ergebnisse oder Daten entgegennehmen oder verwenden.

Für die Lebensversicherung, die Berufsunfähigkeitsversicherung, die Erwerbsunfähigkeitsversicherung und die Pflegerentenversicherung gilt Satz 1 Nr. 2 nicht, wenn eine Leistung von mehr als 300 000 Euro oder mehr als 30 000 Euro Jahresrente vereinbart wird.

(2) Vorerkrankungen und Erkrankungen sind anzuzeigen; insoweit sind die §§ 19 bis 22 und 47 des Versicherungsvertragsgesetzes anzuwenden.

Abschnitt 5
Genetische Untersuchungen im Arbeitsleben

§ 19 Genetische Untersuchungen und Analysen vor und nach Begründung des Beschäftigungsverhältnisses

Der Arbeitgeber darf von Beschäftigten weder vor noch nach Begründung des Beschäftigungsverhältnisses
1. die Vornahme genetischer Untersuchungen oder Analysen verlangen oder
2. die Mitteilung von Ergebnissen bereits vorgenommener genetischer Untersuchungen oder Analysen verlangen, solche Ergebnisse entgegennehmen oder verwenden.

§ 20 Genetische Untersuchungen und Analysen zum Arbeitsschutz

(1) Im Rahmen arbeitsmedizinischer Vorsorgeuntersuchungen dürfen weder
1. genetische Untersuchungen oder Analysen vorgenommen werden noch
2. die Mitteilung von Ergebnissen bereits vorgenommener genetischer Untersuchungen oder Analysen verlangt, solche Ergebnisse entgegengenommen oder verwendet werden.

(2) Abweichend von Absatz 1 sind im Rahmen arbeitsmedizinischer Vorsorgeuntersuchungen diagnostische genetische Untersuchungen durch Genproduktanalyse zulässig, soweit sie zur Feststellung genetischer Eigenschaften erforderlich sind, die für schwerwiegende Erkrankungen oder schwerwiegende gesundheitliche Störungen, die bei einer Beschäftigung an einem bestimmten Arbeitsplatz oder mit einer bestimmten Tätigkeit entstehen können, ursächlich oder mitursächlich sind. Als Bestandteil arbeits-

medizinischer Vorsorgeuntersuchungen sind genetische Untersuchungen nachrangig zu anderen Maßnahmen des Arbeitsschutzes.
(3) Die Bundesregierung kann durch Rechtsverordnung mit Zustimmung des Bundesrates regeln, dass abweichend von den Absätzen 1 und 2 im Rahmen arbeitsmedizinischer Vorsorgeuntersuchungen diagnostische genetische Untersuchungen durch zytogenetische und molekulargenetische Analysen bei bestimmten gesundheitsgefährdenden Tätigkeiten von Beschäftigten vorgenommen werden dürfen, soweit nach dem allgemein anerkannten Stand der Wissenschaft und Technik
1. dadurch genetische Eigenschaften festgestellt werden können, die für bestimmte, in der Rechtsverordnung zu bezeichnende schwerwiegende Erkrankungen oder schwerwiegende gesundheitliche Störungen, die bei einer Beschäftigung an einem bestimmten Arbeitsplatz oder mit einer bestimmten Tätigkeit entstehen können, ursächlich oder mitursächlich sind,
2. die Wahrscheinlichkeit, dass die Erkrankung oder gesundheitliche Störung bei der Beschäftigung an dem bestimmten Arbeitsplatz oder mit der bestimmten Tätigkeit entsteht, hoch ist und
3. die jeweilige genetische Untersuchung eine geeignete und die für die Beschäftigte oder den Beschäftigten schonendste Untersuchungsmethode ist, um die genetischen Eigenschaften festzustellen.
Absatz 2 Satz 2 gilt entsprechend.
(4) Die §§ 7 bis 16 gelten entsprechend.

§ 21 Arbeitsrechtliches Benachteiligungsverbot

(1) Der Arbeitgeber darf Beschäftigte bei einer Vereinbarung oder Maßnahme, insbesondere bei der Begründung des Beschäftigungsverhältnisses, beim beruflichen Aufstieg, bei einer Weisung oder der Beendigung des Beschäftigungsverhältnisses nicht wegen ihrer oder der genetischen Eigenschaften einer genetisch verwandten Person benachteiligen. Dies gilt auch, wenn sich Beschäftigte weigern, genetische Untersuchungen oder Analysen bei sich vornehmen zu lassen oder die Ergebnisse bereits vorgenommener genetischer Untersuchungen oder Analysen zu offenbaren.
(2) Die §§ 15 und 22 des Allgemeinen Gleichbehandlungsgesetzes gelten entsprechend.

§ 22 Öffentlich-rechtliche Dienstverhältnisse

Es gelten entsprechend
1. für Beamtinnen, Beamte, Richterinnen und Richter des Bundes, Soldatinnen und Soldaten sowie Zivildienstleistende die für Beschäftigte geltenden Vorschriften,
2. für Bewerberinnen und Bewerber für ein öffentlichrechtliches Dienstverhältnis oder Personen, deren öffentlich-rechtliches Dienstverhältnis beendet ist, die für Bewerberinnen und Bewerber für ein Beschäftigungsverhältnis oder Personen, deren Beschäftigungsverhältnis beendet ist, geltenden Vorschriften und
3. für den Bund und sonstige bundesunmittelbare Körperschaften, Anstalten und Stiftungen des öffentlichen Rechts, die Dienstherrnfähigkeit besitzen, die für Arbeitgeber geltenden Vorschriften.

Abschnitt 6
Allgemein anerkannter Stand der Wissenschaft und Technik

§ 23 Richtlinien

(1) Beim Robert Koch-Institut wird eine interdisziplinär zusammengesetzte, unabhängige Gendiagnostik- Kommission eingerichtet, die sich aus 13 Sachverständigen aus den Fachrichtungen Medizin und Biologie, zwei Sachverständigen aus den Fachrichtungen Ethik und Recht sowie drei Vertretern der für die Wahrnehmung der Interessen der Patientinnen und Patienten, der Verbraucherinnen und Verbraucher und der Selbsthilfe behinderter Menschen auf Bundesebene maßgeblichen Organisationen zusammensetzt. Die Mitglieder und stellvertretenden Mitglieder der Gendiagnostik- Kommission werden vom Bundesministerium für Gesundheit für die Dauer von drei Jahren berufen. Die Kommission gibt sich eine Geschäftsordnung, in der das Nähere über das Verfahren der Gendiagnostik- Kommission und die Heranziehung externer Sachverständiger festgelegt wird; die Geschäftsordnung bedarf der Zustimmung des Bundesministeriums für Gesundheit. Vertreter des Bundesministeriums für Gesundheit sowie weitere Vertreter von Bundes- und Landesbehörden können mit beratender Stimme an den Sitzungen teilnehmen.

(2) Die Gendiagnostik-Kommission erstellt in Bezug auf den allgemein anerkannten Stand der Wissenschaft und Technik Richtlinien insbesondere für
1. die Beurteilung genetischer Eigenschaften hinsichtlich
   a) ihrer Bedeutung für Erkrankungen oder gesundheitliche Störungen sowie die Möglichkeiten, sie zu vermeiden, ihnen vorzubeugen oder sie zu behandeln,
   b) ihrer Bedeutung für die Wirkung eines Arzneimittels bei einer Behandlung,
   c) der Erforderlichkeit einer genetischen Untersuchung nach § 14 Abs. 1 Nr. 1, um eine genetisch bedingte Erkrankung oder gesundheitliche Störung zu vermeiden oder zu behandeln oder dieser vorzubeugen, oder nach § 14 Abs. 2 Nr. 1 zur Klärung, ob eine bestimmte genetisch bedingte Erkrankung oder gesundheitliche Störung bei einem künftigen Abkömmling der genetisch verwandten Person auftreten kann,
   d) ihrer Bedeutung nach § 15 Abs. 1 Satz 1 für eine Beeinträchtigung der Gesundheit des Embryos oder des Fötus während der Schwangerschaft oder nach der Geburt,
   e) ihrer Bedeutung für die nach § 20 Abs. 3 maßgeblichen Voraussetzungen für den Erlass einer Rechtsverordnung,
2. die Anforderungen an die Qualifikation
   a) zur genetischen Beratung nach § 7 Abs. 3,
   b) der auf dem Gebiet der Abstammungsbegutachtung erfahrenen ärztlichen und nichtärztlichen Sachverständigen nach § 17 Abs. 4,
3. die Anforderungen an die Inhalte der Aufklärung und der genetischen Beratung,
4. die Anforderungen an die Durchführung genetischer Analysen genetischer Proben, insbesondere an die Eignung und Zuverlässigkeit der Analysemethoden, die Verlässlichkeit der Analyseergebnisse und den Befundbericht sowie an die erforderlichen Maßnahmen zur Qualitätssicherung einschließlich Art, Umfang und Häufigkeit externer Qualitätssicherungsmaßnahmen,

5. die Anforderungen an die Durchführung der vorgeburtlichen Risikoabklärung sowie an die insoweit erforderlichen Maßnahmen zur Qualitätssicherung,
6. die Anforderungen an die Durchführung genetischer Reihenuntersuchungen.

(3) Das Robert Koch-Institut veröffentlicht die Richtlinien der Gendiagnostik-Kommission sowie ihre Stellungnahmen nach § 16 Abs. 2 zu den genetischen Reihenuntersuchungen.

(4) Die Gendiagnostik-Kommission bewertet in einem Tätigkeitsbericht die Entwicklung in der genetischen Diagnostik. Der Bericht ist im Abstand von drei Jahren, erstmals zum Ablauf des Jahres 2012, zu erstellen und durch das Robert Koch-Institut zu veröffentlichen.

(5) Die Gendiagnostik-Kommission kann auf Anfrage von Personen oder Einrichtungen, die genetische Untersuchungen oder Analysen vornehmen, gutachtliche Stellungnahmen zu Einzelfragen der Auslegung und Anwendung ihrer Richtlinien abgeben.

§ 24 Gebühren und Auslagen

(1) Das Robert Koch-Institut erhebt für Stellungnahmen der Gendiagnostik-Kommission nach § 16 Abs. 2 und § 23 Abs. 5 zur Deckung des Verwaltungsaufwandes Gebühren und Auslagen.

(2) Das Bundesministerium für Gesundheit wird ermächtigt, durch Rechtsverordnung ohne Zustimmung des Bundesrates die gebührenpflichtigen Tatbestände und die Höhe der Gebühren zu bestimmen und dabei feste Sätze oder Rahmensätze vorzusehen. In der Rechtsverordnung können Ermäßigungen und Befreiungen von Gebühren und Auslagen zugelassen und die Erstattung von Auslagen auch abweichend vom Bundesgebührengesetz geregelt werden.

Abschnitt 7
Straf- und Bußgeldvorschriften

§ 25 Strafvorschriften

(1) Mit Freiheitsstrafe bis zu einem Jahr oder mit Geldstrafe wird bestraft, wer
1. entgegen § 8 Abs. 1 Satz 1, auch in Verbindung mit § 14 Abs. 1 Nr. 4 oder Abs. 2 Nr. 2, oder § 15 Abs. 1 Satz 1 oder Abs. 4 Satz 2 Nr. 3 eine genetische Untersuchung oder Analyse ohne die erforderliche Einwilligung vornimmt,
2. entgegen § 14 Abs. 1 Nr. 1 eine genetische Untersuchung vornimmt,
3. entgegen § 15 Abs. 1 Satz 1 eine vorgeburtliche genetische Untersuchung vornimmt, die nicht medizinischen Zwecken dient oder die nicht auf die dort genannten genetischen Eigenschaften des Embryos oder des Fötus abzielt,
4. entgegen § 14 Abs. 3 Satz 1 oder 2 oder § 17 Abs. 1 Satz 3 oder 4, jeweils auch in Verbindung mit Abs. 2, eine weitergehende Untersuchung vornimmt oder vornehmen lässt oder eine Feststellung trifft oder treffen lässt oder
5. entgegen § 18 Abs. 1 Satz 1 Nr. 2, § 19 Nr. 2 oder § 20 Abs. 1 Nr. 2 dort genannte Daten oder ein dort genanntes Ergebnis verwendet.

Gendiagnostikgesetz – GenDG   Anhang 1

(2) Mit Freiheitsstrafe bis zu zwei Jahren oder mit Geldstrafe wird bestraft, wer eine in Absatz 1 bezeichnete Handlung gegen Entgelt oder in der Absicht begeht, sich oder einen Anderen zu bereichern oder einen Anderen zu schädigen.
(3) Die Tat wird nur auf Antrag verfolgt. Antragsberechtigt ist in den Fällen des Absatzes 1 Nr. 1 in Verbindung mit § 15 Abs. 1 Satz 1 und des Absatzes 1 Nr. 3 die Schwangere.

§ 26 Bußgeldvorschriften

(1) Ordnungswidrig handelt, wer
1. entgegen § 7 Abs. 1, entgegen Abs. 2, auch in Verbindung mit § 17 Abs. 4 Satz 2, oder entgegen § 17 Abs. 4 Satz 1 oder § 20 Abs. 1 Nr. 1 eine genetische Untersuchung oder Analyse vornimmt,
2. entgegen § 12 Abs. 1 Satz 2 oder 3, jeweils auch in Verbindung mit Abs. 2 oder § 17 Abs. 5, das Ergebnis einer genetischen Untersuchung oder Analyse nicht oder nicht rechtzeitig vernichtet oder nicht oder nicht rechtzeitig sperrt,
3. entgegen § 13 Abs. 1 Satz 1 oder Abs. 2, jeweils auch in Verbindung mit § 17 Abs. 5, eine genetische Probe verwendet,
4. entgegen § 13 Abs. 1 Satz 2, auch in Verbindung mit § 17 Abs. 5, eine genetische Probe nicht oder nicht rechtzeitig vernichtet,
5. entgegen § 16 Abs. 2 Satz 1 mit einer genetischen Reihenuntersuchung beginnt,
6. entgegen § 17 Abs. 1 Satz 1 erster Halbsatz, auch in Verbindung mit Abs. 3 Satz 2, eine genetische Untersuchung ohne Einwilligung der dort genannten Person vornimmt,
7. entgegen § 17 Abs. 2 in Verbindung mit Abs. 1 Satz 1 erster Halbsatz, jeweils auch in Verbindung mit Abs. 3 Satz 2,
   a) als Vater oder Mutter des Kindes, dessen Abstammung geklärt werden soll,
   b) als Kind, das seine Abstammung klären lassen will, oder
   c) als sonstige Person
   eine genetische Untersuchung ohne die erforderliche Einwilligung vornehmen lässt,
8. entgegen § 18 Abs. 1 Satz 1, § 19 oder § 20 Abs. 1 Nr. 2 die Vornahme einer genetischen Untersuchung oder Analyse oder die Mitteilung dort genannter Daten oder eines dort genannten Ergebnisses verlangt,
9. entgegen § 18 Abs. 1 Satz 1 Nr. 2, § 19 Nr. 2 oder § 20 Abs. 1 Nr. 2 dort genannte Daten oder ein dort genanntes Ergebnis entgegennimmt oder
10. einer Rechtsverordnung nach § 6 zuwiderhandelt, soweit sie für einen bestimmten Tatbestand auf diese Bußgeldvorschrift verweist.

(2) Die Ordnungswidrigkeit kann in den Fällen des Absatzes 1 Nr. 3, 6 und 9 mit einer Geldbuße bis zu dreihunderttausend Euro, in den Fällen des Absatzes 1 Nr. 7 Buchstabe a und b mit einer Geldbuße bis zu fünftausend Euro und in den übrigen Fällen mit einer Geldbuße bis zu fünfzigtausend Euro geahndet werden.
(3) Die Verwaltungsbehörde soll in den Fällen des Absatzes 1 Nr. 7 Buchstabe a und b von einer Ahndung absehen, wenn die Personen, deren genetische Proben zur Klärung der Abstammung untersucht wurden, der Untersuchung und der Gewinnung der dafür erforderlichen genetischen Probe nachträglich zugestimmt haben.

Abschnitt 8
Schlussvorschriften

§ 27 Inkrafttreten

(1) Dieses Gesetz tritt am 1. Februar 2010 in Kraft, soweit in den folgenden Absätzen nichts Abweichendes bestimmt ist.
(2) Die §§ 6, 20 Abs. 3, die §§ 23 und 24 treten am Tag nach der Verkündung in Kraft.
(3) § 5 tritt am 1. Februar 2011 in Kraft.
(4) § 7 Abs. 3 tritt am 1. Februar 2012 in Kraft.
Die verfassungsmäßigen Rechte des Bundesrates sind gewahrt.
Das vorstehende Gesetz wird hiermit ausgefertigt. Es ist im Bundesgesetzblatt zu verkünden.
Berlin, den 31. Juli 2009
Der Bundespräsident
Horst Köhler
Die Bundeskanzlerin
Dr. Angela Merkel
Die Bundesministerin für Gesundheit
Ulla Schmidt
Die Bundesministerin der Justiz
Brigitte Zypries
Der Bundesminister für Arbeit und Soziales
Olaf Scholz

2. Gesetz über das Bundesamt für Sicherheit in der Informationstechnik (BSI-Gesetz – BSIG)

in der Fassung der Bekanntmachung vom 14. August 2009 (BGBl. I S. 2821), zuletzt geändert durch Gesetz vom 17. Juli 2015 (BGBl. I S. 1324)

Hinweis:
Mittelbare Änderung durch Art. 9 G v. 17.7.2015 I 1324 (Nr. 31) ist berücksichtigt

Inhaltsübersicht

- § 1 Bundesamt für Sicherheit in der Informationstechnik
- § 2 Begriffsbestimmungen
- § 3 Aufgaben des Bundesamtes
- § 4 Zentrale Meldestelle für die Sicherheit in der Informationstechnik des Bundes
- § 5 Abwehr von Schadprogrammen und Gefahren für die Kommunikationstechnik des Bundes
- § 6 Löschung
- § 7 Warnungen
- § 7a Untersuchung der Sicherheit in der Informationstechnik
- § 8 Vorgaben des Bundesamtes
- § 8a Sicherheit in der Informationstechnik Kritischer Infrastrukturen
- § 8b Zentrale Stelle für die Sicherheit in der Informationstechnik Kritischer Infrastrukturen
- § 8c Anwendungsbereich
- § 8d Auskunftsverlangen
- § 9 Zertifizierung
- § 10 Ermächtigung zum Erlass von Rechtsverordnungen
- § 11 Einschränkung von Grundrechten
- § 12 Rat der IT-Beauftragten der Bundesregierung
- § 13 Berichtspflichten
- § 14 Bußgeldvorschriften

§ 1 Bundesamt für Sicherheit in der Informationstechnik

Der Bund unterhält ein Bundesamt für Sicherheit in der Informationstechnik (Bundesamt) als Bundesoberbehörde. Das Bundesamt ist zuständig für die Informationssicherheit auf nationaler Ebene. Es untersteht dem Bundesministerium des Innern.

Anhang 2   Gesetz über das Bundesamt für Sicherheit – BSIG

§ 2 Begriffsbestimmungen

(1) Die Informationstechnik im Sinne dieses Gesetzes umfasst alle technischen Mittel zur Verarbeitung oder Übertragung von Informationen.

(2) Sicherheit in der Informationstechnik im Sinne dieses Gesetzes bedeutet die Einhaltung bestimmter Sicherheitsstandards, die die Verfügbarkeit, Unversehrtheit oder Vertraulichkeit von Informationen betreffen, durch Sicherheitsvorkehrungen
1. in informationstechnischen Systemen, Komponenten oder Prozessen oder
2. bei der Anwendung von informationstechnischen Systemen, Komponenten oder Prozessen.

(3) Kommunikationstechnik des Bundes im Sinne dieses Gesetzes ist die Informationstechnik, die von einer oder mehreren Bundesbehörden oder im Auftrag einer oder mehrerer Bundesbehörden betrieben wird und der Kommunikation oder dem Datenaustausch der Bundesbehörden untereinander oder mit Dritten dient. Kommunikationstechnik der Bundesgerichte, soweit sie nicht öffentlich-rechtliche Verwaltungsaufgaben wahrnehmen, des Bundestages, des Bundesrates, des Bundespräsidenten und des Bundesrechnungshofes ist nicht Kommunikationstechnik des Bundes, soweit sie ausschließlich in deren eigener Zuständigkeit betrieben wird.

(4) Schnittstellen der Kommunikationstechnik des Bundes im Sinne dieses Gesetzes sind sicherheitsrelevante Netzwerkübergänge innerhalb der Kommunikationstechnik des Bundes sowie zwischen dieser und der Informationstechnik der einzelnen Bundesbehörden, Gruppen von Bundesbehörden oder Dritter. Dies gilt nicht für die Komponenten an den Netzwerkübergängen, die in eigener Zuständigkeit der in Absatz 3 Satz 2 genannten Gerichte und Verfassungsorgane betrieben werden.

(5) Schadprogramme im Sinne dieses Gesetzes sind Programme und sonstige informationstechnische Routinen und Verfahren, die dem Zweck dienen, unbefugt Daten zu nutzen oder zu löschen oder die dem Zweck dienen, unbefugt auf sonstige informationstechnische Abläufe einzuwirken.

(6) Sicherheitslücken im Sinne dieses Gesetzes sind Eigenschaften von Programmen oder sonstigen informationstechnischen Systemen, durch deren Ausnutzung es möglich ist, dass sich Dritte gegen den Willen des Berechtigten Zugang zu fremden informationstechnischen Systemen verschaffen oder die Funktion der informationstechnischen Systeme beeinflussen können.

(7) Zertifizierung im Sinne dieses Gesetzes ist die Feststellung durch eine Zertifizierungsstelle, dass ein Produkt, ein Prozess, ein System, ein Schutzprofil (Sicherheitszertifizierung), eine Person (Personenzertifizierung) oder ein IT-Sicherheitsdienstleister bestimmte Anforderungen erfüllt.

(8) Protokolldaten im Sinne dieses Gesetzes sind Steuerdaten eines informationstechnischen Protokolls zur Datenübertragung, die unabhängig vom Inhalt eines Kommunikationsvorgangs übertragen oder auf den am Kommunikationsvorgang beteiligten Servern gespeichert werden und zur Gewährleistung der Kommunikation zwischen Empfänger und Sender notwendig sind. Protokolldaten können Verkehrsdaten gemäß § 3 Nummer 30 des Telekommunikationsgesetzes und Nutzungsdaten nach § 15 Absatz 1 des Telemediengesetzes enthalten.

(9) Datenverkehr im Sinne dieses Gesetzes sind die mittels technischer Protokolle

Gesetz über das Bundesamt für Sicherheit – BSIG Anhang 2

übertragenen Daten. Der Datenverkehr kann Telekommunikationsinhalte nach § 88 Absatz 1 des Telekommunikationsgesetzes und Nutzungsdaten nach § 15 Absatz 1 des Telemediengesetzes enthalten.

(10) Kritische Infrastrukturen im Sinne dieses Gesetzes sind Einrichtungen, Anlagen oder Teile davon, die

1. den Sektoren Energie, Informationstechnik und Telekommunikation, Transport und Verkehr, Gesundheit, Wasser, Ernährung sowie Finanz- und Versicherungswesen angehören und
2. von hoher Bedeutung für das Funktionieren des Gemeinwesens sind, weil durch ihren Ausfall oder ihre Beeinträchtigung erhebliche Versorgungsengpässe oder Gefährdungen für die öffentliche Sicherheit eintreten würden.

Die Kritischen Infrastrukturen im Sinne dieses Gesetzes werden durch die Rechtsverordnung nach § 10 Absatz 1 näher bestimmt.

§ 3 Aufgaben des Bundesamtes

(1) Das Bundesamt fördert die Sicherheit in der Informationstechnik. Hierzu nimmt es folgende Aufgaben wahr:

1. Abwehr von Gefahren für die Sicherheit der Informationstechnik des Bundes;
2. Sammlung und Auswertung von Informationen über Sicherheitsrisiken und Sicherheitsvorkehrungen und Zurverfügungstellung der gewonnenen Erkenntnisse für andere Stellen, soweit dies zur Erfüllung ihrer Aufgaben oder erforderlich ist, sowie für Dritte, soweit dies zur Wahrung ihrer Sicherheitsinteressen erforderlich ist;
3. Untersuchung von Sicherheitsrisiken bei Anwendung der Informationstechnik sowie Entwicklung von Sicherheitsvorkehrungen, insbesondere von informationstechnischen Verfahren und Geräten für die Sicherheit in der Informationstechnik (IT-Sicherheitsprodukte), soweit dies zur Erfüllung von Aufgaben des Bundes erforderlich ist, einschließlich der Forschung im Rahmen seiner gesetzlichen Aufgaben;
4. Entwicklung von Kriterien, Verfahren und Werkzeugen für die Prüfung und Bewertung der Sicherheit von informationstechnischen Systemen oder Komponenten und für die Prüfung und Bewertung der Konformität im Bereich der IT-Sicherheit;
5. Prüfung und Bewertung der Sicherheit von informationstechnischen Systemen oder Komponenten und Erteilung von Sicherheitszertifikaten;
6. Prüfung und Bestätigung der Konformität im Bereich der IT-Sicherheit von informationstechnischen Systemen und Komponenten mit technischen Richtlinien des Bundesamtes;
7. Prüfung, Bewertung und Zulassung von informationstechnischen Systemen oder Komponenten, die für die Verarbeitung oder Übertragung amtlich geheim gehaltener Informationen nach § 4 des Sicherheitsüberprüfungsgesetzes im Bereich des Bundes oder bei Unternehmen im Rahmen von Aufträgen des Bundes eingesetzt werden sollen;
8. Herstellung von Schlüsseldaten und Betrieb von Krypto- und Sicherheitsmanage-

Anhang 2   Gesetz über das Bundesamt für Sicherheit – BSIG

mentsystemen für informationssichernde Systeme des Bundes, die im Bereich des staatlichen Geheimschutzes oder auf Anforderung der betroffenen Behörde auch in anderen Bereichen eingesetzt werden;

9. Unterstützung und Beratung bei organisatorischen und technischen Sicherheitsmaßnahmen sowie Durchführung von technischen Prüfungen zum Schutz amtlich geheim gehaltener Informationen nach § 4 des Sicherheitsüberprüfungsgesetzes gegen die Kenntnisnahme durch Unbefugte;
10. Entwicklung von sicherheitstechnischen Anforderungen an die einzusetzende Informationstechnik des Bundes und an die Eignung von Auftragnehmern im Bereich von Informationstechnik mit besonderem Schutzbedarf;
11. Bereitstellung von IT-Sicherheitsprodukten für Stellen des Bundes;
12. Unterstützung der für Sicherheit in der Informationstechnik zuständigen Stellen des Bundes, insbesondere soweit sie Beratungs- oder Kontrollaufgaben wahrnehmen; dies gilt vorrangig für den Bundesbeauftragten für den Datenschutz, dessen Unterstützung im Rahmen der Unabhängigkeit erfolgt, die ihm bei der Erfüllung seiner Aufgaben nach dem Bundesdatenschutzgesetz zusteht;
13. Unterstützung
    a) der Polizeien und Strafverfolgungsbehörden bei der Wahrnehmung ihrer gesetzlichen Aufgaben,
    b) der Verfassungsschutzbehörden bei der Auswertung und Bewertung von Informationen, die bei der Beobachtung terroristischer Bestrebungen oder nachrichtendienstlicher Tätigkeiten im Rahmen der gesetzlichen Befugnisse nach den Verfassungsschutzgesetzen des Bundes und der Länder anfallen,
    c) des Bundesnachrichtendienstes bei der Wahrnehmung seiner gesetzlichen Aufgaben.
    Die Unterstützung darf nur gewährt werden, soweit sie erforderlich ist, um Tätigkeiten zu verhindern oder zu erforschen, die gegen die Sicherheit in der Informationstechnik gerichtet sind oder unter Nutzung der Informationstechnik erfolgen. Die Unterstützungsersuchen sind durch das Bundesamt aktenkundig zu machen;
14. Beratung und Warnung der Stellen des Bundes, der Länder sowie der Hersteller, Vertreiber und Anwender in Fragen der Sicherheit in der Informationstechnik unter Berücksichtigung der möglichen Folgen fehlender oder unzureichender Sicherheitsvorkehrungen;
15. Aufbau geeigneter Kommunikationsstrukturen zur Krisenfrüherkennung, Krisenreaktion und Krisenbewältigung sowie Koordinierung der Zusammenarbeit zum Schutz der Sicherheit in der Informationstechnik Kritischer Infrastrukturen im Verbund mit der Privatwirtschaft;
16. Aufgaben als zentrale Stelle im Bereich der Sicherheit in der Informationstechnik im Hinblick auf die Zusammenarbeit mit den zuständigen Stellen im Ausland, unbeschadet besonderer Zuständigkeiten anderer Stellen;
17. Aufgaben nach den §§ 8a und 8b als zentrale Stelle für die Sicherheit in der Informationstechnik Kritischer Infrastrukturen.

(2) Das Bundesamt kann die Länder auf Ersuchen bei der Sicherung ihrer Informationstechnik unterstützen.

(3) Das Bundesamt kann Betreiber Kritischer Infrastrukturen auf deren Ersuchen bei

Gesetz über das Bundesamt für Sicherheit – BSIG Anhang 2

der Sicherung ihrer Informationstechnik beraten und unterstützen oder auf qualifizierte Sicherheitsdienstleister verweisen.

§ 4 Zentrale Meldestelle für die Sicherheit in der Informationstechnik des Bundes

(1) Das Bundesamt ist die zentrale Meldestelle für die Zusammenarbeit der Bundesbehörden in Angelegenheiten der Sicherheit in der Informationstechnik.
(2) Das Bundesamt hat zur Wahrnehmung dieser Aufgabe
1. alle für die Abwehr von Gefahren für die Sicherheit in der Informationstechnik erforderlichen Informationen, insbesondere zu Sicherheitslücken, Schadprogrammen, erfolgten oder versuchten Angriffen auf die Sicherheit in der Informationstechnik und der dabei beobachteten Vorgehensweise, zu sammeln und auszuwerten,
2. die Bundesbehörden unverzüglich über die sie betreffenden Informationen nach Nummer 1 und die in Erfahrung gebrachten Zusammenhänge zu unterrichten.
(3) Werden anderen Bundesbehörden Informationen nach Absatz 2 Nummer 1 bekannt, die für die Erfüllung von Aufgaben oder die Sicherheit der Informationstechnik anderer Behörden von Bedeutung sind, unterrichten diese ab dem 1. Januar 2010 das Bundesamt hierüber unverzüglich, soweit andere Vorschriften dem nicht entgegenstehen.
(4) Ausgenommen von den Unterrichtungspflichten nach Absatz 2 Nummer 2 und Absatz 3 sind Informationen, die aufgrund von Regelungen zum Geheimschutz oder Vereinbarungen mit Dritten nicht weitergegeben werden dürfen oder deren Weitergabe im Widerspruch zu der verfassungsrechtlichen Stellung eines Abgeordneten des Bundestages oder eines Verfassungsorgans oder der gesetzlich geregelten Unabhängigkeit einzelner Stellen stünde.
(5) Die Vorschriften zum Schutz personenbezogener Daten bleiben unberührt.
(6) Das Bundesministerium des Innern erlässt nach Zustimmung durch den Rat der IT-Beauftragten der Bundesregierung allgemeine Verwaltungsvorschriften zur Durchführung des Absatzes 3.

§ 5 Abwehr von Schadprogrammen und Gefahren für die Kommunikationstechnik des Bundes

(1) Das Bundesamt darf zur Abwehr von Gefahren für die Kommunikationstechnik des Bundes
1. Protokolldaten, die beim Betrieb von Kommunikationstechnik des Bundes anfallen, erheben und automatisiert auswerten, soweit dies zum Erkennen, Eingrenzen oder Beseitigen von Störungen oder Fehlern bei der Kommunikationstechnik des Bundes oder von Angriffen auf die Informationstechnik des Bundes erforderlich ist,
2. die an den Schnittstellen der Kommunikationstechnik des Bundes anfallenden Daten automatisiert auswerten, soweit dies für die Erkennung und Abwehr von Schadprogrammen erforderlich ist.
Sofern nicht die nachfolgenden Absätze eine weitere Verwendung gestatten, muss die automatisierte Auswertung dieser Daten unverzüglich erfolgen und müssen diese nach

erfolgtem Abgleich sofort und spurenlos gelöscht werden. Die Verwendungsbeschränkungen gelten nicht für Protokolldaten, sofern diese weder personenbezogene noch dem Fernmeldegeheimnis unterliegende Daten beinhalten. Die Bundesbehörden sind verpflichtet, das Bundesamt bei Maßnahmen nach Satz 1 zu unterstützen und hierbei den Zugang des Bundesamtes zu behördeninternen Protokolldaten nach Satz 1 Nummer 1 sowie Schnittstellendaten nach Satz 1 Nummer 2 sicherzustellen. Protokolldaten der Bundesgerichte dürfen nur in deren Einvernehmen erhoben werden.

(2) Protokolldaten nach Absatz 1 Satz 1 Nummer 1 dürfen über den für die automatisierte Auswertung nach Absatz 1 Satz 1 Nummer 1 erforderlichen Zeitraum hinaus, längstens jedoch für drei Monate, gespeichert werden, soweit tatsächliche Anhaltspunkte bestehen, dass diese für den Fall der Bestätigung eines Verdachts nach Absatz 3 Satz 2 zur Abwehr von Gefahren, die von dem gefundenen Schadprogramm ausgehen oder zur Erkennung und Abwehr anderer Schadprogramme erforderlich sein können. Durch organisatorische und technische Maßnahmen ist sicherzustellen, dass eine Auswertung der nach diesem Absatz gespeicherten Daten nur automatisiert erfolgt. Die Daten sind zu pseudonymisieren, soweit dies automatisiert möglich ist. Eine nicht automatisierte Auswertung oder eine personenbezogene Verwendung ist nur nach Maßgabe der nachfolgenden Absätze zulässig. Soweit hierzu die Wiederherstellung des Personenbezugs pseudonymisierter Daten erforderlich ist, muss diese durch den Präsidenten des Bundesamtes angeordnet werden. Die Entscheidung ist zu protokollieren.

(3) Eine über die Absätze 1 und 2 hinausgehende Verwendung personenbezogener Daten ist nur zulässig, wenn bestimmte Tatsachen den Verdacht begründen, dass
1. diese ein Schadprogramm enthalten,
2. diese durch ein Schadprogramm übermittelt wurden oder
3. sich aus ihnen Hinweise auf ein Schadprogramm ergeben können,

und soweit die Datenverarbeitung erforderlich ist, um den Verdacht zu bestätigen oder zu widerlegen. Im Falle der Bestätigung ist die weitere Verarbeitung personenbezogener Daten zulässig, soweit dies
1. zur Abwehr des Schadprogramms,
2. zur Abwehr von Gefahren, die von dem aufgefundenen Schadprogramm ausgehen, oder
3. zur Erkennung und Abwehr anderer Schadprogramme erforderlich ist.

Ein Schadprogramm kann beseitigt oder in seiner Funktionsweise gehindert werden. Die nicht automatisierte Verwendung der Daten nach den Sätzen 1 und 2 darf nur durch einen Bediensteten des Bundesamtes mit der Befähigung zum Richteramt angeordnet werden.

(4) Die Beteiligten des Kommunikationsvorgangs sind spätestens nach dem Erkennen und der Abwehr eines Schadprogramms oder von Gefahren, die von einem Schadprogramm ausgehen, zu benachrichtigen, wenn sie bekannt sind oder ihre Identifikation ohne unverhältnismäßige weitere Ermittlungen möglich ist und nicht überwiegende schutzwürdige Belange Dritter entgegenstehen. Die Unterrichtung kann unterbleiben, wenn die Person nur unerheblich betroffen wurde, und anzunehmen ist, dass sie an einer Benachrichtigung kein Interesse hat. Das Bundesamt legt Fälle, in denen es von einer Benachrichtigung absieht, dem behördlichen Datenschutzbeauftragten des Bun-

Gesetz über das Bundesamt für Sicherheit – BSIG Anhang 2

desamtes sowie einem weiteren Bediensteten des Bundesamtes, der die Befähigung zum Richteramt hat, zur Kontrolle vor. Der behördliche Datenschutzbeauftragte ist bei Ausübung dieser Aufgabe weisungsfrei und darf deswegen nicht benachteiligt werden (§ 4f Absatz 3 des Bundesdatenschutzgesetzes). Wenn der behördliche Datenschutzbeauftragte der Entscheidung des Bundesamtes widerspricht, ist die Benachrichtigung nachzuholen. Die Entscheidung über die Nichtbenachrichtigung ist zu dokumentieren. Die Dokumentation darf ausschließlich für Zwecke der Datenschutzkontrolle verwendet werden. Sie ist nach zwölf Monaten zu löschen. In den Fällen der Absätze 5 und 6 erfolgt die Benachrichtigung durch die dort genannten Behörden in entsprechender Anwendung der für diese Behörden geltenden Vorschriften. Enthalten diese keine Bestimmungen zu Benachrichtigungspflichten, sind die Vorschriften der Strafprozessordnung entsprechend anzuwenden.

(5) Das Bundesamt kann die nach Absatz 3 verwendeten personenbezogenen Daten an die Strafverfolgungsbehörden zur Verfolgung einer mittels eines Schadprogramms begangenen Straftat nach den §§ 202a, 202b, 303a oder 303b des Strafgesetzbuches übermitteln. Es kann diese Daten ferner übermitteln

1. zur Abwehr einer Gefahr für die öffentliche Sicherheit, die unmittelbar von einem Schadprogramm ausgeht, an die Polizeien des Bundes und der Länder,
2. zur Unterrichtung über Tatsachen, die sicherheitsgefährdende oder geheimdienstliche Tätigkeiten für eine fremde Macht erkennen lassen, an das Bundesamt für Verfassungsschutz.

(6) Für sonstige Zwecke kann das Bundesamt die Daten übermitteln

1. an die Strafverfolgungsbehörden zur Verfolgung einer Straftat von auch im Einzelfall erheblicher Bedeutung, insbesondere einer in § 100a Absatz 2 der Strafprozessordnung bezeichneten Straftat,
2. an die Polizeien des Bundes und der Länder zur Abwehr einer Gefahr für den Bestand oder die Sicherheit des Staates oder Leib, Leben oder Freiheit einer Person oder Sachen von bedeutendem Wert, deren Erhalt im öffentlichen Interesse geboten ist,
3. an die Verfassungsschutzbehörden des Bundes und der Länder, wenn tatsächliche Anhaltspunkte für Bestrebungen in der Bundesrepublik Deutschland vorliegen, die durch Anwendung von Gewalt oder darauf gerichtete Vorbereitungshandlungen gegen die in § 3 Absatz 1 des Bundesverfassungsschutzgesetzes genannten Schutzgüter gerichtet sind.

Die Übermittlung nach Satz 1 Nummer 1 und 2 bedarf der vorherigen gerichtlichen Zustimmung. Für das Verfahren nach Satz 1 Nummer 1 und 2 gelten die Vorschriften des Gesetzes über das Verfahren in Familiensachen und in den Angelegenheiten der freiwilligen Gerichtsbarkeit entsprechend. Zuständig ist das Amtsgericht, in dessen Bezirk das Bundesamt seinen Sitz hat. Die Übermittlung nach Satz 1 Nummer 3 erfolgt nach Zustimmung des Bundesministeriums des Innern; die §§ 9–16 des Artikel 10-Gesetzes gelten entsprechend.

(7) Eine über die vorstehenden Absätze hinausgehende inhaltliche Auswertung zu anderen Zwecken und die Weitergabe von personenbezogenen Daten an Dritte sind unzulässig. Soweit möglich, ist technisch sicherzustellen, dass Daten, die den Kernbereich privater Lebensgestaltung betreffen, nicht erhoben werden. Werden aufgrund

der Maßnahmen der Absätze 1 bis 3 Erkenntnisse aus dem Kernbereich privater Lebensgestaltung oder Daten im Sinne des § 3 Absatz 9 des Bundesdatenschutzgesetzes erlangt, dürfen diese nicht verwendet werden. Erkenntnisse aus dem Kernbereich privater Lebensgestaltung sind unverzüglich zu löschen. Dies gilt auch in Zweifelsfällen. Die Tatsache ihrer Erlangung und Löschung ist zu dokumentieren. Die Dokumentation darf ausschließlich für Zwecke der Datenschutzkontrolle verwendet werden. Sie ist zu löschen, wenn sie für diese Zwecke nicht mehr erforderlich ist, spätestens jedoch am Ende des Kalenderjahrs, das dem Jahr der Dokumentation folgt. Werden im Rahmen der Absätze 4 oder 5 Inhalte oder Umstände der Kommunikation von in § 53 Absatz 1 Satz 1 der Strafprozessordnung genannten Personen übermittelt, auf die sich das Zeugnisverweigerungsrecht der genannten Personen erstreckt, ist die Verwertung dieser Daten zu Beweiszwecken in einem Strafverfahren nur insoweit zulässig, als Gegenstand dieses Strafverfahrens eine Straftat ist, die im Höchstmaß mit mindestens fünf Jahren Freiheitsstrafe bedroht ist.

(8) Vor Aufnahme der Datenerhebung und -verwendung hat das Bundesamt ein Datenerhebungs- und -verwendungskonzept zu erstellen und für Kontrollen durch den Bundesbeauftragten für den Datenschutz und die Informationsfreiheit bereitzuhalten. Das Konzept hat dem besonderen Schutzbedürfnis der Regierungskommunikation Rechnung zu tragen. Die für die automatisierte Auswertung verwendeten Kriterien sind zu dokumentieren. Der Bundesbeauftragte für den Datenschutz und die Informationsfreiheit teilt das Ergebnis seiner Kontrollen nach § 24 des Bundesdatenschutzgesetzes auch dem Rat der IT-Beauftragten der Bundesregierung mit.

(9) Das Bundesamt unterrichtet den Bundesbeauftragten für den Datenschutz und die Informationsfreiheit kalenderjährlich jeweils bis zum 30. Juni des dem Berichtsjahr folgenden Jahres über

1. die Anzahl der Vorgänge, in denen Daten nach Absatz 5 Satz 1, Absatz 5 Satz 2 Nummer 1 oder Absatz 6 Nummer 1 übermittelt wurden, aufgegliedert nach den einzelnen Übermittlungsbefugnissen,
2. die Anzahl der personenbezogenen Auswertungen nach Absatz 3 Satz 1, in denen der Verdacht widerlegt wurde,
3. die Anzahl der Fälle, in denen das Bundesamt nach Absatz 4 Satz 2 oder 3 von einer Benachrichtigung der Betroffenen abgesehen hat.

(10) Das Bundesamt unterrichtet kalenderjährlich jeweils bis zum 30. Juni des dem Berichtsjahr folgenden Jahres den Innenausschuss des Deutschen Bundestages über die Anwendung dieser Vorschrift.

§ 6 Löschung

Soweit das Bundesamt im Rahmen seiner Befugnisse personenbezogene Daten erhebt, sind diese unverzüglich zu löschen, sobald sie für die Erfüllung der Aufgaben, für die sie erhoben worden sind, oder für eine etwaige gerichtliche Überprüfung nicht mehr benötigt werden. Soweit die Löschung lediglich für eine etwaige gerichtliche Überprüfung von Maßnahmen nach § 5 Absatz 3 zurückgestellt ist, dürfen die Daten ohne Einwilligung des Betroffenen nur zu diesem Zweck verwendet werden; sie sind für andere Zwecke zu sperren. § 5 Absatz 7 bleibt unberührt.

Gesetz über das Bundesamt für Sicherheit – BSIG Anhang 2

§ 7 Warnungen

(1) Zur Erfüllung seiner Aufgaben nach § 3 Absatz 1 Satz 2 Nummer 14 kann das Bundesamt
1. die folgenden Warnungen an die Öffentlichkeit oder an die betroffenen Kreise richten:
   a) Warnungen vor Sicherheitslücken in informationstechnischen Produkten und Diensten,
   b) Warnungen vor Schadprogrammen und
   c) Warnungen im Falle eines Verlustes von oder eines unerlaubten Zugriffs auf Daten;
2. Sicherheitsmaßnahmen sowie den Einsatz bestimmter Sicherheitsprodukte empfehlen.

Das Bundesamt kann zur Wahrnehmung der Aufgaben nach Satz 1 Dritte einbeziehen, wenn dies für eine wirksame und rechtzeitige Warnung erforderlich ist. Die Hersteller betroffener Produkte sind rechtzeitig vor Veröffentlichung von diese Produkte betreffenden Warnungen zu informieren, sofern hierdurch die Erreichung des mit der Maßnahme verfolgten Zwecks nicht gefährdet wird. Soweit entdeckte Sicherheitslücken oder Schadprogramme nicht allgemein bekannt werden sollen, um eine Weiterverbreitung oder rechtswidrige Ausnutzung zu verhindern oder weil das Bundesamt gegenüber Dritten zur Vertraulichkeit verpflichtet ist, kann es den Kreis der zu warnenden Personen anhand sachlicher Kriterien einschränken; sachliche Kriterien können insbesondere die besondere Gefährdung bestimmter Einrichtungen oder die besondere Zuverlässigkeit des Empfängers sein.

(2) Zur Erfüllung seiner Aufgaben nach § 3 Absqatz 1 Satz 2 Nummer 14 kann das Bundesamt die Öffentlichkeit unter Nennung der Bezeichnung und des Herstellers des betroffenen Produkts vor Sicherheitslücken in informationstechnischen Produkten und Diensten und vor Schadprogrammen warnen oder Sicherheitsmaßnahmen sowie den Einsatz bestimmter Sicherheitsprodukte empfehlen, wenn hinreichende Anhaltspunkte dafür vorliegen, dass Gefahren für die Sicherheit in der Informationstechnik hiervon ausgehen. Stellen sich die an die Öffentlichkeit gegebenen Informationen im Nachhinein als falsch oder die zugrunde liegenden Umstände als unzutreffend wiedergegeben heraus, ist dies unverzüglich öffentlich bekannt zu machen.

§ 7a Untersuchung der Sicherheit in der Informationstechnik

(1) Das Bundesamt kann zur Erfüllung seiner Aufgaben nach § 3 Absatz 1 Satz 2 Nummer 1, 14 und 17 auf dem Markt bereitgestellte oder zur Bereitstellung auf dem Markt vorgesehene informationstechnische Produkte und Systeme untersuchen. Es kann sich hierbei der Unterstützung Dritter bedienen, soweit berechtigte Interessen des Herstellers der betroffenen Produkte und Systeme dem nicht entgegenstehen.

(2) Die aus den Untersuchungen gewonnenen Erkenntnisse dürfen nur zur Erfüllung der Aufgaben nach § 3 Absatz 1 Satz 2 Nummer 1, 14 und 17 genutzt werden. Das Bundesamt darf seine Erkenntnisse weitergeben und veröffentlichen, soweit dies zur Erfüllung dieser Aufgaben erforderlich ist. Zuvor ist dem Hersteller der betroffenen

Produkte und Systeme mit angemessener Frist Gelegenheit zur Stellungnahme zu geben.

§ 8 Vorgaben des Bundesamtes

(1) Das Bundesamt erarbeitet Mindeststandards für die Sicherheit der Informationstechnik des Bundes. Das Bundesministerium des Innern kann im Benehmen mit dem IT-Rat diese Mindeststandards ganz oder teilweise als allgemeine Verwaltungsvorschriften für alle Stellen des Bundes erlassen. Das Bundesamt berät die Stellen des Bundes auf Ersuchen bei der Umsetzung und Einhaltung der Mindeststandards. Für die in § 2 Absatz 3 Satz 2 genannten Gerichte und Verfassungsorgane haben die Vorschriften nach diesem Absatz empfehlenden Charakter.

(2) Das Bundesamt stellt im Rahmen seiner Aufgaben nach § 2 Absatz 3 Satz 2 technische Richtlinien bereit, die von den Stellen des Bundes als Rahmen für die Entwicklung sachgerechter Anforderungen an Auftragnehmer (Eignung) und IT-Produkte (Spezifikation) für die Durchführung von Vergabeverfahren berücksichtigt werden. Die Vorschriften des Vergaberechts und des Geheimschutzes bleiben unberührt.

(3) Die Bereitstellung von IT-Sicherheitsprodukten durch das Bundesamt nach § 3 Absatz 1 Satz 2 Nummer 11 erfolgt durch Eigenentwicklung oder nach Durchführung von Vergabeverfahren aufgrund einer entsprechenden Bedarfsfeststellung. IT-Sicherheitsprodukte können nur in begründeten Ausnahmefällen durch eine Eigenentwicklung des Bundesamtes zur Verfügung gestellt werden. Die Vorschriften des Vergaberechts bleiben unberührt. Wenn das Bundesamt IT-Sicherheitsprodukte bereitstellt, können die Bundesbehörden diese Produkte beim Bundesamt abrufen. Durch Beschluss des Rats der IT-Beauftragten der Bundesregierung kann festgelegt werden, dass die Bundesbehörden verpflichtet sind, diese Produkte beim Bundesamt abzurufen. Eigenbeschaffungen anderer Bundesbehörden sind in diesem Fall nur zulässig, wenn das spezifische Anforderungsprofil den Einsatz abweichender Produkte erfordert. Die Sätze 5 und 6 gelten nicht für die in § 2 Absatz 3 Satz 2 genannten Gerichte und Verfassungsorgane.

§ 8a Sicherheit in der Informationstechnik Kritischer Infrastrukturen

(1) Betreiber Kritischer Infrastrukturen sind verpflichtet, spätestens zwei Jahre nach Inkrafttreten der Rechtsverordnung nach § 10 Absatz 1 angemessene organisatorische und technische Vorkehrungen zur Vermeidung von Störungen der Verfügbarkeit, Integrität, Authentizität und Vertraulichkeit ihrer informationstechnischen Systeme, Komponenten oder Prozesse zu treffen, die für die Funktionsfähigkeit der von ihnen betriebenen Kritischen Infrastrukturen maßgeblich sind. Dabei soll der Stand der Technik eingehalten werden. Organisatorische und technische Vorkehrungen sind angemessen, wenn der dafür erforderliche Aufwand nicht außer Verhältnis zu den Folgen eines Ausfalls oder einer Beeinträchtigung der betroffenen Kritischen Infrastruktur steht.

(2) Betreiber Kritischer Infrastrukturen und ihre Branchenverbände können branchenspezifische Sicherheitsstandards zur Gewährleistung der Anforderungen nach Absatz 1

Gesetz über das Bundesamt für Sicherheit – BSIG Anhang 2

vorschlagen. Das Bundesamt stellt auf Antrag fest, ob diese geeignet sind, die Anforderungen nach Absatz 1 zu gewährleisten. Die Feststellung erfolgt
1. im Benehmen mit dem Bundesamt für Bevölkerungsschutz und Katastrophenhilfe,
2. im Einvernehmen mit der zuständigen Aufsichtsbehörde des Bundes oder im Benehmen mit der sonst zuständigen Aufsichtsbehörde.

(3) Die Betreiber Kritischer Infrastrukturen haben mindestens alle zwei Jahre die Erfüllung der Anforderungen nach Absatz 1 auf geeignete Weise nachzuweisen. Der Nachweis kann durch Sicherheitsaudits, Prüfungen oder Zertifizierungen erfolgen. Die Betreiber übermitteln dem Bundesamt eine Aufstellung der durchgeführten Audits, Prüfungen oder Zertifizierungen einschließlich der dabei aufgedeckten Sicherheitsmängel. Das Bundesamt kann bei Sicherheitsmängeln verlangen:
1. die Übermittlung der gesamten Audit-, Prüfungs- oder Zertifizierungsergebnisse und
2. im Einvernehmen mit der zuständigen Aufsichtsbehörde des Bundes oder im Benehmen mit der sonst zuständigen Aufsichtsbehörde die Beseitigung der Sicherheitsmängel.

(4) Das Bundesamt kann zur Ausgestaltung des Verfahrens der Sicherheitsaudits, Prüfungen und Zertifizierungen nach Absatz 3 Anforderungen an die Art und Weise der Durchführung, an die hierüber auszustellenden Nachweise sowie fachliche und organisatorische Anforderungen an die prüfende Stelle nach Anhörung von Vertretern der betroffenen Betreiber und der betroffenen Wirtschaftsverbände festlegen.

§ 8b Zentrale Stelle für die Sicherheit in der Informationstechnik Kritischer Infrastrukturen

(1) Das Bundesamt ist die zentrale Meldestelle für Betreiber Kritischer Infrastrukturen in Angelegenheiten der Sicherheit in der Informationstechnik.
(2) Das Bundesamt hat zur Wahrnehmung dieser Aufgabe
1. die für die Abwehr von Gefahren für die Sicherheit in der Informationstechnik wesentlichen Informationen zu sammeln und auszuwerten, insbesondere Informationen zu Sicherheitslücken, zu Schadprogrammen, zu erfolgten oder versuchten Angriffen auf die Sicherheit in der Informationstechnik und zu der dabei beobachteten Vorgehensweise,
2. deren potentielle Auswirkungen auf die Verfügbarkeit der Kritischen Infrastrukturen in Zusammenarbeit mit den zuständigen Aufsichtsbehörden und dem Bundesamt für Bevölkerungsschutz und Katastrophenhilfe zu analysieren,
3. das Lagebild bezüglich der Sicherheit in der Informationstechnik der Kritischen Infrastrukturen kontinuierlich zu aktualisieren und
4. unverzüglich
    a) die Betreiber Kritischer Infrastrukturen über sie betreffende Informationen nach den Nummern 1 bis 3,
    b) die zuständigen Aufsichtsbehörden und die sonst zuständigen Behörden des Bundes über die zur Erfüllung ihrer Aufgaben erforderlichen Informationen nach den Nummern 1 bis 3 sowie
    c) die zuständigen Aufsichtsbehörden der Länder oder die zu diesem Zweck dem

Anhang 2   **Gesetz über das Bundesamt für Sicherheit – BSIG**

Bundesamt von den Ländern als zentrale Kontaktstellen benannten Behörden über die zur Erfüllung ihrer Aufgaben erforderlichen Informationen nach den Nummern 1 bis 3 zu unterrichten.

(3) Die Betreiber Kritischer Infrastrukturen haben dem Bundesamt binnen sechs Monaten nach Inkrafttreten der Rechtsverordnung nach § 10 Absatz 1 eine Kontaktstelle für die Kommunikationsstrukturen nach § 3 Absatz 1 Satz 2 Nummer 15 zu benennen. Die Betreiber haben sicherzustellen, dass sie hierüber jederzeit erreichbar sind. Die Übermittlung von Informationen durch das Bundesamt nach Absatz 2 Nummer 4 erfolgt an diese Kontaktstelle.

(4) Betreiber Kritischer Infrastrukturen haben erhebliche Störungen der Verfügbarkeit, Integrität, Authentizität und Vertraulichkeit ihrer informationstechnischen Systeme, Komponenten oder Prozesse, die zu einem Ausfall oder einer Beeinträchtigung der Funktionsfähigkeit der von ihnen betriebenen Kritischen Infrastrukturen
1. führen können oder
2. geführt haben,

über die Kontaktstelle unverzüglich an das Bundesamt zu melden. ²Die Meldung muss Angaben zu der Störung sowie zu den technischen Rahmenbedingungen, insbesondere der vermuteten oder tatsächlichen Ursache, der betroffenen Informationstechnik, der Art der betroffenen Einrichtung oder Anlage sowie zur Branche des Betreibers enthalten. ³Die Nennung des Betreibers ist nur dann erforderlich, wenn die Störung tatsächlich zu einem Ausfall oder einer Beeinträchtigung der Funktionsfähigkeit der Kritischen Infrastruktur geführt hat.

(5) Zusätzlich zu ihrer Kontaktstelle nach Absatz 3 können Betreiber Kritischer Infrastrukturen, die dem gleichen Sektor angehören, eine gemeinsame übergeordnete Ansprechstelle benennen. Wurde eine solche benannt, erfolgt der Informationsaustausch zwischen den Kontaktstellen und dem Bundesamt in der Regel über die gemeinsame Ansprechstelle.

(6) Soweit erforderlich kann das Bundesamt vom Hersteller der betroffenen informationstechnischen Produkte und Systeme die Mitwirkung an der Beseitigung oder Vermeidung einer Störung nach Absatz 4 verlangen. Satz 1 gilt für Störungen bei Betreibern und Genehmigungsinhabern im Sinne von § 8c Absatz 3 entsprechend.

(7) Soweit im Rahmen dieser Vorschrift personenbezogene Daten erhoben, verarbeitet oder genutzt werden, ist eine über die vorstehenden Absätze hinausgehende Verarbeitung und Nutzung zu anderen Zwecken unzulässig. § 5 Absatz 7 Satz 3 bis 8 ist entsprechend anzuwenden. Im Übrigen sind die Regelungen des Bundesdatenschutzgesetzes anzuwenden.

§ 8c Anwendungsbereich

(1) Die §§ 8a und 8b sind nicht anzuwenden auf Kleinstunternehmen im Sinne der Empfehlung 2003/361/EC der Kommission vom 6. Mai 2003 betreffend die Definition der Kleinstunternehmen sowie der kleinen und mittleren Unternehmen (ABl. L 124 vom 20.5.2003, S. 36). Artikel 3 Absatz 4 der Empfehlung ist nicht anzuwenden.

(2) § 8a ist nicht anzuwenden auf

Gesetz über das Bundesamt für Sicherheit – BSIG   Anhang 2

1. Betreiber Kritischer Infrastrukturen, soweit sie ein öffentliches Telekommunikationsnetz betreiben oder öffentlich zugängliche Telekommunikationsdienste erbringen,
2. Betreiber von Energieversorgungsnetzen oder Energieanlagen im Sinne des Energiewirtschaftsgesetzes vom 7. Juli 2005 (BGBl. I S. 1970, 3621), das zuletzt durch Artikel 3 des Gesetzes vom 17. Juli 2015 (BGBl. I S. 1324) geändert worden ist, in der jeweils geltenden Fassung,
3. Genehmigungsinhaber nach § 7 Absatz 1 des Atomgesetzes in der Fassung der Bekanntmachung vom 15. Juli 1985 (BGBl. I S. 1565), das zuletzt durch Artikel 2 des Gesetzes vom 17. Juli 2015 (BGBl. I S. 1324) geändert worden ist, in der jeweils geltenden Fassung für den Geltungsbereich der Genehmigung sowie
4. sonstige Betreiber Kritischer Infrastrukturen, soweit sie auf Grund von Rechtsvorschriften Anforderungen erfüllen müssen, die mit den Anforderungen nach § 8a vergleichbar oder weitergehend sind.

(3) § 8b Absatz 3 bis 5 ist nicht anzuwenden auf
1. Betreiber Kritischer Infrastrukturen, soweit sie ein öffentliches Telekommunikationsnetz betreiben oder öffentlich zugängliche Telekommunikationsdienste erbringen,
2. Betreiber von Energieversorgungsnetzen oder Energieanlagen im Sinne des Energiewirtschaftsgesetzes,
3. Genehmigungsinhaber nach § 7 Absatz 1 des Atomgesetzes für den Geltungsbereich der Genehmigung sowie
4. sonstige Betreiber Kritischer Infrastrukturen, die auf Grund von Rechtsvorschriften Anforderungen erfüllen müssen, die mit den Anforderungen nach § 8b Absatz 3 bis 5 vergleichbar oder weitergehend sind.

§ 8 d Auskunftsverlangen

(1) Das Bundesamt kann Dritten auf Antrag Auskunft zu den im Rahmen von § 8a Absatz 2 und 3 erhaltenen Informationen sowie zu den Meldungen nach § 8b Absatz 4 nur erteilen, wenn schutzwürdige Interessen des betroffenen Betreibers Kritischer Infrastrukturen dem nicht entgegenstehen und durch die Auskunft keine Beeinträchtigung wesentlicher Sicherheitsinteressen zu erwarten ist. Zugang zu personenbezogenen Daten wird nicht gewährt.

(2) Zugang zu den Akten des Bundesamtes in Angelegenheiten nach den §§ 8a und 8b wird nur Verfahrensbeteiligten gewährt und dies nach Maßgabe von § 29 des Verwaltungsverfahrensgesetzes.

§ 9 Zertifizierung

(1) Das Bundesamt ist nationale Zertifizierungsstelle der Bundesverwaltung für IT-Sicherheit.

(2) Für bestimmte Produkte oder Leistungen kann beim Bundesamt eine Sicherheits- oder Personenzertifizierung oder eine Zertifizierung als IT-Sicherheitsdienstleister beantragt werden. Die Anträge werden in der zeitlichen Reihenfolge ihres Eingangs bearbeitet; hiervon kann abgewichen werden, wenn das Bundesamt wegen der Zahl und

des Umfangs anhängiger Prüfungsverfahren eine Prüfung in angemessener Zeit nicht durchführen kann und an der Erteilung eines Zertifikats ein öffentliches Interesse besteht. Der Antragsteller hat dem Bundesamt die Unterlagen vorzulegen und die Auskünfte zu erteilen, deren Kenntnis für die Prüfung und Bewertung des Systems oder der Komponente oder der Eignung der Person sowie für die Erteilung des Zertifikats erforderlich ist.
(3) Die Prüfung und Bewertung kann durch vom Bundesamt anerkannte sachverständige Stellen erfolgen.
(4) Das Sicherheitszertifikat wird erteilt, wenn
1. informationstechnische Systeme, Komponenten, Produkte oder Schutzprofile den vom Bundesamt festgelegten Kriterien entsprechen und
2. das Bundesministerium des Innern festgestellt hat, dass überwiegende öffentliche Interessen, insbesondere sicherheitspolitische Belange der Bundesrepublik Deutschland, der Erteilung nicht entgegenstehen.
(5) Für die Zertifizierung von Personen und IT-Sicherheitsdienstleistern gilt Absatz 4 entsprechend.
(6) Eine Anerkennung nach Absatz 3 wird erteilt, wenn
1. die sachliche und personelle Ausstattung sowie die fachliche Qualifikation und Zuverlässigkeit der Konformitätsbewertungsstelle den vom Bundesamt festgelegten Kriterien entspricht und
2. das Bundesministerium des Innern festgestellt hat, dass überwiegende öffentliche Interessen, insbesondere sicherheitspolitische Belange der Bundesrepublik Deutschland, der Erteilung nicht entgegenstehen.
Das Bundesamt stellt durch die notwendigen Maßnahmen sicher, dass das Fortbestehen der Voraussetzungen nach Satz 1 regelmäßig überprüft wird.
(7) Sicherheitszertifikate anderer anerkannter Zertifizierungsstellen aus dem Bereich der Europäischen Union werden vom Bundesamt anerkannt, soweit sie eine den Sicherheitszertifikaten des Bundesamtes gleichwertige Sicherheit ausweisen und die Gleichwertigkeit vom Bundesamt festgestellt worden ist.

§ 10 Ermächtigung zum Erlass von Rechtsverordnungen

(in dieser Fassung gültig bis zum 13.08.2016)
(1) Das Bundesministerium des Innern bestimmt durch Rechtsverordnung, die nicht der Zustimmung des Bundesrates bedarf, nach Anhörung von Vertretern der Wissenschaft, der betroffenen Betreiber und der betroffenen Wirtschaftsverbände im Einvernehmen mit dem Bundesministerium für Wirtschaft und Energie, dem Bundesministerium der Justiz und für Verbraucherschutz, dem Bundesministerium der Finanzen, dem Bundesministerium für Arbeit und Soziales, dem Bundesministerium für Ernährung und Landwirtschaft, dem Bundesministerium für Gesundheit, dem Bundesministerium für Verkehr und digitale Infrastruktur, dem Bundesministerium der Verteidigung und dem Bundesministerium für Umwelt, Naturschutz, Bau und Reaktorsicherheit unter Festlegung der in den jeweiligen Sektoren im Hinblick auf § 2 Absatz 10 Satz 1 Nummer 2 wegen ihrer Bedeutung als kritisch anzusehenden Dienstleistungen und deren als bedeutend anzusehenden Versorgungsgrads, welche Einrichtungen,

Gesetz über das Bundesamt für Sicherheit – BSIG Anhang 2

Anlagen oder Teile davon als Kritische Infrastrukturen im Sinne dieses Gesetzes gelten. Der nach Satz 1 als bedeutend anzusehende Versorgungsgrad ist anhand von branchenspezifischen Schwellenwerten für jede wegen ihrer Bedeutung als kritisch anzusehende Dienstleistung im jeweiligen Sektor zu bestimmen. Zugang zu Akten, die die Erstellung oder Änderung dieser Verordnung betreffen, wird nicht gewährt.
(2) Das Bundesministerium des Innern bestimmt nach Anhörung der betroffenen Wirtschaftsverbände und im Einvernehmen mit dem Bundesministerium für Wirtschaft und Energie durch Rechtsverordnung, die nicht der Zustimmung des Bundesrates bedarf, das Nähere über das Verfahren der Erteilung von Sicherheitszertifikaten und Anerkennungen nach § 9 und deren Inhalt.
(3) Für individuell zurechenbare öffentliche Leistungen nach diesem Gesetz und nach den zur Durchführung dieses Gesetzes erlassenen Rechtsverordnungen werden Gebühren und Auslagen erhoben. Die Höhe der Gebühren richtet sich nach dem mit den Leistungen verbundenen Verwaltungsaufwand. Das Bundesministerium des Innern bestimmt im Einvernehmen mit dem Bundesministerium der Finanzen durch Rechtsverordnung, die nicht der Zustimmung des Bundesrates bedarf, die gebührenpflichtigen Tatbestände, die Gebührensätze und die Auslagen.

§ 10 Ermächtigung zum Erlass von Rechtsverordnungen

(in dieser Fassung gültig ab dem 14.08.2016)
(1) Das Bundesministerium des Innern bestimmt durch Rechtsverordnung, die nicht der Zustimmung des Bundesrates bedarf, nach Anhörung von Vertretern der Wissenschaft, der betroffenen Betreiber und der betroffenen Wirtschaftsverbände im Einvernehmen mit dem Bundesministerium für Wirtschaft und Energie, dem Bundesministerium der Justiz und für Verbraucherschutz, dem Bundesministerium der Finanzen, dem Bundesministerium für Arbeit und Soziales, dem Bundesministerium für Ernährung und Landwirtschaft, dem Bundesministerium für Gesundheit, dem Bundesministerium für Verkehr und digitale Infrastruktur, dem Bundesministerium der Verteidigung und dem Bundesministerium für Umwelt, Naturschutz, Bau und Reaktorsicherheit unter Festlegung der in den jeweiligen Sektoren im Hinblick auf § 2 Absatz 10 Satz 1 Nummer 2 wegen ihrer Bedeutung als kritisch anzusehenden Dienstleistungen und deren als bedeutend anzusehenden Versorgungsgrads, welche Einrichtungen, Anlagen oder Teile davon als Kritische Infrastrukturen im Sinne dieses Gesetzes gelten. Der nach Satz 1 als bedeutend anzusehende Versorgungsgrad ist anhand von branchenspezifischen Schwellenwerten für jede wegen ihrer Bedeutung als kritisch anzusehende Dienstleistung im jeweiligen Sektor zu bestimmen. Zugang zu Akten, die die Erstellung oder Änderung dieser Verordnung betreffen, wird nicht gewährt.
(2) Das Bundesministerium des Innern bestimmt nach Anhörung der betroffenen Wirtschaftsverbände und im Einvernehmen mit dem Bundesministerium für Wirtschaft und Energie durch Rechtsverordnung, die nicht der Zustimmung des Bundesrates bedarf, das Nähere über das Verfahren der Erteilung von Sicherheitszertifikaten und Anerkennungen nach § 9 und deren Inhalt.
(3) (weggefallen)

Anhang 2   Gesetz über das Bundesamt für Sicherheit – BSIG

§ 11   Einschränkung von Grundrechten

Das Fernmeldegeheimnis (Artikel 10 des Grundgesetzes) wird durch § 5 eingeschränkt.

§ 12   Rat der IT-Beauftragten der Bundesregierung

Wird der Rat der IT-Beauftragten der Bundesregierung aufgelöst, tritt an dessen Stelle die von der Bundesregierung bestimmte Nachfolgeorganisation. Die Zustimmung des Rats der IT-Beauftragten kann durch Einvernehmen aller Bundesministerien ersetzt werden. Wird der Rat der IT-Beauftragten ersatzlos aufgelöst, tritt an Stelle seiner Zustimmung das Einvernehmen aller Bundesministerien.

§ 13   Berichtspflichten

(1) Das Bundesamt unterrichtet das Bundesministerium des Innern über seine Tätigkeit.
(2) Die Unterrichtung nach Absatz 1 dient auch der Aufklärung der Öffentlichkeit durch das Bundesministerium des Innern über Gefahren für die Sicherheit in der Informationstechnik, die mindestens einmal jährlich in einem zusammenfassenden Bericht erfolgt. § 7 Absatz 1 Satz 3 und 4 ist entsprechend anzuwenden.

§ 14   Bußgeldvorschriften

(1) Ordnungswidrig handelt, wer vorsätzlich oder fahrlässig
1. entgegen § 8a Absatz 1 Satz 1 in Verbindung mit einer Rechtsverordnung nach § 10 Absatz 1 Satz 1 eine dort genannte Vorkehrung nicht, nicht richtig, nicht vollständig oder nicht rechtzeitig trifft,
2. einer vollziehbaren Anordnung nach § 8a Absatz 3 Satz 2
   a) Nummer 1 oder
   b) Nummer 2
   zuwiderhandelt,
3. entgegen § 8b Absatz 3 Satz 1 in Verbindung mit einer Rechtsverordnung nach § 10 Absatz 1 Satz 1 eine Kontaktstelle nicht oder nicht rechtzeitig benennt oder
4. entgegen § 8b Absatz 4 Satz 1 Nummer 2 eine Meldung nicht, nicht richtig, nicht vollständig oder nicht rechtzeitig macht.

(2) Die Ordnungswidrigkeit kann in den Fällen des Absatzes 1 Nummer 2 Buchstabe b mit einer Geldbuße bis zu hunderttausend Euro, in den übrigen Fällen des Absatzes 1 mit einer Geldbuße bis zu fünfzigtausend Euro geahndet werden.
(3) Verwaltungsbehörde im Sinne des § 36 Absatz 1 Nummer 1 des Gesetzes über Ordnungswidrigkeiten ist das Bundesamt.

3. Richtlinie 95/46/EG des Europäischen Parlaments und des Rates vom 24. Oktober 1995 zum Schutz natürlicher Personen bei der Verarbeitung personenbezogener Daten und zum freien Datenverkehr

DAS EUROPÄISCHE PARLAMENT UND DER RAT DER EUROPÄISCHEN UNION –

gestützt auf den Vertrag zur Gründung der Europäischen Gemeinschaft, insbesondere auf Artikel 100 a,

auf Vorschlag der Kommission (1),
nach Stellungnahme des Wirtschafts- und Sozialausschusses (2),
gemäß dem Verfahren des Artikels 189 b des Vertrags (3),
in Erwägung nachstehender Gründe:

(1) Die Ziele der Gemeinschaft, wie sie in dem durch den Vertrag über die Europäische Union geänderten Vertrag festgelegt sind, bestehen darin, einen immer engeren Zusammenschluß der europäischen Völker zu schaffen, engere Beziehungen zwischen den in der Gemeinschaft zusammengeschlossenen Staaten herzustellen, durch gemeinsames Handeln den wirtschaftlichen und sozialen Fortschritt zu sichern, indem die Europa trennenden Schranken beseitigt werden, die ständige Besserung der Lebensbedingungen ihrer Völker zu fördern, Frieden und Freiheit zu wahren und zu festigen und für die Demokratie einzutreten und sich dabei auf die in den Verfassungen und Gesetzen der Mitgliedstaaten sowie in der Europäischen Konvention zum Schutze der Menschenrechte und Grundfreiheiten anerkannten Grundrechte zu stützen.

(2) Die Datenverarbeitungssysteme stehen im Dienste des Menschen; sie haben, ungeachtet der Staatsangehörigkeit oder des Wohnorts der natürlichen Personen, deren Grundrechte und -freiheiten und insbesondere deren Privatsphäre zu achten und zum wirtschaftlichen und sozialen Fortschritt, zur Entwicklung des Handels sowie zum Wohlergehen der Menschen beizutragen.

(3) Für die Errichtung und das Funktionieren des Binnenmarktes, der gemäß Artikel 7 a des Vertrags den freien Verkehr von Waren, Personen, Dienstleistungen und Kapital gewährleisten soll, ist es nicht nur erforderlich, daß personenbezogene Daten von einem Mitgliedstaat in einen anderen Mitgliedstaat übermittelt werden können, sondern auch, daß die Grundrechte der Personen gewahrt werden.

(4) Immer häufiger werden personenbezogene Daten in der Gemeinschaft in den verschiedenen Bereichen wirtschaftlicher und sozialer Tätigkeiten verarbeitet. Die Fortschritte der Informationstechnik erleichtern die Verarbeitung und den Austausch dieser Daten beträchtlich.

Anhang 3   **Richtlinie 95/46/EG**

(5) Die wirtschaftliche und soziale Integration, die sich aus der Errichtung und dem Funktionieren des Binnenmarktes im Sinne von Artikel 7a des Vertrags ergibt, wird notwendigerweise zu einer spürbaren Zunahme der grenzüberschreitenden Ströme personenbezogener Daten zwischen allen am wirtschaftlichen und sozialen Leben der Mitgliedstaaten Beteiligten im öffentlichen wie im privaten Bereich führen. Der Austausch personenbezogener Daten zwischen in verschiedenen Mitgliedstaaten niedergelassenen Unternehmen wird zunehmen. Die Verwaltungen der Mitgliedstaaten sind aufgrund des Gemeinschaftsrechts gehalten, zusammenzuarbeiten und untereinander personenbezogene Daten auszutauschen, um im Rahmen des Raums ohne Grenzen, wie er durch den Binnenmarkt hergestellt wird, ihren Auftrag erfuellen oder Aufgaben anstelle der Behörden eines anderen Mitgliedstaats durchführen zu können.

(6) Die verstärkte wissenschaftliche und technische Zusammenarbeit sowie die koordinierte Einführung neuer Telekommunikationsnetze in der Gemeinschaft erfordern und erleichtern den grenzüberschreitenden Verkehr personenbezogener Daten.

(7) Das unterschiedliche Niveau des Schutzes der Rechte und Freiheiten von Personen, insbesondere der Privatsphäre, bei der Verarbeitung personenbezogener Daten in den Mitgliedstaaten kann die Übermittlung dieser Daten aus dem Gebiet eines Mitgliedstaats in das Gebiet eines anderen Mitgliedstaats verhindern. Dieses unterschiedliche Schutzniveau kann somit ein Hemmnis für die Ausübung einer Reihe von Wirtschaftstätigkeiten auf Gemeinschaftsebene darstellen, den Wettbewerb verfälschen und die Erfuellung des Auftrags der im Anwendungsbereich des Gemeinschaftsrechts tätigen Behörden verhindern. Dieses unterschiedliche Schutzniveau ergibt sich aus der Verschiedenartigkeit der einzelstaatlichen Rechts- und Verwaltungsvorschriften.

(8) Zur Beseitigung der Hemmnisse für den Verkehr personenbezogener Daten ist ein gleichwertiges Schutzniveau hinsichtlich der Rechte und Freiheiten von Personen bei der Verarbeitung dieser Daten in allen Mitgliedstaaten unerläßlich. Insbesondere unter Berücksichtigung der großen Unterschiede, die gegenwärtig zwischen den einschlägigen einzelstaatlichen Rechtsvorschriften bestehen, und der Notwendigkeit, die Rechtsvorschriften der Mitgliedstaaten zu koordinieren, damit der grenzüberschreitende Fluß personenbezogener Daten kohärent und in Übereinstimmung mit dem Ziel des Binnenmarktes im Sinne des Artikels 7a des Vertrags geregelt wird, läßt sich dieses für den Binnenmarkt grundlegende Ziel nicht allein durch das Vorgehen der Mitgliedstaaten verwirklichen. Deshalb ist eine Maßnahme der Gemeinschaft zur Angleichung der Rechtsvorschriften erforderlich.

(9) Die Mitgliedstaaten dürfen aufgrund des gleichwertigen Schutzes, der sich aus der Angleichung der einzelstaatlichen Rechtsvorschriften ergibt, den freien Verkehr personenbezogener Daten zwischen ihnen nicht mehr aus Gründen behindern, die den Schutz der Rechte und Freiheiten natürlicher Personen und insbesondere das Recht auf die Privatsphäre betreffen. Die Mitgliedstaaten besitzen einen Spielraum, der im Rahmen der Durchführung der Richtlinie von den Wirtschafts- und Sozialpartnern genutzt werden kann. Sie können somit in ihrem einzelstaatlichen Recht allgemeine Bedingungen für die Rechtmäßigkeit der Verarbeitung festlegen. Hierbei streben sie eine Verbesserung des gegenwärtig durch ihre Rechtsvorschriften gewährten Schutzes an. Innerhalb dieses Spielraums können unter Beachtung des Gemeinschaftsrechts Unterschiede bei der Durchführung der Richtlinie auftreten, was Auswirkungen für den

Datenverkehr sowohl innerhalb eines Mitgliedstaats als auch in der Gemeinschaft haben kann.

(10) Gegenstand der einzelstaatlichen Rechtsvorschriften über die Verarbeitung personenbezogener Daten ist die Gewährleistung der Achtung der Grundrechte und -freiheiten, insbesondere des auch in Artikel 8 der Europäischen Konvention zum Schutze der Menschenrechte und Grundfreiheiten und in den allgemeinen Grundsätzen des Gemeinschaftsrechts anerkannten Rechts auf die Privatsphäre. Die Angleichung dieser Rechtsvorschriften darf deshalb nicht zu einer Verringerung des durch diese Rechtsvorschriften garantierten Schutzes führen, sondern muß im Gegenteil darauf abzielen, in der Gemeinschaft ein hohes Schutzniveau sicherzustellen.

(11) Die in dieser Richtlinie enthaltenen Grundsätze zum Schutz der Rechte und Freiheiten der Personen, insbesondere der Achtung der Privatsphäre, konkretisieren und erweitern die in dem Übereinkommen des Europarats vom 28. Januar 1981 zum Schutze der Personen bei der automatischen Verarbeitung personenbezogener Daten enthaltenen Grundsätze.

(12) Die Schutzprinzipien müssen für alle Verarbeitungen personenbezogener Daten gelten, sobald die Tätigkeiten des für die Verarbeitung Verantwortlichen in den Anwendungsbereich des Gemeinschaftsrechts fallen. Auszunehmen ist die Datenverarbeitung, die von einer natürlichen Person in Ausübung ausschließlich persönlicher oder familiärer Tätigkeiten – wie zum Beispiel Schriftverkehr oder Führung von Anschriftenverzeichnissen – vorgenommen wird.

(13) Die in den Titeln V und VI des Vertrags über die Europäische Union genannten Tätigkeiten, die die öffentliche Sicherheit, die Landesverteidigung, die Sicherheit des Staates oder die Tätigkeiten des Staates im Bereich des Strafrechts betreffen, fallen unbeschadet der Verpflichtungen der Mitgliedstaaten gemäß Artikel 56 Absatz 2 sowie gemäß den Artikeln 57 und 100a des Vertrags zur Gründung der Europäischen Gemeinschaft nicht in den Anwendungsbereich des Gemeinschaftsrechts. Die Verarbeitung personenbezogener Daten, die zum Schutz des wirtschaftlichen Wohls des Staates erforderlich ist, fällt nicht unter diese Richtlinie, wenn sie mit Fragen der Sicherheit des Staates zusammenhängt.

(14) In Anbetracht der Bedeutung der gegenwärtigen Entwicklung im Zusammenhang mit der Informationsgesellschaft bezüglich Techniken der Erfassung, Übermittlung, Veränderung, Speicherung, Aufbewahrung oder Weitergabe von personenbezogenen Ton- und Bilddaten muß diese Richtlinie auch auf die Verarbeitung dieser Daten Anwendung finden.

(15) Die Verarbeitung solcher Daten wird von dieser Richtlinie nur erfaßt, wenn sie automatisiert erfolgt oder wenn die Daten, auf die sich die Verarbeitung bezieht, in Dateien enthalten oder für solche bestimmt sind, die nach bestimmten personenbezogenen Kriterien strukturiert sind, um einen leichten Zugriff auf die Daten zu ermöglichen.

(16) Die Verarbeitung von Ton- und Bilddaten, wie bei der Videoüberwachung, fällt nicht unter diese Richtlinie, wenn sie für Zwecke der öffentlichen Sicherheit, der Landesverteidigung, der Sicherheit des Staates oder der Tätigkeiten des Staates im Bereich des Strafrechts oder anderen Tätigkeiten erfolgt, die nicht unter das Gemeinschaftsrecht fallen.

Anhang 3   **Richtlinie 95/46/EG**

(17) Bezüglich der Verarbeitung von Ton- und Bilddaten für journalistische, literarische oder künstlerische Zwecke, insbesondere im audiovisuellen Bereich, finden die Grundsätze dieser Richtlinie gemäß Artikel 9 eingeschränkt Anwendung.

(18) Um zu vermeiden, daß einer Person der gemäß dieser Richtlinie gewährleistete Schutz vorenthalten wird, müssen auf jede in der Gemeinschaft erfolgte Verarbeitung personenbezogener Daten die Rechtsvorschriften eines Mitgliedstaats angewandt werden. Es ist angebracht, auf die Verarbeitung, die von einer Person, die dem in dem Mitgliedstaat niedergelassenen für die Verarbeitung Verantwortlichen unterstellt ist, vorgenommen werden, die Rechtsvorschriften dieses Staates anzuwenden.

(19) Eine Niederlassung im Hoheitsgebiet eines Mitgliedstaats setzt die effektive und tatsächliche Ausübung einer Tätigkeit mittels einer festen Einrichtung voraus. Die Rechtsform einer solchen Niederlassung, die eine Agentur oder eine Zweigstelle sein kann, ist in dieser Hinsicht nicht maßgeblich. Wenn der Verantwortliche im Hoheitsgebiet mehrerer Mitgliedstaaten niedergelassen ist, insbesondere mit einer Filiale, muß er vor allem zu Vermeidung von Umgehungen sicherstellen, daß jede dieser Niederlassungen die Verpflichtungen einhält, die im jeweiligen einzelstaatlichen Recht vorgesehen sind, das auf ihre jeweiligen Tätigkeiten anwendbar ist.

(20) Die Niederlassung des für die Verarbeitung Verantwortlichen in einem Drittland darf dem Schutz der Personen gemäß dieser Richtlinie nicht entgegenstehen. In diesem Fall sind die Verarbeitungen dem Recht des Mitgliedstaats zu unterwerfen, in dem sich die für die betreffenden Verarbeitungen verwendeten Mittel befinden, und Vorkehrungen zu treffen, um sicherzustellen, daß die in dieser Richtlinie vorgesehenen Rechte und Pflichten tatsächlich eingehalten werden.

(21) Diese Richtlinie berührt nicht die im Strafrecht geltenden Territorialitätsregeln.

(22) Die Mitgliedstaaten können in ihren Rechtsvorschriften oder bei der Durchführung der Vorschriften zur Umsetzung dieser Richtlinie die allgemeinen Bedingungen präzisieren, unter denen die Verarbeitungen rechtmäßig sind. Insbesondere nach Artikel 5 in Verbindung mit den Artikeln 7 und 8 können die Mitgliedstaaten neben den allgemeinen Regeln besondere Bedingungen für die Datenverarbeitung in spezifischen Bereichen und für die verschiedenen Datenkategorien gemäß Artikel 8 vorsehen.

(23) Die Mitgliedstaaten können den Schutz von Personen sowohl durch ein allgemeines Gesetz zum Schutz von Personen bei der Verarbeitung personenbezogener Daten als auch durch gesetzliche Regelungen für bestimmte Bereiche, wie zum Beispiel die statistischen Ämter, sicherstellen.

(24) Diese Richtlinie berührt nicht die Rechtsvorschriften zum Schutz juristischer Personen bei der Verarbeitung von Daten, die sich auf sie beziehen.

(25) Die Schutzprinzipien finden zum einen ihren Niederschlag in den Pflichten, die den Personen, Behörden, Unternehmen, Geschäftsstellen oder anderen für die Verarbeitung verantwortlichen Stellen obliegen; diese Pflichten betreffen insbesondere die Datenqualität, die technische Sicherheit, die Meldung bei der Kontrollstelle und die Voraussetzungen, unter denen eine Verarbeitung vorgenommen werden kann. Zum anderen kommen sie zum Ausdruck in den Rechten der Personen, deren Daten Gegenstand von Verarbeitungen sind, über diese informiert zu werden, Zugang zu den Daten zu erhalten, ihre Berichtigung verlangen bzw. unter gewissen Voraussetzungen Widerspruch gegen die Verarbeitung einlegen zu können.

(26) Die Schutzprinzipien müssen für alle Informationen über eine bestimmte oder bestimmbare Person gelten. Bei der Entscheidung, ob eine Person bestimmbar ist, sollten alle Mittel berücksichtigt werden, die vernünftigerweise entweder von dem Verantwortlichen für die Verarbeitung oder von einem Dritten eingesetzt werden könnten, um die betreffende Person zu bestimmen. Die Schutzprinzipien finden keine Anwendung auf Daten, die derart anonymisiert sind, daß die betroffene Person nicht mehr identifizierbar ist. Die Verhaltensregeln im Sinne des Artikels 27 können ein nützliches Instrument sein, mit dem angegeben wird, wie sich die Daten in einer Form anonymisieren und aufbewahren lassen, die die Identifizierung der betroffenen Person unmöglich macht.

(27) Datenschutz muß sowohl für automatisierte als auch für nicht automatisierte Verarbeitungen gelten. In der Tat darf der Schutz nicht von den verwendeten Techniken abhängen, da andernfalls ernsthafte Risiken der Umgehung entstehen würden. Bei manuellen Verarbeitungen erfaßt diese Richtlinie lediglich Dateien, nicht jedoch unstrukturierte Akten. Insbesondere muß der Inhalt einer Datei nach bestimmten personenbezogenen Kriterien strukturiert sein, die einen leichten Zugriff auf die Daten ermöglichen. Nach der Definition in Artikel 2 Buchstabe c) können die Mitgliedstaaten die Kriterien zur Bestimmung der Elemente einer strukturierten Sammlung personenbezogener Daten sowie die verschiedenen Kriterien zur Regelung des Zugriffs zu einer solchen Sammlung festlegen. Akten und Aktensammlungen sowie ihre Deckblätter, die nicht nach bestimmten Kriterien strukturiert sind, fallen unter keinen Umständen in den Anwendungsbereich dieser Richtlinie.

(28) Die Verarbeitung personenbezogener Daten muß gegenüber den betroffenen Personen nach Treu und Glauben erfolgen. Sie hat den angestrebten Zweck zu entsprechen, dafür erheblich zu sein und nicht darüber hinauszugehen. Die Zwecke müssen eindeutig und rechtmäßig sein und bei der Datenerhebung festgelegt werden. Die Zweckbestimmungen der Weiterverarbeitung nach der Erhebung dürfen nicht mit den ursprünglich festgelegten Zwecken unvereinbar sein.

(29) Die Weiterverarbeitung personenbezogener Daten für historische, statistische oder wissenschaftliche Zwecke ist im allgemeinen nicht als unvereinbar mit den Zwecken der vorausgegangenen Datenerhebung anzusehen, wenn der Mitgliedstaat geeignete Garantien vorsieht. Diese Garantien müssen insbesondere ausschließen, daß die Daten für Maßnahmen oder Entscheidungen gegenüber einzelnen Betroffenen verwendet werden.

(30) Die Verarbeitung personenbezogener Daten ist nur dann rechtmäßig, wenn sie auf der Einwilligung der betroffenen Person beruht oder notwendig ist im Hinblick auf den Abschluß oder die Erfuellung eines für die betroffene Person bindenden Vertrags, zur Erfüllung einer gesetzlichen Verpflichtung, zur Wahrnehmung einer Aufgabe im öffentlichen Interesse, in Ausübung hoheitlicher Gewalt oder wenn sie im Interesse einer anderen Person erforderlich ist, vorausgesetzt, daß die Interessen oder die Rechte und Freiheiten der betroffenen Person nicht überwiegen. Um den Ausgleich der in Frage stehenden Interessen unter Gewährleistung eines effektiven Wettbewerbs sicherzustellen, können die Mitgliedstaaten insbesondere die Bedingungen näher bestimmen, unter denen personenbezogene Daten bei rechtmäßigen Tätigkeiten im Rahmen laufender Geschäfte von Unternehmen und anderen Einrichtungen an Dritte weiterge-

Anhang 3   **Richtlinie 95/46/EG**

geben werden können. Ebenso können sie die Bedingungen festlegen, unter denen personenbezogene Daten an Dritte zum Zweck der kommerziellen Werbung oder der Werbung von Wohltätigkeitsverbänden oder anderen Vereinigungen oder Stiftungen, z. B. mit politischer Ausrichtung, weitergegeben werden können, und zwar unter Berücksichtigung der Bestimmungen dieser Richtlinie, nach denen betroffene Personen ohne Angabe von Gründen und ohne Kosten Widerspruch gegen die Verarbeitung von Daten, die sie betreffen, erheben können.

(31) Die Verarbeitung personenbezogener Daten ist ebenfalls als rechtmäßig anzusehen, wenn sie erfolgt, um ein für das Leben der betroffenen Person wesentliches Interesse zu schützen.

(32) Es ist nach einzelstaatlichem Recht festzulegen, ob es sich bei dem für die Verarbeitung Verantwortlichen, der mit der Wahrnehmung einer Aufgabe betraut wurde, die im öffentlichen Interesse liegt oder in Ausübung hoheitlicher Gewalt erfolgt, um eine Behörde oder um eine andere unter das öffentliche Recht oder das Privatrecht fallende Person, wie beispielsweise eine Berufsvereinigung, handeln soll.

(33) Daten, die aufgrund ihrer Art geeignet sind, die Grundfreiheiten oder die Privatsphäre zu beeinträchtigen, dürfen nicht ohne ausdrückliche Einwilligung der betroffenen Person verarbeitet werden. Ausnahmen von diesem Verbot müssen ausdrücklich vorgesehen werden bei spezifischen Notwendigkeiten, insbesondere wenn die Verarbeitung dieser Daten für gewisse auf das Gesundheitswesen bezogene Zwecke von Personen vorgenommen wird, die nach dem einzelstaatlichen Recht dem Berufsgeheimnis unterliegen, oder wenn die Verarbeitung für berechtigte Tätigkeiten bestimmter Vereinigungen oder Stiftungen vorgenommen wird, deren Ziel es ist, die Ausübung von Grundfreiheiten zu ermöglichen.

(34) Die Mitgliedstaaten können, wenn dies durch ein wichtiges öffentliches Interesse gerechtfertigt ist, Ausnahmen vom Verbot der Verarbeitung sensibler Datenkategorien vorsehen in Bereichen wie dem öffentlichen Gesundheitswesen und der sozialen Sicherheit – insbesondere hinsichtlich der Sicherung von Qualität und Wirtschaftlichkeit der Verfahren zur Abrechnung von Leistungen in den sozialen Krankenversicherungssystemen –, der wissenschaftlichen Forschung und der öffentlichen Statistik. Die Mitgliedstaaten müssen jedoch geeignete besondere Garantien zum Schutz der Grundrechte und der Privatsphäre von Personen vorsehen.

(35) Die Verarbeitung personenbezogener Daten durch staatliche Stellen für verfassungsrechtlich oder im Völkerrecht niedergelegte Zwecke von staatlich anerkannten Religionsgesellschaften erfolgt ebenfalls im Hinblick auf ein wichtiges öffentliches Interesse.

(36) Wenn es in bestimmten Mitgliedstaaten zum Funktionieren des demokratischen Systems gehört, daß die politischen Parteien im Zusammenhang mit Wahlen Daten über die politische Einstellung von Personen sammeln, kann die Verarbeitung derartiger Daten aus Gründen eines wichtigen öffentlichen Interesses zugelassen werden, sofern angemessene Garantien vorgesehen werden.

(37) Für die Verarbeitung personenbezogener Daten zu journalistischen, literarischen oder künstlerischen Zwecken, insbesondere im audiovisuellen Bereich, sind Ausnahmen von bestimmten Vorschriften dieser Richtlinie vorzusehen, soweit sie erforderlich sind, um die Grundrechte der Person mit der Freiheit der Meinungsäußerung und

insbesondere der Freiheit, Informationen zu erhalten oder weiterzugeben, die insbesondere in Artikel 10 der Europäischen Konvention zum Schutze der Menschenrechte und der Grundfreiheiten garantiert ist, in Einklang zu bringen. Es obliegt deshalb den Mitgliedstaaten, unter Abwägung der Grundrechte Ausnahmen und Einschränkungen festzulegen, die bei den allgemeinen Maßnahmen zur Rechtmäßigkeit der Verarbeitung von Daten, bei den Maßnahmen zur Übermittlung der Daten in Drittländer sowie hinsichtlich der Zuständigkeiten der Kontrollstellen erforderlich sind, ohne daß jedoch Ausnahmen bei den Maßnahmen zur Gewährleistung der Sicherheit der Verarbeitung vorzusehen sind. Ferner sollte mindestens die in diesem Bereich zuständige Kontrollstelle bestimmte nachträgliche Zuständigkeiten erhalten, beispielsweise zur regelmäßigen Veröffentlichung eines Berichts oder zur Befassung der Justizbehörden.

(38) Datenverarbeitung nach Treu und Glauben setzt voraus, daß die betroffenen Personen in der Lage sind, das Vorhandensein einer Verarbeitung zu erfahren und ordnungsgemäß und umfassend über die Bedingungen der Erhebung informiert zu werden, wenn Daten bei ihnen erhoben werden.

(39) Bestimmte Verarbeitungen betreffen Daten, die der Verantwortliche nicht unmittelbar bei der betroffenen Person erhoben hat. Des weiteren können Daten rechtmäßig an Dritte weitergegeben werden, auch wenn die Weitergabe bei der Erhebung der Daten bei der betroffenen Person nicht vorgesehen war. In diesen Fällen muß die betroffene Person zum Zeitpunkt der Speicherung der Daten oder spätestens bei der erstmaligen Weitergabe der Daten an Dritte unterrichtet werden.

(40) Diese Verpflichtung erübrigt sich jedoch, wenn die betroffene Person bereits unterrichtet ist. Sie besteht auch nicht, wenn die Speicherung oder Weitergabe durch Gesetz ausdrücklich vorgesehen ist oder wenn die Unterrichtung der betroffenen Person unmöglich ist oder unverhältnismäßigen Aufwand erfordert, was bei Verarbeitungen für historische, statistische oder wissenschaftliche Zwecke der Fall sein kann. Diesbezüglich können die Zahl der betroffenen Personen, das Alter der Daten und etwaige Ausgleichsmaßnahmen in Betracht gezogen werden.

(41) Jede Person muß ein Auskunftsrecht hinsichtlich der sie betreffenden Daten, die Gegenstand einer Verarbeitung sind, haben, damit sie sich insbesondere von der Richtigkeit dieser Daten und der Zulässigkeit ihrer Verarbeitung überzeugen kann. Aus denselben Gründen muß jede Person außerdem das Recht auf Auskunft über den logischen Aufbau der automatisierten Verarbeitung der sie betreffenden Daten, zumindest im Fall automatisierter Entscheidungen im Sinne des Artikels 15 Absatz 1, besitzen. Dieses Recht darf weder das Geschäftsgeheimnis noch das Recht an geistigem Eigentum, insbesondere das Urheberrecht zum Schutz von Software, berühren. Dies darf allerdings nicht dazu führen, daß der betroffenen Person jegliche Auskunft verweigert wird.

(42) Die Mitgliedstaaten können die Auskunfts- und Informationsrechte im Interesse der betroffenen Person oder zum Schutz der Rechte und Freiheiten Dritter einschränken. Zum Beispiel können sie vorsehen, daß Auskunft über medizinische Daten nur über ärztliches Personal erhalten werden kann.

(43) Die Mitgliedstaaten können Beschränkungen des Auskunfts- und Informationsrechts sowie bestimmter Pflichten des für die Verarbeitung Verantwortlichen vorsehen, soweit dies beispielsweise für die Sicherheit des Staates, die Landesverteidigung, die

Anhang 3   **Richtlinie 95/46/EG**

öffentliche Sicherheit, für zwingende wirtschaftliche oder finanzielle Interessen eines Mitgliedstaats oder der Union oder für die Ermittlung und Verfolgung von Straftaten oder von Verstößen gegen Standesregeln bei reglementierten Berufen erforderlich ist. Als Ausnahmen und Beschränkungen sind Kontroll-, Überwachungs- und Ordnungsfunktionen zu nennen, die in den drei letztgenannten Bereichen in bezug auf öffentliche Sicherheit, wirtschaftliches oder finanzielles Interesse und Strafverfolgung erforderlich sind. Die Erwähnung der Aufgaben in diesen drei Bereichen läßt die Zulässigkeit von Ausnahmen und Einschränkungen aus Gründen der Sicherheit des Staates und der Landesverteidigung unberührt.

(44) Die Mitgliedstaaten können aufgrund gemeinschaftlicher Vorschriften gehalten sein, von den das Auskunftsrecht, die Information der Personen und die Qualität der Daten betreffenden Bestimmungen dieser Richtlinie abzuweichen, um bestimmte der obengenannten Zweckbestimmungen zu schützen.

(45) Auch wenn die Daten Gegenstand einer rechtmäßigen Verarbeitung aufgrund eines öffentlichen Interesses, der Ausübung hoheitlicher Gewalt oder der Interessen eines einzelnen sein können, sollte doch jede betroffene Person das Recht besitzen, aus überwiegenden, schutzwürdigen, sich aus ihrer besonderen Situation ergebenden Gründen Widerspruch dagegen einzulegen, daß die sie betreffenden Daten verarbeitet werden. Die Mitgliedstaaten können allerdings innerstaatliche Bestimmungen vorsehen, die dem entgegenstehen.

(46) Für den Schutz der Rechte und Freiheiten der betroffenen Personen bei der Verarbeitung personenbezogener Daten müssen geeignete technische und organisatorische Maßnahmen getroffen werden, und zwar sowohl zum Zeitpunkt der Planung des Verarbeitungssystems als auch zum Zeitpunkt der eigentlichen Verarbeitung, um insbesondere deren Sicherheit zu gewährleisten und somit jede unrechtmäßige Verarbeitung zu verhindern. Die Mitgliedstaaten haben dafür Sorge zu tragen, daß der für die Verarbeitung Verantwortliche diese Maßnahmen einhält. Diese Maßnahmen müssen unter Berücksichtigung des Standes der Technik und der bei ihrer Durchführung entstehenden Kosten ein Schutzniveau gewährleisten, das den von der Verarbeitung ausgehenden Risiken und der Art der zu schützenden Daten angemessen ist.

(47) Wird eine Nachricht, die personenbezogene Daten enthält, über Telekommunikationsdienste oder durch elektronische Post übermittelt, deren einziger Zweck darin besteht, Nachrichten dieser Art zu übermitteln, so gilt in der Regel die Person, von der die Nachricht stammt, und nicht die Person, die den Übermittlungsdienst anbietet, als Verantwortlicher für die Verarbeitung der in der Nachricht enthaltenen personenbezogenen Daten. Jedoch gelten die Personen, die diese Dienste anbieten, in der Regel als Verantwortliche für die Verarbeitung der personenbezogenen Daten, die zusätzlich für den Betrieb des Dienstes erforderlich sind.

(48) Die Meldeverfahren dienen der Offenlegung der Zweckbestimmungen der Verarbeitungen sowie ihrer wichtigsten Merkmale mit dem Zweck der Überprüfung ihrer Vereinbarkeit mit den einzelstaatlichen Vorschriften zur Umsetzung dieser Richtlinie.

(49) Um unangemessene Verwaltungsformalitäten zu vermeiden, können die Mitgliedstaaten bei Verarbeitungen, bei denen eine Beeinträchtigung der Rechte und Freiheiten der Betroffenen nicht zu erwarten ist, von der Meldepflicht absehen oder sie verein-

fachen, vorausgesetzt, daß diese Verarbeitungen den Bestimmungen entsprechen, mit denen der Mitgliedstaat die Grenzen solcher Verarbeitungen festgelegt hat. Eine Befreiung oder eine Vereinfachung kann ebenso vorgesehen werden, wenn ein vom für die Verarbeitung Verantwortlichen benannter Datenschutzbeauftragter sicherstellt, daß eine Beeinträchtigung der Rechte und Freiheiten der Betroffenen durch die Verarbeitung nicht zu erwarten ist. Ein solcher Beauftragter, ob Angestellter des für die Verarbeitung Verantwortlichen oder externer Beauftragter, muß seine Aufgaben in vollständiger Unabhängigkeit ausüben können.

(50) Die Befreiung oder Vereinfachung kann vorgesehen werden für Verarbeitungen, deren einziger Zweck das Führen eines Registers ist, das gemäß einzelstaatlichem Recht zur Information der Öffentlichkeit bestimmt ist und entweder der gesamten Öffentlichkeit oder allen Personen, die ein berechtigtes Interesse nachweisen können, zur Einsichtnahme offensteht.

(51) Die Vereinfachung oder Befreiung von der Meldepflicht entbindet jedoch den für die Verarbeitung Verantwortlichen von keiner der anderen sich aus dieser Richtlinie ergebenen Verpflichtungen.

(52) In diesem Zusammenhang ist die nachträgliche Kontrolle durch die zuständigen Stellen im allgemeinen als ausreichende Maßnahme anzusehen.

(53) Bestimmte Verarbeitungen können jedoch aufgrund ihrer Art, ihrer Tragweite oder ihrer Zweckbestimmung – wie beispielsweise derjenigen, betroffene Personen von der Inanspruchnahme eines Rechts, einer Leistung oder eines Vertrags auszuschließen – oder aufgrund der besonderen Verwendung einer neuen Technologie besondere Risiken im Hinblick auf die Rechte und Freiheiten der betroffenen Personen aufweisen. Es obliegt den Mitgliedstaaten, derartige Risiken in ihren Rechtsvorschriften aufzuführen, wenn sie dies wünschen.

(54) Bei allen in der Gesellschaft durchgeführten Verarbeitungen sollte die Zahl der Verarbeitungen mit solchen besonderen Risiken sehr beschränkt sein. Die Mitgliedstaaten müssen für diese Verarbeitungen vorsehen, daß vor ihrer Durchführung eine Vorabprüfung durch die Kontrollstelle oder in Zusammenarbeit mit ihr durch den Datenschutzbeauftragten vorgenommen wird. Als Ergebnis dieser Vorabprüfung kann die Kontrollstelle gemäß einzelstaatlichem Recht eine Stellungnahme abgeben oder die Verarbeitung genehmigen. Diese Prüfung kann auch bei der Ausarbeitung einer gesetzgeberischen Maßnahme des nationalen Parlaments oder einer auf eine solche gesetzgeberische Maßnahme gestützten Maßnahme erfolgen, die die Art der Verarbeitung und geeignete Garantien festlegt.

(55) Für den Fall der Mißachtung der Rechte der betroffenen Personen durch den für die Verarbeitung Verantwortlichen ist im nationalen Recht eine gerichtliche Überprüfungsmöglichkeit vorzusehen. Mögliche Schäden, die den Personen aufgrund einer unzulässigen Verarbeitung entstehen, sind von dem für die Verarbeitung Verantwortlichen zu ersetzen, der von seiner Haftung befreit werden kann, wenn er nachweist, daß der Schaden ihm nicht angelastet werden kann, insbesondere weil ein Fehlverhalten der betroffenen Person oder ein Fall höherer Gewalt vorliegt. Unabhängig davon, ob es sich um eine Person des Privatrechts oder des öffentlichen Rechts handelt, müssen Sanktionen jede Person treffen, die die einzelstaatlichen Vorschriften zur Umsetzung dieser Richtlinie nicht einhält.

(56) Grenzüberschreitender Verkehr von personenbezogenen Daten ist für die Entwicklung des internationalen Handels notwendig. Der in der Gemeinschaft durch diese Richtlinie gewährte Schutz von Personen steht der Übermittlung personenbezogener Daten in Drittländer, die ein angemessenes Schutzniveau aufweisen, nicht entgegen. Die Angemessenheit des Schutzniveaus, das ein Drittland bietet, ist unter Berücksichtigung aller Umstände im Hinblick auf eine Übermittlung oder eine Kategorie von Übermittlungen zu beurteilen.

(57) Bietet hingegen ein Drittland kein angemessenes Schutzniveau, so ist die Übermittlung personenbezogener Daten in dieses Land zu untersagen.

(58) Ausnahmen von diesem Verbot sind unter bestimmten Voraussetzungen vorzusehen, wenn die betroffene Person ihre Einwilligung erteilt hat oder die Übermittlung im Rahmen eines Vertrags oder Gerichtsverfahrens oder zur Wahrung eines wichtigen öffentlichen Interesses erforderlich ist, wie zum Beispiel bei internationalem Datenaustausch zwischen Steuer- oder Zollverwaltungen oder zwischen Diensten, die für Angelegenheiten der sozialen Sicherheit zuständig sind. Ebenso kann eine Übermittlung aus einem gesetzlich vorgesehenen Register erfolgen, das der öffentlichen Einsichtnahme oder der Einsichtnahme durch Personen mit berechtigtem Interesse dient. In diesem Fall sollte eine solche Übermittlung nicht die Gesamtheit oder ganze Kategorien der im Register enthaltenen Daten umfassen. Ist ein Register zur Einsichtnahme durch Personen mit berechtigtem Interesse bestimmt, so sollte die Übermittlung nur auf Antrag dieser Person oder nur dann erfolgen, wenn diese Person die Adressaten der Übermittlung sind.

(59) Besondere Maßnahmen können getroffen werden, um das unzureichende Schutzniveau in einem Drittland auszugleichen, wenn der für die Verarbeitung Verantwortliche geeignete Sicherheiten nachweist. Außerdem sind Verfahren für die Verhandlungen zwischen der Gemeinschaft und den betreffenden Drittländern vorzusehen.

(60) Übermittlungen in Drittstaaten dürfen auf jeden Fall nur unter voller Einhaltung der Rechtsvorschriften erfolgen, die die Mitgliedstaaten gemäß dieser Richtlinie, insbesondere gemäß Artikel 8, erlassen haben.

(61) Die Mitgliedstaaten und die Kommission müssen in ihren jeweiligen Zuständigkeitsbereichen die betroffenen Wirtschaftskreise ermutigen, Verhaltensregeln auszuarbeiten, um unter Berücksichtigung der Besonderheiten der Verarbeitung in bestimmten Bereichen die Durchführung dieser Richtlinie im Einklang mit den hierfür vorgesehenen einzelstaatlichen Bestimmungen zu fördern.

(62) Die Einrichtung unabhängiger Kontrollstellen in den Mitgliedstaaten ist ein wesentliches Element des Schutzes der Personen bei der Verarbeitung personenbezogener Daten.

(63) Diese Stellen sind mit den notwendigen Mitteln für die Erfüllung dieser Aufgabe auszustatten, d.h. Untersuchungs- und Einwirkungsbefugnissen, insbesondere bei Beschwerden, sowie Klagerecht. Die Kontrollstellen haben zur Transparenz der Verarbeitungen in dem Mitgliedstaat beizutragen, dem sie unterstehen.

(64) Die Behörden der verschiedenen Mitgliedstaaten werden einander bei der Wahrnehmung ihrer Aufgaben unterstützen müssen, um sicherzustellen, daß die Schutzregeln in der ganzen Europäischen Union beachtet werden.

(65) Auf Gemeinschaftsebene ist eine Arbeitsgruppe für den Schutz der Rechte von

Personen bei der Verarbeitung personenbezogener Daten einzusetzen, die ihre Aufgaben in völliger Unabhängigkeit wahrzunehmen hat. Unter Berücksichtigung dieses besonderen Charakters hat sie die Kommission zu beraten und insbesondere zur einheitlichen Anwendung der zur Umsetzung dieser Richtlinie erlassenen einzelstaatlichen Vorschriften beizutragen.

(66) Für die Übermittlung von Daten in Drittländern ist es zur Anwendung dieser Richtlinie erforderlich, der Kommission Durchführungsbefugnisse zu übertragen und ein Verfahren gemäß den Bestimmungen des Beschlusses 87/373/EWG des Rates (4) festzulegen.

(67) Am 20. Dezember 1994 wurde zwischen dem Europäischen Parlament, dem Rat und der Kommission ein Modus vivendi betreffend die Maßnahmen zur Durchführung der nach dem Verfahren des Artikels 189b des EG-Vertrag erlassenen Rechtsakte vereinbart.

(68) Die in dieser Richtlinie enthaltenen Grundsätze des Schutzes der Rechte und Freiheiten der Personen und insbesondere der Achtung der Privatsphäre bei der Verarbeitung personenbezogener Daten können – besonders für bestimmte Bereiche – durch spezifische Regeln ergänzt oder präzisiert werden, die mit diesen Grundsätzen in Einklang stehen.

(69) Den Mitgliedstaaten sollte eine Frist von längstens drei Jahren ab Inkrafttreten ihrer Vorschriften zur Umsetzung dieser Richtlinie eingeräumt werden, damit sie die neuen einzelstaatlichen Vorschriften fortschreitend auf alle bereits laufenden Verarbeitungen anwenden können. Um eine kosteneffiziente Durchführung dieser Vorschriften zu erleichtern, wird den Mitgliedstaaten eine weitere Frist von zwölf Jahren nach Annahme dieser Richtlinie eingeräumt, um die Anpassung bestehender manueller Dateien an bestimmte Vorschriften dieser Richtlinie sicherzustellen. Werden in solchen Dateien enthaltene Daten während dieser erweiterten Umsetzungsfrist manuell verarbeitet, so sollten die Dateien zum Zeitpunkt der Verarbeitung mit diesen Vorschriften in Einklang gebracht werden.

(70) Die betroffene Person braucht nicht erneut ihre Einwilligung zu geben, damit der Verantwortliche nach Inkrafttreten der einzelstaatlichen Vorschriften zur Umsetzung dieser Richtlinie eine Verarbeitung sensibler Daten fortführen kann, die für die Erfüllung eines in freier Willenserklärung geschlossenen Vertrags erforderlich ist und vor Inkrafttreten der genannten Vorschriften mitgeteilt wurde.

(71) Diese Richtlinie steht den gesetzlichen Regelungen eines Mitgliedstaats im Bereich der geschäftsmäßigen Werbung gegenüber in seinem Hoheitsgebiet ansässigen Verbrauchern nicht entgegen, sofern sich diese gesetzlichen Regelungen nicht auf den Schutz der Person bei der Verarbeitung personenbezogener Daten beziehen.

(72) Diese Richtlinie erlaubt bei der Umsetzung der mit ihr festgelegten Grundsätze die Berücksichtigung des Grundsatzes des öffentlichen Zugangs zu amtlichen Dokumenten –

HABEN FOLGENDE RICHTLINIE ERLASSEN:

Anhang 3   Richtlinie 95/46/EG

KAPITEL I
ALLGEMEINE BESTIMMUNGEN

Artikel 1
Gegenstand der Richtlinie

(1) Die Mitgliedstaaten gewährleisten nach den Bestimmungen dieser Richtlinie den Schutz der Grundrechte und Grundfreiheiten und insbesondere den Schutz der Privatsphäre natürlicher Personen bei der Verarbeitung personenbezogener Daten.
(2) Die Mitgliedstaaten beschränken oder untersagen nicht den freien Verkehr personenbezogener Daten zwischen Mitgliedstaaten aus Gründen des gemäß Absatz 1 gewährleisteten Schutzes.

Artikel 2
Begriffsbestimmungen

Im Sinne dieser Richtlinie bezeichnet der Ausdruck
a) »personenbezogene Daten« alle Informationen über eine bestimmte oder bestimmbare natürliche Person (»betroffene Person«); als bestimmbar wird eine Person angesehen, die direkt oder indirekt identifiziert werden kann, insbesondere durch Zuordnung zu einer Kennummer oder zu einem oder mehreren spezifischen Elementen, die Ausdruck ihrer physischen, physiologischen, psychischen, wirtschaftlichen, kulturellen oder sozialen Identität sind;
b) »Verarbeitung personenbezogener Daten« (»Verarbeitung«) jeden mit oder ohne Hilfe automatisierter Verfahren ausgeführten Vorgang oder jede Vorgangsreihe im Zusammenhang mit personenbezogenen Daten wie das Erheben, das Speichern, die Organisation, die Aufbewahrung, die Anpassung oder Veränderung, das Auslesen, das Abfragen, die Benutzung, die Weitergabe durch Übermittlung, Verbreitung oder jede andere Form der Bereitstellung, die Kombination oder die Verknüpfung sowie das Sperren, Löschen oder Vernichten;
c) »Datei mit personenbezogenen Daten« (»Datei«) jede strukturierte Sammlung personenbezogener Daten, die nach bestimmten Kriterien zugänglich sind, gleichgültig ob diese Sammlung zentral, dezentralisiert oder nach funktionalen oder geographischen Gesichtspunkten aufgeteilt geführt wird;
d) »für die Verarbeitung Verantwortlicher« die natürliche oder juristische Person, Behörde, Einrichtung oder jede andere Stelle, die allein oder gemeinsam mit anderen über die Zwecke und Mittel der Verarbeitung von personenbezogenen Daten entscheidet. Sind die Zwecke und Mittel der Verarbeitung von personenbezogenen Daten in einzelstaatlichen oder gemeinschaftlichen Rechts- und Verwaltungsvorschriften festgelegt, so können der für die Verarbeitung Verantwortliche bzw. die spezifischen Kriterien für seine Benennung durch einzelstaatliche oder gemeinschaftliche Rechtsvorschriften bestimmt werden;
e) »Auftragsverarbeiter« die natürliche oder juristische Person, Behörde, Einrichtung oder jede andere Stelle, die personenbezogene Daten im Auftrag des für die Verarbeitung Verantwortlichen verarbeitet;

f) »Dritter« die natürliche oder juristische Person, Behörde, Einrichtung oder jede andere Stelle, außer der betroffenen Person, dem für die Verarbeitung Verantwortlichen, dem Auftragsverarbeiter und den Personen, die unter der unmittelbaren Verantwortung des für die Verarbeitung Verantwortlichen oder des Auftragsverarbeiters befugt sind, die Daten zu verarbeiten;
g) »Empfänger« die natürliche oder juristische Person, Behörde, Einrichtung oder jede andere Stelle, die Daten erhält, gleichgültig, ob es sich bei ihr um einen Dritten handelt oder nicht. Behörden, die im Rahmen eines einzelnen Untersuchungsauftrags möglicherweise Daten erhalten, gelten jedoch nicht als Empfänger;
h) »Einwilligung der betroffenen Person« jede Willensbekundung, die ohne Zwang, für den konkreten Fall und in Kenntnis der Sachlage erfolgt und mit der die betroffene Person akzeptiert, daß personenbezogene Daten, die sie betreffen, verarbeitet werden.

Artikel 3
Anwendungsbereich

(1) Diese Richtlinie gilt für die ganz oder teilweise automatisierte Verarbeitung personenbezogener Daten sowie für die nicht automatisierte Verarbeitung personenbezogener Daten, die in einer Datei gespeichert sind oder gespeichert werden sollen.

(2) Diese Richtlinie findet keine Anwendung auf die Verarbeitung personenbezogener Daten,
- die für die Ausübung von Tätigkeiten erfolgt, die nicht in den Anwendungsbereich des Gemeinschaftsrechts fallen, beispielsweise Tätigkeiten gemäß den Titeln V und VI des Vertrags über die Europäische Union, und auf keinen Fall auf Verarbeitungen betreffend die öffentliche Sicherheit, die Landesverteidigung, die Sicherheit des Staates (einschließlich seines wirtschaftlichen Wohls, wenn die Verarbeitung die Sicherheit des Staates berührt) und die Tätigkeiten des Staates im strafrechtlichen Bereich;
- die von einer natürlichen Person zur Ausübung ausschließlich persönlicher oder familiärer Tätigkeiten vorgenommen wird.

Artikel 4
Anwendbares einzelstaatliches Recht

(1) Jeder Mitgliedstaat wendet die Vorschriften, die er zur Umsetzung dieser Richtlinie erläßt, auf alle Verarbeitungen personenbezogener Daten an,
a) die im Rahmen der Tätigkeiten einer Niederlassung ausgeführt werden, die der für die Verarbeitung Verantwortliche im Hoheitsgebiet dieses Mitgliedstaats besitzt. Wenn der Verantwortliche eine Niederlassung im Hoheitsgebiet mehrerer Mitgliedstaaten besitzt, ergreift er die notwendigen Maßnahmen, damit jede dieser Niederlassungen die im jeweils anwendbaren einzelstaatlichen Recht festgelegten Verpflichtungen einhält;
b) die von einem für die Verarbeitung Verantwortlichen ausgeführt werden, der nicht in seinem Hoheitsgebiet, aber an einem Ort niedergelassen ist, an dem das einzel-

staatliche Recht dieses Mitgliedstaats gemäß dem internationalen öffentlichen Recht Anwendung findet;
c) die von einem für die Verarbeitung Verantwortlichen ausgeführt werden, der nicht im Gebiet der Gemeinschaft niedergelassen ist und zum Zwecke der Verarbeitung personenbezogener Daten auf automatisierte oder nicht automatisierte Mittel zurückgreift, die im Hoheitsgebiet des betreffenden Mitgliedstaats belegen sind, es sei denn, daß diese Mittel nur zum Zweck der Durchfuhr durch das Gebiet der Europäischen Gemeinschaft verwendet werden.

(2) In dem in Absatz 1 Buchstabe c) genannten Fall hat der für die Verarbeitung Verantwortliche einen im Hoheitsgebiet des genannten Mitgliedstaats ansässigen Vertreter zu benennen, unbeschadet der Möglichkeit eines Vorgehens gegen den für die Verarbeitung Verantwortlichen selbst.

KAPITEL II
ALLGEMEINE BEDINGUNGEN FÜR DIE RECHTMÄSSIGKEIT DER VERARBEITUNG PERSONENBEZOGENER DATEN

Artikel 5

Die Mitgliedstaaten bestimmen nach Maßgabe dieses Kapitels die Voraussetzungen näher, unter denen die Verarbeitung personenbezogener Daten rechtmäßig ist.

ABSCHNITT I
GRUNDSÄTZE IN BEZUG AUF DIE QUALITÄT DER DATEN

Artikel 6

(1) Die Mitgliedstaaten sehen vor, daß personenbezogene Daten
a) nach Treu und Glauben und auf rechtmäßige Weise verarbeitet werden;
b) für festgelegte eindeutige und rechtmäßige Zwecke erhoben und nicht in einer mit diesen Zweckbestimmungen nicht zu vereinbarenden Weise weiterverarbeitet werden. Die Weiterverarbeitung von Daten zu historischen, statistischen oder wissenschaftlichen Zwecken ist im allgemeinen nicht als unvereinbar mit den Zwecken der vorausgegangenen Datenerhebung anzusehen, sofern die Mitgliedstaaten geeignete Garantien vorsehen;
c) den Zwecken entsprechen, für die sie erhoben und/oder weiterverarbeitet werden, dafür erheblich sind und nicht darüber hinausgehen;
d) sachlich richtig und, wenn nötig, auf den neuesten Stand gebracht sind; es sind alle angemessenen Maßnahmen zu treffen, damit im Hinblick auf die Zwecke, für die sie erhoben oder weiterverarbeitet werden, nichtzutreffende oder unvollständige Daten gelöscht oder berichtigt werden;
e) nicht länger, als es für die Realisierung der Zwecke, für die sie erhoben oder

weiterverarbeitet werden, erforderlich ist, in einer Form aufbewahrt werden, die die Identifizierung der betroffenen Personen ermöglicht. Die Mitgliedstaaten sehen geeignete Garantien für personenbezogene Daten vor, die über die vorgenannte Dauer hinaus für historische, statistische oder wissenschaftliche Zwecke aufbewahrt werden.
(2) Der für die Verarbeitung Verantwortliche hat für die Einhaltung des Absatzes 1 zu sorgen.

ABSCHNITT II
GRUNDSÄTZE IN BEZUG AUF DIE ZULÄSSIGKEIT DER VERARBEITUNG VON DATEN

Artikel 7

Die Mitgliedstaaten sehen vor, daß die Verarbeitung personenbezogener Daten lediglich erfolgen darf, wenn eine der folgenden Voraussetzungen erfuellt ist:
a) Die betroffene Person hat ohne jeden Zweifel ihre Einwilligung gegeben;
b) die Verarbeitung ist erforderlich für die Erfuellung eines Vertrags, dessen Vertragspartei die betroffene Person ist, oder für die Durchführung vorvertraglicher Maßnahmen, die auf Antrag der betroffenen Person erfolgen;
c) die Verarbeitung ist für die Erfuellung einer rechtlichen Verpflichtung erforderlich, der der für die Verarbeitung Verantwortliche unterliegt;
d) die Verarbeitung ist erforderlich für die Wahrung lebenswichtiger Interessen der betroffenen Person;
e) die Verarbeitung ist erforderlich für die Wahrnehmung einer Aufgabe, die im öffentlichen Interesse liegt oder in Ausübung öffentlicher Gewalt erfolgt und dem für die Verarbeitung Verantwortlichen oder dem Dritten, dem die Daten übermittelt werden, übertragen wurde;
f) die Verarbeitung ist erforderlich zur Verwirklichung des berechtigten Interesses, das von dem für die Verarbeitung Verantwortlichen oder von dem bzw. den Dritten wahrgenommen wird, denen die Daten übermittelt werden, sofern nicht das Interesse oder die Grundrechte und Grundfreiheiten der betroffenen Person, die gemäß Artikel 1 Absatz 1 geschützt sind, überwiesen.

ABSCHNITT III
BESONDERE KATEGORIEN DER VERARBEITUNG

Artikel 8
Verarbeitung besonderer Kategorien personenbezogener Daten

(1) Die Mitgliedstaaten untersagen die Verarbeitung personenbezogener Daten, aus denen die rassische und ethnische Herkunft, politische Meinungen, religiöse oder

philosophische Überzeugungen oder die Gewerkschaftszugehörigkeit hervorgehen, sowie von Daten über Gesundheit oder Sexualleben.

(2) Absatz 1 findet in folgenden Fällen keine Anwendung:

a) Die betroffene Person hat ausdrücklich in die Verarbeitung der genannten Daten eingewilligt, es sei denn, nach den Rechtsvorschriften des Mitgliedstaats kann das Verbot nach Absatz 1 durch die Einwilligung der betroffenen Person nicht aufgehoben werden;

oder

b) die Verarbeitung ist erforderlich, um den Rechten und Pflichten des für die Verarbeitung Verantwortlichen auf dem Gebiet des Arbeitsrechts Rechnung zu tragen, sofern dies aufgrund von einzelstaatlichem Recht, das angemessene Garantien vorsieht, zulässig ist;

oder

c) die Verarbeitung ist zum Schutz lebenswichtiger Interessen der betroffenen Person oder eines Dritten erforderlich, sofern die Person aus physischen oder rechtlichen Gründen außerstande ist, ihre Einwilligung zu geben;

oder

d) die Verarbeitung erfolgt auf der Grundlage angemessener Garantien durch eine politisch, philosophisch, religiös oder gewerkschaftlich ausgerichtete Stiftung, Vereinigung oder sonstige Organisation, die keinen Erwerbszweck verfolgt, im Rahmen ihrer rechtmäßigen Tätigkeiten und unter der Voraussetzung, daß sich die Verarbeitung nur auf die Mitglieder der Organisation oder auf Personen, die im Zusammenhang mit deren Tätigkeitszweck regelmäßige Kontakte mit ihr unterhalten, bezieht und die Daten nicht ohne Einwilligung der betroffenen Personen an Dritte weitergegeben werden;

oder

e) die Verarbeitung bezieht sich auf Daten, die die betroffene Person offenkundig öffentlich gemacht hat, oder ist zur Geltendmachung, Ausübung oder Verteidigung rechtlicher Ansprüche vor Gericht erforderlich.

(3) Absatz 1 gilt nicht, wenn die Verarbeitung der Daten zum Zweck der Gesundheitsvorsorge, der medizinischen Diagnostik, der Gesundheitsversorgung oder Behandlung oder für die Verwaltung von Gesundheitsdiensten erforderlich ist und die Verarbeitung dieser Daten durch ärztliches Personal erfolgt, das nach dem einzelstaatlichen Recht, einschließlich der von den zuständigen einzelstaatlichen Stellen erlassenen Regelungen, dem Berufsgeheimnis unterliegt, oder durch sonstige Personen, die einer entsprechenden Geheimhaltungspflicht unterliegen.

(4) Die Mitgliedstaaten können vorbehaltlich angemessener Garantien aus Gründen eines wichtigen öffentlichen Interesses entweder im Wege einer nationalen Rechtsvorschrift oder im Wege einer Entscheidung der Kontrollstelle andere als die in Absatz 2 genannten Ausnahmen vorsehen.

(5) Die Verarbeitung von Daten, die Straftaten, strafrechtliche Verurteilungen oder Sicherungsmaßregeln betreffen, darf nur unter behördlicher Aufsicht oder aufgrund von einzelstaatlichem Recht, das angemessene Garantien vorsieht, erfolgen, wobei ein Mitgliedstaat jedoch Ausnahmen aufgrund innerstaatlicher Rechtsvorschriften, die geeignete besondere Garantien vorsehen, festlegen kann. Ein vollständiges Register

der strafrechtlichen Verurteilungen darf allerdings nur unter behördlicher Aufsicht geführt werden.

Die Mitgliedstaaten können vorsehen, daß Daten, die administrative Strafen oder zivilrechtliche Urteile betreffen, ebenfalls unter behördlicher Aufsicht verarbeitet werden müssen.

(6) Die in den Absätzen 4 und 5 vorgesehenen Abweichungen von Absatz 1 sind der Kommission mitzuteilen.

(7) Die Mitgliedstaaten bestimmen, unter welchen Bedingungen eine nationale Kennziffer oder andere Kennzeichen allgemeiner Bedeutung Gegenstand einer Verarbeitung sein dürfen.

Artikel 9
Verarbeitung personenbezogener Daten und Meinungsfreiheit

Die Mitgliedstaaten sehen für die Verarbeitung personenbezogener Daten, die allein zu journalistischen, künstlerischen oder literarischen Zwecken erfolgt, Abweichungen und Ausnahmen von diesem Kapitel sowie von den Kapiteln IV und VI nur insofern vor, als sich dies als notwendig erweist, um das Recht auf Privatsphäre mit den für die Freiheit der Meinungsäußerung geltenden Vorschriften in Einklang zu bringen.

ABSCHNITT IV
INFORMATION DER BETROFFENEN PERSON

Artikel 10
Information bei der Erhebung personenbezogener Daten bei der betroffenen Person

Die Mitgliedstaaten sehen vor, daß die Person, bei der die sie betreffenden Daten erhoben werden, vom für die Verarbeitung Verantwortlichen oder seinem Vertreter zumindest die nachstehenden Informationen erhält, sofern diese ihr noch nicht vorliegen:
a) Identität des für die Verarbeitung Verantwortlichen und gegebenenfalls seines Vertreters,
b) Zweckbestimmungen der Verarbeitung, für die die Daten bestimmt sind,
c) weitere Informationen, beispielsweise betreffend
  – die Empfänger oder Kategorien der Empfänger der Daten,
  – die Frage, ob die Beantwortung der Fragen obligatorisch oder freiwillig ist, sowie mögliche Folgen einer unterlassenen Beantwortung,
  – das Bestehen von Auskunfts- und Berichtigungsrechten bezüglich sie betreffender Daten,
sofern sie unter Berücksichtigung der spezifischen Umstände, unter denen die Daten erhoben werden, notwendig sind, um gegenüber der betroffenen Person eine Verarbeitung nach Treu und Glauben zu gewährleisten.

Anhang 3   **Richtlinie 95/46/EG**

Artikel 11
Informationen für den Fall, daß die Daten nicht bei der betroffenen Person erhoben wurden

(1) Für den Fall, daß die Daten nicht bei der betroffenen Person erhoben wurden, sehen die Mitgliedstaaten vor, daß die betroffene Person bei Beginn der Speicherung der Daten bzw. im Fall einer beabsichtigten Weitergabe der Daten an Dritte spätestens bei der ersten Übermittlung vom für die Verarbeitung Verantwortlichen oder seinem Vertreter zumindest die nachstehenden Informationen erhält, sofern diese ihr noch nicht vorliegen:
a) Identität des für die Verarbeitung Verantwortlichen und gegebenenfalls seines Vertreters,
b) Zweckbestimmungen der Verarbeitung,
c) weitere Informationen, beispielsweise betreffend
 – die Datenkategorien, die verarbeitet werden,
 – die Empfänger oder Kategorien der Empfänger der Daten,
 – das Bestehen von Auskunfts- und Berichtigungsrechten bezüglich sie betreffender Daten,

sofern sie unter Berücksichtigung der spezifischen Umstände, unter denen die Daten erhoben werden, notwendig sind, um gegenüber der betroffenen Person eine Verarbeitung nach Treu und Glauben zu gewährleisten.
(2) Absatz 1 findet – insbesondere bei Verarbeitungen für Zwecke der Statistik oder der historischen oder wissenschaftlichen Forschung – keine Anwendung, wenn die Information der betroffenen Person unmöglich ist, unverhältnismäßigen Aufwand erfordert oder die Speicherung oder Weitergabe durch Gesetz ausdrücklich vorgesehen ist. In diesen Fällen sehen die Mitgliedstaaten geeignete Garantien vor.

ABSCHNITT V
AUSKUNFTSRECHT DER BETROFFENEN PERSON

Artikel 12
Auskunftsrecht

Die Mitgliedstaaten garantieren jeder betroffenen Person das Recht, vom für die Verarbeitung Verantwortlichen folgendes zu erhalten:
a) frei und ungehindert in angemessenen Abständen ohne unzumutbare Verzögerung oder übermäßige Kosten
 – die Bestätigung, daß es Verarbeitungen sie betreffender Daten gibt oder nicht gibt, sowie zumindest Informationen über die Zweckbestimmungen dieser Verarbeitungen, die Kategorien der Daten, die Gegenstand der Verarbeitung sind, und die Empfänger oder Kategorien der Empfänger, an die die Daten übermittelt werden;
 – eine Mitteilung in verständlicher Form über die Daten, die Gegenstand der Verarbeitung sind, sowie die verfügbaren Informationen über die Herkunft der Daten;

- Auskunft über den logischen Aufbau der automatisierten Verarbeitung der sie betreffenden Daten, zumindest im Fall automatisierter Entscheidungen im Sinne von Artikel 15 Absatz 1;
b) je nach Fall die Berichtigung, Löschung oder Sperrung von Daten, deren Verarbeitung nicht den Bestimmungen dieser Richtlinie entspricht, insbesondere wenn diese Daten unvollständig oder unrichtig sind;
c) die Gewähr, daß jede Berichtigung, Löschung oder Sperrung, die entsprechend Buchstabe b) durchgeführt wurde, den Dritten, denen die Daten übermittelt wurden, mitgeteilt wird, sofern sich dies nicht als unmöglich erweist oder kein unverhältnismäßiger Aufwand damit verbunden ist.

ABSCHNITT VI
AUSNAHMEN UND EINSCHRÄNKUNGEN

Artikel 13
Ausnahmen und Einschränkungen

(1) Die Mitgliedstaaten können Rechtsvorschriften erlassen, die die Pflichten und Rechte gemäß Artikel 6 Absatz 1, Artikel 10, Artikel 11 Absatz 1, Artikel 12 und Artikel 21 beschränken, sofern eine solche Beschränkung notwendig ist für
a) die Sicherheit des Staates;
b) die Landesverteidigung;
c) die öffentliche Sicherheit;
d) die Verhütung, Ermittlung, Feststellung und Verfolgung von Straftaten oder Verstößen gegen die berufsständischen Regeln bei reglementierten Berufen;
e) ein wichtiges wirtschaftliches oder finanzielles Interesse eines Mitgliedstaats oder der Europäischen Union einschließlich Währungs-, Haushalts- und Steuerangelegenheiten;
f) Kontroll-, Überwachungs- und Ordnungsfunktionen, die dauernd oder zeitweise mit der Ausübung öffentlicher Gewalt für die unter den Buchstaben c), d) und e) genannten Zwecke verbunden sind;
g) den Schutz der betroffenen Person und der Rechte und Freiheiten anderer Personen.
(2) Vorbehaltlich angemessener rechtlicher Garantien, mit denen insbesondere ausgeschlossen wird, daß die Daten für Maßnahmen oder Entscheidungen gegenüber bestimmten Personen verwendet werden, können die Mitgliedstaaten in Fällen, in denen offensichtlich keine Gefahr eines Eingriffs in die Privatsphäre der betroffenen Person besteht, die in Artikel 12 vorgesehenen Rechte gesetzlich einschränken, wenn die Daten ausschließlich für Zwecke der wissenschaftlichen Forschung verarbeitet werden oder personenbezogen nicht länger als erforderlich lediglich zur Erstellung von Statistiken aufbewahrt werden.

ABSCHNITT VII
WIDERSPRUCHSRECHT DER BETROFFENEN PERSON

Artikel 14
Widerspruchsrecht der betroffenen Person

Die Mitgliedstaaten erkennen das Recht der betroffenen Person an,
a) zumindest in den Fällen von Artikel 7 Buchstaben e) und f) jederzeit aus überwiegenden, schutzwürdigen, sich aus ihrer besonderen Situation ergebenden Gründen dagegen Widerspruch einlegen zu können, daß sie betreffende Daten verarbeitet werden; dies gilt nicht bei einer im einzelstaatlichen Recht vorgesehenen entgegenstehenden Bestimmung. Im Fall eines berechtigten Widerspruchs kann sich die vom für die Verarbeitung Verantwortlichen vorgenommene Verarbeitung nicht mehr auf diese Daten beziehen;
b) auf Antrag kostenfrei gegen eine vom für die Verarbeitung Verantwortlichen beabsichtigte Verarbeitung sie betreffender Daten für Zwecke der Direktwerbung Widerspruch einzulegen oder vor der ersten Weitergabe personenbezogener Daten an Dritte oder vor deren erstmaliger Nutzung im Auftrag Dritter zu Zwecken der Direktwerbung informiert zu werden und ausdrücklich auf das Recht hingewiesen zu werden, kostenfrei gegen eine solche Weitergabe oder Nutzung Widerspruch einlegen zu können.
Die Mitgliedstaaten ergreifen die erforderlichen Maßnahmen, um sicherzustellen, daß die betroffenen Personen vom Bestehen des unter Buchstabe b) Unterabsatz 1 vorgesehenen Rechts Kenntnis haben.

Artikel 15
Automatisierte Einzelentscheidungen

(1) Die Mitgliedstaaten räumen jeder Person das Recht ein, keiner für sie rechtliche Folgen nach sich ziehenden und keiner sie erheblich beeinträchtigenden Entscheidung unterworfen zu werden, die ausschließlich aufgrund einer automatisierten Verarbeitung von Daten zum Zwecke der Bewertung einzelner Aspekte ihrer Person ergeht, wie beispielsweise ihrer beruflichen Leistungsfähigkeit, ihrer Kreditwürdigkeit, ihrer Zuverlässigkeit oder ihres Verhaltens.
(2) Die Mitgliedstaaten sehen unbeschadet der sonstigen Bestimmungen dieser Richtlinie vor, daß eine Person einer Entscheidung nach Absatz 1 unterworfen werden kann, sofern diese
a) im Rahmen des Abschlusses oder der Erfuellung eines Vertrags ergeht und dem Ersuchen der betroffenen Person auf Abschluß oder Erfuellung des Vertrags stattgegeben wurde oder die Wahrung ihrer berechtigten Interessen durch geeignete Maßnahmen – beispielsweise die Möglichkeit, ihren Standpunkt geltend zu machen
 – garantiert wird oder
b) durch ein Gesetz zugelassen ist, das Garantien zur Wahrung der berechtigten Interessen der betroffenen Person festlegt.

Richtlinie 95/46/EG   Anhang 3

ABSCHNITT VIII
VERTRAULICHKEIT UND SICHERHEIT DER VERARBEITUNG

Artikel 16
Vertraulichkeit der Verarbeitung

Personen, die dem für die Verarbeitung Verantwortlichen oder dem Auftragsverarbeiter unterstellt sind und Zugang zu personenbezogenen Daten haben, sowie der Auftragsverarbeiter selbst dürfen personenbezogene Daten nur auf Weisung des für die Verarbeitung Verantwortlichen verarbeiten, es sei denn, es bestehen gesetzliche Verpflichtungen.

Artikel 17
Sicherheit der Verarbeitung

(1) Die Mitgliedstaaten sehen vor, daß der für die Verarbeitung Verantwortliche die geeigneten technischen und organisatorischen Maßnahmen durchführen muß, die für den Schutz gegen die zufällige oder unrechtmäßige Zerstörung, den zufälligen Verlust, die unberechtigte Änderung, die unberechtigte Weitergabe oder den unberechtigten Zugang – insbesondere wenn im Rahmen der Verarbeitung Daten in einem Netz übertragen werden – und gegen jede andere Form der unrechtmäßigen Verarbeitung personenbezogener Daten erforderlich sind.
Diese Maßnahmen müssen unter Berücksichtigung des Standes der Technik und der bei ihrer Durchführung entstehenden Kosten ein Schutzniveau gewährleisten, das den von der Verarbeitung ausgehenden Risiken und der Art der zu schützenden Daten angemessen ist.
(2) Die Mitgliedstaaten sehen vor, daß der für die Verarbeitung Verantwortliche im Fall einer Verarbeitung in seinem Auftrag einen Auftragsverarbeiter auszuwählen hat, der hinsichtlich der für die Verarbeitung zu treffenden technischen Sicherheitsmaßnahmen und organisatorischen Vorkehrungen ausreichende Gewähr bietet; der für die Verarbeitung Verantwortliche überzeugt sich von der Einhaltung dieser Maßnahmen.
(3) Die Durchführung einer Verarbeitung im Auftrag erfolgt auf der Grundlage eines Vertrags oder Rechtsakts, durch den der Auftragsverarbeiter an den für die Verarbeitung Verantwortlichen gebunden ist und in dem insbesondere folgendes vorgesehen ist:
- Der Auftragsverarbeiter handelt nur auf Weisung des für die Verarbeitung Verantwortlichen;
- die in Absatz 1 genannten Verpflichtungen gelten auch für den Auftragsverarbeiter, und zwar nach Maßgabe der Rechtsvorschriften des Mitgliedstaats, in dem er seinen Sitz hat.

(4) Zum Zwecke der Beweissicherung sind die datenschutzrelevanten Elemente des Vertrags oder Rechtsakts und die Anforderungen in bezug auf Maßnahmen nach Absatz 1 schriftlich oder in einer anderen Form zu dokumentieren.

ABSCHNITT IX
MELDUNG

Artikel 18
Pflicht zur Meldung bei der Kontrollstelle

(1) Die Mitgliedstaaten sehen eine Meldung durch den für die Verarbeitung Verantwortlichen oder gegebenenfalls seinen Vertreter bei der in Artikel 28 genannten Kontrollstelle vor, bevor eine vollständig oder teilweise automatisierte Verarbeitung oder eine Mehrzahl von Verarbeitungen zur Realisierung einer oder mehrerer verbundener Zweckbestimmungen durchgeführt wird.

(2) Die Mitgliedstaaten können eine Vereinfachung der Meldung oder eine Ausnahme von der Meldepflicht nur in den folgenden Fällen und unter folgenden Bedingungen vorsehen:
- Sie legen für Verarbeitungskategorien, bei denen unter Berücksichtigung der zu verarbeitenden Daten eine Beeinträchtigung der Rechte und Freiheiten der betroffenen Personen unwahrscheinlich ist, die Zweckbestimmungen der Verarbeitung, die Daten oder Kategorien der verarbeiteten Daten, die Kategorie(n) der betroffenen Personen, die Empfänger oder Kategorien der Empfänger, denen die Daten weitergegeben werden, und die Dauer der Aufbewahrung fest, und/oder
- der für die Verarbeitung Verantwortliche bestellt entsprechend dem einzelstaatlichen Recht, dem er unterliegt, einen Datenschutzbeauftragten, dem insbesondere folgendes obliegt:
  - die unabhängige Überwachung der Anwendung der zur Umsetzung dieser Richtlinie erlassenen einzelstaatlichen Bestimmungen,
  - die Führung eines Verzeichnisses mit den in Artikel 21 Absatz 2 vorgesehenen Informationen über die durch den für die Verarbeitung Verantwortlichen vorgenommene Verarbeitung,

um auf diese Weise sicherzustellen, daß die Rechte und Freiheiten der betroffenen Personen durch die Verarbeitung nicht beeinträchtigt werden.

(3) Die Mitgliedstaaten können vorsehen, daß Absatz 1 keine Anwendung auf Verarbeitungen findet, deren einziger Zweck das Führen eines Register ist, das gemäß den Rechts- oder Verwaltungsvorschriften zur Information der Öffentlichkeit bestimmt ist und entweder der gesamten Öffentlichkeit oder allen Personen, die ein berechtigtes Interesse nachweisen können, zur Einsichtnahme offensteht.

(4) Die Mitgliedstaaten können die in Artikel 8 Absatz 2 Buchstabe d) genannten Verarbeitungen von der Meldepflicht ausnehmen oder die Meldung vereinfachen.

(5) Die Mitgliedstaaten können die Meldepflicht für nicht automatisierte Verarbeitungen von personenbezogenen Daten generell oder in Einzelfällen vorsehen oder sie einer vereinfachten Meldung unterwerfen.

Richtlinie 95/46/EG — Anhang 3

Artikel 19
Inhalt der Meldung

(1) Die Mitgliedstaaten legen fest, welche Angaben die Meldung zu enthalten hat. Hierzu gehört zumindest folgendes:
a) Name und Anschrift des für die Verarbeitung Verantwortlichen und gegebenenfalls seines Vertreters;
b) die Zweckbestimmung(en) der Verarbeitung;
c) eine Beschreibung der Kategorie(n) der betroffenen Personen und der diesbezüglichen Daten oder Datenkategorien;
d) die Empfänger oder Kategorien von Empfängern, denen die Daten mitgeteilt werden können;
e) eine geplante Datenübermittlung in Drittländer;
f) eine allgemeine Beschreibung, die es ermöglicht, vorläufig zu beurteilen, ob die Maßnahmen nach Artikel 17 zur Gewährleistung der Sicherheit der Verarbeitung angemessen sind.

(2) Die Mitgliedstaaten legen die Verfahren fest, nach denen Änderungen der in Absatz 1 genannten Angaben der Kontrollstelle zu melden sind.

Artikel 20
Vorabkontrolle

(1) Die Mitgliedstaaten legen fest, welche Verarbeitungen spezifische Risiken für die Rechte und Freiheiten der Personen beinhalten können, und tragen dafür Sorge, daß diese Verarbeitungen vor ihrem Beginn geprüft werden.

(2) Solche Vorabprüfungen nimmt die Kontrollstelle nach Empfang der Meldung des für die Verarbeitung Verantwortlichen vor, oder sie erfolgen durch den Datenschutzbeauftragten, der im Zweifelsfall die Kontrollstelle konsultieren muß.

(3) Die Mitgliedstaaten können eine solche Prüfung auch im Zuge der Ausarbeitung einer Maßnahme ihres Parlaments oder einer auf eine solche gesetzgeberische Maßnahme gestützten Maßnahme durchführen, die die Art der Verarbeitung festlegt und geeignete Garantien vorsieht.

Artikel 21
Öffentlichkeit der Verarbeitungen

(1) Die Mitgliedstaaten erlassen Maßnahmen, mit denen die Öffentlichkeit der Verarbeitungen sichergestellt wird.

(2) Die Mitgliedstaaten sehen vor, daß die Kontrollstelle ein Register der gemäß Artikel 18 gemeldeten Verarbeitungen führt.
Das Register enthält mindestens die Angaben nach Artikel 19 Absatz 1 Buchstaben a) bis e).
Das Register kann von jedermann eingesehen werden.

(3) Die Mitgliedstaaten sehen vor, daß für Verarbeitungen, die von der Meldung ausgenommen sind, der für die Verarbeitung Verantwortliche oder eine andere von

den Mitgliedstaaten benannte Stelle zumindest die in Artikel 19 Absatz 1 Buchstaben a) bis e) vorgesehenen Angaben auf Antrag jedermann in geeigneter Weise verfügbar macht.

Die Mitgliedstaaten können vorsehen, daß diese Bestimmungen keine Anwendung auf Verarbeitungen findet, deren einziger Zweck das Führen von Registern ist, die gemäß den Rechts- und Verwaltungsvorschriften zur Information der Öffentlichkeit bestimmt sind und die entweder der gesamten Öffentlichkeit oder allen Personen, die ein berechtigtes Interesse nachweisen können, zur Einsichtnahme offenstehen.

KAPITEL III
RECHTSBEHELFE, HAFTUNG UND SANKTIONEN

Artikel 22
Rechtsbehelfe

Unbeschadet des verwaltungsrechtlichen Beschwerdeverfahrens, das vor Beschreiten des Rechtsweges insbesondere bei der in Artikel 28 genannten Kontrollstelle eingeleitet werden kann, sehen die Mitgliedstaaten vor, daß jede Person bei der Verletzung der Rechte, die ihr durch die für die betreffende Verarbeitung geltenden einzelstaatlichen Rechtsvorschriften garantiert sind, bei Gericht einen Rechtsbehelf einlegen kann.

Artikel 23
Haftung

(1) Die Mitgliedstaaten sehen vor, daß jede Person, der wegen einer rechtswidrigen Verarbeitung oder jeder anderen mit den einzelstaatlichen Vorschriften zur Umsetzung dieser Richtlinie nicht zu vereinbarenden Handlung ein Schaden entsteht, das Recht hat, von dem für die Verarbeitung Verantwortlichen Schadenersatz zu verlangen.
(2) Der für die Verarbeitung Verantwortliche kann teilweise oder vollständig von seiner Haftung befreit werden, wenn er nachweist, daß der Umstand, durch den der Schaden eingetreten ist, ihm nicht zur Last gelegt werden kann.

Artikel 24
Sanktionen

Die Mitgliedstaaten ergreifen geeignete Maßnahmen, um die volle Anwendung der Bestimmungen dieser Richtlinie sicherzustellen, und legen insbesondere die Sanktionen fest, die bei Verstößen gegen die zur Umsetzung dieser Richtlinie erlassenen Vorschriften anzuwenden sind.

KAPITEL IV
ÜBERMITTLUNG PERSONENBEZOGENER DATEN IN DRITTLÄNDER

Artikel 25
Grundsätze

(1) Die Mitgliedstaaten sehen vor, daß die Übermittlung personenbezogener Daten, die Gegenstand einer Verarbeitung sind oder nach der Übermittlung verarbeitet werden sollen, in ein Drittland vorbehaltlich der Beachtung der aufgrund der anderen Bestimmungen dieser Richtlinie erlassenen einzelstaatlichen Vorschriften zulässig ist, wenn dieses Drittland ein angemessenes Schutzniveau gewährleistet.

(2) Die Angemessenheit des Schutzniveaus, das ein Drittland bietet, wird unter Berücksichtigung aller Umstände beurteilt, die bei einer Datenübermittlung oder einer Kategorie von Datenübermittlungen eine Rolle spielen; insbesondere werden die Art der Daten, die Zweckbestimmung sowie die Dauer der geplanten Verarbeitung, das Herkunfts- und das Endbestimmungsland, die in dem betreffenden Drittland geltenden allgemeinen oder sektoriellen Rechtsnormen sowie die dort geltenden Standesregeln und Sicherheitsmaßnahmen berücksichtigt.

(3) Die Mitgliedstaaten und die Kommission unterrichten einander über die Fälle, in denen ihres Erachtens ein Drittland kein angemessenes Schutzniveau im Sinne des Absatzes 2 gewährleistet.

(4) Stellt die Kommission nach dem Verfahren des Artikels 31 Absatz 2 fest, daß ein Drittland kein angemessenes Schutzniveau im Sinne des Absatzes 2 des vorliegenden Artikels aufweist, so treffen die Mitgliedstaaten die erforderlichen Maßnahmen, damit keine gleichartige Datenübermittlung in das Drittland erfolgt.

(5) Zum geeigneten Zeitpunkt leitet die Kommission Verhandlungen ein, um Abhilfe für die gemäß Absatz 4 festgestellte Lage zu schaffen.

(6) Die Kommission kann nach dem Verfahren des Artikels 31 Absatz 2 feststellen, daß ein Drittland aufgrund seiner innerstaatlichen Rechtsvorschriften oder internationaler Verpflichtungen, die es insbesondere infolge der Verhandlungen gemäß Absatz 5 eingegangen ist, hinsichtlich des Schutzes der Privatsphäre sowie der Freiheiten und Grundrechte von Personen ein angemessenes Schutzniveau im Sinne des Absatzes 2 gewährleistet.
Die Mitgliedstaaten treffen die aufgrund der Feststellung der Kommission gebotenen Maßnahmen.

Artikel 26
Ausnahmen

(1) Abweichend von Artikel 25 sehen die Mitgliedstaaten vorbehaltlich entgegenstehender Regelungen für bestimmte Fälle im innerstaatlichen Recht vor, daß eine Übermittlung oder eine Kategorie von Übermittlungen personenbezogener Daten in ein Drittland, das kein angemessenes Schutzniveau im Sinne des Artikels 25 Absatz 2 gewährleistet, vorgenommen werden kann, sofern
a) die betroffene Person ohne jeden Zweifel ihre Einwilligung gegeben hat oder
b) die Übermittlung für die Erfuellung eines Vertrags zwischen der betroffenen Person

Anhang 3   **Richtlinie 95/46/EG**

und dem für die Verarbeitung Verantwortlichen oder zur Durchführung von vorvertraglichen Maßnahmen auf Antrag der betroffenen Person erforderlich ist oder
c) die Übermittlung zum Abschluß oder zur Erfuellung eines Vertrags erforderlich ist, der im Interesse der betroffenen Person vom für die Verarbeitung Verantwortlichen mit einem Dritten geschlossen wurde oder geschlossen werden soll, oder
d) die Übermittlung entweder für die Wahrung eines wichtigen öffentlichen Interesses oder zur Geltendmachung, Ausübung oder Verteidigung von Rechtsansprüchen vor Gericht erforderlich oder gesetzlich vorgeschrieben ist oder
e) die Übermittlung für die Wahrung lebenswichtiger Interessen der betroffenen Person erforderlich ist oder
f) die Übermittlung aus einem Register erfolgt, das gemäß den Rechts- oder Verwaltungsvorschriften zur Information der Öffentlichkeit bestimmt ist und entweder der gesamten Öffentlichkeit oder allen Personen, die ein berechtigtes Interesse nachweisen können, zur Einsichtnahme offensteht, soweit die gesetzlichen Voraussetzungen für die Einsichtnahme im Einzelfall gegeben sind.

(2) Unbeschadet des Absatzes 1 kann ein Mitgliedstaat eine Übermittlung oder eine Kategorie von Übermittlungen personenbezogener Daten in ein Drittland genehmigen, das kein angemessenes Schutzniveau im Sinne des Artikels 25 Absatz 2 gewährleistet, wenn der für die Verarbeitung Verantwortliche ausreichende Garantien hinsichtlich des Schutzes der Privatsphäre, der Grundrechte und der Grundfreiheiten der Personen sowie hinsichtlich der Ausübung der damit verbundenen Rechte bietet; diese Garantien können sich insbesondere aus entsprechenden Vertragsklauseln ergeben.

(3) Der Mitgliedstaat unterrichtet die Kommission und die anderen Mitgliedstaaten über die von ihm nach Absatz 2 erteilten Genehmigungen.

Legt ein anderer Mitgliedstaat oder die Kommission einen in bezug auf den Schutz der Privatsphäre, der Grundrechte und der Personen hinreichend begründeten Widerspruch ein, so erläßt die Kommission die geeigneten Maßnahmen nach dem Verfahren des Artikels 31 Absatz 2.

Die Mitgliedstaaten treffen die aufgrund des Beschlusses der Kommission gebotenen Maßnahmen.

(4) Befindet die Kommission nach dem Verfahren des Artikels 31 Absatz 2, daß bestimmte Standardvertragsklauseln ausreichende Garantien gemäß Absatz 2 bieten, so treffen die Mitgliedstaaten die aufgrund der Feststellung der Kommission gebotenen Maßnahmen.

KAPITEL V
VERHALTENSREGELN

Artikel 27

(1) Die Mitgliedstaaten und die Kommission fördern die Ausarbeitung von Verhaltensregeln, die nach Maßgabe der Besonderheiten der einzelnen Bereiche zur ordnungsgemäßen Durchführung der einzelstaatlichen Vorschriften beitragen sollen, die die Mitgliedstaaten zur Umsetzung dieser Richtlinie erlassen.

(2) Die Mitgliedstaaten sehen vor, daß die Berufsverbände und andere Vereinigungen, die andere Kategorien von für die Verarbeitung Verantwortlichen vertreten, ihre Entwürfe für einzelstaatliche Verhaltensregeln oder ihre Vorschläge zur Änderung oder Verlängerung bestehender einzelstaatlicher Verhaltensregeln der zuständigen einzelstaatlichen Stelle unterbreiten können.

Die Mitgliedstaaten sehen vor, daß sich diese Stellen insbesondere davon überzeugt, daß die ihr unterbreiteten Entwürfe mit den zur Umsetzung dieser Richtlinie erlassenen einzelstaatlichen Vorschriften in Einklang stehen. Die Stelle holt die Stellungnahmen der betroffenen Personen oder ihrer Vertreter ein, falls ihr dies angebracht erscheint.

(3) Die Entwürfe für gemeinschaftliche Verhaltensregeln sowie Änderungen oder Verlängerungen bestehender gemeinschaftlicher Verhaltensregeln können der in Artikel 29 genannten Gruppe unterbreitet werden. Die Gruppe nimmt insbesondere dazu Stellung, ob die ihr unterbreiteten Entwürfe mit den zur Umsetzung dieser Richtlinie erlassenen einzelstaatlichen Vorschriften in Einklang stehen. Sie holt die Stellungnahmen der betroffenen Personen oder ihrer Vertreter ein, falls ihr dies angebracht erscheint. Die Kommission kann dafür Sorge tragen, daß die Verhaltensregeln, zu denen die Gruppe eine positive Stellungnahme abgegeben hat, in geeigneter Weise veröffentlicht werden.

KAPITEL VI
KONTROLLSTELLE UND GRUPPE FÜR DEN SCHUTZ VON PERSONEN BEI DER VERARBEITUNG PERSONENBEZOGENER DATEN

Artikel 28
Kontrollstelle

(1) Die Mitgliedstaaten sehen vor, daß eine oder mehrere öffentliche Stellen beauftragt werden, die Anwendung der von den Mitgliedstaaten zur Umsetzung dieser Richtlinie erlassenen einzelstaatlichen Vorschriften in ihrem Hoheitsgebiet zu überwachen.

Diese Stellen nehmen die ihnen zugewiesenen Aufgaben in völliger Unabhängigkeit wahr.

(2) Die Mitgliedstaaten sehen vor, daß die Kontrollstellen bei der Ausarbeitung von Rechtsverordnungen oder Verwaltungsvorschriften bezüglich des Schutzes der Rechte und Freiheiten von Personen bei der Verarbeitung personenbezogener Daten angehört werden.

(3) Jede Kontrollstelle verfügt insbesondere über:
- Untersuchungsbefugnisse, wie das Recht auf Zugang zu Daten, die Gegenstand von Verarbeitungen sind, und das Recht auf Einholung aller für die Erfuellung ihres Kontrollauftrags erforderlichen Informationen;
- wirksame Einwirkungsbefugnisse, wie beispielsweise die Möglichkeit, im Einklang mit Artikel 20 vor der Durchführung der Verarbeitungen Stellungnahmen abzugeben und für eine geeignete Veröffentlichung der Stellungnahmen zu sorgen, oder die Befugnis, die Sperrung, Löschung oder Vernichtung von Daten oder das vorläufige oder endgültige Verbot einer Verarbeitung anzuordnen, oder die Befugnis, eine

Anhang 3   **Richtlinie 95/46/EG**

Verwarnung oder eine Ermahnung an den für die Verarbeitung Verantwortlichen zu richten oder die Parlamente oder andere politische Institutionen zu befassen;
- das Klagerecht oder eine Anzeigebefugnis bei Verstößen gegen die einzelstaatlichen Vorschriften zur Umsetzung dieser Richtlinie.

Gegen beschwerende Entscheidungen der Kontrollstelle steht der Rechtsweg offen.

(4) Jede Person oder ein sie vertretender Verband kann sich zum Schutz der die Person betreffenden Rechte und Freiheiten bei der Verarbeitung personenbezogener Daten an jede Kontrollstelle mit einer Eingabe wenden. Die betroffene Person ist darüber zu informieren, wie mit der Eingabe verfahren wurde.

Jede Kontrollstelle kann insbesondere von jeder Person mit dem Antrag befaßt werden, die Rechtmäßigkeit einer Verarbeitung zu überprüfen, wenn einzelstaatliche Vorschriften gemäß Artikel 13 Anwendung finden. Die Person ist unter allen Umständen darüber zu unterrichten, daß eine Überprüfung stattgefunden hat.

(5) Jede Kontrollstelle legt regelmäßig einen Bericht über ihre Tätigkeit vor. Dieser Bericht wird veröffentlicht.

(6) Jede Kontrollstelle ist im Hoheitsgebiet ihres Mitgliedstaats für die Ausübung der ihr gemäß Absatz 3 übertragenen Befugnisse zuständig, unabhängig vom einzelstaatlichen Recht, das auf die jeweilige Verarbeitung anwendbar ist. Jede Kontrollstelle kann von einer Kontrollstelle eines anderen Mitgliedstaats um die Ausübung ihrer Befugnisse ersucht werden.

Die Kontrollstellen sorgen für die zur Erfuellung ihrer Kontrollaufgaben notwendige gegenseitige Zusammenarbeit, insbesondere durch den Austausch sachdienlicher Informationen.

(7) Die Mitgliedstaaten sehen vor, daß die Mitglieder und Bediensteten der Kontrollstellen hinsichtlich der vertraulichen Informationen, zu denen sie Zugang haben, dem Berufsgeheimnis, auch nach Ausscheiden aus dem Dienst, unterliegen.

Artikel 29
Datenschutzgruppe

(1) Es wird eine Gruppe für den Schutz von Personen bei der Verarbeitung personenbezogener Daten eingesetzt (nachstehend »Gruppe« genannt).

Die Gruppe ist unabhängig und hat beratende Funktion.

(2) Die Gruppe besteht aus je einem Vertreter der von den einzelnen Mitgliedstaaten bestimmten Kontrollstellen und einem Vertreter der Stelle bzw. der Stellen, die für die Institutionen und Organe der Gemeinschaft eingerichtet sind, sowie einem Vertreter der Kommission.

Jedes Mitglied der Gruppe wird von der Institution, der Stelle oder den Stellen, die es vertritt, benannt. Hat ein Mitgliedstaat mehrere Kontrollstellen bestimmt, so ernennen diese einen gemeinsamen Vertreter. Gleiches gilt für die Stellen, die für die Institutionen und die Organe der Gemeinschaft eingerichtet sind.

(3) Die Gruppe beschließt mit der einfachen Mehrheit der Vertreter der Kontrollstellen.

(4) Die Gruppe wählt ihren Vorsitzenden. Die Dauer der Amtszeit des Vorsitzenden beträgt zwei Jahre. Wiederwahl ist möglich.

(5) Die Sekretariatsgeschäfte der Gruppe werden von der Kommission wahrgenommen.
(6) Die Gruppe gibt sich eine Geschäftsordnung.
(7) Die Gruppe prüft die Fragen, die der Vorsitzende von sich aus oder auf Antrag eines Vertreters der Kontrollstellen oder auf Antrag der Kommission auf die Tagesordnung gesetzt hat.

Artikel 30

(1) Die Gruppe hat die Aufgabe,
a) alle Fragen im Zusammenhang mit den zur Umsetzung dieser Richtlinie erlassenen einzelstaatlichen Vorschriften zu prüfen, um zu einer einheitlichen Anwendung beizutragen;
b) zum Schutzniveau in der Gemeinschaft und in Drittländern gegenüber der Kommission Stellung zu nehmen;
c) die Kommission bei jeder Vorlage zur Änderung dieser Richtlinie, zu allen Entwürfen zusätzlicher oder spezifischer Maßnahmen zur Wahrung der Rechte und Freiheiten natürlicher Personen bei der Verarbeitung personenbezogener Daten sowie zu allen anderen Entwürfen von Gemeinschaftsmaßnahmen zu beraten, die sich auf diese Rechte und Freiheiten auswirken;
d) Stellungnahmen zu den auf Gemeinschaftsebene erarbeiteten Verhaltensregeln abzugeben.
(2) Stellt die Gruppe fest, daß sich im Bereich des Schutzes von Personen bei der Verarbeitung personenbezogener Daten zwischen den Rechtsvorschriften oder der Praxis der Mitgliedstaaten Unterschiede ergeben, die die Gleichwertigkeit des Schutzes in der Gemeinschaft beeinträchtigen könnten, so teilt sie dies der Kommission mit.
(3) Die Gruppe kann von sich aus Empfehlungen zu allen Fragen abgeben, die den Schutz von Personen bei der Verarbeitung personenbezogener Daten in der Gemeinschaft betreffen.
(4) Die Stellungnahmen und Empfehlungen der Gruppe werden der Kommission und dem in Artikel 31 genannten Ausschuß übermittelt.
(5) Die Kommission teilt der Gruppe mit, welche Konsequenzen sie aus den Stellungnahmen und Empfehlungen gezogen hat. Sie erstellt hierzu einen Bericht, der auch dem Europäischen Parlament und dem Rat übermittelt wird. Dieser Bericht wird veröffentlicht.
(6) Die Gruppe erstellt jährlich einen Bericht über den Stand des Schutzes natürlicher Personen bei der Verarbeitung personenbezogener Daten in der Gemeinschaft und in Drittländern, den sie der Kommission, dem Europäischen Parlament und dem Rat übermittelt. Dieser Bericht wird veröffentlicht.

Anhang 3 Richtlinie 95/46/EG

KAPITEL VII
GEMEINSCHAFTLICHE DURCHFÜHRUNGSMASSNAHMEN

Artikel 31
Ausschußverfahren

(1) Die Kommission wird von einem Ausschuß unterstützt, der sich aus Vertretern der Mitgliedstaaten zusammensetzt und in dem der Vertreter der Kommission den Vorsitz führt.

(2) Der Vertreter der Kommission unterbreitet dem Ausschuß einen Entwurf der zu treffenden Maßnahmen. Der Ausschuß gibt seine Stellungnahme zu diesem Entwurf innerhalb einer Frist ab, die der Vorsitzende unter Berücksichtigung der Dringlichkeit der betreffenden Frage festsetzen kann.
Die Stellungnahme wird mit der Mehrheit abgegeben, die in Artikel 148 Absatz 2 des Vertrags vorgesehen ist. Bei der Abstimmung im Ausschuß werden die Stimmen der Vertreter der Mitgliedstaaten gemäß dem vorgenannten Artikel gewogen. Der Vorsitzende nimmt an der Abstimmung nicht teil.
Die Kommission erläßt Maßnahmen, die unmittelbar gelten. Stimmen sie jedoch mit der Stellungnahme des Ausschusses nicht überein, werden sie von der Kommission unverzüglich dem Rat mitgeteilt. In diesem Fall gilt folgendes:
- Die Kommission verschiebt die Durchführung der von ihr beschlossenen Maßnahmen um drei Monate vom Zeitpunkt der Mitteilung an;
- der Rat kann innerhalb des im ersten Gedankenstrich genannten Zeitraums mit qualifizierter Mehrheit einen anderslautenden Beschluß fassen.

SCHLUSSBESTIMMUNGEN

Artikel 32

(1) Die Mitgliedstaaten erlassen die erforderlichen Rechts- und Verwaltungsvorschriften, um dieser Richtlinie binnen drei Jahren nach ihrer Annahme nachzukommen.
Wenn die Mitgliedstaaten derartige Vorschriften erlassen, nehmen sie in den Vorschriften selbst oder durch einen Hinweis bei der amtlichen Veröffentlichung auf diese Richtlinie Bezug. Die Mitgliedstaaten regeln die Einzelheiten der Bezugnahme.
(2) Die Mitgliedstaaten tragen dafür Sorge, daß Verarbeitungen, die zum Zeitpunkt des Inkrafttretens der einzelstaatlichen Vorschriften zur Umsetzung dieser Richtlinie bereits begonnen wurden, binnen drei Jahren nach diesem Zeitpunkt mit diesen Bestimmungen in Einklang gebracht werden.
Abweichend von Unterabsatz 1 können die Mitgliedstaaten vorsehen, daß die Verarbeitungen von Daten, die zum Zeitpunkt des Inkrafttretens der einzelstaatlichen Vorschriften zur Umsetzung dieser Richtlinie bereits in manuellen Dateien enthalten sind, binnen zwölf Jahren nach Annahme dieser Richtlinie mit den Artikeln 6, 7 und 8 in Einklang zu bringen sind. Die Mitgliedstaaten gestatten jedoch, daß die betroffene Person auf Antrag und insbesondere bei Ausübung des Zugangsrechts die Berichtigung,

Löschung oder Sperrung von Daten erreichen kann, die unvollständig, unzutreffend oder auf eine Art und Weise aufbewahrt sind, die mit den vom für die Verarbeitung Verantwortlichen verfolgten rechtmäßigen Zwecken unvereinbar ist.

(3) Abweichend von Absatz 2 können die Mitgliedstaaten vorbehaltlich geeigneter Garantien vorsehen, daß Daten, die ausschließlich zum Zwecke der historischen Forschung aufbewahrt werden, nicht mit den Artikeln 6, 7 und 8 in Einklang gebracht werden müssen.

(4) Die Mitgliedstaaten teilen der Kommission den Wortlaut der innerstaatlichen Vorschriften mit, die sie auf dem unter diese Richtlinie fallenden Gebiet erlassen.

Artikel 33

Die Kommission legt dem Europäischen Parlament und dem Rat regelmäßig, und zwar erstmals drei Jahre nach dem in Artikel 32 Absatz 1 genannten Zeitpunkt, einen Bericht über die Durchführung dieser Richtlinie vor und fügt ihm gegebenenfalls geeignete Änderungsvorschläge bei. Dieser Bericht wird veröffentlicht.

Die Kommission prüft insbesondere die Anwendung dieser Richtlinie auf die Verarbeitung personenbezogener Bild- und Tondaten und unterbreitet geeignete Vorschläge, die sich unter Berücksichtigung der Entwicklung der Informationstechnologie und der Arbeiten über die Informationsgesellschaft als notwendig erweisen könnten.

Artikel 34

Diese Richtlinie ist an die Mitgliedstaaten gerichtet.
Geschehen zu Luxemburg am 24. Oktober 1995.
Im Namen des Europäischen Parlaments
Der Präsident
K. HÄNSCH
Im Namen des Rates
Der Präsident
L. ATIENZA SERNA
(1) ABl. Nr. C 277 vom 5.11.1990, S. 3, und ABl. Nr. C 311 vom 27.11.1992, S. 30.
(2) ABl. Nr. C 159 vom 17.6.1991, S. 38.
(3) Stellungnahme des Europäischen Parlaments vom 11. März 1992 (ABl. Nr. C 94 vom 13.4.1992, S. 198), bestätigt am 2. Dezember 1993 (ABl. Nr. C 342 vom 20.12.1993, S. 30). Gemeinsamer Standpunkt des Rates vom 20. Februar 1995 (ABl. Nr. C 93 vom 13.4.1995, S. 1) und Beschluß des Europäischen Parlaments vom 15. Juni 1995 (ABl. Nr. C 166 vom 3.7.1995).
(4) ABl. Nr. L 197 vom 18.7.1987, S. 33.

Einleitende Bemerkung zu den Anhängen 4 bis 6

Mit Urteil vom 6.10.2015 hat der Europäische Gerichtshof (EuGH) festgestellt, dass die Safe-Harbor-Entscheidung 2000/468/EG der EU-Kommission wegen Verletzung der Art. 7, 8 und 47 EU-GRCh sowie der EG-DSRl ungültig ist (C-362/14). Diese Entscheidung enthält Aussagen, die in ihrer Reichweite über Safe Harbor hinausgehen und auf alle Datenweitergaben an die USA sowie in Drittstaaten außerhalb des EU/EWR-Raums anwendbar sind. Das Urteil betrifft inhaltlich also auch die in den Anhängen 4 bis 6 abgedruckten EU-Entscheidungen zu Standardvertragsklauseln. Diese sind zwar noch nicht vom EuGH aufgehoben worden, entsprechen aber nicht den Vorgaben des EuGH und müssen deshalb angepasst werden. Dessen ungeachtet werden diese Entscheidungen im Folgenden abgedruckt verbunden mit folgenden Hinweisen:

Der EuGH hat darauf hingewiesen, dass die Datenschutzkontrollbehörden umfassend befugt und verpflichtet sind, die Angemessenheit des Schutzniveaus von Empfängerländern personenbezogener Daten zu überprüfen. Den Betroffenen wie auch den Kontrollstellen muss die Möglichkeit eröffnet sein, die Rechtmäßigkeit einer Angemessenheitsfeststellung vor Gericht zu überprüfen. Kein angemessenes Schutzniveau besteht, wenn hinsichtlich der an das Drittausland weitergegebenen Daten keine wirksamen Überwachungs- und Kontrollmechanismen zum Datenschutz bestehen. Dazu gehören für die Betroffenen administrative und gerichtliche Rechtsbehelfe. Derartige Rechtsbehelfe fehlen, wenn ein genereller Zugriff auf die weitergegebenen personenbezogenen Daten auf Grund von gesetzlichen Regelungen im Empfängerland für andere Stellen, z. B. Sicherheitsbehörden oder Geheimdienste, besteht.

Die Standardvertragsklauseln sind also insofern anzupassen, wie diese bisher nur Empfehlungen aussprechen und insofern nicht verbindlich sind, so wie dies in den Erwägungsgründen angedeutet wird, wenn statt der Worte »muss« und »müssen« die Worte »sollte« und »sollten« verwendet werden. Eine Befassung der Kontrollstellen und der nationalen Gerichte durch den Betroffenen muss eröffnet bleiben, auch wenn ein Schlichtungsverfahren vorgesehen wird.

4. Entscheidung der Kommission vom 15. Juni 2001 hinsichtlich Standardvertragsklauseln für die Übermittlung personenbezogener Daten in Drittländer nach der Richtlinie 95/46/EG (2001/497/EG)

Die Kommission der Europäischen Gemeinschaften –

gestützt auf den Vertrag zur Gründung der Europäischen Gemeinschaft,
gestützt auf die Richtlinie 95/46/EG des Europäischen Parlaments und des Rates vom 24. Oktober 1995 zum Schutz natürlicher Personen bei der Verarbeitung personenbezogener Daten und zum freien Datenverkehr, insbesondere auf Artikel 26 Absatz 4,
in Erwägung nachstehender Gründe:
(1) Nach der Richtlinie 95/46/EG müssen die Mitgliedstaaten dafür Sorge tragen, dass die Übermittlung personenbezogener Daten in ein Drittland nur dann erfolgen kann, wenn das betreffende Drittland ein angemessenes Datenschutzniveau gewährleistet und Gesetze des Mitgliedstaates, die den anderen Bestimmungen der Richtlinie entsprechen, vor der Übermittlung berücksichtigt werden.
(2) Artikel 26 Absatz 2 der Richtlinie 95/46/EG sieht jedoch vor, dass die Mitgliedstaaten sofern bestimmte Garantien vorliegen, eine Übermittlung oder eine Kategorie von Übermittlungen personenbezogener Daten in Drittländer, die kein angemessenes Datenschutzniveau gewährleisten, genehmigen können. Solche Garantien können sich insbesondere aus einschlägigen Vertragsklauseln ergeben.
(3) Nach der Richtlinie 95/46/EG ist das Datenschutzniveau unter Berücksichtigung aller Umstände zu beurteilen, die bei der Datenübermittlung oder einer Kategorie von Datenübermittlungen eine Rolle spielen; die gemäß dieser Richtlinie eingesetzte Gruppe für den Schutz natürlicher Personen bei der Verarbeitung personenbezogener Daten hat Leitlinien für die Erstellung solcher Beurteilungen veröffentlicht.
(4) Artikel 26 Absatz 2 der Richtlinie 95/46/EG, der einer Organisation, die Daten in Drittländer übermitteln will. Flexibilität bietet, und Artikel 26 Absatz 4 mit dem Hinweis auf Standardvertragsklauseln sind wesentlich, um den notwendigen Strom personenbezogener Daten zwischen der Europäischen Union und Drittländern ohne unnötige Belastung der Wirtschaftsakteure aufrechtzuerhalten. Beide Bestimmungen sind von besonderer Bedeutung angesichts der Tatsache, dass die Kommission kurz- oder mittelfristig wohl nur für eine begrenzte Zahl von Ländern die Angemessenheit des Schutzniveaus nach Artikel 25 Absatz 6 wird feststellen können.
(5) Die Standardvertragsklauseln sind neben Artikel 25 und Artikel 26 Absätze 1 und 2 nur eine von mehreren Möglichkeiten im Rahmen der Richtlinie 95/46/EG für die rechtmäßige Übermittlung personenbezogener Daten in Drittländer, für die Organisationen wird es erheblich einfacher, personenbezogene Daten in Drittländer zu über-

Anhang 4 **Standardvertragsklauseln Übermittlung I (2001/497/EG)**

mitteln, wenn sie die Standardvertragsklauseln in den Vertrag aufnehmen. Sie beziehen sich jedoch nur auf den Datenschutz. Datenexporteur und Datenimporteur ist es freigestellt, weitere geschäftsbezogene Klauseln aufzunehmen, z. B. Klauseln über gegenseitige Unterstützung bei Streitigkeiten mit einer betroffenen Person oder einer Kontrollstelle, die die Parteien für vertragsrelevant halten, sofern sie den Standardvertragsklauseln nicht widersprechen.

(6) Diese Entscheidung sollte die nationalen Genehmigungen unberührt lassen, die von den Mitgliedstaaten nach ihren eigenen Rechtsvorschriften zur Umsetzung von Artikel 26 Absatz 2 der Richtlinie 95/46/EG erteilt werden können. Die Umstände einer bestimmten Übermittlung können es erforderlich machen, dass die für die Datenverarbeitung Verantwortlichen andere Garantien im Sinne von Artikel 26 Absatz 2 leisten müssen. Diese Entscheidung hat lediglich die Wirkung, dass die Mitgliedstaaten die hier beschriebenen Vertragsklauseln als ausreichende Garantien anerkennen müssen, und lässt daher andere Vertragsklauseln unberührt.

(7) Die Entscheidung beschränkt sich darauf festzulegen, dass die im Anhang aufgeführten Vertragsklauseln von einem für die Datenverarbeitung Verantwortlichen, der in der Gemeinschaft ansässig ist, angewandt werden können, um ausreichende Garantien nach Artikel 26 Absatz 2 der Richtlinie 95/46/EG zu gewährleisten. Die Übermittlung personenbezogener Daten in Drittländer ist eine Verarbeitung in einem Mitgliedstaat, für deren Rechtmäßigkeit nationales Recht maßgeblich ist; die Kontrollstellen der Mitgliedstaaten sollten weiterhin dafür zuständig sein, im Rahmen ihrer Aufgaben und Befugnisse nach Artikel 28 der Richtlinie 95/46/EG zu prüfen, ob der Datenexporteur die nationalen Vorschriften zur Umsetzung der Bestimmungen der Richtlinie 95/46/EG einhält, insbesondere der spezifischen Bestimmungen über die Informationspflicht nach dieser Richtlinie.

(8) Diese Entscheidung betrifft nicht die Übermittlung personenbezogener Daten durch für die Verarbeitung Verantwortliche, die in der Gemeinschaft ansässig sind, an Empfänger, die nicht im Gebiet der Gemeinschaft ansässig sind und nur als Auftragsverarbeiter tätig werden. Diese Übermittlungen erfordern nicht die gleichen Garantien, weil der Auftragsverarbeiter ausschließlich im Auftrag des für die Verarbeitung Verantwortlichen tätig ist. Die Kommission beabsichtigt diese Art der Übermittlung in einer späteren Entscheidung zu behandeln.

(9) Es sollten die Mindestinformationen festgelegt werden, die von den Parteien im Übermittlungsvertrag bereitgestellt werden müssen. Die Mitgliedstaaten sollten weiterhin die Befugnis haben, die Informationen im Einzelnen zu benennen, die von den Parteien zu liefern sind. Diese Entscheidung wird im Lichte der Erfahrung überprüft.

(10) Die Kommission wird zukünftig ferner erwägen, ob Standardvertragsklauseln, die von Industrieverbänden oder anderen interessierten Parteien vorgelegt werden, ausreichende Garantien im Sinne der Richtlinie 95/46/EG bieten.

(11) Zwar sollte es den Parteien freistehen, zu vereinbaren, welche Datenschutzregeln von dem Datenimporteur zu beachten sind, doch sollten bestimmte Datenschutzgrundsätze in allen Fällen anzuwenden sein.

(12) Daten sollten nur für angegebene Zwecke verarbeitet und anschließend verwendet oder übermittelt werden und sollten nicht länger als notwendig aufbewahrt werden.

(13) Gemäß Artikel 12 der Richtlinie 95/46/EG sollte die betroffene Person Anspruch

Standardvertragsklauseln Übermittlung I (2001/497/EG) Anhang 4

auf alle sie betreffenden Daten und je nach Fall auf Berichtigung, Löschung und Sperrung bestimmter Daten haben.

(14) Die Weiterübermittlung von personenbezogenen Daten an einen anderen für die Verarbeitung Verantwortlichen, der in einem Drittland ansässig ist, sollte nur unter bestimmten Voraussetzungen erlaubt werden, die insbesondere sicherstellen, dass die betroffenen Personen angemessen informiert werden und die Möglichkeit haben zu widersprechen oder in bestimmten Fällen ihre Zustimmung zu versagen.

(15) Neben der Prüfung, ob Übermittlungen in Drittländer nationalem Recht entsprechen, sollten die Kontrollstellen eine Schlüsselrolle in diesem Vertragsmechanismus übernehmen, indem sie sicherstellen, dass personenbezogene Daten nach der Übermittlung angemessen geschützt werden. in bestimmten Fällen sollten die Kontrollstellen der Mitgliedstaaten weiterhin befugt sein, eine Datenübermittlung beziehungsweise eine Reihe von Datenübermittlungen auf der Grundlage der Standardvertragsklauseln zu untersagen oder auszusetzen; dies gilt für jene Ausnahmefälle, für die feststeht, dass sich eine Übermittlung auf Vertragsbasis wahrscheinlich sehr nachteilig auf die Garantien auswirkt, die den betroffenen Personen angemessenen Schutz bieten sollen.

(16) Die Standardvertragsklauseln sollten durchsetzbar sein, und zwar nicht nur von den Organisationen, die Vertragsparteien sind, sondern auch von den betroffenen Personen, insbesondere wenn ihnen als Folge eines Vertragsbruchs Schaden entsteht.

(17) Auf den Vertrag sollte das Recht des Mitgliedstaates anwendbar sein, in dem der Datenexporteur ansässig ist, das es einem Drittbegünstigten ermöglicht, den Vertrag durchzusetzen. Betroffene Personen sollten, wenn sie dies wünschen und das nationale Recht es zulässt, das Recht haben, sich von Vereinigungen oder sonstigen Einrichtungen vertreten zu lassen.

(18) Um die Schwierigkeiten der betroffenen Personen zu verringern, ihre Rechte nach diesen Standardvertragsklauseln geltend zu machen, sollten der Datenexporteur und der Datenimporteur gesamtschuldnerisch für Schäden aufgrund jeglicher Verletzung der Bestimmungen haftbar sein, die der Drittbegünstigtenklausel unterliegen.

(19) Die betroffene Person hat das Recht, wegen Schäden, die durch Handlungen verursacht werden, die mit den in den Standardvertragsklauseln enthaltenen Verpflichtungen unvereinbar sind, gegen den Datenexporteur, den Datenimporteur oder beide gerichtlich vorzugehen und Schadensersatz zu erlangen; beide Parteien können von dieser Haftung ausgenommen werden, wenn sie beweisen, dass keiner von ihnen für diese Schäden verantwortlich ist.

(20) Die gesamtschuldnerische Haftung betrifft nicht die Bestimmungen, die nicht unter die Drittbegünstigtenklausel fallen, und muss nicht dazu führen, dass eine Partei für Schäden aus der unrechtmäßigen Verarbeitung durch die andere Partei aufkommt. Die Bestimmung über einen gegenseitigen Ausgleichsanspruch zwischen den Parteien ist nicht Voraussetzung für die Angemessenheit des Schutzniveaus für die betroffenen Personen, und die Parteien können diese Bestimmung streichen. Sie wurde aber im Interesse der Klarheit in die Standardvertragsklauseln aufgenommen, und um es den Parteien zu ersparen, im Einzelfall Ausgleichsklauseln auszuhandeln.

(21) Wird eine Auseinandersetzung der Parteien mit einer betroffenen Person, die sich auf die Drittbegünstigtenklausel beruft, nicht gütlich beigelegt, verpflichten sich die Parteien, der betroffenen Person die Wahlmöglichkeiten zwischen Schlichtung,

Anhang 4 **Standardvertragsklauseln Übermittlung I (2001/497/EG)**

Schieds- und Gerichtsverfahren anzubieten. Das Ausmaß der tatsächlichen Wahlmöglichkeiten der betroffenen Person hängt von dem Vorhandensein zuverlässiger und anerkannter Schlichtungs- und Schiedsgerichtssysteme ab. Schlichtung durch die Kontrollstellen eines Mitgliedstaats sollte eine Möglichkeit sein, sofern diese Stellen solche Leistungen erbringen.

(22) Die Gruppe für den Schutz natürlicher Personen bei der Verarbeitung personenbezogener Daten, die durch Artikel 29 der Richtlinie 95/46/EG eingesetzt wurde, hat eine Stellungnahme zu dem Schutzniveau abgegeben, das die der Entscheidung beiliegenden Standvertragsklauseln bieten; die Stellungnahme wurde bei der Erarbeitung der vorliegenden Entscheidung berücksichtigt.

(23) Die in der vorliegenden Entscheidung enthaltenen Maßnahmen entsprechen der Stellungnahme des Ausschusses, der durch Artikel 31 der Richtlinie 95/46/EG eingesetzt wurde –

Hat folgende Entscheidung erlassen:

Artikel 1

Die Standardvertragsklauseln im Anhang gelten als ausreichende Garantien hinsichtlich des Schutzes der Privatsphäre, der Grundrechte und der Grundfreiheiten der Personen sowie hinsichtlich der Ausübung der damit verbundenen Rechte im Sinne von Artikel 26 Absatz 2 der Richtlinie 95/46/EG.

Artikel 2

Diese Entscheidung betrifft ausschließlich die Angemessenheit des Schutzes, der bei der Übermittlung personenbezogener Daten durch die im Anhang aufgeführten Standardvertragsklauseln gewährleistet wird. Die Anwendung anderer nationaler Vorschriften zur Durchführung der Richtlinie 95/46/EG, die sich auf die Verarbeitung personenbezogener Daten in den Mitgliedstaaten beziehen, bleibt davon unberührt.

Diese Entscheidung ist nicht anwendbar auf die Übermittlung personenbezogener Daten durch für die Verarbeitung Verantwortliche, die in der Gemeinschaft ansässig sind, an Empfänger, die nicht im Gebiet der Gemeinschaft ansässig sind und nur als Auftragsverarbeiter tätig werden.

Artikel 3

Im Rahmen dieser Entscheidung
a) gelten die Begriffsbestimmungen der Richtlinie 95/46/EG;
b) bezeichnet der Begriff »besondere Kategorien personenbezogener Daten« die in Artikel 8 der Richtlinie genannten Daten;
c) bezeichnet der Begriff »Kontrollstelle« die in Artikel 28 der Richtlinie genannte Stelle;
d) bezeichnet der Begriff »Datenexporteur« den für die Verarbeitung Verantwortlichen, der die personenbezogenen Daten übermittelt;
e) bezeichnet der Begriff »Datenimporteur« den für die Verarbeitung Verantwort-

lichen, der sich bereit erklärt, vom Datenexporteur personenbezogene Daten für die weitere Verarbeitung gemäß den Bestimmungen dieser Entscheidung entgegenzunehmen.

Artikel 4

(1) Unbeschadet ihrer Befugnisse, tätig zu werden, um die Einhaltung nationaler Vorschriften, die gemäß den Kapiteln II, III, V und VI der Richtlinie 95/46/EG erlassen wurden, zu gewährleisten, können die zuständigen Kontrollstellen in den Mitgliedstaaten ihre bestehenden Befugnisse ausüben, um zum Schutz von Privatpersonen in Bezug auf die Verarbeitung ihrer personenbezogenen Daten die Datenübermittlung in Drittländer zu verbieten oder auszusetzen, wenn:
a) feststeht, dass der Datenimporteur nach den für ihn geltenden Rechtsvorschriften Anforderungen unterliegt, die ihn zwingen, von den einschlägigen Datenschutzvorschriften in einem Maß abzuweichen, das über die Beschränkungen hinausgeht, die im Sinne von Artikel 13 der Richtlinie 95/46/EG für eine demokratische Gesellschaft erforderlich sind und dass sich diese Anforderungen wahrscheinlich sehr nachteilig auf die Garantien auswirken, die die Standardvertragsklauseln bieten sollen, oder
b) eine zuständige Kontrollstelle festgestellt hat, dass der Datenimporteur die Vertragsklauseln nicht einhält, oder
c) eine hohe Wahrscheinlichkeit besteht, dass die im Anhang enthaltenen Standardvertragsklauseln derzeit oder künftig nicht eingehalten werden und die Fortsetzung der Übermittlung den betroffenen Personen einen nicht wieder gutzumachenden Schaden zufügen würde.

(2) Das Verbot oder die Aussetzung im Sinne von Absatz 1 wird aufgehoben, sobald die Gründe für das Verbot oder die Aussetzung nicht mehr vorliegen.

(3) Sobald die Mitgliedstaaten Maßnahmen gemäß Absatz 1 und 2 ergreifen, informieren sie unverzüglich die Kommission, die ihrerseits die Informationen an die anderen Mitgliedstaaten weiterleitet.

Artikel 5

Die Kommission bewertet drei Jahre, nachdem sie den Mitgliedstaaten diese Entscheidung bekannt gegeben hat, anhand der verfügbaren Informationen ihre Durchführung. Sie unterrichtet den durch Artikel 31 der Richtlinie 95/46/EG eingesetzten Ausschuss über ihre Feststellungen. Sie fügt sämtliche Belege bei, die für die Beurteilung der Angemessenheit der Standardvertragsklauseln des Anhangs von Bedeutung sein könnten, sowie etwaige Belege dafür, dass die Entscheidung in diskriminierender Weise angewandt wird.

Artikel 6

Diese Entscheidung ist anwendbar ab dem 3. September 2001.

Anhang 4 Standardvertragsklauseln Übermittlung I (2001/497/EG)

Artikel 7
Diese Entscheidung ist an die Mitgliedstaaten gerichtet.
Brüssel, den 15. Juni 2001

Für die Kommission
Frederik Bolkestein
Mitglied der Kommission

Anhang
Standardvertragsklauseln

im Sinne von Artikel 26 Absatz 2 der Richtlinie 95/46/EG für die Übermittlung personenbezogener Daten in Drittländer, die kein angemessenes Schutzniveau gewährleisten
Bezeichnung der Daten exportierenden Organisation

_____
_____
Adresse: _____
Tel.: _____ Fax: _____ E-Mail: _____
Weitere Angaben zur Identifizierung der Organisation: _____

_____ (nachstehend: Datenexporteur)
und
Bezeichnung der Daten importierenden Organisation: _____
Adresse: _____
Tel.: _____ Fax: _____ E-Mail: _____
Weitere Angaben zur Identifizierung der Organisation: _____

_____ (nachstehend: Datenimporteur)
Vereinbaren folgende Vertragsklauseln (nachstehend: Klauseln), um ausreichende Garantien hinsichtlich des Schutzes der Privatsphäre, der Grundrechte und der Grundfreiheiten der Personen für die Übermittlung der in Anlage 1 zu diesen Vertragsklauseln spezifizierten personenbezogenen Daten vom Exporteur an den Importeur bereitzustellen.

Klausel 1
Begriffsbestimmungen
Im Rahmen der Vertragsklauseln gelten folgende Begriffsbestimmungen:
a) »**personenbezogene Daten**«, »**besondere Kategorien personenbezogener Daten, Verarbeitung**«, »**für die Verarbeitung Verantwortlicher, Auftragsverarbeiter**«, »**betroffene Person**« und »**Kontrollstelle**«: es gelten die Begriffsbestimmungen der Richtlinie 95/46/EG des Europäischen Parlaments und des Rates vom 24. Oktober 1995 zum Schutz natürlicher Personen bei der Verarbeitung personenbezogener Daten und zum freien Datenverkehr (nachstehend: Richtlinie);
b) »**Datenexporteur**« der für die Verarbeitung Verantwortliche, der die personenbezogenen Daten übermittelt;

Standardvertragsklauseln Übermittlung I (2001/497/EG) Anhang 4

c) »**Datenimporteur**« der für die Verarbeitung Verantwortliche, der sich bereit erklärt, vom Datenexporteur personenbezogene Daten für die Verarbeitung gemäß den Bestimmungen dieser Vertragsklauseln entgegenzunehmen und der nicht an ein System eines Drittlandes gebunden ist, das angemessenen Schutz gewährleistet.

Klausel 2
Einzelheiten der Übermittlung

Die Einzelheiten der Übermittlung, insbesondere die Kategorien personenbezogener Daten und ihre Übermittlungszwecke, sind in Anlage 1 aufgeführt die Bestandteil der Klauseln ist.

Klausel 3
Drittbegünstigtenklausel

Die betroffenen Personen können diese Klausel und die Klausel 4 Buchstaben b), c) und d), Klausel 5 Buchstaben a), b), c) und e), Klausel 6 Absätze 1 und 2 sowie Klauseln 7, 9 und 11 als Drittbegünstigte geltend machen. Die Parteien haben keine Einwände dagegen, dass die betroffenen Personen, sofern sie dies wünschen und das nationale Recht dies zulässt, durch eine Vereinigung oder sonstige Einrichtungen vertreten werden.

Klausel 4
Pflichten des Datenexporteurs

Der Datenexporteur verpflichtet sich und garantiert:
a) dass die Verarbeitung der personenbezogenen Daten, einschließlich der Übermittlung durch ihn entsprechend den einschlägigen Vorschriften des Mitgliedstaates, in dem der Datenexporteur ansässig ist, erfolgt ist bzw. bis zum Zeitpunkt der Übermittlung erfolgen wird (gegebenenfalls einschließlich der Mitteilung an die zuständige Stelle dieses Mitgliedstaats) und dass sie nicht gegen die einschlägigen Vorschriften dieses Staates verstößt;
b) dass die betroffene Person, sofern die Übermittlung besondere Datenkategorien einbezieht, davon in Kenntnis gesetzt worden ist oder vor der Übermittlung wird, dass ihre Daten in ein Drittland übermittelt werden könnten, das kein angemessenes Schutzniveau bietet;
c) dass er den betroffenen Personen auf Anforderung eine Kopie dieser Klauseln, wie sie vereinbart wurden, zur Verfügung stellt und
d) Anfragen der Kontrollstelle bezüglich der Verarbeitung einschlägiger personenbezogener Daten durch den Datenimporteur sowie Anfragen betroffener Personen bezüglich der Verarbeitung ihrer personenbezogenen Daten durch den Datenimporteur innerhalb eines angemessenen Zeitraums und in zumutbarem Maße beantwortet.

Anhang 4 Standardvertragsklauseln Übermittlung I (2001/497/EG)

Klausel 5
Pflichten des Datenimporteurs

Der Datenimporteur verpflichtet sich und garantiert:
a) dass er seines Wissens keinen nationalen Gesetzen unterliegt, die ihm die Erfüllung seiner Vertragsverpflichtungen unmöglich machen und dass er im Fall einer Gesetzesänderung, die sich voraussichtlich sehr nachteilig auf die Garantien auswirkt, die die Klauseln bieten, den Datenexporteur und die Kontrollstelle des Landes, in dem der Datenexporteur ansässig ist, hiervon informieren wird. In einem solchen Fall ist der Datenexporteur berechtigt, die Datenübermittlung auszusetzen und/oder vom Vertrag zurückzutreten;
b) dass er die personenbezogenen Daten verarbeitet in Übereinstimmung mit den verbindlichen Datenschutzgrundsätzen der Anlage 2 oder
   - dass er, falls sich die Parteien durch Ankreuzen des entsprechenden Kästchens weiter unten ausdrücklich damit einverstanden erklärt haben und vorausgesetzt, dass die Verbindlichen Datenschutzgrundsätze der Anlage 3 beachtet werden, die Daten in jeder anderen Hinsicht verarbeitet in Übereinstimmung mit:
   - den einschlägigen nationalen Rechtsvorschriften (in der Anlage zu diesen Klauseln) zum Schutz der Grundrechte und -freiheiten natürlicher Personen, insbesondere des Rechts auf Schutz der Privatsphäre, im Hinblick auf die Verarbeitung personenbezogener Daten, die in dem Land, in dem der Datenexporteur ansässig ist, auf die für die Verarbeitung Verantwortlichen anzuwenden sind oder
   - den einschlägigen Bestimmungen in Entscheidungen der Kommission nach Artikel 25 Absatz 6 der Richtlinie 95/46/EG, mit denen festgestellt wird, dass ein Drittland nur für bestimmte Tätigkeitsbereiche ein angemessenes Schutzniveau gewährleistet, vorausgesetzt, dass der Datenimporteur in diesem Drittland ansässig ist und nicht unter diese Bestimmungen fällt, sofern diese Bestimmungen dergestalt sind, dass sie auf die Übermittlung anwendbar sind.
c) dass er alle sachdienlichen Anfragen, die sich auf die von ihm durchgeführte Verarbeitung der personenbezogenen Daten, die Gegenstand der Übermittlung sind, beziehen und die der Datenexporteur oder die betroffenen Personen an ihn richten, unverzüglich und genau bearbeitet und bei allen Anfragen der zuständigen Kontrollstelle mit dieser kooperiert und die Feststellung der Kontrollstelle im Hinblick auf die Verarbeitung der übermittelten Daten respektiert;
d) dass er auf Verlangen des Datenexporteurs seine für die Verarbeitung erforderlichen Datenverarbeitungseinrichtungen zur Prüfung zur Verfügung stellt; die Prüfung wird vom Datenexporteur oder einem vom Datenexporteur gegebenenfalls in Absprache mit der Kontrollstelle ausgewählten Prüfgremium durchgeführt, dessen Mitglieder unabhängig sind und über die erforderlichen Qualifikationen verfügen;
e) dass er den betroffenen Personen auf Anfrage eine Kopie der Vertragsklauseln zur Verfügung stellt und die Stelle benennt, die für Beschwerden zuständig ist.

Standardvertragsklauseln Übermittlung I (2001/497/EG) Anhang 4

Klausel 6
Haftung

1. Die Parteien vereinbaren, dass betroffene Personen, die durch eine Verletzung der Bestimmungen in Klausel 3 Schaden erlitten haben, berechtigt sind, von den Parteien Schadensersatz für den erlittenen Schaden zu verlangen. Die Parteien vereinbaren, dass sie nur von der Haftung befreit werden können, wenn sie nachweisen, dass keine von ihnen für die Verletzung dieser Bestimmungen verantwortlich ist.
2. Der Datenexporteur und der Datenimporteur vereinbaren, dass sie gesamtschuldnerisch für Schäden der betroffenen Personen haften, die durch eine Verletzung im Sinne von Absatz 1 entstehen. Im Falle einer Verletzung dieser Bestimmungen kann die betroffene Person gegen den Datenexporteur oder den Datenimporteur oder beide gerichtlich vorgehen.
3. Die Parteien vereinbaren, dass, wenn eine Partei haftbar gemacht wird für eine Verletzung im Sinne von Absatz 1 durch die andere Partei, die zweite Partei der ersten Partei alle Kosten, Schäden, Ausgaben und Verluste, die der ersten Partei entstanden sind, in dem Umfang ersetzt, in dem die zweite Partei haftbar ist[1].

Klausel 7
Schlichtungsverfahren und Zuständigkeit

1. Die Parteien vereinbaren, dass sie im Falle einer Streitigkeit zwischen einer betroffenen Person und einer der Vertragsparteien, die unter Berufung auf die Drittbegünstigung nach Klausel 3 nicht auf gütlichem Wege beigelegt wird, die Entscheidung der betroffenen Person akzeptieren entweder:
   a) an einem Schlichtungsverfahren durch eine unabhängige Person oder gegebenenfalls durch die Kontrollstelle teilzunehmen; oder
   b) den Streitfall den Gerichten des Mitgliedstaates zu unterbreiten, in dem der Datenexporteur ansässig ist.
2. Die Parteien vereinbaren, dass nach Absprache zwischen der betroffenen Person und der relevanten Partei die Klärung eines bestimmten Streitfalls einem Schiedsgericht unterbreitet werden kann, vorausgesetzt dass diese Partei in einem Land ansässig ist, das das New-Yorker-Übereinkommen über die Vollstreckung von Schiedssprüchen ratifiziert hat.
3. Die Parteien vereinbaren, dass die Absätze 1 und 2 unbeschadet der materiellen oder Verfahrensrechte der betroffenen Person gelten, nach anderen Bestimmungen des nationalen oder internationalen Rechts Rechtsbehelfe einzulegen.

Klausel 8
Zusammenarbeit mit Kontrollstellen

Die Parteien verpflichten sich, eine Kopie dieses Vertrages bei der Kontrollstelle zu hinterlegen, wenn diese es verlangt oder das nationale Recht es so vorsieht.

---

1 Die Verwendung von Absatz 3 ist den Parteien freigestellt.

Anhang 4   Standardvertragsklauseln Übermittlung I (2001/497/EG)

Klausel 9
Kündigung der Klauseln

Die Parteien vereinbaren, dass sie durch die Kündigung dieser Klauseln, wann, unter welchen Umständen und aus welchen Gründen auch immer sie erfolgt, nicht von den Verpflichtungen und/oder Bestimmungen dieser Klauseln in Bezug auf die Verarbeitung der übermittelten Daten befreit werden.

Klausel 10
Anwendbares Recht

Für diese Klauseln gilt das Recht des Mitgliedstaates, in dem der Datenexporteur ansässig ist:

Klausel 11
Änderung des Vertrags

Die Parteien verpflichten sich, den Wortlaut dieser Klauseln, wie sei vereinbart wurden, nicht zu ändern,

Für den Datenexporteur:
Name (ausgeschrieben):
Stellung:
Anschrift:
Gegebenenfalls weitere Angaben, die für das Vorliegen eines verbindlichen Vertrags erforderlich sind:
_____

(Unterschrift)   (Stempel der Organisation)
Für den Datenimporteur:
Name (ausgeschrieben):
Stellung:
Anschrift:
Gegebenenfalls weitere Angaben, die für das Vorliegen eines verbindlichen Vertrags erforderlich sind:
_____

(Unterschrift)   (Stempel der Organisation)

Anlage 1
zu den Standardvertragsklauseln

Diese Anlage ist Bestandteil der Klauseln und muss von den Parteien ausgeführt und unterzeichnet werden.
(Die Mitgliedstaaten können entsprechend ihren nationalen Verfahren weitere erforderliche Informationen angeben oder spezifizieren, die in dieser Anlage enthalten sein müssen.)

Standardvertragsklauseln Übermittlung I (2001/497/EG) Anhang 4

Datenexporteur
Der Datenexporteur ist (bitte erläutern Sie kurz Ihre Tätigkeiten, die für die Übermittlung von Belang sind):

Datenimporteur
Der Datenimporteur ist (bitte erläutern Sie kurz Ihre Tätigkeiten, die für die Übermittlung von Belang sind):

Betroffene Personen
Die übermittelten personenbezogenen Daten beziehen sich auf folgende Kategorien von betroffenen Personen (bitte erläutern):

Übermittlungszwecke
Die Übermittlung ist zu folgenden Zwecken erforderlich (bitte angeben):

Kategorie übermittelter Daten
Die übermittelten personenbezogenen Daten gehören zu folgenden Datenkategorien (bitte angeben):

Sensible Daten (gegebenenfalls)
Die übermittelten personenbezogenen Daten gehören zu folgenden Kategorien sensibler Daten (bitte angeben):

Empfänger
Die übermittelten personenbezogenen Daten dürfen nur folgenden Empfängern oder Kategorien von Empfängern bekannt gemacht werden (bitte angeben):

Aufbewahrungszeitraum
Die übermittelten personenbezogenen Daten dürfen nur (bitte angeben): ___ (Monate/Jahre) aufbewahrt werden.

Datenexporteur   Datenimporteur
Name: _____   Name: _____

(Unterschrift des/der Bevollmächtigten)

Anlage 2
zu den Standardvertragsklauseln

Verbindliche Datenschutzgrundsätze im Sinne von Klausel 5 Buchstabe b) Absatz 1

Diese Datenschutzgrundsätze sind im Lichte der Bestimmungen (Grundsätze und entsprechende Ausnahmen) der Richtlinie 95/46/EG auszulegen.
Sie gelten vorbehaltlich der nach den nationalen Rechtsvorschriften für den Datenimporteur geltenden zwingenden Anforderungen, die nicht weitergehen, als es in einer

Anhang 4 **Standardvertragsklauseln Übermittlung I (2001/497/EG)**

demokratischen Gesellschaft unter Zugrundelegung der in Artikel 13 Absatz 1 der Richtlinie 95/46/EG aufgeführten Interessen erforderlich ist; d. h. die Anforderungen müssen notwendig sein für die Sicherheit des Staates, die Landesverteidigung, die öffentliche Sicherheit, die Verhütung, Ermittlung, Feststellung und Verfolgung von Straftaten oder Verstößen gegen die berufsständischen Regeln bei reglementierten Berufen oder den Schutz der betroffenen Person und der Rechte und Freiheiten anderer Personen.

1. *Zweckbindung:* Die Daten sind für die spezifischen Zwecke in Anlage 1 der Klauseln zu verarbeiten und anschließend zu verwenden oder weiter zu übermitteln. Die Daten dürfen nicht länger aufbewahrt werden, als es für die Zwecke erforderlich ist, für die sie übermittelt werden.
2. *Datenqualität und -verhältnismäßigkeit:* Die Daten müssen sachlich richtig und, wenn nötig, auf dem neuesten Stand sein. Sie müssen angemessen, relevant und im Hinblick auf die Zweckbestimmung, für die sie übertragen oder weiterverarbeitet werden, nicht exzessiv sein.
3. *Transparenz:* Die betroffenen Personen müssen Informationen über die Zweckbestimmungen der Verarbeitung und die Identität des im Drittland für die Verarbeitung Verantwortlichen sowie andere Informationen erhalten, sofern dies erforderlich ist, um eine angemessene Verarbeitung sicherzustellen, und sofern diese Informationen nicht bereits vom Datenexporteur erteilt wurden.
4. *Sicherheit und Vertraulichkeit:* Der für die Verarbeitung Verantwortliche hat geeignete technische und organisatorische Sicherheitsvorkehrungen gegen die Risiken der Verarbeitung zu treffen, beispielsweise gegen den unzulässigen Zugriff auf Daten. Alle unter die Verantwortung des für die Verarbeitung Verantwortlichen tätigen Personen, darunter auch Auftragsverarbeiter, dürfen die Daten nur auf Anweisung des für die Verarbeitung Verantwortlichen verarbeiten.
5. *Recht auf Zugriff, Berichtigung, Löschung und Widerspruch:* Nach Artikel 12 der Richtlinie 95/46/EG muss die betroffene Person das Recht haben, auf alle sie betreffenden Daten, die verarbeitet werden, zuzugreifen sowie je nach Fall das Recht haben auf Berichtigung, Löschung oder Sperrung von Daten, deren Verarbeitung gegen die in dieser Anlage aufgeführten Grundsätze verstößt, insbesondere wenn diese Daten unvollständig oder unrichtig sind. Die betreffende Person muss auch aus zwingenden berechtigten Gründen, die mit ihrer persönlichen Situation zusammenhängen, Widerspruch gegen die Verarbeitung der sie betreffenden Daten einlegen können.
6. *Beschränkung der Weiterübermittlung:* Weiterübermittlungen personenbezogener Daten vom Datenimporteur an einen anderen für die Verarbeitung Verantwortlichen, der in einem Drittland ansässig ist, das weder angemessenen Schutz bietet noch unter eine von der Kommission gemäß Artikel 25 Absatz 6 der Richtlinie 95/46/EG erlassene Entscheidung fällt (nachstehend: Weiterübermittlung), dürfen nur stattfinden, wenn eine der folgenden Bedingungen erfüllt ist:
    a) Die betroffenen Personen haben der Weiterübermittlung eindeutig zugestimmt, falls bestimmte Datenkategorien betroffen sind, oder haben in anderen Fällen die Möglichkeit erhalten, sich dagegen auszusprechen.
    Die betroffenen Personen müssen mindestens folgende Informationen erhalten und zwar in einer Sprache, die sie verstehen:
    – die Zwecke der Weiterübermittlung,

- die Identität des in der Gemeinschaft ansässigen Datenexporteurs,
- die Kategorien weiterer Empfänger der Daten und Empfängerländer sowie
- eine Erklärung darüber, dass die Daten, nach der Weiterübermittlung von einem für die Verarbeitung Verantwortlichen verarbeitet werden können, der in einem Land ansässig ist, das kein angemessenes Schutzniveau für die Privatsphäre des Einzelnen gewährleistet; oder

b) der Datenexporteur und der Datenimporteur stimmen dem Beitritt eines weiteren, für die Verarbeitung Verantwortlichen zu den Klauseln zu, der dadurch zu einer Partei dieser Klauseln wird und dieselben Verpflichtungen wie der Datenimporteur eingeht.

7. *Besondere Datenkategorien:* Werden Daten, aus denen die rassische und ethnische Herkunft, politische Meinungen, religiöse oder philosophische Überzeugungen oder die Gewerkschaftszugehörigkeit hervorgehen, sowie Daten über Gesundheit oder Sexualleben und Daten über Straftaten, strafrechtliche Verurteilungen oder Sicherheitsmaßnahmen verarbeitet, so sollten zusätzliche Garantien entsprechend der Richtlinie 95/46/EG vorliegen, insbesondere angemessene Sicherheitsmaßnahmen wie die strenge Verschlüsselung für Übermittlungszwecke oder Aufzeichnungen über Zugriffe auf sensible Daten.

8. *Direktmarketing:* Werden Daten zum Zwecke des Direktmarketings verarbeitet, müssen wirksame Verfahren vorgesehen sein, die der betroffenen Person jederzeit die Möglichkeit des »Opt-out« geben, so dass sie sich gegen die Verwendung ihrer Daten für derartige Zwecke entscheiden kann.

9. *Automatisierte Einzelentscheidungen:* Die betroffenen Personen haben das Recht, keiner Entscheidung unterworfen zu werden, die allein auf der automatisierten Datenverarbeitung beruht, wenn keine anderen Maßnahmen zur Wahrung der berechtigen Interessen der Person nach Artikel 15 Absatz 2 der Richtlinie 95/46/EG ergriffen werden. Erfolgt die Übermittlung mit dem Ziel eine automatisierte Einzelentscheidung im Sinne von Artikel 15 Richtlinie 95/46/EG, d.h. eine Entscheidung, die rechtliche Folgen für die Person nach sich zieht oder sie erheblich beeinträchtigt und die ausschließlich aufgrund einer automatisierten Verarbeitung von Daten zum Zwecke der Bewertung einzelner Aspekte ihrer Person ergeht, wie beispielsweise ihrer beruflichen Leistungsfähigkeit, ihrer Kreditwürdigkeit, ihrer Zuverlässigkeit oder ihres Verhaltens usw., zu treffen, so muss die natürliche Person das Recht haben, die Gründe für diese Entscheidung zu erfahren.

Anlage 3
zu den Standardvertragsklauseln

Verbindliche Datenschutzgrundsätze im Sinne von Klausel 5 Buchstabe b) Absatz 2

1. *Zweckbindung:* Die Daten sind für die spezifischen Zwecke in Anlage 1 der Klauseln zu verarbeiten und anschließend zu verwenden oder weiter zu übermitteln. Die Daten dürfen nicht länger aufbewahrt werden, als es für die Zwecke erforderlich ist, für die sie übermittelt werden.

2. *Recht auf Zugriff, Berichtigung, Löschung und Widerspruch:* Nach Artikel 12 der Richtlinie 95/46/EG muss die betroffene Person das Recht haben, auf alle sie

betreffenden Daten, die verarbeitet werden, zuzugreifen sowie je nach Fall das Recht haben auf Berichtigung, Löschung oder Sperrung von Daten, deren Verarbeitung gegen die in dieser Anlage aufgeführten Grundsätze verstößt, insbesondere wenn diese Daten unvollständig oder unrichtig sind. Die betreffende Person muss auch aus zwingenden berechtigten Gründen, die mit ihrer persönlichen Situation zusammenhängen, Widerspruch gegen die Verarbeitung der sie betreffenden Daten einlegen können.

3. *Beschränkung der Weiterübermittlung:* Weiterübermittlungen personenbezogener Daten vom Datenimporteur an einen anderen für die Verarbeitung Verantwortlichen, der in einem Drittland ansässig ist, das weder angemessenen Schutz bietet noch unter eine von der Kommission gemäß Artikel 25 Absatz 6 der Richtlinie 95/46/EG erlassene Entscheidung fällt (nachstehend: Weiterübermittlungen), dürfen nur stattfinden, wenn eine der folgenden Bedingungen erfüllt ist:

a) Die betroffenen Personen haben der Weiterübermittlung ausdrücklich zugestimmt, falls bestimmte Datenkategorien betroffen sind, oder haben in anderen Fällen die Möglichkeit erhalten, sich dagegen auszusprechen.

Die betroffenen Personen müssen mindestens folgende Informationen erhalten und zwar in einer Sprache, die sie verstehen:
- die Zwecke der Weiterübermittlung,
- die Identität des in der Gemeinschaft ansässigen Datenexporteurs,
- die Kategorien weiterer Empfänger der Daten und Empfängerländer sowie
- eine Erklärung darüber, dass die Daten, nach der Weiterübermittlung von einem für die Verarbeitung Verantwortlichen verarbeitet werden können, der in einem Land ansässig ist, das kein angemessenes Schutzniveau für die Privatsphäre des Einzelnen gewährleistet; oder

b) der Datenexporteur und der Datenimporteur stimmen dem Beitritt eines weiteren, für die Verarbeitung Verantwortlichen zu den Klauseln zu, der dadurch zu einer Partei dieser Klauseln wird und dieselben Verpflichtungen wie der Datenimporteur eingeht.

5. BESCHLUSS DER KOMMISSION
vom 5. Februar 2010 über Standardvertragsklauseln für die Übermittlung personenbezogener Daten an Auftragsverarbeiter in Drittländern nach der Richtlinie 95/46/EG

DIE EUROPÄISCHE KOMMISSION – (4)
gestützt auf den Vertrag über die Arbeitsweise der Europäischen Union,
gestützt auf die Richtlinie 95/46/EG des Europäischen Parlaments und des Rates vom 24. Oktober 1995 zum Schutz natürlicher Personen bei der Verarbeitung personenbezogener Daten und zum freien Datenverkehr [1], insbesondere auf Artikel 26 Absatz 4,
nach Anhörung des Europäischen Datenschutzbeauftragten,
in Erwägung nachstehender Gründe:
(1) Nach der Richtlinie 95/46/EG müssen die Mitgliedstaaten dafür Sorge tragen, dass die Übermittlung personenbezogener Daten in ein Drittland nur dann erfolgen kann, wenn das betreffende Drittland ein angemessenes Schutzniveau gewährleistet und vor der Übermittlung die aufgrund der anderen Bestimmungen der Richtlinie erlassenen Vorschriften der Mitgliedstaaten beachtet werden.
(2) Artikel 26 Absatz 2 der Richtlinie 95/46/EG gestattet jedoch den Mitgliedstaaten, die Übermittlung oder eine Reihe von Übermittlungen personenbezogener Daten in Drittländer, die kein angemessenes Datenschutzniveau gewährleisten, zu genehmigen, sofern bestimmte Garantien vorliegen. Solche Garantien können sich insbesondere aus einschlägigen Vertragsklauseln ergeben.
(3) Nach der Richtlinie 95/46/EG ist das Datenschutzniveau unter Berücksichtigung aller Umstände zu beurteilen, die bei der Datenübermittlung oder einer Reihe von Datenübermittlungen eine Rolle spielen. Die gemäß dieser Richtlinie eingesetzte Gruppe für den Schutz natürlicher Personen bei der Verarbeitung personenbezogener Daten hat Leitlinien für die Erstellung solcher Beurteilungen veröffentlicht.
(4) Standardvertragsklauseln sollten sich nur auf den Datenschutz beziehen. Dem Datenexporteur und dem Datenimporteur ist es daher freigestellt, weitere geschäftsbezogene Klauseln aufzunehmen, die sie für vertragsrelevant halten, sofern diese nicht im Widerspruch zu den Standardvertragsklauseln stehen.
(5) Dieser Beschluss sollte die nationalen Genehmigungen unberührt lassen, die von den Mitgliedstaaten nach ihren eigenen Rechtsvorschriften zur Umsetzung von Artikel 26 Absatz 2 der Richtlinie 95/46/EG erteilt werden können. Dieser Beschluss sollte lediglich die Wirkung haben, dass die Mitgliedstaaten die darin aufgeführten Standard-

---
1 ABl. L 281 vom 23.11.1995, S. 31.

vertragsklauseln als angemessene Garantien anerkennen müssen; sie sollte daher andere Vertragsklauseln unberührt lassen.
(6) Die Entscheidung 2002/16/EG der Kommission vom 27. Dezember 2001 hinsichtlich Standardvertragsklauseln für die Übermittlung personenbezogener Daten an Auftragsverarbeiter in Drittländern nach der Richtlinie 95/46/EG [2] soll einem in der Europäischen Union niedergelassenen für die Datenverarbeitung Verantwortlichen die Übermittlung personenbezogener Daten an einen Auftragsverarbeiter, der in einem Drittland niedergelassen ist, das kein angemessenes Datenschutzniveau gewährleistet, erleichtern.
(7) Seit Erlass der Entscheidung 2002/16/EG wurden viele Erfahrungen gesammelt. Der Bericht über die Durchführung der Entscheidungen über Standardvertragsklauseln für die Übermittlung personenbezogener Daten in Drittländer [3] zeigt darüber hinaus, dass ein wachsendes Interesse an solchen Standardvertragsklauseln für die internationale Übermittlung personenbezogener Daten in Drittländer, die kein angemessenes Datenschutzniveau gewährleisten, besteht. Zudem wurden Vorschläge zur Aktualisierung der in der Entscheidung 2002/16/EG aufgeführten Standardvertragsklauseln gemacht, um der rasch expandierenden Datenverarbeitungstätigkeit weltweit Rechnung zu tragen und Aspekte zu erfassen, die in der Entscheidung bisher nicht geregelt worden sind [4].
(8) Dieser Beschluss sollte sich darauf beschränken festzulegen, dass die aufgeführten Vertragsklauseln von einem für die Datenverarbeitung Verantwortlichen, der in der Europäischen Union niedergelassen ist, verwendet werden können, um angemessene Garantien im Sinne von Artikel 26 Absatz 2 der Richtlinie 95/46/EG für die Übermittlung personenbezogener Daten an einen Auftragsverarbeiter, der in einem Drittland niedergelassen gewährleisten, ist, zu gewährleisten.
(9) Dieser Beschluss sollte daher nicht für die Übermittlung personenbezogener Daten durch für die Verarbeitung Verantwortliche, die in der Europäischen Union niedergelassen sind, an für die Verarbeitung Verantwortliche außerhalb der Europäischen Union gelten, die in den Anwendungsbereich der Kommissionsentscheidung 2001/497/EG vom 15. Juni 2001 hinsichtlich Standardvertragsklauseln für die Übermittlung personenbezogener Daten in Drittländer nach der Richtlinie 95/46/EG fallen [5].
(10) Mit diesem Beschluss sollte die Verpflichtung gemäß Artikel 17 Absatz 3 der Richtlinie 95/46/EG umgesetzt werden; sie sollte den Inhalt eines solchen Vertrags beziehungsweise Rechtsakts unberührt lassen. Einige der Standardvertragsklauseln, vor allem diejenigen bezüglich der Pflichten des Datenexporteurs, sollten jedoch übernommen werden, um die Bestimmungen zu verdeutlichen, die in einen Vertrag zwischen einem für die Datenverarbeitung Verantwortlichen und einem Auftragsverarbeiter aufgenommen werden können.
(11) Die Kontrollstellen der Mitgliedstaaten spielen eine Schlüsselrolle in diesem

---

2 ABl. L 6 vom 10.1.2002, S. 52.
3 SEK(2006) 95 vom 20.1.2006.
4 Vonseiten der Internationalen Handelskammer (ICC), des Japan Business Council in Europe (JBCE), des EU-Ausschusses der Amerikanischen Handelskammer in Belgien (Amcham) und der Federation of European Direct Marketing Associations (FEDMA).
5 ABl. L 181 vom 4.7.2001, S. 19.

Standardvertragsklauseln Auftrags-DV

Vertragsmechanismus, weil sie sicherstellen, dass personenbezogene Daten nach der Übermittlung angemessen geschützt werden. In Ausnahmefällen, in denen Datenexporteure es ablehnen oder nicht in der Lage sind, dem Datenimporteur angemessene Anweisungen zu geben, und in denen eine hohe Wahrscheinlichkeit besteht, dass den betroffenen Personen ein schwerwiegender Schaden entsteht, sollten die Standardvertragsklauseln es den Kontrollstellen ermöglichen, Datenimporteure und Unterauftragsverarbeiter einer Prüfung zu unterziehen und gegebenenfalls Entscheidungen zu treffen, denen Datenimporteure und Unterauftragsverarbeiter Folge leisten müssen. Die Kontrollstellen sollten befugt sein, eine Datenübermittlung oder eine Reihe von Datenübermittlungen auf der Grundlage der Standardvertragsklauseln zu untersagen oder zurückzuhalten; dies gilt für jene Ausnahmefälle, für die feststeht, dass sich eine Übermittlung auf Vertragsbasis wahrscheinlich sehr nachteilig auf die Garantien und Pflichten auswirkt, die den betroffenen Personen angemessenen Schutz bieten sollen.

(12) Standardvertragsklauseln sollten die technischen und organisatorischen Sicherheitsmaßnahmen vorsehen, die Datenverarbeiter in einem Drittland ohne angemessenes Schutzniveau anwenden sollten, um einen Schutz zu der den durch die Verarbeitung entstehenden Risiken und der Art der zu schützenden Daten angemessen ist. Die Parteien sollten diejenigen technischen und organisatorischen Maßnahmen im Vertrag vorsehen, die unter Berücksichtigung des anwendbaren Datenschutzrechts, des Stands der Technik und der bei ihrer Durchführung entstehenden Kosten erforderlich sind, um personenbezogene Daten gegen die zufällige oder unrechtmäßige Zerstörung oder den zufälligen Verlust, die Änderung, die unberechtigte Weitergabe oder den unberechtigten Zugang und gegen jede andere Form der unrechtmäßigen Verarbeitung zu schützen.

(13) Um den Datenstrom aus der Europäischen Union zu erleichtern, ist es wünschenswert, dass Auftragsverarbeiter, die Datenverarbeitungsleistungen für mehrere für die Verarbeitung Verantwortliche in der Europäischen Union erbringen, die Möglichkeit erhalten, ungeachtet des Mitgliedstaats, von dem die Datenübermittlung ausgeht, die gleichen technischen und organisatorischen Sicherheitsmaßnahmen anzuwenden, insbesondere wenn der Datenimporteur von verschiedenen Einrichtungen des in der Europäischen Union niedergelassenen Datenexporteurs Daten zur Weiterverarbeitung erhält; in diesem Fall sollte das Recht des Mitgliedstaats Anwendung finden, in dem der Datenexporteur niedergelassen ist.

(14) Es ist angebracht, die Informationen festzulegen, die von den Parteien in dem Vertrag über die Übermittlung unbedingt mitgeteilt werden sollten. Die Mitgliedstaaten sollten weiterhin die Befugnis haben, die Informationen im Einzelnen festzulegen, die von den Parteien zu liefern sind. Die Wirkung dieses Beschlusses sollte im Lichte der Erfahrung geprüft werden.

(15) Der Datenimporteur sollte die übermittelten personenbezogenen Daten nur im Auftrag des Datenexporteurs und entsprechend dessen Anweisungen sowie den in den Klauseln enthaltenen Pflichten verarbeiten. Ohne die vorherige schriftliche Einwilligung des Datenexporteurs sollte der Datenimporteur die personenbezogenen Daten nicht an Dritte weitergeben. Der Datenexporteur sollte den Datenimporteur während der Dauer der Datenverarbeitungsdienste anweisen, die Daten gemäß seinen Anweisungen, dem anwendbaren Datenschutzrecht und den in den Klauseln beschriebenen Pflichten zu verarbeiten.

(16) Im Bericht über die Durchführung der Entscheidungen über Standardvertragsklauseln für die Übermittlung personenbezogener Daten in Drittländer wurde die Festlegung von Standardvertragsklauseln über die anschließende Weiterübermittlung von einem Datenverarbeiter in einem Drittland an einen anderen Datenverarbeiter (Vergabe eines Unterauftrags für die Verarbeitung) empfohlen, um dem Globalisierungstrend in den Geschäftspraktiken und Gepflogenheiten bei der Datenverarbeitung Rechnung zu tragen.

(17) Dieser Beschluss sollte spezifische Standardvertragsklauseln über die Vergabe eines Unterauftrags über Datenverarbeitungsdienste an in Drittländern niedergelassene Auftragsverarbeiter (Unterauftragsverarbeiter) durch einen in einem Drittland niedergelassenen Datenverarbeiter (den Datenimporteur) enthalten. Ferner sollte dieser Beschluss Bedingungen vorsehen, die bei der Vergabe von Unteraufträgen über Datenverarbeitungsdienste zu erfüllen sind, damit gewährleistet ist, dass die übermittelten personenbezogenen Daten auch bei einer Weiterübermittlung an einen Unterauftragsverarbeiter geschützt sind.

(18) Darüber hinaus sollte die Vergabe von Unteraufträgen über Datenverarbeitungsdienste ausschließlich Tätigkeiten betreffen, die in dem Vertrag zwischen dem Datenexporteur und dem Datenimporteur, der die Standardvertragsklauseln gemäß diesem Beschluss enthält, vereinbart worden sind, und keine anderen Verarbeitungstätigkeiten oder Verarbeitungszwecke, so dass das Zweckbindungsprinzip gemäß der Richtlinie 95/46/EG gewahrt bleibt. Sollte sich der Unterauftragsverarbeiter nicht an seine Datenverarbeitungspflichten nach dem Vertrag halten, sollte der Datenimporteur gegenüber dem Datenexporteur verantwortlich sein. Die Übermittlung personenbezogener Daten an Auftragsverarbeiter, die außerhalb der Europäischen Union niedergelassen sind, sollte nicht die Tatsache berühren, dass für die Verarbeitungstätigkeiten das anwendbare Datenschutzrecht gilt.

(19) Standardvertragsklauseln müssen einklagbar sein, und zwar nicht nur durch die Organisationen, die Vertragsparteien sind, sondern auch durch die betroffenen Personen, insbesondere wenn ihnen als Folge eines Vertragsbruchs Schaden entsteht.

(20) Die betroffene Person sollte berechtigt sein, gegen den Datenexporteur, der für die Verarbeitung der übermittelten personenbezogenen Daten verantwortlich ist, vorzugehen und von diesem gegebenenfalls Schadenersatz zu erlangen. In Ausnahmefällen, wenn das Unternehmen des Datenexporteurs faktisch oder rechtlich nicht mehr besteht oder zahlungsunfähig ist, sollte die betroffene Person auch berechtigt sein, gegen den Datenimporteur vorzugehen und von diesem wegen Verstoßes des Datenimporteurs oder eines seiner Unterauftragsverarbeiter gegen eine der in Klausel 3 Absatz 2 genannten Pflichten gegebenenfalls Schadenersatz zu erlangen. In Ausnahmefällen, wenn sowohl das Unternehmen des Datenexporteurs als auch das des Datenimporteurs faktisch oder rechtlich nicht mehr bestehen oder zahlungsunfähig sind, sollte die betroffene Person zudem berechtigt sein, gegen den Unterauftragsverarbeiter vorzugehen und von diesem gegebenenfalls Schadenersatz zu erlangen. Eine solche Haftpflicht des Unterauftragsverarbeiters sollte auf dessen Verarbeitungstätigkeiten nach den Vertragsklauseln beschränkt sein.

(21) Wird eine Streitigkeit zwischen einer betroffenen Person, die sich auf die Drittbegünstigtenklausel beruft, und dem Datenimporteur nicht gütlich beigelegt, sollte der

Standardvertragsklauseln Auftrags-DV

Datenimporteur der betroffenen Person die Wahl lassen zwischen einem Schlichtungsverfahren oder einem Gerichtsverfahren. Inwieweit die betroffene Person tatsächlich wählen kann, hängt von dem Vorhandensein zuverlässiger und anerkannter Schlichtungsverfahren ab. Falls die Kontrollstelle des Mitgliedstaats, in dem der Datenexporteur niedergelassen ist, solche Schlichtungsverfahren vorsieht, sollte diese Möglichkeit angeboten werden.

(22) Auf den Vertrag sollte das Recht des Mitgliedstaats angewandt werden, in dem der Datenexporteur niedergelassen ist und in dem ein Drittbegünstigter die Einhaltung des Vertrags gerichtlich durchsetzen kann. Betroffene Personen sollten, wenn sie dies wünschen und das nationale Recht es zulässt, berechtigt sein, sich von Vereinigungen oder sonstigen Einrichtungen vertreten zu lassen. Das gleiche Recht sollte auch für sämtliche Datenschutzbestimmungen jedes Vertrags mit einem Unterauftragsverarbeiter über die Verarbeitung personenbezogener Daten gelten, die nach den Vertragsklauseln von einem Datenexporteur an einen Datenimporteur übermittelt worden sind.

(23) Da dieser Beschluss nur Anwendung findet, wenn ein in einem Drittland niedergelassener Datenverarbeiter einen in einem Drittland niedergelassenen Unterauftragsverarbeiter mit seinen Verarbeitungsdiensten beauftragt, sollte er keine Anwendung finden, wenn ein in der Europäischen Union niedergelassener Auftragsverarbeiter, der personenbezogene Daten im Auftrag eines in der Europäischen Union niedergelassenen für die Verarbeitung Verantwortlichen verarbeitet, einen in einem Drittland niedergelassenen Unterauftragsverarbeiter mit der Verarbeitung beauftragt. In diesem Fall steht es den Mitgliedstaaten frei zu entscheiden, ob sie die Tatsache berücksichtigen möchten, dass bei der Vergabe eines Verarbeitungsauftrags an einen in einem Drittland niedergelassenen Unterauftragsverarbeiter die in diesem Beschluss vorgesehenen und in Standardvertragsklauseln festzuschreibenden Grundsätze und Garantien mit dem Ziel zur Anwendung gebracht wurden, die Rechte der von der Datenübermittlung zwecks Unterauftragsverarbeitung betroffenen Person angemessen zu schützen.

(24) Die Gruppe für den Schutz natürlicher Personen bei der Verarbeitung personenbezogener Daten, die durch Artikel 29 der Richtlinie 95/46/EG eingesetzt wurde, hat eine Stellungnahme zu dem Schutzniveau abgegeben, das die Standvertragsklauseln im Anhang zu diesem Beschluss bieten; die Stellungnahme wurde bei der Ausarbeitung des vorliegenden Beschlusses berücksichtigt.

(25) Die Entscheidung 2002/16/EG sollte aufgehoben werden.

(26) Die im vorliegenden Beschluss enthaltenen Maßnahmen entsprechen der Stellungnahme des Ausschusses, der durch Artikel 31 der Richtlinie 95/46/EG eingesetzt wurde –

HAT FOLGENDEN BESCHLUSS ERLASSEN:

Artikel 1

Die Standardvertragsklauseln im Anhang gelten als angemessene Garantien hinsichtlich des Schutzes der Privatsphäre, der Grundrechte und der Grundfreiheiten von Personen sowie hinsichtlich der Ausübung der damit verbundenen Rechte nach Artikel 26 Absatz 2 der Richtlinie 95/46/EG.

Anhang 5   **Standardvertragsklauseln Auftrags-DV**

Artikel 2

Dieser Beschluss betrifft ausschließlich den Schutz, der durch die im Anhang aufgeführten Standardvertragsklauseln bei der Übermittlung personenbezogener Daten an Auftragsverarbeiter gewährleistet wird. Die Anwendung anderer nationaler Vorschriften zur Durchführung der Richtlinie 95/46/EG, die sich auf die Verarbeitung personenbezogener Daten in den Mitgliedstaaten beziehen, bleibt davon unberührt.
Der vorliegende Beschluss gilt für die Übermittlung personenbezogener Daten durch für die Verarbeitung Verantwortliche, die in der Europäischen Union niedergelassen sind, an Empfänger außerhalb der Europäischen Union, die ausschließlich als Auftragsverarbeiter fungieren.

Artikel 3

Für die Zwecke dieses Beschlusses gelten die folgenden Begriffsbestimmungen:
a) Der Begriff »besondere Datenkategorien« bezeichnet die in Artikel 8 der Richtlinie 95/46/EG genannten Daten;
b) der Begriff »Kontrollstelle« bezeichnet die Behörde gemäß Artikel 28 der Richtlinie 95/46/EG;
c) der Begriff »Datenexporteur« bezeichnet den für die Verarbeitung Verantwortlichen, der die personenbezogenen Daten übermittelt;
d) der Begriff »Datenimporteur« bezeichnet den in einem Drittland niedergelassenen Auftragsverarbeiter, der sich bereit erklärt, vom Datenexporteur nach dessen Anweisungen und den Vorschriften dieses Beschlusses personenbezogene Daten entgegenzunehmen und sie nach der Übermittlung in dessen Auftrag zu verarbeiten, und der nicht dem System eines Drittlands unterliegt, das ein angemessenes Schutzniveau im Sinne von Artikel 25 Absatz 1 der Richtlinie 95/46/EG bietet;
e) der Begriff »Unterauftragsverarbeiter« bezeichnet den Auftragsverarbeiter, der im Auftrag des Datenimporteurs oder eines anderen Unterauftragsverarbeiters des Datenimporteurs tätig ist und sich bereit erklärt, vom Datenimporteur oder von einem anderen Unterauftragsverarbeiter des Datenimporteurs personenbezogene Daten ausschließlich zu dem Zweck entgegenzunehmen, diese nach der Übermittlung im Auftrag des Datenexporteurs nach dessen Anweisungen, den Standardvertragsklauseln im Anhang und den Bestimmungen des schriftlichen Unterauftrags zu verarbeiten;
f) der Begriff »anwendbares Datenschutzrecht« bezeichnet die Vorschriften zum Schutz der Grundrechte und Grundfreiheiten der Personen, insbesondere des Rechts auf Schutz der Privatsphäre im Hinblick auf die Verarbeitung personenbezogener Daten, die in dem Mitgliedstaat, in dem der Datenexporteur niedergelassen ist, für den für die Verarbeitung Verantwortlichen gelten;
g) der Ausdruck »technische und organisatorische Sicherheitsmaßnahmen« bezeichnet Maßnahmen zum Schutz personenbezogener Daten vor der zufälligen oder unrechtmäßigen Zerstörung, dem zufälligen Verlust, der Änderung, der unberechtigten Weitergabe oder dem unberechtigten Zugang, insbesondere wenn die Verarbeitung die Übermittlung der Daten über ein Netzwerk umfasst, und vor jeder anderen Form der unrechtmäßigen Verarbeitung.

Artikel 4

(1) Unbeschadet ihrer Befugnisse, tätig zu werden, um die Einhaltung nationaler Vorschriften gemäß den Kapiteln II, III, V und VI der Richtlinie 95/46/EG zu gewährleisten, können die zuständigen Kontrollstellen in den Mitgliedstaaten ihre Befugnisse ausüben und zum Schutz von Privatpersonen bei der Verarbeitung ihrer personenbezogenen Daten die Datenübermittlung in Drittländer verbieten oder aussetzen, wenn
a) feststeht, dass der Datenimporteur oder Unterauftragsverarbeiter nach den für ihn geltenden Rechtsvorschriften Anforderungen unterliegt, die ihn zwingen, vom anwendbaren Datenschutzrecht in einem Maß abzuweichen, das über die Beschränkungen hinausgeht, die im Sinne von Artikel 13 der Richtlinie 95/46/EG für eine demokratische Gesellschaft erforderlich sind, und dass sich diese Anforderungen wahrscheinlich sehr nachteilig auf die Garantien auswirken würden, die das anwendbare Datenschutzrecht und die Standardvertragsklauseln bieten,
b) eine zuständige Behörde festgestellt hat, dass der Datenimporteur oder ein Unterauftragsverarbeiter die Standardvertragsklauseln im Anhang nicht eingehalten hat, oder
c) eine hohe Wahrscheinlichkeit besteht, dass die im Anhang enthaltenen Standardvertragsklauseln derzeit oder künftig nicht eingehalten werden und die Fortsetzung der Übermittlung den betroffenen Personen einen schwerwiegenden Schaden zufügen könnte.

(2) Das Verbot oder die Aussetzung gemäß Absatz 1 wird aufgehoben, sobald die Gründe für das Verbot oder die Aussetzung nicht mehr vorliegen.

(3) Wenn die Mitgliedstaaten Maßnahmen gemäß den Absätzen 1 und 2 ergreifen, informieren sie unverzüglich die Kommission, die ihrerseits die Informationen an die anderen Mitgliedstaaten weiterleitet.

Artikel 5

Die Kommission bewertet die Umsetzung des Beschlusses drei Jahre nach seiner Erlassung anhand der verfügbaren Informationen. Sie legt dem durch Artikel 31 der Richtlinie 95/46/EG eingesetzten Ausschuss einen Bericht über ihre Erkenntnisse vor. Sie fügt sämtliche Belege bei, die für die Beurteilung der Angemessenheit der Standardvertragsklauseln des Anhangs von Bedeutung sein könnten, sowie etwaige Belege dafür, dass der Beschluss in diskriminierender Weise angewandt wird.

Artikel 6

Dieser Beschluss gilt ab dem 15. Mai 2010.

Artikel 7

(1) Die Entscheidung 2002/16/EG wird ab dem 15. Mai 2010 aufgehoben.
(2) Ein vor dem 15. Mai 2010 gemäß der Entscheidung 2002/16/EG geschlossener Vertrag zwischen einem Datenexporteur und einem Datenimporteur bleibt so lange

Anhang 5 Standardvertragsklauseln Auftrags-DV

in Kraft, wie die Übermittlungen und die Datenverarbeitung aufgrund dieses Vertrags unverändert weiterlaufen und von diesem Beschluss erfasste personenbezogene Daten weiterhin zwischen den Vertragsparteien übermittelt werden. Beschließen die Vertragsparteien diesbezügliche Änderungen oder vergeben sie einen Unterauftrag über Verarbeitungsvorgänge, die unter den Vertrag fallen, sind sie verpflichtet, einen neuen Vertrag zu schließen, in dem die Standardvertragsklauseln im Anhang berücksichtigt sind.

Artikel 8

Dieser Beschluss ist an die Mitgliedstaaten gerichtet.
Brüssel, den 5. Februar 2010

Für die Kommission
Jacques BARROT
Vizepräsident

ANHANG
STANDARDVERTRAGSKLAUSELN (AUFTRAGSVERARBEITER)

gemäß Artikel 26 Absatz 2 der Richtlinie 95/46/EG für die Übermittlung personenbezogener Daten an Auftragsverarbeiter, die in Drittländern niedergelassen sind, in denen kein angemessenes Schutzniveau gewährleistet ist
Bezeichnung der Organisation (Datenexporteur): _____
Anschrift: _____
Tel.: _____ Fax: _____ E-Mail: _____
Weitere Angaben zur Identifizierung der Organisation

_____

(»Daten**exporteur**«)

und
Bezeichnung der Organisation (Datenimporteur): _____
Anschrift: _____
Tel.: _____ Fax: _____ E-Mail: _____
Weitere Angaben zur Identifizierung der Organisation

_____

(»Daten**importeur**«)
(die »Partei«, wenn eine dieser Organisationen gemeint ist, die »Parteien«, wenn beide gemeint sind)
VEREINBAREN folgende Vertragsklauseln (»Klauseln«), um angemessene Garantien hinsichtlich des Schutzes der Privatsphäre, der Grundrechte und der Grundfreiheiten von Personen bei der Übermittlung der in Anhang 1 zu diesen Vertragsklauseln spezifizierten personenbezogenen Daten vom Datenexporteur an den Datenimporteur zu bieten.

Standardvertragsklauseln Auftrags-DV Anhang 5

Klausel 1
Begriffsbestimmungen

Im Rahmen der Vertragsklauseln gelten folgende Begriffsbestimmungen:
a) die Ausdrücke »personenbezogene Daten«, »besondere Kategorien personenbezogener Daten«, »Verarbeitung«, »für die Verarbeitung Verantwortlicher«, »Auftragsverarbeiter«, »betroffene Person« und »Kontrollstelle« entsprechen den Begriffsbestimmungen der Richtlinie 95/46/EG des Europäischen Parlaments und des Rates vom 24. Oktober 1995 zum Schutz natürlicher Personen bei der Verarbeitung personenbezogener Daten und zum freien Datenverkehr [6];
b) der »Datenexporteur« ist der für die Verarbeitung Verantwortliche, der die personenbezogenen Daten übermittelt;
c) der »Datenimporteur« ist der Auftragsverarbeiter, der sich bereit erklärt, vom Datenexporteur personenbezogene Daten entgegenzunehmen und sie nach der Übermittlung nach dessen Anweisungen und den Bestimmungen der Klauseln in dessen Auftrag zu verarbeiten und der nicht einem System eines Drittlandes unterliegt, das angemessenen Schutz im Sinne von Artikel 25 Absatz 1 der Richtlinie 95/46/EG gewährleistet;
d) der »Unterauftragsverarbeiter« ist der Auftragsverarbeiter, der im Auftrag des Datenimporteurs oder eines anderen Unterauftragsverarbeiters des Datenimporteurs tätig ist und sich bereit erklärt, vom Datenimporteur oder von einem anderen Unterauftragsverarbeiter des Datenimporteurs personenbezogene Daten ausschließlich zu dem Zweck entgegenzunehmen, diese nach der Übermittlung im Auftrag des Datenexporteurs nach dessen Anweisungen, den Klauseln und den Bestimmungen des schriftlichen Unterauftrags zu verarbeiten;
e) der Begriff »anwendbares Datenschutzrecht« bezeichnet die Vorschriften zum Schutz der Grundrechte und Grundfreiheiten der Personen, insbesondere des Rechts auf Schutz der Privatsphäre bei der Verarbeitung personenbezogener Daten, die in dem Mitgliedstaat, in dem der Datenexporteur niedergelassen ist, auf den für die Verarbeitung Verantwortlichen anzuwenden sind;
f) die »technischen und organisatorischen Sicherheitsmaßnahmen« sind die Maßnahmen, die personenbezogene Daten vor der zufälligen oder unrechtmäßigen Zerstörung, dem zufälligen Verlust, der Änderung, der unberechtigten Weitergabe oder dem unberechtigten Zugang, insbesondere wenn die Verarbeitung die Übermittlung der Daten über ein Netzwerk umfasst, und vor jeder anderen Form der unrechtmäßigen Verarbeitung schützen sollen.

Klausel 2
Einzelheiten der Übermittlung

Die Einzelheiten der Übermittlung, insbesondere die besonderen Kategorien personenbezogener Daten, sofern vorhanden, werden in Anhang 1 erläutert, der Bestandteil dieser Klauseln ist.

---

6 Die Parteien können die Begriffsbestimmungen der Richtlinie 95/46/EG in diese Klausel aufnehmen, wenn nach ihrem Dafürhalten der Vertrag für sich allein stehen sollte.

Anhang 5 Standardvertragsklauseln Auftrags-DV

Klausel 3
Drittbegünstigtenklausel

(1) Die betroffenen Personen können diese Klausel sowie Klausel 4 Buchstaben b bis i, Klausel 5 Buchstaben a bis e und g bis j, Klausel 6 Absätze 1 und 2, Klausel 7, Klausel 8 Absatz 2 sowie die Klauseln 9 bis 12 gegenüber dem Datenexporteur als Drittbegünstigte geltend machen.

(2) Die betroffene Person kann diese Klausel, Klausel 5 Buchstaben a bis e und g, die Klauseln 6 und 7, Klausel 8 Absatz 2 sowie die Klauseln 9 bis 12 gegenüber dem Datenimporteur geltend machen, wenn das Unternehmen des Datenexporteurs faktisch oder rechtlich nicht mehr besteht, es sei denn, ein Rechtsnachfolger hat durch einen Vertrag oder kraft Gesetzes sämtliche rechtlichen Pflichten des Datenexporteurs übernommen; in letzterem Fall kann die betroffene Person die Klauseln gegenüber dem Rechtsnachfolger als Träger sämtlicher Rechte und Pflichten des Datenexporteurs geltend machen.

(3) Die betroffene Person kann diese Klausel, Klausel 5 Buchstaben a bis e und g, die Klauseln 6 und 7, Klausel 8 Absatz 2 sowie die Klauseln 9 bis 12 gegenüber dem Unterauftragsverarbeiter geltend machen, wenn sowohl das Unternehmen des Datenexporteurs als auch das des Datenimporteurs faktisch oder rechtlich nicht mehr bestehen oder zahlungsunfähig sind, es sei denn, ein Rechtsnachfolger hat durch einen Vertrag oder kraft Gesetzes sämtliche rechtlichen Pflichten des Datenexporteurs übernommen; in letzterem Fall kann die betroffene Person die Klauseln gegenüber dem Rechtsnachfolger als Träger sämtlicher Rechte und Pflichten des Datenexporteurs geltend machen. Eine solche Haftpflicht des Unterauftragsverarbeiters ist auf dessen Verarbeitungstätigkeiten nach den Klauseln beschränkt.

(4) Die Parteien haben keine Einwände dagegen, dass die betroffene Person, sofern sie dies ausdrücklich wünscht und das nationale Recht dies zulässt, durch eine Vereinigung oder sonstige Einrichtung vertreten wird.

Klausel 4
Pflichten des Datenexporteurs

Der Datenexporteur erklärt sich bereit und garantiert, dass:
a) die Verarbeitung der personenbezogenen Daten einschließlich der Übermittlung entsprechend den einschlägigen Bestimmungen des anwendbaren Datenschutzrechts durchgeführt wurde und auch weiterhin so durchgeführt wird (und gegebenenfalls den zuständigen Behörden des Mitgliedstaats mitgeteilt wurde, in dem der Datenexporteur niedergelassen ist) und nicht gegen die einschlägigen Vorschriften dieses Staates verstößt;
b) er den Datenimporteur angewiesen hat und während der gesamten Dauer der Datenverarbeitungsdienste anweisen wird, die übermittelten personenbezogenen Daten nur im Auftrag des Datenexporteurs und in Übereinstimmung mit dem anwendbaren Datenschutzrecht und den Klauseln zu verarbeiten;
c) der Datenimporteur hinreichende Garantien bietet in Bezug auf die in Anhang 2 zu diesem Vertrag beschriebenen technischen und organisatorischen Sicherheitsmaßnahmen;
d) die Sicherheitsmaßnahmen unter Berücksichtigung der Anforderungen des anwend-

Standardvertragsklauseln Auftrags-DV

baren Datenschutzrechts, des Standes der Technik, der bei ihrer Durchführung entstehenden Kosten, der von der Verarbeitung ausgehenden Risiken und der Art der zu schützenden Daten hinreichend gewährleisten, dass personenbezogene Daten vor der zufälligen oder unrechtmäßigen Zerstörung, dem zufälligem Verlust, der Änderung, der unberechtigten Weitergabe oder dem unberechtigten Zugang, insbesondere wenn die Verarbeitung die Übermittlung der Daten über ein Netzwerk umfasst, und vor jeder anderen Form der unrechtmäßigen Verarbeitung geschützt sind;

e) er für die Einhaltung dieser Sicherheitsmaßnahmen sorgt;

f) die betroffene Person bei der Übermittlung besonderer Datenkategorien vor oder sobald wie möglich nach der Übermittlung davon in Kenntnis gesetzt worden ist oder gesetzt wird, dass ihre Daten in ein Drittland übermittelt werden könnten, das kein angemessenes Schutzniveau im Sinne der Richtlinie 95/46/EG bietet;

g) er die gemäß Klausel 5 Buchstabe b sowie Klausel 8 Absatz 3 vom Datenimporteur oder von einem Unterauftragsverarbeiter erhaltene Mitteilung an die Kontrollstelle weiterleitet, wenn der Datenexporteur beschließt, die Übermittlung fortzusetzen oder die Aussetzung aufzuheben;

h) er den betroffenen Personen auf Anfrage eine Kopie der Klauseln mit Ausnahme von Anhang 2 sowie eine allgemeine Beschreibung der Sicherheitsmaßnahmen zur Verfügung stellt; außerdem stellt er ihnen gegebenenfalls die Kopie des Vertrags über Datenverarbeitungsdienste zur Verfügung, der gemäß den Klauseln an einen Unterauftragsverarbeiter vergeben wurde, es sei denn, die Klauseln oder der Vertrag enthalten Geschäftsinformationen; in diesem Fall können solche Geschäftsinformationen herausgenommen werden;

i) bei der Vergabe eines Verarbeitungsauftrags an einen Unterauftragsverarbeiter die Verarbeitung gemäß Klausel 11 erfolgt und die personenbezogenen Daten und die Rechte der betroffenen Person mindestens ebenso geschützt sind, wie vom Datenimporteur nach diesen Klauseln verlangt; und

j) er für die Einhaltung der Klausel 4 Buchstaben a bis i sorgt.

Klausel 5
Pflichten des Datenimporteurs [7]

Der Datenimporteur erklärt sich bereit und garantiert, dass:

a) er die personenbezogenen Daten nur im Auftrag des Datenexporteurs und in Übereinstimmung mit dessen Anweisungen und den vorliegenden Klauseln ver-

---

7 Zwingende Erfordernisse des für den Datenimporteur geltenden innerstaatlichen Rechts, die nicht über das hinausgehen, was in einer demokratischen Gesellschaft für den Schutz eines der in Artikel 13 Absatz 1 der Richtlinie 95/46/EG aufgelisteten Interessen erforderlich ist, widersprechen nicht den Standardvertragsklauseln, wenn sie zur Gewährleistung der Sicherheit des Staates, der Landesverteidigung, der öffentlichen Sicherheit, der Verhütung, Ermittlung, Feststellung und Verfolgung von Straftaten oder Verstößen gegen die berufsständischen Regeln bei reglementierten Berufen, eines wichtigen wirtschaftlichen und finanziellen Interesses eines Mitgliedstaats, des Schutzes der betroffenen Person und der Rechte und Freiheiten anderer Personen erforderlich sind. Beispiele für zwingende Erfordernisse, die nicht über das hinausgehen, was in einer demokratischen Gesellschaft erforderlich ist, sind international anerkannte Sanktionen, Erfordernisse der Steuerberichterstattung oder Anforderungen zur Bekämpfung der Geldwäsche.

Anhang 5 Standardvertragsklauseln Auftrags-DV

arbeitet; dass er sich, falls er dies aus irgendwelchen Gründen nicht einhalten kann, bereit erklärt, den Datenexporteur unverzüglich davon in Kenntnis zu setzen, der unter diesen Umständen berechtigt ist, die Datenübermittlung auszusetzen und/oder vom Vertrag zurückzutreten;

b) er seines Wissens keinen Gesetzen unterliegt, die ihm die Befolgung der Anweisungen des Datenexporteurs und die Einhaltung seiner vertraglichen Pflichten unmöglich machen, und eine Gesetzesänderung, die sich voraussichtlich sehr nachteilig auf die Garantien und Pflichten auswirkt, die die Klauseln bieten sollen, dem Datenexporteur mitteilen wird, sobald er von einer solchen Änderung Kenntnis erhält; unter diesen Umständen ist der Datenexporteur berechtigt, die Datenübermittlung auszusetzen und/oder vom Vertrag zurückzutreten;

c) er vor der Verarbeitung der übermittelten personenbezogenen Daten die in Anhang 2 beschriebenen technischen und organisatorischen Sicherheitsmaßnahmen ergriffen hat;

d) er den Datenexporteur unverzüglich informiert über
   i) alle rechtlich bindenden Aufforderungen einer Vollstreckungsbehörde zur Weitergabe der personenbezogenen Daten, es sei denn, dies wäre anderweitig untersagt, beispielsweise durch ein strafrechtliches Verbot zur Wahrung des Untersuchungsgeheimnisses bei strafrechtlichen Ermittlungen;
   ii) jeden zufälligen oder unberechtigten Zugang und
   iii) alle Anfragen, die direkt von den betroffenen Personen an ihn gerichtet werden, ohne diese zu beantworten, es sei denn, er wäre anderweitig dazu berechtigt;

e) er alle Anfragen des Datenexporteurs im Zusammenhang mit der Verarbeitung der übermittelten personenbezogenen Daten durch den Datenexporteur unverzüglich und ordnungsgemäß bearbeitet und die Ratschläge der Kontrollstelle im Hinblick auf die Verarbeitung der übermittelten Daten befolgt;

f) er auf Verlangen des Datenexporteurs seine für die Verarbeitung erforderlichen Datenverarbeitungseinrichtungen zur Prüfung der unter die Klauseln fallenden Verarbeitungstätigkeiten zur Verfügung stellt. Die Prüfung kann vom Datenexporteur oder einem vom Datenexporteur ggf. in Absprache mit der Kontrollstelle ausgewählten Prüfgremium durchgeführt werden, dessen Mitglieder unabhängig sind, über die erforderlichen Qualifikationen verfügen und zur Vertraulichkeit verpflichtet sind;

g) er den betroffenen Personen auf Anfrage eine Kopie der Klauseln und gegebenenfalls einen bestehenden Vertrag über die Vergabe eines Verarbeitungsauftrags an einen Unterauftragsverarbeiter zur Verfügung stellt, es sei denn, die Klauseln oder der Vertrag enthalten Geschäftsinformationen; in diesem Fall können solche Geschäftsinformationen herausgenommen werden; Anhang 2 wird durch eine allgemeine Beschreibung der Sicherheitsmaßnahmen ersetzt, wenn die betroffene Person vom Datenexporteur keine solche Kopie erhalten kann;

h) er bei der Vergabe eines Verarbeitungsauftrags an einen Unterauftragsverarbeiter den Datenexporteur vorher benachrichtigt und seine vorherige schriftliche Einwilligung eingeholt hat;

i) der Unterauftragsverarbeiter die Datenverarbeitungsdienste in Übereinstimmung mit Klausel 11 erbringt;

Standardvertragsklauseln Auftrags-DV Anhang 5

j) er dem Datenexporteur unverzüglich eine Kopie des Unterauftrags über die Datenverarbeitung zuschickt, den er nach den Klauseln geschlossen hat.

Klausel 6
Haftung

(1) Die Parteien vereinbaren, dass jede betroffene Person, die durch eine Verletzung der in Klausel 3 oder 11 genannten Pflichten durch eine Partei oder den Unterauftragsverarbeiter Schaden erlitten hat, berechtigt ist, vom Datenexporteur Schadenersatz für den erlittenen Schaden zu erlangen.

(2) Ist die betroffene Person nicht in der Lage, gemäß Absatz 1 gegenüber dem Datenexporteur wegen Verstoßes des Datenimporteurs oder seines Unterauftragsverarbeiters gegen in den Klauseln 3 und 11 genannte Pflichten Schadensersatzansprüche geltend zu machen, weil das Unternehmen des Datenexporteurs faktisch oder rechtlich nicht mehr besteht oder zahlungsunfähig ist, ist der Datenimporteur damit einverstanden, dass die betroffene Person Ansprüche gegenüber ihm statt gegenüber dem Datenexporteur geltend macht, es sei denn, ein Rechtsnachfolger hat durch Vertrag oder kraft Gesetzes sämtliche rechtlichen Pflichten des Datenexporteurs übernommen; in diesem Fall kann die betroffene Person ihre Ansprüche gegenüber dem Rechtsnachfolger geltend machen.

Der Datenimporteur kann sich seiner Haftung nicht entziehen, indem er sich auf die Verantwortung des Unterauftragsverarbeiters für einen Verstoß beruft.

(3) Ist die betroffene Person nicht in der Lage, gemäß den Absätzen 1 und 2 gegenüber dem Datenexporteur oder dem Datenimporteur wegen Verstoßes des Unterauftragsverarbeiters gegen in den Klauseln 3 und 11 aufgeführte Pflichten Ansprüche geltend zu machen, weil sowohl das Unternehmen des Datenexporteurs als auch das des Datenimporteurs faktisch oder rechtlich nicht mehr bestehen oder zahlungsunfähig sind, ist der Unterauftragsverarbeiter damit einverstanden, dass die betroffene Person im Zusammenhang mit seinen Datenverarbeitungstätigkeiten aufgrund der Klauseln gegenüber ihm statt gegenüber dem Datenexporteur oder dem Datenimporteur einen Anspruch geltend machen kann, es sei denn, ein Rechtsnachfolger hat durch Vertrag oder kraft Gesetzes sämtliche rechtlichen Pflichten des Datenexporteurs oder des Datenimporteurs übernommen; in diesem Fall kann die betroffene Person ihre Ansprüche gegenüber dem Rechtsnachfolger geltend machen. Eine solche Haftung des Unterauftragsverarbeiters ist auf dessen Verarbeitungstätigkeiten nach diesen Klauseln beschränkt.

Klausel 7
Schlichtungsverfahren und Gerichtsstand

(1) Für den Fall, dass eine betroffene Person gegenüber dem Datenimporteur Rechte als Drittbegünstigte und/oder Schadenersatzansprüche aufgrund der Vertragsklauseln geltend macht, erklärt sich der Datenimporteur bereit, die Entscheidung der betroffenen Person zu akzeptieren, und zwar entweder:
a) die Angelegenheit in einem Schlichtungsverfahren durch eine unabhängige Person oder gegebenenfalls durch die Kontrollstelle beizulegen oder

Anhang 5   **Standardvertragsklauseln Auftrags-DV**

b) die Gerichte des Mitgliedstaats, in dem der Datenexporteur niedergelassen ist, mit dem Streitfall zu befassen.

(2) Die Parteien vereinbaren, dass die Entscheidung der betroffenen Person nicht die materiellen Rechte oder Verfahrensrechte dieser Person, nach anderen Bestimmungen des nationalen oder internationalen Rechts Rechtsbehelfe einzulegen, berührt.

Klausel 8
Zusammenarbeit mit Kontrollstellen

(1) Der Datenexporteur erklärt sich bereit, eine Kopie dieses Vertrags bei der Kontrollstelle zu hinterlegen, wenn diese es verlangt oder das anwendbare Datenschutzrecht es so vorsieht.

(2) Die Parteien vereinbaren, dass die Kontrollstelle befugt ist, den Datenimporteur und etwaige Unterauftragsverarbeiter im gleichen Maße und unter denselben Bedingungen einer Prüfung zu unterziehen, unter denen die Kontrollstelle gemäß dem anwendbaren Datenschutzrecht auch den Datenexporteur prüfen müsste.

(3) Der Datenimporteur setzt den Datenexporteur unverzüglich über Rechtsvorschriften in Kenntnis, die für ihn oder etwaige Unterauftragsverarbeiter gelten und eine Prüfung des Datenimporteurs oder von Unterauftragsverarbeitern gemäß Absatz 2 verhindern. In diesem Fall ist der Datenexporteur berechtigt, die in Klausel 5 Buchstabe b vorgesehenen Maßnahmen zu ergreifen.

Klausel 9
Anwendbares Recht

Für diese Klauseln gilt das Recht des Mitgliedstaats, in dem der Datenexporteur niedergelassen ist, nämlich: _____

Klausel 10
Änderung des Vertrags

Die Parteien verpflichten sich, die Klauseln nicht zu verändern. Es steht den Parteien allerdings frei, erforderlichenfalls weitere, geschäftsbezogene Klauseln aufzunehmen, sofern diese nicht im Widerspruch zu der Klausel stehen.

Klausel 11
Vergabe eines Unterauftrags

(1) Der Datenimporteur darf ohne die vorherige schriftliche Einwilligung des Datenexporteurs keinen nach den Klauseln auszuführenden Verarbeitungsauftrag dieses Datenexporteurs an einen Unterauftragnehmer vergeben. Vergibt der Datenimporteur mit Einwilligung des Datenexporteurs Unteraufträge, die den Pflichten der Klauseln unterliegen, ist dies nur im Wege einer schriftlichen Vereinbarung mit dem Unterauftragsverarbeiter möglich, die diesem die gleichen Pflichten auferlegt, die auch der

Standardvertragsklauseln Auftrags-DV

Datenimporteur nach den Klauseln erfüllen muss [8]. Sollte der Unterauftragsverarbeiter seinen Datenschutzpflichten nach der schriftlichen Vereinbarung nicht nachkommen, bleibt der Datenimporteur gegenüber dem Datenexporteur für die Erfüllung der Pflichten des Unterauftragsverarbeiters nach der Vereinbarung uneingeschränkt verantwortlich.

(2) Die vorherige schriftliche Vereinbarung zwischen dem Datenimporteur und dem Unterauftragsverarbeiter muss gemäß Klausel 3 auch eine Drittbegünstigtenklausel für Fälle enthalten, in denen die betroffene Person nicht in der Lage ist, einen Schadenersatzanspruch gemäß Klausel 6 Absatz 1 gegenüber dem Datenexporteur oder dem Datenimporteur geltend zu machen, weil diese faktisch oder rechtlich nicht mehr bestehen oder zahlungsunfähig sind und kein Rechtsnachfolger durch Vertrag oder kraft Gesetzes sämtliche rechtlichen Pflichten des Datenexporteurs oder des Datenimporteurs übernommen hat. Eine solche Haftpflicht des Unterauftragsverarbeiters ist auf dessen Verarbeitungstätigkeiten nach den Klauseln beschränkt.

(3) Für Datenschutzbestimmungen im Zusammenhang mit der Vergabe von Unteraufträgen über die Datenverarbeitung gemäß Absatz 1 gilt das Recht des Mitgliedstaats, in dem der Datenexporteur niedergelassen ist, nämlich: _____

(4) Der Datenexporteur führt ein mindestens einmal jährlich zu aktualisierendes Verzeichnis der mit Unterauftragsverarbeitern nach den Klauseln geschlossenen Vereinbarungen, die vom Datenimporteur nach Klausel 5 Buchstabe j übermittelt wurden. Das Verzeichnis wird der Kontrollstelle des Datenexporteurs bereitgestellt.

Klausel 12
Pflichten nach Beendigung der Datenverarbeitungsdienste

(1) Die Parteien vereinbaren, dass der Datenimporteur und der Unterauftragsverarbeiter bei Beendigung der Datenverarbeitungsdienste je nach Wunsch des Datenexporteurs alle übermittelten personenbezogenen Daten und deren Kopien an den Datenexporteur zurückschicken oder alle personenbezogenen Daten zerstören und dem Datenexporteur bescheinigen, dass dies erfolgt ist, sofern die Gesetzgebung, der der Datenimporteur unterliegt, diesem die Rückübermittlung oder Zerstörung sämtlicher oder Teile der übermittelten personenbezogenen Daten nicht untersagt. In diesem Fall garantiert der Datenimporteur, dass er die Vertraulichkeit der übermittelten personenbezogenen Daten gewährleistet und diese Daten nicht mehr aktiv weiterverarbeitet.

(2) Der Datenimporteur und der Unterauftragsverarbeiter garantieren, dass sie auf Verlangen des Datenexporteurs und/oder der Kontrollstelle ihre Datenverarbeitungseinrichtungen zur Prüfung der in Absatz 1 genannten Maßnahmen zur Verfügung stellen.

Für den Datenexporteur:
Name (ausgeschrieben): _____
Stellung: _____
Adresse: _____

---

8 Dies kann dadurch gewährleistet werden, dass der Unterauftragsverarbeiter den nach diesem Beschluss geschlossenen Vertrag zwischen dem Datenexporteur und dem Datenimporteur mitunterzeichnet.

Anhang 5 — Standardvertragsklauseln Auftrags-DV

Gegebenenfalls weitere Angaben, die den Vertrag verbindlich machen:

(Stempel der Organisation) _____ Unterschrift: _____

Für den Datenimporteur:
Name (ausgeschrieben): _____
Stellung: _____
Adresse: _____
Gegebenenfalls weitere Angaben, die den Vertrag verbindlich machen:

(Stempel der Organisation) _____ Unterschrift: _____

Anhang 1
zu den Standardvertragsklauseln

Dieser Anhang ist Bestandteil der Klauseln und muss von den Parteien ausgefüllt und unterzeichnet werden

Die Mitgliedstaaten können entsprechend den nationalen Verfahren Zusatzangaben, die in diesem Anhang enthalten sein müssen, ergänzen

Datenexporteur
Der Datenexporteur ist (bitte erläutern Sie kurz Ihre Tätigkeiten, die für die Übermittlung von Belang sind):

_____

Datenimporteur
Der Datenimporteur ist (bitte erläutern Sie kurz die Tätigkeiten, die für die Übermittlung von Belang sind):

_____

Betroffene Personen
Die übermittelten personenbezogenen Daten betreffen folgende Kategorien betroffener Personen (bitte genau angeben):

_____

Kategorien von Daten

Die übermittelten personenbezogenen Daten gehören zu folgenden Datenkategorien (bitte genau angeben):

_____

Besondere Datenkategorien (falls zutreffend)
Die übermittelten personenbezogenen Daten umfassen folgende besondere Datenkategorien (bitte genau angeben):

Standardvertragsklauseln Auftrags-DV Anhang 5

Verarbeitung
Die übermittelten personenbezogenen Daten werden folgenden grundlegenden Verarbeitungsmaßnahmen unterzogen (bitte genau angeben):

DATENEXPORTEUR
Name: _____
Unterschrift des/der Bevollmächtigten: _____
DATENIMPORTEUR
Name: _____
Unterschrift des/der Bevollmächtigten: _____

Anhang 2
zu den Standardvertragsklauseln

Dieser Anhang ist Bestandteil der Klauseln und muss von den Parteien ausgefüllt und unterzeichnet werden
Beschreibung der technischen oder organisatorischen Sicherheitsmaßnahmen, die der Datenimporteur gemäß Klausel 4 Buchstabe d und Klausel 5 Buchstabe c eingeführt hat (oder Dokument/Rechtsvorschrift beigefügt):

BEISPIEL FÜR EINE ENTSCHÄDIGUNGSKLAUSEL (FAKULTATIV)
Haftung
Die Parteien erklären sich damit einverstanden, dass, wenn eine Partei für einen Verstoß gegen die Klauseln haftbar gemacht wird, den die andere Partei begangen hat, die zweite Partei der ersten Partei alle Kosten, Schäden, Ausgaben und Verluste, die der ersten Partei entstanden sind, in dem Umfang ersetzt, in dem die zweite Partei haftbar ist.
Die Entschädigung ist abhängig davon, dass
a) der Datenexporteur den Datenimporteur unverzüglich von einem Schadenersatzanspruch in Kenntnis setzt und
b) der Datenimporteur die Möglichkeit hat, mit dem Datenexporteur bei der Verteidigung in der Schadenersatzsache bzw. der Einigung über die Höhe des Schadenersatzes zusammenzuarbeiten [9].

---

9 Der Absatz über die Haftung ist fakultativ.

Anhang 6   Standardvertragsklauseln Übermittlung II (2004/915/EG)

6. Entscheidung der Kommission vom 27. Dezember 2004 zur Änderung der Entscheidung 2001/497/EG bezüglich der Einführung alternativer Standardvertragsklauseln für die Übermittlung personenbezogener Daten in Drittländer (2004/915/EG)

Die Kommission der Europäischen Gemeinschaften –

gestützt auf den Vertrag zur Gründung der Europäischen Gemeinschaft,
gestützt auf die Richtlinie 95/46/EG des Europäischen Parlaments und des Rates vom 24. Oktober 1995 zum Schutz natürlicher Personen bei der Verarbeitung personenbezogener Daten und zum freien Datenverkehr, insbesondere auf Artikel 26 Absatz 4,
in Erwägung nachstehender Gründe:
(1) Um die Aufrechterhaltung der Datenströme aus der Gemeinschaft zu erleichtern, ist es wünschenswert, dass die für die Verarbeitung Verantwortlichen in der Gemeinschaft Daten weltweit auf der Grundlage derselben Datenschutzregeln übermitteln können. Solange es keine globalen Datenschutznormen gibt, sind Standardvertragsklauseln ein wichtiges Instrument, das die Übermittlung personenbezogener Daten aus allen Mitgliedstaaten nach denselben Regeln ermöglicht. Die Entscheidung 2001/497/EG der Kommission vom 15. Juni 2001 hinsichtlich Standardvertragsklauseln für die Übermittlung personenbezogener Daten in Drittländer nach der Richtlinie 95/46/EG legt daher Standardvertragsklauseln fest, die angemessene Garantien für die Übermittlung von Daten in Drittländer bieten.
(2) Seit Verabschiedung dieser Entscheidung wurden viele Erfahrungen gesammelt. Darüber hinaus haben mehrere Wirtschaftsverbände gemeinsam alternative Standardvertragsklauseln entworfen, die ein Datenschutzniveau gewährleisten sollen, das dem Niveau der Standardvertragsklauseln in der Entscheidung 2001/497/EG vergleichbar ist, auch wenn dabei andere Instrumente eingesetzt werden.
(3) Da die Verwendung von Standardvertragsklauseln bei internationalen Datenübermittlungen freiwillig erfolgt und nur eine Möglichkeit gemäß der Richtlinie 95/46/EG darstellt, personenbezogene Daten auf rechtlich zulässige Weise in ein Drittland zu übermitteln, sollte es Datenexporteuren in der Gemeinschaft und Datenimporteuren in Drittländern freistehen, Daten unter Verwendung eines der Standardverträge zu übermitteln oder aber sich auf eine andere Rechtsgrundlage zu stützen. Da jeder Standardvertrag in sich geschlossen ist, sollte es den Datenexporteuren allerdings nicht erlaubt werden, die Standardverträge zu ändern bzw. verschiedene Standardverträge miteinander zu kombinieren.
(4) Die Standardvertragsklauseln der Wirtschaftsverbände sollen die Wirtschaftsteilnehmer zur intensiveren Nutzung von Vertragsklauseln veranlassen; zu diesem Zweck

setzen sie auf Instrumente wie flexiblere Prüfungspflichten oder präzisere Regelung des Auskunftsrechts.

(5) Als Alternative zur gesamtschuldnerischen Haftung gemäß der Entscheidung 2001/497/EG beinhaltet der nun vorgelegte Standardvertrag außerdem ein auf die Sorgfaltspflicht abstellendes Haftungssystem, das Datenexporteur und Datenimporteur gegenüber der betroffenen Person für die Verletzung ihrer jeweiligen Vertragspflichten haftbar macht; ebenso ist der Datenexporteur haftbar, wenn er sich nicht im Rahmen des Zumutbaren davon überzeugt, dass der Datenimporteur seine Rechtspflichten aus den Klauseln zu erfüllen in der Lage ist (Auswahlverschulden – *culpa in eligendo*), in welchem Fall die betroffene Person gerichtlich gegen den Datenexporteur vorgehen kann. Die Durchsetzung von Klausel I Buchstabe b) des neuen Standardvertrags ist in dieser Hinsicht besonders wichtig, vor allem im Hinblick auf das Recht des Datenexporteurs, Prüfungen in den Räumlichkeiten des Datenimporteurs durchzuführen oder Nachweise zu verlangen, dass dieser über genügend Finanzmittel verfügt, um seinen Verpflichtungen nachzukommen.

(6) Für den Fall, dass die betroffene Person ihre Rechte als Drittbegünstigte ausübt, wird der Datenexporteur bei der Beschwerdeabhilfe stärker zur Verantwortung gezogen; der Datenexporteur ist nämlich verpflichtet, Kontakt zum Datenimporteur aufzunehmen und die Einhaltung der Vertragspflichten nötigenfalls innerhalb der Standardfrist von einem Monat durchzusetzen. Falls der Datenexporteur sich weigert, die Einhaltung der Vertragspflichten durchzusetzen, und der Datenimporteur seine Vertragspflichten weiter verletzt, kann die betroffene Person die Einhaltung der Klauseln gegenüber dem Datenimporteur erzwingen und ihn in einem Mitgliedstaat gerichtlich belangen. Die Anerkennung einer gerichtlichen Zuständigkeit und der Entscheidung des zuständigen Gerichts oder einer Kontrollstelle schmälert in keiner Weise die prozessualen Rechte des in einem Drittland ansässigen Datenimporteurs, z. B. sein Recht auf Einlegung von Rechtsmitteln.

(7) Damit diese zusätzliche Flexibilität jedoch nicht missbraucht wird, erscheint es angebracht, dass die Datenschutzkontrollstellen auf der Grundlage des neuen Standardvertragsklauseltyps Datenübermittlungen leichter verbieten oder aussetzen können, falls sich der Datenexporteur weigert, gegenüber dem Datenimporteur geeignete Maßnahmen zur Durchsetzung der Vertragspflichten zu ergreifen, oder der Datenimporteur sich weigert, redlich mit den zuständigen Datenschutzkontrollstellen zusammenzuarbeiten.

(8) Die aufgrund der Richtlinie 95/46/EG oder der Richtlinie 2002/58/EG des Europäischen Parlaments und des Rates vom 12. Juli 2002 über die Verarbeitung personenbezogener Daten und den Schutz der Privatsphäre in der elektronischen Kommunikation (Datenschutzrichtlinie für elektronische Kommunikation) erlassenen Vorschriften bleiben von den Standardvertragsklauseln unberührt, insbesondere was den Versand kommerzieller Kommunikation für Direktmarketingzwecke betrifft.

(9) Auf dieser Grundlage können die Garantien, die die vorgelegten Standardvertragsklauseln beinhalten, als angemessen im Sinne von Artikel 26 Absatz 2 der Richtlinie 95/46/EG angesehen werden.

(10) Die Gruppe für den Schutz natürlicher Personen bei der Verarbeitung personenbezogener Daten, die nach Artikel 29 der Richtlinie 95/46/EG eingesetzt wurde, hat eine Stellungnahme zu dem Schutzniveau abgegeben, das die vorgelegten Standardvertrags-

Anhang 6   **Standardvertragsklauseln Übermittlung II (2004/915/EG)**

klauseln bieten; diese Stellungnahme wurde bei der Ausarbeitung dieser Entscheidung berücksichtigt.
(11) Um die Anwendung der Änderungen an der Entscheidung 2001/497/EG bewerten zu können, sollte die Kommission diese drei Jahre, nachdem sie die Mitgliedstaaten davon in Kenntnis gesetzt hat, bewerten.
(12) Die Entscheidung 2001/497/EG sollte entsprechend geändert werden.
(13) Die in dieser Entscheidung vorgesehenen Maßnahmen entsprechen der Stellungnahme des Ausschusses, der gemäß Artikel 31 der Richtlinie 95/46/EG eingesetzt wurde

Hat folgende Entscheidung erlassen:

Artikel 1
Die Entscheidung 2001/497/EG wird wie folgt geändert:
1. In Artikel 1 wird folgender Absatz hinzugefügt:
»Die für die Verarbeitung Verantwortlichen haben die Wahl zwischen Standardvertrag I und II im Anhang. Sie dürfen die Klauseln weder ändern noch Klauseln aus beiden Verträgen miteinander kombinieren.«
2. Artikel 4 Absätze 2 und 3 erhalten folgende Fassung:
»(2) Für die Zwecke von Absatz 1 können die zuständigen Kontrollstellen, sofern der für die Verarbeitung Verantwortliche angemessene Garantien auf der Grundlage des Standardvertrags II im Anhang geltend macht, im Rahmen ihrer Befugnisse Datenübermittlungen verbieten oder aussetzen, wenn
  a) der Datenimporteur sich weigert, mit den Datenschutzkontrollstellen redlich zusammenzuarbeiten oder eindeutige Vertragspflichten zu erfüllen;
  b) der Datenexporteur sich weigert, binnen der Regelfrist von einem Monat nach entsprechender Aufforderung durch die zuständige Kontrollstelle geeignete Maßnahmen zur Durchsetzung der Vertragspflichten gegenüber dem Datenimporteur zu ergreifen.
Eine Weigerung des Datenimporteurs zur redlichen Zusammenarbeit oder zur Durchsetzung der Vertragspflichten im Sinne von Unterabsatz 1 besteht nicht, wenn die Zusammenarbeit oder Durchsetzung zu einer Kollision mit nationalen, für den Datenimporteur verbindlichen Rechtsvorschriften führen würde und diese Vorschriften nicht über das hinausgehen, was in einer demokratischen Gesellschaft unter Zugrundelegung der in Artikel 13 Absatz 1 der Richtlinie 95/46/EG aufgeführten Interessen erforderlich ist; hierunter fallen insbesondere die Androhung von Sanktionen nach internationalem und/oder nationalem Recht, steuerrechtliche Anzeigepflichten oder Anzeigepflichten zur Bekämpfung der Geldwäsche.
Die Pflicht zur Zusammenarbeit im Sinne von Unterabsatz 1 Buchstabe a) beinhaltet für den Datenimporteur insbesondere die Bereitschaft, seine Datenverarbeitungseinrichtungen überprüfen zu lassen oder den Empfehlungen der Datenschutzkontrollstelle in der Gemeinschaft Folge zu leisten.
(3) Das Verbot oder die Aussetzung im Sinne der Absätze 1 und 2 wird aufgehoben, sobald die Gründe für das Verbot oder die Aussetzung nicht mehr vorliegen.
(4) Wenn die Mitgliedstaaten Maßnahmen gemäß den Absätzen 1, 2 und 3 ergreifen,

Standardvertragsklauseln Übermittlung II (2004/915/EG)   Anhang 6

informieren sie unverzüglich die Kommission, die ihrerseits die Informationen an die anderen Mitgliedstaaten weiterleitet.«.
3. Artikel 5 Satz 1 erhält folgende Fassung:
»Die Kommission bewertet drei Jahre, nachdem sie den Mitgliedstaaten diese Entscheidung und etwaige Änderungen an dieser Entscheidung bekannt gegeben hat, ihre Durchführung anhand der verfügbaren Informationen.«.
4. Der Anhang wird wie folgt geändert:
   1. Nach der Überschrift wird »Standardvertrag I« eingefügt.
   2. Der Wortlaut des Anhangs zu dieser Entscheidung wird angefügt.

Artikel 2

Diese Entscheidung gilt ab dem 1. April 2005.

Artikel 3

Diese Entscheidung ist an die Mitgliedstaaten gerichtet.
Brüssel, den 27. Dezember 2004
Für die Kommission
Charlie McCreevy
Mitglied der Kommission

Anhang
Standardvertrag II

Standardvertragsklauseln für die Übermittlung personenbezogener Daten aus der Gemeinschaft in Drittländer (Übermittlung zwischen für die Datenverarbeitung Verantwortlichen)
Vereinbarung über die Datenübermittlung
zwischen

_____ (Name)
_____ (Adresse und Sitzland)
nachstehend als »Datenexporteur« bezeichnet,
und
_____ (Name)

(Adresse und Sitzland)
nachstehend als »Datenimporteur« bezeichnet, beide nachstehend als »Partei«, zusammen als »Parteien« bezeichnet

Begriffsbestimmungen

Im Rahmen der Vertragsklauseln gelten folgende Begriffsbestimmungen:
a) Die Begriffe »personenbezogene Daten«, »besondere Kategorien personenbezogener Daten/sensible Daten«, »verarbeiten/Verarbeitung«, »für die Verarbeitung Verant-

Anhang 6 Standardvertragsklauseln Übermittlung II (2004/915/EG)

wortlicher«, »Auftragsverarbeiter«, »betroffene Person« und »Kontrollstelle« werden entsprechend den Begriffsbestimmungen der Richtlinie 95/46/EG vom 24. Oktober 1995 verwendet (wobei mit »Kontrollstelle« die Datenschutzkontrollstelle gemeint ist, die für das Sitzland des Datenexporteurs zuständig ist).

b) »Datenexporteur« bezeichnet den für die Verarbeitung Verantwortlichen, der die personenbezogenen Daten übermittelt.

c) »Datenimporteur« bezeichnet den für die Verarbeitung Verantwortlichen, der sich bereit erklärt, vom Datenexporteur personenbezogene Daten für die Verarbeitung gemäß den Bestimmungen dieser Vertragsklauseln entgegenzunehmen, und der nicht an ein System eines Drittlandes gebunden ist, das angemessenen Schutz gewährleistet.

d) »Klauseln« bezeichnet diese Standardvertragsklauseln als eigenständiges Dokument, das keine Geschäftsbedingungen beinhaltet, die von den Parteien im Rahmen getrennter geschäftlicher Vereinbarungen getroffen wurden.

Die Einzelheiten der Übermittlung (sowie die abgedeckten personenbezogenen Daten) sind in Anhang B aufgeführt, der integraler Bestandteil dieser Klauseln ist.

I. Pflichten des Datenexporteurs

Der Datenexporteur gibt folgende Zusicherungen:

a) Die personenbezogenen Daten wurden nach den für den Datenexporteur geltenden Gesetzen gesammelt, verarbeitet und übermittelt.

b) Er hat sich im Rahmen des Zumutbaren davon überzeugt, dass der Datenimporteur seine Rechtspflichten aus diesen Klauseln zu erfüllen in der Lage ist.

c) Er stellt dem Datenimporteur auf Antrag Exemplare der einschlägigen Datenschutzgesetze oder entsprechende Fundstellennachweise seines Sitzlandes zur Verfügung, erteilt aber keine Rechtsberatung.

d) Er beantwortet Anfragen der betroffenen Personen und der Kontrollstelle bezüglich der Verarbeitung der personenbezogenen Daten durch den Datenimporteur, es sei denn, die Parteien haben vereinbart, dass der Datenimporteur die Beantwortung übernimmt; der Datenexporteur übernimmt die Beantwortung im Rahmen der Zumutbarkeit und aufgrund der ihm zugänglichen Informationen auch dann, wenn der Datenimporteur nicht antworten will oder kann. Sie erfolgt innerhalb einer angemessenen Frist.

e) Er stellt betroffenen Personen, die Drittbegünstigte im Sinne von Klausel III sind, auf Verlangen ein Exemplar der Klauseln zur Verfügung, es sei denn, die Klauseln enthalten vertrauliche Angaben; in diesem Fall hat er das Recht, diese Angaben zu entfernen. Werden Angaben entfernt, teilt der Datenexporteur den betroffenen Personen schriftlich die Gründe für die Entfernung mit und belehrt sie über ihr Recht, die Kontrollstelle auf die Entfernung aufmerksam zu machen. Der Datenexporteur leistet indessen der Entscheidung der Kontrollstelle Folge, den betroffenen Personen Zugang zum Volltext der Klauseln zu gewähren, wenn diese sich zur Geheimhaltung der entfernten vertraulichen Informationen verpflichten. Der Datenexporteur stellt ferner auch der Kontrollstelle auf Antrag ein Exemplar der Klauseln zur Verfügung.

Standardvertragsklauseln Übermittlung II (2004/915/EG)   Anhang 6

II. Pflichten des Datenimporteurs

Der Datenimporteur gibt folgende Zusicherungen:

a) Er verfügt über die technischen und organisatorischen Voraussetzungen zum Schutz der personenbezogenen Daten gegen die unbeabsichtigte oder rechtswidrige Zerstörung oder gegen den unbeabsichtigten Verlust oder die unbeabsichtigte Änderung, die unberechtigte Offenlegung oder den unberechtigten Zugriff; damit ist ein Sicherheitsniveau gewährleistet, das den von der Verarbeitung ausgehenden Risiken und der Art der zu schützenden Daten gerecht wird.

b) Seine Verfahrensregeln gewährleisten, dass von ihm zum Zugriff auf die personenbezogenen Daten befugte Dritte, einschließlich des Auftragsverarbeiters, die Geheimhaltung und Sicherheit der personenbezogenen Daten beachten und wahren. Die unter der Verantwortung des Datenimporteurs tätigen Personen, darunter auch Auftragsverarbeiter, dürfen die personenbezogenen Daten nur auf seine Anweisung verarbeiten. Diese Bestimmung gilt nicht für Personen, die von Rechts wegen zum Zugriff auf die personenbezogenen Daten befugt oder verpflichtet sind.

c) Zum Zeitpunkt des Vertragsabschlusses bestehen seines Wissens in seinem Land keine entgegenstehenden Rechtsvorschriften, die die Garantien aus diesen Klauseln in gravierender Weise beeinträchtigen; er benachrichtigt den Datenexporteur (der die Benachrichtigung erforderlichenfalls an die Kontrollstelle weiterleitet), wenn er Kenntnis von derartigen Rechtsvorschriften erlangt.

d) Er verarbeitet die personenbezogenen Daten zu den in Anhang B dargelegten Zwecken und ist ermächtigt, die Zusicherungen zu geben und die Verpflichtungen zu erfüllen, die sich aus diesem Vertrag ergeben.

e) Er nennt dem Datenexporteur eine Anlaufstelle innerhalb seiner Organisation, die befugt ist, Anfragen bezüglich der Verarbeitung der personenbezogenen Daten zu behandeln, und arbeitet redlich mit dem Datenexporteur, der betroffenen Person und der Kontrollstelle zusammen, damit derartige Anfragen innerhalb einer angemessenen Frist beantwortet werden. Wenn der Datenexporteur nicht mehr besteht oder wenn die Parteien Entsprechendes vereinbaren, verpflichtet sich der Datenimporteur zur Einhaltung der Bestimmungen von Klausel I Buchstabe e).

f) Auf Antrag des Datenexporteurs weist er nach, dass er über ausreichende Finanzmittel verfügt, um die Verpflichtungen aus Klausel III zu erfüllen (wozu auch Versicherungsschutz zählen kann).

g) Auf Antrag des Datenexporteurs und sofern dies nicht willkürlich ist, überlässt er seine zur Verarbeitung benötigten Datenverarbeitungseinrichtungen, Dateien- und Unterlagen der Überprüfung, dem Audit und/oder der Zertifizierung durch den Datenexporteur (oder von ihm ausgewählte unabhängige oder unparteiische Prüfer oder Auditoren, gegen die der Datenimporteur keine begründeten Einwände erhebt), um zu gewährleisten, dass die Zusicherungen in diesen Klauseln eingehalten werden, wobei die Überprüfung rechtzeitig anzukündigen und während der üblichen Geschäftszeiten durchzuführen ist. Sofern die Zustimmung oder Genehmigung durch eine Regulierungs- oder Kontrollstelle im Land des Datenimporteurs erforderlich ist, bemüht sich dieser, die Zustimmung oder Genehmigung zügig zu erhalten.

h) Er verarbeitet die personenbezogenen Daten gemäß
   i) den Datenschutzbestimmungen des Landes, in dem der Datenexporteur ansässig ist, oder
   ii) den einschlägigen Bestimmungen[1] etwaiger Kommissionsentscheidungen nach Artikel 25 Absatz 6 der Richtlinie 95/46/EG, sofern der Datenimporteur die einschlägigen Bestimmungen derartiger Genehmigungen bzw. Entscheidungen einhält und in einem Land ansässig ist, für das diese Genehmigungen oder Entscheidungen gelten, obwohl diese hinsichtlich der Übermittlung personenbezogener Daten auf ihn keine Anwendung finden[2], oder
   iii) den Grundsätzen für die Datenverarbeitung in Anhang A.

Der Datenimporteur wählt die Möglichkeit:

Paraphe des Datenimporteurs:
   i) Er verzichtet auf die Offenlegung oder Übermittlung personenbezogener Daten an für die Verarbeitung Verantwortliche Dritte, die außerhalb des Europäischen Wirtschaftsraums (EWR) ansässig sind, es sei denn, er setzt den Datenexporteur von der Übermittlung in Kenntnis und
   i) der für die Verarbeitung Verantwortliche Dritte verarbeitet die personenbezogenen Daten im Einklang mit einer Kommissionsentscheidung, in der die Kommission einem Drittland ein angemessenes Datenschutzniveau zuerkennt, oder
   ii) der für die Verarbeitung Verantwortliche Dritte unterzeichnet diese Klauseln oder eine andere, von einer zuständigen Stelle in der EU genehmigte Datenübermittlungsvereinbarung oder
   iii) die betroffenen Personen haben das Recht zum Widerspruch, nachdem sie über den Zweck der Übermittlung informiert wurden, ferner über die Empfängerkategorien und darüber, dass das Empfängerland der Daten möglicherweise andere Datenschutzstandards aufweist, oder
   iv) die betroffenen Personen haben im Hinblick auf die Weiterübermittlung sensibler Daten zweifelsfrei ihre Zustimmung zu der Weiterübermittlung erteilt.

III. Haftung und Rechte Dritter

a) Jede Partei haftet gegenüber der anderen Partei für Schäden, die sie durch einen Verstoß gegen diese Klauseln verursacht. Die gegenseitige Haftung der Parteien ist auf den tatsächlich erlittenen Schaden begrenzt. Strafschadenersatzansprüche (d.h. die Zahlung von Strafen für grobes Fehlverhalten einer Partei) sind ausdrücklich ausgeschlossen. Jede Partei haftet gegenüber der betroffenen Person für Schäden, die sie durch die Verletzung von Rechten Dritter im Rahmen dieser Klauseln verursacht. Die Haftung des Datenexporteurs gemäß den für ihn maßgeblichen Datenschutzvorschriften bleibt davon unberührt.

---

1 »Einschlägige Bestimmungen« sind sämtliche unter diese Klauseln fallende Genehmigungen oder Entscheidungen mit Ausnahme der Vollzugsbestimmungen.
2 Wird diese Möglichkeit gewählt, sind jedoch die Bestimmungen von Anhang A Ziffer 5 über das Recht auf Zugriff, Berichtigung, Löschung und Widerspruch anzuwenden, die dann vergleichbaren Bestimmungen der gewählten Kommissionsentscheidung vorgehen.

Standardvertragsklauseln Übermittlung II (2004/915/EG)   Anhang 6

b) Die Parteien räumen den betroffenen Personen das Recht ein, diese Klausel sowie Klausel I Buchstaben b), d) und e), Klausel II Buchstaben a), c), d), e), h), i), Klausel III Buchstabe a) sowie die Klauseln V, VI Buchstabe d) und VII als Drittbegünstigte gegenüber dem Datenimporteur oder dem Datenexporteur durchzusetzen, wenn diese im Hinblick auf die Daten der betroffenen Personen ihre Vertragspflichten verletzen; zu diesem Zweck erkennen sie die Zuständigkeit der Gerichte im Sitzland des Datenexporteurs an. Wirft die betroffene Person dem Datenimporteur Vertragsverletzung vor, muss sie den Datenexporteur zunächst auffordern, ihre Rechte gegenüber dem Datenimporteur durchzusetzen; wird der Datenexporteur nicht innerhalb einer angemessenen Frist tätig (im Regelfall innerhalb eines Monats), kann die betroffene Person ihre Rechte direkt gegenüber dem Datenimporteur durchsetzen. Eine betroffene Person kann direkt gegen einen Datenexporteur vorgehen, wenn dieser sich im Rahmen des Zumutbaren nicht davon überzeugt hat, dass der Datenimporteur seine rechtlichen Verpflichtungen aus diesen Klauseln zu erfüllen in der Lage ist (der Datenexporteur muss beweisen, dass er alle zumutbaren Anstrengungen unternommen hat).

IV. Anwendbares Recht

Diese Klauseln unterliegen dem Recht des Landes, in dem der Datenexporteur ansässig ist; davon ausgenommen sind die Rechtsvorschriften über die Verarbeitung der personenbezogenen Daten durch den Datenimporteur gemäß Klausel II Buchstabe h), die nur gelten, wenn sich der Datenimporteur nach dieser Klausel dafür entschieden hat.

V. Beilegung von Streitigkeiten mit betroffenen Personen oder der Kontrollstelle

a) Bei einer Streitigkeit oder einer Klage der betroffenen Person oder der Kontrollstelle gegen eine Partei oder beide Parteien bezüglich der Verarbeitung personenbezogener Daten setzen die Parteien einander davon in Kenntnis und bemühen sich gemeinsam um eine zügige, gütliche Beilegung.
b) Die Parteien erklären sich bereit, sich jedem allgemein zugänglichen, nicht bindenden Schlichtungsverfahren zu unterwerfen, das von einer betroffenen Person oder der Kontrollstelle angestrengt wird. Beteiligen sie sich an dem Verfahren, können sie dies auf dem Weg der Telekommunikation tun (z. B. per Telefon oder anderer elektronischer Mittel). Die Parteien erklären sich ferner bereit, eine Beteiligung an anderen Vermittlungsverfahren, Schiedsverfahren oder sonstigen Verfahren der Streitbeilegung zu erwägen, die für die Zwecke des Datenschutzes entwickelt werden.
c) Die Parteien unterwerfen sich den rechtskräftigen Endentscheidungen des zuständigen Gerichts im Sitzland des Datenexporteurs oder der Kontrollstelle.

VI. Beendigung des Vertrags

a) Verstößt der Datenimporteur gegen seine Verpflichtungen aus diesen Klauseln, kann der Datenexporteur die Übermittlung personenbezogener Daten an den Datenimporteur vorläufig aussetzen, bis der Verstoß beseitigt oder der Vertrag beendet ist.

… Anhang 6 Standardvertragsklauseln Übermittlung II (2004/915/EG)

b) Tritt einer der folgenden Fälle ein:
  i) Die Übermittlung personenbezogener Daten an den Datenimporteur wird vom Datenexporteur gemäß Buchstabe a) länger als einen Monat ausgesetzt;
  ii) die Einhaltung dieser Klauseln durch den Datenimporteur verstößt gegen Rechtsvorschriften des Importlandes;
  iii) der Datenimporteur missachtet Zusicherungen, die er im Rahmen dieser Klauseln gegeben hat, in erheblichem Umfang oder fortdauernd;
  iv) das zuständige Gericht im Sitzland des Datenexporteurs oder der Kontrollstelle stellt rechtskräftig fest, dass der Datenimporteur oder der Datenexporteur gegen die Klauseln verstoßen haben, oder
  v) es wird ein Antrag auf Insolvenzverwaltung oder Abwicklung des Datenimporteurs in dessen privater oder geschäftlicher Eigenschaft gestellt, der nicht innerhalb der nach geltendem Recht vorgesehenen Frist abgewiesen wird; die Abwicklung wird gerichtlich angeordnet; für einen beliebigen Teil seines Vermögens wird ein Zwangsverwalter bestellt; ein Treuhänder wird bestellt, falls es sich bei dem Datenimporteur um eine Privatperson handelt; dieser leitet einen außergerichtlichen Vergleich ein, oder es kommt zu einem je nach Rechtsordnung gleichwertigen Verfahren,
  so ist der Datenexporteur berechtigt, unbeschadet etwaiger sonstiger Ansprüche gegen den Datenimporteur, diesen Vertrag zu kündigen, wovon er gegebenenfalls die Kontrollstelle in Kenntnis setzt. Tritt einer der in Ziffer i), ii) oder iv) genannten Fälle ein, kann der Datenimporteur seinerseits den Vertrag kündigen.
c) Jede Partei kann den Vertrag kündigen, wenn i) die Kommission eine positive Angemessenheitsfeststellung gemäß Artikel 25 Absatz 6 der Richtlinie 95/46/EG (oder einer Vorschrift, die diese Vorschrift ersetzt) in Bezug auf das Land (oder einen Bereich davon) trifft, in das die Daten übermittelt und in dem sie vom Datenimporteur verarbeitet werden, oder ii) die Richtlinie 95/46/EG (oder eine Vorschrift, die diese Vorschrift ersetzt) in dem betreffenden Land unmittelbar zur Anwendung gelangt.
d) Die Parteien vereinbaren, dass sie auch nach der Beendigung dieses Vertrags, ungeachtet des Zeitpunkts, der Umstände oder der Gründe (ausgenommen die Kündigung gemäß Klausel VI Buchstabe c), weiterhin an die Verpflichtungen und/oder Bestimmungen dieser Klauseln in Bezug auf die Verarbeitung der übermittelten Daten gebunden sind.

VII. Änderung der Klauseln

Die Parteien dürfen diese Klauseln nur zum Zwecke der Aktualisierung von Anhang B ändern; gegebenenfalls müssen sie die Kontrollstelle davon in Kenntnis setzen. Es steht den Parteien allerdings frei, erforderlichenfalls weitere Geschäftsklauseln hinzuzufügen.

VIII. Beschreibung der Übermittlung

Die Einzelheiten zur Übermittlung und zu den personenbezogenen Daten sind in Anhang B aufgeführt. Die Parteien vereinbaren, dass sie gegebenenfalls in Anhang B

Standardvertragsklauseln Übermittlung II (2004/915/EG) — Anhang 6

enthaltene vertrauliche Informationen nicht gegenüber Dritten offen legen, es sei denn, sie sind gesetzlich dazu verpflichtet oder handeln auf Aufforderung einer zuständigen Regulierungsstelle oder staatlichen Einrichtung oder gemäß Klausel I Buchstabe e). Die Parteien können weitere Anhänge vereinbaren, die zusätzliche Übermittlungen betreffen; diese sind gegebenenfalls der Kontrollstelle zu unterbreiten. Ersatzweise kann Anhang B so formuliert werden, dass er eine Vielzahl von Übermittlungen abdeckt.

Datum: _____

Für den Datenimporteur   Für den Datenexporteur

Anhang A
Grundsätze für die Datenverarbeitung

1. Zweckbindung: Personenbezogene Daten dürfen nur für die in Anhang B festgelegten oder anschließend von der betroffenen Person genehmigten Zwecke verarbeitet und danach verwendet oder weiter übermittelt werden.
2. Datenqualität und Verhältnismäßigkeit: Personenbezogene Daten müssen sachlich richtig sein und nötigenfalls auf dem neuesten Stand gehalten werden. Sie müssen den Übermittlungs- und Verarbeitungszwecken angemessen und dafür erheblich sein und dürfen nicht über das erforderliche Maß hinausgehen.
3. Transparenz: Die betroffenen Personen müssen Informationen erhalten, die eine Verarbeitung nach Treu und Glauben gewährleisten (beispielsweise Angaben zum Verarbeitungszweck und zur Übermittlung), sofern diese Informationen nicht bereits vom Datenexporteur erteilt wurden.
4. Sicherheit und Geheimhaltung: Der für die Verarbeitung Verantwortliche muss geeignete technische und organisatorische Sicherheitsvorkehrungen gegen die Risiken der Verarbeitung treffen, beispielsweise gegen die unbeabsichtigte oder rechtswidrige Zerstörung oder gegen den unbeabsichtigten Verlust oder die unbeabsichtigte Änderung, die unberechtigte Offenlegung oder den unberechtigten Zugriff. Alle unter der Verantwortung des für die Verarbeitung Verantwortlichen tätigen Personen, darunter auch Auftragsverarbeiter, dürfen die Daten nur auf Anweisung des für die Verarbeitung Verantwortlichen verarbeiten.
5. Recht auf Auskunft, Berichtigung, Löschung und Widerspruch: Nach Artikel 12 der Richtlinie 95/46/EG hat die betroffene Person das Recht, entweder direkt oder durch Dritte, Auskunft über alle ihre personenbezogenen Daten zu erhalten, die von einer Organisation vorgehalten werden; dies gilt nicht für Auskunftsersuchen, die aufgrund ihrer unzumutbaren Periodizität oder ihrer Zahl, Wiederholung oder Systematik offensichtlich übertrieben sind, oder für Daten, über die nach dem für den Datenexporteur geltenden Recht keine Auskunft erteilt werden muss. Vorbehaltlich der vorherigen Genehmigung durch die Kontrollstelle muss auch dann keine Auskunft erteilt werden, wenn die Interessen des Datenimporteurs oder anderer Organisationen, die mit dem Datenimporteur in Geschäftsverkehr stehen, dadurch ernsthaft geschädigt würden und die Grundrechte und Grundfreiheiten der betroffenen Personen hierdurch nicht beeinträchtigt werden. Die Quellen der personenbezogenen Daten müssen nicht angegeben werden, wenn dazu unzumutbare Anstrengun-

Anhang 6 Standardvertragsklauseln Übermittlung II (2004/915/EG)

gen erforderlich wären oder die Rechte Dritter dadurch verletzt würden. Die betroffene Person muss das Recht haben, ihre personenbezogenen Daten berichtigen, ändern oder löschen zu lassen, wenn diese unzutreffend sind oder entgegen den vorliegenden Grundsätzen verarbeitet wurden. Bei begründeten Zweifeln an der Rechtmäßigkeit des Ersuchens kann die Organisation weitere Belege verlangen, bevor die Berichtigung, Änderung oder Löschung erfolgt. Dritte, gegenüber denen die Daten offen gelegt wurden, müssen von der Berichtigung, Änderung oder Löschung nicht in Kenntnis gesetzt werden, wenn dies mit einem unverhältnismäßigen Aufwand verbunden wäre. Die betroffene Person muss auch aus zwingenden legitimen Gründen, die mit ihrer persönlichen Situation zusammenhängen, Widerspruch gegen die Verarbeitung ihrer personenbezogenen Daten einlegen können. Die Beweislast liegt im Fall einer Ablehnung beim Datenimporteur; die betroffene Person kann eine Ablehnung jederzeit vor der Kontrollstelle anfechten.

6. Sensible Daten: Der Datenimporteur trifft die zusätzlichen Vorkehrungen (beispielsweise sicherheitsbezogener Art), die entsprechend seinen Verpflichtungen nach Klausel II zum Schutz sensibler Daten erforderlich sind.

7. Direktmarketing: Werden Daten zum Zwecke des Direktmarketings verarbeitet, sind wirksame Verfahren vorzusehen, damit die betroffene Person sich jederzeit gegen die Verwendung ihrer Daten für derartige Zwecke entscheiden kann (»Opt-out«).

8. Automatisierte Entscheidungen: »Automatisierte Entscheidungen« im Sinne dieser Klauseln sind mit Rechtsfolgen behaftete Entscheidungen des Datenexporteurs oder des Datenimporteurs bezüglich einer betroffenen Person, die allein auf der automatisierten Verarbeitung personenbezogener Daten zum Zwecke der Bewertung einzelner Aspekte ihrer Person beruhen, beispielsweise ihrer beruflichen Leistungsfähigkeit, ihrer Kreditwürdigkeit, ihrer Zuverlässigkeit oder ihres Verhaltens. Der Datenimporteur darf keine automatisierten Entscheidungen über eine betroffene Person fällen, es sei denn:

    a) i) Der Datenimporteur fällt die Entscheidungen im Rahmen eines Vertragsabschlusses oder der Ausführung eines Vertrags mit der betroffenen Person,

        und

      ii) die betroffene Person erhält die Möglichkeit, die Ergebnisse einer einschlägigen automatisierten Entscheidung mit einem Vertreter der entscheidungstreffenden Partei zu erörtern, oder aber Erklärungen gegenüber dieser Partei abzugeben,

    oder

    b) die für den Datenexporteur geltenden Rechtsvorschriften sehen etwas anderes vor.

Anhang B
Beschreibung der Übermittlung

(von den Parteien auszufüllen)

Betroffene Personen

Die übermittelten personenbezogenen Daten betreffen folgende Kategorien betroffener Personen:

Standardvertragsklauseln Übermittlung II (2004/915/EG) Anhang 6

Übermittlungszwecke
Die Überprüfung ist zu folgenden Zwecken erforderlich:

Kategorien übermittelter Daten
Die übermittelten personenbezogenen Daten betreffen folgende Datenkategorien:

Empfänger
Die übermittelten personenbezogenen Daten dürfen nur gegenüber folgenden Empfängern oder Kategorien von Empfängern offen gelegt werden:

Sensible Daten (falls zutreffend)
Die übermittelten personenbezogenen Daten betreffen folgende Kategorien sensibler Daten:

Datenschutzmelderegister-Angaben des Datenexporteurs (falls zutreffend)

Sonstige nützliche Informationen (Aufbewahrungszeitraum und sonstige einschlägige Angaben)

Anlaufstelle für Datenschutzauskünfte
DatenimporteurDatenexporteur

Veranschaulichende Geschäftsklauseln (Fakultativ)
Wechselseitige Entschädigung von Datenexporteur und Datenimporteur:
»Die Parteien entschädigen sich wechselseitig oder halten sich wechselseitig schadlos für alle Kosten, Ausgaben, Schäden, Auslagen oder Verluste, die die andere Partei durch Verletzung einer dieser Vertragsklauseln verursacht. Der Entschädigungsanspruch setzt voraus, dass a) die zu entschädigenden Parteien die entschädigenden Parteien unverzüglich von dem Bestehen einer Forderung in Kenntnis setzen und b) die entschädigenden Parteien allein dazu berechtigt sind, sich gegen einen solchen Anspruch zu verteidigen oder den Streit beizulegen und (c) die zu entschädigenden Parteien bei der Abwehr derartiger Rechtsansprüche redlich mit den entschädigenden Parteien zusammenarbeiten und diese unterstützen.«
Streitbeilegung zwischen Datenexporteur und Datenimporteur (die Parteien können selbstverständlich eine andere alternative Streitbeilegung oder die Zuständigkeit eines Gerichts vereinbaren):
»Alle Rechtsstreitigkeiten zwischen dem Datenimporteur und dem Datenexporteur aus dem vorliegenden Vertrag werden gemäß dem Schlichtungs- und Schiedsreglement der Internationalen Handelskammer endgültig durch einen oder mehrere Schiedsrichter entschieden, die in Übereinstimmung mit diesem Reglement ernannt werden. Ort des Schiedsverfahrens ist […]. Die Zahl der Schiedsrichter beträgt […].«
Kostenteilung:
»Jede Partei trägt die Kosten für die Erfüllung ihrer Vertragspflichten.«
Zusätzliche Beendigungsklausel:
»Bei Beendigung dieses Vertrags gibt der Datenimporteur alle personenbezogenen

Anhang 6 Standardvertragsklauseln Übermittlung II (2004/915/EG)

Daten sowie alle Kopien der personenbezogenen Daten, die Gegenstand dieser Klauseln sind, unverzüglich an den Datenexporteur zurück, oder aber der Datenimporteur vernichtet auf Antrag des Datenexporteurs alle Exemplare derselben und bescheinigt dem Datenexporteur die Vernichtung, es sei denn, der nationale Gesetzgeber oder die nationale Regulierungsbehörde verbietet die vollständige oder teilweise Rückübermittlung oder Zerstörung dieser Daten; in diesem Fall werden die Daten geheim gehalten und zu keinem weiteren Zweck aktiv verarbeitet. Auf Verlangen des Datenexporteurs erlaubt der Datenimporteur dem Datenexporteur oder einem vom Datenexporteur ausgewählten Prüfer, gegen den der Datenimporteur keine begründeten Einwände erhebt, den Zugang zu seinen Räumlichkeiten, damit die Ausführung dieser Bestimmungen überprüft werden kann; die Überprüfung ist rechtzeitig anzukündigen und während der üblichen Geschäftszeiten durchzuführen.«

7. Telemediengesetz (TMG)

in der Fassung der Bekanntmachung vom 26. Februar 2007 (BGBl. I S. 179), zuletzt geändert durch Gesetz vom 17. Juli 2015 (BGBl. I S. 1324)

Inhaltsübersicht

Abschnitt 1
Allgemeine Bestimmungen
§ 1   Anwendungsbereich
§ 2   Begriffsbestimmungen
§ 2a Europäisches Sitzland
§ 3   Herkunftslandprinzip

Abschnitt 2
Zulassungsfreiheit und Informationspflichten
§ 4   Zulassungsfreiheit
§ 5   Allgemeine Informationspflichten
§ 6   Besondere Informationspflichten bei kommerziellen Kommunikationen

Abschnitt 3
Verantwortlichkeit
§ 7   Allgemeine Grundsätze
§ 8   Durchleitung von Informationen
§ 9   Zwischenspeicherung zur beschleunigten Übermittlung von Informationen
§ 10 Speicherung von Informationen

Abschnitt 4
Datenschutz
§ 11   Anbieter-Nutzer-Verhältnis
§ 12   Grundsätze
§ 13   Pflichten des Diensteanbieters
§ 14   Bestandsdaten
§ 15   Nutzungsdaten
§ 15a Informationspflicht bei unrechtmäßiger Kenntniserlangung von Daten

Abschnitt 5
Bußgeldvorschriften
§ 16   Bußgeldvorschriften

Anhang 7　　　　　　　　　　　　　　　　Telemediengesetz (TMG)

Abschnitt 1
Allgemeine Bestimmungen

§ 1 Anwendungsbereich

(1) Dieses Gesetz gilt für alle elektronischen Informations- und Kommunikationsdienste, soweit sie nicht Telekommunikationsdienste nach § 3 Nr. 24 des Telekommunikationsgesetzes, die ganz in der Übertragung von Signalen über Telekommunikationsnetze bestehen, telekommunikationsgestützte Dienste nach § 3 Nr. 25 des Telekommunikationsgesetzes oder Rundfunk nach § 2 des Rundfunkstaatsvertrages sind (Telemedien). Dieses Gesetz gilt für alle Anbieter einschließlich der öffentlichen Stellen unabhängig davon, ob für die Nutzung ein Entgelt erhoben wird.
(2) Dieses Gesetz gilt nicht für den Bereich der Besteuerung.
(3) Das Telekommunikationsgesetz und die Pressegesetze bleiben unberührt.
(4) Die an die Inhalte von Telemedien zu richtenden besonderen Anforderungen ergeben sich aus dem Staatsvertrag für Rundfunk und Telemedien (Rundfunkstaatsvertrag).
(5) Dieses Gesetz trifft weder Regelungen im Bereich des internationalen Privatrechts noch regelt es die Zuständigkeit der Gerichte.
(6) Die besonderen Bestimmungen dieses Gesetzes für audiovisuelle Mediendienste auf Abruf gelten nicht für Dienste, die
1. ausschließlich zum Empfang in Drittländern bestimmt sind und
2. nicht unmittelbar oder mittelbar von der Allgemeinheit mit handelsüblichen Verbraucherendgeräten in einem Staat innerhalb des Geltungsbereichs der Richtlinie 89/552/EWG des Rates vom 3. Oktober 1989 zur Koordinierung bestimmter Rechts- und Verwaltungsvorschriften der Mitgliedstaaten über die Ausübung der Fernsehtätigkeit (ABl. L 298 vom 17.10.1989, S. 23), die zuletzt durch die Richtlinie 2007/65/EG (ABl. L 332 vom 18.12.2007, S. 27) geändert worden ist, empfangen werden.

§ 2 Begriffsbestimmungen

Im Sinne dieses Gesetzes
1. ist Diensteanbieter jede natürliche oder juristische Person, die eigene oder fremde Telemedien zur Nutzung bereithält oder den Zugang zur Nutzung vermittelt; bei audiovisuellen Mediendiensten auf Abruf ist Diensteanbieter jede natürliche oder juristische Person, die die Auswahl und Gestaltung der angebotenen Inhalte wirksam kontrolliert,
2. ist niedergelassener Diensteanbieter jeder Anbieter, der mittels einer festen Einrichtung auf unbestimmte Zeit Telemedien geschäftsmäßig anbietet oder erbringt; der Standort der technischen Einrichtung allein begründet keine Niederlassung des Anbieters,
3. ist Nutzer jede natürliche oder juristische Person, die Telemedien nutzt, insbesondere um Informationen zu erlangen oder zugänglich zu machen,
4. sind Verteildienste Telemedien, die im Wege einer Übertragung von Daten ohne individuelle Anforderung gleichzeitig für eine unbegrenzte Anzahl von Nutzern erbracht werden,

Telemediengesetz (TMG) Anhang 7

5. ist kommerzielle Kommunikation jede Form der Kommunikation, die der unmittelbaren oder mittelbaren Förderung des Absatzes von Waren, Dienstleistungen oder des Erscheinungsbilds eines Unternehmens, einer sonstigen Organisation oder einer natürlichen Person dient, die eine Tätigkeit im Handel, Gewerbe oder Handwerk oder einen freien Beruf ausübt; die Übermittlung der folgenden Angaben stellt als solche keine Form der kommerziellen Kommunikation dar:
   a) Angaben, die unmittelbaren Zugang zur Tätigkeit des Unternehmens oder der Organisation oder Person ermöglichen, wie insbesondere ein Domain-Name oder eine Adresse der elektronischen Post,
   b) Angaben in Bezug auf Waren und Dienstleistungen oder das Erscheinungsbild eines Unternehmens, einer Organisation oder Person, die unabhängig und insbesondere ohne finanzielle Gegenleistung gemacht werden.
6. sind »audiovisuelle Mediendienste auf Abruf« Telemedien mit Inhalten, die nach Form und Inhalt fernsehähnlich sind und die von einem Diensteanbieter zum individuellen Abruf zu einem vom Nutzer gewählten Zeitpunkt und aus einem vom Diensteanbieter festgelegten Inhaltekatalog bereitgestellt werden.

Einer juristischen Person steht eine Personengesellschaft gleich, die mit der Fähigkeit ausgestattet ist, Rechte zu erwerben und Verbindlichkeiten einzugehen.

§ 2a Europäisches Sitzland

(1) Innerhalb des Geltungsbereichs der Richtlinie 2000/31/EG des Europäischen Parlaments und des Rates vom 8. Juni 2000 über bestimmte rechtliche Aspekte der Dienste der Informationsgesellschaft, insbesondere des elektronischen Geschäftsverkehrs, im Binnenmarkt (ABl. EG Nr. L 178 vom 17.7.2000, S. 1) bestimmt sich das Sitzland des Diensteanbieters danach, wo dieser seine Geschäftstätigkeit tatsächlich ausübt. Dies ist der Ort, an dem sich der Mittelpunkt der Tätigkeiten des Diensteanbieters im Hinblick auf ein bestimmtes Telemedienangebot befindet.

(2) Innerhalb des Geltungsbereichs der Richtlinie 89/552/EWG bestimmt sich bei audiovisuellen Mediendiensten auf Abruf das Sitzland des Diensteanbieters
   a) nach dem Ort der Hauptniederlassung, sofern dort die wirksame Kontrolle über den audiovisuellen Mediendienst ausgeübt wird, und
   b) nach dem Ort, in dem ein wesentlicher Teil des mit der Bereitstellung des audiovisuellen Mediendienstes betrauten Personals tätig ist, sofern die wirksame Kontrolle über den audiovisuellen Mediendienst nicht in dem Mitgliedstaat der Europäischen Union oder einem Drittland ausgeübt wird, an dem sich der Ort der Hauptniederlassung befindet; lässt sich nicht feststellen, dass ein wesentlicher Teil des mit der Bereitstellung des audiovisuellen Mediendienstes betrauten Personals an einem bestimmten Ort befindet, bestimmt sich das Sitzland nach dem Ort der Hauptniederlassung.

(3) Liegen die Voraussetzungen nach Absatz 2 Buchstabe a oder b nicht vor, bestimmt sich innerhalb des Geltungsbereichs der Richtlinie 89/552/EWG das Sitzland des Diensteanbieters nach dem Ort, an dem er zuerst mit seiner Tätigkeit nach Maßgabe des Rechts dieses Landes begonnen hat, sofern eine dauerhafte und tatsächliche Verbindung mit der Wirtschaft dieses Landes weiter besteht.

(4) Anbieter von audiovisuellen Mediendiensten auf Abruf, bei denen nach den Absätzen 2 und 3 kein Sitzland innerhalb des Geltungsbereichs der Richtlinie 89/552/EWG festgestellt werden kann, unterliegen dem deutschen Recht, sofern sie
a) eine in Deutschland gelegene Satelliten-Bodenstation für die Aufwärtsstrecke oder
b) eine Deutschland gehörende Übertragungskapazität eines Satelliten nutzen.

§ 3 Herkunftslandprinzip

(1) In der Bundesrepublik Deutschland nach § 2a niedergelassene Diensteanbieter und ihre Telemedien unterliegen den Anforderungen des deutschen Rechts auch dann, wenn die Telemedien in einem anderen Staat innerhalb des Geltungsbereichs der Richtlinien 2000/31/EG und 89/552/EWG geschäftsmäßig angeboten oder erbracht werden.

(2) Der freie Dienstleistungsverkehr von Telemedien, die in der Bundesrepublik Deutschland von Diensteanbietern geschäftsmäßig angeboten oder erbracht werden, die in einem anderen Staat innerhalb des Geltungsbereichs der Richtlinien 2000/31/EG und 89/552/ EWG niedergelassen sind, wird nicht eingeschränkt. ²Absatz 5 bleibt unberührt.

(3) Von den Absätzen 1 und 2 bleiben unberührt
1. die Freiheit der Rechtswahl,
2. die Vorschriften für vertragliche Schuldverhältnisse in Bezug auf Verbraucherverträge,
3. gesetzliche Vorschriften über die Form des Erwerbs von Grundstücken und grundstücksgleichen Rechten sowie der Begründung, Übertragung, Änderung oder Aufhebung von dinglichen Rechten an Grundstücken und grundstücksgleichen Rechten,
4. das für den Schutz personenbezogener Daten geltende Recht.

(4) Die Absätze 1 und 2 gelten nicht für
1. die Tätigkeit von Notaren sowie von Angehörigen anderer Berufe, soweit diese ebenfalls hoheitlich tätig sind,
2. die Vertretung von Mandanten und die Wahrnehmung ihrer Interessen vor Gericht,
3. die Zulässigkeit nicht angeforderter kommerzieller Kommunikationen durch elektronische Post,
4. Gewinnspiele mit einem einen Geldwert darstellenden Einsatz bei Glücksspielen, einschließlich Lotterien und Wetten,
5. die Anforderungen an Verteildienste,
6. das Urheberrecht, verwandte Schutzrechte, Rechte im Sinne der Richtlinie 87/54/ EWG des Rates vom 16. Dezember 1986 über den Rechtsschutz der Topographien von Halbleitererzeugnissen (ABl. EG Nr. L 24 S. 36) und der Richtlinie 96/9/EG des Europäischen Parlaments und des Rates vom 11. März 1996 über den rechtlichen Schutz von Datenbanken (ABl. EG Nr. L 77 S. 20) sowie für gewerbliche Schutzrechte,
7. die Ausgabe elektronischen Geldes durch Institute, die gemäß Artikel 8 Abs. 1 der Richtlinie 2000/46/EG des Europäischen Parlaments und des Rates vom 18. September 2000 über die Aufnahme, Ausübung und Beaufsichtigung der Tätigkeit von E-Geld-Instituten (ABl. EG Nr. L 275 S. 39) von der Anwendung einiger oder aller Vorschriften dieser Richtlinie und von der Anwendung der Richtlinie 2000/12/EG

des Europäischen Parlaments und des Rates vom 20. März 2000 über die Aufnahme und Ausübung der Tätigkeit der Kreditinstitute (ABl. EG Nr. L 126 S. 1) freigestellt sind,
8. Vereinbarungen oder Verhaltensweisen, die dem Kartellrecht unterliegen,
9. die von den §§ 12, 13a bis 13c, 55a, 83, 110a bis 110d, 111b und 111c des Versicherungsaufsichtsgesetzes in der Fassung der Bekanntmachung vom 17. Dezember 1992 (BGBl. 1993 I S. 2), das zuletzt durch Artikel 2 des Gesetzes vom 29. Juli 2009 (BGBl. I S. 2305) geändert worden ist, in der am 31. Dezember 2015 geltenden Fassung und der Versicherungsberichterstattungs-Verordnung erfassten Bereiche, die Regelungen über das auf Versicherungsverträge anwendbare Recht sowie für Pflichtversicherungen.

(5) Das Angebot und die Erbringung von Telemedien durch einen Diensteanbieter, der in einem anderen Staat im Geltungsbereich der Richtlinien 2000/31/EG oder 89/552/EWG niedergelassen ist, unterliegen abweichend von Absatz 2 den Einschränkungen des innerstaatlichen Rechts, soweit dieses dem Schutz

1. der öffentlichen Sicherheit und Ordnung, insbesondere im Hinblick auf die Verhütung, Ermittlung, Aufklärung, Verfolgung und Vollstreckung von Straftaten und Ordnungswidrigkeiten, einschließlich des Jugendschutzes und der Bekämpfung der Hetze aus Gründen der Rasse, des Geschlechts, des Glaubens oder der Nationalität sowie von Verletzungen der Menschenwürde einzelner Personen sowie die Wahrung nationaler Sicherheits- und Verteidigungsinteressen,
2. der öffentlichen Gesundheit,
3. der Interessen der Verbraucher, einschließlich des Schutzes von Anlegern,

vor Beeinträchtigungen oder ernsthaften und schwerwiegenden Gefahren dient und die auf der Grundlage des innerstaatlichen Rechts in Betracht kommenden Maßnahmen in einem angemessenen Verhältnis zu diesen Schutzzielen stehen. Für das Verfahren zur Einleitung von Maßnahmen nach Satz 1 – mit Ausnahme von gerichtlichen Verfahren einschließlich etwaiger Vorverfahren und der Verfolgung von Straftaten einschließlich der Strafvollstreckung und von Ordnungswidrigkeiten – sehen Artikel 3 Abs. 4 und 5 der Richtlinie 2000/31/EG sowie Artikel 2a Absatz 4 und 5 der Richtlinie 89/52/EWG Konsultations- und Informationspflichten vor.

Abschnitt 2
Zulassungsfreiheit und Informationspflichten

§ 4 Zulassungsfreiheit

Telemedien sind im Rahmen der Gesetze zulassungs- und anmeldefrei.

§ 5 Allgemeine Informationspflichten

(1) Diensteanbieter haben für geschäftsmäßige, in der Regel gegen Entgelt angebotene Telemedien folgende Informationen leicht erkennbar, unmittelbar erreichbar und ständig verfügbar zu halten:

1. den Namen und die Anschrift, unter der sie niedergelassen sind, bei juristischen Personen zusätzlich die Rechtsform, den Vertretungsberechtigten und, sofern Angaben über das Kapital der Gesellschaft gemacht werden, das Stamm- oder Grundkapital sowie, wenn nicht alle in Geld zu leistenden Einlagen eingezahlt sind, der Gesamtbetrag der ausstehenden Einlagen,
2. Angaben, die eine schnelle elektronische Kontaktaufnahme und unmittelbare Kommunikation mit ihnen ermöglichen, einschließlich der Adresse der elektronischen Post,
3. soweit der Dienst im Rahmen einer Tätigkeit angeboten oder erbracht wird, die der behördlichen Zulassung bedarf, Angaben zur zuständigen Aufsichtsbehörde,
4. das Handelsregister, Vereinsregister, Partnerschaftsregister oder Genossenschaftsregister, in das sie eingetragen sind, und die entsprechende Registernummer,
5. soweit der Dienst in Ausübung eines Berufs im Sinne von Artikel 1 Buchstabe d der Richtlinie 89/48/EWG des Rates vom 21. Dezember 1988 über eine allgemeine Regelung zur Anerkennung der Hochschuldiplome, die eine mindestens dreijährige Berufsausbildung abschließen (ABl. EG Nr. L 19 S. 16), oder im Sinne von Artikel 1 Buchstabe f der Richtlinie 92/541/EWG des Rates vom 18. Juni 1992 über eine zweite allgemeine Regelung zur Anerkennung beruflicher Befähigungsnachweise in Ergänzung zur Richtlinie 89/48/EWG (ABl. EG Nr. L 209 S. 25, 1995 Nr. L 17 S. 20), zuletzt geändert durch die Richtlinie 97/38/EG der Kommission vom 20. Juni 1997 (ABl. EG Nr. L 184 S. 31), angeboten oder erbracht wird, Angaben über
   a) die Kammer, welcher die Diensteanbieter angehören,
   b) die gesetzliche Berufsbezeichnung und den Staat, in dem die Berufsbezeichnung verliehen worden ist,
   c) die Bezeichnung der berufsrechtlichen Regelungen und dazu, wie diese zugänglich sind,
6. in Fällen, in denen sie eine Umsatzsteueridentifikationsnummer nach § 27a des Umsatzsteuergesetzes oder eine Wirtschafts-Identifikationsnummer nach § 139c der Abgabenordnung besitzen, die Angabe dieser Nummer,
7. bei Aktiengesellschaften, Kommanditgesellschaften auf Aktien und Gesellschaften mit beschränkter Haftung, die sich in Abwicklung oder Liquidation befinden, die Angabe hierüber.

(2) Weitergehende Informationspflichten nach anderen Rechtsvorschriften bleiben unberührt.

§ 6 Besondere Informationspflichten bei kommerziellen Kommunikationen

(1) Diensteanbieter haben bei kommerziellen Kommunikationen, die Telemedien oder Bestandteile von Telemedien sind, mindestens die folgenden Voraussetzungen zu beachten:
1. Kommerzielle Kommunikationen müssen klar als solche zu erkennen sein.
2. Die natürliche oder juristische Person, in deren Auftrag kommerzielle Kommunikationen erfolgen, muss klar identifizierbar sein.
3. Angebote zur Verkaufsförderung wie Preisnachlässe, Zugaben und Geschenke müssen klar als solche erkennbar sein, und die Bedingungen für ihre Inanspruchnahme müssen leicht zugänglich sein sowie klar und unzweideutig angegeben werden.

4. Preisausschreiben oder Gewinnspiele mit Werbecharakter müssen klar als solche erkennbar und die Teilnahmebedingungen leicht zugänglich sein sowie klar und unzweideutig angegeben werden.
(2) Werden kommerzielle Kommunikationen per elektronischer Post versandt, darf in der Kopf- und Betreffzeile weder der Absender noch der kommerzielle Charakter der Nachricht verschleiert oder verheimlicht werden. Ein Verschleiern oder Verheimlichen liegt dann vor, wenn die Kopf- und Betreffzeile absichtlich so gestaltet sind, dass der Empfänger vor Einsichtnahme in den Inhalt der Kommunikation keine oder irreführende Informationen über die tatsächliche Identität des Absenders oder den kommerziellen Charakter der Nachricht erhält.
(3) Die Vorschriften des Gesetzes gegen den unlauteren Wettbewerb bleiben unberührt.

Abschnitt 3
Verantwortlichkeit

§ 7 Allgemeine Grundsätze

(1) Diensteanbieter sind für eigene Informationen, die sie zur Nutzung bereithalten, nach den allgemeinen Gesetzen verantwortlich.
(2) Diensteanbieter im Sinne der §§ 8 bis 10 sind nicht verpflichtet, die von ihnen übermittelten oder gespeicherten Informationen zu überwachen oder nach Umständen zu forschen, die auf eine rechtswidrige Tätigkeit hinweisen. Verpflichtungen zur Entfernung oder Sperrung der Nutzung von Informationen nach den allgemeinen Gesetzen bleiben auch im Falle der Nichtverantwortlichkeit des Diensteanbieters nach den §§8 bis 10 unberührt. Das Fernmeldegeheimnis nach § 88 des Telekommunikationsgesetzes ist zu wahren.

§ 8 Durchleitung von Informationen

(1) Diensteanbieter sind für fremde Informationen, die sie in einem Kommunikationsnetz übermitteln oder zu denen sie den Zugang zur Nutzung vermitteln, nicht verantwortlich, sofern sie
1. die Übermittlung nicht veranlasst,
2. den Adressaten der übermittelten Informationen nicht ausgewählt und
3. die übermittelten Informationen nicht ausgewählt oder verändert haben.
Satz 1 findet keine Anwendung, wenn der Diensteanbieter absichtlich mit einem Nutzer seines Dienstes zusammenarbeitet, um rechtswidrige Handlungen zu begehen.
(2) Die Übermittlung von Informationen nach Absatz 1 und die Vermittlung des Zugangs zu ihnen umfasst auch die automatische kurzzeitige Zwischenspeicherung dieser Informationen, soweit dies nur zur Durchführung der Übermittlung im Kommunikationsnetz geschieht und die Informationen nicht länger gespeichert werden, als für die Übermittlung üblicherweise erforderlich ist.

Anhang 7 Telemediengesetz (TMG)

§ 9 Zwischenspeicherung zur beschleunigten Übermittlung von Informationen

Diensteanbieter sind für eine automatische, zeitlich begrenzte Zwischenspeicherung, die allein dem Zweck dient, die Übermittlung fremder Informationen an andere Nutzer auf deren Anfrage effizienter zu gestalten, nicht verantwortlich, sofern sie
1. die Informationen nicht verändern,
2. die Bedingungen für den Zugang zu den Informationen beachten,
3. die Regeln für die Aktualisierung der Informationen, die in weithin anerkannten und verwendeten Industriestandards festgelegt sind, beachten,
4. die erlaubte Anwendung von Technologien zur Sammlung von Daten über die Nutzung der Informationen, die in weithin anerkannten und verwendeten Industriestandards festgelegt sind, nicht beeinträchtigen und
5. unverzüglich handeln, um im Sinne dieser Vorschrift gespeicherte Informationen zu entfernen oder den Zugang zu ihnen zu sperren, sobald sie Kenntnis davon erhalten haben, dass die Informationen am ursprünglichen Ausgangsort der Übertragung aus dem Netz entfernt wurden oder der Zugang zu ihnen gesperrt wurde oder ein Gericht oder eine Verwaltungsbehörde die Entfernung oder Sperrung angeordnet hat.

§ 8 Abs. 1 Satz 2 gilt entsprechend.

§ 10 Speicherung von Informationen

Diensteanbieter sind für fremde Informationen, die sie für einen Nutzer speichern, nicht verantwortlich, sofern
1. sie keine Kenntnis von der rechtswidrigen Handlung oder der Information haben und ihnen im Falle von Schadensersatzansprüchen auch keine Tatsachen oder Umstände bekannt sind, aus denen die rechtswidrige Handlung oder die Information offensichtlich wird, oder
2. sie unverzüglich tätig geworden sind, um die Information zu entfernen oder den Zugang zu ihr zu sperren, sobald sie diese Kenntnis erlangt haben.

Satz 1 findet keine Anwendung, wenn der Nutzer dem Diensteanbieter untersteht oder von ihm beaufsichtigt wird.

Abschnitt 4
Datenschutz

§ 11 Anbieter-Nutzer-Verhältnis

(1) Die Vorschriften dieses Abschnitts gelten nicht für die Erhebung und Verwendung personenbezogener Daten der Nutzer von Telemedien, soweit die Bereitstellung solcher Dienste
1. im Dienst- und Arbeitsverhältnis zu ausschließlich beruflichen oder dienstlichen Zwecken oder
2. innerhalb von oder zwischen nicht öffentlichen Stellen oder öffentlichen Stellen ausschließlich zur Steuerung von Arbeits- oder Geschäftsprozessen erfolgt.

Telemediengesetz (TMG)

(2) Nutzer im Sinne dieses Abschnitts ist jede natürliche Person, die Telemedien nutzt, insbesondere um Informationen zu erlangen oder zugänglich zu machen.
(3) Bei Telemedien, die überwiegend in der Übertragung von Signalen über Telekommunikationsnetze bestehen, gelten für die Erhebung und Verwendung personenbezogener Daten der Nutzer nur § 15 Absatz 8 und § 16 Absatz 2 Nummer 4.

§ 12 Grundsätze

(1) Der Diensteanbieter darf personenbezogene Daten zur Bereitstellung von Telemedien nur erheben und verwenden, soweit dieses Gesetz oder eine andere Rechtsvorschrift, die sich ausdrücklich auf Telemedien bezieht, es erlaubt oder der Nutzer eingewilligt hat.
(2) Der Diensteanbieter darf für die Bereitstellung von Telemedien erhobene personenbezogene Daten für andere Zwecke nur verwenden, soweit dieses Gesetz oder eine andere Rechtsvorschrift, die sich ausdrücklich auf Telemedien bezieht, es erlaubt oder der Nutzer eingewilligt hat.
(3) Soweit nichts anderes bestimmt ist, sind die jeweils geltenden Vorschriften für den Schutz personenbezogener Daten anzuwenden, auch wenn die Daten nicht automatisiert verarbeitet werden.

§ 13 Pflichten des Diensteanbieters

(1) Der Diensteanbieter hat den Nutzer zu Beginn des Nutzungsvorgangs über Art, Umfang und Zwecke der Erhebung und Verwendung personenbezogener Daten sowie über die Verarbeitung seiner Daten in Staaten außerhalb des Anwendungsbereichs der Richtlinie 95/46/EG des Europäischen Parlaments und des Rates vom 24. Oktober 1995 zum Schutz natürlicher Personen bei der Verarbeitung personenbezogener Daten und zum freien Datenverkehr (ABl. EG Nr. L 281 S. 31) in allgemein verständlicher Form zu unterrichten, sofern eine solche Unterrichtung nicht bereits erfolgt ist. Bei einem automatisierten Verfahren, das eine spätere Identifizierung des Nutzers ermöglicht und eine Erhebung oder Verwendung personenbezogener Daten vorbereitet, ist der Nutzer zu Beginn dieses Verfahrens zu unterrichten. Der Inhalt der Unterrichtung muss für den Nutzer jederzeit abrufbar sein.
(2) Die Einwilligung kann elektronisch erklärt werden, wenn der Diensteanbieter sicherstellt, dass
1. der Nutzer seine Einwilligung bewusst und eindeutig erteilt hat,
2. die Einwilligung protokolliert wird,
3. der Nutzer den Inhalt der Einwilligung jederzeit abrufen kann und
4. der Nutzer die Einwilligung jederzeit mit Wirkung für die Zukunft widerrufen kann.
(3) Der Diensteanbieter hat den Nutzer vor Erklärung der Einwilligung auf das Recht nach Absatz 2 Nr. 4 hinzuweisen. [2]Absatz 1 Satz 3 gilt entsprechend.
(4) Der Diensteanbieter hat durch technische und organisatorische Vorkehrungen sicherzustellen, dass
1. der Nutzer die Nutzung des Dienstes jederzeit beenden kann,
2. die anfallenden personenbezogenen Daten über den Ablauf des Zugriffs oder der

Anhang 7   **Telemediengesetz (TMG)**

sonstigen Nutzung unmittelbar nach deren Beendigung gelöscht oder in den Fällen des Satzes 2 gesperrt werden,
3. der Nutzer Telemedien gegen Kenntnisnahme Dritter geschützt in Anspruch nehmen kann,
4. die personenbezogenen Daten über die Nutzung verschiedener Telemedien durch denselben Nutzer getrennt verwendet werden können,
5. Daten nach § 15 Abs. 2 nur für Abrechnungszwecke zusammengeführt werden können und
6. Nutzungsprofile nach § 15 Abs. 3 nicht mit Angaben zur Identifikation des Trägers des Pseudonyms zusammengeführt werden können.

An die Stelle der Löschung nach Satz 1 Nr. 2 tritt eine Sperrung, soweit einer Löschung gesetzliche, satzungsmäßige oder vertragliche Aufbewahrungsfristen entgegenstehen.
(5) Die Weitervermittlung zu einem anderen Diensteanbieter ist dem Nutzer anzuzeigen.
(6) Der Diensteanbieter hat die Nutzung von Telemedien und ihre Bezahlung anonym oder unter Pseudonym zu ermöglichen, soweit dies technisch möglich und zumutbar ist. Der Nutzer ist über diese Möglichkeit zu informieren.
(7) Diensteanbieter haben, soweit dies technisch möglich und wirtschaftlich zumutbar ist, im Rahmen ihrer jeweiligen Verantwortlichkeit für geschäftsmäßig angebotene Telemedien durch technische und organisatorische Vorkehrungen sicherzustellen, dass
1. kein unerlaubter Zugriff auf die für ihre Telemedienangebote genutzten technischen Einrichtungen möglich ist und
2. diese
   a) gegen Verletzungen des Schutzes personenbezogener Daten und
   b) gegen Störungen, auch soweit sie durch äußere Angriffe bedingt sind,
gesichert sind. Vorkehrungen nach Satz 1 müssen den Stand der Technik berücksichtigen. Eine Maßnahme nach Satz 1 ist insbesondere die Anwendung eines als sicher anerkannten Verschlüsselungsverfahrens.
(8) Der Diensteanbieter hat dem Nutzer nach Maßgabe von § 34 des Bundesdatenschutzgesetzes auf Verlangen Auskunft über die zu seiner Person oder zu seinem Pseudonym gespeicherten Daten zu erteilen. Die Auskunft kann auf Verlangen des Nutzers auch elektronisch erteilt werden.

§ 14 Bestandsdaten

(1) Der Diensteanbieter darf personenbezogene Daten eines Nutzers nur erheben und verwenden, soweit sie für die Begründung, inhaltliche Ausgestaltung oder Änderung eines Vertragsverhältnisses zwischen dem Diensteanbieter und dem Nutzer über die Nutzung von Telemedien erforderlich sind (Bestandsdaten).
(2) Auf Anordnung der zuständigen Stellen darf der Diensteanbieter im Einzelfall Auskunft über Bestandsdaten erteilen, soweit dies für Zwecke der Strafverfolgung, zur Gefahrenabwehr durch die Polizeibehörden der Länder, zur Erfüllung der gesetzlichen Aufgaben der Verfassungsschutzbehörden des Bundes und der Länder, des Bundesnachrichtendienstes oder des Militärischen Abschirmdienstes oder des Bundes-

Telemediengesetz (TMG) Anhang 7

kriminalamtes im Rahmen seiner Aufgabe zur Abwehr von Gefahren des internationalen Terrorismus oder zur Durchsetzung der Rechte am geistigen Eigentum erforderlich ist.

§ 15 Nutzungsdaten

(1) Der Diensteanbieter darf personenbezogene Daten eines Nutzers nur erheben und verwenden, soweit dies erforderlich ist, um die Inanspruchnahme von Telemedien zu ermöglichen und abzurechnen (Nutzungsdaten). Nutzungsdaten sind insbesondere
1. Merkmale zur Identifikation des Nutzers,
2. Angaben über Beginn und Ende sowie des Umfangs der jeweiligen Nutzung und
3. Angaben über die vom Nutzer in Anspruch genommenen Telemedien.

(2) Der Diensteanbieter darf Nutzungsdaten eines Nutzers über die Inanspruchnahme verschiedener Telemedien zusammenführen, soweit dies für Abrechnungszwecke mit dem Nutzer erforderlich ist.

(3) Der Diensteanbieter darf für Zwecke der Werbung, der Marktforschung oder zur bedarfsgerechten Gestaltung der Telemedien Nutzungsprofile bei Verwendung von Pseudonymen erstellen, sofern der Nutzer dem nicht widerspricht. Der Diensteanbieter hat den Nutzer auf sein Widerspruchsrecht im Rahmen der Unterrichtung nach § 13 Abs. 1 hinzuweisen. Diese Nutzungsprofile dürfen nicht mit Daten über den Träger des Pseudonyms zusammengeführt werden.

(4) Der Diensteanbieter darf Nutzungsdaten über das Ende des Nutzungsvorgangs hinaus verwenden, soweit sie für Zwecke der Abrechnung mit dem Nutzer erforderlich sind (Abrechnungsdaten). Zur Erfüllung bestehender gesetzlicher, satzungsmäßiger oder vertraglicher Aufbewahrungsfristen darf der Diensteanbieter die Daten sperren.

(5) Der Diensteanbieter darf an andere Diensteanbieter oder Dritte Abrechnungsdaten übermitteln, soweit dies zur Ermittlung des Entgelts und zur Abrechnung mit dem Nutzer erforderlich ist. Hat der Diensteanbieter mit einem Dritten einen Vertrag über den Einzug des Entgelts geschlossen, so darf er diesem Dritten Abrechnungsdaten übermitteln, soweit es für diesen Zweck erforderlich ist. Zum Zwecke der Marktforschung anderer Diensteanbieter dürfen anonymisierte Nutzungsdaten übermittelt werden. § 14 Abs. 2 findet entsprechende Anwendung.

(6) Die Abrechnung über die Inanspruchnahme von Telemedien darf Anbieter, Zeitpunkt, Dauer, Art, Inhalt und Häufigkeit bestimmter von einem Nutzer in Anspruch genommener Telemedien nicht erkennen lassen, es sei denn, der Nutzer verlangt einen Einzelnachweis.

(7) Der Diensteanbieter darf Abrechnungsdaten, die für die Erstellung von Einzelnachweisen über die Inanspruchnahme bestimmter Angebote auf Verlangen des Nutzers verarbeitet werden, höchstens bis zum Ablauf des sechsten Monats nach Versendung der Rechnung speichern. Werden gegen die Entgeltforderung innerhalb dieser Frist Einwendungen erhoben oder diese trotz Zahlungsaufforderung nicht beglichen, dürfen die Abrechnungsdaten weiter gespeichert werden, bis die Einwendungen abschließend geklärt sind oder die Entgeltforderung beglichen ist.

(8) Liegen dem Diensteanbieter zu dokumentierende tatsächliche Anhaltspunkte vor, dass seine Dienste von bestimmten Nutzern in der Absicht in Anspruch genommen

werden, das Entgelt nicht oder nicht vollständig zu entrichten, darf er die personenbezogenen Daten dieser Nutzer über das Ende des Nutzungsvorgangs sowie die in Absatz 7 genannte Speicherfrist hinaus nur verwenden, soweit dies für Zwecke der Rechtsverfolgung erforderlich ist. Der Diensteanbieter hat die Daten unverzüglich zu löschen, wenn die Voraussetzungen nach Satz 1 nicht mehr vorliegen oder die Daten für die Rechtsverfolgung nicht mehr benötigt werden. Der betroffene Nutzer ist zu unterrichten, sobald dies ohne Gefährdung des mit der Maßnahme verfolgten Zweckes möglich ist.

§ 15a Informationspflicht bei unrechtmäßiger Kenntniserlangung von Daten

Stellt der Diensteanbieter fest, dass bei ihm gespeicherte Bestands- oder Nutzungsdaten unrechtmäßig übermittelt worden oder auf sonstige Weise Dritten unrechtmäßig zur Kenntnis gelangt sind, und drohen schwerwiegende Beeinträchtigungen für die Rechte oder schutzwürdigen Interessen des betroffenen Nutzers, gilt § 42a des Bundesdatenschutzgesetzes entsprechend.

Abschnitt 5
Bußgeldvorschriften

§ 16 Bußgeldvorschriften

(1) Ordnungswidrig handelt, wer absichtlich entgegen § 6 Abs. 2 Satz 1 den Absender oder den kommerziellen Charakter der Nachricht verschleiert oder verheimlicht.
(2) Ordnungswidrig handelt, wer vorsätzlich oder fahrlässig
1. entgegen § 5 Abs. 1 eine Information nicht, nicht richtig oder nicht vollständig verfügbar hält,
2. entgegen § 13 Abs. 1 Satz 1 oder 2 den Nutzer nicht, nicht richtig, nicht vollständig oder nicht rechtzeitig unterrichtet,
3. einer Vorschrift des § 13 Abs. 4 Satz 1 Nr. 1 bis 4 oder 5 oder Absatz 7 Satz 1 Nummer 1 oder Nummer 2 Buchstabe a über eine dort genannte Pflicht zur Sicherstellung zuwiderhandelt,
4. entgegen § 14 Abs. 1 oder § 15 Abs. 1 Satz 1 oder Abs. 8 Satz 1 oder 2 personenbezogene Daten erhebt oder verwendet oder nicht oder nicht rechtzeitig löscht oder
5. entgegen § 15 Abs. 3 Satz 3 ein Nutzungsprofil mit Daten über den Träger des Pseudonyms zusammenführt.
(3) Die Ordnungswidrigkeit kann mit einer Geldbuße bis zu fünfzigtausend Euro geahndet werden.

8. Gesetz zur Regelung des Zugangs zu Informationen des Bundes (Informationsfreiheitsgesetz – IFG)

in der Fassung der Bekanntmachung vom 5. September 2005 (BGBl. I S. 2722), zuletzt geändert durch Gesetz vom 7. August 2013 (BGBl. I S. 3154)

Inhaltsübersicht

§ 1 Grundsatz
§ 2 Begriffsbestimmungen
§ 3 Schutz von besonderen öffentlichen Belangen
§ 4 Schutz des behördlichen Entscheidungsprozesses
§ 5 Schutz personenbezogener Daten
§ 6 Schutz des geistigen Eigentums und von Betriebs- oder Geschäftsgeheimnissen
§ 7 Antrag und Verfahren
§ 8 Verfahren bei Beteiligung Dritter
§ 9 Ablehnung des Antrags; Rechtsweg
§ 10 Gebühren und Auslagen
§ 11 Veröffentlichungspflichten
§ 12 Bundesbeauftragter für die Informationsfreiheit
§ 13 (weggefallen)
§ 14 Bericht und Evaluierung
§ 15 Inkrafttreten

§ 1 Grundsatz

(1) Jeder hat nach Maßgabe dieses Gesetzes gegenüber den Behörden des Bundes einen Anspruch auf Zugang zu amtlichen Informationen. Für sonstige Bundesorgane und -einrichtungen gilt dieses Gesetz, soweit sie öffentlich-rechtliche Verwaltungsaufgaben wahrnehmen. Einer Behörde im Sinne dieser Vorschrift steht eine natürliche Person oder juristische Person des Privatrechts gleich, soweit eine Behörde sich dieser Person zur Erfüllung ihrer öffentlich-rechtlichen Aufgaben bedient.
(2) Die Behörde kann Auskunft erteilen, Akteneinsicht gewähren oder Informationen in sonstiger Weise zur Verfügung stellen. Begehrt der Antragsteller eine bestimmte Art des Informationszugangs, so darf dieser nur aus wichtigem Grund auf andere Art gewährt werden. Als wichtiger Grund gilt insbesondere ein deutlich höherer Verwaltungsaufwand.
(3) Regelungen in anderen Rechtsvorschriften über den Zugang zu amtlichen Informationen gehen mit Ausnahme des § 29 des Verwaltungsverfahrensgesetzes und des § 25 des Zehnten Buches Sozialgesetzbuch vor.

Anhang 8 — Informationsfreiheitsgesetz – IFG

§ 2 Begriffsbestimmungen

Im Sinne dieses Gesetzes ist
1. amtliche Information: jede amtlichen Zwecken dienende Aufzeichnung, unabhängig von der Art ihrer Speicherung. Entwürfe und Notizen, die nicht Bestandteil eines Vorgangs werden sollen, gehören nicht dazu;
2. Dritter: jeder, über den personenbezogene Daten oder sonstige Informationen vorliegen.

§ 3 Schutz von besonderen öffentlichen Belangen

Der Anspruch auf Informationszugang besteht nicht,
1. wenn das Bekanntwerden der Information nachteilige Auswirkungen haben kann auf
   a) internationale Beziehungen,
   b) militärische und sonstige sicherheitsempfindliche Belange der Bundeswehr,
   c) Belange der inneren oder äußeren Sicherheit,
   d) Kontroll- oder Aufsichtsaufgaben der Finanz-, Wettbewerbs- und Regulierungsbehörden,
   e) Angelegenheiten der externen Finanzkontrolle,
   f) Maßnahmen zum Schutz vor unerlaubtem Außenwirtschaftsverkehr,
   g) die Durchführung eines laufenden Gerichtsverfahrens, den Anspruch einer Person auf ein faires Verfahren oder die Durchführung strafrechtlicher, ordnungswidrigkeitsrechtlicher oder disziplinarischer Ermittlungen,
2. wenn das Bekanntwerden der Information die öffentliche Sicherheit gefährden kann,
3. wenn und solange
   a) die notwendige Vertraulichkeit internationaler Verhandlungen oder
   b) die Beratungen von Behörden beeinträchtigt werden,
4. wenn die Information einer durch Rechtsvorschrift oder durch die Allgemeine Verwaltungsvorschrift zum materiellen und organisatorischen Schutz von Verschlusssachen geregelten Geheimhaltungs- oder Vertraulichkeitspflicht oder einem Berufs- oder besonderen Amtsgeheimnis unterliegt,
5. hinsichtlich vorübergehend beigezogener Information einer anderen öffentlichen Stelle, die nicht Bestandteil der eigenen Vorgänge werden soll,
6. wenn das Bekanntwerden der Information geeignet wäre, fiskalische Interessen des Bundes im Wirtschaftsverkehr oder wirtschaftliche Interessen der Sozialversicherungen zu beeinträchtigen,
7. bei vertraulich erhobener oder übermittelter Information, soweit das Interesse des Dritten an einer vertraulichen Behandlung im Zeitpunkt des Antrags auf Informationszugang noch fortbesteht,
8. gegenüber den Nachrichtendiensten sowie den Behörden und sonstigen öffentlichen Stellen des Bundes, soweit sie Aufgaben im Sinne des § 10 Nr. 3 des Sicherheitsüberprüfungsgesetzes wahrnehmen.

§ 4 Schutz des behördlichen Entscheidungsprozesses

(1) Der Antrag auf Informationszugang soll abgelehnt werden für Entwürfe zu Entscheidungen sowie Arbeiten und Beschlüsse zu ihrer unmittelbaren Vorbereitung, soweit und solange durch die vorzeitige Bekanntgabe der Informationen der Erfolg der Entscheidung oder bevorstehender behördlicher Maßnahmen vereitelt würde. Nicht der unmittelbaren Entscheidungsvorbereitung nach Satz 1 dienen regelmäßig Ergebnisse der Beweiserhebung und Gutachten oder Stellungnahmen Dritter.

(2) Der Antragsteller soll über den Abschluss des jeweiligen Verfahrens informiert werden.

§ 5 Schutz personenbezogener Daten

(1) Zugang zu personenbezogenen Daten darf nur gewährt werden, soweit das Informationsinteresse des Antragstellers das schutzwürdige Interesse des Dritten am Ausschluss des Informationszugangs überwiegt oder der Dritte eingewilligt hat. Besondere Arten personenbezogener Daten im Sinne des § 3 Abs. 9 des Bundesdatenschutzgesetzes dürfen nur übermittelt werden, wenn der Dritte ausdrücklich eingewilligt hat.

(2) Das Informationsinteresse des Antragstellers überwiegt nicht bei Informationen aus Unterlagen, soweit sie mit dem Dienst- oder Amtsverhältnis oder einem Mandat des Dritten in Zusammenhang stehen und bei Informationen, die einem Berufs- oder Amtsgeheimnis unterliegen.

(3) Das Informationsinteresse des Antragstellers überwiegt das schutzwürdige Interesse des Dritten am Ausschluss des Informationszugangs in der Regel dann, wenn sich die Angabe auf Name, Titel, akademischen Grad, Berufs- und Funktionsbezeichnung, Büroanschrift und -telekommunikationsnummer beschränkt und der Dritte als Gutachter, Sachverständiger oder in vergleichbarer Weise eine Stellungnahme in einem Verfahren abgegeben hat.

(4) Name, Titel, akademischer Grad, Berufs- und Funktionsbezeichnung, Büroanschrift und -telekommunikationsnummer von Bearbeitern sind vom Informationszugang nicht ausgeschlossen, soweit sie Ausdruck und Folge der amtlichen Tätigkeit sind und kein Ausnahmetatbestand erfüllt ist.

§ 6 Schutz des geistigen Eigentums und von Betriebs- oder Geschäftsgeheimnissen

Der Anspruch auf Informationszugang besteht nicht, soweit der Schutz geistigen Eigentums entgegensteht. Zugang zu Betriebs- oder Geschäftsgeheimnissen darf nur gewährt werden, soweit der Betroffene eingewilligt hat.

§ 7 Antrag und Verfahren

(1) Über den Antrag auf Informationszugang entscheidet die Behörde, die zur Verfügung über die begehrten Informationen berechtigt ist. Im Fall des § 1 Abs. 1 Satz 3 ist der Antrag an die Behörde zu richten, die sich der natürlichen oder juristischen Person

des Privatrechts zur Erfüllung ihrer öffentlich-rechtlichen Aufgaben bedient. Betrifft der Antrag Daten Dritter im Sinne von § 5 Abs. 1 und 2 oder § 6, muss er begründet werden. Bei gleichförmigen Anträgen von mehr als 50 Personen gelten die §§ 17 bis 19 des Verwaltungsverfahrensgesetzes entsprechend.

(2) Besteht ein Anspruch auf Informationszugang zum Teil, ist dem Antrag in dem Umfang stattzugeben, in dem der Informationszugang ohne Preisgabe der geheimhaltungsbedürftigen Informationen oder ohne unverhältnismäßigen Verwaltungsaufwand möglich ist. Entsprechendes gilt, wenn sich der Antragsteller in den Fällen, in denen Belange Dritter berührt sind, mit einer Unkenntlichmachung der diesbezüglichen Informationen einverstanden erklärt.

(3) Auskünfte können mündlich, schriftlich oder elektronisch erteilt werden. Die Behörde ist nicht verpflichtet, die inhaltliche Richtigkeit der Information zu prüfen.

(4) Im Fall der Einsichtnahme in amtliche Informationen kann sich der Antragsteller Notizen machen oder Ablichtungen und Ausdrucke fertigen lassen. § 6 Satz 1 bleibt unberührt.

(5) Die Information ist dem Antragsteller unter Berücksichtigung seiner Belange unverzüglich zugänglich zu machen. Der Informationszugang soll innerhalb eines Monats erfolgen. § 8 bleibt unberührt.

§ 8 Verfahren bei Beteiligung Dritter

(1) Die Behörde gibt einem Dritten, dessen Belange durch den Antrag auf Informationszugang berührt sind, schriftlich Gelegenheit zur Stellungnahme innerhalb eines Monats, sofern Anhaltspunkte dafür vorliegen, dass er ein schutzwürdiges Interesse am Ausschluss des Informationszugangs haben kann.

(2) Die Entscheidung nach § 7 Abs. 1 Satz 1 ergeht schriftlich und ist auch dem Dritten bekannt zu geben. Der Informationszugang darf erst erfolgen, wenn die Entscheidung dem Dritten gegenüber bestandskräftig ist oder die sofortige Vollziehung angeordnet worden ist und seit der Bekanntgabe der Anordnung an den Dritten zwei Wochen verstrichen sind. § 9 Abs. 4 gilt entsprechend.

§ 9 Ablehnung des Antrags; Rechtsweg

(1) Die Bekanntgabe einer Entscheidung, mit der der Antrag ganz oder teilweise abgelehnt wird, hat innerhalb der Frist nach § 7 Abs. 5 Satz 2 zu erfolgen.

(2) Soweit die Behörde den Antrag ganz oder teilweise ablehnt, hat sie mitzuteilen, ob und wann der Informationszugang ganz oder teilweise zu einem späteren Zeitpunkt voraussichtlich möglich ist.

(3) Der Antrag kann abgelehnt werden, wenn der Antragsteller bereits über die begehrten Informationen verfügt oder sich diese in zumutbarer Weise aus allgemein zugänglichen Quellen beschaffen kann.

(4) Gegen die ablehnende Entscheidung sind Widerspruch und Verpflichtungsklage zulässig. Ein Widerspruchsverfahren nach den Vorschriften des 8. Abschnitts der Verwaltungsgerichtsordnung ist auch dann durchzuführen, wenn die Entscheidung von einer obersten Bundesbehörde getroffen wurde.

Informationsfreiheitsgesetz – IFG

§ 10 Gebühren und Auslagen

(1) Für individuell zurechenbare öffentliche Leistungen nach diesem Gesetz werden Gebühren und Auslagen erhoben. Dies gilt nicht für die Erteilung einfacher Auskünfte.

(2) Die Gebühren sind auch unter Berücksichtigung des Verwaltungsaufwandes so zu bemessen, dass der Informationszugang nach § 1 wirksam in Anspruch genommen werden kann.

(3) Das Bundesministerium des Innern wird ermächtigt, für individuell zurechenbare öffentliche Leistungen nach diesem Gesetz die Gebührentatbestände und Gebührensätze durch Rechtsverordnung ohne Zustimmung des Bundesrates zu bestimmen. § 10 des Bundesgebührengesetzes findet keine Anwendung.

§ 11 Veröffentlichungspflichten

(1) Die Behörden sollen Verzeichnisse führen, aus denen sich die vorhandenen Informationssammlungen und -zwecke erkennen lassen.

(2) Organisations- und Aktenpläne ohne Angabe personenbezogener Daten sind nach Maßgabe dieses Gesetzes allgemein zugänglich zu machen.

(3) Die Behörden sollen die in den Absätzen 1 und 2 genannten Pläne und Verzeichnisse sowie weitere geeignete Informationen in elektronischer Form allgemein zugänglich machen.

§ 12 Bundesbeauftragter für die Informationsfreiheit

(1) Jeder kann den Bundesbeauftragten für die Informationsfreiheit anrufen, wenn er sein Recht auf Informationszugang nach diesem Gesetz als verletzt ansieht.

(2) Die Aufgabe des Bundesbeauftragten für die Informationsfreiheit wird von dem Bundesbeauftragten für den Datenschutz wahrgenommen.

(3) Die Bestimmungen des Bundesdatenschutzgesetzes über die Kontrollaufgaben des Bundesbeauftragten für den Datenschutz (§ 24 Abs. 1 und 3 bis 5), über Beanstandungen (§ 25 Abs. 1 Satz 1 Nr. 1 und 4, Satz 2 und Abs. 2 und 3) sowie über weitere Aufgaben gemäß § 26 Abs. 1 bis 3 gelten entsprechend.

§ 13 (weggefallen)

§ 14 Bericht und Evaluierung

Die Bundesregierung unterrichtet den Deutschen Bundestag zwei Jahre vor Außerkrafttreten über die Anwendung dieses Gesetzes. Der Deutsche Bundestag wird das Gesetz ein Jahr vor Außerkrafttreten auf wissenschaftlicher Grundlage evaluieren.

§ 15 Inkrafttreten

Dieses Gesetz tritt am 1. Januar 2006 in Kraft.

9. Weitere wichtige gesetzliche Datenschutznormen

§ 7 UWG[1] Unzumutbare Belästigungen

(1) Eine geschäftliche Handlung, durch die ein Marktteilnehmer in unzumutbarer Weise belästigt wird, ist unzulässig. Dies gilt insbesondere für Werbung, obwohl erkennbar ist, dass der angesprochene Marktteilnehmer diese Werbung nicht wünscht.
(2) Eine unzumutbare Belästigung ist stets anzunehmen
1. bei Werbung unter Verwendung eines in den Nummern 2 und 3 nicht aufgeführten, für den Fernabsatz geeigneten Mittels der kommerziellen Kommunikation, durch die ein Verbraucher hartnäckig angesprochen wird, obwohl er dies erkennbar nicht wünscht;
2. bei Werbung mit einem Telefonanruf gegenüber einem Verbraucher ohne dessen vorherige ausdrückliche Einwilligung oder gegenüber einem sonstigen Marktteilnehmer ohne dessen zumindest mutmaßliche Einwilligung,
3. bei Werbung unter Verwendung einer automatischen Anrufmaschine, eines Faxgerätes oder elektronischer Post, ohne dass eine vorherige ausdrückliche Einwilligung des Adressaten vorliegt, oder
4. bei Werbung mit einer Nachricht,
   a) bei der die Identität des Absenders, in dessen Auftrag die Nachricht übermittelt wird, verschleiert oder verheimlicht wird oder
   b) bei der gegen § 6 Abs. 1 des Telemediengesetzes verstoßen wird oder in der der Empfänger aufgefordert wird, eine Website aufzurufen, die gegen diese Vorschrift verstößt, oder
   c) bei der keine gültige Adresse vorhanden ist, an die der Empfänger eine Aufforderung zur Einstellung solcher Nachrichten richten kann, ohne dass hierfür andere als die Übermittlungskosten nach den Basistarifen entstehen.

(3) Abweichend von Absatz 2 Nummer 3 ist eine unzumutbare Belästigung bei einer Werbung unter Verwendung elektronischer Post nicht anzunehmen, wenn
1. ein Unternehmer im Zusammenhang mit dem Verkauf einer Ware oder Dienstleistung von dem Kunden dessen elektronische Postadresse erhalten hat,
2. der Unternehmer die Adresse zur Direktwerbung für eigene ähnliche Waren oder Dienstleistungen verwendet,
3. der Kunde der Verwendung nicht widersprochen hat und
4. der Kunde bei Erhebung der Adresse und bei jeder Verwendung klar und deutlich darauf hingewiesen wird, dass er der Verwendung jederzeit widersprechen kann, ohne dass hierfür andere als die Übermittlungskosten nach den Basistarifen entstehen.

---

1 Gesetz gegen den unlauteren Wettbewerb (UWG), in der Fassung der Bekanntmachung vom 3. März 2010 (BGBl. I S. 254), zuletzt geändert durch Gesetz vom 1. Oktober 2013 (BGBl. I S. 3714).

Weitere wichtige gesetzliche Datenschutznormen Anhang 9

§ 203 StGB[2] Verletzung von Privatgeheimnissen

(1) Wer unbefugt ein fremdes Geheimnis, namentlich ein zum persönlichen Lebensbereich gehörendes Geheimnis oder ein Betriebs- oder Geschäftsgeheimnis, offenbart, das ihm als

1. Arzt, Zahnarzt, Tierarzt, Apotheker oder Angehörigen eines anderen Heilberufs, der für die Berufsausübung oder die Führung der Berufsbezeichnung eine staatlich geregelte Ausbildung erfordert,
2. Berufspsychologen mit staatlich anerkannter wissenschaftlicher Abschlußprüfung,
3. Rechtsanwalt, Patentanwalt, Notar, Verteidiger in einem gesetzlich geordneten Verfahren, Wirtschaftsprüfer, vereidigtem Buchprüfer, Steuerberater, Steuerbevollmächtigten oder Organ oder Mitglied eines Organs einer Rechtsanwalts-, Patentanwalts-, Wirtschaftsprüfungs-, Buchprüfungs- oder Steuerberatungsgesellschaft,
4. Ehe-, Familien-, Erziehungs- oder Jugendberater sowie Berater für Suchtfragen in einer Beratungsstelle, die von einer Behörde oder Körperschaft, Anstalt oder Stiftung des öffentlichen Rechts anerkannt ist,
4a. Mitglied oder Beauftragten einer anerkannten Beratungsstelle nach den §§ 3 und 8 des Schwangerschaftskonfliktgesetzes,
5. staatlich anerkanntem Sozialarbeiter oder staatlich anerkanntem Sozialpädagogen oder
6. Angehörigen eines Unternehmens der privaten Kranken-, Unfall- oder Lebensversicherung oder einer privatärztlichen, steuerberaterlichen oder anwaltlichen Verrechnungsstelle

anvertraut worden oder sonst bekanntgeworden ist, wird mit Freiheitsstrafe bis zu einem Jahr oder mit Geldstrafe bestraft.

(2) Ebenso wird bestraft, wer unbefugt ein fremdes Geheimnis, namentlich ein zum persönlichen Lebensbereich gehörendes Geheimnis oder ein Betriebs- oder Geschäftsgeheimnis, offenbart, das ihm als

1. Amtsträger,
2. für den öffentlichen Dienst besonders Verpflichteten,
3. Person, die Aufgaben oder Befugnisse nach dem Personalvertretungsrecht wahrnimmt,
4. Mitglied eines für ein Gesetzgebungsorgan des Bundes oder eines Landes tätigen Untersuchungsausschusses, sonstigen Ausschusses oder Rates, das nicht selbst Mitglied des Gesetzgebungsorgans ist, oder als Hilfskraft eines solchen Ausschusses oder Rates,
5. öffentlich bestelltem Sachverständigen, der auf die gewissenhafte Erfüllung seiner Obliegenheiten auf Grund eines Gesetzes förmlich verpflichtet worden ist, oder
6. Person, die auf die gewissenhafte Erfüllung ihrer Geheimhaltungspflicht bei der Durchführung wissenschaftlicher Forschungsvorhaben auf Grund eines Gesetzes förmlich verpflichtet worden ist,

anvertraut worden oder sonst bekanntgeworden ist. Einem Geheimnis im Sinne des

---

2 Strafgesetzbuch (StGB) in der Fassung der Bekanntmachung vom 13. November 1998 (BGBl. I S. 3322), zuletzt geändert durch Gesetz vom 20. Oktober 2015 (BGBl. I S. 1722).

Anhang 9   **Weitere wichtige gesetzliche Datenschutznormen**

Satzes 1 stehen Einzelangaben über persönliche oder sachliche Verhältnisse eines anderen gleich, die für Aufgaben der öffentlichen Verwaltung erfaßt worden sind; Satz 1 ist jedoch nicht anzuwenden, soweit solche Einzelangaben anderen Behörden oder sonstigen Stellen für Aufgaben der öffentlichen Verwaltung bekanntgegeben werden und das Gesetz dies nicht untersagt.
(2a) Die Absätze 1 und 2 gelten entsprechend, wenn ein Beauftragter für den Datenschutz unbefugt ein fremdes Geheimnis im Sinne dieser Vorschriften offenbart, das einem in den Absätzen 1 und 2 Genannten in dessen beruflicher Eigenschaft anvertraut worden oder sonst bekannt geworden ist und von dem er bei der Erfüllung seiner Aufgaben als Beauftragter für den Datenschutz Kenntnis erlangt hat.
(3) Einem in Absatz 1 Nr. 3 genannten Rechtsanwalt stehen andere Mitglieder einer Rechtsanwaltskammer gleich. Den in Absatz 1 und Satz 1 Genannten stehen ihre berufsmäßig tätigen Gehilfen und die Personen gleich, die bei ihnen zur Vorbereitung auf den Beruf tätig sind. Den in Absatz 1 und den in Satz 1 und 2 Genannten steht nach dem Tod des zur Wahrung des Geheimnisses Verpflichteten ferner gleich, wer das Geheimnis von dem Verstorbenen oder aus dessen Nachlaß erlangt hat.
(4) Die Absätze 1 bis 3 sind auch anzuwenden, wenn der Täter das fremde Geheimnis nach dem Tod des Betroffenen unbefugt offenbart.
(5) Handelt der Täter gegen Entgelt oder in der Absicht, sich oder einen anderen zu bereichern oder einen anderen zu schädigen, so ist die Strafe Freiheitsstrafe bis zu zwei Jahren oder Geldstrafe.

§ 23 KunstUrhG[3]

(1) Ohne die nach § 22 erforderliche Einwilligung dürfen verbreitet und zur Schau gestellt werden:
1. Bildnisse aus dem Bereiche der Zeitgeschichte;
2. Bilder, auf denen die Personen nur als Beiwerk neben einer Landschaft oder sonstigen Örtlichkeit erscheinen;
3. Bilder von Versammlungen, Aufzügen und ähnlichen Vorgängen, an denen die dargestellten Personen teilgenommen haben;
4. Bildnisse, die nicht auf Bestellung angefertigt sind, sofern die Verbreitung oder Schaustellung einem höheren Interesse der Kunst dient.

(2) Die Befugnis erstreckt sich jedoch nicht auf eine Verbreitung und Schaustellung, durch die ein berechtigtes Interesse des Abgebildeten oder, falls dieser verstorben ist, seiner Angehörigen verletzt wird.

---

3 Gesetz betreffend das Urheberrecht an Werken der bildenden Künste und der Photographie (KunstUrhG) in der im Bundesgesetzblatt Teil III, Gliederungsnummer 440-3, veröffentlichten bereinigten Fassung, zuletzt geändert durch Gesetz vom 16. Februar 2001 (BGBl. I S. 266).

10. Datenschutzaufsichtsbehörden in Deutschland

Bundesbeauftragter für den Datenschutz und die Informationsfreiheit (BfDI)

Husarenstraße 30, 53117 Bonn
Verbindungsbüro Berlin: Friedrichstr. 50, 10117 Berlin
Telefon: 02 28/8 19 95-0/Telefax: 02 28/8 19 95-5 50
E-Mail: poststelle@bfdi.bund.de/Homepage: *http://www.bfdi.bund.de*

Der Landesbeauftragte für den Datenschutz Baden-Württemberg

Postfach 10 29 32
70025 Stuttgart
Königstr. 10 a
70173 Stuttgart
Telefon: 07 11/61 55 41-0/Telefax: 07 11/61 55 41-15
E-Mail: poststelle@lfd.bwl.de/Homepage:
http://www.baden-wuerttemberg.datenschutz.de//

Aufsichtsbehörde nicht-öffentlicher Bereich
Bayerisches Landesamt für Datenschutzaufsicht in der Regierung von Mittelfranken

Postfach 606
91511 Ansbach
Promenade 27 (Schloss)
91522 Ansbach
Telefon: 09 81/53-13 00/Telefax: 09 81/53-53 00
E-Mail: poststelle@lda.bayern.de/Homepage: *http://www.lda.bayern.de/*

Anhang 10   Datenschutzaufsichtsbehörden in Deutschland

Aufsichtsbehörde öffentlicher Bereich
Der Bayerische Landesbeauftragte für den Datenschutz

Postfach 2212
80502 München
Wagmüllerstr. 18
80538 München
Telefon: 0 89/2 12 67 20/Telefax: 0 89/21 26 72 50
E-Mail: poststelle@datenschutz-bayern.de/Homepage:
https://www.datenschutz-bayern.de/

Berliner Beauftragter für Datenschutz und Informationsfreiheit

Friedrichstrasse 219, 10969 Berlin, Besuchereingang Puttkamer Straße 16-18
10787 Berlin
Telefon: 0 30/1 38 89-0/Telefax: 0 30/2 15-50 50
E-Mail: mailbox@datenschutz-berlin.de/Homepage: http://www.datenschutz-berlin.de

Die Landesbeauftragte für den Datenschutz und für das Recht auf Akteneinsicht (Brandenburg)

Stahnsdorfer Damm 77
14532 Kleinmachnow
Telefon: 03 32 03/3 56-0/Telefax: 03 32 03/3 56-49
E-Mail: poststelle@lda.brandenburg.de/Homepage: http://www.lda.brandenburg.de

Die Landesbeauftragte für Datenschutz und Informationsfreiheit der Freien Hansestadt Bremen

Postfach 10 03 80
27503 Bremerhaven
Arndtstraße 1
27570 Bremerhaven
Telefon: 04 21/3 61-20 10 od. 04 41/5 96-20 10/Telefax: 04 21/4 96-1 84 95
E-Mail: office@datenschutz-bremen.de/Homepage:
http://www.datenschutz.bremen.de

Datenschutzaufsichtsbehörden in Deutschland   Anhang 10

Der Hamburgische Datenschutzbeauftragte für Datenschutz und Informationsfreiheit

Klosterwall 6 (Block C)
20095 Hamburg
Telefon: 0 40/4 28 54-40 40/Telefax: 0 40/4 28 54-40 00
E-Mail: mailbox@datenschutz.hamburg.de/Homepage:
http://www.datenschutz.hamburg.de

Der Hessische Datenschutzbeauftragte

Gustav-Stresemann-Ring 1
65021 Wiesbaden
Telefon: 0 61/14 08-0/Telefax: 06 11/14 08-9 01
E-Mail: poststelle@datenschutz.hessen.de/Homepage: *http://www.datenschutz.hessen.de*

Der Landesbeauftragte für den Datenschutz Mecklenburg-Vorpommern

Schloss Schwerin
19053 Schwerin
Telefon: 03 85/5 94 94-0/Telefax: 03 85/5 94 94-58
E-Mail: datenschutz@mvnet.de/Homepage: *http://www.lfd.m-v.de*

Die Landesbeauftragte für den Datenschutz Niedersachsen

Postfach 2 21
30002 Hannover
Prinzenstr. 5
30159 Hannover
Telefon: 05 11/1 20-45 00/Telefax: 05 11/1 20-45 99
E-Mail: poststelle@lfd.niedersachsen.de/Homepage: *http://www.lfd.niedersachsen.de*

Anhang 10　　　　　　　　　Datenschutzaufsichtsbehörden in Deutschland

Landesbeauftragter für Datenschutz und Informationsfreiheit Nordrhein-Westfalen

Postfach 20 04 44
40102 Düsseldorf
Kavalleriestraße 2-4
40213 Düsseldorf
Telefon: 02 11/3 84 24-0/Telefax: 02 11/3 84 24-10
E-Mail: poststelle@ldi.nrw.de/Homepage: http://www.ldi.nrw.de

Der Landesbeauftragte für den Datenschutz Rheinland-Pfalz

Postfach 30 40
55020 Mainz
Hintere Bleiche 34
55116 Mainz
Telefon: 0 61 31/2 08-24 49/Telefax: 0 61 31/2 08-24 97
E-Mail: poststelle@datenschutz.rlp.de/Homepage: http://www.datenschutz.rlp.de

Unabhängiges Datenschutzzentrum Saarland

Postfach 10 26 31
66026 Saarbrücken
Fritz-Dobisch-Straße 12
66111 Saarbrücken
Telefon: 06 81/9 47 81-0/Telefax: 06 81/9 47 81-29
E-Mail: poststelle@datenschutz.saarland.de/Homepage:
http://www.datenschutz.saarland.de/

Der Sächsische Datenschutzbeauftragte

Postfach 12 09 05
01008 Dresden
Bernhard-von-Lindenau-Platz 1
01067 Dresden
Telefon: 03 51/4 93-54 01/Telefax: 03 51/4 93-54 90
E-Mail: saechsdsb@slt.sachsen.de/Homepage: http://www.datenschutz.sachsen.de

Datenschutzaufsichtsbehörden in Deutschland Anhang 10

Landesbeauftragter für den Datenschutz Sachsen-Anhalt

Leiterstr. 9
39104 Magdeburg
Telefon: 0391/81 803-0/Telefax: 0391/81 803-33
E-Mail: poststelle@lfd.sachsen-anhalt.de/Homepage: *http://www.sachsen-anhalt.de/ datenschutz-sachsen-anhalt/*

Unabhängiges Landeszentrum für Datenschutz Schleswig-Holstein

Postfach 71 16
24171 Kiel
Holstenstraße 98
24103 Kiel
Telefon: 0431/988-1200/Telefax: 0431/988-1223
E-Mail: mail@datenschutzzentrum.de/Homepage: *http://www.datenschutzzentrum.de*

Thüringer Landesbeauftragter für den Datenschutz

Postfach 90 04 55
99107 Erfurt
Häßlerstr. 8
99096 Erfurt
Telefon: 0361/377 00/Telefax: 0361/3773 71 90
E-Mail: poststelle@datenschutz.thueringen.de/Homepage: *http://www.tlfdi.de/tlfdi/*

Stichwortverzeichnis

Die fetten Zahlen verweisen auf die Paragrafen des BDSG, die mageren auf Randnummern.

A
Abhörung Einl. 37
Abmahnung
- Löschung von Daten **35** 21, 23
- Verletzung des Datengeheimnisses **5** 16

Abonnentenverwaltung 41 7
Abrechnungsdaten
- Löschung von Daten **35** 23

Abruf aus Drittstaat 4 b 9
Abrufverfahren 29 53
- Abruf als Übermittlung **10** 2
- Abrufende **10** 9
- Adressdatenbanken **10** 19
- Angemessenheit **10** 6
- Anlass **10** 12
- Aufgaben der beteiligten Stellen **10** 7
- Auftragsdatenverarbeitung **10** 8
- Auswertungsprogramm **10** 18
- automatisierte ~ **10** 1 ff.
- Batch-Betrieb **10** 18
- Benutzeridentifizierung **10** 19
- bereichsspezifische Regelungen **10** 5
- Bereitstellen von Daten im Internet **10** 3
- Branchendatenbanken **10** 19
- Bundesnachrichtendienst **10** 16
- Datenbanken
  - offene ~ **10** 19
  - Online ~ **10** 19
  - Telefon ~ **10** 19
- einzelner Abruf **10** 17
- Ermächtigungsgrundlage **10** 6
- Finanzbehörden **10** 16
- Geschäftszwecke der beteiligten Stellen **10** 7
- Handy **10** 4
- informationelles Selbstbestimmungsrecht **10** 3
- Interessenabwägung **10** 6
- Darstellung **10** 12
- Landesgesetze **10** 6
- Literaturdatenbanken **10** 19
- Massenübermittlungen **10** 7
- Militärischer Abschirmdienst **10** 16
- Mitarbeiterdaten **10** 3
- mobile Geräte **10** 4
- Netzbetreiber **10** 8
- Notebook **10** 4
- offene Datenbanken **10** 19
- öffentlicher Bereich **10** 15 f.
- Online-Datenbanken **10** 19
- Ordnungswidrigkeit **10** 20
- PC **10** 4
- PDA **10** 4
- Polizeibehörden **10** 16
- Protokollierung der Abrufe **10** 17
- sachgerechter Interessenausgleich **10** 6
- Sanktionen **10** 20
- schutzwürdigen Interessen **10** 6 f.
- Staatsanwaltschaft **10** 16
- Stapelverarbeitung **10** 18
- Stichprobenverfahren **10** 17
- Straftaten **10** 20
- Telearbeit **10** 8
- Telefondatenbanken **10** 19
- Übermittlung von Daten **15** 15
- Überprüfung

Stichwortverzeichnis

- Stichprobenverfahren **10** 17
- Verantwortlichkeit **15** 15
- Verantwortung für den einzelnen Abruf **10** 17
- Verfassungsschutzbehörden **10** 16
- Zugangsregeln **10** 19
- Zulässigkeit **10** 4 ff.
- einzelner Abruf **10** 17
- Kontrolle **10** 10 ff.
- Prüfung **10** 9
- Zweck **10** 12

Absolutes Zweckentfremdungsverbot 31 1

Abtretung
- offene Honorarforderungen **28** 31

Abwägung Einl. 25 ff.
- Internetdienste **29** 47
- Verarbeitung für Übermittlungszwecke **29** 49 a ff.

Abwehrrechte
- zivilrechtliche ~ **6 b** 15

Abwesenheitslisten 32 5

Administration eines E-Mail-Servers
- Auftragsdatenverarbeitung **11** 9

Adoptionsgeheimnis Einl. 43

Adressbücher 33 46

Adressdatenbanken
- Abrufverfahren **10** 19

Adressenhandel 4 a 23 a; **28** 87 ff.; **29** 6, 26
- Begriff **28** 89
- Daten aus Kaufverträgen **28** 41
- Einwilligung **28** 2, 90 ff.
- Verzeichnis **28** 100; **29** 54

AEO 28 78

Akte
- Begriff **3** 26; **46** 1 ff.
- Daten **3** 27
- Löschung von Daten **20** 10
- nicht-öffentliche Stellen **27** 20
- Speicherung von Daten **33** 4
- Sperrung von Daten **20** 13, 19

Akteneinsicht
- Anrufungsrecht **21** 9
- Aufsichtsbehörden **38** 14

- Notizen **34** 55
- Personalakten **34** 52

Aktensammlungen 3 25

Aktenvollständigkeit/-klarheit 20 9

Aktienbücher 28 58

Aktionärsopposition
- Auskunft an den Betroffenen **34** 57

Algorithmus
- Scoring **28 b** 5

Alkohol
- -konsum, Löschung von Daten **35** 20
- -test, Bewerberdaten **32** 48

Allgemein zugängliche Daten 28 56 ff.; **29** 24
- nicht gewollte Veröffentlichung **28** 58
- Quellen **28** 58; **29** 24; **33** 45

Allgemeine Geschäftsbedingungen Einl. 97

Allgemeines Gleichbehandlungsgesetz (AGG)
- Scoring **28 b** 6

Allgemeines Persönlichkeitsrecht Einl. 3, 7 ff.
- Anwendungsfälle **7** 31
- Eingabekontrolle **9** 81
- Eingriff **7** 29 f.
- gesellschaftliche, objektiv-rechtliche Funktion **Einl.** 15
- heimliche Erhebung von Daten **13** 12
- Konkretisierung **Einl.** 54
- Protokollierung **9** 81

Alter
- Bewerberdaten **32** 32

Amtsgeheimnisse Einl. 43; **28** 75; **39** 1, 1 ff.
- Aufsichtsbehörden **38** 11
- Bundesdatenschutzbeauftragter **24** 5
- Zweckbindung **39** 2

Amtshaftung 8 9

Amtshilfe
- Übermittlung von Daten **15** 7

Anbahnung eines Kundenkontaktes
- Scoring **28 b** 2

Anbieter von Dokumentationsdienstleistungen 28 179

898

Stichwortverzeichnis

Anerkennung des angemessenen Datenschutzniveaus in Drittstaat **4b** 13a
Anfechtung
- einer Einwilligung **4a** 22

Anfechtung wegen Irrtums über eine verkehrswesentliche Eigenschaft **32** 38
Angemessenes Datenschutzniveau 4b 10ff., 13a; **4c** 1ff.
Angemessenheitskontrolle 4a 31ff.
Animation zur Rückantwort 29 30
Anonyme Bewerbungen 32 37b
Anonymisierung 3 46; **3a** 5; **13** 17, 38; **28** 9, 51; **30** 1ff.; **30a** 5
- als Minus zur Löschung von Daten **35** 26
- Geodaten **3** 48
- Methode **Einl.** 47a
- wissenschaftliche Forschung **40** 8
Anonymität Einl. 53
Anordnungsbefugnis
- Aufsichtsbehörden **38** 31ff.
- Akteneinsicht **21** 9
- Angehörige einer verantwortlichen Stelle **21** 3
- Auskunft **21** 9
- Beanstandung **21** 7
- Bedienstete **21** 2
- Bundesdatenschutzbeauftragte **21** 1ff.
- Datenverarbeitung durch Gerichte **21** 6
- Dritte **21** 2
- Familienangehörige **21** 2
- Form **21** 5
- Fristen **21** 5
- Interessengruppen **21** 2
- Personalvertretung **21** 2
- Petitionsgeheimnis **21** 8
- Tätigwerden **21** 7
- Verschwiegenheitspflicht **21** 8
- Vertraulichkeit **21** 8
- Zulässigkeit **21** 6
Anrufungsrecht 4f 62
Anschriftendaten
- Scoring **28b** 11f.

Anschriftenermittlung
- Benachrichtigung **19a** 20
Anstiftung 43 4; **44** 2
Antiterrorlisten 28 78
Antwortkarte 29 30
Anwaltliche Schweigepflicht 39 1
Anwesenheitsinformationen 32 111
Apotheken
- Erhebung von Daten **28** 179
Apotheker
- Meldepflicht **4d** 5
Arbeitgeber
- Fragerecht **13** 10
- Unterstützung des Datenschutzbeauftragen **4f** 55ff.
Arbeitgebernahe Einrichtungen
- Auskunft an den Betroffenen **34** 54
Arbeitnehmer 1 6; **32** 4
- Datensicherheit **9** 16
Arbeitnehmerähnliche Personen 32 4
Arbeitnehmerdaten 28 24ff.; **31** 1ff.; **32** 1ff.
s. a. *Arbeitnehmerdatenschutz*
- Allgemeines **32** 67ff.
- Arbeitsverhalten **32** 74
- Arbeitszeit **32** 74
- Ärzte **32** 122
- Auftragsdatenverarbeitung **32** 144
- Bekanntgabe **32** 141
- Berufsgeheimnisträger **32** 122
- Beschäftigte mit Sonderstatus **32** 122
- Beschäftigungsverhältnis **32** 3ff.
- Betriebsrat **28** 29
- Betriebsratsmitglieder **32** 122
- Betriebsvereinbarung **4c** 19; **31** 7
- Bewegungsprofile **32** 89, 103ff.
- Bildaufzeichnungen **32** 95ff.
- Dienstvereinbarungen **31** 7
- Due-Diligence-Prüfungen **28** 51
- Einwilligung **4a** 1ff.; **32** 11
- E-Mail
  - Auswertung **32** 90
  - Nutzung **32** 111ff.
- Entgeltabrechnung **32** 73

899

Stichwortverzeichnis

- Erhebung von Daten 13 10; 32 1 ff., 67 ff.
- Essgewohnheiten 32 70
- Fingerabdruck 32 84 ff.
- Firmenausweise 32 95
- Fragerecht des Arbeitgebers 32 16 ff.
- Gefahrenabwehr 32 92
- Geldtransportfahrer 32 108
- gentechnische Untersuchungen 32 83
- Gesundheitszustand 32 83
- GPS-Ortung 32 103 ff.
- Handyortung 32 103 ff.
- Heilberufe 32 122
- Internet-Nutzung 32 111 ff.
- Intranetnutzung 32 111 ff.
- Konsumverhalten 32 70
- Kontrollen im Arbeitsverhältnis 32 89 ff.
- Korruptionsbekämpfung 28 28, 51
- Leiharbeit 32 155
- Löschung 32 173 ff.
- mehrfache Vertragsbeziehungen 28 24
- Mitbestimmungsrechte 31 3, 6
  - Betriebs- und Personalräte 32 123, 163 ff.
- Mitwirkungsrechte
  - Betriebs- und Personalräte 32 163 ff.
- Navigationsgeräte 32 89, 103
- Nutzung von Daten 32 1 ff., 134 ff.
- öffentliche Stellen 12 14 ff.
  - des Bundes 12 8
- Ortung von Außendienstmitarbeitern 32 69, 103 ff.
- Personalrat 28 29
- Personalratsmitglieder 32 122
- persönliche Umstände 32 77 ff.
- Potenzialanalyse 32 76
- Privatsphäre 32 70, 77 ff.
- Psychologen 32 122
- Rechtsanwälte 32 122
- Referenzdaten 32 87 ff.
- RFID-Transponder 32 89, 98 ff.
- Rufbereitschaft 32 72
- Schriftprobe 32 84 ff.
- Schwerbehindertenvertretungsmitglieder 32 122

- Selbstjustiz 28 28
- soziale Auswahl 32 77 ff.
- Speicherung von Daten 32 67 ff.
- Stammdaten 32 68
- Standardvertrag
  - Set I 4 c 18 a
- Stimme 32 84 ff.
- Telefongespräche 32 111 ff.
- Telekommunikationsverhalten
  - Erfassung 32 111 ff.
  - Übermittlung
    - an Arbeitgeberverbände 32 157
    - an Branchenauskunftsdienste 32 159
    - an Gewerkschaften 32 157
    - an Stellen außerhalb der Bundesrepublik Deutschland 32 167 ff.
    - an Stellen außerhalb der Europäischen Union 32 170
    - Daten anderer Arbeitgeber 32 160
    - im Inland 32 139 ff.
    - im Konzern 32 147 ff.
    - im Rahmen von Produktionsverbünden 32 153 ff.
- überschießende Informationen 32 85, 88
- Umfragen 32 81
- unabhängige Vertragsbeziehungen zu ihrem Arbeit- oder Auftraggeber 28 24
- Verarbeitung von Daten 32 1 ff.
- Verdacht auf das Vorliegen einer Straftat 28 28; 32, 37, 126 ff.
- Veröffentlichung 32 145
  - Fotos 32 96
- Verwertungsverbot 32 80
- Verzicht auf das Dateierfordernis 32 5
- Videoüberwachung 32 92, 95
- Vorratsdaten 32 134 ff.
- Weiterförderung 32 76
- Weitergabe im Zusammenhang mit Umstrukturierungen 32 150 ff.
- Zugriff auf Datenbestände 28 28
- Zugriffsberechtigungen 32 69

Arbeitnehmerdatenschutz 28 24 ff.; 31 1 ff.; 32 1 ff.
- Allgemeines 32 67 ff.

Stichwortverzeichnis

- Arbeitszeit **32** 74
- Arbeitszeitprofile **31** 6
- Aufenthaltsprofile **31** 6
- Auftragsdatenverarbeitung **11** 1 ff.; **32** 144
- Beschäftigungsverhältnis **32** 3 ff.
- Betriebsrat **28** 29
- Betriebsratsmitglieder **32** 122
- Betriebsvereinbarung **4 c** 19; **31** 7
- Bewegungsprofile **32** 89, 103 ff.
- Compliance **28** 28, 51
- Dienstvereinbarungen **31** 7
- Due-Dilligence-Prüfungen **28** 51
- Durchführung des Arbeitsverhältnisses **32** 73 ff.
- EDV-Arbeitsprofile **31** 6
- Einwilligung **4 a** 1 ff.; **32** 11
- E-Mail
  - Auswertung **32** 90
  - Nutzung **32** 111 ff.
- Erhebung von Daten **13** 10; **32** 1 ff., 67 ff.
- Gefahrenabwehr **32** 92
- gentechnische Untersuchungen **32** 83
- gescheiterte Bewerbung **32** 65 ff.
- GPS-Ortung **32** 103 ff.
- Handyortung **32** 103 ff.
- Internet-Nutzung **32** 111 ff.
- Intranetnutzung **32** 111 ff.
- Kommunikationsprofile **31** 6
- Konsumverhalten **32** 70
- Kontrollen im Arbeitsverhältnis **32** 89 ff.
- Korruptionsbekämpfung **28** 28, 51
- Löschung **32** 173 ff.
- Mitbestimmung **31** 3, 6, **32** 123
- Nutzung von Daten **32** 1 ff., 134 ff.
- Ortung von Außendienstmitarbeitern **32** 69, 103 ff.
- Personalrat **28** 29
- Personalfragebögen **32** 62
- Personalratsmitglieder **32** 122
- Potenzialanalyse **32** 76
- Privatsphäre **32** 70, 77 ff.
- Referenzdaten **32** 87 ff.

- RFID-Transponder **32** 89, 98 ff.
- Selbstjustiz **28** 28
- Speicherung von Daten **32** 67 ff.
- Stammdaten **32** 68
- Telekommunikationsverhalten
  - Erfassung **32** 111 ff.
- überschießende Informationen **32** 85, 88
- Umfragen **32** 81
- Verarbeitung von Daten **32** 1 ff.
- Verdacht auf das Vorliegen einer Straftat **28** 28; **32**, 37, 126 ff.
- Verhältnis zu anderen Vorschriften **32** 7 ff.
- Veröffentlichung **32** 145
- Fotos **32** 96
- Verwertungsverbot **32** 80
- Verzicht auf das Dateierfordernis **32** 5
- Videoüberwachung **32** 92, 95
- Vorratsdaten **32** 134 ff.
- Weiterförderung **32** 76
- Weitergabe im Zusammenhang mit Umstrukturierungen **32** 150 ff.
- Zugriffsberechtigungen **32** 69

Arbeitserprobung 32 4

Arbeitsplatzcomputer
- Datensicherheit **9** 31

Arbeitsplätze
- Videoüberwachung **6 b** 23 f., 42
- Einwilligung von Beschäftigten **6 b** 42
- Unterlassungsanspruch **6 b** 43

Arbeitstherapie
- Personen in ~ **32** 4

Arbeitsverhalten
- Arbeitnehmerdaten **32** 74

Arbeitsverhältnis
- Datenschutz **28** 24 ff.

Arbeitsverträge
- Anfechtung wegen Irrtums über eine verkehrswesentliche Eigenschaft **32** 38

Arbeitszeit
- Arbeitnehmerdaten **32** 74

Arbeitszeitprofile 31 6

901

Stichwortverzeichnis

Arbeitszeugnisse
- Code-Formulierung 35 6

Architekten
- Meldepflicht 4 d 5

Artikel 29-Gruppe
- Verhaltensregeln 38 a 5

Artikel-10-Gesetz
- Bundesbeauftragter für den Datenschutz und die Informationsfreiheit 24 6

Arztbereich
- Abtretung offener Honorarforderungen 28 31
- Erhebung von Daten 28 30

Ärzte
- Arbeitnehmerdaten 32 122
- Berufsgeheimnis 28 75
- Meldepflicht 4 d 5
- Praxisverkauf 28 54

Arztgeheimnis 13 37

Ärztliche Begutachtung
- Bewerberdaten 32 41 ff.

Ärztliche Behandlungsdaten 7 10

Ärztliche Berufsordnungen 39 1
- Aufsichtsbehörden 38 11

Ärztliche Bewertungen
- Berichtigung von Daten 35 8

Ärztliche Dokumentation
- Berichtigung von Daten 35 9

Ärztliche Schweigepflicht Einl. 1 f.; 14 24; 39 1
- Abtretung offener Honorarforderungen 28 31

Ärztlicher Schriftverkehr 4 a 12

Ärztliches Personal
- Erhebung von Daten 13 37

Assessment Center 4 d 9

Asset deal 4 a 46

Asylrecht Einl. 38

Attrappen
- Kameras 6 b 18

Auditzeichen
- Datenschutzaudit 9 a 6

Aufbewahrungsfristen
- Auskunftspflicht 19 14

- Löschung von Daten 35 16

Aufdeckung von Straftaten 32 125 ff.

Aufenthaltsprofile 31 6

Auffanggesetz Einl. 71

Aufgabenbeschreibung Einl. 21

Aufgabenerfüllung öffentlicher Stellen
- Art 6 b 30
- Erforderlichkeit 6 b 39 ff.
- Umfang 6 b 30
- Videoüberwachung 6 b 29

Aufklärungspflicht 4 18
- Folgen unterlassener Unterrichtung/ Aufklärung 4 19

Aufsichtsbehörden 38 1 ff.
- Abstimmung der Tätigkeit 38 3
- Ahndung von Verstößen 38 30
- Akteneinsicht 38 14
- Allgemeines 38 1 ff.
- Anrufungsbefugnis 38 14 ff.
- Arbeitsweise 38 4
- ärztliche Berufsordnungen 38 11
- Auditverfahren 38 36
- Aufforderung zur Stellungnahme der verantwortlichen Stelle 38 19
- Aufgaben 38 4, 34 ff.
- sonstige ~ 38 35
- Zuweisung durch Landesrecht 38 36
- Auftragsdatenverarbeitung 38 12
- Auskunftsanspruch 4 e 7
- Auskunftspflicht 38 14
- verantwortliche Stelle 38 20
- Verweigerungsrecht 38 21
- Auslandsübermittlung 38 35
- Ausstattung 38 4
- Beanstandungsrecht 38 29
- Beratungstätigkeit 38 36
- Berufs- und Amtsgeheimnisse 38 11
- Berufsordnungen 38 11
- Beschwerde eines Betroffenen 38 14 ff.
- Betretungsrecht 38 22
- Datenübermittlungen ins Ausland 38 35
- Datenverarbeitung 38 7
- Durchführung von Fortbildungsveranstaltungen 38 36

Stichwortverzeichnis

- Düsseldorfer Kreis 38 3
- Entwicklung von datenschutzfreundlichen Lösungen 38 36
- Ermessensreduzierung auf Null 38 16
- Ermittlungsmaßnahmen 38 23
- Fachkunde 38 33
- Förderung des Selbstdatenschutzes 38 36
- Fragebögen 38 18
- Gebühren 38 5
- Gutachtenerstellung 38 36
- Gütesiegelverfahren 38 36
- Interviews 38 18
- Kontrolltätigkeit 38 9 ff.
  - anlasslose Kontrolle 38 17
  - Gegenstand, Umfang und Tiefe einer Prüfung 38 18
  - Maßstab 38 10
- Kooperationen 38 25 ff.
  - Aufsichtsbehörden anderer Länder 38 26
  - Beauftragte für den Datenschutz 38 25
  - Gewerbeaufsicht 38 27
  - Kontrollstellen nach Art. 28 EU-DSRL 38 26
  - Strafverfolgungsbehörden 38 28
- Koordination 38 3
- Mitwirkungspflicht
- verantwortliche Stelle 38 20
- Öffentlichkeitsarbeit 38 34 ff.
- Organisation 38 4 ff.
- örtliche Zuständigkeit 38 3
- Personalaktengeheimnis 38 10
- Petitionsgeheimnis 38 15
- pflichtgemäßes Ermessen 38 16
- Postdienstunternehmen 38 2
- Rechtsanwälte 38 11
- Registerführung 38 35
- Sonderkontrollen 38 18
- Stichprobenkontrollen 38 18
- Tätigkeitsbericht 38 34 ff.
- Telekommunikationsanbieter 38 2
- Unabhängigkeit 38 6

- Untersagung eines Verfahrens 38 32
- Untersuchungsbefugnisse 38 9 ff.
- Verfahrensregister 38 35
- Verhaltensregeln 38 35
- Verschwiegenheitspflichten 38 11
- Widerspruchsrecht des Betroffenen 38 24
- Zuständigkeit
  - örtliche ~ 38 3
- Zweckbindung 38 8
Aufsichtsratsmitglieder
- Datengeheimnis 5 8
Auftraggeber
- Kontrollrecht 11 48, 54 ff.
- Pflichten 11 26 ff.
- Verantwortlichkeit 11 22
- Weisungsbefugnisse 11 51
Auftragnehmer
- Aufsicht 11 70
- Auswahlmöglichkeiten 11 26
- Auswahl potentieller ~ 11 28
- Beauftragung durch Fachaufsicht 11 53
- Duldungspflichten 11 48
- Durchführungspflicht 11 66
- Haftung 11 67
- in Drittländern 11 20
- Kontrolle 11 68 ff.
- Mitwirkungspflichten 11 48
- Pflichten 11 43, 61
- Qualifikation 11 18
- Verstöße gegen Vorschriften zum Schutz personenbezogener Daten 11 49
- Vertragsverstöße 11 49
Auftragsdatenverarbeitung 3 40, 61; 11 1 ff.; 28 19; 33 8, 10
- Abrufverfahren 10 8
- Administration eines E-Mail-Servers 11 9
- Allgemeines 11 1 ff.
- Analyse des notwendigen Schutzstandards 11
- Anwendungsbereich 11 4 ff.

903

Stichwortverzeichnis

- Art 11 38
- ärztlicher Schriftverkehr 4a 12
- Aufsichtsbehörden 38 12
- Auftragsbegriff 11 8
- Auskunft 11 25
- Ausschreibung 11 26
- Auswahl
  - potentielle Auftragnehmer 11 28
- Auswahlmöglichkeit des Auftraggebers 11 5a, 27
- Beauftragte für den Datenschutz 4f 10; 11 29
- Beauftragung durch Fachaufsicht 11 53
- Beendigung des Auftrags 11 52
- bereichsspezifische Regelungen 11 6
- Berichtigung von Daten 11 42
- Beweislastumkehr 11 33
- Bewertung des bestehenden Schutzstandards 11 29
- BSI-Grundschutz-Katalog 11 28
- Call-Center 11 9
- Datengeheimnis 11 63
- Datenschutzaudit 11 29
- Datenschutzkontrolle 11 70
- Datenschutzzertifizierung 11 29
- Dauer des Auftrags 11 34
- Dokumentation 11 58
- Duldungspflichten 11 48
- Durchführungspflicht 11 66
- externes Rechenzentrum 11 9
- Fachaufsicht 11 53
- Franchiseverträge 11 12
- Freistellungsklauseln 11 33
- Führung des Verfahrensverzeichnisses 11 58
- Funktionsübertragung 11 14ff.
- Gegenstand 11 34
- Gehalt von Betriebsvereinbarungen 11 60
- Gehaltsabrechnung 11 15
- grenzüberschreitende ~ 4b 8
- Haftung 7 8; 11 67
- Hosting eines E-Mail-Servers 11 9
- Kontrollrecht 11 48
- Konzerndaten 11 10
- Konzerndatenverarbeitung 11 15
- Kreis der Betroffenen 11 40a
- Landesrecht 11 81ff.
- Leistungsumfang 11 32
- Lettershop 11 12
- Löschung beim Auftragnehmer gespeicherter Daten 11 52
- Löschung von Daten 11 42
- Mindestvertragsbestandteile 11 32
- Mitwirkungs- und Mitbestimmungsrechte von BR und PR 11 59
- Mitwirkungspflichten 11 48
- Offshoring 11 21, 80
- organisatorische Maßnahmen 11 41
- Outsourcing 11 21, 80
- Patientendaten 11 6
- Pflichten
  - Auftraggeber 11 26ff.
  - Auftragnehmer 11 43, 61
  - Durchführungs~ 11 66
- Phasen des Umgangs mit personenbezogenen Daten 11 8
- Prüfung im Auftrag 11 73ff.
- Qualifikation der Auftragnehmer 11 18
- Rahmenvertrag 11 4
- Rechte der Betroffenen 11 24
- Rechtsrahmen 11 17, 68ff.
- Referenzkunden
  - Kontaktaufnahme zu ~ 11 29
- Regelungsgegenstände 11 4ff.
- Rückgabe überlassener Datenträger 11 52
- Schadensersatz 7 8
- Schadensregulierung 11 15
- Schriftform 11 32, 64
- Schutzstandard 11 27
  - Bewertung des bestehenden ~ 11 29
- Sicherheitsstandards 11 31
- Sozialdaten 11 6
- Sperrung von Daten 11 42
- Standardvertrag 4c 18
- Steuergeheimnis 11 6
- Subunternehmer 11 44ff.

Stichwortverzeichnis

- Überprüfungen **11** 54 ff.
- technische Maßnahmen **11** 41
- Telearbeit **11** 13
- Telekommunikationsdienste **11** 6
- Trennungsgebot zur Zweckbindung **9** 100
- Übermittlung von Daten **32** 144
- Überprüfungen **11** 29 f.
- Auftraggeber **11** 54 ff.
- Dokumentation **11** 58
- Führung des Verfahrensverzeichnisses **11** 58
- Kontaktaufnahme zu Referenzkunden **11** 29
- Unteraufträge **11** 54 ff.
- Umfang **11** 35 ff.
- Unteraufträge **11** 32, 32, 44 ff.
- Überprüfungen **11** 54 ff.
- Verantwortlichkeit **11** 5, 22, 62
- Fortbestehen **11** 51
- Zuweisung **11** 25
- Verstöße gegen Vorschriften zum Schutz personenbezogener Daten **11** 49
- Vertragsstrafen **11** 33
- Vertragsverhältnis **11** 5, 17
- Vertragsverstöße
- Auftragnehmer **11** 49
- Voraussetzungen eines Auftrags **11** 12
- Wartung im Auftrag **11** 73 ff.
- Weisungen **11** 24, 64, 79
- Auftraggeber **11** 51
- gesetzwidrige ~ **11** 65
- Zeitraum **11** 34
- Zugangsrechte von BR und PR **11** 59
- Zugriffskontrolle **9** 54
- Zulässigkeit
- Voraussetzungen **11** 23
- Zurverfügungstellung von IT-Ressourcen **11** 11
- Zweck **11** 39
Auftragskontrolle 9 86 ff.
- Auftraggeber **9** 90
- Auftragnehmer **9** 89
- Offshoring **9** 91

- Outsourcing **9** 91
- Verhältnismäßigkeit **9** 87
- Weisungen **9** 86
Auftragsverhältnis
- Ausgestaltung **11** 5
Aufzeichnungspflicht 29 42
Ausbildungszwecke
- Verwendung von Daten **14** 27
Ausforschungsschutz
- Deutsche Welle **41** 13
Aushang im Sprechzimmer 4 a 12
Auskunft an den Betroffenen 6 13 f.; **19** 1 ff.; **34** 1 ff.
- Ablehnung **19** 36
- Aktionärsopposition **34** 57
- Allgemeines **34** 1 ff.
- andere Rechtsgrundlagen **34** 5
- anderweitige Information **34** 36
- Anrufungsrecht **21** 9
- Antrag **19** 5
- Form **19** 5
- arbeitgebernahe Einrichtungen **34** 54
- Arbeitsaufwand **19** 8
- Art der Daten **19** 11
- Aufbewahrungsfristen **19** 14
- Auffindbarkeit **19** 7
- Aufgabenerfüllung **19** 23
- Ausnahmen **19** 13 ff.; **34** 21, 35 ff.
- Ausschluss **19** 15
- Auswertungsprogramm **34** 16
- automatisierte Einzelfallentscheidungen **6 a** 12, 14
- Behandlung von Einzelfällen **34** 39
- Benachrichtigung wegen der Vielzahl der betroffenen Fälle unverhältnismäßig **34** 38
- Beschränkung **34** 18
- Beschränkungen **34** 4
- besondere Ansprüche **34** 50 a
- besonderer Umstände **34** 33
- bestimmbare Person **34** 7
- Betroffene **6** 1; **19** 4 ff.
- Betroffene im Ausland **34** 6
- Bevollmächtigte **34** 29
- Bevollmächtigung **19** 7

905

Stichwortverzeichnis

- Bundeskriminalamt 19 23
- Dateibezeichnung 34 16, 16
- Datenschutzkontrolle 19 15
- Datensicherheit 9 5; 19 15
- Deutsche Welle 41 12
- digitale Signatur 19 11
- Dritte 19 7
- Durchsetzung 34 58
- Eingriff in das allgemeine Persönlichkeitsrecht 34 57
- Eingriff in informationelles Selbstbestimmungsrecht 34 15
- Einschaltung des BfDI 19 33 f.
- Einsichtsfähigkeit 34 7
- Einzelheiten 34 7 ff., 24 ff.
- E-Mail 19 5; 34 32
- Empfänger/-kategorien 34 14
- Entfallen der Auskunftspflicht 34 35 ff.
- entschlüsselte ~ 34 31
- Erhebung von Daten 13 20
- Ermittlungsverfahren 19 24
- Ersatzvornahme 19 33
- Ersuchen 34 24
  - Bevollmächtigte 34 29
  - mündliches ~ 34 27 f.
- Erteilung
  - Textform 34 30
- Fax 34 32
- fernmündliche ~ 19 11
- Feststellung der Identität der anfragenden Person 19 6
- Förderungskartei 34 52
- Form 19 5, 9 f.; 34 3, 30
  - andere ~ 34 32
- Freiwilligkeit 13 21
- Fristen 19 12
- Gefährdung bedeutender Rechtsgüter 19 25
- Gefährdung der ordnungsgemäßen Aufgabenerfüllung 19 23
- Gegenstand 19 4 ff.
- Geheimhaltungsvorschrift 19 26
- gelöschte Daten 34 9
- Geltendmachung 34 3
- Gemeinkosten 34 44

- genetische Struktur menschlicher Zellen 34 11
- gerichtliche Durchsetzung 34 58
- gesammelte Bearbeitung 34 25
- Geschäftsgeheimnisse 34 23, 55
- geschäftsmäßig zum Zweck der Übermittlung gespeicherte Daten 34 21
- gesperrte Daten 34 9
- GmbH-Gesellschafter 34 7
- Herkunft der Daten 34 12
- Identität des Auskunft Begehrenden 34 26
- Vorlage eines Personalausweises 34 28
- Identitätsfeststellung 19 6
- in verständlicher Form 34 31
- inländische Niederlassung eines ausländischen Unternehmens 34 6
- interne Datenflüsse in der verantwortlichen Stelle 34 14
- Internet 19 11
- journalistisch-redaktionelle Daten 34 20
- keine Daten gespeichert 34 17
- Konkretisierung 34 24
- Kosten 19 35; 34 42
  - Ausnahmen 34 43
  - Begrenzung 34 44
  - Gemein~ 34 44
  - Höhe 34 44
  - Pauschalierung 34 44
  - Rückausnahmen 34 47 ff.
  - Übersendung per Nachnahme 34 46
  - unrichtige Daten 34 47 ff.
  - Vorweg-Bezahlung 34 46
- Krebsregister 34 33
- laufendes Ermittlungsverfahren 19 24
- Listenprivileg 34 50 b
- logischer Aufbau einer Datei 34 10
- medizinischer Diagnosen 34 33
- Mitwirkungspflicht 19 9
- mündliche ~ 19 11; 34 30, 32
- Nachrichtendienste 19 23
- Nachwuchskartei 34 52
- Negativ~ 19 5

Stichwortverzeichnis

- Negativauskunft **34** 17
- nicht-öffentliche Stellen **13** 22
- Notizen bei Einsichtnahme **34** 55
- öffentliches Dienstrecht **34** 56
- Ort der physischen Speicherung **34** 6
- Pensionskasse **34** 54
- Personalakten **34** 52
- persönliche Vorsprache **34** 50
- Pflicht **4** 15
- Polizei **19** 23
- postlagernde Antwort **34** 26
- Presseunternehmen **34** 20
- Pseudonym **34** 8
- querulatorischem Verhalten **34** 19
- Recht **33** 1
- Rechtsdurchsetzung **34** 58
- Rechtsgrundlage der Speicherung **34** 16
- Rechtsmissbrauch **34** 19
- Rechtsmittel **19** 36
- Rechtsvorschrift **19** 26
- Regeln **34** 1 ff.
- Richtigkeit **34** 23, 34
  - unrichtige Daten **34** 47 ff.
- Sachdaten **34** 51
- Schriftform **19** 10
- schriftliche ~ **34** 30
- Scoring **34** 2, 50 a, 50 c
- Selbst~ **4 a** 29
- Sicherheitsbereich **19** 23
- Sicherheitsüberprüfung **19** 19
- SMS **19** 5, 11
- Speicher- und Verarbeitungsmedien **6 c** 6
- Speicherung/Übermittlung durch Gesetz vorgeschrieben **34** 37
- Staatsanwaltschaft **19** 23
- telefonische ~ **19** 11
- telefonischen Anfragen **34** 27 f.
- Textform **34** 30
- Übersendung per Nachnahme **34** 46
- Umfang **19** 5; **34** 10
- Unabdingbarkeit **34** 1
- Unentgeltlichkeit **19** 35; **34** 42
  - Ausnahmen **34** 43

- unrichtige Daten **34** 47 ff.
- Unterbleiben der ~serteilung **19** 21 ff.
- Unverhältnismäßigkeit **34** 38
- Unverzüglichkeit **34** 25
- Verbot **19** 19
- Verfahrensvorschriften **19** 10
- Verhältnis von § 34 BDSG zu anderen Vorschriften **34** 51
- Verhältnismäßigkeit des Aufwandes **19** 9, 16
- Verlangen **34** 3
- verschlossenen Umschlag **34** 31
- Verschlüsselungsverfahren **19** 11
- Versicherung an Eides Statt **34** 34
- Vertraulichkeit zugesichert **19** 24
- Verweigerung **19** 2, 16, 23, 36; **34** 55
  - Auslegung und Handhabung der Gründe **34** 41
  - Begründungspflicht **19** 30 ff.
  - Einschaltung des BfDI **19** 33 f.
  - Gefährdung bedeutender Rechtsgüter **19** 25
  - Geheimhaltungsvorschrift **19** 26
  - Rechtsmittel **19** 36
  - Rechtsvorschrift **19** 26
  - schriftliche Begründung **34** 40
  - Wohl des Bundes **19** 25
- Verzögerungen aus technischen Gründen **34** 25
- Vollständigkeit **34** 34
- Vorlage eines Personalausweises **34** 28
- Vorweg-Bezahlung **34** 46
- Wahrung von Geschäftsgeheimnissen **34** 23
- Werbung **34** 50 a
- Werkschutzunterlagen **34** 52
- Wiederholbarkeit **34** 18
  - Unzulässigkeit **34** 19
- wirtschaftliche Nutzbarkeit **34** 45
- Wohl des Bundes **19** 25
- Zeitpunkt **34** 25
- Zusicherung der Vertraulichkeit **19** 24
- zustimmungspflichtige ~ **19** 17 ff.
- Zweck der Speicherung **34** 16

907

Stichwortverzeichnis

- Zweifel an der Richtigkeit 34 23
- Zwischenbescheid 34 25
Auskunfteien 4d 7; 28a; 29 6, 27
s. a. **Forderungen**
- aktuelle Datenbestände 28a 18
- Anfragen nach Kreditkonditionen 28a 16
- Benachrichtigung der Betroffenen 33 49
- Einwilligung 28a 3
- Einkommensdaten des Betroffenen 28a 13
- Falschmeldungen 28a 7
- Garantiegeschäft 28a 11
- Girogeschäft 28a 11
- Guthabenkonten 28a 15
- Kreditgeschäft 28a 11
- Kreditvertrag 28a 16
- Meldung von Vollstreckungstiteln 28a 5
- Nachberichtspflicht 28a 18ff.
- Negativdaten 28a 18
- Positivdaten 28a 18
- richtige Datenbestände 28a 18
- Übermittlung von Daten 28a 1ff.
  - bestrittene Forderungen 28a 9
  - Fälligkeit von Forderungen 28a 4
  - Forderung ohne rechtliche Gründe nicht beglichen 28a 6
  - Mahnungen 28a 5
  - Negativdaten 28a 4ff.
  - Positivdaten 28a 11ff.
  - schutzwürdige Interesse 28a 5
  - ungerechtfertigter bürokratischer Aufwand 28a 10
  - Unterrichtung des Betroffenen 28a 8, 15
  - Zahlungsunwilligkeit 28a 7
  - Zahlungsverzug 28a 7
- Vermeidung von Falschmeldungen 28a 7
- Vertragsverhältnis beschreibenden Daten 28a 13
Auskunftsanspruch 34 7ff.
- Bestimmtheitsgrundsatz im Prozess 34 59

- Bewertungsportale 34 57b
- Cloud 34 14
- Einsichtnahme in die Personalakten 34 53
- Empfänger der Daten 34 14
- Entfallen der Auskunftspflicht 34 35ff.
- Europäische Perspektiven 34 61
- Form der Auskunft 34 30ff.
- Form des Auskunftsersuchens 34 24
- gelöschte Daten 34 9b
- handschriftliche Notizen im Betrieb 34 9
- Herkunft der Daten 34 12
- Identität des Auskunft Begehrenden 34 26
- Kosten der Auskunft 34 42ff.
- Listenprivileg 34 50b
- Medienprivileg 34 20
- nach Gesellschaftsrecht 34 57a
- Negativauskunft 34 17
- persönliche Vorsprache 34 50
- Rechtsmissbrauch 34 19
- Scoring 34 50c
- Träger des Anspruchs 34 7
- unverzügliche Auskunft 34 25
- Vererblichkeit 33 7
- Verhältnis zu anderen Vorschriften 34 51ff.
- Verhältnis zu pre-trial discovery 34 4
- Zweck der Speicherung 34 16
Auskunftsgerät
- Speicher- und Verarbeitungsmedien 6c 7
Auskunftsverweigerungsrecht 38 21
Auslandsübermittlung 4b, 4c
- Europäische Perspektiven 4c 26
Ausländerakten
- Erhebung von Daten 13 10
Ausländische Stellen im Inland 1 15aff.
Aussmitglieder
- Personaldatenverarbeitung 12 18
Ausschreibung
- Auftragsdatenverarbeitung 11 26

Stichwortverzeichnis

Ausstellungen 28 58
Auswahlmöglichkeit
- Auftraggeber 11 5a, 27
- Auftragsdatenverarbeitung 11 5a, 27
Auswertung von Daten 30 8
Auswertungsprogramme
- Auskunft an den Betroffenen 34 16
Auszubildende 32 4
Autohersteller
- berechtigtes Interesse 28 49
- Rückrufaktionen 28 49
Automatisierte Abrufverfahren 29 53
- Einrichtung 10 1 ff.
Automatisierte Datenverarbeitung
- Haftung 8 1 ff.
Automatisierte Einzelfallentscheidungen 6a 1 ff.
- Abheben von Geld aus einem Geldautomaten 6a 3
- Allgemeines 6a 1 ff.
- Auskunft 6a 12, 14
- Adressat 6a 15
- Beeinträchtigung 6a 8 f.
- erhebliche ~ 6a 9
- Betriebs- und Geschäftsgeheimnis 6a 16
- Bewertung einzelner Persönlichkeitsmerkmale 6a 3
- Erlaubte 6a 10 f.
- Kreditvergabe 6a 5
- Mitteilung 6a 12
- Ort und Zeitpunkt 6a 13
- Scoring-Verfahren 6a 5
- Studienplatzverteilung 6a 3
- Vorbereitung 6a 2
- Wenn-Dann-Entscheidung 6a 3
- Zugangs- oder Zutrittsberechtigungssysteme 6a 3
Automatisierte Verarbeitung 3 23
- Dateistatut 18 15
- Datensicherheit 9 2
- Festlegungen 18 14 ff.
- Videotechnik
- digitale ~ 6b 7

B

Bagatellstraftaten 32 129
Bahncard-Fall 7 32
Bankauskunft
- an Dritte 28 12
- Benachrichtigung der Betroffenen 33 48
Bankbereich
- Präventionssysteme 28 37
- Risikomanagementsystem 28 37
- Terrorbekämpfung 28 38
- Verarbeitung von Daten 28 33
- Weitergabe von Informationen an Ehegatten, AG oder Dritte 28 35
- Zugriffsrechte auf Kundendaten 28 39
Bankdaten 28 78
Banken
- Vorzugskonditionen 28 24
Bankendaten
- Datensicherheit 9 32
Bankgeheimnis Einl. 43; 28 33 ff.; 39 1
- Aushöhlung 28 38
Bargeldlose Zahlung 28 43
Batch-Betrieb
- Abrufverfahren 10 18
Bausparkassen
- Verarbeitung von Daten 27 11
Beamte 32 4
- Personaldatenverarbeitung 12 23
Beanstandung 25; 38 29
Beauftragter für den Datenschutz 4f 1 ff.; 9a 14
s. a. *Bundesbeauftragter für den Datenschutz und die Informationsfreiheit*
- Abberufung 4f 65 ff., 38 33
- Abberufung durch die verantwortliche Stelle aus wichtigem Grund 4f 66 ff.
- Abberufung und Auswirkung auf den Arbeitsvertrag 4f 26, 69, 73a
- Abberufungsverlangen der Aufsichtsbehörde 4f 65
- Allgemeines 4f 1 ff.
- Amtsverhältnis und persönliches Rechtsverhältnis 4f 26
- Angestellte einer fremden Firma 4f 22

909

Stichwortverzeichnis

- anonyme Hinweise 4f 62
- Anrufungsrecht 4f 62
- Arbeitnehmervertreter im Aufsichtsrat 4f 32
- Arbeitsbedingungen
  - funktionsgerechte ~ 4f 59
- Aufgaben 4f 4; 4g 1ff.
  - ausdrücklich hervorgehobene ~ 4g 14ff.
- Aufsichtsbehörde
  - Abberufungsverlangen 4f 65
  - Kooperation mit ~ 4g 22ff.
- Auftragsdatenverarbeitung 4f 7, 10; 11 29
- Ausbildung 4f 28
- Auslaufen einer befristeten Bestellung 4f 75
- Beendigung der Tätigkeit 4f 63ff.
  - Auslaufen einer befristeten Bestellung 4f 75
  - Umstrukturierung von Unternehmen 4f 76
- Benachteiligungsverbot 4f 48ff.
- Berufshaftpflicht 4g 27
- Berufsordnung 4f 22
- Bestellung
  - befristete ~ 4f 75
  - Einzelheiten 4f 21ff.
  - fehlerhafte ~ 4f 82
  - Form 4f 25
  - freiwillige ~ 4f 20
  - Pflicht zur ~ 4f 5ff.
  - Schriftform 4f 25
  - unterlassene ~ 4f 82
  - Unterschriften auf ~surkunde 4f 26
  - Voraussetzungen 4f 21ff.
  - Zeitpunkt 4f 23f.
- Beteiligung des Betriebsrats 4f 36ff.
- Betriebsratsmitglieder als Beauftragte 4f 32
- Bundes~ 4g 23; 6 13; 14 25; 22 1ff.
  - Anrufung 21 1ff.
- Bundesgrenzschutz 4f 9
- Datengeheimnis 5 7
- Datensicherung 4g 15

- Deutsche Welle 42 1ff.
- didaktische Begabung 4f 28
- Dienstaufsicht 4f 47
- Einblick auch in vertrauliche Angaben 4g 8
- Einrichtungen 4f 57
- Einschaltung bei unvollständiger Benachrichtigung des Betroffenen 33 52
- Ernennungsvoraussetzungen 4f 28ff.
- europäische ~ Einl. 85
- Europäischer Rat 4f 88
- Europäisches Parlament 4f 87
- europäische Perspektiven 4f 86ff.
- externe ~ 4f 21, 34
- Fachkunde 4f 22, 28
- Fachzeitschriften 4f 58
- Familienangehörige des Arbeitgebers 4f 31
- finanzielle Mittel 4f 57
- Fort- und Weiterbildungsveranstaltungen 4f 56, 61a ff.
  - Dauer 4f 61 e
  - Themen 4f 61 c
- Fortbildungsfunktion 4g 3, 17 ff.
- Freistellung 4f 55
- freiwillige Bestellung 4f 20
- Funktionserfüllung
  - Sicherung 4f 43 ff.
- funktionsgerechte Arbeitsbedingungen 4f 59
- Fusion von Unternehmen und Erledigung des Amtes 4f 79
- Garantenstellung 4g 29
- Geräte 4f 57
- Geschäftsführer 4f 31
- Gewährsmann des Arbeitgebers 4g 9
- Großunternehmen 4f 33
- Grundausstattung an aufgabenbezogener Literatur 4f 58
- Haftung 4f 83ff.; 4g 25; 7 16, 39
- Hilfe externer Experten 4g 16
- Hilfspersonen 4f 57
- inhaltliche Beeinflussung seiner Tätigkeit 4f 44

Stichwortverzeichnis

- Installierung zusätzlicher Virenschutzprogramme 4g 15
- Interessenkollisionen 4f 30
- interne ~ 4f 21
- Kommentare zum BDSG 4f 58
- Kommissionsentwurf 4f 86
- Kongresse 4f 56
- Kontrolle der Datenverarbeitungsprogramme 4g 14ff.
- Kontrolle der praktischen Umsetzung des Datenschutzrechts 4g 7ff.
- Kontrolle des Betriebsrats 4g 9
- Kontrolle durch BR und PR 9 15
- Konzerndatenschutzbeauftragte 4f 7
- Kooperation mit Aufsichtsbehörden 38 25
- Kooperation mit der Aufsichtsbehörde 4g 22ff.
- Kündigungsschutz 4f 35, 50, 70
- Kurse 4f 56
- Landes~ 24 9
  - Zeugnisverweigerungsrecht 12 11ff.
- leitende Angestellte 4f 31
- Leiter der EDV-Abteilung 4f 31
- Leiter der Marketingabteilung 4f 31
- Leiter der Rechtsabteilung 4f 31
- Literatur 4f 58
- Löschungsroutinen 4g 12
- mehrere Unternehmen 4f 7
- Merkblätter
  - Erarbeitung und Verteilung 4g 18
- Mitarbeiter der Revisionsabteilung 4f 31
- Mitarbeiter des ~ 4f 45
  - Benachteiligungsverbot 4f 49
- Mitarbeiter des Datenschutzbeauftragten 4f 49
- multinationale Konzernen 4f 8
- Niederlegung des Amtes 4f 63
- Nutzung von Daten 14 25
- Organisationsentscheidung des Arbeitgebers als »wichtiger Grund« 4f 69, 73
- Personalleiter 4f 31
- Personalratsmitglieder 4f 32
- persönliches Rechtsverhältnis 4f 26
- Pflicht zur Bestellung 4f 5ff.
  - ausländische Unternehmen 4f 6
  - mehrere Unternehmen 4f 7
  - multinationale Konzernen 4f 8
  - unbedingte ~ 4f 11
  - verpflichtete Stelle 4f 5
  - von der Zahl der Beschäftigten abhängige ~ 4f 12ff.
- Prüfaufträge 4f 46
- Publizitätsherstellung 4g 19ff.
- Räume 4f 57
- Rechtsstellung 4f 4
- Rechtsverhältnis
  - persönliches ~ 4f 26
- Sanktionen 4f 82
- Selbständige 4f 22
- Selbstkontrolle der verantwortlichen Stelle? 4f 31
- Servicefunktion 26 1
- Sicherheits- und Geheimschutzbeauftragte 4f 31
- Sicherung der Funktionserfüllung 4f 43ff.
- Speicherung von Daten 14 25
- Stellvertreter 4f 61
- Strafbare Handlungen 4g 29
- Streitigkeiten 4f 82
- Tätigkeitsbericht 4g 1
- Teilnahme an Kursen/Kongressen 4f 56
- Übergangsmandat 4f 80
- Umstrukturierung von Unternehmen 4f 76
- Unabhängigkeit vom Arbeitgeber 4f 2
- unangemeldete Kontrollen 4g 13
- Unternehmensberater in Sachen Datenschutz 4f 4 b
- Unterstellung unter das Leitungsorgan 4f 43ff.
- Unterstützung durch den Arbeitgeber 4f 55ff.
- Veränderung von Daten 14 25
- Verantwortlichkeit des Leiters der nichtöffentlichen Stelle 4g 5

Stichwortverzeichnis

- Verfahrensverzeichnis 4g 19ff.
- Verhältnis zum Betriebsrat 4g 24
- Verletzung von Amtspflichten 4f 67
- Verletzung arbeitsvertraglicher Pflichten 4f 67a
- Verschwiegenheitspflicht 4f 22, 51ff.
- vertragliche Haftung 4g 28
- Vertreter 4f 25a
- Vier-Augen-Prinzip 4g 14
- Vorabkontrolle 4d 11
- Voraussetzungen
  - persönliche ~ 4f 4
- Vorstrafen 4f 29
- Wegfall der gesetzlichen Voraussetzungen 4f 64
- Weisungsfreiheit 4f 44
- Weiterbildungsseminare 4g 18
- für Externe? 4f 61h
- Zugang zu den wichtigsten Entscheidungsträgern 4f 43
- zugeordnete Mitarbeiter 4f 45
- Zusammenarbeit mit der Aufsichtsbehörde 4g 4
- Zuverlässigkeit 4f 22, 29

Beauftragten für den Datenschutz
- Entfallen der Meldepflicht 4d 5

Bedienstete
- Anrufung des BfDI 21 2

Beeinträchtigung Dritter 14 20

Begutachtung
- ärztliche und psychologische ~ 32 41ff.

Behördliche Untersuchungen
- Erhebung von Daten 13 4

Beichtgeheimnis Einl. 2, 39

Beihilfe 43 4; 44 2

Beihilfestellen
- Erhebung von Daten 28 179

Beiratsmitglieder
- Personaldatenverarbeitung 12 18

Beitrag zur öffentlichen demokratischen Meinungsbildung 29 45

Beliehene 2 6ff.

Beliehene Unternehmen
- Verarbeitung von Daten 27 8

Benachrichtigung
s. a. *Unterrichtungspflicht*
- Anschriftenermittlung 19a 20
- Arbeitsverhältnis 19a 17
- Ausnahmen 19a 15
  - schriftliche Festlegung der Voraussetzungen 19a 22
- Dienstverhältnis 19a 17
- entsprechende Anwendbarkeit von § 19 Abs. 2 bis 4 BSDG 19a 23
- Erhebung von Daten 19a 1ff.
- Form 19a 8
- gesetzliche Vorgaben 19a 21
- Identität der verantwortlichen Stelle 19a 10
- Inhalt 19a 9
- Interessenabwägung 19a 19
- Kenntnisnahme auf andere Weise 19a 16
- Pflicht 19a 7ff.
- Verstoß 19a 24
- Wegfall 19a 16
- Rechtsvorschriften 19a 21
- Schriftform 19a 8
- Streitigkeiten 19a 25
- überflüssige ~ 19a 16
- Unterrichtung über Empfänger 19a 12
- unverhältnismäßiger Aufwand 19a 18ff.
- Verstoß 19a 24
- Videoüberwachung 6b 58f.
- Vielzahl von Betroffenen 19a 20
- Wiederholung 19a 14
- wissenschaftliche Forschung 19a 18
- Zeitpunkt 19a 13
- Zweckbestimmung 19a 11

Benachrichtigung der Betroffenen 33 1ff.
- Abhilfe bei unvollständiger Information 33 52
- Adressbücher 33 46
- Allgemeines 33 1ff.
- Angehörige 33 13

Stichwortverzeichnis

- Anschrift der verantwortlichen Stelle 33 21
- Art der Daten 33 18
- Aufbewahrungsfristen 33 27
- Aufenthaltsort 33 12
- Aufsichtsbehörde 33 43
- Auftragsdatenverarbeitung 33 8, 10
- Aufwand 42 a 12
- Ausfüllen eines maschinenlesbaren Formulars 33 25
- Aushang 33 17
- Auskunfteien 33 49
- Auslandswohnsitz 33 12
- Ausnahmen 33 22 ff.
  - Zweifel 33 22
- Ausschluss
  - Kenntnis des Betroffenen 33 24
- Bankauskunft 33 48
- Basisinformation 33 1
- Betriebsübergang 33 9
- Bewertung in Portal 33 25
- Bibliothekskatalog 33 49
- Bonitätsauskunft 33 48
- Daten aus allgemein zugänglichen Quellen 33 45
- Datenschutzkontrolle 33 28
- Datensicherung 33 28
- Detekteien 33 36
- Eigeninteresse der verantwortlichen Stelle 33 44
- Empfänger 33 20
- Erklärung an die Öffentlichkeit 33 17
- Ermittlungen 33 14
- Ermittlungen der Verfolgungsorgane 42 a 10
- erneut entstehende Pflicht 33 8
- europäische Perspektiven 33 53
- Familienangehörige 33 13
- Forderungsabtretung 33 33
- Form 33 10 ff., 16 ff.; 42 a 11
- Frist 33 15
- Fusion und Spaltung von Unternehmen 33 9
- Geheimhaltungsinteresse eines Dritten 33 30

- gesetzliche Ermächtigung zur Datenverarbeitung 33 39
- Gewerbezentralregister 33 46
- Grundbuch 33 46
- Handelsbücher 33 27
- Handelsregister 33 46
- handelsübliche Speicherung 33 25
- Identität der verantwortlichen Stelle 33 21
- Inhaber eines Telefonanschlusses 33 13
- Inhalt 33 10 ff., 18; 42 a 11
- Kategorien von Empfängern 33 20
- Kenntnis des Betroffenen 33 24
- Kenntniserlangung von unrichtigen Daten 42 a 1 ff.
- Kompensation der Einschränkungen der Transparenz 33 51
- Kontrollmöglichkeiten 33 51
- durch anderes Konzernunternehmen 33 17 a
- Kosten 42 a 12
- Krankenunterlagen 33 32
- Kreditinformationen 33 34
- Leserbriefe von Betriebsratsmitgliedern 33 47
- Listen 33 50
- Marktforschung 33 49 a
- medizinische Daten 33 32
- Meinungsforschung 33 49 a
- Minderjährige 33 13
- negative Bonitätsauskunft 33 48
- öffentlicher Aushang 33 17
- Ordnungswidrigkeiten 42 a 14
- Patientendaten 33 32
- Presseveröffentlichungen 33 45
- Protokolldateien 33 28
- Rasterfahndung 33 42
- Satzung einer Handelsgesellschaft 33 27
- Schriftform 33 16
- Selbstmordgefahr 33 32
- Sicherungskopien 33 28
- Speicherung oder Übermittlung durch Gesetz ausdrücklich vorgesehen 33 38

913

Stichwortverzeichnis

- Staatsgeheimnisse in Privatunternehmen 33 41
- stille Zession 33 33
- Telefongespräche
  - Zielnummern 33 47
- Telefonverzeichnisse 33 46
- unbekannte Anschrift 33 14
- unverhältnismäßiger Aufwand 33 14, 29
- unverzügliche ~ 33 15
- verantwortliche Stelle 33 10
- Verbandsmitteilungen 33 17
- Veröffentlichung gegen den Willen des Betroffenen 33 45
- Vertrag zugunsten Dritter auf den Todesfall 33 35
- Verwechselbarkeit mit Werbesendung 33 16
- Voraussetzungen 33 4 ff.
- Waffenproduktion 33 41
- Websites 33 46
- wissenschaftliche Forschung 33 40
- Wohnsitz 33 12
- Zeit 42 a 12
- Zeitpunkt 33 15
- Zession 33 33
- Zugang 33 16
- Zweck der Speicherung 33 19

Benachteiligungsverbot
- Beauftragte für den Datenschutz 4 f 48 ff.
- gentechnische Untersuchungen 32 53
- Scoring 28 b 6

Beobachtung
- öffentlich zugänglicher Räume 6 b 1 ff.

Beratung
- Bundesbeauftragter für den Datenschutz und die Informationsfreiheit 26 1, 7

Berechtigte Interessen
- Videoüberwachung 6 b 35 ff.

Bereicherungsanspruch Einl. 97

Bereicherungsanspruch des Betroffenen 7 36

Bereichsspezifische Regelungen
- Auftragsdatenverarbeitung 11 6

Berichte
- Bundesbeauftragter für den Datenschutz und die Informationsfreiheit 26 5 f.

Berichtigung 6 1

Berichtigung von Daten 20 1 ff.; 35 1 ff., 4 ff.
- Adresse unzutreffend 35 5
- Aktenvollständigkeit/-klarheit 20 9
- Allgemeines 20 1 ff.
- Angaben keine Übereinstimmung mit der Realität 35 5
- Arbeitszeugnisse 35 6
- ärztliche Bewertungen 35 8
- ärztliche Dokumentation 35 8
- Auftragsdatenverarbeitung 11 42
- Aussagen unvollständig 35 7
- Ausschluss
  - Hinweis 35 11
  - technische Gründe 35 11
- Bagatellfall 35 10
- Bestätigung 20 8
- Code-Formulierung 35 6
- Daten in der Vergangenheit 35 9
- Deutsche Welle 41 15
- Diagnosen 35 8
- Durchsetzung 35 47 f.
- Einzelheiten 20 4 ff.
- Fehldiagnosen 35 9
- Fehlvorstellungen 35 5
- Form und Frist 35 3 a
- geschönte Daten 35 6
- Information aus dem Zusammenhang gerissen 35 5
- isolierte Wertungen 35 8
- Kontextverlust 35 5
- Kosten 35 12
- manuell erfasste Arbeitnehmerdaten 35 3 b
- Medikation 35 8
- Nachbenachrichtigung 20 28
- nachträgliche Unrichtigkeit 35 10
- nachvollziehbare Vorgänge 35 8

Stichwortverzeichnis

- Name falsch geschrieben 35 5
- nicht-automatisierte Verfahren 20 9
- Non-liquet-Fälle 35 2
- öffentliche Stellen 20 4 ff.
- Richtigkeit 35 5
- Richtigstellung von personenbezogenen Daten 20 4 ff.
- Schätzungen 35 8
- Schwärzung 20 9
- sprachlich verdeckte Daten 35 6
- Straßennamen falsch geschrieben 35 10
- Streitigkeiten 20 30
- Tatsachen 20 6
- Text unlesbar gelöscht 20 9
- unrichtige Informationen 20 5
- Unrichtigkeit 35 5
- unverzügliche ~ 20 7; 35 11
- verantwortliche Stelle 35 4
- Verhältnis zu anderen Rechtsansprüchen 35 40 ff.
- von Amts wegen 20 7
- Voraussetzungen 20 4 ff.
- Vorrang des Bundesarchivgesetzes 20 29
- Wahlrecht des Betroffenen 35 25
- Werturteile 35 8
- Widerspruchsrecht 20 20 ff.
- Zeitpunkt 35 11
- Zeitraum 20 7

Berichtigungsanspruch
s. *Berichtigung*

Berufliche Fähigkeiten
- Bewerberdaten 32 19

Berufliche Schweigepflicht Einl. 39; 39 1

Berufsausbildungsvorbereitung 32 4

Berufsfreiheit 29 15

Berufsgeheimnisse Einl. 2; 28 75; 39 1 ff.
- Aufsichtsbehörden 38 11
- Bundesdatenschutzbeauftragter 24 5
- Zweckbindung 39 2

Berufsgeheimnisträger
- Arbeitnehmerdaten 32 122

Berufsordnung
- Beauftragte für den Datenschutz 4 f 22

Berufsordnungen
- Aufsichtsbehörden 38 11

Berufsverband der betrieblichen und behördlichen Datenschutzbeauftragten e. V. (BvD) Einl. 105

Berufswahlfreiheit 13 35

Beschäftigte
- Begriff 3 67

Beschäftigtendatenschutz 32 2 ff.
- Angemessenheit und Erforderlichkeit 32 15 a
- Fragerecht des Arbeitgebers 32 16 ff.
- in Landesdatenschutzgesetzen 32 12 a
- persönliche und familiäre Zwecke 32 6.
- Verhältnis von § 32 zu § 28 32 8 ff.
- Verzicht auf Dateierfordernis 32 5

Beschäftigungsverhältnis 32 3 ff.
- Bewerber 32 4
- öffentlich-rechtliches ~ 32 4
- Personenkreis 32 3 ff.

Beschlagnahme
- Computer Einl. 37

Beschlagnahmeverbot
- Bundesbeauftragte für den Datenschutz 23 5

Beseitigungsanspruch des Betroffenen 7 35, 38

Besondere gesetzliche Verwendungsregelungen Einl. 44

Bestimmbarkeit 3 12 ff.

Bestimmtheitserfordernis
- Einwilligung 4 a 18 f.

Best-Practice-Beispiele 24 14

Beteiligung des Betriebsrats
- Bestellung des Datenschutzbeauftragten 4 f 36 ff.

Betretungsrecht
- Aufsichtsbehörden 38 22

Betrieblicher Datenschutzbeauftragter
s. *Beauftragter für den Datenschutz*

Betriebs- und Geschäftsgeheimnis 6 a 16

915

Stichwortverzeichnis

Betriebsarzt 4 f 3
- Schweigepflicht
- Entbindung 4 a 2, 34 b

Betriebsbußen
- Löschung von Daten 35 21

Betriebsgeheimnisse Einl. 52

Betriebsrat
- Arbeitnehmerdaten 28 29
- Datengeheimnis 5 13
- Datensicherheit 9 13 ff.
- Einschaltung bei unvollständiger Benachrichtigung des Betroffenen 33 52
- Kontrolle des Datenschutzbeauftragten 9 15
- Mitwirkungs- und Mitbestimmungsrechte 9 102; 11 59
  - Durchsetzungsmöglichkeiten 9 106
  - Gestaltung der Arbeitsplätze 9 115
  - Rechtspositionen nach dem BetrVG 9 104 ff.
- organisatorische Maßnahmen 9 13 ff.
- Sicherheitsstandards 9 14
- technische Maßnahmen 9 13 ff.
- Übermittlung von Daten
  - an Dritte 28 76
- Verarbeitung von Daten 27 8
- Verfügbarkeitskontrolle 9 105
- Weitergabekontrolle 9 105
- Zugangsrechte 9 109; 11 59
- Zugriffskontrolle 9 104 ff.
- Zutrittskontrolle 9 104

Betriebsratsmitglieder
- Arbeitnehmerdaten 32 122

Betriebsübergang
- Verarbeitung von Daten 28 22

Betriebsvereinbarungen 7 10
- Arbeitnehmerdaten 31 7
- Auftragsdatenvereinbarung 11 60
- Speicherung von Daten 31 5
- Zugriffe auf Kommunikations- und E-Mail-Inhalte 32 117

Betroffene 3 2 ff.
- Auskunft 6 1
- Bestimmbarkeit 3 13

- Beschwerde 38 14
- Funktionsträger 3 5
- Information 29 17
- Individualrechte 6 1 ff.
- juristischen Personen 3 10
- Kenntnis 4 6, 11 ff.
- Mitwirkung 4 6
- natürliche Personen 3 3
- Personen der Zeitgeschichte 3 7
- Rechte 6 1 ff.
  - Berichtigung 6 1
  - Löschung 6 1
  - Sperrung 6 1
  - überwiegende schutzwürdige Interessen 4 10
- Verstorbene 3 4
- vor der Geburt 3 3

Betroffenenrecht 21 2 ff.

Bewegliche Kamera
- Videoüberwachung 6 b 17

Bewegungsprofile 32 103 ff.
- Arbeitnehmerdaten 32 89

Beweislast
- Haftung 7 18
- Wahrnehmung berechtigter Interessen 6 b 38

Beweislastumkehr
- Auftragsdatenverarbeitung 11 33

Beweisverwertungsverbot 32 94 a ff.
- Videoüberwachung 6 b 66

Bewerber für ein Beschäftigungsverhältnis 32 4

Bewerberdaten
- Alkoholtest 32 48
- Alter 32 32
- Anfrage an früheren Arbeitgeber 32 40 b
- berufliche Fähigkeiten 32 19
- bisherige Vergütung 32 20
- Direkterhebung 32 56 ff.
- diskriminierungsverdächtige Tatsachen 32 21
- Drogentest 32 48
- Einschaltung von Betriebsrat und Personalrat 32 59 ff.

Stichwortverzeichnis

- Einwilligung 32 14
- Erfahrungen 32 19
- Erforderlichkeit 32 13 ff.
- Erhebung von Daten 13 10; 32 13 ff.
- Ermittlungsverfahren 32 37
- Essgewohnheiten 32 17
- ethnische Herkunft 32 21
- Facebook 32 56
- Familienplanung 32 17
- Fragerecht des Arbeitgebers 32 16 ff.
- Führungszeugnis 32 36
- gentechnische Untersuchungen 32 49 ff.
- gescheiterte Bewerbung 32 65 ff.
- Geschlecht 32 22
- Geschlechtsumwandlung 32 25
- gesundheitliche Eignung 32 30
- Gesundheitszustand 32 41 ff.
- Gewerkschaftsmitgliedschaft 32 34
- gezielte Förderung von behinderten Menschen 32 31
- Google 32 56
- HIV-Infektion 32 47
- Hobbys 32 17
- Informationen aus öffentlich zugänglichen Quellen 32 56 ff.
- Kinderbetreuung 32 23
- Krankheiten 32 41 ff.
- Löschung von Daten 35 23
- Mitteilungspflichten des Bewerbers 32 18
- öffentlich zugängliche Quellen 32 56 ff.
- öffentliche Stellen 12 16, 20
- polizeiliches Führungszeugnis 32 36
- private Vermögensverhältnisse 32 17
- Rasse 32 21
- Religionszugehörigkeit 32 26
- Schwangerschaft 32 22
- Schwerbehinderteneigenschaft 32 30, 69 a
- Scientology 32 28
- sexuelle Identität 32 33
- Speicherung von Daten 32 13 ff.
- Transparenz der Datenermittlung 32 40 c

- Trinkgewohnheiten 32 17
- Ungefragte Mitteilungen 32 40 a
- Unterhaltsverpflichtungen 32 17
- Verfügbarkeit
  - eingeschränkte ~ 32 23
  - zeitliche ~ 32 19
- Vergütung
  - bisherige ~ 32 20
- Vermögensverhältnisse 32 17
- Vorstrafen 32 35
- Wehrdienst 32 24
- Weltanschauung 32 27 ff.
- Xing 32 56
- zeitliche Verfügbarkeit 32 19
- Zivildienst 32 24
Bewerbungsunterlagen 32 65 ff.
- Rücksendung 32 66
Bewertungsportale 29 45; 34 57 b
BGB-Gesellschaft
- Verarbeitung von Daten 27 6
Bibliothekskatalog
- Benachrichtigung der Betroffenen 33 49
Biergarten
- Videoüberwachung 6 b 19
Bild
- Soziales Netzwerk 32 95 a
Bildaufzeichnungen
- Kontrollen im Arbeitsverhältnis 32 95 ff.
- Videoüberwachung 32 95 ff.
Bilddatenbanken 3 25
Bildungseinrichtungen Einl. 112
Binding Corporate Rules 4 c 20
- Wirksamkeit 11 20 f.
Biometrie 3 19
Biometrische Daten
- Reisepass 6 c 2
Biometrische Zugangskontrollsysteme 9 42
- Zugangskontrolle 9 48
- Zutrittskontrolle 9 39
Biometrischer Daten
- Arbeitnehmerdaten 32 84 ff.
- Referenzdaten 32 87 ff.

917

Stichwortverzeichnis

Biotechnische Labors 29 6
BlackBerry 28 97
- Verarbeitung von Daten 27 17
Blätterverhalten von Kunden 28 40
Bonitätsauskunft
- Benachrichtigung der Betroffenen 33 48
- Mietschulden 28 46 a
- Selbstauskunft 28 46 a
- Vermieter 28 46 a
Bonitätsdaten 28 33
- vorvertraglichen Verschwiegenheitspflichten 28 34
Bonitätsprüfung 29 33
Bonusprogramme 28 91
Boten
- Datengeheimnis 5 5
Branchendatenbanken
- Abrufverfahren 10 19
Branchenverzeichnis 28 100; 29 54
Breach Notification 42 a 1
Bring your own device
s. *BYOD*
Briefwerbung 28 144
BSI-Grundschutz-Katalog
- Auftragsdatenverarbeitung 11 28
Bücher 28 58
Buchverlage
- Medienprivileg 41 7
Bundesarchivgesetz
- Vorrang 20 29
Bundesbeauftragter für den Datenschutz
s. a. *Bundesbeauftragter für den Datenschutz und die Informationsfreiheit*
s. a. *Beauftragte für den Datenschutz*
Bundesbeauftragter für den Datenschutz und die Informationsfreiheit 4 g 23; 6 13; 21–26
- Allgemeines 22 1
- Alter 22 3
- Amtsausübung 22 5
- Amtsgeheimnis 24 5
- Amtsverhältnis 22 4 ff.
- Amtszeit 22 3

- Anrufung 21 1 ff.
- Artikel-10-Gesetz 24 6
- Aufgaben
  - weitere ~ 26 1 ff.
- Auskunftserteilung 24 11
- Beanstandungen 25 1 ff.
  - Adressat 25 3
  - Gegenstand 25 2
  - tatsächlich festgestellte Verstöße 25 2
  - Unterrichtung der Betroffenen 25 5
  - Verstöße 25 2
- Befähigung 22 3
- Beratung 26 1, 7
- Berichte 26 5 f.
- Berufsgeheimnis 24 5
- Beschlagnahmeverbot 23 5
- besondere Verwendungsbeschränkung 23 7
- Best-Practice-Beispiele 24 14
- Düsseldorfer Kreis 26 10
- Einsichtsgewährung 24 11
- entgeltlichen Gutachtenerstellung 23 3
- Entlassung 23 2
- Fernmeldegeheimnis 24 5
- Geheimhaltungspflichten 24 5
- Geschenkeregelung 23 3 a
- Gutachtenerstellung 23 3, 11; 26 5 f.
- Informationsrecht gegenüber dem Betroffenen 23 10
- Inkompatibilität 23 3
- Kontrolle der öffentlichen Stellen des Bundes 24 1 ff.
- Allgemeines 24 1 ff.
- Art und Weise 24 4
- Bundesgerichte 24 8
- Bundesrechnungshofmitglieder 24 8
- Bundeszentralregister 24 8
- Ergebnis 24 14
- Generalbundesanwalt 24 8
- Geschäftsstellen der Gerichte 24 8
- Justizverwaltung 24 8
- Kontrollinstanzen der Länder 24 9

Stichwortverzeichnis

- Landesbeauftragte für den Datenschutz 24 9
- Oberbundesanwalts beim Bundesverwaltungsgericht 24 8
- Organisation 24 4
- Rechtspfleger 24 8
- Registerführung 24 8
- Sicherheitsbehörden 24 13
- Kontrolle in speziellen Bereichen 24 5 ff.
- Kontrollergebnis 24 14
- Legitimation 22 2
- Mitteilungen im dienstlichen Verkehr 23 8
- nachschauenden Datenschutzkontrolle 24 1
- öffentliche Darstellung eines Sachverhaltes und dessen Bewertung 25 4
- Öffentlichkeitsarbeit 26 2 ff.
- Online-Zugriffe 24 11
- Personalaktengeheimnis 24 5
- Nebentätigkeiten 23 3
- Personal- und Sachausstattung 22 5
- persönliches Rechtsverhältnis 22 4 ff.
- Postgeheimnis 24 5
- Privacy Enhancing Technologies (PET) 24 14
- Prüfbericht 24 14
- Qualifikationsanforderung 22 3
- rechtliche Organisation 22 4 ff.
- Rechtsstellung 23 1 ff.
- Allgemeines 23 1 ff.
- rechtliche Bewertung 24 14
- Sachverhaltsdarstellung 24 14
- Servicefunktion 26 1
- Stellungnahmen 23 3
- Steuergeheimnis 24 5
- Tätigkeit der Bundesgerichte 24 8
- Tätigkeitsbericht 26 2 ff.
- Telekommunikationsgeheimnis 24 5; 32 115
- Unabhängigkeit 22 1, 5; 23 2
- unentgeltlich wissenschaftliche Stellungnahmen 23 3
- Unterrichtung der Betroffenen 25 5

- Unterstützungspflicht der öffentlichen Stellen 24 10
- Umfang 24 12
- Verschwiegenheitspflicht 23 6 ff.; 24 5, 10
- Mitteilungen im dienstlichen Verkehr 23 8
- offenkundige und bedeutungslose Tatsachen 23 8
- weitergehende Geheimhaltungsvorschriften 23 9
- Verwendungsbeschränkung 23 7
- Wahl 22 2 f.
- Weisungen 22 4 ff.
- Wiederwahl 22 3
- Widerspruchsrecht von Betroffenen 24 7
- wissenschaftliche Stellungnahmen 23 3
- Zeugnisverweigerungsrecht 23 4 f.
- Mitarbeiter 23 5
- Zuordnung zum BMI 22 5
- Zusammenarbeit 22 5
- mit den Aufsichtsbehörden 26 10
- mit LfD 26 9
- Zutrittsgewährung 24 11
Bundesbehörden 2 5
- Videoüberwachung 6 b 30
Bundesdatenschutzgesetz (BDSG) Einl. 65
- Adressaten 1 8 ff.
- ausländische Stellen im Inland 1 16
- Filialen 1 17
- Niederlassungen 1 17
- Anwendungsbereich 1 1 ff.
- Historisches **Einl.** 1 ff.
- Novellierung **Einl.** 68
- Schutzziel 1 1
- Subsidiarität 1 12
- Zweck 1 1 ff.
Bundeseisenbahnvermögen
- Datenschutz 18 4
Bundesgerichte
- Kontrolle durch BfDI 24 8

919

Stichwortverzeichnis

Bundesgrenzschutz
- Beauftragte für den Datenschutz 4 f 9

Bundeskriminalamt
- Auskunft 19 23

Bundesnachrichtendienst
- Abrufverfahren 10 16

Bundesrechnungshofmitglieder
- Kontrolle durch BfDI 24 8

Bundestagsabgeordnete
- Personaldatenverarbeitung 12 17

Bundesverwaltung
- Datenschutz 18 1 ff.
- Festlegungen zur automatisierten Verarbeitung 18 14 ff.
- Hardwareverzeichnis 18 10
- Kontrollpflichten 18 8
- Mehrfachverarbeitung 18 19
- Mehrfachverarbeitungen 18 19
- Normadressaten 18 3 ff.
- Pflichten 18 6 ff.
 - Ausnahmen 18 17 ff.
 - Einzelheiten 18 9 ff.

Bundeszentralregister
- Kontrolle durch BfDI 24 8

Bürgschaft
- Verarbeitung von Daten 28 19

Büros 6 b 22

Bußgeldvorschriften 43 1 ff.

BYOD 9 4; 9 30; 27 17
- Anwendbarkeit 9 32
- Fernlöschung 9 41
- Unzulässigkeit der Verwendung 9 30
- Verarbeitung von Daten 27 17

C

Call Center
- Auftragsdatenverarbeitung 11 9

CD 3 16; 28 97

CD-ROM-Listen 29 54

Chiffrengeheimnis Einl. 43

China 4 b 13

Chipkarte 3 16

Chipkarten 6 c 1 ff.
- Zugangskontrolle 9 48

Chipkarteneinsatz 4 d 9

Client-Server-Konzepte
- Datensicherheit 9 30

Cloud 9 41
- Auftragsverarbeitung 11 21

Cloud Computing 4 b 1, 16; 4 c 18 b; 6 11
- Datensicherheit 9 30

Code of Conduct 4 c 21; 38 a 1

Code-Formulierung
- Arbeitszeugnisse 35 6

Codekartensysteme
- Zutrittskontrolle 9 39

Compliance 28 51
- Arbeitnehmerdaten 28 51

Compliancebeauftragter 4 f 3

Computer
- Ausdruck 27 21
- Beschlagnahme Einl. 37

Content Provider 35 3

Cookies 1 19

Coupon 29 30

Creditreform 4 d 7

Crowdwork 32 156 a

Culpa in contrahendo 7 28

D

Darlehen
- Selbstauskunft 4 a 29

Dashcam 6 b 66; 27 17

Data Mining 28 43

Data-Warehouses Einl. 48

Datei 3 23
- Begriff 3 24; 46 1 ff.
- logischer Aufbau 34 10
- Übergabe 3 38
 - Empfänger 3 39
- untrennbare 15 24 ff.
- Verbund~ 3 62

Dateibezeichnung
- Auskunft an den Betroffenen 34 16

Dateierfordernis
- Verzicht 32 5

Dateistatus
- automatisierte Verarbeitung 18 15
- Mangel 18 16

Stichwortverzeichnis

Dateiverzeichnis und betriebliche Interessenvertretung 4 g 21
Datenbanken
- Abrufverfahren 10 19
- Adress~ 10 19
- Bild~ 3 25
- Branchen~ 10 19
- Datensicherheit 9 30
- Literatur~ 10 19
- offene ~ 10 19
- Online~ 10 19
- Telefon~ 10 19
Datenerhebung
s. *Erhebung von Daten*
Datengeheimnis **Einl.** 44; 5 1 ff.; 9 5; 39 1
- Abmahnung 5 16
- Adressaten 5 4 ff.
- Allgemeines 5 1
- Aufsichtsratsmitglieder 5 8
- Auftragsdatenverarbeitung 11 63
- Beauftragte für den Datenschutz 5 7
- Beendigung einer Tätigkeit 5 14
- Belehrung über ~ 5 12
- Betriebsrat 5 13
- Boten 5 5
- Entwendung der Daten 5 9
- freie Mitarbeiter 5 4
- Geschäftsführer 5 8
- Heimarbeiter 5 4
- Kündigung 5 16
- Landesrecht 5 17
- Leiharbeitnehmer 5 4
- Mitarbeiter von Auftragnehmern 5 6
- Personalrat 5 13
- Poststellenpersonal 5 5
- Praktikanten 5 4
- Reinigungspersonal 5 5
- Schadensersatz 5 15
- Strafbarkeit 5 16
- Telearbeitnehmer 5 4
- Verletzung 5 9
  - Rechtsfolgen 5 15
  - Sanktionen 5 15

- Verpflichtung der Beschäftigten 5 10 ff.
- Vorstandsmitglieder 5 8
Datenimport 4 b 22
Datenkategorien 4 e 4
Datenkorrektur
- Speicher- und Verarbeitungsmedien 6 c 6
Datenlöschung
s. *Löschung von Daten*
Datennutzung
s. *Nutzung von Daten*
Datenrichtigkeit
s. *Richtigkeit von Daten*
Datensammlung auf Vorrat **Einl.** 49
Datenschutz
- Arbeitsverhältnis 28 24 ff.
- Auffanggesetze **Einl.** 71
- ausländische Stellen im Inland 1 16
- Befugnisregelungen **Einl.** 71
- Begriff **Einl.** 1
- bereichsspezifische Regelungen **Einl.** 71 ff.
- Beispiele **Einl.** 73
- Bundeseisenbahnvermögen 18 4
- Bundesverwaltung 18 1 ff.
- Deutsche Bahn AG 18 4
- Deutsche Post AG 18 5
- Deutsche Postbank AG 18 5
- Deutsche Telekom AG 18 5
- Durchführung 18 1 ff.
- Empfehlung des Rates der Organisation für wirtschaftliche Zusammenarbeit und Entwicklung **Einl.** 90
- EU-Recht **Einl.** 63
- europäische Vorschriften **Einl.** 78 ff.
- Europarat **Einl.** 86
- gesellschaftliche Rezeption **Einl.** 102 ff.
- Grundrecht **Einl.** 16
- Hardwareverzeichnis 18 10
- juristische Personen **Einl.** 52
- Kollektiv~ **Einl.** 51
- Konkretisierung **Einl.** 45 ff.
- Kontrolle 1 21; 24; 38

921

Stichwortverzeichnis

- Kontrollpflichten 18 8
- Landesdatenschutzgesetze **Einl.** 69 ff., 93
- Lehrangebote **Einl.** 112
- Mehrfachverarbeitung 18 19
- Mehrfachverarbeitungen 18 19
- Modernisierung **Einl.** 67
- Normadressaten 18 3 ff.
- Organisationen **Einl.** 102
- Pflichten 18 6 ff.
  - Ausnahmen 18 17 ff.
  - Einzelheiten 18 9 ff.
- Rahmenregelungen **Einl.** 75
- Rechtsquellen **Einl.** 59 ff.
  - ausländische ~ **Einl.** 86 ff.
  - Gesetzgebungskompetenz **Einl.** 59 ff.
  - internationale ~ **Einl.** 86 ff.
- Regelungsautonomie der Länder **Einl.** 76
- Sicherstellung 18 3
- Subsidiaritätsklauseln **Einl.** 72
- Übergänge zwischen öffentlichem und privatem Bereich 2 2
- Verbände **Einl.** 102
- Verfahrensregeln **Einl.** 71
- Verwaltungsverfahrensrecht **Einl.** 60
- völkerrechtliche Regelungsvorschläge **Einl.** 89
- Weiterentwicklung des Grundrechts **Einl.** 53
- Wirtschaftsfaktor **Einl.** 94 ff.
- Zeitschriften **Einl.** 110

Datenschutzaudit 9 a 1 ff.
- Allgemeines 9 a 1
- Anforderungen 9 a 11
- Auditzeichen 9 a 6
- Auftragsdatenverarbeitung 11 29
- Bewertung 9 a 5
- Dokumentation 9 a 5
- Europäisches Datenschutzgütesiegel 9 a 9
- European Privacy Seal (EuroPriSe) 9 a 9
- Gefahr von Gefälligkeits-Audits 9 a 8
- Gefälligkeits-Audits 9 a 8

- Gegenstand 9 a 10
- gesetzliche Regelung 9 a 15
- Gütesiegel 9 a 6
- hoheitliches Verfahren 9 a 8
- Inhalt 9 a 11
- interne ~ 9 a 7
- Kontrollinstanzen 9 a 15
- Marketing 9 a 6
- private Stellen 9 a 7
- Produktaudit 9 a 10, 12
- Sachverständige
- Akkreditierungsvoraussetzungen 9 a 15
- Target of Evaluation (ToE) 9 a 10
- Überprüfbarkeit 9 a 8
- Überschneidung mit anderen Zertifizierungen 9 a 4
- Verfahren der Prüfung und Bewertung 9 a 15
- Verfahrensaudit 9 a 10, 13
- Werbung 9 a 6
- Zweck 9 a 1

Datenschutzauditgesetz (DSAG)
- Entwurf **Einl.** 68; 9 a 3

Datenschutzbeauftragte
s. *Beauftragte für den Datenschutz*

Datenschutzfachtagung (DAFTA) **Einl.** 104

Datenschutzgesetze
- dritte Generation **Einl.** 6
- erste Generation **Einl.** 4
- zweite Generation **Einl.** 5

Datenschutzgütesiegel
- europäisches ~ 9 a 9

Datenschutzkontrolle 31 1 ff.
- Auftragsdatenverarbeitung 11 70
- Auskunftspflicht 19 15
- staatliche ~ 38 1
- Verwendung von Daten 14 28

Datenschutzkonzept 9 a 13
Datenschutzmanagement 9 a 13
Datenschutzordnung 4 g 12
Datenschutz-Quellen
- Internet **Einl.** 111
- Zeitschriften **Einl.** 109 ff.

Stichwortverzeichnis

Datenschutzrecht Einl. 29
- Beschäftigtendatenschutz Einl. 68
- Modernisierung Einl. 67
Datenschutzrechtliche Selbstentmündigung 6 4
Datenschutzverordnung für Organe und Einrichtungen der EG Einl. 83
Datenschutzzertifizierung
- Auftragsdatenverarbeitung 11 29
Datensicherheit 9 2
- Adressaten 9 10
- Arbeitnehmer 9 16
- Arbeitsplatzcomputer 9 31
- Auftraggeber 9 11
- Auftragnehmer 9 11
- Auskünfte 9 5
- Auskunftspflicht 19 15
- Ausnahmen 9 12
- automatisierte Verarbeitung 9 2
- Bankenhandeln 9 32
- Betriebsrat 9 13 ff.
- Betriebsvereinbarungen 9 14
- biometrische Zugangskontrollsysteme 9 42
- Client-Server-Konzepte 9 30
- Cloud Computing 9 30
- Datenbanken 9 30
- Desktopcomputer 9 31
- digitale Signatur 9 49
- EG-Datenschutzrichtlinie 9 6
- Eingabekontrolle 9 77 ff.
- familiäre Zwecke 9 12
- Internet-Kommunikation 9 30
- IPhones 9 30
- Krankenversicherungsdaten 9 32
- Kryptografie 9 42
- Maßnahmenkatalog 9 3, 36 ff.
- MDA 9 31
- Mitwirkungs- und Mitbestimmungsrechte von BR und PR 9 101 ff.
- mobile Arbeit 9 32
- Mobile Devices 9 30
- Mobiltelefone 9 30
- nachträgliche Überprüfungen und Feststellungen 9 77 ff.

- nicht automatisierte Verarbeitung 9 2
- nicht-öffentliche Stellen 9 10
- Notebook 9 31
- öffentliche Stellen 9 10
- Organisationskontrolle 9 33 ff.
- organisatorische Maßnahmen 9 1 ff., 9 ff.
- PDA 9 31
- Personalräte 9 13 ff.
- persönliche Zwecke 9 12
- Praktikabilitätsprobleme 9 3
- Protokolldateien 9 8
- Rechenzentren 9 30
- Revisionsfähigkeit 9 79
- Tagebuch 9 12
- technische Maßnahmen 9 1 ff., 9 ff.
- Telearbeit 9 30, 32
- temporäre Daten 9 8
- Übermittlungskontrolle 9 61
- Überwachung 9 108
- USB-Speicher 9 31
- Verhältnismäßigkeit 9 4
- Verschlüsselung der Daten 9 42
- Virtual Private Networks (VPN) 9 30
- Weitergabekontrolle 9 61
- Zugangskarten 9 108
- Zugangskontrolle 9 43 ff.
- Zugriffskontrolle 9 51 ff.
- Zutrittskontrolle 9 36 ff.
Datensicherung 31 1 ff.
- Auftragskontrolle 9 86 ff.
- Beauftragte für den Datenschutz 4 g 15
- Fristen für deren Aufbewahrung 9 85
- Generationsprinzip 9 96
- Gestaltung der Arbeitsplätze 9 115
- Maßnahmen 4 e 5
- RAID-Systeme 9 96
- Trennungsgebot zur Zweckbindung 9 97 ff.
- Verwendung von Daten 14 28
Datensparsamkeit 3 a 1 ff.; 13 14; 14 8; 15 12; 40 8
- Videoüberwachung 6 b 9, 41
Datenspeicherung
s. Speicherung von Daten

923

Stichwortverzeichnis

Datenträger 3 16; 6c 2
- Sicherung 9 69

Datentransit 1 20

Datentransparenz 4a 18; 33 1
- Defizit 33 2

Datenübermittlung
s. *Übermittlung von Daten*

Datenübermittlung in Drittländer
4b 1 ff.
- Allgemeines **4b** 1 ff.
- angemessenes Datenschutzniveau **4b** 10 ff.; **4c** 1 ff.
- Arbeitnehmerdaten
  - zentralisierte Verarbeitung **4c** 5
- Arbeitsvertragsklausel **4c** 18 a
- Aufgaben der übermittelnden Stelle **4b** 20 ff.
- ausländischen Subunternehmer **4c** 18 b
- Ausnahmen **4b** 18; **4c** 1 ff.
  - gesetzliche ~ **4c** 4 ff.
- außerhalb der EU **4b** 9 ff.
- behördliche Genehmigung **4c** 12 ff.
  - Grundsatz **4c** 12
  - Kategorien von Übermittlungen **4c** 15
  - nichtöffentlichen Bereich **4c** 13
- Betriebsvereinbarung **4c** 19
- Daten von Flugpassagieren **4b** 17
- diplomatischen Vertretungen im Ausland **4b** 4
- Einwilligung **4c** 5
- Flugbuchungen **4c** 6
- Geltendmachung, Ausübung oder Verteidigung von Rechtsansprüchen vor Gericht **4c** 8
- Handelsregister **4c** 10
- Information des Betroffenen **4b** 19
- innerhalb der EU **4b** 4 ff.
  - Organe und Einrichtungen der EG **4b** 4
- Käufen im Internet **4c** 6
- lebenswichtige Interessen des Betroffenen **4c** 9
- Meldepflicht **4e** 5
- Musterkodex **4c** 23
- öffentliche Register **4c** 10
- Reisebuchungen **4c** 6
- Satzung der einzelnen Gesellschaften **4c** 22
- Unternehmensrichtlinie **4c** 23
- USA **4b** 15 ff.
- Daten von Flugpassagieren **4b** 17
- in den ~ geführten Personalakten **4c** 6
- verbindliche Unternehmensregelungen **4c** 20
- Vereinsregister **4c** 10
- Vertrag mit ausländischen Übermittlungsempfängerlösung **4c** 17 ff.
- Verträge mit Auslandsbezug **4c** 6
  - Betroffene am Vertrag oder den Vorverhandlungen nicht beteiligt **4c** 7
  - wichtiges öffentliche Interesse **4c** 8
- Wohlverhaltenserklärungen **4c** 21

Datenveränderung
s. *Veränderung von Daten*

Datenverarbeitung
s. *Verarbeitung von Daten*

Datenverarbeitungsanlagen 1 10; 3 25

Datenverarbeitungsprogramme
- Anwendung **4g** 14
- Einführung **4g** 15
- Kontrolle **4g** 14 ff.

Datenverarbeitungsverfahren
- Erprobung **Einl.** 24
- Zulassung **Einl.** 24

Datenvermeidung 3a 1 ff.; 13 14; 14 8; 15 12; 32 173
- Videoüberwachung **6b** 9, 41

Dauerüberwachung 32 95 d

Dauerverträge mit Vorausleistung 29 33

DEKRA 12 9

Demonstrationsfreiheit Einl. 35

Dentitätszweifel 29 40

Desktopcomputer
- Datensicherheit 9 31

Detekteien 4d 7; 29 6; 32 121
- Benachrichtigung der Betroffenen 33 36

924

Stichwortverzeichnis

Deutsche Bahn AG
- Datenschutz 18 4

Deutsche Bundespost 2 11

Deutsche Genossenschaftsbank
- Verarbeitung von Daten 27 11

Deutsche Post AG
- Datenschutz 18 5

Deutsche Postbank AG
- Datenschutz 18 5

Deutsche Telekom AG
- Datenschutz 18 5

Deutsche Vereinigung für Datenschutz e. V. (DVD) Einl. 103

Deutsche Welle 41 6
- Ausforschungsschutz 41 13
- Auskunftsanspruch 41 12
- Beauftragte für den Datenschutz 42 1 ff.
 - Anrufung 42 5
 - Aufgaben 42 3
 - Bestellung 42 2
 - Regelungsermächtigung 42 7
 - Tätigkeitsbericht 42 6
- Berichtigung von Daten 41 15
- Eigensicherung der Beschäftigten 41 13
- Gegendarstellung 41 11
- Informantenschutz 41 13
- Medienprivileg 41 10
- Widerspruch 41 11

Diagnosen
- Berichtigung von Daten 35 8

Dienstleistungsvertrag
- Verarbeitung von Daten 28 19

Dienstvereinbarungen
- Arbeitnehmerdaten 31 7

Dienstvertrag
- Verarbeitung von Daten 28 19

Digital Courage Einl. 106

Digitale Kartierung 6 b 15

Digitale Signatur
- Auskunft 19 11
- Zugangskontrolle 9 49

Direkterhebung 4 5; 28 28
- Informationspflicht 33 7

Diskette 3 16

Diskriminierungsverbote 32 38
- Bewerberdaten 32 21
- ethnische Herkunft 32 21
- gentechnische Untersuchungen 32 53
- Geschlecht 32 22
- Rasse 32 21
- Scoring 28 b 6

Distanzgeschäfte 29 33

Dritte
- Beeinträchtigung 14 20
- Begriff 3 63
- berechtigte Interessen 28 74 ff.

Drittland
- Auftragsdatenverarbeitung 11 20

Drittstaaten, sichere 4 b 13

Drogenkonsum
- Löschung von Daten 35 20

Drogentest
- Bewerberdaten 32 48

Drohnen 6 b 13

Druckwerkehersteller
- Medienprivileg 41 7

DSB-Konferenz 26 9

Due-Diligence-Prüfungen 28 51

Duldungspflicht
- Datenschutzkontrollen 38 23

Durchsuchungen Einl. 37

Düsseldorfer Kreis 26 10; 38 3

DVD 28 97

E

EC-Karte 28 43

EC-Kassenräume
- Videoüberwachung 6 b 19

EDV-Arbeitsprofile 31 6

EG-Datenschutzrichtlinie 4 f 2
- Datensicherheit 9 6
- Haftung 7 4

Ehe
- Schutz **Einl.** 34

Ehepartnern
- Verarbeitung von Daten 28 22

Eigenbetriebe
- Verarbeitung von Daten 27 11

925

Stichwortverzeichnis

Eigensicherung
- Videoüberwachung 6 b 30

Ein-Euro-Jobs 32 4

Eingabefehler
- Haftung 8 3

Eingabekontrolle 9 77 ff.
- Ermessen 9 84
- nachträgliche Überprüfungen und Feststellungen 9 77 ff.
- Notebook 9 82
- PC 9 82
- Persönlichkeitsrecht 9 81
- Protokollierung 9 80
- Revisionsfähigkeit 9 79

Eingriff in das allgemeine Persönlichkeitsrecht 7 29 f.

Eingriffsrecht 1 5

Einkommen 28 46 a

Einkommensdaten des Betroffenen
- Übermittlung von Daten an Auskunfteien 28 a 13

Einsichtsfähigkeit Einl. 18 a

Einwegspiegel
- Erhebung von Daten 13 12

Einwilligung 4 a 1 ff., 25; 4 d 6
- Adressenhandel 28 90 ff.
- Adresshandel 4 a 23 a
- AGB 4 c 5
- Anfechtung 4 a 22
- Angemessenheitskontrolle 4 a 31 ff.
- Arbeitnehmerdaten 32 11
- Arbeitsvermittler, private 4 a 3 d
- ärztlicher Schriftverkehr 4 a 12
- Aushang im Sprechzimmer 4 a 12
- außerhalb der Schriftform 28 121
- Beeinflussung der Willensbildung 4 a 28
- Behörden, gegenüber 4 a 3
- Bestätigung 28 125
- Bestimmtheitserfordernis 4 a 18 f.
- Betroffene unter Druck gesetzt 4 a 25
- Bewerberdaten 32 14
- Überlassung von Zugangsdaten zu Facebook 4 a 29
- bewusste ~ 28 123

- Bonusprogramme 28 91
- Cookies, Verwendung von ~ 4 a 3 b
- Datenübermittlung in Drittländer 4 c 5
- Dokumentation 28 93
- drucktechnische Gestaltung 28 132 ff.
- eindeutige ~ 28 123
- Einsichtsfähigkeit des Betroffenen 4 a 5
- elektronisch erteilte ~ 4 c 5; 28 92
- E-Mail 4 a 12
- Erfordernisse
  - formale ~ 4 a 4 ff.
- Erhebung von Daten 13 27 f.; 28 164 ff.; 33 7
- Europäische Perspektiven 4 a 49 ff.
- Europäischer Rat, Regelungsvorschlag 4 a 51
- Europäisches Parlament, Regelungsvorschlag 4 a 50
- Fax 4 a 12
- Fitnessklub 4 a 33
- Form 4 a 14 f., 43
- Fotos 4 a 3 c
- freie Entscheidung des Betroffenen 4 a 2, 20 ff.
- Ausgangssituation 4 a 20 f.
- Europäische Lösung 4 a 52
- Konkretisierungen 4 a 22 ff.
- Vorteile und Freiwilligkeit 4 a 23
- Gegenstand 28 122
- Genomanalyse bei Abschluss von Versicherungsverträgen 4 a 34 b
- gentechnische Untersuchungen 4 a 3 d, 32 52
- Geschäftsfähigkeit des Betroffenen 4 a 5
- Gestaltung
  - drucktechnische ~ 28 132 ff.
- Hervorhebungsgebot 4 a 13
- Hinweis auf die Folgen einer Verweigerung 4 a 9
- Honorierung 28 91
- Inaussichtstellen von Nachteilen bei Verweigerung 4 a 26

Stichwortverzeichnis

- informierte ~ **4a** 7 ff., 10
- Inhalt **28** 129
- Inhaltsschranken **4a** 29 ff.
  - zwingendes Recht **4a** 29
- konkludente Erklärung **4a** 16
- Kommissionsentwurf **4a** 49
- konzerninterne Übermittlung **4a** 34 c
- Koppelungsverbot **4a** 24; **28** 134 ff.
- Kundenbindungsprogramme **28** 91
- Mitbestimmung des Betriebsrats **4a** 48
- mündliche ~ **4a** 16; **28** 92
- Nachteile bei Verweigerung **4a** 26
- nichtöffentlicher Bereich **4a** 3
- pauschale Erklärungen **4a** 33
- Persönlichkeitsprofile **4a** 29, 30
- Schriftform **4a** 11, 14 f.; **28** 92
  - außerhalb der ~ **28** 121
- Schufa-Klausel **4a** 34
- Scoring **28b** 8, 10
- Selbstauskunft **4a** 29
- Sonderregeln für die wissenschaftliche Forschung **4a** 39
- Sozialrecht **4a** 3 d
- Speicherung von Daten **29** 22
- Streitigkeiten **28** 93
- Telefax **4a** 12
- Telefonanrufe zu Werbezwecken **4a** 34 a
- Telekommunikations- und Telemedienrecht **4a** 3 b
- Tragweite **4a** 16
- Transparenz **4a** 33
- übermäßige Anreize **4a** 25
- Übermittlung von Daten **28a** 11; **29** 36
- Übermittlung in unsichere Drittstaaten **4c** 5; **11** 20 ff.
- Überrumpelung **4a** 25
- Umstrukturierung von Unternehmen **4a** 44
- Unklarheiten **4a** 17
- unspezifische Bezeichnungen **4a** 8
- Verarbeitung sensitiver Daten **4a** 41 ff.
- Verarbeitung von Daten **28** 118 ff.
- Vertragsklausel **4a** 13
- Verzicht **4a** 40
- Verzicht auf Schriftform **4a** 15
- Videoüberwachung **6b** 42
- vorherige Information des Betroffenen **4a** 7 ff
- Webseite, Einwilligung auf ~ **4a** 3 b
- Werbe-E-Mails **4a** 23 a, 34 a
- Werbung **4a** 3 e, **28** 90 ff., 105
- Widerruf **4a** 6 a, 35 ff.
  - Folgen **4a** 6 a, 36
- Widerrufbarkeit **28** 131
- Willensmängel **4a** 22
- wissenschaftliche Forschung **4a** 3 a, 39
- Zeitpunkt **4a** 4
- zumutbarem Alternativverhalten **28a** 11

Einzelfallentscheidungen Einl. 25
- automatisierte ~ **6a** 1 ff.

Einzelfirma 3 9

Elektronische Spuren Einl. 53

E-Mail
- Auskunft an den Betroffenen **34** 32
  - Antrag **19** 5
- Auswertung **32** 90
- Auswertungen **32** 112
- Betriebsvereinbarungen **32** 117
- Einwilligung **4a** 12
- E-Mail-Daten **28** 99
- Erhebung von Daten **13** 13
- Erhebungen von Daten
  - heimliche ~ **32** 112
- heimliche Erhebungen und Auswertungen **32** 112
- Nutzung **32** 111 ff.
- Privatnutzung
  - erlaubte ~ **32** 114 ff.
  - verbotene ~ **32** 118 ff.
- Werbung **4a** 3 e; **28** 144

Empfänger 4e 4,
- Auskunft an den Betroffenen **34** 14
- Begriff **3** 64; **46** 1 ff.
- Bekanntgabe personenbezogener Daten **3** 39
- Benachrichtigung der Betroffenen **33** 20

927

Stichwortverzeichnis

- Dateiübergabe 3 39
- Kategorien 4 13; 4 e 4; 34 14
- Unterrichtung über ~ 19 a 12
- Zweckbindung
  - Übermittlung von Daten 15 17 ff.

Empfangseinwilligung 4 a 23 a
Energieversorger 28 74
Entgeltabrechnung
- Arbeitnehmerdaten 32 73

Entzugseinrichtung
- Adressenhandel 29 26

Erfahrungen
- Bewerberdaten 32 19

Erfahrungswerte
- Analyse 28 b 1

Erforderlichkeit
- der Datenerhebung 4 8; 28 19
- Energieversorger 28 74
- Wettbewerbsverstoß 28 19

Erhalt von Daten 20 29
Erhebung von Daten 4 1, 5; 13 1 ff.; 19 a 1 ff.
- Adressenhandel 29 6
- Adresslisten 28 41
- allgemein zugängliche Daten 28 56 ff.
- allgemein zugängliche Quellen 29 24
- Allgemeines 13 1 ff.
- Anbieter von Dokumentationsdienstleistungen 28 179
- Anträge 13 5
- Apotheken 28 179
- Arbeitnehmerdaten 13 10; 32 1 ff., 67 ff.
- Arztbereich 28 30
- ärztliches Personal 13 37
- Aufklärung von Straftaten 13 13
- Aufklärungspflicht 4 18
- Aufwand 4 9
- Auskunft 13 20
  - Freiwilligkeit 13 21
- Auskunfteien 29 6
- Ausländerakten 13 10
- Ausnahmetatbestände 13 24 ff.
- Bankbereich 28 33
- Begriff 3 30

- behördliche Untersuchungen 13 4
- Beihilfestellen 28 179
- beim Betroffenen 4 5
- Benachrichtigung 19 a 1 ff.
- berechtigte Interessen 28 47
- Berichte 13 5
- besondere Arten personenbezogener Daten 13 23 ff.
- Bestehen einer Rechtsbeziehung 28 11
- bestimmte Organisationen 28 185 ff.
- Betriebsrat 28 29
- Bewerberdaten 13 10; 32 13 ff.
- biometrischer Daten 32 84 ff.
- biotechnische Labors 29 6
- Bonitätsdaten 28 33
- Daten ohne Anforderung erhalten 13 5
- Detekteien 29 6
- Detektive 32 121
- Direkterhebung 28 28
- Durchführung wissenschaftlicher Forschung 28 176
- eigene Zwecke 28 1 ff.
  - Einzelheiten 28 7 ff.
- Eingaben 13 5
- Einwegspiegel 13 12
- Einwilligung 13 27 f.; 28 164 ff.; 33 7
- Einzelheiten 28 7 ff.
- E-Mail-Verkehr 13 13
- Erforderlichkeit 4 8; 13 14; 28 5, 48
- Prüfung 13 16, 26
- Erfüllung eigener Geschäftszwecke 28 8 ff.
  - Vermischung mit anderen Zwecken 28 12
- erkennbare Überwachungsmaßnahmen 32 94
- Fingerabdruck 32 84 ff.
- Folgen unterlassener Unterrichtung und Aufklärung 4 19
- Fragerecht des Arbeitgebers 13 10
- freiwillige Veröffentlichung 13 31
- für eigene Zwecke 4 d 6
- Geburtsdatum 28 42
- Gefahrenabwehr 13 33

928

Stichwortverzeichnis

- Geldgewerbe 28 33
- Gemeinwohl 13 34
- gerichtliche Untersuchungen 13 4
- geschäftsmäßige ~ zum Zweck der Übermittlung 29 1 ff.
  - Abrufbarkeit über das Internet 29 2
  - Allgemeines 29 1
  - Anonymisierung 30 1 ff.
  - Geschäftsmäßigkeitsbegriff 29 3
  - Internet-Veröffentlichungen 29 44 ff.
  - Markt- oder Meinungsforschung 30 a 1 ff.
  - Presse und Medien 29 7
  - Veröffentlichungen im Internet 29 7
  - Vorratsdatenspeicherung 29 4
  - Zulässigkeit durch Abwägung 29 36 ff.
  - Zweck der Übermittlung 29 5 ff.
- Geschäftszweck 4 8
- Gesundheitsbereich 28 178 ff.
- Gesundheitsvorsorge 13 36
- Gewerkschaft 28 185 ff.
- Handeln der erhebenden Stelle 13 3
- heimliche ~ 13 12; 32 92, 98 ff.
- Hinweis auf Auskunftspflicht 4 15
- Hinweises auf die Freiwilligkeit 4 17
- Hinweispflicht 13 19
- Hinweispflicht bei Direkterhebung 4 11 ff.
  - Angaben 4 12
  - Kategorien der Empfänger 4 13
- humanitäre Maßnahmen 13 40
- Informationen zum Lebenspartner 28 46
- Informationsdienste 29 6
- Inkassobüros 28 179
- Interessenabwägung 13 38; 28 5
- Internetanbieter 28 40
- Internet-Verhalten 13 13
- Internet-Veröffentlichungen 29 44 ff.
- journalistisch-redaktionellen Zwecke 41 7
- Kaufvertrag 28 40 ff.
- Kenntnis 4 6, 11 ff.

- auf andere Weise 19 a 16
- unverhältnismäßiger Aufwand 19 a 18 ff.
- Kenntnis der Betroffenen 19 a 1 ff.
- Kfz-Versicherung 28 46
- Kinderanzahl 28 46
- Kirchen 28 185 ff.
- Konfliktverhinderung 13 40
- Kontodaten 28 43
- Krankenbehandlung 13 36
- Krankenhausbereich 28 30
- Krankenversicherung 13 37
- Krankenversicherungen 28 179
- Kreditvergabe 29 50
- Krisenbewältigung 13 40
- Kundenprofile 28 55
- Landesverteidigung 13 40
- laufende Verwendungen 45 1 ff.
- Leasing 29 50
- lebenswichtige Interessen 13 28 f.
- Marketingzwecke 28 43
- Marktforschung 30 a 1 ff.
  - Befugnis 30 a 3
  - Zweckbindung 30 a 4
- medizinische Diagnostik 13 36
- medizinische Untersuchung 13 4
- medizinischen Versorgung 28 179
- Meinungsforschung 30 a 1 ff.
  - Befugnis 30 a 3
  - Zweckbindung 30 a 4
- Mikroverfilmung von Akten 28 179
- Minderjährige 28 19
- Mindestalter 28 42
- Mitwirkung 4 6
- Name und Anschrift der Vertragspartner 28 42
- Negativmerkmale 28 54
- nicht-öffentliche Stellen 13 19 ff.
- offenkundig öffentliche Daten 13 31
- öffentliche Bekanntgabe der Daten 28 170
- öffentliches Interesse 13 26
- ohne Einwilligung 28 168 ff.
  - Durchführung wissenschaftlicher Forschung 28 176

929

Stichwortverzeichnis

- öffentliche Bekanntgabe der Daten 28 170
- Schutz lebenswichtiger Interessen 28 169
- Verteidigung rechtlicher Ansprüche 28 174
- wissenschaftliche Forschung 28 176
- Patientendaten 28 30
- Personalakten 13 11
- Personalrat 13 11; 28 29
- personenbezogene Daten 13 3 ff.
- persönliche oder familiäre Tätigkeiten 32 6
- persönliche Umstände 32 77 ff.
- politische Parteien 28 185 ff.
- polizeiliche Ermittlungen 13 4
- Presse und Medien 29 7
- Pressemedien 41 1 ff.
- Rechtmäßigkeit 13 9
- rechtsgeschäftliches/-ähnliches Schuldverhältnis 28 15 ff.
  - Anbahnung 28 23
  - anderer Vertragspartner 28 22
  - Betriebsübergang 28 22
  - Daten über den direkten Vertragspartner 28 20
  - Gefälligkeitsverhältnisse 28 23
  - Lebensversicherung 28 21
  - nichtige ~ 28 23
  - unterschiedliche ~ zu einer Stelle 28 24
  - Vorverhandlungen 28 23
  - zugunsten Dritter 28 21
- Rechtsgrundlage 13 18, 25
- Rechtsverletzungen 28 192 ff.
- Reisebereich 28 44
- Schriftprobe 32 84 ff.
- Schuldverhältnis
  - rechtsgeschäftliches/-ähnliches ~ 28 15 ff.
- Schutz lebenswichtiger Interessen 28 169
- Scoring 28 33; 29 6
- Sperrdatei 29 6
- Stammdaten 32 68
- Stimme 32 84 ff.
- Streitigkeiten 28 195
- technische Einrichtungen 13 12
- Telefongesprächsdaten 13 10
- Testkäufer 32 121
- Tourismusbereich 28 44
- Transparenzgebot 19 a 2
- Türspione 13 12
- Übergangsregelung 28 196 ff.
- Übermaßverbot 13 12
- überschießende Informationen 32 85, 88
- Überwiegen der schutzwürdigen Interessen 28 52
- überwiegende schutzwürdige Interessen der Betroffenen 4 10
- unverhältnismäßiger Aufwand 4 9
- Urlauberprofile 28 44
- verdeckte ~ 32 92
- Verhältnismäßigkeit 28 5
- Veröffentlichungen im Internet 29 7
- Verrechnungsstellen 28 179
- Versandhandel 29 50
- Versicherungsvertrag 29 51
- Versicherungsverträge 28 45 f.
- versteckte Kameras 13 12
- Verteidigung rechtlicher Ansprüche 28 174
- Verwaltung von Gesundheitsdiensten 13 36
- Verwaltungsaufgabe 4 8
- Verwandtschaftsuntersuchungen 29 6
- Vorratsdaten 13 16
- Wahrung berechtigter Interessen 28 47
- Wahrung erheblicher Belange des Gemeinwohls 13 34
- Warndienste 29 6, 8
- weltanschauliche Gruppen 28 185 ff.
- Werbung 28 41; 29 6
- für fremde Angebote 28 114 f.
- wissenschaftliche Forschung 13 38; 28 176
- Zulässigkeit 13 6; 28 4 ff., 7 ff., 164 ff.
- Ausnahmen 13 24 ff.

Stichwortverzeichnis

- Bewertung 13 32
- durch Abwägung 29 36 ff.
- Zuständigkeit 13 7
- Prüfung 13 8
- Zweckbindung 13 22; 19 a 11; 28 62 ff.
- zwingende Gründe 13 40

Erlaubnis mit Verbotsvorbehalt 2 1

Ermittlungsverfahren
- Auskunft 19 24
- Bewerberdaten 32 37

Erschweren der Identifizierung 3 52

Essgewohnheiten
- Arbeitnehmerdaten 32 70
- Fragerecht des Arbeitgebers 32 17

Ethnische Herkunft
- Bewerberdaten 32 21
- Löschung von Daten 35 20

EU-Standardverträge s. *Standardverträge*

EU-Recht Einl. 63

Europäische Datenschutzkonvention Einl. 6, 88

Europäische Datenschutzrichtlinie Einl. 66, 81 b
- Umsetzung 1 5 a
- Weitergeltung der Begriffsbestimmungen 46 1

Europäische Datenschutzvorschriften Einl. 78 ff.

Europäische Menschenrechtskonvention Einl. 86

Europäische Grundrechte-Charta Einl. 80

Europäische Datenschutz-Grundverordnung Einl. 6 a, 82
- Zertifizierung 9 a 16

Europäische Union
- Regelungskompetenz Einl. 63 f.
- Innen- und Rechtspolitik Einl. 84

Europäischer Datenschutzbeauftragter Einl. 85

Europäisches Datenschutzgütesiegel 9 a 9

Europarat Einl. 88
- Datenschutz Einl. 86

Europarechtliches Wettbewerbsverfahren Einl. 101

European Privacy Seal (EuroPriSe) 9 a

Externes Rechenzentrum
- Auftragsdatenverarbeitung 11 9

F

Facebook 13 32; 28 58; 28 92
- Bewerberdaten 32 56

Fachaufsicht
- Auftragsdatenverarbeitung 11 53

Fachinformationsdienste 28 60

Fachkräfte für Arbeitssicherheit 4 f 3

Fachverlage
- Medienprivileg 41 7

Fahrlässigkeit
- Ordnungswidrigkeit 43 22; 44 4

Fakten 3 17

Familie
- Schutz Einl. 34

Familienangehörige
- Anrufung des BfDI 21 2
- Verarbeitung von Daten 28 20

Familienplanung
- Fragerecht des Arbeitgebers 32 17

Faulste Mitarbeiterin Deutschlands 7 31

Fax
- Auskunft an den Betroffenen 34 32
- Einwilligung 4 a 12

Fehldiagnosen
- Berichtigung von Daten 35 9

Fehlverhalten von Beschäftigten
- Haftung 7 15

Fehlvorstellungen
- Berichtigung von Daten 35 5

Fernmeldegeheimnis Einl. 36; 39 1
- Bundesbeauftragter für den Datenschutz und die Informationsfreiheit 24 5

Fernmündliche Auskunft 19 11

Fernsehen 28 58

Fernsehunternehmen 41 6

Fernwartung 9 47

Fest installierte Kameras 6 b 17

931

Stichwortverzeichnis

Festplatte 3 16
File-Trennung 30 7 ff.
- wissenschaftliche Forschung 40 10
Filialen 1 17
Finanzbehörden
- Abrufverfahren 10 16
Finanzdaten 6 a 5
Finanzverwaltung 6 13
Fingerabdruck
- Arbeitnehmerdaten 32 84 ff.
- Referenzdaten 32 87 ff.
Firmenausweise
- Arbeitnehmerdaten 32 95
Firmendaten 3 9
Firmenzeitungen
- Veröffentlichung von Fotos 32 96
Fiskalische Tätigkeit
- Haftung 8 10
Flächendaten 3 21
Flugbuchungen 4 c 6
Fluggesellschaft
- Übermittlung von Reisendendaten 28 44
Flugpassagierdaten 4 b 17
Forderungen 28 a 4
- Abtretung
  - Benachrichtigung der Betroffenen 33 33
- bestrittene ~ 28 a 9
- Fälligkeit 28 a 4
- Mahnungen 28 a 5
- ohne rechtliche Gründe nicht beglichen 28 a 6
- ungerechtfertigter bürokratischer Aufwand 28 a 10
- Verarbeitungsbefugnis 28 a 49
- Verzug 28 a 7
- Zahlungsunwilligkeit 28 a 7
Förderungskartei
- Auskunft an den Betroffenen 34 52
Formularverträge
- Benachrichtigung der Betroffenen 33 25
Forschungseinrichtungen 28 83
- anonymisierte Übermittlung 30 3

- Nutzung von Daten 40 1 ff.
- Verarbeitung von Daten 40 1 ff.
Forschungsfreiheit Einl. 33; 40 1
Forschungsgeheimnis 40 6
Forschungsinstitute
- öffentliche Stellen des Bundes 12 6
Forschungsprojekt 40 5
Fortbildung 32 4
Foto auf Website 35 41 a
Fotokopierer 3 25
Fragerecht des Arbeitgebers 32 16 ff.
- Alkoholtest 32 48
- Alter 32 32
- Anfrage bei früherem Arbeitgeber 32 40 b
- Bewerberdaten 32 16 ff.
- diskriminierungsverdächtige Tatsachen 32 21 ff.
- Drogentest 32 48
- Einwilligung 32 40
- Ermittlungen in sozialen Netzwerken 32 37 a
- Ermittlungsverfahren 32 37
- Essgewohnheiten 32 17
- ethnische Herkunft 32 21
- Familienplanung 32 17
- Förderung von behinderten Menschen 32 31
- Freizeitbeschäftigungen 32 17
- Führungszeugnis 32 36
- gentechnische Untersuchungen 32 49 ff.
- Geschlecht 32 22
- Geschlechtsumwandlung 32 25
- gesundheitliche Eignung 32 30
- Gesundheitszustand 32 41 ff.
- Gewerkschaftsmitgliedschaft 32 34
- Grenzen 32 77 ff.
- Grenzüberschreitungen 32 38
- HIV-Infektion 32 47
- Hobbys 32 17
- Kinderbetreuung 32 23
- Krankheiten 32 41 ff.
- polizeiliches Führungszeugnis 32 36
- private Vermögensverhältnisse 32 17

Stichwortverzeichnis

- Privatleben **32** 17
- psychologische Tests **32** 48 a
- Rasse **32** 21
- Recht zur Lüge **32** 38
- Religionszugehörigkeit **32** 26
- Schwangerschaft **13** 10; **32** 22
- Schwerbehinderteneigenschaft **32** 30
- Scientology **32** 28
- sexuelle Identität **32** 33
- Trinkgewohnheiten **32** 17
- Umfragen **32** 81
- ungefragte Mitteilungen des Bewerbers **32** 40 a
- Unterhaltsverpflichtungen **32** 17
- Verfügbarkeit
  - eingeschränkte ~ **32** 23
- Vermögensverhältnisse **32** 17
- Vorstrafen **32** 35
- Wehrdienst **32** 24
- Weltanschauung **32** 27 ff.
- Zivildienst **32** 24
- Zugangsdaten zu Facebook-Account **32** 17

Franchiseverträge
- Auftragsdatenverarbeitung **11** 12

Freie Mitarbeiter
- Datengeheimnis **5** 4

Freiheit der Berufswahl 13 35

Freistellungsklauseln
- Auftragsdatenverarbeitung **11** 33

Freiwilliges ökologisches Jahr 32 4

Freiwilliges soziales Jahr 32 4

Freiwilligkeit 9 101 f.
- E-Mail-Verschlüsselung **9** 101 f.
- Verzicht auf Datensicherheit **9** 101 f.
- Videoüberwachung **6 b** 42

Freizeitbeschäftigungen
- Fragerecht des Arbeitgebers **32** 17

Freunde-Finder 28 92

Führungszeugnis
- Bewerberdaten **32** 36

Funktionsträger 3 5

Funktionsübertragung
- Auftragsdatenverarbeitung **11** 14 ff.
- Gehaltsabrechnung **11** 15

- Konzerndatenverarbeitung **11** 15
- Schadensregulierung **11** 15

Fußgängerzonen
- Videoüberwachung **6 b** 21

G

Garantiegeschäft
- Übermittlung von Daten **28 a** 11

Gefährdungshaftung 7 3
- andere Anspruchsgrundlagen **8** 8 ff.
- fiskalisches Handeln **8** 10
- hoheitliches Handeln **8** 9
- öffentliche Stellen **8** 1 ff.
- Rechtsdurchsetzung **8** 11 ff.
- Verschulden **8** 5

Gefahrenabwehr
- Erhebung von Daten **13** 33
- Kontrollen im Arbeitsverhältnis **32** 92
- Nutzung von Daten **28** 183
- Ordnungswidrigkeit **28** 79
- schutzwürdige Interessen der Betroffenen **28** 80 ff.
- Straftaten **28** 79
- Übermittlung von Daten **28** 77 ff., 183
- Videoüberwachung **6 b** 56

Gefälligkeits-Audits 9 a 8

Gefälligkeitsverhältnisse
- Verarbeitung von Daten **28** 23

Gegendarstellung 6 9; **33** 45; **35** 2, 37
- Deutsche Welle **41** 11
- nach § 83 Abs. 2 BetrVG **35** 44
- Presseauswertung **35** 37
- Werturteile in Personalakten **35** 45

Gegensprechanlagen
- Zutrittskontrolle **9** 39

Gehaltsabrechnung
- Auftragsdatenverarbeitung **11** 15

Geheimdienste 6 13

Geheimhaltungsinteresse eines Dritten 33 30

Geheimhaltungspflichten Einl. 39 ff.
- Auskunftsverweigerung **19** 26
- Bundesbeauftragter für den Datenschutz und die Informationsfreiheit **24** 5

933

Stichwortverzeichnis

- standesrechtliche ~ 1 14
Geheimschutz
- sonstiger ~ **Einl. 39 ff.**
Geldautomaten
- Abheben von Geld 6 a 3
Geldautomatenräume
- Videoüberwachung 6 b 19
Geldbuße
- Höhe 43 24
Geldgewerbe
- Verarbeitung von Daten 28 33
Geldtransportfahrer 32 108
Geldwäsche 29 62
Geltendmachung, Ausübung oder Verteidigung von Rechtsansprüchen vor Gericht 4 c 8
Gemeinwohl
- Erhebung von Daten 13 34
Genehmigung
- behördliche ~ 4 c 12 ff.
- fehlende Übermittlungsvoraussetzungen 4 c 12
- gleichwertiger Schutz im Ausland 4 c 16
- Privatgerätenutzung 18 10
Generalbundesanwalt
- Kontrolle durch BfDI 24 8
Generationsprinzip
- Datensicherung 9 96
Genetische Struktur menschlicher Zellen
- Auskunft an den Betroffenen 34 11
Genomanalyse
- Abschluss von Versicherungsverträgen 4 a 34 b
Gentechnische Untersuchungen
- Arbeitnehmerdaten 32 83
- Bedenkzeit 32 52
- Bewerberdaten 32 49 ff.
- Einwilligung 32 52
- Risikogruppe 32 50
Geodaten 3 21, 48
- personenbezogene ~ 29 41
Gerichte 2 6
- Geschäftsstellen 24 8

Gerichtliche Untersuchungen
- Erhebung von Daten 13 4
Gesamtschuldnerhaftung
- mehrere verantwortliche Stellen 7 21
Geschäftsführer
- Datengeheimnis 5 8
Geschäftsgeheimnisse Einl. 52; 15 26
- Auskunft an den Betroffenen 34 23, 55
Geschäftsmäßigkeit 29 3
Geschäftsstellen der Gerichte
- Kontrolle durch BfDI 24 8
Geschäftszweck
- Abwicklung von Verträgen 28 10
- Bestehen einer Rechtsbeziehung 28 11
- Eigeninteresse 28 8
- Erfüllung eigener ~e 28 8
- Hilfsmittel 28 8, 10
- Selbstzweck 28 8
- Vermischung mit anderen Zwecken 28 12
Geschichte Einl. 1 ff.
Geschlecht
- Bewerberdaten 32 22
Geschlechtsumwandlung
- Bewerberdaten 32 25
Gesellschaft
- Verarbeitung von Daten 27 6
Gesellschaft bürgerlichen Rechts
Verarbeitung von Daten 27 6
Gesellschaft für Datenschutz und Datensicherheit e. V. (GDD)
Einl. 103
Gesetzgebungskompetenz Einl. 59 ff.
Gesetzesvorbehalt Einl. 20
Gesundheit 4 d 8
Gesundheitliche Eignung
- Bewerberdaten 32 30
Gesundheitsbereich
- Erhebung von Daten 28 178 ff.
Gesundheitsdaten
- Löschung von Daten 35 20
Gesundheitskarte
- elektronische ~ 6 c 2
Gesundheitsvorsorge
- Erhebung von Daten 13 36

Stichwortverzeichnis

Gesundheitszustand
- Arbeitnehmerdaten 32 83
- Bewerberdaten 32 41 ff.

Gewährleistungsfristen
- Kaufvertrag 28 40

Gewerbeaufsicht
- Kooperation mit Aufsichtsbehörden 38 27

Gewerbezentralregister 33 46

Gewerkschaft
- Übergabe von Mitgliederliste 28 29
- Verarbeitung von Daten 27 6; 28 185 ff.

Gewerkschaftsmitgliedschaft
- Bewerberdaten 32 34

Gewerkschaftszugehörigkeit
- Löschung von Daten 35 20

Gewinnerzielungsabsicht
- öffentlich-rechtliche Wettbewerbsunternehmen 27 12

Girogeschäft
- Übermittlung von Daten 28a 11

Glaubhafte Darlegung
- Übermittlung für fremde Zwecke 29 49 c ff.

Gläubigerforderungen
s. *Forderungen*

Gleichbehandlung
- Personaldatenverarbeitung 12 24

Gleichstellungsbeauftragte 4f 3

Global System for Mobile Communications 32 107

GmbH-Gesellschafter
- Auskunftsrecht 34 7

Google
- Bewerberdaten 32 56

GPS-Ortung 32 103 ff.

Grenzüberschreitende Datenübermittlung 4b; 4c
- angemessenes Datenschutzniveau im Drittland 4b 10 ff.
- behördliche Genehmigung neben anderen Erlaubnistatbeständen 4c 12
- in Drittstaaten 4b 9 ff.; 11 20 ff.
- innerhalb der EU 4b 4 ff.

- Niederlassungen in verschiedenen EU-Mitgliedstaaten 4c 25
- safe-harbour-Praxis 4b 16
- Sonderregeln 4b 1
- Standardverträge 4c 18 ff.
- Unternehmenskodex 4c 23
- Vertragslösung 4c 17 ff.
- Widerruf der Genehmigung 4c 14
- zweistufige Prüfung 4b 2a

Grundbuch 28 58; 33 46

Grundrechtseingriffe Einl. 1, 9 ff.
- Dauer der Datenverarbeitung Einl. 28
- Intensität Einl. 26 f.

Grundsätzen über den sog. sicheren Hafen 4b 15

GSM-Technik 32 107

Gutachtenerstellung
- Bundesbeauftragter für den Datenschutz und die Informationsfreiheit 26 5 f.

Gütesiegel
- Datenschutzaudit 9a 6
- Produkt~ 9a 10, 12
- Verfahrens~ 9a 13

Guthabenkonten 28a 15

H

Haftpflichtversicherung 7 25

Haftung der verantwortlichen Stelle
- Amts~ 8 9
- Anspruchsberechtigte 7 6; 8 4
- Anspruchsgegner 7 7; 8 4
- ärztliche Behandlungsdaten 7 10
- Auftragsdatenverarbeitung 7 8; 11 67
- Ausschluss
- vertraglicher ~ 7 24
- automatisierte Datenverarbeitung 8 1 ff.
- Bahncard-Fall 7 32
- Beauftragte für den Datenschutz 4f 83 ff.; 7 16, 39
- Bereicherungsanspruch des Betroffenen 7 36
- Beschränkung 8 7

935

Stichwortverzeichnis

- Beseitigungsanspruch des Betroffenen 7 35
- betrieblicher Datenschutzbeauftragter 4 g 25 ff.; 6 16
- Betriebsvereinbarungen 7 10
- Beweislast 7 18, 30
- Culpa in contrahendo 7 28
- EG-Datenschutzrichtlinie
  - Vorgaben 7 4
- Eingabefehler 8 3
- Eingriffes in das allgemeine Persönlichkeitsrecht 7 29 f.
  - Anwendungsfälle 7 31
  - Einzelheiten 7 21 ff.
- Erfüllung des Dateibegriffs 7 10
- Exkulpation der verantwortlichen Stelle 7 14 ff.
- Exkulpationsmöglichkeit 7 4
- faulste Mitarbeiterin Deutschlands 7 31
- Fehler des betrieblichen Datenschutzbeauftragten 7 16
- Fehlverhalten von Beschäftigten 7 15
- fiskalisches Handeln 8 10
- fremdes Fehlverhalten 7
- Gefährdungs~ 7 3
  - öffentliche Stellen 8 1 ff.
- Gesamtschuldner 7 21
- Haftpflichtversicherung 7 25, 25
- HIV-Test
  - ohne Einwilligung 7 31
- Höchstgrenze 8 7
- Höhe des immateriellen Schadens 7 31
- hoheitliches Handeln 8 9
- Identifizierung der verantwortlichen Stelle 7 22
- immaterielle Schäden 7 19 f., 30 f.; 8 6
- Inkassobüro
  - Datenspeicherung durch ~ 7 32
- Kirchenaustritt
  - Bekanntgabe 7 32
- mehrere verantwortliche Stellen 7 21; 8 7 a
- Mitarbeiter der verantwortlichen Stelle 7 9, 38

- mitwirkendes Verschulden des Betroffenen 7 17
- Obergrenze 8 7
- öffentliche Stellen 7 37; 8 1 ff.
  - Anspruchsgrundlagen 8 8 ff.
  - öffentlich-rechtliche Unternehmen 8 2
- Organisationsmangel 7 16, 29
- Personalakten
  - manuell geführte ~ 7 10
  - Übermittlung an Dritte als haftungsbegründender Tatbestand 7 31
- Pflichtverletzung nach § 280 BGB 7 27
- Phase der Verletzung 7 11
- praktische Bedeutung des § 7 7 3
- präventive Wirkung 7 3
- Rechtsdurchsetzung 7 40; 8 11 ff.
- richtlinienkonforme Auslegung 7 5, 20
- Schadensersatz 7 1 ff.
- Schadensverursachung 7 10, 13
- schlichte Weitergabe von Daten 7 32
- Sorgfaltsmaßstäbe 7 15
- summenmäßige Beschränkung 8 7
- Telefonbucheintragungen 7 32
- unrichtige Daten 7 12
- Unterlagen
  - unstrukturierte ~ 7 10
- Unterlassungsanspruch des Betroffenen 7 34
- verantwortliche Stelle 7 16, 26 ff.
- Verfügbarkeitskontrolle 9 95
- Vermeidung von technischen Störungen 7 15
- Vermutung des Betroffenen 7 18
- vernetzte Systeme 7 22
- Veröffentlichung von Fehlzeiten und Freizeitbeschäftigungen 7 31
- Verschulden 7 14 ff.
  - fehlendes ~ 8 5
  - vermutetes ~ 7 1
  - bei Vertragsverhandlungen 7 28
- Verstoß gegen Datenschutzvorschriften 7 10
- vertraglicher Ausschluss 7 24
- vertragliche Haftung 7 27

Stichwortverzeichnis

- Videokontrollen
  - unerlaubte ~ 7 31
- Vorkehrungen 7 15
- vorsätzliche sittenwidrige Schädigung 7 33
- Vorstrafen
  - Bekanntgabe von ~ 7 31
  - Zeitpunkt 7 11

Hamburger Datenschutzgesellschaft (HDG) Einl. 107

Handelsbücher
- Benachrichtigung der Betroffenen 33 27

Handelsregister 33 46
- Datenübermittlung in Drittländer 4c 10

Handwerker
- Meldepflicht 4d 5
- Verarbeitung von Daten 27 6

Handy
- Abrufverfahren 10 4

Handykamera 6b 16

Handyortung 32 103 ff.

Hardwareverzeichnis 18 10
- Aktualität 18 13
- Angaben 18 11
- Erstellung 18 12
- Inhalt 18 11
- Mindestangaben 18 11
- Verknüpfung mit anderen Verzeichnissen 18 13

Haftung bei Datenschutzverstößen 7, 8. S. auch *Schadensersatz*
- allgemeines Persönlichkeitsrecht 7 29
- Anspruchsberechtigte 7 6
- Anspruchsgegner 7 7 ff.
- Beweisprobleme 7 18
- Einzelfragen 7 21 ff.
- Europäische Perspektiven 7 41
- Exkulpation 7 14 ff.
- heimliche Videoaufnahmen 7 31
- Immaterieller Schaden 7 19 f.
- Mitarbeiter, persönliche Haftung 7 38
- mitwirkendes Verschulden 7 17
- Normen außerhalb des BDSG 7 10
- Providerhaftung 7 37 a
- Schaden 7 13
- vertragliche Ansprüche des Geschädigten 7 27
- Vorgaben der EG-Richtlinie 7 4 ff.
- Weitergabe von Daten 7 32

Haftung des betrieblichen Datenschutzbeauftragten 4g 25 ff.; 6 16; 7 16

Hausrecht
- private Sicherheitsdienste 6b 32
- Wahrnehmung 6b 31

Haustürwerbung 28 113

Heilberufe
- Arbeitnehmerdaten 32 122

Heimarbeiter 32 4
- Datengeheimnis 5 4

Heizkostenverteiler 28 20 a

Herkunft der Daten
- Auskunft an den Betroffenen 34 12

Hervorhebungsgebot 4a 13

Hinweis auf Auskunftspflicht 4 15

Hinweis- und Informationssystem 29 8, 51

Hinweis auf die Freiwilligkeit 4 17

Hinweispflicht
- öffentliche Stellen 13 19

Hinweispflicht bei Direkterhebung 4 11 ff.

Hinzuspeicherung von Daten 28 107 ff.
- Definition 28 108

HIV-Infektion
- Bewerberdaten 32 47

HIV-Test
- ohne Einwilligung 7 31

Hobbys
- Fragerecht des Arbeitgebers 32 17

Hoheitliche Informationseingriffe Einl. 21

Homepage 13 32

Honorardaten 41 7

Honorarforderungen
- Abtretung offener ~ 28 31

Hosting eines E-Mail-Servers
- Auftragsdatenverarbeitung 11 9

937

Stichwortverzeichnis

Hotel
- Übermittlung von Reisendendaten 28 44

Humanitäre Maßnahmen
- Erhebung von Daten 13 40

I
Ideenwerbung 28 144
Identifizierung 3 47
Identifizierungsangaben Einl. 48
Identitätsfeststellung
- Antragsteller 19 6
- Ausweis 19 6
- Zweifel 29 49 e

IKPO-Interpol Einl. 91
Imageförderung 28 144
Immaterielle Schäden 7 19 f., 30; 8 6
Immissionsschutzbeauftragte 4 f 3
Indien 4b 13
Individual's right to be let alone Einl. 3
Individualrechte 6 1 ff., 7
- Auskunft 6 1, 13 f.
- Ausschluss
  - vertragliche Abreden 6 6
  - Wirkung im öffentlichen Bereich 6 8
- Befugnis sich an Datenschutzbeauftragten zu wenden, Unabdingbarkeit 6 9
- Berichtigung 6 1
- Daten über Rechtsausübung 6 15
- Einschränkung 6 5
  - vertragliche Abreden 6 6
  - Wirkung im öffentlichen Bereich 6 8
- Gegendarstellungen 6 9
- Geltendmachung 6 5
  - Erschwerung durch wirtschaftliche Belastung 6 5
  - Vertragsstrafe 6 5
- höchstpersönliche ~ 6 10
- Löschung 6 1
- Schadensersatzansprüche 6 9
- Sicherheitsbereiche 6 13 f.
- Sperrung 6 1
- Unabdingbarkeit 6 4

- Verbesserung der gesetzlichen Rechte 6 7
- Verböserungsverbot 6 6
- Verbunddateien 6 2, 11 ff.
- Vererblichkeit 6 10
- Verjährung 6 10
- vernetzte Systeme 6 11 ff.
- vernetzten Systeme 6 2
- Vertragsstrafe 6 5
- Verzicht 6 5
- weitere ~ 6 9
- Widerspruchsrecht 6 9
- Zurückbehaltungsrecht 6 5

Informantenschutz
- Deutsche Welle 41 13

Information über Datenverarbeitung 29 17
Informationelle Gewaltenteilung 32 69
Informationelles Selbstbestimmungsrecht Einl. 1, 7 ff.; 10 3; 33 1
- Ahnungslosigkeit des Einzelnen 33 3
- Ausnahmen der Informationspflicht der verantwortlichen Stelle 33 51
- Eingriff durch Auskunftsersuchen Dritter 34 15
- Einschränkung Einl. 19 ff.; 15 1
  - Verhältnismäßigkeitsgrundsatz Einl. 19
- Inhalt des Grundrechts Einl. 16 ff.
- organisatorische und verfahrensrechtliche Vorkehrungen Einl. 19
- Verhältnismäßigkeit 9 27
--

  Verhältnismäßigkeitsgrundsatz Einl. 19
- Veröffentlichung gegen den Willen des Betroffenen 33 45
- Videoüberwachung 6 b 1 ff.

Informationsämter
- öffentliche Stellen des Bundes 12 6

Informationsansprüche
- Durchsetzung 9 28

Informationsdienste 28 58; 29 6
Informationserhebung gegenüber Bewerbern 4 a 29

938

Stichwortverzeichnis

Informationsfreiheit Einl. 32; 21 1 ff.; 28 57
Informationsfreiheitsgesetze Einl. 57
Informationsfreiheitsgesetzes (IFG) 19 7
Informationspflicht
s. auch *Benachrichtigung der Betroffenen*
- gegenüber dem Betroffenen 33 1 ff.
- gegenüber Bewerbern 33 46
- gegenüber Minderjährigen 33 12
- Übermittlung von Daten 16 18
Informationsstände 28 58
Informationsverweigerung 33 32
Informationszugang Einl. 57
Inhaber von Verbrauchsstellen 28 78
Inkassobüro 28 31
- Datenspeicherung durch ~ 7 32
- Erhebung von Daten 28 179
Inkasso-Scoring 28 b 2
Inländischer Vertreter 1 18
Intensität von Grundrechtseingriffen Einl. 26
Interessenabwägung
- Einzelfallbezogen 6 b 47
- konkreten Einzelfall 6 b 47
- Negativmerkmale 28 54
- Übermittlung für fremde Zwecke 29 13 ff.
- Videoüberwachung 6 b 45 ff.
Interessengruppen
- Anrufung des BfDI 21 2
Interne Rundschreiben 28 58
Internet
- Abrufverfahren 29 2, 44 ff.
- Einstellen von Bildern aus Videoüberwachung 6 b 9
- Informationsangebot Einl. 111
- Korrekturrechte 35 3
- Vorabkontrolle 6 b 9
- Werbung 28 144
Internetanbieter
- Verarbeitung von Daten 28 40
Internetcafé
- Videoüberwachung 6 b 19
Internetformular 29 30

Internet-Kommunikation
- Datensicherheit 9 30
Internet-Nutzung
- Arbeitnehmerdaten 32 111 ff.
- Betriebsvereinbarungen 32 117
- heimliche Erhebungen und Auswertungen 32 112
- Privatnutzung
  - erlaubte ~ 32 114 ff.
  - verbotene ~ 32 118 ff.
Internet-Verhalten
- Erhebung von Daten 13 13
Internet-Veröffentlichungen 29 44 ff.
- Fotos 32 96
- fremde Inhalte 29 49
Intranet
- Informationen 28 58
Intranet-Nutzung
- Arbeitnehmerdaten 32 111 ff.
IP-Adressen 3 14
IPhones
- Datensicherheit 9 30
ISO 9000 9 a 4
Isolierte Wertungen
- Berichtigung von Daten 35 8
IT-Grundschutzhandbuch 9 24
IT-Produkte
- Qualitätsnachweis 9 a 1, 12
IT-Sicherheit 9 a 5

J

JobCard-Verfahren 6 c 2
Journalisten
- Medienprivileg 41 7
Judikative
- Unabhängigkeit 24 8
Jugendliche Einl. 18 b
Juristische Personen 3 10 f.
- Datenschutz Einl. 52
- Verarbeitung von Daten 27 6
Justizverwaltung
- Kontrolle durch BfDI 24 8
Justizvollzugsanstalt
- Adressenhandel 29 26

939

Stichwortverzeichnis

K
Kameraattrappen 6b 18
Katastrophenschutz
- Videoüberwachung 6b 30
Kategorien von Empfängern 4 13
Käufen im Internet 4c 6
Käuferdaten
- Rückrufaktionen 28 49
Kaufkraft 6a 5
Kaufvertrag
- Gewährleistungsfristen 28 40
- Kontodaten 28 43
- Verarbeitung von Daten 28 19, 40 ff.
Kenntniserlangung von Daten
- Ermittlungen der Verfolgungsorgane 42a 10
- Informationspflicht 42a 1 ff.
- nichtöffentliche Stellen 42a 3
- Ordnungswidrigkeiten 42a 14
- Sanktionen 42a 14
- unrechtmäßige ~ 42a 1 ff.
- Verwertungsverbot 42a 13
Kernbereich privater Lebensgestaltung Einl. 18
Kfz-Versicherung
- Verarbeitung von Daten 28 46
Kinder Einl. 18b
- Verarbeitung von Daten 28 46
Kinderbetreuung
- Bewerberdaten 32 23
Kirchen
- Verarbeitung von Daten 28 185 ff.
Kirchenaustritt
- Bekanntgabe 7 32
Kirchliche Kindergärten
- Übermittlung von Daten 15 21
Kirchliche Krankenhäuser
- Übermittlung von Daten 15 21
Kleinunternehmen 4d 5 f.
Kollektivdatenschutz Einl. 51; 32 4a
Kommunikationsprofile 31 6
Konditionenanfrage 28a 16
Konditionen-Scoring 28b 2
Konfliktverhinderung
- Erhebung von Daten 13 40

Konkludente Einwilligung 4a 16
Konsumverhalten 6a 5
- Arbeitnehmerdaten 32 70
Kontextverlust
- Berichtigung von Daten 35 5
Kontodaten
- Daten aus Kaufverträgen 28 43
Kontrollen im Arbeitsverhältnis 32 89 ff.
- Aufdeckung von Straftaten 32 125 ff.
- Bagatellstraftaten 32 129
- Bewegungsprofile 32 89, 103 ff.
- Bildaufzeichnungen 32 95 ff.
- Detektive 32 121
- Einführung und Anwendung von technischen Einrichtungen
- Mitbestimmungsrechte von Betriebs- und Personalräten 32 123
- E-Mail
- Auswertung 32 90
- Nutzung 32 111 ff.
- erkennbare Überwachungsmaßnahmen 32 94
- Firmenausweise 32 95
- Gefahrenabwehr 32 92
- Geldtransportfahrer 32 108
- GPS-Ortung 32 103 ff.
- Handyortung 32 103 ff.
- heimliche ~ 32 92, 98 ff.
- Internet-Nutzung 32 111 ff.
- Intranet-Nutzung 32 111 ff.
- Navigationsgeräte 32 89, 103
- Ortung von Außendienstmitarbeitern 32 103 ff.
- RFID-Transponder 32 89, 98 ff.
- technische Mittel 32 89 ff.
- Telefongespräche 32 111 ff.
- Telekommunikationsverhalten
- Erfassung 32 111 ff.
- Testkäufer 32 121
- verdeckte ~ 32 92
- Videoüberwachung 32 92
Konzernbetriebsvereinbarung
- Datenübermittlung im Konzern 11 16

Stichwortverzeichnis

Konzerndaten
- Auftragsdatenverarbeitung 11 10
- konzernweite Verarbeitung 11 10
- Übermittlung ins Ausland 4c 7 ff.

Konzerndatenschutzbeauftragte 4f 7
Konzerndatenverarbeitung 11 15; 27 7
Konzerndimensionales Arbeitsverhältnis 4c 6
Konzernprivileg 3 59
- Verarbeitung von Daten 27 7

Kopftuchtragen
- Löschung von Daten 35 20

Koppelungsverbot 4a 24, 28 2
- Einwilligung 4a 24; 28 134 ff.

Korrekturrechte 35 1 ff.
- Content Provider 35 3
- Daten im Internet 35 3
- Personalakten 35 43 ff.
- Suchmaschinenbetreiber 35 3

Korruptionsbekämpfung 28 51
- Arbeitnehmerdaten 28 28

Kostenfestsetzungsbeschlüsse 28 a 5

Krankenbehandlung
- Erhebung von Daten 13 36

Krankenhaus
- Videoüberwachung 6b 8

Krankenhausbereich
- Behandlungsvertrag 28 32
- Erhebung von Daten 28 30

Krankenunterlagen
- Benachrichtigung der Betroffenen 33 32

Krankenversicherungsdaten
- Datensicherheit 9 32
- Erhebung 13 37; 28 179

Krankheiten
- Bewerberdaten 32 41 ff.

Krebsregister
- Auskunft an den Betroffenen 34 33

Kreditanstalt für Wiederaufbau
- Verarbeitung von Daten 27 11

Kreditgeschäft
- Übermittlung von Daten 28a 11

Kreditinformationen
- Benachrichtigung der Betroffenen 33 34

Kreditinstitute
- Verarbeitung von Daten 27 11

Kreditkarten 28 43
- Kundenprofile 28 55

Kreditkonditionenanfragen 29 27
- Übermittlung von Daten 28a 16

Kreditorisches Risiko 29 36
Kreditschutzorganisationen 4d 7
Kreditvergabe 6a 4; 29 33
Kreditvertrag 28a 16; 29 50; 30 1
- Scoring 28b 3

Kreditwesengesetz
- Scoring 28b 13

Kreditwürdigkeit 3 18; 4d 9
- Bewertung 29 33 ff., 59

Krisenbewältigung
- Erhebung von Daten 13 40

Kryptografie 9 42, 67
Kundenbindungsprogramme 28 91
Kundendaten
- Vorratsdaten 28 50
- Zugriffsrechte 28 39

Kundenmanagement 4d 2
Kundenprofile 4d 9
- Kreditkartenunternehmen 28 55
- Touristik 28 54

Kundenzeitungen
- Medienprivileg 41 9

Kündigung
- Verletzung des Datengeheimnisses 5 16

Kündigungsschutz
- Beauftragte für den Datenschutz 4f 50, 70

Kunsturheberrecht
- Videoüberwachung 6b 11

Kuratoriumsmitglieder
- Personaldatenverarbeitung 12 18

Kurkarten
- elektronische ~ 6c 2

Kurzeitungen
- Medienprivileg 41 9

941

Stichwortverzeichnis

L
Landesbeauftragte für den Datenschutz
- Kontrolle durch BfDI 24 9
- Zeugnisverweigerungsrecht 12 11 ff.
- Zusammenarbeit mit BfDI 26 9

Landesdatenschutzgesetze Einl. 69 ff., 93

Landesrundfunkanstalten 41 6
Landesunternehmen
- Verarbeitung von Daten 27 13, 15

Landesverfassung Einl. 16
Landesverteidigung
- Erhebung von Daten 13 40

Längsprofil 29 23
Laufende Verwendungen 45 1 ff.
Leasing 29 50
Lebenspartner
- Informationen zum ~ 28 46

Lebenswichtige Interessen 28 169
- Erhebung von Daten 13 28 f., 36

Lebenswichtige Interessen des Betroffenen 4 c 9

Leiharbeitnehmer
- Daten 32 155
- Datenschutz 32 4
- Datengeheimnis 5 4

Leihe
- Verarbeitung von Daten 28 19

Leistungskontrollen
- Personalrat 9 113

Leseranalysen 41 7
Leserbriefe von Betriebsratsmitgliedern
- Benachrichtigung der Betroffenen 33 47

Lettershop
- Auftragsdatenverarbeitung 11 12

Lichtbildausweise
- Zutrittskontrolle 9 39

Lieferantenmanagement 4 d 2
Lieferantenvertrag 29 28
LinkedIn 13 32
Listen
- Auskunft an den Betroffenen 34 50 b
- Benachrichtigung der Betroffenen 33 50

- E-Mail-Daten 28 99
- nicht-öffentliche Stellen 27 20

Listenprivileg 28 2, 66, 87
- erweitertes ~ 28 94 ff.
- Medium 28 97
- Zusammenstellung 28 98
- Umsetzung 28 97

Listenübermittlung zu Werbezwecken 28 111 ff.

Literaten
- Medienprivileg 41 7

Literaturdatenbanken
- Abrufverfahren 10 19

Livestream 6 b 14
Location Based Service 32 107
Löschung von Daten 6 1; 20 1 ff.; 35 1 ff., 13 ff.
- Abmahnungen 35 21, 2 b 3
- Abrechnungsdaten 35 23
- Akten 20 10
- Alkoholkonsum 35 20
- Allgemeines 20 1 ff.
- anonymisierte Übermittlung 30 9
- Anonymisierung 35 26
- Arbeitnehmerdaten 32 173 ff.
- Aufbewahrungsfristen 35 16
- Auftragsdatenverarbeitung 11 42
- Aufwand 35 14, 27
- Ausnahmen 35 13
- Ausscheiden eines Arbeitnehmers 35 23
- Ausschluss 20 10
- Beeinträchtigung schutzwürdiger Interessen durch ~ 35 13
- Beendigung eines Arbeitsverhältnisses 35 23
- Begriff 3 44; 6 b 61
- Bestreiten sensitiver Daten 35 22
- Betriebsbußen 35 21
- Beweislast 35 22
- Datum 35 21
- Drogenkonsum 35 20
- Durchsetzung 35 47 f.
- Einzelheiten 20 10 ff.
- erfolglos gebliebene Bewerbung 35 23

942

Stichwortverzeichnis

- Erforderlichkeit der Fortdauer der Speicherung **35** 24
- ethnische Herkunft **35** 20
- Gesundheitsdaten **35** 20
- Gewerkschaftszugehörigkeit **35** 20
- Kopftuchtragen **35** 20
- Mahnbescheid erhalten **35** 23
- Nachbenachrichtigung **20** 28
- Personalausweisnummer **35** 23
- persönliche Lebensverhältnisse **35** 21
- Pflicht **30** 9; **35** 16
- philosophische Überzeugungen **35** 20
- Politische Meinungen **35** 20
- praktische Durchführung **35** 15a
- Pseudonymisierung **35** 26
- Rasse **35** 20
- Recht auf Vergessenwerden **35** 16
- Recht der verantwortlichen Stelle auf ~ **35** 13 ff.
- Regelfristen **4e** 5
- religiöse Überzeugungen **35** 20
- Richtigkeit
  - nicht bewiesen **35** 19
- SCHUFA **35** 23
- sensitive Daten bei Unklarheit **35** 19
- Sexualleben **35** 20
- Speicherung nachträglich unzulässig **35** 18
- Speicherung rechtswidrig **35** 17
- Heilung des Mangels **35** 18
- Sperrung von Daten anstelle ~ **20** 14
- Streitigkeiten **20** 30
- Suchmaschinenbetreiber **35** 25b
- Übermittlung rechtswidrig **35** 17
- unverhältnismäßiger Aufwand **20** 17
- unverhältnismäßig hoher Aufwand **35** 14, 27
- unverzügliche Löschung **35** 25a
- verantwortliche Stelle **35** 13
- Verhältnis zu anderen Rechtsansprüchen **35** 40 ff.
- Videoüberwachung **6b** 60
- von Amts wegen **20** 10
- Voraussetzungen **6b** 61; **20** 11 f.

- Vorrang des Bundesarchivgesetzes **20** 29
- Wahlrecht des Betroffenen **35** 25
- Widerspruchsrecht **20** 20 ff.
- Zeitpunkt **6b** 64
- zwingende ~ **6b** 62

Löschungsroutinen 4g 12
Luftbilder 29 41
Lync 32 111

M

Mahnbescheid
- Löschung von Daten **35** 23

Mandantendaten
- Verkauf einer Anwaltspraxis **28** 49

Mandantengeheimnis 38 11; **39** 1
Manuell geführte Personalakten
- Informationspflicht des Arbeitgebers **33** 3

Marketingzwecke 28 41
Marktforschung 28 2, 66; **29** 19, 28; **30a** 1 ff.
- Abgrenzung zur Werbung **30a** 2
- Benachrichtigung der Betroffenen **33** 49a
- Übermittlung von Daten **30** 1

Marktinstrumente Einl. 95
Massenübermittlungen 10 7
Mathematisch-statistisches Verfahren 28b 5
Mautdaten
- Übermittlung von Daten **15** 6

MDA
- Datensicherheit **9** 31

Medien
s. a. *Verarbeitungsmedien*
s. a. *Datenträger*
s. a. *Speichermedien*
- Verarbeitung von Daten **41** 1 ff.

Medienkompetenz Einl. 111a
Medienprivileg 41 1
- Abgrenzungsprobleme **41** 9
- Abonnentenverwaltung **41** 7
- Buchverlage **41** 7
- Deutsche Welle **41** 10

Stichwortverzeichnis

- Druckwerkehersteller 41 7
- Fachverlage 41 7
- freie Mitarbeiter 41 7
- Honorardaten 41 7
- Journalisten 41 7
- Kundenzeitungen 41 9
- Kurzeitungen 41 9
- Leseranalysen 41 7
- Literaten 41 7
- Mitarbeiterzeitungen 41 9
- Nachrichtenagenturen 41 7
- Parteizeitungen 41 9
- Pressekorrespondenten 41 7
- Redaktionen 41 7
- Regelung 41 5 ff.
- Vereinszeitungen 41 9
- Werkszeitungen 41 9
- Zeitschriftenverlage 41 7
- Zeitungsverlage 41 7

Medikation
- Berichtigung von Daten 35 8

Medizinische Daten
- Auskunft an den Betroffenen 34 33
- Benachrichtigung der Betroffenen 33 32
- Übermittlung von Daten 16 14
- Verwendung von Daten 14 33

Medizinische Diagnostik Einl. 56
- Erhebung von Daten 13 36

Medizinische Untersuchung
- Erhebung von Daten 13 4

Medizinische Versorgung
- Erhebung von Daten 28 179

Mehrfachverarbeitung 18 19

Meinungsbildung
- Beitrag zur öffentlichen demokratischen ~ 29 45

Meinungsforschung 28 2, 66; 29 19, 28; 30 a 1 ff.
- Benachrichtigung der Betroffenen 33 49 a
- Übermittlung von Daten 30 1

Meinungsfreiheit Einl. 32; 29 45

Meldedaten
- Übermittlung von Daten 16 12

Meldegeheimnis Einl. 44; 39 1

Meldepflicht 4 e 1 ff.
- Allgemeines 4 d 1
- Änderung der meldepflichtigen Tätigkeit 4 e 6
- Apotheker 4 d 5
- Architekten 4 d 5
- Ärzte 4 d 5
- Aufsichtsbehörden
  - Auskunftsanspruch 4 e 7
- Auskunfteien 4 d 7
- Auskunftsanspruch
  - Aufsichtsbehörden 4 e 7
- Ausnahmen 4 d 2
- Beauftragten für den Datenschutz 4 d 5
- Beendigung der meldepflichtigen Tätigkeit 4 e 6
- betroffenen Personengruppen 4 e 4
- Creditreform 4 d 7
- Daten/Datenkategorien 4 e 4
- Datenerhebung für eigene Zwecke 4 d 6
- Datensicherungsmaßnahmen 4 e 5
- Datenübermittlung in Drittländer 4 e 5
- Detekteien 4 d 7
- Empfänger/-kategorien 4 e 4
- Entfallen 4 d 5
- geschäftsmäßige Speicherung von Daten 4 d 7
- Grundsatz 4 d 2
- Handwerker 4 d 5
- Inhalt 4 e 2 ff.
- Kleinunternehmen 4 d 5 f.
- Kreditschutzorganisationen 4 d 7
- Kundenmanagement 4 d 2
- Landesrecht 4 e 7
- Lieferantenmanagement 4 d 2
- Markt- und Meinungsforschungsinstitute 4 d 7
- Name oder Firma der verantwortlichen Stelle 4 e 2
- Optiker 4 d 5
- Ordnungswidrigkeiten 4 d 14

Stichwortverzeichnis

- Personaladministrations- und -informationssysteme **4d** 2
- Regelfristen für Datenlöschung **4e** 5
- Sanktionen **4e** 7
- SCHUFA **4d** 7
- Streitigkeiten **4e** 7
- Telefondatenerfassung **4d** 2
- Verfahren automatisierter Verarbeitungen **4d** 1 ff.
- Videoüberwachung **4d** 2
- Warndienste **4d** 7
- zuständige Aufsichtsbehörde **4d** 3
- Zweckbestimmungen der Verarbeitung **4e** 3

Melderegisterdaten 29 25
Meldung
- Inhalt **4d** 4
- Vollständigkeit **4d** 4

Messeinformationen 28 58
Mietinteressenten
- Selbstauskunft **4a** 29

Mietschulden
- Auskunftsanspruch **28** 46 b

Mietverhältnisse
- Bonitätsauskunft **28** 46 a

Mietvertrag 29 28
- Verarbeitung von Daten **28** 19

Mikroverfilmung von Akten 28 179
Militärischer Abschirmdienst
- Abrufverfahren **10** 16

Minderjährige
- Datenerhebung **28** 19

Miniatur-Festplatten
- Weitergabekontrolle **9** 30

Mitarbeiter der verantwortlichen Stelle
- Haftung **7** 38

Mitarbeiterdaten 10 3
Mitarbeiterlisten
- Übergabe an Gewerkschaft **28** 29

Mitarbeiterüberwachung
- Zulässigkeit **14** 28

Mitarbeiterzeitungen
- Medienprivileg **41** 9

Mitbestimmung
- automatisierte Verarbeitung von Arbeitnehmerdaten **31** 6

Mitglied identitätsstiftender Gruppen Einl. 51
Mitgliederlisten 28 58
Mittelbare Täterschaft 43 4; **44** 2
Mobile Arbeit
- Datensicherheit **9** 32

Mobile device 27 17
- Datensicherheit **9** 30
- Verarbeitung von Daten **27** 17

Mobile Geräte
- Abrufverfahren **10** 4

Mobile personenbezogene Medien 6c 2
Mobile Verarbeitungsmedien 3 58, 66
Mobile Works 9 30
Mobiltelefone 9 70
- Datensicherheit **9** 30

Mündliche Auskunft 19 11
Mündliche Einwilligung 4a 16
Museum
- Videoüberwachung **6b** 19

Mustergesetzgebung Einl. 74

N

Nachbenachrichtigung 20 28
Nachberichtspflicht 35 2, **38** ff.
- Auskunfteien **28a** 18 f.
- Einschränkungen **35** 38 ff.

Nachrichtenagenturen
- Medienprivileg **41** 7

Nachrichtendienste
- Auskunft **19** 23

Nachwuchskartei
- Auskunft an den Betroffenen **34** 52

Nasciturus 3 10
Natürliche Personen
- Verarbeitung von Daten **27** 6

Navigationsgeräte 32 89, 103
Negativauskunft 19 5; **34** 17
Negativdaten 28 54; **28a** 18; **29** 26, 34
- Übermittlung an Auskunfteien **28a** 4 ff.
- Zahlungsunfähigkeit **28a** 4

945

Stichwortverzeichnis

Negative Bonitätsauskunft
- Benachrichtigung der Betroffenen 33 48

Negativmerkmale 28 54

Nemo-Tenetur-Grundsatz Einl. 50; 42 a 13

Netzbetreiber
- Abrufverfahren 10 8

Nicht-automatisierte Verarbeitung
- Datensicherheit 9 2
- nicht-öffentliche Stellen 27 21 ff.
- Offensichtlichkeit 27 21

Nicht-automatisierte Verfahren
- Berichtigung von Daten 20 9

Nicht-öffentliche Stellen 2 1 ff.
- Akten 27 20
- Allgemeines 2 1 ff.
- Aufsicht 27 14 ff.
- Auskunft 13 22
- Bausparkassen 27 11
- Begriff 2 15 ff.
- beliehene Unternehmen 27 8
- Bestehen einer Rechtsbeziehung 28 11
- Datensicherheit 9 10
- Definition 27 6
- Deutsche Genossenschaftsbank 27 11
- Eigenbetriebe 27 11
- Einsatz von Datenverarbeitungsanlagen 27 18 ff.
- Erfüllung eigener Geschäftszwecke 28 8 ff.
  - Vermischung mit anderen Zwecken 28 12
- Erhebung von Daten 13 19; 28 1 ff.
  - Einzelheiten 28 7 ff.
  - Erforderlichkeit 28 5
  - Interessenabwägung 28 5
  - Verhältnismäßigkeit 28 5
  - Zulässigkeit 28 4 ff.
- Freiberufler 27 6
- Gesellschaften 27 6
- Gewerkschaft 27 6
- Handwerker 27 6
- juristische Personen 2 16; 27 6
- Konzernprivileg 27 7

- Kreditanstalt für Wiederaufbau 27 11
- Kreditinstitute 27 11
- Landesunternehmen 27 13, 15
- Listen 27 20
- natürliche Personen 2 15; 27 6, 16
- nicht automatisierte Verarbeitung 27 21 ff.
- öffentlich-rechtliche Wettbewerbsunternehmen 27 10
- Partei 27 6
- Personengesellschaften 27 6
- Speicherung von Daten 28 1 ff.
  - Einzelheiten 28 7 ff.
  - Erforderlichkeit 28 5
  - Interessenabwägung 28 5
  - Verhältnismäßigkeit 28 5
  - Zulässigkeit 28 4 ff.
- staatliche Produktionseinrichtungen 27 11
- Übermittlung von Daten 16 1 ff.
- Unternehmen 27 7
  - beliehene ~ 27 8
  - Zweigstellen 27 8
- Verarbeitung von Daten 27 1 ff., 6 ff.
  - familiäre ~ 27 16
  - persönliche ~ 27 16
- Verein 27 6
- Verkehrsunternehmen 27 11
- Versicherungsunternehmen 27 11
- Versorgungsunternehmen 27 11
- Wettbewerbsunternehmen 27 10

Niederlassungen 1 17

Non-liquet-Fälle
- Berichtigung von Daten 35 2

Notebook
- Abrufverfahren 10 4
- Datensicherheit 9 31
- Eingabekontrolle 9 82
- Verarbeitung von Daten 27 17
- Zutrittskontrolle 9 41 f.

Nutzung von Daten 14 1 ff.
- Adressenhandel 28 87 ff.
- Allgemeines 14 1
- Arbeitnehmerdaten 32 1 ff., 134 ff.
- Aufsichtsbehörden 14 25

Stichwortverzeichnis

- Aufsichtszwecke **14** 23
- ärztliche Schweigepflicht **14** 24
- Sozialgeheimnis **14** 24
- Ausbildungszwecke **14** 27
- Beauftragte für den Datenschutz **14** 25
- besondere Arten personenbezogener Daten **14** 29 ff.; **28** 181
- besondere Arten personenbezogener Daten für eigene Geschäftszwecke **28** 163 ff.
- bestimmte Organisationen **28** 185 ff.
- BfDI **14** 25
- Daten aus öffentlich zugänglichen Quellen **14** 17
- Datenschutzkontrolle **14** 28
- Datensicherung **14** 28
- Detektive **32** 121
- drohende bzw. abzuwendende schwerwiegende Beeinträchtigung eines Dritten **14** 20
- Einwilligung **14** 14
- Erforderlichkeit **14** 7
- EU-Recht **14** 5
- Forschungseinrichtungen **40** 1 ff.
- Gefahrenabwehr **28** 77 ff., 183
- geschäftsmäßige ~ zum Zweck der Übermittlung **29** 11
  - Interessenabwägung **29** 13
- Gewerkschaft **28** 185 ff.
- journalistisch-redaktionellen Zwecke **41** 7
- Kirchen **28** 185 ff.
- Kontrollzwecke **14** 23
  - ärztliche Schweigepflicht **14** 24
  - Sozialgeheimnis **14** 24
- Koppelungsverbot **28** 134 ff.
- laufende Verwendungen **45** 1 ff.
- Listen **28** 94 ff.
- medizinische Daten **14** 33
- Mitarbeiterüberwachung **14** 28
- offensichtliches Interesse des Betroffenen **14** 15
- öffentliches Interesse **14** 18
- Organisationsuntersuchungen **14** 26

- persönliche oder familiäre Tätigkeiten **32** 6
- politische Parteien **28** 185 ff.
- Pressemedien **41** 1 ff.
- Prüfungszwecke **14** 27
- Rasterfahndung **28** 78
- Rechnungshof **14** 25
- Rechtsverletzungen **28** 192 ff.
- Rechtsvorschrift **14** 13
- schutzwürdige Interessen der Betroffenen **28** 116
- Sicherstellung eines ordnungsgemäßen Betriebes einer DV-Anlage **14** 28
- Sozialgeheimnis **14** 24
- Spendenwerbung **28** 106 ff.
- Strafverfolgung **28** 77 ff., 183
- Streitigkeiten **28** 195
- Testkäufer **32** 121
- Übergangsregelung **28** 196 ff.
- Überprüfung von Angaben des Betroffenen **14** 16
- Verfolgung von Straftaten und Ordnungswidrigkeiten **14** 19
- Vollzug staatlicher Erziehungs- und Strafmaßnahmen **14** 19
- Vorratsdaten **32** 134 ff.
- Wahrung berechtigter Interessen Dritter **28** 74 ff.
- weltanschauliche Gruppen **28** 185 ff.
- Werbung **28** 87 ff.
  - für eigene Angebote **28** 100 ff.
  - für Spenden **28** 106 ff.
  - im Hinblick auf die berufliche Tätigkeit **28** 104 f.
- Widerspruchsrecht **28** 106, 139 ff.
- wissenschaftliche Forschung **14** 21, 31; **28** 83 ff.; **40** 1 ff.
- Zulässigkeit **4** 1 ff.; **14** 4 ff.
- Zuständigkeit **14** 6 f.
- Zweckänderung **14** 1, 12 ff.; **28** 181
  - Aufsichtszwecke **14** 23
  - besondere Arten personenbezogener Daten **14** 29 ff.
  - Daten aus öffentlich zugänglichen Quellen **14** 17

Stichwortverzeichnis

- drohende bzw. abzuwendende schwerwiegende Beeinträchtigung eines Dritten **14** 20
- Einwilligung **14** 14
- Kontrollzwecke **14** 23
- medizinische Daten **14** 33
- offensichtliche Interesse des Betroffenen **14** 15
- öffentliches Interesse **14** 18
- Rechtsvorschrift **14** 13
- Überprüfung von Angaben des Betroffenen **14** 16
- Verfolgung von Straftaten und Ordnungswidrigkeiten **14** 19
- Vollzug staatlicher Erziehungs- und Strafmaßnahmen **14** 19
- wissenschaftliche Forschung **14** 21, 31
- Zweckbindung **14** 1, 4, 10; **28** 158 ff.
- Abweichung **28** 65 ff.
- Berufs- oder Amtsgeheimnisse **28** 75
- Datenschutzkontrolle **14** 28
- Datensicherung **14** 28
- Gefahrenabwehr **28** 77 ff.
- Mitarbeiterüberwachung **14** 28
- Sicherstellung eines ordnungsgemäßen Betriebes einer DV-Anlage **14** 28
- Verfolgung von Straftaten **28** 77 ff.
- verschärfte ~ **14** 28 ff.
- Wahrung berechtigter Interessen Dritter **28** 74 ff.

Nutzungsverbot
- gesperrter Daten **35** 30

O

Obdachlosenasyl
- Adressenhandel **29** 36

Oberbundesanwalts beim Bundesverwaltungsgericht
- Kontrolle durch BfDI **24** 8

Objektivität der Daten 29 12

Objektsicherung
- Videoüberwachung **6b** 30

Observation Einl. 37

Offene Datenbanken 10 19

Offenkundig öffentliche Daten
- Erhebung von Daten **13** 31

Öffentlich zugänglicher Räume
- Begriff **6b** 21
- Büros **6b** 22
- Fußgängerzonen **6b** 21
- Öffnungszeiten **6b** 20
- Parks **6b** 21
- Straßen **6b** 21
- Verbotsschilder **6b** 22
- verdeckte Kameras **6b** 42
- Verfügungsberechtigen **6b** 22
- Videoüberwachung **6b** 1 ff., 19 ff.
- Zugangskontrollen **6b** 22
- Zugangsvoraussetzungen **6b** 20

Öffentliche Mitteilungen 28 58

Öffentliche Räume
- Videoüberwachung **6b** 14

Öffentliche Register
- Datenübermittlung in Drittländer **4c** 10

Öffentliche Stellen 2 1 ff.
- Allgemeines **2** 1 ff.
- Anrufung der Aufsichtsbehörden durch PR **12** 25
- Anwendungsbereich des BDSG **12** 1 ff.
  - Ausnahmen **12** 8
- Arbeitnehmerdaten **12** 8, 14 ff.
- Beamte **12** 23
- Beauftragte für den Datenschutz **12** 25
- Begriff **2** 3; **8** 2
- Beliehene **2** 6 ff.
- Berichtigung von Daten **20** 4 ff.
- Bewerberdaten **12** 16, 20
- Bundesbehörden **2** 5
- Bundestagsabgeordnete **12** 17
- Datensicherheit **9** 10
- DEKRA **12** 9
- der Länder **12** 10
- des Bundes **1** 8; **2** 5; **12** 6 ff.
- Deutsche Bundespost **2** 11
- Erhebung von Daten **13** 1 ff.
- Forschungsinstitute **12** 6
- Gerichte **2** 6
- Haftung **7** 37; **8** 1 ff.

Stichwortverzeichnis

- Anspruchsgrundlagen 8 8 ff.
- Hinweispflicht 13 19
- hoheitliche Aufgaben 12 9
- Informationsämter 12 6
- Länder 2 10
- öffentlich-rechtliche Unternehmen 8 2
- Organe der Rechtspflege 2 6
- Personaldatenverarbeitung 12 8, 14 ff.
- Presseämter 12 6
- Religionsgesellschaften 2 9
- Rundfunkanstalten 2 9
- Staatsanwaltschaften 2 6
- Strafvollzugsbehörden 2 6
- Technische Überwachungsvereine (TÜV) 12 9
- Teilnahme am Wettbewerb 2 14
- Übermittlung von Daten 15 1 ff.
- Unternehmen zwischen öffentlichem und privatem Bereich 2 11 ff.
- Unterrichtungspflicht 19 a 1 ff.
- Unterstützung des BfDI 24 10
- Umfang 24 12
- Vereinigungen des privaten Rechts 2 13
- Wettbewerbsunternehmen 12 7 f.

Öffentliche Verkehrsmittel
- Videoüberwachung 6 b 13

Öffentlicher Bereich 2 2 ff.
- Videoüberwachung 6 b 24

Öffentliches Dienstrecht
- Auskunft an den Betroffenen 34 56

Öffentlichkeitsarbeit
- Bundesbeauftragter für den Datenschutz und die Informationsfreiheit 26 2 ff.

Öffentlich-rechtliche Wettbewerbsunternehmen
- Aufsicht 27 14 ff.
- Gewinnerzielungsabsicht 27 12
- Kreditinstitute 27 11
- Landesunternehmen 27 13, 15
- Verarbeitung von Daten 27 10
- Versicherungsunternehmen 27 11

Offshoring
- Auftragsdatenverarbeitung 11 21

- Auftragskontrolle 9 91
- Prüfung im Auftrag 11 80
- Wartung im Auftrag 11 80

Objektivität der Daten 29 20
Online-Anschlüsse 10 1 ff.
Online-Datenbanken
- Abrufverfahren 10 19

Online-Durchsuchung 32 92
Online-Übermittlungen 29 53
Optiker
- Meldepflicht 4 d 5

Opt-in- und opt-out-Klauseln 4 a 23 a
Optische Speichermedien 3 16
Optisch-elektronische Einrichtungen 6 b 1 ff., 16
- Art 6 b 16
- Aufnahmegeräte 6 b 16
- Gestaltung 6 b 16
- Handykamera 6 b 16

Opt-out-Klausel 4 a 23 a
Ordnungswidrigkeiten 28 79; 43 1 ff.
- Abrufverfahren 10 20
- Anstiftung 43 4
- Beihilfe 43 4
- Benachrichtigung der Betroffenen 42 a 14
- Fahrlässigkeit 43 22
- Geldbuße
- Höhe 43 24
- Kenntniserlangung von Daten 42 a 14
- Landesdatenschutzgesetze 43 25
- Meldepflicht 4 d 14
- mittelbare Täterschaft 43 4
- Nutzung von Daten 14 19
- Rechtswidrigkeit 43 21
- Schuld 43 22
- Speicherung von Daten 14 19
- Tatbestände 43 5 ff.
- Täterschaft 43 2
- Übermittlung von Daten 15 16
- Veränderung von Daten 14 19
- Verfahren 43 23 ff.
- Verfolgungsbehörde 43 23
- Verjährung 43 24
- Versuch 43 22

949

Stichwortverzeichnis

- Videoüberwachung 6b 57
- Vorsatz 43 22
- **Organe der Rechtspflege** 2 6
- **Organmitglieder und Beschäftigtendatenschutz** 32 3
- **Organisation für wirtschaftliche Zusammenarbeit und Entwicklung (OECD)**
  - Empfehlungen Einl. 90
- **Organisationskontrolle** 9 33 ff.
- **Organisationsuntersuchungen** 14 26
- **Organisatorische Maßnahmen** Einl. 19; 9 1 ff., 9 ff.
  - Adressaten 9
  - Allgemeines 9 1
  - Anforderungskatalog 9 29 ff.
  - Auftraggeber 9 11
  - Auftragnehmer 9 11
  - Auftragsdatenverarbeitung 11 41
  - Ausgestaltung der Datenverarbeitung 9 19
  - Ausnahmen 9 12
  - Betriebsrat 9 13 ff.
  - Einzelfallprüfung 9 25
  - Einzelheiten 9 9 ff.
  - Erforderlichkeit 9 20 ff.
    - Einzelfallabwägung 9 25
    - Feststellung 9 19
  - Gegenstand 9 17 ff.
  - Geltungsbereich 9 31
  - Gestaltung der Arbeitsplätze 9 115
  - IT-Grundschutzhandbuch 9 24
  - Mindestvoraussetzungen 9 22
  - Minimalisierung 9 22
  - Organisationskontrolle 9 33 ff.
  - Personalrat 9 13 ff.
  - Risikoanalyse 9 19
  - Schutzstufen 9 25
  - Schutzwirkung 9 23
  - Sicherheitskonzept 9 19
  - Übermittlungskontrolle 9 61
  - Überprüfung 9 30
  - Verhältnismäßigkeit 9 21 ff.
    - Prüfung 9 26
  - Weiterentwicklung 9 30
- Weitergabekontrolle 9 61
- Zugangskarten 9 108
- Zutrittskontrolle 9 36 ff.
Orthofotos 29 41
Ortung von Außendienstmitarbeitern 32 69, 103 ff.
Outsourcing
- Auftragsdatenverarbeitung 11 21
- Auftragskontrolle 9 91
- Prüfung im Auftrag 11 80
- Wartung im Auftrag 11 80

P

Papier 28 97
Parkhäuser
- Videoüberwachung 6b 19
Parks
- Videoüberwachung 6b 21
Parteien
- Verarbeitung von Daten 27 6
Parteizeitungen
- Medienprivileg 41 9
Patientendaten
- Abtretung offener Honorarforderungen 28 31
- Auftragsdatenverarbeitung 11 6
- Beauftragung eines Rechtsanwalts 28 31
- Benachrichtigung der Betroffenen 33 32
- Einschaltung eines Inkassobüros 28 31
- Einwilligung 28 30
- Erhebung von Daten 28 30
- Praxisverkauf 28 54
- schutzwürdiges Interesse 28 54
Patientengeheimnis Einl. 39, 40; 38 11; 39 1
PC
- Abrufverfahren 10 4
- Datei 28 97
- Eingabekontrolle 9 82
- Zutrittskontrolle 9 41 f.
PDA
- Abrufverfahren 10 4
- Datensicherheit 9 31

Stichwortverzeichnis

Pensionskasse
- Auskunft an den Betroffenen 34 54

Persönliche Ablage 4 g 8
Personal Digital Assistants (PDA) 3 25
Personaladministrations- und -informationssysteme 4 d 2, 9
Personalakten
- Anwendungsbereich des BDSG 12 3
- Auskunft an den Betroffenen 34 52
- Erhebung von Daten 12 3; 13 11
- in den in den USA geführte ~ 4 c 6
- Korrekturrechte 35 43 ff.
- manuell geführte ~ 7 10
- manuell geführte~ 4 g 7
- öffentliche Stellen 12 14 ff.
- öffentliche Stellen des Bundes 12 8
- traditionelle ~ 32 5
- Übermittlung an Dritte als haftungsbegründender Tatbestand 7 31
- Werturteile 35 45

Personalaktengeheimnis Einl. 43; 39 1
- Aufsichtsbehörden 38 10
- Bundesbeauftragter für den Datenschutz und die Informationsfreiheit 24 5

Personalausweis
- elektronischer ~ 6 c 2
- Kopie 28 46 a
- scannen und speichern 28 10

Personalausweisnummer
- Löschung von Daten 35 23

Personaldatenverarbeitung
- Abgrenzung 12 22
- Aussmitglieder 12 18
- Beamte 12 23
- Beiratsmitglieder 12 18
- besondere personenbezogene Daten 12 24
- Bundestagsabgeordnete 12 17
- Gleichbehandlung 12 24
- Kuratoriumsmitglieder 12 18
- öffentliche Stellen 12 14 ff.
- öffentliche Stellen des Bundes 12 8
- Schöffen 12 18
- Volkszähler 12 18

- Wahlämter 12 17
- Wahlhelfer 12 18
- Wehrpflichtige 12 19
- Zivildienstleistende 12 19

Personalfragebogen 32 62
- Benachrichtigung der Betroffenen 33 25

Personalisierung 6 b 58
Personalrat
- Anrufung der Aufsichtsbehörden 12 25
- Arbeitnehmerdaten 28 29
- Datengeheimnis 5 13
- Datensicherheit 9 13 ff.
- Erhebung von Daten 13 11
- Kontrolle des Datenschutzbeauftragten 9 15
- Leistungskontrollen 9 113
- Mitwirkungs- und Mitbestimmungsrechte 9 102; 11 59
- Gestaltung der Arbeitsplätze 9 115
- Rechtspositionen nach dem BPersVG 9 110 ff.
- organisatorische Maßnahmen 9 13 ff.
- Sicherheitsstandards 9 14
- technische Maßnahmen 9 13 ff.
- Übermittlung von Daten 15 29 f.
- an Dritte 28 76
- Verhaltenskontrollen 9 113
- Zugangsrechte 9 114; 11 59

Personalratsmitglieder
- Arbeitnehmerdaten 32 122

Personalrichtlinien 32 63
Personalvertretung
- Anrufung des BfDI 21 2

Personen der Zeitgeschichte 3 7
Personenbezogene Daten 3 2 ff.
- Angaben zu einem Haus 3 21
- Arten 4 d 8
- besondere ~ 3 65
- Assessment Center 4 d 9
- Aufbewahren 3 33
- Bekanntgabe 3 36 ff.
- Art 3 37
- Empfänger 3 39

951

Stichwortverzeichnis

- Übergabe von Dateien 3 38
- Bestimmbarkeit 3 13
- Zuordnung mittels Referenzdaten 3 14
- Chipkarteneinsatz 4d 9
- Datensammlung auf Vorrat Einl. 49
- Datenträger 3 16
- Erschweren der Identifizierung 3 52
- Fakten 3 17
- Flächendaten 3 21
- Forderung 28 a 1 ff.
  - schutzwürdige Interesse 28 a 5
  - Zulässigkeit 28 a 4 ff.
- Geodaten 3 21
- Gesundheit 4 d 8
- Kreditwürdigkeit 3 18; 4 d 9
- Kundenprofile 4 d 9
- Online-Zugriff 10 3
- persönliche Verhältnisse 3 19
- Persönlichkeitsbewertung 4 d 8
- politische Meinung 4 d 8
- Punktdaten 3 21
- rassische und ethnische Herkunft 4 d 8
- Sachdaten 3 20
- sachliche Verhältnisse 3 19
- Scoring 3 18
- Sexualleben 4 d 8
- unbefugte Verwendung 5 1 ff.
- Verwendung 3 45
- Videoüberwachung 4 d 9
- Wahrscheinlichkeitsaussagen 3 18
- als Ware Einl. 94
- Werturteile 3 17

Personengesellschaften
- Verarbeitung von Daten 27 6

Personenkennzeichen
- einheitliche ~ Einl. 47 ff.

Persönlich-familiäre Tätigkeit 1 9
Persönliche Verhältnisse 3 19
Persönliche Vorsprache
- Auskunft an den Betroffenen 34 50

Persönlichkeitsbewertung 4 d 8
Persönlichkeitsmerkmale
- Bewertung 6 a 3

Persönlichkeitsprofile Einl. 45 f.; 4 a 30; 6 a 3; 29 23
Persönlichkeitsrecht
- Zutrittskontrolle 9 39

Persönlichkeitsschutz Einl. 2
- elektronischen Erfassung der Bevölkerung Einl. 4

Petitionsgeheimnis 21 8
- Aufsichtsbehörden 38 15

Petitionsrecht 21 1
Pflichtverletzung nach § 280 BGB 7 27
Pförtner
- Zutrittskontrolle 9 39

Philosophische Überzeugungen
- Löschung von Daten 35 20

Piktogramm
- Videoüberwachung 6 b 49

Politische Meinung 4 d 8
Politische Meinungen
- Löschung von Daten 35 20

Politische Parteien
- Verarbeitung von Daten 28 185 ff.
- Werbung 28 144

Polizeibehörden 6 13
- Abrufverfahren 10 16
- Auskunft 19 23

Polizeiliche Ermittlungen
- Erhebung von Daten 13 4

Polizeiliches Führungszeugnis
- Bewerberdaten 32 36

Positivdaten 28 a 11 ff., 18; 29 35
Postdienstunternehmen
- Aufsichtsbehörden 38 2

Postgeheimnis
- Bundesbeauftragter für den Datenschutz und die Informationsfreiheit 24 5

Poststellenpersonal
- Datengeheimnis 5 5

Potenzialanalyse
- Arbeitnehmerdaten 32 76

Praktikanten
- Datengeheimnis 5 4

Präventionssysteme
- Bankbereich 28 37

Stichwortverzeichnis

Praxisverkauf
- Patientendaten 28 54
Presseämter
- öffentliche Stellen des Bundes 12 6
Pressefreiheit Einl. 32; 29 7; 41 2
Pressekorrespondenten
- Medienprivileg 41 7
Pressemedien
s. *Medien*
Presseunternehmen
- Auskunft an den Betroffenen 34 20
Presseveröffentlichungen 28 170;
33 45
Privacy Enhancing Technologies (PET)
24 14
Privacy International Einl. 108
Privatbereich Einl. 14; 2 2 f.
- Informationsfreiheit Einl. 58
- Videoüberwachung 6 b 25
Private Sicherheitsdienste
- Videoüberwachung 6 b 32
Private Vermögensverhältnisse
- Fragerecht des Arbeitgebers 32 17
Privatgeräte 18 10
Privatleben
- Fragerecht des Arbeitgebers 32 17
Privatsphäre
- Arbeitnehmerdaten 32 70, 77 ff.
Produktaudit 9 a 10, 12
Produktionsbereiche ohne Publikumsverkehr
- Videoüberwachung 6 b 22
Produktionsverbünde
- Übermittlung von Daten 32 153 ff.
Profiling 32 4
Prognosedaten 28 b 1; 29 43
Protokolldateien 9 8; 29 28 a
- Benachrichtigung der Betroffenen 33 28
Protokolldaten 31 1
Protokolle
- Persönlichkeitsrecht 9 81
Providerhaftung 7 37 a
Prozessvergleich
- vollstreckbarer ~ 28 a 5

Prüfung im Auftrag 11 73 ff.
- Begriff 11 76 ff.
- Offshoring 11 80
- Outsourcing 11 80
Prüfungszwecke
- Verwendung von Daten 14 27
Pseudonymisierung 3 51 ff.; 3 a 5; 13 17,
38; 28 9, 51; 30 1, 7; 30 a 5
- als Minus zur Löschung von Daten
35 26
- wissenschaftliche Forschung 40 9
Psychiatrisches Krankenhaus
- Adressenhandel 29 26
Psychologen
- Arbeitnehmerdaten 32 122
- Berufsgeheimnis 28 75
Psychologische Begutachtung
- Bewerberdaten 32 41 ff.
Publikumsgesellschaft 28 20 a
Publizitätsherstellung 4 g 19 ff.
Punktdaten 3 21

Q
Querschnittsprofil 29 23

R
Radio Frequency Identification (RFID)
3 14; 6 c 5; 32 98 ff.
- Technik 3 14; 6 c 5; 33 4
- Transponder 32 89, 98 ff.
Rahmengesetzgebung Einl. 75
Rahmenvertrag 11 4
RAID-Systeme
- Datensicherung 9 96
Rankingliste 6 a 2
Rasse
- Bewerberdaten 32 21
- Löschung von Daten 35 20
Rassische und ethnische Herkunft 4 d 8
Rasterfahndung 28 78
- Benachrichtigung der Betroffenen
33 42
Rechenzentren
- Datensicherheit 9 30
Rechnungshof 14 25

953

Stichwortverzeichnis

Recht am eigenen Bild Einl. 7
– Videoüberwachung **6b** 11
Recht am gesprochenen Wort Einl. 7
Recht auf Gewährleistung der Vertraulichkeit und Integrität Einl. 13
Recht auf informationelle Selbstbestimmung
s. *Informationelle Selbstbestimmung*
Recht auf Informationszugang Einl. 57
Recht auf Nichtwissen Einl. 56; 32 49
Recht auf Vergessenwerden 3 44a; 35 15a
Recht der Wirtschaft Einl. 61
Recht zur Lüge
– Fragerecht des Arbeitgebers 32 38
Rechte der Betroffenen
– Benachrichtigung 33 1 ff.
Rechtsanwalt 28 31
– Berufsgeheimnis 28 75
Rechtsanwälte
– Arbeitnehmerdaten 32 122
– Aufsichtsbehörden 38 11
Rechtsausübung, keine Benachteiligung wegen- 6 15; 34 34a
Rechtsausübungsdaten 6 15
Rechtspfleger
– Kontrolle durch BfDI 24 8
Rechtsprechenden Gewalt
– Unabhängigkeit 24 8
Rechtsvorschriften Einl. 22; 4 2 f.
Redaktionen
– Medienprivileg 41 7
Referenzdaten 3 14; 32 87 ff.
Referenzlisten der Versicherten 29 51
Registerführung
– Kontrolle durch BfDI 24 8
Rehabilitanden 32 4
Reidentifizierungsverbot 3 50
Reinigungspersonal
– Datengeheimnis 5 5
Reisebereich
– Verarbeitung von Daten 28 44
Reisebuchungen 4c 6

Reisepass
– biometrische Daten **6c** 2
Religionsfreiheit Einl. 31
Religionsgemeinschaften
– Übermittlung von Daten 15 20
Religionsgesellschaften Einl. 62
– öffentlich-rechtliche ~ **2** 9
Religionszugehörigkeit
– Bewerberdaten 32 26
Religiöse Gruppen
– Werbung 28 144
Religiöse Überzeugungen
– Löschung von Daten 35 20
RFID und Datenschutz 33 4
s. a. *Radio Frequency Identification*
Richter 32 4
Richtigkeit von Daten 34 47 ff.
– Auskunft an den Betroffenen 34 23
– Berichtigung 35 5
– nicht bewiesen 35 19
– Streitigkeiten 20 18
– Unklarheiten 35 28; 20 18
– Zweifel 34 23; 20 18
Richtigstellung von personenbezogenen Daten 20 4 ff.
Right to be let alone Einl. 3; 29 15
Risikoanalyse 9 19; 30 1
Risikomanagementsystem
– Bankbereich 28 37
Robinson-Liste 28 156
Rückantwortkarten 29 30
Rückrufaktionen
– Käuferdaten 28 49
Rückversicherer
– Daten mittelbarer Versicherungsnehmer 28 49
Rufbereitschaft
– Arbeitnehmerdaten 32 72
Rufnummernverzeichnis 28 100; 29 54
Rundfunk 28 58
Rundfunkanstalten 41 6
– öffentlich-rechtliche ~ **2** 9
Rundschreiben
– interne ~ 28 58

Stichwortverzeichnis

S
Sachdaten 3 20
– Auskunft an den Betroffenen 34 51
Sachliche Verhältnisse 3 19
Sachverständige
– Akkreditierungsvoraussetzungen 9 a 15
Sachvortragsverwertungsverbot 32 94 a ff.
Safe Harbor Entscheidung des EuGH 4 b 12 a, 16 a
Safe Harbor Principles 4 b 15
– Auftragsdatenverarbeitung 11 20 ff.
– Unwirksamkeit 4 b 12 a ff., 16 a; 11 20 ff.
Satellitenbilder 29 41
Satzung einer Handelsgesellschaft
– Benachrichtigung der Betroffenen 33 27
S-Bahn-Bahnsteige
– Videoüberwachung 6 b 13
Schadensersatz 6 9; 7 1 ff.
– Anspruchsberechtigte 7 6; 8 4
– Anspruchsgegner 7 7; 8 4
– Auftragsdatenverarbeitung 7 8
– automatisierte Datenverarbeitung 8 1 ff.
– Bahncard-Fall 7 32
– Beweisprobleme 7 3
– Culpa in contrahendo 7 28
– Dritte 7 6
– Eingriffes in das allgemeine Persönlichkeitsrecht 7 29 f.
– Anwendungsfälle 7 31
– Einzelheiten 7 21 ff.
– Exkulpation der verantwortlichen Stelle 7 14 ff.
– faulste Mitarbeiterin Deutschlands 7 31
– fiskalisches Handeln 8 10
– Haftungsbeschränkung 8 7
– HIV-Test
– ohne Einwilligung 7 31
– hoheitliches Handeln 8 9
– immaterielle Schäden 7 19 f., 30; 8 6

– Inkassobüro
– Datenspeicherung durch ~ 7 32
– Kirchenaustritt
– Bekanntgabe 7 32
– öffentliche Stellen 7 37; 8 1 ff.
– öffentlich-rechtliche Unternehmen 8 2
– Personalakten
– Übermittlung an Dritte als haftungsbegründender Tatbestand 7 31
– Pflichtverletzung nach § 280 BGB 7 27
– Rechtsdurchsetzung 7 40; 8 11 ff.
– schlichte Weitergabe von Daten 7 32
– Schutzgesetze
– datenschutzrechtliche Normen 7 33
– summenmäßige Beschränkung 8 7
– Telefonbucheintragungen 7 32
– Übertragbarkeit 7 23
– Vererblichkeit 7 23
– Verjährung 7 23
– Verletzung datenschutzrechtlicher Normen 7 10
– Verletzung des Datengeheimnisses 5 15
– Veröffentlichung von Fehlzeiten und Freizeitbeschäftigungen 7 31
– Verschulden
– fehlendes ~ 8 5
– vermutetes ~ 7 1
– Videokontrollen
– unerlaubte ~ 7 31
– Videoüberwachung 6 b 11; 32 97
– vorsätzliche sittenwidrige Schädigung 7 33
– Vorstrafen
– Bekanntgabe von ~ 7 31
Schadensquellen
– Verfügbarkeitskontrolle 9 95
Schadensregulierung
– Auftragsdatenverarbeitung 11 15
Schadensverursachung 7 10, 13
Schalterhallen
– Videoüberwachung 6 b 19
Schätzungen
– Berichtigung von Daten 35 8

955

Stichwortverzeichnis

Scheck 28 43
Schenkung
- Verarbeitung von Daten 28 19

Schilder
- Videoüberwachung 6 b 49

Schlüssel
- Zutrittskontrolle 9 39

Schöffen
- Personaldatenverarbeitung 12 18

Schriftform
- Auftragsdatenverarbeitung 11 32, 64
- Auskunft 19 10
- Benachrichtigung 19 a 8
- Benachrichtigung der Betroffenen 33 16
- Einwilligung 4 a 11, 14; 28 92, 121

Schriftprobe
- Arbeitnehmerdaten 32 84 ff.
- Referenzdaten 32 87 ff.

SCHUFA 4 d 7; 28 35, 49, 54
- Interessensabwägung 28 54
- Listen 28 58
- Löschung von Daten 35 23
- Negativmerkmale 28 54

SCHUFA-Klausel 4 a 34
Schuldnerverzeichnisse 28 58
Schutz lebenswichtiger Interessen 28 169
Schutz vor dem Zwang zur Selbstbezichtigung Einl. 50
Schutzpflicht Einl. 15
Schutzstufen 9 25
Schutzvorkehrungen
- Verfügbarkeitskontrolle 9 95

Schutzwürdiges Interesse 4 10; 29 32, 47 ff.
- anonymisierte Übermittlung 30 8
- Scoring 28 b 8 f.
- Werbung 29 32

Schwangerschaft
- Bewerberdaten 32 22
- Fragerecht des Arbeitgebers 13 10

Schweigepflicht Einl. 39; 39 1 ff.
- Abtretung offener Honorarforderungen 28 31

- Entbindung 4 a 2, 34 b

Schwerbehinderteneigenschaft
- Bewerberdaten 32 30

Schwerbehindertenvertretungsmitglieder
- Arbeitnehmerdaten 32 122

Scientology
- Bewerberdaten 32 28

Scorekarte 28 b 5
Scorewert 28 b 2
Scoring 3 18; 6 a 1 ff.; 28 b 1 ff.; 29 6, 43; 30 1
- Algorithmus 28 b 5
- Allgemeine Gleichbehandlungsgesetz (AGG) 28 b 6
- Allgemeines 28 b 1
- Analogien 28 b 5
- Anbahnung eines Kundenkontaktes 28 b 2
- Anschriftendaten 28 b 11 f.
  - Unterrichtspflicht 28 b 12
- anonymisierte Übermittlung 30 1 a
- Anwendungsbereich 28 b 2
- Aufsicht 28 b 5
- Auskunft an den Betroffenen 34 2, 50 a, 50 c
- Begriff 28 b 1
- Benachteiligungsverbot 28 b 6
- Diskriminierungsverbot 28 b 6
- Einwilligung 28 b 8, 10
- externes ~ 28 b 1 a
- Inkasso~ 28 b 2
- internes ~ 28 b 1 a
- Konditionen~ 28 b 2
- Kreditvertrag 28 b 3
- Kreditwürdigkeit 29 59
- Maßnahmen 28 55
- mathematisch-statistisches Verfahren 28 b 5
- Monitoring 28 b 5
- schutzwürdige Interessen der Betroffenen 28 b 8
- Serviceleistungen 28 b 2
- Unterrichtspflicht 28 b 12
- Verbraucher~ 28 b 3

Stichwortverzeichnis

- Verfahren **6a** 4; **28** 33
- Vertragsbedingungen **28b** 2a
- vertragsbegleitendes ~ **28b** 2
- Wahrscheinlichkeitsaussage **29** 16
- Werbe~ **28b** 2
- Widerspruchsrecht **28b** 9; **29** 56
- Wirtschaftsbereiche **28b** 3
- zufällige Analogien **28b** 5
- zukünftiges Verhalten des Betroffenen **28b** 2, 4
- Zulässigkeit **28b** 5ff.

Screenings
- präventive **32**, 8, 130ff.

Seelsorgegeheimnis Einl. 2, 39

Selbständige Datenschutzbeauftragte 4f 22

Selbstauskunft 4a 29; **28** 46a; **33** 5

Selbstbezichtigung
- Zwang zur ~ Einl. 50

Selbstkontrolle der verantwortlichen Stelle 4f 1

Selbstschutz Einl. 55

Sensitive Daten 4a 41ff.

Serviceleistungen
- Scoring **28b** 2

Sexualleben 4d 8
- Löschung von Daten **35** 20

Sexuelle Identität
- Bewerberdaten **32** 33

Share deal 4a 46

Sichere Drittstaaten 4b 13

Sicherheitsbehörden
- Kontrolle durch BfDI **24** 13

Sicherheitsbereich
- Auskunft **19** 23

Sicherheitsbereiche 6 13f.

Sicherheitskonzept 9 19

Sicherheitsstandards 9 14

Sicherheitsüberprüfung
- Auskunft **19** 19

Sicherheitsüberprüfungsgesetze 33 38, 43

Sicherheitszonen 9 38

Sicherstellung eines ordnungsgemäßen Betriebes einer Datenverarbeitungsanlage 31 1ff.

Sicherungskopien
- Benachrichtigung der Betroffenen **33** 28
- Verfügbarkeitskontrolle **9** 95

Signatur
- elektronische **9** 16

Signaturkarten 9 16
- digitale ~ **6c** 2

Sitzlandprinzip Einl. 93

Smartphone 9 12, 70; **18** 10, **27** 17; **28** 97

SMS
- Auskunft **19** 11
- Auskunftsantrag **19** 5
- Werbung **28** 144

Soldaten 32 4

Sondervermögen Deutsche Bundespost 2 11

Sozialdaten
- Auftragsdatenverarbeitung **11** 6

Soziale Gruppen
- Werbung **28** 144

Soziale Netzwerke 13 32; **28** 92
- Bild **32** 95a
- Ermittlungen durch den Arbeitgeber **32** 37af.
- und Informationspflicht **33** 46

Sozialforschung
- Übermittlung von Daten **30** 1

Sozialgeheimnis Einl. 40; **14** 24

Sphärentheorie Einl. 11

Speichermedien 6c 1ff.; **28** 97
- Auskunft **6c** 6
- Auskunftsgerät **6c** 7
- Datenkorrektur **6c** 6
- Erkennbarkeit der Kommunikation **6c** 8
- Funktionsweise **6c** 5
- mobile ~ **6c** 1ff.
- verarbeitende Stelle **6c** 4
- Zulässigkeit der Verarbeitungsprozesse **6c** 3

Speichermedium 28 97

Speicherung von Daten 14 1ff.
- Adresshandel **29** 6

957

Stichwortverzeichnis

- Adresshandel
  - Einwilligung 28 2
- Adresslisten 28 41
- Akten 33 4
- allgemein zugängliche Daten 28 56 ff.
- allgemein zugängliche Quellen 29 24
- Allgemeines 14 1
- Arbeitnehmerdaten 31 1 ff.; 32 67 ff.
- Aufsichtsbehörden 14 25
- Aufsichtszwecke 14 23
  - ärztliche Schweigepflicht 14 24
  - Sozialgeheimnis 14 24
- Aufzeichnungspflicht 29 42
- Ausbildungszwecke 14 27
- Auskunfteien 29 6, 27
- Bankbereich 28 33
- Beauftragte für den Datenschutz 14 25
- Begriff 3 33
- Beitrag zur öffentlichen demokratischen Meinungsbildung 29 45
- Benachrichtigung der Betroffenen 33 1 ff.
- berechtigte Interessen 28 47
- Berufsfreiheit 29 15
- besondere Arten personenbezogener Daten 14 29 ff.
- Bestehen einer Rechtsbeziehung 28 11
- Betriebsvereinbarung 31 5
- Bewerberdaten 32 13 ff.
- BfDI 14 25
- biometrischer Daten 32 84 ff.
- biotechnische Labors 29 6
- Bonitätsauskünfte 29 33 ff.
- Bonitätsdaten 28 33
- Daten aus öffentlich zugänglichen Quellen 14 17
- Datenschutzkontrolle 14 28; 31 1 ff.
- Datensicherung 14 28; 31 1 ff.
- Detekteien 29 6
- drohende bzw. abzuwendende schwerwiegende Beeinträchtigung eines Dritten 14 20
- durch Gesetz ausdrücklich vorgesehen 33 38
- eigene Zwecke 28 1 ff.

- Einzelheiten 28 7 ff.
- Einwilligung 14 14; 29 22
- Einzelheiten 28 7 ff.
- Erforderlichkeit 14 7; 28 5, 48
- Erfüllung eigener Geschäftszwecke 28 8 ff.
  - Vermischung mit anderen Zwecken 28 12
- EU-Recht 14 5
- Festlegung konkreter Zwecke 29 28
- Fingerabdruck 32 84 ff.
- Fortdauer 35 24
- Geburtsdatum 28 42
- Geldgewerbe 28 33
- Geodaten
  - personenbezogene ~ 29 41
  - geschäftsmäßige ~ 33 5; 34 21
  - geschäftsmäßige ~ zum Zweck der Übermittlung 29 1 ff.
  - Abrufbarkeit über das Internet 29 2
  - Allgemeines 29 1
  - Anonymisierung 30 1 ff.
  - Berufsfreiheit 29 15
  - Bonitätsauskünfte 29 33 ff.
  - Festlegung konkreter Zwecke 29 28
  - Geschäftsmäßigkeitsbegriff 29 3
  - Internet-Veröffentlichungen 29 44 ff.
  - Markt- oder Meinungsforschung 30 a 1 ff.
  - Presse und Medien 29 7
  - schutzwürdige Interessen der Betroffenen 29 16
  - Veröffentlichungen im Internet 29 7
  - Vorratsdatenspeicherung 29 4
  - Werbung 29 29 ff.
  - Zulässigkeit 29 9 ff.
  - Zulässigkeit durch Abwägung 29 36 ff.
  - Zweck der Übermittlung 29 5 ff.
  - gesetzliche Ermächtigung zur Datenverarbeitung 34 37
  - gesetzliche Vorgaben 19 a 21
  - handelsübliche ~ 33 25

Stichwortverzeichnis

- Informationen zum Lebenspartner 28 46
- Informationsdienste 29 6
- Interessenabwägung 28 5; 29 13
- Internetanbieter 28 40
- Internet-Veröffentlichungen 29 44 ff.
- Kaufvertrag 28 40 ff.
- Kfz-Versicherung 28 46
- Kinderanzahl 28 46
- Kontodaten 28 43
- Kontrollzwecke 14 23
  - ärztliche Schweigepflicht 14 24
  - Sozialgeheimnis 14 24
- Koppelungsverbot 28 2
- Kreditvergabe 29 50
- Kundenprofile 28 55
- Leasing 29 50
- Listenprivileg 28 2
- Luftbilder 29 41
- Marketingzwecke 28 43
- Marktforschung 28 2; 30 a 1 ff.
  - Befugnis 30 a 4
  - Zweckbindung 30 a 4
- medizinische Daten 14 33
- Meinungsforschung 28 2; 30 a 1 ff.
  - Befugnis 30 a 4
  - Zweckbindung 30 a 4
- Mindestalter 28 42
- Mitarbeiterüberwachung 14 28
- Name und Anschrift der Vertragspartner 28 42
- Negativmerkmale 28 54
- Objektivität der Daten 29 12
- offensichtliche Interesse des Betroffenen 14 15
- öffentliches Interesse 14 18
- Organisationsuntersuchungen 14 26
- Orthofotos 29 41
- Persönlichkeitsprofile 29 23
- Presse und Medien 29 7
- Protokolldaten 31 1
- Prüfungszwecke 14 27
- Rechnungshof 14 25
- rechtsgeschäftliches/-ähnliches Schuldverhältnis 28 15 ff.

- Anbahnung 28 23
- anderer Vertragspartner 28 22
- Betriebsübergang 28 22
- Daten über den direkten Vertragspartner 28 20
- Gefälligkeitsverhältnisse 28 23
- Lebensversicherung 28 21
- nichtige ~ 28 23
- unterschiedliche ~ zu einer Stelle 28 24
- Vorverhandlungen 28 23
- zugunsten Dritter 28 21
- Rechtsgrundlage 34 16
- Rechtsvorschrift 14 13
- Rechtsvorschriften 19 a 21
- Rechtswidrigkeit 35 17
  - Heilung des Mangels 35 18
- Reisebereich 28 44
- Satellitenbilder 29 41
- Schriftprobe 32 84 ff.
- Schuldverhältnis
  - rechtsgeschäftliches/-ähnliches ~ 28 15 ff.
- schutzwürdige Interessen der Betroffenen 29 16, 32
- Scoring 29 6
- Scoring-Verfahren 28 33
- Sicherstellung eines ordnungsgemäßen Betriebes einer Datenverarbeitungsanlage 31 1 ff.
- Sicherstellung eines ordnungsgemäßen Betriebes einer DV-Anlage 14 28
- Sozialgeheimnis 14 24
- Spendenwerbung 28 2
- Sperrdatei 29 6
- Stammdaten 32 68
- Stimme 32 84 ff.
- Straftaten 29 21
- Tourismusbereich 28 44
- Überprüfung von Angaben des Betroffenen 14 16
- überschießende Informationen 32 85, 88
- Überwiegen der schutzwürdigen Interessen 28 52

959

Stichwortverzeichnis

- Urlauberprofile **28** 44
- Verantwortlichkeit **31** 2
- Verfolgung von Straftaten und Ordnungswidrigkeiten **14** 19
- Verhältnismäßigkeit **28** 5
- Veröffentlichungen im Internet **29** 7
- Versandhandel **29** 50
- Versicherungsvertrag **29** 51
- Versicherungsverträge **28** 45 f.
- Verwandtschaftsuntersuchungen **29** 6
- Vollzug staatlicher Erziehungs- und Strafmaßnahmen **14** 19
- Vorratsdaten **32** 134 ff.
- Vorratsdatenspeicherung **14** 9
- Wahrung berechtigter Interessen **28** 47
- Warndienste **29** 6, 8
- Werbezwecke **28** 41
- Werbung **28** 2; **29** 6, 29 ff.
  - Animation zur Rückantwort **29** 30
- Widerspruchsrecht **28** 2
- wissenschaftliche Forschung **14** 21, 31
- Zulässigkeit **14** 4 ff.; **20** 11; **28** 4 ff., 7 ff.; **29** 9 ff.
  - durch Abwägung **29** 36 ff.
  - Objektivität der Daten **29** 12
  - Vorratsdatenspeicherung **14** 9
- Zielrichtung **3** 34
- Zuständigkeit **14** 6 f.
- Zweck **34** 16
- Zweckänderung **14** 1, 12 ff.
  - Aufsichtszwecke **14** 23
  - besondere Arten personenbezogener Daten **14** 29 ff.
  - Daten aus öffentlich zugänglichen Quellen **14** 17
  - drohende bzw. abzuwendende schwerwiegende Beeinträchtigung eines Dritten **14** 20
  - Einwilligung **14** 14
  - Kontrollzwecke **14** 23
  - medizinische Daten **14** 33
  - offensichtliche Interesse des Betroffenen **14** 15
  - öffentliches Interesse **14** 18
  - Rechtsvorschrift **14** 13
  - Überprüfung von Angaben des Betroffenen **14** 16
  - Verfolgung von Straftaten und Ordnungswidrigkeiten **14** 19
  - Vollzug staatlicher Erziehungs- und Strafmaßnahmen **14** 19
  - wissenschaftliche Forschung **14** 21, 31
- Zweckbindung **14** 1, 4, 10
  - besondere ~ **31** 1 ff.
- Betriebsvereinbarung **31** 5
- Datenschutzkontrolle **14** 28
- Datensicherung **14** 28
- Mitarbeiterüberwachung **14** 28
- Sicherstellung eines ordnungsgemäßen Betriebes einer DV-Anlage **14** 28
- verschärfte ~ **14** 28 ff.
- Zweckentfremdungsverbot **31** 1
Spendensammler **28** 113
Spendenwerbung **28** 2, 106 ff.
Sperrdatei **28** 43; **29** 6; **35** 31 a
Sperrung von Akten **20** 19
Sperrung von Daten **6** 1; **20** 1 ff.; **35** 1 ff., 27 ff.
- Akten **20** 13
- Allgemeines **20** 1 ff.
- anstelle Löschung von Daten **20** 14, 17
- Aufbewahrungsfristen **20** 15
- Auftragsdatenverarbeitung **11** 42
- Aufwand für Datenlöschung unverhältnismäßig **20** 17
- Ausschluss **20** 13
- Begriff **3** 42
- Durchsetzung **35** 47 f.
- Einzelheiten **20** 13 ff.
- Folge **35** 30
- fortbestehende Nutzbarkeit **35** 30
- Nachbenachrichtigung **20** 28
- non liquet Fälle **20** 18
- Nutzungsverbot **35** 30
- Rechtsfolgen **35** 30
- Richtigkeit
- Unklarheiten **35** 28

Stichwortverzeichnis

- Richtigkeit von Daten 20 18
- Schutzwürdige Interessen 20 16
- Streitigkeiten 20 30
- Streitigkeiten über Richtigkeit von Daten 20 18
- Tatbestände 20 13
- Unklarheiten über Richtigkeit von Daten 20 18
- unverzügliche ~ 35 31
- Verhältnis zu anderen Rechtsansprüchen 35 40 ff.
- Verwendungsbeschränkung 20 27
- Voraussetzungen 35 27
- Vorrang des Bundesarchivgesetzes 20 29
- Widerspruchsrecht 20 20 ff.
- Zeitpunkt 35 31
- Zuordnung zu einer bestimmten Person 35 29
- Zweifel an der Richtigkeit von Daten 20 18

Sponsoring 28 144
Staatliche Produktionseinrichtungen
- Verarbeitung von Daten 27 11

Staatsanwaltschaft 6 13
- Abrufverfahren 10 16
- Auskunft 19 23

Staatsanwaltschaften 2 6
Staatsgeheimnisse in Privatunternehmen
- Benachrichtigung der Betroffenen 33 41

Standardverträge bei grenzüberschreitender Datenübermittlung 4 c 18 ff.
- Wirksamkeit 11 20 f.

Standesrecht 1 14
Stapelverarbeitung
- Abrufverfahren 10 18

Stasi-Unterlagen-Gesetz Einl. 58
Statistikgeheimnis Einl. 42
Steuerberater
- Berufsgeheimnis 28 75

Steuerberatergeheimnis 39 1
Steuergeheimnis Einl. 41
- Auftragsdatenverarbeitung 11 6
- Bundesbeauftragter für den Datenschutz und die Informationsfreiheit 24 5

Stiftung Datenschutz 9 a 3 a
Stille Zession
- Benachrichtigung der Betroffenen 33 33

Stillschweigende Einwilligung 4 a 16
Stimme
- Arbeitnehmerdaten 32 84 ff.
- Referenzdaten 32 87 ff.

Strafantrag 44 5
Straftaten 28 79
- Abrufverfahren 10 20
- Aufdeckung 32 125 ff.
- Aufklärung durch heimliche Datenerhebung 13 13
- Bagatell~ 32 129
- Nutzung von Daten 14 19
- Speicherung von Daten 14 19; 29 21
- Veränderung von Daten 14 19
- Videoüberwachung 6 b 57

Strafverfolgung
- Nutzung von Daten 28 183
- schutzwürdige Interessen der Betroffenen 28 80 ff.
- Übermittlung von Daten 28 77 ff., 183

Strafverfolgungsbehörden
- Kooperation mit Aufsichtsbehörden 38 28

Strafvollzugsbehörden 2 6
Strafvorschriften 43 1 ff.; 44 1 ff.
- Anstiftung 43 4; 44 2
- außerhalb des BDSG 44 6
- Beihilfe 43 4; 44 2
- Fahrlässigkeit 44 4
- Konkurrenzen 44 6
- Ländergesetze 44 7
- Landesdatenschutzgesetze 44 7
- Mittelbare Täterschaft 43 4; 44 2
- Rechtswidrigkeit 43 21; 44 4
- Schuld 44 4
- Strafantrag 44 5
- Tatbestände 43 15 ff.; 44 3 ff.
- Täterschaft 44 2
- Versuch 44 4

961

Stichwortverzeichnis

– Vorsatz 44 4
Straßen
– Videoüberwachung 6 b 21
Studienplatzverteilung 6 a 3
Studi-VZ 28 58
Subsidiarität Einl. 72; 1 12 ff.
Subunternehmer
– Auftragsdatenverarbeitung 11 44 ff., 54 ff.
Suchmaschinenbetreiber 35 3, 25 b
SWIFT-Affäre 4 b 18

T
Tablet 6 b 16; 9 12, 70; 18 10; 27 17; 28 97
Tagebuch
– Datensicherheit 9 12
Tankstellen
– Videoüberwachung 6 b 19
Target of Evaluation (ToE) 9 a 10
Täterschaft 43 2; 44 2
Tätigkeitsbericht
– Bundesbeauftragter für den Datenschutz und die Informationsfreiheit 26 2 ff.
Tatsachen
– Berichtigung von Daten 20 6
Taxi
– Videoüberwachung 6 b 13
Technische Maßnahmen 9 1 ff., 9 ff.
– Adressaten 9
– Allgemeines 9 1
– Anforderungskatalog 9 29 ff.
– Auftraggeber 9 11
– Auftragnehmer 9 11
– Auftragsdatenverarbeitung 11 41
– Ausgestaltung der Datenverarbeitung 9 19
– Ausnahmen 9 12
– Betriebsrat 9 13 ff.
– Einzelfallprüfung 9 25
– Einzelheiten 9 9 ff.
– Erforderlichkeit 9 20 ff.
– Einzelfallabwägung 9 25
– Feststellung 9 19

– Gegenstand 9 17 ff.
– Geltungsbereich 9 31
– Gestaltung der Arbeitsplätze 9 115
– IT-Grundschutzhandbuch 9 24
– Mindestvoraussetzungen 9 22
– Minimalisierung 9 22
– Organisationskontrolle 9 33 ff.
– Personalrat 9 13 ff.
– Risikoanalyse 9 19
– Schutzstufen 9 25
– Schutzwirkung 9 23
– Sicherheitskonzept 9 19
– Übermittlungskontrolle 9 61
– Überprüfung 9 30
– Verhältnismäßigkeit 9 21 ff.
– Prüfung 9 26
– Weiterentwicklung 9 30
– Weitergabekontrolle 9 61
– Zugangskarten 9 108
– Zugangskontrolle 9 48
– Zutrittskontrolle 9 36 ff.
Technische Überwachungsvereine (TÜV) 12 9
Technisch-organisatorische Maßnahmen
– Videoüberwachung 6 b 10
Teilhabeleistungen
– Teilnehmer 32 4
Teilnehmer an Teilhabeleistungen 32 4
Telearbeit
– Abrufverfahren 10 8
– Auftragsdatenverarbeitung 11 13
– Datensicherheit 9 30, 32
Telearbeitnehmer
– Datengeheimnis 5 4
Telefax
s. *Fax*
Telefonanrufe 28 144
– ungewollte ~ 28 142
– zu Werbezwecken 4 a 34 a
Telefonbücher 28 58
– Eintragungen 7 32
Telefondatenbanken
– Abrufverfahren 10 19
Telefondatenerfassung 4 d 2

962

Stichwortverzeichnis

Telefongesprächsdaten
- Arbeitnehmerdaten 32 111 ff.
- Erhebung von Daten 13 10
- heimliche Mithören und Aufzeichnen 32 112
- Zielnummern 33 47
Telefonische Auskunft 19 11
Telefonverzeichnis 29 54; 33 46
Telekommunikationsanbieter
- Aufsichtsbehörden 38 2
Telekommunikationsdienste
- Auftragsdatenverarbeitung 11 6
Telekommunikationsgeheimnis
Einl. 36; 3 11; 32 115 ff; 39 1
- Bundesbeauftragter für den Datenschutz und die Informationsfreiheit 24 5
Telekommunikationsverhalten
- Erfassung 32 111 ff.
Telekommunikationsvertrag 29 28
Telemedien 1 19
- Anbieter 3 57
Temporäre Daten
- Datensicherheit 9 8
Terrorbekämpfung
- Bankbereich 28 38
Terrorismusfinanzierung 29 62
Testkäufer 32 121
Testklauseln Einl. 24
Tiefgarage 28 81 a
Ton- oder Datenband 3 16
Ton- und Bildverarbeitungssysteme
- digitale ~ 3 25
Totalüberwachung
- Videoüberwachung 6 b 24
Tourismusbereich
- Kundenprofile 28 54
- Verarbeitung von Daten 28 44
Transparenz der Datenverarbeitung
6 c 1; 33 1, 51
Transparenz der Videoüberwachung
6 b 48 ff.
- Benachrichtigung 6 b 58 f.
Transparenzgebot
- Erhebung von Daten 19 a 2

Transparenzgesetz Einl. 57
Trennungsgebot zur Zweckbindung
9 97 ff.
- Arbeitsrecht 9 101
- Auftragsdatenverarbeitung 9 100
Treugeber 28 20 a
Trinkgewohnheiten
- Fragerecht des Arbeitgebers 32 17
Türspione
- Erhebung von Daten 13 12
TÜV 2 7
TÜV Bayern 38 5
Twitter 13 32

U
Überblicksaufnahmen 6 b 14
Übergangsbonus Einl. 23
Übermaßverbot
- Erhebung von Daten 13 12
Übermittlung von Daten
- Abrufverfahren 15 15
- Adressenhandel 28 87 ff.
- Allgemeines 15 1 f.; 16 1
- Amtshilfe 15 7
- als Zweck 29 5
- an Arbeitgeberverbände oder Gewerkschaften 32 157
- an Branchenauskunftsdienste 32 159
- an Dritte 15 4, 11; 28 76, 190 ff.; 33 49
- an nicht-öffentliche Stellen 16 1 ff.
- an öffentliche Stellen 15 1 ff.
- an Stellen außerhalb der Bundesrepublik Deutschland 32 167 ff.
- an Stellen außerhalb der Europäischen Union 4 c 4 ff.; 32 170
- Anfragen nach Kreditkonditionen 28 a 16
- Anonymisierung 30 1 ff.
- Arbeitnehmerdaten 32 139 ff.
- Arbeitnehmerdaten anderer Arbeitgeber 32 160
- Aufgabenerfüllung 16 4 ff.
- Auftragsdatenverarbeitung 32 144
- Auskunfteien 28 a 1 ff.

963

Stichwortverzeichnis

- Negativdaten **28a** 4 ff.
- Positivdaten **28a** 11 ff.
- schutzwürdige Interesse **28a** 5
- Benachrichtigung der Betroffenen **33** 1 ff.
- berechtigte Interessen **16** 4, 7 ff.
- Glaubhaftmachung **16** 9
- berechtigtes Interesse **29** 37
- besondere Arten personenbezogener Daten **16** 13 ff.; **28** 181; **29** 57; **30** 11
- besondere Arten personenbezogener Daten für eigene Geschäftszwecke **28** 163 ff.
- bestimmte Organisationen **28** 185 ff.
- Betroffenenrechte **30** 12
- Drittländer, Übermittlung in ~ **4b** 12 a; **4c** 17
- Due-Diligence-Prüfungen **28** 51
- durch Gesetz ausdrücklich vorgesehen **33** 38
- Einkommensdaten des Betroffenen **28a** 13
- Einwilligung **28a** 11; **29** 36
- Erforderlichkeit **15** 7
- File-Trennung **30** 7 ff.
- Garantiegeschäft **28a** 11
- Gefahrenabwehr **28** 77 ff., 183
- gesetzliche Ermächtigung zur Datenverarbeitung **34** 37
- gesetzliche Vorgaben **19a** 21
- Gewerkschaft **28** 185 ff.
- Girogeschäft **28a** 11
- Guthabenkonten **28a** 15
- im Konzern **11** 16; **32** 147 ff.
- Informationspflicht **16** 18
- Interessen Dritter **16** 7 ff.
- interne Weitergabe **15** 28 ff.
- Kirchen **28** 185 ff.
- kirchliche Kindergärten **15** 21
- Koppelungsverbot **28** 134 ff.
- Kreditgeschäft **28a** 11
- Kreditvertrag **28a** 16
- Listen **28** 94 ff.
- Listenübermittlung zu Werbezwecken **28** 111 ff.

- Marktforschung **30** 1
- Mautdaten **15** 6
- medizinische Daten **16** 14
- Meinungsforschung **30** 1
- Meldedaten **16** 12
- Mitwirkungs- und Mitbestimmungsrechte von Betriebs- und Personalräten **32** 163 ff.
- Negativdaten **28a** 4 ff.
- Online-Übermittlungen **29** 53
- Ordnungswidrigkeit **15** 16
- Personalrat **15** 29 f.
- politische Parteien **28** 185 ff.
- Positivdaten **28a** 11 ff.
- Produktionsverbünde **32** 153 ff.
- Rasterfahndung **28** 78
- rechtliche Ansprüche Dritter **16** 15
- Rechtsverletzungen **28** 192 ff.
- Rechtsvorschriften **19a** 21
- Rechtswidrigkeit **35** 17
- Religionsgemeinschaften, **15** 20
- schutzwürdige Interesse **28a** 5
- schutzwürdige Interessen **16** 4
- schutzwürdige Interessen der Betroffenen **16** 11; **29** 32
- schutzwürdiges Interesse **28a** 10, 12
- Sozialforschung **30** 1
- Spendenwerbung **28** 106 ff.
- Strafverfolgung **28** 77 ff., 183
- Streitigkeiten **28** 195
- Übergangsregelung **28** 196 ff.
- Umstrukturierungen **32** 150 ff.
- Unterrichtung **16** 18 ff.
- Unterrichtung des Betroffenen **28a** 15
- Unterrichtung des Betroffenen von geplanter ~ **28a** 8
- untrennbare Dateien **15** 24 ff.
- Verantwortlichkeit **15** 10 ff.
- Abrufverfahren **15** 15
- Prüfung vor Übermittlung **15** 14
- Verantwortlichkie8it **16** 17
- Vermieter **29** 52
- Verpflichtung **15** 5 f.
- Verteidigung rechtlicher Ansprüche **16** 15

Stichwortverzeichnis

- Vertragsverhältnis beschreibenden Daten **28 a** 13
- Verwaltungsaufgaben **15** 11
- Wahrung berechtigter Interessen Dritter **28** 74 ff.
- Weiter~ **15** 19, 27
- weltanschauliche Gruppen **28** 185 ff.
- Werbung **28** 87 ff.
  - für eigene Angebote **28** 100 ff.
  - für fremde Angebote **28** 114 f.
  - für Spenden **28** 106 ff.
  - im Hinblick auf die berufliche Tätigkeit **28** 104 f.
- Widerspruchsrecht **28** 106, 139 ff.; **29** 56
- wissenschaftliche Forschung **16** 14; **28** 83 ff.; **30** 3
- Zulässigkeit **15** 3 ff.; **16** 3 ff., 17
- Zuständigkeit **15** 8
- Zweckänderung **28** 181
- Zweckbindung **16** 23 ff.; **28** 117, 158 ff.; **29** 55
  - Abweichung **28** 65 ff.
  - beim Empfänger **15** 17 ff.
  - Berufs- oder Amtsgeheimnisse **28** 75
  - Entscheidungsbefugnis **16** 25
  - Gefahrenabwehr **28** 77 ff.
  - Verfolgung von Straftaten **28** 77 ff.
  - Wahrung berechtigter Interessen Dritter **28** 74 ff.
  - Weiterübermittlung **15** 19
- **Übermittlungskontrolle** **9** 61
- **Übertragbarkeit**
  - Schadensersatz **7** 23
- **Umfragen**
  - Arbeitnehmerdaten **32** 81
- **Umgang mit Daten** **1** 7
- **Umschüler** **32** 4
- **Umstrukturierung von Unternehmen** **4 a** 44
- **Umstrukturierungen**
  - Übermittlung von Daten **32** 150 ff.
- **Umweltinformationsgesetz Einl.** 57
- **Unangemeldete Kontrollen**
  - Beauftragte für den Datenschutz **4 g** 13

- **Unbefugten Kenntnisnahme** **9** 67
- **Ungewollte Telefonanrufe** **28** 142
- **Uniwagnis-Verfahren** **29** 51
- **Unkenntlichmachen** **3** 44
- **Unrichtige Daten**
  - Haftung **7** 12
- **Unterhaltsverpflichtungen**
  - Fragerecht des Arbeitgebers **32** 17
- **Unterlagen**
  - unstrukturierte ~ **7** 10
- **Unterlassungsanspruch**
  - Videoüberwachung **6 b** 43
- **Unterlassungsanspruch des Betroffenen** **7** 34, 38
- **Unternehmen**
  - beliehene ~ **27** 8
  - ohne Datenschutzbeauftragten, Pflichten **4 g** 5 a
  - Zweigstellen **27** 8
  - zwischen öffentlichem und privatem Bereich **2** 11 ff.
- **Unternehmensdaten** **3** 9
- **Unterrichtungspflicht** **19 a** 7 ff.; **33** 1 ff.
  - s. a. *Informationspflicht*
  - s. a. *Benachrichtigung der Betroffenen*
- **Untrennbare Dateien** **15** 24 ff.
- **Unverhältnismäßiger Aufwand** **4** 9
- **Unverletzlichkeit der Wohnung Einl.** 37
- **Urlauberprofile**
  - Verarbeitung von Daten **28** 44
- **USB-Stick** **3** 16; **28** 97
  - Datensicherheit **9** 31
  - Weitergabekontrolle **9** 70

V

- **Veränderung von Daten** **14** 1 ff.
  - Allgemeines **14** 1
  - Aufsichtsbehörden **14** 25
  - Aufsichtszwecke **14** 23
  - ärztliche Schweigepflicht **14** 24
  - Sozialgeheimnis **14** 24
  - Ausbildungszwecke **14** 27
  - Beauftragte für den Datenschutz **14** 25
  - Begriff **3** 35

965

Stichwortverzeichnis

- besondere Arten personenbezogener Daten 14 29 ff.
- BfDI 14 25
- Daten aus öffentlich zugänglichen Quellen 14 17
- Datenschutzkontrolle 14 28
- Datensicherung 14 28
- drohende bzw. abzuwendende schwerwiegende Beeinträchtigung eines Dritten 14 20
- Einwilligung 14 14
- Erforderlichkeit 14 7
- EU-Recht 14 5
- geschäftsmäßige ~ zum Zweck der Übermittlung 29 10
- Kontrollzwecke 14 23
  - ärztliche Schweigepflicht 14 24
  - Sozialgeheimnis 14 24
- medizinische Daten 14 33
- Mitarbeiterüberwachung 14 28
- offensichtliche Interesse des Betroffenen 14 15
- öffentliches Interesse 14 18
- Organisationsuntersuchungen 14 26
- Prüfungszwecke 14 27
- Rechnungshof 14 25
- Rechtsvorschrift 14 13
- Sicherstellung eines ordnungsgemäßen Betriebes einer DV-Anlage 14 28
- Sozialgeheimnis 14 24
- Überprüfung von Angaben des Betroffenen 14 16
- Verfolgung von Straftaten und Ordnungswidrigkeiten 14 19
- Vollzug staatlicher Erziehungs- und Strafmaßnahmen 14 19
- wissenschaftliche Forschung 14 21, 31
- Zulässigkeit 14 4 ff.
- Zuständigkeit 14 6 f.
- Zweckänderung 14 1, 12 ff.
  - Aufsichtszwecke 14 23
  - besondere Arten personenbezogener Daten 14 29 ff.
  - Daten aus öffentlich zugänglichen Quellen 14 17

- drohende bzw. abzuwendende schwerwiegende Beeinträchtigung eines Dritten 14 20
- Einwilligung 14 14
- Kontrollzwecke 14 23
- medizinische Daten 14 33
- offensichtliche Interesse des Betroffenen 14 15
- öffentliches Interesse 14 18
- Rechtsvorschrift 14 13
- Überprüfung von Angaben des Betroffenen 14 16
- Verfolgung von Straftaten und Ordnungswidrigkeiten 14 19
- Vollzug staatlicher Erziehungs- und Strafmaßnahmen 14 19
- wissenschaftliche Forschung 14 21, 31
- Zweckbindung 14 1, 4, 10
- Datenschutzkontrolle 14 28
- Datensicherung 14 28
- Mitarbeiterüberwachung 14 28
- Sicherstellung eines ordnungsgemäßen Betriebes einer DV-Anlage 14 28
- verschärfte ~ 14 28 ff.

Verantwortliche Stelle 3 54
- Abberufung des Datenschutzbeauftragten 4 f 66 ff.
- Anschrift 33 21
- Auskunftspflicht 38 20
- Benachrichtigung der Betroffenen 33 10
- Berichtigung von Daten 35 4
- Eigeninteresse 33 44
- Firma 4 e 2
- Gesamtschuldnerhaftung 7 21
- Haftung 7 1 ff., 26 ff.
- Exkulpation 7 14 f.
- Identifizierung 7 22; 19 a 10; 33 21
- Informationspflicht
  - Ausnahmen 33 51
- interne Datenflüsse 34 14
- Löschung von Daten 35 13
- mehrere ~ 7 21 ff.
- Mitarbeiter 7 9, 38

Stichwortverzeichnis

- Mitwirkungspflicht **38** 20
- Name **4 e** 2
- Schadensersatz **7** 14 ff.
- Stellungnahme **38** 19
- Videoüberwachung **6 b** 48, 51
- Widerspruchsrecht gegenüber ~ **20** 21
Verarbeitung von Daten
- Adresslisten **28** 43
- Akten **27** 20
- allgemein zugängliche Daten **28** 56 ff.
- Arbeitnehmerdaten **32** 1 ff.
- Arbeitsverhältnis **28** 24 ff.
- Art der Aufbereitung **27** 21
- Aufsicht **27** 14 ff.
- Ausgestaltung **9** 19
- außerhalb nicht-automatisierter Dateien **20** 19
- automatisierte ~ **3** 23
- Bankbereich **28** 33
- Bausparkassen **27** 11
- Begriff **3** 28
- beliehene Unternehmen **27** 8
- berechtigte Interessen **28** 47
- Betriebsübergang **28** 22
- BGB-Gesellschaft **27** 6
- Blackberry **27** 17
- Bonitätsdaten **28** 33
- Computerausdruck **27** 21
- Dauer **Einl.** 28
- Detektive **32** 121
- Deutsche Genossenschaftsbank **27** 11
- Ehepartnern **28** 20
- Eigenbetriebe **27** 11
- Einsatz von Datenverarbeitungsanlagen **27** 18 ff.
- Einwilligung **4** 4; **28** 118 ff.
- Erforderlichkeit **28** 48
- familiäre ~ **27** 16
- familiäre Tätigkeiten **27** 16
- Familienangehörige **28** 20
- Forschungseinrichtungen **40** 1 ff.
- Freiberufler **27** 6
- Gefälligkeitsverhältnisse **28** 23
- Geldgewerbe **28** 33
- Gesellschaften **27** 6
- getrennte ~ **28** 14
- Gewerkschaft **27** 6
- Handwerker **27** 6
- im öffentlichen Bereich
   - Anwendungsbereich des BDSG **12** 1 ff.
- Informationen zum Lebenspartner **28** 46
- Internetanbieter **28** 40
- journalistisch-redaktionellen Zwecke **41** 7
- juristische Personen **27** 6
- Kaufvertrag **28** 40 ff.
- KFZ-Versicherung **28** 46
- Kinderanzahl **28** 46
- Kontodaten **28** 43
- Konzernprivileg **27** 7
- Kreditanstalt für Wiederaufbau **27** 11
- Kreditinstitute **27** 11
- Kundenprofile **28** 55
- Landesunternehmen **27** 13, 15
- laufende Verwendungen **45** 1 ff.
- Listen **27** 20
- Marketingzwecke **28** 43
- Mehrfachverarbeitungen **18** 19
- Mobile device **27** 17
- natürliche Personen **27** 6, 16
- Negativmerkmale **28** 54
- Nicht-öffentliche Stellen **27** 1 ff., 6 ff.
- Normadressaten **27** 4 ff.
- Notebook **27** 17
- öffentlich-rechtliche Wettbewerbsunternehmen **27** 10
- Palm **27** 17
- Parteien **27** 6
- Patientendaten **28** 30
- Personengesellschaften **27** 6
- persönliche ~ **27** 16
- persönliche oder familiäre Tätigkeiten **32** 6
- persönliche Tätigkeiten **27** 16
- Pressemedien **41** 1 ff.
- Rechtsgrundlagen **27** 1 ff.
- Reisebereich **28** 44

967

Stichwortverzeichnis

- schutzwürdige Interessen der Betroffenen 28 116
- Scoring-Verfahren 28 33
- sensitive Daten 4a 41 ff.
- staatliche Produktionseinrichtungen 27 11
- Testkäufer 32 121
- Tourismusbereich 28 44
- Überwiegen der schutzwürdigen Interessen 28 52
- Unternehmen 27 7
- Urlauberprofile 28 44
- Verein 27 6
- Verkehrsunternehmen 27 11
- Versicherungsunternehmen 27 11
- Versicherungsverträge 28 45 f.
- Versorgungsunternehmen 27 11
- Vorverhandlungen 28 23
- Wahrung berechtigter Interessen 28 47
- Werbezwecke 28 41
- Widerspruch der Betroffenen 28 53
- wissenschaftliche Forschung 40 1 ff.
- Zulässigkeit 4 1 ff.; 27 1 ff.
- Zweckbestimmung 4e 3
- Zweckbindung
  - rechtsgeschäftliches/-ähnliches Schuldverhältnis 28 15 ff.
  - Vertrag 28 15 ff.

Verarbeitungsmedien 6 c 1 ff.
- Auskunft 6 c 6
- Auskunftsgerät 6 c 7
- Datenkorrektur 6 c 6
- Erkennbarkeit der Kommunikation 6 c 8
- Funktionsweise 6 c 5
- mobile ~ 3 58, 66; 6 c 1 ff.
- verarbeitende Stelle 6 c 4
- Zulässigkeit der Verarbeitungsprozesse 6 c 3

Verbindliche Unternehmensregelungen 4 c 20 ff.
- in der Form einer Konzernbetriebsvereinbarung? 4 c 22

Verbot der Benachteiligung wegen Rechtsausübung 6 15
Verbot der Datensammlung auf Vorrat Einl. 49
Verbot einheitlicher Personenkennzeichen Einl. 47 ff.
Verbot mit Erlaubnisvorbehalt 2 1; 4 1
Verbot von Persönlichkeitsprofilen Einl. 45 f.
Verbotsschilder
- nicht öffentlich zugängliche Räume 6 b 22

Verbraucherkreditrichtlinie 29 59 ff.
Verbraucherschutz Einl. 97 ff.
Verbraucher-Scoring 28 b 3
Verbrauchervertrag 30 1
Verbraucherzentrale Bundesverband e.V. Einl. 99
Verbunddateien 3 62; 6 2, 11 ff.
Verein
- Besondere Arten personenbezogener Daten 28 46 c
- Mitgliederlisten 28 46 c, 58
- Verarbeitung von Daten 27 6
- Vereinszweck 28 46 c

Verein zur Förderung des öffentlichen bewegten und unbewegten Datenverkehrs e.V. (FoeBuD) Einl. 106
Vereinigungen des privaten Rechts 2 13
Vereinigungsfreiheit Einl. 35
Vereinsregister
- Datenübermittlung in Drittländer 4 c 10

Vereinszeitungen
- Medienprivileg 41 9

Vererblichkeit
- Schadensersatz 7 23

Verfahren automatisierter Verarbeitungen
- Meldepflicht 4 d 1 ff.; 4 e 1 ff.
- Risiken für die Rechte und Freiheiten der Betroffenen 4 d 8
- Vorabkontrolle 4 d 1, 8

Verfahrensaudit 9 a 10, 13
Verfahrensverzeichnis 4 g 19 ff.

Stichwortverzeichnis

Verfassungsschutzbehörden
- Abrufverfahren 10 16

Verfügbarkeit
- Bewerberdaten 32 19
- Fragerecht des Arbeitgebers 32 23

Verfügbarkeitskontrolle 9 92 ff.
- Betriebsrat 9 105
- Fahrlässigkeit 9 95
- Generationsprinzip 9 96
- Haftung 9 95
- Schadensquellen 9 95
- Schutzvorkehrungen 9 95
- Sicherungskopien 9 95
- Verhältnismäßigkeit 9 93
- Verlust der personenbezogenen Daten 9 94
- Verlust personenbezogenen Daten 9 96
- Verlust von personenbezogenen Daten 9 92
- Verschulden 9 95
- Vorkehrungen 9 93
- Vorsatz 9 95
- Zerstörung von personenbezogenen Daten 9 92

Vergessenwerden, Recht auf ~ 35 25 b, 49

Vergleich
- vollstreckbarer ~ 28 a 5

Vergütung
- Bewerberdaten 32 20

Verhaltenskontrollen
- Personalrat 9 113
- Zugangskartensysteme 9 108

Verhaltensregeln 38 a 1 ff.
- Anerkennungsverfahren 38 a 3 ff.
- Antragsberechtigte 38 a 4
- Artikel 29-Gruppe 38 a 5
- Aufsichtsbehörden 38 35
- europaweite gemeinschaftliche ~ 38 a 5
- Interpretationshilfen 38 a 2
- nicht anerkannte ~ 38 a 3

Verhältnismäßigkeitsgrundsatz
- informationelle Selbstbestimmung Einl. 19

Verjährung
- Individualrechte 6 10
- Ordnungswidrigkeiten 43 24
- Schadensersatz 7 23

Verkauf einer Anwaltspraxis
- Mandantendaten 28 49

Verkehrsunternehmen
- Verarbeitung von Daten 27 11

Verletzung des höchstpersönlichen Lebensbereichs
- Videoüberwachung 6 b 11

Vermarktung 4 a 1

Vermarktung von Daten 4 a 1

Vermieter
- Bonitätsauskunft 28 46 a
- Übermittlung von Daten 29 52

Vermögensverhältnisse
- Fragerecht des Arbeitgebers 32 17

Vernetzte Systeme 6 2, 11 ff.
- Haftung 7 22

Vernetzten Systeme 6 2, 11 ff.

Vernetzung
- Zutrittskontrolle 9 41

Veröffentlichung
- Arbeitnehmerdaten 32 145

Veröffentlichung von Fotos 32 96

Verrechnungsstellen
- Erhebung von Daten 28 179

Versammlungsfreiheit Einl. 35

Versandhandel 29 50

Verschlüsselung
- E-Mail 9 101 f.
- ~ der Daten 9 42
- Verzicht auf ~ 9 101 f.

Verschlüsselungsverfahren 9 67
- Auskunft 19 11

Verschulden 7 14 ff.
- fehlendes ~ 8 5
- Gefährdungshaftung 8 5
- mitwirkendes ~ des Betroffenen 7 17
- Sorgfaltsmaßstäbe 7 15
- Verfügbarkeitskontrolle 9 95
- Vermeidung von technischen Störungen 7 15
- vermutetes ~ 7 1

969

Stichwortverzeichnis

- Vorkehrungen **7** 15
- vorsätzliche sittenwidrige Schädigung **7** 33

Verschwiegenheitspflicht 21 8; **39** 1 ff.
- ärztliche ~ **Einl.** 1
- Aufsichtsbehörden **38** 11
- Beauftragte für den Datenschutz **4 f** 51 ff.
- Bundesbeauftragte für den Datenschutz **23** 6 ff.
- Bundesbeauftragter für den Datenschutz und die Informationsfreiheit **24** 5, 10

Versichertenumfrage 29 51
Versicherung an Eides Statt
- Auskunft an den Betroffenen **34** 34

Versicherungsunternehmen 29 37
- Verarbeitung von Daten **27** 11

Versicherungsvertrag 29 28, 51
- Genomanalyse vor Abschluss **4 a** 34 b
- Verarbeitung von Daten **28** 45 f.

Versorgungsunternehmen
- Verarbeitung von Daten **27** 11

Versteckte Kameras 32 92
- Erhebung von Daten **13** 12
- öffentlich zugängliche Räume **6 b** 42

Verstorbene 3 4
Versuch 43 22; **44** 4
Verteidigung rechtlicher Ansprüche 28 174
Vertrag zugunsten Dritter auf den Todesfall
- Benachrichtigung der Betroffenen **33** 35

Verträge mit Auslandsbezug 4 c 5
- Absicherung der Übermittlung in unsichere Drittstaaten **4 c** 17 ff.; **11** 20 ff.
- Betroffene am Vertrag oder den Vorverhandlungen nicht beteiligt **4 c** 7
- Unselbständige Niederlassungen **4 c** 17 a
- Zugriffe durch ausländischen Staat **4 c** 17

Vertragsbegleitendes Scoring 28 b 2

Vertragsklausel
- Einwilligung **4 a** 13

Vertragsstrafe
- Auftragsdatenverarbeitung **11** 33
- Individualrechte **6** 5

Vertrauensschutz
- sonstiger ~ **Einl.** 39 ff.

Verwaltungsverfahrensrecht Einl. 60
Verwandtschaftsuntersuchungen 29 6
Verwendungsbeschränkung
- Sperrung von Daten **20** 27

Verwendungsregelungen Einl. 27 a
- besondere gesetzliche ~ **Einl.** 44

Verwertungsverbot
- Kenntniserlangung von Daten **42 a** 13

Verzeichnisse 29 6, 54
Verzicht auf Löschungsanspruch 6 5
Videotechnik
- analoge ~ **6 b** 7
- digitale ~ **6 b** 7
- Webcams **6 b** 9

Videoüberwachung 4 d 2, 9; **6 b** 1 ff.; **32** 92, 95
- Abwehrrechte
- zivilrechtliche ~ **6 b** 15
- Allgemeines **6 b** 1 ff.
- analoge Technik **6 b** 7, 18
- nachträgliche Digitalisierung **6 b** 7
- Arbeitsplätze **6 b** 23 f., 42
- Einwilligung von Beschäftigten **6 b** 42
- Unterlassungsanspruch **6 b** 43
- Attrappen
- Kameras **6 b** 18
- Aufgabenerfüllung öffentlicher Stellen **6 b** 29
- Erforderlichkeit **6 b** 39 ff.
- Ausnahmen **6 b** 7
- Benachrichtigung **6 b** 58 f.
- Ausnahmen **6 b** 59
- Benachrichtigungspflicht **6 b** 5
- Beobachtung
- Begriff **6 b** 13 ff.
- Medium **6 b** 16
- Zweck **6 b** 28 ff.

Stichwortverzeichnis

- bewegliche Kamera **6b** 17
- Beweisverwertungsverbot **6b** 66
- Biergarten **6b** 19
- Bundesbehörden **6b** 30
- Bundesdatenschutzgesetz
  - Anwendbarkeit **6b** 5
- Büros **6b** 22
- Datenlöschung **6b** 60
  - Begriff **6b** 61
  - Voraussetzungen **6b** 61
  - Zeitpunkt **6b** 64
  - zwingende ~ **6b** 62
- Datensparsamkeit **6b** 9, 41
- Datenvermeidung **6b** 9, 41
- digitale Kartierung **6b** 15
- digitale Technik **6b** 7, 18
- EC-Kassenräume **6b** 19
- Eigensicherung **6b** 30
- Einstellung der Bilder ins Internet **6b** 9, 41
- Einwilligung
  - Beschäftigte **6b** 42
- Erforderlichkeit **6b** 39 ff., 60
- fest installierte Kameras **6b** 17
- Freiwilligkeit **6b** 42
- Fußgängerzonen **6b** 21
- Gefahrenabwehr **6b** 56
- Geldautomatenräume **6b** 19
- Gestaltung **6b** 34
- Handykamera **6b** 16
- Interessenabwägung **6b** 45 ff., 54
  - Einzelfallbezogen **6b** 47
  - konkreten Einzelfall **6b** 47
- Internet **6b** 9, 41
- Internetcafé **6b** 19
- Intranet **6b** 41
- journalistisch-redaktionellen Zwecke **6b** 5
- Kameraattrappen **6b** 18
- Katastrophenschutz **6b** 30
- Kenntlichmachung **6b** 48 ff.
  - Hinweis **6b** 49
  - Piktogramm **6b** 49
  - Schilder **6b** 49
- Krankenhaus **6b** 8
- Kunsturheberrecht **6b** 11
- Landesrecht **6b** 5
- Medium **6b** 16
- Museum **6b** 19
- nachträgliche Digitalisierung **6b** 7
- Nennung der verantwortlichen Stelle **6b** 48, 51
- nicht öffentlich zugängliche Räume **6b** 22
  - Arbeitsplätze **6b** 23
- nicht-öffentlicher Bereich **6b** 7
- Objektsicherung **6b** 30
- öffentlich zugängliche Räume **6b** 19 ff.
  - Arbeitsplätze **6b** 24
  - Begriff **6b** 21
  - Öffnungszeiten **6b** 20
  - verdeckte Kameras **6b** 42
  - Zugangsvoraussetzungen **6b** 20
- öffentliche Räume **6b** 14
- öffentliche Verkehrsmittel **6b** 13
- öffentlicher Bereich **6b** 7, 24
- Parkhäuser **6b** 19
- Parks **6b** 21
- Personalisierung **6b** 58
- Personenbezug **3** 21
- Piktogramm **6b** 49
- Prävention **6b** 33
- Privatbereich **6b** 25
- private Sicherheitsdienste **6b** 32
- Produktionsbereiche ohne Publikumsverkehr **6b** 22
- Recht am eigenen Bild **6b** 11
- Repression **6b** 33
- S-Bahn-Bahnsteige **6b** 13
- Schadensersatzpflicht **6b** 11
- Schalterhallen **6b** 19
- Schilder **6b** 49
- schutzwürdige Interessen der Betroffenen **6b** 54
- Speicherung zu Beweiszwecken **6b** 5
- Straßen **6b** 21
- Streitigkeiten **6b** 65 ff.
- Systeme **3** 25
- Tablet **6b** 16
- Tankstellen **6b** 19

Stichwortverzeichnis

- Taxi **6b** 13
- technisch-organisatorische Maßnahmen **6b** 10
- Tiefgarage **28** 81a
- Totalüberwachung **6b** 24
- Transparenz **6b** 48ff.
- Umstand der Beobachtung **6b** 49
- Überblicksaufnahmen **6b** 14
- unerlaubte ~ **7** 31
- Unterlassungsanspruch **6b** 43
- verantwortliche Stelle **6b** 48, 51
- Verarbeitung **6b** 5
- Verarbeitung und Nutzung der Informationen **6b** 52ff.
- verdeckte Kameras **6b** 42
- Verfolgung von Ordnungswidrigkeiten **6b** 57
- Verfolgung von Straftaten **6b** 57
- Verfolgung von Straftätern **6b** 33
- Verletzung des höchstpersönlichen Lebensbereichs **6b** 11
- Vorabkontrolle **6b** 8
- Wahrnehmung berechtigter Interessen **6b** 35ff.
  - Erforderlichkeit **6b** 39ff.
- Wahrnehmung des Hausrechts **6b** 31
  - Erforderlichkeit **6b** 39ff.
- Webcams **6b** 9
- Wohnbüro **6b** 26
- Wohnung **6b** 25ff.
  - gewerbliche Nutzung **6b** 26
- Wohnungseigentümergemeinschaft **28** 81a
- Zulässigkeit **6b** 12ff.
- Zweck **6b** 28ff.
  - Aufgabenerfüllung öffentlicher Stellen **6b** 29
  - Beweis~ **6b** 5
  - journalistisch-redaktioneller ~ **6b** 5
  - Wahrnehmung des Hausrechts **6b** 31
- Zweckänderung **6b** 52, 55ff.
- Zweckbindung **6b** 35, 53ff.

Virenschutzprogramme
- Installierung **4g** 15

Virtuelles Datenschutzbüro 38 34
Virtual Private Networks (VPN)
- Datensicherheit **9** 30

Völkerrecht Einl. 89
Volkszähler
- Personaldatenverarbeitung **12** 18

Volkszählungsurteil Einl. 9ff.; **13** 1; **19** 1; **19a** 2; **35** 21
Vollstreckungstitel 28a 5, 5
Vorabkontrolle 4d 1, 8
- Beauftragte für den Datenschutz **4d** 11
- Durchführung **4d** 11
- Einschaltung der Aufsichtsbehörde **4d** 12
- Internetanbindung **6b** 9
- Landesrecht **4d** 13
- Sanktionen **4d** 14
- Videoüberwachung **6b** 8
- Webcams **6b** 9
- Zuständigkeit **4d** 11

Vorratsdatenspeicherung Einl. 49; **4b** 17; **13** 16; **29** 4; **32** 134ff.; **35** 25a
- Kundendaten **28** 50
- Zulässigkeit **14** 9

Vorsatz 43 22; **44** 4
Vorstandsmitglieder
- Datengeheimnis **5** 8

Vorstrafen
- Bekanntgabe von ~ **7** 31
- Bewerberdaten **32** 35

Vorverhandlungen
- Verarbeitung von Daten **28** 23

Vorzugskonditionen
- Banken **28** 24

VPN
s.a. *Virtual Private Networks (VPN)*
- Zutrittskontrolle **9** 41

W
Waffenproduktion
- Benachrichtigung der Betroffenen **33** 41

Wahlämter
- Personaldatenverarbeitung **12** 17

Stichwortverzeichnis

Wahlgeheimnis Einl. 43
Wahlhelfer
- Personaldatenverarbeitung 12 18
Wahlmöglichkeit 11 27
Wahrnehmung berechtigter Interessen
- Beweislast 6b 38
- Erforderlichkeit 6b 39 ff.
- Videoüberwachung 6b 35 ff.
- Zweckbindung 6b 35
Wahrnehmung des Hausrechts
- Erforderlichkeit 6b 39 ff.
- Gestaltung 6b 34
- private Sicherheitsdienste 6b 32
- Videoüberwachung 6b 31
Wahrscheinlichkeitsaussagen 3 18
Warndienste 4d 7; 29 6, 8
Wartung im Auftrag 11 73 ff.
- Begriff 11 76 ff.
- Offshoring 11 80
- Outsourcing 11 80
Wartungspersonal
- Zutrittskontrolle 9 38
Webcams 6b 14
- Vorabkontrolle 6b 9
Websites 33 46
- private ~ 28 170
Wehrdienst
- Bewerberdaten 32 24
Wehrpflichtige
- Personaldatenverarbeitung 12 19
Weisungsfreiheit 4f 44
Weiterförderung
- Arbeitnehmerdaten 32 76
Weitergabekontrolle 9 61
- Auslegung 9 63
- Betriebsrat 9 105
- Datenträger
  - Sicherung 9 69
- Integrität personenbezogener Daten 9 61
- Kopieren von personenbezogenen Daten 9 71
- Kryptografie 9 67
- Miniatur-Festplatten 9 70
- Protokollierungsverfahren 9 75

- Schutz vor unbefugten Zugriffen 9 64 ff.
- Sperrung von Übertragungsfunktionen 9 75
- Übermittlung
  - vorgesehen ~ 9 72 ff.
- Übertragungsfunktionen
  - Sperrung 9 75
- unbefugte Zugriffe 9 64 ff.
- unbefugten Kenntnisnahme 9 67
- USB-Sticks 9 70
- Verschlüsselungsverfahren 9 67
- Vertraulichkeit personenbezogener Daten 9 61
- vorgesehene Übermittlungen 9 72 ff.
Weltanschauliche Gruppen
- Verarbeitung von Daten 28 185 ff.
Weltanschauung
- Bewerberdaten 32 27 ff.
Werbekampagnen
- ausufernde ~ 28 142
Werbescoring 28b 2
Werbetelefaxbriefe 28 142
Werbung 28 2; 29 6
- Abgrenzung zur Marktforschung 30a 2
- Animation zur Rückantwort 29 30
- Antwortkarte 29 30
- Auskunft an den Betroffenen 34 50a
- Begriff 28 89
- Belehrungspflicht 28 148 ff.
- Brief~ 28 144
- Coupon 29 30
- Daten aus Kaufverträgen 28 41
- Einwilligung 28 90 ff., 105
- E-Mail~ 28 144
- E-Mails 4a 23a; 34a
- Empfangseinwilligung 4a 23a
- Formen 28 144
- für eigene Angebote 28 100 ff.
- für fremde Angebote 28 114 f.
- für Spenden 28 106 ff.
- Geschäftsadressen 28 104
- Haustür~ 28 113

973

Stichwortverzeichnis

- Hinzuspeicherung von Daten 28 107 ff.
- Ideen~ 28 144
- im Hinblick auf die berufliche Tätigkeit 28 104 f.
- Internet~ 28 144
- Internetformular 29 30
- Listen 28 87, 100 f.
- Listenübermittlung zu Werbezwecken 28 111 ff.
- politischen Parteien 28 144
- religiöse Gruppen 28 144
- SMS~ 28 144
- soziale Gruppen 28 144
- Speicherung von Daten 29 29 ff.
- Telefonanrufe 28 142, 144
- Unterrichtungspflicht 28 148 ff.
- Urheber 28 148 ff.
- Verarbeitung von Daten 28 87 ff.
- Widerspruchsrecht 28 106

Werklieferungsvertrag
- Verarbeitung von Daten 28 19

Werkschutzunterlagen
- Auskunft an den Betroffenen 34 52

Werkstätten für behinderte Menschen
- Beschäftigte 32 4

Werkszeitungen 28 58
- Medienprivileg 41 9

Werkvertrag
- Verarbeitung von Daten 28 19

Wertpapierhandelsgesetz (WpHG) 28 37

Werturteile 3 17
- Berichtigung von Daten 35 8

Wesensgehalt von EU-Grundrechten 4b 16a

Wesentlichkeitstheorie Einl. 20

Wettbewerbsrecht Einl. 100

Wettbewerbsunternehmen
- öffentliche Stellen des Bundes 12 7 f

Wettbewerbsverstoß
- Datenerhebung 28 19

Widerspruchsrecht 6 9; 20 20 ff.; 24 7; 28 106, 139 ff.; 35 1 ff., 32 ff.
- Adressat 20 21

- Ansprechpartner 28 145 ff.
- Aufsichtsbehörden 38 24
- Ausführungen 20 23
- Ausschluss 28 141
- Begründung 20 23
- Berechtigung 20 25
- besondere persönliche Situation 35 34
- Datenschutzkontrolle 38 24
- Deutsche Welle 41 11
- Form 20 22; 28 154 ff.
- Frist 28 154 ff.
- Gegenstand 28 143
- gegenüber der verantwortlichen Stelle 20 21
- gesetzliche Speicherungspflicht 35 35
- Inhalt 20 23
- Interessenabwägung 20 24
- Robinson-Liste 28 156
- Scoring 28 b 9
- Streitigkeiten 20 30
- Teilwiderspruch 20 21
- Übermittlung von Daten 29 56
- Voraussetzungen 35 33 ff.
- Wirkung 28 147; 29 56; 35 36
- Wirkung für die Zukunft 35 36

Wiedereingliederungsverhältnis 32 4

Wildkamera 6 b 13

Willensmängel
- Einwilligung 4 a 22

Wirtschaft Einl. 94 ff.
- Recht der ~ Einl. 41

Wirtschaftsprüfergeheimnis 39 1

Wissenschaftliche Forschung 4 a 39; 28 176
- Anonymisierungspflicht 40 8
- Begriff 40 3
- Benachrichtigung 19 a 18
- Benachrichtigung der Betroffenen 33 40
- Darstellung von Forschungsergebnisse 40 11
- Ergebnisveröffentlichung 40 11
- Einwilligung der Betroffenen 40 12
- Erhebung von Daten 13 38
- File-Trennung 40 10

Stichwortverzeichnis

- forschende Stellen **40** 4
- Nutzung von Daten **40** 1 ff.
- Pseudonymisierungspflicht **40** 9
- Übermittlung von Daten **16** 14; **30** 3
- Unabhängigkeit **40** 5
- Verarbeitung von Daten **28** 83 ff.; **40** 1 ff.
- Verwendung von Daten **14** 31
- Vorbehalt einer Interessenabwägung **13** 38
- Zweckbindung **40** 6

Wohlverhaltenserklärungen 4 c 21

Wohnbüro
- Videoüberwachung **6 b** 26

Wohnung
- Durchsuchungen **Einl.** 37
- gewerbliche Nutzung **6 b** 26
- teilweise Öffnung nach außen **6 b** 26
- Videoüberwachung **6 b** 25 ff.

Wohnungseigentümergemeinschaft
- Videoüberwachung **28** 81 a

Wohnungswirtschaft 29 38–42

X

Xing 13 32; **28** 58
- Bewerberdaten **32** 56

Z

Zahlungsunfähigkeit 28 a 4
- Indiz **28 a** 7

Zahlungsverkehr 28 43

Zeitschriftenverlage 28 58
- Medienprivileg **41** 7

Zeitungsverlage 28 58
- Medienprivileg **41** 7

Zertifizierter Wirtschaftspartner 28 78

Zession
- stille ~ **33** 33

Zeugnisverweigerungsrecht
- Bundesbeauftragte für den Datenschutz **23** 4 f.
- Landesbeauftragte für den Datenschutz **12** 11 ff.

Zivildienst
- Bewerberdaten **32** 24

Zivildienstleistende 32 4
- Personaldatenverarbeitung **12** 19

Zugangs-/Zutrittsberechtigungssysteme 6 a 3

Zugangs-/Zutrittskontrolle 9 36 ff., 43 ff.
- Baumaßnahmen **9** 40
- Berechtigte **9** 45
- Berechtigungskonzept **9** 38
- Betriebsrat **9** 104
- biometrische Zugangskontrollsysteme **9** 39, 48
- Chipkarten **9** 48
- Codekartensysteme **9** 39
- digitale Signatur **9** 49
- Firewall **9** 41
- Gegensprechanlagen **9** 39
- Lichtbildausweise **9** 39
- nicht öffentlich zugängliche Räume **6 b** 22
- Notebooks **9** 41 f.
- Nutzung **9** 46
- PC **9** 41 f.
- Persönlichkeitsrecht **9** 39
- Pförtner **9** 39
- physikalischer Zutritt **9** 36
- Protokollierung **9** 39
  - Zugangsversuche **9** 50
- Schlüssel **9** 39
- Sicherheitszonen **9** 38
- technische Maßnahmen **9** 48
- Unbefugte **9** 37, 43
- Verfahren **9** 39
- Vernetzung **9** 41
- VPN **9** 41
- Wartungspersonal **9** 38
- Zugangsprotokollierung **9** 39

Zugriffskontrolle 9 51 ff.
- Auftragsdatenverarbeitung **9** 54
- Begriff **9** 57 ff.
- Berechtigungskonzept **9** 54
- Betriebsrat **9** 104 ff.
- Entfernung von personenbezogenen Daten **9** 57
- Funktionsübertragung **9** 54

Stichwortverzeichnis

- Kopieren und Speichern auf anderen Datenträgern 9 58
- Schutzziel 9 51
- Veränderung von personenbezogenen Daten 9 57
- Verhältnismäßigkeit 9 60

Zurückbehaltungsrecht des Arbeitnehmers bei Datenschutzverstoß
- Individualrechte 6 5, 9 a

Zusatzwissen 3 47

Zustimmungspflichtige Auskunft 19 17 ff.

Zwang zur Selbstbezichtigung Einl. 50

Zweckbindung personenbezogener Daten Einl. 17
- besondere ~ 31; 38 8
- Berufs- und Amtsgeheimnis 39
- Trennungsgebot 9 97 ff.
- bei Übermittlung ins Ausland 4 c 11

Zweckentfremdungsverbot 31 1 ff.